Reichel/Schulte
Handbuch Bauordnungsrecht

Handbuch Bauordnungsrecht

Herausgegeben von

Dr. Gerhard Hans Reichel
Präsident des Verwaltungsgerichts
München

Dr. Bernd H. Schulte
Vorsitzender Richter
am Oberverwaltungsgericht
Nordrhein-Westfalen, Münster

Bearbeitet von

Hans-Jürgen Dageförde
Richter am Oberverwaltungsgericht
Berlin a.D.

Dr. Renate Köhler-Rott
Richterin am Verwaltungsgericht
München

Heinrich Rehak
Präsident des Verwaltungsgerichts
Dresden

Dr. Gerhard Hans Reichel
Präsident des Verwaltungsgerichts
München

Dr. Friederike Schenk
Vorsitzende Richterin am
Verwaltungsgericht München

Barbara Schretter
Oberregierungsrätin beim Bayerischen
Staatsminister für Bundesangelegenheiten
und Verwaltungsreform in der Staatskanzlei

Dr. Bernd H. Schulte
Vorsitzender Richter am
Oberverwaltungsgericht
Nordrhein-Westfalen, Münster

Prof. Dr. Dieter Wilke
Präsident des Oberverwaltungsgerichts
Berlin a.D.

Verlag C. H. Beck München 2004

Zitiervorschlag:
Hdb. BauOR/*Bearbeiter* Kap. ... Rn. ...
oder
Schulte in: Reichel/Schulte, Hdb. BauOR, Kap. ... Rn. ...

Verlag C. H. Beck im Internet:
beck.de

ISBN 3-406-50443-4

Wilhelmstraße 9, 80801 München

Druck und Bindung: fgb · freiburger graphische Betriebe,
Bebelstraße 11, 79108 Freiburg

Satz: Fotosatz Otto Gutfreund GmbH, Darmstadt

Gedruckt auf säurefreiem, alterungsbeständigem Papier
(hergestellt aus chlorfrei gebleichtem Zellstoff)

Vorwort

Bislang fehlt es an einer aktuellen Gesamtschau des Bauordnungsrechts. Es ist sechzehnfach zersplittert und seine Harmonisierung steht noch in weiter Ferne. Auch in der Musterbauordnung (MBO 2002), die von der Bauministerkonferenz im Herbst 2002 beschlossen wurde, lassen sich erst Ansätze einer Vereinheitlichung finden. Um das Bauordnungsrecht über die Grenzen der einzelnen Bundesländer hinaus in Deutschland transparent und in der Praxis überhaupt handhabbar zu machen, ist dieses Handbuch des Bauordnungsrechts konzipiert worden. Die Autoren haben sich der schwierigen Aufgabe gestellt, die 16 Landesbauordnungen nach Regelungsbereichen zu erfassen und paragraphengenau Gemeinsamkeiten sowie jeweilige Abweichungen kenntlich zu machen und zu erläutern. Hierbei ist die MBO 2002 zusätzlich mit erfasst worden.

Das Handbuch bringt eine umfassende Synopse, die dem Anwender die Regeln für das jeweils eigene Bundesland darstellt, zugleich aber die Normen aufzeigt, die in den anderen fünfzehn Ländern gelten. Tabellen und Ablaufschemata bieten einen raschen Überblick und sind in ihrer Art einmalig in der bauordnungsrechtlichen Literatur. In übersichtlicher Form werden zunächst die jeweiligen Regelungsgegenstände der Landesbauordnungen und der Musterbauordnung 2002 und daran anschließend deren Umsetzung bzw. Abweichung in den Ländern in einer Tabelle gegenübergestellt. Rechtsprechung und Literatur aus der ganzen Bundesrepublik Deutschland vertiefen die Zusammenhänge. Mit dieser Form der Darstellung beschreitet das Handbuch einen völlig neuen Weg, ebenso mit einleitenden Kapiteln über die historische Entwicklung speziell des Bauordnungsrechts, seine Zielsetzung sowie seine Grundbegriffe und allgemeinen Anforderungen.

Das Werk berücksichtigt auch das Bauplanungsrecht und will eine Hilfe für die gesamte Baupraxis sein: für Rechtsanwälte, Gerichte und Bauämter, aber auch für Ingenieure, Architekten, Bau- und Werbeunternehmen, Bauverwalter und Baubetreuer.

Besonderer Dank gilt Frau Richterin Julia Böwering, Verwaltungsgericht München, die die verdienstvolle Aufgabe, das Sachverzeichniss zu erstellen, übernommen hat. Für Anregungen von allen Seiten sind wir verbunden. Rechtsstand ist im Wesentlichen der 1. Oktober 2003.

Berlin, Dresden, München, Münster,
im April 2004

Herausgeber, Autoren und Verlag

Inhaltsübersicht

	Seite
Inhaltsverzeichnis	VIII
Abkürzungs- und Literaturverzeichnis	XX
1. Kapitel. Entwicklung, Bedeutung und Zielsetzung des öffentlichen Bau- und Bauordnungsrechts *(Schulte)*	1
2. Kapitel. Anwendungsbereich, Grundbegriffe, allgemeine Anforderungen und bauordnungsrechtliche Generalklausel, Nachbarschutz *(Wilke)*	119
3. Kapitel. Das Grundstück und seine Bebauung *(Schenk)*	215
4. Kapitel. Baugestaltung, Werbeanlagen *(Schulte)*	351
5. Kapitel. Allgemeine Anforderungen an die Bauausführung *(Rehak)*	401
6. Kapitel. Bauprodukte und Bauarten *(Köhler-Rott)*	435
7. Kapitel. Brandschutzrechtliche Anforderungen an nicht haustechnische Bauteile *(Rehak)*	467
8. Kapitel. Technische Gebäudeausrüstung *(Reichel)*	575
9. Kapitel. Aufenthaltsräume und Wohnungen *(Schenk)*	611
10. Kapitel. Besondere bauliche Anlagen *(Reichel)*	659
11. Kapitel. Die am Bau Beteiligten und der Entwurfsverfasser *(Schretter)*	685
12. Kapitel. Bauaufsichtsbehörden – Ländervergleich *(Köhler-Rott)*	697
13. Kapitel. Genehmigungspflichtige und genehmigungsfreie Vorhaben *(Schretter/Reichel)*	709
14. Kapitel. Bauaufsichtliches Verfahren *(Schretter/Schenk)*	771
15. Kapitel. Bauaufsichtliche Eingriffsbefugnisse *(Köhler-Rott)*	1011
16. Kapitel. Untergesetzliche Rechtsnormen und Ordnungswidrigkeiten *(Reichel)*	1173
17. Kapitel. Baulasten und Baulastenverzeichnis *(Dageförde)*	1261
Sachverzeichnis	1287

Inhaltsverzeichnis

Seite

Abkürzungs- und Literaturverzeichnis XIX

1. Kapitel. Entwicklung, Bedeutung und Zielsetzung des öffentlichen Bau- und Bauordnungsrechts *(Schulte)* 1

Teil 1. Bauordnungsrecht als Teil des allgemeinen Baurechts 3
I. Baurecht 3
II. Privates Baurecht 4
III. Öffentliches Baurecht 4
IV. Baunachbarrecht 7

Teil 2. Historische Entwicklung des Öffentlichen Baurechts 10
I. Ältere Baurechtsgeschichte 10
II. Baurecht im Mittelalter und zu Beginn der Neuzeit 17
III. Landesfürstliche Bautätigkeit und Baupolizeirecht 31
IV. Baurecht im liberalen Rechtsstaat 34
V. Baurecht nach dem Ersten Weltkrieg 43
VI. Baurecht im nationalsozialistischen Staat 49
VII. Baugesetze und Entwürfe der Länder in den ersten Nachkriegsjahren 53

Teil 3. Baurecht unter der Geltung des Grundgesetzes 58
I. Baurecht und Grundgesetz 58
II. Kompetenzstreit zwischen Bund und Ländern 71
III. Das „Baurechtsgutachten" des Bundesverfassungsgerichts 76

Teil 4. Die getrennte Regelung der einheitlichen Baurechtsmaterie durch BBauG/BauGB und Landesbauordnungen 82
I. Bundesbaurecht 82
II. Landesbauordnungsrecht 86

Teil 5. Das Bauordnungsrecht der 16 Bundesländer 103
I. Rechtsquellen 103
II. Anwendungsprobleme 108
III. Kritik der bisherigen Reform – neue Ansätze 115

2. Kapitel. Anwendungsbereich, Grundbegriffe, allgemeine Anforderungen und bauordnungsrechtliche Generalklausel, Nachbarschutz *(Wilke)* 119

Teil 1. Anwendungsbereich der Bauordnungen 121
Ländervergleich: Anwendungsbereich der Bauordnungen 121
I. Materiellrechtlicher und verfahrensrechtlicher Anwendungsbereich 126
II. Bauliche Anlagen und Bauprodukte 127
III. Grundstücke 129
IV. Andere Anlagen und Einrichtungen 131
V. Ausschluss aus dem Anwendungsbereich 135

Teil 2. Grundbegriffe des Bauordnungsrechts 142
Ländervergleich: Grundbegriffe des Bauordnungsrechts 142
I. Bauliche Anlagen 151
II. Gebäude 164

Seite
III. Wohngebäude ... 166
IV. Höhenmaße und Geländeoberfläche ... 166
V. Klassifizierung von baulichen Anlagen, insbesondere Gebäuden ... 167
VI. Geschosse und Vollgeschosse ... 171
VII. Aufenthaltsräume ... 178
VIII. Stellplätze und Garagen ... 179
IX. Feuerstätten und Feuerungsanlagen ... 180
X. Werbeanlagen ... 181
XI. Bauprodukte ... 181
XII. Bauart ... 182
XIII. Sonstige Begriffe ... 183

Teil 3. Allgemeine Anforderungen und bauordnungsrechtliche Generalklausel 184
Ländervergleich: Allgemeine Anforderungen. Generalklausel ... 184
I. Bauordnungsrechtliche und polizeiliche Generalklausel ... 191
II. Allgemeine Anforderungen als Handlungspflichten ... 191
III. Gesetzgeberisches Programm des Bauordnungsrechts ... 192
IV. Die Generalklausel als Gefährdungsklausel ... 193
V. Adressaten der allgemeinen Anforderungen ... 199
VI. Durchsetzung der allgemeinen Anforderungen ... 199
VII. Fernwirkungen der Generalklausel ... 200
VIII. Missstandsfreie Nutzung baulicher Anlagen ... 200
IX. Verwendung von Bauprodukten ... 202
X. Technische Regeln und Baubestimmungen ... 203
XI. Beseitigung baulicher Anlagen und Nutzungsänderung ... 206
XII. Bauprodukte, Bauarten und Prüfverfahren ... 207

Teil 4. Grundstrukturen des Nachbarschutzes ... 208
I. Schutznormtheorie und drittschützende Normen ... 208
II. Nachbarschützender Charakter bauordnungsrechtlicher Normen ... 209
III. Nachbarschützender Charakter bauplanungsrechtlicher Normen ... 209
IV. Nachbarschutz durch Verwaltungsverfahrensrecht ... 212
V. Nachbarschutz durch sonstige Normen ... 212
VI. Begriff des Nachbarn ... 212
VII. Einschränkungen des baurechtlichen Drittschutzes ... 213

3. Kapitel. Das Grundstück und seine Bebauung *(Schenk)* ... 215

Teil 1. Die Bebaubarkeit des Grundstücks ... 219
I. Eignung des Grundstücks für die beabsichtigte Bebauung ... 219
II. Spezialgesetzliche Regelungen der Bebaubarkeit ... 221
III. Errichtung eines Gebäudes auf mehreren Grundstücken ... 222
IV. Die bauordnungsrechtliche Erschließung ... 223
V. Die Erschließung nach dem BauGB ... 230

Teil 2. Die Abstandsflächen ... 234
I. Allgemeines ... 234
II. Abstandsflächenforderung ... 235
III. Schnittstellen von Bauordnungsrecht und Bauplanungsrecht ... 241
IV. Gesetzliche Anforderungen an die Abstandsflächen ... 255
V. Die Wandhöhe („H") als Ausgangspunkt für die Ermittlung der Tiefe der Abstandsfläche ... 265
VI. Ermittlung und Umsetzung der erforderlichen Abstandsfläche ... 272

Seite

VII. Ermittlung und Umsetzung der geforderten Abstandsfläche in Sonderfällen ... 279
VIII. Ausnahmen von der Abstandsflächenforderung ... 282
IX. Möglichkeiten der Reduzierung der Abstandsflächen ... 298
X. Nachbarschutz ... 313

Teil 3. Die Höhenlage ... 317
I. Allgemeines ... 317
II. Festsetzung der Höhenlage einer baulichen Anlage ... 320
III. Festsetzung der Höhenlage der Geländeoberfläche ... 322
IV. Schutzzweck ... 323

Teil 4. Die sonstige Gestaltung der Grundstücke ... 324
I. Begrünung/Bepflanzung der nicht bebauten Flächen bebauter Grundstücke ... 324
II. Kinderspielplätze ... 331
III. Einfriedungen (Einfriedigungen) ... 344

4. Kapitel. Baugestaltung, Werbeanlagen *(Schulte)* ... 351

Teil 1. Anforderungen an die Gestaltung baulicher Anlagen ... 352
I. Vorgeschichte, Regelungszweck ... 352
II. Ländervergleich ... 354
III. Inhalt und Anwendungsbereich ... 357
IV. Verunstaltungsbegriff - Verfassungsrechtliche Grundlagen ... 361
V. Regelungsgegenstand bauordnungsrechtlicher Verunstaltungsverbote ... 363
VI. Bauwerksbezogenes Verunstaltungsverbot ... 364
VII. Umgebungsbezogenes Verunstaltungsverbot ... 366
VIII. Besonders schützenswerte Umgebung ... 369
IX. Länderspezifische Besonderheiten ... 370
X. (Kein) Nachbarschutz ... 371

Teil 2. Werbeanlagen, Warenautomaten ... 372
I. Vorgeschichte, Regelungszweck ... 372
II. Ländervergleich ... 376
III. Bundes- und landesrechtliche Anforderungen ... 382
IV. Begriff der Werbeanlagen in den Bauordnungen ... 384
V. Materielle Anforderungen an Werbeanlagen ... 388
VI. Unzulässigkeit von Werbeanlagen im Außenbereich ... 393
VII. Werbeanlagen in den Baugebieten ... 395
VIII. Warenautomaten ... 397
IX. Vom Anwendungsbereich der Bauordnungen ausgenommene Werbeanlagen ... 398
X. Länderspezifische Besonderheiten ... 399
XI. Kein Nachbarschutz ... 399

5. Kapitel. Allgemeine Anforderungen an die Bauausführung *(Rehak)* ... 401

Teil 1. Die Baustelle ... 402
Ländervergleich ... 402
I. Merkmale einer Baustelle ... 405
II. Baustelleneinrichtung ... 406
III. Einrichten und Betreiben einer Baustelle ... 406

Seite
IV. Schutz von Bäumen, Hecken und sonstige Bepflanzungen 407
V. Weitere Anforderungen 407
VI. Abwehransprüche Dritter 408
Teil 2. Standsicherheit 409
Ländervergleich 409
I. Der Begriff Standsicherheit 410
II. Anforderungen an die Standsicherheit von baulichen Anlagen 411
III. Tragfähigkeit des Baugrundes des Nachbargrundstücks 411
IV. Nachweis der Standsicherheit 411
V. Aufgaben und Befugnisse der Bauaufsichtsbehörden 412
Teil 3. Schutz gegen schädliche Einflüsse 413
Ländervergleich 413
I. Schutzumfang und Schutzzweck 414
II. Anforderungen an bauliche Anlagen 414
III. Schadensbeseitigungspflicht 415
IV. Anzeigepflicht 415
Teil 4. Brandschutz – Allgemeine Regelungen 416
Ländervergleich 416
I. Allgemeine brandschutzrechtliche Bestimmungen 419
II. Vorbeugender Brandschutz 422
III. Rettungswege 424
IV. Blitzschutzanlagen 425
V. Beteiligung von Brandschutzdienststellen 425
VI. Erteilung von Befreiungen 426
VII. Nachbarschutz 426
Teil 5. Wärme-, Schall-, Erschütterungsschutz 427
Ländervergleich 427
I. Allgemeines 429
II. Schallschutz 429
III. Pflicht zur Dämmung von Geräuschen, Erschütterungen und Schwingungen ortsfester Einrichtungen 430
IV. Wärmeschutz 430
Teil 6. Verkehrssicherheit 431
Ländervergleich 431
I. Allgemeines 433
II. Verkehrssicherheit baulicher Anlagen 433
III. Sicherheit und Leichtigkeit des öffentlichen Verkehrs 433

6. Kapitel. Bauprodukte und Bauarten *(Köhler-Rott)* 435
Ländervergleiche: 435
Teil 1. Bauprodukte 435
Teil 2. Allgemeine bauaufsichtliche Zulassung 442
Teil 3. Prüfzeugnis 446
Teil 4. Verwendbarkeit im Einzelfall 448
Teil 5. Bauarten 450
Teil 6. Übereinstimmungsnachweis 454
Teil 7. Übereinstimmungserklärung des Herstellers 457
Teil 8. Übereinstimmungszertifikat 459

Inhaltsverzeichnis

Seite

Teil 9. Prüf-, Zertifizierungs- und Überwachungsstellen 461
Teil 10. Verbot von Bauprodukten 464

7. Kapitel. Brandschutzrechtliche Anforderungen an nichthaustechnische Bauteile *(Rehak)* 467

Teil 1. Tragende Wände, Pfeiler und Stützen 469
Ländervergleich 469
I. Allgemeines 472
II. Brandschutzanforderungen an tragende Teile 473

Teil 2. Außenwände 475
Ländervergleich 475
I. Allgemeines 480
II. Brandschutzanforderungen an nichttragende Außenwände 480

Teil 3. Trennwände 482
Ländervergleich 482
I. Allgemeines 486
II. Brandschutzanforderungen 487

Teil 4. Brandwände 489
Ländervergleich 489
I. Allgemeines 496
II. Pflicht zur Errichtung von Brandwänden 497
III. Seitliche Wände von Vorbauten 499
IV. Bildung von Brandabschnitten 499
V. Über Eck zusammenstoßende Gebäude 499
VI. Anforderungen an die Ausführung der Brandwände 499
VII. Öffnungen in Brandwänden 500
VIII. Regelungen für Gebäude besonderer Art oder Nutzung 500
IX. Nachbarschutz 501

Teil 5. Decken 502
Ländervergleich 502
I. Allgemeines 508
II. Brandschutzanforderungen 508
III. Wärmeschutz 509
IV. Schallschutz 509
V. Öffnungen in Decken 509

Teil 6. Dächer 511
Ländervergleich 511
I. Allgemeines 519
II. Brandschutzanforderungen an Bedachungen 520
III. Vorrichtungen zum Schutz gegen das Herabfallen von Schnee und Eis 522
IV. Vorrichtungen für Arbeiten auf dem Dach 522

Teil 7. Treppen 523
Ländervergleich 523
I. Allgemeines 533
II. Pflicht zur Errichtung notwendiger Treppen 533
III. Einschiebbare Treppen, Rolltreppen, Leitern 534
IV. Erreichbarkeit notwendiger Treppen 534
V. Brandschutzanforderungen an notwendige Treppen 534

Seite

VI. Nutzbare Breite notwendiger Treppen und Treppenabsätze ... 534
VII. Hand- und Zwischenläufe bei notwendigen Treppen ... 535

Teil 8. Notwendige Treppenräume und Ausgänge ... 536
Ländervergleich ... 536
I. Allgemeines ... 547
II. Pflicht zur Errichtung notwendiger Treppenräume ... 548
III. Erreichbarkeit notwendiger Treppenräume ... 549
IV. Führung notwendiger Treppenräume „in einem Zuge“ ... 550
V. Notwendige Treppenhäuser in Gebäuden besonderer Art oder Nutzung ... 550
VI. Notwendige Treppenräume in übereinanderliegenden Kellergeschossen ... 551
VII. Brandschutzanforderungen an Wände und Decken notwendiger Treppenräume ... 551
VIII. Belüftung und Beleuchtung notwendiger Treppenhäuser ... 552
IX. Rauchabzugseinrichtungen in Gebäuden von nicht geringer Höhe und in innenliegenden notwendigen Treppenräumen ... 552

Teil 9. Notwendige Flure und Gänge ... 553
Ländervergleich ... 553
I. Allgemeines ... 560
II. Begriffsbestimmung: „Notwendige Flure“ ... 560
III. Breite und Unterteilung von notwendigen Fluren ... 561
IV. Brandschutzanforderungen ... 561

Teil 10. Fenster, Türen, Kellerlichtschächte ... 563
Ländervergleich ... 563
I. Allgemeines ... 566
II. Kennzeichnung von Glastüren und anderen Glasflächen ... 567
III. Gemeinsame Kellerlichtschächte für übereinanderliegende Kellergeschosse ... 567
IV. Eingangstüren von Wohnungen, die über Aufzüge erreichbar sein müssen ... 567
V. Öffnungen, die als Rettungswege dienen ... 567

Teil 11. Umwehrungen und Abdeckungen ... 568
Ländervergleich ... 568
I. Allgemeines ... 572
II. Begehbare Flächen in, an und auf baulichen Anlagen ... 573
III. Nicht begehbare Oberlichte und Glasabdeckungen in begehbaren Flächen ... 573
IV. Kellerlichtschächte und Betriebsschächte, die an Verkehrsflächen liegen ... 573
V. Fensterbrüstungen ... 573
VI. Umwehrungen ... 574

8. Kapitel. Technische Gebäudeausrüstung *(Reichel)* ... 575

Teil 1. Aufzugsanlagen ... 576
I. Landesrechtliche Bestimmungen (Ländervergleich) ... 576
II. Bundesrechtliche Regelungen über technische Arbeitsmittel ... 581

Teil 2. Leitungen, Lüftung, Raumlufttechnik, Installationsschächte und -kanäle – Ländervergleich ... 582
I. Regelungsgegenstände der Landesbauordnungen und der MBO 2002 mit Hinweisen auf DIN ... 582
II. Umsetzung/Abweichung in den Ländern und der MBO 2002 ... 583

Teil 3. Wärmeerzeugung ... 593
I. Landesrechtliche Bestimmungen – Ländervergleich ... 593
II. Hinweise auf Bundesrecht ... 595

Inhaltsverzeichnis

Seite

Teil 4. Wasserversorgung 597
I. Landesrechtliche Bestimmungen – Ländervergleich 597
II. Umsetzung/Abweichung in den Ländern und der MBO 2002 597
III. Europarechtliche und bundesrechtliche Regelungen zur Beschaffenheit des Trinkwassers 599

Teil 5. Abwasser und Niederschlagswasser – Ländervergleich 601

Teil 6. Anlagen für feste Abfallstoffe und Wertstoffe – Ländervergleich . . . 607

9. Kapitel. Aufenthaltsräume und Wohnungen *(Schenk)* 611

Teil 1. Aufenthaltsräume 613
I. Allgemeines 613
II. Allgemeine Anforderungen an Aufenthaltsräume 616

Teil 2. Aufenthaltsräume und Wohnungen im Dachgeschoss 627
I. Allgemeines 627
II. Bauordnungsrechtliche Anforderungen an Aufenthaltsräume/Wohnungen im Dachraum 628
III. Schutzzweck 630

Teil 3. Aufenthaltsräume im Kellergeschoss 632
I. Allgemeines 632
II. Zulässigkeit von Wohnungen und Aufenthaltsräumen in Kellergeschossen . 634
III. Zulässigkeit fensterloser Aufenthaltsräume in Kellergeschossen 638
IV. Schutzzweck 642
V. Formelles 642

Teil 4. Wohnungen 643
I. Allgemeines 643
II. Bauordnungsrechtliche Anforderungen an Wohnungen 644

10. Kapitel. Besondere bauliche Anlagen *(Reichel)* 659

Teil 1. Barrierefreies Bauen – Ländervergleich 660

Teil 2. Ställe 665
I. Ländervergleich 665
II. Bundesrechtliche Regelungen 668

Teil 3. Behelfsbauten und kleine Gebäude – Ländervergleich 670

Teil 4. Stellplätze und Garagen, Fahrradabstellplätze – Ländervergleich . . 672

11. Kapitel. Die am Bau Beteiligten und der Entwurfsverfasser *(Schretter)* 685

Teil 1. Die am Bau Beteiligten 685
I. Allgemeines 685
II. Gesetzlich geregelte am Bau Beteiligte 686

Teil 2. Die Bauvorlageberechtigung 688

Teil 3. Erforderlichkeit von Entwurfsverfasser, Unternehmer und Bauleiter im Ländervergleich 689

Seite

Teil 4. Bauvorlageberechtigung im Ländervergleich ... 691
I. Vorhaben ... 691
II. Bauvorlageberechtigte Personen ... 692

12. Kapitel. Bauaufsichtsbehörden – Ländervergleich – *(Köhler-Rott)* ... 697

13. Kapitel. Genehmigungspflichtige und genehmigungsfreie Vorhaben *(Schretter/Reichel)* ... 709

Teil 1. Der Genehmigungsvorbehalt ... 710
I. Allgemeine Vorbemerkungen ... 710
II. Genehmigungspflicht ... 710
III. Ausnahmen von der Baugenehmigungspflicht ... 711
IV. Genehmigungsvorbehalte im Ländervergleich ... 713

Teil 2. Verfahrensfreie Vorhaben ... 716
I. Allgemeines ... 716
II. Grundregeln für die Anwendung des Ausnahmekatalogs ... 716
III. Genehmigungsfreie Nutzungsänderung – Ländervergleich – ... 717
IV. Genehmigungsfreie Instandhaltung ... 725
V. Einhaltung des materiellen Rechts ... 726
VI. Genehmigungsvorbehalte anderer Gesetze ... 726

Teil 3. Verfahrensfreie Errichtung und Änderung von Anlagen – Ländervergleich in alphabetischer Folge – (Stichworte „Abbruch" bis „Wohnwagen") ... 728

14. Kapitel. Bauaufsichtliches Verfahren *(Schretter/Schenk)* ... 771

Teil 1. Die Baugenehmigung ... 776
I. Rechtsnatur und Rechtswirkungen ... 776
II. Prüfungsmaßstab der Baugenehmigung (Vollgenehmigung und vereinfachtes Verfahren) ... 782
III. Rechtsanspruch ... 787
IV. Nebenbestimmungen zur Baugenehmigung ... 788
V. Rechtspflichten aus der Baugenehmigung ... 794
VI. Wirksamkeit der Baugenehmigung ... 795
VII. Prüfungsmaßstab bei der Baugenehmigung im Ländervergleich ... 801
VIII. Rechtswirkungen, Inhalt und formale Erfordernisse der Baugenehmigung im Ländervergleich ... 818

Teil 2. Die Genehmigungsfreistellung ... 823
I. Allgemeines ... 823
II. Von der Freistellung erfasste Vorhaben ... 826
III. Planungsrechtliche Situation ... 826
IV. Rechtliche Besonderheiten beim Anzeigeverfahren ... 833
V. Verfahren und rechtliche Besonderheiten beim Anzeigeverfahren mit Bestätigung ... 834
VI. Verfahren und rechtliche Besonderheiten bei der Genehmigungsoption ... 834
VII. Verfahren und rechtliche Besonderheiten bei der Untersagungsoption ... 838
VIII. Sachkunde und Erklärungen zur Übereinstimmung mit dem Baurecht ... 840
IX. Vorbescheidsfähigkeit des genehmigungsfreigestellten Vorhabens ... 840
X. Ungültigkeit eines Bebauungsplans ... 842

Seite
XI. Geltungsdauer der Genehmigungsfreistellung ... 845
XII. Ländervergleich Genehmigungsfreistellung ... 846
Teil 3. Sonderformen der bauaufsichtlichen Gestattungen ... 880
I. Vorbescheid ... 880
II. Teilbaugenehmigung ... 886
III. Typenprüfung und Typengenehmigung ... 889
IV. Genehmigung Fliegender Bauten ... 890
V. Bauaufsichtliche Zustimmung ... 897
VI. Abweichung, Ausnahme, Befreiung ... 903
Teil 4. Das Baugenehmigungsverfahren ... 911
I. Der Bauantrag ... 911
II. Das Baugenehmigungsverfahren ... 913
III. Übersicht über das Baugenehmigungsverfahren ... 920
IV. Baubeginn, Durchführung und Bauabnahmen bei nicht verfahrensfreien Vorhaben ... 937
Teil 5. Die Nachbarschaft ... 948
I. Der Nachbarbegriff im Bereich des Baurechts ... 948
II. Die Bedeutung der Nachbarbeteiligung an baurechtlichen Verfahren ... 951
III. Der Nachbarbegriff im Bereich der bauordnungsrechtlichen Verfahrensbeteiligung ... 952
IV. Die Zustimmung des Nachbarn zum Bauvorhaben ... 952
V. Die Rechtsstellung des Nachbarn/Angrenzers ... 958
VI. Beteiligungsformen des Nachbarn/Angrenzers am baurechtlichen Verfahren 960
VII. Die Beteiligung von Eigentümermehrheiten ... 969
Teil 6. Die Ersetzung des gemeindlichen Einvernehmens im Baugenehmigungsverfahren ... 973
I. Das gemeindliche Einvernehmen (§ 36 BauGB) ... 973
II. Die Ersetzung des Einvernehmens im Baugenehmigungsverfahren ... 978
III. Rechtsschutz ... 985
Teil 7. Abweichungen – Ausnahmen – Befreiungen ... 989
I. Allgemeines ... 989
II. Die Zulassung von Abweichungen ... 994
III. Die Zulassung von Ausnahmen – Ländervergleich ... 998
IV. Die Zulassung von Befreiungen ... 1001
V. Erteilung von Abweichungen/Ausnahmen/Befreiungen von einer örtlichen Bauvorschrift – Ländervergleich ... 1004
VI. Besonderheiten der isolierten/selbständigen Abweichung/Ausnahme/Befreiung ... 1006
VII. Schutzzweck der Vorschriften ... 1009
VIII. Rechtsschutz ... 1009

15. Kapitel. Bauaufsichtliche Eingriffsbefugnisse *(Köhler-Rott)* ... 1011

Teil 1. Aufgaben und Befugnisse ... 1013
I. Ländervergleich ... 1013
II. Art der Aufgabe ... 1021
III. Aufgaben ... 1022
IV. Befugnisse ... 1027
V. Heranziehung von Sachverständigen ... 1051

Seite

VI. Geltung für und gegen Rechtsnachfolger . . . 1053
VII. Bestehende bauliche Anlagen . . . 1060
VIII. Art. 13 GG/Landesverfassung . . . 1069

Teil 2. Baueinstellung . . . 1074
I. Ländervergleich . . . 1074
II. Allgemeine Vorbemerkungen . . . 1077
III. Tatbestandsvoraussetzungen der Baueinstellung . . . 1078
IV. Ermessen . . . 1084
V. Rechtsfolge: Baueinstellung . . . 1089
VI. Anordnung der Baueinstellung als Verwaltungsakt . . . 1090
VII. Zuwiderhandlung . . . 1094

Teil 3. Nutzungsuntersagung . . . 1097
I. Ländervergleich . . . 1097
II. Allgemeine Vorbemerkungen . . . 1100
III. Tatbestandsvoraussetzungen der Nutzungsuntersagung . . . 1101
IV. Ermessen . . . 1107
V. Rechtsfolge: Nutzungsuntersagung . . . 1112
VI. Anordnung der Nutzungsuntersagung als Verwaltungsakt . . . 1113

Teil 4. Beseitigungsanordnung . . . 1123
I. Ländervergleich . . . 1123
II. Allgemeine Vorbemerkungen . . . 1126
III. Tatbestandsvoraussetzungen der Beseitigungsanordnung . . . 1127
IV. Ermessen . . . 1139
V. Rechtsfolgenseite: Umfang der Befugnisnorm . . . 1159
VI. Anordnung der Beseitigung als Verwaltungsakt . . . 1160

16. Kapitel. Untergesetzliche Rechtsnormen und Ordnungswidrigkeiten *(Reichel)* 1173

Teil 1. Örtliche Bauvorschriften . . . 1174
I. Regelungsgegenstände der örtlichen Bauvorschriften im Ländervergleich 1177
II. Verfahren im Ländervergleich . . . 1191
III. Örtliche Bauvorschriften in einem Bebauungsplan: Verfahren zum Erlass eines Bebauungsplans nach dem BauGB in schematischer Darstellung . . . 1195
IV. Sonderregelungen für Abweichungen/Ausnahmen/Befreiungen von örtlichen Bauvorschriften im Ländervergleich . . . 1197
V. Allgemeine Fragen zu den örtlichen Bauvorschriften . . . 1198
VI. Ausgewählte Probleme zu einzelnen Zielen und Gegenständen . . . 1212
VII. Musterbauordnung 2002 . . . 1219
VIII. Normenkontrolle im Ländervergleich . . . 1220

Teil 2. Rechtsverordnungen im Ländervergleich: Bauordnungsrechtliche Regelungsgegenstände sowie Verfahrensregelungen zum Baugesetzbuch und anderen Rechtsvorschriften . . . 1222

Teil 3. Ordnungswidrigkeiten . . . 1248
I. Zuständigkeit zur Verfolgung baurechtlicher Ordnungswidrigkeiten . . . 1248
II. Höhe der Geldbuße . . . 1250
III. Wesentliche Ordnungswidrigkeiten in alphabetischer Folge der Tatbestände . . . 1252
IV. Verfahren zum Erlass eines Bußgeldbescheides in schematischer Darstellung . . . 1259

Inhaltsverzeichnis

Seite

17. Kapitel. Baulasten und Baulastenverzeichnis *(Dagefõrde)* 1261

Teil 1. Einführung 1262
I. Bedeutung der Baulast 1262
II. Die Baulastregelungen 1262

Teil 2. Begriff und Regelungsgehalt der Baulast 1264
I. Ländervergleich 1264
II. Begriff der Baulast 1264
III. Regelungsgehalt der Baulast 1266

Teil 3. Begründung und Rechtswirkungen der Baulast 1273
I. Ländervergleich 1273
II. Begründung der Baulast 1274
III. Rechtswirkungen der Baulast 1277

Teil 4. Beendigung der Baulast 1280
I. Ländervergleich 1280
II. Verzicht der Bauaufsichtsbehörde 1281
III. Löschung ohne Verzicht 1283

Teil 5. Baulastenverzeichnis 1284
I. Ländervergleich 1284
II. Führung und Inhalt des Baulastenverzeichnisses 1285
III. Einsichtnahme in das Verzeichnis und Abschriften 1286

Sachverzeichnis 1287

Abkürzungs- und Literaturverzeichnis

- Abkürzungen soweit nicht allgemein gebräuchlich oder nicht im Text erklärt
- Literatur soweit häufig zitiert
- Zeichenerklärung:

< kleiner als, weniger als
≤ gleich oder kleiner als, höchstens, maximal, nicht mehr als, bis
> größer als, mehr als
≥ gleich oder größer als, mindestens

a.A.	anderer Ansicht
a.M.	anderer Meinung
ABl.	Amtsblatt
Abs.	Absatz
a.Chr.n.	ante Christum natum (vor Christus)
AEG	Allgemeines Eisenbahngesetz
AG	Amtsgericht
ALR	Allgemeines Landrecht für die Preußischen Staaten von 1794
ÄndG	Änderungsgesetz
Anh.	Anhang
Anm.	Anmerkung
AöR	Archiv des öffentlichen Rechts (Zeitschrift)
ArbStättV	Arbeitsstättenverordnung
ARGEBAU	Arbeitsgemeinschaft der für das Bau-, Wohnungs- und Siedlungswesen zuständigen Minister der Länder
Art.	Artikel
Aufl.	Auflage
ausgen.	ausgenommen
AVO	Ausführungsverordnung
Az	Aktenzeichen
Banz	Bundesanzeiger
Battis/Krautzberger/Löhr	BauGB, 8. Aufl. 2002
BauFreiVO	Baufreistellungsverordnung (Hamburg)
BauGB	Baugesetzbuch
BauGB-MaßnahmenG	Maßnahmengesetz zum Baugesetzbuch (= Art. 2 WoBauErlG)
BauNVO	Baunutzungsverordnung
BauO Bln.	Bauordnung für Berlin
BauO LSA	Gesetz über die Bauordnung des Landes Sachsen-Anhalt
BauO NRW	Bauordnung für das Land Nordrhein-Westfalen
BauO	Bauordnung (s. auch bei den Ländern)
BauPG	Bauproduktengesetz
BauPG	Gesetz über das Inverkehrbringen von und den freien Warenverkehr mit Bauprodukten zur Umsetzung der Richtlinie 89/106/EWG (Bauproduktengesetz)
BauR	Zeitschrift für das gesamte öffentliche und zivile Baurecht
Bay	Bayern
BayBO	Bayerische Bauordnung
BayGO	Gemeindeordnung für den Freistaat Bayern
BayObLG	Bayerisches Oberstes Landesgericht
BayVBl.	Bayerische Verwaltungsblätter (Zeitschrift)
BayVerfGH	Bayerischer Verfassungsgerichtshof
BayVGH	Bayerischer Verwaltungsgerichtshof
BBauBl.	Bundesbaublatt
BBauG	Bundesbaugesetz

Abkürzungs- und Literaturverzeichnis

BBergG .... Bundesberggesetz
Bbg .... Brandenburg
BbgBO .... Brandenburgische Bauordnung
Bd. .... Band
Bek. .... Bekanntmachung
Berliner Kommentar zum BauGB . hrsg. von Schlichter, Stich, Driehaus, Paetow, 3. Aufl. 2002
best. .... bestimmte
BGB .... Bürgerliches Gesetzbuch
BGBl. .... Bundesgesetzblatt
BGH .... Bundesgerichtshof
BGHZ .... Entscheidungen des Bundesgerichtshofes in Zivilsachen
BImSchG .... Gesetz zum Schutz vor schädlichen Umwelteinwirkungen durch Luftverunreinigungen, Geräusche, Erschütterungen und ähnliche Vorgänge (Bundes-Immissionsschutzgesetz)
BImSchV .... Verordnung zur Durchführung des Bundes-Immissionsschutzgesetzes
bish. .... bisherig
BKleingG .... Bundeskleingartengesetz
Bln .... Berlin
BM .... Bundesminister (Bundesministerium)
BNatSchG .... Gesetz über Naturschutz und Landschaftspflege (Bundesnaturschutzgesetz)
Böckenförde/Temme/Krebs ..... Musterbauordnung für die Länder der Bundesrepublik Deutschland, 6. Aufl. Düsseldorf 1999
Boeddingshaus/Hahn/Schulte ... BauO NRW, Kommentar, Loseblattausgabe
BPlan .... Bebauungsplan
BR-Drs. .... Bundesratsdrucksache
Brem .... Bremen
BremLBO .... Bremische Landesbauordnung
BRI .... Bruttorauminhalt
BROG .... (Bundes-)Raumordnungsgesetz
BRS .... Baurechtsammlung, hrsg. von Konrad Gelzer
Brügelmann u.a. .... Baugesetzbuch, Kommentar, Loseblattausgabe
BT-Drs. .... Bundestagsdrucksache
Buchholz .... Sammel- und Nachschlagewerk der Rechtsprechung des BVerwG
Buchst. .... Buchstabe
BVerfG .... Bundesverfassungsgericht
BVerwG .... Bundesverwaltungsgericht
BW .... Baden-Württemberg
BW VGH .... Verwaltungsgerichtshof Baden-Württemberg
BWVBl. .... Baden-Württembergisches Verwaltungsblatt (Zeitschrift)

CE-Zeichen .... Konformitätszeichen nach dem Bauproduktengesetz-BauPG (§ 12 Abs. 1)
ChE .... Verfassungsentwurf Herrenchiemsee

D .... Durchmesser
DAB (BY) .... Deutsches Architektenblatt (Ausgabe Bayern)
DAR .... Deutsches Autorecht
dB (A) .... Dezibel als Messgröße für Geräuschmessung
Decker/Konrad .... Bayerisches Baurecht, 2002
Def. .... Definition
ders. .... derselbe
DIBt. .... Deutsches Institut für Bautechnik in Berlin
dies. .... dieselben
DIN .... Deutsche IndustrieE Norm
DÖV .... Die Öffentliche Verwaltung (Zeitschrift)
Drews/Wacke/Vogel/Martens ... Gefahrenabwehr, 9. Aufl. 1986

Drs.	Drucksache
DVBl.	Deutsches Verwaltungsblatt (Zeitschrift)
DVNBauO	Allgemeine Durchführungsverordnung zur Niedersächsischen Bauordnung
DVO	Durchführungsverordnung
DWW	Deutsche Wohnungswirtschaft (Zeitschrift)
E	Entscheidungssammlung
EG	Europäische Gemeinschaft
EGBGB	Einführungsgesetz zum Bürgerlichen Gesetzbuch
EG-RL-UVP	EG-Richtlinie über die Umweltverträglichkeitsprüfung bei bestimmten öffentlichen und privaten Projekten (85/337/EWG)
Einl.	Einleitung
Erl.	Erlass
Ernst/Zinkahn/Bielenberg	Baugesetzbuch, Kommentar, Loseblattausgabe
f., ff.	die folgende(n) Seite(n) (oder Rn.)
Fauna-Flora-Habitat-Richtlinie	Richtlinie 92/43/EWG des Rates vom 21. Mai 1992 zur Erhaltung der natürlichen Lebensräume sowie der wild lebenden Tiere und Pflanzen (ABl. EG L 206 S. 7 i.d.F. vom 27. Oktober 1997 (ABl. EG Nr. L 305 S. 42)
Fickert/Fieseler	Baunutzungsverordnung, 10. Aufl. 2002
FirstH	Firsthöhe
Fn.	Fußnote
FStrG	Bundesfernstraßengesetz
Fundstelle	Die Fundstelle, Erläuterungen und Fundstellennachweise zu allen Vorschriften für die Bayer. Gemeindeverwaltung (Zeitschrift)
G	Gesetz
Gädtke/Temme/Heintz	BauO NRW, 10. Aufl. 2003
Gassner/Bendomir-Kahlo/ Schmidt-Räntsch	Bundesnaturschutzgesetz, 2. Aufl. 2003
GBl./GVBl./GV/GVOBl.	Gesetz- (und Verordnungs) blatt
gem.	gemäß
G(er)OrgG	Gerichtsorganisationsgesetz
GewArch	Gewerbearchiv (Zeitschrift)
GFZ	Geschossflächenzahl
GG	Grundgesetz
GMBl.	Gemeinsames Ministerialblatt
GO	Gemeindeordnung
Göhler/König/Seitz	OWiG, 13. Aufl. 2002
Gönnenwein	Die Anfänge des kommunalen Baurechts, in: Festgabe für Hans Fehr 1948
Grosse-Suchsdorf/Lindorf/ Schmaltz/Wichert	Niedersächsische Bauordnung, 7. Aufl. 2002
GRZ	Grundflächenzahl
GSG	Gesetz über Technische Arbeitsmittel (Gerätesicherheitsgesetz)
GVS	Gesetz- und Verordnungssammlung
h.M.	herrschende Meinung
Hahn/Schulte	Öffentlich-rechtliches Baunachbarrecht, 1998
Hamb.	Hamburg
HBauO	Hamburgische Bauordnung
HBO	Hessische Bauordnung
Hess.	Hessen
Hess VGH	Hessischer Verwaltungsgerichtshof

Hoppe/Grotefels	Öffentliches Baurecht, 1995
Hoppenberg (Hrsg.)	Handbuch des öffentlichen Baurechts, 1996
HS	Halbsatz
i.d.F.(d.)	in der Fassung (des/der)
i.d.R.	in der Regel
i.S.	im Sinne
i.V.m.	in Verbindung mit
insbes.	insbesondere
Jäde	Musterbauordnung (MBO 2002), 2003
Jäde/Dirnberger/Bauer/Weiß	Die neue Bayerische Bauordnung
JVBl.	Justizverwaltungsblatt
JZ	Juristenzeitung (Zeitschrift)
Koch/Molodovski/Farmers	Bayerische Bauordnung, Kommentar, Loseblattausgabe
KommP BW	Kommunale Praxis Ausgabe Baden-Württemberg (Zeitschrift)
KommP BY	Kommunale Praxis Ausgabe Bayern (Zeitschrift)
KommP N	Kommunale Praxis Ausgabe Niedersachsen (Zeitschrift)
König/Roeser/Stock	Baunutzungsverordnung, 1999
Kopp/Ramsauer	Verwaltungsverfahrensgesetz, 8. Aufl. 2003
krit.	kritisch
Krüger	Geschichte der Baupolizei, insbesondere des neuzeitlichen formellen baupolizeilichen Verfahrens, 1914
lafo	land- und forstwirtschaftlich
LBauO M-V	Landesbauordnung Mecklenburg-Vorpommern
LBauO Rh-Pf.	Landesbauordnung Rheinland-Pfalz
LBO BW	Landesbauordnung für Baden-Württemberg
LBO Saar	Bauordnung für das Saarland
LBO Schl-H	Landesbauordnung für das Land Schleswig-Holstein
LBO, LBauO	Landesbauordnung (s. auch bei den Ländern)
LBOAVO	Allgemeine Ausführungsverordnung zur Landesbauordnung Baden-Württemberg
Lisken/Denninger	Handbuch des Polizeirechts, 3. Aufl. 2001
LKV	Landes- und Kommunalverwaltung, Verwaltungsrechts-Zeitschrift für die Länder Berlin, Brandenburg, Mecklenburg-Vorpommern, Sachsen, Sachsen-Anhalt und Thüringen
LS	Leitsatz
LuftVG	Luftverkehrsgesetz
lW	lichte Weite
m.w.N.	mit weiteren Nachweisen
v. Mangoldt/Klein/Starck	Das Bonner Grundgesetz, 4. Aufl. 1999
Maunz/Dürig	Kommentar zum Grundgesetz, Loseblattausgabe
MBliV	Ministerialblatt der inneren Verwaltung
MBO	Musterbauordnung (mit jeweiliger Jahresangabe)
MinBl./MBl.	Ministerialblatt
MittBayNotK	Mitteilung der Bayerischen Notarkammer
Mitteis/Lieberich	Deutsche Rechtsgeschichte, 19. Aufl. 1992
M-V	Mecklenburg-Vorpommern
n.F.	neue Fassung
NBauO	Niedersächsische Bauordnung
Nds	Niedersachsen
NdsVBl.	Verwaltungsblätter für Niedersachsen
NF	Neue Folge
NJW	Neue Juristische Wochenschrift (Zeitschrift)
NordÖR	Öffentliches Recht (Zeitschrift)

NRW	Nordrhein-Westfalen
NuR	Natur und Recht (Zeitschrift)
NVwZ	Neue Zeitschrift für Verwaltungsrecht
NVwZ-RR	NVwZ-Rechtsprechungsreport (Zeitschrift)
NWVBl.	Verwaltungsblätter für Nordrhein-Westfalen
NZV	Neue Zeitschrift für Verkehrsrecht
o.J.	ohne Jahr
OLG	Oberlandesgericht
ÖPNV	öffentlicher Personennahverkehr
öR	öffentliches Recht, öffentlich-rechtlich
OVG Bbg.	Oberverwaltungsgericht für das Land Brandenburg
OVG Bln.	Oberverwaltungsgericht Berlin
OVG Brem.	Oberverwaltungsgericht der Freien Hansestadt Bremen
OVG Hamb.	Hamburgisches Oberverwaltungsgericht
OVG M-V	Oberverwaltungsgericht Mecklenburg-Vorpommern
OVG Nds.	Niedersächsisches Oberverwaltungsgericht
OVG NRW	Oberverwaltungsgericht für das Land Nordrhein-Westfalen
OVG Rh-Pf.	Oberverwaltungsgericht Rheinland-Pfalz
OVG Saar	Oberverwaltungsgericht des Saarlandes
OVG Sachs.	Sächsisches Oberverwaltungsgericht
OVG Sachs-Anh.	Oberverwaltungsgericht des Landes Sachsen-Anhalt
OVG Schl-H.	Schleswig-Holsteinisches Oberverwaltungsgericht
OVG Thür.	Thüringer Oberverwaltungsgericht
OWiG	Gesetz über Ordnungswidrigkeiten
Palandt (Begr.)	Bürgerliches Gesetzbuch, Kommentar, 63. Aufl. 2004
PBefG	Personenbeförderungsgesetz
p.Chr.n.	post Christum natum (nach Christus)
Pkt.	Punkt (als Gliederung)
pr.	preußisch
PrALR prALR	Allgemeines Landrecht für die Preußischen Staaten von 1794
PrEnteigG	Preußisches Gesetz über die Enteignung von Grundeigentum vom 11. 6. 1874
PrGS	Preußische Gesetzessammlung
PrOVG	Preußisches Oberverwaltungsgericht
PrVBl.	Preußisches Verwaltungsblatt
RarbBl.	Reichsarbeitsblatt
RdErl.	Runderlass
RdL	Recht der Landwirtschaft (Zeitschrift)
RE, RegE	Regierungsentwurf
RegBl.	Regierungsblatt
RG	Reichsgericht
RGBl.	Reichsgesetzblatt
RheimstG	Reichheimstättengesetz
Rh-Pf.	Rheinland-Pfalz
Rn.	Randnummer(n)
RL	Richtlinie
RNatSchG	Reichsnaturschutzgesetz
ROG	(Bundes-)Raumordnungsgesetz
Rspr.	Rechtsprechung
RuPrVBl.	Reichs- und Preußisches Verwaltungsblatt
RVBl.	Reichsverwaltungsblatt
RVO	Rechtsverordnung
s.(o.) (u.)	siehe (oben) (unten)
S	Seite oder Satz
Saar	Saarland

Sachs . . . . Sachsen
Sächs BO . . . . Sächsische Bauordnung
Sächs Gast BauR . . . . Sächsische Richtlinien für den Bau von Gaststätten
Sächs Hh BauR . . . . Sächsische Richtlinien von Hochhäusern
Sächs Kr BauR . . . . Sächsische Richtlinien für den Bau von Krankenhäusern
Sächs Verk BauR . . . . Sächsische Richtlinien für den Bau von Verkaufsstätten
Sächs Vers BauR . . . . Sächsische Richtlinien für den Bau von Versammlungsstätten
Sachs-Anh . . . . Sachsen-Anhalt
SächsVBl. . . . . Sächsische Verwaltungsblätter (Zeitschrift)
SchBerG . . . . Gesetz über die Beschränkung von Grundeigentum für die militärische Verteidigung (Schutzbereichsgesetz)
Scheerbarth . . . . Das allgemeine Bauordnungsrecht, 2. Aufl. 1966
Schlez . . . . LBO BW, 4. Aufl. 1996
Schl-H . . . . Schleswig-Holstein
Schlichter/Stich/Driehaus/Paetow Berliner Kommentar zum BauGB, 3. Aufl. 2002
Schlotterbeck/von Arnim . . . . . . LBO BW, 4. Aufl. 1997
Schmidt-Tophoff . . . . Das Recht der Außenwerbung, 1965
Schrödter . . . . BauGB, 6. Aufl. 1998
Simon/Busse (Hrsg.) . . . . BayBO, Kommentar, Loseblattausgabe
StAnz. Staatsanzeiger
STPO . . . . Strafprozessordnung
StVG . . . . Straßenverkehrsgesetz
StVO . . . . Straßenverkehrsordnung

TA Lärm . . . . Technische Anleitung zum Schutz gegen Lärm (Verwaltungsvorschrift)
TA Luft . . . . Technische Anleitung zur Reinhaltung der Luft (Erste Allgemeine Verwaltungsvorschrift zum Bundes-Immissionsschutzgesetz)
Thür. . . . . Thüringen
ThürBO . . . . Thüringer Bauordnung
ThürVBl. . . . . Thüringer Verwaltungsblätter (Zeitschrift)
TKG . . . . Gesetz über die Regulierung der Telekommunikation und des Postwesens – Telekommunikationsgesetz
TÜV . . . . Technischer Überwachungs-Verein
TVO . . . . Technische Durchführungsverordnung zur Bauordnung für das Saarland

u.Ä. . . . . und Ähnliches
u.a. . . . . und andere, unter anderem
udgl. und dergleichen
u.U. . . . . unter Umständen
UPR . . . . Umwelt- und Planungsrecht (Zeitschrift)
Urt. . . . . Urteil
usw. . . . . und so weiter
UVP . . . . Umweltverträglichkeitsprüfung
UVPG . . . . Gesetz über die Umweltverträglichkeitsprüfung
UVP-Verwaltungsvorschrift . . . . Allgemeine Verwaltungsvorschrift zur Ausführung des Gesetzes über die Umweltverträglichkeitsprüfung
Ü-Zeichen . . . . Übereinstimmungszeichen (auf Bauprodukt, Beipackzettel, Verpackung oder Lieferschein)

v.a. . . . . vor allem
VA . . . . Verwaltungsakt
VB . . . . Verwaltungsbehörde
VDE . . . . Verband Deutscher Elektrotechniker
VDI . . . . Verein Deutscher Ingenieure
VerfGH . . . . Verfassungsgerichtshof

VerwArch.	Verwaltungsarchiv
VerwRspr.	Verwaltungsrechtsprechung in Deutschland
VG	Verwaltungsgericht
VGG	Verwaltungsgerichtsgesetz
VGH	Verwaltungsgerichtshof (s. auch bei den Ländern)
vgl.	vergleiche
VO	Verordnung
vorüberg.	vorübergehend
VRS	Verkehrsrechts-Sammlung
VVDStRL	Veröffentlichung der Vereinigung der Deutschen Staatsrechtslehrer
VwGO	Verwaltungsgerichtsordnung
VwRR BY	Verwaltungsrechtsreport Bayern (Zeitschrift)
VwRRMO	VerwaltungsRechtsReport MO Aktuelle Rechtsprechung für die Verwaltungspraxis. Ausgabe Brandenburg, Mecklenburg-Vorpommern, Sachsen, Sachsen-Anhalt, Thüringen (Zeitschrift)
VwVfG	Verwaltungsverfahrensgesetz (ohne Landesadjektiv: VwVfG des Bundes)
VwZG	Verwaltungszustellungsgesetz
WaStrG	Bundeswasserstraßengesetz
WEG	Gesetz über das Wohnungseigentum und das Dauerwohnrecht
WG	Wassergesetz
WHG	Wasserhaushaltsgesetz
Wilke/Dageförde/Knuth/Meyer	Bauordnung für Berlin, 5. Aufl. 1999
WRV	Weimarer Reichsverfassung
WSG	Gesetz über die Aufschließung von Wohnsiedlungsgebieten (Wohnsiedlungsgesetz) vom 22. 9. 1933
WVVO	Wasserverbandsverordnung
z.B.	zum Beispiel
z.T.	zum Teil
ZAW	Zentralausschuss der Werbewirtschaft e.V.
ZfBR	Zeitschrift für deutsches und internationales Baurecht
ZfW	Zeitschrift für Wasserrecht
ZMR	Zeitschrift für Miet- und Raumrecht
ZPO	Zivilprozessordnung
ZRP	Zeitschrift für Rechtspolitik
ZUR	Zeitschrift für Umweltrecht

1. Kapitel. Entwicklung, Bedeutung und Zielsetzung des öffentlichen Bau- und Bauordnungsrechts

Übersicht

Rn.

Teil 1. Bauordnungsrecht als Teil des allgemeinen Baurechts 1
I. Baurecht 1
II. Privates Baurecht 6
III. Öffentliches Baurecht 9
1. Raumordnungsrecht 14
2. Städtebaurecht 16
3. Bauordnungsrecht 20
IV. Baunachbarrecht 31
1. Zivilrechtlicher Nachbarschutz 32
2. Öffentlich-rechtlicher Nachbarschutz 35

Teil 2. Historische Entwicklung des Öffentlichen Baurechts 42
I. Ältere Baurechtsgeschichte 42
1. Anfänge des Baurechts im Altertum . 42
2. Baugesetze im klassischen Griechenland 45
3. Baugesetze im Römischen Reich . . . 53
4. Germanien 70
5. Öffentliches Baurecht im Römischen Reich und deutscher Rechtskreis . . . 72
II. Baurecht im Mittelalter und zu Beginn der Neuzeit 75
1. Volksrechte des frühen Mittelalters . . 75
2. Baurecht im hohen Mittelalter 90
3. Baurecht im späten Mittelalter und zu Beginn der Neuzeit 99
a) Deutsche Rechtsbücher des Mittelalters 100
aa) Der Sachsenspiegel 101
bb) Der Schwabenspiegel 105
b) Baurecht in den Städten des deutschen Sprachraums 111
c) Baurecht in den ländlichen Weistümern 118
d) Die „BauwOrdnung" des Leonhart Frönsperger von 1564 119
e) Entwicklungsstand des Baurechts zu Beginn der Neuzeit 162
III. Landesfürstliche Bautätigkeit und Baupolizeirecht 164
1. Landesfürstlicher Städtebau, Baugestaltungsrecht 165
2. Baupolizeirecht, Baukonsens und Feuerordnungen 171
IV. Baurecht im liberalen Rechtsstaat . . 182
1. Regelungen des Baurechts in Preußen 183
a) Preußisches Allgemeines Landrecht 183
b) Örtliche Bauvorschriften 188
c) Gesetzliche Teilregelungen vor den Kreuzbergurteilen 192
aa) Fluchtliniengesetz von 1875 . . 192
bb) Ansiedlungsgesetz von 1876 . . 193
d) Kreuzbergurteile 194

Rn.

e) Weitere gesetzliche Teilregelungen . 200
2. Moderne Baugesetze in den anderen deutschen Bundesstaaten 204
a) Entwicklung des Baurechts in Bayern, Württemberg und anderen Staaten 206
b) Sächsisches Baugesetz als Beispiel moderner Baurechtskodifikation . . 208
V. Baurecht nach dem Ersten Weltkrieg . 218
1. Baurecht und Weimarer Reichsverfassung 218
2. Baurecht in Preußen 224
a) Wohnungsgesetz 224
b) Einheitsbauordnungen 226
c) Preußischer Städtebaugesetzentwurf 232
3. Reichsrechtliche Regelungen und Entwurf für ein Reichsstädtebaugesetz . . 237
a) Siedlungs- und Heimstättenrecht . 237
b) Referentenentwurf für ein Reichsstädtebaugesetz 238
VI. Baurecht im nationalsozialistischen Staat 242
1. Teilregelungen durch Gesetze und Verordnungen 242
2. Entwurf für das „Deutsche Baugesetz" 247
3. Luftschutz- und Kriegsfolgeregelungen 253
VII. Baugesetze und Entwürfe der Länder in den ersten Nachkriegsjahren 256
1. Forderungen an ein neues Baurecht . . 256
2. Trümmergesetze 258
3. Lemgoer Entwurf, Aufbaugesetze . . 260
4. Baugesetzentwurf für Berlin 263
5. Entwurf zu einem Bayerischen Baugesetz 267

Teil 3. Baurecht unter Geltung des Grundgesetzes 270
I. Baurecht und Grundgesetz 270
1. Grundrechte 270
a) Eigentum (Art. 14 GG), Baufreiheit 272
b) Rechte der Person (Art. 2 GG) . . . 287
aa) Freie Entfaltung der Persönlichkeit (Art. 2 Abs. 1 GG) . . . 287
bb) Recht auf Leben und körperliche Unversehrtheit (Art. 2 Abs. 2 GG) 289
c) Grundrecht auf Sicherheit 291
d) Glaubens- und Religionsfreiheit (Art. 4 GG) 292
e) Meinungs- und Kunstfreiheit (Art. 5 GG) 294
aa) Meinungs- und Informationsfreiheit 294
bb) Freiheit der Baukunst 296

Rn.

f) Berufsfreiheit (Art. 12 GG) 300
g) Unversehrtheit der Wohnung (Art. 13 GG) 302
2. Sozialstaatsprinzip (Art. 20 Abs. 1 GG) 305
3. Umweltschutz (Art. 20 a GG) 308
4. Kompetenzvorschriften (Art. 70 GG) . 311
II. Kompetenzstreit zwischen Bund und Ländern 318
1. Entwurf zu einem Baugesetz für die Bundesrepublik Deutschland 318
2. Kontroverse Beurteilung der Gesetzgebungskompetenz 323
a) Gutachten des Deutschen Volksheimstättenwerkes e.V. 324
b) Gutachten der ARGEBAU 329
c) Überbrückung des Kompetenzstreites, Weinheimer Gutachten . . 330
III. Das „Baurechtsgutachten" des Bundesverfassungsgerichts 333
1. Föderale Aufteilung der Gesetzgebungskomptetenz für das Bauwesen . 334
2. Landesgesetzgebungskompetenz für das „Baupolizeirecht im bisher gebräuchlichen Sinne" 336
3. Bestätigung der Kompetenzverteilung in der Rechtsprechung des BVerfG . . 337
4. Zustimmung und Kritik am Gutachten des BVerfG und an der Teilung des öffentlichen Baurechts 339
5. Umfassende Gesetzgebungskompetenz des Bundes oder der Länder für das Baurecht? 346

Teil 4. Die getrennte Regelung der einheitlichen Baurechtsmaterie durch BBauG/BauGB und Landesbauordnungen 350
I. Bundesbaurecht 350
1. Der Weg zum BBauG 350
2. Vom BBauG zum BauGB 353
3. Baunutzungsverordnung und Planzeichenverordnung 363
II. Landesbauordnungsrecht 368
1. Vorarbeiten für ein einheitliches Bauordnungsrecht 368
2. Der Weg zur Musterbauordnung . . . 370
3. Die Musterbauordnung 1960 und Musterentwürfe für Rechtsverordnungen 373

Rn.

a) Aufbau und Inhalt der Musterbauordnung 374
b) Musterentwürfe für Rechtsverordnungen zur Musterbauordnung . . 386
4. Die ersten Landesbauordnungsgesetze und Verordnungen nach der Musterbauordnung 387
5. Die Fortschreibung der Musterbauordnung 389
a) MBO 1981 389
b) MBO 1990 399
c) MBO 1992 400
d) MBO 1993 – Öffnung für eine Bauordnungsreform 401
e) MBO 1996 404
f) MBO 1997 405
g) MBO 2002 – Zurück zur Rechtseinheit im Bauordnungsrecht? . . . 406
aa) Verlust eines einheitlichen bauaufsichtlichen Verfahrensrechts durch die Bauordnungsreform . 407
bb) Ziele und Inhalt der MBO 2002 410
h) Literatur zur Bauordnungsreform . 420

Teil 5. Das Bauordnungsrecht der 16 Bundesländer 423
I. Rechtsquellen 423
1. Landesbauordnungen 423
2. Verordnungen, örtliche Bauvorschriften und Verwaltungsvorschriften zu den Landesbauordnungen 424
3. Technische Baubestimmungen 425
4. EG-Recht 430
5. Baunebenrecht 433
II. Anwendungsprobleme 438
1. Schnittstellen zwischen Bundesbaurecht und Landesbauordnungen 438
a) Verfahrensrechtliche Schnittstellen 439
b) Schnittstellen des materiellen Baurechts 443
2. Abweichende Regelungen in den Landesbauordnungen 454
3. Überwindung der Anwendungsprobleme 455
III. Kritik der bisherigen Reform – neue Ansätze 457
1. Kritik an der Bauordnungsreform . . 457
2. Bauordnungsbuch des Bundes als Ziel 459

Teil 1. Bauordnungsrecht als Teil des allgemeinen Baurechts

I. Baurecht

„Unter **‚Baurecht'** i. w. S. versteht man die Summe derjenigen Rechtsvorschriften, die sich auf die Ordnung der Bebauung und die Rechtsverhältnisse der an der Erstellung eines Bauwerks Beteiligten beziehen."[1] 1

Baurecht ist historisch **gewachsenes Recht**, das nicht in einer Epoche intellektuell konzipiert worden ist. Nur vor diesem **geschichtlichen Hintergrund** ist die Baurechtsmaterie bis in seine Grundstrukturen zu verstehen. Die heutige Begriffsbildung und Aufteilung des Baurechts ist Produkt und Zwischenergebnis eines geschichtlichen Entwicklungsprozesses,[2] der nicht erst mit den Ländergesetzgebungen des 19. Jahrhunderts begonnen hat,[3] sondern weit darüber hinausgreift. Das belegt u. a. die „Bauwordnung" des *Leonhart Frönsperger* von 1664, die weitgehend in Vergessenheit geraten war (siehe unten Teil 2 d, Rn. 119 ff.). 2

Baurecht ist in seinem Kernbestand **technisches Recht**. Hierin erschöpft sich allerdings der Zweck dieser Rechtsmaterie nicht. Die Wohnung, das Haus – also das **„Dach überm Kopf"** – und die Bebauung insgesamt sind für den **Menschen**, die **Familie** und darüber hinaus für das Zusammenleben der Gesellschaft in Städten und sonstigen Ansiedlungen von **zentraler Bedeutung**. „Jedermann lebt in Raum und Zeit. Gestalt und Gestaltung des Raumes berühren die Lebensverhältnisse jedes einzelnen, z. T. elementar."[4] In der Rechtsphilosophie wird dieser **Raumbezug** von **Mensch** und **Baurecht** wie folgt umschrieben: 3

„… die Bewegungsfreiheit des Menschen und dadurch ein beträchtliches Stück seines Freiheitsbewußtseins" ist „elementar durch die Bindung an den Raum umgrenzt …". „Die Erlebnissituation ist so gestaltet, daß der sich seines ‚Ich' bewußt werdende Mensch nicht umhin kann, seinen ständigen Bezug auf den Raum im Lebens-, Wohn-, Wirk-, Arbeitsraum … festzustellen. Demgemäß tritt zum Bewußtsein der Personalität die Einsicht in die dingliche Bindung, zur Personenhaftigkeit die Sachhaftigkeit …". Unter diesem Blickwinkel erscheint das Baurecht „… als ein eigenes in sich geschlossenes Rechtsgebiet …"[5]

Die Inanspruchnahme des Raumes, von Boden und Umwelt durch Planung und bauliche Vorgänge berührt in vielfältiger Weise **private** und **öffentliche Interessen**. Bauliches Geschehen hat eine mehrpolige Wirkung und erfordert die Beachtung der durch die **Verfassung** und die **übrige Rechtsordnung** – insbesondere durch das Baurecht – vorgenommene **Ausgleichung** von Interessen des **Bauherrn**, der **Allgemeinheit** und individueller Dritter (**Nachbarn**).[6] 4

Das Baurecht i. w. S. wird – in unserer dualen Rechtsordnung – in das **öffentliche** und in das **private Baurecht** unterteilt. Die genannten Rechtsgebiete unterscheiden sich nach den beteiligten Rechtssubjekten, nach Zweck und Durchsetzungsmitteln. Ein Rechtsverhältnis ist nach der Subjekts- oder Sonderrechtstheorie öffentlich-rechtlich, wenn wenigstens der eine Teil an ihm in seiner Eigenschaft als Träger hoheitlicher Gewalt beteiligt ist. Danach gehören z. B. das Verfassungsrecht, das Strafrecht und das Verwaltungsrecht zum öffentlichen Recht. 5

---

[1] *Locher*, Das private Baurecht, 6. Aufl., München 1996, S. 1, Rn. 1 (im Original hervorgehoben).

[2] Vgl. zum Begriff des Baurechts im historischen Sinne *Pirson*, Das Baurecht des fürstlichen Absolutismus im hohenzollernschen Franken, Schriftenreihe des Bundesministers für Wohnungsbau, Bd. 19, Düsseldorf 1960, S. 1.

[3] So zum Städtebaurecht aber *Krautzberger* in: *Ernst/Zinkahn/Bielenberg/Krautzberger*, BauGB, Einl. Rn. 1; a. A. auch *Brohm*, Öffentliches Baurecht, 3. Aufl., München 2002, § 1 Rn. 3 ff.; *Hoppe*, in: Hoppe/Bönker/Grotefels, Öffentliches Baurecht, München 2002, § 1 Rn. 14 ff.

[4] *Krebs*, in: Besonderes Verwaltungsrecht, hrsg. v. *Schmidt-Aßmann*, 12. Aufl. Berlin 2003, 4. Kap. (Baurecht), Rn. 1.

[5] *Küchenhoff*, Rechtsbesinnung – Eine Rechtsphilosophie, Göttingen 1973, S. 82 f.; vgl. auch S. 252–254.

[6] *Hahn/Schulte*, Öffentlich-rechtliches Baunachbarrecht, München 1998, Rn. 1.

II. Privates Baurecht

6 Im **Privatrecht** treten sich die Einzelnen auf **gleicher Ebene** im Rahmen der **Vertragsfreiheit** gegenüber, die durch normative Regelungen begrenzt wird. Infolgedessen kann man unter privatem Baurecht „die Summe derjenigen Normen" verstehen, „die im Rahmen der Baufreiheit die Rechtsbeziehungen der an der Planung und Durchführung eines Bauwerks Beteiligten sowie der dem Bauwerk unmittelbar dienenden Anlagen regeln".[7]

7 Das private Baurecht regelt Rechtsverhältnisse zwischen **Bauherr**, **Architekt** und **Unternehmer**. Der **Bauvertrag** zwischen Auftraggeber und Bauunternehmer kann ein **BGB-Werkvertrag** gem. §§ 631 ff. BGB oder wenn die Verdingungsordnung für Bauleistungen (VOB) zum Vertragsgegenstand gemacht wurde, ein **VOB-Vertrag** sein.[8] Die vertraglichen Beziehungen zwischen Auftraggeber und **Architekt** hat der BGH als Werkvertrag qualifiziert.[9] Die **Vergütung** richtet sich nach der HOAI.[10]

8 Weiterhin kann es zu außervertraglichen Rechtsbeziehungen zu unbeteiligten Dritten (z. B. Verkehrssicherungspflicht) und zu Nachbarn oder zur Haftung aus **Deliktsrecht** (§§ 823 ff. BGB) kommen.

III. Öffentliches Baurecht

9 Der **Begriff** des **öffentlichen Baurechts** umfasst die Vorschriften über die Zulässigkeit und Grenzen, Ordnung sowie Förderung der Nutzung von Grund und Boden durch bauliche Anlagen im Hinblick auf deren Errichtung, Nutzung, Veränderung und Beseitigung.[11] Die Regelungen reichen „angefangen von der Planung über die Bodenordnung und Enteignung bis zur Ausführung der einzelnen baulichen Anlage auf dem Grundstück".[12]

10 Das öffentliche Baurecht ist ein Zweig des **besonderen Verwaltungsrechts**. Mit *Gaentzsch* kann man es – in Anlehnung an den Begriff des Wirtschaftsverwaltungsrechts – als **Bauverwaltungsrecht** bezeichnen, um damit die ordnende, lenkende, erzwingende und fördernde Funktion des Baurechts zum Ausdruck zu bringen.[13]

11 *Harry Westermann* qualifizierte 1952 das Baurecht als ein **eigenständiges** besonderes **Rechtsgebiet**, dem der allgemeine Gedanke vom sozialen Rechtsstaat und „vom sozialgebundenen Grundeigentum … die innere Freiheit (gibt), die den nach Zweckzusammenhängen zusammengefassten Rechtsstoff zur echten **systematischen Einheit** zusammenschmiedet".[14] Von dieser **rechtssystematischen Geschlossenheit** des Baurechts ist das normierte Recht der Bundesrepublik Deutschland jedoch **weit entfernt** (siehe unten Teil 5 Rn. 454).

12 Hauptursache hierfür ist die Kompetenzordnung des Grundgesetzes (GG). Das **BVerfG** hat 1954 in einem **Rechtsgutachten** ausgesprochen, dass das GG die Materie öffentliches Baurecht **nicht insgesamt** der Gesetzgebungskompetenz des Bundes zugewiesen, sondern den Ländern die Gesetzgebungszuständigkeit für das **„Baupolizeirecht im bisher gebräuchlichen Sinne"** belassen hat.[15]

---

7 *Locher* (Fn. 1) S. 3, Rn. 6.

8 *Palandt/Sprau*, BGB, 63. Aufl., Einf. v. § 631, Rn. 4; *Jagenburg/Reichelt*, NJW 2000, 2629.

9 BGH vom 22. 10. 1981 BGHZ 82, 100; *Jagenburg/Kesselring*, NJW 2001, 3302.

10 Verordnung über die Honorare für Leistungen der Architekten und der Ingenieure (Honorarordnung für Architekten und Ingenieure) v. 17. 9. 1976 (BGBl. S. 2805); i. d. F. d. Bktm. v. 4. 3. 1991 (BGBl. I S. 533), zuletzt geändert durch Gesetz v. 10. 11. 2001 (BGBl. I S. 2992, 2994).

11 *Krautzberger*, in: *Battis/Krautzberger/Löhr*, BauGB, 8. Aufl., München 2002, Einl., Rn. 3.

12 Schriftenreihe des Bundesministers für Wohnungsbau, Bd. 16/17: 1. Musterbauordnung (Aufgestellt von der Musterbauordnungskommission); 2. Allgemeine Einführung in die Musterbauordnung (Aufgestellt vom Begründungsausschuss der Musterbauordnungskommission), Recklinghausen 1960.

13 *Gaentzsch*, Öffentliches Baurecht, Köln 1978, S. 17.

14 *Westermann*, Das Baurecht im Rechtssystem, BBauBl. 1952, S. 137, 140.

15 BVerfG vom 16. 6. 1954 BVerfGE 3, 407 und dazu Rn. 333 ff.

Der Begriff des öffentlichen Baurechts umfasst herkömmlich das **Städtebaurecht** und das **Bauordnungsrecht**. Weiterhin ist als eigenständige Rechtsmaterie das **Raumordnungsrecht** als Rechtsquelle zu nennen.[16] Somit gliedert sich das öffentliche Baurecht in: 13

- das Raumordnungsrecht
- das Städtebaurecht – das das Bauplanungsrecht mit umfasst – und
- das Bauordnungsrecht.

1. Raumordnungsrecht

Unter **Raumordnung** versteht man die zusammenfassende, übergeordnete Planung und Ordnung des Raumes. Sie ist übergeordnet, weil sie überörtliche Planung ist und weil sie vielfältige Fachplanungen zusammenfasst und aufeinander abstimmt.[17] 14

Während der **Bund** für die **Landesplanung** nach Art. 75 Nr. 4 GG nur eine **Rahmenkompetenz** besitzt, verfügt er für die **Bundesplanung** kraft Natur der Sache über eine ausschließliche **Vollkompetenz.**[18] Die ausschließliche Bundeskompetenz zur Raumplanung für den Gesamtstaat betrifft die Raumplanung in ihren über die Länder hinausgreifenden Zusammenhängen. Dagegen ist Raumordnung i. S. d. Art. 75 Nr. 4 GG nur Planung im Bereich eines Landes.[19] Hiervon hat der Bund durch Erlass des **Raumordnungsgesetzes** (ROG) vom 18. 8. 1997 Gebrauch gemacht.[20] Mit Ausnahme der Stadtstaaten (Berlin, Bremen, Hamburg) haben alle Bundesländer Landesplanungsgesetze erlassen. In den Stadtstaaten erfüllt der Flächennutzungsplan die Aufgaben der Landesplanung (§ 8 Abs. 1, Satz 2 ROG). 15

2. Städtebaurecht

Die Gesetzgebungszuständigkeit des Bundes für das Städtebaurecht und damit für das Baugesetzbuch (BauGB) ergibt sich aus Art. 74 Nr. 18 GG. Da **städtebauliche Planung** die rechtliche Qualität des Bodens bestimmt, macht sie den Grund und Boden unmittelbar zum Gegenstand rechtlicher Ordnung, indem sie die rechtlichen Beziehungen des Menschen zum Grund und Boden regelt. Infolgedessen handelt es sich bei dieser Materie um **Bodenrecht** i. S. d. Art. 74 Nr. 18 GG, für die der Bund die konkurrierende Gesetzgebungskompetenz besitzt.[21] 16

Das **BauGB** regelt im ersten Kapitel das **Allgemeine Städtebaurecht**. Hierzu gehört die **Bauleitplanung**. Diese erfolgt zweistufig durch den Flächennutzungsplan und den Bebauungsplan. Weiterhin sind Gegenstand des ersten Kapitels die Vorschriften über die Sicherung der Bauleitplanung, die planungsrechtliche **Regelung** der **baulichen** und sonstigen **Nutzung**, die Entschädigung, die **Bodenordnung** mit Umlegung und Grenzregelung, die **Enteignung**, die Erschließung und über Maßnahmen für den Naturschutz. 17

Das zweite Kapitel des BauGB normiert im Wesentlichen das **Besondere Städtebaurecht** mit den städtebaulichen **Sanierungsmaßnahmen** und städtebaulichen **Entwicklungsmaßnahmen**.[22] 18

Wesentliche Bedeutung für das Bauplanungsrecht hat die auf § 2 Abs. 5 BauGB gestützte Verordnung über die bauliche Nutzung der Grundstücke (**Baunutzungsverordnung** – BauNVO). 19

---

[16] *Krautzberger* (Fn. 11) Einl. Rn. 9.

[17] BVerfG (Fn. 15) 425 ff.; zu den Grundlagen des Rechts der Raumordnung und Landesplanung vgl. *Hoppe*, in: *Hoppe/Bönker/Grotefels* (Fn. 3), § 3.

[18] BVerfG (Fn. 15) 428.

[19] BVerfG vom 30. 10. 1962 BVerfGE 15, 1, 16.

[20] Verkündet als Art. 2 des Bau- und RaumordnungsG 1998 (BauROG) v. 18. 8. 1997 BGBl. I S. 2081, geändert durch Gesetz v. 15. 12. 1997, BGBl. I S. 2902.

[21] Vgl. BVerfG (Fn. 15).

[22] Vgl. BVerwG vom 3. 7. 1998 BRS 60 Nr. 225 u. Nr. 229; vom 31. 3. 1998 NVwZ 1999, 407; vom 16. 2. 2001 NVwZ 2001, 1050.

3. Bauordnungsrecht

20 Jedes der **16 Bundesländer** hat eine **Bauordnung** als Gesetz erlassen. Das BVerfG hat nämlich den Ländern – in dem bereits erwähnten Rechtsgutachten – die Gesetzgebungszuständigkeit für das **„Baupolizeirecht im bisher gebräuchlichen Sinne"** zuerkannt. Für die Frage der gesetzgeberischen Zuständigkeit hat es das oberste Gericht als entscheidend angesehen, dass „das Baupolizeirecht ein Teil des Polizeirechts ist" und das Polizeirecht „nach wie vor Sache der Landesgesetzgebung" ist.[23]

21 So erscheint es folgerichtig, dass *Scheerbarth* von einer **Identität** der Begriffe **Bauordnungsrecht**, **Baupolizeirecht** und Bauaufsichtsrecht ausgeht und *Sailer* feststellt, „das Bauordnungsrecht ist seinem Wesen nach besonderes Polizeirecht (sog. Baupolizeirecht)".[24]

22 Hingegen bestehen nach *Breuer* „Ziel und Funktion des Bauordnungsrechts in der individuellen Missbrauchsabwehr gegen polizeiliche Gefahren, Verunstaltungen sowie Missachtungen qualifizierter wohlfahrtspflegerischer Belange".[25] Hierin kommt zum Ausdruck, dass das Bauordnungsrecht offensichtlich **auch** dem Sozialstaatsprinzip verpflichtet ist und neben Gefahrenabwehrvorschriften mit **sozialstaatlichen Regelungen** durchmischt ist.

23 Mit der Abtrennung des Bauplanungsrechts hat das BVerfG nicht nur ein einheitliches Baurecht **unmöglich** gemacht, sondern es hat auch nur **scheinbar** den Weg zurück zum „Baupolizeirecht im bisher gebräuchlichen Sinne" gewiesen. Die Auseinandersetzung mit dem historisch entstandenen und fortentwickelten Baupolizeibegriff zeigt, dass das BVerfG den Ländern in Wahrheit eine **unlösbare Gemengelage** aus **polizeilichen** und **nichtpolizeilichen Aufgaben** als „Baupolizeirecht" in die Gesetzgebungskompetenz überwiesen hat, die zumindest teilweise künstlich in das System eines Gefahrenabwehrgesetzes eingezwängt werden.

24 Festzuhalten ist, dass die Begriffe **Bauordnungsrecht** und **Baupolizeirecht nicht deckungsgleich** sind und heute nicht mehr entsprechend ihrer ursprünglichen Bedeutung gebraucht werden können. Dennoch hat die MBO-Kommission „aus Gründen der **Tradition**" am Begriff der Bauordnung festgehalten.[26] Der daneben gebrauchte Begriff des Bauaufsichtsrechts geht auf formale Entpolizeilichungsmaßnahmen der Besatzungsmächte zurück und ist in der Sache irreführend.[27] Der Vorschlag von *Dittus*, nicht mehr von Bauordnungsrecht, sondern von Bauwerksrecht zu sprechen,[28] hat – trotz der sachlich zutreffenden Begriffswahl – keine Gefolgschaft gefunden.

25 Das Bauordnungsrecht der Länder untergliedert sich in einen
- materiellen Teil und einen
- formellen Teil.

26 Der formellrechtliche Teil trifft **Regelungen** über die **Bauaufsichtsbehörden** und über das bauaufsichtliche **Verwaltungsverfahren**. Hierher gehören die Bestimmungen über die **Genehmigungsfreiheit** oder -pflichtigkeit von Vorhaben, die Anforderungen an Bauantrag und **Bauvorlagen** sowie deren Behandlung durch die Baubehörden, das vereinfachte oder umfassende Baugenehmigungsverfahren, die **Baugenehmigung**, den Vorbescheid, die Zulassung von Abweichungen, die Beteiligung der Angrenzer und die Bauüberwachung. Zur **präventiven** Bauaufsicht tritt die **repressive Bauaufsicht** zur Durchsetzung der bauordnungs- und bauplanungsrechtlichen Vorschriften mit Hilfe von Stilllegungsverfügungen, Nutzungsuntersagungen, Versiegelungen und **Beseitigungsanordnungen**.

---

[23] BVerfGE (Fn. 15) 433.

[24] *Scheerbarth*, Das allgemeine Bauordnungsrecht, 2. Aufl., Köln 1966, S. 1 und *Sailer*, in: Handbuch des Polizeirechts, Hrsg. *Lisken/Denninger* 3. Aufl. München 2003, D II (Baurecht) Rn. 3.

[25] *Breuer*, Die Bodenordnung im Konflikt zwischen Städtebau und Eigentumsgarantie, München 1976, S. 166.

[26] Allgemeine Einführung in die MBauO (Fn. 21) S. 121.

[27] Vgl. etwa § 49 Ordnungsbehördengesetz (OBG) NRW: „Die Bezeichnungen ändern sich wie folgt: Bauaufsicht statt Baupolizei ...".

[28] *Dittus, Wilhelm*, Baupolizei?, DVBl. 1956, S. 249, 281, 320 f.; *ders.*, Einführung in das Bundesbaugesetz, Frankfurt/M. und Berlin 1961, S. 18.

Zum formellen Teil gehören auch die Vorschriften über **Baulasten**, örtliche Bauvorschriften, Bußgeldbestimmungen und Verordnungsermächtigungen.

Im materiellen Teil ist nach dem Anwendungsbereich und den Begriffsbestimmungen – wie bauliche Anlage, Gebäude, Vollgeschoss usw. – die bauordnungsrechtliche **Generalklausel** geregelt. Es folgen Anforderungen an das Baugrundstück, **Abstandsflächenbestimmungen**, Anforderungen an den Bau und seine Teile unter Gesichtspunkten der **Standsicherheit**, des **Brandschutzes** und der Verkehrssicherheit, Anforderungen an **Bauprodukte**, Sonderbauten und Stellplätze. **Sozialstaatliche Zielsetzungen** liegen u. a. den Vorschriften über Kinderspielplätze, Mindestanforderungen für Wohnungen und den barrierefreien Zugang von Wohnungen und öffentlichen Gebäuden zugrunde. Begrünung von Baugrundstücken und Gebäuden dienen dem **Umweltschutz**. Die **Gestaltung** der Gebäude selbst, der Schutz des **Straßen-**, **Orts-** und **Landschaftsbildes** vor Verunstaltungen – insbesondere auch durch **Werbeanlagen** – ist Regelungsgegenstand weiterer Vorschriften der Landesbauordnungen. 27

Durch das **BauGB** und die **Bauordnungen** der Länder ist die **einheitliche Baurechtsmaterie** – entsprechend den Kompetenznormen des GG – in verselbständigte Teilgebiete des Baurechts **zerschnitten** worden. Hierbei ist eine Vielzahl von **Zweifelsfragen** aufgetreten, ob bestimmte Regelungsbereiche dem Bundes- oder Landesrecht unterliegen. Auch nachdem Rechtsprechung und Literatur zur Herausbildung begrifflicher Abgrenzung beigetragen haben, besteht die sog. **Schnittstellenproblematik** nach wie vor (siehe unten Teil 5, II. 1., Rn. 438 ff.). 28

Ein weiteres Anwendungsproblem resultiert daraus, dass es trotz **Musterbauordnung** nicht gelungen ist, die Bauordnungen der Länder zu vereinheitlichen. Entwickelten sich die **Landesbauordnungen** zunächst „nur" bzgl. ihrer **materiellen** Regelungen **auseinander**, driften in den letzten Jahren die **Verfahrensvorschriften** immer weiter von einer einheitlichen Linie ab. 29

Auch angesichts der fortschreitenden **europäischen Integration** erweist sich das sechzehnfach in Deutschland dargebotene Bauordnungsrecht als unübersichtliches Rechtsanwendungs- und **Investitionshindernis**. Da mit gesetzgeberischer Hilfe nicht zu rechnen ist, wird in den folgenden Kapiteln eine **Gesamtdarstellung** des deutschen **Bauordnungsrechts** gegeben. 30

IV. Baunachbarrecht

„Als Nachbarrecht bezeichnet man gemeinhin den Inbegriff jener Normen, durch die der Inhalt des Eigentums gegenüber den widerstreitenden Interessen angrenzender Grundstücke zum Ausgleich gebracht wird." Das Baunachbarrecht befasst sich „mit jenen Einflüssen eines Grundstücks auf das andere, die als unmittelbare Auswirkung einer Bautätigkeit zu werten sind".[29] Baunachbarrechtliche Vorschriften gehören **teilweise** zum **Privatrecht**, teilweise zum **öffentlichen Recht** und unterliegen ihrerseits jeweils einer weiteren teilweisen Zuordnung zur Gesetzgebungskompetenz des Bundes und der Länder. 31

1. Zivilrechtlicher Nachbarschutz

Der **privatrechtliche Nachbarschutz** findet seine gesetzliche Grundlage einerseits in den **§§ 1004, 823 Abs. 1 BGB**. Diese Vorschriften verleihen dem Inhaber eines absoluten Rechtes einen **negatorischen Anspruch**, Beeinträchtigungen dieses Rechtes abzuwehren. Der im Baurecht besonders bedeutsame **quasinegatorische Anspruch** umfasst bei einer entsprechenden Anwendung des § 1004 auch die von § 823 Abs. 2 BGB als Schutznorm umfassten Rechtsgüter und rechtlich geschützten Interessen.[30] 32

---

29 Hauptkommission für die Baugesetzgebung beim Bundesminister für Wohnungsbau, Entwurf eines Baugesetzes, Schriftenreihe des Bundesministers für Wohnungsbau, Bd. 7, Bonn (o. J.) und Begründung ebenda, Bd. 9 (o. J.), S. 173 – vgl. dort auch (den gescheiterten Ansatz) zur Vereinheitlichung des Nachbarrechts.

30 *Medicus*, Münchener Kommentar § 1004, Rn. 10 zur Terminologie und *Krautzberger* (Fn. 11) Rn. 2.

33 Rechtsgrundlage für den zivilrechtlichen Nachbarschutz sind andererseits die **§§ 903 ff. BGB**. Insbesondere § 906 BGB beschränkt Inhalt und Grenzen des Abwehranspruchs des Grundeigentümers gegen die Zuführung unwägbarer Stoffe. Nach § 906 Abs. 1 Satz 2 BGB hat die Einhaltung öffentlich-rechtlicher Immissionsvorschriften Bedeutung für die Beurteilung der Wesentlichkeit einer Beeinträchtigung.[31]

34 Neben den nachbarrechtlichen Regelungen in den §§ 906–923 BGB können die **Länder** auf Grund des **Art. 124 EGBGB** „das Eigentum an Grundstücken zugunsten der Nachbarn noch anderen als den im Bürgerlichen Gesetzbuch bestimmten Beschränkungen unterwerfen. Dies gilt insbesondere auch für Vorschriften, nach welchen **Anlagen** sowie **Bäume** und **Sträucher** nur in einem bestimmten Abstand von der Grenze gehalten werden dürfen." Auf dieser Rechtsgrundlage haben die Bundesländer sog. **Nachbarrechtsgesetze** erlassen.[32] Diese sind **zivilrechtlicher Natur**. Sie regeln – als eine dem öffentlichen Baurecht gegenüber selbständige Materie – für die Bautätigkeit wichtige Fragen, wie das Recht der **Grenz-** und **Nachbarwand**, das Fenster- und Lichtrecht, das Traufrecht sowie das Hammerschlags- und Leiterrecht.[33]

2. Öffentlich-rechtlicher Nachbarschutz

35 Auch im **öffentlichen Baurecht** genügt zur Begründung eines nachbarlichen Abwehrrechts **nicht** der rein **objektive Rechtsverstoß**. Hinzu kommen muss eine Verletzung in **eigenen Rechten**.[34] Das BVerwG führt sogar aus, der Einzelne habe kein Recht darauf, dass die Verwaltung rechtmäßig handele (!).[35] Diese subjektiven Rechte wurden auch im öffentlichen Baurecht aus Grundrechten – insbesondere aus Art. 14 Abs. 1 Satz 1 und Art. 2 Abs. 2 GG – der Betroffenen abgeleitet. In der Rechtsprechung der Verwaltungsgerichte ist in den letzten Jahren der Nachbarschutz immer mehr in **einfachgesetzlichen Vorschriften** verortet worden. Ob eine Regelung nicht nur dem öffentlichen, sondern auch dem rechtlich geschützten Interesse eines Dritten dient, wird mit Hilfe der sog. **Schutznormtheorie** bestimmt. Als potenziell drittschützend kommen im Baurecht Bestimmungen des **Städtebaurechts** - (Bau-)Gebietsgewährleistungsanspruch, Anspruch auf gerechte Abwägung, nachbarschützende Bebauungsplanfestsetzungen und das Gebot der Rücksichtnahme in den §§ 31 Abs. 2, 34 Abs. 1, 35 Abs. 3 und § 15 Abs. 1 BauNVO –, des **Bauordnungsrechts** – Einhaltung der Abstandsflächen, Anforderungen an Stellplätze – und des **Immissionsschutzrechtes** in Betracht.[36]

36 Ist Nachbarschutz zivilrechtlich gesehen **Schutz gegen den Bauherrn**, ist er öffentlich-rechtlich gesehen **Schutz gegen hoheitliche Eingriffe**. Hierdurch rücken die Baugenehmigung als Anfechtungsgegenstand des Nachbarn und die Baubehörde, die diesen Hoheitsakt dem Bauherrn erteilt hat, in das Zentrum des Nachbarstreits. Der Bauherr ist lediglich als Beigeladener in diesem **Dreiecksverhältnis** beteiligt. Hierauf ist der **verwaltungsgerichtliche Rechtsschutz** mit Nachbarwiderspruch, Eilrechtsschutz nach den §§ 80, 80 a VwGO und Anfechtungsklage zugeschnitten. Durch **§ 212 a BauG**, der durch das BauROG 1998 in das BauGB aufgenommen wurde, hat der Gesetzgeber jedoch bestimmt, dass **Drittwiderspruch** und **-klage** keine aufschiebende Wirkung (mehr) haben. Diese muss sich der Nachbar in der Regel vor den Verwaltungsgerichten erstreiten, da die Neigung der Baubehörden, den Vollzug einer gerade erteilten Baugenehmigung auszusetzen, gegen null tendiert.

---

[31] *Palandt/Bassenge* (Fn. 8) § 906, Rn. 2.

[32] *Palandt/Bassenge* (Fn. 8) § 124 EGBGB, Rn. 2.

[33] Vgl. z. B. *Schäfer*, Nachbarrechtsgesetz für NRW, 12. Aufl., München 2002.

[34] BVerwG vom 19. 9. 1986, BRS 46 Nr. 173.

[35] BVerwG vom 28. 4. 1994, BRS 56 Nr. 163.

[36] Vgl. Rn. 283 ff. und *Roesner*, in: Berliner Kommentar zum BauGB, hrsg v. *Schlichter, Stich, Driehaus, Paetow*, 3. Aufl., Köln u. a. 2002, §§ 29–38, Vorbemerkungen, Rn. 1–12 und *Kraft*, Entwicklungslinien im baurechtlichen Nachbarschutz, VerwArch Bd. 89, 1998, S. 264 ff.; *Muckel*, Der Nachbarschutz im öffentlichen Baurecht – Grundlagen und aktuelle Entwicklungen, JuS 2000, 132 ff.; *Dürr*, Die Entwicklung des öffentlichen Baunachbarrechts, DÖV 2001, 625 ff.

Nachdem die Gesetzgeber in Bund und Ländern in den 90er Jahren des letzten Jahrhunderts den Nachbarn als Mitverantwortlichen für überlange Genehmigungsverfahren und als Investitionshindernis beim Aufbau Ost und als schädlich für den Wirtschaftsstandort Deutschland erkannt hatten, schwächten sie seine Stellung nicht nur durch § 212a BauGB, sondern durch die teilweise **Abschaffung** seines Anfechtungsgegenstandes, die **Baugenehmigung**, ab. Dies erfolgte durch die **Genehmigungsfreistellung** von **Wohngebäuden** – tlw. bis zur Hochhausgrenze – im Geltungsbereich von Bebauungsplänen und die starke Ausweitung der herkömmlichen Freistellungskataloge für unbedeutende bauliche Anlagen. Hierdurch sollte auch der „Verantwortungsbereich des Bürgers" gestärkt werden, d.h. mit der Baugenehmigung entfällt auch der Hauptanknüpfungsgegenstand für **Amtshaftungsansprüche**. Den gewünschten Effekt hat die Genehmigungsfreistellung nur teilweise erbracht, weil viele Bauherren nicht auf die Legalisierung der Baugenehmigung verzichten wollen und die Architekten die erweiterte Haftung scheuen.[37] 37

Als viel wirksamer erweist sich die starke **Ausweitung** des **vereinfachten Baugenehmigungsverfahrens**. In einigen Bundesländern hat es schon die Rolle des Regel-Genehmigungsverfahrens übernommen. Das Verfahren ist vereinfacht, weil **nur** noch ein **Kernbestand** an baurechtlichen und sonstigen öffentlichen Vorschriften **geprüft** wird. Nur insoweit entfaltet die Baugenehmigung ihre feststellende Wirkung und nur insoweit erfolgt die Baufreigabe. Im Übrigen ist der Bauherr zwar verpflichtet, sämtliche Bauvorschriften zu beachten, Anfechtungsgegenstand kann aber nur die Baugenehmigung und ihre reduzierte Legalisierungswirkung sein. Im Übrigen muss sich der Nachbar gegen das **Gebäude selbst** wehren.[38] 38

Der **Nachbarrechtsschutz** folgt – soweit keine Baugenehmigung erforderlich oder soweit die Prüfung im vereinfachten Genehmigungsverfahren nicht vorgeschrieben ist – den Grundsätzen, die zum altbekannten **„Schwarzbau"** entwickelt worden sind. Der Nachbar ersucht die **Baubehörde**, **gegen** den **Bauherrn** und sein **Gebäude** mit den Mitteln der repressiven Bauaufsicht **vorzugehen**. Hierüber entscheidet diese nach pflichtgemäßem Ermessen. Nur bei einer Ermessensreduzierung auf null hat der Nachbar einen Anspruch auf Einschreiten. Gerichtlich kann er diesen nach **§ 123 VwGO** und durch **Verpflichtungsklage** geltend machen.[39] 39

Auch die **Normenkontrollklage** nach § 47 VwGO gegen Bebauungspläne und das einstweilige Anordnungsverfahren nach Abs. 6 dieser Vorschrift werden zu Zwecken des Nachbarschutzes eingesetzt. 40

Privatrechtlicher und öffentlich-rechtlicher Nachbarschutz stehen grundsätzlich selbständig nebeneinander. Es steht dem Gesetzgeber nämlich im Rahmen des Art. 14 Abs. 1 Satz 2 GG frei, die nachbarlichen Rechtsbeziehungen sowohl privat- als auch öffentlichrechtlich zu regeln.[40] Die **Baugenehmigung** ergeht **unbeschadet privater Rechte Dritter**. Dennoch ergeben sich vielfältige Verknüpfungen, bspw. im Rahmen der Prüfung nach § 906 Abs. 2 BGB. Nebenbestimmungen zur Baugenehmigung können gem. § 823 Abs. 2 BGB durchgesetzt werden.[41] Jeder Prozessbevollmächtigte sollte jedoch vor der Entscheidung für den einen oder den anderen Rechtsweg das **Haftungsrisiko** des § 945 ZPO in seine Erwägungen einbeziehen, der nicht für das verwaltungsgerichtliche Verfahren gilt.[42] 41

---

[37] *Schulte*, Schlanker Staat: Privatisierung der Bauaufsicht durch Indienstnahme von Bauingenieuren und Architekten als staatlich anerkannte Sachverständige, BauR 1998, 249 ff.

[38] BVerwG vom 16. 1. 1997 NVwZ 1998, 58.

[39] BWVGH vom 26. 10. 1994 BRS 52 Nr. 148 = BauR 1995, 219 und OVG M-V vom 9. 4. 2003 BauR 2003, 1710.

[40] BVerwG vom 20. 6. 1996 Buchholz 11 Art. 14 GG Nr. 301.

[41] BGH vom 27. 9. 1996 NJW 1997, 55 = DVBl. 1997, 424.

[42] BGH vom 23. 9. 1980 NJW 1981, 349; BVerwG vom 9. 8. 1990 NVwZ 1991, 270; *Hartmann*, in: *Baumbach/Lauterbach/Albers/Hartmann*, ZPO Bd. 1, 61. Aufl. München 2003, § 945, Rn. 24; Krit. *Uechtritz*, Nachbarrechtsschutz bei der Errichtung von Wohngebäuden im Freistellungs-, Anzeige- und vereinfachten Verfahren, NVwZ 1996, 640, 645 f.

Teil 2. Historische Entwicklung des öffentlichen Baurechts

I. Ältere Baurechtsgeschichte

1. Anfänge des Baurechts im Altertum

42 Jedes Gemeinwesen bedarf – sei es auf Grund einer erreichten Siedlungsdichte oder wegen der Errichtung großer sowie komplizierter Gebäude – konkreter individueller und schließlich auch genereller rechtsverbindlicher Regelungen für das Bauen. So hat die „Sorge für die zweckmäßige Aufführung und Instandhaltung öffentlicher Gebäude schon in den **Kulturstaaten** des **Altertums** die staatliche Tätigkeit wesentlich beschäftigt und mehrfach besondere Behörden hervorgerufen".[43]

43 Bei den alten **Ägyptern** führte der „Vorsteher der Arbeiten an allen Denkmälern" gleichzeitig den Titel eines „Chefs der Gendarmerie oder der Polizeitruppen". Bei der Ausführung von Bauten und dem Transport von Denkmälern fehlte es nämlich nicht an Polizeiaufsicht.[44]

44 Archaische Vorläufer des heutigen § 319 StGB[45] finden sich in den §§ 229f. des Gesetzbuches von **Hamurabi** (ca. 1700 a.Chr.n.), die eine – wenn auch nur strafrechtliche – Regelungsbedürftigkeit der damaligen Bautätigkeit in **Babylon** nachweisen. In diesen alten Vorschriften wird bestimmt, dass ein Baumeister, der einem anderen ein Haus baut, das dann infolge liederlichen Bauens einstürzt und den Tod des Hausherren verursacht, getötet werden soll. Wird weiterhin der Tod eines Kindes des Hausherren verursacht, so sollen der Baumeister und dessen Kind getötet werden.[46]

2. Baugesetze im klassischen Griechenland

45 In den griechischen Freistaaten bildeten die **öffentlichen Gebäude** und Einrichtungen den Mittelpunkt des Staates. Der Kern der Städte war infolgedessen vor allem aus Tempeln und öffentlichen Plätzen, Theatern, Gerichtshallen usw. zusammengesetzt. Den **Griechen** dienten Aufrisse und maßstabsgerechte Zeichnungen nicht nur zur konstruktiven Vorbereitung eines Bauvorhabens, sondern auch zur Entscheidungsfindung der Volksversammlung in einem Ideenwettbewerb.[47]

46 Um den politischen Kern herum siedelten sich dann die Privatleute mit ihren Wohnungen an.[48] Die **Privathäuser** standen oft dicht gedrängt und waren in Qualität und Ausführung nicht mit den öffentlichen Gebäuden zu vergleichen. Infolgedessen waren „Vorschriften über Baufluchten, **Standsicherheit** von Gebäuden, Trennwände usw." unerlässlich.[49]

47 In **Athen** übten zehn Beamte, die Astynomoi, eine Straßen- und **Baupolizei** aus.[50] Nach Platon (Legg. VI p 763 C) sorgten die Astynomoi dafür, dass der Hausbau gemäß

---

[43] *R. v. Mohl,* Stichwort: Baubehörden. Deutsches Staats-Wörterbuch, Hrsg. *J. C. Bluntschli* und *K. Brater,* 8. Band, Stuttgart/Leipzig 1864, S. 676, 677.

[44] *Brugsch, Heinrich,* Die Aegyptologie, Abriss der Entzifferungen und Forschungen auf dem Gebiet der ägyptischen Schrift, Sprache, Altertumskunde, Religion, Staatswesen, Wissenschaften und Künsten, Amsterdam 1970, S. 299–301. Eine wesentliche Funktion dieser Aufsicht bestand allerdings darin, die unzufriedenen und zum Aufruhr neigenden Arbeiter in die Schranken zu verweisen (S. 243).

[45] § 319 Abs. 1 StGB lautet: „Wer bei der Planung, Leitung oder Ausführung eines Baues oder des Abbruchs eines Bauwerks gegen die allgemein anerkannten Regeln der Technik verstößt und dadurch Leib oder Leben eines anderen gefährdet, wird mit Freiheitsstrafe bis zu fünf Jahren oder mit Geldstrafe bestraft." Vgl. weiterhin § 319 Abs. 2–4.

[46] *Delitzsch, Friedrich,* Handel und Wandel in Altbabylon, Stuttgart 1910, S. 37.

[47] *Petronotis, Argyres,* Zum Problem der Bauzeichnungen bei den Griechen, Athen 1972, S. 12.

[48] *R. v. Mohl* (Fn. 43) S. 677.

[49] *Buff, Albert,* Bauordnung im Wandel, München 1971, S. 15.

[50] *Busolt, Georg,* Griechische Staatskunde, 3. Aufl. der „Griechischen Staats- und Rechtsaltertümer", 2. Hälfte, Darstellung einzelner Staaten und der zwischenstaatlichen Beziehungen, bearb. von *Heinrich Swoboda,* München 1926, S. 1117 mit Fn. 1.

dem **Gesetz** vonstatten ging. Ihre Aufsicht erstreckte sich über den Hausbau hinaus auch auf die Erhaltung der Häuser.[51] Sie schritten ein, wenn jemand das dem öffentlichen Verkehr vorbehaltene Straßengelände bebaute oder über die Straßenflucht hinausreichende Balkone errichtete, Türen anbrachte, die sich zur Straße hin öffneten, oder Dachrinnen mit dem Ausfluss zur Straße hin ausrichtete. Unter der Voraussetzung, dass sich der Verlauf der Grenzlinie zwischen der öffentlichen Straße und dem Privatgrundstück zum Gegenstand eines Prozesses machen ließ, konnte es beim Überbauen der Straßenflucht zu einem **Prioritätenstreit** kommen.[52]

Über Athen hinaus besorgten in vielen griechischen Städten und Kolonien die Asty- **48**
nomoi die Aufrechterhaltung der öffentlichen Ordnung. Die 1901 bei Ausgrabungen in Pergamon gefundene Astynomeninschrift gibt in seinen Fragmenten Teile des **Astynomengesetzes** von **Pergamon** wieder, das im 2. Jahrhundert a.Chr. n. erlassen wurde. Trotz der bruchstückhaften Überlieferung gewährt die Inschrift einen Einblick in die ausführlichen straßen-, brunnen- und **baupolizeirechtlichen Regelungen** des Gesetzes:[53]

Auf dem Lande ist für Heerstraßen eine Breite von 20 Ellen, für sonstige Straßen eine **49**
Mindestbreite von 8 Ellen vorgeschrieben. Fußpfade sind nur für nachbarliche Zuwegungen erlaubt. Das Gesetz belastet die Anlieger mit einer Straßenreinigungs- und -unterhaltungspflicht.[54] Die Astynomen und ihre Gehilfen, die **Amphodarchen**, sind verpflichtet, gegen Leute vorzugehen, die die Straßen verunreinigen, den Straßenraum anlässlich privater Bautätigkeit beeinträchtigen oder offene Wasserrinnen in den Straßenkörper graben.[55]

Umfassend regelt das Gesetz die Unterhaltspflicht und Lastenverteilung zwischen den **50**
Nachbarn für **gemeinsame Mauern**.[56] Hieran schließen sich Vorschriften mit überwiegend baupolizeilichem Inhalt an: „Nicht erlaubt aber soll es sein, auf den gemeinsamen Mauern Aufbauten vorzunehmen oder sie zu durchbohren. … In allen Fällen, wo angrenzende Mauern sich schädlich erweisen für die Hausbewohner und wo die Besitzer für solche nach der Seite der Nachbarn frei stehenden Mauern Isoliergänge anlegen wollen, sollen sie unter der Voraussetzung, dass sie die Nachbarn dadurch nicht schädigen, nicht gehindert werden, es zu tun in einer Breite von höchstens einer Elle und, indem sie sie sogleich mit steinernen Deckkappen abdecken, nachdem die Außenmauer des Isolierganges fest gebaut ist, falls es nicht auf Fels ist, worauf die Deckkappen zu liegen kommen werden. …"[57]

Von besonderem Interesse sind die Vorschriften über **Brunnen** und **Zisternen**. Weisen **51**
sie doch nach, dass bereits im Altertum nicht allein die Sorge um eine ausreichende Wasserversorgung im Vordergrund stand, sondern dass unter hygienischen Gesichtspunkten Vorkehrungen für die Sauberkeit und Reinerhaltung des Trinkwassers im Gesetz getroffen wurden: „Betreffs der Brunnen in der Stadt und den Vorstädten soll den Astynomen die Sorge dafür obliegen, dass sie rein sind und die Kanäle, die das Wasser in sie hinein- und herausleiten, guten Fluss haben. …"[58] Keinem aber soll erlaubt sein, an den öffentlichen Brunnen ein Tier zu tränken oder Kleider zu waschen oder ein Gerät oder schlechthin irgendetwas anderes."[59] Dieses Verbot wurde mit drakonischen Strafen

---

[51] *Hermann, Karl Friedrich*, Lehrbuch der griechischen Privatalterthümer, 3. Aufl., umgearb. und hrsg. von *Hugo Blürner*, Freiburg/Br. und Tübingen 1882, S. 157 mit Fn. 1.

[52] *Swoboda* (Fn. 50).

[53] Vgl. hierzu und zum Folgenden *Klaffenbach, Günther*, Die Astynomeninschrift von Pergamon, Abhandlungen der Deutschen Akademie der Wissenschaften zu Berlin, Klasse für Sprachen, Literatur und Kunst, Jg. 1953 Nr. 6, Berlin 1954, S. 4–7 (Gesetzestext, zitiert nach Kolonne und Zeile), S. 7–11 (Übersetzung).

[54] Kol. I, 23–35.

[55] Kol. II, 49–52, 73–89.

[56] Kol. III, 105–128.

[57] Kol. III, 128–130, 132–142.

[58] Kol. IV, 172–176.

[59] Kol. IV, 180–183.

flankiert.[60] Hinsichtlich der Zisternen ordnet das Gesetz eine schriftliche Erfassung durch die Astynomen an und erlegt den Eigentümern eine Instandhaltungspflicht auf und verbietet ihre Zuschüttung. Eine weitere Vorschrift beschäftigt sich mit undichten öffentlichen Abtritten und Abzugskanälen.[61]

52 Ähnliche Normierungen wie das Astynomengesetz von Pergarnon finden sich auf **Kreta** und in **Alexandria**.[62]

3. Baugesetze im Römischen Reich[63]

53 „Ähnlich den Griechen" hatten „die Römer für das Bauwesen ... hohe Staatsbeamte, die **Ädilen**".[64] Stellung und Kompetenz der Ädilen war im Verlaufe der römischen Geschichte Veränderungen unterworfen, denen hier nicht im Einzelnen nachgegangen werden kann.[65] Entstand das Amt der Ädilen als Frohnbaubehörde, so entspricht die cura urbis der Ädilen nach Annahme der licinischen Gesetze der attischen Astynomie.[66] Der Ädil führte über die **öffentlichen Straßen**, die **Tempel** und die öffentlichen Gebäude die Oberaufsicht.[67] Das **Stadtrecht Cäsars** enthält ausführliche Regelungen „über die Art und Weise, wie durch die Tätigkeit" der Ädilen und deren Gehilfen „die Instandhaltung und Reinigung der Straßen unter zwangsweiser Heranziehung der angrenzenden Hausbesitzer gesichert werden sollte".[68]

Die Ädilen hatten Mittel, die Gemeinde vor Schaden zu bewahren, wenn ein an die öffentliche Straße angrenzendes Privatgebäude einzustürzen drohte.[69] Später wurde die **Bauüberwachung** durch die Einsetzung der curatores rerum publicarum verschärft. Das waren Beamte, die neben der staatlichen Vermögensverwaltung das Bauwesen beaufsichtigten.[70]

54 Das **Zwölftafelgesetz** der Stadt Rom aus dem Jahre 302 a.Chr.n. schreibt in tabula VIII, 4 vor: „ambitus sestertius pes esto".[71] Demnach haben sowohl das Bauernhaus als auch das Wohnhaus in der Stadt von dem Nachbarhaus einen **Gebäudeabstand** von insgesamt **5 Fuß** (ca. 1,5 m) einzuhalten. Zu diesem Abstand hat jeder Nachbar selbst $2^1/_2$ Fuß beizutragen. Diese Regelung des ambitus, als „ein den Umgang um das Haus vermittelnder Weg" hat einen doppelten Zweck. Zum einen soll der ambitus beiden Nachbarhäusern das **Licht** für die seitlich des Atriums gelegenen Räume sichern, zum anderen soll er den direkten Zugang und die **Zufahrt** zum Hofe gewährleisten. Dementsprechend steht beiden Nachbarn die Fahr- und Ganggerechtigkeit an dem gemeinsamen ambitus zu. Eine einseitige – den anderen ausschließende – Benutzung oder Verfügung ist keinem der Beteiligten gestattet.[72]

---

60 Kol. IV, 184–202.

61 Kol. IV, 203–236.

62 Vgl. hierzu Stichwort: Polizei, in: Reallexikon des klassischen Altertums, 8. Aufl., Hrsg. *J. Geffgen* und *E. Ziebarth*, Leipzig/Berlin 1914, S. 828 m. w. N.

63 Vgl. auch Rn. 72ff. zur Rezeption des römischen Rechts und die deutsche Baurechtsgeschichte.

64 *Rotteck* und *Welcker*, Stichwort: Bauwesen usw., in: Das Staats-Lexikon, 3. Aufl., (hrsg. von *Karl Welcker*), 2. Bd., Leipzig 1858, S. 406.

65 Vgl. hierzu *Mommsen, Theodor*, Römisches Staatsrecht, zweiter Band, I. Abteilung, Basel/Stuttgart 1963, unverändert. Nachdruck der 3. Aufl., Leipzig 1887, S. 470–522.

66 *Mommsen* (Fn. 65) S. 497 A.1 und 498 A.1.

67 *R. v. Mohl* (Fn. 43) S. 677.

68 *Pöhlmann, Robert*, Die Überbevölkerung der antiken Großstädte, Im Zusammenhang mit der Gesamtentwicklung städtischer Civilisation, Leipzig 1884, S. 117: Ähnlich wie Cäsar hat Papinian in seinem verloren gegangenen das für die cura urbium geltende Polizeirecht behandelt.

69 *Mommsen* (Fn. 65) S. 507; zur Frage der Durchsetzung S. 507 A.4

70 *Krüger, Kurt*, Geschichte der Baupolizei, insbesondere des neuzeitlichen formellen baupolizeilichen Verfahrens, Phil.-Diss. Halle a. d. S. 1914, S. 112.

71 „Der Gebäudeabstand soll 5 Fuß betragen." Die XII Tafel-Fragmente sind abgedruckt in *Voigt, Moritz*, Die XII Tafeln, Bd. 1, Neudruck der Ausgabe Leipzig 1883, Aalen 1966, S. 691, 724.

72 *Voigt, Moritz*, Die XII Tafeln, Bd. 2, Neudruck der Ausgabe Leipzig 1883, Aalen 1966, S. 620f.

Ein Gebäudeabstand von **60 Fuß** (ca. 18 m) ist gemäß tabula VIII, 5 zwischen Privatgebäuden sowie Grab- und Leichenbrandstätten einzuhalten.[73] Die Straßenbreite wird auf 8 Fuß (ca. 2,4 m) in der Geraden und auf 18 Fuß (ca. 5,4 m) in der Biegung festgesetzt.[74] 55

Neben diesen Festsetzungen überließ es das Gesetz dem Einzelnen, sich durch die Vereinbarung von Grundgerechtigkeiten (servitutes) mit dem Nachbarn ins Benehmen zu setzen. Kannte das XII Tafelgesetz vier **Servituten**, so bildeten sich bis zum Ende der Republik zwölf verschiedene heraus.[75] 56

Zur Zeit der **Republik** führte das schnelle und starke Anwachsen der Bevölkerung in der Hauptstadt Rom sowie in den zahlreichen Groß- und Mittelstädten des Weltreiches zu einem Zusammendrängen der Massen auf engstem Raum, so dass **baupolizeiliche** und gesundheitliche **Vorschriften** erforderlich wurden.[76] Weitere „Spuren einer Privathäuser umfassenden Baupolizei" erscheinen in der **Kaiserzeit**. Nachdem während der letzten Zeit der Republik „häufig Unglücksfälle die Unsicherheit der hoch aufgetürmten Gebäude erwiesen hatten", gingen Caesar, Augustus, Nero und Trajan mit Gesetzen und Verordnungen gegen die unhaltbaren Zustände vor.[77] 57

Einen einzigartigen Einblick in die **Kunst des Bauens** in der klassischen Antike vermittelt *Vitruv* mit seinen – vermutlich in den Jahren 33 bis 22 a. Chr. n. – niedergeschrieben **„Zehn Bücher(n) über Architektur"**,[78] in denen die Baukunst von der Anlage ganzer Städte, Tempel, Theater, Landsitze, Wohnhäuser bis hin zu den einzelnen Baustoffen und die Anforderungen beschrieben werden, die an den Baukünstler selbst zu stellen sind. *Vitruv* führt aus, dass der **Architekt** der **Rechte** insofern kundig sein muss, „als es zur Ausführung gemeinschaftlicher Wände und zur Anlage der Dachtraufen, der Kloake und der Fenster, ingleichen zur Ableitung des Wassers und zu anderen dergleichen Dingen erforderlich ist; damit er, bevor er ein Gebäude anfängt, alle Vorsicht gebrauche, dass nach dessen Vollendung nicht dem Eigner Prozesse daraus entstehen ...".[79] 58

Vitruv berichtet über **Staatsgesetze**, die es verbieten, gemeinschaftliche Mauern mit größeren Mauerstärken als $1^1/_2$ Fuß (0,45 m) zu bauen. Da Ziegelsteine bei dieser Stärke nur ein Stockwerk tragen können, wurden mit Hilfe von Steinpfeilern, Mauern aus gebrannten Ziegeln und Bruchsteinmauern hohe Häuser gebaut, um das Fassungsvermögen innerhalb der Stadtmauern durch die verschiedenen Stockwerke nach der Höhe zu vervielfältigen. Mag die Beschränkung der Mauerstärke – wie *Vitruv* meint – dazu gedient haben, die Wohnfläche der Häuser angesichts des knappen Baugrundes nicht durch überbreite Mauern zu verringern,[80] so diente diese Bauweise insbesondere auch einer erhöhten **Stand-** und **Feuersicherheit**. 59

Welches Ausmaß die Bebauung in Rom erreicht hat, wird durch die polizeilichen Bestimmungen der Kaiser über die **zulässige Häuserhöhe** bei Neubauten verdeutlicht. *Augustus* begrenzte die Höhe der Gebäude zur Straße hin auf **70 Fuß** (21 m), *Nero* veranlasste nach dem großen Brand eine weitere Verringerung, *Trajan* setzte die Gebäude- 60

---

[73] Die XII Tafel-Fragmente (Fn. 71) S. 725.

[74] *Voigt* (Fn. 71) S. 619 f. u. 621 f. Tabula V, 4: Viae latitudo inporresto VIII, in: anfracto XVI pedumesto.

[75] *Krüger* (Fn. 70) S. 9, 10. – Grundgerechtigkeiten: aquaeductus (Wasserleitungsrecht), haustus (Wasserschöpfrecht), iter (Fußwegrecht), actus (Fahrwegrecht), servitus cloacae (Verbindung der Privatkloake zum öffentlichen Abflusskanal), servitus luminum (Lichtrecht), servitus stillicidii (Traufrecht), servitus oneris ferendi (Stützrecht). Vgl. hierzu auch *Carl von Rotteck*, Stichwort: Bauwesen usw., in: Das Staats-Lexikon, 2. Aufl., 2. Bd., Altona 1846, S. 242.

[76] *Krüger* (Fn. 70) S. 9.

[77] *Madvig, J. N.*, Die Verfassung und Verwaltung des römischen Staates, 2. Bd., Leipzig 1882, S. 737 f. m. w. N.

[78] *Vitruvii*, De Architectura Libri Decem, übersetzt und mit Anmerkungen versehen von *Curt Fensterbusch*, Darmstadt 1964, *Vitruv*: Baukunst in 2 Bd., Nachdruck der Übersetzung Rodes, Leipzig 1796, mit einer Einführung von *Germann*, Zürich und München 1987.

[79] *Vitruv*, Baukunst (Fn. 78) 1. Buch, I Kapitel, S. 3.

[80] *Vitruv*, Baukunst (Fn. 78) 2. Buch, VIII Kapitel, S. 93 f.

höhe schließlich auf 60 Fuß (18 m) fest.[81] Eine eindrucksvolle Vorstellung vom alt-römischen Stadtbild vermittelt *Pöhlmann*, indem er anhand der um 1880 geltenden Bauordnungen von Berlin, Wien und Paris die zulässige Häuserhöhe absolut und schließlich im Verhältnis zur Straßenbreite mit den römischen Festsetzungen vergleicht. Danach übertrifft das Maß des Augustus die Bauhöhe in allen drei Städten in absoluten Zahlen. Waren in Rom die breitesten Straßen nur 5–6,50 m, so erreichten die drei modernen Städte Häuserhöhen von 20 m erst bei einer entspechenden Straßenbreite von 20 m. Eine Parallele zwischen der alten Großstadt und den Großstädten seiner Zeit sieht *Pöhlmann* weiterhin in der Tatsache, dass die Bauordnungen zwar Beschränkungen für die Vorderhäuser aufstellten, der vermeintlichen Baufreiheit aber bei den Hofgebäuden und **Hinterhäusern** zum Nachteil der Bewohner und zum Vorteil der Bau- und **Bodenspekulanten** freien Lauf ließen. Zu einem ähnlichen Ergebnis kommt er auch hinsichtlich der Kellerwohnungen.[82] Auf Grund der Baudichte, geringer Gebäudeabstände und der Verwendung von Holz für die Zwischendecken und den sonstigen Innenausbau kam es wiederholt zu verheerenden Brandkatastrophen. Seit *Augustus* gab es eine geordnete **Feuerpolizei** für die Hauptstadt.[83] Kaiser *Valentinian* verbot zur Verringerung der Feuersgefahr alle Vor- und Übererbauten.[84] Schließlich bestanden in den Großstädten Baubeschränkungen in sanitärer und feuerpolizeilicher Hinsicht.[85]

61 Umfangreiche baurechtliche Vorschriften der späteren Kaiserzeit finden sich in der **Konstitutionensammlung** des *Justitian*. Der Codex LVIII handelt in Tit. 10 „De aedificiis privatis" (von privaten Bauten), in Tit. 11 „De novi operis nuntiatione" (von dem Einspruch wegen Neubaus) und in Tit. 12 „De operibus publicis" (von öffentlichen Bauten).[86]

62 Um den bereits beschriebenen Gefahren, die aus der dichten Bebauung in den Großstädten resultieren, zu begegnen, griffen römische Kaiser in der Folgezeit immer wieder regelnd in diesen Bereich ein. So bestimmten beispielsweise *Honorius* und *Theodosius* im Jahre 398 p. Chr. n.: „Diejenigen Gebäude, welche gemeinhin Vorbauten genannt werden, oder wenn sonst ein anderer Bau an öffentliche oder Privatwände dergestalt angesetzt ist, dass die Nachbarschaft daraus Feuersgefahr und Unglück fürchtet, oder den Raum in den Straßen beengt, oder in den Säulenhallen die Breite eingeschränkt wird, verordnen wir abzutragen und abzureißen."[87] Im Jahre 406 p. Chr. n. ordneten dieselben Kaiser an, dass zwischen öffentlichen und privaten Gebäuden ein **Mindestabstand** von **15 Fuß** (4,5 m) einzuhalten ist.[88]

63 Um der **Verunstaltung** öffentlicher Plätze entgegenzuwirken, bestimmen *Gratianus Valentianus* und *Theodosius* im Jahre 383 p. Chr. n.: „Und darum soll alles niedergerissen werden, was hier und da in den Städten, entweder auf dem Markte, oder irgendeinem öffentlichem Platze Verunstaltendes und Hinderliches und dem geschmackvollen Äußern einer Stadt Zuwiderlaufendes errichtet befunden wird."[89] Ähnliche Anweisungen finden sich zum Schutze des kaiserlichen Residenzpalastes[90] und der Basilica.[91]

64 Um den **Verfall der Städte** zu verhindern, wurden für das gesamte Reich Vorschriften erlassen, die den Abriss von Gebäuden untersagten, wenn nicht neue an ihrer Stelle auf-

[81] *Krüger* (Fn. 70) S. 11 f.
[82] *Pöhlmann* (Fn. 68) S. 92–98.
[83] *Madvig* (Fn. 77) S. 737.
[84] *Krüger* (Fn. 70) S. 12.
[85] *Buff* (Fn. 49) S. 15.
[86] Corpus Iuris civilis. Volumen secundum. Codex Iustinianus, hrsg. von *Paul Krüger*, Berlin 1963. – Das Corpus Iuris Civilis ins Deutsche übersetzt, hrsg. von *Carl Otto, Bruno Schilling* und *Carl Friedrich Ferdinand Sintenis*, 6. Bd., Leipzig 1832.
[87] Codex L. VIII, Tit. 12, 14, gegeben zu Konstantinopel an Serverus, den Präfekten der Stadt Rom.
[88] Codex L. VIII, Tit. 10, 9. Vgl. auch Tit. 10, 11.
[89] Codex L. VIII, Tit. 12, 6.
[90] Codex L. VIII, Tit. 12, 17.
[91] Codex L. VIII, Tit. 12, 21.

geführt wurden.[92] „Diejenigen Besitzer ... sollen in den Städten, wo sie Häuser besitzen, diese Häuser, wenn sie eingestürzt und vernachlässigt sind, ausbessern und zur Befolgung dieser Vorschrift durch das **richterliche Ansehn** angehalten werden."[93]

Das umfangreichste **Baugesetz** wurde von Kaiser *Leo* wahrscheinlich kurz nach der Feuersbrunst in Konstantinopel (469 p.Chr. n.) erlassen und ist in der abgeänderten Form, die sie durch dessen Nachfolger *Zeno* erhalten hat, überliefert worden.[94] 65

Gewährte das zunächst nur für Konstantinopel geltende Gesetz eine weitestgehende **Baufreiheit** mit der Intention einer möglichst schnellen Behebung der Wohnungsnot, so schränkte *Zeno* die Baufreiheit wieder stärker ein und erstreckte den Geltungsbereich der Regelungen auf das gesamte Römische Reich.[95] 66

Das Gesetz gestattet dem Bauherrn „ein Haus zu bauen so hoch er will" mit Licht und Aussichtsfenstern, wenn er einen Gebäudeabstand von 12 Fuß (ca. 3,60 m) einhält und dem Nachbarn nicht die freie und ungehinderte **Aussicht** auf das **Meer** entzieht.[96] Von der zuletzt genannten Einschränkung war ein Bauherr befreit, wenn er das Haus 100 Fuß (30 m) hoch baute und damit zur Behebung der **Wohnungsnot** beitrug. *Zeno* verlangte allerdings für ein derartiges Gebäude einen **Bauwich** von **100 Fuß**.[97] 67

Um von der Stadt und den Hauseigentümern die Gefahr der Feuersbrünste abzuwenden, verbietet das Gesetz, Söller aus Holz zu bauen. Diese **Vorbauten** durften nur mit einem **Mindestabstand** von 15 Fuß über Straßenniveau gebaut werden, damit weder Gang noch Straße dadurch verengt wurde. Zwischen gegenüberliegenden Vorbauten und Galerien musste ein Mindestabstand von 10 Fuß eingehalten werden. Hölzerne Außentreppen waren verboten.[98] 68

Das Gesetz trifft Regelungen zur Beschleunigung von **Bauprozessen** und sieht einen vollen Schadensersatz bei willkürlichen **nachbarlichen Einsprüchen** vor.[99] Viele Vorschriften des Gesetzes zum Schutze des Nachbarn konnten durch besondere Vereinbarungen mit diesem außer Anwendung gesetzt werden.[100] 69

4. Germanien

Die Germanen wohnten – anders als die Römer – nicht in Städten oder zusammenhängenden Siedlungen.[101] *Tacitus* beschreibt im Kapitel 16 der **Germania** ihre Siedlungsform wie folgt: „Sie wohnen abgelegen und vereinzelt, gerade wie eine Quelle, ein Flurstück, eine Waldung ihnen zusagt. Die Dörfer legen sie nicht in unserer Art und Weise an, dass die Gebäude verbunden sind und zusammenhängen: Jeder umgibt sein Haus mit einem Zwischenraum, sei es zum Schutz gegen Feuersgefahr, sei es aus Unkenntnis im Bauen."[102] 70

Die Ansiedlungen der **Germanen** mit den einfachen hölzernen Einraumhäusern[103] erforderten **keine baurechtlichen Regelungen**, wie sie in den griechischen und römischen Städten auf Grund der Siedlungsdichte und Verkehrsverhältnisse unerlässlich waren. Die Sorge um die Stand- und Feuersicherheit konnte dem Einzelnen überlassen bleiben. 71

---

92 Madvig (Fn. 77).
93 Codex L. VIII, Tit. 10, 8.
94 Codex L. VIII, Tit. 10, 12.
95 Codex L. VIII, Tit. 10, 13.
96 Codex L. VIII, Tit. 10, 12, § 2.
97 Codex L. VIII, Tit. 10, 12, § 4.
98 Codex L. VIII, Tit. 10, 12, § 5.
99 Codex L. VIII, Tit. 10, 12, §§ 7, 8.
100 Codex L. VIII, Tit. 10, 12, § 1.
101 *Voigt* (Fn. 72) S. 620.
102 „Colunt discreti ac diversi, ut fons, ut campus, ut nemus placuit. Vicos locant non nostrum morem conexis et cohaerentibus aedificiis: suam quisque domum spatio circumdat sive adversus casus ignis remedium sive inscientia aedificandi."
103 Vgl. hierzu *Steffani, K. G.*, Der älteste deutsche Wohnbau und seine Einrichtung, Bd. 1, Leipzig 1902, S. 105 f.

5. Öffentliches Baurecht im Römischen Reich und deutscher Rechtskreis

72 Die römischen Baugesetze verloren mit dem Zerfall des Römerreichs ihre Bedeutung. Für die Germanen bestand wegen ihrer Lebens- und Siedlungsform keine Veranlassung, sich mit baurechtlichen Normierungen zu befassen.[104] Als im späten Mittelalter **römisches Recht** in Deutschland **rezipiert** wurde, hatten sich bereits selbständige baurechtliche Regelungen herausgebildet. Hieran und nicht an den gerne zur Begründung bemühten „anderen klimatischen Verhältnisse(n) und anderen Kultur"[105] mag schließlich eine Übernahme des römischen Baurechts gescheitert sein. Im Ergebnis ist die Feststellung richtig, „dass alle baupolizeilichen Bestimmungen der Pandekten als Teile des öffentlichen Rechts in Deutschland keine Anwendung gefunden haben. … Es gilt dies sowohl von den rein polizeilichen Bestimmungen als auch von denjenigen, welche obschon teilweise polizeilicher Natur, doch mit privatrechtlichen Wirkungen verbunden sind."[106]

73 Es sollte allerdings nicht übersehen werden, dass es auch entgegengesetzte Bestrebungen gegeben hat. So findet sich im „Handbuch des Teutschen Policeyrechts" des *Günther Heinrich von Berg* ein Kapitel „Ueber den subsidiarischen Gebrauch der römischen Policeygesetze in Teutschland".[107] Von Berg empfiehlt einen **subsidiären Gebrauch** der römischen Polizeigesetze für den Fall, dass Provinzial- und Reichsgesetze fehlen und die römischen Gesetze eine brauchbare Regelung für die deutschen Verhältnisse bieten.[108] Aufschlussreich ist die Aufzählung der für Deutschland brauchbaren römischen Baugesetze. Als zur „persönlichen Sicherheitspolizei" gehörig, nennt von Berg „die römischen Gesetze … gegen gefährliches Aufstellen oder Aufhängen solcher Sachen, die durch Herabfallen in gangbare Orte die Vorübergehenden beschädigen könnten, womit auch noch verschiedene Vorschriften der legis aquiliae und die Verordnungen wegen baufälliger Gebäude verbunden werden können".[109] „Gegen Beschädigung des Eigentums durch Unvorsichtigkeit enthält, besonders in Beziehung auf Gebäude, der Pandekten-Titel de damno infecto et suggrundiis verschiedene noch jetzt brauchbare Policeyvorschriften; z. E. L. 24 § 4: gegen Nachlässigkeit in Ansehung der Dachreparaturen; daselbst § 6: gegen Vernachlässigung der Baureparaturen überhaupt; daselbst § 12: gegen Beschädigung der benachbarten Häuser durch allzutiefes Graben."[110]

74 „Was für öffentliche Bequemlichkeit in Rücksicht auf mancherley Anlagen und auf die **Baupolicey** in den römischen Gesetzen verordnet ist, kann noch immer mit Nutzen, wenngleich unter gewissen Einschränkungen und Modificationen, angewendet werden."[111] Setzte sich diese Meinung für das öffentliche Baurecht nicht durch, so waren für das private Baurecht die Lehren vom Eigentum, von den Servituten und den Verträgen aus dem gemeinen römischen Recht von Bedeutung.[112]

---

[104] Vgl. I. 4. Fn. 70.

[105] *Krüger* (Fn. 70) S. 15.

[106] *Ackermann, Paul*, Der Baukonsens und die polizeilichen Beschränkungen der Baufreiheit nach Preußischem Recht, Berlin 1910, S. 2.

[107] *Berg, Günther Heinrich von*, Handbuch des Teutschen Policeyrechts, Vierten Theils, Erste Abtheilung (zu beiden Ausgaben gehörig), Hannover 1804, S. 30–44.

[108] *Berg* (Fn. 107) S. 30–33.

[109] *Berg* (Fn. 107) S. 36–37.

[110] *Berg* (Fn. 107) S. 38.

[111] *Berg* (Fn. 107) S. 42, 43.

[112] *Rönne, Ludwig von*, Die Baupolizei des Preußischen Staates, 3. Aufl., Breslau 1872, S. 4 Fn. 2: „Das Römische Recht handelt insbesondere in dem Titel der Dig. de servitutibus praediorum urbanorum (8.2) die Real-Dienstbarkeiten der Gebäude, und dann die Lehre vom Bauen auf fremden Boden oder mit fremden Materialien (L. 7 §§ 10–12, L. 60 D. de acq. rer. d., § 29 I. de rer. div., L. 23 § 7, L. 43 de R.V., L. 23 § 2 de usurpat.) ausführlicher ab."

II. Baurecht im Mittelalter und zu Beginn der Neuzeit

1. Volksrechte des frühen Mittelalters

Das Bauwesen des frühen Mittelalters im deutschen Sprachraum wird häufig in einem Atemzug mit dem primitiven hölzernen Einraumhaus der Germanen genannt. Das Urteil der „inscientia aedificandi" – von Tacitus auf die Germanen der Zeitenwende gemünzt – trifft die **Germanenstämme** der **Völkerwanderung** über die Landnahme hinaus.[113] Es wird sogar für die Zeit bis zum Ende des ersten nachchristlichen Jahrtausend für richtig befunden.[114] 75

„Baurechtliche Normen konnten erst aufkommen, als die Gebäude größeren Umfang und eine gewisse Standfestigkeit bekamen."[115] Folglich bedurfte das frühe Mittelalter **keiner Baugesetze**, „weil es so gut wie nichts zu bauen gab".[116] Diese Einschätzung des Bauwesens im frühen Mittelalter bedarf – jedenfalls teilweise – der Korrektur. 76

Mögen die **Volksrechte** der Gothen, Salier, Ripuarier, Allemannen und anderer im Hinblick auf das Baurecht insgesamt nur als „dürftig" einzustufen sein,[117] so ergeben sich bei ihrer Durchsicht dennoch vereinzelt wertvolle Aufschlüsse über das Bauwesen im frühen Mittelalter. 77

Die vermeintlich frühesten baurechtlichen Bestimmungen im deutschen Sprachraum enthält die Gesetzgebung der Langobarden im **„Edictus Rothari"**[118] (643 n. Chr.) und im **„Merkbuch Grimwalds** (oder Luitprands) über Löhne der Baugewerksmeister"[119] (ca. um 700 n. Chr.). Der Edikt des Königs *Rothari* zeichnet sich vor den anderen Volksrechten durch seine Geschlossenheit, eine klare Gliederung und eine präzise Ausdrucksweise aus. Er belegt, dass die Langobarden „von allen Germanen den schärfsten juristischen Verstand gehabt zu haben scheinen".[120] Für das **Bauwesen** sind zunächst die §§ 144 und 145 des Ediktes von Interesse: 78

„144. Baumeister. Gesetzt, ein Baumeister hätte mit seinen Werkgenossen es übernommen, jemand sein Haus instandzusetzen oder aufzuführen; er hätte auch den Preis verabredet. Begibt sich's nun, dass von dem Haus, dem Mauerwerk oder auch einem Steine, der herabfällt, irgendwer zu Tode kommt: darum soll man den Herrn des Hauses nicht belangen. Vielmehr muss der Baumeister mit seinen Werkgenossen den Todesfall oder Schaden büßen. Denn da er feste Zusage um Lohn als seinen Gewinn erhalten hat, ist es auch billig, dass er für (Werk-)Schaden aufkommt.

145. Meister, die man gebeten oder sich gemietet hat. Da bittet einer einen oder auch ein paar Baumeister oder mietet sie, damit sie seinen Knechten Arbeit anweisen oder in ihrem Tagwerk ihnen helfen sollten, bei der Erstellung eines Hauses oder einer Hütte. Und nun geschieht es, dass beim Haus(bau) einer von den Baumeistern um (sein) Leben kommt: darum kann man den Herrn des Hauses nicht belangen. Tötet indes ein Holz bei seinem Fall oder ein Stein vom Bauwerk einen Fremden, oder fügt er sonst ihm Schaden zu: da darf man nicht den Meistern Schuld drum geben. Vielmehr soll der, der sie gedungen hat, (auch) selber für den Schaden aufkommen."[121]

Um **Leib** und **Leben** der am Bau Beteiligten wie Unbeteiligten zu schützen, verteilen diese Vorschriften Verantwortungsbereiche und schaffen damit letztlich **Aufsichts-** 79

[113] *Gönnenwein, Otto*, Die Anfänge des kommunalen Baurechts, in: Kunst und Recht, Festgabe für *Hans Fehr*, Bd. 1, Karlsruhe 1948, S. 71, 73 f.

[114] *Rasch, Gunnar*, Die Geschichte der Städtebaupolizei von Münster (Westfalen) von den Anfängen bis zum Ende des Hochstiftes im Jahre 1803, iur. Diss. Münster 1977, S. 5–7.

[115] *Gönnenwein* (Fn. 113) S. 73.

[116] *Krüger* (Fn. 70) S. 15.

[117] *von Rönne* (Fn. 112) S. 4.

[118] Germanenrechte Bd. 3: Die Gesetze der Langobarden, übersetzt von *Franz Beyerle*, I Edictus Rothari, 2. Bearb., Witzenhausen 1962.

[119] Germanenrechte Bd. 3: Die Gesetze der Langobarden, übersetzt von *Franz Beyerle*, II Novellen, 2. Bearb., Witzenhausen 1962, S. 87–89.

[120] *Mitteis, Heinrich*, Deutsche Rechtsgeschichte, neubearb. von *Heinz Lieberich*, 19. Aufl., München 1992, Kap. 18 II 6., S. 95.

[121] Edictus Rothari (Fn. 118) S. 26.

pflichten.[122] Infolgedessen handelt es sich bei den §§ 144 und 145 nicht nur um Regelungen der Haftpflicht.[123] Ist nach diesen Vorschriften der Baumeister in jedem Falle für sich selbst verantwortlich, so fällt die besondere Sorge um Leib und Leben unbeteiligter Fremder auf. Regelungen zu Fragen einer Art öffentlichen Verkehrssicherung bei baulichen Anlagen finden sich weiterhin in den §§ 303–306, die sich mit Gefährdungen durch Zäune, Gräben und Brunnen befassen.[124]

80 Weiterhin enthält der Edikt Bestimmungen über auf fremden Grund errichtete Gebäude und das Risiko ihrer voreiligen **Beseitigung** (§§ 151, 379).[125] Eine Bestimmung, wie sie auch in einer Feuerordnung des Absolutismus stehen könnte,[126] enthält § 147 Abs. 1. Danach geht ein **Brandschaden** zu dessen Lasten, der Feuer weiter als 9 Fuß vom Herde wegträgt.[127]

81 Ein baugeschichtlich wichtiger Text ist das erwähnte „Merkbuch über **Entlöhnung** der **Bauleute**".[128] Es setzt – ausgehend von bestimmten Leistungsbeschreibungen – die Preise für Maurer-, Dachdecker-, Zimmer-, Kaminbau-, Ofenbau- und Brunnenbauarbeiten fest.

82 Drängt sich infolgedessen ein Vergleich mit der VOB Teil C[129] auf, so ist das Merkbuch auch für das sonstige Baurecht von Interesse. Die Beschreibungen des Baues und seiner Teile, der Baumaterialien und der **Bautechnik** sowie der vorzunehmenden Arbeiten lassen Rückschlüsse auf Art und Umfang des Bauwesens und auf die beteiligten **Handwerker** zu.

83 Das Merkbuch setzt beispielsweise beim **Hausbau** aus Ziegeln die Kosten für den Bau des Unter- und Obergeschosses unterschiedlich hoch an. Es kennt verschiedene Mauerstärken, den Bau von Bögen und berechnet Gerüstarbeiten. Die Zimmerarbeiten werden nach dem verwendeten Bauholz, die Dachdeckerarbeiten nach den verlegten Schindeln oder Ziegeln abgerechnet. Der Bau von Kaminen ist ebenso bekannt wie die Herstellung von Kachelöfen.

84 Hinweise auf eine **höhere Baukultur** folgen aus der Verwendung von Mamorplatten und -säulen. Man kennt geweißelte Mauern, hölzerne Zwischendecken, Geländer, Fensterläden und Fensternischen mit Gipsarbeiten. Der Brunnenbau unterliegt bis zu einer Tiefe von 100 Fuß einem Einheitspreis.

85 Das anhand des **langobardischen Rechts** erkennbare Bild des Bauwesens, der Baumeister und sonstiger Handwerker passt nicht in die oben zitierten Darstellungen der Bautätigkeit der germanischen Stämme des frühen Mittelalters.[130] Infolgedessen müssen jene Ausführungen in Frage gestellt werden, die das Recht der Langobarden nicht verarbeiten und sich im Wesentlichen auf weitgehend strafrechtliche Normierungen der sonstigen Volksrechte stützen. Nur am Rande sei bemerkt, dass das, was hier für das Bauwesen festgestellt wurde, auch bei einer Abhandlung über die Herausbildung der Bauhandwerksberufe Berücksichtigung finden sollte.[131]

86 Können die geäußerten Bedenken hier nicht vertieft werden, so sollen dennoch einige Bestimmungen aus einzelnen Volksrechten benannt werden, die einen **höheren Entwicklungsstand** des **Bauwesens** erkennen lassen oder die für das Baurecht einschlägig sind.[132]

---

122 Vgl. hierzu § 13 Abs. 1 und 2 MBO 1960 sowie §11 Abs. 1 und 2 MBO 2002.
123 *Schlöbcke, W.*, Vom Baurecht in früheren Jahrhunderten, Die Bauverwaltung, 1970, 28.
124 Edictus Rothari (Fn. 118) S. 65.
125 Edictus Rothari (Fn. 118) S. 28 und 81.
126 Vgl. unten III. 2. Rn. 171, 180.
127 Edictus Rothari (Fn. 118) S. 27.
128 Merkbuch Grimwalds (oder Luitprands) über Löhne der Baugewerkmeister (Fn. 119). Zur Bewertung vgl. dort *Beyerle*, S. 87 Fn. 1.
129 Verdingungsordnung für das Bauwesen, dazu Palandt/Sprau (Fn. 8) Einf. vor § 631, Rn. 5.
130 Vgl. Rn. 75 bis 77 mit Fn. 113 bis 117.
131 Vgl. etwa *Müller, Horst*, Die Ordnung des Bauhandwerks nach den Oberrheinischen Stadtrechten, iur. Diss. Heidelberg, 1968, S. 1 ff.
132 Vgl. auch die Angaben *Müllers* (Fn. 131) Fn. 1–10 über weitere Fundstellen in den Volksrechten.

Im Recht der ribuarischen **Franken** regelt Art. 70 die Folgen einer mangelnden Sicherung von Zäunen, Gräben und Brunnen. Art. 76 erwähnt besonders den Diebstahl von Bauholz.[133] Im Volksrecht der **Bayern** verdeutlicht Art. 10, der „Vom Anzünden von Häusern und der Buße dafür" handelt, welche Haupt- und Nebengebäude es gab und welche Bestandteile des Hauses unterschieden wurden.[134] 87

Interessant sind dort insbesondere die detaillierten Bestimmungen über die verschiedenen Stützpfeiler eines Hauses, weil sich an der gestaffelten Buße für ihre Zerstörung deren Wichtigkeit für die **Standfestigkeit** des Hauses ablesen lässt. Am wichtigsten ist der Stützpfeiler, der den First trägt, die sog. Firstsäule. Es folgt die Winkelsäule, die den inneren Ausbau stützt, schließlich die Eck- und sonstigen Pfeiler. Hieraus mag man entnehmen, dass die Vorschrift der salfränkischen Einigung I 74 – „Wenn irgendeiner ein Haus gewaltsam zerstört, wenn erwiesen wird, dass dieses Haus zur Festigung einen Stützbalken gehabt hat ... werde ... verurteilt"[135] – nicht die Primitivität der frühmittelalterlichen Bautätigkeit belegt,[136] sondern das Vorhandensein eines Stützbalkens zur Größenbestimmung des Hauses. Ein Haus ohne Firstsäule ist notwendigerweise ein kleines Haus oder eine Hütte. 88

Das Volksrecht der Bayern enthält in Art. 12 § 9 eine Regelung über den Bau auf einem Gelände, dessen **Zuordnung** zwischen den Beteiligten **umstritten** ist. Der von dem Bau Beeinträchtigte wahrt seine Rechte, wenn er „solange noch Balken da liegen" unter Zeugen **Widerspruch** erhebt.[137] 89

2. Baurecht im hohen Mittelalter

Zwischen den Volksgesetzen des frühen Mittelalters und den Rechtsquellen des späten Mittelalters klafft eine **Lücke** von einem **halben Jahrtausend**. „Dieselbe dadurch ausfüllen zu wollen, dass man die auseinander gehenden Enden der Überlieferung gewaltsam zusammenbiegt, empfiehlt sich nicht, weil ... in soweit voneinanderliegenden Epochen denn doch charakteristische Unterschiede obwalteten, die man ... nicht ohne weiteres einebnen darf."[138] Diese von *Stephani* auf ländliche Siedlungen bezogene Äußerung trifft grundsätzlich auch für städtische Ansiedlungen des hohen Mittelalters zu. 90

Über das Baurecht im hohen Mittelalter können infolgedessen nur spärliche Aussagen gemacht und Vermutungen angestellt werden. Hinsichtlich der städtebaulichen Entwicklung stellt *Stephani* fest: „Bebauungspläne im heutigen Wortsinne waren, wie dem Mittelalter überhaupt, so auch der **karolingischen Zeit** fremd. Soweit nicht ein römisches Lager den Gassen der Stadt die Schnurrichtung gegeben hatte, welch sich dann ganz von selbst weiter erhielt, baute jeder nach Laune und Vermögen."[139] Galt offenbar der Grundsatz des freien Bauens, so gibt es dennoch hin und wieder spezielle **kaiserliche Bauverbote** für bestimmte Orte. Kaiser *Friedrich I.* erließ 1189 das sog. Hamburger Privileg, das Fremden verbot, dort Befestigungen zu bauen („... nemo aedificet aliquod castrum penes eorum civitatum"). Kaiser *Heinrich VI.* erließ 1192 eine Sentenz zugunsten des Bischofs *Rudolf von Verden.* Danach durften in Verden weder Häuser noch andere Gebäude ohne Erlaubnis des Bischofs errichtet werden („... domos vel aliqua aedificia construere sine concessione").[140] 91

---

133 Germanenrechte, Bd. 2, Die Gesetze des Karolingerreiches 714–911, hrsg. von *Karl August Eckhardt*, I: Salische und ribuarische Franken, Weimar 1934, S. 191 und 197.

134 Germanenrechte, Bd. 2, Die Gesetze des Karolingerreiches 714–911, hrsg. von *Karl August Eckardt*, II: Alemannen und Bayern, Weimar, 1934, S. 131–137.

135 Germanenrechte, Bd. 1, Die Gesetze des Merowingerreiches 481–714, hrsg. von *Karl August Eckardt*, I: Pactus Legis Salicae: Recensiones Merovingicae, 2. Bearb., Göttingen/Berlin/Frankfurt 1955, S. 197.

136 So aber *Gönnenwein* (Fn. 113) S. 74.

137 Germanenrechte (Fn. 134) S. 141.

138 *Stephani, K. G.*, Der älteste deutsche Wohnbau und seine Einrichtung, Bd. 2, Leipzig 1903, S. 408.

139 *Stephani* (Fn. 138) S. 223.

140 *Welker, August*, Baupolizeiliche Vorschriften in alten deutschen Gesetzen, Blätter für Grundstücks-, Bau- und Wohnungsrecht, 1968, 155.

92 Im hohen Mittelalter gab es in einigen Städten sog. **Mauerbauordnungen**. Überliefert ist eine Mauerbauordnung der Stadt Worms aus dem 10. oder 11. Jahrhundert. Sie beschäftigt sich allerdings nicht mit dem Häuserbau, sondern verteilt lediglich die Lasten für den Unterhalt der städtischen Befestigungsanlage.[141]

93 Bevor man jedoch die baurechtlichen Regelungen dieser Epoche vorschnell als dürftig bezeichnet, ist zu berücksichtigen, dass das mittelalterliche Baurecht bis zum Erstarken der deutschen Städte im späten und hohen Mittelalter **keiner bautechnischen** und kaum gestalterischer **Regelungen** bedurfte. Die Bauausführung lag in den Händen von Baumeistern, deren Tätigkeit satzungsmäßig in den **Bauhütten** und in den **Zünften** des Baugewerbes geregelt war.[142]

94 Bereits in der ersten Hälfte des Mittelalters fand die **Baukunst** ihren vornehmlichen Ausdruck im **Kirchen-** und **Klosterbau**. Diese gottgefälligste und vorzüglichste aller Künste unterlag der Verantwortung der Bischöfe, Äbte und Mönche. Als die dienenden Brüder mit dem Wachsen der Bautätigkeit von Laien verdrängt wurden, änderte dies nichts an der religiös-künstlerischen Auffassung der Baukunst. Sie wurde in den Bauhütten und Freimaurerbrüderschaften gepflegt und ausgebildet. Die Bauhütte war der Ort, wo Maurer und Steinmetzen zusammenkamen und sich berieten. Billigten der Bauherr und ein Bauausschuss die Planung – den sog. Riss – des **Baumeisters** für ein Vorhaben, so trug dieser die Verantwortung für die Auswahl der Gesellen und die sorgfältigste Bauausführung. Diese war bei einer derart verinnerlichten Auffassung des Bauwesens auch für die Gesellen selbstverständlich. Zudem wachte hierüber eine eigene Gerichtsbarkeit der Bauhütte.[143]

95 In der zweiten Hälfte des Mittelalters wurden die Bauhütten allmählich durch die **Zünfte** der Maurer, Zimmerleute und Dachdecker verdrängt. Anders als bei den Bauhütten stand bei den Zünften der wirtschaftlich-gewerbliche Zweck im Vordergrund. Durch Satzungen wurden die Beziehungen der Zunftmitglieder untereinander und zu den Auftraggebern geregelt. So wurden sowohl die **Güte** der **Baustoffe** als auch die **Qualität** der **Arbeit** bestimmt, dem das Werk genügen musste. Pflicht der Zünfte war es, über die gute und tadellose Arbeit ihrer Mitglieder zu wachen. Zudem zögerte eine eigene Gerichtsbarkeit der Zünfte nicht, Pfuschern „das Handwerk zu legen".[144]

96 Waren somit **Bauart** und **Bauausführung** dem **zünftigen Handwerker** überlassen, konnte sich die **Obrigkeit** auf die Aufrechterhaltung der **öffentlichen Ordnung** im Zusammenhang mit dem Bauwesen beschränken. Hierzu zählten die Festlegung der Straßen, deren Pflasterung, gelegentliche Reinigung und notdürftige Erleuchtung, die Sorge um die öffentlichen Brunnen und vorbeugende Maßnahmen gegen die Feuersgefahr.[145]

97 Im 11. Jahrhundert wurde in verschiedenen Städten – wie beispielsweise in Worms, Köln, Straßburg und Regensburg – ein **sog. Stangenrecht** ausgeübt. Der für die Aufrechterhaltung der Ordnung zuständige Kirchenvogt, Burggraf oder Stadtpräfekt ließ von Zeit zu Zeit einen seiner Beamten mit einer waagerecht in den Händen gehaltenen Stange durch die Straßen der Stadt reiten. Dieser hatte das Recht, alle ihn dabei beeinträchtigenden Vorbauten und verkehrsstörenden Verengungen beseitigen zu lassen.[146]

98 Spätestens im hohen Mittelalter haben sich auf Grund allgemeiner und gleichmäßiger Übung über längere Zeit in Gebieten einzelner Volksstämme **Grundsätze** für das **Bauen**

[141] *Stephani* (Fn. 138) S. 221.

[142] Vgl. hierzu *Krüger* (Fn. 70) S. 15 ff. u. *Plate, Klaus*, Neues Landesbauordnungsrecht, Jur.Diss, Göttingen 1972, S. 18 f.

[143] Vgl. *Janner, Ferd.*, Die Bauhütten des Mittelalters, Leipzig 1876.

[144] *Neuburg, C.*, Zunftgerichtsbarkeit und Zunftsverfassung in der Zeit vom 13. bis 16. Jahrhundert, Jena 1880, S. 95 ff.

[145] *Krüger* (Fn. 70) S. 17.

[146] *Stephani* (Fn. 138) S. 471 f.

herausgebildet, die dann im späten Mittelalter als **Gewohnheitsrecht** aufgezeichnet wurden.[147]

3. Baurecht im späten Mittelalter und zu Beginn der Neuzeit

„Das deutsche Recht ist **gewachsenes** und nicht intellektuell konzipiertes **Recht**. 99
Dementsprechend ist es regional aufgesplittert und seine Ausformung von der Anwendung her bestimmt."[148] Mag infolgedessen auch „das Studium der baurechtlichen Quellen" des Mittelalters „resignierend" sein,[149] so darf diese Epoche nicht achtlos beseite geschoben werden, hat sie doch den auch noch heute **gültigen Kern** baurechtlicher Regelungen **herausgebildet**. Jede Gesellschaft regelt die anstehenden Probleme auf ihre Art und nach ihren Bedürfnissen, nicht aber im Einklang mit dem – vielleicht nur vermeintlichen – perfekten Instrumentarium späterer Zeitalter.

Kennzeichnen drei Hauptgruppen von Rechtsquellen, nämlich die **Rechtsbücher**, die **Stadtrechte** und die ländlichen **Weistümer** das späte Mittelalter,[150] so empfiehlt es sich, die Geschichte der baurechtlichen Regelungen dieser Zeit an diesen zu orientieren.

a) Deutsche Rechtsbücher des Mittelalters

In den Rechtsbüchern haben einzelne Verfasser ohne amtlichen Auftrag jeweils das 100
Gewohnheitsrecht eines bestimmten Gebietes aufgezeichnet.

aa) Der Sachsenspiegel. Das wichtigste deutsche Rechtsbuch ist der Sachsenspiegel 101
Eikes von Repgow (1221–1224), der in Ost- und Norddeutschland eine große Verbreitung fand.[151]

Der SspLdr. III 66 regelt „zwei Kardinalprobleme des Baurechts: **Baufreiheit** und 102
Baukonsens".[152] Nach § 3 dieses Artikels darf man ohne Erlaubnis des Richters „graben also tief, als ein mann mit einem spaten hinaufwerfen kann die erde, ohne dass er einen absatz macht. Man darf auch bauen ohne seine erlaubnis mit holz oder mit steinen drei stockwerk hoch übereinander, das eine unter der erde, die anderen zwei über der erde, sofern man eine tür hat im unteren geschoss über der erde in höhe eines knies. Man darf ferner befestigen einen hof mit zäunen oder mit staketen oder mauern also hoch, als ein mann reichen kann auf einem rosse sitzend. Zinnen und brustwehr sollen aber nicht daran sein."[153] Der **Erlaubnis** des **Richters** bedurften neben Gebäuden, die den Rahmen des § 3 überschritten, der Bau von Burgen, die Befestigung von Städten, das Errichten von Türmen in Dörfern (§ 2). Verboten war die Anlage eines Marktortes im Umkreis eines anderen von einer Meile (§ 1). SspLdr. III 68 regelt den durch **Urteil** bestimmten **Abbruch** von Gebäuden.

Weitere bau- und nachbarrechtliche Vorschriften enthält der SspLdr. II 49 ff., die ins- 103
besondere den **Nachbarschutz** vor **Traufwasser**, **Geruch** und **Feuer** reglementieren.[154] Dabei enthält SspLdr. II 51 nach heutigem Verständnis baupolizeiliche Bestimmungen,[155] die in ähnlicher Form „in jeder modernen Bauaufsichtsverordnung" enthalten sind:[156] **„Ofen** und **gang"** (d. h. Backofen und Abtritt) „und **schweinekoben** sollen drei fuß von dem zaune stehen. § 2: Jeder soll beschützen seinen ofen und dessen mauern, dass die funken nicht fahren in eines anderen mannes hof ihm zum schaden. § 3: Gänge" (d. h.

147 Vgl. unten Rn. 100 ff.
148 *Mitteis/Lieberich* (Fn. 120) Kap. 31, S. 226 ff. u. Kap. 37, S. 293 ff.
149 *Ernst, Werner,* Zur Geschichte des städtischen Bau- und Bodenrechts, BBauBl. 1953, 206, 207.
150 *Mitteis/Lieberich* (Fn.120) Kap. 37 III, S. 299.
151 *Mitteis/Lieberich* (Fn. 120) Kap. 37 III 1.ff., S. 299 ff.; Schröder, Eike von Repgow – Schöpfer des Sachsenspiegels, JuS 1998, 776.
152 *Gönnenwein* (Fn. 113) S. 74.
153 Der Sachsenspiegel, übersetzt und eingeleitet von Kaller, München 2002.
154 SspLdr. II 49 § 1: „Es darf niemand seine traufe hängen in eines anderen mannes Hof."
155 *Ackermann* (Fn. 106) S. 2.
156 *Schlöbcke* (Fn. 123) S. 28, 30.

Abtritte) „soll man ferner einhegen bis auf die erde, die nach eines anderen mannes hof zustehen."

104 Die **Bedeutung** des Sachsenspiegels **für** das **Baurecht** wird unterschiedlich beurteilt. Während *Gönnenwein* in den Rechtsbüchern allgemein „eine Recht zufällige Verzeichnung baulicher Vorschriften" sieht und den Versuch einer vollständigen Regelung der Materie vermisst,[157] hält *Buff* den Sachsenspiegel auch im Hinblick auf das Baurecht für einen „stabilisierenden und wegweisenden Faktor" mehrerer Jahrhunderte, da er „eine Fülle von Rechtsgrundsätzen für die **Ordnung des Bauens** in der Gemeinschaft aufgestellt hat".[158]

Diese Meinung dürfte zutreffen, spiegelt das Rechtsbuch teilweise Regelungen wider, deren gewohnheitsrechtliche Überlieferung weit zurückreicht, so wurde in der Folgezeit „der **streng juristisch** geformte **Wortlaut** des Sachsenspiegels als verbindlich angesehen und daher nahezu unverändert weiter gegeben ..."[159] Auch *Schlöbcke* misst den – hier weitgehend wieder gegebenen – baurechtlichen Bestimmungen des Sachsenspiegels Bedeutung für die spätere **Rechtsentwicklung** zu, wie sie im Preuß.ALR, im Recht des Königreichs Sachsen, aber auch im BGB ihren Niederschlag gefunden haben.[160]

105 **bb) Der Schwabenspiegel.** Das **„Kaiserliche Land- und Lehensrechtbuch"**, der sog. Schwabenspiegel, wurde um 1275 von einem Augsburger Minoriten verfasst. Der Schwabenspiegel berücksichtigt nicht nur süddeutsches Recht, sondern auch neue Rechtsbildungen seit dem Sachsenspiegel.[161] Ebenso wie dieser fand jener eine weite Verbreitung, allerdings mit dem Unterschied, dass der Schwabenspiegel bei seiner Weitergabe immer wieder verändert wurde. Die Verfasser der einzelnen Redaktionen, selbst einzelne Schreiber orientierten sich **am Sinn**, **nicht** aber am **Wortlaut** der einzelnen Artikel. Auch die Artikelfolge und systematische Fassung wurden neu gestaltet.[162]

106 Die im **Schwabenspiegel** enthaltenen baurechtlichen Regelungen können zu einem beachtlichen Teil ihre enge **Verwandtschaft** zu den entsprechenden Vorschriften des **Sachsenspiegels** nicht leugnen. So entsprechen SwspLdr. II 143a und b nach Inhalt und Aufbau weitgehend den Vorschriften des SspLdr. III 66 § 1–3.

107 Ausgehend von dem Verbot einen Markt näher als zwei Meilen an einen anderen zu legen, erfordert die Anlage einer Stadt das Einverständnis des Grundherren. Die Befestigung von Bauten und Bergen stehen ebenso wie der Wiederaufbau einer durch Urteil abgebrochenen Burg unter dem **Erlaubnisvorbehalt** des **Landrichters.**[163] SwspLdr. II 143b erlaubt in der selben Art und Weise wie die entsprechende Vorschrift des Sachsenspiegels den Bau von – allerdings – drei Stockwerken über der Erde und konstatiert ein ähnlich bemessenes Zaunrecht. **Erlaubnisfrei** ist darüber hinaus der **Wiederaufbau** eines mit Gewalt oder durch den Mutwillen des Herrn zerstörten oder aus Armut zerfallenen Hauses.[164]

108 SwspLdr. II 143a und b enthalten nach dem heutigen Verständnis ebenso wie der entsprechende SspLdr. III 66, **öffentliches Baurecht**. Am Anfang stehen Regelungen einer förmlichen **Landesplanung**. Weiterhin wird bestimmt, wann die **„bauaufsichtliche Ge-**

---

[157] *Gönnenwein* (Fn. 113) S. 74.

[158] *Buff* (Fn. 49) S. 17; vgl. dort allgemein zum Sachsenspiegel S. 17–22.

[159] *Eckhardt, Karl August*, Nachwort, in: Bibliotheca rerum historicarum, studia 8, ius suevicum V, studia iuris suevici V, Schwabenspiegel Normalform, erörtert von *Karl August* und *Irmgard Eckhardt*, Aalen 1972, S. 601.

[160] *Schlöbcke* (Fn. 123) S. 28, 29; vgl. dort allgemein zum Sachsenspiegel S. 28–32.

[161] *Mitteis/Lieberich* (Fn. 120) Kap. 37 III 1b, S. 301f. auch zum sog. süddeutschen Spiegel; Der Schwabenspiegel, übertragen in heutiges Deutsch von Derschka, München 2002.

[162] *Eckhardt* (Fn. 159).

[163] SwspLdr. II 143a, letzter Halbsatz aus 143b, in: Nomumenta Germaniae Historica, Fontes iuris Germanici antiqui, Tomi IV, Pars I, II; Schwabenspiegel Kurzform, I: Landrecht, II: Lehnrecht, hrsg. von *Karl August Eckhardt*, 2. Aufl., Hannover 1974, S. 212f. und Schwabenspiegel Normalform (Fn. 159) S. 222.

[164] Fn. 163.

nehmigung" notwendig ist oder sich erübrigt.[165] Vorschriften zum Schutz von Leib und Leben, zur Verkehrssicherung und Sicherheit und Leichtigkeit des Verkehrs enthält SwspLdr. II 181.[166] Anders als vergleichbare Vorschriften in Volksrechten[167] sieht er nicht nur eine Schadensersatzpflicht vor, sondern ordnet konkrete Maßnahmen zur **Schadensverhütung** an: Wer Brunnen oder Gruben gräbt, der soll sie absichern. Gleiches gilt für Keller- und sonstige Ausschachtungen.

In derselben Vorschrift wird die Breite einer Wagenstraße auf 16 Schuh festgesetzt, damit ein Wagen dem anderen ausweichen kann. Eine **Mindestbreite** der **Straßen** wird dadurch gesichert, dass ein Keller sieben Schuh in die Straße gesetzt werden darf, solange sie dadurch nicht zu eng wird. Den Anlieger trifft vor seinem Grundstück bis zu der Weite von 7 Schuh die Wegebaulast, während ansonsten die Gemeinde belastet ist. **109**

Nur in der Langform des Schwabenspiegels findet sich die folgende Vorschrift (SwspLdr. II 371) zum Schutze des Nachbarn: „Hat jemand ein Haus gebaut, und will der Nachbar eins neben ihm errichten, so soll er es in der Höhe bauen, damit sein **Licht** nicht verbaut wird. Baut er's darüber, so klagt es dem **Richter**, der soll darüber **Recht sprechen**."[168] **110**

b) Baurecht in den Städten des deutschen Sprachraums

Auch in den Städten war die **Aufsicht** über das Bauen zunächst Ausfluss der **Grundherrschaft**. Dem Leihherrn wurde in den sog. Leihverhältnissen das Recht eingeräumt, Häuser wegen **„Missbau"** einzuziehen. In Mergentheim wurde 1342 jeder Bau untersagt, den nicht die Deutschordensbrüder als Grundherren **genehmigt** hatten. In Eßlingen wurde 1366 in mehreren Verträgen die Größe des Hauses, die nicht überschritten werden durfte, die Breite der Gasse hinter dem Haus und der Abstand zum Nachbarhaus bestimmt. Auch durfte das Haus keinen „Überstoß" zur Straße haben. **111**

In der Folgezeit sind die baupolizeilichen Befugnisse auf die **Städte** oder doch auf die Gerichte übergegangen. Dieser Übergang wird durch eine Urkunde der Stadt Konstanz von 1296 belegt, wonach dem Bischof und der Bürgergemeinde gemeinsam die Bauaufsicht zusteht.[169] **112**

„Die Anfänge des kommunalen Baurechts" im Spätmittelalter hat *Gönnenwein* nach Auswertung einer Vielzahl von **städtischen Rechtsquellen** dieser Zeit systematisch aufgearbeitet und dargestellt.[170] Ohne dass den dort untersuchten Stadtrechten hier im Einzelnen nachgegangen werden kann, gibt jene Untersuchung wertvolle Aufschlüsse über die weitere Entwicklung des Baurechts. **113**

So sind im 14. Jahrhundert die ersten ausführlicheren, aber noch **unvollständigen Bauordnungen** erlassen worden. Ursache waren u. a. das Aufkommen mehrgeschossiger Wohnhäuser, die Komplizierung und Differenzierung des Bauhandwerks und immer wieder auftretende verheerende Feuersbrünste. Zudem bildete sich eine **städtische Selbstverwaltung** heraus.[171] **114**

Hatten zunächst Beamte des Stadtherrn die **Baupolizei** ausgeübt, ging diese früher oder später auf den Rat der Stadt über. Sie wuchs aus dem Kreis der gerichtlichen Aufgaben heraus und wurde **Kommunalverwaltung**. „Eine kommunale Baupolizei war vor dem materiellen Baurechte da; ihre Schiedssprüche und urteilsähnlichen Bescheide entwickelten langsam die für das Bauen maßgebenden Normen."[172] **115**

---

165 So zu SspLdr. III 66 *Schlöbcke* (Fn. 123) S. 31.

166 Kurzform (Fn. 163) S. 263, und Normalform (Fn. 159) S. 242.

167 Vgl. oben bei Fn. 124.

168 Bibliotheca rerum historicarum, studia 5, ius suevicum II, studia iuris suevici II, Schwabenspiegel Langform M, hrsg. von *Karl August Eckhardt*, Aalen 1971, S. 327.

169 Vgl. hierzu und zum Vorstehenden *Ernst* (Fn. 149) S. 208.

170 *Gönnenwein* (Fn. 113).

171 *Gönnenwein* (Fn. 113) S. 76 f.

172 *Gönnenwein* (Fn. 113) S. 78.

Entscheiden zunächst vornehmlich Bürgermeister und Rat in Baurechtsstreitigkeiten, so werden hierfür bald besondere Ratausschüsse gebildet. **Bauausschüsse** in unterschiedlicher Besetzung treffen als „Werkleute" in Villingen und Straßburg, als „Bauherren" in Bern, als „geschworene Bauleute" in Nürnberg und München, als „Baurichter" in Konstanz oder als „Untergänger" in Heilbronn und Stuttgart Entscheidungen, die jedermann zu befolgen hatte.[173]

116 Im ausgehenden 15. und beginnenden 16. Jahrhundert kommt es zu ersten **Versuchen** von **Baurechtskodifikationen**, die in Nürnberg, Worms und Freiburg i.Br. in die Stadtrechtsreformationen aufgenommen wurden. So enthält der 35. Titel der **Nürnberger Reformation** aus dem Jahre 1479 ohne System und in unterschiedlicher Ausführlichkeit eine große Anzahl von Bauvorschriften über die Abstellung verbotenen Bauens, über Kellerhälse, Ausladungen u. Ä., über die Anordnung von Ziegeldächern und Steinwerk, die Regelung der Kellertiefe, Dicke und Höhe der Mauern, über Schlöte, Aborte sowie über das Trauf- und Lichtrecht.[174] Hierunter befinden sich auch Vorschriften, deren Beachtung der Baumeister *Endres Tucher* seinem Nachfolger besonders nahe gelegt hatte.[175]

117 Der Rat der Stadt München veröffentlichte 1489 die 44 Artikel umfassende **„der stat München pau-sätz und ordnung"**. Nach deren Ergänzung im Jahre 1556 um weitere 21 Artikel kann man in dieser Münchener Zusammenfassung „eine **erste** stoffreiche, manchmal aber auch recht kasuistische **Bauordnung** erblicken".[176] Sie enthält Regelungen über die Erledigung von Streitigkeiten wegen der Bauplätze, Mauern, Wasserrinnen und Lichtrechte, die Freihaltung von Straßen, die Keller, das Traufrecht und die Kamine.

c) Baurecht in den ländlichen Weistümern

118 Die Weistümer sind ländliche Rechtsquellen, die seit dem 13. Jahrhundert aufgezeichnet werden. Sie entstehen zunächst aus **Rechtsweisungen** der Hofgenossen auf Befragen der Vögte.[177] In einem Weistum der Herrschaft Höven aus dem 15. Jahrhundert wird angeordnet, dass alte Stätten nur mit Genehmigung der Grundherrschaft bebaut werden dürfen.[178] Nicht nur die Stadtrechte, sondern auch die ländlichen Rechtsquellen kennen den **Baukonsens**. Eine Anordnung für Dietenheim im Landkreis Ulm (1588) macht eine Besichtigung und Vermarkung der Bauplätze durch Vogt, Gericht und Geschworene Untergänger zur Voraussetzung für den Baubeginn.[179]

d) Die „BauwOrdnung" des Leonhart Frönsperger von 1564

119 Mit seiner 1564 in Frankfurt am Main erschienenen **„BauwOrdnung"**[180] hat *Leonhart Frönsperger* aus Ulm ein Anleitungsbuch zum Erlass einer Bauordnung, wenn man so will eine Art Musterbauordnung,[181] für seine Zeit herausgegeben, „wie sie im Druck bisher nicht erschienen war". Das Werk besteht aus drei Büchern, wovon das erste das **Baurecht**

---

173 *Gönnenwein* (Fn. 113) S. 78 ff.

174 *Gönnenwein* (Fn. 113) S. 84.

175 Vgl. *Endres Tuchers* Baumeisterbuch der Stadt Nürnberg (1464–1475), hrsg. von *v. Weech*, Stuttgart 1862, 280 ff.

176 *Gönnenwein* (Fn. 113) S. 84.

177 *Mitteis/Lieberich* (Fn. 120) Kap. 37 III 2., S. 302.

178 *Ernst* (Fn. 149) S. 208.

179 *Gönnenwein* (Fn. 113) S. 105.

180 Das bei Georg Raben und Weygand Hanen Erben gedruckte Werk trägt den Untertitel „Von Burger und Nachbarlichen Gebeuwen/in Stetten/Merckten/Flecken/Dörffern/und auff dem Land/sampt derselbigen anhangenden Handwercker kosten/gebrauch und gerechtigkeit/in drey Theil verfasst und zusammen gezogen/welches Inhalt nach der Vorred weit auff das aller kürtzest zuvernehmen ist. Allen Oberkeiten und Unterthanen nütz und dienstlich zu gebrauchen. Vormals in Druck nie außgegangen." Die Kopie eines der Originale liegt mir vor.

181 *Schlöbcke* (Fn. 123) S. 90 ff. bezeichnet die Bauordnung *Frönspergers* wegen ihrer Gründlichkeit als „die Urahne" der Preußischen Einheitsbauordnung und der Musterbauordnung von 1960. Es ist das Verdienst *Schlöbckes,* auf das Werk *Frönspergers* aufmerksam gemacht zu haben. Die weitere Darstellung folgt im Wesentlichen seiner Übersetzung bzw. Wiedergabe.

und die übrigen Verdingungsordnungen, technische Baubedingungen und Ordnungen des Bauhandwerks behandeln. Das Bauwesen wird (noch) als eine geschlossene Einheit von Recht, Technik und Wirtschaft angesehen.

Das erste Buch enthält 40 Kapitel. Nach einer Huldigung seines Landesherrn, einer Vorrede an „gutwillige Leser" und wohlgemeinten Ratschlägen an den Bauherrn, nicht durch Fehlkalkulation der Baukosten ins Unglück gestoßen zu werden, folgen zunächst allgemeine Vorschriften zum Verfahren, zum Eigentum und dessen Entzug, zur Baufreiheit, um zum Abstand von Nachbargebäuden bevor dann der Bau und seine Teile im Einzelnen abgehandelt werden. **120**

„Von Verordneten Herren, über die Gebeuw, sampt der zugehörigen Handwerker Ampt und befehl" handelt das 2. Kapitel. An die Bauherren wird die dringende Forderung gerichtet, sich **vor Baubeginn** mit **Baugeschworenen** in Verbindung zu setzen, die jederzeit von der Obrigkeit zu bestellen sind, um eine **Ortsbesichtigung** zu beantragen. Wer vorher mit Bauarbeiten beginnt, wird satzungsgemäß bestraft. Der Stadtknecht verkündet den Nachbarn den Termin. Sind diese zufällig abwesend, erfolgt die Mitteilung an das Gesinde. Sind die Nachbarn mutwillig verreist, hat die Verkündigung Rechtskraft. **121**

Die Durchführung des Ortstermins unterliegt einer genauen **Verfahrensordnung**. Sind die Parteien zum **Augenschein** versammelt, hören die Baugeschworenen den **Bauherrn** an, welchermaßen und -gestalt er bauen will. Er muss darlegen, ob er umbauen oder neu bauen will. Dabei sind Größe, Höhe und Weite des Bauvorhabens anzugeben. Insbesondere die „anstossern" **Nachbarn** haben das Recht, Einreden zu erheben und darzulegen, was aus ihrer Sicht gegen das Bauvorhaben spricht. Die Baugeschworenen haben aufzuklären, ob der geplante Bau „aus nottdurft nicht aus neid hass volgend" errichtet werden soll. **122**

Daraufhin sollen die **Baugeschworenen** alles, was schriftlich oder mündlich gegen das Bauvorhaben vorgetragen wurde, prüfen. Insbesondere hat sich die **Prüfung** darauf zu erstrecken, ob der geplante Bau der Gemeinde oder Allmende nicht zu nahe oder zuwider, ob es vor- oder einzurücken wäre, ob der Bau hinreichend Licht und Luft hätte, der Fahrverkehr und der Betrieb auf den Straßen gewährleistet wäre.

Die Baugeschworenen und die Sachverständigen haben bei ihren Pflichten und Eiden **größte Sachlichkeit** zu üben, sich jeder **Zuwendung** zu **enthalten** und über das Bauvorhaben zu entscheiden. Ordnungswidriges Verhalten seitens der Bauherren während der Ortsbesichtigung ist zu bestrafen. Bauherrn und Nachbarn sind durch Handgelübde zu verpflichten, sich an die Entscheidung zu halten. Wird mit einem Bau innerhalb eines Jahres nach der Genehmigung nicht begonnen, so ist eine **neue Genehmigung** zu erwirken. **123**

Bei Abbruchsarbeiten soll in gleicher Weise verfahren werden. Bei Neubauten sind die neuen Fluchtlinien aktenkundig zu machen und auf der Baustelle sichtbar zu markieren, auf dass etwaige Abweichungen festgestellt werden.

„Von Appellationen" handelt das 3. Kapitel. Es beschreibt das **Beschwerdeverfahren** der Bauherrn und Nachbarn gegen die Entscheidung der Baugeschworenen über das strittige Bauvorhaben. **Jenes** besteht in der ersten Stufe in einer Anrufung des **Dorf-**, **Markt-** oder **Stadtgerichts**, in der zweiten Stufe in der Anrufung des nächst höheren Gerichts wie des **Hof-** oder **Kammergerichts**. Fristen sind gesetzt und die Vertretung durch rechtskundige Prozessvertreter ist vorgesehen. Die Gerichtsverhandlung hat in Gegenwart der Parteien stattzufinden, die beide zu vereidigen sind. Erscheint der Appellierende nicht, so ist die angefochtene Entscheidung rechtskräftig. Stillgelegte Bauarbeiten dürfen im Gefahrenfall mit Wissen der „Oberkeit" und der Baugeschworenen bis zu einem gewissen Umfang weitergeführt werden. **124**

Im 4. Kapitel werden die Grundsätze dargelegt, die beim Abschluss von Verträgen zwischen Bauherrn und Nachbarn zu beachten sind. **Verträge** über den Umfang eines Baus dürfen nur **mit Wissen** der **Obrigkeit** aufgesetzt werden. Jene sollen von dieser nur **125** unter der Voraussetzung bestätigt und besiegelt werden, dass „sie gemeinen nutz oder desgleichen nit zu wider" sind. Verträge, die ohne Genehmigung aufgestellt wurden und den nachkommenden Erben oder gemeinem Nutzen zu wider sind, sollen von der Obrigkeit für kraftlos erkannt und gehalten werden. Die Verträge sind sorgfältig abzufassen und etwaige **Dienstbarkeiten** personell und zeitlich festzulegen. Auch gegen Entscheidungen in Vertragsangelegenheiten ist das Beschwerdeverfahren gegeben.

126 Die **Kernfrage** des **öffentlichen Baurechts**, ob und in welchem Umfange das **Eigentum** am Grund und Boden eine persönliche **Baufreiheit** mit umfasst, beantwortet *Frönsperger*[182] wie folgt:

„Auff frey eigenthum an grund und boden mag einer ein haus oder anders wol darauf bauwen/und aufrichten/so hoch einer wil/bis an den Himmel/denn solches ist dessen eigen/der die Hoffstatt oder Platz gibt/und wo schon zuvor kein behausung oder zimmer daran und darauf gewesen/so mag einer seiner nottdurfft nach etwas darauf bauwen und machen/ohne alle verhinderung: Und ob gleich anderen durch solchen bauw das liecht und anders dergleichen benommen/denn ein jeder freier grundt und boden hat solche freiyheit an im selbst/sofern kein dienstbarkeit darwider ist fürzulegen/".

127 Erinnert diese Passage an die entsprechende Regelung im Sachsenspiegel, erfährt die vermeintliche fast grenzenlose **Baufreiheit** außer durch private Dienstbarkeiten, durch Gewohnheits- und Ortsrecht wesentliche **Einschränkungen**. Wenn aber, wie es an etlichen Orten gewöhnlicher Gebrauch ist oder Statuten bestehen, wonach die Gebäude in ihrer Höhe und Größe, in Maß, Form und Ziel festgelegt sind, so haben **Gewohnheitsrecht** oder diese **Statuten** den **Vorrang**.

128 Unabhängig von Gewohnheits- oder Ortsrecht darf die Baufreiheit nicht **rechtsmissbräuchlich** ausgeübt werden. Will jemand mit seinem überhöhten Bau nur seinen Nachbarn schädigen, ohne selbst einen Nutzen von dem überhöhten Gebäude zu haben, ist ein solcher **Neid-** und **Trutzbau** verboten, der nur den Zweck hat „den geheim in seines nachbarn Haus zu erfahren, hören und zu sehen".

129 Von **Dritten** darf lastenfreier Grund und Boden **nicht** betreten, beritten, befahren und **bebaut** werden. Bauliche Anlagen, die wider Recht auf **fremden Boden** errichtet worden sind, hat der Bauherr auf eigene Kosten zu beseitigen und den alten Zustand wieder herzustellen. *Frönsperger* widmet auch im Übrigen auch privatrechtlichen Eigentumsfragen breiten Raum.[183] Dem ist hier nicht weiter nachzugehen.

130 Das Eigentum an bebauten und unbebauten Grundstücken verleiht jedoch nicht nur Rechte. Im öffentlichen Interesse unterliegt es tlw. strengen **Bau-** und **Unterhaltungspflichten**. Werden diese missachtet, kann es zur **Enteignung** des Grund und Bodens zugunsten eines bauwilligen Dritten kommen. *Frönsperger* führt im 9. und 10. Kapitel verschiedene Fälle an, in denen eine Eigentumsentziehung in Betracht kommt:

131 Wo in Städten oder in anderen Orten, besonders an Märkten, Plätzen oder „gewerbigen gassen und strassen" **unbebaute Hofstätten** liegen, die der Eigentümer nicht bebauen will, hat jeder Bürger das Recht, diese **„an sich zu ziehen"** nach Schätzung und der Erkenntnis dazu verordneten Herren oder der Obrigkeit, wenn er die Mittel zur Bebauung hat. Sind Grundstücke der beschriebenen örtlichen Lage **nur** mit **Scheunen** oder sonstigen Nebengebäuden besetzt, sollen die Inhaber diese mit Wohnhäusern bebauen.[184]

---

182 Im 7. Kap.

183 Er behandelt das Eigentum an Gebäuden, persönliche Dienstbarkeiten (5. Kap.), wo ein Haus das andere beschwert (6. Kapitel), das Eigentum an gemeinsamen Trennwänden (16. Kap.), an gemeinschaftlichen Gebäuden u. Gebäudeteilen (17. Kap.), bei Eigen- u. Gemeinschaftsbauten (18. Kap.). Weiterhin werden alte Traufrechte (22. Kap.) und der unfreiwillige Überbau (35. Kap.) abgehandelt.

184 Vergleichbare Baugebote enthält heute § 176 BauGB. Abs. 1 regelt solche im Geltungsbereich von Bebauungsplänen. Abs. 2 hat folgenden Wortlaut: „Das Baugebot kann außerhalb der in Absatz 1 bezeichneten Gebiete, aber innerhalb im Zusammenhang bebauter Ortsteile angeordnet werden, um unbebaute oder geringfügig bebaute Grundstücke entsprechend den baurechtlichen Vorschriften zu nutzen oder einer baulichen Nutzung zuzuführen, insbesondere zur Schließung von Baulücken."

Kommen sie dieser Pflicht nicht nach, kann ihnen ebenfalls das **Grundstück** zugunsten eines bauwilligen Dritten **entzogen werden**.

Ist eine **Behausung** wegen ihres Alters oder durch Wasser- oder Feuerschaden **abgängig**, so schuldet es der Inhaber der Hofstätte, diese innerhalb von zwei Jahren wenigstens in gleicher Größe neu zu bebauen. Vermag er dies nicht, ist „wie gehört" zu verfahren.

Es ist **verboten**, Häuser niederzubrechen, um dort einen Hof oder Garten anzulegen. 132
Andererseits ist **erlaubt**, Gartengrundstücke zu bebauen, auch wenn dort noch niemals ein Haus gestanden hat.

Grundsätzlich besteht **im Außenbereich** ein **Bauverbot**. Es soll nichts auf den Feldern 133
vor den Städten gebaut werden, mit Ausnahme von Gartenhäusern, Scheunen, Ställen, Mühlen sowie Gebäuden, die dem öffentlichen Interesse dienen. Außerhalb einer Stadt sollen weder Bürger noch Einwohner etwas bauen, es sei denn, dass sie bei den **Feldgeschworenen** vorstellig geworden sind und diese auf Grund einer **Ortsbesichtigung** die **Erlaubnis** nach Maßgabe obiger Schranken erteilt haben. Derartige „Garten- oder Lusthäuslein" sind vor den Toren im Erdgeschoss mit Pfeilern und mit dazwischen gesetzten, ein Stein dicken Wänden zu errichten, die nicht höher als sieben Fuß sein dürfen. Ein Obergschoss über derartigen Häuschen ist nur in Fachwerk herzustellen und darf nicht für Stuben, Kammern und dergleichen hergerichtet werden.

Die Vorschriften über die Einhaltung der **Bauflucht** und das grds. **Verbot** von **Vorbauten**[185] verfolgen auch stadtplanerische Ziele. Häuser an Gassen, Straßen, Märkten, Plät- 134
zen, an der Allemende oder an gemeinen Straßen sind **lotrecht** und **der schnur nach** ohne Auskragungen und dergleichen zu errichten. Auf den Seiten oder hinten kann es anders sein. An den Vorderwänden von Behausungen sind Krümmungen, Ecken, Winkel, Schrägen und dergleichen nicht zuzulassen. Die Gassen und **Straßen** sollen vielmehr **gerade** durchgeführt werden.

Maßgebend für die Ausrichtung eines Neubaus zur Straße ist die **Flucht** des **Nachbarhauses** im Erdgeschoss, nicht etwa darüber befindliche Vorbauten. Der Neubau ist 135
lotrecht hochzuführen. Sollte er aber auskragende Obergeschosse erhalten, so muss er in die Tiefe um etliche Fuß-Längen **zurückgesetzt** werden. Generell sollte dem Auskragen von Obergeschossen mit Nachdruck entgegengewirkt werden, damit die **Gassen** und Straßen **besser belichtet** und **belüftet** und nicht „verengert" würden. Abgängige auskragende Giebelspitzen sind daher abzuwalmen und nicht in der alten Form zu erneuern.

Kranähnliche Auslagen zum Hochziehen von Ware sollen nicht mehr als vier Fuß in 136
den Straßenraum ausladen. In Erdgeschosshöhe sind keine Erker anzubringen; **Erker** vor den oberen Geschossen sollen unabhängig von ihrem Grundriss nicht mehr als ein Fuß auskragen. Das Anlegen von kleinen Fenstern an den Seiten der Erker ist gestattet.

Frönsperger empfiehlt, an Märkten und Plätzen **Giebelhäuser** zu errichten, und diese im 137
Erdgeschoss zum Platz hin, mit einem **Arcaden**- oder **Bogengang** zu versehen „auf dass man zu regen/winters/oder sonst zu ungewitters zeiten/allerley darunter ausslegen/als an jar/wochen und anderen Merkten kündte fest gehalten werden". Diese Bauweise sollte rings um Plätze und entlang von Geschäftsstraßen verordnet werden, „wie es in München und an vielen anderen Orten zu sehen ist".

Spezielle Anforderungen gelten für „gewerbig stett und ort".[186] Beim Abbruch und 138
Neubau von Häusern an Märkten, Plätzen, Kreuzungen, Gassen und Straßen soll auf **Weiträumigkeit** Wert gelegt werden, damit der gemeine Wandel sich zu jeder Zeit stattlich entwickeln kann. Wer an solchem Ort ein altes Haus abbrechen und dafür ein neues errichten will, der soll **2 Fuß** tief in sein Grundstück **zurückrücken**.

Auch im Bereich von Stadtmauern, Pforten und Toren, bei denen es sich um enge Verhältnisse handelt, ist auf Weiträumigkeit und auf verbesserten Regenabfluss hinzuwirken.

---

[185] Im 15. Kap.

[186] Vgl. hierzu das 28. Kap.

139 Bei der Errichtung von **Neubauten** in **abgelegenen** und verkehrsstillen **Gegenden** soll die vorhandene Bauflucht eingehalten werden und auf das Zurücksetzen des Neubaus verzichtet werden. So aber des Bauherrn Grundstück zu knapp wäre, soll ihm von der Allmende ein zwei bis drei Fuß breiter Streifen dazu gegeben werden. Neubauten sollen den **Stadtmauern**, Zwingern und ähnlichen Befestigungen **nicht zu nahe** rücken.

140 Auch bei der Frage, **wie viele Stockwerke** der Bauherr errichten darf,[187] sind der Baufreiheit Grenzen gesetzt. Selbst wenn es bezeugt ist und die Rechte es zulassen, dass ein jeder auf seinem Grund und Boden so hoch bauen kann wie er will, „so soll er doch nicht zur Beschwernis und Schaden der allment und gemeint oder nachbarschaft/vermög irer Servitut oder gerechtigkeit bauen". Bei Streitigkeit mit dem Nachbarn haben die Unparteiischen, nämlich die Verordneten und Sonderbeauftragten oder die Baugeschworenen zu entscheiden.

141 Für nützlich und wohl durchdacht hält es *Frönsperger*, einerseits in keiner **Stadt** – insbesondere bei Wohnungsbauten – eine mehr als vier- bis fünfgeschossige Bauweise zu gestatten.

Andererseits sollte in den Städten **keine einstöckige Bauweise** vorgeschrieben werden. Zwei oder drei Geschosse sollen errichtet werden, wobei die Höhe der Geschosse im Belieben des Bauherrn steht. Das Erdgeschoss soll aber nur neun bis zehn Schuh hoch sein, denn große Zimmerhöhen bedingen wärmere Kleidung und unnötigen Aufwand an Heizung. Wegen einer etwaigen Höhenbeschränkung mag dem Bauherrn etwas an Breite und Tiefe zugestanden werden.

In **Dörfern** aber sollen die Verordneten keinen Wohnungsbau mit mehr als **zwei Geschossen**, abgesehen vom Dachstuhl, zulassen.

142 Geregelt sind auch **Freiflächen,** die gewahrt, und **Abstände**, die von Nachbargebäuden eingehalten werden müssen.[188] Sofern ein Bauherr sein Haus mit dem Giebel zur Straße errichtet, hat er an den Seiten einen **zwei Fuß** breiten Streifen für die Dachtraufe und vier Winkel – nach heutigem Maß – etwa 1,5 m^2 groß unbebaut liegen zu lassen und diese zu pflastern oder plattieren.

143 Solange keine gegenteiligen Vereinbarungen und Dienstbarkeiten zwischen Nachbarn bestehen, soll **jeder** das Recht haben, bis auf **zwei Fuß Abstand** an die **Grenze** mit seinem Bau heranzurücken und so hoch zu bauen wie er will, solange der Nachbar durch den Neubau nicht beeinträchtigt wird. Dort, wo durch örtliches Baurecht **Bauhöhenbeschränkungen** bestehen, können diese auf Antrag und im Einvernehmen mit dem Nachbarn durch die Gemeinde aufgehoben werden.

144 **Größere Abstände** sind erforderlich, wenn neben Gebäuden besonderer Art und Nutzung gebaut wird.[189] Neubauten haben von Kornhäusern, Dreschstadeln oder Scheunen, die der Gemeinden gehören, zwecks ihrer besseren Belüftung eine Rute, zumindest etliche Fuß Abstand zu halten. Gleiches gilt für solche Baulichkeiten, die gemeinem Nutzen dienen, wie **Backöfen, Schmiedeessen,** Badehäuser und **hohe Gebäude**. In ähnlicher Weise unterliegen auch andere gemeindliche oder gemeinschaftlich genutzte bauliche Anlagen, wie Wohnheime, Zeug- und Proviantháuser oder **Munitionsdepots** einer besonderen Beurteilung mit größeren Freiheiten.

145 Die Erhaltung der **Belichtung** führt zu größerer Baubeschränkung als die Erhaltung der Aussicht. „Denn **tagliecht** ist **jedwederem frey**"[190] Jeder kann dies für sich in

[187] Vgl. hierzu das 11. Kap.

[188] Im 12. und 23. Kap.

[189] Vgl. hierzu das 38. Kap.

[190] Vgl. hierzu das 13. u. 30. Kap.; von besonderen Fenstern, nämlich „von schalgsfensterlein oder Kuckerlein" handelt das 32. Kapitel. *Frönsperger* berichtet, an manchen Orten sei es üblich, kleine Fenster anzubringen, „um des heimlichen aussehens oder kuckens wegen", die so gestrichen oder verglast sind, dass man hinaus- aber nicht hineinsehen kann. Solange diese Schalksfenster nicht über ein bestimmtes Maß hinausgehen, so dass man z. B. die Almosen hierdurch den Bedürftigen zureichen möge, sind sie als praktisch und unbedenklich anzusehen.

Anspruch nehmen, muss es aber auch anderen gegenüber gewähren. Wenn aber jemand das Recht hat, einem anderen das Tageslicht (die Fenster) zu verbauen, aber nicht festgelegt ist, für welche Öffnungen dies gilt, so muss der Bauherr seinem Nachbarn das Tageslicht und die Aussicht weitgehend bewahren. Hierbei ist zu unterscheiden zwischen Belichtung und Aussicht, der Möglichkeit, den Himmel zu sehen.

Jeder hat das Recht, nach Maßgabe der Notwendigkeit in seinem Haus auch an der Freifläche zum Nachbarn hin **Fenster** zu machen, auch wenn er in das Nachbarhaus sehen kann. Fenster sollen aber **nicht** so liegen, dass sie zu unangebrachten **Beobachtungen dienen**. Werden Fenster aus Trotz, Hass und Neid so angelegt, dass von ihnen zu Töchtern, Mägden, Kindern, Frauen u. dergl. zu kommen wäre, sollte auf Abhilfe gedrungen werden, insbesondere wenn die Fenster anderswo liegen könnten. Darf jemand seine Traufflãche oder seine Freifläche überbauen, so hat er hier kein Recht, zum Nachbarn hin Fenster anzulegen. 146

In seitlichen **Giebelwänden** sollen Fenster nur aus besonderem Anlass gestattet werden.[191] Ansonsten sind sie nicht erlaubt. Will später der Nachbar seine eigene Giebelwand hochführen, so kann er die Öffnungen in dem zuerst gebauten Giebel durch seine eigene Giebelwand zusetzen. Es wäre das Beste, in Giebelwände überhaupt keine Öffnungen zu machen. 147

Bei den Vorschriften über die Ausführung einzelner **Bauteile** wird dem **Brandschutz** besondere Aufmerksamkeit geschenkt. Dies verwundert nicht, da **Feuersbrünste** immer wieder ganze Städte und Dörfer in Schutt und Asche legten. 148

Dort, wo es Ton gibt und Ziegel- und Kalköfen vorhanden sind, sollen die **Häuser** nicht in Leichtbauweise, sondern **mit** „rauchen oder **gebacken Steinen**", desgleichen die Giebel, die äußeren und inneren Scheidewände, von der Erde bis unter den First zur Verhütung von Feuer u. dgl. errichtet werden. Dort, wo aber Holzwerk für Wohnungsneubauten zugelassen wird, soll das Erdgeschoss, nach Möglichkeit auch das Obergeschoss, mit einer Flachschicht aus Ziegelstein verkleidet werden.[192] 149

Frönsperger berichtet, an etlichen Orten sei es Brauch gewesen, an Häusern hoch liegende **Umgänge** zu schaffen und von hier aus **Brücken** über **Gassen** und **Straßen** zu führen. Künftig solle keiner mehr das Recht haben, solche zu schaffen.[193] 150

Die Verwendung von Stroh und Holzschindeln in Städten ist untersagt. Anstatt dessen sind für die **Dachhaut** gebrannte Ziegel, Schiefer oder Steinplatten zu verwenden, zumal diese an Lohn und Material billiger sind. Auf dem Land, in Flecken und Dörfern mag es anders gehandhabt werden.[194] 151

An **Schornsteine** und **Feuerstätten** werden strenge Anforderungen gestellt.[195] Keine Feuerstätte, kein Kamin, Rauchfang, Schlot oder dergleichen darf ohne **vorherige Besichtigung** durch die Feuersachverständigen angelegt werden. 152

Holz, Lehmbauweise oder andere leichte Baustoffe sind für die Errichtung von Kaminen oder Rauchfängen verboten; diese sind vielmehr in **Ziegelmauerwerk** aufzuführen. Kamine sollen einen Querschnitt von $1^1/_2$ Fuß-Quadrat haben. Die Rauchrohre sind bis übers Dach zu führen. Badestuben, Badeöfen, Siede- oder Waschkessel dürfen in Obergeschossen nicht eingerichtet bzw. aufgestellt werden. Diese sind vielmehr ebenerdig anzulegen, die dazugehörigen Rauchrohre sind selbständig bis übers Dach zu führen. Die Wände hinter den Feuerstätten sollen aus Ziegelmauerwerk bestehen. Die Schornsteinwange vor einer nachbarlichen Hauswand soll ein Fuß dick sein. 153

Jede **Wohnung** hat eine selbständige Feuerstätte zu haben. In **Küchen** und sonstigen Räumen, in denen alltäglich mit **Licht** und **Feuer** umgegangen wird, sind die Fußböden zu plattieren oder mit Estrich zu versehen. Besonders gefährliche Feuerstätten braucht ein 154

---

[191] Vgl. hierzu das 14. Kap.
[192] 8. Kap.
[193] Vgl. hierzu das 19. Kap.
[194] Vgl. hierzu das 20. Kap.
[195] Vgl. hierzu das 24. Kap.

Nachbar nicht zu dulden, ohne dass der Eigentümer der Feuerstätte eine finanzielle Sicherheit gegen Brandschaden leistet.

155 **Brandgiebel** sollen nur nach engstem Einvernehmen mit den Baugeschworenen und gemäß ihrem Rat errichtet werden. Öffnungen jeder Art in Brandgiebeln, die geschossweise auskragen, sind mit eisernen Türen zu versehen. Bei gerade hochgeführten Giebeln sind **keine Öffnungen** zuzulassen. Etwa bestehende sind zu beseitigen. Bei der Aufmauerung der Giebelwände ist kein Holz zu verwenden.[196]

156 Der **Hygiene**, aber auch dem Nachbarschutz dienen die Vorschriften über **Abortanlagen**[197] und über die Hausentwässerung.[198] Jene sind auf eigenem Grund und Boden zu errichten. Die Gruben sind zu mauern und so zu gründen, dass **keine Verseuchung** des Untergrunds und Beeinträchtigung von **Brunnen**, Cysternen, Wasseradern und Leitungen zu befürchten ist. Dunstschlote sind bis über das Dach in Ziegelstein hochzuführen.

157 Aborte brauchen keine Fenster zu haben; zum **Nachbarn** hin können sie angeordnet werden, wenn die Wand **zwei Fuß** vom Nachbarn **entfernt** ist. Die Gruben sollen allseits gemauert und so beschaffen sein, dass durch Unwetter und Regen keine Verschmutzung in der Umgebung eintreten kann. Sie sind auch im Winter und zur Nachtzeit zu säubern. Jede **Beeinträchtigung** des Nachbarn ist zu **vermeiden**, gegebenenfalls auf Kosten des Nachbarn sofort abzustellen.

158 Niemand hat das Recht, seine häuslichen **Küchenabwässer** gegen eines Nachbarn Wand zu leiten.

Jeder hat vielmehr die Pflicht, für **freien Abfluss** in Rohren, aus Küchen mit Schläuchen oder in verdeckten Rinnen **auf** seinem **Grundstück** oder auf die **Straße** zu sorgen. Die Durchfeuchtung von Gebäuden ist zu vermeiden.

Besondere Schwierigkeiten bei der Abwasserableitung sind von den **Baugeschworenen** mit Wissen der Obrigkeit zu regeln. In **Flüsse** darf oberhalb von Pferdeschwemmen oder Wäschereien kein Abwasser eingeleitet werden.

159 Verfügt jemand über **Auffangbecken** für fließendes Wasser oder **Regenwasser**, darf er dies ohne Beschwernis für den Nachbarn auf die Straße ableiten, solange es mit dem gemeinen Nutzen in Einklang steht und zu keiner Verkehrsbehinderung führt.[199]

160 Aus Gründen der **Verkehrssicherheit**, aber auch zur Gewährleistung der **Standsicherheit** werden Aufforderungen an **Stiegen** und **Treppen** gestellt.[200]

Im Bereich von Verkehrsplätzen, Gassen und Straßen sind außerhalb von Gebäuden weder Stiegen noch Treppen zu gestatten. Treppen und Stiegen innerhalb von Gebäuden sind mit **Handlauf** und **Geländer** zu versehen. Die Treppen sollen zwischen oder an gemauerten Wänden liegen, dürfen aber nicht zu einer Schwächung dieser Mauern führen. Frei tragende Steinstiegen sind nicht zu beanstanden.

Nach Maßgabe der Tragfähigkeit einer gemeinsamen Wand kann auch diese zur Auflagerung einer hölzernen Treppenunterkonstruktion verwendet werden.

161 In den **restlichen Kapiteln** finden sich Regelungen über Balkone,[201] Dachstühle,[202] Dachrinnen,[203] Tore, Türen, Fenster,[204] Gewölbe, Keller,[205] Baugerüste[206] und die Pflasterung vor Häusern.[207]

---

196 Vgl. hierzu das 14. Kap.
197 Vgl. hierzu das 27. Kap.
198 Vgl. hierzu das 24. Kap.
199 Vgl. hierzu das 39. Kap.
200 Vgl. hierzu das 33. Kap.
201 Im 19. Kap.
202 Im 20. Kap.
203 Im 25. Kap.
204 Im 29. Kap.
205 Im 34. Kap.
206 Im 36. Kap.
207 Im 40. Kap.

e) Entwicklungsstand des Baurechts zu Beginn der Neuzeit

Ernst kommt in seiner Abhandlung zur Geschichte des städtischen Bau- und Bodenrechts zu dem Ergebnis, dass „im Grunde im Mittelalter bereits nahezu alle **Rechtshandhaben** auf dem Gebiet des Bodenrechts geschaffen" sind, „denen spätere Epochen nicht wesentlich Mehr hinzugefügt haben".[208] Nach *Gönnenwein* wurde „vom 16. Jahrhundert an auch das Bauwesen **abschließend geregelt"**[209] 162

Bezieht man in die Beurteilung die Bauordnung *Frönspergers* von 1564 mit ein, ergibt sich ein **geschlossenes Bild** der baurechtlichen Entwicklung, das nicht von der Zufälligkeit des Erhalts städtischer Baurechtsquellen abhängig ist. Nimmt man die Technischen Regelungen im zweiten Buch *Frönspergers* hinzu, hat das Baurecht im Kern bereits den Entwicklungsstand erreicht, der in den nachfolgenden Epochen lediglich den Zeitströmungen und neueren technischen Standards angepasst wurde. 163

III. Landesfürstliche Bautätigkeit und Baupolizeirecht

War die Macht der **Landesfürsten** bereits im ausgehenden 16. Jahrhundert erstarkt, setzen sich diese nach den Verwüstungen der Städte im **Dreißigjährigen Krieg** im Kampf zwischen Stadt- und Staatsgewalt endgültig durch. Im Zeitalter des **Absolutismus** beginnt auch für das Baurecht eine neue Epoche.[210] Als Ausfluss seiner Souveränität nahm der Landesherr im monarchischen Absolutismus das **„ius politiae"** in Anspruch, d. h., alles zu fordern und zwangsweise durchzusetzen, was nach seiner Auffassung das „gemeine Wohl", der öffentliche Nutzen verlangten, und dabei auch beliebig in die Rechte der Untertanen einzugreifen (Wohlfahrtspflege).[211] So wurde auch das Baurecht in die staatspolitische Zielsetzung integriert, die „allgemeine Glückseligkeit" zu fördern.[212] Von **„guter Polizei"** sprach man, wenn das Zusammenleben der Menschen im Gemeinwesen wohl geordnet war.[213] Da alles, was das weltliche Regiment überhaupt anging, Polizeisache (res politicae) – im Gegensatz zu den kirchlichen Angelegenheiten (res ecclesiasticae) – war und so hieß,[214] unterfiel auch das Baurecht diesem weiten Polizeibegriff und wurde zum **Baupolizeirecht**. Hierbei verblieb es, als im Verlauf des 17. Jahrhunderts die Polizei auf das Gebiet der inneren Verwaltung beschränkt wurde.[215] Als es in der ersten Hälfte des 18. Jahrhunderts „eine Periode stärkster Expansion der Polizeigewalt gab",[216] war auch das Baurecht davon betroffen. Es wurde Teil des Polizeistaates, wie man das Polizeisystem dieser Epoche aus heutiger Sicht bezeichnet.[217] 164

1. Landesfürstlicher Städtebau, Baugestaltungsrecht

Die **Neuanlage** von ganzen **Städten** und von Stadtteilen kennzeichnen die landesfürstliche Bautätigkeit dieser Zeit. Nach dem Vorbild der französischen Könige war es Ziel der 165

---

208 *Ernst* (Fn.149) S. 208.

209 *Gönnenwein* (Fn. 113) S. 85.

210 *Krüger* (Fn. 70) S. 22; *Ernst* (Fn. 149) S. 209; *Plate* (Fn. 142) S. 19 ff.; *Bötsch*, Das Recht zu Bauen in seiner verfassungs- und verwaltungsrechtlichen Ausgestaltung, Jur. Diss., Würzburg 1969, S. 11 f.

211 *Anschütz*, Die Polizei, Leipzig 1910, S. 6; *Kleinheyer*, Staat und Bürger im Recht – Die Vorträge des Carl Gottlieb Svarez vor dem preußischen Kronprinzen (1791–92), 1995 S. 114 f.; *Friauf*, in: Besonders Verwaltungsrecht Hrsg. v. *Schmidt-Aßmann*, 11. Aufl. Berlin u. New York 1999 2. Abschnitt S. 105 ff., Rn. 6; *Götz*, Allgemeines Polizei- und Ordnungsrecht, 13. Aufl. Göttingen 2001, Rn. 6 ff.

212 *Selmer*, Stichwort: Hausbau – öffentlich-rechtlich, Handwörterbuch zur Deutschen Rechtsgeschichte, Bd. I Sp. 2018, 2019.

213 *Boldt* in: Handbuch des Polizeirechts, Hrsg. v. *Lisken* u. *Denninger*, 3. Aufl. München 2001, A, Rn. 4; *Anschütz* (Fn. 211) S. 4; *Friauf* (Fn. 211) S. 161.

214 *Meyer/Anschütz*, Staatsrecht, 6. Aufl. Leipzig 1905, § 176, 2, S. 642 f.; *Anschütz* (Fn. 211) S. 4

215 *Anschütz* (Fn. 211) S. 4 f.; *Meyer/Anschütz* (Fn. 214) § 176, 2, S. 644; *Götz* (Fn. 211) Rn. 7.

216 *Anschütz*(Fn. 211) S. 6.

217 *Anschütz* (Fn. 211) S. 6; *Götz* (Fn. 211) Rn. 8.

deutschen Fürsten, vor allem Residenzstädte im neuen Geschmack der „Renaissance" mit vielen großen Patrizierhäusern auszubauen. Da sich die enge mittelalterliche Stadtanlage hierzu nicht eignete, kam es zu einer Vielzahl von Neugründungen. Als herausragende Beispiele sind insbesondere die Stadtanlagen von **Mannheim**, **Karlsruhe** sowie die Anlage des Friedrichwerders, der Dorotheenstadt und der Friedrichsstadt in **Berlin** zu nennen.[218] Diese basierten auf gut vorbereiteten und durchdachten **Bebauungsplänen**. *Friedrich Wilhelm I.* ordnete mit Kabinettsorder von 1723 die Aufstellung eines geordneten Bebauungsplanes für die Stadt Berlin an. Danach hat das „Direktorium von den Gegenden, welche noch bebaut werden sollen, accurate Pläne aufnehmen zu lassen, selbige nachgehends in Straßen, Häuser und Gärten einzuteilen und alsdann einen Überschlag von Allem zu machen . . .".[219] Ergebnis derartiger Planungen waren schnurgerade Häuserzeilen und sich **rechtwinklig** kreuzende (Mannheim) oder **strahlenförmig** auseinander laufende (Karlsruhe) **Straßen**.

166 Um das fürstliche **Schloss** auch im Aufriss als **„Krönung"** der Stadt erscheinen zu lassen, wurden insbesondere in der Nähe der Residenz **höchste Anforderungen** an die dort zu errichtenden **Häuser** gestellt. Diese sollten sich durch besondere Regelmäßigkeit und Vornehmheit auszeichnen.[220] 1652 wurde in Mannheim jedem Bauherrn mit der Verleihung eines Bauplatzes eine **Bauvorlage** überreicht, nach der er sein Haus zu errichten hatte. Für die verschiedenen Bevölkerungsschichten gab es vier nach Stockwerken und Fensterfront abgestufte Vorlagen. Vorderansicht, Stil und Baustoffe waren **genau bestimmt**.[221]

167 Um die neu angelegten Städte und Stadtteile zu bevölkern, gewährten die Fürsten verschiedene Vergünstigungen, um die Bautätigkeit zu fördern. Ein Mittel der **merkantilistischen Bevölkerungs-** und **Gewerbepolitik** des Absolutismus war es, durch die billige Abgabe oder **Schenkung** von Baugrundstücken und Baustoffen, die Gewährung von Steuervergünstigungen, günstiger **Baudarlehen** oder Bauvergütungen in Höhe von 10–15 % des Bauwertes Neubürger zur Ansiedlung zu veranlassen. Mitunter wurden Häuser auf Staatskosten errichtet und anschließend an Bürger verschenkt.[222]

168 Nahm man angesichts derartiger Vergünstigungen die Reglementierungen des wohlfahrtsorientierten **Policeystaates** noch gerne in Kauf, führten aber schon bald **gestalterische Überregulierungen** zur geschmacklichen Bevormundung und zum **Verdruss** der **Bürger**, der noch lange nachwirken sollte. Gegen Ende der absolutistischen Epoche fanden zu Beginn des 19. Jahrhunderts die – zunächst auf die Residenzstädte beschränkten – Gestaltungsvorschriften weite Verbreitung.[223]

169 Die architektonische Gestaltung der **Hausfassade** wurde zum fürsorglichen Prüfungsgegenstand der Baupolizeibehörde. Diese hatte die Erlaubnis zu versagen, wenn „jemand aus Liebe zum Sonderbaren oder aus Eigensinn seinem Gebäude eine solche Façade geben wollte, durch welche ein offenbarer Missstand entstehen und die gemeine Straße verunziert werden würde". In einem solchen Falle muss „der Bauende angehalten werden, einen anderen Bauplan zu wählen, der mit den Gesetzen der Symmetrie und des guten Geschmacks vereinbarlich ist".[224] Nach der „Instruktion für die Baukommission der Residenzstadt München vom 9. III. 1805" sollte bei dieser Beurteilung der **„herrschende Geschmack"** den Ausschlag geben. Damit war jedes baukünstlerische Streben der büro-

---

218 *Krüger* (Fn. 70) S. 22 f.; *Ernst* (Fn. 149) S. 209.

219 Abgedruckt bei *Doehl*, Repertorium des Bau-Rechts und der Bau-Polizei für den Preußischen Staat, Berlin 1867, S. 10.

220 *Plate* (Fn. 142) S. 21.

221 *Krüger* (Fn. 70) S. 24:

Vorlage:	A	B	C	D
Geschosse:	3	3	2	2
Fenster Front:	14	5	5	5

222 *Krüger* (Fn. 70) S. 23 f.; *Ernst* (Fn. 149) S. 209.

223 *Plate* (Fn. 142) S. 22.

224 Kapitel II § 12 der 1809 erneuerten Bauordnung der Freien Reichsstadt Frankfurt a. M.

kratischen Bevormundung durch die Baupolizei schutzlos ausgesetzt. Der „vorgängigen Genehmigung" der Baupolizeibehörde waren **Inschriften**, symbolische Bezeichnungen und Schilder an den Häusern unterworfen. Sogar die **Orthographie** der an den Gebäuden angebrachten Inschriften war zu prüfen. Beim **Abputz** der Häuser durfte nur eine der **Farben** aus den von der Baupolizei für jedermanns Gebrauch bereitgehaltenen **Musterblättern** gewählt werden.[225]

Die **Baupolizeivorschriften** der **Residenzstädte** haben vor allem mit der Ausweitung 170
des **Baugestaltungsrechts** eine besondere **charakteristische Prägung** in der Zeit des landesherrlichen **Absolutismus** erfahren. Sie kennzeichnen zusammen mit den planmäßigen Stadtanlagen eine neue Phase baulicher Regelungen. Allerdings waren diese Vorschriften jedenfalls zunächst auf einzelne Projekte von Stadtgründungen oder Stadterweiterungen begrenzt. Das im Übrigen geltende Baurecht bedarf somit gesonderter Erörterung.

2. Baupolizeirecht, Baukonsens und Feuerordnungen

Die Bauordnungen des 17. und 18. Jahrhunderts knüpfen im Übrigen an den **materiel-** 171
len Grundbestand des überkommenen Rechts an.[226] War das Baurecht des Mittelalters im Wesentlichen auf die Städte konzentriert, wurde die landesherrliche Gesetzgebung auf das **platte Land** ausgedehnt.

Waren bereits im Mittelalter an die Obrigkeit gerichtete Bauanzeigen und Genehmi- 172
gungen des Lehnherrn oder der Städte erforderlich,[227] entwickelt sich im Absolutismus das formelle **Baugesuch** und die Erteilung des **schriftlichen Baukonsenses.**[228]

Der Kurfürst *Friedrich III.* erließ im Jahre 1691 eine Art Reglement in Bezug auf die 173
Baufreiheit und setzte zu derselben Zeit eine Bau-Kommission zur Schlichtung aller dahin gehöriger Streitigkeiten ein. Diese Bau-Kommission erhielt unterm 27. 2. 1693 eine vollständige Instruktion, in welcher auch die Gebühren festgelegt waren, nämlich für einen schriftlichen Baubescheid 1 Thlr. 18 Gr. und für ein Gutachten nach geschehener Besichtigung 2 Thlr. Die Gesuche, bauen zu dürfen, mussten beim Magistrat gestellt werden, der sie prüfte und dann die Erlaubnis erteilte oder auch nicht. Unterm 11. 11. 1706 erschien eine Kabinetts-Ordre, welche dem Gouverneur von Berlin die Mitaufsicht über alle Neubauten dergestalt übertrug, dass die Bauwilligen ihr Gesuch zuerst an das Gouvernement richten und die Baumeister ohne dessen **Erlaubnisschein**, bei Strafe **sofortiger Einsperrung**, nicht bauen durften. Später bestimmte ein Edikt vom 14. 5. 1710, dass alle baulichen Veränderungen der Residenzstädte und ihrer Vorstädte, bei 50 Thlr. Strafe, nur nach stattgefundener Besichtigung der Bau-Kommission unternommen werden sollten.[229] Eine hessische Verordnung vom 17. 3. 1712 schreibt die Einholung des Baukonsenses für die **Dörfer** vor. Aus Fürsorge des Landesherrn sucht diese gleichzeitig zu verhindern, dass Leute ohne die erforderlichen Mittel bauen.[230]

In Deutschland entwickelte sich überwiegend ein **präventives Prüfungssystem** im 174
Gegensatz zu Frankreich, wo gebaut werden darf, Baurechtsverstöße jedoch repressiv mit Strafen bis hin zum Abriss geahndet werden.[231]

In **materieller** Hinsicht entsprechen die Bauordnungen dieser Zeit weitgehend den 175
Anforderungen der Bauordnung *Frönspergers* von 1564.[232] Exemplarisch ist hier die **Bau-Ordnung** für die Stadt **Berlin** vom 30. 11. **1641** anzuführen.[233] Sie ist allerdings stark mit (privaten) nachbarlichen Regelungen durchsetzt.

---

225 *Krüger* (Fn. 70) S. 38 unter Hinweis auf § 110 Abs. 2 der Bauordnung für Dresden von 1827.
226 *Plate* (Fn. 142) S. 22.
227 Vgl. Rn. 91, 102 und 107.
228 *Ackermann* (Fn. 106) S. 5 f.; *Plate* (Fn.142) S. 22 f.
229 *Doehl* (Fn. 219) S. 8.
230 *Ackermann* (Fn. 106) S. 7.
231 *Krüger* (Fn. 70) S. 31 ff.
232 Vgl. Rn. 119 ff.
233 Abgedruckt bei *Doehl* (Fn. 219) als Beilage I.

176 Eine Weiterentwicklung erfolgt auf dem Gebiet des Feuerschutzes. Neben oder teilweise anstelle entsprechender Regelungen in den Bauordnungen treten gesonderte **Feuerordnungen** oder Feuerlöschordnungen für Stadt und Land. Beispielsweise erhielt die **Stadt Kassel** solche Feuerordnungen in den Jahren 1558, 1567, 1637, 1818, die **Städte Berlin** und **Cölln** an der Spree in den Jahren 1672, 1707, 1727.[234] 1748 wurde die „Erneuerte und geschärfte Feuerordnung für die **Dorfschaften** des Fürstenthums Minden und der Grafschaften Ravensberg, Tecklenburg und Lingen erlassen.[235] In Kursachsen trat 1775 eine **Dorffeuerordnung** in Kraft.[236]

177 Betrachtet man die von *Friedrich Wilhelm I.* erlassene „**Feuer-Ordnung** für die Königlichen Residentzien **Berlin** und Vorstädte" vom 31. 3. 1727,[237] wird deutlich, dass nur der erste Titel – „Von Abschaffung dessen, was zu Feuers-Brünsten Anlass geben könnte" – mit seinen 44 Paragraphen baupolizeiliche Anforderungen an Gebäude und ihre Teile zur Verhinderung von Schadfeuern oder deren Begrenzung enthält. Die übrigen Titel regeln Anforderungen an Feuerlöschgeräte und Handlungsanweisungen an die Feuerwehr im Brandfalle.[238]

178 Die Anforderungen an Gebäude spiegeln den Stand der Bauordnung *Frönspergers* wider. Neben das **Verbot** von **weichen Bedachungen** bis hin zum Verbot von **Schindeldächern** und hölzernen Dachrinnen treten solche, die den Bau von Ställen und Scheunen in der Stadt verbieten. Besondere Anforderungen werden an Feuerstellen, **Schornsteine** und Brandmauern gestellt. Der endgültigen Beseitigung von Holzschornsteinen gilt die besondere Fürsorge des Landesherrn.[239]

179 Neu ist die Regelung des **regelmäßigen Kehrens** der **Schornsteine** durch Kaminkehrer zur Vermeidung von Schornsteinbränden und dem damit verbundenen Funkenflug.[240] Die ersten **Schornsteinfeger** sollen aus Italien in den deutschen Sprachraum gekommen sein. Sie gelten als **Glücksbringer**, da nach ihrem Auftreten die Feuersbrünste merklich nachgelassen haben.

180 Die Einhaltung der Bauvorschriften soll durch eine regelmäßige **Brandschau** – Visitationen – und eine Meldepflicht der Kaminkehrer bzgl. festgestellter Mängel sichergestellt werden. Verstöße werden mit harten Geldstrafen geahndet. Handwerker und Kaminkehrer werden bei groben Zuwiderhandlungen mit einem Berufsverbot bedroht.[241] Jedes **leichtfertige Hantieren** mit **Feuer** oder **Licht** unterliegt **hohen Strafen**.[242]

181 **Feuerordnungen** haben in Preußen auch nach In-Kraft-Treten des Preußischen Allgemeinen Landrechts teilweise **bis** ins **20. Jahrhundert** hinein gegolten.[243]

IV. Baurecht im liberalen Rechtsstaat

182 Antwort auf die Machtfülle des monarchischen Absolutismus, dessen polizeistaatliches System „Ausübung der Staatsgewalt im Innern, ohne Bindung an Verfassung, parlamentarische Gesetzgebung, Gewaltenteilung, ohne Rücksicht auf private und bürgerliche Rechte und Freiheiten und ohne gerichtlichen Rechtschutz" bedeutete,[244] waren die staatstheoretischen Auffassungen der **Aufklärungsphilosophie**.[245] Diese gaben dem **Poli-**

[234] *Krüger* (Fn. 70) S. 28.

[235] Vom 5. Juni 1748, abgedruckt in *Schlüter*, Provinzialrecht der Provinz Westfalen, 2. Bd, Provinzialrecht der Grafschaft Tecklenburg und der Grafschaft Lingen, Hrsg. von *Stromberg*, Leipzig 1830, S. 143 ff.

[236] *Ackermann* (Fn. 106) S 6.

[237] Abgedruckt bei *Doehl* (Fn. 219) als Beilage IV.

[238] *Krüger* (Fn. 70) S. 29.

[239] *Doehl* (Fn. 219) §§ 1 ff. und Stichwort Schornsteine, S. 277 ff.

[240] *Doehl* (Fn. 219) §§ 8 ff.

[241] *Doehl* (Fn. 219) § 4 und §§ 10 ff.

[242] *Doehl* (Fn. 219) § 18 ff.

[243] *Kruger* (Fn. 70) S. 28; *Ackermann* (Fn. 106) S. 6.

[244] *Götz* (Fn. 211) Rn. 8.

[245] Nach Kant kann jeder „seine Glückseligkeit auf dem Wege suchen, welcher ihm selbst gutdünkt, wenn er nur der Freiheit anderer, einem ähnlichen Zwecke nachzustreben, die mit der Freiheit von jedermann nach einem möglichen allgemeinen Gesetze zusammenbestehen kann, ... nicht Abbruch tut". Jede

zeibegriff – und damit auch dem Baupolizeirecht – einen **neuen Inhalt**, der sich gegen die Schrankenlosigkeit der polizeilichen Machtbefugnisse richtete. Das freie staatliche **Eingriffsrecht** sollte auf den Bereich der Sicherheitspflege **beschränkt** werden. Die **Wohlfahrtspflege**, d. h. die positive Förderung von Gemeinwohlinteressen, war **nicht** mehr **Aufgabe** der **Polizei**.[246] Der aufkommende Liberalismus stellte zudem den Grundsatz der Freiheit des Einzelnen in allen Lebenslagen in den Vordergrund. Für das Bau- und Bodenrecht war insbesondere von Bedeutung, dass auch das **Grundeigentum** weitgehend von allen Bindungen freigestellt wurde.[247] Die Umsetzung dieser Gedanken erfolgte nicht schlagartig, sondern nur langsam, nicht ohne in ihrer Überspitzung tlw. zu neuen Fehlentwicklungen zu führen.

1. Regelungen des Baurechts in Preußen

a) Preußisches Allgemeines Landrecht

Friedrich II. von Preußen (1712–1786), war einer der bedeutendsten Vertreter des auf- 183
geklärten Absolutismus. Er verschloss sich nicht der Forderung der jüngeren Naturrechtschule nach einer neuen Gesetzgebung, um mit ihrer Hilfe die Rechtsordnung durch eine **umfassende Kodifikation** zu erneuern.[248] Die Vorarbeiten wurden durch seinen Tod nicht unterbrochen. Als „Allgemeines Landrecht für die Preußischen Staaten" wurde das Gesetzeswerk am 5. Februar 1794 verkündet und trat am 1. Juni desselben Jahres in Kraft.[249]

„Vom Eigenthum" handelt der Achte Titel des Ersten Theils. Die §§ 65 bis 82 I 8 ALR 184
sind mit der Überschrift „Einschränkungen des Eigenthümers bey dem Bauen" überschrieben. §§ 65 I 8 ALR bestimmt: „In der Regel ist jeder Eigenthümer seinen Grund und Boden mit Gebäuden zu besetzen oder sein Gebäude zu verändern wohl befugt." Aus dieser Vorschrift ist später auf dem Gebiet des Bau- und Bodenrechts der Grundsatz der **Freiheit** des **Eigentums**, mit der darin enthalteten **Baufreiheit**, abgeleitet worden. Dies mag zweifelhaft erscheinen, weil das ALR diesen Rechtssatz nicht als primäre Grundlage für das Bau- und Bodenrecht verkündet hat,[250] sondern lediglich unter der wiedergegebenen Zwischenüberschrift. § 66 I 8 ALR bestimmt unmittelbar nachfolgend – nach heutigen Verständnis – als eine Art **Schrankenbestimmung**: „Doch soll zum Schaden oder zur Unsicherheit des gemeinen Wesens, oder zur Verunstaltung der Städte und öffentlichen Plätze, kein Bau und keine Veränderung vorgenommen werden."

Wer in Städten einen neuen Bau anlegen will, muss davon nach § 67 I 8 ALR „zuvor 185
der Obrigkeit zur Beurtheilung **Anzeige** machen". „Vorzüglich" ist nach § 69 I 8 ALR eine „besondere obrigkeitliche **Erlaubnis** nothwendig", wenn in Stadt oder Land eine **neue Feuerstätte** errichtet oder eine alte an einen neuen Ort verlegt werden soll. Zu-

---

Förderung der „Privatglückseligkeit und des allgemeinen Wohlstandes" hingegen fällt nicht in den Aufgabenbereich des Staates; „die Sorgfalt des Staates für das positive Wohl des Bürgers" hindert nämlich „die Entwicklung der Individualität und Eigentümlichkeit des Menschen in dem moralischen und überhaupt praktischen Leben ...", so v. Humboldt, Ideen zu einem Versuch, die Grenzen der Wirksamkeit des Staates zu bestimmen, 1792.

[246] Der Göttinger Staatsrechtlslehrer Johann Stephan Pütter, Institutionis iuris publici Germanici, 1. Aufl. Göttingen 1770, § 321, charakterisierte das „Recht der Polizei" als den „wichtigsten Teil der Hoheitsgewalt, durch den Sorge getroffen" werde, „künftige Übel im inneren Zustand des Staates abzuwehren, die für die Allgemeinheit zu befürchten" seien. „Die Sorge für die Förderung der Wohlfahrt" sei „nicht eigentlich Aufgabe der Polizei". Vgl. dazu *Boldt*, Handbuch des Polizeirechts (Fn. 213) und *Anschütz*, Allgemeine Begriffe und Lehren des Verwaltungsrechts nach der Rechtsprechung des Oberverwaltungsgerichts, PrVBl. Bd. 22 (1900/1901), S. 83, 85; *Wolzendorf*, Die Grenzen der Polizeigewalt, S. 74; *ders.*, Der Polizeigedanke des modernen Staats, Breslau 1918, S. 63 ff.

[247] *Ernst* (Fn. 149) S. 209.

[248] *Conrad*, Das Allgemeine Landrecht von 1794 als Grundgesetz des friderizianischen Staates, Berlin 1965, S. 1 ff.

[249] Zitiert nach *Hattenhauer/Bernet*, Textausgabe mit Einführung und Bibliographie, Frankfurt und Berlin 1970; vgl. auch *Koch*, ALR für die Preußischen Staaten, Kommentar in Anmerkungen, Bd. 1, 8. Aufl., Berlin und Leipzig 1884.

[250] *Ernst* (Fn. 149) S. 209.

widerhandlungen gegen die Genehmigungspflicht werden bestraft (§ 70 I 8 ALR). Wird unter Verstoß gegen die Anzeigepflicht gebaut und führt dies zu Missständen, muss das **Gebäude** wieder **abgetragen** werden (§ 72 I 8 ALR). Weitere Vorschriften des Abschnitts regeln die Verkehrsicherheit, das Verbot der Veranstaltung, Verengung und Verunreinigung der Straßen. Der **„Erlaubniss** der Polizeiobrigkeit" bedarf die Inanspruchnahme des Straßenraumes durch Vorbauten bis hin zum Blitzableiter (§ 80 I 8 ALR).

186 Das ALR teilt die Tätigkeit des Staates ausdrücklich in Gefahrenabwehr und Wohlfahrtspflege ein. Zum Organ der **Gefahrenabwehr** bestimmt es in § 10 II 17 die Polizei mit den Worten: „Die nöthigen Anstalten zur Erhaltung der öffentlichen Ruhe, Sicherheit und Ordnung, und zur Abwendung der dem Publico, oder einzelnen Mitgliedern desselben, bevorstehenden Gefahr zu treffen, ist das Amt der Polizey."[251] In der Folgezeit nahm die Polizei, „begünstigt durch eine restaurative Gesetzgebung ebenso wie durch die Stimmen im Schrifttum" **weiterhin** Aufgaben der **Wohlfahrtpflege** wahr.[252]

187 Die **Einschränkung** der **Polizeigewalt** i. S. d. § 10 II 17 ALR konnte in der Praxis erst mehr als 80 Jahre nach Inkrafttreten des ALR anhand von zwei baurechtlichen Entscheidungen – den sog. Kreuzbergurteilen[253] – durchgesetzt werden, „als die Rechtmäßigkeitskontrolle polizeilicher Verfügungen einer in der Spitze unabhängigen Verwaltungsgerichtsbarkeit übertragen worden war".[254]

b) Örtliche Bauvorschriften

188 Die Rechtsquellen des preußischen Baupolizeirechts lagen – trotz der Regelungen des ALR – weiterhin in einer Vielzahl von **örtlichen Bauordnungen**. Dies hatte seinen Grund einerseits darin, dass das ALR nur in den sog. landesrechtlichen Gebieten – insbesondere in den Landesteilen östlich der Elbe – und zudem „subsidiarisch" nach den bestehenden Provinzialgesetzen galt. Andererseits wiesen die zum Teil sehr stark zersplitterten westlichen Landesteile eine eigene Baukultur auf, die zum Rechtgebiet des Code Napoleons gehörten. Auf Grund dieser Verschiedenheiten glaubte man dem Bauwesen nur durch örtliche Bauvorschriften gerecht werden zu können.[255]

189 Das liberale Eigentumsverständnis, mangelnde Planungs- und Bodenordnungsvorschriften gepaart mit örtlicher Rechtzersplitterung der Bauvorschriften führten im Zeitalter der Industrialisierung, des Bevölkerungswachstum und der Zusammenballung der Menschen in den Großstädten zu Bodenspekulation, zum planlosen Ausufern der Städte sowie tlw. zu **unhygienischen** und engen **Wohnverhältnissen**.[256]

190 Es mangelte auch in Preußen nicht an Bemühungen der städtebaulichen Missstände Herr zu werden.[257] Die Hoffnung, dass die – auf der Grundlage des preußischen Polizeiverwaltungsgesetzes vom 11. 3. 1850 erlassene – **„Bau-Polizei-Ordnung** für **Berlin** und den weiteren Bezirken vom 21. April 1853"[258] beim Erlass ähnlicher Baupolizeiverordnungen als Anhalt dienen könnte, erfüllte sich nicht. Schon bald reichte sie nicht einmal mehr zur Beurteilung der baupolizeilichen Verhältnisse in Berlin aus, weil in kürzester Zeit ganze Stadtteile neu entstanden und viele Bauten mangelhaft und gewissenlos aufgeführt wurden.[259]

191 Als sich über die **Rechtszersplitterung** des **Baurechts** hinaus herausstellte, dass die für die einzelnen Landesteile getrennt bestehenden Vorschriften in formeller und materieller Hinsicht größere Abweichungen zeigten, als durch die Verschiedenartigkeiten der jewei-

---

251 Vgl. dazu *Boldt* (Fn. 213) A, Rn. 20.
252 *Friauf* (Fn. 211) Rn. 7; *Plate* (Fn. 142) S. 26.
253 Vgl. IV 1. d, Rn. 194 ff.
254 *Boldt* (Fn. 213) A, Rn. 49; *Friauf* (Fn. 211) Rn. 8.
255 *Ernst* (Fn. 149) S. 210.
256 *Doehl* (Fn. 219) S. 4.
257 Vgl. etwa den Erlass des preußischen Ministers für Handel v. 12. 5. 1855 über die stärkere Einschaltung der Gemeinden bei der Aufstellung der Bebauungspläne, Preuß. Ministerialblatt 1855, S. 100.
258 *Doehl* (Fn. 219) als Beilage VI abgedruckt.
259 *Doehl* (Fn. 219) Vorwort.

ligen Verhältnisse geboten war, wurde bei der Staatsregierung wiederholt angeregt, für ganz Preußen ein allgemeines Baupolizeigesetz zu erlassen. Das Ministerium der öffentlichen Arbeiten ließ dementsprechend im Jahre **1878** den **Entwurf einer** solchen **allgemeinen Bauordnung** erarbeiteten, der aber nicht als Gesetzesvorlage eingebracht worden ist.[260] Ende des 19. Jahrhunderts war das preußische Baupolizeirecht in etwa **300 Bauordnungen** geregelt.[261]

c) Gesetzliche Teilregelungen vor den Kreuzbergurteilen

aa) Fluchtliniengesetz von 1875. „Ein gewissermaßen vorzeitiger Wandel"[262] war bereits vor dem berühmten Kreuzberg-Urteil[263] durch das Preußische Gesetz, betreffend die Anlegung und Veränderung von Straßen und Plätzen in Städten und ländlichen Ortschaften (Fluchtliniengesetz) vom 2. 7. 1875 (GS S. 561) eingetreten: In § 1 Abs. 1 dieses Gesetzes wurde das Recht, „für die Anlegung oder Veränderung von Straßen und Plätzen in Städten und ländlichen Ortschaften ... die **Straßen-** und **Baufluchtlinien** ... festzusetzen", „dem Gemeindevorstande im Einverständnisse mit der Gemeinde, bezüglich deren Vertretung, dem öffentlichen Bedürfnisse entsprechend unter Zustimmung der Ortspolizeibehörde" als **Selbstverwaltungsangelegenheit** übertragen. Bis zum Erlass dieses Gesetzes war es unbestrittene Aufgabe der Baupolizei gewesen, „Bebauungspläne aufzustellen und Fluchtlinienfestsetzungen vorzunehmen".[264] Als Ausgleich für die dadurch entstehenden Kosten wurde den Gemeinden das Recht verliehen, **Anliegerbeiträge** zu erheben. Die Übertragung der Festsetzungskompetenz der Fluchtlinien an die Gemeinden hatte jedoch „nicht eigentlich baurechtliche Gründe", sondern ist „maßgebend durch den Zusammenhang zwischen der Fluchtliniengesetzgebung und der gemeindlichen Wegebaupflicht und insofern durch das Streben nach wirtschaftlicher Entlastung der Gemeinden veranlasst worden".[265] 192

bb) Ansiedlungsgesetz von 1876. Das Preußische Gesetz, betreffend die Verteilung der öffentlichen Lasten bei Grundstücksteilungen und die Gründung neuer Ansiedlungen in den Provinzen Preußen, Brandenburg, Pommern, Posen, Schlesien, Sachsen und Westfalen vom 25. 8. 1876 (GS S. 405) wies der Polizei schon vor den Kreuzberg-Urteilen baurechtliche Befugnisse spezialgesetzlich zu: Nach § 13 Satz 1 dieses Gesetzes bedarf derjenige, der „außerhalb einer im Zusammenhange gebauten Ortschaft ein Wohnhaus errichten oder ein schon vorhandenes Gebäude zum Wohnhause einrichten will, ... einer von der Ortspolizeibehörde zu erteilenden **Ansiedlungsgenehmigung**". „Vor deren Aushändigung" darf nach § 13 Satz 2 dieses Gesetzes „die polizeiliche **Bauerlaubnis** nicht erteilt werden".[266] Das Gesetz war zum Schutz der Gemeinden vor unwirtschaftlichen Aufwendungen und infolgedessen zur Ergänzung des Fluchtliniengesetzes erlassen worden; es diente dazu, die **Wohnbebauung** im Wesentlichen **außerhalb** der Siedlungskerne der Städte und der ländlichen **Ortschaften** insoweit **zu beschränken**, als dies zur Wahrung berechtigter privater oder öffentlicher Interessen erforderlich war. 193

d) Kreuzbergurteile

In zwei Prozessen hatte sich das Preußische OVG mit den jeweiligen Klagen eines Eigentümers von zwei Baugrundstücken auseinander zu setzen, der sich gegen die auf die – zum Schutz der Aussicht auf das Kriegerdenkmal auf dem Kreuzberg erlassene – so genannte **Kreuzbergverordnung** gestützte Versagung der Bauerlaubnisse zur Wehr setzte. 194

---

260 Zu den Auswirkungen Hegemann, Das steinerne Berlin, Berlin usw. 1930, S. 212 und Boeddinghaus, Die Abstandsregelung nach der neuen Musterbauordnung, ZfBR 2003, 738, 739, Fn. 7.

261 *Plate* (Fn. 142) S. 27 f.

262 *Weyreuther*, Eigentum, öffentliche Ordnung und Polizei, Köln, Hamburg 1972, S. 26.

263 Vgl. Rn. 194 ff.

264 *Weyreuther* (Fn. 262) S. 23; Pathe, Die Bauordnungsverwaltung als Zuständigkeitsproblem, DVBl. 1953, 324, 325 und PrOVG vom 6. 2. 1879 PrOVGE 5, 381, 382 f.

265 *Weyreuther* (Fn. 262) S. 23.

266 Vgl. dazu *Pathe* (Fn. 264) S. 325.

Er machte geltend, „dass die von dem Königl. Polizeipräsidium unterm 10. März 1879 erlassene Polizeiverordnung ... der Rechtsgültigkeit entbehre, weil das Königl. Polizeipräsidium sich bei Erlass derselben auf einem außerhalb seiner Zuständigkeit liegenden Gebiete bewegt habe, insbesondere der Gegenstand der Verordnung nicht zu denjenigen Gegenständen gehöre, welche gesetzlich einer Regelung durch Polizeiverordnungen unterworfen seien". Schon in seiner **ersten Kreuzbergentscheidung** hat das PrOVG die Kreuzberg-Verordnung an § 10 II 17 ALR scheitern lassen. Zum § 10 II 17 ALR bemerkte das PrOVG, dass bei der Polizeiverordnung vom 10. März 1879 „von solchen Interessen, deren Wahrung" nach § 10 II 17 ALR „in dem Amte der Polizei begriffen" sei, „nicht die Rede sein" könne; die „Erhaltung der freien Aussicht von dem Denkmale auf die Stadt und von der Stadt auf das Denkmal" stehe „in keinem Zusammenhange mit der Erhaltung der öffentlichen Ruhe, Sicherheit und Ordnung" und diene „ebenso wenig zur Abwendung einer Gefahr für das Publikum oder einzelner Glieder desselben."[267]

195 War somit das berühmte **zweite Kreuzbergurteil** des PrOVG aus dem Jahre 1882[268] bereits in seinen Kernaussagen durch das frühere Kreuzbergurteil präjudiziert worden, diente es insbesondere auch der Begrenzung des Begriffs der Öffentlichen Ordnung. Das PrOVG fasste seine **Grundposition** in dem Satz zusammen, „dass die Polizeibehörden bei Erlass von Polizeiverordnungen – im Allgemeinen und von Spezialgesetzen abgesehen – an den § 10 Tit. 17 Th. II ALR und an das zu seiner Erläuterung und näheren Ausführung bestimmte Gesetz vom 11. März 1850 gebunden sind."[269]

196 Als eigentliche **Aufgabe** der **Polizei** wurde nunmehr die in § 10 II 17 ALR genannte „Erhaltung der öffentlichen Ruhe, Sicherheit und Ordnung" sowie die „Abwendung der dem Publiko oder einzelnen Mitgliedern derselben bevorstehenden Gefahren" angesehen. § 10 II 17 ALR galt nunmehr als allgemeine Ermächtigungsgrundlage (**Generalklausel**) für das polizeiliche Einschreiten. Aus der Aufgabenstellung folgte unmittelbar auch die Handlungsermächtigung.[270]

197 Dadurch, dass das PrOVG § 10 II 17 ALR als erschöpfende Regelung der polizeilichen Befugnisse auslegte und unter Ausgrenzung der sog. Wohlfahrtspflege aus der allgemeinen Ermächtigung den **klassischen materiellen Polizeibegriff**[271] prägte, legte es auch den **Umfang** des herkömmlichen **Baupolizeirechts**[272] fest.

198 Nicht zu folgen ist – mit *Weyreuther* und nunmehr auch mit *Goetz*[273] – der häufig anzutreffenden Behauptung mit dem Kreuzbergurteil sei die Polizei auf die Gefahrenabwehr beschränkt worden.[274] Aus dem oben wiedergegebenen Kernsatz folgt, dass durch § 10 II 17 ALR die Handlungsbefugnis der Polizei zwar zugleich eingeschränkt wurde. Eine außerhalb des § 10 II 17 ALR erfolgende Inanspruchnahme der Polizei war damit aber nicht ausgeschlossen. Sie bedurfte lediglich einer anderweitigen **speziellen gesetzlichen Regelung.**[275]

199 Mit den getroffenen polizeirechtlichen Aussagen bestätigte das PrOVG die Anerkennung des Grundsatzes der **Gesetzmäßigkeit** der **Verwaltung**, insbesondere den Vorbehalt

[267] PrOVG vom 10. 6. 1880 PrVerwBl. 1879/80 (1. Jg.) S. 401.
[268] PrOVG vom 14. 6. 1882 PrOVGE 9, 353.
[269] PrOVG (Fn. 268) 374 und 375 f.
[270] *Boldt* (Fn. 213) Rn. 20.
[271] *Drews/Wacke/Martens*, Gefahrenabwehr, Allgem. Polizeirecht (Ordnungsrecht) des Bundes und der Länder, 2. Bd. Köln usw. 1977, S. 5 f.; *Schrödter*, Vom Kreuzberg-Urteil zur Bauregelungsverordnung, DVBl. 1975, 846, 848: „Die zweite Kreuzberg-Entscheidung ist bekanntlich in die Geschichte des Polizeirechts eingegangen und Generationen von Studenten als ein Beispiel für die rechtsstaatliche Auslegung des § 10 II 17 ALR gelehrt worden."
[272] Vgl. hierzu das Rechtsgutachten des BVerfG Rn. 336.
[273] *Weyreuther* (Fn. 262) S. 14; *Goetz* (Fn. 211) Rn. 11.
[274] So z. B. *Thoma*, Der Polizeibefehl im Badischen Recht, Bd. I, Tübingen 1906, S. 41; *Lehmann*, Der alte und der neue Polizeibegriff, Berlin 1937, S. 48; *Pathe* (Fn. 264) DVBl. 1953, S. 324 (325); *Scupin*, Die Entwicklung des Polizeibegriffs und seine Verwendung in den neuen deutschen Polizeigesetzen, Jur. Diss. Marburg 1970, S. 49; *Friauf* (Fn. 211) S. 112.
[275] *Boldt* (Fn. 213) Rn. 49.

des Gesetzes, indem es § 10 II 17 ALR als Rechtsgrundlage prüfte und darüber hinaus für **Eingriffe in Freiheit** und **Eigentum** bei Wahrnehmung von Aufgaben im Bereich der Wohlfahrtspflege durch die Polizei eine **spezielle gesetzliche Grundlage** forderte.[276]

e) Weitere gesetzliche Teilregelungen

Die Kreuzberg-Urteile haben auch eine **große** – wenn auch durchaus **kritisch** zu betrachtende – **Bedeutung** für das **Baurecht** erlangt. Einerseits ist durch die rechtsstaatliche **Begrenzung** der **Generalklausel** das darunter fallende Baurecht in das Prokrustesbett der Gefahrenabwehr gezwängt worden, andererseits hat der durch die Kreuzberg-Urteile ausgelöste **Zwang** zum **spezialgesetzlichen Polizeirecht** für den Bereich der Wohlfahrtspflege dazu geführt, dass der preußische Gesetzgeber fortan dem vom PrOVG gewiesenen Weg der Spezialgesetzgebung auf dem Gebiet des sog. **„Baupolizeirechts“**[277] folgte. **200**

Mit dem „Gesetz gegen die Verunstaltung landschaftlich hervorragender Gegenden“ vom 2. 6. 1902 (GS S. 159) schuf der Gesetzgeber eine Verordnungsermächtigung, nach der landschaftlich hervorragende Gegenden unter ein Reklameverbot gestellt werden durften.[278] Das Gesetz übertrug somit den **Polizeibehörden** die Befugnis, auf dem **Gebiet der Wohlfahrtspflege**, hier im Bereich der Ästhetik, tätig zu werden.[279] **201**

Das „Gesetz betr. die Umlegung von Grundstücken in Frankfurt/Main“ vom 28. 7. 1902 (GS S. 273) wurde auf Drängen des Frankfurter Bürgermeisters – sog. **Lex Adickes** – erlassen. Es erlangte jedoch nicht die erhoffte Wirkung für die Bodenordnung Stadt.[280] **202**

Nachdem sich im Jahre 1903 wiederum in einem Denkmalsfall[281] das Versagen der Vorschriften des Preußischen Landrechts bestätigt hatte, nahm der Gesetzgeber den **Verunstaltungsschutz** umfassend in Angriff. Am 15. 7. 1907 wurde das **zweite** Preußische **Verunstaltungsgesetz**, das „Gesetz gegen die Verunstaltung von Ortschaften und landschaftlich hervorragenden Gegenden“ (GS S. 260), erlassen. Nach § 2 dieses Gesetzes konnte durch Ortsstatut angeordnet werden, „dass die baupolizeiliche Genehmigung zur Ausführung baulicher Änderungen an einzelnen Bauwerken von geschichtlicher oder künstlerischer Bedeutung und zur Ausführung von Bauten und baulichen Änderungen in der Umgebung solcher Bauwerke zu versagen“ sei, „wenn ihre Eigenart oder der Eindruck, den sie hervorrufen, durch die Bauausführung beeinträchtigt werden würde“. Somit war nunmehr die **spezialgesetzliche Grundlage** geschaffen worden, an der es der Kreuzberg-Verordnung gefehlt hatte.[282] **203**

2. Moderne Baugesetze in anderen deutschen Bundesstaaten

Die Reichsverfassung vom 16. April 1871 (RGBl. S. 64) gab dem **Reich** für das öffentliche Baurecht **keine Gesetzgebungszuständigkeit**.[283] Die Kompetenz für das private Baunachbarrecht ist im Bürgerlichen Gesetzbuch bei weitem nicht ausgeschöpft worden.[284] **204**

---

[276] PrOVG (Fn. 268) 376 f.; *Werner*, Wandlung des Polizeibegriffs, DVBl. 1957, 806 ff.; *Scupin* (Fn. 274) S. 56; *Götz* (Fn. 211) Rn. 12.

[277] Vgl. *Baltz-Fischer*, Preußisches Baupolizeirecht, 6. Aufl. Berlin 1938, unv. Nachdruck Berlin 1954, S. 3; *Pathe* (Fn. 264) 324 (325); *Werner* (Fn. 276) S. 481 (484); *Dittus* (Fn. 28) S. 249, 252; *Weyreuther* (Fn. 262) S. 22; *Schrödter* (Fn. 271) S. 848 f.

[278] Vgl. *Baltz-Fischer* (Fn. 277) S. 3; *Anschütz* (Fn. 211) S. 15, *Weyreuther* (Fn. 262) S. 25; *Götz* (Fn. 211) Rn. 12.

[279] *Baltz-Fischer* (Fn. 277) S. 176 Anm. 1.

[280] *Ernst* (Fn. 149) S. 210.

[281] PrOVG vom 24. 11. 1903 PrOVGE 44, 388, 391 f.

[282] *Weyreuther* (Fn. 262) S. 25.

[283] *Berg* in: Deutsche Verwaltungsgeschichte, hrsg. von *Jeserich/Pohl/von Unruh*, Bd. 4, Stuttgart 1985, VII. Kap., § 4II.1. S. 430.

[284] Vgl. §§ 906 ff. BGB u. Art. 111, 119, 124 EGBGB.

205 Kamen in Preußen nur Teilregelungen des öffentlichen Baurechts zustande, waren **andere** deutsche **Bundesstaaten** auf diesem Gebiet wesentlich erfolgreicher. Hatte dort – ebenso wie in Preußen – der Schwerpunkt des öffentlichen Baurechts noch im Ortsrecht gelegen,[285] nötigten ab der zweiten Hälfte des 19. Jahrhunderts Industrialisierung und Bevölkerungsanstieg insbesondere in den Städten zur **gesetzgeberischen Befassung** mit dem **Baurecht**.[286]

a) Entwicklung des Baurechts in Bayern, Württemberg und anderen Staaten

206 Den **Anfang** bei der Schaffung einer einheitlichen Bauordnung machte **Bayern**, indem das Polizeistrafgesetzbuch vom 10. November 1861 die Ermächtigung zum Erlass baupolizeilicher Anordnungen für das rechtsrheinische Bayern gab, auf Grund deren am 2. 10. 1863 die erste moderne **Bauordnung für München**[287] und am 30. 6. 1864 die erste Bauordnung für die **Landesteile rechts** des **Rheines** mit Ausnahme von München erlassen wurden.[288] Es folgte dann das Königreich **Sachsen**, in welchem das formelle Baupolizeirecht eine erstmalige einheitliche Regelung fand durch das Gesetz, betr. das wegen baupolizeilicher Beaufsichtigung der Baue zu beobachtende Verfahren, vom 6. 7. 1863 (GVBl. S. 641).[289] **Baden** regelte sein Baupolizeiwesen zunächst durch Ministerialverordnung vom 5. Mai 1869.[290] **Württemberg** erhielt am 6. Oktober 1872[291] und **Braunschweig** am 15. 6. 1876[292] seine **neue Bauordnung**.

207 Ende des 19. Jahrhunderts bis zum Beginn des 20. Jahrhunderts wurden die Baugesetze und Bauordnungen – insbesondere – der mittleren deutschen Bundesstaaten in einen **modernen Stand** versetzt, den Preußen jedenfalls teilweise nie erreichen sollte. Beispielhaft sind hier zu nennen:

- **Anhalt**
  Bauordnung für Anhalt vom 10. 6. 1905
- **Baden**
  Landesbauordnung vom 1. 9. 1907 (GVBl. S. 385)
- **Bayern**
  Bauordnung für die Haupt- und Residenzstadt München vom 29. 7. 1895 (GVBl. 333); Verordnung, die Bauordnung betreffend mit Ausnahme der Haupt- und Residenzstadt München vom 17. 2. 1901 (GVBl. S. 87)[293]
- **Braunschweig**
  Landesbauordnung vom 13. 3. 1899 (GVS Nr. 25)[294]
- **Bremen**
  Bauordnung für die Stadt Bremen und das Landgebiet vom 21. 10. 1906 (GS S. 405)

---

[285] *Decker/Konrad*, Bayerisches Baurecht, München 2002, Kap. II Teil 1, Rn. 1.

[286] *Ackermann* (Fn. 106) S. 7 f.

[287] Allgemeine Bauordnung für die Haupt- und Residenzstadt München vom 2. 10. 1863 (Reg.Bl. S. 1697).

[288] Allgemeine Bauordnung (für das übrige rechtsrheinische Bayern) vom 30. 6. 1864 (Reg.Bl. S. 817). Weiterhin sind folgende Bauvorschriften erlassen worden:
Verordnung, die Aufführung von Gebäuden im offenen Bausystem betreffend vom 16. 5. 1876 (GVBl. S. 347); Allgemeine Bauordnung vom 30. 8. 1877 (GVBl. S. 461); Verordnung für das Bauen auf dem Lande vom 19. 9. 1881 (GVBl. S. 1241); Verordnung über die Bauordnung vom 31. 7. 1890 (GVBl. S. 531), Bauordnung für die Pfalz vom 30. 8. 1890 (GVBl. S. 583).

[289] *Breuer*, Das sächsische Baurecht und die baulichrechtliche Entwicklung in anderen deutschen Staaten während des 19. Jahrhunderts – Vergleichende Betrachtungen, in: Bauer/Breuer/Degenhart/Oldiges (Hrsg.), 100 Jahre Allgemeines Baugesetz Sachsen, Stuttgart usw., S. 209 ff.

[290] *Ackermann* (Fn. 106) S. 7; vgl. auch Gesetz vom 20. 2. 1868, die Anlage der Ortsstraßen und die Festsetzung der Baufluchten sowie das Bauen längs der Landstraßen und Eisenbahnen betreffend und dazu *Flad*, Das badische Ortsstraßengesetz, 1909, S. 1 f.

[291] Neue allgemeine Bauordnung vom 6. 10. 1872 (Regierungsblatt S. 305).

[292] Braunschweigische Bauordnung vom 15. 6. 1876 (GVS Nr. 10).

[293] Vgl. auch Gesetz über die Erschließung von Baugelände vom 4. 7. 1923 (GVBl. S. 273).

[294] Vgl. auch *Rautenberg*, Bauwesen und Bauten im Herzogtum Braunschweig zur Zeit Carl Wilhelm Ferdinands, Braunschweig 1971.

- **Hamburg**
  Baupolizeigesetz vom 23. 6. 1882[295]
- **Hessen**
  Gesetz, die allgemeine Bauordnung betreffend vom 30. 4. 1881 (Regbl. S. 71), geändert am 7. 8. 1902[296]
- **Sachsen**
  Allgemeines Baugesetz für das Königreich Sachsen vom 1. 7. 1900 (GVBl. S. 52)[297]
- **Württemberg**
  Württembergische Bauordnung vom 28. 7. 1910 (Regbl. S. 333).[298]

b) Sächsisches Baugesetz als Beispiel moderner Baurechtskodifikation

Aus der Gruppe dieser modernen baurechtlichen Regelungen verdient das **Allgemeine Baugesetz** für das Königreich **Sachsen** vom 1. 7. 1900[299] besondere Beachtung. Es hat das Baupolizeirecht für Sachsen in materieller und formeller Hinsicht **einheitlich** gestaltet und den Anforderungen, die an eine **moderne Bauordnung** zu stellen sind, „in geradezu **mustergültiger Weise** genügt".[300] Eine Beurteilung, die auch aus heutiger Sicht noch gilt.[301] 208

Vereinheitlichung, Zusammenfassung und Modernisierung war das Anliegen des Gesetzes, das wesentliche Anregungen aus Gesetzen anderer Bundesstaaten entnahm, aber auch englische und französische Erfahrungen verwertet hat.[302] Das Allgemeine Baugesetz regelt das Baurecht aus **„einem Guss"**;[303] was in Preußen zu keiner Zeit erreicht wurde und heute an der gespaltenen Gesetzgebungskompetenz scheitert. 209

Nach „Allgemeinen Bestimmungen" regelt das Gesetz das **Bauplanungsrecht**. Die als Rechtsnorm ausgestalteten **Bebauungspläne** sollen in der Regel erlassen werden, bevor Gelände zur Bebauung erschlossen wird. Sie regeln die Führung der Straßen und Wasserläufe einschl. der **Fluchtlinien**, die **Bauweise**, den **Abstand der Gebäude** von den **Straßenfluchtlinien** und **Nachbargrenzen**, die Zulässigkeit gewerblicher Anlagen und die Bebauung des Hintergeländes. Der vorbereitende Bauleitplan – **Ortserweiterungsplan** – ist den Vorschriften über den Bebauungsplan angefügt. Er wurde von den Baupolizeibehörden und nicht der Gemeinde aufgestellt, damit er über das Gebiet einer Gemeinde hinausgreifen konnte. Der **rechtsverbindliche Bebauungsplan** war **Rechtsgrundlage** für die **Zulassung** der **Bebauung**, aber auch für die **Enteignung** – nicht nur der Straßengrundstücke, sondern auch für den Bedarf größerer „Unternehmen" (Zonenenteignung nach französischem Vorbild) und für die **Umlegung**.[304] Im Anschluss daran 210

---

[295] Zur Vorgeschichte vgl. Verordnung über die baupolizeylichen und feuerpolizeylichen Vorschriften, welche bei dem Wiederaufbau der Gebäude in dem abgebrannten Stadtteile zu befolgen sind, vom 29. 7. 1842; abgedr. bei *Speckter*, Wiederaufbau Hamburgs nach dem großen Brande von 1842, Hamburg 1952; Expropriationsgesetz vom 9. 9. 1842; abgedr. bei *Speckter*, aaO; Baupolizeygesetz vom 3. 7. 1865 und im übrigen Bebauungsplangesetz vom 23. 12. 1892.

[296] Vgl. auch Gesetz über die Umlegung von Bauland vom 6. 12. 1920 in der Fassung der Bekanntmachung vom 10. 10. 1927 (Regbl. S. 199).

[297] Vgl. auch Baugesetz für den Freistaat Sachsen vom 20. 7. 1932 (GVBl. S. 133). Zu Thüringen vgl. Landesbauordnung vom 2. 9. 1930 (GS S. 187); Landespolizeiverordnung vom 2. 9. 1930 (GS S. 201).

[298] Vgl. auch Gesetz über die Erschließung von Bauland durch Umlegung und Grenzregelung (Baulandgesetz) vom 18. 2. 1926, Regierungsblatt S. 43.

[299] Vgl. dazu *Krieg*, Entwurf, Beratung und Verabschiedung des Allgemeinen Baugesetzes vom 1. Juli 1900 – die Stationen des Gesetzgebungsverfahrens (Fn. 289), S. 195 ff. Der Gesetzestext ist dort im Anhang, S. 623 ff. abgedruckt und Stichwort: Bauwesen, in: *v. d. Mosel*, Handwörterbuch des Sächsischen Verwaltungsrechts, 12. Aufl., Leipzig 1912, S. 75 ff.

[300] *Ackermann* (Fn. 106) S. 7.

[301] Vgl. *Groschupf*, 75 Jahre Allgemeines Sächsisches Baugesetz, DVBl. 1975, S. 873 ff.; *Krautzberger* (Rn. 3) Einl. Rn. 26.

[302] *Groschupf* (Fn. 301) S. 874.

[303] *Groschupf* (Fn. 301) S. 875 und *Peine*, Die Einheit von Bebauungsplan- und Bauordnungsrecht – Konzept und Realität des Allgemeinen Baugesetzes, in (Fn. 289) S. 245 ff. Einl. Rn. 26.

[304] Vgl. dazu ausführlich Breuer, Städtebauliche Planung, Umlegung und Enteignung nach dem Allgemeinen Baugesetz in Sachsen (Fn. 289) S. 263 ff.

werden die Anlegung der Straßen und die Erhebung von Anliegerbeiträgen (Bauabgaben) geregelt.[305]

211 Diesem städtebaulichen Teil folgt der (VII.) Abschnitt über die „Bebauung der Grundstücke" (§§ 79–138). Hier finden sich neben „Allgemeinen Erfordernissen" Regelungen über die „Herstellung der Gebäude" ohne künstliche Unterscheidung nach ihrer bodenrechtlichen oder primär baupolizeilichen Natur. Eine Formulierung der Norm unter dem Gesichtspunkt der Gefahrenabwehr unterbleibt weitgehend.

212 Nach den Anforderungen an das **Baugrundstück** (keine Altlasten, Wasserversorgung, Erschließung, Verkehrssicherheit)[306] regelt das Gesetz **Baubeschränkungen** wegen der Nähe von Eisenbahnen, Verkehrsstraßen, Gewässern und Waldungen.[307] Der Abschnitt über die Herstellung der Gebäude beginnt mit der generalklauselartigen Bestimmung des § 90. Nach Abs. 1 dürfen „die Anlage und die inneren Einrichtungen der Gebäude ... die **Sicherheit** und **Gesundheit** der Bewohner nicht gefährden. Wohnungen und Arbeitsräume müssen in ausreichendem Maße Trockenheit, Licht, Luft, Raum und Zugänglichkeit haben". Neben dem Schutz der Gesundheit regelt § 90 Abs. 2 auch den Schutz vor **Verunstaltung**.[308]

213 Die Bestimmung der **Bauweise** ist nach § 94 der Ortsgesetzgebung überlassen – d. h. ob in offener oder geschlossener Bauweise gebaut werden darf, ist durch Bebauungsplan zu regeln. Bei deren Fehlen sind in Landgemeinden und landhausmäßig bebauten Vororten in der Regel nur **frei stehende Gebäude** oder **Doppel-** und **Gruppenhäuser zulässig**. Der Abstand zwischen Vordergebäuden musste der Hauptsimshöhe des höheren Gebäudes, der Grenzabstand dessen Hälfte, **mindestens vier Meter**, entsprechen (§ 95). **Gebäudehöhe** (§ 98), **Geschosszahl** (§ 99) und **überbaubare Grundstücksfläche** (§ 100) waren ebenso geregelt wie die **Stand-** und **Feuersicherheit** (§ 105).[309] Die Anforderungen an Fluchtwege, Treppen, Brandmauern, Schornsteine, Öfen, Baustoffe etc. wurden präzise und leicht nachvollziehbar in Einzelvorschriften bestimmt.[310] Besondere Anforderungen galten für Sonderbauten,[311] Ställe[312] etc.

214 Erstaunlich hoch waren die Anforderungen an den **Wohnungsstandard**. Aufenthaltsräume sollten eine lichte Höhe von 2,85 Meter haben. In ländlichen Verhältnissen waren 2,25 Meter vorgeschrieben.[313] Auch **Wasch-** und andere **Nebenanlagen** gehörten zur **Mindestausstattung**.[314] An Dach- und Kellerwohnungen wurden besondere Anforderungen gestellt.[315]

215 Besondere Schutzmaßregeln bei der Bauausführung zugunsten der Öffentlichkeit und der Bauarbeiter traf der VIII. Abschnitt.[316] Das Gesetz trifft im (IX.) Abschnitt Bestimmungen über „Die polizeiliche Beaufsichtigung der Bauten"; hier sind die **Genehmigungspflicht**, die Erteilung der **Baugenehmigung** und die **Eingriffsbefugnisse** der **Baupolizeibehörden** bei ungenehmigten, materiell rechtswidrigen oder sonst in gefährlichem Zustand befindlichen Bauten geregelt.[317]

---

305 *Groschupf* (Fn. 301) S. 874.

306 §§ 79–83.

307 §§ 84–87.

308 § 90 Abs. 2: „Bauliche Herstellungen, welche dem Orte zur offenbaren Unzierde gereichen würden, können untersagt werden. Durch Ortsgesetz können für einzelne Straßen oder Straßenteile architektonische Anforderungen an die zu errichtenden Gebäude gestellt werden."

309 „Jeder Bau muss seinem Zwecke entsprechend fest und feuersicher hergestellt werden. Für die taugliche Beschaffenheit und Tragfähigkeit der beim Bauen und bei den Gerüsten zur Verwendung kommenden Baustoffe sind die Bauausführenden verantwortlich."

310 Vgl. §§ 106 ff.

311 Vgl. § 93 Abs. 2.

312 § 137.

313 § 115.

314 Waschräume (§ 118), Aborte (§ 133).

315 § 116.

316 §§ 139/146.

317 §§ 147 ff.

Bemerkenswert ist, dass das im Jahre 1901 eingerichtete **Sächsische Oberverwaltungsgericht**[318] in einem Urteil vom 15.7.1903[319] den **nachbarschützenden Charakter** einer **Abstandsvorschrift** des Sächsischen Baugesetzes (§ 104) ausdrücklich **feststellte**. Er gab der Klage, mit der ein Nachbar die Genehmigung eines Vorhabens angefochten hatte, das den vom Gesetz vorgeschriebenen seitlichen Mindestabstand zur Grundstücksgrenze nicht einhielt, mit der heute geläufigen Begründung statt, dass die maßgebende Abstandsregelung auch dem Schutz des Nachbarn diene.[320] Auch wenn das Gericht von dieser Ansicht später wieder abrückte, spielte das Sächsische OVG eine Vorreiterrolle bei der Anerkennung eines individual-rechtlichen **Abwehrrechtes** der **Nachbarn** im Baurecht.[321] 216

Die **längste Geltungsdauer** der genannten Baugesetze waren den **bayerischen Bauordnungen** beschieden. Diese bildeten in ihrer Grundkonzeption länger als sechzig Jahre die Rechtsgrundlage für das Planen und Bauen in Bayern.[322] 217

V. Baurecht nach dem Ersten Weltkrieg

1. Baurecht und Weimarer Reichsverfassung

Die Baugesetzgebung steht – allein schon wegen ihrer **eigentumsrechtlichen Bezüge** – im Spannungsfeld verfassungsrechtlicher Bestimmungen. Hatte die Reichsverfassung von 1871 die Baugesetzgebung ebenso wie die Gewährung von Grundrechten den Landesverfassungen überlassen,[323] so enthält die **Weimarer Reichsverfassung** (WRV) vom 11. August 1919 (RGBl. S. 1383) baurechtsrelevante Kompetenz- und Grundrechtsvorschriften. 218

Nach **Art. 10 Nr. 4 WRV** konnte das Reich im Wege der Gesetzgebung **Grundsätze** aufstellen für „das **Bodenrecht**, die **Bodenverteilung**, das **Ansiedlungs-** und **Heimstättenwesen**, die Bindung des Grundbesitze, das **Wohnungswesen** und die Bevölkerungsverteilung ...“; „Soweit ein Bedürfnis für den Erlass einheitlicher Vorschriften vorhanden war“ verlieh Art. 9 WRV dem Reich darüber hinaus das Recht der Gesetzgebung „1. für die Wohlfahrtspflege, 2. für die öffentliche Sicherheit oder Ordnung“. **Art. 9 Ziff. 2 WRV** räumte dem Reich somit für den angegebenen Bedürfnisfall das Recht ein, Polizeigesetze auch über solche Gegenstände wie die der **Baupolizei** zu erlassen, „die der Kompetenz des Reiches sonst entzogen“ waren.[324] 219

Im Bereich der **Grundrechte** ist neben **Art. 153 WRV** (Eigentum) **Art. 155 WRV** für das Baurecht bedeutsam. Nach Art. 155 Abs. 1 Satz 1 WRV hatte der Staat die Verteilung und Nutzung des Bodens mit dem Ziele zu überwachen, „jedem Deutschen eine **gesunde Wohnung** und allen deutschen Familien, besonders den kinderreichen, eine ihren Bedürfnissen entsprechende **Wohn- und Wirtschaftsstätte** zu sichern“. Angesichts der in dieser Vorschrift anklingenden sozialen Vorgaben für den Wohnungsbereich könnte man sich zu der Überlegung verleiten lassen, der Staat habe diese Ziele durch einen entsprechend gelenkten (Miet-)Wohnungsbau verwirklichen müssen, da dort die Realität häufig am weitesten von solchen Zielvorstellungen entfernt ist.[325] Weiterhin könnte man zur 220

---

318 Vgl. dazu *Baring*, Die Verwaltungsrechtspflege in Sachsen – Ereignisse und Gestalten, in: Aus 100 Jahren Verwaltungsgerichtsbarkeit, Festschrift, Hrsg. v. *Baring*, Köln usw. 1963, S. 65 ff.

319 Jahrbuch des Sächs. OVG 4, 189.

320 Vgl. dazu *Meissner*, Das Sächsische Oberverwaltungsgericht im Spiegel seiner Rechtsprechung von 1901 bis 1941, in: Sächsische Justizgeschichte, Bd. 1, Das Sächsische Oberverwaltungsgericht, o.J. (1994) S. 22, 25 ff.

321 *Groschupf* (Fn. 301) S. 875 und *Oldiges*, Öffentlich-rechtlicher Nachbarschutz unter der Herrschaft des Sächsischen Baugesetzes (Fn. 289) S. 307 ff.

322 *Decker/Konrad* (Fn. 285) Kap. II Teil 1, Rn. 5.

323 Vgl. Rn. 204.

324 *Anschütz*, Die Verfassung des Deutschen Reichs v. 11. August 1919, 14. Aufl., Berlin 1933, unveränderter Nachdruck, Bad Homburg v. d. H., 1960, Art. 9, 2., S. 86.

325 Vgl. zu den Missständen beim Bau von Mietswohnungen vor 1918, *Buff* (Fn. 49) S. 50 f.

Erreichung eines derartigen Wohnungsstandards an eine Lenkung der künftigen Bebauung über entsprechend modifizierte Bauordnungen denken.

221 Derartige Überlegungen gehen allerdings völlig an der tatsächlichen Rechtslage vorbei. Die Intention des Art. 155 WRV war entscheidend durch die sog. **„Bodenreformer“** beeinflusst worden und zielte grundsätzlich auf die Ermöglichung des eigenen Kleinhausbesitzes. Infolgedessen handelt der ganze Artikel nur vom Boden, im Sinne von nicht bebauten Grundstücken.[326] Art. 155 WRV wurde als eine „erste Ausführung des Art. 10 Nr. 4 WRV“ aufgefasst.[327] Art. 155 Abs. 1 Satz 1 WRV wurde lediglich als **Programmsatz**[328] und als „Richtlinie für den Gesetzgeber“ qualifiziert.[329] Er bestimmte nur die allgemeine Richtung, in die der Gesetzgeber zu gehen hatte.[330] Allerdings wurde dem Art. 155 WRV „neben seinem eigentlichen, dem **Heimstättenziel**“[331] auf dem Gebiet des Siedlungswesens auch das Ziel der **Sicherung** einer **gesunden Wohnung** im Mehrfamilienhaus, also in einer Mietswohnung, entnommen. Einfluss auf die Beschaffenheit dieser Wohnungen nahm der Staat durch eine weit gehende Zuschuss- und Kreditgewährung, wobei er Mindestbedingungen in Bezug auf die Gesundheitlichkeit der Wohnung aufstellte.[332]

222 An eine **Erreichung** der **Ziele** des **Art. 155 Abs. 1 Satz 1 WRV** durch einen entsprechenden Einsatz des **Baupolizeirechts** wurde **nicht gedacht**. Zwar beantragte der Abgeordnete *Koch* (Kassel) im Verfassungsausschuss der verfassungsgebenden Deutschen Nationalversammlung, das **„Bauwesen“** in den Zuständigkeitskatalog des späteren Art. 10 Abs. 4 WRV mit aufzunehmen.[333] Mit diesem Antrag wollte er jedoch **keine umfassende Reichskompetenz** für das „Bauwesen“ begründet wissen.[334] Ihm ging es lediglich darum klarzustellen, dass für Baupolizeiverordnungen über das Wohnungswesen reichsgesetzliche Grundsätze aufgestellt werden durften. Als ihm im Verfassungsausschuss bestätigt wurde, dass diese Möglichkeit bereits durch die Nennung des „Wohnungswesens“ mit erfasst sei, zog er seinen Antrag zurück.[335]

Allerdings gab der zu weit gefasste Antrag Anlass zu Missverständnissen. So führte *Schäfer* (Württemberg) im Verfassungsausschuss aus: „Es ist den Einzelstaaten darum zu tun, die Baupolizei, die seit langen Jahren in den Einzelstaaten glücklich geordnet ist, in der Hand zu behalten und **nicht** hier eine **allgemeine Reichsbaupolizeigesetzgebung** hervorzurufen.“[336] Selbst das Bundesverfassungsgericht geht in seinem Rechtsgutachten davon aus, man habe damals die Übernahme der Materie „Bauwesen“ erwogen.[337]

223 Die positiv formulierten Leitbilder der gesunden und familiengerechten Wohnung gelangten somit in die Verfassung, nicht aber in die für ihre Durchsetzung geeigneten Sachnormen des Baupolizeirechts. Dieses verblieb vielmehr – wie grundsätzlich das gesamte Polizeirecht, allerdings unter Beachtung des Art. 9 Ziff. 2 WRW – in der **Kompetenz** der **Länder**, weil angeblich „die örtlichen Verschiedenheiten gegen eine einheitliche Regelung durch Reichsgesetz“ sprachen.[338]

---

[326] *Erman*, Art. 155, Bodenrecht, in: Die Grundrechte und Grundpflichten der Reichsverfassung, 3. Bd., Berlin 1930, S. 283, 285; vgl. zur Bodenreform S. 289f.

[327] *Erman* (Fn. 326) S. 283.

[328] *Erman* (Fn. 326) S. 290f.

[329] *Anschütz* (Fn. 324) Art. 155,1, S. 723.

[330] *Erman* (Fn. 326) S. 290: vgl. auch die Zusammenstellung der in Vollzug des Art. 155 Abs. 1 und 2 WRV ergangenen Reichsgesetze bei *Anschütz* (Fn. 324) Art. 155, 2., S. 723.

[331] *Erman* (Fn. 326) S. 293.

[332] *Erman* (Fn. 326) S. 294.

[333] Verhandlungen der verfassungsgebenden Deutschen Nationalversammlung, Bd. 336, Anl. zu den Sten. Ber. Nr. 391, Bericht des Verfassungsausschusses, Berlin 1920, S. 415.

[334] Vgl. die Erläuterung des Antrags Koch, Bericht des Verfassungsausschusses (Fn. 333) S. 416. r.Sp.

[335] Bericht des Verfassungsausschusses (Fn. 333) S. 470 (*Preuß, von Preger*), S. 418 (*Schäfer*).

[336] Bericht des Verfassungsausschusses (Fn. 333) S. 418.

[337] BVerfGE 3, 407, 415.

[338] So *von Preger*, Bericht des Verfassungsausschusses (Fn. 333) S. 417 r.Sp.

2. Baurecht in Preußen

a) Wohnungsgesetz

Eine erhebliche Weiterentwicklung des preußischen Baupolizeirechts bedeutete das preußische **„Wohnungsgesetz"** vom vom 28. 3. 1918 (GS S. 23),[339] dessen Vorarbeiten sich über 25 Jahre erstreckt hatten und das auf hartnäckigen Widerstand der Gemeinden gestoßen war.[340] Es änderte das Fluchtliniengesetz[341] und ermöglichte die Baulandumlegung durch Ortsstatut. Von besonderem Interesse ist hier die in Art. 4, § 1 Wohnungsgesetz enthaltene **Ermächtigung** durch **Bauordnungen** in der Form von Polizeiverordnungen baupolizeiliche Vorschriften zu **erlassen**, die **nicht** mehr an das vorliegen und die **Abwehr** echter polizeilicher **Gefahren** gebunden waren.[342] 224

So durfte nach Art. 4, § 1 Nr. 1 Wohnungsgesetz „die Abstufung der baulichen Ausnutzbarkeit" geregelt werden. Diese diente dem Zweck durch **„abgestufte Bauordnungen"**, die Baudichte reduzieren zu können, um im Sinne einer **Wohnungsfürsorge** ein gesundes Wohnen mit ausreichender **Licht** und **Luftzufuhr** zu gewährleisten.[343] Art. 4, § 1 Nr. 2 und 3 ermächtigte zur **Ausweisung** besonderer **Ortsteile**, Wege und Plätze, wo nur die Errichtung von **Wohngebäuden** oder nur von **Gewerbegebieten** oder der **Ausschluss** von stark **emitierenden Betrieben** zulässig sein sollten. Letzteres war nicht auf Gefahrensituationen beschränkt, sondern konnte bereits erfolgen, wenn **„Belästigungen** für die Nachbarschaft oder das Publikum" zu erwarten waren.[344] Nach Art. 4, § 1 Nr. 4 Wohnungsgesetz durften Regelungen zur einheitlichen **Gestaltung** des **Straßenbildes** unter Berücksichtigung des Denkmal- und Heimatschutzes getroffen werden.[345] 225

b) Einheitsbauordnungen

Um eine gewisse Einheitlichkeit und Übersichtlichkeit der zahlreichen Baupolizeiverordnungen zu erreichen, erließ der Staatskommissar für das Wohnugswesen am 25. 4. 1919 die **„Einheitsbauordnung für** die **Städte** und Landgemeinden mit stadtartiger Entwicklung".[346] Der preußische Minister für Volkswohlfahrten gab am 22. 3. 1931 die **„Einheitsbauordnung** für das **platte Land"** bekannt.[347] 226

Beide Einheitsbauordnungen dienten als verbindliches **Regelungsmuster**, auf deren Grundlage im Rahmen der Ermächtigungsnorm des Art. 4, § 1 Wohnungsgesetz neues Baupolizeirecht in den **Städten**, **Regierungsbezirken** und im Osten in den **Provinzen** geschaffen wurde.[348] 227

Im Vorwort zur Einheitsbauordnung für Städte wird ausgeführt, „es sei erwünscht, eine große Reihe von Bestimmungen in einheitlicher Fassung und gleichem Wortlaut überall einzuführen". Der Entwurf bedeute „einen weiteren Schritt auf dem Wege zu einem **allgemeinen preußischen Baugesetz**" und werde „als Vorarbeit ... seinen Wert behalten".[349] 228

Die beiden Einheitsbauordnugen **stimmten** in Aufbau, Paragrafenfolge und formellen sowie materiellen Regelungsvorschlägen **weitgehend überein**.[350] Der Abschnitt I 229

---

339 Dazu *Stölzel*, Wohnungsgesetzgebung für Preußen, Berlin 1918.

340 *Ernst* (Fn. 149) S. 211.

341 Vgl. dazu Rn. 192.

342 *Baltz-Fischer* (Fn. 277) S. 233 ff.; *Ernst* (Fn. 149) S. 211.

343 *Baltz-Fischer* (Fn. 277) S. 233 f.

344 Vgl. dazu *Baltz-Fischer* (Fn. 277) S 336 f.

345 Vgl. *Ernst* (Fn. 149) S. 211: „nochmals das Verunstaltungsrecht verbessernd".

346 MBl. der allgemeinen u. inneren Verwaltung 1919, S. 236, zuletzt geändert am 7. 2. 1938, abgedr. bei *Baltz-Fischer* (Fn. 277) Anhang S. 1 ff.

347 ABl. des preußischen Ministeriums für Volkswohlfahrt, S. 319, abgedr. bei *Baltz-Fischer* (Fn. 149) Anhang S. 49 ff.

348 *Plate* (Fn. 142) S. 28.

349 Vorwort zur 1. Aufl., abgedr. bei *Baltz-Fischer* (Fn. 277) Anhang, S. IV f.; Hervorhebung im Original.

350 Vgl. die Synopse bei *Baltz-Fischer* (Fn. 277) Anhang, S. VII f.

„Geschäftliche Bestimmungen" regelte das **Verwaltungsverfahren** mit Genehmigungsbedürftigkeit, Bauantrag, Bauvorlagen, Baugenehmigung (Bauschein), Bauabnahmen und Dispense.[351] Im II. Abschnitt über die **„Bauvorschriften"** finden sich die zu dieser Zeit gängigen Vorschriften über die Zugänglichkeit der **Baugrundstücke**, **Lage** der **Gebäude**, deren **Höhe**, feuerbeständige Bauweise, Feuerstätten, **Stand-** u. **Feuersicherheit** allgemein sowie bezüglich der einzelnen Bauteile. Geregelt sind auch **Wohnungsstandards** sowie Anforderungen an **Sonderbauten**, Fabriken und Viehställe.[352]

230 Anders als die Einheitsbauordnung für das platte Land bestimmte die **Einheitsbauordnung** für **Städte** in § 7, dass die Vorschriften über die „Bauliche **Ausnutzbarkeit** der **Grundstücke"** der Regelung durch Regierungs- und **Ortspolizeiverordnung** überlassen bleiben sollten.[353] Insoweit gab es keine landesrechtlichen Mindestfestsetzungen für die Art und das Maß der baulichen Nutzung. Ebenso wurde in § 8 die Regelung des **Gebäudeabstandes** den Regierungs- und Ortspolizeiverordnungen überlassen.[354]

231 Somit verharrte Preußen weiterhin grds. in dem herkömmlichen System der **Regelung** wesentlicher Teile des Baupolizeirechts **auf** der **örtlichen Stufe**, allerdings nunmehr auf der Grundlage gesetzlicher Ermächtigung, die über den Rahmen der polizeilichen Gefahrenabwehr weit hinausging. Daneben galt das durch sondergesetzliche Regelungen kodifizierte Baurecht. Ein für ganz Preußen geltendes einheiltliches Baugesetz wurde mit der Ermächtigunsnorm des Art. 4, § 1 Wohnungsgesetz zwar angestrebt, aber nicht erreicht.[355]

c) Preußischer Städtebaugesetzentwurf

232 Weitere Bestrebungen, den Weg der Teilgesetzgebung aufzugeben und das zersplitterte Bau- und Bodenrecht in einem einheitlichen modernen Gesetz zusamenenzufassen, um auch in Preußen eine vorausschauende städtebauliche Planung auf gesetzlicher Grundlage zu ermöglichen, fanden ihren Niederschlag in dem im Mai 1925 erstmals veröffentlichten **Entwurf** eines **Städtebaugesetzes**. Das Preußische Staatsministerium leitete eine überarbeitete Fassung dieses Entwurfs dem Preußischen Staatsrat am 11. Juni 1926 zu.[356]

233 Die **Intention** des Entwurfes lässt sich besonders deutlich aus den Schluss- und Übergangsvorschriften (IX. Abschnitt) ablesen. § 148 des Entwurfs hebt u. a. das Fluchtliniengesetz, die Verunstaltungsgesetze, die Art. 1–4 des Wohnungsgesetzes und Bauordnungsvorschriften auf, die bestimmten Regelungen des Entwurfs widersprechen. Die Aufhebung sollte erfolgen, weil diese **Gesetze** inhaltlich in den Entwurf eingearbeitet und dort **weiterentwickelt** worden waren.[357]

234 Neben den bauplanungsrechtlichen Vorschriften (I. Flächenaufteilungspläne, II. Fluchtlinienpläne) und den bodenordnenden Normierungen (IV. Umlegung, V. Enteignung, VI. Entschädigungen, VII. Anliegerbeiträge) sind unter dem Blickwinkel des Baupolizeirechts die **„Bauvorschriften"** des III. Abschnitts (§§ 36–68) von Interesse. Dort finden sich „Bauvorschriften für den **Anbau** an **Straßen** und die bauliche **Ausnutzung** von **Grundstücken"** (§§ 36–40) sowie für die äußere **Gestaltung** des Straßen-, Orts- und Landschaftsbildes (§§ 41–53).[358] Diese Vorschriften sind teils zwingender Natur und ver-

---

351 §§ 1–5.

352 §§ 6–32.

353 § 7 der Einheitsbauordnung für das platte Land trifft hingegen ausführliche Regelungen zur bebaubaren Grundstücksfläche und zur Geschosszahl.

354 Anders § 8 Einheitsbauordnung für das platte Land, der detaillierte Regelungen zum Gebäudeabstand zu Nachbargrenzen, der Gebäude auf demselben Grundstück u. innerhalb von Siedlungen trifft.

355 Erreicht wurde lediglich – wenn auch nach einer Übergangszeit von mehreren Jahren – eine weitgehende Einheit des Baupolizeirechts in Preußen auf der örtlichen Ebene.

356 Preußischer Staatsrat, 1926, Drucks. Nr. 209, Entwurf eines Städtebaugesetzes (mit Begründung).

357 Vgl. beispielsweise die Begründung zu § 40, Preußischer Staatsrat (Fn. 356) Sp. 68.

358 Die §§ 54–57 treffen Regelungen über Baudispense, die §§ 58–68 normieren Baulasten und Baulastenbücher.

drängen entgegenstehende Baupolizeiverordnungen.[359] Überwiegend stellen sie **Grundsätze**[360] auf, zu deren Ausfüllung die örtlichen Bauordnungen berufen sind.[361]

Der **Entwurf** regelt also – ähnlich wie andere Landesbaugesetze[362] – Bauplanungs-, Bodenordnungs- und Grundsätze des Baupolizeirechts in einem einheitlichen Städtebaugesetz. Der Entwurf **scheiterte** – auch in einer weiteren Neufassung[363] – im politischen Streit über die Inhaltsbestimmung des Eigentums und über die Rechtswirkungen des Flächenaufteilungsplans.[364] 235

Die **tatsächliche Entwicklung** der preußischen Baugesetzgebung folgte somit auch weiterhin der Tendenz, die durch die Kreuzbergurteile teils unmittelbar, teils mittelbar aus der polizeilichen Generalklausel verwiesenen, wesentlichen Regelungsgebiete – als quasi heimatlos gewordene Partien – dem Baupolizeirecht durch spezialgesetzliche Regelung gewissermaßen „wieder anzukleben".[365] Diese Tendenz wurde schließlich noch durch **§ 14 Abs. 2 PVG**[366] begünstigt. Danach hatten die Polizeibehörden neben der Aufrechterhaltung der öffentlichen Sicherheit oder Ordnung auch diejenigen Aufgaben zu erfüllen, die ihnen durch Gesetz besonders übertragen wurden. Somit trat mehr und mehr die Frage der **Zuständigkeit** von **Baupolizeibehörden** in den Vordergrund. Infolgedessen wurde das **Baupolizeirecht** „zusehends zu einem Baupolizeirecht im lediglich **formellen Sinne**, zur Gesamtheit des von den Baupolizeibehörden gehandhabten Rechts". Die Frage, ob es sich dabei jeweils „um Polizeirecht auch im materiellen Sinne handelte, war angesichts der gegebenen spezialgesetzlichen Regelungen von allenfalls akademischem Interesse". Dies hatte zur Folge, dass ein „Baupolizeirecht im bisher gebräuchlichen Sinne als halbherzig polizeirechtlich verstandene und insgesamt einigermaßen **gesichtslose Rechtsmasse**" entstand.[367] Infolgedessen verlor das Baupolizeirecht zwangsläufig an Profil.[368] 236

3. Reichsrechtliche Regelungen und der Entwurf für ein Reichsstädtebaugesetz

a) Siedlungs- und Heimstättenrecht

Als nach dem Ersten Weltkrieg Flüchtlinge in hoher Zahl aus den verlorenen Gebieten in das Reich strömten, in dem als Folge der Kriegsereignisse der Wohnungsbau zum Erliegen gekommen war, trat eine **große Wohnungsnot** auf. Um dieser entgegenzuwirken und um die Eigenversorgung der Bevölkerung mit Lebensmitteln zu fördern, wurden vom Reich folgende Regelungen im Bereich des Baurechts getroffen: 237

- Verordnung zur Behebung der dringendsten Wohnungsnot, vom 15. 1. 1919 (RGBl. S. 69)
- Reichssiedlungsgesetz vom 11. 8. 1919 (RGBl. S. 1429)
- Reichsheimstättengesetz vom 10. 5. 1920 (RGBl. S. 926)
- Beamtensiedlungsverordnung vom 11. 2. 1924 (RGBl. I S. 53)

Diese Regelungen erreichten durchaus das angestrebte Ziel. Der Zugang an Wohnungen betrug im Zeitraum von 1925–1932 im Mittel 248 000.[369]

b) Referentenentwurf für ein Reichsstädtebaugesetz

Nachdem der preußische Städtebaugesetzentwurf gescheitert war, wurde mit dem im November 1931 veröffentlichten **„Referentenentwurf für ein Reichsstädtebauge-** 238

---

359 Vgl. §§ 36 und 54–57.
360 Vgl. §§ 37 ff., 41.
361 Vgl. beispielsweise § 42.
362 Vgl. Rn. 204 ff.
363 Preußischer Staatsrat, 1929, Drucks. Nr. 48.
364 *Krautzberger* (Fn. 3) Rn. 15.
365 *Weyreuther* (Fn. 262) S. 26.
366 Polizeiverwaltungsgesetz vom 1. Juni 1931 (GS S. 77).
367 *Weyreuther* (Fn. 262) S. 26 f.
368 *Werner*, Wandlung des Polizeibegriffs?, DVBl. 1957, S. 806, 807 f.; *Dittus* (Fn. 28) S. 283.
369 *Kühne* (Fn. 283) IV. Kap. § 6 I, S. 824.

setz"[370] der Versuch unternommen, die in Preußen erfolglos gebliebenen Arbeiten zur Schaffung einer städtebaulichen Ordnung auf Reichsebene fortzuführen. Außer **bauplanungsrechtlichen** und **bodenordnungsrechtlichen** Vorschriften trifft der Entwurf im III. Abschnitt unter der Überschrift „Baurechtliche Vorschriften" in den §§ 38–42 **rahmenrechtliche Regelungen** für die Landesgesetzgebung auf dem Gebiete des **Baupolizeirechts**.[371]

239 Gemäß § 38 Reichsstädtebaugesetzentwurf sollten „nach **Maßgabe** des **Landesrechts** ..., soweit nicht reichsrechtliche Vorschriften erlassen sind oder werden, Vorschriften erlassen werden ..."

- in Bezug auf die **Ausführungen** von **Bauten** mit Rücksicht auf Sicherheit des Baues, **Feuersicherheit** und Schutz der **Gesundheit** ...;
- in Bezug auf die künstlerische und einheitliche **Gestaltung** und Erhaltung des Orts- und Städtebildes und auf die **Erhaltung** des Landschaftsbildes, von Bau- und Naturdenkmälern ...;
- die zur **Verhinderung** einer **Gefährdung** Einzelner oder der Allgemeinheit die Bebauung von Grundstücken wegen ihrer Lage oder Beschaffenheit untersagen;
- die die **bauliche Ausnutzbarkeit** der Grundstücke (Bauklassen, Baustufen, Baustaffeln) und die **Bebauungsform** (offene Bauweise, Zeilenbauweise, Blockbauweise) vorschreiben;
- die mit Rücksicht auf die Volksgesundheit und Volkserholung oder zur Erhaltung des Orts- und Landschaftsbildes bestimmen, dass **Bäume**, Land- oder Wasserflächen zu **erhalten** oder Ufer- und Wanderwege freizuhalten sind.

§ 41 Reichsstädtebaugesetzentwurf sah eine Ermächtigung der Reichsregierung vor, „mit Zustimmung des Reichsrats Vorschriften über die **Stand-** und **Feuersicherheit** von Bauten, über die Festigkeitswerte von **Baustoffen** und über die Zulassung neuer **Bauweisen** einheitlich für das Rechtsgebiet zu erlassen."

240 Dadurch, dass der Reichsstädtebaugesetzentwurf das **Baurecht** in Deutschland **zum ersten Mal einheitlich**, einschließlich der Grundsätze des Baupolizeirechts im herkömmlichen Sinne, regelte, überschritt es wesentlich die bis dahin praktizierte Kompetenzverteilung zwischen Reich und Ländern zu Lasten der Länder.[372] Besonders die Länder, die über moderne Baugesetze verfügten, führten gegen den Entwurf verfassungsrechtliche Bedenken an. Der Reichsstädtebaugesetzentwurf scheiterte letztlich infolge der Reichstagsauflösung im Jahre 1932.[373] Die geschilderte Rechtslage zeigt, dass das – in der Regelungskompetenz der Länder verbliebene – Baupolizeirecht im Ergebnis unberührt von neuen verfassungsrechtlichen Zwecken und Tendenzen die Weimarer Republik überdauerte.

241 Gegen Ende der Weimarer Republik erregte eine Entscheidung des Reichsgerichts, das sog. **Bethge-Urteil**,[374] Aufsehen. Das Gericht ging von der **Nichtigkeit** des **§ 13** des Preußischen **Fluchtliniengesetzes** aus, weil dieser eine Entschädigung für die durch eine Fluchtlinienfestsetzung eintretende Baubeschränkungen ausschloss, während Art. 153

---

370 Reichsarbeitsblatt 1931 I (Amtl. Teil), S. 266 ff. Der Referentenentwurf des Reichsstädtebaugesetzes trat an die Stelle des Referentenentwurfes eines Gesetzes über die Erschließung und Beschaffung von Baugelände (Baulandgesetz), Reichsarbeitsblatt 1930 I (Amtl. Teil), S. 30 ff.

371 Reichsarbeitsblatt 1931, I S. 270 ff.

372 Die im Entwurf des Reichsstädtebaugesetzes vorgesehene Ausdehnung des reichsrechtlichen Regelungsbereichs auf die Grundsätze des Baupolizeirechts ist dem Bundesverfassungsgericht anscheinend bei der Abgabe seines Baurechtsgutachtens entgangen (vgl. BVerfGE 3, 407, 415). Das Gericht bezeichnet z. B. Art. 10 Nr. 4 WRV als Vorbild für Art. 74 Nr. 18 GG und benennt auch global den hier herangezogenen Entwurf des Reichsstädtebaugesetzes (vgl. BVerfGE 3, 407, 418), es legt aber keine Rechenschaft darüber ab, woraus das Reich seine Kompetenz herleiten wollte, Grundsätze für das Baupolizeirecht aufzustellen. Der Charakter der Grundsatzgesetzgebung legt den Rückgriff auf Art. 10 Nr. 4 WRV nahe. Dem widerspricht allerdings die enge Auslegung der dort aufgeführten und in Art. 74 Nr. 18 GG übernommenen Sachgebiete durch das BVerfG.

373 *Krautzberger* (Fn. 3) Rn. 36.

374 RG vom 18. 2. 1930 RGZ 128, 18; vgl. auch *Krautzberger* (Fn. 3) Rn. 37.

WRV eine solche aber garantierte. Die frühere Rechtslage wurde durch die „Zweite Verordnung des Reichspräsidenten zur Sicherung von Wirtschaft und Finanzen“[375] im Wesentlichen wiederhergestellt. Kurz danach wurde eine weitere **Notverordnung**[376] erlassen, um die **Landbeschaffung** für Kleinsiedlungen auf dem Enteignungswege zu erleichtern.

VI. Baurecht im nationalsozialistischen Staat

1. Teilregelungen durch Gesetze und Verordnungen

Auch für das Baurecht markiert die **Machtübernahme** Hitlers im Jahre 1933 einen deutlichen Einschnitt. Die Bemühungen um eine umfassende reichsrechtliche Regelung des Baurechts erfuhren einen weiteren Rückschlag. Der Entwurf des Städtebaugesetzes wurde nicht wieder aufgegriffen. Stattdessen wollte der neue Staat die Materie nach ihren politischen Anschauungen einer **Gesamtregelung** zuführen. Die „Blut- und Boden-Ideologie“ des Nationalsozialismus sollte insbesondere durch eine besondere **Siedlungspolitik** umgesetzt werden. Hinzu traten **gigantische** und großflächige **Bauwünsche** Hitlers in der Reichshauptstadt, in München („Hauptstadt der Bewegung“) und in der Gauhauptstädten. Eine übergeordnete Planung und Ordnung des gesamten Reiches waren Ziel von **Landesplanung** und Raumordnung. Gewaltige Kasernenbereiche und Rüstungsbetriebe sollten errichtet werden.[377] 242

Der nationalsozialischtische Staat beschritt den Weg, die dringesten Probleme im Wege der **Teilgesetzgebung** – jedenfalls – vorläufig zu regeln, um Regelungslücken des Landesrechts zu schließen und im Baurecht schrittweise eine **reichsrechtliche Gesamtordnung** zu schaffen.[378] 243

Bereits am 22. 9. 1933 wurde das Gesetz über die Aufschließung von Wohnsiedlungsgebieten (RGBl. I S. 659) erlassen. Es sah u. a. einen Wirtschaftsplan vor, der in zum Wohnsiedlungsgebiet erklärten Bereichen die Nutzung des Bodens in den Grundzügen regeln sollte. Der Bodenverkehr wurde einem Genehmigungsvorbehalt unterworfen.[379]

Durch § 1 des Gesetz(es) über einstweilige Maßnahmen zur Ordnung des deutschen Siedlungswesens vom 3. 7. 1934 (RGBl. I 568) wurde der **Reichsarbeitsminister ermächtigt**, „bis zur reichsgesetzlichen Regelung des Planungs-, Siedlungs- und öffentlichen Baurechts diejenigen Maßnahmen zu treffen. die erforderlich sind um das **deutsche Siedlungswesen** zu **überwachen** und zu **ordnen**.“ Auf Grund dieser Ermächtigung sind u. a. folgende Verordnungen erlassen worden: 244

- Durchführungsverordnung zu dem Gesetz über einstweilige Maßnahmen zur Ordnung des deutschen Siedlungswesens vom 5. 7. 1934 (RGBl. I S. 1253)
- Verordnung über die Regelung der Bebauung vom 15. 2. 1936 (RGBl. I S. 104)
- Verordnung über die Zulässigkeit befristeter Bausperren vom 29. 10. 1936 (RGBl. I S. 933)
- Verordnung über die Landbeschaffung für Kleinsiedlungen vom 17. 10. 1936 (RGBl. I S. 896)
- Verordnung über Baugestaltung vom 10. 11. 1936 (RGBl. I S. 938)
- Verordnung über baupolizeiliche Erleichterungen für Signalhochbauten der Landesaufnahme vom 9. 1. 1937 (RGBl. I S. 22)
- Verordnung über den Abbruch von Gebäuden vom 3. 4. 1937 (RGBl. I S. 440)
- Verordnung über baupolizeiliche Maßnahmen zur Einsparung von Baustoffen vom 30. 6. 1937 (RGBl. I S. 728)

---

[375] Vgl. 6. Teil, Kap. III, Enteignungen auf dem Gebiete des Städtebaus vom 5. 6. 1931 (RGBl. I S. 279, 309).

[376] Dritte Verordnung des Reichspräsidenten zur Sicherung von Wirtschaft und Finanzen und zur Bekämpfung politischer Ausschreitungen vom 6. 10. 1931 (RGBl. I S. 537, 551) 4. Teil, Kap. II (Landwirtschaftliche Siedlung, vorstädtische Kleinsiedlung, Bereitstellung von Kleingarten für Erwerbslose).

[377] *Kühne* (Fn. 283) S. 823 ff., 829 ff. zur Landesplanung u. Raumordnung.

[378] *Krautzberger* (Fn. 3) Rn. 39.

[379] *Krautzberger* (Fn. 3) Rn. 39.

- Verordnung über die allgemeine baupolizeiliche Zulassung neuer Baustoffe und Bauarten vom 8. 11. 1937 (RGBl. I S. 1117)
- Verordnung über die Belichtung und Belüftung von Stallungen landwirtschaftlicher Betriebe vom 19. 1. 1938 (RGBl. I S. 37)
- Verordnung über die baupolizeiliche Behandlung von öffentlichen Bauten vom 20. 11. 1938 (RGBl. I S. 1677)
- Verordnung über Garagen und Einstellplätze v. 17. 2. 1939 (RGBl. I S. 219)
- Verordnung über Baubeschränkungen zur Sicherung der Gewinnung von Bodenschätzen vom 28. 2. 1939 (RGBl. I S. 381)
- Verordnung über Fettabscheider vom 10. 4. 1940 (RGBl. I S. 634)
- Verordnung über Grundstückseinrichtungsgegenstände vom 19. 1. 1942 (RGBl. I S. 53)
- Verordnung über die statische Prüfung genehmigungspflichtiger Bauvorhaben vom 22. 8. 1942 (RGBl. I S. 546)
- Verordnung zur Hebung der baulichen Feuersicherheit vom 20. 8. 1943 (RGBl. I S. 497)
- Verordnung über Lehmbauten vom 4. 10. 1944 (RGBl. I S. 248).

245 Besondere Bedeutung hat die **Bauregelungsverordnung** erlangt, die erst 1960 durch § 186 BBauG aufgehoben worden ist. Nach § 1 dieser Verordnung konnten „zur Regelung der Bebauung" **durch Baupolizeiverordnung**, Kleinsiedlungsgebiete, **Wohngebiete**, Geschäftsgebiete und **Gewerbegebiete** ausgewiesen werden. Für die einzelnen **Baugebiete** war vorzuschreiben, welche **Arten** von **baulichen Anlagen** dort **zulässig** sein sollten. In Kleinsiedlungsgebieten, Wohngebieten und Geschäftsgebieten waren Anlagen **unzulässig**, die „beim Betriebe **erhebliche Nachteile** oder Belästigungen für die Bewohner oder die Allgemeinheit" haben konnten. § 3 der Bauregelungsverordnung enthält Bestimmungen, die heute § 35 BauGB trifft. Danach war die **baupolizeiliche Genehmigung** für die bauliche Anlagen **zu versagen**, „die **außerhalb** von **Baugebieten**" oder **„außerhalb** eines im **Zusammenhang bebauten Ortsteils"** ausgeführt werden sollten, wenn ihre Ausführung „der geordneten Entwicklung des Gemeindegebietes oder einer geordneten Bebauung zuwiderliefen.

246 **Kein allgemeines Städtebaugesetz** ist das Gesetz über die Neugestaltung deutscher Städte vom 4. 10. 1937 (RGBl. I S. 1054). Es regelt ein besonderes Eintrittsrecht überörtlicher Stellen in die bisher verbindliche Bauleitplanung. Es bildet die Grundlage für sog. **Stadtneugestaltungserlasse** Hitlers, mit dem er **in** ca. **45 Städten** seine baulichen Vorstellungen durchsetzen wollte.[380]

2. Entwurf für das „Deutsche Baugesetz"

247 Während des Zweiten Weltkrieges haben *Gerhard Dittus* und *Ludwig Wambsganz* im Reichsarbeitsministerium das „Deutsche Baugesetzbuch"[381] entworfen. Der Entwurf ist – abgesehen von der Aufgabenbeschreibung der städtebaulichen Planung[382] – nahezu frei von nationalsozialistischem Gedankengut.[383] Das „Deutsche Baugesetz" enthält in seinem ersten Teil die sog. **„Planungsordnung"**.[384] Hier bestimmt es als Instrument der

---

380 *Kühne* (Fn. 283) S. 828.

381 Vorentwurf der Referate für Aufbau und Allgemeines vom 21. März 1942 zu einem Deutschen Baugesetzbuch. Dieser Vorentwurf ist nicht veröffentlicht worden. Prof. Dr. *Wilhelm Dittus* hat mir 1978 freundlicherweise Einblick in das ihm verbliebene Exemplar gewährt, wofür ich ihm herzlich danke.

382 Vgl. z. B. §§ 1 und 101 ff. „Städte und Dörfer, Baugruppen und einzelne bauliche Anlagen sollen mit dem Heimatboden organisch verbunden werden" (§ 101 Abs. 2 Satz 1).

383 Das mir vorliegende Exemplar enthält lediglich den Hinweis, dass beabsichtigt sei, dem Gesetz eine Präambel vorauszuschicken. *Kühne* (Fn. 283) S. 823, zitiert als Beleg für die Blut- und Bodenideologie der Nationalsozialisten aus dem Vorspruch S. IV des unveröffentlichen Entwurfs eines Reichsbaugesetzes von Juli 1941 (im Bundesarchiv Koblenz, AZ. NS 6/266 Büschel 58): „Der deutsche Boden ist heiliger deutscher Besitz, … Er ist die Grundlage des Lebens des deutschen Volkes. … Wer deutschen Boden besitzt, vor allem, wer ihn baulich gestaltet, muss sich dabei seiner besonderen Pflichten und seiner Verantwortung gegenüber der Volksgemeinschaft bewusst sein. … Mit dieser Verantwortlichkeit des Einzelnen gegenüber der Volksgemeinschaft ist eine Anschauung, wie sie ein überwundenes Zeitalter in dem Begriff der Baufreiheit für den Einzelnen entwickelte, unvereinbar."

384 §§ 1–21.

städtebaulichen Planung den **Flächennutzungsplan**,[385] den **Ortsbauvorbereitungsplan**[386] und den **Bebauungsplan**.[387] In seinem zweiten, dritten und vierten Teil regelt es die Umlegung,[388] die Baulandbeschaffung[389] und die Erschließung.[390]

Im fünften Teil umfasst die **„Bauordnung“** die §§ 101 bis 374. Ausführliche Gestaltungsvorschriften stellen positive Anforderungen an den „Bau in der Landschaft“ (§ 101), an den „Bau in der Gemeinschaft mit anderen Bauten“ (§ 102) und an den „Bau an sich“ (§ 103). Weiterhin regeln sie die Landschaftspflege, die städtebauliche Gestaltung, die Pflege und den Schutz des Orts-, Straßen- und Landschaftsbildes, die Beseitigung von Verunstaltungen und die Pflege und den Schutz von Baudenkmalen.[391] Im Unterabschnitt B über die „Allgemeine(n) **Anforderungen** an **Bauwerke** und **Baugrundstücke**“ fehlt eine (bau-)polizeiliche Generalklausel. Stattdessen werden die Anforderungen folgendermaßen bestimmt: 248

„§ 109
Öffentliche Belange, Volksgesundheit, Sachwerterhaltung
Bauwerke, ihre Teile und Nebenanlagen, ihr Zubehör und ihre Einrichtungen sowie die unbebaubaren Flächen der Baugrundstücke sind nach den anerkannten Regeln der Baukunst so herzustellen, dass sie in einer den Belangen der Allgemeinheit entsprechenden zweckmäßigen Weise ohne Missstände benutzbar sind. Vor allem muss den Erfordernissen der Volksgesundheit entsprochen werden. Auf die Erhaltung des Sachwertes der Gebäude und den Schutz der darin unterzubringenden Güter ist Rücksicht zu nehmen. Soweit es zur Erfüllung dieser und der nachfolgenden Bestimmungen auf die Eigenschaften des Baugrundstückes ankommt, muss auch dieses den gestellten Anforderungen genügen.“

Die §§ 110–123 regeln die allgemeinen Anforderungen an die Bauausführung. Neben den herkömmlichen Regelungen über die **Standsicherheit**, den **Feuerschutz**, die **Verkehrssicherheit**, den **Luftschutz** etc. fällt die Vorschrift über den **„Nachbarschutz und Gemeinschaftsfrieden“** auf. Nach § 121 Abs. 1 ist bei der Erstellung von Gebäuden „auf die Wahrung des Gemeinschaftsfriedens und namentlich darauf Bedacht zu nehmen, dass den Angrenzern und Nachbarn weder eine Gefahr, noch durch irgendwelche Einwirkungen erkennbare Nachteile gesundheitlicher, wirtschaftlicher oder ideeller Art in einem das ortsübliche oder tragbare Maß übersteigenden Umfange entstehen“. 249

Der Unterabschnitt C enthält **systematisch** und inhaltlich **geschlossen** all diejenigen **Vorschriften über** das **Baugrundstück** und seine **bauliche Ausnutzung**, die heute – unter Inkaufnahme vielfältiger Überschneidungen –[392] künstlich zerlegt im BauGB, in der BauNVO und in den Landesbauordnungen zu finden sind. Im „Deutschen Baugesetzbuch“ stehen die Vorschriften über die **Zulässigkeit** baulicher Anlagen innerhalb und außerhalb des räumlichen Geltungsbereichs von Bebauungsplänen (§§ 124, 125, 126) einträchtig neben den Bestimmungen über die **Beschaffenheit** (§§ 127, 128), die Größe und Form von **Grundstücken** (§ 129), deren Anschluss an die Öffentlichen Verkehrsflächen (§ 130), über die **Art** und das **Maß** der **baulichen Nutzung** (§§ 133, 134), die **Bauweise** (§ 136), die Stellung der Gebäude (§ 137), die **Gebäudehöhe** (§ 138) und nicht zuletzt über die Grenz- und **Gebäudeabstände** (§§ 140, 141, 142). 250

Die Vorschriften über den „Bau und seine Teile“ sind im Entwurf nur durch Paragraphenüberschriften vertreten.[393] Eine ähnliche Untergliederung weist die spätere MBO auf. Bei der Regelung der **Wohnung**[394] erfolgt zunächst eine Begriffsbestimmung, 251

[385] §§ 4–6.
[386] §§ 7–9.
[387] §§ 10–18.
[388] §§ 30–51.
[389] §§ 52–68.
[390] §§ 70–98.
[391] §§ 101–108.
[392] Vgl. Teil 5 I. 1., Rn. 438 ff.
[393] Vgl. S. 56–64 des Vorentwurfes zum Deutschen Baugesetzbuch.
[394] Vorentwurf zum Deutschen Baugesetzbuch, S. 60.

danach wird der Grundsatz aufgestellt, dass Wohnungen den Voraussetzungen für „ein gesundes Leben kinderreicher Familien", einer „gehobenen Wohnkultur, Gesundheit, Wohlfahrt und Gemeinschaft" entsprechen müssen. Beim Umfang der Raumzahl wird zwischen kinderreichen, kinderarmen, kinderlosen Familien und Einzelpersonen differenziert. Die Regelung baulicher Anlagen **besonderer Art** und **Nutzung** erfolgt ebenfalls im Gesetz.[395] Außerdem stellt das „Deutsche Baugesetz" Anforderungen an **bestehende Bauten** und Anlagen (§§ 375 ff.), es trifft **Sanierungsvorschriften** (§§ 389–398), es enthält nachbarrechtliche Vorschriften (§§ 430 ff.) und regelt das **formelle Verfahren** (§§ 330 ff.).

252 Das „Deutsche Baugesetzbuch" ist – wie das Allgemeine Sächsische Baugesetz[396] – ein Beispiel **moderner Baugesetzgebung**. Es verbindet bauplanerische, bodenordnende und bauordnende Regelungen zu einer **organischen Einheit**, die das Bauen in all seinen Voraussetzungen und Einzelheiten lenkt. Die Qualität des Gesetzes gewinnt sichtlich dadurch, dass **zusammengehörige Materien** gemeinsam **geregelt** und nicht auseinander gerissen werden, weil vermeintlich der eine Teil der Wohlfahrtspflege und der andere Teil der Abwehr von Gefahren dient, die der öffentlichen Sicherheit oder Ordnung drohen. Das „Deutsche Baugesetzbuch" wurde im Hinblick auf die Kriegsverhältnisse nicht mehr veröffentlicht.[397]

3. Luftschutz- und Kriegsfolgeregelungen

253 Der **Bombenkrieg** der Alliierten gegen Deutschland veranlasste einerseits eine Verschärfung der **Brandschutzbestimmungen**. Dies erfolgte durch die Verordnung zur Hebung der baulichen Feuersicherheit vom 20. 8. 1943.[398] Andererseits wurden aus Gründen des **Luftschutzes** an Gebäude besondere Anforderungen gestellt. Dies geschah durch das Luftschutzgesetz und dazu ergangene Verordnungen. Die Zweite Durchführungsverordnung zum Luftschutzgesetz i. d.F vom 31. 10. 1943 (RGBl. I S. 514) verpflichtete jeden, der Neu-, Um- oder Erweiterungsbauten ausführte, „bauliche Maßnahmen durchzuführen, die den Anforderungen des Luftschutzes entsprechen" (§ 1).

254 Die Verordnung über Neuordnungsmaßnahmen zur **Beseitigung** von **Kriegsfolgen** vom 2. 2. 1940 (RGBl. I S. 1575) mit Ergänzungsverordnung vom 14. 7. 1942 (RGBl. I S. 462) war zunächst als Sonderfall der Kriegsschädenregelung gedacht. Sie enthielt neben planungsrechtlichen Vorschriften, Regelungen zur Umlegung und zur Beschleunigung des Fluchtlinien- und Enteignungsverfahrens. Dieses Neuordnungsrecht fand auch nach dem Kriege noch Anwendung (z. B. in Nordrhein-Westfalen) bis zum In-Kraft-Treten der Aufbaugesetze.[399]

255 Der **Niedergang** des Rechts und des **Rechtsstaates** trat auch im Baurecht offen zu Tage. „Der Erlass des Führers über die Errichtung des Deutschen Wohnungshilfswerkes" vom 9. 9. 1943 (RGBl. I S. 535) i. V. m. dem Durchführungserlass des Reichswohnungskommissars vom 22. 9. 1943 (MBliV S. 1794) erlaubten zur „Unterkunftsbeschaffung für Luftkriegsbetroffene" die Erteilung sog. **Baukarten** für Behelfsheime. Diese sollten im Regelfalle 20 m^2 groß sein. Ihr Standort war so auszuwählen, dass eine Sicherheit gegen feindliche Bombenangriffe gegeben war. Folge davon war, dass sie vornehmlich im tiefen Außenbereich errichtet wurden. Die Baukarte ersetzte alle baupolizeilichen Prüfungs- und Genehmigungsverfahren. Alle entgegenstehenden **baupolizeilichen Bestimmungen** sollten **außer Anwendung** bleiben.

Die auf Grund derartiger Baukarten errichteten Behelfsheime haben in der Zeit nach dem Zweiten Weltkrieg die Verwaltungsgerichte unter **Bestandschutzgesichtspunkten**

---

395 Vorentwurf zum Deutschen Baugesetzbuch, S. 61 ff.
396 Vgl. Rn. 208 ff.
397 *Krautzberger* (Fn. 3) Rn. 44.
398 Vgl. Rn. 244.
399 Vgl. *Krautzberger* (Fn. 3) Rn. 43.

beschäftigt. Die Obergerichte haben die Errichtung der Behelfsheime zwar als rechtmäßig eingestuft. Sie haben aber entschieden, dass die durch die Baukarte begründete formelle Legalität mit dem **Ende** der **Wohnungsnot**, spätestens mit der Aufhebung der Wohnraumbewirtschaftung im Jahre 1965 weggefallen ist.[400]

VII. Baugesetze und Entwürfe der Länder in den ersten Nachkriegsjahren

1. Forderungen an ein neues Baurecht

Nach dem **Zusammenbruch** standen die deutschen Städte und Gemeinden hinsichtlich des Wiederaufbaus von kriegszerstörten Einzelbauten, ganzer Straßenzüge und Stadtkerne vor unlösbar scheinenden Problemen. Durch Kriegseinwirkung waren ca. 2 bis 2,5 Mio. Wohnungen und damit etwa ein Viertel der gesamten Bausubstanz vernichtet worden. Durch Flüchtlinge und Umsiedler entstand im Bundesgebiet bis 1949 ein weiterer Bedarf von 1,75 bis 2 Mio. Wohnungen. Durch einen weiteren Zugang an Haushaltungen von ca. 1 Mio. erhöhte sich der **Wohnungsfehlbestand** auf 5 bis 5,5 Mio.[401] Infolge dieses immensen Wohnraumbedarfs und geleitet durch den Willen, die – wohl nicht wiederkehrende Chance – eines modernen **Städte(neuauf)baues** zu nutzen, erwies sich das überkommene Baurecht als eine unzureichende Grundlage. 256

Angesichts dieser Situation führten die betroffenen Fachkreise bereits in den ersten Nachkriegsjahren eine lebhafte Diskussion über die Frage, wie „ein neues Baurecht" beschaffen sein müsse, um die anstehenden und künftigen Probleme meistern zu können.[402] 1946 fasste *Dittus* die an ein **künftiges Baurecht** zu stellenden Ansprüche in folgenden drei Forderungen zusammen: 257

„1. Das neue Baurecht sollte auf **alle** vorkommenden **Verhältnisse** (z. B. zerstörte Gebiete, Neubaugebiete, Instandsetzungen oder dgl. anwendbar sein, eine Erreichung der angestrebten städtebaulichen Ziele gewährleisten und auf alle **neuzeitlichen Bedürfnisse**, technische Bedingtheiten, Rationalisierungsnotwendigkeiten u. a. m. zugeschnitten sein.

2. Das **neue Baurecht** sollte ferner **alle** zum Planen, Bauen und zum städtebaulichen Grundstückswesen gehörigen **Sachgebiete** einer erschöpfenden Abrundung in sich schließen, so dass die **aus einem Guss** zu schaffende **Neukodifikation** an die Stelle der unzähligen, unübersehbaren und untereinander nicht im nötigen Einklang stehenden bisherigen Teil- und Splittergesetze treten kann.

3. Das neue Baurecht sollte nicht bloß eine Summe von Bestimmungen sein, sondern ein logisches, nach zwingenden Gesichtspunkten gegliedertes, in sich **abgestimmtes Rechtssystem** darstellen ..."

Es fehlte nicht an Anregungen, Vorschlägen und wichtigen Vorarbeiten für ein neues deutsches Planungs-, Bau- und Bodenrecht. Nach *Dittus* sollte insoweit Art. 155 WRV der Nachkriegszeit als Richtschnur dienen.[403]

2. Trümmergesetze

Vor dem Wiederaufbau der Gemeinden und Städte mussten die **Trümmer** der kriegszerstörten Gebäude möglichst umfassend und schnell beseitigt werden. Da der Gesamtstaat noch nicht wieder über Organe der Legislative und Exekutive verfügte, erließen die Länder – mit Ausnahme Bremens und des Saarlandes – **sog. Trümmergesetze**: 258

---

400 Hess VGH vom 5. 9. 1967 BRS 18 Nr. 154; OVG Lüneburg vom 4. 10. 1979 BRS 36 Nr. 103; OVG Schl-H vom 25. 11. 1991 BRS 54 Nr. 206.

401 Vgl. zu den Zahlenangaben die Amtliche Begründung zum Ersten Wohnungsbaugesetz, StAnz. 1950 Nr. 87, S. 8.

402 Die Diskussion dokumentiert der von *Dittus* zusammengestellte und herausgegebene Sammelband, Baurecht im Werden. Eine Schriftensammlung über Fragen des Planungsrechts, des Baurechts und des damit verbundenen Bodenrechts aus den Jahren 1946 bis 1950, München/Berlin 1951.

403 *Dittus*, Zu einem neuen Deutschen Baurecht (Fn. 402) S. 4 ff.

- **Baden**
  Gesetz über die Finanzierung der Trümmerbeseitigung vom 25.11.1948 (ABl. Sp. 455)
- **Bayern**
  Gesetz über die Räumung von Trümmergrundstücken, die Verwertung der Trümmer und die Beseitigung gefahrdrohender Zustände (Trümmergesetz) vom 30.5.1949 (GVBl. S.117). mit Verordnung zum Vollzuge des Trümmergesetzes vom 20.2.1950 (GVBl. S.46)
- **Berlin**
  Gesetz über die Abräumung von Trümmergrundstücken (Enttrümmmerungsgesetz) vom 25.11.1954 (GVBl. S.654)[404]
- **Hamburg**
  Gesetz über die Räumung von Trümmergrundstücken und Verwertung von Trümmern (Enttrümmerungsgesetz) vom 31.7.1948 (GVBl. S.75)
- **Hessen**
  Trümmerbeseitigungsgesetz vom 21.12.1949 (GVBl. 1950, S.1)
- **Niedersachsen**
  Gesetz über die Räumung von Trümmergrundstücken vom 21.3.1949 (GVBl. S.64) i.d.F. vom 10.4.1949 (GVBl. S.96)
- **Nordrhein-Westfalen**
  Enttrümmerungsgesetz vom 2.6.1948 (GVBl. S.106) i.d.F. vom 2.5.1949 (GVBl. S.109)
- **Rheinland-Pfalz**
  Gesetz über Beschlagnahme und Beseitigung von Gebäudetrümmern vom 24. 2. 1949 (GVBl. S.67)
- **Schleswig-Holstein**
  Gesetz über die Aufräumung von Trümnergrundstücken und die Verwertung von Trümmern vom 2.11.1948 (GVBl. S.209)
- **Württemberg-Baden**
  Gesetz Nr. 332 über die Finanzierung der Trümmerbeseitigung vom 25.11.1948 i.d.F. des Gesetzes Nr. 379 vom 20.12.1949 (RegBl. 1950, S.1).

259 Inhaltlich weichen die Trümmergesetze stark voneinander ab. Teilweise wurde den Eigentümern die Räumung ihrer Grundstücke selbst überlassen. Teilweise wurde der **öffentlichen Hand** die **Enttrümmerung** als **Pflichtaufgaben** übertragen. Die Kosten wurden überwiegend den Gemeinden auferlegt. Die Länder beiteiligten sich mit Zuschüssen.[405]

3. Lemgoer Entwurf, Aufbaugesetze

260 Um den besonderen Verhältnissen in den Gemeinden und Städten beim Wiederaufbau zumindest für eine Übergangszeit Rechnung zu tragen, hatte eine Arbeitsgemeinschaft im Auftrag des Deutschen Städtetages im Sommer 1946 den **Entwurf** zu einem **Wiederaufbaugesetz** erarbeitet. Nach Billigung durch die interzonale Städtekonferenz, veröffentlichte das zuständige Zentralamt für Arbeit in der britischen Zone den „Entwurf eines Gesetzes über den Aufbau der deutschen Gemeinden".[406] Dieser sog. **„Lemgoer Entwurf"** – benannt nach dem Ort, wo die zuständige Abteilung des Zentralamtes seinen Sitz hatte – wurde durch den Bauausschuss des Deutschen Städtetages beraten. Ein **„Ergänzter** und erläuterter **Entwurf** eines Gesetzes über den Aufbau der deutschen Gemeinden" wurde 1948 vom **Deutschen Städtetag** als Vorlage für eine einheitliche Gesetzgebung veröffentlicht.[407]

---

404 Das Gesetz fällt zeitlich aus dem Rahmen, da es erst nach Inkrafttreten des GG erlassen worden ist.
405 *Krautzberger* (Fn. 3) Rn. 47.
406 *Krautzberger* (Fn. 3) Rn. 46.
407 Deutscher Städtetag, Heft 3 der Schriften des Deutschen Städtetages „Neue Städtebaurecht", hrsg. v. *Göderitz*, Braunschweig 1948.

Folgende Länder haben **Aufbaugesetze** erlassen: 261

- **Baden**
  Badisches Aufbaugesetz vom 25. 11. 1949 (GVBl. 1950 S. 29)
- **Hamburg**
  Gesetz über den Aufbau der Hansestadt Hamburg vom 11. 4. 1949 (GVBl. S. 45) i. d. F. vom 12. 4. 1957 (GVBl. S. 241)
- **Hessen**
  Gesetz über den Aufbau der Städte und Dörfer des Landes Hessen (Aufbaugesetz) v. 25. 10. 1948 (GVBl. S. 139) i. d. F. des Gesetzes vom 23. 11. 1949 (GVBl. S. 164)
- **Niedersachsen**
  Gesetz zur Durchführung der Ortsplanung und des Aufbaues in den Gemeinden (Aufbaugesetz) vom 9. 5. 1949 i. d. F. v. 20. 12. 1957 (GVBl. 1957 Sp I S. 398)
- **Nordrhein-Westfalen**
  Gesetz über Maßnahmen zum Aufbau in den Gemeinden (Aufbaugesetz) v. 29. 4. 1952 (GVBl. S. 454)
- **Rheinland-Pfalz**
  Gesetz über den Aufbau in den Gemeiden (Aufbaugesetz) vom 1. 8. 1949 (GVBl. S. 317) i. d. F. des Gesetzes vom 23. 12. 1949 (GVBl. S. 623)
- **Schleswig-Hostein**
  Gesetz über den Aufbau in den schleswig-holsteinischer Gemeinden (Aufbaugesetz) vom 21. 5. 1949 (GVBl. S. 93)
- **Württemberg-Baden**
  Gesetz Nr. 329 (Aufbaugesetz) vom 18. 8. 1949 (RegBl. S. 127).

Bayern, Bremen und das Saarland[408] verzichteten auf den Erlass von Aufbaugesetzen. 262
Die Aufbaugesetze der Länder wichen teilweise erheblich vom Lemgoener Entwurf ab. Sie **verzichteten** bewusst **auf** eine **geschlossene Regelung** des Baurechts. Da sie das bisherige Recht bis auf wenige Vorschriften unberührt ließen, trugen sie zu einer weiteren **Rechtszerplitterung** bei.[409] Die Aufbaugesetze hatten nur **provisorischen Charakter** und brachten keine in allen Teilen befriedigende Lösung der aufgetretenen Probleme. Insbesondere wurden gegen einzelne, in das Grundeigentum eingreifende Bestimmungen – gestützt auf **Art. 14** des später in Kraft getretenen **Grundgesetzes** – verfassungsrechtliche Bedenken erhoben. „Die zunehmenden Schwierigkeiten auf dem Gebiet der städtebaulichen Rechtsetzung verstärkten daher den Ruf nach einer einheitlichen Kodifizierung des gesamten Planungs-, Bau- und Bodenrechts ...“[410]

4. Baugesetzentwurf für Berlin

Berlin versuchte einen eigenständigen Weg zu gehen. Gestützt auf die bereits ge- 263
wonnenen Erfahrungen arbeiten *Dittus* und *Wambsganz* von 1945 bis 1948 den Baugesetzentwurf der Stadt Berlin aus. Der **„Entwurf zu einem Baugesetz für Berlin“**[411] weist Ähnlichkeiten mit dem Entwurf des Deutschen Baugesetzes auf. Der siebte Teil über **„Die Bebauung“** ist untergliedert in „I. Einfluss der Bauleitplanung auf die Bebauung; II. Baugestaltung; III. Anforderungen an Bauwerke; IV. Baugenehmigung; V. Bauausführung; VI. Bestehende Bauten“ und „VII. Bauordnung“.

---

408 Das Saarland beschritt – wohl auch infolge seines besonderen besatzungsrechtlichen Status – einen anderen Weg. Es erließ folgende Baugesetze: Gesetz über Planung und Städtebau im Saarland vom 30. 7. 1948 (ABl. S. 1198); Gesetz über die Umlegung von Baugelände vom 2. 5. 1950 (ABl. S. 379); Gesetz über Schaffung von Baugrundstücken in bebauten Ortslagen vom 31. 1. 1950 (ABl. S. 185) – so genanntes Lückengesetz –; Gesetz zur Beschaffung von Bauland für den sozialen Wohnungsbau vom 2. 2. 1952 (ABl. S. 197) und Baugesetz vom 19. 7. 1955 (ABl. S. 1159).

409 *Krautzberger* (Fn. 3) Rn. 49

410 *Zinkahn*, Gutachten über die Erfordernisse der Bau- und Bodengesetzgebung, BBauBl. 1952, 103.

411 *Wambsganz*, Stand der Baugesetzgebung, BBauBl. 1952, 99, 101.

264 In der Begründung zu diesem Abschnitt führt *Dittus* aus, dass die in den sechs voraufgehenden Abschnitten getroffenen Regelungen der **Planung**, **Baulandumlegung**, Zusammenlegung, Landbeschaffung, Bewertung sowie **Bodenverkehr** und Erschließung letztlich „dem **Zustandekommen** von **Einzelbauvorhaben** an **richtiger Stelle** und in **erwünschter Ausführung**" dienen. „Ein Baugesetz wäre deshalb unvollständig, wenn es nicht auch die Behandlung des Einzelbauvorhabens einschlösse. ... Die Hauptwirkungen des Bebauungsplans" erscheinen „als Voraussetzung der Zulässigkeit von Bauten ..., so dass ... die Frage der Bebaubarkeit nur als Folge oder Funktion der Planung anzusehen ist". In den Abschnitt über die Bebauung gehöre ebenfalls die **Baugestaltung**; daneben stünden die „sonstigen an Bauwerke zu stellenden allgemeinen Anforderungen menschlicher, volkswirtschaftlicher und sicherheitsmäßiger Art".[412]

265 Bei den Regelungen dieses Abschnitts fällt auf, dass sie **nicht** – wie ihre preußischen Vorläufer – **unter** dem **Primat** der **polizeilichen Gefahrenabwehr** stehen, sondern den Menschen zum Maßstab der Bebauung erheben:

„§ 151 Bauwerk und Mensch

(1) Die Bauwerke sind so zu entwerfen, dass sie geeignet sind, dem Menschen zu dienen und seine Bedürfnisse zu befriedigen.

(2) Sie müssen ein in seelischer und körperlicher Hinsicht gefahrloses Wohnen und Arbeiten gewährleisten, den Familien ein ungestörtes und menschenwürdiges Heim bieten und auch in sonstiger Beziehung eine Benutzung ohne Missstände gestatten.

(3) Die Bauten haben demgemäß volle Sicherheit für Leben und Gesundheit, die nötige Wärmehaltung, Trockenheit, Belichtung, Belüftung, Besonnung und Schallschutz, aufzuweisen und die Erhaltung des Nachbarschaftsfriedens zu ermöglichen."

Die Abkehr von der polizeilichen Theorie ist kein Zufall. Denn *Dittus* hält „die sorgsame Aussonderung so genannter ‚rein polizeilicher' Forderungen von den übrigen ebenfalls im öffentlichen Interesse zu stellenden Forderungen, wie z. B. der Baugestaltung, der Baustoffbewirtschaftung oder der Rationalisierung" für überholt. Ausgehend von den grundsätzlichen Regelungen des Baugesetzes, ermächtigt § 170 zum Erlass einer sog. **„Bauordnung"**, der die Festsetzung der Einzelanforderung an die Bauwerke vorbehalten ist.[413]

266 Zusammenfassend ist festzustellen, dass der Entwurf von *Dittus* ein **polizeifreies, einheitliches Baurecht** für Berlin (West) geschaffen hätte, wenn die Vorlage insgesamt Gesetz geworden wäre. In Kraft getreten sind lediglich die ersten beiden Teile des Entwurfs als „Planungsgesetz" und als „Baulandumlegungsgesetz".[414] In der praktischen Anwendung zeigte sich allerdings schon bald, dass mit einigen Teilgesetzen die Aufgaben des Bauens nicht gemeistert werden können.[415]

5. Entwurf zu einem Bayerischen Baugesetz

267 Im Frühjahr 1949 wurde *Dittus* vom Bayerischen Staatsministerium des Innern für einige Zeit nach München berufen. Dort hat er zusammen mit *Wambsganz* maßgeblich an dem **Entwurf** für das **Bayerische Baugesetz** mitgewirkt. Angesichts der Tatsache, dass das in Bayern nach dem Kriege geltende öffentliche Baurecht zu verschiedenen Zeiten unter verschiedenartigen Regierungsformen, teils durch Reichsgesetzgebung, teils durch Landesgesetzgebung ohne eine gegenseitige Abstimmung erlassen worden war, konnte der Ruf nach einer **umfassenden Gesetzgebung** nicht ausbleiben.

268 Man entschied sich **gegen** die **Übernahme** des **„Lemgoer Entwurfs"**, da dieser nur Teillösungen anbot, Übergangscharakter hatte und bei seiner Anwendung in einigen

[412] *Dittus*, Entwurf zu einem Bau-Gesetz für Berlin, Berlin-Tempelhof 1949; vgl. auch *Boehm*, Zum Entwurf für ein „Baugesetz für Berlin" (Fn. 402) S. 277 ff.

[413] *Dittus* (Fn. 412) S. 100.

[414] Gesetz über die städtebauliche Planung im Lande Berlin (Planungsgesetz) vom 22. August 1949 i. d. F. vom 22. März 1956 (VOBl. S. 272); Berliner Baulandumlegungsgesetz vom 3. März 1950 (VOBl. S. 71).

[415] *Wambsganz* (Fn. 411) S. 99.

Bundesländern Lücken deutlich wurden. Das Bayerische Innenministerium zog es vor, auf der Grundlage der Entwürfe für das Deutsche Baugesetzbuch und das Berliner Baugesetz ein Gesetz zu entwerfen, das umfassend und zukunftsweisend das Planen, das Bauen und die bauliche Bodennutzung normieren sollte. Um dem Anspruch einer umfassenden **Baurechtskodifikation** genügen zu können, regelte der im Januar 1950 fertig gestellte Bayerische Baugesetzentwurf auch Bereiche der **konkurrierenden Gesetzgebung**, da der Bund insoweit noch nicht tätig geworden war.

Nachdem eine aus Dringlichkeitsgründen abgespaltene **Teilregelung** des Entwurfes, 269
das „Gesetz über die Bodenbeschaffung der Gemeinbedarfsflächen" (Baunotgesetz) ebenso wie das auf den Entwurf abgestimmte „Grundenteignungsgesetz" wegen Verstoßes gegen die Eigentumsgarantie des **Art. 14 GG** vom Ministerrat abgelehnt worden war, war der Bayerische Baugesetzentwurf insgesamt **zum Scheitern verurteilt**.[416]

---

[416] *Wambsganz* (Fn. 411) S. 100 f.

Teil 3. Baurecht unter Geltung des Grundgesetzes

I. Baurecht und Grundgesetz

1. Grundrechte

270 Der Grundgesetzgeber **verzichtete** darauf, eine dem **Art. 155 WRV** entsprechende Vorschrift oder gar ein (soziales) Grundrecht auf angemessenen Wohnraum in die Verfassung aufzunehmen. Bereits im **Verfassungskonvent** auf **Herrenchiemsee** war die Entscheidung dafür gefallen, dass nur „grundlegende Rechte der menschlichen Freiheiten" Eingang in die Verfassung finden sollten.[417] Lediglich in einigen Landesverfassungen enthält der jeweilige Grundrechtsabschnitt Normierungen, die zum Teil in der Tradition des Art. 155 WRV stehen.[418]

271 Zu den grundrechtlich geschützten Freiheiten die für das Baurecht und insbesondere auch für das Bauordnungsrecht in vielfältiger Weise von Bedeutung sind, sind in erster Linie das **Eigentum** (Art. 14), das Recht auf **Leben** und **körperliche Unversehrtheit** und die freie **Entfaltung** der **Persönlichtkeit** (Art. 2 GG) zu nennen. Aber auch das Recht der **Berufsausübung** (Art. 12 GG), die **Kunstfreiheit**, die Glaubens- und **Religionsfreiheit** (Art. 4 GG) sowie das Recht auf freie **Meinungsäußerung** (Art. 5 GG), die Unverletzlichkeit der **Wohnung** (Art. 13) und die religiöse **Bekenntnisfreiheit** sind für baurechtliche Regelungen von Bedeutung.

a) Eigentum (Art. 14 GG), Baufreiheit

272 Heftig umstritten ist, ob mit dem Grundeigentum auch die **Baufreiheit** geschützt ist. Nach der in der **Literatur** wohl vorherrschenden **Meinung** ist die Baufreiheit ein traditionelles Element des verfassungsrechtlich gewährleisteten Grundeingentums. Das Prinzip Baufreiheit gründet im Eigentumsbegriff, wie er sich im 18. und 19. Jahrhundert entwickelt hat (§ 65 I 8 Preuß. ALR). Die Baufreiheit gehört zum **Inhalt** und zum **Wesensgehalt** des **vorstaatlich**, umfassend und **privatrechtlich** verstandenen **Eigentums**. Dieses ist Garantieobjekt des Art. 14 GG. Alle einschlägigen Normen des Planungs- und Bauordnungsrechts stellen „Ausgestaltungen bzw. Einschränkungen der im Eigentum wurzelden Nutzbarkeit" dar.[419]

273 Nach der **Gegenmeinung** besteht lediglich eine **öffentlich-rechtliche Bebauungsbefugnis**, die dem Bauwilligen vom Staat als Rechtsposition zugeteilt wird.[420] Nicht ein vorstaatlich verstandener Eigentumsbegriff, sondern erst der einfache **Gesetzgeber** legt durch bauplanungs- und bauordnungsrechtliche Regelungen fest, **ob** und **wie** ein Grundstück bebaut werden darf. Welche Lösung er wählt, unterliegt prinzipiell seiner politischen Entscheidung. Diese soll allerdings nicht im grundrechtfreien Raum erfolgen. Der Gesetzgeber hat bei der Inhalts- und Schrankenbestimmung, die durch Bauplanungs- und Bauordnungsrecht erfolgt, das Eigentum als Rechtsinstitut zu beachten.[421] Somit wird das **„Dogma Baufreiheit"**[422] für **überflüssig** gehalten.[423] Eine Aushöhlung

[417] Verfassungsausschuss der Ministerpräsidenten-Konferenz der Westlichen Besatzungszonen, Bericht über den Verfassungsausschuss auf Herrenchiemsee vom 10. – 23. 8. 1948, München (o. J.), S. 21.

[418] Vgl. dazu Rn. 304.

[419] *Papier* in: *Maunz-Dürig*, Komm. z. GG, Art. 14 Rn. 57 ff., *derselbe*, Die Weiterentwicklung der Rechtsprechung zur Eigentumsgarantie, DVBl. 2000, 1398; *Depenheuer*, in: *v. Mangoldt/Klein/Starck*, GG I, Art. 14 Rn. 119 ff.; *Leisner* in: Handbuch des Staatsrechts, hrsg. v. *Isensee* u. *Kirchhof*, Bd. IV, Heidelberg 1989, Rn. 104 ff.

[420] *Breuer*, Die Bodennutzung im Konflikt zwischen Städtebau u. Eigentumsgarantie, München 1976, S. 158 ff. u. *derselbe* in: *Schrödter*, BauGB, 6. Aufl., § 42 Rn. 7 ff. jeweils mit umfassenden Nachweisen zum Streitstand.

[421] *Wieland* in: *H. Dreier* (Hrsg.), GG-Kommentar, Bd. 1, 1996, Art. 14 Rn. 32.

[422] Vgl. *H. Schulte*, DVBl. 1979, S. 133 ff.

[423] *Gaentzsch*, (Fn. 36) § 1 Rn. 7.

des Grundeigentums drohe nicht. Das materielle Baurecht des Eigentümers stütze sich letztendlich auf Art. 14 Abs. 1 Satz 1 GG. Wenn ein Vorhaben den öffentlich rechtlichen Anforderungen genüge, habe der Eigentümer einen öffentlich-rechtlichen Anspruch auf Erteilung der Baugenehmigung, die sich in einem präventiven Verbot mit Erlaubnisvorbehalt erschöpfe.[424]

Nicht durchgesetzt hat sich – mangels „begrifflicher Schärfe und systematischer Klarheit"[425] – die Formulierung, bei verfassungskonformer Auslegung sei das Grundeigentum zwar mit Baufreiheit, angesichts des generellen Regelungsvorbehaltes aber nur mit einer **„potentiellen Baufreiheit"** ausgestattet.[426] 274

Die gegensätzlichen Meinungen zur Bedeutung des Eigentumsgrundrechtes für das öffentliche Baurecht bestimmen nicht nur die **Grundposition** für die Verortung der Baufreiheit, sondern auch für den **Bestandsschutz**, die eigentumsrechtliche Verfestigung von Nutzungzulassungsansprüchen, die **planungsrechtliche Abwägung**, den öffentlich-rechtlichen **Nachbarschutz** und das Recht am Gewerbebetrieb.[427] Auffällig ist, dass Vertreter beider Grundpositionen Ausführungen des BVerfGs in einem Beschluss aus dem Jahr 1973 zur Bestätigung ihrer Meinung anführen.[428] 275

Dort stellt das oberste Gericht fest: „Das Recht der Bauherrin, ihr Grundstück im Rahmen der Gesetze zu bebauen, ist durch die Eigentumsgarantie des Art. 14 Abs. 1 Satz 1 GG geschützt. Die Nachbarn wiederum können sich aus demselben Grundrecht gegen unrechtmäßige Einwirkungen auf ihre Grundstücke wehren."[429] Art. 14 Abs. 1 Satz GG hat die Funktion, den Bestand der geschützten Rechtsposition als **Abwehrrecht** zu sichern.[430] Wie weit der Schutz der Eigentumsgarantie reicht, ergibt sich aus der Bestimmung von **Inhalt** und **Schranken** des **Eigentums**, die nach Art. 14 Abs. 1 Satz 2 GG Sache des Gesetzgebers ist.[431] Im Bereich des Baurechts genießt eine Eigentumpositon nur im Rahmen der mit ihr zulässigerweise verbundenen, gesetzlich definierten Befugnisse verfassungsrechtlichen Schutz.[432] Der **Gesetzgeber** hat einen **gerechten Ausgleich** zu schaffen, wenn die Bestandsinteressen des Eigentümers mit den grundrechtlich geschützten Interessen Dritter oder mit Gemeinwohlbelangen kollidieren.[433] Wird das Grundeigentum eingeschränkt, muss der Gesetzgeber – auch wenn der verfassungsrechtliche Gewährleistungsanspruch unangetastet bleibt – den **Gleichheitssatz** und das **Verhältnismäßigkeitsprinzip** beachten.[434] Weist ein Gesetz hinsichtlich der Anforderungen des Art. 14 Abs. 1 Satz 1 GG **Defizite** auf, sind diese durch **Auslegung** oder **Analogie** zu beheben. Ist dies nicht möglich, ist es den Fachgerichten verwehrt, unter Umgehung des einfachen Rechts unmittelbar auf der Grundlage der Verfassung Ansprüche zu gewähren. In einem solchen Fall ist die Sache dem BVerfG vorzulegen, wenn die Voraussetzungen des Art. 100 Abs. 1 GG vorliegen. 276

Das **BVerwG** hat in **Abkehr** von seiner **früheren Rechtsprechung**, die davon ausging, dass sich unmittelbar aus Art. 14 Abs. 1 Satz 1 GG Anspruchspositionen ableiten lassen,[435] 277

---

424 *Breuer* (Fn. 420) S. 166.
425 *Breuer* (Fn. 420) § 42 Rn. 10.
426 *Just*, in: *Hoppe/Bönker/Grotefels* (Fn. 3) § 2 Rn. 56.
427 Vgl. jeweils dazu *Papier* (Fn. 419) Rn. 80 ff.
428 Vgl. einerseits *Leisner* (Fn. 419) Rn. 104 mit Fn. 203 und andererseits *Wieland* (Fn. 421) Rn. 32 mit Fn. 162.
429 BVerfG vom 19. 6. 1973 BVerfGE 35, 263, 276 f.
430 BVerfG vom 9. 1. 1991 BVerfGE 83, 201, 208; vom 18. 12. 1968 BVerfGE 24, 367, 400; stRspr.
431 BVerfG vom 28. 2. 1980 BVerfGE 53, 257, 292; vom 1. 7. 1981 BVerfGE 58, 81, 109.
432 BVerfG vom 15. 10. 1996 BVerfGE 95, 64, 84.
433 BVerfG vom 23. 9. 1992 BVerfGE 87, 114, 138; vom 23. 11. 1994 BVerfGE 91, 294, 308.
434 BVerfG vom 30. 11. 1988 BVerfGE 79, 174, 198; vom 19. 12. 2002 NVwZ 2003, 727 = BRS 65 Nr. 6 = BauR 2003, 1338: Auch ein Bebauungsplan bestimmt Inhalt und Schranken des Eigentums. Die Enteignungsbehörde ist an den Bebauungsplan nur in seiner städtebaulichen Zielsetzung gebunden. Im Übrigen sind auch die Festsetzungen des Bebauungsplans Gegenstand der enteignungsrechtlichen Abwägung, BVerfG vom 16. 12. 2002, GewArch 2003, 192.
435 BVerfG vom 17. 1. 1986 BVerwGE 72, 362.

in Übereinstimmung mit der Rechtsprechung des BVerfG ausgeführt: „Dem **unmittelbaren Rückgriff** auf Art. **14 Abs. 1 Satz 1 GG** sind **enge Grenzen** gesetzt. Der Gesetzgeber – sowohl des Bundes als auch des Landes – hat nach Art. 14 Abs. 1 Satz 2 GG die verfassungsrechtliche Aufgabe, Inhalt und Schranken des Eigentums zu bestimmen. Ihm obliegt es, einen Ausgleich zwischen dem durch Art. 14 Abs. 1 Satz 1 GG gewährleisteten Privateigentum, das in seinem rechtlichen Gehalt vor allem durch die grundsätzliche Verfügungsbefugnis und das Merkmal der Privatnützigkeit gekennzeichnet ist, und dem aus Art. 14 Abs. 2 GG ersichtlichen Gebot zu schaffen, dass der Gebrauch des Eigentums zugleich dem Wohl der Allgemeinheit dienen soll. Demgemäß steht die **Rechtstellungsgarantie**, die Art. 14 Abs. 1 Satz 1 GG grundrechtlich vermittelt, nach Art. 14 Abs. 1 Satz 2 GG unter dem **Vorbehalt** einer **gesetzlichen Regelung** über Inhalt und Schranken der als Eigentum verstandenen Rechtsposition. Versteht man mithin die durch eine Baugenehmigung begründete formelle und die durch eine Abstandsflächenregelung eingeräumte materielle Rechtsposition als Eigentum im verfassungsrechtlichen Sinne, so unterliegt diese Rechtsstellung dem Regelungsvorbehalt des Art. 14 Abs. 1 Satz 2 GG."[436]

278 In Anwendung dieser Grundsätze folgert das BVerwG, dass die **Baufreiheit**, die vom Schutzbereich des Eigentumsgrundrechts umfasst wird, nur nach **Maßgabe** des **einfachen Rechts** gewährleistet ist.[437] Es führt aus: „Einen **Grundsatz**, dass der **Eigentümer** eines Grundstückes **sein Grundstück** so **bebauen darf**, **wie er möchte, gibt es nicht**. Vielmehr bestimmt Art. 14 Abs. 1 Satz 2 ausdrücklich, dass Inhalt und Schranken des Eigentümers durch die Gesetze bestimmt werden. Zu diesen Gesetzen gehören nach allgemeiner Auffassung die bundes- und landesrechtlichen Baugesetze."[438] Ist eine gesetzliche Regelung i. S. d. Art. 14 Abs. 1 Satz 2 GG vorhanden, so ist daneben für einen **„Bestandsschutz"**, für den Art. 14 Abs. 1 Satz 1 GG eine **eigenständige Anspruchsgrundlage** bilden könnte, **kein Raum**.[439] Da der Gesetzgeber z. B. für Außenbereichsvorhaben in **§ 35 BauGB** eine differenzierte Regelung getroffen hat, scheidet – auch wenn dessen Tatbestandsvoraussetzungen nicht vorliegen – Art. 14 Abs. 1 Satz 1 GG als Grundlage für einen Zulassungsanspruch für das Vorhaben aus.[440] Entspricht ein Innenbereichsvorhaben nich den Anforderungen des § 34 BauGB, so darf es nicht gleichwohl unter Berufung auf Bestandsschutzgesichtspunkte zugelassen werden.[441] Das BVerwG hat auch einen Anspruch auf Bebauung aus „eigentumskräftig verfestigter Anspruchsposition" **verworfen**,[442] weil der Gesetzgeber die Fallgruppen, für die dieser Anspruch ursprünglich gedacht war, in § 35 Abs. 4 BauGB geregelt hat und sich im Übrigen durch Befreiungsregelungen angemessene Ergebnisse erzielen lassen.[443]

279 Dürfte somit der sog. **aktive Bestandsschutz** jedenfalls insoweit überwunden sein, als aus Bestandsschutz kein eigenständiger Anspruch auf Erteilung einer Baugenehmigung abgeleitet werden kann, erweist sich der sog. **passive Bestandsschutz** auch in der Rechtsprechung[444] als weitgehend resistent gegen den dargestellten Grundansatz. So führt das **BVerfG** in seinem Beschluss vom 24. 7. 2000 aus: „Ein durch Art. 14 GG bewirkter Bestandsschutz liegt nur dann vor, wenn der Bestand zu irgendeinem Zeitpunkt genehmigt worden oder jedenfalls genehmigt worden ist."[445] Auch das **BVerwG** gibt in einem Beschluss vom 18. 3. 2001 durchaus Altbekanntes wieder, nämlich dass ein Gebäude den Bestandsschutz verliere, wenn der mit der Instandsetzung verbundene Eingriff in den

---

436 BVerwG vom 7. 11. 1997 NVwZ 1998, 735, 736 = BRS 59 Nr. 109.
437 BVerwG vom 12. 3. 1998 NVwZ 1998, 842, 844 = BRS 60 Nr. 98.
438 BVerwG vom 11. 3. 1994 NVwZ 1994, 1008 = BRS 56 Nr. 65.
439 BVerwG vom 15. 2. 1990 BVerwGE 84, 322 = BRS 50 Nr. 75; vom 16. 5. 1991 BVerwGE 88, 191 = BRS 52 Nr. 157.
440 BVerwG (Fn. 437) S. 844.
441 BVerwG vom 27. 8. 1998 NVwZ 1999, 523, 524.
442 BVerwG vom 10. 8. 1990 BVerwGE 85, 289, 294.
443 BVerwG vom 16. 5. 1991, BRS 52 Nr. 157.
444 Vgl. *Hösch*, Bestandsschutz in der verwaltungsgerichtlichen Rechtsprechung, GewArch 2002, 305 ff.
445 BVerfG vom 24. 7. 2000 NVwZ 2001, 424.

vorhandenen Bestand so intensiv sei, dass er die Standfestigkeit des gesamten Gebäudes berühre und eine statische Nachberechnung des gesamten Gebäudes erforderlich mache, oder wenn die für die Instandsetzung notwendigen Arbeiten den Aufwand für einen Neubau erreichten oder gar überstiegen, oder wenn die Bausubstanz ausgetauscht oder das Bauvolumen wesentlich erweitert werde.[446] Diese Rechtsprechung wird in der Literatur tlw. als „Unwesen des verfassungsunmittelbaren Bestandsschutzes" kritisiert.[447]

Das BVerwG räumt ein, in der Vergangenheit „nicht stets mit der gebotenen Strenge" **280** zwischen Bestandsschutz und **Bestandskraft** einer vorhandenen Baugenehmigung unterschieden zu haben. Inhalt, Umfang und Dauer der Bestandskraft eines Verwaltungsakts bestimmt das einfache Recht.[448] Die **Legalisierungswirkung** der Baugenehmigung schirmt das Vorhaben einschließlich der genehmigten Nutzung gegen spätere Beseitigungs- bzw. Untersagungsverfügung ab, solange sie wirksam ist. Insoweit bedarf es keines Rückgriffs auf Bestandsschutzgesichtspunkte.[449]

Die Befugnis, **Werbeanlagen** aufzustellen, hat das BVerwG anfänglich nach den **281** Grundsätzen des Baurechts als zum Inhalt des Eigentums gehörig angesehen.[450] Art. 14 GG gewährleistet dem **Gewerbetreibenden** im Rahmen des Anliegergebrauchs den **„Kontakt nach außen"** und somit die Werbemöglichkeit für seinen Betrieb.[451] Baugestalterische Regelungen über die Bebauung von – bereits oder nicht baulich genutzten – Grundstücken zu Zwecken der Werbung zählen zu den Vorschriften, die Inhalt und Schranken des Eigentums bestimmen.[452] Verfassungsrechtlich unbedenklich sind Regelungen über die **Einschränkung** von Werbeanlagen **in** bestimmten **Baugebieten** (z. B. in WS, WR und WA-Gebieten, anders als in MI, GE und GI-Gebieten).[453]

Werbeanlagen dürfen weder bauliche Anlagen noch das **Straßen-, Orts- oder Landschaftsbild** verunstalten. Auch das Verbot verunstaltender Werbung stellt eine zulässige **282** Regelung des Inhalts des Eigentums dar.[454] Den **Begriff** der **Verunstaltung** hat das BVerwG definiert als einen hässlichen, das ästhetische Empfinden des Beschauers nicht bloß beeinträchtigenden, sondern **verletzenden Zustand**. Bei der Beurteilung ist auf das Empfinden des so genannten **gebildeten Durchschnittsmenschen** und nicht auf den besonders empfindsamen oder geschulten Betrachter abzustellen.[455] Maßgeblich ist, ob der **Anblick** nachhaltigen **Protest** auslöst.[456] Das BVerfG hat den rechtsstaatlich konkretisierten Verunstaltungsbegriff der Verwaltungsgerichte nicht beanstandet. Vielmehr hat es bestätigt, dass dieser Verunstaltungsbegriff geeignet ist, die Entscheidung des Einzelfalls normativ zu leiten.[457]

Ursprünglich hat das BVerwG **Abwehrrechte** des **Nachbarn** unmittelbar aus Art. 14 **283** Abs. 1 GG wegen Verletzung des Eigentumsrechts abgeleitet, um „grobe Missgriffe der Genehmigungsbehörden" angreifbar zu machen.[458] Eine Baugenehmigung, deren Ausführung einen Dritten **schwer** und **unerträglich** trifft und deshalb sein Eigentum verletzt, ist rechtswidrig und auf die Klage des Nachbarn hin aufzuheben.[459] In seiner jün-

---

446 BVerwG, Beschl. 18. 3. 2001 Az. 4B 18.01; ebenso BGH vom 8. 5. 2003 DVBl. 2003, 1053.

447 So *Mampel*, Verkehrte Eigentumsordnung, ZfBR 2002, 327 ff. u. *derselbe*, Art. 14 GG fordert sein Recht, NJW 1999, 975 ff.

448 BVerwG (Fn. 436).

449 BGH vom 3. 2. 2000 NVwZ 2000, 1206 zu einer wasserrechtlichen Erlaubnis.

450 BVerwG vom 28. 6. 1955 BVerwGE 2, 172, 174.

451 BVerwG vom 18. 10. 1974 Buchholz 11 Art. 14 GG Nr. 155, S. 177 und vom 22. 2. 1980 BauR 1980, 452, 454 = BRS 36 Nr. 149.

452 Zum Baugestaltungsrecht, BVerwG vom 6. 12. 1999 BRS 62 Nr. 131 = BauR 2000, 859.

453 BVerwG vom 28. 4. 1972 BVerwGE 40, 94.

454 BVerwG vom 22. 2. 1980 NJW 1980, 2091; vom 27. 6. 1991 BauR 1991, 727 ff.; vom 11. 4. 1989 NJW 1989, 2638.

455 BVerwGE (Fn. 450).

456 BVerwG vom 27. 6. 1991 NVwZ 1991, 983.

457 BVerfG vom 26. 6. 1985 NVwZ 1985, 819 f.

458 BVerwG vom 13. 6. 1969 BVerwGE 32, 173, 179.

459 BVerwG vom 5. 7. 1974 BRS 28 Nr. 4.

geren Rechtsprechung lässt das BVerwG unerörtert, ob Abwehransprüche Dritter im öffentlichen Baurecht überhaupt unmittelbar auf Art. 14 Abs. 1 Satz 1 GG gestützt werden können.[460] Hatte *Weyreuther* das **Gebot** der **Rücksichtnahme**[461] noch unmittelbar aus Art. 14 Abs. 1 GG abgeleitet, wird es zwischenzeitlich den einfachrechtlichen – insoweit drittschützenden – Regelungen des § 31 Abs. 2,[462] § 34 Abs. 1,[463] § 35 Abs. 3 Satz 1 Nr. 3 BauGB,[464] § 15 Abs. 1 Satz 2 BauNVO[465] sowie § 5 Abs. 1[466] und § 22 BImSchG[467] entnommen. Ob Vorschriften Drittschutz vermitteln, bestimmt die Rechtsprechung mit Hilfe der sog. **Schutznormtheorie**.[468] Jüngste „Entdeckungen" des BVerwG sind insoweit das in § 1 Abs. 6 BauGB enthaltene drittschützende Abwägungsgebot[469] und der in der Doppelhausfestsetzung nach § 22 Abs. 1 BauNVO enthaltene Drittschutz.[470]

284 *Wilke* weist zu Recht darauf hin, dass das BVerwG seine bisherige Rechtsprechung nicht aufgegeben hat. Er hält einen Rückgriff hierauf nicht für ausgeschlossen, wenn es darum gehen sollte, die **verfassungsrechtliche Resistenz** des **Drittschutzes** gegen einfachgesetzliche Reduzierungsversuche ins Feld zu führen.[471] Auch wenn – wie das BVerwG ausführt – dem „unmittelbaren Rückgriff auf Art. 14 Abs. 1 Satz 1 GG enge Grenzen gesetzt" sind, sollte diese „verfassungsrechtliche Notkompetenz"[472] nicht voreilig aufgegeben werden.

285 Wegen der **Grundstücksbezogenheit** des **Baurechts** werden bei einem Nutzungskonflikt die benachbarten **Grundstücke** durch ihre **Eigentümer** und nicht durch ihre Mieter **repräsentiert**.[473] Dieser in der Rechtsprechung der Verwaltungsgerichte seit Jahrzehnten geltende Grundsatz wurde durch die Rechtsprechung des BVerfG zumindest kurzfristig in Frage gestellt. In Mietstreitigkeiten entschied das oberste Gericht, dass das Besitzrecht des Mieters Eigentum i. S. d. Art. 14 Abs. 1 Satz 1 GG ist.[474] Die Anerkennung des sog. **„Mieter-Eigentümers"** als Nachbar löste in der Literatur eine kontroverse Diskussion aus.[475] Die Rechtsprechung zum öffentlichen Baurecht blieb bei ihrem Standpunkt.[476] Zu beachten ist allerdings, dass der Mieter einer Wohnung durchaus antragsbefugt in einem Normenkontrollverfahren sein kann.[477] Zudem kann der bloße Wohnsitz für die Abwehr gesundheitsschädlicher Umwelteinwirkungen einen geeigneten Anknüpfungspunkt für eine Klagebefugnis darstellen.[478]

286 Der **Eigentümer** ist selbstverständlich **befugt**, als Bauherr ein Baugenehmigungsverfahren einzuleiten und seinen **Anspruch** auf Erteilung der Baugenehmigung im Verwaltungs- und Gerichtsverfahren **geltend** zu machen.[479]

---

[460] BVerwG vom 2. 6. 1991 BVerwGE 89, 69, 78 f.

[461] *Weyreuther*, Das bebauungsrechtliche Gebot der Rücksichtnahme und seine Bedeutung für den Nachbarschutz, BauR 1975, S. 1 ff.

[462] BVerwG vom 6. 10. 1989 BVerwGE 82, 343, 344 f.

[463] BVerwG vom 13. 3. 1981 BRS 38 Nr. 186.

[464] BVerwG vom 25. 2. 1971 BVerwGE 52, 122, 125 ff. und vom 28. 7. 1999 NVwZ 2000, 552 = BRS 62 Nr. 189

[465] BVerwG vom 5. 8. 1983 BVerwGE 67, 334, 338 f.

[466] BVerwG vom 30. 9. 1983 BVerwGE 68, 58 ff. = NVwZ 1984, 509 f.

[467] BVerwG vom 3. 4. 1987 NVwZ 1987, 884.

[468] BVerfG vom 17. 12. 1969 BVerfGE 27, 297, 307; BVerwG vom 19. 9. 1986 NVwZ 1987, 409 ff.; vom 30. 3. 1995 NVwZ 1995, 1200 ff.

[469] BVerwG vom 24. 9. 1998 BVerwGE 107, 239 = NJW 1999, 1126.

[470] BVerwG vom 24. 2. 2000 NVwZ 2000, 1055 = BRS 63 Nr. 185.

[471] *Wilke*, Vom Abbau des Verwaltungsrechtsschutzes und von der Resistenz des Drittschutzes, in: Gedächtnisschrift für *Grabitz*, München 1995, 905, 914 ff.

[472] *Sendler*, NVwZ 1990, 231, 235.

[473] BVerwG vom 11. 5. 1989 BVerwGE 82, 61, 74 = NJW 1989, 2766.

[474] BVerfG vom 26. 5. 1993 BVerfGE 89, 1 = NJW 1993, 2035.

[475] *Jäde*, UPR 1993, 30 ff.; *Depenheuer*, NJW 1993, 2561 ff.; *Gassner*, UPR 1995, 85 ff.; *Thews*, NVwZ 1995, 224 ff.; *Mampel*, UPR 1994, 8 ff.; *Schmidt-Preuß*, NJW 1995, 27 ff.

[476] BVerwG v. 20. 4. 1998 NVwZ 1998, 956 = BauR 1998, 994 f.

[477] BVerwG v. 21. 10. 1999 NVwZ 2000, 807 ff. = BauR 2000, 848 ff.

[478] BVerwG vom 26. 7. 1990 NVwZ 1991, 566 f. und die Ausführungen zu Art. 2 Abs. 2, Rn. 289.

[479] *Starck* in: *v. Mangoldt/Klein/Starck*, GG I, Art. 2 Abs. 1 Rn. 76.

b) Rechte der Person (Art. 2 GG)

aa) Freie Entfaltung der Persönlichkeit (Art. 2 Abs. 1 GG). Der **Anwendungsbereich** des **Art. 2 Abs. 1 GG** im Baurecht ist dadurch wesentlich **eingeschränkt**, dass Beschränkungen und Erschwerungen des Eigentums an Art. 14 GG und nicht am allgemeinen Persönlichkeitsrecht zu messen sind.[480] Auf Art. 2 Abs. 1 GG kommt es somit **nur** an, **wenn nicht** andere – **speziellere** und **substanzreichere** – **Grundrechtsgewährleistungen** einschlägig sind. Derartige Erwägungen setzen voraus, dass es z. B. an einem Eingriff in die Gesundheit (Art. 2 Abs. 2 Satz 1 GG), in das Eigentum (Art. 14 Abs. 1 GG), in die Wohnung (Art. 13 GG) usw. fehlt. Daher lässt sich eine **Nachbarklage** grds. nicht auf Art. 2 Abs. 1 GG stützen.[481] 287

Die verwaltungsrechtliche Rechtsprechung geht davon aus, dass der **Anspruch** auf Erteilung einer Bau- oder Bebauungsgenehmigung seine Grundlage auch in **Art. 2 Abs. 1 GG** findet.[482] Der **Bauherr** muss daher **nicht Eigentümer** des Grundstücks sein, auf dem die bauliche Anlage errichtet werden soll. Eine Genehmigung darf jedoch dann versagt werden, wenn ihm das **Sachbescheidungsinteresse** fehlt. Das ist der Fall, wenn die Genehmigung wegen bestehender privatrechtlicher Hindernisse nutzlos wäre.[482a] 288

bb) Recht auf Leben und körperliche Unversehrtheit (Art. 2 Abs. 2 GG). Das BVerwG hat ausgeführt, dass die durch **Art. 2 Abs. 2 GG** geschützten hochpersönlichen Rechtgüter **Leben** und **Gesundheit** im Prinzip nicht weniger als das durch Art. 14 Abs. 1 GG geschützte Eigentum geeignet sind, einer sog. **Nachbarklage** als Grundlage zu dienen.[483] **Obligatorisch Berechtigte** haben zwar gegen die einem Nachbarn erteilte Baugenehmigung grundsätzlich kein öffentlich-rechtliches Abwehrrecht. Gefährdungen von Leben und Gesundheit können sie allerdings gestützt auf ihr Grundrecht aus Art. 2 Abs. 2 GG abwehren.[484] Der Wohnsitz kann somit für die Abwehr gesundheitlicher Umwelteinwirkungen einen geeigneten Anknüpfungspunkt für die **Klagebefugnis** darstellen.[485] Diese Rechtsprechung trifft in der Kommentarliteratur zur VwGO tlw. aus rechtsdogmatischen Gründen und rechtspraktischen Schwierigkeiten auf Ablehnung. Durch den unmittelbaren Rückgriff auf Art. 2 Abs. 2 GG werde das Ausformungsmandat des Gesetzgebers ausgehebelt. Wann eine Gesundheitsbeeinträchtigung vorliege, gehöre zu den „ungeklärtesten Fragen".[486] 289

Die Baurechtsgeschichte belegt jedoch eindrucksvoll, dass baurechtliche Regelungen seit den ersten Anfängen vornehmlich auch dem Schutz von **Leben** und **körperlicher Unversehrtheit** dienen. Der **Schutz** des Menschen bei der Nutzung von Gebäuden vor **Brand**, **Einsturz**, aber auch die **Gewährleistung** von **Licht**, **Luft**, **Wohnruhe** und **Hygiene** bilden insbesondere auch im Bauordnungsrecht – neben dem **Eigentum** – den **Kernbestand** des **Rechtsgüterschutzes.**[487] 290

c) Grundrecht auf Sicherheit

Das BVerfG hat in seiner Rechtsprechung aus dem objektivrechtlichen Wertgehalt der einzelnen Grundrechte eine prinzipielle **staatliche Schutzpflicht** zugunsten des Bürgers abgeleitet, die der **Gesetzgeber**, aber auch die **öffentliche Vewaltung** bei ihren Vollzugs- 291

---

480 BVerwG vom 29. 7. 1977 BVerwGE 54, 211, 220 ff.

481 BVerwG v. 6. 6. 1975 BRS 29 Nr. 168.

482 BVerwG vom 23. 3. 1973 BVerwGE 42, 115, 116.

482a BVerwG vom 24. 10. 1980 NJW 1981, 2426 = BRS 36 Nr. 169

483 BVerwG (Fn. 480); vgl. auch OVG Hamb. vom 27. 1. 1983 NVwZ 1984, 48, 50, BW VGH, BWVBl. 1995, 361 ff.

484 BVerwG vom 11. 5. 1989 NVwZ 1989, 1163, 1167.

485 BVerwG vom 26. 7. 1990 NVwZ 1991, 566, 567.

486 *Wahl/Schütz* in: *Schoch/Schmidt-Aßmann/Pietzner*, VwGO, § 42 Abs. 2, Rn. 146 ff.; *Kopp/Schenke*, VwGO, 13. Aufl. München 2003, § 42 Rn. 97, S. 298.

487 Vgl. im Einzelnen *Schulte*, Rechtsgüterschutz durch Bauordnungsrecht, Berlin 1982, S. 158 ff.

funktionen zu wahren und zu erfüllen hat.[488] Im Gefolge dieser Rechtsprechung ist ein ungeschriebenes mit Verfassungsrang ausgestattetes **„Grundrecht auf Sicherheit"** des Bürgers anerkannt worden.[489] Dieses korrespondiert im einfachen Gesetzesrecht mit dem besonders empfindlichen Gewährleistungsbereich der polizeilichen Gefahrenabwehr, zu dem im Kernbereich auch heute noch der **Schutzbereich** des **Bauordnungsrecht** zählt.[490] In den Schutzgütern der **Standsicherheit**, des **Brand- und Schallschutzes** konkretisieren sich das Recht auf Leben und körperliche Unversehrtheit aus Art. 2 Abs. 2 Satz 1 GG und der Schutz des Eigentums aus Art. 14 GG. Die **staatliche Schutzpflicht** setzt auch der Privatisierung des öffentlichen Baurechts Grenzen.[491]

d) Glaubens- und Religionsfreiheit (Art. 4 GG)

292 Das GG räumt den Kirchen eine umfassende Glaubens- und **Religionsfreiheit** ein, die in **Art. 4 Abs. 1, Abs. 2 GG** und in **Art. 140 GG** i.V. m. den inkorporierten Artikeln der **WRV** (Art. 136, 137, 138, 139 u. 141) geregelt ist. Auch die **Errichtung** und Änderung **kirchlicher Gebäude** wird vom Recht der öffentlichen Religionsausübung erfasst.[492] Dieses Recht steht auch privatrechtlichen Vereinigungen zu, deren Zweck die Pflege oder die Förderung eines religiösen oder weltanschaulichen Bekenntnisses ist.[493]

293 Der **fehlende Gesetzesvorbehalt** in Art. 4 Abs. 1, Abs. 2 GG führt zu einer im Einzelfall vorzunehmenden Abwägung kirchlicher und staatlicher Belange. Außerhalb des rein innerkirchlichen Bereichs gelten für die Religionsausübung die **Schranken** der „für alle geltenden" **Gesetze** und damit auch die **baurechtlichen Regelungen**. Die Beurteilung der Zulässigkeit von Moscheen, aber insbesondere von Minaretten anhand von bauplanungsrechtlichen[494] und bauordnungsrechtlichen Vorschriften wird mitunter kontrovers diskutiert,[495] unterliegt jedoch keinem Zweifel. **Bei** der **Anwendung einfachen Rechts** ist allerdings die **Wertentscheidung** des **GG** hinsichtlich der Gewährleistung der freien Religionsausübung mit zu berücksichtigen[496] und z. B. bei einer **Abwägung** im Rahmen des Rücksichtnahmegebotes nach § 34 Abs. 1 BauGB einzustellen.[497]

e) Meinungs- und Kunstfreiheit (Art. 5 GG)

294 **aa) Meinungs- und Informationsfreiheit.** Das BVerfG hat bisher offen gelassen, ob **Wirtschaftswerbung** – und damit auch Anlagen der Außenwerbung – neben Art. 12 GG auch in den Schutzbereich der **Meinungsfreiheit** (Art. 5 Abs. 1 Satz 1 GG) fällt.[498] Jeden-

---

[488] BVerfG vom 25. 2. 1975 BVerfGE 39, 1, 41 ff.; vom 8. 8. 1978, 49, 89, 126 f.; vom 20. 12. 1979 53, 30, 57; vom 14. 1. 1981 56, 73; vom 29. 10. 1987 77, 170, 214; vom 30. 11. 1988, 79, 174, 201 f.; 88, 203, 251; vgl. hierzu auch *Dietlein*, Die Lehre von den grundrechtlichen Schutzpflichten, Berlin 1992.

[489] Vgl. *Isensee*, Das Grundrecht als Abwehrrecht und staatliche Schutzpflicht, in: Handbuch des Staatsrechts V, § 111, Rn. 3, m. w. N.

[490] Vgl. allerdings zu dem spezialgesetzlich erweiterten Aufgabenbereich des Bauordnungsrechts, *Schulte* (Fn. 487) S. 103 ff. u. zur positiven Gestaltungspflege durch örtliche Bauvorschriften BVerwG vom 10. 7. 1997 BauR 1997, 999 f.

[491] *Scholz*, Privatisierung im Baurecht. Bauordnungsrechtliche Zulässigkeit der Verlagerung staatlicher Bauaufsicht auf private Eigenverantwortung, Berlin 1997, S. 46 ff., 49; *Schulte*, Schlanker Staat: Privatisierung der Bauaufsicht durch Indienstnahme von Bauingenieuren und Architekten als staatlich anerkannte Sachverständige, BauR 1998, 249 ff.

[492] Vgl. *Hoppe/Beckmann*, Zur Berücksichtigung kirchlicher Belange in der Bauleitplanung, DVBl. 1992, 188 ff.; *Jarass/Pieroth*, GG, 6. Aufl., 2002, Art. 4 Rn. 20 mit weiteren Bsp. aus der Rspr. des BVerfG.

[493] BayVGH vom 29. 8. 1996 BRS 58 Nr. 9.

[494] Vgl. einerseits § 1 Abs. 5 Satz 2 Nr. 6 BauGB für Kirchen und Nr. 3 derselben Vorschrift für private Religionsgemeinschaften.

[495] Baugenehmigung für ein Minarett OVG Rh-Pf vom 20. 11. 2000 NVwZ 2001, 933; *Otting*, Städte- und Gemeinderat, NW 1997, 65 ff.; *Schmehl*, JA 1997, 866 ff.

[496] BVerfG vom 5. 2. 1991 BVerfGE 83, 341, 356 = NJW 1991, 2623.

[497] BVerwG vom 27. 2. 1992 NJW 1992, 2170, 2171 zur Zulässigkeit eines islamischen Betsaals u. Koranschule neben Wohnbebauung.

[498] BVerfG vom 27. 5. 1994 NJW 1994, 3342 unter Hinweis BVerfG vom 19. 11. 1985 BVerfGE 71, 162, 175 = NJW 1986, 1538.

falls berührt die Einschränkung der Tabakwerbung nicht die Freiheit der Meinungsäußerung.[499]

Art. 5 Abs. 1 Satz 1 GG gewährleistet in seiner zweiten Variante jedermann das Recht, sich aus allgemein zugänglichen Quellen ungehindert zu unterrichten. So ist die Bedeutung von Parabolantennen, die den Fernsehsatellitenempfang ohne Kabelanschluss ermöglichen, für die Informationsfreiheit unbestritten.[500] Die **Informationsfreiheit** kann durch bauliche Anlagen beeinträchtig werden, indem diese den Rundfunk oder Fersehempfang stören.[501] Andererseits unterliegt die Freiheit des Rundfunk- und Fernsehempfangs den allgemeinen Gesetzen (Art. 5 Abs. 1 Satz 2 i.V. m. Abs. 2 GG); zu diesen gehört auch das Bauordnungs- und Bauplanungsrecht. Deshalb führt allein die Beachtung von Art. 5 Abs. 1 GG nicht zu einem Anspruch auf Genehmigung, wenn eine besondere Antennenanlage eine empfindliche Störung der Umgebung darstellt.[502] 295

bb) Freiheit der Baukunst. Nach Art. 5 Abs. 3 Satz 1 GG ist die Kunst frei. Der Schutzbereich der **Kunstfreiheit** umfasst nicht nur die eigentliche künstlerische Tätigkeit, den sog. **„Werkbereich"**, sondern auch die Vermittlung des Kunstwerks an Dritte, den sog. **„Wirkbereich"**. Somit verbürgt die Kunstfreiheit auch das Recht, Kunstwerke darzubieten und zu verbreiten.[503] Auch die **Baukunst** (Architektur) fällt unter den Tatbestand des nach Art. 5 Abs. 3 Satz 1 GG geschützten Kunstwerkes.[504] Angesichts der prinzipiellen Weite des verfassungsrechtlichen Begriffs der Kunst[505] ist kein Raum für eine besondere Heraushebung eines nur schmalen Bereichs von Bauwerken aus dem allgemeinen Baugeschehen und ihre Privilegierung als **Bauwerke** der **Baukunst** im engeren Sinne.[506] Dem Schutzbereich unerfallen somit **nicht nur Spitzenleistungen** der Kulturen.[507] 296

Nach der Rechtsprechung des **BVerfG** findet die in Art. 5 Abs. 3 Satz 1 GG vorbehaltlos gewährleistete **Kunstfreiheit** ihre **Schranken** allein in den **Grundrechten anderer** Rechtsträger sowie in sonstigen Rechtsgütern, soweit diesen ebenfalls Verfassungsrang zukommt. Ein Konflikt zwischen diesen und der Kunstfreiheit muss im Wege fallbezogener **Abwägung** gelöst werden.[508] Hierbei darf die künstlerische Bedeutung des Bauwerks je nach ihrem Gewicht stärker oder geringer im Verhältnis zu anderen Rechtsgütern Beachtung finden.[509] 297

Bei Errichtung baulicher Anlagen stellt sich die Ausübung der Kunstfreiheit **zugleich** als **Nutzung** des **Eigentums** dar. Gemäß Art. 14 Abs. 1 Satz 2 GG bestimmt der Gesetzgeber Inhalt und Schranken des Eigentums, dessen **sozialer Bezug** beim Eigentum besonders ausgeprägt ist.[510] Kunstfreiheit rechtfertigt grds. nicht die eigenmächtige In- 298

---

499 Berührt ist ausschließlich die Freiheit der Berufsausübung: BVerfG vom 22.1. 1997 BVerfGE 95, 173 = NJW 1997, 2871; vgl. auch *Nolte*, NJW 2000, 1144 ff.

500 Vgl. BVerfG v. 10. 3. 1993 NJW 1993, 1252 f. u. hierzu *Müller*, Parabolantenne und Informationsfreiheit, NJW 1994, 101 ff.; *Volmer*, Parabolantennen – Anfang vom Ende der Informationsfreiheit, ZMR 1999, 12 ff.

501 *Tiedemann*, Schützt das Baurecht gegen Fernsehempfangsstörungen durch Hochhäuser?, DWW 1976, 228 f.; *derselbe*, Rechtschutz gegen Störungen des Fernsehempfangs durch Hochbauten, Frankfurt 1976.

502 BVerwG vom 23. 8. 1991 NVwZ 1992, 475 f.

503 BVerfG vom 24. 2. 1971 BVerfGE 30, 173 = NJW 1971, 1645 und vom 17. 7. 1984 BVerfGE 67, 213 = NJW 1985, 261.

504 BVerwG vom 27. 6. 1991 NVwZ 1991, 983, 984; *Schneider*, Die Freiheit der Baukunst, Berlin 2002; *Scholz* in: *Maunz-Dürig*, Komm. z. GG, Art. 5 III, Rn. 72; *Vosskuhle*, Bauordnungsrechtliches Verunstaltungsverbot und Bau-Kunst, BayVBl. 1995, 613 ff.; *Schulte* (Fn. 487) S. 191 ff.

505 BVerfG (Fn. 503) BVerfGE 67, 213, 225 ff. und vom 3. 6. 1987 BVerfGE 75, 369, 376 f. = NJW 1987, 2661.

506 BVerwG (Fn. 504).

507 *Schulte* (Fn. 487) S. 191.

508 BVerfG vom 24. 2. 1971 (Fn. 503) 193; vom 7. 3. 1990 BVerfGE 81, 278, 292 = NJW 1990, 1982 und vom 27. 11. 1990 NJW 1991, 1471.

509 BVerwG (Fn. 504).

510 BVerwG (Fn. 504); *Scholz* (Fn. 504); *Starck*, in: *v. Mangoldt/Klein/Starck*, GG I, Art. 5 Abs. 3, Rn. 319.

anspruchnahme fremden Eigentums. Denkbar aber ist bei der Beurteilung des Umgebungsschutzes eines Kunstwerkes oder bei der baurechtlichen Behandlung von Baukunst eine zumindest mittelbare Einwirkung auf fremdes Eigentum. Die Kollision muss unter **Berücksichtigung** der **künstlerischen Konzeption** im Wege der unmittelbaren Verfassungsgüterabwägung gelöst werden.[511]

299 Auch Werke der Baukunst sind nicht grundsätzlich von Anforderungen an ihre **Gestaltung** auf Grund baurechtlicher Normen[512] freigestellt. Regelungen, die Verunstaltungen der Umgebung durch Bebauung abwehren sollen, sind grundsätzlich mit der Institutsgarantie des Eigentums vereinbar.[513] Nach der Rechtsprechung des **BVerwG** darf es sich der Staat „von Verfassungs wegen angelegen sein lassen ..., den **Wirkbereich** vorhandener baulicher Anlagen mit besonders erhaltenswerter äußerlicher Gestalt vor störenden Einwirkungen hinzutretender baulicher Anlagen **zu schützen** ...".[514] Über den herkömmlichen **Verunstaltungsbegriff**[515] hinaus, hat es dies mit **Art. 2 Abs. 2 GG** begründet. Danach gehöre es zu den staatlichen Aufgaben, einen „Beitrag zum allseitigen psychischen Wohlbefinden" sowie zum „sozialen Frieden in der Gemeinschaft" zu leisten.[516] Somit kann die Versagung einer Baugenehmigung für ein auffälliges Gebäude neben einer modern-historisierenden Villa[517] ebenso rechtmäßig sein wie deren Ablehnung für die Aufstellung von Monumentalfiguren im Außenbereich.[518]

f) Berufsfreiheit (Art. 12 GG)

300 Schützt – nach einer anschaulichen Formel – **Art. 14 GG** das **Erworbene**, das Ergebnis der Betätigung, **Art. 12 GG** hingegen den **Erwerb**, die Betätigung selbst,[519] liegt es nahe, dass das Grundrecht der Berufsfreiheit nur in Teilbereichen Bedeutung für das öffentliche Baurecht hat.

301 Beschränkungen der Werbung betreffen die **Berufsfreiheit** insoweit, wie diese auch die **Werbefreiheit** umfasst. Grds. schützt Art. 12 Abs. 1 GG nicht nur Außenwerbung für einen Betrieb z. B. an der Stätte der Leistung als **Eigenwerbung**, sondern auch für Dritte Wirtschaftswerbung als **Fremdwerbung** zu betreiben.[520] Werbebeschränkungen betreffen regelmäßig nicht den Zugang zum Beruf, sondern lediglich seine Ausübung. Sie sind zulässig, soweit sie auf sachlichen Erwägungen des Gemeinwohls beruhen.[521] Hierzu zählen im Baurecht u. a. gestalterische Regelungen, insbesondere der Verunstaltungsschutz.[522]

g) Unversehrtheit der Wohnung (Art. 13 GG)

302 Nach Art. 13 Abs. 1 GG ist die **Wohnung** unverletzlich. Neben dem GG verwendet u. a. auch das Baurecht den Begriff der Wohnung. Art. 13 GG wird als **negatorisches Grundrecht** verstanden, dass dem Inhaber die Befugnis gibt, Eingriffe in die von ihm bewohnten Räume und damit in seine Privatsphäre abzuwehren.[523] Art. 13 GG enthält ein Verbot an die öffentliche Gewalt, in die Wohnung einzudringen, wenn nicht be-

---

511 *Pernice* in: *H. Dreier* (Hrsg.), Grundgesetz-Kommentar, Bd. 1, 1996, Art. 5 III (Kunst), Rn. 40 m. w. N.

512 BVerwG (Fn. 504) und BVerwG vom 13. 4. 1995 NJW 1995, 2648 ff.

513 BVerwG vom 11. 4. 1989, NJW 1989 2638.

514 BVerwG (Fn. 504) u. (Fn. 513).

515 Vgl. Rn. 282.

516 Fn. 514.

517 BVerwG (Fn. 504).

518 BVerwG (Fn. 512); vgl. dort auch die Ausführungen zu Art. 20 a GG; kritisch dazu *Vesting*, § 35 III BauGB zwischen Umweltschutz und Kunstfreiheit, NJW 1996, 1111 ff.

519 Vgl. *Wittig* in: Festschrift für *Gebhard Müller*, 1970, S. 575, 590; BVerfG vom 16. 3. 1971 BVerfGE 30, 292, 335.

520 BVerfG vom 27. 5. 1994 NJW 1994, 3342; BVerwG vom 25. 6. 1965 BVerwGE 21, 251, 267.

521 *Scholz* in: *Maunz-Dürig*, Komm. z. GG, Art. 12, Rn. 327.

522 Vgl. Rn. 281, 299 u. *Schulte*, Recht und Grenzen der Außenwerbung, BauR 1993, S. 139 ff.

523 *Papier* in: *Maunz-Dürig*, Komm. z. GG, Art. 13 Rn. 1, 6; *Gorning* in: *Mangoldt/Klein/Starck*, GG I, Art. 13 Rn. 11

stimmte rechtliche Voraussetzungen erfüllt sind, bspw. für eine Betretungsrecht der Bauaufsichtsbehörde,[524] das nicht für Verwaltungsgerichte gilt.[525]

Art. 13 GG begründet **keinen** mit verfassungsrechtlicher Kraft ausgestatteter **Leistungsanspruch** gegen die öffentliche Hand, Wohnräume zu erstellen und diese der Bevölkerung zur Verfügung zu stellen.[526] Abbau von Wohnungsnot und Förderung des Wohnungsbaus gelten herkömmlich nicht als Anliegen des Art. 13 GG,[527] sondern werden in den Bereich des Sozialstaatprinzips verwiesen.[528] Anerkannt ist jedoch, dass die objektivrechtliche **Wertentscheidung** des Schutzes der Wohnung mittelbare Drittwirkung, z. B. für eine sozialverträgliche Ausgestaltung oder Auslegung des Mietrechts haben kann.[529] *Berkemann* hält eine staatliche „Neutralität" im Wohnungswesen mit der in Art. 13 Abs. 1,3, Art. 74 Nr. 18 GG enthaltene Verfassungsüberzeugung für unvereinbar.[530] 303

Einige **Landesverfassungen** räumen hingegen ein **Recht** auf **Wohnraum** ein. So hat nach Art. 28 BerlVerf. jeder Mensch … das Recht auf angemessenen Wohnraum". Nach Art. 106 Abs. 1 BayVerf. hat „jeder Bewohner Bayerns … Anspruch auf „eine angemessene Wohnung".[531] Für die „Bewohner der Freien Hansestadt Bremen" enthält Art. 14 Abs. 1 BremLVerf. eine gleich lautende Vorschrift. Die bayerische und die bremische Landesverfassung bestimmen des Weiteren, dass es Aufgabe des Staates und der Gemeinden ist, den Wohnungsbau zu fördern. In dem Bemühen, nicht hinter entsprechend in der **DDR-Verfassung** verbrieften Rechten[532] zurückzubleiben, enthalten alle Landesverfassungen der **neuen Bundesländer** ein entsprechendes **soziales Grundrecht** auf eine **angemessene Wohnung** oder proklamieren entsprechende Aufgaben oder Ziele. Nach Art. 47 Abs. 1 der Verfassung des Landes Brandenburg ist dieses Land verpflichtet, im Rahmen seiner Kräfte für die Verwirklichung eines Rechts auf eine angemessene Wohnung zu sorgen, insbesondere durch Förderung von Wohneigentum, durch Maßnahmen des sozialen Wohnungsbaus, durch Mieterschutz und Mietzuschüsse. Nach den Verfassungen von Mecklenburg-Vorpommem (Art. 17 Abs. 3), Sachsen (Art. 7 Abs. 1), Sachsen-Anhalt (Art. 40) und Thüringen (Art. 15) ist die Schaffung des erforderlichen Wohnraums **Staatsziel** oder Aufgabe von Stadt und Kommunen.[533] 304

2. Sozialstaatsprinzip (Art. 20 Abs. 1 GG)

Aus der Formulierung in **Art. 20 Abs. 1 GG**, wonach die Bundesrepublik Deutschland ein sozialer (Bundes-)Staat ist, und in **Art. 28 Abs. 1 Satz 1 GG**, wo von den Grundsätzen des sozialen (Rechts-)Staates die Rede ist, wird allgemein die Geltung des **Sozialstaatsprinzips** hergeleitet. Dieses ist kein unverbindlicher Programmsatz, sondern enthält eine 305

524 Vgl. etwa § 61 Abs. 6 BauO NRW u. *Boeddinghaus/Hahn/Schulte*, BauO NRW, Loseblattkommentar, § 61 Rn. 177 ff. m. w. N.

525 *Schulte*, (In-)Kompetenz des Verwaltungsrichters bei der örtlichen Augenscheinseinnahme, NJW 1988, 1006.

526 *Kunig* in: *von Münch/Kunig*, GGK I, 5 Aufl. 2000, Rn. 3 zu Art. 13.

527 *Herdegen* in: *Dolzer/Vogel/Grasshof* (Hg.), BK, Art. 13 Rn. 10.

528 *Papier* (Fn. 419) Art. 13, Rn. 6; *Herdegen* (Fn. 527) Art. 13 Rn. 13.

529 *Papier* (Fn. 419) Art. 13, Rn. 8

530 *Berkemann*, in: Alternativkommentare, GG, Neuwied und Darmstadt 1984, Art. 13, Rn. 26.

531 Nach *Meder*, Die Verfassung des Freistaates Bayern, Handkommentar, 4. Aufl., Art. 106, Rn. 1, handelt es sich bei dieser Bestimmung nicht um ein Grundrecht oder subjektives Recht, sondern sie begründet lediglich die Verpflichtung, den Wohnungsbau zu fördern; vgl. BayVerfGH vom 12. 7. 1962 BayVerfGH 15, 49, 51.

532 Art. 37 Abs. 1 der Verfassung der Deutschen Demokratischen Republik vom 6. April 1968 (GBl. I S. 99) i. d. F. des Gesetzes zur Ergänzung und Änderung der Verfassung der DDR vom 7. Oktober 1974 (GBl. I S. 425) bestimmte: „Jeder Bürger der Deutschen Demokratischen Republik hat das Recht auf Wohnraum für sich und seine Familie entsprechend den volkswirtschaftlichen Möglichkeiten und örtlichen Bedingungen. Der Staat ist verpflichtet, dieses Recht durch die Förderung des Wohnungsbaues und die öffentliche Kontrolle über die gerechte Verteilung des Wohnraums zu verwirklichen." Vgl. dazu *Kaden*, Die Verwirklichung des Grundrechts auf Wohnraum, Staat und Recht (Hrsg. Deutsche Akademie für Staats- und Rechtswissenschaft), Berlin (Ost) 1978, S. 107 ff.

533 Vgl. *Stein/Frank*, Staatsrecht, 18. Aufl. Tübingen 2002, § 57 I 2 b.

alle Staatsgewalt **bindende Staatsleitlinie.**[534] Das Sozialstaatprinzip enthält primär nur einen Gestaltungsauftrag an den **Gesetzgeber,**[535] dem dessen **Ausgestaltung** im Wesentlichen obliegt.[536] Der Inhalt des Sozialstaatprinzips lässt sich dahin umschreiben, dass der Staat zur Herstellung und Erhaltung **sozialer Gerechtigkeit** und **sozialer Sicherheit** verpflichtet wird. Dabei steht dem Gesetzgeber ein weiter Gestaltungsraum zu.[537] Zwingend ist nur, dass der Staat die Mindestvoraussetzungen für ein menschenwürdiges Dasein seiner Bürger schafft.

306 Das Sozialstaatsprinzip kann wegen seines Charakters als Generalklausel nur dadurch rechtlich anwendbar gemacht werden, dass eine Konkretisierung erfolgt.[538] Teilweise enthält das GG selbst **Konkretisierungen**, so bspw. Art. 6 Abs. 4, 9 Abs. 3, 13, 14 Abs. 2 und 15 GG. Im Zusammenspiel mit den Freiheitsrechten folgt, aus dem Sozialstaatsprinzip auch das Ziel der **Chancengleichheit**, das über das in Art. 3 GG verankerte rechtliche Gebot der Gleichbehandlung hinausgeht.[539] Zudem dient das Sozialstaatsprinzip als **Auslegungsrichtlinie** bei der Rechtsanwendung.[540]

307 Auch im **Baurecht** entfaltet das Sozialstaatsprinzip in vielfältiger Weise seine Wirkung. Neben den Landesbauordnungen[541] und dem BauGB ist hier insbesondere das Gesetz über die **soziale Wohnraumförderung** (Wohnraumförderungsgesetz – WoFG)[542] zu nennen. Zielgruppe der sozialen Wohnraumförderung sind Haushalte, die sich am Markt nicht angemessen mit Wohnraum versorgen können und auf Unterstützung angewiesen sind (§ 1 Abs. 2 Satz 1 WoFG).[543]

3. Umweltschutz (Art. 20 a GG)

308 Nach Art. 20 a GG schützt der Staat **„die natürlichen Lebensgrundlagen"** im Rahmen der verfassungsmäßigen Ordnung durch die Gesetzgebung und nach Maßgabe von Gesetz und Recht durch die vollziehende Gewalt und die Rechtsprechung. Der Begriff der natürlichen Lebensgrundlagen ist bedeutungsgleich mit dem Begriff des **Umweltschutzes.**[544] Art. 20 a GG normiert ein Staatziel,[545] nicht einen unverbindlichen Programmsatz. Im Unterschied zu einem Grundrecht handelt es sich bei einer Staatszielbestimmung nicht um einen subjektiven Anspruch des Einzelnen, sondern um eine **objektive Verpflichtung** des Staates.[546] Art. 20 a GG erschließt kein konkretes gesetzgeberisches Umweltschutzprogramm.[547]

309 Sämtliche Bundesländer haben den **Umweltschutz** als Staatsziel in ihre Verfassungen inkorporiert.[548] Zu den natürlichen Lebensgrundlagen zählen insbesondere die sog. Umweltmedien **Luft**, **Wasser**, **Boden**, außerdem **Pflanzen** und **Tiere** in ihren Lebensräumen.[549] Umweltschutz ist in erster Linie Verhütung der Schädigung natürlicher

---

534 *Herzog* in: *Maunz-Dürig*, Komm. z. GG, Art. 20, VIII Rn. 6.
535 BVerfG vom 19. 12. 1978 BVerfGE 50, 57, 108.
536 BVerfG vom 19. 10. 1983 BVerfGE 65, 182, 193.
537 BVerfG vom 13. 1. 1982 BVerfGE 59, 231 263.
538 Stern, Das Staatsrecht der Bundesrepublik Deutschland, Bd. I, 2. Aufl. München 1994 § 21; III 1, S. 914.
539 *Jarass* (Fn. 492) Art. 20, Rn. 107.
540 BVerfG vom 22. 6. 1977 BVerfGE 45, 376 ff.
541 Vgl. Rn. 375 ff.
542 Vom 13. 9. 2001 (BGBl. I S. 2376).
543 Vgl. auch Gesetz zur Sicherung der Zweckbestimmung von Sozialwohnungen (Wohnungsbindungsgesetz – WoBindG) i. d. F. der Bekanntmachung vom 13. 9. 2001 BGBl. I S. 2404.
544 *Murswiek*, Staatsziel Umweltschutz (Art. 20 a GG), NVwZ 1996, 223, 224.
545 *Scholz* in: *Maunz-Dürig*, Komm. z. GG, Art. 20 a, Rn. 32; BVerwG vom 15. 10. 2002 NVwZ-RR 2003, 171 zur Bedeutung des Art. 20 a GG für die Bauleitplanung.
546 *Scholz* (Fn. 545) Rn. 33 ff.
547 *Scholz* (Fn. 545) Rn. 49.
548 *Murswiek* in: *Sachs*, Grundgesetz, 3. Aufl. 2002, Art. 20 a Rn. 4.
549 *Jarass* (Fn. 492) Art. 20 a, Rn. 2.

Lebensgrundlagen durch **Gefahrenabwehr** und **Gefahrenvorsorge** sowie Risikovorsorge unterhalb der Gefahrenschwelle.[550]

Auch das öffentliche **Baurecht** ist **Instrument** des **Umweltschutzes**. Diesem Staats- 310
ziel ist insbesondere auch das Bauplanungsrecht verpflichtet. Dies verdeutlicht § 1a BauGB.[551] Diese Vorschrift über die umweltschützenden Belange in der Abwägung ist durch das Bau- und Raumordnungsgesetz 1998[552] in das BauGB eingefügt worden. In § 1a BauGB ist nicht nur die **naturschutzrechtliche Eingriffsregelung** im Verhältnis zum Städtebaurecht neu konzipiert worden. Die Vorschrift enthält auch die städtebaurechtliche **Bodenschutzklausel** und regelt das Verhältnis der städtebaulichen **Abwägung** zu den umweltschützenden Planungen, zur **Umweltverträglichkeitsprüfung** sowie zu Europäischen Richtlinien im Bereich des Naturschutzes.[553] Die nicht nach dem BImSchG genehmigungspflichtigen Anlagen unterliegen der Prüfung nach **§ 22 BImSchG** im Baugenehmigungsverfahren.[554] Auch das **Bauordnungsrecht** der Länder dient dem Schutz der natürlichen Lebensgrundlagen (§ 3 Abs. 1 MBO).[555]

4. Kompetenzvorschriften (Art. 70 ff. GG)

Zum besseren Verständnis der Kompetenzvorschriften des GG muss vorausgeschickt 311
werden, dass die Militärgouverneure der westlichen Besatzungszonen stets auf eine **starke Stellung** der **Länder** im föderalen Staatsgefüge bedacht waren. Hieraus resultiert die grundsätzliche Zuständigkeit der Länder für „die Ausübung der staatlichen Befugnisse und die Erfüllung der staatlichen Aufgaben", die in den Artikeln 30, 70, 83 GG festgeschrieben ist. **Zuständigkeiten** des **Bundes** bestehen **nur**, soweit sie das GG ausdrücklich bestimmt. Nach Art. 70 Abs. 1 GG haben die Länder „das Recht der Gesetzgebung, soweit dieses Grundgesetz nicht dem Bunde Gesetzgebungsbefugnisse verleiht". Dies erfolgt – abgesehen von speziellen Kompetenzzuweisungen – durch die Zuständigkeitskataloge in Art. 73 GG – Gegenstände der **ausschließlichen Gesetzgebung** –, in Artikel 74 u. 74a GG – Gegenstände der **konkurrierenden Gesetzgebung** – und in Art. 75 GG – **Rahmengesetzgebung** –. Im Bereich der konkurrierenden Gesetzgebung haben die Länder – nach Art. 72 Abs. 1 GG – die Befugnis zur Gesetzgebung, solange und soweit der Bund von seiner Gesetzgebungskompetenz nicht durch Gesetz Gebrauch gemacht hat. Nach Abs. 2 dieses Artikels hat der Bund in diesem Bereich das Gesetzgebungsrecht, wenn und soweit die Herstellung **gleichwertiger Lebensverhältinisse** im Bundesgebiet oder die Wahrung der **Rechts-** oder **Wirtschaftseinheit** im gesamtstaatlichen Interesse eine bundesgesetzliche Regelung erforderlich macht.[556] Hinsichtlich der Voraussetzungen des Art. 72 Abs. 2 GG besteht **kein** von verfassungsrechtlicher Kontrolle **freier** gesetzgeberischer **Beurteilungsspielraum**.[557]

Zur Gesetzgebungskompetenz hat bereits der **Konvent** auf **Herrenchiemsee** aus- 312
geführt, dass sich die Aufzählung der einzelnen Gesetzgebungszuständigkeiten des Bundes auf vielen Gebieten dem Katalog der Weimarer Verfassung anschließt. Dabei war allerdings zu berücksichtigen, „dass die innere Verwaltung und das Kulturwesen ... Länderaufgaben sein" sollten.[558] Im **Parlamentarischen Rat** sprach man sich gegen jeden Versuch aus, eine Polizei-Gesetzgebungsbefugnis des Bundes zu begründen, da das Poli-

550 *Murswiek* (Fn. 544) Rn. 30.
551 Vgl. auch § 1 Abs. 5 Satz 2 BauGB.
552 Vom 18. 8. 1997 BGBl. I S. 2081.
553 *Krautzberger* (Fn. 3) § 1a Rn. 1.
554 *Jarass*, BImSchG, Kommentar, 5. Aufl. München 2002, § 22 Rn. 52.
555 Vgl. 2. Kap.
556 Art. 72 Abs. 2 GG n. F. trat mit dem 42. Gesetz zur Änderung des GG v. 27. 10. 1994 (BGBl. I S. 3146) am 15. 11. 1994 in Kraft.
557 So BVerfG vom 24. 10. 2002 NJW 2003, 41, 50 unter Aufgabe seiner gegenteiligen Meinung zu Art. 72 Abs. 2 GG a. F.; dazu *Jochum*, NJW 2003, 28 ff.
558 Verfassungsausschuss Herrenchiemsee (Fn. 417) S. 3.

zeiwesen „ein integrierender Bestandteil der Landesverwaltungen" sei.[559] Gedanken über die Zuständigkeit für ein **als Einheit** begriffenes **öffentliches Baurecht** oder für ein Städtebaugesetz – wie es einige Länder hatten[560] oder Preußen[561] und das Reich[562] angestrebt hatten – finden sich in den Materialien **nicht**.

313 **Grundlegende Kompetenznormen** für das öffentliche Baurecht enthält Art. 74 GG für Gegenstände der konkurrierenden Gesetzgebung in:

Nr. 14 das Recht der Enteignung, soweit sie auf den Sachgebieten der Art. 73 und 74 in Betracht kommt;

Nr. 18 den Grundstücksverkehr, das Bodenrecht (ohne das Recht der Erschließungsbeiträge) und das landwirtschaftliche Pachtwesen, das Wohnungswesen, das Siedlungs- und Heimstättenwesen.

Bei den Rahmenvorschriften nach Art. 75 GG:

Nr. 3 …, den Naturschutz und die Landschaftspflege;
Nr. 4 die Bodenverteilung, die Raumordnung …

314 Für die **Zuständigkeitsfrage im Baurecht** ist – wie die Ausführungen zum Rechtsgutachten des Bundesverfassungsgerichts belegen werden[563] – **Art. 74 Nr. 18 GG** von entscheidender Bedeutung. Diese Kompetenznorm hat ihr Vorbild in Art. 10 Nr. 4 WRV. In Art. 36 Nr. 26 ChE fehlten die Materien des Grundstücksverkehrs und des Bodenrechts. Sie wurden später durch den Parlamentarischen Rat in den Katalog aufgenommen.[564] In den Beratungen war es eine Zeit lang offen, ob von Wohnungsrecht oder von **Wohnungswesen** gesprochen werden sollte.[565]

315 Im Zusammenhang mit dem Bodenrecht wurde ausgeführt, dass es sich dabei auch um das **städtische Bodenrecht** handelt.[566] Weiterhin wurden im Zusammenhang mit dem Erbbaurecht Bezüge zu Rechtsgrundsätzen hergestellt, die man „auf dem Wege der Aufbaugesetze in den einzelnen Ländern für die Stadtplanung schaffen" wollte.[567] Für das **Siedlungs-** und **Heimstättenwesen** war man sich darüber einig, dass „die Materie vom Bund voll geregelt werden könne".[568]

316 Für das Bauwesen sind weiterhin von Bedeutung: Gegenstände der ausschließlichen Gesetzgebung nach Art. 73 GG in:

Nr. 1 … Schutz der Zivilbevölkerung;
Nr. 6 Luftverkehr;
Nr. 6 a Verkehr von Eisenbahnen des Bundes;
Nr. 7 Postwesen und Telekommikation;
Nr. 11 Statistik für Bundeszwecke.

Gegenstände der konkurrierenden Gesetzgebung nach Art. 74 GG:

Nr. 9 die Kriegsschäden …;
Nr. 11 das Recht der Wirtschaft …;
Nr. 11 a Erzeugung und Nutzung der Kernenergie zu friedlichen Zwecken…;
Nr. 12 … Arbeitsschutz;
Nr. 22 … Bau … von Landstraßen für den Fernverkehr;
Nr. 24 die Abfallbeseitigung, die Luftreinhaltung und die Lärmbekämpfung.

---

559 *Matz* in: *Doemming/Füsslein/Matz*, Entstehungsgeschichte der Artikel des Grundgesetzes, JÖR, Bd. 1 NF (1951), S. 486.
560 Vgl. Rn. 204 ff.
561 Vgl. Rn. 232.
562 Vgl. Rn. 237 ff. und Rn. 247.
563 Vgl. Rn. 333 ff.
564 *Matz* (Fn. 559) S. 487 f.
565 *Matz* (Fn. 559) S. 538.
566 *Matz* (Fn. 559) S. 537.
567 *Matz* (Fn. 559) S. 536.
568 *Matz* (Fn. 559) S. 538.

Im VIII. Abschnitt des GG über „Die Ausführung der Bundesgesetze und die Bundesverwaltung" wird in Art. 87 b Abs. 1 Satz 3 GG der Begriff **Bauwesen** verwandt. Danach können der Bundeswehrverwaltung Aufgaben des Bauwesens nur durch Bundesgesetz mit Zustimmung des Bundesrates übertragen werden. Diese Vorschrift wurde auf Betreiben der Länder in das GG aufgenommen, um zu verhindern, dass neben den bestehenden **Bundesbaubehörden**[569] weitere errichtet werden.[570] Die (quasi internen) Bundesbaubehörden und deren Tätigkeit haben für den vorliegenden Untersuchungszusammenhang keine Bedeutung. 317

II. Kompetenzstreit zwischen Bund und Ländern

1. Entwurf zu einem Baugesetz für die Bundesrepublik Deutschland

Mit der Verabschiedung des Ersten Wohnungsbaugesetzes[571] am 28. 3. 1950 fasste der **Deutsche Bundestag** einstimmig folgenden Beschluss: 318

„Um die Durchführung des Wohnungsbauprogramms zu ermöglichen, wird die Bundesregierung ersucht, 1. bis zum 30. 9. 1950 einen Gesetzentwurf über die Enteignung von Grundstücken zugunsten des Wohnungsbaues und für den Wiederaufbau vorzulegen, 2. in diesem Gesetzentwurf Bestimmungen zu treffen, die ggf. unter Änderung von Bestimmungen des Grundgesetzes die schnelle wirksame, endgültige und zu günstigen Preisen mögliche Enteignung von Grundstücken vorsehen."[572]

Da man den Zusammenhang zwischen den im Beschluss angesprochenen Fragen und dem Städtebau sowie dem Baurecht insgesamt erkannte, bemühte man sich um eine geschlossene Lösung im Wege einer **umfassenden Baurechtskodifikation**. Im Bundesministerium für Wohnungsbau wurde ein **„Entwurf zu einem Baugesetz für die Bundesrepublik Deutschland"** ausgearbeitet und am 1. September 1950 veröffentlicht.[573] Dieser gleicht in seinem Aufbau, in seinen Grundgedanken und teilweise im Wortlaut dem Bayerischen und Berliner Baugesetzentwurf.[574] Der Entwurf wurde unter Verwertung der in mehr als zehnjähriger Gesetzgebungstätigkeit gewonnenen Erkenntnisse federführend von *Dittus* erstellt.[575]

Nach der **Planung**, die die Landesplanung mit umfasst[576] und auf der örtlichen Ebene durch den **Flächennutzungsplan**,[577] den Generalbebauungsplan[578] und den **Bebauungsplan**[579] wahrgenommen wird, trifft der Baugesetzentwurf in seinem zweiten bis fünften Teil **bodenordnende Bestimmungen** über die Baulandumlegung, die Zusammenlegung von Grundstücken, die Landbeschaffung, die Bodenbewertung und den Bodenverkehr sowie über die Erschließung. 319

Der siebte Teil bezieht die **Bebauung** mit in den Baugesetzentwurf ein, weil „... die Überlegungen und Dispositionen der Planung über allem stehen ... und über die verschiedenen ... Sachabschnitte hinweg schließlich wieder in der Bebauung, d. h. bei dem zu erstellenden Einzelbauwerk zusammenlaufen". Nach der Meinung von *Dittus* kann man daran erkennen, „wie irrig es war, wenn bisherige Doktrinen zwischen **Planung**

---

[569] Vgl. *Dürig*, in: *Maunz/Dürig*, Komm. z. GG, Art. 87 b Rn. 22 und Fn. 1.
[570] *Baldus* in: *v. Mangoldt/Klein/Starck*, GG, III, Art. 87 b, Rn. 11.
[571] Vom 24. 4. 1950 (BGBl. I S. 83).
[572] 53. Sitzung des 1. BT vom 28. 3. 1950, Sten. Ber. S. 1927 ff., 1948 ff.
[573] *Dittus*, Entwurf zu einem Baugesetz für die Bundesrepublik Deutschland, 1. Aufl., Kassel 1950; 2. Aufl., Hamburg 1950.
[574] *Wambsganz* (Fn. 411) S. 101.
[575] *Wambsganz* (Fn. 411) S. 99, 101.
[576] §§ 6–11.
[577] §§ 12–19.
[578] §§ 20, 21.
[579] §§ 22–28.

und **Städtebau** auf der einen Seite **und** der **Behandlung** des **Einzelbauvorhabens** (genannt Baupolizei) auf der anderen Seite eine vorgebliche Wesensverschiedenheit und unüberbrückbare Kluft konstruierten, obwohl es sich in Wirklichkeit nur um logische und zeitliche **Stadien** ein und **desselben Sachablaufs** handelt, ja, indem sie sogar willkürlich Elemente der Planung dieser entrissen, um sie zu einer ‚polizeilichen' Angelegenheit zu stempeln ...".[580]

320 In den §§ 141–145 wird ähnlich wie im „Deutschen Baugesetz"[581] der Einfluss der Bauleitplanung auf die Bebauung inhaltlich zusammenhängend geregelt. Die Gestaltungsvorschriften (§§ 146 bis 150) sehen eine positive **Baugestaltungs-** und **Landschaftspflege** vor und regeln die Außenwerbung. Bei den **Anforderungen** an **Bauwerke** fehlt die polizeiliche Generalklausel. Im § 151 wird mit demselben Wortlaut wie in § 151 des Baugesetzentwurfes für Berlin[582] der Mensch, seine Unversehrtheit und Entfaltung zum Maß aller Bauwerke erhoben. Weiterhin sollen die Bauwerke dem **Stand der Technik** entsprechen (§ 153). Außerdem sollen die Bauwerke dauerhaft und wertbeständig sein (§ 152).[583]

321 Neben den Vorschriften über das **Baugenehmigungsverfahren** (§§ 155–162), die Bauausführung (§§ 163–165) und die bestehenden Bauten (§§ 166–169) trifft § 170 eine **Rahmenregelung** über die von den **Ländern** zu erlassende **Bauordnung**:

„§ 170

(1) Die ausführliche Regelung zum Inhalt der §§ 151–169 geschieht durch die Bauordnung. Selbständige Teilgebiete sind in Anlagen zur Bauordnung zu behandeln, z. B. der Gerüstbau in einer Gerüstordnung.

(2) Die Bauordnung regelt namentlich

1. die näheren Anforderungen an Beschaffenheit, Größe, Form und Zugänglichkeit der Bauplätze,
2. die näheren Anforderungen an Bauwerke, Bauwerksteile, Nebenanlagen und Zubehör sowie an die unbebaubaren Flächen der Bauplätze,
3. die Anforderungen in Bezug auf die Haus- und Grundstückseinrichtungen,
4. die Anforderungen an Wohnungen, Aufenthaltsräume, Arbeitsräume, Versammlungsräume und die sonstigen Räume und Anlagen mit besonderer Zweckbestimmung,
5. die Gebäude- und Grenzabstände sowie die Sicherheits- und Schutzabstände,
6. die Benutzung der Bauwerke und den Betrieb in ihnen, soweit diese baulich bedingt sind oder sich in baulicher Hinsicht auswirken,
7. den Abbruch von Gebäuden,
8. die Einbeziehung der Veränderung der Erdoberfläche in die Genehmigungspflicht, soweit sie im Gesamtbaubereich liegt, und die an eine solche Veränderung zu stellenden Forderungen,
9. das Genehmigungsverfahren einschließlich der Abgrenzung oder Erweiterung der Genehmigungspflicht,
10. die Bauüberwachung.

(3) Die Bauordnung wird als Landesgesetz erlassen. Als Bauordnung gelten bis auf weiteres die noch in Geltung befindlichen reichs- oder bundesrechtlichen Vorschriften sowie die in den Ländern geltenden Bauvorschriften.

(4) Der Bundesminister für Wohnungsbau kann eine Musterbauordnung aufstellen. Ihre In-Kraft-Setzung ist Sache der Länder.

(5) Der Bundesminister für Wohnungsbau wird ermächtigt, die Erstellung von Garagen, Aufzügen, Lichtspieltheatern, Warenhäusern, Theatern und Versammlungsräumen durch Rechtsverordnung zu regeln. Das Gleiche gilt für andere Arten bestimmter Bauwerke oder für bestimmte Arten, die bisher einheitlich geregelt waren oder die aus bauwirtschaftlichen oder sonstigen wichtigen Gründen eine einheitliche Regelung im Bundesgebiet erfordern."

322 Der Baugesetzentwurf 1950 trat – wie der persönlichen Begründung von *Dittus* und seinen späteren Ausführungen zu entnehmen ist – „für eine **Emanzipation** des Baurechts

---

580 *Dittus* (Fn. 573) 1. Aufl., Anhang S. 87, 94.

581 Vgl. Rn. 250.

582 Vgl. Rn. 265.

583 Aus den Engpässen der Nachkriegszeit heraus ist die Vorschrift des § 154 a über die Baulenkung zu erklären.

vom Polizeirecht" ein.[584] *Dittus* will „hinter die polizeiliche Theorie und Konstruktion der Baupolizei ein deutlich sichtbares Fragezeichen" gesetzt wissen. Er wendet sich „gegen die Ausschließlichkeit und Sonderstellung des Sicherheitsgedankens ..." Seines Erachtens sind diesem „die anderen öffentlichen Interessen mindestens gleichberechtigt zur Seite zu stellen ..."[585] Der von *Dittus* intendierte völlige **Verzicht** auf die **polizeiliche Idee** im Bereich des gesamten Baurechts ist – nach seiner Meinung – deshalb „vielfach unbeachtet geblieben", weil die Loslösung vom Polizeibegriff im Entwurf nicht äußerlich sichtbar – „etwa in einer Nummer des Aufhebungskatalogs" – geschehen konnte.[586] Allerdings ergibt sich dieses Ziel aus dem Sinn des § 166 (des Entwurfs) und einem ausdrücklichen Hinweis in der zugehörigen Fußnote.[587]

2. Kontroverse Beurteilung der Gesetzgebungskompetenz

Bei der **Erörterung** des **Gesetzentwurfes** mit den Bundesressorts, den Ländern und den Fachkreisen kristallisierten sich schnell zwei **Problemkreise** heraus, die einer raschen Verabschiedung im Wege standen: 323

- Die **Spannungslage** zwischen einem an den Erfordernissen des modernen Städtebaus und Wiederaufbaus orientierten Planungs-, Bau- und Bodenrechts und dem **Eigentumsschutz** des Art. 14 GG.
- Die Frage der **Gesetzgebungszuständigkeit** auf dem Gebiete des Baurechts.

Die Frage der Zugehörigkeit des heutigen Bauordnungsrechts zum Polizeirecht fand – wohl angesichts der vielschichtigen Zentralprobleme – nicht die angemessene Beachtung.[588]

Zur Klärung der strittigen Problemkreise wurden **Gutachten** in Auftrag gegeben:

a) Gutachten des Deutschen Volksheimstättenwerkes e.V.

Das vom Deutschen Volksheimstättenwerk e.V. erstattete Gutachten über **„Die Gesetzgebungszuständigkeit auf dem Gebiet des Baurechts"** charakterisiert das Baurecht als die Zusammenfassung der Einzelrechtsgebiete, die den wirtschaftlichen Vorgang des Bauens gesetzlich normieren.[589] Das Bauordnungsrecht wird von den Vorschriften gebildet, „welche die technische, architektonische und baukünstlerische Gestaltung und Ausführung der Einzelbauwerke regeln".[590] Die Schaffung eines besonderen Bauordnungsrechts für Wohnbauten sei abzulehnen, „da es einen bestimmten, allen Bauwerken gemeinsamen technischen, architektonischen und baukünstlerischen Tatbestand" gäbe, infolgedessen könne sich der überwiegende Teil der Bestimmungen auf alle Bauwerke beziehen. Nur an einzelne Arten von Gebäuden – wie Wohn-, Industrie-, Arbeits- und Erholungsstätten – seien besondere Anforderungen zu stellen und in Sonderbestimmungen niederzulegen.[591] 324

---

[584] *Dittus* (Fn. 28) S. 249, 281, 283.

[585] *Dittus* (Fn. 573) 1. Aufl., Anhang S. 87, 94.

[586] *Dittus* (Fn. 28) S. 249, 281, 283.

[587] *Dittus* (Fn. 573) 1. Aufl., S. 54, Fn. 2: „Nachdem das Baupolizeirecht und die Aufgaben der früheren Baupolizei durch Änderung der staatsrechtlichen Anschauungen aus dem Bereich der Polizei herausgenommen sind und als eine Ordnungsaufgabe der Verwaltung angesehen werden, können die Auflagen und sonstigen Maßnahmen der Baubehörde auch nicht mehr auf polizeirechtliche Unterlagen, z. B. auf das preußische Polizeiverwaltungsgesetz, gestützt werden. Es bedarf daher entsprechender öffentlich-rechtlicher, materieller Normen, die die entstandene Lücke ausfüllen."

[588] Das belegt die bereits wieder gegebene Feststellung von *Dittus* (Fn. 586), dass der Verzicht auf die polizeiliche Idee im Baugesetzentwurf „vielfach unbeachtet geblieben" sei. In dieses Bild passt auch die Äußerung von *Wambsganz* (Fn. 411), bei den Aufgaben der Bauordnung handele „es sich um unpolitische und rechtlich nicht allzu schwierige Probleme, in der Hauptsache um bautechnische Fragen".

[589] Deutsches Volksheimstättenwerk e.V., Die Gesetzgebungszuständigkeit auf dem Gebiete des Baurechts (hektographiertes Manuskript, o. J.), 1950, S. 13.

[590] Deutsches Volksheimstättenwerk e.V. (Fn. 589) S. 10.

[591] Deutsches Volksheimstättenwerk e.V. (Fn. 589) S. 9.

325 Bei der Frage der Gesetzgebungskompetenz für das Bauordnungsrecht nimmt das Gutachten allerdings eine andere Aufteilung – nach „formalen Gesichtspunkten" – vor. Es unterscheidet zwischen einem Teil des Bauordnungsrechts, der die **allgemeinen Grundsätze** regelt, und einem Teil, der die allgemeinen Bestimmungen spezialisiert und auf engere Gebietsbereiche abstimmt. Die allgemeinen Grundsätze sind nach Aussage des Gutachtens „einer Abstrahierung und Generalisierung ohne weiteres derart zugänglich", dass sie „für das **gesamte Bundesgebiet** durch Gesetz geregelt werden" könnten. Dagegen sei „die **Zuständigkeit** des **Landesgesetzgebers** unbestritten", soweit **spezialisierende Bestimmungen** „zweckmäßigerweise auf der Landesebene erlassen werden".[592]

326 Die **Gesetzgebungskompetenz** für die **leitenden Grundsätze** der **Baugestaltung** und **Bauausführung** stützt das Gutachten auf **Art. 74 Nr. 18 GG**. Danach erstreckt sich die konkurrierende Gesetzgebungskompetenz u. a. auf das Wohnungswesen, das Siedlungs- und Heimstättenwesen. Der Begriff des **Siedlungswesens** i. S. des Art. 74 Ziff. 18 GG wird auf Grund einer historischen und genetisch-systematischen Interpretation **weit gefasst**, so dass darunter alle Maßnahmen fallen, „die das Gesamtgefüge der Bautätigkeit in Bezug auf Wohn-, Arbeits- und Produktionsstätten sowie Verkehrs- und Versorgungsanlagen regeln".[593]

327 Aus der Entstehungsgeschichte wird abgeleitet, der gegenüber dem Wohnungsrecht weitere Begriff des **Wohnungswesens** sei bewusst in das GG aufgenommen worden. Zur Lösung der Wohnungsfrage erachtet es das Gutachten für vordringlich, unzweckmäßiges Bauen zu verhindern und eine richtige sowie planmäßige Baugestaltung zu gewährleisten und zu fördern. Diese Aufgabe falle „der **Bauordnungsgesetzgebung** zu, welche somit als der vordringlichste **Kernpunkt** des **Wohnungswesens** anzuerkennen" sei.[594]

328 Das Gutachten kommt zu dem Ergebnis, das auf Wohnungen bezogene **Bauordnungsrecht** unterliege der **konkurrierenden Gesetzgebung** des Bundes.[595] Weiterhin wird gefolgert, eine **erschöpfende Regelung** des Wohnungsbaurechts lege auch den Rest des Baugeschehens soweit fest, dass kein inhaltlich selbständiger Bereich übrig bleibe. Der Zusammenhang mit diesen Randbereichen werde zutreffend vom **Begriff** des **Siedlungswesens** erfasst. Folge man der Auslegung des Siedlungswesens i. w. S. nicht, so ergäbe sich – hilfsweise – „die Zuständigkeit des gleichen Gesetzgebers für die Gebiete des vom Wohnungsbauwesen nicht umfassten Bauordnungsrechtes aus dem Gesichtspunkt des **Sachzusammenhanges**".[596] Der Bereich der Baupolizei habe zwar früher zur Verwaltungspolizei gehört, werde aber heute „einhellig als **reine Verwaltungssache** angesehen ...".[597]

b) Gutachten der ARGEBAU

329 Hatte das Gutachten des Deutschen Volksheimstättenwerks im Wesentlichen den vom Wohnungsbauminister beanspruchten Kompetenzrahmen bestätigt, so kam das von der „Arbeitsgemeinschaft der für das Bau-, Wohnungs- und Siedlungswesen zuständigen Minister" – ARGEBAU – erteilte **„Gutachten über die Gesetzgebungskompetenz und das Bodenrecht nach dem Grundgesetz"** zu einem gegenteiligen Ergebnis. Das nicht veröffentlichte Gutachten vertritt eine andere Meinung hinsichtlich einer bundesgesetzlichen Inanspruchnahme des gesamten Planungs-, Bau- und Bodenrechts über die im Grundgesetz aufgeführten Sachgebiete der konkurrierenden Gesetzgebung hinaus.[598]

---

[592] Deutsches Volksheimstättenwerk e.V. (Fn. 589) S. 32.
[593] Deutsches Volksheimstättenwerk e.V. (Fn. 589) S. 33 ff., S. 36 f.
[594] Deutsches Volksheimstättenwerk e.V. (Fn. 589) S. 36 f.
[595] Deutsches Volksheimstättenwerk e.V. (Fn. 589) S. 38.
[596] Deutsches Volksheimstättenwerk e.V. (Fn. 589) S. 39 f.
[597] Deutsches Volksheimstättenwerk e.V. (Fn. 589) S. 41 f.
[598] *Wambsganz* (Fn. 411) S. 101.

c) Überbrückung des Kompetenzstreites, Weinheimer Gutachten

Angesichts der Kompetenzstreitigkeiten zwischen Bund und Ländern drohten die Arbeiten an der Baugesetzgebung zu scheitern. Im Februar 1951 regte der bayerische Innenminister *Hoegner* in einem Schreiben an den Wohnungsbauminister *Wildermuth* eine **Zusammenarbeit** des **Bundesministeriums** für Wohnungsbau und der für das Bau-, Wohnungs- und Siedlungswesen zuständigen **Länderminister** an, um gemeinsam einen umfassenden und in den grundsätzlichen Fragen einheitlichen Baugesetzentwurf aufzustellen. Dabei sollten bereits geleistete Vorarbeiten verwertet und Zuständigkeitsfragen zurückgestellt werden. Diesem Vorschlag stimmten die Vertreter der angesprochenen Ministerien auf einer Besprechung in **Weinheim** am 8. Mai 1951 zu. Die Beteiligten stimmten darin überein, dass die aus Art. 14 GG resultierenden Abgrenzungsschwierigkeiten als Kernfrage des neu zu schaffenden Baugesetzes vorab einer Klärung zugeführt werden mussten.[599] Infolgedessen erteilte der Wohnungsbauminister einen entsprechenden **Begutachtungsauftrag** an einen aus Wissenschaftlern und Praktikern gebildeten Ausschuss.[600] 330

Das am 30. April 1952 erstatte „Gutachten über die Erfordernisse der Bau- und Bodengesetzgebung" – **Weinheimer Gutachten** – ist hier von Interesse, soweit es Ausführungen über die **Gesetzgebungszuständigkeit** des Bundes für das Bauwesen enthält. Der Gutachterausschuss kommt insoweit zu dem Ergebnis, dass der **Bund** auf den Gebieten der Raumordnung, der Planung, der Bodenordnung und der Enteignung eine **Gesetzgebungskompetenz** besitzt, **nicht** aber für das Gebiet der **Bau(polizei)ordnung** zuständig sei.[601] 331

Das **Fehlen** einer ausdrücklichen **Kompetenznorm** im Grundgesetz für das **Baurecht** erklärt das Gutachten mit wesentlichen Wandlungen des Baurechtsbegriffs in den letzten Jahrzehnten. Baurecht und Baupolizei seien – so die Gutachter – ursprünglich identisch gewesen. Später sei die Errichtung von Bauwerken auf Grund der gesondert geregelten Erfordernisse des Natur-, Landschafts- und Denkmalschutzes, des Planungs-, Ansiedlungs- und Heimstättenrechts weiteren Bindungen unterworfen worden. Diese seien jedoch nicht in den Begriff der Baupolizei eingegangen … Unter dem Einfluss der Aufbaugesetze sei das Baurecht zwar zu einer Zweckeinheit, nicht aber zu einer einheitlichen Rechtsmaterie zusammengewachsen.[602] Die unter dem Sammelbegriff Baurecht vereinigten Gebiete der Planung, Erschließung, Bewertung usw. gehörten „nicht logisch, sondern aus Gründen der Zweckmäßigkeit zusammen". Infolgedessen sei „das Baupolizeirecht eine **Rechtsmaterie für sich**".[603] Das „Baupolizeirecht im überkommenen Sinne" nehme in dieser Zweckeinheit „nicht mehr die zentrale Stelle ein", da die Bauausführung zeitlich die letzte Stufe der Bauausführung und rechtlich „nicht die wichtigste und die am wenigsten problematische" sei. „Die Bedürfnisse des modernen Wohnungs- und Städtebaues und die entscheidenden Erfordernisse einer einheitlichen Regelung des Baurechts bezögen sich auf die vorangehenden Stufen der Planung, der Ordnung von Grund und Boden und der Erschließung."[604] Eine weite Auslegung der Begriffe Sied- 332

---

599 *Wambsganz* (Fn. 411) S. 101.

600 Dem Gutachterausschuss (Prof. Dr. Forsthoff, Dr. Grapengeter, Dr. Gebhard, Prof. Jensen, Lindemann, Dr. Ströbel) wurde folgendes Thema gestellt: „Alle zur Anpassung des Planung-, Bau- und Bodenrechts an die Erfordernisse des modernen Städtebaues und Wiederaufbaues in Frage kommenden Maßnahmen, die eine Beeinträchtigung des Eigentumsrechts darstellen können, sollen darauf hin geprüft werden,
a) ob sie mit der Verfassung (Art. 14 GG) vereinbar sind,
b) ob sie etwa entbehrlich sind,
c) im Falle der Verneinung von a) und b), welche gesetzgeberischen Vorschläge zu ihrer Verwirklichung gemacht werden sollen." –
vgl. *Krautzberger* (Fn. 3) Rn. 52.

601 Gutachten über die Erfordernisse der Bau- und Bodengesetzgebung (Weinheimer Gutachten). Schriftenreihe des Bundesministers für Wohnungsbau, Heft 1, Hamburg o. J. (1952), S. 82.

602 Weinheimer Gutachten (Fn. 601) S. 71.

603 Weinheimer Gutachten (Fn. 601) S. 78.

604 Weinheimer Gutachten (Fn. 601) S. 71 f.

lungs- und Wohnungswesen[605] sei ebenso abzulehnen wie der Gesichtspunkt der Gesetzgebungskompetenz kraft Sachzusammenhangs.[606] Das von jeher in die Landeskompetenz gehörende **Baupolizeirecht** sei nicht im **Kompetenzkatalog** des Grundgesetzes **enthalten.**[607]

III. Das „Baurechtsgutachten" des Bundesverfassungsgerichts

333 1952 ersuchten die Bundesregierung, der Bundestag und der Bundesrat gemeinsam das BVerfG um die **Erstattung** eines **Rechtsgutachtens** über die **Zuständigkeit** des **Bundes** zum Erlass eines **Baugesetzes.** Die Stellung eines derartigen Antrags war seinerzeit aufgrund des § 97 BVerfGG[608] – anders als heute[609] – zulässig, um über „eine bestimmte verfassungsrechtliche Frage"[610] „vom Plenum des Bundesverfassungsgerichts"[611] Auskunft zu erhalten.

1. Föderale Aufteilung der Gesetzgebungskompetenz für das Bauwesen

334 Im Gegensatz zu der von der Bundesregierung vorgetragenen Auffassung **verneinte** das BVerfG in seinem Gutachten[612] eine **umfassende Gesetzgebungszuständigkeit** des Bundes für „das Bauwesen". Das Bundesverfassungsgericht **lehnte** es insbesondere **ab,** im Wege einer Art **Zusammenschau** der einzelnen Kompetenzmaterien des Art. 74 Nr. 18 GG (Grundstücksverkehr, Bodenrecht, landwirtschaftliches Pachtwesen, Wohnungswesen, Siedlungs- und Heimstättenwesen) und des Art. 75 Nr. 4 GG (Bodenverteilung, Raumordnung) „unter Heranziehung des korrigierenden Gesichtspunktes des **Sachzusammenhangs**"[613] eine **umfassende** Regelungszuständigkeit **anzuerkennen.**[614] Unter Rückgriff auf die **Entstehungsgeschichte** der Kompetenznormen des Grundgesetzes und deren Vorläufer in der Weimarer Reichsverfassung betont das Bundesverfassungsgericht die eigenständige Bedeutung der in den zitierten Kompetenznormen genannten Gegenstände und lehnt insbesondere eine Unterordnung der weiteren genannten Gegenstände unter das „Bodenrecht" ab.[615]

335 Das BVerfG räumt allerdings ein, dass der für das „Wohnungswesen" zuständige **Bund** „auch einzelne spezifisch das **Wohnungswesen** berührende **baupolizeiliche** Vorschriften **erlassen könnte.**"[616] Da Bestimmungen, die sich beispielsweise auf Fabriken, gewerbliche Anlagen, berufliche und öffentliche Bauwerke beziehen, nicht auf die Zuständigkeit des Bundes für das Wohnungswesen gestützt werden können, hält es das Bundesverfassungsgericht für **unzulässig,** „das **Baupolizeirecht** als solches und als Gesamtmaterie **in einem Gesetz** zu regeln".[617]

---

[605] Weinheimer Gutachten (Fn. 601) S. 72 f.
[606] Weinheimer Gutachten (Fn. 601) S. 72 f. u. 76 f.
[607] Weinheimer Gutachten (Fn. 601) S. 79.
[608] Gesetz über das Bundesverfassungsgericht vom 12. März 1951 (BGBl. I S. 243).
[609] Durch das Gesetz zur Änderung des Gesetzes über das Bundesverfassungsgericht vom 21. Juli 1956 (BGBl. I S. 662) wurde § 97 BVerfGG ersatzlos gestrichen.
[610] § 97 Abs. 1 BVerfGG a. F.
[611] § 97 Abs. 3 BVerfGG a. F.
[612] Rechtsgutachten des BVerfG über die Zuständigkeit des Bundes zum Erlass eines Baugesetzes vom 16. 6. 1954 – 1 PBvV 2/52 –, BVerfGE 3, 407 ff.
[613] BVerfG (Fn. 612) 412.
[614] BVerfG (Fn. 612) 413.
[615] BVerfG (Fn. 612) 413 ff.
[616] BVerfG (Fn. 612) 433; *Maunz* in: *Maunz-Dürig*, Komm. z. GG, Art. 74 Rn. 208.
[617] BVerfG (Fn. 612) 434.

2. Landesgesetzgebungskompetenz für das „Baupolizeirecht im bisher gebräuchlichen Sinne"

Das Gutachten des BVerfG weist das **Bauordnungsrecht** mit Hilfe folgender Argumentationsschritte der **Kompetenz** der **Landesgesetzgeber** zu: 336

- Hatten die Antragsteller den Gegenstand der weiteren Untersuchung **„als Baupolizeirecht im bisherigen Sinne"** bezeichnet,[618] so versteht das BVerfG unter der fraglichen Gesetzgebungsmaterie das, „was als Aufgabenbereich der Polizeibehörden mit Bezug auf die Errichtung und Erhaltung von Bauwerken herkömmlich anerkannt wurde".[619]
- „Diese Befugnisse sind grundsätzlich begrenzt durch die **Generalvollmacht** der Polizei, wie sie z. B. in § 14 des Preußischen Polizeiverwaltungsgesetzes vom 1. Juni 1931 umschrieben worden ist … Darüber hinaus sind gerade im Bereich des Bauwesens den Polizeibehörden durch **Sondergesetze** weitere Befugnisse eingeräumt worden, die nicht mehr der Gefahrenabwehr im engeren Sinne dienen, sondern **ästhetischen** oder der **allgemeinen Wohlfahrt** dienende Absichten verfolgen.[620]
- Das **Bauplanungsrecht** ist nach Ansicht des Bundesverfassungsgerichts „zu einer **selbständigen Materie** herangewachsen" und ist „nicht mehr Sache der Baupolizei- oder Bauordnungsbehörden …".[621]
- Aufgrund neuerer Bestrebungen, Aufgaben der Verwaltung zu **entpolizeilichen**, werden bestimmte Aufgabenbereiche nicht mehr unter der Bezeichnung Polizeibehörde, sondern unter der Bezeichnung **„Ordnungsbehörde"** oder **„Verwaltungsbehörde"** erfüllt.[622]
- Die Entpolizeilichungstendenzen haben an dem materiell-polizeilichen Charakter dieser Bereiche nichts geändert: „Die traditionelle deutsche Verwaltungsrechtswissenschaft" bestimmt „den Bereich der Polizei als die Abwehr von Gefahren…, die der Allgemeinheit oder dem Einzelnen drohen". Das **„Baupolizeirecht im bisher gebräuchlichen Sinne"**, nämlich die **„Bestimmungen** über grundsätzliche Anforderungen baukonstruktiver, baugestalterischer und bauwirtschaftlicher Art an Bauwerke und Baustoffe, die Grundlagen des Genehmigungsverfahrens und der Ordnung des Bauvorgangs, die Pflicht zur ordnungsmäßigen Unterhaltung und Instandsetzung oder Beseitigung bei gefährlichen oder ordnungswidrigen Zuständen" – „haben … ihren **materiell-polizeirechtlichen Charakter** … behalten".[623]
- Bei allen genannten Befugnissen – also auch bei den Aufgaben, die nicht der Gefahrenabwehr i. e. S. dienen – „handelt es sich um **Maßnahmen** der Polizei- oder **Ordnungsbehörden**, die sich auf zu erstellende oder bereits bestehende Bauwerke beziehen".[624]
- „Für die Frage der gesetzgeberischen Zuständigkeit ist es … entscheidend, dass das Baupolizeirecht ein **Teil** des **Polizeirechts** ist."[625]
- „Das Polizeirecht ist … nach wie vor **Sache** der **Landesgesetzgebung**".[626]

3. Bestätigung der Kompetenzverteilung in der Rechtsprechung des BVerfG

Das BVerfG hat in **mehrenen Entscheidungen** Ausführungen zu Art. 74 Nr. 18 GG gemacht. Dabei hat es tlw. **an** die in seinem **Rechtsgutachten** vorgenommene Verteilung der Gesetzgebungskompetenz für das Baurecht auf Bund und Länder **angeknüpft.**[627] 1975 hatte das oberste Gericht im Rahmen einer konkreten Normenkontrolle über die Gültigkeit der **in** der niedersächsischen **Bauordnung** enthaltenen **Teilungsvorschrift** zu entscheiden. Diese wurde wegen einer behaupteten **„Überschneidung"** mit den Teilungsvorschriften des Bundesbaugesetzes angeweifelt.[628] 337

---

618 BVerfG (Fn. 612) 410 und 430.

619 BVerfG (Fn. 612) 431.

620 BVerfG (Fn. 612) 431 ff.

621 BVerfG (Fn. 612) 432. Das BVerfG lässt allerdings offen, wie ein derartiges „Heranwachsen" vonstatten geht und welche Gründe es hat.

622 BVerfG (Fn. 612) 431.

623 BVerfG (Fn. 612) 430 f.

624 BVerfG (Fn. 612) 432.

625 BVerfG (Fn. 612) 433.

626 BVerfG (Fn. 612) 433.

627 BVerfG vom 5. 7. 1972 BVerfGE 33, 265, 286 f.; vom 7. 10. 1980 56, 298, 311; vom 22. 11. 1983 65, 283, 288 f.; vom 9. 12. 1987 77, 288, 298; vom 8. 6. 1988 78, 249, 266.

628 BVerfG vom 28. 10. 1975 BVerfGE 40, 261 ff. zu § 4 Abs. 3 Satz 1 NBauO a. F. und § 20 Abs. 1 BBauG a. F.

338 Das BVerfG hat entschieden, dass sich die vom GG vorgenommene Aufteilung der Kompetenz für das „Baurecht" zwischen Bund und Ländern zulässigerweise dahin ausgewirkt, dass die Genehmigungsbehörde einen **Rechtsvorgang** – die Teilung eines Grundstücks – **einmal** aus **planungsrechtlicher** Sicht nach Bundesrecht, zum anderen aus **bauordnungsrechtlicher Sicht** nach Landesrecht zu beurteilen hat.[629] Seinen bereits im Rechtsgutachten begründeten **Standpunkt** hat das BVerfG wie folgt **bestätigt**:

„Das Bauordnungsrecht ist eine selbständige Rechtsmaterie, die einer bundesgesetzlichen Regelung nicht zugänglich ist. – Der Bund ist nur zuständig für die in Art. 74 Nr. 18 GG aufgeführten Teile der Gesamtmaterie „Baurecht". Auch mit dem Gesichtspunkt des Sachzusammenhangs, des Wandels der Verhältnisse und der Natur der Sache lässt sich eine umfassende Bundeszuständigkeit nicht begründen." – Für das Bauordnungsrecht steht den Ländern die Gesetzgebungsbefugnis nach Art. 70 Abs. 1 GG zu.[630]

4. Zustimmung und Kritik am Gutachten des BVerfG und an der Teilung des öffentlichen Baurechts

339 Das Gutachten des BVerfG wurde **teilweise** von vornherein **positiv** aufgenommen, – „weil zu einer begründeten Kritik ... kaum Anlass besteht"[631] – oder man begnügte sich mit einer inhaltlichen Wiedergabe.[632] Teilweise sah man wegen der Bindungswirkung des Plenar-Gutachtens für die beiden Senate des BVerfG davon ab, zum Gutachten selbst kritisch Stellung zu nehmen, weil „eine solche **Kritik** kaum eine andere als eine **rein theoretische Bedeutung**" hätte.[633]

340 Die **Kommentarliteratur** zum GG gibt das Baurechtsgutachten und die Aufteilung der Baurechtsmaterie auf Bund und Länder – soweit ersichtlich – **kritiklos** wieder.[634] Nach *Maunz* ist es „auf Grund dieser Rechtsprechung mittlerweile wohl unstrittig", dass das **Bauordnungsrecht eine selbständige Rechtsmaterie** ist, die der ausschließlichen Gesetzgebungskompetenz der Länder unterliegt.[635] Auf kritische Stimmen in der Literatur[636] und auf „Abgrenzungsschwierigkeiten und Überschneidungen der auf Bund und Länder verteilten Gesetzgebungsmaterien" wird nur vereinzelt hingewiesen.[637]

341 Hingegen werden die durch die Teilung des Baurechts bedingten Probleme der **Überschneidung** oder **Verzahnung** von **Bauplanungs**- und **Bodenordnungsrecht** immer wieder **beklagt**. Bereits in der ersten Kritik des Gutachtens meldeten *Dittus*[638] und *Werner*[639] Bedenken an, ob sich eine Trennung und rechtliche Zuordnung der Regelungsgegenstände des Bauwesens zum Bundesbaurecht und Bundeswohnungswesens einerseits und zum Landesbauordnungsrecht andererseits jemals zweifelsfrei durchführen lassen werde. *Ernst* konstatierte, dass trotz der Ausführungen des Bundesverfassungsgerichts für bestimmte Vorschriften **„gewisse Zweifel"** verbleiben, „ob und inwieweit sie nach den Grundsätzen dieses Gutachtens zur Bundes- oder Landeskompetenz gehö-

---

629 BVerfG (Fn. 628) 268.

630 BVerfG (Fn. 628) 265 ff.

631 *Giese*, Die Bundeskompetenz zur Regelung des Bauwesens, AöR, Bd. 80 (1955/56), 212.

632 *Winkelmann*, Das Rechtsgutachten des Bundesverfassungsgerichts über die Zuständigkeit des Bundes zum Erlass eines Baugesetzes, DÖV 1954, 560, 563; JZ 1954, 612, 613, Anm. zum Gutachten; *Zinkahn*, Das Rechtsgutachten des Bundesverfassungsgerichts über die Zuständigkeit des Bundes zum Erlass eines Baugesetzes, BBauBl. 1954, 318 (320).

633 *Ernst*, Die Bundeskompetenz für das Bau- und Bodenrecht, DVBl. 1955, S. 410.

634 *Oeter* in: *Mangoldt/Klein/Starck*, GG II, Art. 74, Rn. 156 ff.; *Stettner*, in: *H. Dreier* (Hrsg.), Grundgesetzkommentar, Bd. 2, 1998, Art. 74, Rn. 84; *Degenhart* in: *Sachs*, Grundgesetz, 3. Aufl. 2002, Art. 74, Rn. 64 ff.; *Jarass/Pieroth* (Fn. 492) Art. 74, Rn. 39.

635 *Maunz*, in: *Maunz-Dürig*, Komm. z. GG, Art. 74, Rn. 201 mit Fn. 442.

636 *Umbach/Clemens*, GG, Mitarbeiterkommentar, Bd. II, Art. 74, Rn. 105, Fn. 261.

637 *v. Münch*, GG-Kommentar, Bd. 3 2. Aufl., Art. 74 Rn. 78 a.

638 *Dittus* (Fn. 28) 249, 253 ff.

639 *Werner*, Die Zuständigkeit des Bundes für ein Bundesbaugesetz, S. 483 ff.

ren".[640] Hierbei ist es bis heute geblieben, wie die Diskussion über die sog. **„Schnittstellenproblematik"** belegt.[641]

Die Kritik an der verfassungsrechtlichen Begründung der Gesetzgebungskompetenz der Länder im „Baurechtsgutachten" setzt zwingend an der Eingliederung des Bauordnungsrechts in den materiellen Polizeibegriffen an. *Dittus* bezeichnet zutreffend die Frage nach dem **Polizeicharakter** des **Bauordnungsrechts** insoweit als den mehr **„dialektischen als sachgedanklichen Knotenpunkt"** in der Grundaussage des BVerfG. Seiner Ansicht nach wäre es erforderlich gewesen, dass sich das Bundesverfassungsgericht mit der Frage der Verbindung zwischen Polizei und Bauordnungsrecht eingehender befasst hätte, „statt sich mit dem ebenso lapidaren, wie angesichts der kritischen und schwankenden Lage im Polizeirecht simplifizierenden Satz zu begnügen, ‚dass das Baupolizeirecht ein Teil des Polizeirechts ist'".[642] Seiner Meinung nach hat das BVerfG den Landesgesetzgebern das **Baupolizeirecht** nur **im Sinne** der **Vergangenheit** zugesprochen. Er stellt fest: „Das **Gutachten** hat sich über ein **entpolizeilichtes Bauordnungsrecht** überhaupt **nicht ausgesprochen**. Diese Frage ist vielmehr nach wie vor frei und **unpräjudiziert**."[643] 342

Weyreuther bezeichnet das Gutachten des BVerfG als einen Beitrag dazu, dass die „Chance einer rechtzeitigen **Verselbständigung** des **Baurechts** gegenüber dem Polizeirecht und dem polizeilichen Denken" weiterhin – also auch für die Rechtslage **unter** dem **Grundgesetz** – **versäumt** wurde.[644] Er reiht das Gutachten in die Entwicklungsgeschichte des Baurechts seit den **Kreuzberg-Urteilen** ein, das teils unmittelbar, teils mittelbar wesentliche Teile des Baurechts aus der polizeilichen Generalklausel herausgelöst hat. Da der preußische Gesetzgeber – anders als beispielsweise der sächsische – unverändert auch für das Baurecht an dem **Gegensatz** von **Ordnungsschutz** und **Ordnungsgestaltung** festhielt, bestand seine Reaktion darin, „heimatlos gewordene Partien durch spezialgesetzliche Regelungen dem Baupolizeirecht gewissermaßen wieder anzukleben". Dadurch reduzierte sich „die alles zusammenhaltende Klammer" auf die Tatsache der Zuständigkeit von Polizeibehörden. Das **Baupolizeirecht** wurde vornehmlich zu einem Baurecht im **formellen Sinne**, da die Frage nach der materiell-polizeirechtlichen Natur „angesichts der gegebenen spezialgesetzlichen Regelungen von allenfalls akademischem Interesse" war.[645] Dies führte – so *Werner* – zu einer „Buntscheckigkeit des Bauverwaltungsrechts", die dazu beigetragen hat, „dass die Baubehörden in der Einschätzung durch den Bürger gleich hinter den Finanzämtern rangieren".[646] 343

Weyreuther ist der Meinung, dass infolgedessen diese „als halbherzig polizeirechtlich verstandene und insgesamt einigermaßen gesichtslose Rechtsmasse" entgegen der Feststellung des BVerfG nicht „eine Rechtsmaterie für sich" ist,[647] sondern der **Vergangenheit angehört**. Das gilt für das Baupolizeirecht und mit ihm auch für das Bauordnungsrecht, „sofern und solange man unter dieser Bezeichnung unverändert die alte Verknüpfung mit dem Polizeirecht zu bewahren versucht. – **Wer unverändert polizeirechtlich denkt** und argumentiert, der **denkt** und argumentiert heute nicht nur am bundesrechtlichen Bodenrecht, sondern ebenso am **Landesbaurecht vorbei**."[648] 344

Die **Kritik** *Weyreuthers* **verdient Zustimmung**. Sie erweist sich nach Auswertung der Baurechtsgeschichte, einer Auseinandersetzung mit dem materiellen Polizeibegriff und einer Aufschlüsselung des Rechtsgüterschutzes durch Bauordnungsrecht als richtig.[649] 345

---

640 *Ernst*, Die Bundeskompetenz für das Bau- und Bodenrecht, DVBl. 1955, S. 410 f.

641 Vgl. Rn. 438 ff.

642 *Dittus* (Fn. 28) 249, 281.

643 *Dittus* (Fn. 28) 249, 281, 285.

644 *Weyreuther* (Fn. 262) S. 26 f.

645 *Weyreuther* (Fn. 262) S. 26–29.

646 *Werner* (Fn. 367) S. 484, Fn. 5. Ähnlich urteilt *Wambsganz*, Reibungen beim Vollzug des Baurechts, BBauBl. 1952, S. 371, 374.

647 BVerfG (Fn. 612) 434.

648 *Weyreuther* (Fn. 262) S. 26–29.

649 *Schulte* (Fn. 487) S. 126 ff., 129 ff.

Weist das Bundesverfassungsgericht den Ländern in seinem Gutachten unter anderem Bereiche des Bauwesens zu, „die nicht mehr der Gefahrenabwehr im engeren Sinne dienen, sondern ästhetische oder der allgemeinen Wohlfahrt dienende Absichten verfolgen",[650] so steht dies auch im offenen **Widerspruch** zu späteren Ausführungen. In einem Beschluss des BVerfG aus dem Jahre 1958 heißt es:

> „Nur solche Regelungen, bei denen die Aufrechterhaltung der öffentlichen Sicherheit und Ordnung den alleinigen und unmittelbaren Gesetzeszweck bildet, können einem selbständigen Sachbereich zugerechnet werden, der als Polizeirecht im engeren Sinne bezeichnet wird und in die Zuständigkeit der Landesgesetzgebung fällt."[651]

5. Umfassende Gesetzgebungskompetenz des Bundes oder der Länder für das Baurecht?

346 Die **Rechtszersplitterung** des öffentlichen Baurechts wird **allseits beklagt**. Um diese zu beenden, wird in der Literatur die Zusammenführung in einem Baugesetz verlangt, für das überwiegend eine Bundeskompetenz begründet und vereinzelt eine Gesetzgebungskompetenz der Länder gefordert wird.

347 Zum einen wird die Gesetzgebungskompetenz des Bundes für das gesamte öffentliche Baurecht mit der **Überwindung** des **Polizeigedankens** im Baurecht und mit der letzlich auf *Dittus* zurückzuführenden These begründet, über ein entpolizeilichtes Bauordnungsrecht habe das BVerfG nicht entschieden.[652] Hierfür besitze der **Bund** die **konkurriernde Gesetzgebungskompetenz**. Zum anderen wird an die **Bundeskompetenz** für das **Wohnungswesen** in Art. 74 Nr. 18 GG und die Feststellung des BVerfG angeknüpft, der Bund sei befugt, ein **eigenständiges Wohnungsbaupolizeirecht** zu schaffen.[653] Die Vorschriften über die Bebaubarkeit von Grundstücken, die Abstandflächenvorschriften und die Vorschriften über Werbeanlagen nähmen zum Teil eine bodenrechtliche Reservefunktion wahr, zum Teil seien sie insgesamt bodenrechtlicher Natur. Nach Aufschlüsselung des Rechtsgüterschutzes durch Bauordnungsrecht unterfällt eine Vielzahl von bauordnungsrechtlichen Vorschriften **anderen bundesrechlichen Kompetenzvorschriften**; so der Arbeitsschutz, Immissions- und sonstige Umwelt- und Tierschutz, die Energieeinsparung und die Jugendwohlwahrtpflege sowie weitere sozialstaatlich intendierte Vorschriften.[654] Auch *Ziegler* geht von der Einheit des Baurechts und davon aus, dass das Bauordnungsrecht Teil des Bodenrechts ist. Der Begriff „Baugesetzbuch" erhebe den Anspruch, das allgemeine Baurecht zu kodifizieren. Infolgedessen sei es erforderlich – das **Bauordnungsrecht in** ein (Bundes-)**Baugesetzbuch aufzunehmen**. Hierzu liefert er einen formulierten Vorschlag.[655]

348 Zum anderen wird die Überantwortung des **gesamten öffentlichen Baurechts** in die **Gesetzgebungskompetenz** der **Bundesländer** gefordert. Auch *Wiechert* beklagt die „Zersplitterung des Baurechts" und die unzweckmäßige Aufspaltung der Gesetzgebungskompetenz. Er verlangt aus verfassungspolitischen Erwägungen im Zuge einer gründlichen „Flurgereinigung" der Kompetenzen, **Art. 74 Nr. 18 GG** zu **streichen**, um die Stellung der Länder im föderalen System zu stärken.[656] Seine These, dass kein Bedürfnis für eine bundesrechtliche Regelung des Städtebaus bestehe, überzeugt ebenso wenig wie die Behauptung, die **Übertragung** des **gesamten öffentlichen Baurechts** in die Gesetzgebungskompetenz **der Länder** führe nicht zu einer noch stärkeren Rechtszerplitterung.

---

[650] BVerfG (Fn. 612) 431 f.

[651] BVerfG vom 29. 4. 1958 DÖV 1959, 66, 67.

[652] *Dittus* (Fn. 28) 285.

[653] Vgl. Rn. 335.

[654] *Schulte* (Fn. 487) S. 227 ff.

[655] *Ziegler*, Ein formulierter Vorschlag zur Aufnahme des Bauordnungsrechts in ein (Bundes-) Baugesetzbuch, DVBl. 1984, S. 378 ff.

[656] *Wiechert*, Gesetzgebungskompetenz für das Bau- und Bodenrecht, ZRP 1985, 239 ff.; *derselbe* in: *Große-Suchsdorf/Lindorf/Schmaltz/Wiechert*, NBauO, Kommentar, 6. Aufl. 1996, Vorbem. Rn. 30 u. 7. Aufl. 2002, Vorbem. Rn. 33.

Teilweise wird in der Literatur die Aufteilung des Baurechts durch das Gutachten des BVerfG nicht grundsätzlich in Frage gestellt, sondern die Zuordnung **bestimmter Teilregelungen** zum Bauordnungsrecht gerügt. Nach *Graf* hat der Landesgesetzgeber keine Kompetenz zur Regelung der Herstellungspflicht von **Stellplätzen** und **Garagen**. Hierbei soll es sich um eine verkehrspolizeiliche Materie handeln, für die dem Bund die Kompetenz nach Art. 74 Nr. 22 GG zustehen soll.[657] 349

[657] *Graf*, Die Stellplatzverpflichtung als verfassungsrechtliches Problem, ZMR 1978, 353 ff.

Teil 4. Die getrennte Regelung der einheitlichen Baurechtsmaterie durch BBauG/BauGB und Landesbauordnungen

I. Bundesbaurecht

1. Der Weg zum BBauG

350 Bereits 1952 war beschlossen worden, beim Bundesministerium für Wohnungsbau eine **Hauptkommission für die Baugesetzgebung** mit mehren Unterkommissionen zu bilden. Diese wurden mit sachkundigen, an Weisungen nicht gebundenen Angehörigen des Bundesministerium für Wohnungsbau, der Bauministerien der Länder, Vertretern der Wissenschaft, der Verwaltungsgerichtsbarkeit und der Praxis besetzt. In der Zeit von Januar 1953 bis März 1956 erarbeiteten die Hauptkommission und ihre Unterausschüsse den **Entwurf eines Baugesetzes.**[658] Die Aufnahme der Arbeiten wurde nicht bis zur Erstattung des Rechtsgutachtens durch das BVerfG zurückgestellt. Folge des Baurechtsgutachtens war jedoch, dass das dem Landesrecht vorbehaltene **Baupolizeilrecht** im bisher gebräuchlichen Sinne aus den Entwurfsberatungen gegenständlich **endgültigen ausgeschieden** wurde.[659]

351 Auch wenn die Ergebnisse des Entwurfs der Hauptkommission in die Gesetzgebung einflossen, erwies sich der **Weg** zum **Baugesetz** als äußerst beschwerlich. Mehre Entwürfe, Gesetzesinitiativen von Abgeordneten und endlos scheinende Beratungen im Gesetzgebungsverfahren verdeutlichen die Schwierigkeit, eine Einigung insbesondere in den **eigentumsrechtlichen Grundpositionen** vom Vorkaufsrecht, über die Baulandbewertung, die Enteignung bis hin zur (Nicht-)Einführung eines Wertausgleiches zu erzielen.[660]

352 Das **Bundesbaugesetz** – BBauG – vom 23.6.1960 (BGBl. I S. 341) ist am 29.6.1960 verkündet worden. Neben der Schaffung eines neuzeitlichen Städtebaurechts war es eines der tragenden Ziele des Gesetzgebungswerkes, die Rechtszersplitterung durch eine weitgehende Vereinheitlichung des Baurechts **auf Bundesebene** zu beseitigen. Mit dieser sachlichen Beschränkung ist durch das BBauG ein ganz erheblicher **Vereinheitlichungseffekt** erzielt worden. Dies belegt § 186 BBauG, der in **67 Nummern** baurechtliche **Vorschriften** des Reiches, des Bundes und der Länder **außer Kraft gesetzt** hat. Hierzu zählen u. a. die Aufbau-, Planungs- und Umlegungsgesetze, die Bauregelungsverordnung, das Wohnsiedlungsgesetz und das preußische Fluchtliniengesetz. Eine Fülle von unterschiedlichen Planungsarten, wie Leit-, Wirtschafts-, Generalbebauungs-, Fluchtlinien-, Durchführungs-, Baugebiets-, Bauklassen-, Bauzonen- oder Baustufenpläne wurden durch die zweistufige Bauleitplanung, durch **Flächennutzungsplan** und **Bebauungsplan** abgelöst. Das Recht und die Pflicht zur Planung (**Planungshoheit**) ging endgültig auf die **Gemeinde** als Selbstverwaltungsangelegenheit über. Die Zulässigkeit der Bebauung waren wie das **Umlegungs-, Enteignungsverfahren** an den Bebauungsplan gebunden. Als **„Planersatzvorschriften"** regeln die §§ 34 und 35 BBauG die Zulässigkeit von Vorhaben für Gebiete ohne verbindliche Bauleitplanung. Nicht in das BBauG übernommen wurden das Rechtsinstitut der Zusammenlegung, das bauliche Nachbarrecht und das allgemeine Erschließungsrecht. Das allgemeine Verwaltungsverfahren wurde nur insoweit geregelt, wie es unerlässlich war.[661]

---

[658] Hauptkommission für die Baugesetzgebung beim Bundesminister für Wohnungsbau, Entwurf eines Baugesetzes, Schriftenreihe des BM für Wohnungsbau, Bd. 7, Bonn (o. J.) und Begründung, ebenda, Bd. 9, Bonn o. J.

[659] *Krautzberger* (Fn. 3) Rn. 54, 58, 61.

[660] *Krautzberger* (Fn. 3) Rn. 63–72.

[661] *Krautzberger* (Fn. 3) Rn. 73–78.

2. Vom BBauG zum BauGB

Bereits bei der Erarbeitung des BBauG war erkannt worden, dass der Städtebau bei der **Saninierung** überalterter Baugebiete eines speziellen Instrumentariums bedürfte. Dieses wurde durch das **Städtebauförderungsgesetz** – StBauFG – vom 27. 7. 1971 (BGBl. I S. 1125) geschaffen, das nach mehreren Änderungen in das BauGB integriert wurde.[662] 353

Das **BBauG** ist durch Gesetz vom **18. 8. 1976** (BGBl. I S. 2256) und die sog. Beschleunigungsnovelle vom **6. 7. 1979**[663] **geändert** worden. Sie dienten der Verfeinerung der planungsrechtlichen Instrumente und des Ausbaus der sog. Planersatzvorschriften. Die neue Entwicklungsplanungsklausel des § 1 Abs. 5 BBauG erzwang neben der Anpassung der Bauleitplanung an die **Ziele** der **Raumordnung** und Landesplanung eine Bindung an eine von der Gemeinde beschlossene **Entwicklungsplanung**. § 35 BBauG wurde um die Absätze 4 und 5 erweitert zur Regelung und Erweiterung des **bestandsgeschützten Bauens** im **Außenbereich**.[664] 354

Mit dem **Baugesetzbuch** – BauGB – vom 8. 12. 1986 (BGBl. I S. 2191) wurden das BBauG und das StBauFG in einem Gesetz, das in allgemeines und besonderes Städtebaurecht untergliedert ist, zusammengeführt. Die **Bezeichnung** Baugesetzbuch **ist irreführend**, da sie vermuten lässt, es enthalte das gesamte öffentliche Recht zum Bauen. Wegen der vorgegebenen Kompetenzlage musste das **Bauordnungsrecht** jedoch **außen vor** bleiben.[665] 355

Das fortentwickelte Städtebaurecht war schneller als erwartet weiteren Veränderungen ausgesetzt. Noch **vor** der **Wiedervereinigung** Deutschlands veränderte der **Zustrom** von Aussiedlern und ehemaligen DDR-Bewohnern sowie eine Zunahme der Single-Haushalte die Situation auf den Wohnungs- und Baulandmärkten. Um das gerade geschaffene BauGB nicht verändern zu müssen, wurde eine zeitlich befristete Sonderregelung getroffen. Das **Gesetz zur Erleichterung des Wohnungsbaus im Planungs- und Baurecht** sowie zur Änderung mietrechtlicher Vorschriften (Wohnungsbau-Erleichterungsgesetz) vom 17. 5. 1990 (BGBl. I S. 926) enthielt als Art. 2 das **„Maßnahmengesetz zum Baugesetzbuch“** (BauGB-MaßnahmenG). Zweck der Vorschriften war es den dringenden Wohnbedarf erleichtert befriedigen zu können.[666] 356

Anlässlich der **Wiedervereinigung Deutschlands** wurden mit dem **Einigungsvertrag** vom 31. 8. 1990 (BGBl. II S. 889) Übergangsregelungen in das BauGB eingefügt. Nach § 246 a BauGB galten im Beitrittsgebiet folgende Maßgaben, wie Sonderregelungen der vom Ministerrat der DDR am 20. 6. 1990 beschlossenen Verordnung zur Sicherung und geordneten städtebaulichen Entwicklung und der Investitionen in den Gemeinden (Bauplanungs- und Zulassungsverordnung – **BauZVO**)[667] über den Vorhaben und Erschließungsplan und den städtebaulichen Vertrag. 357

Am 1. 5. 1993 trat das **Gesetz zur Erleichterung von Investitionen** und der **Ausweisung und Bereitstellung von Wohnbauland** (Investitions- und Wohnbaulandgesetz) vom 22. 4. 1993 (BGBl. I S. 466) in Kraft. Dieses Gesetz traf in seinem baurechtlichen Teil Regelungen zur **Änderung** des **BauGB**, des **BauGB-MaßnahmenG** und des **BNatSchG** mit dem Ziel, die Baugenehmigungsverfahren und die Bauleitplanung zu vereinfachen und zu beschleunigen. Von Bedeutung waren insbesondere die Aufnahme der städtebaulichen Entwicklungsmaßnahme als Dauerrecht in das BauGB sowie die in den neuen Bundesländern entwickelten Regelungen über städtebauliche Verträge und den **Vorha-** 358

---

662 Vgl. Rn. 355.

663 Gesetz zur Beschleunigung von Verfahren und zur Erleichterung von Investitionsvorhaben im Städtebaurecht vom 6. 7. 1979 (BGBl. I S. 949).

664 Vgl. *Söfker*, BBauBl. 1978, 480; 1979, 8 und 429.

665 *Gädtke/Temme/Heintz*, BauO NRW, 10. Aufl. 2003, Einl. Rn. 77.

666 *Krautzberger* (Fn. 3) Rn. 162 ff.

667 Veröffentlicht am 30. 7. 1990 im GBl. I Nr. 45739 der DDR; vgl. dazu *Krautzberger* (Fn. 3) Rn. 164 ff.

ben- und **Erschließungsplan**. Das Verhältnis von **Baurecht** und **Naturschutz** wurde durch den **„Baurechtskompromiss"** grundlegend neu geregelt.[668]

359 Um das **Nebeneinander** von BauGB, BauGB-MaßnahmenG und der Sonderregelungen in den neuen Ländern (nach § 246 a BauGB) zu **beenden**, sollte wieder ein einheitliches Baurecht geschaffen werden. Eine **Expertenkomission** unter dem Vorsitz von *Schlichter* erarbeitete einen selbständigen Vorschlag zu zentralen Novellierungsbereichen. Der Bericht wurde 1995 vorgelegt.[669] Das **Gesetz zur Änderung des Baugesetzbuchs und zur Neuregelung des Rechts der Raumordnung** (BauROG) vom 18. 8. 1997 (BGBl. I S. 2081)[670] ist im Wesentlichen am 1. 1. 1998 in Kraft getreten.

360 Mit dem In-Kraft-Treten des **BauROG** gibt es wieder ein im BauGB **zusammengefasstes Städtebaurecht**. Die Instrumente des Vorhaben- und Erschließungsplans sowie des städtebaulicher Vertrag sind durch das BauROG in die §§ 11 und 12 BauGB übernommen worden. Neu ist die mit § 1 a BauGB vorgesehene **Integration umweltschützender Maßgaben** für die **Abwägung** im Städtebaurecht bei gleichzeitiger Abänderung des **BNatschG** und des **UVPG** unter Berücksichtigung der Prüfung nach der **Fauna-Flora-Habitat-Richtlinie.**[671] Das Verfahren zur Aufstellung, Änderung, Ergänzung und Aufhebung der Bauleitpläne wurde vereinfacht und die Planerhaltung wurde verbessert (§§ 1–10, 13, 214–217 BauGB, § 47 Abs. 5 VwGO). Durch die Neufassung des § 29 Abs. 1 BauGB wurde die **Anwendung** der städtebaulichen **Zulässigkeitsvorschriften von** den Genehmigungs-, Zustimmungs- oder Anzeigeverfahren der **Landesbauordnungen abgekoppelt.**[672] Die Erteilung von Befreiungen nach § 31 Abs. 2 BauGB wurde erleichtert. Die Vorschriften über Abrundungs- und Außenbereichssatzungen wurden zum Dauerrecht. § 35 BauGB wurde neu gefasst. Die bodenrechtliche Teilungsgenehmigung ist praktisch abgeschafft worden. **§ 212 a BauGB** bestimmt, dass Widerspruch und Anfechtungsklage eines Dritten gegen bauaufsichtliche Zulassung eines Vorhabens keine aufschiebende Wirkung mehr haben.[673]

361 Am 3. 8. 2001 ist das **Gesetz zur Umsetzung der UVP-Änderungsrichtlinie**, der IVU-Richtlinie und weiterer EG-Richlinien zum Umweltschutz vom 27. 7. 2001 (BGBl. I S. 1950) in Kraft getreten. Art. 12 des Gesetzes enthält wiederum umfangreiche Änderungen des BauGB. Durch die sog. BauGB–Novelle 2001 ist die bereits vorstrukturierte Verzahnung von Bebauungsplanung und UVP entsprechend den Vorgaben der EU fortentwickelt worden (§§ 1 a, 2 a Umweltbericht).

362 Weitere Änderungen des BauGB sind absehbar.[674] Die Richtlinie des Europäischen Parlamentes und Rates vom 27. 6. 2001 über die Prüfung der Umwelteinwirkungen bestimmter Pläne und Programme (Plan-UP-Richtlinie)[675] ist bis zum 20. 7. 2004 in nationales Recht umzusetzen. Den Entwurf eines **Gesetzes zur Anpassung des Baugesetzbuchs an EU-Richtlinien** (Europarechtsanpassungsgesetz Bau – EAG Bau) hat die Bundesregierung am 17. 10. 2003 beschlossen.[676] Dieser Entwurf ist durch eine vom Bundesbauminister eingesetzte unabhängige **Expertenkommission** unter dem Vorsitz von *Gaentzsch* vorbereitet worden. Diese hat im August 2002 ihren Bericht

---

[668] Vgl. hierzu *Schrödter*, BauGB, BauGB-Maßnahmengesetz, 5. Aufl., Nachtrag zum Investitions- und Wohnbaulandgesetz 1994.

[669] Veröffentlicht vom Bundesministerium für Raumordnung, Bauwesen und Städtebau 1995.

[670] Das BauGB ist am 3. 9. 1997 neu bekannt gemacht worden (BGBl. I S. 2141).

[671] Vgl. Richtlinie 92/43 EWG vom 21. 5. 1992 (Abl. EG Nr. 206 S. 7) und 79/409/EWG vom 2. 4. 1979 (Abl. EG Nr. L 103, S. 1).

[672] Vgl. hierzu Rn. 441.

[673] Vgl. zu weiteren Einzelheiten *Battis/Krautzberger/Löhr*, Die Neuregelungen des Baugesetzbuchs zum 1. 1. 1998, NVwZ 1997, 1145 ff.

[674] Vgl. *Krautzberger* (Fn. 3) Rn. 212 ff.; *derselbe*, Zur Städtebaugesetzgebung in der 14. und 15. Legislaturperiode, DVBl. 2002, 285 ff.; *Krautzberger/Stüer*, Städtebaurecht 2004 – zur Novellierung des BauGB, BauR 2003, 1301; *Stemmler*, Fortentwicklung des Rechts der Bodenordnung nach dem Baugesetzbuch, DVBl. 2003, 165 ff.

[675] Richtlinie 2001/42/EG (Abl. EG Nr. L 197, S. 30).

[676] BR-Drucks. 756/03.

vorgelegt.[677] Auf Bemerkungen der Kommission zum **Verfahrensrecht** ist bei der Schnittstellenproblematik einzugehen.[678]

3. Baunutzungsverordnung und Planzeichenverordnung

§ 2 Abs. 5 BauGB (ursprünglich § 2 Abs. 10 BBauG) ermächtigt das Bundesministerium für Verkehr, Bau- und Wohnungswesen, mit Zustimmung des Bundesrates durch Rechtsverordnung u. a. Vorschriften über die **Darstellungen** und **Festsetzungen** in **Bebauungsplänen** über die **Art** und das **Maß** der baulichen Nutzung, die Berechnung des Maßes, die **Bauweise** sowie die **überbaubaren** und die nicht überbaubaren **Grundstücksflächen** und in den Baugebieten zulässigen baulichen und sonstigen Anlagen zu erlassen. Die **Verordnung über die bauliche Nutzung der Grundstücke** (Baunutzungsverordnung – BauNVO) ist erstmals 1962 erlassen worden.[679] Seitdem ist die Verordnung mehrfach geändert worden. Bei drei Änderungen handelt es sich um umfangreiche Novellen. 363

Da die jeweiligen **früheren Fassungen** der **BauNVO** nach Maßgabe ihres Übergangsrechts auf die unter ihrer Geltung aufgestellten Bebauungspläne **weiter Anwendung** finden,[680] sind für die Rechtsanwendung von Bedeutung: 364

- die **BauNVO 1962** vom 26. 6. 1962 (BGBl. I S. 429) in Kraft getreten am 1. 8. 1962
- die **BauNVO 1968** vom 26. 11. 1968 (BGBl. I S. 1237) in Kraft getreten am 1. 1. 1969[681]
- die **BauNVO 1977** vom 15. 9. 1977 (BGBl. I S. 1757) in Kraft getreten am 1. 10. 1977[682]
- die **BauNVO 1990** vom 23. 1. 1990 (BGBl. I S. 127) in Kraft getreten am 27. 1. 1990.[683]

Auch wenn das **Grundkonzept** der BauNVO durch die Änderungen **nicht berührt** worden ist, spiegeln sie jeweils einen Wandel der städtebaulichen Grundansichten wider.[684]

Im ersten Abschnitt regelt die BauNVO die **Art** der **baulichen Nutzung** beginnend mit den allgemeinen Vorschriften für Bauflächen und Baugebiete mit entsprechenden Gliederungsmöglichkeiten im § 1. Die §§ 2 bis 12 BauNVO bestimmen die Zulässigkeit von baulichen Anlagen in Kleinsiedlungs-, reinen, allgemeinen und besonderen Wohngebieten, in Dorf-, Misch-, Kern-, Gewerbe- und Industriegebieten sowie in Sondergebieten, die der Erholung dienen, und sonstigen Sondergebieten. Es folgen die Regelungen über **Stellplätze** und **Garagen** (§ 12), über Gebäude und Räume für freie Berufe (§ 13), **Nebenanlagen** (§ 14) und über allgemeine Voraussetzungen für die Zulässigkeit baulicher und sonstiger Anlagen (§ 15). Im zweiten Abschnitt (§§ 16–21 a) wird das **Maß** der **baulichen Nutzung** bestimmt. Im dritten Abschnitt werden im § 22 die **Bauweise** als offene, geschlossene oder abweichende und im § 23 die **überbaubare Grundstücksfläche** bestimmt. Im letzten Abschnitt folgen Überleitungs- und Schlussvorschriften. 365

Die **BauNVO** ist nach ihrem Inhalt **Bauplanungsrecht**. Einerseits bildet sie den Rahmen, den die Gemeinden bei ihrer Bauleitplanung ausfüllen. Andererseits regelt sie die Zulässigkeit von Vorhaben in den festgesetzten Baugebieten und unter den Voraussett- 366

[677] Bericht der unabhängigen Expertenkommission zur Novellierung des Baugesetzbuchs, Hrsg. Bundesministerium für Verkehr, Bau- und Wohnungswesen, Berlin 2000; *Stüer/Upmeier*, Städtebaurecht 2004, Vorschläge der Expertenkommission zur Änderung des BauGB, ZfBR 2003, 114.

[678] Vgl. Rn. 439 ff.

[679] Zur Entstehungsgeschichte der BauNVO vgl. *Schlichter* (Fn. 3) Vorb BauNVO, Rn. 2

[680] Vgl. *König/Roeser/Stock*, BauNVO, 2. Aufl. München 2003, Einl. Rn. 19 f.; *Boeddinghaus*, BauNVO, 4. Aufl. München 2000, Einführung, Rn. 37 ff.; *Fickert/Fieseler*, BauNVO, 10. Aufl., Stuttgart 2002, Einf. 2 a, S. 1.

[681] Erste Änderung.

[682] Zweite Änderung. Dritte Änderung vom 19. 11. 1986 (BGBl. I S. 2665) in Kraft getreten am 1. 1. 1987.

[683] Fünfte Änderung durch Kapitel XIV Abschnitt II Nr. 2 des Einigungsvertrages vom 31. 8. 1990 (BGBl. II S. 889, 1124) in Kraft getreten am 3. 10. 1990 und sechste Änderung durch Art. 3 Investitionserleichterungs- und WohnbaulandG vom 22. 4. 1993 (BGBl. I S. 466) in Kraft getreten am 1. 5. 1993.

[684] Vgl. zu den einzelnen Fassungen *Fickert/Fieseler* (Fn. 680) 4.–9.

zungen des § 34 Abs. 2 BauGB im nicht beplanten Innenbereich die Art der baulichen Nutzung.[685] Die **Berührungspunkte** der BauNVO **mit** dem **Bauordnungsrecht** der Länder sind vielgestaltig. Sie betreffen insbesondere die Bauweise, Stellplätze und Garagen. Teilweise werden unbestimmte Rechtsbegriffe der BauNVO durch Bauordnungsrecht ausgefüllt, so bspw. der Begriff des Vollgeschosses (in § 16 Abs. 1 Nr. 3 und § 20 Abs. 1 BauNVO). Teilweise lässt die BauNVO Bestimmungen der Landesbauordnungen ausdrücklich unberührt (vgl. §§ 12 Abs. 7, 20 Abs. 4, 21 Abs. 3 und 23 Abs. 5 BauNVO).[686]

367 Die Verordnung über die Ausarbeitung der Bauleitpläne und die Darstellung des Planinhalts (**Planzeichenverordnung** 1990 – PlanzV 90) vom 18. 12. 1990 (BGBl. I S. 58) beruht auf der Ermächtigungsgrundlage des § 2 Abs. 5 Nr. 4 BauGB. Die Planzeichenverordnung 1990 enthält – wie bereits die Planzeichenverordnungnen von 1965 und 1981 – **allgemeine Vorschriften** über die Ausgestaltung der Bauleitpläne und die Darstellung des Planinhalts. Sie regelt die **formale Gestaltung der Bauleitpläne**, ohne ihren materiellen Inhalt zu beeinflussen. In der Anlage zur PlanzV 90 sind solche **Planzeichen** aufgeführt, die infolge der neuen planungsrechtlichen Vorschriften und auf Grund der Erfahrungen der Planungspraxis seit 1965 zur Darstellung des Planinhalts notwendig sind. Nach der PlanzV ist es möglich, Planzeichen zu **ergänzen**, soweit dies zu eindeutigen Darstellung des Planinhalts erforderlich ist. In den Fällen, in denen in der Anlage keine oder keine ausreichenden Planzeichen enthalten sind, sind Planzeichen sinngemäß aus den angegebenen Planzeichen zu entwickeln (§ 2 Abs. 2 PlanzV).[687]

II. Landesbauordnungsrecht

1. Vorarbeiten für ein einheitliches Bauordnungsrecht

368 Bereits während des Zweiten Weltkrieges hatte der **Ausschuss** für **einheitliche Technische Bestimmungen** (ETB), gestützt auf die Vorarbeiten zum Deutschen Baugesetz, Vorschläge für bautechnische Vorschriften ausgearbeitet. Im April 1947 nahm dieser Ausschuss seine Arbeit wieder auf.[688] Seit Mai 1950 arbeitete dann der sog. **Bauordnungsausschuss** an dem Entwurf für eine neue einheitliche Bauordnung.[689] Die vornehmlich aus Fachleuten des Bundesministeriums für Wohnungsbau und den entsprechenden Fachressorts der Länder zusammengesetzte Kommission verwertete die vom ETB- Ausschuss geleisteten Vorarbeiten.[690]

369 Als im November 1952 die in Weinheim begonnenen und in Bonn und Bad Dürkheim fortgeführten Gespräche zwischen den Beteiligten des Bundes und der Länder zu dem Ergebnis kamen, eine Hauptkommission für die Baugesetzgebung mit mehreren Unterkommissionen zu bilden, konnte der Bereich des Bauordnungsrechts ausgeklammert werden. Es bot sich an, ggf. die Arbeitsergebnisse des Bauordnungsausschusses zu übernehmen.[691] **1955** legte der Bauordnungsausschuss einen **Musterentwurf** vor. Dieser nach dem Ausschussvorsitzenden *Wedler* benannte **Entwurf** wurde bei der Ausarbeitung des Hessischen Bauaufsichtsgesetzes (1954), der Hessischen Bauordnung (1958) und des Saarländischen Baugesetzes (1955) berücksichtigt.[692]

---

[685] *Fickert/Fieseler* (Fn. 680) Einf. 1; S. 1.
[686] *König/Roeser/Stock* (Fn. 680) Rn. 31.
[687] Vgl. *Mainczyk*, Planzeichenverordnung, 3. Aufl. München 2002, Einf. Rn. 1ff., 6, 8.
[688] Schriftenreihe des Bundesministers für Wohnungsbau, Bd. 16/17 (Fn. 12) S. 117; die Musterbauordnung ist auch als Anhang abgedruckt bei Scheerbarth, Das allgemeine Bauordnungsrecht, Köln 1962.
[689] *Wambsganz* (Fn. 411) S. 101.
[690] Fn. 688.
[691] *Krautzberger* (Fn. 3) Einl. Rn. 80.
[692] *Krautzberger* (Fn. 3) Einl. Rn. 58; Hessisches Bauaufsichtsgesetz vom 6. 3. 1954 (GVBl. S. 21); Hessische Bauordnung vom 6. 7. 1957 (GVBl. S. 101); Saarländisches Baugesetz vom 19. 7. 1955 (ABl. S. 1159).

2. Der Weg zur Musterbauordnung

Nachdem das Bundesverfassungsgericht in seinem Rechtsgutachten vom 16. Juni 1954 einen Großteil des Bauaufsichtsrechts der Gesetzgebungskompetenz der Länder unterworfen hatte,[693] rief *Dr. Preusker* aus dem Wohnungsbauministerium mit Schreiben vom 26. Oktober 1954 die Bauminister (Senatoren) der Länder zur **gemeinsamen Ausarbeitung** einer **Musterbauordnung** auf. Er führte aus: 370

„Wie alle übrigen baurechtlichen Sachgebiete dient auch das Bauordnungsrecht letztlich dem Vollzug der städtebaulichen Planung. Städtebaurecht und Bauordnungsrecht stehen, wie die Beratungen der Baurechtskommissionen eindeutig ergeben haben, zueinander in einem Verhältnis der gegenseitigen Einflussnahme, das bei der materiell- und formell-rechtlichen Regelung der beiden Sachgebiete nicht außer Acht gelassen werden kann. Wenn das künftige Bundesbaugesetz die daran geknüpften Erwartungen erfüllen soll, wird auch das in den einzelnen Ländern geltende unterschiedliche Bauordnungsrecht einer Änderung bedürfen, die auf den Inhalt des Bundesbaugesetzes abgestimmt ist. Das Gutachten des Bundesverfassungsgerichts hat das Bauordnungsrecht gegenüber den übrigen baurechtlichen Sachgebieten abgegrenzt und es überwiegend in die Gesetzgebungskompetenz der Länder verwiesen. Der Bundesgesetzgeber ist aber befugt, einzelne spezifisch das Wohnungswesen berührende Bauordnungsvorschriften zu erlassen. Es sollte nach meiner Auffassung indessen vermieden werden, dass Bund und Länder bei der Regelung dieser Materie getrennte Wege gehen, die zwangsläufig zu einer weiteren unerwünschten und sachlich abträglichen Rechtszersplitterung führen müssen. Dem von Bund und Ländern bekundeten Willen nach einer gemeinsamen Reform und Kodifikation des Baurechts sollte vielmehr auch in besonderem Maße dadurch Rechnung getragen werden, dass die Basis für eine weitgehende einheitliche Regelung des Bauordnungsrechts geschaffen wird. Dieses Ziel lässt sich dadurch verwirklichen, dass entsprechend den Vorarbeiten zu einem Bundesbaugesetzentwurf von den Ländern unter Beteiligung des Bundes ein Bauordnungsausschuss gebildet wird. Dem Ausschuss würde die Aufgabe obliegen, eine **einheitliche Musterbauordnung** auszuarbeiten, deren Einführung den Ländern zu empfehlen ist. Die Länder sollten indessen von diesem Musterentwurf tunlichst nur insoweit abweichen, als dies durch örtliche Bedingtheiten geboten ist. Ich darf darauf hinweisen, dass der von Herrn MinRat Prof. Dr. Wedler geleitete Ausschuss, in dem allerdings zurzeit nicht alle Länder vertreten sind, bereits wesentliche Vorarbeiten geleistet hat, deren Fortführung eine Fertigstellung des Musterentwurfs einer Bauordnung in naher Zeit erwarten lässt. **Der Bundesgesetzgeber wird seinerseits von der ihm durch das Bundesverfassungsgericht zuerkannten teilweisen Kompetenz auf dem Gebiete des Bauordnungsrechts keinen Gebrauch machen, soweit als Ergebnis der vorgeschlagenen Zusammenarbeit zwischen Bund und Ländern eine im Grundsätzlichen einheitliche Regelung des Bauordnungsrechts der Länder erreicht wird** ...“[694]

Diese Ausführungen waren Grundlage der sog. **Bad Dürkheimer Vereinbarung**, die dort in einer Besprechung der Vertreter von Bund und Länder am 21. Januar 1955 getroffen wurde.[695] Entsprechend dieser Vereinbarung[696] wurde nach dem Vorbild der Haupt- 371

---

[693] Vgl. Rn. 336 ff.

[694] Keine Hervorhebung im Original, das mir in Kopie vorliegt.

[695] Vgl. Bundesminister für Wohnungsbau. Schreiben an die für das Bau-, Wohnungs- und Siedlungswesen sowie für die Bauaufsicht (Baupolizei) zuständigen Minister (Senatoren) der Länder der Bundesrepublik Deutschland v. 24. 2. 1955 sowie den Bericht über die Besprechung der Vertreter der für die Bauaufsicht (Baupolizei) zuständigen Minister (Senatoren) der Länder mit den Vertretern des Bundesministeriums für Wohnungsbau am 21. 1. 1955 in Bad Dürkheim.

[696] Vgl. dazu *Stüer/Ehebrecht-Stüer*, Bauplanungsrecht und Freistellungspolitik der Länder, Münster 1996, S. 11 Fn. 28: Die Ergebnisse der Bad Dürkheimer Besprechung wurden als „Vereinbarung“ verstanden, wie sich aus dem Protokoll ergibt: „Staatssekretär Dr. Wandersleb begrüßt die von allen Ländern der Bundesrepublik Deutschland und von Westberlin entsandten Vertreter und schlägt vor, einen gemeinsamen Ausschuss zur Erarbeitung einer Musterbauordnung zu bilden, um die Bauordnungen der Länder möglichst weitgehend zu vereinheitlichen. Grundlage der Arbeit soll das vom BVerfG erstattete Gutachten über die Zuständigkeit auf dem Gebiet des Baurechts sein. Er schlägt vor, einen Hauptausschuss und einen Sachverständigenausschuss unter Beteiligung des Bundesministeriums für Wohnungsbau zu bilden. Beide Ausschüsse sollten unter der Leitung von Ländervertretern stehen. ... Die Anwesenden werden sich dafür einsetzen, dass ihre Entsendestellen den in Bad Dürkheim am 21. 1. 1955 getroffenen Vereinbarungen zustimmen und sich an den Arbeiten der Kommission und des Arbeitsausschusses ständig beteiligen, da ihnen

kommission[697] für die Baugesetzgebung eine **Musterbauordnungskommission** gebildet. Die Kommission erhielt den **Auftrag**, unter Abstimmung mit dem neuen Städtebaurecht eine **Bauordnung** mit **ergänzenden Rechtsverordnungen** zu **entwerfen**. Die Musterbauordnung sollte den Ländern als Grundlage für die jeweilige als Gesetz zu erlassende Landesbauordnung dienen.

372 Auf der Grundlage des sog. *Wedler*-Entwurfes stellte die Musterbauordnungskommission ihre weiterführenden Überlegungen an. Sie ging bei der Entwurfserarbeitung davon aus, dass der **Bauaufsicht** in der Hauptsache **folgende Aufgaben** obliegen:

- Abwehr von Gefahren,
- Beachtung sozialer Erfordernisse zur Wahrung der öffentlichen Ordnung,
- Sicherung einer einwandfreien Baugestaltung,
- Vollzug der städtebaulichen Pläne,
- Vollzug der Anforderungen an bauliche Anlagen nach anderen Gesetzen, soweit hierfür andere Behörden nicht zuständig sind,
- die Bestimmung von Inhalt und Schranken des Eigentums.

Am **30. Oktober 1959** hat die Kommission die **MBO verabschiedet** und am 30. Dezember 1959 die Vorlage den Ländern übersandt mit der Empfehlung, daraus neue **Landesbauordnungen** zu **entwickeln**.[698]

3. Die Musterbauordnung 1960 und Musterentwürfe für Rechtsverordnungen

373 „Das Bauaufsichtsrecht stellt die Anforderungen an die einzelne bauliche Anlage unter Einbeziehung der engeren Nachbarschaft."[699] Aufgabe der MBO ist es, das Bauaufsichtsrecht zu regeln. Die in Anlehnung an die MBO zu erlassenden **Landesbauordnungen** sind **als Gesetze** zu erlassen, weil die vorgesehene Neuregelung teilweise ältere Gesetze aufhebt und weil die Festlegung des Umfangs und die Abgrenzung des Bauaufsichtsrechts wegen der grundsätzlichen Bedeutung eine Entscheidung des Gesetzgebers erfordern.[700]

a) Aufbau und Inhalt der Musterbauordnung

374 Die **118 Paragraphen** umfassende MBO gliedert sich in einen Abschnitt mit **materiellen Vorschriften** (§§ 1–85) und in einen Abschnitt mit **Verfahrensregelungen** (§§ 86 ff.). Die MBO trifft unter folgenden Obergliederungspunkten die nachstehenden Regelungen: Unter A **„Allgemeine Vorschriften"** (§§ 1–3) begrenzt § 1 den Anwendungsbereich des Gesetzes, § 2 trifft Begriffsbestimmungen und in der **Generalklausel des § 3** werden die allgemeinen Anforderungen an bauliche Anlagen festgelegt:

§ 3
Allgemeine Anforderungen

(1) Bauliche Anlagen sind so zu entwerfen, anzuordnen, zu errichten, zu ändern und zu unterhalten, dass die öffentliche Sicherheit oder Ordnung, insbesondere Leben oder Gesundheit, nicht gefährdet werden. Sie sind einwandfrei zu gestalten, dürfen das Gesamtbild ihrer Umgebung nicht stören und müssen ihrem Zweck entsprechend ohne Missstände benutzbar sein. Die allgemein anerkannten Regeln der Baukunst sind zu beachten.

(2) Für den Abbruch baulicher Anlagen, für die Änderung ihrer Benutzung, für die Baustelle und für die Baugrundstücke gilt Abs. 1 Satz 1 und Satz 3 entsprechend.

(3) Als allgemein anerkannte Regeln der Baukunst gelten insbesondere die von der obersten Baubehörde durch öffentliche Bekanntmachung eingeführten technischen Baubestimmungen. Bei der Bekanntmachung kann hinsichtlich des Inhalts der Baubestimmungen auf die Fundstelle verwiesen werden.

---

dann eine schnelle und zweckmäßige Arbeit der Musterbauordnungs-Kommission und ihres Arbeitsausschusses gewährleistet erscheint."

[697] Vgl. Rn. 350.

[698] Begründungsausschuss (Fn. 12) Vorwort, S. V ff.

[699] Begründungsausschuss (Fn. 12) S. 120.

[700] Begründungsausschuss (Fn. 12) S. 123.

„§ 3 entspricht der herkömmlichen, in den allgemeinen Polizeiverwaltungs- oder Ordnungsgesetzen enthaltenen Generalklausel der Gefahrenabwehr."[701] Er enthält die allgemeinen grundsätzlichen Anforderungen an Baugrundstücke und bauliche Anlagen. § 3 normiert den gesetzlichen Rahmen, in dem sich alle auf Grund der Bauordnung zu erlassenden Rechtsverordnungen, örtliche Bauvorschriften und Einzelanordnungen halten müssen. Damit ist – nach Ansicht des Begründungsausschusses – der **Aufgabenbereich** der Baubehörden **umgrenzt**.[702]

Allerdings war sich die MBO-Kommission darüber im Klaren, „dass das Bauaufsichtsrecht schon seit langem nicht mehr allein mit dem Polizeibegriff der Gefahrenabwehr im klassischen Sinne zu erfassen war".[703] An dieser Tatsache kann der Gesetzgeber – nach Meinung der Kommission – umso weniger vorübergehen, als das **Grundgesetz** ganz allgemein die **Beachtung sozialer Gesichtspunkte** fordert, die **auch** im **Bauaufsichtsrecht** in zunehmendem Maße ihren **Niederschlag** gefunden haben und **finden müssen** ... Die Kommission versucht den Widerspruch zwischen Gefahrenabwehr und Sozial- oder Wohlfahrtsaufgaben dadurch aufzuheben, dass sie die „sozialen Erfordernisse ... in den Begriff der ‚öffentlichen Ordnung' einbezieht."[704] Damit ist allerdings die „Polizeiproblematik" noch nicht erschöpft. Die Generalklausel der Gefahrenabwehr in § 3 MBO wird ergänzt durch allgemeine Anforderungen an die Baugestaltung und durch die Forderung, bauliche Anlagen ordnungsgemäß zu unterhalten.[705] Die MBO-Kommission ist der Meinung, dass die Bauaufsicht nicht darauf beschränkt ist, die Verunstaltung baulicher Anlagen sowie des Orts-, Straßen- und Landschaftsbildes zu verhindern: „Es muss vielmehr **Aufgabe** der **Bauaufsicht** bleiben, die **Baukultur** zu wahren und **zu fördern**. Dies findet in der Forderung Ausdruck, dass bauliche Anlagen einwandfrei zu gestalten sind."[706] 375

Im Abschnitt B **„Das Grundstück und seine Bebauung"** (§§ 4–12) sichert die MBO den Vollzug der Planung nach dem BBauG, damit das einzelne Bauwerk den planungsrechtlichen Festsetzungen entspricht. Regelungen mit unmittelbarer Beziehung zum Bodenrecht (Art. 74 Nr. 18 GG) wie beispielsweise der überbaubare Anteil der Grundstücksfläche, die Geschossflächenzahl, die Baumassenzahl und die Bautiefe sind ebenso wie die Vorschriften über Baulinien einer Rechtsverordnung zum BBauG vorbehalten.[707] Dagegen ist es eine **eigenständige Aufgabe** der MBO, **Abstandsvorschriften** zu **erlassen**. Wegen ihrer Abhängigkeit von Umständen, die in den Gebäuden selbst liegen – wie Bauart, Belichtung, Lüftung, Bewegungsfreiheit der Feuerwehr etc. – weisen sie nämlich nur einen mittelbaren Bezug zum Bodenrecht auf.[708] 376

Unter C legt § 13 MBO die an die **Baustelle** zu richtenden Anforderungen fest. Der Abschnitt D **„Bauliche Anlage"** ist weiter untergliedert und regelt (I.) die **Baugestaltung** (§§ 1, 14 MBO) und (II.) die Anlagen der **Außenwerbung** (§ 15 MBO). Unter III. werden „Allgemeine Anforderungen an die Bauausführung" gestellt. Die in den §§ 16–25 MBO vorgesehenen Regelungen über die **Standsicherheit**, den **Brandschutz**, **Wärmeschutz**, **Schallschutz** etc. konkretisieren die grundsätzlichen Aussagen des § 3 MBO zu Einzelanforderungen.[709] Nach IV. **„Baustoffe und Bauteile"** (§§ 26–30 MBO) folgen unter V. **„Der Bau und seine Teile"** mit den Einzelvorschriften für die wichtigsten Teile üblicher Bauten. Zu den baulichen Anlagen üblicher Art oder Nutzung gehören insbesondere die Wohnungsbauten und ähnliche Geschossbauten einschließlich der Hochhäuser. Die Anforderungen an die Standsicherheit, den Brandschutz, den Wärmeschutz, den Schallschutz und den Feuchtigkeitsschutz regelt die MBO getrennt für die einzelnen Bauteile. 377

[701] Begründungsausschuss (Fn. 12) S. 128.
[702] Begründungsausschuss (Fn. 12) S. 127.
[703] Begründungsausschuss (Fn. 12) S. 121.
[704] Fn. 703.
[705] Begründungsausschuss (Fn. 12) S. 128.
[706] Begründungsausschuss (Fn. 12) S. 122.
[707] Vgl. §§ 16 ff. BauNVO.
[708] Begründungsausschuss (Fn. 12) S. 128 u. Rn. 446 ff.
[709] Begründungsausschuss (Fn. 12) S. 128.

Die MBO-Kommission wählte die **Einteilung nach Bauteilen** „in Anlehnung an die **bewährte Systematik** bestehender Bauordnungen".[710]

378 Der **Hygiene,** dem **Umweltschutz** und der **Wohnkultur** dienen die Forderungen nach ausreichender Wasserversorgung (§ 54 MBO), Waschgelegenheit (§ 55 MBO), Abwasserbeseitigung (§ 58 MBO) und Beseitigung der Abfallstoffe (§ 61 MBO). Die **Wohnkultur** macht als Teil der Wohlfahrtspflege – nach Ansicht der MBO-Kommission – auch besondere Einrichtungen der Haustechnik erforderlich. Als Mindestanforderung müssen beispielsweise Gebäude, die über dem fünften Geschoss mehr als eine Wohnung haben, Aufzüge (§ 44 MBO) und Abfallschächte (§ 60 MBO) erhalten. Gebäude mit selbständigen Wohnungen über dem Erdgeschoss müssen an eine Druckwasserleitung angeschlossen werden.[711]

Ein Unterabschnitt (§§ 62–66 MBO) enthält die bauaufsichtlichen Anforderungen an **Aufenthaltsräume des Menschen**. Gesundheitsschutz und Wohlfahrtspflege gehören nach Ansicht der MBO-Kommission zur Wahrung der öffentlichen Sicherheit oder Ordnung. Diesem Zweck dient vornehmlich die Gewährleistung einer ausreichenden Menge von **Licht**, **Luft** und **Sonne** in den **Wohn-** und **Arbeitsräumen** des Menschen; sie ist allerdings nur im Zusammenhang mit einer angemessenen Gestaltung der Abstandsvorschriften möglich (§§ 6–9 MBO).

379 Für die ebenfalls in großer Zahl gleichartig vorkommenden baulichen Anlagen wie **Garagen** (§ 67 MBO), **landwirtschaftliche Bauten** (§§ 68, 69 MBO) und Baracken (§ 70 MBO) werden die zusätzlich notwendigen Forderungen gestellt. Bauliche Anlagen **besonderer Art** oder **Nutzung** – wie Warenhäuser, Versammlungsstätten, Krankenanstalten, Schulen, Sportstätten, Industriekomplexe etc. – vermag die MBO nicht umfassend zu regeln. § 72 MBO stellt lediglich fest, dass zur Verwirklichung des § 3 Abs. 1 Satz 1 MBO besondere Anforderungen gestellt werden können, die sich insbesondere aus einer dort vorgenommenen Auflistung ergeben.[712]

380 Die MBO sieht unter **„Gemeinschaftsanlagen"** vor. Das sind private Anlagen, die der gemeinschaftlichen Benutzung für mehrere benachbarte Wohn- und Betriebsstätten dienen. So kann es im öffentlichen Interesse geboten sein, für **Stellplätze** und **Garagen** (§ 67 MBO) und für **Kinderspielplätze** – anstatt bestimmter Einzelanlagen – Gemeinschaftsanlagen zu fordern. Nach der MBO wird lediglich bestimmt, „wie und wann die im Bebauungsplan festgesetzten Gemeinschaftsanlagen herzustellen sind".[713] Der Abschnitt F führt **„Die am Bau Beteiligten"** auf und regelt deren **Pflichten** gegenüber der Baubehörde. In den §§ 75–79 MBO sind insbesondere die Verantwortung des **Bauherrn**, des **Entwurfsverfassers**, der **Bauunternehmer** und des verantwortlichen **Bauleiters** umrissen und gegen einander abgegrenzt worden.[714]

381 Unter dem Abschnitt G erklärt § 80 MBO die **Vorschriften** des jeweiligen **Polizeiverwaltungsgesetzes für anwendbar**, soweit die MBO nichts anderes bestimmt. Nach den Ausführungen der MBO-Kommission bestimmt § 80, dass die im allgemeinen Polizeirecht entwickelten Begriffe der Polizeipflichtigkeit, des Veranlassers, Verursachers im Bauaufsichtsrecht anzuwenden sind. „Das Bauaufsichtsrecht ist ein Teil des Ordnungsrechts im Sinne des klassischen Polizeirechts und fällt damit in die Gesetzgebungszuständigkeit der Länder. Es befasst sich mit der Wahrung der öffentlichen Sicherheit und Ordnung im Bauwesen."[715]

382 **„Die Baubehörden"** sind im Abschnitt H (§§ 81–85 MBO) geregelt. Der Aufbau und die Aufgaben der Baubehörden sind hier ebenso bestimmt wie deren örtliche und sachliche Zuständigkeit. Die Aufgaben der Baubehörden sind **Staatsaufgaben** (§ 82 Abs. 1 MBO).

---

710 Fn. 709.
711 Begründungsausschuss (Fn. 12) S. 129.
712 Begründungsausschuss (Fn. 12) S. 128.
713 Begründungsausschuss (Fn. 12) S. 132.
714 Begründungsausschuss (Fn. 12) S. 135.
715 Begründungsausschuss (Fn. 12) S. 150.

Der Abschnitt J **„Verwaltungsverfahren"** normiert unter I. das **baubehördliche Verfahren**. Die Vorschriften über die **Baugenehmigungspflicht**, über **Bauanzeigen** für bauliche Anlagen von untergeordneter Bedeutung, die **Freistellung** einer großen Zahl weiterer baulicher Anlagen (§ 86 MBO) von der Genehmigungs- oder Anzeigenpflicht mit der Ermächtigung der obersten Baubehörde weitere bauliche Anlagen ausnehmen zu können (§ 111 MBO), die Einführung des **Vorbescheides** (§ 89 MBO), einer Teilbaugenehmigung (§ 95 MBO) und einer Typengenehmigung wurden konzipiert, um „das Verfahren zu vereinfachen und zu **beschleunigen**".[716] In den §§ 80 und 90 MBO ist vorgesehen, dass **gegenüber** dem **Antragsteller nur** die **Baugenehmigungsbehörde** tätig wird. Sie holt auch alle anderen Genehmigungen, Bewilligungen oder Erlaubnisse ein, die für das Vorhaben erforderlich sind, und händigt sie aus oder erteilt sie bei der Baugenehmigung mit, soweit sie selbst zuständig ist.[717] Die **Gemeinde** wird am Verfahren beteiligt (§ 88 Abs. 1 und 93 MBO). Bauantrag und Bauvorlagen, die Behandlung des Bauantrages, Abweichungen mit Anhörung der Nachbarn sind ebenso geregelt wie **Baugenehmigung** und Bauanzeige (§§ 88–94 MBO). 383

Für die **Baueinstellung** und **Beseitigung** baulicher Anlagen sind eigenständige Ermächtigungsgrundlagen vorgesehen (§§ 100 und 101 MBO). **Bauüberwachung** und Bauabnahmen sind in den §§ 102 und 104 geregelt. Es folgen Bestimmungen über Baulasten (II.), den Vollzug (III.) und Ordnungswidrigkeiten (IV.). 384

Im Abschnitt K **„Rechts- und Verwaltungsvorschriften"** enthält die Musterbauordnung in § 111 Abs. 1 und 2 Ermächtigungsgrundlagen für Rechtsverordnungen.[718] Im Abschnitt L „Bestehende bauliche Anlagen, Übergangs- und Schlussvorschriften" sieht § 117 MBO die **Aufhebung** all der **bestehenden Vorschriften** – insbesondere der bisher geltenden Bauordnungen, Baupolizeiverordnungen, Gesetze, die die Bauaufsicht regelten,[719] der Reichsgaragenordnung usw. – vor. Kurz gesagt sollten alle baurechtlichen Vorschriften außer Kraft gesetzt werden, die § 186 BBauG wegen der geteilten Gesetzgebungskompetenz nicht erreicht hatte.[720] 385

b) Musterentwürfe von Rechtsverordnungen zur Musterbauordnung

Die MBO-Kommission erarbeitete seinerzeit auch folgende „Musterentwürfe von Rechtsverordnungen zur Musterbauordnung":[721] 386

- Auf Grund des § 111 Abs.l Nr. 1, Abs. 2 und 3 und des § 104 Abs. 7 MBO eine **Durchführungsverordnung** zur MBO.[722]
- Auf Grund des § 88 Abs. 2 MBO die Verordnung über Bauvorlagen im baubehördlichen Verfahren **(Bauvorlagenverordnung)**.[723]
- Auf Grund des § 111 Abs. l Nr. l und 2, Abs. 2 i.V. m. § 104 Abs. 7 MBO die **Garagenverordnung**.[724]
- Auf Grund der §§ 111 Abs.l Nr. 1 und 2; 104 Abs. 7 Nr. 2 und 88 Abs. 2 MBO die Verordnung über Waren- und Geschäftshäuser **(Warenhausverordnung)**.[725]
- Auf Grund des § 82 Abs. 5 MBO die Verordnung über die bautechnische Prüfung von Bauvorhaben **(Prüfingenieurverordnung)**.[726]

---

716 Begründungsausschuss (Fn. 12) S. 137.
717 Begründungsausschuss (Fn. 12) S. 136 f.
718 Vgl. Rn. 424.
719 Z. B. Preußisches Gesetz über baupolizeiliche Zuständigkeiten v. 15. 12. 1933 (GS S. 491).
720 Vgl. Rn. 352.
721 Schriftenreihe des Bundesministers für Wohnungswesen, Städtebau und Raumordnung, Bd. 20: Musterentwürfe von Rechtsverordnungen zur Musterbauordnung, Recklinghausen o. J. (1963).
722 Musterentwürfe (Fn. 721) S. 1–24.
723 Musterentwürfe (Fn. 721) S. 25–33.
724 Musterentwürfe (Fn. 721) S. 34–53.
725 Musterentwürfe (Fn. 721) S. 54–66.
726 Musterentwürfe (Fn. 721) S. 67–72.

- Auf Grund des § 30 Abs. 1 MBO die Verordnung über die Güteüberwachung von Baustoffen und Bauteilen **(Güteüberwachungsverordnung)**.[727]
- Auf Grund des § 29 Abs. 1 Satz 1 MBO die Verordnung über prüfzeichenpflichtige Baustoffe und Bauteile **(Prüfzeichenverordnung)**.[728]

4. Die ersten Landesbauordnungsgesetze und Verordnungen nach der Musterbauordnung

387 Hatten bereits einige Länder vor der MBO Landesbauordnungsgesetze erlassen, die sich noch teilweise auf den sog. *Wedler*-Entwurf stützten,[729] so haben alle Länder auf Grund der MBO 1960 eine Landesbauordnung als Gesetz erlassen:

- Landesbauordnung für Baden Württenberg vom 6. 4. 1964 (GVBl. S. 151)
- Bayerische Bauordnung vom 1. 8. 1962 (GVBl. S. 179, ber. S. 250)
- Bauordnung für Berlin vom 28. 7. 1966 (GVBl. S. 1175)
- Bremische Landesbauordnung vom 15. 5. 1973 (GVBl. S. 109)
- Hamburgische Bauordnung vom 10. 12. 1969 (GVBl. S. 249)
- Hessische Bauordnung vom 4. 7. 1966 (GVBl. S. 171)
- Niedersächsische Bauordnung vom 23. 7. 1973 (GVBl. S. 259)
- Bauordnung für das Land Nordrhein-Westfalen vom 25. 6. 1962 (GVBl. S. 373)
- Landesbauordnung für Rheinland-Pfalz vom 15. 11. 1964 (GVBl. S. 229)
- Bauordnung für das Saarland vom 12. 5. 1965 (ABl. S. 529)
- Landesbauordnung für das Land Schleswig-Holstein vom 9. 2. 1967 (GVBl. S. 51)

388 Die Landesbauordnungen ermächtigen ihrerseits in einer Reihe von Bestimmungen zum Erlass von **Rechtsverordnungen**. Die MBO-Kommission erarbeitete seinerzeit die bereits erwähnten Musterentwürfe für Rechtsverordnungen.[730] Nahezu alle Bundesländer haben entsprechende Rechtsverordnungen zur LBauO erlassen und darüber hinaus weitere Bereiche durch Rechtsverordnungen geregelt.[731]

5. Die Fortschreibung der Musterbauordnung

a) MBO 1981

389 Die MBO 1960 wurde in den folgenden Jahren zunächst nur geringfügig in einzelnen Punkten geändert.[732] Am **7. 5. 1976** erteilte die Konferenz der für das Bau-, Wohnungs- und Siedlungswesen der Länder zuständigen Minister der Länder (ARGEBAU) dem **Arbeitskreis „Bauordnung der Zukunft“** – auch „Bauordnung 2000“ genannt – und dem Arbeitskreis **„Fortschreibung der Musterbauordnung“** den Auftrag, die MBO unter Berücksichtigung folgender Gesichtspunkte weiterzuentwickeln:

- größtmögliche Effizienz
- Sicherung der Einheitlichkeit
- Vereinfachung und Beschleunigung des Verfahrens
- Verringerung des Verwaltungs- und Kostenaufwandes.[733]

390 Der Arbeitskreis „Fortschreibung der Musterbauordnung“ legte im März 1979 einen ersten Entwurf einer überarbeiteten MBO vor, der als **Rahmenbauordnung** konzipiert war. Die Überlegung, die **Bauordnungen** selbst im Wesentlichen auf **allgemeine Grundsätze** zu beschränken und die Einzelregelungen in Rechtsverordnungen und technischen

[727] Musterentwürfe (Fn. 721) S. 73–74.

[728] Musterentwürfe (Fn. 721) S. 75–80.

[729] Vgl. Rn. 369 und Fn. 692.

[730] Vgl. Rn. 386.

[731] Vgl. Rn. 424.

[732] Vgl. Musterbauordnung für die Länder der Bundesrepublik Deutschland, hrsg. *v. Böckenförde/Temme/Krebs*, 6. Aufl., Düsseldorf 1999, Einführung, S. VII.

[733] Vgl. hierzu den Bericht und die Beschlussvorlage der 59. ARGE-Bau-Ministerkonferenz vom 11. 12. 1981, in: Musterbauordnung-MBO, als Manuskript von der Bundesarchitektenkammer vervielfältigt, o. J.

Vorschriften festzulegen, griff der Allgemeine Ausschuss der ARGEBAU nicht auf.[734] Dies hätte zwangsläufig zu einer Unübersichtlichkeit des Rechtsgebiets geführt.[735]

Aufgabe des Arbeitskreises **„Bauordnung der Zukunft"** – dem auf Grund eines Forschungsauftrages ein Team von vier Professoren zur Seite gestellt wurde – war es, nach einer umfassenden Bestandsaufnahme unter Berücksichtigung der Harmonisierungsbestrebungen in der EU **alternative Modellvorstellungen** für ein **neues Bauordnungsrecht** zu erarbeiten.[736] Die wegweisenden Vorschläge dieses Arbeitskreises zum materiellen Recht, zum (reduzierten) Umfang bauaufsichtlicher Prüfungen, zur Übertragung bauaufsichtlicher Prüfungen auf Dritte unter Einsatz des Privatrechts[737] waren nur am Rande für das laufende Verfahren zur Änderung der MBO von Bedeutung. Es wurde nämlich ein klarer **Trennungsstrich** zwischen den Arbeiten an der Fortschreibung der MBO und an der Bauordnung 2000 für ein über das geltende Rechtssystem hinausgehendes Bauordnungsrecht gezogen.[738] Der **Schlussbericht** des Arbeitskreises „Bauordnung der Zukunft" wurde im August 1984 herausgegeben.[739] Ein Teil der Vorschläge – wie der Privatisierung der Bauaufsicht – wurden erst in den 90er Jahren wieder aufgegriffen.[740] 391

Bis zum Herbst 1980 erstellte die Fachkommission „Bauaufsicht" einen neuen **zweiten Entwurf**, dem die Ministerkonferenz im Grundsatz zustimmte, aber eine weitere Diskussion des Entwurfs mit der fachlich interessierten Öffentlichkeit forderte. Nach einer Anhörung und der Stellungnahme von Verbänden und interessierten Stellen wurde der **überarbeitete Entwurf** am 11.12.1981 als **MBO 1981** von der Ministerkonferenz **beschlossen.**[741] 392

Der **Inhalt** der MBO wurde durch den Wegfall von Doppelregelungen wesentlich gestrafft, neu gegliedert und von 118 Paragraphen auf 84 **gestrafft**. Bei den materiellen Normen wurde eine Reihe von Änderungen vorgenommen, um durch Verringerung der materiellen Anforderungen die **Baukosten** zu **senken**. Zu nennen sind hier die Lockerung der Anforderungen an den Ausbau von Aufenthaltsräumen in Keller- und Dachgeschossen (§ 46 MBO) sowie die Möglichkeit, Ausnahmen zu erteilen bei Modernisierungsvorhaben von Wohngebäuden (§ 67 Abs. 2 MBO).[742] Die Allgemeine Durchführungsverordnung wurde in die MBO eingearbeitet. 393

Um ein **Flächen** und **Kosten sparendes Bauen** zu ermöglichen, wurden geringere Anforderungen bei den Abstandsvorschriften gestellt, eine erweiterte Zulässigkeit von **Grenzbauten**, insbesondere Garagen vorgesehen und Festsetzungen in Bebauungsplänen Vorrang vor den bauordnungsrechtlichen Abstandsvorschriften eingeräumt.[743] Ein **zentraler Punkt** der MBO 1981 ist die **Neuregelung** der **Abstandsvorschriften**. Durch § 6 MBO 1981 wurde vom **Bauwich Abschied** genommen. An dessen Stelle traten die **Abstandsflächen**, die sich nach der Wandhöhe und nicht nach der Anzahl der Geschosse bemessen. Die Tiefe der Abstandsfläche beträgt grd. 1 H, in Kerngebieten 0,5 H und in Gewerbe und Industriegebieten 0,25 H, mindestens jedoch 3 m.[744] 394

Auch die **Verfahrensvorschriften** wurden **geändert**. Das **Anzeigeverfahren** wurde **abgeschafft**, so dass es nur noch bei der Unterscheidung von genehmigungspflichtigen 395

---

[734] *Böckenförde/Temme/Krebs* (Fn. 732) S. X.

[735] *Ley*, Die Fortschreibung des Bauordnungsrechts durch die neue Musterbauordnung, NVwZ 1983, 599.

[736] *Böckenförde/Temme/Krebs* (Fn. 732) S. X.

[737] *Süß*, Gedanken zur Reform des Bauordnungsrechts, BayVBl. 1979, 257 ff.

[738] *Böckenförde/Temme/Krebs* (Fn. 732) S. XI.

[739] Die „Vorschläge zur Reform des Bauaufsichtsrechts in der Bundesrepublik Deutschland" (Schlussbericht) des Arbeitskreises Bauordnung der Zukunft der Arbeitsgemeinschaft der für das Bau-, Wohnungs- und Siedlungswesen zuständigen Minister der Länder (ARGEBAU) wurde mit 40 Anlagen in zehn Bänden als Manuskript gedruckt vom Institut für Bautechnik, Berlin, im August 1984 herausgegeben.

[740] Vgl. Rn. 402.

[741] *Böckenförde/Temme/Krebs* (Fn. 732) S. XIII.

[742] *Ley* (Fn. 735) S. 600.

[743] *Böckenförde/Temme/Krebs* (Fn. 732) S. XIII.

[744] *Ley* (Fn. 735) S. 600.

und genehmigungsfreien Vorhaben verblieb (§§ 61, 62 MBO). Die Pflicht zur Bauüberwachung der Bauaufsichtsbehörde wurde durch eine in ihr Ermessen gestellte Entscheidung ersetzt (§ 77 MBO). Rohbau- und Schlussabnahme wurden durch die **Bauzustandsbesichtigung** (§ 78 MBO) ersetzt. Zur Entlastung der Bauaufsichtsbehörden und zur Beschleunigung des Baugenehmigungsverfahrens konnten **Prüfaufgaben** der Bauaufsichtsbehörde auf **Sachverständige** durch Rechtsverordnung **übertragen** werden (§ 81 Abs. 4 Nr. 3 MBO).[745]

396 Die Arbeit der **ARGEBAU**, die MBO laufend fortzuschreiben, wird durchaus **anerkannt**. Es wird jedoch bemängelt, dass die partikulare rechtsbereinigende Wirkung der MBO in vielen Punkten an den Ländergrenzen Halt gemacht hat.[746] *Walper* weist in den 70er Jahren **127** wesentliche **Abweichungen** im Landesbauordnungsrecht nach.[747] Auch *Schellhoss* beklagt die auseinander laufende Entwicklung der Landesbauordnungen. Er hält „in einem verhältnismäßig kleinen Gebiet wie dem der Bundesrepublik Deutschland ... unterschiedliche bauliche, insbesondere bautechnische Anforderungen" nicht für vertretbar.[748] *Stich* beurteilt das Bauordnungsrecht der Länder insgesamt als reformdürftig.[749]

397 Wegen der tlw. grundlegenden Änderung der MBO **novellierten** alle Bundesländer früher oder später ihre **Landesbauordnungen**. Geändert wurden durch Gesetz vom

- 28. 11. 1983 (GVBl. S. 770) die Landesbauordnung für Baden Württenberg
- 2. 7. 1982 (GVBl. S. 419) die Bayerische Bauordnung
- 28. 2. 1986 (GVBl. S. 522) die Bauordnung für Berlin
- 23. 3. 1983 (GBl. S. 89) die Bremische Landesbauordnung
- 1. 7. 1986 (GVBl. S. 183) die Hamburgische Bauordnung
- 20. 7. 1990 (GVBl. I S. 476) die Hessische Bauordnung
- 6. 6. 1986 (GVBl. S. 157) die Niedersächsische Bauordnung
- 26. 6. 1984 (GVBl. S. 419) die Bauordnung für das Land Nordrhein-Westfalen
- 28. 11. 1986 (GVBl. S. 307) die Landesbauordnung für Rheinland-Pfalz
- 10. 11. 1988 (ABl. S. 1373) die Bauordnung für das Saarland
- 24. 2. 1983 (GVBl. S. 86) die Landesbauordnung für das Land Schleswig-Holstein.

398 **Innovationen** des Bauordnungsrechts gehen nicht nur von der MBO aus. Vielmehr zeigt die Entwicklung, dass neue Ansätze **in einzelnen Landesbauordnungen** später in die MBO eingehen. Ein erstes Beispiel hierfür ist die Einführung des **Vereinfachten** (Bau-) **Genehmigungsverfahrens** durch § 64 BauO NRW 1984.[750] Die Entwicklung des Bauordnungsgrechts in den 90er Jahren wird weitere Beispiele für eine Veränderung zunächst in einzelnen Landesbauordnungen liefern.[751]

b) MBO 1990

399 Die am 4. 5. 1990 von der ARGEBAU-Ministerkonferenz beschlossene neue Fassung der Musterbauordnung – **MBO 1990** – enthält zahlreiche Änderungen. die durch die Fortentwicklung der Technik bedingt waren oder die sich aus einer **Überprüfung** des **Brandschutzkonzeptes** ergaben.[752]

c) MBO 1992

400 Die MBO wurde 1992 am 24. 4. und am 11. 12. jeweils neu gefasst. Hauptanlass für die **MBO 1992** Fassung **April** und Fassung **Dezember** war die Umsetzung von EG-Recht.

---

745 *Böckenförde/Temme/Krebs* (Fn. 732) S. XIII und *Ley* (Fn. 735) S. 600.

746 *Schulte* (Fn. 487) S. 84.

747 *Walper*, Föderatives Denken hemmt Rationalisierung, Neue Heimat 1974, S. 14 f., und Einführung in das Bauordnungs- und Bauplanungsrecht, Wiesbaden/Berlin/Köln/Braunsfeld 1977, S. 34 bis 43.

748 *Schellhoss*, Zur Musterbauordnung, ihren Erfolgen und ihren Chancen, BBauBl. 1980, 424, 425.

749 *Stich*, Das Bauordnungsrecht der Länder in der Sackgasse. DVBl. 1981, 354.

750 Vgl. *Gaedtke, Temme, Heintz* (Fn. 732) Einleitung, Rn. 94.

751 Vgl. Rn. 402 ff.

752 *Böckenförde/Temme/Krebs* (Fn. 732) S. XIV f.

Die „Richtlinie des Rates zur Angleichung der Rechts- und Verwaltungsvorschriften der Mitgliederstaaten über Bauprodukt – **EG-Bauproduktenrichtlinie** – vom 21. 12. 1998 8 – 89/106/EWG (ABl. EG Nr. L 40 S. 12) musste in nationales Recht umgesetzt werden. Dies erwies sich als schwierig, weil einerseits der Bund hinsichtlich des **In-Verkehr-Bringens** von und des **freien Warenverkehrs** mit Bauprodukten die Gesetzgebungszuständigkeit besitzt. Andererseits haben die Länder die Gesetzgebungskompetenz – insbesondere im Bereich des Bauordnungsrechts – für Regelungen über die **Verwendung der** in Verkehr gebrachten **Bauprodukte**. Wegen der notwendigen Einheitlichkeit der Umsetzung wurde die **MBO** in den §§ 20 bis 24 c geändert.[753] Der Bund hat von seiner Kompetenz durch Erlass des **Bauproduktengesetz** – BauPG – vom 10. 8. 1992 Gebrauch gemacht.[754]

d) MBO 1993 – Öffnung für eine Bauordnungsreform

Bereits am 10. 12. 1993 hat die Ministerkonferenz der ARGEBAU die **MBO** in der Fassung **Dezember 1993** beschlossen. Bei den §§ 20 bis 24 c MBO wurde das zwischenzeitlich in Kraft getretene Abkommen über das Deutsche Institut für Bautechnik (**DIBt-Abkommen**) berücksichtigt. Zur Umsetzung der Richtlinie 90/396/EWG des Rates vom 29. 6. 1990 zur Angleichung der Rechtsvorschriften für **Gasverbrauchseinrichtungen** (ABl. EG Nr. 196 S. 15)[755] wurde **§ 38 MBO** – Feueranlagen, Wärme und Brennstoffversorgungsanlagen – neu gefasst.[756] 401

In der MBO 1993 kündigt sich auch bereits der Zugriff des **„Schlanken Staates“** mit seinen **Beschleunigungs-**, **Deregulierungs-** und **Privatisierungszielen** auf die **Landesbauordnungen** an.[757] Markierte bereits die baden-württenbergische Verordnung des Innenministeriums über den **Wegfall** der **Genehmigungspflicht** bei **Wohngebäuden** und Nebenanlagen (Baufreistellungsverordnung) vom 26. April 1990 (GBl. S. 144)[758] den Beginn einer – wenn man sie so bezeichnen will – **Bauordnungsreform**[759] mit dem Ziel, „Abschied von der Baugenehmigung“[760] zu nehmen. Die entscheidenden Impulse für eine bis dahin nicht gekannte Veränderung des bauaufsichtlichen Verwaltungsverfahrens gingen vom sog. **Bayerischen Privatisierungsmodell** aus. Dieses sieht zur Privatisierung des bauaufsichtlichen Genehmigungsverfahrens ein stufenförmiges neues Verfahren zur Erfüllung bauordnungsrechtlicher Verantwortung vor: 402

- In einer **ersten Stufe** die Genehmigungsfreistellung bestimmter bebauungsplankonformer Wohnbauvorhaben, wenn bestimmte qualifizierte bautechnische Nachweise erbracht werden (**Baufreistellungsverfahren**),
- in einer **zweiten Stufe** die schrittweise Ersetzung der bis dahin in erster Linie von der Bauaufsichtsbehörde und Prüfingenieuren vorzunehmenden Prüfungen der bautechnischen Nachweise durch **Bescheinigungen** besonders qualifizierter **Sachverständiger**, die von der Bauaufsichtsbehörde nicht mehr nachgerüft werden,
- in der **dritten (End-)Stufe** die **nur** noch **planungsrechtliche Genehmigung**, wenn die Bauvorlagen von einem noch zu schaffenden besonders qualifizierten Entwurfsverfasser stammen.[761]

Um die Möglichkeit für derartige sog. **experimentelle Novellierungen** der Landesbauordnungen einzuräumen, erfuhr die MBO entsprechende Veränderungen. Neben 403

---

[753] *Böckenförde/Temme/Krebs* (Fn. 732) S. XV.

[754] I. d. F. d. Bek. der Neufassung v. 28. 4. 1998 (BGBl. I S. 812) zuletzt geändert durch Gesetz v. 15. 12. 2001 (BGBl. I S. 3762).

[755] Vgl. auch die Gasverbrauchseinrichtungsverordnung v. 26. 1. 1993 (BGBl. I S. 133).

[756] *Böckenförde/Temme/Krebs* (Fn. 732) S. XVf.

[757] Vgl. *Sauter*, Die neue Bauordnung und der „schlanke Staat“, BayVBl. 1998, 2 ff.; zur Begrifflichkeit *Schulte* (Fn. 491).

[758] Geändert durch Verordnung v. 27. April 1995 (GBl. S. 371).

[759] *Jäde*, Zum Stand der Bauordnungsreform, ZfBR 2000, 519.

[760] Krit. *Ortloff*, Abschied von der Baugenehmigung – Beginn beschleunigten Bauens?, NVwZ 1995, 112.

[761] *Busse*, Die neue Bayerische Bauordnung, 2. Aufl. München 1997, Einf. S. XV u. *Sauter* (Fn. 757) S. 6, wonach die 3. Privatisierungsstufe allenfalls mittelfristig in Betracht kommen soll.

einer Ausweitung des sog. Freistellungskataloges (§ 62 MBO) enthält die MBO die **Ermächtigung** zur **Veränderung** des **Baugenehmigungsverfahrens**. Abweichend vom Regel-Baugenehmigungsverfahren soll ein **teilweiser** oder **vollständiger Verzicht** auf die präventive **Prüfung** der materiell-rechtlichen Vorschriften ermöglicht werden. Als weitgehendste Verfahrensänderung wurde die **Genehmigungsfreistellung** von **Wohngebäuden** im Geltungsbereich qualifizierter Bebauungspläne eröffnet. Zur **Privatisierung** der **Bauaufsicht** soll es in Zunkunft möglich sein, dass staatlich anerkannte **Sachverständige** bescheinigen, dass die bauaufsichtlichen Anforderungen erfüllt sind (§ 66 Abs. 4 MBO). Dieser Abbau von staatlicher Kontrolltätigkeit soll zu einer Verstärkung der Verantwortung der am Bau Beteiligten führen. In diese Richtung zielt auch die wichtige Änderung des § 3 Abs. 3 MBO. Danach sind öffentlich-rechtlich in Zukunft als **Technische Baubestimmungen** nur noch die bauaufsichtlich eingeführten technischen Regeln zu beachten.[762]

e) MBO 1996

404 Der Schwerpunkt der Änderungen der **MBO 1996** – Fassung Juni – lag in der Neufassung der § 30 (Dächer), § 32 (Treppenräume und Ausgänge) und § 33 (Notwendige Flure und Gänge). Sie dienten der Klarstellung, und zwar durch Einführung neuer, besser verständlicherer Begriffe wie **„notwendige Treppenräume"** und **„notwendige Flure"** und durch eine bessere Systematik der jeweils umfangreichen Paragraphen. Zugleich wurden aber auch weitere vertretbare materielle Erleichterungen zugelassen. Bislang so nicht erkannte Gefahrenpotentiale haben dazu geführt hat, zusätzliche Anforderungen zu stellen. Eine Anzahl Fliegender Bauten wurden **baugenehmigungsfrei** gestellt.[763]

f) MBO 1997

405 Ziel der **MBO 1997** – Fassung Dezember – war es ein **barrierefreies Bauen** zugunsten **Behinderter**, älterer Menschen und Personen mit Kleinkindern sicherzustellen. Neu gefasst bzw. ergänzt wurden die Vorschriften über **Aufzüge** (§ 34), die Festsetzung der Mindestbreite der Eingangstüren zu Wohnungen, die über Aufzüge erreichbar sein müssen (§ 35 Abs. 4), und über die Erreichbarkeit von Wohnungen mit Aufzügen (§ 45 Abs. 2). Die Änderung der Vorschrift über bauliche **Maßnahmen** für **besondere Personengruppen** (§ 52) diente der Anpassung an die DIN 18025 und die Änderungen des § 34 Abs. 5 Satz 1. § 81 Abs. 8 MBO wurde um die Ermächtigung erweitert, durch **Rechtsverordnung** die Qualifikationsanforderungen für Sachverständige oder **staatlich anerkannte Sachverständige** festlegen zu können.[764]

g) MBO 2002 – Zurück zur Rechtseinheit im Bauordnungsrecht?

406 Die 106. Bauministerkonferenz hat am **8. 11. 2002** eine überarbeitete **MBO** beschlossen.[765] Mit dieser soll den Ländern einerseits unter Berücksichtigung der harmonisierten europäischen Brandschutznormen ein einheitliches modernisiertes **Brandschutzkonzept** zur Umsetzung in den Landesbauordnungen angeboten werden.[766] Andererseits soll die MBO 2002 zur Vereinfachung des Verfahrens- und des materiellen Bauordnungsrechts sowie zu einer **Wiederannäherung** des **Bauordnungsrechts** der Länder beitragen.

407 **aa) Verlust eines einheitlichen bauaufsichtlichen Verfahrensrechts durch die Bauordnungsreform.** Nachdem der bayerische Gesetzgeber sein – bereits erwähntes – **Privatisierungsmodell**[767] mit der **Bayerischen Bauordnung** vom 18. April 1994 (GVBl.

---

[762] *Böckenförde/Temme/Krebs* (Fn. 732) S. XVI.
[763] *Böckenförde/Temme/Krebs* (Fn. 732) S. XVII.
[764] *Böckenförde/Temme/Krebs* (Fn. 732) S. VII.
[765] *Jäde*, Musterbauordnung (MBO 2002). Textsynopse der Fassungen Dezember 1997 und November 2002, München 2003, *ders.*, Musterbauordnung 2002 – ein Überblick, NVwZ 2003, 668 und *ders.*, Grundlinien der Musterbauordnung 2002, ZfBR 2003, 221.
[766] *Farmers*, Die zukünftigen Brandschutzvorschriften der Musterbauordnung, BBauBl. 2001, 10.
[767] Vgl. Rn. 402.

S. 210),[768] umgesetzt hatte, folgten nahezu alle Bundesländer mit mehr oder minder weit gehenden **Beschleunigungs-**, **Deregulierungs-** und **Privatisierungsnovellen** ihrer Landesbauordnungen. **Nordrhein-Westfalen** übertraf mit seiner Bauordnung vom 7. März 1995 (GV. NRW S. 218),[769] die Freistellungspolitik Bayerns, indem es im § 67 BauO NRW **Wohngebäude bis zur Hochhausgrenze** im Geltungsbereich von Bebauungsplänen von der Baugenehmigungspflicht **freigestellt** hat. Bayern und Nordrhein-Westfalen erließen **Sachverständigenverordnungen**, durch die die Prüfung der **Standsicherheit** des **Brandschutzes** sowie des **Schall- und Wärmeschutzes** im bauaufsichtlichen Verfahren überwiegend auf staatlich anerkannte **Sachverständige** verlagert wurde. Die Privatisierung der Bauaufsicht liegt insoweit darin, dass der st. a. Sachverständige im Rahmen eines mit dem Bauherrn abgeschlossenen **Werkvertrages** nach § 631 BGB tätig wird und bescheinigt, dass die jeweiligen Anforderung erfüllt ist und die **Baubehörde** diese Bescheinigungen **nicht überprüft**.[770]

Die sog. **Bauordnungsreform** mit dem Ziel, die Baugenehmigung abzuschaffen und die Bauaufsicht im Kernbereich der technischen Prüfung zu privatisieren, hat in *Jäde* einen entschiedenen **Befürworter** gefunden. Es fehlt aber auch nicht an **Gegnern**, die zu Recht die Auflösung eines bewährten Regelungssystem beklagen und den Verlust wirksamer Rechtschutzmöglichkeiten insbesondere für den Nachbarn befürchten. Durch Abschaffung der Baugenehmigung ist – möglicherweise bundesrechtswidrig – die präventive **Prüfung** des **Bauplanungsrechts nicht** mehr **gewährleistet**. Zudem entfällt mit der Baugenehmigung nicht nur deren, für den Bauherrn überaus wichtige **Legalisierungswirkung**, sondern auch der Angriffgegenstand für den **Nachbarschutz**. In der Literatur hat die Kontroverse zur Bauordnungsreform eine **Vielzahl** von **Veröffentlichungen** veranlasst.[771] Währenddessen hatten die **Verwaltungsgerichte** insoweit die Umstellung des Nachbarschutzes von der Anfechtungs- zur Verpflichtungsklage und die Verlagerung des einstweiligen Rechtsschutzes von den §§ 80, 80 a VwGO auf § 123 VwGO zu verarbeiten und den verstärkten Einsatz des Normenkontroll- und Normenkontrolleilverfahrens zu Zwecken des Nachbarschutzes zu bewältigen. 408

Die Bauordnungsreform in den Ländern hat in einer über ein Jahrzent währenden Abfolge von Vereinfachungs- und Beschleunigungsnovellen zu einer vielfältigen **Ausfächerung** des Bauordnungsrechts geführt.[772] Hatten sich die Bauordnungen der Länder bereits vor 1990 hinsichtlich der **materiellen** Vorschriften auseinander entwickelt,[773] bieten die 16 Landesbauordnungen nunmehr auch **verfahrensrechtlich** ein Bild der **Rechtszersplitterung**. Die divergierenden Landesbauordnungen haben sich zudem weit von der MBO entfernt. „Gemessen am Stand der Entwicklung des Bauordnungsrechts in den Ländern" – so *Jäde* – „ist die **Musterbauordnung** heute weitgehend ein **Muster ohne Wert**, zu dem ... namentlich im Verfahrensrecht kein Weg zurück führt." Vor dem Hintergrund supranationaler europäischer Rechtsvereinigung rät er jedoch zu dem Versuch, ein **Minimum** an **Rechtseinheit** im Bauordnungsrecht **zurückzugewinnen**.[774] 409

bb) Ziele und Inhalt der MBO 2002. Die Begründung der MBO 2002[775] geht davon aus, dass die MBO ihre **Leitbildfunktion** für die Bauordnungen der Länder **weitgehend** – namentlich im Verfahrensrecht – **verloren** hat und sich die Vielzahl unterschiedlicher Regelungsmodelle und die damit verbundene Rechtszersplitterung als **nachteiliger Standortfaktor** auswirken. Die weitgehende Überarbeitung der MBO soll daher ihre **In-** 410

---

768 In Kraft getreten am 1. 6. 1994.

769 In Kraft getreten am 1. 1. 1996.

770 *Schulte* (Fn. 491) S. 259.

771 Die umfangreiche Literatur hierzu ist auf S. 100 ff. abgedruckt, und zwar die Veröffentlichungen *Jädes* (Rn. 420), der Kritiker (Rn. 421) und weiterer Autoren (Rn. 422).

772 *Jäde*, Zum Stand der Bauordnungsreform, ZfBR 2000, 519.

773 Vgl. Rn. 396.

774 *Jäde*, Rechtseinheit im Bauordnungsrecht, NVwZ 2001, 982.

775 Abgedruckt bei *Jäde* (Fn. 765) 9 ff.

tegrationskraft für die Entwicklung des Bauordnungsrechts **neu begründen**. Ungeeignet erscheint hierfür eine MBO, die gewissermaßen einen repräsentativen Querschnitt des in den Ländern geltenden Bauordnungsrechts widerspiegelt. Vorzugswürdig erscheint dagegen eine MBO, in der sich zwar möglichst viele Grundelemente der Länderbauordnungen wiederfinden können, die aber zugleich auch die weitere Entwicklung des Bauordnungsrechts als akzeptierten Richtwert leitet und lenkt.

411 **Ziel** der **Neufassung** ist eine Musterbauordnung, die

- sich im Verfahrens- wie im materiellen Recht auf die aus heutiger Sicht notwendigen Regelungen **beschränkt**,
- nicht nur einen bestimmten Rechtszustand abbildet, sondern den Ländern als **Orientierungsrahmen** für die Fortentwicklung des Bauordnungsrechts dienen kann und
- angesichts des unterschiedlichen Standes der Entwicklung des Bauordnungsrechts in den Ländern und deren unterschiedlicher Rahmenbedingungen den jeweiligen Besonderheiten entsprechend **flexible Anpassungen** ermöglicht.

Es ist davon abgesehen worden, ausländische Bauordnungsmodelle mit einer (noch) stärkeren „Privatisierung" des formellen und materiellen Bauordnungsrechts in die Überlegungen einzubeziehen. Auch ist auf weiter reichende Erwägungen in Richtung **auf** grundsätzliche Systemveränderungen beispielsweise durch Ausgliederung des Verfahrensrechts aus den Bauordnungen und Integration in ein noch zu schaffendes **allgemeines Anlagengenehmigungsverfahrensrecht** in den Verwaltungsverfahrensgesetzen oder durch Ausgestaltung der Baugenehmigung als Anlagengenehmigung mit **Konzentrationswirkung**[776] **verzichtet** worden.

412 Im Verfahrensrecht geht die MBO von drei Grundtypen aus: dem Baugenehmigungsverfahren (§ 64), dem vereinfachten Baugenehmigungsverfahren (§ 63) und der Genehmigungsfreistellung (§ 62). Den Vorrang anderer Gestattungsverfahren regelt § 60. In § 61 sind die verfahrensfreien Vorhaben und Abbrüche katalogisiert. Die Regelung über Ausnahmen und Befreiungen ist durch eine schutzzielbezogene Abweichungsvorschrift (§ 67) ersetzt worden. Das **Baugenehmigungsverfahren** (§ 64) ist gegenüber der herkömmlichen Baugenehmigung, die grundsätzlich auf eine umfassende Prüfung aller an das jeweilige Bauvorhaben gestellten öffentlich-rechtlichen Anforderungen zielte und eine umfassende öffentlich-rechtliche Unbedenklichkeitsbescheinigung im Sinne der **Schlusspunkttheorie** darstellte, völlig **neu gestaltet**. Das Prüfprogramm ist im Kern auf die spezifisch **baurechtlichen Anforderungen** – bauplanungs- und bauordnungsrechtliche Zulässigkeit – **beschränkt**. Sonstiges öffentliches Recht wird darüber hinaus nur geprüft, wenn dies das nicht-baurechtliche (Fach-)Recht ausdrücklich vorsieht (**„aufgedrängtes öffentliches Recht"**).

413 Das **vereinfachte Genehmigungsverfahren** (§ 63) bietet im Abs. 1 Satz 1 sechs sog. **Module** (A–F) für den gegenständlichen Anwendungsbereich zur Auswahl von der weitgehendsten Regelung ([A] außer Sonderbauten) bis zur Minimallösung zum Gebrauch an. Der Prüfungsmfang ist auf die bauplanungsrechtliche Zulässigkeit nach den §§ 29 bis 38 BauGB und die Prüfung des „aufgedrängten sonstigen Rechts" reduziert. Eine **Prüfung** des **Bauordnungsrechts** findet grds. **nicht** mehr statt. Etwas anderes gilt nur noch, wenn im Rahmen des § 66 MBO etwas anderes bestimmt wird.

414 Die **Genehmigungsfreistellung** (§ 62) **verschmilzt** Elemente der unter verschiedenartigen Bezeichnungen in den Länderbauordnungen enthaltenen **Anzeige-** und **Genehmigungsfreistellungsverfahren**. Auch hier werden sechs Module von der weitgehendsten Genehmigungsfreistellung – alles außer Sonderbauten – bis zur geringsten – Wohngebäude der Gebäudeklassen 1 und 2 – als mögliche Verfahrenstypen angeboten, unter denen die Länder auswählen dürfen.

---

[776] Der brandenburgischen Baugenehmigung kommt gem. § 67 Abs. 1 BbgBO tlw. Konzentrationswirkung zu. Vgl. dazu *Ortloff*, Ex oriente lux brandenburgische Baugenehmigung mit Konzentrationswirkung, NVwZ 2003, 1218.

Eigenständig geregelt ist die **Prüfung** und Überwachung **bautechnischer Anforderungen** (vgl. § 66). Dabei wird je nach Schwierigkeitsgrad und Gefährdungspotential differenziert zwischen Bauvorhaben, bei denen die **Entwurfsverfasserqualifikation** für die Erstellung des bautechnischen Nachweises genügt, bei denen hierfür eine angehobene Qualifikation zu fordernn und solchen, bei denen eine Prüfung derartiger Nachweise (und eine entsprechende Bauüberwachung) geboten ist („Vier-Augen-Prizip"). Bei der Realisierung dieses **Vier-Augen-Prinzips** hinsichtlich der zentralen bauordnungsrechtlichen Anforderungsbereiche der **Standsicherheit** und des **Brandschutzes** hat sich eine besonders große Bandbreite in den von Ländern entwickelt. Während teilweise die herkömmliche bauaufsichtliche Prüfung (einschließlich der Übertragung bauaufsichtlicher Prüfaufgaben auf private Dritte als beliehene Unternehmer – Prüfingenieure) für unverzichtbar gehalten wird, wird andererseits ein weitestgehender Rückzug aus dieser hoheitlichen Prüfung zugunsten eines Systems privater und ausschließlich privatrechtlich tätiger Prüfsachverständiger für möglich gehalten. Insoweit enthält die Neufassung der MBO lediglich einen entwicklungsoffenen Rahmen, der die Länder nicht auf ein bestimmtes Maß an „Privatisierung" bisher bauaufsichtlich wahrgenommener Prüfungen festlegen soll. Die gleiche Qualifikation von Prüfingenieuren und Prüfsachverständigen sowie deren Unabhängigkeit und wechselseitige Anerkennung in den Ländern soll durch die MBO sichergestellt werden. 415

Die MBO 2002 enthält aber auch eine Reihe neuer **materieller Regelungen**. Neu ist die Einteilung der Gebäude in Gebäudeklassen von 1 bis 5. Mit dem neuen Brandschutzkonzept werden für die kleinen Gebäude (Gebäudeklassen 1 und 2, § 2 Abs. 3 Satz 1 Nrn. 1 und 2) und für die Gebäudeklasse mit Zellenbauweise (Gebäudeklasse 4, § 2 Abs. 3 Satz 1 Nr. 4) **Erleichterungen** für die **Feuerwiderstandsfahigkeit** der Bauteile umgesetzt und die konstruktive Holzverwendung für Gebäude mit bis zu fünf Geschossen eröffnet. Es wird zwischen feuerbeständig, hochfeuerhemmend und feuerhemmend unterschieden. Mit der getrennten Betrachtung der Baustoff- und der Bauteilanforderungen sowie die Schutzzielbeschreibungen soll die Zuordnung zu den europäischen Klassifizierungskriterien erleichert werden. lnsgesamt sind die Brandschutzanforderungen für die Gebäude, die keine Sonderbauten sind, aus dem Gesetz und den zugehörigen eingeführten Technischen Baubestimmungen sowie der Bauregelliste abschließend ablesbar. 416

Die **Abstandsflächenbestimmung** des § 6 ist auf sieben Absätze reduziert und – so die Begründung – auf ausschließlich bauordnungsrechtliche Zielsetzungen zurückgeführt worden. Die **Regelabstandsfläche** wird auf 0,4 H (H = Wandhöhe) reduziert. Dadurch wird der Abstand zu allen Seiten auf das Maß des Schmalseitenprivilegs zurückgeführt, das damit abgeschafft ist. Schwierige rechtliche Beurteilungen entfallen. Der Nachteil liegt in einer stark verdichteten Bebauung und in der noch schwierigeren Beurteilung, in welchen Fällen diese gegen das planungsrechtliche **Gebot der Rücksichtnahme** verstößt. Eine Prüfung des Bauordnungsrechts findet im vereinfachten Baugenehmigungsverfahren zudem nicht mehr statt. 417

§ 49 MBO 2002 regelt in drei Absätzen **Stellplätze**, **Garagen** und **Fahradabstellplätze**. Dem Hinweis auf § 86 Abs. 1 Nr. 4 MBO ist zu entnehmen, dass die Festlegung der Zahl der notwendigen Stellplätze künftig **von** den **Gemeinden** durch **örtliche Bauvorschrift** vorgenommen werden soll, die ebenfalls die Ablösung von Stellplätzen regelt. Die Stellplatzablösepflicht bei Ausschluss oder Beschränkung der Zulässigkeit der Errichtung von Stellplätzen oder Garagen entfällt. Gestrichen worden ist die nachbarschützende Vorschrift des § 48 Abs. 9 a.F., wonach Stellplätze und Garagen so angeordnet werden müssen, dass ihre Benutzung die Gesundheit nicht schädigt und die Umgebung nicht über das **zumutbare Maß** stört. Die hier geregelten Anforderungen sollen teils in der Generalklausel (!) und teils im planungsrechtlichen Gebot der Rücksichtnahme enthalten sein. 418

Die Anforderungen an **Aufenthaltsräume** und **Wohnungen** sind in vielen Einzelheiten vermindert. Hinsichtlich der Aufenthaltsräume werden sie teilweise nicht mehr auf Wohngebäude der Gebäudeklassen 1 und 2 angewandt, weil – so die Begründung – der 419

(Wohnungs-)Markt dies regelt! Neu gefasst ist die Regelung des § 50 über das **barrierefreie Bauen**.

h) Literatur zur Bauordnungsreform

420 *Jäde*, Strukturprobleme des Bauordnungsrechts, UPR 1994, 201; *ders.*, Auf der Flucht vor dem neuen Baurecht, BayVBl. 1994, 363; *ders.*, Die Freistellungserklärung ist keine Baugenehmigung, KommP BY 1994, 414; *ders.*, Keine Angst vor der neuen Bauordnung!, MittBayNot 1994, 401; *ders.*, Verfahrensfragen der neuen Landesbauordnungen, UPR 1995, 81; *ders.*, Bauordnungsrecht im Wandel, GewArch. 1995, 187; *ders.*, Nochmals: Das Genehmigungsfreistellungsverfahren, NWVBl. 1995, 206; *ders.*, Nochmals: Abschied von der Baugenehmigung – Beginn beschleunigten Bauens?, NVwZ 1995, 672; *ders.*, Das Bundesbaurecht und die neuen Landesbauordnungen, ZfBR 1996, 18; *ders.*, Fortschreibung der Bauordnungsnovelle 1994 – erste Grundzüge, BayBgm. 1996, 11; *ders.*, Nochmals: Genehmigungsbedürftigkeit von Bauvorhaben in Mecklenburg-Vorpommern, LKV 1996, 14; *ders.*, Landesrechtliche „Bestandskraftverstärkung" für Bebauungspläne?, UPR 1996, 12; *ders.*, Ausgewählte Verfahrensfragen des § 62b ThürBO, ThürVBl. 1996, 49; *ders.*, Neue Bayerische Bauordnung – zweite Stufe, DAB 1996, BY 49; *ders.*, Gebühren im Genehmigungsfreistellungsverfahren?, KommP BY 1996, 10; *ders.*, Das Genehmigungsfreistellungsverfahren in der Praxis, in: *Hoppe/Bauer/Faber/Schink*, S. 33 ff.; *ders.*, BayBO 1998 – Zwischenbilanz im Gesetzgebungsverfahren, BayBgm. 1997, 224; *ders.*, Neuere Entwicklungen im Bauordnungsrecht, in: Deutsche Gesellschaft für Baurecht e.V. (Hrsg.), Vortragsveranstaltung „Rechtsprechung des Bundesverwaltungsgerichts und der Oberverwaltungsgerichte zum Öffentlichen Baurecht", 11. 4. 1997; *ders.*, Genehmigungsfreistellung und Normenkontrolle, KommP BY 1997, 253; *ders.*, Bayerische Bauordnung 1998, KommP BY 1997, 287; *ders.*, Aktuelle „Nahtstellenprobleme" des Bauordnungsrechts, ZfBR 1997, 171; *ders.*, Bauordnungsreform in Bayern – Zweite Stufe, DAB 1997, BY 153; *ders.*, Bauordnungsrecht und Bundesbaurecht – Lösungen und Probleme des BauGB 1998, ZfBR 1998, 129; *ders.*, Reformansätze im Bauordnungsrecht, ThürVBl. 1998, 193; *ders.*, Die bauaufsichtliche Lebenslüge, die Schutznormtheorie und das Bundesverwaltungsgericht, UPR 1998, 326; *ders.*, Ausgewählte Verfahrensfragen des § 69 BbgBO 1998, LKV 1998, 465; *ders.*, Verantwortliche Sachverständige im Bauwesen – Fragen und Probleme, DAB 2000, BY 102; *ders.*, Die bayerische Bauordnungsreform in der Rechtsprechung des Bayerischen Verwaltungsgerichtshofs, BayVBl. 2000, 481; *ders.*, Zum Stand der Bauordnungsreform, ZfBR 2000, 519; *ders.*, Rechtseinheit im Bauordnungsrecht?, NVwZ 2001, 982; *ders.*, Diskussionsschwerpunkte einer neuen Musterbauordnung, ZfBR 2002, 21; *ders.*, Strukturprobleme des Bauordnungsrechts II, UPR 2002, 87; *ders.*, Musterbauordnung 2002 – ein Überblick, NVwZ 2003, 668.

421 *Ortloff*, Abschied von der Baugenehmigung – Beginn beschleunigten Bauens?, NVwZ 1995, 112; *ders.*, Schon wieder Änderungen der Bauordnung für Berlin, LKV 1998, 131; *ders.*, Verwaltungsrechtsschutz zwischen Privaten?, NVwZ 1998, 932; *ders.*, Ex oriente lux – brandenburgische Baugenehmigung mit Konzentrationswirkung, NVwZ 2003, 1218; *Ortloff/Rapp*, Genehmigungsfreies Bauen: Neue Haltungsrisiken für Bauherren und Architekten, NJW 1996, 2346; *Pfaff*, Die neue Landesbauordnung für Baden-Württemberg – ein Fehlgriff des Gesetzgebers?, BWVBl. 1996, 281; *Mampel*, Ver(de)reguliert: Einige Überlegungen zum Baugenehmigungs-Freistellungsverfahren, NVwZ 1996, 1160; *ders.*, Baurechtlicher Drittschutz nach der Deregulierung, UPR 1997, 267; *Schulte*, Bundesrechtswidrige Baugenehmigungsfreistellung von Wohngebäuden durch Landesbauordnungen?, Eildienst Städtetag Nordrhein-Westfalen 1995, 85 = BauR 1995, 174

422 *Bamberger*, Die verwaltungsgerichtliche vorläufige Einstellung genehmigungsfreier Bauvorhaben. Synchronisierung von Anordnungs- und Aussetzungsverfahren?, NVwZ 2000, 983; *Bauer/Breuer/Degenhart/Oldiges* (Hrsg.), 100 Jahre Allgemeines Baugesetz in Sachsen, 2000; *Barth*, Landesrechtliche Regelungen über die Vereinfachung und den Abbau von Baugenehmigungsverfahren für Wohngebilde mit geringer Höhe, DAB 1995, 85,

276; *Berg*, Zur Entwicklung des Baurechts in Sachsen, BauR 1993, 286; *Blümel*, Vereinfachung des Baugenehmigungsverfahrens und Nachbarschutz, in: *Ebenroth/Hesselberger/Rinne* (Hrsg.), Verantwortung und Gestaltung. Festschrift für Boujong zum 65. Geburtstag, 1996, S. 521; *Borges*, Der Nachbarrechtsschutz im Freistellungsverfahren, DÖV 1997, 900; *Bunzel/Handke*, Verkürzung des bauaufsichtlichen Kontrollverfahrens – wo bleibt das Planungsrecht?, ZfBR 1995,173; *Dahlke*, Die Bedeutung von Sachverständigen im Baugenehmigungsverfahren, in: *Hoppe/Bauer/FaberlSchink* (Hrsg.), Rechts- und Anwendungsprobleme der neuen Bauordnung NW. Schriftenreihe des Freiherr-vom-Stein-Institutes, Bd. 24, 1996, S. 72/80 I.; *Dahlke-Piel*, Entwurf einer neuen Musterbauordnung, Bauplanungsrecht und die Rechte der Gemeinde, UPR 2002, 81; *Dannecker*, Landesbauordnung 1996 – Rechtsschutz des Nachbarn bei der Errichtung von Wohnbauvorhaben, KommP BW 1997, 35; *Degenhart*, Genehmigungsfreies Bauen und Rechtsschutz, NJW 1996, 1433; *ders.*, Privatisierung bauaufsichtlicher Prüffunktionen und Unabhängigkeit der bautechnischen Prüfung, in: *Bauer/Breuer/Degenhart/Oldiges*, S. 571; *Dirnberger*, Die Bauordnungsnovelle 1994 – Die wesentlichen Auswirkungen für die Gemeinden, BayBgm. 1994, 237; *Erbguth/Stollmann*, Aktuelle Rechtsentwicklungen im Bauordnungsrecht, JZ 1995, 1141; *dies.*, Das bauordnungsrechtliche Genehmigungsfreistellungsverfahren, BayVBl. 1996, 65; *dies.*, Rechtsfragen des Genehmigungsfreistellungsverfahrens – am Beispiel der nordrhein-westfälischen Bauordnung, Eildienst des Landkreistages Nordrhein-Westfalen 1996, 302, 331; *Gnatzy*, Verfahrensliberalisierung im Bauordnungsrecht der Länder. Dogmengeschichtliche Entwicklung und Neuausrichtung bauaufsichtlicher Präventivverfahren in Korrelation zu der Risikoverteilung zwischen Staat und privaten Rechtsobjekten, Berlin, 1999; *Goerlich*, Normerosion und administrative Vollzugsdefizite, SächsVBI. 1995, 249; *ders.*, Materielle Ziele, Privatisierung, Funktionen der Verwaltung und Stellung des Bürgers, SächsVBI. 1995, 249; *Goerlich/Krüger*, Rechtsfragen der sächsischen Bauordnung vom 26. Juli 1994, in: *Bauer/Breuer/Degenhart/Oldiges*, S. 551; *Gramlich*, Die baurechtliche Gesetzgebung in Sachsen seit 1990, in: *Bauer/Breuer/Degenhart/Oldiges*, S. 521; *Gröpl/Schleyer*, Anspruch des Nachbarn auf Einsichtnahme in die Bauunterlagen bei der Genehmigungsfreistellung?, BayVBl. 1998, 97; *Grziwotz*, Das neue bayerische Bauordnungsrecht, MittBayNot 1994, 185; *Held*, Deregulierung von bauaufsichtlichen Genehmigungsverfahren durch Landesrecht, 1999; *Herbert/Keckerneli/Dittrich*, Die neue Hessische Bauordnung (HBO 1993) – Umweltschutz und Verfahrensbeschleunigung, ZfBR 1995, 67; *Jäde/Weinl/Dirnberger*, Schwerpunkte des neuen Bauordnungsrechts, BayVBI. 1994, 321; *Jäde/Weiß*, Bayerische Bauordnung 1994/1998. Textsynopse mit amtlicher Begründung, 1997; *dies.*, Das Zweite Gesetz zur Vereinfachung und Beschleunigung baurechtlicher Verfahren, BayVBl. 1998, 7; *Kirstenpfad*, Beschleunigtes Baurecht in der Praxis, LKV 1996, 236; *Knemeyer*, Deregulierung, Verfahrensvereinfachung und Verfahrensbeschleunigung – Bauverfahrensrecht in einem schlanken Staat, in: *Grupp/Ronellenfitsch* (Hrsg.), Planung – Recht – Rechtsschutz. Festschrift für Blümel zum 70. Geburtstag, Berlin 1999, S. 259; *Korioth*, Der Abschied von der Baugenehmigung nach § 67 BauO NW, DÖV 1996, 665; *Krohn*, Die Genehmigungserleichterungen für „Wohngebäude" im Bauordnungsrecht unter besonderer Berücksichtigung der Regelungen des § 64 LBauO MV, Diss. iur., Greifswald 1997; *Kruhl*, Nachbarschutz und Rechtssicherheit im baurechtlichen Anzeigeverfahren, 1999; *Löffelbein*, Genehmigungsfreies Bauen und Nachbarrechtsschutz, 2000; *Mampel*, Nachbarschutz im Freistellungsverfahren, BayVBl. 2001, 417; *Manssen*, Die Genehmigungsfreistellung für Wohgebäude für die Landesbauordnung Mecklenburg-Vorpommern, NVwZ 1994, 144; *Martin*, Baurechtsvereinfachung und Nachbarschutz, DVBl. 2001, 417; *ders.*, Die Genehmigungsfreistellung für Wohngebäude in der Landesbauordnung Mecklenburg-Vorpommern, NVwZ 1994, 144; *Möllgaard*, Die Landesbauordnung Mecklenburg-Vorpommern vom 26. 4. 1994, LKV 1994, 429; *Neuhausen*, Genehmigungsfreie Wohngebäude, Garagen und Stellplätze (§ 67 BauO NW), BauR 1996, 192; *ders.*, Zur Änderung des § 67 BauO NW (Genehmigungsfreie Wohngebäude, Garagen und Stellplätze), BauR 2000, 326; *Oeter*, Baurechtsvereinfachung, Drittschutz und die Erfordernisse wirksamen Rechtsschutzes, DVBl. 1999, 189; *Preschel*, Abbau der präventiven bauaufsichtlichen Prüfung und Rechtsschutz, DÖV 1998, 45; *Reicherzer*, Art. 73 BayBO: Potenzieller Prüfungsumfang bei partieller Prüfpflicht. BayVBl. 2000, 750; *Ring*, Genehmigungsbedürftigkeit von Bauvorhaben in Mecklenburg-Vorpommern, LKV 1995, 236; *Ritter*, Bauordnungsrecht in der Deregulierung, DVBl. 1996, 542; *Sacksofsky*, Privatisierung des baurechtlichen Nachbarschutzes bei genehmigungsfreien Vorhaben?, DÖV 1999, 946; *Sarnighausen*, Behördliche Ermessensbindungen zum Schutz des Nachbarn gegen genehmigungsfreie Wohnbauten, UPR 1998, 329; *Sauter*, Die neue Bauordnung und der „schlanke Staat", BayVBl. 1998, 2; *Schmaltz*, Die Freistellung von Wohngebäuden vom Genehmigungsvorbehalt nach § 69 a NBauO, NdsVBl. 1995, 241; *ders.*, Anmerkung zu VGH Baden-Württernberg, Beschl. v. 26. 10. 1994 –, 8S2763/94, NSt-N 1995, 124; *Schmidt-Preuß*, Verwaltung und Verwaltungsrecht zwischen gesellschaftlicher Selbstregulierung und staatlicher Steuerung, VVDStRL 56, 162; *ders.*, Selbstregulierung im Bauordnungsrecht – das Modell Sachsen, in: Bauer/Breuer/Degenhart/Oldiges, S. 585; *St. Schulte*, Das Regelwerk der Fristen im Genehmigungsverfahren der neuen LBO-Wahrer Nutzen für die Beschleunigung oder bloß schöner Schein?, BWVBl. 1996, 289; *ders.*, Das Kenntnisgabeverfahren in der neuen Landesbauordnung für Baden-Württemberg, DÖV 1996, 551; *Simon*, Die neue Bayerische Bauordnung aus der Sicht der Praxis, BayVBl. 1994, 332; *ders.*, Für eine sach- und praxisgerechte Anwendung der neuen Bayerischen Bauordnung, BayVBl. 1994, 581; *Stollmann*, Der Entwurf einer neuen Bauordnung für das Land Nordrhein-Westfalen, NWVBl. 1995, 41; *ders.*, Das neue Baugenehmigungsrecht in Nordrhein-Westfalen, KommP N 1995, 240; *ders.*, Anmerkung zu OVG Nordrhein-Westfalen, Beschl. v. 30. 5. 1996 – 10 a B 1073/96.NE –, KommP N 1996, 337; *ders.*, Rechtliche Grenzen der Vereinfachung und Beschleunigung des Baugenehmigungsverfahrens, NordÖR 2000, 400; *Stüer/Ehebrecht-Stüer*, Bauplanungsrecht und Freistellungspolitik der Länder. §§ 29 ff. BauGB und die neuen Landesbauordnungen. Beiträge zum Siedlungs- und Wohnungswesen und zur Raumplanung, Bd. 168, Münster 1996; *dies.*, Bauplanungsrecht und Freistellungspolitik der Länder, DVBl. 1996, 482; *Uechtritz*, Nachbarrechtsschutz bei der Errichtung von Wohngebäuden im Freistellungs-, Anzeige- und vereinfachten Verfahren, NVwZ 1996, 640; *ders.*, Vorläufiger Rechtsschutz eines Nachbarn bei genehmigungsfreigestellten Bauvorhaben-Konkurrenz zwischen Zivil- und Verwaltungsprozess?, BauR 1998, 719; *Uechtritz/Schladebach*, Die vorläufige Untersagung nach § 15 Abs. 1 Satz 2 BauGB; Probleme bei der Harmonisierung von Planungsrecht und „deregulierten" Verfahren, BauR 2001, 37; *Weiß*, Freistellungsverfahren und Bauantrag in der bayerischen Gemeinde, 1998; *Winkler*, Das vereinfachte Baugenehmigungsverfahren nach Art. 80 BayBO (Art. 73 BayBO 1998), BayVBl. 1997, 744.

Teil 5. Das Bauordnungsrecht der 16 Bundesländer

I. Rechtsquellen

1. Landesbauordnungen

- **Landesbauordnung für Baden Württemberg** (LBO [BW]) vom 8.8.1995 (GBl. S. 617) zuletzt geändert durch Gesetz vom 19.12.2000 (GBl. S. 760) 423
- **Bayerische Bauordnung** (BayBO) in der Fassung der Bekanntmachung v. 4.8. 1997 (GVBl. S. 433, ber. 1998 S. 270) zuletzt geändert durch Gesetz vom 7.8.2003 (GVBl. S. 497)
- **Bauordnung für Berlin** (BauO Bln) in der Fassung der Bekanntmachung vom 3.9. 1997 (GVBl. S. 422) zuletzt geändert durch Gesetz vom 16.7.2001 (GVBl. S. 260)
- **Brandenburgische Bauordnung** (BbgBO) vom 16.7.2003 (GVBl. I S. 210)
- **Bremische Landesbauordnung** (BremLBO) vom 27.3.1995 (GVBl. S. 211) zuletzt geändert durch Gesetz vom 8.4.2003 (GBl. S. 159)
- **Hamburgische Bauordnung** (HBauO) vom 1.7.1986 (GVBl. S. 183) zuletzt geändert durch Gesetz vom 17.12.2002 (GVBl. S. 347)
- **Hessische Bauordnung** (HBO) vom 18.6.2002 (GVBl. S. 274)
- **Landesbauordnung Mecklenburg-Vorpommern** (LBauO M-V) in der Fassung der Bekanntmachung vom 6.5.1998 (GVOBl. S. 468, ber. S. 612) zuletzt geändert durch Gesetz vom 9.8.2002 (GVOBl. S. 531)
- **Niedersächische Bauordnung** (NBauO) in der Fassung der Bekanntmachung vom 10.2.2003 (Nds. GVBl. S. 89)
- **Bauordnung für das Land Nordrhein-Westfalen** – Landesbauordnung – (BauO NRW) in der Fassung der Bekanntmachung vom 1.3.2000 (GV. NRW. S. 256) geändert durch Gesetz vom 16.12.2003 (GV. NRW. S. 766, 769)
- **Landesbauordnung Rheinland-Pfalz** (LBO [Rh-Pf]) vom 24.11.1998 (GVBl. S. 365) zuletzt geändert durch Gesetz vom 16.12.2002 (GVBl. S. 481)
- **Bauordnung für das Saarland** (LBO [Saarl]) vom 27.3.1996 (Amtsbl. S. 477) zuletzt geändert durch Gesetz vom 8.7.1998 (Amtsbl. S. 721)
- **Sächsische Bauordnung** (SächsBO) vom 18.3.1999 (GVBl. S. 86) zuletzt geändert durch Gesetz vom 14.12.2001 (GVBl. S. 716)
- **Gesetz über die Bauordnung des Landes Sachsen-Anhalt** (BauO LSA) vom 9.2.2001 (GVBl. S. 50) zuletzt geändert durch Gesetz vom 16.7.2003 (GVBl. S. 158)
- **Landesbauordnung für das Land Schleswig-Holstein** (LBO [SchlH]) in der Fassung der Bekanntmachung vom 10.1.2000 (GVOBl. S. 47, ber. S. 213) zuletzt geändert durch Gesetz vom 16.12.2002 (GVOBl. S. 264)
- **Thüringer Bauordnung** (ThürBO) in der Fassung der Bekanntmachung vom 3.6. 1994 (GVBl. S. 553) zuletzt geändert durch Gesetz vom 24.10.2001 (GVBl. S. 265).

2. Verordnungen, örtliche Bauvorschriften und Verwaltungsvorschriften zu den Landesbauordnungen

Um die Landesbauordnungen nicht mit Detailregelungen zu überlasten, sind sie darauf ausgerichtet, durch **Rechtsverordnungen, örtliche Bauvorschriften** und **Verwaltungsvorschriften** ergänzt zu werden. Alle Landesbauordnungen enthalten entsprechende Ermächtigungstatbestände. Die Rechtsverordnungen regeln einerseits Anforderungen, die vorrangig dem Verfahren dienen, zum anderen präzisieren sie materielle Anforderungen. Zu ihnen gehören insbesondere die Sonderbauverordnungen. Hatte bereits die MBO-Kommission Musterentwürfe von Rechtsverordnungen erarbeitet,[777] die zunächst den 424

[777] Vgl. Rn. 386

herkömmlichen Rahmen bestimmten, ist dieser inzwischen insbesondere zur Sicherstellung von Deregulierungs- und Privatisierungszielen, aber auch zur Umsetzung von EG-Richtlinien stark ausgeweitet worden.[778] Unter Verwaltungsvorschriften werden herkömmliche Anweisungen übergeordneter an nachgeordnete Verwaltungsorganisationen verstanden, denen unmittelbare Wirkungen gegenüber den Bürgern nicht beigemessen werden. Als norminterpretierende Verwaltungsvorschriften dienen sie der Steuerung des Verwaltungshandelns und binden die Gerichte in der Regel nicht.[779]

3. Technische Baubestimmungen

425 Neben den Bauordnungsgesetzen, den auf Grund der Bauordnungen der Länder erlassenen Rechtsverordnungen und Verwaltungsvorschriften sind in der Praxis die **technischen Baubestimmungen**, die nach herrschender Meinung keinen Rechtsnormcharakter haben, von erheblicher Bedeutung. Denn gerade das **Bauordnungsrecht** hat im technischen Bereich seine Regelungsaufgabe zu erfüllen und der **Technik** mit ihren Erkenntnissen und ständigen Weiterentwicklungen eine **„offene**, aufnahmebereite **Flanke"** zu bieten.[780] Diese halten die Landesbauordnungen in ihren jeweiligen Generalklauseln bereit. Neben „allgemein anerkannten Regeln der Baukunst" oder **„allgemein anerkannten Regeln der Technik"** sind nach der Minimallösung der MBO jedenfalls „die von der obersten Bauaufsichtsbehörde durch öffentliche Bekanntmachung als Technischen Baubestimmungen eingeführten Regeln ... zu beachten" (§ 3 Abs. 3 S. 1 MBO 2002).[781]

426 Wichtige technische Regelwerke sind:

- **DIN-Vorschriften** des Fachnormenausschusses Bauwesen im Deutschen Institut für Normung e.V. (DIN). Diese enthalten die technischen Sicherheitsanforderungen für Bauprodukte und Bauarten. Wichtige DIN-Normen sind die einheitlichen technischen Baubestimmungen und die Stahlbaunormen.[782]
- 427 Vorschriften des Verbandes Deutscher Elektrotechniker – **VDE-Vorschriften** –, soweit sie das Bauwesen betreffen. Hierbei handelt es sich um technische Regelwerke einer privatrechtlichen technisch wissenschaftlichen Vereinigung, die die Sammlung der technischen Festlegungen für die Herstellung und den Betrieb elektrischer Anlagen herausgibt.[783]
- 428 Vorschriften des Deutschen Vereins von Gas- und Wasserfachmännern – **DVGW** –. Hierbei handelt es sich u. a. um technische Vorschriften und Richtlinien für die Errichtung und Unterhaltung von Gasanlagen in Gebäuden und auf Grundstücken.[784]
- 429 **Unfallverhütungsvorschriften** der Berufgenossenschaften. Hierbei handelt es sich um Unfallverhütungsvorschriften der Berufsgenossenschaften als Träger der gesetzlichen Unfallversicherung. Jene sind technische Regelwerke, die nach Anhörung der Länder vom Bundesminister für Arbeit und Soziales genehmigt und öffentlich bekannt gemacht werden.[785]

---

[778] Zum aktuellen Stand vgl. den Ländervergleich Kap. 16, Rn. 109 ff. Zu den örtlichen Bauvorschriften vgl. Kap. 16, Rn. 1 ff. und zu den Ordnungswidrigkeiten Kap. 16, Rn. 145 ff.

[779] BVerwGE vom 25. 11. 1993 BVerwGE 94, 335, 336 und *Ossenbühl* (Fn. 489) III § 65; BVerwG vom 20. 12. 1999 BayVBl. 2000, 729 und *Uerpmann*, Normkonkretisierende Verwaltungsvorschriften im System Staatliche Handlungsformen, BayVBl. 2000, 705.

[780] *Breuer*, Direkte und indirekte Rezeption technischer Regeln durch die Rechtsordnung, AöR Bd. 101 (1976), S. 46, 47; *Scholz*, Das Verhältnis von technischer Norm und Rechtsnorm unter besonderer Berücksichtigung des Baurechts, DIN-Normungskunde Heft 14 (1979), S. 85, 92; *Battis/Gusy*, Technische Normen im Baurecht, 1988.

[781] Vgl. 2. Kap., Rn. 195 ff.; *Lechner* in: *Simon/Busse*, BayBO, Loseblatt-Kommentar, Art. 3, Rn. 185 ff.; *Boeddinghaus/Hahn/Schulte*, BauO NRW, Loseblatt-Kommentar, § 3 Rn. 44 ff.

[782] *Lechner* (Fn. 781) Rn. 195, 200 ff.

[783] *Lechner* (Fn. 781) Rn. 197.

[784] *Lechner* (Fn. 781) Rn. 198.

[785] *Lechner* (Fn. 781) Rn. 196.

4. EG-Recht

Der **Einfluss Europas** auf die Baugesetzgebung, insbesondere aber auch auf das Bauordnungsrecht ist unverkennbar.[786] Hervorzuheben sind hier: 430

- die Richtlinie des Rates für die gegenseitige Anerkennung der Diplome, Prüfungszeugnisse und sonstigen Befähigungsnachweise auf dem Gebiet der Architektur und für Maßnahmen zur Erleichterung der tatsächlichen Ausübung des Niederlassungsrechts und des Rechts auf freien Dienstleistungsverkehr – **EG-Architektenrichtlinie** – vom 10. 6. 1985 – 85/384 EWG (ABlEG Nr. L 223 S. 15);
- die Richtlinie des Rates zur Angleichung der Rechts- und Verwaltungsvorschriften der Mitgliedstaaten über Bauprodukte – **EG-Bauproduktenrichtlinie** – vom 21. 12. 1988 – 89/106/EWG (ABlEG Nr. L 40 S. 12);[787]
- Gasverbrauchseinrichtungsrichtlinie – vom 29. 6. 1990 – 90/396/EWG (ABlEG Nr. L 196/15);[788]
- Richtlinie des Europäischen Parlaments und des Rates über die Prüfung der Umweltauswirkungen bestimmter Pläne und Programme – **Plan-UP-RL** – vom 27. 6. 2001 – 2001/42/EG (ABlEG L 197/30.

Um den verfahrensrechtlichen Anforderungen der Umweltverträglichkeitsprüfung (UVP) Rechnung zu tragen, bedarf es eines „Trägerverfahrens", das den Anforderungen der Projekt-UVP-RL[789] entspricht. Die nach **Nr. 18.1.–18.8.** der als Anlage 1 dem Gesetz über die Umweltverträglichkeitsprüfung (**UVPG**) vom 12. 2. 1990 (BGBl. I S. 205),[790] beigefügten **Liste** UVP-pflichtigen Vorhaben **bedürfen** überwiegend der **Baugenehmigung**. Hierbei handelt es sich beispielsweise um den Bau von Feriendörfern, Hotelkomplexen, Campingplätzen, Freizeitparks, großen Parkplätzen, Einkaufszentren im bisherigen Außenbereich. Für diese UVP-pflichtigen Vorhaben müssen die **Länder** ein **Verfahren** vorhalten, das den Anforderungen der Projekt-UVP-RL entspricht. Dafür bietet sich die **UVP im Baugenehmigungsverfahren** an. Die Unabhängige Expertenkommission zur Novellierung des Baugesetzbuches hält es für ausreichend, dass die Länder auf die Verfahrensvorschriften des UVPG Bezug nehmen und insoweit in das Landesrecht „inkorpieren".[791] Dem sind bereits Bundesländer gefolgt.[792] § 75 Abs. 1 Satz 2 NBauO hat folgenden Wortlaut: 431

> „Bedarf die Baumaßnahme einer Umweltverträglichkeitsprüfung im Baugenehmigungsverfahren, so darf die Baugenehmigung nur erteilt werden, wenn sichergestellt ist, dass keine erheblichen Auswirkungen auf die in § 2 Abs. 1 Satz 2 des Gesetzes über die Umweltverträglichkeitsprüfung genannten Schutzgüter hervorgerufen werden können."

Von der Umsetzung geltender EG-Richtlinien in nationales deutsches Baurecht zu unterscheiden sind **rechtsvergleichende Untersuchungen** z. B. über die „Bauleitplanung und Baugenehmigung in der Europäischen Union".[793] Diese geben wertvolle Aufschlüsse darüber, wie das Baurecht in anderen EG-Staaten geregelt ist und funktioniert. Sie geben auch unverzichtbare Informationen für EG-weit aktive Bauinvestoren und sind unerlässlich für eine möglicherweise in der **EU** angestrebte **Baurechtsordnung**. 432

---

[786] *Bauer/Pleyer,* Europäisierung des Baurechts (Fn. 289) 603, 614 ff.

[787] Zu deren Umsetzung in deutsches Recht, Rn. 400.

[788] Zu deren Umsetzung in deutsches Recht, Rn. 401.

[789] Richtlinie 85/337/EWG des Rates vom 27. 6. 1985 über die Umweltverträglichkeitsprüfung bei bestimmten öffentlichen und privaten Projekten (ABlEG Nr. L 175/40), geändert durch Richtlinie 97/11/EG vom 3. 3. 1997 (ABlEG Nr. L 73/5).

[790] In der Fassung der Bekanntmachung vom 5. 9. 2001 (BGBl. S. 2350), zuletzt geändert durch Gesetz vom 18. 6. 2002 (BGBl. I S. 1914, 1921).

[791] Bericht (Fn. 677) Rn. 115–117.

[792] U. a. Bay, M-V.

[793] Land use planning and building permission in the European Union, *Schmidt-Eichstädt* (Hrsg.), Köln 1995; *Reichling,* Effektivität im baurechtlichen Planungs- und Genehmigungsverfahren, Berlin 1997, S. 292–299.

5. Baunebenrecht

433 Mit dem Städtebaurecht, dem Bauordnungsrecht, den technischen Baubestimmungen und dem EG-Recht sind die Rechtsvorschriften, die unmittelbar auf das Bauen und das Baugenehmigungsverfahren einwirken, **keineswegs abschließend** beschrieben. Zu berücksichtigen ist, dass das sog. **Baunebenrecht** die Materien des öffentlichen Rechts umfasst, die neben dem Baurecht im engeren Sinne **spezialgesetzliche Regelungen** enthalten, die bei der Errichtung von Bauvorhaben zu beachten sind. Der insoweit „höchst missverständliche" Begriff[794] **„Baunebenrecht"** ist kein Synonym für **„nebensächliches Baurecht"**.[795] Ganz im Gegenteil umfasst er eine nur schwer überschaubare **Vielzahl von Gesetzen, Verordnungen** des Bundes und der Länder.

434 Zum **bundesrechtlichen Baunebenrecht**[796] gehören u. a. Vorschriften aus folgenden Gesetzen und Verordnungen:

- Atomgesetz
- AcetylenVO
- ApothekenbetriebsVO
- Arbeitsschutzgesetz
- ArbeitsstättenVO
- AufzugsVO
- BaustellenVO
- Bundeskleingartengesetz
- Bundesimmissionsschutzgesetz mit den dazu gehörigen Verordnungen
- Bundesbodenschutzgesetz
- Bundesnaturschutzgesetz
- Bundeswaldgesetz
- DampfkesselVO
- Gaststättengesetz
- Gesetz über Funkanlagen und Telekommunikationseinrichtungen
- Energiewirtschaftsgesetz
- Energieeinsparungsgesetz
- EnergieeinsparungVO
- Fernstraßengesetz
- Gerätesicherheitsgesetz
- Gesetz zum Schutz vor Fluglärm
- Gewerbeordnung
- Heimgesetz
- HeizungsanlagenVO
- Kreislaufwirtschafts- und Abfallgesetz
- LebensmittelhygieneVO
- Luftverkehrgesetz
- RöntgenVO
- Schornsteinfegergesetz
- Sprengstoffgesetz
- StrahlenschutzVO
- UPVG
- VO über brennbare Flüssigkeiten
- VO über elektrische Anlagen
- VO über Gashochdruckleitungen
- VO über bauliche Mindestanforderungen für Altenheime usw.
- VO über das Nachweisverfahren zur Begrenzung elektromagnetischer Felder
- Waffengesetz
- Wasserhaushaltsgesetz
- Wohnungsbaurecht

---

[794] *Battis*, Anforderungen an ein modernes Bauordnungsrecht, DVBl. 2000, 1557.
[795] *Rittmann*, Die Deregulierung des Baunebenrechts des Bundes, BBauBl. 1985, 576.
[796] Vgl. auch *Krautzberger* (Fn. 11) Einl. Rn. 5.

- Wohnungseigentumsgesetz
- Wohnraumbindungsgesetz.

Zum **Baunebenrecht** der **Länder** gehören u. a. Vorschriften aus folgenden Regelungsbereichen: 435

- Deichrecht
- Denkmalschutzrecht
- Forst- und Waldrecht
- Gewerbe- und Arbeitsstättenrecht
- Immissionsschutzrecht
- Natur- und Landschaftsrecht
- Schornsteinfegerwesen
- Straßenrecht
- Wasserrecht
- Zivilschutzrecht
- Zweckentfremdungsrecht.

Bereits **1985** hat der Bundesminister für Raumordnung, Bauwesen und Städtebau eine **Sammlung** der einschlägigen Vorschriften des **bundesrechtlichen Baunebenrechts** erarbeitet. Die Sammlung – Stand 1. Juli 1985 – umfasst **71** Gesetze, **102** Verordnungen und **104** Verwaltungsvorschriften. In den Gesetzen und Verordnungen sind **ca 1500 Paragraphen** mit baunebenrechtlichen Bestimmungen enthalten. Von der **Einsicht** geleitet, dass die Vereinfachung des Baurechts – bei dem festgestellten Umfang des Baunebenrechts – Stückwerk bleiben muss, wenn nicht gleichzeitig das Baunebenrecht überprüft wird, ist eine entsprechende Projektgruppe in der ARGEBAU gebildet worden. Diese legte im Frühsommer 1985 einen ersten Bericht mit 80 Vereinfachungsvorschlägen zu 40 Gesetzen vor.[797] Unter rechtssystematischen Gesichtspunkten wurden Überlegungen angestellt, alle Vorschriften des Bundes in einer **„Bauverordnung des Bundes"** zusammenzufassen[798] oder ein **„Bauordnungsbuch des Bundes"** zu erarbeiten.[799] Hierzu ist es offensichtlich nicht gekommen.[800] 436

In NRW hat auf Anregung des Landtagsausschusses für Städtebau und Wohnungswesen eine aus Vertretern kommunaler Spitzenverbände, Bauaufsichtsbehörden und des zuständigen Ministeriums gebildete Arbeitsgruppe „die nicht ausreichende Verzahnung" von Bau- und Baunebenrecht untersucht. In ihrem Bericht hat die Arbeitsgruppe festgestellt, dass **lang andauernde Verfahren** ihre **Ursachen** häufig nicht im Baurecht selbst, sondern **im Baunebenrecht** haben, weil im Baunebenrecht – anders als im Bauordnungsrecht – kaum Beiträge zur Erleichterung des Bauens geleistet worden sind. Nach Untersuchung der Rechtsbereiche Naturschutz- und Waldrecht, Wasser- und Abfallrecht, Immissionsschutz, Gewerbe- und Arbeitsstättenrecht sowie Denkmalschutzrecht hat die Arbeitsgruppe eine Reihe von Verbesserungsvorschlägen insbesondere zur Vermeidung von Doppelregulierungen unterbreitet.[801] Umgesetzt worden ist lediglich der Vorschlag, die sog. Feuerstellengenehmigung im § 46 Landesforstgesetz NRW zu streichen. Somit bleibt im Übrigen festzustellen, dass eine **Harmonisierung** verfahrensrechtlicher Vorgaben des Bau- und Baunebenrechts nach wie vor **aussteht**.[802] 437

---

797 *Rittmann* (Fn. 795).

798 *v. Bernstorff/Ehm*, Entbürokratisierung im Bauwesen, BBauBl. 1985, 72, 74.

799 *Rittmann* (Fn. 795) 578.

800 Ein Schlussbericht der Projektgruppe ist mir nicht bekannt.

801 Bericht der Arbeitsgruppe „Baunebenrecht", Vorlage 12/1097 v. 29. 11. 1996 an den Landtag NRW, S. 7.

802 *Gädtke/Temme/Heintz* (Fn. 665) Einleitung Rn. 4.

II. Anwendungsprobleme

1. Schnittstellen zwischen Bundesbaurecht und Landesbauordnungen

438 Durch die beschriebene bundesstaatlich bedingte Zweiteilung der einheitlichen Baurechtsmaterie[803] kommt es zu **Schnittstellen** zwischen dem **Baugesetzbuch** des Bundes und den **Bauordnungen** der Länder.[804] Hierbei ist zwischen verfahrensrechtlichen und Schnittstellen im materiellen Baurecht zu unterscheiden:

a) Verfahrensrechtliche Schnittstellen

439 Der **Bundesgesetzgeber** hat eine **Annexkompetenz**, zum Bodenrecht das zugehörige Verwaltungsverfahren zu regeln. Hierzu hat das BVerwG bereits 1971 ausgeführt: „Der Bundesgesetzgeber hätte zwar, soweit die Durchsetzung des materiellen Bodenrechts auf dem Spiel steht, auch das zugehörige **Verfahren regeln** können; er hat dies jedoch – von Ausnahmen abgesehen – **nicht** getan."[805] Dieser Verzicht war zweckmäßig und bundesrechtlich unbedenklich, solange § 29 Satz 1 BBauG/BauGB a.F. den Eintritt seiner Rechtsfolge – nämlich die Geltung der §§ 30 bis 37 BauGB – neben dem Vorliegen einer baulichen Anlage im bundesrechtlichen Sinne[806] davon abhägig machte, dass die jeweiligen Vorhaben **einer bauaufsichtlichen Genehmigung** oder Zustimmung bedurften oder der Bauaufsichtsbehörde angezeigt werden mussten und mit der von den Ländern geregelten Genehmigungspflicht alle planungsrechtlich relevanten Vorhaben erfasst wurden (sog. Vorbehaltsklausel).

440 Bereits 1968 hat *Sendler* vorausschauend darauf aufmerksam gemacht, dass der **Wegfall** einer **landesrechtlichen Genehmigungspflicht** den §§ 29 ff. BBauG „den Boden unter den Füßen wegzieht, auch wenn das damit freigegebene Vorhaben planungsrechtlich noch so bedeutsam sein mag".[807] Zu § 29 Satz 1 BBauG hat *Weyreuther* 1971 die Frage gestellt, „ob sich das Bodenrecht mit ihm nicht ... in eine zu starke Abhängigkeit begeben hat ..., um die Lästigkeit eines zweifachen – boden- und nichtbodenrechtlichen – Genehmigungsverfahren zu vermeiden".[808] Als die Länder in den 80er Jahren ihre Genehmigungsfreistellungskataloge erweitertern und das vereinfachte Genehmigungsverfahren eingeführt hatten, ließ das BVerwG in seinem **Wyhl-Urteil** zwar offen, ob die Anknüpfung an ein landesrechtliches Genehmigungsverfahren als eine Anwendungsvoraussetzung der §§ 30 ff. BBauG zu verstehen sei.[809] Es hat aber entschieden, dass – falls es eine solche Verknüpfung des Bundes- und Landesrechts gebe – diese jedenfalls **nicht so verstanden** werden dürfe, als ob die **Länder beliebig** die **Anwendung** der **§§ 30 ff. BBauG** dadurch **ausschalten könnten**, dass sie bauliche Anlagen von Genehmigungsverfahren etc. freistellten. Zur Begründung hat es ausgeführt:

„Könnten die Länder die auf Grund der Befugnis des Bundes zur kurrierenden Gesetzgebung (Art. 74 Nr. 18 GG) erlassenen §§ 30 ff. BBauG ohne jede Beschränkung für bestimmte Arten von baulichen Vorhaben außer Anwendung setzen, so wäre in Bezug auf die in den §§ 30 ff. BBauG geregelte Materie die Voraussetzung für die Inanspruchnahme der konkurrierenden Gesetzgebung gemäß Art. 72 Abs. 2 GG, nämlich das Bedürfnis nach bundesgesetzlicher Regelung, schwerlich gegeben. Daher ist schon aus kompetenzrechtlichen Gründen mit der in § 29 Satz 1 BBauG enthaltenen Anknüpfung an ein landesrechtlich vorgesehenes bauaufsichtliches Genehmigungsverfahren eine nur

---

[803] Vgl. Rn. 333 ff.

[804] *Dahlke-Piel*, Entwurf einer neuen Musterbauordnung, Bauplanungsrecht und die Rechte der Gemeinde, UPR 2002, 81.

[805] BVerwG vom 10. 12. 1971, BRS 24 Nr. 148, möglicherweise missverständliche BVerwG vom 3. 2. 1984 BVerwGE 69, 1, 2 = BRS 42 Nr. 170.

[806] Vgl. dazu bereits BVerwG vom 12. 11. 1964 BVerwGE 20,12,17 sowie vom 31. 8. 1973 BVerwGE 44, 59, 60 f. und vom 3. 12. 1992, BVerwGE 91, 234, 235.

[807] *Sendler*, Zulässikeit von Bauvorhaben, BBauBl. 1968, 12, 13 u. 63 ff.

[808] *Weyreuther*, Bundes- und Landesbaurecht, BauR 1972, 1, 7 f.

[809] So aber BVerwG vom 12. 11. 1964 BVerwGE 20, 12, 13.

begrenzte Dispositionsbefugnis der Länder verbunden – begrenzt insofern, als dem Bundesgesetzgeber bei Erlass des Bundesbaugesetzes bekannt war, dass die Länder auf ein Baugenehmigungsverfahren für bestimmte untergeordnete Vorhaben verzichteten (vgl. in diesem Zusammenhang § 86 der Musterbauordnung für die Länder des Bundesgebietes einschließlich des Landes Berlin vom Januar 1960). Für solche und ähnliche wenig bedeutsame Fälle, die bodenrechtlich von nur geringem Gewicht sind, dürfen daher die Länder die §§ 30 ff. BBauG dadurch außer Anwendung lassen, dass sie auf eine bauaufsichtliche Genehmigung oder Zustimmung oder auf eine Anzeigepflicht verzichten; ein derart eingeschränkter Vorbehalt für landesrechtliche Regelungen ist ... verfassungsrechtlich zulässig, weil er die prinzipiell einheitliche bundesgesetzliche Regelung nicht in Frage stellt. Dass der Bundesgesetzgeber alle bodenrechtlich relevanten Fälle von einigem Gewicht erfassen wollte und erfasst hat, bestätigt § 29 Satz 3 BBauG: Er bezieht sich auf Fälle von bodenrechtlicher Relevanz über den in Satz 1 geregelten Bereich hinaus und schließt aus, dass dieser den Ländern zur beliebigen Disposition freigegeben worden ist. Demgemäß kann der Landesgesetzgeber nicht „frei" darüber befinden, ob er für bestimmte bauliche Anlagen ein präventives bauaufsichtliches Genehmigungsverfahren vorsehen und diese damit den §§ 30 BauGB entziehen oder unterwerfen will; er muss vielmehr bei Genehmigungsfreistellungen stets die bundesrechtlichen Konsequenzen im Hinblick auf die §§ 30 ff. BBauG mitbedenken. ... Glaubt er daher, größere und damit regelmäßig bodenrechtlich relevante bauliche Anlagen z. B. aus Gründen der „Entbürokratisierung" von einem bauaufsichtlichen Genehmigungsverfahren freistellen zu sollen, so kann er dies nur in Bezug auf das anzuwendende Landesrecht tun; er kann in derartigen Fällen also nur vorsehen, dass sich das Baugenehmigungsverfahren auf die Prüfung beschränkt, ob die bundesrechtlichen Vorschriften der §§ 30 ff. BBauG eingehalten sind".[810]

Als in Umsetzung der 1. Stufe des Bayerischen Privatisierungsmodells in **Art. 70 Abs. 1 BayBO** 1994 und in **§ 67 BauO NRW** 1995 die Baugenehmigungsfreiheit von Wohngebäuden – in NRW bis zur Hochhausgrenze – im Geltungsbereich von Bebauungsplänen normiert wurde, löste dies **vielfältige Kritik** aus.[811] Um dem Vorwurf zu begegnen, derartige Vorschriften verstießen gegen Bundesrecht,[812] hat der Bundesgesetzgeber – nach Diskussion mehrerer Lösungsvorschläge[813] – die sog. **Vorbehaltsklausel gestrichen**. Nach § 29 Abs. 1 BauGB in der Fassung des BauROG gelten „für Vorhaben, die die Errichtung, Änderung oder Nutzungsänderugen von baulichen Anlagen zum Gegenstand haben ... die §§ 30–37 BauGB"; d. h. unabhängig davon, ob sie nach Bauordnungsrecht genehmigungspflichtig sind oder nicht. 441

Weiter gehenden Vorschlägen, nämlich der Schaffung eines bei den Gemeinden angesiedelten bauplanungsrechtlichen Genehmigungsverfahrens, ist die Expertenkommission zur Novellierung des Baugesetzbuches seinerzeit – Oktober 1995 – mit folgenden Erwägungen nicht gefolgt: 442

„2.3.2 Sowohl *Schulte* als auch *Ehebrecht-Stüer/Stüer* erwägen **die Einführung einer bundesrechtlich verankerten Genehmigungspflicht**. Es ist einzuräumen, dass eine Verankerung, bodenrechtlich relevante Vorhaben müssten einem präventiven Genehmigungsverfahren unterworfen werden, von der bodenrechtlichen Kompetenz des Bundes gedeckt wäre; auch heute geht nämlich das Gesetz in § 29 BauGB – wie die schon zitierte Interpretation dieser Vorschrift durch die Judikatur zeigt – davon aus, dass bodenrechtlich relevante Vorhaben einer Kontrolle unterworfen werden müssen.

Trotzdem neigt die Kommission einer solchen Lösung nicht zu, weil z. Z. die Freistellungstendenzen der Länder die o. g. Bedenkengrenze nicht überschreiten, sondern die Länder vielmehr zur Beschleunigung und Vereinfachung der Genehmigungsverfahren beitragen. Sie könnte ggf. zu Spannungen zwischen Bund und Ländern führen: Es ist davon auszugehen, dass die Länder ihre heutigen Freistellungstendenzen eigenverantwortlich beobachten und gegensteuern, wenn sich die Freistellungen von der Genehmigungspflicht nicht bewähren sollten. Aus diesen Gründen kann

---

810 BVerwG vom 19. 12. 1985 BVerwGE 72, 300, 323 f. = NVwZ 1986, 208, vgl. auch BVerwG vom 22. 2. 1988 DVBl. 1988 540.

811 Vgl. *Ortloff* (Rn. 421) NVwZ 1995, 112 ff.; *Ring* (Rn. 422) LKV 1995, 236; *Mampel* (Rn. 421) NwZ 1996, 1160

812 *Schulte* (Rn. 421) BauR 1995, 174 ff.

813 *Erbgut/Stollmann* (Rn. 421) JZ 1995, 1141; *Korioth* (Fn. 422) DÖV 1996, 665; *Ehebrecht-Stüer/Stüer*, Bauplanungsrecht und Freistellungspolitik der Länder; *dieselben* (Rn. 422) DVBl. 1996, 482; *Stüer*, Novellierung des BauGB, DVBl. 1996, 177, 184.

sich die Kommission nicht entschließen, eine Änderung des bewährten Systems des § 29 BauGB und damit auch des Verhältnisses zwischen Bund und Ländern zu empfehlen.[814]

Hingegen äußert sich die unabhängige Expertenkommission in ihrem Bericht aus August 2002 durchaus kritisch zur Freistellungspolitik einiger Bundesländer. Zum Verfahrensrecht wird ausgeführt:

„Die Kommission hat erwogen, der (möglicherweise) ausufernden Deregulierungspolitik einzelner Länder dadurch entgegenzuwirken, dass auf Grund bundesgesetzlicher Regelung Vorhaben von erheblichem städtebaulichen Gewicht nicht von einem präventiven Verfahren (Baugenehmigung, Bauanzeige) freigestellt werden dürfen. Zur Präzisierung könnten z. B. bundesrechtlich Schwellenwerte vorgegeben werden (z. B. bezogen auf GR/GRZ, GF/GFZ, BM/BMZ).

Die Kommission hält indes derartige zusätzliche bundesgesetzliche Regelungen – derzeit noch – für entbehrlich. Die Länder sind verfassungsrechtlich verpflichtet, die Voraussetzungen dafür zu schaffen, dass das bundesrechtliche Bebauungsrecht durchgesetzt wird. Die Kommission appelliert deshalb an die Länder, ihre Freistellungspolitik nicht zu überziehen."[815]

b) Schnittstellen des materiellen Baurechts

443 Nach **§ 29 Abs. 2 BauGB** bleiben die **Vorschriften** des **Bauordnungsrechts** und andere öffentlich-rechtliche Vorschriften **unberührt**. Die Regelung hat (nur) **klarstellende Bedeutung**. Zum gleich lautenden § 29 Satz 4 BauGB a. F. hat das BVerwG ausgeführt, dass die Regelung „ausschließlich das Baugenehmigungsverfahren" betrifft und die Maßgeblichkeit planerischer Vorschriften – durch Bebauungsplan – bereits voraussetzt.[816] Bei der Prüfung der Zulässigkeit baulicher Anlagen sind sowohl das städtebauliche Planungsrecht als auch das Bauordnungsrecht anzuwenden. Beide Regelungskomplexe dienen unterschiedlichen Zielsetzungen. Sie schließen sich deswegen auch nicht gegenseitig aus.[817] Dies kommt insbesondere auch dadurch zum Ausdruck, dass der **bauplanungsrechtliche** und der **bauordnungsrechtliche Vorhabensbegriff selbständig** nebeneinander stehen. Ob ein bauliches Vorhaben i. S. d. § 29 Abs. 1 BauGB in der ab dem 1. 1. 1998 geltenden Fassung vorliegt, hängt somit nicht davon ab, ob es vor der sog. Deregulierung der Landesbauordnungen genehmigungs-, zustimmungs- oder anzeigepflichtig gewesen wäre.[818] Selbständig neben dem Bauplanungsrecht stehen auch die **„anderen öffentlich-rechtlichen Vorschriften"**, die aus anderen als städtebaulichen Gesichtspunkten Zulässigkeitsanforderungen stellen. Hierzu zählen u. a. das Denkmal-, Natur- und Immissionsschutzrecht, Bauverbote in Wasserschutzgebieten oder Lärmschutzbereichen sowie straßenrechtliche Anbaubeschränkungen. Da die §§ 30 bis 37 BauGB unter städtebaulichen Gesichtspunkten **abschließend** sind, dürfen die Länder diese Vorschriften nicht durch Regelungen modifizieren, die zwar in das Gewand der ihnen vorbehaltenen Gesetze materiell gekleidet sind, in Wahrheit aber städtebaulichen Charakter haben.[819]

444 Die **Unberührtheitsklausel** des § 29 Abs. 2 darf nicht dahin missverstanden werden, mit ihr sei das Verhältnis zwischen beiden Regelungsbereichen abschließend geregelt. § 29 Abs. 2 BauGB schließt ebenso wenig wie die landesrechtlichen Vorbehaltsklauseln in der **BauNVO** aus, dass **Kollisionen** zwischen Bauplanungs- und Bauordnungsrecht auftreten können.[820] Die durch die Teilung der einheitlichen Baurechtsmaterie bedingten Schwierigkeiten der **„Überschneidung"** oder **„Verzahnung"** von Bauplanungs- und Bauordnungsrecht, das zudem unter der Maßgabe des **Art. 31 GG** „Bundesrecht bricht

[814] Bundesbauministerium für Raumordnung, Bauwesen und Städtebau (Hrsg.), Bericht der Expertenkommission zur Novellierung des Baugesetzbuches, Berlin (28. Oktober) 1995, Hervorhebung im Original.

[815] Bericht (Fn. 677) S. 73 f. Rn. 178, 179.

[816] BVerwG vom 22. 9. 1989 NVwZ 1990, 361 = BRS 49 Nr. 5.

[817] *Schmaltz*, in: *Schrödter*, BauGB, 6. Aufl. § 29 Rn. 26.

[818] BVerwG vom 7. 5. 2001 BVerwGE 114, 206 = NVwZ 2001, 1046.

[819] BVerwG vom 18. 3. 1983 DVBl. 1983, 893; *Halama* (Fn. 36) § 29 Rn. 17.

[820] Vgl. zu § 12 Abs. 7 BauNVO *Stock* in: *König/Roeser/Stock* (Fn. 680) § 12 Rn. 46 sowie § 23 Rn. 22 ff. und *Fickert/Fiesler* (Fn. 680) § 12 Rn. 20 ff. sowie § 23 Rn. 21 ff.

Landesrecht" steht,[821] spiegelt sich auch vielgestaltig in der Rechtsprechung des **BVerwG** wider:

Der Begriff der gesicherten **Erschließung** in den §§ 30 bis 35 BauGB ist ein **bundesrechtlicher Begriff,** der nicht durch das Landesrecht konkretisiert wird.[822] Die Vorschriften über die Erschließung in Landesbauordnungen[823] regeln diese nicht in einem umfassenden Sinne, sondern unter dem Gesichtspunkt der Gefahrenabwehr, insbesondere des Brandschutzes. Sie stellen Mindestanforderungen, die sich auf das Grundstück selbst beziehen. Das **Landesrecht ergänzt** die bundesgesetzlichen Bestimmungen im Bezug auf bauordnungsrechtliche Regelungsgegenstände, insbesondere auf **Brandschutz-** und **Rettungswesen**. Ziel der Vorschrift ist damit die Sicherstellung der Erreichbarkeit des mit einem Gebäude bebauten Grundstücks durch solche Fahrzeuge, die im öffentlichen Interesse zum Einsatz kommen oder jedenfalls zum Schutz von Menschen und Tieren oder Sachen beitragen sollen, wie Rettungsfahrzeuge, Feuerwehr- und Polizeieinsatzwagen, aber auch Entsorgungsfahrzeuge. Der durch die Unberührtheitsklausel eintretenden und gewährleisteten **Kumulierung** der bauplanungs- und bauordnungsrechtlichen Anforderungen werden durch das Bundesrecht jedoch Grenzen gesetzt. Das Bauordnungsrecht darf zwar mit seinen Anforderungen, was es für die hinreichende Zugänglichkeit verlangt, über das hinausgehen, was das Bundesrecht – gleichsam parallel – für das hinreichende Erschlossensein erfordert, es darf aber das **Bundesrecht nicht** durch überzogene Forderungen **leer laufen** lassen.[824] 445

Eines besonders **enge Verzahnung** besteht zwischen den bauplanungsrechtlichen Vorschriften über die (offene, geschlossene oder abweichende) **Bauweise** sowie die überbaubaren und nicht überbaubaren Grundstücksflächen in den §§ 9 Abs. 1 Nr. 2, 30 Abs. 1, 34 Abs. 1 BauGB, §§ 22, 23 BauNVO und den bauordnungsrechtlichen Vorschriften über Abstände und **Abstandsflächen**, die von **Gebäuden** einzuhalten sind. Das BVerwG umschreibt die Rechtsnatur des bauordnungsrechtlichen Abstandsflächenrechts auch im Verhältnis zum Bauplanungsrecht folgendermaßen: 446

„Das in § 8 LBauO 1986 normierte Abstandsrecht stellt eine Regelung im Sinne des Art. 14 Abs. 1 Satz 2 GG dar, die den Inhalt des Eigentums am Grundstück näher bestimmt, soweit dessen Nutzbarkeit betroffen ist. Sie genügt in dem vorerörterten Sinne den inhaltlichen Anforderungen des Grundgesetzes. Dabei erfasst das bauordnungsrechtliche Abstandsflächenrecht die Sozialpflichtigkeit des Eigentums für den Bereich der Bodennutzung (Art. 14 Abs. 2 GG) in ähnlicher Weise wie das materielle, an städtebaulichen Zielen ausgerichtete Bauplanungsrecht. Das bauordnungsrechtliche Abstandsflächenrecht ist Ausdruck neuerer städtebaulicher und immissionsschutzrechtlicher Zielsetzungen. Es dient sehr wesentlich dazu, eine sozialverträgliche und vom Landesgesetzgeber gewollte, sozial- und gesundheitspolitisch erwünschte aufgelockerte Bodennutzung zu erreichen. Durch die Anlage von Freiflächen soll eine ausreichende Belichtung, Belüftung und Besonnung des Gebäudes und damit eine Verbesserung insbesondere der Arbeits- und Wohnverhältnisse erreicht werden. Dies ist auch ein gesetzgeberisches Anliegen des Bundesrechts, wie etwa § 34 Abs. 1 Satz 2 BauGB zeigt. Die Sicherstellung des Brandschutzes stellt ein weiteres gewichtiges Ziel dar. Zugleich berücksichtigt der Landesgesetzgeber die insoweit gleichgerichteten Interessen der Nachbarn im Sinne eines Ausgleichs wechselseitiger Belange, indem er für jedes Grundstück einen Mindestabstand zur Nachbargrenze festlegt und damit für den Regelfall einen Gebäudeabstand von insgesamt 6 m erreicht. Dass damit nachbarliche Belange auch in rechtlicher Hinsicht erfasst werden sollen, hat das Berufungsgericht in seiner Rechtsprechung in anderem Zusammenhang dargelegt. Es hat mehrfach in Auslegung des Landesrechts ausgesprochen, dass dem rheinland-pfälzischen Abstandflächenrecht drittschützende Bedeutung beizumessen sei."[825]

Die **Anwendung** der Abstandsflächenvorschriften **setzt voraus**, dass die planungsrechtliche Frage der **Bauweise geklärt** ist.[826] Viele Landesbauordnungen knüpfen bereits 447

821 *Schmaltz* in: *Schrödter*, 6. Aufl. § 29 Rn. 29.
822 BVerwG vom 3. 5. 1988 NVwZ 1989, 354.
823 Kap. 3, Rn. 12 ff.
824 BVerwG vom 29. 11. 1991, NVwZ 1992 490.
825 BVerwG vom 16. 5. 1991 BVerwGE 88, 191, 195 f. = NJW 1991, 3293.
826 OVG NRW vom 28. 2. 1991 NWVBl. 1991, 265.

begrifflich an die bundesrechtlichen Begriffe an, indem sie bestimmen, dass innerhalb der überbaubaren Grundstücksfläche eine Abstandfläche vor Außenwänden, die an der Nachbargrenze errichtet werden, nicht erforderlich ist, wenn das Gebäude nach planungsrechtlichen Vorschriften an die Grenze gebaut werden muss.[827] Mit Bundesrecht nicht vereinbar wäre es, wenn das landesrechtliche Bauordnungsrecht bei einem Vorhaben die Einhaltung von Abstandflächen verlangte, obwohl es nach dem Einfügungsgebot des § 34 Abs. 1 BauGB zwingend nur in geschlossener Bauweise ausgeführt werden darf.[828]

448 **§ 22 Abs. 3, 1. Halbsatz BauNVO** bestimmt bei festgesetzter geschlossener Bauweise zwar für den Regelfall, dass Gebäude ohne seitlichen Grenzabstand errichtet werden. Hiervon entbindet **§ 22 Abs. 3, 2. Halbsatz BauNVO** jedoch ausdrücklich, wenn die vorhandene Bebauung – z. B. wegen grenznah vorhandener notwendiger Fenster, die sich nicht seitlich verlegen lassen – eine **Abweichung erfordert**. Liegen diese Voraussetzungen vor, so besteht kraft Bauplanungsrechts weder eine Pflicht noch ein Recht zum Verzicht auf einen seitlichen Grenzabstand. Sind bauordnungsrechtliche Abstandsvorschriften – im entschiedenen Fall § 8 Abs. 1 Satz 4 LBO Rh-Pf. – insoweit weiter als § 22 Abs. 3 BauNVO oder als die Grundsätze zum Rücksichtnahmegebot in § 34 BauGB als keine inhaltlichen Voraussetzungen für die Abweichung normiert sind, ist dies bundesrechtlich bedenklich. Derartige bauordnungsrechtliche Vorschriften sind nur insoweit mit Bundesrecht vereinbar, als die hierauf gestützte Entscheidung auch eine planungsrechtliche Rechtfertigung besitzt. Das ist insbesondere der Fall, wenn die Abweichung nach § 22 Abs. 3, 2. Halbsatz BauNVO oder im Rahmen des § 34 Abs. 1 BauGB wegen des nachbarschützenden Rücksichtnahmegebotes erforderlich ist.[829]

449 Die **Prüfung** des **Gebots der Rücksichtnahme** im Rahmen des § 34 Abs. 1 BauGB **und** der **Abstandsflächen** hat jeweils **selbständig** in Sinne einer Zweigleisigkeit von Bauplanungs- und Bauordnungsrecht zu erfolgen. Die Frage – nach der in der Praxis gern benutzten Formel –, ob Nachbarschutz auf der Grundlage des in § 34 Abs. 1 BauGB enthaltenen Rücksichtnahmegebots ausgeschlossen ist, wenn die landesrechtlichen Abstandsflächenvorschriften eingehalten worden sind, verneint das BVerwG – nach zumindest missverständlichen Entscheidungen[830] – nunmehr in ständiger Rechtsprechung.[831] Es hat ausgeführt, es spreche Überwiegendes für die Auffassung, dass die nachbarlichen Belange ausreichender **Belichtung**, **Besonnung** und **Belüftung** sowie ... Begrenzung der **Einsichtmöglichkeit** nicht nur bauordnungsrechtlich, sondern **auch** bauplanungsrechtlich geregelt werden dürfen, weil sie auch **städtbauliche Bedeutung** haben und deshalb die (unterschiedlichen) bauordnungsrechtlichen (Abstands-)Vorschriften Regelungen des Städtebaurechts nicht verdrängen können. Jedenfalls „im Ergebnis" – so das BVerwG – dürfte seine bisherige Rechtsprechung mit der Modifikation „grundsätzlich richtig bleiben, dass zumindest aus tatsächlichen Gründen das Rücksichtnahmegebot im Regelfall nicht verletzt sein wird, wenn die Abstandsflächen eingehalten sind".[832]

450 Die **Gemeinde** hat als „Ortsgesetzgeber" bei der Bauleitplanung neben bundesrechtlichen Vorschriften auch landesrechtliche Bestimmungen zu beachten.[833] Hieraus folgt jedoch nicht, dass die **Abstandsflächenvorschriften** der Länder statisch sind. Im Grundsatz **könnnen** diese stets durch eine planerische Entscheidung der Gemeinde **„derogiert" werden**. Es liegt in der Verantwortung der Gemeinde im Rahmen der ihr nach § 1 Abs. 6 BauGB aufgetragenen **Abwägung** unter Beachtung der in der BauNVO enthaltenen

[827] Vgl. zur Bestimmung der Bauweise (§ 22 BauNVO) und Abstandflächenrecht instruktiv BayVGH vom 21. 7. 1997 NVwZ-RR 1998, 712 = BRS 59 Nr. 113.

[828] BVerwG vom 11. 3. 1994, NVwZ 1994, 1008 = BRS 56 Nr. 65.

[829] BVerwG vom 12. 1. 1995 NVwZ-RR 1995, 310 = BRS 57 Nr. 131.

[830] BVerwG vom 18. 12. 1985 NVwZ 1986, 468 und vom 22. 11. 1984 NVwZ 1985, 653

[831] BVerwG vom 23. 5. 1986 NVwZ 1987, 128, vom 16. 9. 1993 BVerwGE 94, 151, 159 und vom 28. 10. 1993 NVwZ 1994, 686, 687.

[832] BVerwG vom 11. 1. 1999, NVwZ 1999 879.

[833] BVerwG vom 22. 9. 1989 NVwZ 1990, 361 = BRS 49 Nr. 5.

Vorgaben und immissionsschutzrechlicher Erfordernisse die Bauweise und damit auch Abstände durch planerische Festsetzungen zu bestimmen. § 22 Abs. 4 Satz 2 BauNVO sieht ausdrücklich vor, dass der Bebauungsplan auch Festsetzungen über den Anbau an die rückwärtige Grenze treffen darf. Einer denkbaren **Kollision** von bundesrechten Bauplanungrecht begegnen die Bauordnungen der Länder überwiegend durch die Anordnung einer **Subsidarität** der Abstandflächenbestimmungen gegenüber zwingenden Festsetzungen des Bebauungsplanes unter der Vorraussetzung gerechter Abwägung.[834]

Werbeanlagen gehören als solche **weder allein** zum **Bauplanungsrecht noch** allein 451
zum **Bauordnungsrecht**. Sie sind vielmehr je nach der gesetzgeberischen Zielsetzung sowohl einer bauplanungsrechtlichen als auch einer bauordnungsrechtlichen Regelung zugänglich.[835] Auch das Städtebaurecht leistet einen Beitrag zur **Gestaltung** des **Ortsbildes** (vgl. § 1 Abs. 5 Satz 2, § 34 Abs. 1 Satz 2 und § 35 Abs. 3 BauGB). Das städtebauliche Instrumentarium reicht indes nur so weit, wie das BauGB entsprechende Gestaltungsmöglichkeiten in § 9 Abs. 1 BauGB eröffnet. Gestaltungsvorschriften, die hierüber hinausgehen, ohne den Grund und Boden unmittelbar zum Gegenstand zu haben, stehen dem Bauordnungsrecht offen.[836] Vorraussetzung für eine bauplanungsrechtliche Beurteilung ist gem. § 29 Abs. 1 BauGB, dass die Anlage planungsrechtlich relevant ist. **Fremdwerbung** stellt eine eigenständige gewerbliche Hauptnutzung gem. den §§ 2 ff. BauNVO dar. Das schließt ihre Zulässigkeit im reinen Wohngebiet ausnahmslos und im allgemeinen Wohngebiet regelmäßig aus.[837] Ist in einem Bebauungsplan eine **Baugrenze** festgesetzt, so dürfen auch Werbeanlagen diese grundsätzlich nicht überschreiten.[838] Die Zielrichtung der bauordnungsrechtlichen Regelungen ist die **Verhinderung** einer **Verunstaltung**.[839] Der unterschiedliche Regelungsgehalt rechtfertigt somit unterschiedliche Zulässigkeitsvoraussetzungen. Dabei bedienen sich die Landesbauordnungen bei der Regelung der Zulässigkeit von Werbeanlagen auch der Gebietskategorien der BauNVO. Ein generelles Werbeverbot für Großflächenwerbung in einem Mischgebiet ist allerdings nichtig.[840] Durch ... örtliche Bauvorschriften darf auch eine positive Gestaltungspflege betrieben werden. Soweit das Planungsrecht reicht, ist die örtliche Bauvorschrift unzulässig. Gestaltungsvorschriften, die in einem Bebauungsplan enthalten sind, dürfen deshalb nicht bodenrechtliche Regelungen „im Gewande von Baugestaltungsvorschriften" sein.[841]

Im Bundesbaurecht und in den Bauordnungen der Länder gibt es Regelungen über 452
Stellplätze und **Garagen**. Während in den Bauordnungen insbesondere zur Gefahrenabwehr Anforderungen an Garagen und Stellplätze aufgestellt werden, sind auch bauplanungsrechtliche Vorschriften zu beachten, die Festsetzungsmöglichkeiten in Bebauungsplänen eröffnen oder allgemeine Zulässigkeitsvoraussetzungen regeln. Unabhängig von der Genehmigungspflicht und einer Vermittlung durch das BauGB gelten für Garagen und Stellplätze die Festsetzungen von **Bebauungsplänen** nach **§§ 9 Abs. 1 Nr. 4 und 22 BauGB**. Sie müssen dem Abwägungsgebot des § 1 Abs. 6 BauGB genügen und die Bestimmungen der BauNVO beachten.[842] Die **§§ 12** und **15 BNVO** entfalten insoweit **nachbarschützende Wirkung**.[843] Außerhalb von beplanten Gebieten gilt innerhalb der

---

834 BVerwG vom 16. 5. 1991 BVerwGE 88, 191, 201 f. = NJW 1991, 3293; § 86 Abs. 1 Nr. 6 MBO 2002 sieht insoweit eine Regelung durch örtliche Bauvorschriften vor. Krit. dazu *Boeddinghaus*, Änderung der Vorschriften über den Vorrang planungsrechtlicher Regelungen vor den bauordnungsrechtlichen Abstandsregelungen, BauR 2003, 1664.

835 BVerwG vom 28. 4. 1972 BVerwGE 40, 94.

836 BVerwG vom 10. 7. 1997 NVwZ-RR 1998, 486 = BauR 1997, 999.

837 BVerwG vom 3. 12. 1992 BVerwGE 91, 234 = NVwZ 1993,983.

838 BVerwG vom 7. 6. 2001 NVwZ 2002, 90.

839 Zum Begriff der Verunstaltung Rn. 282.

840 BVerwG (Fn. 835) und OVG NRW vom 6. 2. 1992 NVwZ 1993, 87.

841 BVerwG (Fn. 836).

842 BVerwG vom 19. 9. 1995 NVwZ-RR 1996, 249 = BRS 57 Nr. 78.

843 BVerwG vom 16. 9. 1993 BVerwGE 94, 151 ff. = NJW 1994, 1546.

im Zusammenhang bebauten Ortsteile das **Gebot der Rücksichtnahme** gem. § 34 Abs. 1 BauGB.

453 Wegen der Zugehörigkeit zu verschiedenen Rechtsgebieten mit unterschiedlicher Zweckrichtung und unterschiedlicher Gesetzgebungskompetenz können **bauordnungsrechtliche Vorschriften** über die Anordnung von Stellplätzen die **Anwendung** des **§ 15 Abs. 1 Satz 2 BauNVO nicht spezialgesetzlich ausschließen**. Dies hat das BVerwG in seinem Urteil vom 7. 12. 2000 ausgeführt.[844] Gleichzeitig hat es klargestellt, weshalb seine bisherige Rechtsprechung zum Verhältnis der landesrechtlichen Regelung zu § 15 BauNVO als lex-specialis-Verhältnis „missverstanden" worden sei. Während die landesrechtliche Vorschrift aus baupolizeilicher Sicht, insbesondere zur Gefahrenabwehr, Anforderungen an Stellplätze und Garagen stellt, ist § 15 BauNVO eine bundesrechtliche Norm des Bodenrechts. Sie regelt aus städtebaulicher Sicht allgemeine Voraussetzungen für die Zulässigkeit baulicher und sonstiger Anlagen; der Akzent liegt hier auf der Vereinbarkeit der baulichen Anlage mit dem jeweiligen Gebietscharakter. Soweit beide Vorschriften gebieten, dass von Stellplätzen **keine unzumutbaren Beeinträchtigungen** für die Nachbarschaft ausgehen dürfen, stimmen sie zwar im Ergebnis regelmäßig überein. In diesem Sinne – aber auch nur im Hinblick auf das Ergebnis der Prüfung im konkreten Einzelfall, also aus tatsächlichen Gründen – hat das BVerwG früher formuliert, dass für die Anwendung des Rücksichtnahmegebots aus § 15 Abs. 1 BauNVO insoweit kein Raum sei, wie die durch dieses Gebot geschützten Belange auch durch spezielle bauordnungsrechtliche Vorschriften geschützt werden und das konkrete Vorhaben deren Anforderungen genügt.[845]

2. Abweichende Regelungen in den Landesbauordnungen

454 Seit der **Bad Dürkheimer Vereinbarung** vom 21. 1. 1955,[846] mit der der Bund sich verpflichtete von seiner Kompetenz für ein Wohnungsbaupolizeirecht keinen Gebrauch zu machen, soweit als Ergebnis der Zusammenarbeit zwischen Bund und Ländern eine grds. einheitliche Regelung des Bauordnungsrechts erreicht wird, und seit der **MBO 1960**[847] hat sich das **Bauordnungsrecht** der Länder zunächst in seinen **materiell-rechtlichen Regelungen auseinander entwickelt**.[848] Hierzu trugen nach der Wiedervereinigung auch die neuen Länder bei, die sich schnell von der ab dem 1. 8. 1990 geltenden BauO-DDR[849] verabschiedeten. Die sog. „Phase intensiven föderalistischen Wettbewerbs" auf dem Gebiet des **Verfahrensrechts** hat das Bauordnungsrecht in eine heillose **Rechtszersplitterung** geführt und die Musterbauordnung weitgehend „zu einem Muster ohne Wert" verkommen lassen. Nach *Jäde* ist es eine „an die Quadratur des Kreises gemahnende Aufgabe", ein nationales Minimum an Rechtseinheit im Bauordnungsrecht durch eine MBO zurückzugewinnen.[850] Dies belegt die MBauO 2002 mit den so modern anmutenden Modullösungen im Verfahrensrecht.[851]

3. Überwindung der Anwendungsprobleme

455 Vor dem Hintergrund supranationaler **europäischer Rechtsvereinheitlichung** erweist sich der Zustand des sechzehnfach dargebotenen zersplitterten Landesbauordnungsrechts in Deutschland bereits auf nationaler Ebene als ein – nicht nur gesetzgebungstechnisch, sondern insbesondere auch – **politisch nicht vertretbares Investitionshindernis**, das die

[844] NVwZ 2001, 813 ff. = BRS 63 Nr. 160 und vom 20. 3. 2003 NVwZ 2003, 1516.
[845] BVerwG vom 18. 12. 1985 NVwZ 1986, 468.
[846] Rn. 370 f.
[847] Rn. 373 ff.
[848] Rn. 396.
[849] Gesetz über die BauO (BauO) vom 20. Juli 1990 (GBl. I S. 929), das nach der Wiedervereinigung als Landesrecht fortgegolten hat.
[850] *Jäde*, Rechtseinheit im Bauordnungsrecht?, NVwZ 2001, 982 f., 983.
[851] Rn. 413 ff.

Rechts- und Wirtschaftseinheit gefährdet. Bei nüchterner Betrachtung ist derzeit **kein realistischer Weg zu einem einheitlichen Bauordnungsrecht** oder gar zu einer Gesamtregelung der einheitlichen Baurechtsmaterie in Deutschland erkennbar.

Um das **Bauordnungsrecht** über die Grenzen der einzelnen Bundesländer hinaus in Deutschland transparent und in der Praxis überhaupt **handhabbar zu machen,** ist dieses **Handbuch des Bauordnungsrechts** konzipiert worden. Die Autoren haben sich der schwierigen Aufgabe gestellt, die 16 Landesbauordnungen nach Regelungsbereichen zu erfassen und paragraphengenau Gemeinsamkeiten sowie jeweilige Abweichungen kenntlich zu machen und zu erläutern. Hierbei ist die MBO 2002 zusätzlich mit erfasst worden. 456

III. Kritik der bisherigen Reform – neue Ansätze

1. Kritik an der Bauordnungsreform

Es wurde bereits festgestellt, dass die Einheit des Bauordnungsrechts bei der Bauordnungsreform auf der Strecke geblieben ist. Hinzu kommt eine Anzahl neuer Vorschriften in den Bauordnungen, die kaum noch lesbar sind, und neue Rechtsverordnungen. Mit *Gusy* ist festzuhalten, dass **Deregulierung** und **Privatisierung** sich **gegenseitig ausschließen**, weil Letztere einen hohen Regulierungsaufwand erfordert.[852] **Nicht verantwortbar** erscheint es, in und an 16 Landesbauordnungen herumzuexperimentieren und dies als „Phase intensiven föderalistischen Wettbewerbs" zu bezeichnen.[853] Anstatt das Bauordnungsrecht dem „motorisierten Gesetzgeber"[854] in allen Bundesländern als „Versuchskaninchen" auszusetzen, hätte eine wohl durchdachte Reform mit einer sorgfältigen Gesetzesfolgenabschätzung[855] in ein oder zwei Bundesländern erprobt werden müssen. Eine Reform des Bauordnungsrechts hätte insoweit beim Baunebenrecht und einer inhaltlichen Standortbestimmung des Baurechts überhaupt beginnen müssen. Die Idee, ein „Bauordnungsbuch des Bundes"[856] zu schaffen und diesem ein Bauordnungsbuch der Länder zur Seite zu stellen, wäre der richtige Ansatz für eine wirksame Reform gewesen. Als jedoch deutlich wurde, welche **Kernerarbeit** dort über einen langen Zeitraum zu leisten gewesen wäre, hat man sich dem Verfahrensrecht mit dem bereits beschriebenen Ergebnis zugewandt. Den Eckstein der Reform bildet der Verzicht auf die Baugenehmigung mit den beschriebenen Folgen für den Rechtsschutz.[857] Dort aber, wo das Grundrecht auf Sicherheit noch Prüfung gebietet, wird im vereinfachten Genehmigungsverfahren – so die MBO 2002 – auf die **Prüfung** von **Bauordnungsrecht ganz verzichtet**. In einem „modernen Baurecht" hat die Schlusspunkttheorie nichts mehr verloren. Wer könnte das außer Kotrolle geratene Baunebenrecht noch prüfen wollen? Als Folge davon tragen daher Bauherr, Architekt und Sachverständige in Eigenverantwortung das Risiko, die materiellen Anforderungen des Rechts zu erfüllen.[858] Dies **widerspricht** allerdings elementar der „Sicherung des Wirtschaftsstandortes Deutschland" und dem **Vertrauensschutz** des Bürgers. In Rechtsprechung und Literatur wird – nach gegenläufigen – Tendenzen die Schlusspunkttheorie verteidigt.[859] Ausdrücklich zum Schutz des Bürgers hat der brandenburgische Gesetzgeber der Baugenehmigung **Konzentrationswirkung** verliehen.[860] 457

[852] *Gusy* in: *Gusy* (Hrsg.), Privatisierung von Staatsaufgaben: Kriterien – Grenzen – Folgen, 1998, S. 330/343.

[853] *Jäde* (Fn. 850) S. 982

[854] Vgl. *Battis* (Fn. 794) 1562.

[855] Vgl. dazu *Köck*, Gesetzesfolgenabschätzung und Gesetzgebungsrechtslehre, VerwArch. Bd. 93 (2002), S. 1 ff.

[856] Vgl. Rn. 436.

[857] *Battis* (Fn. 794) S. 1560.

[858] *Battis* (Fn. 794) S. 1561.

[859] OVG NRW vom 11. 9. 2003 BauR 2003, 1870; *Mampel*, Schluss mit der Schlusspunkttheorie?, BauR 2002, 719; *Boeddinghaus/Hahn/Schulte* (Fn. 524) § 75 Rn. 76 ff.

[860] Fn. 779.

458 **Besonders bedenklich** erscheint nunmehr der sich in der MBO 2002 ankündigende **materiell-rechtliche Kahlschlag.**[861] Die Rückführung der Abstandsflächen an allen Seiten von Gebäuden auf 0,4 H führt jedenfalls im Anwendungsbereich der Planersatzvorschrift des § 34 BauGB zu einer **unvertretbaren Verdichtung** der Bebauung.[862] Dass die Anordnung der Stellplätze und Garagen sowie ihre Nutzung nicht unzumutbar stören darf, wird nicht mehr normiert. Erstaunlich ist die Begründung, dass die bauordnungsrechtliche Generalklausel und das sowieso zu prüfende planungsrechtliche Gebot der Rücksichtnahme geeignet seien, Missstände abzuwehren. Bei der Schnittstellenproblematik wurde deutlich, dass das BVerwG gerade bei den Abstandsflächen und bei der Anordnung der Stellplätze die Zweigleisigkeit und Unabhängigkeit beider Regelungsbereiche besonders betont. Was an einer Rückkehr zur Regelungstechnik der gefahrenabwehrenden Generalklausel modern sein soll,[863] bleibt angesichts der dargestellten Baurechtsgeschichte ein **Rätsel**. Gesetzestechnisch sind diese Vorschläge anachronistisch, da derartige Rückgriffe weg von der rechtsstaatlich gebotenen gesetzlichen Regelung zu einer nicht überschaubaren Kasuistik führten.[864] Der weitere Verweis auf das **planungsrechtliche Gebot** der **Rücksichtnahme** ist nicht auf gesetzliche Detailregelungen gerichtet, sondern auf eine durch Richterspruch geschaffene Zumutbarkeitsklausel, die lediglich in bestimmten Tatbestandsmerkmalen planungsrechtlicher Vorschriften verortet wird.[865] Bauherren, Architekten und nicht zuletzt Bauaufsichtsbeamte fürchten dieses Gebot, weil sie nicht sicher abschätzen können, wie die Beurteilung letztendlich nach Jahren vor Gericht ausfällt. Abzulehnen ist auch der **Verzicht auf Mindeststandards** beim Wohnungsbau (Raumhöhe, Fenster in Küchen etc.).[866] Auch das Bauordnungsrecht ist sozialstaatlichen Anforderungen verpflichtet. Es liegt auf der Hand, dass der Bauherr für sich die Standards einhält, aber im Übrigen auf die Reglierungswirkung des Marktes zu vertrauen, geht jedenfalls bei sozial schwachen Mietern fehl. Insgesamt bleibt festzustellen, dass das **Bauordnungsrecht deformiert** und **nicht reformiert** worden ist und **in materieller Hinsicht** durch die MBO 2002 **weiterer Schaden droht**.

2. Bauordnungsbuch des Bundes als Ziel

459 Wirksame Reformüberlegungen nach der sog. Bauordnungsreform sind schwieriger anzustellen als vorher.[867] Anstatt das Bauordnungsrecht zu vereinheitlichen, ist es weiter zersplittert worden. Anstatt das Bauordnungsrecht vom Polizeirecht zu lösen, soll nunmehr ein Rückzug auf die Generalklausel eingeleitet werden. Anstatt die Aufspaltung des einheitlichen Baurechts zu überwinden, stellen Bauplanungsrecht,[868] EG-Recht und Baunebenrecht **ständig neue Anforderungen** an das Baurecht.

460 Abhilfe könnte ein **Bauordnungsbuch des Bundes** schaffen, das zunächst als Teil des BauGB unter Aufgabe der Schnittstellen in BauGB und BauNVO jedenfalls das Wohnungsbaupolizeirecht des Bundes materiell und in einem eigenständigen Verfahren regelt und in einem weiteren Schritt das Baunebenrecht des Bundes aufnimmt. Dass der Bund hierfür die Gesetzgebungskompetenz besitzt, ist bereits ausgeführt worden. Er darf von

[861] Rn. 416 ff.

[862] Krit. *Boeddinghaus*, Die Abstandsregelung nach der neuen Musterbauordnung, ZfBR 2003, 738.

[863] Vgl. *Battis* (Fn. 794) S. 1560.

[864] Vgl. dazu *Hedemann*, Flucht in die Generalklauseln. Eine Gefahr für Recht und Staat. Tübingen 1933; *Butzer*, Flucht in die polizeiliche Generalklausel, VerwArch. Bd. 93 (2002), 459 ff. m. w. N.; *Schulte* (Fn. 487) S. 103, 150.

[865] Vgl. Rn. 283.

[866] Vgl. Rn. 419.

[867] Vgl. *Schulte* (Fn. 487) S. 227 ff.

[868] Stich, Die Rechtsentwicklung von der bebauungsbezogenen zur umweltschutzbestimmten städtebaulichen Planung – Betrachtungen zu einer ständigen Vorschriftenvermehrung im Städtebaurecht, ZfBR 2003, 643.

ihr Gebrauch machen, nachdem die Länder die Bad Dürkheimer Vereinbarung schon seit Jahren nicht mehr einhalten und auch wohl gar nicht mehr einhalten können und wollen. Ob dieses Verhalten der Länder zudem mit ihrer Pflicht zu **bundesfreundlichem Verhalten**[869] vereinbar ist, erscheint fraglich.

---

[869] *Herzog* (Fn. 419) Art. 20 Rn. 62 m. w. N.

2. Kapitel. Anwendungsbereich, Grundbegriffe, allgemeine Anforderungen und bauordnungsrechtliche Generalklausel, Nachbarschutz

Übersicht

Rn.

Teil 1. Anwendungsbereich der Bauordnungen
Ländervergleich: Anwendungsbereich der Bauordnungen . . . 1
I. Materiellrechtlicher und verfahrensrechtlicher Anwendungsbereich . . . 5
II. Bauliche Anlagen und Bauprodukte . . 7
1. Bauliche Anlagen . . . 8
2. Bauprodukte . . . 10
3. Konkurrenz mit spezialgesetzlichen Bestimmungen . . . 11
III. Grundstücke . . . 13
1. Bauordnungsrechtlicher Begriff des Grundstücks . . . 14
2. Buchgrundstück . . . 15
3. Baugrundstück . . . 17
4. Bauplanungsrechtlicher Begriff des Grundstücks . . . 18
IV. Andere Anlagen und Einrichtungen . . 19
1. Begriff der bauordungsrechtlichen Anforderungen . . . 20
2. Begriff der anderen Anlagen und Einrichtungen . . . 24
a) Typische Anlagen und Einrichtungen . . . 25
b) Verhältnis zu den baulichen Anlagen . . . 26
c) Erweiterung des Anwendungsbereichs der Bauordnungen . . . 28
d) Doppelqualifikation von anderen Anlagen und Einrichtungen . . . 29
e) Arten der Anforderungen . . . 30
f) Bedeutung der Erweiterung des Anwendungsbereichs der Bauordnungen . . . 33
V. Ausschluss aus dem Anwendungsbereich . . . 34
1. Anlagen des öffentlichen Verkehrs . . . 36
a) Straßen . . . 37
b) Bahnanlagen der öffentlichen Eisenbahnen . . . 40
c) Anlagen der Straßenbahnen, der U-Bahnen, der Obusse und der öffentlichen Busse . . . 41
d) Anlagen des Wasserverkehrs . . . 42
e) Anlagen des öffentlichen Luftverkehrs . . . 43
f) Gebäude . . . 44
2. Der Bergaufsicht unterliegende Anlagen . . . 46
3. Leitungen . . . 47
4. Kräne und Krananlagen . . . 51
5. Sonstige bauliche Anlagen . . . 52

Rn.

Teil 2. Grundbegriffe des Bauordnungsrechts
Ländervergleich: Grundbegriffe des Bauordnungsrechts . . . 53
I. Bauliche Anlagen . . . 56
1. Weiter Begriff der baulichen Anlagen . . . 57
2. Bauplanungsrechtlicher Begriff der baulichen Anlage . . . 58
3. Bauordnungsrechtlicher Begriff der baulichen Anlage . . . 59
a) Künstlichkeit . . . 60
b) Maschinen und Apparate . . . 61
c) Ortsfestigkeit . . . 62
aa) Bautechnische Verbindung mit dem Erdboden . . . 63
bb) Dauer der Verbindung mit dem Erdboden . . . 64
cc) Mittelbare Verbindung mit dem Erdboden . . . 65
dd) Bewegliche Anlagen . . . 67
ee) Mehrheiten und Teile von baulichen Anlagen . . . 68
d) Lockerungsklausel . . . 70
e) Abweichende Gesetzestechnik (Niedersachsen, Bayern) . . . 71
f) Die Tatbestände der Lockerungsklausel . . . 72
aa) Verbindung durch Schwerkraft . . . 72
bb) Begrenzte Beweglichkeit auf ortsfesten Bahnen . . . 73
cc) Überwiegend ortsfeste Benutzung . . . 74
dd) Wohnmobile, Wohnwagen, Campingwagen, Verkaufswagen, sonstige Wagen und Wasserfahrzeuge . . . 78
g) Erstreckungsklausel . . . 80
aa) Aufschüttungen und Abgrabungen . . . 81
bb) Lager-, Ausstellungs- und Abstellplätze . . . 82
cc) Sport- und Spielplätze . . . 84
dd) Camping-, Wochenend- und Zeltplätze . . . 85
ee) Stellplätze . . . 87
ff) Gerüste und andere Hilfseinrichtungen . . . 89
gg) Wagen . . . 90
hh) Sonstige bauliche Anlagen . . . 91
ii) Rechtliche Konsequenzen . . . 92
jj) Problemfälle baulicher Anlagen . . . 93

Rn.

II. Gebäude 94
1. Überdeckung 95
2. Betretbarkeit 97
3. Selbständige Benutzbarkeit 98
4. Schutzklausel 99
III. Wohngebäude 100
IV. Höhenmaße und Geländeoberfläche . 101
V. Klassifizierung von baulichen Anlagen, insbesondere Gebäuden 103
1. Einteilung der Gebäude nach ihrer Höhe 104
a) Gebäude geringer Höhe 106
b) Gebäude mittlerer Höhe 107
c) Hochhäuser 108
2. Gebäudeklassen 111
3. Einteilung baulicher Anlagen (insbesondere Gebäude) nach der Schwierigkeit von Vorhaben 115
4. Sonderbauten 116
VI. Geschosse und Vollgeschosse 118
1. Begriff des Geschosses 120
2. Begriff des Vollgeschosses 123
a) Legaldefinitionen 123
b) Maße und Werte 124
c) Staffelgeschosse, Geschosse in Dachräumen, Zwischengeschosse . 129
aa) Staffelgeschosse 130
bb) Geschosse in Dachräumen, Dachgeschosse 134
cc) Zwischengeschosse und Hohlräume 138
3. Bauordnungsrechtlicher und planungsrechtlicher Begriff des Vollgeschosses 139
VII. Aufenthaltsräume 141
VIII. Stellplätze und Garagen 145
1. Stellplätze 146
2. Garagen 148
IX. Feuerstätten und Feuerungsanlagen . 150
X. Werbeanlagen 151
XI. Bauprodukte 152
1. Baustoffe und Bauteile 153
2. Anlagen 155
XII. Bauart 157
XIII. Sonstige Begriffe 158

Teil 3. Allgemeine Anforderungen und bauordnungsrechtliche Generalklausel

Ländervergleich: Allgemeine Anforderungen. Generalklausel 159
I. Bauordnungsrechtliche und polizeiliche Generalklausel 162
II. Allgemeine Anforderungen als Handlungspflichten 164
III. Gesetzgeberisches Programm des Bauordnungsrechts 166

Rn.

IV. Die Generalklausel als Gefährdungsklausel 169
1. Sachlicher Geltungsbereich 170
2. Die Baumaßnahmen 171
3. Gefährdung der öffentlichen Sicherheit und Ordnung 174
a) Polizeiliche Schutzgüter 175
b) Gefahrenabwehr 179
c) Schutz der natürlichen Lebensgrundlagen 180
4. Praktische Bedeutung der Gefährdungsklausel 184
V. Adressaten der allgemeinen Anforderungen 186
VI. Durchsetzung der allgemeinen Anforderungen 187
VII. Fernwirkungen der Generalklausel . . 191
VIII. Missstandsfreie Nutzung baulicher Anlagen 193
1. Rechtsnatur der Missstandsklausel . . . 194
2. Der Zweck von Anlagen 195
3. Missstände und Sicherstellung missstandsfreier Benutzbarkeit 196
IX. Verwendung von Bauprodukten . . . 198
X. Technische Regeln und Baubestimmungen 201
1. Allgemein anerkannte Regeln der Baukunst oder Technik 202
2. Technische Baubestimmungen 203
3. Technische Regeln 205
4. Einführung technischer Regeln 206
5. Pflicht zur Beachtung der Technischen Baubestimmungen 208
6. Technische Regeln für Bauprodukte und Bauarten 209
XI. Beseitigung baulicher Anlagen und Nutzungsänderung 210
XII. Bauprodukte, Bauarten und Prüfverfahren 214

Teil 4. Grundstrukturen des Nachbarschutzes

I. Schutznormtheorie und drittschützende Normen 216
II. Nachbarschützender Charakter bauordnungsrechtlicher Normen 217
III. Nachbarschützender Charakter bauplanungsrechtlicher Normen 218
1. Nachbarschutz durch Festsetzungen in Bebauungsplänen 219
2. Rücksichtnahmegebot 222
IV. Nachbarschutz durch Verwaltungsverfahrensrecht 223
V. Nachbarschutz durch sonstige Normen 224
VI. Begriff des Nachbarn 225
VII. Einschränkungen des baurechtlichen Drittschutzes 227

Teil 1. Anwendungsbereich der Bauordnungen

MBO § 1, BW Art. 1, Bay Art 1, Bbg § 1, Bln § 1, Brem § 1, Hamb § 1, Hess § 1, M-V § 1, Nds § 3, NRW § 1, Rh-Pf § 1, Saar § 1, Sachs § 1, Sachs-Anh § 1, Schl-H § 1, Thür § 1

Ländervergleich: Anwendungsbereich der Bauordnungen 1

Regelungsgegenstände der Landesbauordnungen und der MBO 2002[1]	
1.	Bauordnungen gelten für bauliche Anlagen und Bauprodukte.
2.	Bauordnungen gelten für Grundstücke sowie andere Anlagen und Einrichtungen, an die in Bauordnungen oder in Vorschriften auf Grund der Bauordnungen Anforderungen gestellt werden.
3.	Bauordnungen gelten nicht für Anlagen des öffentlichen Verkehrs.
4.	Bauordnungen gelten nicht für Anlagen, die der Bergaufsicht unterliegen.
5.	Bauordnungen gelten nicht für Leitungen, die der öffentlichen Versorgung mit Wasser, Gas, Elektrizität, Wärme, der öffentlichen Abwasserbeseitigung oder dem Fernmeldewesen dienen.
6.	Bauordnungen gelten nicht für Rohrleitungen, die dem Ferntransport von Stoffen dienen.
7.	Bauordnungen gelten nicht für Kräne und Krananlagen.
8.	Manche Bauordnungen schließen weitere Anlagen aus.

2

Land	Norm (LBO)	Umsetzung/Abweichung in den Ländern und der MBO 2002[2]	
MBO 2002	§ 1	**1.**	§ 1 I 1
		2.	§ 1 I 2
		3.	§ 1 II Nr. 1 zusätzlich Zubehör, Nebenanlagen und Nebenbetriebe ausgen. Gebäude
		4.	§ 1 Abs. 2 Nr. 2 ausgen. Gebäude
		5.	§ 1 II Nr. 3 „Abwasserentsorgung" und „Telekommunikation"
		6.	§ 1 Abs. 2 Nr. 4
		7.	§ 1 Abs. 2 Nr. 5
		8.	keine Regelung
BW	§ 1	**1.**	§ 1 I 1
		2.	§ 1 I 2 nach § 1 I 3 gilt das Gesetz ferner für Anlagen nach Abs. 2, soweit an sie Anforderungen auf Grund von § 74 gestellt werden
		3.	§ 1 II 1 Nr. 1 Gesetz gilt bei öffentlichen Verkehrsanlagen nur für Gebäude
		4.	§ 1 II 1 Nr. 3 Gesetz gilt bei den der Bergaufsicht unterliegenden Anlagen nur für oberirdische Gebäude
		5.	§ 1 II 1 Nr. 4 Gesetz gilt bei Leitungen aller Art nur für solche auf Baugrundstücken
		6.	keine Regelung
		7.	§ 1 II 2

[1] Die hier verwendeten Ziffern entsprechen den Ziffern der nachstehenden Rubrik „Umsetzung/Abweichung in den Ländern und der MBO 2002".
[2] Die hier verwendeten Ziffern entsprechen den Ziffern der vorstehenden Rubrik „Regelungsgegenstände der Landesbauordnungen und der MBO 2002".

Land	Norm (LBO)		Umsetzung/Abweichung in den Ländern und der MBO 2002
		8.	§ 1 II 1 Nr. 2 Gesetz gilt bei den der Aufsicht der Wasserbehörden und Abfallrechtsbehörden unterliegenden Anlagen nur für Gebäude, Überbrückungen, Abwasseranlagen, Wasserbehälter, Pumpwerke, Schachtbrunnen, ortsfeste Behälter für Treibstoffe, Öle und andere wassergefährdende Stoffe sowie für Abwasserleitungen auf Baugrundstücken
Bay	Art. 1	1.	Art. 1 I 1
		2.	Art. 1 I 2
		3.	Art. 1 II Nr. 1 zusätzlich: Nebenanlagen und Nebenbetriebe, ausgen. Gebäude an Flugplätzen
		4.	Art. 1 II Nr. 2
		5.	Art. 1 II Nr. 3 Rohrleitungsanlagen sowie Leitungen aller Art, ausgen. in Gebäuden
		6.	Art. 2 II Nr. 3 Rohrleitungsanlagen sowie Leitungen aller Art, ausgen. in Gebäuden
		7.	Art. 1 II Nr. 4
		8.	Art. 1 II Nr. 5 und 6 Gerüste (Nr. 5), Feuerstätten, die nicht der Raumheizung oder der Brauchwassererwärmung dienen, ausgen. Gas-Haushalts-Kochgeräte (Nr. 6)
Bln	§ 1	1.	§ 1 I 1
		2.	§ 1 II 2
		3.	§ 1 II Nr. 3 zusätzlich: Nebenanlagen ausgen. Gebäude
		4.	§ 1 Abs. 2 Nr. 2 Anlagen, *soweit* sie der Bergaufsicht unterliegen, ausgen. Gebäude
		5.	§ 1 II Nr. 3
		6.	§ 1 II Nr. 4
		7.	§ 1 II Nr. 5
		8.	keine Regelung
Bbg	§ 1	1.	§ 1 I 1
		2.	§ 1 I 2
		3.	§ 1 II Nr. 2 „sonstige" (s. unten Nr. 8) Anlagen des öffentlichen Verkehrs u. ihre Nebenanlagen, ausgen. Seilbahnen und Gebäude
		4.	§ 1 II Nr. 3 zusätzlich endgültig stillgelegte bergbauliche Anlagen, die nicht mehr der Bergaufsicht unterliegen; ausgen. Gebäude auf der Geländeoberfläche
		5.	§ 1 II Nr. 4 „Telekommunikation" statt „Fernmeldewesen" ausgen. Masten u. Unterstützungen
		6.	§ 1 II Nr. 5 ausgen. Masten u. Unterstützungen
		7.	§ 1 II Nr. 6 „Krananlagen" fehlt ausgen. Kranbahnen u. Unterstützungen
		8.	§ 1 II Nr. 1 u. 7 Straßen, Wege und Plätze, die als öffentliche Straße gewidmet werden oder sind und unter verantwortlicher Leitung einer Straßenbaubehörde nach den straßenrechtlichen Vorschriften hergestellt werden, und ihre Nebenanlagen, ausgen. Gebäude (Nr. 1), Parkanlagen und andere Grünflächen, die öffentliche Einrichtungen sind, sowie Friedhöfe, ausgen. Gebäude (Nr. 7)

Land	Norm (LBO)	Umsetzung/Abweichung in den Ländern und der MBO 2002	
Brem	§ 1	**1.**	§ 1 I 1
		2.	§ 1 I 2
		3.	§ 1 II Nr. 1 zusätzlich Zubehör, Nebenanlagen und Nebenbetriebe ausgen. Gebäude
		4.	§ 1 II Nr. 2 Anlagen, *soweit* sie der Bergaufsicht unterliegen ausgen. Gebäude
		5.	§ 1 II Nr. 3
		6.	§ 1 II Nr. 4
		7.	§ 1 II Nr. 5 ausgen. Kranbahnen und Kranfundamente
		8.	keine Regelung
Hamb	§ 1	**1.**	§ 1 I 1
		2.	§ 1 I 2
		3.	§ 1 II Nr. 1 zusätzlich Nebenanlagen ausgen. Gebäude
		4.	§ 1 II Nr. 2 Anlagen, *soweit* sie der Bergaufsicht unterliegen ausgen. Gebäude
		5.	§ 1 II Nr. 3
		6.	§ 1 II Nr. 4
		7.	§ 1 II Nr. 5 „Krananlagen" fehlt zusätzlich ähnliche Anlagen, wie Saugheber und Schaufelradlader ausgen. ortsfeste Bahnen und Unterstützungen
		8.	§ 1 II Nr. 6 Schiffe und andere schwimmende Anlagen, die ortsfest benutzt werden, einschließlich ihrer Aufbauten
Hess	§ 1	**1.**	§ 1 I 1
		2.	§ 1 I 2
		3.	§ 1 II Nr. 1 zusätzlich Zubehör, Nebenanlagen und Nebenbetriebe ausgen. Gebäude
		4.	§ 1 II Nr. 3 Anlagen, *soweit* sie der Bergaufsicht unterliegen ausgen. oberirdische Gebäude
		5.	§ 1 II Nr. 4 und 5 Leitungen, die der öffentlichen Versorgung mit Elektrizität, Gas, Wärme oder *Kälte,* dem Fernmeldewesen oder dem *Rundfunk* dienen, und ihre Nebenanlagen ausgen. Gebäude, Masten und Unterstützungen (Nr. 5) Wasserversorgungs- und Abwasseranlagen, die der öffentlichen Versorgung und *Entsorgung* dienen (Nr. 4) ausgen. Gebäude
		6.	§ 1 II Nr. 6 zusätzlich Nebenanlagen ausgen. Gebäude, Masten und Unterstützungen
		7.	§ 1 II Nr. 7
		8.	§ 1 II Nr. 2, 8 und 9 Anlagen des nicht öffentlichen Luftverkehrs einschließlich Zubehör und Nebenanlagen, ausgen. Gebäude (Nr. 2) zahlreiche Werbeanlagen (Nr. 8) Friedhöfe und Nebenanlagen, ausgen. Gebäude (Nr. 9)
M-V	§ 1	**1.**	§ 1 I 1
		2.	§ 1 I 2
		3.	§ 1 II Nr. 1 zusätzlich Zubehör, Nebenanlagen und Nebenbetriebe ausgen. Gebäude

Land	**Norm** (LBO)	**Umsetzung/Abweichung in den Ländern und der MBO 2002**	
		4.	§ 1 II Nr. 2 ausgen. Gebäude
		5.	§ 1 II Nr. 3
		6.	§ 1 II Nr. 4
		7.	§ 1 II Nr. 5 ausgen. Kranbahnen und Kranfundamente
		8.	§ 1 II Nr. 6 Schiffe und schwimmende Anlagen in Häfen, für die wasserverkehrsrechtliche Regelungen getroffen sind
Nds	§ 3	**1.**	keine Regelung
		2.	keine Regelung
		3.	§ 3 I Nr. 1, II Nr. 1 und 2 zusätzlich Zubehör, Nebenanlagen und Nebenbetriebe ausgen. Gebäude, Bahnsteige und ihre Zugänge
		4.	§ 3 I Nr. 2, II Nr. 3 Anlagen und Einrichtungen unter der Aufsicht der Bergbehörden ausgen. Schachtfördergerüste
		5.	§ 3 I Nr. 3, II Nr. 1 Leitungen, die dem Fernmeldewesen, dem *Rundfunk* oder der öffentlichen Versorgung mit Wasser, Gas, Elekrizität oder Wärme dienen
		6.	§ 3 I Nr. 3
		7.	§ 3 I Nr. 4
		8.	keine Regelung
NRW	§ 1	**1.**	§ 1 I 1
		2.	§ 1 I 2
		3.	§ 1 II Nr. 1 zusätzlich Zubehör, Nebenanlagen und Nebenbetriebe ausgen. Gebäude
		4.	§ 1 II Nr. 2 Anlagen, *soweit* sie der Bergaufsicht unterliegen ausgen. Gebäude
		5.	§ 1 II Nr. 3 zusätzlich Masten, Unterstützungen, sowie unterirdische Anlagen und Einrichtungen
		6.	§ 1 II Nr. 4 zusätzlich unterirdische Anlagen und Einrichtungen
		7.	§ 1 II Nr. 5 „Krananlagen" fehlt
		8.	keine Regelung
Rh-Pf	§ 1	**1.**	§ 1 I 1
		2.	§ 1 I 2 Gesetz gilt für bebaute und bebaubare Grundstücke
		3.	§ 1 II Nr. 1 zusätzlich Nebenanlagen ausgen. Gebäude
		4.	§ 1 II Nr. 2 ausgen. oberirdische Gebäude
		5.	§ 1 II Nr. 3
		6.	§ 1 II Nr. 4
		7.	§ 1 II Nr. 5 „Krananlagen" fehlt ausgen. Kranbahnen und Unterstützungen
		8.	keine Regelung
Saar	§ 1	**1.**	§ 1 I 1
		2.	§ 1 I 2
		3.	§ 1 II Nr. 1 zusätzlich Zubehör, Nebenanlagen und Nebenbetriebe ausgen. Gebäude
		4.	§ 1 II Nr. 2 Anlagen, *soweit* sie der Bergaufsicht unterliegen ausgen. Gebäude

Land	Norm (LBO)		Umsetzung/Abweichung in den Ländern und der MBO 2002
		5.	§ 1 II Nr. 3 Leitungen, die der öffentlichen Versorgung und *Entsorgung*, dem Fernmeldewesen, dem *Rundfunk* oder dem *Fernsehen* dienen, und ihre Nebenanlagen ausgen. Unterstützungen und Gebäude
		6.	§ 1 II Nr. 4 zusätzlich Nebenanlagen ausgen. Gebäude
		7.	§ 1 II Nr. 5 ausgen. ihre ortsfesten Bahnen und Unterstützungen
		8.	keine Regelung
Sachs	§ 1	1.	§ 1 I 1
		2.	§ 1 I 2
		3.	§ 1 II Nr. 1 zusätzlich Nebenanlagen ausgen. Gebäude
		4.	§ 1 II Nr. 2 Anlagen, *soweit* sie der Bergaufsicht unterliegen ausgen. Gebäude
		5.	§ 1 II Nr. 3 und 4 Anlagen, die der öffentlichen Versorgung mit Gas oder Wärme dienen, ausgen. Gebäude (Nr. 3) Leitungen aller Art außerhalb von Gebäuden ausgen. Wasser- und Abwasserleitungen (Nr. 4)
		6.	keine Regelung
		7.	§ 1 II Nr. 5
		8.	keine Regelung
Sachs-Anh	§ 1	1.	§ 1 I 1
		2.	§ 1 I 2
		3.	§ 1 II Nr. 1 zusätzlich Zubehör, Nebenanlagen und Nebenbetriebe ausgen. Gebäude
		4.	§ 1 II Nr. 2
		5.	§ 1 II Nr. 4 „Telekommunikation" statt „Fernmeldewesen"
		6.	§ 1 II Nr. 5
		7.	§ 1 II Nr. 6 „Krananlagen" fehlt ausgen. Kranbahnträger und deren Unterstützungen
		8.	§ 1 II Nr. 3 Anlagen zur Gewinnung von Bodenschätzen ausgen. Gebäude
Schl-H	§ 1	1.	§ 1 I 1
		2.	§ 1 I 2
		3.	§ 1 II Nr. 1 zusätzlich Zubehör, Nebenanlagen und Nebenbetriebe ausgen. Gebäude
		4.	§ 1 II Nr. 2 Anlagen, *soweit* sie der Bergaufsicht unterliegen ausgen. Gebäude
		5.	§ 1 II Nr. 3
		6.	§ 1 II Nr. 4
		7.	§ 1 II Nr. 5 ausgen. Kranbahnen und Kranfundamente
		8.	§ 1 II Nr. 6 Schiffe und schwimmende Anlagen in Häfen, für die wasserverkehrsrechtliche Regelungen getroffen sind

Land	Norm (LBO)	Umsetzung/Abweichung in den Ländern und der MBO 2002	
Thür	§ 1	**1.**	§ 1 I 1
		2.	§ 1 I 2
		3.	§ 1 II Nr. 1 zusätzlich Zubehör, Nebenanlagen und Nebenbetriebe ausgen. Gebäude und Lärmschutzanlagen
		4.	§ 1 II Nr. 2 Anlagen, *soweit* sie der Bergaufsicht unterliegen ausgen. Gebäude an der Erdoberfläche
		5.	§ 1 II Nr. 3 zusätzlich Leitungen, die dem Rundfunk oder dem Fernsehen dienen
		6.	§ 1 II Nr. 4
		7.	§ 1 II Nr. 5
		8.	keine Regelung

3 Fast alle Bauordnungen werden durch einen mit den Worten **„Allgemeine Vorschriften"** überschriebenen Teil eingeleitet (§§ 1 bis 3 bzw. Art. 1 bis 3), der auch für deren übrige Teile maßgeblich ist. Nur in Hamburg trägt der erste Abschnitt die Überschrift „Einführungsvorschriften". In § 1 (Art. 1) wird – mit Ausnahme der Niedersächsischen Bauordnung – der „Anwendungsbereich" bestimmt, in § 2 (Art. 2) werden Grundbegriffe des Bauordnungsrechts durch Legaldefinitionen beschrieben (s. unten Rn. 53), und in der Generalklausel des § 3 (Art. 3) – sowie in § 1 NBauO – finden sich „Allgemeine Anforderungen" (s. unten Rn. 159).

4 Mit der Festlegung des Anwendungsbereichs ordnen die Gesetze an, für welche Gegenstände sie gelten sollen.[3] Absatz 1 nennt jeweils die vom Gesetz erfassten Gegenstände, Absatz 2 schließt sodann für bestimmte Sachgruppen die Geltung des Gesetzes aus. Der Kreis der Regelungsobjekte stimmt in sämtlichen Bauordungen überein und erstreckt sich auf folgende Gegenstände: **bauliche Anlagen**, **Bauprodukte**, weiterhin auf **Grundstücke** sowie auf **andere Anlagen und Einrichtungen**, an die in bauordnungsrechtlichen Vorschriften Anforderungen gestellt werden. Außer dem damit umschriebenen **sachlichen Anwendungs- oder Geltungsbereich** finden sich in den Bauordnungen Vorschriften über ihren persönlichen (s. Kapitel 11, Rn. 1 ff.) sowie ihren zeitlichen Anwendungsbereich (§ 87 MBO 2002, Art. 93 bis 95 BayBO).

I. Materiellrechtlicher und verfahrensrechtlicher Anwendungsbereich

5 Die Eingangsvorschrift fast aller Bauordnungen (Ausnahme: § 1 NBauO) ordnet grundsätzlich die Geltung des gesamten Gesetzes für alle Gegenstände an, auf die es sich thematisch bezieht. Nach einer abweichenden Ansicht regelt § 1 (Art. 1) der Bauordnungen – im Rahmen des sachlichen Anwendungsbereichs – dagegen nur den **materiellrechtlichen Anwendungsbereich** des Gesetzes, nicht aber seinen **verfahrensrechtlichen Anwendungsbereich**.[4] Diese Eliminierung des bauaufsichtlichen Verfahrensrechts aus der Eingangsvorschrift beruht auf der Erwägung, dass die Bestimmungen über das Verwaltungsverfahren einen engeren Anwendungsbereich als die materiellrechtlichen Bestimmungen haben und insbesondere zahlreiche Vorhaben vom Genehmigungserfordernis ausnehmen oder freistellen (s. Kapitel 13, Rn. 11 ff.). Da auch genehmigungsfreie und genehmigungsfrei gestellte Vorhaben den materiellen Vorschriften der Bauordnungen oder den öffentlich-rechtlichen Vorschriften entsprechen müssen (§ 54 Abs. 2 HBO, § 65 Abs. 4

[3] *Simon/Busse,* Bayerische Bauordnung 2003, Art. 1 Rn. 11.
[4] *Proksch,* Das Bauordnungsrecht in der Bundesrepublik Deutschland, 1981, S. 44.

BauO NRW), ist nach dieser Rechtsansicht das in § 1 (Art. 1) behandelte Thema von vornherein nur das der Bindung an das materielle Bauordnungsrecht.[5]

Diese Auffassung, nach der § 1 (Art. 1) der Bauordnungen sich lediglich mit den materiellen Anforderungen an bauliche Anlagen und ihnen gleichgestellte Objekte befasst, ist zwar anfechtbar, weil Wortlaut und Normzweck keinen Anlass für sie bieten, hat aber keine nachteiligen Folgen für die Rechtspraxis. Vorzugswürdig ist jedoch die gegenteilige Auffassung, wonach § 1 (Art. 1) – außer in seinem Absatz 2 (s. unten Rn. 34) – **keine Beschränkung des Anwendungsbereichs** vorsieht, sondern ausnahmslos die Geltung des gesamten Gesetzes für die von ihm erfassten Gegenstände anordnet. Erst an anderen Stellen der Bauordnung (z. B. in Art. 63 BayBO, der zahlreiche Ausnahmen von der Baugenehmigungspflicht vorsieht) wird der Geltungsbereich des § 1 (Art. 1) in der Weise eingeschränkt, dass nicht sämtliche verfahrensrechtlichen Vorschriften für alle Anlagen i. S. des § 1 (Art. 1) gelten. Derartige (gewissermaßen nachträgliche) **Reduzierungen des verfahrensrechtlichen Anwendungsbereichs** schließen überdies nur Teile des Verfahrensrechts aus. Wichtige verfahrensrechtliche Instrumente – wie z. B. die Ermächtigung zur Beseitigung rechtswidriger baulicher Anlagen (s. unten Kapitel 15, Rn. 298 ff.) – bleiben weiterhin für alle baulichen Anlagen erhalten, so dass eine pauschale Qualifizierung des § 1 (Art. 1) der Bauordnungen als eine lediglich materiellrechtliche Fragen betreffende Norm ohnehin unangebracht ist. 6

II. Bauliche Anlagen und Bauprodukte

Der **sachliche Geltungsbereich** der Bauordnungen erstreckt sich **primär** auf **bauliche Anlagen und Bauprodukte**. In ihn einbezogen sind ferner Grundstücke (s. unten Rn. 13) sowie bestimmte andere Anlagen und Einrichtungen (s. unten Rn. 19). 7

1. Bauliche Anlagen

Im **Zentrum des Bauordnungsrechts** stehen die baulichen Anlagen. Der Begriff der baulichen Anlagen wird in § 2 (Art. 2) Abs. 1 der Bauordnungen definiert (s. unten Rn. 56). Erfasst werden **alle baulichen Anlagen**, auch wenn nur einige Gesetze (Art. 1 Abs. 1 Satz 1 BayBO, § 1 Abs. 1 Satz 1 BbgBO, § 1 Abs. 1 Satz 1 LBauO M-V, § 1 Abs. 1 Satz 1 LBauO Rh-Pf, § 1 Abs. 1 Satz 1 ThürBO) diese Formulierung verwenden und die übrigen nur pauschal von „baulichen Anlagen" sprechen. Eine andere, den Geltungsbereich des § 1 (Art. 1) Abs. 1 – und damit den Anwendungsbereich der Bauordnungen insgesamt – auf bestimmte bauliche Anlagen beschränkende Auslegung wäre nur möglich, wenn die Bauordnungen bereits in ihrer Eingangsvorschrift erkennen ließen, welche baulichen Anlagen ihnen unterfallen und welche von ihnen ausgenommen sein sollen. Ein solcher Ausschluss findet sich aber erst und nur in § 1 (Art. 1) Abs. 2 der Bauordnungen für mehrere Kategorien baulicher Anlagen (s. unten Rn. 34), so dass im Übrigen der umfassende Geltungsanspruch der Bauordnungen erhalten bleibt. 8

Da die Bauordnungen – vorbehaltlich ihres § 1 (Art. 1) Abs. 2 und abweichender Regelungen durch Spezialgesetze (s. unten Rn. 11 f.) – für alle baulichen Anlagen maßgeblich sind, kommt es nicht auf die **Art der Anlagen** an. Ob es sich um private oder öffentliche Anlagen handelt, ob um solche des Bundes, eines Landes oder eines anderen Trägers öffentlicher Gewalt, welchem Zweck oder welcher Nutzung sie dienen, welche Lage, Formen, Dimensionen oder sonstigen Eigenschaften sie aufweisen oder wie die Eigentumsverhältnisse beschaffen sind, ist also für den sachlichen Anwendungsbereich der Bauordnungen unerheblich.[6] 9

---

[5] Zur weiterbestehenden Bindung an öffentlich-rechtliche Anforderungen auch im Falle der Genehmigungsfreiheit vgl. OVG NRW vom 22. 8. 1996 ZfBR 1997, 46/47.

[6] *Proksch* (Fn. 4), S. 47, 48.

2. Bauprodukte

10 Außer für bauliche Anlagen gelten die Bauordnungen für **Bauprodukte**. Deren Einbeziehung in die Bestimmungen über den sachlichen Anwendungsbereich ist erst vor wenigen Jahren erfolgt und stellt der Sache nach einen Hinweis auf das **Bauproduktengesetz** – BauPG – dar. Diese gesetzestechnische Neuerung hat dazu geführt, dass die traditionelle Fixierung der Bauordnungen auf ortsbezogene Erscheinungen wie bauliche Anlagen (sowie die des Weiteren in § 1 bzw. Art. 1 erwähnten Grundstücke, anderen Anlagen und Einrichtungen) gelockert wird und die Bauordnungen Züge wirtschaftsrechtlicher Produktgesetze annehmen. Der Begriff der Bauprodukte wird in § 2 (Art. 2) der Bauordnungen definiert (s. unten Rn. 152). Eigenartigerweise wird neben den Bauprodukten die Bauart nicht genannt, obwohl auch an sie bauaufsichtliche Anforderungen gerichtet werden (s. unten Rn. 157).

3. Konkurrenz mit spezialgesetzlichen Bestimmungen

11 Der – abgesehen von § 1 (Art. 1) Abs. 2 (s. unten Rn. 34) – umfassende Anwendungsbereich der Bauordnungen kann durch **spezielle Vorschriften des Bundes- oder Landesrechts**, die **abweichende Regelungen** für bauliche Anlagen vorsehen, berührt werden.[7] Häufig geschieht es, dass ohne eine ausdrückliche Beeinträchtigung des umfassenden Geltungsanspruchs neben der jeweiligen Bauordnung weitere bundes- oder landesrechtliche Bestimmungen Anforderungen an bauliche Anlagen richten oder ein von von ihr abweichendes Verwaltungsverfahren vorschreiben.[8] Die damit aufgeworfenen Probleme der **Konkurrenz von Rechtsvorschriften** sind in Rechtsprechung und Literatur noch nicht definitiv gelöst.[9]

12 Die **Bauordnungen treten hinter spezialgesetzlichen Bestimmungen** des Baurechts – seien es solche des materiellen Rechts oder des Verfahrensrechts – **zurück**. Sie büßen in dem Umfang ihre Geltung ein, in dem es der Bundesgesetzgeber kraft des bundesrechtlichen Geltungsvorrangs oder der eine Spezialregelung erstrebende Landesgesetzgeber für angebracht hält. Die materiellen Vorschriften der Bauordnungen finden jedoch regelmäßig auch dann Anwendung, wenn andere Gesetze ein von der jeweiligen Bauordnung abweichendes Verwaltungsverfahren anordnen. So verdrängt zwar z. B. das immissionsschutzrechtliche Genehmigungsverfahren das bauaufsichtliche Genehmigungsverfahren (§ 4 Abs. 1, § 13 BImSchG), jedoch bleiben gemäß § 6 Abs. 1 Nr. 2 BImSchG die materiellen Bestimmungen des Bauordnungsrechts weiterhin verbindlich. Wenn es an einer ausdrücklichen Norm fehlt, gilt im Zweifelsfall das allgemeine Prinzip, dass bei Verdrängung des bauaufsichtlichen Verfahrens durch ein spezialgesetzliches Verfahren die einschlägigen **materiellen Vorschriften kumulativ anzuwenden** sind.[10] Treten hierbei Widersprüche zwischen den auf unterschiedlichen Gesetzen beruhenden Baurechtsvorschriften auf, so sind sie im Wege der Auslegung und nach den üblichen Kollisionsregeln aufzulösen (Vorrang des Bundesrechts, des speziellen oder des späteren Rechts; Abwägung der konfligierenden Rechtsgüter oder Belange).

---

[7] *Proksch* (Fn. 4), S. 52, 57.

[8] OVG M-V vom 27. 2. 2003 BauR 2003, 1557/1558.

[9] BVerwG vom 4. 7. 1986 BVerwGE 74, 315 = DVBl. 1986, 1273, und (grundlegend) *Jarass*, Konkurrenz, Konzentration und Bindungswirkung von Genehmigungen, 1984; *Gaentzsch*, NJW 1986, 2787; s. weiterhin *Becker*, VerwArch Bd. 87 (1996), 581/585; *Büllesbach*, DÖV 1995, 710/712; *Pauly/Lützeler*, DÖV 1995, 545; *Proksch* (Fn. 4), S. 47; *Schmid-Preuß*, DVBl. 1991, 229/231; *Stelkens/Bonk/Sachs*, Verwaltungsverfahrensgesetz, 6. Aufl., 2001, § 43 Rn. 64. – Einen Ausschnitt aus dem Problemkreis der Normenkonkurrenz bildet die Frage des Verhältnisses der Baugenehmigung zu anderen Genehmigungen (s. unten Kapitel 14, Rn. 15 ff.).

[10] *Jarass* (Fn. 9), S. 54.

III. Grundstücke

Die Bauordnungen erfassen nicht nur bauliche Anlagen und Bauprodukte, sondern auch **Grundstücke.** Zahlreiche ihrer Vorschriften setzen den Begriff des Grundstücks voraus und knüpfen an ihn Rechtsfolgen (s. Kapitel 3, Rn. 2). So verlangen die Bauordnungen z. B. übereinstimmend, dass ein zu bebauendes Grundstück in angemessener Breite an einer befahrbaren öffentlichen Verkehrsfläche liegt (§ 4 Abs. 1 LBO BW, § 4 Abs. 1 Nr. 1 BauO NRW, § 5 Abs. 2 Satz 1 NBauO). 13

1. Bauordnungsrechtlicher Begriff des Grundstücks

Gemäß § 1 (Art. 1) Abs. 1 Satz 2 der Bauordnungen – mit Ausnahme derjenigen Niedersachsens – gelten diese „auch für Grundstücke sowie für andere Anlagen und Einrichtungen, an die in diesem Gesetz oder in Vorschriften auf Grund dieses Gesetzes Anforderungen gestellt werden". Der Begriff des Grundstücks hat im öffentlichen Recht keine einheitliche Bedeutung.[11] In welchem Sinne er aufzufassen ist, muss dem maßgeblichen Gesetz – hier also jeweils den Bauordnungen – entnommen werden. Die Bauordnungen beziehen Grundstücke generell in ihren Anwendungsbereich ein und verwenden somit einen umfassenden **bauordnungsrechtlichen Begriff** des Grundstücks. Der Relativsatz, der sich, leicht variiert, in sämtlichen Bauordnungen (mit Ausnahme der Niedersächsischen Bauordnung) findet, enthält für Grundstücke keine Einschränkungen und ordnet insoweit **keine Reduzierung des sachlichen Anwendungsbereichs** der Gesetze an. Denn er bezieht sich nicht auf das Wort „Grundstücke", sondern nur auf die durch die distanzierende Konjunktion „sowie" verknüpften „andere(n) Anlagen und Einrichtungen" (s. unten Rn. 19). Während es „andere Anlagen und Einrichtungen" gibt, an die keine bauordnungsrechtlichen Anforderungen gerichtet werden und die deshalb überhaupt nicht von den Bauordnungen erfasst werden, ist eine vergleichbare Trennung von Grundstücken, auf die sich die Bauordnungen erstrecken, und solchen, die außerhalb ihres Regimes liegen, nicht möglich. Zwar gibt es spezielle bauordnungsrechtliche Anforderungen an Grundstücke – wie z. B. die Gebote, Grundstücke zu begrünen oder zu bepflanzen (§ 9 Abs. 1 Satz 1 BauO NRW) oder sie von Verunstaltungen freizuhalten (§ 77 Abs. 1 Satz 3 BauO Bln) –, doch führt das Fehlen derartiger grundstücksbezogener Anforderungen nicht dazu, dass Grundstücke vom Zugriff der Bauordnungen verschont blieben. Auch wäre die an sich nahe liegende Annahme, bei einem Grundstück, das etwa wegen planungs- oder naturschutzrechtlicher Hindernisse unbebaubar ist, handele es sich nicht um ein Grundstück im Sinne des § 1 (Art. 1) Abs. 1 Satz 2 der Bauordnungen, verfehlt. Die **Bauordnungen** müssen vielmehr kraft Natur der Sache **alle Grundstücke** betreffen, denn jedes Grundstück ist potenziell als Anknüpfungspunkt für bauordnungsrechtliche Normen geeignet. Sobald es bebaut ist, bebaut wird, bebaut werden soll oder mit bebauten oder für eine Bebauung vorgesehenen Grundstücken räumlichen Kontakt aufweist, gerät es in das normative Blickfeld der Bauordnungen. 14

2. Buchgrundstück

Unter einem Grundstück im bauordnungsrechtlichen Sinne ist das im Grundbuch unter eigener Nummer im Bestandsverzeichnis des Grundbuchblatts eingetragene **Buchgrundstück**, also das **Grundstück im Rechtssinne**, im grundbuchrechtlichen oder bürgerlich-rechtlichen Sinne, zu verstehen, **nicht** dagegen das **Grundstück im wirtschaftlichen Sinne**, also die eine wirtschaftliche Einheit darstellende Fläche oder die für eine einheitliche bauliche Nutzung zusammengefasste Fläche.[12] Das Abgehen von dem kontu- 15

---

[11] *Battis* in *Battis/Krautzberger/Löhr,* Baugesetzbuch, 8. Aufl., 2002, § 200 Rn. 2.

[12] Bay VGH vom 30. 8. 1984 BRS 42 Nr. 165 (S. 370); OVG Bln vom 14. 8. 1987 OVGE 19, 72, 74, 76; OVG Thür vom 15. 5. 1996 LKV 1997, 71; *Battis* (Fn. 11), Rn. 3; *Hahn* in *Boeddinghaus/Hahn/Schulte,* Bauord-

renscharfen rechtlichen Grundstücksbegriff zugunsten eines wirtschaftlichen Grundstücksbegriffs würde die Sicherheit der Rechtsanwendung dadurch gefährden, dass die Behörden die Zulässigkeit von Vorhaben – z.B. hinsichtlich der Abstandsflächen (s. unten Kapitel 3, Rn. 38) – anhand vager und daher ungeeigneter Kriterien zu beurteilen hätten.[13] Dieses Bedenken würde auch nicht behoben, wenn man für einen Begriff des Grundstücks im wirtschaftlichen Sinne das Erfordernis aufstellte, mehrere einheitlich genutzte Grundstücke müssten im räumlichen Zusammenhang stehen und demselben Eigentümer gehören oder ihm uneingeschränkt zur Verfügung stehen; denn derartige ungeschriebene Voraussetzungen könnten durch privatrechtliche Vorgänge jederzeit entfallen, sind daher unbeständig und nicht immer durch Baulasten regelbar (s. Kapitel 17, Rn. 18 ff.). Überdies wäre die in den meisten Bauordnungen enthaltene Vorschrift überflüssig, wonach die Errichtung eines Gebäudes auf mehreren Grundstücken nur zulässig ist, wenn öffentlich-rechtlich gesichert ist, dass keine Verhältnisse eintreten können, die bauordnungsrechtlichen Vorschriften zuwiderlaufen (§ 4 Abs. 2 LBauO M-V, § 4 Abs. 2 BauO NRW, s. unten Kapitel 3, Rn. 10); eine solche Bestimmung setzt vielmehr voraus, dass ein Bauherr nicht ohne weiteres zur einheitlichen baulichen Nutzung eines aus mehreren Buchgrundstücken bestehenden Grundstücks im wirtschaftlichen Sinne berechtigt sein soll.

16 Die prinzipielle Maßgeblichkeit des Begriffs des Buchgrundstücks gemäß § 1 (Art. 1) Abs. 1 Satz 2 der Bauordnungen schließt eine ausnahmsweise **landesrechtliche Abweichung vom Begriff des Grundstücks** im Rechtssinne jedoch nicht aus, so dass im Zusammenhang einer bauordnungsrechtlichen Einzelvorschrift, die konkrete Anforderungen an Grundstücke stellt, vom generellen Grundstücksbegriff zugunsten des wirtschaftlichen Grundstücksbegriffs abgegangen werden kann. Sollte bei der Anwendung einer solchen Vorschrift die Möglichkeit einer Befreiung oder Abweichung (s. unten Kapitel 14, Rn. 187 ff.) nicht ausreichen und sollten dennoch zwingende Gründe – etwa solche der Grundstücks- oder Bodenbeschaffenheit – erfordern, dass ein wirtschaftlicher Grundstücksbegriff zugrunde zu legen ist, so steht dem das allgemeine Prinzip nicht entgegen.

3. Baugrundstück

17 Außerhalb der den sachlichen Anwendungsbereich behandelnden Eingangsvorschrift des § 1 (Art. 1) verwenden die Bauordnungen gelegentlich den **Begriff des Baugrundstücks**. Dieser Begriff ist enger als der des Grundstücks im Rechtssinn, besitzt aber gleichwohl keine einheitliche Bedeutung. Unter einem Baugrundstück wird mitunter ein Grundstück verstanden, das bebaut ist oder nach öffentlich-rechtlichen Vorschriften bebaubar ist (§ 10 BbgBO, § 8 Abs. 1 Satz 1 LBauO M-V).[14] Wenngleich die grundstücksbezogenen Vorschriften der Bauordnungen sich primär auf Grundstücke beziehen, die diese Eigenschaften aufweisen, also bebaut oder nach öffentlichem Recht bebaubar sind, erfassen sie doch auch solche Grundstücke, die weder bebaut sind noch nach öffentlich-rechtlichen Vorschriften bebaubar sind. Manchmal wird der Begriff des Baugrundstücks noch in einem anderen Sinn verwendet. Müssen bei der Errichtung einer baulichen Anlage Stellplätze hergestellt werden, so sind sie auf dem Baugrundstück anzulegen, also auf dem Grundstück, auf dem das Bauvorhaben durchgeführt wird (Art. 52 Abs. 4 Satz 1 BayBO). Wiederum eines anderen Begriffs des Baugrundstücks bedienen sich § 2 Abs. 10 BremLBO und § 4 Abs. 1 Satz 1 NBauO: Es handelt sich um ein Grundstück im Sinne des bürgerlichen Rechts, auf dem ein Vorhaben/eine Baumaßnahme durchgeführt wird oder auf dem sich eine bauliche Anlage befindet.

---

nung für das Land Nordrhein-Westfalen (Stand: 12/2003), § 1 Rn. 8; *Ortloff,* NVwZ 2002, 416/417; *W. Schrödter* in *Schrödter,* Baugesetzbuch, 6. Aufl., 1998, § 200 Rn. 2, 3.

[13] *Praml,* DVBl. 1980, 218/220.

[14] *Battis* (Fn. 11), Rn. 5.

4. Bauplanungsrechtlicher Begriff des Grundstücks

Die Maßgeblichkeit des Begriffs des Buchgrundstücks führt dazu, dass der bauordnungsrechtliche Begriff des Grundstücks mit dem **bauplanungsrechtlichen Begriff des Grundstücks** nicht völlig übereinstimmt.[15] Ein Kompetenzübergriff der Landesgesetzgeber in den Bereich des Bundesrechts ist hierin aber nicht zu sehen, denn den Ländern steht es frei, bauordnungsrechtliche Anforderungen an Grundstücke zu stellen und den Begriff des Grundstücks insoweit abweichend vom bundesrechtliche Grundstücksbegriff zu definieren; sie sind lediglich daran gehindert, den bundesrechtlichen Begriff des Grundstücks zu verändern.[16] Als Grundsatz gilt allerdings auch im Bauplanungsrecht, dass sich der vom Baugesetzbuch verwendete Begriff des Grundstücks mit dem grundbuchrechtlichen Begriff deckt.[17] Ausnahmsweise soll jedoch von diesem Begriff abgewichen werden können, wenn sonst die Gefahr bestünde, dass der Sinn einer bau- und bodenrechtlichen Regelung handgreiflich verfehlt würde.[18] 18

IV. Andere Anlagen und Einrichtungen

Der Anwendungsbereich der Bauordnungen erfasst – abgesehen von dem Ausnahmekatalog des § 1 (Art. 1) Abs. 2 (s. unten Rn. 34) – alle baulichen Anlagen und alle Bauprodukte, gemäß ihrem § 1 (Art. 1) Abs. 1 Satz 2 auch alle Grundstücke sowie wegen ihrer bauordnungsrechtlichen Relevanz überdies einige ortsbezogene **„andere Anlagen und Einrichtungen"**. Nur die Niedersächsische Bauordnung enthält keine entsprechende allgemeine Vorschrift. Der durch das Wort „andere" betonte Gegensatz zu den baulichen Anlagen zeigt, dass Absatz 1 Satz 2 sich – jedenfalls primär – auf nicht-bauliche Anlagen und Einrichtungen bezieht. Die damit gemeinten Gegenstände werden jedoch weder definiert noch einzeln aufgezählt, sondern im Wege einer blankettartigen Verweisung umschrieben. Es handelt sich um solche Anlagen und Einrichtungen, **an die bauordnungsrechtliche Anforderungen gestellt werden**, sei es in einer Bauordnung selbst oder in Vorschriften auf Grund einer Bauordnung. 19

1. Begriff der bauordungsrechtlichen Anforderungen

Bauordnungsrechtliche Anforderungen sind im Bauordnungsrecht enthaltene Gebote oder Verbote, durch die den Normadressaten ein **bestimmtes Verhalten** in Bezug auf bauliche Anlagen, ihnen gleichgestellte Anlagen und Einrichtungen, Bauprodukte und Grundstücke auferlegt wird. Sie können unmittelbar auf ein Verhalten des Pflichtigen gerichtet sein, wie dies bei den von der Generalklausel vorgesehenen (allgemeinen) „Anforderungen" der Fall ist, wonach z. B. bauliche Anlagen in bestimmter Weise anzuordnen, zu errichten, zu ändern und instand zu halten sind (s. unten Rn. 171). Neben diesen **Verhaltensanforderungen** gibt es auch **Ergebnisanforderungen**. Sie zielen primär darauf ab, dass ein bestimmter baulicher Zustand erreicht oder beibehalten wird, beeinflussen also – rechtlich gesehen – nur mittelbar das Verhalten derjenigen, an die sie sich wenden. So müssen bauliche Anlagen standsicher (Art. 12 BayBO, s. Kapitel 5, Rn. 15 ff.) und so gestaltet sein, dass sie nicht verunstaltet wirken (§ 12 Abs. 1 BauO NRW, s. unten Kapitel 4, Rn. 34). Der Unterschied zwischen Verhaltensanforderungen und Ergebnisanforderun- 20

---

[15] Vgl. zum Begriff des Grundstücks und des Baugrundstücks im Sinne des Planungs- oder Bebauungsrechs BVerwG vom 14. 12. 1973 BVerwGE 44, 250/251, vom 14. 2. 1991 BVerwGE 88, 24/29 = NJW 1991, 2783; OVG Bln vom 14. 8. 1987 OVGE 19, 72, 74, 76; *Battis* (Fn. 11), Rn. 3, 5; *Fickert/Fieseler*, Baunutzungsverordnung, 10. Aufl., 2002, § 19, Rn. 2, 3; *Praml* (Fn. 13), S. 218; *Schrödter* (Fn. 12), § 200 Rn. 2, 4.

[16] BVerwG vom 14. 2. 1991 (Fn. 15), S. 30.

[17] BVerwG vom 14. 2. 1991 (Fn. 15), S. 29.

[18] BVerwG vom 14. 12. 1973 (Fn. 15), S. 252, vom 11. 4. 1990 NVwZ-RR 1990, 528, vom 30. 11. 2000 BRS 63 Nr. 94.

gen ist lediglich formaler Natur und ohne substanziellen Gehalt. Auch ist kein Prinzip erkennbar, an das die Gesetzgeber der Bauordnungen sich bei der Wahl der einen oder anderen juristischen Konstruktion halten.

21 In beiden Varianten handelt es sich regelmäßig um **materiellrechtliche Anforderungen**. Aber auch **verfahrensrechtliche Anforderungen** sind nicht selten. Beispiele hierfür bilden Anforderungen an Bauvorlagen (Art. 67 Abs. 2 BayBO) sowie Vorschriften, durch die auch die anderen Anlagen und Einrichtungen dem Erfordernis einer Baugenehmigung unterworfen werden (Art. 63 Abs. 1 BauO NRW).

22 Die Bauordnungen unterscheiden zwischen **allgemeinen und besonderen Anforderungen**. Allgemeine Anforderungen, wie sie z. B. in der bauordnungsrechtlichen Generalklausel (s. unten Rn. 164) und in den Regelungen über die Bauausführung (s. unten Kapitel 5) enthalten sind, beziehen sich auf sämtliche baulichen Anlagen. Auch die gleichbedeutende Bezeichnung „Grundsätzliche Anforderungen" findet sich gelegentlich (§ 1 NBauO). Besondere Anforderungen dagegen erfassen nur einzelne Kategorien baulicher Anlagen, z. B. Sonderbauten, also bauliche Anlagen besonderer Art oder Nutzung (§ 54 BauO NRW). Jedoch ist der Sprachgebrauch der Bauordnungen weder einheitlich noch widerspruchsfrei. Mitunter werden etwa Anforderungen als allgemeine Anforderungen bezeichnet, obwohl sie bautechnische Spezialfragen betreffen (vgl. § 85 Abs. 1 Nr. 1 BauO NRW, der sich unter anderem auf allgemeine Anforderungen an haustechnische Anlagen bezieht).

23 **Anforderungen** können ferner, wie zumeist, **generell im Gesetz** (aber auch **in einer Rechtsverordnung oder Satzung**) enthalten sein oder auf einer normativen Grundlage **von einer Behörde individuell verfügt** werden. So kann nach § 54 Abs. 1 und 2 Nr. 2 BauO NRW bei Sonderbauten im Einzelfall die Anforderung gestellt werden, dass eine bestimmte Anordnung der baulichen Anlage auf dem Grundstück eingehalten werden muss. § 45 Abs. 1 Satz 1 HBO nennt derartige Verfügungen, die im Einzelfall der Verwirklichung der in der Generalklausel (s. unten Rn. 161) enthaltenen allgemeinen Anforderungen dienen, besondere Anforderungen.

2. Begriff der anderen Anlagen und Einrichtungen

24 Andere – zumeist nicht-bauliche – **Anlagen und Einrichtungen** sind dem Anwendungsbereich der Bauordnungen zugeordnet, sofern die Bauordnungen selbst oder auf ihnen beruhende Vorschriften **Anforderungen** an sie stellen, also **materielle bauordnungsrechtliche** oder auch **verfahrensrechtliche Vorschriften** für sie bereithalten.

a) Typische Anlagen und Einrichtungen

25 In den Bauordnungen finden **typischerweise folgende Anlagen und Einrichtungen** Erwähnung: Kinderspielplätze, Werbeanlagen und Warenautomaten, Baustellen, Aufzüge, haustechnische Anlagen – wie Leitungsanlagen, Installationsschächte und -kanäle, Lüftungsanlagen, Wasserversorgungsanlagen, Anlagen für Abwasser und Niederschlagswasser, Kläranlagen, Abwassersammelgruben und Sickeranlagen, Abfallschächte, Anlagen für feste Abfallstoffe, sanitäre Anlagen, Wasserzähler –, ferner Feuerungsanlagen, Wärme- und Brennstoffversorgungsanlagen und Stellplätze. Für die genannten Anlagen und Einrichtungen sehen die Bauordnungen jeweils spezielle bautechnische Anforderungen vor (s. unten Kapitel 8). **Zwischen den Anlagen und Einrichtungen** verläuft **keine deutliche Trennungslinie**. Eine Anlage wird im Allgemeinen dadurch gekennzeichnet sein, dass sie ständig betrieben oder benutzt wird, wie z. B. ein Nachtstromspeicherofen oder ein Himmelsstrahler;[19] dennoch sprechen die Bauordnungen von „Werbeanlagen" (s. unten Kapitel 4, Rn. 100). Einrichtungen sind von unselbständiger und untergeordneter Funktion.[20]

---

[19] OVG Hamb vom 21. 8. 1991 NJW 1992, 524; VG Stuttgart vom 9. 7. 1999 NVwZ-RR 2000, 14.
[20] *Hahn* (Fn. 12), § 1 Rn. 10.

b) Verhältnis zu den baulichen Anlagen

An den von den Bauordnungen erfassten **anderen Anlagen und Einrichtungen** ist erkennbar, dass ihr **Verhältnis zu den baulichen Anlagen** nicht mit dem Gegensatz von nicht-baulichen Anlagen (und Einrichtungen) und baulichen Anlagen identisch ist. Der Unterschied zwischen den beiden Kategorien bauordnungsrechtlicher Objekte wird auch in den einzelnen Vorschriften der Bauordnungen häufig nicht mehr deutlich. Die meisten Anlagen und Einrichtungen können nämlich – bei entsprechender baulicher Gestaltung – dem Begriff der baulichen Anlage unterfallen (s. unten Rn. 59). Besonders klar wird dies an den Formulierungen mancher Bauordnungen, die neben „Werbeanlagen, die bauliche Anlagen sind", solche kennen, „die keine baulichen Anlagen sind" (§ 10 Abs. 2 Sätze 1 und 2 MBO 2002, § 11 Abs. 2 Sätze 1 und 2 BauO Bln). Stellplätze werden einerseits als „besondere Anlagen" bezeichnet (§ 51 BauO NRW), und andererseits ausnahmslos zu baulichen Anlagen erklärt (Art. 2 Abs. 1 Satz 3 Nr. 4 BayBO, § 2 Abs. 1 Satz 3 Nr. 5 BauO NRW), obwohl sie sogar ohne Verwendung von Baumaterialien und ohne jede bauliche Tätigkeit entstehen können (s. unten Rn. 87). Durch diese Qualifizierung werden sie scheinbar dem Tatbestand des § 1 (Art. 1) Abs. 1 Satz 2 der Bauordnungen entzogen und dem des Absatz 1 Satz 1 zugeordnet. Manche der anderen Anlagen und Einrichtungen sind sogar weder bauliche Anlagen noch nicht-bauliche Anlagen oder Einrichtungen i. S. des § 1 (Art.) 1 Abs. 1 Satz 2. Vielmehr sind sie – wie z. B. Lüftungsanlagen oder Installationsschächte und -kanäle – nur Teile baulicher Anlagen (s. unten Rn. 69); mitunter nehmen sie auch die Gestalt von Bauprodukten an (s. unten Rn. 155). 26

§ 2 Abs. 1 Satz 3 MBO 2002 fasst neuerdings bauliche Anlagen sowie „sonstige" Anlagen und Einrichtungen (die allerdings in § 1 Abs. 1 Satz 2 MBO 2002 noch „andere" Anlagen und Einrichtungen genannt werden) unter dem **Oberbegriff der „Anlagen"** zusammen. Die gesetzliche Bestimmung des Oberbegriffs „Anlagen" durch eine Legaldefinition soll den Sprachgebrauch vereinheitlichen und straffen.[21] Die Landesgesetzgeber sollten dem Muster jedoch nicht auf dessen logischem Irrweg folgen. Denn der Begriff der „Anlage" ist bereits Bestandteil der Definition des Begriffs der „baulichen Anlage" (s. unten Rn. 59) und steht deshalb nicht mehr als Sammelbegriff zur Verfügung. Der eines Gesetzgebers unwürdige Fehler ließe sich nur dadurch kaschieren, dass man zwischen einem Begriff der Anlage im engeren Sinn (Anlage als körperlicher Gegenstand) und einem solchen im weiteren Sinne unterscheidet (Anlage, die bauliche Anlagen und andere Anlagen und Einrichtungen umgreift). 27

c) Erweiterung des Anwendungsbereichs der Bauordnungen

Nur für diejenigen Anlagen und Einrichtungen, die keine baulichen Anlagen oder Teile von ihnen sind, enthält § 1 (Art. 1) Abs. 1 Satz 2 der **Bauordnungen** eine **wirkliche Erweiterung des sachlichen Anwendungsbereichs**. In den von dieser Vorschrift umfassten Fällen schreibt das Bauordnungsrecht vor, dass ortsfeste oder ortsbezogene Anlagen und Einrichtungen wegen ihres Zusammenhangs mit baulichen Anlagen bauordnungsrechtlichen Anforderungen unterworfen werden. Wenngleich es genügt hätte, jeweils eine partielle, auf eine konkrete Anforderung beschränkte Einbeziehung von Anlagen und Einrichtungen in den Geltungsbereich des Bauordnungsrechts vorzusehen, haben es die Landesgesetzgeber für zweckmäßig erachtet, den – prinzipiell unbegrenzten – Anwendungsbereich der Bauordnungen ausdrücklich auf sie zu erstrecken. Diese hinsichtlich der anderen Anlagen und Einrichtungen benutzte Gesetzestechnik hat immerhin den Vorzug, dass sie die am Bau Beteiligten und die Behörden der Prüfung enthebt, ob in Grenzfällen die Eigenschaft einer baulichen Anlage, die mitunter zweifelhaft sein kann, noch zu bejahen wäre; diese können sich vielmehr darauf berufen, dass jedenfalls nach der Erstreckungsvorschrift des § 1 (Art. 1) Abs. 1 Satz 2 der Bauordnungen deren Regime maßgeblich ist. 28

[21] *Jäde*, Musterbauordnung (MBO 2002), 2003, S. 26.

d) Doppelqualifikation von anderen Anlagen und Einrichtungen

29 Sind **Anlagen und Einrichtungen**, die nach § 1 (Art. 1) Abs. 1 Satz 2 der Bauordnungen zu deren Anwendungsbereich gehören, **zugleich** selbst **bauliche Anlagen oder Teile baulicher Anlagen** (s. oben Rn. 26), so unterliegen sie außer den anlagen- und einrichtungsspezifischen Anforderungen zusätzlich noch denjenigen Anforderungen, die für die baulichen Anlagen selbst maßgeblich sind. Eine solche **Doppelqualifikation** gilt etwa für Stellplätze. Sie sind stets bauliche Anlagen (s. oben Rn. 26 und unten Rn. 87), so dass auf sie nicht nur diejenigen bauordnungsrechtlichen Vorschriften Anwendung finden, die generell für bauliche Anlagen gelten, sondern außerdem die speziellen Normen des Stellplatzrechts (s. unten Kapitel 10, Rn. 13 ff.). Anlagen, die hergestellt werden, um dauerhaft in bauliche Anlagen eingebaut zu werden, sind als Bauprodukte den baulichen Anlagen gleichgestellt (s. oben Rn. 10 und unten Rn. 155) und sind außerdem Anlagen im Sinne des § 1 (Art. 1) Abs. 1 Satz 2 der Bauordnungen.

e) Arten der Anforderungen

30 Auch die **Anforderungen an andere Anlagen und Einrichtungen** können in beiderlei Gestalt als **Verhaltensanforderungen** oder **Ergebnisanforderungen** auftreten (s. oben Rn. 20). So besteht vielfach die bauordnungsrechtliche Pflicht des Bauherrn eines Wohngebäudes, einen Spielplatz für Kinder anzulegen (§ 9 Abs. 2 LBO BW, Art. 8 BayBO, § 9 Abs. 2 BauO NRW). Die rechtliche Konstruktion der Ergebnisanforderung wählt das Gesetz dagegen, wenn es verlangt, dass bei der Errichtung von Gebäuden mit Aufenthaltsräumen die Versorgung mit Trinkwasser dauernd gesichert sein muss (§ 39 BauO Bln); ein derartiges Erfordernis wendet sich nicht unmittelbar an einen Adressaten, sondern stellt eine objektivrechtlich formulierte Zulässigkeitsvoraussetzung für das Bauvorhaben auf.

31 Für die anderen Anlagen und Einrichtungen finden sich in den Bauordnungen **spezifische Anforderungen**, die auf die Erreichung und Beibehaltung bestimmter **bautechnischer Standards** abzielen. So gibt es etwa zahlreiche gesetzliche Direktiven für Kinderspielplätze (s. unten Kapitel 3, Rn. 200) und Baustellen (s. unten Kapitel 5, Rn. 8 ff.). Daneben enthalten die Bauordnungen auch Regelungen, durch die eine **totale oder teilweise Gleichstellung mit den baulichen Anlagen** bewirkt wird; dann sind die für bauliche Anlagen maßgeblichen Anforderungen auch für die anderen Anlagen und Einrichtungen verbindlich. So gilt die bauordnungsrechtliche Generalklausel generell sowohl für bauliche Anlagen als auch für die anderen Anlagen und Einrichtungen (s. unten Rn. 170), ebenso das Verunstaltungsverbot in manchen Ländern (s. unten Kapitel 4, Rn. 8). Bezeichnend ist der Satz, dass die anderen Anlagen und Einrichtungen ebenso wie die baulichen Anlagen auch dann den öffentlich-rechtlichen Vorschriften entsprechen müssen, wenn eine bauaufsichtliche Prüfung entfällt (§ 54 Abs. 2 HBO) oder Genehmigungsfreiheit besteht (§ 62 Abs. 4 LBauO Rh-Pf). Typisch ist auch die abstandsrechtliche Gleichbehandlung von baulichen Anlagen und anderen Anlagen und Einrichtungen, wenn von diesen Wirkungen wie von Gebäuden ausgehen (§ 6 Abs. 10 LBauO M-V, § 6 Abs. 10 Satz 1 BauO NRW). Mitunter unterliegen die anderen Anlagen und Einrichtungen sogar – zumindest grundsätzlich – der Genehmigungspflicht, wie sie für bauliche Anlagen besteht (§ 63 Abs. 1 BauO NRW, § 61 LBauO Rh-Pf). Neben diesen unmittelbar in den Gesetzen enthaltenen Anforderungen gibt es individuelle Anforderungen, die von Behörden im Einzelfall angeordnet werden (§ 61 Abs. 2 BauO NRW).

32 Außer den **in den Bauordnungen selbst vorgesehenen Anforderungen** an Anlagen und Einrichtungen können Anforderungen **in Vorschriften enthalten** sein, die **auf der Grundlage der jeweiligen Bauordnung** erlassen werden. Damit gibt der Gesetzgeber in § 1 (Art. 1) Abs. 1 Satz 2 der Bauordnungen zu erkennen, dass der Verordnungsgeber, gegebenenfalls auch der Satzungsgeber (§ 74 LBO BW, Art. 91 BayBO), befugt sein soll, weitere in den Bauordnungen selbst nicht genannte Anlagen und Einrichtungen dem

Anwendungsbereich des Bauordnungsrechts zuzuführen. Die Vorschriften, auf die er sich hierbei stützen kann, werden nicht ausdrücklich genannt. Die entsprechenden Ermächtigungen finden sich in Spezialvorschriften der Bauordnungen (Art. 90 BayBO). Diese lassen es überdies regelmäßig zu, dass der Verordnungsgeber zusätzlich zu bereits vorhandenen gesetzlichen Anforderungen weitere Anforderungen statuiert.

f) Bedeutung der Erweiterung des Anwendungsbereichs der Bauordnungen

Die Existenz bauordnungsrechtlicher – gesetzlicher oder untergesetzlicher – Anforderungen an andere Anlagen und Einrichtungen führt an sich dazu, dass diese Objekte dem prinzipiell umfassenden Anwendungsbereich der Bauordnungen unterworfen sind. Denn die Bauordnungen haben es vermieden, die Maßgeblichkeit ihres Geltungsanspruchs durch eine einschränkende Formulierung („soweit für sie Anforderungen bestehen") abzuschwächen und haben stattdessen in § 1 (Art. 1) Abs. 1 Satz 2 einen Relativsatz verwendet („an die in diesem Gesetz oder in Vorschriften auf Grund dieses Gesetzes Anforderungen gestellt werden"). Diese Normierungstechnik wäre aber nur dann zu tadeln, wenn die Anforderungen, von denen das Gesetz die Einbeziehung von Anlagen und Einrichtungen in seinen sachlichen Geltungsbereich abhängig macht, nur marginale Bedeutung hätten. Da aber zentrale Vorschriften – wie die bauordnungsrechtliche Generalklausel (s. unten Rn. 170) – auch für die anderen Anlagen und Einrichtungen gelten, ist deren **pauschale Unterstellung unter das Regime der Bauordnungen** gerechtfertigt. 33

V. Ausschluss aus dem Anwendungsbereich

§ 1 (Art. 1) Absatz 2 der meisten Bauordnungen zählt in einem **Katalog** die **baulichen Anlagen** auf, die **von den Bauordnungen nicht erfasst** werden sollen. Demgegenüber begnügt sich § 3 NBauO damit, die von der Bauordnung ausgenommenen Anlagen zu nennen, ohne dass zuvor der Anwendungsbereich des Gesetzes beschrieben worden wäre. In Nuancen variierend wird der Katalog von Ausnahmen durchbrochen, die demnach im Anwendungsbereich der Bauordnungen verbleiben. Die Kreise der aus dem Bauordnungsrecht entlassenen Anlagen sind großenteils deckungsgleich. Ohne substanzielle Abweichung bedient sich § 1 Abs. 2 LBO BW einer abweichenden Gesetzestechnik: Er führt nicht – wie die anderen Bauordnungen – die Objekte auf, die aus dem Geltungsbereich der Bauordnung herausfallen sollen; er bestätigt vielmehr positiv die ausnahmsweise Maßgeblichkeit der Bauordnung für einige wenige bauliche Anlagen, vor allem für Gebäude, und schließt damit negativ die Anlagen-Kategorien, denen sie angehören, mit ihrem verbleibenden Inhalt vom bauordnungsrechtlichen Regime aus. 34

Der **Ausschluss aus dem Anwendungsbereich des Bauordnungsrechts** ist gerechtfertigt, weil die im Katalog genannten Anlagen sich erheblich von anderen, „normalen" baulichen Anlagen unterscheiden und überdies speziellen Gesetzen sowie der Aufsicht besonderer Behörden unterliegen.[22] Dadurch werden Konkurrenzen, Überschneidungen und Widersprüche von Rechtsnormen und Kompetenzen vermieden (s. oben Rn. 11 f.). 35

1. Anlagen des öffentlichen Verkehrs

Übereinstimmend werden in Nummer 1 des Katalogs die **Anlagen des öffentlichen Verkehrs und ihre Nebenanlagen**, gelegentlich außerdem auch ihr Zubehör oder ihre Nebenbetriebe, genannt (Art. 1 Abs. 2 Nr. 1 BayBO, § 1 Abs. 2 Nr. 1 und 2 BbgBO, § 3 Abs. 1 Nr. 1 NBauO, § 1 Abs 2 Nr. 1 BauO NRW). Somit sind die Bauordnungen nicht auf öffentliche Straßen, Bahnanlagen sowie Einrichtungen des Wasser- und Luftverkehrs anwendbar, wohl aber auf private Verkehrsanlagen. Für alle öffentlichen Verkehrsanlagen gelten Sondervorschriften. Verkehrsanlagen sind **Anlagen, die dem Transport von Per-** 36

22 *Hahn* (Fn. 12), § 1 Rn. 12.

sonen oder Gütern zu Land, zu Wasser oder in der Luft dienen. Ein Sandlagerplatz auf einem Eisenbahngelände ist deshalb weder eine Verkehrsanlage noch eine Nebenanlage.[23] **Verkehrsanlagen** sind solche **des öffentlichen Verkehrs**, wenn sie dem öffentlichen Verkehr gewidmet sind oder diesen fördern; die Eigentums- oder Besitzverhältnisse sind insofern bedeutungslos. **Nebenanlagen** sind die zur Herstellung, zum Betrieb oder zur Unterhaltung von Verkehrsanlagen notwendigen Einrichtungen, wie Werkstätten, Geräte- oder Betriebshöfe. Bei Läden in Bahnhofsgebäuden soll es sich um **Nebenbetriebe** handeln, wenn ihr Sortiment über den Reisebedarf hinausgeht.[24] Anlagen, die früher dem öffentlichen Verkehr gedient haben, nunmehr aber entwidmet sind – z. B. eingezogene Straßen, stillgelegte Bahnhöfe oder Flughäfen –, sind keine öffentlichen Verkehrsanlagen mehr. Im Folgenden werden die wichtigsten Anlagen des öffentlichen Verkehrs genannt.[25]

a) Straßen

37 Soweit es sich bei den Anlagen des öffentlichen Verkehrs um **Straßen** handelt, werden **alle öffentlichen Straßen** im Sinne der jeweiligen **Landesstraßengesetze** erfasst. Diese Straßen sind **einschließlich ihrer sämtlichen Bestandteile** von der Geltung der Bauordnungen freigestellt. Privatstraßen und Anlagen mit faktisch öffentlichem Verkehr, wie private Parkplätze oder private Zufahrtswege, fallen nicht unter den Ausschlusstatbestand. Für sie gilt das Straßenrecht nicht; daher sind die Bauordnungen für sie maßgeblich.[26]

38 So gehören z. B. nach § 2 Abs. 2 BerlStrG zur öffentlichen Straße: der **Straßenkörper**, insbesondere Untergrund, Unterbau, Oberbau, Brücken, Tunnel, Durchlässe, Dämme, Gräben, Böschungen, Stützbauwerke, Treppenanlagen, Lärmschutzanlagen, Straßenentwässerungs- und Straßenbeleuchtungsanlagen, Fahrbahnen, Gehwege, Radwege, Bushaltebuchten, Taxihalteplätze, Parkflächen einschließlich der Parkhäuser, Grünanlagen sowie Trenn-, Seiten-, Rand- und Sicherheitsstreifen, ferner das **Zubehör**, insbesondere die Verkehrszeichen und Verkehrseinrichtungen. Eine Stützmauer ist Teil einer öffentlichen Verkehrsanlage,[27] und eine aus Schotter und Sand bestehende Bodenbefestigung auf einer Fläche von 350 m^2 kann ein öffentlicher Parkplatz sein.[28] Auch eine Gehwegüberdachung kommt als Zubehör der Straße in Betracht.[29] Dagegen wurde einer Litfaßsäule nicht die Eigenschaft einer Nebenanlage zuerkannt.[30] Obwohl nach den Landesstraßengesetzen auch der **Luftraum** über dem Straßenkörper zur Straße gehört (§ 2 Abs. 2 Nr. 2 HStrG, § 2 Abs. 2 Nr. 2 StrWG-MV), sind Teile baulicher Anlagen oder Teile von Werbeanlagen, die in den Luftraum über der Straße ragen, nicht von der Geltung der Bauordnungen ausgenommen; denn die Freistellung in deren § 1 (Art. 1) Abs. 2 bezieht sich nur auf körperliche Gegenstände, zu denen der Luftraum nicht gehört.

39 Für die **Bundesfernstraßen** gelten die Regelungen des Bundesfernstraßengesetzes – FStrG –, die hinsichtlich der Straßenbestandteile im Wesentlichen mit denen des Landesstraßenrechts übereinstimmen. § 1 Abs. 4 FStrG erklärt zu Bestandteilen der Bundesstraßen den Straßenkörper, den Luftraum über dem Straßenkörper, das Zubehör – wie z. B. Verkehrszeichen, Verkehrseinrichtungen und -anlagen –, Einrichtungen zur Erhebung und Kontrolle der Maut, die Nebenanlagen und die Nebenbetriebe an den Bundesautobahnen. Auf alle diese Straßenbestandteile beziehen sich somit die Bauordnungen nicht.

---

[23] OVG Bln vom 8. 4. 1994 GewArch. 1994, 342/343.
[24] OVG Nds vom 31. 5. NVwZ 1996, 662/663.
[25] *Simon/Busse*(Fn. 3), Art. 1 Rn. 44–79.
[26] BW VGH vom 25. 10. 1988 BRS 49 Nr. 155.
[27] BW VGH vom 16. 1. 1996 NVwZ-RR 1996, 533.
[28] Hess VGH vom 6. 11. 1991 NVwZ-RR 1992, 468.
[29] OVG Brem vom 9. 9. 1999 NVwZ-RR 2000, 204; OVG NRW vom 16. 2. 1996 NVwZ-RR 1997, 274.
[30] OVG Hamb vom 20. 2. 1997 NVwZ-RR 1998, 616.

b) Bahnanlagen der öffentlichen Eisenbahnen

Zu den Anlagen des öffentlichen Verkehrs gehören weiterhin die **Bahnanlagen der öffentlichen Eisenbahnen**. Dies sind Einrichtungen, die dazu bestimmt sind, der Abwicklung und Sicherung des Eisenbahnverkehrs zu dienen, z. B. Gleisanlagen, Dämme, Brücken und Leitungen sowie Anlagen der Güterabfertigung. Hierzu rechnen auch Parkplätze auf dem Gelände eines Bahnhofs, nicht aber dort angebrachte Plakatanschlagtafeln mit „bahnfremder" Werbung.[31] Auch einem auf Bahngelände betriebenem Schrottplatz fehlt es an der Eisenbahnbetriebsbezogenheit.[32] Eine Besonderheit weist § 3 Abs. 2 NBauO auf: Bahnsteige und ihre Zugänge sind nicht von der Bauordnung ausgenommen. Nach § 3 AEG dienen Eisenbahnen dem öffentlichen Verkehr und handelt es sich bei ihnen um öffentliche Eisenbahnen, wenn sie als Eisenbahnverkehrsunternehmen gewerbs- oder geschäftsmäßig betrieben werden und jedermann sie nach ihrer Zweckbestimmung zur Personen- oder Güterbeförderung benutzen kann oder als Eisenbahninfrastrukturunternehmen gewerbs- oder geschäftsmäßig betrieben werden und ihre Eisenbahninfrastruktur nach ihrer Zweckbestimmung von jedem Eisenbahnverkehrsunternehmen benutzt werden kann. Unerheblich ist, ob die Eisenbahn von einer juristischen Person des öffentlichen Rechts oder einer privaten Institution betrieben wird. Denn nach § 2 Abs. 1 AEG kann es sich bei Eisenbahnverkehrsunternehmen, die Eisenbahnverkehrsleistungen erbringen, und bei Eisenbahninfrastrukturunternehmen, die eine Infrastruktur betreiben, sowohl um öffentliche Einrichtungen als auch um privatrechtlich organisierte Unternehmen handeln. Die wichtigsten öffentlichen Eisenbahnen sind diejenigen der Deutschen Bahn AG einschließlich der S-Bahn. 40

c) Anlagen der Straßenbahnen, der U-Bahnen, der Obusse und der öffentlichen Busse

Auch die Anlagen der **Straßenbahnen**, der **U-Bahnen**, der **Obusse** und der **öffentlichen Busse** unterfallen nicht den Bauordnungen. Für sie gilt das Personenbeförderungsgesetz – PBefG –. Straßenbahnen und Obusse unterliegen gemäß § 1 Abs. 1 Satz 1 PBefG dem sachlichen Geltungsbereich dieses Gesetzes. U-Bahnen sind den Straßenbahnen gleichgestellt (§ 1 Abs. 1 Satz 1, § 4 Abs. 2 PBefG). Der Omnibusverkehr in der Form des Linienverkehrs ist gleichfalls im Personenbeförderungsgesetz geregelt (§§ 42 ff.); soweit ihm Verkehrsanlagen gewidmet werden, gelten die Bauordnungen nicht für ihn. 41

d) Anlagen des Wasserverkehrs

Anlagen des öffentlichen Verkehrs sind auch Kanäle, Häfen, Schleusen und andere **Anlagen des Wasserverkehrs**. Für diese von den Bauordnungen ausgeschlossenen Bauten gelten die Wassergesetze der Länder, das Wasserhaushaltsgesetz – WHG – i. d. F. vom 19. 8. 2002 (BGBl. I S. 3245) und das Bundeswasserstraßengesetz – WaStrG – i. d. F. vom 4. 11. 1998 (BGBl. I S. 3294). 42

e) Anlagen des öffentlichen Luftverkehrs

Die **Anlagen des öffentlichen Luftverkehrs** sind ebenfalls dem Geltungsbereich der Bauordnungen entzogen. Nur Hessen erstreckt diesen Ausschluss – mit Ausnahme von Gebäuden – auch auf die Anlagen des nicht öffentlichen Luftverkehrs (§ 1 Abs. 2 Nr. 2 HBO). Auf diese Anlagen findet das **Luftverkehrsgesetz** – LuftVG – i. d. F. vom 27. 3. 1999 (BGBl. I S. 550) Anwendung. 43

f) Gebäude

Soweit Anlagen des öffentlichen Verkehrs **Gebäude** sind (s. unten Rn. 94), verbleiben sie nach zumeist übereinstimmender Regelung im Anwendungsbereich der Bauordnungen (§ 1 Abs. 2 Nr. 1 und 2 BbgBO, § 1 Abs 2 Nr. 1 BauO NRW). Die Ausnahme von der 44

[31] OVG Rh-Pf vom 29. 6. 2000 BRS 60 Nr. 171; OVG Saar vom 24. 9. 2002 BauR 2003, 349/350.
[32] OVG NRW vom 22. 4. 1998 BRS 60 Nr. 165.

Ausnahme des § 1 (Art. 1) Abs. 2 – und damit die Rückkehr zur Regel des § 1 (Art. 1) Abs. 1 Satz 1 der Bauordnungen – ist gerechtfertigt, weil die Anforderungen an Gebäude zum Kernbestand des Bauordnungsrechts gehören. Auch die Musterbauordnung hat diese Gesetzestechnik beibehalten (§ 1 Abs. 2 Nr. 1 MBO 2002). Eine Behandlung der Gebäude ausschließlich nach den jeweiligen Fachgesetzen wurde von den meisten Landesgesetzgebern nicht für sachgerecht erachtet. Beispiele für solche Gebäude sind auf Straßenland errichtete Kioske, Wartehallen und Bedürfnisanstalten, Parkhäuser, Bahnhöfe, Eisenbahngebäude, die der Verwaltung der Eisenbahninfrastruktur dienen oder in denen sich Verkaufs- und Abfertigungseinrichtungen für den Personen- und Güterverkehr befinden (§ 2 Abs. 3 Satz 3 AEG), sonstige Verwaltungsgebäude und Flughafengebäude.[33] Abweichende Varianten finden sich in Art. 1 Abs. 2 Nr. 1 BayBO, der nur für Gebäude an Flugplätzen die Geltung der Bauordnung beibehält, nicht aber für Gebäude als Bestandteile sonstiger Anlagen des öffentlichen Verkehrs, und in § 1 Abs. 2 Nr. 1 ThürBO, der außer den Gebäuden auch Lärmschutzanlagen nicht vom Bauordnungsrecht freistellt.

45 Enthalten **Spezialgesetze** besondere **Anforderungen an derartige Gebäude**, so ergänzen sie die materiellen Vorschriften der Bauordnungen.[34] Kommt es zu Widersprüchen zwischen beiden Normenkomplexen, verdient das Fachgesetz den Vorrang (s. oben Rn. 12). Auch hinsichtlich des Verwaltungsverfahrens können Spezialgesetze Abweichungen enthalten. So findet bei Neubauten von U-Bahnen ein Planfeststellungsverfahren nach den §§ 28 ff. PBefG statt; der Planfeststellungsbeschluss ersetzt alle anderen behördlichen Entscheidungen, also auch die Baugenehmigung (§ 75 Abs. 1 Satz 1 VwVfG), so dass insoweit für ein bauaufsichtliches Genehmigungsverfahren kein Raum ist. Eine Besonderheit des Flughafenzulassungsrechts ist es dagegen, dass bei der Zulassung von Hochbauten auf dem Flughafengelände Planfeststellung und Baugenehmigung nebeneinander treten können.[35]

2. Der Bergaufsicht unterliegende Anlagen

46 Der Ausschlusskatalog entlässt ferner die **der Bergaufsicht unterliegenden Anlagen** oder die Anlagen und Einrichtungen unter der Aufsicht der Bergbehörden aus dem Geltungsbereich der Bauordnungen, entweder ganz oder soweit sie der Bergaufsicht unterliegen (Art. 1 Abs. 2 Nr. 2 BayBO, § 1 Abs 2 Nr. 2 BauO NRW, § 1 Abs. 2 Nr. 2 LBO Saar). Für diese Anlagen gilt das **Bundesberggesetz** – BBergG –. Zu den typischen baulichen Anlagen des Bergbaus gehören Tagesanlagen, insbesondere Aufbereitungs- und Förderanlagen, sowie Tiefbauten wie Stollen und Schächte. Aber auch Erdgasspeicher in der Form des Untergrundspeichers – nämlich Anlagen zur unterirdischen behälterlosen Speicherung von Gasen, Flüssigkeiten und festen Stoffen mit Ausnahme von Wasser (vgl. § 2 Abs. 2 Nr. 2, § 4 Abs. 9 BBergG) – unterliegen der in den §§ 69 ff. BBergG geregelten Bergaufsicht.[36] **Gebäude** (s. unten Rn. 94) – mitunter auch nur oberirdische Gebäude (§ 1 Abs. 2 Nr. 3 LBO BW, § 1 Abs. 2 Nr. 3 BbgBO, § 1 Abs. 2 Nr. 2 LBO Saar) – werden, wie schon im Falle der öffentlichen Verkehrsanlagen, zumeist nicht freigestellt, verbleiben also im Anwendungsbereich der Bauordnungen (§ 1 Abs. 2 Nr. 2 MBO 2002, § 1 Abs. 2 Nr. 1 BauO NRW). Dagegen überweist Art. 1 Abs. 2 Nr. 2 BayBO auch Gebäude – in Abweichung von der für öffentliche Verkehrsanlagen geltenden Regelung – dem Bergbauregime. Vereinzelt werden Schachtfördergerüste nicht von der Bauordnung ausgenommen (§ 3 Abs. 2 Nr. 3 NBauO), dagegen werden endgültig stillgelegte bergbau-

---

[33] Vgl. zur Errichtung einer Bedürfnisanstalt auf Straßenland OVG Bln vom 18. 9. 1992 OVGE 20, 149/150, und zum Ausbau der Abfertigungsanlagen des Berliner Flughafens Tegel BVerwG vom 26. 9. 2001 BVerwGE 115, 158 = DVBl. 2002, 272.

[34] Vgl. zum komplizierten und selbst das Bundesverwaltungsgericht verwirrenden Zusammenspiel von Luftverkehrsrecht und Bauordnungsrecht BVerwG vom 20. 7. 1990 BVerwGE 85, 251/256, vom 26. 9. 2001 (Fn. 33), S. 161, 162, 164.

[35] BVerwG (Fn. 33), S. 161.

[36] BVerwG vom 13. 12. 1991 BVerwGE 89, 246; OVG Bln vom 23. 3. 1990, ZfB 1990, 200.

liche Anlagen sogar dann aus dem Anwendungsbereichs der Bauordnung verwiesen, wenn sie nicht mehr der Bergaufsicht unterliegen (§ 1 Abs. 2 Nr. 3 BbgBO). § 1 Abs. 2 Nr. 3 BauO LSA begnügt sich nicht mit den der Bergaufsicht unterliegenden Anlagen, sondern erfasst alle Anlagen zur Gewinnung von Bodenschätzen mit Ausnahme von Gebäuden.

3. Leitungen

Der Negativkatalog der Bauordnungen sieht ferner den Ausschluss bestimmter **Leitungen** vor (§ 1 Abs. 2 Nr. 4 und 5 HBO, § 1 Abs. 2 Nr. 3 BauO NRW). Leitungen dienen dem Transport von Stoffen und an Stoffe gebundenen Energien.[37] Zu ihnen gehören vor allem Kabel, Rohre und Kanalrohre. Manchmal werden neben den Leitungen ihre Nebenanlagen (§ 1 Abs. 2 Nr. 5 HBO) oder Masten, Unterstützungen sowie unterirdische Anlagen ausdrücklich erwähnt (§ 1 Abs 2 Nr. 3 BauO NRW). Regelmäßig kommt es nicht darauf an, ob die Leitungen unter- oder oberirdisch verlaufen; dagegen beschränkt sich § 3 Abs. 1 Nr. 3 NBauO auf im Erdboden verlegte Leitungen. Unerheblich ist es ferner, wem die Leitungen gehören, wer sie verlegt oder rechtlich beherrscht. Auch wenn dies Private sind, finden die genannten Vorschriften Anwendung. Voraussetzung ist allerdings, dass **Wasser-, Gas-, Elektrizitäts- und Wärmeleitungen der öffentlichen Versorgung dienen**, also zugunsten der Allgemeinheit betrieben werden. Entsprechendes gilt für Leitungen der **öffentlichen Abwasserbeseitigung**, vereinzelt auch für Leitungen, die der Versorgung mit **Kälte** dienen (§ 1 Abs. 2 Nr. 5 HBO). Für manche dieser Leitungen außerhalb des Anwendungsbereichs der Bauordnungen finden sich in Fachgesetzen spezielle Regelungen. So ist für Leitungen der Elektrizitäts- und Gasversorgung ist das Gesetz über die Elekrizitäts- und Gasversorgung vom 24. 4. 1998 (BGBl. I S. 730) maßgeblich. Von der Beschränkung auf Leitungen, die der öffentlichen Versorgung dienen, hat Art. 1 Abs. 2 Nr. 3 BayBO abgesehen; er schließt vielmehr die Geltung des Gesetzes für Leitungen aller Art – mit Ausnahme derjenigen in Gebäuden – aus. § 1 Abs. 2 Nr. 4 SächsBO enthält die gleiche Regelung, nimmt allerdings Wasser- und Abwasserleitungen von ihr aus. Ähnlich bestimmt § 1 Abs. 2 Nr. 2 und 4 LBO BW, dass bei Abwasserleitungen und überhaupt bei Leitungen aller Art das Gesetz nur für solche auf Baugrundstücken gilt. 47

Hinsichtlich der **Leitungen des Fernmeldewesens** – mitunter auch derjenigen des **Rundfunks** oder des **Fernsehens** (§ 1 Abs. 2 Nr. 5 HBO, § 3 Abs. 1 Nr. 1 NBauO, § 1 Abs. 2 Nr. 3 LBO Saar, § 1 Abs. 2 Nr. 3 ThürBO) – findet sich dagegen keine vergleichbare Beschränkung auf öffentliche Kommunikationsleitungen. Angesichts der Unübersichtlichkeit des in die privatrechtliche Sphäre entlassenen und noch im Umbruch begriffenen Telekommunikationswesens (Gesetz über die Regulierung der Telekommunikation und des Postwesens vom 14. 9. 1994 [BGBl. I S. 2325, 2371], Telekommunikationsgesetz – TKG – vom 25. 7. 1996 (BGBl. I S. 1120), Begleitgesetz zum TKG vom 17. 12. 1997 [BGBl. I S. 3108], Gesetz über Funkanlagen und Telekommunikationseinrichtungen vom 31. 1. 2001 [BGBl. I S. 170]), wäre sie auch unpraktikabel. Deshalb sind sämtliche Leitungen des Fernmeldewesens dem Anwendungsbereich der Bauordnungen entzogen. Einige Bauordnungen haben bereits den modernen Sprachgebrauch, der auch in Art. 73 Nr. 7 GG Eingang gefunden hat, übernommen und bezeichnen die entsprechenden **Leitungen** als solche **der Telekommunikation** (§ 1 Abs. 2 Nr. 3 MBO 2002, § 1 Abs. 2 Nr. 4 BbgBO, § 1 Abs. 2 Nr. 4 BauO LSA). Mangels Leitungen fallen Funkanlagen einschließlich der Sendemaste nicht unter den Ausschlusstatbestand.[38] 48

Wie die zahlreichen auf Versorgungs- und Entsorgungsleitungen bezüglichen Vorschriften der Bauordnungen zeigen (s. unten Kapitel 8, Rn. 5, 11 und 14), unterfallen **Leitungen innerhalb von Gebäuden** weiterhin deren Anwendungsbereich. Manche Bau- 49

[37] *Hahn* (Fn. 12), § 1 Rn. 24.
[38] OVG NRW vom 10. 2. 1999 NVwZ-RR 1999, 714.

ordnungen sehen dies auch ausdrücklich vor (Art. 1 Abs. 2 Nr. 3 BayBO), andere gehen noch darüber hinaus und ordnen ihre Geltung für Leitungen auf dem Baugrundstück an (§ 1 Abs. 2 Nr. 4 LBO BW). Die Ausschlusskataloge ergreifen daher nur Leitungen außerhalb von Gebäuden oder jenseits der Grenzen der Baugrundstücke. Gelegentlich werden von der Freistellung der Versorgungsleitungen **Gebäude oder Masten und Unterstützungen** ausgenommen, für die dann weiterhin die jeweilige Bauordnung gilt (§ 1 Abs. 2 Nr. 4 BbgBO, § 1 Abs. 2 Nr. 5 HBO, § 1 Abs. 2 Nr. 2 LBO Saar).

50 Auch **Rohrleitungen**, die dem Ferntransport von Stoffen dienen, sind regelmäßig dem Anwendungsbereich – gelegentlich einschließlich ihrer Nebenanlagen (§ 1 Abs. 2 Nr. 6 HBO, 1 Abs. 2 Nr. 4 LBO Saar) oder ihrer unterirdischen Anlagen und Einrichtungen (§ 1 Abs 2 Nr. 4 BauO NRW) – der Bauordnungen entzogen (§ 1 Abs. 2 Nr. 4 LBauO M-V). Darunter sind Leitungen zu verstehen, in denen über größere Strecken Stoffe wie Mineralöl oder Gase transportiert werden (§ 2 Abs. 4 Nr. 5, § 4 Abs. 10 BBergG). Nicht erforderlich ist, dass die Rohrleitungen mit Leitungen jenseits der Bundes- oder von Landesgrenzen verbunden sind; vielmehr reicht es aus, dass Leitungen den Ferntransport innerhalb eines Landes oder auch nur den innerörtlichen Ferntransport ermöglichen. Manchmal wird für Gebäude oder Masten und Unterstützungen die Anwendbarkeit der Bauordnung beibehalten (§ 1 Abs. 2 Nr. 5 BbgBO, § 1 Abs. 2 Nr. 6 HBO, 1 Abs. 2 Nr. 4 LBO Saar). Sofern es sich bei Gasleitungen um solche handelt, die der öffentlichen Versorgung dienen, greift bereits die Vorschrift ein, wonach für derartige Leitungen die Bauordnungen nicht gelten. Nach der abweichenden Gesetzestechnik in Art. 1 Abs. 2 Nr. 3 BayBO gilt das Gesetz gilt für alle Rohrleitungen nicht, ausgenommen in Gebäuden.

4. Kräne und Krananlagen

51 **Kräne** und (zumeist auch) **Krananlagen** oder ähnliche Anlagen (wie Saugheber und Schaufelradlader) hat der Gesetzgeber vom Anwendungsbereich der Bauordnungen ausgenommen (Art. 1 Abs. 2 Nr. 4 BayBO, § 1 Abs. 2 Nr. 5 HBauO § 1 Abs. 2 Nr. 5 BauO NRW), weil sie bereits besonderen Regelungen unterliegen, wie dem Gesetz über technische Arbeitsmittel i. d. F. vom 11. 5. 2001 (BGBl. I S. 866) sowie den Arbeitsschutz- und Unfallvorschriften. Dieser Ausschluss betrifft nicht nur Baustellenkräne, sondern auch ortsgebundene Turmschwenkkräne.[39] Manchmal verbleiben jedoch Kranbahnen, Kranbahnträger, ortsfeste Bahnen, Kranfundamente oder Unterstützungen im Geltungsbereich des Gesetzes (§ 1 Abs. 2 Nr. 6 BbgBO, § 1 Abs. 2 Nr. 5 BremLBO, § 1 Abs. 2 Nr. 5 HBauO, § 1 Abs. 2 Nr. 6 BauO LSA). Abweichend von der sonstigen Gesetzestechnik (s. oben Rn. 34), aber in Übereinstimmung mit den anderen Bauordnungen ist auch in § 1 Abs. 2 Satz 2 LBO BW ausdrücklich vorgesehen, dass die Bauordnung nicht für Kräne und Krananlagen gilt.

5. Sonstige bauliche Anlagen

52 Während die vorstehenden Kategorien baulicher Anlagen, wenngleich in unterschiedlichem Umfang, Gemeingut sämtlicher Bauordnungen sind, erstrecken einige Gesetze den **Ausschluss** auf **weitere bauliche Anlagen** – über die Leitungen hinaus (s. oben 3) –, und zwar auf **Wasserversorgungs- und Abwasseranlagen**, die der öffentlichen Versorgung und Entsorgung dienen, mit Ausnahme von Gebäuden (§ 1 Abs. 2 Nr. 4 HBO), **Gerüste** (Art. 1 Abs. 2 Nr. 5 BayBO), bestimmte **Feuerstätten** (Art. 1 Abs. 2 Nr. 6 BayBO), **Friedhöfe** (und Nebenanlagen) mit Ausnahme von Gebäuden (§ 1 Abs. 2 Nr. 7 BbgBO, § 1 Abs. 2 Nr. 9 HBO), **Parkanlagen** und andere **Grünflächen**, die öffentlichen Einrichtungen sind (§ 1 Abs. 2 Nr. 7 BbgBO), und **Seilbahnen** § 1 Abs. 2 Nr. 2 BbgBO). Vereinzelt werden auch **Schiffe und schwimmende Anlagen** (§ 2 Abs. 1 Nr. 3 BImSchG) vom Geltungsbereich des Bauordnungsrechts ausgenommen; Voraussetzung hierfür ist, dass

[39] OVG Bln vom 25. 8. 1978 BRS 33 Nr. 174.

sie entweder ortsfest benutzt werden (§ 1 Abs. 2 Nr. 6 HBauO) oder für die erfassten Gegenstände wasserverkehrsrechtliche Regelungen getroffen sind (§ 1 Abs. 2 Nr. 6 LBauO M-V, § 1 Abs. 2 Nr. 6 LBO Schl-H). Entsprechend der abweichenden Gesetzestechnik Baden-Württembergs (s. oben Rn. 34) sind von den **der Aufsicht der Wasserbehörden und Abfallrechtsbehörden unterliegenden Anlagen** nur Gebäude und weitere technische Bauwerke der Bauordnung unterstellt (§ 1 Abs. 2 Nr. 2 LBO BW).[40] Auch bestimmte **Werbeanlagen** – wie z. B. Säulen-, Tafel- und Flächenwerbung, Werbemittel an Kiosken und Zeitungsläden, Auslagen und Dekorationen in Fenstern – finden sich in einem landesrechtlichen Negativkatalog (§ 1 Abs. 2 Nr. 8 HBO); andere Bauordnungen haben sich demgegenüber dafür entschieden, erst innerhalb der dem Thema Werbung gewidmeten Vorschriften derartige Werbeanlagen aus dem Anwendungsbereich des Gesetzes zu entlassen (§ 11 Abs. 4 BauO Bln, § 13 Abs. 6 BauO NRW).

---

[40] VG Freiburg vom 17. 11. 1994 NVwZ-RR 1995, 636.

Teil 2. Grundbegriffe des Bauordnungsrechts

MBO § 2, BW § 2, Bay Art. 2, Bln § 2, Bbg § 2, Brem § 2, Hamb § 2, Hess § 2, M-V § 2, Nds § 2, NRW § 2, Rh-Pf § 2, Saar § 2, Sachs § 2, Sachs-Anh § 2, Schl-H § 2, Thür § 2

53 **Ländervergleich: Grundbegriffe des Bauordnungsrechts**

	Regelungsgegenstände der Landesbauordnungen und der MBO 2002[41]
1.	Bauliche Anlagen (mit dem Erdboden verbundene, aus Bauprodukten hergestellte Anlagen)
2.	Verbindung auch dann, wenn die Anlage durch eigene Schwere auf dem Boden ruht, auf ortsfesten Bahnen begrenzt beweglich ist oder nach ihrem Verwendungszweck dazu bestimmt ist, überwiegend ortsfest benutzt zu werden
3.	Fiktive bauliche Anlagen (Aufschüttungen, Abgrabungen, Lager-, Abstell-und Ausstellungsplätze, Sportplätze, Camping-, Wochenend- und Zeltplätze, Stellplätze, Gerüste, Bauhilfseinrichtungen)
4.	Gebäude (selbständig benutzbare, überdeckte bauliche Anlagen, von Menschen betretbar, dazu geeignet und bestimmt, dem Schutz von Menschen, Tieren, Pflanzen oder Sachen zu dienen)
5.	Gebäude geringer und mittlerer Höhe
6.	Sonderbauten (bauliche Anlagen besonderer Art oder Nutzung)
7.	Gebäudeklassen
8.	Anweisungen zur Bemessung von Höhe oder Fläche
9.	Geländeoberfläche
10.	Hochhäuser (Fußboden mehr als 22 m über der Geländeoberfläche)
11.	Vollgeschosse (Geschosse, deren Deckenoberkante im Mittel mehr als 1,4 m über die Geländeoberfläche hinausragt und die über mindestens $^2/_3$ ihrer Grundfläche eine H von mindestens 2,3 m haben)
12.	Qualifizierung von Bauteilen als Nicht-Vollgeschosse oder Nicht-Geschosse
13.	Staffelgeschoss
14.	Geschosse im Dachraum, Dachgeschosse
15.	Aufenthaltsräume (nicht nur zum vorübergehenden Aufenthalt von Menschen bestimmt oder geeignet)
16.	Stellplätze
17.	Garagen (ausgen. Ausstellungs-, Verkaufs-, Werk- und Lagerräume für Kraftfahrzeuge)
18.	Feuerstätten
19.	Bauprodukte und Bauart
20.	Weitere Grundbegriffe

54

Land	Norm (LBO)		Umsetzung/Abweichung in den Ländern und der MBO 2002[42]
MBO 2002	§ 2	1.	§ 2 I 1 Hs. 1
		2.	§ 2 I 1 Hs. 2
		3.	§ 2 I 2 *„Sportflächen"* zusätzlich Spielflächen, Freizeit- und Vergnügungsparks
		4.	§ 2 II
		5.	keine Regelung
		6.	§ 2 IV

[41] Die hier verwendeten Zahlen entsprechen den Zahlen der nachstehenden Rubrik „Umsetzung/Abweichung in den Ländern und der MBO 2002".

[42] Die hier verwendeten Zahlen entsprechen den Zahlen der vorstehenden Rubrik „Regelungsgegenstände der Landesbauordnungen und der MBO 2002".

Land	Norm (LBO)	Umsetzung/Abweichung in den Ländern und der MBO 2002	
		7.	§ 2 III
		8.	§ 2 III S. 2 und 3
		9.	keine Regelung
		10.	§ 2 IV Nr. 1
		11.	keine Regelung
		12.	§ 2 VI 2
		13.	keine Regelung
		14.	keine Regelung
		15.	§ 2 V
		16.	§ 2 VII 1 und 2 ausgen. Ausstellungs-, Verkaufs-, Werk- und Lagerräume für Kraftfahrzeuge
		17.	§ 2 VII 2
		18.	§ 2 VIII
		19.	§ 2 IX und X
		20.	§ 2 I 3 Definition der „Anlagen" § 2 VI 1 Definition d. „oberirdischen Geschosse" und d. „Kellergeschosse"
BW	§ 2	**1.**	§ 2 I 1 „*unmittelbar* mit dem Erdboden verbundene"
		2.	§ 2 I 2 „auf ortsfesten Bahnen begrenzt beweglich" fehlt
		3.	§ 2 I 3 ausgen. Sportplätze, Wochenendplätze, Gerüste, Bauhilfseinrichtungen
		4.	§ 2 II „bestimmt" fehlt
		5.	§ 2 V
		6.	keine Regelung
		7.	keine Regelung
		8.	§ 2 VI 2
		9.	keine Regelung
		10.	§ 2 IV 22 m über der für das Aufstellen von Feuerwehrfahrzeugen notwendigen Fläche
		11.	§ 2 VI „$^{2}/_{3}$ ihrer Grundfläche" entfällt
		12.	§ 2 VI 3
		13.	keine Regelung
		14.	§ 2 VI 3 Nr. 2
		15.	§ 2 VII
		16.	§ 2 VIII 1
		17.	§ 2 VIII 2 „Werkräume" fehlt
		18.	keine Regelung
		19.	§ 2 X und XI
		20.	§ 2 III Wohngebäude § 2 VI 4 Hohlräume, offene Emporen § 2 IX Werbeanlagen § 2 XII Gleichstellung von Errichtung, Herstellen, Aufstellen, Anbringen, Einbauen, Einrichten, Instandhalten, Ändern, Nutzungsänderung (Nr. 1); Gleichstellung von Abbruch und Beseitigen (Nr. 2)
Bay	Art. 2	**1.**	Art. 2 I 1
		2.	keine Regelung
		3.	Art. 2 I 3 „Abgrabungen" fehlen; Aufschüttungen, *soweit sie nicht unmittelbare Folge von Abgrabungen sind*; „Sportplätze" und „Zeltplätze" fehlen zusätzlich Anlagen, die nach ihrem Verwendungszweck dazu bestimmt sind, überwiegend ortsfest benutzt zu werden
		4.	Art. 2 II
		5.	Art. 2 III
		6.	Art. 2 IV 2
		7.	keine Regelung
		8.	keine Regelung

Land	Norm (LBO)	Umsetzung/Abweichung in den Ländern und der MBO 2002	
		9.	keine Regelung
		10.	Art. 2 III 1
		11.	Art. 2 V „deren Deckenoberkante … hinausragt" fehlt zusätzlich Kellergeschosse, deren Deckenunterkante im Mittel mindestens 1,2 m höher liegt als die natürliche oder festgelegte Gländeoberfläche
		12.	keine Regelung
		13.	keine Regelung
		14.	keine Regelung
		15.	keine Regelung
		16.	keine Regelung
		17.	keine Regelung
		18.	Vorhaben geringer Schwierigkeit
		19.	Art. 2 VI und VII
		20.	Art. 1 I 2 Werbeanlagen einschließlich Automaten Art. 2 III 2 Gebäude mittlerer Höhe Art. 2 IV 1 Vorhaben geringer Schwierigkeit Art. 2 IV 3 Vorhaben mittlerer Schwierigkeit
Bln	§ 2	**1.**	§ 2 I 1
		2.	§ 2 I 2
		3.	§ 2 I 3 „Abstellplätze" fehlt
		4.	§ 2 II „oder *anderen* Sachen"
		5.	keine Regelung
		6.	keine Regelung
		7.	keine Regelung
		8.	keine Regelung
		9.	keine Regelung
		10.	§ 2 III
		11.	§ 2 IV 1 *lichte* H 2,3 m
		12.	keine Regelung
		13.	§ 2 IV 2
		14.	§ 2 IV 2
		15.	§ 2 V
		16.	§ 2 VI 1 und 3 ausgen. Ausstellungs-, Verkaufs-, Werk- und Lagerräume für Kraftfahrzeuge
		17.	§ 2 VI 2 und 3
		18.	§ 2 VII
		19.	§ 2 VIII und IX
		20.	keine Regelung
Bbg	§ 2	**1.**	§ 2 I 1
		2.	§ 2 I 2
		3.	§ 2 I 3 „Zeltplätze" fehlt zusätzlich Spielplätze, Abstellplätze für Fahrräder, künstliche Hohlräume unter der Geländeoberfläche, Seilbahnen
		4.	§ 2 II
		5.	§ 2 III 1 und 2
		6.	keine Regelung
		7.	keine Regelung
		8.	keine Regelung
		9.	§ 2 VI
		10.	§ 2 III 3
		11.	§ 2 IV 1 keine Mindesthöhe
		12.	§ 2 IV 2
		13.	keine Regelung

Land	Norm (LBO)	Umsetzung/Abweichung in den Ländern und der MBO 2002	
		14.	keine Regelung
		15.	§ 2 V
		16.	§ 2 VII 1 und 3 ausgen. Ausstellungs-, Verkaufs-, Werk- und Lagerräume für Kraftfahrzeuge
		17.	§ 2 VII 2 und 3
		18.	§ 2 VIII
		19.	§ 2 IX und X
		20.	keine Regelung
Brem	§ 2	**1.**	§ 2 I 1
		2.	§ 2 I 2 „wenn die Anlage … dazu bestimmt ist, *nicht nur vorübergehend* ortsfest benutzt zu werden“
		3.	§ 2 I 3 „Sportplätze“ fehlt zusätzlich Freisitze vor Gaststättenbtrieben, Fahrradabstellplätze
		4.	§ 2 II
		5.	§ 2 III 1 Nr. 1 und 2
		6.	keine Regelung
		7.	keine Regelung
		8.	§ 2 III 2, V 3
		9.	§ 2 VIII
		10.	§ 2 III 1 Nr. 3
		11.	§ 2 V 1 „Geschosse, *die mit der Oberkante im Mittel mehr als 1,4 m über die Straßenhöhe oder im Mittel mehr als 2 m über die Geländeoberfläche hinausragen*“; „$^2/_3$ ihrer Grundfläche“ entfällt
		12.	§ 2 VI 3
		13.	§ 2 VI 1 und 2
		14.	§ 2 V 2, VI 1 und 2
		15.	§ 2 XI
		16.	§ 2 XIII 1
		17.	§ § 2 XIII 2 und 3
		18.	§ 2 XII
		19.	§ 2 XIV und XV
		20.	§ 2 IV Wohngebäude § 2 VII Kellergeschosse § 2 IX Straßenhöhe § 2 X Baugrundstück
Hamb	§ 2	**1.**	§ 1 I 1
		2.	§ 1 I 2
		3.	§ 1 II „Sportplätze“ fehlt zusätzlich Kinderspiel- und Freizeitflächen, Stellplätze für Camping-, Verkaufs- und Wohnwagen, Standplätze für Abfallbehälter
		4.	§ 2 III 1
		5.	§ 2 III 2 Nr. 1 und 2
		6.	keine Regelung
		7.	keine Regelung
		8.	§ 2 III 3 und 4
		9.	§ 2 VI
		10.	§ 2 III 2 Nr. 3
		11.	§ 2 IV „$^2/_3$ ihrer Grundfläche“ entfällt Geschosse, die vollständig über der festgelegten Geländeoberfläche liegen; lichte Höhe von mindestens 2,3 m; Geschosse, deren Fußboden im Mittel mehr als 1,4 m über die festgelegte Geländeoberfläche hinausragt
		12.	keine Regelung
		13.	§ 2 IV Nr. 1

Land	Norm (LBO)	Umsetzung/Abweichung in den Ländern und der MBO 2002	
		14.	§ 2 IV Nr. 1
		15.	§ 2 VIII
		16.	keine Regelung
		17.	keine Regelung
		18.	keine Regelung
		19.	§ 2 XI und XII
		20.	§ 2 III 2 Nr. 4 untergeordnete Gebäude § 2 V Kellergeschoss § 2 VII Nutzungseinheit § 2 IX Rettungswege § 2 X Gebäudeabschlusswände
Hess	§ 2	**1.**	§ 2 I 1
		2.	§ 2 I 2
		3.	§ 2 I 3 zusätzlich Spielplätze, Abstellplätze für Fahrräder, Werbeanlagen
		4.	§ 2 II
		5.	keine Regelung
		6.	§ 2 VIII
		7.	§ 2 III
		8.	§ 2 III 3 und 4, IV 4, VIII Nr. 1
		9.	§ 2 V
		10.	§ 2 VIII Nr. 1
		11.	§ 2 IV 2 oberirdische Geschosse, die eine H von mindestens 2,3 m haben
		12.	§ 2 IV 5
		13.	§ 2 IV 3
		14.	§ 2 IV 3 und 6
		15.	§ 2 IX
		16.	§ 2 X 1 und 3 ausgen. Ausstellungs-, Verkaufs-, Werk- und Lagerflächen oder -räume für Kraftfahrzeuge
		17.	§ 2 X 2 und 3 ausgen. Ausstellungs-, Verkaufs-, Werk- und Lagerflächen oder -räume für Kraftfahrzeuge
		18.	§ 2 XI 2
		19.	§ 2 XII und XIII
		20.	§ 2 IV 1 oberirdische Geschosse § 2 VI Wohngebäude § 2 VII Barrierefreiheit § 2 XI 1 Feuerungsanlagen § 2 XIV öffentlich-rechtliche Sicherung
M-V	§ 2	**1.**	§ 2 I 1
		2.	§ 2 I 2
		3.	§ 2 I 3 statt „Sportplätze“: „Spiel- und Sportflächen“
		4.	§ 2 II
		5.	§ 2 IV
		6.	keine Regelung
		7.	keine Regelung
		8.	§ 2 VI 2
		9.	§ 2 V
		10.	keine Regelung
		11.	§ 2 VI 1 $^{2}/_{3}$ ihrer Grundfläche bzw. $^{2}/_{3}$ der Grundfläche des darunter liegenden Geschosses; *lichte* H von mindestens 2,3 m
		12.	§ 2 VII 2
		13.	keine Regelung

Land	Norm (LBO)	Umsetzung/Abweichung in den Ländern und der MBO 2002	
		14.	keine Regelung
		15.	§ 2 III
		16.	§ 2 VIII 1 und 3 ausgen. Ausstellungs-, Verkaufs-, Werk- und Lagerräume für Kraftfahrzeuge
		17.	§ 2 VIII 2 und 3
		18.	§ 2 IX
		19.	§ 2 X und XI
		20.	§ 2 VII 1 oberirdische Geschosse
Nds	§ 2	1.	§ 2 I 1 zusätzlich sind bauliche Anlagen auf dem Erdboden ruhende Anlagen
		2.	keine Regelung
		3.	§ 2 I 2 „Zeltplätze" und „Bauhilfseinrichtungen" fehlen zusätzlich ortsfeste Feuerstätten, Werbeanlagen bestimmte Warenautomaten, künstliche Hohlräume unterhalb der Erdoberfläche, Anlagen, die auf ortsfesten Bahnen begrenzt beweglich sind oder dazu bestimmt sind, vorwiegend ortsfest benutzt zu werden, Fahrradabstellanlagen, Kleingartenanlagen, Spielplätze, sonstige Anlagen, die einen Zu- und Abgangsverkehr mit Kraftfahrzeugen erwarten lassen
		4.	§ 2 II
		5.	§ 2 IX
		6.	keine Regelung
		7.	keine Regelung
		8.	§ 2 IV 3
		9.	keine Regelung
		10.	§ 2 III
		11.	§ 2 IV 1 Geschoss, das über mindestens die Hälfte seiner Grundfläche mindestens eine lichte H von 2,2 m hat und dessen Deckenunterkante im Mittel mindestens 1,4 m über der Geländeoberfläche liegt
		12.	keine Regelung
		13.	keine Regelung
		14.	§ 2 IV 2 und 4
		15.	keine Regelung
		16.	keine Regelung
		17.	keine Regelung
		18.	keine Regelung
		19.	§ 2 VI und VII
		20.	§ 2 V Baumaßnahmen § 2 VIII Wohngebäude § 2 X öffentliches Baurecht
NRW	§ 2	1.	§ 2 I 1
		2.	§ 2 I 2
		3.	§ 2 I 3 „Zeltplätze" fehlen; statt „Sportplätze": „Spiel- und Sportflächen"
		4.	§ 2 II „*überdachte* bauliche Anlagen"
		5.	§ 2 III 1 und 2
		6.	keine Regelung
		7.	keine Regelung
		8.	§ 2 V 4
		9.	§ 2 IV
		10.	§ 2 III 3
		11.	§ 2 V 1 Geschosse, deren Deckenoberkante im Mittel mehr als 1,6 m über die Geländeoberfläche hinausragt und die eine Mindesthöhe von 2,3 m haben
		12.	§ 2 VI 2
		13.	§ 2 V 2

Land	Norm (LBO)	Umsetzung/Abweichung in den Ländern und der MBO 2002	
		14.	§ 2 V 3
		15.	§ 2 VII
		16.	§ 2 VIII 1
		17.	§ 2 VIII 2
		18.	keine Regelung
		19.	§ 2 IX und X
		20.	§ 2 VI 1 Geschosse über der Geländeoberfläche
Rh-Pf	§ 2	**1.**	§ 2 I 1
		2.	§ 2 I 2 „auf ortsfesten Bahnen begrenzt beweglich" fehlt
		3.	§ 2 I 3 „Zeltplätze" fehlt zusätzlich Aufstellplätze, Spielplätze, Schiffe und sonstige schwimmfähige Anlagen, die ortsfest benutzt werden und dem Wohnen oder gewerblichen, sportlichen oder ähnlichen Zwecken dienen
		4.	§ 2 II 1
		5.	keine Regelung
		6.	keine Regelung
		7.	§ 2 II 2
		8.	§ 2 IV 4
		9.	§ 2 VI
		10.	§ 2 III
		11.	§ 2 IV 2 Geschosse über der Geländeoberfläche, die über $^2/_3$ ihrer Grundfläche eine H von 2,3 m haben
		12.	keine Regelung
		13.	§ 2 IV 3
		14.	§ 2 IV 2
		15.	§ 2 V
		16.	§ 2 VIII 1
		17.	§ 2 VIII 2 und 3
		18.	§ 2 VII
		19.	§ 2 IX und X
		20.	§ 2 IV 1 Geschosse über der Geländeoberfläche
Saar	§ 2	**1.**	§ 2 I 1
		2.	§ 2 I 2 „auf ortsfesten Bahnen begrenzt beweglich" fehlt
		3.	§ 2 I 3 zusätzl. Spielplätze, Bolz- und Kinderspielplätze, Abstellplätze für Fahrräder
		4.	§ 2 II 1
		5.	keine Regelung
		6.	keine Regelung
		7.	§ 2 II 2
		8.	§ 2 IV 4
		9.	§ 2 V
		10.	§ 2 III
		11.	§ 2 IV 1 „$^2/_3$ ihrer Grundfläche" entfällt
		12.	keine Regelung
		13.	§ 2 IV 2
		14.	§ 2 IV 2
		15.	§ 2 VI
		16.	§ 2 VII 1 und 3 ausgen. Ausstellungs-, Verkaufs-, Werk- und Lagerplätze und -räume für Kraftfahrzeuge und Anhänger
		17.	§ 2 VII 2 und 3
		18.	§ 2 VIII
		19.	§ 2 X und XI
		20.	§ 2 IV 3 Garagengeschosse § 2 IX öffentlich-rechtliche Sicherung

Land	Norm (LBO)	Umsetzung/Abweichung in den Ländern und der MBO 2002	
Sachs	§ 2	**1.**	§ 2 I 1
		2.	§ 2 I 2
		3.	§ 2 I 3 statt „Sportplätze": „Spiel- und Sportflächen"
		4.	§ 2 II
		5.	§ 2 III 1 und 2
		6.	§ 2 IV
		7.	keine Regelung
		8.	keine Regelung
		9.	§ 2 V
		10.	§ 2 III 3
		11.	§ 2 VI *lichte* H von 2,3 m
		12.	§ 2 VIII 2
		13.	keine Regelung
		14.	keine Regelung
		15.	§ 2 VII
		16.	§ 2 IX 1 und 3 ausgen. Ausstellungs-, Verkaufs-, Werk- und Lagerräume für Kraftfahrzeuge
		17.	§ 2 IX 2 und 3
		18.	§ 2 X
		19.	§ 2 XI und XII
		20.	§ 2 VIII 1 oberirdische Geschosse § 2 XIII rechtliche Sicherung
Sachs-Anh	§ 2	**1.**	§ 2 I 1
		2.	§ 2 I 2
		3.	§ 2 I 3 statt „Sportplätze": „Sport-, Spiel- und Freizeitflächen" zusätzlich künstliche Hohlräume unterhalb der Erdoberfläche, Feuerungsanlagen, Kleingartenanlagen, Anlagen der Außenwerbung und Warenautomaten, sonstige Anlagen, die einen Zu- und Abgangsverkehr mit Kraftfahrzeugen erwarten lassen
		4.	§ 2 II
		5.	§ 2 III 1 Nr. 1 und 2
		6.	keine Regelung
		7.	keine Regelung
		8.	§ 2 III 2, IV 2
		9.	§ 2 VII
		10.	§ 2 III 1 Nr. 3
		11.	§ 2 IV 1 Geschosse, deren Deckenoberfläche im Mittel mehr als 1,6 m über die Geländeoberfläche hinausragt und über mindestens $^{2}/_{3}$ ihrer Grundfläche eine lichte H von mindestens 2,3 m haben
		12.	§ 2 VI 2
		13.	keine Regelung
		14.	keine Regelung
		15.	§ 2 V
		16.	§ 2 VIII 1 und 3 ausgen. Ausstellungs-, Verkaufs-, Werk- und Lagerräume für Kraftfahrzeuge
		17.	§ 2 VIII 2 und 3
		18.	§ 2 IX
		19.	§ 2 X und XI
		20.	§ 2 VI 1 oberirdische Geschosse
Schl-H	§ 2	**1.**	§ 2 I 1
		2.	§ 2 I 2
		3.	§ 2 I 3 ausgen. Bootslagerplätze am Meeresstrand, Wochenendplätze

Land	Norm (LBO)		Umsetzung/Abweichung in den Ländern und der MBO 2002
			zusätzlich Stellplätze für Kraftfahrzeuge und deren Zufahrten, Abstellanlagen für Fahrräder, künstliche Hohlräume unter der Erdoberfläche, Spielplätze, Bolz- und Kinderspielplätze, Sportboothäfen
		4.	§ 2 II
		5.	§ 2 III 1 und 2
		6.	keine Regelung
		7.	keine Regelung
		8.	§ 2 V Hs. 2
		9.	§ 2 VI
		10.	§ 2 III 3
		11.	§ 2 V Hs. 1 oberirdische Geschosse, wenn sie über mindestens $^3/_4$ ihrer Grundfläche eine H von mindestens 2,3 m haben
		12.	§ 2 IV 3
		13.	§ 2 IV 2, V Hs. 1
		14.	keine Regelung
		15.	§ 2 VII
		16.	§ 2 VIII 1 und 3 ausgen. Ausstellungs-, Verkaufs-, Werk- und Lagerräume für Kraftfahrzeuge
		17.	§ 2 VIII 2 und 3
		18.	§ 2 IX
		19.	§ 2 X und XI
		20.	§ 2 IV 1 oberirdische Geschosse
Thür	§ 2	**1.**	§ 2 I 1
		2.	§ 2 I 2
		3.	§ 2 I 3 statt „Sportplätze": „Spiel- und Sportflächen" zusätzlich künstliche Hohlräume unter der Erdoberfläche
		4.	§ 2 III
		5.	§ 2 IV 1 und 3
		6.	keine Regelung
		7.	keine Regelung
		8.	keine Regelung
		9.	§ 2 II
		10.	§ 2 IV 2
		11.	§ 2 V *lichte* H von 2,3 m
		12.	§ 2 VIII 2
		13.	§ 2 VI 1 und 2
		14.	keine Regelung
		15.	§ 2 VII
		16.	keine Regelung
		17.	keine Regelung
		18.	§ 2 IX
		19.	§ 2 X und XI
		20.	§ 2 VIII 1 oberirdische Geschosse

55 Sämtliche Bauordnungen enthalten in ihrem § 2 (Art. 2) zahlreiche **Legaldefinitionen** häufig verwendeter **bauordnungsrechtlicher Begriffe**. Die meisten dieser Definitionen bilden einen allen Bauordnungen gemeinsamen Grundbestand. Jedoch gehen einige Gesetzgeber darüber hinaus und erweitern ihr bauordnungsrechtliches Glossar. So wird mitunter der Begriff des Wohngebäudes (s. unten Rn. 100) oder derjenige der Aufenthaltsräume (s. unten Rn. 141) erklärt. Weniger wichtige Begriffe werden gelegentlich in ihrem jeweiligen Sachzusammenhang erläutert, wie z. B. derjenige der Fliegenden Bauten (§ 79 Abs. 1 BauO NRW), andere, deren Definition nahe läge, wie derjenige der Wohnung dagegen nicht. Auffallend ist, dass der bedeutsame Begriff des Grundstücks nicht normativ festgelegt wird (s. oben Rn. 13).

I. Bauliche Anlagen

§ 2 (Art. 1) Abs. 1 der Bauordnungen befasst sich mit dem für das Bauordnungsrecht **zentralen Begriff der baulichen Anlagen**. Dieser dient als **Anknüpfungspunkt** für den sachlichen Anwendungsbereich der Bauordnungen (s. oben Rn. 4 und 7) und für zahlreiche weitere rechtliche Folgen, wie die Genehmigungsbedürftigkeit von Vorhaben (Art. 62 Abs. 1 Satz 1 BayBO). Zunächst wird die **Legaldefinition** aufgestellt (s. unten Rn. 59), sodann eines ihrer Begriffsmerkmale, die Verbindung der Anlage mit dem Erdboden, verdeutlicht und zugleich modifiziert (s. unten Rn. 70). Schließlich werden zur Vermeidung von Unsicherheiten, zur Verhinderung von Gesetzesumgehungen sowie zur Wahrung der bauordnungsrechtlichen Schutzgüter einige Anlagen aufgezählt, die – ungeachtet ihrer materiellen Beschaffenheit im Einzelfall – als bauliche Anlagen gelten sollen (s. unten Rn. 80). 56

1. Weiter Begriff der baulichen Anlagen

Wegen der **Weite des Begriffs der baulichen Anlagen** sind in Grenzfällen Zweifel unvermeidlich.[43] Gesetzesauslegung und -anwendung haben sich dann am **Sprachgebrauch** und an der **Verkehrsauffassung** zu orientieren. Auch sind die Zwecke der Bauordnungen zu berücksichtigen. Von diesen sollen **alle Bauwerke** erfasst werden, die bauordnungsrechtliche Belange berühren, insbesondere jene Anlagen, von denen Gefahren für die öffentliche Sicherheit ausgehen können.[44] Dies sind vor allem größere Bauwerke, vornehmlich Gebäude, können aber auch „unbedeutende bauliche Anlagen" sein (Art. 63 Abs. 1 Satz 1 Nr. 14 Buchst. c BayBO), wie Hauseingangsüberdachungen, Terrassen, Pergolen, Zelte auf Campingplätzen, Tore für Ballspiele, Taubenhäuser, Markisen und Teppichstangen. Nicht ausgeschlossen ist es, dass Anlagen zwar die Merkmale des § 2 (Art. 2) Abs. 1 der Bauordnungen erfüllen, aber wegen ihrer baurechtlichen Belanglosigkeit unterhalb der gesetzlichen Erheblichkeitsschwelle verbleiben und deshalb nicht dem Gesetz unterfallen (z. B. ein Vogelhäuschen an der Hauswand). 57

2. Bauplanungsrechtlicher Begriff der baulichen Anlage

Der Begriff der baulichen Anlage wird auch in § 29 Abs. 1 BauGB benutzt. Diese Bestimmung ordnet an, dass für Vorhaben, die die Errichtung, Änderung oder Nutzungsänderung von baulichen Anlagen zum Inhalt haben, die Vorschriften der §§ 30 bis 37 BauGB über die Zulässigkeit von Bauvorhaben gelten. Während der planungsrechtliche Vorhabensbegriff des § 29 Abs. 1 BauGB aus der Sicht des Städtebaus konzipiert ist, hat das Bauordnungsrecht das bauliche Einzelprojekt zum Gegenstand.[45] Der in § 29 Abs. 1 BauGB verwendete **bauplanungsrechtliche, bebauungsrechtliche, bodenrechtliche oder städtebauliche Begriff des Bundesrechts** stimmt zwar weitgehend, aber nicht völlig mit dem in den Bauordnungen verwendeten bauordnungsrechtlichen Begriff der baulichen Anlagen überein.[46] Da die Auslegung von der Funktion des jeweiligen Gesetzes abhängt und das Baugesetzbuch der nachhaltigen städtebaulichen Entwicklung und der sozialgerechten Bodennutzung dient (§ 1 Abs. 5 Satz 1 BauGB), kann die für § 29 Abs. 1 BauGB maßgebliche Definition, die nicht im Gesetz selbst enthalten ist, sondern von der Rechtsprechung entwickelt worden ist, nicht ohne weiteres auf die Bauordnungen über- 58

43 OVG Nds vom 16. 2. 1995 NVwZ-RR 1995, 556.
44 *Proksch* (Fn. 4), S. 63.
45 *Löhr* (Fn. 11), § 29 Rn. 1.
46 BW VGH vom 12. 3. 1986 BRS 46 Nr. 131; *Löhr* (Fn. 11), § 29 Rn. 3.

tragen werden.[47] Unter den bundesrechtlichen Begriff der baulichen Anlage fallen diejenigen Anlagen, die in einer auf Dauer gedachten Weise künstlich mit dem Erdboden verbunden werden und infolgedessen planungsrechtlich relevant sind, d.h. die in § 1 Abs. 5 und 6 BauGB genannten Belange in einer Weise berühren, die geeignet ist, das Bedürfnis nach einer ihre Zulässigkeit regelnden Bebauungsplanung hervorzurufen.[48] Bei baulichen Anlagen minderer Bedeutung oder solchen mit zeitlicher Begrenzung kann es an dieser Voraussetzung fehlen, wie z.B. bei einer Gerätehütte im Außenbereich.[49] Zweifel an der planungsrechtlichen Relevanz werfen neuerdings Mobilfunkanlagen auf.[50] Bei den baulichen Anlagen im Sinne des Bauordnungsrechts kommt es dagegen nicht auf deren planungs- oder bodenrechtliche Relevanz an, sondern darauf, ob sie geeignet sind, die von den Bauordnungen verfolgten Zwecke, insbesondere den der Gefahrenabwehr (s. unten Rn. 166), zu beeinträchtigen.[51]

3. Bauordnungsrechtlicher Begriff der baulichen Anlage

59 Der **bauordnungsrechtliche Begriff der baulichen Anlage** wird unter **Verwendung** mehrerer **bautechnischer Merkmale** gebildet. Es muss sich nach der wörtlich nahezu übereinstimmenden Definition sämtlicher Bauordnungen um eine **Anlage** handeln, die **mit dem Erdboden verbunden** ist und **aus Bauprodukten hergestellt** ist (Art. 2 Abs. 1 Satz 1 BayBO, § 2 Abs. 1 Satz 1 BauO NRW). Nur § 2 Abs. 1 Satz 1 NBauO stellt den mit dem Erdboden verbundenen Anlagen diejenigen Anlagen gleich, die auf ihm ruhen (s. unten Rn. 71). Der Begriffsteil „Anlage" ist weit, vage und wenig aussagekräftig. Mehr als das Erfordernis eines von Menschenhand verfertigten körperlichen Gegenstandes lässt sich ihm nicht entnehmen. Die Größe (Längen-, Breiten-, Höhen- und Flächenausdehnung), das Gewicht der Anlage und ihre Zusammensetzung sind gleichfalls für den Begriff der baulichen Anlage unwesentlich.[52] Deshalb ist es auch unerheblich, ob die Anlage als Produkt des Herstellens oder Bauens eine sinnvolle Funktion hat oder nur die Frucht einer Laune ist (wie z.B. ein in den Boden gerammter Stahlträger). Der Begriff der baulichen Anlage beruht allein auf baulich-technischen und baulich-konstruktiven Erwägungen und besteht aus den beiden Elementen der **Künstlichkeit** und der **Ortsfestigkeit**.[53]

a) Künstlichkeit

60 Das Kriterium der **Künstlichkeit** besagt, dass **bauliche Anlagen aus Bauprodukten hergestellt** sein müssen. Ein Flugplatz für Modellflugzeuge, der lediglich aus einer gemähten Grasfläche besteht, ist keine bauliche Anlage; denn weder werden Bauprodukte verwendet, noch ist das Mähen einer Start- und Landebahn eine bauliche Tätigkeit.[54] Wie der „künstliche" Prozess der Herstellung aus Bauprodukten, vornehmlich also aus Baustoffen und Bauteilen (s. unten Rn. 152), beschaffen ist, spielt keine Rolle. So können die Bauprodukte mit Hilfe bloßer Körperkraft oder einfacher Geräte, unter Verwendung von Maschinen und Fahrzeugen oder auch unter Einsatz moderner technischer Hifsmittel zusammengefügt, zusammengesetzt, verbunden oder vermischt werden. Für den Begriff der baulichen Anlage kommt es nicht darauf an, dass die bauliche Anlage dauerhaft ist; allerdings muss sie während einer ihrem Zweck entsprechenden angemessenen Zeitdauer

---

[47] *Ortloff*, NVwZ 1983, 10/11.

[48] BVerwG vom 31.8.1973 BVerwGE 44, 59/61, 63 = BRS 27 Nr. 122, vom 3.12.1992 BVerwGE 91, 234/236 = NVwZ 1993, 983, vom 16.12.1993 NVwZ 1994, 1010 = ZfBR 1994, 148, vom 7.5.2001 NVwZ 2001, 1046/1047; OVG NRW vom 25.2.2003 BauR 2003, 1011/1012; *Halama* in *Schlichter/Stich/Driehaus/Paetow*, Berliner Kommentar zum Baugesetzbuch, 3. Aufl., 2002, § 29 Rn. 6.

[49] OVG Rh-Pf vom 10.8.2000 NVwZ-RR 2001, 289.

[50] OVG NRW vom 25.2.2003 BauR 2003, 1011/1012; *Wahlfels*, NVwZ 2003, 653/656.

[51] *Brohm*, Öffentliches Baurecht, 3. Aufl., 2002, S. 52.

[52] OVG Bln vom 20.1.1967 BRS 18 Nr. 105, vom 2.2.1968 BRS 20 Nr. 136.

[53] OVG Bln vom 2.2.1968 BRS 20 Nr. 136; *Proksch* (Fn. 4), S. 62.

[54] OVG Nds vom 16.2.1995 NVwZ-RR 1995, 556.

die bauordnungsrechtlichen Anforderungen erfüllen (s. unten Rn. 198). Ohne menschliches Zutun kann eine bauliche Anlage nicht entstehen. Eine natürliche Höhle oder eine Düne ist demgemäß keine bauliche Anlage, anders dagegen ein künstlicher Hohlraum unterhalb der Erdoberfläche (s. unten Rn. 81). Unwesentlich ist es, ob mehrere Bauteile oder nur ein einziger Bauteil verwendet werden (s. unten Rn. 69). Der Begriff der Bauprodukte wird von den Bauordnungen an späterer Stelle ihres § 2 (Art. 2) definiert (s. unten Rn. 152); nähere Bestimmungen enthalten weiterhin die bauordnungsrechtliche Generalklausel (s. unten Rn. 198) und der dem Thema „Bauprodukte und Bauarten" gewidmete Abschnitt der Bauordnungen (s. unten Kapitel 6).

b) Maschinen und Apparate

Wenngleich auch **Maschinen und Apparate** aus Bauprodukten, insbesondere Baustof- 61
fen und Bauteilen, hergestellt sind (und nach § 3 Abs. 5 Nr. 2 BImSchG zu den Anlagen im Sinne jenes Gesetzes gehören), **rechnen** sie jedoch nach Sprachgebrauch und Verkehrsauffassung (s. oben Rn. 57) nicht **zu den baulichen Anlagen**, und zwar auch dann nicht, wenn sie mit dem Erdboden verbunden sind.[55] Maschinen dienen der Kraftübertragung oder der Umwandlung von Energie. Demgegenüber besteht ein Apparat, z. B. ein Druckbehälter, im Wesentlichen aus weitgehend starr miteinander verbundenen Teilen; im Unterschied zur sich bewegenden Maschine läuft in ihm ein Vorgang ab. Maschinenfundamente sind dagegen bauliche Anlagen (Art. 63 Abs. 1 Satz 1 Nr. 14 Buchst. c BayBO). Doch sind die Bauordnungen nicht prinzipientreu, denn sie sehen Kräne als bauliche Anlagen an, wie sich aus deren förmlichem Ausschluss aus dem Anwendungsbereich der Gesetze ergibt (s. oben Rn. 51). Maschinen unterliegen großenteils dem Gesetz über Technische Arbeitsmittel (Gerätesicherheitsgesetz – GSG) i. d. F. vom 11. 5. 2001 (BGBl. I S. 866) und der auf seiner Grundlage erlassenen Maschinenverordnung vom 12. 5. 1993 (BGBl. I S. 704)). Manche Maschinen – wie z. B. Wärmepumpen (§ 56 Abs. 1 Nr. 2 Buchst. b BauO Bln) – können immerhin als „andere Anlagen und Einrichtungen" dem Anwendungsbereich der Bauordnungen unterfallen (s. oben Rn. 25). Auch sind Maschinen mitunter den Bauprodukten zuzurechnen (s. unten Rn. 155).

c) Ortsfestigkeit

Das Erfordernis der **Ortsfestigkeit** verlangt, dass die Anlage mit dem Erdboden ver- 62
bunden ist. Nur nach § 2 Abs. 1 Satz 2 LBO BW muss die Anlage unmittelbar mit dem Erdboden verbunden sein, wenngleich die praktische Handhabung dieser Norm nicht rigide ist.[56] Das Merkmal der Verbindung schließt also alle jene technischen Erzeugnisse aus dem Begriff der baulichen Anlagen aus, die nicht einem festen Standort verhaftet sind, sondern – wie Kraft-, Luft-, Schienen- und Wasserfahrzeuge – beweglich sind.

aa) Bautechnische Verbindung mit dem Erdboden. Maßgeblich für die Ortsfestig- 63
keit ist eine „bautechnische Betrachtungsweise", für die es – von den Ausnahmen der Lockerungsklausel abgesehen (s. unten Rn. 70) - auf eine **bautechnische Verbindung zwischen der Anlage und dem Erdboden** ankommt.[57] Die Art der bautechnischen oder mechanischen Verbindung ist unerheblich. So kommen als Materialien der Verknüpfung von Erdboden und Anlagen Natursteine, Holz, Stahl, Eisen oder Beton in Betracht. Schon eine bloße Bodenbefestigung mit Hilfe von Baustoffen kann eine bauliche Anlage sein.[58] Bei unterirdischen Anlagen, wie z. B. Tiefgeschossen, Kellern, Tiefgaragen oder Bunkern, ist eine Verbindung immer, bei oberirdischen Anlagen zumeist gegeben.[59] Denn im Allgemeinen handelt es sich bei ihnen um massiv gegründete Bauwerke. Ist ein

---

[55] Bay VGH vom 30. 5. 1974 BRS 28 Nr. 92; *Simon/Busse* (Fn. 3), Art. 2 Rn. 82.
[56] BW VGH vom 15. 12. 1989 BWVBl. 1990, 278; VG Stuttgart vom 24. 10. 2001 NVwZ-RR 2002, 104.
[57] BVerwG vom 3. 12. 1992 BVerwGE 91, 234/236.
[58] Hess VGH vom 6. 11. 1991 NVwZ-RR 1992, 468.
[59] OVG Bln vom 20. 12. 1991 BRS 52 Nr. 166.

Fundament vorhanden, ist das Kriterium der Verbindung also ohne weiteres erfüllt. Eine bauliche Anlage kann aber auch auf andere Weise mit dem Boden verbunden sein, z. B. bei Pfahlgründungen. Wenngleich typischerweise bei baulichen Anlagen eine feste Verbindung besteht, muss die Verbindung jedoch nicht fest sein, so dass ein Verschrauben mit einem Sockel genügt.[60] Die Eigenschaft einer baulichen Anlage kann somit auch dann zu bejahen sein, wenn ihre Trennung vom Erdboden ohne erheblichen physischen oder technischen Aufwand möglich ist. Die Bauordnungen kennen demgemäß auch nur vorübergehend aufgestellte oder benutzbare bauliche Anlagen (Art. 63 Abs. 1 Satz 1 Nr. 12 BayBO) und erwähnen zahlreiche bauliche Anlagen, die nur eine lose Verbindung mit dem Boden aufweisen: Verkaufs- und Ausstellungsstände; ortsveränderliche Antennenträger; Zelte; Gartenbänke und -sitzgruppen; Tore für Ballspiele; kurzfristig errichtete bauliche Anlagen für Straßenfeste; Fahrradabstellanlagen. Eine Bestätigung dafür, dass keine hohen Anforderungen an die Festigkeit oder Nachhaltigkeit der Verbindung bestehen, bildet auch die Lockerungsklausel, die für bestimmte Anlagen das Erfordernis der bautechnischen Verbindung mit dem Erdboden aufgibt und andere Arten der Verbindung genügen lässt (s. unten Rn. 70).

64 **bb) Dauer der Verbindung mit dem Erdboden.** Mitunter wird die Ansicht vertreten, eine bauliche Anlage im Sinne des Bauordnungsrechts müsse „in einer auf Dauer gedachten Weise" mit dem Erdboden verbunden sein.[61] Anders als beim planungsrechtlichen Begriff der baulichen Anlage (s. oben Rn. 58) kommt es jedoch für den Begriff der baulichen Anlage nicht auf die – vom Bauherrn beabsichtigte oder der Anlage innewohnende bautechnische – **Dauer der Verbindung von Anlage und Erdboden** an. Die Bauordnungen beziehen sich vielmehr auch auf solche baulichen Anlagen, die nur vorübergehend aufgestellt werden, wie z. B. zu Straßenfesten kurzfristig errichtete bauliche Anlagen (Art. 63 Abs. 1 Nr. 12 Buchst. c BayBO) und Behelfsbauten, die der Landesverteidigung, dem Katastrophenschutz oder der Unfallhilfe für kurze Zeit dienen (§ 65 Abs. 1 Nr. 39 BauO NRW). Allein in Fällen, in denen Verbindung von ganz geringer Dauer ist, wie z. B. bei einem kleinen im Garten aufgestellten Zelt, wird man nicht von einer baulichen Anlage sprechen können. Bei den Anlagen, die nur infolge der durch die Lockerungsklausel gewährten Erleichterungen bauliche Anlagen sind, kann demgegenüber die Zeitdauer von Belang sein (s. unten Rn. 72 und 75).

65 **cc) Mittelbare Verbindung mit dem Erdboden.** Dass die mit dem Erdboden verbundene Anlage diesen unmittelbar berührt, ist für die Eigenschaft einer baulichen Anlage nicht nötig. Dies gilt für alle Bauordnungen mit Ausnahme derjenigen Baden-Württembergs, nach der Anlagen unmittelbar mit dem Erdboden verbunden sein müssen (§ 2 Abs. 1 Satz 1 LBO BW).[62] Eine **mittelbare Verbindung** reicht also regelmäßig aus, wie sie z. B. bei einer Hütte, einem Hochsitz (§ 65 Abs. 1 Nr. 48 BauO NRW) oder einem Jägerstand (Art. 63 Abs. 1 Nr. 14 Buchst. c BayBO) in einer Baumkrone oder bei einem Wohnboot, das am Grund oder Ufer bautechnisch befestigt ist, gegeben sein kann.[63] Die mittelbare Verbindung kann auch dadurch hergestellt werden, dass eine bauliche Anlage, die selbst keinen Bodenkontakt besitzt, einer anderen baulichen Anlage angefügt wird, wie z. B. eine Parabolantenne auf einem Garagendach.[64] Ist die Verbindung zwischen den beiden Anlagen von einer gewissen Festigkeit und Dauer und besteht „keine leichte und ohne besondere Mühewaltung lösbare Verbindung mit der Anbringungsstelle", wie bei einer an einer Hauswand angebrachten Werbetafel, so ist auch die bodenferne Anlage eine

---

[60] BW VGH vom 25. 11. 1982 BWVPr 1983, 96; Bay VGH vom 16. 1. 1975, NuR 1981, 133/134; OVG NRW vom 16. 5. 1997 BRS 59 Nr. 140.

[61] OVG Nds vom 6. 2. 1984 NuR 1985, 76.

[62] VG Stuttgart vom 24. 10. 2001 NVwZ-RR 2002, 104.

[63] BVerwG vom 31. 8. 1973 BVerwGE 44, 59/63; OVG Bln vom 2. 2. 1968 BRS 20 Nr. 136.

[64] OVG Hamb vom 31. 5. 2001 NVwZ-RR 2002, 562; Hess VGH vom 16. 7. 1998 NVwZ-RR 1999, 297; OVG NRW vom 13. 6. 1991 NVwZ 1992, 279.

bauliche Anlage.[65] Auch für den bauplanungsrechtlichen Begriff des Vorhabens reicht es aus, dass eine solche mittelbare Verbindung besteht, wie im Falle eines beleuchteten Aluminium-Schaukastens für Wechselwerbung am Giebel eines Hauses oder einer großflächigen Plakattafel an einer Hauswand.[66]

Fehlt einer aus Bauprodukten hergestellten Anlage **der unmittelbare Bodenkontakt**, weil sie „bodenfern" mit einer (anderen) baulichen Anlage verbunden ist, so steht das also ihrer Anerkennung als baulicher Anlage nicht entgegen. Hält man dagegen eine durch die Hauptanlage bewirkte mittelbare Verbindung nicht für ausreichend, um die Eigenschaft einer baulichen Anlage zu begründen, so bietet sich als subsidiäre Lösung an, dass die Anlage als Teil einer baulichen Anlage zu qualifizieren ist und an deren Verbindung mit dem Erdboden partizipiert. 66

dd) Bewegliche Anlagen. Beweglichen Anlagen fehlt es an der notwendigen Verbindung mit dem Erdboden, so dass sie nur dann als bauliche Anlagen zu behandeln sind, wenn die tatbestandlichen Erleichterungen der Lockerungsklausel eingreifen (s. unten Rn. 70). Deshalb sind Schienen-, Luft- und Wasserfahrzeuge sowie Schwimmkörper und schwimmende Anlagen, soweit die Bauordnungen überhaupt auf sie anzuwenden sind (s. oben Rn. 42, 43 und 52), normalerweise keine baulichen Anlagen. Dies ändert sich jedoch, sobald sie mit dem Erdboden auf eine Weise verbunden werden, die erheblich über die ihnen eigentümlichen punktuellen Kontakte mit dem Boden hinausgehen. So ist eine ausrangierte Lokomotive, die fest auf einem Gleisstück montiert ist, oder ein nicht mehr benutztes Flugzeug, das am Boden befestigt ist, eine bauliche Anlage. Entsprechendes gilt für Wasserfahrzeugen (s. unten Rn. 79). 67

ee) Mehrheiten und Teile von baulichen Anlagen. Mehrere Anlagen, die jeweils für sich genommen die Voraussetzungen einer baulichen Anlage erfüllen, können auch insgesamt eine bauliche Anlage bilden. Diese **bauliche Gesamtanlage** besteht sodann aus einer **Mehrheit baulicher Anlagen**. So ist ein Gebäude eine bauliche Anlage (s. unten Rn. 94) und bleibt dies auch, falls mehrere Gebäude, etwa in der Form eines Reihenhauses, aneinander gebaut werden (s. unten Rn. 98). Bestätigt wird diese Ansicht durch die von allen Bauordnungen gewählte Gesetzestechnik, nach der Stellplätze immer als bauliche Anlagen gelten, auch wenn sie in eine andere bauliche Anlage integriert sind (s. unten Rn. 87). Ähnlich liegt es in den Fällen der Sportplätze und Campingplätze (s. unten Rn. 84f.), bei denen außer den Gesamtanlagen vielfach bauliche Einzelanlagen vorhanden sind (z. B. Umkleide- und Sanitärräume). In der Rechtsprechung wurden ein Modellflugplatz, der aus mehreren einzelnen Baulichkeiten bestand, und ein kommunaler Wertstoffhof jeweils als einheitliche bauliche Anlage angesehen.[67] 68

Eine präzise **Trennung von baulichen Anlagen und Teilen baulicher Anlagen** (Anlage Nr. 64ff. zu § 50 Abs. 1 LBO BW) gibt es daher nicht. Eine bauliche Anlage kann vielmehr bei entsprechender baukonstruktiver Gestaltung Teil derjenigen baulichen Anlage sein, der sie attachiert ist, wie z. B. ein an das Hauptgebäude angebauter Schuppen. Ein Teil einer baulichen Anlage, der aber weder nach seiner rechtlichen Qualifizierung oder nach seiner baulichen Konstruktion, noch nach seiner Nutzung ein Mindestmaß an Selbständigkeit aufweist, sondern nur dazu bestimmt ist, zu einem übergeordneten Ganzen und dessen funktionaler Einheit beizutragen, ist dagegen, für sich betrachtet, keine bauliche Anlage.[68] Solche Teile baulicher Anlagen (vgl. die Überschrift des V. Teils NBauO) sind z. B. Wände, Pfeiler, Stützen, Decken, Böden, Dächer, Gesimse, Treppen, Treppenräume, Ein- und Ausgänge, Flure, Aufzugsanlagen, Fenster, Türen, Lichtschächte, Lüftungsanlagen, Installationsschächte, Feuerungsanlagen, Wärme- und Brenn- 69

---

[65] OVG Bln (Fn. 63); *Simon/Busse* (Fn. 3), Art. 2 Rn. 73; *Ortloff*, NVwZ 2003, 660/661.

[66] BVerwG vom 3. 12. 1992 BVerwGE 91, 234 = NVwZ 1993, 983; BW VGH vom 15. 12. 1989 BWVBl. 1990, 228.

[67] Bay VGH vom 3. 1. 1994 NVwZ-RR 1994, 428; OVG Nds vom 18. 2. 1994 NVwZ-RR 1995, 7.

[68] OVG NRW vom 23. 4. 1999 BauR 2000, 1320/1322.

stoffversorgungsanlagen, Wasserversorgungsanlagen sowie Anlagen für Abwässer, Niederschlagswasser und Abfälle. Einige der aufgezählten Teile baulicher Anlagen – wie die Wände – sind zugleich Bauteile (s. unten Rn. 154), weitere zählen zu den anderen Anlagen oder Einrichtungen i. S. des § 1 (Art. 1) Abs. 1 Satz 2 der Bauordnungen (s. oben Rn. 25). Teile baulicher Anlagen können weiterhin dadurch entstehen, dass eine bauliche Anlage nicht real, sondern lediglich geometrisch oder rechnerisch unterteilt wird. So weist ein Gebäude, das die genehmigte Höhe überschreitet, unterhalb des Grenzwerts einen genehmigten Teil, jenseits einen ungenehmigten Teil auf. Bei einer Garage, die das für sie maßgebliche Längen- oder Höhenmaß nicht einhält, kann die über diese Maße hinausgehende Bausubstanz als (rechtswidriger) Teil der baulichen Anlage bezeichnet werden. Eine solche Teilung baulicher Anlagen kann auch rechtliche Konsequenzen nach sich ziehen. So müssen sich bauaufsichtliche Maßnahmen wie Beseitigungsverfügungen nicht insgesamt gegen eine bauliche Anlage richten, sondern können auch nur Teile baulicher Anlagen betreffen (Art. 82 Abs. 1 Satz 1 BayBO).

d) Lockerungsklausel

70 Der Begriff der Verbindung mit dem Erdboden wird von fast allen Bauordnungen durch eine **Lockerungsklausel** in der Weise ausgeweitet, dass die – ohnehin nicht hohen – **Anforderungen an die Intensität des Bodenkontakts gesenkt** werden (§ 2 Abs. 1 Satz 2 BbgBO, § 2 Abs. 1 Satz 2 BauO NRW). Nach dieser Regelung besteht auch dann eine Verbindung mit dem Boden, wenn andere Voraussetzungen erfüllt sind als eine bautechnische Verbindung. Warum die Lockerungsklausel, wie jüngst noch § 2 Abs. 1 Satz 1 MBO 2002, häufig in Abweichung von der Legaldefinition vom „Boden" spricht (§ 2 Abs. 1 Satz 2 LBO BW) und nicht den inhaltlich identischen Ausdruck „Erdboden" verwendet, wie es korrekterweise in einigen Bauordnungen geschieht (§ 2 Abs. 1 Satz 2 HBO, § 2 Abs. 1 Satz 2 BauO NRW), ist unerfindlich. An die Stelle des Erfordernisses der Verbindung mit dem Erdboden treten zumeist alternativ drei Substitute. Die Bauordnungen erwecken dabei den Anschein, als werde der Begriff der Verbindung mit dem Erdboden nur durch Beispiele erläutert.[69] Der Sache nach handelt es sich aber um eine begriffliche Erweiterung, durch die Erleichterungen für mehrere Fallgruppen gewährt werden. Diese Gesetzestechnik lässt die Qualifizierung einer aus Bauprodukten hergestellten Anlage als bauliche Anlage zu, obwohl es an einer bautechnischen Verbindung mit dem Erdboden im Sinne der Legaldefinition mangelt. Die auf diese Weise zu baulichen Anlagen erklärten Kategorien von Anlagen, denen eine Verbindung mit dem Erdboden im Sinne der Legaldefinition fehlt, sind somit dem Anwendungsbereich der Bauordnungen unterstellt (s. oben Rn. 4). Soweit die Anlagen außerdem speziellen Vorschriften unterliegen – wie etwa zugelassene Kraftfahrzeuge dem Straßenverkehrszulassungsrecht sowie Sportboote oder Schiffe den jeweils für sie maßgeblichen Bestimmungen –, kann gegebenenfalls das materielle oder das formelle Bauordnungsrecht zurückgedrängt werden (s. oben Rn. 12).

e) Abweichende Gesetzestechnik (Niedersachsen, Bayern)

71 Eine **abweichende Gesetzestechnik** wird in der **Niedersächsischen** und der **Bayerischen Bauordnung** praktiziert. Beide enthalten **keine Lockerungsklausel** und sehen damit davon ab, den Begriff der Verbindung mit dem Erdboden aufzuweichen. § 2 Abs. 1 Satz 1 NBauO nennt vielmehr das Kind beim Namen und bezieht in die übliche Legaldefinition der baulichen Anlagen (s. oben Rn. 59) diejenigen aus Bauprodukten hergestellten Anlagen ein, die auf dem Erdboden ruhen. Beide Bauordnungen ordnen überdies an, dass Anlagen, die (nach ihrem Verwendungszweck) dazu bestimmt sind, überwiegend ortsfest benutzt zu werden, als bauliche Anlagen gelten (Art. 2 Abs. 1 Satz 3 BayBO, § 2 Abs. 1 Satz 2 Nr. 5 NBauO). Das Gleiche gilt nach § 2 Abs. 1 Satz 2 Nr. 5

[69] OVG Bln vom. 2. 2. 1968 BRS 20 Nr. 136.

NBauO für Anlagen, die auf ortsfesten Bahnen begrenzt beweglich sind. Mit dieser Konstruktion fiktiver baulicher Anlagen erzielen die beiden Gesetze rechtliche Effekte, die in den anderen Bauordnungen dadurch erreicht werden, dass für Fälle dieser Art die Anforderungen an die Intensität der Verbindung mit dem Erdboden vermindert werden (s. unten Rn. 72–74). Eine ähnliche Regelung findet sich in der Niedersächsischen Bauordnung für Werbeanlagen und Warenautomaten, die von allgemein zugänglichen Verkehrs- oder Grünflächen aus sichtbar sind; sie gelten als bauliche Anlagen (§ 2 Abs. 1 Satz 2 Nr. 2 und 3 NBauO). Eine bayerische Besonderheit ist es weiterhin, dass ortsfeste Anlagen der Wirtschaftswerbung (Werbeanlagen) einschließlich Automaten förmlich zu baulichen Anlagen erklärt werden, also – anders als nach der niedersächsischen Regelung – nicht als bauliche Anlagen gelten (Art. 2 Abs. 1 Satz 2 BayBO).

f) Die Tatbestände der Lockerungsklausel

aa) Verbindung durch Schwerkraft. Eine Verbindung mit dem Erdboden besteht gemäß der Lockerungsklausel auch dann, wenn die **Anlage nur durch eigene Schwere auf dem Boden ruht**, also außer der Schwerkraft keine sonstige mechanische Verbindung besteht. Diese Voraussetzung erfüllt z. B. eine Schmalspur-Lokomotive, die in einem Garten aufgestellt wird.[70] Die Anlagen, die zur ersten Kategorie der Lockerungsklausel gehören, müssen aber so schwer sein, dass sie nicht ohne erheblichen Kraftaufwand oder nicht ohne den Einsatz technischer Hilfsmittel von ihrem Standort entfernt werden können (z. B. ein Baucontainer).[71] Hierauf deutet bereits der Ausdruck „ruht" hin, dessen Anwendung auf Sachen geringen Gewichts deplatziert wäre. Die Immobilität des Erdbodens muss sich also auf die Anlage übertragen, so dass gewissermaßen eine verfestigte Beziehung zum Boden vorhanden ist. Andernfalls gäbe es keine Sache, der das Prädikat der baulichen Anlage vorenthalten werden könnte; denn jeder Körper ist dem Gesetz der Schwere unterworfen. Ferner belegt die weitere Variante der Lockerungsklausel, wonach schon eine überwiegend ortsfeste Benutzung die Eigenschaft der baulichen Anlage verleiht (s. unten Rn. 74), dass in den Fällen, in denen das Eigengewicht den Anknüpfungspunkt für die Eigenschaft der baulichen Anlage bildet, der Beseitigung der Anlage nicht unerhebliche physische Hindernisse entgegenstehen müssen. Durch den Ausdruck „ruht" bringen die Gesetze ferner zum Ausdruck, dass – anders als in den Fällen der Legaldefinition der baulichen Anlage (s. oben Rn. 64) – eine gewisse Existenzdauer für die Qualifizierung als bauliche Anlage nötig ist. Beispiele bieten Kioske, Verkaufsstände, Baracken, Traglufthallen, Wohncontainer und Wohnwagen, ferner Gebäude wie Lauben, Baubuden, Unterkünfte auf Baustellen und Schankveranden, sofern es ihnen an Gründungen fehlt.[72] Zweifelhaft kann es sein, ob es sich bei einer Aufbringung eines Sand- und Kiesgemischs um eine als Planierung der Erdoberfläche zu bewertende bauliche Anlage, um eine durch eigene Schwere auf dem Boden ruhende bauliche Anlage oder lediglich um abgelegte Baumaterialien handelt.[73] Unter Berücksichtigung der Verkehrsauffassung und der Funktion, die den Gegenständen zugedacht ist, ist bei derartigen Konstellationen zu entscheiden, ob die Grenze zur baulichen Anlage bereits überschritten ist. 72

bb) Begrenzte Beweglichkeit auf ortsfesten Bahnen. Bei der zweiten von der Lockerungsklausel erfassten Gruppe baulicher Anlagen ist eine **Verbindung mit dem Erdboden** ferner dann gegeben, wenn eine **Anlage auf ortsfesten Bahnen begrenzt beweglich** ist. Ohne diese Regelung würden die betroffenen Anlagen infolge ihrer Beweglichkeit weder der Legaldefinition der baulichen Anlage noch der ersten Kategorie der Lockerungsklausel unterfallen. Krane und Krananlagen bilden nur scheinbar den Haupt- 73

---

70 BW VGH vom 1. 12. 1993 NVwZ-RR 1994, 72/73.

71 Bay VGH vom 26. 9. 1988 BayVBl. 1989, 181; OVG Bln (Fn. 59); VG Dessau vom 12. 12. 2001 BauR 2003, 366.

72 OVG Bln vom 13. 3. 1998, LKV 1998, 355 = ZMR 1998, 522/523 (Wohnwagen); OVG NRW vom 12. 11. 1974 BauR 1975, 110 (Traglufthalle).

73 VGH BW vom 25. 10. 1988 BWVBl. 1989, 106 = BRS 49 Nr. 155.

anwendungsfall, denn sie sind dem Anwendungsbereich der Bauordnungen entzogen (s. oben Rn. 51). Bedeutung hat die Vorschrift aber für Fertigungshallen, die auf Schienen begrenzt beweglich sind. § 2 Abs. 1 Satz 2 Nr. 5 NBauO verzichtet darauf, sich einer Lockerungsklausel zu bedienen; nach dieser Regelung sind die entsprechenden Bahnen fiktive bauliche Anlagen (s. oben Rn. 71). Einige Bauordnungen sehen davon ab, diese Art einer nicht-baulichen Verbindung mit dem Erdboden für die Eigenschaft der baulichen Anlage ausreichen zu lassen (§ 2 Abs. 1 Satz 2 LBO BW, § 1 Abs. 2 Satz 2 LBauO Rh-Pf, § 2 Abs. 1 Satz 2 LBO Saar).

74 **cc) Überwiegend ortsfeste Benutzung.** Schließlich soll es als Verbindung mit dem Erdboden ausreichen, dass eine **bauliche Anlage nach ihrem Verwendungszweck dazu bestimmt** ist, **überwiegend ortsfest benutzt zu werden** (§ 2 Abs. 1 Satz 2 BauO NRW). § 2 Abs. 1 Satz 2 BremLBO lässt es sogar genügen, dass die Anlage dazu bestimmt ist, nicht nur vorübergehend ortsfest benutzt zu werden. Bei dieser dritten Kategorie der Lockerungsklausel treten an die Stelle technischer oder physikalischer Eigenschaften **Kriterien der Benutzung**. Anders als die übrigen Bauordnungen sehen Art. 2 Abs. 1 Satz 3 BayBO und § 2 Abs. 1 Satz 2 Nr. 5 NBauO davon ab, den Begriff der Verbindung mit dem Erdboden zu modifizieren; stattdessen erklären sie die entsprechenden Anlagen zu fiktiven baulichen Anlagen (s. oben Rn. 71).

75 Bei den **Anlagen** dieser Variante handelt es sich um solche, **die benutzbar sind**, also z. B. von Menschen betreten werden können oder zur Aufnahme von Sachen geeignet sind. Die Vorschrift bezieht sich auf Anlagen, die zwar ohne weiteres fortbewegt werden können, also nicht im Sinne der ersten Kategorie der Lockerungsklausel durch eigene Schwere auf dem Boden ruhen (s. oben Rn. 72), aber wenigstens nach ihrem Verwendungszweck eine gewisse **zeitliche Bindung zu dem Ort ihrer Aufstellung** aufweisen. **Überwiegend ortsfest** ist eine Benutzung, die auf demselben Grundstück stattfindet.[74] Würde man für die ortsfeste Benutzung verlangen, dass die Anlage überwiegend an einem und demselben Standort benutzt wird, wäre dem Missbrauch Tür und Tor geöffnet. Denn schon durch geringfügige Verschiebungen der Position könnte die Anlage dem Zugriff des Bauordnungsrechts entzogen werden.

76 Die Fälle überwiegend ortsfester Benutzung sind nicht mit denen identisch, bei denen **Anlagen** durch eigene Schwere auf dem Boden ruhen; denn anders als bei einer Verbindung durch Schwerkraft **bedarf es zur Ortsveränderung keines erheblichen Kraftaufwandes**. Dennoch ist der tatsächliche Unterschied häufig gering, weil allein durch die Entfernung von Rädern der Übergang von der einen in die andere Kategorie bewirkt werden kann. Sind auf dem Gelände einer so genannten Wagenburg ausrangierte Bauwagen aufgestellt, so handelt es sich bei diesen um solche der ersten (Schwerkraft-)Kategorie, wenn die Räder demontiert worden sind, und um solche der dritten (Benutzungs-) Kategorie, wenn dies unterlassen wurde, aber ein Standortwechsel nach Lage der Dinge nicht zu erwarten ist.[75]

77 Allerdings ist nicht immer erkennbar, ob tatsächlich eine **überwiegend ortsfeste Benutzung** erfolgt ist oder erfolgen wird. Die Lockerungsklausel lässt es deshalb ausreichen, dass die **bauliche Anlage nach ihrem Verwendungszweck dazu bestimmt** ist. Auf die subjektiven Vorstellungen oder Bekundungen des Bauherrn kommt es dabei nicht an, maßgeblich sind vielmehr die objektiven Umstände des Einzelfalles. Voraussetzung ist lediglich, dass sich die Benutzung auf eine bewegliche Anlage bezieht, die sich nach dem erkennbaren Zweck ihrer Aufstellung mehr als die Hälfte des Jahres an derselben Stelle oder doch auf demselben Grundstück befindet oder befinden wird. Es kommt also darauf an, ob eine verfestigte Beziehung der Anlage zu einem bestimmten Standort oder Grund-

---

[74] OVG Saar vom 12. 10. 1988 NVwZ 1989, 1082/1083; VG Weimar vom 8. 3. 1999 ThürVBl. 1999, 194/195.

[75] BW VGH vom 15. 4. 1997 DVBl. 1998, 96; OVG Bln vom 13. 3. 1998 (Fn. 72), vom 22. 1. 2003 LKV 2003, 276; OVG NRW vom 6. 8. 2001 NVwZ-RR 2002, 11.

stück eintritt oder ober der Charakter als Fortbewegungsmittel überwiegt.[76] Vielfach wird es aber für ausreichend erachtet, dass die Anlage über einen nicht unbedeutenden Zeitraum an einem bestimmten Standort verbleiben soll.[77] Unerheblich ist es dagegen, wie das zeitliche Verhältnis von Benutzung und Nichtbenutzung der Anlage durch deren Nutzer beschaffen ist. Ein auf einem Grundstück abgestellter Wohnwagen, der nur an den Wochenenden im Sommer zum Aufenthalt verwendet wird, ist – einem Wochenendhaus vergleichbar – eine bauliche Anlage. Zweifelhaft ist die Einordnung solcher Wagen, die zwar auf einem Grundstück einen (überwiegend) festen Standort haben, deren Benutzung aber weder bezweckt ist noch tatsächlich geschieht. Da das bloße Abstellen eines (beweglichen) Wagens keine Benutzung ist, wird er nicht als bauliche Anlage angesehen werden können.[78] Die Zulassung eines Wagens zum öffentlichen Straßenverkehr ist ein Indiz, das gegen die Annahme einer baulichen Anlage spricht. Jedoch ist in solchen Fällen die Behandlung des Grundstücks selbst als Lagerplatz und damit als bauliche Anlage in Betracht zu ziehen (s. unten Rn. 82f.).

dd) Wohnmobile, Wohnwagen, Campingwagen, Verkaufswagen, sonstige Wagen 78
und Wasserfahrzeuge. Beispiele für die Anwendung der Lockerungsklausel bilden häufig **Wohnmobile, Wohnwagen, Campingwagen, Verkaufswagen und sonstige Wagen**.[79] Sind derartige Fahrzeuge durch bautechnische Vorkehrungen, z.B. durch eine Verankerung, mit dem Boden verbunden, sind sie bereits nach der Legaldefinition bauliche Anlagen. Sie werden nach der ersten Variante der Lockerungsklausel zu baulichen Anlagen, wenn sie nach Demontage oder Unbrauchbarmachung ihrer Räder kraft ihrer Schwere auf dem Boden ruhen, wie z. B. ein als Taubenschlag genutzter ehemaliger Möbelwagen.[80] Ist weder die eine noch die andere Voraussetzung erfüllt, kann gleichwohl die Eigenschaft einer baulichen Anlage bejaht werden. Wird ein Wagen nämlich überwiegend ortsfest, d.h. auf ein und demselben Grundstück, benutzt, ist die Anwendbarkeit der dritten Variante der Lockerungsklausel angebracht. Dies kann bei einer im Garten aufgestellten Dampflokomotive, einem so genannten Werbeanhänger (einem einachsigen, zum Straßenverkehr zugelassenen Fahrzeug, das mit Werbeplakaten versehen ist) oder einem fahrbaren Verkaufsstand der Fall sein.[81] Solche Schwierigkeiten vermeidet § 2 Abs. 2 Nr. 5 HBauO, der Stellplätze für Camping-, Verkaufs- und Wohnwagen schlicht zu baulichen Anlagen erklärt (s. unten Rn. 87).

Auch **Wasserfahrzeuge**, sofern sie nicht aus dem Anwendungsbereich der Bauordnun- 79
gen entlassen sind (s. oben Rn. 52) können bauliche Anlagen sein. Mitunter sind sie dies schon wegen ihrer Verbindung mit dem Erdboden (s. oben Rn. 65), wie ein mit Seilen am Ufer befestigtes Schwimmdeck mit einer Floßhütte.[82] Aber auch auf Grund überwiegend ortsfester Benutzung können sie zu baulichen Anlagen werden. Anzeichen für eine solche durch überwiegend ortsfeste Benutzung bewirkte enge Beziehung zu einer bestimmten Örtlichkeit sind die – für längere Zeit vorgesehene – Verankerung, die Vertäuung am Ufer und das Vorhandensein von Laufplanken oder eines Landungsstegs.[83] Beispiele bilden Schiffe, die als Restaurants, Hotels, Veranstaltungsorte oder Wohnheime Verwendung finden.[84] Auf solche Feinheiten kommt es nur gemäß § 2 Abs. 1 Satz 3 Nr. 6

---

[76] OVG Nds vom 30.11.1992 BRS 54 Nr. 142; VG Dessau vom 12.12.2001 BauR 2003, 366 = LKV 2002, 589.

[77] OVG Saar vom 12.10.1988 NVwZ 1989, 1082/1083, vom 22.9.1992 BRS 54 Nr. 141; VG Dessau (Fn. 76); VG Weimar vom 8.3.1999 ThürVBl. 1999, 194/195.

[78] Hess VGH vom 20.3.1987 BRS 47 Nr. 135.

[79] OVG Bln vom 1.10.1976 BRS 30 Nr. 181, vom 25.4.1980 OVGE 15, 129 = BRS 36 Nr. 47, vom 18.1.1985, BRS 44 Nr. 103.

[80] OVG Bln vom 14.5.1982 BRS 39 Nr. 207.

[81] BW VGH vom 1.2.1993 NVwZ-RR 1994, 72/73; OVG NRW vom 17.2.1998 NVwZ-RR 1999, 14 Ls.; VG Meiningen vom 25.7.1994 LKV 1995, 302; VG Weimar vom 8.3.1999 ThürVBl. 1999, 194/195.

[82] Bay VGH vom 18.1.1975 NuR 1981, 133/134.

[83] *Knuth*, NuR 1984, 289.

[84] Hess VGH vom 14.4.1986 BRS 46 Nr. 130.

LBauO Rh-Pf nicht an, der Schiffe und schwimmfähige Anlagen, die ortsfest benutzt werden und dem Wohnen oder gewerblichen, sportlichen oder ähnlichen Zwecken dienen, zu (fiktiven) baulichen Anlagen erklärt (s. unten Rn. 91).

g) Erstreckungsklausel

80 Alle Bauordnungen führen im Anschluss an dlie Lockerungsklausel (oder beim ausnahmsweisen Fehlen einer solchen – wie in Bayern und Niedersachsen – im Anschluss an die Legaldefinition) einen **Katalog von Anlagen** auf, **die auch als bauliche Anlagen „gelten“** (Art. 2 Abs. 1 Satz 3 BayBO, § 2 Abs. 1 Satz 2 NBauO, § 2 Abs. 1 Satz 3 BauO NRW) **oder auch zu ihnen „zählen“** (§ 2 Abs. 1 Satz 3 BbgBO). Nur nach der Erstreckungsklausel der Musterbauordnung „sind auch“ die im Katalog aufgeführten Gegenstände bauliche Anlagen (§ 2 Abs. 1 Satz 2 MBO 2002). Die in allen drei Varianten angewendete Gesetzestechnik der **Fiktion** und der **Vermutung** beruht auf der Erwägung, dass die erfassten Anlagen die Rechtsgüter des Bauordnungsrechts in gleicher Weise berühren wie reguläre bauliche Anlagen. Durch die **Erstreckungsklausel** werden Anlagen, auch wenn sie nicht den Voraussetzungen der Legaldefinition oder der Lockerungsklausel entsprechen, zu baulichen Anlagen erklärt (§ 2 Abs. 1 Satz 3 BauO LSA). Nur § 2 Abs. 1 Satz 2 NBauO macht die Anwendung der Erstreckungsklausel explizit davon abhängig, dass die Anlagen nicht unter die Legaldefinition des § 2 Abs. 1 Satz 2 NBauO fallen.

81 **aa) Aufschüttungen und Abgrabungen.** Zumeist als erste Gruppe nennen die Bauordnungen übereinstimmend **Aufschüttungen und Abgrabungen** (§ 2 Abs. 1 Satz 3 Nr. 1 BauO NRW), wobei gelegentlich Anlagen zur Gewinnung von Steinen, Erden und anderen Bodenschätzen einbezogen werden (Art. 2 Abs. 1 Satz 3 Nr. 1 BayBO). Für Aufschüttungen und Abgrabungen größeren Umfangs gelten nach § 29 Abs. 1 BauGB die Vorschriften der §§ 30 bis 37 BauGB über die Zulässigkeit von Bauvorhaben. Unter Aufschüttungen und Abgrabungen sind alle **künstlichen Veränderungen der Geländeoberfläche** durch Erhöhung oder Vertiefung des Bodenniveaus **sowie des Untergrundes** zu verstehen, die von einer gewissen Dauer sein sollen.[85] Vorübergehende Veränderungen scheiden dagegen aus; so sind Gräben für die Verlegung von Leitungen keine baulichen Anlagen, desgleichen nicht Baugruben. Beispiele für Aufschüttungen sind Dämme, Rampen, aufgefüllte Bodensenkungen und die Aufschüttung eines Grundstücks mit Erdaushub;[86] auch ein aus Gründen der Gartengestaltung angelegter Wall von 60 cm Höhe kann eine Aufschüttung und damit eine bauliche Anlage sein.[87] Ein Sandlagerplatz unterfällt dagegen einer anderen Kategorie baulicher Anlagen (s. unten Rn. 82 f.). Abgrabungen sind z. B. Sand-, Kies- und Lehmgruben sowie Steinbrüche.[88] Auch künstliche Hohlräume unterhalb der Gelände- oder Erdoberfläche sind Abgrabungen; in einigen Bauordnungen werden sie als bauliche Anlagen eigens erwähnt (§ 2 Abs. 1 Satz 3 Nr. 7 BbgBO, § 2 Abs. 1 Satz 2 Nr. 4 NBauO, § 2 Abs. 1 Satz 3 Nr. 1 BauO LSA, § 2 Abs. 1 Satz 3 Nr. 5 LBO Schl-H, § 2 Abs. 1 Satz 3 Nr. 6 ThürBO). Aufschüttungen und Abgrabungen sind bloße Veränderungen des Erdbodens, ohne dass dabei Bauprodukte (s. unten Rn. 152) zum Zwecke des Bauens verwendet würden; daher handelt es sich insoweit um eine **gesetzliche Fiktion von baulichen Anlagen**. Selbständige Aufschüttungen und Abgrabungen geringeren Umfangs sind regelmäßig genehmigungsfrei (§ 65 Abs. 1 Nr. 42 BauO NRW).

82 **bb) Lager-, Ausstellungs- und Abstellplätze.** Weiterhin werden in allen Landesbauordnungen **Lagerplätze und Ausstellungsplätze** – meist auch **Abstellplätze** (§ 2 Abs. 1 Satz 2 Nr. 2 MBO 2003, Art. 2 Abs. 1 Satz 3 Nr. 2 BayBO, § 2 Abs. 1 Satz 3 Nr. 2 BauO NRW) und vereinzelt **Aufstellplätze** (§ 2 Abs. 1 Satz 3 Nr. 2 LBauO Rh-Pf) – zu bau-

[85] OVG Nds vom 29. 9. 1988 BRS 48 Nr. 164.
[86] VG Freiburg vom 17. 11. 1994 NVwZ-RR 1995, 636.
[87] Hess VGH vom 31. 1. 2002 BauR 2003, 866.
[88] BW VGH vom 16. 8. 1984 NuR 1985, 71; OVG NRW vom 28. 10. 1997 ZfBR 1998, 160.

lichen Anlagen erklärt, selbst wenn auf ihnen keine bauliche Anlagen errichtet worden sind oder werden sollen, es sich bei ihnen also um bloße Grundstücksflächen handelt.[89] Nicht einmal eine Untergrundverfestigung mit einem Baustoff muss vorhanden sein.[90] Lagerplätze – z. B. solche zur Lagerung von Baustoffen – gelten auch im Planungsrecht als Vorhaben (§ 29 Abs. 1 BauGB), doch ist wegen des Erfordernisses der planungsrechtlichen Relevanz (s. oben Rn. 58) wenigstens eine bauliche Behandlung der Fläche nötig, z. B. durch Splitt oder Schotter.[91]

Zu der **Gesamtanlage** des Lager-, Ausstellungs- oder Abstellplatzes können einzelne bauliche Anlagen wie Lagerhallen oder Büro- und Verwaltungsgebäude treten. Der Gesetzgeber stellt hier – wie auch in einigen weiteren Fällen (s. oben Rn. 81 und unten Rn. 84 f.) – die **Fiktion einer baulichen Anlage** auf. Lagerplätze dienen der Aufbewahrung von Sachen (§ 3 Abs. 5 Nr. 3 BImSchG), häufig in der Form der Vorratshaltung, Ausstellungsplätze der Darbietung von Waren und Leistungen, Abstellplätze der bloßen Unterbringung von Sachen im Freien. Ein Grundstück, auf dem acht Sportboote lagerten, wurde als Lagerplatz angesehen.[92] Nach § 2 Abs. 1 Satz 3 Nr. 2 LBO Schl-H gelten allerdings Bootslagerplätze am Meeresstrand nicht als bauliche Anlagen. Dass die Nutzung des Platzes gewerblich geschieht, wie z. B. eines Sandlagerplatz mit einer Siebanlage, ist nicht nötig.[93] Daher kann ein Grundstück, auf dem nicht benutzte Gegenstände zeitweilig abgestellt werden (z. B. Campingwagen oder Boote während der Wintermonate), als Lager- oder Abstellplatzplatz anzusehen sein (s. oben 77). Unbedeutende Ausstellungs- und Lagerplätze sind vielfach genehmigungsfrei (§ 65 Abs. 1 Nr. 26 BauO NRW). 83

cc) Sport- und Spielplätze. Fast alle Bauordnungen führen **Sportplätze oder Sportflächen** als weitere Kategorie baulicher Anlagen auf; manche Bauordnungen beziehen **Spielplätze, Spielflächen, Bolz-, Kinderspielplätze und -flächen sowie Freizeitflächen** mit ein (§ 2 Abs. 1 Satz 2 Nr. 3 MBO 2003, § 2 Abs. 1 Satz 3 Nr. 3 BbgBO, § 2 Abs. 1 Satz 3 Nr. 3 LBauO M-V, § 2 Abs. 1 Satz 3 Nr. 4 BauO NRW, § 2 Abs. 1 Satz 3 Nr. 3 LBO Saar). Gelegentlich findet sich eine Beschränkung auf **Kinderspiel- und Freizeitflächen** (§ 2 Abs. 2 Nr. 1 HBauO). Zu den Sportplätzen zählen etwa Fußball- oder Tennisplätze.[94] Ob es sich um öffentliche oder private Sportplätze handelt, ist unerheblich. Auch eine lediglich planierte und mit Rasen eingesäte Fläche, die als Golfübungsplatz dient, kann ein Sportplatz und damit eine bauliche Anlage sein.[95] Soweit auf Sportplätzen bauliche Anlagen, etwa ein Vereinsheim, errichtet wird, greift zusätzlich die Legaldefinition ein. Bauliche Anlagen sind dann sowohl die Gesamtanlage als auch die Einzelanlage.[96] Wie in den Fällen der Lager- und Ausstellungsplätze handelt es sich auch hier um eine **fiktive bauliche Anlage**, so dass Streitigkeiten etwa darüber, ob bei der Herrichtung eines Ballspielplatzes oder einer Aschenbahn Bauprodukte mit dem Erdboden verbunden werden, vermieden werden. Bauliche Anlagen, die der Einrichtung von Spiel- und Sportplätzen dienen, wie Tore für Ballspiele, unterliegen regelmäßig nicht der Genehmigungspflicht (§ 63 Abs. 1 Nr. 9 Buchst. c BauO NRW). 84

dd) Camping-, Wochenend- und Zeltplätze. Auch Campingplätze – mitunter auch Wochenendplätze und Zeltplätze – gelten als bauliche Anlagen (§ 2 Abs. 1 Satz 2 Nr. 4 MBO 2002, Art. 2 Abs. 1 Satz 3 Nr. 3 BayBO, § 2 Abs. 1 Satz 3 Nr. 3 BauO NRW). Entsprechend der Regelung für Lagerplätze und Sportplätze (s. oben Rn. 83 und 84) begründen die Bauordnungen hier gleichfalls eine Fiktion, wonach die Anlage eine (fiktive) 85

89 BW VGH vom 25. 10. 1988 BWVBl. 1989, 106; OVG Bln vom 31. 5. 1991 BRS 52 Nr. 24.
90 OVG Bln vom 4. 2. 1994 OVGE 21, 124/133.
91 BVerwG vom 14. 1. 1993 NVwZ 1994, 293; OVG NRW vom 21. 3. 1995 NVwZ 1996, 921.
92 OVG Bln vom 7. 11. 1986 BRS 46 Nr. 182.
93 OVG Bln vom 8. 4. 1994 GewArch. 1994, 342.
94 OVG Bln vom 24. 4. 1987 BRS 47 Nr. 175.
95 Hess VGH vom 19. 2. 1991 BauR 1991, 444.
96 Hess VGH (Fn. 95), S. 445.

bauliche Anlage ist.[97] Die genannten Plätze bieten einer Vielzahl von Personen die Möglichkeit der Erholung und haben typischerweise der Versorgung der Benutzer dienende Gemeinschaftseinrichtungen.[98] Sie sind bauliche Anlagen besonderer Art oder Nutzung (Art. 2 Abs. 4 Satz 2 Nr. 15 BayBO).

86 Eine aus Bauwagen bestehende so genannte **Wagenburg**, die ihren Bewohnern als Unterkunft dient, ist **kein Campingplatz**.[99] Auch hier gilt – wie in den Fällen der Lagerplätze und Sportplätze (s. oben Rn. 83 und 84) –, dass der Platz als solcher eine bauliche Gesamtanlage ist, unabhängig davon, ob er zugleich Standort für bauliche Anlagen im Sinne der Legaldefinition (oder auch der Lockerungsklausel) ist oder sein soll.[100] Werden die Wohnwagen auf einem Campingplatz nicht (mehr) zur Erholung aufgesucht, so werden die **Fahrzeuge nur** (noch) **abgestellt**; es handelt sich sodann um einen **Lagerplatz. Wochenendplätze** dienen als Standorte für Wochenendhäuser (und werden deshalb in § 2 Abs. 1 Satz 3 Nr. 3 BbgBO auch Wochendhausplätze genannt), nicht aber für Wohnwagen (§ 10 Abs. 3 BauNVO).[101] Ein **Zeltplatz** verliert seine Bestimmung nicht dadurch, dass er im Winter nicht benutzt wird. Campingplätze und Zeltplätze sind in Campingplatzgebieten zulässig (§ 10 Abs. 5 BauNVO).

87 **ee) Stellplätze.** Von großer praktischer Bedeutung ist die in allen Bauordnungen enthaltene Erwähnung der **Stellplätze für Kraftfahrzeuge** (§ 2 Abs. 1 Satz 2 Nr. 6 MBO 2002, Art. 2 Abs. 1 Satz 3 Nr. 4 BayBO, § 2 Abs. 1 Satz 3 Nr. 5 BauO NRW), deren Begriff Gegenstand einer Legaldefinition ist (s. unten Rn. 146). Vereinzelt werden auch die Zufahrten zu den Stellplätzen zu baulichen Anlagen erklärt (§ 2 Abs. 1 Satz 3 Nr. 4 LBO Schl-H). Einige Bauordnungen fügen ergänzend **Abstellplätze für Fahrräder** oder **Fahrradabstellanlagen** hinzu (§ 2 Abs. 1 Satz 3 Nr. 4 BbgBO, § 2 Abs. 1 Satz 2 Nr. 7 NBauO), in einem Fall sogar **Stellplätze für Camping-, Verkaufs- und Wohnwagen** (§ 2 Abs. 2 Nr. 5 HBauO). Stellplätze sind immer bauliche Anlagen, und zwar auch dann, wenn sie ohne Verwendung von Bauprodukten hergestellt werden. Ihre gelegentlich vorgenommene Einordnung in den Begriff der „andere(n) Anlagen und Einrichtungen" im Sinne des § 1 (Art. 1) Abs. 1 Satz 2 der Bauordnungen (§ 55 Abs. 2 Nr. 2 BauO Bln) ist daher gesetzestechnisch bedenklich (s. oben Rn. 26 und 29). Anders als in den Fällen der Lager- und Ausstellungsplätze, der Sportplätze und der Camping-, Wochenend- und Zeltplätze (s. oben Rn. 83, 84 und 85) bedient sich der Gesetzgeber hier des Kunstgriffs der **unwiderleglichen Vermutung**. Denn Stellplätze werden häufig unter Verwendung von Baustoffen angelegt und weisen dann die von der Legaldefinition der baulichen Anlage geforderte Verbindung mit dem Erdboden auf. Notwendig ist dies für einen Stellplatz allerdings nicht; er kann vielmehr auch ohne Einsatz von Baustoffen dadurch entstehen, dass eine unpräparierte Grundstücksfläche als Standort für Kraftfahrzeuge benutzt wird. Dadurch, dass der Gesetzgeber von der faktischen Gestaltung des Einzelfalls absieht, stellt er eine Vermutung auf, die nicht durch den Rückgriff auf die individuellen Umstände einer konkreten Anlage widerlegt werden kann. Die Qualifizierung des Stellplatzes als bauliche Anlage hat zur Folge, dass dieser auch als Bestandteil anderer baulicher Anlagen, z. B. von Gebäuden, die Eigenschaft der baulichen Anlage beibehält und nicht bloßer Bestandteil einer anderen baulichen Anlage ist (s. oben Rn. 68).

88 Eine **Sonderregelung** hält § 2 Abs. 2 Nr. 5 **HBauO** bereit. Nach dieser Vorschrift zählen außer den Stellplätzen für Kraftfahrzeuge auch **Stellplätze für Camping-, Verkaufs- und Wohnwagen** zu den baulichen Anlagen. Durch den Einsatz einer unwiderleglichen Vermutung wird also ein Problem gelöst, dem andere Bauordnungen durch die Lockerungsklausel beizukommen suchen (s. oben Rn. 78).

---

97 OVG Bln vom 4. 2. 1994 OVGE 21, 124/129, 133, vom 13. 3. 1998 ZMR 1998, 522/523.
98 OVG Bln vom 13. 3. 1998 (Fn. 97).
99 OVG Bln vom 13. 3. 1998 (Fn. 97).
100 OVG Bln vom 4. 2. 1994 (Fn. 97).
101 BVerwG vom 3. 4. 1987 BRS 47 Nr. 76.

ff) Gerüste und andere Hilfseinrichtungen. Auch **Gerüste** sowie zumeist auch **Hilfseinrichtungen zur statischen Sicherung von Bauzuständen** gelten nach vielen Landesbauordnungen als bauliche Anlagen (§ 2 Abs. 1 Satz 2 Nr. 7 und 8 MBO 2002, § 2 Abs. 1 Satz 3 Nr. 6 und 7 BauO NRW). Dies ist insbesondere im Hinblick auf das Erfordernis der Standsicherheit gerechtfertigt. Unter Gerüsten sind die als Hilfsmittel bei der Bauausführung verwendeten zu verstehen, also z. B. Arbeitsgerüste und Schutzgerüste, nicht aber Gerüstkonstruktionen, die für die Dauer errichtet sind, wie z. B. in ein Bauwerk integrierte Stützgerüste, Haltegerüste für Werbeanlagen oder Klettergerüste. Beispiele für die weiterhin genannten Hilfseinrichtungen bilden: Baugrubensicherungen, Wetterschutzhallen für Winterbaumaßnahmen, Spundwände, Hilfskonstruktionen zur Versteifung des Gebäudes im Bauzustand, Rückverankerungen während der Bauzeit, komplizierte Leergerüste sowie zeitweilige Stützgerüste. 89

gg) Wagen. Eine bremische Besonderheit besteht darin, dass **Wohn-, Verkaufs- und andere Wagen**, die nicht nur vorübergehend ortsfest benutzt werden, zu den baulichen Anlagen zählen (§ 2 Abs. 1 Satz 3 Nr. 1 **BremLBO**). Das Gleiche gilt in Hamburg für Stellplätze für **Camping-, Verkaufs- und Wohnwagen** (§ 2 Abs. 2 Nr. 5 **HBauO**). In diesen Fällen bedarf es also nicht des Rückgriffs auf die Lockerungsklausel (s. oben Rn. 78). 90

hh) Sonstige bauliche Anlagen. Vereinzelt gibt es noch weitere Fälle, in den denen durch die jeweilige Erstreckungsklausel der Kreis der baulichen Anlagen erweitert wird: **Standplätze für Abfallbehälter** (§ 2 Abs. 2 Nr. 6 HBauO), **Feuerungsanlagen** und **ortsfeste Feuerstätten** (§ 2 Abs. 1 Satz 2 Nr. 1 NBauO, § 2 Abs. 1 Satz 3 Nr. 7 BauO LSA), obwohl sie üblicherweise den anderen Anlagen und Einrichtungen zugeordnet werden (s. oben Rn. 25), **Freisitze vor Gaststättenbetrieben** (§ 2 Abs. 1 Satz 3 Nr. 3 BremLBO), **Freizeit- und Vergnügungsparks** (§ 2 Abs. 1 Satz 2 Nr. 5 MBO 2002), **Kleingartenanlagen** (§ 2 Abs. 1 Satz 2 Nr. 10 NBauO, § 2 Abs. 1 Satz 3 Nr. 8 BauO LSA), **Schiffe und sonstige schwimmfähige Anlagen**, die ortsfest benutzt werden und dem Wohnen oder gewerblichen, sportlichen oder ähnlichen Zwecken dienen (§ 2 Abs. 1 Satz 3 Nr. 6 LBauO Rh-Pf), **Seilbahnen** (§ 2 Abs. 1 Satz 3 Nr. 8 BbgBO), **Sportboothäfen** (§ 2 Abs. 1 Satz 3 Nr. 8 LBO Schl-H), **Werbeanlagen** mit landesrechtlich unterschiedlichen Umfang (Art. 2 Abs. 1 Satz 2 BayBO, § 2 Abs. 1 Satz 3 Nr. 7 HBO, § 2 Abs. 1 Satz 2 Nr. 2 NBauO, § 2 Abs. 1 Satz 3 Nr. 9 BauO LSA), **Warenautomaten** (Art. 2 Abs. 1 Satz 2 BayBO, § 2 Abs. 1 Satz 2 Nr. 3 NBauO, § 2 Abs. 1 Satz 3 Nr. 9 BauO LSA) sowie sonstige **Anlagen, die einen Zugangs- und Abgangsverkehr mit Kraftfahrzeugen oder Fahrzeugen erwarten lassen** (§ 2 Abs. 1 Satz 2 Nr. 13 NBauO, § 2 Abs. 1 Satz 3 Nr. 10 BauO LSA).[102] 91

ii) Rechtliche Konsequenzen. Die Aufzählung der verschiedenen Kategorien baulicher Anlagen durch die Erstreckungsklausel hat unterschiedliche **rechtliche Konsequenzen**. In einigen Fällen (insbesondere Lagerplätze, Sportplätze und Campingplätze) wird im Wege einer Fiktion eine Gesamtanlage zu einer baulichen Anlage erklärt, ohne dass es darauf ankommt, ob es außer der Gesamtanlage noch einzelne bauliche Anlagen gibt oder die dort existierenden baulichen Anlagen die Gesamtanlage ausmachen. Sind – wie dies die Regel ist – derartige einzelne bauliche Anlagen vorhanden, so treten sie zu der baulichen Gesamtanlage hinzu. Deshalb kann die Frage der Genehmigungsbedürftigkeit hinsichtlich der Gesamtanlage und der Einzelanlagen unterschiedlich zu beantworten sein. In anderen Fällen (Aufschüttungen und Abgrabungen sowie Stellplätze) führt die Gesetzestechnik dazu, dass die erfassten baulichen Anlagen die Eigenschaft der baulichen Anlage auch dann behalten, wenn sie Teil einer Hauptanlage werden oder sonst in diese integriert sind. 92

---

[102] So soll es sich bei einer mobilen Feldküche, die an jedem Werktag mit Hilfe eines Pkw auf eine Freifläche gefahren wird und dort drei Stunden aufgestellt wird, um eine bauliche Anlage handeln, weil sie einen solchen Verkehr erwarten lässt (VG Dessau vom 12. 12. 2001 BauR 2003, 366).

93 **jj) Problemfälle baulicher Anlagen.** Die von der Legaldefinition verwendeten Begriffe sowie die durch die Lockerungsklausel und die Erstreckungsklausel bewirkten Modifikationen führen nicht selten zu Zweifeln darüber, ob es sich bei einem Gegenstand oder Sachkomplex im konkreten Fall um eine **bauliche Anlage** handelt und welcher Kategorie sie zuordnen ist. Die Judikatur der Verwaltungsgerichte ist reich an solchen **Problemfällen**. So war in den letzten Jahren z. B. in folgenden Fällen die Eigenschaft als bauliche Anlage zu prüfen: Containerlagerplatz für Bauschutt,[103] mobile Feldküche,[104] Flugplatz für Modellflugzeuge,[105] als Gaststätte genutztes Fahrgastschiff,[106] Himmelsstrahler (Anlage, mit der gebündeltes, starkes Licht nach oben gestrahlt wird),[107] Holzflechtzaun,[108] Fläche für Hundeauslauf,[109] Hundezwinger,[110] Stahlgittermast für den Mobilfunk,[111] so genannte Wagenburg,[112] Windenergieanlage.[113]

II. Gebäude

94 Die wichtigsten aller baulichen Anlagen sind **Gebäude**. Alle Bauordnungen enthalten daher eine – abgesehen von Nuancen – übereinstimmende Legaldefinition des für das Baurecht zentralen **Begriffs des Gebäudes**, der von ihnen an zahlreichen Stellen verwendet wird (§ 2 Abs. 2 MBO 2002, Art. 2 Abs. 2 BayBO, § 2 Abs. 2 BauO NRW). Vor allem ist er von Bedeutung für den Anwendungsbereich der Bauordnungen; wenngleich zahlreiche bauliche Anlagen aus dem Regime des Bauordnungsrechts entlassen werden, so entspricht es doch einer weit verbreiteten Gesetzestechnik, die Gebäude hiervon auszunehmen (s. oben Rn. 44). Auch für Zuschnitt und Ausmaß der Abstandsflächen ist der Begriff des Gebäudes von Belang, denn diese bemessen sich nach den Außenflächen der Gebäude (s. unten Kapitel 3, Rn. 105 und 114). Bauliche Anlagen im Sinne der Legaldefinition (und der diese modifizierenden Lockerungsklausel und Erstreckungsklausel) sind Gebäude, wenn sie die folgenden Voraussetzungen erfüllen. Es muss sich um **bauliche Anlagen** handeln, die **selbständig benutzbar** und **überdeckt oder überdacht** sind, **von Menschen betreten werden können** und **geeignet oder bestimmt** sind, **dem Schutz von Menschen sowie von Tieren, Pflanzen oder (anderen) Sachen zu dienen** (§ 2 Abs. 2 MBO 2002, § 2 Abs. 2 BbgBO, § 2 Abs. 2 BauO NRW). Für die Qualifizierung einer baulichen Anlage als Gebäude kommt es nicht auf den Sprachgebrauch des Alltags an, so dass auch Wohnwagen, Bau- und Wohncontainer oder öffentliche Bedürfnisanstalten Gebäude sein können.[114] Geht einer baulichen Anlage eines der genannten Merkmale verloren, ist sie kein Gebäude mehr. Dies trifft z. B. auf eine Ruine zu, nicht dagegen auf ein Haus, dessen abgebranntes Dach alsbald erneuert wird. Eine wichtige Art der Gebäude sind die Wohngebäude (s. unten Rn. 100). Bauliche Anlagen, die zwar keine Gebäude sind, von denen aber Wirkungen wie von Gebäuden ausgehen, werden im Abstandsflächenrecht den Gebäuden gleichgestellt (s. unten Kapitel 3, Rn. 45). Ob der bauordnungsrechtliche Begriff des Gebäudes mit dem **bauplanungsrechtlichen Begriff des Gebäudes** in § 22 Abs. 2 Satz 1 BauNVO identisch ist, kann zweifelhaft sein.[115]

---

103 OVG Saar vom 10. 2. 1989 BRS 49 Nr. 217.
104 VG Dessau (Fn. 102).
105 OVG Nds vom 16. 2. 1995 NVwZ-RR 1995, 556.
106 Hess VGH vom 14. 4. 1986 BRS 46 Nr. 130.
107 OVG NRW vom 22. 6. 1994 NVwZ 1995, 781.
108 OVG Bln vom 31. 7. 1992, BRS 54 Nr. 91.
109 OVG Bln vom 7. 9. 1990 BRS 50 Nr. 206.
110 OVG Nds vom 30. 9. 1992 NVwZ-RR 1993, 398/399.
111 OVG NRW vom 10. 2. 1999 NVwZ-RR 1999, 714.
112 OVG NRW vom 6. 8. 2001 NVwZ-RR 2002, 11.
113 OVG NRW vom 29. 8. 1997 NWVBl. 1998, 115; *Hahn* (Fn. 12), § 2 Rn. 138.
114 Bay VGH vom 26. 9. 1988 BayVBl. 1989, 181; OVG Bln vom 18. 9. 1992 OVGE 20, 149/150, vom 13. 3. 1998 ZMR 1998, 522/523; OVG NRW vom 22. 12. 1989 NJW 1990, 1132; OVG Saar vom 24. 10. 1991 NVwZ 1992, 1100.
115 *Fickert/Fieseler* (Fn. 15), § 22 Rn. 6.1.

1. Überdeckung

Gebäude müssen **überdeckt**, d.h. **mit einem oberen Abschluss versehen** sein. Nur 95
§ 2 Abs. 2 BauO NRW bezeichnet Gebäude als überdachte bauliche Anlagen. Zumeist sind Gebäude überdachte bauliche Anlagen, jedoch sind nicht alle Gebäude überdacht, denn der obere Abschluss unterirdischer Gebäude (§ 2 Abs. 3 Satz 1 Nr. 5 MBO 2002) wird üblicherweise nicht als Dach bezeichnet. Alle Gebäude sind jedoch überdeckt. Das Dach, das der Abweisung von Niederschlägen, Wind, Kälte und Hitze dient, kann von beliebiger Konstruktion sein. Die Überdeckung kann ganz oder teilweise beweglich sein, so dass auch Sporthallen mit einziehbaren Dächern erfasst werden. Die überdeckte Fläche muss Bestandteil des Gebäudes sein, was für eine Gehwegüberdachung verneint wurde.[116] Als ausreichende Überdachung wurde eine Folie auf einer Holzkonstruktion angesehen, die während des Sommers entfernt wurde.[117]

Obwohl die Legaldefinition ausdrücklich nur eine **obere Begrenzung** fordert, ge- 96
hören zum Begriff des Gebäudes auch **seitliche Begrenzungen**. Ein Gebäude besteht somit aus einem umbauten Raum, der einen Rauminhalt hat. Es muss zwar nicht nach allen Seiten geschlossene Wände aufweisen, aber doch nach der Verkehrsauffassung den Eindruck einer nach außen abgegrenzten baulichen Anlage erzeugen. Diese Voraussetzung kann sogar vorhanden sein, wenn Umfassungswände völlig fehlen, wie z.B. bei einer allseits offenen Halle oder bei einem Bauwerk, dessen Decken und Dach nur von Stützen und Pfeilern getragen werden. Dächer mit Mittelstützen, z.B. bei Tankstellen, können somit Gebäude sein. Fraglich ist aber, ob die Überdachung einer Straße unter den Begriff des Gebäudes fällt.[118]

2. Betretbarkeit

Die **bauliche Anlage**, also ihr Inneres, muss von Menschen betreten werden können. 97
Eine Anlage ist **betretbar**, wenn sie über einen geeigneten Zugang verfügt und ein Mensch sich in ihr – aufrecht oder zumindest in leicht gebückter Haltung – bewegen kann.[119] Ein Turm ist daher betretbar, nicht aber ein Antennengittermast.[120] Dass eine Einstiegsluke vorhanden ist oder ein Einsteigen von oben möglich ist und somit im Inneren Reparaturen vorgenommen werden können, macht eine Anlage noch nicht zu einem Gebäude.[121] Lagertanks und Silos sind daher keine Gebäude.[122]

3. Selbständige Benutzbarkeit

Gebäude müssen **selbständig benutzbar** oder **nutzbar** sein (Art. 2 Abs. 2 BayBO, § 2 98
Abs. 2 HBO). Dies setzt eine funktional abgeschlossene bauliche Einheit voraus, die ohne Einbeziehung von Bauteilen, welche zugleich anderen Anlagen dienen, benutzbar ist. Ein Gebäude muss also unabhängig von sonstigen baulichen Anlagen genutzt werden können.[123] Ist ein gemeinsamer Treppenraum vorhanden, so sind die durch ihn erschlossenen Anlagenteile keine Gebäude; sie bilden vielmehr insgesamt ein Gebäude.[124] Fehlt eine selbständige Ein- und Ausgangsmöglichkeit oder – im Falle der Mehrgeschossigkeit – eine eigene Treppe, handelt es sich um einen Teil einer baulichen Anlage, aber nicht um ein Gebäude.[125] Ob ein Gebäude, das selbständig benutzbar ist, auch tatsächlich in dieser

---

116 OVG Brem vom 9. 9. 1999 NVwZ-RR 2000, 204.
117 OVG NRW vom 16. 5. 1997 BRS 59 Nr. 140.
118 OVG NRW vom 16. 2. 1996 NVwZ-RR 1997, 274.
119 Bay VGH vom 9. 10. 1986 BRS 46 Nr. 133.
120 OVG Bln vom 7. 9. 1984 BRS 42 Nr. 44; OVG NRW vom 27. 2. 2000 NWVBl. 2001, 104.
121 *Hahn* (Fn. 12), § 2 Rn. 39.
122 OVG NRW vom 9. 5. 1985 BauR 1985, 555.
123 BVerwG vom 13. 12. 1995 NVwZ 1996, 787/788; OVG NRW vom 12. 3. 2001 NWVBl. 2001, 396/397.
124 OVG NRW vom 28. 8. 2001 NWVBl. 2002, 388/390.
125 OVG NRW (Fn. 124).

Weise benutzt wird, ist unerheblich. Ein baulicher Zusammenhang mit anderen Gebäuden oder Anlageteilen, wie er etwa für **Doppel- und Reihenhäuser** kennzeichnend ist, steht der Existenz mehrerer Gebäude nicht entgegen.[126] Selbst statische Selbständigkeit braucht ein Gebäude nicht immer aufzuweisen, deshalb handelt es sich bei einem Doppelhaus mit einer gemeinsamen Wand, aber mit getrennten Eingangsbereichen um zwei Gebäude. Eigentumswohnungen werden zumeist über gemeinschaftliche Eingänge und Treppen erreicht und erfüllen dann nicht die begrifflichen Anforderungen an ein Gebäude; bei entsprechender baulicher Ausgestaltung kann dies jedoch anders sein. Sofern Anbauten an ein Gebäude ihrerseits Gebäude sind, wie z. B. Garagen, büßen sie diese Eigenschaft ein und werden zum Teil der Hauptanlage, wenn sie im Inneren durch Türen mit dieser verbunden werden.

4. Schutzklausel

99 Für den Begriff des Gebäudes gilt gemeinhin weiterhin das Erfordernis, dass Gebäude geeignet oder bestimmt sein müssen, dem **Schutz von Menschen** sowie von **Tieren, Pflanzen** oder (**anderen) Sachen** zu dienen (§ 2 Abs. 2 BauO Bln, § 2 Abs. 2 BauO NRW). Ohne substanzielle Abweichung lässt es § 2 Abs. 2 LBO BW genügen, dass ein Gebäude zum Schutz der genannten Rechtsgüter geeignet ist, verlangt also nicht, dass das Gebäude auch dazu bestimmt ist. Liegen die genannten Merkmale der Überdeckung, Betretbarkeit und selbständigen Benutzbarkeit vor, wird eine bauliche Anlage nahezu ausnahmslos diese **Schutzfunktion** erfüllen; dieser kommt deshalb allenfalls geringe Bedeutung zu. Ohne Gefährdung der bauordnungsrechtlichen Rechtseinheit konnten daher die Legaldefinitionen zweier Landesbauordnungen auf die **Schutzklausel** verzichten (Art. 2 Abs. 2 BayBO, § 2 Abs. 3 ThürBO).

III. Wohngebäude

100 Nur wenige Bauordnungen definieren den **Begriff des Wohngebäudes** (§ 2 Abs. 3 LBO BW, § 2 Abs. 4 BremLBO, § 2 Abs. 6 HBO).[127] Das sind Gebäude, die überwiegend der Wohnnutzung dienen und außer Wohnungen allenfalls Räume für die Berufsausübung freiberuflich oder in ähnlicher Art Tätiger sowie die zugehörigen Garagen und Nebenräume enthalten. Gelegentlich wird der Begriff noch enger gefasst und auf Gebäude beschränkt, die nur Wohnungen und deren Nebenzwecken dienende Räume enthalten (§ 2 Abs. 8 NBauO). Wohngebäude unterliegen spezifischen Anforderungen, die der Sicherung der in ihnen betriebenen Nutzung dienen (§ 44 Abs. 3 und 7 NBauO). Auch im Planungsrecht wird der Begriff des Wohngebäudes verwendet (§ 3 Abs. 2 BauNVO).

IV. Höhenmaße und Geländeoberfläche

101 Schon innerhalb der bauordnungsrechtlichen Grundbegriffe verwenden die Gesetze vielfach **Höhenmaße** und -angaben, so bei der Definition des Vollgeschosses (s. unten Rn. 123) und des Hochhauses (s. unten Rn. 109) sowie bei der Klassifizierung von Gebäuden (s. unten 105). In solchen Fällen findet als **unterer Bezugspunkt bzw. untere Bezugsfläche** durchweg die **Geländeoberfläche** Verwendung.

102 Einige Bauordnungen enthalten **Legaldefinitionen des Begriffs der Geländeoberfläche**, die immer dann Beachtung verlangen, wenn bauordnungsrechtliche Maßangaben

---

[126] BVerwG (Fn. 123); BW VGH vom 8. 3. 1988 BRS 48 Nr. 169, vom 25. 6. 1996 BRS 58 Nr. 77; OVG Bln vom 24. 10. 1990 BRS 50 Nr. 115, vom 8. 4. 1998 LKV 1998, 357/358; Hess VGH vom 25. 11. 1999 BRS 62 Nr. 184; OVG NRW (Fn. 124).

[127] VG Koblenz vom 11. 5. 2000 NVwZ-RR 2000, 764.

auf die **Geländeoberfläche** bezogen werden (§ 2 Abs. 6 BbgBO, § 2 Abs. 4 BauO NRW). Andere Bauordnungen benutzen als Bezugspunkt oder -fläche für Höhenangaben die **festgelegte Geländeoberfläche** (§ 2 Abs. 3 Satz 3, Abs. 4 HBauO, § 2 Abs. 4 Satz 1 LBO Schl-H) und enthalten dementsprechend Definitionen der festgelegten Geländeoberfläche (§ 2 Abs. 6 HBauO, § 2 Abs. 6 LBO Schl-H). Die Definitionen der Geländeoberfläche sind nicht einheitlich, weichen aber immerhin in der Substanz nicht wesentlich voneinander ab. Danach ist die **Geländeoberfläche** die natürliche Geländeoberfläche, soweit nicht in einem Bebauungsplan nach § 9 Abs. 2 BauGB oder durch eine Bauaufsichtsbehörde, insbesondere in einer Baugenehmigung, eine andere, also eine von der natürlichen abweichende Geländeoberfläche festgelegt oder festgesetzt wird (§ 2 Abs. 6 BbgBO, § 2 Abs. 2 ThürBO). Auch die umgekehrte Reihenfolge der Definitionselente ist gebräuchlich: Danach ist die Geländeoberfläche die Fläche, die sich aus der Baugenehmigung oder den Festsetzungen des Bebauungsplanes ergibt, im Übrigen die natürliche Geländeoberfläche (§ 2 Abs. 4 BauO NRW, § 2 Abs. 5 SächsBO). Am präzisesten ist die Definition in § 2 Abs. 6 LBauO Rh-Pf: Geländeoberfläche ist die Fläche, die sich aus den Festsetzungen des Bebauungsplans ergibt oder die von der Bauaufsichtsbehörde festgelegt ist, im Übrigen die natürliche an das Gebäude angrenzende Gebäudeoberfläche. Ähnlich ist die Regelung des § 2 Abs. 5 LBO Saar. Die **festgesetzte Geländeoberfläche** ist die Höhe, die im Bebauungsplan festgesetzt ist oder in der Baugenehmigung bestimmt wird; fehlt es an einer derartigen Festsetzung oder Bestimmung, ist die natürliche Geländeoberfläche maßgebend (§ 2 Abs. 5 HBO, § 2 Abs. 6 LBO Schl-H). Vereinzelt werden bauliche Höhenmaße auch auf die Straßenhöhe bezogen (§ 2 Abs. 9 BremLBO). Wie die Geländeoberfläche ermittelt und von Bauaufsichtsbehörden bestimmt wird, regeln die Bauordnungen jeweils in ihrem Zweiten Teil „Das Grundstück und seine Bebauung" (s. unten Kapitel 3, Rn. 182–185).

V. Klassifizierung von baulichen Anlagen, insbesondere Gebäuden

Zahlreiche Bauordnungen nehmen gelegentlich der Fixierung von Grundbegriffen **103**
eine **Klassifizierung von Gebäuden** vor. Allerdings benutzen sie bei der Einteilung von Gebäuden unterschiedliche Systeme und scheuen auch vor Abweichungen innerhalb desselben Klassifizierungssystems nicht zurück. Nicht alle Gesetze, die sich dieser Aufgabe unterziehen, erfassen sämtliche Gebäude. Manche begnügen sich vielmehr mit Schemata, die nicht alle, sondern nur einzelne Gruppen von Gebäuden berücksichtigen, oder beschränken sich sogar auf die Definition einzelner Gebäudearten wie der Hochhäuser (s. unten Rn. 108). An die Klassifizierung der Gebäude knüpfen die Bauordnungen unterschiedliche Rechtsfolgen. So bedürfen z. B. Vorhaben geringer Schwierigkeit keiner Genehmigung (Art. 64 Abs. 1 Satz 1 Nr. 1 BayBO).

1. Einteilung der Gebäude nach ihrer Höhe

Als Unterscheidungskriterium dient vielfach die **Höhe von Gebäuden**. Mit ihrer Hilfe **104**
werden Gebäude nach folgendem Prinzip klassifiziert: Gebäude geringer Höhe, Gebäude mittlerer Höhe und Hochhäuser (Art. 2 Abs. 3 BayBO, § 2 Abs. 3 BbgBO, § 2 Abs. 3 BauO NRW, § 2 Abs. 4 ThürBO). Auch findet sich noch eine weitere Gruppe in Gestalt untergeordneter Gebäude (§ 2 Abs. 3 Satz 2 Nr. 4 HBauO). Von der Zugehörigkeit zu einer dieser Kategorien hängen mannigfache Rechtsfolgen ab, insbesondere im Bereich des Brandschutzes; dessen Anforderungen werden je nach Höhe der Gebäude abgestuft.

Die **Höhenangaben**, von denen die Zuordnung zu den jeweiligen Gebäudekategorien **105**
abhängt, bemessen sich jeweils nach dem Abstand zwischen zwei horizontalen Ebenen des Bauwerks. Dies sind die **Geländeoberfläche** (§ 2 Abs. 3 Satz 2 BauO LSA) oder die **festgelegte Geländeoberfläche** (§ 2 Abs. 3 BauO NRW) und der Fußboden des obersten Geschosses oder die Fußbodenoberfläche des höchstgelegenen Geschosses, in dem ein

Aufenthaltsraum möglich ist (§ 2 Abs. 3 Satz 2 HBauO, § 2 Abs. 3 Satz 2 BauO LSA). Somit sind für die Einordnung in die Gebäudearten im Grunde nicht die Höhen der Gebäude selbst maßgeblich, sondern die Höhe von Gebäudeteilen. Dies gilt umso mehr, wenn oberste Geschosse bei der Höhenmessung nicht berücksichtigt werden (§ 2 Abs. 3 Satz 4 HBauO). Hierbei bildet der Fußboden des „vorletzten" Geschosses die Obergrenze für die zu messende Höhe, so dass das Schema zur Abgrenzung der Gebäudearten modifiziert wird und Gebäude trotz ihrer realen Höhe einer dem Bauherrn günstigeren Kategorie zugewiesen werden.

a) Gebäude geringer Höhe

106 Einige Bauordnungen kennen **Gebäude geringer Höhe** (Art. 2 Abs. 3 Satz 1 BayBO, § 2 Abs. 3 Satz 1 BbgBO, § 2 Abs. 3 Satz 1 BauO NRW, § 2 Abs. 3 Satz 1 SächsBO). Die Umschreibungen der Gebäudehöhen, die als gering gelten, fallen allerdings disparat aus. Am einfachsten ist die Regel, wonach der Fußboden des obersten Geschosses nicht höher als 7 m liegt (§ 2 Abs. 3 Satz 2 Nr. 1 HBauO, § 2 Abs. 3 Satz 1 Nr. 1 BauO LSA). Schwieriger gestaltetet sich die Ermittlung, wenn Gebäude von geringer Höhe solche sind, bei denen der Fußboden keines Geschosses, in dem Aufenthaltsräume möglich sind, an irgendeiner Stelle mehr als 7 m über der natürlichen oder festgelegten Geländeoberfläche liegt (Art. 2 Abs. 3 Satz 1 BayBO, § 2 Abs. 3 Satz 1 BauO NRW). Ähnlich ist die Maßbestimmung, wonach der Fußboden eines oberirdischen Geschosses nicht höher als 7 m über der Geländeoberfläche liegt (§ 2 Abs. 3 Satz 1 BbgBO). Nach einer anderen Variante handelt es sich um Gebäude, bei denen in jeder Nutzungseinheit in jedem Geschoss mit Aufenthaltsräumen mindestens eine zum Anleitern geeignete Stelle nicht mehr als 8 m über Geländeoberfläche liegt; Gebäude ohne Aufenthaltsräume stehen Gebäuden geringer Höhe gleich (§ 2 Abs. 5 Satz 2 LBO BW, § 2 Abs. 9 Satz 2 NBauO). Ähnliche Nuancierungen finden sich in anderen Bauordnungen (§ 2 Abs. 3 Satz 1 Nr. 1 BremLBO). Als Sonderkategorie der Gebäude geringer Höhe nennt § 2 Abs. 3 Satz 2 Nr. 4 HBauO untergeordnete Gebäude; diese weisen nur ein Geschoss auf, haben keine Aufenthaltsräume und Feuerstätten, sind einschließlich der Dachkonstruktion nicht höher als 7 m und dienen nur Nebenzwecken.

b) Gebäude mittlerer Höhe

107 Gebäude mittlerer Höhe werden gleichfalls durch Höhenangaben definiert. Daneben findet sich auch eine einzelne Negativbestimmung, die alle Gebäude, die keine Gebäude geringer Höhe oder Hochhäuser sind, zu den **Gebäuden mittlerer Höhe** rechnet (Art. 2 Abs. 3 Satz 2 BayBO). Bei den Gebäuden mittlerer Höhe handelt es sich um Gebäude, bei denen der Fußboden des obersten Geschosses oder mindestens eines Aufenthaltsraumes höher als 7 m und nicht höher als 22 m über der Geländeoberfläche liegt (§ 2 Abs. 3 Satz 2 Nr. 2 HBauO, § 2 Abs. 3 Satz 2 BauO NRW). Gebäude mittlerer Höhe werden ferner mitunter durch die Formel umschrieben, dass der Fußboden eines oberirdischen Geschosses höher als 7 m und nicht höher als 22 m über der Geländeoberfläche liegt (§ 2 Abs. 3 Satz 2 BbgBO). Auch andere Bauordnungen benutzen den Höhenabschnitt zwischen 7 und 22 m als Einteilungskriterium, verknüpfen ihn aber mit abweichenden geometrischen oder baurechtlichen Details (§ 2 Abs. 3 Satz 1 Nr. 2 BremLBO, § 2 Abs. 3 Satz 2 SächsBO).

c) Hochhäuser

108 Alle Bauordnungen definieren den **Begriff des Hochhauses** (§ 2 Abs. 4 LBO BW, § 2 Abs. 3 Satz 1 BayBO, § 2 Abs. 3 Satz 3 BauO NRW). Die meisten Bauordnungen stellen die Hochhäuser als eine Gebäudeart neben die weiteren Kategorien der Gebäude geringer und mittlerer Höhe (Art. 2 Abs. 3 BayBO, § 2 Abs. 3 BbgBO § 2 Abs. 3, § 2 Abs. 3 BauO NRW), einige, die das System der Gebäudeklassen verwenden (s. unten Rn. 111), ordnen die Hochhäuser der jeweils höchsten Gebäudeklasse zu (§ 2 Abs. 2 Satz 2 Nr. 4 und Abs. 3 LBauO Rh-Pf, § 2 Abs. 2 Satz 2 Nr. 4 und Abs. 3 LBO Saar). Eine Bauordnung bedient sich zwar gleichfalls des Systems der Gebäudeklassen, nimmt aber in einem eigenartigen

Arrangement die Hochhäuser davon aus (§ 2 Abs. 3 Satz 1 Nr. 5 und Abs. 8 Nr. 1 HBO). Nur wenige Bauordnungen sehen von einer Klassifizierung sämtlicher Gebäudearten überhaupt ab und begnügen sich mit einer isolierten Definition der Hochhäuser (§ 2 Abs. 4 LBO BW, § 2 Abs. 3 BauO Bln, § 2 Abs. 3 NBauO).

Hochhäuser sind Gebäude (s. oben Rn. 94), bei denen der **Fußboden** des obersten Geschosses **höher als 22 m** liegt (§ 2 Abs. 3 Satz 2 Nr. 2 HBauO, § 2 Abs. 3 Satz 1 Nr. 3 BauO LSA). Diese Höhe entspricht der Reichweite konventioneller Feuerwehrleitern. Nach anderen Definitionen sind es Gebäude, bei denen der Fußboden eines Geschosses oder mindestens eines Aufenthaltsraumes (s. unten Rn. 141) mehr als 22 m über der für das Aufstellen von Feuerwehrfahrzeugen notwendigen Fläche (§ 2 Abs. 4 LBO BW, § 2 Abs. 3 LBO Saar) oder **über der natürlichen oder festgelegten Geländeoberfläche** liegt (Art. 2 Abs. 3 Satz 1 BayBO, § 2 Abs. 3 Satz 3 BbgBO, § 2 Abs. 3 Satz 3 BauO NRW). Auch nach anderen Bauordnungen ist die 22 m-Grenze maßgeblich, wobei die Messmethoden in den Details abweichen (§ 2 Abs. 3 Satz 1 Nr. 3 und Satz 2 BremLBO, § 2 Abs. 3 Satz 3 und Abs. 8 Nr. 1 HBO). Wenn es, wie z. B. nach § 2 Abs. 3 BauO Bln, auf die Entfernung von festgelegter Geländeoberfläche und dem Fußboden eines Aufenthaltsraumes ankommt, muss der tiefste Punkt auf der Schnittlinie von Geländeoberfläche und Außenwänden des Gebäudes von der Oberkante des fertig gestellten Fußbodens mindestens eines Aufenthaltsraumes mehr als 22 m entfernt sein. 109

Hochhäuser gehören wegen ihrer speziellen Eigenschaften – z. B. der Schwierigkeiten bei der Brandbekämpfung und bei der Rettung von Menschen – zu den baulichen Anlagen, die ein **erhöhtes Gefahrenpotenzial** aufweisen. Sie werden daher zu den Sonderbauten (s. unten Rn. 117) gerechnet (§ 2 Abs. 4 Nr. 1 MBO 2003) und sind generell nicht vom Genehmigungserfordernis ausgenommen.[128] An sie können **besondere Anforderungen** gestellt werden können (§ 51 Abs. 1 Satz 1 MBO 2002, § 54 Abs. 1 Satz 1 BauO NRW), von denen manchmal ausdrücklich heißt, sie seien zur Gefahrenabwehr erforderlich (§ 50 Abs. 1 Satz 1 BauO Bln). Hochhäuser zählen – wenngleich nicht ausnahmslos – zur höchsten Gebäudeklasse (s. unten Rn. 112 f.). Ferner sind z. B. Erleichterungen, die bei der Einhaltung des Gebots eines zweiten Rettungsweges gewährt werden, auf Gebäude, die nicht Hochhäuser sind, beschränkt (§ 15 Abs. 4 Satz 3 LBauO Rh-Pf). 110

2. Gebäudeklassen

Die Einteilung der Gebäude in solche geringer und mittlerer Höhe sowie Hochhäuser erfährt Konkurrenz durch ein neuartiges System Einer aktuellen Strömung folgend weisen einige Gesetze die Gebäude fünf oder auch nur vier **Gebäudeklassen** zu (§ 2 Abs. 3 Satz 1 MBO 2002, § 2 Abs. 3 Satz 1 HBO, § 2 Abs. 2 Satz 2 LBauO Rh-Pf, § 2 Abs. 2 Satz 2 LBO Saar). Die Gebäudeklassen ordnen die verschiedenen Kategorien von Gebäuden nach deren Gefahrenpotenzial. Unbedenkliche Gebäude gehören zur untersten Gebäudeklasse, gefährliche Gebäude zur höchsten Gebäudeklasse. Diese Systematisierung bildet die Grundlage für das Brandschutzkonzept moderner Bauordnungen (s. unten Kapitel 5, Rn. 41)[129] Anders als das System der Gebäudehöhen ist das System der Gebäudeklassen nicht nur an der Höhe orientiert, sondern kombiniert dieses Kriterium mit der Zahl und Größe von Nutzungseinheiten.[130] Von der Zuordnung zu den unterschiedlichen Gebäudeklassen hängen mannigfache Rechtsfolgen ab, z. B. die Erforderlichkeit und die Maße von Zugängen und Zufahrten (§ 7 Abs. 1, 2 und 4 LBauO Rh-Pf) oder die Zulässigkeit vereinfachter Genehmigungsverfahren (§ 66 Abs. Abs. 1 Satz 1 Nr. 1 und Abs. 2 Satz 1 Nr. 1 LBauO Rh-Pf). 111

Nach § 2 Abs. 3 Satz 1 **MBO 2002**, dem bisher keine einzige Bauordnung uneingeschränkt folgt, gilt nachstehendes **System**: Zur Gebäudeklasse 1 gehören frei stehende 112

---

[128] *Jäde* (Fn. 21), S. 28.
[129] *Jäde* (Fn. 21), S. 26.
[130] *Jäde* (Fn. 21), S. 26.

Gebäude mit einer Höhe bis zu 7 und mit nicht mehr als zwei Nutzungseinheiten von insgesamt nicht mehr als 400 m² und frei stehende landwirtschaftlich genutzte Gebäude, zur Gebäudeklasse 2 Gebäude bis zu 7 m Höhe mit nicht mehr als zwei Nutzungseinheiten von insgesamt nicht mehr als 400 m², zur Gebäudeklasse 3 sonstige Gebäude bis zu 7 m Höhe, zur Gebäudeklasse 4 Gebäude bis zu 13 m Höhe und Nutzungseinheiten mit jeweils nicht mehr als 400 m² und zur Gebäudeklasse 5 sonstige Gebäude.[131]

113 Bisher hat nur die **Hessische Bauordnung** das System der fünf Gebäudeklassen übernommen, allerdings mit einer erheblichen Abweichung. Zur höchsten Gebäudeklasse 5 gehören – anders als nach § 2 Abs. 3 Satz 1 Nr. 5 MBO 2002 – nicht alle sonstigen Gebäude, also diejenigen außerhalb der Gebäudeklassen 1 bis 4, sondern nur die sonstigen Gebäude bis zu 22 m Höhe (§ 2 Abs. 3 Satz 1 Nr. 5 HBO). Gebäude jenseits der „Hochhausgrenze" von 22 m (s. oben Rn. 109) werden vielmehr von der Klasseneinteilung ausgenommen und ausschließlich den Sonderbauten zugeordnet (§ 2 Abs. 8 Nr. 1 HBO). Noch zwei weitere Landesgesetzgeber haben sich dem neuen Klassifizierungsschema angeschlossen, haben es allerdings an „Mustertreue" fehlen lassen. Sowohl die **Rheinland-Pfälzische** als auch die **Saarländische Bauordnung** kennen nur vier Gebäudeklassen, wobei die Gebäudeklasse 4 alle sonstigen Gebäude umfasst (§ 2 Abs. 2 Satz 2 LBauO RhPf, § 2 Abs. 2 Satz 2 LBO Saar).

114 Die **Höhe**, nach der sich die Rubrizierung in eine der Gebäudeklassen richtet, ist das Maß der Fußbodenoberkante oder der Oberkante des Rohfußbodens des höchstgelegenen Geschosses, in dem ein Aufenthaltsraum vorhanden oder möglich ist, über der Geländeoberfläche im Mittel (§ 2 Abs. 3 Satz 2 MBO 2002, § 2 Abs. 3 Satz 3 HBO). Die **Flächen** sind die Brutto-Grundflächen, ausgenommen Flächen in Kellergeschossen (§ 2 Abs. 3 Satz 3 MBO 2002, § 2 Abs. 3 Satz 4 HBO).

3. Einteilung baulicher Anlagen (insbesondere Gebäude) nach der Schwierigkeit von Vorhaben

115 Ein Unikat unter den Klassifizierungsmethoden ist die Bayerische Mischlösung, die das Schema der Gebäudehöhe (s. oben Rn. 104) mit einem **System** kombiniert, das die **Schwierigkeit von Vorhaben** berücksichtigt. Doch schlägt das Prinzip der Gebäudehöhe allenthalben durch, so dass es sich im Grunde nur um eine Abwandlung hiervon handelt. Die Bayerische Bauordnung unterscheidet **Vorhaben geringer Schwierigkeit, Sonderbauten und Vorhaben mittlerer Schwierigkeit** (Art. 2 Abs. 4 BayBO). Vorhaben geringer Schwierigkeit sind: einfache bauliche Anlagen einschließlich einfacher Änderungen anderer baulicher Anlagen, Wohngebäude geringer Höhe, bestimmte Gebäude geringer Höhe und bestimmte eingeschossige Gebäude (Art. 2 Abs. 4 Satz 1 BayBO). Sonderbauten sind bauliche Anlagen und Räume besonderer Art und Nutzung (Art. 2 Abs. 4 Satz 2 BayBO). Alle anderen baulichen Anlagen sind Vorhaben mittlerer Schwierigkeit (Art. 2 Abs. 4 Satz 3 BayBO). Aus dieser Qualifizierung und dem systematischen Standort zwischen den den Vorhaben geringer und mittlerer Schwierigkeit lässt sich schließen, dass die Sonderbauten Vorhaben von großer Schwierigkeit sind, wenngleich ihnen dieses Attribut nicht ausdrücklich zuerkannt wird.

4. Sonderbauten

116 Alle Bauordnungen enthalten Regelungen über **bauliche Anlagen und Räume besonderer Art und Nutzung**, die von ihnen **Sonderbauten** genannt werden. Wegen ihres spezifischen Gefahrenpotenzials können an sie im Einzelfall besondere Anforderungen gestellt werden; diese dienen der Verwirklichung der allgemeinen Anforderungen, die in der Generalklausel enthalten sind (§ 51 Abs. 1 Satz 1 MBO 2002, § 45 Abs. 1 Satz 1 HBO, § 54 Abs. 1 Satz 1 BauO NRW, s. unten Rn. 164). Von der Genehmigungsfreistellung und

[131] *Jäde* (Fn. 21), S. 27.

dem vereinfachten Genehmigungsverfahren sind die Sonderbauten grundsätzlich ausgenommen; vielmehr unterliegen sie dem Baugenehmigungsverfahren.[132] Einige Bauordnungen greifen das Thema der Sonderbauten bereits gelegentlich der Klärung der Grundbegriffe in ihrer jeweiligen Definitionsnorm auf, doch fällt die Einordnung der Sonderbauten in das Gefüge baulicher Anlagen höchst unterschiedlich aus. Nach Art. 2 Abs. 4 BayBO rangieren die Sonderbauten als Vorhaben großer Schwierigkeit zwischen den Vorhaben geringer und mittlerer Schwierigkeit (s. oben Rn. 115). § 2 Abs. 3 SächsBO verwendet das Klassifizierungssystem der Gebäudehöhe (s. oben Rn. 104) und sieht einen separaten Katalog von Sonderbauten vor (§ 2 Abs. 4 SächsBO). Die Musterbauoordnung und die Hessische Bauordnung benutzen das modernere System der Gebäudeklassen (s. oben Rn. 111), in das die Sonderbauten nicht integriert sind; ihnen ist vielmehr ein besonderer Katalog gewidmet (§ 2 Abs. 4 MBO 2002, § 2 Abs. 8 HBO).

Zur Kategorie der **Sonderbauten** gehören nach den Katalogen der Definitionsnorm 117
z. B. bauliche Anlagen mit mehr als 22, 25 oder 30 m Höhe, Hochhäuser, bauliche Anlagen und Räume mit mehr als 1600 m² Grundfläche, ausgenommen Wohngebäude, größere Büro- und Verwaltungsgebäude, Verkaufsstätten, Messe- und Ausstellungsbauten mit mehr als 2000 m² Geschossfläche, Versammlungsstätten für zahlreiche Personen, größere Sportstätten, größere Schank- und Speisegaststätten, Krankenhäuser und Pflegeeinrichtungen, Heime und Tageseinrichtungen für Kinder, Behinderte und alte Menschen, größere Gaststätten, Schulen, Hochschulen, Justizvollzugsanstalten, Garagen mit mehr als 1000 m² Nutzfläche, Fliegende Bauten, Camping- und Wochenendplätze, Freizeit- und Vergnügungsparks sowie bauliche Anlagen und Räume, deren Nutzung mit erhöhter Brand-, Explosions-, Gesundheits- und Verkehrsgefahr verbunden ist (§ 2 Abs. 4 MBO 2002, Art. 2 Abs. 4 Satz 2 BayBO, § 2 Abs. 8 HBO, § 2 Abs. 4 SächsBO).

VI. Geschosse und Vollgeschosse

In allen Bauordnungen findet sich eine **Definition des Vollgeschosses** (Art. 2 Abs. 5 118
BayBO, § 2 Abs. 5 Satz 1 BauO NRW). Dieser Begriff, der eine interne Gliederung von Bauwerken zum Gegenstand hat, wird traditionell in zahlreichen Vorschriften verwendet. So sind bei Gebäuden mit mehr als drei Vollgeschossen tragende und aussteifende Wände, bei Gebäuden mit mehr als fünf Vollgeschossen auch die Decken feuerbeständig herzustellen (§ 23 Abs. 1 Satz 1, § 27 Abs. 1 Satz 1 BauO Bln). Ferner muss bei Wohngebäuden mit mehr als zwei Wohnungen das unterste Vollgeschoss stufenlos erreichbar sein (§ 31 Abs. 1 Satz 1 BauO Bln). In Gebäuden mit mehr als fünf Vollgeschossen müssen Aufzüge in ausreichender Zahl eingebaut werden (Art. 39 Abs. 6 Satz 1 BayBO). Außerdem ist der **bauordnungsrechtliche Begriff des Vollgeschosses** auch **für das Bauplanungsrecht maßgeblich**, da § 20 Abs. 1 BauNVO insoweit auf das Landesrecht verweist (s. unten Rn. 119 und 139).

Der **Begriff des Vollgeschosses** wird in § 2 MBO 2002 allerdings **nicht definiert**, da 119
ihm **in der Musterbauordnung** keine bauordnungsrechtliche Bedeutung mehr zukommt.[133] Sobald dieses Beispiel im Bauordnungsrecht der Länder Schule macht, geht die Verweisung des § 20 Abs. 1 BauNVO an sich ins Leere. Solange diese bundesrechtliche Regelung aber weiter besteht, soll daher die landesrechtliche Definition des Vollgeschosses fortgelten (§ 87 Abs. 2 Satz 1 MBO 2002). Mit dieser „auflösend bedingte(n) Fortgeltungsregelung" für die bauordnungsrechtliche Legaldefinition soll die praktische Handhabung künftiger Bebauungspläne hinsichtlich der (planungsrechtlichen) Festsetzung der Zahl der Vollgeschosse gewährleistet bleiben, solange das „bundesrechtliche Defizit" in § 20 Abs. 1 BauNVO nicht behoben ist.[134]

---

[132] *Jäde* (Fn. 21), S. 28.
[133] *Jäde* (Fn. 21), S. 27.
[134] *Jäde* (Fn. 21), S. 28.

1. Begriff des Geschosses

120 Der **Begriff** des Vollgeschosses setzt den **des Geschosses** voraus, der als Tatbestandsmerkmal mitunter Verwendung findet, aber in keiner Bauordnung definiert wird. So muss jedes nicht zu ebener Erde liegende Geschoss über mindestens eine Treppe zugänglich sein (Art. 35 Abs. 1 Satz 1 BayBO). Unter einem Geschoss versteht man die **Gesamtheit der auf gleicher Ebene liegenden Räume eines Gebäudes**, die ihren **Abschluss nach oben in einer Decke und nach unten im Boden oder in einer Decke** finden.[135] Der obere oder der untere Abschluss kann durchbrochen sein und Öffnungen aufweisen. Regelmäßig haben Geschosse Begrenzungswände, doch ist dies begrifflich nicht erforderlich. Auch **Luftgeschosse**, denen die Umfassungswände ganz oder teilweise fehlen, unterfallen dem Begriff des Geschosses.[136] Beispiele bieten der für Stellplätze genutzte Raum zwischen dem Erdboden und der von Tragpfeilern gestützten Deckenunterkante eines Hauses oder eine offene Raumebene bei einer Pfahlkonstruktion.[137] Außer **oberirdischen Geschossen oder Geschossen über der Geländeoberfläche** gibt es auch **unterirdische oder Kellergeschosse** (§ 2 Abs. 4 Satz 1 BbgBO, § 2 Abs. 5 Satz 1, Abs. 7 BremLBO, § 2 Abs. 4 Satz 1 HBO, § 2 Abs. 4 Satz 1 LBauO Rh-Pf). Mitunter werden Hohlräume zwischen den Decken oder der obersten Decke und dem Dach, in den Aufenthaltsräume (s. unten Rn. 141) nicht möglich sind, nicht zu den Geschossen gerechnet, z. B. Installationsgeschosse (§ 2 Abs. 7 Satz 2 LBauO M-V, § 2 Abs. 8 Satz 2 SächsBO).

121 Weichen die Fußbodenhöhen der einzelnen Räume nicht nur geringfügig voneinander ab, so handelt es sich nicht mehr um ein einheitliches Geschoss. Für die **Ermittlung der Zahl der Geschosse** ist es dann vielmehr notwendig, das Gebäude zeichnerisch vertikal zu teilen und auf diese Weise Gebäudeteile mit gleichen Geschossebenen zu konstruieren; für jeden dieser fiktiven Gebäudeteile ist die Geschosszahl gesondert zu berechnen. Ein solches Gebäude weist somit eine unterschiedliche Zahl von Geschossen auf. Derartige Abweichungen vom Regelfall der einheitlichen Zahl der Geschosse ergeben sich etwa bei Hanglagen oder bei Gebäuden mit mehreren Funktionen (z. B. Nutzung als Büro- und Bibliotheksgebäude).

122 Wenn die Bauordungen den Ausdruck „Geschoss" verwenden, ist regelmäßig jedes **Geschoss** und **nicht** ein **Vollgeschoss** gemeint. Besondere Regelungen gelten für **Kellergeschosse** (§ 2 Abs. 4 Satz 1 HBO). In ihnen sind z. B. Aufenthaltsräume und Wohnungen nur unter engen Voraussetzungen zulässig (§ 46 Abs. 1 Satz 1 BauO Bln).

2. Begriff des Vollgeschosses

a) Legaldefinitionen

123 Nach den **Legaldefinitionen** der meisten Bauordnungen sind **Vollgeschosse** nur diejenigen Geschosse, deren **Deckenoberkante** oder -oberfläche **mehr als 1,40 m über die Geländeoberfläche** hinausragt und die im Allgemeinen bestimmten **Anforderungen an die Höhe** genügen müssen (§ 2 Abs. 6 Satz 1 LBO BW, § 2 Abs. 3 Satz 1 NBauO, § 2 Abs. 4 Satz 1 LBO Saar). Aber es gibt auch Bauordnungen, die von dieser Begriffsbildung abweichen. Nach Art. 2 Abs. 5 Satz 1 BayBO sind sind nur solche Geschosse Vollgeschosse, die vollständig über der natürlichen oder festgelegten Geländeoberfläche liegen und über mindestens zwei Drittel ihrer Grundfläche eine Höhe von mindestens 2,30 m haben; allerdings gelten Kellergeschosse, deren Deckenunterkante im Mittel mindestens 1,20 m höher liegt als die natürliche oder festgelegte Geländeobefläche, als Vollgeschosse (Art. 2 Abs. 5 Satz 2 BayBO). Durch diese Fiktion wird ein rechtliches Ergebnis erzielt, das sachlich (sieht man von den unterschiedlichen Maßen der Legaldefinition ab) dem der anderen Bauordnungen entspricht. Die Bremische Variante erklärt zu Vollgeschossen jene

---

[135] BW VGH vom 29. 1. 1969 BRS 22 Nr. 124; OVG NRW vom 22. 4. 1983 BRS 40 Nr. 107.
[136] *König* in *König/Roeser/Stock*, Baunutzungsverordnung, 2. Aufl., 2003, § 20 Rn. 5.
[137] BW VGH vom 19. 9. 1988 BauR 1989, 311.

Geschosse, die mit der Oberkante der Rohdecke im Mittel mehr als 1,40 m über die Straßenhöhe oder im Mittel mehr als 2 m über die Geländeoberfläche hinausragen und eine Höhe von mindestens 2,30 m haben (§ 2 Abs. 5 Satz 1 BremLBO); die beiden obersten Geschosse sind nur dann Vollgeschosse, wenn sie diese Höhe über mehr als zwei Drittel des darunter liegenden Geschosses haben (§ 2 Abs. 5 Satz 2 BremLBO). Nach § 2 Abs. 5 Satz 1 BauO NRW muss die Deckenoberkante eines Vollgeschosses im Mittel mehr als 1,60 m über die Geländeoberfläche hinausragen und die Höhe des Geschosses mindestens 2,30 m betragen. § 2 Abs. 4 Satz 1 BauO LSA schreibt gleichfalls das Maß von 1,60 m vor, fordert aber über zwei Drittel der Grundfläche des Geschosses eine lichte Höhe von 2,30 m. Von Kreativität zeugt auch die niedersächsische Lösung, nach der ein Vollgeschoss über mindestens die Hälfte seiner Grundfläche eine lichte Höhe von mindestens 2,20 m hat und dessen Deckenunterseite im Mittel mindestens 1,40 m über der Geländeoberfläche liegt (§ 2 Abs. 4 Satz 1 NBauO).

b) Maße und Werte

Die **Deckenoberkante**, also die Oberkante der Rohdecke, oder die **Deckenunterseite** 124
muss **im Mittel** zumeist mehr als **1,40 m über die Geländeoberfläche** hinausragen. Nach der Regelung in manchen Bauordnungen muss die Deckenunterkante von Kellergeschossen, die als Vollgeschosse gelten, im Mittel mindestens nur 1,20 m höher liegen als die natürliche oder festgelegte Geländeoberfläche (Art. 2 Abs. 5 Satz 2 BayBO). Die von der Mehrheit der Länder favorisierte 1,40 m-Regelung enthält demgegenüber eine geringfügige Erleichterung für Bauherren, da nach ihr in weniger Fällen Räume des Souterrains als Vollgeschosse anzusehen sind und somit faktisch mehr „unterirdische" Geschosse für eine „vollgeschossähnliche" Nutzung zur Verfügung stehen. Noch weiter gehen Nordrhein-Westfalen und Sachsen-Anhalt, deren Vollgeschosse im Mittel mehr als 1,60 m über die Geländeoberfläche hinausragen (§ 2 Abs. 5 Satz 1 BauO NRW, § 2 Abs. 4 Satz 1 BauO LSA).

Hinsichtlich der **Geländeoberfläche** gilt das allgemein zu den Höhenmaßen Ausge- 125
führte entsprechend (s. oben Rn. 101 f.). Wegen der Genehmigungsfreiheit und der Genehmigungsfreistellung zahlreicher Gebäude ist nicht gewährleistet, dass die Festlegung der Geländeoberfläche stets durch eine Baugenehmigung geschieht. Soweit Festsetzungen nach § 9 Abs. 2 BauGB nicht vorhanden sind, ist die natürliche Geländeoberfläche als Bezugsfläche maßgeblich (§ 2 Abs. 5 Satz 2 HBO, § 2 Abs. 2 ThürBO). Aufschüttungen, die nur der Kaschierung dienen, sollten unberücksichtigt bleiben.

Ob ein über die Geländeoberfläche hinausragendes Geschoss die **Grenze zum Voll-** 126
geschoss überschritten ist, kann nur bei einem Geschoss zweifelhaft sein, das teils über, teils unter der Geländeoberfläche liegt, weil sein Fußboden unter der Geländeoberfläche liegt (§ 2 Abs. 4 Nr. 2 HBauO). Die Eigenschaft als Vollgeschoss setzt zumeist voraus, dass ein **Mittelwert von mehr als 1, 40 m** erreicht wird. Ist dies der Fall, handelt es sich um ein **oberirdisches Geschoss** (§ 2 Abs. 7 Satz 1 LBauO M-V) oder um ein Geschoss über der Geländeoberfläche (§ 2 Abs. 4 Satz 1 LBauO Rh-Pf), sonst um ein **Kellergeschoss** (§ 2 Abs. 5 HBauO, § 2 Abs. 4 Satz 1 HBO). Nach § 2 Abs. 5 Satz Satz 1 BauO NRW beträgt der Mittelwert 1,60 m; Geschosse, die diesen Wert erreichen, heißen Geschosse über der Geländeoberfläche (§ 2 Abs. 6 Satz 1 BauO NRW). Von Bedeutung ist der Mittelwert nur bei unebenem Gelände, wenn also die Schnittlinie der (festgelegten) Geländeoberfläche mit den Außenwänden des Gebäudes nicht parallel zu waagerechten Decken verläuft. Dann kann es erforderlich sein, dass der Quotient aus der Summe sämtlicher oberirdischer Außenflächen des fraglichen Geschosses (gemessen bis zur Deckenoberkante) und der Summe der Länge sämtlicher Außenwände größer als 1,4 ist.[138] Im Allgemeinen wird es jedoch ausreichen, wenn die Entfernungen zwischen der (festgelegten) Geländeoberfläche und der Deckenoberkante an den Gebäudeecken gemessen werden und aus den

[138] BW VGH vom 4. 2. 1982 BWVBl. 1982, 234; Hess VGH vom 26. 7. 1984 BauR 1985, 293/294.

Messergebnissen das arithmetische Mittel gebildet wird; kleine Unebenheiten des Geländes können dabei außer Betracht bleiben. Eine einfach zu handhabende Formel enthält § 2 Abs. 6 Satz 2 LBO BW: Danach ergibt sich die im Mittel gemessene Geländeoberfläche aus dem arithmetischen Mittel der Höhenlage der Geländeoberfläche an den Gebäudeecken

127 Ein **Vollgeschoss** setzt nach der Legaldefinition weiterhin zumeist eine **Mindesthöhe von 2,30 m** voraus (§ 2 Abs. 6 Satz 1 LBO BW, § 2 Abs. 4 Satz 2 HBO, § 2 Abs. 5 Satz 1 BauO NRW). Vereinzelt genügen auch 2,20 m (§ 2 Abs. 4 Satz 1 NBauO). Dabei werden unterschiedliche Messmethoden vorgeschrieben. So kann die Höhe des Geschosses von Oberkante (Roh-)Fußboden bis Oberkante (Roh-)Fußboden der darüber liegenden Decke gemessen werden (§ 2 Abs. Abs. 6 Satz 1 LBO BW, § 2 Abs. 5 Satz 4 BauO NRW). Auch die Entfernung von Oberkante Rohdecke bis Oberkante Rohdecke der darüber liegenden Decke findet Verwendung (§ 2 Abs. 5 Satz 3 BremLBO). Im Falle des obersten Geschosses tritt an die Stelle der Oberkante Fußboden der darüber liegenden Decke die Dachhaut des darüber liegenden Daches, die Oberkante Dachhaut oder die Unterkante Dachkonstruktion (§ 2 Abs. 5 Satz 3 BremLBO, § 2 Abs. 5 Satz 4 BauO NRW). Andere Bauordnungen verlangen dagegen die Einhaltung einer lichten Höhe von 2,30 m (§ 2 Abs. 4 Satz 1 BauO Bln, § 2 Abs. Nr. 1 HBauO, § 2 Abs. 6 Satz 1 LBauO M-V). Die lichte Höhe von 2,30 m ist ein Mindestmaß für die Entfernung zwischen Bodenoberkante oder Fertigfußboden und Deckenunterkante.[139] Neuerdings unterlässt es eine Bauordnung, eine Mindesthöhe als Voraussetzung der Eigenschaft als Vollgeschoss vorzuschreiben (§ 2 Abs. 4 Satz 1 BbgBO). Ein Höchstmaß für Vollgeschosse (oder auch sonstige Geschosse) ist in den Bauordnungen nicht vorgesehen, auch nicht im Planungsrecht.

128 Eine weitere Variante des Begriffs des Vollgeschosses besteht darin, dass eine **lichte Höhe von mindestens 2,30 m** über mindestens **zwei Drittel** der **Grundfläche** des Geschosses vorhanden sein muss (§ 2 Abs. 4 Satz 1 BauO Bln, § 2 Abs. 6 SächsBO, § 2 Abs. 5 Satz 1 ThürBO). Somit können auch Geschosse mit ausschließlich schrägen Wänden Vollgeschosse sein. Die Zwei-Drittel-Regelung soll gewährleisten, dass ein beträchtlicher Anteil des Geschosses für eine dem Vollgeschoss angemessene Nutzung zur Verfügung steht. Deshalb ist die Grundfläche anhand der Innenmaße zu berechnen, anders somit als die Geschossfläche nach § 20 Abs. 3 Satz 1 BauNVO, die nach den Außenmaßen der Gebäude zu ermitteln ist.[140] Konstruiert man in einer Höhe von 2,30 m oberhalb der Grundfläche, aber unterhalb der Decke eine fiktive Ebene (die von den Schnittlinien mit – geraden oder schrägen – Wänden begrenzt wird) und projiziert man sie auf die Grundfläche, so muss die Projektionsfläche mindestens zwei Drittel der gesamten Grundfläche ausmachen.[141] Andere Bauordnungen halten weitere Nuancen bereit: lichte Höhe von 2,20 m über die Hälfte der Grundfläche (§ 2 Abs. 4 Satz 1 NBauO), lichte Höhe von mindestens 2,30 m über mindestens zwei Drittel der Grundfläche des darunter liegenden Geschosses (§ 2 Abs. 6 Satz 1 LBauO M-V), Höhe von 2,30 m über zwei Drittel der Grundfläche (§ 2 Abs. 4 Sätze 2 und 4 LBauO Rh-Pf), Höhe von mindestens 2,30 m über mindestens drei Viertel der Grundfläche (§ 2 Abs. 5 Satz 1 LBO Schl-H).

c) Staffelgeschosse, Geschosse in Dachräumen, Zwischengeschosse

129 Zahlreiche Bauordnungen ergänzen die Legaldefinition des Vollgeschosses dadurch, dass sie **Staffelgeschosse und Geschosse im Dachraum (Dachgeschosse)** nur unter engen Voraussetzungen den Vollgeschossen zurechnen (§ 2 Abs. 4 Satz 2 BauO Bln, § 2 Abs. 5 Satz 2 BauO NRW) oder **Zwischengeschosse** aus dem Begriff des Vollgeschosses fern halten (§ 2 Abs. 6 Satz 3 Nr. 1 LBO BW, § 2 Abs. 4 Satz 2 BbgBO). Dies hat zur Folge, dass derartige Geschosse häufig nicht auf die im Bebauungsplan festgesetzte Zahl der Vollgeschosse angerechnet werden (§ 16 Abs. 2 Nr. 3 BauNVO).

139 OVG Saar vom 27. 2. 1974 BRS 28 Nr. 65.
140 OVG Bln vom 5. 2. 1993 BRS 55 Nr. 111.
141 OVG Bln (Fn. 140).

aa) Staffelgeschosse. Ein **Staffelgeschoss** ist ein gegenüber den Außenwänden des Gebäudes zurückgesetztes oberstes Geschoss, z. B. ein terrassenförmig ausgebildetes Geschoss in Form eines Penthauses. Nach der verbreitetsten Legaldefinition des Vollgeschosses ist ein Staffelgeschoss jedenfalls dann ein Vollgeschoss, wenn es das Höhenmaß von 2,30 m einhält und gegebenenfalls der Zwei-Drittel-Regelung entspricht. Jedoch sehen einige Bauordnungen eine **Privilegierung** vor, die darin besteht, dass Staffelgeschosse trotz Einhaltung des Höhenmaßes oder der Zwei-Drittel-Regelung nicht immer als Vollgeschosse anzusehen sind (§ 2 Abs. 4 Satz 2 BauO Bln, § 2 Abs. 4 Nr. 1 HBauO, § 2 Abs. 4 Satz 3 HBO, § 2 Abs. 4 Satz 3 LBauO Rh-Pf, § 2 Abs. 4 Satz 2 LBO Saar, § 2 Abs. 6 ThürBO). Durch Modifikationen werden die Anforderungen an das Vorliegen eines Vollgeschosses erhöht. Ein Bauherr kann daher – unter Einhaltung bestimmter Grenzwerte – ein oberstes Geschoss vorsehen, das weder Rechtsfolgen herbeiführt, wie sie Vollgeschosse nach sich ziehen, noch die planungsrechtlich ausnutzbare Zahl der Vollgeschosse mindert (§ 16 Abs. 2 Nr. 3 BauNVO). Wird über einem privilegierten Staffelgeschoss ein weiteres Geschoss, etwa ein zusätzliches Staffelgeschoss oder ein Dachgeschoss, angelegt, so geht die Privilegierung aber verloren und das „untere" Staffelgeschoss wird zu einem Vollgeschoss. Bedient sich der Bauher nicht der Möglichkeit der Privilegierung und wählt er eine entsprechende bauliche Gestaltung, so unterfällt auch ein Staffelgeschoss im Einzelfall dem Begriff des regulären Vollgeschosses. 130

Die Privilegierung der als Staffelgeschosse ausgebildeten obersten Geschosse, durch die sie den Dachräumen gleichgestellt werden (s. unten Rn. 134), ist von zwei Voraussetzungen abhängig. Das **oberste Geschoss** muss **gegenüber** mindestens **einer Außenwand** des Gebäudes **zurückgesetzt** sein (§ 2 Abs. 4 Satz 3 HBO, § 2 Abs. 4 Satz 3 LBauO Rh-Pf, § 2 Abs. 4 Satz 2 LBO Saar). § 2 Abs. 4 Satz 2 LBO Schl-H verlangt sogar, dass das Staffelgeschoss um mindestens zwei Drittel seiner Wandhöhe gegenüber mindestens einer Außenwand des darunter liegenden Geschosses zurücktritt; nach § 2 Abs. 6 Satz 1 ThürBO muss ein Staffelgeschoss gegenüber den Außenwänden des darunter liegenden Geschosses um mindestens ein Drittel seiner Wandhöhe zurückspringen. Manchmal ist es aber – jedenfalls nach dem Wortlaut des Gesetzes – erforderlich, dass das Staffelgeschoss gegenüber allen Außenwänden zurückgesetzt ist (§ 2 Abs. 4 Satz 2 BauO Bln, § 2 Abs. 5 Satz 2 BauO NRW). Ist ein Gebäude an ein anderes Gebäude angebaut, so kann das oberste Geschoss aber bis an die Grenze des Nachbargebäudes reichen. Ein Mindestmaß für die Zurücksetzung gegenüber den Außenwänden, also den von außen sichtbaren Wänden oberhalb der Geländeoberfläche, ergibt sich aus der Legaldefinition des Staffelgeschosses nicht. Gleichfalls besteht kein Zwang, das Staffelgeschoss von allen Außenwänden gleich weit entfernt anzuordnen. 131

Für die Qualifizierung als Vollgeschoss ist weiterhin erforderlich, dass das oberste Geschoss eine lichte **Höhe von mindestens 2,30 m** hat (§ 2 Abs. 4 Satz 2 BauO Bln, § 2 Abs. 4 Nr. 1 Halbs. 2 HBauO); gelegentlich reicht auch eine – von Oberkante Fußboden bis Oberkante Dachhaut – zu messende Höhe von 2,30 m (§ 2 Abs. 4 Sätze 3 und 4 LBauO Rh-Pf, § 2 Abs. 4 Sätze 2 und 4 LBO Saar, § 2 Abs. 5 LBO Schl-H). Außerdem muss das Staffelgeschoss über zwei Drittel, mehr als zwei Drittel oder sogar drei Viertel der Grundfläche des darunter liegenden Geschosses die erforderliche Höhe von 2,30 m haben (§ 2 Abs. 4 Satz 3 HBO, § 2 Abs. 5 Satz 2 BauO NRW, § 2 Abs. 4 Satz 3 LBauO Rh-Pf). 132

Eine **komplizierte Variante** begnügt sich damit, dass die lichte Höhe von 2,30 m sich über mindestens zwei Drittel der Grundfläche des Staffelgeschosses erstreckt; dieser Zwei-Drittel-Anteil der Grundfläche des Staffelgeschosses muss überdies mindestens zwei Drittel der Grundfläche des darunter liegenden Geschosses betragen (§ 2 Abs. 4 Satz 2 BauO Bln, § 2 Abs. 6 Satz 2 ThürBO). Es handelt sich also um eine **doppelte Zwei-Drittel-Regelung**. Die „Projektionsfläche" des obersten Geschosses (s. oben Rn. 128), also die Fläche, die eine lichte Höhe von 2,30 m einhält, ist ihrerseits auf die Grundfläche des (unmittelbar) darunter liegenden Geschosses zu projizieren. Nur wenn das Ver- 133 hältnis der „oberen" Fläche zur „unteren" Fläche mindestens 2:3 beträgt, handelt es sich bei dem obersten Geschoss um ein Vollgeschoss. Ist das Verhältnis kleiner als 2:3, wird das oberste Geschoss in Abweichung von der Legaldefinition nicht als Vollgeschoss behandelt. Ob das Staffelgeschoss, für sich betrachtet, der Zwei-Drittel-Regelung entspricht, ist unerheblich. Nimmt also ein Staffelgeschoss weniger als zwei Drittel der Grundfläche des darunter liegenden Geschosses ein, so ist es auch dann kein Vollgeschoss, wenn es über mindestens zwei Drittel seiner eigenen Grundfläche die lichte Höhe von 2,30 m aufweist.

134 **bb) Geschosse in Dachräumen, Dachgeschosse.** Auch für **Geschosse in Dachräumen** sehen manche Bauordnungen **Privilegierungen** vor, die denjenigen bei Staffelgeschossen entsprechen (§ 2 Abs. 4 Satz 2 BauO Bln, § 2 Abs. 5 Satz 3 BauO NRW, § 2 Abs. 4 Satz 2 LBauO Rh-Pf). Dachgeschosse sind jedenfalls Vollgeschosse, wenn sie den Anforderungen der jeweiligen Legaldefinition genügen, also im Regelfall eine Höhe von 2,30 m aufweisen und gebenenfalls der Zwei-Drittel-Regelung entsprechen (s. oben b). Die Privilegierung besteht darin, dass die Anforderungen an das Vorliegen eines Vollgeschosses verschärft werden. Sie berechtigt den Bauherrn, eine bauliche Gestaltung zu wählen, die unter Wahrung der Zwei-Drittel-Grenze eine größtmögliche Raumausnutzung zulässt.[142] Auch andere Lösungen werden praktiziert. So sind nach § 2 Abs. 6 Satz 3 Nr. 2 LBO BW solche obersten Geschosse keine Vollgeschosse, bei denen die Höhe von 2,30 m über weniger als drei Viertel der Grundfläche des darunter liegenden Geschosses vorhanden ist; nach § 2 Abs. 4 Satz 2 LBO Saar ist ein Geschoss im Dachraum ein Vollgeschoss, wenn es die Höhe von 2,30 m über mindestens Viertel der Grundfläche des darunter liegenden Geschosses hat. Nur eine geringe Abweichung enthält § 2 Abs. 5 Satz 3 BauO NRW, der ein Geschoss mit geneigten Dachflächen zum Vollgeschoss erklärt, wenn es diese Höhe über mehr als drei Viertel seiner Grundfläche hat. Eine Verschärfung des Begriffs des Vollgeschosses sieht § 2 Abs. 4 Satz 2 LBauO Rh-Pf vor, der bei Geschossen im Dachraum verlangt, dass sie über drei Viertel ihrer Grundfläche (und nicht über zwei Drittel wie bei den sonstigen Vollgeschossen) eine Höhe von 2,30 m haben. § 2 Abs. 5 Satz 2 und Abs. 6 Satz 1 BremLBO nennt sogar die beiden obersten Geschosse eines Gebäudes Dachgeschosse und legt ihnen die Eigenschaft von Vollgeschossen nur dann bei, wenn sie die Mindesthöhe von 2,30 m über mehr als $^{2}/_{3}$ des jeweils darunter liegenden Geschosses haben.

135 Unter dem **Dachraum** ist der vom Dach – bestehend aus Tragwerk und Dachhaut – und der Decke des obersten Geschosses gebildete Raum zu verstehen.[143] Ob die vom Bauherrn für den Dachraum gewählte konstruktive Lösung erforderlich ist, beeinflusst dessen Qualifikation als Dachraum nicht.[144] Dennoch besteht ein Bedürfnis, lediglich als Dachräumen getarnten Vollgeschossen die nur für Dachräume geltende rechtliche Privilegierung vorzuenthalten. Die Qualifikation als Dachraum scheidet daher aus, wenn ein Vollgeschoss durch eine dachartig aussehende Verkleidung offensichtlich nur kaschiert werden soll und Gebäudeteile äußerlich so verblendet werden, dass lediglich der optische Eindruck der Zugehörigkeit zum Dach erweckt wird.[145] Insbesondere das Verhältnis von Dachschrägen zu senkrechten Wandteilen kann so beschaffen sein, dass der unter den Dachschrägen liegende Raum nicht mehr von der Dachkonstruktion geprägt wird. Ob eine eindeutig als solche erkennbare Umgehung vorliegt, ist unter Berücksichtigung der Verkehrsanschauung anhand der tatsächlichen und rechtlichen Gegebenheiten des Vorhabens festzustellen.

136 **Geschosse im Dachraum (Dachgeschosse)** sind nur unter bestimmten – von der Legaldefinition des Vollgeschosses abweichenden – Voraussetzungen Vollgeschosse. Der

---

[142] OVG Bln vom 5. 2. 1993 BRS 55 Nr. 111.
[143] OVG Bln vom 10. 3. 1989 GE 1990, 201.
[144] OVG Bln (Fn. 142).
[145] OVG Bln (Fn. 142).

Dachraum als solcher ist weder ein Vollgeschoss noch auch nur ein schlichtes Geschoss, denn es fehlt ihm an der oberen Begrenzung durch eine Decke.[146] Für das Vorliegen eines (fiktiven) Vollgeschosses genügt es nicht, dass in Dachräume ausreichend dimensionierte Geschosse eingebaut werden können. Vielmehr setzt die privilegierende Regelung voraus, dass in Dachräumen Geschosse vorhanden sind, es sich also um ausgebaute Dachräume handelt. Auch ein mehrgeschossiger Ausbau von Dachräumen ist möglich.

Ein **im Dachraum angelegtes Geschoss** ist nur dann ein **Vollgeschoss**, wenn es eine lichte Höhe von 2,30 m über einen bestimmten Anteil der Grundfläche des darunter liegenden Geschosses hat. Diese Regelung dient der Angleichung der Rechtslage von Staffelgeschoss und Dachraum (s. oben Rn. 130). Bezugsfläche für das rechnerische Verhältnis zur „Projektionsfläche" (s. oben Rn. 128) ist die Grundfläche des darunter liegenden Geschosses. Hinsichtlich der Berechnung gilt das zum Staffelgeschoss Ausgeführte entsprechend. **137**

cc) Zwischengeschosse und Hohlräume. Mitunter sprechen Bauordnungen **Zwischengeschossen** die Eigenschaft des Vollgeschosses ab. So gelten Geschosse, die ausschließlich der Unterbringung technischer Gebäudeausrüstungen oder von haustechnischen Anlagen und Feuerungsanlagen dienen (**Installationsgeschosse**) sowie **Hohlräume** zwischen der obersten Decke und der Bedachung häufig nicht als Vollgeschosse (§ 2 Abs. 6 Satz 3 Nr. 1 und Satz 4 LBO BW, § 2 Abs. 4 Satz 2 BbgBO). Nach mehreren Bauordnungen gelten Hohlräume zwischen der obersten Decke und dem Dach oder der Dachhaut, in denen Aufenthaltsräume wegen der erforderlichen Höhe nicht möglich sind, nicht einmal als Geschosse (§ 2 Abs. 4 Satz 4 NBauO, § 2 Abs. 6 Satz 2 BauO NRW).[147] **138**

3. Bauordnungsrechtlicher und planungsrechtlicher Begriff des Vollgeschosses

Das **Verhältnis des** in allen Bauordnungen festgelegten **bauordnungsrechtlichen Begriffs des Vollgeschosses zum Planungsrecht** wirft schwierige rechtliche Probleme auf. Die im Bebauungsplan festgesetzte Zahl der Vollgeschosse ist ein wichtiges Element des Maßes der baulichen Nutzung (§ 16 Abs. 2 Nr. 3 BauNVO). Außerdem ist der Begriff des Vollgeschosses mit der Geschossflächenzahl und der Größe der Geschossflächen verknüpft, die gleichfalls das Maß der baulichen Nutzung bestimmen (§ 16 Abs. 2 Nr. 2, § 20 Abs. 3 Satz 1 BauNVO). Jedoch fehlt es an einer bundesrechtlichen Definition des Begriffs des Vollgeschosses. Nach § 20 Abs. 1 BauNVO gelten als Vollgeschosse diejenigen Geschosse, „die nach landesrechtlichen Vorschriften Vollgeschosse sind oder auf ihre Zahl angerechnet werden". Diese – seit ihrer Urfassung (§ 18 BauNVO vom 26. 6. 1962, BGBl. I S. 429) inhaltlich unveränderte – Vorschrift enthält, rechtstechnisch gesehen, eine **dynamische Verweisung**, da der planungsrechtliche Begriff des Vollgeschosses sich unmittelbar einer Änderung des bauordnungsrechtlichen Begriffs des Vollgeschosses anpasst.[148] Dieser Befund schließt jedoch Komplikationen nicht aus, wenn in Bebauungsplänen das Maß der baulichen Nutzung durch Festsetzung der Zahl der Vollgeschosse und der Geschossflächenzahl bzw. der Größe der Geschossfläche bestimmt wird. Würde eine landesrechtliche Änderung des Begriffs des Vollgeschosses, wie sie vielfach vorgenommen wurde, sich automatisch auf bestehende Pläne auswirken, würde ohne formale Änderung des Bebauungsplans die Zahl der Vollgeschosse beeinflusst. **139**

Die Rechtsfrage, ob kraft der in § 20 Abs. 1 BauNVO enthaltenen (dynamischen) Verweisung Änderungen des landesbauordnungsrechtlichen Vollgeschossbegriffs sich unmittelbar auf den Inhalt vorhandener Bebauungspläne auswirken (so genannte **dynamische Verknüpfung**) oder die Änderung nur für neue Bebauungspläne gilt, ältere also unberührt bleiben (so genannte **statische Verknüpfung**), ist bisher nicht defintiv geklärt. Sie **140**

[146] BW VGH vom 29. 1. 1969 BRS 22 Nr. 124; *Fickert/Fieseler* (Fn. 15), § 20 Rn. 8 und 12.
[147] OVG Nds vom 29. 12. 1999 BRS 62 Nr. 130.
[148] OVG Bln vom 10. 3. 1989 GE 1990, 201/203 = DVBl. 1989, 1065 Ls.

wird von den Oberverwaltungsgerichten zumeist im Sinne der statischen Betrachtungsweise beantwortet:[149] Ändert sich die nach § 20 Abs. 1 BauNVO bei der planungsrechtlichen Beurteilung zugrunde zu legende landesrechtliche Regelung über die Definition und die Anrechenbarkeit von Vollgeschossen, so hat diese Änderung keinen Einfluss auf den Inhalt von Festsetzungen der zulässigen Zahl von Vollgeschossen in zuvor erlassenen Bebauungsplänen. Für diese Auffassung spricht vor allem die Erwägung, dass Grundlage des konkreten planerischen Abwägungsvorgangs die jeweils geltende landesrechtliche Vollgeschossdefinition ist und dass bei einer dynamischen Verknüpfung die Gefahr einer das Eigentumsrecht rechtswidrig berührenden Umplanung besteht. Nach dieser Ansicht ist also jeweils der Vollgeschossbegriff maßgeblich, der zur Zeit des Erlasses des jeweiligen Bebauungsplans gilt. Dabei kommt es – entsprechend §§ 25, 25 a und b BauNVO – auf die öffentliche Auslegung des Bebauungsplans an.[150]

VII. Aufenthaltsräume

141 Fast alle Bauordnungen enthalten in ihrem § 2 eine nahezu übereinstimmende **Definition des Begriffs des Aufenthaltsraumes** (§ 2 Abs. 7 LBO BW, § 2 Abs. 7 BauO NRW). Nur die Bayerische Bauordnung wählt eine andere Gesetzestechnik und erklärt den Begriff des Aufenthaltsraumes erst innerhalb der einschlägigen materiellrechtlichen Vorschrift (Art. 45 Abs. 1 BayBO). An den Begriff des Aufenthaltsraumes knüpfen die Bauordnungen zahlreiche Rechtsfolgen. Vor allem müssen Aufenthaltsräume eine für ihre Benutzung ausreichende Grundfläche und eine lichte Höhe von mindestens 2,30 m haben (§ 44 Abs. 1 BauO Bln). Auch im Planungsrecht wird der Begriff des Aufenthaltsraums verwendet (§ 20 Abs. 3 Satz 2, § 21 Abs. 2 Satz 2 BauNVO). Da Aufenthaltsräume Bestandteile von Gebäuden sind, müssen sie wie diese von Menschen betreten werden können. Allerdings reicht – anders als für den Begriff des Gebäudes (s. oben Rn. 94) – die bloße Betretbarkeit nicht aus. Vielmehr müssen Aufenthaltsräume **zum nicht nur vorübergehenden Aufenthalt von Menschen bestimmt oder geeignet** sein. Dass Räume einen lediglich vorübergehenden Aufenthalt ermöglichen, genügt somit nicht. Vielmehr müssen Räume nicht nur gelegentlich in großen Abständen, sondern regelmäßig und auf längere Zeit zum Aufenthalt genutzt werden können. Unerheblich ist es, wenn der Aufenthalt von unterschiedlicher Dauer ist oder nur während einer Jahreszeit erfolgt. Auch muss der Aufenthalt nicht im Wohnen bestehen.

142 **Beispiele für Aufenthaltsräume** sind Wohn- und Schlafräume, Dielen, Büroräume, Werkstätten, Verkaufsräume, Gaststätten, Krankenräume und ärztliche Behandlungsräume.[151] Keine Aufenthaltsräume sind Flure, Treppenräume, Dachräume, Bäder, Wasch- und Toilettenräume, Nebenräume wie Speisekammern und andere Vorrats- und Abstellräume, Bastelräume, Trockenräume, Waschküchen, Lagerräume, Schuppen, Garagen, Heizräume, Kesselräume und Maschinenräume (§ 2 Abs. 11 BremLBO, § 2 Abs. 8 HBauO).

143 Die **Eigenschaft als Aufenthaltsraum** erhält ein Raum vor allem dadurch, dass ihm dieser Zweck zugewiesen wird. Die **Zweckbestimmung** ist Sache des Bauherrn, nicht der Bauaufsichtsbehörde. Nur wenn der Bauherr Räume zu Aufenthaltsräumen bestimmt, ist die Behörde befugt, die Erfüllung der Anforderungen zu verlangen, die in den Bauordnungen an solche Räume gestellt werden. Die entsprechende Absicht muss in den Bauvorlagen zum Ausdruck kommen. Deshalb ist in den Bauzeichnungen oder in der Baubeschreibung die vorgesehene Nutzung der Räume anzugeben oder zu erläutern.

---

[149] BW VGH vom 27. 1. 1999 NVwZ-RR 1999, 558 = BRS 62 Nr. 91 = DÖV 2000, 163; OVG Bln (Fn. 148), S. 201; *Fickert/Fieseler* (Fn. 15), § 20 Rn. 2–6; *Reidt* in *Gelzer/Bracher/Reidt,* Bauplanungsrecht, 6. Aufl., 2001, Rn. 1420; *König* (Fn. 136), § 20 Rn. 4.

[150] BVerwG vom 24. 1. 1995 BRS 57 Nr. 26; OVG Bln (Fn. 148), S. 205.

[151] OVG Bln vom 15. 11. 1985 BRS 46 Nr. 175.

Die **Legaldefinition der Aufenthaltsräume** hat aber auch die **Funktion, dem Missbrauch vorbeugen**. Es sollen nicht Räume, denen ein anderer baurechtlicher Status als der eines Aufenthaltsraums zukommt, rechtswidrig zum dauernden Aufenthalt von Menschen genutzt werden. Deshalb sind Aufenthaltsräume auch solche Räume, für die der Bauherr den nicht nur vorübergehenden Aufenthalt als Zweck nicht vorgesehen hat (oder zu dessen Zweck er sich nicht bekennen mag), wenn die Räume hierfür geeignet sind. Die vom Bauherrn angegebene oder vorgegebene andersartige Nutzung ist dann also unbeachtlich. Der skeptische Brandenburgische Gesetzgeber ergänzt die „Eignungs-Formel" der übrigen Bauordnungen deshalb durch den Hinweis, dass die Eignung der Räume „nach Lage und Größe" zu beurteilen sei (§ 2 Abs. 5 BbgBO). Bei Räumen, die nach Lage, Größe und Beschaffenheit als Aufenthaltsräume benutzt werden können, kommt es nicht auf die vom Bauherrn vorgetragenen Absichten oder Bekundungen über die künftige Nutzung an. Vielmehr ist allein die – von der Bauaufsichtsbehörde zu ermittelnde – **objektive Eignung der Räume als Aufenthaltsräume** entscheidend. Ob eine objektive Eignung gegeben ist, bestimmt sich anhand der für Aufenthaltsräume maßgeblichen bauordnungsrechtlichen Anforderungen, vor allem an eine ausreichende Grundfläche, angemessene Beleuchtung und Belüftung sowie die lichte Höhe. Erfüllt ein Raum diese Anforderungen, ist er ein Aufenthaltsraum, auch wenn er in den von der Bauaufsichtsbehörde genehmigten Bauvorlagen als nicht zu Aufenthaltszwecken dienender Raum bezeichnet wird. Entspricht ein Raum dagegen nicht den bauordnungsrechtlichen Anforderungen an Aufenthaltsräume, so ist er auch dann kein Aufenthaltsraum, wenn er (etwa wegen nur geringfügiger Unterschreitung der Mindesthöhe) „aufenthaltsraumverdächtig" ist.[152] 144

VIII. Stellplätze und Garagen

Fast alle Bauordnungen enthalten in ihrem § 2 **Definitionen der Stellplätze und Garagen**, die allerdings nicht unbeträchtlich voneinander abweichen (§ 2 Abs. 8 LBO BW, § 2 Abs. 7 BbgBO, § 2 Abs. 8 BauO NRW). Die materiellrechtlichen Regelungen finden sich jeweils in in einer Vorschrift der Bauordnung, die speziell dem Problem der Stellplätze gewidmet ist (§ 48 BauO Bln, s. unten Kapitel 10, Rn. 13 ff.), sowie in den landesrechtlichen Garagenverordnungen (s. unten Kapitel 16, Rn. 122). Nur die Bayerische Bauordnung wählt eine andere Gesetzestechnik und erklärt die Begriffe des Stellplatzes und der Garage erst innerhalb der einschlägigen materiellrechtlichen Vorschrift (Art. 52 Abs. 1 BayBO). Die Hamburgische Bauordnung sieht sogar ganz von einer Definition ab. Das Planungsrecht trifft gemeinsame Regelungen für Stellplätze und Garagen (§ 9 Abs. 1 Nr. 4 BauGB, § 12 BauNVO), enthält aber keinen eigenständigen Begriff der Stellplätze und Garagen und legt auch den zwischen ihnen bestehenden Unterschied nicht fest.[153] 145

1. Stellplätze

Stellplätze sind Flächen, die dem Abstellen von Kraftfahrzeugen außerhalb der öffentlichen Verkehrsflächen dienen. Vereinzelt wird hinzugefügt, dass auch Anhänger erfasst werden und das Abstellen auf Grundstückken stattfindet (§ 2 Abs. 7 Satz 1 LBO Saar). Stellplätze sind entweder auf Grund der Legaldefinition der baulichen Anlagen oder jedenfalls kraft der Erstreckungsklausel (s. oben Rn. 87) bauliche Anlagen. Sie behalten ihre Eigenschaft als bauliche Anlage auch dann, wenn sie Teil einer (anderen) baulichen Anlage sind (s. oben Rn. 68). Der Begriff des Kraftfahrzeugs ist dem § 1 Abs. 2 StVG sowie den §§ 18 ff. StVZO zu entnehmen und umfasst – zugelassene oder nicht zugelassene 146

[152] *von Feldmann* in *von Feldmann/Knuth*, Berliner Planungsrecht, 3. Aufl., 1998, Rn. 165.
[153] BVerwG vom 4. 10. 1985 ZfBR 1985, 291/292, vom 31. 8. 1989 NVwZ-RR 1990, 121/122.

– Landfahrzeuge, die durch Maschinenkraft bewegt werden, ohne an Bahngleise gebunden zu sein; hierzu gehören Personenkraftwagen, Lastkraftwagen, Omnibusse, Zugmaschinen und Krafträder, aber nicht die Anhänger der genannten Fahrzeuge. Öffentliche Verkehrsflächen sind auch Parkflächen, die zum Straßenkörper und damit zu den öffentlichen Straßen gehören (s. oben Rn. 38). Sie sind somit keine Stellplätze.

147 Bei den Stellplätzen muss es sich nach vielfacher Regelung nicht um **Flächen im Freien** handeln (§ 2 Abs. 6 Satz 1 BauO Bln); **Stellplätze** können vielmehr auch **innerhalb von Gebäuden** angelegt sein, z. B. unterhalb der Decke von darüber liegenden Wohngeschossen. Doch gibt es auch Bestimmungen, nach denen nur Flächen im Freien als Stellplätze in Frage kommen (§ 2 Abs. 8 Satz 1 LBO BW). Stellplätze werden im Allgemeinen aus Bauprodukten (s. unten Rn. 152) hergestellt und sind dann als mit dem Erdboden verbundene Anlagen **bauliche Anlagen** im Sinne der Legaldefinition. Auch wenn derartige Materialien nicht verwendet werden, aber eine Fläche tatsächlich zum Abstellen von Kraftfahrzeugen benutzt wird, handelt es sich um einen Stellplatz und zugleich – als Folge der Erstreckungsklausel – um eine bauliche Anlage (s. oben Rn. 87).

2. Garagen

148 **Garagen** sind eine **besondere Art der Stellplätze**. Sie sind Gebäude oder Gebäudeteile, die dem Abstellen von Kraftfahrzeugen dienen (§ 2 Abs. 7 Sätze 1 und 2 BbgBO). Wie die sonstigen Stellplätze sind sie entsprechend der Erstreckungsklausel (s. oben Rn. 87) immer bauliche Anlagen, und zwar auch dann, wenn sie Bestandteil eines Gebäudes sind. Die meisten Bauordnungen fügen hinzu, dass es sich um ganz oder teilweise umschlossene Räume handelt (§ 2 Abs. 8 Satz 2 LBO BW, § 2 Abs. 8 Satz 2 BauO NRW). Ob eine Umschließung nur durch eine Decke, wie bei einem aus Pfosten und einem Schutzdach bestehenden Carport ohne Umfassungswände, ausreicht, ist zweifelhaft.[154] Anforderungen an die Abmessungen und die sonstige bauliche Gestaltung sind in den Garagenverordnungen enthalten (s. unten Kapitel 16, Rn. 122). Garagen an den Grenzen zu benachbarten Grundstücken (Grenzgaragen) sind Gegenstand besonderer Regelungen des Abstandsflächenrechts (s. unten Kapitel 3, Rn. 135). Fertiggaragen sind vor ihrer Aufstellung Bauprodukte (s. unten Rn. 156).

149 **Manche** Bauordnungen schließen aus den Begriffen des Stellplatzes und der Garage bestimmte für die Aufstellung und Aufbewahrung von Kraftfahrzeugen genutzte Räume, Flächen oder Plätze aus (§ 2 Abs. 8 Satz 3 LBO BW, § 2 Abs. 7 Satz 3 BbgBO). **Ausstellungsräume, Verkaufsräume, Werkräume und Lagerräume für Kraftfahrzeuge** (mit leeren Kraftstoffbehältern) sowie die vergleichbaren Flächen und Plätze dienen zwar dem Abstellen von Kraftfahrzeugen, gelten jedoch nicht als Garagen oder Stellplätze. Diese Fiktion, die die unwiderlegliche Vermutung des Stellplatzes (s. oben Rn. 87) durchbricht, bewirkt, dass weder die bauordnungsrechtlichen Spezialvorschriften über Stellplätze noch die Garagenverordnungen auf die genannten Räume Anwendung finden.

IX. Feuerstätten und Feuerungsanlagen

150 Einige Bauordnungen definieren in ihrem § 2 den **Begriff der Feuerstätten** § 2 Abs. 8 BbgBO, § 2 Abs. 11 Satz 2 HBO) oder der **Feuerungsanlagen** (§ 2 Abs. 11 Satz 1 HBO). Feuerstätten sind in oder an Gebäuden (s. oben Rn. 94) ortsfest benutzte Anlagen oder Einrichtungen und gehören somit zu jenen „anderen Anlagen und Einrichtungen", die in der Eingangsvoschrift der Bauordnungen den baulichen Anlagen gleichgestellt werden (s. oben Rn. 25); sie können aber auch selbständige bauliche Anlagen sein (§ 2 Abs. 11 Satz 2 Nr. 2 HBO). Feuerstätten sind dazu bestimmt, durch Verbrennung Wärme zu erzeugen. Wird Wärme durch elektrischen Strom oder auf sonstige Weise erzeugt, handelt

[154] Hess VGH vom 18. 3. 1999 NVwZ-RR 1999, 628.

es sich nicht um eine Feuerstätte. Die Vorschrift dient der Klarstellung, indem sie den Begriff der Feuerstätten auf solche Einrichtungen beschränkt, die wegen ihrer Verbundenheit mit Gebäuden eine erhöhte Brandgefahr mit sich bringen. Freistehende Feuerungseinrichtungen, wie Grillplätze im Garten oder Teerkocher auf Baustellen, sind demgemäß keine Feuerstätten. Die Regelung über Feuerstätten findet sich in speziellen Vorschriften der Bauordnungen (s. unten Kapitel 8, Rn. 7) und Rechtsverordnungen (s. unten Kapitel 16, Rn. 120). Die Feuerstätten bilden neben den Abgasanlagen wie Schornsteine, Abgasleitungen und Verbindungsstücke eine Art der Feuerungsanlagen (§ 2 Abs. 11 HBO); eine Unterart sind die Gasfeuerstätten. Anlagen, die zwar an oder in Gebäuden benutzt werden, aber nicht auf ortsfeste Weise, wie transportable Öfen, sind keine Feuerstätten. Eingebaute Öfen und Kamine rechnen dagegen zu den Feuerstätten, Kamine auch dann, wenn sie außen an Gebäuden angebracht sind.[155]

X. Werbeanlagen

Das Schwanken der Landesgesetzgeber bei der Behandlung des Themas der **Werbeanlagen** (s. oben Rn. 52) wird auch bei der Bildung der Grundbegriffe deutlich. Während 151
regelmäßig die Rechtslage der Werbeanlagen in einer speziellen Vorschrift umfassend – einschließlich der erforderlichen Definitionen – geregelt wird (s. unten Kapitel 4, Rn. 75 ff.), weichen einige Bauordnungen von dem üblichen Aufbau ab. Sie wählen vielmehr als Standort für ihre einschlägigen bauordnungsrechtlichen Leitsätze jene Vorschrift ihrer Bauordnung, die auch die Definitionen der sonstigen Grundbegriffe enthält (§ 2 Abs. 9 LBO BW). Danach sind Anlagen der Außenwerbung (Werbeanlagen) alle örtlich gebundenen Einrichtungen, die der Ankündigung oder Anpreisung oder als Hinweis auf Gewerbe oder Beruf dienen und vom öffentlichen Verkehrsraum aus sichtbar sind (Satz 1). Hierzu gehören vor allem Schilder, Beschriftungen, Bemalungen, Lichtwerbungen, Schaukästen sowie für Anschläge oder Lichtwerbung bestimmte Säulen, Tafeln und Flächen (Satz 2).[156] Keine Werbeanlagen sind Werbeanlagen, die im Zusammenhang mit allgemeinen Wahlen oder Abstimmungen angebracht oder aufgestellt werden, während der Dauer des Wahlkampfes, Werbeanlagen in Form von Anschlägen, Werbeanlagen an Baustellen, soweit sie sich auf das Vorhaben beziehen, Lichtwerbungen an Säulen, Tafeln oder Flächen, die allgemein dafür baurechtlich genehmigt sind, Auslagen und Dekorationen in Schaufenstern und Schaukästen, Werbemittel an Verkaufsstellen für Zeitungen und Zeitschriften (Satz 3).

XI. Bauprodukte

Alle Bauordnungen haben die früher für den Bereich der Baumaterialien benutzte Ter- 152
minologie, die sich der Begriffe **„Baustoffe und Bauteile"** bedient hatte, aufgegeben und aus dem Bauproduktengesetz den Begriff **„Bauprodukte"** übernommen (§ 2 Abs. 10 LBO BW, § 2 Abs. 6 BayBO, § 2 Abs. 9 BauO NRW). In nahezu wörtlicher Übereinstimmung mit § 2 Abs. 1 BauPG werden die Bauprodukte in zwei Kategorien unterteilt: in 1. Baustoffe, Bauteile und Anlagen, die dazu bestimmt sind oder hergestellt werden, um dauerhaft in bauliche Anlagen eingebaut zu werden, und 2. aus Baustoffen und Bauteilen vorgefertigte Anlagen, die hergestellt werden, um mit dem Erdboden verbunden zu werden, wie Fertighäuser, Fertiggaragen, Fertiggewegen und Silos. Die bauordnungsrechtlichen Anforderungen an Bauprodukte ergeben sich aus dem in sämtlichen Bauordnungen enthaltenen Abschnitt „Bauprodukte und Bauarten" (s. unten Kapitel 6).

---

155 OVG Bln vom 10. 8. 1979 BRS 35 Nr. 145.
156 BW VGH vom 17. 9. 1990 NVwZ-RR 1991, 395.

1. Baustoffe und Bauteile

153 **Baustoffe** sind Ausgangsmaterialien für die Anfertigung von **Bauteilen**. Bei den Baustoffen handelt es sich entweder um natürliche oder künstliche Baustoffe. Auch unveränderte Naturprodukte – wie Natursteine oder Schilfrohr – können somit Bauprodukte sein. Baustoffe können bei Beginn der Bautätigkeit ungeformt (z. B. Sand, Kies, Kalk, Zement, Beton, Teer, Farben) oder geformt sein (z. B. Ziegelsteine, Holzbalken, Blech, Stahl, Glas, Dachziegel).

154 **Bauteile** sind die **aus Baustoffen hergestellten Gegenstände**, die dazu bestimmt sind, Bestandteile einer baulichen Anlage zu werden, wie Wände, Fassadenverkleidungen, Dächer, Dachvorsprünge, Gesimse, Treppen und Fenster. Kommt einer Sache – etwa einer Sichtschutzwand – funktionale Selbständigkeit zu, so handelt es sich nicht mehr um einen Bauteil, sondern um eine bauliche Anlage.[157] Es ist möglich, dass eine bauliche Anlage nur aus vorgefertigten Bauteilen zusammengefügt ist, und selbst die Verwendung lediglich eines einzigen Bauteils steht der Annahme einer baulichen Anlage nicht entgegen.[158] Ein Bauteil ist zugleich Teil einer baulichen Anlage im Sinne des bauordnungsrechtlichen Sprachgebrauchs (s. oben Rn. 69 und unten Rn. 157). Beide Begriffe sind jedoch nicht identisch, denn es gibt Teile baulicher Anlagen, die keine Bauteile sind, und zudem kann ein Teil einer baulichen Anlage mehrere Bauteile umfassen.

2. Anlagen

155 **Anlagen**, die **dazu bestimmt** sind **oder hergestellt** werden, **um dauerhaft in bauliche Anlagen eingebaut zu werden**, sind z. B. Aufzüge, haustechnische Anlagen und Feuerungsanlagen. Maschinen gehören zu diesen Anlagen nur dann, wenn sie der Komplettierung einer baulichen Anlage als solcher dienen, wie z. B. eine eingebaute Wärmepumpe (s. oben Rn. 61). Nicht zu dieser Art Anlagen zählen eingebaute Einrichtungsgegenstände. Bauprodukte, die zugleich „andere Anlagen oder Einrichtungen" im Sinne der Eingangsvoschrift der Bauordnungen sind und durch diese den baulichen Anlagen gleichgestellt werden, unterliegen außerdem den spezifischen Anforderungen an Anlagen und Einrichtungen (s. oben Rn. 25 f.).

156 Auch bestimmte **vorgefertigte Anlagen** rechnen zu den Bauprodukten. Die in den Bauordnungen erwähnten Beispiele (Fertighäuser, Fertiggaragen, Silos) und der ihnen zugeschriebene Zweck, dass sie mit dem Erdboden verbunden werden sollen, zeigen, dass die Anlagen zu baulichen Anlagen im Sinne der Legaldefinition werden, sobald die Verbindung faktisch geschieht.

XII. Bauart

157 Der Begriff der **Bauart** wird ebenfalls in allen Bauordnungen definiert (Art. 2 Abs. 7 BayBO, § 2 Abs. 10 BbgBO, § 2 Abs. 10 BauO NRW). Die für Bauarten maßgeblichen verfahrensrechtlichen und materiellrechtlichen Regelungen finden sich in einer Spezialvorschrift des in sämtlichen Bauordnungen enthaltenen Abschnitts „Bauprodukte und Bauarten" (s. unten Kapitel 6). Die Bauart ist nicht mit der Bauweise (§ 22 BauNVO) zu verwechseln; die Bauweise ist ein planungsrechtliches Instrument, mit dessen Hilfe die bauliche Ausnutzbarkeit des Bodens gesteuert wird und dessen Thema der bauliche Kontakt von Gebäuden ist. Der Begriff der Bauart wird separat neben den dem der Bauprodukte genannt, weil die Bauart nicht vom Bauproduktengesetz erfasst wird. Unter Bauart wird das **Zusammenfügen von Bauprodukten**, also die technische Methode ihrer Kombination, verstanden, und zwar zu baulichen Anlagen oder Teilen von ihnen. Der in

---

[157] BW VGH vom 25. 11. 1982 BWVPr 1983, 96.
[158] BVerwG vom 31. 8. 1983 BVerwGE 44, 59/62.

der Legaldefinition verwandte Begriff der **„Teile von baulichen Anlagen“** ist nicht mit dem der **„Bauteile“** im Sinne der Definition der „Bauprodukte“ identisch (s. oben Rn. 154), vielmehr ist der erste Begriff weiter und umfasst jedes beliebige Teilstück einer baulichen Anlage (s. oben 69). Als Kriterium der Teilung kommen zahlreiche Faktoren in Betracht, so dass z. B. der Flügel eines Gebäudes, ein bestimmtes Geschoss oder die Baumasse, die eine bestimmte Linie überschreitet, als Teil einer baulichen Anlage betrachtet werden kann.

XIII. Sonstige Begriffe

Vereinzelt finden sich in den Allgemeinen Vorschriften der Bauordnungen Begriffs- 158
definitionen, die ihren Standort zweckmäßigerweise auch im unmittelbaren Zusammenhang mit dem Sachproblem hätten finden können. So nimmt § 2 Abs. 12 LBO BW einen Teil der Generalkausel vorweg, indem er der dort genannten baulichen Tätigkeit der **Errichtung** das Herstellen, Aufstellen, Anbringen, Einbauen, Einrichten, Instandhalten, Ändern und die Nutzungsänderung sowie dem **Abbruch** das Beseitigen gleichstellt (s. unten Rn. 171). Ähnlich verfährt § 2 Abs. 5 NBauO, der unter **Baumaßnahmen** die Errichtung, die Änderung, den Abbruch, die Beseitigung, die Nutzungsänderung und die Instandhaltung von baulichen Anlagen oder Teilen von baulichen Anlagen versteht. Nach § 2 Abs. 10 BremLBO ist ein **Baugrundstück** das Grundstück im Sinne des Bürgerlichen Rechts, auf dem ein Vorhaben durchgeführt wird oder auf dem sich eine bauliche Anlage befindet (s. oben Rn. 17). § 2 Abs. 7 HBauO definiert den Begriff der **Nutzungseinheit**; als eine solche gelten jede Wohnung sowie alle anderen für eine selbständige Nutzung bestimmten Räume wie Verkaufsstätten, Büros, Praxen, Werkstätten, Bildungsstätten, Anlagen für kirchliche, kulturelle, soziale, gesundheitliche und sportliche Zwecke. Dieselbe Bauordnung enthält Definitionen zweier Begriffe aus dem Bereich des Brandschutzrechts und des Abstandsflächenrechts: **Rettungswege** und **Gebäudeabschlusswände** (§ 2 Abs. 9 und 10 HBauO). Auch der **Barrierefreiheit**, nämlich der Zugänglichkeit und Nutzbarkeit der gestalteten Lebensbereiche für alle Menschen, wird gedacht (§ 2 Abs. 7 HBO). Zu diesem Potpourri zählt auch jene Vorschrift des § 2 Abs. 14 HBO, die den Begriff der **öffentlich-rechtlichen Sicherung** unter Hinweis auf die Begründung einer Baulast, Festsetzungen eines Bebauungsplans oder sonstige öffentlich-rechtliche Vorschriften, aus denen sich der Sicherungszweck zwingend ergibt, für die praktische Anwendung zubereitet (s. unten Kapitel 17, Rn. 1). Selbst bei diesem Detailproblem stellen sich Abweichungen ein. Nach § 2 Abs. 9 LBO Saar ist unter öffentlich-rechtlicher Sicherung die Sicherstellung eines Tuns, Duldens oder Unterlassens durch Eintragung einer Baulast, Festsetzung in einem Bebauungsplan oder durch sonstige öffentlich-rechtliche Vorschriften zu verstehen. Gemäß § 2 Abs. 13 SächsBO liegt eine öffentlich-rechtliche Sicherung vor, wenn das zu sichernde Recht oder die rechtliche Verpflichtung als Grunddientsbarkeit und als beschränkt persönliche Dienstbarkeit zugunsten der Bauaufsichtsbehörde im Grundbuch eingetragen ist oder wenn dafür eine Baulast übernommen worden ist. Lehrbuchartig ist die Sentenz in § 2 Abs. 10 NBauO, nach der die Vorschriften der Bauordnung, die Vorschriften auf Grund der Bauordnung, das städtebauliche Planungsrecht und die sonstigen Vorschriften des öffentlichen Rechts, die Anforderungen an bauliche Anlagen, Bauprodukte oder Baumaßnahmen stellen oder die Bebaubarkeit von Grundstücken regeln, das **öffentliche Baurecht** ausmachen.

Teil 3. Allgemeine Anforderungen und bauordnungsrechtliche Generalklausel

MBO § 3, BW § 3, Bay Art. 3, Bln § 3, Bbg § 3, Brem § 3, Hamb § 3, Hess § 3, M-V § 3, Nds § 1, NRW § 3, Rh-Pf § 3, Saar § 3, Sachs § 3, Sachs-Anh § 3, Schl-H § 3, Thür § 3

159 **Ländervergleich: Allgemeine Anforderungen. Generalklausel**

	Regelungsgegenstände der Landesbauordnungen und der MBO 2002[159]
1.	Bauliche Anlagen sowie andere Anlagen und Einrichtungen sind so anzuordnen, zu errichten, zu ändern und instandzuhalten, dass die öffentliche Sicherheit und Ordnung, insbesondere Leben oder Gesundheit und/oder die natürlichen Lebensgrundlagen nicht gefährdet werden.
2.	Sie müssen ihrem Zweck entsprechend ohne Missstände zu nutzen/zu benutzen oder benutzbar sein.
3.	Sie müssen die allgemeinen Anforderungen ihrem Zweck entsprechend dauerhaft erfüllen.
4.	Bauprodukte dürfen nur verwendet werden, wenn bei ihrer Verwendung die baulichen Anlagen bei ordnungsgemäßer Instandhaltung während einer dem Zweck entsprechenden angemessenen Zeitdauer die bauordnungsrechtlichen Anforderungen erfüllen und gebrauchstauglich sind.
5.	Oberste Bauaufsichtsbehörde kann technische Regeln durch öffentliche Bekanntmachung als Technische Baubestimmungen einführen.
6.	Eingeführte technische Regeln sind zu beachten oder einzuhalten.
7.	Bei der Bekanntmachung (Nr. 5) kann hinsichtlich des Inhalts auf die Fundstelle verwiesen werden.
8.	Abweichung von den Technische Baubestimmungen zulässig, wenn Anforderungen nach Nr. 1 und 2 erfüllt werden.
9.	Sonderregelungen für Bauprodukte und Bauarten bleiben unberührt.
10.	Für den Abbruch/die Beseitigung baulicher Anlagen sowie anderer Anlagen und Einrichtungen sowie die Nutzungsänderung gelten Nr. 1, 2 und 5 bis 9 sinngemäß.
11.	Weitere allgemeine Anforderungen

160

Land	Norm (LBO)		Umsetzung/Abweichung in den Ländern und der MBO 2002[160]
MBO 2002	§ 3	1.	§ 3 I
		2.	keine Regelung
		3.	keine Regelung
		4.	§ 3 II zusätzlich Bauarten
		5.	§ 3 III 1
		6.	§ 3 III 1
		7.	§ 3 III 2
		8.	§ 3 III 3 Hs. 1 Abweichungsbefugnis setzt nur Erfüllung der Nr. 1 voraus
		9.	§ 3 III 3 Hs. 2
		10.	§ 3 IV Vorschift gilt nicht für andere Anlagen und Einrichtungen; sinngemäße Geltung nur der Nr. 1 und 5 bis 9
		11.	§ 3 V Bauprodukte und Bauarten, die in Vorschriften anderer Vertragsstaaten des Abkommens vom 2. 5. 1992 über den europäischen Wirtschaftsraum genannten technischen Anforderungen entsprechen, dürfen verwendet oder angewendet werden, wenn das geforderte Schutzniveau in Bezug auf Sicherheit, Gesundheit und Gebrauchstauglichkeit gleichermaßen dauerhaft erreicht wird

159 Die hier verwendeten Zahlen entsprechen den Zahlen der nachstehenden Rubrik „Umsetzung/Abweichung in den Ländern und der MBO 2002".

160 Die hier verwendeten Zahlen entsprechen den Zahlen der vorstehenden Rubrik „Regelungsgegenstände der Landesbauordnungen und der MBO 2002".

Land	Norm (LBO)		Umsetzung/Abweichung in den Ländern und der MBO 2002
BW	§ 3	**1.**	§ 3 I 1 zusätzlich *Grundstücke* sowie (s. § 2 XIII Nr. 1 LBO BW) *Herstellen, Aufstellen, Anringen, Einbauen und Einrichten*
		2.	§ 3 I 1
		3.	keine Regelung
		4.	§ 3 II
		5.	§ 3 III 1 Regeln der Technik, die der Erfüllung der Anforderungen des § 3 I LBO BW dienen, können als technische Baubestimmungen bekannt gemacht werden
		6.	§ 3 III 3 bekannt gemachte technische Baubestimmungen sind einzuhalten
		7.	§ 3 III 2
		8.	§ 3 III 4 Hs. 1 Abweichungsbefugnis, wenn den Anforderungen des § 3 I LBO BW auf andere Weise ebenso wirksam entsprochen wird
		9.	§ 3 III 4 Hs. 2
		10.	§ 3 I 1 und 2 i.V. m. § 2 XII Nr. 1 und 2 LBO BW
		11.	§ 3 IV In die Planung von Gebäuden sind die Belange von Personen mit kleinen Kindern, behinderten und alten Menschen nach Möglichkeit einzubeziehen; dies gilt insbesondere bei der Planung von Gebäuden mit mehreren Wohnungen, wenn sie sich von der Lage her für die barrierefreie Erreichbarkeit mindestens eines Geschosses eignen
Bay	Art. 3	**1.**	Art. 3 I 1 bauliche Anlagen, andere Anlagen und Einrichtungen *sowie ihre Teile*
		2.	keine Regelung
		3.	Art. 3 I 2 *bei ordnungsgemäßer Instandhaltung*
		4.	keine Regelung
		5.	Art. 3 II 1
		6.	Art. 3 II 1
		7.	Art. 3 II 2
		8.	keine Regelung
		9.	Art. 3 III 3 auch § 70 I BayBO bleibt unberührt
		10.	Art. 3 IV Art. 3 I 1und II BayBO gilt sinngemäß
		11.	Art. 3 I 3 Die Anlagen und Einrichtungen nach Nr. 1 sind einwandfrei zu gestalten und dürfen das Gesamtbild der Umgebung nicht verunstalten Art. 3 II 4 Werden die allgemein anerkannten Regeln der Technik und Baukunst beachtet, gelten die entsprechenden Anforderungen des Bauordnungsrechts als eingehalten Art. 3 III Für Baustellen und Baugrundstücke gelten Art. 3 I 1 und II BayBO sinngemäß
Bln	§ 3	**1.**	§ 3 I 1
		2.	§ I 2
		3.	keine Regelung
		4.	§ 3 II „gebrauchstauglich" fehlt
		5.	§ 3 III 1
		6.	§ 3 III 1
		7.	§ 3 III 2
		8.	§ 3 III 3 Hs. 1
		9.	§ 3 III 3 Hs. 2
		10.	§ 3 IV
		11.	keine Regelung

Land	Norm (LBO)		Umsetzung/Abweichung in den Ländern und der MBO 2002
Bbg	§ 3	**1.**	§ 3 I Nr. 1 und 3 bauliche Anlagen, andere Anlagen und Einrichtungen *sowie ihre Teile*; zusätzlich *Eigentum;* natürliche Lebensgrundlagen müssen *geschont* werden
		2.	§ 3 I Nr. 2
		3.	§ 3 I Nr. 2
		4.	§ 3 II
		5.	§ 3 III 1
		6.	§ 3 IV 1
		7.	§ 3 III 2
		8.	§ 3 IV 2 Hs. 1 Abweichungsbefugnis, wenn eine andere Lösung in gleicher Weise die allgemeinen Anforderungen des § 3 I BgBO erfüllt
		9.	§ 3 IV 2 Hs. 2 auch § 60 I BgbBO bleibt unberührt
		10.	§ 3 V Nr. 1 auch Nr. 3 gilt sinngemäß
		11.	§ 3 V für die Baustelle gilt § 3 I, IIII und IV BbgBO sinngemäß § 3 VI Bauprodukte, Bauarten und Prüfverfahren, die in Vorschriften anderer Vertragsstaaten des Abkommens vom 2. 5. 1992 über den europäischen Wirtschaftsraum genannten technischen Anforderungen entsprechen, dürfen verwendet oder angewendet werden, wenn das geforderte Schutzniveau in Bezug auf Sicherheit, Gesundheit und Gebrauchstauglichkeit gleichermaßen dauerhaft erreicht und die Verwendbarkeit nachgewiesen wird
Brem	§ 3	**1.**	§ 3 I 1 natürliche Lebensgrundlagen müssen *geschont* werden; zusätzlich: „dass keine *unzumutbaren Belästigungen verursacht werden*“
		2.	keine Regelung
		3.	keine Regelung
		4.	§ 3 II
		5.	§ 3 III 1
		6.	§ 3 III 1
		7.	§ 3 III 2
		8.	§ 3 III 3
		9.	§ 3 III 3 Hs. 1 Abweichungsbefugnis, wenn gleichwertige Ausführung nachgewiesen wird
		10.	§ 3 IV § 3 I und III BremBO gilt sinngemäß
		11.	§ 3 I 2 bei den Baumaßnahme nach Nr. 1 soll auf die Belange behinderter Menschen Rücksicht genommen werden § 3 IV für die Baustelle und Baugrundstücke gelten § 3 I und III BremLBO sinngemäß
Hamb	§ 3	**1.**	§ 3 I 1 zusätzlich: „dass keine *unzumutbaren Belästigungen entstehen können*“
		2.	§ 3 I 2
		3.	keine Regelung
		4.	§ 3 II
		5.	§ 3 III 2 und 3
		6.	keine Regelung
		7.	§ 3 III 4
		8.	§ 3 III 5 Hs. 1 von den allgemein anerkannten Regeln der Technik kann abgewichen werden, wenn mit einer anderen Lösung in gleichem Maße die Anforderungen des § 3 I HBauO erfüllt werden
		9.	§ 3 III 5 Hs. 2
		10.	§ 3 IV

Land	Norm (LBO)		Umsetzung/Abweichung in den Ländern und der MBO 2002
		11.	§ 3 III 1 und 2 die allgemein anerkannten Regeln der Technik sind zu beachten, bei Bauausführungen, die den eingeführten Technischen Baubestimmungen entsprechen, gilt diese Voraussetzung als erfüllt § 3 IV für die Baustelle und nicht bebaute Teilflächen der Grundstücke gilt § 3 I und III HBauO entsprechend
Hess	§ 3	**1.**	§ 3 I 1
		2.	keine Regelung
		3.	keine Regelung
		4.	§ 3 II
		5.	§ 3 III 1
		6.	§ 3 III 1
		7.	§ 3 III 2
		8.	§ 3 III 3 Hs. 1
		9.	§ 3 III 3 Hs. 1 auch § 63 HBO bleibt unberührt
		10.	§ 3 IV zusätzlich Abbruch und Beseitigung *von Teilen*
		11.	§ 3 IV für die Baustelle gilt § 3 I und III HBO entsprechend
M-V	§ 3	**1.**	§ 3 I
		2.	keine Regelung
		3.	keine Regelung
		4.	§ 3 II
		5.	§ 3 III 1
		6.	§ 3 III 1
		7.	§ 3 III 2
		8.	§ 3 III 3 Hs. 1
		9.	§ 3 III 3 Hs. 2
		10.	§ 3 IV
		11.	keine Regelung
Nds	§ 1	**1.**	§ 1 I 1 und 2, V 2 bauliche Anlagen müssen so angeordnet, beschaffen und für ihre Benutzung geeignet sein, dass die öffentliche Sicherheit nicht gefährdet wird; *„öffentliche Ordnung"* fehlt; insbesondere dürfen Leben, Gesundheit und die natürlichen Lebensgrundlagen nicht *bedroht* werden
		2.	keine Regelung
		3.	keine Regelung
		4.	§ 1 IV
		5.	keine Regelung
		6.	keine Regelung
		7.	keine Regelung
		8.	keine Regelung
		9.	keine Regelung
		10.	keine Regelung
		11.	§ 1 I 3 unzumutbare Belästigungen oder unzumutbare Verkehrsbehinderungen dürfen nicht entstehen § 1 II bauliche Anlagen müssen den allgemeinen Anforderungen an gesunde Wohn- und Arbeitsverhältnisse entsprechen; dazu gehört auch die Rücksicht auf Behinderte, alte Menschen, Kinder und Personen mit Kleinkindern § 1 III bauliche Anlagen dürfen nicht verunstaltet wirken und dürfen auch das Gesamtbild ihrer Umgebung nicht verunstalten

Land	Norm (LBO)	Umsetzung/Abweichung in den Ländern und der MBO 2002	
			§ 1 V 1, VII 1 und 2 Baumaßnahmen (§ 2 V NBauO) dürfen keine Verhältnisse schaffen, die den Anforderungen des § 1 I bis IV NBauO widersprechen, und müssen so durchgeführt werden, dass dabei die öffentliche Sicherheit nicht gefährdet wird § 1 VI nicht bebaute Flächen der Baugrundstücke sind so herzurichetn und zu unterhalten, dass die Erfüllung der Anforderungen in den § 1 I bis III NBauO nicht beeinträchtigt wird § 1 V 2 und VII 2 bauliche Anlagen sind so instandzuhalten, dass die Anforderungen des § 1 I bis IV gewahrt bleiben; sie dürfen erst in Gebrauch genommen werden, wenn sie sicher benutzbar sind
NRW	§ 3	**1.**	§ 3 I 1
		2.	keine Regelung
		3.	keine Regelung
		4.	§ 3 II
		5.	§ 3 III 1 die eingeführten technischen Regeln gelten auch als allgemein anerkannte Regeln der Technik
		6.	§ 3 I 2 und III 1 und 3 die Beachtung der eingeführten technischen Regeln ist im Baugenehmigungsverfahren zu prüfen
		7.	§ 3 III 2
		8.	s. Nr. 11
		9.	§ 3 I 4
		10.	§ 3 IV § 3 I und III gilt sinngemäß
		11.	§ 3 I 2 und 3 die der Wahrung der Belange des § 3 I 1 BauO NRW dienenden allgemein anerkannten Regeln der Technik sind zu beachten, Abweichung zulässig, wenn eine andere Lösung in gleicher Weise die allgemeinen Anforderungen des § 3 I 1 erfüllt § 3 I 5 und 6 mit Boden, Wasser und Energie ist sparsam umzugehen; die Möglichkeiten zur Vermeidung und Verwertung von Bauabfällen und Bodenaushub sind zu nutzen
Rh-Pf	§ 3	**1.**	§ 3 I 1
		2.	keine Regelung
		3.	keine Regelung
		4.	§ 3 II
		5.	§ 3 II 1 „*durch Verwaltungsvorschrift eingeführten* technischen Baubestimmungen“
		6.	§ 3 III 1
		7.	keine Regelung
		8.	keine Regelung
		9.	§ 3 III 2 auch § 69 LBauO Rh-Pf bleibt unberührt
		10.	§ 3 I 2 entsprechende Geltung des § 3 I 1
		11.	§ 4 zusätzliche Regelung betreffend soziale und ökologische Belange § 5 zusätzliche Regelung betreffend Gestaltung
Saar	§ 3	**1.**	§ 3 I Nr. 1 zusätzlich: keine Verursachung vermeidbarer oder unzumutbarer Belästigungen (§ 3 Nr. 2); Begriff „natürliche Lebensgrundlagen “ wird durch Beispiele erläutert (§ 3 I Nr. 4);

Land	Norm (LBO)		Umsetzung/Abweichung in den Ländern und der MBO 2002
			die besonderen Belange der Familien und der Personen mit Kindern, der Behinderten und der alten Menschen sind zu berücksichtigen (§ 3 I Nr. 5)
		2.	§ 3 I Nr. 3 „ihrem Zweck entsprechend" fehlt
		3.	keine Regelung
		4.	§ 3 II
		5.	§ 3 IV 1
		6.	§ 3 IV 1
		7.	§ 3 IV 2
		8.	§ 3 IV 3 Hs. 1 Abweichungsbefugnis, wenn mit einer anderen Lösung in gleichem Maße die allgemeinen Anforderungen des § 3 I erfüllt werden
		9.	§ 3 IV 3 Hs. 2
		10.	§ 3 III § 3 I gilt entsprechend
		11.	keine Regelung
Sachs	§ 3	1.	§ 3 I 1 zusätzlich: *instandzusetzen*
		2.	keine Regelung
		3.	keine Regelung
		4.	§ 3 II
		5.	§ 3 III 1
		6.	§ 3 III 1 Hs. 1 zusätzlich: die eingeführten technischen Regeln gelten auch als allgemein anerkannte Regeln der Technik, Geltungsdauer auf 5 Jahre befristet (§ 3 III 1 Hs. 2, III 2)
		7.	§ 3 III 3 zusätzlich: Verweisung auch bei Verlängerung
		8.	§ 3 III 4 Hs. 1 Abweichungsbefugnis, wenn mit einer anderen Lösung in gleichem Maße die allgemeinen Anforderungen des § 3 I erfüllt werden
		9.	§ 3 III 4 Hs. 2
		10.	§ 3 IV 1
		11.	§ 3 III 5 werden die allgemein anerkannten Regeln der Technik beachtet, gelten die entsprechenden bauaufsichtlichen Anforderungen als eingehalten § 3 IV 2 soweit zur Erfüllung des abfallrechtlichen Verwertungsgebotes erforderlich, hat der Abbruch getrennt nach verwertbaren Abfällen zu erfolgen
Sachs-Anh	§ 3	1.	§ 3 I 1 Hs. 1 „den natürlichen Lebensgrundlagen ist Rechnung zu tragen" (§ 3 I 1 Hs. 2)
		2.	keine Regelung
		3.	keine Regelung
		4.	§ 3 II Anlagen und Einrichtungen „*sowie ihre Teile*"
		5.	§ 3 IV 1 Hs. 1 öffentliche Bekanntmachung im Ministerialblatt
		6.	§ 3 IV 1 Hs. 1 die eingeführten technischen Regeln gelten auch als allgemein anerkannte Regeln der Technik (§ 3 IV 1 Hs. 2)
		7.	§ 3 IV 2
		8.	§ 3 IV 3 Hs. 1 Abweichungsbefugnis, wenn mit einer anderen Lösung in gleichem Maße die allgemeinen Anforderungen des § 3 I erfüllt werden
		9.	§ 3 IV 3 Hs. 2
		10.	§ 3 V § 3 I und IV gilt sinngemäß
		11.	§ 3 I 2 unzumutbare Belästigungen oder unzumutbare Verkehrsbehinderungen dürfen nicht entstehen

Land	Norm (LBO)		Umsetzung/Abweichung in den Ländern und der MBO 2002
			§ 3 III bauliche Anlagen müssen den allgemeinen Anforderungen an gesunde Wohnverhältnisse entsprechen (§ 3 III 1); Erfordenis, Menschen mit Behinderung und älteren Menschen, Kindern und Personen mit Kleinkindern das Betreten und die Benutzung von öffentlichen Bauten gefahrlos und ohne fremde Hilfe zu ermöglichen (§ 3 III 2)
Schl-H	§ 3	**1.**	§ 3 II „öffentliche Ordnung" und die „natürlichen Lebensgrundlagen" fehlen
		2.	keine Regelung
		3.	keine Regelung
		4.	§ 3 V
		5.	§ 3 III 1
		6.	§ 3 III 1
		7.	§ 3 III 2
		8.	§ 3 III 3 Hs. 1 Abweichungsbefugnis, wenn nachgewiesen wird, dass die in § 3 II genannten allgemeinen Anforderungen erfüllt werden
		9.	§ 3 III 3 Hs. 2
		10.	§ 3 IV § 3 II und III gilt sinngemäß
		11.	§ 3 I bei der Errichtung, Änderung und Nutzungsänderung baulicher Anlagen und der Gestaltung von Grundstücken ist auf den Schutz der natürlichen Grundlagen des Lebens sowie auf die besonderen Belange von Familien mit Kindern, von alten Menschen sowie Menschen mit Behinderungen durch den Grundsatz des barrierefreien Bauens Rücksicht zu nehmen
Thür	§ 3	**1.**	§ 3 I
		2.	keine Regelung
		3.	keine Regelung
		4.	§ 3 II
		5.	§ 3 III 1
		6.	§ 3 III 1
		7.	§ 3 III 2
		8.	§ 3 III 1 Hs. 1 Abweichungsbefugnis, wenn mit einer anderen Lösung in gleichem Maße die allgemeinen Anforderungen des § 3 I erfüllt werden
		9.	§ 3 III 3 Hs. 2
		10.	§ 3 IV
		11.	keine Regelung

161 Alle Bauordnungen enthalten in ihrem ersten Abschnitt eine Grundsatzvorschrift, die sich mit dem Thema **„Allgemeine Anforderungen"** befasst. Sie ist die materiellrechtliche Grundnorm des Bauordnungsrechts.[161] Zwei Bauordnungen dissentieren allerdings in der Formulierung der Überschriften: Niedersachsen (das auch in der Zählweise seinen eigenen Weg geht und den § 1 als Standort für geeigneter hält) spricht von „Grundsätzlichen Anforderungen" (§ 1 NBauO), das Saarland von „Sicherheit und Ordnung" (§ 3 LBO Saar). Die Grundsatzvorschrift wird wegen ihrer Bedeutung – in Analogie zur polizeilichen Generalklausel – vielfach als bauaufsichtliche oder **bauordnungsrechtliche Generalklausel,** gelegentlich auch noch baupolizeiliche Generalklausel ge-

[161] OVG Nds vom 30. 9. 1992 NVwZ-RR 1993, 398/399; *Hahn* (Fn. 12), § 3 Rn. 1; *Simon/Busse* (Fn. 3), Art. 3 Rn. 3.

nannt.[162] Sie enthält allgemeine Anforderungen an bauliche Anlagen, andere Anlagen und Einrichtungen sowie Bauprodukte. Auf Grundstücke findet die Generalklausel dagegen nur nach den Bauordnungen weniger Länder Anwendung (§ 3 Abs. 1 Satz 1 LBO BW, Art. 3 Abs. 3 BayBO, § 3 Abs. 4 BremLBO); einige Bauordnungen beschränken die grundstücksbezogene Anwendung der Generalklausel auf nicht bebaute Flächen der Baugrundstücke (§ 3 Abs. 4 HBauO, § 1 Abs. 6 NBauO). Auch Baustellen werden gelegentlich in die Generalklausel aufgenommen (Art. 3 Abs. 3 BayBO, § 3 Abs. 4 BremLBO, § 3 Abs. 4 HBauO, § 3 Abs. 4 HBO). Nach § 1 Abs. 7 Satz 1 NBauO sind Baumaßnahmen so durchzuführen, dass dabei die öffentliche Sicherheit nicht gefährdet wird.

I. Bauordnungsrechtliche und polizeiliche Generalklausel

Im Unterschied zu den polizeilichen Generalklauseln des Polizei- und Ordnungsrechts **ermächtigt die bauordnungsrechtliche Grundsatzvorschrift** die zuständigen Behörden **nicht, die notwendigen Maßnahmen zu treffen**, die der Abwehr einer im einzelnen Fall bestehenden Gefahr für die öffentliche Sicherheit oder Ordnung dienen.[163] Die **bauordnungsrechtliche Generalklausel** benutzt vielmehr eine andere Gesetzestechnik: Die **Adressaten der Norm** werden durch sie unmittelbar verpflichtet,[164] und zwar müssen sie sich in Bezug auf bauliche und diesen gleichgestellte Anlagen und Einrichtungen in bestimmter Weise verhalten. Die bauordnungsrechtliche Generalklausel weicht ferner insoweit von den Regelungen des allgemeinen Polizei- und Ordnungsrechts ab, als sie nicht nur traditionell anerkannte Gefahren für die öffentliche Sicherheit oder Ordnung abwenden soll, sondern Handlungspflichten auch zugunsten anderer Rechtsgüter auferlegt. Die behördlichen Befugnisse zur Durchsetzung der allgemeinen Anforderungen finden sich nicht in der Generalklausel selbst, sondern in Spezialvorschriften innerhalb und außerhalb der Bauordnungen (s. unten Rn. 187–190). 162

Die **Niedersächsische Bauordnung** enthält zwar auch eine Generalklausel ,weicht aber erheblich von der üblichen Gesetzestechnik ab. Sie deklariert ihre „Grundsätzlichen Anforderungen“ zunächst nicht als Handlungspflichten, sondern wählt eine am baulichen Ergebnis orientierte objektive Formulierung. Nach § 1 Abs. 1 Satz 1 NBauO müssen bauliche Anlagen so angeordnet, beschaffen und für ihre Benutzung geeignet sein, dass die öffentliche Sicherheit nicht gefährdet wird. Erst an späterer Stelle verlangt sie, dass Baumaßnahmen keine Verhältnisse schaffen dürfen, die den „Grundsätzlichen Anforderungen“ widersprechen (§ 1 Abs. 5 Satz 1 NBauO). Da unter „Baumaßnahmen“ die von den anderen Bauordnungen gleichfalls erfassten Tätigkeiten – Errichtung, Änderung, Abbruch, Beseitigung, Nutzungsänderung und Instandhaltung von baulichen Anlagen – zu verstehen sind (§ 2 Abs. 5 NBauO), läuft die niedersächsische Spezialität auf die auch anderswo bestehende Rechtslage hinaus. 163

II. Allgemeine Anforderungen als Handlungspflichten

Die von der Generalklausel als **allgemeine Anforderungen** bezeichneten **Handlungspflichten** beziehen sich zumeist auf die Anordnung, Errichtung, Änderung, Instandhaltung und den Abbruch baulicher und diesen gleichgestellter Anlagen und Einrichtungen, die Änderung ihrer Nutzung sowie die Verwendung von Bauprodukten. Die Landesbauordnung Baden-Württemberg, die in einer Spezialnorm der Errichtung zahlreiche an- 164

162 *Grotefels* in *Hoppe/Bönkers/Grotefels,* Öffentliches Baurecht, 2. Aufl., 2002, S. 607; *Ortloff,* NVwZ 2001, 997/998.

163 OVG Bln vom 17. 8. 1990 OVGE 19, 98/99, vom 29. 10. 1993, OVGE 21, 74/76; *Hahn* (Fn. 12), § 3 Rn. 2, 5; *Ortloff* in *Finkelnburg/Ortloff,* Öffentliches Baurecht, Bd. II, 4. Aufl., 1998, S. 17; *Lisken/Denninger* (Hrsg.), Handbuch des Polizeirechts, 3. Aufl., 2001, D Rn. 15.

164 OVG Bln vom 17. 8. 1990 (Fn. 163).

dere bauliche Tätigkeiten gleichstellt, führt zusätzlich das Herstellen, Aufstellen, Anbringen, Einbauen und Einrichten an (§ 3 Abs. 1 Satz 1, § 2 Abs. 12 Nr. 1 LBO BW). Diese Tätigkeiten müssen so beschaffen sein, dass die öffentliche Sicherheit oder Ordnung, insbesondere Leben, Gesundheit oder die natürlichen Lebensgrundlagen, nicht gefährdet oder bedroht werden (§ 3 Abs. Satz 1 LBO BW, § 3 Abs. 1 Satz 1 BauO Bln, § 3 Abs. 1 Satz 1 HBauO). Von ihnen dürfen also keine keine Gefahren ausgehen. Die baulichen Anlagen und die ihnen gleichgestellten Anlagen und Einrichtungen müssen überdies ohne Missstände zu nutzen sein, und ferner unterliegt die Verwendung von Bauprodukten Einschränkungen. Die Handlungspflichten werden dadurch präzisiert, dass die Adressaten der Norm bestimmte technische Regeln beachten müssen.

165 Die allgemeinen Anforderungen der bauordnungsrechtlichen Generalklausel werden in zahlreichen Vorschriften der Bauordnungen konkretisiert.[165] Soweit sich der Anwendungsbereich dieser **Spezialvorschriften** sowie solcher auf der Grundlage der Bauordnungen erstreckt, wird die Geltung der **Generalklausel verdrängt**.[166] Die Generalklausel ist also eine **Auffangnorm** und enthält subsidiäres materielles Recht.[167] Ist z. B. eine bauliche Anlage standsicher, können hinsichtlich der Standsicherheit keine zusätzlichen Anforderungen unter Berufung auf die Generalklausel geltend gemacht werden.[168] Dieser Verdrängungseffekt wird besonders deutlich an einer Vorschrift wie § 13 Abs. 1 HBO, die – unter Wiederholung der Handlungsanweisungen der Generalklausel des § 3 Abs. 1 HBO – verlangt, dass der Entstehung eines Brandes und der Ausbreitung von Feuer und Rauch vorgebeugt wird und bei einem Brand die Rettung von Menschen und Tieren sowie wirksame Löscharbeiten möglich sind.

III. Gesetzgeberisches Programm des Bauordnungsrechts

166 Wenngleich wegen des Vorrangs spezieller Vorschriften die rechtliche und praktische Bedeutung der Generalklausel reduziert ist, lässt sich ihr jedoch das **gesetzgeberische Programm des Bauordnungsrechts** entnehmen. Es besteht primär in der **Abwehr von Gefahren für die öffentliche Sicherheit und Ordnung**. Die Bauordnungen sollen Gefahrenquellen für die Allgemeinheit ausschalten, die durch bauliche Maßnahmen hervorgerufen werden können.[169]

167 Die **Verhinderung baulicher Verunstaltungen**, neben der Gefahrenabwehr ein klassisches Thema des Bauordnungsrechts (s. unten Kapitel 4, Rn. 1), ist im Allgemeinen nicht Gegenstand der Generalklausel. Immerhin fordert Art. 3 Abs. 1 Satz 3 BayBO, dass bauliche Anlagen sowie die ihnen gleichgestellten anderen Anlagen und Einrichtungen einwandfrei zu gestalten sind und das Gesamtbild ihrer Umgebung nicht verunstalten dürfen. § 5 LBauO Rh-Pf ergänzt die Generalklausel des § 3 Abs. 1 LBauO Rh-Pf um eine entsprechende Vorschrift, die allerdings bei einer künstlerisch gestalteten Fassadenbemalung nicht eingreifen soll.[170] Nach § 1 Abs. 3 NBauO dürfen bauliche Anlagen nicht verunstaltet wirken und dürfen auch das Gesamtbild ihrer Umgebung nicht verunstalten; außerdem sind nach § 1 Abs. 6 NBauO nicht bebaute Flächen von Baugrundstücken so herzurichten und zu unterhalten, dass die Erfüllung des Verunstaltungsverbots nicht beeinträchtigt wird.

168 Auch das in manchen Vorschriften der Bauordnungen erkennbare **Ziel baulicher Wohlfahrts- oder Sozialpflege** und der Schutz sonstiger Rechtsgüter werden zumeist

[165] OVG NRW vom 26. 10. 2000 BRS 63 Nr. 151.

[166] *Simon/Busse* (Fn. 3), Art. 3 Rn. 5, 7; *Ortloff*, NVwZ 1985, 698; *B. Schulte*, Rechtsgüterschutz durch Bauordnungsrecht, 1982, S. 101.

[167] *Ortloff*, NVwZ 1996, 647/648, NvWZ 2003, 660/661.

[168] OVG Bln vom 24. 1. 1969 BRS 22 Nr. 111.

[169] OVG Bln vom 29. 12. 1988 BRS 49 Nr. 222.

[170] OVG Rh-Pf vom 24. 7. 1997 NJW 1998, 1432.

nicht erwähnt.[171] Jedoch befasst sich § 3 Abs. 4 LBO BW mit der Barrierefreiheit als einem Aspekt der Wohlfahrtspflege sowie § 3 Abs. 1 Satz 2 BremLBO mit den Belangen behinderter Menschen. Nach manchen Bestimmungen müssen bauliche Anlagen den allgemeinen Anforderungen an gesunde Wohn- und Arbeitsverhältnisse entsprechen (§ 1 Abs. 2 NBauO, § 3 Abs. 3 Satz 1 LBO LSA). Hierzu rechnen auch die Rücksicht auf Behinderte, alte Menschen, Kinder und Personen mit Kleinkindern (§ 1 Abs. 2 NBauO) oder das Erfordernis, Menschen mit Behinderung und älteren Menschen, Kindern und Personen mit Kleinkindern das Betreten und die Benutzung von Bauten, die der Öffentlichkeit allgemein zugänglich sind, gefahrlos und ohne fremde Hilfe zu ermöglichen (§ 3 Abs. 3 Satz 2 LBO LSA). Andere Bauordnungen enthalten ähnliche Regelungen (§ 3 Abs. 1 Nr. 5 LBO Saar, § 3 Abs. 1 LBO Schl-H). Die Rheinland-Pfälzische Bauordnung hat sogar ihre Generalklausel durch eine sozialen Belangen dienende separate Vorschrift ergänzt (§ 4 Satz 1 LBauO Rh-Pf). Danach sind bei der Anordnung, Errichtung, Instandhaltung, Änderung und Nutzungsänderung die allgemeinen Anforderungen an gesunde Wohn- und Arbeitsverhältnisse und die Belange und Sicherheitsbedürfnisse von Frauen, Familien und Kindern sowie von behinderten und alten Menschen insbesondere im Hinblick auf barrierefreies Bauen nach den bauordnungsrechtlichen Vorschriften zu berücksichtigen.

IV. Die Generalklausel als Gefährdungsklausel

Die zentrale Bedeutung der **Generalklausel** besteht in ihrer Eigenschaft als **Gefährdungsklausel**. In fast allen Bauordnungen bildet diese den Anfang der Grundsatzvorschrift (§ 3 Abs. 1 Satz 1 LBO BW, Art. 3 Abs. 1 Satz 1 BayBO, § 3 Abs. 1 Satz 1 BauO NRW). Sie zielt darauf ab, bauliche Anlagen, andere Anlagen und Einrichtungen sowie bauliche Tätigkeiten von Gefahren für die öffentliche Sicherheit oder Ordnung, insbesondere Leben, Gesundheit oder die natürlichen Lebensgrundlagen, freizuhalten. Einige Bauordnungen nehmen sich innerhalb der Generalklausel des Problems der **Dauerhaftigkeit** an und verlangen, dass bauliche Anlagen und die ihnen gleichgestellten anderen Anlagen und Einrichtungen den Anforderungen der Generalklausel bei ordnungsgemäßer Instandhaltung ihrem Zweck entsprechend angemessen dauerhaft erfüllen (Art. 3 Abs. 1 Satz 2 BayBO, § 3 Abs. 1 Nr. 2, Abs. 3 BbgBO). Die meisten Bauordnungen behandeln dieses Thema allerdings erst im Zusammenhang ihrer die Bauprodukte betreffenden Regelung (s. unten Rn. 198). 169

1. Sachlicher Geltungsbereich

Die Gefährdungsklausel erfasst außer den **baulichen Anlagen** im Sinne der Legaldefinition auch die den baulichen Anlagen gleichgestellten **anderen Anlagen und Einrichtungen** (s. oben Rn. 24 f.). Die Erstreckung auf sonstige Anlagen und Einrichtungen ist gesetzestechnisch kompliziert, weil die Gefährdungsklausel selbst keine spezifischen Anlagen und Einrichtungen nennt, sondern auf § 1 (Art. 1) Abs. 1 Satz 2 der Bauordnungen „zurückverweist"; der insofern maßgebliche Geltungsbereich der Generalklausel ist deshalb erst anhand derjenigen Vorschriften – außerhalb der Eingangsvorschrift und der Gefährdungsklausel – zu ermitteln, die Anforderungen an bestimmte Anlagen und Einrichtungen enthalten. Sehen also einzelne Vorschriften der Bauordnungen oder auf sie gestützter Rechtsvorschriften vor, dass Anlagen und Einrichtungen speziellen Anforderungen genügen müssen, so führt dies dazu, dass in allen diesen Fällen zugleich auch ergänzend die bauordnungsrechtliche Generalklausel eingreift. 170

[171] *Schulte* (Fn. 166), S. 108, 225.

2. Die Baumaßnahmen

171 Die Anforderungen der Generalklausel beziehen sich auf bestimmte **Baumaßnahmen**, nämlich die **Anordnung, Errichtung, Änderung und Instandhaltung** baulicher Anlagen (und der ihnen gleichgestellten Anlagen und Einrichtungen). Zusätzlich nennt § 2 Abs. 12 Nr. 1 LBO BW das Herstellen, Aufstellen, Anbringen, Einbauen und Einrichten. § 1 Abs. 5 Satz 2 NBauO regelt die Pflicht zur Instandhaltung – formal losgelöst von der Generalklausel, aber an ihr orientiert – in einer Sondervorschrift. Einige Bauordnungen (Art. 3 Abs. 1 Satz 1 BayBO, § 3 Abs. 1 BbgBO, § 1 Abs. 5 Satz 1 i.V. m. § 2 Abs. 5 NBauO) richten die Anforderungen nicht nur auf die Anlagen und Einrichtungen insgesamt, sondern auch auf ihre Teile. Unerheblich ist es, ob diese Tätigkeiten genehmigungsbedürftig oder genehmigungsfrei sind

172 Das **Entwerfen baulicher Anlagen** wird in der Generalklausel üblicherweise nicht erwähnt; dies ist gerechtfertigt, weil dadurch noch keine Gefahrenlage verursacht werden kann. Jedoch enthält § 3 Abs. 4 LBO BW eine sozialpflegerische Komponente: In die **Planung** von Gebäuden sind die Belange von Personen mit kleinen Kindern, behinderten und alten Menschen einzubeziehen; dies gilt insbesondere bei der Planung von Gebäuden mit mehreren Wohnungen, wenn sie sich von der Lage her für die barrierefreie Erreichbarkeit mindestens eines Geschosses eignen. Gelegentlich finden sich in Bauordnungen **Ausschnitte aus der Generalklausel**, die unter Verwendung der darin benutzten Formulierung Handlungspflichten derselben Art begründen, aber auf spezielle Gefahren ausgerichtet sind. Dies ist etwa bei § 13 Abs. 1 HBO der Fall (s. oben Rn. 165). Aber auch sonst gehören Teilwiederholungen der Generalklausel zum Repertoire der Bauordnungen (§ 12 Abs. 1 Satz 1, § 14 Satz 1 BauO Bln, § 12 Satz 1 HBO, §§ 14, 15 Abs. 1 LBauO Rh-Pf).

173 Zur **Anordnung** von Anlagen gehört die Wahl des Standortes und die Gestaltung des Grundrisses. Eine spezielle bauordnungsrechtliche Regelung dieses Themas enthält das Recht der Abstandsflächen (s. unten Kapitel 3, Rn. 39). Die meisten normativen Direktiven für die Anordnung baulicher Anlagen auf Grundstücken ergeben sich aus dem Planungsrecht, vor allem in Gestalt von Bebauungsplänen. Die **Errichtung** ist sowohl der Neubau als auch der Wiederaufbau. Die Komplettierung eines Gebäudetorsos ist, sofern die Baugenehmigung erloschen ist, ein Neubau oder eine Änderung, jedoch keine Instandhaltung.[172] Die **Änderung** ist die Umgestaltung einer baulichen Anlage. Bauliche Änderungen sind z. B. auch die Erneuerung der Fassade oder das Anbringen von Werbeanlagen. Bei baulichen Anlagen, die nur durch eigene Schwere auf dem Boden ruhen (s. oben Rn. 72), wie einem Verkaufswagen, ist das Aufstellen als Errichtung, das Versetzen als Änderung anzusehen. Sowohl die Errichtung als auch die Änderung baulicher Anlagen sind grundsätzlich genehmigungsbedürftig (§ 63 Abs. 1 BauO NRW). **Instandsetzungsarbeiten** können – je nach ihrer Intensität – unter die Begriffe der Errichtung, der Änderung oder der Instandhaltung fallen; die Grenzen zwischen diesen Baumaßnahmen sind fließend.[173] Zu Recht behandelt deshalb § 3 Abs. 1 SächsBO Instandsetzung und Instandhaltung gleich. Der Begriff der **Instandhaltung** ist mit dem der Unterhaltung identisch. Die Instandhaltung von Anlagen und Einrichtungen umfasst die infolge Abnutzung, Alterung, Witterung und Einwirkungen Dritter notwendigen Arbeiten, gegebenenfalls auch gemäß § 3 Abs. 6 und § 22 Abs. 1 BImschG die Anpassung an den „Stand der Technik".[174] Diese Maßnahmen sind regelmäßig genehmigungsfrei (§ 56 Abs. 4 BauO Bln). Die Instandhaltung dient der Beseitigung von Mängeln ohne wesentliche Änderung des bisherigen Zustands, der lediglich wiederhergestellt werden soll. Der Austausch einer intakten Haustür eines Miethauses gegen eine moderne Metalltür ist keine Instandhaltung.[175]

[172] OVG Bln vom 8. 2. 1969 BRS 22 Nr. 141.
[173] Vgl. zum Begriff der „Unterhaltungsmaßnahmen" nach § 14 Abs. 3 BauGB OVG M-V vom 12. 7. 1995 LKV 1996, 213.
[174] OVG Bln vom 22. 4. 1993 BRS 55 Nr. 179, vom 18. 7. 1994 BRS 56 Nr. 110.
[175] OVG Bln vom 20. 11. 1992 BRS 54 Nr. 117.

Auch die vollständige Erneuerung der verrotteten Einfriedung eines Grundstücks durch einen Maschendrahtzaun mit Betonsockel soll keine Instandsetzungs- oder Unterhaltungsmaßnahme sein.[176]

3. Gefährdung der öffentlichen Sicherheit und Ordnung

Die in der Generalklausel aufgeführten Tätigkeiten sowie ihr Ergebnis – die angeordnete, errichtete, geänderte oder instand gehaltene Anlage oder Einrichtung – dürfen die **öffentliche Sicherheit oder Ordnung nicht gefährden**, also keine Gefahren für sie bilden. Eine abweichende terminologische Nuance findet sich in § 3 Abs. 1 Satz 1 LBO BW, nach dessen Regelung die polizeilichen Schutzgüter nicht bedroht sein dürfen. Abgekehrt haben sich 3 § Abs. 1 Satz 1 NBauO und § 3 Abs. 2 LBO Schl-H von der polizeirechtlichen Tradition dadurch, dass die öffentliche Ordnung als Schutzgut entfallen ist.[177] 174

a) Polizeiliche Schutzgüter

Die in der bauordnungsrechtlichen Generalklausel benutzte Terminologie ist dem Polizei- und Ordnungsrecht entlehnt. Unter **öffentlicher Sicherheit** werden dort die individuellen Rechtsgüter des Lebens und der Gesundheit (die in der Generalklausel zudem ausdrücklich genannt werden), der Ehre, der Freiheit, des Eigentums (das § 3 Abs. 1 Nr. 1 BbgBO namentlich erwähnt) sowie des Vermögens und kollektive Rechtsgüter, wie z. B. die Unversehrtheit der Rechtsordnung und der staatlichen Einrichtungen, verstanden.[178] Besondere Bedeutung kommt im Bauordnungsrecht dem Schutzgut der Gesundheit zu, die z. B. durch Asbeststaub gefährdet wird.[179] Neuere Legaldefinitionen aus dem Bereich des Polizei- und Ordnungsrechts nennen als Schutzgüter der öffentlichen Sicherheit die Unverletzlichkeit der Rechtsordnung, der subjektiven Rechte und Rechtsgüter des Einzelnen sowie der Einrichtungen und Veranstaltungen des Staates oder sonstiger Träger der Hoheitsgewalt (§ 2 Nr. 2 Bremisches Polizeigesetz – BremPolG – vom 21. 3. 1983 [GBl. S. 141, 301], § 3 Nr. 1 Gesetz über die öffentliche Sicherheit und Ordnung des Landes Sachsen-Anhalt – SOG LSA – i. d. F. vom 16. 11. 2000 [GVBl. S. 594], Art. 54 Nr. 1 Thüringer Gesetz über die Aufgaben und Befugnisse der Ordnungsbehörden – Thür OBG – vom 18. 6. 1993 [GVBl. S. 323]). 175

Bis auf zwei Bauordnungen (§ 1 Abs. 1 Satz 1 NBauO, § 3 Abs. 2 LBO Schl-H) gehört die öffentliche Ordnung, wie es der polizeirechtlichen Tradition entspricht, zu den Schutzgütern der bauordnungsrechtlichen Generalklausel. Die **öffentliche Ordnung** besteht aus ungeschriebenen Verhaltensregeln, deren Befolgung nach den jeweils herrschenden gesellschaftlichen Auffassungen für ein gedeihliches Zusammenleben unabdingbar ist.[180] Neuere polizeirechtliche Definitionen umschreiben die öffentliche Ordnung als die Gesamheit der im Rahmen der verfassungsmäßigen Ordnung liegenden ungeschriebenen Regeln für das Verhalten des Einzelnen in der Öffentlichkeit, deren Beachtung nach den jeweils herrschenden Anschauungen als unerlässliche Voraussetzung eines geordneten staatsbürgerlichen Gemeinschaftslebens betrachtet wird (§ 3 Nr. 2 SOG LSA, Art. 54 Nr. 2 Thür OBG). 176

Die Generalklausel verfolgt den Zweck, Schäden an den genannten polizeilichen Schutzgütern zu vermeiden. Entgegen ihrem Wortlaut ist es jedoch ausgeschlossen, dass irgendeine bauliche Anlage (oder gar eine sonstige Anlage oder Einrichtung) in der Lage 177

---

176 BayObLG vom 27. 6. 1990 NVwZ-RR 1990, 535.

177 *Große-Suchsdorf/Lindorf/Schmaltz/Wiechert*, Niedersächsische Bauordnung, 7. Aufl., 2002, § 3 Rn. 12.

178 BVerfG vom 14. 5. 1985 BVerfGE 69, 315/352; BW VGH vom 14. 2. 1990 NVwZ-RR 1990, 533; *Erbel*, DVBl. 2001, 1714/1719; *Knemeyer*, Polizei- und Ordnungsrecht, 9. Aufl., 2002, Rn. 100; *Lisken/Denninger* (Fn. 163), E Rn. 6.

179 BW VGH vom 14. 2. 1990 NVwZ-RR 1990, 533; OVG Brem vom 3. 12. 1991 NJW 1992, 3054; OVG Hamb vom 21. 8. 1991 NJW 1992, 524/525, vom 2. 6. 1994 NJW 1995, 275 Ls.

180 BVerfG (Fn. 178); *Drews/Wacke/Vogel/Martens*, Gefahrenabwehr, 9. Aufl., 1986, S. 245; *Erbel* (Fn. 178), S. 1717; *Lisken/Denninger* (Fn. 163), E Rn. 25.

ist, sämtliche Rechtsgüter, die unter die **öffentliche Sicherheit oder Ordnung** fallen, zu gefährden. Leben und Gesundheit können durch bauliche Anlagen immer bedroht werden, andere Rechtsgüter nur ausnahmsweise oder überhaupt nicht. So ist es kaum vorstellbar, wie die öffentliche Ordnung durch bauliche Anlagen beeinträchtigt werden sollte (wobei anderes für ihre Nutzung gelten mag). Lärmbelästigungen, die früher als Verstöße gegen die öffentliche Ordnung in Betracht gezogen werden konnten, werden heute durch einzelne Vorschriften der Bauordnungen (§ 18 Abs. 2 BauO NRW), das Bundes-Immissionsschutzgesetz und spezielle Lärmschutzbestimmungen erfasst. Auch wäre die Forderung, der Bauherr müsse auf das – von der öffentlichen Sicherheit erfasste – Vermögen Privater Rücksicht nehmen, selbst dann unerfüllbar, wenn man sie auf den Fall besonderer Schwere der Interessenverletzung beschränkte. Die Generalklausel wäre zudem keine praktikable Norm, würden ihre Adressaten verpflichtet, bei Baumaßnahmen sämtliche individuellen und kollektiven Rechtsgüter zu schonen.

178 Die Übernahme der **polizeirechtlichen Terminologie** in das Bauordnungsrecht ist **gesetzestechnisch bedenklich** und vermag jedenfalls nicht zu einer Identität der polizeilichen Schutzgüter und derjenigen der Generalklausel zu führen. Zur öffentlichen Sicherheit im Sinne der bauaufsichtlichen Generalklausel sind vielmehr nur Leben und Gesundheit sowie ähnliche **„handgreifliche" Rechtsgüter** – z. B. die Sicherheit oder Leichtigkeit des Verkehrs (Art. 17 Abs. 2 BayBO) oder die Einhaltung von Einzelbestimmungen des Bauordnungsrechts – zu rechnen, die von Anlagen und Einrichtungen gefährdet werden können; auch die natürlichen Lebensgrundlagen sind als Bestandteile der öffentlichen Sicherheit geeignet (s. unten Rn. 180). Diese Einschränkung ist auch deshalb geboten, weil die bauordnungsrechtliche Generalklausel – anders als die polizeilichen und ordnungsbehördlichen Generalklauseln – die Adressaten der Norm unmittelbar verpflichtet und es also keines zusätzlichen – im Ermessen der Bauaufsichtsbehörde stehenden und somit die gesetzliche Forderung mildernden – Verwaltungsakts bedarf (s. oben Rn. 162).

b) Gefahrenabwehr

179 Die **Generalklausel** soll Schäden und Gefährdungen von den bauordnungsrechtlichen Schutzgütern fern halten, dient also der **Gefahrenabwehr. Gefahr** ist ein Zustand, der bei ungehindertem Ablauf des weiteren Geschehens mit hinreichender Wahrscheinlichkeit zu einem Schaden an den polizeilichen Schutzgütern der öffentlichen Sicherheit oder Ordnung führt.[181] Die Gefahr, deren Verhinderung die Generalklausel gebietet, ist die im Einzelfall bestehende, also **konkrete Gefahr**.[182] Hat sich die Gefahr verwirklicht und ist der Schaden eingetreten, so gehört zur Gefahrenabwehr auch die Beseitigung des Schadens oder der Störung. Wie Gefahren werden solche Zustände behandelt, bei denen die Behörde nach ihren Erkenntnissen berechtigterweise einen Gefahrenverdacht hegen oder eine Anscheinsgefahr annehmen darf.[183] **Belästigungen** sind keine Gefahren. Einige Bauordnungen schreiben jedoch vor, dass die in der Generalklausel genannten baulichen Tätigkeiten keine **unzumutbaren Belästigungen** verursachen dürfen (§ 3 Abs. 1 Satz 1 BremLBO, § 3 Abs. 1 Satz 1 HBauO), dass keine unzumutbaren Belästigungen und keine unzumutbaren Verkehrsbehinderungen entstehen dürfen (§ 1 Abs. 1 Satz 3 NBauO, § 3 Abs. 1 Satz 2 LBO LSA) oder dass keine vermeidbaren oder unzumutbaren Belästigungen verursacht werden dürfen (§ 3 Abs. 1 Nr. 2 LBO Saar). Auch Spezialvorschriften befassen sich mit der Abwehr von Belästigungen, insbesondere wenn diese unzumutbar oder vermeidbar sind (§ 8 Abs. 3 Satz 3, § 12 Abs. 1 Satz 1 BauO Bln, § 2 Abs. 8 Nr. 17 HBO, § 14 LBO Rh-Pf).[184]

---

181 OVG NRW vom 28. 8. 2001 NWVBl. 2002, 388/389; *Drews/Wacke/Vogel/Martens* (Fn. 180), S. 220.
182 BW VGH vom 14. 2. 1990 NVwZ-RR 1990, 533/534.
183 Hess VGH vom 24. 6. 1991 NVwZ-RR 1992, 288; VG Frankfurt a. M. vom 2. 11. 2001 NVwZ-RR 2002, 269; *Drews/Wacke/Vogel/Martens* (Fn. 180), S. 226.
184 OVG Bln vom 14. 5. 1982 BRS 39 Nr. 207.

c) Schutz der natürlichen Lebensgrundlagen

Dass die **„natürlichen Lebensgrundlagen“**, zu denen Boden, Luft und Wasser sowie Tiere und Pflanzen rechnen, neben die traditionellen polizeilichen Schutzgüter „Leben oder Gesundheit“ getreten sind, wirft rechtliche Zweifelsfragen auf (Art. 3 Abs. 1 Satz 1 BayBO, § 3 Abs. 1 Nr. 3 BbgBO, § 3 Abs. 1 Satz 1 BauO NRW). Dagegen löst sich § 4 Satz 1 LBauO Rh-Pf vom baurechtlichen Konsens und attachiert die **„Belange des Umweltschutzes“** der Generalklausel des § 3 Abs. 1 LBauO Rh-Pf. Auch Schleswig-Holstein weicht von der üblichen Gesetzestechnik ab. § 3 Abs. 1 LBO Schl-H stellt seine Umweltformel der Generalklausel voran und verpflichtet dazu, bei der Errichtung, Änderung und Nutzungsänderung baulicher Anlagen und der Gestaltung von Grundstücken auf den Schutz der natürlichen Grundlagen des Lebens Rücksicht zu nehmen. 180

Das Gebot, durch Baumaßnahme die natürlichen Lebensgrundlagen nicht zu gefährden oder zu schonen, geht weiter als ein Gebot, wonach bauliche Anlagen sich in die Umwelt, Natur und Landschaft einzufügen haben. Ein Einfügungsgebot wäre lediglich auf ein ökologisch ausgewogenes Verhältnis von baulichen Anlagen und Umgebung gerichtet. Dagegen ist die Zuordnung der natürlichen Lebensgrundlagen zum polizeilichen Schutzgut der öffentlichen Sicherheit von geringerer Eindeutigkeit. Der Umweltschutz, der verfassungsrechtlich Gegenstand von Staatszielbestimmungen ist (Art. 20 a GG), wird dadurch in den Tatbestand einer Handlungspflichten begründenden Norm einbezogen. Die Normadressaten der Generalklausel sind somit verpflichtet, den Eintritt von Gefahren für die natürlichen Lebensgrundlagen zu vermeiden. Auch für das neuartige bauordnungsrechtliche Schutzgut der natürlichen Lebensgrundlagen gilt das Prinzip, dass (**umweltrechtliche**) **Spezialvorschriften** den Geltungsbereich der Generalklausel einschränken (s. oben Rn. 165). Deshalb findet die Generalklausel keine Anwendung, wenn Bestimmungen der Bauordnungen (Art. 14 Abs. 1 BayBO) oder sonstige Normen das Thema des Umweltschutzes behandeln.[185] Aber auch im Übrigen dürfte die Bedeutung der Generalklausel für einen bauordnungsrechtlichen Umweltschutz gering sein. Zwar werden die natürlichen Lebensgrundlagen regelmäßig durch bauliche Anlagen beeinträchtigt, und zwar insbesondere durch den mit ihrer Errichtung verbundenen Flächenverzehr und ihre Nutzung. Derartige Anlagen gefährden im Rechtssinne jedoch die natürlichen Lebensgrundlagen nicht, wenn sie – einschließlich der mit ihnen oder in ihnen betriebenen Nutzung – mit den Vorschriften des Umweltrechts und des Bauplanungsrechts vereinbar sind. 181

Zwei Bauordnungen versuchen, durch präzisere Anweisungen dem **bauordnungsrechtlichen Umweltschutz** ein größeres Gewicht zu verleihen: Mit Boden, Wasser und Energie ist sparsam umzugehen; die Möglichkeiten zur Vermeidung und Verwertung von Bauabfällen und Bodenaushub sind zu nutzen (§ 3 Abs. 1 Sätze 5 und 6 BauO NRW). Das Gebot, die natürlichen Lebensgrundlagen nicht zu gefährden, verpflichtet insbesondere dazu, den Naturhaushalt zu schonen und Möglichkeiten zum sparsamen Umgang mit Boden, Wasser und Energie, zur Gewinnung erneuerbarer Energien sowie zur Reduzierung und Wiederverwendung von Wertstoffen und Abfallstoffen zu nutzen (§ 3 Abs. 1 Nr. 4 LBO Saar). 182

Trotz des Standorts des Umweltschutzes innerhalb der Generalklausel handelt es sich bei diesem Schutzgut der Sache nach weniger um eine Quelle von baulichen Pflichten, vielmehr eher um einen **Hinweis auf die** zahlreichen **Normen des Umweltrechts**, die sich auf bauliche Anlagen beziehen (und gegebenenfalls im Genehmigungsverfahren berücksichtigt werden müssen). Mit Hilfe der Generalklausel dürfen also die spezialgesetzlichen Anforderungen des Umweltrechts nicht verstärkt werden.[186] Entspricht z. B. eine bauliche Anlage dem § 22 BImSchG oder einer Rechtsverordnung gemäß § 23 BImSchG, 183

---

185 *Ortloff*, NVwZ 1985, 698.
186 *Ortloff* (Fn. 185), S. 700.

so ist es der Bauaufsichtsbehörde verwehrt, weitergehende Vorkehrungen gegen schädliche Umwelteinwirkungen im Sinne des § 3 Abs. 1 BImSchG zu verlangen. Wegen der Fülle der vorhandenen Umweltrechtsnormen wird die Behörde nur in Ausnahmefällen einer Anlage oder Einrichtung unter Berufung auf bauordnungsrechtliche Umweltklauseln die Zulässigkeit mit der Begründung absprechen können, sie gefährde die natürlichen Lebensgrundlagen. Prinzipiell ausgeschlossen ist dies jedoch nicht. Wenngleich die Problemkreise, die noch nicht von Rechtsvorschriften des Umweltrechts überzogen sind, immer kleiner werden (wie in neuerer Zeit durch das Bundes-Bodenschutzgesetz), so kann doch eine bauliche Anlage auch an – nicht spezialgesetzlich geregelten – Belangen des Umweltschutzes scheitern.

4. Praktische Bedeutung der Gefährdungsklausel

184 Wegen der Verdrängung der Generalklausel durch die Spezialvorschriften des Bauordnungsrechts, des Bauplanungsrechts und des Umweltrechts kommt den **Handlungsanweisungen** der Generalklausel im Allgemeinen nur geringe Bedeutung zu, soweit sie sich auf die Anordnung, die Errichtung und die Änderung von Anlagen und Einrichtungen beziehen. Größer ist dagegen ihre **praktische Bedeutung** für die Pflicht zur **Instandhaltung von Anlagen**. Denn insoweit finden sich nur ausnahmsweise spezielle Vorschriften in den Bauordnungen (Art. 8 Abs. 1 Halbs. 2 BayBO). Wenn die Pflicht zur Instandhaltung von Anlagen und Einrichtungen sich nicht ausdrücklich aus solchen Normen ergibt und in ihnen auch nicht stillschweigend angeordnet ist, trifft den Adressaten der Norm, solange die Anlage oder Einrichtung besteht, die allgemeine Instandhaltungspflicht aus der Generalklausel (s. oben Rn. 171 und 173). Aus der in den meisten Bauordnungen enthaltenen Vorschrift über die Verwendung von Bauprodukten ergibt sich, dass die Instandhaltung ordnungsgemäß sein muss (s. unten Rn. 198). Weist eine bauliche Anlage – etwa wegen ihres Alters oder wegen ihr beigebrachter Schäden – Mängel auf, so muss der Eigentümer Maßnahmen ergreifen, um eine Gefährdung der öffentlichen Sicherheit, insbesondere des Lebens oder der Gesundheit, abzuwehren. Unerheblich ist es, ob er seine Instandhaltungspflicht schuldhaft verletzt hat oder ob ihm deren Erfüllung wirtschaftlich unmöglich ist. Die erforderliche konkrete Gefahr (s. oben Rn. 179) wird regelmäßig nicht erst bei drohenden Schäden an Leben oder Gesundheit anzunehmen sein, sondern schon dann, wenn die Beschaffenheit einer baulichen Anlage nicht mehr den speziellen Anforderungen der Bauordnungen (oder der auf ihrer Grundlage erlassenen Rechtsvorschriften) entspricht; denn Bestandteil der öffentlichen Sicherheit ist auch die Wahrung der Rechtsordnung und somit im Bereich der Generalklausel vor allem die Einhaltung des öffentlichen Baurechts.

185 Die **Instandhaltungspflichten** der Generalklausel gelten uneingeschränkt nur für bauliche Anlagen, die nach deren In-Kraft-Treten errichtet worden sind. Für rechtmäßig bestehende **ältere Anlagen** halten die Bauordnungen regelmäßig spezielle Vorschriften bereit, die sich mit verminderten Anforderungen begnügen. So schreibt § 77 Abs. 1 Satz 1 BauO Bln vor, dass bauliche Anlagen mindestens in dem Zustand zu erhalten sind, der den bei ihrer Errichtung geltenden Vorschriften entspricht. Stimmen die Anforderungen früherer Bauordnungen mit den heutigen Anforderungen überein, führt die Anwendung derartiger auf Altbauten zugeschnittener Bestimmungen zum gleichen Ergebnis wie die Generalklausel. Mitunter kann, und zwar auch dann, wenn keine Verletzung der Instandhaltungs- oder der Erhaltungspflicht vorliegt, unter der Voraussetzung einer Gefahrenlage die Anpassung baulicher Anlagen an das geltende Recht verlangt werden (§ 77 Abs. 3 BauO Bln, § 61 Abs. 2 Satz 1, § 87 Abs. 1 BauO NRW). Für den Spezialfall der Kinderspielplätze lassen es die Bauordnungen zu, dass bei bestehenden Gebäuden die Herstellung und Instandhaltung von Spielplätzen verlangt wird (§ 11 Abs. 4 LBauO Rh-Pf).

V. Adressaten der allgemeinen Anforderungen

Adressaten der durch die Generalklausel begründeten **allgemeinen Anforderungen** sind **regelmäßig die am Bau Beteiligten** (s. unten Kapitel 11, Rn. 3 ff.). Insbesondere an den Bauherrn richten sich die Handlungsanweisungen. Dagegen obliegt die **Instandhaltungspflicht**, die im Unterschied zu den anderen Pflichten eine Dauerpflicht ist, dem **Eigentümer** sowie **dinglich oder obligatorisch Berechtigten**, denen die privatrechtliche Befugnis zur Instandhaltung zusteht (z. B. Erbbauberechtigten oder Pächtern), gegebenenfalls auch dem Inhaber der tatsächlichen Gewalt. Die Einzelheiten der Polizeipflichtigkeit oder der polizei- oder ordnungsrechtlichen Verantwortlichkeit ergeben sich aus den einschlägigen landesrechtlichen Regelungen.[187] 186

VI. Durchsetzung der allgemeinen Anforderungen

Die **Durchsetzung der Handlungspflichten** der Generalklausel hängt davon ab, ob ein **Vorhaben genehmigungsbedürftig** ist. Soweit es sich um die Pflicht zur Gefahren vermeidenden Anordnung, Errichtung oder Änderung genehmigungsbedürftiger baulicher Anlagen handelt, hat die Bauaufsichtsbehörde im **Baugenehmigungsverfahren** für die Einhaltung der Generalklausel zu sorgen. Nach Erteilung einer wirksamen Baugenehmigung ist die Bauaufsichtsbehörde daran gehindert, den Adressaten der Norm zur Abwendung solcher Gefahren zu verpflichten, die mit der Anordnung, der Errichtung oder der Änderung von Anlagen und Einrichtungen zusammenhängen. Denn die Abwesenheit derartiger Gefahren – einschließlich solcher für die Umwelt – wurde bereits in der Baugenehmigung verbindlich bejaht. Von dieser Bindungswirkung kann sich die Behörde nur durch die Rücknahme oder den Widerruf der Genehmigung lösen (§§ 48, 49 VwVfG). Mit Hilfe nachträglicher Anordnungen kann keine Korrektur erreicht werden, es sei denn, eine Bauordnung stellt hierfür – wie z. B. § 61 Abs. 2, § 87 BauO NRW – eine Ermächtigungsgrundlage bereit.[188] 187

Bei genehmigungsfreien oder genehmigungsfrei gestellten Vorhaben ist primär der **Bauherr** für die Erfüllung der Handlungsanweisungen der Generalklausel **verantwortlich** (§ 56 BauO NRW). Werden **nicht genehmigungsbedürftige Anlagen** oder Einrichtungen unter Verstoß gegen die Generalklausel angeordnet, errichtet oder geändert, so können behördliche Maßnahmen auf die dafür – in den Bauordnungen selbst oder in anderen Gesetzen – vorgesehenen Eingriffsgrundlagen gestützt werden (§ 61 Abs. 1, Abs. 2 Satz 2 BauO NRW, s. unten Kapitel 15, Rn. 18).[189] 188

Auch zur Erfüllung der **Instandhaltungspflicht** kann der Adressat durch einen Verwaltungsakt der Bauaufsichtsbehörde angehalten werden. Als dessen Rechtsgrundlage reicht die Generalklausel gleichfalls nicht aus, weil sie nur eine Handlungspflicht, nicht aber eine behördliche Eingriffsbefugnis normiert (s. oben Rn. 162). Die stillschweigende Ergänzung derartiger lediglich Pflichten begründender Vorschriften durch eine Kompetenz zum Erlass belastender Verwaltungsakte ist nach der Auffassung des Bundesverwaltungsgerichts aus rechtsstaatlichen Gründen nicht möglich.[190] Zudem steht auch die Systematik der Bauordnungen der Auffassung entgegen, bei der Generalklausel handele es sich um eine Kompetenznorm. Die Eingriffsbefugnisse sind vielmehr an anderen Stellen der 189

---

[187] *Lisken/Denninger* (Fn. 163), E Rn. 57.

[188] OVG Hamb vom 4. 11. 1996 NVwZ-RR 1997, 466; Hess VGH vom 18. 10. 1999 NVwZ-RR 2000, 581/582; OVG NRW vom 19. 9. 1991 NVwZ-RR 1992, 531, vom 28. 8. 2001 BauR 2002, 763/764 = NWVBl. 2002, 388, vom 22. 7. 2002 NVwZ-RR 2003, 722/723.

[189] OVG Hamb vom 21. 8. 1991 NJW 1992, 524/525; Hess VGH vom 24. 6. 1991 NVwZ-RR 1992, 288; vom 25. 5. 2001 NVwZ-RR 2002, 489; OVG NRW vom 13. 7. 1990 NVwZ-RR 1991, 283, vom 10. 7. 2002 BauR 2003, 66/67, vom 27. 8. 2002 BauR 2003, 677/678.

[190] BVerwG vom 12. 12. 1979 NJW 1980, 1970/1971.

Bauordnungen geregelt. Soweit sie keine Maßnahmen zur Durchsetzung der Pflichten aus der Generalklausel vorsehen, bedarf es eines Rückgriffs auf das Polizei- und Ordnungrecht des jeweiligen Landes.[191] Eine Gefahr für die öffentliche Sicherheit im Sinne der polizeilichen oder ordnungsbehördlichen Generalklausel ist dann gegeben, wenn deren Tatbestand erfüllt ist, z. B. bei drohendem Absturz von Mauerteilen.[192] Die polizeirechtliche Verantwortlichkeit trifft die Adressaten der bauordnungsrechtlichen Handlungspflichten.

190 Weist eine bauliche Anlage **Mängel** auf, **die nicht auf einer Verletzung einer** in der Generalklausel genannten **Pflicht beruhen** (z. B. drohende Ablösung von Fassadenteilen infolge eines Unwetters), und enthält die maßgebliche Bauordnung keine ausreichende Eingriffsregelung, so können sichernde Maßnahmen unmittelbar auf die Befugnisnormen des Polizei- und Ordnungsrechts gestützt werden, gegebenenfalls in Verbindung mit Spezialvorschriften der Bauordnungen.[193] Sie sind gegen die Personen zu richten, die als Störer verantwortlich sind.

VII. Fernwirkungen der Generalklausel

191 Obwohl die **Generalklausel** durch Spezialvorschriften weitgehend verdrängt wird (s. oben Rn. 165), hat sie wegen ihres programmatischen Charakters, der durch die Einbeziehung des Umweltschutzes noch verstärkt worden ist, über ihren unmittelbaren Geltungsbereich hinaus Bedeutung. Im Wege der **Fernwirkung** beeinflusst sie den Inhalt anderer Bestimmungen. Wenn in den Bauordnungen ausdrücklich auf die Generalklausel verwiesen wird (Art. 90 Abs. 1 Satz 1 BayBO, § 54 Abs. 1 Satz 1 BauO NRW), gelten die in Bezug genommenen Vorschriften unmittelbar. Häufig verwenden die Bauordnungen zudem Begriffe, die dem Themenkreis polizeilicher Gefahrenabwehr entstammen (Art. 12 Abs. 1 BayBO, § 18 Abs. 3 BauO NRW). In solchen Fällen ist es geboten, bei der Auslegung auf die Generalklausel zurückzugreifen.

192 Ferner kann die Generalklausel geeignete Erwägungen für die **Ausübung des Ermessens** beitragen, wenn z. B. Entscheidungen über Ausnahmen, Befreiungen, Abweichungen, Baueinstellungen oder die Beseitigung baulicher Anlagen zu treffen sind (s. unten Kapitel 14, Rn. 187 ff. und Kapitel 15, Rn. 133 ff., 298 ff.).[194] Die Einbeziehung der „natürlichen Lebensgrundlagen“ in die bauaufsichtliche Generalklausel erlaubt daher auch einen Rückgriff auf umweltrelevante Ermessenserwägungen. Jedoch bilden die öffentliche Sicherheit oder Ordnung keine Schranke für die Ermessensausübung; maßgeblich für die Berücksichtigung von Belangen sind vielmehr die jeweils einschlägigen Einzelbestimmungen, deren Zwecke häufig weit über die klassischen Schutzgüter des Polizeirechts hinausgehen.[195] Wegen dieser Unterschiedlichkeit der Rechtsgüter ist die Generalklausel auch kein inhaltlicher Rahmen für die Auslegung der Detailvorschriften der Bauordnungen. Wenngleich die Generalklausel die Ausweitung bauordnungsrechtlicher Ziele kaum erkennen lässt, so ist doch die öffentliche Sicherheit nur der Kern des Baurechts, der in zahlreichen Spezialnormen durch weitere Rechtsgüter angereichert wird.

VIII. Missstandsfreie Nutzung baulicher Anlagen

193 Fast alle Bauordnungen ergänzen ihre Generalklausel durch eine Vorschrift, die sich mit der **Nutzung baulicher Anlagen** sowie der ihnen gleichgestellten anderen Anlagen und Einrichtungen befasst. Diese müssen **ihrem Zweck entsprechend ohne Missstände**

[191] OVG Bln vom 25. 8. 1989 BRS 49 Nr. 235.
[192] OVG Bln (Fn. 191).
[193] OVG Bln vom 25. 5. 1989 OVGE 18, 196/200.
[194] BW VGH vom 19. 6. 1969 BRS 22 Nr. 120.
[195] *Schulte* (Fn. 166), S. 158; s. Kapitel 1, Rn. 375.

benutzbar oder zu (be)nutzen sein (Art. 3 Abs. 1 Satz 2 BayBO, § 3 Abs. 1 Satz 2 BauO Bln, § 3 Abs. 1 Satz 2 HBauO). Einige Bauordnungen integrieren diese Norm in die Generalklausel und verlangen, dass die Anlagen und Einrichtungen ohne Missstände benutzbar sind (§ 3 Abs. 1 Satz 1 LBO BW, § 3 Abs. 1 Nr. 2 BbgBO) oder dass bauliche Anlagen für ihre Benutzung geeignet sein müssen (§ 1 Abs. 1 Satz 1 NBauO). Nach § 1 Abs. 7 Satz 2 NBauO dürfen bauliche Anlagen erst in Gebrauch genommen werden, wenn sie sicher benutzbar sind; die Vorschrift bleibt hinter der Missstandsklausel zurück, da sie die Frage nicht beantwortetet, was bei einem späteren Eintritt erschwerter Benutzbarkeit gilt.

1. Rechtsnatur der Missstandsklausel

Im Unterschied zur Generalklausel enthält die **Missstandssklausel** nicht ein ausdrückliches, an die Verantwortlichen gerichtetes Gebot, eine von Missständen freie Nutzung sicherzustellen, sondern fordert eine **bestimmte Beschaffenheit der Anlage** (oder Einrichtung). Der Sache nach handelt es sich aber auch hier um eine Handlungsanweisung. Die bauliche Anlage muss in solch einem Zustand sein, dass bei bestimmungsgemäßer Benutzung die öffentliche Sicherheit oder Ordnung nicht beeinträchtigt wird.[196] Wird eine Anlage (oder Einrichtung) in Übereinstimmung mit der Generalklausel und den sonstigen Vorschriften der Bauordnungen angeordnet, errichtet oder geändert, so ist ihre einwandfreie Nutzung im Allgemeinen zunächst gewährleistet. Zahlreiche Normen haben überdies den Zweck, die künftige Nutzung baulicher Anlagen zu garantieren (Art. 39 Abs. 6 Satz 1 BayBO, § 5 Abs. 6 BauO NRW). Nur soweit die Bauordnungen Lücken aufweisen und keine ausreichenden normativen Vorkehrungen für eine missstandsfreie Nutzung treffen, muss auf die Spezialklausel zurückgegriffen werden. Aus ihr ergibt sich daher z. B. die baurechtliche Anforderung, dass Aufenthaltsräume beheizbar sein müssen, wenn eine Bauordnung dies nicht ausdrücklich vorsieht.[197] Stellen sich erst später Missstände bei der Nutzung ein und beruhen sie auf unzureichender Unterhaltung (z. B. auf der unterlassenen Reparatur eines Daches), so liegt eine Verletzung der Instandhaltungspflicht vor (s. oben Rn. 171 und 173). Dennoch hat die Missstandsklausel auch insoweit nicht nur deklaratorische Bedeutung. Sie begründet vielmehr zu Lasten der Adressaten die – über eine Instandhaltungspflicht hinausgehende – **Pflicht, für die einwandfreie Benutzbarkeit** der Anlage (oder Einrichtung) **zu sorgen**, solange diese besteht. Die Missstandsklausel gebietet dagegen nicht, eine bauliche Anlage nur entsprechend ihrem Zweck zu nutzen. 194

2. Der Zweck von Anlagen

Der **Zweck von Anlagen** (und Einrichtungen) ergibt sich aus ihrer Art, Funktion, Beschaffenheit, Lage, und Größe, im Falle genehmigungsbedürftiger baulicher Anlagen auch aus der Baugenehmigung. Dem Zweck ist unter Berücksichtigung der jeweils maßgeblichen Einzelvorschriften zu entnehmen, welche Anforderungen an die Benutzbarkeit von Anlagen (oder Einrichtungen) oder einzelnen Teilen (wie Aufenthaltsräumen, Wohnungen, Kellern, Treppen oder Garagen) zu stellen sind. Die Änderung der Nutzung und damit des Zwecks einer baulichen Anlage erfordert häufig eine Genehmigung (§ 63 Abs. 1 BauO NRW). 195

3. Missstände und Sicherstellung missstandsfreier Benutzbarkeit

Werden die Anforderungen an die Benutzbarkeit nicht eingehalten, bestehen **Missstände**, deren Beseitigung dem Adressaten obliegt. Sind diese auf Vernachlässigung zurückzuführen, greift schon die Generalklausel ein, die zur Instandhaltung verpflichtet (s. oben Rn. 171 und 173). Wird dagegen die Nutzung nicht durch Mängel oder Schäden 196

[196] BW VGH vom 14. 2. 1990 NVwZ-RR 1990, 533.
[197] OVG Bln vom 29. 10. 1993 OVGE 21, 74/77.

einer Anlage (oder Einrichtung), sondern in anderer Weise beeinträchtigt, ist die Missstandsklausel maßgeblich. Beispiele bieten die Lagerung von Materialien in Treppenräumen, die unangemessene Verkleinerung von Türöffnungen, das ständige Abschalten von Lüftungsanlagen und das Versperren von Stellplätzen. Wie die Generalklausel durch Spezialvorschriften verdrängt wird, so findet auch die Missstandsklausel insoweit keine Anwendung, als die Pflicht zur Behebung von Missständen bei der Benutzung normativ gesondert angeordnet wird. Dies geschieht gelegentlich hinsichtlich technischer Anlagen wie Aufzügen (§ 34 Abs. 1 Satz 1 BauO Bln) und solcher Anlagen wie Kinderspielplätze (§ 8 Abs. 3 Satz 3 BauO Bln). Ein geeignetes Mittel zur Behebung von Missständen kann die Auferlegung von Betriebspflichten sein.

197 Soweit Spezialvorschriften der Bauordnungen (oder der auf ihrer Grundlage erlassenen Rechtsvorschriften) auf das Problem der missstandsfreien Nutzung nicht eingehen, begründet die Missstandsklausel subsidiär die **Pflicht**, die **dauernde Benutzbarkeit sicherzustellen**. Der Inhalt dieser Pflicht richtet sich nach dem Schutzzweck der jeweiligen Einzelnorm und kann daher auf Maßnahmen gerichtet sein, die noch unterhalb der Gefahrenschwelle der Generalklausel liegen. So können sich Missstände dadurch ergeben, dass bei gemeinsamen Zugängen zu Wohnungen unzumutbare Belästigungen für die Benutzer von Wohnungen entstehen oder dass die Zugänglichkeit von Abstellräumen für Kinderwagen und Fahrräder eingeschränkt wird. Missstände beim Betrieb anderer Anlagen und Einrichtungen können auch zu Missständen bei der Nutzung der baulichen Anlage selbst führen und werden daher gleichfalls von der Missstandsklausel erfasst, obwohl die Anlagen und Einrichtungen als solche zumeist nicht auf eine Benutzung angelegt sind. Auch wenn die Missstandsklausel außerhalb des Normbereichs einer Einzelvorschrift Anwendung findet, setzt ein Benutzungsmissstand nicht voraus, dass eine Gefahrenanlage im Sinne der Gefährdungsklausel gegeben ist.[198] Für die **Durchsetzung der Pflicht** und die **Fernwirkung** der Vorschrift gilt das zur Generalklausel Ausgeführte entsprechend (s. oben Rn. 187 und 191).

IX. Verwendung von Bauprodukten

198 Fast alle Bauordnungen befassen sich im Anschluss an die Gefährdungsklausel und die Missstandsklausel mit der **Verwendung von Bauprodukten** (§ 3 Abs. 2 LBO BW, § 3 Abs. 2 BauO NRW). Die **Verwendungsklausel** knüpft an den Begriff der **Bauprodukte** in der Definitionsnorm an (s. oben Rn. 152) und nennt die Voraussetzungen der Verwendung von Bauprodukten. Die näheren Bestimmungen finden sich in allen Bauordnungen im Abschnitt „Bauprodukte und Bauarten", dessen Überschrift die Musterbauordnung zu „Bauprodukte, Bauarten" verkürzt hat (s. unten Kapitel 6). Die Verwendbarkeit von Bauprodukten ist – wie auch nach § 5 Abs. 1 BauPG – von einer **Prognose der Dauerhaftigkeit** abhängig. Diese Prognose bezieht sich auf Eigenschaften von baulichen Anlagen, die mittels der Bauprodukte errichtet, geändert oder instand gehalten werden sollen (§ 17 Abs. 1 Satz 1 vor Nr. 1 MBO 2002). Die Verwendung geeigneter Bauprodukte soll dazu beitragen, dass die allgemeinen bauordnungsrechtlichen Anforderungen an bauliche Anlagen erfüllt werden. Die wichtigste Voraussetzung für die Zulässigkeit der Verwendung von Bauprodukten ist, dass die (errichtete, geänderte oder instand gehaltene) bauliche Anlage sämtliche Anforderungen der Bauordnungen und „auf Grund dieses Gesetzes" erfüllt (§ 3 Abs. 2 MBO 2002, § 3 Abs. 2 LBO BW, § 3 Abs. 2 BauO NRW). Mit den Anforderungen „auf Grund dieses Gesetzes" sind primär diejenigen Anforderungen gemeint, die in Rechtsvorschriften auf der Grundlage der Bauordnungen enthalten sind; aber auch durch behördlichen Einzelakt gestellte Anforderungen rechnen hierzu. Eine Ausnahme bilden die Bauordnungen, die nur den „Vorschriften auf Grund dieses Gesetzes" bindende Wirkung beilegen (§ 3 Abs. 2 BbgBO, § 3 Abs. 2 LBauO Rh-Pf). Den genannten Anfor-

[198] *Proksch* (Fn. 4), S. 103.

derungen müssen die baulichen Anlagen – gelegentlich auch ihre Teile (§ 3 Abs. 2 LBO LSA) – während einer dem Zweck entsprechenden angemessenen Zeitdauer genügen. Die Zeitdauer kann kurz bemessen sein, wie bei baulichen Anlagen, die zu Straßenfesten und ähnlichen Veranstaltungen nur vorübergehend errichtet werden (s. oben Rn. 64), aber auch auf viele Jahrzehnte konzipiert sein. Eine Milderung der Anforderungen an die Dauerhaftigkeit baulicher Anlagen (und damit an die Verwendbarkeit von Bauprodukten) besteht darin, dass eine „ordnungsgemäße Instandhaltung“ der baulichen Anlage zu unterstellen ist, zu der die Generalklausel ohnehin verpflichtet (s. oben Rn. 171). Mehrere Bauordnungen lösen das Problem der Dauerhaftigkeit aus dem Kontext einer die Baustoffe betreffenden Regelung und verlangen generell, dass bauliche Anlagen und die ihnen gleichgestellten anderen Anlagen und Einrichtungen die Anforderungen der Generalklausel bei ordnungsgemäßer Instandhaltung ihrem Zweck entsprechend angemessen dauerhaft erfüllen (Art. 3 Abs. 1 Satz 2 BayBO, § 3 Abs. 1 Nr. 2 BbgBO).

Die **rechtliche Bedeutung der Prognose der Dauerhaftigkeit** baulicher Anlagen liegt nicht darin, dass der Bauherr oder die Bauaufsichtsbehörde anhand der tatbestandlichen Voraussetzungen der **Verwendungsklausel** zu klären hätte, ob in Betracht gezogene Bauprodukte zulässigerweise eingesetzt werden dürfen. Einer solchen Prüfung sind sie deshalb enthoben, weil der den Bauprodukten gewidmete Abschnitt sämtlicher Bauordnungen spezielle Verfahren und Entscheidungen vorsieht, von denen die Verwendbarkeit von Baustoffen abhängt (s. unten Kapitel 6). Der Tatbestand der Verwendungsklausel ist nur dann erfüllt, wenn die Verwendung von Baustoffen den Anforderungen des in allen Bauordnungen enthaltenen Abschnitts „Bauprodukte und Bauarten“ entspricht. Andernfalls besteht ein **Verwendungsverbot** für die betroffenen Bauprodukte. Die Verwendungsklausel wird somit durch Spezialvorschriften verdrängt und hat über ihre deklamatorische Funktion hinaus keine eigenständige Bedeutung für die Verwendung von Bauprodukten. Immerhin stellt sie eine Ergänzung der Generalklausel dar, indem sie das in dieser zumeist nicht behandelte **Prinzip der Dauerhaftigkeit baulicher Anlagen** zum Ausdruck bringt (s. oben Rn. 169). 199

Die meisten Bauordnungen ergänzen die Prognose der Dauerhaftigkeit durch die Forderung, dass die **baulichen Anlagen** bei ordnungsgemäßer Instandhaltung während einer dem Zweck entsprechenden angemessenen Zeitdauer auch **gebrauchstauglich** sind (§ 2 Abs. 2 MBO 2002, § 3 Abs. 2 BbgBO, § 3 Abs. 2 BauO NRW). Außerdem hat die Musterbauordnung die Verwendungsklausel auf die **Bauarten** erstreckt (§ 2 Abs. 2 MBO 2002). 200

X. Technische Regeln und Baubestimmungen

Die meisten Bauordnungen haben sich von der traditionellen Rechtslage abgewandt, wonach die **allgemein anerkannten Regeln der Baukunst** zu beachten waren. Nur zwei Bauordnungen halten an ihr – in einer modernisierten Fassung – noch fest: Sie schreiben vor, dass die **allgemein anerkannten Regeln der Technik** zu beachten sind (§ 3 Abs. 3 Satz 1 HBauO, § 3 Abs. 1 Satz 2 BauO NRW); von diesen Regeln kann aber abgewichen werden, wenn eine andere Lösung in gleicher Weise die allgemeinen Anforderungen der Generalklausel erfüllt (§ Abs. 3 Satz 5 HBauO, § 3 Abs. 1 Satz 3 BauO NRW). Die Nordrhein-Westfälische Bauordnung macht die Pflicht zur Beachtung überdies davon abhängig, dass die allgemein anerkannten Regeln der Technik der Wahrung der von der Generalklausel genannten Belange dienen (§ 3 Abs. 1 Satz 2 BauO NRW). 201

1. Allgemein anerkannte Regeln der Baukunst oder Technik

Die **allgemein anerkannten Regeln der Baukunst** oder die **allgemein anerkannten Regeln der Technik** sind **bautechnische Regeln, die sich bewährt und in der Baupraxis durchgesetzt haben**. Die Generalklauseln fast aller Bauordnungen schreiben – in 202

Abkehr von der früheren Rechtslage – nicht mehr vor, dass sie zu beachten seien. Dies gilt jedenfalls so lange, wie ihre amtliche Einführung oder Bekanntmachung unterbleibt. Dennoch sind sie nicht unbeachtlich, kann doch die Bauaufsichtsbehörde im Einzelfall auch auf nicht eingeführte allgemein anerkannte Regeln der Technik zurückgreifen, z. B. bei der Ausfüllung unbestimmter Rechtsbegriffe oder bei der Ausübung ihres Ermessens. Die allgemein anerkannten Regeln der Technik werden im Abschnitt „Bauprodukte und Bauarten" der Bauordnungen mehrfach erwähnt (§ 17 Abs. 1 Sätze und 3, § 19 Abs. 1 Satz 2 MBO 2002). Sie sind nicht mit dem „Stand der Technik" identisch; darunter ist der Entwicklungsstand fortschrittlicher Verfahren, Einrichtungen oder Betriebsweisen zu verstehen, der die praktische Eignung einer Maßnahme gesichert erscheinen lässt (§ 3 Abs. 6 BImSchG).

2. Technische Baubestimmungen

203 Nach der Konzeption der meisten Bauordnungen sind an die Stelle der allgemeinen Regeln der Baukunst oder der Technik die von den die für die Bauaufsicht zuständigen höchsten Landesbehörden durch öffentliche Bekanntmachung als **Technische Baubestimmungen** eingeführten technischen Regeln oder Regeln der Technik getreten (§ 3 Abs. 3 LBO BW, § 3 Abs. 2 Satz 1 BbgBO, § 3 Abs. 3 LBauO Rh-Pf). Die technischen Regeln dienen der Erfüllung der Anforderungen der bauordnungsrechtlichen Generalklausel (§ 3 Abs. 3 Satz 1 LBO BW). Die meisten Bauordnungen nennen diesen Zeck der technischen Regeln nicht ausdrücklich, bestätigen ihn aber dadurch, dass die Abweichung von den Technischen Baubestimmungen nur bei einer Lösung zulässig ist, die in gleichem Maße die Anforderungen der Generalklausel erfüllt (§ 3 Abs. 3 Satz 3 BauO Bln, § 3 Abs. 3 Satz 4 Halbs. 1 SächsBO, § 3 Abs. 3 Satz 3 Halbs. 1 LBO Schl-H, s. unten Rn. 208). Andere Bauordnungen machen die Abweichung davon abhängig, dass eine gleichwertige Ausführung nachgewiesen wird (§ 3 Abs. 3 Satz 3 BremLBO).

204 Die beiden Bauordnungen, die weiterhin zur **Beachtung der allgemein anerkannten Regeln der Technik** verpflichten, kombinieren diese Pflicht mit dem Institut der Einführung technischer Regeln als Technischer Baubestimmungen. Eine Variante besteht darin, dass bei Bauausführungen, die den eingeführten Technischen Baubestimmungen entsprechen, die Pflicht zur Beachtung der allgemein anerkannten Regeln der Technik als erfüllt gilt (§ 3 Abs. 3 Satz 2 HBauO). Eine andere Lösung belässt den allgemein anerkannten Regeln der Technik ihre Prävalenz und sieht vor, dass als allgemein anerkannte Regeln der Technik auch die durch öffentliche Bekanntmachung als Technische Baubestimmungen eingeführten technischen Regeln gelten (§ 3 Abs. 3 Satz 1 BauO NRW). Zwei weiterere Bauordnungen räumen den allgemein anerkannten Regeln der Technik (und Baukunst) weiterhin eine gewisse Bedeutung ein; werden diese beachtet, gelten die entsprechenden bauaufsichtlichen Anforderungen der Bauordnung und der auf ihrer Grundlage erlassenen Vorschriften als eingehalten (Art. 3 Abs. Satz 4 BayBO, § 3 Abs. 3 Satz 5 SächsBO).

3. Technische Regeln

205 Während früher eine Pflicht zur Beachtung der allgemeinen Regeln der Baukunst bestand, ist nach weitgehend übereinstimmendem neuerem Recht die generelle Bindung an allgemein anerkannte Regeln der Baukunst entfallen und die **Pflicht zur Beachtung** auf die **als Technische Baubestimmungen eingeführten technischen Regeln** beschränkt worden (Art. 3 Abs. 2 Satz 1 BayBO, § 3 Abs. 4 Satz 1 BbgBO, § 3 Abs. 3 Satz 1 HBO, § 3 Abs. 3 LBauO Rh-Pf). Nach anderen Bauordnungen sind die Technischen Baubestimmungen einzuhalten (§ 3 Abs. 3 Satz 3 LBO BW, § 3 Abs. 3 Satz 1 BremLBO). Bei den Technischen Baubestimmungen muss es sich um **technische Regeln** handeln, die sich auf das Baugeschehen beziehen, also vor allem um technische Regeln für die Planung, Bemessung und Konstruktion baulicher Anlagen und ihrer Teile. So können z. B. für die

Anbringung eines Sessellifts in einem Treppenhaus Technische Baubestimmungen maßgeblich sein.[199] Ob es sich bei diesen Regeln um allgemein anerkannte Regeln der Technik handelt, ist unerheblich. Technische Baubestimmungen können aber mit allgemein anerkannten Regeln der Technik identisch sein. In diesem Fall wiederholt der Hoheitsakt der Einführung (s. unten Rn. 206) nur eine schon bestehende Regel. Aber auch eine Regel der Bautechnik, die in der Praxis noch nicht oder nicht mehr allgemein anerkannt ist, kann im Wege der Einführung maßgeblich werden.[200] Die zuständige Behörde ist also insoweit berechtigt, gestaltend in das Baugeschehen einzugreifen. Daher ist die „Widerlegung" einer als Technische Baubestimmung eingeführten technischen Regel durch die Behauptung, die Regel sei in der Praxis nicht allgemein anerkannt, ausgeschlossen. Merkwürdig vage drücken sich zwei Bauordnungen aus: Die als Technische Baubestimmungen eingeführten Regeln „gelten auch als allgemein anerkannte Regeln der Technik" (§ 3 Abs. 3 Satz 1 Halbs. 2 SächsBO, § 3 Abs. 4 Satz 1 Halbs. 2 LBO LSA).[201]

4. Einführung technischer Regeln

Die technischen Regeln müssen durch öffentliche Bekanntmachung als Technische Baubestimmungen eingeführt worden sein (§ 3 Abs. 3 Satz 1 BauO Bln). Die **Einführung technischer Regeln** ist eine hoheitliche Maßnahme, die zur Folge hat, dass diese Regeln zu beachten oder einzuhalten sind. Diese Wirkung endet erst mit der Aufhebung der Einführung. Die für die Einführung zuständige Behörde muss – unter Verwendung des Ausdrucks „Technische Baubestimmungen" – eine hoheitliche (Einführungs-)Entscheidung darüber treffen, welche technischen Regeln zu beachten, also kraft staatlicher Anordnung verbindlich sind. Welcher Quellen und technischer Regelwerke sich die Behörde bei der Einführung bedient, liegt in ihrem Ermessen; auch kann sie technische Regeln gelegentlich der Einführung modifizieren. Wenngleich dies nur ausnahmsweise ausdrücklich angeordnet wird (§ 3 Abs. 3 Satz 1 LBauO Rh-Pf), ist es doch zulässig und üblich, dass die Technischen Baubestimmungen als Verwaltungsvorschriften erlassen werden. § 3 Abs. 3 Satz 1 LBO BW begnügt sich mit einer Regelung der Bekanntmachung, sieht aber keine förmliche Einführung vor. 206

Für die Einführung technischer Regeln als Technische Baubestimmungen ist deren **öffentliche Bekanntmachung** vorgeschrieben, z. B. in einem Amtsblatt (§ 3 Abs. 3 Satz 1 BbgBO) oder in einem Amtlichen Anzeiger (§ 3 Abs. 3 Satz 3 HBauO). Die technischen Regeln müssen jedoch nicht vollständig bekannt gemacht werden. Wegen ihres Umfangs, der mit einem Abdruck verbundenen Kosten und urheberrechtlicher Probleme wird eine Erleichterung gewährt: Bei der öffentlichen Bekanntmachung kann hinsichtlich des Inhalts der technischen Regeln auf ihre Fundstelle verwiesen werden (§ 3 Abs. 3 Satz 2 LBO BW, § 3 Abs. 3 Satz 2 BbgBO). Sind diese in Verlagspublikationen enthalten, kann die technische Regel bei der entsprechenden Bezugsquelle angefordert werden, wie z. B. die Normen des DIN beim Beuth Verlag. 207

5. Pflicht zur Beachtung der Technischen Baubestimmungen

Die als **Technische Baubestimmungen** eingeführten technischen Regeln sind **von den Adressaten der Generalklausel zu beachten** (§ 3 Abs. 3 Satz 1 BauO Bln) **oder einzuhalten** (§ 3 Abs. 3 Satz 3 LBO BW). Die Befolgung dieser Pflicht ist gegebenenfalls im Baugenehmigungsverfahren zu prüfen (§ 72 Abs. 4 BauO NRW). Die Technischen Baubestimmungen sind keine Rechtssätze und nicht allgemein verbindlich; allenfalls kommt 208

---

199 VG Freiburg vom 20. 3. 2001 BauR 2001, 1724 = NVwZ-RR 2002, 14.

200 Zweifelhaft ist die Ansicht des Bundesgerichtshofs (BGH vom 26. 4. 1990 ZfBR 1990, 284/285), Technische Baubestimmungen zur Einführung von DIN-Normen dienten der Konkretisierung der allgemein anerkannten Regeln der Technik bzw. Baukunst.

201 Unklar ist auch der Gehalt der Ausage, dass Technische Baubestimmungen den allgemein anerkannten Regeln der Technik entsprächen (OVG Hamb vom 21. 8. 1991 NJW 1992, 524/525).

ihnen „rechtssatzähnliche Bedeutung“ zu.[202] Die Technikklausel verlangt nicht die strikte Befolgung der eingeführten technischen Regeln, stellt ihre Anwendung aber auch nicht in das Belieben des Bauherrn. Da die Beachtung oder Einhaltung der technischen Regeln kein Selbstzweck ist, sondern der Erfüllung der bauordnungsrechtlichen Anforderungen dient, kann eine **Abweichung** hingenommen werden, sofern die Rechtsgüter des Bauordnungsrechts nicht gefährdet werden. Deshalb kann von den Technischen Baubestimmungen abgewichen werden, wenn mit einer anderen Lösung ebenso wirksam den allgemeinen Anforderungen der Generalklausel (sowie gegebenenfalls der Missstandsklausel) entsprochen wird oder diese in gleichem Maße erfüllt werden (§ 3 Abs. 3 Satz 4 LBO BW, § 3 Abs. 4 Satz 2 BbgBO). Auf welche Weise diese Voraussetzung herbeizuführen ist, ergibt sich aus der Technikklausel nicht, kann jedoch in Spezialvorschriften geregelt sein (§ 56 Abs. 1 LBO BW, § 69 Abs. 1 Satz 2 LBauO Rh-Pf). Eine Befreiung ist jedenfalls nicht erforderlich, denn die Technischen Baubestimmungen sind keine „zwingenden Vorschriften“ im Sinne jener Bestimmungen, die das Rechtsinstitut der Befreiung zum Gegenstand haben (s. unten Kapitel 14, Rn. 197). Zu denken ist etwa daran, dass den genannten allgemeinen Anforderungen auch entsprechend den Vorschriften anderer Mitgliedstaaten der EU genügt werden kann. Lässt der Bauherr Technische Baubestimmungen unbeachtet und verfehlt er dabei die Anforderungen der Generalklausel, so handelt er auf eigenes Risiko. Er trägt dann die nachteiligen Folgen der eigenmächtigen Abweichung, die z. B. in der Ablehnung eines Genehmigungsantrags oder in der Auferlegung der materiellen Beweislast im Verwaltungsverfahren oder im Verwaltungsprozess bestehen können.

6. Technische Regeln für Bauprodukte und Bauarten

209 Das Thema der technischen Regeln enthält hinsichtlich der **Bauprodukte** und der **Bauarten** einige Besonderheiten. Die Technikklausel aller Bauordnungen lässt nämlich zwei Bestimmungen aus dem jeweiligen Abschnitt über „Bauprodukte und Bauarten“ unberührt (§ 3 Abs. Abs. 3 Satz 3 Halbs. 2 MBO 2002, § 3 Abs. 3 Satz 3 Halbs. 2 BauO Bln). Da die beiden in Bezug genommenen Vorschriften (§ 17 Abs. 3, § 21 MBO 2002, § 18 Abs. 3 und § 21 BauO Bln) trotz der Abweichungsbefugnis (s. oben Rn. 208) uneingeschränkt gelten sollen, ist in diesen Fällen ein Rückgriff auf die in der Technikklausel enthaltene Abweichungsbefugnis nicht möglich.[202a] Im Übrigen enthält der erwähnte Abschnitt der Bauordnungen spezielle Regelungen hinsichtlich der Technischen Baubestimmungen und technischen Regeln, soweit diese Bauprodukte und Bauarten zum Gegenstand haben. So gelten bestimmte technische Regeln als Technische Baubestimmungen im Sinne der Technikklausel (§ 17 Abs. 2 Satz 2 MBO 2002).

XI. Beseitigung baulicher Anlagen und Nutzungsänderung

210 Fast alle Vorschriften die sich dem Thema „Allgemeine Anforderungen“ widmen, schreiben die sinngemäße Geltung der Generalklausel, der Missstandsklausel und der Technikklausel für den **Abbruch** oder die **Beseitigung von baulichen Anlagen sowie anderer Anlagen und Einrichtungen** vor; das Gleiche gilt für die **Nutzungsänderung oder Änderung der Benutzung** (§ 3 Abs. 4 MBO 2002, Art. 3 Abs. 3 BayBO, § 3 Abs. 4 BauO NRW). Im Wesentlichen handelt es sich hierbei um eine **Erweiterung der Generalklausel**, die auf die Tatbestände der Beseitigung und der Nutzungsänderung erstreckt wird. Eine Sonderregelung hält § 3 Abs. 4 Satz 2 SächsBO bereit; nach dieser Vorschrift hat der Abbruch getrennt nach verwertbaren Abfällen zu erfolgen, soweit dies zur Erfüllung des abfallrechtlichen Verwertungsgebotes erforderlich ist. Abbruch und Nutzungs-

[202] BGH (Fn. 200), S. 286; a. A. VG Freiburg (Fn. 199), S. 1725: „gesetzliche Verbindlichkeit“.
[202a] *Stollmann*, ZfBR 1997, 16.

änderung baulicher sowie ihnen gleichgestellter anderer Anlagen und Einrichtungen bedürfen vielfach grundsätzlich der Baugenehmigung (§ 63 Abs. 1 BauO NRW). Eine – allerdings nicht im Ergebnis – abweichende Gesetzestechnik wird in Baden-Württemberg praktiziert. Da dessen bauordnungsrechtliche Generalklausel durch die Definitionsnorm des § 2 Abs. 12 LBO BW überlagert wird (s. oben Rn. 158), steht die Nutzungsänderung von vornherein der Errichtung gleich; die analoge Anwendung der Generalklausel auf den Tatbestand des Abbruchs (dem in § 2 Abs. 12 Nr. 2 LBO BW das Beseitigen gleichgestellt wird) ist bereits im unmittelbaren Anschluss an die Generalklausel angeordnet (§ 3 Abs. 1 Satz 2 LBO BW).

Der **Abbruch**, häufig auch Abriss genannt, ist die vollständige oder (wie in § 3 Abs. 4 HBO ausdrücklich betont) teilweise Beseitigung von Anlagen und Einrichtungen. Die dabei anklingende Gewaltsamkeit, die negativen baulichen Maßnahmen häufig eigen ist, lässt die beiden Bezeichnungen nicht immer als geeignet erscheinen. Bedarf es nicht der Entfernung von Bauprodukten, wie z. B. in manchen Fällen fiktiver baulicher Anlagen entsprechend der Erstreckungsklausel (s. oben Rn. 80), handelt es sich zwar um eine **Beseitigung**, nicht aber um einen Abbruch. So ist die Räumung einer Lagerfläche von Lagergut eine andere Form der Beseitigung als ein Abbruch.[203] 211

Jede Nutzung baulicher Anlagen weist eine gewisse Variationsbreite auf. Bei der **Nutzungsänderung** wird die Anlage oder Einrichtung einem anderen als dem genehmigten, vorgesehenen oder bisher verwirklichten Zweck zugeführt. Ob Änderungen im Nutzungsverhalten noch innerhalb des ursprünglichen Zwecks liegen oder schon die Grenze zur Nutzungsänderung überschreiten, kann zweifelhaft sein. Entscheidend ist, dass für die neue oder von der bisherigen Praxis abweichende Nutzung möglicherweise andere öffentlich-rechtliche Vorschriften gelten und sich gegebenenfalls die Genehmigungsfrage neu stellt.[204] Die Umwandlung von Wohnräumen in Büroflächen oder die Verwendung einer Garage als Lagerraum sind Beispiele hierfür. Auch im Bauplanungsrecht ist der Begriff der Nutzungsändenung von Bedeutung. § 29 Abs. 1 BauGB ordnet an, dass für Vorhaben, die eine Nutzungsändenung von baulichen Anlagen (im planungsrechtlichen Sinne) zum Inhalt haben, die Vorschriften der §§ 30 bis 37 BauGB über die Zulässigkeit von Bauvorhaben gelten. 212

Bei der **analogen Anwendung** ist vor allem die Generalklausel wichtig, denn die Sachverhalte der Beseitigung von Anlagen und Einrichtungen sowie der Nutzungsänderung bringen regelmäßig Gefahren für Leben und Gesundheit mit sich. Die Missstandsklausel ist zudem für die Nutzungsänderung von Belang, da die neue Nutzung gleichfalls ohne Missstände möglich sein muss. Die als Technische Baubestimmungen eingeführten technischen Regeln sind, soweit einschlägig, bei Abbruch und Nutzungsänderung zu beachten. 213

XII. Bauprodukte, Bauarten und Prüfverfahren

Einige wenige Bauordnungen sehen für **Bauprodukte, Bauarten und Prüfverfahren** Abweichungen vom Landesbauordungsrecht zugunsten europäischer Regelungen vor. Entsprechen Bauprodukte, Bauarten und Prüfverfahren den in Vorschriften anderer Vertragsstaaten des Abkommens über den Europäischen Wirtschaftsraum vom 2. Mai 1992 genannten technischen Anforderungen, so dürfen sie verwendet oder angewendet werden, wenn das geforderte Schutzniveau in Bezug auf Sicherheit, Gesundheit und Gebrauchstauglichkeit gleichermaßen dauerhaft erreicht und die Verwendbarkeit nachgewiesen wird (§ 3 Abs. 6 BbgBO). 214

---

203 OVG Bln vom 31. 5. 1991 BRS 52 Nr. 24, vom 8. 4. 1994 NuR 1995, 41/42.
204 Bay VGH vom 20. 2. 2003 BauR 2003, 1551/1552 = NVwZ-RR 2003, 726.

Teil 4. Grundstrukturen des Nachbarschutzes

215 Die allgemeinen Anforderungen betreffen primär die von den Handlungspflichten belasteten Adressaten der einzelnen Normen. Ausgeschlossen ist es jedoch nicht, dass diesen Pflichten Rechte der von baulichen Maßnahmen betroffenen Dritten korrespondieren. So können gegebenenfalls Nachbarn im **Verwaltungsverfahren** oder **Verwaltungsprozess** verlangen, dass die allgemeinen Anforderungen auch ihnen gegenüber eingehalten werden. Die Frage des so genannten **Dritt- oder Nachbarschutzes** stellt sich jedoch nicht hinsichtlich sämtlicher allgemeiner Anforderungen, sondern nur hinsichtlich der Generalklausel und der sie ergänzenden Missstandsklausel (s. oben Rn. 193); in Bezug auf die Verwendungsklausel (s. oben Rn. 198) und die Technikklausel (s. oben Rn. 208) ist sie dagegen ohne Belang. Auch im Bereich der Generalklausel selbst ist die praktische Bedeutung des Nachbarschutzes gering, denn regelmäßig wird sie durch Spezialvorschriften verdrängt (s. oben Rn. 165). Immerhin kann es in den Fällen ihrer subsidiären Anwendung zu Konstellationen kommen, bei denen Dritte sich auf sie berufen können.[205] In den einleitenden Vorschriften der Bauordnungen finden sich allerdings keine Hinweise darauf, ob sich die Vorschriften des Bauordnungsrechts, insbesondere die Generalklausel, nur zwischen den am Baugeschehen unmittelbar Beteiligten auswirken oder ob sie darüber hinaus Bedeutung für Dritte haben. Spezielle Bestimmungen der Bauordnungen berühren dieses Thema zwar gelegentlich, doch lassen sich im konkreten Fall die Probleme des Nachbarschutzes nicht ohne Berücksichtigung der von den Verwaltungsgerichten entwickelten Lösungen beurteilen.

I. Schutznormtheorie und drittschützende Normen

216 Ob baurechtliche Normen Dritten, insbesondere Nachbarn, Drittschutz gewähren, bemisst sich nach der die gerichtliche Praxis bestimmenden **Schutznormtheorie**, die nicht auf einer gesetzgeberischen Entscheidung beruht, sondern ihre Entstehung und Dominanz dem Richterrecht verdankt.[206] Nach ihr sind **drittschützende Normen** diejenigen öffentlich-rechtlichen Vorschriften, die nicht nur auf das Gemeinwohl ausgerichtet sind, sondern auch den Interessen der Nachbarn zu dienen bestimmt sind.[207] Deshalb sind nicht alle Normen des öffentlichen Baurechts potenziell drittschützend.[208] Werden drittschützende (und somit drittberechtigende) Normen durch die Bauaufsichtsbehörde. bei der Erteilung einer Baugenehmigung nicht oder fehlerhaft angewandt, so steht dem Nachbarn die Klagebefugnis gemäß § 42 Abs. 1 VwGO zu und ist er als Anfechtungskläger im Sinne des § 113 Abs. 1 Satz 1 VwGO in seinen Rechten verletzt;[209] nach derselben Vorschrift hebt das Verwaltungsgericht die rechtswidrige Baugenehmigung auf.[210] Der durch die drittschützende Norm Begünstigte hat auch die für die Einlegung eines zulässigen Widerspruchs nach den §§ 68 ff. VwGO erforderliche Widerspruchsbefugnis. Wenngleich Widerspruch und Anfechtungsklage gegen die bauaufsichtliche Zulassung eines Vorhabens, also auch gegen die Baugenehmigung, gemäß § 212 a Abs. 1 BauGB keine aufschiebende Wirkung nach § 80 Abs. 1 VwGO haben, eröffnet doch die im Falle drittschützender Normen zu bejahende Antrags- bzw. Klagebefugnis die Möglichkeit der Anordnung der aufschiebenden Wirkung (§ 80 a Abs. 1 Nr. 2, Abs. 2 Satz 2, Abs. 3, § 80 Abs. 5

---

[205] *Hahn* (Fn. 12), § 3 Rn. 64.

[206] *Ortloff* (Fn. 163), S. 217, 219; *Hahn/Schulte*, Öffentlich-rechtliches Baunachbarrecht, 1998, Rn. 15. – S. schon oben Kapitel 1 Rn. 35–41.

[207] BVerwG vom 25. 2. 1977 BVerwGE 52, 122, 123, 129, vom 19. 9. 1986, BRS 46 Nr. 173; OVG Bln vom 29. 10. 1991 BRS 52 Nr. 233, vom 22. 5. 1992 BRS 54 Nr. 97.

[208] BVerwG vom 16. 8. 1983 BRS 40 Nr. 190, vom 19. 9. 1986 BRS 46 Nr. 173.

[209] OVG Bln vom 24. 4. 1987 BRS 47 Nr. 175.

[210] BVerwG vom 29. 10. 1982 BRS 39 Nr. 176.

VwGO).[211] Auch bei den Konstellationen, in denen ohne Baugenehmigung bauliche Maßnahmen vorgenommen werden – sei es, dass keine Baugenehmigung erforderlich ist oder sie zu Unrecht nicht eingeholt wird –, kommt es für den Rechtsschutz auf die Existenz und die Verletzung drittschützender Normen an.

II. Nachbarschützender Charakter bauordnungsrechtlicher Normen

Hinsichtlich des **drittschützenden Charakters bauordnungsrechtlicher Normen** hat 217
der Gesetzgeber nur vereinzelt ausdrückliche Regelungen getroffen. So legen einige Bauordnungen den Abstandsflächen eine (allerdings beschränkte) nachbarschützende Wirkung bei (§ 5 Abs. 7 Satz 3 und Abs. 8 LBO BW, § 6 Abs. 5 Satz 4 und Abs. 7 Satz 4 BauO Bln)[212] oder erkennen prinzipiell öffentlich-rechtlich geschützte nachbarliche Belange, nachbarschützende Vorschriften oder Bestimmungen an, die auch dem Schutz nachbarlicher Interessen dienen (§ 64 Abs. 2 Satz 1, § 67 Abs. 4 Satz 3 BbgBO, § 68 Abs. 1 Satz 2 und Abs. 3 Satz 1 LBauO Rh-Pf). Im Übrigen ist anhand der Formel zu verfahren, wonach nachbarschützende Vorschriften diejenigen sind, die nicht nur auf das Gemeinwohl ausgerichtet sind, sondern auch den Interessen des Nachbarn zu dienen bestimmt. Es ist also jeweils zu ermitteln, welchen Zwecken eine Einzelvorschrift der Bauordnungen oder einer auf sie gestützten Bestimmung dient. Da das Bauordnungsrecht grundstücksbezogen ist, wird die drittschützende Funktion bauordnungsrechtlicher Vorschriften sich regelmäßig zugunsten der Eigentümer benachbarter Grundstücke (oder an ihnen dinglich Berechtigter) auswirken.[213] Jedoch erscheint es nicht ausgeschlossen, dass – anders als im Bauplanungsrecht (s. unten Rn. 226) – auch sonstige Personen, z. B. Mieter, begünstigt werden.[214] Typische Fälle, in denen bauordnungsrechtlicher Drittschutz begehrt wird, ergeben sich aus den Anforderungen an Abstandsflächen,[215] die Beseitigung von Abwässern,[216] Garagen,[217] die Gestaltung[218] oder Stellplätze.[219]

III. Nachbarschützender Charakter bauplanungsrechtlicher Normen

Hinsichtlich des **drittschützenden Charakters bauplanungsrechtlicher Normen** bewegt sich die Judikatur der Oberverwaltungsgerichte in den Bahnen der Rechtsprechung des Bundesverwaltungsgerichts.[220] Wie der baurechtliche Drittschutz insgesamt wurzelt der Drittschutz im Bauplanungsrecht im nachbarlichen Gemeinschaftsverhältnis.[221] Er leitet sich daraus her, dass bestimmte Vorschriften des öffentlichen Baurechts „auch der Rücksichtnahme auf individuelle Interessen oder deren Ausgleich untereinander dienen".[222] Das „bodenbezogene Bauplanungsrecht" bezweckt den „Ausgleich möglicher Bodennutzungskonflikte".[223] Demgemäß beruht der bauplanungsrechtliche Nachbar- 218

211 OVG Bln vom 29. 3. 1996 OVGE 22, 24, 25.

212 *Wilke* in *Wilke/Dageförde/Knuth/Meyer,* Bauordnung für Berlin, 5. Aufl., 1999, Rn. 53–58.

213 OVG Bln vom 26. 7. 1996 BRS 58 Nr. 120.

214 *Seibel*, BauR 2003, 1674.

215 BW VGH vom 10. 10. 2002 BauR 2003, 1201, OVG Bln vom 22. 5. 1992 BRS 54 Nr. 97, vom 6. 9. 1994 BRS 56 Nr. 173, vom 31. 1. 1997 OVGE 22, 85/87, vom 8. 4. 1998 LKV 357/358; Hess VGH vom 31. 1. 2002 BauR 2003, 866/867.

216 Hess VGH vom 31. 1. 2002 BauR 2003, 866/867.

217 BW VGH vom 1. 10. 1999 NVwZ-RR 2000, 348; Bay VGH vom 16. 12. 1994 NVwZ-RR 1995, 9; OVG Nds vom 12. 3. 2001 NVwZ-RR 2001, 503; *Sarnighausen*, NVwZ 1996, 7/9.

218 OVG Brem vom 4. 5. 2001 NVwZ-RR 2002, 488.

219 BVerwG vom 7. 12. 2000 NVwZ 2001, 813; OVG Bln vom 14. 5. 1993 LKV 1994, 119; OVG NRW vom 10. 7. 1998 NVwZ-RR 1999, 365/367; OVG Rh-Pf vom 27. 6. 2002 BauR 2003, 368.

220 Bay VGH vom 17. 10. 2002 BauR 2003, 1341; OVG Bln vom 4. 8. 1995 LKV 1996, 217.

221 BVerwG vom 28. 8. 1987 BVerwGE 78, 85/89.

222 BVerwG vom 19. 9. 1986 BRS 46 Nr. 173, vom 28. 8. 1987 (Fn. 221).

223 BVerwG vom 16. 9. 1993 BVerwGE 94, 151/155 = NJW 1994, 1548; OVG Bln vom 1. 11. 1988 BRS 48 Nr. 157 (S. 394).

schutz auf dem „Gedanken des wechselseitigen Austauschverhältnisses".[224] Weil der Grundstückseigentümer in der Nutzung öffentlich-rechtlichen Beschränkungen unterworfen ist, kann er deren Beachtung grundsätzlich auch im Verhältnis zum Nachbarn durchsetzen.[225]

1. Nachbarschutz durch Festsetzungen in Bebauungsplänen

219 Speziell im **Planbereich** (§§ 9, 30 BauGB) beruht der öffentlich-rechtliche Nachbarschutz auf der Erwägung, dass planerische Festsetzungen, insbesondere solche über die Art der baulichen Nutzung (§ 9 Abs. 1 Nr. 1 BauGB), die Planbetroffenen zu einer rechtlichen Schicksals-, Nutzungs- und Zwangsgemeinschaft verbinden.[226] Indem die bauliche Nutzung des eigenen Grundstücks der Zweckbestimmung des Baugebiets untergeordnet wird, muss der Eigentümer zwar die öffentlich-rechtliche Beschränkungen seiner Nutzungsmöglichkeiten hinnehmen; als Korrelat dieser Verpflichtung erwächst ihm aber der Vorteil, dass andere Nutzungsberechtigte den gleichen Beschränkungen unterworfen sind.[227] Aus diesem wechselseitigen Abhängigkeitsverhältnis folgt, dass der Nachbar kraft seines Eigentums gegen Vorhaben angehen kann, die den genannten rechtlichen Vorteil beeinträchtigen.[228] **Festsetzungen in Bebauungsplänen** (§ 9 BauGB) sind – entsprechend der Schutznormtheorie (s. oben Rn. 216) – dann nachbarschützend, wenn sie nicht nur objektiv der städtebaulichen Entwicklung und Ordnung dienen, sondern nach dem Willen des jeweiligen Plangebers auch den individuellen Belangen von Grundstückseigentümern oder sonst dinglich Berechtigten dienen.[229]

220 Festsetzungen der **Art der baulichen Nutzung** (§ 9 Abs. 1 Nr. 1 BauGB) sind **generell nachbarschützend**, so dass es keiner Prüfung des Zwecks der konkreten Festsetzung bedarf.[230] Der Nachbar hat somit einen Anspruch auf Wahrung der festgesetzten Gebietsart.[231] Der Gebietserhaltungs-, Gebietsgewährleistungs- oder Gebietswahrungsanspruch setzt nicht voraus, dass das baugebietswidrige Vorhaben bereits zu einer tatsächlich spürbaren und nachweisbaren Beeinträchtigung des Nachbarn führt.[232] Der Abwehranspruch wird vielmehr grundsätzlich bereits durch die Zulassung eines gebietsfremden Vorhabens ausgelöst, weil hierdurch das nachbarliche Austauschverhältnis gestört und eine Verfremdung des Gebiets eingeleitet wird.[233] Das Gleiche gilt im Falle des unbeplanten Innenbereichs nach § 34 Abs. 2 BauGB, wenn die Eigenart der näheren Umgebung einem Baugebiet der Baunutzungsverordnung entspricht.[234]

221 Bei den **sonstigen Festsetzungen** kommt es darauf an, ob der Plangeber sie **mit drittschützender Wirkung ausgestattet** hat.[235] Die planende Gemeinde kann frei entscheiden, ob sie eine Festsetzung auch zum Schutze Dritter trifft.[236] Anhaltspunkte hierfür im Bebauungsplan können insbesondere dem Text, aber auch der Planbegründung zu ent-

---

224 BVerwG vom 16. 9. 1993 (Fn. 223), S. 161, vom 23. 6. 1995 NVwZ 1996, 170/171.

225 BVerwG (Fn. 223).

226 BVerwG (Fn. 223).

227 BVerwG (Fn. 223), Bay VGH vom 17. 10. 2002 BauR 2003, 1341.

228 OVG Bln vom 25. 2. 1988 BRS 48 Nr. 167.

229 BVerwG vom 19. 9. 1986 BRS 46 Nr. 173, vom 16. 9. 1993 (Fn. 223).

230 BVerwG vom 16. 9. 1993 (Fn. 223), vom 28. 10. 1993 NVwZ 1994, 686, vom 11. 4. 1996 BRS 58 Nr. 82, vom 23. 8. 1996 BVerwGE 101, 364/374 = BRS 58 Nr. 159, vom 2. 2. 2000 BRS 63 Nr. 190; Bay VGH vom 17. 10. 2002 BauR 2003, 1341; OVG Bln vom 26. 2. 1993 BRS 55 Nr. 161, vom 29. 4. 1994 BRS 56 Nr. 55, vom 28. 7. 1994 BRS 56 Nr. 62, vom 15. 9. 1994 NuR 1995, 299; OVG NRW vom 25. 2. 2003 BauR 2003, 1006/1008.

231 BVerwG vom 16. 9. 1993 (Fn. 223), S. 161, vom 13. 5. 2002 BauR 2002, 1499; Bay VGH vom 4. 12. 2002 BauR 2003, 1022; OVG NRW vom 25. 2. 2003 NVwZ-RR 2003, 637/638.

232 OVG NRW (Fn. 231).

233 BVerwG vom 16. 9. 1993 (Fn. 223), vom 11. 4. 1996 BRS 58 Nr. 82.

234 BVerwG vom 16. 9. 1993 (Fn. 223), S. 156, vom 11. 4. 1996 BRS 58 Nr. 82, vom 27. 2. 1998 NVwZ-RR 1999, 104/105; OVG Bln vom 12. 3. 1997 UPR 1998, 33; OVG NRW vom 25. 2. 2003 (Fn. 230).

235 BVerwG vom 19. 10. 1995 NVwZ 1996, 888; Bay VGH vom 17. 10. 2002 BauR 2003, 1343.

236 BVerwG vom 16. 9. 1993 (Fn. 223), S. 155; OVG Bln vom 15. 9. 1994 NuR 1995, 299/300.

nehmen sein.[237] Bei entsprechendem Willen des Plangebers können sogar bauplanerische Festsetzungen über das Maß der baulichen Nutzung, wie die Grund- oder Geschossflächenzahl und die Zahl der Vollgeschosse (§ 16 Abs. 2 Nr. 2 und 3 BauNVO), nachbarschützende Wirkung haben.[238] Regelmäßig fehlt jedoch der Festsetzung des Maßes der baulichen Nutzung der drittschützende Charakter.[239] Auch die Festsetzung der Bebauungstiefe als einer Regelung der überbaubaren Grundstücksflächen (§ 9 Abs. 1 Nr. 2 BauGB, § 23 Abs. 4 BauNVO) vermittelt keinen Nachbarschutz, desgleichen nicht die Festsetzung einer Grünfläche (§ 9 Abs. 1 Nr. 15 BauGB) mit der Zweckbestimmung „Uferwanderweg" oder „Parkanlage".[240]

2. Rücksichtnahmegebot

Im übrigen – wenn es also an planerischen Festsetzungen oder solchen mit drittschützendem Inhalt fehlt – richtet sich der Nachbarschutz nach dem richterrechtlich entwickelten **Rücksichtnahmegebot**. Dieses sieht das Bundesverwaltungsgericht nicht als ein übergreifendes Schutzprinzip an, sondern entnimmt es den für die unterschiedlichen Fallkonstellationen maßgeblichen bauplanungsrechtlichen Bestimmungen der § 15 BauNVO, §§ 34, 35 und 31 Abs. 2 BauGB.[241] Dem Rücksichtnahmegebot kommt drittschützende Wirkung zu, soweit in qualifizierter und zugleich individualisierter Weise auf schutzwürdige Interessen Dritter Rücksicht zu nehmen ist.[242] Dabei muss sich auf Grund einer Abwägung aller Umstände des Einzelfalls ergeben, dass der Nachbar in unzumutbarer Wiese konkret in seinen schutzwürdigen Interessen betroffen wird.[243] Dies kann der Fall sein, wenn eine bauliche Anlage eine „erdrückende Wirkung" erzeugt oder eine „Hinterhofsituation" begründet, ferner bei der Herbeiführung einer Riegelwirkung oder oder eines Einmauerungseffekts.[244] Die Errichtung eines „wuchtigen" Baukörpers ist noch nicht rücksichtslos.[245] Die Schutzposition eines Nachbarn, also eine wehrfähige, rücksichtnahmebedürftige Position, setzt voraus, dass er einem Personenkreis angehört, der sich aus individualisierenden Tatbestandsmerkmalen der jeweils einschlägigen Norm entnehmen lässt.[246] Diese Voraussetzungen wurden z. B. im Falle einer Wagenburg bejaht, die in einem von § 34 Abs. 1 BauGB erfassten Gebiet faktisch einen „baurechtsfreien Raum" bildete.[247] 222

237 BW VGH vom 3. 12. 1993 NVwZ-RR 1999, 104/105; OVG Bln vom 25. 2. 1988 BRS 48 Nr. 167.

238 BVerwG vom 13. 3. 1981 BRS 38 Nr. 186, vom 20. 9. 1984 BRS 42 Nr. 123.

239 OVG Bln vom 5. 2. 1993 BRS 55 Nr. 120.

240 OVG Bln vom 7. 11. 1986 BRS 46 Nr. 182, vom 23. 9. 1988 BRS 48 Nr. 177, vom 26. 5. 1992 GE 1992, 1279, vom 15. 9. 1994 NuR 1995, 299/300.

241 BVerwG vom 16. 9. 1993 (Fn. 223), S. 160; vom 28. 10. 1993 BRS 55 Nr. 168, vom 6. 12. 1996 NVwZ-RR 1997, 516, vom 13. 11. 1997 NVwZ-RR 1998, 540, vom 8. 7. 1998 NVwZ-RR 1999, 8, vom 11. 1. 1999 NVwZ 1999, 879, vom 7. 12. 2000 NVwZ 2001, 813/814; OVG Bln vom 25. 3. 1993 BRS 55 Nr. 121, vom 15. 9. 1994 NuR 1995, 299/300, vom 4. 8. 1995 LKV 1996, 217, vom 9. 1. 1998 LKV 1998, 240/242, vom 8. 4. 1998 LKV 1998, 357/358; OVG Rh-Pf vom 16. 4. 2003 BauR 2003, 1187.

242 BVerwG vom 25. 2. 1977 BVerwGE 52, 122/131, vom 5. 8. 1983 BVerwGE 67, 334/339; OVG Bln vom 13. 3. 1998 LKV 1998, 355 = ZMR 1998, 522/525.

243 BVerwG vom 5. 8. 1983 BVerwGE 67, 334/339, 340, vom 23. 5. 1986 BRS 46 Nr. 176, vom 16. 9. 1993 (Fn. 223), S. 161; OVG Bln vom 27. 5. 1992 GE 1992, 1277/1279, vom 18. 9. 1992 OVGE 20, 149/150, vom 5. 2. 1993 BRS 55 Nr. 120, vom 29. 4. 1994 BRS 56 Nr. 55; OVG NRW vom 25. 2. 2003 BauR 2003, 1011/1013.

244 Bay VGH vom 14. 11. 2002 BauR 2003, 657/658; OVG Bln vom 26. 5. 1992 GE 1992, 1279; OVG NRW vom 14. 1. 1994 NVwZ-RR 1995, 187/188.

245 OVG Bln vom 25. 3. 1993 BRS 55 Nr. 121.

246 BVerwG vom 19. 9. 1986 BRS 46 Nr. 173, vom 16. 9. 1993 (Fn. 223), S. 158; OVG Bln vom 29. 3. 1996 BRS 58 Nr. 169.

247 OVG Bln vom 13. 3. 1998 LKV 1998, 355/356 = ZMR 1998, 522/523.

IV. Nachbarschutz durch Verwaltungsverfahrensrecht

223 Hinsichtlich des **nachbarschützenden Charakters verwaltungsverfahrensrechtlicher Normen** ist die Rechtsprechung zurückhaltend.[248] Obwohl das Baugenehmigungsverfahren Verfahrensfehler, wie z. B. eine unterlassene Anhörung nach § 13 VwVfG, aufweisen kann, an deren Vermeidung Dritte ein Interesse haben, sind allein hierauf gestützte Rechtsschutzbegehren regelmäßig aussichtslos. Abgesehen davon, dass die Rechtsfolgen von Verfahrensfehlern ohnehin minimiert werden (§ 44 a VwGO, §§ 45, 46 VwVfG, § 94 Satz 2 VwGO), wird in Anknüpfung an die Rechtsprechung des Bundesverwaltungsrichts als Voraussetzung für eine Erfolg versprechende Berufung auf Verfahrensfehler verlangt, dass die als verletzt gerügte Verfahrensvorschrift dem Schutz einer materiellen Rechtsposition zu dienen bestimmt ist.[249] Einem Verfahrensfehler kommt somit im Allgemeinen keine eigenständige Bedeutung zu. Er kann nur dann von Belang sein, wenn zugleich eine drittschützende Norm des Nachbarrechts berührt ist oder das Verfahrensrecht unabhängig vom materiellen Recht eine eigene, selbständig durchsetzbare verfahrensrechtliche Rechtsposition gewährt.[250]

V. Nachbarschutz durch sonstige Normen

224 Hinsichtlich des **nachbarschützenden Charakters sonstiger Normen** gilt Folgendes: Soweit nichtbaurechtliche Vorschriften im Baugenehmigungsverfahren zu berücksichtigen sind und ihnen drittschützende Funktion beigelegt ist, können sich die Begünstigten hierauf berufen, wenn sie die Baugenehmigung rechtlich bekämpfen. So kann ein Dritter etwa gegen ein genehmigungsbedürftiges Vorhaben, das sich auf eine – nach dem Bundes-Immissionsschutgesetz nicht genehmigungsbedürftige – Anlage im Sinne des § 22 BImSchG bezieht, einwenden, es führe ihn belastende schädliche Umwelteinwirkungen herbei,[251] z. B. durch elektromagnetische Strahlungen einer Mobilfunkanlage.[252] Ferner ist es nicht ausgeschlossen, dass im Bereich der unmittelbaren – also von der bauordnungsrechtlichen Generalklausel losgelösten – Anwendung des Polizei- oder Ordnungsrechts durch die Bauaufsichtsbehörde der polizei- oder ordnungsrechtlichen Generalklausel drittschützende Wirkung zukommt.[253] In solchen Fällen kann auch einem Mieter ein Gefahrenschutzanspruch zustehen, insbesondere wenn ihm Gesundheitsschäden drohen.[254]

VI. Begriff des Nachbarn

225 Wem als **Nachbarn** die Abwehrrechte, die sich aus dem System des baurechtlichen Drittschutzes ergeben, zustehen können, lässt sich nicht generell festlegen.[255] Der **enge Nachbarbegriff mancher Bauordnungen**, dem nur die Eigentümer angrenzender Grundstücke unterfallen (§ 55 Abs. 1 Satz 1 LBO BW, Art. 71 Abs. 1 Satz 1 BayBO, § 64 Abs. 1 BbgBO, § 74 Abs. 1 Satz 1 BauO NRW), ist nicht mit dem Begriff des Nachbarn im Sinne des Drittschutzes identisch, denn auch nicht unmittelbar angrenzende Nachbarn

---

[248] OVG Bln vom 29. 10. 1991 BRS 52 Nr. 233; OVG NRW vom 1. 7. 2002 NvWZ 2003, 361; *Ortloff*, NVwZ 2003, 660/664.

[249] OVG Bln vom 9. 7. 1998 NordÖR 1998, 364.

[250] OVG NRW vom 2. 12. 1992 NVwZ 1993, 1116, vom 1. 7. 2002 NVwZ 2003, 361/362.

[251] OVG Bln vom 10. 4. 1992 BRS 54 Nr. 189, vom 18. 9. 1992 OVGE 20, 149/151, vom 22. 4. 1993 BRS 55 Nr. 179,; OVG Brem vom 16. 7. 1985 BRS 44 Nr. 111.

[252] OVG Nds vom 13. 7. 1994 NVwZ 1995, 917/918; OVG NRW vom 2. 12. 1992 NVwZ 1993, 1116.

[253] *Knemeyer* (Fn. 178), S. 82.

[254] OVG Bln vom 18. 4. 1986 BRS 46 Nr. 172.

[255] OVG Bln vom 1. 11. 1988 BRS 48 Nr. 157.

können nachbarliche Belange geltend machen. Dementsprechend ist Nachbar im Sinne des baurechtlichen Nachbarschutzes jeder, dem in räumlicher Hinsicht die Schutzwirkung einer drittbegünstigenden Norm zugute kommt. Dies wird zwar in aller Regel der Grenzanlieger sein, doch sind – insbesondere im Bereich des bauplanungsrechtlichen Drittschutzes – Konstellationen häufig, bei denen auch weiter entfernte Berechtigte die nachbarschützende Funktion von Normen geltend machen können.

Der durch die „Grundstücksbezogenheit des Bebauungsrechts" geprägte bauplanungs- 226
rechtliche Nachbarschutz gewährt **Abwehrrechte** nur **Grundstückseigentümern und dinglich Berechtigten**, nicht aber lediglich obligatorisch Berechtigten.[256] Deshalb können sich Mieter und Pächter nicht auf bebauungsrechtliche Positionen berufen.[257] Es gilt vielmehr das Prinzip der Repräsentation, wonach Grundstücke sozusagen durch ihre Eigentümer „repräsentiert" werden.[258] Den Eigentümern gleichgestellt sind die Inhaber solcher dinglichen Rechte an Grundstücken, die dem Eigentum nahe kommen und eine Verfügungsbefugnis über das Grundstück umfassen, wie Nießbrauch und Erbbaurecht.[259] Entsprechendes gilt für einen durch eine Auflassungsvormerkung gesicherten Grundstückskäufer, auf den Besitz, Nutzungen und Lasten übergegangen sind.[260] Die Inhaber derartiger eigentumsähnlicher Rechtspositionen, die allerdings nach außen, also insbesondere gegenüber der Bauaufsichtsbehörde und dem Bauherrn, erkennbar sein müssen, sind demgemäß „Nachbarn" im Sinne des baurechtlichen Drittschutzes.[261] Nachbarklagen innerhalb einer Wohnungseigentümergemeinschaft sind allerdings unzulässig.[262] Fraglich ist immerhin, ob im Bauordnungsrecht über den Kreis der dinglich Berechtigten hinaus auch sonstige Personen durch drittschützende Normen begünstigt sein können.[263]

VII. Einschränkungen des baurechtlichen Drittschutzes

Einschränkungen des baurechtlichen Drittschutzes können sich daraus ergeben, dass 227
Rechtsschutz gegen baurechtswidrige Maßnahmen zugunsten eines baurechtswidrigen Zustandes erstrebt wird.[264] Dies ist insbesondere der Fall, wenn der Nachbar auf dem eigenen Grundstück selbst vergleichbare baurechtswidrige Maßnahmen durchgeführt hat. Aber auch eine bauliche Konstellation, bei der ein Kläger dem Beigeladenen ein Vorhaben verwehren will, das er selbst auf seinem eigenen Grundstück verwirklicht hat, kann sich rechtsschutzmindernd auswirken.[265] Ferner können öffentlich-rechtliche Abwehrrechte auch der Verwirkung unterliegen.[266]

---

256 BVerwG vom 20.4.1998 ZfBR 1998, 256.
257 BVerwG vom 11.7.1989 BRS 49 Nr. 185, vom 20.4.1998 (Fn. 256).
258 OVG Bln vom 1.1.1988 BRS 48 Nr. 157.
259 OVG Bln (Fn. 258).
260 BVerwG vom 29.10.1982 BRS 39 Nr. 176.
261 BVerwG (Fn. 260).
262 BVerwG vom 12.3.1998 UPR 1998, 349; OVG Bln vom 30.12.1993 BRS 55 Nr. 187.
263 *Seibel* (Fn. 214); *Seidel,* Öffentlich-rechtlicher und privatrechtlicher Nachbarschutz, 2000, Rn. 335.
264 BW VGH vom 18.11.2002 BauR 2003, 1203; OVG Bln vom 14.5.1982 BRS 39 Nr. 207.
265 OVG Bln vom 23.9.1988 BRS 48 Nr. 177, vom 6.9.1994 BRS 56 Nr. 173, vom 31.1.1997 OVGE 22, 85/87; OVG Thür vom 5.10.1999 NVwZ-RR 2000, 350/352.
266 BVerwG vom 8.1.1997 NVwZ-RR 1997, 522 Ls., vom 26.6.1998 NVwZ-RR 1998, 711 Ls., vom 16.4.2002 BauR 2003, 1031; OVG M-V vom 5.11.2001 NVwZ-RR 2003, 15; OVG NRW vom 9.4.1992 NVwZ-RR 1993, 397, 398.

3. Kapitel. Das Grundstück und seine Bebauung

Übersicht

Rn.

Teil 1. Die Bebaubarkeit des Grundstücks

I. Eignung des Grundstücks für die beabsichtigte Bebauung 1
1. Ländervergleich 1
2. Eignung nach der Lage 3
3. Eignung nach Form und Größe 6
4. Eignung nach der Beschaffenheit . . . 7
5. Schutzzweck der Vorschriften über die Grundstückseignung 8
II. Spezialgesetzliche Regelungen der Bebaubarkeit 9
III. Errichtung eines Gebäudes auf mehreren Grundstücken 10
1. Ländervergleich 10
2. Bedeutung der Vorschrift 11
IV. Die bauordnungsrechtliche Erschließung 12
1. Ländervergleich 12
2. Musterbauordnung 2002 . . . . . . 12a
3. Begriff 13
4. Bauordnungsrechtliche und bauplanungsrechtliche Erschließungsregelungen 14
5. Allgemeine Prüfungsgrundsätze . . . 16
6. Grundanforderungen der wegemäßigen Erschließung 17
a) Anliegen 17
b) Öffentliche Verkehrsfläche/Straße . 18
c) Befahrbarkeit der öffentlichen Verkehrsfläche 19
d) Angemessene Breite 20
7. Ausnahmen 21
a) Öffentlich-rechtlich gesicherte Zufahrt 21
b) Verzicht auf die Befahrbarkeit bei Wohnwegen 22
c) Außenbereich 24
8. Schutzzweck der Erschließungsvorschriften 25
V. Die Erschließung nach dem BauGB . 26
1. Rechtsgrundlagen des BauGB 26
2. Umfang der vorzunehmenden Erschließung 27
a) Im Geltungsbereich eines Bebauungsplans 28
b) Im unbeplanten Innenbereich . . . 29
c) Im Außenbereich 30
3. Verdichtung der Erschließungslast zur Erschließungspflicht 31
a) Erschließungsangebot 32
b) Erlass eines qualifizierten Bebauungsplans 33
c) Verhalten der Gemeinde 34
4. Umfang der auf Grund bestehender Erschließungspflicht vorzunehmenden Erschließung 35
5. Schutzzweck der bauplanungsrechtlichen Erschließungsvorschriften 36
6. Notwegerecht nach § 917 Abs. 1 BGB . 37

Teil 2. Die Abstandsflächen

I. Allgemeines 38
1. Bedeutung des Abstandsflächenrechts . 38
2. Regelungsgehalt des Abstandsflächenrechts 39
3. Abstandsflächenrecht und Planungsrecht 40
II. Abstandsflächenforderung 41
1. Gesetzliche Grundforderung 41
a) Gebäude 42
b) Oberirdisches Gebäude 43
c) Außenwand 44
2. Anlagen/Einrichtungen mit gebäudeähnlicher Wirkung 45
a) Ländervergleich 45
b) Voraussetzungen 46
c) Rechtsfolge 47
d) Beispiele 48
3. Abstandsflächenrechtlich relevante Vorhaben 49
a) Neuerrichtung 49
b) Nutzungsänderung 50
4. Die abstandsflächenrechtliche Gesamtbetrachtung 51
a) Begriff 51
b) Anbau an ein bestehendes Gebäude . 52
c) Bauliche Änderung in abstandsflächenrelevanten Merkmalen 53
d) Veränderung der Voraussetzungen, die Grundlage einer abstandsflächenrechtlichen Privilegierung waren 54
e) Bauliche Änderung bei Gleichbleiben der abstandsflächenrelevanten Merkmale 55
f) Nicht abstandsflächenrelevante bauliche Veränderungen 56
III. Schnittstellen von Bauordnungsrecht und Bauplanungsrecht 57
1. Begriffe 57
2. Ausnahme von der Abstandsflächenforderung bei planungsrechtlich gefordertem/erlaubtem Bauen an der Grenze 58
a) Ländervergleich 58
b) Bedeutung der Vorschrift 59
c) Musterbauordnung 2002 60
d) Voraussetzungen für das Entfallen der Abstandsflächenforderung . . . 61
aa) Gefordertes Bauen an der seitlichen Grundstücksgrenze . . . 61
bb) Erlaubtes Bauen an der seitlichen Grundstücksgrenze 63

Rn.

cc) Geforderter oder erlaubter Bau an der vorderen/hinteren Grundstücksgrenze 65
dd) Öffentlich-rechtliche Sicherung des Bauens an der Grenze/ohne Grenzabstand bzw. des Anbaus vom Nachbargrundstück 66
e) Rechtsfolge 67
3. Ausnahme von der Abstandsflächenforderung bei bauaufsichtlich gefordertem/gestattetem Grenzanbau. . . . 68
a) Ländervergleich 68
b) Musterbauordnung 2002 69
c) Bedeutung der Vorschrift 70
d) Voraussetzungen 71
aa) Planungsrechtliche Forderung eines Grenzabstands 71
bb) Auf dem Nachbargrundstück vorhandenes Gebäude an der Grenze 72
e) Rechtsfolge 73
f) Entscheidung der Bauaufsichtsbehörde 74
aa) Ausdrückliche Entscheidung . . . 74
bb) Belange des Bauherrn 75
cc) Interesssen des Nachbarn 76
dd) Öffentliche Belange 78
4. Die bauaufsichtliche Forderung/Gestattung der Einhaltung einer Abstandsfläche bei Nachbarbebauung mit Grenzabstand 79
a) Ländervergleich 79
b) Bedeutung der Vorschrift 80
c) Voraussetzungen 81
aa) Planungsrechtliche Forderung des Bauens an der Grenze 82
bb) Einhaltung eines Grenzabstands auf dem Nachbargrundstück . . 83
d) Rechtsfolge 84
5. Vorrang von abweichenden Festsetzungen der Abstandsflächentiefe durch die Gemeinde 85
a) Ländervergleich 85
b) Bedeutung der Vorschrift 86
c) Anforderungen an eine Abstandsflächenverkürzung durch gemeindliche Satzung 87
IV. Gesetzliche Anforderungen an die Abstandsflächen 88
1. Lage der Abstandsflächen 88
a) Lage auf dem Baugrundstück als grundsätzliche Anforderung 88
b) Anrechnung öffentlicher Flächen auf die Abstandsflächen 89
aa) Ländervergleich 90
bb) Voraussetzungen 91
cc) Rechtsfolge 92
c) Erstreckung der Abstandsflächen auf die Nachbargrundstücke 93
aa) Ländervergleich 94
bb) Die Übernahme auf das Nachbargrundstück durch Zustimmung des Eigentümers 95

Rn.

cc) Unbebaubarkeit der für die Abstandsflächen geforderten Flächen 96
2. Verbot der Überdeckung von Abstandsflächen. 97
a) Ländervergleich 97
b) Grundsatz. 98
c) Folgen einer Überdeckung 99
d) Ausnahmen vom Überdeckungsverbot 100
3. Freihalten von baulichen Anlagen als Inhalt der Abstandsflächenforderung . 101
a) Ländervergleich 101
b) Unzulässigkeit oberirdischer baulicherAnlagen/Gebäude in den Abstandsflächen 102
c) Kraft Gesetzes in den Abstandsflächen zulässige Anlagen – Ländervergleich 103
V. Die Wandhöhe („H") als Ausgangspunkt für die Ermittlung der Tiefe der Abstandsfläche 105
1. Bedeutung von „H" („Höhe"/Wandhöhe) 105
2. Ermittlung der Wandhöhe („H") . . . 106
a) Ländervergleich 106
b) Unterer Messpunkt 107
c) Oberer Messpunkt 108
3. Berücksichtigung der Dachhöhe und Giebelfläche bei der Ermittlung von „H" 109
a) Ländervergleich 109
b) Musterbauordnung 2002 110
c) Berücksichtigung der Dachhöhe . . 111
d) Berücksichtigung der Giebelfläche . 112
aa) Begriff 112
bb) Anrechnung der Giebelfläche auf die Wandhöhe 113
VI. Ermittlung und Umsetzung der erforderlichen Abstandsfläche 114
1. Breite der Abstandsfläche 114
2. Abstandsflächentiefe 114
a) Ländervergleich 114a
b) Musterbauordnung 2002 115
c) Grundsätzlich geforderte Tiefe . . . 116
d) Besonderheiten für spezielle Gebiete 117
aa) Feststellung des Gebietscharakters 118
bb) Kerngebiete (§ 7 BauNVO). . . 119
cc) Gewerbegebiete (§ 8 BauNVO) und Industriegebiete (§ 9 BauNVO). 119
dd) Abstandsflächentiefe im Grenzbereich von Gebieten unterschiedlicher Art 120
ee) Sondergebiete 121
3. Umsetzung der Abstandsfläche. 122
VII. Ermittlung und Umsetzung der geforderten Abstandsfläche in Sonderfällen 123
1. Ländervergleich 123
2. Gebäude mit versetzten Außenwandteilen 124
a) In der Höhe zurückspringende Außenwandteile (Staffelgeschosse) . . . 124

Rn.

b) In der Höhe vorspringende Außenwandteile (Wandvorsprünge/Dachvorsprünge) 125
c) Gegliederte/versetzte Außenwand . 126
3. Gebäude in Hanglage. 127
a) Tiefe der vor den Seitenwänden erforderlichen Abstandsflächen 128
b) Umsetzung der vor den Querseiten erforderlichen Abstandsflächen . . . 129
4. Windkraftanlagen/Funkmasten 130
VIII. Ausnahmen von der Abstandsflächenforderung 131
1. Auf Grund gesetzlicher Regelung ohne Abstandsflächen zulässige Vorhaben . . 131
a) Ländervergleich 132
b) Allgemeine Zulässigkeitsvoraussetzungen für Grenzbauten 133
c) Begriffe. 134
d) Privilegierung als Grenzgarage . . . 135
e) Flächen- und Höhenbegrenzung der Grenzbebauung 136
2. Die abstandsflächenrechtliche Privilegierung von Bauteilen/Vorbauten. . . 137
a) Ländervergleich 137
b) Voraussetzungen für die abstandsflächenrechtliche Privilegierung . . 138
aa) Bauteil/Vorbau 138
bb) Allgemeine Merkmale der privilegierten Bauteile/Vorbauten 139
cc) Einhaltung der gesetzlich vorgegebenen Höchst-/Mindestmaße 141
dd) Materielle Rechtmäßigkeit des Gebäudes 142
c) Rechtsfolge 143
d) Beispiele 144
IX. Möglichkeiten der Reduzierung der Abstandsflächen 145
1. Das Schmalseitenprivileg als gesetzliche Abstandsflächenreduzierung . . . 145
a) Ländervergleich 145
b) Bedeutung der Vorschrift 146
c) Musterbauordnung 2002 147
d) Voraussetzungen 148
aa) Außenwände eines Gebäudes. . 148
bb) Einhaltung der vorgeschriebenen Höchstlänge der Außenwand 149
cc) Einhaltung der geforderten Abstandsflächentiefe vor den übrigen Außenwänden 150
dd) Kein Verbrauch der Privilegierung durch Grenzanbau 151
e) Rechtsfolge. 152
2. Sonderfälle gesetzlich reduzierter Abstandsflächentiefen – Ländervergleich 153
3. Die Zulassung von Abweichungen/Befreiungen auf Grund im Abstandsflächenrecht enthaltener Spezialregelungen 154
a) Bedeutung der Abweichungsvorschriften im Abstandsflächenrecht . 154
b) Allgemeine abstandsflächenrechtliche Abweichungs-/Befreiungstatbestände – Ländervergleich 155

Rn.

c) Abweichungs-/Befreiungsmöglichkeiten bei Sonderbauten – Ländervergleich 156
d) Allgemeine Grundsätze für die Erteilung von Abweichungen/Befreiungen im Abstandsflächenrecht. . . 157
e) Würdigung nachbarlicher Interessen. 158
f) Gesichtspunkte für die Ausübung des Ermessens 159
g) Abweichungsmöglichkeit für einander gegenüberliegende Wände . . 160
h) Abweichungsmöglichkeit in überwiegend bebauten Gebieten 160
X. Nachbarschutz. 161
1. Die grundsätzlich nachbarschützende Wirkung der Abstandsflächenregelungen 161
2. Das gesetzlich bestimmte Maß der nachbarschützenden Tiefe – Ländervergleich 162
3. Das nachbarliche Gemeinschaftsverhältnis 163
4. Nachbarschutz bei Abstandsflächenverkürzung auf Grund des Schmalseitenprivilegs 164
5. Nachbarschutz gegenüber gesetzlich zulässigen Grenzbauten 165
6. Nachbarschutz bei Inanspruchnahme einer öffentlichen Fläche durch das Baugrundstück 166
7. Nachbarschutz bei Gestattung/Forderung eines Grenzanbaus. 167
8. Nachbarschutz bei Inanspruchnahme der Privilegierung für Bauteile/Vorbauten 168
9. Nachbarschutz bei Verkürzung der Abstandsflächen auf Grund gemeindlicher Bauvorschrift 169

Teil 3. Die Höhenlage
I. Allgemeines 170
1. Ländervergleich 170
2. Musterbauordnung 2002 171
3. Begriff und Bezeichnung der „Höhenlage" 172
a) Höhenlage einer baulichen Anlage . 172
b) Bezeichnung der Höhenlage einer baulichen Anlage. 173
c) Höhenlage der Geländeoberfläche . 174
d) Bezeichnung der Höhenlage der Geländeoberfläche 175
4. Höhenlage und Baugenehmigung . . . 176
a) Bedeutung der Benennung der Höhenlage für die Konkretisierung des Bauvorhabens 176
b) Höhenangaben und Baugenehmigung. 177
II. Festsetzung der Höhenlage einer baulichen Anlage 178
1. Bedeutung der Festsetzung der Höhenlage einer baulichen Anlage 178
2. Festsetzung der Höhenlage einer baulichen Anlage im Bebauungsplan . . . 179

Rn.

3. Gesonderte Festlegung der Höhenlage einer baulichen Anlage durch die Bauaufsichtsbehörde 180
III. Festsetzung der Höhenlage der Geländeoberfläche 182
1. Bedeutung der Festsetzung der Höhenlage der Geländeoberfläche 182
2. Die bauordnungsrechtliche Festsetzung der Geländeoberfläche 183
a) Voraussetzungen 183
b) Inhalt der Anordnung 184
3. Festlegung der Höhenlage der Geländeoberfläche bei Erteilung der Baugenehmigung 185
IV. Schutzzweck 186

Teil 4. Die sonstige Gestaltung der Grundstücke

I. Begrünung/Bepflanzung der nicht bebauten Flächen bebauter Grundstücke. 187
1. Bedeutung der bauordnungsrechtlichen Vorgaben zur Begrünung/Bepflanzung 187
2. Erfasste Flächen 189
3. Musterbauordnung 2002. 191
4. Ländervergleich 192
5. Inhalt der Begrünungsvorschriften . . 193
a) Begrünung/gärtnerische Anlage . . 193
b) Bepflanzung mit Bäumen und Sträuchern 194
c) Erhaltung 195
6. Versiegelung und Befestigung bei zulässiger anderer Verwendung 196
7. Schutzzweck der Begrünungsvorschriften 197
8. Rechtliche Möglichkeiten zum Schutz von Grünflächen 198
II. Kinderspielplätze 200
1. Bedeutung der bauordnungsrechtlichen Spielplatzpflicht. 200
2. Musterbauordnung 2002. 201
3. Begriffe 202
4. Ländervergleich 204

Rn.

5. Entstehen der Spielplatzpflicht 205
a) Kraft Gesetzes 205
b) Durch behördliche Anordnung . . . 206
c) Ausschluss der Spielplatzpflicht . . . 208
aa) im Hinblick auf die Art der Wohnungen 209
bb) im Hinblick auf die Lage der Wohnungen bzw. ihre Umgebung 210
cc) im Hinblick auf die Zweckbestimmung des Gebäudes 211
dd) im Hinblick auf einen Spielplatz in unmittelbarer Grundstücksnähe 212
6. Erfüllung der Spielplatzpflicht 213
a) Herstellung eines Kinderspielplatzes auf dem Baugrundstück 213
b) Herstellung eines Kinderspielplatzes auf einem anderen Grundstück . 214
c) Unterhaltung des angelegten Spielplatzes 215
d) Ablösung der Spielplatzpflicht . . . 216
7. Zwangsweise Durchsetzung der Spielplatzpflicht. 218
8. Schutzzweck der Vorschriften zur Spielplatzpflicht 219
9. Rechtsschutz gegen Spielplätze 220
III. Einfriedungen (Einfriedigungen) . . . 222
1. Begriffe 222
a) Einfriedung. 223
b) Abgrenzung 226
2. Ländervergleich 227
3. Musterbauordnung 228
4. Anordnung der Errichtung von Einfriedungen/Abgrenzungen 229
a) Grundregelung. 230
b) Grundstücke mit besonderer Nutzung. 231
c) Inhalt der Anordnung 232
5. Auf Einfriedungen/Abgrenzungen anwendbare baurechtliche Vorschriften . 232
a) Vorschriften des Bauordnungsrechts 233
b) Vorschriften des BauGB 234

Teil 1. Die Bebaubarkeit des Grundstücks

I. Eignung des Grundstücks für die beabsichtigte Bebauung

MBO 2002 § 13, BW –, Bay Art. 4 Abs. 1 Nr. 1, Bln –, Bbg § 4 Abs. 1 Nr. 1, Brem § 4 Abs. 1 Nr. 1, Hamb § 4 Abs. 1 Satz 1, Hess –, M-V § –, Nds –, NRW § 16 Satz 2, Rh-Pf § 6 Abs. 1, Saar § 5 Abs. 5, Sachs –, Sachs-Anh –, Schl-H § 4 Abs. 1, Thür § 16 Satz 2.

1. Ländervergleich

	Regelungsgegenstände der Landesbauordnungen und der MBO 2002[1]
	Grundstückseignung als Voraussetzung für die Errichtung von Gebäuden auf Grundstücken
1.	nach Lage, Form, Größe
2.	nach der Beschaffenheit

1

Land	**Norm** (LBO)	**Umsetzung/Abweichung in den Ländern**[2]
MBO 2002	§ 13	§ 13 Satz 2 Baugrundstücke müssen für bauliche Anlagen geeignet sein
BW	–	keine Regelung
Bay	Art. 4	Art. 4 I Nr. 1
Bln	–	keine Regelung
Bbg	§ 4	§ 4 I Nr. 1
Brem	§ 4	§ 4 I 1 Nr. 1 derartige Eignung nach Lage und Beschaffenheit gefordert, dass durch chemische, physikalische oder biologische Einflüsse aus Wasser, Boden und Luft, insbesondere aus Altlasten, Gefahren oder unzumutbare Belästigungen nicht entstehen
Hamb	§ 4	§ 4 I 1
Hess	–	keine Regelung
M-V	–	keine Regelung
Nds	–	keine Regelung
NRW	§ 16	§ 16 Satz 2 Baugrundstücke müssen für bauliche Anlagen entsprechend geeignet sein
Rh-Pf	§ 6	§ 6 I Bebauung von Grundstücken, die mit umweltgefährdenden Stoffen belastet sind, nur erlaubt, falls von ihnen keine Gefährdungen für die Umwelt, insbesondere die menschliche Gesundheit ausgehen oder die Gefährdung nach Art der vorgesehenen Bebauung unschädlich ist
Saar	§ 5	§ 5 V Bebauung von Grundstücken, die mit umweltgefährdenden Stoffen belastet sind, nur erlaubt, wenn Bauherr nachweist, dass von ihnen für die vorgesehene Nutzung keine Gefahren für die Umwelt, insbesondere die Gesundheit ausgehen
Sachs	–	keine Regelung
Sachs-Anh	–	keine Regelung

[1] Die hier verwendeten Ziffern entsprechen den Ziffern der nachstehenden Rubrik „Umsetzung/Abweichung in den Ländern und der MBO 2002".

[2] Die hier verwendeten Ziffern entsprechen den Ziffern der vorstehenden Rubrik „Regelungsgegenstände der Landesbauordnungen und der MBO 2002".

Land	Norm (LBO)	Umsetzung/Abweichung in den Ländern
Schl-H	§ 4	§ 4 I Eignung nach der Beschaffenheit in der Weise, dass durch Wasser, Feuchtigkeit sowie andere chemische, physikalische oder biologische Einflüsse Gefahren oder unzumutbare Belästigungen nicht entstehen
Thür	§ 16	§ 16 Satz 2 Baugrundstücke müssen für bauliche Anlagen entsprechend geeignet sein

2 Das Grundstück muss für die beabsichtigte Bebauung „geeignet" sein, d. h. bestimmte Anforderungen erfüllen, damit die Bebauung nicht zu einer Gefährdung der öffentlichen Sicherheit und Ordnung oder des Lebens und der Gesundheit seiner Bewohner oder Benutzer führt. Einige Bauordnungen enthalten spezielle Regelungen hierfür; auch wo solche Regelungen fehlen, gelten die darin enthaltenen bauordnungsrechtlichen Anforderungen gleichwohl im Rahmen der in allen Bauordnungen enthaltenen Generalklausel der „Allgemeinen Anforderungen an bauliche Anlagen".[3]

2. Eignung nach der Lage

3 Das Grundstück darf nicht im Einwirkungsbereich von **gefährlichen Umwelteinflüssen** liegen, durch die die Benutzer oder Bewohner gefährdet würden. Ungeeignet ist die Lage insbesondere

- in Überschwemmungsbereichen, wobei nach Landeswasserrecht ein Bauverbot bestehen kann;[4]
- in oder am Fuß von Steilhängen wegen der Erdrutschgefahr;
- im Einwirkungsbereich von natürlichen Einwirkungen wie Steinschlag oder Felssturz;
- an Waldrändern wegen der Brand- und Baumsturzgefahr.

4 Die Forderung nach einer für die Bebauung geeigneten Lage ist **nicht verzichtbar**; die Behörde darf nicht sehenden Auges ein gefährdetes Gebäude zulassen. Ein durch seine Lage für eine Bebauung ungeeignetes Grundstück darf daher auch dann nicht bebaut werden, wenn der Bauherr eine **Haftungsfreistellung** gegenüber der Genehmigungsbehörde oder dem im Schadensfall Haftenden abgibt. Haftungsfreistellungen dürfen allenfalls bezüglich geeigneter Grundstücke vorsorglich, für den Fall eines – nicht zu erwartenden – Schadenseintritts erklärt werden.

5 Möglichen Gefahren, die für ein Bauvorhaben auf Grund seiner Lage zu befürchten sind, ist vorrangig bereits **im Rahmen der Bauleitplanung** Rechnung zu tragen: Es gehört zu den Zielen einer am Wohl der Allgemeinheit orientierten Bauleitplanung, dass die Gefährdung einer künftigen Bebauung durch vorhersehbare Umwelteinflüsse vermieden wird.[5] Gefahren, die für das Gebäude von einem benachbarten **emittierenden Vorhaben** ausgehen, führen nicht zur Ungeeignetheit des Grundstücks im Sinne des Bauordnungsrechts, ihnen ist vielmehr im Rahmen der bauplanungsrechtlichen Abwägung zu begegnen.

3. Eignung nach Form und Größe

6 Bauordnungsrechtliche Regelungen hierzu haben allenfalls noch in besonders gelagerten Einzelfällen praktische Bedeutung: Da das **Abstandsflächenrecht** fordert, dass die einzuhaltenden Abstandsflächen grundsätzlich auf dem Baugrundstück selbst liegen

[3] In Niedersachsen § 1 I NBauO, in allen anderen Ländern § 3 der jeweiligen Bauordnung.
[4] Z. B. Art. 61 I 2 BayWG für förmlich festgesetzte Überschwemmungsgebiete.
[5] Bay VGH vom 27. 11. 1996 VwRR BY 1997, 101 (LS) zu einer als sachgerecht erachteten Abwägung, die dem Hochwasserschutz den Vorrang gegenüber einer Bebauung einräumt, OVG Nds vom 15. 5. 2003 DVBl. 2003, 1080 (LS) zur Verpflichtung der Gemeinde, nicht nur bei der Oberplanung gesetzlicher, sondern auch natürlicher Überschwemmungsgebiete die sich daraus für Überschwemmungen ergebenden Konsequenzen zu bewältigen.

müssen, ist für den Regelfall (soweit kein gesetzlicher Ausnahmefall vorliegt oder keine Abweichung von dieser Forderung erteilt wird) sichergestellt, dass die Baugrundstücke für die konkrete Bebauung groß genug sind. Soweit das Bauvorhaben einen Bedarf für weitere Anlagen auslöst, z. B. für Stellplätze und Kinderspielplätze, sollen auch diese grundsätzlich auf den Baugrundstücken selbst untergebracht werden, allerdings sehen hier bereits die Landesbauordnungen eine Reihe von Ausnahmen vor, z. B. durch die Möglichkeit der Ablösung von Stellplätzen oder der Errichtung von Kinderspielplätzen auf geeigneten Grundstücken in der Nähe.

4. Eignung nach der Beschaffenheit

Während die Forderung nach einer geeigneten Lage des Grundstücks an seine natürliche Umgebung anknüpft, bezieht sich die Forderung nach einer für die Bebauung geeigneten Beschaffenheit des Grundstücks auf **Eigenschaften des Grundstücks** selbst. Von ihm dürfen keine Gefahren für die beabsichtigte Bebauung ausgehen. Hauptanwendungsfälle sind die Eignung des Bodens nach seiner **Konsistenz** (d. h. der Boden darf weder instabil sein, z. B. infolge von Aufschüttungen, die nicht genügend verdichtet wurden, noch so hart, dass er nicht bearbeitet werden kann) sowie die Nichtbelastung des Bodens mit umweltgefährdenden Stoffen (**Altlasten**).[6] 7

5. Schutzzweck der Vorschriften über die Grundstückseignung

Die speziellen Vorschriften über die Eignung des Grundstücks nach seiner Lage haben **nicht das Ziel, die Eigentümer benachbarter Grundstücke vor den haftungsrechtlichen Folgen** eines von ihrem Grundstück ausgehenden Schadens, z. B. infolge Baumsturzes, zu schützen; es fällt vielmehr in den Verantwortungsbereich des jeweiligen Grundstückseigentümers, einen den Anforderungen der Verkehrssicherungspflicht genügenden Zustand zu schaffen und aufrechtzuerhalten.[7] Wird in der Baugenehmigung gleichzeitig über die Zulässigkeitsvoraussetzungen nach anderen Gesetzen entschieden, so ist dies bei Anfechtung der Genehmigung durch einen Dritten mitzuberücksichtigen und zu prüfen, ob die Genehmigung gleichzeitig gegen eine andere, drittschützende Vorschrift verstößt. So kann z. B. die Genehmigung einer baulichen Anlage in einem förmlich festgesetzten Überschwemmungsgebiet nachbarschützende Normen der Landeswassergesetze verletzen.[8] 8

II. Spezialgesetzliche Regelungen der Bebaubarkeit

Einschränkungen für die Bebaubarkeit eines Grundstücks können sich aus **Spezialgesetzen außerhalb des Baurechts** ergeben; diese sind, da ein Vorhaben nicht gegen öffentlich-rechtliche Bestimmungen verstoßen darf, in die Prüfung der Rechtmäßigkeit eines Bauvorhabens einzubeziehen. Es kann sich dabei z. B. handeln um 9

- Bauverbote in Wasserschutzgebieten (§ 19 WHG)
- Bauverbote im Uferbereich und Überschwemmungsgebiet von Gewässern
- Bauverbote an Küsten
- Bauverbote wegen fehlender Abwasserbeseitigung (§§ 18 a ff. WHG)
- Anbauverbote nach § 9 FStrG
- naturschutzrechtliche Baubeschränkungen, z. B. Art. 6, 7 ff. BayNatSchG
- Baubeschränkungen aus Gründen des Denkmalschutzes.

---

[6] So ausdrücklich § 4 I 1 Nr. 1 BremLBO, wonach das Baugrundstück nach seiner Beschaffenheit für die bauliche Anlage so geeignet sein muss, dass durch chemische, physikalische oder biologische Einflüsse aus Wasser, Boden und Luft, insbesondere aus Altlasten, Gefahren oder unzumutbare Belästigungen nicht entstehen.

[7] Bay VGH vom 5. 2. 1998 Az. 14 ZE 98.87 zur Gefahr eines Baumsturzes auf ein Gebäude.

[8] Bay VGH vom 8. 11. 1990 BayVBl. 1991, 247 zu Art. 61 II 2 BayWG; BayObLG vom 9. 10. 1989 BayVBl. 1990, 58 zu Art. 62 I BayWG.

III. Errichtung eines Gebäudes auf mehreren Grundstücken

MBO 2002 § 4 Abs. 2, BW § 4 Abs. 2, Bay –, Bln § 4 Abs. 2, Bbg § 4 Abs. 2, Brem § 4 Abs. 2, Hamb § 4 Abs. 3, Hess § 4 Abs. 2, M-V § 4 Abs. 2, Nds § 4 Abs. 1 Satz 2, NRW § 4 Abs. 2, Rh-Pf § 6 Abs. 3, Saar § 5 Abs. 3, Sachs § 4 Abs. 2, Sachs-Anh § 4 Abs. 2, Schl-H § 4 Abs. 3, Thür § 4 Abs. 2.

1. Ländervergleich

10

Regelungsgegenstand der Landesbauordnungen und der MBO 2002
Voraussetzung für die Zulässigkeit der Errichtung eines Gebäudes **auf mehreren Grundstücken**: **öffentlich-rechtliche Sicherung** oder Sicherung durch **Baulast**, dass keine Verhältnisse eintreten können, die den Vorschriften dieses Gesetzes oder den auf Grund dieses Gesetzes erlassenen Vorschriften zuwiderlaufen

Land	Norm (LBO)	Umsetzung/Abweichung in den Ländern und der MBO 2002
MBO 2002	§ 4	§ 4 II öffentlich-rechtliche Sicherung
BW	§ 4	§ 4 II
Bay	–	keine Regelung
Bln	§ 4	§ 4 II öffentlich-rechtliche Sicherung
Bbg	§ 4	§ 4 II rechtliche Sicherung
Brem	§ 4	§ 4 II öffentlich-rechtliche Sicherung durch Vereinigungsbaulast
Hamb	§ 4	§ 4 III Sicherung durch Baulast nach § 79
Hess	§ 4	§ 4 II öffentlich-rechtliche Sicherung, zusätzlich gefordert, dass das Gebäude auf den Grundstücken diesen Vorschriften so entspricht, als wären die Grundstücke ein Grundstück
M-V	§ 4	§ 4 II Sicherung durch Baulast
Nds	§ 4	§ 4 II Verbot der Lage einer baulichen Anlage auf mehreren Baugrundstücken § 4 I 2 Baugrundstück kann aus mehreren aneinander grenzenden Grundstücken bestehen, falls Sicherung durch Baulast, dass alle baulichen Anlagen auf den Grundstücken das öffentliche Baurecht so einhalten, als wären die Grundstücke ein Grundstück
NRW	§ 4	§ 4 II öffentlich-rechtliche Sicherung, zusätzlich gefordert, dass das Gebäude auf den Grundstücken diesen Vorschriften so entspricht, als wären die Grundstücke ein Grundstück
Rh-Pf	§ 6	§ 6 III Sicherung durch Baulast gefordert, dass die Grundstücke für die Dauer der Bebauung als Grundstückseinheit zusammengefasst bleiben
Saar	§ 5	§ 5 III öffentlich-rechtliche Sicherung, zusätzlich gefordert, dass das Gebäude auf den Grundstücken diesen Vorschriften so entspricht, als wären die Grundstücke ein Grundstück
Sachs	§ 4	§ 4 II rechtliche Sicherung
Sachs-Anh	§ 4	§ 4 II Sicherung durch Baulast
Schl-H	§ 4	§ 4 III falls Sicherung durch Baulast: Errichtung eines Gebäudes auf mehreren Grundstücken darf zugelassen werden
Thür	§ 4	§ 4 II Sicherung durch Baulast

2. Bedeutung der Vorschrift

11 Ausgangspunkt für die jeweils im Zweiten Abschnitt der Landesbauordnungen enthaltenen Regelungen über die „Bebauung der Grundstücke" ist die Frage, was überhaupt unter einem Grundstück oder Baugrundstück zu verstehen ist. Die Landesbauordnungen – mit Ausnahme der BayBO – regeln daher in diesem Zusammenhang auch die Frage, wann ein Gebäude **auf mehreren Grundstücken** errichtet werden darf. Voraussetzung hierfür ist die rechtliche Sicherung (zum Teil wird die Sicherung durch **Baulast** verlangt), dass dadurch „keine Verhältnisse eintreten können, die Vorschriften dieses Gesetzes widersprechen" (so § 4 Abs. 2 MBO 2002), das bedeutet also, dass die einzelnen Baugrundstücke für die Dauer der Bebauung zu einer Grundstückseinheit zusammengefasst bleiben müssen.[9]

IV. Die bauordnungsrechtliche Erschließung

MBO 2002 § 4 Abs. 1, BW § 4 Abs. 1, Bay Art. 4, Bln § 4 Abs. 1, Bbg § 4 Abs. 1, Brem § 4 Abs. 1, Hamb § 4 Abs. 1 und Abs. 2, Hess § 4 Abs. 1, M-V § 4 Abs. 1, Nds § 5 Abs. 1, NRW § 4 Abs. 1, Rh-Pf § 6 Abs. 2, Saar § 5 Abs. 1 und Abs. 2, Sachs § 4 Abs. 1, Sachs-Anh § 4 Abs. 1, Schl-H § 4 Abs. 2, Thür § 4 Abs. 1.

1. Ländervergleich

12

	Regelungsgegenstände der Landesbauordnungen und der MBO 2002[10]
	Voraussetzungen der bauordnungsrechtlichen Erschließung:
1.	Anliegen des (Bau-)Grundstücks in **angemessener bzw. ausreichender Breite** an einer befahrbaren, **öffentlichen Verkehrsfläche** oder
2.	Vorhandensein einer befahrbaren, öffentlich-rechtlich gesicherten **Zufahrt** zu einer befahrbaren öffentlichen Verkehrsfläche
3.	bei **Wohnwegen** Verzicht auf die Befahrbarkeit möglich, wenn keine Bedenken wegen des Brandschutzes

Land	Norm (LBO)		Umsetzung/Abweichung in den Ländern und der MBO 2002[11]
MBO 2002	§ 4	**1.**	§ 4 I
		2.	§ 4 I
		3.	keine Regelung in § 4 I (jedoch allgemeine Regelung für die Zulassung von Abweichungen in § 67 MBO 2002)
BW	§ 4	**1.**	§ 4 I 1
		2.	§ 4 I 1
		3.	§ 4 I 1, 2. Halbs.
Bay	Art. 4	**1.**	Art. 4 I Nr. 2
		2.	Art. 4 III nur im Außenbereich genügt eine befahrbare, gegenüber dem Rechtsträger der Bauaufsichtsbehörde gesicherte Zufahrt zu befahrbarem öffentlichem Weg
		3.	Art. 4 II innerhalb des räumlichen Geltungsbereichs eines Bebauungsplans im Sinn der §§ 12 und 30 I BauGB und innerhalb eines im Zusammenhang bebauten Ortsteils können bei Wohnwegen von begrenzter Länge insbesondere als Abweichungen gestattet werden:

[9] So die Formulierung in § 6 III LBauO Rh-Pf.

[10] Die hier verwendeten Ziffern entsprechen den Ziffern der nachstehenden Rubrik „Umsetzung/Abweichung in den Ländern und der MBO 2002".

[11] Die hier verwendeten Ziffern entsprechen den Ziffern der vorstehenden Rubrik „Regelungsgegenstände der Landesbauordnungen und der MBO 2002".

Land	Norm (LBO)		Umsetzung/Abweichung in den Ländern und der MBO 2002
			• Verzicht auf Befahrbarkeit, wenn keine Bedenken wegen Brandschutz oder Rettungsdienst (Nr. 1) • Verzicht auf die Widmung, wenn nur Wohngebäude geringer Höhe erschlossen werden und sachgerechte Unterhaltung des Wohnweges und allgemeine Benutzbarkeit gegenüber dem Rechtsträger der Bauaufsichtsbehörde rechtlich gesichert ist (Nr. 2)
Bln	§ 4	**1.** **2.** **3.**	§ 4 I § 4 I § 4 I, 2. Halbs.
Bbg	§ 4	**1.** **2.** **3.**	§ 4 I Nr. 2 § 4 I Nr. 2 Nutzung einer befahrbaren Zufahrt zu einer befahrbaren öffentlichen Verkehrsfläche muss rechtlich gesichert sein § 4 I Nr. 2, 2. Halbs. nicht befahrbare Wohnwege von höchstens 50 m Länge für Wohngebäude geringer Höhe zulässig
Brem	§ 4	**1.** **2.** **3.**	§ 4 I 1 Nr. 2 Grundstück muss so anliegen, dass der von der baulichen Anlage ausgehende Zu- und Abgangsverkehr und der Einsatz von Feuerlösch- und Rettungsgeräten ohne Schwierigkeiten möglich sind § 4 I 1 Nr. 2 Grundstück muss solche öffentlich-rechtlich gesicherte Zufahrt haben, dass der von der baulichen Anlage ausgehende Zu- und Abgangsverkehr und der Einsatz von Feuerlösch- und Rettungsgeräten ohne Schwierigkeiten möglich sind § 4 I 3 öffentlich-rechtliche Sicherung der Zufahrt nicht erforderlich, wenn Sicherung der Benutzung durch Miteigentumsanteile, die im Bestandsverzeichnis des Grundbuchblatts unter der Nummer des Baugrundstücks eingetragen sind § 4 I 2
Hamb	§ 4	**1.** **2.** **3.**	§ 4 I 2 Grundstück muss in ausreichender Breite von befahrbarem, nicht anbaufrei zu haltendem öffentl. Weg aus unmittelbar zugänglich sein § 4 I 3 öffentl. Weg und Grundstückszugang müssen so beschaffen sein, dass die Ver- und Entsorgung, der Einsatz von Rettungs- und Löschgeräten sowie der durch die jeweilige Grundstücksnutzung hervorgerufene Verkehr ohne Schwierigkeiten möglich ist § 4 I 4 für Bebauung mit Wohngebäuden geringer Höhe genügt unmittelbarer Zugang von einem nichtbefahrbaren öffentl. Weg von höchstens 75 m Länge; dabei darf bei Gebäuden mit mehr als 2 Wohnungen der Gebäudeeingang höchstens 85 m vom befahrbaren öffentlichen Weg entfernt sein § 4 II 1 Anforderungen nach § 4 I 2 bis 4 sind erfüllt, wenn der Wegeausbau nach § 14 des Hamb. Wegegesetzes gesichert ist § 4 II 2 Ausnahme vom Erfordernis des unmittelbaren Zugangs kann für ein Grundstück zur Errichtung eines Wohnzwecken dienenden Einzel- oder Doppelhauses geringer Höhe mit insgesamt nicht mehr als 2 Wohnungen zugelassen werden, wenn Zugang über anderes Grundstück durch Baulast gesichert § 4 II 3 Ausnahme vom Erfordernis der Zugangsmöglichkeit zu einem öffentlichen Weg kann zugelassen werden, wenn das Grundstück nur in einem Ausmaß bebaut oder gewerblich genutzt werden soll, für das der unmittelbare Zugang von einem öffentlichen Weg nicht erforderlich ist keine spezielle Regelung (s. Pkt. 1: Grundstückszugang) keine Regelung
Hess	§ 4	**1.**	§ 4 I Grundstück muss in solcher Breite anliegen oder solche öffentlich-rechtlich gesicherte Zufahrt haben, dass der Einsatz von Feuerlösch- und Rettungsgeräten ohne Schwierigkeiten möglich ist

Land	Norm (LBO)	Umsetzung/Abweichung in den Ländern und der MBO 2002	
		2. 3.	§ 4 I § 4 I, 2. Halbs. Befahrbarkeit von Wohnwegen, an denen nur Wohngebäude der Gebäudeklassen 1 bis 3 zulässig sind, wird nur gefordert, wenn sie länger als 50 m sind
M-V	§ 4	1. 2. 3.	§ 4 I § 4 I § 4 I
Nds	§ 5	1.	§ 5 I Baugrundstück muss so anliegen/solchen Zugang zu ihr haben, dass der von der baulichen Anlage ausgehende Zu- und Abgangsverkehr und der für den Brandschutz erforderliche Einsatz von Feuerlösch- und Rettungsgeräten jederzeit ordnungsgemäß und ungehindert möglich sind
		2.	§ 2 I Allgemeine Durchführungsverordnung zur Niedersächsischen Bauordnung (DVNBauO) Mindestbreite für Zu- oder Durchfahrten von öffentlichen Verkehrsflächen: 3 m; lichte Höhe: mindestens 3,50 m § 2 II 1 DVNBauO zu Gebäuden geringer Höhe genügen Zu- oder Durchgänge mit Mindestbreite von 1,25 m § 2 II 2 DVNBauO falls Entfernung dieser Gebäude von öffentlichen Verkehrsflächen größer als 50 m: anstelle von Zu- oder Durchgängen können Zu- oder Durchfahrten nach § 2 I verlangt werden. § 2 II 3 DVNBauO lichte Höhe der Durchgänge: mindestens 2 m, bei Türöffnungen und anderen geringfügigen Einengungen: lichte Breite von 1 m genügt
		3.	keine spezielle Regelung zu Wohnwegen, aber § 4 II 1 falls Grundstück nur über Flächen zugänglich, die nicht dem öffentl. Verkehr gewidmet sind: ihre Benutzung muss durch Baulast oder Miteigentum gesichert sein; bei Wohngebäuden geringer Höhe mit nicht mehr als 2 Wohnungen genügt Sicherung durch Grunddienstbarkeit § 4 II 2 dies gilt auch, wenn der Zugang zu einem Grundstück über ein anderes Grundstück führt, das mit ihm zusammen nach § 4 I 2 ein Baugrundstück bildet
NRW	§ 4	1. 2. 3.	§ 4 I Nr. 1 § 4 I Nr. 1 § 4 I Nr. 1, 2. Halbs. Befahrbarkeit von Wohnwegen, an denen nur Wohngebäude geringer Höhe zulässig sind, nur gefordert, wenn sie länger als 50 m sind
Rh-Pf	§ 6	1. 2. 3.	§ 6 II 1 Nr. 1 § 6 II 2 als Sicherung der Zufahrt genügt Dienstbarkeit, falls sie vor dem 1. 10. 1974 begründet wurde § 6 II 1 Nr. 1, 2. Halbs. nicht befahrbarer Wohnweg genügt (kraft Gesetzes) bei Gewährleistung des Brandschutzes zusätzlich § 6 II 1 Nr. 1 bei Vorhaben im Sinne des § 35 I Nr. 1 bis 3 BauGB genügt Erreichbarkeit über einen Wirtschaftsweg
Saar	§ 5	1. 2. 3.	§ 5 I Nr. 1 für die Zufahrt und den Einsatz von Feuerlösch- und Rettungsgeräten ausreichende Breite § 5 I Nr. 1 für befahrbare Zufahrt wird zusätzlich ausreichende Breite gefordert § 5 II bei Wohnwegen sind Ausnahmen von den Voraussetzungen des § 5 I Nr. 1 zulässig, wenn keine Bedenken wegen des Brandschutzes bestehen zusätzlich § 5 II bei Vorhaben im Außenbereich sind Ausnahmen von den Voraussetzungen des § 5 I Nr. 1 zulässig, wenn keine Bedenken wegen des Brandschutzes bestehen

Land	Norm (LBO)	Umsetzung/Abweichung in den Ländern und der MBO 2002	
Sachs	§ 4 I	**1.**	§ 4 I 1 Nr. 1
		2.	§ 4 I 2 als Sicherung der Zufahrt genügt • Grunddienstbarkeit (§ 1018 BGB), wenn vor dem 1. 5. 1999 begründet • Dienstbarkeit nach § 116 I des Sachenrechtsbereinigungsgesetzes (SachenRBerG) • Mitbenutzungsrecht nach Art. 233 § 5 I EGBGB, soweit dieses noch als Recht an dem belasteten Grundstück gilt
		3.	§ 4 I 1 Nr. 1, 2. Halbs.
Sachs-Anh	§ 4	**1.**	§ 4 I
		2.	§ 4 I
		3.	§ 4 I, 2. Halbs.
Schl-H	§ 4	**1.**	§ 4 II
		2.	§ 4 II
		3.	§ 4 II, 2. Halbs.
Thür	§ 4	**1.**	§ 4 I
		2.	§ 4 I
		3.	§ 4 I, 2. Halbs.

2. Musterbauordnung 2002

12a Die Regelung der bauordnungsrechtlichen Erschließungsanforderungen in § 4 Abs. 1 MBO 2002 (unter der Überschrift „Bebauung der Grundstücke mit Gebäuden") stimmt überein mit der Forderung der Landesbauordnungen, dass Gebäude nur errichtet werden dürfen, wenn das Grundstück

- in angemessener Breite an einer befahrbaren öffentlichen Verkehrsfläche liegt oder
- eine befahrbare, öffentlich-rechtlich gesicherte Zufahrt zu einer befahrbaren öffentlichen Verkehrsfläche hat.

3. Begriff

13 Unter der „Erschließung" eines Grundstücks wird die Schaffung der Einrichtungen verstanden, die erforderlich sind, um das Grundstück bebauen und mit seiner Bebauung nutzen zu können. Die Erschließung bezieht sich nicht nur auf den **Anschluss des Grundstücks an den Verkehr**, sondern auch auf seine **Versorgung** mit Wasser und Energie, insbesondere Strom, und auf die Schaffung von Anlagen für die **Entsorgung**, d. h. die Beseitigung von Abwasser und Abfall. Die Ausführungen zur Erschließung im Rahmen dieses Kapitels befassen sich ausschließlich mit der wegemäßigen Erschließung eines Grundstücks, da alle Bauordnungen im Rahmen der Vorschrift über die Bebaubarkeit eines Grundstücks die wegemäßige Erschließung eines Grundstücks regeln. Nur einige Bauordnungen befassen sich an dieser Stelle auch mit weiteren Erschließungsanforderungen, insbesondere der Benutzbarkeit von Wasserversorgungs- und Abwasseranlagen.

4. Bauordnungsrechtliche und bauplanungsrechtliche Erschließungsregelungen

14 Die bauplanungsrechtlichen und die bauordnungsrechtlichen Anforderungen an die Erschließung eines Grundstücks verfolgen unterschiedliche Zielrichtungen: Das **Bauordnungsrecht**, als Teil des Sicherheitsrechts, will sicherstellen, dass das Grundstück mit Ver- und Entsorgungsfahrzeugen, im Notfall mit Krankenwagen und Einsatzfahrzeugen, angefahren werden kann und dass der durch die hinzukommende Bebauung ausgelöste Verkehr keine schädlichen Auswirkungen auf den bereits bestehenden Verkehr und etwa

vorhandene Straßen hat.[12] Das **Bauplanungsrecht** verfolgt die Schaffung der Erschließungseinrichtungen unter dem Blickwinkel einer geordneten städtebaulichen Entwicklung, die gestört würde durch die Zulassung übermäßigen, von den vorhandenen Straßen nicht zu bewältigenden Verkehrs und mit Wasser und Abfall- und Abwasserbeseitigungsanlagen nicht versorgter Gebäude.

15 Die Vorschriften des Bauplanungsrechts und des Bauordnungsrechts sind nicht notwendig deckungsgleich. Sie stehen **gleichrangig nebeneinander**; auch falls im Einzelfall Anforderungen des Bauplanungsrechts und des Bauordnungsrechts identisch sein sollten, besteht keine Bindungswirkung. Hieraus folgt beispielsweise:

- Gehört nach Landesbaurecht die bauordnungsrechtliche Erschließung nicht zum Pflichtprüfprogramm bei der Genehmigungserteilung, so ist gleichwohl die Einhaltung der bauplanungsrechtlichen Vorschriften über die Erschließung zu prüfen.
- Wird nach Landesrecht im vereinfachten Genehmigungsverfahren für Wohngebäude bestimmter Klassen nur die Übereinstimmung mit Vorschriften des BauGB, nicht aber denen des Bauordnungsrechts geprüft, sind Prüfungsmaßstab allein die bauplanungsrechtlichen, nicht aber die bauordnungsrechtlichen Erschließungsvorschriften.
- War Prüfungsmaßstab eines Vorbescheidsverfahrens allein die planungsrechtliche Zulässigkeit eines Vorhabens und war im Rahmen dieses Verfahrens die planungsrechtliche Erschließung zu Unrecht als gegeben angesehen worden, so ist in einem nachfolgenden Genehmigungsverfahren die bauordnungsrechtliche Erschließung gleichwohl in vollem Umfang zu prüfen.

5. Allgemeine Prüfungsgrundsätze

16 Bei der Prüfung, ob ein Grundstück erschlossen ist, werden die Verhältnisse im **Zeitpunkt der Entscheidung** zugrunde gelegt; mögliche künftige Entwicklungen sind nicht in die Entscheidung einzubeziehen, selbst wenn sie dazu führen können, dass das Baugrundstück nicht mehr an der öffentlichen Verkehrsfläche anliegt, z. B. infolge genehmigungsfreier Teilung eines großen Grundstücks. Ob eine vorhandene Erschließungsmöglichkeit auch tatsächlich genutzt wird, ist nicht erheblich für das „Erschlossensein" eines Grundstücks.[13] Die Vorschriften des Bauordnungsrechts für eine ordnungsgemäße Erschließung gelten auch dann, wenn die Landesbauordnung ihrem Wortlaut nach die Erschließung (nur) als Zulässigkeitsvoraussetzung für die **„Errichtung"** von Gebäuden fordert, über den Wortlaut hinaus auch für die **Änderung** und **Nutzungsänderung** von Gebäuden bzw. baulichen Anlagen.[14] Zwar stellt sich in der Regel die Frage nach der ordnungsgemäßen bauordnungsrechtlichen Erschließung bei der Neuerrichtung von Gebäuden; ob die vorhandene wegemäßige Erschließung auch für einen etwa neu hinzukommenden Verkehr ausreicht, muss jedoch auch bei Änderungen und Nutzungsänderungen in gleicher Weise geprüft werden.

6. Grundanforderungen der wegemäßigen Erschließung

Damit ein Vorhaben den bauordnungsrechtlichen Anforderungen an die wegemäßige Erschließung entspricht, muss das Grundstück in **angemessener Breite** an einer **befahrbaren öffentlichen Verkehrsfläche anliegen**.

a) Anliegen

17 Im Hinblick auf Sinn und Zweck der Erschließungsforderung bedeutet dies, dass die **Zufahrt zum Baugrundstück** ermöglicht werden muss, d. h. es muss möglich sein, von

---

[12] Bay VGH vom 11. 4. 1994 BayVBl. 1995, 155; vgl. auch z. B. § 4 I 3 HBauO, wonach der öffentliche Weg und der Zugang zum Grundstück so beschaffen sein müssen, „dass die Ver- und Entsorgung, der Einsatz von Rettungs- und Löschgeräten sowie der durch die jeweilige Grundstücksnutzung hervorgerufene Verkehr ohne Schwierigkeiten möglich ist".

[13] Bay VGH vom 22. 3. 1999 Az. 15 B 98.207.

[14] OVG Nds vom 28. 2. 1979 BRS 35 Nr. 103.

der öffentlichen Verkehrsfläche direkt an das Baugrundstück fahren zu können. Dieses muss also unmittelbar an die öffentliche Verkehrsfläche angrenzen, es darf kein anderes, sei es noch so schmales, Grundstück dazwischen liegen. Im Hinblick auf den grundbuchrechtlichen Grundstücksbegriff kommt es nicht darauf an, ob ein zwischen Baugrundstück und öffentlicher Verkehrsfläche liegendes Grundstück im Eigentum des Bauherrn steht und mit dem Baugrundstück faktisch verschmolzen ist. Eine **Zufahrt auf** das Grundstück wird nicht gefordert. Die Zufahrt muss jedoch den **Zugang auf** das Grundstück ermöglichen. Es reicht also nicht aus, wenn das Grundstück zwar an die öffentliche Verkehrsfläche angrenzt, jedoch wegen ungünstiger Geländeverhältnisse keine Zugangsmöglichkeit von der Verkehrsfläche zum Grundstück besteht und eine solche auch nicht mit zumutbarem Aufwand geschaffen werden kann. Sog. **Hinterliegergrundstücke** sind **nicht erschlossen**, da sie nicht unmittelbar an die Verkehrsfläche anliegen.[15] Umgekehrt sind große Grundstücke insgesamt erschlossen im bauordnungsrechtlichen Sinne, unabhängig davon, ob sie auch eine „Binnenerschließung" haben und somit alle auf dem Grundstück errichteten Gebäude angefahren werden können; dieser Gesichtspunkt ist jedoch bei der Prüfung des ausreichenden Brandschutzes relevant.

b) Öffentliche Verkehrsfläche/Straße

18 Damit die Zufahrtsmöglichkeit zum Grundstück dauerhaft gesichert ist, muss die Verkehrsfläche, an die das Grundstück anliegt, öffentlich sein, d. h. sie muss straßenrechtlich dem öffentlichen Verkehr **unwiderruflich gewidmet** sein.[16] Dass eine Fläche oder ein Grundstück dem öffentlichen Verkehr rein faktisch zur Verfügung gestellt wird, genügt wegen der mangelnden Sicherung für die Zukunft nicht, da der Eigentümer nicht gehindert ist, sein Grundstück dem öffentlichen Verkehr wieder zu entziehen. Anders ist die Situation dann, wenn durch andere Umstände als die Widmung der Bestand der Straße für die Anlieger gesichert ist, z. B. dadurch, dass die Straße im Eigentum der Gemeinde steht und die Gemeinde durch die Genehmigung von Bauten an der Straße zur Erschließung verpflichtet ist.[17]

c) Befahrbarkeit der öffentlichen Verkehrsfläche

19 Die Befahrbarkeit der öffentlichen Verkehrsfläche muss in Bezug auf **Ver- und Entsorgungsfahrzeuge**, **Rettungsfahrzeuge**, Einsatzfahrzeuge gegeben sein, und zwar nach Breite und nach Ausbauzustand und Befestigung. Grundsätzlich muss Begegnungsverkehr möglich sein, ggf. sind Ausweichstellen anzulegen, bei Sackstraßen ist eine Wendemöglichkeit vorzusehen.

d) Angemessene Breite

20 In welcher Breite das Grundstück im Einzelfall anliegen muss, hängt davon ab, welcher Platz erforderlich ist, damit die mit der Forderung ausreichender Erschließung verfolgten Ziele erreicht werden können. Die für die Zufahrt zum Grundstück geforderte Breite ist nicht erforderlich, da keine Zufahrt auf das Grundstück gefordert wird. Als Orientierung kann auf die Mindestbreite zurückgegriffen werden, die die Brandschutzvorschriften für Zugänge auf den Grundstücken fordern; danach ist eine Breite von 1 m jedenfalls nicht angemessen, weil dadurch der Zugang von Feuerwehrleuten mit Lösch- und Rettungsgeräten auf das Grundstück nur unter Schwierigkeiten ermöglicht wird.[18] Auch eine **Breite von 2 m**, in der das Grundstück an die öffentliche Verkehrsfläche anliegt, genügt im Allgemeinen **nicht** für eine bauordnungsrechtlich ausreichende Erschließung.

---

[15] Wichtig ist in diesem Zusammenhang der Unterschied zur erschließungsbeitragsrechtlichen Behandlung von Hinterliegergrundstücken.

[16] Bay VGH vom 11. 4. 1994 BayVBl. 1995, 155; Hess VGH vom 24. 8. 1995 UPR 1996, 279 (LS) zur fehlenden bauordnungsrechtlichen Erschließung durch Wirtschaftswege.

[17] Bay VGH vom 11. 4. 1994 BayVBl. 1995, 155.

[18] OVG NRW vom 5. 5. 2000 Az. 3 A 3132/99, EStT NW 2000, 764.

7. Ausnahmen

a) Öffentlich-rechtlich gesicherte Zufahrt

Nach dem Bauordnungsrecht der meisten Länder genügt für die wegemäßige bauordnungsrechtliche Erschließung, dass das Grundstück eine befahrbare, öffentlich-rechtlich gesicherte Zufahrt zu einer öffentlichen Verkehrsfläche hat. Als öffentlich-rechtliche Sicherung gelten die Begründung einer Baulast, Festsetzungen eines Bebauungsplans oder sonstige öffentlich-rechtliche Vorschriften, nach denen eine Grundstücksfläche von baulichen Anlagen freigehalten werden muss. 21

b) Verzicht auf die Befahrbarkeit bei Wohnwegen

Fast alle Bauordnungen enthalten für Wohnwege die Möglichkeit, auf die Grundforderung der Befahrbarkeit zu verzichten, wenn wegen des Brandschutzes oder des Rettungsdienstes keine Bedenken bestehen. **Wohnwege dienen nicht dem Durchgangsverkehr, sondern der Erschließung von Wohngrundstücken**, insbesondere von Reihenhausanlagen. Wohngrundstück ist ein ausschließlich mit „Wohngebäuden" bebautes Grundstück, d. h. mit Gebäuden, die überwiegend der Wohnnutzung dienen und außer der Wohnnutzung allenfalls Räume für die Berufsausübung freiberuflich oder in ähnlicher Art Tätiger einschließlich der zugehörigen Nebenräume enthalten (s. auch oben Kap. 2, Rn. 100 und unten Kap. 9, Rn. 49). Ein Wohnweg darf also ausschließlich Wohngebäude erschließen.[18a] **„Bedenken" wegen des Rettungsdienstes** bestehen bereits dann, wenn auf Grund der örtlichen Gegebenheiten Anhaltspunkte dafür bestehen, dass im Notfall die im Hinblick auf die Zahl der Wohneinheiten erforderlichen Rettungskräfte die Wohngebäude nicht reibungslos erreichen können. Entscheidend hierfür ist die Höhe der Wohngebäude, ob also eine Personenrettung über die Steckleiter möglich ist, d. h. Gebäude dürfen keine Aufenthaltsräume oberhalb des 2. Stockwerks haben. Auf andere als Wohngebäude kann die jeweilige Regelung bereits deshalb keine Anwendung finden, weil dann kein „Wohnweg" nach der oben beschriebenen Definition vorliegt. 22

In Zusammenhang mit der Forderung, dass keine Bedenken wegen des Brandschutzes bestehen dürfen, ist auch die Forderung mancher Landesbauordnungen zu sehen, dass ein Wohnweg nur eine bestimmte, **„begrenzte" Länge** haben darf, damit auf seine Befahrbarkeit verzichtet werden kann. Dies ist nach den Umständen des Einzelfalles zu beurteilen; entscheidend ist, wie viele Wohneinheiten durch den Weg erschlossen werden; je größer die Zahl, desto kürzer muss der Wohnweg sein, da mit einem desto stärkeren Anliegerverkehr und im Notfall mit einer entsprechend größeren Anzahl von Rettungskräften und Rettungsgeräten zu rechnen ist. Verschiedene Bauordnungen schreiben die maximal zulässige Länge ausdrücklich vor (z. B. § 4 Abs. 1 Nr. 2 BbgBO und § 4 Abs. 1 Nr. 1 BauO NRW: 50 m). Im Allgemeinen werden als **maximal zulässige Länge** des Wohnwegs 60–80 m angenommen, im Einzelfall, wenn z. B. nur eine geringe Zahl von Wohneinheiten erschlossen wird, kann eine Länge von ca. 110 m bei Schaffung einer Bewegungsfläche für die Feuerwehr am Ende des Wohnweges zulässig sein. 125 m gelten jedoch als zu lang.[19] 23

Mit der Formulierung „kann verzichtet werden" wird der Bauaufsichtsbehörde bei Vorliegen der Voraussetzungen ein Ermessensspielraum eröffnet, es besteht also auch bei Vorliegen aller Voraussetzungen grundsätzlich (d. h. abgesehen von einem Ausnahmefall, in dem das Ermessen auf null reduziert wäre) **kein Anspruch des Bauherrn**, dass die Behörde auf die Grundforderung der Befahrbarkeit des Wohnweges verzichtet, sondern lediglich ein Anspruch auf fehlerfreie Ermessensausübung.

c) Außenbereich

Im Außenbereich können im Einzelfall **geringere Erschließungsanforderungen** zugelassen werden. Die konkreten Anforderungen hängen von der Art des jeweiligen Bau- 24

[18a] *Jäde/Dirnberger/Bauer/Weiß*, Die neue Bayerische Bauordnung, Rn. 58 zu Art. 4.
[19] Bay VGH vom 9. 5. 1983 BRS 40 Nr. 127.

vorhabens ab, diese können gerade im Außenbereich ganz unterschiedlich sein (Jagdhütte, Bienenhaus, Putenmastställe). Auch dann, wenn eine Spezialvorschrift für die bauordnungsrechtliche Erschließung im Außenbereich fehlt, besteht Anlass für eine Prüfung, ob eine Abweichung oder Ausnahme von einer der Grundforderungen erteilt werden kann.

8. Schutzzweck der Erschließungsvorschriften

25 Die Erschließungsvorschriften dienen dem **öffentlichen Interesse**. Ob sie daneben auch noch dem Interesse des Bauherrn dienen, ist strittig.[20] Diese Frage ist jedoch ohne praktische Auswirkung, da wegen der gleichzeitig verfolgten öffentlichen Interessen ein Verzicht des Einzelnen auf eine geforderte Erschließung nicht möglich ist. Einigkeit besteht darüber, dass die Vorschriften über die bauordnungsrechtliche Erschließung **nicht nachbarschützend** sind.[21] Ein Nachbar kann sich also grundsätzlich nicht gegen ein Vorhaben mit der Begründung wenden, das Baugrundstück sei für die Bebauung nicht ausreichend erschlossen.[22]

V. Die Erschließung nach dem BauGB

1. Rechtsgrundlagen des BauGB

26 Die gesicherte Erschließung ist immer **Voraussetzung für die (bauplanungsrechtliche) Zulässigkeit** eines Vorhabens.

Zulässig ist ein Vorhaben

- im Geltungsbereich eines sog. qualifizierten Bebauungsplans, wenn es dessen Festsetzungen nicht widerspricht und die Erschließung gesichert ist (§ 30 BauGB);
- innerhalb der im Zusammenhang bebauten Ortsteile (sog. Innenbereich), wenn es sich in die Eigenart der näheren Umgebung einfügt und die Erschließung gesichert ist (§ 34 BauGB);
- im Außenbereich, wenn – bei privilegierten Vorhaben – öffentliche Belange nicht entgegenstehen oder – bei sonstigen Vorhaben – öffentliche Belange nicht beeinträchtigt werden und die Erschließung gesichert ist (§ 35 BauGB).

Eine **Befreiung** kann vom Erfordernis der Sicherung der Erschließung nicht erteilt werden.[23] Im Hinblick auf das öffentliche Interesse daran, dass Vorhaben nur bei gesicherter Erschließung verwirklicht werden, kann der Einzelne nicht auf die Erschließung verzichten.[24]

2. Umfang der vorzunehmenden Erschließung

27 Zum bundesrechtlichen Begriff der gesicherten Erschließung gehört immer ihre **Sicherung in rechtlicher Hinsicht**. Hat das Baugrundstück keine unmittelbare Zufahrt zur öffentlichen Verkehrsfläche, so muss die Zufahrtsmöglichkeit dauerhaft (dinglich durch Grunddienstbarkeit) abgesichert sein, z. B. reicht eine rein schuldrechtliche Vereinbarung des Bauherrn mit einem Nachbarn nicht aus. Ebenso wenig ist die Erschießung gesichert, wenn ein zwischen Baugrundstück und öffentlicher Verkehrsfläche liegendes Grundstück dem Bauherrn gehört, da dieser nicht gehindert ist, das Grundstück einem Dritten zu übereignen.

---

[20] Bejahend OVG Schl-H vom 17. 12. 1992 Az. 1 M 72/92.

[21] Bay VGH vom 20. 11. 2000 Az. 25 ZS 00.2719 und vom 11. 4. 2001 14 ZS 01.665 zu Art. 4 BayBO; OVG Schl-H vom 17. 12. 1992 Az. 1 M 72/92.

[22] Anders dann, wenn ein Notwegerecht nach § 917 BGB zu Lasten des Nachbargrundstücks entsteht.

[23] BVerwG vom 21. 2. 1986 NVwZ 1986, 646.

[24] BVerwG vom 22. 3. 1972 BayVBl. 1972, 557.

a) Im Geltungsbereich eines Bebauungsplans

Die Erschließung ist im Geltungsbereich eines Bebauungsplans nach § 30 BauGB grundsätzlich dann gesichert, wenn sie den **Festsetzungen des Bebauungsplans** entspricht. Da die Erschließung (auch) den Zweck verfolgt, zu einer insgesamt geordneten städtebaulichen Entwicklung beizutragen, sind dessen Festsetzungen auch für die Erschließung maßgeblich.[25] Bleiben bereits vorhandene Straßen hinter den Festsetzungen des Bebauungsplans zurück, reichen jedoch tatsächlich zur Erschließung aus und stehen auch der geplanten Erschließung nicht entgegen, so kann einem geplanten Vorhaben eine fehlende gesicherte Erschließung nicht entgegengehalten werden.[26] Nicht gesichert ist die Erschließung dann, wenn sie in einem Bebauungsplan in bestimmter Weise festgesetzt ist, mit ihrer Herstellung aber in absehbarer Zeit nicht zu rechnen ist.[27] 28

b) Im unbeplanten Innenbereich

Hier reichen die für die umgebende Bebauung bereits **vorhandenen Straßen** grundsätzlich auch für die hinzukommende Bebauung aus; etwas anderes gilt nur, wenn die vorhandene Straße den Verkehr, der durch das Vorhaben ausgelöst wird, generell nicht bewältigen kann.[28] 29

c) Im Außenbereich

Sowohl für privilegierte als auch für nicht privilegierte Vorhaben im Außenbereich muss die Erschließung gesichert sein. Für privilegierte Vorhaben im Außenbereich werden jedoch in der Regel geringere Anforderungen gestellt, ein asphaltierter oder betonierter Weg darf nicht gefordert werden, auch nicht in jedem Fall die Möglichkeit von Begegnungsverkehr.[29] 30

3. Verdichtung der Erschließungslast zur Erschließungspflicht

Nach der grundsätzlichen Regelung in § 123 Abs. 1 BauGB ist die Erschließung Aufgabe der Gemeinde. Diese ist Trägerin der **„Erschließungslast"**. 31

§ 123 Abs. 3 BauGB schließt einen Rechtsanspruch auf Erschließung ausdrücklich aus.

Nach der Rechtsprechung des Bundesverwaltungsgerichts kann sich jedoch bei besonderen Fallgestaltungen die allgemeine Erschließungslast zu einer aktuellen **Erschließungspflicht** und damit zu einem Anspruch des Einzelnen gegenüber dem Träger der Erschließungslast auf Erschließung verdichten. Selbst wenn für die Gemeinde (ausnahmsweise) eine Erschließungspflicht besteht, ist die Erschließung hierdurch jedoch noch nicht „gesichert" im Sinne des Bauplanungsrechts; der Bauherr muss also zuerst den Anspruch auf Erschließung durchsetzen und kann erst nach erfolgter Erschließung sein Vorhaben weiter verfolgen.[30]

Durch die **Genehmigung nicht erschlossener Vorhaben**, die im Übrigen den Festsetzungen eines Bebauungsplans entsprechen, wird die Gemeinde in ihrer rechtlich geschützten Planungshoheit verletzt und kann die Genehmigung anfechten.[31]

a) Erschließungsangebot

Wird gegenüber der Gemeinde ein Erschließungsangebot abgegeben, kann dadurch eine Erschließungspflicht der Gemeinde begründet werden. Im Gebiet eines Bebauungsplans im Sinne des § 30 Abs. 1 BauGB ist die Gemeinde gemäß § 124 Abs. 3 Satz 2 BauGB verpflichtet, die Erschließung selbst durchzuführen, wenn sie nach Erlass des Bebauungs- 32

---

[25] BVerwG vom 17. 6. 1993 NVwZ 1994, 281 und vom 16. 12. 1993 BayVBl. 1994, 348 m. w. N.
[26] Bay VGH vom 18. 7. 1995 BayVBl. 1995, 762.
[27] BVerwG vom 17. 6. 1993 NVwZ 1994, 281.
[28] BVerwG vom 3. 4. 1996 NVwZ 1997, 389.
[29] BVerwG vom 30. 8. 1985 BayVBl. 1986, 251.
[30] BVerwG vom 3. 4. 1996 NVwZ 1997, 389.
[31] Bay VGH vom 18. 7. 1995 Az. 2 CS 95.1918.

plans ein zumutbares Angebot eines Dritten ablehnt, die im Bebauungsplan vorgesehene Erschließung vorzunehmen. Das Angebot muss sich auf die plangemäße Erschließung beziehen. Es ist zumutbar, wenn es aus tatsächlichen und rechtlichen Gründen verlässlich und auch hinreichend konkret ist.[32] Dies ist der Fall, wenn das Angebot die Leistungen, die erbracht werden sollen, wenigstens in groben Zügen bezeichnet. Allein aus der Leistungsfähigkeit eines Unternehmens ergibt sich noch nicht, dass die Gemeinde auch ohne Darlegung der „Eckdaten" der Leistungen diese hätte erkennen können.[33]

Im **Außenbereich** ist der Gemeinde für die Erschließung eines privilegierten Vorhabens die Annahme eines hinreichend zuverlässigen Erschließungsangebots je nach dem Einzelfall zuzumuten.[34] Bei nicht privilegierten Vorhaben steht es der Gemeinde frei, ob sie ein Erschließungsangebot annimmt oder ablehnt.[35]

b) Erlass eines qualifizierten Bebauungsplans

33 Werden durch den Bebauungsplan Vorhaben ausgeschlossen, die früher nach § 34 oder § 35 BauGB zulässig waren, so kommt die Forderung nach gesicherter Erschließung im planungsrechtlichen Sinn für diese Grundstücke einer Sperrwirkung gleich. Unter diesem Gesichtspunkt kann daher bei Hinzutreten besonderer Umstände in Bebauungsplangebieten eine Erschließungspflicht entstehen. Diese Erschließungspflicht kann sich demnach nicht auf Grundstücke beziehen, die von der vom Bebauungsplan ausgehenden Sperrwirkung gar nicht betroffen sind, also die Grundstücke, die bereits bebaut sind bezüglich einer den Vorgaben des Bebauungsplans entsprechenden, über die bestehende Erschließung hinausgehende Erschließung, sowie die Grundstücke, für die das Baurecht erst durch den durch den Bebauungsplan entstanden ist.

c) Verhalten der Gemeinde

34 Ein (treuwidriges) Verhalten der Gemeinde kann die Erschließungspflicht auslösen:

- Die Gemeinde gibt nach Erlass eines Bebauungsplans zu erkennen, dass sie diesen Plan überhaupt nicht verwirklichen will, oder sie verzögert seine Realisierung ungebührlich.[36]
- Die Gemeinde hat in besonderer Weise ein Vertrauen darauf hervorgerufen, dass eine baldige Erschließung erfolgt.[37]
- Die Gemeinde hat einvernehmlich an Baugenehmigungen mitgewirkt, die wegen der nicht gesicherten Erschließung rechtswidrig sind, wobei die rechtswidrigen Baugenehmigungen kausal sein müssen für die mangelhafte Erschließungssituation.[38]

4. Umfang der auf Grund bestehender Erschließungspflicht vorzunehmenden Erschließung

35 Hat sich die Erschließungslast zu einer Erschließungspflicht verdichtet, so hat der Dritte nur Anspruch auf Erstellung der Erschließungsanlagen in einem **„Mindestausbauzustand"**, d. h. so, dass eine „funktionsgerechte Nutzung" der auf dem Grundstück bestehenden baulichen Anlagen möglich ist. Hierfür ist bei einem einzelnen Grundstück in der Regel nicht erforderlich, dass die Erschließungsanlage im Sinne des § 133 Abs. 2 BauGB endgültig hergestellt wird. Es müssen jedoch wenigstens bestimmte Mindestbedingungen erfüllt sein: Die erschlossenen Grundstücke müssen jederzeit mit Kraftfahrzeugen erreichbar sein, die im öffentlichen Interesse, insbesondere zur Gefahrenabwehr im Einsatz sind, die vorhandene Straße darf nicht überbelastet werden und der Verkehr darf nicht zur Schädigung des Straßenzustandes führen; ist (auch) Wohnbebauung vorhanden, müssen zusätzlich eine Beleuchtungsanlage und eine Straßenentwässerungs-

---

[32] BVerwG vom 18. 5. 1993 NVwZ 1993, 1101.
[33] Bay VGH vom 7. 7. 2000 Az. 26 ZB 1999, 2654.
[34] BVerwG vom 30. 8. 1985 BayVBl. 1986, 251.
[35] BVerwG vom 7. 2. 1986 DVBl. 1986, 682.
[36] Bay VGH vom 18. 7. 1995 BayVBl. 1995, 762.
[37] BVerwG vom 28. 10. 1981 DVBl. 1982, 540.
[38] BVerwG vom 3. 5. 1991 NVwZ 1991, 1086.

anlage vorhanden sein; bei Fahrverkehr von nicht völlig untergeordneter Bedeutung ist zusätzlich ein abgesetzter Gehweg zur nächsten voll ausgebauten Straße erforderlich.[39]

5. Schutzzweck der bauplanungsrechtlichen Erschließungsvorschriften

Die Pflicht zur Herstellung der Erschließungsanlagen nach den Anforderungen des Bauplanungsrecht besteht allein im öffentlichen Interesse, das bauplanungsrechtliche Erfordernis gesicherter Erschließung ist daher **nicht nachbarschützend**.[40] 36

6. Notwegerecht nach § 917 Abs. 1 BGB

Die Baugenehmigung stellt verbindlich fest, dass das Vorhaben mit dem öffentlich- 37
rechtlichen Baurecht übereinstimmt, und zwar auch hinsichtlich des Erschließungserfordernisses. Diese Feststellungswirkung gilt auch für eine rechtswidrige Baugenehmigung. Da ein Nachbar unter den in § 917 Abs. 1 BGB bezeichneten Tatbestandsmerkmalen hinnehmen muss, dass die Verbindung eines genehmigten Bauvorhabens mit einem öffentlichen Weg über sein Grundstück hergestellt wird, greift die Baugenehmigung insoweit unmittelbar in das durch **Art. 14 Abs. 1 GG geschützte Eigentumsrecht** des Nachbarn ein. Der Nachbar kann sich daher ausnahmsweise gegen eine solche Baugenehmigung zur Wehr setzen, obwohl die Vorschriften über die Erschließung als solche nicht nachbarschützend sind. Die Entstehung eines Notwegerechts ist nicht schon dann zu befürchten, wenn die Straße nicht so, wie es für eine gesicherte Erschließung vorgesehen wäre, ausgebaut werden kann, sondern nur dann, wenn nicht einmal ein „Minimalstandard" gewährleistet ist.[41] Ein Notwegerecht nach § 917 BGB stellt jedoch nie eine ausreichende Erschließung dar.

Über § 917 BGB kann auch ein Notleitungsrecht entstehen, wenn eine notwendige Versorgungsleitung nicht außerhalb des benachbarten Grundstücks geführt werden kann.[42]

---

39 BVerwG vom 28. 10. 1981 DVBl. 1982, 540.
40 Bay VGH vom 22. 3. 1999 Az. 15 B 98.207 zu § 34 I 1 BauGB m. w. N.
41 Bay VGH vom 23. 3. 1998 Az. 26 CS 98.289–292.
42 Vgl. Bay VGH vom 3. 3. 1998 Az. 14 ZB 98.70, Bay VGH vom 14. 7. 1999 Az. 1 ZS/CS 99871.

Teil 2. Die Abstandsflächen

MBO 2002 § 6, BW §§ 5 bis 7, Bay Art. 6, und Art. 7, Bln § 6 („Abstandflächen"), Bbg § 6, Brem § 6, Hamb § 6 und § 7, Hess §§ 6 und 7, M-V §§ 6 und 7 („Abstandflächen"), Nds §§ 7 bis 9 („Abstände"), NRW §§ 6 und 7 („Abstandflächen"), Rh-Pf §§ 8 und 9, Saar §§ 6 bis 8, Sachs §§ 6 und 7, Sachs-Anh §§ 6 und 7 („Abstandflächen"), Schl-H §§ 6 und 7 („Abstandflächen"), Thür §§ 6 und 7 („Abstandflächen").

I. Allgemeines

1. Bedeutung des Abstandsflächenrechts

38 Gebäude oder ähnliche bauliche Anlagen sollen nicht zu dicht zusammengebaut werden, damit für eine **ausreichende Belichtung, Belüftung und Besonnung** der in den Gebäuden gelegenen Räume gesorgt und der **nachbarliche Wohnfrieden** durch Schutz vor Einsichtnahme und akustischer Belästigung gewährleistet ist, damit bereits bei der Planung von Gebäuden unbebaute Flächen vorgesehen werden für die Unterbringung der für die **Nutzung der Gebäude erforderlichen Anlagen** wie Stellplätze, Kinderspielplätze, Zufahrten und Zuwegungen; demgegenüber hat der Gesichtspunkt des **Brandschutzes** an Bedeutung verloren. Das Bauordnungsrecht sichert diese Ziele durch die Regelungen über die Einhaltung von Abstandsflächen. Diese Vorschriften schränken zwar die Baufreiheit ein, sie sind jedoch verfassungsmäßige Inhaltsbestimmungen des Eigentums.[43]

2. Regelungsgehalt des Abstandsflächenrechts

39 Das Abstandsflächenrecht bestimmt insbesondere

- dass vor den Außenwänden von Gebäuden bestimmte Flächen (Abstandsflächen) von **oberirdischen baulichen Anlagen freizuhalten** sind;
- wann Abstandsflächen **nicht erforderlich** sind, insbesondere im Hinblick auf die planungsrechtliche Forderung des Grenzanbaus;
- die **Lage der Abstandsflächen**, die auf dem (Bau-)Grundstück liegen müssen und sich nicht überdecken dürfen, sich unter bestimmten Voraussetzungen jedoch auf öffentliche Flächen oder Nachbargrundstücke erstrecken dürfen;
- die **Bemessung der Tiefe der Abstandsfläche**, die sich nach der „Höhe" der Gebäudewand richtet;
- die **Ermittlung dieser „Höhe" („H")** unter Berücksichtigung von Sonderfällen (Gebäude mit versetzten Außenwandteilen, Ermittlung der Wandhöhe bei Giebelwänden unter ggf. nur teilweiser Anrechnung von Giebelflächen, Hinzurechnung der Dachhöhe zur Wandhöhe in Abhängigkeit vom Grad der Dachneigung);
- die **gesetzliche Reduzierung** der grundsätzlich erforderlichen Abstandsfläche für zwei Außenwände eines Gebäudes, die nicht länger als jeweils (in der Regel) 16 m sein dürfen (16 m-Privileg/Schmalseitenprivileg).

3. Abstandsflächenrecht und Planungsrecht

40 Bauplanungsrecht und Bauordnungsrecht regeln die Lage der Baukörper auf den Grundstücken, verfolgen damit aber unterschiedliche Zielrichtungen: Das Bauplanungsrecht trifft die Vorgaben im Interesse einer **geordneten städtebaulichen Entwicklung**, das Bauordnungsrecht unter dem Blickwinkel der **sicherheitsrechtlich erforderlichen genügend großen Abstände** zwischen einzelnen Baukörpern. Die Forderungen des Bauplanungsrechts und die des Bauordnungsrechts, wo im konkreten Fall ein Gebäude errichtet werden muss, damit seine Abstandsflächen noch auf dem Grundstück liegen können, **stehen also**

[43] Z. B. Bay VerfGH vom 10. 4. 1981 BayVBl. 1982, 79.

selbstständig und gleichrangig nebeneinander. Dass ein Gebäude aus planungsrechtlicher Sicht an einer bestimmten Stelle des Grundstücks errichtet werden darf, besagt noch nichts über seine bauordnungsrechtliche Zulässigkeit. Die Abstandsflächenforderung des Bauordnungsrechts bleibt unabhängig davon bestehen, ob das Planungsrecht (z. B. bei einem zwingend geforderten Grenzanbau) durch seine Vorgabe die Einhaltung der bauordnungsrechtlich geforderten Abstandsfläche auf dem Grundstück ermöglicht. § 29 Abs. 2 BauGB, wonach das Bauplanungsrecht die Vorschriften des Bauordnungsrechts unberührt lässt, stellt dies klar. Sind die Vorgaben von Bauplanungsrecht und Bauordnungsrecht im Einzelfall nicht zu vereinbaren, so tritt aufgrund spezieller Regelungen des Bauordnungsrechts grundsätzlich der bauordnungsrechtliche Regelungsanspruch zurück.

II. Abstandsflächenforderung

MBO 2002 § 6 Abs. 1, BW § 5 Abs. 1 Satz 1, Bay Art. 6 Abs. 1 Satz 1, Bln § 6 Abs. 1 Satz 1, Bbg § 6 Abs. 1 Satz 1, Brem § 6 Abs. 1 Satz 1, Hamb § 6 Abs. 1 Satz 1, Hess § 6 Abs. 1 Satz 1, M-V § 6 Abs. 1 Satz 1, Nds § 7 Abs. 1 Satz 1, NRW § 6 Abs. 1 Satz 1, Rh-Pf § 8 Abs. 1 Satz 1, Saar § 6 Abs. 1 Satz 1, Sachs § 6 Abs. 1 Satz 1, Sachs-Anh § 6 Abs. 1 Satz 1, Schl-H § 6 Abs. 1 Satz 1, Thür § 6 Abs. 1 Satz 1.

1. Gesetzliche Grundforderung

Nach der Regelung aller Landesbauordnungen sind vor den (oberirdischen) Außenwänden von Gebäuden „Abstandsflächen" freizuhalten. Nicht jede Anlage, auch nicht jede bauliche Anlage, löst die Forderung nach Abstandsflächen aus, sondern nur Anlagen, die bestimmte Voraussetzungen erfüllen. 41

a) Gebäude

Abstandsflächen werden nur gefordert für Gebäude, d. h. für selbständig benutzbare, überdachte bauliche Anlagen, die von Menschen betreten werden können (zum Begriff s. oben Kap. 2, Rn. 94). Demgemäß sind z. B. Antennenträger keine Gebäude, da sie nicht betretbar sind. Ist zweifelhaft, ob eine bauliche Anlage als Gebäude im Sinne des Bauordnungsrechts anzusehen ist (z. B. eine Straßenunterführung), so kann die genaue Qualifizierung offen bleiben, wenn auf die Anlage wegen ihrer gebäudeähnlichen Wirkung (hierzu unten I. 2.) die Regelungen des Abstandsflächenrechts jedenfalls entsprechend anwendbar sind. 42

b) Oberirdisches Gebäude

Weitere Voraussetzung für das Auslösen der Abstandsflächenforderung ist, dass es sich um ein oberirdisches Gebäude handelt, d. h. um eine Anlage, die **über die Geländeoberfläche wenigstens teilweise hinausragt**. Diese Voraussetzung wird in einigen Landesbauordnungen ausdrücklich genannt, folgt aber jedenfalls aus Sinn und Zweck der Abstandsflächenforderung: Belichtung und Belüftung können nur von oberirdischen Anlagen oder Gebäuden beeinträchtigt werden, weshalb nach der gesetzlichen Formulierung Abstandsflächen vor den „Außenwänden" von Gebäuden freizuhalten sind, Außenwände ragen bereits begrifflich über die Geländeoberfläche hinaus. 43

Keine Abstandsflächen fordern demnach

- ausschließlich **ebenerdige Anlagen** wie **Stellplätze**, die nur befestigt und nicht überdacht sind, oder **Terrassen**, soweit sie nicht auf einer Aufschüttung errichtet sind;
- ausschließlich **unterirdische** Gebäude oder Anlagen wie Tiefgaragen oder Tiefgaragenrampen.

c) Außenwand

Eine Abstandsfläche ist nur vor einer „Außenwand" freizuhalten, das ist jede über der Geländeoberfläche liegende Wand, die **eine Gebäudeseite abschließt**. Bei baulichen Anlagen ohne abschließende Wände (z. B. Carport) ist gleichwohl auch vor den offenen Gebäudeseiten eine Abstandsfläche einzuhalten, da sich auch eine an den Seiten offene, 44 überdachte Konstruktion insbesondere auf Belichtung und Belüftung des Nachbargrundstücks auswirkt. Die Forderung nach Einhaltung einer Abstandsfläche bezieht sich auf jede Außenwand eines Gebäudes, nicht nur auf die seitlichen Wände. Eine einzige Außenwand in diesem Sinn hat ein kreisförmiger Bau, z. B. ein Mast.

2. Anlagen/Einrichtungen mit gebäudeähnlicher Wirkung

a) Ländervergleich

45

Regelungsgegenstand der Landesbauordnungen und der MBO 2002
Entsprechende Anwendung der Grundregelungen des Abstandsflächenrechts für • andere bauliche Anlagen sowie • andere Anlagen und Einrichtungen, von denen **Wirkungen wie von Gebäuden** ausgehen

Land	**Norm** (LBO)	**Umsetzung/Abweichung in den Ländern und der MBO 2002**
MBO 2002	§ 6	§ 6 I 2 entsprechende Geltung des § 6 I 1 gegenüber Gebäuden und Grundstücksgrenzen; nur „andere Anlagen" erwähnt
BW	§ 5	§ 5 IX entsprechende Geltung des § 5 I bis VIII für bauliche Anlagen, die keine Gebäude sind, wenn sie höher als 2,5 m sind und ihre Wandfläche mehr als 25 m² beträgt
Bay	Art. 6	Art. 6 IX entsprechende Geltung des Art. 6 I bis VIII
Bln	§ 6	§ 6 X entsprechende Geltung des § 6 I bis IX gegenüber Gebäuden und Nachbargrenzen
Bbg	§ 6	§ 6 IX 1 entsprechende Geltung des § 6 I bis VIII
Brem	§ 6	§ 6 X entsprechende Geltung des § 6 I bis IX gegenüber Gebäuden und Nachbargrenzen
Hamb	–	keine Regelung
Hess	§ 6	§ 6 VIII entsprechende Geltung des § 6 I bis VII
M-V	§ 6	§ 6 X entsprechende Geltung des § 6 I bis IX gegenüber Gebäuden und Nachbargrenzen
Nds	§ 12 a	§ 12 a I 1 entsprechende Geltung der §§ 7 bis 10 für bauliche Anlagen, die höher als 1 m über der Geländeoberfläche sind und gebäudeähnliche Wirkung haben § 12 a I 2 Terrassen müssen Abstand wie Gebäude halten, soweit sie höher als 1 m sind aber § 12 a II Abstand brauchen nicht zu halten • Einfriedungen bis zu 2 m Höhe, Einfriedungen, die oberhalb von 1,80 m Höhe undurchsichtig sind, jedoch nur, wenn der Nachbar zugestimmt hat (Nr. 1) • Einfriedungen bis zu 3,50 m Höhe, soweit sie Gartenhöfe abschließen und die Voraussetzungen des § 12 V vorliegen (Nr. 2) • Stützmauern und Aufschüttungen bis zu 1,50 m Höhe (Nr. 3)
NRW	§ 6	§ 6 X 1 entsprechende Geltung des § 6 I bis IX gegenüber Gebäuden und Nachbargrenzen § 6 X 2 für Windenergieanlagen gelten nicht • § 6 IV Ermittlung der Wandhöhe • § 6 V Bestimmung der Abstandsflächentiefe • § 6 VI Schmalseitenprivileg • § 6 VII vortretende Bauteile und Vorbauten • § 6 VIII (aufgehoben) • § 6 IX reduzierte Abstandsflächentiefe für Wände ohne Öffnungen in Gewerbe- und Industriegebieten

Land	Norm (LBO)	Umsetzung/Abweichung in den Ländern und der MBO 2002
Rh-Pf	§ 8	§ 8 VIII 1 entsprechende Geltung des § 8 I bis VII gegenüber Gebäuden und Grundstücksgrenzen
Saar	§ 6	§ 6 VIII entsprechende Geltung des § 6 I bis VII
Sachs	§ 6	§ 6 X entsprechende Geltung des § 6 I bis IX gegenüber Gebäuden und Nachbargrenzen
Sachs-Anh	§ 6	§ 6 X 1 entsprechende Geltung des § 6 I bis IX gegenüber Gebäuden und Nachbargrenzen § 6 X 2 für Windenergieanlagen gelten nicht • § 6 IV Ermittlung der Wandhöhe • § 6 V Bestimmung der Abstandsflächentiefe • § 6 VI Schmalseitenprivileg • § 6 VII vortretende Bauteile und Vorbauten • § 6 VIII Mindesttiefe von 5 m aus Gründen des Brandschutzes • § 6 IX reduzierte Abstandsflächentiefe für Wände ohne Öffnungen in Gewerbe- und Industriegebieten
Schl-H	§ 6	§ 6 IX 1 entsprechende Geltung des § 6 I bis VI und VIII gegenüber Gebäuden und Nachbargrenzen zusätzlich § 6 IX 2 gebäudegleiche Wirkung insbesondere anzunehmen bei einer Länge von mehr als 5 m und einer Höhe von mehr als 2 m; bei Terrassen bei einer Höhe von mehr als 1 m
Thür	§ 6	§ 6 X entsprechende Geltung des § 6 I bis IX gegenüber Gebäuden und Nachbargrenzen

b) Voraussetzungen

„Andere bauliche Anlagen" sind alle baulichen Anlagen im Sinne der jeweiligen Begriffsbestimmung der Landesbauordnung, die nicht Gebäude sind, also einerseits mit dem Erdboden verbundene, aus Bauprodukten hergestellte Anlagen, andererseits die Anlagen, die nach jeweiligem Landesrecht als bauliche Anlagen **fingiert** werden, soweit sie nicht lediglich aus abstandsflächenmäßig nicht relevanten, ebenerdigen Befestigungen bestehen (zum Begriff s. oben Kap. 2, Rn 56 f.). Es muss sich dabei um **selbständige Anlagen** handeln. Auf Gebäudeteile sind die o. g. Vorschriften bereits begrifflich nicht anwendbar; es besteht auch kein Bedürfnis für eine derartige Regelung über die entsprechende Anwendbarkeit des Abstandsflächenrechts, weil diese Sachverhalte bereits von den Vorschriften über die untergeordneten Bauteile erfasst werden. Beispielsweise ist eine an einer Hauswand befestigte Werbeanlage kein Teil des Gebäudes, sondern eine selbständige Anlage, auf die daher die Vorschriften über die gebäudeähnliche Wirkung anwendbar sind.[44] 46

Zusätzlich müssen diese Anlagen **„gebäudeähnliche Wirkung"** haben. Dies ist dann der Fall, wenn sie sich **einem Gebäude vergleichbar auf Belichtung, Besonnung und Belüftung** der angrenzenden Fläche, aber auch auf den Schutz der Privatsphäre und den **nachbarlichen Wohnfrieden**, auswirken. Sofern eine Landesbauordnung konkrete Maße vorgibt, haben Anlagen, wenn sie diese Maße überschreiten, grundsätzlich gebäudeähnliche Wirkung.[45] Da von einem „Gebäude" begrifflich nur dann gesprochen werden kann, wenn die bauliche Anlage von Menschen aufrecht betreten werden kann, also ca. 2 m hoch ist, kann auch eine vergleichbare Wirkung nur ab einer **entsprechenden Höhe der Anlage** angenommen werden.[46] In Grenzfällen ist als zusätzliches Kriterium die **Länge und Tiefe der**

44 OVG NRW vom 18. 9. 1992 BRS 54 Nr. 131.

45 VGH BW vom 14. 11. 1996 NVwZ-RR 1997, 694 zu § 5 IX BauO BW.

46 OVG Bln vom 7. 5. 1992 Az. 2 B 24.89: gebäudeähnliche Wirkung einer Stützmauer bereits ab einer Höhe von 1,50 m Höhe, wobei im entschiedenen Fall die Stützmauer lediglich 0,50 m hoch war.

Anlage zu berücksichtigen. Die Genehmigungsfreiheit einer Anlage hat keinen Einfluss darauf, ob sie als Anlage mit gebäudeähnlicher Wirkung Abstandsflächen einhalten muss oder nicht. Die Beurteilung als nicht abstandsflächenrelevant kann jedoch durch die Genehmigungsfreiheit bestätigt werden.[47] Wenn Anlagen zwar gebäudeähnliche Wirkung haben, sich jedoch, z. B. wegen des Fehlens der räumlichen Tiefe, weniger stark auf die Belichtung des Nachbargrundstücks auswirken, so ist dieser Gesichtspunkt bei der Entscheidung über die Zulassung einer Abweichung zu berücksichtigen. Unbedeutende bauliche Anlagen im Sinne des Abstandsflächenrechts können keine gebäudeähnliche Wirkung haben.

c) Rechtsfolge

47 Die landesrechtlichen Regelungen zählen die Vorschriften des Abstandsflächenrechts auf, die auf die Anlagen mit gebäudeähnlicher Wirkung entsprechend anwendbar sind, das sind grundsätzlich sämtliche abstandsflächenrechtlichen Forderungen, aber auch Privilegierungen oder Ausnahmen.

d) Beispiele

48 **Gebäudeähnliche** Wirkung haben:

- **Mauern** im Allgemeinen ab einer Höhe von 2 m[48]
- **Sichtschutzzäune**
- **Wälle** ab einer Höhe von etwa 2 m[49]
- **Lärmschutzwände**[50]
- **Aufschüttungen**, wobei hier als zusätzliches Kriterium zu beachten ist, ob die Aufschüttung so steil ansteigt, dass sie „quasi eine Steilwand" bilden würde[51]
- erhöht angelegte **Terrassen** im Hinblick auf die von ihnen ausgehende Einsehmöglichkeit auf das Nachbargrundstück[52]
- **Windkraftanlagen**[53]
- **Antennenträger, Funkmasten** abhängig von ihrem Durchmesser und ihrer Höhe[54]
- **offene Drahtgitterzäune,** wenn sie von Kletterpflanzen bewachsen sind.[55]

Keine gebäudeähnliche Wirkung haben

- **offene Drahtgitterzäune** unabhängig von ihrer Höhe[56]
- **Terrassen** geringer Höhe.[57]

Strittig

- **Werbetafeln im Euroformat** (d. h. 3,75 m breit, 2,75 m hoch).[58]

---

[47] Z. B. Bay VGH vom 17. 3. 2000 Az. 20 ZS 99.3064 für eine weniger als 1,80 m hohe Mauer.

[48] Bay VGH vom 17. 3. 2000 Az. 20 ZS 99.3064 mit weiteren Nachweisen aus der Rechtsprechung, und vom 22. 11. 2000 Az. 26 B 95.3868, LS in VwRR BY 2001, 237.

[49] Bay VGH vom 8. 2. 1999 Az. 15 ZS 98.3375.

[50] OVG NRW vom 2. 2. 1999 Az. 10 B 2558/98; VG Meiningen vom 1. 11. 1995 NVwZ 1997, 97.

[51] Bay VGH 17. 3. 2000, Az. 20 ZS 99.3064; OVG NRW vom 27. 11. 1989 BauR 90, 341 bejaht für eine Aufschüttung mit einer Höhe von mehr als 2 m über der natürlichen Geländeoberfläche auf einer Länge von mehreren Metern.

[52] Offen gelassen in Bay VGH vom 17. 3. 2000 Az. 20 ZS 99.3064 für eine auf einer Aufschüttung von mehr als 1 m Höhe angelegte Terrasse.

[53] OVG NRW vom 29. 8. 1997 NVwZ 1998, 978 zu einer Windkraftanlage mit Nabenhöhe von 28,5 m und Rotordurchmesser von 17,2 m; Bay VGH vom 12. 3. 1999 Az. 2 ZB 98.3014; OVG Nds vom 13. 8. 2001 BRS 64 Nr. 123 m. w. N. aus der Senatsrechtsprechung, OVG M-V vom 30. 5. 2000 BRS 63 Nr. 147.

[54] In OVG Sachs vom 17. 12. 1997 BRS 59 Nr. 118 bejaht bei einem Durchmesser des – sich nach oben verjüngenden – Antennenträgers über dem Erdboden von 1 m und einer Höhe des Antennenträgers samt Antennenanlage von 30 m, in OVG NRW vom 28. 2. 2001 bejaht für einen Mast mit einem Durchmesser von 1,60 m bei Austritt aus dem eingeschossigen Betriebsraum und von 0,80 m an der Mastspitze, einer Höhe ohne Antennenanlagen von 45 m und zwei Podesten an der Mastspitze von jeweils 5 m Durchmesser.

[55] OVG Rh-Pf vom 13. 10. 1993 BRS 55 Nr. 115.

[56] OVG Rh-Pf vom 13. 10. 1993 BRS 55 Nr. 115.

[57] Bay VGH vom 28. 2. 2003 Az. 14 CS 03.142 zu einer bis an die Grundstücksgrenze heranreichenden, nicht überdachten Terrasse, die 0,75 m hoch angelegt wird.

[58] Die gebäudeähnliche Wirkung bejaht OVG Nds vom 18. 2. 1999 NVwZ-RR 1999, 560, die gebäudeähnliche Wirkung verneint Bay VGH vom 13. 8. 1997 BRS 59 Nr. 136.

3. Abstandsflächenrechtlich relevante Vorhaben

a) Neuerrichtung

Eine Prüfung, ob die Abstandsflächen eingehalten sind, muss immer bei der Neuerrichtung eines – für sich genommen selbständigen – Gebäudes erfolgen, unabhängig davon, ob dieses genehmigungsbedürftig oder von der Genehmigung freigestellt ist. Bei der Neuerrichtung eines Nebengebäudes oder einer sonstigen baulichen Anlage, die in räumlichem Zusammenhang steht mit einem bestehenden Gebäude, ist zu prüfen, ob der neu errichtete Teil isoliert oder mit dem Altbestand zusammen betrachtet werden muss. Ist keine solche Gesamtbetrachtung veranlasst, ist die Abstandsflächenfrage allein für den neu errichteten Bestand zu prüfen. 49

b) Nutzungsänderung

Die Landesbauordnung kann eine **Sonderregelung** treffen, ob im Fall einer Nutzungsänderung, insbesondere bei der Schaffung von Wohnraum in bereits bestehenden Gebäuden, die geltenden Abstandsflächenregelungen insgesamt anzuwenden sind, oder Einzelregelungen, z. B. zur Abstandsflächentiefe, nicht gelten sollen. So bestimmt § 8 Abs. 12 LBauO Rh-Pf, dass bestimmte, einzeln aufgezählte Vorschriften des Abstandsflächenrechts nicht für die Außenwände von zulässigerweise errichteten Gebäuden gelten, die die nach geltendem Recht erforderlichen Abstandsflächen nicht einhalten und bestimmte weitere Voraussetzungen erfüllen; § 6 Abs. 15 Satz 1 BauO NRW sieht die Zulassung geringerer Abstandsflächentiefen vor bei Nutzungsänderungen bestehender Gebäude (ausgenommen Grenzbebauung nach § 6 Abs. 11 Nr. 1). 50

Grundsätzlich gilt: Nutzungsänderungen, die sich **nicht nachteilig** auf das Nachbargrundstück auswirken können, sind auch abstandsflächenrechtlich ohne Bedeutung. Würde jede Nutzungsänderung die Abstandsflächenfrage neu aufwerfen, so hätte der Nachbar aus der Nutzungsänderung einen – nicht gerechtfertigten – Vorteil.[59] Die Nutzung eines Gebäudes kann aber ausnahmsweise abstandsflächenrechtlich relevant sein, mit der Folge, dass bei Nichteinhaltung der geforderten Abstandsflächen die Nutzungsänderung nur unter Zulassung einer Abweichung/Befreiung genehmigt werden kann. Abstandsflächenrechtlich relevant ist eine Nutzungsänderung insbesondere bei

- **Aufgabe einer abstandsflächenrechtlich privilegierten Nutzung**, z. B. Aufgabe der Garagennutzung bei einem grenzständigen, nur nach der Ausnahmevorschrift für Grenzgaragen zulässigen Gebäude;
- Nutzungsänderung in **einem auf Grund einer Abweichung zugelassenen Gebäude**, wodurch die für die Erteilung der Abweichung maßgebenden tatsächlichen Verhältnisse verändert werden und die geänderte Nutzung eine im Vergleich zur bisherigen Nutzung **ungünstigere Beurteilung** als möglich erscheinen lässt. Abstandsflächenrechtlich relevant ist z. B. der Einbau einer Wohnung in das Obergeschoss einer Scheune, da im Hinblick auf die damit verbundene Einsichtsmöglichkeit der nachbarliche Wohnfrieden berührt wird.[60] Abstandsflächenrechtlich nicht relevant ist eine Nutzungsänderung von Wohnnutzung in Garagennutzung, da Aufenthaltsräume auf Grund ihrer intensiveren Nutzung größere Abstandsflächen fordern als eine Garagennutzung und die Garagennutzung den Nachbarn somit weniger belastet als die vormalige Wohnnutzung.

4. Die abstandsflächenrechtliche Gesamtbetrachtung

a) Begriff

Unter abstandsflächenrechtlicher Gesamtbetrachtung wird die Prüfung der Abstandsflächenfrage für Alt- und Neubestand insgesamt, also das gesamte Vorhaben **(Gesamt-** 51

---

[59] Bay VGH vom 15. 4. 1981 BayVBl. 1981, 537.

[60] Bay VGH vom 29. 9. 1999 Az. 26 ZS 99.9184.

bestand) in seiner geänderten Form, verstanden, unabhängig davon, ob die Änderung für sich genommen abstandsflächenrechtlich relevant ist oder nicht. Der Bestandsschutz des Altbestandes geht insoweit unter. Die Änderung des bestehenden Vorhabens ist bauordnungsrechtlich nur zulässig, wenn das **Gesamtvorhaben** die nach geltendem Recht geforderten Abstandsflächen einhält oder für das Gesamtvorhaben eine Abweichung von der Einhaltung der Abstandsflächen zugelassen wird, unabhängig davon, ob bereits für den Altbestand eine Abweichung erteilt worden war. Der Bauherr kann sich dieser Gesamtbeurteilung nicht dadurch entziehen, dass er nur die bauliche Änderung isoliert zur Genehmigung stellen will; seine Freiheit, im Rahmen seiner Verantwortlichkeit zu bestimmen, welche Baumaßnahme er zur Genehmigung stellen will, ist insoweit eingeschränkt.[61] Eine geforderte „abstandsflächenrechtliche Beurteilung des Gesamtbestandes" bezieht sich (nur) auf eine Gesamtbetrachtung des bestehenden Gebäudes und der geplanten Änderungen, nicht auf den Gesamtbestand aller auf dem Grundstück befindlichen Gebäude.[62]

b) Anbau an ein bestehendes Gebäude

52 Eine Gesamtbetrachtung ist veranlasst, wenn bei natürlicher Betrachtungsweise durch den Anbau eine **neue einheitliche Anlage** entstanden ist, so dass der Altbestand und die Neuerrichtung als einheitliches Gebäude erscheinen.[63] Eine Gesamtbetrachtung ist auch erforderlich, wenn – unter Berücksichtigung der mit dem Abstandsflächenrecht verfolgten Ziele – der Altbestand durch das Hinzutreten der baulichen Änderung abstandsflächenrechtlich eine „neue Relevanz" gewinnt.[64] Eine durch einen Anbau an ein Gebäude entstehende neue Außenwand ist insgesamt wie bei einem Neubau abstandsflächenrechtlich zu prüfen.[65]

c) Bauliche Änderung in abstandsflächenrelevanten Merkmalen

53 Eine bauliche Veränderung ist immer dann abstandsflächenrechtlich relevant, wenn diejenigen Merkmale baulich verändert werden, die sich **auf die Ermittlung von „H" auswirken**. Das ist insbesondere der Fall

- bei einer Erhöhung der Wand
- bei einer Erhöhung des Daches dann, wenn das Dach auf Grund seiner Neigung nach der jeweiligen landesrechtlichen Regelung zur Wandhöhe hinzugerechnet wird
- bei einer Erhöhung der Dachneigung dann, wenn diese Erhöhung zu einer größeren Anrechnung der Dachhöhe bzw. der Giebelfläche bei der Ermittlung der maßgeblichen Höhe führt
- wenn die bauliche Veränderung eine vom bisherigen Bestand in Anspruch genommene Privilegierung entfallen lässt, z. B. eine für die Privilegierung nach dem sog. 16 m-Privileg erforderliche Wand über die für die Privilegierung maximal zulässige Länge von 16 m hinaus verlängert wird.

In diesen Fällen löst die bauliche Veränderung eine abstandsflächenrechtliche **Gesamtbetrachtung** (von Alt- und Neubestand) aus, d. h. die Änderung ist nur zulässig, wenn das geänderte Vorhaben insgesamt die nach geltendem Recht geforderten Abstandsflächen einhält bzw. eine Abweichung von der Einhaltung der Abstandsflächen erteilt werden darf.

d) Veränderung der Voraussetzungen, die Grundlage einer abstandsflächenrechtlichen Privilegierung waren

54 Führt die bauliche Veränderung dazu, dass die Voraussetzungen für die vom bestehenden Gebäude in Anspruch genommene Privilegierung entfällt, muss das geänderte Ge-

[61] BayVGH vom 5. 12. 2002 Az. 1 CS 02.1290.
[62] BayVGH vom 9. 11. 1998 Az. 2 CS 98.2484.
[63] BayVGH vom 4. 11. 1998 Az. 14 ZB 98.1009.
[64] BayVGH vom 30. 7. 1998 Az. 14 ZS 98.1682.
[65] BayVGH vom 12. 7. 1999 Az. 14 B 95.2069 m. w. N.

bäude insgesamt die Abstandsflächen einhalten bzw. muss eine Abweichung von der Abstandsflächenforderung erteilt werden. Ist beispielsweise Voraussetzung für die Zulässigkeit einer Grenzgarage, dass die Garage keine Feuerstätte enthält, so lässt der Einbau einer Feuerstätte die abstandsflächenrechtliche Privilegierung einer Garage entfallen. Die Garage muss dann die geforderte Abstandsfläche einhalten, an derselben Stelle ist sie ohne Einhaltung einer Abstandsfläche nur zulässig, wenn eine Abweichung von der Abstandsflächenforderung erteilt wird.

e) Bauliche Änderung bei Gleichbleiben der abstandsflächenrelevanten Merkmale

Bei allen anderen baulichen Änderungen ist jeweils zu prüfen, wie sich die Änderung auf die benachbarten Grundstücke auswirken kann, ob die Veränderungen – obwohl sie für sich genommen nicht abstandsflächenrelevant sind – die **nachbarlichen Interessen nicht nur unerheblich berühren können**. Führt die Änderung zu einer Verschlechterung der Situation auf dem Nachbargrundstück, so besteht Anlass, die abstandsflächenrechtliche Beurteilung des Gesamtbestandes neu vorzunehmen.[66] Z. B. kann sich die Verschleppung des Firstes bei gleich bleibender Firsthöhe und ohne abstandsflächenrelevante Änderung der Dachneigung, also trotz Gleichbleibens der für die Berechnung der Abstandsflächentiefe maßgeblichen Merkmale, nachteilig auf das Nachbargrundstück auswirken, in dessen Richtung der First verschleppt wird, weil sich durch das Heranrücken des Firstes der Lichteinfallwinkel für dieses Nachbargrundstück erheblich verschlechtern kann. Ebenso kann eine Außentreppe, die ein Gebäude in unmittelbarer Nähe des Nachbargrundstücks vergrößert, wegen der von der Treppe aus möglichen erhöhten Einsichtsmöglichkeit auf das Nachbargrundstück abstandsflächenrelevant sein.[67] 55

f) Nicht abstandsflächenrelevante bauliche Veränderungen

Nicht abstandsflächenrelevant sind demnach insbesondere 56

- **reine Innenausbauten und Umbauten** bei gleich bleibender Nutzung
- **Dachausbauten** ohne erhebliche äußere Veränderungen in Form von Zwerchgiebeln, Dachgauben
- das **Auswechseln von Wänden** im Rahmen einer Gebäudeerneuerung.

III. Schnittstellen von Bauordnungsrecht und Bauplanungsrecht

1. Begriffe

- **Vordere Grundstücksgrenze** ist die an die **öffentliche Verkehrsfläche** oder, falls eine öffentliche Verkehrsfläche nicht vorhanden ist, an die entsprechende private Verkehrsfläche angrenzende Grundstücksgrenze. Im Hinblick auf die Forderung nach der ausreichenden Erschließung von Baugrundstücken hat jedes Baugrundstück eine vordere Grundstücksgrenze. Ein Grundstück kann demnach mehrere vordere Grundstücksgrenzen haben, je nachdem, mit wie vielen Seiten es an Verkehrsflächen angrenzt; z. B. hat ein Eckgrundstück, das an zwei Verkehrsflächen angrenzt, demnach zwei vordere Grundstücksgrenzen.[68] Die vordere Grundstücksgrenze ist nie die Grenze zu einem Nachbargrundstück. 57
- Die **hintere/rückwärtige Grundstücksgrenze** ist die der vorderen Grenze gegenüberliegende, mit der Verkehrsfläche nicht in Verbindung stehende Grenze.
- **Seitliche Grundstücksgrenzen** sind die von der Verkehrsfläche aus nach rückwärts verlaufenden Grenzen; bei einem Eckgrundstück mit zwei vorderen Grundstücks-

[66] Bay VGH vom 21. 9. 1998 Az. 2 ZS 98.2484.
[67] Bay VGH vom 27. 6. 2000 Az. 20 ZB 00.1329.
[68] OVG Rh-Pf vom 21. 6. 1965 BRS 16 Nr. 62.

grenzen sind die beiden von der Verkehrsfläche wegführenden Grenzen seitliche Grenzen, da sie mit der Verkehrsfläche in Verbindung stehen.[69] Ist keine hintere Grenze vorhanden, so ist seitliche Grenze die, die zur vorderen Grenze hin einen Winkel von mehr als 45° einhält.

- Ist eine **Baulinie** festgesetzt, so **muss** auf dieser Linie gebaut werden (§ 23 Abs. 2 BauNVO).
- Ist eine **Baugrenze** festgesetzt, so dürfen Gebäude und Gebäudeteile diese nicht überschreiten (§ 23 Abs. 3 BauNVO).
- Für die **geschlossene Bauweise** bestimmt § 22 Abs. 3 BauNVO, dass die Gebäude **ohne seitlichen Abstand** errichtet werden, es sei denn, dass die vorhandene Bebauung eine Abweichung erfordert.
- Die **offene Bauweise** (§ 22 Abs. 2 BauNVO) erlaubt, dass die Gebäude mit seitlichem Grenzabstand „als Einzelhäuser, Doppelhäuser oder Hausgruppen" errichtet werden. Im Rahmen der offenen Bauweise können auch **Doppelhäuser** oder Hausgruppen vorgeschrieben sein (§ 22 Abs. 2 Satz 3 BauNVO), wobei die Länge der in Satz 1 bezeichneten Hausformen höchstens 50 m betragen darf (§ 22 Abs. 2 Satz 2 BauNVO); aus weiteren Festsetzungen kann sich die seitliche Grenze ergeben, für die die Pflicht zum Anbau besteht.
- Nach § 22 Abs. 4 BauNVO kann auch eine andere Bauweise als die geschlossene oder offene Bauweise, also eine atypische oder sog. **abweichende Bauweise** festgesetzt werden; häufigster Fall einer abweichenden Bauweise ist die sog. **halb offene Bauweise**, bei der die Gebäude an der einen Seite mit, an der anderen Seite ohne seitlichen Grenzabstand errichtet werden, bei der es sich also um eine **einseitige Grenzbebauung** handelt.
- Ein **Doppelhaus** im Sinne des § 22 Abs. 2 BauNVO ist eine bauliche Anlage, die dadurch entsteht, dass **zwei Gebäude auf benachbarten Grundstücken** durch Aneinanderbauen an der gemeinsamen Grundstücksgrenze so zusammengefasst werden, dass sie einen **Gesamtbaukörper** bilden, also zu einer Einheit zusammengefügt werden. Dazu müssen die beiden Gebäude in wechselseitig verträglicher und abgestimmter Weise aneinander gebaut werden.[70] Beispielsweise kann ein Anbau an ein bestehendes Garagengebäude nie zum Entstehen eines Doppelhauses im Sinne des § 22 Abs. 2 BauNVO führen.

2. Ausnahme von der Abstandsflächenforderung bei planungsrechtlich gefordertem/erlaubtem Bauen an der Grenze

a) Ländervergleich

58

	Regelungsgegenstände der Landesbauordnungen und der MBO 2002[71]
	Keine Abstandsfläche ist erforderlich vor Außenwänden, die an Grundstücksgrenzen errichtet werden, wenn das Gebäude nach planungsrechtlichen Vorschriften
1.	an die Grenze gebaut werden **muss** (planungsrechtlich **gefordertes** Bauen an der Grenze) oder
2.	an die Grenze gebaut werden **darf** (planungsrechtlich **erlaubtes** Bauen an der Grenze) und **öffentlich-rechtlich gesichert ist**, dass auf dem Nachbargrundstück ebenfalls an die Grenze gebaut wird

[69] Bay VGH vom 13. 5. 1975 BayVBl. 1975, 701.
[70] BVerwG vom 24. 2. 2000 VwRR-BY 2000, 332.
[71] Die hier verwendeten Ziffern entsprechen den Ziffern der nachstehenden Rubrik „Umsetzung/Abweichung in den Ländern und der MBO 2002".

Land	Norm (LBO)		Umsetzung/Abweichung in den Ländern und der MBO 2002[72]
MBO 2002	§ 6	**1.** **2.**	§ 6 I 3 § 6 I 3 auch bei planungsrechtlich erlaubtem Bauen an der Grenze keine Sicherung gefordert
BW	§ 5	**1.** **2.**	§ 5 I 2 Nr. 1, zusätzliche Voraussetzung: es sei denn, die vorhandene Bebauung erfordert Abstandsfläche § 5 I 2 Nr. 2 zusätzlich § 5 I 3 öffentlich-rechtliche Sicherung nicht erforderlich, wenn nach Festsetzung einer abweichenden Bauweise Bauen an der Grenze unabhängig von der Bebauung des Nachbargrundstücks erlaubt ist
Bay	Art. 6	**1.** **2.**	Art. 6 I 2 Art. 6 I 2 auch bei planungsrechtlich erlaubtem Bauen an der Grenze keine Sicherung auf dem Nachbargrundstück gefordert
Bln	§ 6	**1.** **2.**	§ 6 I 2 Bauaufsichtsbehörde kann öffentlich-rechtliche Sicherung des Grenzanbaus vom Nachbargrundstück verlangen § 6 I 2 bei planungsrechtlich erlaubtem Bauen an der Grenze keine Sicherung des Grenzanbaus vom Nachbargrundstück gefordert, aber: Bauaufsichtsbehörde kann öffentlich-rechtliche Sicherung des Grenzanbaus vom Nachbargrundstück verlangen
Bbg	§ 6	**1.** **2.**	§ 6 I 2 § 6 I 2 auch bei planungsrechtlich erlaubtem Bauen an der Grenze keine Sicherung gefordert
Brem	§ 6	**1.** **2.**	§ 6 I 2 Nr. 1 § 6 I 2 Nr. 2 öffentlich-rechtliche Sicherung des Grenzanbaus vom Nachbargrundstück gefordert, auf öffentlich-rechtliche Sicherung kann verzichtet werden, wenn keine städtebaulichen Bedenken bestehen
Hamb	§ 6	**1.** **2.**	§ 6 I 2 § 6 I 2 auch bei planungsrechtlich erlaubtem Bauen an der Grenze keine Sicherung des Grenzanbaus auf dem Nachbargrundstück gefordert
Hess	§ 6	**1.** **2.**	§ 6 I 2 Nr. 1 § 6 I 2 Nr. 2 öffentlich-rechtliche Sicherung, dass vom Nachbargrundstück angebaut wird, gefordert
M-V	§ 6	**1.** **2.**	§ 6 I 2 Nr. 1 § 6 I 2 Nr. 2 öffentlich-rechtliche Sicherung, dass vom Nachbargrundstück angebaut wird, gefordert
Nds	§ 8	**1.** **2.**	§ 8 I § 8 II 1 bei planungsrechtlich erlaubtem Bauen an der Grenze Sicherung durch Baulast gefordert, dass auf dem Nachbargrundstück entsprechend an diese Grenze gebaut wird zusätzlich § 8 II 2 Bauaufsichtsbehörde kann die Festlegung einer anderen als einer entsprechenden Grenzbebauung durch die Baulast zulassen, wenn den Anforderungen an gesunde Wohn- und Arbeitsverhältnisse gleichwertig entsprochen wird und keine baugestalterischen Bedenken bestehen § 8 II 3 Bauaufsichtsbehörde kann auf Baulast verzichten, wenn für die Gebäude auf beiden Grundstücken Bauanträge vorliegen und die Grundstückseigentümer der Grenzbebauung zugestimmt haben

72 Die hier verwendeten Ziffern entsprechen den Ziffern der vorstehenden Rubrik „Regelungsgegenstände der Landesbauordnungen und der MBO 2002".

Land	Norm (LBO)	Umsetzung/Abweichung in den Ländern und der MBO 2002	
			§ 8 III 1 bei planungsrechtlich erlaubtem Bauen ohne Grenzabstand ist Gebäude an der Grenze dann zulässig, wenn auf Nachbargrundstück ein Gebäude ohne Grenzabstand vorhanden ist und neue Grenzbebauung der vorhandenen, auch in der Nutzung, entspricht § 8 III 2 Bauaufsichtsbehörde kann andere als entsprechende Grenzbebauung zulassen, wenn allgemeinen Anforderungen an gesunde Wohn-/Arbeitsverhältnisse gleichwertig entsprochen wird, keine baugestalterischen Bedenken bestehen und der Nachbar zugestimmt hat
NRW	§ 6	**1.** 2.	§ 6 I 2 a) § 6 I 2 b) Rechtsfolge: Abstandsfläche innerhalb der überbaubaren Grundstücksfläche nicht erforderlich
Rh-Pf	§ 8	**1.** **2.**	§ 8 I 2 Nr. 1 § 8 I 2 Nr. 2 § 8 I 2 Rechtsfolge: Abstandsfläche innerhalb der überbaubaren Grundstücksfläche nicht erforderlich
Saar	§ 6	**1.** 2.	§ 6 I 2 Nr. 1 § 6 I 2 Nr. 2
Sachs	§ 6	**1.** 2.	§ 6 I 2 Nr. 1 § 6 I 2 Nr. 2 öffentlich-rechtliche Sicherung, dass vom Nachbargrundstück angebaut wird, gefordert
Sachs-Anh	§ 6	**1.** 2.	§ 6 I 2 Nr. 1 § 6 I 2 Nr. 2 Rechtsfolge: Abstandsfläche innerhalb der überbaubaren Grundstücksfläche nicht erforderlich
Schl-H	§ 6	**1.** 2.	§ 6 I 2 Nr. 1 § 6 I 2 Nr. 2 öffentlich-rechtliche Sicherung, dass vom Nachbargrundstück angebaut wird, gefordert
Thür	§ 6	**1.** 2.	§ 6 I 2 Nr. 1 § 6 I 2 Nr. 2 öffentlich-rechtliche Sicherung, dass vom Nachbargrundstück angebaut wird, gefordert

b) Bedeutung der Vorschrift

59 Wenn das – durch Bundesgesetz vorgegebene – Planungsrecht einen Grenzanbau fordert oder jedenfalls erlaubt, so hat das – landesrechtlich geregelte – Bauordnungsrecht dieser Vorgabe zu folgen; es kann dann nicht auf der Einhaltung der Grundforderung bestehen, dass vor Außenwänden Abstandsflächen, die normalerweise auf dem Grundstück selbst liegen müssen, einzuhalten sind. Das **Bauordnungsrecht** erklärt daher in einer speziellen Regelung für diesen Fall die **Einhaltung einer Abstandsfläche für nicht erforderlich**. Teilweise wird – wenn das Planungsrecht den Grenzanbau nicht zwingend fordert, sondern nur erlaubt – darüber hinaus die öffentlich-rechtliche Sicherung gefordert, dass dann auch auf dem Nachbargrundstück an die Grenze gebaut wird.

c) Musterbauordnung 2002

60 Die MBO 2002 fordert nicht mehr – wie dies noch viele landesrechtliche Regelungen vorsehen – die öffentlich-rechtliche Sicherung des Grenzanbaus vom Nachbargrundstück her. Im Hinblick auf den auch ohne Anbau-Baulast auf Grund der planungsrechtlichen Vorgabe bestehenden Zwang zum Grenzanbau wird eine zusätzliche **bauordnungsrechtliche Sicherung nicht mehr für erforderlich** gehalten.[73]

---

[73] Begründung zu § 6 I 2 MBO 2002.

d) Voraussetzungen für das Entfallen der Abstandsflächenforderung

aa) Gefordertes Bauen an der seitlichen Grundstücksgrenze. Die Pflicht zum Anbau an Grundstücksgrenzen ergibt sich aus der vorgegebenen **Bauweise**, wie sie entweder in einem Bebauungsplan festgesetzt ist oder sich aus dem – in § 34 Abs. 1 BauGB enthaltenen – Gebot des Einfügens in die nähere Umgebung hinsichtlich der Bauweise ergibt („faktische Bauweise").[74] Als Spezialvorschrift geht § 22 BauNVO bezüglich des seitlichen Grenzabstands insoweit Vorgaben durch Baugrenzen und Baulinien vor. 61

Ein **seitlicher Grenzanbau** ist in Gebieten, die im Geltungsbereich eines **Bebauungsplans** liegen, der auch Festsetzungen zur Bauweise enthält, gefordert

- bei Festsetzung der **geschlossenen Bauweise**; dies gilt auch dann, wenn im Weg der Ausnahme gemäß § 31 Abs. 1 BauGB auch offene Bauweise zugelassen wird;[75]
- bei Festsetzung einer atypischen (abweichenden) Bauweise i. S. von § 22 Abs. 4 BauNVO, und zwar in Form der **halb offenen Bauweise** unter Bestimmung der Grundstücksgrenze, an der die Gebäude jeweils ohne seitlichen Grenzabstand zu errichten sind, so dass für diese Grundstücksgrenze ebenfalls seitlicher Grenzanbau gefordert ist;
- wenn bei Festsetzung der **offenen Bauweise** ausnahmsweise **Doppelhäuser** oder **Hausgruppen** vorgeschrieben sind (§ 22 Abs. 2 Satz 3 BauNVO) für die Grenze, für die die Pflicht zum Anbau besteht.[76] Doppelhäuser oder Hausgruppen sind zwar grundsätzlich Bauelemente der offenen Bauweise, innerhalb des jeweiligen Gesamtbaukörpers (Doppelhaus, Reihenhausgruppe) müssen die einzelnen Gebäudeeinheiten aber an eine seitliche Grundstücksgrenze (bei Doppelhäusern oder den Endhäusern einer Hausgruppe) bzw. an beide seitlichen Grundstücksgrenzen (bei Reihenmittelhäusern) gebaut werden. Bei zwingendem Grenzanbau entfällt die Abstandsflächenforderung auch dann, wenn zunächst nur eine Einheit des Gesamtbaukörpers errichtet wird.[77]

Enthält der Bebauungsplan keine Festsetzungen über die Bauweise oder liegt das Baugrundstück nicht im Geltungsbereich eines Bebauungsplans, sondern im **unbeplanten Innenbereich**, so ist darauf abzustellen, welche Bauweise sich aus dem das Bauvorhaben prägenden Gebietsumgriff ergibt, denn das Vorhaben muss sich gem. § 34 Abs. 1 Satz 1 BauGB auch hinsichtlich der Bauweise in die Eigenart der näheren Umgebung einfügen. Das Einfügungsgebot fordert einen Grenzanbau, wenn im **prägenden Gebietsumgriff die Bebauung einheitlich** in der Weise gestaltet ist, dass für das fragliche Grundstück nur die Bebauung an der Grenze als einzige sich einfügende Möglichkeit in Betracht kommt. Das ist der Fall, 62

- wenn die Häuser in der maßgeblichen Umgebung in geschlossener Bauweise errichtet sind;
- wenn die halb offene Bauweise die Umgebung prägt und sich darüber hinaus aus der Anordnung der Gebäude ergibt, an welcher Grenze des fraglichen Grundstücks gebaut werden muss;
- wenn in der maßgeblichen Umgebung die offene Bauweise in Form der Bebauung mit Doppelhäusern oder Hausgruppen herrscht und sich aus der vorhandenen Bebauung auch die Grundstücksgrenze ergibt, an die angebaut werden muss.

Sind im prägenden Gebietsumgriff sowohl grenzständige Gebäude, als auch Gebäude mit seitlichem Grenzabstand vorhanden, so ist zu prüfen, ob sich hieraus eine den Gebietsumgriff und damit auch das Baugrundstück prägende, abweichende Bauweise im Sinne von § 22 Abs. 4 BauNVO erkennen lässt; die Frage des erlaubten oder geforderten Grenzanbaus ist dann nach dieser Bauweise zu beurteilen. Nicht aussagekräftig dafür, ob

---

74 Zur faktischen Bauweise Bay VGH vom 25. 8. 1997 Az. 27 B 94.4016 VwRR BY 1998, 78 (LS).
75 *Jäde/Dirnberger/Bauer/Weiß*, Die neue Bayerische Bauordnung, Rn. 43 a zu Art. 6.
76 VGH BW vom 13. 2. 1998 BRS 60 Nr. 86.
77 Bay VGH vom 21. 7. 1997 BRS 59 Nr. 113.

in der näheren Umgebung die geschlossene oder die offene Bauweise herrscht, ist der Aneinanderbau von Garagen oder sonstigen Nebengebäuden, da diese (§ 23 Abs. 5 BauNVO) in den Abstandsflächen zulässig sind. Weitere Voraussetzung für die planungsrechtliche Zulässigkeit des Grenzanbaus ist in jedem Fall, dass das Vorhaben **nicht gegen das Rücksichtnahmegebot verstößt**; ist das planungsrechtliche Gebot der Rücksichtnahme verletzt, so entfallen auch die Voraussetzungen für einen planungsrechtlich zulässigen Grenzanbau.[78]

63 **bb) Erlaubtes Bauen an der seitlichen Grundstücksgrenze.** Nach den oben beschriebenen Vorgaben wird von den Festsetzungen eines Bebauungsplans ein Grenzanbau dann zwar nicht gefordert, aber erlaubt,

- wenn die **offene Bauweise** festgesetzt ist und die Errichtung von frei stehenden Gebäuden, Doppelhäusern oder Hausgruppen möglich (also nicht vorgeschrieben) ist; der Bauherr kann dann wählen, ob er – mit Grenzabstand – ein Einzelhaus oder aber an der Grundstücksgrenze eine Doppelhaushälfte errichten will, die dann allerdings nicht als einzelnes Element an der Grenze errichtet werden kann, sondern nur, wenn feststeht, dass innerhalb eines überschaubaren Zeitraums der bzw. die weiteren Einzelgebäude des Gesamtbaukörpers errichtet werden;[79]
- wenn die **offene Bauweise** festgesetzt ist, im Weg einer **Befreiung** nach § 31 BauGB aber der seitliche Grenzanbau erlaubt wird;
- bei entsprechender Gestaltung der **abweichenden Bauweise** im Sinne von § 22 Abs. 4 BauNVO;
- nach § 33 BauGB im Vorgriff auf die Festsetzungen eines **künftigen Bebauungsplans**, der das Stadium der Planreife erlangt hat, wenn der künftige Bebauungsplan Grenzbebauung festsetzt.

64 Ergibt sich die maßgebliche Bauweise nicht aus den Festsetzungen eines Bebauungsplans, so darf an eine Grenze gebaut werden (ohne, dass eine Pflicht dazu besteht), wenn die **maßgebliche Umgebungsbebauung** so gestaltet ist, dass es sich um teils offene, teils geschlossene Bauweise handelt, ohne dass das System der halb offenen Bauweise erkennbar wäre. Dann ist regelmäßig sowohl die offene als auch die (einseitig) grenzständige Bauweise zulässig.[80] Dies gilt auch dann, wenn eine Bebauung zahlenmäßig überwiegt; ein Vorhaben der zahlenmäßig geringeren Bauweise kann sich trotzdem einfügen.[81] Auch ein nach der Bauweise grundsätzlich möglicher Grenzanbau ist im Einzelfall nur dann planungsrechtlich zulässig, wenn er mit dem – in § 34 Abs. 1 BauGB enthaltenen – **Rücksichtnahmegebot** vereinbar ist.[82]

65 **cc) Geforderter oder erlaubter Bau an der vorderen/hinteren Grundstücksgrenze.** Für die übrigen Grundstücksgrenzen ergibt sich das Erfordernis eines Grenzanbaus aus der Vorgabe einer sog. **abweichenden Bauweise** im Sinne von § 22 Abs. 4 Satz 1 BauNVO. Gemäß § 22 Abs. 4 Satz 2 BauNVO kann bei der Festsetzung der abweichenden Bauweise auch bestimmt werden, inwieweit an die vorderen, rückwärtigen und seitlichen Grundstücksgrenzen herangebaut werden darf oder muss. Für die vordere und hintere Grundstücksgrenze kann sich der Grenzanbau auch durch Festlegung der überbaubaren Grundstücksflächen durch Baulinien/Baugrenzen ergeben, die auf den Grundstücksgrenzen verlaufen (§ 23 Abs. 4 Satz 1 BauNVO).

66 **dd) Öffentlich-rechtliche Sicherung des Bauens an der Grenze/ohne Grenzabstand bzw. des Anbaus vom Nachbargrundstück.** Einige Landesbauordnungen fordern beim planungsrechtlich (nur) erlaubten Bauen an der Grenze als zusätzliche Voraussetzung für das Entfallen der Abstandsflächenforderung eine öffentlich-rechtliche Sicherung, dass der

[78] BW VGH vom 13. 2. 1998 BRS 60 Nr. 86.
[79] Bay VGH vom 21. 7. 1997 BayVBl. 1998, 534.
[80] OVG NRW vom 17. 2. 2000 BRS 63 Nr. 137.
[81] BW VGH vom 13. 2. 1998 BRS 60 Nr. 86.
[82] BW VGH vom 13. 2. 1998 BRS 60 Nr. 86.

für das Nachbargrundstück dann ebenfalls nicht geforderte, sondern nur erlaubte Bau an der Grenze oder ohne Grenzabstand dort auch tatsächlich verwirklicht werden wird. Diese gesetzlich geforderte öffentlich-rechtliche Sicherung gilt nach der Rechtsprechung dann als erfüllt, wenn auf dem Nachbargrundstück bereits ein Gebäude ohne eigenen Grenzabstand vorhanden ist.[83] Je nach der landesrechtlichen Regelung ist zu unterscheiden, ob gesichert sein muss, dass **vom Nachbargrundstück angebaut** wird (dann muss das Vorhaben weitgehend deckungsgleich sein zu dem auf dem Nachbargrundstück vorhandenen), oder ob gesichert sein muss, dass auf dem Nachbargrundstück **ohne Grenzabstand** oder **an der Grenze** gebaut wird (in diesem Fall kommt es nicht darauf an, ob die Vorhaben weitgehend deckungsgleich sind).[84] Eine Ausnahme von diesem Grundsatz, dass die rechtliche Sicherung durch ein an der Grenze bereits vorhandenes Gebäude auf dem Nachbargrundstück erfüllt ist, ist denkbar, wenn vom Fortbestand des auf dem Nachbargrundstück vorhandenen grenzständigen Gebäudes nicht ausgegangen werden kann.[85]

e) Rechtsfolge

Sind nach der bauordnungsrechtlichen Ausnahmeregelung vor den Außenwänden, die 67
an die Grenze gebaut sind, keine Abstandsflächen erforderlich, so ist das Bauvorhaben dann **von der Einhaltung der Abstandsfläche so weit kraft Gesetzes entbunden**, als die Bebauung an der Grenze den Festsetzungen des Bebauungsplans bzw. dem Gebot des Einfügens entspricht. Das Vorhaben muss sich – vorbehaltlich der landesrechtlichen Regelung, dass der „Anbau vom Nachbargrundstück" gesichert sein muss – und im Gegensatz zu dem bauaufsichtlich gestatteten Grenzanbau **nicht an einer etwa vorhandenen Grenzbebauung orientieren**. Andernfalls käme es zu Unzuträglichkeiten in den Fällen, in denen das zuerst errichtete Grenzgebäude die mögliche Bebauungstiefe nicht voll ausgenutzt hatte; bei Forderung nach deckungsgleichem Grenzanbau wäre der später bauende Nachbar an der Ausnutzung der ihm planungsrechtlich zustehenden Tiefe gehindert.[86] Dagegen wird aus der gesetzlichen Formulierung, es müsse gesichert sein, dass „vom Nachbargrundstück angebaut wird", gefolgert, dass die zulässige Grenzbebauung sich an einer vorhandenen Bebauung orientieren muss.

Die Ausnahme von der Forderung nach Einhaltung einer Abstandsfläche gilt jeweils **nur für die an der Grenze errichtete Außenwand**, vor allen übrigen Wänden dieses grenzständigen Gebäudes müssen die Abstandsflächen eingehalten werden. Die Ausnahme gilt für alle Grundstücksgrenzen, für die die gesetzlich geforderte planungsrechtliche Vorgabe des Grenzanbaus besteht.

Ergibt sich weder aus einem Bebauungsplan, noch aus § 34 BauGB die planungsrechtliche Forderung oder Zulassung des Grenzanbaus, so verbleibt es bei dem Grundsatz, dass vor den Außenwänden Abstandsflächen einzuhalten sind.

3. Ausnahme von der Abstandsflächenforderung bei bauaufsichtlich gefordertem/gestattetem Grenzanbau

a) Ländervergleich

68

Regelungsgegenstand der Landesbauordnungen
Wenn nach planungsrechtlichen Vorschriften **nicht an die Grenze eines Nachbargrundstücks** gebaut werden darf, auf diesem Grundstück aber ein Gebäude an dieser Grenze vorhanden ist: Bauaufsichtsbehörde kann gestatten oder verlangen, dass **angebaut wird**

[83] BW VGH vom 12.9.1996 BRS 58 Nr. 105; OVG Sachs vom 25.2.1998 BRS 60 Nr. 106; OVG Rh-Pf vom 22.8.2002 BauR 2002, 1838 unter Verweis auf OVG NRW vom 13.12.1995 BRS 57 Nr. 137.

[84] OVG NRW vom 13.12.1995 BRS 57 Nr. 137 und vom 4.6.1998 BRS 60 Nr. 72; OVG NRW vom 5.10.1995 BRS 57 Nr. 136; BW VGH vom 12.9.1996 BRS 58 Nr. 105.

[85] OVG NRW vom 17.10.2000 BRS 63 Nr. 198.

[86] OVG Rh-Pf vom 22.8.2002 BauR 2002, 1838.

Land	Norm (LBO)	Umsetzung/Abweichung in den Ländern
MBO 2002	–	keine Regelung
BW	§ 6	§ 6 V nur Zulassung des Grenzanbaus geregelt, nicht Forderung des Grenzanbaus
Bay	Art. 6	Art. 6 I 3
Bln	§ 6	§ 6 I 3
Bbg	–	keine Regelung
Brem	§ 6	§ 6 I 3
Hamb	§ 4	§ 4 IV 1
Hess	§ 6	§ 6 I 3
M-V	§ 6	§ 6 I 3
Nds	§ 8	§ 8 III 3 Bauaufsichtsbehörde kann aus städtebaulichen oder gestalterischen Gründen verlangen, dass an eine auf dem Nachbargrundstück vorhandene Grenzbebauung angebaut wird
NRW	§ 6	§ 6 I 3 wenn nach planungsrechtlichen Vorschriften mit Grenzabstand gebaut werden muss, auf Nachbargrundstück innerhalb der überbaubaren Grundstücksfläche ein Gebäude ohne Grenzabstand vorhanden ist: Bauen ohne Grenzabstand kann gestattet/verlangt werden
Rh-Pf	§ 8	§ 8 I 3 wenn nach planungsrechtlichen Vorschriften mit Grenzabstand gebaut werden muss, auf Nachbargrundstück innerhalb der überbaubaren Grundstücksfläche ein Gebäude ohne Grenzabstand vorhanden ist: Bauen ohne Grenzabstand kann zugelassen/verlangt werden
Saar	§ 6	§ 6 I 3
Sachs	§ 6	§ 6 I 3 wenn Gebäude ohne Grenzabstand vorhanden ist: Bauen ohne Grenzabstand kann gestattet/verlangt werden
Sachs-Anh	§ 6	§ 6 I 3 nach planungsrechtlichen Vorschriften muss mit Grenzabstand gebaut werden, auf Nachbargrundstück ist innerhalb der überbaubaren Grundstücksfläche ein Gebäude ohne Grenzabstand vorhanden: Bauen ohne Grenzabstand kann gestattet/verlangt werden
Schl-H	§ 6	§ 6 I 3
Thür	§ 6	§ 6 I 3

b) Musterbauordnung 2002

69 Die MBO 2002 **verzichtet** auf die Regelung der bauordnungsrechtlichen Zulässigkeit eines Grenzanbaus bei planungsrechtlicher Vorgabe des Bauens mit Abstand zur Grenze. Insbesondere ist die öffentlich-rechtliche Sicherung des Anbauzwangs entfallen, da die vorhandenen planungs- und bauordnungsrechtlichen Instrumentarien als ausreichend angesehen werden.[87]

c) Bedeutung der Vorschrift

70 Bei dieser Vorschrift handelt es sich um eine der Regelungen, mit denen das Bauordnungsrecht einen **Konflikt zwischen planungsrechtlicher Vorgabe und tatsächlich vorhandener Bebauung** bewältigt: Nach planungsrechtlichen Vorschriften darf nicht an die

[87] Begründung zu § 6 I 3 MBO 2002.

Grundstücksgrenze gebaut werden, tatsächlich ist aber an dieser Grenze bereits ein Gebäude auf dem Nachbargrundstück vorhanden. Die Durchsetzung der planungsrechtlichen Vorgabe würde zu der unerwünschten Situation führen, dass der zwischen den Gebäuden entstehende Abstand nicht, wie vorgesehen, einer zweifachen Tiefe entspräche. Das Bauordnungsrecht räumt daher der Behörde die Möglichkeit ein, diese Kollision zwischen planungsrechtlicher Vorgabe und tatsächlichen Verhältnissen dadurch zu lösen, dass für das Vorhaben jenseits der bereits bebauten Grenze – entgegen der planungsrechtlichen Vorgabe – ein Grenzanbau gefordert oder gestattet wird.

d) Voraussetzungen

aa) Planungsrechtliche Forderung eines Grenzabstands. Das Planungsrecht fordert einen Grenzabstand 71

- bei der **offenen Bauweise**, bei der gem. § 22 Abs. 2 BauNVO die Gebäude mit seitlichem Grenzabstand als Einzelhäuser, Doppelhäuser oder Hausgruppen errichtet werden (§ 22 Abs. 2 Satz 1 BauNVO), wenn entweder die Errichtung von Doppelhäusern und Hausgruppen ausgeschlossen ist, oder, wenn sich ergibt, zu welcher Grundstücksgrenze etwa festgesetzte Doppelhäuser/Hausgruppen einen Grenzabstand einhalten müssen;
- in der **halb offenen Bauweise**, wenn feststeht, für welche Grundstücksgrenze keine Pflicht zum Bauen an der Grenze besteht, sondern der die halb offene Bauweise kennzeichnende einseitige Grenzabstand gefordert wird.

Ist dagegen in einem **Bebauungsplan eine Ausnahme** von einem gefordertem Bauen an der Grenze vorgesehen, so bedeutet dies nicht, dass planungsrechtlich ein Abstand zur Grenze gefordert würde; es steht dem Bauherrn frei, ob er von der Ausnahmemöglichkeit Gebrauch machen will oder nicht.

bb) Auf dem Nachbargrundstück vorhandenes Gebäude an der Grenze. Da eine Verkehrsfläche kein Nachbargrundstück ist, kann diese Regelung also – abgesehen von der fehlenden Überbaubarkeit von Verkehrsflächen – nie die vordere Grundstücksgrenze betreffen. „Nachbargrundstück" ist hier im Sinne von „angrenzend" zu verstehen. Zu unterscheiden ist je nach landesrechtlicher Regelung zwischen dem an der Grenze gebauten Gebäude und dem „ohne Grenzabstand" gebauten Gebäude: Wird ein **„an der Grenze gebautes"** Gebäude vorausgesetzt, so kann eine **grenznahe Bebauung** mit einem Abstand von bis zu 50 cm diese Voraussetzung erfüllen. Es handelt es sich dann zwar nicht um einen Grenzanbau, sondern um eine grenznahe Bebauung, die jedoch – wegen des aus dem Blickwinkel des Schutzzwecks des Abstandsflächenrechts nahezu wirkungslosen Grenzabstands – der grenzständigen Bebauung gleichgestellt werden kann.[88] Im Rahmen einer landesrechtlichen Regelung, die ein **Gebäude „ohne Grenzabstand"** fordert, ist jedoch für eine Gleichstellung von grenznaher mit grenzständiger Bebauung kein Raum mehr.[89] Auf die Legalität des vorhandenen grenzständigen Gebäudes kommt es nicht an (die planungsrechtliche Unzulässigkeit wird der Regelfall sein bei Anwendung dieser Sonderregelung). 72

e) Rechtsfolge

Bei Vorliegen der Voraussetzungen kann die Bauaufsichtsbehörde **nach pflichtgemäßem Ermessen** verlangen oder gestatten, dass das Gebäude ebenfalls **an die Grenze gebaut** oder dass **„angebaut"** wird. Wird als Rechtsfolge nach der landesrechtlichen Regelung ein Gebäude „ohne Grenzabstand" gestattet oder gefordert, so wird eine weitgehende Deckungsgleichheit der beiderseitigen Grenzbebauung nicht gefordert. Kann jedoch ein „Anbau an die Grenze" gestattet oder verlangt werden kann, so wird ein Anbau nur dann als zulässig erachtet, wenn dieser in Breite und Höhe mit der vorhandenen 73

[88] Bay VGH vom 7. 10. 1999 Az. 26 ZS 99.2036.
[89] OVG NRW vom 5. 10. 1998 BRS 60 Nr. 105 und vom 17. 6. 2002 BauR 2002, 1690.

Grenzbebauung in etwa deckungsgleich ist.[90] Es wird allerdings nicht ein beliebiger Grenzanbau gestattet, sondern nur in einer Gebäudetiefe, wie sie sich aus der Umgebungsbebauung ergibt. Die (bauordnungsrechtliche) Gestattung oder Forderung des Grenzanbaus überwindet nur die Forderung nach Abstandsflächen, ändert aber nichts an den planungsrechtlichen Gegebenheiten.[91] Auch wenn das Bauordnungsrecht die Möglichkeit eröffnet, im Hinblick auf die auf dem Nachbargrundstück bestehenden tatsächlichen Verhältnisse von der planungsrechtlichen Vorgabe abzuweichen, bleibt diese planungsrechtliche Vorgabe trotzdem bestehen. Die bauordnungsrechtliche Entscheidung bedarf daher immer noch zusätzlich einer **planungsrechtlichen Rechtfertigung** unmittelbar auf der Grundlage des § 31 Abs. 2 BauGB oder – im unbeplanten Innenbereich – i.V. m. § 34 Abs. 2 BauGB.[92]

Privatrechtliche Gesichtspunkte oder zivilrechtlich durchzusetzende Abwehrrechte bleiben von der Gestattung des Grenzanbaus unberührt.

f) Entscheidung der Bauaufsichtsbehörde

74 **aa) Ausdrückliche Entscheidung.** Die Forderung oder Gestattung des Grenzanbaus ist eine im Rahmen der Baugenehmigung **ausdrücklich** zu treffende Ermessensentscheidung der Bauaufsichtsbehörde. Enthält die Genehmigung eines grenzständigen Gebäudes bei planungsrechtlicher Unzulässigkeit des Grenzanbaus keine eigene Entscheidung über die Forderung oder Gestattung des Grenzanbaus, so ist zu prüfen, ob eine solche Entscheidung **konkludent im Rahmen der Baugenehmigung** getroffen wurde. Dies kann angenommen werden, wenn öffentliche Belange oder nachbarliche Interessen offensichtlich nicht berührt werden; sind beispielsweise Belange des Brandschutzes ungelöst, so genügt eine allenfalls konkludent getroffene Entscheidung über die Forderung/Gestattung des Grenzanbaus nicht.[93] Eine Baugenehmigung, die einen planungsrechtlich unzulässigen Grenzanbau genehmigt und keine – sei es auch nur konkludent getroffene – Entscheidung über seine Forderung/Gestattung enthält, ist rechtswidrig, da sie den Grundsatz, dass vor Außenwänden von Gebäuden Abstandsflächen einzuhalten sind, verletzt.

Bei der Frage, ob ein Grenzanbau nur gestattet oder sogar gefordert wird, ist auf die Dringlichkeit der für den Grenzanbau sprechenden Gründe abzustellen; je dringender diese sind, desto eher kommt eine Forderung und nicht nur eine Gestattung in Betracht.

75 **bb) Belange des Bauherrn.** Die Interessen des Bauherrn an einer möglichst bis an die Grenze gehenden Bebauung seines Grundstücks sind in die zu treffende Ermessensentscheidung einzubeziehen. Der Bauherr hat jedoch **keinen Anspruch** auf einen von ihm etwa gewünschten Grenzanbau; ein Grenzanbau auf der einen Seite führt nicht automatisch zu einem Anbaurecht auf der anderen Seite. Ob der Bauherr den Grenzanbau beantragt hat, ist allerdings insofern zu berücksichtigen, als gewichtigere Belange für den Grenzanbau sprechen müssen, wenn er gegen den Willen des Bauherrn verlangt wird.

76 **cc) Interessen des Nachbarn.** Als Grundsatz bei der Würdigung **nachbarlicher Interessen** gilt: Die Berücksichtigung der Interessen des Nachbarn hängt davon ab, welche bauliche Situation er geschaffen hat.

---

[90] OVG Rh-Pf vom 22. 8. 2002 BauR 2002, 1838; in dieser Entscheidung wird im Hinblick auf die geänderte Formulierung der LBO Rh-Pf „ohne Grenzabstand" die zur früheren Fassung entwickelte Rechtsprechung, die im Hinblick auf die Formulierung „Grenzanbau" weitgehende Deckungsgleichheit gefordert hatte, aufgegeben.

[91] Bay VGH vom 10. 12. 1996 Az. 26 B 95.4049, VwRR BY 1997, 101 (LS).

[92] BVerwG vom 12. 1. 1995 BauR 1995, 365.

[93] Bay VGH vom 4. 7. 2000 Az. 14 ZS/CS 00.1775.

- Wer trotz anderweitiger rechtlicher Vorgabe an die Grenze gebaut hat, muss hinnehmen, wenn dies auch der Nachbar tut, sogar dann, wenn dadurch Fenster in der auf der Grenze stehenden Außenwand verbaut werden. Denn Fenster in einer Grenzwand müssen nicht in jedem Fall erhalten bleiben, vielmehr muss der Nachbar, der selbst an die Grenze baut, mit einem Grenzanbau auf dem benachbarten Grundstück und damit verbunden dem Verlust der Fenster rechnen.
- Wer zu nahe an die Grenze gebaut hat, soll nicht die Grenzbebauung auf dem Nachbargrundstück verhindern können, um selbst im ungestörten Genuss der Vorteile bleiben zu können, die sich für ihn aus der intensiveren baulichen Nutzung seines Grundstücks ergeben. Der Grundstückseigentümer, der zu dem – zwischen Gebäuden eigentlich notwendigen – Gebäudeabstand nichts beiträgt, kann in der Regel billigerweise auch von seinem Nachbarn nicht verlangen, dass dieser zu seinen Lasten die Belichtung/Belüftung und Besonnung des Nachbarhauses gewährleistet. Die Geltendmachung von Nachbarrechten liefe in diesem Fall auf eine unzulässige Rechtsausübung hinaus.

Im **Einzelfall** ist daher zu prüfen 77

- ob der Nachbar mit dem Gebäude, an das angebaut werden soll, ebenfalls bis an die Grundstücksgrenze gegangen ist; er kann dann nicht unter dem Gesichtspunkt gegenseitiger Rücksichtnahme einwenden, der Nachbar dürfe seinerseits nicht an die Grenze bauen.[94] Der Eigentümer eines Grenzbaues muss das Anbauen durch seinen Grundstücksnachbarn grundsätzlich hinnehmen; und zwar ohne Rücksicht auf die herrschende Bauweise;[95]
- ob der vorhandene Grenzbau genehmigt ist; im Falle eines genehmigten Grenzanbaus auf dem Nachbargrundstück kommt den Interessen des Nachbarn stärkeres Gewicht zu.

dd) Öffentliche Belange. In die Ermessensentscheidung über die Forderung/Gestattung eines Grenzanbaus sind als öffentliche Belange insbesondere einzubeziehen die öffentlichen Interessen 78

- der Gestaltung
- des Brandschutzes
- der Verkehrssicherheit.

4. Die bauaufsichtliche Forderung/Gestattung der Einhaltung einer Abstandsfläche bei Nachbarbebauung mit Grenzabstand

a) Ländervergleich

79

Regelungsgegenstand der Landesbauordnungen
Wenn nach planungsrechtlichen Vorschriften **an die Grenze eines Nachbargrundstücks** gebaut werden muss, aber auf diesem Grundstück ein **Gebäude mit Abstand** zu dieser Grenze vorhanden ist: Bauaufsichtsbehörde kann gestatten oder verlangen, dass eine **Abstandsfläche eingehalten** wird

Land	Norm (LBO)	Umsetzung/Abweichung in den Ländern
MBO 2002	–	keine Regelung
BW	–	keine Regelung

[94] Bay VGH vom 1.9.1999 Az. 2 ZB 98.715.

[95] Bay VGH 8.12.1975 BayVBl. 1976, 146 mit Zusammenfassung der bis dahin ergangenen Rechtsprechung.

Land	Norm (LBO)	Umsetzung/Abweichung in den Ländern
Bay	Art. 6	Art. 6 I 4
Bln	§ 6	§ 6 I 4
Bbg	–	keine Regelung
Brem	§ 6	§ 6 I 4
Hamb	§ 4	§ 4 IV 2 gilt auch für planungsrechtlich erlaubten Grenzanbau
Hess	§ 6	§ 6 I 4
M-V	§ 6	§ 6 I 4
Nds	§ 8	§ 8 IV Bauaufsichtsbehörde kann abweichend von § 8 I bis III die Einhaltung eines Abstands nach §§ 7 bis 7b verlangen, wenn die vorhandene Bebauung dies erfordert
NRW	§ 6	§ 6 I 4 Voraussetzung: nach planungsrechtlichen Vorschriften muss ohne Grenzabstand gebaut werden, auf Nachbargrundstück ist innerhalb der überbaubaren Grundstücksfläche ein Gebäude mit Grenzabstand vorhanden
Rh-Pf	§ 8	§ 8 I 4 Voraussetzung: nach planungsrechtlichen Vorschriften muss ohne Grenzabstand gebaut werden, auf Nachbargrundstück ist innerhalb der überbaubaren Grundstücksfläche Gebäude mit Grenzabstand vorhanden
Saar	§ 6	§ 6 I 4
Sachs	§ 6	§ 6 I 4
Sachs-Anh	§ 6	§ 6 I 4 Voraussetzung: nach planungsrechtlichen Vorschriften muss ohne Grenzabstand gebaut werden, auf Nachbargrundstück ist innerhalb der überbaubaren Grundstücksfläche Gebäude mit Abstand zur Grenze vorhanden
Schl-H	§ 6	§ 6 I 4
Thür	§ 6	§ 6 I 4

b) Bedeutung der Vorschrift

80 Muss nach planungsrechtlichen Vorschriften an die Nachbargrenze gebaut werden, so fordert das Bauordnungsrecht grundsätzlich keine Abstandsfläche. Ist auf dem Nachbargrundstück bereits ein Gebäude mit Abstand zur Grenze vorhanden, so würde die Durchsetzung der planungsrechtlichen Vorgabe, d. h. die Errichtung eines grenzständigen Bauwerks trotz des mit Grenzabstand errichteten Nachbargebäudes, auch hier zu der unerwünschten Folge eines nur von einem Gebäude eingehaltenen Grenzabstands und damit eines zu geringen Abstands zwischen beiden Gebäuden führen. Das Bauordnungsrecht eröffnet daher der Bauaufsichtsbehörde die Möglichkeit, zur Lösung dieser Konfliktsituation die Einhaltung einer Abstandsfläche zu verlangen oder zu gestatten (wie auch gem. § 22 Abs. 3, 2. Halbs. BauNVO die Forderung, dass in der geschlossenen Bauweise die Gebäude ohne seitlichen Grenzabstand errichtet werden, nicht gilt, wenn die vorhandene Bebauung eine Abweichung erfordert).

81 **c) Voraussetzungen**

82 **aa) Planungsrechtliche Forderung des Bauens an der Grenze.** Zum planungsrechtlich geforderten Grenzanbau an die Nachbargrenze (also nie an die vordere Grundstücksgrenze) siehe oben Rn. 60.

83 **bb) Einhaltung eines Grenzabstands auf dem Nachbargrundstück.** Auf dem Nachbargrundstück muss **ein Gebäude mit Abstand zur Grenze** vorhanden sein. Es wird nicht gefordert, dass der Abstand des auf dem Nachbargrundstück vorhandenen Gebäudes zur Grenze so groß ist, dass das Gebäude die erforderliche Tiefe der Abstandsfläche einhält. Von einem „Abstand" zur Grenze kann nur dann nicht mehr gesprochen werden,

wenn das Gebäude näher als 50 cm an die Grenze heranrückt, eine solche grenznahe Bebauung ist wie ein Grenzanbau zu behandeln.

d) Rechtsfolge

Ist im Einzelfall die Voraussetzung des § 22 Abs. 3 2. Halbsatz BauNVO erfüllt, d.h. erfordert die vorhandene Bebauung eine Abweichung von der planungsrechtlichen Vorgabe des Bauens ohne Grenzabstand, dann ist damit auch die bauordnungsrechtliche Entscheidung vorgegeben. Belange, die ein Abweichen „erfordern", sind in der ausreichenden Belichtung und Belüftung der Nachbargebäude oder der städtebaulichen Gestaltung zu sehen.[96] Gefordert wird kein bestimmter Abstand zur Grenze, sondern **die Einhaltung der gesetzlichen Abstandsfläche**, deren Tiefe sich nach den allgemeinen Vorschriften über die Tiefe der Abstandsfläche richtet; die Tiefe orientiert sich nicht an dem Abstand, den das auf dem Nachbargrundstück vorhandene Gebäude einhält. Soll im Einzelfall nur eine geringere als die gesetzliche Abstandsfläche gefordert oder gestattet werden, so ist zusätzlich zur Entscheidung über die Gestattung/Forderung einer Abstandsfläche eine **Abweichung** von der Einhaltung der grundsätzlich erforderlichen Abstandsfläche zu erteilen. Im Einzelfall kann die Genehmigung eines grenzständigen Bauvorhabens, ohne dass von der Möglichkeit Gebrauch gemacht wird, die Einhaltung einer Abstandsfläche zu verlangen, rechtswidrig sein. 84

5. Vorrang von abweichenden Festsetzungen der Abstandsflächentiefe durch die Gemeinde

a) Ländervergleich

85

Regelungsgegenstand der Landesbauordnungen
Schreibt eine **örtliche Bauvorschrift** größere oder geringere Abstandsflächentiefen vor, so gelten diese Tiefen

Land	Norm (LBO)	Umsetzung/Abweichung in den Ländern und der MBO 2002
MBO 2002	–	keine Regelung
BW	–	keine Regelung
Bay	Art. 7	Art. 7 I bei Festsetzung abweichender Abstandsflächentiefen in städtebaulicher Satzung oder einer Satzung nach Art. 91: keine Anwendung von Art. 6 IV (grundsätzlich geforderte Tiefen) und Art. 6 V (Schmalseitenprivileg), es sei denn, die Satzung ordnet die Geltung dieser Vorschriften an zusätzlich Voraussetzungen für die Geltung der festgesetzten Tiefen: Art. 7 I 2 ausreichende Belichtung und Lüftung müssen gewährleistet sein Art. 7 I 3 keine Einschränkung der Flächen für notwendige Nebenanlagen (Kinderspielplätze, Garagen, Stellplätze) Art. 7 I 4 Art. 91 I Nr. 5 bleibt unberührt
Bln	§ 6	§ 6 XIV 1 geringere Abstandsflächen können sich ergeben durch Festsetzung der Grundflächen der Gebäude, der Zahl der Vollgeschosse oder durch andere ausdrückliche Festsetzungen in Bebauungsplan § 6 XIV 2 Festsetzungen können zur Vermeidung von Nachteilen infolge dieser geringeren Abstandsflächen mit besonderen Anforderungen (z. B. dem Ausschluss von Fenstern von Aufenthaltsräumen) verbunden werden; entsprechende Anwendung der Vorschriften des BauGB über Aufstellung von Bauleitplänen und Zulässigkeit von Vorhaben auf diese Festsetzungen

[96] OVG Bln vom 9. 1. 1998 BRS 60 Nr. 107.

Land	Norm (LBO)	Umsetzung/Abweichung in den Ländern und der MBO 2002
		§ 6 XIV 3 entsprechende Geltung von Sätzen 1 und 2 für eine Rechtsverordnung über Vorhaben- und Erschließungsplan
Bbg	§ 6	§ 6 V 4 örtliche Bauvorschriften: § 81
Brem	§ 6	§ 6 IX Geltung der geringeren Abstandsflächentiefen, die sich durch zwingende Festsetzungen eines Bebauungsplans ergeben
Hamb	§ 6	§ 6 XIII Vorrang der zwingenden Festsetzungen eines Bebauungsplanes, die andere Bemessungen der Abstandsfläche ergeben
Hess	§ 6	§ 6 XI Vorrang von Festsetzungen eines Bebauungsplans oder anderer bauplanungs- oder bauordnungsrechtlicher Satzung, die Abstandsflächentiefe bindend bestimmen
M-V	§ 6	§ 6 XV Geltung der geringeren Abstandsflächentiefen, die sich aus Bebauungsplan durch zwingende Festsetzung der Bauweise, der überbaubaren Grundstücksflächen oder der Zahl der Vollgeschosse ergeben
Nds	§ 13	§ 13 III falls Festsetzungen in Bebauungsplan zwingend zu geringeren als den vorgeschriebenen Abständen führen: Ausnahme unter den Voraussetzungen der Absätze 1 und 2 (dort geregelt: Voraussetzungen für Abweichungen in besonderen Fällen) erforderlich
NRW	§ 6	§ 6 XVII Geltung der geringeren Abstandsflächentiefen, die sich durch zwingende Festsetzungen eines Bebauungsplans im Sinne von § 8 oder § 12 BauGB ergeben
Rh-Pf	§ 8	§ 8 XI wenn durch Festsetzungen der Grundflächen der Gebäude und der Zahl der Vollgeschosse oder durch andere zwingende Festsetzungen eines Bebauungsplans die Beleuchtung mit Tageslicht, die Lüftung und der Brandschutz gewährleistet sind: geringere Abstandsflächen sind zulässig
Saar	§ 7	§ 7 IV 1 geringere Abstandsflächentiefen zulässig, wenn sie sich aus zwingenden Festsetzungen eines Bebauungsplans ergeben und ausreichende Belüftung und Beleuchtung mit Tageslicht gewährleistet bleibt § 7 IV 2 Anforderungen aus Gründen des Brandschutzes bleiben unberührt
Sachs	§ 6	§ 6 XV 1 Geltung der geringeren Abstandsflächentiefen, die sich aus Bebauungsplan durch ausdrückliche, zwingende Festsetzung der Bauweise, der überbaubaren Grundstücksflächen, der Zahl der Vollgeschosse ergeben, wenn ausreichende Belichtung und Belüftung in der Begründung zum Bebauungsplan nachgewiesen ist § 6 XV 2 Anforderungen aus Gründen des Brandschutzes bleiben unberührt
Sachs-Anh	§ 6	§ 6 XV 1 Geltung der geringeren Abstandsflächentiefen, die sich durch zwingende Festsetzungen eines Bebauungsplans ergeben § 6 XV 2 Anforderungen aus Gründen des Brandschutzes bleiben unberührt
Schl-H	§ 6	§ 6 XIII falls sich aus Festsetzungen eines Bebauungsplans geringere Abstandsflächentiefen ergeben: Ausnahmen können gestattet werden, wenn Brandschutz, Beleuchtung mit Tageslicht sowie Belüftung ausreichend gewährleistet bleiben
Thür	§ 6	§ 6 XVI 1 falls sich aus Satzung, die Festsetzungen nach § 9 BauGB enthalten darf, durch ausdrückliche zwingende Festsetzung der Bauweise, der überbaubaren Grundstücksflächen oder der Zahl der Vollgeschosse geringere Abstandsflächentiefen ergeben, und ausreichende Beleuchtung und Belüftung in der Begründung zum Bebauungsplan nachgewiesen ist: Geltung dieser Tiefen § 6 XVI 2 Anforderungen aus Gründen des Brandschutzes bleiben unberührt

b) Bedeutung der Vorschrift

Eine Kollision zwischen planungsrechtlicher Vorgabe und bauordnungsrechtlicher Bestimmung der Abstandsflächentiefe ergibt sich auch dann, wenn sich aus den Festsetzungen eines Bebauungsplan oder einer bauplanungs- oder bauordnungsrechtlichen Satzung eine geringere Abstandsflächentiefe als die nach den bauordnungsrechtlichen Regelungen eigentlich geforderte Tiefe ergibt. Je nach der bauordnungsrechtlichen Abstandsflächenfestsetzung **ersetzt dann diese gemeindlich festgesetzte Regelung** komplett die grundsätzlich vorgesehenen Abstandsflächenregelungen. 86

c) Anforderungen an eine Abstandsflächenverkürzung durch gemeindliche Satzung

Die Festsetzungen der Satzung müssen den Anforderungen des Bauplanungsrechts nach § 1 BauGB, insbesondere dem Abwägungsgebot des § 1 Abs. 6 BauGB entsprechen; zusätzlich sind die im Einzelfall landesrechtlich festgelegten Voraussetzungen der Vorrangsregelung einzuhalten. Da durch die Einhaltung der gesetzlichen Abstandsflächentiefen den Anforderungen an ein gesundes Wohnen und Arbeiten entsprochen wird, und damit auch die Forderung des jeweiligen § 3 LBO (bzw. Art. 3 BayBO) erfüllt wird, darf eine geringere Abstandsflächentiefe nicht beliebig festgesetzt werden, etwa um eine erhöhte Ausnutzung der Grundstücke bei Planung eines Neubaugebietes zu ermöglichen. Vielmehr fordert eine von der grundsätzlichen Regelung abweichende Festsetzung geringerer Abstandsflächen, dass **besondere örtliche Verhältnisse vorliegen**, z. B. Vorgaben durch bereits bestehende Altstadtbebauung, oder die Absicht einer Bebauungsverdichtung innerhalb eines stadträumlich geprägten Gesamtkonzepts.[97] Dabei muss auch auf die mit der Abstandsflächenreduzierung für die benachbarten Grundstücke verbundene Beeinträchtigung eingegangen werden. Das Ergebnis einer ordnungsgemäßen Abwägung kann als planerische Entschließung nicht beanstandet werden. Will die Gemeinde die Fortgeltung der gesetzlichen Abstandsflächen erreichen, muss sie dies in der Satzung ausdrücklich anordnen. Ein völliger Verzicht auf Abstandsflächen durch eine Satzungs-Regelung ist jedoch nicht möglich. 87

IV. Gesetzliche Anforderungen an die Abstandsflächen

1. Lage der Abstandsflächen

a) Lage auf dem Baugrundstück als grundsätzliche Anforderung

MBO 2002 § 6 Abs. 2 Satz 1; BW § 5 Abs. 2 Satz 1; Bay Art. 6 Abs. 2 Satz 1; Bln § 6 Abs. 2 Satz 1; Bbg § 6 Abs. 2 Satz 1; Brem § 6 Abs. 2 Satz 1; Hamb § 6 Abs. 2 Satz 1; Hess § 6 Abs. 2 Satz 1; M-V § 6 Abs. 2 Satz 1; Nds –; NRW § 6 Abs. 2 Satz 1; Rh-Pf § 8 Abs. 2 Satz 1; Saar § 6 Abs. 2 Satz 1; Sachs § 6 Abs. 2 Satz 1; Sachs-Anh § 6 Abs. 2 Satz 1; Schl-H § 6 Abs. 2 Satz 1; Thür § 6 Abs. 2 Satz 1. 88

Grundsätzlich müssen die Abstandsflächen **vollständig** auf demselben Grundstück liegen wie das Gebäude, das die Abstandsflächenforderung auslöst (**Baugrundstück**). Andernfalls würde die Errichtung einer abstandsflächenrechtlich relevanten Anlage in der Nähe der Grundstücksgrenze eine spätere Bebauung des Teils des Nachbargrundstücks, auf den sich die Abstandsflächen erstrecken würden, rechtlich unmöglich machen. Abzustellen ist dabei auf das **Buchgrundstück, dessen Flurnummer auf einem eigenen Blatt im Grundbuch eingetragen ist**. Auf die Eigentumsverhältnisse des Baugrundstücks und des Nachbargrundstücks kommt es nicht an: Auch wenn die angrenzenden Grundstücke im Eigentum des Bauherrn stehen, müssen die Abstandsflächen auf dem Baugrundstück selbst liegen, da die Eigentumsverhältnisse sich jederzeit ändern können. Es bleibt dem

[97] BayVGH vom 7. 2. 1994 BayVBl. 1994, 307. Siehe unten Kap. 16, Rn. 81.

Eigentümer unbenommen, Abstandsflächen auf ein in seinem Eigentum stehendes Nachbargrundstück zu übernehmen.

89 **b) Anrechnung öffentlicher Flächen auf die Abstandsflächen**

aa) Ländervergleich

90

Regelungsgegenstand der Landesbauordnungen
Die Abstandsflächen dürfen sich auf **öffentliche Verkehrs-, Grün- und Wasserflächen** erstrecken, jedoch nur bis zu deren Mitte

Land	**Norm** (LBO)	**Umsetzung/Abweichung in den Ländern und der MBO 2002**
MBO 2002	§ 6	§ 6 II 2
BW	§ 5	§ 5 II 2 Einschränkung, dass Abstandsflächen nur bis zur Mitte auf öffentlichen Flächen liegen dürfen, gilt nur für beidseitig anbaubare Flächen
Bay	Art. 6	Art. 6 VII in die Abstandsflächen werden öffentliche Verkehrs-, Grün- und öffentliche Wasserflächen zur Hälfte eingerechnet
Bln	§ 6	§ 6 II 2 nur für öffentliche Verkehrs- und Grünflächen geregelt
Bbg	§ 6	§ 6 II 2
Brem	§ 6	§ 6 II 1 keine Einschränkung auf die Erstreckung nur bis zur Mitte der öffentlichen Flächen
Hamb	§ 6	§ 6 II 2 auf die Abstandsflächen werden angerechnet angrenzende • öffentliche Verkehrsflächen bis zu deren Mitte (Nr. 1) • öffentliche Grünflächen bis zu deren Mitte, sofern die Gebäude innerhalb von Baulinien oder Baugrenzen errichtet werden (Nr. 2) • Gewässer Erster Ordnung bis zu deren Mitte (Nr. 3)
Hess	§ 6	§ 6 II 2
M-V	§ 6	§ 6 II 2
Nds	§ 9	§ 9 I 1 Zurechnung benachbarter öffentlicher Straßen bis zu ihrer Mittellinie erlaubt, unter den Voraussetzungen des Abs. 2 (Sicherung durch Baulast, dass bauliche Anlagen auf dem benachbarten Grundstück den vorgeschriebenen Grenzabstand einhalten) über die Mittellinie hinaus § 9 I 2 Zurechnung öffentlicher Grün- und Wasserflächen sowie Betriebsanlagen öffentlicher Eisenbahnen und Straßenbahnen entsprechend Satz 1 kann mit Zustimmung der Eigentümer zugelassen werden
NRW	§ 6	§ 6 II 2
Rh-Pf	§ 8	§ 8 II 2
Saar	§ 6	§ 6 II 2
Sachs	§ 6	§ 6 II 2
Sachs-Anh	§ 6	§ 6 II 2
Schl-H	§ 6	§ 6 II 2
Thür	§ 6	§ 6 II 2

91 **bb) Voraussetzungen.** Nach der jeweiligen landesrechtlichen Regelung werden die dort aufgeführten öffentlichen Flächen grundsätzlich bis zu ihrer Hälfte in die Abstandsflächen eingerechnet. Mit einer Überbauung dieser Flächen ist nicht zu rechnen, so dass der Zweck der Abstandsflächenforderung, eine an das Gebäude angrenzende Fläche von

weiterer Bebauung freizuhalten, bereits durch das Vorhandensein der öffentlichen Fläche erfüllt ist. Eine **öffentliche Verkehrsfläche** ist immer dann vorhanden, wenn die Fläche nach den straßenrechtlichen Vorschriften unwiderruflich dem öffentlichen Verkehr gewidmet ist. Fehlt eine Widmung, ist trotzdem von einer öffentlichen Verkehrsfläche auszugehen, wenn die öffentliche Zweckbestimmung auf Dauer gesichert ist und die Fläche von der Öffentlichkeit tatsächlich genutzt wird; es ist dann unerheblich, ob die Fläche einem Privaten oder der öffentlichen Hand gehört.[98]

Zur **öffentlichen Grünfläche:** § 9 Abs. 1 Nr. 15 BauGB; auch hier kann auf die Widmung verzichtet werden, wenn die öffentliche Zweckbestimmung der Grünfläche dauerhaft gewährleistet ist; ist dies der Fall, ist unerheblich, ob Eigentümer der Fläche eine Privatperson oder die öffentliche Hand ist.[99]

Zur **öffentlichen Wasserfläche:** § 9 Abs. 1 Nr. 16 BauGB.

cc) Rechtsfolge. Bei ausreichender Breite der öffentlichen Fläche kann die im Einzel- 92
fall geforderte Abstandsfläche auf der öffentlichen Fläche liegen; bei ausreichender Breite der öffentlichen Fläche kann also auch – vorbehaltlich der planungsrechtlichen Zulässigkeit eines Anbaus an die Grenze – die gesamte Abstandsfläche auf die öffentliche Fläche entfallen. Es ist nicht erforderlich, dass ein Teil der Abstandsfläche auf dem Baugrundstück verbleiben müsste. Da die öffentliche Fläche **den auf beiden Seiten angrenzenden Grundstücksnachbarn**, und nicht nur dem, der zuerst baut, zugute kommen soll, enthalten die Landesbauordnungen in der Regel die Einschränkung, dass die Abstandsfläche auf die öffentliche Fläche nur bis zu deren Mitte angerechnet werden darf. Ist ausgeschlossen, dass von der gegenüberliegenden Straßenseite angebaut werden darf, dann kann im Weg einer Abweichung/Befreiung auch die Anrechnung der öffentlichen Fläche über die Mitte hinaus zugelassen werden. Die Mitte der Verkehrsfläche ist jeweils zwischen den Grundstücken zu ermitteln, die sich in etwa gegenüberliegen, ein paralleler Verlauf der Straßenbegrenzungen ist nicht erforderlich, die Vorschrift ist auch anwendbar, wenn sich die Breite der Verkehrsfläche verändert und die Grundstücke daher einander schräg gegenüberliegen.[100]

c) Erstreckung der Abstandsflächen auf die Nachbargrundstücke

Sind die Voraussetzungen dafür gegeben, dass sich die Abstandsflächen auf ein angren- 93
zendes Grundstück erstrecken dürfen, so wird dadurch nur die Anforderung der „Lage auf dem Baugrundstück" modifiziert, die übrigen gesetzlichen Anforderungen bleiben hiervon unberührt. Die Verlagerung auf ein angrenzendes Grundstück führt nicht zu einer Verkürzung der Abstandsflächentiefe, sondern nur zu einer Verkürzung der auf dem Baugrundstück liegenden Fläche, die jedoch lediglich einen Teil der insgesamt geforderten Fläche darstellt.

aa) Ländervergleich

94

Regelungsgegenstand der Landesbauordnungen und der MBO 2002
Erstreckung der Abstandsflächen (ganz oder teilweise) auf **Nachbargrundstücke** kann gestattet werden, wenn eine **öffentlich-rechtliche Sicherung** vorhanden ist, dass diese nicht überbaut werden und nicht auf die dort vorgeschriebenen Abstände und Abstandsflächen angerechnet werden

Land	**Norm** (LBO)	**Umsetzung/Abweichung in den Ländern und der MBO 2002**
MBO 2002	§ 6	§ 6 II 3 öffentlich-rechtliche Sicherung nur für Nichtbebauung der Flächen gefordert
BW	§ 7	§ 7 I 1 Sicherung muss durch Baulast erfolgen

98 OVG Schl-H vom 29. 3. 1995 Az. M 7/95.
99 OVG Bln vom 11. 2. 2002 BauR 2002, 1381.
100 OVG NRW vom 26. 9. 1994 Az. 7 A 33719/92.

Land	Norm (LBO)	Umsetzung/Abweichung in den Ländern und der MBO 2002
Bay	Art. 7	Art. 7 V 1 als Voraussetzung für die Erstreckung auf Nachbargrundstücke gefordert: • Zustimmung des Nachbarn (schriftlich, aber nicht in elektronischer Form) gegenüber der Bauaufsichtsbehörde zur Übernahme der Abstandsflächen oder • Flächen können aus rechtlichen oder tatsächlichen Gründen nicht überbaut werden
Bln	–	keine Regelung
Bbg	§ 6	§ 6 II 4 rechtliche Sicherung gefordert
Brem	§ 6	§ 6 II 2
Hamb	§ 7	§ 7 Satz 1 Sicherung durch Baulast nach § 79 gefordert
Hess	§ 7	§ 7 I 1
M-V	§ 7	§ 7 I 1 Erstreckung auf andere Grundstücke kann bei Vorliegen der genannten Voraussetzungen gestattet werden zusätzlich § 7 I 3 als öffentlich-rechtliche Sicherung gilt die Eintragung einer Baulast
Nds	§ 9	§ 9 II benachbarte Grundstücke dürfen für die Bemessung des Grenzabstandes dem Baugrundstück bis zu gedachter Grenze zugerechnet werden bei Sicherung durch Baulast, dass auch bauliche Anlagen auf dem Nachbargrundstück den vorgeschriebenen Abstand von dieser Grenze einhalten
NRW	§ 7	§ 7 I 1 Sicherung muss durch Baulast erfolgen
Rh-Pf	§ 9	§ 9 I 1 Erstreckung auf andere Grundstücke kann bei Vorliegen der genannten Voraussetzungen zugelassen werden
Saar	§ 8	§ 8 I 1
Sachs	§ 7	§ 7 Satz 1 Voraussetzungen für Erstreckung auf Nachbargrundstücke: • schriftliche Zustimmung des Nachbarn gegenüber der Bauaufsichtsbehörde, dass Flächen nicht überbaut und auf die dort erforderlichen Abstände und Abstandsflächen nicht angerechnet werden, oder • Flächen können aus rechtlichen oder tatsächlichen Gründen nicht überbaut werden
Sachs-Anh	§ 7	§ 7 I 1 Erstreckung auf andere Grundstücke kann bei Vorliegen der genannten Voraussetzungen gestattet werden zusätzlich § 7 I 3 als öffentlich-rechtliche Sicherung gelten die Eintragung einer Baulast, Festsetzungen eines Bebauungsplanes oder sonstige öffentlich-rechtliche Vorschriften, nach denen eine Grundstücksfläche von baulichen Anlagen freigehalten werden muss
Schl-H	§ 7	§ 7 I 1 Erstreckung auf andere Grundstücke kann bei Vorliegen der genannten Voraussetzungen gestattet werden zusätzlich § 7 I 3 als öffentlich-rechtliche Sicherung gelten die Eintragung einer Baulast, Festsetzungen eines Bebauungsplanes oder sonstige öffentlich-rechtliche Vorschriften, nach denen eine Grundstücksfläche von baulichen Anlagen freigehalten werden muss
Thür	§ 7	§ 7 I 1 Erstreckung auf andere Grundstücke kann bei Vorliegen der genannten Voraussetzungen gestattet werden zusätzlich § 7 I 3 als öffentlich-rechtliche Sicherung gilt die Eintragung einer Baulast

bb) Die Übernahme auf das Nachbargrundstück durch Zustimmung des Eigentümers. Die schriftliche Zustimmung des Nachbarn zur Übernahme der Abstandsfläche kann, je nach der landesrechtlichen Regelung, an die Stelle einer dinglichen Sicherung der Freihaltung der für die Abstandsfläche benötigten Fläche treten. Sie muss durch **gesonderte schriftliche Erklärung** gegenüber der Bauaufsichtsbehörde erfolgen. Für die Fragen der Rechtsnatur, des Wirksamwerdens, des Adressaten kann auf die entsprechend heranzuziehenden Ausführungen bei Kapitel 14, Rn. 258 ff. verwiesen werden. **Notwendiger Inhalt** der Übernahmeerklärung ist, dass sie den Umfang der übernommenen Abstandsfläche nennt; eine abstrakte Erklärung, dass „die erforderliche Abstandsfläche" übernommen wird, wäre nicht ausreichend. Die bloße Unterschrift auf den Bauzeichnungen, mag aus diesen auch die Notwendigkeit einer Erstreckung der Abstandsfläche auf das angrenzende Grundstück ersichtlich sein, ist ebenfalls nicht ausreichend. Die Flächen müssen **zusätzlich zu den auf dem Nachbargrundstück selbst benötigten Flächen freigehalten** werden können. 95

Eine Übernahme auf das Nachbargrundstück ist nur wirksam, wenn der Verwendung als Abstandsfläche noch nicht eine eigene Bebauung der vorgesehenen Fläche entgegensteht oder sie selbst als Abstandsfläche für ein anderes Gebäude gebraucht wird, so dass eine Abstandsflächenübernahme gegen das Überdeckungsverbot verstoßen würde. Ist dies der Fall, so ist die Abstandsflächenübernahme von Anfang an auf eine unmögliche Leistung gerichtet; der Anspruch auf Erfüllung einer solchen wäre nach § 275 Abs. 1 BGB ausgeschlossen. Wird die Übernahme ausdrücklich auf ein bestimmtes Gebäude mit einer bestimmten Nutzung bezogen, so erstreckt sie sich nicht auf ein Vorhaben, das eine erhöhte oder jedenfalls andersartige Belastung erwarten lässt.[101] Auch eine teilweise Übernahme der Abstandsfläche ist möglich, die Abstandsfläche ist insoweit teilbar.[102] Im Hinblick auf die Grundstücksbezogenheit des Baurechts wirkt die Zustimmung auch für und gegen den **Rechtsnachfolger.**[103]

cc) Unbebaubarkeit der für die Abstandsflächen geforderten Flächen. Hierunter fallen zum einen die Fälle einer **tatsächlichen Unbebaubarkeit** infolge Besonderheiten der Bodenbeschaffenheit, z. B. Steilhänge, Wasserflächen. 96

Zum anderen handelt es sich um Fälle von **rechtlicher Unmöglichkeit** der Bebauung:

- Die Unbebaubarkeit ist noch **nicht** dadurch gewährleistet, dass das Baugrundstück und das übernehmende Grundstück **demselben Eigentümer** gehören, da sich die Eigentumsverhältnisse ändern können.
- **Festsetzungen in einem Bebauungsplan**, nach denen die Fläche auf dem Nachbargrundstück von Bebauung freizuhalten ist, **genügen nicht**, um die Voraussetzungen der rechtlichen Unbebaubarkeit zu erfüllen.
- Hat eine Fläche **Erschließungsfunktion**, so ist im Einzelfall zu prüfen, ob es sich dabei um die einzige Anfahrmöglichkeit zur öffentlichen Verkehrsfläche handelt und ob tatsächlich die gesamte für die Erstreckung der Abstandsflächen vorgesehene Fläche zur Erschließung benötigt wird.[104]
- Für die Annahme der Unbebaubarkeit genügt nicht, dass die Fläche mit einem **Geh- und Fahrtrecht** belastet ist: Es ist denkbar, dass der Nachbar die mit dem Geh- und Fahrtrecht belastete Fläche selbst als Abstandsfläche vor der Außenwand eines Gebäudes, das er auf seinem eigenen Grundstück errichten kann, in Anspruch nehmen will.[105]

---

101 Bay VGH vom 17. 1. 2000 Az. 20 ZB 99.3581.
102 Bay VGH vom 15. 7. 1999 Az. 15 CS 99.349.
103 So z. B. ausdrücklich geregelt in Art. 7 V 1 BayBO.
104 Bay VGH vom 24. 8. 2000 Az. 14 ZB 00.715.
105 Bay VGH vom 1. 12. 1999 Az. 14 ZS 99.3256.

2. Verbot der Überdeckung von Abstandsflächen

a) Ländervergleich

97

	Regelungsgegenstände der Landesbauordnungen und der MBO 2002[106]
	Die Abstandsflächen dürfen sich nicht überdecken; dies gilt nicht
1.	für Außenwände, die in einem **Winkel von mehr als 75°** zueinander stehen
2.	für Außenwände zu einem **fremder Sicht entzogenen Gartenhof** bei Wohngebäuden mit nicht mehr als zwei Wohnungen
3.	Gebäude und andere bauliche Anlagen, die **in den Abstandsflächen zulässig** sind oder gestattet werden

Land	Norm (LBO)	Umsetzung/Abweichung in den Ländern und der MBO 2002[107]	
MBO 2002	§ 6	**1.** **2.** **3.**	§ 6 III Nr. 1 § 6 III Nr. 2 Gartenhof bei Wohngebäuden der Gebäudeklassen 1 und 2 § 6 III Nr. 3
BW	§ 5	**1.** **2.** **3.**	§ 5 III 2; § 5 III 1 (Überdeckungsverbot) keine Regelung keine Regelung
Bay	Art. 6	**1.** **2.** **3.**	§ 6 II 2 keine Regelung keine Regelung
Bln	§ 6	**1.** **2.** **3.**	§ 6 III Nr. 1 § 6 III Nr. 2 § 6 III Nr. 3
Bbg	§ 6	**1.** **2.** **3.**	§ 6 III Nr. 1 § 6 III Nr. 2 § 6 III Nr. 3
Brem	§ 6	**1.** **2.** **3.**	§ 6 III Nr. 1 Überdeckungsverbot gilt nicht für Außenwände, die in einem Winkel von mehr als **60°** zueinander stehen § 6 III Nr. 2 keine Regelung zusätzlich: § 6 III Nr. 3 Überdeckungsverbot gilt nicht für Abstandsflächen auf öffentlichen Verkehrs-, Grün- oder Wasserflächen
Hamb	§ 6	**1.** **2.** **3.**	§ 6 V 3 Nr. 1; § 6 V 2 (Überdeckungsverbot) § 6 V 3 Nr. 2 keine Regelung
Hess	§ 6	**1.** **2.** **3.**	§ 6 III 2 Nr. 1; § 6 III 1 (Überdeckungsverbot) § 6 III 2 Nr. 2 § 6 III 2 Nr. 3
M-V	§ 6	**1.** **2.** **3.**	§ 6 III Nr. 1 § 6 III Nr. 2 § 6 III Nr. 3
Nds	§ 10	**1.**	§ 10 III 1 Teile desselben Gebäudes oder aneinander gebaute Gebäude auf demselben Baugrundstück, die in Winkel von weniger als 75° zugekehrt sind, müssen grundsätzlich geforderten Abstand halten

[106] Die hier verwendeten Ziffern entsprechen den Ziffern der nachstehenden Rubrik „Umsetzung/Abweichung in den Ländern und der MBO 2002".

[107] Die hier verwendeten Ziffern entsprechen den Ziffern der vorstehenden Rubrik „Regelungsgegenstände der Landesbauordnungen und der MBO 2002".

Land	Norm (LBO)	Umsetzung/Abweichung in den Ländern und der MBO 2002	
		2. 3.	keine Regelung keine Regelung
NRW	§ 6	1. 2. 3.	§ 6 III Nr. 1 § 6 III Nr. 2 § 6 III Nr. 3
Rh-Pf	§ 8	1. 2. 3.	§ 8 III Nr. 1 § 8 III Nr. 2 keine Regelung
Saar	§ 6	1. 2. 3.	§ 6 III Nr. 1 § 6 III Nr. 2 § 6 III Nr. 3
Sachs	§ 6	1. 2. 3.	§ 6 III Nr. 1 § 6 III Nr. 2 § 6 III Nr. 3
Sachs-Anh	§ 6	1. 2. 3.	§ 6 III Nr. 1 § 6 III Nr. 2 § 6 III Nr. 3
Schl-H	§ 6	1. 2. 3.	§ 6 III Nr. 1 § 6 III Nr. 2 § 6 III Nr. 3
Thür	§ 6	1. 2. 3.	§ 6 III Nr. 1 § 6 III Nr. 2 § 6 III Nr. 3

b) Grundsatz

Grundsätzlich muss jede Abstandsfläche den von ihr benötigten Platz in der Natur voll beanspruchen können, ohne dass es zu einer Überdeckung der Abstandsflächen kommt (**Überdeckungsverbot**). Dabei ist unerheblich, ob die erforderliche Abstandsfläche auf dem Baugrundstück, einem Nachbargrundstück oder auf einer öffentlichen Verkehrs-, Wasser- oder Grünfläche liegt. Die erforderlichen Abstandsflächen eines zu errichtenden Gebäudes dürfen also nicht in einen Bereich fallen, der bereits von den Abstandsflächen eines anderen, bestehenden Gebäudes beansprucht wird. Auch die auf das Nachbargrundstück übernommene Abstandsfläche darf sich nicht mit den Abstandsflächen überdecken, die für Gebäude des Nachbargrundstücks erforderlich sind, die Übernahme darf **nicht zu einer Verringerung** des zwischen zwei Gebäuden geforderten Abstandes führen. 98

c) Folgen einer Überdeckung

Überdeckt sich die Abstandsfläche eines neu zu errichtenden Gebäudes mit der für ein bestehendes Gebäude, so ist zu prüfen, ob eine **Abweichung vom Überdeckungsverbot** zugelassen werden kann; andernfalls ist die Genehmigung zu versagen bzw. der Bau eines genehmigungsfrei zu errichtenden Gebäudes zu untersagen. Bei mehreren gleichzeitig oder in demselben Verfahren zur Genehmigung gestellten Vorhaben, deren Abstandsflächen sich überdecken, ist keines genehmigungsfähig. **Künftige bauliche Entwicklungen** sind bei der Beurteilung nur zu berücksichtigen, soweit sie im bereits vorhandenen baulichen Bestand ihren Niederschlag gefunden haben.[108] Dies gilt selbst dann, wenn Vorhaben schon genehmigt wurden, da nicht sicher ist, ob sie tatsächlich verwirklicht werden. Erst recht bleiben Vorhaben unberücksichtigt, die noch nicht einmal zum Gegenstand eines konkreten Verfahrens gemacht wurden. 99

[108] Bay VGH vom 2. 3. 2000 Az. 14 ZS 00.11 unter Hinweis auf BVerwG vom 14. 1. 1993 NVwZ 1993, 1184.

d) Ausnahmen vom Überdeckungsverbot

100 In bestimmten, von den Landesbauordnungen jeweils aufgeführten Fällen, dürfen sich die Abstandsflächen von verschiedenen Gebäuden oder Teilen desselben Gebäudes überschneiden. Erlaubt ist nach diesen Ausnahmeregelungen nur eine **Überdeckung der Abstandsflächen**, nicht jedoch eine Überdeckung einer Abstandsfläche mit einem anderen Gebäude. Ausnahmeregelungen vom Überdeckungsverbot werden insbesondere, je nach landesrechtlicher Regelung, bestimmt für

- die Abstandsflächen von Außenwänden desselben Gebäudes oder mehrerer einzelner Gebäude, **die in einem bestimmten Winkel** (von in der Regel 75° oder mehr) zueinander stehen: Das Bauordnungsrecht geht davon aus, dass in diesen Fällen bereits durch die Anordnung der Gebäude dafür gesorgt ist, dass die mit dem Abstandsflächengebot verfolgten Ziele ausreichender Belichtung und Besonnung und einer gewissen Auflockerung in der Anordnung der Gebäude erfüllt sind. Rechtwinklig aneinander gebaute Gebäude sind somit trotz Überdeckens der Abstandsflächen kraft Gesetzes zulässig. Bei nicht aneinander gebauten Gebäuden ist der Winkel am Schnittpunkt der verlängerten Fluchtlinien festzustellen.
- Gebäude oder bauliche Anlagen, **die nach bauordnungsrechtlicher Bestimmung in Abstandsflächen zulässig sind**: Wenn bereits das Gebäude selbst in der Abstandsfläche eines anderen Gebäudes zulässig ist, gilt dies erst recht für das Überdecken seiner Abstandsfläche mit der eines anderen Gebäudes.
- Außenwände eines Wohngebäudes (mit nicht mehr als zwei Wohnungen) zu einem **Gartenhof** hin, der fremder Sicht entzogen ist (je nach der landesrechtlichen Regelung).

3. Freihalten von baulichen Anlagen als Inhalt der Abstandsflächenforderung

a) Ländervergleich

101

Regelungsgegenstand der Landesbauordnungen und der MBO 2002
Abstandsflächen sind von oberirdischen Gebäuden **freizuhalten**

Land	Norm (LBO)	Umsetzung/Abweichung in den Ländern und der MBO 2002
MBO 2002	§ 6	§ 6 I 1
BW	§ 5	§ 5 I 1 von oberirdischen baulichen Anlagen
Bay	Art. 6	Art. 6 I 1 von oberirdischen baulichen Anlagen
Bln	§ 6	§ 6 I 1
Bbg	§ 6	§ 6 I 1
Brem	§ 6	§ 6 I 1 von oberirdischen Gebäuden sowie von Anlagen und Einrichtungen nach § 6 X (mit gebäudegleicher Wirkung)
Hamb	§ 6	§ 6 I 1 von oberirdischen baulichen Anlagen
Hess	§ 6	§ 6 I 1 von oberirdischen Gebäuden sowie von Anlagen und Einrichtungen nach § 6 VIII (mit gebäudegleicher Wirkung)
M-V	§ 6	§ 6 I 1
Nds	–	keine Regelung
NRW	§ 6	§ 6 I 1
Rh-Pf	§ 8	§ 8 I 1 von Gebäuden

Land	Norm (LBO)	Umsetzung/Abweichung in den Ländern und der MBO 2002
Saar	§ 6	§ 6 I 1
Sachs	§ 6	§ 6 I 1 Abstandsflächen sind freizuhalten
Sachs-Anh	§ 6	§ 6 I 1
Schl-H	§ 6	§ 6 I 1
Thür	§ 6	§ 6 I 1

b) Unzulässigkeit oberirdischer baulicher Anlagen/Gebäude in den Abstandsflächen

Das Abstandsflächenrecht verlangt, dass die erforderlichen Abstandsflächen von oberirdischen Gebäuden bzw. – je nach landesrechtlicher Regelung – von baulichen Anlagen freizuhalten sind. Es dürfen in der Fläche, die als Abstandsfläche erforderlich ist, also **keinerlei (oberirdische) Gebäude/bauliche Anlagen** errichtet sein oder errichtet werden. Darauf, dass von diesen Wirkungen wie von Gebäuden ausgehen, dass sie also selbst die Forderung nach Einhaltung einer Abstandsfläche auslösen, kommt es in diesem Zusammenhang nicht an. Sind nach der Regelung der Landesbauordnung die Abstandsflächen (nur) von **oberirdischen** baulichen Anlagen/Gebäuden freizuhalten, so sind alle **unterirdischen** (z. B. Tiefgaragen) oder **ausschließlich ebenerdigen** baulichen Anlagen (z. B. befestigte Stellplätze) in einer Abstandsfläche zulässig. Ist die Forderung nach Freihaltung der Abstandsfläche von Gebäuden/baulichen Anlagen nicht erfüllt, so ist die Fläche als Abstandsfläche nicht geeignet, das Gebäude, das die Forderung nach Abstandsflächen auslöst, ist an dieser Stelle – vorbehaltlich der Zulassung einer Abweichung – wegen Nichteinhaltung der geforderten Abstandsfläche bauordnungsrechtlich unzulässig. 102

c) Kraft Gesetzes in den Abstandsflächen zulässige Anlagen

Kraft ausdrücklicher landesrechtlicher Regelung sind bestimmte Anlagen in den Abstandsflächen zulässig oder können in den Abstandsflächen gestattet werden. Da die Landesbauordnungen in der Regel für die in den Abstandsflächen zulässigen Anlagen auch nicht die Einhaltung eigener Abstandsflächen vorschreiben, sind diese Anlagen in einer gemeinsamen Tabelle unten Rn. 132 aufgeführt. Die folgende Tabelle erfasst nur die Anlagen, die nach der landesrechtlichen Regelung in den Abstandsflächen zulässig sind, bei denen die Landesbauordnung jedoch nicht auf die Einhaltung eigener Abstandsflächen verzichtet. 103

Ländervergleich

104

Regelungsgegenstand der Landesbauordnungen und der MBO 2002
In den Abstandsflächen kraft Gesetzes zulässige Gebäude und bauliche Anlagen

Land	Norm (LBO)	Umsetzung/Abweichung in den Ländern und der MBO 2002
MBO 2002	§ 6	§ 6 VII 1 Regelung der in den Abstandsflächen sowie ohne eigene Abstandsflächen zulässigen Anlagen
BW	§ 6	§ 6 VI. Zulässig sind • Gebäude und Gebäudeteile nach § 6 I sowie Gewächshäuser (Nr. 1) • bauliche Anlagen, die keine Gebäude sind, wenn sie in den Abstandsflächen nicht höher als 2,5 m sind und ihre Wandfläche nicht mehr als 25 m² beträgt (Nr. 2)

Land	Norm (LBO)	Umsetzung/Abweichung in den Ländern und der MBO 2002
Bay	Art. 6, Art. 7	Art. 7 II Regelung der in den Abstandsflächen sowie ohne eigene Abstandsflächen zulässigen Anlagen Art. 6 VIII in den Abstandsflächen sind untergeordnete oder unbedeutende bauliche Anlagen zulässig
Bln	§ 6	§ 6 XI 1 mit Höhe bis zu 4 m über der festgelegten Geländeoberfläche zulässig • Garagen (Nr. 1) • Gebäude ohne Feuerstätten und Aufenthaltsräume (Nr. 2) • Anlagen und Einrichtungen nach § 6 X (d. h. mit gebäudegleicher Wirkung) § 6 XII Regelung der in den Abstandsflächen sowie ohne eigene Abstandsflächen zulässigen Anlagen
Bbg	§ 6	§ 6 XI Regelung der in den Abstandsflächen sowie ohne eigene Abstandsflächen zulässigen Anlagen
Brem	§ 6	§ 6 XII Regelung der in den Abstandsflächen sowie ohne eigene Abstandsflächen zulässigen Anlagen
Hamb	§ 6	§ 6 III 1. Zulässig sind • Kinderspiel-/Freizeitflächen und dazu gehörende Einrichtungen (Nr. 1) • von Genehmigungsbedürftigkeit freigestellte bauliche Anlagen mit Ausnahme von Gebäuden (Nr. 2) • bauliche Anlagen, die der Versorgung/Entsorgung des Grundstückes und seiner Nutzung dienen, mit Ausnahme von Gebäuden (Nr. 3) • Lager-, Abstell- und Ausstellungsplätze, Vitrinen und ähnliche Anlagen, soweit sie Teil der genehmigten Nutzung sind (Nr. 4) • Gewächshäuser bis zu 6 m Firsthöhe auf landwirtschaftlich oder erwerbsgärtnerisch genutzten Flächen (Nr. 5) • notwendige offene Stellplätze, auch mit Schutzdach ohne Seitenwände (Carports), für Wohngebäude mit nicht mehr als 2 Wohnungen sowie für Gebäude, die nicht Wohnzwecken dienen (Nr. 6) • ein eingeschossiges Nebengebäude für Abstellzwecke und für höchstens 2 notwendige Stellplätze für jeweils ein Gebäude mit nicht mehr als 2 Wohnungen; mit maximaler Seitenlänge von 8 m und maximaler Wandhöhe von 3 m (Nr. 7) • Stützkonstruktionen für Böschungen; Mindestabstand zum Gebäude: das Maß ihrer Höhe (Nr. 8).
Hess	§ 6	§ 6 IX Regelung der in den Abstandsflächen sowie ohne eigene Abstandsflächen zulässigen Anlagen
M-V	§ 6	§ 6 XI Regelung der in den Abstandsflächen sowie ohne eigene Abstandsflächen zulässigen Anlagen
Nds	–	keine Regelung
NRW	§ 6	§ 6 XI, XII Regelung der in den Abstandsflächen sowie ohne eigene Abstandsflächen zulässigen Anlagen
Rh-Pf	§ 8	§ 8 VIII 2, § 8 IX 3 i.V. m. § 8 IX 1 Regelung der in den Abstandsflächen sowie ohne eigene Abstandsflächen zulässigen Anlagen.
Saar	§ 7	§ 7 II. Zulässig sind • nicht überdachte Stellplätze, Abstellplätze für Fahrräder und Kleinkinderspielplätze (Nr. 1) • offene erhöhte Terrassen, an der Nachbargrenze bis zu 0,50 m erhöht (Nr. 2) • Behindertenrampen (Nr. 3) • nachträgliche Außenwandverkleidungen zur Schall- und Wärmedämmung, nachträgliche Anbringung von Solaranlagen auf Außenwände (Nr. 4) • Maste für die öffentliche Versorgung (Nr. 5)

Land	Norm (LBO)	Umsetzung/Abweichung in den Ländern und der MBO 2002
Sachs	§ 6	§ 6 XI, XII Regelung der in den Abstandsflächen sowie ohne eigene Abstandsflächen zulässigen Anlagen
Sachs-Anh	§ 6	§ 6 XI, XII Regelung der in den Abstandsflächen sowie ohne eigene Abstandsflächen zulässigen Anlagen
Schl-H	§ 6	§ 6 X, XI Regelung der in den Abstandsflächen sowie ohne eigene Abstandsflächen zulässigen Anlagen
Thür	§ 6	§ 6 XI, XII Regelung der in den Abstandsflächen sowie ohne eigene Abstandsflächen zulässigen Anlagen

V. Die Wandhöhe („H“) als Ausgangspunkt für die Ermittlung der Tiefe der Abstandsfläche

1. Bedeutung von „H“ („Höhe“/Wandhöhe)

Nach der durchgehenden Regelung aller Landesbauordnungen wird die **Tiefe der Abstandsfläche in Relation zur Wandhöhe** bestimmt. Da auch von einem Dach, abhängig von seiner Neigung, Beeinträchtigungen auf die Belichtung und Besonnung der Umgebung wie von einer Gebäudewand ausgehen können, sieht das Bauordnungsrecht für die Höhe von Dächern, die eine – in den Landesbauordnungen unterschiedlich bestimmten – Dachneigung übersteigen, einen „Zuschlag“ zur eigentlichen Wandhöhe vor. Teilweise enthalten die Landesbauordnungen auch Sonderregelungen für die Bestimmung der Wandhöhe von Giebelwänden, da die Anrechnung der vollen Wandhöhe, obwohl die Wand nicht mit der gesamten Breite zu dieser Höhe hinaufgeführt wird, unbillig oder unnötig wäre. Die für die Errechnung der Tiefe der Abstandsfläche maßgebliche „Höhe“ setzt sich somit zusammen aus der „eigentlichen Wandhöhe“ des Gebäudes (ggf. modifiziert durch Sonderregelungen für die Errechnung der Wandhöhe bei Giebelflächen) und einem ggf. – nach Maßgabe der jeweiligen Regelung – hinzuzurechnenden Maß für ein auf dem Gebäude vorhandenes Dach. Das sich so ergebende Maß ist die für die Berechnung der Abstandsflächentiefe maßgebliche „Wandhöhe“, in der Regel bezeichnet als „H“. 105

2. Ermittlung der Wandhöhe („H“)

a) Ländervergleich

Regelungsgegenstand der Landesbauordnungen und der MBO 2002
Als **Wandhöhe** gilt das Maß von der **Geländeoberfläche** (unterer Messpunkt) bis zum **Schnittpunkt der Wand mit der Dachhaut** oder bis zum **oberen Abschluss der Wand** (oberer Messpunkt)

106

Land	Norm (LBO)	Umsetzung/Abweichung in den Ländern und der MBO 2002
MBO 2002	§ 6	§ 6 IV 2 Wandhöhe „ist“ das beschriebene Maß
BW	§ 5	§ 5 IV 2 unterer Messpunkt: Schnittpunkt der Wand mit der Geländeoberfläche
Bay	Art. 6	Art. 6 III 2 unterer Messpunkt: natürliche oder festgelegte Geländeoberfläche

Land	Norm (LBO)	Umsetzung/Abweichung in den Ländern und der MBO 2002
Bln	§ 6	§ 6 IV 2 unterer Messpunkt: mittlere Geländeoberfläche vor der Wand; oberer Messpunkt: Schnittlinie der Außenfläche der Wand mit der Dachhaut oder der obere Abschluss der Wand § 6 IV 4 als Wand gelten • Dächer und Dachteile mit Neigung von mehr als 70° sowie davon zu beiden Seiten begrenzte Giebelflächen (Nr. 1) • Dachaufbauten, die je Dachfläche zusammengerechnet in ihrer größten Breite die Hälfte der Breite der darunter liegenden Außenwand überschreiten (Nr. 2) • Dachaufbauten, die nicht mindestens 0,50 m hinter die Außenwand zurückspringen (Nr. 3)
Bbg	§ 6	§ 6 IV 1 Abstandsflächentiefe bemisst sich nach der Wandhöhe von der Geländeoberfläche bis zum oberen Abschluss der Wand § 6 IV 2 als oberer Abschluss der Wand gilt die Schnittlinie der Außenfläche der Wand mit der Dachhaut
Brem	§ 6	§ 6 IV 2 oberer Messpunkt: Schnittpunkt der Wandaußenseite mit der Dachhaut oder oberer Abschluss der Wand § 6 IV 5 als Wand gelten • Dachaufbauten, die nicht mindestens 0,60 m hinter die Außenwand zurückspringen (Nr. 1) • Dächer mit einer Neigung von mehr als 70° (Nr. 2)
Hamb	§ 6	§ 6 VII 1 Wandhöhe „ist" das Maß von der festgelegten Geländeoberfläche • bis zur Schnittlinie der Wandaußenseite mit der Oberkante der Dachkonstruktion (Nr. 1) oder • bis zum oberen Wandabschluss (Nr. 2) und zwar das jeweils größere Maß
Hess	§ 6	§ 6 IV 2
M-V	§ 6	§ 6 IV 2
Nds	§ 7	§ 7 I 1 Gebäude müssen mit allen auf ihren Außenflächen oberhalb der Geländeoberfläche gelegenen Punkten von den Grenzen des Baugrundstücks Abstand halten § 7 I 3 Abstand richtet sich jeweils nach der Höhe des Punktes über der Geländeoberfläche (H)
NRW	§ 7	§ 7 IV 2
Rh-Pf	§ 8	§ 8 IV 2 § 8 IV 3 bei Wänden unter Giebelflächen gilt als oberer Abschluss der Wand die Waagrechte in Höhe der Schnittlinien nach § 8 IV 2; falls Schnittlinien nicht auf einer Höhe liegen: die Waagrechte ist in der Mitte zwischen den Schnittlinien, bei Pultdächern an der unteren Schnittlinie anzunehmen
Saar	§ 6	§ 6 IV 2 § 6 IV 3 bei Wänden, die an Giebelflächen grenzen, gilt als oberer Abschluss der Wand die Verbindungslinie der Schnittpunkte nach § 6 IV 2
Sachs	§ 6	§ 6 IV 2 oberer Messpunkt: Schnittlinie der Außenfläche der Wand mit der Dachhaut oder oberer Abschluss der Wand
Sachs-Anh	§ 6	§ 6 IV 2
Schl-H	§ 6	§ 6 IV 2
Thür	§ 6	§ 6 IV 2

b) Unterer Messpunkt

Unterer Messpunkt für die Ermittlung der Wandhöhe ist der **Schnittpunkt der Außenwand** des fertig gestellten Gebäudes mit der **Geländeoberfläche**. Maßgeblich ist bei neu zu errichtenden Gebäuden ausschließlich der Messpunkt, wie er in den zur Genehmigung vorgelegten Bauvorlagen bzw. in den der Ausführung zugrunde liegenden Plänen eingezeichnet ist. Dieser Messpunkt wird in der Regel auf der natürlichen Geländeoberfläche liegen, die – um dem Bestimmtheitserfordernis zu genügen – eine Höhenangabe enthalten muss, so dass über bezeichnete Bezugspunkte am Gebäude dessen Höhenlage feststeht. Würde die Höhenlage der Geländeoberfläche nicht absolut festgesetzt, so könnte durch eine Erhöhung des Geländes, bei gleich bleibender Wandhöhe, die absolute Höhe des Gebäudes zu Lasten des Nachbarn verändert werden. Daher ist bei der Beurteilung, ob ein neu zu errichtendes Gebäude die erforderlichen Abstandsflächen einhält, unbeachtlich, ob die in den Bauvorlagen eingezeichnete Geländeoberfläche mit der in der Natur tatsächlich vorhandenen übereinstimmt; Gegenstand der Beurteilung ist allein das Vorhaben, wie es sich aus den eingereichten Plänen ergibt und bei genehmigungspflichtigen Vorhaben Gegenstand der Genehmigung ist.[109] Vgl. hierzu unten Teil 3 III. 3. 107

c) Oberer Messpunkt

Falls das Gebäude ein Dach hat, ist oberer Messpunkt der Schnittpunkt der Außenwand mit der Dachhaut. **Dachhaut** ist die äußerste Schicht des fertigen Daches, also die Außenfläche der Dacheindeckung. Der Schnittpunkt ist ein fiktiver Punkt, der durch Verlängerung der Außenwand bis zur Dachhaut zeichnerisch bestimmt wird. Hat das Gebäude kein Dach, so ist der Abschluss der Außenwand der maßgebliche obere Messpunkt, also der jeweils oberste, äußerste Abschluss der fertigen Wand. Dachaufbauten als untergeordnete Bauteile spielen bei der Festlegung des oberen Messpunktes keine Rolle, vorbehaltlich etwaiger Sonderregelungen, dass diese Dachaufbauten die Wand verlängern oder als Wand gelten. 108

3. Berücksichtigung der Dachhöhe und Giebelfläche bei der Ermittlung von „H“

a) Ländervergleich

109

Regelungsgegenstände der Landesbauordnungen und der MBO 2002[110]	
1.	Hinzurechnung der **Höhe von Dächern** bei der Ermittlung der maßgeblichen Wandhöhe
2.	Sonderregelung für die **Anrechnung von Giebelflächen** bei der Ermittlung der Wandhöhe von Giebelwänden

Land	Norm (LBO)	Umsetzung/Abweichung in den Ländern und der MBO 2002[111]	
MBO 2002	§ 6	**1.**	§ 6 IV 3 bei Dachneigung von weniger als 70° Hinzurechnung zu einem Drittel
		2.	keine Sonderregelung für Giebelflächen, demnach Anrechnung in voller Höhe
BW	§ 5	**1.**	§ 5 V 1 Nr. 2 bei Dachneigung von mehr als 70° Hinzurechnung in vollem Umfang § 5 V 1 Nr. 1 bei Dachneigung von mehr als 45° Hinzurechnung zu einem Viertel

[109] Z. B. Bay VGH vom 3. 5. 1999 Az. 15 ZB 00.225.

[110] Die hier verwendeten Ziffern entsprechen den Ziffern der nachstehenden Rubrik „Umsetzung/Abweichung in den Ländern und der MBO 2002“.

[111] Die hier verwendeten Ziffern entsprechen den Ziffern der vorstehenden Rubrik „Regelungsgegenstände der Landesbauordnungen und der MBO 2002“.

Land	Norm (LBO)		Umsetzung/Abweichung in den Ländern und der MBO 2002
		2.	§ 5 V 1 Nr. 2 zwischen Dächern mit einer Neigung von mehr als 70°: Anrechnung in vollem Umfang § 5 V 1 Nr. 1 wenn mindestens eine Dachfläche eine Neigung von mehr als 45° hat: Anrechnung zu einem Viertel zusätzlich § 5 V 2 die Giebelfläche beginnt an der Horizontalen durch den Schnittpunkt der Wand mit der Dachhaut; bei verschieden hohen Schnittpunkten beginnt die Giebelfläche am unteren Schnittpunkt
Bay	Art. 6	1.	Art. 6 III 4 bei Dachneigung von mehr als 75° Hinzurechnung in vollem Umfang; bei Dachneigung von mehr als 45° Hinzurechnung zu einem Drittel
		2.	Art. 6 III 5 Anrechnung von Giebelflächen im Bereich des Dachs bei einer Dachneigung von mehr als 75° in vollem Umfang, im Übrigen zu einem Drittel
Bln	§ 6	1.	§ 6 IV 4 Nr. 1 bei Dachneigung von mehr als 70°: Hinzurechnung der Dachhöhe in vollem Umfang („als Wand gelten") § 6 IV 5 bei Dachneigung über 45° bis 70°: Hinzurechnung von Dachaufbauten, Dächern und Dachteilen zu einem Drittel, ausgenommen Dachaufbauten, deren größte Breite je Dachfläche zusammengerechnet ein Viertel der Breite der darunter liegenden Außenwand nicht überschreitet
		2.	§ 6 IV 4 Nr. 1 zwischen Dächern mit einer Neigung von mehr als 70°: Anrechnung in vollem Umfang § 6 IV 5 bei Dachneigung von mehr als 45° bis zu 70°: Anrechnung zu einem Drittel
Bbg	–		keine Regelung
Brem	§ 6	1.	§ 6 IV 5 Nr. 2 bei Dachneigung von mehr als 70°: Hinzurechnung in vollem Umfang („als Wand gelten") § 6 IV 6 Nr. 1 bei Dachneigung von mehr als 45°: Hinzurechnung zu einem Drittel § 6 IV 6 Nr. 2 zu einem Drittel die Höhe von Dächern mit Dachaufbauten, wenn diese zusammen mehr als halb so breit wie die darunter liegende Außenwand sind
		2.	§ 6 IV 6 Nr. 3 Anrechnung der Höhe von Giebelflächen unabhängig von der Dachneigung zu einem Drittel § 6 IV 7 Definition: als Höhe von Dächern und Giebelflächen gilt das Maß von der nach Maßgabe der Sätze 2 bis 4 ermittelten Wandhöhe bis zum höchsten Punkt der Dachhaut
Hamb	§ 6	1.	§ 6 VI 2 bei Dachneigung von mehr als 45° bis 60°: zur Hälfte, bei Dachneigung von mehr als 60° und bei Dachgeschossen, die Vollgeschosse sind: Anrechnung der gesamten Dachhöhe nach § 6 VIII
		2.	keine Regelung zusätzlich § 6 VIII 1 als Dachhöhe gilt das lotrechte Maß • von der Schnittlinie der Wandaußenseite mit der Oberkante der Dachkonstruktion (Nr. 1) oder • von dem oberen Wandabschluss (Nr. 2) bis zum höchsten Punkt der Dachkonstruktion § 6 VIII 2 keine Berücksichtigung von Außenwänden von Dachaufbauten innerhalb von Dachflächen
Hess	§ 6	1.	§ 6 IV 4 Hinzurechnung in vollem Umfang von • Dachaufbauten in Verlängerung der Außenwand oder mit Rücksprung bis zu 0,50 m hinter die Außenwand (Nr. 1)

Land	Norm (LBO)		Umsetzung/Abweichung in den Ländern und der MBO 2002
			• Dachaufbauten, wenn deren Gesamtbreite je Dachfläche zusammen mehr als die Hälfte der Breite der darunter liegenden Außenwand beträgt (Nr. 2) • Dächer und Dachteile mit Dachneigung von mehr als 70° (Nr. 3) § 6 IV 5 Hinzurechnung zu einem Drittel von • Dächern und Dachteilen mit Dachneigung von mehr als 45° bis 70° (Nr. 1) • Dachaufbauten auf Dächern und Dachteilen bis zu 45° Dachneigung, wenn deren Gesamtbreite je Dachfläche zusammen mehr als ein Fünftel, jedoch nicht mehr als die Hälfte der Breite der darunter liegenden Außenwand beträgt (Nr. 2)
		2.	keine Regelung
M-V	§ 6 IV	1.	§ 6 IV 4 Nr. 1 bei Dachneigung von mehr als 70°: Hinzurechnung in vollem Umfang § 6 IV 4 Nr. 2 bei Dachneigung von mehr als 45° bis 70°: Hinzurechnung zu einem Drittel § 6 IV 4 Nr. 2 Hinzurechnung von Dächern mit Dachgaupen oder Dachaufbauten, deren Gesamtbreite je Dachfläche mehr als die Hälfte der darunter liegenden Gebäudewand beträgt, zu einem Drittel
		2.	§ 6 IV 4 Nr. 1, Nr. 2 wenn beide Seiten eine Dachneigung von mehr als 70° haben: Anrechnung in vollem Umfang, sonst zu einem Drittel
Nds	–		keine Regelung
NRW	§ 6	1.	§ 6 IV 5 Nr. 1 bei Dachneigung von mehr als 70°: Hinzurechnung in vollem Umfang § 6 IV 5 Nr. 2 bei Dachneigung von mehr als 45° bis zu 70°: Hinzurechnung zu einem Drittel § 6 IV 5 Nr. 2 Hinzurechnung von Dächern mit Dachgaupen oder Dachaufbauten, deren Gesamtbreite je Dachfläche mehr als die Hälfte der darunter liegenden Gebäudewand beträgt, zu einem Drittel
		2.	§ 6 IV 5 Nr. 1 wenn beide Seiten eine Dachneigung von mehr als 70° haben: Anrechnung in vollem Umfang § 6 IV 5 Nr. 2 wenn nicht beide Seiten eine Dachneigung von mehr als 70° haben: Anrechnung zu einem Drittel
Rh-Pf	§ 8	1.	§ 8 IV 5 Nr. 1 a) bei Dachneigung von mehr als 70°: Hinzurechnung in vollem Umfang § 8 IV 5 Nr. 2 a) bei Dachneigung von mehr als 45°: Hinzurechnung zu einem Drittel § 8 IV 5 Nr. 2 b) Hinzurechnung von Dächern mit Dachgauben oder anderen Dachaufbauten, wenn diese zusammen mehr als halb so breit wie die Wand sind, zu einem Drittel
		2.	§ 8 IV 5 Nr. 1 b) wenn die Summe der Dachneigungen mehr als 140° beträgt, sowie bei Pultdächern mit einer Dachneigung von mehr als 70°: Anrechnung der Giebelflächen in vollem Umfang § 8 IV 5 Nr. 2 c) Anrechnung von Giebelflächen, die nicht unter Nr. 1 b) fallen, zu einem Drittel § 8 IV 6 nicht hinzugerechnet wird in den Fällen des Satzes 5 Nr. 1 b) und Nr. 2 c) die Höhe von Giebelflächen, die innerhalb eines Dreiecks mit einer in Höhe der Waagrechten nach Satz 3 anzunehmenden Grundlinie von 8 m Länge und mit 4 m Höhe liegen; dies gilt nicht, wenn Dachaufbauten weniger als 1,50 m von Giebelfläche entfernt sind § 8 IV 3 bei Wänden unter Giebelflächen gilt als oberer Wandabschluss die Waagrechte in Höhe der Schnittlinien der Wand mit der Dachhaut, falls diese nicht auf einer Höhe liegen: Waagrechte ist in der Mitte zwischen den Schnittlinien anzunehmen

Land	Norm (LBO)		Umsetzung/Abweichung in den Ländern und der MBO 2002
Saar	§ 6	**1.**	§ 6 IV 6 Nr. 1 bei Dachneigung von mehr als 70°: Hinzurechnung in vollem Umfang § 6 IV 6 Nr. 2 bei Dachneigung von mehr als 45° bis 70°: Hinzurechnung zu einem Drittel § 6 IV 6 Nr. 2 Hinzurechnung von Dächern mit Dachgauben oder anderen Dachaufbauten, wenn diese zusammen mehr als halb so breit wie die darunter liegende Gebäudewand sind, zu einem Drittel
		2.	§ 6 IV 6 Nr. 1, Nr. 2 wenn die Summe der Dachneigungen mehr als 140° beträgt: Anrechnung in vollem Umfang, sonst zu einem Drittel
Sachs	§ 6	**1.**	§ 6 IV 4 Nr. 1 a) bei Dachneigung von mehr als 70°: Hinzurechnung in vollem Umfang § 6 IV 4 Nr. 2 a) bei Dachneigung von mehr als 45° bis 70°: Hinzurechnung zu einem Drittel § 6 IV 4 Nr. 2 b) Hinzurechnung von Dächern mit Dachgauben oder Dachaufbauten, deren Gesamtbreite je Dachfläche mehr als die Hälfte der darunter liegenden Gebäudewand beträgt, zu einem Drittel
		2.	§ 6 IV 4 Nr. 1 b) wenn beide Seiten eine Dachneigung von mehr als 70° haben: Anrechnung in vollem Umfang § 6 IV 4 Nr. 2 c) wenn nicht beide Seiten eine Dachneigung von mehr als 70° haben: Anrechnung zu einem Drittel
Sachs-Anh	§ 6	**1.**	§ 6 IV 4 Nr. 1 a) bei Dachneigung von mehr als 70°: Hinzurechnung in vollem Umfang § 6 IV 4 Nr. 2 a) bei Dachneigung von mehr als 45° bis 70°: Hinzurechnung zu einem Drittel § 6 IV 4 Nr. 2 b) Hinzurechnung von Dächern mit einer Dachneigung bis 45° mit Dachgauben oder Dachaufbauten, deren Gesamtbreite je Dachfläche mehr als die Hälfte der darunter liegenden Gebäudewand beträgt, zu einem Drittel
		2.	§ 6 IV 4 Nr. 1 b) wenn beide Seiten eine Dachneigung von mehr als 70° haben: Anrechnung in vollem Umfang § 6 IV 4 Nr. 2 c) wenn nicht beide Seiten eine Dachneigung von mehr als 70° haben: Anrechnung zu einem Drittel
Schl-H	§ 6	**1.**	§ 6 IV 3 Nr. 2 a) bei Dachneigung von mehr als 70°: Hinzurechnung in vollem Umfang § 6 IV 3 Nr. 1 a) bei Dachneigung von mehr als 45° bis 70°: Hinzurechnung zu einem Viertel § 6 IV 3 Nr. 1 b) Hinzurechnung von Dächern mit Dachgauben oder Dachaufbauten, deren Gesamtbreite je Dachfläche mehr als die Hälfte der Gebäudewand beträgt, zu einem Viertel
		2.	§ 6 IV 3 Nr. 2 b) wenn beide Seiten der Giebelflächen eine Dachneigung von mehr als 70° haben: Anrechnung in vollem Umfang § 6 IV 3 Nr. 1 b) wenn Dachflächen eine Neigung von mehr als 45° haben und die Neigung beider Dachflächen nicht mehr als 70° beträgt: Anrechnung zu einem Viertel
Thür	§ 6	**1.**	§ 6 IV 4 Nr. 1 a) bei Dachneigung von mehr als 70°: Hinzurechnung in vollem Umfang § 6 IV 4 Nr. 2 a) bei Dachneigung von mehr als 45° bis 70°: Hinzurechnung zu einem Drittel § 6 IV 2 b) Hinzurechnung von Dächern mit Dachgauben oder Dachaufbauten, deren Gesamtbreite je Dachfläche mehr als die Hälfte der darunter liegenden Gebäudewand beträgt, zu einem Drittel
		2.	§ 6 IV 4 Nr. 1 b) wenn beide Seiten eine Dachneigung von mehr als 70° haben: Anrechnung in vollem Umfang

Land	**Norm (LBO)**	**Umsetzung/Abweichung in den Ländern und der MBO 2002**
		§ 6 IV 4 Nr. 2 c) wenn nicht beide Seiten eine Dachneigung von mehr als 70° haben: Anrechnung zu einem Drittel

b) Musterbauordnung 2002

Die Regel für die Anrechnung von **Dachhöhen** auf die Wandhöhe wurde vereinfacht: Da jede Bemessung nur mit einem Anteil von 0,4 in die Abstandsflächentiefe eingehen würde, und sich somit nur im cm-Bereich auswirken würde, wurde die bisherige anteilige Anrechnung von Dachhöhen (und zwar zu einem Drittel) auf eine **Dachneigung von mehr als 70°** beschränkt.[112] 110

Die MBO 2002 enthält, da die grundsätzlich erforderliche Abstandsflächentiefe nur mehr 0,4 H beträgt, **keine Sonderregelung** mehr für eine lediglich anteilige Anrechnung von **Giebelflächen** auf die Wandhöhe. Die Wandhöhe einer Giebelwand entspricht damit der vollen Höhe der Wand von der Geländeoberfläche bis zum Schnittpunkt der Außenwand mit der Dachhaut (also in Höhe des Dachfirstes), diese Vereinfachung lässt auch alle komplizierten Berechnungen bei unterschiedlichen Traufhöhen entfallen.

c) Berücksichtigung der Dachhöhe

Das **Dach** ist der obere Abschluss eines Gebäudes, mit der Funktion, das Gebäudeinnere gegen Witterungseinflüsse zu schützen; Gebäudeteile mit rein gestalterischer Funktion sind kein Dach und können daher auch nicht die – je nach landesrechtlicher Regelung vorgesehene – Vergünstigung einer nur bruchteilsmäßigen Anrechnung auf die Wandhöhe in Anspruch nehmen. Die **Dachhöhe** ist das Maß zwischen dem Schnittpunkt der Außenwand des Gebäudes mit der Dachhaut als unterem Messpunkt (der also dem oberen Messpunkt bei der Ermittlung der Wandhöhe entspricht) und dem obersten Abschluss des Daches als oberem Messpunkt.[113] Ob und zu welchem Teil die Dachhöhe bei der Ermittlung von „H" hinzugerechnet wird, bestimmen die Landesbauordnungen in Abhängigkeit von der **Dachneigung**. Dabei ist immer auf die Dachneigung auf der Seite, für die „H" ermittelt wird, abzustellen. Ausgehend von der herkömmlichen Abstandsfläche von 1 H bleibt die Dachhöhe bei einer Dachneigung von weniger als 45° bei der Errechnung von H außer Betracht, da ein Dach mit einer geringeren Neigung als 45° als Folge des 45°-Lichteinfallwinkels bei der grundsätzlichen Abstandsflächentiefe von 1 H keine zusätzliche Auswirkungen auf die Verschattung hat. Ändert sich der Neigungswinkel des Daches, knickt es also ab, so sind unterschiedliche Abschnitte zu bilden und nach dem jeweiligen Neigungswinkel die betreffende Dach(teil)höhe in die Berechnung von „H" einzubeziehen oder unberücksichtigt zu lassen. 111

d) Berücksichtigung der Giebelfläche

aa) Begriff. Giebelflächen sind die Flächen, die auf beiden Seiten von einem Dach umschlossen werden, nach unten von einer waagrechten Linie, die in Höhe der Traufe, bei unterschiedlicher Traufhöhe in Höhe der niedrigeren Traufe gedacht wird.[114] Eine Giebelfläche ist auch die Fläche unterhalb eines Pultdaches; in allen Fällen, in denen der obere Wandabschluss schräg verläuft, ist – vorbehaltlich einer landesrechtlichen Sonderregelung, wonach eine Mittelung der Wandhöhe auch bei geneigtem oberen Wandabschluss vorgesehen ist – die Wandhöhe entsprechend der Sonderregelung für Giebelflächen zu ermitteln.[115] 112

112 Begründung zu § 6 IV 3 MBO 2002.
113 Ausdrücklich geregelt in § 6 IV 7 BremLBO: Als Höhe von Dächern und Giebelflächen gilt das Maß von der nach Maßgabe der Sätze 2 bis 4 ermittelten Wandhöhe bis zum höchsten Punkt der Dachhaut.
114 *Schlotterbeck/v. Arnim*, LBO BW, 4. Aufl. 1997, Rn. 64 zu § 5.
115 OVG NRW vom 25. 10. 1995 BRS 57 Nr. 144.

113 **bb) Anrechnung der Giebelfläche auf die Wandhöhe.** Dann, wenn die Abstandsflächentiefe 1 H (= Wandhöhe) beträgt, wäre für die Berechnung der Abstandsflächentiefe vor Giebelwänden nach der Grundregel die volle Wandhöhe, also das Maß von der Geländeoberfläche bis zum Schnittpunkt der Giebelwand mit dem Dachfirst, anzusetzen. Dies wäre unbillig, da sich die von einer Giebelwand ausgehenden Beeinträchtigungen für die Umgebung, abhängig von der Dachneigung, nicht mit denen einer Wand von der Höhe des Dachfirstes vergleichen lassen. Manche Landesbauordnungen bestimmen daher, dass die Höhe von Giebelflächen nur ab einer bestimmten Neigung der sie umgebenden Dachseiten voll, im Übrigen nur zu einem Bruchteil einzurechnen ist. Auch die Abstandsfläche für die Giebelwände bei einem **Pultdach** wird entsprechend der Sonderregelung für Giebelwände berechnet.

VI. Ermittlung und Umsetzung der erforderlichen Abstandsfläche

1. Breite der Abstandsfläche

114 Die Breite der einzuhaltenden Abstandsfläche ist im Gesetz nicht gesondert geregelt, ergibt sich jedoch, entsprechend dem Gesetzeswortlaut („vor den Außenwänden von Gebäuden"), zwangsläufig aus der **Breite der zugehörigen Außenwand**.

2. Abstandsflächentiefe

a) Ländervergleich

114a

	Regelungsgegenstände der Landesbauordnungen und der MBO 2002[116]
1.	**Grundsätzlich** geforderte Abstandsflächentiefe
2.	Sonderregelung für **Kerngebiete**
3.	Sonderregelung für **Gewerbegebiete** und **Industriegebiete**
4.	Sonderregelung für **Sondergebiete** bzw. Voraussetzungen für die **Zulassung einer Abweichung für Sondergebiete**
5.	**Mindesttiefe**, auch für die auf Grund einer Abweichung reduzierte Abstandsfläche

Land	Norm (LBO)		Umsetzung/Abweichung in den Ländern und der MBO[117]
MBO 2002	§ 6	1.	§ 6 V 1 0,4 H § 6 V 3 3 m vor Außenwänden von Wohngebäuden der Gebäudeklassen 1 und 2 mit maximal 3 oberirdischen Geschossen
		2.	keine Regelung
		3.	§ 6 V 2 0,2 H, mindestens 3 m
		4.	keine Regelung
		5.	§ 6 V 1 3 m
BW	§ 5	1.	§ 5 VII 1 Nr. 1 0,6 H
		2.	§ 5 VII 1 Nr. 2 0,4 H, gilt auch für Dorfgebiete und besondere Wohngebiete
		3.	§ 5 VII 1 Nr. 3 0,25 H
		4.	§ 5 VII 1 Nr. 3 0,25 H für Sondergebiete, die nicht der Erholung dienen
		5.	§ 6 VII 2 2,5 m, bei Wänden bis 5 m Breite 2 m

[116] Die hier verwendeten Ziffern entsprechen den Ziffern der nachstehenden Rubrik „Umsetzung/ Abweichung in den Ländern und der MBO 2002".

[117] Die hier verwendeten Ziffern entsprechen den Ziffern der vorstehenden Rubrik „Regelungsgegenstände der Landesbauordnungen und der MBO 2002".

Land	Norm (LBO)		Umsetzung/Abweichung in den Ländern und der MBO 2002
Bay	Art. 6	**1.**	Art. 6 IV 1 1 H
		2.	Art. 6 IV 2 0,5 H, mindestens 3 m
		3.	Art. 6 IV 2 0,25 H, mindestens 3 m
		4.	Art 6 IV 3 in Sondergebieten, die nicht der Erholung dienen, können geringere Tiefen als nach Satz 1, jedoch mindestens 3 m gestattet werden, wenn die Nutzung des Sondergebietes dies rechtfertigt
		5.	Art. 6 IV 1 3 m
Bln	§ 6	**1.**	§ 6 V 1 1 H, zu öffentlichen Verkehrsflächen 0,5 H
		2.	§ 6 V 1 0,5 H
		3.	§ 6 V 1 0,25 H
		4.	§ 6 V 2 in Sondergebieten können geringere Tiefen als nach Satz 1 gestattet werden, wenn die Nutzung des Sondergebietes dies rechtfertigt
		5.	§ 6 V 3 3 m; aber § 6 VIII Mindesttiefe von 5 m für Gebäude mit Feuerstätten oder mit mehr als 10 m^3 umbautem Raum • bei Wänden aus brennbaren Baustoffen, die nicht mindestens feuerhemmend sind (Nr. 1) • bei feuerhemmenden Wänden, deren Oberfläche aus normalentflammbaren Baustoffen besteht oder die überwiegend eine Verkleidung aus normalentflammbaren Baustoffen haben (Nr. 2)
Bbg	§ 6	**1.**	§ 6 V 1 0,5 H § 6 V 2 0,4 H mindestens 3 m vor Außenwänden ohne Fenster für Aufenthaltsräume § 6 VI 1 3 m vor den Außenwänden von Wohngebäuden mit höchstens 2 Geschossen und höchstens 9 m Firsthöhe
		2.	keine Regelung
		3.	§ 6 V 3 0,25 H, mindestens 3 m
		4.	§ 6 V 3 0,25 H, mindestens 3 m in Sondergebieten, die nicht der Erholung dienen
		5.	§ 6 V 1, 2 3 m
Brem	§ 6	**1.**	§ 6 V 1 Nr. 1 0,6 H
		2.	§ 6 V 1 Nr. 2 0,4 H
		3.	§ 6 V 1 Nr. 3 0,25 H
		4.	§ 6 V 2 in Sondergebieten kann geringere Tiefe als 0,6 H gestattet werden, wenn die Nutzung des Sondergebietes dies rechtfertigt
		5.	§ 6 V 2 3 m aber § 6 VI 1 Mindesttiefe von 5 m • bei Wänden aus brennbaren Baustoffen, die nicht mindestens feuerhemmend sind (Nr. 1) • bei feuerhemmenden Wänden, deren Oberfläche aus normalentflammbaren Baustoffen besteht oder die eine Verkleidung aus normalentflammbaren Baustoffen haben (Nr. 2) 6 VI 2 Erteilung von Ausnahmen möglich für Nebenzwecken dienende untergeordnete Gebäude ohne Feuerstätten und ohne Aufenthaltsräume, wenn keine Bedenken wegen des Brandschutzes Besonderheit § 6 V 3 jeweiliges Maß ist auf volle 10 cm, bei Tiefen über 10 m auf volle 50 cm abzurunden
Hamb	§ 6	**1.**	§ 6 IX 1 1 H
		2.	§ 6 IX 2 Nr. 4 0,5 H mindestens 2,50 m, § 6 IX Nr. 6 gilt auch auf Gemeinbedarfsflächen und Flächen für besondere Zwecke
		3.	§ 6 IX 2 Nr. 5 0,25 H mindestens 2,50 m
		4.	§ 6 IX 2 Nr. 4 0,25 H mindestens 2,50 m in Sondergebieten
		5.	§ 6 IX 1 bei der grundsätzlichen Anforderung 6 m

Land	Norm (LBO)		Umsetzung/Abweichung in den Ländern und der MBO 2002
Hess	§ 6	**1.**	§ 6 V 1 Nr. 1 0,4 H
		2.	keine Regelung
		3.	§ 6 V 1 Nr. 2 0,2 H ausgenommen an den Grenzen zu Gebieten anderer Nutzung
		4.	§ 6 V 2 den Gewerbe- und Industriegebieten stehen nach ihrer Nutzung vergleichbare Sondergebiete sowie im Zusammenhang bebaute Ortsteile mit diesen Gebieten entsprechender tatsächlicher Nutzung gleich
		5.	§ 6 V 4 3 m aber § 6 VII in Gewerbe- und Industriegebieten bei Wänden ohne Öffnungen Mindesttiefe (nicht gegenüber Nachbargrenzen) von • 1,50 m, wenn Wände mindestens feuerhemmend sind und einschließlich ihrer Verkleidungen aus nichtbrennbaren Baustoffen bestehen (Nr. 1) • 3 m, wenn die Wände mindestens feuerhemmend sind oder einschließlich ihrer Verkleidungen aus nichtbrennbaren Baustoffen bestehen (Nr. 2) Besonderheit § 6 V 3 jeweiliges Maß ist auf volle 10 cm abzurunden
M-V	§ 6	**1.**	§ 6 V 1 1 H
		2.	§ 6 V 2 0,5 H, mindestens 3 m
		3.	§ 6 V 2 0,25 H, mindestens 3 m
		4.	§ 6 V 2 geringere Tiefen als nach Satz 1, mindestens 3 m, können gestattet werden, wenn die Nutzung des Sondergebietes dies rechtfertigt
		5.	§ 6 V 1 3 m aber § 6 VIII 1 Mindesttiefe 5 m • bei Wänden aus brennbaren Baustoffen, die nicht mindestens feuerhemmend sind (Nr. 1) • bei feuerhemmenden Wänden, deren Oberfläche aus normalentflammbaren Baustoffen besteht oder die überwiegend eine Verkleidung aus normalentflammbaren Baustoffen haben (Nr. 2) § 6 VIII 2 dies gilt nicht für Gebäude mit nicht mehr als einem Geschoss über der Geländeoberfläche
Nds	§ 7	**1.**	§ 7 III 1 H
		2.	§ 7 IV 1 Nr. 1 0,5 H, mindestens 3 m, in Baugebieten, die durch Bebauungsplan als Kerngebiet festgesetzt sind
		3.	§ 7 IV 1 Nr. 2 0,5 H, mindestens 3 m, gilt auch in Gebieten, die nach ihrer Bebauung Gewerbe-/Industriegebieten entsprechen
		4.	keine Regelung, aber § 7 IV 1 Nr. 3 0,5 H, mindestens 3 m, auch in anderen Baugebieten, in denen nach dem Bebauungsplan Wohnungen nicht allgemein zulässig sind
		5.	§ 7 III 3 m aber § 11 Satz 1 Mindestabstand von 6 m zwischen einander in Winkel von weniger als 120° zugekehrten Fenstern von Aufenthaltsräumen eines Gebäudes, wenn sie dem Wohnen dienen und nicht zur selben Wohnung gehören § 11 Satz 2 Geltung auch für Fenster aneinander gebauter Gebäude auf demselben Grundstück zusätzlich § 7 IV 2 geringerer Abstand für Kern-/Gewerbe-/Industriegebiete gilt nicht für den Abstand von den Grenzen solcher Nachbargrundstücke, die ganz oder überwiegend außerhalb der genannten Gebiete liegen Besonderheit § 7 I 4 Abstand darf auf volle 10 cm abgerundet werden
NRW	§ 6	**1.**	§ 6 V 1 0,8 H, § 6 V 2 0,4 H zu öffentlichen Verkehrsflächen
		2.	§ 6 V 1 0,5 H, § 6 V 2 0,25 H zu öffentlichen Verkehrsflächen

Land	Norm (LBO)		Umsetzung/Abweichung in den Ländern und der MBO 2002
		3. **4.** **5.**	§ 6 V 1 0,25 H in Gewerbe- und Industriegebieten vor Außenwänden von Gebäuden, die überwiegend der Produktion oder Lagerung dienen § 6 V 2 0,25 H zu öffentlichen Verkehrsflächen § 6 V 3 geringere Tiefen als 0,8 H können gestattet werden, wenn die Nutzung des Sondergebietes dies rechtfertigt § 6 V 5 3 m Besonderheit § 6 V 4 zu angrenzenden anderen Baugebieten gilt die jeweils größere Tiefe der Abstandsfläche
Rh-Pf	§ 8	**1.** **2.** **3.** **4.** **5.**	§ 8 VI 1 0,4 H § 8 VI 2 geringere Tiefe als 0,4 kann zugelassen werden, wenn die Nutzung des Kerngebietes dies rechtfertigt § 8 VI 1 0,25 H § 8 VI 2 geringere Tiefe als 0,4 kann in Sondergebieten, die nicht der Erholung dienen, zugelassen werden, wenn die Nutzung der Gebiete dies rechtfertigt § 8 VI 3 in allen Fällen 3 m aber § 8 VII 1 Mindesttiefe 5 m vor Wänden aus brennbaren, nicht mindestens feuerhemmenden Baustoffen, die eine Außenfläche oder überwiegend eine Bekleidung aus normalentflammbaren Baustoffen haben § 8 VII 2 dies gilt nicht für Gebäude mit höchstens zwei Geschossen über der Geländeoberfläche, sowie für Wände von untergeordneten Vorbauten, die höchstens 1,50 m vor die Flucht der vorderen oder hinteren Außenwand des Nachbargebäudes vortreten und vom Nachbargebäude oder der Grundstücksgrenze einen ihrer Ausladung entsprechenden Abstand, mindestens 1 m einhalten
Saar	§ 6	**1.** **2.** **3.** **4.** **5.**	§ 6 V 1 0,4 H § 6 V 2 geringere Tiefe als 0,4 kann gestattet werden, wenn die Nutzung der Gebiete dies rechtfertigt § 6 V 1 0,25 H § 6 V 2 geringere Tiefe als 0,4 H kann in Sondergebieten, die nicht der Erholung dienen, gestattet werden, wenn die Nutzung der Gebiete dies rechtfertigt § 6 V 4 in allen Fällen 3 m aber § 6 VII 1 Mindesttiefe 5 m • vor Wänden aus brennbaren, nicht mindestens feuerhemmenden Stoffen • vor feuerhemmenden Wänden, deren Außenfläche oder Verkleidung überwiegend aus normalentflammbaren Stoffen besteht § 6 VII 2 dies gilt nicht für Gebäude mit maximal einem Vollgeschoss über Geländeoberfläche Besonderheit § 6 V 3 das jeweilige Maß ist auf volle 10 cm, bei Tiefen über 15 m auf volle 50 cm abzurunden
Sachs	§ 6	**1.** **2.** **3.** **4.** **5.**	§ 6 V 1 Nr. 1 1 H § 6 V 1 Nr. 2 0,5 H, mindestens 3 m § 6 V 1 Nr. 3 0,25 H, mindestens 3 m § 6 V 2 geringere Tiefen als nach Satz 1 können in Gebieten besonderer Nutzung gestattet werden, wenn die Nutzung des Gebiets dies rechtfertigt § 6 V 1 Nr. 1 3 m aber § 6 VIII 1 Mindesttiefe 5 m • bei Wänden aus brennbaren Baustoffen, die nicht mindestens feuerhemmend sind (Nr. 1)

Land	Norm (LBO)		Umsetzung/Abweichung in den Ländern und der MBO 2002
			• bei feuerhemmenden Wänden, deren Oberfläche aus normalentflammbaren Baustoffen besteht oder die überwiegend eine Verkleidung aus normalentflammbaren Baustoffen haben (Nr. 2) § 6 VIII 2 dies gilt nicht für Gebäude mit maximal einem Geschoss über der Geländeoberfläche Besonderheit § 6 V 3 bei aneinander grenzenden Baugebieten gilt entlang gemeinsamer Gebietsgrenze die jeweils größere Abstandsflächenforderung
Sachs-Anh	§ 6	**1.** **2.** **3.** **4.** **5.**	§ 6 V 1 0,8 H § 6 V 2 0,5, mindestens 3 m § 6 V 2 0,25 H § 6 V 3 geringere Tiefen als nach Satz 1, mindestens 3 m können gestattet werden, wenn die Nutzung des Sondergebietes dies rechtfertigt § 6 V 1 3 m aber § 6 VIII 1 Mindesttiefe 5 m • bei Außenwänden aus brennbaren Baustoffen, die nicht mindestens feuerhemmend sind (Nr. 1) • bei feuerhemmenden Außenwänden, deren Oberfläche aus normalentflammbaren Baustoffen besteht oder die überwiegend eine Verkleidung aus normalentflammbaren Baustoffen haben (Nr. 2) § 6 VIII 2 dies gilt nicht für eingeschossige Wohngebäude mit Außenwänden, die Satz 1 Nr. 2 entsprechen Besonderheit § 6 V 4 § 6 V 2 und 3 gelten nicht für Abstandsflächen vor den Grenzen solcher Nachbargrundstücke, die ganz oder überwiegend außerhalb der genannten Baugebiete liegen
Schl-H	§ 6	**1.** **2.** **3.** **4.** **5.**	§ 6 V 1 1 H § 6 V 2 0,5 H, mindestens 3 m § 6 V 2 0,25 H, mindestens 3 m § 6 V 3 geringere Tiefen als nach Satz 1, jedoch mindestens 3 m, können gestattet werden, wenn dies auf Grund der Nutzung des Sondergebietes gerechtfertigt ist § 6 V 4 dies gilt auch für Gebäude im Außenbereich § 6 V 1 3 m aber § 6 VIII 1 Mindesttiefe 5 m bei • Wänden aus brennbaren Baustoffen, die nicht mindestens feuerhemmend sind (Nr. 1) • feuerhemmenden Wänden, deren Oberfläche aus normalentflammbaren Baustoffen besteht oder die überwiegend eine Verkleidung aus normalentflammbaren Baustoffen haben, mit Ausnahme bei Wänden von Gebäuden geringer Höhe (Nr. 2)
Thür	§ 6	**1.** **2.** **3.** **4.** **5.**	§ 6 V 1 1 H § 6 V 2 0,5 H, mindestens 3 m § 6 V 2 0,25 H, mindestens 3 m § 6 V 3 geringere Tiefen als nach Satz 1 können gestattet werden, wenn die Nutzung des Sondergebietes dies rechtfertigt § 6 V 1 3 m aber § 6 VIII 1 Mindesttiefe 5 m • bei Wänden aus brennbaren, nicht mindestens feuerhemmenden Baustoffen (Nr. 1) • bei feuerhemmenden Wänden, deren Oberfläche aus normalentflammbaren Baustoffen besteht oder die überwiegend eine Verkleidung aus normalentflammbaren Baustoffen haben (Nr. 2)

b) Musterbauordnung 2002

115 Die MBO 2002 verringert in § 6 Abs. 5 Satz 1 die grundsätzlich erforderliche Abstandsflächentiefe von bisher 1 H auf nunmehr **0,4 H**, das geringste in Landesbauordnungen vorgesehene Maß für die Abstandsflächentiefe. Damit soll ausschließlich ein **Mindeststandard gesichert werden**; städtebauliche Zwecke werden, da sie nicht zum Aufgabenbereich des Bauordnungsrechts als Sicherheitsrecht gehören, mit dieser Regelung der Abstandsflächentiefe nicht mehr verfolgt.[118]

c) Grundsätzlich geforderte Tiefe

116 Die im Regelfall geforderte Tiefe der Abstandsflächen variiert in den geltenden Regelungen der Landesbauordnungen zwischen 1 H und 0,4 H, wobei eine einzuhaltende Mindesttiefe jeweils gesondert bestimmt wird. Es gibt gesetzlich vorgesehene Ausnahmen von diesem Grundsatz, d. h. dass kraft Gesetzes geringere Abstandsflächentiefen zulässig sind; außerdem sehen die Landesbauordnungen für Kern-, Gewerbe- und Industriegebiete im Hinblick auf die dort nur ausnahmsweise stattfindende Wohnnutzung geringere Abstandsflächentiefen vor. Teilweise gelten kraft Gesetzes geringere Abstandsflächentiefen auch für Sondergebiete, teilweise werden Abweichungsmöglichkeiten für Sondergebiete vorgesehen. Die Gebiete, für die es bei der **Grundregel der Abstandsflächentiefe** verbleibt, sind demnach Kleinsiedlungsgebiete (WS) § 2 BauNVO, reine Wohngebiete (WR) § 3 BauNVO, allgemeine Wohngebiete (WA) § 4 BauNVO, besondere Wohngebiete (WB) § 4 a BauNVO, Dorfgebiete (MD) § 5 BauNVO, Mischgebiete (MI) § 6 BauNVO.

d) Besonderheiten für spezielle Gebiete

117 Die Landesbauordnungen lassen in bestimmten Gebieten im Hinblick auf die geringeren Anforderungen der dort vorherrschenden Nutzungsarten an die Licht- und Wohnverhältnisse **geringere Abstandsflächentiefen** genügen. Entscheidend für die Anwendung der für bestimmte Gebietsarten reduzierten Abstandsflächentiefe ist der **Gebietscharakter**, wie er sich aus einer Bebauungsplanfestsetzung oder der maßgeblichen Umgebungsbebauung ergibt, nicht die konkrete Nutzung des Baugrundstücks und des Nachbargrundstücks. Dies gilt auch dann, wenn Bau- und Nachbargrundstück von einer Nutzungsart geprägt sind, die, falls sie den Gebietscharakter bestimmen würde, zu einer Reduzierung der Abstandsflächen nach den Sonderregeln für bestimmte Gebietsarten führen würde.[119] Dies erklärt sich aus der Grundstücksbezogenheit des Baurechts: Nutzungen können ohne bauliche Änderung, selbst wenn sie grundsätzlich genehmigungsbedürftig sind, leicht geändert werden; die geringeren Abstandsflächen mit der Folge einer für andere als die genannten Gebiete unerwünschten Verdichtung der Bebauung sollen nur solchen Gebäuden zugute kommen, bei denen hinreichend sicher ist, dass ihre Nutzung der des Gebietscharakters weiterhin entsprechen wird. Aus diesem Grund sehen die Landesbauordnungen auch für Mischgebiete, trotz anteiliger gewerblicher Nutzung, nicht die verkürzten Abstandsflächen vor.

118 **aa) Feststellung des Gebietscharakters.** Der Gebietscharakter steht eindeutig fest, wenn die entsprechende Nutzung in einem **Bebauungsplan** festgesetzt ist und dieser jedenfalls bezüglich der Gebietsfestsetzung nicht infolge einer abweichenden tatsächlichen Entwicklung, die die Verwirklichung der festgesetzten Gebietsart unmöglich macht, obsolet geworden ist. Falls der Bebauungsplan keine Gebietsart festsetzt, falls das Grundstück nicht im Geltungsbereich eines Bebauungsplans liegt oder falls die Festsetzung der Gebietsart obsolet geworden ist, so ist zu prüfen, ob sich feststellen lässt, dass die Eigenart der näheren Umgebung nach der **vorhandenen Bebauung** einer der in der BauNVO aufgeführten Gebietsarten entspricht (§ 34 Abs. 2 BauGB). Die so festgestellte

---

118 Begründung zu § 6 V MBO 2002.

119 Bay VGH vom 28. 1. 1993 BRS 55 Nr. 108 zu gewerblicher Nutzung von Baugrundstück und Nachbargrundstück in einem Mischgebiet, ebenso OVG Schl-H vom 27. 11. 1996 Az. 1 L 173/95.

Gebietsart eröffnet den Anwendungsbereich der Spezialregelung für die spezielle Bestimmung der Abstandsflächentiefe in Abhängigkeit vom Gebietscharakter.[120] Lässt sich eine solche Bestimmung des Gebietscharakters anhand der vorhandenen Bebauung nicht treffen, so verbleibt es für die Bemessung der Tiefe der Abstandsfläche bei den allgemeinen Regelungen.

119 **bb) Kerngebiete (§ 7 BauNVO).** Kerngebiete (MK) dienen „vorwiegend der Unterbringung von Handelsbetrieben sowie der zentralen Einrichtungen der Wirtschaft, der Verwaltung und der Kultur" (§ 7 Abs. 1 BauNVO); Wohnungen sind dort kraft Gesetzes nur für Aufsichts- und Bereitschaftspersonen sowie für Betriebsinhaber und Betriebsleiter zulässig (§ 7 Abs. 2 Nr. 6 BauNVO), sonstige Wohnungen nach Maßgabe des Bebauungsplans. In Kerngebieten wird zwar **grundsätzlich nicht gewohnt**, jedoch ist der regelmäßige, nicht nur vorübergehende Aufenthalt von Menschen während der Arbeitszeit und in ihrer Freizeit Schwerpunkt der Nutzung. Es handelt sich um den typischen „Stadtkern", der nicht mehr entscheidend von Wohnnutzung geprägt ist.

cc) Gewerbegebiete (§ 8 BauNVO) und Industriegebiete (§ 9 BauNVO). Da in Gewerbegebieten (GE) nach § 8 BauNVO und Industriegebieten (GI) nach § 9 BauNVO sogar die eingeschränkte Wohnnutzung für Aufsichts-/Bereitschaftspersonen und Betriebsinhaber und -leiter nur ausnahmsweise zugelassen werden kann (§ 8 Abs. 3 Nr. 1 bzw. § 9 Abs. 3 Nr. 1 BauNVO) und auch eine Freizeitnutzung mit Ausnahme der Anlagen für sportliche Zwecke dort nicht stattfindet, wird für Gebäude in diesen Gebieten eine weitere Verkürzung der Abstandsfläche vorgesehen.

120 **dd) Abstandsflächentiefe im Grenzbereich von Gebieten unterschiedlicher Art.** Die im Hinblick auf die besondere Gebietsart reduzierten Abstandsflächen kommen nur **innerhalb dieser Gebiete** zur Anwendung. Die dort maßgeblichen Faktoren haben keine Wirkung im Grenzbereich zu anderen Baugebieten, in denen die reduzierten Tiefen nicht gelten, wenn also das Grundstück selbst noch innerhalb des Gebietes liegt, für das ein geringerer Bemessungsfaktor für die Abstandsflächentiefe gilt, aber an ein Grundstück angrenzt, für das ein größerer Bemessungsfaktor gilt.[121] Wenn Grundstücke mit unterschiedlicher Nutzungsmöglichkeit nebeneinander liegen, ist von dem Bemessungsfaktor auszugehen, der die größere Tiefe der Abstandsfläche bewirkt.[122]

121 **ee) Sondergebiete.** Bei Sondergebieten wird unterschieden zwischen solchen, die der Erholung dienen (§ 10 BauNVO), und sonstigen Sondergebieten (§ 11 BauNVO). Wo Landesbauordnungen generelle Regelungen zu einer verkürzten Abstandsflächentiefe vorsehen, beziehen sich diese Regelungen auf Sondergebiete, die nicht der Erholung dienen; sie sind daher nicht von Wohn- oder vergleichbarer Nutzung geprägt und bedürfen somit nicht der auf Wohnnutzung zugeschnittenen Grundforderung der Abstandsflächentiefe. Wenn die Landesbauordnung die Möglichkeit eröffnet, eine Abweichung/Befreiung zuzulassen, ist auch bei Vorliegen der Tatbestandsvoraussetzungen (in der Regel der Forderung, dass die Nutzung des Sondergebiets die Abweichung gestattet) eine Ermessensentscheidung über die Zulassung zu treffen, bei der die nachbarlichen Interessen zu berücksichtigen sind.

3. Umsetzung der Abstandsfläche

122 Die errechnete Abstandsflächentiefe muss ins Gelände „umgesetzt" werden, d. h. es muss die Fläche bestimmt werden, die als Abstandsfläche erforderlich ist. Erst dann kann

[120] So ausdrücklich § 6 V 2 HBO, wonach den Gewerbe- und Industriegebieten im Zusammenhang bebaute Ortsteile, die diesen Gebieten nach Art ihrer tatsächlichen baulichen oder sonstigen Nutzung entsprechen, gleichstehen.

[121] OVG NRW vom 30. 1. 1995 BRS 57 Nr. 146 und vom 5. 2. 1998 BRS 60 Nr. 110.

[122] So die ausdrücklichen Regelungen in § 6 V 4 BauO NRW; vgl. auch § 7 IV 2 NBauO, wonach die Abstände des § 7 IV 1 (für spezielle Gebiete) nicht für den Abstand von den Grenzen solcher Nachbargrundstücke gelten, die ganz oder überwiegend außerhalb der genannten Gebiete liegen.

überprüft werden, ob sie die gesetzlichen Anforderungen an Abstandsflächen einhält. Ausgangspunkt für die Umsetzung ist die Regelung, dass die Abstandsfläche **„senkrecht zur Wand" gemessen wird**. Das bedeutet: Am Schnittpunkt der jeweiligen Außenwand mit der Geländeoberfläche ist eine **Waagrechte** zu legen, auf der die Tiefe zu messen ist. Beim einfachsten Fall eines quaderförmigen Hauses auf ebener Geländeoberfläche und einer Abstandsflächentiefe, die der Wandhöhe entspricht, wird also die Abstandsfläche dadurch bestimmt, dass die jeweilige Außenwand „abgeklappt" wird. Bei einem kreisförmigen Grundriss einer baulichen Anlage, z. B. einem Mast, ist demgemäß von jedem Schnittpunkt der Außenwand mit der Geländeoberfläche die Tiefe senkrecht zu messen, so dass sich eine kreisförmige Abstandsfläche ergibt.

VII. Ermittlung und Umsetzung der geforderten Abstandsfläche in Sonderfällen

1. Ländervergleich

Regelungsgegenstand der Landesbauordnungen
Besonderheiten für die **Ermittlung der Wandhöhe**

123

Land	Norm (LBO)	Umsetzung in den Ländern
MBO 2002	–	keine Regelung
BW	§ 5	§ 5 IV 3 ergeben sich bei einer Wand durch die Geländeoberfläche unterschiedliche Höhen, ist die im Mittel gemessene Wandhöhe maßgebend § 5 IV 4 sie ergibt sich aus dem arithmetischen Mittel der Höhenlage an den Gebäudeecken; falls bei einer Wand die Schnittpunkte mit der Dachhaut oder die oberen Abschlüsse verschieden hoch liegen, gilt dies für den jeweiligen Wandabschnitt
Bay	Art. 6	Art. 6 III 3 für Gebäude oder Gebäudeteile mit versetzten Außenwandteilen ist die Wandhöhe für jeden Wandteil entsprechend zu ermitteln
Bln	§ 6	§ 6 IV 3 bei Gebäuden mit in der Höhe gestaffelten Wänden: entsprechende Ermittlung der Wandhöhe für den jeweiligen Wandabschnitt
Bbg	§ 6	§ 6 IV 3 bei gestaffelten Wänden, bei Dächern oder Dachaufbauten sowie bei vortretenden Bauteilen oder Vorbauten: gesonderte Ermittlung der Wandhöhe für den jeweiligen Wandabschnitt, Vorbau oder jeweiliges Bauteil
Brem	§ 6	§ 6 IV 4 bei geneigter Geländeoberfläche ist die im Mittel gemessene Wandhöhe maßgebend; dies gilt bei gestaffelten Wänden für den jeweiligen Wandabschnitt
Hamb	§ 6	§ 6 VII 2 Anwendung des jeweils größeren Maßes (§ 6 VII 1) auch für Außenwände, unter denen niedrigere Gebäudeteile oder Gebäude angebaut sind, und bei gestaffelten Geschossen
Hess	§ 6	§ 6 IV 2, 2. Halbs. bei gestaffelten Wänden gilt dies (die Ermittlung der Wandhöhe als Maß von der festgelegten Geländeoberfläche bis zum Schnittpunkt Außenwand/Dachhaut) für den jeweiligen Wandabschnitt § 6 IV 3 bei geneigter Geländeoberfläche oder bei geneigtem oberen Wandabschluss kann mittlere Wandhöhe (Wandfläche geteilt durch größte Wandbreite) zugrunde gelegt werden, für Mittelung sind Wandabschnitte bis maximal 16 m Länge zu bilden
M-V	§ 6	§ 6 IV 3 bei geneigter Geländeoberfläche ist die im Mittel gemessene Wandhöhe maßgebend; bei gestaffelten Wänden gilt dies für den jeweiligen Wandabschnitt

Land	Norm (LBO)	Umsetzung in den Ländern
Nds	–	keine Regelung
NRW	§ 6	§ 6 IV 3 besteht Außenwand aus Wandteilen unterschiedlicher Höhe, so ist die Wandhöhe je Wandteil zu ermitteln § 6 IV 4 bei geneigter Geländeoberfläche ist die im Mittel gemessene Wandhöhe maßgebend, diese ergibt sich aus den Wandhöhen an den Gebäudekanten oder der vertikalen Begrenzungen der Wandteile
Rh-Pf	§ 8	§ 8 V 1 gesonderte Ermittlung der Abstandsflächen für vor- und zurücktretende Wandteile
Saar	§ 6	§ 6 IV 4 bei geneigtem oberem Wandabschluss und bei geneigter Geländeoberfläche ist die im Mittel gemessene Wandhöhe maßgebend § 6 IV 5 bei Gebäuden mit gestaffelten Wänden ist die Wandhöhe für den jeweiligen Wandabschnitt entsprechend zu ermitteln
Sachs	§ 6	§ 6 IV 3 bei geneigter Geländeoberfläche ist die im Mittel gemessene Wandhöhe maßgebend; bei gestaffelten Wänden gilt dies für den jeweiligen Wandabschnitt
Sachs-Anh	§ 6	§ 6 IV 3 bei geneigter Geländeoberfläche ist die im Mittel gemessene Wandhöhe maßgebend; bei gestaffelten Wänden gilt dies für den jeweiligen Wandabschnitt
Schl-H	–	keine Regelung
Thür	§ 6	§ 6 IV 3 bei geneigter Geländeoberfläche ist die im Mittel gemessene Wandhöhe maßgebend; bei gestaffelten Wänden gilt dies für den jeweiligen Wandabschnitt

2. Gebäude mit versetzten Außenwandteilen

a) In der Höhe zurückspringende Außenwandteile (Staffelgeschosse)

124 Ein Gebäude, das terrassenartig abgestuft ist, ist zur Ermittlung von „H" an den Abstufungen in einzelne Teile zu untergliedern, für jedes Teilelement ist dann „H" gesondert zu ermitteln. Die auf der Grundlage von „H" für jedes Teilelement errechnete Abstandsfläche ist **vor jedem Teilelement gesondert anzusetzen**. Dabei ist für die Abstandsfläche jedes zurückspringenden Gebäudeteils dessen Außenwand fiktiv bis zur Geländeoberfläche zu verlängern und von diesem – im Gebäudeinneren gelegenen – fiktiven Punkt aus die Abstandsfläche umzusetzen. Das Gebäude insgesamt muss dann die Abstandsfläche einhalten, die am tiefsten ist.

b) In der Höhe vorspringende Außenwandteile (Wandvorsprünge/Dachvorsprünge)

125 Dasselbe Prinzip gilt bei der Errechnung der Abstandsfläche, die vor einem Gebäude einzuhalten ist, dessen Außenwand in der Weise versetzt ist, dass sie in Teilen vorspringt. Auch für den vorspringenden Teil ist eine **eigene fiktive Wandhöhe** anzusetzen.[123] Dies ist gerechtfertigt, weil es für die Verschattung des angrenzenden Bereichs keinen Unterschied macht, ob die Verschattung von einer durchgehenden Wand herrührt oder von einem Wandvorsprung gleicher Höhe; der zurückspringende untere Teil wirkt sich nicht günstig auf die Belichtung des Nachbargebäudes aus.

c) Gegliederte/versetzte Außenwand

126 Der allgemeine Grundsatz, dass für jedes Teilelement die Abstandsfläche gesondert zu berechnen und umzusetzen ist, führt bei Gebäuden mit gegliederter Außenwand zu einer

[123] Bay VGH vom 4. 8. 2000 Az. 25 ZS/CS 00.1755.

dieser Gliederung entsprechenden, ungleichmäßigen Abstandsfläche. Wichtig ist hier die Prüfung, ob es sich bei einem Außenwandteil um ein untergeordnetes Bauteil im Sinne des Abstandsflächenrechts handelt, das keine Auswirkungen auf die Abstandsflächen hat. Ist z. B. ein **Balkon** nicht als untergeordneter Vorbau einzuordnen, so muss die Wandhöhe für den Balkon getrennt ermittelt werden, weil es sich dann um ein versetztes Außenwandteil handelt.[124] Springt ein Dach weiter vor die Außenwand vor, als es die jeweilige landesrechtliche Regelung für zulässig erklärt, ist es insgesamt abstandsflächenrelevant, es kann nicht teilweise, z. B. in der normalen Tiefe des Daches, außer Betracht bleiben.[125] Es handelt sich dann um ein **versetztes Außenwandteil**, für das eine **eigene Wandhöhe** anzusetzen ist.

3. Gebäude in Hanglage

Bei Gebäuden in Hanglage ist zu unterscheiden zwischen den Besonderheiten bei der 127
Ermittlung der geforderten Abstandsflächentiefe und den Besonderheiten der **Umsetzung** der ermittelten Abstandsfläche in das Hanggelände.

a) Tiefe der vor den Seitenwänden erforderlichen Abstandsflächen

Hier ist zu beachten, dass sich die Höhe der seitlichen Wände, der Hangneigung fol- 128
gend, verändert: Die seitlichen Wände sind am talseitigen Ende höher als an dem hangseitigen. Fehlt in der Landesbauordnung eine spezielle Regelung für die Errechnung der Wandhöhe bei unterschiedlich hoher Geländeoberfläche, ist am talseitigen Ende somit auch eine tiefere Abstandsfläche als am hangseitigen Ende der Wand erforderlich; die erforderliche Abstandsfläche verläuft in diesen Fällen somit nicht rechteckig, sondern im Hinblick auf den trapezförmigen Verlauf der seitlichen Außenwand ebenfalls trapezförmig. Eine Reihe von Landesbauordnungen enthält Spezialregelungen, wonach bei geneigtem oberem Wandabschluss oder bei geneigter Geländeoberfläche die im Mittel gemessene Wandhöhe maßgebend ist. Es wird also am talseitigen Schnittpunkt der Wand mit der Geländeoberfläche und am hangseitigen Schnittpunkt jeweils die Wandhöhe gemessen und hieraus das Mittel gebildet.

b) Umsetzung der vor den Querseiten erforderlichen Abstandsflächen

Für die Außenwände eines Gebäudes, die quer zum Hang verlaufen, ergeben sich bei 129
der Ermittlung der erforderlichen Abstandsflächentiefe keine Besonderheiten, jedoch bei deren Umsetzung: Da die Abstandsfläche senkrecht zur Wand, am Schnittpunkt von Geländeoberfläche und Außenwand, zu messen ist, ist die Abstandsfläche fiktiv auf dieser, im rechten Winkel zur Außenwand gelegten Linie zu messen. Der fiktive Punkt, der die Tiefe der erforderlichen Abstandsfläche auf der senkrecht zur Wand gelegten Linie markiert, liegt auf der Hangseite „im Hang", auf der Talseite über dem tatsächlichen Gelände. Von diesem (fiktiven) Endpunkt ist die Abstandsfläche auf einer senkrechten Linie auf das tatsächliche Gelände zu übertragen. Die einzuhaltende Abstandsfläche ist somit auf der Geländeoberfläche länger als das Maß der erforderlichen Tiefe.

4. Windkraftanlagen/Funkmasten

Die BauO NRW und die BauO LSA enthalten in § 6 Abs. 10 Sätze 2 bis 5 (in beiden 130
Bauordnungen gleich lautende) Regelungen für die Ermittlung und Umsetzung der Abstandsflächen von Windkraftanlagen; diese nehmen die allgemeinen von der Rechtsprechung entwickelten Grundsätze auf und können im Hinblick auf die abstandsflächenrechtlichen Besonderheiten für Funkmasten und Windkraftanlagen generell herangezogen werden. Es ergeben sich folgende Besonderheiten:

---

[124] BayVGH vom 31. 7. 2000 Az. 25 ZB 00.2161.
[125] BayVGH vom 4. 8. 2000 Az. 25 ZS/CS 00.1755.

- Für die **Ermittlung von „H"** ist bei Windkraftanlagen nicht auf die Höhe des Mastes allein abzustellen, sondern auf das Maß zwischen Geländeoberfläche und dem höchsten Punkt, der vom Rotor beim Betrieb erreicht wird, denn die optischen Auswirkungen und akustischen Beeinträchtigungen auf die Umgebung gehen gerade von der **Gesamtgröße der Anlage** einschließlich des Rotors sowie dessen Drehungen aus.[126] Die Rotorblätter einer Windenergieanlage müssen bei der Bemessung des Grenzabstands berücksichtigt werden, sie sind keine untergeordneten Bauteile.[127] Bei Funkmasten sind die auf dem Mast angebrachten Antennenanlagen jedenfalls dann bei der Ermittlung von „H" zu berücksichtigen, wenn sie zur beeinträchtigenden Wirkung beitragen.
- Die Forderung der vollen Abstandsflächentiefe wird, insbesondere, wenn die landesrechtliche Regelung die Grundforderung von 1 H aufstellt, als unpassend empfunden, da die Masten keine – wie es bei Gebäuden regelmäßig der Fall wäre – ihrer Höhe entsprechende Breite haben und sich außerdem in der Regel nach oben zu verjüngen. Die landesrechtlichen Spezialregelungen der BauO NRW und BauO LSA sehen daher für Windenergieanlagen in § 6 Abs. 10 Satz 3 eine **Abstandsflächentiefe** vor, die der Hälfte der größten Höhe entspricht. Wenn keine Spezialregelung existiert, ist von der Grundforderung auszugehen und die Möglichkeit zu prüfen, eine Abweichung von der Einhaltung der vollen Abstandsfläche zuzulassen.
- Da die Abstandsfläche von jedem Punkt der Außenwand aus senkrecht zur Wand ins Gelände umzusetzen ist, ergibt sich eine **kreisförmige Abstandsfläche**.[128]

VIII. Ausnahmen von der Abstandsflächenforderung

1. Auf Grund gesetzlicher Regelung ohne Abstandsflächen zulässige Vorhaben

131 Die Landesbauordnungen enthalten spezielle (unterschiedliche) Regelungen darüber, welche Vorhaben ohne Einhaltung einer Abstandsfläche zulässig sind. Diese Vorhaben lösen die Forderung nach einer Abstandsfläche kraft gesetzlicher Regelung nicht aus, ohne dass noch eine besondere Entscheidung der Bauaufsichtsbehörde getroffen werden müsste.

a) Ländervergleich

132

Regelungsgegenstand der Landesbauordnungen und der MBO 2002
• Vorhaben, die **keine Abstandsflächen** zur Grenze einhalten müssen • Vorhaben, die **ohne Abstandsflächen** zulässig sind, sei es auch **in den Abstandsflächen** anderer Gebäude

Land	Norm (LBO)	Umsetzung/Abweichung in den Ländern und der MBO 2002
MBO 2002	§ 6	§ 6 VII 1 in den Abstandsflächen eines Gebäudes sowie ohne eigene Abstandsflächen sind, auch wenn sie nicht an die Grundstücksgrenze oder das Gebäude angebaut werden, zulässig

[126] OVG M-V vom 30. 5. 2000 BRS 63 Nr. 147; OVG NRW vom 29. 8. 1997 NVwZ 1998, 978; offen gelassen, ob für die Berechnung der Abstandsfläche auf den höchsten Punkt der vom Rotor bestrichenen Fläche oder auf die Höhe des Mastes einschließlich der darauf angebrachten Rotornabe abzustellen ist, in Bay VGH vom 12. 3. 1999 Az. 2 ZB 98.3014; vgl. § 6 X 4 BauO NRW und § 6 X 4 BauO LSA: Die größte Höhe errechnet sich bei Anlagen mit Horizontalachse aus der Höhe der Rotorachse über der geometrischen Mitte des Mastes zuzüglich des Rotorradius.

[127] OVG Nds vom 13. 8. 2001 BRS 64 Nr. 123.

[128] § 6 X 5 BauO NRW: Die Abstandsfläche ist ein Kreis um den geometrischen Mittelpunkt des Mastes.

Land	Norm (LBO)	Umsetzung/Abweichung in den Ländern und der MBO 2002
		• Garagen und Gebäude ohne Aufenthaltsräume und Feuerstätten mit mittlerer Wandhöhe bis zu 3 m und einer Gesamtlänge je Grundstücksgrenze von 9 m (Nr. 1) • gebäudeunabhängige Solaranlagen bis zu 3 m Höhe und einer Gesamtlänge je Grundstücksgrenze von 9 m (Nr. 2) • Stützmauern und geschlossene Einfriedungen in Gewerbe- und Industriegebieten, außerhalb dieser Baugebiete bis zu 2 m Höhe (Nr. 3) § 6 VII 2 zulässige Höchstlänge der die Abstandsflächentiefe gegenüber den Grundstücksgrenzen nicht einhaltenden Bebauung nach Nrn. 1 und 2: 15 m
BW	§ 6	§ 6 I Abstandsflächen nicht erforderlich vor Außenwänden von Gebäuden/-teilen • mit einer Wandhöhe von maximal 1 m (§ 6 I 1) • die nur Garagen oder Nebenräume enthalten, der örtlichen Versorgung dienen oder sich auf öffentlichen Verkehrsflächen befinden, mit einer Wandhöhe von höchstens 3 m und einer Wandfläche von höchstens 25 m² (§ 6 I 2) • entsprechende Anwendung von § 6 I, II auf Gewächshäuser (§ 6 III 1) § 6 I 4 zulässiges Höchstmaß der Grenzbebauung entlang den einzelnen Nachbargrenzen: 9 m, insgesamt 15 m
Bay	Art. 7	Art. 7 II 1 in den Abstandsflächen und ohne eigene Abstandsflächen sind zulässig • Gebäude mit Traufhöhe von maximal 5 m für die örtliche Versorgung mit Elektrizität, Wärme, Gas, Wasser • Gewächshäuser für den Erwerbsgartenbau • Gärfutterbehälter für die Landwirtschaft; dies gilt nicht für Gärfutterbehälter bezüglich der Abstandsflächen zu Nachbargrundstücken (Art. 7 II 2) Art. 7 IV 1 zur Grundstücksgrenze brauchen keine Abstandsfläche einzuhalten • Garagen einschließlich Nebenräumen, überdachte Tiefgaragenzufahrten, Aufzüge zu Tiefgaragen mit einer Gesamtnutzfläche bis zu 50 m² • Nebengebäude ohne Feuerstätte mit einer Nutzfläche bis zu 20 m² wenn an der Grenze eine Wandhöhe von 3 m im Mittel nicht überschritten wird, die Höhe von Dächern mit Neigung bis 75° und Giebelflächen bei Neigung bis zu 75° bleiben außer Betracht Art. 7 IV 2 zulässiges Höchstmaß: auf dem Grundstück 50 m² Gesamtnutzfläche, Gesamtlänge der Außenwände von maximal 8 m je Grundstücksgrenze; keine Anrechnung der Nutzflächen in Dach- und Kellerräumen Art. 7 IV 3 bauliche Verbindung der Grenzbebauung mit Hauptgebäude oder weiterem Nebengebäude zulässig, soweit diese Gebäude selbst die Abstandsflächen einhalten
Bln	§ 6	§ 6 XII in den Abstandsflächen eines Gebäudes sowie ohne eigene Abstandsflächen sind zulässig • Garagen einschließlich Abstellraum bis zu 8 m Länge pro Nachbargrenze, wenn mit einer Wandhöhe bis zu 3 m über mittlerer Geländeoberfläche an die Nachbargrenze gebaut, eine Gesamthöhe von 4 m und eine Dachneigung von 45° nicht überschritten wird, Mindestabstand zu anderen Grundstücksgrenzen 3 m (Nr. 1) • Stützmauern bis zu 1,80 m Höhe; in Gewerbe-/Industriegebieten ohne Höhenbegrenzung (Nr. 2) • geschlossene Einfriedungen bis maximal 3 m Länge und 2 m Höhe pro Nachbargrenze (Nr. 3) • untergeordnete Gebäude (Kioske, Wartehallen, Toiletten auf öffentlichen Verkehrsflächen) (Nr. 4)

Land	Norm (LBO)	Umsetzung/Abweichung in den Ländern und der MBO 2002
		Voraussetzung: Mindestabstand von bestehenden oder künftigen Gebäuden 5 m geringere Abstände können – außer bei Kiosken – zugelassen werden, wenn keine Bedenken hinsichtlich Brandschutz (Nr. 4)
Bbg	§ 6	§ 6 IX 2 ohne Abstandsflächen unmittelbar an der Grundstücksgrenze zulässig: Stützmauern und geschlossene Einfriedungen mit maximal 2 m Höhe § 6 X 1 ohne Abstandsflächen unmittelbar an der Grundstücksgrenze zulässig: Garagen und Nebengebäude ohne Aufenthaltsräume, mit höchstens 3 m Wandhöhe § 6 X 2 zulässiges Höchstmaß der an Grenzen errichteten Außenwände: insgesamt 15 m, entlang einer Grundstücksgrenze 9 m Länge § 6 X 3 Einbeziehung der Grenzbebauung unter Dach eines Hauptgebäudes nicht zulässig § 6 X 4 Feuerstätten in Grenzbebauung unzulässig § 6 XI Bebauung nach § 6 IX und § 6 X ist in Abstandsfläche eines Gebäudes auf dem gleichen Grundstück ohne eigene Abstandsfläche zu diesem Gebäude zulässig, wenn keine Beeinträchtigung der Belichtung von Aufenthaltsräumen
Brem	§ 6	§ 6 XII in den Abstandsflächen eines Gebäudes und zu diesem ohne eigene Abstandsfläche sind zulässig mit mittlerer Wandhöhe von maximal 3,50 m über der Geländeoberfläche, sofern keine wesentliche Beeinträchtigung von Belüftung und Beleuchtung des Gebäudes und keine Bedenken hinsichtlich Brandschutz: • Garagen (Nr. 1) • Wintergärten (Nr. 2) • Gebäude ohne Fenster zu diesem Gebäude (Nr. 3) • Nebenanlagen für die öffentliche Versorgung (Nr. 4) • sonstige Anlagen und Einrichtungen mit gebäudegleicher Wirkung (Nr. 5) § 6 XIII 1 gegenüber den Nachbargrenzen sind ohne Abstandsflächen zulässig • Garagen einschließlich eingebauter Abstellräume (Nr. 1) • ein sonstiges Gebäude ohne Feuerstätten und Aufenthaltsräume (Nr. 2) • Nebenanlagen für die öffentliche Versorgung (Nr. 3) • Stützmauern und Einfriedigungen (Nr. 4) § 6 XIII 3 Voraussetzung jeweils: mittlere Wandhöhe an der Grenze bis zu 3 m § 6 XIII 2 zulässiges Höchstmaß: Gesamtlänge der in § 6 XIII 1 genannten Gebäude pro Nachbargrenze 9 m, insgesamt 18 m
Hamb	§ 6	§ 6 III 2 i.V. m. § 6 III 1 in Abstandsflächen sind zulässig, wobei Gebäude hierbei keiner eigenen Abstandsflächen bedürfen: • bauliche Anlagen, die von der Genehmigungsbedürftigkeit freigestellt sind, mit Ausnahme von Gebäuden (§ 6 III 1 Nr. 2) • bauliche Anlagen, die der Versorgung und Entsorgung des Grundstückes und seiner Nutzung dienen, mit Ausnahme von Gebäuden (§ 6 III 1 Nr. 3) • Lager-, Abstell- und Ausstellungsplätze, Vitrinen und ähnliche Anlagen, soweit sie Teil der genehmigten Nutzung sind (§ 6 III 1 Nr. 4) • Gewächshäuser bis zu 6 m Firsthöhe auf landwirtschaftlich oder erwerbsgärtnerisch genutzten Flächen (§ 6 III 1 Nr. 5) § 6 III 3 für Gewächshäuser nach Nr. 5 gilt dies auch außerhalb von Abstandsflächen anderer Gebäude • notwendige offene Stellplätze, auch mit Schutzdach ohne Seitenwände (Carports), für Wohngebäude mit maximal 2 Wohnungen sowie für Gebäude, die nicht Wohnzwecken dienen (§ 6 III 1 Nr. 6)

Land	Norm (LBO)	Umsetzung/Abweichung in den Ländern und der MBO 2002
		• ein eingeschossiges Nebengebäude für Abstellzwecke und für maximal 2 notwendige Stellplätze für jeweils ein Gebäude mit maximal 2 Wohnungen, maximal zulässige Länge der längsten Seite des Nebengebäudes: 8 m, Wandhöhe maximal 3 m (§ 6 III 1 Nr. 7) • Stützkonstruktionen für Böschungen, Mindestabstand zum Gebäude ist das Maß ihrer Höhe (§ 6 III 1 Nr. 8) § 6 IV 1 als Ausnahmen können in Abstandsflächen zugelassen werden • eingeschossige Garagen und untergeordnete Gebäude (Nr. 1) • offene Stellplätze (Nr. 2) sofern keine wesentliche Beeinträchtigung des Wohnens, anderer Nutzungen und der Gestaltung der freien Grundstücksflächen § 6 IV 2 unter gleichen Voraussetzungen können eingeschossige Garagen und untergeordnete Gebäude auch außerhalb von Abstandsflächen an Nachbargrenzen zugelassen werden § 6 IV 3 die nach § 6 IV 1, 2 zugelassenen Gebäude bedürfen keiner eigenen Abstandsfläche
Hess	§ 6	§ 6 IX in den Abstandsflächen eines Gebäudes und zu diesem ohne eigene Abstandsfläche sind zulässig • erdgeschossige Garagen bis 100 m^2 Nutzfläche (Nr. 1) • erdgeschossige Gebäude und sonstige Anlagen und Einrichtungen mit gebäudeähnlicher Wirkung (Nr. 2) • gebäudeunabhängige Solaranlagen bis 3 m Höhe, 9 m Länge, Solaranlagen an und auf Gebäuden nach Nr. 1 (Nr. 3) § 6 X 1 ohne Abstandsfläche unmittelbar an der Nachbargrenze sind je Baugrundstück zulässig • Garagen einschließlich Abstellraum mit pro Nachbargrenze bis zu insgesamt 9 m Länge einschließlich Dachüberständen, grenzseitiger mittlerer Wandhöhe bis zu 3 m über Geländeoberfläche, Fläche dieser Wand maximal 20 m^2 (Nr. 1) • überdachte Tiefgaragenzufahrt, Einschränkungen nach Nr. 1 gelten entsprechend (Nr. 2) • Stellplätze an einer Nachbargrenze bis zu insgesamt 8 m Länge (Nr. 3) • ein untergeordnetes Gebäude bis zu 5 m^2 grenzseitiger Wandfläche über Geländeoberfläche zur Unterbringung von Fahrrädern und Kinderwagen (Nr. 4) • ein untergeordnetes Gebäude zur örtlichen Versorgung mit Energie, Kälte oder Wasser (Nr. 5) • Stützmauern zur Sicherung des natürlichen Geländes, Einfriedungen und Abfalleinrichtungen bis zur Gesamthöhe von 1,50 m über unterer Geländeoberfläche (Nr. 6) • Solaranlagen nach § 6 IX bei Einhaltung mittlerer Gesamthöhe von 3 m zusätzlich § 6 X 2 Höchstmaß der Grenzbebauung bei Anlagen nach § 6 X 1 Nr. 1 bis 5: insgesamt 12 m Länge
M-V	§ 6	§ 6 XI in den Abstandsflächen eines Gebäudes sowie ohne eigene Abstandsflächen sind zulässig • Garagen einschließlich Abstellräume und Nebengebäude ohne Aufenthaltsräume, Toiletten und Feuerstätten bis zu 9 m Länge pro Nachbargrenze, mit mittlerer Wandhöhe bis zu 3 m über festgelegter Geländeoberfläche, wenn zur Nachbargrenze ohne Grenzabstand oder mit Grenzabstand von mindestens 1 m gebaut wird; bei Anordnung der Garage oder des Nebengebäudes in Grundstücksecke: zulässige Gesamtlänge entlang den Nachbargrenzen maximal 15 m (Nr. 1) • Stützmauern und geschlossene Einfriedungen bis zur Höhe von 2 m, in Gewerbe-/Industriegebieten ohne Höhenbegrenzung (Nr. 2)

Land	Norm (LBO)	Umsetzung/Abweichung in den Ländern und der MBO 2002
		zusätzlich § 6 XII in den Abstandsflächen eines Gebäudes und zu diesem ohne eigene Abstandsflächen können, falls die Beleuchtung der Räume des Gebäudes nicht wesentlich beeinträchtigt wird, gestattet werden • eingeschossige Gebäude ohne Fenster zu diesem Gebäude (Nr. 1) • bauliche Anlagen sowie Anlagen und Einrichtungen mit gebäudegleicher Wirkung (Nr. 2)
Nds	§ 12, § 12 a	§ 12 I 1 ohne Grenzabstand oder mit einem bis auf 1 m verringerten Abstand sind auf einem Baugrundstück jeweils zulässig: • eine Garage oder eine aus mehreren aneinandergebauten Garagen bestehende Anlage (Nr. 1) • ein Gebäude ohne Feuerstätten und Aufenthaltsräume, das dem Fernmeldewesen, der öffentlichen Energie- oder Wasserversorgung oder der öffentlichen Abwasserbeseitigung dient (Nr. 2) • ein sonstiges Gebäude ohne Feuerstätten und Aufenthaltsräume (Nr. 3) § 12 IV 1 Garagen und Gebäude ohne Feuerstätten und Aufenthaltsräume dürfen den vorgeschriebenen Abstand zu Gebäuden auf demselben Baugrundstück unterschreiten, falls maximal 3 m hoch und keine Bedenken bestehen hinsichtlich Brandschutz, Tageslicht und Lüftung § 12 V 1 keinen Abstand nach §§ 7 bis 10 müssen einhalten Gebäude bis maximal 3,50 m Höhe in Baugebieten, in denen nach Bebauungsplan nur Gebäude mit einem fremder Sicht entzogenen Gartenhof zulässig sind § 12 V 2 entsprechende Geltung des § 7 IV 2, d. h. dies gilt nicht für den Abstand von den Grenzen solcher Nachbargrundstücke, die ganz oder überwiegend außerhalb des genannten Gebiets liegen § 12 V 3 geforderte Größe der Gartenhöfe, falls ihnen mindestens ein Aufenthaltsraum – ausgenommen Küchen – überwiegend zugeordnet ist: eine Seitenlänge von mindestens 5 m, Fläche von mindestens 36 m^2 § 12 V 4 Bauaufsichtsbehörde kann Unterschreitung der Abstände für Gebäudeteile über 3,50 m Höhe und geringere als die in Satz 3 genannte Größe von Gartenhöfen zulassen, wenn keine Bedenken hinsichtlich Tageslicht/Lüftung und keine Beeinträchtigung des Ortsbildes § 12 V 5 falls dadurch Unterschreitung von Grenzabständen: Zustimmung des Nachbarn erforderlich § 12 a II keinen Abstand müssen einhalten • Einfriedungen bis zu 2 m Höhe; Einfriedungen, die oberhalb 1,80 m undurchsichtig sind, jedoch nur mit Zustimmung des Nachbarn (Nr. 1) • Einfriedungen bis zu 3,50 m Höhe, soweit sie Gartenhöfe abschließen und die Voraussetzungen des § 12 V vorliegen (Nr. 2) • Stützmauern und Aufschüttungen bis zu 1,50 m Höhe (Nr. 3)
NRW	§ 6	§ 6 XI in den Abstandsflächen eines Gebäudes sowie ohne eigene Abstandsfläche sind zulässig • an der Nachbargrenze gebaute überdachte Stellplätze und Garagen bis zu 9,0 m Länge einschließlich darauf errichteter Anlagen zur Gewinnung von Solarenergie sowie Parabolantennen und sonstige Antennenanlagen, jeweils bis zu 1,5 m Höhe, sowie Gebäude mit Abstellräumen und Gewächshäuser mit maximal 7,5 m^2 Grundfläche; mittlere Wandhöhe dieser Gebäude bis zu 3,0 m über Geländeoberfläche an der Grenze, zulässiges Höchstmaß: pro Nachbargrenze bis zu 9,0 m, insgesamt bis zu 15,0 m Länge (Nr. 1) § 6 XI 2: maximal zulässige Grundfläche der in Satz 1 2. Alt. genannten Gebäude mit Abstellräumen/Gewächshäuser innerhalb eines Abstandes von 3,0 m von der Nachbargrenze: 7,5 m^2,

Land	Norm (LBO)	Umsetzung/Abweichung in den Ländern und der MBO 2002
		§ 6 XI 4 in diesen Abstellräumen sind Leitungen/Zähler für Energie/Wasser, Feuerstätten für flüssige oder gasförmige Brennstoffe mit Nennwärmeleistung bis zu 28 kW und Wärmepumpen entsprechender Leistung zulässig • Stützmauern und geschlossene Einfriedungen bis zu 2,0 m Höhe über Geländeoberfläche an der Grenze, in Gewerbe-/Industriegebieten ohne Höhenbegrenzung (Nr. 2) § 6 XII in den Abstandsflächen eines Gebäudes und zu diesem ohne eigene Abstandsfläche sind zulässig, wenn keine wesentliche Beeinträchtigung der Belichtung der Räume des Gebäudes • Garagen (Nr. 1) • eingeschossige Gebäude ohne Fenster zu diesem Gebäude (Nr. 2) • bauliche Anlagen und andere Anlagen/Einrichtungen mit gebäudegleicher Wirkung (Nr. 3)
Rh-Pf	§ 8	§ 8 VIII 2 ohne eigene Abstandsflächen, mit geringerer Abstandsflächentiefe und in den Abstandsflächen von Gebäuden zulässig: Anlagen mit gebäudegleicher Wirkung, wenn keine erhebliche Beeinträchtigung der Beleuchtung mit Tageslicht und Brandschutz gewährleistet § 8 VIII 3 ohne eigene Abstandsflächen und in den Abstandsflächen von Gebäuden zulässig: Einfriedungen, Stützmauern bis zu 2 m Höhe, in Gewerbe-/Industriegebieten ohne Höhenbegrenzung § 8 IX 1 gegenüber Grundstücksgrenzen sind ohne oder mit geringerer Abstandsflächentiefe zulässig • Garagen (Nr. 1) • Gebäude/Anlagen zur örtlichen Versorgung mit Elektrizität, Gas, Wasser (Nr. 2) • sonstige Gebäude ohne Aufenthaltsräume und Feuerstätten (Nr. 3), wenn sie an den Grenzen oder in Abstand bis zu 3 m von den Grenzen a) mittlere Wandhöhe von 3,20 m über der Geländeoberfläche nicht überschreiten b) an einer Grundstücksgrenze höchstens 12 m, insgesamt an allen Grundstücksgrenzen höchstens 18 m lang sind c) ihre Dächer zur Grundstücksgrenze höchstens 45° geneigt; Giebel an der Grundstücksgrenze höchstens 4 m über der Geländeoberfläche hoch sind § 8 IX 2 Höhen und Längen nach Satz 1 gelten nur für Wände und Wandteile, die im Winkel von maximal 75° zur Grundstücksgrenze stehen § 8 IX 3 Gebäude nach § 8 IX 1 in den Abstandsflächen anderer Gebäude und ohne/mit geringeren Abstandsflächen gegenüber anderen Gebäuden zulässig, wenn Brandschutz gewährleistet und keine erhebliche Beeinträchtigung der Beleuchtung von Aufenthaltsräumen § 8 IX 4 Dächer von Gebäuden nach § 8 IX 1 Nr. 1 dürfen mit dem Dach eines anderen Gebäudes, das für sich betrachtet die erforderliche Abstandsfläche einhält, verbunden werden
Saar	§ 7	§ 7 III 1 in den Abstandsflächen und ohne eigene Abstandsflächen sind zulässig • Garagen einschließlich Abstellraum und überdachte Stellplätze und Abstellplätze für Fahrräder, an Nachbargrenzen bis zu 9 m Länge an einzelner Grenze, bis zu 15 m Gesamtgrenzbebauung (Nr. 1) • untergeordnete Gebäude bis zu insgesamt 30 m³ Brutto-Rauminhalt zur Unterbringung von Geräten, Fahrrädern, Kinderwagen (Nr. 1) • Nebenanlagen für die öffentliche Versorgung bis zu 6 m Länge (Nr. 2) • gebäudeunabhängige Solaranlagen bis zu 3 m Höhe, bis zu 5 m Gesamtgrenzbebauung, Solaranlagen an/auf baulichen Anlagen nach Nrn. 1 und 2 (Nr. 3) • Einfriedungen und Stützmauern zur Sicherung des natürlichen Geländes – in Gewerbe und Industriegebieten ohne Höhenbegrenzung (Nr. 4 a) – in sonstigen Gebieten bis zu 2 m Gesamthöhe über der Geländeoberfläche an der Grenze (Nr. 4 b)

Land	Norm (LBO)	Umsetzung/Abweichung in den Ländern und der MBO 2002
		bei unterschiedlicher Höhe der Geländeoberflächen an einer gemeinsamen Grenze: zulässige Gesamthöhe vom tieferliegenden Grundstück aus zu messen; keine Anrechnung von offenen Umwehrungen zur Sicherung des höher liegenden Grundstücks § 7 III 2 Gebäude, Nebenanlagen, Garagen dürfen mittlere Wandhöhe von 3 m über der Geländeoberfläche an der Grenze nicht überschreiten § 7 III 3 höhere Dächer und Solaranlagen dürfen nur zur Grundstücksgrenze geneigt sein, Neigung höchstens 45° § 7 III 4 dies gilt nicht für Solaranlagen mit Mindestabstand zur Grenze von 2 m § 7 III 5 höhere Firsthöhe als 3 m zulässig, wenn entlang der Grenze gemeinsamer First vorgesehen ist und öffentlich-rechtliche Sicherung, dass vom Nachbargrundstück her angebaut wird
Sachs	§ 6	§ 6 XI 1 in den Abstandsflächen sowie ohne eigene Abstandsflächen sind zulässig • Garagen, Carports einschließlich Abstellraum sowie überdachte Tiefgaragenzufahrten und Aufzüge zu Tiefgaragen, bis zu insgesamt 8 m Länge je Nachbargrenze und mittlerer Wandhöhe bis zu 3 m über der Geländeoberfläche; direkte Verbindung mit Hauptgebäude zulässig, wenn dieses die erforderliche Abstandsflächentiefe einhält (Nr. 1) • Stützmauern und geschlossene Einfriedungen bis zu 1,80 m Höhe, in Gewerbe-/Industriegebieten ohne Höhenbegrenzung (Nr. 2) • Nebenanlagen für die öffentliche Versorgung bis zu 6 m Länge (Nr. 3) § 6 XII in den Abstandsflächen eines Gebäudes und zu diesem ohne eigene Abstandsflächen können gestattet werden, wenn keine wesentliche Beeinträchtigung der Belichtung der Räume des Gebäudes • Garagen, soweit nicht in § 6 XI Nr. 1 erfasst (Nr. 1) • eingeschossige Gebäude ohne Fenster zu diesem Gebäude (Nr. 2) • bauliche Anlagen, Anlagen und Einrichtungen mit gebäudegleicher Wirkung (Nr. 3)
Sachs-Anh	§ 6	§ 6 XI in den Abstandsflächen sowie ohne eigene Abstandsflächen sind zulässig • eine Garage oder Anlage, die aus mehreren aneinander gebauten Garagen besteht, und ein sonstiges Gebäude ohne Aufenthaltsräume und Feuerstätte mit höchstens 15 m² Grundfläche, wenn an die Nachbargrenze gebaut wird, mit einem Maß H von nicht mehr als 3 m, Grenzbebauung mit diesen Gebäuden entlang einer Nachbargrenze höchstens 9 m, insgesamt höchstens 15 m lang (Nr. 1) • Stützmauern und geschlossene Einfriedungen bis zu 2,0 m Höhe, in Gewerbe-/Industriegebieten ohne Höhenbegrenzung (Nr. 2) § 6 XII in den Abstandsflächen eines Gebäudes und zu diesem ohne eigene Abstandsflächen können gestattet werden, wenn keine wesentliche Beeinträchtigung der Beleuchtung der Räume des Gebäudes: • Garagen, soweit es sich nicht um Gemeinschaftsanlagen gemäß § 11 I handelt (Nr. 1) • eingeschossige Gebäude ohne Fenster zu diesem Gebäude (Nr. 2) • bauliche Anlagen sowie Anlagen und Einrichtungen i. S. von § 1 I 2 mit gebäudegleicher Wirkung (Nr. 3)
Schl-H	§ 6	§ 6 X 1 ohne eigene Abstandsflächen oder mit einer bis auf 1 m Tiefe verringerten Abstandsfläche sind zulässig • Garagen (Nr. 1) • Gebäude ohne Feuerstätten und Aufenthaltsräume, die dem Fernmeldewesen, der öffentlichen Energie- oder Wasserversorgung oder der öffentlichen Abwasserbeseitigung dienen (Nr. 2)

Land	Norm (LBO)	Umsetzung/Abweichung in den Ländern und der MBO 2002
		• sonstige Gebäude ohne Aufenthaltsräume (Nr. 3), § 6 X 3 in diesen sind Leitungen und Zähler für Energie und Wasser, Feuerstätten für flüssige/gasförmige Brennstoffe mit Nennwärmeleistung bis zu 28 kW und Wärmepumpen entsprechender Leistung zulässig • Stützmauern und geschlossene Einfriedungen bis zu 1,50 m Höhe, in Gewerbe- und Industriegebieten bis zu 2 m Höhe (Nr. 4) § 6 X 2 bei Unterschreitung des Grenzabstands von 3 m dürfen diese Gebäude nicht überschreiten • Gesamtlänge pro Grundstücksgrenze von 9 m (Nr. 1) • mittlere Wandhöhe über der an Grundstücksgrenze festgelegten Geländeoberfläche von 2,75 m (Nr. 2) § 6 XI 1 in den Abstandsflächen sowie ohne eigene Abstandsflächen sind zulässig • Kleinkinderspielplätze • Abstellanlagen für Fahrräder ohne Überdachung • Schwimmbecken • Maste • Terrassen • Pergolen und Überdachungen von Freisitzen • untergeordnete bauliche Anlagen wie offene Einfriedungen § 6 XI 2 in den Abstandsflächen sowie ohne eigene Abstandsflächen können gestattet werden, wenn von ihnen keine wesentliche Beeinträchtigung gegenüberliegender Räume ausgeht • Stellplätze • Garagen • Abstellanlagen für Fahrräder mit Überdachung • bauliche Anlagen zur örtlichen Versorgung • Abgasanlagen • Rampen und ähnliche untergeordnete bauliche Anlagen
Thür	§ 6	§ 6 XI 1 in den Abstandsflächen eines Gebäudes sowie ohne eigene Abstandsflächen sind zulässig • Garagen (Nr. 1), § 6 XI 2 Grundfläche höchstens 36 m² • Gebäude ohne Feuerstätten und Aufenthaltsräume, die dem Fernmeldewesen, der öffentlichen Energie- oder Wasserversorgung oder der öffentlichen Abwasserbeseitigung dienen (Nr. 2), § 6 XI 2 Grundfläche höchstens 20 m² • sonstige Gebäude ohne Feuerstätten und Aufenthaltsräume (Nr. 3), § 6 XI 2 Grundfläche höchstens 15 m² • Stützmauern und geschlossene Einfriedungen bis zu 1,80 m Höhe, in Gewerbe- und Industriegebieten ohne Höhenbegrenzung (Nr. 4) § 6 XI 2 bei den in § 6 XI 1 genannten Gebäuden darf Gesamtlänge pro Grundstücksgrenze höchstens 8 m sein, mittlere Wandhöhe höchstens 3 m über Geländeoberfläche, Hinzurechnung der Höhe von Giebelflächen zu einem Drittel, wenn Dachneigung beider Dachseiten mehr als 70° § 6 XII 1 in den Abstandsflächen sowie ohne eigene Abstandsflächen sind zulässig • Kleinkinderspielplätze • Schwimmbecken • Masten • Terrassen • Pergolen und Überdachungen von Freisitzen • offene Einfriedungen und ähnliche Anlagen § 6 XII 2 in den Abstandsflächen können gestattet werden, wenn keine wesentliche Beeinträchtigung gegenüberliegender Räume • Stellplätze

Land	Norm (LBO)	Umsetzung/Abweichung in den Ländern und der MBO 2002
		• Schornsteine • Rampen § 6 XIII in den Abstandsflächen eines Gebäudes und zu diesem ohne eigene Abstandsflächen können, wenn die Beleuchtung der Räume des Gebäudes nicht wesentlich beeinträchtigt wird, gestattet werden • Garagen, soweit sie nicht von § 6 XI 1 Nr. 1 erfasst sind (Nr. 1) • eingeschossige Gebäude ohne Fenster zu diesem Gebäude (Nr. 2) • bauliche Anlagen sowie Anlagen und Einrichtungen mit gebäudegleicher Wirkung (Nr. 3)

b) Allgemeine Zulässigkeitsvoraussetzungen für Grenzbauten

133 Die Sonderregelung erlaubt die Errichtung der – je nach der landesrechtlichen Regelung als Grenzbauten möglichen – Gebäude nicht nur an den seitlichen, sondern – vorbehaltlich weiterer Sonderregelungen, insbesondere für die vordere Grundstücksgrenze – an allen Grenzen. Die Grenzbauten müssen daneben die allgemeinen Vorschriften des öffentlichen Rechts, insbesondere des Bauplanungsrechts erfüllen, d. h. die Situierung des Vorhabens an der Grenze muss **auch planungsrechtlich zulässig** sein. Ist allerdings bereits nach Planungsrecht der Bau an der Grenze gefordert oder erlaubt, so ist für eine Anwendung der Sondervorschriften über den Grenzanbau kein Raum mehr.

Wenn Bauten unmittelbar an der Grenze zulässig sind, so werden keine Abstandsflächen eingehalten. Nur wenn dies – wie in einzelnen Landesbauordnungen geschehen – ausdrücklich bestimmt wird, dürfen die an der Grenze zulässigen Vorhaben auch von der Grenze abgerückt werden oder kann eine Errichtung mit Abstand zur Grenze zugelassen werden.

c) Begriffe

134 • **Garagen** sind ganz oder teilweise umschlossene Räume zum Abstellen von Kraftfahrzeugen (Personenkraftwagen, Krafträdern oder Lastkraftwagen); diese Definition erfasst auch **Carports**.[129] Zum Begriff „Garage" s. oben Kap. 2, Rn. 148.
- **Nebenräume** von Garagen sind Räume, die mit der Garage baulich und funktionell verbunden sind und der Garage untergeordnet sind.
- Die **Nutzfläche** einer Garage ist die Summe der Flächen der Einstellplätze und der Verkehrsflächen; die Nutzfläche eines Nebenraums ist die innen liegende Grundfläche.
- **Nebengebäude** dürfen neben der Garagennutzung in untergeordnetem Ausmaß garagenzugehörige Nebenräume, z. B. Abstellraum, Geräteraum, umfassen.[130] **Selbständige Nebengebäude** sind in die Ermittlung der Gesamtlänge oder Gesamtnutzfläche einer Grenzgarage nicht einzubeziehen. Ein an eine Garage angebauter Nebenraum kann ein selbständiges Nebengebäude sein, wenn er von der Garage baulich-konstruktiv getrennt ist, statisch selbständig ist, also auch ohne die Garage für sich standsicher ist, und wenn auch keine direkte Verbindung zur Garage besteht.[131] Ein überdachter Bereich, der mit dem Garagengebäude eine konstruktive Einheit bildet und selbst als Abstellfläche nutzbar ist, ist hinzuzurechnen.

d) Privilegierung als Grenzgarage

135 Nebenräume einer Garage sind grundsätzlich in die Berechnung der Länge oder Nutzfläche der Garage mit einzubeziehen. Es handelt sich um einen Nebenraum, wenn der Raum flächenmäßig der Garagennutzung untergeordnet ist und in Zusammenhang steht

[129] Hess VGH vom 18. 3. 1999 BauR 2000, 1316.
[130] Bay VGH vom 14. 6. 2000 Az. 14 ZS 00.1615.
[131] Bay VGH vom 9. 6. 1998 Az. 26 ZS 98.1511.

mit der Unterbringung von Fahrzeugen (**funktionale Zuordnung**). Die funktionale Zuordnung ist insbesondere zu bejahen, wenn Nebenraum und Garage in einem einheitlichen Gebäude untergebracht sind und keine bauliche Verbindung zu einem Wohn- oder Hauptgebäude haben.[132] Eine Privilegierung einer Garage als Grenzgarage kann nicht in Anspruch genommen werden, wenn die Bebauung mit einem Hauptgebäude gar nicht möglich ist, z. B. wegen zu geringer Grundstücksgröße.

Ein Gebäude, das die Privilegierungsvoraussetzungen als Grenzgarage nicht erfüllt, ist abstandsflächenrechtlich wie ein sonstiges Gebäude zu behandeln.[133] Für ein Garagengebäude, das an der Grenze errichtet ist und die vorgegebenen Maße für die Privilegierung nicht einhält, kann trotzdem eine Abweichung/Befreiung von der abstandsflächenrechtlichen Grundforderung erteilt werden; im Einzelfall kann auch ein Gebäude, das die Maße der typisierenden Grundregelung des Bauordnungsrechts überschreitet, für den Nachbarn zumutbar sein.[134]

e) Flächen- und Höhenbegrenzung der Grenzbebauung

Bei der **Errechnung der Gesamtnutzfläche** der vorhandenen Grenzbebauung sind 136
alle auf den Grenzen eines Grundstücks errichteten Gebäude heranzuziehen, einschließlich der bereits bestehenden, auch wenn diese bereits vor Inkrafttreten einer Regelung über die zulässigen Höchstmaße errichtet waren. Bei der Errechnung der Gesamtnutzfläche der Grenzbebauung sind auch solche Nebengebäude oder Garagen einzubeziehen, die grenznah errichtet sind, da hierdurch die Ziele des Abstandsflächenrechts ebenso beeinträchtigt werden wie durch Gebäude, die an der Grenze errichtet werden.[135] Bei der Errechnung der Gesamtnutzfläche eines Grenzgebäudes (die sich gerade nicht an der Grundfläche des Gebäudes orientiert) sind grundsätzlich auch **in Kellerräumen und Dachräumen** liegende Nutzflächen mit einzubeziehen, es sei denn, dies ist durch ausdrückliche Regelung ausgeschlossen.[136] Soweit die Landesbauordnung für das an der Grenze zulässige Gebäude eine Flächen- und Höhenbegrenzung vorschreibt, ist diese auf die Gebäudeteile zu beschränken, die den Grenzabstand unterschreiten.

Ein **überdachter Stellplatz** ist als Nebenraum einer Grenzgarage in die Gesamtnutzfläche einzurechnen. Die Fläche eines überdachten Durchgangs zwischen Grenzgarage und Abstellhalle ist weder ein Nebenraum der Grenzgarage, noch handelt es sich um einen überdachten Stellplatz oder Lagerraum, die Fläche ist daher nicht auf die zulässige Gesamtnutzfläche der Grenzgarage anzurechnen.[137]

2. Die abstandsflächenrechtliche Privilegierung von Bauteilen/Vorbauten

a) Ländervergleich

137

	Regelungsgegenstände der Landesbauordnungen und der MBO 2002[138]
	Bei der Bemessung der Abstandsflächen bleiben **außer Betracht**:
1.	vor die Außenwand vortretende **Bauteile** wie Pfeiler, Gesimse, Blumenfenster, Dachvorsprünge, Hauseingangstreppen und deren Überdachungen, Terrassenüberdachungen
2.	**Vorbauten** wie Erker, Balkone, Wintergärten, wenn sie mindestens 2 m von der Nachbargrenze entfernt bleiben und nicht mehr als 1,50 m vor die zugehörige Außenwand vortreten

---

132 Bay VGH vom 9. 6. 1998 Az. 26 ZS 98.1511.
133 OVG Saar vom 10. 7. 1996 BRS 58 Nr. 117.
134 Bay VGH vom 12. 5. 1998 Az. 26 ZB 98.920.
135 Bay VGH vom 23. 7. 1999 Az. 14 ZB 99.132.
136 So Art. 7 IV 2 BayBO, wonach Nutzflächen in Dach- und Kellerräumen auf die Gesamtnutzfläche nicht angerechnet werden.
137 Bay VGH vom 3. 5. 1999 Az. 15 ZB 00.225.
138 Die hier verwendeten Ziffern entsprechen den Ziffern der nachstehenden Rubrik „Umsetzung/Abweichung in den Ländern und der MBO 2002".

Land	Norm (LBO)		Umsetzung/Abweichung in den Ländern und der MBO[139]
MBO 2002	§ 6	**1.** **2.**	§ 6 VI Nr. 1 § 6 VI Nr. 2 für Privilegierung der Vorbauten zusätzlich gefordert, dass sie insgesamt nicht mehr als ein Drittel der Außenwandbreite beanspruchen
BW	§ 5	**1.** **2.**	§ 5 VI Nr. 1 untergeordnete Bauteile, zusätzlich gefordert, dass sie nicht mehr als 1,50 m vor die Außenwand vortreten § 5 VI Nr. 2 für Vorbauten zusätzlich gefordert, dass sie nicht breiter als 5 m sind; Wände und Dächer aus lichtdurchlässigen Baustoffen (Wintergärten) dürfen maximal 2 m vortreten
Bay	Art. 6	**1.** **2.**	§ 6 III 7 einheitliche Voraussetzungen für Bauteile und Vorbauten, dass sie im Verhältnis zur zugehörigen Außenwand untergeordnet sind, maximal 1,50 m vortreten, von Grundstücksgrenzen mindestens 2 m entfernt bleiben wie bei Pkt. 1
Bln	§ 6	**1.** **2.**	§ 6 VII 1, § 6 VII 2 zusätzliche Voraussetzung für Bauteile: Mindestentfernung von Nachbargrenzen 2 m § 6 VII 2 für Vorbauten Mindestentfernung von Nachbargrenzen 3 m, keine Regelung zum maximal zulässigen Vortreten von 1,50 m zusätzlich § 6 VII 3 geringere Abstandsflächentiefen können bei bestehenden Gebäuden gestattet werden • für Verkleidungen an Außenwänden zum Zwecke der Energieeinsparung (Nr. 1) • für den Anbau von Treppen, Treppenräumen oder Aufzügen, wenn wesentliche Beeinträchtigungen angrenzender und gegenüberliegender Räume nicht zu befürchten und Mindestabstand von 3 m eingehalten (Nr. 2)
Bbg	§ 6	**1.** **2.**	§ 6 VII 1 es werden nicht berücksichtigt • untergeordnete Bauteile wie Pfeiler, Gesimse, Dachüberstände, andere Bauteile, die höchstens 1 m vor die Außenwand vortreten (Nr. 1) • untergeordnete Bauteile wie Stufen, Podeste, Überdachungen vor Hauseingängen, die höchstens 1,5 m vor die Außenwand vortreten (Nr. 2) • untergeordnete Vorbauten wie Wintergärten, höchstens 5 m breit, die über höchstens 2 Geschosse reichen und höchstens 2 m vortreten (Nr. 3 a) • untergeordnete Vorbauten wie Balkone, höchstens 5 m breit, die höchstens 2 m vortreten (Nr. 3 b) • andere untergeordnete Vorbauten, höchstens 3 m breit, die über höchstens 2 Geschosse reichen und nicht mehr als 1 m vortreten (Nr. 3 c) • an bestehenden Gebäuden nachträglich angebrachte Außenwandverkleidungen, die dem Wärmeschutz dienen (Nr. 4) § 6 VII 2 Vorbauten sind untergeordnet, wenn Gesamtbreite ein Drittel der jeweiligen Außenwandbreite nicht überschreitet § 6 VII 3 für Bauteile und Vorbauten Mindestentfernung von Nachbargrenzen und Abstandsflächen anderer Gebäude: 2 m
Brem	§ 6	**1.** **2.**	§ 6 XI 2 § 6 XI 2 untergeordnete Vorbauten § 6 XI 4 Mindestabstand für Wintergärten und sonstige Vorbauten von gegenüberliegender Nachbargrenze: 2,50 m zusätzlich § 6 XI 3 unberücksichtigt bleiben untergeordnete Wintergärten, die nicht zum dauernden Aufenthalt geeignet sind und nicht in offener Verbindung zu einem Aufenthaltsraum stehen

[139] Die hier verwendeten Ziffern entsprechen den Ziffern der vorstehenden Rubrik „Regelungsgegenstände der Landesbauordnungen und der MBO 2002".

Land	Norm (LBO)		Umsetzung/Abweichung in den Ländern und der MBO 2002
Hamb	§ 6	**1.**	§ 6 V 4 untergeordnete Gebäudeteile ohne Außenwände, wie Freitreppen, Balkone, Terrassen und Überdachungen sind innerhalb der Abstandsflächen zulässig § 6 V 5 Außenwände von untergeordneten Gebäudeteilen, wie Vorbauten und Erker, bleiben bei Festlegung der Abstandsflächentiefe außer Betracht, wenn sie nicht mehr als 1,50 m vortreten
		2.	wie bei Pkt. 1 § 6 XI Mindestabstand für Vorbauten, Erker, Balkone, Terrassen zu Nachbargrundstücken, zu denen Abstandsflächen einzuhalten sind, 2 m
Hess	§ 6	**1.**	§ 6 VI 1 es werden nicht berücksichtigt vor die Außenwand vortretende Bauteile und Vorbauten, wie • Gesimse und Dachvorsprünge, die höchstens 1,5 m vortreten, von Nachbargrenzen mindestens 2 m entfernt bleiben (Nr. 1) • Hauseingangstreppen und deren Überdachungen, Erker und Balkone, die insgesamt höchstens ein Drittel der jeweiligen Außenwandbreite einnehmen, höchstens 1,5 m vortreten, von Nachbargrenzen mindestens 2 m entfernt bleiben (Nr. 2) § 6 VI 2 in die Tiefe der Abstandsflächen können hineinragen Außenwandverkleidungen, die dem Wärmeschutz und der Energieeinsparung dienen und nachträglich angebracht werden an Gebäuden, die bei In-Kraft-Treten dieses Gesetzes bereits bestanden
		2.	wie bei Pkt. 1
M-V	§ 6	**1.**	§ 6 VII einheitliche Voraussetzungen für Bauteile und Vorbauten: höchstens 1,5 m vortretend und Mindestabstand zur Nachbargrenze 2 m
		2.	wie bei Pkt. 1
Nds	§ 7 b	**1.**	§ 7 b I 1 Eingangsüberdachungen, Windfänge, Hauseingangstreppen, Kellerlichtschächte, Balkone dürfen die grundsätzlich geforderten Abstände um 1,50 m, höchstens ein Drittel unterschreiten § 7 b II 1 als untergeordnete Gebäudeteile bleiben außer Betracht Antennen, Geländer und Schornsteine § 7 b II 2 außer Betracht bleiben Giebeldreiecke, soweit, waagrecht gemessen, weniger als 6 m breit § 7 b II 3 Entsprechendes gilt für andere Giebelformen
		2.	§ 7 b I 2 Anforderung des § 7 b I 1 gilt ebenso für andere vortretende Gebäudeteile wie Gesimse, Dachvorsprünge, Erker, Blumenfenster, wenn sie untergeordnet sind zusätzlich § 10 III 2 Abstandsflächenforderung des § 10 III 1 i.V.m. § 10 I für Gebäudeteile oder aneinander gebaute Gebäude mit einem Winkel von weniger als 75° gilt nicht für Dachgauben, Balkone und sonstige geringfügig vor- oder zurücktretende Teile desselben Gebäudes.
NRW	§ 6	**1.**	§ 6 VII 1 einheitliche Voraussetzungen für Bauteile und Vorbauten, dass sie nicht mehr als 1,50 m vortreten und (§ 6 VII 2) mindestens 2 m von gegenüberliegender Nachbargrenze entfernt bleiben
		2.	wie bei Pkt. 1 § 6 VII 2 Mindestabstand von gegenüberliegenden Nachbargrenzen für das Erdgeschoss erschließende Hauseingangstreppen und deren Überdachungen: 1,50 m
Rh-Pf	§ 8	**1.**	§ 8 V 2 einheitliche Voraussetzungen für Gebäudeteile und untergeordnete Vorbauten, dass sie nicht mehr als 1,50 m vortreten und mindestens 2 m von gegenüberliegender Grundstücksgrenze entfernt bleiben
		2.	wie bei Pkt. 1

Land	Norm (LBO)		Umsetzung/Abweichung in den Ländern und der MBO 2002
			zusätzlich § 8 V 3 Wandbekleidungen, die dem Wärmeschutz und der Energieeinsparung eines vor 1. 1. 1999 zulässigerweise errichteten Gebäudes dienen: im notwendigen Umfang in den Abstandsflächen zulässig
Saar	§ 6	**1.** **2.**	§ 6 VI einheitliche Voraussetzungen für untergeordnete Gebäudeteile und untergeordnete Vorbauten, dass sie nicht mehr als 1,50 m vortreten und mindestens 2 m (bei Eingangstreppen und Behindertenaufzügen mindestens 1,5 m) von gegenüberliegender Grundstücksgrenze entfernt bleiben wie bei Pkt. 1
Sachs	§ 6	**1.** **2.**	§ 6 VII einheitliche Voraussetzungen für Bauteile und untergeordnete Vorbauten, dass sie nicht mehr als 1,50 m vortreten und von gegenüberliegender Nachbargrenze mindestens 2 m entfernt bleiben § 6 VII 3 Brandschutztechnische Anforderungen bleiben unberührt wie bei Pkt. 1
Sachs-Anh	§ 6	**1.** **2.**	§ 6 VII einheitliche Voraussetzungen für Bauteile und Vorbauten, dass sie nicht mehr als 1,50 m vortreten und von Nachbargrenze mindestens 2 m entfernt bleiben wie bei Pkt. 1
Schl-H	§ 6	**1.** **2.**	§ 6 VII 1 einheitliche Voraussetzungen für Bauteile und Vorbauten, dass sie nicht mehr als 1,50 m vortreten und von den Grundstücksgrenzen mindestens 2 m entfernt bleiben § 6 VII 2 Erstreckung von Bauteilen und Vorbauten (§ 6 VIII 3: nicht von Dachüberständen) über maximal die halbe Länge der Gebäudewand wie bei Pkt. 1
Thür	§ 6	**1.** **2.**	§ 6 VII 1, 2 einheitliche Voraussetzungen für Bauteile und Vorbauten, dass sie nicht mehr als 1,50 m vortreten und von Nachbargrenzen mindestens 2 m entfernt bleiben § 6 VII 3 Erstreckung von Gebäudeteilen und Vorbauten (nicht von Dachüberständen) über maximal die halbe Länge der Gebäudewand wie bei Pkt. 1.

b) Voraussetzungen für die abstandsflächenrechtliche Privilegierung

138 **aa) Bauteil/Vorbau.** Wenn eine Unterscheidung zwischen Bauteilen und Vorbauten überhaupt getroffen wird, nennen die Landesbauordnungen als Beispiele für

- **Bauteile:** Pfeiler, Gesimse, Dachvorsprünge, Hauseingangstreppen samt Überdachung, Blumenfenster, Terrassenüberdachungen
- **Vorbauten:** Balkone, Wintergärten, Erker.

Die Unterscheidung kann dann eine Rolle spielen, wenn das Merkmal der „Unterordnung“ nur für eine der beiden Gruppen gefordert wird. Vorbauten sind – im Vergleich zu den funktional dem Hauptgebäude dienenden Bauteilen – auskragende Gebäudebestandteile.[140]

Ein **Erker** dient der Fassaden- oder Innenraumgestaltung, der Verbesserung des Ausblicks oder, da er gegenüber einer geraden Wand eine größere Wandfläche und damit mehr Platz für Fenster hat, der Verbesserung der Lichtverhältnisse. Ein Erker springt aus der Gebäudewand vor, er steigt nicht aus dem Boden oder aus dem Kellergeschoss auf.[141] Er darf einerseits nicht der Gewinnung zusätzlicher Wohnfläche in nicht unerheblichem

[140] *Schlotterbeck/v. Arnim*, LBO BW, 4. Aufl. 1997, Rn. 68 zu § 5.

[141] OVG NRW vom 17. 12. 1992 BRS 54 Nr. 85, ebenso OVG NRW vom 26. 3. 1993 BRS 55 Nr. 112, Hess VGH vom 12. 10. 1995 BRS 57 Nr. 139 und vom 26. 3. 1999 Az. 4 TZ 9/99.

Ausmaß dienen, andererseits ist bei einer üblichen Breite von 2 bis 3 m und einem – falls die Landesbauordnung eine solche Einschränkung überhaupt vorsieht – erlaubten Vortreten vor die Außenwand von bis zu 1,50 m ein Zuwachs an Wohnfläche zwangsläufig vorgegeben, so dass auf den im Verhältnis zur Gesamtwohnfläche der Wohnung dazu kommenden Prozentanteil an Wohnfläche nicht allein abgestellt werden kann.[142]

Dachgauben (Dachgaupen) sind Dachaufbauten für stehende Fenster, sie liegen in allen Teilen auf dem Dach, und sind nicht, auch nicht teilweise, vor oder auf einer Außenwand errichtet, vielmehr muss die Gaube gegenüber der Außenwand des Gebäudes zurücktreten und darf nicht mit ihrer vorderen Wand als Teil der Gebäudeaußenwand erscheinen.[143]

bb) Allgemeine Merkmale der privilegierten Bauteile/Vorbauten. Die Qualifizie- 139
rung als ein in der Landesbauordnung beispielhaft aufgeführtes Bauteil reicht noch nicht aus, damit das Teil in den Genuss der abstandsflächenrechtlichen Privilegierung kommt, mag dies auch ein Indiz dafür sein, dass es vom Anwendungsbereich der Privilegierungsvorschrift umfasst sein soll. Jedenfalls sind bei der Prüfung, ob ein bestimmter Bauteil/Vorbau die abstandsflächenrechtliche Privilegierung beanspruchen kann, die in den **Landesbauordnungen genannten Beispiele zum Vergleich** heranzuziehen. Denn Grund für die abstandsflächenrechtliche Privilegierung dieser Bauteile und Vorbauten ist, dass sie im Hinblick auf den Grundgedanken des Abstandsflächenrechts, ein Mindestmaß an Freiräumen zwischen Gebäuden zu wahren, zur Sicherstellung von Belichtung und Belüftung und zum Erhalt des Wohnfriedens und des Schutzes der Privatsphäre, nicht von Bedeutung sind.

Je nach der landesrechtlichen Regelung wird für Bauteile und/oder Vorbauten gefor- 140
dert, dass sie **„untergeordnet"** sein müssen. Dabei ist zu beachten, dass nicht in jedem Fall die Qualifizierung als Vorbau oder Gebäudeteil bereits das Merkmal der Unterordnung beinhaltet.[144] Allerdings wird es in vielen Fällen, insbesondere in Zusammenhang mit dem meist vorgegebenen Höchstmaß für ein zulässiges Vortreten vor die Außenwand von 1,50 m, gegeben sein. Umgekehrt können auch Bauteile/Vorbauten, die die vorgegebenen Höchstmaße für das Vortreten vor die Außenwand einhalten, unzulässig sein, wenn sie aus anderen Gründen nicht mehr untergeordnet erscheinen.[145]

Die Bauteile/Vorbauten sind „untergeordnet", wenn sie nach dem Gesamteindruck im Verhältnis zu der ihnen zugehörigen Außenwand **nicht ins Gewicht fallen**; der erste Eindruck muss das Gesamtvorhaben, insbesondere die Außenwand, erfassen, und darf nicht unmittelbar auf die Bauteile oder Vorbauten gelenkt werden.[146] Dabei ist abzustellen auf das Verhältnis des Bauteils/Vorbaus zu der zugehörigen Außenwand; die „Baumasse" des Gesamtvorhabens ist nicht als Vergleichsmaßstab heranzuziehen.[147] Dagegen darf der untergeordnete Bauteil/Vorbau von seiner eigenen Baumasse her gegenüber dem Gesamtvorhaben nicht ins Gewicht fallen. Wann ein Bauteil untergeordnet ist, kann immer nur im konkreten Fall beurteilt werden, absolute Maße können, außer dem von den meisten Landesbauordnungen festgesetzten Maß von maximal 1,50 m Vorsprung vor die Außenwand, nicht angegeben werden. Insbesondere fehlt in den meisten Landesbauordnungen ein Maß, welchen Bruchteil der Außenwand ein Gebäudeteil/Vorbau nicht überschreiten darf, um noch als untergeordnet angesehen werden zu können. Dabei ist die Art der Ausführung nicht von Bedeutung, auch geschlossene Umwehrungen hindern nicht die Qua-

---

142 OVG NRW vom 24.5.1996 BRS 58 Nr. 171, wo das Vorliegen eines Erker verneint wurde, da die dadurch geschaffene Wohnfläche von 4 m² ca. 10 % des angrenzenden Raumes entsprachen; OVG NRW vom 27.6.1995 BRS 57 Nr. 140.

143 OVG NRW vom 14.11.2001 BRS 64 Nr. 122.

144 *Schlotterbeck/v. Arnim*, LBO BW, 4. Aufl. 1997, Rn. 68 zu § 5.

145 Bay VGH vom 6.5.1999 Az. 2 CS 98.3263 zu über mehrere Geschosse reichenden, nur 1,50 m vortretenden Balkonen.

146 Z. B. Hess VGH vom 12.1.1995 BRS 57 Nr. 139.

147 OVG Saarl vom 14.2.2000 BRS 63 Nr. 146.

lifizierung als untergeordneten Bauteil, wie sich den als Beispiele genannten Teilen, die nie transparent ausgeführt werden, entnehmen lässt.[148]

Es ist daher im Einzelfall über den optischen Eindruck hinaus auch zu prüfen, ob und in welchem Ausmaß der konkrete Bauteil/Vorbau **sich auf diese vom Abstandsflächenrecht verfolgten Ziele auswirk**t. Demgemäß können massive Anbauten, die primär der Gewinnung zusätzlicher Wohn- oder Nutzfläche dienen, nicht als untergeordnete Bauteile in den Genuss der für diese vorgesehenen Privilegierung kommen.[149] Da es sich bei der abstandsflächenrechtlichen Privilegierung untergeordneter Bauteile/Vorbauten um einen Ausnahmetatbestand von dem Grundsatz der Abstandsflächenforderung handelt, ist er in Zweifelsfällen eng auszulegen.[150]

Mehrere gleichartige Bauteile müssen für die Beurteilung, ob sie untergeordnet sind, als eine Einheit betrachtet werden; sie können, auch wenn sie für sich genommen jeweils unbedeutend sind, in der Gesamtheit gegenüber dem Gesamtbauvorhaben so nennenswert ins Gewicht fallen, dass sie insgesamt nicht mehr als untergeordnete Bauteile qualifiziert werden können (sog. **„Summeneffekt“**).[151]

141 **cc) Einhaltung der gesetzlich vorgegebenen Höchst-/Mindestmaße.** Fast alle Landesbauordnungen verlangen, dass die Vorbauten nicht mehr als 1,50 m vor die zugehörige Außenwand vortreten dürfen.[152] Dabei ist abzustellen auf das Maß nach Fertigstellung der zugehörigen Außenwand und auf das Maß des äußersten Punktes des fertigen Vorbaus/Bauteils. Gefordert wird darüber hinaus meistens ein – in der jeweiligen Landesbauordnung festgelegter – **Mindestabstand** der Außenwand des Bauteils/Vorbaus zur Grundstücksgrenze; in der Regel sehen die Landesbauordnungen einen Mindestabstand von 2 m vor. Diese Entfernung wird senkrecht zu den Außenwänden der Bauteile/Vorbauten gemessen.

142 **dd) Materielle Rechtmäßigkeit des Gebäudes.** Das Gebäude, dessen Teile oder Vorbauten die Privilegierung beanspruchen wollen, muss selbst, für sich genommen, die geforderte Abstandsfläche einhalten.[153]

c) Rechtsfolge

143 Sind die Voraussetzungen für die Privilegierung erfüllt, so bleibt der untergeordnete Bauteil/Vorbau **abstandsflächenmäßig „außer Betracht“**, er wird abstandsflächenmäßig „weggedacht“. Das bedeutet im Einzelnen:

Der privilegierte Bauteil/Vorbau beeinflusst weder das Maß der Abstandsflächentiefe, noch die Form der Abstandsfläche. Die Abstandsfläche für das zugehörige Gebäude beginnt am fiktiven Schnittpunkt der Außenwandverlängerung, wie sie sich ohne Bauteil/Vorbau darstellen würde, mit der Geländeoberfläche; der Bauteil/Vorbau ist folglich auch in der Abstandsfläche vor dieser Außenwand zulässig. Der privilegierte Bauteil/Vorbau muss seinerseits – abgesehen von dem meist geforderten Mindestabstand zu Grundstücksgrenzen – keine Abstandsfläche einhalten.[154] Dies gilt auch für die seitlichen Abstandsflächen; es ist der Regelung nicht zu entnehmen, dass die Privilegierung nur gegenüber der gegenüberliegenden Grundstücksgrenze gelten sollte, während der Bauteil/Vorbau gegenüber der seitlichen Grundstücksgrenze den grundsätzlich geforderten Abstand wahren müsste. Zudem erscheint die Anwendung auch auf die seitlichen Abstände sachgerecht, da von der Anwendung auf die seitlichen Grundstücksgrenzen gerade die Schmalseiten des Bauteils/Vorbaus betroffen sind, die geringere Einwirkungen auf die

[148] Bay VGH vom 27. 11. 2000 Az. 2 CS 00.1964.
[149] OVG Sachs vom 6. 9. 1994 BRS 56 Nr. 106.
[150] OVG Nds vom 31. 5. 1995 BRS 57 Nr. 158.
[151] Bay VGH vom 27. 11. 2000 Az. 2 CS 00.1964 m. w. N.; Hess VGH vom 12. 10. 1995 BRS 57 Nr. 139.
[152] Bay VGH vom 24. 3. 1999 Az. 14 ZB 99.508.
[153] OVG Saar vom 30. 7. 1991 BRS 52 Nr. 99.
[154] Bay VGH vom 27. 11. 2000 Az. 2 CS 00.1964.

Umgebung auslösen.[155] Ein privilegierter Bauteil/Vorbau kann eine Außenwand seitlich nicht verlängern, er bleibt bei der Berechnung der Außenwandlänge außer Betracht.[156] Etwas anderes kann dann gelten, wenn der Vorbau so ausgeführt ist, dass er von einem seitlich angrenzenden Nachbargrundstück aus gesehen eine „wandähnliche Wirkung“ hat.[157]

Ist auch nur eine der Voraussetzungen nicht erfüllt, ragt also z. B. ein Gebäudeteil weiter als die in der Landesbauordnung vorgeschriebenen 1,50 m vor die Außenwand vor, so muss der Bauteil/Vorbau insgesamt (und nicht etwa nur mit dem rechnerischen Teil, der die vorgegebene Höchsttiefe überschreitet) in die Abstandsflächenberechnung einbezogen werden.[158] Die Außenwand des nicht mehr untergeordneten Bauteils/Vorbaus ist dann die Außenwand des Gebäudes selbst, und zwar in der Regel, wenn es sich nicht um einen vor die gesamte Außenwand vorspringenden Bauteil, sondern um Balkone oder Erker handelt, ein versetzter Wandteil. Erfüllt eine Dachgaube nicht die Voraussetzungen für die Privilegierung, so entsteht mit dem Einbau eine neue senkrecht versetzte Außenwand, oberer Bezugspunkt für die Ermittlung von H ist der Schnittpunkt des Daches im Bereich der Gaube mit der Außenwand der Gaube.[159]

d) Beispiele

Keine untergeordneten Bauteile/Vorbauten sind 144

- Balkone, die etwa ein Drittel der Gebäudefront überschreiten[160]
- ein über alle Geschosse (teilweise) vor die Fassade gerücktes Treppenhaus ist regelmäßig nicht mehr untergeordnet, es kann zulässig sein bei geringerer Dimensionierung, z. B. bei nur erdgeschossigem Vorbau, oder sich nach oben verjüngendem Vorbau[161]
- ein Treppenhausvorbau von ca. 3,10 m Breite, 1 m Tiefe, mehr als 8 m Höhe bei einer Länge der Gebäudewand von 16 m kein (untergeordneter) Bauteil[162]
- ein Gebäudeteil, der über mehr als ein Drittel der Außenwandlänge vom Erdgeschoss in den Dachgeschossbereich reicht
- Erker, die sich über die gesamte Gebäudehöhe erstrecken[163]
- Dachgauben, wenn sie mehr als die Hälfte der Breite eines Daches einnehmen[164]
- Zwerchgiebel, da sie nicht vor die Außenwand vortreten; auch eine entsprechende Anwendung dieser Vorschrift ist nicht geboten[165]
- ein Dachaufbau, der gegenüber den darunter liegenden Teilen der Außenwand eines Gebäudes nicht zurücktritt; ein solcher Bauteil ist vergleichbar einer in den Bereich des Dachgeschosses hinaufgezogenen, giebelförmigen Ausprägung der Außenwand; nichts anderes kann gelten, wenn unter dem Dachaufbau noch das Dach vorspringt und diesen – im Übrigen einheitlichen – Wandabschnitt nur optisch unterbricht[166]
- Rotorblätter einer Windkraftanlage.[167]

Untergeordnete Bauteile/Vorbauten sind

- Hauseingangstreppen einschließlich Überdachung, auch wenn der Hauseingang 1,20 m über der Geländeoberfläche liegt und die Treppe in einem entsprechend hohem Absatz endet[168]

---

155 OVG Rh-Pf vom 28. 3. 2001 Az. 8 A 12042/00.
156 Bay VGH vom 11. 11. 1999 Az. 26 ZS 99.3089 und vom 9. 2. 2000 Az. 2 ZB 99.521; OVG Bln vom 25. 3. 1993 BRS 55 Nr. 121.
157 Bay VGH vom 11. 11. 1999 Az. 26 ZS 99.3089.
158 Bay VGH vom 4. 8. 2000 Az. 25 ZS/CS 00.1755.
159 Bay VGH vom 29. 7. 2002 Az. 26 CS 02.1908.
160 Hess VGH vom 12.10. 1995 BRS 57 Nr. 139.
161 Bay VGH vom 11. 11. 1999 Az. 26 ZS 99.3089.
162 Bay VGH vom 22. 3. 2000 Az. 2 ZB 98.2545.
163 OVG Bln vom 25. 3. 1993 BRS 55 Nr. 121.
164 OVG Nds vom 31. 5. 1995 BRS 57 Nr. 158.
165 Bay VGH vom 31. 5. 2000 Az. 2 ZS 00.678.
166 BW VGH vom 19. 11. 1996 BRS 59 Nr. 114.
167 OVG Nds vom 13. 8. 2001 BRS 64 Nr. 123.
168 Bay VGH vom 11. 11. 1999 Az. 26 ZS 99.3089.

- 2 Balkone mit einer Breite von (insgesamt) 2,75 m vor einer 8 m breiten Wand, sie lassen das dominante Erscheinungsbild dieser Wand bestehen[169]
- Balkone, auch wenn sie mit Seitenwänden aus filigraner Konstruktion mit eingesetztem Glas versehen sind und über mehrere Geschosse reichen.[170]

IX. Möglichkeiten der Reduzierung der Abstandsflächen

1. Das Schmalseitenprivileg als gesetzliche Abstandsflächenreduzierung

a) Ländervergleich

145

Regelungsgegenstände der Landesbauordnungen[171]	
1.	**Zwei Außenwände** von jeweils **maximal 16 m Länge** als Voraussetzung für die Reduzierung der Abstandsflächentiefe vor diesen Wänden
2.	das Maß der **gesetzlich reduzierten Abstandsflächentiefe**
3.	**Verbrauch der Privilegierung** durch Bauen an der Grenze: wird ein Gebäude mit einer Außenwand an eine Grundstücksgrenze gebaut, gilt die Privilegierung nur noch für eine Außenwand, wird ein Gebäude mit zwei Außenwänden an Grundstücksgrenzen gebaut, so ist die Privilegierung nicht anzuwenden
4.	Behandlung von **aneinander gebauten Gebäuden** wie ein Gebäude

Land	Norm (LBO)	Umsetzung/Abweichung in den Ländern[172]	
MBO 2002	–		
BW	§ 5	1.	§ 5 VIII keine Beschränkung auf zwei Wände, sondern anwendbar auf alle Wände mit maximal 16 m Länge
		2.	der **nachbarschützende Teil** der Tiefen nach § 5 VII genügt, das ist: allgemein 0,4 der Wandhöhe, in Kern-/Dorf-/besonderen Wohngebieten 0,2 der Wandhöhe, in Gewerbe-/Industriegebieten und in Sondergebieten, die nicht der Erholung dienen, 0,125 der Wandhöhe Mindesttiefe immer 2,5 m, bei Wänden bis 5 m Breite: mindestens 2 m
		3.	keine Regelung
		4.	keine Regelung
Bay	Art. 6	1.	Art. 6 V 1, Privilegierung nicht in Kern-/Gewerbe-/Industriegebieten
		2.	Art. 6 V 1 die Hälfte der nach Art. 6 IV erforderlichen Abstandsflächentiefe, mindestens 3 m
		3.	Art. 6 V 2, Grundstücksgrenzen zu öffentlichen Verkehrs-/Grün-/Wasserflächen bleiben dabei unberücksichtigt
		4.	Art. 6 V 3
Bln	§ 6	1.	§ 6 VI 1 an zwei Gebäudeseiten vor Außenwänden in jeweils nur einem Gebäudeabschnitt von bis zu 16 m Länge
		2.	§ 6 VI 1 0,5 H, mindestens 3 m § 6 VI 2 geforderter Mindestabstand zu Grundstücksgrenzen 0,5 H, mindestens 3 m
		3.	§ 6 VI 3
		4.	§ 6 VI 4

[169] BayVGH vom 27. 11. 2000 Az. 2 CS 00.1964.

[170] OVG M-V vom 27. 1. 1998 BRS 60 Nr. 112, wobei im entschiedenen Fall diese Vorbauten ein traditionelles Element der einheimischen Bäderarchitektur in Küstenorten darstellten.

[171] Die hier verwendeten Ziffern entsprechen den Ziffern der nachstehenden Rubrik „Umsetzung/Abweichung in den Ländern".

[172] Die hier verwendeten Ziffern entsprechen den Ziffern der vorstehenden Rubrik „Regelungsgegenstände der Landesbauordnungen".

Land	Norm (LBO)		Umsetzung/Abweichung in den Ländern
Bbg	–		keine Regelung
Brem	–		keine Regelung
Hamb	§ 6	**1.**	§ 6 IX 1 Nr. 2 vor zwei Außenwänden von nicht mehr als je 16 m Länge bei frei stehenden Gebäuden in Kleinsiedlungs-/Wohn-/Dorf-/Mischgebieten § 6 IX 3 bei Gebäuden geringer Höhe mit höchstens 2 Wohnungen vor zwei Außenwänden von nicht mehr als 18 m Länge
		2.	§ 6 IX 1 Nr. 2 0,5 H mindestens 2,5 m
		3.	§ 6 IX 1 Nr. 3 Privilegierung nur vor einer Außenwand bei Gebäuden, die mit einer Außenwand an ein anderes Gebäude oder an die Nachbargrenze angebaut sind
		4.	§ 6 IX 1 Nr. 2, § 6 IX 3 Privilegierung gilt auch für zwei mit einer Außenwand aneinander gebaute Gebäude mit einer Gesamtlänge von 16 m bzw. 18 m
Hess	–		keine Regelung
M-V	§ 6	**1.**	§ 6 VI 1 § 6 VI 2 in die Wandlänge sind Wandteile nicht einzurechnen, vor denen Abstandsflächentiefen von 1 H freigehalten sind
		2.	§ 6 VI 1 0,5 H mindestens 3 m
		3.	§ 6 VI 3
		4.	keine Regelung
Nds	§ 7 a	**1.**	§ 7 a I 1 abgestellt wird auf den Abstand eines Gebäudes gegenüber je einem maximal 17 m langen Abschnitt zweier beliebiger Grenzen § 7 a I 3 Grenzen, die einen Winkel von mehr als 120° bilden, gelten als eine Grenze § 7 a II 3 soweit ein Gebäude auf weniger als 17 m Länge an Grenze gebaut ist, brauchen Gebäudeteile, die nicht an die Grenze gebaut werden, innerhalb des Grenzabschnitts von 17 m nur den Abstand nach § 7 a I 1 zu halten
		2.	§ 7 a I 1 0,5 H, mindestens 3 m
		3.	§ 7 a II 1, 2
		4.	§ 7 a I 2
NRW	§ 6	**1.**	§ 6 VI 1 § 6 VI 3 eine in sich gegliederte Wand gilt als eine Außenwand i. S. von § 6 VI 1
		2.	§ 6 VI 1 die Hälfte der nach § 6 V 1 erforderlichen Tiefe, mindestens 3 m
		3.	§ 6 VI 2 zum Entfallen der Privilegierung führt auch der Anbau an ein anderes Gebäude
		4.	keine Regelung, vgl. Pkt. 3 zusätzlich § 6 VI 4 gegenüber einem Gebäude/einer Grundstücksgrenze kann Privilegierung für ein Gebäude nur einmal in Anspruch genommen werden § 6 VI 5 rechtmäßig bestehende Wandteile mit geringerem Abstand zur Nachbargrenze als nach § 6 V erforderlich, stehen dem Schmalseitenprivileg nicht entgegen
Rh-Pf	–		keine Regelung
Saar	–		keine Regelung (entfallen durch die zum 1. 9. 1996 in Kraft getretene Bauordnung für das Saarland vom 27. 3. 1996)

Land	Norm (LBO)		Umsetzung/Abweichung in den Ländern
Sachs	§ 6	1.	§ 6 VI 1 § 6 VI 3 Unterbrechung der Außenwandlänge durch Gebäudeteile, die gegenüber der Nachbargrenze 1 H einhalten
		2.	die Hälfte der nach § 6 V erforderlichen Tiefe, mindestens 3 m
		3.	§ 6 VI 5
		4.	§ 6 VI 2 Betrachtung aneinander gereihter Gebäude (Doppel-/Reihenhäuser) als ein Gebäude zusätzlich § 6 VI 4 gegenüber einem Gebäude/einer Grundstücksgrenze kann Schmalseitenprivileg nur einmal in Anspruch genommen werden
Sachs-Anh	§ 6	1.	§ 6 VI 1 § 6 VI 2 Privilegierung gilt auch für Außenwände von mehr als 16 m Länge, jedoch nur für einen Wandabschnitt von maximal 16 m Länge
		2.	§ 6 VI 1 die Hälfte der nach § 6 V 1, 2 erforderlichen Tiefe, mindestens 3 m
		3.	§ 6 VI 3 Grenzen zu öffentlichen Verkehrs-/Grün- und Wasserflächen bleiben unberührt
		4.	keine Regelung
Schl-H	§ 6	1.	§ 6 VI 1 Abstandsflächentiefe jedes einzelnen Gebäudes gegenüber je einem höchstens 16 m langen Abschnitt zweier beliebiger Grundstücksgrenzen muss nur die reduzierte Tiefe nach § 6 VI 1 einhalten § 6 VI 5 soweit ein Gebäude auf einer Länge von weniger als 16 m an eine Grenze gebaut wird, brauchen Gebäudeteile, die nicht an diese Grenze gebaut werden, innerhalb des Grenzabschnitts von 16 m nur die reduzierte Tiefe nach § 6 VI 1 einzuhalten
		2.	§ 6 VI 1 die Hälfte der nach § 6 V 1 bis 4 erforderlichen Tiefe, mindestens 3 m
		3.	§ 6 VI 3, 4
		4.	§ 6 VI 2 aneinander gebaute Gebäude auf demselben Grundstück gelten als ein Gebäude
Thür	§ 6	1.	§ 6 VI 1
		2.	§ 6 VI 1 0,5 H, mindestens 3 m
		3.	§ 6 VI 2
		4.	keine Regelung

b) Bedeutung der Vorschrift

146 Fast alle Landesbauordnungen – **nicht mehr die MBO 2002** – lassen kraft Gesetzes vor Außenwänden, die eine bestimmte Länge (in der Regel 16 m) nicht überschreiten, eine geringere Abstandsflächentiefe genügen. Die ausreichende Belichtung und Belüftung der Aufenthaltsräume gilt in diesen Fällen über die vor den beiden anderen Gebäudeseiten einzuhaltenden vollen Abstandsflächentiefen als gewährleistet. Dieses **sog. Schmalseitenprivileg** soll also einerseits eine gewisse maßvolle Verdichtung der Bebauung ermöglichen, andererseits aber die Abstandsflächen nicht beliebig zur Disposition stellen.

c) Musterbauordnung 2002

147 Die MBO 2002 sieht **nicht mehr die Reduzierung der Abstandsflächentiefe** vor Außenwänden mit einer bestimmten Höchstlänge vor. Im Hinblick auf die von der MBO 2002 vorgenommene Reduzierung der Mindestabstandsflächentiefe auf 0,4 H ist eine Reduzierung im Weg des sog. Schmalseitenprivilegs auf – wie es den üblichen landesrechtlichen Regelungen entspricht – 0,5 H nicht mehr veranlasst, andererseits aber, da 0,4 H bereits den „sicherheitsrechtlichen Mindeststandard" markiert, eine weitere Unterschreitung dieser knappen Abstandsfläche nicht möglich.

d) Voraussetzungen

aa) Außenwände eines Gebäudes. Es kann sich um **beliebige Außenwände** eines Gebäudes handeln, vor denen die Privilegierung in Anspruch genommen werden soll; die Außenwände müssen nicht entlang der Nachbargrenze, also der seitlichen Grenze verlaufen. Es muss sich um **zwei verschiedene Außenwände eines Gebäudes** handeln. Das bedeutet: Es kann nicht zu derselben Außenwand die für eine andere Außenwand vorgesehene Privilegierung hinzugerechnet werden und die Privilegierung somit für einen längeren Abschnitt, als er der vorgegebenen Höchstgrenze entspricht, in Anspruch genommen werden. Bei einer **abknickenden Wand** ist zu prüfen, ob beide Teile bei natürlicher Betrachtungsweise als Elemente derselben Außenwand erscheinen, oder ob die Außenwand nach dem Knick als neue Außenwand wirkt. Handelt es sich bei einer abknickenden Wand um zwei verschiedene Außenwände desselben Gebäudes, muss jede dieser durch den Knick verbundenen Wände jeweils für sich die Privilegierung in Anspruch nehmen, so dass bei der höchstzulässigen Privilegierung für zwei Wände das Privileg bereits durch die beiden Teile der abknickenden Wand ausgeschöpft ist. Dies gilt – vorbehaltlich einer anders lautenden ausdrücklichen landesrechtlichen Regelung wie in § 6 Abs. 6 Satz 4 BauO NRW oder in § 6 Abs. 6 Satz 4 SächsBO – auch dann, wenn von der **zweimaligen Inanspruchnahme der Privilegierung durch ein Gebäude dasselbe Nachbargrundstück** betroffen ist.[173] Denn durch die Beschränkung auf zwei Außenwände, die im Höchstfall die Privilegierung in Anspruch nehmen dürfen, soll einer zu starken Verdichtung der Bebauung insgesamt entgegengewirkt werden; dieses Ziel wird bei Einhaltung der Privilegierungsvoraussetzungen auch bei einer zweimaligen Reduzierung der Abstandsfläche gegenüber demselben Grundstück erreicht. Ebenso ist bei einer in sich **gegliederten Außenwand** zu prüfen, ob bei natürlicher Betrachtungsweise trotz des Versatzes der Wand noch ein einheitlicher Verlauf festgestellt werden kann, wofür insbesondere das Maß des Versatzes und die jeweiligen Ähnlichkeiten in Höhe und Erscheinungsbild herangezogen werden können.[174] Handelt es sich um eine einheitliche Außenwand und überschreiten die Abschnitte dieser Wand, die die vorgeschriebene Abstandsfläche nicht einhalten, insgesamt genommen die vorgeschriebene Höchstlänge nicht, so ist die Privilegierung nur für eine Außenwand verbraucht und kann für eine weitere Außenwand noch in Anspruch genommen werden. Demgegenüber verbindet eine zwischen zwei Wohngebäude eingeschobene Garage die Wände der drei Gebäude nicht zu einer einheitlichen Außenwand; bei natürlicher Betrachtungsweise trennt die in der Höhenentwicklung von den Wohngebäuden deutlich abgesetzte Garage diese beiden Baukörper, so dass jedes der Wohngebäude eine eigene Außenwand hat.[175] 148

Die Höhe der Wände spielt, je nach der gesetzlichen Vorgabe, dann keine Rolle, wenn als Voraussetzung ausschließlich eine maximal zulässige Länge vorgeschrieben ist. Ob die Privilegierung auch anwendbar ist auf runde bauliche Anlagen mit gebäudegleicher Wirkung, z. B. Masten, Windkraftanlagen, runde Antennenträger, ist umstritten.[176] Im Fall der Anwendung wäre auf den Durchmesser des Mastes abzustellen, da sich dieser auf die Verschattung des angrenzenden Bereichs auswirkt. Es muss sich um die Außenwände **„eines Gebäudes"** handeln, d. h. eines Baukörpers, unabhängig davon, ob dieser aus mehreren aneinander gebauten Einzelhäusern besteht. Dies wird z. T. durch ausdrückliche Regelungen klargestellt, wonach mehrere aneinander gebaute Häuser wie ein Gebäude zu behandeln sind.[177]

---

173 Bay VGH vom 25. 3. 1999 BayVBl. 2001, 401.

174 OVG NRW vom 17. 8. 2001 BRS 64 Nr. 118 und vom 20. 8. 2001 BRS 64 Nr. 119.

175 Bay VGH vom 28. 2. 2002 Az. 14 ZB 02.289.

176 Bejahend OVG Sachs vom 17. 12. 1997 BRS 59 Nr. 118 und OVG Nds vom 28. 10. 1996 Az. 6 L 4040/94 ND Mbl. 1997, 941; a. A. OVG NRW vom 28. 2. 2001 BRS 64 Nr. 124 unter Bestätigung seines Urteils vom 29. 8. 1997 BRS 59 Nr. 110, wonach das Schmalseitenprivileg bei Windenergieanlagen wegen der Kreisförmigkeit und der variablen Ausrichtung der durch das Objekt ausgelösten Abstandsfläche nicht anwendbar ist; offen gelassen in OVG M-V vom 30. 5. 2000 BRS 63 Nr. 147.

177 A. A. OVG NRW vom 16. 7. 1996 Az. 7 B 418/96.

Der Bauherr hat ein **Wahlrecht**, für welche Außenwände er die Privilegierung in Anspruch nehmen will, er muss nicht die für den Nachbarn günstigste Lösung wählen. Die Privilegierung kann auch für **mehrere Gebäude auf demselben Baugrundstück** in Anspruch genommen werden, sofern für jedes Gebäude die Voraussetzungen für die Privilegierung erfüllt sind. Die Privilegierung kann sogar **an derselben Grenze** durch **mehrere Gebäude** in Anspruch genommen werden.[178] Denn die Privilegierung knüpft – im Hinblick auf das Ziel, eine zu dichte Bebauung zu verhindern – an die Größe der Baukörper und nicht an die Grenzziehung zwischen den einzelnen Baukörpern an; wie sich verschiedene Baukörper auf Baugrundstücke verteilen, ist gleichgültig.

149 **bb) Einhaltung der vorgeschriebenen Höchstlänge der Außenwand.** Die vorgegebene Höchstlänge, in der Regel 16 m, ist von den jeweils äußersten Punkten der fertigen Wand zu messen. Strittig ist, ob sich diese Höchstlänge auf mehrere Abschnitte derselben (gegliederten) Außenwand, die die volle Abstandsflächentiefe nicht einhalten, verteilen darf, ob sogar bei einer einheitlichen Wand die Teile, die weniger als die grundsätzlich geforderte Abstandsflächentiefe einhalten, „herausgemessen" werden dürfen und ob die gesetzlich vorgeschriebene Höchstlänge der Außenwand nur von der Gesamtlänge dieser **sog. abstandsflächenrelevanten Außenwandteile**, die also näher als das grundsätzlich geforderte Tiefenmaß an die Grundstücksgrenze heranrücken, eingehalten werden muss („rechtliche Betrachtungsweise"). Zum Teil enthalten die Landesbauordnungen hierzu ausdrückliche Regelungen, z. B. § 6 Abs. 6 LBauO M-V, wonach in die Wandlänge Wandteile nicht einzurechnen sind, vor denen Abstandsflächentiefen von 1 H freigehalten sind, oder § 6 Abs. 6 SächsBO, wonach die Außenwandlänge durch Gebäudeteile unterbrochen wird, die gegenüber der Nachbargrenze 1 H einhalten. Demgemäß wird diese Frage auch von der überwiegenden Meinung in der obergerichtlichen Rechtsprechung und der Literatur bejaht.[179] Andererseits gilt nach der ausdrücklichen Regelung in § 6 Abs. 6 Satz 3 BauO NRW eine in sich gegliederte Wand als eine Außenwand im Sinne der Privilegierungsvorschrift, so dass als Gebäudeaußenwand nicht die einzelnen Wandabschnitte einer gegliederten Wand, sondern die gesamte Gebäudeabschlusswand zu verstehen ist.[180] Nach dieser rechtlichen Betrachtungsweise kommt es auch nicht darauf an, ob die Unterschreitung der Abstandsflächentiefe mit einem Teil der Außenwand darauf beruht, dass die Außenwand schräg zur Grundstücksgrenze verläuft, oder auf der baulichen Gestaltung der Außenwand.[181]

150 **cc) Einhaltung der geforderten Abstandsflächentiefe vor den übrigen Außenwänden.** Das Gebäude, für dessen höchstens zwei Außenwände die Privilegierung in Anspruch genommen werden soll, muss vor den übrigen Außenwänden die geforderte Abstandsflächentiefe einhalten. Das bedeutet zum einen: Weder die Wände, die nicht die Privilegierung beanspruchen, noch der Teil einer Wand, der die für die Privilegierung zulässige Höchstlänge überschreitet, darf die geforderte Abstandsflächentiefe unterschreiten. Zum anderen bedeutet diese Forderung, dass die Tiefe **nicht im Wege der Erteilung einer Abweichung reduziert worden sein** darf, auf die Rechtmäßigkeit der vor den übrigen Außenwänden eingehaltenen Abstandsflächentiefen wird nicht abgestellt. Unterschreitet die Abstandsfläche vor mehr als zwei Außenwänden die grundsätzlich erforderliche Tiefe, so beurteilt sich das Vorhaben allein nach der Grundnorm, die Privilegierungsvorschrift kann also **nicht bei demselben Gebäude mit einer Abweichung kombiniert werden**. Es soll sichergestellt sein, dass eine Reduzierung der eigentlich geforderten Abstandsflächentiefen auf zwei Gebäudeseiten beschränkt bleibt.[182] Zu demselben

[178] OVG Schl-H vom 26. 1. 1996 Az. 1 M 97/95.

[179] Bay VGH Großer Senat vom 21. 4. 1986 BRS 46 Nr. 103 und Bay VGH vom 25. 5. 1998 BRS 60 Nr. 111; OVG Rh-Pf vom 15. 9. 1988 BRS 48 Nr. 97; OVG NRW vom 18. 12. 1987 BRS 48 Nr. 98; a. A. OVG Sachs vom 1. 12. 1994 BRS 57 Nr. 147.

[180] OVG NRW vom 28. 8. 1995 BRS 57 Nr. 141 mit weiteren Nachweisen aus seiner Rechtsprechung.

[181] OVG Thür vom 20. 2. 2002 DÖV 2002, 671 (LS).

[182] Bay VGH Großer Senat vom 17. 4. 2000 BRS 63 Nr. 138.

Ergebnis, dass eine Kombination von Abweichung/Befreiung von der Einhaltung der Abstandsflächentiefe und die Inanspruchnahme des Schmalseitenprivilegs nicht möglich ist, kommt das OVG Schl-H mit der Überlegung, dass durch die Erteilung einer Befreiung von der Einhaltung einer Abstandsfläche zu einer Grundstücksgrenze das Privileg für eine Gebäudewand verbraucht wird.[183]

Derselbe Gedanke liegt den landesrechtlichen Regelungen zugrunde, wonach für jede Außenwand, die an eine Grenze gebaut ist, die Privilegierung für eine Außenwand gestrichen wird, bei zwei auf den Grenzen stehenden Außenwänden eines Gebäudes dieses also die Privilegierung überhaupt nicht mehr in Anspruch nehmen kann. Demgegenüber wird die Erteilung einer Abweichung im Verhältnis von mehreren Gebäuden untereinander auf demselben Grundstück nicht gehindert, weil der Nachbar insoweit von der Zulassung dichterer Bebauung nur mittelbar betroffen ist.[184]

Die Abstandsfläche ist auch dann vor den übrigen Grundstücksgrenzen eingehalten, wenn sie sich in rechtmäßiger Weise auf das **angrenzende Nachbargrundstück** erstreckt. Denn für diese Erstreckung ist keine Abweichung erforderlich, die Abstände werden dadurch nicht verkürzt.[185]

dd) Kein Verbrauch der Privilegierung durch Grenzanbau. Grundgedanke der Be- 151
schränkung der Privilegierung auf zwei Außenwände ist, dass vor den nicht privilegierten Außenwänden die Einhaltung der vollen Abstandsflächentiefe gesichert sein soll. Eine Abstandsfläche ist jedoch nach Bauordnungsrecht vor Außenwänden nicht erforderlich, die nach planungsrechtlicher Vorgabe an die Grenze gebaut werden müssen. Fast alle Landesbauordnungen sehen daher in speziellen Regelungen vor, dass eine an die Grenze gebaute Außenwand die Privilegierung für jeweils eine andere Außenwand verbraucht, so dass ein mit zwei Außenwänden an die Grenzen gebautes Gebäude die Privilegierung überhaupt nicht mehr in Anspruch nehmen kann. Dabei ist im Hinblick auf den Gesetzeswortlaut „an die Grenze gebaut" davon auszugehen, dass auch die Außenwände das Schmalseitenprivileg verbrauchen, die zwar nicht grenzständig, jedoch grenznah gebaut sind.[186]

Von dieser Regelung über den Verbrauch der Privilegierung durch Außenwände, die an der Grenze gebaut sind, bleibt jedoch die Möglichkeit unberührt, dass eine Außenwand, die nur zum Teil an die Grenze gebaut ist, mit einem anderen, von der Grenze abrückenden Abschnitt die volle Abstandsflächentiefe nicht einhält, sich für diesen Abschnitt auf die Privilegierung berufen und die Privilegierung zusätzlich zu einer weiteren Außenwand in Anspruch nehmen kann.[187]

Teilweise ist in Landesbauordnungen eine Sonderregelung dahin vorgesehen, dass ein Grenzanbau an einer Grenze zu einer **öffentlichen Verkehrs-/Grün-/Wasserfläche**, da diese ohnehin nicht bebaut wird, ohne Auswirkung bleibt auf die Zahl der Außenwände, vor denen die Privilegierung in Anspruch genommen werden kann.

e) Rechtsfolge

Bei Vorliegen dieser Voraussetzungen genügt **kraft Gesetzes eine reduzierte Ab-** 152
standsflächentiefe, in der Regel 0,5 H oder die Hälfte der grundsätzlich vorgeschriebenen Tiefe. Falls die jeweilige Landesbauordnung keine diesbezügliche Einschränkung enthält, kann die Privilegierung sowohl gegenüber Grundstücksgrenzen als auch gegenüber Gebäuden auf demselben Grundstück in Anspruch genommen werden. Die Privilegierung kann auch für ein grenzständig errichtetes Gebäude in Anspruch genommen werden, für das nicht wegen planungsrechtlich geforderten Grenzanbaus die Abstands-

183 OVG Schl-H vom 16. 2. 1994 Az. 1 M 2/94.

184 BayVGH vom 26. 2. 2002 BauR 2003, 768 (LS), BayVBl. 2003, 470.

185 BayVGH vom 14. 8. 2001 26 ZS 01.1297.

186 OVG NRW vom 17. 6. 2002 NVwZ-RR 2003, 336 bejaht das Verbrauchen des Privilegs für eine Außenwand, die einen Abstand von 0,06 m zur Grenze einhält.

187 OVG Saar vom 13. 12. 1995 BRS 57 Nr. 148.

flächenforderung entfällt; das Gebäude muss dann – bei Vorliegen der übrigen Voraussetzungen – nur die reduzierte Abstandsfläche einhalten, nur diese muss ggf. auf das Nachbargrundstück übernommen werden, nur in dieser reduzierten Tiefe kann eine Rechtsverletzung des Nachbargrundstücks vorliegen.[188]

Hält ein Gebäude auch die reduzierte Abstandsfläche nicht ein, so ist die **Abweichung von der Grundnorm** zu erteilen, nicht von der Privilegierungsvorschrift.

2. Sonderfälle gesetzlich reduzierter Abstandsflächentiefen – Ländervergleich

153

Regelungsgegenstand der Landesbauordnungen
Kraft Gesetzes **reduzierte Abstandsflächen**, insbesondere in Gewerbe- und Industriegebieten vor Wänden ohne Öffnungen

Land	**Norm** (LBO)	**Umsetzung/Abweichung in den Ländern**
MBO 2002	–	keine Regelung
BW	§ 6	keine Regelung
Bay	Art. 6	Art. 6 VI liegen sich in Gewerbe- und Industriegebieten Gebäude oder Gebäudeteile mit feuerbeständigen Wänden ohne Öffnungen gegenüber: zwischen den Wänden genügt Abstand von 3 m
Bln	§ 6	§ 6 IX 1 in Gewerbe- und Industriegebieten genügt als Abstandsflächentiefe bei Wänden ohne Öffnungen • wenn die Wände mindestens feuerhemmend sind und einschließlich Verkleidungen aus nichtbrennbaren Baustoffen bestehen: 1,50 m (Nr. 1) • wenn die Wände mindestens feuerhemmend sind oder einschließlich Verkleidungen aus nichtbrennbaren Baustoffen bestehen: 3 m (Nr. 2) § 6 IX 2 dies gilt nicht für Abstandsflächen gegenüber Grundstücksgrenzen
Bbg	–	keine Regelung
Brem	§ 6	§ 6 VII 1 in Gewerbe- und Industriegebieten genügt als Abstandsflächentiefe bei Wänden ohne Öffnungen • wenn die Wände mindestens feuerhemmend sind und einschließlich ihrer Verkleidung aus nichtbrennbaren Baustoffen bestehen: 1,50 m (Nr. 1) • wenn die Wände mindestens feuerhemmend sind oder einschließlich ihrer Verkleidung aus nichtbrennbaren Baustoffen bestehen: 2,50 m (Nr. 2) § 6 VII 2 dies gilt nicht für Abstandsflächen gegenüber Grundstücksgrenzen
Hamb	§ 6	§ 6 IX 2 geringere Tiefen sind zulässig • bis zu 0,75 H, mindestens 2,50 m bei Wohngebäuden geringer Höhe mit maximal 2 Wohnungen in Kleinsiedlungs-, Dorf- und Mischgebieten, wenn Abstandsflächentiefe vor der gegenüberliegenden Wand desselben Gebäudes um das verringerte Maß vergrößert wird (Nr. 1) • bis zu 0,5 H, mindestens 2,50 m auf Gemeinbedarfsflächen und Flächen für besondere Zwecke; abweichend davon ist zur Grenze eines benachbarten Grundstücks die für dieses Grundstück geltende Abstandsfläche maßgebend (Nr. 6) § 6 X 1 in Gewerbe- und Industriegebieten kann Mindesttiefe von 2,50 m für Gebäude geringer Höhe, in allen Gebieten bei untergeordneten Gebäuden bis auf 1,50 m unterschritten werden § 6 X 2 dies gilt nicht für Abstandsflächen gegenüber Grundstücksgrenzen
Hess	–	keine Regelung

[188] OVG Sachs vom 18. 1. 1999 SächsVBl. 1999, 132.

Land	Norm (LBO)	Umsetzung/Abweichung in den Ländern
M-V	§ 6	§ 6 IX 1 in Gewerbe- und Industriegebieten genügt als Abstandsflächentiefe bei Wänden ohne Öffnungen • wenn die Wände mindestens feuerhemmend sind und einschließlich ihrer Verkleidung aus nichtbrennbaren Baustoffen bestehen: 1,50 m (Nr. 1) • wenn die Wände mindestens feuerhemmend sind oder einschließlich ihrer Verkleidung aus nichtbrennbaren Baustoffen bestehen: 3 m (Nr. 2) § 6 IX 2 dies gilt nicht für Abstandsflächen gegenüber Grundstücksgrenzen
Nds	§ 10, § 12	§ 10 II Unterschreiten des grundsätzlich geforderten Abstands zulässig, soweit hinsichtlich Brandschutz, Tageslicht und Lüftung keine Bedenken bestehen, • wenn Baugrundstück in einem durch Bebauungsplan festgesetzten Gewerbe-/Industriegebiet liegt oder entsprechend genutzt werden darf, zwischen in diesen Gebieten allgemein zulässigen Gebäuden (Nr. 1) • zwischen landwirtschaftlichen Betriebsgebäuden ohne Aufenthaltsräume (Nr. 2) § 10 III 3 Unterschreiten des grundsätzlich geforderten Abstands zulässig, wenn Teile desselben Gebäudes oder aneinander gebauter Gebäude einander in geringerem Winkel als 75° zugekehrt sind, deshalb nach § 10 III 1 Abstand halten müssen, soweit die Gebäudeteile keine Öffnungen zu Aufenthaltsräumen haben und Brandschutz und ausreichende Belüftung gewährleistet sind § 10 IV Regelungen des § 10 I bis III gelten nicht für Fliegende Bauten § 12 IV 1 den vorgeschriebenen Abstand von Gebäuden und Gebäudeteilen auf demselben Baugrundstück dürfen unterschreiten, wenn sie nicht höher als 3 m sind und keine Bedenken wegen Brandschutz, Tageslicht und Lüftung: • Garagen • Gebäude ohne Feuerstätten und Aufenthaltsräume § 12 IV 2 größere Höhe als 3 m kann zugelassen werden, wenn keine Bedenken hinsichtlich Brandschutz, Tageslicht, Lüftung
NRW	§ 6	§ 6 IX 1 in Gewerbe- und Industriegebieten genügt als Abstandsflächentiefe vor Wänden ohne Öffnungen • wenn die Wände einer Feuerwiderstandsklasse entsprechen und einschließlich ihrer Bekleidung aus nicht brennbaren Baustoffen bestehen: 1,50 m (Nr. 1) • wenn die Wände einer Feuerwiderstandsklasse entsprechen oder einschließlich ihrer Bekleidung aus nichtbrennbaren Baustoffen bestehen: 3,0 m (Nr. 2) § 6 IX 2 dies gilt nicht gegenüber Grundstücksgrenzen
Rh-Pf	§ 8	§ 8 XII 1 Abstandsflächenforderung gilt nicht, wenn in Gebäuden, die zulässigerweise errichtet sind, deren Außenwände die nach geltendem Recht erforderlichen Abstandsflächen gegenüber Grundstücksgrenzen nicht einhalten, Wohnraum durch Ausbau oder Nutzungsänderung geschaffen wird und • die Gebäude in Gebieten liegen, die überwiegend dem Wohnen dienen (Nr. 1) • die Gebäude eine erhaltenswerte Bausubstanz haben (Nr. 2) und • die äußere Gestalt nicht oder nur unwesentlich verändert wird; Anordnung von Dachgauben, ähnlichen Dachaufbauten, Fenstern, sonstigen Öffnungen in Dächern oder Wänden so, dass von ihnen keine unzumutbaren Belästigungen/Störungen für Nachbarschaft ausgehen (Nr. 3) § 8 XII 2 dies gilt nicht für Gebäude im Sinne des § 8 IX
Saar	§ 7	§ 7 I 1 in Gewerbe- und Industriegebieten genügt als Abstandsflächentiefe bei Wänden ohne Öffnungen • wenn die Wände mindestens feuerhemmend sind und einschließlich ihrer Verkleidung aus nichtbrennbaren Baustoffen bestehen: 1,50 m (Nr. 1) • wenn die Wände mindestens feuerhemmend sind oder einschließlich ihrer Verkleidung aus nichtbrennbaren Baustoffen bestehen: 2,50 m (Nr. 2) § 7 I 2 dies gilt nicht für Abstandsflächen gegenüber Grundstücksgrenzen

Land	Norm (LBO)	Umsetzung/Abweichung in den Ländern
Sachs	§ 6	§ 6 IX 1 in Gewerbe- und Industriegebieten genügt als Abstandsflächentiefe bei Wänden ohne Öffnungen • wenn die Wände mindestens feuerhemmend sind und einschließlich Verkleidungen aus nichtbrennbaren Baustoffen bestehen: 1,50 m (Nr. 1) • wenn die Wände mindestens feuerhemmend sind oder einschließlich Verkleidungen aus nichtbrennbaren Baustoffen bestehen: 3 m (Nr. 2) § 6 IX 2 dies gilt nicht für Abstandsflächen gegenüber Grundstücksgrenzen § 6 XVI entsprechend geringere Abstandsflächentiefen zulässig bei nachträglicher Verkleidung von Außenwänden bestehender Gebäude, wenn Baumaßnahmen der Verbesserung des Wärmeschutzes dienen
Sachs-Anh	§ 6	§ 6 IX 1 in Gewerbe- und Industriegebieten genügt als Abstandsflächentiefe bei Wänden ohne Öffnungen • wenn die Wände mindestens feuerhemmend sind und einschließlich Verkleidungen aus nichtbrennbaren Baustoffen bestehen: 1,50 m (Nr. 1) • wenn die Wände mindestens feuerhemmend sind oder einschließlich Verkleidungen aus nichtbrennbaren Baustoffen bestehen: 3 m (Nr. 2) § 6 IX 2 dies gilt nicht für Abstandsflächen gegenüber Grundstücksgrenzen
Schl-H	§ 6	§ 6 VIII 3 als Abstandsflächentiefe genügt bei Wänden ohne Öffnungen • wenn die Wände mindestens feuerhemmend sind und einschließlich Verkleidungen aus nichtbrennbaren Baustoffen bestehen: 1,50 m (Nr. 1) • wenn die Wände mindestens feuerhemmend sind oder einschließlich Verkleidung aus nichtbrennbaren Baustoffen bestehen: 3 m (Nr. 2) § 6 VIII 4 dies gilt nicht gegenüber Grundstücksgrenzen § 6 VIII 5 dies gilt nicht für Außenwände von Kleingaragen einschließlich Abstellräumen mit maximal 20 m² Grundfläche sowie Gebäude ohne Aufenthaltsräume mit maximal 20 m² Grundfläche
Thür	§ 6	§ 6 IX 1 in Gewerbe- und Industriegebieten genügt als Abstandsflächentiefe bei Wänden ohne Öffnungen • wenn die Wände mindestens feuerhemmend sind und einschließlich ihrer Verkleidung aus nichtbrennbaren Baustoffen bestehen: 1,50 m (Nr. 1) • wenn die Wände mindestens feuerhemmend sind oder einschließlich ihrer Verkleidung aus nichtbrennbaren Baustoffen bestehen: 3 m (Nr. 2) § 6 IX 2 dies gilt nicht für Abstandsflächen gegenüber Grundstücksgrenzen

3. Die Zulassung von Abweichungen/Befreiungen auf Grund im Abstandsflächenrecht enthaltener Spezialregelungen

MBO 2002 –, BW § 6 Abs. 4, Bay Art. 7 Abs. 3, Bln § 6 Abs. 13 und Abs. 16 Satz 2, Bbg § 6 Abs. 10, Brem § 6 Abs. 6 Satz 2, Abs. 8, Hamb § 6 Abs. 12, Hess § 6 Abs. 12, M-V § 6 Abs. 13, Abs. 14, Nds § 12 Abs. 2, § 13, NRW § 6 Abs. 13 bis Abs. 15, Rh-Pf § 8 Abs. 10, Saar –, Sachs § 6 Abs. 13, Abs. 14, Sachs-Anh § 6 Abs. 12, Abs. 13, Schl-H § 6 Abs. 12, Abs. 14, Thür § 6 Abs. 13 bis 15.

a) Bedeutung der Abweichungsvorschriften im Abstandsflächenrecht

154 Das Abstandsflächenrecht enthält die vom jeweiligen Landesgesetzgeber erlassenen grundlegenden Vorschriften für die Einhaltung der im Einzelfall erforderlichen Abstandsflächentiefe. Im Einzelfall können **besondere Umstände** ein Abweichen von diesen, auf den Regelfall zugeschnittenen Vorgaben rechtfertigen. Das Abstandsflächenrecht enthält daher einerseits die – vorgehend dargestellten – Sondervorschriften, die die gesetzlichen Abstandsflächenvorschriften in typisierten Fällen unmittelbar verdrängen, so dass bei Vorliegen der jeweiligen Voraussetzungen kraft Gesetzes nur eine geringere als die grundsätzlich geforderte Abstandsfläche einzuhalten ist. Daneben enthält das Abstandsflächen-

recht der einzelnen Landesbauordnungen besondere Tatbestände, bei deren Vorliegen die zuständige Behörde im Einzelfall **geringere Abstandsflächen durch gesonderte Entscheidung** zulassen kann; die allgemeinen Auffangtatbestände der jeweiligen Landesbauordnung bleiben daneben auch für die Zulassung geringerer Abstandsflächen anwendbar.

b) Allgemeine abstandsflächenrechtliche Abweichungs-/Befreiungstatbestände – Ländervergleich

155

Regelungsgegenstand der Landesbauordnungen
Spezielle Abweichungstatbestände im Abstandsflächenrecht

Land	**Norm** (LBO)	**Umsetzung/Abweichung in den Ländern**
MBO 2002		keine Regelung zur Zulassung geringerer Abstandsflächentiefen
BW	§ 6	§ 6 IV 1 geringere Tiefen sind zuzulassen • in überwiegend bebauten Gebieten, wenn dies die Gestaltung des Straßenbildes oder besondere örtliche Verhältnisse erfordern (Nr. 1) • wenn Beleuchtung mit Tageslicht sowie Belüftung in ausreichendem Maße gewährleistet bleiben, Gründe des Brandschutzes nicht entgegenstehen und, soweit die Tiefe der Abstandsflächen die Maße des § 5 VII 3 (d. h. den nachbarschützenden Teil der Abstandsflächen) unterschreitet, nachbarliche Belange nicht erheblich beeinträchtigt werden (Nr. 2) § 6 IV 2 in den Fällen der Nr. 1 können geringere Tiefen der Abstandsflächen auch verlangt werden
Bay	Art. 7	Art. 7 III Verminderung der Abstandsflächen bis auf eine halbe Wandhöhe kann gestattet werden für Gebäude oder Gebäudeteile, die sich auf einem Grundstück gegenüberliegen, von denen mindestens eines nicht mehr als ein Vollgeschoss aufweist und nicht dem Wohnen dient Voraussetzung: keine Beeinträchtigung von Brandschutz, Belichtung und Lüftung
Bln	§ 6	§ 6 XI 2 i.V. m. § 6 XI 1 geringere Abstandsflächentiefen zu anderen Gebäuden auf dem Grundstück können zugelassen werden, wenn keine wesentlichen Beeinträchtigungen gegenüberliegender Räume, für • Garagen (§ 6 XI 1 Nr. 1) • Gebäude ohne Feuerstätten und Aufenthaltsräume (§ 6 XI 1 Nr. 2) • Anlagen und Einrichtungen nach § 6 X (d. h. mit gebäudegleicher Wirkung (§ 6 XI 1 Nr. 3) § 6 XIII geringere Abstandsflächentiefen können in überwiegend bebauten Gebieten gestattet werden, wenn Gestaltung des Straßenbildes oder besondere städtebauliche Verhältnisse dies erfordern und Gründe des Brandschutzes nicht entgegenstehen
Bbg	–	keine Regelung zur Zulassung geringerer Abstandsflächentiefen
Brem	§ 6	§ 6 VI 2 Ausnahmen von Mindesttiefe des § 6 VI 1 (5 m) können erteilt werden für Nebenzwecken dienende, untergeordnete Gebäude ohne Feuerstätten und ohne Aufenthaltsräume, wenn keine Bedenken wegen des Brandschutzes § 6 VIII 1 geringere Tiefen als nach § 6 V bis VII können zugelassen werden, wenn ausreichende Belüftung/Beleuchtung mit Tageslicht gewährleistet bleibt, keine Bedenken hinsichtlich Brandschutz und Gesundheitsschutz • bei Nutzungsänderungen in Baudenkmälern sowie in Gebäuden mit zulässigerweise errichteten Aufenthaltsräumen (Nr. 1) • für Baumaßnahmen an Außenwänden vorhandener Gebäude, wie Verkleidung oder Verblendung (Nr. 2) • für Antennenträger, die hoheitlichen Aufgaben oder Aufgaben der Deutschen Bahn AG oder der Deutschen Bundespost dienen (Nr. 3)

Land	Norm (LBO)	Umsetzung/Abweichung in den Ländern
		• für Windenergieanlagen (Nr. 4) • in überwiegend bebauten Gebieten, wenn die Gestaltung des Straßenbildes oder besondere örtliche oder städtebauliche Verhältnisse oder die Schonung des vorhandenen erhaltenswerten Grundstücksbewuchses dies erfordern (Nr. 5) • vor Außenwänden ohne notwendige Fenster für Aufenthaltsräume (Nr. 6) § 6 VIII 2 soweit Abstandsfläche die Tiefe mit nachbarschützender Wirkung (§ 6 V 5) unterschreitet, dürfen nachbarliche Belange nicht erheblich beeinträchtigt werden
Hamb	§ 6	§ 6 XII es kann zugelassen werden • im Falle des § 6 IX 1 (d. h. falls Abstandsflächentiefe 1 H, mindestens 6 m beträgt) eine geringere Tiefe, wenn das Gebäude sonst nicht in der vorhandenen, das Straßenbild prägenden Gebäudeflucht errichtet werden kann (Nr. 1) • im Fall des § 6 IX (grundsätzlich erforderliche Tiefe) und des § 6 X (reduzierte Tiefe in Gewerbe-/Industriegebieten) eine Unterschreitung der Tiefe der Abstandsfläche bzw. der Mindesttiefe von 2,50 m um bis zu 0,2 m, wenn bei bestehenden Gebäuden Maßnahmen zur Verbesserung des Wärmeschutzes durchgeführt werden; dies gilt entsprechend für die Mindesttiefe des § 6 XI von 2 m für Vorbauten, Erker etc. (Nr. 3)
Hess	–	keine Regelung zur Zulassung geringerer Abstandsflächentiefen
M-V	§ 6	geringere Tiefen können gestattet werden • § 6 XIII falls sich Wände desselben Gebäudes gegenüberliegen und Beleuchtung der Räume des Gebäudes nicht wesentlich beeinträchtigt wird • § 6 XIV in überwiegend bebauten Gebieten, wenn Gestaltung des Straßenbildes oder besondere städtebauliche Verhältnisse dies rechtfertigen und Brandschutz nicht entgegensteht
Nds	§ 13	§ 13 I geringere Abstände können zugelassen werden • zur Verwirklichung besonderer baugestalterischer oder städtebaulicher Absichten (Nr. 1) • zur Wahrung der Eigenart/des besonderen Eindrucks von Baudenkmalen (§ 3 II und III Niedersächs. Denkmalschutzgesetz) (Nr. 2) • zur Wahrung baugestalterischer/städtebaulicher Belange bei Baumaßnahmen in bebauten Bereichen entsprechend der vorhandenen Bebauung (Nr. 3) • zur Durchführung von Nutzungsänderungen in Baudenkmalen sowie in sonstigen Gebäuden mit genehmigten Aufenthaltsräumen (Nr. 4) • für Baumaßnahmen an Außenwänden vorhandener Gebäude, wie Verkleidung oder Verblendung (Nr. 5) • für Antennenanlagen, die hoheitlichen Aufgaben oder Aufgaben der Deutschen Bahn AG, dem öffentlichen Fernmeldewesen oder der Verbreitung von Rundfunk oder Fernsehen dienen, wenn sie sonst nicht oder nur unter Schwierigkeiten auf dem Baugrundstück errichtet werden können (Nr. 6) • mit Zustimmung des Nachbarn (Nr. 7) a) für Windkraftanlagen, ausgenommen Gebäude b) für Masten von Freileitungen zur Versorgung mit elektrischer Energie § 13 II 1 Voraussetzung für Fälle des § 13 I: Brandschutzerfordernisse erfüllt § 13 II 2 zusätzliche Voraussetzung: den allgemeinen Anforderungen an gesunde Wohn- und Arbeitsverhältnisse, auch auf Nachbargrundstücken, muss • für die Fälle des § 13 I Nr. 1: mindestens gleichwertig entsprochen werden • für die Fälle des § 13 I Nrn. 2 bis 7: unter angemessener Berücksichtigung der besonderen Gegebenheiten entsprochen werden

Land	Norm (LBO)	Umsetzung/Abweichung in den Ländern
NRW	§ 6	geringere Tiefen als nach § 6 V (grundsätzlich erforderliche Tiefe) können gestattet werden • § 6 XIII falls sich Wände desselben Gebäudes gegenüberliegen, wenn Beleuchtung der Räume des Gebäudes nicht wesentlich beeinträchtigt wird • § 6 XIV bei nachträglicher Bekleidung/Verblendung von Außenwänden sowie nachträglicher Anhebung der Dachhaut bestehender Gebäude, wenn Baumaßnahme der Verbesserung des Wärmeschutzes dient • § 6 XV 1 bei Nutzungsänderungen/geringfügigen baulichen Änderungen bestehender Gebäude ohne Veränderung von Länge und Höhe der den Nachbargrenzen zugekehrten Wände unter Würdigung nachbarlicher Belange, wenn Gründe des Brandschutzes nicht entgegenstehen, § 6 XV 2 dies gilt nicht für Gebäude nach § 6 XI 1 Nr. 1 (an der Nachbargrenze gebaute, ohne Abstandsfläche zulässige Gebäude) • § 6 XVI in überwiegend bebauten Gebieten, wenn Gestaltung des Straßenbildes oder besondere städtebauliche Verhältnisse dies auch unter Würdigung nachbarlicher Belange rechtfertigen und Gründe des Brandschutzes nicht entgegenstehen
Rh-Pf	§ 8	§ 8 X 1 geringere Abstandsflächentiefen können zugelassen werden, sofern Beleuchtung mit Tageslicht und Lüftung von Aufenthaltsräumen nicht beeinträchtigt werden und Brandschutz gewährleistet ist • vor Wänden auf demselben Grundstück mit einem Winkel von maximal 75°, wenn es sich handelt um (Nr. 1) a) Wände von Gebäuden, die nicht dem Wohnen dienen b) Wände von Wohngebäuden, in denen keine Fenster von Wohn- oder Schlafräumen angeordnet sind c) Wände derselben Wohnung zu einem eigenen Innenhof • in überwiegend bebauten Gebieten, wenn die Gestaltung des Straßenbildes oder städtebauliche Verhältnisse dies erfordern (Nr. 2) § 8 X 2 bei Windkraftanlagen in nicht bebauten Gebieten kann Abstandsflächentiefe bis zu 0,25 H zugelassen werden; § 8 VI 2 (Abweichungsmöglichkeit für Abstandsflächen in Kerngebieten und Sondergebieten, die nicht der Erholung dienen) bleibt unberührt
Saar	–	nur gesetzlich vorgesehene Reduzierung der Abstandsflächen, keine Abweichungsregelungen im Abstandsflächenrecht
Sachs	§ 6	geringere Abstandsflächentiefen als nach § 6 V (grundsätzlich gefordert) können gestattet werden • § 6 XIII falls sich Wände desselben Gebäudes gegenüberliegen, Belichtung der Räume des Gebäudes nicht wesentlich beeinträchtigt wird und Gründe des Brandschutzes nicht entgegenstehen • § 6 XIV in überwiegend bebauten Gebieten, wenn Gestaltung des Straßenbildes oder besondere städtebauliche Verhältnisse dies auch unter Berücksichtigung nachbarlicher Belange rechtfertigen, Gründe des Brandschutzes nicht entgegenstehen
Sachs-Anh	§ 6	geringere Abstandsflächentiefen als nach § 6 V (grundsätzlich gefordert) können gestattet werden, • § 6 XIII falls sich Wände desselben Gebäudes gegenüberliegen und die Beleuchtung der Räume des Gebäudes nicht wesentlich beeinträchtigt wird • § 6 XIV in überwiegend bebauten Gebieten, wenn Gestaltung des Straßenbildes oder besondere städtebauliche Verhältnisse dies erfordern und Gründe des Brandschutzes nicht entgegenstehen

Land	Norm (LBO)	Umsetzung/Abweichung in den Ländern
Schl-H	§ 6	§ 6 VIII 2 für Gebäude und sonstige bauliche Anlagen i. S. von § 6 X 1 können Ausnahmen erteilt werden, wenn keine Bedenken wegen des Brandschutzes bestehen § 6 XII geringere Abstandsflächentiefen können gestattet werden in überwiegend bebauten Gebieten, wenn Gestaltung des Straßenbildes oder besondere örtliche oder städtebauliche Verhältnisse dies rechtfertigen und keine Bedenken wegen des Brandschutzes bestehen § 6 XIV geringere Abstandsflächentiefen als nach § 6 I bis XIII können zugelassen werden • bei Nutzungsänderungen in zulässigen Gebäuden, auch wenn diese bereits in den Abstandsflächen liegen (Nr. 1) • für Baumaßnahmen an Außenwänden und Dächern vorhandener Gebäude, wie Verkleidung oder Verblendung (Nr. 2) • für Antennen- und Signalträgeranlagen, die hoheitlichen Aufgaben oder Aufgaben der Deutschen Bahn AG, dem allgemeinen Fernmeldewesen oder der Verbreitung von Rundfunk oder Fernsehen dienen, sowie Windenergieanlagen, wenn sie sonst nicht oder nur unter Schwierigkeiten auf dem Baugrundstück errichtet werden können (Nr. 3) • für die vorübergehende Aufstellung von Verkaufsständen und -buden bei Märkten, Straßen- und Volksfesten (Nr. 4) § 6 XV Ausnahmen, die in § 6 I bis XIV vorgesehen sind, sollen unbeschadet der übrigen Voraussetzungen bei Einvernehmen der benachbarten Grundstückseigentümer erteilt werden
Thür	§ 6	geringere Abstandsflächentiefen können gestattet werden § 6 XIV falls sich Wände desselben Gebäudes gegenüberliegen und die Beleuchtung der Räume des Gebäudes nicht wesentlich beeinträchtigt wird § 6 XV 1 Abweichungen von § 6 I bis XIV können gestattet werden, wenn die geforderten Abstandsflächen untereinander nicht eingehalten werden können • wegen einer bereits vorhandenen Bebauung oder aus anderen Gründen ohne unbillige Härte (Nr. 1) • wegen der Gestaltung des Straßenbildes oder aus anderen städtebaulichen Gründen (Nr. 2) • bei Gebäuden für gewerbliche und industrielle Zwecke, weil sie eine technische Einheit bilden (Nr. 3) § 6 XV 2 ausreichender Brandschutz und ausreichende Belichtung und Belüftung müssen gewährleistet sein

c) Abweichungs-/Befreiungsmöglichkeiten bei Sonderbauten[189] – Ländervergleich

156

Regelungsgegenstände der Landesbauordnungen und der MBO 2002
Für bauliche Anlagen besonderer Art oder Nutzung (Sonderbauten) können im Einzelfall Erleichterungen zugelassen werden, soweit es der Einhaltung von Vorschriften wegen der besonderen Art oder Nutzung von baulichen Anlagen oder Räumen oder wegen besonderer Anforderungen nicht bedarf; diese Erleichterungen können insbesondere betreffen • die Abstände von Nachbargrundstücken/Nachbargrenzen • die Abstände von anderen baulichen Anlagen auf dem Grundstück • die Abstände von öffentlichen Verkehrsflächen • die Größe der freizuhaltenden Flächen der Baugrundstücke

[189] Zum Begriff s. oben Kap. 2, Rn. 16 f.

Land	Norm (LBO)	Umsetzung/Abweichung in den Ländern und der MBO 2002
MBO 2002	§ 51	§ 51 I 3 Nr. 2
BW	§ 38	§ 38 I 2 Nr. 1 Erleichterungen auch für Abstände von oberirdischen Gewässern, keine Regelung zur Größe der freizuhaltenden Flächen der Baugrundstücke vorgesehen
Bay	–	keine Regelung
Bln	–	§ 50 I 2 allgemeine Regelung zur Gestattung von Erleichterungen für Sonderbauten
Bbg	§ 55	§ 55 I 3 Nr. 1
Brem	§ 52	§ 52 I 4 Nr. 1
Hamb	–	keine Regelung von Erleichterungen (§ 51 ermöglicht nur, besondere Anforderungen zu stellen)
Hess	–	keine Regelung
M-V	–	keine Regelung von Erleichterungen (§ 51 ermöglicht nur, besondere Anforderungen zu stellen)
Nds	§ 51	§ 51 I 3 Nr. 1 Erleichterungen können sich insbesondere erstrecken auf die Abstände
NRW	§ 54	§ 54 II Nr. 1
Rh-Pf	§ 50	§ 50 I 3 Nr. 1 Erleichterungen können auch betreffen die Abstände von Gewässern
Saar	§ 53	§ 53 I Nr. 1
Sachs	§ 52	§ 52 I 3 Nr. 1
Sachs-Anh	§ 56	§ 56 I 3 Nr. 1
Schl-H	§ 58	§ 58 I 3 Nr. 1
Thür	§ 52	§ 52 I 3 Nr. 1

d) Allgemeine Grundsätze für die Erteilung von Abweichungen/Befreiungen im Abstandsflächenrecht

Maßgebliche Gesichtspunkte bei der Entscheidung über die Zulassung einer Abweichung von den Abstandsflächenvorschriften sind einerseits die **Berücksichtigung der Anforderungen der Abstandsflächenbestimmungen**, andererseits die Würdigung nachbarlicher Belange. Die Zulassung einer Abweichung setzt Gründe voraus, durch die sich das konkrete Vorhaben vom Regelfall unterscheidet und die die Einbuße an Belichtung, Belüftung und Freiflächen im konkreten Fall als vertretbar erscheinen lassen.[190] 157

e) Würdigung nachbarlicher Interessen

Es ist immer zu prüfen, ob und in welchem Ausmaß der Nachbar durch die Abweichung von der grundsätzlich geforderten Abstandsflächentiefe in den mit der Abstandsflächenregelung verfolgten Schutzgütern Belichtung/Belüftung/Besonnung und dem nachbarlichen Wohnfrieden beeinträchtigt würde. Zu berücksichtigen ist z. B., ob in der die Abstandsfläche unterschreitenden Wand Fenster vorgesehen sind und dadurch eine Einsehmöglichkeit eröffnet wird, was bei einer Lärmschutzwand nicht der Fall ist.[191] Der 158

[190] Bay VGH vom 12. 3. 1999 Az. 2 ZB 98.3014 und vom 24. 3. 1999 Az. 14 ZB 99.508.
[191] Bay VGH vom 27. 10. 2000 Az. 2 ZB 00.1627.

Erteilung einer Abweichung können **nur schutzwürdige nachbarliche Interessen** entgegenstehen; eine bauliche Situation, die sich nicht auf eine baurechtliche Genehmigung oder Bestandsschutz stützen kann, ist nicht schutzwürdig.[192] Der Nachbar muss die Beeinträchtigungen hinnehmen, die denen entsprechen, die er selbst durch ein auf seinem Grundstück errichtetes Gebäude auslöst; dieser Grundsatz findet seine Schranke dort, wo die Beeinträchtigung so groß wird, dass sie als mit Grundvorstellungen des geltenden Bauordnungsrechts schlechthin nicht mehr vereinbar angesehen werden muss.[193]

Eine Verletzung von **öffentlich-rechtlich geschützten Nachbarrechten** durch ein Vorhaben kann allenfalls dann durch die Zulassung einer Abweichung legalisiert werden, wenn gleichgewichtige öffentliche Belange der Verletzung der Nachbarrechte entgegengehalten werden können. Es kann bei Erteilung einer Abweichung nicht allein auf eine geringe Betroffenheit des Nachbarn abgestellt werden, dies würde zu einer allgemeinen Aufweichung der Abstandsflächenvorschriften führen.[194]

Die Abweichung bei einer **Nutzungsänderung** kann zugelassen werden, wenn die Nachbarn durch die neue Nutzung im Altbestand nicht mehr beeinträchtigt werden, als dies bei Ausübung derselben Nutzung unter Einhaltung der Abstandsflächen der Fall wäre.

f) Gesichtspunkte für die Ausübung des Ermessens

159 Die Zulassung einer Abweichung ist eine Ermessensentscheidung, bei der die Behörde von richtigen Tatsachen ausgehen muss. Das bedeutet insbesondere: Die vom Gesetz geforderte Tiefe der Abstandsfläche und die tatsächlich zur Verfügung stehende Abstandsfläche müssen richtig ermittelt werden, weil sich hieraus das Maß der Verkürzung der Abstandsfläche ergibt. Wird der **Umfang des Vorhabens verkannt**, kann das **Ermessen nicht ordnungsgemäß** ausgeübt sein.[195] Ein Ermessensfehler liegt auch vor, wenn die Behörde bei Zulassung einer Abweichung/Befreiung für eine Erweiterung den Umfang des genehmigten Bestandes überschätzt.[196]

g) Abweichungsmöglichkeit für einander gegenüberliegende Wände

160 Diese Sonderregelung gilt nur im Verhältnis der Abstandsflächentiefen untereinander, betrifft also die **auf dem Baugrundstück liegenden Flächen**, ermöglicht aber keine Reduzierung der Tiefe gegenüber Nachbargrundstücken.[197] Es geht hier nicht um den Ausgleich widerstreitender Interessen zwischen Bauherr und Nachbarschaft, sondern nur um den Ausgleich zwischen dem Wunsch des Bauherrn nach möglichst dichter Bebauung seines Grundstücks und der sicherheitsrechtlichen Forderung, dass Belangen von Brandschutz, Belichtung und Belüftung genügt wird. Die Interessen der Nachbarschaft sind nur unter dem für die Nachbarschaft allein relevanten Gesichtspunkt der baulichen Verdichtung des Nachbargrundstücks zu würdigen.

h) Abweichungsmöglichkeit in überwiegend bebauten Gebieten

Sinn dieser Abweichungsmöglichkeit ist es, ein durch vorhandene Bebauung in den Abstandsflächen bereits vorgeprägtes Straßenbild nicht dadurch zu beeinträchtigen, dass bei den – ohnehin nur noch vereinzelten – aktuellen Bauvorhaben die nach geltendem Recht erforderlichen Abstandsflächen durchgesetzt werden, sondern eine Schließung vorhandener Lücken in der Weise zu ermöglichen, dass die für das hinzukommende Bauvorhaben geforderten Abstandsflächen **dem vorhandenen Bestand angepasst werden**. Dem Erhalt des vorgeprägten Straßenbildes wird also der Vorrang gegenüber der Einhaltung der aktuell erforderlichen Abstände eingeräumt. Das bedeutet, dass die hinzukom-

[192] Bay VGH vom 24. 2. 2000 Az. 1 CS 00.1015.
[193] OVG NRW vom 18. 8. 2001 BRS 64 Nr. 118; BW VGH vom 18. 11. 2002 BauR 2003, 1203.
[194] Bay VGH vom 17. 11. 1998 Az. 20 ZS 98.3016.
[195] Bay VGH vom 29. 9. 1999 Az. 26 ZS 99.84.
[196] Bay VGH vom 11. 2. 1999 Az. 26 B 97.3297.
[197] Bay VGH vom 26. 2. 2002 BauR 2003, 768 (LS), BayVBl. 2003, 470.

mende Bebauung gegenüber der vorhandenen Bebauung ein geringeres Gewicht haben muss. Weitere Voraussetzung ist, dass die vorgegebenen städtebaulichen Verhältnisse die geringere Abstandsflächentiefe rechtfertigen müssen, d.h. der vorgegebene Baubestand muss in der Ausgestaltung, die die nach geltendem Recht erforderlichen Abstandsflächen nicht einhält, wert sein, erhalten und durch das Bauvorhaben ergänzt zu werden.[198] Die Zulassung geringerer Abstandsflächentiefen ist nicht schon dann gerechtfertigt, wenn die hinzukommende Bebauung sich, trotz geringerer Tiefe, ohne zu stören in das Straßenbild einpasst, sondern erst dann, wenn ein Gebäude bei der Einhaltung der aktuell erforderlichen Abstandsflächen störend aus dem Rahmen eines im Wesentlichen einheitlichen Straßenbildes herausfallen würde.[199]

X. Nachbarschutz

1. Die grundsätzlich nachbarschützende Wirkung der Abstandsflächenregelungen

Grundsätzlich sind die Vorschriften des Abstandsflächenrechts **nachbarschützend**. Un- 161
terschiedliche Auffassungen bestehen zu der Frage, ob die jeweils geforderte Abstandsfläche **in der vollen Tiefe** Nachbarschutz vermittelt, oder nur ein Teil davon; nach dieser Auffassung hätte ein Nachbarrechtsbehelf nur dann Erfolg, wenn auch der nachbarschützende Teil der Abstandsfläche noch unterschritten würde. Einige Landesbauordnungen enthalten ausdrückliche Regelungen, wonach nur ein Teil der Abstandsfläche nachbarschützend ist.[200] Wo solche ausdrücklichen Regelungen fehlen, lässt sich dem Gesetz nicht entnehmen, dass der Nachbar nicht Anspruch auf Einhaltung der gesamten, geforderten Abstandsfläche, sondern nur auf einen Teil von ihr haben sollte; es ist dann jeweils die konkret geforderte Abstandsfläche **insgesamt**, in ihrer gesamten Tiefe, nachbarschützend. Der Nachbar kann sich also dann – von den unten beschriebenen Sonderfällen abgesehen – grundsätzlich gegen jede Unterschreitung der Mindestabstandsfläche zur Wehr setzen.

Da immer nur eine Berufung auf eine **Verletzung eigener Rechte** möglich ist, kommt es nicht darauf an, ob eine Abstandsfläche sich in unzulässiger Weise auf Nachbargrundstücke, die nicht im Eigentum des Klägers stehen, erstreckt. Jede Verkürzung der Abstandsflächentiefe, sei es mit, sei es ohne Zulassung von Abweichungen, kann nur den Eigentümer des Grundstücks in seinen Rechten verletzen, dem gegenüber die Verkürzung vorgenommen wurde. Die Einhaltung der erforderlichen Abstandsflächen an den Gebäudeseiten, die dem Nachbargrundstück abgewandt sind, ist nur in Ausnahmefällen zu prüfen, insbesondere, wenn sich hieraus Auswirkungen auf die Inanspruchnahme des Schmalseitenprivilegs ergeben. Rechtsverstöße, die keine oder nur ganz geringfügige tatsächliche Auswirkungen auf das Nachbargrundstück haben, lösen keine nachbarrechtlichen Abwehrrechte aus, sondern bleiben unterhalb der auch im Bauordnungsrecht zu beachtenden Bagatellegrenze.[201]

2. Das gesetzlich bestimmte Maß der nachbarschützenden Tiefe – Ländervergleich

Regelungsgegenstände der Landesbauordnungen und der MBO 2002	
Der **nachbarschützende Teil** der Abstandstiefen beträgt einen im Einzelnen bestimmten Teil der grundsätzlich geforderten Tiefe	162

[198] OVG M-V vom 10.7.1997 BRS 59 Nr. 190.
[199] OVG NRW vom 27.10.1997 BauR 1998, 317.
[200] § 5 VII 3 LBO BW, § 6 V 4 und VII 4 BauO Bln, § 6 V 5 BremLBO.
[201] Hess VGH vom 22.6.1998 BRS 60 Nr. 104.

Land	Norm (LBO)	Umsetzung/Abweichung in den Ländern
MBO 2002	–	keine Regelung
BW	§ 5	§ 5 VII 3 der nachbarschützende Teil beträgt • bei § 5 VII 1 Nr. 1 (d. h. allgemein) 0,4 der Wandhöhe • bei § 5 VII 1 Nr. 2 (in Kerngebieten, Dorfgebieten und besonderen Wohngebieten) 0,2 der Wandhöhe • bei § 5 VII 1 Nr. 3 (in Gewerbe-, Industriegebieten sowie Sondergebieten, die nicht der Erholung dienen) 0,125 der Wandhöhe mindestens die Tiefe nach § 5 VII 2, d. h. 2,5 m, bei Wänden bis 5 m Breite 2 m
Bay	–	keine Regelung
Bln	§ 6	§ 6 VII 4 nachbarschützende Wirkung von Abstandsflächen oder Abständen verringert sich um das Maß der gestatteten Abweichung
Bbg	–	keine Regelung zu nachbarschützendem Teil der Abstandsflächen, aber Besonderheit § 6 II 3 geringfügige Erstreckung von Abstandsflächen auf Nachbargrundstück mit Breite bis zu 4 m, Tiefe bis zu 1 m, höchstens einer Fläche von insgesamt 2 m^2, ist zulässig
Brem	§ 6	§ 6 V 5 nachbarschützende Wirkung hat die halbe Tiefe der Abstandsfläche nach § 6 V 1 und 3, mindestens 2,50 m
Hamb	–	keine Regelung
Hess	–	keine Regelung
M-V	–	keine Regelung
Nds	–	keine Regelung
NRW	–	keine Regelung
Rh-Pf	–	keine Regelung
Saar	–	keine Regelung
Sachs	–	keine Regelung
Sachs-Anh	–	keine Regelung
Schl-H	–	keine Regelung
Thür	–	keine Regelung

3. Das nachbarliche Gemeinschaftsverhältnis

163 Die Grundlage des baurechtlichen Nachbarschutzes ist das nachbarliche Gemeinschaftsverhältnis, das auf dem Grundgedanken beruht, dass jeder Grundstückseigentümer zugunsten des Nachbarn gewissen Beschränkungen unterworfen ist, er jedoch seinerseits, im Austausch hierfür, verlangen kann, dass der Nachbar diese Beschränkungen gleichfalls beachtet. Die Nachbarn sind sich also zur **gegenseitigen Rücksichtnahme** verpflichtet. Daraus folgt: Wer mit seinem Gebäude selbst den Grenzabstand nicht einhält, ist aus dem Grundsatz von Treu und Glauben und dem Verbot der unzulässigen Rechtsausübung gehindert, die Verletzung des Grenzabstands durch seinen Nachbarn zu rügen.[202]

[202] BW VGH vom 18. 11. 2002 BauR 2003, 1203 m. w. N.

4. Nachbarschutz bei Abstandsflächenverkürzung auf Grund des Schmalseitenprivilegs

Bei Anwendung des Schmalseitenprivilegs ist der Nachbarschutz auf die **Einhaltung der erlaubten reduzierten Abstandsfläche beschränkt**; nur diese ist rechtlich geschützt. Bei Einhaltung der Voraussetzungen für die Inanspruchnahme des Schmalseitenprivilegs kann der Nachbar also keine Rechtsverletzung nach § 113 Abs. 1 VwGO geltend machen, die gesetzlich vorgesehene Verkürzung der Abstandsflächen ist für den Nachbarn nicht angreifbar. Bei Inanspruchnahme des Privilegs vor mehr Außenwänden als zulässig kann sich jeder Nachbar, gegenüber dessen Grundstück die grundsätzlich erforderlichen Abstandsflächen nicht eingehalten werden, auf die Verletzung der Privilegierungsvorschrift berufen.[203] Denn die Abstandsflächenvorschriften verfolgen auch das Ziel, einer übermäßig dichten Bebauung entgegenzuwirken; durch die Inanspruchnahme der Privilegierung vor drei Außenwänden kommt es zu einer – auch die Nachbarschaft in unerwünschter Weise beeinträchtigenden – Verdichtung der Bebauung. 164

5. Nachbarschutz gegenüber gesetzlich zulässigen Grenzbauten

Sonderregelungen, wonach bestimmte Gebäude – kraft Gesetzes, also ohne gesonderte Entscheidung – an der Grenze zulässig sind, sind in vollem Umfang drittschützend.[204] 165

6. Nachbarschutz bei Inanspruchnahme einer öffentlichen Fläche durch das Baugrundstück

Die Regelung, dass Abstandsflächen sich nur bis zu deren Mitte auf öffentliche Flächen erstrecken dürfen, ist **für das gegenüberliegende Grundstück nachbarschützend**.[205] Etwas anderes kann allenfalls dann gelten, wenn das gegenüberliegende Grundstück nicht zulässigerweise bebaut werden kann, oder aus sonstigen Gründen feststeht, dass das gegenüberliegende Grundstück seine Hälfte der öffentlichen Fläche nicht als Abstandsfläche wird in Anspruch nehmen können.[206] 166

7. Nachbarschutz bei Gestattung/Forderung eines Grenzanbaus

Zwar sind bei der Entscheidung über die Forderung/Gestattung eines Grenzanbaus auch die Interessen des Nachbarn zu berücksichtigen. Die Regelung selbst ist jedoch **nicht nachbarschützend**: Da sie nur die nachbarschützende Grundforderung nach Einhaltung einer Abstandsfläche modifiziert, kann der Nachbar unmittelbar aus dieser öffentlich-rechtlichen Position klagen. 167

8. Nachbarschutz bei Inanspruchnahme der Privilegierung für Bauteile/Vorbauten

Der Nachbar, vor dessen Außenwänden die Bauteile/Vorbauten, die abstandsflächenrechtlich unberücksichtigt blieben, vortreten, kann sich gegen das Bauvorhaben unter Berufung auf eine Verletzung der Abstandsflächenvorschriften berufen. 168

---

203 OVG Schl-H vom 10. 6. 1996 Az. 1 M 27/96; OVG NRW vom 24. 3. 1998 BRS 60 Nr. 114.

204 BayVGH vom 2. 9. 2002 Az. 14 CS 02.1848.

205 Z. B. OVG NRW vom 8. 7. 1987 Az. 7 B 1192/87; OVG Nds vom 3. 3. 1999 NVwZ-RR 1999, 716 unter Aufgabe der früheren Rechtsprechung; OVG Bln vom 6. 9. 1994 BRS 56 Nr. 173.

206 OVG Saar vom 27. 6. 1994 Az. 2 W 22/94 und vom 26. 11. 1996 BRS 58 Nr. 175.

9. Nachbarschutz bei Verkürzung der Abstandsflächen auf Grund gemeindlicher Bauvorschrift

169 Der Nachbar kann sich gegen ein Bauvorhaben wenden, das die nach der Vorrangsregelung verkürzten Abstandsflächen einhält, auch wenn er im Bebauungsplanverfahren keine Einwendungen erhoben hat, da die Gemeinde unabhängig von Einwendungen die gesetzlichen Vorgaben für eine zulässige Satzung einhalten muss.[207]

---

[207] Bay VGH vom 5. 6. 2000 Az. 20 ZS/CS 00.1127.

Teil 3. Die Höhenlage

MBO 2002 –, BW § 10, Bay Art. 10, Bln § 8 Abs. IV, Bbg § 7 Abs. 2, Brem § 7 Abs. 4, Hamb –, Hess –, M-V § 8 Abs. 2, Nds § 16 Abs. 2, NRW § 9 Abs. 3, Rh-Pf § 10 Abs. 1 und Abs. 2, Saar § 10, Sachs § 8 Abs. 2, Sachs-Anh § 9 Abs. 2, Schl-H § 9 Abs. 4, Thür § 9 Abs. 2.

I. Allgemeines

1. Ländervergleich

	Regelungsgegenstände der Landesbauordnungen[208]	170
1.	Bei Errichtung oder Änderung baulicher Anlagen kann die **Erhaltung der Oberfläche** des Grundstücks oder **Veränderung ihrer Höhenlage** verlangt werden	
2.	• zur Vermeidung oder Beseitigung der **Verunstaltung des Straßen-, Orts- oder Landschaftsbildes** oder • zur **Angleichung der Oberfläche des Grundstücks** an die Höhe der Verkehrsfläche oder die Höhe der Nachbargrundstücke	

Land	Norm (LBO)	Umsetzung/Abweichung in den Ländern[209]	
MBO 2002	–		keine Regelung
BW	§ 10	**1.** **2.**	nur bei der Errichtung § 10 Nrn. 1 und 2, zusätzlich: zur Vermeidung überschüssigen Bodenaushubs (§ 10 Nr. 3)
Bay	Art. 10	**1.** **2.**	Art. 10 I Art. 10 I zusätzlich Art. 10 II 1 Höhenlage baulicher Anlagen ist, soweit erforderlich, von der Bauaufsichtsbehörde im Einvernehmen mit der Gemeinde festzulegen Art. 10 II 2 dabei sind Höhenlage der Verkehrsflächen und Anforderungen an die Abwasserbeseitigung zu beachten
Bln	§ 8	**1.** **2.**	§ 8 IV § 8 IV
Bbg	§ 7	**1.** **2.**	§ 7 II § 7 II
Brem	§ 7	**1.** **2.**	§ 7 IV nur Veränderung der Geländeoberfläche kann verlangt werden § 7 IV
Hamb	–		keine Regelung
Hess	–		keine Regelung
M-V	§ 8	**1.** **2.**	§ 8 II § 8 II

208 Die hier verwendeten Ziffern entsprechen den Ziffern der nachstehenden Rubrik „Umsetzung/Abweichung in den Ländern".

209 Die hier verwendeten Ziffern entsprechen den Ziffern der vorstehenden Rubrik „Regelungsgegenstände der Landesbauordnungen".

Land	Norm (LBO)	Umsetzung/Abweichung in den Ländern	
Nds	§ 16	**1.**	§ 16 II 1 soweit erforderlich, setzt Bauaufsichtsbehörde Höhe der Geländeoberfläche fest, also kein Zusammenhang mit Errichtung oder Änderung baulicher Anlagen gefordert
		2.	§ 16 II 2 Anschluss an die Verkehrsflächen und Abwasserbeseitigungsanlagen sowie Aufschüttungen, die wegen des vorhandenen Geländerverlaufs gerechtfertigt sind, können dabei berücksichtigt werden
NRW	§ 9	**1.**	§ 9 III
		2.	§ 9 III
Rh-Pf	§ 10	**1.**	§ 10 I
		2.	§ 10 I zusätzlich § 10 II 1 soweit erforderlich, ist Höhenlage der baulichen Anlagen festzusetzen § 10 II 2 hierbei sind die Höhenlage der Verkehrsflächen und die Anforderungen an die Nachbargrundstücke zu beachten
Saar	§ 10	**1.**	§ 10 II
		2.	§ 10 II Nrn. 1 und 2, zusätzlich: zur Vermeidung von Gefahren oder Beeinträchtigungen (Nr. 3) zusätzlich § 10 I soweit erforderlich, sind bei Errichtung oder Änderung baulicher Anlagen die Geländeoberfläche und die Höhenlage der baulichen Anlagen festzulegen; Gemeinde ist zu hören § 10 III dabei sind die Höhenlage der Verkehrsflächen und die Anforderungen an die Abwasserableitung zu beachten
Sachs	§ 8	**1.**	§ 8 II
		2.	§ 8 II
Sachs-Anh	§ 9	**1.**	§ 9 II
		2.	§ 9 II
Schl-H	§ 9	**1.**	§ 9 IV
		2.	§ 9 IV, zusätzlich: zur Vermeidung oder Beseitigung einer Störung des Naturhaushaltes
Thür	§ 9	**1.**	§ 9 II
		2.	§ 9 II

2. Musterbauordnung 2002

171 Die MBO 2002 enthält **keine Regelung** (mehr), die Vorgaben trifft für eine bauaufsichtliche Forderung nach Erhaltung oder Veränderung der Geländeoberfläche anlässlich der Errichtung oder Änderung baulicher Anlagen. Der eine solche Regelung enthaltende § 9 Abs. 3 MBO a. F. wird „mangels praktischer Bedeutung und präzise vollziehbarer Tatbestandsvoraussetzungen" für entbehrlich, die sonstigen materiell-rechtlichen Regelungen der MBO 2002 für ausreichend gehalten.[210]

3. Begriff und Bezeichnung der „Höhenlage"

a) Höhenlage einer baulichen Anlage

172 Unter der Höhenlage einer baulichen Anlage wird – unabhängig von der Höhenlage oder dem Verlauf des Geländes auf dem sie errichtet ist oder errichtet werden soll – die **„absolute" Ebene verstanden, auf der die Anlage errichtet ist**. Die „Höhenlage" ist zu

[210] Begründung zu § 8 MBO 2002.

unterscheiden von der „Höhenausdehnung" eines Gebäudes, d.h. der Höhe der Anlage vom Boden des Kellergeschosses bis zum First. Die Höhenlage einer baulichen Anlagen hat Auswirkungen darauf, ob diese im Verhältnis zu ihrer Umgebung und insbesondere benachbarten Gebäuden gleicher Höhenausdehnung höher wirkt oder sich der Umgebung anpasst, sie ist daher für das Stadt- und Ortsbild entscheidend: Gebäude mit gleicher Höhenausdehnung, die jedoch auf unterschiedlichen Höhenlagen errichtet sind, führen zu einer uneinheitlichen Silhouette; besonders störend kann ein einzelnes Gebäude wirken, das auf höherer Ebene/Höhenlage errichtet ist als die umliegenden Gebäude gleicher Höhenausdehnung.

b) Bezeichnung der Höhenlage einer baulichen Anlage

Die Höhenlage einer baulichen Anlage wird dadurch dargestellt, dass ein Bezugspunkt an der baulichen Anlage benannt wird (in der Regel die Fußbodenoberkante – FOK – des Erdgeschosses) und dessen Höhenlage entweder absolut (m über N.N.) oder bezugnehmend auf einen festliegenden, höhenmäßig bestimmbaren Punkt der Umgebung, in der Regel die Oberfläche der das Grundstück erschließenden Verkehrsfläche, angegeben wird, z.B. „FOK = 0,30m über 0; 0 = Oberfläche N-Straße". Nicht ausreichend ist eine Höhenfestlegung, die nur auf einen Punkt des Gebäudes selbst Bezug nimmt, z.B. alle Höhenangaben relativ zum Fußboden des Erdgeschosses darstellt, dessen Höhe jedoch weder absolut, noch unter Bezugnahme auf eine andere eindeutig bestimmbare Höhenlage angegeben wird. Die Höhenlage der baulichen Anlage ist unabhängig vom Geländeverlauf oder der Höhe des Geländes zu bezeichnen. 173

c) Höhenlage der Geländeoberfläche

Bei der Höhenlage der Geländeoberfläche ist zu unterscheiden zwischen der vorgegebenen, **natürlichen** Höhe der Geländeoberfläche und einer neuen, künstlich durch Aufschüttungen oder Abgrabungen zu schaffenden, fiktiven Höhe der Geländeoberfläche. Unter „Geländeoberfläche" ist – nach der Begriffsbestimmung sämtlicher Landesbauordnungen – die natürliche Geländeoberfläche zu verstehen, soweit nicht durch gesonderte **Festlegung eine andere Oberfläche**/Höhe bestimmt wird. Es besteht ein öffentliches Interesse daran, dass die Höhenlagen von Verkehrsflächen und der durch sie erschlossenen Grundstücke aneinander angeglichen werden, insbesondere um auch den Anschluss an die Kanalisation ohne Schwierigkeiten zu ermöglichen. Die Wandhöhe einer baulichen Anlage als Anknüpfungspunkt verschiedener bauordnungsrechtlicher Regelungen ist abhängig von der Festlegung der Höhenlage der baulichen Anlage in Bezug auf einen bestimmten Geländeverlauf, da eine tiefe Einsenkung der baulichen Anlage in das Gelände eine geringe Wandhöhe zur Folge hat. Es besteht ein Zusammenhang zwischen der Höhenlage der Grundstücksoberfläche und der Höhenlage einer baulichen Anlage: Die vorgegebene Höhenlage der baulichen Anlage kann mit dem tatsächlichen oder vorgegebenen Geländeverlauf nicht übereinstimmen, so dass die Geländeoberfläche durch Aufschüttung oder Abgrabung verändert werden muss. 174

d) Bezeichnung der Höhenlage der Geländeoberfläche

Die Höhenlage der Geländeoberfläche wird absolut (m über N.N.) oder Bezug nehmend auf einen festliegenden Punkt der Umgebung bezeichnet. Bei ebener Grundstücksoberfläche genügt die Angabe der Höhenlage eines Punktes (absolut in m über N.N. oder relativ durch Bezugnahme auf einen festliegenden Punkt der Umgebung), bei unebenem Geländeverlauf ist eine Darstellung des Geländes (im Schnitt) und die Angabe der Höhenlage einzelner Punkte erforderlich, oder die Darstellung des Geländes durch Höhenlinien. 175

4. Höhenlage und Baugenehmigung

a) Bedeutung der Benennung der Höhenlage für die Konkretisierung des Bauvorhabens

176 Die Darstellung einer baulichen Anlage als Bestand oder in einer Bauzeichnung im Genehmigungsverfahren muss sich immer auf eine bestimmte Höhenlage der baulichen Anlage beziehen und einen bestimmten Geländeverlauf darstellen; nur durch diese **beiden Komponenten** wird das Erscheinungsbild einer baulichen Anlage eindeutig bestimmt. Es muss sichergestellt sein, dass die Höhenlagen von baulichen Anlagen und Grundstücken nicht beliebig verändert werden, diese müssen auf Dauer „festgeschrieben" bleiben.

b) Höhenangaben und Baugenehmigung

177 Die Erteilung einer Baugenehmigung bezieht sich immer auf eine bestimmte Höhenlage der baulichen Anlage und des Grundstücks. Daher muss aus den Bauzeichnungen, die Gegenstand der Baugenehmigung sind, **eindeutig hervorgehen**, von welcher **Höhenlage des Gebäudes** die Genehmigung ausgeht und von welcher Geländeoberfläche. Hieraus folgt weiter:

- Wird ein Gebäude auf einer anderen Höhenlage als der in den Bauplänen eingezeichneten errichtet, so entspricht es nicht der Baugenehmigung. Als nicht mehr hinnehmbare Differenz der Höhenlagen wurde in der Rechtsprechung angesehen eine Höhendifferenz von 20 cm bei einem Garagengebäude, das nach der Genehmigung auf demselben Niveau wie ein bereits vorhandenes errichtet werden sollte;[211] ein Unterschied von 1 m bei einem etwa 20 m hohen Wohnhaus.[212] Eine Ungenauigkeit der Bauvorlage, die darin besteht, dass ein auf einer Länge von 26 m ca. 0,5 m geneigtes Gelände als eben dargestellt wird, ist kein zur Nichtigkeit der Baugenehmigung führender besonders schwerwiegender Fehler, wenn die Baugenehmigung auf andere Weise dafür sorgt, dass die Höhenlage des Gebäudes bestimmt werden kann, z. B. durch die Auflage, dass die Höhenlage bei der Schnurgerüstabnahme festgelegt wird.[213] Die Nichtfestsetzung der Höhenlage in der Baugenehmigung kann jedenfalls nicht in dem Sinn verstanden werden, dass damit ein „niveaufreies Bauen" zugelassen sein sollte.
- Sind aus den eingereichten Bauantragsunterlagen die **Höhenlagen nicht erkennbar,** so sind sie in einem wesentlichen Punkt unvollständig.[214] Eine gleichwohl erteilte Baugenehmigung ist auf die Klage des Nachbarn hin dann aufzuheben, wenn die Bauvorlagen hinsichtlich nachbarrechtsrelevanter Merkmale unbestimmt sind und diese Unbestimmtheit sich auch nicht durch den Textteil der Baugenehmigung beheben lässt.[215]

II. Festsetzung der Höhenlage einer baulichen Anlage

1. Bedeutung der Festsetzung der Höhenlage einer baulichen Anlage

178 Es geht bei der Festlegung der Höhenlage einer baulichen Anlage allein darum, die – absolute – Ebene, auf der ein Gebäude errichtet werden muss, zu bestimmen, bei gleich bleibender Oberfläche des umgebenden Geländes führt also eine tiefere Höhenlage der baulichen Anlage zu einem tieferen Einsinken des Gebäudes in das Gelände und damit zu einer geringeren Wandhöhe. Entspricht die festgelegte Höhenlage des Gebäudes nicht der

[211] OVG NRW vom 22. 3. 1982 BRS 39 Nr. 126.
[212] OVG Saar vom 3. 12. 1982 BRS 39 Nr. 220.
[213] Bay VGH vom 24. 6. 1998 26 B 96807 VwRR 1998, 356 (LS).
[214] OVG M-V vom 4. 8. 2000 DVBl. 2000, 1882 (LS).
[215] OVG NRW vom 29. 9. 1995 BRS 57 Nr. 162.

vorgegebenen Geländeoberfläche, so ist eine Geländeveränderung erforderlich, so dass gleichzeitig eine Anordnung über die Festlegung der Geländeoberfläche zu treffen ist.

2. Festsetzung der Höhenlage einer baulichen Anlage im Bebauungsplan

Gemäß § 9 Abs. 2 BauGB kann bei Festlegungen nach § 9 Abs. 1 BauGB auch die **Höhenlage von baulichen Anlagen** festgesetzt werden. Diese Festsetzung ist also nicht zwingend, sondern nur ergänzend vorgeschrieben. Sie bietet sich zur Sicherung eines Stadtbildes an, denn nur durch die Festsetzung der Höhenlage kann sichergestellt werden, dass die Höhenentwicklung in etwa einheitlich wirkt. Die Festsetzung im Bebauungsplan ist jedoch nur aus städtebaulichen und planungsrechtlichen Gründen zulässig. Ebenso kann auch bei Hanglagen ein eindeutiger Wert vorgeschrieben werden. Im Einzelfall kann eine Verpflichtung bestehen, in den Bebauungsplan Festsetzungen über die Höhenlage aufzunehmen, wenn sonst die Festsetzungen nicht hinreichend bestimmt wären. Die Festsetzung im Bebauungsplan kann auch in der Weise erfolgen, dass die Höhenlage der Gebäude auf die Haupterschließungsstraßen bezogen angegeben wird und eine maximal zulässige Abweichung vorgegeben wird (z. B.: Oberkante des Fußbodens im Erdgeschoss maximal 0,30 m über dem Niveau der N.-Straße). 179

Falls ein Bebauungsplan für eine bauliche Anlage eine Höhenlage festsetzt, ist eine besondere Festlegung durch die Bauaufsichtsbehörde, soweit diese landesrechtlich durch die jeweilige Bauordnung vorgesehen ist, in der Regel entbehrlich: Um den Festsetzungen des Bebauungsplans zu entsprechen, muss das zur Genehmigung gestellte Vorhaben ohnehin die im Bebauungsplan festgesetzte Höhenlage einhalten.

Zu unterscheiden von der Festsetzung der Höhenlage ist die Festsetzung der **Höhe baulicher Anlagen** (§§ 16, 18 BauNVO), die insbesondere ein Instrument zur Festlegung eines Rahmens der baulichen Nutzung ist.

3. Gesonderte Festlegung der Höhenlage einer baulichen Anlage durch die Bauaufsichtsbehörde

Bei der (gesonderten) Festlegung der Höhenlage einer baulichen Anlage erklärt die Bauaufsichtsbehörde eine bestimmte – absolute – Höhenlage für eine bauliche Anlage für verbindlich. Eine gesonderte Festlegung der Höhenlage einer baulichen Anlage kann insbesondere erforderlich sein, wenn ein **genehmigungsfreies** oder ein von der **Genehmigung freigestelltes** Vorhaben errichtet wird, es kann sich aber auch im Rahmen eines Baugenehmigungsverfahrens ein Bedürfnis für eine gesonderte Festlegung der Höhenlage der baulichen Anlage ergeben, z. B. weil die zur Genehmigung vorgelegten Bauzeichnungen insoweit ungenau sind, oder um eine andere als die beantragte Höhenlage eindeutig festzuschreiben. 180

Die Festsetzung der **Höhenlage einer baulichen Anlage** bedarf, unabhängig davon, ob die jeweilige Landesbauordnung hierfür eine spezielle Ermächtigung vorsieht, immer einer besonderen Rechtfertigung. Sie darf insbesondere nicht dazu dienen, einen sonst vorliegenden Verstoß gegen baurechtliche Vorschriften zu beheben, da dadurch das Erfordernis einer Abweichung durch entsprechende Festlegung der künftigen Höhenlage des Gebäudes unterlaufen werden könnte.[216] Eine in der Praxis häufig anzutreffende Festlegung erfolgt bei der Schnurgerüstabnahme; dies wurde von der Rechtsprechung dann für zulässig erachtet, wenn die Festlegung der Höhenlage bei der Abnahme in der Baugenehmigung als Auflage verfügt wurde und der Spielraum, der der Behörde zur Verfügung steht, bereits aus der Genehmigung heraus erkennbar ist.[217] 181

[216] BW VGH vom 8. 3. 1988 BRS 48 Nr. 169; OVG Saar vom 17. 9. 1979 BauR 1980, 158.
[217] Bay VGH vom 24. 6. 1998 VwRR BY 1998, 356 (LS).

III. Festsetzung der Höhenlage der Geländeoberfläche

1. Bedeutung der Festsetzung der Höhenlage der Geländeoberfläche

182 Die diesbezügliche bauordnungsrechtliche Ermächtigungsnorm bezieht sich allein auf die Möglichkeit der Bauaufsichtsbehörde, Anordnungen in Bezug auf die Höhenlage eines Grundstücks zu treffen: Sie kann die **Erhaltung** der Grundstücksoberfläche (und damit der bestehenden Höhenlage) oder eine **Veränderung** der Höhenlage der Grundstücksoberfläche verlangen. Ziel dieser Anordnung ist eine tatsächliche Einflussnahme auf das in der Natur vorhandene Gelände; dieses soll durch Aufschüttung oder Abgrabung auf eine bestimmte Höhe gebracht werden oder in seiner derzeitigen Oberfläche erhalten bleiben. Hierin unterscheidet sich diese Anordnung von der Festsetzung der Geländeoberfläche nach Abstandsflächenrecht, wo es um die Bestimmung des Ausgangspunktes für die Errechnung der Wandhöhe geht: Dieser Punkt ist der sich aus den Bauplänen ergebende Schnitt der (dort eingezeichneten) Geländeoberfläche mit der Außenwand; ob dieser Punkt 0,20 m oder 0,80 m über der Oberfläche der Straße liegt, ist für die Errechnung der Wandhöhe ohne Bedeutung.

Die **Höhenlage von Grundstücken** kann wohl nicht in einem Bebauungsplan festgesetzt werden.[218]

2. Die bauordnungsrechtliche Festsetzung der Geländeoberfläche

183 **a) Voraussetzungen** für eine Anordnung nach der jeweiligen landesrechtlichen Ermächtigungsnorm sind:

- Das Verlangen muss – je nach landesrechtlicher Regelung – in Zusammenhang stehen mit der Errichtung oder Änderung einer baulichen Anlage auf dem Grundstück, dessen Höhenlage von der Anordnung betroffen ist. Die Behörde kann dann eine solche Anordnung nicht losgelöst von einem Bauvorhaben, auch nicht anlässlich eines Bauvorhabens auf einem benachbarten Grundstück treffen.
- Die Anordnung muss erforderlich sein, um eine Störung des Straßenbildes, Orts- oder Landschaftsbildes zu vermeiden oder zu beseitigen (bei unterschiedlichen Höhenlagen der Geländeoberflächen erscheinen Gebäude gleicher Höhenentwicklung unterschiedlich hoch); oder
- um einen Höhenunterschied zwischen der Oberfläche des (Bau-)Grundstücks und der Höhenlage der Verkehrsfläche oder eines Nachbargrundstücks anlässlich einer baulichen Veränderung auszugleichen.

b) Inhalt der Anordnung

184 Die Anordnung ist ein Verwaltungsakt, der im **Ermessen** der Behörde steht. Bei der Entscheidung sind zu berücksichtigen: Das **öffentliche Interesse** daran, dass die Höhenlagen von Grundstücken und Verkehrsflächen und von benachbarten Grundstücken untereinander angeglichen sind; die Auswirkungen, die sich aus einer Anordnung für den **Bauherrn** ergeben, insbesondere im Hinblick auf dadurch bedingte Veränderungen der Tiefen der Abstandsflächen; sowie die **Belange des Nachbarn**, insbesondere im Hinblick darauf, ob die Festlegung einer höheren Geländeoberfläche auf dem Baugrundstück dazu führt, dass der Nachbar eine Bebauung hinnehmen müsste, die er ohne abweichende Festlegung der Geländeoberfläche hätte abwehren können.[219]

Ein Bedürfnis für eine förmliche Festlegung bei Genehmigung des Bauvorhabens entfällt jedenfalls dann, wenn die Höhenlage, auf der das Bauvorhaben errichtet werden soll, der natürlichen Geländeoberfläche entspricht und keine Neugestaltung erfordert.

[218] BayVGH vom 17.11.1994 Az. 26 CS 94.3069.
[219] BayVGH vom 4.3.1996 BayVBl. 1997, 373.

3. Festlegung der Höhenlage der Geländeoberfläche bei Erteilung der Baugenehmigung

Im Regelfall wird das Bauvorhaben ohne Geländeveränderung auf dem vorhandenen natürlichen Gelände ausgeführt werden. Soll das **Bauvorhaben auf einer veränderten Geländeoberfläche** ausgeführt werden, so besteht ein Regelungsbedarf; die Bauaufsichtsbehörde muss zu erkennen geben, ob sie diese Geländeveränderung billigt oder nicht, und ob sie bei der Prüfung der Einhaltung der Genehmigungsvoraussetzungen, insbesondere der erforderlichen Abstandsflächen, von der vorhandenen oder der dargestellten künftigen Geländeoberfläche ausgeht. Wenn sie das Vorhaben unter Zugrundelegung der künftigen, veränderten Geländeoberfläche genehmigt, so wird sie durch gesonderte Entscheidung die Geländeoberfläche in diesem Verlauf festlegen. Es handelt sich dann um drei verschiedene Maßnahmen, die gleichzeitig getroffen werden: Um die Festlegung der Höhenlage des Gebäudes, die Festlegung der Höhenlage der Geländeoberfläche (die auch infolge einer Vorgabe für die Höhenlage des Gebäudes erforderlich werden kann) und die – bei den Regelungen des Abstandsflächenrechts über die Ermittlung der Wandhöhe vorausgesetzte – Festlegung der Geländeoberfläche.[220] Lässt sich der Baugenehmigung nicht entnehmen, von welcher Geländeoberfläche die Bauaufsichtsbehörde bei der Genehmigung ausgegangen ist, dann ist die Genehmigung inhaltlich unbestimmt und damit rechtswidrig. Mit der Genehmigung eines in den eingereichten Ansichten dargestellten Geländeverlaufs ist dieser noch nicht automatisch festgelegt worden.[221] 185

IV. Schutzzweck

Die Ermächtigungsnorm für eine Festlegung des Geländes ist unmittelbar **nicht nachbarschützend**. Ein Nachbar kann sich also nicht unter Berufung auf die Verletzung eigener Rechte gegen die Festsetzung der Höhenlage oder Veränderung der Höhenlage der Oberfläche des benachbarten Grundstücks wenden. Nachbarrechte sind jedoch dann berührt, wenn durch derartige Festsetzungen die Grundlage geschaffen werden soll für die Festlegung der maßgeblichen Geländeoberfläche als Ausgangspunkt für die Berechnung der Wandhöhe und somit als Faktor für die Berechnung der Abstandsflächentiefe.[222] Der Nachbar kann dann geltend machen, das Vorhaben verletze ihn in eigenen Rechten, weil die – für die fragliche Norm als Vorfrage bedeutsame – Höhenlage des Grundstücks rechtswidrig festgesetzt worden sei.[223] 186

220 Bay VGH vom 17. 11. 1994 Az. 26 CS 94.3069.
221 Bay VGH vom 28. 9. 2001 1 CS 01.1612.
222 Bay VGH vom 4. 3. 1996 BayVBl. 1997, 373.
223 BW VGH vom 8. 3. 1988 BRS 48 Nr. 169.

Teil 4. Die sonstige Gestaltung der Grundstücke

I. Begrünung/Bepflanzung der nicht bebauten Flächen bebauter Grundstücke

MBO 2002 § 8 Abs. 1, BW § 9 Abs. 1, Bay Art. 5, Bln § 8 Abs. 1 und Abs. 2, Bbg § 7 Abs. 1 Satz 2, Brem § 7 Abs. 1 bis Abs. 3, Hamb § 9, Hess § 8 Abs. 1, M-V § 8 Abs. 1, Nds § 14, NRW § 9 Abs. 1, Rh-Pf § 10 Abs. 4, Saar § 11 Abs. 1, Sachs § 8 Abs. 1, Sachs-Anh § 9 Abs. 1, Schl-H § 9, Thür § 9 Abs. 1.

1. Bedeutung der bauordnungsrechtlichen Vorgaben zur Begrünung/Bepflanzung

187 In bebauten Gebieten soll aus ökologischen Gründen so viel Bepflanzung als möglich erhalten bzw. nach Errichtung baulicher Anlagen wieder geschaffen werden; außerdem soll eine Versiegelung oder Befestigung des Bodens nicht generell, sondern nur insoweit hingenommen werden, als sie für eine zulässige Nutzung nicht bebauter Flächen erforderlich ist. Zur Verwirklichung dieser städtebaulichen Zielvorstellungen können öffentliche Grünflächen festgesetzt werden, darüber hinaus soll aber auch auf private Flächen Einfluss genommen werden. Das Bauordnungsrecht regelt daher im Rahmen der Vorschriften, die sich mit dem Grundstück und seiner Bebauung befassen, auch die Gestaltung der nicht bebauten Flächen bebauter Grundstücke (**Freiflächen**): Es enthält Regelungen zur **Begrünung** dieser Flächen, teilweise zur **Bepflanzung** mit Bäumen und Sträuchern, zur **Erhaltung** von Bäumen und Sträuchern auf diesen Flächen und zur Zulässigkeit einer **Befestigung oder Versiegelung** dieser Flächen bei anderer zulässiger Verwendung.

188 Diese bauordnungsrechtlichen „Begrünungsvorschriften" beziehen sich **nicht auf öffentliche Grünflächen**, sondern auf die nicht überbauten Flächen von bebauten Grundstücken; sie regeln die Gestaltung dieser (privaten) Flächen, so lange, als diese nicht bebaut sind, sie regeln jedoch nicht, welche Flächen von Bebauung freizuhalten sind (vgl. hierzu z. B. § 23 Abs. 5 BauNVO, wonach – falls im Bebauungsplan nichts anderes festgesetzt ist – auf den nicht überbaubaren Grundstücksflächen Nebenanlagen zugelassen werden können). Die bauordnungsrechtlichen Begrünungsvorschriften können daher keinen Widerspruch eines Vorhabens, das bauordnungsrechtlich und bauplanungsrechtlich zulässig ist, zu öffentlich-rechtlichen Vorschriften begründen. Der Genehmigung eines solchen Vorhabens kann nicht entgegengehalten werden, es sei deshalb bauordnungsrechtlich unzulässig, weil es auf einer unbebauten Fläche eines bebauten Grundstücks errichtet werden solle.[224] Ebenso wenig kann die Beseitigung eines genehmigungsfrei gestellten Vorhabens verlangt werden, weil dieses auf einer nicht bebauten Fläche eines bebauten Grundstücks errichtet wurde.

2. Erfasste Flächen

189 Die Begrünungsvorschriften beziehen sich auf die „**nicht überbauten Flächen bebauter Grundstücke**", soweit diese nicht für eine andere zulässige Verwendung benötigt werden. **Bebaut** im Sinne dieser Vorschrift ist ein Grundstück, auf dem eine bauliche Anlage errichtet ist (nicht notwendig ein Gebäude, z. B. ein Platz, der bauliche Anlage ist, genügt) oder für das eine Baugenehmigung bereits erteilt wurde und dessen Bebauung unmittelbar bevorsteht. Die Begrünungsvorschriften können sich nur auf die Flächen erstrecken, die **von dieser Bebauung tatsächlich nicht erfasst werden**; dass die Flächen nicht überbaubar sind, ist nicht erforderlich. Die Begrünungsvorschriften erfassen diese Flächen nach der Regelung mancher Landesbauordnung auch dann, wenn sie für eine andere zulässige Nutzung verwendet werden, dann jedoch unter der Einschränkung, dass

[224] OVG Hamb vom 10. 12. 1981 NVwZ 1982, 637.

die Begrünung nicht deren Funktion unzumutbar beeinträchtigen darf. Besondere Bedeutung haben die Begrünungsvorschriften für die Bereiche zwischen der festgesetzten Straßenbegrenzungslinie bzw. der tatsächlichen Straßengrenze (**Vorgartenbereiche**), da sich diese primär für andere als gärtnerische Nutzungen anbieten. Von den Begrünungsvorschriften erfasst werden jedoch nicht nur diese, sondern **alle unbebauten Flächen bebauter Grundstücke**. Bei der Frage, ob diese Flächen für eine andere zulässige Verwendung „benötigt werden" oder „erforderlich" sind, ist zu prüfen, ob derselbe Zweck auch auf andere, flächenschonendere Weise erreicht werden könnte, hier ist insbesondere auf möglichst kurze Verbindungswege zu achten.

Zulässige Nutzungsmöglichkeiten nicht bebauter Flächen sind beispielsweise die Verwendung als Stellplätze für Kraftfahrzeuge, Fahrräder und Kinderwagen, für die notwendigen Zuwege und Zufahrten für Feuerwehr und Kraftfahrzeuge, als Kinderspielplätze, Arbeitsflächen, Lagerflächen, Wirtschaftsflächen, Standplätze für Abfall- oder Wertstoffbehälter. 190

3. Musterbauordnung 2002

§ 8 Abs. 1 MBO 2002 betont deren Zielrichtung, einer Bodenversiegelung entgegenzuwirken: 191

- An erster Stelle (§ 8 Abs. 1 Satz 1 Nr. 1 MBO 2002) steht die Forderung, die Freiflächen bebauter Grundstücke **wasseraufnahmefähig** zu belassen oder herzustellen.
- § 8 Abs. 1 Satz 1 Nr. 2 MBO 2002 fordert, die Freiflächen **zu begrünen und zu bepflanzen**.
- Diese Forderungen stehen – wie in den Landesbauordnungen – unter dem **Vorbehalt**, dass nicht die Erfordernisse einer anderen zulässigen Verwendung der Flächen entgegenstehen.
- § 8 Abs. 1 Satz 2 MBO 2002 stellt den **Vorrang von abweichenden Regelungen**, die in Bebauungsplänen oder anderen Satzungen enthalten sind, gegenüber der Forderung des § 8 Abs. 1 Satz 1 MBO 2002 klar.

4. Ländervergleich

192

	Regelungsgegenstände der Landesbauordnungen und der MBO[225]
	Erfasste Flächen sind die **nicht überbauten Flächen der bebauten Grundstücke**, soweit diese Flächen nicht für eine andere zulässige Verwendung (z. B. Stellplätze, Arbeits-, Lagerflächen) benötigt werden Für diese Flächen werden geregelt:
1.	**Begrünung bzw. gärtnerische Anlage** und Unterhaltung dieser Flächen
2.	**Bepflanzung** dieser Flächen mit Bäumen und Sträuchern
3.	**Erhaltung** von Bäumen und Sträuchern auf diesen Flächen
4.	**Versiegelung/Befestigung** dieser Flächen

Land	Norm (LBO)	Umsetzung/Abweichung in den Ländern und der MBO 2002[226]	
MBO 2002	§ 8	1.	§ 8 I 1 Nr. 2 erfasste Flächen sind zu begrünen
		2.	§ 8 I 1 Nr. 2 erfasste Flächen sind zu bepflanzen
		3.	keine Regelung
		4.	§ 8 I 1 Nr. 1 erfasste Flächen sind wasseraufnahmefähig zu belassen oder herzustellen § 8 I 2, dies gilt nicht, soweit Bebauungspläne oder andere Satzungen Festsetzungen zu den erfassten Flächen treffen

225 Die hier verwendeten Ziffern entsprechen den Ziffern der nachstehenden Rubrik „Umsetzung/Abweichung in den Ländern und der MBO 2002".

226 Die hier verwendeten Ziffern entsprechen den Ziffern der vorstehenden Rubrik „Regelungsgegenstände der Landesbauordnungen und der MBO 2002".

Land	Norm (LBO)	Umsetzung/Abweichung in den Ländern und der MBO 2002	
BW	§ 9	**1.**	§ 9 I 1 erfasste Flächen müssen Grünflächen sein
		2.	§ 9 I 2 Baurechtsbehörde kann Bepflanzung verlangen, soweit dies erforderlich • für das Straßen-, Orts- oder Landschaftsbild (Nr. 1) oder • zur Abschirmung beeinträchtigender Anlagen (Nr. 2)
		3.	§ 9 I 3 es kann verlangt werden, dass Bäume oder Sträucher standortgerecht sind
		4.	§ 9 I 2 entsprechende Regelung wie bei Pkt. 2 keine Regelung
Bay	Art. 5	**1.**	Art. 5 I 1 erfasste Flächen sollen als Grünflächen oder gärtnerisch angelegt und unterhalten werden
		2.	Art. 5 I 2 ausreichend große Flächen sollen mit Bäumen und Sträuchern bepflanzt werden, v. a. wenn Lärmschutz und Luftreinhaltung das erfordern
		3.	Art. 5 II 1 Bauaufsichtsbehörde kann Erhaltung von Bäumen auf diesen Flächen verlangen, die für das Straßen-, Orts- oder Landschaftsbild oder für Lärmschutz oder Luftreinhaltung bedeutsam oder erforderlich sind
		4.	keine Regelung zu Befestigung/Versiegelung, aber Art. 5 II 2: unter den Voraussetzungen des Art. 5 II 1 kann verlangt werden, dass Flächen ganz oder teilweise nicht unterbaut werden
Bln	§ 8	**1.**	§ 8 I 1 Flächen sind in einer Tiefe von 5 m hinter der festgesetzten Straßenbegrenzungslinie bzw. der tatsächlichen Straßengrenze (Vorgarten) gärtnerisch anzulegen und zu unterhalten, soweit nicht für Zugänge oder Zufahrten benötigt § 8 I 2 Ausnahmen können gestattet werden § 8 II 1 übrige Flächen sind gärtnerisch unversiegelt anzulegen und zu unterhalten § 8 II 2 bei Flächen, die als Zufahrten, Stellplätze, Kinderspielplätze, Wirtschaftsflächen öffentl.-rechtlich erforderlich sind: Verpflichtung nach § 8 II 1 nur, soweit dadurch keine unzumutbare Beeinträchtigung ihrer Funktion, ebenso in Kerngebieten, Gewerbegebieten und Industriegebieten für Flächen, die als Arbeits- und Lagerflächen benötigt werden
		2.	§ 8 I 3 und § 8 II 3 Bepflanzung kann verlangt werden
		3.	keine Regelung
		4.	keine Regelung
Bbg	§ 7	**1.**	§ 7 I 2 erfasste Flächen sind zu bepflanzen oder gärtnerisch anzulegen und zu unterhalten
		2.	keine Regelung
		3.	keine Regelung
		4.	§ 7 I 1 Bebauung und Versiegelung des Grundstücks nur zulässig, soweit dies für die zulässige Nutzung oder zur Abwehr von Gefahren erforderlich
Brem	§ 7	**1.**	keine Regelung
		2.	§ 7 II 1 Bauaufsichtsbehörde kann bei Errichtung oder wesentlicher Änderung baulicher Anlagen das Anpflanzen von standortgerechten Bäumen und Sträuchern verlangen
		3.	§ 7 II 1 Erhaltung kann entsprechend Pkt. 2 verlangt werden
		4.	§ 7 I 1 keine Befestigung von Freiflächen in einer die Wasserdurchlässigkeit wesentlich mindernden Weise § 7 III bei zulässiger Verwendung für bauliche Anlagen wie Stellplätze, Zufahrten, Gehwege, Abstell- und Lagerplätze Befestigung nur zulässig, sofern für deren Nutzung erforderlich, sofern nicht die Belastung des Niederschlagswassers oder eine zu geringe Durchlässigkeit des Bodens eine Versiegelung erfordert

Land	Norm (LBO)		Umsetzung/Abweichung in den Ländern und der MBO 2002
			zusätzlich § 7 I 1 Definition Freiflächen: die Grundstücksflächen von Baugrundstücken, die nicht für bauliche Anlagen genutzt werden § 7 II 1 das Anpflanzen von Gewächsen zur Begrünung von baulichen Anlagen kann verlangt werden, wenn dadurch gestaltete Bauteile und notwendige Fenster nicht verdeckt werden § 7 II 2 Art der Bepflanzung bei Pkt. 2 soll auch danach bestimmt werden, ob es sich um bebaubare oder unbebaubare Freiflächen handelt
Hamb	§ 9	**1.**	§ 9 I 1 erfasste Flächen sowie unbebaute Grundstücke in Baugebieten sind nach Grundsätzen des Naturschutzes und der Landschaftspflege zu bepflanzen und zu unterhalten
		2.	§ 9 I 1 Bepflanzung auf diesen Flächen kann verlangt werden, § 9 I 2 bei überbaubaren Flächen bestimmt sich die Art der Bepflanzung auch danach, wie lange die Fläche unbebaut bleiben soll § 9 VI Bäume, Hecken oder Sträucher sind anzupflanzen zur Abschirmung von Anlagen, von denen Lärm oder andere Belästigungen ausgehen können (wahlweise zu anderen Schutzvorkehrungen)
		3.	keine Regelung
		4.	§ 9 IV Befestigungen, die die Wasserdurchlässigkeit des Bodens wesentlich mindern (z. B. Asphaltierung, Betonierung) nur zulässig, soweit für die bestimmungsgemäße Nutzung des Grundstücks erforderlich und zu erhaltende Bäume und Hecken nicht gefährdet werden zusätzlich § 9 II 1 Definition Vorgärten: Flächen zwischen der Straßenlinie oder Straßengrenze und der vorderen Fluchtlinie des Gebäudes § 9 V Bauaufsichtsbehörde kann das Anpflanzen von Gewächsen zur Begrünung von baulichen Anlagen verlangen, wenn dadurch gestaltete Bauteile nicht verdeckt werden § 9 VII Bäume und Hecken dürfen nicht durch Drainagen, die zum Schutz baulicher Anlagen errichtet wurden, gefährdet werden
Hess	§ 8	**1.**	§ 8 I 1 Nr. 2 erfasste Flächen sind zu begrünen und zu bepflanzen
		2.	keine Regelung
		3.	keine Regelung zur Bepflanzung mit Bäumen und Sträuchern
		4.	§ 8 I 1 Nr. 1 erfasste Flächen sind wasserdurchlässig zu belassen oder herzustellen zusätzlich § 8 I 2 Satz 1 nicht anzuwenden, soweit Bebauungspläne oder andere Satzungen Festsetzungen zu den nicht überbaubaren Flächen treffen
M-V	§ 8	**1.**	§ 8 I 1 erfasste Flächen sowie nicht überbaute Flächen der nicht im Außenbereich gelegenen, nach öffentlichem Baurecht bebaubaren Grundstücke sind zu begrünen und zu unterhalten
		2.	§ 8 I 2 Bepflanzung kann bei Errichtung oder Änderung baulicher Anlagen verlangt werden
		3.	keine Regelung
		4.	keine Regelung
Nds	§ 14	**1.**	§ 14 II erfasste Flächen müssen Grünflächen sein
		2.	§ 14 III Bäume und Sträucher sind anzupflanzen, soweit dies zur Abschirmung beeinträchtigender Anlagen erforderlich
		3.	§ 14 III Erhaltungspflicht entsprechend Pkt. 2
		4.	§ 14 IV 1 Regelung für Zu- und Abfahrten von Garagen u. Stellplätzen sowie für Stellplätze selbst: falls Versickerung des Niederschlagswassers nicht auf andere Weise ermöglicht wird, ist nur Befestigung zulässig, durch die mindestens überwiegender Teil des Niederschlagswassers versickern kann § 14 IV 2 dies gilt nicht, soweit Flächen für Arbeiten, die das Grundwasser verunreinigen können, genutzt werden

Land	Norm (LBO)	Umsetzung/Abweichung in den Ländern und der MBO 2002	
NRW	§ 9	**1.**	§ 9 I 1 erfasste Flächen sind zu begrünen, zu bepflanzen und zu unterhalten § 9 I 2 bei zulässiger anderer Verwendung kann Begrünung und Bepflanzung verlangt werden, soweit Art und Größe der Anlagen es zulassen
		2.	keine Regelung zur Bepflanzung mit Bäumen und Sträuchern
		3.	keine Regelung
		4.	§ 9 I 1 erfasste Flächen sind wasseraufnahmefähig zu belassen oder herzustellen § 9 I 2 bei zulässiger anderer Verwendung, z. B. als Zugänge, Zufahrten, Flächen für die Feuerwehr (§ 5), Stellplätze, Abstellplätze, Lagerplätze oder Arbeitsfläche kann auch deren Wasseraufnahmefähigkeit, Begrünung und Bepflanzung verlangt werden, soweit Art und Größe der Anlagen es zulassen zusätzlich § 9 I 3 falls Begrünung oder Bepflanzung der Grundstücke nicht oder sehr eingeschränkt möglich: Bauliche Anlagen sind zu begrünen, soweit Bauweise und Gestaltung es zulassen und Maßnahme für Bauherrn wirtschaftlich zumutbar § 9 I 4 Anforderungen nach § 9 I 1 und 2 gelten auch für vorhandene befestigte Flächen mit mehr als 5000 m², soweit ihre Erfüllung für Verpflichtete wirtschaftlich zumutbar § 9 I 5 wirtschaftliche Unzumutbarkeit in den in § 9 I 3 und 4 geregelten Fällen, soweit sie nicht offensichtlich ist, nur zu berücksichtigen, wenn sie von Bauherrn oder Verpflichtetem dargelegt wird
Rh-Pf	§ 10	**1.**	§ 10 IV 1 erfasste Flächen sollen begrünt werden
		2.	keine Regelung
		3.	keine Regelung
		4.	§ 10 IV 2 Befestigungen, die die Wasserdurchlässigkeit des Bodens wesentlich beschränken, nur zulässig, soweit ihre Zweckbestimmung dies erfordert
Saar	§ 11	**1.**	§ 11 I 1 erfasste Flächen sowie unbebaute Grundstücke in Baugebieten sind zu bepflanzen und zu unterhalten § 11 I 2 unter Berücksichtigung der zulässigen Grundstücksnutzung soll das Anlegen von Grünflächen gefordert werden
		2.	§ 11 I 2 Anpflanzung von einheimischen, standortgerechten Bäumen und Gehölzen soll unter Berücksichtigung der zulässigen Grundstücksnutzung gefordert werden
		3.	keine Regelung
		4.	keine Regelung
Sachs	§ 8	**1.**	§ 8 I 1 erfasste Flächen sind zu begrünen und zu unterhalten
		2.	§ 8 I 2 Bepflanzung kann verlangt werden
		3.	§ 8 I 2 Erhaltung kann verlangt werden
		4.	§ 8 I 1 erfasste Flächen dürfen nicht in einer die Wasserdurchlässigkeit des Bodens wesentlich mindernden Weise (Versiegelung) befestigt werden
Sachs-Anh	§ 9	**1.**	§ 9 I 1 erfasste Flächen sind gärtnerisch oder naturnah anzulegen und zu unterhalten
		2.	§ 9 I 2 Bepflanzung und Unterhaltung kann verlangt werden
		3.	keine Regelung zur Erhaltung bestehender Bepflanzung
		4.	§ 9 I 3 nicht gärtnerisch oder naturnah gestaltete Freiflächen sind so anzulegen, dass eine Versiegelung des Bodens unter Berücksichtigung der sonstigen Verwendung dieser Flächen minimiert wird

Land	Norm (LBO)		Umsetzung/Abweichung in den Ländern und der MBO 2002
Schl-H	§ 9	**1.** **2.** **3.** **4.**	§ 9 I 1 erfasste Flächen sind gärtnerisch anzulegen oder naturnah zu belassen und zu unterhalten keine Regelung keine Regelung § 9 III Versiegelung von Flächen, die als Zufahrten, Gehwege, Stellplätze, Kinderspielplätze oder Arbeits- und Lagerflächen verwendet werden dürfen, nur zulässig, soweit es ihre Zweckbestimmung erfordert zusätzlich § 9 I 2 unbebaute Flächen von Grundstücken, auf denen Wohngebäude mit mehreren Wohneinheiten errichtet werden, sind im Übrigen so zu gestalten, dass sie als Aufenthaltsort und Spielfläche für Kinder und Jugendliche geeignet sind § 9 II 1 Definition Vorgärten: die Flächen zwischen der festgesetzten Straßenbegrenzungslinie oder der tatsächlichen Straßengrenze und der vorderen Fluchtlinie des Gebäudes
Thür	§ 9	**1.** **2.** **3.** **4.**	§ 9 I 1 erfasste Flächen sind gärtnerisch anzulegen und zu unterhalten § 9 I 2 Bepflanzung kann verlangt werden keine Regelung zur Erhaltung bestehender Bepflanzung keine Regelung

5. Inhalt der Begrünungsvorschriften

a) Begrünung/gärtnerische Anlage

Die Bauordnungen der überwiegenden Anzahl der Länder fordern, dass die von der Regelung erfassten Flächen als Grünflächen, zum Teil wahlweise auch „gärtnerisch" anzulegen sind. Für die **Begrünung einer Fläche** reicht es aus, dass die Fläche tatsächlich irgendeinen, sei es auf natürliche Weise, sei es durch gärtnerische Unterstützung, entstandenen Bewuchs (Gras, Sträucher, Bäume) aufweist, der aber jedenfalls so dicht sein muss, dass der Eindruck einer durchgehenden Bepflanzung entsteht. Eine besondere Pflege oder gärtnerische Anlage wird nicht vorausgesetzt. Bei der **„gärtnerischen Anlage"** ist die Begrünung dieser Flächen durch gärtnerische Maßnahmen, wenigstens durch Anlage und Pflege eines Rasens, zu unterstützen. Manche Bauordnungen fordern, die nicht überbauten Flächen „zu begrünen und zu bepflanzen"; eine bestimmte Bepflanzung wird dann nicht gefordert, insbesondere wird durch diese Gesetzesformulierung nicht die – im Folgenden beschriebene – Pflicht, freie Flächen mit Bäumen und Sträuchern zu bepflanzen, begründet. Die Begrünung muss auf den erfassten Flächen unmittelbar wachsen, die Ausdehnung von Baumkronen und Blattgrün im Luftraum über einer Fläche bewirkt nicht die Begrünung dieser Fläche.[227] 193

b) Bepflanzung mit Bäumen und Sträuchern

Eine Pflicht, die von der Regelung erfassten Flächen mit Bäumen und Sträuchern zu bepflanzen, ergibt sich nur ausnahmsweise unmittelbar aus der Landesbauordnung; die Mehrzahl der Bauordnungen stellt das Verlangen nach einer solchen Bepflanzung in das Ermessen der Behörde. Die Bepflanzung mit Bäumen und Sträuchern dient speziell der **Luftreinhaltung**, dem **Lärmschutz** oder allgemein der Abschirmung beeinträchtigender Anlagen; sie ist also besonders angezeigt in Innenstadtlagen oder entlang verkehrsreicher Straßen. Vorauszusetzen ist eine bestimmte **Größe der zu bepflanzenden Freifläche**; bei kleinen Vorgärten (z. B. von Reihenhäusern) ist im Hinblick auf die dichte Bebauung und die im Vorgartenbereich verlegten Versorgungsleitungen von dem Gebot einer Bepflanzung mit Bäumen und Sträuchern sehr zurückhaltend Gebrauch zu machen; es ist 194

227 Hess VGH vom 31. 12. 1997 NuR 1998, 334 (LS).

nicht sachgerecht, eine Bepflanzung zu fordern, die nach einigen Jahren des Wachstums wieder entfernt werden müsste. In einer – je nach Landesbauordnung gebotenen – Ermessensentscheidung, ob die Bepflanzung mit Bäumen und Sträuchern verlangt wird, ist auch darauf abzustellen, wie lange die Fläche voraussichtlich **noch unbebaut** bleibt. Falls die Art der Bepflanzung nicht ohnehin der Auswahl des Verpflichteten überlassen bleibt, ist die Forderung im Regelfall auf einheimische, **standortgerechte Bäume und Sträucher** zu beschränken (wie dies z. B. in § 7 Abs. 2 Satz 1 BremLBO oder in § 11 Abs. 1 Satz 2 LBO Saar ausdrücklich vorgesehen ist), da ein Bedürfnis nach standortfremder Bepflanzung unter den Gesichtspunkten von Naturschutz und Landschaftspflege im Regelfall nicht besteht.

c) Erhaltung

195 Die Verpflichtung, Bäume und Sträucher auf den von der Regelung erfassten Flächen zu erhalten, ergibt sich zum Teil unmittelbar aus der Landesbauordnung, zum Teil wird der Behörde das Ermessen eröffnet, durch Einzelanordnung die Erhaltung dieser Bepflanzung zu fordern. Meist wird als weitere Voraussetzung für eine solche Erhaltungsanordnung gefordert, dass die Bepflanzung für das **Orts-** oder **Landschaftsbild**, für den **Lärmschutz** oder die **Luftreinhaltung** bedeutsam oder erforderlich ist. Für den Lärmschutz oder die Luftreinhaltung ist ein Baumbestand umso dringender erforderlich, je weniger Bäume in der Umgebung vorhanden und durch entsprechende planungsrechtliche Vorgaben dauerhaft gesichert sind. Hat die Gemeinde durch **Satzung** eine der Ermessensvorschrift entsprechende zwingende Vorgabe geschaffen, so geht diese Satzung vor mit der Folge, dass die Bauaufsichtsbehörde eine entsprechende Anordnung erlassen muss. Eine Erhaltungsanordnung kann isoliert oder in Zusammenhang mit der Genehmigung eines Bauvorhabens ergehen, z. B. kann die Behörde die Genehmigung eines Bauvorhabens, das die Beseitigung verschiedener Bäume erfordert, mit der Auflage versehen, die übrigen noch vorhandenen Bäume zu erhalten.

6. Versiegelung und Befestigung bei zulässiger anderer Verwendung

196 Unter der **Bodenversiegelung** wird die Befestigung des Bodens in einer **die Wasserdurchlässigkeit wesentlich mindernden Weise** verstanden. Es besteht ein allgemeines Interesse daran, möglichst wenig Bodenbefestigung und -versiegelung zuzulassen. Da die Begrünungsvorschriften bereits die gärtnerische Anlage, Begrünung oder Bepflanzung von Freiflächen fordern, erübrigt sich insoweit eine ausdrückliche Regelung, dass diese Flächen unbefestigt oder unversiegelt bleiben sollen.[228] Für die Flächen, die für eine andere zulässige Verwendung benötigt werden, gilt generell, dass sie nur insoweit versiegelt werden dürfen, als es für deren Nutzung erforderlich ist; wenn also eine Befestigung der Fläche für die vorgesehene Nutzung ausreicht, darf die Fläche nicht versiegelt werden. Umgekehrt ist eine Versiegelung zu fordern, wenn auf der anderweitig genutzten Fläche verunreinigtes, belastetes Wasser anfällt.

7. Schutzzweck der Begrünungsvorschriften

197 Das Eingrünungsgebot soll im allgemeinen Interesse durch Schaffung und Erhaltung von möglichst viel privaten Grünflächen zur Verbesserung des Lufthaushalts beitragen. Es ist **nicht nachbarschützend**, sondern dient allein dem Interesse der Allgemeinheit; der Einzelne, mag er auch daran interessiert sein, dass möglichst viel Grünflächen und Bepflanzung auf einem benachbarten Grundstück erhalten bleiben, hat hierauf keinen Anspruch. Ein Nachbar kann sich also gegen eine möglicherweise gegen eine Begrünungsvorschrift verstoßende Baumaßnahme nicht unter Berufung auf eine Verletzung eigener

---

[228] Vgl. insoweit aber § 8 II 1 BauO Bln, wonach die übrigen nicht überbauten Flächen ab bestimmter Tiefe hinter der Straßenbegrenzungslinie „gärtnerisch unversiegelt“ anzulegen sind.

Rechte wenden, er kann eine Baugenehmigung nicht mit der Begründung anfechten, bei Erteilung der Baugenehmigung sei zu Unrecht eine Anordnung unterblieben, dass bestimmte Bäume nicht beseitigt werden dürfen.[229]

8. Rechtliche Möglichkeiten zum Schutz von Grünflächen

Als Möglichkeiten zum Schutz von Grünflächen und Bepflanzungen unter dem Gesichtspunkt einer **geordneten städtebaulichen Entwicklung** und einer dem Wohl der Allgemeinheit entsprechenden Bodennutzung bestehen: 198

- die Darstellung von Grünflächen im Flächennutzungsplan (§ 5 Abs. 2 Nr. 5 BauGB)
- die Festsetzung von öffentlichen und auch privaten Grünflächen im Bebauungsplan gemäß § 9 Abs. 1 Nr. 15 BauGB
- die Festsetzung von Flächen und Maßnahmen zum Schutz, zur Pflege und Entwicklung von Boden, Natur und Landschaft im Bebauungsplan gemäß § 9 Abs. 1 Nr. 20 BauGB
- die Festsetzung, dass Bäume, Sträucher und sonstige Bepflanzungen anzupflanzen sind, und die Festsetzung von Bindungen für die Erhaltung bestehender Bepflanzungen im Bebauungsplan gemäß § 9 Abs. 1 Nr. 25 BauGB für einzelne Flächen, für ein Bebauungsplangebiet oder Teile davon sowie für Teile baulicher Anlagen; die Gemeinde kann gemäß § 178 BauGB den Eigentümer durch Bescheid verpflichten, sein Grundstück innerhalb einer zu bestimmenden angemessenen Frist entsprechend diesen Festsetzungen zu bepflanzen.

Es bestehen als weitere Möglichkeiten zum Schutz von Grünflächen 199

- der Erlass von Baumschutzverordnungen
- je nach Landesbauordnung der Erlass von **örtlichen Bauvorschriften zur Gestaltung nicht überbaubarer Flächen** (z. B. „Vorgartensatzungen"), wobei diese hinsichtlich einer ausreichenden Belüftung und Belichtung der Gebäude und der Gestaltung des Straßenbildes durch eine aufgelockerte Bebauung der Gesundheit der Allgemeinheit dienen.[230]

Daneben werden vorhandene begrünte und bepflanzte Flächen faktisch dadurch geschützt, dass es mit den Anforderungen an **gesunde Wohnverhältnisse (§ 1 Abs. 5 Nr. 1 BauGB)** nicht vereinbar ist, in einem dicht bebauten Gebiet den vorhandenen Baumbestand in erheblichem (über den vom Bauordnungsrecht geforderten Bedarf hinausgehendem Umfang) aufzugeben, und zwar unabhängig davon, ob der Baumbestand einer Baumschutzverordnung unterfällt oder nicht.[231]

II. Kinderspielplätze

MBO 2002 § 8 Abs. 2, BW § 9 Abs. 2, Bay Art. 8, Bln § 8 Abs. 3, Bbg § 7 Abs. 3, Brem § 8, Hamb § 10, Hess § 8 Abs. 2, M-V § 8 Abs. 3 bis Abs. 5, Niedersächsisches Spielplatzgesetz, NRW § 9 Abs. 2, Rh-Pf § 11, Saar § 11 Abs. 3 und Abs. 4, Sachs § 9, Sachs-Anh § 9 Abs. 3 bis Abs. 5, Schl-H § 10, Thür § 9 Abs. 3 bis Abs. 5.

1. Bedeutung der bauordnungsrechtlichen Spielplatzpflicht

Kindern soll in der Nähe ihrer Wohnung eine Spielmöglichkeit im Freien zur Verfügung stehen, die sie von ihrem Zuhause aus gefahrlos erreichen können und bei deren Benutzung sie von der Wohnung aus beaufsichtigt werden können. Das Bauordnungsrecht begründet daher – unter bestimmten Voraussetzungen – die Verpflichtung des Bauherrn, bzw. bei bestehenden Gebäuden des Grundstückseigentümers, einen **privaten** 200

[229] Hess VGH vom 4. 1. 1983 BauR 1983, 238 und Bay VGH vom 17. 3. 2000 Az. 26 ZS 99.3064.
[230] Bay VGH vom 22. 11. 1985 BayVBl. 1986, 756.
[231] Bay VGH vom 11. 11. 1997 VwRR BY 1998, 155 (LS).

Kinderspielplatz zu schaffen (**Spielplatzpflicht**). Diese Verpflichtung besteht unabhängig von der gemeindlichen Pflichtaufgabe, öffentliche Spielplätze zu schaffen;[232] eine Verknüpfung zu öffentlichen Spielplätzen besteht jedoch beispielsweise in der – von einigen Bauordnungen vorgesehenen – Möglichkeit, die bauordnungsrechtliche Spielplatzpflicht durch Übernahme der Kosten für einen öffentlichen Spielplatz abzulösen. Das Vorhandensein eines geeigneten öffentlichen Spielplatzes in der Nähe des Baugrundstücks lässt die Spielplatzpflicht grundsätzlich nicht entfallen.[233]

2. Musterbauordnung 2002

201 Die MBO 2002 regelt die Spielplatzpflicht in § 8 Abs. 2:

- § 8 Abs. 2 Satz 1 MBO 2002 eröffnet nun – kraft Gesetzes – die Möglichkeit, den Spielplatz nicht nur auf dem Baugrundstück selbst, sondern auch auf einem **anderen hierfür geeigneten Grundstück** herzustellen, wenn dieses in unmittelbarer Nähe zum Baugrundstück liegt und dessen dauerhafte Nutzung hierfür öffentlich-rechtlich gesichert ist.
- Der Spielplatz muss **„ausreichend groß“** sein, ein bestimmtes Maß wird nicht vorgegeben (§ 8 Abs. 2 Satz 1 MBO 2002).
- Die Voraussetzungen des § 8 Abs. 2 Satz 2 MBO 2002 für die **Ausnahme vom Entstehen der Spielplatzpflicht** entsprechen denen der Landesbauordnungen, dass nämlich in unmittelbarer Nähe eine Gemeinschaftsanlage oder ein „sonstiger für die Kinder nutzbarer“ Spielplatz besteht oder entsteht, wobei die Voraussetzung der „Nutzbarkeit“ auf die öffentlich-rechtliche Sicherung der dauerhaften Benutzung, wie bei der Möglichkeit der Herstellung des Spielplatzes auf einem anderen Grundstück, abzielt.[234]
- Ebenso den Landesbauordnungen entspricht die Regelung des § 8 Abs. 2 Satz 3 MBO 2002, dass der Behörde ein Ermessen eröffnet wird, für **bestehende Gebäude** die Herstellung von Kleinkinderspielplätzen zu verlangen, wenn dies die Gesundheit und der Schutz der Kinder erfordern.

3. Begriffe

202 Ein „**Kinderspielplatz**“ ist eine freie Grundstücksfläche, die mit Spielgeräten (Klettergerüst, Rutsche, Schaukel) und anderen Einrichtungen (Sandgrube, Bänken für Begleitpersonen) ausgestattet ist und v. a. für Kinder im Kindergarten- und Grundschulalter gedacht ist; die Altersgrenze endet nach allgemeiner Meinung jedenfalls bei 14 Jahren.[235] Ein solcher Spielplatz wird auch als „Spielplatz herkömmlicher Art“ bezeichnet.[236]

Soweit die Anlage eines Spielplatzes für Kleinkinder oder die Ausstattung eines Teils des anzulegenden Spielplatzes für Kleinkinder gefordert wird, sind Kinder im Vorschulalter, bis höchstens 6 Jahren gemeint.[237]

Eine Freizeit- oder Spielfläche ist kein Spielplatz in diesem Sinne.

203 Von den Spielplätzen herkömmlicher Art zu unterscheiden sind:

- **Abenteuerspielplätze**, auf denen Kinder z. B. auch handwerkliche Tätigkeiten verrichten dürfen, insbesondere hämmern, nageln, sägen
- **Bolzplätze**, die v. a. der spielerischen und sportlichen Betätigung Jugendlicher und junger Erwachsener dienen

---

[232] Ausdrücklicher Hinweis in § 1 II Niedersächs. Spielplatzgesetz: Unberührt bleiben die Aufgabe der Gemeinden, weitere Spiel-, Sport- und Erholungsmöglichkeiten, insbesondere für Jugendliche, Erwachsene und Familien zu schaffen, und das Recht, hierfür Abgaben zu erheben.

[233] Anders geregelt in § 9 II 2 NBauO, § 9 III SächsBO.

[234] Begründung zu § 8 MBO 2002.

[235] BW VGH vom 9. 5. 1996 Az. 2 S 2730/95 BWVBl. 1996, 374 m. w. N.

[236] Bay VGH vom 30. 11. 1987 BayVBl. 1988, 241.

[237] Vgl. § 10 I 1 LBO Schl-H: noch nicht schulpflichtige Kinder, § 1 I Niedersächs. Spielplatzgesetz: Spielplätze für Kleinkinder im Alter bis zu 6 Jahren (Nr. 1), für Kinder im Alter von 6 bis 12 Jahren (Nr. 2).

- **Spielfelder für Ballspiele** oder Mannschaftsspiele; da bei solchen Kleinfeldanlagen die sportliche Betätigung im Vordergrund steht, handelt es sich hier regelmäßig um Sportanlagen, und zwar auch dann, wenn sie Teil einer – in den übrigen Bereichen dem Charakter eines Kinderspielplatzes entsprechenden – Gesamtanlage sind.[238]
Diese Spiel-/Sportplätze entsprechen nicht dem Charakter eines herkömmlichen Kinderspielplatzes, da sie auf einen anderen Benutzerkreis zielen und ihre bestimmungsgemäße Nutzung mit mehr Lärm verbunden ist als die eines Kinderspielplatzes mit üblicher Ausstattung.

4. Ländervergleich

204

	Regelungsgegenstände der Landesbauordnungen und der MBO 2002[239]
1.	**Mindestanzahl** der auf dem Baugrundstück errichteten Wohnungen, damit Spielplatzpflicht entsteht
2.	Herstellung auf einem **anderen Grundstück als dem Baugrundstück** zulässig
3.	**Ablösung** der Spielplatzpflicht
4.	Forderung eines Spielplatzes für **bestehende Gebäude**
5.	**Voraussetzungen dafür, dass Spielplatzpflicht nicht entsteht**
6.	Regelungen zu **Lage**, **Größe** oder **Ausstattung**

Land	Norm (LBO)		Umsetzung/Abweichung in den Ländern und der MBO 2002[240]
MBO 2002	§ 8	**1.**	§ 8 II 1 mehr als 3 Wohnungen; gefordert wird Spielplatz für Kleinkinder
		2.	§ 8 II 1 Anlage auf geeignetem Grundstück in unmittelbarer Nähe des Baugrundstücks erlaubt, wenn dessen Nutzung hierfür öffentlich-rechtlich gesichert ist
		3.	keine Regelung in § 8 II
		4.	§ 8 II 3 Herstellung von Kleinkinderspielplätzen kann verlangt werden, wenn Gesundheit und Schutz der Kinder dies erfordern
		5.	§ 8 II 2 in unmittelbarer Nähe wird Gemeinschaftsanlage oder sonstiger für die Kinder nutzbarer Spielplatz geschaffen/ist vorhanden oder Spielplatz ist wegen Art und Lage der Wohnung nicht erforderlich
		6.	§ 8 II 1 Spielplatz muss ausreichend groß sein
BW	§ 9	**1.**	§ 9 II 1 mehr als 2 Wohnungen mit jeweils mindestens 2 Aufenthaltsräumen
		2.	keine Regelung in § 9
		3.	keine Regelung in § 9
		4.	§ 9 II 5 Anlage von Kinderspielplätzen kann verlangt werden, wenn geeignete Flächen auf dem Grundstück vorhanden sind oder ohne wesentliche Änderung oder Abbruch baulicher Anlagen geschaffen werden können
		5.	§ 9 II 2 in unmittelbarer Nähe ist Gemeinschaftsanlage vorhanden/wird geschaffen oder Art oder Lage der Gebäude erfordert keine Spielplätze
		6.	§ 9 II 3 stufenlose Erreichbarkeit, entsprechende Geltung von § 39 III 2 § 9 II 4 Art, Größe, Ausstattung bestimmt sich nach Zahl und Größe der Wohnungen auf dem Grundstück § 1 Abs. 2 der Allgemeinen Ausführungsverordnung des Wirtschaftsministeriums zur LBO BW (LBOAVO): mindestens 3 m^2 je Wohnung, bei Wohnungen mit mehr als drei Aufenthaltsräumen zusätzlich mindestens 2 m^2 je weiterem Aufenthaltsraum, insgesamt mindestens 30 m^2

238 BW VGH vom 9. 5. 1996 Az. 2 S 2730/95 BWVBl. 1996, 374.

239 Die hier verwendeten Ziffern entsprechen den Ziffern der nachstehenden Rubrik „Umsetzung/Abweichung in den Ländern und der MBO 2002".

240 Die hier verwendeten Ziffern entsprechen den Ziffern der vorstehenden Rubrik „Regelungsgegenstände der Landesbauordnungen und der MBO 2002".

Land	Norm (LBO)	Umsetzung/Abweichung in den Ländern und der MBO 2002	
Bay	Art. 8	**1.**	Art. 8 I mehr als 3 Wohnungen
		2.	Art. 8 II 1 Anlage auf geeignetem Grundstück in unmittelbarer Nähe des Baugrundstücks erlaubt, wenn dessen Benutzung hierfür gegenüber dem Rechtsträger der Bauaufsichtsbehörde rechtlich gesichert ist
		3.	Art. 8 II 2 Erfüllung der Spielplatzpflicht durch Verpflichtung zur Kostenübernahme für Anlage/Unterhaltung eines Kinderspielplatzes in angemessener Höhe erlaubt, falls Bauherr den Kinderspielplatz nicht auf seinem oder geeignetem Grundstück in unmittelbarer Nähe herstellen kann Art. 8 II 3 dies gilt nur, wenn Gemeinde in der Nähe des Baugrundstücks an Stelle des Bauherrn den vorgeschriebenen oder der Allgemeinheit zugänglichen Kinderspielplatz herstellt oder herstellen lässt Art. 8 II 4 Gemeinde kann angemessene Sicherheitsleistung verlangen
		4.	Art. 8 III 1 Bauaufsichtsbehörde kann Anlage oder Erweiterung und Unterhaltung verlangen Art. 8 III 2 entsprechende Anwendung von Art. 8 I und II
		5.	Art. 8 IV Art der Wohnungen oder ihre Umgebung erfordern keinen Spielplatz
		6.	Art. 8 I, 2. Halbs. abhängig von Zahl, Art und Größe der Wohnungen auf dem Grundstück
Bln	§ 8	**1.**	§ 8 III 1 mehr als 3 Wohnungen: „notwendiger Kinderspielplatz" § 8 III 5 bei mehr als 75 Wohnungen: Spielplatz muss auch für ältere Kinder geeignet sein
		2.	§ 8 III 2 Spielplatz kann auf unmittelbar angrenzendem Grundstück gestattet werden, wenn seine Benutzung zugunsten des Baugrundstücks öffentl.-rechtlich gesichert ist
		3.	keine Regelung in § 8
		4.	§ 8 III 6 Herstellung/Erweiterung/Instandhaltung soll verlangt werden, wenn nicht schwerwiegende Belange des Eigentümers entgegenstehen
		5.	§ 8 III 1, 2. Halbs. Ausnahme kann gestattet werden, wenn nach der Zweckbestimmung des Gebäudes mit der Anwesenheit von Kindern nicht zu rechnen ist
		6.	§ 8 III 3 Spielplätze sind zweckentsprechend und so anzulegen/instand zu halten, dass für die Kinder keine Gefahren oder unzumutbaren Belästigungen entstehen § 8 III 4 je Wohnung mindestens 4 m^2 nutzbare Spielfläche, mindestens 50 m^2 groß und geeignet für Spiele von Kleinkindern
Bbg	§ 7	**1.**	§ 7 III 2 bei mehr als 4 Wohnungen: die durch die Gemeinde in einer örtlichen Bauvorschrift nach § 81 festgesetzten Kinderspielplätze müssen hergestellt werden
		2.	keine Regelung in § 7
		3.	keine Regelung in § 7
		4.	keine Regelung in § 7
		5.	keine Regelung in § 7
		6.	§ 7 III 1 Anordnung und Ausstattung so, dass die Kinder nicht gefährdet werden
Brem	§ 8	**1.**	§ 8 I 1 mehr als 3 Wohnungen, soweit nicht entsprechende Gemeinschaftsanlagen nach § 10 vorhanden oder vorgesehen sind Besonderheit § 8 I 2 auf die Mindestanzahl der Wohnungen werden nicht angerechnet • vor dem 15. 6. 1973 genehmigte Wohnungen • Ein-Raum-Wohnungen mit höchstens 40 m^2 Wohnfläche • Wohnungen in Gebäuden mit Erscheinungsbild und Nutzung von Einfamilienhäusern, die unmittelbaren Zugang zu allein verfügbarer, zum Spielen geeigneter Gartenfläche haben

Land	Norm (LBO)	Umsetzung/Abweichung in den Ländern und der MBO 2002	
			• Wohnungen mit besonderer Zweckbestimmung, in denen Kinder üblicherweise nicht wohnen
		2.	§ 8 I 1 Herstellung auf Grundstück in der Nähe des Baugrundstücks zulässig
		3.	§ 8 II 1 falls Spielplatzpflicht nicht erfüllt werden kann: Erteilung der Baugenehmigung nur, wenn Bauherr einen Geldbetrag für die Gestaltung von Kinderspielmöglichkeiten an die Gemeinde zahlt § 8 II 3 Höhe des Geldbetrages darf 80 % der durchschnittlichen Kosten für die Herstellung und Unterhaltung nicht übersteigen
		4.	§ 8 I 3 für bestehende Gebäude mit insgesamt mehr als 3 Wohnungen kann Spielplatz durch Ortsgesetz für bestimmte Teile des Gemeindegebiets verlangt werden, wenn Gesundheit oder Schutz der Kinder dies rechtfertigt
		5.	§ 8 II 2 nur Regelung für Entfallen der Zahlungspflicht nach § 8 II 1: wenn zusätzliche Wohnungen durch Wohnungsteilung, Ausbau, Aufstockung oder durch Nutzungsänderung in einem Gebäude geschaffen werden, das bei In-Kraft-Treten dieses Gesetzes errichtet war
		6.	§ 8 I 4 Größe richtet sich nach Art und Anzahl der Wohnungen auf dem Grundstück
Hamb	§ 10	**1.**	§ 10 I bei mehr als 2 bis zu 5 Wohnungen: Spielplatz für Kleinkinder, § 10 II 1 bei mehr als 5 Wohnungen: Kinderspiel- und Freizeitfläche § 10 II 2 davon Teilfläche in unmittelbarer Gebäudenähe als Spielplatz für Kleinkinder
		2.	§ 10 IV 1 Herstellung auf geeignetem Grundstück in der Nähe ist zulässig § 10 IV 2 Sicherung der Benutzung dieses Grundstücks zu diesem Zweck durch Baulast gefordert
		3.	keine Regelung in § 10
		4.	§ 10 VII Spielplätze für Kleinkinder können verlangt werden, wenn Gesundheit und Schutz der Kinder dies erfordern und geeignete Flächen verfügbar
		5.	§ 10 VIII Kleinkinderspielplatz braucht nicht hergestellt zu werden, wenn die Art der Wohnungen dies nicht erfordert
		6.	Regelungen zur Ausstattung: § 10 V 1 Berücksichtigung der Spiel- und Freizeitbedürfnisse unterschiedlicher Altersgruppen und von Familien § 10 V 2 Ausstattung mit geeigneten Spiel-/Freizeiteinrichtungen einschließlich Sitzgelegenheiten § 10 V 3 für Kleinkinderspielplatz: mindestens eine Sandkiste von 5 m² Innenfläche, 2 unterschiedliche für Kleinkinder angemessene Spielgeräte, Sitzgelegenheit für Erwachsene § 10 V 4 Erneuerung des Sandes in der Sandkiste mindestens jährlich Regelungen zur Größe: § 10 III 1 Kinderspiel- und Freizeitfläche: je Wohneinheit 10 m², mindestens 150 m² § 10 III 2 Kleinkinderspielplatz: je Wohneinheit 2 m², insgesamt mindestens 30 m² § 10 III 3 größere Flächen nach § 10 III 2 sind in Plätze von 30 m² bis 50 m² aufzuteilen § 10 III 4 Unterschreitung der Fläche nach § 10 III 1 (nicht: § 10 III 2) zulässig, wenn sonst die auf dem Grundstück zulässige Bebauung nicht verwirklicht werden kann Regelungen zum Schutz: § 10 VI falls Anlagen in der Nähe die Nutzung durch Lärm oder andere Belästigungen beeinträchtigen: Anpflanzung von Bäumen, Hecken, Sträuchern zur Abschirmung oder andere Schutzvorkehrungen gefordert

Land	Norm (LBO)	Umsetzung/Abweichung in den Ländern und der MBO 2002	
Hess	§ 8	**1.**	§ 8 II 1 bei mehr als 3 Wohnungen: Spielplatz für Kleinkinder (bis zu 6 Jahren) gefordert
		2.	§ 8 II 1 Herstellung auf Grundstück in unmittelbarer Nähe mit öffentlich-rechtlicher Sicherung zulässig
		3.	keine Regelung in § 8
		4.	keine Regelung in § 8
		5.	§ 8 II 2 der Herstellung bedarf es nicht, wenn • in unmittelbarer Nähe ein für Kleinkinder geeigneter, auch für das Baugrundstück bestimmter Spielplatz als Gemeinschaftsanlage vorhanden ist/geschaffen wird (Nr. 1) oder • Art oder Lage der Wohnungen keinen Kinderspielplatz erfordert (Nr. 2)
		6.	keine Regelung in § 8
M-V	§ 8	**1.**	§ 8 III 1 bei mehr als 3 bis zu 5 Wohnungen: Spielfläche für Kleinkinder; bei mehr als 5 Wohnungen: Kinderspiel- und Freizeitfläche § 8 III 2 davon Teilfläche in unmittelbarer Gebäudenähe als Spielfläche für Kleinkinder
		2.	keine Regelung in § 8
		3.	keine Regelung in § 8
		4.	§ 8 V Bereitstellung von Kinderspielflächen kann verlangt werden, wenn Gesundheit oder Schutz der Kinder dies erfordern
		5.	§ 8 IV 2 auf Bereitstellung kann verzichtet werden, wenn • in unmittelbarer Nähe Gemeinschaftsanlage nach § 9 vorhanden ist/geschaffen wird oder • die Art oder die Lage der Wohnungen keinen Spielplatz erfordert
		6.	§ 8 IV 1 Größe richtet sich nach Zahl und Art der Wohnungen
Nds	Nds. Spielplatz-Gesetz	**1.**	§ 2 I 1 bei mehr als 2 Wohnungen ist Kleinkinderspielplatz anzulegen
		2.	§ 2 I 2 zulässig, wenn rechtlich gesichert, dass er für die Wohnungen auf dem Baugrundstück dauernd zur Verfügung steht
		3.	§ 9 I 1wenn Behörde nach § 5 I Nr. 2 oder 4 auf Spielplatz verzichtet hat: Verpflichtung zur Zahlung eines angemessenen Ablösebetrages an die Gemeinde § 9 I 2 Betrag ist zur Anlage von öffentlichen Spielplätzen zu verwenden § 9 II einheitliche Festsetzung des Betrags durch Satzung für Gemeindegebiet oder Teile davon gefordert
		4.	§ 6 II Gemeinden können durch Satzung für Gemeindegebiet/Teile davon bei bestehenden Gebäuden Anlage/Unterhaltung von Kleinkinderspielplätzen fordern, wenn diese zum Schutz der Kleinkinder allgemein erforderlich § 6 III 1 falls keine Satzung nach § 6 II erlassen ist, kann Bauaufsichtsbehörde Anlage/Unterhaltung von Kleinkinderspielplätzen fordern, wenn dies zum Schutz der Kleinkinder im Einzelfall erforderlich und geeignete nicht überbaute Flächen auf den Baugrundstücken vorhanden sind oder mit zumutbarem Aufwand freigelegt werden können
		5.	§ 5 I Bauaufsichtsbehörde kann auf Spielplatz für Kinder verzichten, wenn • Spielplatz wegen der Art der Wohnungen entbehrlich ist (Nr. 1) • in der nach § 2 I zulässigen Entfernung ein öffentlicher Kleinkinderspielplatz vorhanden ist/geschaffen wird (Nr. 2) • dem Spiel- und Bewegungsbedürfnis von Kleinkindern auf andere Weise gleichwertig entsprochen werden kann (Nr. 3) § 5 II Beispiele, wann den Spiel und Bewegungsbedürfnissen der Kinder gleichwertig entsprochen wird: wenn Grünflächen, Spielstraßen, Schulhöfe, Sportstraßen zur Verfügung stehen

Land	Norm (LBO)		Umsetzung/Abweichung in den Ländern und der MBO 2002
			• infolge der vorhandenen Bebauung auf dem Grundstück eine geeignete Fläche fehlt (Nr. 4)
		6.	§ 2 I 3 maximal zulässige Entfernung der Kleinkinderspielplätze von den den Wohnungen zugeordneten Gebäudeeingängen: 100 m § 3 I für Kleinkinderspielplatz geforderte nutzbare Fläche: 3 vom Hundert der Wohnfläche der Wohnungen, mindestens 30 m² § 3 II 1 für Kinderspielplatz geforderte nutzbare Fläche: mindestens 2 vom Hundert der zulässigen Geschossfläche im Spielplatzbereich § 3 II 2 nur Geschosse einzurechnen, in denen Wohnungen allgemein zulässig § 4 I 1 gefahrlose Nutzungsmöglichkeit gefordert § 4 I 3 geeignete Schutzmaßnahmen gefordert, falls durch Kinderspielplatz mit besonderen Belästigungen für Anwohner zu rechnen
NRW	§ 9	1.	§ 9 II 1 keine Mindestzahl von Wohnungen vorgeschrieben, Gebäude mit Wohnungen darf nur errichtet werden bei Bereitstellung ausreichender Kleinkinderspielfläche
		2.	keine Regelung in § 9
		3.	keine Regelung in § 9
		4.	§ 9 II 5 Bereitstellung von Kleinkinderspielflächen kann verlangt werden, wenn Gesundheit oder Schutz der Kinder dies erfordern
		5.	§ 9 II 2 Bereitstellung auf Grundstück nicht erforderlich, wenn in unmittelbarer Nähe • solche Spielfläche auf anderem Grundstück geschaffen wird/vorhanden ist und sie sowie ihre Unterhaltung öffentlich-rechtlich gesichert ist (a) • eine Gemeinschaftsanlage nach § 11 geschaffen wird/vorhanden ist (b) oder • geeigneter öffentlicher Spielplatz geschaffen wird/vorhanden ist (c) § 9 II 4 auf Bereitstellung kann verzichtet werden, wenn Art und Lage der Wohnungen dies nicht erfordern
		6.	§ 9 II 3 Größe richtet sich nach Zahl und Art der Wohnungen auf dem Grundstück
Rh-Pf	§ 11	1.	§ 11 I 1 mehr als 3 Wohnungen: Kleinkinderspielplatz ist herzustellen
		2.	§ 11 II 2 Herstellung auf Grundstück in unmittelbarer Nähe kann zugelassen werden, wenn Grundstück von den Kindern gefahrlos erreicht werden kann und seine Benutzung als Spielplatz öffentl.-rechtlich gesichert
		3.	§ 11 II 3 Erfüllung der Spielplatzpflicht durch angemessene Beteiligung an den Kosten für die Herstellung/Unterhaltung eines öffentlichen Spielplatzes in unmittelbarer Nähe des Baugrundstücks kann zugelassen werden, Gemeinde kann Sicherheitsleistung verlangen
		4.	§ 11 IV Herstellung/Instandhaltung kann verlangt werden, wenn dies wegen der Gesundheit der Kinder oder zum Schutz vor Verkehrsgefahren erforderlich und Grundstücksverhältnisse nicht entgegenstehen
		5.	§ 11 V Art der Wohnungen erfordert keinen Spielplatz
		6.	§ 11 I 1 Spielplatz muss nach Lage und Beschaffenheit ein gefahrloses Spielen ermöglichen § 11 I 2 Spielplatz soll besonnt und windgeschützt liegen § 11 I 3 Größe richtet sich nach der Zahl der Wohnungen zusätzlich § 11 III Spielplatz muss spätestens sechs Monate nach Bezug der Wohnungen benutzbar sein, Frist kann verlängert werden, wenn besondere Umstände die Einhaltung der Frist nicht zulassen oder Herstellung eines Spielplatzes noch nicht erfordern

Land	Norm (LBO)		Umsetzung/Abweichung in den Ländern und der MBO 2002
Saar	§ 11	**1.**	§ 11 III 1 bei mehr als 3 Wohnungen: Anlage/Unterhaltung eines Kleinkinderspielplatzes
		2.	§ 11 IV 1 Herstellung auf geeignetem Grundstück in unmittelbarer Nähe zulässig, wenn dessen Benutzung zu diesem Zweck öffentl.-rechtlich gesichert
		3.	§ 11 IV 2 falls Herstellung auf Baugrundstück oder Grundstück in unmittelbarer Nähe nicht möglich ist oder in unmittelbarer Nähe ein öffentlicher, für Kleinkinder geeigneter Spielplatz vorhanden/geplant ist: Bauaufsichtsbehörde kann im Einvernehmen mit der Gemeinde gestatten, dass Spielplatzpflicht durch Zahlung eines angemessenen Geldbetrages abgelöst wird, falls eine Ablösesatzung (§ 93 I Nr. 6) besteht § 11 IV 3 Betrag ist zur Anlage und Unterhaltung von öffentlichen, für Spiele von Kleinkindern geeigneten Spielplätzen zu verwenden
		4.	§ 11 III 4 Herstellung kann verlangt werden, wenn Gesundheit oder Schutz der Kinder dies erfordert
		5.	§ 11 III 2 Art der Wohnungen oder ihre Umgebung erfordert keinen Spielplatz oder in unmittelbarer Nähe ist Gemeinschaftsanlage vorhanden/wird geschaffen
		6.	keine Regelung in § 11
Sachs	§ 9	**1.**	§ 9 I 1 bei mehr als 3 Wohnungen: Spielfläche für Kleinkinder, bei mehr als 5 Wohnungen: zusätzlich Kinderspiel- und Freizeitfläche § 9 I 2 Teilfläche davon ist in unmittelbarer Gebäudenähe als Spielfläche für Kleinkinder anzulegen
		2.	keine Regelung in § 9
		3.	keine Regelung in § 9
		4.	§ 9 IV Bereitstellung von Kinderspielflächen kann verlangt werden, wenn Gesundheit oder Schutz der Kinder dies erfordern
		5.	§ 9 I 3 § 9 I 1 gilt nicht, wenn die Art der Wohnungen dies nicht erfordert § 9 III auf Bereitstellung kann verzichtet werden, wenn in unmittelbarer Nähe • Spiel- und Freizeitfläche auf geeignetem Grundstück vorhanden ist/geschaffen wird und deren Benutzung und Unterhaltung rechtlich gesichert ist (Nr. 1) oder • geeigneter öffentl. Spielplatz vorhanden ist/geschaffen wird (Nr. 2)
		6.	§ 9 II Größe richtet sich nach Zahl und Art der Wohnungen
Sachs-Anh	§ 9	**1.**	§ 9 III 1 mehr als 3 bis zu 5 Wohnungen: Spielfläche für Kleinkinder; mehr als 5 Wohnungen: Kinderspiel- und Freizeitfläche § 9 III 2 Teilfläche davon ist in unmittelbarer Gebäudenähe als Spielfläche für Kleinkinder anzulegen
		2.	keine Regelung in § 9
		3.	keine Regelung in § 9
		4.	§ 9 V Bereitstellung von Kinderspiel- und Freizeitflächen kann verlangt werden, wenn Gesundheit und Schutz der Kinder dies erfordern
		5.	§ 9 IV 2 auf Bereitstellung kann verzichtet werden, wenn • in unmittelbarer Nähe Gemeinschaftsanlage vorhanden ist/geschaffen wird und gefahrlos erreichbar ist (Nr. 1) oder • Art und Lage der Wohnungen dies nicht erfordert (Nr. 2)
		6.	§ 9 IV 1 Größe richtet sich nach Zahl und Art der Wohnungen
Schl-H	§ 10	**1.**	§ 10 I 1 mehr als 3 Wohnungen; Herstellung eines Spielplatzes für noch nicht schulpflichtige Kinder (Kleinkinder)
		2.	§ 10 I 1 Herstellung auf geeignetem, gefahrlos zu erreichendem, in der Nähe in Sicht- und Rufweite gelegenem Grundstück wahlweise zulässig
		3.	keine Regelung in § 10

Land	Norm (LBO)	Umsetzung/Abweichung in den Ländern und der MBO 2002	
		4.	§ 10 II 1 Anlage von Kleinkinderspielplätzen kann verlangt werden, sofern auf dem Baugrundstück die benötigten Flächen in geeigneter Lage und Größe vorhanden sind
		5.	§ 10 II 2 Gemeinde kann durch Satzung für Teile des Gebietes bestimmen, dass für bestehende Gebäude mit mehr als drei Wohnungen Kleinkinderspielplätze anzulegen sind
			§ 10 I 2 in geeigneter Nähe ist Gemeinschaftsanlage vorhanden/wird geschaffen
			§ 10 I 3 auf Herstellung kann verzichtet werden, wenn nach der Zweckbestimmung des Gebäudes mit dem ständigen Aufenthalt von Kleinkindern nicht zu rechnen ist
			§ 10 IV 1 Größe richtet sich nach Anzahl und Größe der Wohnungen auf dem Baugrundstück
		6.	§ 10 IV 2 je Wohnung sollen mindestens 3 m² nutzbare Spielfläche vorhanden sein
			§ 10 IV 3 Mindestgröße 30 m²
			§ 10 IV 4 Spielgeräte, Spielhäuser, Spieleinrichtungen sind in einwandfreiem, funktionsfähigem, sicherem Zustand zu halten
Thür	§ 9	**1.**	§ 9 III 1 mehr als 3 bis zu 5 Wohnungen: Spielfläche für Kleinkinder, mehr als 5 Wohnungen: Kinderspiel und Freizeitfläche
			§ 9 III 2 Teilfläche davon ist in unmittelbarer Gebäudenähe als Spielfläche für Kleinkinder anzulegen
		2.	§ 9 III 3 Herstellung auf geeignetem Grundstück in unmittelbarer Nähe kann gestattet werden, wenn Benutzung des Grundstücks für diesen Zweck gesichert ist
		3.	§ 9 V 1 falls Herstellung auf Baugrundstück oder geeignetem Grundstück in unmittelbarer Nähe nicht möglich ist und auf Bereitstellung nicht verzichtet werden kann, ist Erfüllung der Spielplatzpflicht dadurch möglich, dass der Bauherr sich der Gemeinde gegenüber zur Beteiligung an Herstellungs-/Unterhaltungskosten einer Kinderspielfläche in angemessener Höhe verpflichtet
			§ 9 V 2 dies gilt nur, wenn Gemeinde eine allgemein zugängliche Kinderspielfläche in angemessener Entfernung herstellt/herstellen lässt
			§ 9 V 3 Gemeinde kann Sicherheitsleistung in angemessener Höhe verlangen
		4.	§ 9 VI Voraussetzung, dass Gesundheit und Schutz der Kinder dies erfordern
		5.	§ 9 IV 2 auf Bereitstellung kann verzichtet werden, wenn • in unmittelbarer Nähe Gemeinschaftsanlage vorhanden ist/geschaffen wird (Nr. 1) oder • Art und Lage der Wohnungen dies nicht erfordert (Nr. 2)
		6.	§ 9 IV 1 Größe richtet sich nach Zahl und Art der Wohnungen auf dem Grundstück

5. Entstehen der Spielplatzpflicht

a) Kraft Gesetzes

Bei der **Neuerrichtung von Gebäuden** entsteht die Spielplatzpflicht kraft Gesetzes, 205
wenn in den Gebäuden, die auf einem Baugrundstück errichtet werden, insgesamt mehr als eine bestimmte Zahl von Wohnungen (in der Regel mehr als drei) vorgesehen ist. Dasselbe gilt, wenn durch die Errichtung zusätzlicher Gebäude oder durch **Umbau/Erweiterung bestehender Gebäude** die geforderte Mindestanzahl von Wohnungen auf dem Grundstück entsteht. Für die Ermittlung der Anzahl der Wohnungen ist die bauord-

nungsrechtliche Begriffsbestimmung maßgeblich. Gleichgültig ist die Verteilung der Wohnungen auf die Gebäude, oder die Größe oder Dichte der Bebauung eines Grundstücks; entscheidend ist immer die Gesamtzahl der auf dem Baugrundstück vorgesehenen Wohnungen.

Die Spielplatzpflicht entsteht – im Hinblick auf die Grundstücksbezogenheit des Baurechts – bei Vorliegen der gesetzlichen Voraussetzungen unabhängig davon, ob damit zu rechnen ist, dass Kinder die Gebäude bewohnen werden, also z. B. auch bei einer Bauherrengemeinschaft aus älteren Leuten, oder wenn die Wohnungen wegen ihrer Größe oder ihres Zuschnitts für Kinder nicht geeignet sind.[241] Derartige Besonderheiten sind jedoch bei der Prüfung, ob ein Ausnahmefall vorliegt, der zum Ausschluss der Spielplatzpflicht kraft Gesetzes führt, oder ob eine Abweichung oder Befreiung/Ausnahme von der Spielplatzpflicht erteilt werden kann, zu berücksichtigen.

b) Durch behördliche Anordnung

206 Ist auf einem Grundstück in **bestehenden Gebäuden** bereits die für das Entstehen der Spielplatzpflicht geforderte Anzahl von Wohnungen untergebracht, ohne dass ein Spielplatz angelegt ist, oder genügt ein etwa vorhandener Spielplatz in Bezug auf Größe oder Ausstattung nicht den nach geltendem Recht gestellten Anforderungen, weil beispielsweise eine „Kinderspielfläche" angelegt wurde, während das geltende Recht einen „Kinderspielplatz" fordert, so kann die Bauaufsichtsbehörde die (Neu-)Anlage eines Kinderspielplatzes oder die Erweiterung eines bestehenden Spielplatzes fordern. Voraussetzung hierfür ist nach Landesbaurecht oft, dass „**Gesundheit und Schutz der Kinder** dies erfordern"; dabei ist der Schutz der Kinder vor den Gefahren des Straßenverkehrs gemeint, dem sie ausgesetzt wären, wenn sie einen nicht auf dem Wohngrundstück gelegenen Spielplatz aufsuchen müssten.[242] Weitere Voraussetzung dafür, dass eine behördliche Anordnung ergehen darf, ist teilweise, dass auf dem Grundstück **geeignete Flächen** vorhanden sein müssen; dieser Gesichtspunkt ist auch dort, wo er im Gesetz nicht ausdrücklich genannt ist, jedenfalls bei der Ermessensausübung zu berücksichtigen.

207 Die Anordnung der Behörde ist ein **Verwaltungsakt**. Einzelheiten der Ausgestaltung des geforderten Kinderspielplatzes sind nur so weit festzulegen, als dies im Hinblick auf den Bestimmtheitsgrundsatz erforderlich ist; dem Verpflichteten ist so viel Gestaltungsspielraum als möglich zu lassen. Anzugeben sind jedenfalls die Mindestgröße, die Lage auf dem Grundstück, und die geforderte Mindestausstattung mit Spielgeräten und sonstigen Einrichtungen. Die Anordnung steht im **Ermessen** der Behörde; den Interessen der Kinder ist nicht von vornherein der Vorrang einzuräumen, vielmehr sind die Interessen an der Herstellung eines Spielplatzes abzuwägen gegen das Interesse des dadurch Verpflichteten. Dabei ist insbesondere zu berücksichtigen, ob ein aktuelles Bedürfnis für die Herstellung (bzw. Erweiterung) des Spielplatzes besteht; in diesem Zusammenhang ist also von Bedeutung, ob und wie viele Kinder, für die der private Spielplatz gedacht wäre, auf dem Grundstück wohnen und ob in der Umgebung Spielmöglichkeiten vorhanden sind. Im Interesse der Verpflichteten ist zu beachten, ob für einen Kinderspielplatz eine geeignete Grundstücksfläche zur Verfügung steht oder erst erworben bzw. die Spielplatzpflicht abgelöst werden müsste.

c) Ausschluss der Spielplatzpflicht

208 Besondere Umstände können die Anlage eines Kinderspielplatzes auf dem Baugrundstück entbehrlich machen, mit der Folge, dass die Spielplatzpflicht entweder kraft Gesetzes gar nicht entsteht, oder dass durch gesonderte Entscheidung der Behörde auf die Anlage eines Spielplatzes verzichtet bzw. eine Abweichung von einer grundsätzlich bestehenden Verpflichtung zur Herstellung eines Spielplatzes erteilt wird. Zum Teil nennen

---

[241] Ausnahme: § 8 I 2 Nr. 2 BremLBO, wonach Ein-Raum-Wohnungen mit höchstens 40 m² Wohnfläche auf die erforderliche Mindestzahl der Wohnungen nicht angerechnet werden.

[242] Vgl. § 11 IV LBauO Rh-Pf: zum Schutz vor Verkehrsgefahren erforderlich.

die Bauordnungen diese Umstände bereits im Gesetz; wo dies nicht der Fall ist, sind sie als allgemein gültige Gesichtspunkte, die für einen Verzicht auf einen privaten Spielplatz sprechen, im Rahmen der Interessenabwägung bei einer etwa zu erteilenden Entscheidung über eine Abweichung bzw. Ausnahme/Befreiung heranzuziehen.

aa) im Hinblick auf die Art der Wohnungen. Die Art der Wohnungen schließt die Spielplatzpflicht aus, wenn aufgrund ihrer **Größe** (Anhaltspunkt: Einzimmerwohnungen mit weniger als ca. 50 m^2, Zweizimmerwohnungen mit weniger als etwa 40 m^2) nicht damit zu rechnen ist, dass hier Kinder im Vorschul- und Grundschulalter wohnen, oder wenn bereits aufgrund der dinglich gesicherten **Zuordnung von Freiflächen** zu den Wohnungen (Gartenanteile) Spielflächen im Freien vorhanden sind.[243] 209

bb) im Hinblick auf die Lage der Wohnungen bzw. ihre Umgebung. Ein Spielplatz auf dem Baugrundstück ist entbehrlich, wenn die Umgebung von sich aus bereits genügend Spielmöglichkeiten bietet. Diese müssen durch die **Art der Umgebung** auf Dauer angelegt sein, indem z. B. ein Baugrundstück in einem als Dorfgebiet ausgewiesenen Bereich, in unmittelbarer Nähe eines Grünzuges oder in der Nähe von Schulen, deren Höfe in der schulfreien Zeit zum Spielen zur Verfügung stehen, liegt. Dass ein öffentlicher Spielplatz in der Umgebung vorhanden ist, reicht für den Ausschluss der Spielplatzpflicht nur aus, wenn dies ausdrücklich gesetzlich normiert ist.[244] 210

cc) im Hinblick auf die Zweckbestimmung des Gebäudes. Nach der Zweckbestimmung des Gebäudes (bzw. der Wohnungen) ist mit dem ständigen Aufenthalt von Kindern dann nicht zu rechnen, wenn die vorgesehene (Wohn-)Nutzung den Aufenthalt von Kindern ausschließt, z. B. Nutzung als Altenwohnheim oder Arbeiterwohnheim. Dieser Umstand muss dauerhaft gesichert sein, wobei hierfür die Angabe der Nutzung in den Bauvorlagen genügt. Wenn in einem Gebäude zwar „gewohnt" wird, das Gebäude jedoch gar keine „Wohnungen" hat, z. B. in einem Wohnheim mit nicht in sich abgeschlossenen Wohneinheiten, so entsteht die Spielplatzpflicht bereits deshalb nicht, weil die Voraussetzung einer bestimmten Anzahl von „Wohnungen" nicht erfüllt ist. 211

dd) im Hinblick auf einen Spielplatz in unmittelbarer Grundstücksnähe. In unmittelbarer Nähe bedeutet, dass die Kinder einen auf diesem Grundstück hergestellten Spielplatz ebenso **gefahrlos erreichen** können, und von der Wohnung aus ebenso gut beaufsichtigt werden können, wie bei der Herstellung eines Spielplatzes auf dem Grundstück selbst. Die Einsehbarkeit von der Wohnung aus ist z. B. nicht erforderlich, wenn diese auch bei Anlage eines Spielplatzes auf dem Grundstück selbst nicht gegeben sein müsste. Für die gefahrlose Erreichbarkeit ist wichtig, dass allenfalls eine nur die Wohnungen erschließende Straße oder eine Spielstraße zwischen dem Baugrundstück und dem Spielplatz liegen darf. Wenn das Gesetz nichts anderes vorschreibt, muss die Nutzbarkeit dieses nahen Spielplatzes für die Kinder, die auf dem fraglichen Grundstück wohnen, **rechtlich gesichert** sein. 212

6. Erfüllung der Spielplatzpflicht

a) Herstellung eines Kinderspielplatzes auf dem Baugrundstück

Im Regelfall wird die Spielplatzpflicht dadurch erfüllt, dass ein Spielplatz auf dem Baugrundstück hergestellt und unterhalten wird. Die einzelnen Bauordnungen und Ausführungsbestimmungen schreiben unterschiedliche Einzelanforderungen an die Ausgestaltung des Spielplatzes vor. 213

---

243 Vgl. § 8 I 2 Nr. 3 BremLBO, wonach auf die Mindestanzahl der Wohnungen nicht angerechnet werden (u. a.) Wohnungen in Häusern, die als Einfamilienhäuser erscheinen und unmittelbaren Zugang zu einer allein verfügbaren Gartenfläche haben.

244 So z. B. § 9 II 2 BauO NRW.

Der Spielplatz muss in **geeigneter Lage** angelegt werden. Nach § 9 Abs. 1 Nr. 15 BauGB können im Bebauungsplan bereits die privaten Grünflächen, zu denen auch Spielplätze gehören, festgesetzt werden. Der Spielplatz muss für die Kinder gefahrlos zu erreichen sein, darf also, bei Lage auf dem Baugrundstück selbst, nicht durch Zufahrten vom Wohngebäude getrennt sein. Er muss außerdem von Anlagen, die Gerüche oder Geräusche emittieren (Mülltonnen, Garagen), abgeschirmt sein, er soll, jedenfalls als Kleinkinderspielplatz, in unmittelbarer Nähe der Gebäude liegen, um die Beaufsichtigung von den Wohnungen oder dem Gebäude aus zu ermöglichen. Er soll besonnt und windgeschützt liegen. Die Größe des Spielplatzes ist abhängig von der Zahl der Wohnungen, für die er hergestellt wird; einige Landesbauordnungen oder Durchführungsbestimmungen enthalten Angaben zur Größe, die für Kleinkinderspielplätze von 2 m^2 pro Wohneinheit bis zu 4 m^2 pro Wohnung variieren, die von der Zahl der Wohnung unabhängige Mindestgröße reicht von 30 m^2 bis 50 m^2 (vgl. hierzu die Tabelle oben Rn. 204). Wo die DIN 18034 als Technische Baubestimmung eingeführt ist, sind bezüglich der Größe deren Vorgaben maßgeblich (mindestens 1,5 m^2 Fläche pro 25 m^2 Wohnfläche, insgesamt mindestens 60 m^2).

b) Herstellung eines Kinderspielplatzes auf einem anderen Grundstück

214 Teilweise sieht das Bauordnungsrecht hierfür bereits bei der Verpflichtung zur Anlage eines Spielplatzes eine Abweichungsmöglichkeit vor, andernfalls besteht über die allgemeinen Vorschriften eine Abweichungs- bzw. Befreiungsmöglichkeit. Grundsätzlich ist für die Herstellung eines Spielplatzes auf einem anderen als dem Baugrundstück zu fordern:

- Das andere Grundstück muss in **unmittelbarer Nähe** des Baugrundstücks liegen, d. h. es darf grundsätzlich nicht durch eine Straße vom Baugrundstück getrennt sein; allenfalls dann, wenn ein Spielplatzteil, der auf dem anderen Grundstück angelegt werden soll, nicht für Kinder im Vorschulalter, sondern im Grundschulalter gedacht ist, kann die Überquerung einer ruhigen Straße in Kauf genommen werden.
- Das andere Grundstück muss für die Anlage eines Kinderspielplatzes **geeignet** sein, d. h. der Kinderspielplatz muss dort zulässigerweise hergestellt werden können.
- Die Benutzung des anderen Grundstücks für die Errichtung des Kinderspielplatzes ist gegenüber dem Rechtsträger der Bauaufsichtsbehörde **rechtlich zu sichern**; da nicht der Eigentümer, sondern das Grundstück gebunden werden muss, reicht eine schuldrechtliche Verpflichtung für eine dauerhafte Sicherung nicht aus.

c) Unterhaltung des angelegten Spielplatzes

215 Gegenstand der Spielplatzpflicht ist auch die Verpflichtung, einen angelegten Spielplatz zu unterhalten. Es ist also z. B. regelmäßig die Sicherheit der Spielgeräte zu überprüfen und der Spielsand auszutauschen. In Zusammenhang mit einer bauaufsichtlichen Durchsetzung der Unterhaltungspflicht ist von Bedeutung, ob das Grundstück von Kindern bewohnt wird.

d) Ablösung der Spielplatzpflicht

216 Dem Bauherrn wird teilweise die Möglichkeit eröffnet, seiner Spielplatzpflicht durch Ablösung nachzukommen. Teilweise wird hierfür gefordert, dass die Erfüllung der Spielplatzpflicht durch Anlage auf dem Baugrundstück oder einem nahen anderen Grundstück nicht möglich ist.[245] Diese Voraussetzung ist nicht schon dann erfüllt, wenn ein Grundstücksteil nur unter finanziellen Aufwendungen (z. B. für Maßnahmen zur Abschirmung gegenüber störenden Einflüssen) als Spielplatz nutzbar gemacht werden kann. Insbesondere bei der Neuerrichtung von Gebäuden muss die Anlage eines Spielplatzes von Anfang an in die Planung mit einbezogen werden; der Wunsch des Bauherrn, das Grundstück möglichst intensiv für die Wohnbebauung selbst zu nutzen, reicht jedenfalls

---

[245] So Art. 8 II 2 BayBO, § 8 II 1 BremLBO, § 11 IV 2 LBO Saarl, § 9 V 1 ThürBO.

nicht aus, um annehmen zu können, dass die Anlage eines Spielplatzes auf dem Baugrundstück unmöglich ist. Sind die Voraussetzungen für die Ablösung erfüllt, so räumt das Bauordnungsrecht in der Regel der Genehmigungsbehörde ein **Ermessen** bei der Entscheidung ein, ob sie die Erfüllung der Spielplatzpflicht durch Ablösung zulässt.[246] Die Genehmigungsbehörde hat bei dieser Entscheidung insbesondere den **Gleichbehandlungsgrundsatz** zu beachten, sie darf also, wenn sie in vergleichbaren Fällen eine Ablösung zugelassen hat, diese nicht ohne sachlichen Grund ablehnen, etwa um die Bebauung eines weiteren Grundstücks zu verhindern.

Soll die Spielplatzpflicht durch Ablösung erfüllt werden, schließt die Gemeinde mit dem Bauherrn einen **öffentlich-rechtlichen Vertrag**, in dem sich der Bauherr gegenüber der Gemeinde verpflichtet, einen bestimmten Geldbetrag zu zahlen, bzw. – je nach gesetzlicher Regelung – die Kosten für die Herstellung eines Kinderspielplatzes in angemessener Höhe zu übernehmen. Im Gegenzug verpflichtet sich die Gemeinde, den Betrag für die Schaffung eines Kinderspielplatzes, je nach gesetzlicher Regelung notwendigerweise in Nähe des Baugrundstücks, zu verwenden. 217

7. Zwangsweise Durchsetzung der Spielplatzpflicht

Die Errichtung eines Kinderspielplatzes und dessen Unterhaltung kann nur dann zwangsweise durchgesetzt werden, wenn sie als **Auflage** oder **Bedingung** in die Baugenehmigung aufgenommen wurde. Die bloße Darstellung eines Kinderspielplatzes im Lageplan, der Gegenstand der Baugenehmigung ist, würde im Fall der Nichterrichtung des Spielplatzes die Behörde allerdings dazu berechtigen, die Benutzung des Gebäudes zu untersagen, weil es nicht entsprechend der Baugenehmigung errichtet wurde. 218

8. Schutzzweck der Vorschriften zur Spielplatzpflicht

Die bauordnungsrechtliche Verpflichtung zur Herstellung eines Kinderspielplatzes ist **nicht nachbarschützend**, d. h. der Nachbar hat keinen Anspruch darauf, dass der Bauherr oder Grundstückseigentümer die ihm obliegende Spielplatzpflicht erfüllt; die Errichtung eines Gebäudes unter Verstoß gegen die bauordnungsrechtliche Spielplatzpflicht verletzt den Nachbarn nicht in eigenen Rechten. 219

9. Rechtsschutz gegen Spielplätze

Wenden sich Eigentümer von Wohnungen **desselben Baugrundstücks** gegen einen (privaten) Kinderspielplatz auf ihrem Grundstück, so können sie nur auf dem Zivilrechtsweg vorgehen, da sie keine „Nachbarn" sind, die durch eine Genehmigung in eigenen Rechten verletzt sein könnten. 220

Falls der Spielplatz Teil eines genehmigten Vorhabens ist, können Eigentümer **benachbarter Grundstücke** dagegen durch Anfechtung der Baugenehmigung vorgehen; andernfalls müssen sie bei der Bauaufsichtsbehörde ein bauaufsichtliches Einschreiten beantragen, worauf jedoch grundsätzlich kein Rechtsanspruch des Einzelnen besteht, sondern lediglich ein Anspruch auf fehlerfreie Ermessensausübung.

Abwehransprüche wegen Beeinträchtigungen, die von einem von der Gemeinde betriebenen **öffentlichen**, baurechtlich nicht genehmigten Spielplatz ausgehen, können im Verwaltungsrechtsweg durch **allgemeine Leistungsklage** unmittelbar gegenüber der Gemeinde als Betreiberin geltend gemacht werden.

Als Beurteilungsgrundlage ist allein § 22 Abs. 1 i.V. m. § 3 Abs. 1 BImSchG heranzuziehen; danach haben die Nachbarn einen Anspruch dahin, dass schädliche Lärmeinwirkungen vermieden und bei Unvermeidbarkeit nach dem Stand der Technik vermindert oder beschränkt werden.[247] Dabei ist aber Folgendes zu beachten: Da Kinderspielplätze in ei- 221

---

246 Ausnahme § 8 II 1 BremLBO: Ablösung zwingend vorgesehen.
247 BVerwG vom 21. 6. 1974 BayVBl. 1975, 24.

nem Wohngebiet sogar geboten sind, um gefahrlose Spielmöglichkeiten in der Nähe der Wohnungen zu schaffen, sind sie sowohl im allgemeinen als auch im reinen **Wohngebiet zulässig.**[248] Die von einem herkömmlichen Spielplatz ausgehenden Einwirkungen auf die benachbarten Grundstücke müssen auch in einem Wohngebiet grundsätzlich als **sozialadäquat** hingenommen werden.[249] Dies gilt sogar dann, wenn der Lärm, den die spielenden Kinder verursachen, die für das Gebiet beachtlichen Lärmrichtwerte überschreitet.[250] Ein nachbarlicher Abwehranspruch kann aber gegeben sein bei einer nachhaltig missbräuchlichen Nutzung des Spielplatzes, die sich die Gemeinde als Betreiberin einer öffentlichen Einrichtung zurechnen lassen müsste, oder einer außergewöhnlichen Schutzbedürftigkeit des Nachbarn.[251]

III. Einfriedungen (Einfriedigungen)

MBO 2002 –, BW –, Bay Art. 9, Bln –, Bbg –, Brem § 9 („Einfriedigung"), Hamb § 11 („Einfriedigung"), Hess –, M-V –, Nds § 15, NRW –, Rh-Pf § 12, Saar § 12, Sachs § 10, Sachs-Anh § 10, Schl-H –, Thür § 10.

1. Begriffe

222 Die bauordnungsrechtlichen Vorschriften betreffend Einfriedungen und Abgrenzungen enthalten keine Definition der Begriffe. Die Begriffsbestimmung ist v. a. bzgl. der Einfriedung wichtig, weil für diese eine Reihe von Sonderregelungen gelten; z. B. stellt teilweise das Bauordnungsrecht geringere formelle Anforderungen, indem die Errichtung von Einfriedungen genehmigungsfrei gestellt wird, oder es gibt planungsrechtliche Vorgaben für die Zulässigkeit und Gestaltung von Einfriedungen. Anlagen, die begrifflich keine Einfriedungen darstellen, können von diesen Sonderregelungen nicht erfasst werden.

a) Einfriedung

223 Der Begriff der „Einfriedung" („Einfriedigung") ist ausgehend von ihrer **Funktion** zu bestimmen: Eine Einfriedung ist eine Anlage, die primär verhindern soll, dass der „Frieden" des Grundstücks oder eines Grundstücksteiles oder seine Nutzung durch beispielsweise **unbefugtes Betreten** oder unerwünschte **Einsichtnahme** beeinträchtigt wird.[252] Dabei muss sich jedoch der Abwehrzweck nicht gleichmäßig auf die gesamten Grundstücksgrenzen erstrecken.[253] Daneben soll die Einfriedung das Grundstück auch gegenüber Witterungseinflüssen oder **Immissionen** schützen (Lärm, Wind, Staub, Straßenschmutz).[254] Die Einfriedung kann nur vor solchen Immissionen schützen, die auf Baugrundstücke üblicherweise einwirken, also Straßenlärm von Anliegerstraßen, Wohngeräusche aus der Nachbarschaft. Sie schützt nicht vor speziellen Immissionsrisiken benachbarter immissionsträchtiger Anlagen. Eine Mauer, die ein Grundstück allein vor dem Lärm benachbarter Sportanlagen schützen soll, ist daher begrifflich keine Einfriedung.[255] Die Einfriedung erfüllt ihre Funktionen gleichzeitig und gleichrangig; wird nur

---

[248] BVerwG vom 3. 3. 1992 NVwZ 1992, 884.
[249] Bay VGH vom 30. 11. 1987 BayVBl. 1988, 241.
[250] Bay VGH vom 30. 4. 1984 BayVBl. 1984, 499 und vom 1. 12. 2000 Az. 14 ZB 00.3159.
[251] Bay VGH vom 5. 7. 2002 Az. 4 CE 02.1390 m. w. N.
[252] Bay VGH vom 10. 1. 1978 BayVBl. 1978, 762 und Hess VGH vom 17. 5. 1990 BRS 50 Nr. 121.
[253] Bay VGH vom 22. 2. 2000 Fst. 2000/322 zur Einfriedung eines 700 m² großen Grundstücks durch eine ca. 5 m lange Mauer.
[254] Hess VGH vom 21. 12. 1989 BRS 50 Nr. 120.
[255] So im Ergebnis, wenn auch mit anderer Begründung, Hess VGH vom 21. 12. 1989 BRS 50 Nr. 120; a. A. ohne nähere Begründung Bay VGH vom 2. 5. 2002 Az. 1 ZB 01.2982: Eine auf der Grundstücksgrenze oder in unmittelbarer Nähe zur Grundstücksgrenze errichtete Lärmschutzwand stellt eine Einfriedung dar.

ein einzelner Zweck (z. B. der Sichtschutz oder der Lärmschutz) herausgegriffen, handelt es sich nicht mehr um eine Einfriedung.

Umgekehrt soll die Einfriedung auch verhindern, dass vom Grundstück aus **„Störungen“ nach außen** dringen; auch hier ist abzustellen auf die üblicherweise zu erwartenden Störungen, also beispielsweise nicht auf die Störungen, die von einer Sportanlage ausgehen, so dass ein hohes Ballfanggitter um eine Sportanlage begrifflich keine Einfriedung ist. Wenn die Einfriedung daneben noch weitere Zwecke erfüllt, ist dies unschädlich.[256] Dass eine Anlage die Einfriedungszwecke einer bereits bestehenden Anlage unterstützt bzw. verstärkt, hindert nicht die Annahme, dass es sich dabei um eine Einfriedung handelt. Teilweise wird als Zweck der Einfriedung auch die **Abgrenzung des Grundstücks** von öffentlichen Verkehrsflächen oder von Nachbargrundstücken genannt.[257] Dieser Zweck mag durch eine Einfriedung miterfüllt werden, steht aber nicht im Vordergrund; da der Abgrenzungszweck geringere Anforderungen stellt, ist bei der Frage, welche Ausgestaltung eine Einfriedung erfordert, die (miterfüllte) Abgrenzungsfunktion nicht von Bedeutung. 224

Da die Einfriedung ein Grundstück und nicht einen in einem höheren Stockwerk gelegenen Außenwohnbereich schützen soll, gehört zu ihrem Wesen, dass sie **unmittelbar auf der Grundstücksoberfläche**, auf dem Erdboden errichtet wird. Einfriedung kann nur eine Anlage sein, die entlang oder in so nahem Abstand zur Grundstücksgrenze verläuft, dass der **Bezug zur Grenze** erkennbar ist. 225

Einfriedungen müssen eine bestimmte Ausgestaltung haben, um diese Funktionen erfüllen zu können: Dies gilt v. a. für die Höhe; im Begriff der Einfriedung ist bereits eine **höhenmäßige Begrenzung** insofern enthalten, als die genannten Funktionen eine Anlage von nicht mehr als maximal etwa 1,80 m (üblicher Sichtschutz) erfordern; eine 2 m hohe Anlage ist keine Einfriedung mehr.[258]

Einfriedungen müssen nicht notwendig bauliche Anlagen sein (z. B. Hecken). Z. T. werden Vorschriften des Bauordnungsrechts auf Einfriedungen, die keine baulichen Anlagen sind, ausdrücklich für anwendbar erklärt.

Keine Einfriedungen sind:

- Bauzäune
- Ballfanggitter
- Sichtschutzwände, Lärmschutzwände[259]
- Werbeanlagen (auch wenn sie aneinander gereiht auf der Grundstücksgrenze errichtet werden)
- Dachterrassenbrüstungen
- Stützmauern
- Anlagen innerhalb eines Grundstücks ohne Bezug zur Grenze.

b) Abgrenzung

Eine Abgrenzung dient dazu, die Grenze eines Grundstücks in nicht nur vorübergehender Weise **sichtbar** zu machen, ohne jedoch das Grundstück gleichzeitig gegen äußere Einflüsse abzuschirmen. Keine Abgrenzungen sind daher Markierungssteine, die Stellplätze auf demselben Grundstück voneinander abgrenzen. Auch Abgrenzungen können bauliche Anlagen sein (z. B. Randsteine), müssen es aber nicht (Abgrenzung durch Bepflanzung oder Grünstreifen). 226

---

256 Bay VGH vom 22. 2. 2000 Fst. 2000/322, wo eine Einfriedung auch der Abschirmung eines Freisitzes dient.

257 Bay VGH vom 3. 10. 1983 BayVBl. 1984, 115.

258 Hess VGH vom 17. 5. 1990 BRS 50 Nr. 121.

259 OVG NRW vom 2. 2. 1990 Az. 10 B 2558/98, wonach auf eine Lärmschutzwand die Vorschriften des § 6 X i.V. m. § 6 I bis IX BauO NRW für Anlagen mit gebäudegleicher Wirkung anzuwenden sind und nicht die Vorschrift des § 6 XI Nr. 2 BauO NRW über Einfriedungen.

2. Ländervergleich

227

	Regelungsgegenstände der Landesbauordnungen[260]
1.	**Einfriedung oder Abgrenzung von Baugrundstücken** entlang öffentlicher Straßen, Wege oder Plätze kann verlangt werden, wenn Verkehrssicherheit bzw. öffentliche Sicherheit und Ordnung es erfordern
2.	**entsprechende Anwendung** für Aufschüttungen/Abgrabungen, Lager-, Abstell- und Ausstellungsplätze, Sport- und Spielplätze, Camping- und Wochenendplätze

Land	Norm (LBO)	Umsetzung/Abweichung in den Ländern[261]	
MBO 2002	–		keine Regelung
BW	–		keine Regelung
Bay	Art. 9	**1.** **2.**	Art. 9 II bei Vorgärten kann die Errichtung von Einfriedungen untersagt werden, wenn die Sicherheit des Verkehrs oder die einheitliche Gestaltung des Straßenbilds dies erfordert Art. 9 I Abgrabungen und Ausstellungsplätze nicht genannt zusätzlich Art. 9 III sinngemäße Anwendung des Art. 11 (Gestaltung) und Art. 17 (Verkehrssicherheit) für Einfriedungen und Abgrenzungen, die keine baulichen Anlagen sind
Bln	–		keine Regelung
Bbg	–		keine Regelung
Brem	§ 9	**1.** **2.**	§ 9 I 1 Ermessen auch eröffnet, wenn die Gestaltung die Einfriedigung oder Abgrenzung erfordert § 9 I 2, zusätzlich genannt: Zeltplätze zusätzlich § 9 II Einfriedigungen zwischen Nachbargrundstücken dürfen hinter der vorderen Baulinie oder Baugrenze nicht höher als 2 m über der Geländeoberfläche des Nachbargrundstücks sein
Hamb	§ 11	**1.** **2.**	§ 11 I 1 Einfriedigung/Abgrenzung von Grundstücken kann verlangt werden, wenn die Sicherheit dies erfordert § 11 I 2 Einfriedigungen/Abgrenzungen können untersagt oder eingeschränkt werden, falls Sicherheit dies erfordert keine Regelung in § 11 zusätzlich § 11 II 1 zulässige Höhe von baulichen Einfriedigungen an der Grenze benachbarter Grundstücke: bis zu 1,5 m Höhe (vom eigenen Grund gemessen) § 11 II 2 bauliche Einfriedigungen an der Grenze benachbarter Grundstücke müssen durchbrochen sein § 11 II 3 bei gewerblich genutzten Grundstücken dichte und bis zu 2,25 m hohe Einfriedigungen erlaubt § 11 II 4 Zulassung von Ausnahmen möglich
Hess	–		keine Regelung
M-V	–		keine Regelung

260 Die hier verwendeten Ziffern entsprechen den Ziffern der nachstehenden Rubrik „Umsetzung/Abweichung in den Ländern".

261 Die hier verwendeten Ziffern entsprechen den Ziffern der vorstehenden Rubrik „Regelungsgegenstände der Landesbauordnungen".

Land	Norm (LBO)	Umsetzung/Abweichung in den Ländern und der MBO 2002	
Nds	§ 15	**1.** **2.**	Einfriedung zwingend vorgesehen, soweit sie erforderlich ist, um Gefährdungen oder unzumutbare Verkehrsbehinderungen zu verhüten Abgrenzung nicht vorgesehen keine Regelung in § 15
NRW	–		keine Regelung
Rh-Pf	§ 12	**1.** **2.**	§ 12 I 1 § 12 I 2, zusätzlich genannt: Aufstellplätze im Sinne des § 2 I 3 Nr. 2 und Stellplätze im Sinne des § 2 I 3 Nr. 4 zusätzlich § 12 II sinngemäße Anwendung der §§ 5 (Gestaltung) und 17 (Verkehrssicherheit) für Einfriedungen und Abgrenzungen, die keine baulichen Anlagen sind
Saar	§ 12	**1.** **2.**	§ 12 I 1 § 12 I 1, zusätzlich genannt: Zeltplätze, nicht genannt: Wochenendplätze zusätzlich § 12 II Einfriedungen sollen möglichst unter Verwendung natürlicher Bauprodukte oder mit Pflanzen hergestellt werden
Sachs	§ 10	**1.** **2.**	§ 10 Satz 1 § 10 Satz 2, zusätzlich genannt: Zeltplätze
Sachs-Anh	§ 10	**1.** **2.**	§ 10 Satz 1 § 10 Satz 2, zusätzlich genannt: Zeltplätze, Freizeitflächen
Schl-H	–		keine Regelung
Thür	§ 10	**1.** **2.**	§ 10 I § 10 I, zusätzlich genannt: Zeltplätze zusätzlich § 10 II Errichtung von Einfriedungen kann untersagt oder beschränkt werden, wenn die Sicherheit des Verkehrs oder die einheitliche Gestaltung des Straßenbildes dies erfordert § 10 III sinngemäße Anwendung des § 12 (Gestaltung) und § 17 (Verkehrssicherheit) für Einfriedungen und Abgrenzungen, die keine baulichen Anlagen sind

3. Musterbauordnung 2002

Die MBO 2002 enthält **keine Regelung zu Einfriedungen** (mehr); das allgemeine „bauordnungsrechtliche Instrumentarium" wird für ausreichend gehalten, um die mit der Vorschrift des § 10 MBO a. F. (der den dargestellten Regelungen der Landesbauordnungen entsprach) verfolgten Ziele zu erreichen.[262] **228**

4. Anordnung der Errichtung von Einfriedungen/Abgrenzungen

Das Bauordnungsrecht einer Reihe von Ländern sieht die Möglichkeit vor, im Interesse der öffentlichen Sicherheit und Ordnung, zum Teil auch aus gestalterischen Gründen, die Errichtung von Einfriedungen oder Abgrenzungen für private (Bau-)Grundstücke oder für Grundstücke mit besonderer Nutzung (als Ausstellungs-, Lager-, Camping-, Spiel- und ähnliche Plätze) zu verlangen. **229**

[262] Begründung zu § 8 MBO 2002.

a) Grundregelung

230 Die bauordnungsrechtliche Ermächtigung geht davon aus, dass das Nebeneinander von Baugrundstücken und öffentlichen Verkehrsflächen besonders gefährlich ist. Die Ermächtigung bezieht sich auf Grundstücke, die bereits bebaut sind (unabhängig davon, ob die Bebauung rechtmäßig ist) oder die nach öffentlich-rechtlichen Vorschriften bebaubar sind (**Baugrundstücke**). Eine **öffentliche Verkehrsfläche** setzt voraus, dass die Fläche tatsächlich einem öffentlichen Verkehr dient und daher die Verkehrssicherheit oder die öffentliche Sicherheit Maßnahmen einerseits zum Schutz der Nutzer des Grundstücks, andererseits auch zum Schutz des Verkehrs vor den Gefahren, die vom Baugrundstück ausgehen (z. B. durch das Herauslaufen kleiner Kinder), notwendig macht. Enthält das Bauordnungsrecht eines Landes nicht die Einschränkung, dass die Errichtung einer Einfriedung nur entlang der öffentlichen Verkehrsfläche verlangt werden darf, so ergibt sich dies faktisch im Hinblick auf die Voraussetzung, dass die Errichtung nur aus Gründen der öffentlichen Sicherheit und Ordnung verlangt werden darf und dieses Erfordernis die Errichtung einer Einfriedung nur dort, wo eine Kollision mit dem Verkehr zu befürchten ist, rechtfertigt. Einfriedungen entlang **seitlicher oder hinterer Grundstücksgrenzen** betreffen das Verhältnis zur Nachbarschaft und rechtfertigen im Regelfall nicht die Anordnung der Errichtung einer Einfriedung.

b) Grundstücke mit besonderer Nutzung

231 Eine Ermächtigung, die Errichtung von Einfriedungen oder Abgrenzungen zu verlangen, besteht je nach Landesbauordnung auch für Grundstücke, die „als Plätze" genutzt werden, wobei dann die Einfriedung nicht nur entlang der öffentlichen Verkehrsfläche, sondern bezogen auf die gesamte Nutzungsanlage verlangt werden kann.

Die Ermächtigung besteht im Regelfall bezogen auf:

- **Sportplätze**, das sind Grundstücksflächen, die dazu bestimmt sind, dass auf ihnen Sport betrieben wird, und auf denen die hierzu erforderlichen Einrichtungen vorhanden sind
- **Spielplätze**, das sind Grundstücksflächen, die dazu bestimmt sind, dass Kinder und Jugendliche dort im Freien spielen können
- **Camping- und Wochenendplätze** (zum Begriff s. oben Kapitel 2, Rn. 85)
- **Lager- und Abstellplätze** (zum Begriff s. oben Kapitel 2, Rn. 82)
- **Aufschüttungen** (zum Begriff s. oben Kapitel 2, Rn. 81)
- **Abgrabungen** (zum Begriff s. oben Kapitel 2, Rn. 81).

c) Inhalt der Anordnung

232 Soweit das Bauordnungsrecht die Behörde ermächtigt, die Errichtung einer Einfriedung/Abgrenzung zu verlangen, liegt deren Erlass im **Ermessen** der Behörde. Die Abwägung der unterschiedlichen Interessen – des privaten Interesses des Verpflichteten, des öffentlichen Interesses an der Errichtung und gegebenenfalls weiterer Interessen Dritter, die von der Anordnung ebenfalls betroffen sind – ist in den Gründen des Bescheids darzustellen. Die Anordnung muss dem Bestimmtheitsgrundsatz genügen, insbesondere die Mindestanforderungen der geforderten Einfriedung benennen (Lage, z. B. auf der Grundstücksgrenze, ggf. Material bzw. Benennung des Materials, das nicht verwendet werden darf, Mindesthöhe und maximale Höhe, Bauweise).

5. Auf Einfriedungen/Abgrenzungen anwendbare baurechtliche Vorschriften

a) Vorschriften des Bauordnungsrechts

233 Die Regelungen des Bauordnungsrechts sind auf Einfriedungen/Abgrenzungen dann direkt anwendbar, wenn sie **bauliche Anlagen** im Sinne des Bauordnungsrechts sind, also z. B. Mauern oder Zäune. Einfriedungen, die bauliche Anlagen sind, müssen dann **Abstandsflächen** einhalten, wenn von ihnen Wirkungen wie von Gebäuden ausgehen.

Handelt es sich nicht um bauliche Anlagen im Sinne des Bauordnungsrechts, gelten die Regelungen des Bauordnungsrechts nur, soweit ihre entsprechende Anwendung gesetzlich angeordnet ist.

b) Vorschriften des BauGB

Gemäß § 29 Satz 1 BauGB gelten die Vorschriften der §§ 30 ff. BauGB für die Errichtung oder Änderung von baulichen Anlagen, die einer bauaufsichtlichen Genehmigung bedürfen. Im unbeplanten Innenbereich sind demnach Einfriedungen und Abgrenzungen, die genehmigungsbedürftige Anlagen sind, zulässig, wenn sie sich in die Eigenart der näheren Umgebung einfügen. Die planungsrechtliche Zulässigkeit von Einfriedungen/Abgrenzungen im Außenbereich richtet sich nach § 35 BauGB. Da Einfriedungen als bauliche Anlagen die natürliche Eigenart der Landschaft beeinträchtigen (§ 35 Absätze 2 und 3 BauGB), sind sie nur zulässig, wenn sie einem privilegierten Vorhaben im Sinne von § 35 Abs. 1 BauGB dienen. 234

Bebauungspläne können die Gestaltung von Einfriedungen (maximal zulässige Höhe, Ausführungsart, Material) oder ein Verbot von Einfriedungen festsetzen.

4. Kapitel. Baugestaltung, Werbeanlagen

Übersicht

	Rn.
Teil 1. Anforderungen an die Gestaltung baulicher Anlagen	1
I. Vorgeschichte, Regelungszweck	1
II. Ländervergleich	8
III. Inhalt und Anwendungsbereich	9
1. Inhalt	9
2. Andere bauordnungsrechtliche Gestaltungsvorschriften	10
3. Gestaltungsvorschriften in Bundes- und Landesgesetzen	13
a) BauGB, BNatSchG	14
b) Landesrechtlicher Natur-, Landschafts- und Denkmalschutz	25
IV. Verunstaltungsbegriff – Verfassungsrechtliche Grundlagen	26
1. Verunstaltung, Beurteilungsmaßstab	26
2. Verfassungsrechtliche Grundlagen	28
V. Regelungsgegenstand bauordnungsrechtlicher Verunstaltungsverbote	30
VI. Bauwerksbezogenes Verunstaltungsverbot	34
1. Keine Verunstaltung der baulichen Anlage selbst	34
2. Gestaltungsfaktoren	35
3. Standort des Betrachters	40
4. Einzelfälle verunstalteter baulicher Anlagen	41
VII. Umgebungsbezogenes Verunstaltungsverbot	47
1. Verhältnis zum bauwerksbezogenen Verunstaltungsverbot	47
2. Umgebungsschutz	48
a) Straßenbild	49
b) Ortsbild	50
c) Landschaftsbild	51
3. Verunstaltende Wirkung	52
4. Standort des Betrachters	57
5. Beabsichtigte Gestaltung	58
6. Einzelfälle verunstaltender baulicher Anlagen	61
VIII. Besonders schützenswerte Umgebung	66
IX. Länderspezifische Besonderheiten	69
1. Anerkannte Regeln der Baukunst	69
2. Sachkundiger Betrachter	71
3. Außenwerbung	72
X. (Kein) Nachbarschutz	73
Teil 2. Werbeanlagen, Warenautomaten	75
I. Vorgeschichte, Regelungszweck	75
II. Ländervergleich	92
III. Bundes- und landesrechtliche Anforderungen	93
1. GG	93
2. Bauplanungs- und Bauordnungsrecht	94
3. Verkehrs- und Straßenrecht	97
4. Denkmal- und Naturschutzrecht	99
IV. Begriff der Werbeanlagen in den Bauordnungen	100
1. Anlagen der Außenwerbung	101
2. Ortsfeste Einrichtungen	102
3. Sichtbarkeit vom öffentlichen Verkehrsraum	108
4. Werbliche Funktion	110
5. Beispiele	113
V. Materielle Anforderungen an Werbeanlagen	117
1. Abweichende Gesetzeslage, Regelungsinhalt	117
2. Besondere Fälle des Verunstaltungsverbots	123
a) Verunstaltung durch Werbeanlagen	123
b) Gesetzliche Beispiele in einzelnen Bauordnungen	124
3. Verbot der störenden Häufung	126
4. Verbot der Verkehrsgefährdung	132
VI. Unzulässigkeit von Werbeanlagen im Außenbereich	141
1. Grundsatz	141
2. Ausnahmen	144
a) Werbeanlagen an der Stätte der Leistung	145
b) Sammelhinweisschilder	148
c) Hinweiszeichen	149
d) Besondere Anlagen; Ausstellungs- und Messegelände	151
VII. Werbeanlagen in den Baugebieten	152
1. Grundsätzliche Unzulässigkeit in WS-, WR-, WA- und MD-Gebieten	152
2. Bestimmung des Baugebietscharakters	155
3. Zulässige Einrichtungen	161
a) Werbeanlagen an der Stätte der Leistung	162
b) Anlagen für amtliche Mitteilungen etc.	163
c) Werbeanlagen auf Verkehrsflächen	165
4. Grundsätzliche Zulässigkeit von Werbeablagen in den übrigen Baugebieten (MI, MK etc.)	167
VIII. Warenautomaten	168
IX. Vom Anwendungsbereich der Bauordnungen ausgenommene Werbeanlagen	174
X. Länderspezifische Besonderheiten	180
XI. Kein Nachbarschutz	181

Teil 1. Anforderungen an die Gestaltung baulicher Anlagen

MBO 2002 § 9; BW § 11; Bay Art. 10; Bln § 10; Bbg. § 8; Brem § 12; Hamb § 12; Hess § 9; M-V § 10; Nds § 53; NRW § 12; Rh-Pf § 5; Saar § 4; Sachs § 12; Sachs-Anh. § 12; Schl-H § 14; Thür § 12.

I. Vorgeschichte, Regelungszweck

1 Baurechtliche Vorschriften, die Anforderungen an die Gestaltung des einzelnen Gebäudes und dessen harmonische Eingliederung in seine Umgebung stellen, haben eine lange geschichtliche Tradition. Historisch vorgezeichnet ist auch die mögliche Bandbreite baugestalterischer Rechtsvorschriften. Ihre Eckpunkte werden markiert durch die – vom Staatszweck her zu erklärenden – Extrempositionen der **positiven Gestaltungsanforderungen** des Absolutismus im Zusammenhang mit der Einfügung privater Gebäude in die planmäßige Anlage der (Residenz-)Städte und durch die tlw. rein **negative Verunstaltungsabwehr** im liberalen Rechtsstaat.[1] Einen Mittelweg zwischen diesen Extremen zu finden, ist Aufgabe des sozialen Rechtsstaates.

2 Unmittelbare Vorgängervorschrift, aber auch Vorlage für die MBO 1960 und somit letztendlich für die heutigen Gestaltungsvorschriften war die Verordnung über Baugestaltung vom 10. 11. 1936 (RGB. I S. 938). Dies mag überraschen, weil gegen die Rechtsgültigkeit der **BaugestaltungsVO** u. a. verfassungsrechtliche Bedenken geltend gemacht und der Vorwurf erhoben worden war, sie beinhalte nationalsozialistisches Gedankengut.[2] § 1 BaugestaltungsVO hat folgenden Wortlaut:

„Bauliche Anlagen und Änderungen sind so auszuführen, dass sie Ausdruck anständiger Baugesinnung und werkgerechter Durchbildung sind und sich der Umgebung einwandfrei einfügen. Auf die Eigenart oder die beabsichtigte Gestaltung des Orts-, Straßen- oder Landschaftsbildes, auf Denkmale und bemerkenswerte Naturgebilde ist Rücksicht zu nehmen."[3]

3 Das BVerwG hat in seinem Grundsatzurteil vom 28. 6. 1955 die wesentlichen Leitgedanken für die weitere Entwicklung des Baugestaltungsrechts formuliert.[4] Es hat festgestellt, dass es sich bei der BaugestaltungsVO nicht um typisch nationalsozialistisches Recht handelt. Des Weiteren hat es ausgeführt § 1 BaugestaltungsVO sei rechtsgültig, soweit sein Inhalt nach rechtsstaatlichen Grundsätzen ausreichend bestimmt werden könne. Wenn dort vorgeschrieben werde, dass bauliche Anlagen so ausgeführt werden müssten, dass sie „Ausdruck anständiger Baugesinnung" seien, sei damit eine klare Gestaltung nach den Regeln einer guten Baukunst gemeint. Diese Forderung beziehe sich auf die archi-

---

[1] Vgl. dazu Kap. 1, Rn. 168 f., 194 ff., 203, 225, 248.

[2] Nachweise bei *Büge-Zinkahn*, Der Rechtsschutz gegen Verunstaltung, Düsseldorf 1952, S. 15. Das PrOVG hatte im Urteil vom 23. 2. 1939 PrOVGE 104, 228 ausgeführt, die Baugestaltungsordnung strebe die Verwirklichung des „nationalsozialistischen Bauideals" an und habe die „nationalsozialistische Baukultur" zum Ziel, a. A. *Büge-Zinkahn* S. 22 u. *Zinkahn*, Außenwerbung und Baugestaltungsverordnung, DÖV 1953, 161.

[3] § 2 BaugestaltungsVO bestimmte:

(1) Zur Verwirklichung der Ziele dieser Verordnung, vor allem zur Durchführung bestimmter städtebaulicher Absichten, können durch Ortssatzung oder Baupolizeiverordnung für die Errichtung oder Änderung baulicher Anlagen besondere Anforderungen gestellt werden. Ortssatzungen sind im Einvernehmen mit der für den Erlass von örtlichen Baupolizeiverordnungen zuständigen Polizeibehörde zu erlassen, Baupolizeiverordnungen im Einvernehmen mit der Gemeinde (Gemeindeverband).

(2) Die Anforderungen nach Abs. 1 können sich vor allem beziehen auf die Lage und Stellung der baulichen Anlagen, die Gestaltung des Baukörpers und der von außen sichtbaren Bauteile, besonders des Daches (einschließlich der Aus- und Aufbauten) und der Außenwände, sowie auf die Gestaltung der Grundstückseinfriedung.

(3) Anforderungen nach Abs. 1 und 2 können innerhalb der Ortssatzung oder Baupolizeiverordnung auch in Form von Plänen (Aufbauplänen) gestellt werden.

[4] BVerwG vom 28. 6. 1955 BVerwGE 2, 172.

tektonische Planung und Durcharbeitung des gesamten Bauwerks nach Form, Gliederung, Farbe, Werkstoff und Oberflächengestaltung. Der Forderung nach der inhaltlichen Konkretisierung der unbestimmten Rechtsbegriffe könne nur dann Rechnung getragen werden, wenn man den Zweck der Vorschrift dahin begrenze, dass durch sie nicht bereits jede Störung der Harmonie, also jede Unschönheit, sondern nur die **Verunstaltung** verhindert werden solle. Bei dieser handele es sich um einen hässlichen, das ästhetische Empfinden des Beschauers nicht bloß beeinträchtigenden, sondern verletzenden Zustand. Auch die weitere in § 1 BaugestaltungsVO enthaltene Forderung nach einer einwandfreien Einfügung der baulichen Anlage in die Umgebung müsse dahin verstanden werden, dass die bauliche Anlage nicht das Gesamtbild der Umgebung störe. Der Gegensatz zwischen ihr und der Umgebung dürfe nicht als belastend oder Unlust erregend empfunden werden.

Das BVerwG begründete seine restriktive Auslegung damit, dass es aus rechtsstaatlichen Gründen nicht möglich sei, jede Beeinträchtigung des Betrachters in seinem ästhetischen Empfinden zu verhindern. Hierfür fehle es an einer allgemeinen Richtschnur, weil die Anschauungen in der Bevölkerung darüber, was ästhetisch befriedigend sei, weit auseinander gingen. Zur Frage, welcher Beurteilungsmaßstab bei der Feststellung einer Verunstaltung anzulegen ist, führt das BVerwG aus: 4

„Bei der Beurteilung aller dieser Merkmale kann nicht auf den ästhetisch besonders empfindsamen oder geschulten Betrachter abgestellt werden; denn die Auswahl dieses Personenkreises entzieht sich jeder zuverlässigen Beurteilung. Es kann andererseits auch nicht die Ansicht solcher Menschen entscheidend sein, die ästhetischen Eindrücken gegenüber überhaupt gleichgültig und unempfindlich sind; denn diesen geht in dieser Hinsicht jede sachliche Urteilsfähigkeit ab. Es muss vielmehr das **Empfinden** jedes für ästhetische Eindrücke offenen Betrachters maßgebend sein, also **des** so genannten **gebildeten Durchschnittsmenschen**, der zwischen diesen beiden Personenkreisen steht."[5]

Unter Bezugnahme auf die Ausführungen des BVerfG in seinem Baurechtsgutachten vom 16. 6. 1954, wonach auch die materiell über das Gebiet der Polizei hinausgehende Materie des Baugestaltungsrechts nicht der Bundeskompetenz unterfällt,[6] geht das BVerwG davon aus, „dass auch die Baugestaltungsverordung **Landesrecht** ist, jedenfalls soweit sie … nicht die Zulässigkeit von Bauten betrifft, die ausschließlich Werbezwecken dienen, oder nicht Vorschriften über die Lage und Stellung des Baukörpers enthält". Somit steht fest, dass auch das Baugestaltungsrecht nach Maßgabe dieser Kompetenzabgrenzung bundes- und landesrechtlicher Regelung zugänglich ist. In einer abschließenden Prüfung kommt das BVerwG zu dem Ergebnis, dass § 1 BaugestaltungsVO – in Gestalt seiner rechtsstaatlichen Auslegung – **nicht** den grundrechtlichen Vorschriften des **GG widerspricht**.[7] 5

Die Forderung nach einer einwandfreien Gestaltung baulicher Anlagen wurde in der Generalklausel des § 3 MBO 1960 den anderen grundsätzlichen bauaufsichtlichen Anforderungen gleichgesetzt. Unmittelbar an § 1 BaugestaltungsVO knüpfte die MBO 1960 mit der folgenden Regelung an: 6

„§ 14 Gestaltung
(1) Bauliche Anlagen sind werkgerecht durchzubilden und nach Form, Maßstab, Verhältnis der Baumassen und Bauteile zueinander, Werkstoff und Farbe einwandfrei zu gestalten.
(2) Bauliche Anlagen sind mit ihrer Umgebung derart in Einklang zu bringen, dass sie das Straßen-, Orts- oder Landschaftsbild oder deren beabsichtigte Gestaltung nicht stören. Auf Bau- und Naturdenkmale und auf erhaltenswerte Eigenarten der Umgebung ist Rücksicht zu nehmen.
(3) Die Gestaltung ist nach dem Empfinden des auf diesem Gebiet sachkundigen und erfahrenen Betrachters zu beurteilen."[8]

---

[5] BVerwG (Fn. 4) 177; zum Verunstaltungsbegriff auch *Michel*, Die Verunstaltungsbegriffe im Baurecht, Bonn 1967.

[6] BVerfG vom 16. 6. 1954 BVerfGE 3, 407 und Kap. 1, Rn. 333 ff.

[7] BVerwG (Fn. 4) 178.

[8] § 3 Abs. 1 Satz 2 MBO 1960: „Sie sind einwandfrei zu gestalten, dürfen das Gesamtbild der Umgebung nicht stören und müssen ihrem Zweck entsprechend ohne Missstände benutzbar sein." Die MBO 1960 hat

7 Mit dieser Formulierung hat die Musterbauordnungskommission in Kenntniss des wiedergegebenen Grundsatzurteils des BVerwG versucht, doch zu den höheren Anforderungen der BaugestaltungsVO halbwegs zurückzukehren und im Abs. 3 auch einen höheren Beurteilungsmaßstab festzulegen.[9] Hingegen hat das BVerwG an seiner Rechtsprechung festgehalten.[10] Viele Landesbauordnungen – mit deren In-Kraft-Treten die BaugestaltungsVO außer Kraft getreten ist – sind dieser Rechtsprechung gefolgt und haben ihre Regelungen auf die Abwehr von Verunstaltungen beschränkt. Überwiegend ist darauf verzichtet worden, einen Beurteilungsmaßstab vorzuschreiben.[11] Dem hat später ebenfalls die MBO Rechnung getragen.[12]

II. Ländervergleich

8

	Regelungsgegenstände der Landesbauordnungen und der MBO 2002[13]
1.	Bauliche Anlagen müssen nach Form, Maßstab, Verhältnis der Baumassen und Bauteile zueinander, Werkstoff und Farbe so gestaltet sein, dass sie nicht verunstaltet wirken.
2.	Bauliche Anlagen sind mit ihrer Umgebung derartig in Einklang zu bringen, dass sie das Straßenbild, Ortsbild oder Landschaftsbild nicht verunstalten oder deren beabsichtigte Gestaltung nicht stören.
3.	Auf die erhaltenswerten Eigenarten der Umgebung ist Rücksicht zu nehmen.
4.	Länderspezifische Besonderheiten

Land	Norm (LBO)	Umsetzung/Abweichung in den Ländern und der MBO 2002[14]	
MBO 2002	§ 9	1.	§ 9 1
		2.	§ 9 2 bauliche Anlagen dürfen das Straßen-, Orts- und Landschaftsbild nicht verunstalten
		3.	keine Regelung
		4.	keine Regelung

an der Aufteilung in eine Vorschrift zur Verunstaltungsabwehr (§ 14) und eine Ermächtigung zum Erlass von Gestaltungssatzungen im Sinne einer positiven Gestaltungspflege (§ 112 Örtliche Bauvorschriften) festgehalten. Zu Letzteren vgl. Kap. 16, Rn. 1 ff. Weitere gestalterische Vorschriften finden sich in § 10 Abs. 4 (Grundstücksoberfläche) und in § 15 (Anlagen der Außenwerbung und Warenautomaten). Die MBO 1960 ist abgedruckt bei *Scheerbarth*, Das allgemeine Bauordnungsrecht, 1. Aufl. Köln 1962, Anhang.

[9] Hierzu führt der Begründungsausschuss der Musterbauordnungskommission, Einführung in die Musterbauordnung, Teil B, Schriftenreihe des Bundesministers für Wohnungsbau Bd. 16/17, Recklinghausen, o. J. (1960), S. 22 aus:
„Bei der Beurteilung von Gestaltungsfragen stellt Absatz 3 auf das Empfinden des für Fragen der Gestaltung sachkundigen und erfahrenen Betrachters ab. Die Beurteilung der in den Absätzen 1 und 2 genannten Tatbestandsmerkmale setzt die Kenntnis der Zusammenhänge zwischen Technik und Ästhetik voraus. Nur ein sachkundiger Betrachter, der auf Grund seiner Ausbildung und Erfahrung diese Zusammenhäge kennt, ist in der Lage, einen Ausgleich zu finden zwischen einer gewissen Kulturlosigkeit im heutigen Leben und egoistischen Interessen Einzelner oder bestimmter Gruppen sowie zwischen den Auffassungen der Verfechter überlieferter Baustile und der rücksichtslos Vorwärtsdrängenden.
Nur so bleibt es auch möglich, dass sich die Baubehörden in Fragen der Gestaltung wie bisher der Beratung durch Sachverständige auf den Gebieten der Baukunst und Werbung (z. B. Bildung von Werbebeiräten) bedienen können."
Eine ausdrückliche Auseinandersetzung mit der Grundsatzentscheidung des BVerwG ist nicht erfolgt. Vgl. auch *Wiechert* in: *Große-Suchsdorf/Lindorf/Schmaltz/Wiechert*, NBauO, Kommentar, 7. Aufl. 2002, § 53 Rn. 1

[10] BVerwG vom 7. 1. 1966 BRS 17 Nr. 89 und vom 16. 2. 1968 BRS 20 Nr. 123.

[11] *Scheerbarth*, Das allgemeine Bauordnungsrecht, 2. Aufl. Köln 1966, S. 184 u. 195 f.; *Wiechert* (Fn. 9) Rn. 20.

[12] § 12 MBO 1996 und § 9 MBO 2002.

[13] Die hier verwendeten Ziffern entsprechen den Ziffern der nachstehenden Rubrik „Umsetzung/Abweichung in den Ländern und der MBO 2002".

[14] Die hier verwendeten Ziffern entsprechen den Ziffern der vorstehenden Rubrik „Regelungsgegenstände der Landesbauordnungen und der MBO 2002".

Land	Norm (LBO)		Umsetzung/Abweichung in den Ländern und der MBO 2002
BW	§ 11	**1.** **2.** **3.** **4.**	§ 11 II § 11 I 1, nicht beeinträchtigen § 11 I 2, Kultur- und Naturdenkmale werden zusätzlich genannt § 11 III u. IV: (3) Die Absätze 1 und 2 gelten entsprechend für a. Werbeanlagen, die keine baulichen Anlagen sind, b. Automaten, die vom öffentlichen Verkehrsraum aus sichtbar sind, c. andere Anlagen und Grundstücke im Sinne von § 1 Abs. 1 Satz 2. (4) In reinen Wohngebieten, allgemeinen Wohngebieten und Kleinsiedlungsgebieten sind nur für Anschläge bestimmte Werbeanlagen sowie Werbeanlagen an der Stätte der Leistung zulässig.
Bay	Art. 11	**1.** **2.** **3.** **4.**	Art. 11 I, zusätzlich 1. HS: Bauliche Anlagen sind nach den anerkannten Regeln der Baukunst durchzubilden Art. 11 II 1 keine Regelung Art. 11 II 2: Verunstaltend sind auch die störende Häufung von Werbeanlagen und Werbeanlagen an Ortsrändern, soweit sie in die freie Landschaft hineinwirken.
Bln	§ 10	**1.** **2.** **3.** **4.**	§ 10 I § 10 II 1 § 10 II 2 keine Regelung
Bbg	§ 8	**1.** **2.** **3.** **4.**	§ 8 I, zusätzlich 1. HS: Bauliche Anlagen sind nach den anerkannten Regeln der Baukunst durchzubilden § 8 II keine Regelung keine Regelung
Brem	§ 12	**1.** **2.** **3.** **4.**	§ 12 I § 12 II 1 § 12 II 2, Bau- und Naturdenkmale werden zusätzlich genannt § 12 III (3) Die Beurteilung der Gestaltung hat unter Berücksichtigung des Empfindens eines auf diesem Gebiete sachkundigen und erfahrenen Betrachters zu erfolgen
Hamb	§ 12	**1.** **2.** **3.** **4.**	§ 12 I § 12 II 1, das Stadtbild wird zusätzlich genannt § 12 II 2, Kultur- und Naturdenkmale werden zusätzlich genannt § 12 III, IV und V (3) Bei baulichen Anlagen, die infolge ihres Umfanges, ihrer Höhe, ihrer Lage oder ihrer erhaltenswerten Gestaltungsmerkmale das Straßenbild, Ortsbild oder Stadtbild mitbestimmen, können besondere Anforderungen an die Gestaltung der Außenseiten und der Dächer gestellt werden. (4) Dachaufbauten und Dacheinschnitte dürfen insgesamt eine Länge haben, die höchstens der Hälfte der Länge ihrer zugehörigen Gebäudeseite entspricht. Längere Dachaufbauten und Dacheinschnitte sind zulässig, wenn das Dach mit seinen Aufbauten und Einschnitten auf die Gestaltung des Gebäudes abgestimmt ist, sich gestalterisch in die Umgebung einfügt und die Dachfläche prägend bleibt. (5) Werden Gebäude an vorhandene Gebäude angebaut, so müssen bei der Gestaltung des Anschlusses die Baumassen und Bauteile aufeinander in ein das Straßenbild nicht störendes Verhältnis bezogen sein und insbesondere ungestaltete Versprünge zwischen den Gebäuden vermieden werden.

Land	Norm (LBO)	Umsetzung/Abweichung in den Ländern und der MBO 2002	
Hess	§ 9	**1.**	§ 9 I
		2.	§ 9 II
		3.	keine Regelung
		4.	keine Regelung
M-V	§ 10	**1.**	§ 10 I
		2.	§ 10 II 1
		3.	§ 10 II 2
		4.	keine Regelung
Nds	§ 53	**1.**	§ 53 1. u. 2. HS, abweichend formuliert und zusammengefasst:
		2.	Bauliche Anlagen sind in der Form, im Maßstab, im Verhältnis der Baumassen und Bauteile zueinander, im Werkstoff einschließlich der Art seiner Verarbeitung und in der Farbe so durchzubilden, dass sie weder verunstaltet wirken noch das bestehende oder geplante Straßen-, Orts- oder Landschaftsbild verunstalten.
		3.	keine Regelung
		4.	keine Regelung
NRW	§ 12	**1.**	§ 12 I, zusätzlich wird geregelt, dass die gestalterischen Anforderungen neben den baulichen Anlagen auch für andere Anlagen und Einrichtungen i. S. d. § 1 Abs. 1 Satz 2 BauO NRW gelten.
		2.	§ 12 II I, Zusatz wie in § 12 I
		3.	§ 12 II 2
		4.	keine Regelung
Rh-Pf	§ 5	**1.**	§ 5 I
		2.	§ 5 II 1, benachbarte bauliche Anlagen werden ausdrücklich als Schutzobjekt genannt.
		3.	§ 5 II 2, Kultur- und Naturdenkmale werden zusätzlich genann.
		4.	keine Regelung
Saar	§ 4	**1.**	§ 4 I
		2.	§ 4 II 1
		3.	§ 4 II 2, zusätzliche Regelung in § 4 II 3: Werden Gebäude an vorhandene Gebäude angebaut, so sind die maßgeblichen Baumassen und Bauteile in ein ausgewogenes, das Straßenbild nicht störendes Verhältnis zueinander zu bringen.
		4.	§ 4 III u. IV: (3) Die Absätze 1 und 2 gelten sinngemäß auch für andere Anlagen und Einrichtungen, soweit dieses Gesetz nichts anderes bestimmt. (4) Bau-, Boden- und Naturdenkmäler sowie geschützte Landschaftsbestandteile dürfen nicht beeinträchtigt werden.
Sachs	§ 12	**1.**	§ 12 I
		2.	§ 12 II 1
		3.	§ 12 II 2
		4.	keine Regelung
Sachs-Anh	§ 12	**1.**	§ 12 I
		2.	§ 12 II 1
		3.	§ 12 II 2
		4.	keine Regelung
Schl-H	§ 14	**1.**	§ 14 I
		2.	§ 14 II 1
		3.	§ 14 II 2, abweichend: Auf Kultur- und Naturdenkmäler, auf erhaltenswerte Eigenheiten ihrer Umgebung, auf das historische Ortsbild und auf Landschaftsbestandteile, die das Landschaftsbild prägen, ist Rücksicht zu nehmen.
		4.	keine Regelung

Land	Norm (LBO)		Umsetzung/Abweichung in den Ländern und der MBO 2002
Thür	§ 12	1. 2. 3. 4.	§ 12 I § 12 II 1 § 12 II 2 keine Regelung

III. Inhalt und Anwendungsbereich

1. Inhalt

Der Ländervergleich zeigt, dass die allgemeinen bauordnungsrechtlichen Gestaltungsvorschriften aufgrund ihrer gemeinsamen Entstehungsgeschichte und der Rechtsprechung des BVerwG in ihren Grundanforderungen weitgehend **übereinstimmen**. 9

Sie bezwecken insoweit grundsätzlich keine Gestaltungspflege, sondern sollen Verunstaltungen verhindern:

- Die erste Forderung richtet sich an die Gestaltung der **baulichen Anlagen selbst**. Diese müssen so gestaltet werden, dass sie **nicht verunstaltet** wirken.
- Die zweite Forderung betrifft die Auswirkungen, die bauliche Anlagen auf das Erscheinungsbild ihrer **Umgebung** ausüben. Sie dürfen das Straßen-, Orts- oder Landschaftbild **nicht verunstalten.**
- Drittens müssen bauliche Anlagen auf ihre **erhaltenswerte Umgebung** Rücksicht nehmen.

2. Andere bauordnungsrechtliche Gestaltungsvorschriften

Der Verunstaltungsschutz gehört zu den bauordnungsrechtlichen Grundanforderungen.[15] Er wird daher – auch wenn er ästhetische Belange verfolgt und nicht zu den klassischen Gefahrenabwehraufgaben zählt[16] – in den Generalklauseln einiger Landesbauordnungen wie bereits in § 3 Abs. 1 Satz 2 MBO 1960 ausdrücklich erwähnt. Auch wenn dies der Fall ist, bedarf es nicht des Rückgriffs auf die so gefasste materielle Grundnorm, wenn eine diese Bestimmung konkretisierende Vorschrift vorliegt.[17] Das ist hier der Fall, wie der Ländervergleich zeigt, so dass die speziellere Regelung in der allgemeinen Gestaltungsvorschrift der Generalklausel vorgeht und diese insoweit verdrängt. Daher scheidet die Generalklausel als materielle Rechtsgrundlage zum Erlass von Einzelanordnungen aus.[18] 10

Die positive Gestaltungspflege durch örtliche Bauvorschriften geht im Sinne einer Pflege der Baukultur über die Verunstaltungsabwehr weit hinaus.[19] Soweit die speziellen örtlichen Bauvorschriften wirksam sind, verdrängen sie die allgemeinen Gestaltungsvorschriften. Dies gilt auch, wenn die Landesbauordnungen selbst speziellere Gestaltungsregelungen bspw. für die Festsetzung der Geländehöhe enthalten. 11

Die allgemeine Gestaltungsvorschriften erfassen nach Wortlaut und Sinn auch **Werbeanlagen**. Dies gilt sowohl für das Verunstaltungsverbot ohne Bezug zur Umgebung als auch für das Verunstaltungsgebot mit Bezug zur Umgebung.[20] Einer eigenständigen Regelung bedürften die Werbeanlagen daher nicht. Dem trägt die HBO Rechnung. Die LBO BW und BayBO verzichten auf eine eigenständige Werbevorschrift, treffen jedoch 12

[15] *Gädtke/Temme/Heintz*, BauO NRW, 10. Aufl., § 12 Rn. 7.

[16] *Hoppe/Bönker/Grotefels*, Öffentliches Baurecht, München 2002, S. 615 Rn. 25 und *Schulte*, Rechtsgüterschutz durch Bauordnungsrecht, Berlin 1982, S. 104 ff.

[17] *Boeddinghaus/Hahn/Schulte*, BauO NRW, Loseblattkommentar, § 3 Rn. 1 und Kap. 2, Rn. 165.

[18] *Schulte* (Fn. 16) S. 101.

[19] Kap. 16, Rn. 79 f.

[20] Vgl. *Boeddinghaus/Hahn/Schulte* (Fn. 17) § 13 Rn. 28 u. 29.

Regelungen zu Werbeanlagen in der allgemeinen Gestaltungsvorschrift. Die übrigen Bundesländer verfügen über spezielle Werbeparagraphen, die ergänzend und erweiternd Regelungen für Werbeanlagen treffen. Dies hat sich in der Praxis bewährt, da gerade Werbeanlagen häufig zu Verunstaltungen führen, die mit differenzierten Regelungen besser beurteilt und verhindert werden können als mit den allgemeinen Verunstaltungsverboten.

3. Gestaltungsvorschriften in Bundes- und Landesgesetzen

13 Nach der Kompetenzverteilung des GG ist das Baugestaltungsrecht – wie bereits erwähnt – bundes- und landesrechtlicher Gesetzgebung zugänglich. Nicht nur die Landesbauordnungen, sondern auch das **Städtebaurecht** regelt gestalterische Anforderungen oder ermächtigt die Gemeinden durch Bebauungsplan das Straßen-, Orts- oder Landschaftbild zu gestalten und daneben durch örtliche Bauvorschriften im Detail bauordnungsrechtliche positive **Gestaltungspflege** zu betreiben. Hiervon zu unterscheiden sind Gestaltungsvorschriften in Denkmalschutz-, Natur- und Landschaftsschutzgesetzen.

a) BauGB, BNatSchG

14 Bei der Aufstellung der Bauleitpläne sind nach **§ 1 Abs. 5 Satz 2 Nrn. 4 und 5 BauGB** u. a. auch die Gestaltung des Orts- und Landschaftsbilds sowie die erhaltenswerten Ortsteile, Straßen und Plätze von geschichtlicher, künstlerischer und städtebaulicher Bedeutung zu berücksichtigen. Die Begriffe „Orts- und Landschaftsbild“ haben eine selbständige bodenrechtliche Bedeutung. Sie sind unabhängig von bauordnungs- und naturschutzrechtlichen Regelungen für die Gemeinde abwägungsbeachtlich. Planerische Konsequenzen können u. a. durch Festsetzungen über die Bauweise überbaubare und nicht überbaubare Grundstücksflächen (§ 9 Abs. 1 Nr. 4, §§ 22 f. BauNVO)[21] getroffen werden. Auch Werbeanlagen dürfen eine im Bebauungsplan festgesetzte Baugrenze grds. nicht überschreiten.[22] Festsetzen lässt sich auch die Höhe baulicher Anlagen (§ 9 Abs. 1 Nr. 1 BauGB i.V. m. § 16 Abs. 2 Nr. 4 BauNVO) sowie die Stellung baulicher Anlagen (§ 9 Abs. 1 Nr. 2 BauGB) und damit die Firstrichtung. Nicht festsetzbar sind hingegen Dachformen oder andere Einzelheiten der Dachgestaltung.[23] Derartige Gestaltungsfragen können lediglich bauordnungsrechtlich durch eine Gestaltungssatzung – örtliche Bauvorschrift – geregelt werden, die gem. § 9 Abs. 4 BauGB in einen Bebauungsplan aufgenommen werden kann.[24]

15 Nach **§ 34 Abs. 1 Satz 2, 2. Halbsatz BauGB** darf das Ortsbild nicht durch ein Vorhaben innerhalb der bebauten Ortsteile beeinträchtigt werden. Nach dieser Vorschrift kann auch ein Vorhaben, das sich gem. § 34 Abs. 1, Satz 1 BauGB in die Eigenart der näheren Umgebung einfügt, gleichwohl planungsrechtlich unzulässig sein.[25] Mit dem **Schutz des Ortsbildes** hat sich das BVerwG im Urteil vom 11. 5. 2000 rechtsgrundsätzlich auseinander gesetzt.[26] Da § 34 Abs. 1 Satz 2, 2. Halbsatz BauGB zum Bauplanungsrecht gehört, sind in dessen Anwendungsbereich nur solche Beeinträchtigungen des Ortsbildes beachtlich, die städtebauliche Qualität besitzen. Dabei kann § 34 BauGB als planersetzende Vorschrift nicht mehr regeln als der Plan selbst. Infolgedessen wird das Ortbild durch § 34 BauGB nur in dem Umfang vor Beeinträchtigungen geschützt, wie dies im Gestaltungsbereich eines Bebauungsplanes durch Festsetzungen nach § 9 Abs. 1 BauGB und den ergänzenden Vorschriften der BauNVO möglich wäre.

---

[21] Vgl. *Söfker* in: *Ernst/Zinkahn/Bielenberg/Krautzberger*, BauGB, § 1 Rn. 131.

[22] BVerwG vom 7. 6. 2001 NVwZ 2002, 90 = BRS 64 Nr. 79 = BauR 2001, 1698.

[23] BVerwG vom 11. 5. 2000 NVwZ 2000 1169, 1171 = BRS 63 Nr. 104.

[24] Vgl. hierzu *Bielenberg/Söfker* (Fn. 21) § 9 Rn. 257.

[25] BVerwG vom 16. 7. 1990 NVwZ-RR 1991, 59; OVG NRW vom 9. 2. 2000 BRS 63 Nr. 166, auch *Mick*, Rechtliche Möglichkeiten ästhetischer Bau- und Stadtgestaltung im unverplanten Innenbereich, DÖV 1991, 623.

[26] Fn. 23.

Zum Verhältnis der Anwendungsbereiche bauplanungs- und bauordnungsrechtlicher Gestaltungsvorschriften und ihrer Abgrenzung gegeneinander führt das BVerwG aus: 16

„§ 34 Abs. 1 Satz 2 Halbs. 2 BauGB als städtebauliche Gestaltungsvorschrift ist zu unterscheiden von den gestalterischen Vorschriften des Bauordnungsrechts. Durch sie soll nicht nur vermieden werden, dass das Bauwerk selbst verunstaltend wirkt, sondern auch, dass es sich negativ auf seine Umgebung auswirkt. In diesem Sinne verlangt beispielsweise Art. 11 Abs. 2 Satz 1 BayBO, dass bauliche Anlagen mit ihrer Umgebung derart in Einklang zu bringen sind, dass sie das Straßen-, Orts- oder Landschaftsbild nicht verunstalten.

Wann eine baugestalterische Frage nach den Normen des Bauordnungsrechts zu beantworten ist und wann sie zu einer städtebaulichen Frage wird, mag im Einzelfall schwierig zu entscheiden sein. Bei den bauordnungsrechtlichen Vorschriften liegt der Akzent – auch nach ihrem systematischen Zusammenhang – auf der Gestaltung des Bauwerks; das Bauwerk selbst soll nicht unschön sein, und es soll auch nicht durch Unschönheit seine Umgebung stören. Ferner ist die Umgebung grundsätzlich potentiell kleiner gedacht; darauf deutet die Erwähnung des ‚Straßen'-Bildes in den landesrechtlichen Normen hin (vgl. z. B. Art. 11 Abs. 2 Satz 1 BayBO, § 53 NBauO). Andererseits genügt eine bloße Beeinträchtigung nicht; es muss der Grad der Verunstaltung erreicht werden. Maßstab des § 34 Abs. 1 Satz 2 Halbs. 2 BauGB ist dagegen der Ort; es kommt auf das ‚Orts'-Bild, also auf das Erscheinungsbild zumindest eines größeren Bereichs der Gemeinde an. Entscheidend ist, ob sich das Vorhaben in diese weite Umgebung einpasst. Dagegen ist die Gestaltung des Bauwerks selbst nicht wichtig; auch ein ‚schönes' Bauwerk kann das Ortsbild beeinträchtigen."[27]

Somit erfordert die Beeinträchtigung des Ortsbildes i. S. d. § 34 Abs. 1 Satz 2 BauGB schon in räumlicher Hinsicht negative Auswirkungen in einem größeren Bereich. Es kommt darauf an, ob ein Gesamtbild, das durch unterschiedliche Elemente geprägt sein kann, gestört wird. Das ist zu beurteilen nach dem ästhetischen Empfinden eines für Fragen der Ortsbildgestaltung aufgeschlossenen Betrachters, das nicht verletzt sein darf.[28] Nicht jedes Ortsbild ist schützenswert, vielmehr muss es eine gewisse Wertigkeit für die Allgemeinheit haben, um die **Bau-(Gestaltungs-)Freiheit** des Eigentümers einschränken zu können. Nicht das Ortsbild, wie es überall anzutreffen sein könnte, ist schützenswert, sondern nur das, was einen besonderen Charakter und gewisse Eigenheiten hat, die dem Ort oder Ortsteil eine aus dem Üblichen herausragende Prägung verleiht.[29] 17

Fraglich ist, ob dem BVerwG in seiner Entscheidung vom 11. 5. 2000 die **Abgrenzung** überzeugend gelungen ist, wann die Gestaltung eines Bauvorhabens nach den Normen des Bauordnungsrechts zu beurteilen ist und wann sie zu einer städtebaulichen Frage wird. Der vom BVerwG betonte Unterschied, dass die bauordnungsrechtliche Regelung vorrangig die Gestaltung des Bauwerks selbst – also ohne Bezug zu seiner Umgebung – zum Gegenstand habe, trifft für die Gestaltungsregel des § 9 Satz 1 MBO 2002, nicht aber auf dessen Satz 2 zu. *Boeddinghaus* weist zu Recht darauf hin, dass es in dieser Vorschrift nicht nur um Störungen des Stadtbildes, sondern auch der weiteren Umgebung geht. Dabei hat das Orts- und Landschaftsbild in jedem Fall auch eine städtebauliche Dimension. Als Unterscheidungsmerkmal **„kaum geeignet"** und „eher nebensächlich" ist demzufolge, ob die Umgebung nach Bauordnungsrecht kleiner gedacht sein könnte als die Umgebung nach § 34 Abs. 1 BauGB.[30] 18

Nach **§ 35 Abs. 3 Satz 1 Nr. 5 BauGB** ist – auch – ein privilegiertes Außenbereichsvorhaben unzulässig, wenn das Vorhaben das Orts- und Landschaftsbild verunstaltet. Die Erwähnung des Ortsbildes mag auf den ersten Blick überraschen, weil sich die Vorschrift auf Außenbereichsvorhaben bezieht. Vorhaben vor den Toren der Stadt – bspw. Windenergieanlagen, sonstige gewerbliche Betriebe oder Primitivbauten – können die Silhouette des Ortes verunstalten.[31] Dabei kommt es auf den Standort, die Größe und Bau- 19

[27] Fn. 23.
[28] BVerwG vom 18. 2. 1983 BVerwGE 67, 23, 33 = NJW 1983, 2713, 2716.
[29] Fn. 23.
[30] *Boeddinghaus*, Probleme mit der Gestaltung des Ortsbilds nach den bundesrechtlichen und landesrechtlichen Vorschriften, BauR 2001, 1675.
[31] OVG NRW vom 16. 3. 1976 BRS 30 Nr. 70.

weise des Vorhabens an, während bauordnungsrechtliche Gesichtspunkte außer Betracht bleiben.[32]

20 Das **städtebauliche Verunstaltungsverbot** beruht auf der Erkenntnis, dass auch eine naturschutzrechtlich nicht besonders geschützte Landschaft empfindlich gegen ästhetische Beeinträchtigung sein kann.[33] Im Unterschied zu förmlich unter Natur- oder Landschaftsschutz gestellten Landschaftsteilen, bei denen schon eine Beeinträchtigung des Naturschutzes oder der Landschaftspflege zur Unzulässigkeit eines nicht privilegierten Vorhabens im Außenbereich führt, begründet eine Beeinträchtigung des Orts- oder Landschaftsbildes außerhalb von Schutzgebieten allein noch nicht die Unzulässigkeit eines solchen Vorhabens. Vielmehr muss eine qualifizierte Beeinträchtigung im Sinne einer Verunstaltung des Orts- oder Landschaftsbildes gegeben sein.[34]

21 Eine solche Verunstaltung liegt nur vor, wenn das Vorhaben seiner Umgebung grob unangemessen ist und auch von einem für ästhetische Eindrücke offenen Betrachter als belastend empfunden wird. Das BVerwG verweist somit auf die Maßstäbe der Verunstaltung.[35] Für die Annahme, ob eine Verunstaltung des Orts- oder Landschaftsbildes vorliegt, ist die jeweilige durch die Standortwahl vorgegebene Situation maßgeblich. Wann dies der Fall ist, hängt von den Gebietscharakteristika ab. Bei der vom Gericht vorzunehmenden Bewertung ist zu berücksichtigen, dass bei einem Bauvorhaben, welches in exponierter Lage in der Landschaft liegen soll, ein schärferer Maßstab angebracht sein kann. Dabei liegt es auf der Hand, dass eine Anlage desto eher geeignet ist, eine Störung hervorzurufen, je stärker sie als Blickfang den Gesamteindruck beeinträchtigt.[36]

22 Unter Anwendung dieser Grundsätze hat das OVG NRW zwei am Hang eines Mittelgebirgszuges geplante Windenergieanlagen als Verunstaltung des Landschaftsbildes bewertet.[37] Gegenstand der Beurteilung ist die bauliche Anlage in ihrer durch die Nutzung bestimmten Funktion, so dass bei einer Windenergieanlage die anlagentypische Drehbewegung der Rotorblätter als Blickfang nicht außer Betracht bleiben darf.[38] Hingegen steht eine Abgrabung als eine nur vorübergehende Verunstaltung des Landschaftsbildes einer Privilegierung nicht entgegen.[39]

23 Nach § 172 Abs. 1 Satz 1 Nr. 1 BauGB kann die Gemeinde in einem Bebauungsplan oder durch eine sonstige Satzung Gebiete bezeichnen, in denen zur Erhaltung der städtebaulichen Eigenart des Gebiets auf Grund seiner städtebaulichen Gestalt der Rückbau, die Änderung oder die Nutzungsänderung baulicher Anlagen der Genehmigung bedürfen. Nach Abs. 3 dieser Vorschrift darf die Genehmigung nur versagt werden, wenn die bauliche Anlage allein oder im Zusammenhang mit anderen baulichen Anlagen das Ortsbild, die Stadtgestalt oder das Landschaftsbild prägt oder sonst von städtebaulicher, insbesondere geschichtlicher oder künstlerischer Bedeutung ist. Die Genehmigung zur Errichtung der baulichen Anlage darf nur versagt werden, wenn die städtebauliche Gestalt des Gebiets durch die beabsichtigte bauliche Anlage beeinträchtigt wird.[40] Nach § 177 BauGB kann die Gemeinde Modernisierungs- und Instandsetzungsgebote erlassen, wenn u. a. eine bauliche Anlagen nach ihrer äußeren Beschaffenheit das Straßen- oder Ortsbild nicht nur unerheblich beeinträchtigt (§ 172 Abs. 3 Satz 1 Nr. 2 BauGB).

24 Auch das **BNatSchG** dient dem Schutz und der Pflege des Orts- und Landschaftsbildes. Gem. § 1 Nr. 4 BNatSchG gehört zu den Zielen des Naturschutzes und der Land-

---

[32] *Roeser* in: Berliner Kommentar zum BauG, 3. Aufl. 2002, § 35 Rn. 77.

[33] BVerwG vom 22. 6. 1990 BRS 50 Nr. 84 = BauR 1990, 689.

[34] BVerwG vom 15. 5. 1997 BRS 59 Nr. 90.

[35] BVerwG vom 28. 6. 1955 BVerwGE 2, 172, 177; vom 22. 6. 1990 BRS 50 Nr. 84 und vom 15. 5. 1997 BRS 59 Nr. 90.

[36] BVerwG vom 15. 5. 1997 BRS 59 Nr. 90 und vom 13. 11. 1996 BRS 58 Nr. 86; OVG NRW vom 4. 7. 2000 BRS 63 Nr. 108 (Schweinestall in Flussniederung).

[37] OVG NRW vom 12. 6. 2001 BauR 2001, 1881 = BRS 64 Nr. 99.

[38] BVerwG vom 15. 10. 2001 BauR 2002, 1052 = BRS 64 Nr. 100.

[39] BVerwG vom 18. 3. 1983 NVwZ 1984, 303.

[40] *Köhler* in: *Schrödter*, BauGB, 6. Aufl. 1998, § 172, Rn. 60.

schaftspflege auch der Schutz der Vielfalt, Eigenart und Schöhnheit sowie der Erholungswert von Natur und Landschaft. Das BVerwG verankert den Schutz des Landschaftsbildes in § 1 Nr. 4 BNatSchG und spricht es als Teil der Lebensgrundlagen des Menschen und als Vorraussetzung für seine Erholung an. Dieses Schutzgut wird maßgeblich durch die optischen Eindrücke für einen Betrachter, d.h. die mit dem Auge wahrnehmbaren Zusammenhänge von einzelnen Landschaftselementen bestimmt. Ein – jetzt nach § 18 Abs. 1 BNatSchG – beeinträchtigender Eingriff in das Landschaftsbild liegt in einer erheblichen und nachhaltigen Veränderung, die von einem für die Schönheiten der natürlich gewachsenen Landschaft aufgeschlossenen Durchschnittsbetrachter als nachteilig empfunden wird.[41] Ausgeglichen ist ein derartiger Eingriff nach § 19 Abs. 2 Satz 2 BNatSchG, wenn das Landschaftsbild wiederhergestellt oder neu gestaltet ist.[42] Dem Schutz des Landschaftsbildes, tlw. auch dem Schutz des Ortsbildes dienen die Vorschriften über Landschaftsschutzgebiete (§ 26 BNatSchG) und geschützte Landschaftsbestandteile (§ 29 Abs. 1 Satz 1 Nr. 2 BNatSchG).

b) Landesrechtlicher Natur-, Landschafts- und Denkmalschutz

Die allgemeinen Gestaltungsvorschriften in den Bauordnungen der Länder werden ergänzt durch Vorschriften der Landesnaturschutz- und Landschaftsgesetze, die ebenfalls Anforderungen an bauliche Anlagen stellen, um Beeinträchtigungen des Orts- und Landschaftsbildes zu verhindern.[43] Das **Denkmalschutzrecht** betrifft nicht nur das Denkmal selbst, es stellt auch besondere gestalterische Anforderungen an Bauvorhaben in der Umgebung von Baudenkmälern.[44] 25

IV. Verunstaltungsbegriff – Verfassungsrechtliche Grundlagen

1. Verunstaltung, Beurteilungsmaßstab

Zentrale Bedeutung für die Anwendung der allgemeinen Gestaltungsvorschriften in den Landesbauordnungen haben die Auslegung des Begriffs der Verunstaltung und die Festlegung des Beurteilungsmaßstabes, um eine solche feststellen zu können.[45] Es wurde bereits erörtert, dass das BVerwG schon mit dem Urteil vom 28.6.1955 den Begriff der **Verunstaltung** als einen hässlichen, das ästhetische Empfinden des Beschauers nicht bloß beeinträchtigen, sondern verletztenden Zustand definiert hat. Bei der Beurteilung ist auf das Empfinden des so genannten **gebildeten Durchschnittsmenschen** und nicht auf den besonders empfindsamen oder geschulten Betrachter abzustellen. 26

Den aus rechtsstaatlichen Gründen so definierten Verunstaltungsbegriff hat das BVerwG gegen abweichende Entscheidungen von Obergerichten verteidigt. Es hat es insbesondere abgelehnt, die Rechtmäßigkeit einer Werbeanlage von einem „moralischen Urteil“ oder von „unkontrollierbaren subjektiven Empfindungen Einzelner“ abhängig zu machen.[46] 27

Es hat zwar eingeräumt, dass es über die Auffassung des so genannten gebildeten Durchschnittsmenschen, der nur ein in der Vorstellung gedachter Typus ist, Meinungsverschiedenheiten geben kann. Entscheidend sieht es für die hinreichende Bestimmtheit des unbestimmten Rechtsbegriffs der „Verunstaltung“ aber an, dass seine Anwendung von besonderen „moralischen“ oder „ästhetischen“ Vorstellungen und Vorurteilen freigehalten

---

[41] BVerwG vom 27.9.1990 BVerwGE 85, 348, 349 = NVwZ 1991, 364.

[42] *Gassner* in: *Gassner/Bendomir-Kahlo/Schmidt-Räntsch*, BNatSchG, 2. Aufl. 2003, § 19 Rn. 26 und BVerwG vom 27.9.1990 BVerwGE 85, 348.

[43] Vgl. *Große-Suchsdorf/Lindorf/Schmaltz/Wichert*, Niedersächsische Bauordnung, 7. Aufl. 2002, § 53 Rn. 2; *Gädtke/Temme/Heintz* (Fn. 15) § 12, Rn. 12.

[44] *Gädtke/Temme/Heintz* (Fn. 15) Rn. 13 und Rn. 66.

[45] Vgl. *Voßkuhle*, Bauordnungsrechtliches Verunstaltungsverbot und Bau-Kunst, BayVBl. 1995, 613.

[46] BVerwG vom 27.1.1959 NJW 1959, 1194; vom 19.12.1963 BVerwGE 17, 322, 325 und vom 26.5.1967 BVerwGE 27, 129.

und nicht „vom individuellen Geschmack der mit der Sache befassten Personen“ abhängig gemacht wird. Infolgedessen ist auch nicht auf etwa vorhandene besondere Anschauungen eines in der Stadt, in der die Werbeanlage aufgestellt werden soll, wohnenden „gebildeten Durchschnittsbetrachters“ abzustellen.[47]

2. Verfassungsrechtliche Grundlagen

28 Das **Bundesverfassungsgericht** hat bestätigt, dass die Konkretisierung des Verunstaltungsbegriffs in der Rechtsprechung der Verwaltungsgerichte der Aufgabe der Rechtsprechung genügt, Grundsätze zu entwickeln, welche die Entscheidung des Einzelfalles normativ zu leiten imstande sind. Zur Begründung hat es ausgeführt:

„Die ... Rechtsprechung stellt nämlich nicht unter Ausschluss weiterer Erwägungen und Gesichtspunkte allein auf das ästhetische Empfinden des so genannten gebildeten Durchschnittsbetrachters ab, vielmehr dient dieses Kriterium vor allem zur Abgrenzung anderer Bewertungsmaßstäbe wie etwa ... der Sicht des Großstadtbewohners ... Die Entscheidung, wann eine Verunstaltung vorliegt, wird auch geprägt von ihrem bauordnungsrechtlichen Schutzzweck, der von der anderweitig geregelten positiven Gestaltungspflege abzugrenzen ist, sowie von einer typisierenden Betrachtungsweise, die auch auf die Funktion und den Charakter des jeweils betroffenen Baugebiets einerseits und die Art der Werbeanlage andererseits eingeht. Dass hinsichtlich der Rechtsanwendung im einzelnen Fall ein Rest von Unsicherheit verbleibt, folgt aus der Funktion von Rechtsbegriffen der vorliegenden Art als Einschätzungsermächtigung. Die zu treffende Rechtsentscheidung kann nicht, ... durch Meinungsumfragen ersetzt werden.“[48]

29 Die grds. Vereinbarkeit von Gestaltungsvorschriften mit den **Grundrechten** hat das BVerwG in mehreren Entscheidungen bestätigt. Dabei hat es das unter rechtsstaatlichen Gesichtspunkten formulierte Verunstaltungsgebot zusätzlich auch grundrechtlich begründet. Es hat ausgeführt, dass es sich bei den Baugestaltungsvorschriften um Inhalts- und Schrankenbestimmungen i. S. d. Art. 14 Abs. 1 Satz 2 GG handelt, bei denen der soziale Bezug des Eigentums besonders ausgeprägt ist. Bauwerke wirken schon deshalb stark in den öffentlichen Raum hinein, weil sich ihrem Eindruck keiner entziehen kann, der mit ihnen konfrontiert wird. Dies rechtfertigt es, Inhalt und Schranken der Eigentümerbefugnisse detailliert und weitgehend festzulegen.[49] Regelungen, die Verunstaltungen der Umgebung durch bauliche Anlagen abwehren sollen, sind deshalb grds. mit der Institutsgarantie des Eigentums vereinbar.[50] Soweit es allgemein um die Abwehr von Verunstaltungen durch bauliche Anlagen geht, darf sich der Staat – so das BVerwG – „von Verfassungs wegen auch angelegen sein lassen, Unlustgefühle hervorrufende krasse Gegensätzlichkeit und Widersprüche im Erscheinungsbild bebauter Gebiete abzuwehren, die bei einem nicht unbeträchtlichen, in durchschnittlichem Maße für gestalterische Eindrücke aufgeschlossenen Teil der Betrachter anhaltenden Protest auslösen würden; damit leistet der Staat letztlich einen Beitrag zum allseitigen **psychischen Wohlbefinden** seiner Bürger (vgl. Art. 2 Abs. 2 GG) sowie zum sozialen Frieden in der Gemeinschaft“.[51] Auch Werke der Baukunst sind trotz der Gewährleistung der Kunstfreiheit in Art. 5 Abs. 3 GG nicht grds. von den Anforderungen an ihre Gestaltung auf Grund bauordnungsrechtlicher oder bauplanungsrechtlicher Normen freigestellt.[52]

---

[47] BVerwG vom 16. 2. 1968 DVBl. 1968, 507, 508.
[48] BVerfG vom 26. 6. 1985 NVwZ 1985, 819.
[49] BVerwG vom 27. 6. 1991 NVwZ 1991, 983 = BRS 52 Nr. 118; vom 13. 4. 1995 BRS 57 Nr. 109 und vom 6. 12. 1999 BRS 62 Nr. 131.
[50] BVerwG vom 11. 4. 1989 NJW 1989, 2638.
[51] BVerwG vom 27. 6. 1991 NVwZ 1991, 984.
[52] BVerwG vom 13. 4. 1995 BRS 57 Nr. 109.

V. Regelungsgegenstand bauordnungsrechtlicher Verunstaltungsverbote

Bauliche Anlagen dürfen nicht verunstaltet wirken und dürfen das Straßen-, Orts- 30
und Landschaftsbild nicht verunstalten. Die Bauordnungen der Länder definieren bauliche Anlagen als mit dem Erdboden verbundene aus Bauprodukten hergestellte Anlagen. Hierzu zählen nicht nur Gebäude und sonstige bauliche Anlagen – wie Einfriedigungen, Werbeanlagen und Windenergieanlagen –, sondern auch die so genannten **fiktiven** baulichen Anlagen wie Aufschüttungen und Abgrabungen, Lager-, Abstell- und Ausstellungsplätze, Camping- und Wochenendplätze, Sport- und Spielflächen, Stellplätze, Gerüste und Hilfseinrichtungen zur statischen Sicherung von Bauzuständen.

Landesspezifische Besonderheiten ergeben sich daraus, dass § 12 Abs. 1 BauO NRW 31
den Anwendungsbereich der Verunstaltungsverbote ausdrücklich auf andere Einrichtungen erstreckt, an die in der Landesbauordnung oder in Vorschriften, die auf dieser beruhen, Anforderungen gestellt werden.[53] Eine ähnliche Regelung enthält § 4 Abs. 3 LBO Saar. § 4 Abs. 3 LBO BW bestimmt, dass die Verunstaltungsverbote auch für Werbeanlagen, die keine baulichen Anlagen sind, Automaten und andere Anlagen und Grundstücke gelten.

Für den so umschriebenen Bereich gelten die bauordnungsrechtlichen **Verunstaltungs-** 32
verbote als materielle Regelungen unabhängig davon, ob ihre Errichtung, (Nutzungs-) Änderung oder ihr Abbruch baugenehmigungspflichtig ist oder nicht (§ 65 Abs. 4 BauO NRW). Bedürfen bauliche Anlagen der Baugenehmigung, so werden Verstöße gegen die Verunstaltungsverbote **präventiv** geprüft. Ansonsten sind sie von der Bauaufsicht **repressiv** durchzusetzen. Die Gestaltungsanforderungen gelten nicht nur für die Anordnung, die Errichtung und Änderung baulicher Anlagen, sondern auch für die **Instandhaltung**. Der Verantwortliche darf sein Bauwerk nicht so verwahrlosen, dass es zu einer Verunstaltung kommt. Dies folgt aus der jeweiligen Generalklausel[54] oder speziellen Vorschriften der Landesbauordnung. So bestimmt bspw. § 77 Abs. 1 Satz 2 Bln BauO, dass rechtmäßig bestehende bauliche Anlagen so zu erhalten sind, dass ihre Verunstaltung sowie eine Störung des Straßen-, Orts- oder Landschaftsbildes vermieden wird. Dies gilt auch für Baugrundstücke.[55] Nach Art. 60 Abs. 5 BayBO können sogar bei bestandsgeschützen baulichen Anlagen Anforderungen gestellt werden, wenn das zum Schutz des Straßen-, Orts- oder Landschaftsbildes vor Verunstaltungen notwendig ist.[56] § 54 NBauO ermächtigt die Bauaufsichtsbehörde, die Verantwortlichen zur Beseitigung baulicher Anlagen zu verpflichten, wenn diese nicht genutzt werden und im Verfall begriffen sind. Dass ein Bauwerk während der Bauarbeiten einen hässlichen Anblick bietet, ist oft unvermeidbar. Ein Bau darf aber nicht unfertig liegen bleiben.[57] Eine Baugenehmigung erlaubt nicht die Errichtung eines Torsos.[58] Auch nach Abbrucharbeiten dürfen keine hässlichen, in ihrer Umgebung als Schandfleck erscheinenden Ruinen zurückbleiben.[59]

Um Rechtsfehler zu vermeiden, sind von den erörterten Vorraussetzungen für die An- 33
wendung der bauordnungsrechtlichen Verunstaltungsverbote sorgfältig diejenigen für die bauplanungsrechtlichen Gestaltungsvorschriften zu unterscheiden. Letztere gelten nur für Vorhaben i. S. d. § 29 Abs. 1 BauGB. Ein Vorhaben i. S. d. Vorschrift ist nur dann gegeben, wenn u. a. eine bauliche Anlage im planungsrechtlichen Sinne vorliegt. Dieser eigenständige Begriff der baulichen Anlage ist von dem bauordnungsrechtlichen Begriff der baulichen Anlage zu unterscheiden. Aus planungsrechtlicher Sicht gehören hierzu solche Anlagen, die „in einer auf Dauer gedachten Weise künstlich mit dem Erdboden

53 *Boeddinghaus/Hahn/Schulte* (Fn. 17) § 1 Rn. 10 u. § 12 Rn. 5.
54 Vgl. OVG NRW vom 12. 2. 1968 NJW 1968, 1945.
55 *Wilke/Dageförde/Knuth/Meyer*, Bauordnung für Berlin, 5. Aufl. 1999, § 11 Rn. 2 u. § 77 Rn. 11 und 12.
56 *Koch/Molodovski/Farmers*, Bayerische Bauordnung, Loseblattkommentar, Art. 11, 3 und Art. 60, 10.3.5.
57 *Große-Suchsdorf/Lindorf/Schmaltz/Wichert* (Fn. 43) § 54 Rn. 21.
58 BVerwG vom 22. 2. 1965 BRS 16 Nr. 128 und *Boeddinghaus/Hahn/Schulte* (Fn. 17) § 75 Rn. 46.
59 BW VGH vom 18. 3. 1976 BRS 30 Nr. 115.

verbunden sind" und die in § 1 Abs. 5 und 6 BauGB bezeichneten Belange berühren können und damit – auch mit Blick auf ihre Funktion – das Bedürfnis nach einer Bauleitplanung auslösen können.[60] Ob ein bauliches Vorhaben i. S. d. § 29 Abs. 1 BauGB in der ab dem 1. 1. 1998 geltenden Fassung vorliegt, hängt nicht davon ab, ob es vor der so genannten Deregulierung der Landesbauordnungen genehmigungs-, zustimmungs- oder anzeigepflichtig gewesen wäre.[61]

VI. Bauwerksbezogenes Verunstaltungsverbot

1. Keine Verunstaltung der baulichen Anlage selbst

34 Nach der ersten Forderung der allgemeinen Gestaltungsvorschrift – Nr. 1 des Ländervergleichs – müssen bauliche Anlagen so gestaltet sein, dass sie **nicht verunstaltet** wirken. Der **unbestimmte Rechtsbegriff** lautet verunstaltet und – mit Ausnahme des § 11 Abs. 1 BayBO – nicht verunstaltend.[62] Er verdeutlicht die ausschließliche Bauwerksbezogenheit dieses Tatbestandsmerkmals, das einen abgeschlossenen Vorgang der hässlichen Gestaltung der baulichen Anlage kennzeichnet. Die Vorschrift begnügt sich mit „architektur- und bauästhetischen Mindestanforderungen",[63] bezieht diese auf die einzelne bauliche Anlage und lässt den von ihr ausgehenden Einfluss auf die Umgebung außer Acht. Mit anlagen- und grundstücksübergreifenden ästhetischen Wirkungen befasst sich das umgebungsbezogene Verunstaltungsverbot der Nr. 2 des Ländervergleichs.

2. Gestaltungsfaktoren

35 Als wesentliche **Gestaltungsfaktoren**, die so beschaffen sein müssen, dass keine Verunstaltung eintritt, nennt die Vorschrift: Form, Maßstab, Verhältnis der Baumassen und Bauteile zueinander, Werkstoff und Farbe. Die Aufzählung ist **abschließend** und keiner Ergänzung zugänglich. Die in § 14 Abs. 1 MBO 1960 enthaltene und zunächst auch in die Landesbauordnungen übernommene traditionelle Forderung, bauliche Anlagen werkgerecht durchzubilden, gilt in Bayern und Brandenburg (dazu unten Rn. 70).

36 Mit **„Form"** wird nicht nur die Höhe, Breite und Länge einer baulichen Anlage insgesamt angesprochen, sondern auch die Form wesentlich gestaltwirksamer Bauformen, etwa die Dachform eines Gebäudes oder die Größe und Form von Dachaufbauten.[64] Baugestalterische Anforderungen können sich auch auf kleine Bauteile beziehen.[65] Hierzu gehören auch Dachgaupen. Die HBauO trifft in § 12 Abs. 4 eine detaillierte Regelung über Dachaufbauten und Dacheinschnitte. Diese dürfen höchstens eine Länge haben, die der Hälfte der Länge ihrer zugehörigen Gebäudeseite entspricht. Längere Dachaufbauten und Dacheinschnitte sind u. a. zulässig, wenn das Dach auf die Gestaltung des Gebäudes abgestimmt ist und die Dachfläche prägend bleibt.

37 **„Maßstab"** bedeutet hier die relative Größe von Bauten oder Bauteilen (z. B. Fenstern oder Geschossen) im Verhältnis zu anderen Größen, wie den Größen von Gestaltungselementen des eigenen Gebäudes oder anderer Gebäude. Dies kommt auch zum Ausdruck in der tatbestandlichen Nennung von dem **„Verhältnis der Baumassen und Bauteile zueinander"**.

38 **„Werkstoff"** bezeichnet das Baumaterial als solches und die mit deren Verwendung bedingte Konstruktion. Mit **„Farbe"** wird ein bedeutendes Gestaltungselement von bau-

[60] BVerwG vom 31. 8. 1973 BVerwGE 44, 59, vom 1. 11. 1974 BRS 28 Nr. 89 und vom 3. 12. 1992 BVerwGE 91, 234.
[61] BVerwG vom 7. 5. 2001 BVerwGE 114, 206 = NVwZ 2001, 1046 = BauR 2001, 1558.
[62] Dieser Unterschied ist dem BVerwG entgangen; vgl. Rn. 16 mit Fn. 27.
[63] OVG Bln vom 31. 7. 1992 BRS 54 Nr. 110.
[64] *Boeddinghaus/Hahn/Schulte* (Fn. 17) § 12 Rn. 8.
[65] BVerwG vom 10. 12. 1979 BRS 35 Nr. 133.

lichen Anlagen tatbestandlich erfasst. Grelle, schreiende Farben können ebenfalls ein Gebäude von der Fassade bis zur Dacheindeckung verunstaltet wirken lassen.

Ob eine bauliche Anlage unter Berücksichtigung dieser Kriterien **verunstaltet** wirkt, 39
ist nach dem vom BVerwG entwickelten Verunstaltungsbegriff zu beurteilen. Dies ist bspw. der Fall, wenn die Proportionen, Werkstoffe oder Farben so disharmonisch oder unschön geraten sind, dass sie das ästhetische Empfinden des Betrachters verletzen. Das ist insbesondere der Fall, wenn ein Mangel an gestalterischem Können vorliegt oder es an jeglichem Bemühen um eine äußere Gestaltung fehlt. Dabei macht es keinen Unterschied, ob die Ursache Dilletantismus, Pfusch, Gleichgültigkeit oder Rücksichtslosigkeit ist. Aber nicht jede Hässlichkeit rechtfertigt schon die Annahme einer Verunstaltung. Dies gilt insbesondere für unansehnliche technische Einrichtungen wie Windenergie- und Solaranlagen, die nicht anders gestaltet werden können und einem vernünftigen Zweck dienen.[66] Auch wirken moderne und ungewohnte Schöpfungen der Baukunst nicht schon deshalb als verunstaltet, weil sich viele an ihrem Anblick stoßen.[67]

3. Standort des Betrachters

Die Verunstaltung der baulichen Anlage selbst muss nicht – wie bei Werbeanlagen – 40
„vom öffentlichen Verkehrsraum aus sichtbar" sein. Die gestalterischen Minimalanforderungen gelten grds. **unabhängig vom Standort** eines Betrachters und sind auch für solche baulichen Anlagen oder Teile von ihnen maßgeblich, die dem Anblick der Öffentlichkeit entzogen sind. Es genügt, dass sie von der Hoffläche des Baugrundstücks, aus den Fenstern anderer Gebäude oder von der freien Landschaft her sichtbar sind. Das Verunstaltungsverbot gilt auch in einer bereits verunstalteten Gegend, nicht aber für das Innere baulicher Anlagen, weil insoweit an der Vermeidung unästhetischer Zustände kein öffentliches Interesse besteht.[68]

4. Einzelfälle verunstalteter baulicher Anlagen

Bei der Beurteilung, ob eine bauliche Anlage verunstaltet wirkt, kommt es immer auf 41
die konkreten **Umstände des Einzelfalles** an. Dennoch können von der Rechtsprechung entschiedene Einzelfälle bei der Entscheidungsfindung hilfreich sein:

Dächer sind besonders anfällig für Verunstaltungen. Eine **Dacheindeckung** teils mit 42
Ziegeln, teils mit Aluminiumblech[69] oder teils mit neuen, teils mit alten, dunkel verfärbten Wellasbestzementplatten in wahlloser Mischung wirkt verunstaltet.[70]

Dachgaupen müssen sich bei herkömmlichen Dachformen dem Dach, auf dem sie an- 43
gebracht werden, unterordnen. Sie wirken verunstaltet, wenn sie im Verhältnis zum Dach oder zum ganzen Hauskörper unförmig groß wirken,[71] in einem dafür zu flach geneigten Dach unmittelbar unter dem Dachfirst oder an einer grob unpassenden Stelle des Daches eingebaut werden.[72]

Fassaden und **Fenster** können ihre Maßstäblichkeit verlieren durch das Auswechseln 44
eines Teils der Sprossenfenster durch Einscheibenfenster[73] oder durch den Einbau von Fenstern, deren Gliederung von der bisherigen, die Fassade eines Jugendstilgebäudes prägenden Fenstergliederung abweicht.[74]

---

[66] *Gädtke/Temme/Heintz* (Fn. 15) § 12 Rn. 31.
[67] OVG NRW vom 12. 9. 1960 DÖV 1961, 629; BayVGH vom 30. 11. 1976 BRS 30 Nr. 110.
[68] *Wilke/Dageförde/Knuth/Meyer* (Fn. 55) § 11 Rn. 7.
[69] BayVGH vom 11. 6. 1969 BayVBl. 1970, 259.
[70] OVG NRW vom 29. 7. 1971 BRS 24 Nr. 120.
[71] BayVGH vom 8. 11. 1991 BRS 52 Nr. 119.
[72] HessVGH vom 24. 11. 1995 BRS 57 Nr. 289; BW VGH vom 5. 7. 1966 BRS 17 Nr. 88 und vom 30. 7. 1979 BRS 35 Nr. 134; BayVGH vom 5. 5. 1969 BRS 22 Nr. 125.
[73] BayVGH vom 30. 7. 1979 BRS 35 Nr. 135.
[74] OVG Hamb vom 22. 12. 1983 BRS 42 Nr. 134.

45 **Einfriedungen** können verunstaltet wirken gerade durch die besondere Beschaffenheit und Ausgestaltung der Zaunanlage,[75] so ein aus Eisenbahnschwellen und daran angebrachten ausgedienten Straßenleitplanken bestehender Weidezaun.[76] Ein teilweise begrünter Holzflechtzaun wirkt hingegen selbst nicht verunstaltet.[77]

46 **Werbeanlagen** (siehe unten Rn. 75 ff.) sind in besonderer Weise geeignet, die Maßstäblichkeit und sonstige Gestaltungsfaktoren von Gebäuden, (Brand-)Giebeln, Mauern, Brücken usw. so zu stören, dass diese baulichen Anlagen im Zusammenwirken mit der Werbeanlage verunstaltet wirken. So können großflächige Werbeanlagen eine schlichte Einfriedungsmauer verunstaltet erscheinen lassen.[78] Das gilt ebenso für Werbegroßtafeln, die auf einem eingeschossigen Flachbau errichtet werden und wie ein zweites Geschoss wirken,[79] oder für eine Werbetafel, deren Kanten die Konturen des Bauwerks überschneiden.[80]

VII. Umgebungsbezogenes Verunstaltungsverbot

1. Verhältnis zum bauwerksbezogenen Verunstaltungsverbot

47 Bauliche Anlagen sind mit ihrer Umgebung derartig in Einklang zu bringen, dass sie das **Straßenbild**, **Ortsbild** oder **Landschaftsbild** nicht verunstalten oder deren beabsichtigte Gestaltung nicht stören. Dieser zweite bauordnungsrechtliche Gestaltungstatbestand steht selbständig neben dem bauwerksbezogenen Verunstaltungsverbot und hat eine **eigenständige Bedeutung**. Wenn das BVerwG ausführt, der Akzent liege bei den bauordnungsrechtlichen Verunstaltungsverboten auf der Gestaltung des Bauwerks – „das Bauwerk soll nicht unschön sein und es soll nicht durch Unschönheit seine Umgebung stören"[81] –, beschreibt es den Anwendungsbereich nur teilweise. Es liegt zwar nahe, dass die verunstaltete Wirkung einer baulichen Anlage auch zu einer Verunstaltung der Umgebung führt. Aber einerseits ist eine isolierte Verunstaltung einer baulichen Anlage nicht ausgeschlossen, andererseits muss das Bauwerk nicht stets verunstaltet sein, um seine Umgebung verunstalten zu können. Seine verunstaltende Wirkung kann vielmehr allein darauf zurückzuführen sein, dass es in seiner Umgebung einen **Fremdkörper** bildet.[82]

2. Umgebungsschutz

48 Zur **Umgebung** i. S. d. Gestaltungsvorschrift zählt der örtliche Bereich, der von der baulichen Anlage optisch beeinflusst werden kann und dessen ästhetische Beeinträchtigung vermieden werden soll. Als Umgebung kommen daher andere bauliche Anlagen, Straßen, Märkte, Plätze und die freie Landschaft in Frage, auch an weiter entfernten oder hoch gelegenen Standorten. Zu berücksichtigen ist das gesamte vorhandene Straßen-, Ort- oder Landschaftsbild.[83]

a) Straßenbild

49 Unter **Straßenbild** ist sowohl die Ansicht eines Straßenzuges in Lauf- oder Fahrtrichtung (Längsrichtung) als auch die Ansicht einer Straßenseite (Querrichtung) mit dem Baugrundstuck und der anschließenden Nachbarbebauung zu verstehen.[84]

---

[75] BW VGH vom 26. 6. 1981 BRS 38 Nr. 107.
[76] BayVGH vom 27. 10. 1995, BRS 57 Nr. 103 = BayVBl. 1996, 693.
[77] OVG Bln vom 31. 7. 1992 BRS 54 Nr. 110.
[78] OVG Bln vom 22. 7. 1994 BRS 56 Nr. 131.
[79] OVG Hamb vom 4. 3. 1971 VerwRspr. 23 Nr. 165.
[80] HessVGH vom 14. 4. 1982 BRS 39 Nr. 140.
[81] BVerwG vom 15. 11. 2001 NVwZ 2000, 1170.
[82] *Koch/Molodovski/Farmers* (Fn. 56) Art. 11, 5 und *Wilke/Dageförde/Knuth/Meyer* (Fn. 55) § 11 Rn. 7 u. 8; OVG Bln vom 7. 5. 1999 BRS 62 Nr. 157.
[83] *Koch/Molodovski/Farmers* (Fn. 56) Art. 11, 5.2.
[84] *Gädtke/Temme/Heintz* (Fn. 15) § 12 Rn. 36.

b) Ortsbild

Das **Ortsbild** ist sowohl die Ansicht eines Ortes von außen (Ortsumriss oder -silhouette) als auch die von mehreren Straßenzügen oder Plätzen gebildete innere Erscheinung eines Ortsteils, der vom Standort des Betrachters aus gleichzeitig eingesehen werden kann.[85] In § 12 Abs. 2 HBauO ist zusätzlich als Schutzobjekt das Stadtbild aufgeführt, das bereits durch das Ortsbild mit erfasst ist. 50

c) Landschaftsbild

Landschaftsbild ist der Ausschnitt der Landschaft, der sich dem Betrachter von seinem Standort aus darbietet; im Bereich einer geplanten baulichen Anlage bieten sich in der Regel unterschiedliche Standorte mit verschiedenen Blickrichtungen zur Beurteilung einer evtl. Verunstaltung des Landschaftsbildes, da die Sicht – anders als beim Straßenbild – nicht durch Bauwerke in eine bestimmten Richtung gelenkt wird.[86] 51

3. Verunstaltende Wirkung

Nach der Vorschrift muss ein **Einklang** der baulichen Anlage mit der **Umgebung** in der Weise geschaffen werden, dass keine Verunstaltung des tatsächlich vorhandenen Straßen-, Orts- oder Landschaftsbildes erfolgt. Auch hierbei ist die Beurteilung nach der h. M. an dem bereits erörterten Verunstaltungsbegriff zu messen.[87] Anders als die h. M. geht das OVG Berlin davon aus, dass die „umgebungsbezogenen Gestaltungsanforderungen" ein Abgehen von dem „strenge(n) Maßstab des Abs. 1" erfordern, der ein „krasses geschmackliches Unwerturteil wie das einer das ästhetische Empfinden verletzenden Hässlichkeit" voraussetzt. Vielmehr soll „bereits ein deutlich zutage tretender Widerspruch des Erscheinungsbildes zu den für die Umgebung bestimmenden städtebaulichen oder stadtbildlichen Gestaltungsmerkmalen ausreichen, der bei einem nicht unbeträchtlichen, in durchschnittlichem Maße für gestalterische Eindrücke aufgeschlossenem Teil der Betrachter anhaltend Protest auslösen würde".[88] 52

Dieser Rechtsprechung ist nicht zu folgen, da ein weiterer Verunstaltungsbegriff nicht gesetzlich vorgegeben ist und die Rechtsanwendung verkompliziert und unübersichtlich macht. Vielmehr ist mit der früheren Rechtsprechung des OVG Bln davon auszugehen, dass eine Verunstaltung erst vorliegt, wenn „die Schwelle der Unschönheit zur Hässlichkeit" überschritten wird.[89] Es ist nämlich in erster Linie Aufgabe der allgemeinen Gestaltungvorschriften, Auswüchse zu unterbinden, nicht aber bestimmte ästhetische Wertvorstellungen zur Stadtbildpflege u.Ä. zu verwirklichen.[90] Hierzu stehen örtliche Bauvorschriften zur Verfügung, die eine positive Gestaltungspflege ermöglichen (unten Kap. 17). 53

Für die Frage, ob eine Verunstaltung des Straßen-, Orts- und Landschaftsbildes gegeben ist, ist nicht allein der geplante Aufstellungs- oder Anbringungsort maßgebend, sondern das gesamte Bild der Umgebung. Diese **umgebungsbezogene Betrachtungsweise** schließt es bspw. aus, ein Straßenbild aus unterschiedlichen Blickwinkeln gewissermaßen in verschiedene Teilstücke zu zerlegen. Der Umgebungsschutz umfasst das, was für den Betrachter – und zwar nicht nur aus einem Blickwinkel – sichtbar ist und das Umgebungsbild prägt oder doch mitprägt.[91] Je größer der Eindruck der Geschlossenheit der 54

---

85 *Dies.* (Fn. 84).

86 *Boeddinghaus/Hahn/Schulte* (Fn. 17) § 13 Rn. 33 m. w. N.

87 *Gädtke/Temme/Heintz* (Fn. 15) Rn. 37; *Koch/Molodovski/Farmers* (Fn. 56) Art. 11, 5.1 u. 5.2, *Große-Suchsdorf/Lindorf/Schmaltz/Wichert* (Fn. 43) § 54 Rn. 29, *Hahn/Radeisen*, Bauordnung für Berlin, 2. Aufl. 2000, § 11, Rn. 12.

88 OVG Bln vom 31. 7. 1992 BRS 54 Nr. 110 und vom 17. 6. 1992 BRS 54 Nr. 127; abweichender Beurteilungsmaßstab in § 12 Abs. 3 BremLBO.

89 OVG Bln vom 3. 7. 1981 BRS 38 Nr. 71.

90 OVG NRW vom 6. 2. 1992 NVwZ 1993, 89 f.

91 OVG NRW vom 11. 9. 1997 BauR 1998, 113.

Umgebung einer baulichen Anlage ist und je größer der gestalterische Eigenwert sich darstellt, desto höhere Anforderungen sind an die neue bauliche Anlage zu stellen, um der Charakteristik gerecht zu werden.[92]

55 Nicht nur in einer besonders schönen und wertvollen Umgebung kann eine Verunstaltung des Straßen-, Orts- und Landschaftsbildes hervorgerufen werden. Auch eine gestalterisch wenig ansprechender Ort kann durch eine bauliche Anlage verunstaltet werden, indem die negative Wirkung auf den Betrachter noch verstärkt wird. Zwar hängt der Grad einer möglichen Störung im Wesentlichen von der Qualität der jeweiligen Umgebung ab. Festzuhalten ist aber, dass es einen Rechtssatz des Inhalts „was schon verunstaltet ist, kann nicht mehr verunstaltet werden" nicht gibt.[93] Ansonsten wäre eine Verbesserung der gestalterischen Situation an dieser Stelle überhaupt ausgeschlossen.

56 Auch das Verbot das Landschaftsbild nicht zu verunstalten, betrifft nur die gestalterische Zulässigkeit von baulichen Anlagen. Es handelt sich **nicht** um einen **Auffangtatbestand**, um dem Planungsrecht nicht unterliegende, dem Außenbereich wesensfremde bauliche Anlagen im Außenbereich zu verhindern.[94]

4. Standort des Betrachters

57 Der **Standort**, auf den sich die bauliche Anlage gestalterisch auswirkt, muss anders als bei der Beurteilung, ob eine bauliche Anlage verunstaltet wirkt, **allgemein zugänglich** sein.[95]

Dazu genügt es, dass die Verunstaltung des Landschaftsbildes von einem Privatgrundstück aus sichtbar ist, das von jedermann betreten werden darf.[96] Ist dies nicht der Fall, scheidet eine Verunstaltung des Straßen-, Orts- und Landschaftsbildes aus, da der Schutzzweck mangels gestalterischer Auswirkungen nicht verletzt wird.

5. Beabsichtigte Gestaltung

58 Das Verunstaltungverbot für bauliche Anlagen schütz nicht nur das bereits vorhandene Straßen-, Orts- oder Landschaftbild, sondern auch dessen **beabsichtigte Gestaltung**. Die Vorschrift weicht damit von dem Grundsatz ab, dass ein belastender Gegensatz zwischen baulichen Anlagen und iher tatsächlichen Umgebung vermieden werden soll. Die beabsichtigte Gestaltung wird gestört, sofern nach deren Verwirklichung eine bauliche Anlage verunstaltend wirken würde. Damit wird der Verunstaltungschutz **zeitlich vorgezogen**.

59 Das Tatbestandsmerkmal der „beabsichtigten Gestaltung" ist nur dann erfüllt, wenn sich die Absicht zur baulichen Veränderung der Umgebung rechtlich verfestigt hat und für den Bauherren erkennbar ist. Hierfür reichen bloße Bauabsichten privater oder öffentlicher Grundeigentümer nicht aus.[97] Erforderlich ist vielmehr ein **durch Rechtssatz konkretisierter Gestaltungswille** der Gemeinde. Die beabsichtigte Gestaltung kann aus den Festsetzungen eines Bebauungsplanes, einer Erhaltungssatzung oder aus örtlichen Bauvorschriften (Gestaltungssatzungen) ablesbar sein, so dass eine gestalterische Vorwirkung eintritt. Ein Flächennutzungsplan wird insoweit nur selten hinreichend konkret sein.[98]

60 Da die beabsichtigte Gestaltung in die Zukunft weisend rechtlich fixiert sein muss, ist diese nicht an der vorhandenen Bebauung ablesbar. Nur informatorische Gestaltung- oder **Schubladenpläne** reichen dafür ebenso wenig aus wie bloße Vorstellungen einer Behörde, eines Gestaltungsbeirates oder eines Stadt- oder Gemeinderates.[99]

---

92 *Hahn/Radeisen* (Fn. 87) § 11 Rn. 12.
93 OVG NRW (Fn. 90).
94 OVG NRW vom 17. 11. 1987 BRS 48 Nr. 258 = BauR 1988, 575.
95 *Koch/Molodovski/Farmers* (Fn. 56) Art. 11, 5.2.
96 HessVGH vom 2. 8. 1988 BRS 44 Nr. 164.
97 *Wilke/Dageförde/Knuth/Meyer* (Fn. 55) § 10 Rn. 11 f.
98 *Gädtke/Temme/Heintz* (Fn. 15) § 12 Rn. 44.
99 *Dies.* (Fn. 98).

6. Einzelfälle verunstaltender baulicher Anlagen

Auch bei der Beurteilung, ob bauliche Anlagen das Straßen-, Orts- und Landschaftsbild verunstalten, kommt es auf die **konkreten Umstände** des **Einzelfalles** an. Die bauliche Anlage kann gleichzeitig auch gegen andere Verunstaltungsverbote verstoßen. 61

Auch hier sind **Dächer** und **Dachformen** besonders anfällig für eine die Umgebung verunstaltende Wirkung. Eine solche geht bspw. von einer Feldscheune mit Dach und Wänden aus Wellaluminium in einer Umgebung mit landwirtschaftlichen Gepräge und bodenständiger Bauweise aus.[100] Durch eine Vielzahl von **Dachgaupen** auf einem flachgeneigten Dach, das eigentlich nicht zum Ausbau geeignet ist, kann infolge der voluminösen Ausbildung der Dachausbauten an einer Vielzahl von möglichen Standorten dem Betrachter der Blick auf die Firstlinie verstellt werden. Das markante, durch schlichte Satteldächer mit 30 Grad Dachneigung bestimmte Erscheinungsbild des durch diese Gebäude geprägten Straßenzuges würde durch eine solche überladene Dachgestaltung, die den Blick auf die eigentliche Dachfläche weitgehend verstellt, verunstaltet.[101] 62

Beispiele für Verunstaltungen bieten auch ästhetisch misslungene **Fassaden**. Das Ersetzen der Stuckornamente an einer klassizistischen Fassade von 1889 durch Glattputz verunstaltet die Umgebung in der Nachbarschaft gut erhaltener und restaurierter Gebäude.[102] Die gleiche Wirkung hat die Entfernung von Sprossenfenstern aus einer schlichten Fassade in „anspruchsvoller" Nachbarschaft.[103] 63

Zäune und **Einfriedungen** verunstalten häufig wegen des verwandten Materials und ihres Standortes das Straßen-, Orts- und Landschaftsbild. Letzteres stört ein im Außenbereich nicht privilegierter 2 m hoher Bretterzaun als Sichtschutz einer abgelegenen Waldwiese[104] oder ein aus Straßenleitplanken gebildeter Weidezaun.[105] 64

Am häufigsten gehen von **Werbeanlagen** Verunstaltungen des Straßen-, Orts- und Landschaftsbildes aus. Neben die herkömmlichen Werbetafeln (Eurotafeln, Superposter) sind Werbeträger getreten, die mehrere oder eine Vielzahl von Werbebotschaften darbieten können (Prismenwendeanlagen, Mega-Lights und Diaprojektionsanlagen), sowie überdimensionierte Spannposter und hohe Werbepylone (siehe unten Rn. 75 ff.). 65

VIII. Besonders schützenswerte Umgebung

In den meisten Gestaltungsvorschriften der Landesbauordnungen ist gesondert geregelt, dass auf die **erhaltenswerten Eigenarten** der Umgebung Rücksicht zu nehmen ist (Bln, M-V, NRW, Sachs, Sach-Anh, Thür). Als Schutzgüter werden besonders **Kultur-** und **Naturdenkmale** genannt (BW, Brem, Hamb, Rh-Pf). Eine detailierte Regelung trifft § 14 Abs. 2 Satz 2 LBO Schl-H. Danach ist auf Kultur- und Naturdenkmäler, auf erhaltenswerte Eigenheiten ihrer Umgebung, auf das historische Ortsbild und auf Landschaftsbestandteile, die das Landschaftsbild prägen, Rücksicht zu nehmen. § 4 Abs. 4 Saar LBO verbietet die Beeinträchtigung von Bau-, Boden- und Naturdenkmalen sowie geschützter Landschaftsbestandteile. 66

Keine Regelung zu einer besonders schützenwerten Umgebung sehen die MBO 2002, die BayBO, die BbgBO und die HBO vor. Damit wird einerseits dem Umstand Rechnung getragen, dass sich dieser Schutz – soweit erforderlich – unter das allgemeine Tatbestandsmerkmal „der erhaltenswerten Eigenart der Umgebung" subsumieren lässt. Andererseits bieten **Denkmalschutz-**, **Natur-** und **Landschaftsschutzgesetze** jeweils 67

[100] BayVGH vom 16. 10. 1978 BRS 33 Nr. 153.
[101] HessVGH vom 24. 11. 1995 BRS 57 Nr 289.
[102] OVG Bln vom 13. 1. 1984 BRS 42 Nr. 135 = BauR 1984, 624.
[103] BayVGH vom 30. 6. 1979 BRS 35 Nr. 135, vgl. auch OVG Hamb vom 22. 1. 1983 BauR 1984, 624.
[104] OVG NRW vom 20. 4. 1972 BRS 25 Nr. 125.
[105] BayVGH vom 27. 10. 1995 BRS 57 Nr. 103.

spezialgesetzliche Rechtsgrundlagen, um Eingriffe in die besonders schützenswerte Umgebung abzuwehren.

68 Greifen die genannten speziellen Bestimmungen nicht ein, ist im Einzelfall zu prüfen, ob eine Eigenart der Umgebung erhaltenswert ist. Diese ist dann immer schützenswert. Der Schutz, den ihnen das Bauordnungsrecht gewährt, ist allerdings ein ausschließlich ästhetischer, kein ökologischer.[106] Unterschiede können sich auch hinsichtlich des Beurteilungsmaßstabes ergeben. Bei der denkmalrechtlichen Beurteilung, ob die engere Umgebung und das Erscheinungbild eines Denkmals durch eine hinzutretende bauliche Anlage beeinträchtigt wird, kommt es auf das Urteil eines **sachverständigen Betrachters** an. Die Beurteilung setzt nämlich ein Vertrautsein mit dem zu schützenden Denkmal und seiner Epoche voraus.[107]

IX. Länderspezifische Besonderheiten

1. Anerkannte Regeln der Baukunst

69 In § 8 Abs. 1 1. HS BbgBO und in Art. 11 Abs. 1 Satz 1 BayBO ist das Gebot enthalten, „bauliche Anlagen nach den **anerkannten Regeln** der **Baukunst** durchzubilden". Hierdurch wird in Bayern die in der Generalklausel des Art. 3 Abs. 1 Satz 3 BayBO enthaltene allgemeine Forderung, bauliche Anlagen „einwandfrei zu gestalten", konkretisiert und aufgefüllt. Es handelt sich um eine **eigenständige Anforderung**, die neben dem bauwerksbezogenen Verunstaltungsverbot steht.[108] Die „allgemein anerkannten Regeln der Baukunst" sind von den „allgemein annerkannten Regeln der Technik" zu unterscheiden, weil der Gesetzgeber mit jenem Merkmal über die Konstruktionsgrundsätze, die Statik und die Materialkunde hinaus das bauordnungsrechtliche Anforderungsprofil auch auf nicht technische **bauhandwerkliche** und **architektonische Grundsätze** erstreckt hat. Es handelt sich um Grundregeln für die ästhetische Gestaltung baulicher Anlagen. Es kommt nicht auf die Anerkennung durch die Allgemeinheit, sondern auf die auf wissenschaftlicher Erkenntnis und praktischer Erfahrung beruhende Überzeugung der Mehrzahl der mit den einschlägigen Arbeiten befassten Personen an, dass die Einhaltung der Regel richtig und notwendig ist.[109]

70 Art. 11 Abs. 1 BayBO fügt sich mit der Anforderung, die anerkannten Regeln der Baukunst zu beachten, in die Rechtsprechung des BVerwG zum Baugestaltungsrecht unter dem Blickwinkel des Art. 14 GG ein. Dies folge – so das BVerwG – auch daraus, dass diese Regelung bereits aus dem systematischen Aufbau der Vorschrift heraus in einem engen sachlichen **Zusammenhang mit dem Verunstaltungsverbot** stehe, wenn sie auch im Einzelfall zu weitergehenden Anforderungen führen könne. Auch insoweit deute nichts darauf hin, dass der Gewährleistungsgehalt des Art. 14 Abs. 1 Satz 1 GG nicht mehr gewahrt sei.[110] Nach der ständigen Rechtsprechung des BayVGH[111] stehe nicht zu befürchten, dass von der ersten Tatbestandsvariante des Art. 11 Abs. 1 BayBO extensiver Gebrauch gemacht werde. Vielmehr sei bei der Auslegung des Begriffs der anerkannten Regeln der Baukunst Zurückhaltung geboten. Er müsse auf einen gesicherten Kernbestand an grundlegenden bauästhetischen Ordnungsvorstellungen beschränkt bleiben. Die Regelung sei auch in Bezug auf die Berechenbarkeit, Rechtsklarheit und Rechtssicherheit bundesrechtlich nicht zu beanstanden. Bestünden Unsicherheiten darüber, ob eine Regel

---

[106] *Wilke/Dageförde/Knuth/Meyer* (Fn. 55) § 10 Rn. 13 u. 14.

[107] OVG Nds vom 5. 9. 1985 BRS 44 Nr. 122; OVG Bln vom 10. 5. 1985 BRS 44 Nr. 122; OVG NRW vom 3. 9. 1996 Az. 10 A 1453/92 und *Boeddinghaus/Hahn/Schulte* (Fn. 17) § 13 Rn. 79.

[108] BayVGH vom 8. 11. 1991 NVwZ 1993, 90 = BayVBl. 1992, 467 = BRS 52 Nr. 119.

[109] *Koch/Molodovski/Farmers* (Fn. 56) Art. 11, 4.2 und *Maier*, Bauordnungsrechtliche Anforderungen an die Gestaltung von Bauwerken, BayVBl. 1980, 5 ff.

[110] BVerwG vom 6. 12. 1999 BRS 62 Nr. 131 = BayVBl. 2000, 698.

[111] BayVGH (Fn. 108), auch vom 20. 7. 1999 BayVBl. 2000, 690.

in diesem Sinne „allgemein anerkannt" sei, so hätten die mit dieser Frage befassten Behörden und Gerichte dies gegebenenfalls unter Einschaltung von Sachverständigen zu klären.

2. Sachkundiger Betrachter

Nach § 12 Abs. 3 BremLBO hat die Beurteilung der Gestaltung „unter Berücksichtigung 71
des Empfimdens eines auf diesem Gebiete sachkundigen und erfahrenen Betrachters zu erfolgen".

Bremen orientiert sich somit noch als einziges Bundesland an dem in § 14 Abs. 3 MBO 1960 vorgeschlagenen höheren Beurteilungsmaßstab.

3. Außenwerbung

Außer in Baden-Württemberg, Bayern und Hessen ist in allen übrigen Bundesländern 72
die Zulässigkeit von Werbeanlagen in einer eigenen Vorschrift geregelt. Erstgenannte Länder meinen auch insoweit mit den allgemeinen Verunstaltungsverboten der Außenwerbung Herr werden zu können. Nach § 4 Abs 4 LBO BW sind in reinen und allgemeinen Wohngebieten sowie in Kleinsiedlungsgebieten nur für Anschläge bestimmte Werbeanlagen an der Stätte der Leistung zulässig. Nach Art. 11 Abs. 2 Satz 2 BayBO sind verunstaltend auch die störende Häufung von Werbeanlagen und Werbeanlagen an Ortsrändern, soweit sie in die freie Landschaft wirken. Hessen belässt es auch für Werbeanlagen bei der allgemeinen Gestaltungsvorschrift (siehe unten Rn 75 ff.).

X. (Kein) Nachbarschutz

Nach der h. M. dienen die Vorschriften zum Schutz gegen Verunstaltungen ausschließ- 73
lich dem allgemeinen Interesse, vor allem dem Interesse an einer einwandfreien Einfügung eines Bauwerks in seine Umgebung. Sie sind nicht dazu bestimmt, Dritte – insbesondere **Nachbarn** – zu schützen. Der Nachbar hat gegenüber den Bauaufsichtsbehörden **kein subjektiv-öffentliches Recht** darauf, dass Gestaltungsvorschriften beachtet und in der Umgebung seines Grundstücks Verunstaltungen verhindert werden.[112]

Seitdem das BVerwG zur Begründung von Verunstaltungsbegriffen auch auf die 74
Rechte Dritter – nämlich u. a. auf das psychische Wohlbefinden der Bürger (Art. 2 Abs. 2 GG) – zurückgreift, sind durchaus **Ausnahmen** von der im Grundsatz zutreffenden h. M. **nicht ausgeschlossen.**[113] Etwas anderes sollte auch gelten, wenn die verunstaltende Wirkung auf die Umgebung so gravierend ist, dass sie einem Eingriff in das Grundeigentum des Nachbarn gleichkommt. Der Versuch des VG Berlin, direkt aus der Kunstfreiheit (Art. 5 Abs. 3 Satz 1 GG) Abwehrrechte abzuleiten, erscheint „höchst problematisch".[114] Die Verletzung des ästhetischen Empfindens des Nachbarn allein begründet in der Regel noch keinen zivilrechtlichen Abwehranspruch nach § 1004 BGB. Ob bei besonders krassen Fällen etwas anderes gilt, hat der BGH offen gelassen.[115]

---

112 BW VGH vom 4. 2. 1969 BRS 22 Nr. 167; BayVGH vom 12. 2. 1988 BRS 48, 445 = BayVBl. 1988, 276; OVG Bln. vom 29. 10. 1991 BRS 52 Nr. 233; OVG Lüneburg vom 5. 9. 1985 BRS 44 Nr. 118; OVG NRW vom 18. 2. 1965 BRS 16 Nr. 74, vom 14. 1. 1994 Az. 7 A 2238/92; OVG Saar vom 26. 6. 1985 BRS 44 Nr. 162.

113 Erwogen, aber im Einzelfall verneint OVG Rh-Pf vom 24. 7. 1997, NJW 1998, 1422; OVG NRW vom 14. 1. 1994 Az. 7 A 2238/92, vom 17. 10. 1990 Az. 10 B 2820/90 und vom 28. 4. 1995 Az. 10 B 193/95.

114 *Uechtritz*, Nachbarschutz durch Kunstfreiheit?, NJW 1995, 2606.

115 BGH vom 15. 11. 1974 NJW 1975, 170; auch OLG Hamm vom 21. 2. 1975, NJW 1975 1035.

Teil 2. Werbeanlagen, Warenautomaten

MBO 2002 § 10; BW § 4 Abs. 3 u. 4; Bay Art. 11 Abs. 2, S. 2; Bln § 11; Bbg § 9; Brem § 13; Hamb § 13; Hess § 2 Satz 3 Nr. 7; M-V § 53; Nds § 49; NRW § 13; Rh-Pf § 52; Saar § 52; Sachs § 13; Sachs-Anh § 13; Schl-H § 15; Thür § 13.

I. Vorgeschichte, Regelungszweck

75 Zweck des **Außenwerbungsrechts** in den Bauordnungen ist es, die Belange der werbenden Wirtschaft (Wirtschaftswerbung) in Einklang zu bringen mit dem Interesse der Allgemeinheit am Schutz der **Gestaltung** des Straßen-, Orts- und Landschaftsbildes sowie der **Verkehrssicherheit**.[116]

76 Geschäftsreklame gab es schon vor mehr als 2000 Jahren bei Helenen und Römern. Aus dieser Zeit wurden Maueranschläge gefunden.[117] Im alten Athen und Rom wurden auch zwecks allgemeiner Bekanntgabe Gesetze, Senatsbeschlüsse usw. auf Tafeln öffentlich ausgestellt. In Frankreich wurde bereits 1407 das Anheften aufrührerischer Plakate verboten. Nach Erfindung der Buchdruckerkunst wurden die Plakate oft im Riesenformat auf Buntpapier in großen Lettern, der sog. Plakatschrift, bedruckt.[118]

77 Erstmals am 1. Juli 1855 stellte der Drucker *Litfaß* zusammen mit dem Zirkusdirektor *Renz* die nach ihm benannte **Litfaßsäule** auf. Diese auf Grund eines Abkommens mit der Polizei errichtete Säule diente zum Anschlagen von Plakaten.[119] Litfaßsäulen sind auch heute noch ein beliebter Träger von Bekanntmachungen und Werbung.

78 Als die **Markenartikelreklame** nach amerikanischem Vorbild nicht nur in den Städten, sondern insbesondere **im Außenbereich** an Bahnstrecken, Reichs- und Landesstraßen, an Flüssen (Rhein) und im Gebirge platziert wurde, mobilisierte dies zunächst die sog. Heimatschutzbünde und dann den Gesetzgeber.

79 Mit dem **„Gesetz gegen die Verunstaltung landschaftlich hervorragender Gegenden“** vom 2. 6. 1902 (GS S. 159) schuf der Preußische Gesetzgeber – auch als Konsequenz aus den Kreuzbergurteilen (siehe Kap. 1, Rn. 194 ff. und 200) – spezialgesetzlich folgende Verordnungsermächtigung:

„Die Landespolizeibehörden sind befugt, zur Verhinderung der Verunstaltung landschaftlich hervorragender Gegenden solche Reklameschilder und sonstige Aufschriften und Abbildungen, welche das Landschaftsbild verunzieren, außerhalb der geschlossenen Ortschaften durch Polizei-Verordnung auf Grund des Gesetzes über die allgemeine Landesverwaltung vom 30. Juli 1883 (Gesetz-Samml. S. 195) zu verbieten und zwar auch für einzelne Kreise und Teile derselben.“

Reklameschilder i. S. d. Vorschrift sind Schilder, die in auffallender Weise eine Ankündigung oder Anpreisung von Waren oder sonstige gewerbliche oder handelsgewerbliche Anzeigen enthalten.[120]

80 Bereits wenige Jahre später folgte am 15. 7. 1907 mit dem Preußischen **„Gesetz gegen die Verunstaltung von Ortschaften und landschaftlich hervorragenden Gegenden“** (GS S. 260) eine sachlich weitaus umfassendere Regelung. Nach § 1 dieses Gesetzes war die baupolizeiliche Genehmigung zur Ausführung von Bauten und baulichen Änderun-

---

[116] *Schulte*, Recht und Grenzen der Außenwerbung, BauR 1993, 139 ff.

[117] *Münker*, Noch mehr Außenreklame?, Hilchenbach 1952, S. 52.

[118] Stichwort: Anschlagwesen, in: Meyers Lexikon, 7. Aufl., Leipzig 1924, Bd. 1, S. 624.

[119] *Kundsen*, 100 Jahre Berliner Litfaßsäule, Jahrbuch des Vereins für Geschichte, Berlin 1954 und OVG Bln vom 19. 11. 2001 BRS 64 Nr. 149 = GewArch 2002, 255 m. w. N.

[120] Vgl. dazu *Baltz/Fischer*, Preußisches Baupolizeirecht, 6. Aufl. unveränderter Nachdruck, Berlin 1954, S. 176 unter Hinweis auf PrOVG vom 26. 6. 1930 PrVBl. 52, 134; „Verunzieren“ i. S. d. Vorschrift steht einerseits im Gegensatz zu „beeinträchtigen“, andererseits zu „gröblich verunstalten“. Erforderlich ist eine als Unlust empfundene Störung, die durch den Gegensatz von Landschaftsgenuss und Reklameschild hervorgerufen wird.

gen zu versagen, wenn dadurch Straßen oder Plätze der Ortschaft oder das Ortsbild gröblich verunstaltet werden würden. Nach § 3 dieses Gesetzes konnte vorgeschrieben werden, dass „die Anbringung von Reklameschildern, Schaukästen, Aufschriften und Abbildungen der Genehmigung der Baupolizeibehörde bedarf". Sie war bei einem Verstoß gegen § 1 zu versagen.[121]

Hatten bereits die Verunstaltungsgesetze von 1902 und 1907 den baupolizeilichen Auf- 81
gabenbereich erweitert, bedeutete das Preußische **„Wohnungsgesetz"** vom 28. 3. 1918 (GS S. 23) insbesondere mit der in Art. 4 § 1 Ziff. 4 enthaltenen Befugnis, durch Bauordnungen die einheitliche Gestaltung des Straßenbildes, und zwar unter Berücksichtigung des Denkmal- und Heimatschutzes zu regeln, eine weitere wesentliche Ausdehnung über die Abwehr von Gefahren hinaus.[122] In der auf Grund des Wohnungsgesetzes erstellten Preußischen **Einheitsbauordnung** vom 25. 4. 1919 ist in § 24 Abs. 3 bestimmt (siehe Kap. 1, Rn. 226):

„Ankündigungsmittel, die an oder auf Baulichkeiten angebracht werden (wie Reklameschilder, Aufschriften, Abbildungen, plastische Darstellungen, Schaukästen, Beleuchtungskörper), und die dazu gehörigen Befestigungsmittel müssen so beschaffen sein, dass sie die einheitliche Gestaltung des Landschafts-, Orts- oder Straßenbildes nicht stören."

Auch andere deutsche Länder erließen neben den jeweiligen Baugesetzen oder Bauord- 82
nungen eigene Verunstaltungsgesetze. Wegweisend war insoweit das sächsische **„Gesetz gegen die Verunstaltung von Stadt und Land"** vom 10. 3. 1909 (GVBl. S. 219).[123] Es bestimmte:

„Die Polizeibehörden (Landräte und Oberbürgermeister) sind befugt Reklamezeichen aller Art sowie sonstige Aufschriften, Anschläge, Abbildungen, Bemalungen, Schaukästen oder dergleichen dann zu verbieten, wenn sie geeignet sind,
a) Straßen, Plätze oder einzelne Bauwerke oder
b) das Ortsbild oder
c) das Landschaftsbild
zu verunstalten."

Nach einigen Teilregelungen[124] brachte die – eingangs bereits erwähnte – **Baugestal-** 83
tungsverordnung vom 10. 11. 1936 eine reichsrechtliche Regelung des materiellen Baugestaltungsrechts. Mit ihr wurde in der Hauptsache der Zweck verfolgt, für **alle Länder gleiches Recht** zu schaffen und Lücken der landesrechtlichen Gesetzgebung im Bereich der Baugestaltung zu schließen.[125] Dies gelang allerdings nur zum Teil, weil nach § 6 BaugestaltungVO weitergehende landesrechtliche Vorschriften ausdrücklich unberührt blieben. Die BaugestaltungsVO wurde schon kurz nach ihrem In-Kraft-Treten als nicht ausreichend angesehen, weil sie nur für bauliche Anlagen galt und die Beseitigung von bestehenden Verunstaltungen nur im begrenzten Umfang ermöglichte. Ein sog. Reichsheimatschutz-(Reichverunstaltung-)Gesetz scheiterte bereits im Vorfeld. Die festgestell-

---

121 Vgl. *Baltz/Fischer* (Fn. 120) S. 177.

122 *Schmidt-Tophoff*, Das Recht der Außenwerbung, Köln 1965, S. 36.

123 *v. d. Mosel*, Handwörterbuch des Sächsischen Verwaltungsrechts, Leipzig, 1912, Stichwort: Heimatschutz, S. 419 f.; *Münker* (Fn. 117) gibt einen nahezu wortgleichen § 3 des Oldenburger Verunstaltungsgesetzes ohne Datum und Fundstelle wieder.

124 In beschränktem Maße berücksichtigten schon das Gesetz über die Aufschließung von Wohnsiedlungsgebieten vom 22. 9. 1933 (RGBl. I S. 659), die Erste Durchführungsverordnung vom 5. 7. 1934 (RGBl. I S. 582) zum Gesetz über einstweilige Maßnahmen zur Ordnung des Deutschen Siedlungswesens vom 3. 7. 1934 (RGBl. I S. 568) und das Reichsnaturschutzgesetz vom 26. 7. 1935 (RGBl. I S. 821) Fragen der Verunstaltungsabwehr. Auch während der Geltung des Gesetzes über Wirtschaftswerbung vom 12. September 1933 (RGBl. I S. 625) und der Neunten Bekanntmachung des Werberates der deutschen Wirtschaft vom 1. Juni 1934 (RAnz. Nr. 125) ging die Befugnis des Werberats der deutschen Wirtschaft nicht dahin, über die baurechtliche Zulässigkeit der Werbeanlagen an den einzelnen Standorten zu entscheiden. Die Rechtmäßigkeit der einzelnen Anlage aus dieser Sicht hing vielmehr von den örtlichen baurechtlichen Vorschriften ab (BVerwG vom 25. 6. 1965 BVerwGE 21, 251, 253).

125 *Schmidt-Tophoff* (Fn. 122) S. 37.

ten Lücken sollten durch das „Deutsche Baugesetzbuch“ (siehe Kap. 1, Rn. 247 ff.) geschlossen werden. Hierzu ist es bekanntlich nicht gekommen.

84 Folge des Zusammenbruchs im Jahre **1945** und der daraus resultierenden Rechtsunsicherheit war, dass es zu einem **Wildwuchs von Außenreklame** in Stadt und Land kam. Dies rief die Heimatschützer erneut auf den Plan, die in Kampfschriften die Missstände anprangerten.[126] Die „Arbeitsgemeinschaft gegen die Auswüchse der Außenreklame“ und der „Zentralausschuss der Werbewirtschaft“[127] standen sich unversöhnlich gegenüber.

85 Die Bundesländer versuchten einerseits mit Hilfe von Runderlassen die durch Reklameanlagen verursachten **Verkehrsgefährdungen** abzuwenden.[128] Andererseits wurde die – durch die rechtsstaatliche Auslegung des BVerwG geläuterte und als Landesrecht weitergeltende – **BaugestaltungsVO** trotz der bekannten Mängel in der Nachkriegszeit zunächst die **„wichtigste Rechtsgrundlage** auch für die Regelung der **Außenwerbung“**.[129] § 2 BaugestaltungsVO erlaubte zur Verwirklichung ihrer in § 1 ausgesprochenen Ziele vor allem zur Durchführung bestimmter städtebaulicher Absichten, ortsrechtliche Vorschriften über besondere Anforderungen für die Errichtung oder Änderung baulicher Anlagen zu erlassen.

86 Um den Vollzug des § 2 BaugestaltungsVO zu erleichtern wurde am 3. 1. 1952 eine **„Musterverordnung“** der Arbeitsgemeinschaft der kommunalen Spitzenverbände über **Außenwerbung** erlassen.[130] Im Vorspruch dazu heißt es: „Die von Jahr zu Jahr zunehmende Reklametätigkeit hat in immer weiterem Umfang zu einer Verunstaltung des Landschafts-, Orts- und Straßenbildes geführt, der – unter Anerkennung des grundsätzlichen Anspruchs der Wirtschaft auf Außenwerbung – Einhalt geboten werden muss.“

87 Durch den Bund-Länder-Streit um die Gesetzgebungskompetenz für das Baurecht und die Aufteilung dieser einheitlichen Materie durch das Baurechtsgutachten des BVerfG (siehe Kap. 1, Rn. 323 ff. und 333 ff.) verzögerte sich der Erlass eines wirksamen Außenwerbungsrechts immer mehr. Einige Bundesländer haben daher unter Aufhebung der BaugestaltungsVO eigene Regelungen getroffen. **Bayern** wählte den Weg des Sondergesetzes. Das bayerische **„Gesetz über verunstaltende Außenwerbung“** vom 2. 3. 1954 (GVBl. S. 41) sah keine Genhmigungspflicht und damit keine präventive Prüfung für Anlagen der Außenwerbung vor. Nach Art. 3 dieses Gesetzes ordnete die Kreisverwaltungsbehörde – lediglich repressiv – an, dass unzulässige Werbeanlagen beseitigt werden mussten; zuvor waren „Beiräte aus Sachverständigen der beteiligten Kreise zu hören, (Werbebeiräte)“. Das **Saarland**, **Hessen** und **Berlin** regelten das Recht der Außenwerbung innerhalb neuer Baugesetze, die Anlagen der Außenwerbung grds. der Baugenehmigungspflicht unterwarfen.[131]

88 Durch diese gesetzgeberischen Aktivitäten wurde allerdings die Unübersichtlichkeit des Rechts der Außenwerbung in Deutschland noch vermehrt. Die **Musterbauordnungskommission** sah es als „ein dringendes Gebot“ an, die Vielzahl ehemals reichsrechtlicher, landes- und ortsrechtlicher Vorschriften unterschiedlichen materiellen und formellen Inhalts zu vereinheitlichen und die überwiegend vorkonstitutionellen Vorschriften den verfassungsrechtlichen Verhältnissen anzupassen. Ein Ausweg aus der Spannungslage

[126] *Münker* (Fn. 117); *derselbe*, Reklame-Kultur, Hilchenbach 1951.

[127] Zentralausschuss der Werbewirtschaft e. V. (ZAW), Außenwerbung in der Neuordnung, 1960; *derselbe*, Außenwerbung im neuen Baurecht, 1962.

[128] Z. B. Gemeinsame Entschließung der Bayerischen Staatsministerien des Innern und für Verkehrsangelegenheiten btr. Lichtreklame und akustische Werbung in der Nähe von Eisenbahnanlagen vom 7. 3. 1951 (MABl. S. 122); Runderlass des Ministers für Wiederaufbau NRW btr. Gefährdung des Eisenbahn- und Straßenverkehrs durch Lichtreklame vom 23. 11. 1950 (MBl. NRW S. 1104); Runderlass des Ministeriums für Finanzen und Wiederaufbau Rheinland-Pfalz btr.: Gefährdung der Sicherheit des Verkehrs auf der Straße, der Schiene oder zu Wasser durch Reklameanlagen vom 5. 7. 1955 (MBl. S. 772).

[129] *Schmidt-Tophoff* (Fn. 122) S. 39, Hervorhebung im Original.

[130] Abgedruckt bei *Zinkahn*, Baurechtliche Vorschriften des Bundes und der Länder, Loseblatt, Stand September 1959, Nr. 301.

[131] Saarländisches Baugesetz vom 19. 7. 1955 (ABl. S. 1159); Hessische Bauordnung vom 6. 7. 1957 (GVBl. S. 101) und Berliner Bauordnung vom 21. 11. 1958 (GVBl. S. 1087).

zwischen Außenwerbung, die ihrem Wesen nach auffallen wolle und müsse, und den übergeordneten Interessen, das Straßen-, Orts- und Landschaftsbild zu schützen, könne weder durch eine scharfe Beschränkung, noch durch eine völlige Freizügigkeit der Außenwerbung erreicht werden. Vielmehr müsse ein verständnisvoller Ausgleich der widerstreitenden Belange gefunden werden.

Werbeanlagen seien dort zulässig, wo gleichgeordnete oder übergeordnete Güter eine Beschränkung der Werbung nicht erforderten. Dabei seien insbesondere die Eigenart und **Zweckbestimmung** der einzelnen **Baugebiete** und der **freien Landschaft** zu berücksichtigen. Aber auch eine zulässige Werbeanlage müsse der baulichen Anlage, dem Straßen-, Orts- und Landschaftsbild in der Weise angemessen sein, dass es nicht zu einer Störung der baulichen Anlage oder zu einer Störung des Gesamtbildes der Umgebung führe. Dieses Ziel könne nicht erreicht werden, wenn auch größere Werbeanlagen ohne vorherige Prüfung der Baubehörde errichtet werden dürften.[132] 89

Unter der Überschrift **„Anlagen der Außenwerbung und Warenautomaten"** hat § 15 MBO 1960 folgenden Wortlaut: 90

(1) Anlagen der Außenwerbung (Werbeanlagen) sind alle örtlich gebundenen Einrichtungen, die der Ankündigung oder Anpreisung oder als Hinweis auf Gewerbe oder Beruf dienen und vom öffentlichen Verkehrsraum aus sichtbar sind. Hierzu zählen vor allem Schilder, Beschriftungen, Bemalungen, Lichtwerbungen, Schaukästen sowie für Zettel- und Bogenanschläge oder Lichtwerbung bestimmte Säulen, Tafeln und Flächen.

(2) Für Werbeanlagen, die bauliche Anlagen sind, gelten die in dieser Bauordnung an bauliche Anlagen gestellten Anforderungen. Werbeanlagen, die keine baulichen Anlagen sind, dürfen weder bauliche Anlagen noch das Straßen-, Orts- oder Landschaftsbild stören. Die störende Häufung von Werbeanlagen ist unzulässig.

(3) Außerhalb der im Zusammenhang bebauten Ortsteile sind Werbeanlagen unzulässig. Ausgenommen sind, soweit in anderen Vorschriften nichts anderes bestimmt ist:
1. Werbeanlagen an der Stätte der Leistung,
2. Schilder, die Inhaber und Art gewerblicher Betriebe kennzeichnen (Hinweisschilder), wenn sie vor Ortsdurchfahrten auf einer Tafel zusammengefasst sind,
3. einzelne Hinweiszeichen an Verkehrsstraßen und Wegabzweigungen, die im Interesse des Verkehrs auf außerhalb der Ortsdurchfahrt liegende gewerbliche Betriebe oder versteckt gelegene Stätten aufmerksam machen,
4. Werbeanlagen an und auf Flugplätzen, Sportanlagen und auf abgegrenzten Versammlungsstätten, soweit sie nicht in die freie Landschaft wirken,
5. Werbeanlagen auf Ausstellungs- und Messegeländen.

(4) In reinen Wohngebieten sind nur für Zettelanschläge und Bogenanschläge bestimmte Werbeanlagen sowie Hinweisschilder an der Stätte der Leistung zulässig. In Dorfgebieten, Kleinsiedlungsgebieten und allgemeinen Wohngebieten sind nur für Zettelanschläge und Bogenanschläge bestimmte Werbeanlagen sowie Werbeanlagen an der Stätte der Leistung zulässig.

(5) Die Absätze 1 bis 3 gelten für Warenautomaten entsprechend.

(6) Auf Werbemittel, die an für diesen Zweck genehmigten Säulen, Tafeln oder Flächen sowie an Zeitungs- und Zeitschriftenverkaufsstellen angebracht sind, und auf Auslagen und Dekorationen in Schaufenstern und Schaukästen sind die Vorschriften dieser Bauordnung nicht anzuwenden.

§ 15 MBO 1960 ist zunächst fast wortgetreu in alle Landesbauordnungen übernommen worden.[133] In den 90er Jahren haben **Baden-Württemberg** und **Bayern** auf eine besondere materielle Regelung für Werbeanlagen verzichtet. Teilregelungen wurden in die allgemeine Gestaltungsvorschrift übernommen. Mit der neuen Bauordnung hat **Hessen** im Jahre 2002 auf jegliche materielle Sonderregelung für Anlagen der Außenwerbung verzichtet. 91

---

[132] Begründungsausschuss der Musterbauordnungskommission, Allgemeine Einführung in die Musterbauordnung, Teil A, Fassung April 1960, Recklinghausen o. J. (1960), Schriftenreihe des Bundesministers für Wohnungsbau Bd. 17 S. 34/36.

[133] Vgl. *Schmidt-Tophoff* (Fn. 122) S. 44/75, und *Scheerbarth* (Fn. 11) § 82 S. 181.

II. Ländervergleich

92

	Regelungsgegenstände der Landesbauordnungen und der MBO 2002[134]
1.	Anlagen der Außenwerbung (Werbeanlagen) sind alle ortsfesten Einrichtungen, die der Ankündigung oder Anpreisung oder als Hinweis auf Gewerbe oder Beruf dienen und vom öffentlichen Verkehrsraum aus sichtbar sind. Hierzu zählen insbesondere Schilder, Beschriftungen, Bemalungen, Lichtwerbungen, Schaukästen sowie für Zettelanschläge und Bogenanschläge oder Lichtwerbung bestimmte Säulen, Tafeln und Flächen.
2.	Für Werbeanlagen, die bauliche Anlagen sind, gelten die in diesem Gesetz an bauliche Anlagen gestellten Anforderungen. Werbeanlagen, die keine baulichen Anlagen sind, dürfen weder bauliche Anlagen noch das Straßen-, Orts- und Landschaftsbild verunstalten oder die Sicherheit und Leichtigkeit des Verkehrs gefährden. Die störende Häufung von Werbeanlagen ist unzulässig.
3.	Außerhalb der im Zusammenhang bebauten Ortsteile sind Werbeanlagen unzulässig. Ausgenommen sind, soweit in anderen Vorschriften nichts anderes bestimmt ist, 1. Werbeanlagen an der Stätte der Leistung, 2. Schilder, die Inhaber und Art gewerblicher Betriebe kennzeichnen (Hinweisschilder), wenn sie vor Ortsdurchfahrten auf einer Tafel zusammengefasst sind, 3. einzelne Hinweiszeichen an Verkehrsstraßen und Wegabzweigungen, die im Interesse des Verkehrs auf außerhalb der Ortsdurchfahrten liegende Betriebe oder versteckt liegende Stätten aufmerksam machen, 4. Werbeanlagen an und auf Flugplätzen, Sportanlagen und Versammlungsstätten, soweit sie nicht in die freie Landschaft wirken, 5. Werbeanlagen auf Ausstellungs- und Messegeländen.
4.	In Kleinsiedlungsgebieten, Dorfgebieten, reinen und allgemeinen Wohngebieten sind Werbeanlagen nur zulässig an der Stätte der Leistung sowie Anlagen für amtliche Mitteilungen und zur Unterrichtung der Bevölkerung über kirchliche, kulturelle, politische, sportliche und ähnliche Veranstaltungen; die jeweils freie Fläche dieser Anlagen darf auch für andere Werbung verwendet werden. In reinen Wohngebieten darf an der Stätte der Leistung nur mit Hinweisschildern geworben werden.
5.	Die Absätze 1 bis 3 gelten für Warenautomaten entsprechend.
6.	Die Vorschriften dieses Gesetzes sind nicht anzuwenden auf 1. Anschläge und Lichtwerbung an dafür genehmigten Säulen, Tafeln und Flächen, 2. Werbemittel an Zeitungs- und Zeitschriftenverkaufsstellen, 3. Auslagen und Dekorationen in Fenstern und Schaukästen, 4. Wahlwerbung für die Dauer eines Wahlkampfs.
7.	Länderspezifische Besonderheiten

Land	Norm (LBO)	Umsetzung/Abweichung in den Ländern und der MBO 2002[135]	
MBO 2002	§ 10	**1.**	§ 10 I
		2.	§ 10 II
		3.	§ 10 III, aber Satz 2 Nr. 2 und 3 in umgekehrter Reihenfolge
		4.	§ 10 IV
		5.	§ 10 V
		6.	§ 10 VI
		7.	keine Regelung

[134] Die hier verwendeten Ziffern entsprechen den Ziffern der nachstehenden Rubrik „Umsetzung/Abweichung in den Ländern und der MBO 2002".

[135] Die hier verwendeten Ziffern entsprechen den Ziffern der vorstehenden Rubrik „Regelungsgegenstände der Landesbauordnungen und der MBO 2002".

Land	Norm (LBO)		Umsetzung/Abweichung in den Ländern und der MBO 2002
BW	§ 2 (Begriffe) § 11 (allg. Gestaltungsregelung)	**1.**	§ 2 IX 1 und 2
		2.	§ 11 1 a, zu Satz 1 keine Regelung; zu Satz 2: Die Absätze 1 und 2 der allgemeinen Gestaltungsregelung gelten auch für Werbeanlagen, die keine baulichen Anlagen sind; im Übrigen keine Regelung
		3.	keine Regelung
		4.	§ 11 IV, In reinen Wohngebieten, allgemeinen Wohngebieten und Kleinsiedlungsgebieten sind nur für Anschläge bestimmte Werbeanlagen sowie Werbeanlagen an der Stätte der Leistung zulässig
		5.	§ 11 III 1 b, Die Abs. 1 und 2 der allgemeinen Gestaltungsvorschrift gelten für Automaten, die vom öffentlichen Verkehrsraum aus sichtbar sind.
		6.	§ 2 IX 3, Keine Werbenanlagen im Sinne dieses Gesetzes sind (1) Werbeanlagen, die im Zusammenhang mit allgmeinen Wahlen oder Abstimmungen angebracht oder aufgestellt werden, während der Dauer des Wahlkampfes, (2) Werbeanlagen in Form von Anschlägen, (3) Werbeanlagen an Baustellen, soweit sie sich auf das Vorhaben beziehen, (4) Lichtwerbungen an Säulen, Tafeln oder Flächen, die allgemein dafür baurechtlich genehmigt sind, (5) Auslagen und Dekorationen in Schaufenstern und Schaukästen, (6) Werbemittel an Verkaufsstellen für Zeitungen und Zeitschriften.
		7.	Keine gesonderte Vorschrift über Anlagen der Außenwerbung und Warenautomaten
Bay	Art. 2 (Begriffe) Art. 11 (allg. Gestaltungsregelung)	**1.**	Art. 2 I 2, Ortsfeste Anlagen der Wirtschaftswerbung (Werbeanlagen) einschließlich Automaten sind bauliche Anlagen.
		2.	Art. 11 II 2, 1. HS, zu Satz 1 und 2 keine Regelung. Verunstaltend sind auch die störende Häufung von Werbeanlagen.
		3.	Art. 11 II 2, 2. HS, Verunstaltend sind auch Werbeanlagen an Ortsrändern, soweit sie in die freie Landschaft hineinwirken.
		4.	keine Regelung
		5.	keine Regelung
		6.	keine Regelung
		7.	Keine gesonderte Vorschrift über Anlagen der Außenwerbung und Warenautomaten
Bln	§ 11	**1.**	§ 11 I
		2.	§ 11 II, Sätze 1 und 3 keine Besonderheiten. Satz 2: Für Werbeanlagen, die keine baulichen Anlagen sind, und für Warenautomaten gilt § 3 Abs. 1 sinngemäß.
		3.	§ 11 III 4, Abweichend: In Naturschutzgebieten und Landschaftsschutzgebieten, in öffentlichen Grünanlagen und Erholungsanlagen sowie auf Friedhöfen sind Werbeanlagen unzulässig. Ansonsten keine Regelung.
		4.	§ 11 III, Sätze 1 und 2 keine Besonderheiten, aber zusätzliche Regelung in Satz 3: Auf öffentlichen Straßen und an Haltestellen des öffentlichen Personennahverkehrs können auch andere Werbeanlagen zugelassen werden, soweit diese die Eigenart des Gebietes und das Orts- und Landschaftsbild nicht beeinträchtigen.
		5.	§ 11 II 2, Für Warenautomaten gilt § 3 Abs. 1 sinngemäß
		6.	§ 11 IV
		7.	keine Regelung
Bbg	§ 9	**1.**	§ 9 I
		2.	§ 9 II, Sätze 1 und 2 zu einer Regelung zusammengefasst. Dadurch wird Satz 3 zu Satz 2.
		3.	keine Regelung

Land	Norm (LBO)		Umsetzung/Abweichung in den Ländern und der MBO 2002
		4.	§ 9 II 3 und 4, Werbeanlagen müssen so angebracht und betrieben werden, dass sie das Wohnen nicht stören. Die besonderen Belange behinderter Menschen sind angemessen zu berücksichtigen.
		5.	§ 9 II 5, Die Sätze 1 und 4 gelten für Warenautomaten entsprechend.
		6.	§ 9 III, Auf vorübergehend angebrachte oder wechselnde Werbemittel 1. an dafür genehmigten Säulen, Tafeln und Flächen, 2. an Verkaufsstellen für Zeitungen und Zeitschriften, 3. in Fenstern und Schaukästen ist Absatz 2 nicht anzuwenden.
		7.	keine Regelung
Brem	§ 13	1.	§ 13 I
		2.	§ 13 II, Sätze 1 u. 2: Werbeanlagen dürfen die der architektonischen Gliederung dienenden Bauteile nicht überschneiden oder verdecken; von Gebäudekanten müssen sie mindestens 1 m entfernt sein. An Vorbauten oder Balkone dürfen Werbeanlagen nicht nach vorn oder seitlich abstehend angebracht werden. Satz 3, keine Besonderheiten.
		3.	§ 13 IV, keine Besonderheiten; Nr. 3: Hinweisschilder sind zulässig, ..., wenn die Betriebe in der Nähe der Verkehrsstraßen liegen.
		4.	§ 13 V, Sätze 1 und 2 sind in einem Satz zusammengefasst. Zusätzlich werden besondere Wohngebiete und Sondergebiete, die der Erholung dienen, genannt. Auf Verkehrsflächen öffentlicher Straßen können ausnahmsweise auch andere Werbeanlagen zugelassen werden, soweit diese die Eigenart des Gebietes und das Ortsbild nicht beeinträchtigen.
		5.	§ 13 VI, 2, Satz 1 nennt Waren- und Leistungsautomaten. Zusätzliche Regelung in Satz 2: In reinen Wohngebieten sind Automaten nur ausnahmsweise zulässig.
		6.	§ 13 VII
		7.	§ 13 III, Werbeanlagen können widerruflich oder befristet genehmigt werden.
Hamb	§ 13	1.	§ 13 I, Satz 1 keine Besonderheiten. Kein Satz 2 (beispielhafte Aufzählung von Werbeanlagen)
		2.	§ 13 II 1, keine Besonderheiten, anstatt Sätze 2 und 3 § 13 III, Unzulässig sind: 1. Werbeanlagen auf und unmittelbar an Böschungen, an Brücken, Ufern, Masten und Bäumen, 2. Werbeanlagen, die die Sicherheit des Verkehrs gefährden, 3. Werbeanlagen an öffentlichen Gebäuden repräsentativen oder städtebaulich hervorragenden Charakters, ausgenommen Hinweise auf dort befindliche Dienststellen, Unternehmen oder Veranstaltungen, 4. Werbeanlagen in störender Häufung.
		3.	§ 13 VII, Abweichende Fassung: Außerhalb der im Zusammenhang bebauten Ortsteile sind nur Werbeanlagen an der Stätte der Leistung, einzelne Hinweiszeichen darauf sowie Sammelschilder als Hinweis auf ortsansässige gewerbliche Betriebe, die den Belangen der Verkehrsteilnehmer dienen, zulässig.
		4.	Abweichende Fassung: § 13 V: In Kleinsiedlungsgebieten, Wohngebieten und Dorfgebieten sind Werbeanlagen nur an Gebäuden an der Stätte der Leistung zulässig, und zwar in Kleinsiedlungsgebieten und reinen Wohngebieten nur in der Höhe des Erdgeschosses, in allgemeinen und besonderen Wohngebieten und in Dorfgebieten bis zur unteren Dachkante des Gebäudes. § 13 VI: In Misch-, Kern-, Gewerbe- und Sondergebieten sind Werbeanlagen oberhalb der unteren Dachkante nur zulässig, sofern sie keine von der öffentlichen Verkehrsfläche sichtbare Hilfskonstruktion erfordern.

Land	Norm (LBO)		Umsetzung/Abweichung in den Ländern und der MBO 2002
			§ 13 IV: In Vorgärten dürfen nur Schilder aufgestellt oder angebracht werden, die Inhaber und Art eines auf dem Grundstück vorhandenen Betriebes oder eines dort ausgeübten freien Berufes (Stätte der Leistung) kennzeichnen. § 13 VIII: Hinweise auf besondere Veranstaltungen, Messen, Schaustellungen, Feiern sowie Sportveranstaltungen sind in allen Baugebieten zulässig.
		5.	§ 13 X, Abweichende Fassung: Für Waren- und Leistungsautomaten, die von öffentlichen Verkehrsflächen aus unmittelbar erreichbar sind und sich nicht im Gebäudeinnern befinden, gelten, wenn sie keine baulichen Anlagen sind, die Vorschriften über die Gestaltung baulicher Anlagen sinngemäß. In Kleinsiedlungsgebieten, reinen Wohngebieten und außerhalb der im Zusammenhang bebauten Ortsteile sind Automaten nur bei Läden, Schank- und Speisewirtschaften zulässig.
		6.	keine Regelung
		7.	§ 60 II und III: (2) Das Errichten, Aufstellen, Anbringen und Ändern von Werbeanlagen sowie von Waren- und Leistungsautomaten im Sinne des § 13 ist genehmigungsbedürftig; § 69 gilt sinngemäß. Einer solchen Genehmigung bedarf es nicht, wenn eine Genehmigung nach Absatz 1 oder nach wegerechtlichen Vorschriften erforderlich ist. (3) Die nach Absatz 2 Satz 1 erforderliche Genehmigung gilt als erteilt, wenn der Antrag nicht innerhalb eines Monats beschieden worden ist. Die Frist kann durch Bescheid an die Antragstellerin oder den Antragsteller um einen weiteren Monat verlängert werden, wenn der Antrag nicht innerhalb eines Monats abschließend geprüft werden kann.
Hess	§ 2 (Begriffe)	**1.**	§ 2 Satz 3 Nr. 7: Als bauliche Anlagen gelten ortsfeste oder ortsfest genutzte Anlagen, die der Ankündigung oder Anpreisung oder als Hinweis auf Gewerbe oder Beruf dienen und vom öffentlichen Verkehrsraum aus sichtbar sind (Werbeanlagen).
		2.	keine Regelung
		3.	keine Regelung
		4.	keine Regelung
		5.	keine Regelung
	§ 1 (Anwendungsbereich)	**6.**	§ 1 II Nr. 8
		7.	Ansonsten keine Regelung außer § 9 (allgemeine Gestaltungsvorschrift)
M-V	§ 53	**1.**	§ 53 I, Satz 1 keine Besonderheiten. Kein Satz 2 (beispielhafte Aufzählung von Werbeanlagen)
		2.	§ 53 II 1 und 2, zu Satz 1 keine Regelung, zu Satz 2 und 3 keine Besonderheiten.
		3.	§ 53 III, Satz 1 und 2 zusammengefasst
		4.	§ 53 IV, Zusammenfassung in einem Satz. Zusätzliche Nennung von besonderen Wohngebieten.
		5.	§ 53 V 1, zusätzliche Regelung in Satz 2: In reinen Wohngebieten sind Warenautomaten nur in räumlichem Zusammenhang mit Verkaufsstätten zulässig.
		6.	keine Regelung
		7.	keine Regelung
Nds	§ 49	**1.**	§ 49 I, Satz 1 Abweichungen im Wortlaut: Werbeanlagen sind alle örtlich gebundenen Einrichtungen, die … und von allgemein zugänglichen Verkehrs- oder Grünflächen aus sichtbar sind. Satz 2 keine Besonderheiten.

Land	Norm (LBO)		Umsetzung/Abweichung in den Ländern und der MBO 2002
		2.	§ 49 II, Werbeanlagen dürfen nicht erheblich belästigen, insbesondere nicht durch ihre Größe, Häufung, Lichtstärke oder Betriebsweise.
		3.	§ 49 III, Satz 1 mit Zusatz: Werbeanlagen dürfen auch nicht erheblich in den Außenbereich hineinwirken. In Satz 2 abweichende Formulierungen in Nr. 2 und 3: (2) Schilder, die Inhaber und Art gewerblicher Betriebe kennzeichnen oder die auf landwirtschaftliche Betriebe, die landwirtschaftliche Produkte zum Verkauf anbieten, und auf diese Produkte hinweisen, wenn die Schilder vor Ortsdurchfahrten auf einer Tafel zusammengefasst sind (Hinweisschilder), (3) einzelne Schilder bis zur Größe von 0,50 m², die an Wegeabzweigungen im Interesse des Verkehrs auf Betriebe im Außenbereich, auf selbst erzeugte Produkte, die diese an der Betriebsstätte anbieten, oder auf versteckt gelegene Stätten hinweisen,
		4.	§ 49 IV 1, Zusammenfassung in einem Satz. Zusätzliche Nennung von Wochenendhausgebieten sowie Gebieten, die nach ihrer vorhandenen Bebauung den genannten Baugebieten entsprechen. Keine Regelung, dass freie Fläche des Werbeträgers für andere Werbung genutzt werden darf. Zusätzliche Regelung: in IV 2: Auf Verkehrsflächen öffentlicher Straßen können ausnahmsweise auch andere Werbeanlagen zugelassen werden, soweit diese die Eigenart des Gebietes und das Ortsbild nicht beeinträchtigen.
		5.	keine Regelung
		6.	§ 49 VI u. VII, teilweise abweichende Regelung: (6) Auf Werbemittel, die an den für diesen Zweck genehmigten Säulen, Tafeln oder Flächen angebracht sind, sowie auf Auslagen und Dekorationen in Schaufenstern und in Schaukästen ist dieses Gesetz nicht anzuwenden. (7) Die Absätze 1 bis 5 gelten nicht für Werbeanlagen, die vorübergehend für öffentliche Wahlen oder Abstimmungen angebracht oder aufgestellt werden.
		7.	§ 49 V, An Brücken, Bäumen, Böschungen und Leitungsmasten, die von allgemein zugänglichen Verkehrs- oder Grünflächen aus sichtbar sind, dürfen Werbeanlagen nicht angebracht sein. Satz 1 gilt nicht für Wandflächen der Widerlager von Brücken; die Absätze 3 und 4 bleiben unberührt.
NRW	§ 13	1.	§ 13 I
		2.	§ 13 II, Sätze 1 und 2 zu einer Regelung zusammengefasst. Zusätzliche Regelung: Eine Verunstaltung liegt auch vor, wenn der Ausblick auf begrünte Flächen verdeckt oder die einheitliche Gestaltung und die architektonische Gliederung baulicher Anlagen gestört wird. Satz 3 keine Besonderheiten
		3.	§ 13 III
		4.	§ 13 IV, Besondere Wohngebiete werden zusätzlich genannt, ansonsten keine Besonderheiten in Satz 1 und 2. Zusätzliche Regelung in Satz 3: An Gebäuden, die nach ihrer Zweckbestimmung auf Verkehrsflächen öffentlicher Straßen errichtet werden, können auch untergeordnete andere Werbeanlagen zugelassen werden, soweit sie das Ortsbild nicht beeinträchtigen. § 13 V
		5.	§ 13 VI
		6.	keine Regelung
		7.	keine Regelung
Rh-Pf	§ 52	1.	§ 52 I
		2.	§ 52 II, Satz 1 entsprechende Regelung.

Land	Norm (LBO)		Umsetzung/Abweichung in den Ländern und der MBO 2002
			II 1: Für Werbeanlagen, die keine baulichen Anlagen sind, gelten § 3 Abs. 1 und § 5 entsprechend.
		3.	§ 52 III, Satz 1 keine Besonderheiten; zusätzliche Regelung in III 2: Das Gleiche gilt für Werbeanlagen an Ortsrändern, soweit sie in die freie Landschaft wirken. Satz 2 zusätzliche Regelung unter III, 2 Nr. 4: Hinweisschilder des Landesbetriebs Straßen und Verkehr, Kreiswappenschilder, Gemeindewappenschilder am Ortsein- und -ausgang, landschaftsangepasste Hinweisschilder auf Gebietskörperschaften an Ortsumgehungen sowie auf die herausragende Weinlage einer Gemeinde
		4.	§ 52 IV 1 u. 2, zusätzlicher S. 3: An Haltestellen des öffentlichen Personennahverkehrs können andere Werbeanlagen zugelassen werden, wenn die Eigenart des Gebiets und das Ortsbild nicht beeinträchtigt werden.
		5.	§ 52 V, mit dem Zusatz, wenn sie (die Warenautomaten) vom öffentlichen Verkehrsraum aus sichtbar sind.
		6.	§ 52 VI
		7.	keine Regelung
Saar	§ 15	1.	§ 15 I
		2.	§ 15 II, Sätze 1 und 2 zusammengefasst: Für Werbeanlagen gelten die an bauliche Anlagen zu stellenden Anforderungen.
		3.	§ 15 III
		4.	§ 15 IV, zusätzlicher S. 3: An Gebäuden, die nach ihrer Zweckbestimmung auf Verkehrsflächen öffentlicher Straßen errichtet werden, können auch untergeordnete andere Werbeanlagen zugelassen werden, soweit sie das Ortsbild nicht beeinträchtigen.
		5.	§ 15 V
		6.	§ 15 VI
		7.	keine Regelung
Sachs	§ 13	1.	§ 13 I
		2.	§ 13 II
		3.	§ 13 III
		4.	§ 13 IV, nach S. 1 sind außerdem zulässig einzelne verkehrsleitende Hinweiszeichen zu abseits liegenden Stätten der Leistung. Zusätzliche Regelung in S. 3: Auf öffentlichen Verkehrsflächen können auch andere Werbeanlagen in Verbindung mit baulichen Anlagen, die dem öffentlichen Personennahverkehr dienen, gestattet werden, soweit diese die Eigenart des Gebietes und das Ortsbild nicht beeinträchtigen.
		5.	§ 13 V
		6.	§ 13 VI
		7.	keine Regelung
Sachs-Anh	§ 13	1.	§ 13 I, in Satz 2 Bilder anstatt Schilder.
		2.	§ 13 II, Sätze 1 und 2 zu einer Regelung zusammengefasst. Zusätzliche Regelung in II 2: Sie (die Werbeanlagen) dürfen nicht den Ausblick auf begrünte Flächen verdecken oder die einheitliche Gestaltung und die architektonische Gliederung baulicher Anlagen stören.
		3.	§ 13 III, in Satz 1: Außenbereich anstatt außerhalb der im Zusammenhang bebauten Ortsteile. In Satz 2 fehlt Regelung der Nr. 3. § 13 VI, Zusätzliche Regelung: Abweichend von den Absätzen 3 und 5 sind an Gebäuden, die nach ihrer Zweckbestimmung auf Verkehrsflächen öffentlicher Straßen errich-

Land	Norm (LBO)		Umsetzung/Abweichung in den Ländern und der MBO 2002
			tet werden, auch untergeordnete andere Werbeanlagen zulässig, soweit sie das Ortsbild nicht beeinträchtigen.
		4.	§ 13 IV 1, 2 und 3
		5.	§ 13 IV
		6.	§ 13 VI, abweichenden Wortlaut hat die Nr. 4: Werbung, die vorübergehend für öffentliche Wahlen oder Verfahren nach Artikel 80 oder 81 der Verfassung des Landes Sachsen-Anhalt angebracht oder aufgestellt wird.
		7.	keine Regelung
Schl-H	§ 15	**1.**	§ 15 I
		2.	§ 15 II
		3.	§ 15 III
		4.	§ 15 IV, zusätzlicher S. 3: Auf öffentlichen Verkehrsflächen können ausnahmsweise auch andere Werbeanlagen in Verbindung mit baulichen Anlagen, die dem öffentlichen Personennahverkehr dienen, zugelassen werden, soweit diese die Eigenart des Gebietes und das Ortsbild nicht beeinträchtigen.
		5.	§ 15 V
		6.	§ 15 VI, zusätzlich Nr. 5: Werbemittel für einmalige Veranstaltungen, die längstens für die Dauer von 14 Tagen aufgestellt oder angebracht werden.
		7.	keine Regelung
Thür	§ 13	**1.**	§ 13 I, in Satz 2 Bilder anstatt Schilder.
		2.	§ 13 II
		3.	§ 13 III
		4.	§ 13 IV
		5.	§ 13 V
		6.	§ 13 VI
		7.	keine Regelung

III. Bundes- und landesrechtliche Anforderungen

1. GG

93 Ähnlich wie die Baufreiheit wird durch die Befugnis, Anlagen der **Eigen-** oder **Fremdwerbung** zu errichten, zwar **grundrechtlich gewährleistet**, aber auch im Interesse anderer Rechtsgutsträger zulässigerweise beschränkt. Dies wurde bereits im 1. Kapitel erörtert.[136] Eine wichtige Rolle kommt hierbei dem rechtsstaatlich konkretisierten Verunstaltungsbegriff zu. Nach der Rspr. des BVerwG stellt „Erinnerungswerbung keine Missachtung der Würde des Menschen dar".[137] Aufgabe des Baurechts ist es daher nicht, Werbeanlagen unter dem Gesichtspunkt der Manipulierung des Konsumenten zu betrachten.[138]

---

[136] Kap. 1, Rn. 281 f., 299, 301; *Schulte*, Grundrechtliche Gewährleistung des Rechts der Außenwerbung, seine rechtsstaatlichen Grenzen und verwaltungsgerichtlicher Rechtsschutz, ZAW, Bonn 1992, 35 ff. und *ders.* (Fn. 116).

[137] BVerwG vom 27. 1. 1959 NJW 1959, 1194; vom 19. 12. 1963 BVerwGE 17, 322/325; vom 26. 5. 1967 BVerwGE 27, 129; zur Reichweite der Menschenwürdegarantie (Art. 1 Abs. 1 GG) als Schranke kommerzieller Aufmerksamkeitswerbung (Benetton Werbung) vgl. BVerfG vom 11. 3. 2003 JZ 2003, 622 m. Anm. v. *Lange* und vom 12. 12. 2000 BVerfGE 102, 347.

[138] Vgl. OVG NRW vom 21. 4. 1959 OVGE 14, 355.

2. Bauplanungs- und Bauordnungsrecht

Bei der Erörterung der Schnittstellenproblematik und der allgemeinen Gestaltungsvorschrift wurde bereits ausgeführt, dass Anforderungen an Baugestaltung und Werbeanlagen als solche weder allein zum Bauordnungsrecht noch allein zum Bauplanungsrecht gehören. Je nach der gesetzgeberischen Zielsetzung sind sie sowohl einer bauplanungsrechtlichen als auch einer bauordnungsrechtlichen Regelung zugänglich.[139] Auch hier ist somit das Erfordernis einer **zweigleisigen Prüfung** des Bauplanungs- und des Bauordnungsrechts zu beachten. 94

Aus dem Planungsrecht ergeben sich eigenständige – auf städtebaulichen Erwägungen beruhende – **Anforderungen** an Werbeanlagen und Warenautomaten, wenn sie dem Vorhabensbegriff des § 29 Abs. 1 Satz 1 BauGB unterfallen (siehe dazu Kap. 1, Rn. 451). Nach der Rechtsprechung des BVerwG stellt eine Anlage der Außenwerbung, die **Fremdwerbung** zum Gegenstand hat, bauplanerisch eine eigenständige **Hauptnutzung**, und zwar eine gewerbliche Nutzung gem. den §§ 2 ff. BauNVO, dar. Sie ist nicht als eine – in allen Baugebieten prinzipiell zulässige – Nebenanlage i. S. d. § 14 Abs. 1 BauNVO anzusehen.[140] Soll eine Werbeanlage im Geltungsbereich eines Bebauungsplanes errichtet werden, richtet sich ihre Zulässigkeit, wenn es sich um ein Vorhaben nach § 29 BauGB handelt, gemäß § 30 BauGB nach dessen Festsetzungen über Art und Maß der baulichen Nutzung. Hinsichtlich des Maßes der baulichen Nutzung sind großflächige Tafeln für wechselnde Plakatwerbung im Geltungsbereich qualifizierter Bebauungspläne regelmäßig zulässig.[141] Fremdwerbung ist im reinen Wohngebiet ausnahmslos und im allgemeinen Wohngebiet regelmäßig ausgeschlossen.[142] Auch Werbeanlagen dürfen eine festgesetzte **Baugrenze** grds. nicht überschreiten.[143] Außerhalb des Geltungsbereichs von Bebauungsplänen richtet sich die Zulässigkeit nach den §§ 33, 34 oder 35 BauGB. So fügt sich bspw. eine Werbetafel im Euroformat (ca. 3,60 bis 3,80 × 2,60 bis 2,80 m) nach Art und Nutzung gemäß § 34 BauGB in ein faktisches Gewerbegebiet ein.[144] 95

Die speziellen materiellen Anforderungen, die – mit Ausnahme Hessens – alle **Bauordnungen** der Länder an Werbeanlagen und Warenautomaten stellen, gelten unabhängig davon, ob diese genehmigungspflichtig sind oder nicht. Werbeanlagen werden – soweit sie wie Warenautomaten wegen geringer Aufsichtsfläche oder aus anderen Gesichtspunkten genehmigungsfrei gestellt sind – im vereinfachten Baugenehmigungsverfahren präventiv auf ihre Rechtmäßigkeit überprüft. 96

3. Verkehrs- und Straßenrecht

Obwohl der Bundesgesetzgeber das **Verkehrsrecht** auf Grund seiner Gesetzgebungskompetenz nach Art. 72 Nr. 22 GG geregelt hat, stellt auch das Bauordnungsrecht zulässigerweise Anforderungen an Werbeanlagen, um Störungen der **Sicherheit** und Leichtigkeit **des Verkehrs** durch sie zu vermeiden. Dies gilt nach der Rspr. des BVerfG soweit und solange die bundesrechtliche Regelung nicht abschließend ist.[145] Unter dieser Vorraussetzung stehen die Vorschriften des Bauordnungsrechts **selbständig** neben den Vorschriften des Straßenrechts – § 6 Abs. 1 Nr. 3 g StVG, § 33 StVO –.[146] Nach § 33 Abs. 1 Satz 1 Nr. 3 StVO ist außerhalb geschlossener Ortschaften jede Werbung und Propaganda durch Bild, Schrift, Licht oder Ton verboten, wenn dadurch Verkehrsteilnehmer in einer den Verkehr gefährdenden oder erschwerenden Weise abgelenkt oder belästigt werden können. Auch 97

---

[139] BVerwG vom 28. 4. 1972 BVerwGE 40, 94, 97 und oben Rn. 13.

[140] BVerwG vom 3. 12. 1992 BVerwGE 91, 234 = NVwZ 1993, 983 und vom 3. 12. 1992 NVwZ 1993, 985; *Fickert/Fieseler/Determann/Stühler*, BauNVO, 10. Aufl. Stuttgart 2002, § 14 Rn. 9 ff.

[141] BVerwG vom 16. 3. 1995 NVwZ 1995, 899; OVG Bln vom 11. 11. 1970 BRS 23 Nr. 123 = BauR 1971, 43.

[142] BVerwG vom 3. 12. 1992 BVerwGE 91, 234 (Fn. 140).

[143] BVerwG vom 7. 6. 2001 NVwZ 2002, 90 = BRS 64 Nr. 79 = BauR 2001, 1698.

[144] BVerwG vom 15. 12. 1994 NVwZ 1995, 897 sowie *Lechner* in: *Simon/Busse*, BayBO, § 11 Rn. 842 ff.

[145] BVerfG vom 9. 2. 1972 BVerfGE 32, 319.

[146] BVerwG vom 13. 12. 1967 BVerwGE 22, 310 ff. = NJW 1968, 764.

durch innerörtliche Werbung darf nach § 33 Abs. 1 Satz 2 StVO der Verkehr außerhalb geschlossener Ortschaften nicht in einer solchen Weise gestört werden.[147]

98 Die Vorschriften des Bauordnungsrechts stehen auch selbständig neben den Vorschriften des **Straßenrechts** in Bund und Ländern, des Luftverkehrsrechts und des Wasserstraßenrechts. Nach § 34 Abs. 4 Satz 2 WaStrG ist Wirtschaftswerbung in Verbindung mit Schifffahrtszeichen unzulässig. Nach § 9 Abs. 6 Satz 1 FStrG stehen Anlagen der Außenwerbung außerhalb der zur Erschließung der anliegenden Grundstücke bestimmten Teile der Ortsdurchfahrten von Bundesfernstraßen den Hochbauten des § 9 Abs. 1 FStrG und den baulichen Anlagen des § 9 Abs. 2 FStrG gleich. Sie dürfen also in Entfernungen von 40 m von den Bundesautobahnen und von 20 m von Bundesstraßen grundsätzlich nicht errichtet werden, es sei denn, dass ein Bebauungsplan im Sinne des § 9 Abs. 7 FStrG besteht oder die oberste Landesbaubehörde hat im Einzelfall eine Ausnahmegenehmigung nach § 9 Abs. 8 FStrG erteilt.

4. Denkmal- und Naturschutzrecht

99 Werbeanlagen können auch gegen Denkmal- und Naturschutzgesetze verstoßen. Daneben ist der **Umgebungsschutz** der allgemeinen bauordnungsrechtlichen Gestaltungsvorschriften zu beachten (siehe oben Rn. 25).

IV. Begriff der Werbeanlagen in den Bauordnungen

100 Alle Bauordnungen, die eine eigene Regelung über Werbeanlagen enthalten, bestimmen in deren Abs. 1 Satz 1 den **Begriff der Werbeanlagen**, nicht aber den Begriff der Warenautomaten. Die übrigen Bauordnungen definieren Werbeanlagen in der jeweiligen Vorschrift über Begriffe (vgl. § 2 Abs. 9 Sätze 1 und 2 LBO BW; Art. 2 Abs. 1 Satz 2 BayBO und § 2 Satz 3 Nr. 7 HBO). Nach der nahezu übereinstimmenden Formulierung sind Anlagen der Außenwerbung (Werbeanlagen) alle ortsfesten Einrichtungen, die der Ankündigung oder Anpreisung oder als Hinweis auf Gewerbe oder Beruf dienen und vom öffentlichen Verkehrsraum aus sichtbar sind. Satz 2 zählt die Werbeanlagen beispielhaft und nicht abschließend auf.

1. Anlagen der Außenwerbung

101 Bereits die Wortwahl „Anlagen der Außenwerbung" verdeutlicht, dass diese darauf ausgerichtet sein müssen ihre **Werbewirkung außerhalb von Gebäuden** oder sonstigen baulichen Anlagen zu entfalten. Dem genügen auch im Innern angebrachte Einrichtungen, die nach außen hin ihre werbliche Funktion ausüben sollen. Schaufensterauslagen sind allerdings ausdrücklich von der Geltung der Vorschrift ausgenommen. Dem Recht der Außenwerbung unterliegen somit nicht Anlagen im Innern, die von außen her nicht sichtbar sind, wie z. B. Werbung innerhalb von Kaufhäusern.[148]

2. Ortsfeste Einrichtungen

102 Weiterhin muss es sich um ortsfeste (§ 49 Abs. 1 Satz 1 NBauO „örtlich gebundene") Einrichtungen handeln. Der Begriff der **Einrichtung** geht über den der baulichen Anlage hinaus, was die gesetzlich aufgeführten Beispiele wie Beschriftungen und Be-

---

[147] Eine Prismenwendeanlage, die auf einem 40 m hohen Pylon in einem Abstand von 130 Metern zur Bundesautobahn montiert ist, begründet regelmäßig eine abstrakte Verkehrsgefährdung i. S. des § 33 Abs. 1 Satz 1 Nr. 3, Satz 2 StVO, vgl. OVG NRW vom 31. 1. 2000 VRS Bd. 99/00, Nr. 171 = NZV 2000, 310; vgl. auch BW VGH vom 22. 1. 1986 BRS 46 Nr. 129; BayVGH vom 18. 12. 1995 BRS 57 Nr. 177 = BayVBl. 1996, 343 und *Günther*, Aktuelle Rechtsfragen bei neuartiger Lichtreklame, NVwZ 1995, 670.

[148] Vgl. *Wilke/Dageförde/Knuth/Meyer* (Fn. 55) § 11 Rn. 2 und *Boeddinghaus/Hahn/Schulte* (Fn. 17) § 13 Rn. 13.

malungen verdeutlichen. Er umfasst alles, was künstlich vom Menschen geschaffen wurde.[149]

Ortsfest ist eine Einrichtung, wenn sie selbst mit dem Erdboden fest verbunden ist, kraft eigener Schwere auf ihm ruht oder mit anderen standortgebundenen Gegenständen – wie baulichen Anlagen – fest verbunden ist. Die Ortsfestigkeit frei stehender Werbeanlagen erfordert keine Befestigung oder Verankerung, sondern nur eine Standortgebundenheit.[150] Nicht erforderlich ist eine Einrichtung auf Dauer oder längere Zeit.[151] 103

Ortsfeste Einrichtungen sind die in Nr. 1 Satz 2 des Ländervergleichs **beispielhaft** genannten Werbeanlagen. Werbeanlagen sind sie jedoch nur, wenn sie sämtliche Begriffskriterien erfüllen. 104

Nicht ortsfest sind hingegen Werbemittel an Taxen, Lieferwagen, Omnibussen, Verkaufs- und Werkstattwagen sowie an Straßenbahnen. **Verkehrsmittelwerbung** gelegentlich der üblichen Straßenbenutzung wird in großem Umfang allgemein und vor allem auch an öffentlichen Verkehrsmitteln praktiziert, ohne dass die StVO dem mit einem Verbot begegnet wäre.[152] Diese am Straßenverkehr teilnehmenden Fahrzeuge unterliegen dann auch im Hinblick auf die angebrachten Werbemittel nur den straßenverkehrsrechtlichen, nicht aber den bauordnungsrechtlichen Vorschriften. 105

Wenn aber **an sich nicht ortsfeste Objekte** und Einrichtungen – wie z. B. Anhäger und Auflieger – längere Zeit oder immer wieder für kürzere Zeit an bestimmten werbeträchtigen Stellen (Kreuzungen, viel befahrenen Straßen, auf Brücken usw.) aufgestellt werden, erfüllen sie das Merkmal der Ortsfestigkeit.[153] Dies gilt nicht nur für speziell zu Werbezwecken in den Verkehr gebrachte Werbeträger, sondern auch für Kraftfahrzeuge, die mit ihrer Werbeaufschrift bestimmungsgemäß am Straßenverkehr teilnehmen, dann aber zeitweise so geparkt werden, dass sie die Funktion einer ortsfesten Werbeanlage erfüllen.[154] 106

Bei der **Beurteilung** ist maßgeblich darauf abzustellen, ob die Gesamtumstände den Schluss rechtfertigen, dass die Teilnahme des Anhängers am Straßenverkehr – jedenfalls vorübergehend – beendet ist und die Werbeflächen an einem günstigen Standort ihrem erkennbaren Bestimmungszweck nach ihre Werbewirkung entfalten sollen. Dabei kommt es weniger auf die konkrete Dauer der Aufstellung an, sondern darauf, ob die objektiven Umstände den abgestellten Anhänger wie eine Werbeanlage wirken lassen.[155] In der Rspr. ist Ortsfestigkeit z. B. auch bejaht worden bei einem „roten Bus" als Werbemittel einer Vergnügungsstätte,[156] bei der Aufstellung eines Wohnwagens[157] und einer fahrbaren Viehtränke mit Hinweiswerbung für ein Fastfood-Restaurant.[158] 107

3. Sichtbarkeit vom öffentlichen Verkehersraum

Weitere Voraussetzung ist, dass die ortsfesten Einrichtungen „vom öffentlichen Verkehrsraum aus **sichtbar**" sind. Es wird demnach nicht gefordert, dass die Einrichtungen 108

---

149 *Große-Suchsdorf/Lindorf/Schmaltz/Wiechert* (Fn. 43) § 49 Rn. 12.

150 OVG Hamb vom 31. 5. 2001 BRS 64 Nr. 145 = NVwZ-RR 2002, 562 und *Wilke/Dageförde/Knuth/Meyer* (Fn. 55) § 11 Rn. 4

151 *Große-Suchsdorf/Lindorf/Schmaltz/Wiechert* (Fn. 43) § 49 Rn. 13.

152 Vgl. BVerfG vom 10. 12. 1975 NJW 1976, 559 (Verfassungswidrigkeit des Verbots von reinen Werbefahrten im Straßenverkehr) und *Hentschel*, Straßenverkehrsrecht, Kommentar, 37. Aufl. 2003, § 33 StVO Rn. 8.

153 OVG NRW vom 17. 2. 1998 NVwZ-RR 1999, 14 = BRS 60 Nr. 130; BayOLG vom 31. 7. 1997 BRS 59 Nr. 135 = BauR 1997, 1004 f.

154 Vgl. OVG NRW vom 11. 8. 1993 Az. 11B 1703/93 (LKW-Anhänger mit Werbung so postiert, dass Werbung von BAB aus gut lesbar ist) und vom 23. 7. 2003 BauR 2004, 67 (PKW-Anhänger mit Werbeaufdruck eines Antiquitätengeschäftes unmittelbar an Abzweigung Bundesstraße/Landesstraße Richtung Zentrum); OLG Köln vom 15. 9. 1989 NZV 1990, 41 (Anhänger als Anlage der Außenwerbung i. S. d. Straßen- und Wegerechts).

155 OVG Thür vom 10. 11. 1999 BRS 62 Nr. 160 (Planwagen) auch mit Nachw. der Gegenmeinung und *Boeddinghaus/Hahn/Schulte* (Fn. 17) § 13 Rn. 15 f.

156 OVG NRW vom 6. 2. 1986 Az. 11 B 1643/85.

157 HessVGH vom 22. 8. 1986 BRS 46 Nr. 136.

158 OVG NRW vom 28. 9. 2001 Az. 10 A 462/01.

im öffentlichen Verkehrsraum stehen oder an diesen angrenzen. Ausschlaggebend ist der **optische Kontakt**.[159]

109 **Öffentlicher Verkehrsraum** ist hier in einem weiteren Sinne zu verstehen. Gemeint sind nicht nur gewidmete Straßen, Wege und Plätze i. S. d. Straßengesetze, sondern auch Flächen, die der Öffentlichkeit tatsächlich und rechtlich zugänglich sind. § 49 Abs. 1 Satz 1 NBauO nennt ausdrücklich Grünflächen. Zum öffentlichen Verkehrsraum zählen daher auch Privatstraßen, Anlagen des Bahn-, Wasser- und Luftverkerhrs, Grün- und Erholungsflächen, Friedhöfe und Erholungsflächen.[160] Auch der Parkplatz eines Verbrauchermarktes kann öffentlicher Verkehrsraum i. S. dieser Regelung sein.[161]

4. Werbliche Funktion

110 Schließlich müssen die Einrichtungen „der Ankündigung oder Anpreisung oder als Hinweis auf Gewerbe oder Beruf dienen". Die werbliche Funktion ist der wesentliche Zweck, der die Einrichtung zur Werbeanlage macht. **Ziel** jeder Werbeanlage ist es – so das BVerwG –, „den Blick auf sich zu ziehen. Der Inhalt der Reklame soll nicht nur zur Kenntnis gelangen, sondern in das Gedächtnis und Bewusstsein aufgenommen werden, um das künftige Verhalten des Angesprochenen zu beeinflussen. Der optische Reiz ist auf die Erzielung eines Werbeerfolges abgestellt. Die Reklame soll die **Aufmerksamkeit auf sich lenken** ..."[162]

111 Ankündigungs- und Anpreisungswerbung muss **nicht zwingend** auf Gewerbe und Beruf ausgerichtet sein. Anders als Art. 2 Abs. 1 Satz 2 BayBO, der nur ortsfeste Anlagen der **Wirtschaftswerbung** als Werbeanlagen definiert, lässt die jeweilige Gesetzesfassung der anderen Bundesländer offen, was angekündigt oder angepriesen werden darf. Demzufolge ist hier neben der Wirtschaftswerbung auch Werbung für kulturelle, religöse oder politische Zwecke erfasst.[163]

112 **Hinweiswerbung** liegt vor, wenn auf die Ausübung eines Berufes oder eines Gewerbes „hingewiesen" wird. Diese kann schlicht informieren oder auch besonders auffällig gestaltet sein. Etwas anderes gilt für sog. Hinweiszeichen (siehe unten Rn. 149).

5. Beispiele

113 Außer in Bayern, Baden-Württemberg, Hamburg, Hessen und Mecklenburg-Vorpommern enthalten die Bauordnungen im jeweiligen Abs. 1 Satz 2 der Werbevorschrift eine **beispielhafte Auflistung** von Werbeanlagen. „Hierzu zählen insbesondere Schilder, Beschriftungen, Bemalungen, Lichtwerbungen, Schaukästen sowie für Zettelanschläge und Bogenanschläge oder Lichtwerbung bestimmte Säulen, Tafeln und Flächen."

114 Neben den herkömmlichen **Plakatanschlagtafeln** im Euroformat (ca. 3,60 bis 3,80 m × 2,60 bis 2,80 m), Superpostern, beleuchteten City Star Boards (statisch) und Werbespanntüchern an Fassaden und Gerüsten[164] sind für die Werbewirtschaft insbesondere die folgenden Werbeanlagen lukrativ, die in der Lage sind, schnell wechselnde Werbebotschaften an ein und demselben Standort zu verbreiten:

- **Prismenwendeanlagen**.[165]
  Das sind beleuchtbare Plakattafeln mit der Möglichkeit des Motivwechsels durch eine elektrische Klappvorrichtung.

---

159 *Boeddinghaus/Hahn/Schulte* (Fn. 17) § 13 Rn. 17.
160 *Wilke/Dageförde/Knuth/Meyer* (Fn. 55) § 11 Rn. 3.
161 BW VGH vom 30. 10. 1985 BRS 44 Nr. 133.
162 BVerwG vom 28. 5. 1963 BVerwGE 16, 116, 130.
163 *Boeddinghaus/Hahn/Schulte* (Fn. 17) § 13 Rn. 22.
164 *Dageförde*, Die Rechtsprechung des OVG Berlin zu Anlagen der Außenwerbung, Das Grundeigentum 2002, 645; BayVGH vom 16. 7. 2002 BRS 65 Nr. 148 = BayVBl. 2003, 82 und OVG Hamb (Fn. 150).
165 OVG NRW vom 18. 9. 1992 NVwZ-RR 1993 = BRS 54 Nr. 132; OVG Nds vom 22. 10. 1992 BRS 54 Nr. 133; HessVGH vom 19. 3. 1996 BRS 58 Nr. 126; OVG Bbg vom 4. 3. 1996 NVwZ 1997, 2002.

- **Mega-Light-Wechselanlagen.**[166]
Dabei handelt es sich um einen hinterleuchteten Schaukasten (2,81 m H × 3,85 m B × 0,6 m T) mit einem Werbeplakatwechselsystem von zwei bis maximal fünf Plakaten (9 m^2 Aufsichtsfläche). Die Plakate wechseln in vertikaler Laufrichtung. Die Verweildauer für die einzelnen Plakate sowie die Wechselzeit (4 Sek.) von einem zum nächsten Plakat sind programmierbar. Die Wechselvitrinen stehen auf einem 2,5 m hohen Monofuß (mit einseitigem oder zweiseitigem Wechslermodul) oder werden als Wandanlage angebracht. Anders als bei einer Prismenwendeanlage erfolgt der Bildwechsel nicht in einem kurzen Moment, sondern durch ein Ziehen der Plakate, so dass – bis der Bildwechsel erfolgt ist – zwei Werbeplakate teilweise gleichzeitig sichtbar sind.
- **Diaprojektionsanlagen.**[167]
Das sind Anlagen, durch die in bestimmten Intervallen Werbedias in einer Größe von ca. 80 bis 100 m^2 an Wände projeziert werden.
- **Pflastermalerei mit Licht** mit Hilfe von Projektionsanlagen.[168]

Ob es sich bei einem sog. **Himmelsstrahler** (Skybeamer) um einer Werbeanlage handelt, ist nach den Umständen des jeweiligen Einzelfalls zu beurteilen. Dieses Gerät ist in der Lage, durch Laser ein Lichtstrahlenbündel gegen die Wolkendecke oder in den Himmel zu richten. Hierbei kann es sich um einen aussagelosen Vorgang handeln, dem aber jedenfalls dann eine werbliche Funktion zukommen kann, wenn der Strahl Ankündigungs- oder Hinweischarakter hat. Da derartige Himmelsstrahler vielfach von Diskotheken oder ähnlichen Vergnügungsstätten betrieben werden, ergibt sich allein aus dem Lichtstrahl und seinem Verlauf die Information, dass sich in der Nähe, und zwar am Ausgangspunkt des Strahls, eine Vergnügungsstätte befindet.[169] Einer solchen Lichtanlage kann auch deshalb Hinweischarakter zukommen, weil mit anderen Werbemitteln darauf gewissermaßen als „Wegweiser" aufmerksam gemacht worden ist.[170] **115**

Für die Erfüllung des Begriffsinhalts der Werbeanlage kommt es nicht auf ihre Gestaltung an. Werbeanlagen können rund, eckig, kastenförmig sowie kugelförmig sein oder nur die Flaschenform einer bekannten Marke zeigen.[171] Werbeanlagen müssen keinen Text enthalten. So kann es sich bei der **Bemalung** eines Hauses – in dessen Erdgeschoss sich eine Gaststätte befindet – mit blauen Rauten auf weißem Grund um eine Werbeanlage handeln. Der Rautenmalerei kommt eine Werbe- und Hinweisfunktion dahin gehend zu, dass in der Gaststätte bayerischen Gastronomie, jedenfalls bayerisches Bier angeboten wird.[172] Bei der von einem Lichtkünstler konzipierten computergesteuerten **Beleuchtungsanlage** mit Wechselfarben in der gläsernen Gebäudefassade des Posttowers in Bonn handelt es sich jedenfalls im Zusammenwirken mit den auf dem Gebäude befindlichen Postemblemen um Werbung.[172a] Auch durch das Anbringen einer Folie mit einem Werbelogo auf einem drehbaren Segel oberhalb eines Hochhauses entsteht eine Werbeanlage.[173] Selbst **Fahnenmasten**, an denen ausschließlich Nationalflaggen oder Flaggen der Bundesländer aufgezogen werden, können im Zusammenwirken mit einem an einem Gebäude mehrfach angebrachten Firmenlogo eines Motoradhändlers Anlagen der Au- **116**

[166] BayVGH vom 22. 8. 2001 Az. 2 B 01.74 RO 14K 00.1635; OVG Bln vom 27. 11. 2001 BRS 64 Nr. 146; OVG NRW vom 17. 4. 2002 BRS 65 Nr. 147 = BauR 2002, 1231 = GewArch 2003, 169.

[167] OVG Nds vom 11. 1. 2000 BRS 63 Nr. 167 = BauR 2000, 1179, 1181; OVG NRW vom 21. 11. 2000, BRS 63 Nr. 169 und vom 6. 2. 2003 BauR 2003, 1358 = NVwZ-RR 2003, 823; BayVGH vom 16. 7. 2002 BRS 65 Nr. 149 = BayVBl. 2003, 505.

[168] *Günther*, Aktuelle Rechtsfragen bei neuartiger Lichtreklame, NVwZ 1995, 670.

[169] *Boeddinghaus/Hahn/Schulte* (Fn. 17) § 13 Rn. 21; *Dietlein*, Zur baurechtlichen Problematik sog. Himmelsstrahler, BauR 2000, 1682; *Hildebrandt*, Neuartiges Licht am Himmel im Lichte des Verwaltungsrechts, VBlBW 1999, 250; OVG Rh-Pf vom 22. 1. 2003 BauR 2003, 868; BayVGH vom 18. 12. 1995 NVwZ 1997, 201 = BRS 57 Nr. 17; VG Stuttgart vom 9. 7. 1999 NVwZ-RR 2000, 14.

[170] OVG NRW vom 22. 6. 1994 NVwZ 1995, 718 = BRS 56 Nr. 133.

[171] *Boeddinghaus/Hahn/Schulte* (Fn. 17) § 13 Rn. 27.

[172] OVG NRW vom 18. 5. 1998 BRS 60 Nr. 129 = BauR 1998, 1230.

[172a] OVG NRW vom 12. 5. 2003 GewArch 2003, 331.

[173] OVG Bln vom 7. 5. 1999 BRS 62 Nr. 157.

ßenwerbung sein.[174] Für den Hinweischarakter und die Werbewirkung ist allein der Empfängerhorizont eines Betrachters auf der Grundlage der objektiven Gegebenheiten entscheidend. Es kommt nicht darauf an, ob es dem Bauherrn nicht auf den Werbeeffekt ankommt und er nur sein Betriebsgrundstück schöner gestalten will.[175]

V. Materielle Anforderungen an Werbeanlagen

1. Abweichende Gesetzeslage, Regelungsinhalt

117 Gerade bei den **materiellen Anforderungen**, die an Werbeanlagen zu stellen sind, bietet der Ländervergleich zumindest auf den ersten Blick eine verwirrende Vielfalt, die mit dem von *Jäde* gepriesenen „föderalistischen Wettbewerb" der Bauordnungen sicher nichts zu tun hat (siehe oben Kap. 1, Rn. 457 und Fn. 853). Einigermaßen verständlich werden die differierenden Regelungen erst, wenn man sie auf ihren – mehr oder weniger – übereinstimmenden **Zweck** zurückführt. Dieser besteht darin zu bestimmen, dass

- Werbeanlagen, die **bauliche Anlagen** sind, den Anforderungen der Bauordnung insgesamt unterliegen, d. h. sie dürfen bereits nach der allgemeinen Gestaltungsvorschrift selber nicht verunstaltet wirken und dürfen das Straßen-, Orts- oder Landschaftsbild nicht verunstalten. Sie müssen u. a. standsicher sein und dürfen die Sicherheit des Verkehrs nicht gefährden;
- Werbeanlagen, die **keine baulichen Anlagen** sind – auch wenn sie den allgemeinen Anforderungen der Bauordnung und damit auch nicht der Gestaltungsregelung unterworfen sind – zumindest vergleichbaren Kriterien der Gestaltung und der Verkehrssicherheit unterliegen sollen. Sie dürfen daher weder die bauliche Anlage, an der sie angebracht sind, noch das Straßen-, Orts- oder Landschaftsbild verunstalten, noch die Sicherheit und Leichtigkeit des Verkehrs gefährden;
- die **störende Häufung** von Werbeanlagen unzulässig ist, und zwar ohne Unterschied, ob es sich um bauliche Anlagen handelt oder nicht.

118 Die theoretisch einfachste Lösung besteht darin, den Begriff der baulichen Anlage so zu definieren, dass Werbeanlagen ihm unterschiedslos unterfallen (vgl. § 2 Abs. 1 und 2 i.V. m. Abs. 9 HBO), oder Werbeanlagen zu **fiktiven baulichen Anlagen** zu erklären (vgl. Art. 2 Abs. 1 Satz 2 BayBO) und auf eine eigenständige Werbevorschrift ganz zu verzichten. Diesen Weg ist neben Bayern und Hessen auch Baden-Württemberg gegangen, allerdings mit der Regelung, dass die allgemeinen Gestaltungsvorschriften auch für Werbeanlagen gelten, die keine baulichen Anlagen sind (vgl. § 11 Abs. 3 Satz 1 lit. a LBO B-W). Zu bedenken ist allerdings, dass Gesetze nicht nur für Juristen geschrieben werden, sondern für den Bürger. Auch der Werbetreibende sollte erkennen können, welche Anforderungen seine Werbeanlage unterliegt.

119 Diesen Anforderungen genügen die MBO 2002 – ebenso wie bereits die MBO 1960 – und die Bauordnungen von fünf Ländern (Bln, Hamb, Sachs, Schl-H und Thür), indem sie nur der Deutlichkeit halber in Abs. 2 Satz 1 der jeweiligen Vorschrift bestimmen, dass für Werbeanlagen, die bauliche Anlagen sind, die in der Bauordnung an bauliche Anlagen gestellten Anforderungen gelten. Im nachfolgenden Satz 2 wird angeordnet, dass Werbeanlagen, die keine baulichen Anlagen sind, weder bauliche Anlagen noch das Straßen-, Orts- oder Landschaftbild verunstalten oder die Sicherheit oder Leichtigkeit des Verkehrs gefährden dürfen (so die MBO, Sachs, Sachs-Anh, Schl-H und Thür).

120 Manche Länder fassen die Sätze 1 und 2 zu einer Regelung zusammen (vgl. NRW, Sachs-Anh) oder bestimmen, dass für Werbeanlagen, die keine baulichen Anlagen sind, bestimmte oder alle materiellen Anforderungen der Generalklausel, der Vorschriften über Gestaltung oder Verkehrssicherheit gelten (vgl. B-W, Bln, Brem, Rh-Pf, Saar).[176]

---

[174] OVG NRW vom 25. 6. 2003 Az. 11 A 1986/02.

[175] OVG NRW, Fn. 172.

[176] Auf ein Regelungsdefizit in § 11 Abs. 2 S. 2 BauO Bln weisen *Wilke/Dageförde/Knuth/Meyer* (Fn. 55) hin, seitdem § 3 BauO Bln keinen Verweis auf Gestaltungsanforderungen mehr enthält.

Neben § 13 Abs. 3 HBO, der einen eigenständigen Unzulässigkeitstatbestand mit weiteren Regelungen enthält, weist die niedersächsische Bauordnung **stärkere Abweichungen** auf. Nach § 49 Abs. 2 NBauO dürfen Werbeanlagen nicht erheblich belästigen, insbesondere nicht durch ihre Größe, Häufung, Lichtstärke oder Betriebsweise. Nach § 2 Abs. 1 Satz 2 Nr. 3 NBauO gelten Werbeanlagen als bauliche Anlagen, auch wenn sie die Kriterien der Definition nach Satz 1 nicht erfüllen. Als einziges Bundesland hat Niedersachsen eine über die Verunstaltungsabwehr hinausgehende Gesetzesfassung gewählt,[177] die auch über das Ästhetische hinausgehende Wirkungen der Außenwerbung erfassen soll. Werbeanlagen belästigen dann erheblich, wenn sie die Ruhe und Erholung **spürbar beeinträchtigen**, die nach den örtlichen Umständen erwartet wird.[178] 121

Abgesehen von § 49 Abs. 2 NBauO können die **Anforderungen**, die in den Landesbauordnungen an alle Werbeanlagen gestellt werden, inhaltlich folgendermaßen **zusammengefasst** werden: Werbeanlagen dürfen selbst nicht verunstaltet wirken, sie sie dürfen weder bauliche Anlagen, noch das Straßen-, Orts- oder Landschaftsbild verunstalten. 122

2. Besondere Fälle des Verunstaltungsverbots

a) Verunstaltung durch Werbeanlagen

Maßgeblich für die Beurteilung, ob eine Werbeanlage verunstaltet wirkt oder bauliche Anlagen oder das Straßen-, Orts- oder Landschaftsbild verunstaltet, ist der **Verunstaltungsbegriff**, wie er in der Rechtsprechung des Bundesverwaltungsgerichts entwickelt und durch das Bundesverfassungsgericht bestätigt worden ist. Insoweit und auch bezüglich der Auslegung der übrigen unbestimmten Rechtsbegriffe wird auf die Ausführungen im Teil 1 verwiesen (siehe oben Rn. 3, 26 und Rn 28). 123

b) Gesetzliche Beispiele in einzelnen Bauordnungen

Einige Landesbauordnungen konkretisieren das Verunstaltungsverbot bzgl. baulicher Anlagen durch Einzelbeispiele. Nach den gleichlautenden Vorschriften des § 13 Abs. 2 Satz 2 BauO NRW und BauO LSA liegt eine Verunstaltung auch vor, wenn durch Werbeanlagen die **einheitliche Gestaltung** und **architektonische Gliederung** baulicher Anlagen gestört wird. Eine vergleichbare Regelung enthält § 13 2 Satz 1 BremLBO. Einheitliche Gestaltung und architektonische Gliederung bilden insoweit ein Begriffspaar. Die bauliche Anlage muss eine Aufteilung aufweisen, die baukünstlerischen Gesichtspunkten folgt und deren Gestaltungs- und Gliederungselemente weder ganz noch teilweise überlagert werden sollen. Auch rein funktionale Bauwerke können in diesem Sinne schützenswert sein. So kann im Einzellfall eine schlichte Einfriedigungsmauer durch Werbetafeln verunstaltet werden,[179] andererseits soll dies nicht für ein in Naturstein ausgeführtes Brückenbauwerk gelten.[180] Die einzelfallbezogene Betrachtung darf mit Rücksicht auf den Grundrechtsschutz der Werbetreibenden allerdings nicht so vorgenommen werden, dass sie praktisch zu einem Werbeverbot führt.[181] 124

Nach dem auch insoweit übereinstimmenden Wortlaut des § 13 Abs. 2 Satz 2 BauO NRW und BauO LSA liegt eine Verunstaltung auch vor, wenn durch Werbeanlagen der **Ausblick auf begrünte Flächen** verdeckt wird. Bei Letzteren muss es sich um eine nennenswerte, nicht nur um eine unbedeutende Begrünung handeln.[182] „Begrünte Fläche" meint die im Wesentlichen horizontale Ebene des Ausschnitts der **Landschaft** oder eines 125

---

177 Damit weicht die NBauO auch von der MBO 1960 ab, die – anders als bei den Gestaltungsvorschriften – für Werbeanlagen einen „Verunstaltungsschutz" für ausreichend gehalten hat, vgl. dazu Begründungsausschuss der Musterbauordnungskommission, Einführung in die Musterbauordnung, Teil B, Schriftenreihe des Bundesministers für Wohnungsbau, Bd. 18, Recklinghausen o. J. (1960), S. 24.

178 *Große-Suchsdorff/Lindorf/Schmaltz/Wiechert* (Fn. 43) § 49 Rn. 17 ff.

179 OVG Bln vom 22. 7. 1994 BRS 56 Nr. 131.

180 OVG NRW vom 3. 7. 1997 BRS 59 Nr. 134 = BauR 1997, 1000.

181 *Boeddinghaus/Hahn/Schulte* (Fn. 17) § 13 Rn. 38 ff.

182 OVG NRW vom 3. 7. 1996 BRS 58 Nr. 127.

Straßenbildes, keine grünen Wandflächen.[183] Der Begriff „Ausblick auf begrünte Flächen" beschreibt die optische Verbindung, die der Betrachter von seinem jeweiligen Standort aus zu der fraglichen begrünten Stelle herzustellen in der Lage ist. Jener ist verdeckt, wenn die Werbeanlage diesen freien Blick nicht unerheblich verdeckt.[184]

3. Verbot der störenden Häufung

126 Die Landesbauordnungen bestimmen – mit Ausnahme der LBO BW und der HBO –, dass die störende Häufung von Werbeanlagen unzulässig ist. Art. 11 Abs. 2 Satz 2 BayBO regelt, dass auch die störende Häufung von Werbeanlagen verunstaltend ist. Dieses **Häufungs-** oder **Konzentrationsverbot** verstößt nicht gegen den Grundsatz der Normenklarheit.[185]

127 Die **„Häufung"** setzt ein räumlich dichtes Nebeneinander einer Mehrzahl gleicher oder verschiedener Anlagen der Außenwerbung voraus. Dabei sind alle Werbeanlagen jeder Art in die Betrachtung einzubeziehen. Es kommt nicht darauf an, ob es sich um Fremd- oder Eigenwerbung, genehmigungsfreie, genehmigungspflichtige oder nur geduldete Einrichtungen handelt.[186]

128 Nach der Rechtsprechung mehrerer Obergerichte tritt eine Häufung von Werbeanlagen ein, wenn mehrere, **mindestens** aber **drei Werbeanlagen** in eine enge räumliche Beziehung gebracht werden.[187] Der Begriff der Häufung erfordert, dass diese mehreren Werbeanlagen gleichzeitig im Gesichtsfeld des Betrachters liegen und ihre optische Wirkung gleichzeitig gemeinsam ausüben. Die Werbeanlagen müssen ohne weiteres mit einem Blick erfasst werden können.[188] Zur Beurteilung der Frage, ob eine störende Häufung vorliegt, darf ein Straßenbild nicht in verschiedene Teilstrecken aus unterschiedlicher Blickrichtung gleichsam zerlegt werden.[189] Erzeugen mehrere Werbeanlagen für den Betrachter den Eindruck einer einheilichen Werbeanlage, so kann diese als eine einzige Einrichtung zu werten sein.[190]

129 Der Begriff der Häufung ist von dem der Störung zu unterscheiden. Die **„Störung"** setzt voraus, dass der für die Häufung maßgebliche örtliche Bereich im Gesichtsfeld des Betrachters derartig mit Werbeanlagen überladen ist, dass das Auge keinen Ruhepunkt findet und das Bedürfnis nach werbungfreien Flächen stark hervortritt. Wann die störende Wirkung eintritt, hängt wesentlich von dem Baugebietscharakter, der vorhandenen Bebauung und der tatsächlichen Nutzung ab.[191]

130 Ob die Schwelle der „Störung" unterhalb derjenigen der Verunstaltung liegt oder beide insoweit gleichbedeutend sind, wird in der obergerichtlichen Rechtsprechung und in der Kommentarliteratur **unterschiedlich beurteilt**.[192] Die Meinung, die die Störung als Unterfall der Verunstaltung ansieht, verdient den Vorzug. Der Verunstaltungbegriff ist durch

---

183 OVG NRW vom 11. 11. 1986 Az. 11 A 1378/85.

184 OVG NRW vom 31. 8. 2001 BRS 64 Nr. 148 = BauR 2002, 298.

185 BVerwG vom 3. 3. 1971 BayVBl. 1971, 226.

186 OVG Bln vom 20. 6. 2003 GewArch 2003, 440; OVG NRW vom 17. 4. 2002 BRS 65 Nr. 147 = BauR 2002, 1231 und *Lechner* in: *Simon/Busse* (Fn. 144) Art. 11 Rn. 672 m. w. N.

187 HessVGH vom 14. 4. 1982 BRS 39 Nr. 139, vom 19. 3. 1996 BRS 58 Nr. 126; OVG NRW vom 6. 2. 1992 NVwZ 1993, 89 = BRS 54 Nr. 129; OVG Nds vom 22. 10. 1992 BRS 54 Nr. 133.

188 BayVGH vom 25. 4. 1968 VGH n. F. 21, 65; OVG Bremen vom 24. 2. 1981 BRS 38 Nr. 148; HessVGH Fn. 187; OVG NRW Fn. 187, OVG Hamb vom 31. 5. 2001 (Fn. 150); OVG Bln vom 7. 5. 1999 BRS 62 Nr. 157.

189 OVG NRW vom 19. 5. 1981 BRS 38 Nr. 149.

190 OVG Bln vom 13. 11. 1970 BRS 23 Nr. 122 und *Lechner* in: *Simon/Busse* (Fn. 144) Art. 11 Rn. 687 m. w. N.

191 OVG NRW vom 2. 2. 1989 Az. 11 A 2009/87 und *Lechner* in: *Simon/Busse* (Fn. 144) Art. 11 Rn. 692 m. w. N.

192 Eine selbständige Bedeutung des Störungsmaßstabes nehmen u. a. an: HessVGH vom 14. 4. 1982 BRS 39 Nr. 300 mit entstehungsgeschichtlicher Begründung; OVG Hamb vom 31. 5. 2001 (Fn. 150); OVG Nds. vom 22. 10. 1992 (Fn. 187) schon wegen der eigenständigen Gesetzesfassung, *Große-Suchsdorf/Lindorf/Schmaltz/Wiechert* (Fn. 43) § 49, Rn. 17; *Lechner* in: *Simon/Busse* (Fn. 56) Art. 11 Rn. 696; a. A. OVG NRW

die Rechtsprechung des Bundesverfassungsgerichts und des Bundesverwaltungsgerichts geklärt. Er genügt rechtsstaatlichen Grundsätzen, insbesondere ist er hinreichend bestimmt. Die Anwendung eines eigenständigen Störungsbegriffs erschwert nicht nur die praktische Anwendung der Norm, sondern kann auch rechtsstaatlich bedenklich sein.

Das Verbot dern störenden Häufung oder Konzentration von Werbeanalgen trifft zeitlich **nachfolgende Anlagen** der Außenwerbung. Erst das Hinzutreten der dritten bzw. weiterer Werbeanlagen führt zur störenden Häufung. Nach der Rechtsprechung des Bundesverwaltungsgerichts kann der Grundsatz der **Priorität** bei der Feststellung der Häufung von Werbeanlagen und damit bei der Untersagung weiterer Werbeanlagen Anwendung finden. In der Regel wird sich dabei die Priorität der Genehmigung mit der Priorität der Antragstellung decken.[193] Nicht genehmigte Werbeanlagen sind nur dann zu berücksichtigen, wenn sie materiell baurechtsmäßig sind[194] oder wenn sie zwar rechtswidrig sind, mit ihrer Beseitigung aber in absehbarer Zeit nicht zu rechnen ist.[195] 131

4. Verbot der Verkehrsgefährdung

Alle Bundesländer außer Baden-Württemberg, Bayern und Hessen treffen ausdrücklich die Regelung, dass Werbeanlagen die **Sicherheit** und **Leichtigkeit** des **Verkehrs** nicht gefährden dürfen. Im Übrigen ergibt sich diese Forderung aus der allgemeinen Vorschrift über die **Verkehrssicherheit** oder durch Verweis auf die Generalklausel. Bei der vorstehenden Regelung handelt es sich somit um eine Konkretisierung der allgemeinen Forderung für die genannten Werbeanlagen.[196] 132

Es wurde bereits erörtert, dass auch das Bauordnungsrecht zulässigerweise Anforderungen an Werbeanlagen stellen darf, um Störungen der Sicherheit und Leichtigkeit des Verkehrs zu verhindern, soweit und solange bundesrechtliche Regelungen nicht abschließend sind. Letzteres ist jedenfalls derzeit nicht der Fall (siehe oben Rn. 97). 133

Geschützt wird der **Verkehr** auf der Straße, der Schiene, dem Wasser und in der Luft. Unter den Schutzbereich der Vorschrift fällt auch der Radfahrer- und der Fußgängerverkehr. Verengungen von Gehwegen durch Werbeanlagen[197] können ebenso zu Verkehrsgefährdungen führen wie die **Ablenkung von Fahrzeugführern**.[198] 134

Werbeanlagen sind in Bezug auf die „Sicherheit und Leichtigkeit" (in einigen Ländern „Ordnung") des Verkehrs unzulässig, wenn von ihnen eine **konkrete Gefahr** ausgeht. Eine solche ist gegeben, wenn aus einer tatsächlich vorhandenen Situation hinreichend wahrscheinlich eine Gefährdung hochwertiger Rechtsgüter erfolgt. Gerade in dem jeweiligen Einzelfall muss in überschaubarer Zukunft mit einem Schadenseintritt zu rechnen sein. Dabei hängen die Anforderungen an die Wahrscheinlichkeit von der Qualität des möglicherweise eintretenden Schadens ab. Bei Gefährdung von Leben oder Gesundheit sind an die Feststellung der Wahrscheinlichkeit des Schadenseintritts keine übermäßig hohen Anforderungen zu stellen.[199] Ob die Voraussetzungen einer konkreten Verkehrsgefährdung vorliegen, prüfen letztlich die Verwaltungsgerichte. Dabei kann einer bereits ohne Einwirkung der geplanten Werbeanlage festzustellenden Unfallhäufigkeit eine Indizwirkung dafür zukommen, dass hier eine besonders **schwierige Verkehrssituation** besteht. Fehlen derartige Feststellungen – beispielsweise der Polizei – oder sonstige statistische Unterlagen, schließt dies nicht die Annahme einer konktreten Straßenverkehrsgefährdung von vornherein aus. Der Werbetreibende hat keinen Anspruch darauf, dass 135

vom 6. 2. 1992 (Fn. 187); OVG Bremen vom 24. 2. 1981 (Fn. 188); OVG Bln vom 13. 11. 1970 BRS 23 Nr. 122; *Wilke/Dageförde/Knuth/Meyer* (Fn. 55), § 11 Rn. 17; *Koch/Molodovski/Farmers* (Fn. 56) 6.3.

193 BVerwG vom 5. 12. 1973 BRS 27 Nr. 115.

194 BVerwG vom 3. 3. 1971 BayVBl. 1971, 226.

195 OVG NRW vom 6. 2. 1992 (Fn. 187).

196 Vgl. *Gädtke/Temme/Heintz* (Fn. 159) § 13, Rn. 103.

197 HessVGH vom 30. 5. 1975 BRS 29 Nr. 112; OVG NRW vom 13. 11. 1975 BRS 29, Nr. 111 = GewArch 1976, 312.

198 *Gädtke/Temme/Heintz* (Fn. 15) § 13 Rn. 104, 105.

199 BVerwG vom 6. 6. 1970 NJW 1970, 1890; OVG NRW vom 17. 4. 2002 (Fn. 166).

praktisch in einer Testphase mit den Einwirkungen der beantragten Werbeanlage ausprobiert wird, ob sich Unfälle mit schwerwiegenden Folgen ereignen. Ein solches Vorgehen verbietet sich angesichts der Gefährdung der hochrangigen Rechtsgüter Leben und Gesundheit auch im Rahmen einer Güterabwägung mit den wirtschaftlichen Interessen des Werbetreibenden.[200]

136 Ob eine konkrete Straßenverkehrsgefährdung vorliegt, ist stets unter Würdigung der **Gesamtumstände** des **Einzelfalles** – möglichst durch Ortsbesichtigung – festzustellen. Entscheidend kommt es dabei einerseits auf die Art und Gestaltung der Werbeanlage und somit auf die von ihr ausgehende Ablenkungswirkung, andererseits auf die örtlichen Verhältnisse der Straßenführung (Beampelung, Übersichtlichkeit, Mehrspurigkeit, Mischung von PKW-, LKW-, Straßen-, Fußgänger- und Radfahrerverkehr) und mithin darauf an, welche Anforderungen konkret an die Aufmerksamket der Verkehrsteilnehmer gestellt werden.

137 In gewerblich genutzten Bereichen und an Ausfallstraßen gehören herkömmliche Werbeanlagen zum Straßenbild und werden vom **durchschnittlichen Verkehrsteilnehmer** als alltäglich und im Allgemeinen nicht als Ablenkungsquelle empfunden.[201] Das ist jedoch nur der Fall, wenn sich Werbeanlagen im Rahmen dessen bewegen, was eben an der jeweiligen Stelle vom Verkehrsteilnehmer erwartet wird.[202]

138 Demzufolge gehen von Werbeanlagen nur ausnahmsweise verkehrsgefährdende Wirkungen aus, nämlich wenn eine **Werbeanlage** in ihrer konkreten Ausgestaltung **besonders auffällig** ist oder vom Üblichen stark abweicht, insbesondere wenn von ihr eine Blendwirkung ausgeht oder wenn wegen ihres Anbringungsortes z. B. Verkehrszeichen verdeckt oder überlagert werden, der Verkehrsraum eingeengt wird, oder wenn die verkehrliche Situation in der Nähe der vorgesehenen Anbringungsstelle außergewöhnlich schwierig ist.[203]

139 Eine besondere **Ablenkungswirkung** misst die Rspr. überwiegend allen Werbeanlagen bei, die durch bestimmte technische Vorrichtungen in der Lage sind, durch Motivwechsel mit verschiedenen Werbebotschaften in den Verkehrsraum einzuwirken. Begründet wird dies damit, dass der Verkehrsteilnehmer auf bewegliche Anlagen empfindlicher reagiert und abgelenkt wird, wenn ein Bildwechsel durchgeführt wird. Somit ist regelmäßig davon auszugehen, dass **Prismenwendeanlagen**, **Dia-Projektionswerbeanlagen** und **Mega-Light-Wechselanlagen**,[204] die in den öffentlichen Verkehrsraum hineinwirken, zu einer Straßenverkehrsgefährdung führen. Dabei ist jedoch nicht schematisch davon auszugehen, dass die genannten Werbeanlagen ihrer Art nach stets eine solche Gefährdung bewirken. Auch hierbei ist in jedem Einzelfall eine Entscheidung unter Berücksichtigung des konkreten Vorhabens zu treffen.

140 Einige Bauordnugen (§ 13 Abs. 3 Nr. 1 HBauO und § 49 Abs. 5 NBauO) enthalten ein ausdrückliches Verbot der **Brückenreklame**. Dieses dient nicht ausschließlich der Sicherheit und Leichtigkeit des (Straßen-)Verkehrs, sondern auch dem Schutz des Straßen-, Orts- und Landschaftsbildes.[205] Im Übrigen gefährden Werbeanlagen an innerörtlichen Brücken nicht stets den Straßenverkehr.[206]

---

200 OVG NRW vom 6. 2. 2003 (Fn. 167) und vom 28. 5. 2003 Az. 10 A 1830/01.

201 *Boeddinghaus/Hahn/Schulte* (Fn. 17) § 13 Rn. 45.

202 *Stüer*, Nichtverkehrliche Straßennutzung, DVBl. 2002, 238, 240f.

203 OVG Rh-Pf vom 22. 7. 1987 BRS 48 Nr. 120; HessVGH vom 30. 3. 1977 BRS 32 Nr. 118; BayVGH vom 16. 10. 1990 BRS 50 Nr. 145.

204 Dazu Rn. 114 und die Nachweise in Fn. 165 bis 167 sowie *Boeddinghaus/Hahn/Schulte* (Fn. 17) § 13 Rn. 45 a–c.

205 *Große-Suchsdorf/Lindorf/Schmaltz/Wiechert* (Fn. 43) § 49 Rn. 32 ff.

206 BVerwG vom 10. 8. 1971 BRS 24 Nr. 122; OVG NRW vom 26. 6. 1979 BRS 35 Nr. 140 und zur gestalterischen Beurteilung OVG Bln vom 17. 6. 1992 BRS 54 Nr. 128.

VI. Unzulässigkeit von Werbeanlagen im Außenbereich

1. Grundsatz

Außerhalb der im Zusammenhang bebauten **Ortsteile** sind Werbeanlagen unzulässig, soweit nicht gesetzlich geregelte Ausnahmen vorliegen. Außer in Baden-Württemberg, Brandenburg, Bayern und Hessen enthalten alle Landesbauordnungen diese Regelung. Die BauO Bln bestimmt in § 11 Abs. 3 Satz 4, dass in Naturschutzgebieten und Landschaftsschutzgebieten, in öffentlichen Grünanlagen und Erholungsanlagen sowie auf Friedhöfen Werbeanlagen unzulässig sind. Soweit die Länder auf eine Regelung des Außenbereichschutzes verzichten, beruht dies wohl auf der Vorstellung, dieser sei bereits durch § 35 BauGB hinreichend sichergestellt.[207] Dies gilt aber nur, soweit es sich bei der Werbeanlage um ein Vorhaben i. S. d. § 29 Abs. 1 BauGB handelt (siehe dazu Rn. 95). 141

Der Begriff „außerhalb der im Zusammenhang bebauten Ortsteile" ist identisch mit dem Begriff. **„Außenbereich"** i. S. d. § 35 Abs. 1 BauGB.[208] Die Aufstellung einer Außenbereichssatzung nach § 35 Abs. 6 BauGB ändert nichts an der Außenbereichsqualität. Die sich unter dem Gesichtspunkt der **Verunstaltungsabwehr** ergebende Beschränkung für Werbeanlagen resultiert aus der Vorgeschichte der Vorschrift (siehe oben Rn. 75 ff.) und dient dem Bedürfnis der Bevölkerung an der Erhaltung der natürlichen Eigenart der Landschaften, um dort Ruhe und Erholung zu finden.[209] Der grds. Ausschluss von Werbeanalgen im Außenbereich ist verfassungsrechtlich unbedenklich, da er auf sachgerechten Erwägungen beruht und durch Ausnahmevorschriften auf berechtigte Interessen Betroffener Rücksicht nimmt.[210] 142

Maßgeblich ist der **Standort** der Werbeanlage, so dass diese nicht schon dann unzulässig ist, wenn sie innerhalb des im Zusammenhang bebauten Ortsteils aufgestellt, aber in den angrenzenden Außenbereich wirkt.[211] Einige Bauordnungen verbieten jedoch ausdrücklich ein derartiges (erhebliches) **Einwirken in den Außenbereich** (§ 49 Abs. 3 Satz 1 NBauO). Nach § 11 Abs. 2, Satz 2, 2. Halbsatz BayBO und § 52 Abs. 3 Satz 2 LBO Rh-Pf sind verunstaltend auch Werbeanlagen an Ortsrändern, soweit sie in die freie Landschaft hineinwirken. Ob eine derartige optische Einwirkung vorliegt, ist von der freien Landschaft aus zu beurteilen.[212] 143

2. Ausnahmen

Die unter 3. Nrn. 1. bis 5. aufgeführten Anlagen (siehe oben Rn. 92) sind von dem Verbot, im Außenbereich Werbeanlagen zu errichten, durch Gesetz **ausgenommen**, soweit in anderen Vorschriften nichts anderes bestimmt ist. Liegen die Tatbestandsvoraussetzungen vor, sind diese Werbeanlagen im Außenbereich zulässig, ohne dass es einer Ermessensentscheidung der Behörde bedürfte. Zulässigkeitssperren aus anderen Rechtsbereichen – wie dem Natur- und Landschaftsrecht, dem Straßenverkehrs- und Straßenrecht sowie dem Denkmalschutz – bleiben von der bauordnungsrechtlichen Ausnahmeregelung ausdrücklich unberührt. 144

a) Werbeanlagen an der Stätte der Leistung

Stätte der Leistung ist der Ort, an dem eine Leistung erbracht wird. Hier muss entweder ein Produkt hergestellt, gelagert, verwaltet oder zum Verkauf angeboten oder eine 145

---

207 Vgl. *Koch/Molodovski/Farmers* (Fn. 56) 6.4.

208 § 13 Abs. 3 Satz 1 BauO LSA benutzt den Begriff „Außenbereich" und vermeidet die umständliche Umschreibung.

209 *Große-Suchsdorf/Lindorf/Schmaltz/Wiechert* (Fn. 43) § 49 Rn. 20.

210 BVerwG vom 25. 6. 1965 BVerwGE 21, 251, 256 f. = NJW 1966, 69.

211 *Boeddinghaus/Hahn/Schulte* (Fn. 173) Rn. 47.

212 BayVGH vom 5. 2. 1970 BayVBl. 1970, 183 und zum Genehmigungsfreistellungstatbestand des § 65 Abs. 1 Satz 1 Nr. 33 a BauO NRW, OVG NRW vom 12. 9. 2002 BRS 65 Nr. 153 = BauR 2003, 235.

Dienstleistung erbracht werden.[213] Es muss sich um eine auf die Leistung bezogene Werbeanlage allerdings nicht um reine Hinweis- oder Eigenwerbung handeln. Mit der Werbung darf nämlich auch Erinnerungswerbung für ein Produkt verbunden sein, das dort vertrieben wird. Stets muss aber die Leistung im Vordergrund stehen. Das setzt voraus, dass der Inhaber einen bestimmenden Einfluss auf Art, Inhalt, Umfang und Größe der Werbeanlage und auf die Dauer der Werbung hat und behält.[214] Somit muss allein oder jedenfalls vorrangig für das konkrete Unternehmen geworben werden.[215]

146 Die Formulierung **„an"** der Stätte der Leistung ist wörtlich zu verstehen. Daraus resultiert ein enger räulicher Zusammenhang zwischen der Werbeanlage und der Stätte der Leistung. Dieser kann sich auf ein Grundstück, ein Gebäude oder nur auf Teile von diesen beziehen.[216]

147 Werbung an der Stätte der Leistung kann nur vorliegen, wenn es sich planungsrechtlich nicht um eine Hauptnutzung, sondern um eine **Nebennutzung** i. S. d. § 14 BauNVO handelt.[217]

b) Sammelhinweisschilder

148 Ausnahmsweise zulässig sind im Außenbereich auch sog. **Hinweisschilder**. Nach der gesetzlichen Definition sind dies Schilder, die Inhaber und Art gewerblicher Betriebe kennzeichnen, wenn sie vor der Ortsdurchfahrt auf einer Tafel zusammengefasst sind. Üblicherweise werden die Schilder dazu benutzt, auf Gaststätten, Hotels, Kraftfahrzeughändler, -werkstätten, Tankstellen etc. hinzuweisen. Wegen der Zusammenfassung auf einer Tafel steht nur geringer Raum für den einzelnen Betrieb zur Verfügung, was dem Hinweischarakter entspricht. Die Wortwahl „Schilder vor Ortsdurchfahrten" legt den Schluss nahe, dass Ortsdurchfahrten von Bundes-, Landes- und Kreisstraßen i. S. d. FStrG und der Straßen- und Wegesetze der Länder gemeint sind.[218] Weitergehend lässt § 49 Abs. 3 Satz 2 Nr. 2 NBauO auch Hinweise auf landwirtschaftliche Betriebe zu, die auf den Verkauf ihrer Produkte aufmerksam machen wollen. § 52 Abs. 3 Satz 3 Nr. 4 LBO Rh-Pf lässt auch Wappenschilder von Gebietskörperschaften sowie Hinweise „auf die herausragende Weinlage einer Gemeinde" zu.

c) Hinweiszeichen

149 Auch einzelne Hinweiszeichen an Verkehrsstraßen und Wegeabzweigungen, die im Interesse des Verkehrs auf außerhalb der Ortsdurchfahrten liegende Betriebe oder versteckt liegende Stätten aufmerksam machen, sind im Außenbereich ausnahmsweise zulässig.[219] Zweck der Vorschrift ist es, im Interesse der Verkehrsteilnehmer und der **Entlastung** der Verkehrsstraßen **von Suchverkehr** auf standortgebundene Außenbereichsbetriebe, Denkmäler etc. hinzuweisen.

150 Als solche **Hinweiszeichen** sind nur Werbeanlagen anzusehen, die vornehmlich **wegweisenden Charakter** haben und sich nach Größe, Gestaltung, Farbgebung, Beschriftung und Beleuchtung auf das beschränken, was das Auffinden des Betriebes im Interesse des Verkehrs ermöglicht. Ein Hinweiszeichen vermag seine Funktion am ehesten durch eine dem Verkehrszeichen 432 der StVO entsprechende klare und eindeutige Form und Gestaltung zu gewährleisten.[220] § 49 Abs. 2 Nr. 3 NBauO lässt Hinweiszeichen nur bis zu einer Größe von 0,50 m^2 zu.

---

[213] BW VGH vom 30. 10. 1985 BRS 44 Nr. 133; OVG NRW vom 19. 12. 1995 BRS 57 Nr. 178.

[214] OVG NRW vom 21. 4. 1982 BRS 39 Nr. 137.

[215] Verneint für mehrere großflächige Tafeln an einem Verbrauchermarkt, OVG Bln vom 2. 3. 2000 BRS 63 Nr. 170 und für Tabakwerbung an Trinkhalle, OVG NRW Fn. 213.

[216] *Boeddinghaus/Hahn/Schulte* (Fn. 17) § 13 Rn. 51; insoweit zu eng *Gädtke/Temme/Heintz* (Fn. 15) Rn. 111.

[217] BVerwG vom 8. 3. 1995 BRS 57 Nr. 176.

[218] *Große-Suchsdorff/Lindorf/Schmaltz/Wiechert* (Fn. 43) § 49 Rn. 25.

[219] Teilweise sind die Ausnahmen für Hinweiszeichen verständlicher formuliert, etwa § 13 Abs. 4 Nr. 3 BremLBO, § 13 Abs. 7 HBO und § 49 Abs. 3 S. 2 Nr. 3 NBauO.

[220] Vgl. OVG NRW vom 27. 4. 1979 BRS 35 Nr. 142, vom 27. 9. 2001 Az. 10 A 2946/01 und vom 27. 8. 2002 Az. 10 B 1654/02.

d) Besondere Anlagen; Ausstellungs- und Messegelände

Werbeanlagen an und auf **Flugplätzen, Sportanlagen** und **Versammlungsstätten** sind ausnahmsweise zulässig, soweit sie nicht in die freie Landschaft wirken (siehe oben Rn. 143). Dasselbe gilt für Werbeanlagen **auf Ausstellungs-** und **Messegeländen** allerdings ohne die Einschränkung, dass sie nicht in die freie Landschaft wirken dürfen. Diese Veranstaltungen und damit die Anbringungsdauer der Werbeanlagen sind nämlich zeitlich begrenzt. 151

VII. Werbeanlagen in den Baugebieten

1. Grundsätzliche Unzulässigkeit in WS-, WR-, WA- und MD-Gebieten

Nicht nur im Außenbereich, sondern auch in den Baugebieten, wo das **Wohnen** und damit das Ruhebedürfnis der Bevölkerung **im Vordergrund** stehen, sind Werbeanlagen – abgesehen von bestimmten Einrichtungen – unzulässig (siehe unten Rn. 161). Bereits der Regelung des § 15 Abs. 4 MBO 1960 (siehe Rn. 90) lag die Überlegung zugrunde, dass die besondere Aufgabe, die den Baugebieten, die vornehmlich dem Wohnen dienen, im menschlichen Zusammenleben zukommt, in ihrem Wesen auch nicht durch Werbeanlagen beeinträchtigt werden darf.[221] 152

Auch planungsrechtlich ist anerkannt, dass nicht nur Immissionen i. S. d. BImSchG, sondern auch **optische Auswirkungen** des Vorhabens den Gebietscharakter eines Wohngebiets, nämlich die dort zu gewährleistende Wohnruhe, stören kann. Ein Vorhaben kann durchaus auch durch seine optische Erscheinung **gebietswidrig „laut“** wie die Erzeugung von Geräuschen sein.[222] 153

Außer in Bayern, in Hessen, die insoweit auf Planungsrecht vertrauen, und in Brandenburg erklären alle Landesbauordnungen Werbeanlagen in Kleinsiedlungs-, reinen und allgemeinen Wohngebieten sowie – mit Ausnahme der LBO BW – in Dorfgebieten für unzulässig. Zusätzlich werden in der Brem LBO, BauO NRW besondere Wohngebiete und in Bremen Sondergebiete, die der Erholung dienen, genannt. Die NBauO nennt zusätzlich Wochenendhausgebiete. Die Beschränkung der Werbung in diesen Gebieten ist **verfassungsrechtlich** nicht zu beanstanden.[223] Nach § 9 Abs. 2 Satz 3 BbgBO müssen Werbeanlagen so angebracht und betrieben werden, dass sie das Wohnen nicht stören. 154

2. Bestimmung des Baugebietscharakters

Welcher Baugebietscharakter vorliegt, ist grds. nach **planungsrechtlichen Kriterien** zu bestimmen. Die genannten Vorschriften landesrechtlicher Regelungen greifen die bundesrechtlichen Gebietsbezeichnungen in § 1 Abs. 2 BauNVO (WS, WR, WA, WB und MD) und die nachfolgenden Regelungen der §§ 2 ff. BauNVO auf. 155

Liegt der (geplante) Aufstellungsort der Werbeanlage im Geltungsbereich eines gültigen Bebauungsplans, so gelten dessen Festsetzungen. Ihnen ist ohne weiteres der jeweilige Baugebietscharakter zu entnehmen. Hierauf ist auch dann abzustellen, wenn die tatsächliche Nutzung den Festsetzungen nicht entspricht. Für Werbeanlagen mit Anbringungsort im Plangebiet ist nicht darauf abzustellen, ob diese in die für unzulässig erklärten Baugebiete hineinwirken. 156

Als schwieriger erweist sich die Bestimmung des Baugebietscharakters im **unbeplanten Innenbereich**. Hier ist nach § 34 Abs. 1 BauGB auf die Eigenart der näheren Umgebung abzustellen. Dabei sind aber nicht stets die für die planungsrechtliche Zulässigkeit 157

---

221 Begründungsausschuss der Musterbauordnungskommission (Fn. 177) S. 24.

222 Vgl. OVG NRW vom 25. 2. 2003 BauR 2003, 1016 m. w. N. dort in Fn. 28 und *Weyreuther*, Bundes- und Landesbaurecht, BauR 1971, 1, 4 („knallige“ Außenwerbung).

223 BVerwG vom 19. 11. 1973 BRS 27 Nr. 119, vom 28. 4. 1972 BRS 25 Nr. 127, vom 22. 2. 1980 BRS 36 Nr. 149 und vom 22. 2. 1980 BRS 36 Nr. 150.

erheblichen Kriterien des BauGB maßgeblich. Nach § 34 Abs. 1 BauGB muss die Umgebung insoweit berücksichtigt werden, als sich die Ausführung des Vorhabens auf sie auswirken kann und die Umgebung ihrerseits den bodenrechtlichen Charakter des Baugrundstücks (hier: Aufstellungsort) prägt oder doch beeinflusst.[224] Wegen der baugestalterischen Zielsetzung des gesetzlichen Ausschlusses von Werbeanlagen in den genannten Gebieten kommt es bei Anwendung dieser Vorschriften hingegen tendentiell stärker auf die Wirkungen der Werbeanlage auf die Umgebung als auf die Prägung des Aufstellungsortes durch die Umgebung an. Als maßgeblich wird somit der **optische Einwirkungsbereich** der Werbeanlage angesehen.

158 In der so bestimmten näheren Umgebung muss die Eigenart der **tatsächlichen Bebauung** und Nutzung festgestellt werden. Ausnahmsweise in den Baugebieten zulässige Nutzungen, die gebietsverträglich sind, hindern grds. nicht die Anwendung des § 34 Abs. 2 BauGB.[225] Entspricht sie einem der in der BauNVO genannten Baugebiete, gelten die Einschränkungen der Werbeanlagen in den durch die Bauordnungen bezeichneten Baugebieten (WS, WR, WA, WB und MD).[226] Die Anwendung des § 4 a BauNVO, der besondere Wohngebiete regelt, über § 34 Abs. 2 BauGB scheidet jedoch aus. § 4 a BauNVO setzt planerische Absichten der Gemeinde voraus, die einer Wahrnehmung bei der Beurteilung des tatsächlich Vorhandenen nicht zugänglich sind.[227]

159 Anders als bei der Lage im Plangebiet soll es bei der Aufstellung einer Werbeanlage in einem unbeplanten Gebiet geboten sein, die optischen Wirkungen auch in einem **benachbarten Gebiet** zu berücksichtigen.[228]

160 Ist die Zuordnung zu einem Baugebiet nicht möglich, weil eine **Gemengelage** vorliegt, kommt ein Ausschluss der Zulässigkeit nach dieser Vorschrift des Bauordnungsrechts nicht in Betracht. Die Werbeanlage kann jedoch gegen die allgemeinen Verunstaltungsverbote oder das Verbot der Verkehrsgefährdung verstoßen.

3. Zulässige Einrichtungen

161 Um das Informationsbedürfnis der Bevölkerung und das Interesse von Gewerbetreibenden, Freiberuflern und Werbeunternehmen an **standortgebundener Werbung** angemessen zu berücksichtigen, nehmen die Bauordnungen, die Werbeverbote für die genannten wohngeprägten Baugebiete enthalten, gewisse untergeordnete Werbeanlagen hiervon aus:

a) Werbeanlagen an der Stätte der Leistung

162 Zulässig sind in WS-, WR-, WA-, WB- und MD-Gebieten Werbeanlagen an der Stätte der Leistung (siehe oben Rn. 145). In reinen Wohngebieten darf nur mit **Hinweiszeichen** geworben werden (siehe oben Rn. 149).

b) Anlagen für amtliche Mitteilungen etc.

163 Zulässig sind auch Anlagen für amtliche Mitteilungen[229] und zur **Unterrichtung der Bevölkerung** über kirchliche, kulturelle, politische, sportliche und ähnliche Veranstaltungen. Die Anlagen müssen von vornherein eine ihrem Zweck normalerweise genügende Größe haben, um privilegiert zu sein. Dies können Schaukästen, Anschlagtafeln oder auch die klassische Litfaßsäule[230] sein.

164 Überwiegend erlauben die Landesbauordnungen, dass **freie Flächen** für andere Werbung genutzt werden dürfen (anders Nds). Werden allerdings Anlagen errichtet, deren

[224] *Boeddinghaus/Hahn/Schulte* (Fn. 17) Rn. 63.
[225] BVerwG vom 15. 2. 1990 NVwZ 1990, 775 = BRS 50 Nr. 75 und vom 21. 3. 2002 NVwZ 2002, 1118.
[226] OVG NRW vom 25. 8. 1972 BRS 25 Nr. 128.
[227] Vgl. BVerwG vom 11. 12. 1992 NVwZ 1993, 1100.
[228] Vgl. OVG NRW vom 24. 11. 1983 BRS 40 Nr. 158.
[229] OVG NRW vom 10. 4. 1973 BRS 27 Nr. 118.
[230] Zur bauordnungs-, bauplanungs- und straßenrechtlichen Beurteilung von Litfaßsäulen, OVG Hamb vom 20. 2. 1997 NVwZ 1998, 616 = BRS 59 Nr. 133 und Rn. 77.

Größe nicht durch den Informationsbedarf gerechtfertigt ist und die von vornherein als Träger für „andere Werbung" gedacht sind, handelt es sich um eine unzulässige Umgehung des Gesetzes.[231]

c) Werbeanlagen auf Verkehrsflächen

Auch **andere Werbeanlagen** können auf Verkehrsflächen öffentlicher Straßen zugelassen 165
werden, soweit diese die Eigenart des Gebietes und das Orts- oder Landschaftsbild nicht beeinträchtigen. Die Bauordnungen von Berlin, Bremen und Niedersachsen treffen eine derartige Regelung. Enger gefasst sind die entsprechenden Bestimmungen der Bauordnungen von Nordrhein-Westfalen, Rheinland-Pfalz, Sachsen-Anhalt, Schleswig-Holstein und des Saarlandes. Dort dürfen Werbeanlagen an Gebäuden, baulichen Anlagen oder an Haltestellen des öffentlichen Personennahverkehrs angebracht werden. Verfassungsrechtliche Bedenken gegen die Regelungen bestehen nicht.[232] Ob das Verbot der Verunstaltung durch das hier ausgesprochende Verbot der Beeinträchtigung gemildert wird,[233] ist fraglich, sollte aber zugunsten der besonders geschützten Wohnbereiche verneint werden.

Die Zulassnung in den geschützten Baugebieten erfolgt im Wege der **Ausnahme**. Zu- 166
sätzlich ist eine Sondernutzungserlaubnis erforderlich, da öffentliche Straßen, Wege und Plätze über den Gemeingebrauch in Anspruch genommen werden. So stellt bspw. ein Plakatanschlag an einem im Straßenraum errichteten Bauzaun eine Sondernutzung der Straße dar, die über die **Sondernutzung** durch den reinen Bauzaun hinausgeht.[234] Die Gemeinde kann über die Erteilung oder Nichterteilung von Sondernutzungserlaubnissen zusätzlich das Ausufern von Werbung in geschützte Bereiche hinein steuern.

4. Grundsätzliche Zulässigkeit von Werbeanlagen in den übrigen Baugebieten (MI, MK etc.)

Aus den erörterten Regelungen, wonach Werbeanlagen in WS-, WA-, WB- und MD- 167
Gebieten unzulässig sind, folgt im Umkehrschluss, dass der Gesetzgeber in Kern-, Misch-, Gewerbe- und Industriegebieten Werbeanlagen aller Art grundsätzlich als zulässig betrachtet, soweit sie nicht verunstaltet oder verunstaltend wirken und nicht den Verkehr gefährden. Hiervon geht auch die Rechtsprechung aus.[235] § 13 Abs. 6 HBauO enthält eine darüber hinausgehende sehr detaillierte Vorschrift. Danach sind in Misch-, Kern-, Gewerbe- und Sondergebieten Werbeanlagen oberhalb der unteren Dachkante nur zulässig, sofern sie keine von der öffentlichen Verkehrsfläche sichtbare Hilfskonstruktion erfordern.

VIII. Warenautomaten

§ 10 Abs. 5 MBO 2002 trifft – wie bereits § 15 Abs. 5 MBO 1960 – die Regelung, dass 168
die Absätze 1 bis 3 für Warenautomaten entsprechend (sinngemäß) gelten. **Warenautomaten** dienen dem Verkauf der in ihnen feilgebotenen Waren ohne Einsatz von Verkaufspersonal durch Betätigung eines auf Geld ansprechenden Mechanismus seitens der Erwerber.[236] Die Bauordnungen der meisten Bundesländern enthalten nahezu identische Regelungen (Bbg, Brem, M-V, NRW, Rh-Pf, Saar, Sachs-Anh, Schl-H, Thür).

---

231 *Wilke/Dageförde/Knuth/Meyer* (Fn. 55) § 11 Rn. 19.

232 *Große-Suchsdorff/Lindorf/Schmaltz/Wiechert* (Fn. 43) § 49 Rn. 31 unter Hinweis auf OVG Nds vom 14. 9. 1994 Az. 1 L 2743/92.

233 *Wilke/Dageförde/Knuth/Meyer* (Fn. 55) § 11 Rn. 22.

234 HessVGH vom 24. 2. 1998 GewArch. 1998, 437 und zur Ablehnung einer sog. Bagatellgrenze BVerwG vom 4. 7. 1996 NJW 1997, 406, vom 10. 5. 1996 DVBl. 1996, 925 und BW VGH vom 12. 12. 1996 BRS 58 Nr. 129.

235 Nachweise in Fn. 223.

236 *Boeddinghaus/Hahn/Schulte* (Fn. 17) Rn. 82.

169 Die Vorschrift hat **gesetzestechnische Mängel**. Durch die Verweisung auf Abs. 1 müssten „gleichsam automatisch" auch die Absätze 2 bis 4 gelten.[237] Das hat der Gesetzgeber jedoch nicht gewollt, so dass Warenautomaten grundsätzlich innerhalb der bebauten Ortsteile zulässig sind. Aus Abs. 1 ist zu entnehmen, dass es sich um ortsfeste Einrichtungen handeln muss, die vom öffentlichen Verkehrsraum aus sichtbar sind. Nach Abs. 2 dürfen Warenautomaten, egal ob es sich um bauliche Anlagen handelt oder nicht, nicht gegen Verunstaltungsverbote verstoßen. Nach Abs. 3 sind Warenautomaten im Außenbereich unzulässig, es sei denn, sie unterfallen den dortigen geltenden Ausnahmen (siehe oben Rn. 151).

170 Da **nicht** auf **Abs. 4** verwiesen wird, sind Warenautomaten grds. auch in den durch Wohnen geprägten Baugebieten zulässig (siehe oben Rn. 152). Einige Bundesländer treffen allerdings die Bestimmung, dass Warenautomaten in reinen Wohngebieten nur ausnahmsweise zulässig sind (Brem, M-V).

171 Bei der Beurteilung der bauordnungsrechtlichen Zulässigkeit von Warenautomaten wird häufig übersehen, dass es eines Rückgriffes auf Abs. 5 nicht bedarf, wenn es sich bei dem jeweiligen Warenautomaten **zugleich** wegen der konkreten Gestaltung um eine **Werbeanlage** handelt. Dann ist ohnehin die gesamte Vorschrift einschließlich Abs. 4 einschlägig.[238]

172 Die Regelungen von vier Bundesländern weichen mehr oder weniger von der erörterten Vorschrift ab. § 11 Abs. 3 Satz 2 LBO BW bestimmt, dass die Absätze 1 und 2 der allgemeinen Gestaltungsvorschrift auch für Warenautomaten gelten. Art. 2 Abs. 1 Satz 2 BayBO fingiert neben Anlagen der Wirtschaftswerbung auch Automaten als bauliche Anlagen. Nach § 11 Abs. 2 Satz 2 BauO Bln gilt die Generalklausel (§ 3 Abs. 1) auch für Warenautomaten. § 13 Abs. 10 HBauO trifft eine differenzierte Regelung. § 49 NBauO gilt nicht für Warenauomaten, die jedoch als bauliche Anlagen gelten (§ 2 Abs. 1 Satz 2 Nr. 3 NBauO). Hessen hat auf besondere Regelungen für Warenautomaten verzichtet.

173 Warenautomaten sind als solche **nicht baugenehmigungspflichtig**, es sei denn, sie sind zugleich Werbeanlagen, die ihrerseits nicht von der Baugenehmigungspflicht freigestellt sind (siehe unten Kap. 13, Rn. 57, Stichwort „Automaten").

IX. Vom Anwendungsbereich der Bauordnungen ausgenommene Werbeanlagen

174 Mit dem letzten Absatz (6.) werden in den meisten Bauordnungen (mit Ausnahme Bay, Hamb, M-V) bestimmte Werbeanlagen **aus** dem gesamten **Geltungsbereich** dieses Gesetzes **ausgenommen**. Der Ausschluss hat dieselbe Wirkung wie die in den meisten Bauordnungen enthaltene Regelung des § 1 Abs. 2 (Anwendungsbereich). Systematisch richtig ist es, den Ausschluss der Werbeanlagen dort mitzuregeln, wie es in § 1 Abs. 2 Nr. 8 HBO und § 2 Abs. 9 Satz LBO BW (dort bei den Begriffen) geschehen ist. Die ausgeschlossenen Werbeanlagen unterliegen auch nicht den Regelungen einer Gestaltungssatzung.[239]

175 Ausgenommen sind Anschläge und Lichtwerbung an **dafür** genehmigten Säulen, Tafeln und Flächen. Bei der Genehmigung solcher Einrichtungen und Anlagen ist nämlich bereits zu prüfen, ob sie auch unter Berücksichtigung des Werbemittelwechsels zulässig sind.[240]

176 Nicht dem sachlichen Geltungsbereich des Gesetzes unterfallen Werbeanlagen an **Zeitungs- und Zeitschriftenverkaufsstellen**. Sie müssen **an** diesen angebracht sein. Ob eine derartige Verkaufsstelle im Sinne dieser Regelung vorliegt, hängt vom Umfang des Zeitungs- und Zeitschriftenangebots ab, d. h. davon, ob die Verkaufsstätte über ein hinreichend breites Zeitungs- und Zeitschriftensortiment verfügt. Nicht erforderlich ist, dass die Verkaufsstätte ausschließlich oder doch schwerpunktmäßig Presseerzeugnisse ver-

---

[237] OVG NRW vom 3. 6. 1986 BRS 46 Nr. 45 = BauR 1986, 544.
[238] *Boeddinghaus/Hahn/Schulte* (Fn. 17) Rn. 84.
[239] *Boeddinghaus/Hahn/Schulte* (Fn. 17) § 13 Rn. 85.
[240] OVG NRW vom 8. 11. 1962 BRS 13 Nr. 33.

treibt. Die Vorschrift greift somit auch ein, wenn daneben andere Waren (z. B. Getränke, Süßigkeiten oder Bücher) angeboten werden, soweit diese nur untergeordnete Funktion haben und der Verkaufsstelle nicht den Charakter einer Zeitungs oder Zeitschriftenverkaufsstelle nehmen. Die Werbemittel müssen aber auf die Zeitungen oder Zeitschriften bezogen sein.[241] Denn die Privilegierung durch diese Vorschrift steht im Zusammenhang mit Art. 5 GG und findet unter diesem Aspekt auch ihre Begrenzung.[242]

Auslagen und **Dekorationen** in Fenstern und Schaukästen unterliegen ebenfalls nicht 177
der Bauordnung. Dabei handelt es sich um zum Kauf angebote Waren und die zum Ausstellen erforderlichen Gegenstände und Dekorationen. Nicht erfasst wird jedoch der Geschäfts- oder Firmenname im Fenster. Dabei handelt es sich um eine Werbeanlage, die der Bauordnung unterliegt.[243] Dasselbe gilt für Strahler mit Lauflichtschaltung.[244]

Wahlwerbung unterliegt für die Dauer des Wahlkampfes nicht den Bestimmungen der 178
Bauordnung. Die Sichtwerbung für Wahlen ist ein wichtiger Bestandteil im Wahlkampf, die nicht beschnitten werden darf.[245] Es macht keinen Unterschied, ob es sich um Wahlwerbung politischer Parteien, Bürgerinitiativen, freier Wählergruppen oder Einzelpersonen handelt.

Unter Wahlkampfzeiten fallen jedensfalls die **sechs Wochen** vor der Wahl. Großflächige 179
Werbung elf Monate vor dem Wahltermin an der Fassade einer Wahlkampfzentrale ist weder Wahlwerbung noch Werbung für eine zeitlich begrenzte Veranstaltung.[246] Das Verbot „wilden" Plakatierens ist auch zu Wahlkampfzeiten verfassungsgemäß.[247] Auch Wahlwerbung darf den Straßenverkehr nicht gefährden.

X. Länderspezifische Besonderheiten

Die **wesentlichen Besonderheiten** einzelner Landesbauordnungen sind im jeweiligen 180
Sachzusammenhang abgehandelt worden. Es ist dargestellt worden, dass Hessen, Baden-Württemberg und Bayern auf eine eigenständige Werbevorschrift verzichtet haben. Ansonsten weichen die NBauO und die HBO inhaltlich am stärksten von den Bauordnungen der anderen Länder ab (siehe oben Rn. 121, 172), die im Übrigen große Übereinstimmungen aufweisen.

XI. Kein Nachbarschutz

Die Regelungen über Werbeanlagen sind ebenso wie die Gestaltungsvorschriften nicht 181
nachbarschützend. Die Anforderungen an Werbeanlagen werden im **öffentlichen Interesse**, nicht im Interesse Einzelner gestellt.[248] Die Rechtsordnung verleiht dem Grundbesitz z. B. keinen Schutz gegenüber ästhetischen Beeinträchtigungen eines Ortsbildes.[249]

Werbeanlagen können allerdings durch **Abstandsflächenverstöße** Abwehransprüche 182
des Nachbarn auslösen.[250] Entgegen der Meinung des BayVGH sind auch einzelne Werbetafeln im Euroformat abstandsflächenrelevant.[251]

---

241 OVG NRW vom 4. 9. 1998 Az. 11 A 4856/96.
242 *Boeddinghaus/Hahn/Schulte* (Fn. 17) § 13 Rn. 90.
243 OVG Nds vom 10. 6. 1986 BRS 46 Nr. 124; OVG NRW vom 21. 8. 1998 BRS 60 Nr. 131.
244 BW VGH vom 17. 9. 1990 BRS 50 Nr. 144 = BauR 1991, 75.
245 BVerwG vom 13. 12. 1974 BVerwGE 74, 280, 283 f. = NJW 1975, 1289.
246 OVG Bln vom 7. 1. 2002 NVwZ 2002, 489 = GewArch 2002, 115 und vom 11. 6. 2002 BauR 2003, 1356.
247 BVerfG vom 10. 12. 2001 DVBl. 2002, 409.
248 OVG Nds vom 29. 3. 1985 BRS 44 Nr. 118.
249 BVerwG vom 8. 7. 1998 UPR 1998, 445.
250 OVG NRW vom 18. 9. 1992 BRS 54 Nr. 131.
251 Vom 13. 8. 1997 NVwZ-RR 1998, 620 = BayVBl. 1998, 502; a.A. OVG Nds vom 18. 2. 1999 NVwZ-RR 1999, 560; OVG Sachs vom 16. 4. 1999 BRS 62 Nr. 159 = NVwZ-RR, 560, 561.

5. Kapitel. Allgemeine Anforderungen an die Bauausführung

Übersicht

Rn.

Teil 1: Die Baustelle ... 1
Ländervergleich ... 1
I. Merkmale einer Baustelle ... 3
II. Baustelleneinrichtung ... 7
III. Einrichten und Betreiben einer Baustelle ... 8
1. Sorgfaltspflichten ... 8
2. Warnzeichen, Bauzaun und sonstige Schutzeinrichtungen ... 10
3. Bauschild (Bautafel) ... 11
IV. Schutz von Bäumen, Hecken und sonstigen Bepflanzungen ... 12
V. Weitere Anforderungen ... 13
VI. Abwehransprüche Dritter ... 14

Teil 2: Standsicherheit ... 15
Ländervergleich ... 15
I. Der Begriff Standsicherheit ... 17
II. Anforderungen an die Standsicherheit von baulichen Anlagen ... 19
III. Tragfähigkeit des Baugrundes des Nachbargrundstücks ... 21
IV. Nachweis der Standsicherheit ... 24
V. Aufgaben und Befugnisse der Bauaufsichtsbehörden ... 25

Teil 3: Schutz gegen schädliche Einflüsse ... 26
Ländervergleich ... 26
I. Schutzumfang und Schutzzweck ... 28
II. Anforderungen an bauliche Anlagen ... 32
III. Schadensbeseitigungspflicht ... 34
IV. Anzeigepflicht ... 36

Rn.

Teil 4: Brandschutz – Allgemeine Regelungen ... 37
Ländervergleich ... 37
I. Allgemeine brandschutzrechtliche Bestimmungen ... 39
1. Allgemeines ... 39
2. Musterbauordnung 2002 ... 41
II. Vorbeugender Brandschutz ... 44
1. Mindestanforderungen an Baustoffe hinsichtlich des Brandverhaltens ... 44
2. Leichtentflammbare Baustoffe und feuerbeständige Bestandteile ... 51
III. Rettungswege ... 52
IV. Blitzschutzanlagen ... 58
V. Beteiligung der Brandschutzdienststellen ... 59
VI. Erteilung von Befreiungen ... 62
VII. Nachbarschutz ... 63

Teil 5: Wärme-, Schall-, Erschütterungsschutz ... 64
Ländervergleich ... 64
I. Allgemeines ... 66
II. Schallschutz ... 69
III. Pflicht zur Dämmung von Geräuschen, Erschütterungen und Schwingungen ortsfester Einrichtungen ... 71
IV. Wärmeschutz ... 76

Teil 6: Verkehrssicherheit ... 77
Ländervergleich ... 77
I. Allgemeines ... 79
II. Verkehrssicherheit baulicher Anlagen ... 81
III. Sicherheit und Leichtigkeit des öffentlichen Verkehrs ... 82

Teil 1. Die Baustelle

MBO § 11, BW § 12, Bay Art. 12, Bln § 12, Bbg § 10, Brem § 14, Hamb § 14, Hess §§ 10, 3, M-V § 11, Nds § 17, NRW § 14, Rh-Pf § 53, Saar § 13, Sachs § 14, Sachs-Anh § 14, Schl-H § 16, Thür § 14.

Ländervergleich

1

	Regelungsgegenstände der Landesbauordnungen und der MBO 2002[1]
1.	Baustellen sind so einzurichten, dass bauliche Anlagen ordnungsgemäß errichtet, geändert oder beseitigt werden können und Gefahren oder vermeidbare Belästigungen nicht entstehen.
2.	Zum Schutz unbeteiligter Personen sind Gefahrenzonen abzugrenzen oder durch Warnzeichen zu kennzeichnen. Soweit erforderlich, sind Baustellen mit einem Bauzaun abzugrenzen, mit Schutzvorrichtungen gegen herabfallende Gegenstände zu versehen und zu beleuchten.
3.	Für die Dauer der Ausführung nicht verfahrensfreier Bauvorhaben ist an der Baustelle ein Bauschild anzubringen mit Bezeichnung des Vorhabens, Namen und Anschriften des Entwurfsverfassers, des Bauleiters und der Unternehmer für den Rohbau; es muss dauerhaft und von der öffentlichen Verkehrsfläche aus sichtbar sein.
4.	Schutzvorkehrungen sind erforderlich für Bäume, Hecken und sonstige Bepflanzungen, wenn diese auf Grund anderer Rechtsvorschriften zu erhalten sind.

2

Land	Norm (LBO)		Umsetzung/Abweichung in den Ländern und der MBO 2002[2]
MBO 2002	§ 11	1. 2. 3. 4.	§ 11 I § 11 II § 11 III § 11 IV
BW	§ 12	1. 2. 3. 4.	§ 12 I fehlt § 12 III und IV – Abweichung: Bei der Ausführung genehmigungspflichtiger Vorhaben hat der Bauherr an der Baustelle den nach § 59 Abs. 1 erteilten Baufreigabeschein anzubringen, in dem Name, Anschrift und Rufnummer der Unternehmer für die Rohbauarbeiten spätestens bei Baubeginn einzutragen sind; ersatzweise ist auch die Anbringung eines besonderen Schildes mit diesen Angaben zulässig. Bei Vorhaben im Kenntnisgabeverfahren sind die Angaben wie bei den Allgemeinen Anforderungen (einschließlich der Rufnummer der Unternehmer für die Rohbauarbeiten) erforderlich. § 12 V **Besonderheiten:** § 12 II: Öffentliche Verkehrsflächen, Versorgungs-, Abwasser- und Meldeanlagen sowie Grundwassermessstellen, Vermessungszeichen und Grenzzeichen sind für die Dauer der Bauausführung zu schützen und, soweit erforderlich, unter den notwendigen Sicherheitsvorkehrungen zugänglich zu halten.
Bay	Art. 12	1. 2. 3. 4.	Art. 12 I – **zusätzlich:** zu verhindern sind auch vermeidbare Nachteile. fehlt Art. 12 III – Abweichung: Auf der „Tafel" (Bauschild) muss der Unternehmer für den Rohbau nicht angegeben werden. fehlt **Besonderheiten:** Art. 12 II: wie BW

[1] Die hier verwendeten Ziffern entsprechen den Ziffern der nachstehenden Rubrik „Umsetzung/Abweichung in den Ländern".

[2] Die hier verwendeten Ziffern entsprechen den Ziffern der vorstehenden Rubrik „Regelungsgegenstände der Landesbauordnungen".

Land	Norm (LBO)		Umsetzung/Abweichung in den Ländern und der MBO 2002
Bln	§ 12	**1.**	§ 12 I – zusätzlich: Verunreinigungen der Baustellen und ihrer Umgebung mit Müll ist zu verhindern. Durch die Einrichtung von Baustellen und deren Betrieb darf der Straßenverkehr nicht mehr als unabweisbar beeinträchtigt werden (Hinweis auf Berliner Straßengesetz). Der Brandschutz muss sichergestellt sein; die hierfür notwendigen Einrichtungen und Geräte müssen vorhanden sein und betriebsbereit sein.
		2.	§ 12 II
		3.	§ 12 III
		4.	§ 12 IV – Erwähnt sind nur „zu erhaltende Bäume".
Bbg	§ 10	**1.**	§ 10 I
		2.	§ 10 II
		3.	§ 10 III – abweichend: Bauschild mit der Bezeichnung des Bauvorhabens, Art und Maß der Nutzung und die Nahmen und Anschriften der am Bau Beteiligten; es muss dauerhaft und von der öffentlichen Verkehrsfläche aus lesbar sein.
		4.	fehlt
Brem	§ 14	**1.**	§ 14 I – Gilt auch für Instandhaltungsmaßnahmen
		2.	§ 14 II – Der Bauzaun muss eine Höhe von mindestens 1,80 m haben.
		3.	§ 14 III – Gilt nur für genehmigungspflichtige Bauvorhaben; bei Bauvorhaben geringfügigen Umfangs kann auf die Anbringung eines Bauschildes verzichtet werden.
		4.	§ 14 IV – Verpflichtung zur Bewässerung während der Vegetationszeit bei Grundwasserabsenkungen
Hamb	§ 14	**1.**	§ 14 I – Ausdrücklich erwähnt werden die Baustelleneinrichtungen, insbesondere Gerüste, maschinelle und elektrische Anlagen, die betriebssicher und mit den nötigen Schutzvorrichtungen versehen sein müssen. Die zuständige Behörde kann Nachweise über die Betriebssicherheit und über die Wirksamkeit von Baustelleneinrichtungen und Schutzvorkehrungen verlangen.
		2.	§ 14 II
		3.	§ 14 III – Anzugeben sind auch die Unternehmer für die Hauptgewerke.
		4.	§ 14 IV – Zusätzlich: Ausreichende Bewässerung bei Grundwasserabsenkung; die Durchlässigkeit gewachsenen Bodens ist nach baubedingter Verdichtung wieder herzustellen. **Besonderheiten:** § 14 V: Wie § 12 II BW (zusätzlich erwähnt sind Anlagen des Fernmeldewesens).
Hess	§§ 10, 3 Abs. 1 und 3	**1.**	§ 10 I – Gilt auch für Instandhaltungsmaßnahmen; zu vermeiden sind auch Nachteile.
		2.	fehlt
		3.	§ 10 II – Gilt nur für genehmigungspflichtige Baumaßnahmen; anzugeben auch die Zahl der Geschosse.
		4.	§ 3 I und III (u. a. die Regeln des Grünflächen- und Landschaftsbaues sind zu beachten). **Besonderheiten:** § 10 III: Für Tagesunterkünfte auf Baustellen gelten vereinfachte Brandschutzanforderungen, sofern die öffentliche Sicherheit und Ordnung nicht gefährdet wird. Mit Boden, Wasser und Energie ist rationell und sparsam umzugehen, Bauabfälle sind zu vermeiden; Bodenaushub und nicht vermeidbare Bauabfälle sind umweltunschädlich zu verwerten. Die Regeln der Abfallvermeindung und der Wiederverwendung verwertbarer Stoffe, insbes. für anfallenden Bodenaushub und Bauabfälle, sind zu beachten.

Land	Norm (LBO)		Umsetzung/Abweichung in den Ländern und der MBO 2002
MV	§ 11	**1.** **2.** **3.** **4.**	§ 11 I § 11 II § 11 III § 11 IV
Nds	§ 17	**1.** **2.** **3.** **4.**	Fehlt § 17 I § 17 III – Gilt nur für genehmigungsbedürftige Baumaßnahmen; anzugeben ist auch der Name des Bauherrn und der Unternehmer (sofern die Bauarbeiten nicht lediglich geringfügig sind). Die Bauaufsichtsbehörde kann ausnahmsweise auf das Bauschild verzichten, wenn an der Baustelle geringfügige Bauarbeiten auszuführen sind oder sonst ein außergewöhnlicher Einzelfall vorliegt. Liegt das Baugrundstück nicht an einer öffentlichen Verkehrsfläche, so genügt es, wenn das Bauschild von dem Zugang zum Baugrundstück aus lesbar ist. § 17 II S. 2 **Besonderheiten:** § 17 II: wie § 12 II BW, zusätzlich erwähnt sind Fernmeldeanlagen
NRW	§ 14	**1.** **2.** **3.** **4.**	§ 14 I § 14 II § 14 III § 14 IV – zusätzliche Verpflichtung zur ausreichenden Bewässerung
Rh-Pf	§ 53	**1.** **2.** **3.** **4.**	§ 53 I fehlt § 53 IV – Abweichung: Bei genehmigungspflichtigen Bauvorhaben ist eine von der Bauaufsichtsbehörde ausgehändigte Kennzeichnung anzubringen, die über die Erteilung der Baugenehmigung unter Angabe des Ausstellungsdatums und des Aktenzeichens Auskunft gibt. Anzugeben sind der Bauherr, Name, Anschrift und Rufnummer des Entwurfsverfassers und der am Rohbau beteiligten Unternehmen. Bei Vorhaben, für die das Freistellungsverfahren nach § 67 durchgeführt wurde, sind an der Baustelle Angaben über die Art des Vorhabens sowie über Namen, Anschrift und Rufnummer des Bauherrn, des Entwurfsverfassers und der am Rohbau beteiligten Unternehmen anzubringen. § 53 II S. 2 – Erwähnt werden nur Bäume. **Besonderheiten:** § 53 II S. 1: Wie § 12 II BW, zusätzlich erwähnt sind Pegelmessstellen
Saar	§ 13	**1.** **2.** **3.** **4.**	§ 13 I § 13 II § 13 IV – Abweichung: Bei genehmigungspflichtigen Bauvorhaben ist auf dem Bauschild auch das Genehmigungsdatum, die Bauschein-Nummer und die Genehmigungsbehörde anzugeben sowie die Unternehmen. Bei nur anzeigepflichtigen Bauvorhaben oder bei fiktiven Genehmigungen wegen Fristablaufs ist die Bauaufsichtsbehörde, der das Verfahren angezeigt oder bei der die Genehmigung beantragt worden ist, anzugeben. § 13 V – Verpflichtung zur ausreichenden Bewässerung; der bei der Freiliegung des Baufeldes anfallende Oberboden ist zu schützen. **Besonderheiten:** § 13 III: Wie § 12 II BW
Sachs	§ 14	**1.** **2.** **3.** **4.**	§ 14 I § 14 II § 14 III § 14 IV

Land	Norm (LBO)		Umsetzung/Abweichung in den Ländern und der MBO 2002
Sachs-Anhalt	§ 14	**1.**	§ 14 I – Gilt auch für Instandsetzungsarbeiten
		2.	§ 14 II
		3.	§ 14 IV – Gilt nur für genehmigungspflichtige Vorhaben
		4.	§ 14 III – Zu schützen sind auch der Mutterboden und angrenzende Gewässer
Schl-H	§ 16	**1.**	§ 16 I
		2.	§ 16 II
		3.	§ 16 IV
		4.	§ 16 III – Verpflichtung auch zur ausreichenden Bewässerung bei Grundwasserabsenkung
Thür	§ 14	**1.**	§ 14 I
		2.	§ 14 II
		3.	§ 14 III – Auf dem Bauschild muss der Bauleiter nicht angeben werden.
		4.	§ 14 IV – Gilt für Hecken u. a., die aufgrund anderer Rechtsvorschriften zu schützen sind oder deren Erhaltung in der Baugenehmigung zur Auflage gemacht wird.

I. Merkmale einer Baustelle

Die Baustelle selbst ist keine eigene „bauliche Anlage"; unter Baustelle ist das Grundstück zu verstehen, auf dem Bauarbeiten durchgeführt werden oder auf dem **Baustelleneinrichtungen** oder Maschinen (etwa eine Betonmischanlage) vorhanden sind, die für die Bauarbeiten benötigt werden. Der **räumliche Bereich** der **Baustelle** deckt sich nicht unbedingt mit den Grenzen des Baugrundstücks. Werden im Zuge der Bauarbeiten (vorübergehend) öffentliche Verkehrsflächen in Anspruch genommen, so ist regelmäßig eine **Sondernutzungserlaubnis** nach straßenrechtlichen Bestimmungen einzuholen (bei Bundesstraßen nach § 8 BFStrG).[3] Auf diese Erlaubnis hat der Bauherr im Allgemeinen einen aus Art. 14 GG ableitbaren Anspruch als Anlieger. Dem Bauherrn obliegt hier die **Verkehrssicherungspflicht**[4] wie auch die – sich aus den straßenrechtlichen Bestimmungen (wie auch aus § 23 Abs. 1 StVO) ergebende – Pflicht, Verunreinigungen und Beschädigungen zu beseitigen. Soweit eine Straßenfläche für Lagerung von Baustoffen oder für sonstige Arbeiten in Anspruch genommen wird, ist eine Ausnahme nach § 46 Abs. 1 Nr. 8 StVO notwendig, die bei Bundes-, Staats- und Kreisstraßen die Kreisverwaltungsbehörde, bei Gemeindestraßen und sonstigen öffentlichen Wegen die Gemeinde erteilt. 3

Einer ausdrücklichen baurechtlichen Genehmigung bedarf weder die Baustelle als solche, noch die auf ihr für die Dauer der Bauarbeiten aufgestellten und dafür genutzten Anlagen wie **Gerüste**, aber auch Lagerhallen, Schutzhallen und **Unterkünfte**.[5] Inhaltlich müssen aber auch derartige Anlagen oder Einrichtungen den Anforderungen sowohl des Bauordnungs- als auch des sonstigen öffentlichen Rechts genügen; ggf. bedürfen sie einer Genehmigung oder Erlaubnis nach anderen öffentlich-rechtlichen Vorschriften (etwa nach der Baumaschinenlärm-Verordnung [15. BImschV] i. d. F. vom 27. 4. 1993, BGBl. I S. 512 [538]) oder nach dem Straßen- und Wege-, dem Straßenverkehrs- oder dem Arbeitsschutzrecht. 4

Von Baubeginn an müssen an der Baustelle in der Regel entweder eine Ausfertigung der **Baugenehmigung** oder – bei nur anzeigepflichtigen Bauvorhaben – die Eingangsanzeige bei der Baubehörde und die vollständigen Bauvorlagen vorliegen. Den mit der (Bau-)Überwachung beauftragten Personen muss „jederzeit" Einblick gewährt werden. 5

3 VG Frankfurt a. M. vom 27. 2. 1995 NVwZ-RR 1995, 427.
4 OLG Köln vom 6. 2. 1996 BauR 1996, 730 zu Baugerüsten.
5 OVG NRW vom 28. 12. 1994 BRS 57 (1995) Nr. 183.

6 Die **Musterbauordnung 2002** kennt hier keine Besonderheiten; sie beschränkt sich auf die bisher allgemein üblichen Regelungen.

II. Baustelleneinrichtung

7 Zur Einrichtung einer Baustelle zählen sowohl die für die Bauarbeiten notwendigen Maschinen, Werkzeuge, Bauprodukte und andere (Hilfs-)Mittel, die zu deren vorübergehender Lagerung genutzten Flächen oder errichteten Bauten sowie Gerüste samt Zubehör als auch die für Schutz der Bauarbeiter und anderer sich in diesem Bereich aufhaltender Personen erforderlichen Ein- und Vorrichtungen wie Bauwagen, Unterkünfte, Toiletten usw. Es kommt weder darauf an, ob es sich um bauliche Anlagen handelt, noch darauf, ob – wie z. B. Maschinen oder Baukräne – die einzelne Anlage ihrerseits gar nicht der Bauordnung unterliegt.[6] Die Baustelleneinrichtung muss nicht auf dem eigentlichen Baugrundstück stehen; erforderlich ist aber ein funktionaler Zusammenhang.[7]

III. Einrichten und Betreiben einer Baustelle

1. Sorgfaltspflichten

8 Baustellen sind vom Bauherrn bzw. dem Unternehmer oder Bauleiter so einzurichten, dass das Bauvorhaben ordnungsgemäß ausgeführt werden kann und die Bauarbeiten keine Gefahren oder vermeidbare Belästigungen hervorrufen. Diese Pflichten beschränken sich nicht auf die Einrichtung der Baustelle, sie dauern bis zum Abschluss der Bauarbeiten bzw. bis zur Aufhebung der Baustelle an. Es ist **Vorsorge** dafür zu treffen, dass mit hinreichender Wahrscheinlichkeit die öffentliche Sicherheit und Ordnung nicht gefährdet wird. Durch geeignete Maßnahmen muss die **Entwicklung von Staub** unterbunden werden. Beim Abtransport von Bauschutt ist darauf zu achten, dass die Straße nicht verschmutzt wird. Baustoffe und Bauteile sind so zu lagern, dass eine Gefährdung des Verkehrs nicht eintritt (§ 32 Abs. 1 StVO).

9 Zur Abwehr von Gefahren oder **vermeidbaren Belästigungen** können die Bauaufsichtsbehörden einschreiten. Dies kommt insbesondere bei **Baulärm** in Betracht, wenn er den in der 5. BImSchV und der VDI-Richtlinie 2058 vorgegebenen Rahmen überschreitet. Zu beachten ist dabei insbesondere auch der Schutz der Nachtruhe, die zwischen 22.00 Uhr und 6.00 Uhr einzuhalten ist. Schutzwürdige Ruhezeiten sind zudem die Sonn- und Feiertage. Es kommen aber auch Ausnahmeregelungen in Betracht, sofern zwingende technische Erfordernisse dies verlangen.[8] Für die Erteilung von Ausnahmegenehmigungen ist die jeweilige Kreisverwaltungsbehörde zuständig. Zur Feststellung, ob eine Ruhestörung vorliegt, ist in der Regel eine Schallpegelmessung durchzuführen, die auf der Grundlage der allgemeinen Verwaltungsvorschrift zum Schutz gegen Baulärm – Geräuschimmissionen – durchgeführt wird. Fallen während der Bauarbeiten Schweißarbeiten an, so ist wegen der erhöhten Brandgefahr für einen ausreichenden Brandschutz vorzusorgen; die erforderlichen Sicherheitseinrichtungen (-geräte) sind bereitzuhalten; sie müssen betriebsbereit sein.

2. Warnzeichen, Bauzaun und sonstige Schutzeinrichtungen

10 Die Baustelle ist mit einem **Bauzaun** abzugrenzen, soweit dies notwendig ist, und mit **Schutzvorrichtungen** gegen herabfallende Gegenstände zu versehen; die Baustelle ist zu beleuchten. Statt eines Bauzaunes sind auch andere gleichwertige Möglichkeiten (z. B.

---

[6] Vgl. zu Baukränen OVG Koblenz vom 4. 1. 1968 VRspr. 19, 822.
[7] BayVGH vom 19. 11. 1974 BayVBl. 1975, 142.
[8] OVG Berlin vom 27. 3. 1996 NVwZ 1996, 926; OVG Saarlouis vom 1. 3. 1995 BRS 57 Nr. 228.

Absperrwände) zulässig. Eine besondere Sicherung des Baustellenbereichs vor dem Zutritt Unbefugter ist nicht ausnahmslos geboten. Grenzt die Baustelle unmittelbar an (öffentliche) Verkehrsflächen an oder werden Teile des Straßenkörpers vorübergehend in Anspruch genommen, ist eine Abgrenzung grundsätzlich „erforderlich." Vor allem bei Dacharbeiten müssen auch Vorkehrungen gegen ein Herabfallen von Gegenständen getroffen werden. Das **Beleuchtung**sgebot betrifft die Baustelle insgesamt, und zwar in ihrer flächenhaften wie höhenmäßigen Ausdehnung (Beleuchtung der Kräne aus Gründen der Flugsicherheit).

3. Bauschild (Bautafel)

„An der Baustelle" – also an bereits vorhandenen Baustelleneinrichtungen oder gesondert auf dem Baugrundstück (oder auch an anderer Stelle mit einem erkennbaren räumlichen Bezug zur Baustelle) – ist ein Bauschild (eine „Bautafel") anzubringen. Dazu ist der Bauherr noch vor Baubeginn verpflichtet, sofern es sich um ein genehmigungsbedürftiges oder auch um ein lediglich anzeigepflichtiges Bauvorhaben handelt. Das Baustellenschild selbst ist Teil der Baustelleneinrichtung – es ist allerdings dann nicht mehr genehmigungsfrei, wenn es über die geforderte Information hinaus auch zu Werbezwecken dient. Die Angaben auf dem Schild sollen die behördliche Bauüberwachung erleichtern; es muss deshalb das Bauvorhaben ausreichend genau bezeichnen und Namen und Anschriften des Entwurfsverfassers, meist auch den Namen des Unternehmers für den Rohbau und des Bauleiters (und in manchen Ländern auch den Namen des Bauherrn) angeben. Das Bauschild muss so beschaffen sein, dass es während der Bauarbeiten „dauerhaft" bleibt, d. h. nach Art und Beschaffenheit auch witterungsfest und standsicher ist. Aus Sinn und Zweck der Regelung folgt zudem, dass das Bauschild von der öffentlichen (Straßen-)Verkehrsfläche aus nicht nur „sichtbar", sondern auch „lesbar" sein muss. 11

IV. Schutz von Bäumen, Hecken und sonstigen Bepflanzungen

Während der Bauausführung müssen Vorkehrungen zum Schutz der auf dem Grundstück vorhandenen Bäume und Hecken sowie der sonstigen Bepflanzungen,[9] die auf Grund anderer Rechtsvorschriften (in Betracht kommen insbes. örtliche Bauvorschriften oder naturschutzrechtliche Bestimmungen, auch örtliche Baumschutzverordnungen) zu schützen sind, getroffen werden. Dies bedeutet nicht nur, dass bei den Bauarbeiten Rücksicht genommen wird, sondern auch die Verpflichtung zu präventivem Schutz der Pflanzen, gegebenenfalls durch entsprechende Einschalungen. Die Schutzmaßnahmen müssen sowohl den Stamm als auch den Wurzel- und den Kronenbereich erfassen.[10] 12

V. Weitere Anforderungen

Neben den Anforderungen des Landesbauordnungsrechts finden sich in verschiedenen anderen Vorschriften Bestimmungen, die beim Betrieb der Baustelle zu beachten sind. Dies sind z. B. arbeitsstättenrechtliche Bestimmungen (§ 2 Abs. 1 Nr. 3 ArbeitsstättenVO), Bestimmungen in § 202 BauGB zum Schutz des Mutterbodens. Zu beachten ist ferner die 15. BImSchV (Baumaschinenlärm-VO vom 10. November 1986, BGBl. I S. 1729) sowie auch abfallrechtliche Bestimmungen über die Beseitigung des Bauschutts u. a. 13

[9] SächsOVG vom 8. 6. 1996 LKV 1997, 464 (zu Fächennaturdenkmalen).
[10] OVG NRW vom 8. 10. 1993 NVwZ-RR 1994, 256 (Ersatz alter „kranker" durch neue „gesunde" Bepflanzungen).

VI. Abwehransprüche Dritter

14 Die Regelungen über die Baustelle dienen (objektiv-rechtlich) dem Schutz der Allgemeinheit, vermitteln aber auch den am Bau Beschäftigten wie auch der Nachbarschaft subjektiv-rechtliche Abwehransprüche. Ein strikter Anspruch der Betroffenen auf Einschreiten der Baubehörde besteht hier jedoch nicht, selbst wenn drittschützende Nachbarbestimmungen verletzt sind. Die Baubehörde handelt insoweit nach pflichtgemäßem Ermessen; der Anspruch der Drittbetroffenen bezieht sich hier lediglich auf eine fehlerfreie Ermessensausübung der Baubehörde. Die Baustellenbestimmungen sind allerdings ein Schutzgesetz i. S. d. § 823 Abs. 2 BGB zugunsten des in der Vorschrift bezeichneten Personenkreises.[11] Kein privates Interesse besteht dagegen am Fortbestand der geschützten Gebäude, Sträucher und sonstigen Anpflanzungen; die Vorschriften dienen allein dem öffentlichen Interesse.

---

[11] Allerdings kein Schutz vor nachteiligen wirtschaftlichen Auswirkungen für einen benachbarten Gewerbebetrieb (VGH BW vom 23. 1. 1998 NVwZ 1998, 975).

Teil 2. Standsicherheit

MBO § 12, BW § 12, Bay Art. 13, Bln § 13, Bbg § 11, Brem § 15, Hamb § 15, Hess § 11, M-V § 12, Nds § 18, NRW § 15, Rh-Pf § 13, Saar § 16, Sachs § 15, Sachs-Anh § 15, Schl-H § 17, Thür § 15.

Ländervergleich

15

Gemeinsame Regelungsgegenstände der Landesbauordnungen und der MBO 2002[12]	
1.	Jede bauliche Anlage muss im Ganzen und ihren einzelnen Teilen für sich allein standsicher sein.
2.	Die Standsicherheit anderer baulicher Anlagen und die Tragfähigkeit des Baugrundes des Nachbargrundstückes dürfen nicht gefährdet werden.
3.	Die Verwendung gemeinsamer Bauteile für mehrere bauliche Anlagen ist zulässig, wenn öffentlich-rechtlich gesichert ist, dass die gemeinsamen Bauteile beim Abbruch einer der baulichen Anlagen bestehen bleiben.

16

Land	**Norm** (LBO)		**Umsetzung/Abweichung in den Ländern und der MBO 2002**[13]
MBO 2002	§ 12	**1.** **2.** **3.**	§ 12 I S. 1 § 12 I S. 2 § 12 II
BW	§ 13	**1.** **2.** **3.**	§ 13 I – Ergänzung: Die Standsicherheit muss auch während der Errichtung sowie bei der Durchführung von Abbrucharbeiten gewährleistet sein. fehlt § 13 II
Bay	Art. 13	**1.** **2.** **3.**	Art. 13 S. 1 – Ergänzung (S. 2) wie § 13 I BW Art. 13 S. 3 fehlt
Bln	§ 13	**1.** **2.** **3.**	§ 13 I S. 1 § 13 I S. 2 § 13 II
Bbg	§ 15	**1.** **2.** **3.**	§ 11 I – abweichende Formulierung: Jede bauliche Anlage und andere Anlage und Einrichtung muss unter Berücksichtigung der Tragfähigkeit und Setzungsempfindlichkeit des Baugrundes und der Grundwasserverhältnisse standsicher sein. § 11 I S. 2 § 11 II – rechtliche Sicherung
Brem	§ 15	**1.** **2.** **3.**	§ 15 I S. 1 § 15 I S. 2 § 15 II
Hamb	§ 15	**1.** **2.** **3.**	§ 15 I S. 1 und 2 – Ergänzung: Standsicherheit auch beim Errichten, Ändern und Abbrechen § 15 I S. 3 § 15 III – Ergänzung: Für bauliche Anlagen auf mehreren Grundstücken gilt dies nur, wenn durch Baulast nach § 79 gesichert ist, dass die gemeinsamen Bauteile beim Abbruch einer der baulichen Anlagen bestehen bleiben. Bei untergeordneten Gebäuden bedarf es keiner Baulast. **Besonderheiten:** § 15 II: Sonderregelungen für Uferbauwerke

[12] Die hier verwendeten Ziffern entsprechen den Ziffern der nachstehenden Rubrik „Umsetzung/Abweichung in den Ländern".

[13] Die hier verwendeten Ziffern entsprechen den Ziffern der vorstehenden Rubrik „Regelungsgegenstände der Landesbauordnungen".

Land	Norm (LBO)	Umsetzung/Abweichung in den Ländern und der MBO 2002	
Hess	§ 11	**1.** **2.** **3.**	§ 11 I S. 1 – ergänzender Hinweis auf die zu berücksichtigenden Verhältnisse des Baugrunds und des Grundwassers. § 11 I S. 2 § 11 II – zusätzlich erforderlich: auch „technisch gesichert".
MV	§ 12	**1.** **2.** **3.**	§ 12 I S. 1 § 12 I S. 2 § 12 II
Nds	§ 18	**1.** **2.** **3.**	§ 18 S. 1 § 18 S. 3 – kein Hinweis auf Nachbargrundstück § 18 S. 2 – gefordert wird lediglich die „technische" Sicherung
NRW	§ 15	**1.** **2.** **3.**	§ 15 I S. 1 § 15 I S. 2 § 15 II
Rh-Pf	§ 13	**1.** **2.** **3.**	§ 13 I S. 1 § 13 I S. 2 § 13 II – zusätzlich erforderlich: auch „technisch gesichert"
Saar	§ 16	**1.** **2.** **3.**	§ 16 I S. 1 – Ergänzung: Standsicherheit auch beim Errichten, Ändern und Abbrechen § 16 I S. 2 § 16 II – zusätzlich erforderlich: auch „technisch gesichert"
Sachs	§ 15	**1.** **2.** **3.**	§ 15 I S. 1 § 15 I S. 2 § 15 II – es genügt die „rechtliche" Sicherung
Sachs-Anhalt	§ 15	**1.** **2.** **3.**	§ 15 I S. 1 § 15 I S. 2 § 15 II
Schl-H	§ 17	**1.** **2.** **3.**	§ 17 I S. 1 § 17 I S. 2 § 17 II
Thür	§ 15	**1.** **2.** **3.**	§ 15 I S. 1 § 15 I S. 2 § 15 II

I. Der Begriff Standsicherheit

17 Standsicher ist eine bauliche Anlage, bei der bei **bestimmungsgemäßer Nutzung** keine Einsturzgefahr besteht, wobei ein Sicherheitsfaktor eingehalten werden muss, der auch bei einer über die normale Beanspruchung hinausgehenden Nutzung eine Gefährdung von Menschen, Tieren oder Sachen vermeidet. Es reicht aber nicht jede entfernte Möglichkeit eines Schadens aus, es muss eine gewisse Wahrscheinlichkeit eines Schadenseintritts vorliegen (konkrete Gefahr).[14] Dies ist allerdings nicht erst dann der Fall, wenn eine akute Einsturzgefahr besteht, vielmehr genügen etwa Risse im Mauerwerk.[15]

18 Die **Musterbauordnung 2002** enthält hierzu keine abweichenden Regelungen.

[14] OVG NRW vom 24. 1. 2000 NVwZ 2000, 1064.
[15] VGH BW vom 12. 5. 1999 BauR 2000, 864.

II. Anforderungen an die Standsicherheit von baulichen Anlagen

19 Die Standsicherheit der baulichen Anlage muss im Ganzen und in ihren einzelnen Teilen für sich allein gewährleistet sein; dies bedeutet, die Standsicherheit der baulichen Anlage darf nicht vom Bestand einer anderen Anlage abhängig sein. Dies gilt insbesondere bei der Errichtung von Gebäuden in geschlossener Bauweise. Die anschließenden Gebäude müssen ohne Beeinträchtigung der eigenen Standsicherheit abgebrochen werden können. Ausreichende Standsicherheit müssen aber auch die **einzelnen Bauteile** (wie Pfeiler, Treppen, Decken, Wände) für sich allein bieten. Von Bedeutung ist auch die Beschaffenheit des jeweiligen Baugrundes; er muss so beschaffen sein, dass er zum Auffangen aller durch die Bauteile abgeleiteten Kräfte geeignet und hinreichend tragfähig ist. Gegebenenfalls sind vor Beginn der Planung bzw. Bauausführung Bodenuntersuchungen über die Tragfähigkeit des Baugrundes durchzuführen.

20 Die Standsicherheit muss während der gesamten **Lebensdauer** der baulichen Anlage bestehen. Dabei muss den verschiedensten Beanspruchen, denen das Bauwerk ausgesetzt werden kann, Rechnung getragen werden; hierzu zählen neben der eigenen Last auch klimatische Einwirkungen, aber auch außergewöhnliche Ereignisse, wie Erdbeben und Feuer. Zu berücksichtigen ist ebenso die beabsichtigte Nutzungsart des Gebäudes, mithin die so genannten **Gebrauchlasten**. Zu prüfen sind in gleichem Maße die so genannten inneren Kräfte, etwa am Tragwerksystem oder die inneren Zwangskräfte in Tragwerkteilen, die eigene Spannungen bedingen Im Einzelnen sind die für den Standsicherheitsnachweis notwendigen Kriterien den Technischen Baubestimmungen zu entnehmen. Die Bauordnung selbst enthält insoweit keine eigenen Festsetzungen.

III. Tragfähigkeit des Baugrundes des Nachbargrundstücks

21 Durch das Bauvorhaben darf die Standsicherheit anderer baulicher Anlagen und die Tragfähigkeit des Baugrundes des Nachbargrundstücks nicht gefährdet werden. Solche Gefährdungen können etwa durch Grundwasserabsenkungen eintreten oder es kann die Standsicherheit der Gebäude auf dem Nachbargrundstück durch Abgrabungen auf dem Baugrundstück nicht mehr gewährleistet sein. Die Regelung ist **nachbarschützend**.[16]

22 Zu unterscheiden ist zwischen Baugenehmigung einerseits und Bauausführung andererseits. Schäden, die am Nachbargebäude durch unsachgemäße Bauarbeiten zu befürchten sind, können einer Baugenehmigung nicht entgegengehalten werden. Durch nicht sach- und regelgerechte Bauarbeiten werden zivilrechtliche Ansprüche ausgelöst; die (öffentlich-rechtliche) Rechtmäßigkeit der Baugenehmigung bleibt davon unberührt.

23 Ist für die geplante bauliche Maßnahme eine, wenn auch nur vorübergehende, Inanspruchnahme des Nachbargrundstücks erforderlich, so hat der Nachbar dies zu dulden. Die Beeinträchtigung des Nachbarn ist dabei auf das unvermeidbar notwendige Maß zu beschränken. Die Bauzeichnungen müssen die Schnitte, aus denen die Gründung der geplanten baulichen Anlage und, soweit erforderlich, die Gründungen benachbarter baulicher Anlagen ersichtlich sind, enthalten.

IV. Nachweis der Standsicherheit

24 Das Baugenehmigungsverfahren dient grundsätzlich auch der Prüfung ausreichender Standsicherheit des geplanten Gebäudes. Dazu sind grundsätzlich eine Darstellung des gesamten statischen Systems, die erforderlichen Konstruktionszeichnungen und die statischen Berechnungen, die die Standsicherheit der baulichen Anlage und ihrer Teile **nach-**

---

[16] BVerwG vom 19. 9. 1986 BauR 1987, 70.

weisen müssen, vorzulegen. Der Standsicherheitsnachweis ist auch im vereinfachten Verfahren und im Genehmigungsfreistellungsverfahren – spätestens bei Baubeginn – der Bauaufsichtsbehörde vorzulegen. Regelungen dazu finden sich in den Bestimmungen über die Baubehörden bzw. das Verwaltungsverfahren.

Bei Gebäuden mittlerer Höhe (und bei baulichen Anlagen von mehr als 10 m Höhe, die keine Gebäude sind) müssen die Standsicherheitsnachweise von einem staatlich anerkannten **Sachverständigen** geprüft worden sein. Diese Nachweise werden von der Behörde nicht geprüft. Hat die Behörde allerdings Zweifel an der fachlichen Eignung des Prüfers oder vermutet sie Fehler in der Berechnung, so ist es ihr natürlich nicht verwehrt, ungeeignete Prüfungsbeauftragten durch geeignete Beauftragte oder geeignete Sachverständige zu ersetzen. Der Nachweis der Standfestigkeit ist Sache des Bauherrn.[17]

V. Aufgaben und Befugnisse der Bauaufsichtsbehörden

25 Die Bauaufsichtsbehörden haben zur Prüfung der Standsicherheit sowohl präventive wie auch repressive Kontrollaufgaben. Dazu haben sie die Bauarbeiten zu überwachen und den Bauzustand zu besichtigen. Zur Überprüfung der Standsicherheit kann auch die Güte der verwendeten Baustoffe und die Sorgfalt der ausgeführten Bauarbeiten kontrolliert werden. Bei Verdacht auf Mängel kommt eine Nutzungsuntersagung oder auch eine Abrissverfügung in Betracht. Es besteht allerdings nach Fertigstellung des Bauwerks keine fortdauernde allgemeine Überprüfungspflicht.

---

[17] OVG NRW vom 24. 1. 2000 NVwZ 2000, 1064.

Teil 3. Schutz gegen schädliche Einflüsse

MBO § 12, BW § 13, Bay Art. 13, Bln § 13, Bbg § 11, Brem § 15, Hamb § 15, Hess § 11, M-V § 12, Nds § 18, NRW § 15, Rh-Pf § 13, Saar § 16, Sachs § 15, Sachs-Anh § 15, Schl-H § 17, Thür § 15.

Ländervergleich

Regelungsgegenstände der Landesbauordnungen und der MBO 2002[18]
Bauliche Anlagen müssen so angeordnet, beschaffen und gebrauchstauglich sein, dass durch Wasser, Feuchtigkeit, pflanzliche und tierische Schädlinge sowie andere chemische, physikalische oder biologische Einflüsse Gefahren oder unzumutbare Belästigungen nicht entstehen. Baugrundstücke müssen für bauliche Anlagen geeignet sein.

26

Land	**Norm** (LBO)	**Umsetzung/Abweichung in den Ländern und der MBO 2002**[19]
MBO 2002	§ 13	Keine Abweichung
BW	fehlt	
Bay	Art. 14	Art. 14 I: Abweichende Formulierung: Keine „vermeidbaren Nachteile oder vermeidbare Belästigungen"; Satz 2 fehlt Art. 14 II: zusätzlich: Bauprodukte sind so zu wählen und zusammenzufügen, dass sie sich gegenseitig nicht chemisch oder physikalisch schädlich beeinflussen können
Bln	§ 14	Keine Abweichung
Bbg	§ 11 II	Satz 2 fehlt – sonst keine Abweichung
Brem	§§ 16, 4 I Nr. 1	§ 16: Inhaltlich gleich (Satz 2 fehlt), aber abweichende Formulierung und Bezugnahme auf § 4 I Nr. 1; dort ergänzender Hinweis auf „Altlasten"
Hamb	§ 16	Keine Abweichung
Hess	§ 12	Keine Abweichung
MV	§ 13	Satz 2 fehlt – sonst keine Abweichung
Nds	§ 19	Ergänzung: keine „mikrobiologische Einflüsse"
NRW	§ 16	Keine Abweichung
Rh-Pf	§ 14	Kein Hinweis auf die „Gebrauchstauglichkeit"; Satz 2 fehlt
Saar	§ 17	§ 17 I: Kein Hinweis auf die „Gebrauchstauglichkeit" **Sonderregelung** in § 17 II: Werden in Gebäuden Bauteile aus Holz oder anderen organischen Stoffen vom Hausbock, vom echten Hausschwamm oder von Termiten befallen, so haben die Eigentümer oder Besitzer dies der Bauaufsichtsbehörde unverzüglich mitzuteilen.
Sachs	§ 16	§ 16 I: Satz 2 fehlt **Sonderregelung** in § 16 II: Mitteilungspflicht bei Schädlingsbefall u. a.; darüber hinaus Verpflichtung der „für den ordnungsgemäßen Zustand des Gebäudes verantwortlichen Personen, unverzüglich ein Fachunternehmen mit der Bekämpfung und Schadensbeseitigung auf der Grundlage einer Sachverständigeneinschätzung zu beauftragen und die Beauftragung sowie den Abschluss der Arbeiten schriftlich anzuzeigen".

27

[18] Die hier verwendeten Ziffern entsprechen den Ziffern der nachstehenden Rubrik „Umsetzung/Abweichung in den Ländern".

[19] Die hier verwendeten Ziffern entsprechen den Ziffern der vorstehenden Rubrik „Regelungsgegenstände der Landesbauordnungen".

Land	Norm (LBO)	Umsetzung/Abweichung in den Ländern und der MBO 2002
Sachs-Anhalt	§ 16	Keine Abweichung
Schl-H	§§ 18, 4 Abs. 1	Inhaltlich keine Abweichung (Satz 2 fehlt), aber andere Formulierung und Bezugnahme auf § 4 I
Thür	§ 16	§ 16 I: Keine Abweichung **Sonderregelung** in § 16 II: Zusätzlich – wie Saar – Mitteilungspflicht bei Schädlingsbefall u. a.

I. Schutzumfang und Schutzzweck

28 Die Regelungen sind allgemeiner Ausdruck des Gedankens der **Gefahrenabwehr**; sie erfassen nicht nur bauliche Anlagen und Bauprodukte, sondern auch Grundstücke und andere Anlagen und Einrichtungen. Damit soll ein umfassender Schutz Dritter, also auch des Nachbarn, gegenüber von einer baulichen Anlage ausgehenden nachteiligen „Einflüssen" (etwa von Rauch aus dem Hauskamin) gewährt werden.[20] Insofern gibt es rechtliche Überschneidungen insbesondere mit immissionsschutzrechtlichen[21] oder wasserrechtlichen[22] Bestimmungen.

29 Zu den von baulichen Anlagen möglicherweise ausgehenden nachteiligen Einflüssen zählen auch elektromagnetische Felder (**Elektro-Smog**),[23] die in erster Linie von Mobilfunk-Sendeanlagen und Hochspannungsfreileitungen herrühren,[24] und die damit aufgetretenen thermischen und athermischen Effekte.[25] Problematisch ist die Belastung einzelner Bauteile mit Asbest[26] oder mit Fomaldehyd.[27] In besonderer Weise wegen Geruchsbelästigungen konkfliktbelastet ist die landwirtschaftliche Nutzung in der Nähe von Wohnbebauung. Dies ist eine sowohl immissionsschutzrechtliche wie auch bauplanungsrechtliche Problematik, die im Einzelfall auch unter Beachtung der einschlägigen VDI-Richtlinien[28] und der dort vorgeschlagenen Abstände zu lösen ist.

30 Der Schutz baulicher Anlagen sowie anderer Anlagen und Einrichtungen soll vorbeugend sichergestellt werden. Eine allgemeine – gleichsam präventive – Verpflichtung des Bauherrn, das Baugrundstück etwa nach Altlasten oder anderen Beeinträchtigungen untersuchen zu lassen, kann daraus aber nicht hergeleitet werden. Erst wenn der konkrete Verdacht besteht, dass ein Baugrundstück für bauliche Anlagen nicht geeignet ist, können entsprechende Nachweise verlangt werden (vgl. § 9 BBodSchG vom 17. März 1998, BGBl. I S. 502).

31 Die **Musterbauordnung 2002** bringt hier keine im Vergleich zu den bisherigen Bestimmungen neue Regelung.

II. Anforderungen an bauliche Anlagen

32 Die Anforderungen an die Anordnung, Beschaffenheit und Gebrauchstauglichkeit der baulichen Anlagen dienen nicht nur der Gewährleistung der Sicherheit von Benutzern (Bewohner) der Anlagen vor Gefahren oder unzumutbaren Belästigungen durch die im

[20] BayVGH vom 19. 11. 1979 BRS 35, 326.
[21] Etwa VO über Kleinfeuerungsanlagen – 1. BImSchV.
[22] §§ 18 a, b, 26 Abs. 2, 34 Abs. 2 WHG.
[23] S. dazu *Kremser*, NVwZ 1995, 851; *Blümel/Pfeil*, VerwArch 1994, 451.
[24] S. dazu BVerwG BayVBl. 1996, 540.
[25] S. dazu BayVGH vom 8. 7. 1997 BRS 59, 537.
[26] S. HambOVG vom 2. 6. 1994 UPR 1995, 318.
[27] S. DIN 18157 Teil 2, Ausgabe Juni 1978.
[28] Etwa VDI-Richtlinie 3471 Tierhaltung – Schweine und VDI-Richtlinie 3471 Tierhaltung – Hühner.

Einzelnen bezeichneten chemischen, physikalischen oder biologischen Einwirkungen, auch die Bauwerke selbst sollen in ihrer Substanz geschützt werden, Dabei sind unter Einwirkungen im Sinne der Vorschrift sowohl diejenigen Vorgänge zu verstehen, die auf die bauliche Anlage (oder deren Benutzer) von außen einwirken, wie auch jene, die von der baulichen Anlage selbst ausgehen. Im Einzelnen finden sich Regelungen hierzu vor allem in den Technischen Baubestimmungen. Zu beachten ist auch eine Vielzahl von weiteren Regelungen, etwa die Richtlinie über den Bau und Betrieb von Gaststätten – Gaststättenbaurichtlinie, aber auch Bestimmungen des Berg-, Gewerbe-, Immissionsschutz- und Atomrechts.

Der Schutz gegen schädliche Einflüsse soll möglichst umfassend sein, so dass auch **Vorsorge** zu treffen ist gegen sonstige natürliche oder künstliche Einwirkungen, Zu den Schutzmaßnahmen zählen z. B. der Korrossionsschutz von Stahl und Aluminium, der Feuchtigkeitsschutz (Schutz vor Wasser, Bodenfeuchtigkeit und Fäulnis erregenden Stoffen, Sperrschichten und Schutzanstriche) und der Witterungsschutz (Widerstandsfähigkeit von Baustoffen gegen Niederschläge, Sonneneinstrahlung, Hitze und Frost). Pflanzliche oder tierische Schädlinge sind beispielsweise der echte Holzschwamm als eine zerstörende Pilzart oder der Hausborkenkäfer und Termiten. Bei der Verwendung der hier in Betracht kommenden vorbeugenden chemischen Schutzmittel ist darauf zu achten, dass diese ihrerseits nicht zu gesundheitlichen Schädigungen der Bewohner führen; für den vorbeugenden chemischen Holzschutz etwa dürfen nur Holzschutzmittel verwendet werden, die ein Prüfzeichen erhalten haben. 33

III. Schadensbeseitigungspflicht

Die für den ordnungsgemäßen Zustand des Gebäudes verantwortlichen Personen (regelmäßig der Bauherr) sind verpflichtet, unverzüglich ein Fachunternehmen mit der Bekämpfung und Schadensbeseitigung zu beauftragen, wenn in dem Gebäude Bauteile aus Holz oder anderen organischen Stoffen vom Hausborkenkäfer, vom echten Hausschwamm oder von Termiten befallen sind. Vorauszugehen hat eine Begutachtung durch einen Sachverständigen, dessen Einschätzung Grundlage für die zu unternehmenden Maßnahmen ist. 34

Der Schadensbeseitigungsverpflichtung unterliegt nicht nur der Bauherr, sondern alle Personen, die für den Zustand des Gebäudes verantwortlich sind, also auch der Eigentümer und gegebenenfalls die mit der Verwaltung des Gebäudes beauftragte Person. Unmittelbar drittschützende Wirkung hat diese Verpflichtung nicht, so dass sich Dritte (Nachbar oder auch Bewohner des Gebäudes) auf diesen Schutz nicht berufen können. Allerdings bleibt es ihnen unbenommen, sich an die Bauaufsichtsbehörde zu wenden, die eine Ermessensentscheidung über notwendiges bauaufsichtliches Einschreiten treffen kann. 35

IV. Anzeigepflicht

Lediglich der Sächsische Landesgesetzgeber[29] hat die Anzeigepflicht im Rahmen der Schadensbeseitigungen von schädlichen Einflüssen festgeschrieben. Die für den ordnungsgemäßen Zustand des Gebäudes verantwortliche Person (Bauherr, Eigentümer oder auch Hausverwalter) hat der Bauaufsichtsbehörde die Beauftragung eines Fachunternehmens mit der Bekämpfung und Schadensbeseitigung auf der Grundlage einer Sachverständigeneinschätzung sowie den Abschluss dieser Arbeiten schriftlich anzuzeigen. Ein Verstoß gegen diese Verpflichtungen bleibt zunächst ohne Folgen; auf der Grundlage der Norm kann die Baubehörde allerdings Anordnungen für den Einzelfall erlassen. 36

[29] § 16 Abs. 2 SächsBO.

Teil 4. Brandschutz – Allgemeine Regelungen

MBO § 14, BW § 15, Bay Art. 15, Bln § 15, Bbg §§ 12, 29, Brem § 17, Hamb §§ 17, 24 Abs. 1, 8, 10; Hess § 13, M-V § 14, Nds § 20, NRW § 17, Rh-Pf § 15, Saar § 18, Sachs § 17, Sachs-Anh § 17, Schl-H § 19, Thür § 17.

Ländervergleich

37

Regelungsgegenstände der Landesbauordnungen und der MBO 2002[30]	
1.	**Vorbeugender Brandschutz:** Bauliche Anlagen müssen so beschaffen sein, dass der Entstehung eines Brandes und der Ausbreitung von Feuer und Rauch vorgebeugt wird und bei einem Brand die Rettung von Menschen und Tieren sowie wirksame Löscharbeiten möglich sind.
2.	Verwendung von Baustoffen:
2.1	Leichtentflammbare Baustoffe dürfen nicht verwendet werden; dies gilt nicht für Baustoffe, wenn sie in Verbindung mit anderen Baustoffen nicht leichtentflammbar sind.
2.2	Feuerbeständige Bauteile müssen in den wesentlichen Teilen aus nichtbrennbaren Baustoffen bestehen; dies gilt nicht für feuerbeständige Abschlüsse von Öffnungen
3.	**Rettungswege für Aufenthaltsräume:** (1)Jede Nutzungseinheit mit Aufenthaltsräumen muss in jedem Geschoss über mindestens zwei voneinander unabhängige Rettungswege erreichbar sein. (2)Der erste Rettungsweg muss in Nutzungseinheiten, die nicht zu ebener Erde liegen, über mindestens eine notwendige Treppe führen; der zweite Rettungsweg kann eine mit Rettungsgeräten der Feuerwehr erreichbare Stelle oder eine weitere notwendige Treppe sein. (3)Ein zweiter Rettungsweg ist nicht erforderlich, wenn die Rettung über einen Treppenraum möglich ist, in den Feuer und Rauch nicht eindringen können (Sicherheitstreppenraum). (4)Gebäude, deren zweiter Rettungsweg über Rettungsgeräte der Feuerwehr führt und bei denen die Oberkante der Brüstungen notwendiger Fenster oder sonstiger zum Anleitern bestimmter Stellen **mehr als 8 m über der Geländeoberfläche** liegt, dürfen nur errichtet werden, wenn die erforderlichen Rettungsgeräte wie Hubrettungsfahrzeuge von der Feuerwehr vorgehalten werden.
4.	Blitzschutzanlagen: Bauliche Anlagen, bei denen nach Lage, Bauart oder Nutzung Blitzschlag leicht eintreten oder zu schweren Folgen führen kann, sind mit dauernd wirksamen Blitzschutzanlagen zu versehen.

38

Land	Norm (LBO)	Umsetzung/Abweichung in den Ländern und der MBO 2002[31]	
MBO 2002	§ 14; §§ 26 ff.; § 46	1.	§ 14
		2.	§ 26: Im Wesentlichen inhaltsgleich; zusätzlich: Allgemeine Anforderungen an das Brandverhalten von Baustoffen und Bauteilen; Begriffsbestimmungen
		3.	§ 33
		4.	§ 46
BW	§ 15; §§ 2, 3 LBOAVO	1.	§ 15 I
		2.	§ 3 LBOAVO
		3.	§ 15 III – Keine konkrete Höhenangabe wie in Satz 4 sondern: Mit Rettungsgeräten der Feuerwehr „erreichbare Stelle".
		4.	§ 15 II

[30] Die hier verwendeten Ziffern entsprechen den Ziffern der nachstehenden Rubrik „Umsetzung/Abweichung in den Ländern".

[31] Die hier verwendeten Ziffern entsprechen den Ziffern der vorstehenden Rubrik „Regelungsgegenstände der Landesbauordnungen".

Land	Norm (LBO)	Umsetzung/Abweichung in den Ländern und der MBO 2002	
			Sonderregelung in § 2 LBOAVO für **Flächen für die Feuerwehr**, wenn der zweite Rettungsweg über Rettungsgeräte der Feuerwehr führt: Vorhanden müssen sein – zu Gebäuden geringer Höhe: Zu- oder Durchgänge (geradlinig und mindestens 1,25 m breit; lichte Breite von Türen von 1 m, von Zu- oder Durchgängen mindestens 2 m), – zu sonstigen Gebäuden: Zu- oder Durchfahrten (mindestens 3 m breit; lichte Höhe mindestens 3,5 m; die zum Anleitern bestimmten Stellen müssen ein Aufstellen von Hubrettungsfahrzeugen ermöglichen), zu den zum Anleitern bestimmten Stellen. Bei Gebäuden, die ganz oder mit Teilen mehr als 80 m von einer öffentlichen Verkehrsfläche entfernt sind, können Zufahrten oder Durchfahrten zu den vor und hinter den Gebäuden liegenden Grundstücksteilen verlangt werden. Die Zu- und Durchfahrten und die zum Anleitern bestimmten Stellen müssen für Feuerwehrfahrzeuge ausreichend befestigt und tragfähig sein. Sie sind ständig freizuhalten.
Bay	Art. 15	**1.**	Art. 15 I
		2.	Art. 15 IV, VI
		3.	Art. 15 II – Keine konkrete Höhenangabe wie in Satz 4, sondern: Mit Rettungsgeräten der Feuerwehr „erreichbare Stelle".
		4.	Art. 15 VII **Sonderregelung** Art. 15 III: Für die **Feuerwehr** ist von öffentlichen Verkehrsflächen aus eine ausreichende Zu- oder Durchfahrt, zu Gebäuden geringer Höhe ein ausreichender Zu- oder Durchgang zu allen Gebäudeseiten zu schaffen, von denen aus es notwendig werden kann, Menschen zu retten. Führt der zweite Rettungsweg über eine nur für Hubrettungsgeräte erreichbare Stelle, so sind die dafür erforderlichen Aufstell- und Bewegungsflächen vorzusehen. Zu- und Durchfahrten, Bewegungsflächen und Aufstellflächen müssen für Feuerwehrfahrzeuge ausreichend befestigt und tragfähig sein; sie sind ständig freizuhalten.
Bln	§ 15	**1.**	§ 15 I
		2.	§ 15 II und III
		3.	§ 15 IV – Keine konkrete Höhenangabe wie in Satz 4, sondern: Mit Rettungsgeräten der Feuerwehr „erreichbare Stelle". Abweichend für den **zweiten Rettungsweg**: Dieser kann für Nutzungseinheiten mit begrenzter Personenzahl (und für Wohnungen, die sich über zwei Geschosse erstrecken) auch eine mit Rettungsgeräten der Feuerwehr erreichbare Stelle (je Wohnung) sein.
		4.	fehlt
Bbg	§§ 12, 29	**1.**	§ 12 I
		2.	§ 12 II S. 2 (Nrn. 2.2 fehlt); § 12 II S. 1 enthält die Unterscheidung der Baustoffe nach ihrem Brandverhalten
		3.	§ 29 – Keine konkrete Höhenangabe wie in Satz 4, sondern bei Gebäuden geringer und mittlerer Höhe: Mit Rettungsgeräten der Feuerwehr „erreichbare Stelle", sofern (bei Gebäuden mittlerer Höhe) die Feuerwehr über die erforderlichen Rettungsgeräte verfügt.
		4.	§ 12 III

Land	Norm (LBO)		Umsetzung/Abweichung in den Ländern und der MBO 2002
Brem	§ 17	**1.** **2.** **3.** **4.**	§ 17 I § 17 II und III § 17 IV – Keine konkrete Höhenangabe wie in Satz 4, sondern: Mit Rettungsgeräten der Feuerwehr „erreichbare Stelle". § 17 V
Hamb	§§ 17, 24 Abs. 1, 8, 10	**1.** **2.** **3.** **4.**	§ 17 I § 24 I § 24 VIII, X – Keine konkrete Höhenangabe wie in Satz 4, sondern: Mit Rettungsgeräten der Feuerwehr „erreichbare Stelle". **Sonderregelung:** Abweichend für den **zweiten Rettungsweg**: Ein zweiter Rettungsweg ist nicht erforderlich (im einzigen Kellergeschoss und) im obersten Dachgeschoss von Wohngebäuden geringer und mittlerer Höhe, wenn sie keine (Aufenthaltsräume oder) Räume mit erhöhter Brand- oder Explosionsgefahr enthalten und wenn von jeder Stelle in höchstens 20 m Entfernung ein Ausgang ins Freie oder ein Treppenraum erreichbar ist. § 17 III **Sonderregelung:** § 17 II: Elektrische Anlagen müssen dem Zweck und der Nutzung der baulichen Anlagen entsprechend ausgeführt sowie betriebssicher und brandsicher sein.
Hess	§ 13	**1.** **2.** **3.** **4.**	§ 13 I § 13 II mit dem Hinweis auf eine Übersicht in Anlage 1 § 13 III § 13 IV
MV	§ 14	**1.** **2.** **3.** **4.**	§ 14 I § 14 II und III § 14 IV § 14 V
Nds	§ 20; §§ 2, 3, 4 a DVNBauO	**1.** **2.** **3.** **4.**	§ 20 I § 4 a DVNBauO (nur 2.1; 2.2 fehlt) § 20 II – Keine Höhenangabe wie in Satz 4; § 2 DVNBauO: Führt der **zweite Rettungsweg** aus einem Gebäude über Rettungsgeräte der Feuerwehr, so muss – bei Gebäuden geringer Höhe ein mindestens 1,25 m breiter Zu- oder Durchgang vorhanden sein (lichte Breite von Türöffnungen von 1 m, von Durchgängen von mindestens 2 m) – bei einem Abstand von mehr als 50 m zur öffentlichen Verkehrsfläche kann auch eine Zu- oder Durchfahrt verlangt werden – – bei sonstigen Gebäuden eine mindestens 3 m breite Zu- oder Durchfahrt (lichte Höhe der Durchfahrt von mindestens 3,50 m) vorhanden sein. – Sind Zu- und Durchfahrten nicht geradlinig, so ist die Breite je nach Außenradius der Kurve unterschiedlich (etwa bei einem Außenradius von mehr als 15 m bis 20 m mindestens 4 m). Weitere Regelungen für die Ausgestaltung der Kurven § 3 DVNBauO: Regelungen für Aufstell- und Bewegungsflächen für die Feuerwehr (sie müssen u. a. ein Aufstellen des örtlichen Hubrettungsfahrzeuges in einem ausreichenden, mindestens 3 m großen Abstand von der Gebäudeseite gestatten; sie müssen mindestens 6 m breit, ausreichend befestigt und nach oben offen sein; keine Neigung von mehr als 5 vH). § 20 III

Land	Norm (LBO)		Umsetzung/Abweichung in den Ländern und der MBO 2002
NRW	§ 17	**1.** **2.** **3.** **4.**	§ 17 I § 17 II (nur Nr. 2.1) § 17 III § 17 IV
Rh-Pf	§ 15	**1.** **2.** **3.** **4.**	§ 15 I § 15 II und III § 15 IV – Abweichende Formulierung: Satz 4 gilt nicht für „Hochhäuser" und: die Rettungsstellen dürfen bei Gebäuden der Gebäudeklassen 2 und 3 nicht mehr als 8 m über der Geländeoberfläche liegen. § 15 V
Saar	§ 18	**1.** **2.** **3.** **4.**	§ 18 I § 18 II (nur Nr. 2.1) § 18 III § 18 IV **Sonderregelungen** in § 2 TVO für Aufstell- und Bewegungsflächen für die Feuerwehr.
Sachs	§ 17	**1.** **2.** **3.** **4.**	§ 17 I § 17 II und III § 17 IV § 17 V
Sachs-Anhalt	§ 17	**1.** **2.** **3.** **4.**	§ 17 I § 17 II und III § 17 IV § 17 V
Schl-H	§ 19	**1.** **2.** **3.** **4.**	§ 19 I – Zusätzlich: Die durch Löscharbeiten entstehenden Schadstoffe dürfen nicht zu nachhaltigen Umweltbeeinträchtigungen führen. Besondere bauliche Maßnahmen, die den Schutz der Umwelt sichern, können verlangt werden. § 19 II und III § 19 IV § 19 V
Thür	§ 17	**1.** **2.** **3.** **4.**	§ 17 I § 17 II und III § 17 IV § 17 V

I. Allgemeine brandschutzrechtliche Bestimmungen

1. Allgemeines

In den Bauordnungen der Länder finden sich unter den Vorschriften über die „Allgemeinen Anforderungen an die Bauausführung" auch Regelungen über den Brandschutz als zentrale Vorschrift für die an bauliche Anlagen zu stellenden brandschutzrechtlichen Anforderungen; die jeweilige Vorschrift ist rechtlicher Ausgangspunkt der brandschutztechnischen Überprüfung eines Bauvorhabens und beinhaltet eine erste Konkretisierung der allgemeinen Anforderungen an bauliche Anlagen im Hinblick auf den Brandschutz. Brandschutztechnische **Einzelregelungen** für Wände, Decken und Dächer, Treppen, Rettungswege, Aufzüge und Öffnungen, für haustechnische Anlagen und Feuerungsanlagen, für Aufenthaltsräume und Wohnungen und für besondere Anlagen finden sich in späteren Abschnitten der Bauordnungen (über Wände, Decken und Dächer; Treppen, 39

Rettungswege, Aufzüge und Öffnungen) oder – wie etwa in den Ländern Baden-Württemberg,[32] Niedersachsen[33] oder dem Saarland[34] – in Durchführungs- bzw. Ausführungsverordnungen (die LBOAVO und die DVNBauO sind in die ländervergleichenden Übersichten einbezogen; soweit die Einzelregelungen in Verwaltungsvorschriften getroffen werden, blieben sie – nicht zuletzt wegen ihrer den Gesamtüberblick erschwerenden Detailfülle – unberücksichtigt). Für Fragen des Brandschutzes von besonderer Bedeutung sind auch die **Sondervorschriften**[35] für bauliche Anlagen und Räume besonderer Art oder Nutzen, wie etwa die Hochhausbaurichtlinie, Versammlungsstättenbaurichtlinie, Gaststättenbaurichtlinie, Krankenhausbaurichtlinie, Verkaufsstättenbaurichtlinie oder die Schulbaurichtlinie wie auch die jeweiligen Garagenverordnungen. Daneben gibt es eine Vielzahl von **Verwaltungsvorschriften**[36] mit zusätzlichen, z.T. auch lediglich wiederholenden Bestimmungen sowie allgemeine öffentlich-rechtliche Brandschutzvorschriften außerhalb des Bauordnungsrechts (etwa die Abstandsregelungen zu Waldrändern nach den jeweiligen Waldgesetzen). Ergänzt werden die Brandschutzbestimmungen schließlich noch durch das technische Regelwerk insbesondere der DIN 4102 – Brandverhalten von Baustoffen und Bauteilen.

40 Der Vergleich der einschlägigen brandschutzrechtlichen Bestimmungen der Länderbauordnungen zeigt eine unterschiedliche Regelungs- und Gesetzessystematik. Auffallend ist, dass die Länderbauordnungen der neuen Bundesländer voneinander weit weniger abweichen als die Bauordnungen der alten Bundesländer. Die Mehrzahl der Landesbauordnungen enthält in der jeweiligen Bauordnung selbst die brandschutzrechtlichen und brandschutztechnischen Regelungen. Die Bauordnungen der Länder Baden-Württemberg und Niedersachsen sowie des Saarlandes beschränken sich in der Landesbauordnung auf allgemeine Formulierungen;[37] die Einzelregelungen finden sich dagegen in **Durchführungsverordnungen**.[38] Eine differenzierende Anwendung brandschutzrechtlicher Bestimmungen nach definierten **Gebäudeklassen** sehen vor die Musterbauordnung[39] und

---

[32] Allgemeine Ausführungsverordnung des Wirtschaftsministeriums zur Landesbauordnung (LBOAVO) vom 17. 11. 1995 (GVBl. S. 836).

[33] Allgemeine Durchführungsverordnung zur Niedersächsischen Bauordnung (DVNBauO) vom 11. 3. 1987 (GVBl. S. 29).

[34] Technische Durchführungsverordnung zur Bauordnung für das Saarland (TVO) vom 18. 10. 1996.

[35] Sondervorschriften sind in den Ländern als „technische Vorschriften" oder als eigene Verordnungen erlassen worden (etwa in Bayern in der Gaststättenbauverordnung; DurchführungsVOen zum BayKindergartengesetz; VerkaufsstättenVO; VersammlungsstättenVO u. a. oder auch „Richtlinie für die Flächen für die Feuerwehr" vom Juli 1998).

[36] Zu erwähnen ist auch die EG-Bauprodukten-Richtlinie vom 21. 12. 1988 mit grundsätzlichen brandschutztechnischen Ansprüchen (siehe dazu auch 6. Kapitel); für Altenheime, Altenvohnheime und Pflegeheime: Heimmindestbauverordnung vom 3. 5. 1983, BGBl. I S. 550.

[37] Etwa § 30 Abs. 4 NdsBauO: „Wände müssen, soweit es der Brandschutz unter Berücksichtigung ihrer Beschaffenheit, Anordnung und Funktion erfordert, nach ihrer Bauart und in ihren Baustoffen widerstandsfähig gegen Feuer sein. Dies gilt auch für Verkleidungen und Dämmschichten."

[38] Bad-Württ.: Allgemeine Ausführungsverordnung zu Landesbauordnung (LBOAVO) vom 17. November 1995 (GBl. S. 836); Niedersachsen: Allgemeine Durchführungsverordnung zur Niedersächsischen Bauordnung (DVNBauO) vom 11. März 1987 (GVBl. S. 29); Saarland: Technische Durchführungsverordnung zur Bauordnung für das Saarland (TVO) vom 18. Oktober 1996.

[39] **MBO 2002 – § 2 Abs. 2:**
Gebäudeklasse 1:
a. frei stehende Gebäude mit einer Höhe bis zu 7 m und nicht mehr als zwei Nutzungseinheiten von insgesamt nicht mehr als 400 m² und
b. frei stehende land- oder forstwirtschaftlich genutzte Gebäude
Gebäudeklasse 2:
Gebäude mit einer Höhe bis zu 7 m und nicht mehr als zwei Nutzungseinheiten von insgesamt nicht mehr als 400 m²
Gebäudeklasse 3:
Sonstige Gebäude mit einer Höhe bis zu 7 m
Gebäudeklasse 4:
Gebäude mit einer Höhe bis zu 13 m und Nutzungseinheiten mit jeweils nicht mehr als 400 m²
Gebäudeklasse 5:
Sonstige Gebäude einschließlich unterirdischer Gebäude.

die Bauordnungen der Länder Hessen[40] und Rheinland-Pfalz[41] sowie des Saarlandes.[42] Abweichungen von den sonst allgemein üblichen Gesetzesformulierungen enthalten die Bauordnungen der Länder Hessen und Nordrhein-Westfalen und die TVO des Saarlandes, die die jeweiligen brandschutztechnischen Mindestanforderungen in Form von Tabellen darstellen.[43] Und schließlich ist noch die Hamburgische Bauordnung zu nennen, die einschlägige brandschutztechnische Anforderungen an Gebäude für die unterschiedlichen Gebäudearten unter Verzicht auf systematische Zusammenfassungen ausführlich und umfangreich jeweils gesondert regelt.[44]

2. Musterbauordnung 2002

Die Musterbauordnung hat die überkommene Gliederung brandschutzrechtlicher Be- 41
stimmungen der Länderbauordnungen beibehalten und beschränkt sich – zunächst – auf die allgemeine Forderung nach vorbeugendem Brandschutz. Die detaillierten Anforderungen an Baustoffe und die einzelnen Bauteile, wie auch die Regelungen über Treppen und Gänge finden sich im 4. und 5. Abschnitt. Ausgehend von einer Untergliederung in einzelne Gebäudeklassen halten sich die einzelnen Regelungen im Wesentlichen im Rahmen der bisherigen Länderbauordnungen.

---

40 **Hessische Bauordnung – § 2 Abs. 3:**
Gebäudeklasse 1:
a. frei stehende Gebäude bis zu 7 m Höhe mit nicht mehr als zwei Nutzungseinheiten von insgeamt nicht mehr als 400 m²
b. frei stehende landwirtschaftlich genutzte Gebäude
Gebäudeklasse 2:
Gebäude bis zu 7 m Höhe mit nicht mehr als zwei Nutzungseinheiten von insgesamt nicht mehr als 400 m²
Gebäudeklasse 3:
Sonstige Gebäude bis zu 7 m Höhe
Gebäudeklasse 4:
Gebäude bis zu 13 m Höhe und Nutzungseinheiten mit jeweils nicht mehr als 400 m²
Gebäudeklasse 5:
Sonstige Gebäude bis zu 22 m Höhe.

41 **LBO Rheinland-Pfalz – § 2 Abs. 2:**
Gebäudeklasse 1
Frei stehende Wohngebäude mit einer Wohnung in nicht mehr als zwei Geschossen, andere frei stehende Gebäude ähnlicher Größe, frei stehende landwirtschaftliche Betriebsgebäude
Gebäudeklasse 2:
Wohngebäude, bei denen der Fußboden keines Geschosses, in dem Aufenthaltsräume möglich sind, im Mittel mehr als 7 m über der Geländeoberfläche liegt,
a. mit nicht mehr als zwei Wohnungen
b. mit drei Wohnungen in frei stehenden Gebäuden in Hanglage, wenn die dritte Wohnung im untersten Geschoss liegt und ihren Zugang unmittelbar vom Freien aus hat
Gebäudeklasse 3:
Sonstige Gebäude, bei denen der Fußboden keines Geschosses, in dem Aufenthaltsräume möglich sind, im Mittel mehr als 7 m über der Geländeoberfläche liegt
Gebäudeklasse 4:
Sonstige Gebäude.

42 **Bauordnung für das Saarland – § 2 Abs. 2**
Gebäudeklasse 1:
Frei stehende Wohngebäude mit einer Wohnung in nicht mehr als zwei Geschossen, andere frei stehende Gebäude ähnlicher Größe, frei stehende landwirtschaftliche Betriebsgebäude
Gebäudeklasse2:
Wohngebäude mit nicht mehr als zwei Wohnungen, bei denen der Fußboden eines jeden Geschosses, in dem Aufenthaltsräume möglich sind, an der zum Anleitern bestimmten Stelle nicht mehr als 7 m über der Geländeoberfläche liegt
Gebäudeklasse 3:
Sonstige Gebäude, bei denen der Fußboden eines jeden Geschosses, in dem Aufenthaltsräume möglich sind, an der zum Anleitern bestimmen Stelle nicht mehr als 7 m über der Geländeoberfläche liegt
Gebäudeklasse 4: Sonstige Gebäude.

43 Anlage 1 zu § 13 Abs. 2 Satz 1 HBO; §§ 29, 34 BauO NRW; § 3 TVO zu §§ 34, 35, 36 und 38 LBO Saarland.

44 §§ 25–28 HbgBauO; etwa § 25: Wohngebäude geringer Höhe mit nicht mehr als zwei Wohnungen.

42 **§ 26 MBO 2002** vervollständigt die allgemeinen Anforderungen an Baustoffe und Bauteile, wobei der verwendeten Begriffe und deren Zuordnung durchgängig gelten. In Abs. 2 wird neben den bisher benutzten Begriffen für die Anforderungen an die Feuerwiderstandsfähigkeit von Bauteilen (feuerhemmend, feuerbeständig) eine dazwischen liegende Stufe neu eingeführt, die **hochfeuerhemmend** bezeichnet wird. Daraus ergibt sich folgender Sprachgebrauch: Bei einer Feuerwiderstandsdauer von

– 30 Minuten: feuerhemmend
– 60 Minuten: hochfeuerhemmend
– 90 Minuten: feuerbeständig.

Die Feuerwiderstandsfähigkeit wird auf die Funktion bezogen, auf die es im Brandfall ankommt: für tragende (auch unterstützende) und aussteifende Bauteile die Standsicherheit im Brandfall, für raumabschließende Bauteile ihr Widerstand gegen die Brandausbreitung. Im Übrigen werden Feuerwiderstandsfähigkeit und die Baustoffverwendung von Bauteilen zueinander in Beziehung gesetzt, wobei sich folgende zulässigen Kombinationen (×) ergeben:

	Feuerbeständig und aus nichtbrennbaren Baustoffen	feuerbeständig	hochfeuerhemmend	feuerhemmend
Alle Bestandteile sind nichtbrennbar	×	×	×	×
Tragende und aussteifende Teile sind nichtbrennbar	–	×	×	×
Tragende und aussteifende Teile sind brennbar; sie haben eine Brandschutzbekleidung	–	–	×	×
Alle Teile sind brennbar zulässig	–	–	–	×

43 Den Sonderregelungen für Wände, Dächer und Decken (§§ 27 bis 32) ist jeweils eine **Schutzzielformulierung** vorangestellt. Diese besteht aus zwei Elementen: die vom Bauteil verlangte Funktion im Brandfall (Standsicherheit) und die zeitliche Dauer (ausreichend lang). Sie werden durch die geforderte Feuerwiderstandsfähigkeit in den jeweils nachfolgenden Regelungen konkretisiert, unterschieden nach Gebäudeklassen und bestimmten Fallgestaltungen.

II. Vorbeugender Brandschutz

1. Mindestanforderungen an Baustoffe hinsichtlich des Brandverhaltens

44 Brandschutz erfordert vorbeugende Anordnungen, um bereits das Entstehen und die Ausbreitung von Bränden zu verhindern, aber auch hinreichende bauliche Vorkehrungen für den Brandfall zur Rettung von Personen und zur Brandbekämpfung, wobei insbesondere wirksame Löscharbeiten zu ermöglichen sind. Die zur Herstellung baulicher oder sonstiger Anlagen verwendeten Baustoffe (und Bauteile) müssen bestimmten Mindestanforderungen hinsichtlich ihres Widerstandes gegen Feuer und Wärme genügen.[45] Leicht entflammbare Baustoffe dürfen grundsätzlich nicht verwendet werden.

[45] S. Rn. 42.

Der Ausbreitung von Bränden ist insbesondere durch Einhaltung von Abstandsflächen, Bildung von Brandabschnitten, Verschluss von Öffnungen usw. entgegenzuwirken. Zur Rettung von Personen und zur Bekämpfung des Brandes sind grundsätzlich zwei gesicherte Rettungswege anzulegen. Besondere Bedeutung haben Rauch- und Wärmeabzugsanlagen wie auch selbsttätige Löscheinrichtungen und geeignete Warnanlagen. Für die Sicherung der Brandbekämpfung sind Zugangswege und Flächen sowie Löschwasseranschlüsse an geeigneten Stellen für die Feuerwehr zu schaffen. 45

Die Beurteilung des Brandverhaltens von Baustoffen und Bauteilen erfolgt vornehmlich auf der Grundlage der **DIN 4102 – Brandverhalten von Baustoffen und Bauteilen**. Sie ist in 13 Teile gegliedert. 46

Teil 1: Baustoffe
Teil 2: Bauteile
Teil 3: Brandwände und nichttragende Außenwände
Teil 4: Zusammenstellung und Anwendung klassifizierter Baustoffe, Bauteile und Sonderbauteile
Teil 6: Lüftungsleitungen
Teil 7: Bedachungen
Teil 11: Rohrummantellungen, Rohrabschottungen, Installationsschächte und -Kanäle sowie Abschlüsse ihrer Revisionsöffnungen
Teil 12: Funktionserhalt von elektrischen Kabeln
Teil 13: Brandschutzverglasungen

Zu beachten ist auch die **DIN 18093**: Feuerschutzabschlüsse; Einbau von Feuerschutztüren in massive Wände aus Mauerwerk oder Beton; Ankerlagen, Ankerformen, Einbau.

In der Norm DIN 4102 Teil 1 werden die brandschutztechnischen Begriffe konkretisiert, wobei die nichtbrennbaren Baustoffe (Baustoffklasse A, A 1 und A 2) und die brennbaren Baustoffe (schwer-, normal- und leichtentflammbare Baustoffe, Klasse B, B1, B 2 und B 3) bezeichnet werden. Die Klassifizierung richtet sich nach dem Brandverhalten der Baustoffe in normierten Brandversuchen. Die jeweilige Brandklasse wird durch Prüfzeugnis oder Prüfzeichen nachgewiesen. Soweit die Baustoffe in der jeweiligen Klassifizierung der DIN 4102 Teil 4 genannt sind, ist der Nachweis erbracht (z. B. für Sand, Kies, Ton). Schwer entflammbare Baustoffe (Klasse B 1) sind brennbare Stoffe, die den Anforderungen nach Abschnitt 6.1 der DIN 4102 entsprechen. Als normal entflammbare Baustoffe gelten ohne Nachweis die in DIN 4102 Teil 4 Abschnitt 2.3.2 genannten Baustoffe, im Übrigen sind dies solche, die den Anforderungen der DIN 4102 Teil 1 Abschnitte 4.2 und 6.2 genügen. Leicht entflammbare Baustoffe sind brennbare Baustoffe, die den Klassen B 1 und B nicht zugeordnet sind, insbesondere die in Abschnitt 3.2.3 der DIN 4902 Teil 4 genannten Baustoffe. 47

Die DIN 4102 Teil 2 unterscheidet zwischen feuerhemmenden, feuerbeständigen und gegen Feuer ausreichend widerstandsfähigen Bauteilen (Wände, Treppen, Decken usw.), deren Feuerwiderstandsdauer nach definierten Brandversuchen bestimmt wird. Die Norm unterscheidet fünf Feuerwiderstandsklassen (F), wobei die jeweilige Zahl die Feuerwiderstandsdauer in Minuten wiedergibt (z. B. entspricht F 30 einer Feuerwiderstandsdauer von mindestens 30 Minuten). 48

Sonderbauteile (Brandwände, nichttragende Außenwände, Feuerschutzabschlüsse, Verglasungen, Lüftungsleitungen, Brandschutzklappen und Bedachungen) unterliegen abweichenden Anforderungen gemn. DIN 4102 Teile 3, 5, 6 und 7. Sie werden nicht nach der Feuerwiderstandsklasse F eingestuft, sondern nach Feuerwiderstandsklassen W (Brandwände und nichttragende Außenwände), T und G (Feuerschutzabschluss und Verglasung) sowie L und K (Lüftungsleitungen und Brandschutzklappen) und Bedachungen. 49

Die bauaufsichtlich gebräuchlichen Begriffe unterscheiden sich von den Benennungen in der DIN 4102 Teil 2; die jeweilige Zuordnung ergibt sich aus folgender Übersicht: 50

	Bauaufsichtliche Benennung	Benennung nach DIN 4102 Teil 2	Kurzbezeichnung
1.	feuerhemmend	F 30	F 30-B
2.	Feuerhemmend und in den tragenden Teilen aus nichtbrennbaren Baustoffen	F 30 und den wesentlichen Teilen aus nichtbrennbaren Baustoffen	F 30-AB
3.	Feuerhemmend und aus nichtbrennbaren Baustoffen	F 30 und aus nichtbrennbaren Baustoffen	F 30-A
4.	feuerbeständig	F 90 und in den wesentlichen Teilen aus nichtbrennbaren Baustoffen	F 90-AB
5.	Feuerbeständig und aus nichtbrennbaren Baustoffen	F 90 und aus nichtbrennbaren Baustoffen	F 90-A

2. Leichtentflammbare Baustoffe und feuerbeständige Bauteile

51 Die Verwendung von leichtentflammbaren Baustoffen, d.h. derjenigen nach Klasse B 3 DIN 4102 Teil 1, ist verboten. Ausgenommen davon sind Baustoffe, die mit anderen Baustoffen verbunden sind und dadurch ihre Eigenschaft als leichtentflammbar verloren haben, wie z. B. Anstriche und aufgeklebte Papiertapeten. Feuerbeständige Bauteile müssen in ihrem wesentlichen Teil (d.h. soweit diese für die Standsicherheit des Gebäudes maßgeblich sind) aus nichtbrennbaren Baustoffen bestehen. Handelt es sich um raumabschließende Bauteile, so bezieht sich diese Forderung auf die in der Bauteilebene durchgehende Schicht; sie darf bei einer Prüfung nach DIN 4102, Teil 2 nicht zerstört werden. Diese Anforderungen müssen feuerbeständige Abschlüsse von Öffnungen nicht erfüllen.

III. Rettungswege

52 Vorbeugendem baulichen Brandschutz dienen die Rettungswege. Weitere einschlägige Anforderungen gelten für Treppen, Treppenräume und Ausgänge, notwendige Flure und Gänge und für Fenster, Türen, Kellerlichtschächte. Ergänzende Bestimmungen für Spezialbauten (z. B. Krankenhäuser, Schulen, Hochhäuser) finden sich in einer Reihe von „Sondervorschriften“ (etwa Richtlinie über den Bau und Betrieb von Hochhäusern, Richtlinie über den Bau und Betrieb von Verkaufsstätten, Richtlinie über den Bau und Betrieb von Versammlungsstätten, Richtlinie über den Bau und Betrieb von Gaststätten).

53 Zu den Rettungswegen gehören neben den in Treppenräumen angeordneten notwendigen Treppen auch die allgemein zugänglichen Flure, offenen Gänge (Laubengänge), Rettungsbalkone und Rettungstunnel. Die gesetzliche Forderung bezieht sich nicht nur auf Gebäude, sie knüpft auch an Nutzungseinheiten mit Aufenthaltsräumen an. Darunter ist eine räumliche Einheit (z. B. Wohnung, Arztpraxis, Büroeinheit) zu verstehen, die von einem Einzelnen oder einer Gruppe von Personen für einen gemeinsamen Zweck genutzt wird und eine gewisse Abgeschlossenheit gegenüber anderen Bereichen aufweist. Für jede dieser Nutzungseinheiten sind zwei voneinander unabhängig nutzbare Rettungswege vorzusehen. Ein zweiter Rettungsweg ist dann nicht erforderlich, wenn die Rettung über einen Treppenraum möglich ist, in den Feuer und Rauch nicht eindringen können (Sicherheitstreppenraum). Da die Forderung nach zwei Rettungswegen für jedes Geschoss gilt, muss eine Nutzungseinheit, die sich über zwei Geschosse erstreckt (z. B. Maisonette-Wohnung), über zwei alternative Rettungswege erreichbar sein.

54 Liegt die Nutzungseinheit nicht zu ebener Erde, muss der erste Rettungsweg über eine **notwendige Treppe** (mit eigenem Treppenraum) führen, der besonderen baulichen Anforderungen entsprechen muss. Der **zweite Rettungsweg** kann entweder über eine weitere notwendige Treppe geführt werden oder ersatzweise eine mit **Rettungsgeräten** der

Feuerwehr erreichbare Stelle sein. Voraussetzung ist jedoch, dass die zur Rettung vorgesehene Stelle für die zuständige Feuerwehr mit deren tatsächlich vorhandenem Gerät auch erreichbar und für den Einsatz der Rettungsmittel der Feuerwehr auch geeignet ist.

Weitere Voraussetzung ist, dass dieser Rettungsweg (über die Rettungsmittel der Feuerwehr) auch tatsächlich genutzt werden kann, was z. B. bei Kinderheimen, Altenheimen, Krankenhäusern und öffentlichen Gebäuden, die auch Behinderten zugänglich sein müssen, regelmäßig zu verneinen ist. Über Rettungsgeräte der Feuerwehr kann in der meist nur knappen zur Verfügung stehenden Zeit nur eine geringe Zahl von Menschen gerettet werden. Nach allgemeinen Erkenntnissen nimmt die Rettung einer Person etwa 3 bis 5 Minuten in Anspruch; dieser Zeitaufwand macht deutlich, dass in der zur Rettung verfügbaren Zeit allenfalls 10 Personen über die Rettungsmittel der Feuerwehr geborgen werden können. 55

Gebäude, deren zweiter Rettungsweg über Rettungsgeräte der Feuerwehr führt und bei denen die Oberkante der Brüstung notwendiger Fenster oder sonstiger zum Anleitern bestimmter Stellen in größerer Höhe (meist 8 m und mehr) über der festgelegten Geländeoberfläche liegt, sind nur dann baurechtlich zulässig, wenn durch die Feuerwehr die erforderlichen Rettungsgeräte auch tatsächlich vorgehalten werden. Der jeweilige Ausrüstungsstandard der Feuerwehren (in der Regel gestaffelt nach Größe der jeweiligen Kommune) wie auch die sonstigen Forderungen der Feuerwehr für den Rettungseinsatz (etwa geeignete Zufahrten zu hinterliegenden Gebäuden, Größe und Tragfähigkeit von Standflächen für die Einsatzgeräte u. a.) ergeben sich aus den einschlägigen Verwaltungsvorschriften oder Verordnungen. 56

Ein zweiter Rettungsweg ist nicht erforderlich, wenn die Rettung über einen so genannten **Sicherheitstreppenraum**, also über einen Treppenraum möglich ist, in den Feuer und Rauch nicht eindringen können. 57

IV. Blitzschutzanlagen

Bauliche Anlagen, die nach Lage, Bauart oder Nutzung durch Blitzschlag besonders gefährdet sind (Hochhäuser, Türme, einzeln stehende Gebäude) oder bei denen ein Blitzschlag zu schweren Folgen führen kann (Krankenhäuser, chemische Fabriken, Gasbehälter usw.), sind mit dauernd wirksamen Blitzschutzanlagen zu versehen. Der Übertritt des Blitzstromes auf die baulichen Anlagen ist wirksam zu verhindern. Dabei ist zu unterscheiden zwischen Maßnahmen des äußeren Blitzschutzes, die den Blitzstrom abfangen, ableiten und erden sollen, und denen des inneren Blitzschutzes, die Folgeschäden an elektrischen und elektronischen Anlagen zu verhindern haben.[46] 58

V. Beteiligung von Brandschutzdienststellen

Eine Beteiligung der Brandschutzdienststellen[47] im bauaufsichtlichen Verfahren ist erforderlich, wenn deren Aufgabenbereich berührt wird. Die von der Bauaufsichtsbehörde einzuholende Stellungnahme entbindet sie jedoch nicht von der Verpflichtung, die Vorschläge des Gutachters selbst zu überprüfen und in eigener Verantwortung über deren Übernahme in die Baugenehmigung zu entscheiden. 59

Enthält eine Baugenehmigung eine nicht gerechtfertigte brandschutztechnische Forderung, so kann dies Amtshaftungsansprüche des betroffenen Bauherrn zu Folge haben, denen die Bauaufsichtsbehörde nicht die fehlerhafte Stellungnahme der am Verfahren beteiligten anderen Behörden entgegenhalten kann;[48] bei Zweifeln an der Berechtigung 60

---

46 Für Blitzschutzanlagen gilt die DIN 57185/VDE 0185.

47 Brandschutzdienststellen sind – nach Maßgabe der jeweiligen Brandschutzgesetze – regelmäßig auf kommunaler wie auch auf staatlicher Ebene eingerichtet (vgl. auch BbgVerfG NVwZ-RR 1997, 352).

48 BGH vom 21. 11. 1985 BRS 45, 45.

der brandschutztechnischen Forderung hat die Behörde ein zweites Gutachten einzuholen.

61 Zur Verbesserung des Brandschutzes können bei Vorliegen einer konkreten Gefahr auch **nachträgliche Anforderungen** gestellt werden; dies schließt aber die Prüfung ein, ob das bauaufsichtliche Einschreiten verhältnismäßig ist.[49]

VI. Erteilung von Befreiungen

62 Befreiungen von einzelnen allgemeinen Forderungen des Brandschutzes sind in den Gesetzen bzw. Verordnungen regelmäßig dann vorgesehen, wenn insoweit „keine Bedenken" bestehen. Alternativlösungen müssen nachweislich den gleichen Schutz gewähren und dürfen nicht das Sicherheitsniveau unterschreiten.[50]

VII. Nachbarschutz

63 Die brandschutzrechtlichen Bestimmungen dienen nicht nur der öffentlichen Sicherheit und Ordnung. Sie haben auch nachbarschützenden Charakter.[51]

---

[49] HambOVG 4. 1. 1996 NVwZ-RR 1997, 446.

[50] VGH BW vom 2. 11. 1998 BRS 60 Nr. 137; OVG Lüneburg vom 17. 1. 1986 BRS 46 Nr. 166; OVG Berlin vom 29. 5. 1987 BRS 47 Nr. 147.

[51] OVG NRW vom 29. 11. 1993 – 7 B 2616/93.

Teil 5. Wärme-, Schall-, Erschütterungsschutz

MBO § 15, BW § 14, Bay Art. 16, Bln § 16, Bbg § 13, Brem § 18, Hamb § 18, Hess § 14, M-V § 15, Nds § 21, NRW § 18, Rh-Pf § 16, Saar § 19, Sachs § 18, Sachs-Anh § 18, Schl-H § 20, Thür § 18.

Ländervergleich

64

	Regelungsgegenstände der Landesbauordnungen und der MBO 2002[52]
1.	Gebäude müssen einen ihrer Nutzung und den klimatischen Verhältnissen entsprechenden **Wärmeschutz** haben.
2.	Gebäude müssen einen ihrer Nutzung entsprechenden **Schallschutz** haben. Geräusche, die von ortsfesten Einrichtungen in baulichen Anlagen oder auf Grundstücken ausgehen, sind so zu dämmen, dass Gefahren oder unzumutbare Belästigungen nicht entstehen.
3.	**Erschütterungen** oder Schwingungen, die von ortsfesten Einrichtungen in baulichen Anlagen oder auf Grundstücken ausgehen, sind so zu dämmen, dass Gefahren oder unzumutbare Belästigungen nicht entstehen.

65

Land	Norm (LBO)	Umsetzung/Abweichung in den Ländern und der MBO 2002[53]	
MBO 2002	§ 15	**1.** **2.** **3.**	§ 15 I § 15 II § 15 III
BW	§ 14	**1.** **2.** **3.**	§ 14 II § 14 I und II (es fehlt Satz 2) § 14 I **Besonderheit:** § 14 III: Gebäude, die nach ihrer Zweckbestimmung beheizt oder gekühlt werden müssen, sind so zu errichten, dass der Energiebedarf für das Heizen oder Kühlen so sparsam und umweltschonend wie möglich gedeckt wird.
Bay	Art. 16	**1.**	Art 16 I – erwähnt wird auch ein „dem Standort" entsprechender „ausreichender" Wärmeschutz; zusätzlich: Der Wärmeverlust soll niedrig gehalten werden.
		2.	Art. 16 II und III – Zusätzliche Ermächtigungsvorbehalt für Lärmschutzmauern, bepflanzte Lärmschutzwälle oder ähnlich Anlagen, wenn Lage und Nutzung von Gebäuden mit Aufenthaltsräumen das erfordern.
		3.	Art. 16 III – Abweichend formuliert: zu vermeiden sind u. a. „Gefahren, vermeidbare Nachteile oder vermeidbare Belästigungen"
Bln	§ 16	**1.** **2.** **3.**	§ 16 I § 16 II § 16 III
Bbg	§ 13	**1.** **2.** **3.**	§ 13 I § 13 II § 13 III
Brem	§ 18	**1.** **2.** **3.**	§ 18 I § 18 II § 18 III

52 Die hier verwendeten Ziffern entsprechen den Ziffern der nachstehenden Rubrik „Umsetzung/Abweichung in den Ländern".

53 Die hier verwendeten Ziffern entsprechen den Ziffern der vorstehenden Rubrik „Regelungsgegenstände der Landesbauordnungen".

Land	Norm (LBO)		Umsetzung/Abweichung in den Ländern und der MBO 2002
Hamb	§ 18	**1.** **2.** **3.**	§ 18 I § 18 II und III (abweichend formuliert: Schallschutz gegen Innen- und Außenlärm) § 18 III
Hess	§ 14	**1.** **2.** **3.**	§ 14 I § 14 II § 14 III
MV	§ 15	**1.** **2.** **3.**	§ 15 I § 15 II § 15 III
Nds	§ 21	**1.** **2.** **3.**	§ 21 I § 21 I und II – Verpflichtung zur Dämmung ist abweichend formuliert: Von technischen Bauteilen der Gebäude wie von Anlagen für Wasserversorgung, Abwässer oder Abfallstoffe, von Heizungs- oder Lüftungsanlagen oder von Aufzügen dürfen, auch für Nachbarn, keine Gefahren oder unzumutbaren Belästigungen durch Geräusche, Erschütterungen oder Schwingungen ausgehen. § 21 II – zur abweichenden Formulierung siehe oben 2.
NRW	§ 18	**1.** **2.** **3.**	§ 18 I § 18 II § 18 III
Rh-Pf	§ 16	**1.** **2.** **3.**	§ 16 I § 16 II § 16 III
Saar	§ 19	**1.** **2.** **3.**	fehlt § 19 I – zusätzlich: Es ist Schallschutz erforderlich, „der auch den Besonderheiten der (Gebäude-)Lage, insbesondere zu Verkehrswegen, Rechnung trägt". § 19 II
Sachs	§ 18	**1.** **2.** **3.**	§ 18 I – ergänzend: Ausreichender Wärmeschutz ist durch den Entwurfsverfasser und den Bauleiter schriftlich zu bestätigen. § 18 II § 18 III
Sachs-Anhalt	§ 18	**1.** **2.** **3.**	§ 18 I § 18 II § 18 III
Schl-H	§ 20	**1.** **2.** **3.**	§ 20 I – zusätzlich: Gebäude, die nach ihrer Zweckbestimmung beheizt oder gekühlt werden müssen, sind so zu errichten und instand zu halten, dass der Energiebedarf für das Heizen und Kühlen gering und sparsam gehalten und umweltschonend gedeckt wird, insbesondere bei Verkaufsstätten nach der Verkaufsstättenverordnung, Versammlungsstätten und vergleichbaren Gebäuden. § 20 II § 20 III
Thür	§ 18	**1.** **2.** **3.**	§ 18 I § 18 II § 18 III

I. Allgemeines

Gebäude müssen einen ihrer Nutzung und den klimatischen Verhältnissen entsprechenden Wärmeschutz und einen ihrer Nutzung entsprechenden Schallschutz haben. Die bauordnungsrechtlichen Anforderungen zum Wärme- und Schallschutz sind Grundforderungen, die durch spezialgesetzliche Regelungen ergänzt werden (etwa aus der Wärmeschutzverordnung vom 16. August 1994, BGBl. I S. 2121). Für die Berechnung des baulichen Wärmeschutzes sind die Vorgaben der DIN 4108 maßgeblich. Die Forderung nach Wärme- und Schallschutz ist im Zusammenhang zu sehen mit der EG-Produkten-Richtlinie vom 21. 12. 1988. 66

Größere Bedeutung als die baurechtlichen Bestimmungen haben die spezifischen Lärmschutzbestimmungen, soweit es um Dämmung der von ortsfesten Einrichtungen ausgehenden Geräusche geht. Dazu zählen u. a. die auf der Grundlage des BImSchG ergangenen Rechtsverordnungen[54] wie auch die Regelungen etwa in §§ 4 Abs. 1 Nr. 3, 5 Abs. 1 Nr. 3 GastG[55] oder auch arbeitsschutzrechtliche Bestimmungen.[56] 67

Die **Musterbauordnung 2002** weist hier keine Besonderheiten auf. 68

II. Schallschutz

Gebäude müssen einen ihrer Nutzung entsprechenden Schallschutz haben. Damit wird sowohl die Minderung bzw. Verhinderung der Entstehung und Ausbreitung des Schalls innerhalb des Gebäudes angesprochen wie auch der Schutz vor von außen einwirkender Beschallung. Die Mindestanforderungen an den baulichen Schallschutz sind regelmäßig erfüllt, wenn die Gebäude den in den als technische Bauvorschrift eingeführten Normen DIN 4105 – Schallschutz im Hochbau, Anforderungen und Nachweise – und DIN 4109 Beiblatt 1 – Schallschutz im Hochbau, Ausführungsbeispiele und Rechenverfahren – festgelegten Vorgaben entsprechen. Zum geschütztem Personenkreis zählen auch die Nachbarn, die Anspruch auf die Einhaltung der jeweiligen Immissionsgrenzwerte (die sich aus dem unterschiedlichen Schutzbedürfnis der einzelnen Gebietsarten bzw. Nutzungen ergeben) haben.[57] 69

Die Bauaufsichtsbehörde kann nicht nur Schallschutzmaßnahmen innerhalb oder am Gebäude (Schallschutzfenster) verlangen, sondern auch außerhalb der baulichen Anlagen, wie z. B. Lärmschutzwände, wobei diese allerdings nur dann gerechtfertigt sind, wenn damit auch tatsächlich ausreichender Schallschutz erzielt werden kann. Als Maßstab zur quantitativen Beurteilung der Lärmeinwirkung kann auf die „Technische Anleitung zum Schutz gegen Lärm – TA-Lärm" vom 16. Juli 1968 (Beilage zum BAnz. Nr. 137 vom 26. Juli 1968) sowie auf die VDI-Richtlinie 2058 Blatt 1 zurückgegriffen werden. Bestimmte „Lärmarten" unterfallen gesonderten Regelungen, etwa Straßenlärm (vgl. dazu Verkehrslärmschutzverordnung vom 16. Juni 1990 [BGBl. I S. 1036]) und Lärm von Sportanlagen (vgl. dazu Sportanlagenlärmschutzverordnung vom 18. Juli 1991 [BGBl. I S. 1588]). 70

[54] Etwa 16. BImSchV (VerkehrslärmschutzVO), 18. BImSchV (SportanlagenlärmschutzVO), 24. BImSchV (Verkehrswege-SchallschutzmaßnahmeVO).

[55] BVerwG vom 5. 7. 1996 NVwZ 1996, 1025.

[56] Lärmschutzregelung für Arbeitsräume nach § 15 ArbStättV.

[57] BVerwG vom 12. 3. 1992 BRS 54, 18.

III. Pflicht zur Dämmung von Geräuschen, Erschütterungen und Schwingungen ortsfester Einrichtungen

71 Ortsfeste Einrichtungen in baulichen Anlagen oder auf Baugrundstücken sind so zu dämmen, dass durch die von ihnen ausgehenden Geräusche, Erschütterungen oder Schwingungen keine Gefahren oder unzumutbaren Belästigungen hervorrufen. Dabei kommen sowohl Maßnahmen am Erschütterungsherd bzw. der Schwingungsquelle selbst wie auch Maßnahmen zu baulichen Ausführungen der Umgebung der Anlagen in Betracht. Bei der Beurteilung, ob Gefahren oder unzumutbare Beeinträchtigung vorliegen oder entstehen können, wird regelmäßig die **TA-Lärm** zur technischen Beurteilung herangezogen.

72 Neben den Schallpegelmesswerten müssen auch Art und Regelmäßigkeit der Geräusche, Zeit und Dauer der Einwirkung sowie ein so genannter Erwartungs- und Überraschungseffekt mit berücksichtigt werden. Dabei ist nicht auf einen besonders lärmempfindlichen oder einen Lärmstörungen gegenüber gleichgültigen Beurteilenden abzustellen, sondern auf eine durchschnittlich empfindsame Person.

73 Ortsfeste Anlagen oder Einrichtungen sind alle Anlagen, Geräte und Maschinen, die mit den baulichen Anlagen oder Grundstücken verbunden sind, von denen – betriebsbedingt – Erschütterungen oder Schwingungen ausgehen. Erfasst werden auch Anlagen, die – ohne mit einer baulichen Anlage verbunden zu sein – auf dem Grundstück ortsfest errichtet sind, also nicht (zumindest nicht ohne weiteres) von ihrem Standort bewegt werden können.

74 Zu den ortsfesten Einrichtungen „in baulichen Anlagen" zählen z. B. auch die haustechnischen Anlagen, wie Wasserversorgungs- und Abwasserbeseitigungsanlagen, Lüftungs- und Klimaanlagen, Aufzüge und Ähnliches. Als ortsfeste Einrichtung auf dem Grundstück sind auch die ortsfest aufgestellten Spiel- und Sportgeräte anzusehen. Der von spielenden Kindern verursachte Lärm ist hier allerdings unbeachtlich (einschlägig könnte allenfalls § 15 BauNVO sein); bauordnungrechtlich erfasst ist lediglich der von den Spielgeräten selbst ausgehende Lärm.

75 Schutz vor **Erschütterungen** – die von Geräten (Maschinen) oder ortsfesten Anlagen ausgehen, die entweder mit der baulichen Anlage selbst oder mit dem Baugrundstück fest verbunden sind[58] – soll durch entsprechende Dämmungen (etwa dämpfende Lagerungen der Maschinen)[59] allen Personen im Einwirkungsbereich der Störungsquelle gewährt werden. Die Vorschrift dient somit auch dem **Nachbarschutz**.[60]

IV. Wärmeschutz

76 Wärmeschutz ist ein allgemeiner bauordnungsrechtlicher Sicherheitsbelang; Nachbarschutz besteht insoweit nicht. Maßstab für die Elinhaltung des Wärmeschutzes sind die Regelungen der **Wärmeschutz-Verordnung.**[61] Diese verweist in ihrem § 10 auf die allgemein anerkannten Regeln der Technik, was wiederum zur Anwendung der DIN 4108 als Technische Baubestimmung führt. Der Vollzug der WärmeschutzV obliegt in der Regel den unteren Bauaufsichtsbehörden, die im Allgemeinen lediglich die Vorlage eines ordnungsgemäßen Nachweises über den Wärmeschutz verlangen, ohne diesen nachzuprüfen. Sollte der Wärmeschutz mangelhaft sein, so kann der Bauherr seine Ansprüche auf dem Zivilrechtsweg je nach Art des Mangels ggf. gegenüber dem Fachplaner oder gegenüber dem Bauleiter geltend machen.

---

[58] Nicht erfasst sind hier Erschütterungen durch Erdbeben (dazu DIN 4149: Bauten in deutschen Erdbebengebieten).

[59] Hinweise enthält die DIN 4024.

[60] OVG NRW vom 15. 8. 1995, BauR 1996, 237; *Franz* in: *Simon*, Art. 16 Rn. 26, 66.

[61] WärmeschutzV vom 16. 8. 1994 BGBl. I S. 2121.

Teil 6. Verkehrssicherheit

MBO § 16, BW § 16, Bay Art. 17, Bln § 16, Bbg § 3, Brem § 19, Hamb § 19, Hess § 15, M-V § 16, Nds § 23, NRW § 19, Rh-Pf § 17, Saar § 20, Sachs § 19, Sachs-Anh § 19, Schl-H § 21, Thür § 19.

Ländervergleich

77

	Regelungsgegenstände der Landesbauordnungen und der MBO 2002[62]
1.	Bauliche Anlagen und die dem Verkehr dienenden, nicht überbauten Flächen von bebauten Grundstücken müssen verkehrssicher sein.
2.	Die Sicherheit und Leichtigkeit des öffentlichen Verkehrs darf durch bauliche Anlagen oder ihre Nutzung nicht gefährdet werden.

78

Land	Norm (LBO)		Umsetzung/Abweichung in den Ländern und der MBO 2002[63]
MBO 2002	§ 16	1. 2.	§ 16 I § 16 II
BW	§ 16	1. 2.	§ 16 I § 16 II
Bay	Art. 17	1. 2.	Art. 17 I – **Ergänzung:** Verkehrsicher „ihrem Zweck entsprechend" und – Satz 2 – „In, an und auf baulichen Anlagen sind Flächen, die im Allgemeinen zum Begehen bestimmt sind und unmittelbar an mehr als 50 cm tiefer liegende Flächen angrenzen, ausreichend hoch und fest zu umwehren, es sei denn, dass die Umwehrung dem Zweck der Flächen widerspricht. Ist mit der Anwesenheit von Kleinkindern auf der zu sichernden Fläche üblicherweise zu rechnen, müssen Umwehrungen so ausgebildet werden, dass sie Kleinkindern das Über- oder Durchklettern nicht erleichtern; das gilt nicht innerhalb von Wohngebäuden mit bis zu zwei Wohnungen und innerhalb von Wohnungen." Art. 17 II
Bln	§ 17	1. 2.	§ 17 I § 17 II
Bbg	§ 3	1.	und **2.** fehlen – in § 3 I lediglich die allgemeine Bestimmung, dass bauliche Anlage u. a. so anzuordnen, zu errichen, zu ändern und instand zu halten sind, dass „die öffentliche Sicherheit oder Ordnung" nicht gefährdet werden.
Brem	§ 19	1. 2.	§ 19 I § 19 III **Sonderregelung** in § 19 II: Bauteile und hervortretende Gebäudeteile dürfen in den öffentlichen Verkehrsraum nicht hineinragen oder aufschlagen. Dies gilt nicht für Bauteile oder Gebäudeteile, die die Verkehrssicherheit nicht gefährden, weil sie lediglich geringfügig in den öffentlichen Verkehrsraum hineinragen oder aufschlagen oder in einer ausreichenden Höhe so vor die Gebäudefront vorspringen, dass ein angemessener Abstand zur Fahrbahn eingehalten wird.
Hamb	§ 19	1. 2.	§ 19 I § 19 II

62 Die hier verwendeten Ziffern entsprechen den Ziffern der nachstehenden Rubrik „Umsetzung/Abweichung in den Ländern".

63 Die hier verwendeten Ziffern entsprechen den Ziffern der vorstehenden Rubrik „Regelungsgegenstände der Landesbauordnungen".

Land	Norm (LBO)	Umsetzung/Abweichung in den Ländern und der MBO 2002	
			Sonderregelungen in – § 19 I: **Beleuchtungen:** Gebäudeeingänge müssen zu beleuchten sein; das gilt nicht für untergeordnete Gebäude und Tagesunterkünfte auf Baustellen. Gebäude, für die eine Hausnummer amtlich festgesetzt wird, sind mit einer elektrisch beleuchtbaren Hausnummer (Transparent-Hausnummernleuchte) zu kennzeichnen. Für Gebäude ohne Aufenthaltsräume genügt ein Hausnummernschild, das nicht beleuchtbar zu sein braucht. – § 19 III: **Durchgangshöhe:** Allgemein zugängliche Flächen und Treppen in Gebäuden müssen eine lichte Durchgangshöhe von mindestens 2 m haben. – § 19 V: **Fuß- und Radwege** auf den Grundstücken zwischen öffentlicher Verkehrsfläche, Gemeinschaftsanlagen und Eingängen von Gebäuden mit mehreren Wohneinheiten sind, soweit nach den örtlichen Verhältnissen möglich, überschaubar auszugestalten. Sie müssen in dem erforderlichen Umfang zu beleuchten sein. – § 19 VI: **Winterliche Verhältnisse**: Tausalze und tausalzhaltige Mittel dürfen auf privaten Verkehrsfläche, soweit es sich nicht um besonders gefährliche Stellen handelt, nicht verwendet werden. Für die an einen öffentlichen Weg angrenzenden privaten Flächen, die dem allgemeinen Verkehr zugänglich gemacht worden sind, gelten für die Verwendung von Tausalzen und tausalzhaltigen Mitteln die Vorschriften des Hamburgischen Wegegesetzes.
Hess	§ 15	**1.** **2.**	§ 15 I § 15 II
MV	§ 16	**1.** **2.**	§ 16 S. 1 § 16 S. 2
Nds	§ 23	**1.** **2.**	§ 23 fehlt **Sonderregelung** in § 23 Satz 2: Bauteile in den Verkehrsflächen, wie Stufen, Rampen, Abtreter und Abdeckungen von Schächten und Kanälen, müssen auch für Behinderte, alte Menschen, Kinder und Personen mit Kleinkindern leicht benutzbar sein, außer wenn eine Benutzung durch solche Personen nicht oder nur in seltenen Ausnahmefällen zu erwarten ist.
NRW	§ 19	**1.** **2.**	§ 19 I § 19 II
Rh-Pf	§ 17	**1.** **2.**	§ 17 I § 17 II
Saar	§ 20	**1.** **2.**	§ 20 I § 20 II **Sonderregelung** in § 20 III: Hausnummern müssen vom öffentlichen Verkehrsraum aus lesbar sein.
Sachs	§ 19	**1.** **2.**	§ 19 I § 19 II
Sachs-Anhalt	§ 19	**1.** **2.**	§ 19 I § 19 II
Schl-H	§ 21	**1.** **2.**	§ 21 I § 21 II
Thür	§ 19	**1.** **2.**	§ 19 I § 19 II

I. Allgemeines

Die öffentlich-rechtliche Pflicht, die Verkehrssicherheit in baulichen Anlagen und auf dem Baugrundstück herzustellen, steht neben der zivilrechtlichen Verkehrssicherungspflicht. Die Vorschrift ist Schutzgesetz i. S. d. § 823 Abs. 2 BGB zugunsten der Nutzer baulicher Anlagen; **Nachbarschutz** wird hingegen nicht vermittelt.[64] 79

Die **Musterbauordnung 2002** weist keine Besonderheiten auf. 80

II. Verkehrssicherheit baulicher Anlagen

Bauliche Anlagen und die dem Verkehr dienenden nicht überbauten Flächen von bebauten Grundstücken müssen verkehrssicher sein. Bei ihrer – bestimmungsgemäßen – Nutzung dürfen vermeidbare Gefahren nicht auftreten. Insbesondere bei Rettungswegen, wie Treppen und Fluren, darf keine Rutsch- oder Stolpergefahr bestehen. Für ausreichende Umwehrungen und Halterungen, wie Geländer und Ähnliches, ist zu sorgen. Es muss zudem verhindert werden, dass Verletzungsgefahren durch in den Wegebereich hineinragende Bauteile oder Einbauten entstehen. Diese allgemeinen Anforderungen werden regelmäßig durch weitere baurechtliche Regelungen konkretisiert, etwa im Rahmen der Regelungen über Treppen oder Dächer. Erhöhte Anforderungen werden regelmäßig an die Verkehrssicherheit von notwendigen Rettungswegen gestellt, da sie auch im Panikfall sicher nutzbar sein müssen. Daneben sind gegebenenfalls auch weitere Bestimmungen wie z. B. die Richtlinie über den Bau und Betrieb von Arbeitsstätten oder die Richtlinie über den Bau und Betrieb von Versammlungsstätten zu beachten. 81

III. Sicherheit und Leichtigkeit des öffentlichen Verkehrs

Die Sicherheit und Leichtigkeit des öffentlichen Verkehrs darf durch bauliche Anlagen oder ihrer Nutzung nicht gefährdet werden. Unter „öffentlicher Verkehr“ sind neben dem Straßenverkehr auch der Eisenbahnverkehr und der Luftverkehr zu verstehen. Eine **Gefährdung** im Sinne der Vorschrift liegt vor, wenn bei sachgerechter Beurteilung die Befürchtung besteht, dass in überschaubarer Zukunft ein Schaden oder zumindest eine Behinderung des Verkehrsablaufs eintritt.[65] Eine nur entfernte Möglichkeit eines Schadenseintritts genügt nicht; abzustellen ist auf die konkreten örtlichen Verhältnisse, wobei die Fähigkeiten eines durchschnittlichen Verkehrsteilnehmers, mit der Situation zurechtzukommen, maßgeblich sind. 82

Eine besondere Gefährdung des öffentlichen Verkehrs kann im Bereich von Garagen, Ein- und Ausfahrten auftreten. Die dazu gesondert ergangenen Vorschriften (GaragenVOen) sind zu beachten. Vor den Garagen können **Stauräume** gefordert werden, wenn dies wegen der Sicherheit und Leichtigkeit des Verkehrs erforderlich ist.[66] Auch durch die Situierung eines Gebäudes kann eine Gefährdungslage entstehen, wenn dadurch die erforderliche Sicht der Verkehrsteilnehmer etwa im Einmündungsbereich von Straßen oder im notwendigen Sichtbereich von Straßenkreuzungen beeinträchtigt wird. Deshalb kann ggf. – regelmäßig nach straßenrechtlichen Bestimmungen – auch die Freihaltung von **Sichtdreiecken** gefordert werden. 83

Zu- und Abfahrten zu **Tankstellen** sind ein Problem für die Verkehrssicherheit, wenn kein ausreichender Stauraum für den zu erwartenden Zu- und Abfahrverkehr vorhanden ist.[67] Die Erweiterung einer Tankstelle mit nicht ausreichenden Stauflächen lässt sich 84

---

64 BayVGH vom 9. 3. 1976 BayVBl. 1977, 49; OVG Saarlouis vom 28. 1. 1992 BRS 54, 521.

65 OVG Saarlouis vom 28. 1. 1992 BRS 54, 521 = BauR 1993, 71.

66 BayVGH vom 17. 12. 1990 BRS 50, 286.

67 BVerwG vom 4. 4. 1975 BauR 1976, 47.

nicht mit dem Argument rechtfertigen, dass damit eine bisherige anderweitige Verkehrsbeeinträchtigung beseitigt werde.[68]

85 Werbeanlagen können, zumal wenn sie in größerer Anzahl („gehäuft") errichtet sind, die Verkehrssicherheit beeinträchtigen. Hinsichtlich ihrer Zulässigkeit enthalten die Bauordnungen meist eigenständige Regelungen, die ein Verbot bei einer Beeinträchtigung der Sicherheit des Verkehrs zulassen. Es muss allerdings eine **konkrete Gefahr** (im sicherheitsrechtlichen Sinn) vorliegen.[69]

---

[68] BVerwG vom 15. 1. 1971 BRS 24, 299.
[69] SächsOVG vom 10. 2. 1993 SächsVBl. 1993, 206.

6. Kapitel. Bauprodukte und Bauarten

Übersicht

Ländervergleiche:

	Rn.
Teil 1. Bauprodukte	1
Teil 2. Allgemeine bauaufsichtliche Zulassung	4
Teil 3. Prüfzeugnis	6
Teil 4. Verwendbarkeit im Einzelfall	8
Teil 5. Bauarten	10
Teil 6. Übereinstimmungsnachweis	12
Teil 7. Übereinstimmungserklärung des Herstellers	14
Teil 8. Übereinstimmungszertifikat	16
Teil 9. Prüf-, Zertifizierungs- und Überwachungsstellen	18
Teil 10. Verbot von Bauprodukten	20

Teil 1. Bauprodukte

MBO § 17, BW § 17, Bay Art. 19, Bln § 18, Bbg § 14, Brem § 20, Hamb § 20, Hess § 16, M-V § 17, Nds § 24, NRW § 20, Rh-Pf § 18, Saar § 25, Sachs § 20, Sachs-Anh § 20, Schl-H § 23, Thür § 20

1

Begriffe
• **Generelle Unterscheidung der Bauprodukte** – Bauprodukte, die nach den Vorschriften des BauPG bzw. anderer Umsetzungsgesetze in den Verkehr gebracht werden dürfen, und – Bauprodukte, die nicht nur nach den Vorschriften des BauPG bzw. anderer Umsetzungsgesetze in den Verkehr gebracht werden dürfen. Hier Unterscheidung zwischen geregelten, nicht geregelten oder sonstigen Bauprodukten • **Geregelte** Bauprodukte: Solche, die nicht oder nicht wesentlich von den technischen Regeln in der Bauregelliste A abweichen • **Nicht geregelte** Bauprodukte: Solche, die von technischen Regelungen der Bauregelliste A wesentlich abweichen oder für die es technische Baubestimmungen oder allgemein anerkannte Regeln der Technik nicht gibt • **Sonstige** Bauprodukte sind diejenigen, die 1) nicht zu den geregelten, 2) nicht zu den nicht geregelten Bauprodukten und 3) nicht zu den Bauprodukten gehören, die nach den Vorschriften des BauPG oder europäischer Richtlinien in den Verkehr gebracht und gehandelt werden dürfen: Für sie dürfen keine Regeln in der Bauregelliste A bekannt gemacht sein, es muss aber technische Baubestimmungen oder allgemein anerkannte Regeln der Technik geben

2

I. Regelungsgegenstände der Landesbauordnungen und der MBO 2002[1]	
1.	**Bauregelliste A:** – Technische Regeln, die zur Erfüllung der Anforderungen der Bauordnungen und untergesetzlicher Vorschriften an bauliche Anlagen erforderlich sind – Für Bauprodukte, für die nicht nur die Vorschriften des BauPG, zur Umsetzung der Richtlinie 89/106/EWG des Rates vom 21. 12. 1988, zuletzt geändert durch Richtlinie 93/68/EWG des Rates vom 22. 7. 1993, oder zur Umsetzung sonstiger Richtlinien der Europ. Gemeinschaften maßgebend sind – Bekanntmachung durch DIBt im Einvernehmen mit der obersten Bauaufsichtsbehörde – Regelungen gelten als technische Baubestimmungen nach den Bauordnungen

[1] Die hier verwendeten Ziffern entsprechen den Ziffern der nachstehenden Rubrik „Umsetzung/Abweichung in den Ländern und der MBO 2002".

	I. Regelungsgegenstände der Landesbauordnungen und der MBO 2002
2.	**Bauregelliste B:** – Festlegung, welche der Klassen und Leistungsstufen, die in Normen, Leitlinien oder europäischen technischen Zulassungen nach dem BauPG oder in anderen Vorschriften zur Umsetzung von Richtlinien der Europäischen Gemeinschaften enthalten sind, Bauprodukte nach dem BauPG, nach Vorschriften zur Umsetzung der Richtlinie 89/106/EWG des Rates vom 21. 12. 1988, zuletzt geändert durch Richtlinie 93/68/EWG des Rates vom 22. 7. 1993, oder zur Umsetzung sonstiger Richtlinien der Europ. Gemeinschaften erfüllen müssen – Bekanntmachung, inwieweit andere Vorschriften zur Umsetzung von Richtlinien der Europäischen Gemeinschaften die wesentlichen Anforderungen nach § 5 Abs. 1 BauPG nicht berücksichtigen – Bekanntmachung durch DIBt im Einvernehmen mit der obersten Bauaufsichtsbehörde
3.	**Bauregelliste C:** – Für nicht geregelte Bauprodukte, die für die Erfüllung der gesetzlichen Anforderungen nur eine untergeordnete Bedeutung haben – Bekanntmachung durch DIBt im Einvernehmen mit der obersten Bauaufsichtsbehörde
4.	**Verwendung für:** Errichtung, Änderung und Instandhaltung baulicher Anlagen
5.	**Zulässigkeit der Verwendung** Bauprodukte dürfen nach der jeweiligen landesrechtlichen Regelung nur verwendet werden, wenn – sie geregelte Bauprodukte sind und das Übereinstimmungszeichen (Ü-Zeichen) tragen oder – sie als nicht geregelte Bauprodukte eine allgemeine Zulassung, Prüfzeugnis oder Zustimmung im Einzelfall haben und das Ü-Zeichen tragen oder – sie untergeordnete Bedeutung haben, in Liste C öffentlich bekannt gemacht sind und demzufolge eines Ü-Zeichens nicht bedürfen oder – sie nach den Vorschriften des BauPG, nach den Vorschriften anderer Mitgliedstaaten der Europ. Gemeinschaften oder anderer Vertragsstaaten des Abkommens über den Europ. Wirtschaftsraum zur Umsetzung der Richtlinie 89/106 EWG des Rates vom 21. 12. 1988, zuletzt geändert durch Richtlinie 93/68/EWG des Rates vom 22. 7. 1993, oder zur Umsetzung sonstiger Richtlinien der Europ. Gemeinschaften, soweit diese die wesentlichen Anforderungen nach § 5 I BauPG berücksichtigen, in den Verkehr gebracht und gehandelt werden dürfen, insbesondere das CE-Kennzeichen tragen und dieses Zeichen die festgelegten Klassen- und Leistungsstufen ausweist, oder – sie sonstige Bauprodukte sind. Da für sie per gesetzlicher Definition (siehe oben „Begriffe") keine Regeln in der Bauregelliste A bekannt gemacht sind, bedarf es keines Nachweises ihrer Verwendbarkeit durch Zulassung, Prüfzeugnis oder Zustimmung im Einzelfall, – in den allgemeinen Anforderungen der Bauordnungen zusätzlich geregelt ist, dass Bauprodukte nur verwendet werden dürfen, wenn bei ihrer Verwendung die baulichen Anlagen bei ordnungsgemäßer Instandhaltung während einer dem Zweck entsprechenden angemessenen Zeitdauer die Anforderungen der Bauordnungen erfüllen und gebrauchstauglich sind.
6.	**Nicht geregelte Bauprodukte:** – Allgemeine bauaufsichtliche Zulassung, allgemeines bauaufsichtliches Prüfzeugnis oder eine Zustimmung im Einzelfall erforderlich – Ausgenommen sind Bauprodukte der Liste C
7.	**Anforderungen an Produkte nach anderen Rechtsvorschriften:** – Durch RVO der obersten Bauaufsichtsbehörde („kann") – Für bestimmte Bauprodukte, die Anforderungen nach anderen Rechtsvorschriften unterliegen – Hinsichtlich dieser Anforderungen Nachweise der Verwendbarkeit und Übereinstimmungsnachweise nach Maßgabe der Bauordnungen – Die anderen Rechtsvorschriften verlangen diese Nachweise oder lassen sie zu
8.	**Anforderungen an besonders aufwendige Bauprodukte:** – Durch Vorschrift in der allgemeinen bauaufsichtlichen Zulassung, in der Zustimmung im Einzelfall oder durch RVO der obersten Bauaufsichtsbehörde („kann") – Für geregelte oder nicht geregelte Bauprodukte mit Ü-Zeichen

	I. Regelungsgegenstände der Landesbauordnungen und der MBO 2002
8.	– Herstellung in außergewöhnlichem Maß von der Sachkunde und Erfahrung der damit betrauten Personen oder von einer Ausstattung mit besonderen Vorrichtungen abhängig – Vorschrift, dass Hersteller über solche Fachkräfte und Vorrichtungen verfügt und Nachweis gegenüber einer Prüfstelle zu erbringen hat – Mindestanforderungen an die Ausbildung, die durch Prüfung nachzuweisende Befähigung und die Ausbildungsstätten einschließlich der Anerkennungsvoraussetzungen können in der RVO gestellt werden
9.	**Bauprodukte mit besonderen Eigenschaften:** – Vorschriften in der allgemeinen bauaufsichtlichen Zulassung, in der Zustimmung im Einzelfall oder durch RVO der obersten Bauaufsichtsbehörde – Für Bauprodukte, die wegen ihrer besonderen Eigenschaften oder ihres besonderen Verwendungszwecks einer außergewöhnlichen Sorgfalt bei Einbau, Transport, Instandhaltung oder Reinigung bedürfen – Überwachung durch eine Überwachungsstelle kann vorgeschrieben werden

3

Land	Norm (LBO)		II. Umsetzung/Abweichung in den Ländern und der MBO 2002[2]
MBO 2002	§ 17	**1.**	§ 17 II
		2.	§ 17 VII
		3.	§ 17 III 2
		4.	§ 17 I
		5.	§§ 17, 3 II zusätzlich Bauarten; zusätzlich § 3 V: Bauprodukte und Bauarten, die in Vorschriften anderer Vertragsstaaten des Abkommens über den Europ. Wirtschaftsraum genannten technischen Anforderungen entsprechen, dürfen verwendet oder angewendet werden, wenn das geforderte Schutzniveau in Bezug auf Sicherheit, Gesundheit und Gebrauchstauglichkeit gleichermaßen dauerhaft erreicht wird
		6.	§ 17 III 1 CE-Kennzeichnung kann auch Leistung des Bauprodukts angeben
		7.	§ 17 IV
		8.	§ 17 V
		9.	§ 17 VI
BW	§ 17	**1.**	§ 17 II
		2.	§ 17 VII
		3.	§ 17 III 2
		4.	§ 17 I: § 17 nur für Errichtung, aber gem. § 2 XII stehen der Errichtung gleich das Herstellen, Aufstellen, Anbringen, Einbauen, Einrichten, Instandhalten, Ändern und die Nutzungsänderung
		5.	§§ 17, 3 II
		6.	§ 17 III 1
		7.	§ 17 IV
		8.	§ 17 V
		9.	§ 17 VI
Bay	Art. 19	**1.**	Art. 19 II ausdrückliche Nennung, dass die Regeln als technische Baubestimmungen nach der Bauordnung gelten, fehlt
		2.	Art. 19 VII
		3.	Art. 19 III 2
		4.	Art. 19 I
		5.	Art. 19, in den allgemeinen Anforderungen keine Regelung
		6.	Art. 19 III 1

[2] Die hier verwendeten Ziffern entsprechen den Ziffern der vorstehenden Rubrik „Regelungsgegenstände der Landesbauordnungen und der MBO 2002".

Land	Norm (LBO)	II. Umsetzung/Abweichung in den Ländern und der MBO 2002	
Bay	Art. 19	**7.**	Art. 19 IV
		8.	Art. 19 V
		9.	Art. 19 VI
Bln	§ 18	**1.**	§ 18 II
		2.	§ 18 VII
		3.	§ 18 IV
		4.	§ 18 I
		5.	§§ 18, 3 II
		6.	§ 18 III zu den nicht geregelten Bauprodukten gehören auch diejenigen, die die Anforderungen des BauPG oder sonstiger Vorschriften zur Umsetzung von Richtlinien der Europ. Gemeinschaften nicht erfüllen
		7.	keine Regelung
		8.	§ 18 V
		9.	§ 18 VI
Bbg	§ 14	**1.**	§ 14 II ausdrückliche Nennung, dass die Regeln als technische Baubestimmungen nach der Bauordnung gelten, fehlt
		2.	§ 14 VII
		3.	§ 14 III 2
		4.	§ 14 I auch Instandsetzung
		5.	§§ 14, 3 II zusätzlich Bauarten Verweis auf allgemeine Möglichkeit der Abweichung bei sonstigen Bauprodukten, § 14 I 3, 2. HS. zusätzlich § 3 VI: Bauprodukte, Bauarten und Prüfverfahren, die den in Vorschriften anderer Vertragsstaaten des Abkommens über den Europ. Wirtschaftsraum genannten technischen Anforderungen entsprechen, dürfen verwendet oder angewendet werden, wenn das geforderte Schutzniveau in Bezug auf Sicherheit, Gesundheit und Gebrauchstauglichkeit gleichermaßen dauerhaft erreicht und die Verwendbarkeit nachgewiesen wird
		6.	§ 14 III 1
		7.	§ 14 IV
		8.	§ 14 V
		9.	§ 14 VI
Brem	§ 20	**1.**	§ 20 II
		2.	§ 20 VII
		3.	§ 20 III 2
		4.	§ 20 I
		5.	§§ 20, 3 II
		6.	§ 20 III 1
		7.	§ 20 IV
		8.	§ 20 V nicht geregelt, dass Nachweis gegenüber einer Prüfstelle zu erbringen ist
		9.	§ 20 VI zusätzlich in § 20 VIII, dass bei der Errichtung, Änderung und Instandhaltung baulicher Anlagen möglichst umweltverträgliche Bauprodukte verwendet werden sollen, unter Berücksichtigung ihrer Eigenschaften in den Phasen Herstellung, Nutzung und Entsorgung oder Wiederverwendung
Hamb	§ 20	**1.**	§ 20 II Bekanntmachung durch Bauaufsichtsbehörde
		2.	§ 20 VII Bekanntmachung durch Bauaufsichtsbehörde
		3.	§ 20 III 2 Bekanntmachung durch Bauaufsichtsbehörde
		4.	§ 20 I

Land	Norm (LBO)	II. Umsetzung/Abweichung in den Ländern und der MBO 2002	
Hamb	§ 20	**5.**	§§ 20, 3 II zusätzlich bei sonstigen Bauprodukten Verweis auf § 3 III 5, wonach von den allgemein anerkannten Regeln der Technik abgewichen werden kann, wenn mit einer anderen Lösung in gleichem Maße die Anforderungen erfüllt werden, § 20 I 3, 2. Hs
		6.	§ 20 III 1
		7.	§ 20 IV
		8.	§ 20 V
		9.	§ 20 VI
Hess	§ 16	**1.**	§ 16 II
		2.	§ 16 VII
		3.	§ 16 III 2
		4.	§ 16 I
		5.	§§ 16, 3 II zusätzlich bei sonstigen Bauprodukten Verweis auf § 3 III 3, wonach von den technischen Baubestimmungen abgewichen werden kann, wenn mit einer anderen Lösung in gleichem Maße die Anforderungen erfüllt werden, § 16 I 3, 2. Hs
		6.	§ 16 III 1
		7.	§ 16 IV
		8.	§ 16 V keine ausdrückliche Nennung der obersten Bauaufsichtsbehörde
		9.	§ 16 VI keine ausdrückliche Nennung der obersten Bauaufsichtsbehörde
M-V	§ 17	**1.**	§ 17 II
		2.	§ 17 VII
		3.	§ 17 III 2
		4.	§ 17 I
		5.	§§ 17, 3 II zusätzlich bei sonstigen Bauprodukten Verweis auf § 3 III 4, 1. Hs., wonach von den technischen Baubestimmungen abgewichen werden kann, wenn mit einer anderen Lösung in gleichem Maße die Anforderungen erfüllt werden, § 17 I 3, 2. Hs
		6.	§ 17 III 1
		7.	§ 17 IV
		8.	§ 17 V
		9.	§ 17 VI
Nds	§ 24	**1.**	§ 24 II
		2.	§ 24 VII
		3.	§ 24 III 2
		4.	§ 24 I
		5.	§§ 24, 1 IV
		6.	§ 24 III 1
		7.	§ 24 IV
		8.	§ 24 V
		9.	§ 24 VI
NRW	§ 20		bei nicht geregelten Bauprodukten keine Erwähnung der technischen Baubestimmungen
		1.	§ 20 II
		2.	§ 20 VII
		3.	§ 20 III 2
		4.	§ 20 I
		5.	§§ 20, 3 II

Land	Norm (LBO)	II. Umsetzung/Abweichung in den Ländern und der MBO 2002	
NRW	§ 20	**6.**	§ 20 III 1
		7.	§ 20 IV
		8,	§ 20 V
		9.	§ 20 VI
Rh-Pf	§ 18	**1.**	§ 18 II
		2.	§ 18 VII
		3.	§ 18 III 2
		4.	§ 18 I
		5.	§§ 18, 3 II
		6.	§ 18 III 1
		7.	§ 18 IV
		8.	§ 18 V Regelung über Mindestanforderungen an die Ausbildung, die durch Prüfung nachzuweisende Befähigung und die Ausbildungsstätten fehlt
		9.	§ 18 VI
Saar	§ 25	**1.**	§ 25 II Bekanntmachung durch oberste Bauaufsichtsbehörde
		2.	§ 25 VII Bekanntmachung durch oberste Bauaufsichtsbehörde
		3.	§ 25 III 2 Bekanntmachung durch oberste Bauaufsichtsbehörde
		4.	§ 25 I Instandsetzung zusätzlich erwähnt
		5.	§§ 25, 3 II
		6.	§ 25 III 1
		7.	§ 25 IV
		8.	§ 25 V nicht geregelt, dass Nachweis gegenüber einer Prüfstelle zu erbringen ist
		9.	§ 25 VI
Sachs	§ 20		bei nicht geregelten Bauprodukten keine Erwähnung der technischen Baubestimmungen
		1.	§ 20 II
		2.	§ 20 VII
		3.	§ 20 III 2
		4.	§ 20 I
		5.	§§ 20, 3 II
		6.	§ 20 III 1
		7.	§ 20 IV
		8.	§ 20 V
		9.	§ 20 VI
Sachs-Anh	§ 20	**1.**	§ 20 II
		2.	§ 20 VII
		3.	§ 20 III 2
		4.	§ 20 I
		5.	§§ 20, 3 II
		6.	§ 20 III 1
		7.	§ 20 IV
		8.	§ 20 V
		9.	§ 20 VI
Schl-H	§ 23	**1.**	§ 23 II
		2.	§ 23 VII
		3.	§ 23 III 2
		4.	§ 23 I
		5.	§§ 23, 3 V zusätzlich bei sonstigen Bauprodukten Verweis auf § 3 III 3, 1. Hs., wonach von den technischen Baubestimmungen abgewichen werden kann,

Land	Norm (LBO)	II. Umsetzung/Abweichung in den Ländern und der MBO 2002	
			wenn der Bauherr nachweist, dass die allgemeinen Anforderungen an bauliche Anlagen erfüllt werden, § 23 I 3, 2. Hs
		6.	§ 23 III 1
		7.	§ 23 IV
		8.	§ 23 V
		9.	§ 23 VI
Thür	§ 20	**1.**	§ 20 II
		2.	§ 20 VII
		3.	§ 20 III 2
		4.	§ 20 I
		5.	§§ 20, 3 II zusätzlich bei sonstigen Bauprodukten Verweis auf § 3 III 3, 1. Hs., wonach von den technischen Baubestimmungen abgewichen werden kann, wenn mit einer anderen Lösung in gleichem Maße die allgemeinen Anforderungen erfüllt werden, § 20 I 3, 2. Hs
		6.	§ 20 III 1
		7.	§ 20 IV
		8.	§ 20 V nicht geregelt, dass Nachweis gegenüber einer Prüfstelle zu erbringen ist
		9.	§ 20 VI

Teil 2. Allgemeine bauaufsichtliche Zulassung

MBO § 18, BW § 18, Bay Art. 20, Bln § 19, Bbg § 15, Brem § 21, Hamb § 20 a, Hess § 17, M-V § 18, Nds § 25, NRW § 21, Rh-Pf § 19, Saar § 26, Sachs § 21, Sachs-Anh § 21, Schl-H § 24, Thür § 21

4

	I. Regelungsgegenstände der Landesbauordnungen und der MBO 2002[3]
1.	**Zulassung**: für nicht geregelte Bauprodukte, wenn deren Verwendbarkeit nach den Bauordnungen nachgewiesen ist
2.	**Antrag** – Zur Begründung des Antrags erforderliche Unterlagen sind beizufügen – Soweit erforderlich, Probestücke zur Verfügung zu stellen oder durch Sachverständige (vom DIBt zu bestimmen) zu entnehmen oder Probeausführungen unter Aufsicht der Sachverständigen herzustellen – Bauaufsichtsbehörde fordert im Falle eines unvollständigen oder erheblich mangelhaften Antrags zur Behebung der Mängel wie bei Bauantrag innerhalb angemessener Frist auf. Bei Nichtbehebung der Mängel innerhalb der Frist gilt Antrag als zurückgenommen.
3.	**Verfahren** – Durch DIBt – Kann für die Durchführung der Prüfung die sachverständige Stelle vorschreiben – Kann für Probeausführungen die Ausführungsstelle und -zeit vorschreiben
4.	**Erteilung** – Widerruflich – Für eine bestimmte Frist, in der Regel 5 Jahre; auf schriftlichen Antrag Verlängerung in der Regel um 5 Jahre, auch rückwirkend bei Antragstellung vor Fristablauf – Unbeschadet privater Rechte Dritter – Öffentliche Bekanntmachung durch DIBt nach Gegenstand und wesentlichem Inhalt
5.	**Geltung** Zulassungen nach dem Recht anderer Länder gelten auch im jeweiligen Land

5

Land	Norm (LBO)	II. Umsetzung/Abweichung in den Ländern und der MBO 2002[4]	
MBO 2002	§ 18	1. 2. 3. 4. 5.	§ 18 I § 18 II Antragserfordernis nicht ausdrücklich erwähnt, ergibt sich nur indirekt § 18 III § 18 IV, V, VI § 18 VII
BW	§ 18	1. 2. 3. 4. 5.	§ 18 I § 18 II nur Regelung, dass der Antrag zurückgewiesen werden kann, wenn die Unterlagen unvollständig sind oder erhebliche Mängel aufweisen; keine Rücknahmefiktion § 18 III § 18 IV, V 1, 2 § 18 V 3
Bay	Art. 20	1. 2. 3. 4. 5.	Art. 20 I Art. 20 II Antragserfordernis nicht ausdrücklich erwähnt, ergibt sich nur indirekt Art. 20 III Art. 20 IV, V, VI Art. 20 VII

[3] Die hier verwendeten Ziffern entsprechen den Ziffern der nachstehenden Rubrik „Umsetzung/ Abweichung in den Ländern und der MBO 2002".

[4] Die hier verwendeten Ziffern entsprechen den Ziffern der vorstehenden Rubrik „Regelungsgegenstände der Landesbauordnungen und der MBO 2002".

Land	Norm (LBO)	II. Umsetzung/Abweichung in den Ländern und der MBO 2002	
Bln	§ 19	**1.**	§ 19 I nicht, soweit ein allgemeines bauaufsichtliches Prüfzeugnis ausreichend ist, oder für Bauprodukte der Liste C
		2.	§ 19 II Antragserfordernis nicht ausdrücklich erwähnt, ergibt sich nur indirekt – nur Regelung, dass der Antrag zurückgewiesen werden soll, wenn die Unterlagen unvollständig sind oder erhebliche Mängel aufweisen; keine Rücknahmefiktion
		3.	§ 19 III
		4.	§ 19 IV, V, VI DIBt kann erteilen
		5.	§ 19 VII
Bbg	§ 15	**1.**	§ 15 I
		2.	§ 15 II Antragserfordernis nicht ausdrücklich erwähnt, ergibt sich nur indirekt
		3.	§ 15 III
		4.	§ 15 IV, V, VI
		5.	§ 15 VII
Brem	§ 21	**1.**	§ 21 I
		2.	§ 21 II Antragserfordernis nicht ausdrücklich erwähnt, ergibt sich nur indirekt – nur Regelung, dass der Antrag zurückgewiesen werden soll, wenn die Unterlagen erhebliche Mängel aufweisen. Zur Beseitigung geringfügiger Mängel soll die Bauordnungsbehörde innerhalb von 5 Arbeitstagen eine angemessene Frist setzen. Werden die Mängel nicht fristgerecht behoben, soll der Bauantrag zurückgewiesen werden. – keine Rücknahmefiktion
		3.	§ 21 III
		4.	§ 21 IV, V, VI
		5.	§ 21 VII
Hamb	§ 20 a	**1.**	§ 20 a I
		2.	§ 20 a II schriftlicher Antrag – Anträge sind zurückzuweisen, wenn sie so unvollständig sind, dass sie nicht bearbeitet werden können. Zur Beseitigung geringfügiger Mängel soll die Bauaufsichtsbehörde zunächst eine Frist setzen. Werden die Mängel innerhalb der Frist nicht behoben, so gilt der Antrag als zurückgenommen
		3.	§ 20 a III durch Bauaufsichtsbehörde
		4.	§ 20 a IV, V, VI
		5.	§ 20 a VII
Hess	§ 17	**1.**	§ 17 I
		2.	§ 17 II Antragserfordernis nicht ausdrücklich erwähnt, ergibt sich nur indirekt – Anträge sind zurückzuweisen, wenn sie so unvollständig sind, dass sie nicht bearbeitet werden können. Zur Beseitigung geringfügiger Mängel soll die Bauaufsichtsbehörde zunächst eine Frist setzen. Werden die Mängel innerhalb der Frist nicht behoben, so gilt der Antrag als zurückgenommen
		3.	§ 17 III
		4.	§ 17 IV, V, VI
		5.	§ 17 VII
M-V	§ 18	**1.**	§ 18 I
		2.	§ 18 II Antragserfordernis nicht ausdrücklich erwähnt, ergibt sich nur indirekt – Antrag soll zurückgewiesen werden, wenn er erhebliche Mängel aufweist
		3.	§ 18 III
		4.	§ 18 IV, V, VI
		5.	§ 18 VII

Land	Norm (LBO)	II. Umsetzung/Abweichung in den Ländern und der MBO 2002	
Nds	§ 25	**1.**	§ 25 I
		2.	§ 25 II Antragserfordernis nicht ausdrücklich erwähnt, ergibt sich nur indirekt – Regelung zu unvollständigem oder mangelhaftem Antrag fehlt völlig
		3.	§ 25 III
		4.	§ 25 IV, V, VI
		5.	§ 25 VII
NRW	§ 21	**1.**	§ 21 I
		2.	§ 21 II Antragserfordernis nicht ausdrücklich erwähnt, ergibt sich nur indirekt – nur Regelung, dass der Antrag zurückgewiesen werden soll, wenn die Unterlagen unvollständig sind oder erhebliche Mängel aufweisen; keine Rücknahmefiktion
		3.	§ 21 III
		4.	§ 21 IV, V, VI nur Verweis auf Möglichkeit rückwirkender Verlängerung
		5.	§ 21 VII
Rh-Pf	§ 19	**1.**	§ 19 I
		2.	§ 19 II schriftlicher Antrag – Antrag soll zurückgewiesen werden, wenn er wegen fehlender Angaben oder Unterlagen oder erheblicher Mängel nicht geprüft werden kann; keine Rücknahmefiktion
		3.	§ 19 III
		4.	§ 19 IV, V, VI die Verlängerung kann mit neuen Auflagen und Bedingungen verbunden werden
		5.	keine Regelung
Saar	§ 26	**1.**	§ 26 I
		2.	§ 26 II schriftlicher Antrag – Antrag kann zurückgewiesen werden, wenn die Unterlagen so unvollständig und fehlerhaft sind, dass sie nicht bearbeitet werden können; keine Rücknahmefiktion
		3.	§ 26 III durch oberste Bauaufsichtsbehörde
		4.	§ 26 IV, V, VI durch oberste Bauaufsichtsbehörde
		5.	§ 26 VII
Sachs	§ 21	**1.**	§ 21 I
		2.	§ 21 II Antragserfordernis nicht ausdrücklich erwähnt, ergibt sich nur indirekt – nach Fristablauf soll Antrag abgewiesen werden; keine Rücknahmefiktion
		3.	§ 21 III
		4.	§ 21 IV, V, VI
		5.	§ 21 VII
Sachs-Anh	§ 21	**1.**	§ 21 I
		2.	§ 21 II auf Antrag – Antrag kann zurückgewiesen werden, wenn die Unterlagen so unvollständig sind, dass sie nicht bearbeitet werden können; keine Rücknahmefiktion
		3.	§ 21 III
		4.	§ 21 IV, V, VI
		5.	§ 21 VII
Schl-H	§ 24	**1.**	§ 24 I
		2.	§ 24 II Antragserfordernis nicht ausdrücklich erwähnt, ergibt sich nur indirekt – Zurückweisung bei erheblichen Mängeln; keine Rücknahmefiktion
		3.	§ 24 III
		4.	§ 24 IV, V, VI
		5.	§ 24 VII

Land	Norm (LBO)	II. Umsetzung/Abweichung in den Ländern und der MBO 2002	
Thür	§ 21	**1.**	§ 21 I
		2.	§ 21 II auf Antrag – nur Regelung, dass der Antrag zurückgewiesen werden kann, wenn die Unterlagen unvollständig sind oder erhebliche Mängel aufweisen; keine Rücknahmefiktion
		3.	§ 21 III
		4.	§ 21 IV, V, VI
		5.	§ 21 VII

Teil 3. Prüfzeugnis

MBO § 19, BW § 19, Bay Art. 21, Bln § 19 a, Bbg § 16, Brem § 22, Hamb § 20 b, Hess § 18, M-V § 19, Nds § 25 a, NRW § 22, Rh-Pf § 20, Saar § 27, Sachs § 21 a, Sachs-Anh § 22, Schl-H § 25, Thür § 21 a

6

	I. Regelungsgegenstände der Landesbauordnungen und der MBO 2002[5]
1.	Lediglich allgemeines bauaufsichtliches **Prüfzeugnis anstelle** einer allgemeinen bauaufsichtlichen **Zulassung**
2.	Für **nicht geregelte Bauprodukte**, – deren Verwendung nicht der Erfüllung erheblicher Anforderungen an die Sicherheit baulicher Anlagen dient, oder – die nach allgemein anerkannten Prüfverfahren beurteilt werden
3.	**Bauregelliste A**: – Bestimmung dieser Bauprodukte durch Bezugnahme auf die maßgebenden technischen Regeln und, soweit es keine allgemein anerkannten Regeln der Technik gibt, durch Bezeichnung der Bauprodukte selbst – Bekanntmachung durch DIBt im Einvernehmen mit der obersten Bauaufsichtsbehörde
4.	**Erteilung**: – Durch Prüfstelle – Wenn die Verwendbarkeit von Bauprodukten nach den Anforderungen der Bauordnungen nachgewiesen ist – Voraussetzungen für allgemeine bauaufsichtliche Zulassung gelten für Prüfzeugnis entsprechend

7

Land	Norm (LBO)		II. Umsetzung/Abweichung in den Ländern und der MBO 2002[6]
MBO 2002	§ 19	1. 2. 3. 4.	§ 19 I 1 § 19 I 1 § 19 I 2 § 19 II
BW	§ 19	1. 2. 3. 4.	§ 19 I 1 § 19 I 1 § 19 I 2 § 19 II
Bay	Art. 21	1. 2. 3. 4.	Art. 21 I 1 Art. 21 I 1 Art. 21 I 2 Art. 21 II
Bln	§ 19 a	1. 2. 3. 4.	§ 19 a I 1 § 19 a I 1 § 19 a I 2 § 19 a II Prüfstelle kann erteilen
Bbg	§ 16	1. 2. 3. 4.	§ 16 I 1 § 16 I 1 § 16 I 2 § 16 II

[5] Die hier verwendeten Ziffern entsprechen den Ziffern der nachstehenden Rubrik „Umsetzung/Abweichung in den Ländern und der MBO 2002".

[6] Die hier verwendeten Ziffern entsprechen den Ziffern der vorstehenden Rubrik „Regelungsgegenstände der Landesbauordnungen und der MBO 2002".

Land	Norm (LBO)	II. Umsetzung/Abweichung in den Ländern und der MBO 2002	
Brem	§ 22	**1.** **2.** **3.** **4.**	§ 22 I 1 § 22 I 1 § 22 I 2 § 22 II
Hamb	§ 20 b	**1.** **2.** **3.** **4.**	§ 20 b I 1 § 20 b I 1 § 20 b I 2 Bekanntmachung durch Bauaufsichtsbehörde § 20 b II
Hess	§ 18	**1.** **2.** **3.** **4.**	§ 18 I 1 § 18 I 1 § 18 I 2 § 18 II
M-V	§ 19	**1.** **2.** **3.** **4.**	§ 19 I Nr. 2 § 19 I § 19 I Nr. 2 S. 2 § 19 II
Nds	§ 25 a	**1.** **2.** **3.** **4.**	§ 25 a I 1 § 25 a I 1 § 25 a I 2 § 25 a II
NRW	§ 22	**1.** **2.** **3.** **4.**	§ 22 I 1 § 22 I 1 § 22 I 2 § 22 II
Rh-Pf	§ 20	**1.** **2.** **3.** **4.**	§ 20 I 1 § 20 I 1 § 20 I 2 § 20 II
Saar	§ 27	**1.** **2.** **3.** **4.**	§ 27 I 1 § 27 I 1 § 27 I 2 Bekanntmachung durch oberste Bauaufsichtsbehörde § 27 II
Sachs	§ 21 a	**1.** **2.** **3.** **4.**	§ 21 a I 1 § 21 a I 1 § 21 a I 2 § 21 a II
Sachs-Anh	§ 22	**1.** **2.** **3.** **4.**	§ 22 I 1 § 22 I 1 § 22 I 2 § 22 II
Schl-H	§ 25	**1.** **2.** **3.** **4.**	§ 25 I 1 § 25 I 1 § 25 I 2 § 25 II
Thür	§ 21 a	**1.** **2.** **3.** **4.**	§ 21 a I 1 § 21 a I 1 § 21 a I 2 § 21 a II

Teil 4. Verwendbarkeit im Einzelfall

MBO § 20, BW § 20, Bay Art. 22, Bln § 20, Bbg § 17, Brem § 23, Hamb § 20c, Hess § 19, M-V § 20, Nds § 26, NRW § 23, Rh-Pf § 21, Saar § 28, Sachs § 22, Sachs-Anh § 23, Schl-H § 26, Thür § 22

8

	I. Regelungsgegenstände der Landesbauordnungen und der MBO 2002[7]
1.	**Arten der Bauprodukte** – Bauprodukte, die ausschließlich nach dem BauPG oder sonstigen Vorschriften zur Umsetzung von Richtlinien der Europ. Gemeinschaften in Verkehr gebracht und gehandelt werden dürfen, jedoch deren Anforderungen nicht erfüllen – Nicht geregelte Bauprodukte
2.	**Voraussetzungen**: Bauprodukte sind verwendbar, wenn bei ihrer Verwendung die baulichen Anlagen bei ordnungsgemäßer Instandhaltung während einer dem Zweck entsprechenden angemessenen Zeitdauer die Anforderungen der Bauordnungen erfüllen und gebrauchstauglich sind
3.	**Verfahren** – Durch **oberste Bauaufsichtsbehörde** – **Nachweis** der Verwendbarkeit – **Zustimmung** im Einzelfall; wenn Gefahren im Sinne der Bauordnungen nicht zu erwarten sind, kann die oberste Bauaufsichtsbehörde im Einzelfall erklären, dass ihre Zustimmung nicht erforderlich ist
4.	**Denkmal**. Die Zustimmung für Bauprodukte, die in Denkmälern verwendet werden sollen, erteilt die untere Bauaufsichtsbehörde

9

Land	Norm (LBO)	II. Umsetzung/Abweichung in den Ländern und der MBO 2002[8]	
MBO 2002	§ 20	1.	§ 20 S. 1
		2.	§ 20 S. 1
		3.	§ 20
		4.	keine Regelung
BW	§ 20	1.	§ 20 I S. 1
		2.	§ 20 I S. 1
		3.	§ 20 I Zustimmung im Einzelfall nur nicht erforderlich, wenn auch kein Widerspruch zu BauPG
		4.	§ 20 II
Bay	Art. 22	1.	Art. 22 I S. 1
		2.	Art. 22 I S. 1
		3.	Art. 22 I
		4.	Art. 22 II Baudenkmäler einschließlich Ensembles
Bln	§ 20	1.	§ 20 S. 1 nur für nicht geregelte Bauprodukte
		2.	§ 20 S. 1
		3.	§ 20
		4.	keine Regelung
Bbg	§ 17	1.	§ 17 I S. 1
		2.	§ 17 I S. 1
		3.	§ 17 I
		4.	§ 17 II

[7] Die hier verwendeten Ziffern entsprechen den Ziffern der nachstehenden Rubrik „Umsetzung/Abweichung in den Ländern und der MBO 2002".

[8] Die hier verwendeten Ziffern entsprechen den Ziffern der vorstehenden Rubrik „Regelungsgegenstände der Landesbauordnungen und der MBO 2002".

Land	**Norm** (LBO)	**Umsetzung/Abweichung in den Ländern und der MBO 2002**	
Brem	§ 23	**1.** **2.** **3.** **4.**	§ 23 I S. 1 § 23 I S. 1 § 23 I § 23 II
Hamb	§ 20 c	**1.** **2.** **3.** **4.**	§ 20 c S. 1 § 20 c S. 1 § 20 c durch Bauaufsichtsbehörde keine Regelung
Hess	§ 19	**1.** **2.** **3.** **4.**	§ 19 S. 1 § 19 S. 1 § 19 keine Regelung
M-V	§ 20	**1.** **2.** **3.** **4.**	§ 20 I S. 1 § 20 I S. 1 § 20 I § 20 II
Nds	§ 26	**1.** **2.** **3.** **4.**	§ 26 I S. 1 § 26 I S. 1 § 26 I § 26 II
NRW	§ 23	**1.** **2.** **3.** **4.**	§ 23 I S. 1 § 23 I S. 1 § 23 I § 23 II
Rh-Pf	§ 21	**1.** **2.** **3.** **4.**	§ 21 S. 1 § 21 S. 1 § 21 oberste Bauaufsichtsbehörde kann für genau begrenzte Fälle festlegen, dass ihre Zustimmung nicht erforderlich ist keine Regelung
Saar	§ 28	**1.** **2.** **3.** **4.**	§ 28 I S. 1 § 28 I S. 1 § 28 I § 28 II
Sachs	§ 22	**1.** **2.** **3.** **4.**	§ 22 I S. 1 § 22 I S. 1 § 22 I durch oberste Bauaufsichtsbehörde oder eine von ihr bestimmte Stelle § 22 II
Sachs-Anh	§ 23	**1.** **2.** **3.** **4.**	§ 23 I S. 1 § 23 I S. 1 § 23 I § 23 II
Schl-H	§ 26	**1.** **2.** **3.** **4.**	§ 26 S. 1 § 26 S. 1 § 26 keine Regelung
Thür	§ 22	**1.** **2.** **3.** **4.**	§ 22 I S. 1 § 22 I S. 1 § 22 I § 22 II

Teil 5. Bauarten

MBO § 21, BW § 21, Bay Art. 23, Bln § 21, Bbg § 18, Brem § 24, Hamb § 21, Hess § 20, M-V § 21, Nds § 27, NRW § 24, Rh-Pf § 22, Saar § 29, Sachs § 23, Sachs-Anh § 24, Schl-H § 27, Thür § 23

10

	I. Regelungsgegenstände der Landesbauordnungen und der MBO 2002[9]
1.	**Nicht geregelte Bauarten** = Bauarten, die von technischen Baubestimmungen wesentlich abweichen oder für die es allgemein anerkannte Regeln der Technik nicht gibt
2.	**Verwendung bei** Errichtung, Änderung und Instandhaltung baulicher Anlagen
3.	**Verwendung zulässig mit** – allgemeiner bauaufsichtlicher *Zulassung* oder einer *Zustimmung* im Einzelfall – Regelungen über besonders aufwendige Bauprodukte oder solche mit besonderen Eigenschaften, über allgemeine bauaufsichtliche Zulassung und Prüfzeugnis sowie über Nachweis der Verwendbarkeit von Bauprodukten gelten entsprechend
4.	**Prüfzeugnis:** – statt der allgemeinen bauaufsichtlichen Zulassung genügt ein allgemeines bauaufsichtliches *Prüfzeugnis*, wenn die Bauart nicht der Erfüllung erheblicher Anforderungen an die Sicherheit baulicher Anlagen dient oder nach allgemein anerkannten Prüfverfahren beurteilt wird – Bekanntmachung durch Angabe der maßgebenden technischen Regeln und, soweit es keine allgemein anerkannten Regeln der Technik gibt, mit der Bezeichnung der Bauarten – durch DIBt im Einvernehmen mit der obersten Bauaufsichtsbehörde – in der Bauregelliste A (siehe Def. bei Bauprodukten)
5.	**Ausnahmen:** – Festlegung, dass eine allgemeine bauaufsichtliche Zulassung, ein allgemeines bauaufsichtliches Prüfzeugnis oder eine Zustimmung im Einzelfall nicht erforderlich ist – Im Einzelfall oder für genau begrenzte Fälle – Voraussetzung: Gefahren im Sinne der Bauordnungen sind nicht zu erwarten – Durch: oberste Bauaufsichtsbehörde
6.	**Anforderungen nach anderen Rechtsvorschriften** – Durch RVO der obersten Bauaufsichtsbehörde („kann") – Für bestimmte Bauarten, die Anforderungen nach anderen Rechtsvorschriften unterliegen – Hinsichtlich dieser Anforderungen kann Geltung der o. g. Regelungen vorgeschrieben werden – Die anderen Rechtsvorschriften verlangen dies oder lassen es zu

11

Land	**Norm** (LBO)	**II. Umsetzung/Abweichung in den Ländern und der MBO 2002**[10]	
MBO 2002	§ 21	**1.**	§ 21 I 1
		2.	§ 21 I 1
		3.	§ 21 I 1, 4; zusätzlich § 3 II: Bauarten dürfen nur verwendet werden, wenn bei ihrer Verwendung die baulichen Anlagen bei ordnungsgemäßer Instandhaltung während einer dem Zweck entsprechenden angemessenen Zeitdauer die Anforderungen der Bauordnungen erfüllen und gebrauchstauglich sind.

[9] Die hier verwendeten Ziffern entsprechen den Ziffern der nachstehenden Rubrik „Umsetzung/Abweichung in den Ländern und der MBO 2002".

[10] Die hier verwendeten Ziffern entsprechen den Ziffern der vorstehenden Rubrik „Regelungsgegenstände der Landesbauordnungen und der MBO 2002".

Land	Norm (LBO)	II. Umsetzung/Abweichung in den Ländern und der MBO 2002	
MBO 2002	§ 21		zusätzlich § 3 V: Bauprodukte und Bauarten, die in Vorschriften anderer Vertragsstaaten des Abkommens über den Europ. Wirtschaftsraum genannten technischen Anforderungen entsprechen, dürfen verwendet oder angewendet werden, wenn das geforderte Schutzniveau in Bezug auf Sicherheit, Gesundheit und Gebrauchstauglichkeit gleichermaßen dauerhaft erreicht und die Verwendbarkeit nachgewiesen wird
		4.	§ 21 I 2, 3
		5.	§ 21 I 5
		6.	§ 21 II
BW	§ 21	**1.**	§ 21 I 1
		2.	§ 21 I 1 nur Errichtung
		3.	§ 21 I 1, 4
		4.	§ 21 I 2, 3
		5.	§ 21 I 5
		6.	§ 21 II
Bay	Art. 23	**1.**	Art. 23 I 1
		2.	Art. 23 I 1
		3.	Art. 23 I 1, 4
		4.	Art. 23 I 2, 3
		5.	Art. 23 I 5
		6.	Art. 23 II
Bln	§ 21	**1.**	§ 21 S. 1
		2.	§ 21 S. 1
		3.	§ 21 S. 1, 5
		4.	§ 21 S. 2, 3
		5.	§ 21 S. 4 Antragserfordernis ausdrücklich erwähnt
		6.	keine Regelung
Bbg	§ 18	**1.**	§ 18 I 1
		2.	§ 18 I 1
		3.	§ 18 I 1, 2; zusätzlich § 3 II: Bauarten dürfen nur verwendet werden, wenn bei ihrer Verwendung die baulichen Anlagen bei ordnungsgemäßer Instandhaltung während einer dem Zweck entsprechenden angemessenen Zeitdauer die Anforderungen der Bauordnungen erfüllen und gebrauchstauglich sind. zusätzlich § 3 VI: Bauprodukte, Bauarten und Prüfverfahren, die den in Vorschriften anderer Vertragsstaaten des Abkommens über den Europ. Wirtschaftsraum genannten technischen Anforderungen entsprechen, dürfen verwendet oder angewendet werden, wenn das geforderte Schutzniveau in Bezug auf Sicherheit, Gesundheit und Gebrauchstauglichkeit gleichermaßen dauerhaft erreicht und die Verwendbarkeit nachgewiesen wird
		4.	§ 18 I 2 Möglichkeit von Prüfzeugnis nicht erwähnt; nur Verweis auf Vorschrift für Prüfzeugnis
		5.	§ 18 I 3
		6.	§ 18 II
Brem	§ 24	**1.**	§ 24 I 1
		2.	§ 24 I 1
		3.	§ 24 I 1, 2
		4.	Möglichkeit von Prüfzeugnis nicht erwähnt
		5.	§ 24 I 3
		6.	§ 24 II

Land	Norm (LBO)	II. Umsetzung/Abweichung in den Ländern und der MBO 2002	
Hamb	§ 21	**1.**	§ 21 I 1
		2.	§ 21 I 1
		3.	§ 21 I 1, 4
		4.	§ 21 I 2, 3
		5.	§ 21 I 5
		6.	§ 21 II
Hess	§ 20	**1.**	§ 20 I 1
		2.	§ 20 I 1
		3.	§ 20 I 1, 4
		4.	§ 20 I 2, 3
		5.	§ 20 I 5
		6.	§ 20 II oberste Bauaufsichtsbehörde nicht genannt
M-V	§ 21	**1.**	§ 21 I 1
		2.	§ 21 I 1
		3.	§ 21 I 1, 4
		4.	§ 21 I 2, 3
		5.	§ 21 I 5
		6.	§ 21 II
Nds	§ 27	**1.**	§ 27 I 1
		2.	§ 27 I 1
		3.	§ 27 I 1, 4
		4.	§ 27 I 2, 3
		5.	§ 27 I 5
		6.	§ 27 II
NRW	§ 24	**1.**	§ 24 I 1
		2.	§ 24 I 1
		3.	§ 24 I 1, 4
		4.	§ 24 I 2, 3
		5.	§ 24 I 5
		6.	§ 24 II
Rh-Pf	§ 22	**1.**	§ 22 I 1
		2.	§ 22 I 1
		3.	§ 22 I 1, 3
		4.	§ 22 I 2
		5.	§ 22 I 4 oberste Bauaufsichtsbehörde kann für genau begrenzte Einzelfälle festlegen; nicht an weitere Voraussetzungen gekoppelt
		6.	§ 22 II
Saar	§ 29	**1.**	§ 29 I 1
		2.	§ 29 I 1 Instandsetzung zusätzlich
		3.	§ 29 I 1, 4
		4.	§ 29 I 2, 3 Bekanntmachung durch oberste Bauaufsichtsbehörde
		5.	§ 29 I 5
		6.	§ 29 II
Sachs	§ 23	**1.**	§ 23 I 1
		2.	§ 23 I 1
		3.	§ 23 I 1, 4
		4.	§ 23 I 2, 3
		5.	§ 23 I 5
		6.	§ 23 II oberste Bauaufsichtsbehörde oder eine von ihr bestimmte Stelle

Land	Norm (LBO)	II. Umsetzung/Abweichung in den Ländern und der MBO 2002	
Sachs-Anh	§ 24	**1.**	§ 24 I 1
		2.	§ 24 I 1
		3.	§ 24 I 1, 4
		4.	§ 24 I 2, 3
		5.	§ 24 I 5
		6.	§ 24 I
Schl-H	§ 27	**1.**	§ 27 I 1
		2.	§ 27 I 1
		3.	§ 27 I 1, 4
		4.	§ 27 I 2, 3
		5.	§ 27 I 5
		6.	§ 27 II
Thür	§ 23	**1.**	§ 23 I 1
		2.	§ 23 I 1
		3.	§ 23 I 1, 2
		4.	Möglichkeit von Prüfzeugnis nicht erwähnt
		5.	§ 23 I 3
		6.	§ 23 II

Teil 6. Übereinstimmungsnachweis

MBO § 22, BW § 22, Bay Art. 24, Bln § 22, Bbg § 19, Brem § 25, Hamb § 22, Hess § 21, M-V § 22, Nds § 28, NRW § 25, Rh-Pf § 23, Saar § 30, Sachs § 24, Sachs-Anh § 25, Schl-H § 28, Thür § 24

12

I. Regelungsgegenstände der Landesbauordnungen und der MBO 2002[11]	
1.	**Für Bauprodukte**, entsprechende Geltung der Regelungen für **Bauarten**
2.	**Übereinstimmung** – Mit den technischen Regeln in der Bauregelliste A – Mit den allgemeinen bauaufsichtlichen Zulassungen, Prüfzeugnissen oder den Zustimmungen im Einzelfall – Als Übereinstimmung gilt auch Abweichung, die nicht wesentlich ist
3.	**Bestätigung der Übereinstimmung** – Durch Übereinstimmungserklärung des Herstellers oder Übereinstimmungszertifikat – Übereinstimmungszertifikat kann in der allgemeinen bauaufsichtlichen Zulassung, in der Zustimmung im Einzelfall oder in der Bauregelliste A vorgeschrieben werden, wenn dies zum Nachweis einer ordnungsgemäßen Herstellung erforderlich ist – Bauprodukte, die nicht in Serie hergestellt werden, bedürfen nur der Übereinstimmungserklärung des Herstellers, sofern nichts anderes bestimmt ist
4.	**Ausnahmen**: oberste Bauaufsichtsbehörde kann im Einzelfall die Verwendung von Bauprodukten ohne das erforderliche Übereinstimmungszertifikat gestatten, wenn nachgewiesen ist, dass diese Bauprodukte den technischen Regeln, Zulassungen, Prüfzeugnissen oder Zustimmungen entsprechen
5.	**Kennzeichnung mit Ü-Zeichen** – Für Übereinstimmungserklärung und die Erklärung, dass ein Übereinstimmungszertifikat erteilt ist – Abgabe der Erklärungen durch Kennzeichnung der Bauprodukte mit dem Übereinstimmungszeichen (Ü-Zeichen) – Hinweis auf den Verwendungszweck erforderlich – Anbringung des Ü-Zeichens auf dem Bauprodukt, einem Beipackzettel, der Verpackung oder bei Schwierigkeiten auf dem Lieferschein oder einer Anlage zum Lieferschein
6.	**Geltung** der Ü-Zeichen aus anderen Ländern und Staaten auch im jeweiligen Land

13

Land	**Norm** (LBO)	**II. Umsetzung/Abweichung in den Ländern und der MBO 2002**[12]	
MBO 2002	§ 22	**1.**	§ 22 I, III
		2.	§ 22 I
		3.	§ 22 II 1–3
		4.	§ 22 II 4
		5.	§ 22 IV, V
		6.	§ 22 VI
BW	§ 22	**1.**	§ 22 I, III
		2.	§ 22 I
		3.	§ 22 II 1–3
		4.	§ 22 II 4
		5.	§ 22 IV, V
		6.	§ 22 VI

[11] Die hier verwendeten Ziffern entsprechen den Ziffern der nachstehenden Rubrik „Umsetzung/Abweichung in den Ländern und der MBO 2002".

[12] Die hier verwendeten Ziffern entsprechen den Ziffern der vorstehenden Rubrik „Regelungsgegenstände der Landesbauordnungen und der MBO 2002".

Land	Norm (LBO)		II. Umsetzung/Abweichung in den Ländern und der MBO 2002
Bay	Art. 24	**1.**	Art. 24 I, III
		2.	Art. 24 I
		3.	Art. 24 II 1–3
		4.	Art. 24 II 4
		5.	Art. 24 IV, V
		6.	Art. 24 VI
Bln	§ 22	**1.**	§ 22 I, IV
		2.	§ 22 I
		3.	§ 22 II Erfordernis des Übereinstimmungszertifikats dort (§ 22b) geregelt; für Bauprodukte, die nicht in Serie hergestellt werden, keine Regelung
		4.	§ 22 III Antragserfordernis ausdrücklich erwähnt
		5.	§ 22 V, VI zusätzlich für Gestattung im Einzelfall ohne Übereinstimmungszertifikat
		6.	§ 22 VII
Bbg	§ 19	**1.**	§ 19 I, III
		2.	§ 19 I
		3.	§ 19 II 1–3
		4.	§ 19 II 4
		5.	§ 19 IV, V
		6.	§ 19 VI
Brem	§ 25	**1.**	§ 25 I, III
		2.	§ 25 I
		3.	§ 25 II 1–3
		4.	§ 25 II 4
		5.	§ 25 IV, V Beipackzettel und Anlage zum Lieferschein nicht erwähnt
		6.	§ 25 VI
Hamb	§ 22	**1.**	§ 22 I, III
		2.	§ 22 I
		3.	§ 22 II 1–3 ausdrückliche Erwähnung, dass Bauaufsichtsbehörde Übereinstimmungszertifikat vorschreiben kann
		4.	§ 22 II 4 durch Bauaufsichtsbehörde
		5.	§ 22 IV, V
		6.	§ 22 VI
Hess	§ 21	**1.**	§ 21 I, III
		2.	§ 21 I
		3.	§ 21 II 1–3
		4.	§ 21 II 4
		5.	§ 21 IV, V
		6.	§ 21 VI
M-V	§ 22	**1.**	§ 22 I, III
		2.	§ 22 I
		3.	§ 22 II 1–3
		4.	§ 22 II 4
		5.	§ 22 IV, V
		6.	§ 22 VI
Nds	§ 28	**1.**	§ 28 I, III
		2.	§ 28 I
		3.	§ 28 II 1–3
		4.	§ 28 II 4
		5.	§ 28 IV, V

Land	Norm (LBO)	II. Umsetzung/Abweichung in den Ländern und der MBO 2002	
Nds	§ 28	6.	§ 28 VI § 28 VII zusätzlich: die oberste Bauaufsichtsbehörde kann durch VO das Ü-Zeichen festlegen und zu diesem Zeichen zusätzliche Angaben verlangen
NRW	§ 25	1. 2. 3. 4. 5. 6.	§ 25 I, III § 25 I § 25 II 1–3 § 25 II 4 § 25 IV, V § 25 VI
Rh-Pf	§ 23	1. 2. 3. 4. 5. 6.	§ 23 I, III § 23 I § 23 II 1, 2, 4 § 23 II 3 § 23 IV, V keine Regelung § 23 VI zusätzlich: Bauaufsichtsbehörde kann die Verwendung untersagen und Kennzeichnung entwerten oder beseitigen lassen, wenn Bauprodukte ohne Vorliegen der Voraussetzungen mit dem Ü-Zeichen gekennzeichnet sind
Saar	§ 30	1. 2. 3. 4. 5. 6.	§ 30 I, III § 30 I § 30 II 1–3 § 30 II 4 § 30 IV, V Beipackzettel und Anlage zum Lieferschein nicht erwähnt § 30 VI
Sachs	§ 24	1. 2. 3. 4. 5. 6.	§ 24 I, III § 24 I § 24 II 1–3 Vorschrift auch in Rechtsverordnung für Bauprodukte, die Anforderungen nach anderen Rechtsvorschriften unterliegen § 24 II 4 § 24 IV, V § 24 VI
Sachs-Anh	§ 25	1. 2. 3. 4. 5. 6.	§ 25 I, III § 25 I § 25 II 1–3 § 25 II 4 § 25 IV, V § 25 VI
Schl-H	§ 28	1. 2. 3. 4. 5. 6.	§ 28 I, III § 28 I § 28 II 1–3 § 28 II 4 § 28 IV, V § 28 VI
Thür	§ 24	1. 2. 3. 4. 5. 6.	§ 24 I, III § 24 I § 24 II 1–3 § 24 II 4 § 24 IV, V Beipackzettel und Anlage zum Lieferschein nicht erwähnt § 24 VI

Teil 7. Übereinstimmungserklärung des Herstellers

MBO § 23, BW § 23, Bay Art. 25, Bln § 22 a, Bbg § 20, Brem § 26, Hamb § 22 a, Hess § 22, M-V § 23, Nds § 28 a, NRW § 26, Rh-Pf § 24, Saar § 31, Sachs § 24 a, Sachs-Anh § 26, Schl-H § 29, Thür § 24 a

14

	I. Regelungsgegenstände der Landesbauordnungen und der MBO 2002[13]
1.	**Übereinstimmungserklärung** – Durch **Hersteller** – Durch **werkseigene Produktionskontrolle** – **Sicherstellung**, dass das hergestellte Bauprodukt den maßgebenden technischen Regeln, der allgemeinen bauaufsichtlichen Zulassung, dem allgemeinen bauaufsichtlichen Prüfzeugnis oder der Zustimmung im Einzelfall entspricht
2.	**Zusätzliche Prüfung** – Prüfung kann **vorgeschrieben** werden in den technischen Regeln, der Bauregelliste A, den allgemeinen bauaufsichtlichen Zulassungen, Prüfzeugnissen oder Zustimmungen im Einzelfall – Zusätzliche Prüfung für **Bauprodukte** – Durch eine **Prüfstelle** – Vor Abgabe der Übereinstimmungserklärung – Wenn zur Sicherung einer **ordnungsgemäßen Herstellung erforderlich** – **Überprüfung**, ob das Bauprodukt den maßgebenden technischen Regeln, der allgemeinen bauaufsichtlichen Zulassung, dem allgemeinen bauaufsichtlichen Prüfzeugnis oder der Zustimmung im Einzelfall entspricht

15

Land	Norm (LBO)	II. Umsetzung/Abweichung in den Ländern und der MBO 2002[14]	
MBO 2002	§ 23	**1.** **2.**	§ 23 I § 23 II
BW	§ 23	**1.** **2.**	§ 23 I § 23 II
Bay	Art. 25	**1.** **2.**	Art. 25 I Art. 25 II
Bln	§ 22 a	**1.** **2.**	§ 22 a I § 22 a II nicht erwähnt, dass Erfordernis der Prüfung in den technischen Regeln und allgemeinen bauaufsichtlichen Prüfzeugnissen vorgeschrieben werden kann
Bbg	§ 20	**1.** **2.**	§ 20 I § 20 II
Brem	§ 26	**1.** **2.**	§ 26 I § 26 II
Hamb	§ 22 a	**1.** **2.**	§ 22 a I § 22 a II
Hess	§ 22	**1.** **2.**	§ 22 I § 22 II

[13] Die hier verwendeten Ziffern entsprechen den Ziffern der nachstehenden Rubrik „Umsetzung/Abweichung in den Ländern und der MBO 2002".

[14] Die hier verwendeten Ziffern entsprechen den Ziffern der vorstehenden Rubrik „Regelungsgegenstände der Landesbauordnungen und der MBO 2002".

Land	Norm (LBO)	II. Umsetzung/Abweichung in den Ländern und der MBO 2002	
M-V	§ 23	**1.** **2.**	§ 23 I § 23 II
Nds	§ 28 a	**1.** **2.**	§ 28 a I § 28 a II
NRW	§ 26	**1.** **2.**	§ 26 I § 26 II
Rh-Pf	§ 24	**1.** **2.**	§ 24 I § 24 II
Saar	§ 31	**1.** **2.**	§ 31 I § 31 II
Sachs	§ 24 a	**1.** **2.**	§ 24 a I § 24 a II
Sachs-Anh	§ 26	**1.** **2.**	§ 26 I § 26 II
Schl-H	§ 29	**1.** **2.**	§ 29 I § 29 II
Thür	§ 24 a	**1.** **2.**	§ 24 a I § 24 a II

Teil 8. Übereinstimmungszertifikat

MBO § 24, BW § 24, Bay Art. 26, Bln § 22 b, Bbg § 21, Brem § 27, Hamb § 22 b, Hess § 23, M-V § 24, Nds § 28 b, NRW § 27, Rh-Pf § 25, Saar § 32, Sachs § 24 b, Sachs-Anh § 27, Schl-H § 30, Thür § 24 b

I. Regelungsgegenstände der Landesbauordnungen und der MBO 2002[15]		16
1.	**Erteilung durch Zertifizierungsstelle**	
2.	**Voraussetzungen:** – Bauprodukt muss den maßgebenden technischen Regeln, der allgemeinen bauaufsichtlichen Zulassung, dem allgemeinen bauaufsichtlichen Prüfzeugnis oder der Zustimmung im Einzelfall entsprechen, – einer werkseigenen Produktionskontrolle und – einer Fremdüberwachung unterliegen	
3.	**Fremdüberwachung** – Durch Überwachungsstellen – Überprüfung, ob das Bauprodukt den maßgebenden technischen Regeln, der allgemeinen bauaufsichtlichen Zulassung, dem allgemeinen bauaufsichtlichen Prüfzeugnis oder der Zustimmung im Einzelfall entspricht	

Land	Norm (LBO)	II. Umsetzung/Abweichung in den Ländern und der MBO 2002[16]		17
MBO 2002	§ 24	1. 2. 3.	§ 24 I § 24 I § 24 II	
BW	§ 24	1. 2. 3.	§ 24 I § 24 I § 24 II	
Bay	Art. 26	1. 2. 3.	Art. 26 I Art. 26 I Art. 26 II	
Bln	§ 22 b	1. 2. 3.	§ 22 b II § 22 b II § 22 b III § 22 b I zusätzlich: Zertifikat kann insbesondere für Bauprodukte, die in Serie hergestellt werden, in der allgemeinen bauaufsichtlichen Zulassung, in der Zustimmung im Einzelfall oder in der Bauregelliste A vorgeschrieben werden, wenn dies zum Nachweis einer ordnungsgemäßen Herstellung erforderlich ist.	
Bbg	§ 21	1. 2. 3.	§ 21 I § 21 I § 21 II	
Brem	§ 27	1. 2. 3.	§ 27 I § 27 I § 27 II	

15 Die hier verwendeten Ziffern entsprechen den Ziffern der nachstehenden Rubrik „Umsetzung/Abweichung in den Ländern und der MBO 2002".

16 Die hier verwendeten Ziffern entsprechen den Ziffern der vorstehenden Rubrik „Regelungsgegenstände der Landesbauordnungen und der MBO 2002".

Land	Norm (LBO)		II. Umsetzung/Abweichung in den Ländern und der MBO 2002
Hamb	§ 22 b	**1.** **2.** **3.**	§ 22 b I § 22 b I § 22 b II
Hess	§ 23	**1.** **2.** **3.**	§ 23 I § 23 I § 23 II
M-V	§ 24	**1.** **2.** **3.**	§ 24 I § 24 I § 24 II
Nds	§ 28 b	**1.** **2.** **3.**	§ 28 b I § 28 b I § 28 b II
NRW	§ 27	**1.** **2.** **3.**	§ 27 I § 27 I § 27 II
Rh-Pf	§ 25	**1.** **2.** **3.**	§ 25 I § 25 I auf schriftlichen Antrag § 25 II
Saar	§ 32	**1.** **2.** **3.**	§ 32 I § 32 I auf schriftlichen Antrag § 32 II
Sachs	§ 24 b	**1.** **2.** **3.**	§ 24 b I § 24 b I § 24 b I
Sachs-Anh	§ 27	**1.** **2.** **3.**	§ 27 I § 27 I § 27 II
Schl-H	§ 30	**1.** **2.** **3.**	§ 30 I § 30 I § 30 II
Thür	§ 24 b	**1.** **2.** **3.**	§ 24 b I § 24 b I auf schriftlichen Antrag § 24 b II

Teil 9. Prüf-, Zertifizierungs- und Überwachungsstellen

MBO § 25, BW § 25, Bay Art. 27, Bln § 22c, Bbg § 22, Brem § 28, Hamb § 23, Hess § 24, M-V § 25, Nds § 28c, NRW § 28, Rh-Pf § 26, Saar § 33, Sachs § 25, Sachs-Anh § 28, Schl-H § 31, Thür § 25

18

	I. Regelungsgegenstände der Landesbauordnungen und der MBO 2002[17]
1.	**Arten der Stellen:** – **Prüfstelle**: für die Erteilung allg. bauaufsichtlicher Prüfzeugnisse, für die Überprüfung von Bauprodukten vor Bestätigung der Übereinstimmung oder für die Überprüfung von Bauprodukten, deren Herstellung in außergewöhnlichem Maß von der Sachkunde und Erfahrung der damit betrauten Personen oder von einer Ausstattung mit besonderen Vorrichtungen abhängt – **Zertifizierungsstelle** – **Überwachungsstelle**: für die Fremdüberwachung (bei Übereinstimmungszertifikat) oder Überwachung von Bauprodukten mit besonderen Eigenschaften
2.	**Anerkennung** – Für **Personen**, **Stellen** oder **Überwachungsgemeinschaften**; für **Behörden**, wenn sie ausreichend mit geeigneten Fachkräften besetzt und mit den erforderlichen Vorrichtungen ausgestattet sind – Durch oberste Bauaufsichtsbehörde – Wenn die jeweilige Person bzw. die Beschäftigten nach ihrer Ausbildung, Fachkenntnis, persönlichen Zuverlässigkeit, Unparteilichkeit und ihren Leistungen die Gewähr dafür bieten, dass diese Aufgaben den öffentlich-rechtlichen Vorschriften entsprechend wahrgenommen werden. – Stelle muss mit den erforderlichen Vorrichtungen ausgestattet sein
3.	**Geltungsbereich** – Anerkennungen anderer Länder gelten auch im jeweiligen Land – Prüf-, Zertifizierungs- und Überwachungsergebnisse von Stellen, die nach Art. 16 II Bauproduktenrichtlinie von einem anderen Mitgliedstaat der Europ. Gemeinschaften oder von einem anderen Vertragsstaat des Abkommens über den Europ. Wirtschaftsraum anerkannt worden sind, stehen den Ergebnissen der Prüf-, Zertifizierungs- und Überwachungsstellen gleich – Prüf-, Zertifizierungs- und Überwachungsergebnisse von Stellen anderer Staaten stehen den Ergebnissen ebenfalls gleich, wenn sie in einem Art. 16 II Bauproduktenrichtlinie entsprechenden Verfahren anerkannt worden sind
4.	**Stelle nach Art. 16 II Bauproduktenrichtlinie** – Für Person, Stelle, Überwachungsgemeinschaft oder Behörde – Anerkennung durch oberste Bauaufsichtsbehörde – Antrag erforderlich – Wenn in dem in Art. 16 II Bauproduktenrichtlinie vorgesehenen Verfahren nachgewiesen ist, dass die Person, Stelle, Überwachungsgemeinschaft oder Behörde die Voraussetzungen erfüllt, nach den Vorschriften eines anderen Mitgliedstaates der Europ. Gemeinschaften oder eines anderen Vertragsstaates des Abkommens über den Europ. Wirtschaftsraum zu prüfen, zu zertifizieren oder zu überwachen – Vorschriften gelten auch für die Anerkennung von Personen, Stellen, Überwachungsgemeinschaften oder Behörden, die nach den Vorschriften eines anderen Staates zu prüfen, zu zertifizieren oder zu überwachen beabsichtigen, wenn der erforderliche Nachweis in einem Art. 16 II Bauproduktenrichtlinie entsprechenden Verfahren geführt wird

17 Die hier verwendeten Ziffern entsprechen den Ziffern der nachstehenden Rubrik „Umsetzung/Abweichung in den Ländern und der MBO 2002".

19

Land	Norm (LBO)		II. Umsetzung/Abweichung in den Ländern und der MBO 2002[18]
MBO 2002	§ 25	**1.**	§ 25 I
		2.	§ 25 I
		3.	§ 25 II
		4.	§ 25 III
BW	§ 25	**1.**	§ 25 I
		2.	§ 25 I
		3.	§ 25 II
		4.	§ 25 III
Bay	Art. 27	**1.**	Art. 27 I
		2.	Art. 27 I Behörden nur, soweit und solange Stellen von privaten Trägern nicht zur Verfügung stehen
		3.	Art. 27 II
		4.	Art. 27 III
Bln	§ 22 c	**1.**	§ 22 c I
		2.	§ 22 c I
		3.	§ 22 c III keine Regelung für Ergebnisse von Stellen anderer Staaten
		4.	§ 22 c II keine Regelung für die Prüfung, Überwachung und Zertifizierung nach den Vorschriften eines anderen Staates
Bbg	§ 22	**1.**	§ 22 I
		2.	§ 22 I DIBt im Einvernehmen mit oberster Bauaufsichtsbehörde
		3.	§ 22 II
		4.	§ 22 III durch DIBt
Brem	§ 28	**1.**	§ 28 I Prüfstelle für die Überprüfung von Bauprodukten, deren Herstellung von außergewöhnlicher Sachkunde und Erfahrung oder von besonderer Ausstattung abhängt, nicht erwähnt
		2.	§ 28 I
		3.	§ 28 I
		4.	§ 28 I
Hamb	§ 23	**1.**	§ 23 I
		2.	§ 23 I durch Bauaufsichtsbehörde
		3.	§ 23 II
		4.	§ 23 III durch Bauaufsichtsbehörde
Hess	§ 24	**1.**	§ 24 I
		2.	§ 24 I
		3.	§ 24 II
		4.	§ 24 III
M-V	§ 25	**1.**	§ 25 I
		2.	§ 25 I
		3.	§ 25 II
		4.	§ 25 III
Nds	§ 28 c	**1.**	§ 28 c I
		2.	§ 28 c I
		3.	§ 28 c II
		4.	§ 28 c III
NRW	§ 28	**1.**	§ 28 I
		2.	§ 28 I
		3.	§ 28 II
		4.	§ 28 III

[18] Die hier verwendeten Ziffern entsprechen den Ziffern der vorstehenden Rubrik „Regelungsgegenstände der Landesbauordnungen und der MBO 2002".

Land	Norm (LBO)	II. Umsetzung/Abweichung in den Ländern und der MBO 2002	
Rh-Pf	§ 26	**1.** **2.** **3.** **4.**	§ 26 I § 26 I § 26 II § 26 III
Saar	§ 33	**1.** **2.** **3.** **4.**	§ 33 I Prüfstelle für die Überprüfung von Bauprodukten, deren Herstellung von außergewöhnlicher Sachkunde und Erfahrung oder von besonderer Ausstattung abhängt, nicht erwähnt § 33 I § 33 I § 33 I
Sachs	§ 25	**1.** **2.** **3.** **4.**	§ 25 I § 25 I § 25 II § 25 III
Sachs-Anh	§ 28	**1.** **2.** **3.** **4.**	§ 28 I § 28 I § 28 II § 28 III
Schl-H	§ 31	**1.** **2.** **3.** **4.**	§ 31 I § 31 I § 31 II § 31 III
Thür	§ 25	**1.** **2.** **3.** **4.**	§ 25 I Prüfstelle für die Überprüfung von Bauprodukten, deren Herstellung von außergewöhnlicher Sachkunde und Erfahrung oder von besonderer Ausstattung abhängt, nicht erwähnt § 25 I § 25 II § 25 III

Teil 10. Verbot von Bauprodukten

MBO § 78, BW § 63, Bay Art. 80, Bln § 68 a, Bbg § 77, Brem § 80, Hamb § 74 a, Hess § 70, M-V § 78, Nds § 89, NRW § 61 Abs. 4, Rh-Pf (-), Saar § 85, Sachs § 76 a, Sachs-Anh § 83, Schl-H § 84, Thür § 75 a

20

	I. Regelungsgegenstände der Landesbauordnungen und der MBO 2002[19]
1.	**Bauprodukte**
2.	**Unrechtmäßige Kennzeichnung mit Ü-Zeichen**
3.	**Folge:** Verwendung untersagen, Kennzeichnung entwerten oder beseitigen lassen
4.	**Durch Bauaufsichtsbehörde**
5.	zusätzlich Möglichkeit der **Baueinstellung** bei Verwendung von Bauprodukten, die unberechtigt mit dem CE-Zeichen oder dem Ü-Zeichen gekennzeichnet sind (siehe Kommentierung dort)

21

Land	Norm (LBO)	II. Umsetzung/Abweichung in den Ländern und der MBO 2002[20]	
MBO 2002	§ 78	1.	§ 78
		2.	§ 78
		3.	§ 78
		4.	§ 78
		5.	§ 79 I 2 Nr. 3, 4
BW	§ 63	1.	§ 63
		2.	§ 63
		3.	§ 63
		4.	§ 63
		5.	§ 64 I 2 Nr. 5
Bay	Art. 80	1.	Art. 80
		2.	Art. 80
		3.	Art. 80
		4.	Art. 80
		5.	Art. 81 I 2 Nr. 3
Bln	§ 68 a	1.	§ 68 a
		2.	§ 68 a
		3.	§ 68 a
		4.	§ 68 a
		5.	§ 69 I Nr. 3
Bbg	§ 77	1.	§ 77 I
		2.	§ 77 I, II zusätzlich: Sind Bauprodukte unberechtigt mit der CE-Kennzeichnung gekennzeichnet oder liegt ein anderer in § 13 Abs. 1 des Bauproduktengesetzes genannter Fall vor, kann die Bauaufsichtsbehörde die dort genannten Maßnahmen treffen.
		3.	§ 77 I
		4.	§ 77 I
		5.	§ 73 I Nr. 4

[19] Die hier verwendeten Ziffern entsprechen den Ziffern der nachstehenden Rubrik „Umsetzung/Abweichung in den Ländern und der MBO 2002".

[20] Die hier verwendeten Ziffern entsprechen den Ziffern der vorstehenden Rubrik „Regelungsgegenstände der Landesbauordnungen und der MBO 2002".

Land	Norm (LBO)	II. Umsetzung/Abweichung in den Ländern und der MBO 2002	
Brem	§ 80	**1.** **2.** **3.** **4.** **5.**	§ 80 § 80 § 80 § 80 § 81 I Nr. 4
Hamb	§ 74 a	**1.** **2.** **3.** **4.** **5.**	§ 74 a § 74 a § 74 a § 74 a § 75 I 1 Nr. 3
Hess	§ 70	**1.** **2.** **3.** **4.** **5.**	§ 70 § 70 § 70 § 70 § 71 I 2 Nr. 3
M-V	§ 78	**1.** **2.** **3.** **4.** **5.**	§ 78 § 78 § 78 § 78 § 79 I 1 Nr. 3
Nds	§ 89	**1.** **2.** **3.** **4.** **5.**	§ 89 I 2 Nr. 3 § 89 I 2 Nr. 3 § 89 I 2 Nr. 3 § 89 I 2 Nr. 3 § 89 I 2 Nr. 2
NRW	§ 61 IV	**1.** **2.** **3.** **4.** **5.**	§ 61 IV § 61 IV § 61 IV § 61 IV § 61 V
Rh-Pf			keine Regelung
Saar	§ 85	**1.** **2.** **3.** **4.** **5.**	§ 85 § 85 § 85 § 85 nicht explizit erwähnt
Sachs	§ 76 a	**1.** **2.** **3.** **4.** **5.**	§ 76 a § 76 a § 76 a § 76 a § 76 I 2 Nr. 3
Sachs-Anh	§ 83	**1.** **2.** **3.** **4.** **5.**	§ 83 § 83 § 83 § 83 § 84 I Nr. 3
Schl-H	§ 84	**1.** **2.** **3.** **4.** **5.**	§ 84 § 84 § 84 § 84 § 85 I Nr. 3

Land	Norm (LBO)	II. Umsetzung/Abweichung in den Ländern und der MBO 2002	
Thür	§ 75 a	**1.**	§ 75 a
		2.	§ 75 a
		3.	§ 75 a
		4.	§ 75 a
		5.	§ 76 I 1 Nr. 3

7. Kapitel. Brandschutzrechtliche Anforderungen an nichthaustechnische Bauteile

Übersicht

Rn.

Teil 1. Tragende Wände, Pfeiler und Stützen

Ländervergleich 1
I. Allgemeines 3
1. Begriffsbestimmung: Tragende Wände . 3
2. Musterbauordnung 2002 5
II. Brandschutzanforderungen an tragende Teile 6
1. Allgemeines 6
2. Oberste Geschosse von Dachräumen . . 7
3. Tragende Bauteile im Keller 8
4. Freistehende Gebäude 9
5. Anforderungen an Gebäude besonderer Art und Nutzung 11

Teil 2. Außenwände

Ländervergleich 12
I. Allgemeines 14
1. Anwendungsbereich 14
2. Musterbauordnung 2002 16
II. Brandschutzanforderungen an nichttragende Außenwände 17
1. Allgemeine Anforderungen 17
2. Erleichterte Anforderungen 18
3. Brandschutzanforderungen an die Oberflächen von Außenwänden u. a. 19
4. Anforderungen an Gebäude besonderer Art oder Nutzung 20

Teil 3. Trennwände

Ländervergleich 21
I. Allgemeines 23
1. Anwendungsbereich 23
2. Musterbauordnung 2002 26
II. Brandschutzanforderungen 28
1. Allgemeine Anforderungen 28
2. Erleichterte Zulassung 29
3. Anforderungen bei Gebäuden besonderer Art oder Nutzung 30

Teil 4. Brandwände

Ländervergleich 33
I. Allgemeines 35
1. Grundsatz 35
2. Musterbauordnung 2002 36
II. Pflicht zur Errichtung von Brandwänden 43
III. Seitliche Wände von Vorbauten 50
IV. Bildung von Brandabschnitten 51
V. Über Eck zusammenstoßende Gebäude 52
VI. Anforderungen an die Ausführung der Brandwände 53
VII. Öffnungen in Brandwänden 55
VIII. Regelungen für Gebäude besonderer Art oder Nutzung 56
IX. Nachbarschutz 58

Rn.

Teil 5. Decken

Ländervergleich 59
I. Allgemeines 61
1. Anwendungsbereich 61
2. Musterbauordnung 2002 62
II. Brandschutzanforderungen 63
III. Wärmeschutz 67
IV. Schallschutz 68
V. Öffnungen in Decken 69

Teil 6. Dächer

Ländervergleich 70
I. Allgemeines 72
1. Begriffsbestimmung 72
2. Musterbauordnung 2002 75
II. Brandschutzanforderungen an Bedachungen 76
1. Bedachungen bei Gebäuden geringer Höhe 77
2. Lichtdurchlässige Bedachungen, Lichtkuppeln, Eingangsüberdachungen und Vordächer 79
3. Lichtdurchlässige Teilflächen in harten Bedachungen und begrünten Bedachungen 80
4. Aneinandergebaute giebelständige Gebäude 81
5. Dächer über Aufenthaltsräumen 82
6. Dachvorsprünge, Dachgesimse und Dachaufbauten, lichtdurchlässige Bedachungen und Lichtkuppeln 83
7. Umwehrungen von Dächern, die für den Aufenthalt von Menschen bestimmt sind 84
8. Dächer von Anbauten 85
III. Vorrichtungen zum Schutz gegen das Herabfallen von Schnee und Eis 86
IV. Vorrichtungen für Arbeiten auf dem Dach 87

Teil 7. Treppen

Ländervergleich 88
I. Allgemeines 90
1. Anwendungsbereich 90
2. Musterbauordnung 2002 91
II. Pflicht zur Errichtung notwendiger Treppen 92
III. Einschiebbare Treppen, Rolltreppen, Leitern 94
IV. Erreichbarkeit notwendiger Treppen . . 95
V. Brandschutzanforderungen an notwendige Treppen 97
VI. Nutzbare Breite notwendiger Treppen und Treppenabsätze 98
VII. Hand- und Zwischenläufe bei notwendigen Treppen 100

Rn.

Teil 8. Notwendige Treppenräume und Ausgänge

Ländervergleich 102
I. Allgemeines 104
1. Geltungsbereich 104
2. Musterbauordnung 2002 105
II. Pflicht zur Errichtung notwendiger Treppenräume 106
III. Erreichbarkeit notwendiger Treppenräume 108
1. Höchstzulässige Entfernungen 108
2. Sicherer und unmittelbarer Ausgang ins Freie 110
IV. Führung notwendiger Treppenräume „in einem Zuge" 112
V. Notwendige Treppenhäuser in Gebäuden besonderer Art oder Nutzung 113
VI. Notwendige Treppenräume in übereinander liegenden Kellergeschossen . 116
VII. Brandschutzanforderungen an Wände und Decken notwendiger Treppenräume 117
1. Decken- und Wandverkleidungen, Dämmschichten und Beläge sowie Leitungen in notwendigen Treppenräumen und zulässigen Zwischenräumen 119
2. Oberer Abschluss von notwendigen Treppenräumen 120
3. Türen in notwendigen Treppenräumen 121
VIII. Belüftung und Beleuchtung notwendiger Treppenhäuser 122
IX. Rauchabzugseinrichtungen in Gebäuden von nicht geringer Höhe und in innenliegenden notwendigen Treppenräumen 123

Teil 9. Notwendige Flure und Gänge

Ländervergleich 125
I. Allgemeines 127
1. Begriff 127
2. Musterbauordnung 2002 128
II. Begriffsbestimmung: „Notwendige Flure" 129
III. Breite und Unterteilung von notwendigen Fluren 131

Rn.

1. Allgemeine Regelung 131
2. Sonderbauten 132
3. Rauchabschnitte 133
IV. Brandschutzanforderungen 134
1. Wände und Türen in notwendigen Fluren 134
2. Wände, Decken und Brüstungen von offenen Gängen 136
3. Verkleidungen, Fußböden und anderes in notwendigen Fluren und Gängen 137
4. Rauchableitungen in notwendigen Fluren ohne Fenster in der Außenwand 138

Teil 10. Fenster, Türen, Kellerlichtschächte

Ländervergleich 139
I. Allgemeines 141
1. Anwendungsbereich 141
2. Musterbauordnung 2002 144
II. Kennzeichnung von Glastüren und anderen Glasflächen 145
III. Gemeinsame Kellerlichtschächte für übereinander liegende Kellergeschosse 146
IV. Eingangsturen von Wohnungen, die über Aufzüge erreichbar sein müssen 147
V. Öffnungen, die als Rettungswege dienen 148

Teil 11. Umwehrungen und Abdeckungen

Ländervergleich 150
I. Allgemeines 152
1. Geltungsbereich 152
2. Musterbauordnung 2002 153
II. Begehbare Flächen in, an und auf baulichen Anlagen 154
III. Nicht begehbare Oberlichte und Glasabdeckungen in begehbaren Flächen . 155
IV. Kellerlichtschächte und Betriebsschächte, die an Verkehrsflächen liegen 156
V. Fensterbrüstungen 157
VI. Umwehrungen 158

Teil 1. Tragende Wände, Pfeiler und Stützen

MBO § 27, BW § 26, Bay Art. 28, Bln § 23, Bbg § 24, Brem § 29, Hamb § 24 Abs. 2, § 25 Abs. 1, § 26 Abs. 1, § 27 Abs. 1, § 28 Abs. 1, Hess § 25, M-V § 26, Nds § 30, NRW § 29, Rh-Pf § 27, Saar § 34, Sachs § 26, Sachs-Anh § 29, Schl-H § 32, Thür § 26

Ländervergleich: Tragende Wände, Pfeiler und Stützen

1

Regelungen der Landesbauordnungen und der MBO 2002[1]	
1.	**Grundsatz**: feuerbeständig 1.1 Gilt nicht für oberstes Geschoss von Dachräumen: keine Anforderungen
2.	In **Gebäuden geringer** Höhe: feuerhemmend 2.1 Gilt nicht für oberstes Geschoss von Dachräumen
3.	Im **Keller**: feuerbeständig 3.1 Ausnahme bei Wohngebäuden geringer Höhe mit nicht mehr als 2 Wohnungen: feuerhemmend
4.	**Frei stehende Wohngebäude** mit nicht mehr als einer Wohnung, deren Aufenthaltsräume in nicht mehr als zwei Geschossen liegen: keine Anforderungen
5.	Frei stehende landwirtschaftliche Betriebsgebäude: keine Anforderungen

2

Land	Norm (LBO)	Umsetzung/Abweichung der Landesbauordnungen und der MBO 2002[2]	
MBO 2002	§ 27	1.	§ 27 I S. 2 Nr. 1 – in Gebäuden der Gebäudeklasse[3] 5
		1.1	§ 27 I S. 3
		2.	§ 27 I S. 2 Nr. 3 – in Gebäuden der Gebäudeklasse 2 und 3
		2.1	2.1 § 27 I S. 3
		3.	§ 27 II – in Gebäuden der Gebäudeklassen 3 bis 5
		3.1	§ 27 II – in Gebäuden der Gebäudeklassen 1 und 2
		4.	§ 27 I i.V. m. § 2 III Nr. 1 a – gilt nur für Gebäude der Gebäudeklasse 1
		5.	§ 27 I i.V. m. § 2 III Nr. 1 b **Besonderheit**: Gebäudeklasse 4: hochfeuerhemmend
BW	§ 26, § 5 LBOAVO	1.	§ 26 I
		1.1	§ 5 I Nr. 6 LBOAVO
		2.	§ 5 II Nr. 1 LBOAVO
		2.1	§ 5 I Nr. 6 LBOAVO
		3.	und 3.1 keine Regelungen
		4.	§ 5 I Nr. 2 LBOAVO („frei stehend" wird nicht gefordert) – gleiche Regelung für • Wohngebäude mit Aufenthaltsräumen in nicht mehr als einem Geschoss (§ 5 I Nr. 1 LBOAVO) • Gebäude ohne Aufenthaltsräume mit mehr als einem Geschoss bis zu einer Grundfläche von 100 m² und einer Höhe von 15 m (§ 5 I Nr. 5 LBOAVO) • Gebäude ohne Aufenthaltsräume mit nicht mehr als einem Geschoss bis zu einer Grundfläche von 250 m² (§ 5 I Nr. 4 LBOAVO)
		5.	§ 5 I Nr. 3 LBOAVO

1 Die hier verwendeten Ziffern entsprechen den Ziffern der nachstehenden Rubrik „Umsetzung/Abweichung in den Ländern und der MBO 2002".

2 Die hier verwendeten Ziffern entsprechen den Ziffern der vorstehenden Rubrik „Regelungen der Landesbauordnungen und der MBO 2002".

3 Zu den Gebäudeklassen s. Kap. 5, Rn. 40, Fn. 39.

Land	Norm (LBO)	Umsetzung/Abweichung der Landesbauordnungen und der MBO 2002	
Bay	Art. 28	**1.**	Art. 28 I
		1.1	keine Regelung
		2.	Art. 28 I
		2.1	keine Regelung
		3.	Art. 28 II S. 3
		3.1	3.1 Art. 28 II S. 3
		4.	Art. 28 II Nr. 1 – „frei stehend" wird nicht gefordert
		5.	Art. 28 II Nr. 2 – „frei stehend" wird nicht gefordert
Bln	§ 23	**1.**	§ 23 I – bei Gebäuden mit mehr als drei Vollgeschossen
		1.1	keine Regelung
		2.	§ 23 I S. 2 – feuerhemmend in Gebäuden mit nicht mehr als drei Vollgeschossen
		2.1	keine Regelung
		3.	keine Regelung
		3.1	keine Regelung
		4.	§ 23 I S. 3 – keine Beschränkung der Geschosszahl
		5.	keine Regelung
			Besonderheit: Für andere als Wohngebäude mit nicht mehr als einem Vollgeschoss können Ausnahmen gestattet werden, wenn wegen des Brandschutzes Bedenken nicht bestehen.
Bbg	§ 24	**1.**	§ 24 II S. 1
		2.	§ 24 II S. 1
		2.1	§ 24 III
		3.	§ 24 II S. 2
		3.1	keine Regelung
		4.	keine Regelung
		5.	§ 24 II S. 3
Brem	§ 29	**1.**	§ 29 I S. 1
		1.1	§ 29 I S. 2
		2.	§ 29 I S. 1
		2.1	§ 29 I S. 2
		3.	§ 29 II – und in den wesentlichen Teilen aus nichtbrennbaren Baustoffen
		3.1	§ 29 II – wie 3.
		4.	§ 29 III
		5.	§ 29 III
Hamb	§§ 25 ff.	**1.**	§ 27 I S. 1, § 28 I S. 2
		1.1	§ 27 I S. 2, § 28 I S. 2
		2.	§ 25 I S. 1, § 26 I S. 1
		2.1	§ 25 I S. 2, § 26 I S. 2
		3.	§ 26 I S. 4 (betrifft nur Gebäude geringer Höhe mit mehr als zwei Wohnungen oder mit anderen Nutzungen – für Gebäude mittlerer Höhe: § 27 I S. 1 und Hochhäuser: § 28 I
		3.1	§ 25 I S. 3
		4.	§ 25 VII – Gilt nur für Wohngebäude geringer Höhe mit nicht mehr als zwei Wohnungen und einem Gebäudeabstand von mindestens 10 m gegenüber anderen Gebäuden und mindestens 5 m gegenüber Nachbargrenzen (Ausnahmen sind möglich).
		5.	keine Regelung
Hess	§ 25	**1.**	bis 5 keine Regelung statt dessen: § 25 I – Tragende und aussteifende Wände, Pfeiler und Stützen müssen im Brandfall ausreichend lang standsicher sein; § 25 II

Land	Norm (LBO)		Umsetzung/Abweichung der Landesbauordnungen und der MBO 2002
			Außenwände und Außenwandteile sind so auszubilden, dass Brandentstehung bei einer Brandbeanspruchung von außen und Brandausbreitung ausreichend lang begrenzt sind.
MV	§ 26	**1.**	§ 26 I
		1.1	§ 26 I S. 2
		2.	§ 26 I
		2.1	§ 26 I S. 2
		3.	§ 26 II
		3.1	§ 26 II
		4.	§ 26 III
		5.	§ 26 III
Nds	§ 30 DVN-BauO § 5	**1.**	§ 30 IV, § 5 DVNBauO
		1.1	§ 5 III Nr. 1 DVNBauO
		2.	§ 5 II DVNBauO
		2.1	§ 5 III Nr. 1 DVNBauO
		3.	§ 5 II DVNBauO
		4.	§ 5 III Nr. 2 DVNBauO
		5.	§ 5 III Nr. 5 DVNBauO Weitere **Sonderregelungen** in § 5 III, IV DVNBauO u. a. für eingeschossige Gebäude ohne Aufenthaltsräume und Feuerstätten
NRW	§ 29	**1.**	§ 29 I
		1.1	§ 29 I
		2.	§ 29 I
		2.1	§ 29 I
		3.	§ 29 I – keine Anforderungen bei freistehenden Wohngebäuden mit nicht mehr als einer Wohnung
		3.1	§ 29 I
		4.	§ 29 I
		5.	§ 29 II
Rh-Pf	§ 27	**1.**	§ 27 I
		1.1	§ 27 I 2. HS
		2.	§ 27 I Nr. 2
		2.1	§ 27 I 2. HS
		3.	§ 27 I Nrn. 2, 3 – Sonderregelung für Wohngebäude in Hanglage mit einer dritten Wohnung im untersten Geschoss: dort feuerhemmend und in den wesentlichen Teilen aus nicht brennbaren Baustoffen, im Übrigen feuerhemmend
		4.	§ 27 I (i.V. m. § 2 II Nr. 1)
		5.	§ 27 I (i.V. m. § 2 II Nr. 1)
Saar	§ 34; § 3 TVO	**1.**	§ 34 I, § 3 TVO
		1.1	§ 3 TVO
		2.	§ 3 TVO
		2.1	§ 3 TVO
		3.	§ 3 TVO
		4.	§ 3 TVO
		5.	§ 3 TVO
Sachs	§ 26	**1.**	§ 26 I S. 1
		1.1	§ 26 I S. 2
		2.	§ 26 I S. 1
		2.1	§ 26 I S. 2
		3.	§ 26 II
		4.	§ 26 III
		5.	§ 26 III

Land	Norm (LBO)	Umsetzung/Abweichung der Landesbauordnungen und der MBO 2002	
Sachs-Anhalt	§ 29	**1.**	§ 29 I S. 1
		1.1	§ 29 I S. 2
		2.	§ 29 I S. 1
		2.1	§ 29 I S. 2
		3.	§ 29 II
		4.	§ 29 III
		5.	§ 29 III
Schl-H	§ 32	**1.**	§ 32 I S. 1
		1.1	§ 32 I S. 2
		2.	§ 32 I S. 1
		2.1	§ 32 I S. 2
		3.	§ 32 II
		4.	§ 32 III
		5.	§ 32 III
Thür	§ 26	**1.**	§ 26 I S. 1
		1.1	§ 26 I S. 2
		2.	§ 26 I S. 1
		2.1	§ 26 I S. 2
		3.	§ 26 II
		4.	§ 26 III
		5.	§ 26 III

I. Allgemeines

1. Begriffsbestimmung: Tragende Wände

3 Tragende Wände im bauordnungsrechtlichen Sinne sind überwiegend **auf Druck** beanspruchte scheibenartige Bauteile zur Aufnahme lotrechter Lasten (z. B. Deckenlasten) sowie waagerechter Lasten (z. B. Windlasten) – vgl. DIN 4102 Teil 4 Abschnitt 4.1.1. Die tragenden Teile eines Gebäudes sollen im Brandfall so lange standhalten, bis die Rettungsmaßnahmen abgeschlossen sind und die Brandbekämpfungsmaßnahmen durchgeführt wurden. Die unterschiedlichen brandtechnischen Anforderungen nach der Gebäudehöhe sind Folge der mit zunehmender Höhe schwieriger werdenden Rettungs- und Brandbekämpfungsarbeiten.

4 Für Gebäude besonderer Art oder Nutzung sind gegebenenfalls auch abweichende Regelungen in den entsprechenden Vorschriften für Sonderbauten, z. B. Richtlinie über den Bau und Betrieb von Versammlungsstätten, Richtlinie über den Bau und Betrieb von Verkaufsstätten, Richtlinie über den Bau und Betrieb von Hochhäusern, zu beachten.

2. Musterbauordnung 2002

5 Die neue Anforderungsstufe **hochfeuerhemmend** wird der Gebäudeklasse 4 (Oberkante Fußboden Aufenthaltsräume < 13 m, 400 m² Nutzungseinheiten) zugeordnet. Bei Gebäuden geringer Höhe der Gebäudeklassen 2 und 3 bleibt es bei der Anforderungsstufe feuerhemmend. Die Freistellung der freistehenden zweigeschossigen Einfamilienhäuser und anderer freistehender Gebäude vergleichbarer Größe von Brandschutzanforderungen wird ausgedehnt auf alle Gebäude der Gebäudeklasse 1; die landwirtschaftlich genutzten Gebäude werden dabei wie bisher erfasst. Die Erleichterungen für oberste Geschosse von Dachräumen gelten – unbeschadet der redaktionellen Änderungen – weiter. Balkonkonstruktionen werden von den Anforderungen freigestellt, soweit sie nicht als (Lauben-)

Gänge Rettungswege sind. Die Abstufung der Feuerwiderstandsfähigkeit auf 30 Minuten (feuerhemmend) für tragende und aussteifende Wände und Stützen im Kellergeschoss wird weitergehend als bisher für alle Gebäude der Gebäudeklassen 1 und 2 zugelassen; auf die Ausführung der wesentlichen Teile aus nichtbrennbaren Baustoffen wird dabei verzichtet.

II. Brandschutzanforderungen an tragende Teile

1. Allgemeines

Tragende Wände, Pfeiler und Stützen sind mindestens **feuerbeständig** herzustellen. 6
Feuerbeständige Bauteile müssen eine Feuerwiderstandsdauer von 90 Minuten nachweisen und darüber hinaus in den wesentlichen Teilen aus nicht brennbaren Baustoffen bestehen (F 90-AB nach Norm DIN 4102 Teil 2).[4] In **Gebäuden geringer Höhe** genügt regelmäßig die Herstellung der tragenden Wände, Pfeiler und Stützen als feuerhemmend (F 30-B).[5]

2. Oberste Geschosse von Dachräumen

Keine zusätzlichen brandschutztechnischen Anforderungen werden gestellt an tra- 7
gende Wände, Pfeiler und Stützen für oberste Geschosse von Dachräumen, und zwar unabhängig davon, ob diese zu Wohnzwecken genutzt werden oder nicht.

3. Tragende Bauteile im Keller

Tragende Teile im Keller sind feuerbeständig, das heißt mit einer Feuerwiderstands- 8
dauer von 90 Minuten, zu errichten. In Wohngebäuden mit geringer Höhe mit nicht mehr als zwei Wohnungen sind sie mindestens feuerhemmend (Feuerwiderstandskraft von 30 Minuten) herzustellen. Die wesentlichen Teile müssen jedoch aus nichtbrennbaren Baustoffen sein (F 30-A).

4. Freistehende Gebäude

Für freistehende Wohngebäude mit nicht mehr als einer Wohnung, deren Aufenthalts- 9
räume in nicht mehr als zwei Geschossen liegen, wird auf jegliche gesonderte Brandschutzforderungen für die tragenden Bauteile verzichtet. Damit wird ein weitgehender Einsatz von Holz als Baustoff auch für tragende Bauteile zugelassen.

Die **Befreiung** von zusätzlichen Brandschutzforderungen gilt auch für andere frei- 10
stehende Gebäude ähnlicher Größe und für freistehende landwirtschaftliche Betriebsgebäude (diese ohne Größenbeschränkung). – Nicht unter den Begriff freistehende Wohngebäude fallen Doppelhäuser und Reihenhäuser, da diese planungs- und bauordnungsrechtlich wie Reihengebäude anzusehen sind. Die bautechnische Erleichterung nach Abs. 3 scheitert daran, dass in dem Gebäude zwei oder mehrere Wohnungen vorhanden sind.

5. Anforderungen an Gebäude besonderer Art und Nutzung

„Sonderbauten“ unterliegen hinsichtlich der brandschutztechnischen Ausbildung der 11
tragenden Konstruktionsteile gesonderten Forderungen, die in besonderen **Richtlinien** oder Sondervorschriften (etwa in Sachsen) enthalten sind. Danach gilt für tragende und aussteifende Wände in

---

4 Als feuerbeständig gilt z. B. eine beidseitig geputzte tragende Wand aus Mauerziegeln der Dicke 115 mm (DIN 4102 Teil 4 Tab. 39).

5 Feuerhemmende Bauteile können auch aus brennbaren Baustoffen bestehen, z. B. aus Holz in ausreichender Dicke (ggf. können sie durch Ummantelungen brandschutztechnisch verbessert werden).

- Hochhäusern: F 90 und aus nichtbrennbaren Baustoffen (in Hochhäusern mit Aufenthaltsräumen, bei denen der Fußboden mehr als 60 m über der Geländeoberfläche liegt: F 120 und aus nichtbrennbaren Baustoffen)
- Verkaufsstätten: feuerbeständig und aus nichtbrennbaren Baustoffen; für erdgeschossige Verkaufsstätten ohne Sprinkleranlage mindestens feuerhemmend
- Versammlungsstätten: in Gebäuden mit mehr als einem Vollgeschoss feuerbeständig, in Gebäuden mit einem Vollgeschoss über der festgesetzten Geländeoberfläche mind. feuerhemmend (jeweils nur für tragende Wände); tragende Bauteile für den inneren Ausbau der Bühne aus nichtbrennbaren Baustoffen; tragende Wände der Hauptbühne, der Bühnenerweiterungen, der Unterbühne, Werkstätten und Magazine feuerbeständig.
- Gaststätten: Wände aus nichtbrennbaren Baustoffen (Ausnahmen für erdgeschossige Gebäude möglich); bei Gebäuden mit mehr als einem Vollgeschoss feuerbeständig.
- Krankenhäuser: in Gebäuden mit mehr als einem Vollgeschoss feuerbeständig; Wände mit brennbaren Baustoffen möglich, wenn Feuerwiderstand mind. dem feuerbeständiger Wände entspricht und Bedenken wegen des Brandschutzes nicht bestehen; in eingeschossigen Gebäuden mind. feuerhemmend aus nichtbrennbaren Baustoffen
- Schulen: es gelten die allgemeinen Anforderungen

Teil 2. Außenwände

MBO § 28, BW § 26, Bay Art. 28, Bln § 24, Bbg § 27, Brem § 30, Hamb §§ 24, 25, 26, 27, 28, Hess § 25, MV § 27, Nds § 30, NRW §§ 29, 31, Rh-Pf § 28, Saar § 35, Sachs § 27, Sachs-Anhalt § 30, Schl-H § 33, Thür § 27

Ländervergleich: Außenwände

12

Regelungen der Landesbauordnungen und der MBO 2002[6]	
1.	Keine besonderen Anforderungen bei Außenwänden von Gebäuden geringer Höhe.
2.	Alle anderen Gebäude: Verwendung von nichtbrennbaren oder mindestens feuerhemmenden Baustoffen.
3.	Oberflächen von Außenwänden sowie Außenwandverkleidungen einschließlich der Dämmstoffe und Unterkonstruktionen sind aus schwerentflammbaren Baustoffen herzustellen. Außenwandverkleidungen können bei Gebäuden geringer Höhe aus normalentflammbaren Baustoffen bestehen, wenn durch geeignete Maßnahmen eine Brandausbreitung auf angrenzende Gebäude verhindert wird.

13

Land	Norm (LBO)	Umsetzung/Abweichung der Landesbauordnungen und der MBO 2002[7]	
MBO 2002	§ 28	**1.**	§ 28 V Allgemeine Forderung auch bei Gebäuden der Gebäudeklasse 1 (in etwa: Gebäude geringer Höhe).[8] Außenwände und Außenwandteile wie Brüstungen und Schürzen sind so auszubilden, dass eine Brandausbildung auf und in diesen Bauteilen ausreichend lang begrenzt ist.
		2.	§ 28 II, V Feuerhemmend ausreichend als raumabschließende Bauteile. Gilt nicht für brennbare Fensterprofile und Fugendichtungen sowie brennbare Dämmstoffe in nichtbrennbaren geschlossenen Profilen der Außenwandkonstruktion. Gilt nicht für Gebäude der Gebäudeklassen 1 bis 3.
		3.	§ 28 III Unterkonstruktionen aus normalentflammbaren Baustoffen sind zulässig, wenn sie so ausgebildet sind, dass eine Brandausbreitung ausreichend lang begrenzt ist. Zusätzliche Regelung: • § 28 III: **Balkonbekleidungen**, die über die erforderliche Umwehrungshöhe hinaus hochgeführt werden, müssen schwerentflammbar sein. • § 28 IV: Bei Außenwandkonstruktionen mit geschossübergreifenden Hohl- oder Lufträumen wie Doppelfassaden und hinterlüfteten Außenwandbekleidungen sind gegen die Brandausbreitung besondere Vorkehrungen zu treffen.
BW	§ 26; § 6 LBOAVO	**1.**	§ 6 I Nr. 1 LBOAVO: Keine Anforderungen an Außenwände, die einen Abstand von mindestens 2,5 m zu Nachbargrenzen und mindestens 5 m zu bestehenden oder baurechtlich zulassigen Gebäuden auf demselben Grundstück haben.

6 Die hier verwendeten Ziffern entsprechen den Ziffern der nachstehenden Rubrik „Umsetzung/Abweichung in den Ländern und der MBO 2002".

7 Die hier verwendeten Ziffern entsprechen den Ziffern der vorstehenden Rubrik „Regelungsgegenstände der Landesbauordnungen und der MBO 2002".

8 § 2 Abs. 3 MBO 2002 – Gebäudeklassen s. Kap. 5, Rn. 40, Fn. 39.

Land	Norm (LBO)	Umsetzung/Abweichung der Landesbauordnungen und der MBO 2002	
BW	§ 26; § 6 LBOAVO	**2.**	§ 26: Widerstandsfähig gegen Feuer § 6 I LBOAVO: Forderung nach Brandwand bzw. feuerbeständigen Wänden gilt nicht für Außenwände von • Vorbauten bis zu 5 m Breite bei Gebäuden geringer Höhe, die einen Abstand von mindestens 2 m zu Nachbargrenzen oder mindestens 4 m zu bestehenden oder baurechtlich zulässigen Gebäuden auf demselben Grundstück haben • Gebäuden oder Gebäudeteilen bis 100 m^2, die nur Garagen oder Nebenräume enthalten und nach § 6 Abs. 1 LBO[9] ohne Abstandsflächen zulässig sind, • Gewächshäusern. Weitere Besonderheiten: Vor Außenwände vortretende untergeordnete Bauteile wie Gesimse, Dachvorsprünge, Treppen, Eingangs- und Terrassenüberdachungen (bei Gebäuden geringer Höhe auch für Vorbauten wie Erker, Balkone, Tür- und Fenstervorbauten) sind aus brennbaren Baustoffen zulässig, wenn sie • einen Abstand von mindestens 2 m zu Nachbargrenzen oder mindestens 4 m zu bestehenden oder baurechtlich zulässigen Gebäuden auf demselben Grundstück haben oder • vor Außenwände von Gebäuden oder Gebäudeteilen vortreten, die nur Garagen oder Nebenräume enthalten und nach § 6 Abs. 1 LBO[10] ohne Abstandsflächen zulässig sind.
		3.	§ 26 LBO: Wand- und Deckenverkleidungen, abgehängte Decken und Dämmschichten sind entsprechend den Erfordernissen des Brandschutzes unter Berücksichtigung ihrer Beschaffenheit, Anordnung und Funktion nach ihrer Bauart und in ihren Baustoffen so auszubilden sind, dass sie widerstandsfähig gegen Feuer sind.
Bay	Art. 28	**1.**	Art. 28 I – Ergänzend: keine besonderen Anforderungen generell dann nicht, wenn eine Brandübertragung nicht zu befürchten ist oder durch geeignete Vorkehrungen, wie vorkragende feuerbeständige Bauteile, verhindert wird.
		2.	Art. 28 I
		3.	Art. 28 III – Ergänzend: Die Halterungen und Befestigungen müssen aus nichtbrennbaren Baustoffen bestehen. Generell keine Anwendung für Gebäude geringer Höhe. Zusätzliche **Abstandsflächenregelung:** Gebäude mit Außenwänden ohne Feuerwiderstandsdauer aus brennbaren Baustoffen müssen • zu Gebäuden auf demselben Grundstück – mit gleichartigen Außenwänden einen Abstand von mindestens 10 m, – mit mindestens feuerhemmenden Außenwänden einen Abstand von mindestens 8 m, – mit öffnungslosen feuerbeständigen Außenwänden einen Abstand von mindestens 5 m einhalten. • Gegenüber der Grundstücksgrenze ist ein Abstand von mindestens 5 m erforderlich. Die Abstandsregelungen gelten nicht für Nebengebäude ohne Aufenthaltsräume, ohne Aborte und ohne Feuerungsanlagen mit einem umbauten Raum bis zu 50 m^2.

[9] Danach sind Abstandsflächen nicht erforderlich u. a. vor Außenwänden von Gebäuden oder Gebäudeteilen, die eine Wandhöhe von nicht mehr als 1 m haben; ohne Abstandsflächen zulässig sind auch Garagen, soweit die Wandhöhe nicht mehr als 3 m beträgt und die Wandfläche nicht größer als 25 m^2 beträgt.

[10] Dies sind u. a. Garagen mit einer Wandhöhe von nicht mehr als 3 m und einer Wandfläche von nicht mehr als 25 m^2.

Land	Norm (LBO)		Umsetzung/Abweichung der Landesbauordnungen und der MBO 2002
Bln	§ 24	**1.**	§ 24 I – Statt Gebäude geringer Höhe: bei Gebäuden mit nicht mehr als drei Vollgeschossen. Keine besonderen Anforderungen, wenn die Gefahr der Brandübertragung durch geeignete Vorkehrungen, wie mindestens 1,50 m vorkragende feuerbeständige Bauteile, vermindert wird.
		2.	§ 24 I, III – Abweichend: Bei Gebäuden mit **mehr** als **drei Vollgeschossen** sind nichttragende Außenwände oder nichttragende Teile tragender Außenwände aus nichtbrennbaren Baustoffen herzustellen (es gilt aber auch hier die Regelung wie unter 1.).
		3.	§ 24 II
Bbg	§ 27	**1.**	§ 27 IV: Bei Gebäuden geringer Höhe sind (nur) die Außenwandbekleidungen einschließlich der Dämmstoffe und Unterkonstruktionen aus normalentflammbaren Baustoffen zulässig; für die Wände selbst gelten die allgemeinen Anforderungen nach § 27 I und II.
		2.	§ 27 I, II: Tragende Außenwände und Außenwandteile wie Wandbekleidungen, Brüstungen und Schürzen, sind so auszubilden, dass eine Brandausbreitung über diese Bauteile ausreichend lang begrenzt ist. Nicht tragende Außenwände und nichttragende Teile tragender Außenwände müssen feuerhemmend sein.
		3.	§ 27 II bis V
Brem	§ 30	**1.**	1. § 30 I
		2.	2. § 30 I
		3.	3. § 30 II
Hamb	§§ 24, 25, 26, 27, 28	**1.**	§ 25 I S. 2 (gilt nur für Wohngebäude geringer Höhe mit nur einem Vollgeschoss oder mit Dachraum ohne Aufenthaltsräume)
		2.	§§ 27, 28 Differenzierende Regelungen; bei • **Gebäuden mittlerer Höhe**: mindestens feuerhemmend und in den wesentlichen Teilen aus nichtbrennbaren Baustoffen • **Hochhäusern**: Außenwand aus nichtbrennbaren Baustoffen. Sie sind so herzustellen, dass eine Brandausbreitung auf andere Geschosse verhindert wird. §§ 25 bis 28: Abweichende Systematik und Sonderregelungen bei **Gebäudeabschlusswänden**[11] • **bei Wohngebäuden geringer Höhe** mit nicht mehr als zwei Wohnungen: feuerbeständig; bei aneinander gereihten Gebäuden sind Gebäudeabschlusswände, die für einen Brand von innen feuerhemmend sind, zulässig, wenn wegen des Brandschutzes keine Bedenken bestehen. Sie sind bis unmittelbar unter die Bedachung zu führen und müssen bei einem Brand ausreichend standsicher sein. Ausnahmen bei untergeordneten Gebäuden oder Gewächshäuser ohne eigene Feuerstätten, wenn wegen des Brandschutzes keine Bedenken bestehen. • **bei Wohngebäuden geringer Höhe** mit mehr als zwei Wohnungen oder mit anderen Nutzungen: Brandwand; bei Gebäuden ohne Wohnungen genügen gegenüber Gebäuden auf demselben Grundstück feuerbeständige Wände. Die Wände sind bis unmittelbar unter die Bedachung zu führen. Aus Gründen des Brandschutzes kann, außer bei Wohngebäuden, verlangt werden, dass diese Wände bis zu 1 m über Dach geführt werden. Ausnahmen für untergeordnete Gebäude

[11] Gebäudeabschlusswände nach § 2 Abs. 10 HBauO sind Außenwände eines Gebäudes, die **einen geringeren Abstand** haben
1. als 5 m gegenüber anderen Gebäuden,
2. als 2,5 m gegenüber Nachbargrenzen, sofern nicht ein Abstand von mindestens 5 m gegenüber Gebäuden auf den Nachbargrundstücken öffentlich-rechtlich gesichert ist,
oder die keinen Abstand zu anderen Gebäuden oder Nachbargrenzen haben.

Land	Norm (LBO)		Umsetzung/Abweichung der Landesbauordnungen und der MBO 2002
			und Gewächshäuser siehe oben. Bei Außenwänden, die an andere Gebäude oder an Wände, die Brandabschnitte innerhalb von Gebäuden unterteilen, angrenzen, muss durch geeignete konstruktive Maßnahmen eine Brandausbreitung auf die anderen Gebäude oder Brandabschnitte verhindert werden. • **bei Gebäuden mittlerer Höhe und Hochhäuser:** Brandwand; bei Gebäuden ohne Wohnungen siehe oben; die Wände sind mindestens 0,3 m über Dach zu führen oder in Höhe der Bedachung mit einer ausreichend auskragenden feuerbeständigen Platte abzuschließen. Aus Gründen des Brandschutzes kann, außer bei Wohngebäuden, verlangt werden, dass diese Wände bis zu 1 m über Dach geführt werden.
		3.	§§ 25 bis 28: Eigene Systematik: • bei mehrgeschossigen **Gebäuden geringer Höhe** mit mehr als zwei Wohnungen oder mit anderen Nutzungen: stabförmige Unterkonstruktionen sind aus normalentflammbaren Baustoffen zulässig. Keine Anforderungen an die äußeren Oberflächen oder deren Verkleidungen für untergeordnete Gebäude bis 30 m² umbauten Raum, wenn sie mindestens 5 m von anderen als untergeordneten Gebäuden entfernt errichtet werden. • bei **Gebäuden mittlerer Höhe** genügen für stabförmige Unterkonstruktionen normalentflammbare Baustoffe, wenn die Dämmschicht und die äußere Verkleidung aus nichtbrennbaren Baustoffen bestehen. • bei **Hochhäusern**: nichtbrennbare Baustoffe. Bei Hochhäusern, bei denen der Fußboden des obersten Geschosses nicht höher als 30 m über der festgelegten Geländeoberfläche liegt, sind Verkleidungen aus schwerentflammbaren Baustoffen und Unterkonstruktionen aus mindestens normalentflammbaren Baustoffen zulässig, wenn ein Streifen von mindestens 1 m Breite umlaufend um Öffnungen in Außenwänden aus nichtbrennbaren Bauprodukten hergestellt wird; das gilt nicht für Wände von Sicherheitstreppenräumen und deren Zugängen. **Weitere Sonderregelungen**: Keine brandschutztechnischen Anforderungen an Gebäudeabschlusswände von Gewächshäusern ohne eigene Feuerstätten. Leichtentflammbare Baustoffe dürfen nicht verwendet werden. Verkleidungen von Außenwänden dürfen nicht brennend abtropfen. In Bereichen versetzter Brandwände sind brennbare Außenverkleidungen unzulässig. Vor Außenwände vortretende Gebäudeteile, wie Erker und Balkone, sind im Bereich von Wänden zum Abschluss von Gebäuden, von Brandwänden und von Wänden, die anstelle von Brandwänden zugelassen werden, so anzuordnen und auszubilden, dass eine Brandausbreitung auf andere Gebäude oder Brandabschnitte verhindert wird. Wände und Decken von Durchfahrten müssen feuerbeständig sein. Ihre Verkleidungen einschließlich der Dämmstoffe und Unterkonstruktionen müssen aus nichtbrennbaren Baustoffen bestehen.
Hess	§ 25, § 13 Abs. 2 S. 1	**1.**	Nr. 2.1 der Anlage 1 zu § 13 Abs. 2 Satz 1
		2.	§ 25: Allgemeine Regelung: Außenwände und Außenwandteile sind so auszubilden, dass Brandentstehung bei einer Brandbeanspruchung von außen und Brandausbreitung ausreichend lang begrenzt sind. Nr. 2.1 der Anlage 1 zu § 13 Abs. 2 Satz 1
		3.	Nr. 2.2 der Anlage 1 zu § 13 Abs. 2 Satz 1
MV	§ 27	**1.**	1. § 27 I
		2.	2. § 27 I
		3.	3. § 27 II

Land	Norm (LBO)		Umsetzung/Abweichung der Landesbauordnungen und der MBO 2002
Nds	§ 30; § 6 DVN-BauO	**1.**	In § 30 LBO nur allgemeine Regelung: Wände müssen, soweit es der Brandschutz unter Berücksichtigung ihrer Beschaffenheit, Anordnung und Funktion erfordert, nach ihrer Bauart und in ihren Baustoffen widerstandsfähig gegen Feuer sein. Dies gilt auch für Verkleidungen und Dämmschichten § 6 II DVNBauO: Außenwände von Gebäuden geringer Höhe müssen aus nichtbrennbaren Baustoffen dann sein, wenn der Abstand der Außenwände zu den Grenzen des Baugrundstücks weniger als 5 m beträgt und die Außenwände diesen Grenzen in einem Winkel von weniger als 45° zugekehrt sind.
		2.	§ 6 I DVNBauO: Außenwände müssen aus nichtbrennbaren Baustoffen bestehen oder einschließlich ihrer Halterungen, Befestigungen und Stoßfugen mindestens 30 min widerstandsfähig gegen Feuer sein. Gilt nicht für Außenwände von Gebäuden bis 60 m² Grundfläche und mit nicht mehr als zwei Geschossen sowie für Außenwände von Terrassenvorbauten und Windfängen.
		3.	keine Regelung
NRW	§§ 29, 31	**1.**	§ 29 I Zeilen 2 und 3, Spalten 1 bis 23
		2.	§ 29 I
		3.	§ 29 Zeile 3 In § 29 I Zeilen 5 und 6 zusätzliche Regelungen für **Gebäudeabschlusswände**:[12] • Wohngebäude geringer Höhe mit nicht mehr als zwei Wohnungen: feuerbeständig und in den wesentlichen Teilen aus nichtbrennbaren Baustoffen (F 90-AB) • Gebäude geringer Höhe: Brandwand (bei Wohngebäuden auch F 90-AB) • Andere Gebäude: Brandwand
Rh-Pf	§ 28	**1.**	§ 28 I:
		2.	§ 28 I: Besondere Anforderungen erst bei Gebäuden der Gebäudeklasse 4.[13]
		3.	§ 28 II
Saar	§ 35, § 3 TVO	**1.**	§ 3 I Zeile 2 TVO
		2.	§ 35 – Allgemeine Formulierung: **Gebäudeabschlusswände** (= gegen Feuer widerstandsfähige Wände) bei Gebäuden, die weniger als 2,50 m von der Nachbargrenze entfernt bleiben (öffentlich-rechtlich gesicherter Abstand von mindestens 5 m zu bestehenden oder künftigen Gebäu-

[12] Nach § 31 BauO NRW sind Gebäudeabschlusswände herzustellen
1. bei aneinandergereihten Gebäuden auf demselben Grundstück sowie bei Gebäuden, die weniger als 2,50 m von der Nachbargrenze entfernt errichtet werden, es sei denn, dass ein Abstand von mindestens 5 m zu bestehenden oder nach den baurechtlichen Vorschriften zulässigen Gebäuden öffentlich-rechtlich gesichert ist.
2. bei Wohngebäuden und angebauten landwirtschaftlichen Betriebsgebäuden auf demselben Grundstück, wenn der umbaute Raum des Betriebsgebäudes größer als 2000 m² ist.

Dies gilt nicht für seitliche Wände von Vorbauten wie Erker, die nicht mehr als 1,5 m vor der Flucht der vorderen oder hinteren Außenwand des Nachbargebäudes vortreten, wenn sie von dem Nachbargebäude oder der Nachbargrenze einen Abstand einhalten, der ihrer eigenen Ausladung entspricht, mindestens jedoch 1 m beträgt.

Anstelle einzelner Gebäudeabschlusswände ist eine gemeinsame Gebäudeabschlusswand zulässig. Bei aneinander gereihten Gebäuden sind abweichend von den Festsetzungen in § 29 Gebäudeabschlusswände zulässig, die von innen nach außen der Feuerwiderstandsklasse F 30 und von außen nach innen der Feuerwiderstandsklasse F 90 entsprechen und die außen jeweils eine ausreichend widerstandsfähige Schicht aus nichtbrennbaren Baustoffen haben. Dies gilt nicht für gemeinsame Gebäudeabschlusswände.

[13] § 2 Abs. 2 Nr. 4 LBauO Rh-Pf: Gebäudeklasse 4 sind „sonstige Gebäude", das sind Gebäude (keine Wohngebäude), bei denen der Fußboden im Mittel mehr als 7 m über der Geländeoberfläche liegt.

Land	Norm (LBO)		Umsetzung/Abweichung der Landesbauordnungen und der MBO 2002
			den ist ausreichend) oder bei aneinander gereihten Gebäuden (hier ist eine gemeinsame Gebäudeabschlusswand zulässig). § 3 I TVO
		3.	§ 3 I Zeile 3 TVO
Sachs	§ 27	**1.**	§ 27 I
		2.	§ 27 I
		3.	§ 27 II: Unterkonstruktionen aus normalentflammbaren Baustoffen können gestattet werden, wenn Bedenken wegen des Brandschutzes nicht bestehen.
Sachs-Anhalt	§ 30	**1.**	§ 30 I
		2.	§ 30 I
		3.	§ 30 II: Unterkonstruktionen aus normalentflammbaren Baustoffen können gestattet werden, wenn Bedenken wegen des Brandschutzes nicht bestehen.
Schl-H	§ 33	**1.**	§ 33 I
		2.	§ 33 I
		3.	§ 33 I: Unterkonstruktionen aus normalentflammbaren Baustoffen können gestattet werden, wenn Bedenken wegen des Brandschutzes nicht bestehen.
Thür	§ 27	**1.**	§ 27 I
		2.	§ 27 I
		3.	§ 27 II: Unterkonstruktionen aus normalentflammbaren Baustoffen können gestattet werden, wenn Bedenken wegen des Brandschutzes nicht bestehen.

I. Allgemeines

1. Anwendungsbereich

14 Die Landesbauordnungen enthalten Regelungen für nichttragende Außenwände und nichttragende Teile tragender Außenwände. Außenwände sind die Umfassungswände von baulichen Anlagen. Sind die Außenwände als tragende Wände ausgebildet, so finden die dafür geltenden Sonderregelungen Anwendung. Erfasst sind raumhohe und raumabschließende Bauteile, wie Außenwandelemente, Ausfachungen usw., die zu keiner Aussteifung von Bauteilen dienen.

15 Zu den nichttragenden Außenwänden zählen auch brüstungshohe, nicht raumabschließende, nichttragende Außenwandelemente und schürzenartige, nicht raumabschließende, nicht tragende Außenwandelemente, die jeweils den Überschlagswert des Feuers an der Außenseite von Gebäuden vergrößern (vgl. DIN 4102 Teil 3 Abschnitt 5.1). Für Gebäude besonderer Art oder Nutzung gelten darüber hinaus entsprechende Vorschriften für Sonderbauten, z. B. die Richtlinie über den Bau und Betrieb von Hochhäusern, die Richtlinie über den Bau und Betrieb von Versammlungsstätten, die Richtlinie über den Bau und Betrieb von Verkaufsstätten.

2. Musterbauordnung 2002

16 Formuliert wird als Schutzziel, dass die Außenwände so beschaffen sein müssen, dass eine Brandausbreitung auf und in diesen Bauteilen ausreichend lang begrenzt ist. Der aktive Beitrag der Fassade zum Brand ist einzuschränken. Nichttragende Außenwände und nichtragende Teile von tragenden Außenwänden wie z. B. Brüstungen und Schürzen müssen aus nichtbrennbaren Baustoffen bestehen; sie können als raumabschließende

Bauteile auch aus brennbaren Baustoffen bestehen, wenn sie feuerhemmend sind. Erleichterungen gibt es für Fensterprofile, Fugendichtungen (nicht für Dämmstoffe in Gebäudetrennfugen) und Dämmstoffe in nichtbrennbaren geschlossenen Profilen der Fassadenkonstruktionen, die brennbar sein dürfen. Ausnahmen sind möglich für Gebäude geringer Höhe. Neu ist die Regelung für die Außenwandkonstruktionen mit geschossübergreifenden Hohl- oder Lufträumen (hinterlüftete Außenwandbekleidungen, Doppelfassaden), die zur Vermeidung der Brandausbreitung besonderer Vorkehrungen bedürfen.

II. Brandschutzanforderungen an nichttragende Außenwände

1. Allgemeine Anforderungen

Nichttragende Außenwände und nichttragende Teile tragender Außenwände sind grundsätzlich aus nichtbrennbaren Baustoffen oder mindestens feuerhemmend herzustellen. Zu verwenden sind also die Baustoffe der Baustoffklassen A 1 oder A 2. Sollen brennbare Baustoffe verwendet werden, so muss die Feuerwiderstandsdauer der Baustoffe von mindestens 30 Minuten (W 30) eingehalten werden. Bei Gebäuden geringer Höhe gelten keine Brandschutzanforderungen. 17

2. Erleichterte Anforderungen

An die nichttragenden Außenwände und nichttragenden Teile tragender Außenwände von **Gebäuden geringer Höhe** werden keine Anforderungen an den Feuerwiderstand und an die Brennbarkeit der Baustoffe gestellt. Regelmäßig sind jedoch größere **Abstandsflächen** (zur Grundstücksgrenze wie auch zu anderen Gebäuden auf demselben Grundstück) erforderlich, wenn brennbare Baustoffe verwendet werden. 18

3. Brandschutzanforderungen an die Oberflächen von Außenwänden u. a.

Die Oberflächen und Außenwände sowie Außenwandverkleidungen einschließlich der Dämmstoffe und Unterkonstruktionen unterliegen einer eigenen Regelung. Es genügt, sie aus schwerentflammbaren Baustoffen herzustellen. Hierunter fallen die Baustoffe der Baustoffklasse B 1. Bestehen keine Bedenken wegen des Brandschutzes, so kann die Bauaufsichtsbehörde Unterkonstruktionen aus normalentflammbaren Baustoffen (Baustoffklasse B 2) zulassen. Gleiches gilt bei Gebäuden mit geringer Höhe für die Außenwandverkleidungen einschließlich der Dämmstoffe in Unterkonstruktionen, wenn durch die geeigneten Maßnahmen eine Brandausbreitung auf angrenzende Gebäude verhindert wird. 19

4. Anforderungen an Gebäude besonderer Art oder Nutzung

Nichttragende Außenwände von Sonderbauten sind entsprechend den jeweiligen Sondervorschriften oder **Richtlinien** zu erstellen, und zwar in der Regel bei 20

- Hochhäusern: aus nichtbrennbaren Baustoffen; zulässig sind auch Wände der Feuerwiderstandsklasse W 90-AB
- Verkaufsstätten: aus nichtbrennbaren Baustoffen; bei erdgeschossigen Verkaufsstätten und bei Verkaufsstätten mit Sprinkleranlagen sind schwerentflammbare Baustoffe zulässig
- Versammlungsstatten: bei Vollbühnen feuerbeständige Baustoffe
- Gaststätten: aus nichtbrennbaren Baustoffen; bei erdgeschossigen Gebäuden mindestens normalentflammbare Baustoffe, sofern das Bauteil feuerhemmend ausgebildet ist.
- Krankenhäuser: bei Gebäuden mit mehr als einem Vollgeschoss aus nichtbrennbaren Baustoffen oder feuerhemmend.

Zu berücksichtigen sind auch Sonderregelungen zur Verhinderung der Brandausbreitung auf andere Geschosse.

Teil 3. Trennwände

MBO § 29; BW § 26, § 7 LBOAVO; Bay Art. 30, Bln § 25, Bbg § 25, Brem § 31, Hamb §§ 25 Abs. 4, § 26 Abs. 6, 10, § 27 Abs. 6, 9, §§ 28, 29; Hess § 26, MV § 28, Nds § 30, § 7 DVNBauO; NRW § 30, Rh-Pf § 29, Saar § 35, Sachs § 28, Sachs-Anhalt § 31, Schl-H § 34, Thür § 28

Ländervergleich: Trennwände

21

Regelungen der Landesbauordnungen und der MBO 2002[14]	
1.	Zwischen Wohnungen sowie zwischen Wohnungen und fremden Räumen sind feuerbeständige Trennwände herzustellen. In obersten Geschossen von Dachräumen und in Gebäuden geringer Höhe sind diese Trennwände mindestens feuerhemmend herzustellen.
2.	Bei Gebäuden mit mehr als zwei Wohnungen sind diese Trennwände bis zur Rohdecke oder bis unter die Dachhaut zu führen. Gleiches gilt für Trennwände zwischen Wohngebäude (bzw. Wohnteil: Wohn- und Schlafräume) und landwirtschaftlichen Betriebsgebäuden (bzw. landwirtschaftlichem Betriebsteil).
3.	In Trennwänden sind Öffnungen unzulässig, es sei denn, die Nutzung des Gebäudes erfordert dies und die Öffnungen sind mit mindestens feuerhemmenden, selbstschließenden Abschlüssen versehen oder der Brandschutz ist auf andere Weise sichergestellt. Kein Verbot für Öffnungen in Trennwänden bei Wohngebäuden geringer Höhe mit nicht mehr als zwei Wohnungen.

22

Land	Norm (LBO)		Umsetzung/Abweichung der Landesbauordnungen und der MBO 2002[15]
MBO 2002	§ 29	**1.**	§ 29 II: Trennwände sind erforderlich • zwischen Nutzungseinheiten sowie zwischen Nutzungseinheiten und anders genutzten Räumen, ausgenommen notwendigen Fluren • zum Abschluss von Räumen mit Explosions- oder erhöhter Brandgefahr • zwischen Aufenthaltsräumen und anders genutzten Räumen im Kellergeschoss Trennwände als raumabschließende Bauteile von Räumen oder Nutzungseinheiten innerhalb von Geschossen müssen ausreichend lang widerstandsfähig gegen die Brandausbreitung sein. Trennwände zwischen Nutzungseinheiten und anders genutzten Räumen (ausgenommen notwendigen Fluren), zwischen Aufenthaltsräumen und anders genutzten Räumen im Kellergeschoss müssen die Feuerwiderstandsfähigkeit der tragenden und aussteifenden Bauteile des Geschosses haben, jedoch mindestens feuerhemmend sein (Trennwände zum Abschluss von Räumen mit Explosions- oder erhöhter Brandgefahr: feuerbeständig).
		2.	§ 29 IV: Die Trennwände sind bis zur Rohdecke, im Dachraum bis unter die Dachhaut zu führen; werden in Dachräumen Trennwände nur bis zur Rohdecke geführt, ist diese Decke als raumabschließendes Bauteil einschließlich der sie tragenden und aussteifenden Bauteile feuerhemmend herzustellen.

[14] Die hier verwendeten Ziffern entsprechen den Ziffern der nachstehenden Rubrik „Umsetzung/Abweichung in den Ländern und der MBO 2002".

[15] Die hier verwendeten Ziffern entsprechen den Ziffern der vorstehenden Rubrik „Regelungsgegenstände der Landesbauordnungen und der MBO 2002".

Land	Norm (LBO)		Umsetzung/Abweichung der Landesbauordnungen und der MBO 2002
		3.	§ 29 V: Öffnungen in Trennwänden sind nur zulässig, wenn sie auf die für die Nutzung erforderliche Zahl und Größe beschränkt sind; sie müssen feuerhemmende, dicht- und selbstschließende Abschlüsse haben. **Ausnahmen**: § 29 VI: Keine Regelungen für Trennwände in Gebäuden mit einer Höhe bis zu 7 m und nicht mehr als zwei Nutzungseinheiten von insgesamt nicht mehr als 400 m² und in freistehenden land- oder forstwirtschaftlich genutzten Gebäuden (Gebäude der Gebäudeklasse 1 und 2).
BW	§ 26; § 7 LBOAVO	**1.** **2.** **3.**	§ 7 Abs. 1 LBOAVO § 7 Abs. 5 S. 1 LBOAVO (sofern Trennwände feuerhemmend oder feuerbeständig auszuführen sind) § 7 Abs. 5 S. 2 LBOAVO § 26 LBO enthält nur allgemeine Regelungen, wonach u. a. Wände entsprechend den Erfordernissen des Brandschutzes unter Berücksichtigung ihrer Beschaffenheit, Anordnung und Funktion nach ihrer Bauart und in ihren Baustoffen widerstandsfähig gegen Feuer herzustellen sind.
Bay	Art. 30	**1.** **2.** **3.**	Art. 30 I S. 1: Zusätzlich: feuerbeständige Trennwände • zum Abschluss von Räumen mit erhöhter Brand- oder Explosionsgefahr (gilt nicht für Trennwände zwischen Ställen und Scheunen) • zwischen Wohnungen, Wohn- oder Schlafräumen und den land- und forstwirtschaftlichen oder gärtnerischen Betriebsgebäuden oder Betriebsräumen eines Gebäudes. **Ausnahmen:** In Gebäuden geringer Höhe sind Wohnungstrennwände in der Feuerwiderstandsdauer der tragenden Bauteile des Gebäudes zulässig. Art. 30 I S. 2: Die Trennwände sind bis zur Rohdecke oder zur Unterkante der Dachhaut zu führen. Art. 30 I S. 3 (Keine Erleichterung für Wohngebäude geringer Höhe) **Besonderheiten:** Trennwände müssen wärme- und schalldämmend sein • als Wohnungstrennwände • **Wärmeschutz:** zwischen Aufenthaltsräumen und im Allgemeinen unbeheizten Räumen, soweit die unbeheizten Räume nicht innerhalb der Wohnung liegen oder zu den Aufenthaltsräumen gehören. • Zwischen Aufenthalts- und Treppenräumen oder Durchfahrten; **Schallschutz** zu Aufzugsschächten. • **Schallschutz** für andere Trennwände von Aufenthaltsräumen, wenn Lage und Nutzung der Räume dies erfordern. **Ausnahmen:** Gilt nicht für Trennwände zwischen Aufenthalts- und Treppenräumen in Wohngebäuden mit bis zu zwei Wohnungen sowie von fremden Aufenthaltsräumen, die nicht an Wohnräume grenzen, wenn wegen der Art der Benutzung ein Wärmeschutz unmöglich oder unnötig ist.
Bln	§ 25	**1.** **2.** **3.**	§ 25 I S. 1: Feuerbeständige Trennwände erst in Gebäuden mit mehr als drei Vollgeschossen. In anderen Gebäuden müssen Trennwände zwischen Wohnungen sowie zwischen Wohnungen und fremden Räumen mindestens dieselbe Feuerwiderstandsdauer wie die tragenden Wände haben. § 25 I S. 2: Die Trennwände sind bis unter die Dachhaut oder bis zu einer feuerbeständigen Decke, bei ausgebauten Dachräumen bis zum oberen Raumabschluss, zu führen. § 25 I S. 3: Keine Erleichterung für Wohngebäude geringer Höhe. **Besonderheiten** in § 25 III: Forderung nach Wärmedämmung (wie Regelung in Art. 30 BayBO); gilt nicht für Trennwände von Arbeitsräumen einschließlich Nebenräumen, die nicht an Wohnräume oder fremde Arbeitsräume grenzen, wenn wegen der Benutzung der Räume ein Wärmeschutz unmöglich oder unnötig ist.

Land	Norm (LBO)	Umsetzung/Abweichung der Landesbauordnungen und der MBO 2002	
Bbg	§ 25	**1.**	§ 25 II (Oberste Geschosse von Dachräumen werden nicht erwähnt)
		2.	§ 25 Abs. 6
		3.	§ 25 Abs. 7 (Keine Erleichterung in Wohngebäuden geringer Höhe)
Brem	§ 31	**1.**	§ 31 I: Zusätzlich: Feuerbeständige Trennwände • zum Abschluss von Räumen mit erhöhter Brand- oder Betriebsgefahr; dis gilt nicht für Trennwände zwischen Ställen und Scheunen • zwischen Wohngebäuden (bzw. Wohnteil) und landwirtschaftlichen Betriebsgebäuden (bzw. landwirtsch. Betriebsteil) **Ausnahmen:** In Gebäuden geringer Höhe und in obersten Geschossen von Dachräumen sind die Trennwände zwischen Wohnungen sowie zwischen Wohnungen und fremden Räumen mindestens feuerhemmend herzustellen.
		2.	§ 31 II
		3.	§ III S. 2 (keine Erleichterungen für Gebäude geringer Höhe) **Besonderheiten:** Wärme- und Schallschutz (wie Art. 30 BayBO; abweichend davon werden „Arbeitsräume" statt „fremde Aufenthaltsräume" genannt)
Hamb	§ 25 Abs. 4, § 26 Abs. 6, 10 § 27 Abs. 6, 9, §§ 28, 29	**1.**	§ 25 IV, § 26 VI, § 27 VI, § 28 VI
		2.	§ 26 VI, § 27 VI, § 28 VI
		3.	§ 29 im Übrigen: Eigene Systematik, differenziert nach Gebäudeart und Gebäudehöhe: • generell zu Räumen mit erhöhter Brand- und Explosionsgefahr: feuerbeständige Trennwände • in **Gebäuden geringer Höhe**: Trennwände zwischen Nutzungseinheiten müssen mindestens feuerhemmend sein und beidseitig eine Beplankung aus nichtbrennbaren Baustoffen haben. • In **Gebäuden geringer und auch mittlerer Höhe**: Trennwände zwischen Nutzungseinheiten, zwischen Wohnungen und landwirtschaftlichen (bei Gebäuden mittlerer Höhe auch gewerblichen) Betriebsräumen müssen feuerbeständig sein. Sie müssen Brandwände sein, wenn der umbaute Raum der Betriebsräume größer als 2000 m^3 ist. • In ausschließlich **gewerblich genutzten Gebäuden** mit einer Gebäudegrundfläche bis zu 500 m^3 und nicht mehr als zwei Geschossen und im obersten Geschoss von Dachräumen sind feuerhemmende Trennwände zulässig, wenn sie beidseitig eine Beplankung aus nicht brennbaren Baustoffen haben. Gleiches gilt für Trennwände zwischen Nutzungseinheiten und offenen Gängen, die die einzige Verbindung zwischen Aufenthaltsräumen und notwendigen Treppen und deren Treppenräumen sind. • Zwischen Wohnungen und **landwirtschaftlichen Betriebsräumen** (mit bis zu 2000 m^2 umbauten Raums) ist eine feuerbeständige Trennwand herzustellen; bei mehr als 2000 m^3 umbauten Raums: Brandwand – gilt auch für gewerbliche Betriebsräume in Gebäuden mittlerer Höhe • In **Hochhäusern**: Trennwände zwischen Nutzungseinheiten müssen feuerbeständig sein. Zwischen Nutzungseinheiten können Ausnahmen zugelassen werden, soweit es sich nicht um Wohnungen handelt und wegen des Brandschutzes keine Bedenken bestehen. Wände zwischen Nutzungseinheiten und offenen Gängen, die die einzige Verbindung zwischen Aufenthaltsräumen und Treppenräumen notwendiger Treppen sind, müssen feuerbeständig sein. **Besonderheiten:** Konkretisierung des (alternativen) Brandschutzes: Anstelle der selbstschließenden feuerhemmenden Abschlüsse sind

Land	Norm (LBO)		Umsetzung/Abweichung der Landesbauordnungen und der MBO 2002
			Rauchschutztüren zulässig, wenn sie aus nichtbrennbaren Baustoffen bestehen, in einem lichten Abstand von mindestens 2 m angeordnet sind und der zwischen ihnen liegende Raum als Schleuse mit feuerbeständigen Wänden und Decken, im Übrigen ohne Öffnungen hergestellt ist und nichtbrennbare Verkleidungen und Fußbodenbeläge enthält. Türöffnungen zwischen notwendigen Fluren und Wohnungen müssen bei Gebäuden mit mehr als zwei Geschossen dichte und gegen Feuer ausreichend widerstandsfähige Türen erhalten. Sonderregelungen auch zu Türöffnungen in **Treppenraumwänden** zu Kellergeschossen, nicht ausgebauten Dachräumen, Werkstätten, Verkaufsstätten, Lagerräumen und ähnlichen Räumen: mindestens selbstschließende feuerhemmende Türen
Hess	§ 26	**1.** **2.** **3**	§ 26 I: Anforderungen an die Trennwände: ausreichend lang widerstandsfähig gegen die Ausbreitung von Feuer und Rauch. Gilt auch für Trennwände zwischen Aufenthaltsräumen und anders genutzten Räumen im Kellergeschoss und im Dachgeschoss. Gilt nicht für Wohngebäude der Gebäudeklasse 1 und für Wohngebäude der Gebäudeklasse 2.[16] § 26 II: Gilt ohne Beschränkung für alle Gebäude; Abweichung für Dachgeschosse: Trennwände können in Dachgeschossen bis zur Rohdecke geführt werden, wenn diese Decke und die sie tragenden und aussteifenden Bauteile entsprechend Nr. 5.3.1 der Anlage 1 zur HBO[17] hergestellt sind. § 26 III: Abweichende Formulierung: Zulässig ist nur die für die Nutzung erforderliche Zahl und Größe, die Feuerschutzabschlüsse müssen den Anforderungen der Nr. 3.4 der Anlage 1[18] entsprechen.
MV	§ 28	**1.** **2.** **3**	1. § 28 I 2. § 28 I 3. § 28 II
Nds	§ 30; § 7 DVN-BauO	**1.** **2.** **3**	§ 7 I, II DVNBauO In § 30 LBO nur allgemeine Regelungen: Wände müssen, soweit es der Brandschutz unter Berücksichtigung ihrer Beschaffenheit, Anordnung und Funktion erfordert, nach ihrer Bauart und in ihren Baustoffen widerstandsfähig gegen Feuer sein. Zusätzlich: Wände von Wohnungen und Aufenthaltsräumen müssen wärme- und schalldämmend sein, soweit Lage oder Benutzung der Wohnungen, Aufenthaltsräume oder Gebäude dies erfordert. § 7 IV DVNBauO § 7 V DVNBauO In DVNBauO: In § 7 III DVNBauO zusätzliche Regelung für **Dachräume**: Aufenthaltsräume einschl. ihrer Zugänge müssen durch Feuerhemmende Trennwände gegenüber einem nichtausgebauten Teil des Dachraumes abgetrennt sein, wenn dieser Teil so groß ist, dass darin Aufenthaltsräume mit der erforderlichen lichten Höhe möglich sind. Dies gilt nicht für Gebäude geringer Höhe. Bei Decken mit Hohlräumen sind die Trennwände so auszubilden, dass eine Brandübertragung innerhalb der Decken nicht möglich ist.

[16] Nach § 2 Abs. 3 HBO sind Gebäude der Gebäudeklasse 1:
a. freistehende Gebäude bis zu 7 m Höhe mit nicht mehr als zwei Nutzungseinheiten vom insgesamt nicht mehr als 400 m²
b. freistehende landwirtschaftlich genutzte Gebäude
Gebäude der Gebäudeklasse 2: Gebäude bis zu 7 m Höhe mit nicht mehr als zwei Nutzungseinheiten von insgesamt nicht mehr als 400 m².

[17] Nach Nr. 5.3.1 wird je nach Gebäudeklasse folgende Feuerwiderstandsfähigkeit gefordert: Kl. 1: B 1, Kl. 2 und 3: F 30-B, Kl. 4: F 60-A oder F 90-B, Kl. 5: F 90-BA.

[18] Kl.1: keine Anforderungen, Kl. 2 (nicht für Wohngebäude) und alle übrigen Gebäudeklassen: T 30.

Land	Norm (LBO)		Umsetzung/Abweichung der Landesbauordnungen und der MBO 2002
NRW	§ 30	**1.**	§ 30 I; in § 30 III zusätzlich: In **Dachräumen** sind Aufenthaltsräume und Wohnungen einschließlich ihrer Zugänge durch Trennwände in der Feuerwiderstandsklasse F 30 gegen den nichtausgebauten Dachraum abzuschließen; dies gilt nicht für freistehende Wohngebäude mit nur einer Wohnung.
		2.	§ 30 IV: Zusätzliche Forderung zur Aussteifung zur Erreichung einer Feuerwiderstandsdauer bei Gebäuden nicht lediglich geringer Höhe von F 90 AB (sonst ist F 30 ausreichend bzw. bei freistehenden Wohngebäuden mit nur einer Wohnung: keine Anforderungen), in obersten Geschossen von Dachräumen von F 90. Werden in Dachräumen Trennwände nur bis zur Rohdecke geführt, so sind diese Decke und die sie tragenden und aussteifenden Bauteile mindestens in F 30 auszuführen.
		3.	§ 30 II: Selbstverschließbare Abschlüsse nach T 30
Rh-Pf	§ 29	**1.**	§ 29 I, II: Trennwände auch zwischen sonstigen Nutzungseinheiten. In Gebäudeklasse 4[19] und im obersten Geschoss im Dachraum sind die Trennwände feuerbeständig, sonst feuerhemmend auszuführen (keine Anforderungen an freistehende Wohngebäude mit einer Wohnung in nicht mehr als zwei Geschossen, andere freistehende Gebäude ähnlicher Größe, freistehende landwirtschaftliche Betriebsgebäude).
		2.	§ 29 III S. 1: Generelle Verpflichtung, die Trennwände bis zur Rohdecke oder bis unter die Dachhaut zu führen.
		3.	§ 29 III S. 2: Keine Erleichterung für Wohngebäude geringer Höhe. Forderung nach auch rauchdichtem Abschluss.
Saar	§ 35; § 3 TVO	**1.**	§ 3 I Zeilen 8 und 10 TVO
		2.	§ 3 I Zeilen 8 und 10 TVO
		3.	§ 6 II TVO
Sachs	§ 28	**1.**	§ 28 I
		2.	§ 28 I
		3.	§ 28 II
Sachs-Anhalt	§ 31	**1.**	§ 31 I
		2.	§ 31 I
		3.	§ 31 II
Schl-H	§ 34	**1.**	§ 34 I
		2.	§ 34 I
		3.	§ 34 II
Thür	§ 28	**1.**	§ 28 I
		2.	§ 28 I
		3.	§ 28 II

I. Allgemeines

1. Anwendungsbereich

23 Eigenen brandschutztechnischen Anforderungen unterliegen die Trennwände zwischen **Wohnungen** sowie zwischen Wohnungen und fremden Räumen. Durch die Trennwände soll die Ausbreitung eines Brandes auf andere Nutzungseinheiten erschwert werden. Sie sind grundsätzlich **feuerbeständig** auszuführen. Unter dem Begriff „Wohnung" ist die Summe der Räume zu verstehen, die die Führung eines selbständigen Haushalts

[19] Nach § 2 LBauO Rh-Pf sind dies „sonstige Gebäude", bei denen der Fußboden eines Geschosses, in dem Aufenthaltsräume liegen, im Mittel mehr als 7 m über der Geländeoberfläche liegt.

ermöglicht bzw. ermöglichen soll. Nicht darunter fallen etwa Räume in Wohnheimen und Gemeinschaftsunterkünften, denn diese Räume sind in der Regel nur zur „Unterbringung", nicht aber zur Führung eines eigenständigen Haushalts geeignet. Zu einer Wohnung können aber auch Räume gehören, die der Berufsausübung freiberuflich Tätiger oder Gewerbetreibender dienen (§ 13 BauNVO). Zu den Büro- oder Gewerberäumen muss allerdings ein mittelbarer Zugang von der Wohnung aus selbst möglich sein. Ist keine unmittelbare Verbindung gegeben, so sind die Büro- oder Gewerberäume „fremde Räume" i. S. der einschlägigen Bestimmungen.

In obersten Geschossen von Dachräumen und in Gebäuden geringer Höhe sind die Trennwände mindestens **feuerhemmend** herzustellen. **Dachraum** ist der ganze, vom Dach (bestehend aus Tragwerk und Dachhaut) und der Decke des obersten (Normal-)Geschosses umschlossene Raum.[20] Bei Flachdächern ist folglich kein Dachraum vorhanden, denn die Decke über dem letzten Geschoss bildet gleichzeitig den oberen Gebäudeabschluss. Oberste Geschosse von Dachräumen sind die ausgebauten Bereiche des Dachraums, oberhalb derer sich lediglich noch Dachböden (dies sind weder zum dauernden Aufenthalt für Menschen geeignete Räume, noch Nebenräume) befinden. 24

Trennwände können auch zugleich eine andere Funktion haben, z. B. als tragende Wände, als notwendige Brandwände, als Treppenraumwände, als Wände allgemein zugänglicher Fluren oder als Wände von Aufzugsschächten; sie unterliegen dann den besonderen Anforderungen, die sich aus ihrer jeweiligen Funktion ergeben. 25

2. Musterbauordnung 2002

Schutzziel der Trennwände ist, dass sie als raumabschließende Bauteile zum Abschluss von Nutzungseinheiten oder Räumen ausreichend lang widerstandsfähig gegen die Brandausbreitung sind. Verlangt werden Trennwände, die Nutzungseinheiten gegeneinander und gegen anders genutzte Räume abschließen. Damit soll der Feuerwehreinsatz durch räumlich definierte Abschnitte begünstigt werden. Besonders angesprochen werden Räume mit Explosions- oder erhöhter Brandgefahr, die feuerbeständig ausgebildet sein müssen. Werden Trennwände nicht bis unter die Dachhaut geführt, so sind sie bis zu einem oberen Raumabschluss (Rohdecke) zu führen, der einschließlich seiner tragenden und aussteifenden Teile feuerhemmend sein muss, um ein „Überlaufen" der Trennwand in diesem Bereich für die Zeit der Feuerwiderstandsfähigkeit der Wand auszuschließen. An Zweifamilienhäuser (Wohngebäude der Gebäudeklassen 1 und 2) werden keine besonderen Ansprüche gestellt. 26

Öffnungen in Trennwänden sind in der für die Nutzung erforderlichen Zahl und Größe zulässig; sie müssen feuerhemmende, dicht- und selbstschließende Abschlüsse haben. Die Eigenschaft „dichtschließend" (mit einer dreiseitig umlaufenden Dichtung) wird für alle Feuerschutzabschlüsse gefordert; eines besonderen Nachweises bedarf es nicht. 27

II. Brandschutzanforderungen

1. Allgemeine Anforderungen

Die allgemein verwendeten bauaufsichtlichen Bezeichnungen entsprechen den Kurzbezeichnungen der DIN 4102 Teil 2. Keinen besonderen brandschutztechnischen Anforderungen unterliegen Trennwände, die innerhalb einer Wohnung liegen. Wohnungstrennwände (bzw. Trennwände zwischen Wohnungen und fremden Räumen) müssen als feuerbeständige Wände (F 90-AB) hergestellt werden. Um die gewünschte „abschottende" Wirkung – also die Verhinderung einer Übertragung von Rauch und Feuer – zu 28

[20] OVG Brem vom 8. 9. 1981 BRS 38 Nr. 117.

erreichen, sind die Trennwände bis zur Rohdecke oder bis unter die Dachhaut zu führen und ohne Öffnungen herzustellen. Öffnungen können in Trennwänden gestattet werden, wenn die Nutzung des Gebäudes dies erfordert und die Öffnungen mit mindestens feuerhemmenden, selbstschließenden Abschlüssen versehen sind oder der Brandschutz auf andere Weise hergestellt ist. Auch im Bereich notwendiger Leitungsdurchführungen oder Installations- und Lüftungskanäle muss die raumabschließende Wirkung der Trennwand gewahrt bleiben.

2. Erleichterte Zulassungen

29 In **Gebäuden geringer Höhe** und in obersten Geschossen von Dachräumen genügt es, die Trennwände feuerhemmend auszubilden. Da feuerhemmende Bauteile auch aus brennbaren Baustoffen bestehen können, sind auch Holzkonstruktionen geeignet, diesen Anforderungen zu genügen, wenn sie entsprechend ausgebildet sind, gegebenenfalls sind sie durch Ummantelungen brandschutztechnisch zu verbessern. Bei Wohngebäuden geringer Höhe mit nicht mehr als zwei Wohnungen (Ein- und Mehrfamilienhäuser) sind Öffnungen in Trennwänden ohne Einschränkungen zulässig. Sind in dem Gebäude nur zwei Wohnungen vorhanden, so ist es nicht erforderlich, die Trennwände bis zur Rohdecke oder bis unter die Dachhaut zu führen.

3. Anforderungen bei Gebäuden besonderer Art oder Nutzung

30 Bei Trennwänden zwischen Wohngebäuden und landwirtschaftlichen Betriebsgebäuden und zwischen dem Wohn- und dem landwirtschaftlichen Betriebsteil des Gebäudes sind Brandwände erforderlich, wenn der umbaute Raum des Betriebsgebäudes oder des Betriebsteils größer als 2000 m^3 ist.

31 Für die brandschutztechnisch notwendige Ausbildung von Trennwänden bei „Sonderbauten" sind die in den Richtlinien oder Sondervorschriften für bauliche Anlagen besonderer Art oder Nutzung enthaltenen Forderungen zu beachten, z. B. die Richtlinie zum Bau und Betrieb von Hochhäusern, die Richtlinie zum Bau und Betrieb von Verkaufsstätten, die Richtlinie zum Bau und Betrieb von Versammlungsstätten. Dies bedeutet in der Regel für Trennwände in

- Hochhäusern: Feuerwiderstandsklasse F 90 und aus nichtbrennbaren Baustoffen (F 90-A); Türen in Wänden von Räumen mit erhöhter Brandgefahr, wie Lager- und Abstellräume, sind mindestens in T 30 und selbstschließend, sofern sie an Rettungswegen angeordnet werden, in T 90 und selbstschließend herzustellen. Die Räume dürfen einzeln nicht größer als 150 m^2 sein und müssen Einrichtungen zur Rauchabführung haben.
- Verkaufsstätten: feuerbeständig
- Versammlungsstätten: feuerbeständig; sie dürfen nur Öffnungen zu Fluren haben. In Gebäuden mit einem Vollgeschoss über der festgesetzten Geländeoberfläche können sie aus nichtbrennbaren Baustoffen hergestellt sein, wenn Ausgänge mit ausreichender Breite unmittelbar ins Freie führen.
- Gaststätten: feuerbeständig; Türen in diesen Wänden müssen mindestens feuerhemmend und selbstschließend sein.
- Krankenhäuser: Wohnungen und andere fremd genutzte Räume müssen von Räumen, die zum Betrieb des Krankenhauses gehören, durch feuerbeständige Wände ohne Öffnungen getrennt sein. Eine Verbindung über Schleusen mit mindestens feuerhemmenden und selbstschließenden Türen oder über Treppenräume kann gestattet werden, wenn die Nutzung es erfordert.

32 Im Übrigen gelten für Räume entsprechend ihrer Art und Nutzung besondere Bestimmungen, etwa bei **Heizräumen**, Brennstoff- und Heizöllagerräumen sowie elektrischen Betriebsräumen.

Teil 4. Brandwände

MBO § 30, BW § 26 Abs. 2 und 3, §§ 6, 7, 8 LBOAVO; Bay Art. 31, Bln § 26, Bbg § 26, Brem § 32, Hamb § 24 Abs. 4, 5, 7, § 26 Abs. 2, 3, 5, 6, 11, § 27 Abs. 2, 5, 6, 7, § 28 Abs. 2, 5, 7, § 29 Abs. 1; Hess § 27, MV § 29, Nds § 30, § 8 DVNBauO, NRW § 33, Rh-Pf § 30, Saar §§ 35, 36, Sachs § 29, Sachs-Anhalt § 32, Schl-H § 35, Thür § 29

Ländervergleich: Brandwände

33

Regelungen der Landesbauordnungen und der MBO 2002[21]	
1.	Brandwände müssen feuerbeständig sein und aus nichtbrennbaren Baustoffen bestehen. Sie dürfen bei einem Brand ihre Standsicherheit nicht verlieren und müssen geeignet sein, die Verbreitung von Feuer auf andere Gebäude oder Gebäudeabschnitte zu verhindern.
2.	Brandwände sind herzustellen:
2.1	**zum Abschluss von Gebäuden**, bei denen die Abschlusswand bis zu 2,5 m von der Nachbargrenze errichtet wird, es sei denn, dass ein Abstand von mindestens 5 m zu bestehenden oder nach den baurechtlichen Vorschriften zulässigen Gebäuden gesichert ist,
2.2	**zur Unterteilung ausgedehnter Gebäude** und bei aneinander gereihten Gebäuden auf demselben Grundstück in Abständen von höchstens 40 m; größere Abstände können gestattet werden, wenn die Nutzung des Gebäudes es erfordert und wenn wegen des Brandschutzes Bedenken nicht bestehen,
2.3	**zwischen Wohngebäuden und angebauten landwirtschaftlichen Betriebsgebäuden** auf demselben Grundstück sowie zwischen dem Wohnteil und dem landwirtschaftlichen Betriebsteil eines Gebäudes, wenn der umbaute Raum des Betriebsgebäudes oder des Betriebsteiles größer als 2000 m^2 ist.
2.4	Statt Brandwand: Für **Wohngebäude geringer Höhe** mit nicht mehr als zwei Wohnungen sind abweichend von Satz 1 Nr. 1 und 2 anstelle von Brandwänden feuerbeständige Wände zulässig; Wände mit brennbaren Baustoffen können gestattet werden, wenn wegen des Brandschutzes Bedenken nicht bestehen.
3.	Keine Gestaltung als Brandwand ist erforderlich von **seitlichen Wänden** von Vorbauten, wie Erker, die nicht mehr als 1,50 m vor die Flucht der vorderen oder hinteren Außenwand des Nachbargebäudes vortreten, wenn sie von dem Nachbargebäude oder der Nachbargrenze einen Abstand einhalten, der ihrer eigenen Ausladung entspricht, mindestens jedoch 1 m beträgt.
4.	Brandwände müssen **in einer Ebene durchgehend** sein. Es kann zugelassen werden, dass anstelle von Brandwänden Wände zur Unterteilung eines Gebäudes **geschossweise versetzt** angeordnet werden, wenn
4.1	die Nutzung des Gebäudes dies erfordert,
4.2	die Wände in der Bauart von Brandwänden hergestellt sind,
4.3	die Decken, soweit sie in Verbindung mit diesen Wänden stehen, feuerbeständig sind, aus nichtbrennbaren Baustoffen bestehen und keine Öffnungen haben,
4.4	die Bauteile, die dieses Wände und Decken unterstützen, feuerbeständig sind und aus nichtbrennbaren Baustoffen bestehen,
4.5	die Außenwände innerhalb der Gebäudeabschnitte, in denen diese Wände angeordnet sind, in allen Geschossen feuerbeständig sind und
4.6	Öffnungen in den Außenwänden so angeordnet sind oder andere Vorkehrungen so getroffen sind, dass eine Brandübertragung in andere Brandabschnitte nicht zu befürchten ist.
5.	Müssen auf einem Grundstück **Gebäude** oder Gebäudeteile, **die über Eck zusammenstoßen**, durch eine Brandwand getrennt werden, so muss der Abstand der Brandwand von der inneren Ecke mindestens 5 m betragen. Dies gilt nicht, wenn die Gebäude oder Gebäudeteile in einem Winkel von mehr als 120° über Eck zusammenstoßen.

[21] Die hier verwendeten Ziffern entsprechen den Ziffern der nachstehenden Rubrik „Umsetzung/Abweichung in den Ländern und der MBO 2002".

Regelungen der Landesbauordnungen und der MBO 2002	
6.	Brandwände sind mindestens **30 cm über Dach zu führen** oder in Höhe der Dachhaut mit einer beiderseits mindestens 50 cm auskragenden feuerbeständigen Platte aus nichtbrennbaren Baustoffen abzuschließen; darüber dürfen brennbare Teile des Daches nicht hinweggeführt werden. Bei **Gebäuden geringer Höhe** sind Brandwände sowie Wände, die anstelle von Brandwänden zulässig sind, mindestens bis unmittelbar unter die Dachhaut zu führen.
7.	**Bauteile mit brennbaren Baustoffen** dürfen Brandwände nicht überbrücken. Bauteile dürfen in Brandwände nur soweit eingreifen, dass **der verbleibende Wandquerschnitt** feuerbeständig bleibt; für Leitungen, Leitungsschlitze und Schornsteine gilt dies entsprechend.
8.	In Brandwänden und in Wänden, die anstelle von Bandwänden zulässig sind, sind **Öffnungen unzulässig**; sie können in inneren Brandwänden gestattet werden, wenn die Nutzung des Gebäudes dies erfordert. Die Öffnungen sind mit feuerbeständigen, selbstschließenden Abschlüssen zu versehen; Ausnahmen können gestattet werden, wenn der Brandschutz auf andere Weise gesichert ist.
9.	In inneren Brandwänden können Teilflächen aus lichtdurchlässigen **nichtbrennbaren Baustoffen** gestattet werden, wenn diese Flächen feuerbeständig sind.

34

Land	Norm (LBO)	Umsetzung/Abweichung in den Ländern und der MBO 2002[22]	
MBO 2002	§ 30	1.	§ 30 III S. 1 – zusätzlich: Brandwände müssen auch unter zusätzlicher mechanischer Beanspruchung feuerbeständig sein.
		2.	2.1 bis 2.3: § 30 II – Keine Brandwand als Gebäudeabschlusswand ist erforderlich bei Gebäuden ohne Aufenthaltsraume und ohne Feuerstätten mit nicht mehr als 50 m³ Brutto-Rauminhalt. Brandwand als innere Brandwand zur Unterteilung landwirtschaftlich genutzter Gebäude in Brandabschnitte von nicht mehr als 10000 m³ Brutto-Rauminhalt.
		2.4	§ 30 III S. 2 – Statt Brandwand: • bei Gebäuden der Gebäudeklasse 4: hochfeuerhemmend auch unter zusätzlicher mechanischer Beanspruchung • bei Gebäuden der Gebäudeklassen 1 bis 3: hochfeuerhemmend • bei Gebäuden der Gebäudeklassen 1 bis 3 Gebäudeabschlusswände, die jeweils von innen nach außen die Feuerwiderstandsfähigkeit der tragenden und aussteifenden Teile des Gebäudes, mindestens jedoch feuerhemmende Bauteile, und von außen nach innen die Feuerwiderstandsfähigkeit feuerbeständiger Bauteile haben, • zwischen Wohngebäuden und angebauten landwirtschaftlich genutzten Gebäuden sowie als innere Brandwand zwischen dem Wohnteil und dem landwirtschaftlich genutzten Teil eines Gebäudes, wenn der umbaute Raum des landwirtschaftlich genutzten Gebäudes oder Gebäudeteils nicht größer als 2000 m³ ist.
		3.	§ 30 X
		4.	bis 4.6: § 30 IV – Geschossweise versetzt zulässig, wenn • die Wände entspr. 2. ausgebildet sind • die Außenwände in der Breite des Versatzes in dem Geschoss oberhalb oder unterhalb des Versatzes feuerbeständig sind • im Übrigen wie oben 4.
		5.	§ 30 VI – Ausnahme auch dann, wenn mindestens eine Außenwand auf 5 m Länge als öffnungslose feuerbeständige Wand aus nichtbrennbaren Baustoffen ausgebildet ist.
		6.	§ 30 V – Satz 1 gilt nicht für Gebäude der Gebäudeklassen 1 bis 3. Zusätzlich: Verbleibende Hohlräume sind vollständig mit nichtbrennbaren Baustoffen auszufüllen.

22 Die hier verwendeten Ziffern entsprechen den Ziffern der vorstehenden Rubrik „Regelungen der Landesbauordnungen und der MBO 2002".

Land	Norm (LBO)		Umsetzung/Abweichung der Landesbauordnungen und der MBO 2002
		7.	§ 30 VII – Zusätzlich: Außenwandkonstruktionen, die eine seitliche Brandausbreitung begünstigen können wie Doppelfassaden oder hinterlüftete Außenwandbekleidungen, dürfen ohne besondere Vorkehrungen über Brandwände nicht hinweggeführt werden.
		8.	§ 30 VIII – Beschränkung der zulässigen Öffnungen in inneren Brandwänden auf die für die Nutzung erforderliche Zahl und Größe. Keine Ausnahmen davon vorgesehen.
		9.	§ 30 IX – Zulässig sind nur feuerbeständige Verglasungen, die sich auf die für die Nutzung erforderliche Zahl und Größe beschränken müssen.
BW	§ 26 Abs. 2 und 3; §§ 6,7,8 LBOAVO		In § 26 LBO nur allgemeine Regelungen: Brandwände sind zu errichten, soweit die Verbreitung von Feuer verhindert werden muss und dies aus besonderen Gründen auf andere Weise nicht gewährleistet ist, insbesondere wegen geringer Abstände zu Grundstücksgrenzen und zu anderen Gebäuden, zwischen aneinander gereihten Gebäuden, innerhalb ausgedehnter Gebäude oder bei baulichen Anlagen mit erhöhter Brandgefahr. Brandwände müssen so beschaffen und angeordnet sein, dass sie bei einem Brand ihre Standsicherheit nicht verlieren und der Verbreitung von Feuer entgegenwirken.
		1.	§ 8 I LBOAVO
		2.	bis 2.4: § 6 I, § 7 IV LBOAVO
		3.	§ 6 III LBOAVO – Abweichend: **Vorbauten** wie Erker und Balkone, die aus brennbaren Baustoffen bestehen oder eine Verkleidung aus brennbaren Baustoffen haben, müssen von Brandwänden und Wänden, die anstelle von inneren Brandwänden zulässig sind, mindestens 1,25 m entfernt oder durch feuerbeständige Bauteile in der Flucht dieser Wände geschützt sein.
		4.	Bis 4.6: § 8 VIII LBOAVO
		5.	§ 8 IV LBOAVO
		6.	§ 8 V LBOAVO
		7.	§ 8 VII LBOAVO
		8.	§ 8 II LBOAVO
		9.	§ 8 III LBOAVO – Größe darf 10 % der Wandfläche nicht überschreiten
Bay	Art. 31, 34	**1.**	Art. 31 I
		2.	bis 2.3: Art. 31 II bis IV – Art. 31 IV S. 3: Keine Brandwände erforderlich für Nebengebäude ohne Aufenthaltsräume, ohne Aborte und ohne Feuerungsanlagen mit einem umbauten Raum bis zu 50 m^3. Art. 31 III Nr. 4: Brandwand auch zwischen Wohn- und Betriebsteil forstwirtschaftlicher und gärtnerischer Betrieben; Brandabschnitte von höchstens 10000 m^3 bei Land- und forstwirtschaftlichen oder gärtnerischen Betrieben.
		2.4	Art. 31 IV – Abweichend: Zwischen aneinander gereihten Gebäuden müssen die (feuerbeständigen) Gebäudetrennwände insgesamt so dick wie Brandwände sein. Für Wohngebäude geringer Höhe mit bis zu zwei Wohnungen in der offenen Bauweise genügen öffnungslose Wände, die vom Gebäudeinnern die Anforderungen der Feuerwiderstandsklasse F 30 und vom Gebäudeäußeren der Feuerwiderstandsklasse F 90 erfüllen; die sonstigen Wände, die Decken und die Dächer, sofern diese traufseitig aneinander stoßen, müssen mindestens feuerhemmend sein.
		3.	Art. 34
		4.	bis 4.5: Art. 31 V – Geschossweise versetzte Brandwände: Zusätzlich: Wände, (öffnungslose) Decken und ihre Unterstützungen sowie die Abschlüsse der Treppenräume müssen feuerbeständig sein und aus nichtbrennbaren Baustoffen bestehen.
		4.6	Art. 31 IX

Land	Norm (LBO)	Umsetzung/Abweichung der Landesbauordnungen und der MBO 2002	
		5.	Art. 31 VI – Alternativ für Verzicht auf innere Brandwand: Wenn eine Abschlusswand auf 5 m Länge als Brandwand ausgebildet wird.
		6.	Art. 31 VII – Bei Gebäuden mit weicher Bedachung ist die Brandwand 50 cm über Dach zu führen
		7.	Art. 31 VIII
		8.	Art. 31 IX – Die Wände und Decken anschließender Räume müssen aus nichtbrennbaren Baustoffen hergestellt werden.
		9.	Art. 31 X
Bln	§ 26, § 29	**1.**	§ 26 IV
		2.	2.1: § 26 I Nr. 1 – Öffentlich-rechtliche Sicherung des 5-m-Abstandes notwendig. Bei Wohngebäuden mit nicht mehr als zwei Wohnungen sind anstelle feuerbeständiger Wände auch andere Wände zulässig, wenn ein gleichwertiger Brandschutz nachgewiesen wird. 2.2: § 26 I S. 1 Nr. 2 2.3: § 26 I S. 1 Nr. 3 2.4: § 26 I S. 2
		3.	§ 29
		4.	bis 4.5: § 26 II – Es sind Vorkehrungen gegen die Gefahr der senkrechten Brandübertragung zu treffen, wie mindestens 1,50 m vorkragende feuerbeständige Bauteile (4.6 fehlt)
		5.	§ 26 III
		6.	§ 26 V – Brandwand mindestens 30 cm über Dach (bei Gebäuden mit weicher Bedachung 50 cm) bzw. beidseitig 50 cm auskragende feuerbeständige Stahlbetonplatte erst bei Gebäuden mit mehr als drei Vollgeschossen, sonst Brandwand bis unmittelbar unter die Dachhaut. § 26 VI
		7.	§ 26 VII
		8.	§ 26 IX
		9.	In § 26 VIII zusätzlich: Leitungen dürfen durch Brandwände sowie in Wänden, die anstelle von Brandwänden zulässig sind, hindurchgeführt werden, wenn eine Übertragung von Feuer und Rauch nicht zu befürchten ist oder Vorkehrungen hiergegen getroffen sind. Rohrleitungen müssen aus nichtbrennbaren Baustoffen bestehen.
Bbg	§ 26	**1.**	§ 26 I S. 3
		2.	bis 2.4: § 26 II, IX
		3.	keine Regelung
		4.	bis 4.6: § 26 I S. 2, III – keine Öffnungen
		5.	§ 26 IV
		6.	§ 26 V
		7.	§ 26 VI
		8.	§ 26 VII
		9.	§ 26 VIII
Brem	§ 32	**1.**	§ 32 I
		2.	bis 2.4: § 32 II
		3.	§ 32 IV
		4.	§ 32 V
		5.	§ 32 VI
		6.	§ 32 VII – Bei weicher Bedachung ist die Brandwand 50 cm über Dach zu führen. Zusätzlich: Stahlträger und Stahlstützen dürfen in Brandwände nur eingreifen, wenn sie feuerbeständig ummantelt sind.
		7.	§ 32 VIII
		8.	§ 32 X
		9.	§ 32 XI

Land	Norm (LBO)	Umsetzung/Abweichung der Landesbauordnungen und der MBO 2002	
Hamb	§ 2 Abs. 10, § 24 Abs. 4, 5, 7; § 26 Abs. 2,3 5, 6, 11; § 27 Abs. 2, 56, 7; § 28 Abs. 2, 57, § 29 Abs. 1	**1.**	§ 24 IV
		2.	2.1: § 2 X, § 26 II, § 27 II, § 28 II 2.2: § 24 IV S. 3, § 25 V 2.3: § 26 VI S. 3, § 27 VI S. 2 2.4: § 25 II
		3.	§ 24 VII – keine Angabe, wie weit die Vorbauten vortreten dürfen
		4.	bis 4.6: § 24 IV S. 3
		5.	§ 24 V
		6.	§ 26 VI – Aus Gründen des Brandschutzes kann, außer bei Wohngebäuden, verlangt werden, dass die Brandwand bis zu 1 m über Dach geführt wird.
		7.	§ 24 VI
		8.	§ 29
		9.	keine Regelung Anm.: In HambBauO gilt durchwegs eine abweichende Systematik – siehe dazu die Übersicht bei „Außenwände", dort „Gebäudeabschlusswände"
Hess	§ 27	**1.**	Als Brandwände sind Wände zulässig, die die Anforderungen der Nr 4.2 und 4.3 der Anlage 1 zur HBO erfüllen (stark differenziert nach Gebäudeklassen und Nutzung).[23]
		2.	2.1: § 27 I Nr. 1 – Öffentlich-rechtliche Sicherung des Abstandes zu künftigen Gebäuden. 2.2: § 27 II Nr. 2 2.3 § 27 II Nr. 3 – Unterteilung landwirtschaftlich genutzter Gebäude in Brandabschnitte von nicht mehr als 10000 m³. Brandwand zwischen Wohngebäude und angebauten landwirtschaftlich genutzten Gebäuden bzw. Gebäudeteil, ohne dass es auf die Größe des landwirtschaftlichen Betriebsteils ankommt. 2.4 § 27 III – zusätzlich: Keine Brandwand für Nebengebäude ohne Aufenthaltsräume und Feuerungsanlagen mit einem Brutto-Rauminhalt bis zu 50 m³ und offene Garagen bis 100 m² Nutzfläche.
		3.	§ 27 II S. 2
		4.	bis 4.6: § 27 IV – Zusätzlich: Bei geschossweiser Versetzung müssen die Außenwände in der Breite des Versatzes in dem Geschoss oberhalb oder unterhalb des Versatzes feuerbeständig und in den für den Brandschutz wesentlichen Teilen aus nichtbrennbaren Baustoffen sein. Öffnungen in den Außenwänden im Bereich des Versatzes sind so anzuordnen oder andere Vorkehrungen zu treffen, dass eine Brandübertragung in andere Brandabschnitte nicht zu befürchten ist.
		5.	§ 27 VI
		6.	§ 27 V – Abweichend: Bei Gebäuden der Gebäudeklasse 1 bis 3 sind Brandwände mindestens bis unter die Dachhaut zu führen.
		7.	§ 27 VII

[23] **Auszug aus HBO Anlage 1:**

	GK 1	GK 2	GK 3	GK 4	GK 5
4 Brandwände					
4.1 Brandwände:	F 90-A+M	F 90-A+M	F 90-A+M	F 90-A+M	F 90-A+M
4.2 zulässige Wände anstelle von inneren Brandwänden	X	F 60-A oder F 90-BA		F 60A+M oder F 90-BA+M	nicht zulässig
4.3 zulässige Wände anstelle von Brandwänden als Gebäudeabschlusswände: F 90-AB (Betriebsteil Landwirtschaft nicht größer als 2000 m³		a)	a)	a)	nicht zulässig

a) Wände mit Wandschutzbekleidung, die von innen nach außen den Feuerwiderstand der tragenden und aussteifenden Teile des Gebäudes und von außen nach innen den Feuerwiderstand feuerbeständiger Bauteile haben.

Land	Norm (LBO)	Umsetzung/Abweichung der Landesbauordnungen und der MBO 2002	
		8.	§ 27 VIII
		9.	§ 27 IX
			Sonstiges: § 27 XI: Bestehende Brandwände auf oder an Nachbargrenzen können aus Gründen des Wärmeschutzes mit nichtbrennbaren Baustoffen bis zu 15 cm Dicke verkleidet werden.
MV	§ 29	1.	§ 29 I
		2.	bis 2.4: § 29 II
		3.	§ 29 III
		4.	bis 4.6: § 29 IV
		5.	§ 29 V
		6.	§ 29 VI
		7.	§ 29 VII
		8.	§ 29 VIII
		9.	§ 29 IX
Nds	§ 30; §§ 5, 6, 8 DVN-BauO		In § 30 LBO nur allgemeine Regelung: Soweit dies erforderlich ist, um die Ausbreitung von Feuer zu verhindern, insbesondere wegen geringer Gebäude- oder Grenzabstände, innerhalb ausgedehnter Gebäude oder bei baulichen Anlagen mit erhöhter Brandgefahr, müssen Brandwände vorhanden sein. Brandwände müssen so beschaffen und angeordnet sein, dass sie bei einem Brand ihre Standsicherheit nicht verlieren und der Verbreitung von Feuer entgegenwirken.
		1.	§ 5 I, § 6 I, § 7 I DVNBauO
		2.	bis 2.4: § 8 I bis IV DVNBauO – Sonderregelung für **landwirtschaftliche Betriebsgebäude** (§ 8 I Nr. 3): Unterteilung in Gebäudeabschnitte von höchstens 6500 m³ Brutto-Rauminhalt; liegen in diesen Gebäudeabschnitten Ställe, so müssen die durch die Abweichung zur allgemeinen Regelung bedingten Erschwernisse bei der Rettung der Tiere im Brandfalle durch die Anzahl und Anordnung der Ausgänge unter Berücksichtigung der Art der Tierhaltung ausgeglichen werden. Ausnahmen (§ 8 II) für **Gebäude geringer Höhe** mit nicht mehr als zwei Wohnungen, die aneinander gebaut sind, genügen anstelle von Brandwänden auch Wände, die von innen nach außen feuerhemmend und von außen nach innen mindestens 90 min widerstandsfähig gegen Feuer sind.
		3.	keine Regelung
		4.	bis 4.5: § 8 IX DVNBO – abweichend bei 4.5: Eine senkrechte Brandübertragung von Geschoss zu Geschoss darf nicht zu befürchten sein.
		5.	§ 8 IV DVNBO
		6.	§ 8 VI DVNBO – Bei **weicher Bedachung** müssen Brandwände mindestens 50 cm über die Dachhaut reichen.
		7.	§ 8 VII DVNBO
		8.	§ 8 V DVNBO
		9.	§ 8 V DVNBO
NRW	§§ 32, 33, 29	1.	§ 33 I
		2.	bis 2.4: § 29 I Zeilen 5 und 6, IV; § 31 I, § 32 I
		3.	keine Regelung
		4.	bis 4.6: § 33 II
		5.	§ 33 VI – abweichend: Statt 5 m genügen 3 m
		6.	§ 33 VI – Bei weicher Bedachung ist die Brandwand 0,5 m über Dach zu führen.
		7.	§ 33 IV
		8.	§ 32 III
		9.	§ 32 IV

Land	Norm (LBO)		Umsetzung/Abweichung der Landesbauordnungen und der MBO 2002
Rh-Pf	§ 30	**1.**	§ 30 I
		2.	2.1: § 30 II S. 1 Nr. 1 – Öffentlich-rechtliche Sicherung des Abstandes 2.2: § 30 II S. 1 Nr. 2 – Zum Abschluss von aneinander gereihten Gebäuden auf demselben Grundstück in Abständen von höchstens 60 m, bei Gebäuden, deren tragende Bauteile in den wesentlichen Teilen aus brennbaren Baustoffen bestehen, in Abständen von höchstens 40 m; § 30 II S. 1 Nr. 3: Innerhalb ausgedehnter Gebäude in Abständen von höchstens 60 m; bei Gebäudetiefen von mehr als 40 m können besondere Anforderungen gestellt werden. 2.3: § 30 II S. 1 Nr. 4 2.4: § 30 III – Bei Gebäuden der Gebäudeklasse 2[24] genügen bei aneinander gebauten Gebäuden jeweils Wände aus brennbaren Baustoffen, deren Feuerwiderstand von innen nach außen dem feuerhemmender Wände und von außen nach innen dem feuerbeständiger Wände entspricht, mit einer gegen Brandeinwirkung widerstandsfähigen Bekleidung aus nicht brennbaren Baustoffen.
		3.	§ 30 II S. 3
		4.	bis 4.5: § 30 IV
		5.	§ 30 V
		6.	§ 30 VI
		7.	§ 30 VII
		8.	§ 30 VIII
		9.	§ 30 IX
Saar	§§ 35, 36; §§ 3, 5, 6 TVO	**1.**	§ 36 I
		2.	2.1: § 35 I – öffentlich-rechtliche Sicherung 2.2: § 35 III, § 3 IV TVO (bei aneinander gereihten Gebäuden der GK 2 auch mit Abständen von 60 m), § 4 I TVO 2.3: § 35 IV (ohne Größenangabe) 2.4: § 3 II TVO (weitere Ausnahmen nach § 3 III und IV)
		3.	§ 3 V TVO
		4.	bis 4.6: § 5 V TVO – ergänzend: Geeignete Vorkehrung gegen Brandüberschlag im Bereich der Fassaden, wenn zwischen Öffnungen verschiedener Geschosse feuerbeständige Bauteile so angeordnet werden, dass der Feuerüberschlagsweg mindestens 1,00 m beträgt.
		5.	§ 5 VI TVO
		6.	§ 5 I TVO
		7.	§ 5 III TVO
		8.	§ 6 I TVO
		9.	§ 5 II TVO
Sachs	§ 29	**1.**	§ 29 III
		2.	bis 2.4: § 29 I (weitere Ausnahmen für aneinander gereihte Gebäude geringer Höhe mit nicht mehr als zwei Wohnungen sind in der offenen Bauweise auch Wände zulässig, die vom Gebäudeinneren die Feuerwiderstandsklasse F 30 und vom Gebäudeäußeren die Feuerwiderstandsklasse F 90 aufweisen, wenn die anschließenden Wände, Decken und Dächer, sofern sie traufseitig aufeinander stoßen, mindestens feuerhemmend ausgebildet werden)

[24] Gebäudeklasse 2: Wohngebäude, bei denen der Fußboden keines Geschosses, in dem Aufenthaltsräume möglich sind, im Mittel mehr als 7 m über der Geländeoberfläche liegt,
a) mit nicht mehr als zwei Wohnungen,
b) mit drei Wohnungen in freistehenden Gebäuden in Hanglage, wenn die dritte Wohnung im untersten Geschoss liegt und ihren Zugang unmittelbar vom Freien aus hat.
Gebäudeklasse 3: Sonstige Gebäude, bei denen der Fußboden keines Geschosses, in dem Aufenthaltsräume möglich sind, im Mittel mehr als 7 m über der Geländeoberfläche liegt.

Land	Norm (LBO)	Umsetzung/Abweichung der Landesbauordnungen und der MBO 2002	
		3.	§ 29 II
		4.	bis 4.6: § 29 IV
		5.	§ 29 V
		6.	§ 29 VI – bei weichen Dächern ist die Brandwand mindestens 0,50 m über Dach zu führen
		7.	§ 29 VII
		8.	§ 29 VIII
		9.	§ 29 IX
Sachs-Anhalt	§ 32	1.	§ 32 III
		2.	bis 2.4: § 32 I
		3.	§ 32 II
		4.	bis 4.6: § 32 IV
		5.	§ 32 V
		6.	§ 32 VI – bei weichen Dächern ist die Brandwand mindestens 0,5 m über Dach zu führen
		7.	§ 32 VII
		8.	§ 32 VIII
		9.	§ 32 IX
Schl-H	§ 35	1.	§ 35 IV
		2.	bis 2.4: § 35 I
		3.	keine Regelung
		4.	bis 4.6: § 35 II
		5.	§ 35 III
		6.	§ 35 V
		7.	§ 35 VI
		8.	§ 35 VII
		9.	§ 35 VIII
Thür	§ 29	1.	§ 29 III
		2.	bis 2.4: § 29 I
		3.	§ 29 II
		4.	bis 4.6: § 29 IV
		5.	§ 29 V
		6.	§ 29 VI – bei weichen Dächern ist die Brandwand mindestens 0,5 m über Dach zu führen
		7.	§ 29 VII
		8.	§ 29 VIII
		9.	§ 29 IX

I. Allgemeines

1. Grundsatz

35 Die Vorschrift über Brandwände konkretisiert die allgemeinen Grundsätze des Brandschutzes. Mit der Forderung, eine Brandwand zu erstellen, werden besondere Eigenschaften an die jeweilige Wand gestellt: Die Brandwand muss so gestaltet sein, dass der Brand in dem Gebäude bzw. Brandabschnitt an dieser Stelle auch ohne Eingreifen der Feuerwehr zum Stehen kommt. An ihre Beschaffenheit werden besondere Anforderungen gestellt, die in der DIN 4202 Teil 3 beschrieben sind: Die Wand muss so ausgebildet sein, dass sie – auch unter besonderer Belastung und Stoßbeanspruchung – mindestens 90 Minuten den Prüfanforderungen der DIN 4202 Teil 2 standhält, ohne ihre Standsicherheit und raumabschließende Wirkung zu verlieren. Diese Forderung erfüllen Wände mit größerer Stärke (vgl. DIN 4101 Teil 4 Tab. 42: 290 mm).

2. Musterbauordnung 2002

Als Schutzziel wird gefordert, dass Brandwände als raumabschließende Bauteile ausreichend lang die Brandausbreitung als Gebäudeabschlusswand auf andere Gebäude bzw. als innere Brandwand auf andere Brandabschnitte verhindern. 36

Nicht erforderlich sind Brandwände in Gebäuden ohne Aufenthaltsräume und ohne Feuerstätten mit nicht mehr als 50 m^3 Brutto-Rauminhalt, wenn diese Abschlusswände an oder mit einem Abstand bis zu 2,50 m gegenüber der Grundstücksgrenze errichtet werden, es sei denn, dass ein Abstand von mindestens 5 m zu bestehenden oder nach den baurechtlichen Vorschriften zulässigen künftigen Gebäuden gesichert ist. 37

Der größte zulässige Abstand **innerer Brandwände** beträgt – wie bisher – 40 m. Auf die Forderung von Brandwänden in 40 m Abstand zwischen aneinander gebauten Gebäuden auf demselben Grundstück wurde verzichtet. Neu ist die Regelung der Brandabschnittsgrößen von landwirtschaftlich genutzten Gebäuden, die statt auf den Brandwandabstand auf den umbauten Raum abstellt (10000 m^3). Die Notwendigkeit der inneren Brandwand ist nicht mehr auf Betriebsteile größer als 2000 m^3 beschränkt. Für kleinere Betriebsteile genügt eine feuerbeständige Wand. 38

Neu geregelt ist auch die Zulässigkeit anderer Wände anstelle von Brandwänden mit zum Teil deutlich geringeren Anforderungen bis hin zu Verwendung brennbarer Baustoffe (Abs. 3 Satz 2). Angesprochen wird die konstruktiv mögliche Aussteifung durch die Tragkonstruktion der Gebäude. Eine Sonderregelung enthält Abs. 3 Satz 2 Nr. 3 für aneinander gebaute Gebäude in Systembauweise: die (zweischalige) Gebäudeabschlusswand weist jeweils von innen die Feuerwiderstandsdauer des tragenden Systems des Gebäudes auf. 39

Außenwandkonstruktionen, die eine seitliche Brandausbreitung begünstigen können wie Doppelfassaden oder hinterlüftete Außenwandbekleidungen, dürfen nicht ohne besondere Vorkehrungen vor Brandwänden vorbeigeführt werden. 40

Die Voraussetzungen für die (ausnahmsweise) Zulässigkeit von Öffnungen und von feuerbeständigen verglasten Bauteilen ist ausdrücklich geregelt und nicht lediglich eine Ermessensentscheidung der Behörde im Einzelfall. 41

Wände, die anstelle von Brandwänden zulässig sind, unterliegen besonderen Anforderungen, die den jeweiligen Schutzzweck berücksichtigen. 42

II. Pflicht zur Errichtung von Brandwänden

Brandwände sind herzustellen zum Abschluss von Gebäuden, bei denen die Abschlusswand bis zu 2,5 m von der Nachbargrenze errichtet wird. Der geforderte Abstand der Abschlusswand von 2,5 m ist keine Abstandsflächenregelung im allgemeinen Sinn. Die Entfernung von 2,5 m ist als schlichte Entfernungsangabe zu verstehen, die senkrecht zur Grundstücksgrenze auszumessen ist. Es ist also möglich, dass ein Gebäude mit einer Schrägstellung zur Grundstücksgrenze den Mindestabstand von 3 m einhält, gleichwohl aber mit seiner Gebäudeecke näher als 2,5 m an der Grundstücksgrenze liegt. Wegen der (bei einer offenen Bauweise) einzuhaltenden Grenzabstände wird diese Situation jedoch nur in Ausnahmefällen auftreten. 43

Die Pflicht zur Errichtung von Brandwänden betrifft in erster Linie Gebäude, die direkt **an der Grenze** errichtet werden. Bei geschlossener Bauweise sind beide an der Grenze zu errichtenden Gebäude als Abschlusswände in der Qualität von Brandwänden auszuführen. Außenwände, die nicht parallel zur Grundstücksgrenze verlaufen, sind dann in einem 2,5 m breiten Grenzbereich als Brandwand auszubilden, wenn sie in einem Winkel von weniger als 90° auf die Grundstücksgrenze zulaufen.[25] Dies bedeutet vor allem bei an der Grundstücksgrenze jeweils aneinander gebauten Gebäuden (geschlossene 44

[25] BayVGH vom 20. 3. 1989 BRS 49 Nr. 211.

Bauweise, Doppelhäuser, Reihenhäuser), dass die regelmäßig senkrecht zur Grundstücksgrenze verlaufenden Wände nicht als Brandwände auszubilden sind und somit auch Fenster und Türen in einem geringeren Abstand als 2,5 m von der Grundstücksgrenze zulässig sind.

45 Die Abschlusswand eines Gebäudes, das 2,5 m oder mehr an der Grundstücksgrenze errichtet wird, ist dann nicht als Brandwand auszubilden, wenn ein Abstand von mindestens 5 m zu bestehenden oder nach den baurechtlichen Vorschriften zulässigen Gebäuden gesichert ist. Die Sicherung dieses Abstandes ist regelmäßig zulässig. In Ausnahmefällen kann auf die rechtliche Sicherung des Abstandes verzichtet werden, wenn aus tatsächlichen Gründen eine Bebauung des benachbarten Grundstücks nicht möglich ist (etwa wegen eines dort befindlichen Steilhanges). Die Bauaufsichtsbehörden können im Einzelfall Maßnahmen zur Abwehr von Gefahren verlangen. Dies kann im Einzelfall dazu führen, dass auch bei einem Grenzabstand von mehr als 2,5 m Brandwände zu errichten sind.

46 Zur Unterteilung ausgedehnter Gebäude und bei aneinander gereihten Gebäuden auf demselben Grundstück sind in **Abständen** von höchstens **40 m** Brandwände zu errichten. Ausgedehnte Gebäude sind unabhängig von ihrer Nutzung zur Begrenzung der Brandausbreitung durch Brandwände so zu unterteilen, dass Brandabschnitte von max. 40 m Länge entstehen. Die maximale Fläche ergibt sich somit bei eingeschossigen Gebäuden mit 1600 m^2 (40 m × 40 m); bei mehrgeschossigen Gebäuden sind die jeweiligen Geschossflächen zu addieren. Ausnahmen können zugelassen werden, wenn es die Nutzung eines Gebäudes erfordert, sofern wegen des Brandschutzes keine Bedenken bestehen. Dies ist regelmäßig bei Produktionshallen, Lagerhallen, aber auch bei Sport- und Ausstellungshallen der Fall.

47 Erhöht sich durch die Vergrößerung des Abstandes die Brandgefahr, ist durch Ausgleichsmaßnahmen (wie Brandmeldeanlagen, Rauch- bzw. Hitzeabzugsanlagen oder selbsttätige Feuerlöscheinrichtungen, bei mehrgeschossigen Gebäuden etwa durch Decken mit erhöhter Leistungsfähigkeit in vertikaler Richtung) dem Brandschutz Rechnung zu tragen. Zwischen Wohngebäuden und angebauten landwirtschaftlichen Betriebsgebäuden auf demselben Grundstück sowie zwischen dem Wohn- und dem landwirtschaftlichen Betriebsteil eines Gebäudes sind Brandwände zu errichten, wenn der umbaute Raum des Betriebsgebäudes oder des Betriebsteils größer als 2000 m^3 ist. Die geforderten Trennwände zwischen den unterschiedlichen Nutzungsbereichen wird durch die Forderung nach einer Brandwand zwischen den unterschiedlichen Nutzungsbereichen verschärft, wenn der umbaute Raum des Betriebsgebäudes oder des Betriebsteils größer als 2000 m^3 ist. Verläuft zwischen Wohngebäude und Betriebsgebäude die Grundstücksgrenze, so sind zwei Brandwände zu errichten.

48 Abweichend davon können für Wohngebäude geringer Höhe mit nicht mehr als zwei Wohnungen anstelle von Brandwänden feuerbeständige Wände errichtet werden. Diese Erleichterung betrifft nicht nur Gebäude auf demselben Grundstück, sondern auch Gebäude, die auf verschiedenen Grundstücken errichtet werden. Die bislang erforderliche Befreiung ist entbehrlich.

49 Für aneinander gereihte Wohngebäude geringer Höhe mit nicht mehr als zwei Wohnungen sind in der offenen Bauweise (§ 22 Abs. 2 BauNVO) grundsätzlich auch Wände zulässig, die vom Gebäudeinneren die Feuerwiderstandsklasse F 30 und vom Gebäudeäußeren die Feuerwiderstandsklasse F 90 aufweisen, wenn die anschließenden Wände, Decken und Dächer, sofern sie traufseitig aufeinander stoßen, mindestens feuerhemmend ausgebildet werden. Damit wird für diese Gebäude die Verwendung brennbarer Baustoffe in den wesentlichen Teilen tragender und aussteifender Bauteile ermöglicht. Die aneinander gereihten Wohngebäude müssen aber jedes für sich eine eigene Abschlusswand haben, eine „gemeinsame" Gebäudeabschlusswand ist nicht zulässig. Werden Gebäude geringer Höhe so aneinandergebaut, dass ihre Traufseiten aneinander liegen, so ist – will man sich in zulässiger Weise auf die Feuerwiderstandsklassen F 90 bzw. F 30 beschränken – erfor-

derlich, dass die anschließenden Wände, Decken und Dächer mindestens feuerhemmend ausgebildet werden. Diese Forderung bezieht sich allerdings nicht auf die genannten Bauteile in ihrem vollständigen Umfang; die entsprechende Ausgestaltung beschränkt sich regelmäßig auf einen 50 cm breiten (feuerhemmenden) Bereich der Bauteile.

III. Seitliche Wände von Vorbauten

Die Forderung nach der Errichtung von Brandwänden gilt nicht für seitliche Wände von Vorbauten wie Erker, die nicht mehr als 1,5 m vor die Flucht der vorderen oder hinteren Außenwand des Nachbargebäudes vortreten, wenn sie von dem Nachbargebäude oder der Nachbargrenze einen Abstand einhalten, der ihrer Ausladung entspricht, mindestens jedoch 1 m beträgt. Der Herstellung von Brandwänden bedarf es bei diesen seitlichen Wänden von Vorbauten nicht. Auf die Einhaltung des Mindestabstandes von 1 m kann sich der Nachbar berufen. **50**

IV. Bildung von Brandabschnitten

Durch die Errichtung von Brandwänden kann es auch zu einer Nutzungseinschränkung des Gebäudes kommen. Um den grundsätzlich anzuerkennenden Belangen des Bauherrn Rechnung zu tragen, ist es auch zulässig, anstelle durchgehender innerer Brandwände eine **Unterteilung des Gebäudes** durch Wände zu gestatten. Erforderlich ist allerdings, die Wände in der Bauart von Brandwänden herzustellen; die Decken sind, soweit sie in Verbindung mit diesen Wänden stehen, feuerbeständig auszugestalten. Dabei dürfen sie nur aus nichtbrennbaren Baustoffen bestehen und keine Öffnungen besitzen. Bauteile, die diese Wände und Decken unterstützen, müssen feuerbeständig sein und aus nichtbrennbaren Baustoffen bestehen. Schließlich müssen die Außenwände innerhalb des Gebäudeabschnitts, in dem diese Wände angeordnet sind, in allen Geschossen feuerbeständig sein und die Öffnungen in den Außenwänden so angeordnet oder andere Vorkehrungen so getroffen werden, dass eine Brandübertragung in andere Brandabschnitte nicht zu befürchten ist. **51**

V. Über Eck zusammenstoßende Gebäude

Stoßen Gebäude oder Gebäudeteile (die auf einem Grundstück errichtet sind) über Eck zusammen und müssen sie durch Brandwände getrennt werden; dabei muss der Abstand der Brandwand von der inneren Ecke mindestens 5 m betragen. Dies gilt nicht, wenn die Gebäude oder Gebäudeteile in einem Winkel von mehr als 120° über Eck zusammenstoßen. Keine Brandwand ist erforderlich, wenn die Gebäude oder Gebäudeteile in einem Winkel von mehr als 120° über Eck zusammenstoßen. **52**

VI. Anforderungen an die Ausführung der Brandwände

Brände breiten sich häufig über die Dächer aus, da die Dachstühle meistens aus Holz hergestellt sind. Um einen Feuerüberschlag über die Brandwände zu verhindern, sind an die bauliche Ausgestaltung der Brandwände im Dachbereich besondere Anforderungen gestellt. Danach sind die Brandwände **0,30 m über Dach** zu führen oder in Höhe der Dachhaut mit einer beiderseits **0,5 m auskragenden, feuerbeständigen Platte** aus nicht brennbaren Baustoffen abzuschließen. Über diesen Abschluss dürfen brennbare Teile dieses Daches nicht hinweggeführt werden. Bei Gebäuden geringer Höhe reicht es aus, die Brandwand oder die Wand, die anstelle der Brandwand zulässig ist, bis unmittelbar unter die Dachhaut zu führen. Die bautechnischen Anforderungen sind auch dann erfüllt, **53** wenn die Außenwand beiderseits der Brandwand jeweils mindestens 0,5 m breit feuerhemmend ausgebildet ist.

54 Zum Schutz vor einer Übertragung von Feuer dürfen Brandwände nicht mit brennbaren Baustoffen überbrückt werden. Ein Eingriff von Bauteilen, Leitungen, Leitungsschlitzen und Schornsteinen in Brandwände ist nur insoweit zulässig, als der verbleibende Wandabschnitt feuerbeständig mit einer Feuerwiderstandsdauer von mindestens 90 Minuten verbleibt.

VII. Öffnungen in Brandwänden

55 Über Wandöffnungen kann es im Brandfall zu einer Übertragung von Feuer und Rauch kommen. Daher sind Öffnungen in Brandwänden und in Wänden, die anstelle einer Brandwand zulässig sind, grundsätzlich unzulässig. Eine Öffnung ist auch dann unzulässig, wenn sie mit einem Abschluss versehen wird, der den gleichen Feuerwiderstand wie die Wand aufweist.[26] Im Einzelfall kann die Baubehörde auch verlangen, dass vorhandene Öffnungen nachträglich zuzumauern sind.[27] Öffnungen in inneren Brandwänden sind zulässig, wenn die Nutzung des Gebäudes dies erfordert (oder auch als Fluchttür zu einem anderen Brandabschnitt notwendig ist[28]). Die Öffnungen sind dann mit feuerbeständigen, selbstschließenden Abschlüssen zu versehen (DIN 4102 Teil 5 Abschnitt 5). Ausnahmen können auch dann zugelassen werden, wenn der Brandschutz auf andere Weise, z, B. durch den Einbau einer Sicherheitsschleuse, gesichert ist. Die Beachtung dieser Anforderung ist nachbarschützend.

VIII. Regelungen für Gebäude besonderer Art oder Nutzung

56 Für Sonderbauten gelten regelmäßig ergänzende Regelungen:

- Hochhäuser: Gebäudeabschlusswände und Gebäudetrennwände sind als Brandwände herzustellen.
- **Verkaufsstätten:** Es sind durch Brandwände Brandabschnitte herzustellen. Innerhalb eines Brandabschnittes darf die Netto-Grundfläche je Geschoss
  - in erdgeschossigen Verkaufsstätten mit Sprinkleranlagen nicht mehr als 10000 m^2
  - in sonstigen Verkaufsstätten mit Sprinkleranlagen nicht mehr als 5000 m^2 betragen, wenn die Gesamtfläche aller Geschosse innerhalb eines Brandabschnittes nicht mehr als 20000 m^2 beträgt
  - in erdgeschossigen Verkaufsstätten ohne Sprinkleranlagen nicht mehr als 3000 m^2
  - in sonstigen Verkaufsstätten ohne Sprinkleranlagen nicht mehr als 1500 m^2, wenn sich die Verkaufsstätten über nicht mehr als drei Geschosse erstrecken und die Gesamtfläche aller Geschosse innerhalb eines Brandabschnittes nicht mehr als 3000 m^2 beträgt.

57 Abweichend davon können Verkaufsstätten mit Sprinkleranlagen auch durch Ladenstraßen in Brandabschnitte unterteilt werden, wenn:

- die Ladenstraßen mindestens 10 m breit sind
- die Ladenstraßen Anlagen zur Rauchableitung haben
- die Tragwerke der Dächer von Ladenstraßen aus nichtbrennbaren Baustoffen bestehen
- die Bedachung der Ladenstraßen (einschließlich Dachhaut, Dämmschicht und Tragschicht) aus nichtbrennbaren Baustoffen oder, soweit sie lichtdurchlässig sind, aus mindestens schwer entflammbaren Baustoffen bestehen, die im Brandfall nicht brennend abtropfen, und

---

[26] OVG Saar vom 2. 2. 1990 BRS 50 Nr. 119.
[27] BayVGH vom 20. 5. 1985 BRS 44 Nr. 104.
[28] OVG Bln vom 18. 9. 1998 UPR 1999, 318.

- eine Brandübertragung über die Ladenstraßen hinweg infolge des Unterlaufens der Sprinklerung durch gegebenenfalls vorhandene Brandlasten in der Ladentrasse ausgeschlossen ist.

In Verkaufsstätten mit Sprinkleranlagen brauchen Brandwände im Kreuzungsbereich mit Ladenstraßen nicht hergestellt zu werden, wenn

- die Ladenstraßen eine Breite von mindestens 10 m über eine Länge von mindestens 10 m beiderseits der Brandwände haben und
- die sonstigen o. a. Anforderungen an Verkaufsstätten mit Sprinkleranlagen haben.
- Versammlungsstätten: Die Wände der Treppenräume müssen feuerbeständig und in der Bauart von Brandwänden hergestellt sein (Gleiches gilt u. a. für die Trennwand zwischen dem Bühnenhaus und dem Zuschauerhaus)
- Sonderregelungen gibt es auch für **Garagen**

IX. Nachbarschutz

Die Regelung über Brandwände gegenüber den Nachbargrenzen ist **nachbarschützend**.[29] 58

[29] OVG Hamb vom 15. 12. 1981 BRS 38 Nr. 174.

Teil 5. Decken

MBO § 31, BW § 26, Bay Art. 32, Bln § 27, Bbg § 25, Brem § 33, Hamb § 24 Abs. 11, §§ 25 bis 29, Hess § 28, MV § 30, Nds § 31, NRW § 34, Rh-Pf § 31, Saar § 34, Sachs § 30, Sachs-Anhalt § 33, Schl-H § 36, Thür § 30

Ländervergleich: Decken

59

	Regelungen der Landesbauordnungen und der MBO 2002[30]
1.	Decken und ihre Unterstützungen sind **feuerbeständig**, in Gebäuden geringer Höhe mindestens feuerhemmend herzustellen.
2.	**Keine besonderen Anforderungen** an Decken oberster Geschosse und für Decken in Wohngebäuden mit nicht mehr als einer Wohnung, deren Aufenthaltsräume in nicht mehr als zwei Geschossen liegen, für andere freistehende Gebäude ähnlicher Größe sowie für freistehende landwirtschaftliche Betriebsgebäude.
3.	**Kellerdecken** sind feuerbeständig, in Wohngebäuden geringer Höhe mit nicht mehr als zwei Wohnungen mindestens feuerhemmend herzustellen.
4.	Decken über und unter Wohnungen und Aufenthaltsräumen sowie Böden nicht unterkellerter Aufenthaltsräume müssen **wärmedämmend** sein – keine Anforderungen über und unter Arbeitsräumen einschl. Nebenräumen, die nicht an Wohnräume oder fremde Arbeitsräume grenzen, wenn wegen der Benutzung der Arbeitsräume eine Wärmeschutz unmöglich oder unnötig ist.
5.	Decken über und unter Wohnungen, Aufenthaltsräumen und Nebenräumen müssen **schalldämmend** sein (keine Anforderungen bei Wohngebäuden mit nur einer Wohnung oder für Decken zwischen derselben Wohnung und gegen nicht nutzbare Dachräume, wenn die Weiterleitung von Schall in Räume anderer Wohnungen vermieden wird) – keine Anforderungen über und unter Arbeitsräumen einschl. Nebenräumen, die nicht an Wohnräume oder fremde Arbeitsräume grenzen, wenn wegen der Benutzung der Arbeitsräume eine Schallschutz unmöglich oder unnötig ist.
6.	**Öffnungen** in begehbaren Decken sind sicher abzudecken oder zu umwehren.
7.	**Öffnungen** in Decken, für die eine mindestens **feuerhemmende Bauart** vorgeschrieben ist, sind unzulässig. Dies gilt nicht bei Wohngebäuden geringer Höhe mit nicht mehr als zwei Wohnungen und für Öffnungen in Decken innerhalb von Wohnungen. Öffnungen können gestattet werden, wenn die Nutzung des Gebäudes dies erfordert und die Öffnungen mit Abschlüssen versehen werden, deren Feuerwiderstandsdauer der Decken entspricht.

60

Land	Norm (LBO)	Umsetzung/Abweichung in den Ländern und in der MBO 2002[31]	
MBO 2002	§ 31	1. 2.	§ 31 I S. 1 § 31 I S. 2 – Differenziert nach Gebäudeklassen[32] • Gebäudeklasse 1: keine Anforderungen

[30] Die hier verwendeten Ziffern entsprechen den Ziffern der nachstehenden Rubrik „Umsetzung/Abweichung in den Ländern und der MBO 2002".

[31] Die hier verwendeten Ziffern entsprechen den Ziffern der vorstehenden Rubrik „Regelungen der Landesbauordnungen und der MBO 2002".

[32] Gebäudeklasse 1: a. freistehende Gebäude mit einer Höhe bis zu 7 m und nicht mehr als zwei Nutzungseinheiten von insgesamt nicht mehr als 400 m². b. freistehende land- oder forstwirtschaftlich genutzte Gebäude.
Gebäudeklasse 2: Gebäude mit einer Höhe bis zu 7 m und nicht mehr als zwei Nutzungseinheiten von insgesamt nicht mehr als 400 m²
Gebäudeklasse 3: sonstige Gebäude mit einer Höhe bis zu 7 m
Gebäudeklasse 4: Gebäude mit einer Höhe bis zu 13 m und Nutzungseinheiten mit jeweils nicht mehr als 400 m²
Gebäudeklasse 5: Sonstige Gebäude einschließlich unterirdischer Gebäude.

Land	Norm (LBO)		Umsetzung/Abweichung in den Ländern und der MBO 2002
			• Gebäudeklassen 2 und 3: feuerhemmend • Gebäudeklasse 4: hochfeuerhemmend • Gebäudeklasse 5: feuerbeständig
		3.	§ 32 II – zusätzlich: Feuerbeständig zwischen dem landwirtschaftlich genutzten Teil und dem Wohnteil eines Gebäudes.
		4.	keine Regelung
		5.	keine Regelung
		6.	keine Regelung
		7.	§ 31 IV – Öffnungen sind in Decken innerhalb derselben Nutzungseinheit nur zulässig, wenn diese nicht größer sind als insgesamt 400 m^2 in nicht mehr als zwei Geschossen. Zusätzlich: Der Anschluss der Decken an die Außenwand ist so herzustellen, dass sie im Brandfall ausreichend lang standsicher und widerstandsfähig gegen die Brandausbreitung sind.
BW	§ 26; § 5 LBOAVO		In § 26 LBO nur allgemeine Regelung: Decken sind entsprechend den Erfordernissen des Brandschutzes unter Berücksichtigung ihrer Beschaffenheit, Anordnung und Funktion nach ihrer Bauart und in ihren Baustoffen widerstandsfähig gegen Feuer herzustellen.
		1.	§ 5 I und II LBOAVO
		2.	§ 5 I und II LBOAVO
		3.	keine eigene Regelung
		4.	keine Regelung
		5.	keine Regelung
		6.	keine Regelung
		7.	§ 5 IV LBOAVO
Bay	Art. 32	1.	Art. 32 I – Im Übrigen: Feuerbeständige Decken über und unter Räumen mit erhöhter Brandgefahr (gilt nicht für Decken zwischen Ställen und Scheunen).
		2.	Art. 32 II – Keine besonderen Anforderungen für Decken in Wohngebäuden mit bis zu zwei Wohnungen, soweit sie nicht über einem zweiten Vollgeschoss Aufenthaltsräume haben können, und in land- und forstwirtschaftlichen oder gärtnerischen Betriebsgebäuden.
		3.	Art. 32 III S. 3 – mindestens feuerhemmend
		4.	Art. 32 V
		5.	Art. 32 VI
		6.	Art. 32 VIII
		7.	Art. 32 IX
Bln	§ 27	1.	§ 27 I – Feuerbeständige Decken (und deren Unterstützungen) erst in Gebäuden mit mehr als fünf Vollgeschossen, sonst feuerhemmend.
		2.	§ 27 I, II – Keine besonderen Anforderungen für **freistehende Wohngebäude** mit nur einer Wohnung; Ausnahmen für andere als Wohngebäude möglich.
		3.	§ 27 I S. 2 – Keine besonderen Anforderungen an **Kellerdecken** in Wohngebäuden mit nicht mehr als zwei Wohnungen.
		4.	keine Regelung
		5.	keine Regelung
		6.	§ 27 III
		7.	§ 27 IV
Bbg	§§ 25, 32, 33	1.	§ 25 II
		2.	§ 25 III – raumabschließende Bauteile im Dachraum von Gebäuden mittlerer Größe müssen mindestens hochfeuerhemmend sein, wenn im Dachraum Aufenthaltsräume liegen; im obersten Geschoss genügen feuerhemmende Bauteile

Land	Norm (LBO)		Umsetzung/Abweichung in den Ländern und der MBO 2002
		3.	§ 25 II S. 2 – Im Keller von Gebäuden geringer Höhe mit mehr als zwei Nutzungseinheiten müssen die raumabschließenden Bauteile feuerbeständig sein
		4.	keine Regelung
		5.	keine Regelung
		6.	§ 33 II
		7.	§ 32 I S. 1 – Öffnungen müssen dicht- und selbstschließende Abschlüsse haben, bei notwendigen hochfeuerhemmenden Bauteilen müssen Öffnungen feuerhemmende, dicht- und selbstschließende Feuerschutzabschlüsse haben. In raumabschließenden Bauteilen, die feuerbeständig sein müssen, müssen Öffnungen hochfeuerhemmende, dicht- und selbstschließende Feuerschutzabschlüsse haben.
Brem	§ 33	1.	§ 33 I
		2.	§ 33 IV
		3.	§ 33 II – zusätzlich: Feuerbeständige Decken und ihre Unterstützungen zwischen dem landwirtschaftlichen Betriebs- und dem Wohnteil eines Gebäudes.
		4.	§ 33 V
		5.	§ 33 VI
		6.	§ 33 IX
		7.	§ 33 VIII
Hamb	§ 24 Abs. 11, §§ 25, 26, 27, 28, 29	1.	§ 25 VI, § 26 XII, § 27 X, § 28 X – In Gebäuden geringer Höhe mit mehr als zwei Wohnungen oder mit anderen Nutzungen müssen die Decken mindestens feuerhemmend sein und in den wesentlichen Teilen aus nichtbrennbaren Baustoffen bestehen. In diesen Gebäuden müssen die obersten **Decken in Dachräumen** sowie Dachschrägen über Aufenthaltsräumen, ihren Zugängen und zugehörigen Nebenräumen für eine Brandbeanspruchung von unten mindestens feuerhemmend sein. In diesen Gebäuden müssen Decken und Dachschrägen über **Treppenräumen** mindestens feuerhemmend ausgebildet sein. Gleiches gilt bei Gebäuden mittlerer Höhe, bei denen auch die **Decken notwendiger Flure** entsprechend ausgebildet sein müssen. Bei Hochhäusern muss die Widerstandsfähigkeit gegen Feuer durch die Rohdecke allein erreicht werden.
		2.	§ 25 VI S. 2 – Keine besonderen Anforderungen bei Wohn- oder sonstigen Gebäuden geringer Höhe **mit nur einem Vollgeschoss**, auch in solchen mit Dachraum ohne Aufenthaltsräume und – bei Wohngebäuden geringer Höhe mit nicht mehr als zwei Wohnungen – außerhalb der Rettungswege für die obersten Decken in Dachräumen.
		3.	§ 25 VI S. 4, § 26 V S. 5, § 27 X, § 28 X – In Wohngebäuden geringer Höhe mit nicht mehr als zwei Wohnungen müssen **Kellerdecken** in den wesentlichen Teilen aus nichtbrennbaren Baustoffen bestehen. In Gebäuden geringer Höhe mit mehr als zwei Wohnungen oder mit anderen Nutzungen müssen Kellerdecken und Decken zwischen Wohnungen und landwirtschaftlichen oder gewerblichen Betriebsräumen und zwischen Räumen, von denen mindestens einer so genutzt wird, dass eine erhöhte Brand- oder Explosionsgefahr besteht, feuerbeständig sein.
		4.	keine Regelung
		5.	keine Regelung
		6.	§ 34 I
		7.	§ 29 II – Öffnungen in Decken, für die eine feuerbeständige oder feuerhemmende Bauart vorgeschrieben ist, müssen mit Abschlüssen von entsprechender Feuerwiderstandsdauer versehen werden. Dies gilt nicht für Öffnungen innerhalb einer Wohnung, von Wohnungen zum zugehörigen Dachraum, von Rettungswegen ins Freie und in Dachschrägen.

Land	Norm (LBO)	Umsetzung/Abweichung in den Ländern und der MBO 2002	
			Zusätzlich in § 26 XI S. 5: Kellerdecken und Decken zwischen Wohnungen und landwirtschaftlichen oder gewerblichen Betriebsräumen müssen mindestens feuerhemmend sein.
Hess	§ 28	**1.**	§ 28 I – nur allgemeine Regelung: Decken müssen ausreichend lang standsicher und widerstandsfähig gegen die Ausbreitung von Feuer und Rauch sein. Einzelregelungen differenziert nach Gebäudeklassen in Anlage 1 zu § 13 Abs. 2 Satz 1 Nr. 5.[33]
		2.	Anlage 1 Nr. 5.3
		3.	Anlage 1 Nr. 5.2
		4.	keine Regelung
		5.	keine Regelung
		6.	§ 35 I Nrn. 4 und 5
		7.	§ 28 II – ergänzend: Keine Anforderungen innerhalb derselben Nutzungseinheit mit nicht mehr als zwei Geschossen.
MV	§ 30	**1.**	§ 30 I S. 1
		2.	§ 30 I S. 2, III. IV
		3.	§ 30 II
		4.	§ 30 II
		5.	§ 30 IV
		6.	§ 30 VIII
		7.	§ 30 IX
Nds	§ 31		In § 31 LBO nur allgemeine Regelungen: Decken müssen den Belastungen sicher standhalten, die auftretenden Kräfte sicher auf ihre Auflager übertragen und, soweit erforderlich, die bauliche Anlage waagerecht aussteifen. Decken müssen, soweit es der **Brandschutz** unter Berücksichtigung ihrer Beschaffenheit, Anordnung und Funktion erfordert, nach ihrer Bauart und in ihren Baustoffen widerstandsfähig gegen Feuer sein. Schutz von Aufenthaltsräumen, die nicht unterkellert sind, gegen aufsteigende **Feuchtigkeit**; Wasserundurchlässigkeit von Decken in Nassräumen; Dichtigkeit gegenüber gesundheitsschädlichen oder unzumutbar belästigenden Gasen oder Dünsten aus angrenzenden Räumen.
		1.	§ 10 I DVNBauO
		2.	§ 10 II DVNBauO
		3.	§ 10 II Nr. 1 DVNBauO
		4.	§ 31 V
		5.	§ 31 V
		6.	keine Regelung
		7.	§ 10 IV DVNBauO

33

	GK 1	GK 2 und 3	GK 4	GK 5
Decken, ausgenommen in Keller- und Dachgeschossen	B 2	F 30-B	F 60-A oder F 90-BA	F 90-A
In Kellergeschossen	F 30-B	F 30-B	F 90-B	F 90-A
In Dachgeschossen – wenn darüber Aufenthaltsräume möglich sind – wenn darüber keine Aufenthaltsräume möglich sind	 B 2 B 2	 F 30-B B 2	 F 60-A oder F 90-B B 2	 F 90-BA B 2
Decken zwischen landwirtschaftlicher Nutzung und Wohnnutzung	F 90-B	F 90-B	F 90-A	F 90-A

Land	Norm (LBO)		Umsetzung/Abweichung in den Ländern und der MBO 2002
NRW	§ 34	**1.**	§ 34 I
		2.	§ 34 I bis IV – Differenzierung nach Gebäudearten.[34]
		3.	§ 34 I Zeile 2
		4.	keine Regelung
		5.	keine Regelung
		6.	§ 41 IV
		7.	§ 34 V
Rh-Pf	§ 31	**1.**	§ 31 I
		2.	§ 31 I, II – differenziert nach Gebäudeklassen[35] • Gebäudeklasse 1: keine besonderen Anforderungen • Gebäudeklasse 2: feuerhemmend • Gebäudeklasse 3: in **Kellergeschossen** feuerbeständig, im Übrigen feuerhemmend • Gebäudeklasse 4 sowie zwischen dem landwirtschaftlichen Betriebsteil und dem Wohnteil eines Gebäudes: feuerbeständig. Keine Anforderungen an **Geschosse im Dachraum**, über denen sich keine Aufenthaltsräume befinden, sowie für Balkone und für Decken von landwirtschaftlichen Betriebsgebäuden, außer Ställen, mit nicht mehr als zwei Geschossen über der Geländeoberfläche. Ausnahmen möglich für Decken von Gebäuden mit nicht mehr als einem Geschoss über der Geländeoberfläche.
		3.	§ 31 I Nr. 2
		4.	keine Regelung
		5.	keine Regelung
		6.	keine Regelung
		7.	§ 31 III – Keine Öffnungen in Decken, für die eine feuerhemmende oder feuerbeständige Bauart vorgeschrieben ist, in Gebäuden der Gebäudeklassen 3 und 4, bei Gebäuden der Gebäudeklasse 2 in Kellergeschossen sowie im untersten Geschoss mit einer dritten Wohnung.

34

Gebäude	Freistehende Wohngebäude mit nicht mehr als einer Wohnung	Wohngebäude geringer Höhe mit nicht mehr als zwei Wohnungen	Gebäude geringer Höhe	Andere Gebäude
Decken	Keine	F 30	F 30	F 90-AB
Decken über Kellergeschossen	Keine	F 30	F 90-AB	F 90-AB
Decken im Dachraum, über denen Aufenthaltsräume möglich sind	Keine	F 30	F 30	F 90
Decken im Dachraum, über denen Aufenthaltsräume nicht möglich sind	Keine*	Keine*	Keine*	Keine*

* Werden in Dachräumen Trennwände nur bis zur Rohdecke geführt, so sind diese Decke und die sie tragenden und aussteifenden Bauteile mindestens in der Feuerwiderstandsklasse F 30 auszuführen.

35 **Gebäudeklasse 1:** Freistehende Wohngebäude mit einer Wohnung in nicht mehr als zwei Geschossen, andere freistehende Gebäude ähnlicher Größe, freistehende landwirtschaftliche Betriebsgebäude
Gebäudeklasse 2: Wohngebäude, bei denen der Fußboden keines Geschosses, in dem Aufenthaltsräume möglich sind, im Mittel mehr als 7 m über der Geländeoberfläche liegt a. mit nicht mehr als zwei Wohnungen, b. mit drei Wohnungen in freistehenden Gebäuden in Hanglage, wenn die dritte Wohnung im untersten Geschoss liegt und ihren Zugang unmittelbar vom Freien aus hat.
Gebäudeklasse 3: Sonstige Gebäude, bei denen der Fußboden keines Geschosses, in dem Aufenthaltsräume möglich sind, im Mittel mehr als 7 m über der Geländeoberfläche liegt.
Gebäudeklasse 4: Sonstige Gebäude.

Land	Norm (LBO)		Umsetzung/Abweichung in den Ländern und der MBO 2002
Saar	§ 34; § 3 TVO		§ 34 LBO nur allgemeine Regelungen: Decken müssen standsicher, soweit es der Brandschutz erfordert, widerstandsfähig gegen Feuer, soweit es der Schallschutz erfordert, schalldämmend sein.
		1.	§ 3 I Zeile 12 a TVO
		2.	§ 3 I Zeile 12 c und d TVO
		3.	§ 3 I Zeile 12 b TVO
		4.	keine Regelung
		5.	§ 34 I Nr. 3
		6.	keine Regelung
		7.	§ 6 III TVO
Sachs	§ 30	**1.**	§ 30 I
		2.	§ 30 I, III, IV – keine besonderen Anforderungen nur für **freistehende** Wohngebäude mit nicht mehr als einer Wohnung, deren Aufenthaltsräume in nicht mehr als zwei Geschossen liegen.
		3.	§ 30 II
		4.	§ 30 V
		5.	§ 30 VI
		6.	§ 30 VIII
		7.	§ 30 IX
Sachs-Anhalt	§ 33	**1.**	§ 33 I
		2.	§ 33 I, III, IV – keine besonderen Anforderungen nur für **freistehende** Wohngebäude mit nicht mehr als einer Wohnung, deren Aufenthaltsräume in nicht mehr als zwei Geschossen liegen.
		3.	§ 33 II
		4.	§ 33 V
		5.	§ 33 VI
		6.	§ 33 VIII
		7.	§ 33 IX
Schl-H	§ 36	**1.**	§ 36 I
		2.	§ 36 I, III, IV – keine besonderen Anforderungen nur für **freistehende** Wohngebäude mit nicht mehr als einer Wohnung, deren Aufenthaltsräume in nicht mehr als zwei Geschossen liegen.
		3.	§ 36 II
		4.	§ 36 V
		5.	§ 36 VI
		6.	§ 36 VIII
		7.	§ 36 IX
Thür	§ 30	**1.**	§ 30 I
		2.	§ 30 I, III, IV – ergänzend: feuerbeständige Decken und deren Unterstützungen zwischen den land- oder forstwirtschaftlichen oder gärtnerischen Betriebsräumen und dem Wohnteil eines Gebäudes sowie über und unter Räumen mit erhöhter Brandgefahr, ausgenommen zwischen Ställen und Scheunen. Keine besonderen Anforderungen nur für **freistehende** Wohngebäude mit nicht mehr als einer Wohnung, deren Aufenthaltsräume in nicht mehr als zwei Geschossen liegen.
		3.	§ 30 II
		4.	§ 30 V
		5.	§ 30 VI
		6.	§ 30 VIII
		7.	§ 30 IX

I. Allgemeines

1. Anwendungsbereich

61 In den Bauordnungen werden brandschutzrechtliche Anforderungen, aber auch Wärme- und Schallschutzanforderungen an Decken und Böden sowie an deren Stützungen geregelt. Keine besonderen Anforderungen werden an **oberste Geschosse** von Dachräumen gestellt. Das oberste Geschoss muss kein Vollgeschoss sein.[36] Von einem „obersten" Geschoss kann man nur dann sprechen, wenn sich darüber keine normal begehbaren und nutzbaren Räumlichkeiten mehr befinden. Benutzbare Räume sind Räume, die ganz oder zumindest teilweise in etwa aufrechter Haltung begangen werden können und nur als Abstellraum (Speicher) genutzt werden können. Man wird dies bei Dachräumen annehmen können, deren lichte Höhe etwa mindestens 1,80 m beträgt.[37] Besondere Brandschutzanforderungen bestehen jedoch bei Dachräumen, die als Aufenthaltsräume genutzt werden.[38]

2. Musterbauordnung 2002

62 Als **Schutzziel** wird formuliert: Decken müssen als tragende und raumabschließende Bauteile zwischen den Geschossen ausreichend lang standsicher und widerstandsfähig gegen die Brandausbreitung sein. Neu ist die Forderung, feuerbeständige Decken unter und über Räumen mit Explosions- oder erhöhter Brandgefahr zu errichten. Der Anschluss der Decken an die Außenwand ist so herzustellen, dass er dem Schutzziel genügt. Öffnungen in Decken sind in Gebäuden der Gebäudeklassen 1 und 2 ohne Einschränkungen zulässig. Eine Ausnahmeregelung gilt für Deckenöffnungen zur Verbindung der Geschosse einer zweigeschossigen Nutzungseinheit – unabhängig von der Gebäudeklasse – mit insgesamt nicht mehr als 400 m². Für alle anderen Fälle wird ein Anspruch auf Zulassung unvermeidbarer Öffnungen in der für die Nutzung erforderlichen Zahl und Größe eingeräumt; sie müssen Abschlüsse mit der Feuerwiderstandsfähigkeit der Decke haben.

II. Brandschutzanforderungen

63 Decken und ihre Unterstützungen (tragende Wände, Pfeiler und Stützen) sind feuerbeständig auszuführen. In Gebäuden geringer Höhe sind die Decken mindestens feuerhemmend auszubilden. Die Decke des obersten Geschosses eines Dachraums unterliegt keinen brandschutztechnischen Anforderungen (anders u. U. bei Aufenthaltsräumen im Dachraum – s. dazu 9. Kapitel). Zu beachten sind allerdings die regelmäßig an anderer Stelle geregelten Forderungen an die Gestaltung des Daches.

64 Kellerdecken sind feuerbeständig herzustellen. In Wohngebäuden mit geringer Höhe, die nicht mehr als zwei Wohnungen haben, sind die Kellerdecken mindestens feuerhemmend auszubilden. Zwischen dem landwirtschaftlichen Betriebsteil und dem Wohnteil eines Gebäudes sind Decken und ihre Unterstützungen feuerbeständig zu errichten.

65 Decken bei **Sonderbauten** unterliegen regelmäßig besonderen Anforderungen, die in entsprechenden Vorschriften, z. B. Richtlinie über den Bau und Betrieb von Arbeitsstätten, Richtlinie über den Bau und Betrieb von Hotelbauten, geregelt sind.

- Hochhäuser: Decken müssen ohne Berücksichtigung einer Unterdecke mindestens in F 90 und aus nichtbrennbaren Baustoffen (F 90-A) hergestellt werden.
- Verkaufsstätten: Feuerbeständig und aus nichtbrennbaren Baustoffen, es sei denn es handelt sich um eine erdgeschossige Verkaufsstätte (mit Sprinkleranlage: aus nicht-

[36] OVG Nds vom 29. 12. 1999 BRS 62 Nr. 130.
[37] OVG Brem vom 8. 9. 1981 BRS 38 Nr. 117.
[38] S. dazu 9. Kapitel.

brennbaren Baustoffen; ohne Sprinkleranlage: feuerhemmend und aus nichtbrennbaren Baustoffen).

- Versammlungsstätten: Mindestens feuerhemmend und in ihren tragenden Teilen aus nichtbrennbaren Baustoffen. Decken über und unter Fluren und Versammlungsräumen: feuerbeständig. Die Decke über der Hauptbühne muss feuerbeständig sein, wenn sich darüber benutzbare Räume befinden (sonst feuerhemmend). Öffnungen in diesen Decken müssen mit mindestens feuerhemmenden Abschlüssen versehen sein. Decken über und unter Werkstätten und Magazinen müssen feuerbeständig sein.
- Gaststätten: Aus nichtbrennbaren Baustoffen; in erdgeschossigen Gebäuden können mindestens normalentflammbare Baustoffe zugelassen werden. Für Decken eingeschossiger Gebäude wie Kioske, Imbissstuben genügen normalentflammbare Baustoffe.
- Krankenhäuser: In Gebäuden mit mehr als einem Vollgeschoss: mindestens feuerbeständig (sonst mindestens feuerhemmend aus nichtbrennbaren Baustoffen). Die Widerstandsfähigkeit gegen Feuer muss allein durch die Rohdecke erzielt werden.

Decken in freistehenden Wohngebäuden mit nicht mehr als einer Wohnung unterliegen **66** keinen brandschutztechnischen Anforderungen, sofern die Aufenthaltsräume in nicht mehr als zwei Geschossen liegen. Keine brandschutztechnischen Anforderungen an Decken bestehen auch für andere freistehende Gebäude ähnlicher Größe sowie für freistehende landwirtschaftliche Dienstgebäude (diese ohne Größenbeschränkung).

III. Wärmeschutz

Gebäude müssen einen ihrer Nutzung und den klimatischen Verhältnissen entspre- **67** chenden Wärmeschutz haben. Technische Einzelheiten sind der DIN 4108 „Wärmeschutz im Hochbau“ und der Wärmeschutzverordnung vom 16. August 1994 (BGBl. I S. 2121) zu entnehmen. Ergänzende Regelungen für Sonderbauten sind in den entsprechenden Vorschriften, z. B. in der Arbeitsstättenverordnung vom 20. März 1975 (BGBl. I S. 729), zuletzt geändert durch VO v. 4. 12. 1996 (BGBl. I S. 1841), enthalten. Wärmeschutzanforderungen werden regelmäßig nur an Decken über und unter Wohnungen und Aufenthaltsräumen gestellt. Sind Aufenthaltsräume jedoch nicht unterkellert, so müssen deren Böden wärmedämmend sein.

IV. Schallschutz

Decken von Wohnungen und Aufenthaltsräumen müssen gegenüber anderen Nut- **68** zungsbereichen eine abschirmende Wirkung haben. Die für die jeweilige Nutzung notwendigen Mindestanforderungen sind in der DIN 4109 „Schallschutz im Hochbau“ bauteilbezogen festgelegt. Keine Schallschutzanforderungen werden an Decken von Wohngebäuden mit nur einer Wohnung gestellt sowie für Deckenräume derselben Wohnung und gegen nicht nutzbare Dachräume. Zwingend zu vermeiden ist allerdings eine Weiterleitung von Schall in Räume anderer Wohnungen (insbesondere Trittschall), was bei unmittelbar aneinander gebauten Gebäuden (Doppelhäuser, Reihenhäuser) durchaus problematisch sein kann.

V. Öffnungen in Decken

Die Forderungen, Öffnungen in begehbaren Decken sicher abzudecken oder zu um- **69** wehren, folgt aus der allgemeinen Verpflichtung, bauliche Anlagen verkehrssicher zu gestalten. Die Höhe der Umwehrung wird eigens geregelt. In feuerhemmenden und feuerbeständigen Decken sind Öffnungen grundsätzlich unzulässig. Damit soll brandschutztechnischen Belangen Rechnung getragen werden. Lediglich bei Wohngebäuden geringer Höhe mit nicht mehr als zwei Wohnungen dürfen Decken Öffnungen aufweisen. Zulässig sind auch Öffnungen in Decken innerhalb von Wohnungen. Erfordert die Nutzung des Gebäudes Öffnungen in Decken, so sind die Öffnungen mit Abschlüssen zu versehen, deren Feuerwiderstandsdauer denjenigen der Decken entspricht. Ausreichender Brandschutz kann allerdings auch auf andere Weise sichergestellt werden (Rauchmelder, Sprinkleranlagen).

Teil 6. Dächer

MBO § 32, BW § 27, Bay Art. 33, Bln § 28, Bbg § 28, Brem § 34, Hamb § 30, Hess § 29, MV § 31, Nds § 32, NRW § 35, Rh-Pf § 32, Saar § 37, Sachs § 31, Sachs-Anhalt § 34, Schl-H § 37, Thür § 31

Ländervergleich: Dächer

70

Regelungen der Landesbauordnungen und der MBO 2002[39]	
1.	Bedachungen müssen gegen Flugfeuer und strahlende Wärme widerstandsfähig sein (harte Bedachung).
2.	Gebäude geringer Höhe ohne harte Bedachung (geringerer Abstand für Wohngebäude mit nicht mehr als zwei Wohnungen) müssen folgende **Abstände** einhalten: • von der Grundstücksgrenze von mindestens 12 m (6 m) – angrenzende öffentliche Verkehrsflächen, öffentliche Grünflächen und öffentliche Wasserflächen können bis zu ihrer Mitte angerechnet werden • von Gebäuden mit harter Bedachung auf demselben Grundstück von mindestens 15 m (9 m), • von Gebäuden auf demselben Grundstück, die ebenfalls keine harte Bedachung haben, von mindestens 24 m (12 m), • von kleinen Nebengebäuden ohne Feuerstätten auf demselben Grundstück von mindestens 5 m (3 m).
3.	Die Abstandsregeln gelten nicht für • lichtdurchlässige Bedachungen aus nichtbrennbaren Baustoffen, • Lichtkuppeln von Wohngebäuden, • Eingangsüberdachungen und Vordächer mit einer Fläche von weniger als 5 m².
4.	Wenn Bedenken wegen des Brandschutzes nicht bestehen, sind zulässig • lichtdurchlässige Teilflächen aus brennbaren Baustoffen in harten Bedachungen, • begrünte Bedachungen, • Lichtenergiedächer aus nichtbrennbaren Baustoffen.
5.	Bei **aneinandergebauten giebelständigen Gebäuden** ist das Dach für eine Brandbeanspruchung von innen nach außen mindestens feuerhemmend auszubilden; seine Unterstützungen müssen mindestens feuerhemmend sein. Öffnungen in den Dachflächen müssen, waagerecht gemessen, mindestens 2 m von der Gebäudetrennwand entfernt sein.
6.	Tragende und aussteifende Teile von Dächern, die den Raumabschluss von Aufenthaltsräumen bilden, müssen mindestens feuerhemmend sein.
7.	**Dachvorsprünge**, Dachgesimse und Dachaufbauten, lichtdurchlässige Bedachungen und Lichtkuppeln sind so anzuordnen und herzustellen, dass Feuer nicht auf andere Gebäudeteile und Nachbargrundstücke übertragen werden kann. Von Brandwänden und von Wänden, die anstelle von Brandwänden zulässig sind, müssen mindestens 1,25 m entfernt sein • Oberlichte, Lichtkuppeln und **Öffnungen in der Dachhaut**, wenn diese Wände nicht mindestens 0,30 m über Dach geführt werden • **Dachgauben** und ähnliche Dachaufbauten aus brennbaren Baustoffen, wenn sie nicht durch diese Wände gegen Brandübertragung geschützt sind.
8.	Die **Dächer von Anbauten**, die an Wände mit Öffnungen oder an Wände, die nicht mindestens feuerhemmend sind, anschließen, sind innerhalb eines Abstandes von 5 m von diesen Wänden so widerstandsfähig gegen Feuer herzustellen wie die Decken des Gebäudes, an das angebaut wird. Dies gilt nicht für Wohngebäude geringer Höhe mit nicht mehr als einer Wohnung, deren Aufenthaltsräume in nicht mehr als zwei Geschossen liegen. Für Anbauten an sonstige Wohngebäude geringer Höhe können Ausnahmen zugelassen werden.

[39] Die hier verwendeten Ziffern entsprechen den Ziffern der nachstehenden Rubrik „Umsetzung/Abweichung in den Ländern und der MBO 2002".

	Regelung der Landesbauordnungen und der MBO 2002
9.	Bei Dächern an Verkehrsflächen und über Eingängen können Vorrichtungen zum **Schutz gegen das Herabfallen von Schnee und Eis** verlangt werden.
10.	Für die vom Dach aus vorzunehmenden Arbeiten sind sicher benutzbare Vorrichtungen anzubringen.

71

Land	Norm (LBO)		Umsetzung/Abweichung in den Ländern und in der MBO 2002[40]
MBO 2002	§ 32	**1.**	§ 32 I
		2.	§ 32 II
		3.	§ 32 III – Die Abstandsregeln gelten zusätzlich nicht für Gebäude ohne Aufenthaltsräume und ohne Feuerstätten mit nicht mehr als 50 m² Brutto-Rauminhalt und für Eingangsüberdachungen aus brennbaren Baustoffen, wenn die Eingänge nur zu Wohnungen führen (zudem ohne Flächenbegrenzung für die Überdachungen und Vordächer)
		4.	§ 32 IV – Lichtenergiebänder sind nicht erwähnt.
		5.	§ 32 VI
		6.	keine Regelung
		7.	§ 32 V
		8.	§ 32 VII – Die Ausnahme gilt für Anbauten an Wohngebäude der Gebäudeklassen[41] 1 bis 3
		9.	§ 32 VIII
		10.	§ 32 IX
BW	§ 27; § 9 LBOAVO		In § 27 LBO nur allgemeine Regelungen
		1.	§ 9 I LBOAVO
		2.	keine Abstandsregelung, statt dessen § 9 III LBOAVO: Von Brandwänden und von Wänden von Gebäuden geringer Höhe (mit einem geringeren Abstand als 2,5 m zu Nachbargrenzen oder weniger als 5 m zu bestehenden oder baurechtlich zulässigen Gebäuden auf demselben Grundstück – s. § 6 I LBOAVO) müssen Dachaufbauten aus brennbaren Baustoffen mindestens 1,25 m entfernt sein, wenn sie nicht durch diese Wände gegen eine Brandübertragung geschützt sind.
		3.	keine Regelung
		4.	keine Regelung
		5.	§ 9 II LBOAVO
		6.	§ 9 V LBOAVO
		7.	§ 27 II, § 9 III LBOAVO
		8.	keine Regelung
		9.	§ 27 III
		10.	§ 27 IV
Bay	Art. 33	**1.**	Art. 33 I – gilt nicht für lichtdurchlässige Bedachungen aus nicht brennbaren Baustoffen
		2.	Art. 33 II – keine Verringerung der Abstände für Wohngebäude mit nicht mehr als zwei Wohnungen.
		3.	Art. 33 II S. 3 – die Abstandsregeln gelten nicht für Nebengebäude ohne Aufenthaltsräume, Aborte und Feuerungsanlagen mit einem umbauten Raum bis zu 50 m³.
		4.	Art. 33 V – Lichtenergiedächer werden nicht erwähnt. Lichtdurchlässige Dachflächen oder Oberlichte aus mindestens normalentflammbaren Baustoffen sind innerhalb einer harten Bedachung zulässig, wenn sie höchstens ein Fünftel der Dachfläche einnehmen und

[40] Die hier verwendeten Ziffern entsprechen den Ziffern der vorstehenden Rubrik „Regelungen der Landesbauordnungen und der MBO 2002".

[41] Zu den Gebäudeklassen s. Kap. 5, Rn. 40, Fn. 39.

Land	Norm (LBO)		Umsetzung/Abweichung in den Ländern und der MBO 2002
			• höchstens 6 m^2 Grundfläche haben und untereinander und vom Dachrand einen Abstand von mindestens 1,25 m haben oder • höchstens 2 m breit und 20 m lang sind und untereinander und vom Dachrand einen Abstand von mindestens 2 m haben.
		5.	keine Regelung
		6.	Art. 33 III – abweichende Regelung: Tragende und aussteifende Teile von Dächern, die den oberen Raumabschluss von Aufenthaltsräumen bilden, sind auch in Gebäuden, deren tragende Bauteile eine Feuerwiderstandsdauer aufweisen müssen, ohne Feuerwiderstandsdauer zulässig, wenn Belange des Brandschutzes nicht beeinträchtigt sind.
		7.	Art. 33 IV
		8.	Art. 33 VI – die Ausnahme gilt für Anbauten an Wohngebäude geringer Höhe, ohne dass die Zahl der Wohnungen begrenzt ist.
		9.	keine Regelung
		10.	Art. 33 VII Zusätzliche Regelungen: • In Gebäuden mit mehr als einem Vollgeschoss sind für Arbeiten, die vom Dach aus vorzunehmen sind, ausreichend große Ausstiegsöffnungen vorzusehen (Art. 33 VIII). • Dächer, die zum Aufenthalt von Menschen bestimmt sind, müssen umwehrt werden. Öffnungen und nichtbegehbare Flächen dieser Dächer sind gegen Betreten zu sichern (Art. 33 VII). • Dachflächen, über die Rettungswege führen, müssen mindestens die Feuerwiderstandsdauer der Decken des Gebäudes aufweisen (Art. 33 III S. 2). • Dächer müssen wärmedämmend sein, wenn sie Aufenthaltsräume abschließen (Ausnahmen, wenn das wegen der Art der Benutzung der Räume unmöglich oder unnötig ist; Art. 33 IX). • Für Dächer, die Aufenthaltsräume abschließen, sind Schallschutzmaßnahmen nur vorzusehen, wenn Lage und Nutzung der Räume das erfordern (Art. 33 IX). • Der Dachraum muss zu lüften und vom Treppenraum aus zugänglich sein. In Wohngebäuden mit bis zu zwei Wohnungen ist der Zugang auch von anderen Räumen aus zulässig (Art. 33 X).
Bln	§ 28	**1.**	§ 28 I – Ausnahmen für **Teilflächen** können gestattet werden, wenn Bedenken wegen des Brandschutzes nicht bestehen.
		2.	§ 28 II, IV – Weiche Bedachung kann gestattet werden (mit den entsprechenden Abständen) für freistehende Gebäude mit nicht mehr als drei Vollgeschossen. Keine Verringerung der Abstände für Wohngebäude mit nicht mehr als zwei Wohnungen.
		3.	keine Regelung
		4.	keine Regelung
		5.	§ 28 II
		6.	§ 28 III – Keine strikte Forderung nach feuerhemmender Ausführung: Wegen des Brandschutzes können **besondere Anforderungen** gestellt werden.
		7.	§ 28 V
		8.	§ 28 VII – Keine Ausnahme für Wohngebäude geringer Höhe.
		9.	§ 28 VIII
		10.	§ 28 IX Zusätzlich: • Dächer, die zum auch nur zeitweiligen Aufenthalt von Menschen bestimmt sind, müssen umwehrt werden. Öffnungen und nichtbegehbare Glasflächen dieser Dächer sind gegen Betreten zu sichern (§ 28 VI).

Land	Norm (LBO)	Umsetzung/Abweichung in den Ländern und der MBO 2002	
			• Der Dachraum muss vom Treppenraum aus zugänglich sein; dies gilt nicht für Wohngebäude mit nicht mehr als zwei Wohnungen (§ 28 X).
Bbg	§ 28	**1.**	§ 28 I, II
		2.	§ 28 III – andere Abstände: 5 m zu Nebengebäuden ohne Feuerstätten, 10 (5) m zur Grundstücksgrenze; dies gilt nicht zu öffentlichen Verkehrsflächen, öffentlichen Grünflächen und öffentlichen Wasserflächen, 15 (10) m zu Gebäuden mit harter Bedachung, 20 (10) m zu Gebäuden ohne harte Bedachung (für Gebäude geringer Höhe mit nicht mehr als zwei Wohnungen).
		3.	§ 28 IV (keine Flächenbegrenzung)
		4.	§ 28 V
		5.	keine Regelung
		6.	§ 28 IV S. 3
		7.	§ 28 VI
		8.	§ 28 VII
		9.	§ 28 VIII
		10.	§ 28 VIII
Brem	§ 34	**1.**	§ 34 I
		2.	§ 34 II – keine Verringerung der Abstände für Wohngebäude mit nicht mehr als zwei Wohnungen.
		3.	§ 34 III – Keine Flächenbegrenzung für Vordächer und Eingangsüberdachungen; zusätzlich erwähnt sind Eingangsüberdachungen aus brennbaren Baustoffen, wenn die Eingänge nur zu Wohnungen führen.
		4.	§ 34 IV – Lichtenergiedächer werden nicht erwähnt.
		5.	§ 34 V
		6.	§ 34 VI – Keine strikte Forderung nach feuerhemmender Ausführung: Wegen des Brandschutzes können **besondere Anforderungen** gestellt werden.
		7.	§ 34 VII
		8.	§ 34 IX – die Ausnahme gilt für Anbauten an Wohngebäude geringer Höhe, ohne dass die Zahl der Wohnungen begrenzt ist.
		9.	§ 34 X
		10.	§ 34 XI Zusätzlich: • Dächer, die zum auch nur zeitweiligen Aufenthalt von Menschen bestimmt sind, müssen umwehrt werden. Öffnungen und nichtbegehbare Glasflächen dieser Dächer sind gegen Betreten zu sichern (§ 34 VIII).
Hamb	§ 30	**1.**	§ 30 I
		2.	§ 30 II – Keine Verringerung der Abstände für Wohngebäude mit nicht mehr als zwei Wohnungen.
		3.	keine Regelung
		4.	§ 30 I S. 2 (begrünte Bedachungen und Lichtenergiebänder werden nicht erwähnt)
		5.	§ 30 III
		6.	§ 30 IV – besondere Anforderungen wegen des Brandschutzes im Einzelfall
		7.	§ 30 V – Keine konkreten Entfernungsangaben, sondern allgemeine Forderung, Brandausbreitung auf andere Gebäude zu verhindern.
		8.	§ 30 VI – Sonderregelung für **untergeordnet angebaute Gebäude** oder diesen Gebäuden vergleichbare vorgebaute Gebäudeteile: Es genügt, dass die Dächer im Bereich von 5 m vor den Fenstern für eine

Land	Norm (LBO)	Umsetzung/Abweichung in den Ländern und der MBO 2002	
			Brandbeanspruchung von innen nach außen mindestens feuerhemmend sind. Das gilt nicht für • Dächer aus nichtbrennbaren Baustoffen von Vorbauten und Erkern, wenn sie nicht mehr als 1,5 m vortreten und eine Brandausbreitung auf andere Geschosse verhindert wird, • Glasdächer aus nichtbrennbaren Baustoffen von Vorbauten, die einer untergeordneten Wohnnutzung dienen (z. B. Wintergärten), und • Dächer von An- und Vorbauten an freistehenden Wohngebäuden geringer Höhe mit einer Wohnung.
		9.	§ 30 VII
		10.	§ 30 VIII Zusätzlich: • **Glasdächer** über allgemein zugänglichen Flächen müssen so ausgebildet sein, dass Menschen durch herabfallende Glasteile nicht gefährdet werden können (§ 30 IX). • Bei **Dächern von Hochhäusern** müssen Tragwerk und Zwischenbauteile aus nichtbrennbaren Baustoffen bestehen. Die Verwendung brennbarer Baustoffe ist zulässig, wenn die Dachkonstruktion von unten durch eine feuerbeständige Decke geschützt wird und die Gebäudeaußenwand von der Decke bis mindestens 30 cm über Dach aus feuerbeständigen Bauteilen ausgeführt wird (§ 30 X).
Hess	§ 29	**1.**	§ 29 I
		2.	keine Regelung
		3.	§ 29 II
		4.	§ 29 III
		5.	§ 29 IV – keine Entfernungsangabe
		6.	§ 29 IV
		7.	§ 29 V
		8.	§ 29 VI – Ausnahmen für Wohngebäude der Gebäudeklassen 1 bis 3
		9.	§ 29 VII
		10.	§ 29 VIII
MV	§ 31	**1.**	§ 31 I
		2.	§ 31 II – Zusätzlich: Es dürfen zwei Wohngebäude geringer Höhe mit jeweils nur einer Wohnung und mit weicher Bedachung als Doppelhaus aneinander gebaut werden, wenn die Grundstückseigentümer durch Baulast die Verpflichtung übernommen haben, mit weicher Bedachung aneinander zu bauen und das Aneinanderbauen zu dulden; ein solches Doppelhaus gilt insoweit als ein Gebäude.
		3.	§ 31 III – Keine Flächenbegrenzung für Vordächer und Eingangsüberdachungen; zusätzlich: Eingangsüberdachungen aus brennbaren Baustoffen, wenn die Eingänge nur zu Wohnungen führen.
		4.	§ 31 IV – Lichtenergiedächer werden nicht erwähnt.
		5.	§ 31 V
		6.	§ 31 VI – Keine strikte Forderung nach feuerhemmender Ausführung: Wegen des Brandschutzes können **besondere Anforderungen** gestellt werden.
		7.	§ 31 VII
		8.	§ 31 IX
		9.	keine Regelung
		10.	keine Regelung Zusätzlich: • Dächer, die zum auch nur zeitweiligen Aufenthalt von Menschen bestimmt sind, müssen umwehrt werden. Öffnungen und nichtbegehbare Glasflächen dieser Dächer sind gegen Betreten zu sichern (§ 31 VIII).

Land	Norm (LBO)	Umsetzung/Abweichung in den Ländern und der MBO 2002	
Nds	§ 32	**1.**	§ 32 I, § 11 DVNBauO – Grundsätzlich harte Bedachung, soweit nicht der Brandschutz auf andere Weise gesichert ist.
		2.	§ 11 II DVNBauO – z.T. abweichend: Zwischen weicher Bedachung aus brennbaren Baustoffen und der harten oder weichen Bedachung von anderen nur Nebenzwecken dienenden Gebäuden auf demselben Baugrundstück genügt ein Abstand von 5 m, wenn die nur Nebenzwecken dienenden Gebäude höchstens 60 m^2 Grundfläche, nicht mehr als zwei Geschosse und keine Aufenthaltsräume und Feuerstätten haben.
		3.	keine Regelung
		4.	§ 11 IV DVNBauO
		5.	§ 11 V DVNBauO – keine Entfernungsangabe
		6.	§ 32 I S. 3 – widerstandsfähig gegen Feuer
		7.	§ 32 III, § 11 VI DVNBauO
		8.	keine Regelung
		9.	§ 32 II
		10.	§ 32 IV
			Zusätzlich: • Dächer, die Aufenthaltsräume abschließen, müssen wärme- und schalldämmend sein, soweit Lage oder Benutzung der Wohnungen, Aufenthaltsräume oder Gebäude dies erfordert (§ 32 V). • Der Dachraum muss für die Brandbekämpfung erreichbar sein (§ 32 VI).
NRW	§ 35	**1.**	§ 35 I
		2.	§ 35 II
		3.	§ 35 III – Keine Flächenbegrenzung für Eingangsüberdachungen und Vordächer. Zusätzlich: Eingangsüberdachungen aus brennbaren Baustoffen, wenn die Eingänge nur zu Wohnungen führen.
		4.	§ 35 IV – Lichtenergiedächer werden nicht erwähnt.
		5.	§ 35 V – Eine geringere Entfernung von Öffnungen als 2 m von der Gebäudetrennwand ist zulässig, wenn der Abstand zu Öffnungen in der gegenüberliegenden Dachfläche mindestens 4 m beträgt.
		6.	keine Regelung
		7.	§ 35 VI – Abweichende Regelung: Von der Außenfläche von Gebäudeabschlusswänden und von der Mittellinie gemeinsamer Gebäudeabschlusswände oder Gebäudetrennwände müssen sie mindestens 1,25 m entfernt sein.
		8.	§ 35 VII – Diese Regelung gilt bereits, wenn an eine Wand angeschlossen wird, die nicht mindestens der Feuerwiderstandsklasse F 90 erstellt ist. Zusätzlich: In 5-m-Streifen sind Dachhaut und Dämmschichten aus brennbaren Baustoffen gegen Entflammen zu schützen. Die Regelung gilt nicht für Anbauten an Wohngebäude in geringer Höhe.
		9.	§ 35 VIII
		10.	§ 35 IX
Rh-Pf	§ 32	**1.**	§ 32 I
		2.	§ 32 II – Weiche Bedachungen sind – auch mit den jeweils geringeren Abständen – zulässig bei Gebäuden der Gebäudeklassen 1 bis 3.[42] Keine Verringerung der Abstände bei Wohngebäuden mit nicht mehr als zwei Wohnungen.
		3.	§ 32 III – Keine Flächenbegrenzung für Eingangsüberdachungen und Vordächer. Zusätzlich: Eingangsüberdachungen aus brennbaren Baustoffen, wenn die Eingänge nur zu Wohnungen führen.

[42] Zu den Gebäudeklassen s. Kap. 5, Rn. 40, Fn. 41.

Land	Norm (LBO)		Umsetzung/Abweichung in den Ländern und der MBO 2002
		4.	§ 32 IV – Lichtenergiedächer werden nicht erwähnt.
		5.	§ 32 V
		6.	keine Regelung
		7.	§ 32 VII
		8.	§ 32 VI – Die Regelung gilt nicht für Anbauten an Wohngebäude der Gebäudeklassen 2 und 3.1 § 37
		9.	§ 32 VIII
		10.	§ 32 IX
Saar	§ 37, § 8 TVO	**1.**	§ 37 I Zusätzlich: Dächer müssen • die Niederschläge so ableiten, dass Bauteile nicht durchfeuchtet werden, • schalldämmend sein, wenn sie Aufenthaltsräume abschließen, • mit ihrem Tragwerk die zu erwartenden Belastungen sicher auf ihre Auflager übertragen.
		2.	§ 8 X TVO (ohne Verringerung)
		3.	§ 8 VIII TVO – höchstzulässige Fläche der Lichtkuppel(n): 6 m^2 (insges. nicht mehr als 20 % der Dachfläche); Abstand der Lichtkuppeln untereinander und zum Dachrand 1 m, zu Lichtbändern mindestens 2 m.
		4.	keine Regelung
		5.	§ 8 I TVO – Mindestentfernung von der Gebäudetrennwand: 2,5 m
		6.	§ 8 XI TVO – nichtbrennbare Baustoffe; unter dem Glas ist ein Schutz gegen herabfallende Glasstücke anzuordnen, wenn nicht die verwendete Glasart Sicherheit bietet. Ausnahmen für Ateliers, Gewächshäuser und Wintergärten
		7.	§ 37 II – keine Entfernungsangaben (Feuer darf nicht auf andere Gebäudeteile oder Nachbargrundstücke übertragen werden können)
		8.	§ 8 III TVO
		9.	§ 37 III
		10.	§ 37 IV
Sachs	§ 31	**1.**	§ 31 I
		2.	§ 32 II – Ein Mindestabstand zur Grundstücksgrenze von 5 m muss auch bei Anrechnung der bis zur Mitte öffentlicher Verkehrsflächen u. a. entfallenden Abstände eingehalten werden.
		3.	§ 31 III
		4.	§ 31 IV
		5.	§ 31 V
		6.	§ 31 VI
		7.	§ 31 VII
		8.	§ 31 IX
		9.	§ 31 X
		10.	§ 31 XI Zusätzlich: • Dächer, die zum auch nur zeitweiligen Aufenthalt von Menschen bestimmt sind, müssen umwehrt werden. Öffnungen und nichtbegehbare Glasflächen dieser Dächer sind gegen Betreten zu sichern (§ 31 VIII).
Sachs-Anhalt	§ 34	**1.**	§ 34 I
		2.	§ 34 II – Keine Verringerung der Abstände für Wohngebäude mit nicht mehr als zwei Wohnungen.
		3.	§ 34 III – Keine Flächenbegrenzung für Eingangsüberdachungen und Vordächer. Zusätzlich: Eingangsüberdachungen aus brennbaren Baustoffen, wenn die Eingänge nur zu Wohnungen führen.

Land	Norm (LBO)	Umsetzung/Abweichung in den Ländern und der MBO 2002	
		4.	§ 34 IV – Lichtenergiedächer werden nicht genannt.
		5.	§ 34 V
		6.	§ 34 VI – Keine strikte Forderung nach feuerhemmender Ausführung: Wegen des Brandschutzes können **besondere Anforderungen** gestellt werden.
		7.	§ 34 VII
		8.	§ 34 IX
		9.	§ 34 X
		10.	§ 34 XI Zusätzlich: • Dächer, die zum auch nur zeitweiligen Aufenthalt von Menschen bestimmt sind, müssen umwehrt werden. Öffnungen und nichtbegehbare Glasflächen dieser Dächer sind gegen Betreten zu sichern (§ 34 VIII).
Schl-H	§ 37	**1.**	§ 37 I
		2.	§ 37 II – Verringerung der Abstände für Wohngebäude geringer Höhe mit nicht mehr als zwei Wohnungen und Ferienwohngebäude geringer Höhe mit nicht mehr als zwei Ferienwohnungen. **Ausnahmen** auf Halligen, Warften sowie in Ortskernen mit bauhistorisch oder volkskundlich wertvollem Baubestand möglich. Ergänzungen: Zur Befestigung weicher Bedachung dürfen nur nichtbrennbare Stoffe verwendet werden. Die Ausgänge weichgedeckter Gebäude sind gegen herabrutschende brennende Dachteile in ausreichender Breite zu schützen.
		3.	§ 37 III – Keine Flächenbegrenzung für Eingangsüberdachungen und Vordächer. Zusätzlich: Eingangsüberdachungen aus brennbaren Baustoffen, wenn die Eingänge nur zu Wohnungen führen.
		4.	§ 37 IV
		5.	§ 37 V
		6.	§ 37 VI – Besondere Anforderungen wegen des Brandschutzes können gestellt werden
		7.	§ 37 VII
		8.	§ 37 IX – Die Ausnahme gilt für Anbauten an Wohngebäude geringer Höhe; auf die Zahl der Wohnungen kommt es nicht an.
		9.	§ 37 X
		10.	§ 37 XI Zusätzlich: • Dächer, die zum auch nur zeitweiligen Aufenthalt von Menschen bestimmt sind, müssen umwehrt werden. Öffnungen und nichtbegehbare Glasflächen dieser Dächer sind gegen Betreten zu sichern (§ 37 VIII).
Thür	§ 31	**1.**	§ 31 I
		2.	§ 31 IV – keine Verringerung der Abstände bei Wohngebäuden mit nicht mehr als zwei Wohnungen
		3.	keine Regelung
		4.	§ 31 I – Für Teilflächen und Vordächer kann auch weiche Bedachung zugelassen werden, wenn Bedenken wegen des Brandschutzes nicht bestehen.
		5.	§ 31 II
		6.	§ 31 III – keine strikte Forderung nach feuerhemmender Ausführung; wegen des Brandschutzes können besondere Anforderungen gestellt werden.
		7.	§ 31 V
		8.	§ 31 VII
		9.	§ 31 VIII

Land	Norm (LBO)		Umsetzung/Abweichung in den Ländern und der MBO 2002
		10.	§ 31 IX
		11.	Keine Ausnahme für Wohngebäude geringer Höhe. Zusätzlich: • Dächer, die zum auch nur zeitweiligen Aufenthalt von Menschen bestimmt sind, müssen umwehrt werden. Öffnungen und nichtbegehbare Glasflächen dieser Dächer sind gegen Betreten zu sichern (§ 31 VI). • Der Dachraum muss zu lüften und vom Treppenraum aus zugänglich sein. In Wohngebäuden mit bis zu zwei Wohnungen ist der Zugang auch von anderen Räumen aus zulässig (§ 31 X).

I. Allgemeines

1. Begriffsbestimmung

Dächer sollen Gebäude nicht nur vor Witterungseinflüssen schützen; sie sollen auch vor Brandgefahren, die von einem Nachbargebäude ausgehen, bewahren. Ob zugleich auch **nachbarschützende Rechte** eingeräumt sind, lässt sich ohne weiteres nicht feststellen.[43] Der Schutz des Nachbarn ist wohl nur dann beachtlich, wenn zusätzlich zu den Anforderungen an die Bedachung auch Maßnahmen gegen eine Brandbeanspruchung von innen nach außen gefordert werden.[44] 72

Dächer müssen so ausgebildet werden, dass sie durch Strahlungshitze oder auftreffende brennende Teile nicht in Brand geraten und damit eine Brandübertragung vom Dach in das Innere des Gebäudes verhindern. Die Bauordnungen enthalten darüber hinaus auch Bestimmungen über die Verkehrssicherheit und den Arbeitsschutz. Dächer bestehen aus einem Tragwerk und einer Dachhaut. Das Tragwerk ist der konstruktive Teil tragender und aussteifender Funktion. Die Dachhaut besteht aus der Dacheindeckung mit der dazugehörigen Unterkonstruktion wie Dachschalung und Dachlattung. 73

Die jeweiligen brandschutzrechtlichen Anforderungen knüpfen an die Art der Bedachung sowie an die Höhe des Gebäudes an. Daraus ergeben sich unterschiedliche **Abstandsflächen** sowohl zur Grundstücksgrenze wie auch zu anderen Gebäuden auf demselben Grundstück. Maßgeblicher Bezugspunkt für die Ermittlung des Abstandes ist regelmäßig der nächstgelegene Gebäudeteil.[45] Problematisch ist die Frage, ob ein neu zu errichtendes Gebäude mit harter Bedachung den gleichen erweiterten Abstand zu einem Gebäude mit weicher Bedachung einhalten muss, wie dieser gefordert wird, wenn das Gebäude mit weicher Bedachung errichtet werden soll. Unbeschadet der missverständlichen gesetzlichen Formulierungen wird man dies wohl aus Gründen den Brandschutzes bejahen müssen.[46] 74

2. Musterbauordnung 2002

Die Regelungen der MBO 2002 über Dächer entsprechen im Wesentlichen der bisherigen Musterbauordnung; sie bringen lediglich redaktionelle Änderungen und Präzisierungen. Neu ist die Reduzierung der sonst verlangten Abstände auch für Gebäude der Gebäudeklasse 1 mit nicht mehr als zwei Wohnungen. Keine besonderen Anforderungen gestellt werden an Dächer von Gebäuden ohne Aufenthaltsräume und ohne Feuerstätten mit nicht mehr als 50 m³ Brutto-Rauminhalt. Vereinfacht wird die Regelung für Fugen- 75

[43] HessVGH vom 22. 2. 1980 BRS 36, 323.
[44] OVG Bln vom 29. 5. 1987 BRS 47 Nr. 147.
[45] OVG Lüneburg vom 28. 6. 1988 BRS 48 Nr. 89.
[46] A. A. OVG Lüneburg vom 12. 11. 1974 BRS 29 Nr. 82.

dichtungen und Dämmstoffen in Profilen. Der bisherige Ermessenstatbestand wird durch konkrete Zulässigkeitsregelungen ersetzt: Es besteht ein Anspruch, wenn keine Gefahr der Brandentstehung durch Brandbeanspruchung von außen durch Flugfeuer und strahlende Wärme besteht.

II. Brandschutzanforderungen an Bedachungen

76 Die Bedachung ist so auszuführen, dass sie gegen Flugfeuer und strahlende Wärme widerstandsfähig ist. Werden diese Anforderungen erfüllt, so spricht man von einer **„harten Bedachung"**. Dieser Begriff ist der als technische Baubestimmung eingeführten DIN 4102 Teil 7 entlehnt. Werden die dortigen technischen Anforderungen nicht erfüllt, so spricht man von einer „weichen Bedachung".

1. Bedachungen bei Gebäuden geringer Höhe

77 Bei Gebäuden geringer Höhe sind Bedachungen, die die allgemeinen Anforderungen nicht erfüllen, zulässig, wenn die Gebäude erhöhte Sicherheitsabstände einhalten. Dieser Abstand kann bei Wohngebäuden geringer Höhe mit nicht mehr als zwei Wohnungen nochmals auf die Hälfte (mindestens aber auf 3 m) verringert werden.

78 Eine weitere Erleichterung wird bei angrenzenden öffentlichen Verkehrsflächen, öffentlichen Grünflächen und öffentlichen Wasserflächen gewährt, die bis zu ihrer Mitte angerechnet werden.

2. Lichtdurchlässige Bedachungen, Lichtkuppeln, Eingangsüberdachungen und Vordächer

79 Die allgemeinen Brandschutzanforderungen gelten nicht für lichtdurchlässige Bedachungen aus nicht brennbaren Baustoffen (der Baustoffklasse A), bei Lichtkuppeln von Wohngebäuden, bei Eingangsüberdachungen und Vordächern. Erleichtert wird dadurch unter anderem der Bau von Wintergärten. Die Beschränkung der Fläche von Eingangsüberdachungen und Vordächern, die nicht die Anforderungen nach Abs. 1 erfüllen müssen, auf weniger als 5 m^2, ergibt sich aus brandschutztechnischer Sicht. Oberhalb der genannten Begrenzung sind die Vordächer dann als „Anbauten" zu behandeln.

3. Lichtdurchlässige Teilflächen in harten Bedachungen und begrünten Bedachungen

80 Weitere Ausnahmen von der Grundforderung der harten Bedachung können zugelassen werden bei lichtdurchlässigen Teilflächen in harten Bedachungen und bei begrünten Bedachungen, sofern Bedenken wegen des Brandschutzes nicht bestehen.

4. Aneinander gebaute giebelständige Gebäude

81 Wegen der besonders hohen Gefahr einer Brandübertragung über das Dach müssen bei aneinandergebauten giebelständigen Gebäuden das Dach und seine Unterstützungen von innen nach außen mindestens feuerhemmend mit einer Feuerwiderstandsdauer von 30 Minuten ausgebildet werden. Öffnungen in der Dachfläche müssen, waagerecht gemessen, mindestens 2 m von der Gebäudetrennwand entfernt sein. Der Abstand ist horizontal von derjenigen Kante der Öffnung zu messen, die der Trennwand am nächsten liegt. Eine Befreiung ist hier regelmäßig nicht möglich.[47]

---

[47] OVG Bln vom 29. 5. 1987 BRS 47 Nr. 147.

5. Dächer über Aufenthaltsräumen

Aus brandschutztechnischen Gründen erscheint es notwendig, die tragenden und aussteifenden Teile von Dächern, die den oberen Raumabschluss von Aufenthaltsräumen bilden, mindestens feuerhemmend auszubilden. Nur so besteht für die Feuerwehr die reale Chance, Personen aus Aufenthaltsräumen in Dachgeschossen retten zu können. Abweichungen von dieser Forderung sind in Gebäuden zulässig, an deren tragende Bauteile keine Anforderungen gestellt werden oder wenn Belange der Personenrettung nicht beeinträchtigt werden. Dachflächen, über die Rettungswege führen, müssen die Feuerwiderstandsdauer der Decken des Gebäudes aufweisen. 82

6. Dachvorsprünge, Dachgesimse und Dachaufbauten, lichtdurchlässige Bedachungen und Lichtkuppeln

Alle Teilflächen der Dächer sind so anzuordnen und herzustellen, dass Feuer nicht auf andere Gebäudeteile und Nachbargrundstücke übertragen werden kann. Sind Brandwände oder Wände, die ansStelle von Brandwänden zulässig sind, nicht mindestens 0,30 m über Dach geführt, so müssen Oberlichte, Lichtkuppeln und Öffnungen in der Dachhaut von innen mindestens 1,25 m entfernt sein. Dachgauben und ähnliche Dachaufbauten aus brennbaren Baustoffen müssen ebenfalls eine Entfernung von 1,25 m von Brandwänden oder von Wänden, die anstelle von Brandwänden zulässig sind, einhalten, es sei denn, sie werden durch diese Wände gegen Brandübertragung geschützt. Verschiedene Bauordnungen nennen – wie der Länderübersicht entnommen werden kann – andere Maße. 83

7. Umwehrungen von Dächern, die für den Aufenthalt von Menschen bestimmt sind

Bauliche Anlagen müssen grundsätzlich verkehrssicher errichtet werden, damit von ihnen keine Gefahren ausgehen können. Allgemein zugängliche Verkehrsflächen sind eben und rutschfest auszugestalten. Darüber hinaus sind Dächer, die zum (auch nur zeitweiligen) Aufenthalt von Menschen bestimmt sind, durch ausreichend hohe und feste Geländer, Brüstungen oder Ähnliches zu umwehren. Befinden sich in den Dächern außerdem Öffnungen und nichtbegehbare Glasflächen, so sind diese gegen Betreten zu sichern. Die Höhe der Umwehrungen ist unterschiedlich geregelt; sie beträgt zwischen 0,80 bis 1,00 m, ab einer Absturzhöhe von mehr als 12 m muss die Höhe der Umwehrung generell mindestens 1,10 m betragen. 84

8. Dächer von Anbauten

Zur Verhinderung eines Übergreifens von Bränden sind Dächer von Anbauten, die an Wände mit Öffnungen oder an Wände, die nicht mindestens feuerhemmend sind, anschließen, innerhalb eines Abstands von 5 m von diesen Wänden so widerstandsfähig gegen Feuer herzustellen wie die Decken des Gebäudes, an das angebaut wird. Vorgesehen ist eine Erleichterung für Wohngebäude mit nur einer Wohnung, deren Aufenthaltsräume sich über maximal zwei Geschosse erstrecken. Eine weitere Erleichterung gibt es für Anbauten an sonstige Wohngebäude mit geringer Höhe. Danach können Ausnahmen von den allgemeinen Anforderungen zugelassen werden, wenn Bedenken wegen des Brandschutzes nicht bestehen. Bedenken gegen die Gestattung der Ausnahme könnten sich etwa aus der Verwendung brennbarer Baustoffe des Anbaus oder bei der Nutzung des Anbaus etwa als Küche ergeben. 85

III. Vorrichtungen zum Schutz gegen das Herabfallen von Schnee und Eis

86 Als besondere Anforderungen zum Schutz von Leben und Gesundheit von Menschen und Tieren, aber auch zum Schutz von Sachgütern gegen das Herabfallen von Schnee und Eis kommen insbesondere Fanggitter in Betracht. Die zuständige Bauaufsichtsbehörde kann diese Vorrichtungen über dem Eingangsbereich von baulichen Anlagen und bei Dächern, die entlang von Verkehrsflächen verlaufen, verlangen.

IV. Vorrichtungen für Arbeiten auf dem Dach

87 Aus Gründen der Verkehrssicherheit sind für Arbeiten auf dem Dach geeignete, sicher benutzbare Vorrichtungen anzubringen, etwa Dachausstiegfenster, Trittroste oder -ziegel, Laufstege oder -bretter, Steigeisen oder Leitern.

Teil 7. Treppen

MBO § 34, BW § 28, Bay Art. 35, Bln § 31, Bbg § 30, Brem § 35, Hamb § 26 Abs. 12, § 27 Abs. 12, § 28 Abs. 12, § 31; Hess § 30, MV § 32, Nds § 34, NRW § 36, Rh-Pf § 33, Saar § 38, Sachs § 32, Sachs-Anhalt § 36, Schl-H § 38, Thür § 32

Ländervergleich: Treppen

Regelungen der Landesbauordnungen und der MBO 2002[48]		88
1.	Jedes nicht zu ebener Erde liegende Geschoss und der benutzbare Dachraum eines Gebäudes müssen über mindestens eine Treppe zugänglich sein **(notwendige Treppe)**.	
1.1	Weitere Treppen können gefordert werden, wenn die Rettung von Menschen im Brandfall nicht auf andere Weise möglich ist.	
1.2	Statt notwendiger Treppen können Rampen mit flacher Neigung gestattet werden.	
2.	Einschiebbare Treppen und Rolltreppen sind als notwendige Treppen unzulässig.	
2.1	Einschiebbare Treppen und Leitern sind bei Wohngebäuden mit nicht mehr als zwei Wohnungen als Zugang zu einem Dachraum ohne Aufenthaltsräume zulässig; sie sind als Zugang zu sonstigen Räumen, die keine Aufenthaltsräume sind, zulässig, wenn wegen des Brandschutzes Bedenken nicht bestehen.	
3.	Notwendige Treppen sind in einem Zuge zu allen angeschlossenen Geschossen zu führen; sie müssen mit den Treppen zum Dachraum unmittelbar verbunden sein. Dies gilt nicht für Gebäude geringer Höhe.	
4.	Die tragenden Teile notwendiger Treppen sind bei Gebäuden mit mehr als drei Vollgeschossen aus nichtbrennbaren Baustoffen herzustellen, bei Gebäuden mit mehr als fünf Vollgeschossen müssen sie feuerbeständig sein.	
5.	Die nutzbare Breite der Treppen und Treppenabsätze notwendiger Treppen muss mindestens 1 m betragen.	
5.1	In Wohngebäuden mit nicht mehr als zwei Wohnungen und innerhalb von Wohnungen genügt eine Breite von 0,80 m.	
5.2	Für Treppen mit geringer Benutzung sind geringere Breiten, mindestens jedoch 0,60 m, zulässig.	
6.	Treppen müssen mindestens einen festen und griffsicheren Handlauf haben.	
6.1	Bei nutzbarer Breite der Treppen ab 1,60 m sind Handläufe auf beiden Seiten erforderlich; Ausnahmen sind zulässig, insbesondere zur • inneren Verbindung von Geschossen derselben Wohnung, • bei Treppen bis zu fünf Stufen, • bei Außentreppen, die in Höhe des Geländes liegen, sowie • bei Treppen für Anlagen, die nicht umwehrt werden müssen.	
6.2	Die freien Seiten der Treppen, Treppenabsätze und Treppenöffnungen müssen durch Geländer gesichert werden.	
6.3	Fenster, die unmittelbar an Treppen liegen und deren Brüstungen unter der notwendigen Geländerhöhe liegen, sind zu sichern.	
6.4	Treppengeländer müssen mindestens 1 m hoch sein; in den der Wohnnutzung vorbehaltenen Gebäudeteilen beträgt die Mindesthöhe 0,90 m.	
6.5	Ab einer Absturzhöhe von mehr als 12 m müssen Treppengeländer mindestens 1,10 m hoch sein.	
6.6	Treppengeländer müssen so ausgebildet werden, dass Personen nicht hindurchstürzen können und, wenn üblicherweise mit der Anwesenheit von Kindern zu rechnen ist, ein Übersteigen erschwert wird.	

[48] Die hier verwendeten Ziffern entsprechen den Ziffern der nachstehenden Rubrik „Umsetzung/Abweichung in den Ländern und der MBO 2002".

Regelungen der Landesbauordnungen und der MBO 2002	
7.	Eine Treppe darf nicht unmittelbar hinter einer Tür beginnen, die in Richtung der Treppe aufschlägt; zwischen Treppe und Tür ist ein Treppenabsatz anzuordnen, der mindestens so tief sein soll, wie die Tür breit ist.
7.1	Größere Tiefen des Treppenabsatzes können in Abhängigkeit vom Richtungsverlauf der Treppe gefordert werden.

89

Land	Norm (LBO)	Umsetzung/Abweichung in den Ländern und in der MBO 2002[49]	
MBO 2002	§ 34	1.	§ 34 I S. 1
		1.1	keine Regelung
		1.2	§ 34 I S. 2
		2.	§ 34 II S. 1
		2.1	§ 34 II S. 2 – Einschiebbare Treppen und Leitern als Zugang zu einem Dachraum ohne Aufenthaltsraum sind in Gebäuden der Gebäudeklassen[50] 1 und 2 zulässig.
		3.	§ 34 III S. 1 – wird nicht gefordert für Treppen in Gebäuden der Gebäudeklassen 1 bis 3 und für Treppen ohne eigenen Treppenraum für die Verbindung von höchstens zwei Geschossen innerhalb derselben Nutzungseinheit von insgesamt nicht mehr als 200 m², wenn in jedem Geschoss ein anderer Rettungsweg erreicht werden kann.
		4.	§ 34 IV – die tragenden Teile notwendiger Treppen müssen • in Gebäuden der Gebäudeklassen 1 bis 3 feuerhemmend und aus nichtbrennbaren Baustoffen, • in Gebäuden der Gebäudeklasse 4 aus nichtbrennbaren Baustoffen, • in Gebäuden der Gebäudeklasse 3 aus nichtbrennbaren Baustoffen oder feuerhemmend sein. Tragende Teile von Außentreppen für Gebäude der Gebäudeklassen 3 bis 5 müssen aus nichtbrennbaren Baustoffen bestehen.
		5.	§ 34 V – keine Breitenangabe: Die nutzbare Breite der Treppenläufe und Treppenabsätze notwendiger Treppen muss für den größten zu erwartenden Verkehr ausreichen.
		5.1	keine Regelung
		5.2	keine Regelung
		6.	§ 34 VI S. 1
		6.1	§ 34 VI S. 2 – Handläufe und Zwischenhandläufe sind vorzusehen, soweit die Verkehrssicherheit dies erfordert.
		6.2	bis 6.6 keine Regelung
		7.	§ 34 VII S. 1
		7.1	Keine konkrete Angabe zur Tiefe des Treppenabsatzes; stattdessen: ausreichender Treppenabsatz.
BW	§ 28; § 10 LBOAVO	1.	§ 28 II – nicht erwähnt wird der benutzbare Dachraum; § 10 LBOAVO: von jeder Stelle eines Aufenthaltsraumes muss eine notwendige Treppe oder ein Ausgang ins Freie in höchstens 40 m Entfernung erreichbar sein.
		1.1	§ 28 I S. 2
		1.2	§ 28 II S. 3
		2.	§ 28 II S. 2
		2.1	keine Regelung
		3.	keine Regelung
		4.	§ 10 III LBOAVO – abweichende, auch nach Gebäudearten differenzierende Regelung: Bei Gebäuden geringer Höhe aus nichtbrennbaren

[49] Die hier verwendeten Ziffern entsprechen den Ziffern der vorstehenden Rubrik „Regelungen der Landesbauordnungen und der MBO 2002".

[50] Siehe dazu Kap. 5, Rn. 40, Fn. 39.

Land	Norm (LBO)		Umsetzung/Abweichung in den Ländern und der MBO 2002
			Baustoffen oder aus Hartholz, bei sonstigen Gebäuden aus nichtbrennbaren Baustoffen. Dies gilt nicht für Treppen in mehrgeschossigen Wohnungen, Wohngebäuden geringer Höhe mit bis zu zwei Wohnungen und land- und forstwirtschaftlichen Betriebsgebäuden.
		5.	§ 10 II S. 1 LBOAVO
		5.1	§ 10 II S. 1 LBOAVO
		5.2	§ 10 II S. 2 LBOAVO
		6.	§ 10 V LBOAVO
		6.1	§ 10 V LBOAVO – abweichende Regelung für die Ausnahmen: Keine Anforderung für Treppen in mehrgeschossigen Wohnungen, in Höhe des Geländes oder mit einer Absturzhöhe von nicht mehr als 1 m, mit nicht mehr als fünf Stufen oder von Anlagen, die nicht umwehrt werden müssen.
		6.2	bis 6.6 keine Regelung
		7.	§ 10 IV LBOAVO
		7.1	keine Regelung Zusätzliche Regelung in § 28 I: Treppen müssen gut begehbar und verkehrssicher sein.
Bay	Art. 35	**1.**	Art. 35 I
		1.1	Art. 35 I
		1.2	Art. 35 I
		2.	Art. 35 II
		2.1	Art. 35 II
		3.	Art. 35 III – zusätzlich: Einschiebbare Treppen sind als Zugang zu einem Geschoss ohne Aufenthaltsräume zulässig, wenn sie für die Benutzung des Geschosses genügen.
		4.	Art. 35 IV – Abweichung für Gebäude (von nicht lediglich geringer Höhe) mit weniger als fünf Vollgeschossen: Treppen müssen feuerhemmend ausgeführt werden, in Gebäuden geringer Höhe ist stattdessen eine Ausführung aus nichtbrennbaren Baustoffen ausreichend (keine Anforderungen in Wohngebäuden mit bis zu zwei Wohnungen und in Gebäuden, an deren tragende Bauteile keine Anforderungen gestellt werden). Zusätzliche Anforderungen an Umwehrungen wie Geländer oder Brüstungen, mit Ausnahme von Handläufen, sowie Beläge von Setzstufen: sie müssen in Gebäuden mit mehr als fünf Vollgeschossen aus nichtbrennbaren Baustoffen bestehen, mit Ausnahme von Umwehrungen für Treppen innerhalb einer Wohnung.
		5.	Art. 35 V – Keine konkreten Angaben zur Breite: Die nutzbare Breite muss für den größten zu erwartenden Verkehr ausreichen.
		5.1	keine Regelung
		5.2	keine Regelung
		6.	Art. 35 VI S. 1
		6.1	Art. 35 VI S. 2 – Keine konkreten Angaben. Handläufe auf beiden Seiten und Zwischenläufe, soweit die Verkehrssicherheit dies erfordert.
		6.2	Art. 35 VII S. 1
		6.3	Art. 35 VII S. 2
		6.4	keine Regelung
		6.5	Art. 17 I – ausreichend hohe Umwehrung
		6.6	Art. 35 VII S. 3 – Geregelt ist lediglich die Ausführung der Geländer in Gebäuden, in denen üblicherweise mit der Anwesenheit von Kleinkindern zu rechnen ist: Bei Treppen ohne Setzstufen darf das lichte Maß der Öffnungen zwischen den Stufen 12 cm nicht übersteigen; dies gilt nicht für Treppen innerhalb von Wohngebäuden mit bis zu zwei Wohnungen und innerhalb von Wohnungen.
		7.	und 7.1 keine Regelung

Land	Norm (LBO)	Umsetzung/Abweichung in den Ländern und der MBO 2002	
Bln	§ 31	**1.**	§ 31 I – zusätzlich: Bei Wohngebäuden mit mehr als zwei Wohnungen müssen die Wohnungen im untersten Vollgeschoss stufenlos erreichbar sein.
		1.1	§ 31 I S. 2 HS. 2
		1.2	§ 31 I S. 3
		2.	§ 31 II S. 1
		2.1	§ 31 II S. 2
		3.	§ 31 III – Abweichend: In Gebäuden mit mehr als zwei Wohnungen sind die notwendigen Treppen in einem Zuge zu allen angeschlossenen Geschossen zu führen; sie müssen mit den Treppen zum Dachraum unmittelbar verbunden sein.
		4.	§ 31 IV
		5.	§ 31 V S. 1
		5.1	§ 31 V S. 2
		5.2	§ 31 V S. 3 – Keine konkrete Breitenangabe für Treppen mit geringer Benutzung.
		6.	§ 31 VI S. 1
		6.1	§ 31 VI S. 2 – Keine Breitenangabe, keine konkreten Angaben über Ausnahmen; stattdessen Einräumung von Entscheidungsermessen.
		6.2	§ 31 VII
		6.3	§ 31 VII S. 3
		6.4	§ 31 VI S. 2 – Die Geländerhöhe muss bei einer Absturzhöhe bis 12 m 0,90 m betragen, bei größeren Absturzhöhen 1,10 m.
		6.5	§ 31 VI S. 2 – Die Geländerhöhe muss bei einer Absturzhöhe bis 12 m 0,90 m betragen, bei größeren Absturzhöhen 1,10 m.
		6.6	§ 36 VI – Geregelt ist lediglich die Ausführung der Geländer in, an und auf Gebäuden, in denen üblicherweise mit der Anwesenheit von Kindern zu rechnen ist: Öffnungen in Geländern, Brüstungen und anderen Umwehrungen dürfen mindestens in einer Richtung nicht breiter als 12 cm sein. Sie sind so auszubilden, dass Kindern das Überklettern erschwert wird. Ein waagerechter Zwischenraum zwischen Umwehrung und der zu sichernden Fläche darf nicht größer als 4 cm sein.
		7.	§ 31 VIII
		7.1	keine Regelung
Bbg	§ 30	**1.**	§ 30 I S. 1
		1.1	keine Regelung
		1.2	§ 30 I S. 2
		2.	§ 30 II
		2.1	§ 30 II S. 2 – abweichend: zu einem Dachraum oder Kellerraum ohne Aufenthaltsräume sind einschiebbare Treppen und einschiebbare Leitern zulässig, wenn sie sicher begehbar sind und die Einstiegsöffnungen gegen unbefugtes Öffnen gesichert sind.
		3.	§ 30 IV
		4.	§ 30 V – abweichend: Die tragenden Teile notwendiger Treppen müssen feuerbeständig sein; dies gilt nicht für die Verbindung von Geschossen innerhalb der Wohnung. Bei Gebäuden geringer Höhe müssen sie aus nichtbrennbaren Baustoffen bestehen oder mindestens feuerhemmend sein; dies gilt nicht für Wohngebäude geringer Höhe mit nicht mehr als zwei Wohnungen.
		5.	bis 5.2 keine Regelung
		6.	§ 30 VI S. 1
		6.1	§ 30 VI S. 2 – einschränkend: sofern es die Sicherheit fordert
		6.2	und 6.3 keine Regelung
		6.4	bis 6.6: § 33 III – Treppengeländer müssen mindestens 0,90 m, bei Treppen mit mehr als 12 m Absturzhöhe mindestens 1,10 m hoch sein.

Land	Norm (LBO)		Umsetzung/Abweichung in den Ländern und der MBO 2002
		7.	§ 30 VII – gilt nicht für Treppen in Wohngebäuden mit nicht mehr als zwei Wohnungen, die zu einem Dachraum oder Kellerraum ohne Aufenthaltsräume führen.
		7.1	§ 30 VII S. 2 – abweichend: Bei Treppen, auf die eine größere Zahl von Personen angewiesen ist, müssen die Treppenabsätze so tief sein, dass die Türen nicht in den Personenstrom hinein aufschlagen.
Brem	§ 35	**1.**	§ 35 I
		1.1	§ 35 I
		1.2	§ 35 I S. 2
		2.	§ 25 II S. 1
		2.1	§ 25 I S. 2
		3.	§ 35 III
		4.	§ 35 IV – abweichend: die tragenden Teile notwendiger Treppen müssen feuerbeständig sein; bei Gebäuden geringer Höhe müssen sie mindestens aus nichtbrennbaren Baustoffen bestehen oder mindestens feuerhemmend sein. Gilt nicht für Wohngebäude geringer Höhe mit nicht mehr als zwei Wohnungen.
		5.	§ 35 V S. 1
		5.1	§ 35 V S. 2
		5.2	§ 35 V S. 3
		6.	§ 35 VI – Notwendige Treppen müssen beiderseits Handläufe haben (gilt nicht in Wohngebäuden mit nicht mehr als zwei Wohnungen und innerhalb von Wohnungen); der zweite Handlauf darf sich in der nutzbaren Breite befinden.
		6.1	§ 35 VI S. 2 – keine Ausnahmen
		6.2	§ 35 VII
		6.3	§ 35 VII
		6.4	§ 35 VIII S. 1
		6.5	§ 35 VIII S. 2
		6.6	§ 35 VIII S. 3 i.V. m. § 19 II S. 4 und 5 (In Gebäuden, in denen üblicherweise mit der Anwesenheit von Kindern zu rechnen ist, darf bei Treppen ohne Setzstufen das lichte Maß der Öffnungen zwischen den Stufen 12 cm nicht übersteigen.)
		7.	7. § 35 X
		7.1	keine Regelung **Besonderheit** in § 35 XI: In Gebäuden, in denen üblicherweise mit der Anwesenheit von Kindern zu rechnen ist, darf bei Treppen ohne Setzstufen das lichte Maß der Öffnungen zwischen den Stufen 12 cm nicht übersteigen.
Hamb	§ 24 X, § 25 Abs. 5, § 26 Abs. 7, § 27 Abs. 7, § 28 Abs. 7, § 31	**1.**	§ 24 X S. 1
		1.1	§ 24 X S. 2, 3
		1.2	§ 31 II S. 1
		2.	§ 31 III S. 1
		2.1	§ 31 III S. 2
		3.	§ 31 I S. 1
		4.	§ 25 V (Wohngebäude geringer Höhe mit nicht mehr als zwei Wohnungen) – Wände müssen mindestens feuerhemmend sein und beidseitig eine Beplankung aus nichtbrennbaren Baustoffen haben; § 26 XII (Gebäude geringer Höhe mit mehr als zwei Wohnungen oder mit anderen Nutzungen) – mindestens feuerhemmend und in den wesentlichen Teilen aus nichtbrennbaren Baustoffen (Ausnahmen möglich); § 27 XII (Gebäude mittlerer Größe) – feuerbeständig und an der Unterseite geschlossen; § 28 XII (Hochhäuser) – feuerbeständig und an der Unterseite geschlossen

Land	Norm (LBO)	Umsetzung/Abweichung in den Ländern und der MBO 2002	
		5.	bis 5.2: § 31 IV – abweichende Regelung: Treppen und Treppenabsätze notwendiger Treppen müssen eine für den größten zu erwartenden Verkehr ausreichende nutzbare Breite und Tiefe haben. Sie muss in Hochhäusern mindestens 1,25 m, in anderen Gebäuden mindestens 1,1 m betragen. In Gebäuden geringer Höhe mit nicht mehr als zwei Wohnungen und innerhalb von Wohnungen genügt eine nutzbare Breite von 0,8 m.
		6.	§ 31 V S. 1 – Der Handlauf muss bei baulichen Anlagen, die von Behinderten bewohnt werden, mit dem Tastsinn erkennbar und deutlich vom Hintergrund abgesetzt werden.
		6.1	§ 31 V S. 5 – Bei großer nutzbarer Breite der Treppen sind Handläufe auf beiden Seiten herzustellen; keine Ausnahmen
		6.2	§ 31 V S. 3 – „Der Handlauf ist an den freien Stellen der Treppen herumzuführen". Bei Spindeltreppen ist der Handlauf an der Seite mit den größeren Auftritten anzubringen.
		6.3	keine Regelung
		6.4	bis 6.6 keine Regelung (allenfalls § 34 – Umwehrungen)
		7.	§ 31 VI – mindestens 0,5 m Tiefe
		7.1	keine Regelung Sonderregelung in § 31 VII für bauliche Anlagen für Menschen mit Behinderungen, **Altenheime** u. a.: Die baulichen Anlagen müssen mindestens durch einen Eingang stufenlos erreichbar sein. Der Eingang muss eine lichte Durchgangsbreite von mindestens 0,90 m haben. Vor Türen muss eine ausreichende Bewegungsfläche vorhanden sein. Rampen müssen mindestens 1,2 m breit sein und beidseitig einen festen und griffsicheren Handlauf haben. In Abständen von 6 m ist ein Absatz von mindestens 1,2 m Länge, in Laufrichtung gemessen, anzuordnen. Jeweils die erste und letzte Stufe müssen deutlich erkennbar abgesetzt sein, so dass sie auch von Menschen mit Sehbehinderungen ohne Schwierigkeiten nutzbar sind.
Hess	§ 30	**1.**	§ 30 I S. 1 HS 1
		1.1	§ 30 I S. 1 HS 2
		1.2	§ 30 I S. 2
		2.	§ 30 I S. 3
		2.1	§ 30 I S. 3 – gilt nur für die Gebäudeklassen 1 und 2.[51]
		3.	§ 30 III – gilt nicht für die Gebäudeklassen 1 bis 3[52] sowie innerhalb von Nutzungseinheiten.
		4.	keine Regelung
		5.	§ 30 IV – Die nutzbare Breite der Treppenläufe und Treppenabsätze notwendiger Treppen muss für den größten zu erwartenden Verkehr ausreichen.
		5.1	und 5.2: keine Regelung
		6.	§ 30 V
		6.1	bis 6.6 keine Regelung
		7.	§ 30 VI – ausreichend tiefer Treppenabsatz
		7.1	§ 30 VI
MV	§ 32	**1.**	§ 32 I S 1
		1.1	§ 32 I S. 1
		1.2	§ 32 I S. 2
		2.	§ 32 II S. 1
		2.1	§ 32 II S. 2
		3.	§ 32 III

51 Zu den Gebäudenklassen s. Kap. 5, Rn. 40, Fn. 40.
52 S. Fußnote 51.

Land	Norm (LBO)		Umsetzung/Abweichung in den Ländern und der MBO 2002
		4.	§ 32 IV – bei Gebäuden geringer Höhe müssen sie aus nichtbrennbaren Baustoffen bestehen oder mindestens feuerhemmend sein; dies gilt nicht für Wohngebäude geringer Höhe mit nicht mehr als zwei Wohnungen
		5.	§ 32 V S. 1
		5.1	§ 32 V S. 2
		5.2	§ 32 V S. 3
		6.	§ 32 VI S. 1
		6.1	§ 32 VI S. 2 – keine Ausnahmen
		6.2	§ 32 VII S. 1
		6.3	§ 32 VII S. 2
		6.4	§ 32 VIII – Mindesthöhe 0,90 m
		6.5	§ 32 VIII
		6.6	keine Regelung
		7.	§ 32 IX S. 1
		7.1	§ 32 IX S. 2
Nds	§ 34, § 14 DVN-BauO	1.	§ 34 II S. 1
		1.1	§ 34 II S. 2
		1.2	§ 34 III; § 14 VII DVNBauO: Statt notwendiger Treppen sind Rampen mit einer Neigung von nicht mehr als 10 vom Hundert zulässig.
		2.	§ 34 IV
		2.1	§ 34 V
		3.	§ 14 I DVNBauO
		4.	§ 14 II DVNBauO
		5.	§ 14 IV S. 1 DVNBauO
		5.1	§ 14 IV S. 2 DVNBauO
		5.2	§ 14 IV S. 3 DVNBauO
		6.	§ 34 VI S. 1
		6.1	§ 34 VI S. 2; § 14 III DVNBauO
		6.2	bis 6.6 keine Regelung
		7.	§ 14 VI DVNBauO
		7.1	keine Regelung
			zusätzliche Regelung über **Stufenhöhe** in § 14 V DVNBauO: Die Stufenhöhe notwendiger Treppen darf nicht mehr als 19 cm und der Auftritt in der Lauflinie nicht weniger als 26 cm betragen. Bei Wohngebäuden mit nicht mehr als zwei Wohnungen und in Wohnungen darf die Stufenhöhe notwendiger Treppen nicht mehr als 20 cm und der Auftritt in der Lauflinie nicht weniger als 23 cm betragen. Die Stufenhöhe von notwendigen Treppen, die nicht zu Aufenthaltsräumen führen, darf nicht mehr als 21 cm und der Auftritt in der Lauflinie nicht weniger als 21 cm betragen.
NRW	§ 36	1.	§ 36 I S. 1
		1.1	§ 36 I S. 1
		1.2	§ 36 I S. 2
		2.	§ 36 II S. 1
		2.1	§ 36 II S. 2
		3.	§ 36 IV – gilt bereits in Gebäuden mit mehr als zwei Geschossen
		4.	§ 36 III
		5.	§ 36 V
		5.1	§ 36 V
		5.2	keine Regelung
		6.	§ 36 VI S. 1
		6.1	§ 36 VI S. 2 – abweichend: bei großer nutzbarer Breite der Treppen können Handläufe auf beiden Seiten und Zwischenläufe gefordert werden.

Land	Norm (LBO)	Umsetzung/Abweichung in den Ländern und der MBO 2002	
			Ausnahmen: § 36 VIII: Auf Handläufe und Geländer kann, insbesondere bei Treppen bis zu fünf Stufen, verzichtet werden, wenn wegen der Verkehrssicherheit auch unter Berücksichtigung der Belange Behinderter oder alter Menschen Bedenken nicht bestehen.
		6.2	§ 36 VII S. 1
		6.3	§ 36 VII S. 2
		6.4	§ 36 IX – abweichend: Treppengeländer müssen mindestens 0,90 m, bei Treppen mit mehr als 12 m Absturzhöhe mindestens 1,10 m hoch sein.
		6.5	§ 36 IX
		6.6	keine Regelung
		7.	§ 36 X
		7.1	keine Regelung Ausnahmen: § 34 XI – Abs. II bis VII gelten nicht für Treppen innerhalb von Wohnungen.
Rh-Pf	§ 33	**1.**	§ 33 I
		1.1	§ 33 I
		1.2	§ 33 II S. 2
		2.	§ 33 II S. 3
		2.1	§ 33 II S. 4 – Zulässig unter den genannten Voraussetzungen in Gebäudeklassen 2 und 3.[53]
		3.	§ 33 III
		4.	§ 33 IV – Gilt für die Gebäudeklassen 3 und 4;[54] gilt nicht für Treppen in Wohnungen.
		5.	§ 33 V
		5.1	§ 33 V S. 2 – gilt in Gebäuden der Gebäudeklasse 2 und innerhalb von Wohnungen
		5.2	§ 33 V S. 3
		6.	§ 33 VII S. 1
		6.1	§ 33 VII S. 2 – abweichend: bei besonders breiten Treppen können Handläufe auf beiden Seiten und Zwischenhandläufe gefordert werden. Notwendige Treppen müssen so angeordnet und ausgebildet sein, dass sie für den größten zu erwartenden Verkehr ausreichen und leicht und gefahrlos als Rettungsweg benutzt werden können.
		6.2	§ 33 VIII – Fenster sind nicht erwähnt
		6.3	§ 33 VIII S. 2
		6.4	§ 33 VIII S. 1 – generell reichen 0,90 m
		6.5	§ 33 VIII S. 1
		6.6	keine Regelung
		7.	§ 33 V – HS 1 fehlt
		7.1	keine Regelung zusätzlich: § 33 IX – auf Handläufe und Geländer kann verzichtet werden, wenn die Verkehrssicherheit gewährleistet ist.
Saar	§ 38; § 10 TVO	**1.**	§ 38 II S. 1
		1.1	§ 38 II S. 2
		1.2	§ 38 II S. 3
		2.	§ 10 I S. 1 TVO
		2.1	§ 10 I S. 2 TVO – in Gebäuden der Gebäudeklassen[55] 2 und 3
		3.	§ 38 III – gilt für Gebäude mit mehr als 2 Geschossen über der Geländeoberfläche
		4.	§ 10 I S. 4 TVO – abweichende Formulierung: bei Gebäuden der Gebäudeklasse 3 aus nichtbrennbaren Baustoffen oder mindestens feuer-

[53] Zu den Gebäudeklassen s. Kap. 5, Rn. 40, Fn. 41.
[54] S. Fußnote 53.
[55] Zu den Gebäudeklassen s. Kap. 5, Rn. 40, Fn. 42.

Land	Norm (LBO)		Umsetzung/Abweichung in den Ländern und der MBO 2002
			hemmend; bei Gebäuden der Gebäudeklasse 4 feuerbeständig und aus nichtbrennbaren Baustoffen
		5.	§ 10 VI S. 1 TVO – zusätzlich: die Treppe darf durch aufschlagende Türen nicht eingeengt werden
		5.1	§ 10 VI S. 2 TVO – es fehlt die Ausnahme: innerhalb der Wohnung
		5.2	keine Regelung
		6.	§ 10 II S. 1 TVO
		6.1	§ 10 II S. 2 TVO – abweichend: bei nutzbarer Breite der Treppe ab 2,50 m können Handläufe auf beiden Seiten und Zwischenhandläufe gefordert werden; Ausnahmen in § 10 IV S. 2 TVO: insbesondere bei Treppen bis zu fünf Stufen, wenn wegen der Verkehrssicherheit Bedenken nicht bestehen
		6.2	§ 10 III S. 1 TVO
		6.3	§ 10 III S. 2 TVO
		6.4	§ 10 IV S. 1 TVO – generell nur 0,90 m
		6.5	§ 10 IV S. 1 TVO
		6.6	keine Regelung
		7.	§ 10 V
		7.1	keine Regelung zusätzlich in § 38 I: Treppen müssen • gut begehbar und verkehrssicher sein, • in solcher Zahl vorhanden, so angeordnet und ausgebildet sein, dass sie für den größten zu erwartenden Verkehr ausreichen und die erforderlichen Rettungswege gewährleisten, • widerstandsfähig gegen Feuer sein, soweit es der Brandschutz erfordert.
Sachs	§ 32	**1.**	§ 32 I S. 1
		1.1	§ 32 I S. 1
		1.2	§ 32 I S. 2
		2.	§ 32 II S. 1
		2.1	§ 32 II S. 2
		3.	§ 32 III
		4.	§ 32 IV
		5.	§ 32 V S. 1
		5.1	§ 32 V S. 2
		5.2	§ 32 V S. 3
		6.	§ 32 VI S. 1
		6.1	§ 32 VI S. 2
		6.2	§ 32 VII S. 1
		6.3	§ 32 VII S. 2
		6.4	§ 32 VIII S. 1
		6.5	§ 32 VIII S. 2
		6.6	§ 32 VIII S. 3
		7.	§ 32 IX S. 1
		7.1	§ 32 IX S. 2
Sachs-Anhalt	§ 36	**1.**	§ 36 I S. 1
		1.1	§ 36 I S. 1
		1.2	§ 36 I S. 2
		2.	§ 36 II S. 1
		2.1	§ 36 II S. 2
		3.	§ 36 III
		4.	§ 36 IV – bei Gebäuden geringer Höhe müssen notwendige Treppen aus nichtbrennbaren Baustoffen bestehen oder mindestens feuerhemmend sein; dies gilt nicht für Wohngebäude geringer Höhe mit nicht mehr als zwei Wohnungen.

Land	Norm (LBO)		Umsetzung/Abweichung in den Ländern und der MBO 2002
		5.	§ 36 V S. 1
		5.1	§ 36 V S. 2
		5.2	§ 36 V S. 3 – keine konkrete Breitenangabe
		6.	§ 36 VI S. 1
		6.1	§ 36 VI S. 2 – keine Ausnahmen
		6.2	§ 36 VII S. 1
		6.3	§ 36 VII S. 2
		6.4	§ 36 VIII – Mindesthöhe (bis 12 m Absturzhöhe): 0,90 m
		6.5	§ 36 VIII
		6.6	keine Regelung
		7.	§ 36 IX S. 1
		7.1	§ 36 IX S. 2
Schl-H	§ 38	**1.**	§ 38 I
		1.1	§ 38 I
		1.2	§ 38 X
		2.	§ 38 II S. 1
		2.1	§ 38 II S. 2
		3.	§ 38 III
		4.	§ 38 IV
		5.	§ 38 V S. 1
		5.1	§ 38 V S. 2
		5.2	§ 38 V S. 3 – keine konkrete Breitenangabe
		6.	§ 38 VI S. 4 – beidseitiger Handlauf bei Treppen in allen Gebäuden, die nicht lediglich von geringer Höhe sind. Der zweite Handlauf darf sich in der nutzbaren Breite befinden
		6.1	§ 36 VI S. 4 – Ausnahmen sind zulässig, wenn Aufzüge mit Haltestellen in allen Vollgeschossen vorhanden sind (sonstige Ausnahmen nach 6.1 fehlen)
		6.2	§ 36 VII S. 1
		6.3	§ 36 VII S. 2
		6.4	§ 36 VIII – Mindesthöhe (bis 12 m Absturzhöhe): 0,90 m
		6.5	§ 36 VIII
		6.6	§ 36 XI – In und an Gebäuden, in denen mit der Anwesenheit von Kindern gerechnet werden muss, darf bei Treppen ohne Setzstufen oder ohne geschlossene Unterseiten das lichte Maß der Öffnung zwischen den Trittstufen 12 cm nicht übersteigen.
		7.	§ 36 IX
		7.1	§ 36 IV
Thür	§ 32	**1.**	§ 32 I S. 1
		1.1	§ 32 I S. 1
		1.2	§ 32 I S. 2
		2.	§ 32 II S. 1
		2.1	§ 32 II S. 2
		3.	§ 32 III S. 1
		4.	§ 32 IV – bei Gebäuden geringer Höhe müssen tragende Teile notwendiger Treppen aus nichtbrennbaren Baustoffen bestehen oder mindestens feuerhemmend sein (sonstige Gebäude feuerbeständig); dies gilt nicht für Wohngebäude geringer Höhe mit nicht mehr als zwei Wohnungen.
		5.	§ 32 V S. 2 – S. 1: die nutzbare Breite muss für den größten zu erwartenden Verkehr ausreichen
		5.1	§ 32 V S. 3
		5.2	§ 32 V S. 4
		6.	§ 32 VI S. 1
		6.1	§ 32 VI S. 2 – keine Ausnahmen

Land	Norm (LBO)	Umsetzung/Abweichung in den Ländern und der MBO 2002
	6.2	§ 32 VII S. 1
	6.3	§ 32 VII S. 2
	6.4	§ 32 VIII – Mindesthöhe (bis 12 m Absturzhöhe) 0,90 m
	6.5	§ 32 VIII
	6.6	keine Regelung
	7.	§ 32 IX
	7.1	§ 32 IX

I. Allgemeines

1. Anwendungsbereich

Treppen sind unter Einhaltung der in der als technische Baubestimmung bauaufsichtlich eingeführten Norm DIN 18065 enthaltenen allgemeingültigen Forderungen auszubilden. Neben den Maßen der Treppenläufe sind dort auch die lichte Durchgangshöhe der Treppen, der Abstand der Treppenläufe auf der Wandseite, die Forderung an ein Zwischenpodest nach höchstens 18 Stufen und anderes geregelt. Ergänzt werden diese Regelungen durch die bundesrechtlichen Bestimmungen für Arbeitsstätten nach der Arbeitsstättenverordnung vom 20. März 1975 (BGBl. I S. 729), zuletzt geändert durch Art. 4 der VO vom 4. Dezember 1996 (BGBl. I S. 1841) und bei Sonderbauten durch zusätzliche Regelungen (in Sachsen in § 12 GastBauR, § 14 KrBauR, § 13 VerkBauR, § 13 VersBauR). Eine sorgfältige Einhaltung dieser Bestimmung ist nicht zuletzt auch deshalb erforderlich, weil sich auf Treppen eine Vielzahl aller registrierten Unfälle ereignen. Treppen dienen aber auch als Vertikalrettungswege in einem Brandfall (notwendige 2 Treppen), so dass sicherzustellen ist, dass im Gefahrenfall eine Räumung aus allen Geschossen möglich ist. Bei Vorhaben, die den Bedürfnissen besonderer Benutzerkreise genügen müssen, sind gem. § 53 zusätzliche Maßnahmen vorzusehen, die einen problemlosen (auch stufenlosen) Zugang sichern. 90

2. Musterbauordnung 2002

Die MBO 2002 entspricht in ihrem § 34 im Wesentlichen den Regelungen des § 31 a. F. Auch in dieser Norm wurde der bisherige Ermessensspielraum der Behörde (bei flachen Rampen anstelle notwendiger Treppen) durch einen strikten Rechtsanspruch – bei Vorliegen der gesetzlichen Voraussetzungen – abgelöst. Die Zulässigkeit einschiebbarer Treppen und Leitern als Zugang zu einem Dachraum wird erweitert auf Gebäude der Gebäudeklassen 1 und 2. Die Brandschutzanforderungen für Gebäude der Gebäudeklassen 4 und 5 werden reduziert. Die Erleichterung für Treppen in Wohngebäuden mit zwei Wohnungen wird auf Gebäude der Gebäudeklassen 1 und 2 ausgedehnt. Tragende Teile von Außentreppen, die als notwendige Treppe ohne Treppenraum neu zulässig sind, müssen nur für Gebäude der Gebäudeklassen 3 bis 5 nichtbrennbar sein. 91

II. Pflicht zur Errichtung notwendiger Treppen

Jedes nicht zu ebener Erde liegende Geschoss und der benutzbare Dachraum eines Gebäudes müssen mindestens über eine Treppe zugänglich sein: dies ist damit die **notwendige Treppe**. Die Bauaufsichtsbehörde kann den Einbau weiterer Treppen fordern, wenn die Rettung von Menschen im Brandfall nicht auf andere Weise möglich ist. Dies dürfte dann der Fall sein, wenn wegen der Höhe, der Ausdehnung oder der besonderen Nutzungsart eines Gebäudes eine mit Rettungsgeräten der Feuerwehr erreichbare Stelle nicht vorhanden ist. 92

93 Statt notwendiger Treppen können **Rampen** mit flacher Neigung gestattet werden. Da hier – anders als bei Sonderbauten – keine Grenzwerte festgesetzt sind, wird man Neigungen bis zu 10° zulassen können. Die Rampen sind zur Vermeidung einer Rutschgefahr grundsätzlich durch griffige Oberflächen und bei Neigungen von über 10° durch spezielle rutschhemmende Beläge verkehrssicher zu gestalten.

III. Einschiebbare Treppen, Rolltreppen, Leitern

94 Aus Gründen des Brandschutzes dürfen in Wohn- oder gewerblich genutzten Gebäuden einschiebbare Treppen und Rolltreppen grundsätzlich nicht als notwendige Treppen errichtet werden. Als Zugang zu einem Dachraum ohne Aufenthaltsräume in Wohngebäuden mit nicht mehr als zwei Wohnungen sowie als Zugang zu sonstigen Räumen, die keine Aufenthaltsräume sind, können einschiebbare Treppen und Leitern ausnahmsweise zugelassen werden, Voraussetzung ist jedoch, dass keine Bedenken wegen des Brandschutzes bestehen.

IV. Erreichbarkeit notwendiger Treppen

95 Notwendige Treppen müssen in einem Zuge zu allen angeschlossenen Geschossen führen, damit im Brandfall durch möglichst kurze, übersichtliche Rettungswege eine schnelle Evakuierung und eine effektive Brandbekämpfung gesichert ist. Die notwendige Treppe muss also zwischen allen Geschossen im gleichen (durchgehenden) Treppenraum liegen, das heißt sie darf nicht an anderer Stelle weitergeführt werden. Ausgenommen hiervon ist die Treppe zum Dachraum, die zur Geschosstreppe versetzt angeordnet werden kann. Gleichwohl muss eine unmittelbare Verbindung mit dem Treppenhaus bestehen, es darf also kein anderer Raum dazwischen liegen. In **Gebäuden geringer Höhe** gilt die Forderung dies nicht.

96 Zulässig ist die Errichtung getrennter Treppen innerhalb eines Gebäudes, die jeweils ein unterschiedliches Geschoss „anschließen". Jede Treppe für sich ist dann in einem Zug zu den angeschlossenen Geschossen zu führen. Eine Ausnahme gilt für die innere Verbindung von Geschossen derselben Wohnung (Maisonette-Wohnungen). Die notwendige Treppe muss also nur zu einem der beiden Geschosse derartiger Wohnungen „in einem Zuge" führen.

V. Brandschutzanforderungen an notwendige Treppen

97 Notwendige Treppen dienen in einem Brandfall als Rettungswege der Gebäude; zur Sicherung dieser Aufgabe müssen sie die entsprechenden Brandschutzanforderungen erfüllen. Bei höheren Gebäuden bedarf es eines gesteigerten Brandschutzes; deshalb sind bei Gebäuden mit mehr als fünf Vollgeschossen die tragenden Teile notwendiger Treppen feuerbeständig auszuführen, bei Gebäuden mit vier Vollgeschossen genügt die Errichtung der tragenden Teile notwendiger Treppen aus nicht brennbaren Baustoffen. Brandschutztechnische Anforderungen bei Gebäuden von drei Vollgeschossen und weniger unterliegen keinen besonderen brandschutztechnischen Auflagen. Dies gilt auch bei Treppen in mehrgeschossigen Gebäuden, die lediglich die unteren Geschosse anbinden, während zu den oberen Geschossen eine eigene Treppe führt.

VI. Nutzbare Breite notwendiger Treppen und Treppenabsätze

98 Die Forderung nach ausreichender Breite der Treppen wird von der Überlegung bestimmt, dass notwendige Treppen bei einem Brand die Evakuierung von Personen wie auch den Zugang der Feuerwehr zur Rettung von Personen und zur Gefahrenbekämp-

fung ausreichend gewährleisten müssen. Die nutzbare Breite der Treppen und Treppenabsätze von **1 m** ist deshalb eine **Mindestforderung**. Eine größere Treppenbreite ist dann zu fordern, wenn eine große Anzahl von Personen auf die Nutzung der Treppe als Rettungsweg angewiesen ist.

Sonderbestimmungen gibt es regelmäßig für Gaststätten, Versammlungsstätten, Verkaufsstätten und Krankenhäuser (vgl. etwa für Sachsen: § 9 Abs. 3 GastBauR, § 11 Abs. 2 VersBauR, § 13 Abs. 1 VerkBauR, § 14 Abs. 5 KrBauR, § 7 Abs. 1 HhBauR). 99

VII. Hand- und Zwischenläufe bei notwendigen Treppen

Als Geh-Hilfe für Personen muss an mindestens einer Seite der Treppe ein fester und griffsicherer Handlauf (keine bewegliche Vorrichtung, wie z. B. gespannte Seile) angebracht werden. Handläufe sind so anzubringen, dass sie bequem genutzt werden können. Sie sollen nicht tiefer als 0,75 m und dürfen nicht höher als 1,10 m angebracht sein (DIN 18065 Abschn. 2.10). Der lichte Abstand des Handlaufs von benachbarten Bauteilen (z. B. Oberfläche der fertigen Wand) muss mindestens 4 cm betragen. Bei Treppen mit einer nutzbaren Breite ab 1,60 m ist auf beiden Seiten ein Handlauf vorgeschrieben. 100

Für Treppen von Sonderbauten ergeben sich in den jeweiligen Bestimmungen abweichende Bestimmungen. **Ausnahmen** von den bauordnungsrechtlichen Forderungen sind zulässig für Treppen innerhalb einer Wohnung, bei Treppen bis zu fünf Stufen, bei Außentreppen, die in Höhe des Geländes liegen, sowie bei Treppen für Anlagen, die nicht umwehrt werden müssen. Ausnahmen werden schon wegen des notwendigen Schutzes Behinderter oder alter Menschen nur in seltenen Fällen in Betracht kommen. 101

Teil 8. Notwendige Treppenräume und Ausgänge

MBO § 35, BW § 28, Bay Art. 36, Bln § 32, Bbg § 31, Brem § 36, Hamb §§ 29, 32; Hess § 31, MV § 33, Nds § 34 a, NRW § 37, Rh-Pf § 34, Saar § 38, Sachs § 33, Sachs-Anhalt § 37, Schl-H § 39, Thür § 33

Ländervergleich: Notwendige Treppenräume und Ausgänge

102

Regelungen der Landesbauordnungen und der MBO 2002[56]	
1.	Jede notwendige Treppe muss in einem eigenen Treppenraum **(notwendiger Treppenraum)** liegen.
1.1	Kein eigener (notwendiger) Treppenraum ist erforderlich für (notwendige) Treppen in Wohngebäuden mit nicht mehr als zwei Wohnungen.
1.2	Für die Verbindung von Geschossen innerhalb derselben Wohnung sind notwendige Treppen ohne Treppenraum zulässig, wenn in jedem Geschoss ein anderer Rettungsweg erreicht werden kann.
2.	Von jeder Stelle eines Aufenthaltsraumes sowie eines Kellergeschosses muss mindestens **ein notwendiger Treppenraum** oder ein **Ausgang ins Freie in höchstens 35 m Entfernung erreichbar** sein.
2.1	Sind mehrere notwendige Treppenräume erforderlich, müssen sie so verteilt sein, dass die Rettungswege möglichst kurz sind.
3.	**Übereinanderliegende Kellergeschosse** müssen jeweils mindestens zwei Ausgänge zu notwendigen Treppenräumen oder ins Freie haben.
4.	Notwendige Treppenräume müssen durchgehend sein und an einer **Außenwand liegen**.
4.1	Notwendige Treppenräume, die nicht an einer Außenwand liegen (innenliegende notwendige Treppenräume), können gestattet werden, wenn ihre Benutzung durch Raucheintritt nicht gefährdet werden kann.
5.	Jeder notwendige Treppenraum muss einen **sicheren Ausgang ins Freie** haben.
5.1	Sofern der Ausgang eines notwendigen Treppenraumes nicht unmittelbar ins Freie führt, muss der Raum zwischen dem notwendigen Treppenraum und dem Ausgang ins Freie • mindestens so breit sein wie die dazugehörigen Treppen, • Wände haben, die die Anforderungen an die Wände des Treppenraumes erfüllen, • Rauchschutztüren zu notwendigen Fluren haben und • ohne Öffnungen zu anderen Räumen, ausgenommen zu notwendigen Fluren, sein.
6.	Die **Wände notwendiger Treppenräume** müssen in der Bauart von Brandwänden, bei Gebäuden geringer Höhe mindestens feuerhemmend hergestellt sein. Dies gilt nicht, soweit diese Wände Außenwände sind, aus nichtbrennbaren Baustoffen bestehen und durch andere an diese Außenwände anschließenden Gebäudeteile im Brandfall nicht gefährdet werden können.
7.	Der **obere Abschluss** eines notwendigen Treppenraumes muss feuerbeständig, bei Gebäuden geringer Höhe mindestens feuerhemmend sein. Dies gilt nicht, wenn der obere Abschluss das Dach ist und die Treppenraumwände bis unter die Dachhaut geführt werden.
8.	In notwendigen Treppenräumen müssen • Bekleidungen, Putze, Dämmstoffe, Unterdecken und Einbauten aus **nichtbrennbaren Baustoffen**, • Bodenbeläge, ausgenommen Gleitschutzprofile, aus mindestens **schwerentflammbaren Baustoffen** bestehen.
9.	In notwendigen Treppenräumen müssen **Öffnungen** • zu Kellergeschossen, zu nicht ausgebauten Dachräumen, Werkstätten, Läden, Lagerräumen und ähnlichen Räumen sowie zu sonstigen Räumen und Nutzungseinheiten mit einer Fläche von mehr als 200 m², ausgenommen Wohnungen, mindestens feuerhemmende rauchdichte und selbstschließende Türen,

[56] Die hier verwendeten Ziffern entsprechen den Ziffern der nachstehenden Rubrik „Umsetzung/Abweichung in den Ländern und der MBO 2002".

	Regelungen der Landesbauordnungen und der MBO 2002
	• zu notwendigen Fluren Rauchschutztüren, • zu sonstigen Räumen und sonstigen Nutzungseinheiten mindestens dichtschließende Türen haben.
10.	In Gebäuden mit mehr als fünf oberirdischen Geschossen sowie bei innenliegenden notwendigen Treppenräumen muss an der obersten Stelle eines notwendigen Treppenraumes ein **Rauchabzug** vorhanden sein. Der Rauchabzug muss eine Rauchabzugsöffnung mit einem freien Querschnitt von mindestens 5 % der Grundfläche, mindestens jedoch von 1 m^2 haben.
10.1	Der **Rauchabschluss** muss vom Erdgeschoss und vom obersten Treppenabsatz aus bedient werden können. Ausnahmen können gestattet werden, wenn der Rauch auf andere Weise abgeführt werden kann.
11.	Notwendige Treppenräume müssen zu lüften und zu beleuchten sein.
11.1	Notwendige Treppenräume, die an einer Außenwand liegen, müssen in jedem Geschoss Fenster mit einer Größe von mindestens 0,60 m × 0,90 m haben, die geöffnet werden können.
11.2	Innenliegende notwendige Treppenräume müssen in Gebäuden mit mehr als fünf oberirdischen Geschossen eine Sicherheitsbeleuchtung haben.

103

Land	Norm (LBO)	Umsetzung/Abweichung in den Ländern und in der MBO 2002[57]	
MBO 2002	§ 35	**1.**	§ 35 I S. 1
		1.1	§ 35 I S. 3 Nr. 1- in Gebäuden der Gebäudeklassen 1 und 2[58]
		1.2	§ 35 I S. 3 Nr. 2 – Nutzungseinheit von insgesamt nicht mehr als 200 m^2 zusätzlich: § 35 I S. 3 Nr. 3: Als Außentreppe, wenn ihre Nutzung ausreichend sicher ist und im Brandfall nicht gefährdet werden kann.
		2.	§ 35 II S. 1
		2.1	§ 35 II S. 3
		3.	§ 35 II S. 2
		4.	§ 35 III S. 1
		4.1	§ 35 III S. 2
		5.	§ 5 III S. 1
		5.1	§ 35 III S. 3
		6.	§ 35 IV – Die Wände notwendiger Treppenräume müssen als raumabschließende Bauteile • in Gebäuden der Gebäudeklasse[59] 5 die Bauart von Brandwänden haben • in Gebäuden der Gebäudeklasse 4 auch unter zusätzlicher mechanischer Beanspruchung hochfeuerhemmend und • in Gebäuden der Gebäudeklasse 3 feuerhemmend sein.
		7.	§ 35 IV S. 3 – Erforderlich ist die Feuerwiderstandsfähigkeit wie die Decken des Gebäudes; dies gilt nicht, wenn der obere Abschluss das Dach ist und die Treppenraumwände bis unter die Dachhaut reichen.
		8.	§ 35 V – Zusätzlich: Wände und Decken aus brennbaren Baustoffen müssen eine Bekleidung aus nichtbrennbaren Baustoffen in ausreichender Dicke haben.
		9.	§ 35 VI – Erforderlich sind in allen Fällen selbstschließende Türen. Zusätzlich: Die Feuerschutz- und Rauchschutzabschlüsse dürfen lichtdurchlässige Seitenteile und Oberlichte enthalten, wenn der Abschluss insgesamt nicht breiter als 2,50 m ist.

[57] Die hier verwendeten Ziffern entsprechen den Ziffern der vorstehenden Rubrik „Regelungen der Landesbauordnungen und der MBO 2002".
[58] Zu den Gebäudeklassen siehe Kap. 5, Rn. 40, Fn. 39.
[59] S. Fußnote 58.

Land	Norm (LBO)	Umsetzung/Abweichung in den Ländern und der MBO 2002	
		10.	§ 35 VIII S. 3 – Gilt für Gebäude von mehr als 13 m Höhe. Erforderlich ist eine Öffnung mit einem freien Querschnitt von mindestens 1 m^2.
		10.1	§ 35 VIII S. 3 HS 2
		11.	§ 35 VIII S. 1
		11.1	§ 35 VIII S. S. 3 HS 1 – Fenster mit einem freien Querschnitt von mindestens 0,5 m haben, die geöffnet werden können
		11.2	§ 35 VII – Sicherheitsbeleuchtung mit einer Höhe von mehr als 13 m.
BW	§ 28; §§ 10,11 LBOAVO	1.	§ 28 III S. 1
		1.1	§ 28 III S. 2 Nr. 2
		1.2	§ 28 III S. 2 Nr. 1 – kein notwendiger Treppenraum erforderlich in mehrgeschossigen Wohnungen zusätzlich: § 28 III S. 2 Nr. 3: land- und forstwirtschaftliche Betriebsgebäude
		2.	§ 10 I LBOAVO – Von jeder Stelle eines Aufenthaltsraums muss eine notwendige Treppe oder ein Ausgang ins Freie in höchstens 40 m Entfernung erreichbar sein.
		2.1	keine Regelung
		3.	keine Regelung
		4.	§ 11 II S. 1 und § 11 VI Nr. 1 (Sicherheitstreppenräume gem. § 15 III S. 3 LBO) LBOAVO
		4.1	§ 11 II S. 2 LBOAVO
		5.	§ 11 I S. 1 LBOAVO
		5.1	§ 11 I S. 1 LBOAVO
		6.	§ 11 VI und § 11 VI Nr. 2 (für Sicherheitstreppenräume gem. § 15 III S. 3 LBO) LBOAVO
		7.	keine Regelung
		8.	§ 11 VI LBOAVO – in notwendigen Treppenräumen müssen bis zu ihren Ausgängen ins Freie Verkleidungen, Dämmschichten und Einbauten aus nichtbrennbaren Baustoffen, Fußbodenbeläge aus mindestens schwerentflammbaren Baustoffen bestehen; dies gilt nicht für Gebäude geringer Höhe. Ausnahmen können zugelassen werden, wenn keine Bedenken wegen des Brandschutzes bestehen.
		9.	§ 11 VI Nr. 4 LBOAVO – nur: Die Türen müssen rauchdicht und selbstschließend, bei innenliegenden Sicherheitstreppenräumen feuerhemmend und selbstschließend sein
		10.	§ 11 V S. 1 LBOAVO – freier Querschnitt der Rauchabzugsöffnung von mindestens 1 m^2
		10.1	§ 11 V S. 1 LBOAVO
		11.	keine Regelung
		11.1	§ 11 VI Nr. 5 (in Sicherheitstreppenräumen gem. § 15 III S. 3 LBO) LBOAVO
Bay	Art. 36	1.	Art. 36 I S. 1
		1.1	Art. 36 X und Art. 36 I S. 2 Nr. 1
		1.2	Art. 36 I S. 2 Nr. 2 Zusätzlich: Art. 36 VIII S. 2: Weitere Treppen nach Art. 35 I (zweiter Rettungsweg) sind auch ohne Treppenraum als offene Treppen im Freien vor einer Außenwand zulässig.
		2.	Art. 36 II
		2.1	keine Regelung
		3.	Art. 36 IX – abweichend: Übereinander liegende Kellergeschosse müssen mindestens zwei getrennte Ausgänge haben. Von je zwei Ausgängen jedes Kellergeschosses muss mindestens einer unmittelbar oder durch einen eigenen, an der Außenwand liegenden Treppenraum ins Freie führen. Eigene Treppenräume für jedes Kellergeschoss sind nicht erforderlich, wenn Belange des Brandschutzes nicht beeinträchtigt sind.

Land	Norm (LBO)		Umsetzung/Abweichung in den Ländern und der MBO 2002
		4.	keine Regelung
		5.	Art. 36 III S. 1
		5.1	Art. 38 III S. 2 – zusätzlich: Verschläge und Einbauten aus brennbaren Baustoffen sind in Treppenräumen und in ihren Ausgängen ins Freie unzulässig.
		6.	Art. 38 IV – abweichend: In Gebäuden geringer Höhe genügt die Ausführung in der Feuerwiderstandsdauer der tragenden Wände. Für Außenwände, die im Brandfall von Feuer nicht beansprucht werden können, genügen die für Außenwände allgemein üblichen Anforderungen.
		7.	Art. 38 V – abweichend: Der obere Abschluss von Treppenräumen muss die Feuerwiderstandsdauer der Decken des Gebäudes haben. Das gilt nicht, wenn der obere Abschluss das Dach ist und die Treppenraumwände bis dicht unter die Dachhaut reichen.
		8.	Art. 38 IV S. 3
		9.	Art. 38 VI – abweichend: Alle anderen Öffnungen, die nicht ins Freie führen, müssen dichte, vollwandige und selbstschließende Türen erhalten; das gilt nicht für Gebäude geringer Höhe.
		10.	Art. 36 VII S. 2 – keine Größenangabe des Rauchabzugs
		10.1	keine Regelung
		11.	Art. 38 VII S. 1
		11.1	Art. 38 VII S. 1 HS 2
		11.2	Art. 38 VII S. 3
Bln	§ 32	**1.**	§ 32 I S. 1
		1.1	§ 32 XI
		1.2	§ 32 I 3
		2.	§ 32 II S. 1
		2.1	§ 32 II S. 2
		3.	§ 32 IV S. 1 – Abweichend: Übereinander liegende Kellergeschosse müssen mindestens zwei getrennte Ausgänge haben. Von je zwei Ausgängen jedes Kellergeschosses muss mindestens einer unmittelbar oder durch einen eigenen, an einer Außenwand liegenden Treppenraum ins Freie führen. Auf eigene Treppenräume für jedes Kellergeschoss kann verzichtet werden, wenn wegen des Brandschutzes Bedenken nicht bestehen.
		4.	§ 32 I S. 1
		4.1	§ 32 I S. 2
		5.	§ 32 III S. 1 – sicherer Ausgang ins Freie auf möglichst kurzem Wege
		5.1	§ 32 III S. 2 – nur Ausgangsbreite (mindestens so breit wie die zugehörigen notwendigen Treppen und darf nicht eingeengt werden)
		6.	§ 32 V – abweichend: Die Wände von Treppenräumen notwendiger Treppen und ihrer Zugänge zum Freien müssen feuerbeständig und in Gebäuden mit mehr als drei Vollgeschossen in der Bauart von Brandwänden hergestellt sein.
		7.	§ 32 VI – abweichend: Der obere Abschluss der Treppenräume muss den Anforderungen des Brandschutzes an die Decke über dem obersten Vollgeschoss des Gebäudes genügen. Die Überdachung des Treppenraumes mit einem Glasdach kann gestattet werden, wenn Bedenken wegen des Brandschutzes nicht bestehen.
		8.	§ 32 III S. 3 – abweichend: Verkleidungen und Einbauten aus brennbaren Baustoffen sind in Treppenräumen und ihren Ausgängen ins Freie unzulässig.
		9.	§ 32 VIII – abweichend 3. Spiegelstrich: Alle anderen Öffnungen, die nicht ins Freie führen, müssen bei Gebäuden mit mehr als zwei Vollgeschossen dichte Türen haben.
		10.	§ 32 X S. 1

Land	Norm (LBO)	Umsetzung/Abweichung in den Ländern und der MBO 2002	
		10.1	§ 32 X S. 2
		11.	§ 32 IX S. 1
		11.1	§ 32 XI S. 2 – zusätzlich eine Brüstung von nicht mehr als 1,2 m erforderlich
		11.2	§ 32 IX S. 3
			Sonderregelung in § 32 VII: Treppenräume dürfen je Geschoss nur Öffnungen zu höchstens vier Wohnungen oder Nutzungseinheiten vergleichbarer Größe haben; in Geschossen mit mehr als vier Wohnungen oder Nutzungseinheiten vergleichbarer Größe sind allgemein zugängliche Geschossflure anzuordnen.
Bbg	§§ 30, 31	1.	§ 31 I – abweichend: Notwendige Treppenräume müssen so angeordnet und ausgebildet sein, dass im Brandfall die Benutzung der notwendigen Treppen als Rettungsweg ausreichend lange möglich ist.
		1.1	§ 31 XI
		1.2	§ 30 III S. 2 – bei Nutzungseinheiten bis zu 400 m² zusätzlich: § 30 III S. 3 – Notwendige Treppen sind als Außentreppe zulässig, wenn ihre Benutzung im Brandfall nicht gefährdet werden kann
		2.	§ 31 II S. 1
		2.1	§ 31 II S. 2
		3.	§ 31 III
		4.	§ 31 IV S. 1
		4.1	§ 31 IV S. 2 – abweichend: zwischen dem notwendigen Treppenraum und dem Ausgang ins Freie muss ein Flur als Sicherheitsschleuse angeordnet sein. Weitere Öffnungen der Sicherheitsschleuse dürfen nur zu notwendigen Fluren führen.
		5.	§ 31 IV S. 1
		5.1	§ 31 IV S. 2 – fehlt, stattdessen: siehe oben 4.1 „abweichend"
		6.	§ 31 VI
		7.	§ 31 VII
		8.	keine Regelung
		9.	§ 31 VIII – abweichend: für Öffnungen in Wänden notwendiger Treppenräume zu notwendigen Fluren genügen selbstschließende Rauchschutzabschlüsse, zu Nutzungseinheiten mit nicht mehr als 200 m² Grundfläche genügen vollwandige und dichtschließende Abschlüsse.
		10.	§ 31 X S. 2 – statt 5 Geschosse: Bei Gebäuden, deren Fußboden eines Aufenthaltsraumes mehr als 13 m über der Geländeoberfläche liegt
		10.1	§ 31 X 3
		11.	§ 31 IX S. 1
		11.1	§ 31 X S. 1 – abweichend: freier Querschnitt von 0,50 m²
		11.2	§ 31 IX S. 2 – abweichend: in Gebäuden mittlerer Höhe
Brem	§ 36	1.	§ 36 I S. 1
		1.1	§ 36 XII
		1.2	§ 36 I S. 4
		2.	§ 36 II S. 1
		2.1	§ 36 II S. 2
		3.	§ 36 VI – abweichend: Von je zwei Ausgängen jedes Kellergeschosses muss mindestens einer unmittelbar oder durch einen eigenen, an einer Außenwand liegenden Treppenraum ins Freie führen. Auf eigene Treppenräume für jedes Kellergeschoss kann verzichtet werden, wenn wegen des Brandschutzes Bedenken nicht bestehen.
		4.	§ 36 I S. 1
		4.1	§ 36 I S. 2
		5.	§ 36 III S. 1 – ergänzend: „auf möglichst kurzem Wegen"
		6.	§ 36 VII

Land	Norm (LBO)		Umsetzung/Abweichung in den Ländern und der MBO 2002
		7.	§ 36 VIII – abweichend: gilt nicht für obere Abschlüsse „gegenüber dem Freien"
		8.	§ 36 IV – abweichend: keine Regelung für Bodenbeläge
		9.	§ 36 IX – abweichend: Gilt nicht in Gebäuden geringer Höhe
		10.	§ 36 XI S. 1
		10.1	§ 36 X S. 2
		11.	§ 36 X S. 1
		11.1	§ 36 X S. 2
		11.2	§ 36 X S. 3
Hamb	§§ 24, 26, 27, 28, 29, 32	**1.**	§ 32 I S. 1
		1.1	§ 32 I S. 2 – ergänzend in Sätze 3 und 4: Bei Wohngebäuden geringer Höhe mit nicht mehr als vier Wohnungen können Treppen ohne eigenen Treppenraum zugelassen werden, wenn die Rettung von Personen durch ergänzende bauliche Maßnahmen sichergestellt wird. Bei Wohngebäuden geringer Höhe mit nicht mehr als vier Wohnungen sind **außenliegende Treppen** ohne eigenen Treppenraum zulässig, wenn Brandschutz und die Verkehrssicherheit durch ergänzende bauliche Maßnahmen sichergestellt werden.
		1.2	§ 24 VIII S. 3
		2.	§ 24 IX – bei Hochhäusern: höchstens 25 m
		2.1	keine Regelung
		3.	§ 24 XI – zusätzlich in § 29 VII: Für übereinander liegende Kellergeschosse sind gemeinsame Kellerlichtschächte unzulässig
		4.	§ 32 I S. 1, II S. 1
		4.1	§ 32 II S. 2 – abweichend: In **Hochhäusern** ist ein innenliegender Treppenraum zulässig, wenn mindestens zwei Treppenräume vorhanden sind und der Brandschutz durch besondere Vorkehrungen, technische Einrichtungen oder ergänzende bauliche Maßnahmen gewährleistet ist. In **Gebäuden geringer Höhe** und in **Gebäuden mittlerer Höhe** sind innenliegende Treppenräume zulässig, wenn eine gefahrlose Benutzung der Treppenräume sichergestellt ist.
		5.	§ 32 IV S. 1 – zusätzlich in S. 2:
		5.1	§ 24 IX – „Rettungstunnel" und § 32 IV S. 2 – zusätzlich: Der Verbindungsweg darf nur durch dem Verkehr dienende Räume führen.
		6.	§ 26 VII (Gebäude geringer Höhe mit mehr als zwei Wohnungen oder mit anderen Nutzungen), § 27 VII (Gebäude mittlerer Höhe), § 28 VII (Hochhäuser), § 24 I S. 5 (Fußböden)
		7.	§ 26 XI S. 4 (Gebäude geringer Höhe mit mehr als zwei Wohnungen oder mit anderen Nutzungen), § 27 X S. 2 (Gebäude mittlerer Höhe), § 28 IX (Hochhäuser)
		8.	§ 26 VIII (Gebäude geringer Höhe), § 27 XI (Gebäude mittlerer Höhe), § 28 XI (Hochhäuser)
		9.	§ 29 IV, V – abweichend: Gilt nicht für Wohngebäude geringer Höhe mit nicht mehr als zwei Wohnungen. Türöffnungen in Treppenraumwänden, die nicht ins Freie führen, müssen bei Gebäuden mit mehr als zwei Geschossen dichte und gegen Feuer ausreichend widerstandsfähige Türen erhalten. **In Hochhäusern** sind Öffnungen in Treppenraumwänden nur zu notwendigen Fluren, Sicherheitsschleusen, Vorräumen oder ins Freie zulässig. Abschlüsse dieser Öffnungen zu notwendigen Fluren und Vorräumen müssen mindestens feuerhemmend sein und aus nichtbrennbaren Baustoffen bestehen. Türen müssen selbstschließend sein. Rauchschutztüren sind zulässig als Türen zu Vorräumen und allgemein zugänglichen Fluren, wenn der Abstand zu anderen Öffnungen in den notwendigen Fluren mindestens 2,5 m beträgt.

Land	Norm (LBO)	Umsetzung/Abweichung in den Ländern und der MBO 2002	
		10.	§ 32 VI S. 1,2 – Sonderregelung: Für Sicherheitstreppenräume nach § 24 X ist eine Rauchabzugseinrichtung nicht erforderlich.
		10.1	§ 32 VI S. 3
		11.	§ 32 V S. 1
		11.1	§ 32 V S. 2 – Zusatzforderung für Hochhäuser in § 32 V S. 4: Die Fenster müssen von anderen Öffnungen in derselben Wand einen Abstand von mindestens 1,5 m, von Öffnungen in Wänden, die in einem Winkel von weniger als 12° anschließen, einen Abstand von mindestens 3 m haben Zusätzlich in § 32 V S. 3: Die Brüstungshöhe darf höchstens 1,2 m betragen.
		11.2	keine Regelung **Sonderregelung** in § 32 III : Von Treppenräumen notwendiger Treppen dürfen je Geschoss nicht mehr als vier Wohnungen oder andere Nutzungseinheiten unmittelbar zugänglich sein.
Hess	§ 31	1.	§ 31 I S. 1
		1.1	§ 31 I S. 3 Nr. 2 – Innerhalb derselben Nutzungseinheit mit einer Brutto-Grundfläche von nicht mehr als 200 m^2
		1.2	§ 31 S. 2 – Kein eigener Treppenraum notwendig in Gebäuden der Gebäudeklassen[60] 1 und 2 zusätzlich: als Außentreppe, wenn ihre Benutzung ausreichend sicher ist und im Brandfall nicht gefährdet werden kann.
		2.	§ 31 II S. 1
		2.1	§ 31 II S. 2
		3.	§ 31 II S. 3
		4.	§ 31 III S. 1
		4.1	§ 31 III S. 2
		5.	§ 31 III S. 1
		5.1	§ 31 III S. 3
		6.	Anlage 1 zur HBO lfd. Nr. 7.1
		7.	Anlage 1 zur HBO lfd. Nr. 7.2
		8.	Anlage 1 zur HBO lfd. Nr. 7.3 und 7.4
		9.	Anlage 1 zur HBO lfd. Nr. 7.5
		10.	§ 31 VI S. 3 HS 1
		10.1	§ 31 VI S. 3 HS 2
		11.	§ 31 V S. 1, VI S. 1
		11.1	§ 31 VI S. 3 – Größe mindestens 0,5 m^2
		11.2	§ 31 V S. 2 – gilt in Gebäuden der Gebäudeklasse 5
MV	§ 33	1.	§ 33 I S. 1
		1.1	§ 33 XIII
		1.2	§ 33 I S. 2
		2.	§ 33 II S. 1
		2.1	§ 33 II S. 2
		3.	§ 33 III
		4.	§ 33 IV S. 1
		4.1	§ 33 IV S. 2
		5.	§ 33 V S. 1
		5.1	§ 33 V S. 2
		6.	§ 33 VII – Bei Gebäuden geringer Höhe müssen sie feuerbeständig sein.
		7.	§ 33 IX
		8.	§ 33 VIII
		9.	§ 33 X
		10.	§ 33 XII S. 1

60 Zu den Gebäudeklassen Kap. 5, Rn. 40, Fn. 40.

Land	Norm (LBO)		Umsetzung/Abweichung in den Ländern und der MBO 2002
		10.1	§ 33 XII S. 3
		11.	§ 33 XI S. 1
		11.1	§ 33 XI S. 2
		11.2	§ 33 XI S. 3 Zusätzlich in § 33 VI: In Geschossen mit mehr als vier Wohnungen oder Nutzungseinheiten vergleichbarer Größe müssen notwendige Flure angeordnet sein.
Nds	§ 34 a; §§ 12, 13, 15, 16 DVNBauO	1.	§ 34 a I
		1.1	§ 34 a II Nr. 1, § 15 X DVNBauO
		1.2	§ 34 a II Nr. 2 zusätzlich in § 34 a IV: Als Zugang zu Wohnungen können notwendige Treppen ohne Treppenräume vor Außenwänden zugelassen werden, wenn die Treppe auf eine Höhe von nicht mehr als 7 m über der Geländeoberfläche hinaufführt und hinsichtlich des Brandschutzes und der Gestaltung keine Bedenken bestehen.
		2.	§ 13 III DVNBauO
		2.1	keine Regelung
		3.	§ 13 V DVNBauO
		4.	§ 15 I S. 1, § 16 I Nr. 1 DVNBauO
		4.1	§ 15 I S. 2, § 16 I Nr. 1 DVNBauO
		5.	§ 15 VII S. 1
		5.1	§ 15 VII S. 2 – abweichend: Regelung des 1. Spiegelstrichs fehlt; statt Regelung des 3. und 4. Spiegelstrichs: dichtschließende Türen zu Öffnungen zu anderen Räumen; eigene Regelung (VII Nr. 1: der „mittelbare Ausgang" ist nur zulässig, wenn zwischen dem Treppenraum und dem Ausgang ein Raum geordnet ist, der dem Verkehr dient")
		6.	§ 15 II DVNBauO
		7.	§ 15 IV DVNBauO
		8.	§ 12 I Nr. 1, IV; § 15 IX DVNBauO
		9.	§ 15 VI DVNBauO
		10.	§ 15 VIII – abweichend: Forderung nach Rauchabschluss ist bei Gebäuden mit mehr als sechs Geschossen
		10.1	§ 15 VIII S. 3
		11.	§ 34 a III S. 1
		11.1	§ 34 a III S. 2; § 15 III DVNBauO
		11.2	§ 16 I Nr. 5 DVNBauO **Zusätzlich** in § 15 V DVNBauO: Sind in einem Geschoss mehr als vier Wohnungen oder Nutzungseinheiten vergleichbarer Größe auf Treppenräume mit notwendigen Treppen angewiesen, so dürfen in den Treppenräumen auf diesem Geschoss außer Öffnungen zu notwendigen Fluren keine Öffnungen zu Räumen angeordnet sein. Das gilt nicht für Gebäude geringer Höhe. – in § 15 II 3 und VI S. 2 DVNBauO: Sonderregelungen für Verglasungen in den Wänden und Türen – in § 16 II DVNBauO: Sonderregelungen für offene Gänge zu Sicherheitstreppenräumen
NRW	§ 37	1.	§ 37 I S. 1
		1.1	§ 37 XIII
		1.2	§ 37 I S. 2
		2.	§ 37 II S. 1
		2.1	§ 37 II S. 2
		3.	§ 37 III
		4.	§ 37 IV S. 1
		4.1	§ 37 IV S. 2
		5.	§ 37 V S. 1
		5.1	§ 37 V S. 2

Land	**Norm** (LBO)	**Umsetzung/Abweichung in den Ländern und der MBO 2002**	
		6.	§ 37 VII – abweichend: In Gebäuden geringer Höhe F 90 und in den wesentlichen Teilen aus nichtbrennbaren Baustoffen (F 90-AB), in anderen Gebäuden in der Bauart von Brandwänden (Ausnahmen für Außenwände).
		7.	§ 37 VIII
		8.	§ 37 IX
		9.	§ 37 X – 1. Spiegelstrich: Türen der Feuerwiderstandsklasse T 30.
		10.	§ 37 XII S. 1
		10.1	§ 37 XII S. 3
		11.	§ 37 XI S. 1
		11.1	§ 37 XI S. 2 – Fenstergröße von mindestens 0,5 m².
		11.2	§ 37 XI S. 3
Rh-Pf	§ 34	**1.**	§ 34 I S. 1
		1.1	§ 34 I S. 1 – Keine Anforderungen bei Gebäudeklasse[61] 1 und 2
		1.2	§ 34 I S. 3
		2.	§ 34 II S. 1
		2.1	§ 34 II S. 2
		3.	§ 37 IV – Ausnahme IV S. 3: Auf eigene Treppenräume für jedes Kellergeschoss kann verzichtet werden, wenn der Brandschutz gewährleistet ist.
		4.	§ 34 I S. 1
		4.1	§ 34 I S. 2
		5.	§ 34 III S. 1
		5.1	§ 34 III S. 2
		6.	§ 34 VI – In Gebäuden der • Gebäudeklasse 4: in der Bauart von Brandwänden • Gebäude der Gebäudeklasse 3: feuerbeständig • Wohngebäude der Gebäudeklasse 3: zulässig sind Wände, deren Feuerwiderstand dem feuerbeständiger Wände entspricht, mit einer gegen Brandeinwirkung widerstandsfähigen Bekleidung aus nicht brennbaren Baustoffen. Dies **gilt nicht** für nicht tragende Außenwände notwendiger Treppenräume, wenn sie aus nicht brennbaren Baustoffen bestehen und durch Öffnungen in anschließenden Außenwänden im Brandfall nicht gefährdet werden können.
		7.	§ 34 VIII – Der notwendige Treppenraum kann mit einem Glasdach überdeckt werden.
		8.	§ 34 VII
		9.	§ 34 IX
		10.	§ 34 XI S. 1, 2
		10.1	§ 34 XI S. 3
		11.	§ 34 X S. 1
		11.1	§ 34 X S. 2
		11.2	§ 34 X S. 3 **Zusätzlich** in § 34 V: In Gebäuden der Gebäudeklasse[62] 4 müssen in Geschossen mit mehr als vier Wohnungen oder Nutzungseinheiten vergleichbarer Größe vor Treppenräumen **notwendige Flure** angeordnet werden.
Saar	§ 39; § 11 TVO	**1.**	§ 39 I S. 1
		1.1	§ 39 I S. 2
		1.2	§ 39 I S. 3
		2.	§ 11 II S. 1 TVO
		2.1	§ 11 II S. 2 TVO

[61] Zu den Gebäudeklassen s. Kap. 5, Rn. 40, Fn. 41.
[62] S. Fußnote 61.

Land	Norm (LBO)		Umsetzung/Abweichung in den Ländern und der MBO 2002
		3.	§ 11 IV TVO
		4.	§ 39 I S. 3
		4.1	§ 39 II
		5.	5. § 11 III TVO
		5.1	§ 11 III S. 1 i.V. m. § 39 II
		6.	§ 11 I TVO – abweichend: Die Wände von Treppenräumen notwendiger Treppen und deren Ausgängen ins Freie müssen feuerbeständig sein und in ihren wesentlichen Teilen aus nichtbrennbaren Baustoffen (F 90 AB) bestehen. Bei Gebäudeklasse 4 sind vorgenannte Wände in der Bauart von Brandwänden herzustellen. Dies gilt nicht für nichttragende Außenwände von Treppenräumen, wenn sie durch Öffnungen in anderen Außenwänden im Brandfall nicht gefährdet werden können.
		7.	§ 11 VIII TVO
		8.	§ 11 VII TVO – abweichend: Einbauten, Verkleidungen und Dämmschichten aus brennbaren Baustoffen sind in Wänden von Treppenräumen und deren Ausgängen ins Freie bei Gebäuden der Gebäudeklasse 3 und 4 unzulässig.
		9.	§ 11 IX TVO
		10.	§ 11 VI TVO
		10.1	§ 11 VI TVO
		11.	§ 11 V S. 1 TVO
		11.1	§ 11 V S. 1 TVO – Fenster ohne Größenangabe
		11.2	§ 11 V S. 2 TVO
		2.	bis 3. keine Regelung
		5.	bis 12.1 keine Regelung
			Allgemeine Regelungen in § 39 III: Notwendige Treppenräume sind so auszuführen, dass sie auch bei einem Brand ohne Gefahr benutzt werden können. An Öffnungen, die nicht ins Freie führen, können wegen des Brandschutzes besondere Anforderungen gestellt werden.
			Sonderregelung in § 11 X TVO: Notwendige Treppen ohne eigene Treppenräume können zugelassen werden, wenn es sich um weitere notwendige Treppen handelt und die Treppen vor feuerbeständigen Außenwänden liegen, deren Oberflächen einschließlich der Dämmstoffe in den Wänden mindestens schwerentflammbar sind. Die gesamte Treppenanlage muss aus mindestens nichtbrennbaren Baustoffen bestehen und so angeordnet werden, dass sie durch Öffnungen in angrenzenden Wänden im Brandfall nicht gefährdet werden kann. Die Treppe muss gut begehbar und jederzeit verkehrssicher sein.
Sachs	§ 33	**1.**	§ 33 I S. 1
		1.1	§ 33 XIII
		1.2	§ 33 I S. 2
		2.	§ 33 II S. 1
		2.1	§ 33 II S. 2
		3.	§ 33 III
		4.	§ 33 IV S. 1
		4.1	§ 33 IV S. 2
		5.	§ 33 V S. 1
		5.1	§ 33 V S. 2
		6.	§ 33 VII – abweichend: Feuerbeständige Ausführung in Gebäuden geringer Höhe im Falle einer gemeinsamen Nutzung des Treppenraumes für Wohnungen und andere Räume, andernfalls feuerhemmend; dies gilt nicht, soweit die Wände der Treppenräume Außenwände sind, aus nichtbrennbaren Baustoffen bestehen und durch andere an diese Außenwände anschließende Gebäudeteils oder Öffnungen im Brandfall nicht gefährdet werden können.

Land	**Norm** (LBO)	**Umsetzung/Abweichung in den Ländern und der MBO 2002**	
		7.	§ 33 IX
		8.	§ 33 VIII
		9.	§ 33 X
		10.	§ 33 XII S. 1, 2 – gilt für Gebäude, die nicht Gebäude geringer Höhe sind, und bei innenliegenden notwendigen Treppenräumen.
		10.1	§ 33 XII S. 4
		11.	§ 33 XI S. 1
		11.1	§ 33 IX S. 2
		11.2	§ 33 IX S. 3
			Zusätzlich in § 33 VI: In Geschossen mit mehr als vier Wohnungen oder Nutzungseinheiten vergleichbarer Größe müssen notwendige Flure angeordnet sein (gilt nicht für Wohngebäude geringer Höhe).
Sachs-Anhalt	§ 37	**1.**	§ 37 I S. 1
		1.1	§ 37 XIII
		1.2	§ 37 I S. 2
		2.	§ 37 II S. 1
		2.1	§ 37 II S. 2
		3.	§ 37 III
		4.	§ 37 IV S. 1
		4.1	§ 37 IV S. 2
		5.	§ 37 V S. 1
		5.1	§ 37 V S. 2
		6.	§ 37 VII – abweichend: Feuerbeständige Ausführung in Gebäuden geringer Höhe
		7.	§ 37 IX
		8.	§ 37 VIII
		9.	§ 37 X
		10.	§ 37 XII S. 1
		10.1	§ 37 XII S. 2
		11.	§ 37 XI S. 1
		11.1	§ 37 XI S. 2
		11.2	§ 37 XI S. 3
			Zusätzlich in § 37 VI: In Geschossen mit mehr als vier Wohnungen oder Nutzungseinheiten vergleichbarer Größe müssen notwendige Flure angeordnet sein (gilt nicht für Wohngebäude geringer Höhe).
Schl-H	§ 39	**1.**	§ 39 I S. 1
		1.1	§ 39 XIII S. 1- zusätzlich in XIII S. 3: Bei Wohngebäuden geringer Höhe sind die notwendigen Treppen auch als Außentreppen zulässig, wenn Bedenken wegen des Brandschutzes nicht bestehen.
		1.2	§ 39 I S. 2
		2.	§ 39 II S. 1
		2.1	§ 39 II S. 2
		3.	§ 39 III
		4.	§ 39 IV S. 1
		4.1	§ 39 IV S. 2
		5.	§ 39 V S. 1
		5.1	§ 39 V S. 2
		6.	§ 39 VII – abweichend: Feuerbeständige Ausführung in Gebäuden geringer Höhe
		7.	§ 39 IX
		8.	§ 39 VIII
		9.	§ 39 X
		10.	§ 39 XII S. 1
		10.1	§ 39 XII S. 2
		11.	§ 39 XI S. 1

Land	Norm (LBO)		Umsetzung/Abweichung in den Ländern und der MBO 2002
		11.1	§ 39 XI S. 2
		11.2	§ 39 XI S. 3
			Zusätzlich in § 39 VI: In Geschossen mit mehr als vier Wohnungen oder Nutzungseinheiten vergleichbarer Größe müssen notwendige Flure angeordnet sein (gilt nicht für Wohngebäude geringer Höhe).
Thür	§ 33	1.	§ 33 I S. 1
		1.1	§ 33 XI
		1.2	§ 33 I S. 3
		2.	§ 33 II S. 1
		2.1	§ 33 II S. 2
		3.	§ 33 V – abweichend in § 33 V S. 2, 3: Von je zwei Ausgängen jedes Kellergeschosses muss mindestens einer unmittelbar oder durch einen eigenen, an einer Außenwand liegenden Treppenraum ins Freie führen. Auf eigene Treppenräume für jedes Kellergeschoss kann verzichtet werden, wenn wegen des Brandschutzes Bedenken nicht bestehen.
		4.	§ 33 I S. 1
		4.1	§ 33 I S. 2
		5.	§ 33 III S. 1
		5.1	§ 33 III S. 2 – abweichend: es fehlen die Regelungen des 2. bis 4. Spiegelstrichs
		6.	§ 33 VI – abweichend: Feuerbeständige Ausführung in Gebäuden geringer Höhe. Dies gilt nicht, soweit die Wände der Treppenräume Außenwände sind, aus nichtbrennbaren Baustoffen bestehen und durch andere Wandöffnungen im Brandfall nicht gefährdet werden können. Verkleidungen in Treppenräumen notwendiger Treppen müssen aus nichtbrennbaren Baustoffen bestehen.
		7.	§ 33 VII
		8.	§ 33 III S. 3, VI S. 3 – keine eigene Regelung über Bodenbeläge
		9.	§ 33 VIII – keine Größenangabe der Räume bzw. Nutzungseinheiten
		10.	§ 33 X S. 1
		10.1	§ 33 X S. 2
		11.	§ 33 IX S. 1
		11.1	§ 33 IX S. 2
		11.2	§ 33 IX S. 3
			Zusätzlich in § 33 IV: In Geschossen mit mehr als vier Wohnungen oder Nutzungseinheiten vergleichbarer Größe müssen notwendige Flure angeordnet sein, die vom Treppenraum rauchdicht abgeschlossen sind.

I. Allgemeines

1. Geltungsbereich

Treppenräume haben als **Rettungswege** eine besondere Bedeutung im Brandfall. Sie sollen die notwendigen Treppen vor Feuer und Rauch schützen, damit diese ausreichend lange für die Personenrettung und den Löschangriff der Feuerwehr zur Verfügung stehen. Die Treppenräume müssen deshalb höheren brandschutztechnischen Forderungen genügen; für die Zulassung von Abweichungen sind daher bei Treppenräumen strenge Maßstäbe anzulegen. Dies gilt jedoch nur für notwendige Treppen, also nicht für Treppenräume zusätzlicher Treppen, die nicht als Rettungswege erforderlich sind. Werden solche zusätzliche Treppen durch mehrere Nutzungseinheiten geführt, so sind häufig Sonderregelungen zu berücksichtigen. Keine Anwendung findet die Vorschrift regelmäßig bei Wohngebäuden mit nicht mehr als zwei Wohnungen. Der Treppenraum einer notwendigen Treppe muss als „eigener" Raum ausgebildet werden; er muss also von an- 104 ders genutzten Räumen abgetrennt sein und darf lediglich die notwendige Treppe selbst und deren zugehörige Podeste aufnehmen (zu den Ausnahmen für Aufzüge vgl. 8. Kap. Rn. 3). Die Erweiterung der Podestflächen zu Aufenthaltsbereichen (etwa Besucherwartezone) ist innerhalb des Treppenhauses nicht zulässig. Für die Funktionsfähigkeit des Treppenhauses notwendige Vorräume oder Schleusen sind Bestandteil des Treppenraumes und unterliegen den gleichen Anforderungen.

2. Musterbauordnung 2002

105 Die MBO enthält als Schutzziel die Forderung: Sicherstellung der Rettungswege aus den Geschossen ins Freie. Daraus ergibt sich auch, dass für andere als notwendige Treppen kein Treppenraum erforderlich ist. In drei Fällen sind notwendige Treppen ohne eigenen Treppenraum zulässig, nämlich

- In Gebäuden der Gebäudeklassen 1 und 2
- Zur inneren Verbindung von zweigeschossigen Nutzungseinheiten, wenn in jedem Geschoss ein anderer Rettungsweg erreicht werden kann; ein anderer Rettungsweg ist der Ausgang in einen notwendigen Treppenraum oder eine anleiterbare Stelle, soweit diese zulässig ist.
- für Außentreppen, deren Benutzung ausreichend sicher ist und die im Brandfall vom Feuer nicht gefährdet werden können. Außentreppen dürfen im Brandfall nicht durch Feuer beaufschlagt werden können; dazu sind sie z. B. vor geschlossenen Wandscheiben mit Feuerwiderstandsfähigkeit und nicht vor Fenstern anzuordnen. Die Forderung einer ausreichend sicheren Benutzung bedeutet eine verkehrssichere Nutzung auch unter winterlichen Witterungseinflüssen.

Die Anforderungen an die Lage und Anzahl notwendiger Treppenräume, die sich insbesondere aus der Fluchtweglänge ergeben, sind im Vergleich zur bisherigen Regelung gleich geblieben. Ergänzend wird verlangt, dass mehrere notwendigen Treppenräume möglichst entgegengesetzt liegen sollen, um ggf. auch eine alternative Fluchtmöglichkeit darzustellen.

Der Treppenraum muss grundsätzlich an der Außenwand liegen und einen unmittelbaren Ausgang ins Freie haben. Zulässig ist auch ein innenliegender Treppenraum, wenn seine Nutzung ausreichend lang nicht durch Raucheintritt gefährdet werden kann. Die Anforderungen an die Wände werden für Gebäude der Gebäudeklassen 3 und 4 auf die erforderliche Feuerwiderstandsfähigkeit der jeweiligen Tragkonstruktion reduziert (feuerhemmend, in Gebäuden der Gebäudeklasse 4 hochfeuerhemmend unter zusätzlicher mechanischer Beanspruchung). Die Anforderungen an den oberen Abschluss entsprechen den Anforderungen an Decken des Gebäudes und übernehmen damit die Erleichterung für Gebäude der Gebäudeklasse 4.

Wände, die aus brennbaren Baustoffen zulässig sind (feuerhemmende Wände), müssen eine Bekleidung aus nichtbrennbaren Baustoffen in ausreichender Dicke erhalten.

Öffnungen in den raumabschließenden Bauteilen von Treppenräumen müssen grundsätzlich mindestens feuerhemmende, rauchdichte und selbstschließende Abschlüsse haben. Bei Räumen und Nutzungseinheiten mit einer Fläche von nicht mehr als 200 m^2 genügen „dichtschließende" Türen (selbstschließend); diese Eigenschaft wird mit einer dreiseitig umlaufenden Dichtung erreicht und bedarf keines formellen Nachweises.

Zulässig sind lichtdurchlässige Seitenteile und Oberlichter als Bestandteil der Feuerschutz- und Rauchschutzabschlüsse, wenn die Abschlüsse eine Gesamtbreite von 2,50 m nicht überschreiten.

II. Pflicht zur Errichtung notwendiger Treppenräume

106 Aus Sicherheitsgründen ist es unabweisbar, dass jede notwendige Treppe in einem eigenen Treppenraum (notwendiger Treppenraum) liegt. Eine Ausnahme wird nur für die Verbindung von Geschossen innerhalb derselben Wohnung oder vergleichbarer Nut-

zungseinheiten (sogenannte Maisonettewohnungen oder z. B. bei Bürogebäuden kleinerer Nutzungseinheiten) zugelassen, wenn von jedem dieser Geschosse ein anderer Rettungsweg erreicht werden kann. Dies muss ein zweiter, vom ersten Rettungsweg unabhängiger Rettungsweg sein. An diesem zweiten Rettungsweg werden keine besonderen Anforderungen an die Feuersicherheit gestellt, allerdings muss die Verkehrssicherheit gegeben sein. Bei einer im Freien angeordneten (notwendigen) Treppenanlage kann auf einen Treppenraum durch Erteilung einer entsprechenden Befreiung verzichtet werden. Die Verkehrssicherheit muss gewährleistet sein.

Maisonettewohnungen (oder vergleichbare Nutzungseinheiten) müssen als ersten Rettungsweg lediglich auf einer Maisonette-Ebene einen Zugang zu einem Treppenraum besitzen; die zweite Maisonette-Ebene (eventuell auch weitere Ebenen) können von dieser Ebene über die innere Treppe erschlossen werden. Die notwendige Treppe kann dann ohne Treppenraum ausgebildet werden. Allerdings muss in jedem Geschoss ein „anderer" Rettungsweg – zusätzlich – erreicht werden können. Eine Rettungsmöglichkeit von jedem Raum aus ist nicht gefordert. Für den zweiten Rettungsweg reicht aus, wenn in den Geschossen anleiterbare Stellen vorhanden sind. **107**

III. Erreichbarkeit notwendiger Treppenräume

1. Höchstzulässige Entfernungen

Notwendige Treppenräume sind in einem Gebäude so anzuordnen, dass die horizontalen Flucht- und Rettungswege (also die innerhalb eines Geschosses) möglichst kurz sind. Die **Länge** des horizontalen Rettungsweges darf höchstens **35 m** betragen.[63] Für diese Entfernung ist die ungünstigste Stelle eines Aufenthaltsraumes oder eines Kellergeschosses bis zum Treppenraum zugrunde zu legen. Gemessen wird unter Berücksichtigung der Ausstattung des Raums in der tatsächlich begehbaren Lauflinie. Kann bei größerer Gebäudeausdehnung die maximal zulässige horizontale Rettungsweglänge von 35 m auch nur an einer, der ungünstigsten Stelle, nicht eingehalten werden, so ist ein weiterer notwendiger Treppenraum zu errichten. **108**

Statt eines (notwendigen) Treppenraums ist auch ein **Ausgang ins Freie** ausreichend. **109** Dabei genügt eine Fensteröffnung nicht; es muss sich um eine Tür handeln, durch die man ins Freie gelangen kann. Sind danach mehrere notwendige Treppenräume erforderlich, dann wird deren Verteilung im Gebäude nicht mehr allein durch die Forderung der Höchstentfernung von 35 m bestimmt; vielmehr sind die notwendigen Treppenräume dann so zu verteilen, dass die Rettungswege möglichst kurz sind. Es ist also nicht zulässig, den einen notwendigen Treppenraum so anzuordnen, dass die zulässige Rettungsweglänge gerade nicht überschritten, während die Entfernung zum zweiten Treppenraum erheblich unterschritten wird. Für Gebäude besonderer Art oder Nutzung kann der zweite Rettungsweg über außen angeordnete Treppen und Gänge (Rettungsbalkone, Terrassen und begehbare Dächer) in Verbindung mit Treppen führen (vgl. etwa für Sonderbauten etwa für Sachsen: § 11 Abs. 5 VerkBauR, § 12 Abs. 5 KrBauR). Allerdings gibt es auch insoweit Einschränkungen, die eine Ausbildung des Zweitrettungswegs über Rettungsgeräte der Feuerwehr nicht zulassen und unabhängig von der horizontalen Rettungsweglänge bereits grundsätzlich zwei Treppenräume vorzusehen sind, etwa bei Hochhäusern, Verkaufsstätten, Versammlungsstätten, Gaststätten und Krankenhäusern.

---

[63] Bei Gebäuden besonderer Art oder Nutzung, insbes. bei Gebäuden mit größerer Ausdehnung, können für Sonderbauten weitere Treppenräume gefordert werden. Die Rettungsweg- bzw. Flurweglänge ist dann kürzer: 25 m in Verkaufsräumen (Rettungsweglänge); 30 m in Versammlungsstätten und in Gaststätten (jeweils Flurweglänge) und 30 m in Krankenhäusern (Rettungsweglänge), jeweils nach den einschlägigen Vorschriften in Sachsen.

2. Sicherer und unmittelbarer Ausgang ins Freie

110 Jeder notwendige Treppenraum muss einen kurzen und sicheren Ausgang ins Freie haben, um es unmittelbar aus dem Treppenraum selbst und nicht über weitere Zwischenräume erreichen zu können.

111 Grundsätzlich müssen notwendige Treppenräume **an einer Außenwand** liegen. Diese Forderung erfüllen sie dann, wenn in jedem Geschoss zumindest ein Treppenpodest an der Außenwand liegt und hier durch Fenster ausreichend belichtet und belüftet werden kann. Innenliegende notwendige Treppenräume sind zulässig, wenn ihre Benutzung durch Raucheintritt nicht gefährdet werden kann. Der Treppenraum ist dann entsprechend auszubilden.

IV. Führung notwendiger Treppenräume „in einem Zuge"

112 Notwendige Treppenräume müssen „durchgehend" sein. Diese Forderung entspricht auch der Führung der notwendigen Treppen „in einem Zuge". Sie ist erfüllt, wenn die Umfassungswände in allen Geschossen übereinander stehen. Gleichwohl kann ein Treppenraum auch versetzt ausgestaltet werden; erforderlich ist allerdings, dass der Raumzusammenhalt erhalten bleibt und die angeordneten Deckenteile die Funktion der Umfassungswände des Treppenraumes übernehmen und entsprechend ausgebildet werden. Vom obersten angeschlossenen Geschoss bis zum Ausgang ins Freie darf der Raumzusammenhang nicht durch Abtrennungen unterbrochen werden.

V. Notwendige Treppenhäuser in Gebäuden besonderer Art oder Nutzung

113 In baulichen Anlagen besonderer Art und Nutzung wie Schulen, Verwaltungsgebäuden, Krankenhäusern, Altenheimen u. a. kann es sein, dass die Rettungswege aus dem notwendigen Treppenraum nicht unmittelbar, sondern über einen Zwischenraum mit dort untergebrachter Pförtnerloge ins Freie führt. Der Raum zwischen dem notwendigen Treppenraum und dem Ausgang ins Freie unterliegt dann auch den entsprechenden Sicherheitsanforderungen; er muss dann mindestens so breit sein wie die dazugehörigen Treppen, die Wände müssen den Anforderungen an die Wände des Treppenraums entsprechen, die Türen zu notwendigen Fluren müssen rauchdicht und selbstschließend ausgebildet und ohne Öffnungen zu anderen Räumen, ausgenommen zu notwendigen Fluren, sein. Ausnahmen sind zulässig, wenn Bedenken wegen des Brandschutzes nicht bestehen. Auf diese Weise sind z. B. Pförtnerlogen im Ausgangsbereich erleichtert zulässig. Wird zwischen Treppenraum und Gebäudeausgang eine größere Eingangshalle angeordnet, so entspricht die Wegführung durch die Halle nicht den Anforderungen an einen „sicheren" Ausgang. In dem Fall muss zusätzlich in einem anderen Geschoss ein für den Brandfall sicherer Ausgang geschaffen werden. Ausnahmen gelten regelmäßig für Gast- und Beherbergungsstätten (in Sachsen: § 12 Abs. 4 GastBauR), aber auch für Krankenhäuser (in Sachsen: § 15 Abs. 1 Nr. 2 KrBauR). Besondere funktionelle Anforderungen sind auch an das Schließsystem der Tür zu stellen, im Gefahrenfall muss eine ungehinderte Fluchtmöglichkeit von Personen möglich sein.

114 Sonderregelungen gelten generell auch für **Garagen** nach Maßgabe der jeweiligen Garagenverordnungen.

115 Für die **Sonderbauten** gelten regelmäßig folgende Anforderungen (beispielhaft etwa in Sachsen):

- Hochhäuser: Mindestens zwei voneinander unabhängige Treppen oder eine Treppe in einem Sicherheitstreppenraum; in Hochhäusern, bei denen der Fußboden mindestens eines Aufenthaltsraumes mehr als 60 m über der Geländeoberfläche liegt, sind mindestens zwei voneinander unabhängige Treppen in Sicherheitstreppenräumen erforderlich.

- Verkaufsstätten: Für jeden Verkaufsraum, Aufenthaltsraum und für jede Ladenstraße müssen in demselben Geschoss mindestens zwei voneinander unabhängige Rettungswege zu Ausgängen ins Freie oder zu Treppenräumen notwendiger Treppen vorhanden sein. Anstelle eines dieser Rettungswege darf ein Rettungsweg über Außentreppen ohne Treppenräume, Rettungsbalkone, Terrassen und begehbare Dächer auf das Grundstück führen, wenn hinsichtlich des Brandschutzes keine Bedenken bestehen. Dieser Rettungsweg gilt als Ausgang ins Freie.
- Versammlungsstätten: Jedes nicht zu ebener Erde liegende Geschoss mit Versammlungsräumen muss über mindestens zwei voneinander unabhängige Treppen in Treppenräumen zugänglich sein.
- Gaststätten: Jedes nicht zu ebener Erde gelegene Geschoss mit mehr als 30 Gastbetten und mit Gasträumen in Obergeschossen, die einzeln der zusammen mehr als 200 Gastplätze haben, muss über mindestens zwei voneinander unabhängige Treppen oder eine Treppe in einem Sicherheitstreppenraum zugänglich sein. Dies gilt auch für Beherbergungsbetriebe mit mehr als 60 Gastbetten in Obergeschossen.
- Krankenhäuser: Von jedem Aufenthaltsraum in Gebäuden mit mehr als einem Vollgeschoss müssen mindestens zwei voneinander unabhängige und möglichst entgegengesetzt liegende Rettungswege erreichbar sein, die unmittelbar oder über notwendige Treppen und Flure ins Freie führen.

VI. Notwendige Treppenräume in übereinander liegenden Kellergeschossen

Aus brandschutztechnischer Sicht sind Kellergeschosse in besonderer Weise problematisch. Dies gilt sowohl für die Brandentstehung wie aber auch für die erschwerten Bedingungen der Menschenrettung und der Brandbekämpfung und trifft insbesondere dann zu, wenn der Keller mehrgeschossig ist. Aus diesem Grund müssen übereinanderliegende Kellergeschosse jeweils mindestens zwei Ausgänge zu notwendigen Treppenhäusern oder ins Freie haben. **116**

VII. Brandschutzanforderungen an Wände und Decken notwendiger Treppenräume

Die Wände notwendiger Treppenräume müssen „in der Bauart von Brandwänden" hergestellt sein; das bedeutet, sie müssen feuerbeständig sein und aus nicht brennbaren Baustoffen bestehen; bei einem Brandfall dürfen sie ihre Standsicherheit nicht verlieren. Die übrigen Forderungen an Brandwände müssen dagegen nicht eingehalten werden. Für Gebäude geringer Höhe gelten geringere Anforderungen: Die Wände der Treppenräume müssen im Falle einer gemeinsamen Nutzung des Treppenraumes für Wohnungen und andere Räume feuerbeständig ausgeführt sein. Bei einer Nutzung des Treppenraums nur für Wohnungen genügen feuerhemmende Wände (F 30-B). **117**

Für die Wände der Treppenräume, die Außenwände sind und die aus nichtbrennbaren Baustoffen bestehen und durch andere an diese Außenwände anschließende Gebäudeteile oder Öffnungen im Brandfall nicht gefährdet werden können, wird kein besonderer Feuerwiderstand gefordert. **118**

1. Decken- und Wandverkleidungen, Dämmschichten und Beläge sowie Leitungen in notwendigen Treppenräumen und zulässigen Zwischenräumen

Die Verwendung brennbarer Baustoffe für Decken- und Wandverkleidungen, für Putze, Dämmstoffe und Einbauten ist in Treppenräumen unzulässig. Die Baustoffe müssen der Baustoffklasse A entsprechen. Bodenbeläge, ausgenommen Gleitschutzprofile, **119** müssen aus mindestens schwer entflammbaren Baustoffen der Baustoffklasse B 1 sein. Leitungsanlagen sind in Treppenräumen und zulässigen Zwischenräumen nur dann zulässig, wenn Bedenken wegen des Brandschutzes nicht bestehen.

2. Oberer Abschluss von notwendigen Treppenräumen

120 Um eine Brandübertragung im Deckenbereich zu verhindern, muss der obere Abschluss eines Treppenraumes feuerbeständig sein, bei Gebäuden geringerer Höhe mindestens feuerhemmend. Wird der obere Abschluss des Treppenraumes durch das Dach gebildet, so ist die besonders auszubildende Dachfläche als oberer Abschluss ausreichend.

3. Türen in notwendigen Treppenräumen

121 Mindestens feuerhemmende, rauchdichte und selbstschließende Türen sind erforderlich zum Abschluss der notwendigen Treppenräume zu Kellergeschossen, zu nichtausgebauten Dachräumen, Werkstätten, Läden, Lagerräumen und ähnlichen Räumen sowie zu sonstigen Räumen und Nutzungseinheiten mit einer Fläche von mehr als 200 m^2. Wohnungen sind davon allerdings ausgenommen. Rauchdichte und selbstschließende Türen sind erforderlich zwischen notwendigen Treppenräumen und notwendigen Fluren. Zwischen notwendigen Treppenräumen und sonstigen Räumen sowie sonstigen Nutzungseinheiten sind mindestens dichtschließende Türen vorzusehen.

VIII. Belüftung und Beleuchtung notwendiger Treppenhäuser

122 Damit notwendige Treppenräume ihrer Funktion als Rettungswege gerecht werden können, müssen sie zu lüften und zu beleuchten sein. Notwendige Treppenräume, die an einer Außenwand liegen, müssen in jedem Geschoss Fenster mit einer Größe von mindestens 0,60 m × 0,90 m haben, die jederzeit ohne größeren Aufwand oder besondere Hilfsmittel geöffnet werden können. Ein lichtes Maß von 0,60 m × 0,90 m ist deshalb ausreichend, weil sie allein dem Zweck der Belüftung und Belichtung dienen und nicht als Rettungsweg vorzusehen sind. Innenliegende notwendige Treppenräume müssen in Gebäuden mit mehr als fünf Obergeschossen eine Sicherheitsbeleuchtung haben, und zwar eine von der allgemeinen Beleuchtung unabhängige „Notbeleuchtung".

IX. Rauchabzugseinrichtungen in Gebäuden von nicht geringer Höhe und in innenliegenden notwendigen Treppenräumen

123 Eine ausreichende Rauchableitung ist wegen der enormen Gefährdung durch den Rauch von großer Bedeutung. In notwendigen Treppenräumen muss bei Gebäuden, die nicht Gebäude geringer Höhe sind, auch bei außenliegenden Treppenräumen eine Einrichtung für eine ausreichende Rauchableitung an der obersten Stelle des notwendigen Treppenraums vorhanden sein.

124 Gleiches gilt für die innenliegenden notwendigen Treppenräume. Die Rauchabzugsöffnung muss bei natürlicher Rauchableitung mindestens 1 m^2 groß sein. Die Einrichtung zur Rauchableitung muss vom Erdgeschoss und vom obersten Treppenpodest zu Geschossen mit Aufenthaltsräumen bedient werden können. Es kann verlangt werden, dass die Einrichtung zur Rauchableitung auch von anderen Stellen aus bedient werden kann. Andere Maßnahmen zur Rauchableitung sind zulässig, wenn die Eignung nachgewiesen ist.

Teil 9. Notwendige Flure und Gänge

MBO § 36, BW § 28, Bay Art. 37, Bln § 33, Bbg § 29, Brem § 37, Hamb §§ 24, 29; Hess § 32, MV § 34, Nds § 35, NRW § 38, Rh-Pf § 35, Saar § 38, Sachs § 34, Sachs-Anhalt § 38, Schl-H § 40, Thür § 34

Ländervergleich: Notwendige Flure und Gänge

125

Regelungen der Landesbauordnungen und der MBO 2002[64]	
1.	Notwendige Flure sind Flure, über die Rettungswege von Aufenthaltsräumen zu Treppenräumen notwendiger Treppen oder zu Ausgängen ins Freie führen.
1.1	Als notwendige Flure gelten nicht • Flure innerhalb von Wohnungen oder Nutzungseinheiten vergleichbarer Größe • Flure innerhalb von Nutzungseinheiten, die einer Büro- oder Verwaltungsnutzung dienen und deren Nutzfläche in einem Geschoss nicht mehr als 400 m² beträgt.
2.	Notwendige Flure müssen **so breit** sein, dass sie für den größten zu erwartenden Verkehr ausreichen.
2.1	Notwendige Flure **von mehr als 30 m Länge** sollen durch nichtabschließbare, rauchdichte und selbstschließende Türen unterteilt werden.
2.2	In den Fluren ist eine Folge von **weniger als drei Stufen unzulässig**.
3.	**Wände** notwendiger Flure sind mindestens feuerhemmend und in den wesentlichen Teilen aus nichtbrennbaren Baustoffen, in Gebäuden geringer Höhe mindestens feuerhemmend herzustellen.
3.1	**Türen** müssen dicht schließen.
3.2	Ausnahmen von 3. und 3.1 sind zulässig, wenn wegen des Brandschutzes Bedenken nicht bestehen.
4.	Wände, Decken und Brüstungen von offenen Gängen vor den Außenwänden, die die einzige Verbindung zwischen Aufenthaltsräumen und Treppenräumen herstellen, sind mindestens feuerhemmend und in den wesentlichen Teilen aus nichtbrennbaren Baustoffen, in Gebäuden geringer Höhe mindestens feuerhemmend herzustellen.
5.	In notwendigen Fluren und offenen Gängen sind • **Bekleidungen**, Unterdecken und Dämmstoffe aus brennbaren Baustoffen unzulässig, • **Fußböden** so herzustellen, dass sie mindestens schwer entflammbar sind, • **Leitungsanlagen** nur zulässig, wenn Bedenken wegen des Brandschutzes nicht bestehen. Bei Gebäuden geringer Höhe sind Ausnahmen von den Regelungen unter dem 1. und 2. Spiegelstrich zulässig, wenn Bedenken wegen des Brandschutzes nicht bestehen.

126

Land	Norm (LBO)	Umsetzung/Abweichung in den Ländern und in der MBO 2002[65]	
MBO 2002	§ 36	**1.**	§ 36 I – Ergänzend: Notwendige Flure müssen so angeordnet und ausgebildet sein, dass die Nutzung im Brandfall ausreichend lang möglich ist.
		1.1	§ 36 I S. 2 – zusätzlich: nicht in Wohngebäuden der Gebäudeklassen 1 und 2 und in sonstigen Gebäuden der Gebäudeklasse 1 und 2, ausgenommen in Kellergeschossen; in Teilen größerer Nutzungseinheiten (mit nicht mehr als 400 m²) dann nicht, wenn diese Trennwände nach § 29 II Nr. 1 haben und jeder Teil unabhängig von anderen Teilen Rettungswege nach § 33 I hat.

[64] Die hier verwendeten Ziffern entsprechen den Ziffern der nachstehenden Rubrik „Umsetzung/Abweichung in den Ländern und der MBO 2002".

[65] Die hier verwendeten Ziffern entsprechen den Ziffern der vorstehenden Rubrik „Regelungen der Landesbauordnungen und der MBO 2002".

Land	Norm (LBO)	Umsetzung/Abweichung in den Ländern und der MBO 2002	
		2.	§ 36 II S. 1
		2.1	§ 36 II S. 1 und 2 – zusätzlich: Die Abschlüsse sind bis an die Rohdecke zu führen; sie dürfen bis an die Unterdecke der Flure geführt werden, wenn die Unterdecke feuerhemmend ist. **Besonderheit:** Notwendige Flure mit nur einer Fluchtrichtung, die zu einem Sicherheitstreppenraum führen, dürfen nicht länger als 15 m sein.
		2.2	§ 36 II S. 2
		3.	§ 36 IV S. 1 – zusätzlich: in Kellergeschossen, deren tragende und aussteifende Bauteile feuerbeständig sein müssen, müssen die Wände ebenfalls feuerbeständig sein. Für Gebäude geringer Höhe gilt keine sind nicht gesondert erwähnt.
		3.1	§ 36 IV S. 4 – zusätzlich: Öffnungen zu Lagerbereichen im Kellergeschoss müssen feuerhemmende, dicht- und selbstschließende Abschlüsse haben.
		3.2	keine Regelung
		4.	§ 36 V – gilt nur für Wände
		5.	§ 36 VI – zusätzlich erwähnt sind Putze; zusätzlich: Wände und Decken aus brennbaren Baustoffen müssen eine Bekleidung aus nichtbrennbaren Baustoffen in ausreichender Dicke haben.
BW	§ 28; §§ 12,14 LBOAVO	1.	§ 12 I LBOAVO
		1.1	§ 12 I S. 2 LBOAVO
		2.	§ 12 II LBOAVO – Mindestbreite von 1,25 m
		2.1	§ 14 II S. 2 LBOAVO – Unterteilung ab 40 m
		2.2	§ 12 II S. 2 – zusätzlich: Rampen mit einer Neigung bis zu 6 vH sind zulässig
		3.	keine Regelung
		3.1	§ 14 LBOAVO – detaillierte, stark differenzierende Regelungen, wobei u. a. unterschieden wird zwischen dichtschließenden Türen, rauchdichten Türen und feuerhemmenden Türen
		4.	keine Regelung
		5.	§ 12 III LBOAVO – abweichend: Einbauten, Verkleidungen, Dämmschichten und Bodenbeläge müssen aus mindestens schwerentflammbaren Baustoffen bestehen; dies gilt nicht für Gebäude geringer Höhe. Besonderheit – § 28 I LBO enthält nur allgemeine Regelungen: Flure, offene Gänge und Rampen müssen gut begehbar und verkehrssicher sein. Sie müssen in solcher Zahl vorhanden und so angeordnet und ausgebildet sein, dass sie für den größten zu erwartenden Verkehr ausreichen und die erforderlichen Rettungswege bieten.
Bay	Art. 37	1.	Art. 37 I S. 1
		1.1	Art. 37 I S. 2
		2.	Art. 37 II S. 1
		2.1	Art. 37 II S. 2
		2.2	Art. 37 II S. 3
		3.	Art. 37 III S. 1 – abweichend: mindestens feuerhemmend, in Gebäuden mit mehr als fünf Vollgeschossen feuerbeständig. Gilt nicht für Gebäude mit bis zu zwei Vollgeschossen, soweit sie darüber keine Aufenthaltsräume haben können.
		3.1	keine Regelung
		4.	keine Regelung
		5.	Art. 37 III S. 2 – abweichend: Verkleidungen, Dämmstoffe und Unterdecken müssen aus mindestens schwerentflammbaren Baustoffen bestehen. Gilt nicht für Gebäude mit bis zu zwei Vollgeschossen, soweit sie darüber keine Aufenthaltsräume haben können.

Land	Norm (LBO)		Umsetzung/Abweichung in den Ländern und der MBO 2002
Bln	§ 33	**1.**	§ 33 I – Abweichende Bezeichnung: Allgemein zugängliche Flure
		1.1	keine Regelung
		2.	§ 33 I S. 1 HS 1
		2.1	§ 33 I S. 1 HS 2
		3.	§ 33 II S. 1 – abweichend: Feuerhemmende Wände aus nichtbrennbaren Baustoffen in Gebäude mit mehr als zwei Vollgeschossen; sie sind bis an die Rohdecken zu führen
		3.1	§ 33 II S. 1 HS 2
		4.	§ 33 II – abweichend: Feuerbeständig in Gebäuden mit mehr als drei Vollgeschossen in ihren tragenden Teilen einschließlich des Abschlusses über dem obersten Gang.
		5.	§ 33 IV – Verkleidungen, Unterdecken und Dämmstoffe aus brennbaren Baustoffen sind in allgemein zugänglichen Fluren und offenen Gängen in Gebäuden mit mehr als zwei Vollgeschossen unzulässig.
Bbg	§ 29	**1.**	§ 29 IV S. 1
		1.1	§ 29 IV S. 2
		2.	§ 29 VI – abweichend: die Breite der baulichen Rettungswege ist nach der größtmöglichen Personenzahl zu bemessen. Die lichte Breite eines jeden Teiles von Rettungswegen muss mindestens 1,00 m betragen. In Wohnungen genügt eine lichte Breite von 0,80 m. Bei Gebäuden, die für eine größere Zahl von Personen oder für die Öffentlichkeit bestimmt sind, muss die lichte Breite eines jeden Teiles von Rettungswegen je 200 darauf angewiesener Personen mindestens 1,20 m betragen. Staffelungen sind in Schritten vom 0,60 m zulässig.
		2.1	§ 29 V Satz 1 – zusätzlich: Die Rauchschutzabschlüsse sind bis unter die Rohdecke zu führen; sie dürfen bis unter die Unterdecke geführt werden, wenn diese feuerhemmend ist. **Besonderheit:** Notwendige Flure mit nur einer Fluchtrichtung für beide Rettungswege oder zu einem Sicherheitstreppenraum dürfen nicht länger als 15 m sein.
		3.	§ 29 VII S. 1 Nr. 2 – abweichend: raumabschließende Bauteile aus brennbaren Baustoffen müssen eine ausreichend dicke Bekleidung aus nichtbrennbaren Baustoffen haben in § 29 I S. 1 nur die allgemeine Forderung, dass Rettungswege so ausgebildet sein müssen, dass im Brandfall ihre Benutzung ausreichend lange möglich ist und
		4.	keine Regelung
		5.	§ 29 VII S. 1 Nr. 1
Brem	§ 37	**1.**	§ 37 I S. 1
		1.1	§ 37 I S. 2
		2.	§ 37 II S. 1 HS 1
		2.1	§ 37 II S. 1 HS 2
		2.2	§ 37 II S. 2
		3.	§ 37 II S. 1 – Ergänzend in S. 2: Die Wände sind bis zur Rohdecke oder zur Unterkante der Dachhaut zu führen.
		3.1	§ 37 III S. 3
		4.	§ 37 IV
		5.	§ 37 V – Besonderheit: Für Bodenbeläge sind Ausnahmen zulässig, wenn wegen der Entwicklung von Rauch und toxischen Gasen Bedenken nicht bestehen. Als unzulässig werden zusätzlich erwähnt: Einbauten aus brennbaren Baustoffen.
Hamb	§§ 24, 26, 29, 33	**1.**	§ 33 I S. 1
		1.1	§ 33 I S. 2

Land	Norm (LBO)	Umsetzung/Abweichung in den Ländern und der MBO 2002	
		2.	§ 33 II – abweichend: Mindestbreite 1 m, in Hochhäusern mindestens 1,25 m, in Gebäuden nach § 52[66] mindestens 1,5 m. Die notwendigen Mindestbreiten für Rettungswege dürfen durch Einbauten und Einrichtungen nicht eingeengt werden.
		2.1	§ 33 III – abweichend bei Hochhäusern: alle 20 m.
		2.2	§ 33 V
		3.	§ 26 IX – abweichend: Gebäude geringer Höhe mit mehr als zwei Wohnungen oder mit anderen Nutzungen: Wände müssen feuerhemmend sein und beidseitig eine Beplankung aus nichtbrennbaren Baustoffen haben, in Hochhäusern müssen sie feuerbeständig sein. § 27 VIII – Gebäude mittlerer Höhe: feuerbeständig § 28 VIII – Hochhäuser: feuerbeständig
		3.1	§ 29 II S. 3 – abweichend: zwischen notwendigen Fluren und Wohnungen in Gebäuden mit mehr als zwei Geschossen müssen die Türen dicht und gegen Feuer ausreichend widerstandsfähig sein. Türöffnungen zwischen Treppenräumen und notwendigen Fluren müssen rauchdichte und selbstschließende Türen (Rauchschutztüren) erhalten. Dies gilt nicht für Wohngebäude geringer Höhe mit nicht mehr als zwei Wohnungen. keine Regelung
		4. 5.	§ 26 VIII, § 27 XI, § 28 XI – abweichend: Verkleidungen einschließlich der Dämmstoffe und Unterkonstruktionen sowie Einbauten müssen in Rettungswegen aus nichtbrennbaren Baustoffen bestehen. § 24 I S. 5: Aus Gründen des Brandschutzes kann verlangt werden, dass in Rettungswegen Fußbodenbeläge aus nichtbrennbaren Baustoffen verwendet werden.
Hess	§ 32	1.	§ 32 I S. 1
		1.1	§ 32 I S. 2 – abweichend: als notwendige Flure gelten nicht • Flure in den Gebäudeklassen[67] 1 und 2, • Flure innerhalb von Wohnungen oder innerhalb von Nutzungseinheiten mit nicht mehr als 200 m² Brutto-Grundfläche, • Ergänzung zu 3. Spiegelstrich: Wenn sie Trennwände nach § 26 und Rettungswege nach § 13 Abs. 3 haben.
		2.	§ 32 II S. 1
		2.1	§ 32 III S. 1 und 2 – zusätzlich: Die Rauchabschlüsse sind bis an die Rohdecke zu führen; sie dürfen bis an die Unterdecke der Flure geführt werden, wenn die Unterdecke feuerhemmend und ein nichtabschließbarer Rauchabschluss (oder Ähnliches) sichergestellt ist. Notwendige Flure mit nur einer Fluchtrichtung, die zu einem Sicherheitstreppenraum führen, dürfen nicht länger als 15 m sein (keine Anforderungen für offene Gänge).
		2.2	§ 32 II S. 2
		3.	Anlage 1 zur HBO – abweichend: **Brandschutzanforderungen** an Wände nach Nr. 8.1 bis 8.3 der Anlage 1;[68] zusätzlich in § 32 IV S. 1: Die

[66] U. a. öffentliche Gebäude, Altenheime.
[67] Zu den Gebäudeklassen siehe Kap. 5, Rn. 40, Fn. 40.
[68] Gebäudeklasse 3: – Wände, Umwehrungen von offenen Gängen: F 30-B
– Wände in Kellergeschossen: F 30-B
– Feuerschutzabschlüsse von Öffnungen in Wänden zu Lagerbereichen im Kellergeschoss: T 30
– Bekleidungen, Unterdecken u.Ä.: B 2
Gebäudeklasse 4: – Wände, Umwehrungen von offenen Gängen: F 30-B
– Wände in Kellergeschossen: F 90-A
– Feuerschutzabschlüsse von Öffnungen in Wänden zu Lagerbereichen im Kellergeschoss: T 30
– Bekleidungen, Unterdecken u.Ä.: A
Gebäudeklasse 5: – Wände, Umwehrungen von offenen Gängen: F 30-AB oder F 30-BA
– Wände in Kellergeschossen: F 90-A
– Feuerschutzabschlüsse von Öffnungen in Wänden zu Lagerbereichen im Kellergeschoss: T 30
– Bekleidungen, Unterdecken u.Ä.: A.

Land	Norm (LBO)		Umsetzung/Abweichung in den Ländern und der MBO 2002
			Wände notwendiger Flure sind bis an die Rohdecke zu führen. Sie dürfen bis an die Unterdecke der Flure geführt werden, wenn die Unterdecke feuerhemmend und ein der Nr. 8.1 und 8.2 der Anlage 1 vergleichbarer Raumabschluss sichergestellt ist.
		3.1	§ 32 IV S. 3
		4.	§ 32 V – abweichend: Für Wände und Umwehrungen von notwendigen Fluren mit nur einer Fluchtrichtung, die als offene Gänge vor den Außenwänden angeordnet sind, gelten Nr. 8.1 bis 8.3 der Anlage 1 entsprechend. **Fenster** in diesen Außenwänden sind ab einer Brüstungshöhe von 0,90 m zulässig.
		5.	Anlage 1 zur HBO lfd. Nr. 8.4 – abweichend: Gebäudeklassen 1 und 2 ohne Anforderungen, Gebäudeklasse 3 normalentflammbar, Gebäudeklassen 4 und 5 nichtbrennbare Baustoffe und nichtbrennbare Baustoffe mit brennbaren Bestandteilen
MV	§ 35	**1.**	§ 35 I S. 1
		1.1	§ 35 I S. 2
		2.	§ 35 II S. 1
		2.1	§ 35 II S. 2
		2.2	§ 35 II S. 3
		3.	§ 35 III S. 1
		3.1	§ 35 III S. 2
		4.	§ 35 IV
		5.	§ 35 V – Keine Regelung für Fußböden
Nds	§ 35; § 17 DVN-BauO	**1.**	§ 1 II S. 2 DVNBauO – abweichende Definition: Notwendige Flure sind Flure, die als Rettungswege dienen.
		1.1	§ 1 II S. 2 DVNBauO – abweichend: Flure in Wohnungen sowie in sonstigen Nutzungseinheiten, die nach ihrer Größe je Geschoss Wohnungen entsprechen, gelten nicht als notwendige Flure.
		2.	§ 17 I S. 1 DVNBauO – Breite mindestens 1,25 m
		2.1	§ 17 IV S. 1 und 3 DVNBauO
		2.2	§ 17 I S. 2 DVNBauO
		3.	§ 17 II DVNBauO – zusätzlich: Soweit Verglasungen in Wänden notwendiger Flure mindestens 1,80 m über dem Fußboden angeordnet sind, brauchen sie nur 30 Minuten widerstandsfähig gegen Feuer zu sein (gilt nicht bei Außenwänden aus nichtbrennbaren Baustoffen). Die Wände notwendiger Flure müssen bis an die Rohdecke reichen.
		3.1	§ 17 IV S. 3 DVNBauO – zusätzlich: Die Entfernung zwischen den in notwendigen Fluren angeordneten Türen zu Nutzungseinheiten und der Treppenraumtür muss mindestens 2,50 m betragen.
		4.	§ 17 III DVNBauO
		5.	§ 21 I DVNBauO – abweichend: Regelung nur für Leitungsanlagen In § 35 LBO nur allgemeine Regelung: Flure und Gänge müssen gut begehbar und verkehrssicher sein. Sie müssen in solcher Zahl vorhanden und so angeordnet und ausgebildet sein, dass sie für den größten zu erwartenden Verkehr ausreichen und die erforderlichen Rettungswege bieten.
NRW	§ 38	**1.**	§ 38 I S. 1
		1.1	§ 38 I S. 2
		2.	§ 38 II S. 1 HS 1
		2.1	§ 38 II S. 1 HS 2 – zusätzlich in § 38 III: Notwendige Flure, die zu einem Sicherheitstreppenraum führen oder die als Stichflure nur eine Fluchtrichtung haben, dürfen bis zur Einmündung in einen notwendigen Treppenraum, den davon liegenden offenen Gang oder in eine Schleuse höchstens 10 m lang sein. Der Stichflur darf 20 m lang sein, wenn die Räume einen zweiten Rettungsweg haben.

Land	Norm (LBO)	Umsetzung/Abweichung in den Ländern und der MBO 2002	
		2.2	§ 38 II S. 2
		3.	§ 38 IV – abweichend: Wände notwendiger Flure sind in Feuerwiderstandsklassen • in Gebäuden geringer Höhe: F 30 • in anderen Gebäuden F 30 und in den wesentlichen Teilen aus nichtbrennbaren Baustoffen (F 30-AB) oder mit einer beidseitig angeordneten ausreichend widerstandsfähigen Schicht aus nichtbrennbaren Baustoffen herzustellen. Zusätzlich: Die Wände sind bis an die Rohdecke oder bis an den oberen Raumabschluss zu führen, der die gleiche Feuerwiderstandsklasse wie die Wand hat (Fluchttunnel).
		4.	§ 38 V – Sonderregelung für Wände und Brüstungen von notwendigen Fluren, die als offene Gänge vor den Außenwänden angeordnet werden: • In Gebäuden geringer Höhe: F 30 • In anderen Gebäuden F 30 und in den wesentlichen Teilen aus nichtbrennbaren Baustoffen (F 30-AB). Fenster sind in diesen Wänden ab einer Brüstungshöhe von 0,90 m zulässig.
		5.	§ 38 VI
Rh-Pf	§ 35	1.	§ 35 I S. 1
		1.1	§ 35 I S. 2 – abweichend: Als notwendige Flure gelten nicht – zusätzlich – Flure in Gebäuden der Gebäudeklasse[69] 1 und 2
		2.	§ 35 II S. 1
		2.1	§ 35 II S. 2
		2.2	§ 35 II S. 3
		3.	§ 35 III – abweichend: Wände sind in Gebäuden der • Gebäudeklasse 4 feuerhemmend und in den wesentlichen Teilen aus nicht brennbaren Baustoffen oder feuerhemmend und mit einer gegen Brandeinwirkung widerstandsfähigen Bekleidung aus nicht brennbaren Baustoffen, • Gebäudeklasse 3 feuerhemmend herzustellen. Dies gilt nicht für Gebäude mit nicht mehr als einem Geschoss über der Geländeoberfläche. Die Wände sind bis an die Rohdecke oder bis an einen oberen Raumabschluss zu führen, der hinsichtlich Feuerwiderstand und Bauart den Wänden entspricht.
		3.1	§ 35 III S. 2 HS 2
		4.	§ 35 IV
		5.	§ 35 V – abweichend: Bekleidungen einschl. Unterdecken und Dämmstoffe müssen in notwendigen Fluren und offenen Gängen von Gebäuden der Gebäudeklasse 4 aus nicht brennbaren Baustoffen, von Gebäuden der Gebäudeklasse 3 mit mehr als zwei Geschossen über der Geländeoberfläche aus mindestens schwer entflammbaren Baustoffen bestehen.
Saar	§ 38; § 12 TVO	1.	§ 12 I S. 1 TVO
		1.1	§ 12 I S. 2 TVO
		2.	§ 12 II S. 1 HS 1 TVO
		2.1	§ 12 II S. 1 HS 2 TVO
		2.2	§ 12 II S. 2 TVO
		3.	§ 12 V TVO – abweichend: Die Wände sind bis an die Rohdecke oder bis an einen oberen Raumabschluss zu führen, der hinsichtlich des Feuerwiderstandes dem der Wände entspricht.
		3.1	§ 12 III – abweichend: In Geschossen mit mehr als vier Wohnungen oder Nutzungseinheiten vergleichbarer Größe müssen Geschossflure angeordnet sein, die vom Treppenraum mindestens durch rauchdichte Türen abgeschlossen sind

[69] Zur Gebäudeklasse siehe Kap. 5, Rn. 40, Fn. 41.

Land	Norm (LBO)	Umsetzung/Abweichung in den Ländern und der MBO 2002	
		4.	§ 12 VI TVO – abweichend: Offene Gänge vor den Außenwänden, die die einzige Verbindung zwischen Aufenthaltsräumen und Treppenräumen herstellen, sind in ihren tragenden Teilen einschließlich der Decke über dem obersten Gang feuerbeständig herzustellen.
		5.	keine Regelung In § 38 LBO nur allgemeine Regelung: Flure und offene Gänge müssen • gut begehbar und verkehrssicher sein, • in solcher Zahl vorhanden, so angeordnet und ausgebildet sein, dass sie für den größten zu erwartenden Verkehr ausreichen und die erforderlichen Rettungswege gewährleisten, • widerstandsfähig gegen Feuer sein, soweit es der Brandschutz erfordert.
Sachs	§ 34	**1.**	§ 34 I S. 1
		1.1	§ 34 I S. 2
		2.	§ 34 II S. 1
		2.1	§ 34 II S. 2
		2.2	§ 34 II S. 3
		3.	§ 34 III S. 1
		3.1	§ 34 III S. 2
		4.	§ 34 IV
		5.	§ 34 V **Besonderheit**: § 34 VI: Notwendige Flure ohne Fenster in der Außenwand sind mit Einrichtungen zur Rauchableitung zu versehen. Ausnahmen sind zulässig, wenn eine Flucht in mindestens zwei Richtungen möglich ist oder bei einer Flucht in einer Richtung der Weg über einen notwendigen Flur nicht länger als 15 m ist und Bedenken wegen des Brandschutzes nicht bestehen.
Sachs-Anhalt	§ 38	**1.**	§ 38 I S. 1
		1.1	§ 38 I S. 2
		2.	§ 38 II S. 1
		2.1	§ 38 II S. 2
		2.2	§ 38 II S. 3
		3.	§ 38 III
		4.	§ 38 IV
		5.	§ 38 V
Schl-H	§ 40	**1.**	§ 40 I S. 1
		1.1	§ 40 I S. 2
		2.	§ 40 II S. 1
		2.1	§ 40 II S. 2
		2.2	§ 40 II S. 3
		3.	§ 40 III S. 1
		3.1	§ 40 III S. 2
		4.	§ 40 IV
		5.	§ 40 V – Keine Regelungen für Fußböden.
Thür	§ 34	**1.**	§ 34 I S. 1 – Abweichende Bezeichnung: Allgemein zugängliche Flure; keine Begriffsbestimmung
		1.1	keine Regelung
		2.	§ 34 I S. 1 HS 1
		2.1	§ 34 I S. 1 HS 2
		2.2	§ 34 I S. 2
		3.	§ 34 II S. 1
		3.1	§ 34 II S. 2
		4.	4. § 34 III
		5.	5. § 34 IV – Regelungen für Fußböden und Leitungsanlagen fehlen.

I. Allgemeines

1. Begriff

127 Notwendige Flure sind **Rettungswege** in horizontaler Verbindung der Nutzungseinheiten oder einzelner Räume mit dem Treppenraum oder dem Freien. Sie müssen im Brandfall den sich im Gebäude aufhaltenden Personen ein Entkommen aus dem Gefahrbereich ermöglichen, die Rettung dieser Menschen (wie auch von Tieren) zulassen, wie auch für eine Löschangriff der Feuerwehr geeignet sein.

2. Musterbauordnung 2002

128 Als Schutzziel formuliert § 36, notwendige Flure so anzuordnen und auszubilden, dass ihre Nutzung im Brandfall ausreichend lang möglich ist. Im Einzelnen aufgeführt sind die Fälle, in denen notwendige Flure nicht notwendig sind. Zulässig ist auch der Verzicht auf notwendige Flure in Teilen großer Nutzungseinheiten, wenn die Teileinheit brandschutztechnisch einer selbstständigen Nutzungseinheit entspricht (Trennwände zu anderen Bereichen; eigenes, von den anderen Teilen unabhängiges Rettungswegsystem). Abweichende Regelungen gelten auch für Großraumbüros (für Büroräume mit mehr als 400 m^2, die als Sonderbauten gelten.

Lange Flure sind durch Rauchabschlüsse in Rauchabschnitte zu unterteilen. Um zu vermeiden, dass eine Rauchausbreitung oberhalb der abgehängten Decke den Rauchabschluss „überläuft", wird gefordert, dass Rauchabschlüsse bis an die Rohdecke zu führen sind.

Konkretisiert wird die allgemeine Forderung, dass Treppenräume „sicher erreichbar" sein müssen; dies bedeutet – unbeschadet der strengeren Anforderungen nach den jeweiligen Richtlinien für Sonderbauten – ein **Flurlänge** von höchstens **15 m** bei nur einer Fluchtrichtung zu einem Sicherheitstreppenraum.

Flurwände als Raumabschlusswände sind feuerhemmend auszuführen. Eine Baustoffanforderung besteht nicht. Die notwendigen Flure von Aufenthaltsräumen in Kellergeschossen müssen – wie die Trennwände von Aufenthaltsräumen in Kellergeschossen – der Feuerwiderstandsfähigkeit der Tragkonstruktion des Kellergeschosses entsprechen, ggf. also feuerbeständig sein.

Die Wände sind bis zur Rohdecke zu führen. Der obere Anschluss an eine Unterdecke ist nur zulässig, wenn die Unterdecke feuerhemmend ist und der Raumabschluss sichergestellt ist.

Türen in Flurwänden müssen dicht schließen (dreiseitig umlaufende Dichtung, kein formeller Nachweis erforderlich); zu Lagerbereichen in Kellergeschossen werden dagegen Feuerschutzabschlüsse verlangt.

Wände von Fluren, die als offene Gänge vor den Außenwänden angeordnet sind und die anstelle von notwendigen Fluren die einzige Verbindung zwischen Aufenthaltsräumen und Treppenräumen sind und nur in einer Fluchtrichtung benutzt werden können, sind feuerhemmend auszubilden. Fenster in der Außenwand sind ohne besondere Anforderungen ab einer Brüstungshöhe von 0,90 m zulässig. Die Brüstung muss geschlossen ausgebildet werden (Ausnahmen sind ggf. zulässig).

II. Begriffsbestimmung: „Notwendige Flure"

129 Notwendige Flure sind alle Flure, über die Rettungswege von Aufenthaltsräumen zu notwendigen Treppenräumen oder zu Ausgängen ins Freie führen. Diese Flure müssen im Interesse ausreichenden Brandschutzes besonders geregelten bautechnischen Anforderungen genügen. Soweit Flure keine besondere brandschutztechnische Bedeutung haben, unterliegen sie nicht diesen Anforderungen. Es gelten deshalb Flure innerhalb von Woh-

nungen oder Nutzungseinheiten vergleichbarer Größe und Flure innerhalb von Nutzungseinheiten, die einer Büro- oder Verwaltungsnutzung dienen (und deren Nutzfläche nicht mehr als 400 m^2 beträgt), nicht als notwendige Flure.

Notwendige Flure müssen (ähnlich wie notwendige Treppenräume) als eigener Raum 130
ausgebildet sein, der ausschließlich der ihm zugewiesenen Sicherheitsfunktion dienen darf. Die Nutzung dieses „Raumes" zu anderen Zwecken würde dem Schutzzweck nicht entsprechen und ist deshalb unzulässig.

III. Breite und Unterteilung von notwendigen Fluren

1. Allgemeine Regelung

Eine konkrete Angabe über die erforderliche Breite notwendiger Flure enthalten die 131
Bauordnungen regelmäßig nicht (anders regelmäßig für Sonderbauten, etwa § 9 Abs. 3 GastBauR oder § 7 Abs. 1 HhBauR). Notwendige Flure müssen so breit sein, dass sie für den größten zu erwartenden Verkehr ausreichen. Anhaltspunkt können die für notwendige Treppen erforderlichen Maße sein. Größere Breiten sind zu verlangen, wenn die Flure von einer größeren Personenzahl genutzt werden, wobei auch seitlich einmündende weitere Flure oder auch Behinderungen, wie in den Flur hineinschlagende Türen, zu berücksichtigen sind (zusätzlich etwa die halbe Breite der Tür). Die Türen sollen in Fluchtrichtung zu öffnen sein.

2. Sonderbauten

In Gebäuden besonderer Art oder Nutzung verlangen die jeweiligen Richtlinien kon- 132
kret bestimmte Breiten notwendiger Flure (nach den einschlägigen Richtlinien etwa in Sachsen):

- Hochhäuser: mindestens 1,25 m
- Gaststätten: mindestens 1,00 m
- Versammlungsstätten: mindestens 2,00 m
- Krankenhäuser: mindestens 1,50 m (2,25 m, wenn Kranke liegend befördert werden).

3. Rauchabschnitte

Um das Ausbreiten von Rauch zu verhindern, sollen notwendige Flure von mehr als 133
30 m durch nichtabschließbare, rauchdichte und selbstschließende Türen in „Rauchabschnitte" unterteilt werden. Da eine einzelne Stufe leicht übersehen werden kann, ist in notwendigen Fluren eine Folge von mindestens drei Stufen erforderlich. Statt einer Treppe kann aber auch eine Rampe mit flacher Neigung eingebaut werden.

IV. Brandschutzanforderungen

1. Wände und Türen in notwendigen Fluren

Die Brandschutzanforderungen an Wände in notwendigen Fluren sind abhängig von 134
der Gebäudehöhe (und nach der Art ihrer Nutzung) unterschiedlich geregelt. In Gebäuden geringer Höhe sind Wände mindestens feuerhemmend (F 30-B) auszuführen; in höheren Gebäuden müssen die Wände in den wesentlichen Teilen aus nichtbrennbaren Baustoffen (F 30-AB) bestehen.

Die Wände in Hochhäusern müssen eine Feuerwiderstandsklasse F 90 besitzen und 135
sind aus nichtbrennbaren Baustoffen (F 90-A) herzustellen. Türen in den Wänden der notwendigen Flure müssen (rauch-)dicht schließen. Weitere Qualitätsanforderungen werden nicht gestellt. Ausnahmen von den Anforderungen sind zulässig, wenn keine Bedenken wegen des Brandschutzes bestehen.

2. Wände, Decken und Brüstungen von offenen Gängen

136 Der horizontale Rettungsweg kann auch über offene Gänge, die vor die Außenwand gebaut sind (Laubengänge), verlaufen. Wände, Decken und Brüstungen dieser offenen Gänge sind mindestens feuerhemmend und in den wesentlichen Teilen aus nichtbrennbaren Baustoffen herzustellen. In Gebäuden geringer Höhe genügt eine feuerhemmende Bauausführung.

3. Verkleidungen, Fußböden und anderes in notwendigen Fluren und Gängen

137 In notwendigen Fluren und offenen Gängen sind Verkleidungen, Unterdecken und Dämmstoffe aus brennbaren Baustoffen unzulässig. Die Fußbodenbeläge müssen mindestens schwerentflammbar sein. Ausnahmen sind wiederum bei Gebäuden geringer Höhe zulässig, wenn Bedenken wegen des Brandschutzes nicht bestehen. Leitungsanlagen sind in notwendigen Fluren und offenen Gängen – unbeschadet der Gebäudehöhe – zulässig, wenn Bedenken wegen des Brandschutzes nicht bestehen.

4. Rauchableitungen in notwendigen Fluren ohne Fenster in der Außenwand

138 An der Außenwand angeordnete Flure können im Regelfall über Fenster ausreichend entlüftet werden. Sind in der Außenwand keine Fenster (oder bei innenliegenden Fluren), muss die Rauchableitung über ausreichend große Schächte oder durch Rauchabzugsanlagen gewährleistet sein. Eine Rauchübertragung in andere Räume ist auszuschließen. Auf besondere Rauchableitungen kann verzichtet werden, wenn eine Flucht in mindestens zwei Richtungen möglich ist. Ist eine Flucht nur in einer Richtung möglich und ist der Weg über einen notwendigen Flur nicht länger als 15 m, so kann im Regelfall ebenfalls auf besondere Rauchableitungen verzichtet werden. Beide Ausnahmen stehen unter dem Vorbehalt, dass Bedenken wegen des Brandschutzes nicht bestehen.

Teil 10. Fenster, Türen, Kellerlichtschächte

MBO § 37, BW § 30, Bay Art. 38, Bln § 35, Bbg § 32, Brem § 39, Hamb § 29, Hess § 34, MV § 36, Nds § 37, NRW § 40, Rh-Pf § 37, Saar § 41, Sachs § 36, Sachs-Anhalt § 40, Schl-H § 42, Thür § 36

Ländervergleich: Fenster, Türen, Kellerlichtschächte

Regelungen der Landesbauordnungen und der MBO 2002[70]	
1.	Können die Fensterflächen nicht gefahrlos vom Erdboden, vom Innern des Gebäudes oder von Loggien und Balkonen aus gereinigt werden, so sind Vorrichtungen wie Aufzüge, Halterungen oder Stangen anzubringen, die eine Reinigung von außen ermöglichen.
2.	Glastüren und andere Glasflächen, die bis zum Fußboden allgemein zugänglicher Verkehrsflächen herabreichen, sind so zu kennzeichnen, dass sie leicht erkannt werden können. Für größere Glasflächen können Schutzmaßnahmen zur Sicherung des Verkehrs verlangt werden.
3.	Gemeinsame Kellerlichtschächte für übereinander liegende Kellergeschosse sind unzulässig.
4.	Fenster und andere Öffnungen, die über Rettungsgeräte der Feuerwehr als zweiter Rettungsweg dienen, müssen im Lichten mindestens 0,90 m × 1,20 m groß und dürfen nicht höher als 1,20 m über der Fußbodenoberkante angeordnet sein.
5.	Liegen die Fenster bzw. Öffnungen des zweiten Rettungswegs in Dachschrägen oder Dachaufbauten, so darf ihre Unterkante oder ein davor liegender Austritt von der Traufkante nur so weit entfernt sein, dass Personen sich bemerkbar machen und von der Feuerwehr gerettet werden können.

139

Land	Norm (LBO)	Umsetzung/Abweichung in den Ländern und in der MBO 2002[71]	
MBO 2002	§ 37	**1.**	§ 37 I
		2.	§ 37 II
		3.	§ 37 IV S. 2 – Zusätzlich (§ 37 IV S. 1): Jedes Kellergeschoss ohne Fenster muss mindestens eine Öffnung ins Freie haben, um eine Rauchableitung zu ermöglichen.
		4.	§ 37 V S. 1
		5.	§ 37 V S. 2 – abweichend: Die Unterkante der Fenster oder ein davor liegender Austritt darf von der Traufkante horizontal gemessen nicht mehr als 1 m entfernt sein.
			Zusätzlich: § 37 III: Eingangstüren von Wohnungen, die über Aufzüge erreichbar sein müssen, müssen eine lichte Durchgangsbreite von mindestens 0,90 m haben.
BW	§ 30; § 14 LBOAVO	**1.**	keine Regelung
		2.	§ 14 VI LBOAVO
		3.	§ 30 II
		4.	§ 14 V LBOABO – abweichend: Größe eines Quadrats mit Seitenlängen von 0,9 m; zusätzlich: Sie müssen von innen ohne Hilfsmittel vollständig zu öffnen sein.
		5.	§ 14 V S. 3 – abweichend: die Unterkante dieser Fenster oder ein davor liegender Austritt darf horizontal gemessen nicht mehr als 1,0 m von der Traufkante entfernt sein.

140

70 Die hier verwendeten Ziffern entsprechen den Ziffern der nachstehenden Rubrik „Umsetzung/Abweichung in den Ländern und der MBO 2002".

71 Die hier verwendeten Ziffern entsprechen den Ziffern der vorstehenden Rubrik „Regelungen der Landesbauordnungen und der MBO 2002".

Land	Norm (LBO)		Umsetzung/Abweichung in den Ländern und der MBO 2002
			In § 30 I LBO nur allgemeine Regelung: Türen und Fenster, die bei einem Brand der Rettung von Menschen dienen oder der Ausbreitung von Feuer und Rauch entgegenwirken, müssen so beschaffen und angeordnet sein, dass sie den Erfordernissen des Brandschutzes genügen.
Bay	Art. 38	**1.**	Art. 38 I S. 1 – allgemein formuliert: Fenster und Fenstertüren müssen gefahrlos gereinigt werden können.
		2.	Art. 38 I S. 2 – allgemein formuliert: An Glastüren und großen Glasflächen sind Schutzmaßnahmen nur vorzusehen, wenn dies wegen der Verkehrssicherheit erforderlich ist.
		3.	Art. 38 IV
		4.	Art. 38 III – abweichend: Fenster, die zur Rettung von Menschen dienen, müssen im Lichten in einer Richtung mindestens 0,60 m^2, in einer anderen Richtung mindestens 1 m^2 groß und von innen zu öffnen sein. Die Unterseite der lichten Öffnung darf nicht mehr als 1,10 m über dem Fußboden liegen.
		5.	keine Regelung zusätzlich in Art. 38 I: Fenster und Türen, die von Aufenthaltsräumen unmittelbar ins Freie führen, müssen ausreichend wärmedämmend sein. Das gilt nicht für Fenster und Türen solcher Arbeitsräume, für die ein Wärmeschutz unmöglich oder unnötig ist. Schallschutzmaßnahmen sind nur vorzusehen, wenn Lage und Nutzung der Aufenthaltsräume dies erfordern.
Bln	§ 35	**1.**	§ 35 I
		2.	§ 35 I
		3.	§ 35 III
		4.	§ 35 IV S. 1
		5.	§ 35 IV S. 2
Bbg	§ 32	**1.**	keine Regelung
		2.	§ 32 IV
		3.	§ 32 VI
		4.	§ 32 V S. 1 – abweichend: Die Fenster dürfen nicht höher als 1,10 m über der Fußbodenoberkante angeordnet sein.
		5.	§ 32 V S. 2
Brem	§ 39	**1.**	§ 39 I
		2.	§ 39 VII
		3.	§ 39 VI
		4.	§ 39 III S. 1
		5.	§ 39 III S. 2
Hamb	§§ 19, 29	**1.**	§ 19 IV
		2.	§ 19 I S. 1 – nur allgemeine Forderung nach Verkehrssicherheit baulicher Anlagen
		3.	§ 29 VII
		4.	§ 29 VI S. 1 – abweichend: Lichtes Maß von mindestens 0,6 m Breite und 1,2 m Höhe und höchstens 1,2 m über der Fußbodenoberkante.
		5.	§ 29 VI S. 2
Hess	§ 34	**1.**	§ 34 I
		2.	§ 34 II
		3.	§ 34 III
		4.	§ 34 V S. 1
		5.	§ 34 V S. 2 – abweichend: Die Unterkante der Fenster oder ein davor liegender Austritt darf von der Traufkante horizontal gemessen nicht mehr als 1 m entfernt sein.

Land	Norm (LBO)	Umsetzung/Abweichung in den Ländern und der MBO 2002	
			Zusätzlich in § 34 IV: Eingangstüren von Wohnungen, die über Aufzüge erreichbar sein müssen, müssen eine lichte Durchgangsbreite von mindestens 0,90 m haben.
MV	§ 36	**1.** **2.** **3.** **4.** **5.**	keine Regelung § 36 I § 36 II § 36 III S. 1 § 36 III S. 2
Nds	§ 37; § 19 DVN-BauO	**1.** **2.** **3.** **4.** **5.**	§ 37 I – abweichende Formulierung: Fenster und Fenstertüren müssen gefahrlos gereinigt werden können. Fenster, die dem Lüften dienen, müssen gefahrlos zu öffnen sein. § 19 III DVNBauO, § 37 II § 37 IV § 19 II S. 1 DVNBauO § 19 II S. 2 DVNBauO
NRW	§ 40	**1.** **2.** **3.** **4.** **5.**	§ 40 I § 40 II § 40 III § 40 IV S. 1 § 40 IV S. 2 – abweichend: Die Unterkante oder ein davor liegender Austritt darf, horizontal gemessen, nicht mehr als 1,20 m von der Traufkante entfernt sein; von diesen Fenstern müssen sich Menschen zu öffentlichen Verkehrsflächen oder zu Flächen für die Feuerwehr bemerkbar machen können.
Rh-Pf	§ 37	**1.** **2.** **3.** **4.** **5.**	keine Regelung § 37 I § 37 III § 37 II S. 1 § 37 II S. 2
Saar	§ 41; § 14 TVO	**1.** **2.** **3.** **4.** **5.**	§ 41 II § 41 I § 41 IV § 14 S. 1 TVO § 14 S. 2 TVO
Sachs	§ 36	**1.** **2.** **3.** **4.** **5.**	keine Regelung § 36 I § 36 II § 36 IV S. 1 § 36 IV S. 2 Zusätzlich in § 36 III: Eingangstüren von Wohnungen, die über Aufzüge erreichbar sein müssen, müssen eine lichte Durchgangsbreite von mindestens 0,90 m haben.
Sachs-Anhalt	§ 40	**1.** **2.** **3.** **4.** **5.**	§ 40 I § 40 II § 40 III § 40 V S. 1 § 40 V S. 2 Zusätzlich in § 40 IV: Eingangstüren von Wohnungen, die über Aufzüge erreichbar sein müssen, müssen eine lichte Durchgangsbreite von mindestens 0,90 m haben.
Schl-H	§ 42	**1.** **2.**	§ 42 I § 42 II

Land	Norm (LBO)	Umsetzung/Abweichung in den Ländern und der MBO 2002	
		3.	§ 42 III
		4.	§ 42 V
		5.	§ 42 V – abweichend: Die Unterkante oder ein davor liegender Austritt soll, horizontal gemessen, nicht mehr als 1 m von der Traufkante entfernt sein. Zusätzlich in § 42 IV: Eingangstüren von Wohnungen, die über Aufzüge erreichbar sein müssen, müssen eine lichte Durchgangsbreite von mindestens 0,90 m haben.
Thür	§ 36	1.	§ 36 I
		2.	§ 36 II
		3.	§ 36 III
		4.	§ 36 IV S. 1
		5.	§ 36 IV S. 2

I. Allgemeines

1. Anwendungsbereich

141 Fenster müssen Schutz vor Witterungseinflüssen und Außenlärm bieten. Die Anforderungen im Einzelnen ergeben sich aus der Energiesparverordnung vom 16. 11. 2001 (BGBl. I S. 3085) und aus DIN 4109 (Beiblatt 1 „Schallschutz im Hochbau"). Werden Fenster in Wände eingebaut, die brandschutztechnischen Anforderungen genügen müssen, so müssen auch die Fenster einen angemessenen Feuerwiderstand aufweisen. Als Fenster gelten auch Verglasung, also auch Lichtbänder, Oberlichte, Fenstertüren oder auch Glasfassaden; erfasst werden auch „glasähnliche" Materialien wie lichtdurchlässige Kunststoffe.

142 An Fenster können bei baulichen Anlagen und Räumen besonderer Art oder Nutzung und bei baulichen Anlagen für besondere Personengruppen besondere Anforderungen gestellt werden (etwa hinsichtlich der Bruchfestigkeit). **Arbeitsstätten** müssen grundsätzlich eine Sichtverbindung nach außen besitzen (§ 7 Abs. 1 ArbStättV i.V. m. der Arbeitsstättenrichtlinie 7/1).

143 Unter bestimmten Voraussetzungen dienen Fenster und Öffnungen auch als zweiter Rettungsweg. Sie müssen deshalb für die Personenrettung geeignet ausgebildet werden, wozu auch erforderlich ist, dass sich zu rettende Personen gegenüber den Rettungskräften vom Fenster aus bemerkbar machen können und das Fenster von der Feuerwehrleiter aus erreichbar ist.[72]

2. Musterbauordnung 2002

144 § 37 der MBO enthält neu die Forderung, dass zur Rauchableitung aus fensterlosen Kellergeschossen mindestens eine Öffnung ins Freie vorgesehen werden muss. Die bisherige Einräumung behördlichen Ermessens wurde durch die Formulierung eines Rechtsanspruchs ersetzt. Im Übrigen blieben die Regelungen im Vergleich zur früheren MBO inhaltlich unverändert.

---

[72] Der Anstellwinkel der Feuerwehrleiter beträgt im Allgemeinen etwa 70°. Für anzuleiternde Fenster in Dachschrägen beträgt der noch mögliche Abstand der Fensterunterkante zur Traufkante damit etwa 1,00 m.

II. Kennzeichnung von Glastüren und anderen Glasflächen

Glastüren und andere Glasflächen, die bis zum Fußboden reichen, können leicht übersehen werden. Sie sind deshalb etwa durch Aufkleben von auffälligen Motiven so zu kennzeichnen, dass sie leicht erkannt werden können. Für größere Glasflächen können Schutzmaßnahmen, wie z. B. die Verwendung von bruchsicherem Glas oder durch eine Umwehrung oder Brüstung, im Interesse ausreichender Verkehrssicherheit verlangt werden. 145

III. Gemeinsame Kellerlichtschächte für übereinander liegende Kellergeschosse

Kellerlichtschächte dienen der Belichtung und Belüftung der Kellergeschosse. Zur Vermeidung von Brandübertragungen bedarf jedes Kellergeschoss eines eigenen Lichtschachtes. 146

IV. Eingangstüren von Wohnungen, die über Aufzüge erreichbar sein müssen

Einige Länderbauordnungen bestimmen die Mindestbreite von Eingangstüren von Wohnungen, die über Aufzüge erreichbar sein müssen. Die Mindestbreite von 0,90 m gilt für Eingangstüren von Wohnungen, die über Aufzüge erreichbar sein müssen. Dieses Maß, das aus der DIN 18025 übernommen ist, gewährleistet, dass diese Wohnungstüren auch von Rollstuhlfahrern benutzt werden können. 147

V. Öffnungen, die als Rettungswege dienen

Unter „Öffnungen“ sind (auch) Fenster gemeint, die als zweiter Rettungsweg dienen können, wenn sie „im Lichten“ (also im Innenmaß) mindestens 0,90 × 1,20 m groß und nicht höher als 1,20 m über der Fußbodenfläche angeordnet sind. Diese Maße müssen bei geöffneten Fenstern erreicht werden, wobei gleichgültig ist, welches der geforderten Maße für die Breite und welches für die Höhe gewählt wird. 148

Die Öffnung darf durch andere Bauteile (Posten, Kämpfer) nicht eingeschränkt sein, da sonst notwendige Rettungsarbeiten erschwert werden könnten. Damit die Öffnung auch tatsächlich die Funktion eines Rettungsweges erfüllen kann, muss sie mit Rettungsgeräten der Feuerwehr erreichbar sein. Liegt die Öffnung in Dachschrägen oder Dachaufbauten, so darf ihre Unterkante oder ein davor liegender Austritt von der Traufkante nur so weit entfernt sein, dass Personen sich bemerkbar machen und von der Feuerwehr gerettet werden können. 149

Teil 11. Umwehrungen und Abdeckungen

MBO § 38, BW § 4 LBOAVO, Bay Art. 17, Bln § 28, Bbg § 33, Brem § 39, Hamb § 34, Hess § 35, MV § 37, Nds § 4 DVNBauO, NRW § 41, Rh-Pf § 38, Saar § 13 TVO, Sachs § 37, Sachs-Anhalt § 41, Schl-H § 43, Thür § 37

Ländervergleich: Umwehrungen und Abdeckungen

150

Regelungen der Landesbauordnungen und der MBO 2002[73]	
1.	Zu umwehren sind Flächen (in, an und auf baulichen Anlagen), die im allgemeinen zum Begehen bestimmt sind und unmittelbar an mehr als 1 m tieferliegenden Flächen angrenzen. Dies gilt nicht, wenn die Umwehrung dem Zweck der Flächen widerspricht, wie bei Verladerampen, Kais und Schwimmbecken.
2.	In Flächen, die im Allgemeinen zum Begehen bestimmt sind, sind nicht begehbare **Oberlichte** und Glasabdeckungen zu umwehren, wenn sie weniger als 0,50 m aus diesen Flächen herausragen.
3.	**Kellerlichtschächte** und Betriebsschächte, die an Verkehrsflächen liegen, sind zu umwehren oder verkehrssicher abzudecken; liegen sie in Verkehrsflächen, so sind sie in Höhe der Verkehrsflächen verkehrssicher abzudecken.
4.	Abdeckungen an und in öffentlichen Verkehrsflächen müssen gegen unbefugtes Abheben gesichert sein.
5.	**Fensterbrüstungen** müssen bis zum fünften Vollgeschoss mindestens 0,80 m, über dem fünften Vollgeschoss mindestens 0,90 m hoch sein.
5.1	Statt Fensterbrüstungen sind auch Geländer mit den Höhen nach Nr. 6 zulässig.
6.	**Umwehrungen** zur Sicherung von Öffnungen in begehbaren Decken, Dächern sowie Umwehrungen von Flächen • mit 1 m bis 12 m Absturzhöhe müssen mindestens 0,90 m hoch sein • mit mehr als 12 m Absturzhöhe müssen mindestens 1,10 m hoch sein.

151

Land	Norm (LBO)	Umsetzung/Abweichung in den Ländern und in der MBO 2002[74]	
MBO 2002	§ 38	1.	§ 38 I Nr. 1
		2.	§ 38 I Nr. 2 zusätzlich: zu umwehren (oder mit Brüstungen zu versehen) sind • Dächer oder Dachteile, die zum auch nur zeitweiligen Aufenthalt von Menschen bestimmt sind, • Öffnungen in begehbaren Decken sowie in Dächern oder Dachteilen, die zum auch nur zeitweiligen Aufenthalt von Menschen bestimmt sind, • nicht begehbare Glasflächen in Decken sowie in Dächern oder Dachteilen, die zum auch nur zeitweiligen Aufenthalt von Menschen bestimmt sind, • die freien Seiten von Treppenläufen, Treppenabsätzen und Treppenöffnungen
		3.	§ 38 I Nr. 7, II
		4.	§ 38 II S. 2 zusätzlich in § 38 II S. 3: Fenster, die unmittelbar an Treppen liegen und deren Brüstung unter der notwendigen Umwehrungshöhe liegen, sind zu sichern

[73] Die hier verwendeten Ziffern entsprechen den Ziffern der nachstehenden Rubrik „Umsetzung/Abweichung in den Ländern und der MBO 2002".

[74] Die hier verwendeten Ziffern entsprechen den Ziffern der vorstehenden Rubrik „Regelungen der Landesbauordnungen und der MBO 2002".

Land	Norm (LBO)		Umsetzung/Abweichung in den Ländern und der MBO 2002
		5.	§ 38 III S. 1 – abweichend: bei einer Absturzhöhe bis zu 12 m mindestens 0,80 m, bei mehr als 12 m Absturzhöhe mindestens 0,90 m.
		5.1	§ 38 III S. 2
		6.	§ 38 IV
BW	§ 4 LBOAVO	1.	§ 4 I Nr. 1 LBOAVO
		2.	§ 4 I Nr. 2 LBOAVO
		3.	§ 4 I Nr. 3 LBOAVO
		4.	keine Regelung
		5.	§ 4 II LBOAVO – abweichend: Mindesthöhe generell 0,90 m; die Höhe darf auf 0,80 m verringert werden, wenn die Tiefe der Umwehrung mindestens 0,2 m beträgt. Bei Fensterbrüstungen wird die Höhe von Oberkante Fußboden bis Unterkante Fensteröffnung gemessen.
		6.	§ 4 II LBOAVO – abweichend: keine Regelung für Absturzhöhen von mehr als 12 m Zusätzliche Regelungen: § 4 III LBOAVO: Der Abstand zwischen den Umwehrungen und den zu sichernden Flächen darf waagerecht gemessen nicht mehr als 6 cm betragen. § 4 IV LBOAVO: Öffnungen in Umwehrungen dürfen bei Flächen, auf denen in der Regel mit der Anwesenheit von Kindern bis zu sechs Jahren gerechnet werden muss, • bei einer Breite von mehr als 12 cm bis zu einer Höhe der Umwehrung von 0,6 m nicht höher als 2 cm, darüber nicht mehr als 12 cm sein, • bei einer Höhe vom mehr als 12 cm nicht breiter als 12 cm sein. Der Abstand dieser Umwehrungen von der zusichernden Fläche darf senkrecht gemessen nicht ehr als 12 cm betragen. Dies gilt nicht bei Wohngebäuden geringer Höhe mit nicht mehr als zwei Wohnungen und bei Wohnungen.
Bay	Art. 17	1.	Art. 17 I – abweichend: Umwehrung bereits dann, wenn die angrenzenden Flächen 0,50 m tiefer liegen.
		2.	bis 6. keine Regelung in Art. 17 Sonderregelung in Art. 17 I S. 3: Ist mit der Anwesenheit von Kleinkindern auf der sie zu sichernden Fläche üblicherweise zu rechnen, müssen Umwehrungen so ausgebildet werden, dass sie Kleinkindern das Über- oder Durchklettern nicht erleichtern; das gilt nicht innerhalb von Wohngebäuden mit bis zu zwei Wohnungen und innerhalb von Wohnungen.
Bln	§ 28	1.	§ 36 I
		2.	§ 36 II
		3.	§ 36 III S. 1
		4.	§ 36 III S. 2
		5.	§ 36 IV S. 1 – zusätzlich in § 36 IV S. 3: Im Erdgeschoss können geringere Brüstungshöhe gestattet werden.
		5.1	§ 36 IV S. 2
		6.	§ 36 V Sonderregelung in § 36 VI bei möglicher **Anwesenheit von Kindern**: Öffnungen in Geländern, Brüstungen und anderen Umwehrungen dürfen mindestens in einer Richtung nicht breiter als 12 cm sein. Sie sind so auszubilden. Ein waagerechter Zwischenraum zwischen Umwehrung und der zu sichernden Fläche darf nicht größer als 4 cm sein.
Bbg	§ 33	1.	§ 33 I
		2.	keine Regelung
		3.	§ 33 II S. 1

Land	Norm (LBO)	Umsetzung/Abweichung in den Ländern und der MBO 2002	
		4.	§ 33 II S. 2
		5.	fehlt
		5.1	keine Regelung
		6.	§ 33 III S. 1 – zusätzlich: Eine geringere Höhe ist zulässig, wenn aufgrund anderer technischer Einrichtungen oder der Tiefe der Brüstung keine Absturzgefahr besteht.
Brem	§§ 19, 39	**1.**	§ 19 II
		2.	§ 39 IV
		3.	§ 39 V S. 1
		4.	§ 39 V S. 2
		5.	§ 39 II S. 1 – abweichend: Fensterbrüstungen müssen bei einer Absturzhöhe • von 1 m bis 12 m mindestens 0,80 m • von mehr als 12 m mindestens 0,90 m hoch sein (§ 39 II S. 3: geringere Höhen im Erdgeschoss zulässig).
		5.1	§ 39 II S. 2
		6.	§ 19 II S. 2,3 – abweichend: Die Umwehrungen müssen mindestens 1 m hoch sein, in den der Wohnnutzung vorbehaltenen Gebäudeteilen einschließlich der Zubehöreinrichtungen beträgt die Mindesthöhe 0,90 m. Ab einer Absturzhöhe von mehr als 12 m müssen Umwehrungen mindestens 1,10 m hoch sein. Sonderregelung in § 19 II S. 4 bei möglicher **Anwesenheit von Kindern**: Umwehrungen sind so auszubilden, dass Kindern das Überklettern erschwert wird; bis zu einer Höhe von 0,50 m über der zu sichernden Fläche dürfen waagerechte Zwischenräume nicht größer als 2 cm sein. Sonstige Öffnungen in Umwehrungen dürfen nicht breiter als 12 cm sein.
Hamb	§ 34	**1.**	§ 34 I S. 1, 3
		2.	§ 34 I S. 2 – abweichend: gilt erst bei einer Tiefe von 1,00 m.
		3.	§ 34 II S. 1, 2
		4.	§ 34 II S. 3
		5.	§ 34 III S. 2 – abweichend: keine konkreten Höhenangaben
		5.1	§ 34 III S. 2
		6.	§ 34 III S. 1: Umwehrungen und Brüstungen müssen folgende Mindesthöhen haben: • Absturzhöhe von mehr als 1 m bis 12 m: 0,90 m (bei Brüstungen von mindestens 0,15 m Dicke genügen 0,80 m), • Absturzhöhe von mehr als 12 m: 1,10 m (bei Brüstungen vom mindestens 0,15 m Dicke genügen 0,90 m).
Hess	§ 35	**1.**	§ 35 I Nr. 1
		2.	§ 35 I Nr. 2
		3.	§ 35 II S. 1
		4.	§ 35 II S. 2
		5.	§ 35 III S. 1 – abweichend: Mindesthöhe bei einer Absturzhöhe bis 12 m: 0,80 m, über 12 m: 0,90 m.
		5.1	§ 35 III S. 2
		6.	§ 34 IV – abweichend: bei Absturzhöhen bis 12 m: 1,00 m, bei Absturzhöhen von mehr als 12 m: 1,10 m. Zusätzliche Regelungen in § 35 I Nrn. 3 bis 7 wie MBO 2002, dort Nr. 2
MV	§ 37	**1.**	§ 37 I
		2.	§ 37 II
		3.	§ 37 III S. 1
		4.	§ 37 III S. 2

Land	Norm (LBO)	Umsetzung/Abweichung in den Ländern und der MBO 2002	
		5. 5.1 6.	§ 37IV S. 1 § 37 IV S. 2 – geringere Höhe im Erdgeschoss zulässig (§ 37 IV S. 3) § 37 V
Nds	§ 4 DVN-BauO	1. 2. 3. 4. 5. 5.1 6.	§ 4 I Nr. 1 DVNBauO § 4 I Nr. 2 DVNBauO – abweichend: keine Höhenangabe § 4 I Nr. 3 DVNBauO keine Regelung § 4 II S. 1 DVNBauO – abweichend: Mindesthöhe bei einer Absturzhöhe von 1 m bis 12 m: 80 cm, bei mehr als 12 m: 90 cm. § 4 II S. 2 DVNBauO § 4 II DVNBauO Sonderregelungen in § 4 V DNVBauO für Flächen, auf denen sich üblicherweise auch Kleinkinder aufhalten: Sie müssen so ausgebildet sein, dass ein Überklettern nicht erleichtert wird, Öffnungen in diesen Umwehrungen dürfen bei einer Breite von mehr als 12 cm nicht höher als 12 cm oder bei einer Höhe von mehr als 12 cm nicht breiter als 12 cm sein. Der seitliche Abstand zwischen Umwehrungen und den zu sichernden Flächen darf nicht größer als 6 cm sein. Dies gilt nicht für Umwehrungen von Treppen von Wohngebäuden mit nicht mehr als zwei Wohnungen und von Treppen in Wohnungen. Brandschutzrechtliche Regelung • in § 4 V DNVBauO: Umwehrungen von Laubengängen dürfen keine Öffnungen haben und müssen aus nichtbrennbaren Baustoffen bestehen. Verglasung in diesen Umwehrungen müssen mindestens 30 min widerstandsfähig gegen Feuer sein. • in § 4 VI DNVBauO: Umwehrungen notwendiger Treppen müssen, außer in Gebäuden geringer Höhe, aus nichtbrennbaren Baustoffen bestehen. Das gilt nicht für Handläufe.
NRW	§ 41	1. 2. 3. 4. 5. 5.1 6.	§ 41 I § 41 II § 41 III § 41 III § 41 V S. 1- abweichend: Bei einer Absturzhöhe von 1 m bis zu 12 m: mindestens 0,80 m, von mehr als 12 m: 0,90 m. Im Erdgeschoss können geringere Brüstungshöhen gestattet werden (§ 41 V S. 4). § 41 V S. 2, 3 § 41 IV
Rh-Pf	§ 38	1. 2. 3. 4. 5. 5.1 6.	§ 38 I Nr. 1 § 38 I Nr. 4 § 38 II § 38 II § 38 IV S. 1 abweichend: Bei Absturzhöhe von bis zu 12 m: 0,80 m, von mehr als 12 m: 0,90 m. § 38 IV S. 2 § 38 III
Saar	§ 13 TVO	1. 2. 3. 4. 5. 5.1 6.	§ 13 I TVO § 13 II TVO § 13 III S. 1 § 13 III S. 2 TVO § 13 V S. 1 TVO – abweichend: Bei Absturzhöhen von 1 bis 12 m: 0,80 m, von mehr als 12 m: 0,90 m. Im Erdgeschoss können geringere Brüstungshöhen gestattet werden (§ 13 V S. 3) § 13 V S. 2 TVO § 13 IV TVO

Land	Norm (LBO)		Umsetzung/Abweichung in den Ländern und der MBO 2002
Sachs	§ 37	**1.**	§ 37 I
		2.	§ 37 II
		3.	§ 37 III S. 1
		4.	§ 37 III S. 2
		5.	§ 37 IV S. 1 – Im Erdgeschoss können geringere Brüstungshöhen gestattet werden (§ 37 IV S. 3).
		5.1	§ 37 IV S. 2
		6.	§ 37 V S. 2 – abweichend: Umwehrungen in den keine Wohnnutzung stattfindet müssen Umwehrungen mindestens 1 m hoch sein (§ 37 V S. 1) Sonderregelung in § 37 V S. 4 für Flächen, auf denen üblicherweise mit der Anwesenheit von Kindern zu rechnen ist: Die Umwehrung ist so auszubilden, dass Personen nicht hindurchstürzen können.
Sachs-Anhalt	§ 41	**1.**	§ 41 I – abweichende Formulierung: Wenn der Höhenunterschied von mehr als 1 m Tiefe durch Abböschungen oder Abtreppungen von mehr als 45 Grad Neigung überwunden werden.
		2.	§ 41 II
		3.	§ 41 III S. 1
		4.	§ 41 III S. 2
		5.	§ 41 IV S. 1 – Im Erdgeschoss können geringere Brüstungshöhen gestatten werden.
		5.1	§ 41 IV S. 2
		6.	§ V
Schl-H	§ 43	**1.**	§ 43 I
		2.	§ 43 II
		3.	§ 43 III S. 1
		4.	§ 43 III S. 2
		5.	§ 43 IV S. 1 – abweichend: Bei Absturzhöhe von bis zu 12 m: 0,80 m, von mehr als 12 m: 0,90 m. Im Erdgeschoss können geringere Brüstungshöhen gestattet werden (§ 43 IV S. 3)
		5.1	§ 43 IV S. 2
		6.	§ 43 V
Thür	§ 37	**1.**	§ 37 I
		2.	§ 37 II
		3.	§ 37 III S. 1
		4.	§ 37 III S. 2
		5.	§ 37 IV S. 1 – Im Erdgeschoss können geringere Brüstungshöhen gestattet werden.
		5.1	§ 37 IV S. 2
		6.	§ 37 V

I. Allgemeines

1. Geltungsbereich

152 Die Regelungen über Umwehrungen und Abdeckungen dienen dem öffentlichen Interesse an der Verkehrssicherheit. Auch wenn damit die Bewohner, Benutzer und Besucher der baulichen Anlage vor Unfällen geschützt werden sollen, handelt es sich **nicht** etwa um eine **nachbarschützende Vorschrift**.[75] Gefährdungen, die von einer baulichen Anlage ausgehen können, unterliegen der – zivilrechtlichen – Verkehrssicherungspflicht;

[75] OVG Saar vom 28. 1. 1992 BRS 54 Nr. 195; BayVGH vom 10. 3. 1987 BRS 47 Nr. 183.

für die Abwehr von Gefahren ist der jeweilige Verkehrssicherungspflichtige verantwortlich, wobei sich dieser in einem Schadensfall nicht dadurch entlasten kann, dass der bauliche Zustand der Anlage von der Bauaufsichtsbehörde nicht beanstandet worden sei.[76]

2. Musterbauordnung 2002

Die MBO 2002 bringt im Vergleich zur früheren Regelung eine Änderung lediglich insoweit, als bei der Regelung über die Höhe der Umwehrung nicht auf die Zahl der Vollgeschosse sondern auf die Absturzhöhe von 12 m abgestellt wird. 153

II. Begehbare Flächen in, an und auf baulichen Anlagen

Flächen, die zum Begehen bestimmt sind und unmittelbar an mehr als 1 m tiefer liegende Flächen angrenzen, sind aus Gründen der Verkehrssicherheit – sofern sie in oder auf baulichen Anlagen liegen – zu umwehren. Dies gilt auch für Flächen „an" baulichen Anlagen, also für alle Verkehrsflächen auf dem Baugrundstück. Nur wenn eine Umwehrung dem Zweck der Fläche widersprechen würde, wie dies etwa bei Verladerampen, Kais und Schwemmbecken der Fall sein kann, kann auf eine Umwehrung verzichtet werden. Unter Umwehrung ist eine feste Konstruktion zu verstehen, die die angegebene Mindesthöhe einhält. 154

III. Nicht begehbare Oberlichte und Glasabdeckungen in begehbaren Flächen

Ebenfalls aus Gründen der Verkehrssicherheit sind nicht begehbare Oberlichte und Glasabdeckungen, die weniger als 0,50 m aus begehbaren Verkehrsflächen herausragen, zu umwehren (mit den entsprechenden Mindesthöhen). 155

IV. Kellerlichtschächte und Betriebsschächte, die an Verkehrsflächen liegen

Für Kellerlichtschächte und Betriebsschächte sind ebenfalls Umwehrungen (mit den entsprechenden Mindestmaßen) erforderlich – es sei denn, sie sind verkehrssicher abgedeckt. Liegen sie in Verkehrsflächen, so sind sie in Höhe der Verkehrsflächen verkehrssicher abzudecken. Abdeckungen an und in öffentlichen Verkehrsflächen müssen gegen unbefugtes Abheben gesichert sein (etwa durch einen festen Einbau oder eine Verriegelung).[77] 156

V. Fensterbrüstungen

Die Mindesthöhen für Fensterbrüstungen sind im Allgemeinen bis zum fünften Vollgeschoss mit 0,80 m, darüber mit 0,90 m vorgeschrieben. Geringere Brüstungshöhen sind zulässig, wenn etwa durch Geländer (oder andere Vorrichtungen) die Mindesthöhen eingehalten werden. Brüstungshöhen in Erdgeschossen können, sofern Unfallgefahren nicht zu befürchten sind, geringer sein. 157

---

76 BGH vom 19. 12. 1989 NJW 1990, 1236.
77 BGH vom 16. 9. 1975 MDR 1976, 134.

VI. Umwehrungen

158 Umwehrungen sind feste Konstruktionen, die geeignet sind, ausreichenden Halt zu gewähren. Umwehrungen sind so auszuführen, dass Personen nicht hindurchstürzen können. Ist üblicherweise mit der Anwesenheit von Kindern zu rechnen, so sind sie so zu gestalten, dass ein Übersteigen erschwert wird.[78]

159 Die geforderte Höhe ist abhängig von der Nutzung, aber auch von der Höhe des Gebäudes. Grundsätzlich muss eine Umwehrung mindestens 1 m hoch sein. In den der Wohnnutzung vorbehaltenen Gebäudeteilen genügt eine Höhe von 0,90 m. Beträgt die Absturzhöhe jedoch mehr als 12 m, so müssen Umwehrungen in der Regel mindestens 1,10 m hoch sein.

---

[78] BayVGH vom 1. 2. 1980 BRS 36, 415.

8. Kapitel. Technische Gebäudeausrüstung

Übersicht

Rn.

Teil 1. Aufzugsanlagen
I. Landesrechtliche Bestimmungen – Ländervergleich 1
1. Einrichtungspflicht 1
2. Haltestellen 1
3. Zahl 1
4. Rollstuhlgerechte Aufzüge 1
5. Aufzugsschächte 1
6. Außen- und Geräteaufzüge 1
II. Bundesrechtliche Regelungen über technische Arbeitsmittel 2

Teil 2. Leitungen, Lüftung, Raumlufttechnik, Installationsschächte und -kanäle – Ländervergleich
I. Regelungsgegenstände der Landesbauordnungen und der MBO 2002 mit Hinweisen auf DIN 5
II. Umsetzung/Abweichung in den Ländern und der MBO 2002 6

Teil 3. Wärmeerzeugung
I. Landesrechtliche Bestimmungen – Ländervergleich 7
II. Hinweise auf Bundesrecht 9

Teil 4. Wasserversorgung
I. Landesrechtliche Bestimmungen – Ländervergleich 11
1. Trinkwasserversorgung 11
2. Löschwasser 11
3. Wasserzähler 11
4. Betriebssicherheit 11
II. Umsetzung/Abweichung in den Ländern und der MBO 2002 12
III. Europarechtliche und bundesrechtliche Regelungen zur Beschaffenheit des Trinkwassers 13

Teil 5. Abwasser und Niederschlagswasser – Ländervergleich
I. Regelungsgegenstände der Landesbauordnungen und der MBO 2002 mit Hinweisen auf DIN 14
1. Abwasserbeseitigungsanlagen allgemein 14
2. Kleinkläranlagen und Gruben . . . 14
3. Niederschlagswasser 14
4. Dungstätten 14
5. Mindestentfernung 14
II. Umsetzung/Abweichung in den Ländern und der MBO 2002 15

Teil 6. Anlagen für feste Abfallstoffe und Wertstoffe – Ländervergleich
I. Regelungsgegenstände der Landesbauordnungen und der MBO 2002 . . 16
1. Abfallschächte (Müllschlucker) . . . 16
2. Abfallbehälter 16
II. Umsetzung/Abweichung in den Ländern und der MBO 2002 17

Teil 1. Aufzugsanlagen

MBO 2002 § 39, BW § 29, Bay Art. 39, Bln § 34, Bbg § 34, Brem § 38, Hamb § 35, Hess § 33, M-V § 35, Nds § 36, NRW § 39, Rh-Pf § 36, Saar § 40, Sachs-Anh § 39, Sch-H § 41, Thür § 35

I. Landesrechtliche Bestimmungen – Ländervergleich

1

Regelungsgegenstände der Landesbauordnungen und der MBO 2002[1] mit Hinweisen auf DIN[2]		
1.	**Einrichtungspflicht**	Aufzüge in allen Gebäuden > fünf Vollgeschosse (also mindestens sechs Vollgeschosse)
2.	**Haltestellen**	Haltestellen in jedem Geschoss
3.	**Zahl**	ausreichende Zahl von Aufzügen
4.	**Rollstuhlgerechte Aufzüge[3]**	• mindestens ein Aufzug für Rollstühle, Krankentragen, Kinderwagen und Lasten • stufenlos von öffentl. Verkehrsfläche und von Haltestellen in jedem Geschoss mit Wohnungen • Grundfläche Fahrkorb ≥ 1,1 × 2,1 m für Krankentragen, ≥ 1,1 × 1,4 m für Rollstuhl
5.	**Aufzugsschächte**	• Aufzugsschächte (Fahrschächte) für jeweils ≤ drei Aufzüge • mindestens feuerbeständig,[4] Luft- und Rauchabzug: Rauchabzug ≥ 2,5 % Grundfläche des Aufzugsschachts, jedoch ≥ 0,1 m², Öffnungen so gestaltet, dass Luft und Rauch nicht in andere Geschosse übertragen werden[5] • keine Aufzugsschächte, wenn Gebäude ≤ fünf Vollgeschosse und Aufzug innerhalb Treppenhaus und sicher umkleidet
6.	**Außen- und Güteraufzüge**	Abweichungen nach Ermessen, wenn keine Bedenken wegen Brandschutzes oder Betriebssicherheit

[1] Die hier verwendeten Ziffern entsprechen den Ziffern der nachstehenden Rubrik „Umsetzung/Abweichung in den Ländern und der MBO 2002".

[2] DIN 18024/11.96 Teil 2: Bauliche Maßnahmen für Behinderte und alte Menschen im öffentl. Bereich
DIN 18025 Teil 1/5.92 Planung und Ausführung von rollstuhlgerechten neuen Miet- und Genossenschaftswohnungen
DIN 18025 Teil 2/5.92 Planung und Ausführung von barrierefreien neuen Miet- und Genossenschaftswohnungen.

[3] Beide Normwerke sehen für Aufzüge insbesondere vor:
- Fahrkorb 1,1 × 1,4 m
- Türen ≥ 0,9 m B
- Nachrüstbarkeit mit akustischen Signalen bei Bedarf
- Bedienungselemente 0,85 m H und gut lesbar
- Bewegungsfläche Rampe zwischen den Radabweisern ≥ 1,2 m
- Steigung Rampe ≤ 6 %
- Zwischenpodest ≥ 1,5 m L, wenn Rampe über 6 m L
- Handläufe an Rampe und Zwischenpodest in 0,85 m H

Zu den Normwerken (mit Erläuterung) siehe L. Marx, Arbeitsblätter Bauen und Wohnen für Behinderte Nr. 2, 1998, herausgegeben von der Obersten Baubehörde im Bayer. Staatsministerium des Innern, dem Bayer. Staatsministerium für Arbeit und Sozialordnung, Familie und Frauen und der Bayer. Architektenkammer.

[4] DIN 4102/Teil 4/09.77 und Teil 2: feuerhemmend F 30, hochfeuerhemmend F 60 (Zahl = Minuten Feuerwiderstandsdauer).

[5] DIN 4102 Teil 5/09.97: Feuerschutzabschlüsse in Fahrschachtwänden; 18 090/02.61 und 18 091/02.69: Flügel-Falttüren; Schiebetüren; 18 092/04.92: Schiebetüren in Kleinlastenaufzügen.

Land	Norm	Umsetzung/Abweichung in den Ländern und der MBO 2002[6]
MBO 2002	§ 39	1. Fußboden Aufenthaltsraum > 13 m § 39 IV 1 2. keine Regelung 3. § 39 IV 1 4. Haltestellen in allen Geschossen (auch ohne Wohnungen), Türen ≥ 0,9 m B, Rampen < 6 % Neigung und ≥ 1,2 m B nebst Handläufen und Podesten (§ 39 IV 4, § 50 III 1 bis 5) 5. Gebäudeklasse 5 feuerbeständig und nicht brennbare Stoffe Gebäudeklasse 4 hochfeuerhemmend und brennbare Stoffe mit Brandschutzbekleidung Gebäudeklasse 3 feuerhemmend (§ 39 II)[7] 6. keine Regelung
BW	§29, §13 LBOAVO	1. > 12,5 m, § 29 II 1 bei barrierefreien Anlagen auch geringere H (§ 39 IV) 2. keine Regelung 3. Grundfläche Fahrkorb so, dass für je 20 potentielle Nutzer 1 Platz (§ 13 V LBOAVO) 4. § 29 II 2 und 3 5. Rauchabzug 0,1 m§ (§ 13 III LBOAVO) 6. § 13 IV LBOAVO
Bay	Art. 39	1. Art. 39 IV 1 2. Haltestelle in jedem Geschoss, jedoch im obersten Vollgeschoss und bei nachträgl. Ausbau von Dachgeschossen nicht vorgeschrieben (§ 39 VI 4) 3. Art. 39 VI 1 4. Art. 39 VI 2, jedoch Ausnahme wie zu 2. 5. Umkleidung nicht für Behindertenaufzüge in kleinen Wohngebäuden, keine festen Größen für Rauchabzug (Art. 39 I, II III) 6. Abweichungen sind zuzulassen (Art. 39 V) zusätzl.: 1. Triebwerksraum feuerbeständig abgetrennt (Art. 39 IV) 2. Schalldämmung gegenüber Aufenthaltsräumen (Art. 39 VII)
Bln	§ 34	1. > 4 Vollgeschosse; fünftes Geschoss zählt nicht, wenn • Nutzung Aufzug nicht erfordert • nachträglicher Ausbau zu Wohnzwecken (§ 34 VI 1 und 2) bei barrierefreien Anlagen Aufzugspflicht auch bei weniger Vollgeschossen (§ 34 VI 1) 2. keine Regelung 3. § 34 VI 1 4. Haltestellen für Rollstuhlaufzüge überall vorgeschrieben 5. § 34 II bis IV 6. Abweichungen auch für Behindertenaufzüge (§ 34 V)
Bbg	§ 34	1. Fußboden eines Aufenthaltsraums > 13 m H, oberstes Geschoss zählt nicht, wenn Aufenthaltsräume in Nutzungseinheit mit darunter liegendem Geschoss oder nachträglicher Ausbau Dachgeschoss (§ 35 IV 1 bis 3)

6 Die hier verwendeten Ziffern entsprechen den Ziffern der vorstehenden Rubrik „Regelungsgegenstände der Landesbauordnungen und der MBO 2002".

7 Die genannten Gebäudeklassen werden in § 2 III 1 MBO 2002 wie folgt definiert:

1. Gebäudeklasse 1:
   a) freistehende Gebäude ≤ 7 m und ≤ zwei Nutzungseinheiten von insgesamt 400 m² und
   b) freistehende land- oder forstwirtschaftlich genutzte Gebäude,
2. Gebäudeklasse 2:
Gebäude H ≤ 7 m und ≤ zwei Nutzungseinheiten von insgesamt ≤ 400 m²,
3. Gebäudeklasse 3:
sonstige Gebäude H ≤ 7 m,
4. Gebäudeklasse 4:
Gebäude H ≤ 13 m und Nutzungseinheiten jeweils ≤ 400 m²,
5. Gebäudeklasse 5:
sonstige Gebäude einschließlich unterirdischer Gebäude.

Land	Norm		Umsetzung/Abweichung in den Ländern und der MBO 2002
		2.	keine Regelung
		3.	§ 34 V 1
		4.	1 Aufzug für Rollstühle und Krankentragen, sonst keine Regelung (§ 34 V 4)
		1. 5.	Luft- und Rauchabzug, Rauchabzug ≥ 5 % Grundfläche des Aufzugsschachts, jedoch > 0,2 m§ (§ 34 III) keine Aufzugsschächte innerhalb von • Treppenräumen • Hallen • Wohnungen • Gebäuden (§ 34 IV)
		6.	keine Regelung
Brem	§ 38	1.	wenn Aufenthaltsräume oberhalb des 4. OG vorhanden oder möglich, es sei denn Nutzungseinheit mit diesem Geschoss oder nachträgl. Ausbau von Dach- oder Staffelgeschossen in am 1. 1. 1996 bestehenden Gebäuden (§ 38 VII 1)
		2.	Haltestellen in jedem Geschoss, jedoch für oberstes Geschoss nicht vorgeschrieben (§ 38 VII 1)
		3.	§ 38 VII 1
		4.	barrierefreier, in allen Geschossen erreichbarer Aufzug, sonst keine Regelung (§ 38 VII 3), alle barrierefreien Aufzüge rollstuhlgerecht (§ 38 VIII)
		5.	§ 38 II und III
		6.	Abweichungen auch für Behindertenaufzüge und für Aufzüge, die den Gerätesicherheitsvorschriften nicht unterliegen, nach Ermessen (§ 38 V) zusätzl.: Triebwerksraum feuerbeständig abgetrennt, Türen mindestens feuerhemmend (§ 38 VI)
Hamb	§ 35	1.	Fußboden Aufenthaltsraum > 13 m, es sei denn, Wohnraumausbau im Dachgeschoss; ≤ 13 m, wenn behindertengerechter Ausbau (§ 35 I)
		2.	keine Regelung
		3.	in Gebäuden > 30 m ein Feuerwehraufzug (§ 35 I 1, II)
		4.	§ 35 III 2, IX
		5.	ohne eigene Schächte, wenn < 13 m und innerhalb des Treppenhauses und sicher umkleidet; Feuerwehraufzug mit eigenem Schacht (§ 35 IV)
		6.	§ 35 VIII zusätzl. wie Brem (§ 35 VII 1), eigener Triebwerkraum für Feuerwehraufzug (§ 35 VII 2)
Hess	§ 33	1.	Fußboden eines Aufenthaltsraums > 13 m H (§ 33 IV 1)
		2.	keine Regelung
		3.	§ 33 IV 1
		4.	§ 33 V zusätzl. Türen ≥ 0,9 m B, Haltestellen im obersten Geschoss und im Kellergeschoss nicht erforderlich, wenn nur unter bes. Schwierigkeiten herstellbar (§ 33 IV 4)
		5.	§ 33 I bis III keine Fahrschächte, wenn sicher umkleidet und innerhalb • eines notwendigen Treppenraums, ausgenommen Hochhäuser • mehrgeschossiger Räume (Hallen) • Gebäudeklassen 1 und 2[8]

[8] Die genannten Gebäudeklassen werden in § 2 III HBO wie folgt definiert:
a) Gebäudeklasse 1:
freistehende Gebäude ≤ 7 m H und ≤ 2 Nutzungseinheiten von insgesamt ≤ 400 m² sowie freistehende landwirtschaftlich genutzte Gebäude
b) Gebäudeklasse 2:
Gebäude ≤ 7 m H und ≤ 2 Nutzungseinheiten von insgesamt ≤ 400 m²

Land	Norm	Umsetzung/Abweichung in den Ländern und der MBO 2002	
			• derselben Nutzungseinheit ≤ 400 m² Bruttogrundfläche in ≤ 2 Geschossen
		6.	keine Regelung
M-V	§ 35	**1.**	oberstes Geschoss zählt nicht, wenn • Nutzung einen Aufzug nicht erfordert, • nachträglicher Ausbau von Dachgeschossen (§ 35 V 1 und 2)
		2.	keine Regelung
		3.	§ 35 V 1
		4.	zusätzl. Türen ≥ 0,9 m B (§ 35 V 3), Haltestellen im obersten Geschoss, im Erd- und im Kellergeschoss entbehrlich, wenn nur unter bes. Schwierigkeiten herstellbar
		5.	§ 35 I bis III
		6.	Abweichungen nach Ermessen auch für Behindertenaufzüge und für Aufzüge zur Verbindung von ≤ 3 Geschossen (§ 35 IV)
Nds	§36, §18 DVO-NBauO	**1.**	Fußboden Aufenthaltsraum > 12,25 m, es sei denn Nutzungsänderung oberster Geschosse zu Wohnzwecken in Gebäuden, die am 31. 12. 1992 errichtet oder genehmigt waren (§ 36 II)
		2.	keine Regelung
		3.	Grundfläche Fahrkorb so, dass für je 20 potentielle Nutzer 1 Platz (§ 18 V 1 DVONBauO)
		4.	§ 18 2 und 3 DVONBauO, Haltestellen entbehrlich wie M-V (§ 36 III 4)
		5.	§ 18 III DVONBauO
		6.	Ausnahmen auch für Aufzüge zur Verbindung von ≤ 3 Geschossen (§ 18 VI DVONBauO)
NRW	§ 39	**1.**	wie M-V (§ 39 VI 1)
		2.	keine Regelung
		3.	§ 39 VI 1
		4.	Haltestellen in jedem Geschoss mit Wohnungen, im Übrigen wie MBO 2002 (§ 39 VI 2 bis 5, § 55 IV 2 bis 6)
		5.	Fahrschächte mit ≤ 3 Aufzügen, Wände F 90 und wesentliche Teile nicht brennbar F 90-AB keine Fahrschächte, wenn sicher umkleidet und innerhalb • eines Raumes • eines Treppenraumes in Gebäuden ≤ 5 Geschosse über Geländeoberfläche(§ 39 II bis IV)
Rh-Pf	§ 36	**1.**	wie M-V (§ 36 V 1)
		2.	keine Regelung
		3.	§ 36 V 1
		4.	§ 36 V 2 bis 4, zusätzl. Türen = 0,9 m B)
		5.	§ 36 I bis III Besonderheit: kein Verzicht auf Fahrschächte kraft Gesetzes
		6.	wie M-V (§ 36 IV) zusätzl.: Maschinenraum feuerbeständig abgetrennt (§ 36 VI)
Saar	§ 40, § 15 TVO Saar	**1.**	§ 40 II, bei barrierefreien Anlagen Aufzugspflicht auch bei weniger Vollgeschossen (§ 54 V)
		2.	keine Regelung
		3.	§ 40 II, zusätzl. für 20 Gebäudeinsassen 1 Platz (§ 15 V 4 TVO Saar)
		4.	§ 40 III Mindestflächen und Haltestellen nicht geregelt, aber barrierefreie Erreichbarkeit des Aufzugs, zusätzl. selbstätige Evakuierungsschaltung (§ 15 VIII TVO Saar)
		5.	§ 15 I bis III TVO Saar
		6.	Abweichungen nach Ermessen wie Brem (§ 15 IV TVO Saar) zusätzl.:

Land	Norm		Umsetzung/Abweichung in den Ländern und der MBO 2002
			• weitergehende Anforderungen aus Gründen des Brandschutzes zulässig (§ 40 IV) • dauerhaftes Schild „Aufzug im Brandfall nicht benützen" (§ 15 VI TVO Saar) • Maschinenraum feuerbeständig abgetrennt (§ 15 VII TVO Saar)
Sachs	§ 35	**1.**	oberstes Geschoss zählt nicht, wenn • seine Nutzung Aufzug nicht erfordert (§ 35 V 2) • Ausbau des Dachgeschosses oder Aufstockung ab 18. 8. 1992 mit Schaffung von Wohnungen (§ 35 V 3)
		2.	keine Regelung
		3.	§ 35 V 1
		4.	wie MBO 2002 zusätzl.: Ausstattungs- und Bedienungselemente behindertengerecht, Haltestellen im obersten Geschoss, im Erdgeschoss und in den Kellergeschossen können entfallen, wenn nur unter bes. Schwierigkeiten herstellbar (§ 35 V 5 bis 11)
		5.	Ausnahmen von der Schachtpflicht kraft Gesetzes, wenn ≤ 6 Geschosse, innerhalb des Treppenhauses und sicher umkleidet (§ 35 I 3 und 4)
		6.	Ausnahmen von Bauvorschriften nach Ermessen, wenn Verbindung von ≤ 3 übereinander liegenden Geschossen, bei Aufzügen, die den Gerätesicherheitsvorschriften nicht unterliegen und bei Behindertenaufzügen, wenn keine Bedenken wegen der Betriebssicherheit und des Brandschutzes (§ 35 IV)
Sachs-Anh	§ 39	**1.**	§ 39 V 1
		2.	keine Regelung
		3.	§ 39 V 1
		4.	Haltestellen in allen Geschossen, für solche im obersten Geschoss, im Erdgeschoss und in den Kellergeschossen Abweichungen nach Ermessen, wenn nur unter bes. Schwierigkeiten herstellbar (§ 39 V 5), Ausgestaltung § 39 V 4
		5.	§ 39 I bis III, Besonderheit: Keine Aufzugsschächte, wenn Gebäude ≤ 6 Geschosse
		6.	wie M-V (§ 39 IV)
Schl-H	§ 41	**1.**	> vier Vollgeschosse, oberstes Geschoss zählt nicht, wenn Nutzung Aufzug nicht erfordert (§ 41 V 1 und 2)
		2.	keine Regelung
		3.	§ 41 V 1
		4.	§ 41 V zusätzl. am Fahrkorb Türen ≥ 0,9 m B
		5.	keine Regelung
		6.	wie M-V (§ 41 IV)
Thür	§ 35	**1.**	oberstes Geschoss zählt nicht, wenn Nutzung einen Aufzug nicht erfordert (§ 35 V 2)
		2.	§ 35 V 7
		3.	keine Regelung
		4.	§ 35 V zusätzl.: • Türen > 0,85 m B • Aufzüge gekennzeichnet • Haltestellen im obersten Geschoss, im Erdgeschoss und in den Kellergeschossen entbehrlich, wenn nur unter bes. Schwierigkeiten herstellbar (§ 35 V 3, 6 und 7)
		5.	§ 35 I bis III
		6.	wie M-V (§ 35 IV)

II. Bundesrechtliche Regelungen über technische Arbeitsmittel

Die 12. VO zum Gerätesicherheitsgesetz (12. GSGV) vom 17.6.1998 (BGBl. I S. 1393) ist kraft Bundesrechts als Ausführungsverordnung zu diesem Gesetz allein auf die Aufzugsanlagen anzuwenden, die gewerblichen oder wirtschaftlichen Zwecken dienen oder in deren Gefahrenbereich Arbeitnehmer beschäftigt werden. In den Ländern **Baden-Württemberg, Bayern, Bremen, Hamburg, Niedersachsen und Nordrhein-Westfalen** erstreckt der Landesnormgeber ihre Geltung auch auf alle anderen Aufzugsanlagen, so dass sie dort eingreift, ohne dass es sich – wie von den bundesrechtlichen Normen vorausgesetzt – um Arbeitsschutz handeln muss. Folgende Erstreckungsnormen liegen zu Grunde: 2

BW § 13 LBOAVO
Bay § 3 VO über die erweiterte Anwendung bundesrechtlicher Verordnungen
Brem § 38 Abs. 1 BremLBO
Hamb § 36 HBauO
Nds § 18 Abs. 7 DVONBauO
NRW § 39 Abs. 1 BauO NW

Indes ist zu beachten, dass die 12. GSGV nach ihrem § 1 Abs. 2 für das Inverkehrbringen folgender Aufzüge und Bauteile **nicht** gilt: 3

1. Seilgeführte Einrichtungen, einschließlich Seilbahnen, für öffentliche und nichtöffentliche Personenbeförderung,
2. speziell für militärische Zwecke oder zur Aufrechterhaltung der öffentlichen Ordnung konzipierte und gebaute Aufzüge,
3. Schachtförderanlagen,
4. Bühnenaufzüge,
5. in Beförderungsmitteln eingebaute Aufzüge,
6. mit einer Maschine verbundene Aufzüge, die ausschließlich für den Zugang zum Arbeitsplatz bestimmt sind,
7. Zahnradbahnen und
8. Baustellenaufzüge zur Personenbeförderung oder zur Personen- und Güterbeförderung.

Die 12. GSGV hat im Wesentlichen folgenden Inhalt: 4

- Formell bedarf es für die Aufzüge und die Bauteile einer CE – Konformitätskennzeichnung („CE"), die in jedem Fahrkorb und in jedem Sicherheitsbauteil deutlich angebracht sein muss (§§ 4 und 5 12. GSGV).
- Materiell müssen die grundlegenden Sicherheitsanforderungen des Anhangs I der Richtlinie 95/16/EG erfüllt, weiter der einwandfreie Betrieb und die gefahrlose Benutzung des Aufzugs gewährleistet sein, insbesondere die Sicherheit und Gesundheit von Personen und die Sicherheit von Gütern (§ 3 12. GSGV).

Teil 2. Leitungen, Lüftung, Raumlufttechnik, Installationsschächte und -kanäle – Ländervergleich

MBO 2002 §§ 40, 41, BW § 31, Bay Art. 40, Bln § 37, Bbg § 35, Brem § 40, Hamb § 37, Hess § 36, M-V § 38, Nds § 39, NRW § 42, Rh-Pf § 40, Saar § 42, Sachs § 38, Sachs-Anh § 42, Schl-H § 44, Thür § 38

5

I. Regelungsgegenstände der Landesbauordnungen und der MBO 2002 mit Hinweisen auf DIN				
Leitungen aller Art	**Lüftungs-anlagen**	**Lüftungs-leitungen**	**Raumlufttechnik, Warmluftheizungen**	**Schächte und Kanäle für Installationen**
durch Brandwände, Treppenraumwände, feuerwiderstandsfähige Wände und Decken nur, wenn Feuer und Rauch nicht übertragbar, ausgen. Decken innerhalb von Wohnungen	• betriebs- und brandsicher DIN 1946 Teil 1: Lüftungstechnische Anlagen Grundregeln • Feuerungsanlagen dürfen nicht beeinträchtigt werden, die Luft darf nicht abgesaugt werden (DIN 18017 Abschnitt 1.41 und 1.42) • Gerüche und Staub nicht in andere Räume (DIN 4102 Teil 11: Rohrabschottungen) • Schalldämmung, insbes. für Ventilatoren (DIN 4109 Beiblatt 1) • Mauerwerke von Lüftungsschächten entspr. Anforderungen an Schornsteine (Kamine) • Feuer oder Rauch nicht in andere Geschosse oder Brandabschnitte	• aus nicht brennbaren Baustoffen (einschließl. Verkleidungen und Dämmschichten) DIN 4102 Teil 6: Brandverhalten Lüftungsleitungen • nicht in Schornsteine (Kamine) eingeführt • Abgase in Lüftungsleitungen, wenn Abluft ins Freie (Ableitungsgebot) DIN 18017 Teil 1 oder 3 für innenliegende Bäder und Aborte • keine „lüftungsfremden" Anlagen, also z. B. keine Sanitär- oder Elektroleitungen	Anforderungen an Lüftungsanlagen und -leitungen DIN 1946 Teil 2: Raumlufttechnik, gesundheitstechnische Anforderungen DIN 1946 Teil 4: Raumlufttechnik in Krankenhäusern	Anforderungen an Lüftungsanlagen DIN 4102 Teil 11: Klassifizierte Installationsschächte und -kanäle

↓ ↓ ↓ ↓

Ausnahmen: Regelungen gelten nicht in Wohngebäuden ≤ 2 Wohnungen und innerhalb einer Wohnung

Spezielle Regelungen in DIN:
- DIN 1946 Teil 5 Lüftungstechnische Anlagen, Lüftung von Schulen
- DIN 18910 Klima in geschlossenen Ställen; u. a. Lüftung
- DIN 18017 Lüftung von Bädern und Spülaborten ohne Außenfenster

Teil 1 Einzelschachtanlagen ohne Ventilatoren
Teil 2 Lüftung durch Schächte und Kanäle ohne Motorkraft; Sammelschachtanlagen
Teil 3 Lüftung mit Ventilatoren
Teil 4 Lüftung mit Ventilatoren; rechnerischer Nachweis der ausreichenden Volumenströme

II. Umsetzung/Abweichung in den Ländern und der MBO 2002 6

Land/ Norm in LBO	**Leitungen aller Art**	**Lüftungsanlagen**	**Lüftungsleitungen**	**Raumtechnik, Warmluftheizungen**	**Schächte und Kanäle für Installationen**
MBO 2002 §§ 40, 41	• durch raumabschließende, feuerwiderstandfähige Bauteile nur, wenn Brandausbreitung nicht zu befürchten (§ 40 I) • in notwendigen Treppenräumen und Fluren nur, wenn Nutzung als Rettungsweg möglich (§ 40 II)	§ 41 I und III keine Anforderungen hinsichtl. • Schallschutz • Mauerwerk	§ 41 II und IV brennbare Baustoffe nur, wenn kein Beitrag zum Brand durch Leitung, Überbrückung raumabschl. Bauteile nur, wenn Brandausbreitung nicht zu befürchten	§ 41 VI Anforderungen wie Lüftungsanlagen	§ 40 III wie Leitungen aller Art, nicht brennbare Baustoffe wie Lüftungsleitungen, Gerüche und Staub nicht in andere Räume

↓ ↓ ↓ ↓ ↓

Ausnahmen (bei Leitungen aller Art nur für Decken)
- Gebäudeklassen 1 und 2
- innerhalb von Wohnungen
- innerhalb derselben Nutzungseinheit mit ≤ 400 m^2 und ≤ 2 Geschossen (§ 40 I 2. Halbsatz Nrn. 1 bis 3)

Die genannten Gebäudeklassen werden in § 2 III 1 MBO 2002 wie folgt definiert:
1. Gebäudeklasse 1:
   a) freistehende Gebäude ≤ 7 m und ≤ zwei Nutzungseinheiten von insgesamt ≤ 400 m^2 und
   b) freistehende land- oder forstwirtschaftlich genutzte Gebäude
2. Gebäudeklasse 2:
   Gebäude ≤ 7 m und ≤ zwei Nutzungseinheiten von insgesamt ≤ 400 m^2

Land/ Norm	Leitungen aller Art	Lüftungs-anlagen	Lüftungs-leitungen	Raumluft-technik, Warmluft-heizungen	Schächte und Kanäle für Installationen
BW § 31, § 15 LBOAVO	§ 15 I LBOAVO ausgen. auch Wände	§ 31 I keine bes. Anforderungen hinsichtlich Mauerwerk	§ 15 II und III LBOAVO	§ 15 IV LBOAVO wie Leitungen und Lüftungsleitungen	

↓ ↓ ↓

Ausnahmen wie „Regelungsgegenstände“ (§ 15 II 2 und IV)

Bay Art. 40	Art. 40 I keine Ausnahmen	Art. 40 II, III, und IV zusätzl. Feuer und Rauch auch nicht in Treppenräume, ausgen. Gebäude geringer Höhe, sonst keine Ausnahmen	Art. 40 V keine Ausnahmen	Art. 40 VI keine Ausnahmen	Art. 40 VIII keine Ausnahmen

Bln § 37	keine Regelung	§ 37 I, II 2, III und VIII • von Übertragungsverbot Feuer und Rauch ausgen. auch Gebäude ≤ 2 Vollgeschosse • wenn Mauerwerk für Schornsteine: Kennzeichnung (§ 37 V)	§ 37 II 1, IV und VIII	§ 37 V	§ 37 VII

↓ ↓ ↓ ↓

Ausnahmen: Regelungen gelten nicht in Wohngebäuden ≤ 2 Wohnungen und innerhalb einer Wohnung, jedoch keine Ausnahmen für
- Betriebs- und Brandsicherheit
- Verbot der Einführung in Schornsteine und von lüftungsfremden Anlagen
- Kennzeichnung von Mauerwerk für Schornsteine (§ 37 IV und V in § 37 VIII nicht genannt)

Land/ Norm	Leitungen aller Art	Lüftungs-anlagen	Lüftungs-leitungen	Raumluft-technik, Warmluft-heizungen	Schächte und Kanäle für Installationen
Bbg § 35	§ 35 I wie MBO 2002 zusätzl. Geriüche Schall, Staub nicht in andere Räume (§ 35 II)	keine Regelung	§ 35 III be-triebs- und brandsicher, nicht brennbare Baustoffe, Feue-rungsanlagen nicht beein-trächtigt	keine Regelung	§ 35 I und II wie Leitungen aller Art

Ausnahmen: Regelungen gelten nicht in
- Wohngebäuden ≤ 2 Wohnungen
- innerhalb von Wohnungen oder Nutzungseinheiten ≤ 400 m^2 in ≤ 2 Geschossen (§ 35 IV)

Brem § 40	§ 40 I	§ 40 II, III 2. IV, VI und IX • zusätzl. Feuer und Rauch auch nicht Treppenräu-me, ausgen. Gebäude ge-ringer Höhe	§ 40 III 1 und V	§ 40 VII	§ 40 VIII

Ausnahmen: Regelungen gelten nicht in Wohngebäuden ≤ 2 Wohnungen und innerhalb einer Wohnung, jedoch keine Ausnahme für
- Betriebs- und Brandsicherheit
- Verbot der Einführung in Schornsteine und von lüftungsfremden Anlagen
- Kennzeichnung von Mauerwerk für Schornsteine (§ 40 II, V und VI in § 40 IX nicht genannt)

Hamb § 37	§ 37 I zusätzl. durch feuerhemmende Wände nur, wenn Öffnun-gen auf das technisch not-wendige be-schränkt	§ 37 II, V und VIII jedoch keine Regelung für Schall	§ 37 III, IV zu-sätzl. explosive oder gesund-heitsschädliche Gase in eigenen Lüftungsleitun-gen	§ 37 VI Warm-luftheizungen wie Leitungen aller Art und Lüftungsanla-gen	§ 37 VII nicht brennbare Bau-stoffe nur, wenn kein Beitrag zum Brand, sonst wie Lei-tungen aller Art

Ausnahmen: Regelungen für:
- Übertragung von Gerüchen und Staub
- nicht brennbare Baustoffe gelten nicht (§ 37 VIII)

gelten nicht in Wohngebäuden ≤ 2 Wohnungen und innerhalb einer Wohnung (§ 37 VIII)

Land/ Norm	Leitungen aller Art	Lüftungs-anlagen	Lüftungs-leitungen	Raumluft-technik, Warmluft-heizungen	Schächte und Kanäle für Installationen
Hess § 36	• durch feuer-widerstands-fähige Wände und Decken nur wenn Feuer oder Rauch nicht übertragen werden können (§ 36 I 1) • Benutzung als Rettungs-weg ausreichend lang möglich (§ 36 I 2) • Brandent-stehung oder Ausbreitung in Gebäude-klassen 3 bis 5 ausreichend lang behindert (§ 36 I 3)	§ 36 II und IV	§ 36 III 1 und IV zusätzl. durch feuerwider-standsfähige Wände und Decken nur, wenn Feuer und Rauch ausreichend lang nicht übertrag-bar (§ 36 III 2)	§ 36 VII	§ 36 VIII

↓ ↓ ↓ ↓ ↓

Anforderungen hinsichtl. Brandsicherheit und Übertragungsverbote nicht in Gebäude-klassen 1 und 2 oder innerhalb einer Nutzungseinheit ≤ 400 m² und ≤ 2 Geschosse, bei Leitungen aller Art diese Ausnahmen nur für Decken (keine Ausnahmen also für Wände)

Die genannten Gebäudeklassen werden in § 2 III 1 HBO wie folgt definiert:
1. Gebäudeklasse 1:
   a) freistehende Gebäude ≤ 7 m H und ≤ zwei Nutzungseinheiten von insgesamt ≤ 400 m²
   b) freistehende landwirtschaftlich genutzte Gebäude
2. Gebäudeklasse 2:
   Gebäude ≤ 7 m H und ≤ zwei Nutzungseinheiten von insgesamt ≤ 400 m²
3. Gebäudeklasse 3:
   sonstige Gebäude ≤ 7 m H
4. Gebäudeklasse 4:
   Gebäude ≤ 13 m H und Nutzungseinheiten mit jeweils ≤ 400 m² in einem Geschoss
5. Gebäudeklasse 5:
   sonstige Gebäude ≤ 22 m H

Land/ Norm	Leitungen aller Art	Lüftungs- anlagen	Lüftungs- leitungen	Raumluft- technik, Warmluft- heizungen	Schächte und Kanäle für Installationen
M-V § 38	§ 38 I	§ 38 II und V • zusätzl. Feuer und Rauch auch nicht in Treppenräume (§ 38 III 4), ausgen. Gebäude geringer Höhe (§ 38 III 4) • Inbetriebnahme nach Bescheinigung Bezirksschornsteinfegermeister (§ 38 X)	§ 38 III 1 und 2 und V Gebot nicht brennbarer Baustoffe nicht bei eingeschossigen Ställen	§ 38 VII	§ 38 VIII

↓ ↓

Ausnahmen: Regelungen gelten nicht in Wohngebäuden ≤ 2 Wohnungen und innerhalb einer Wohnung, jedoch keine Ausnahmen für

- Verbot der Einführung in Schornsteine
- Verbot lüftungsfremder Einrichtungen
- Mauerwerksausgestaltung (§ 38 V und VI in § 38 IX nicht genannt)

Land/ Norm	**Leitungen aller Art**	**Lüftungs-anlagen**	**Lüftungs-leitungen**	**Raumluft-technik, Warmluft-heizungen**	**Schächte und Kanäle für Installationen**
Nds § 39, § 21 DVON-BauO	keine Regelung	§ 39 I und II, wenn Mauerwerk für Schornsteine: Kennzeichnung (§ 21 V)	§ 21 I und VII • Ausbreitung von Feuer gehindert mindestens auf Dauer von 90 Min. bei Brandwänden bei Wänden notwendiger Treppen 90 Min. feuerbeständigen Decken 60 Min. feuerbeständigen Treppen und Flurwände 30 Min. } **nicht für Gebäude geringer Höhe** • nicht brennbare Stoffe, ausgen. Dunstabzugshauben in Wohnungen, wenn unmittelbar ins Freie oder in eigenen Schacht: nur schwer entflammbar		
			wie Lüftungsanlagen und -leitungen (§ 39 III; § 21 VII)		wie Lüftungsanlagen (§ 39 III) zusätzl. Zugangstüren und -klappen feuerhemmend (§ 21 VI 2)

Ausnahmen: Regelungen gelten nicht in Wohngebäuden ≤ 2 Wohnungen und innerhalb einer Wohnung, jedoch keine Ausnahmen für
- Verbot der Einführung in Schornsteine
- Verbot lüftungsfremder Einrichtungen
- Mauerwerkskennzeichnung
- Dunstabzugshauben (§ 21 VIII)

NRW § 42	keine Regelungen	§ 42 II 2 und III zusätzl. Feuer und Rauch auch nicht in notwendige Flure (§ 42 II 2) insoweit ausgen. Gebäude geringer Höhe (§ 42 II 2)	§ 3 42 II und IV	§ 42 V	§ 42 V

Ausnahmen: Regelungen gelten nicht in Wohngebäuden ≤ 2 Wohnungen und innerhalb einer Wohnung, auch nicht für „Nutzungseinheit vergleichbarer Größe" (mit Wohnung vergleichbar),
jedoch insgesamt keine Ausnahmen für
- Verbot der Übertragung von Feuer und Rauch
- Schalldämmung
- Verbot der Einführung in Schornsteine
- Abgase, wenn Abluft ins Freie
- Verbot lüftungsfremder Einrichtungen (§ 42 VI)

Land/ Norm	Leitungen aller Art	Lüftungs-anlagen	Lüftungs-leitungen	Raumluft-technik, Warmluft-heizungen	Schächte und Kanäle für Installationen
Rh-Pf § 40	nicht durch Brandwände, Treppenraumwände sowie Wände der Gebäudeklassen 3 und 4, insgesamt ausgen. Decken innerhalb von Wohnungen (§ 40 VIII)	§ 40 I und III • bei Gebäudeklassen 3 und 4 Feuer und Rauch nicht in andere Geschosse, Brandabschnitte oder Treppenräume, ausgen. innerhalb einer Wohnung (§ 40 II 2) • wenn Mauerwerk für Schornsteine: Kennzeichnung (§ 40 V)	§ 40 II 1 und IV Abweichungen vom Gebot nicht brennbarer Baustoffe nach Ermessen, wenn Brandschutz unbedenklich	§ 40 VI	• nicht brennbare Baustoffe Abweichungen wie Lüftungsleitungen (§ 40 II 1 und VII) • in Gebäudeklassen 3 und 4 (ausgen. innerhalb einer Wohnung und bei Überbrücken von Brandwänden), Feuer und Rauch nicht in andere Geschosse, Brandabschnitte oder Treppenräume (§ 40 II 2 und VII) • Schalldämmung (§ 40 III 2 und VII)

↓ ↓ ↓ ↓

Ausnahmen jeweils angegeben

Die Gebäudeklassen werden in § 2 II 2 LBauO Rh-Pf wie folgt definiert:

1. Gebäudeklasse 1
   Freistehende Wohngebäude mit einer Wohnung ≤ zwei Geschossen, andere freistehende Gebäude ähnlicher Größe, freistehende landwirtschaftliche Betriebsgebäude.
2. Gebäudeklasse 2:
   Wohngebäude, bei denen der Fußboden keines Geschosses, in dem Aufenthaltsräume möglich sind, im Mittel > 7 m über der Geländeoberfläche liegt.
   a) ≤ zwei Wohnungen
   b) mit drei Wohnungen in freistehenden Gebäuden in Hanglage, wenn die dritte Wohnung im untersten Geschoss liegt und ihren Zugang unmittelbar vom Freien aus hat.
3. Gebäudeklasse 3:
   Sonstige Gebäude, bei denen der Fußboden keines Geschosses, in dem Aufenthaltsräume möglich sind, im Mittel > 7 m über der Geländeoberfläche liegt.
4. Gebäudeklasse 4:
   Sonstige Gebäude

Land/ Norm	Leitungen aller Art	Lüftungs-anlagen	Lüftungs-leitungen	Raumluft-technik, Warmluft-heizungen	Schächte und Kanäle für Installationen
Saar § 42	durch raumabschließende Bauteile mit Anforderungen hinsichtl. Feuerwiderstandsdauer nur, wenn Feuer und Rauch nicht übertragbar, ausgen. Wohngebäude ≤ 2 Wohnungen (§ 42 I)	• betriebs- und brandsicher • Feuerungsanlagen nicht beeinträchtigt (§ 42 II)	• Feuer und Rauch nicht in Rettungswege, andere Geschosse oder Brandabschnitte • Gerüche und Staub nicht in andere Räume • Schalldämmung (§ 42 III)	§ 42 IV 1	§ 42 IV 2 ausgen. Schalldämmung

↓ ↓ ↓

Ausnahmen: Regelungen gelten nicht in Wohngebäuden ≤ 2 Wohnungen und innerhalb einer Wohnung I (§ 42 VI)

↓ ↓ ↓ ↓ ↓

besondere Anforderungen für alle Spalten nach Ermessen bei
1. Lüftungszentralen
2. Abluftleitungen von gewerblichen und vergleichbaren Küchen
3. Lüftungsleitungen mit erhöhter Brand-, Explosions- oder Verschmutzungsgefahr
4. Wärmerückgewinnungsanlagen
(§ 42 V)

Sachs § 38	§ 38 I ausgen. auch Wände	§ 38 II • zusätzl. Feuer und Rauch auch nicht in Treppenräume, ausgen. Gebäude geringer Höhe (§ 38 III 2) • wenn Mauerwerk für Schornsteine: Kennzeichnung (§ 38 VI)	§ 38 III 1 und V	§ 38 VII	§ 38 VIII • nicht brennbare Baustoffe • Feuer und Rauch nicht übertragbar wie Lüftungsanlagen • Gerüche, Staub, Schall nicht in andere Räume

↓ ↓ ↓ ↓

Ausnahmen: Regelungen für
- nicht brennbare Baustoffe
- Verbot der Übertragung von Feuer und Rauch
- Verbot der Übertragung von Gerüchen, Staub, Schall

gelten nicht in Wohngebäuden ≤ 2 Wohnungen und innerhalb einer Wohnung (§ 38 IX)

Land/ Norm	Leitungen aller Art	Lüftungs-anlagen	Lüftungs-leitungen	Raumluft-technik, Warmluft-heizungen	Schächte und Kanäle für Installationen
Sachs-Anh § 42	§ 42 I 1, zusätzl. Weiterleitung von Schall ausreichend begrenzt (§ 42 I 2)	• Feuer und Rauch nicht in Treppenräume, allg. zugängl. Flure, andere Geschosse oder Brandabschnitte, ausgen. Gebäude geringer Höhe (§ 42 III 2) • zusätzl. leicht und sicher zu reinigen (§ 42 II 2) • wenn Mauerwerk für Schornsteine: Kennzeichnung (§ 42 VI)	§ 42 III 1 und V	§ 42 VI	§ 42 VIII • nicht brennbar • Feuer und Rauch • Gerüche, Staub, Schall wie Lüftungsanlagen

↓ ↓ ↓ ↓

Ausnahmen nur innerhalb einer Wohnung und nur für
- nicht brennbare Baustoffe
- Verbot der Übertragung von Feuer und Rauch, Gerüchen, Staub, Schall (§ 42 IX)

Land/ Norm	**Leitungen aller Art**	**Lüftungs-anlagen**	**Lüftungs-leitungen**	**Raumluft-technik, Warmluft-heizungen**	**Schächte und Kanäle für Installationen**
Schl-H § 44	§ 44 I	§ 44 II 1 und IV • zusätzl. techn. Möglichkeiten zur Wärmerückgewinnung sollen genutzt werden (§ 44 II 2) • von Übertragungsverbot Feuer und Rauch sind ausgen. Gebäude geringer Höhe (§ 44 II 3) • wenn Mauerwerk für Schornsteine: Kennzeichnung (§ 44 VI)	§ 44 III 1 und V ausgen. eingeschossige landwirtschaftl. Betriebsgebäude ohne nutzbaren Dachraum	§ 44 VII	§ 44 VIII • nicht brennbar mit Ausnahme wie Lüftungsleitungen • Feuer, Rauch, Gerüche, Staub, Schall wie Lüftungsanlagen

Ausnahmen: Regelungen für
- nicht brennbare Baustoffe
- Verbot der Übertragung von Feuer, Rauch, Gerüchen, Staub, Schall nicht in Wohngebäuden ≤ 2 Wohnungen und innerhalb einer Wohnung (§ 41 IX)

Thür § 38	§ 38 I	§ 38 II • zusätzl. Feuer und Rauch auch nicht in Treppenräume, ausgen. Gebäude geringer Höhe (§ 38 III 2) • wenn Mauerwerk für Schornsteine: Kennzeichnung (§ 38 VI)	§ 38 III 1 und V	§ 38 VII	§ 38 VIII • nicht brennbare Baustoffe wie Lüftungsleitungen • Feuer, Rauch, Gerüche, Schall wie Lüftungsanlagen

Ausnahmen: Regelungen für
- nicht brennbare Baustoffe
- Verbot der Übertragung von Feuer, Rauch, Gerüchen, Staub, Schall nicht in Wohngebäuden ≤ 2 Wohnungen und innerhalb einer Wohnung (§ 38 IX)

Teil 3. Wärmeerzeugung

MBO 2002 § 42, BW § 32, Bay Art. 41, Bln § 38, Bbg § 36, Brem § 41, Hamb § 38, Hess § 37, M-V § 39, Nds § 40, NRW § 43, Rh-Pf § 39, Saar § 43, Sachs § 39, Sachs-Anh § 43, Schl-H § 45, Thür § 39

I. Landesrechtliche Bestimmungen – Ländervergleich

7

<table>
<tr><th colspan="5">Regelungsgegenstände der Landesbauordnungen und der MBO 2002 mit Hinweisen auf DIN[9]</th></tr>
<tr><th>1. Feuerstätten</th><th>2. Behälter/Rohrleitungen für brennbare Gase und Flüssigkeiten</th><th>3. Wärmeerzeugung, Warmwasserverteilung</th><th>4. Abgasanlagen (Schornsteine, Leitungen, Verbindungsstücke), auch für Gase von Verbrennungsmotoren</th><th>5. Brennstoffe</th></tr>
<tr><td colspan="4">• betriebs- und brandsicher (DIN 18160): keine konkreten Gefahren oder unzumutbaren Belästigungen durch Feuerstätte selbst, durch Austritt von Abgasen oder durch Funkenflug, d. h. Ausschluss von Bränden, toxischen Wirkungen und Sichtbehinderung; Verbrennungsluftversorgung gewährleistet (siehe hierzu die Feuerungsverordnungen der Länder)
• schallgedämmt (DIN 4109 Bl. 2 und Bl. 5: Schallschutz für fremde Räume innerhalb des Gebäudes)</td><td>Lagerung so, dass keine Gefahren oder unzumutbaren Belästigungen; ab best. Menge in Brennstofflagerräumen (Sonderräumen), bei geringen Mengen in Wohnungen oder sonstigen Räumen nach jew. FeuerungsVO</td></tr>
<tr><td colspan="3">nur in sicheren Räumen (auch Verbrennungsmotore und Verdichter). Diese Räume (Heizräume) sind Sonderräume, an die im Einzelfall besondere Anforderungen gestellt werden können (siehe z. B. § 38 I 1 und II Nr. 9 LBOBW)</td><td rowspan="2">4.a Zahl und Lage so, dass alle Feuerstätten des Gebäudes anschließbar
4.b keine Abgasanlagen erforderlich für:
• Gasfeuerstätten mit sicherem Luftwechsel im Abstellraum*
• Gas- und Haushaltskochgeräte ≤ 11 kW und Aufstellraum > 20 m³ sowie Fenster oder Türen ins Freie
• nicht leitungsgebundene Gasfeuerstätten für nicht gewerbl. Zwecke sowie Gasdurchlauferhitzer, sämtlich mit Begrenzung der CO_2 Konzentration*
4.c Ableitung über Dach, d. h. Mündung im freien Windstrom
4.d Ausnahmen hiervon nach Ermessen*
4.e bei raumluftabhängigen Gasfeuerstätten Ableitung über Außenwand kraft Gesetzes zulässig, wenn Ableitung über Dach nicht oder nur unverhältnismäßig möglich sowie ≤ 28 kW (Warmwasser)*
4.f leicht und sicher zu reinigen, d. h. Reinigungsöffnungen vorhanden (siehe DIN 18160 Teil 1 Abschnitte 3.10 und 6.3)
4.g Ableitung durch Schornsteine, ausnahmsweise in Lüftungsleitungen siehe oben Teil 2
* nur, wenn keine Gefahren oder unzumutbaren Belästigungen</td><td rowspan="2"></td></tr>
<tr><td>Gasfeuerstätten in Räumen nur, wenn gefährliche Ansammlungen von unverbranntem Gas nicht entstehen</td><td colspan="2"></td></tr>
</table>

[9] Die hier verwendeten Ziffern entsprechen den Ziffern der nachstehenden Rubrik „Umsetzung/Abweichung in den Ländern und der MBO 2002".

8

Land	Norm (LBO)	Umsetzung/Abweichung in den Ländern und der MBO 2002[10]	
MBO 2002	§ 42	 **1.** **3.** **4.a** **5.**	Alle Regelungen gelten für: Feuerstätten/Abgasanlagen/Verbrennungsmotoren/Blockheizkraftwerke/Brennstoffzellen/Verdichter und 2. § 42 I und IV, jedoch kein Gebot der Schalldämmung keine Regelung § 42 II 2 und 4.f § 42 II 3, im Übrigen keine Regelung § 42 IV 2
BW	§ 32 (keine Aussage in LBOAVO)	**1.** **2.**	bis 5. § 32 I 1, 3,4 und II bis VI zusätzl. Verunreinigung der Gewässer oder sonstige nachteilige Veränderung ihrer Eigenschaften nicht zu befürchten (§ 32 I 2) Ausnahmen nach **4.b** und **4.e** gelten gemäß § 7 I und II FeuVO, **4d** keine Ausnahme nach Ermessen
Bay	Art. 41	**1.** **4.** **5.**	bis 3. Art. 41 I bis III Ableitung „ins Freie" ohne Gefahren oder unzumutbare Belästigungen (Art. 41 IV) zusätzl.: • Kennzeichnung der Abgasanlagen von Gasfeuerstätten (Art. 41 I • für Einzelfeuerstätte eigener Rauchkamin unabhängig von zentraler Heizungsanlage (Art. 41 V 2) • Ausnahmen nach **4.b** und **4.**, gelten gemäß § 7 II und III FeV, **4.d** keine Ausnahme nach Ermessen Art. 41 VI
Bln	§ 38	**1.** **1.**	bis 5. § 38 I bis VIII bis 3. zusätzl. „auch sonst" keine Gefahren oder unzumutbaren Belästigungen (§ 38 I 1)
Bbg	§ 36	 **1.** **2.** **3.** **4.c** **5.**	Alle Regelungen gelten für Feuerstätten/Abgasanlagen/Verbrennungsmotore/Blockheizkraftanlagen/Wärmeerzeugungsanlage § 36 I und III, jedoch kein Gebot der Schalldämmung § 36 III § 36 V und 4.f § 36 II 1 und 3, zusätzl. schallgedämmt (§ 36 II 2), sonst keine Regelung, auch keine Ausnahmen § 36 IV zusätzl. Feuerungsanlagen und ortsfeste Anlagen zur Wärmeerzeugung durch Verbrennung erst nach schriftl. Bescheinigung des Bezirksschornsteinfegermeisters in Betrieb (§ 36 VI)
Brem	§ 41	**1.** **1.**	bis 5. § 41 I bis VIII bis 3. zusätzl. • sparsamer und schadstoffarmer Energieeinsatz, umweltschonende Energieträger, • „auch sonst" keine Gefahren oder unzumutbaren Belästigungen (§ 41 II) zusätzl.: Inbetriebnahme von Feuerungsanlagen und ortsfesten Verbrennungsmotoren auch bei Änderung erst nach Bescheinigung des Bezirksschornsteinfegermeisters (§ 41 IX)
Hamb	§ 38	**1.**	bis 5. § 38 I bis VIII
Hess	§ 37	**1.** **1.** **4.d**	bis 5. § 37 I bis VII bis 3. zusätzl. „auch sonst" keine Gefahren oder unzumutbaren Belästigungen (§ 37 I 1) keine Ausnahme nach Ermessen

[10] Die hier verwendeten Ziffern entsprechen den Ziffern der vorstehenden Rubrik „Regelungsgegenstände der Landesbauordnungen und der MBO 2002".

Land	Norm (LBO)		Umsetzung/Abweichung in den Ländern und der MBO 2002
M-V	§ 39	**1.** **1.**	bis 5. § 39 I bis VII und IX bis 3. zusätzl.: „auch sonst" keine Gefahren oder unzumutbaren Belästigungen (§ 39 I 1) zusätzl. wie Brem (§ 39 VIII)
Nds	§ 40 (keine Aussage in NAVO-BO)	**1.**	bis 5. § 40 I bis VII und IX zusätzl.wie Brem (§ 40 VIII)
NRW	§ 43	**1.** **4.a** **4.d**	bis 5. § 43 I bis IX zusätzl. Feuerungsanlagen für feste Brennstoffe ≤ 100 m von Wald entfernt nur, wenn Waldbrandgefahr ausgeschlossen (§ 43 I 4) statt ≥ 20 m^3 lediglich ≥ 15 m^3 Mindestgröße (§ 43 VI Nr. 2) keine Ausnahme nach Ermessen
Rh-Pf	§ 39	**1.**	bis 5. § 39 I bis VI Ausnahmen **4.b und 4.e** gelten gemäß § 5 IX und X FeuVO
Saar	§ 43	**1.** **1.** **4.d**	bis 5. § 43 I bis V und VII bis 3. zusätzl. „auch sonst" keine Gefahren oder unzumutbaren Belästigungen (§ 43 I 1) keine Ausnahme nach Ermessen zusätzl.: wie Brem (§ 43 VI)
Sachs	§ 39	**1.** **1.**	bis 5. § 39 I bis VII und IX bis 3. zusätzl. „auch sonst" keine Gefahren oder unzumutbaren Belästigungen zusätzl.: bei Zweckentfremdung vorhandener oder neuerrichteter Abgasanlagen Zustimmung des Bezirkskaminkehrermeisters (§ 39 VIII)
Sachs-Anh	§ 43	**1.** **1.**	bis 5. § 43 I bis VII und IX und 2. zusätzl. • rationeller und schadstoffarmer Energieeinsatz (§ 42 I 4) • wie Brem (§ 42 VIII)
Schl-H	§ 45	**1.**	bis 5. § 45 I bis VIII
Thür	§ 39	**1.**	bis 5. § 39 I bis VIII

II. Hinweise auf Bundesrecht

Bundesrechtlich sind die Feuerungsanlagen unter dem Blickwinkel des Immissionsschutzes geregelt. Das Bundesrecht unterscheidet zwischen den kleinen und mittleren Feuerungsanlagen einerseits und den Großfeuerungsanlagen andererseits. Für erstere gilt die Erste Verordnung zur Durchführung des Bundes-Immissionsschutzgesetzes i. d. F. vom 14. 3. 1997 (BGBl. I S. 490), zuletzt geändert durch das Gesetz zur Umsetzung von EG-Richtlinien zum Umweltschutz vom 27. 7. 2001 (BGBl. S. 1950), mit dem Untertitel „Verordnung über kleine und mittlere Feuerungsanlagen – (1. BlmSchV). Die großen Anlagen sind erfasst in der Dreizehnten Verordnung zur Durchführung des Bundes-Immissionsschutzgesetzes (Verordnung über Großfeuerungsanlagen – 13. BlmSchV) vom 22. 6. 1983 (BGBl. S. 719), zuletzt geändert durch das 2. Zuständigkeitslockerungsgesetz vom 3. 5. 2000 (BGBl. I S. 632). Großanlagen sind solche von einer Feuerungswärmeleistung mit ≥ 50 Megawatt, bei ausschließlicher Verwendung von gasförmigen Brennstoffen von ≥ 100 Megawatt (§ 1 Abs. 1 und 2 13. BlmSchV). Gegliedert nach Feuerungsanla- 9 gen für feste Brennstoffe, für flüssige Brennstoffe und für gasförmige Brennstoffe enthält die 13. BImSchV Grenzwerte für staubförmige Emissionen, Kohlenmonoxid, Stickstoffoxide und Schwefeloxide, bei festen Brennstoffen auch für Halogenverbindungen als Anforderungen, die zum Schutz gegen schädliche Umwelteinwirkungen zu erfüllen sind (§ 1 Abs. 1 Satz 2 13. BlmSchV).

10 Die erstgenannte, die Klein- und mittleren Anlagen betreffende 1. BlmSchV differenziert zunächst zwischen Feuerungsanlagen für feste Brennstoffe und für Öl- und Gasfeuerungsanlagen, dann zwischen Öl- und Gasfeuerungsanlagen in verschiedenen Leistungsstufen.

a) Anlagen für **feste Brennstoffe** ≤ 15 kW dürfen nur betrieben werden mit
- Steinkohlen
- Braunkohlen
- Torfbriketts
- Grillholzkohle
- naturbelassenem Holz
- Presslingen aus naturbelassenem Holz.

Offene Kamine dürfen nur durch derartige Presslinge oder naturbelassenes Holz beheizt werden, unabhängig von der kW-Leistung; diese Beschränkung gilt nicht für Kamine mit geschlossenem Feuerraum, so dass auch die anderen genannten Brennstoffe verwendet werden können.

Anlagen für feste Brennstoffe > 15 kW dürfen Grenzwerte für staubförmige Emissionen für Kohlenmonoxid nicht überschreiten. Dies gilt **nicht** für in den neuen Ländern vor dem 3. 10. 1990, im übrigen Bundesgebiet vor dem 1. 10. 1988 errichtete Anlagen ≤22 kW und generell **nicht** für Kochheizherde oder Kachelöfen ohne Heizeinsatz (Grundöfen).

b) Für **Öl- und Gasfeuerungsanlagen** gelten folgende Anforderungen:
- Bei allen Anlagen, die in den neuen Ländern ab dem 3. 10. 1990, im übrigen Bundesgebiet nach dem 1. 10. 1988 errichtet oder durch Kesselaustausch geändert worden sind, müssen die Emissionen an Stickstoffoxiden nach dem **Stand der Technik** begrenzt werden.
- Bei ab dem 1. 1. 1998 errichteten oder wie beschrieben geänderten Anlagen, gilt:
  - Anlagen mit Nennwärmeleistung ≤ 120 kW dürfen bestimmte Stickstoffoxidgehalte nicht überschreiten.
  - Anlagen mit Nennwärmeleistung > 400 kW dürfen den Nutzungsgrad von 91 %, bei Anlagen > 1 MegaW einen Kesselwirkungsgrad von 91 % nicht unterschreiten.
- Abgasverluste dürfen 9 bis 11 % nicht überschreiten, es sei denn, die Nennwärmeleistung beträgt ≤ 11 kW für Beheizung eines Einzelraums oder ≤ 28 kW ausschließlich für Brauchwassererwärmung
- Abweichungen sind für Anlagen ≥ 10 MegaW < 20 MegaW unter bestimmten Bedingungen zulässig.

Beide Verordnungen enthalten Regelungen über erstmalige, wiederkehrende und bei Anlagen ≥ 10 MegaW kontinuierliche Messungen, erstmalige und wiederkehrende Messungen durch die Bezirksschornsteinfegermeister bzw. durch nach § 26 BImSchG bekannt gegebene Stellen.

Weiter werden in beiden Regelwerken Ableitbedingungen festgelegt, insbesondere die **Schornsteinhöhe**. Bei Anlagen ≥ 1 MegaW muss die Austrittsöffnung für die Abgase die höchste Kante des Dachfirstes ≥ 3 m überragen und ≥ 10 m über Flur liegen. Bei mittleren Anlagen ≥ 10 MegaW gelten die Maße der TA-Luft, bei großen Anlagen die der Ersten Allgemeinen Verwaltungsvorschrift zum BImSchG.

Teil 4. Wasserversorgung

MBO 2002 § 43, BW § 33, Bay keine Regelung, Bln § 42, Bbg § 37, Brem § 42, Hamb § 39, Hess § 38, M-V § 40, Nds § 42, NRW § 44, Rh-Pf § 41, Saar § 44, Sachs § 40, Sachs-Anh § 44, Schl-H § 46, Thür § 40

I. Landesrechtliche Bestimmunngen – Ländervergleich

11

Regelungsgegenstände der Länderbauordnungen und der MBO 2002[11] mit Hinweisen auf DIN[12]	
1.	Sicherung der **Trinkwasserversorgung** auf Dauer bei Errichtung von Gebäuden mit Aufenthaltsräumen
2.	Ausreichende Menge von **Löschwasser** (nicht unbedingt Trinkwasser) bei Errichtung von Gebäuden mit Aufenthaltsräumen
3.	**Wasserzähler** in jeder Wohnung, ausgenommen erheblicher Aufwand bei Nutzungsänderung
4.	**Betriebssicherheit**, keine Gefahren oder erheblichen Nachteile oder Belästigungen

12

Land	Norm (LBO)	II. Umsetzung/Abweichung in den Ländern und der MBO 2002[13]	
MBO 2002	§ 43[14]	1. 2. 3. 4.	keine Regelung keine Regelung § 43 II keine Regelung
BW	§ 33	1. 2. 3. 4.	§ 33 I zusätzl. auch bei Errichtung von Ställen § 33 I zusätzl. auch bei Errichtung von Ställen § 33 V keine Regelung
Bay		1.	bis 4. keine Regelung
Bln	§ 42	1. 2. 3. 4.	§ 39 I 1 § 39 I 2 § 39 II § 39 I 3
Bbg	§ 37	1. 2. 3. 4.	keine Regelung § 37 III ausreichende Menge in allen Fällen § 37 II (jede Nutzungseinheit) § 37 I
Brem	§ 42	1. 2. 3. 4.	Versorgung mit fließendem Trinkwasser (§ 42 I 1) Ausnahmen nach Ermessen für Einzelgehöfte in der freien Feldflur (§ 42 I 2) § 42 III keine Regelung

[11] Die hier verwendeten Ziffern entsprechen den Ziffern der nachstehenden Rubrik „Umsetzung/Abweichung in den Ländern und der MBO 2002".

[12] DIN 18012 Hausanschlussraum
DIN 18381 Installationen
DIN 19360 Richtlinien für den Bau von Wasserrohrleitungen
DIN 1988 Trinkwasserleitungen in Grundstücken, Bau und Betrieb
DIN 2000 Leitsätze für die zentrale Trinkwasserversorgung, Planung, Bau, Betrieb, Überwachung.

[13] Die hier verwendeten Ziffern entsprechen den Ziffern der vorstehenden Rubrik „Regelungsgegenstände der Landesbauordnungen und der MBO 2002".

[14] Zur Deregulierung der MBO 2002 siehe nachfolgend Teil 5 Fn. 18.

Land	Norm (LBO)	II. Umsetzung/Abweichung in den Ländern und der MBO 2002	
			zusätzl. • Anschlusszwang an öffentl. Versorgungsleitungen, wenn diese betriebsfertig (§ 42 II 2) • Brunnen dürfen nicht mit öffentl. Wasserversorgung verbunden sein (§ 42 II 2 und 3)
Hamb	§ 39	**1.** **2.** **3.** **4.**	§ 39 I 1 § 39 I 2 jede Wohnung oder andere Nutzungseinheit bis 1. 9. 2004, Ausnahmen nach Ermessen, wenn unverhältnismäßiger Aufwand oder Kosten (§ 39 III) keine Regelung, jedoch: • bei Betrieben nach Ermessen besondere Einrichtungen oder Verfahren zur Verminderung des Wasserverbrauchs nach dem Stand der Technik, z. B. wassersparende Kreisläufe, Wiederaufbereitung, Nutzung von Betriebswasser (§ 39 IV) • Anschlusszwang an öffentl. Versorgungsleitung, wenn diese betriebsfertig (§ 39 II) • Brunnen zulässig, wenn Versorgung aus öffentl. Netz nicht gesichert und hygienische Anforderungen eingehalten; wasserdicht, verkehrssicher und dauerhaft abgedeckt (§ 39 V); 15 m von Abwasser und Abfallanlagen entfernt, bei Verrieselung und ungünstigen Bodenverhältnissen nach Ermessen größere Abstände (§ 39 VI); keine Verbindung mit öffentl. Wasserversorgung (§ 39 VII); bei Beseitigung Verfüllung mit nicht wassergefährdendem Material und Abdeckung nach oben (§ 39 VIII)
Hess	§ 38	**1.** **2.** **3.** **4.**	ausgen. Wochenendhäuser (§ 38 I) ausgen. Wochenendhäuser, zusätzl. Ställe (§ 38 II) § 38 IV § 38 III
M-V	§ 40	**1.** **2.** **3.** **4.**	§ 40 I 1 Ausnahmen wie Brem (§ 40 I 2) bis 31. 12. 2003, Ausnahmen nach Ermessen, wenn wegen bes. baul. Umstände unverhältnismäßige Kosten (§ 40 II) § 40 I 2
Nds	§ 42	**1.** **2.** **3.** **4.**	soweit es die Benutzung erfordert (§ 42 I 1) Menge den örtl. Verhältnissen entsprechend (§ 42 I 2) § 42 IV § 42 III zusätzl. Brunnen 15 m von Abwasser und Abfallanlagen sowie Gärfutterbehältern entfernt, bei Verrieselung und ungünstigen Bodenverhältnissen nach Ermessen größere Abstände (§ 23 NBauOAVO)
NRW	§ 44	**1.** **2.** **3.** **4.**	keine Regelung Ausnahmen wie Brem (§ 44 III) § 44 II § 44 I
Rh-Pf	§ 41	**1.** **2.** **3.** **4.**	§ 41 I 1 Abweichungen nach Ermessen wie Brem (§ 41 I 2) keine Regelung § 41 III zusätzl. bei gewerbl. genutzten baul. Anlagen mit hohem Trinkwasserverbrauch kann Wiederverwendung des Brauchwassers verlangt werden (§ 41 IV)

Land	Norm (LBO)		II. Umsetzung/Abweichung in den Ländern und der MBO 2002
Saar	§ 44	**1.** **2.** **3.** **4.**	§ 44 II 1 § 44 II 2 keine Regelung § 44 I 1
Sachs	§ 40	**1.** **2.** **3.** **4.**	keine Regelung keine Regelung bei Wohnungen in bestehenden Gebäuden nur, wenn Wasserinstallation erneuert oder wesentl. geändert, ausgen. Nutzungsänderung bei unverhältnismäßigem Mehraufwand (§ 40 II) § 40 I
Sachs-Anh	§ 44	**1.** **2.** **3.** **4.**	§ 44 I 1 Ausnahmen nach Ermessen wie Brem (§ 44 I 2) § 44 III § 44 II
Schl-H	§ 46	**1.** **2.** **3.** **4.**	§ 46 I 1 Ausnahmen nach Ermessen wie Brem (§ 46 I 2) keine Abweichung (§ 46 II 1) § 46 IV zusätzl. • nur solche Armaturen und Sanitäreinrichtungen sollen verwendet werden, die sparsame Verwendung des Trinkwassers gewährleisten (§ 46 II 2) • bei Errichtung, Änderung und Nutzungsänderungen von Sonderbauten sollen Verfahren wie Hamb angewendet werden (§ 46 III)
Thür	§ 40	**1.** **2.** **3.** **4.**	§ 40 I 1 Abweichungen nach Ermessen wie Brem (§ 40 I 4) § 40 III § 40 II zusätzl. sparsame Verwendung von Trinkwasser gewährleistet (§ 40 I 3)

III. Europarechtliche und bundesrechtliche Regelungen zur Beschaffenheit des Trinkwassers

Grundlegend zur Beschaffenheit des Trinkwassers besteht nunmehr die Richtlinie 98/83/EG des Rates über die Qualität von Wasser für den menschlichen Gebrauch vom 3. 11. 1998 (ABl Nr. L 330 vom 05/12/1998 S. 0032–0054). Nach § 37 Abs. 1 des Infektionsschutzgesetzes (IfSG) muss Trinkwasser so beschaffen sein, dass durch seinen Genuss oder Gebrauch eine Schädigung der menschlichen Gesundheit, insbesondere durch Krankheitserreger, nicht zu besorgen ist. 13

Einzelheiten regelt die Verordnung über die Qualität von Wasser für den menschlichen Gebrauch (TrinkwV 2001) vom 21. 5. 2001 (BGBl. I S. 959), die der Umsetzung der vorgenannten EG-Richtlinie in nationales Recht dient.

Gemäß § 4 Abs. 1 Satz 1 TrinkwV 2001 muss das Wasser für den menschlichen Gebrauch frei von Krankheitserregern, genusstauglich und rein sein. Das Erfordernis gilt als erfüllt, wenn bei Gewinnung Aufbereitung und Verteilung des Wassers die allgemein anerkannten Regeln der Technik eingehalten und die Anforderungen nach §§ 5 bis 7 TrinkwV 2001 eingehalten werden.

- Nach § 5 Trinkw V2001 und Anlage 1 Teil I darf das Trinkwasser Krankheitserreger nicht in Konzentrationen enthalten, die eine Schädigung der menschlichen Gesundheit besorgen lassen (mikrobiologische Parameter).

- Ebenso wenig dürfen nach § 6 TrinkwV 2001 und Anlage 2 chemische Stoffe in Konzentrationen enthalten sein, die eine Schädigung der menschlichen Gesundheit besorgen lassen (chemische Parameter, die ab 1. 1. 2003 mit Übergangswerten gelten).
- Schließlich müssen die Indikatorparameter gemäß § 7 TrinkwV 2001 eingehalten werden.

Teil 5. Abwasser und Niederschlagswasser – Ländervergleich

MBO 2002 § 44, BW § 33, Bay Art. 42, Bln §§ 40, 41, Bbg § 38, Brem § 43, Hamb §§ 40, 41, Hess §§ 39, 40, M-V §§ 41, 42, Nds § 42, NRW § 45, Rh-Pf §§ 41, 42, Saar § 44, Sachs §§ 41, 42, Sachs-Anh § 45, Schl-H §§ 47, 48, 49, Thür §§ 41, 42

14

I. Regelungsgegenstände der Länderbauordnungen und der MBO 2002[15] mit Hinweisen auf DIN[16]		
1. Abwasserbeseitigungsanlagen allgemein	**1.a**	Abwasserbeseitigung bei Errichtung baul. Anlagen dauernd gesichert
	1.b	betriebssicher, Gefahren oder unzumutbare Belästigungen ausgeschlossen
2. Kleinkläranlagen und Gruben	**2.a**	nur zulässig, wenn Abwässer nicht in Sammelkanalisation einleitbar
	2.b	wasserdicht, dichte und sichere Abdeckungen, Reinigungs- und Entleerungsöffnungen, die nur vom Freien aus zugängl. sind
	2.c	Dauersicherung der weiteren Ableitung in Vorfluter oder Untergrundversickerung
	2.d	Ableitungen geschlossen, dicht und reinigungsfähig
	2.e	abflusslose Sammelgruben ausnahmsweise
3. Niederschlagswasser	**3.**	nicht in Kleinkläranlagen und nicht in dieselben Gruben wie die übrigen Abwässer
4. Dungstätten	**4.a**	Böden wasserdicht
	4.b	Wände in ausreichender Höhe wasserdicht
	4.c	Flüssigkeiten in Jauchebehältern ohne Verbindung zu anderen Anlagen
5. Mindestentfernung der Kleinkläranlagen, Gruben, Dungstätten	**5.**	ausreichende Abstände zu Öffnungen von Aufenthaltsräumen, zur Nachbargrenze und zu öffentl. Verkehrsflächen

[15] Die hier verwendeten Ziffern entsprechen den Ziffern der nachstehenden Rubrik „Umsetzung/Abweichung in den Ländern und der MBO 2002".

[16] DIN 1986 Teil 1 06.88 Entwässerungsanlagen für Gebäude und Grundstücke; Technische Bestimmungen für den Bau; DIN 4261 02.91 Kleinkläranlagen; Anlagen ohne Abwasserbelüftung; Anwendung, Bemessung und Ausführung.

15

Land	Norm (LBO)		II. Umsetzung/Abweichung in den Ländern und der MBO 2002[17]
MBO 2002	§ 44[18]	**1.a**	keine Regelung
		1.b	keine Regelung
		2.a	keine Regelung
		2.b	§ 44 S. 1 bis 4 zusätzl. Entlüftung so, dass keine Gesundheitsschäden oder unzumutbaren Belästigungen
		2.c	keine Regelung
		2.d	§ 44 S. 5
		2.e	keine Regelung
		3.	bis 5. keine Regelung
BW	§ 33 II, III und IV, § 17 LBOAVO	**1.**	§ 33 II und III
		2.a	§ 17 I und II LBOAVO
		2.b	zusätzl. • kein Aus- oder Überlauf (§ 17 III LBOAVO) • eigene, geschlossene Gruben für Abgänge aus Toiletten ohne Wasserspülung (§ 17 IV LBOAVO)
		2.c	keine Regelung
		2.d	§ 17 III letzter Satz LBOAVO
		2.e	nur mit Zustimmung der Wasserbehörden, wenn keine gesundheitl. oder wasserwirtschaftl. Bedenken (§ 17 II 2 LBOAVO)
		3.	keine Regelung
		4.	betriebssicher, ohne erhebliche Gefahren, Nachteile oder Belästigungen (§ 33 IV)
		5.	keine Regelung
Bay	Art. 42	**1.a**	Art. 42 I Beseitigung „innerhalb und ausserhalb" des Grundstücks
		1.b	keine Regelung
		2.a	Gruben oder Biogasanlagen für abgelegene landwirtschaftl. oder ehemals landwirtschaftl. Anwesen (Art. 42 II und III 1)
		2.b	Vorbehandlung in Mehrkammerausfaulgrube, diese nicht erforderlich, wenn in Biogasanlage gleichwertige Hygienisierung (Art. 42 III 2)

[17] Die hier verwendeten Ziffern entsprechen den Ziffern der vorstehenden Rubrik „Umsetzung/Abweichung in den Ländern und der MBO 2002".

[18] Die **MBO 2002** verzichtet weitgehend auf bauordnungsrechtliche Regelungen und begründet dies damit, dass Abwasserbeseitigung und Trinkwasserversorgung schon nach dem bundesrechtlichen Erschließungserfordernis gesichert sein müssen. Zweifellos ist das Erschließungserfordernis sowohl im Bebauungsplanbereich als auch innerhalb des Bebauungszusammenhangs und sogar im Außenbereich vorgegeben und im Wortlaut von § 30 Abs. 1, § 34 Abs. 1 Satz 1 und § 35 Abs. 1 BauGB ausdrücklich verankert. Allerdings regelt das Bundesrecht keine Details zur Wasserversorgung oder Abwasserbeseitigung, verweist die Grundstücke auf den Erschließungszustand, den sie antreffen und verlangt im Außenbereich allein einen Mindeststandard (siehe *Schrödter*, BauGB, 6. Aufl. 1998, § 30 Rn. 45 und § 35 Rn. 9). Demgemäß ist es gerade Aufgabe des Bauordnungsrechts, die Einzelheiten festzuschreiben und demgemäß geht die Argumentation, durch Verzicht auf Vorschriften entstehe keine Regelungslücke, fehl. Es heisst Steine statt Brot reichen, wenn man den Bauherrn auf die weiten und unbestimmten Erschließungsbegriffe des Bundesrechts verweist, wenn er wissen will, wie er die Abwasserbeseitigung sichern soll. Gerade Einzelfragen der Dauersicherung, der Betriebssicherheit, des Anschlusses an die zentrale Abwasserversorgung, der weiteren Ableitung aus Kleinkläranlagen oder Gruben spielen eine wichtige Rolle. Weiter sagt das bundesrechtliche Erschließungserfordernis nichts darüber aus, was mit dem Niederschlagswasser geschehen soll. Realitätsfremd ist es anzunehmen, dass Dungstätten „angesichts der Entwicklung im ländlichen Raum" nicht mehr geregelt werden müssen (siehe Begründung zu § 44 MBO 2002). Ein Blick in die Lande würde zeigen, dass es bundesweit zahlreiche solche Anlagen gibt und dass ein Bedarf besteht, **die genauen Anforderungen** zu regeln und zu kennen. Die Bauordnungen der Länder würden sich selbst in Frage stellen, wollten sie sich damit begnügen, auf das Planungsrecht einschließlich des Rücksichtnahmegebots, auf das Immissionsschutzrecht oder auf das zersplitterte kommunale Satzungsrecht zu verweisen. Auch wenn es Überschneidungen geben sollte, dienen doch klare und übersichtliche Aussagen in den Bauordnungen, die landesweit gelten und nicht aus Generalklauseln herauszufiltern sind, der Ordnung des Bauwesens und sind bürgernäher als vorgebliche Deregulierungen. In Wahrheit senden diese den Betroffenen Bauherrn und Entwurfsverfasser auf die mühsame Suche nach anderen Rechtsquellen, ohne ihm eine Wünschelrute zur Hand zu geben. Dass mit solchen Deregulierungen letztlich das föderale Selbstverständnis der Länder versickert, sei nur am Rande erwähnt.

Land	Norm (LBO)	II. Umsetzung/Abweichung in den Ländern und der MBO 2002	
		2.c	ordnungsgemäße Entsorgung des geklärten Abwassers und des Fäkalschlamms (Art. 42 II Nr. 2)
		2.d	2.e, 3,4 und 5 keine Regelung
Bln	§§ 40, 41	1.a	§ 40 I 1
		1.b	§ 40 I 2 und § 41 III 4 zusätzl. • Anschlusszwang an die öffentl. Entwässerung bei betriebsfertig kanalisierten Straßen (§ 40 II 1) • Sicherung nicht mehr benutzter Anlagen (§ 41 V)
		2.a	§ 41 I
		2.b	§ 41 III 1, 2 und 3
		2.c	§ 41 II 1
		2.d	§ 41 III 5
		2.e	keine Regelung
		3.	§ 41 II 2 zusätzl. • in Gebieten mit offener Bauweise i. d. R. in Untergrund zu führen (§ 40 II 2) • Anschlusszwang nicht für Niederschlagswasser, wenn Rückhaltung oder Versickerung durch BebPlan festgesetzt oder sonst angeordnet (§ 40 II 2)
		4.	keine Regelung
		5.	Kläranlagen, Gruben und Sickeranlagen 5 m zu Öffnungen von Aufenthaltsräumen und 2 m zu Gebäuden und Nachbargrenzen (§ 41 IV)
Bbg	§ 38	1.a	und 1.b keine Regelung
		2.a	• Ableitung in Kläranlagen nur zulässig, wenn einwandfreie Abwasserbeseitigung innerhalb und außerhalb des Grundstücks dauernd gesichert (§ 38 I) • Ableitung in Gruben nur zulässig, wenn beseitigungspflichtige Körperschaft regelmäßige Entleerung und einwandfreie und schadlose Behandlung in Anlage gewährleistet; Ausnahme: landwirtschaftl. Jauche- und Güllegruben (§ 38 II)
		2.b	und 2.d § 38 III
		2.c	und 2.e über 2.a hinaus keine Detailregelungen
		2.e	keine Regelung
		3.	keine Regelung
		4.	Kleinkläranlagen, Sammelgruben, Sickeranlagen
		5.	• nicht unter Aufenthaltsräumen • 5 m von Öffnungen zu diesen • 2 m zu Grundstücksgrenze ausgen. biologische Hauskläranlage mit Bauartzulassung (§ 38 IV)
Brem	§ 43	1.a	§ 43 I 1
		1.b	§ 43 I 2
		2.	bis 5. alle Regelungen nach Ermessen des Ortsgesetzgebers (örtl. Bauvorschriften nach § 87 I Nr. 7)
Hamb	§§ 40, 41	1.a	§ 40 I und II Sicherstellung ist gewährleistet, wenn Grundstück dem Anschluss- und Benutzungszwang unterliegt
		1.b	keine Regelung
		2.a	zusätzl. nur für freistehende Einzel- und Doppelhäuser mit insgesamt ≤ 2 Wohnungen und mit eigener Wasserzapfstelle oder abwassermäßig vergleichbaren Nutzungen (§ 40 III und V)
		2.b	bis 2 d § 41 II
		2.e	Abwassersammelgruben oder Kleinkläranlagen, wenn wasserwirtschaftl. und hygienische Anforderungen erfüllt (§ 40 IV)

Land	Norm (LBO)	II. Umsetzung/Abweichung in den Ländern und der MBO 2002	
		3.	Versickerung auf dem Grundstück, wenn schadlos möglich, ausreichender Stauraum (§ 41 III)
		4.	Dungstätten und ähnliche Anlagen keine Verbindung zu anderen Abwasseranlagen und nicht unter Aufenthaltsräumen (§ 47 VI 1 und 2)
		5.	Gruben, Kleinkläranlagen und Dungstätten 5 m zu Öffnungen von Aufenthaltsräumen, 2 m zur Nachbargrenze, 15 m zu oberirdischen Gewässern und Brunnen, 5 m (Dungstätten 10 m) zu öffentl. Wegen (§ 41 I 1 und § 47 VI 1) Für Sickeranlagen bei ungünstigen Bodenverhältnissen nach Ermessen größere Entfernungen (§ 41 I 2)
Hess	§§ 39, 40	1.a	§ 39 1
		1.b	§ 39 2
		2.a	§ 40 I 1
		2.b	§ 40 III 1 bis 4
		2.c	§ 40 I 1
		2.d	§ 40 III 5
		2.e	keine Regelung
		3.	• nicht in Kleinkläranlagen • nicht in dieselben Behälter wie übriges Abwasser (§ 40 I 2)
		4.a	bis 4.c § 40 II 1 und 3 zusätzl. Fußboden von Ställen wasserdicht (§ 40 II 2)
		5.	Dungstätten 3 m zur Nachbargrenze und zu öffentl. Verkehrsflächen, 5 m zu Öffnungen von Aufenthaltsräumen. Zusätzl. Entfernungen gelten auch für Gärfutteranlagen (§ 40 II 4)
M-V	§§ 41, 42	1.a	§ 41 1
		1.b	§ 41 2
		2.a	§ 42 I zusätzl. oder nur mit unverhältnismäßigem Aufwand in Sammelkanalisation einleitbar
		2.b	bis 2.d § 40 II 1 und IV
		2.e	keine Regelung
		3.	§ 42 II 2
		4.a	bis 4.c § 42 III
		5.	• Sickeranlagen und Dungstätten 5 m von Öffnungen zu und 2 m von Nachbargrenze • offene Dungstätten zu öffentl. Verkehrsflächen 10 m, im Außenbereich 3 m
Nds	§ 42, § 24 NBauOAVO	1.a	§ 42 II 1 nicht nur bei Errichtung
		1.b	§ 42 III
		2.a	keine Regelung
		2.b	§ 24 II 1 und 2 NBauOAVO
		2.c	keine Regelung
		2.d	§ 24 I 3 NBauOAVO
		2.e	keine Regelung
		3.	keine Regelung
		4.a	bis 4.c keine Regelung
		5.	Dungstätten 5 m zu Öffnungen von Aufenthaltsräumen, 2 m von den Grenzen des Baugrundstücks (§ 24 II NBauOAVO)
NRW	§ 45	1.a	keine Regelung
		1.b	§ 45 I Leitungen geschlossen, dicht und reinigungsfähig (§ 45 III 1) zusätzl. für Abwasserleitungen Dichtheitsprüfung durch Sachkundigen mit Bescheinigung in Abständen ≤ 20 Jahre (§ 45 IV) ausgenommen • Niederschlagswasserleitungen

Land	Norm (LBO)		II. Umsetzung/Abweichung in den Ländern und der MBO 2002
			• Schutzrohrleitungen mit Auffangvorrichtung • Leitungen mit wasserrechtl. Selbstüberwachungspflichten (§ 45 VII) Dichtheitsprüfung bei bestehenden Anlagen spätestens • 31. 12. 2015 • 31. 12. 2005 bei Altanlagen in Wasserschutzgebieten (§ 45 V) Kürzere Zeiträume durch Gemeindesatzung, wenn Zusammenhang mit örtl. Kanalisation und der Gefahrenabwehr dienlich, ferner durch Gemeindesatzung: Bescheinigung durch von der Gemeinde zugelassene Sachkundige (§ 45 VI)
		2.a	keine Regelung
		2.b	§ 45 II
		2.c	keine Regelung
		2.d	§ 45 III 1 zusätzl. wie vorstehend 1.b
		2.e	keine Regelung
		3.	Niederschlagswasser in offenen Gerinnen (§ 45 III 2)
		4.	§ 52 IV zusätzl. Gärfutterbehälter dichte Wände und Böden und so eingerichtet, dass Gefahren oder unzumutbare Belästigungen nicht entstehen, Sickersäfte sind einwandfrei zu beseitigen (§ 52 VI 1 und 2)
		5.	Dungstätten, Jauchebehälter und Flüssigmistbehälter 5 m zu Öffnungen von Aufenthaltsräumen, 2 m von Nachbargrenze, 10 m von öffentl. Verkehrsfläche und 15 m von Brunnen und oberirdischen Gewässern (§ 52 V) zusätzl. Gärfutterbehälter 15 m von Brunnen und oberirdischen Gewässern (§ 52 VI 3)
Rh-Pf	§§ 41, 42	**1.a**	§ 41 II
		1.b	§ 41 III
		2.a	keine Regelung
		2.b	§ 42 II 1 bis 4. Halbsatz 1
		2.c	keine Regelung
		2.d	keine Regelung
		2.e	Gruben müssen ohne Ablauf sein und gegen Überlaufen gesichert sein (§ 42 II 4 Halbsatz 2)
		3.	§ 42 II 5
		4.	§ 48 V 1 und 2
		5.	Gruben und Kleinkläranlagen • nicht unter Aufenthaltsräumen • Abstand von öffentl. Verkehrsflächen, Gewässer, Wasserversorgung, Nachbargrenzen und Öffnungen von Aufenthaltsräumen, so dass keine Gefahren oder unzumutbaren Belästigungen zusätzl. Dungstätten 5 m von Öffnungen zu Aufenthaltsräumen und 2 m von Grundstücksgrenze (§ 48 V 3)
Saar	§ 44, § 16 TVO-Saar	**1.a**	§ 44 I
		1.b	§ 44 I 1
		2.a	§ 44 V, zusätzl. Beseitigung „innerhalb und außerhalb" des Grundstücks dauernd gesichert (§ 16 I TVO Saar)
		2.b	§ 44 IV 1, § 16 III I bis 3 TVO Saar
		2.c	§ 44 V
		2.d	§ 16 III 4
		2.e	Gruben müssen ohne Ablauf sein und gegen Überlaufen gesichert sein (§ 44 IV 1)

Land	Norm (LBO)	II. Umsetzung/Abweichung in den Ländern und der MBO 2002	
		3.	keine Regelung § 44 IV 3
		4.4	bis 4.c § 16 II TVO Saar, zusätzl. Gärfutterbehälter: dichte Wände und Böden und so beschaffen, dass Gefahren oder unzumutbare Belästigungen nicht entstehen, Sickersäfte umweltfreundl. zu beseitigen (§ 51 V)
		5.	Sickeranlagen und Dungstätten 5 m zu Öffnungen von Aufenthaltsräumen; Dungstätten von Nachbargrenze 3 m, Kleinkläranlagen und Gruben 1 m; offene Dungstätten von öffentl. Verkehrsflächen 10 m, Ausnahmen von letzteren für bestehende Dungstätten nach Ermessen (alles § 16 IV bis VI TVO Saar)
Sachs	§§ 41, 42	**1.a**	keine Regelung
		1.b	§ 41
		2.a	§ 42 I
		2.b	dichte und sichere Abdeckung, Entlüftung so, dass keine Gesundheitsschäden oder unzumutbaren Belästigungen (§ 42 IV 1 und 2)
		2.c	keine Regelung
		2.d	§ 42 IV 3
		2.e	keine Regelung
		3.	§ 42 II
		4.	bis 4.c § 42 III
		5.	Sickeranlagen und Dungstätten 5 m zu Öffnungen von Aufenthaltsräumen und 2 m zur Nachbargrenze, offene Dungstätten 10 m zu öffentl. Verkehrsflächen (§ 42 V)
Sachs-Anh	§ 45	**1.a**	§ 45 S. 1 unter Hinweis auf § 150 I WG LSA
		1.b	§ 45 S. 2
		2.e	keine Regelung
		3.	keine Regelung
		4.	keine Regelung
		5.	keine Regelung
Schl-H	§§ 47, 48, 49	**1.a**	§ 47 S. 1
		1.b	§ 47 S. 2
		2.a	§ 48 I
		2.b	bis 2.d § 48 III
		2.e	keine Regelung
		3.	• nicht in Kleinkläranlagen • nicht in abflusslose Sammelgruben (§ 48 II 2) • Versickerung in den Untergrund, wenn schadlos möglich (§ 47 S. 3)
		4.a	bis 4.c § 49 I
		5.	Festmistlagerung 5 m zu Öffnungen von Aufenthaltsräumen, 10 m von öffentl. Verkehrsflächen, 2 m von Nachbargrenze (§ 49 II)
Thür	§§ 41, 42	**1.a**	§ 41 S. 1
		1.b	§ 41 S. 2
		2.a	bis 2.d § 42 II 1 und IV
		2.e	keine Regelung
		3.	§ 42 II 2
		4.a	bis 4.c § 42 III
		5.	wie Sachs (§ 42 V und VI)

Teil 6. Anlagen für feste Abfallstoffe und Wertstoffe – Ländervergleich

MBO 2002 § 45, BW § 33, Bay Art. 43, 44, Bln §§ 42, 43 Bbg § 39, Brem §§ 44, 45, Hamb § 42, 43, Hess § 41, M-V § 43, Nds § 42, NRW § 46, Rh-Pf keine Regelung, Saar § 44, Sachs §§ 43, 44, Sachs-Anh §§ 47, 48, Schl-H § 50, Thür §§ 43, 44

16

I. Regelungsgegenstände der Landesbauordnungen und der MBO 2002[19]	
1. Abfallschächte (Müllschlucker)	**2. Abfallbehälter**
1.a nur zulässig, wenn Trennsystem zwischen Abfällen und Wertstoffen **1.b** außerhalb von Aufenthaltsräumen, feuerbeständig, Einrichtungen nicht brennbar, senkrecht ohne Querschnittsänderung, Lüftung, dicht gegen Ausdringen von Feuer, Rauch, Geruch, Staub, schallgedämmt **1.c** Einfüllöffnungen dürfen sperrige Abfälle nicht aufnehmen **1.d** Mündung in Sammelraum mit Zugang unmittelbar ins Freie oder selbstschließende, feuerbeständige Türen, bewegliche Abfallbehälter, ständige Lüftung, Bodenablauf mit Geruchsverschluss **1.e** getrennte Einfüllöffnungen und getrennte Sammelräume für Verwertung und Beseitigung	**2.a** Pflicht zur Herstellung oder Aufstellung dichter Behälter außerhalb von Gebäuden auf befestigtem Standplatz **2.b** innerhalb von Gebäuden bes. Raum, feuerbeständige Wände, Decken und Öffnungen, ständige Lüftung, reinigungsfähig **2.c** Mindestentfernungen **2.d** Stellflächen für Abfälle zur Verwertung (getrenntes Sammelsystem)

17

Land	**Norm (LBO)**	**II. Umsetzung/Abweichung in den Ländern und der MBO 2002**[20]			
MBO 2002	§ 45	**1.a**	bis 1.e keine Regelung	**2.a** **2.b** **2.c** **2.d**	keine Regelung besondere Voraussetzungen nur bei Gebäudeklassen 3 bis 5[21] keine Regelung keine Regelung
BW	§ 33	Aufbewahrungsanlagen betriebssicher, keine Gefahren oder erheblichen Nachteile oder Belästigungen, insbesondere durch Geruch oder Geräusch, sonst keine Regelung			

[19] Die hier verwendeten Ziffern entsprechen den Ziffern der nachstehenden Rubrik „Umsetzung/Abweichung in den Ländern und der MBO 2002".

[20] Die hier verwendeten Ziffern entsprechen den Ziffern der vorstehenden Rubrik „Regelungsgegenstände der Landesbauordnungen und der MBO 2002".

[21] Die genannten Gebäudeklassen werden in § 2 III 1 MBO 2002 wie folgt definiert:
1. Gebäudeklasse 1:
   a) freistehende Gebäude mit einer Höhe ≤ 7 m und ≤ zwei Nutzungseinheiten von insgesamt 400 m²
   b) freistehende land- oder forstwirtschaftlich genutzte Gebäude
2. Gebäudeklasse 2:
   Gebäude mit einer Höhe ≤ 7 m und ≤ zwei Nutzungseinheiten von insgesamt ≤ 400 m²
3. Gebäudeklasse 3:
   sonstige Gebäude mit einer Höhe ≤ 7 m
4. Gebäudeklasse 4:
   Gebäude mit einer Höhe ≤ 13 m und Nutzungseinheiten mit jeweils ≤ 400 m²
5. Gebäudeklasse 5:
   sonstige Gebäude einschließlich unterirdischer Gebäude.

Land	Norm (LBO)	II. Umsetzung/Abweichung in den Ländern und der MBO 2002			
Bay	Art. 43, 44	**1.a** **1.b** **1.e**	keine Regelung bis 1.d Art. 43 I bis IV keine Regelung	**2.a** **2.c**	bis 2.b Art. 44 S. 1 bis 3 keine Regelung
Bln	§§ 42, 43	**1.a** **1.b**	§ 42 I 1 bis 1.e § 42 I bis IV	**2.a** **2.b** **2.c** **2.d**	§ 43 S. 1 und 4 Gestaltung nach Ermessen, wenn sicher und leicht erreichbar (§ 43 S. 5) 5 m zu Öffnungen von Aufenthaltsräumen, 2 m von Nachbargrenze, ≤ 30 m von befahrbaren Wegen (§ 43 S. 3 und 4) § 43 S. 2
Bbg	§ 39	**1.a**	bis 1.e generell unzulässig (§ 39 IV)	**2.a** **2.b** **2.c** **2.d**	Wertstoff und Abfallbehälter, zusätzl. „an nicht störender Stelle" (§ 39 I 1 und II 1) § 39 II 2 5 m zu Öffnungen von Aufenthaltsräumen, 2 m von Nachbargrenze (§ 39 I 2) keine Regelung zusätzl. • keine Beeinträchtigung der Sicherheit und Leichtigkeit des Verkehrs • Behälter vom Betreiber sauber zu halten (§ 39 III)
Brem	§§ 44, 45	**1.a** **1.b** **1.c** **1.e**	in Wohngebäuden unzulässig, in anderen Gebäuden Zulassung nach Ermessen, wenn Trennsystem (§ 44 I) § 44 II und III zusätzl. nicht in Treppenräumen und nicht an Wänden von Wohn- und Schlafräumen und 1.d § 44 IV und V keine Regelung	**2.a** **2.b** **2.c**	§ 45 I 1 zusätzl. „abgeschirmter Platz an nicht störender Stelle" § 45 I 2 ausgen. „feuerbeständig" und 2.d keine Regelung
Hamb	§§ 42, 43	**1.a** **1.b** **1.c** **1.d** **1.e**	§ 42 I § 42 II 1 und 2 zusätzl. nicht in Treppenräumen und nicht an Wänden von Wohn- und Schlafräumen § 42 IV zusätzl. in Hochhäusern Einfüllöffnungen nur in eigenen sonst nicht genutzten feuerbeständigen Räumen mit Brandschutztüren (§ 42 II 6)[22] § 42 V bei getrennter Sammlung von Abfällen und Wertstoffen Unterteilung des Schachtes in Teilschächte nach Ermessen (§ 42 VI)	**2.a** **2.b** **2.c**	ausreichend bemessene Standplätze, wenn Anschluss- und Benutzungszwang (§ 43 II 1) ≥ 2 m lH und ständige Lüftung (§ 43 IV) • nahe zur Fahrbahn des durch Abfall-Kfz befahrenen Weges • 5 m zu Öffnungen von Aufenthaltsräumen, 2 m nach Ermessen, wenn Müllbehälterschränke, Entfernungen gelten nicht, wenn auf Grundstück insgesamt Behälter ≤ 240 l Fassungsvermögen

[22] Hochhäuser sind nach § 2 III 1 Nr. 3 HBauO solche Gebäude, bei denen der Fußboden des obersten Geschosses > 22 m über festgelegter Geländeoberfläche liegt.

Land	Norm (LBO)	II. Umsetzung/Abweichung in den Ländern und der MBO 2002			
				2.d	Errichtung baul. Anlagen nur, wenn Trennung durchführbar und Entsorgung sichergestellt (§ 43 I), zusätzl. für bestehende baul. Anlagen Standplätze nach Ermessen, wenn andernfalls Gefahr für öffentl. Sicherheit und Ordnung (§ 43 V)
Hess	§ 41	**1.a**	bis 1.e keine Regelung	**2.a** **2.b** **2.c**	§ 41 S. 1 § 41 S. 2 Trennwände nach Nr. 31, Decken nach Nr. 51 und Öffnungen nach Nr. 8.3 der Anlage 1 und 2.d keine Regelung
M-V	§ 43	**1.a**	bis 1.e keine Regelung	**2.a** **2.c** **2.d**	und 2.b § 43 S. 1, 3 und 4 5 m von Öffnungen zu Aufenthaltsräumen, 2 m von Nachbargrenze (§ 43 S. 2) keine Regelung
Nds	§ 42, § 25 NBau-OAVO	**1.a** **1.b** **1.c** **1.d** **1.e**	keine Regelung § 25 I und II NBauOAVO zusätzl. nicht an Wänden von Wohn- und Schlafräumen § 25 III NBauOAVO § 25 IV NBauOAVO keine Regelung	**2.**	ordnungsgemäße Entsorgung der Abfälle einschließl. Wirtschaftsdünger dauernd gesichert, betriebssicher und keine Gefahren oder unzumutbare Belästigungen, insbes. durch Geruch oder Geräusch (§ 42 II und III)
NRW	§ 46	**1.a** **1.b** **1.c** **1.d** **1.e**	Verbot der Errichtung. Vorhandene Schächte außer Betrieb und unter Verschluss bis 31. 12. 2003 vorhandene Schächte § 46 II und III zusätzl. nicht an Wänden von Wohn- und Schlafräumen (§ 46 II 1) vorhandene Schächte (§ 46 IV) vorhandene Schächte (§ 46 V) keine Regelung	**2.**	keine Regelung
Rh-Pf		**1.**	keine Regelung	**2.**	keine Regelung
Saar	§ 44, §§ 17, 18 TVO-Saar	**1.a** **1.b** **1.c** **1.d** **1.e**	Verbot der Errichtung in Gebäuden (§ 44 I 2) vorhandene Schächte wie NRW, zusätzl. Einbau einer Feuerlöscheinrichtung nach Ermessen (§ 17 II TVO Saar) § 17 IV 1 TVO Saar § 17 V TVO Saar keine Regelung	**2.a** **2.b** **2.c** **2.d**	Wertstoff- und Abfallbehälter, zusätzl. • „an nicht störender Stelle" (§ 18 I 1 und II 1 TVO Saar) • betriebssicher und so angeordnet, dass Gefahren, erhebliche Nachteile oder Belästigungen nicht entstehen (§ 44 I 1) besondere, gut lüftbare Räume, sicher und leicht erreichbar (§ 18 II 2 TVO Saar) wie M-V (§ 18 I 2 TVO Saar) keine Regelung

Land	Norm (LBO)	II. Umsetzung/Abweichung in den Ländern und der MBO 2002			
Sachs	§§ 43, 44	**1.a** **1.b** **1.c** **1.d** **1.e**	keine Regelung § 43 I und II zusätzl. nicht an Wänden von Wohn- und Schlafräumen (§ 43 I 1) § 43 III § 43 IV keine Regelung	**2.a** **2.b** **2.c** **2.d**	§ 44 I 1 ohne weitere Vorraussetzung in bes. Räumen (§ 44 I 3) 5 m von Öffnungen zu Aufenthaltsräumen (§ 44 I 2) keine Regelung
Sachs-Anh	§§ 47, 48	**1.a**	bis 1.e wie vorstehend Sachs (§ 47 I bis IV)	**2.a** **2.b** **2.c** **2.d**	§ 48 I 1 und II 1 „an nicht störender Stelle" nach Ermessen ohne Tatbestandsvoraussetzung (§ 48 II 2) 5 m von Öffnungen zu Aufenthalträumen, 2 m von Nachbargrenze (§ 48 I 2) keine Regelung
Schl H	§ 50	**1.a** **1.b** **1.c**	in Wohngebäuden unzulässig, in anderen Gebäuden zulässig, wenn Trennsystem zwischen Abfällen und Wertstoffen (§ 50 S. 4 und 5) brandsicher, sichere Abführung, Feuer, Rauch, Gerüche, Staub nicht in Gebäude und schallgedämmt (§ 50 S. 3) 1.d und 1.e keine Regelung	**2.a** **2.b** **2.c**	§ 50 S. 1 nach Ermessen ohne Tatbestandsvoraussetzungen (§ 50 S. 2) und 2.d keine Regelung
Thür	§§ 43, 44	**1.a**	bis 1.e wie vorstehend Sachs (§ 43 I bis IV)	**2.a** **2.b** **2.c** **2.d**	§ 44 1 und II 1 „an nicht störender Stelle" nach Ermessen ohne Tatbestandsvoraussetzungen (§ 44 II 2) 5 m von Öffnungen zu Aufenthaltsräumen, 2 m von Nachbargrenze (§ 44 I 2) zusätzl. 2.a bis 2.c gelten für Wertstoffbehälter entsprechend, ausgen. Aufstellungspflicht (§ 44 IV)

9. Kapitel. Aufenthaltsräume und Wohnungen

Übersicht

Rn.

Teil 1. Aufenthaltsräume

I. Allgemeines 1
1. Bedeutung der bauordnungsrechtlichen Regelungen über Aufenthaltsräume . . 1
2. Begriff des Aufenthaltsraums 2
a) Allgemeines 2
b) Der nicht nur vorübergehende Aufenthalt von Menschen 3
c) Objektive Eignung als Aufenthaltsraum 4
d) Subjektive Bestimmung als Aufenthaltsraum 5
3. Beispiele 6
a) Aufenthaltsräume 6
b) Keine Aufenthaltsräume 7
c) Hobbyräume 8
4. Konflikte zwischen objektiver Eignung und subjektiver Bestimmung als Aufenthaltsraum 9
II. Allgemeine Anforderungen an Aufenthaltssräume 10
1. Ländervergleich 10
2. Allgemeines 11
3. Musterbauordnung 2002 12
4. Mindestgröße 14
5. Lichte Höhe 15
6. Notwendige Fenster 16
a) Ländervergleich 16
b) Begriff „notwendige Fenster" 17
c) Anforderungen an notwendige Fenster 18
d) Schutzzweck der Vorschriften über notwendige Fenster 19
7. Fensterlos zulässige Aufenthaltsräume . 20
a) Ländervergleich 20
b) Bedeutung der Regelung 21

Teil 2. Aufenthaltsräume und Wohnungen im Dachgeschoss

I. Allgemeines 22
1. Bedeutung der bauordnungsrechtlichen Regelungen über Aufenthaltsräume im Dachgeschoss 22
2. Begriffe 23
a) Dachraum 23
b) Dachgeschoss 23
3. Musterbauordnung 2002 24
II. Bauordnungsrechtliche Anforderungen an Aufenthaltsräume/Wohnungen im Dachraum 25
1. Allgemeine bauordnungsrechtliche Anorderungen 25
2. Besondere Zulässigkeitsvoraussetzungen für Aufenthaltsräume/Wohnungen im Dachgeschoss 26
a) Ländervergleich 26
b) Lichte Höhe 27
III. Schutzzweck 28

Rn.

Teil 3. Aufenthaltsräume im Kellergeschoss

I. Allgemeines 29
1. Musterbauordnung 2002 29
2. Begriff „Kellergeschoss" („Untergeschoss") 30
a) Ländervergleich 30
b) Definition 31
3. Bedeutung der bauordnungsrechtlichen Regelungen zu Aufenthaltsräumen in Kellergeschossen 32
II. Zulässigkeit von Wohnungen und Aufenthaltsräumen in Kellergeschossen 33
1. Allgemein für Aufenthaltsräume geltende Anforderungen 33
2. Besondere Anforderungen an Aufenthaltsräume/Wohnungen in Kellergeschossen 34
a) Ländervergleich 34
b) Höchstens zulässiger Niveauunterschied 35
c) Lichteinfallwinkel 37
d) Geländeverlauf 38
III. Zulässigkeit fensterloser Aufenthaltsräume in Kellergeschossen 39
1. Ländervergleich 39
2. Für die Unterbringung in Kellergeschossen geeignete Aufenthaltsräume . . 40
a) Aufenthaltsräume, deren Benutzung eine Beleuchtung durch Tageslicht verbietet 40
b) Aufenthaltsräume, die nicht dem Wohnen dienen 41
c) Aufenthaltsräume mit kurzer Verweildauer 42
3. Bauordnungsrechtliche Anforderungen für ihre Zulässigkeit in Kellergeschossen 43
IV. Schutzzweck 44
V. Formelles 45

Teil 4. Wohnungen

I. Allgemeines 46
1. Begriffe 46
a) Wohnung 46
b) Wohnen 47
c) Wohnräume 48
d) Wohngebäude 49
2. Musterbauordnung 2002 50
II. Bauordnungsrechtliche Anforderungen an Wohnungen 51
1. Bedeutung der bauordnungsrechtlichen Regelungen 51
2. Ländervergleich 52
3. Wohnungsgröße 53
4. Küche 54
a) Ländervergleich 54

Rn.
b) Bedeutung der Kochmöglichkeit für den Begriff des „Wohnens“ . . . 55
c) Bauordnungsrechtliche Anforderungen an Küchen/Kochnischen in Wohnungen 56
5. Der zur Wohnung gehörende Abstellraum 57
a) Ländervergleich 57
b) Bedeutung der Regelung 58

Rn.
6. Bad und Toilettenräume 59
a) Ländervergleich 59
b) Bad 60
c) Toilettenräume 61
7. Für Wohngebäude geforderte Räume zur gemeinschaftlichen Benutzung . . . 62
a) Ländervergleich 62
b) Bedeutung der Regelung 63

Teil 1. Aufenthaltsräume

MBO 2002 § 47, BW § 34, Bay Art. 45, Bln § 44, Bbg § 40, Brem § 46, Hamb § 44, Hess § 42, M-V § 44, Nds § 43, NRW § 48, Rh-Pf § 43, Saar § 45, Sachs § 45, Sachs-Anh § 49, Schl-H § 51, Thür § 45.

I. Allgemeines

1. Bedeutung der bauordnungsrechtlichen Regelungen über Aufenthaltsräume

„Aufenthaltsräume" werden von anderen Räumen, insbesondere Nebenräumen, oder sonstigen Nutzflächen in Gebäuden unterschieden, weil sie im Interesse der Gesundheit und der Sicherheit der Menschen, die sich darin „aufhalten", **besondere bauaufsichtliche Anforderungen** erfüllen müssen, insbesondere in Bezug auf Beleuchtung, Belichtung, Wärme- und Schalldämmung und Brandschutz. Zudem gibt es für Nebenräume Privilegien im Abstandsflächenrecht, so dass auch hier die Abgrenzung zu den Aufenthaltsräumen wichtig ist. Der bauordnungsrechtliche Begriff des Aufenthaltsraums gilt auch für das Bauplanungsrecht (z. B. bei § 20 Abs. 3 Satz 2 BauNVO), nicht jedoch für Rechtsgebiete außerhalb des Baurechts, z. B. das Steuerrecht. 1

2. Begriff des Aufenthaltsraums

MBO 2002 § 2 Abs. 5, BW § 2 Abs. 7, Bay Art. 45 Abs. 1, Bln § 2 Abs. 5, Bbg § 2 Abs. 5, Brem § 2 Abs. 11, Hamb § 2 Abs. 8, Hess § 2 Abs. 9, M-V § 2 Abs. 3, Nds § 43 Abs. 1, NRW § 2 Abs. 7, Rh-Pf § 2 Abs. 5, Saar § 2 Abs. 6, Sachs § 2 Abs. 7, Sachs-Anh § 2 Abs. 5, Schl-H § 2 Abs. 7, Thür § 2 Abs. 7.

a) Allgemeines

Der Begriff des Aufenthaltsraums wird im Bauordnungsrecht aller Länder einheitlich definiert: Aufenthaltsräume sind Räume, **die zum nicht nur vorübergehenden Aufenthalt von Menschen bestimmt** sind **oder** nach Lage, Größe und Beschaffenheit hierzu **geeignet** sind. Die Qualifizierung eines Raumes als Aufenthaltsraum erfolgt allein nach dieser Definition und unabhängig davon, ob seine Nutzung zu Aufenthaltszwecken genehmigt oder genehmigungsfähig ist, oder ob ein Raum die bauordnungsrechtlichen Anforderungen an Aufenthaltsräume erfüllt.[1] Gegebenenfalls muss die Bauaufsichtsbehörde weitere Schritte zur Herstellung rechtmäßiger Zustände einleiten. Der Begriff des Aufenthaltsraums ist nicht identisch mit dem Begriff des Wohnraums, **Wohnräume sind eine spezielle Gruppe** innerhalb der Aufenthaltsräume. 2

b) Der nicht nur vorübergehende Aufenthalt von Menschen

Grundlage für die Qualifizierung eines Raumes als Aufenthaltsraum ist der „nicht nur vorübergehende Aufenthalt von Menschen". **Nicht nur vorübergehend** ist ein Aufenthalt dann, wenn er, ausgehend von seiner Zweckbestimmung, entweder jeweils für sich genommen so lange dauert, oder sich so regelmäßig wiederholt, dass es gerechtfertigt ist, an diesen Raum zum Schutz der sich darin aufhaltenden Personen die besonderen Anforderungen für Aufenthaltsräume zu stellen. Je seltener ein Aufenthalt stattfindet, desto stärkeres Gewicht kommt dem Element der Regelmäßigkeit zu, um von einem „nicht nur vorübergehenden Aufenthalt" sprechen zu können. Werden Räume von **verschiedenen** Personenkreisen mit jeweils **unterschiedlicher Verweildauer** genutzt, so ist nicht auf die überwiegende Mehrzahl der Personen, sondern auf die jeweils längste Verweildauer abzustellen; z. B. sind Bibliotheksräume Aufenthaltsräume, weil nicht auf die Verweildauer der Benutzer, die sich dort nur vorübergehend aufhalten, abzustellen ist, sondern auf die 3

[1] Abweichend oben Kap. 2, Rn. 141 f.

Aufenthaltsdauer der dort Beschäftigten. Auch Büroräume sind Aufenthaltsräume, weil der Aufenthalt der dort Beschäftigten während ihrer Arbeitszeit regelmäßig mehrere Stunden am Tag dauert und somit nicht nur vorübergehend ist.

Ein **nicht nur vorübergehender Aufenthalt**

- muss nicht ein dauernder sein
- muss sich nicht einmal über mehrere Stunden erstrecken (ausreichend, dass die Belegschaft eines Werkes in dem Raum regelmäßig ihre Mittagspause verbringt)
- muss nicht täglich stattfinden (ausreichend, dass Leute in einem Raum mehrmals wöchentlich zusammenkommen[2])
- muss sich nicht über das ganze Jahr gleichmäßig erstrecken (ausreichend, dass der Raum während bestimmter Jahreszeiten regelmäßig genutzt wird, z. B. Wintergarten, Laube in Kleingartenanlage).

Nur vorübergehend ist der Aufenthalt typischerweise in den Nebenräumen einer Wohnung, wie Bad, Toiletten, Gang, Diele.

c) Objektive Eignung als Aufenthaltsraum

4 Ist ein Raum bereits nach seiner objektiven Beschaffenheit als Aufenthaltsraum zu qualifizieren, so ist unerheblich, ob der Raum als Aufenthaltsraum genutzt wird oder dazu bestimmt ist. Die objektive Eignung ist daher an erster Stelle zu prüfen. Ein Raum ist immer dann **objektiv geeignet** zum nicht nur vorübergehenden Aufenthalt, wenn er die bauordnungsrechtlichen Anforderungen an Aufenthaltsräume erfüllt. Sind diese nicht erfüllt, so ist auf objektive Eignungskriterien abzustellen, insbesondere

- eine ausreichende **lichte Höhe**, die es ermöglicht, dass Menschen darin aufrecht stehen können, also ab einer lichten Höhe von mindestens 2 m (eine bauordnungsrechtlich vorgeschriebene lichte Höhe ist für die Qualifizierung eines Raumes als Aufenthaltsraum nicht erforderlich)
- die Möglichkeit ausreichender **Belüftung und Belichtung mit Tageslicht** (von den Ausnahmen bei fensterlos zulässigen Aufenthaltsräumen abgesehen)
- Beheizbarkeit
- Eignung nach der **Größe seiner Nutzfläche** und seinem Zuschnitt, so dass der Raum für einen sinnvollen Aufenthalt von Menschen geeignet ist, z. B. Platz bietet für eine Schlafstelle oder einen Arbeitsplatz, was ab einer Größe von ca. 7 m^2 und ab einer Mindestbreite von ca. 2 m anzunehmen ist.

d) Subjektive Bestimmung als Aufenthaltsraum

5 Ein Raum ist auch dann Aufenthaltsraum, wenn er – trotz objektiver Nichteignung – zum nicht nur vorübergehenden Aufenthalt von Menschen **subjektiv bestimmt** ist. Die subjektive Bestimmung als Aufenthaltsraum erfolgt durch die tatsächliche Nutzung oder durch die Bezeichnung im Bauplan, die – da sich jede Genehmigung auf eine bestimmte Nutzung bezieht – Bestandteil der Genehmigung ist.

3. Beispiele

a) Aufenthaltsräume

6 Zu den Aufenthaltsräumen zählen:

- Wohnräume,[3] Schlafräume, Essdielen, Wohnküchen, Wintergärten,
- Arbeitsräume, Büroräume, Verkaufsräume
- Werkstätten
- Hotel- und Gastzimmer
- Schul- und Unterrichtsräume, auch bei wechselnder Belegung, weil sich dort der Aufenthalt wenn auch wechselnder Personenkreise regelmäßig wiederholt
- Krankenzimmer, Behandlungsräume und Wartezimmer einer Arztpraxis.

---

[2] BW VGH vom 13. 3. 1974 BRS 28 Nr. 333.

[3] Auf Wohnräume wird gesondert eingegangen, s. unten Kap. 9, Rn. 46 ff.

b) Keine Aufenthaltsräume[4]

Nicht zu den Aufenthaltsräumen gehören: 7

- Nebenräume von Wohnungen, wie Gang, Flur, Treppenraum, Toilettenräume, Badezimmer, Speisekammern, Vorrats- und Abstellräume, Waschküchen und Trockenräume
- Lagerräume, wenn darin nicht andere Arbeiten als die mit dem Lagern unmittelbar verbundenen Tätigkeiten stattfinden
- Bastelräume, Werkräume
- Wirtschafts- und Geräteräume, Heizräume, Maschinenräume.

c) Hobbyräume

Der Begriff des **Hobbyraums** ist nicht definiert. Bei Hobbyräumen ist jeweils im Einzelfall zu prüfen, ob es sich um einen Aufenthaltsraum oder einen Nebenraum handelt. Wenn bereits nach der (subjektiven) Bestimmung in dem Hobbyraum Tätigkeiten ausgeübt werden, die wegen des hierfür erforderlichen Zeitaufwands oder wegen ihrer Vielzahl einen nur vorübergehenden Aufenthalt ausschließen, so ist der Hobbyraum ein Aufenthaltsraum.[5] „Echte" Hobbyräume, im Sinne eines reinen Bastel- oder Werkraums, in dem Tätigkeiten nur jeweils für kurze Zeitdauer oder in ganz unregelmäßigen Abständen ausgeübt werden, sind keine Aufenthaltsräume.[6] Eine gewerbliche Nutzung auch eines sog. echten Hobbyraums ist nicht ausgeschlossen, weil es darauf ankommt, ob der mit der gewerblichen Nutzung verbundene Aufenthalt nur vorübergehend ist oder nicht. 8

4. Konflikte zwischen objektiver Eignung und subjektiver Bestimmung als Aufenthaltsraum

Objektive Eignung und subjektive Bestimmung können zueinander in Widerspruch stehen. Für die Qualifizierung als Aufenthaltsraum ist dies unproblematisch, da es nach der maßgeblichen Definition ausreicht, wenn eines der dort genannten Kriterien, also objektive Eignung oder subjektive Bestimmung, erfüllt ist. Das bedeutet, dass **bei objektiver Eignung als Aufenthaltsraum, aber subjektiver Bestimmung als Nichtaufenthaltsraum ein Raum bauaufsichtlich als Aufenthaltsraum** zu behandeln ist. Um Missbrauchsfällen vorzubeugen, muss dies auch dann gelten, wenn der Raum zwar nicht alle, aber **wesentliche bauordnungsrechtlichen Anforderungen** an Aufenthaltsräume erfüllt und sich nach den gesamten Umständen für eine Nutzung als Aufenthaltsraum anbietet. Wird z. B. in einem Eingabeplan ein vierter Raum innerhalb einer Wohnung, der ins Freie führende Fenster hat, beheizbar ist, aber nur ca. 6 m^2 groß ist, als „Spielzimmer" bezeichnet, so ist er als Aufenthaltsraum (Wohnraum) anzusehen, da nach den objektiven Gegebenheiten davon auszugehen ist, dass der – innerhalb der Wohnung liegende – Raum trotz der eigentlich zu geringen Größe als weiterer Aufenthalts-/Wohnraum (zweites Kinderzimmer, Arbeitszimmer, Gästezimmer) genutzt wird. Ebenso ist ein Raum, der zwar als „Hobbyraum" bezeichnet wird, aber durch eine breite, vierstufige Treppe mit dem Esszimmer verbunden und wie ein Wohnraum ausgestattet ist, entgegen seiner subjektiven Bestimmung kein Hobbyraum (im Sinne eines Nicht-Aufenthaltsraums), sondern ein Aufenthaltsraum.[7] Eine bauaufsichtliche Behandlung des Raumes als Nichtaufenthaltsraum, entsprechend seiner subjektiven Bestimmung, unter Beifügung einer Auflage, wonach die Nutzung als Aufenthaltsraum ausgeschlossen sein muss, hilft in diesen Fällen nicht weiter, da eine solche Auflage praktisch nicht erfüllbar ist.[8] Es 9

[4] Beispielhaft aufgezählt in § 2 XI 2 BremLBO, § 2 VIII 2 HBauO, § 20 III Technische Durchführungsverordnung zur Bauordnung für das Saarland (TVO).

[5] BW VGH vom 15. 9. 1999 VGH BW-Ls 1999, Beilage 12, B 4 Az. 3 S 1437/99.

[6] Bay VGH vom 11. 5. 1976 BayVBl. 1976, 630.

[7] BW VGH vom 15. 9. 1999 VGH BW-Ls 1999, Beilage 12, B 4 Az. 3 S 1437/99.

[8] BW VGH vom 15. 9. 1999 VGH BW-Ls 1999, Beilage 12, B 4 Az. 3 S 1437/99.

bleibt dem Bauwerber unbenommen, den Raum trotz der bauaufsichtlichen Qualifizierung als Aufenthaltsraum zu dem von ihm angegebenen Zweck zu benutzen.

Im umgekehrten Fall, bei **objektiver Nichteignung als Aufenthaltsraum, aber subjektiver Bestimmung als Aufenthaltsraum**, ist die Qualifizierung des Raumes als Aufenthaltsraum nach der genannten Definition ebenfalls eindeutig.[9] Der objektiven Nichteignung muss jedoch bauaufsichtlich, z. B. durch Anordnung der Behebung der bauaufsichtlichen Mängel oder die Untersagung der Nutzung zu Aufenthaltszwecken, begegnet werden.[10]

II. Allgemeine Anforderungen an Aufenthaltsräume

1. Ländervergleich

10

Regelungsgegenstände der Landesbauordnungen und der MBO 2002[11]	
1.	Geforderte **Größe von Aufenthaltsräumen**: Grundfläche muss für ihre Benutzung **ausreichen**
2.	gefordertes **Mindestmaß der lichten Höhe** in Aufenthaltsräumen, die nicht im Dachgeschoss liegen
3.	Anforderungen an die **Lage** von Aufenthaltsräumen

Land	**Norm** (LBO)	**Umsetzung/Abweichung in den Ländern und der MBO 2002**[12]	
MBO 2002	§ 47	**1.** **2.** **3.**	keine Regelung § 47 I 1 2,40 m, gilt nicht für Aufenthaltsräume in Wohngebäuden der Gebäudeklassen 1 und 2 keine Regelung
BW	§ 34	**1.** **2.** **3.**	§ 34 I 1 § 34 I 2 Nr. 2 2,30 m § 34 V Zugang darf nicht allein durch Räume mit erhöhter Brandgefahr führen zusätzlich § 34 V Abtrennung gegen anders genutzte Räume durch Wände und Decken mit ausreichendem Feuerwiderstand gefordert
Bay	Art. 45	**1.** **2.** **3.**	Art. 45 II 1 für ihre Benutzung ausreichende Nutzfläche Art. 45 II 1 2,40 m Art. 45 II 2 größere lichte Höhe ist vorzusehen, wenn es die besondere Nutzung der Räume, insbesondere als Arbeitsräume erfordert Art. 45 VI kein unmittelbarer Zugang von Räumen, in denen größere Mengen leichtbrennbarer Stoffe verarbeitet oder gelagert werden, oder von Ställen aus
Bln	§ 44	**1.** **2.** **3.**	§ 44 I § 44 I 2,50 m keine Regelung

[9] A. A. OVG Schl-H vom 11. 5. 1999 NordÖR 2000, 433 Az. 1 L 39/97: Ein Raum, der zwar nach seiner Zweckbestimmung als Aufenthaltsraum dienen soll, ist kein Aufenthaltsraum, wenn er dazu nicht geeignet ist.

[10] Vgl. § 44 IV HBauO: Bei unzulässiger Nutzung von Räumen als Aufenthaltsräume kann die Bauaufsichtsbehörde besondere Anforderungen stellen, um eine unzulässige Benutzung zu verhindern, sie kann die Entfernung von Einrichtungen und Anlagen verlangen, die eine Benutzung dieser Räume als Aufenthaltsräume ermöglichen.

[11] Die hier verwendeten Ziffern entsprechen den Ziffern der nachstehenden Rubrik „Umsetzung/Abweichung in den Ländern und der MBO 2002".

[12] Die hier verwendeten Ziffern entsprechen den Ziffern der vorstehenden Rubrik „Regelungsgegenstände der Landesbauordnungen und der MBO 2002".

Land	Norm (LBO)		Umsetzung/Abweichung in den Ländern und der MBO 2002
Bbg	§ 40	**1.** **2.** **3.**	§ 40 I 1 § 40 I 1 2,40 m keine Regelung
Brem	§ 46	**1.** **2.** **3.**	§ 46 I 1 § 46 I 1 2,40 keine Regelung
Hamb	§ 44	**1.** **2.** **3.**	§ 44 I 1 § 44 I 1 2,50 m § 44 I 2 2,40 m für Aufenthaltsräume in Wohnungen sowie für Nutzungen, die zulässigerweise in Wohnungen ausgeübt werden § 44 I 2 für Aufenthaltsräume in Wohngebäuden mit höchstens 2 Wohnungen kann lichte Höhe von 2,30 m zugelassen werden keine Regelung zusätzlich § 44 IV 1 für Räume, die nicht als Aufenthaltsräume genutzt werden dürfen, kann Bauaufsichtsbehörde besondere Anforderungen stellen zur Verhinderung einer unzulässigen Benutzung § 44 IV 2 Entfernung von Einrichtungen und Anlagen, die eine Benutzung dieser Räume als Aufenthaltsräume ermöglichen, kann verlangt werden
Hess	§ 42	**1.** **2.** **3.**	keine Regelung § 42 I 1 2,40 m keine Regelung
M-V	§ 44	**1.** **2.** **3.**	keine Regelung § 44 I 2,40 m keine Regelung
Nds	§ 43	**1.** **2.** **3.**	§ 43 II 1 § 28 I Allgemeine Durchführungsverordnung zur Niedersächs. Bauordnung (DVNBauO) Mindestgröße der Grundfläche von Aufenthaltsräumen, ausgenommen Küchen: 6 m²; Grundfläche von Raumteilen mit lichter Höhe von weniger als 2,20 m bleibt außer Betracht § 43 II 1 2,40 m über mindestens zwei Drittel der Grundfläche § 43 II 3 für Aufenthaltsräume in Wohngebäuden mit höchstens 2 Wohnungen kann geringere lichte Höhe zugelassen werden, wenn Anforderungen des § 1 I und II gewahrt bleiben keine Regelung
NRW	§ 48	**1.** **2.** **3.**	§ 48 I 1 § 48 I 1 2,40 m § 48 I 2 für Aufenthaltsräume in Wohngebäuden mit höchstens 2 Wohnungen, für Aufenthaltsräume im Kellergeschoss, für einzelne Aufenthaltsräume und Teile davon kann geringere lichte Höhe gestattet werden, wenn keine Bedenken wegen der Benutzung keine Regelung
Rh-Pf	§ 43	**1.** **2.** **3.**	§ 43 I § 43 I § 43 V kein unmittelbarer Zugang von Räumen mit erhöhter Brandgefahr sowie von Ställen.
Saar	§ 45	**1.** **2.**	§ 45 I 1 § 45 I 1 2,40 m § 45 I 2 geringere lichte Höhen können zugelassen werden für Aufenthaltsräume, die nur zeitweise benutzt werden (z. B. Räume in Wochenend- und Ferienhäusern)

Land	Norm (LBO)	Umsetzung/Abweichung in den Ländern und der MBO 2002	
		3.	§ 45 V kein unmittelbarer Zugang von Räumen, in denen größere Mengen leicht brennbarer Stoffe verarbeitet oder gelagert werden oder von Ställen aus
Sachs	§ 45	1. 2. 3.	§ 45 I § 45 I 2,40 m keine Regelung zusätzlich § 45 V ausreichender Rauchabzug muss in Aufenthaltsräumen sichergestellt sein
Sachs-Anh	§ 49	1. 2. 3.	§ 49 I 1 § 49 I 1 2,40 m über mindestens zwei Drittel der Grundfläche § 49 I 2 geringere lichte Höhe kann gestattet werden für Aufenthaltsräume in Wohngebäuden mit höchstens 2 Wohnungen, im Übrigen für einzelne Aufenthaltsräume und Teile davon, wenn wegen der Benutzung Bedenken nicht bestehen keine Regelung
Schl-H	§ 51	1. 2. 3.	§ 51 I § 51 I 2,40 m über mindestens zwei Drittel der Grundfläche keine Regelung
Thür	§ 45	1. 2. 3.	§ 45 I § 45 I 2,40 m § 45 V kein unmittelbarer Zugang von Räumen, in denen größere Mengen leichtbrennbarer Stoffe verarbeitet oder gelagert werden, oder von Ställen aus

2. Allgemeines

11 Im Folgenden werden die wichtigsten **allgemeinen bauordnungsrechtlichen Anforderungen** der Landesbauordnungen für Aufenthaltsräume dargestellt. Weitere Anforderungen können im Hinblick auf spezielle Zielrichtungen hinzutreten (z. B. aus Gründen des Brandschutzes) oder im Hinblick auf spezielle Nutzungen, normiert in speziellen Regelwerken, z. B. Anforderungen an Arbeitsräume (ArbeitsstättenVO), an Gasträume (GaststVO), an Aufenthaltsräume/ Verkaufsräume in Warenhäusern (WarenhausVO) oder in Versammlungsstätten (VersammlungsstättenVO). Für Aufenthaltsräume in Keller- oder Dachgeschossen gelten grundsätzlich die allgemeinen Anforderungen, die jedoch im Hinblick auf die Besonderheiten ihrer Lage modifiziert sein können, darüber hinaus können die Landesbauordnungen auch noch zusätzliche Spezialregelungen für Aufenthaltsräume in Keller- oder Dachgeschossen in der Landesbauordnung treffen.

3. Musterbauordnung 2002

12 Die MBO 2002 übernimmt in § 2 Abs. 5 den bisherigen **Begriff des Aufenthaltsraums**: Aufenthaltsräume sind Räume, die zum nicht nur vorübergehenden Aufenthalt von Menschen bestimmt oder geeignet sind. Bei den bauordnungsrechtlichen Anforderungen an Aufenthaltsräume beschränkt sich die MBO 2002 auf die **Forderung von Mindeststandards:**

- **lichte Raumhöhe** von 2,40, ausgenommen Aufenthaltsräume in Wohngebäuden der Gebäudeklassen 1 und 2 und Aufenthaltsräume im Dachraum (§ 47 Abs. 1 Satz 1 MBO 2002);
- ausreichende **Belüftung und Belichtung** mit Tageslicht (§ 47 Abs. 2 Satz 1 MBO 2002);

- **Mindestmaß der Fenster** von $^1/_8$ der Netto-Grundfläche des Raumes einschließlich der Netto-Grundfläche verglaster Vorbauten und Loggien als (§ 47 Abs. 2 Satz 2 MBO 2002).

Das Mindestmaß von $^1/_8$ der Netto-Grundfläche des Raumes wird für ausreichend gehalten, obwohl die Regelabstandsflächentiefe nun auf 0,4 H reduziert wurde (§ 6 Abs. 5 Satz 1 MBO 2002). Da die jeweilige bauordnungsrechtliche Regelung nur die Mindestgröße der notwendigen Fenster erfasst, bleibt es unbenommen, auch unter Geltung der MBO 2002 größere Fenster zu fordern; davon abgesehen wird die Verdunkelung, die durch einen ungünstigeren Lichteinfallwinkel infolge geringerer Abstandsflächentiefe begründet wird, für unwesentlich erachtet. Eine Ausleuchtung im fensternahen Bereich wird unter bauordnungsrechtlichen Gesichtspunkten für ausreichend gehalten und auf die Erfahrungen der Länder, die unter Beibehaltung der Fenstergrößenfestlegung die Regelabstandsflächentiefe auf 0,4 H reduzierten, verwiesen.[13]

Die MBO 2002 **verzichtet** auf die – in Landesbauordnungen enthaltenen – Forderungen 13

- einer für ihre Benutzung **ausreichenden Grundfläche** der Aufenthaltsräume
- detaillierter Vorgaben für notwendige Fenster, insbesondere auf das **Verbot geneigter Fenster**
- einer bestimmten **Lage** von Aufenthaltsräumen, z. B. ohne unmittelbaren Zugang zu Ställen oder Räumen mit erhöhter Brandgefahr (Lagerung größerer Mengen brennbarer Flüssigkeiten)
- der Sicherstellung einer ausreichenden Belichtung und Belüftung als Voraussetzung für die **Zulässigkeit verglaster Vorbauten und Loggien vor notwendigen Fenstern**
- von **Ausgleichsmaßnahmen** (raumlufttechnische Maßnahmen und Beleuchtung) als Voraussetzung für die Zulässigkeit von Aufenthaltsräumen, deren Nutzung eine Belichtung mit Tageslicht verbietet, und von Verkaufsräumen, Schank- und Speisegaststätten ohne Fenster; diese Räume sind nun ohne Fenster zulässig.

Der Gesichtspunkt der „sozialen Partizipation", dem die Forderung nach senkrecht stehenden (notwendigen) Fenstern zu Grunde lag, wird somit aufgegeben, das Verbot geneigter Fenster aus sozialen Gründen wird ausdrücklich nicht für erforderlich gehalten.[14]

4. Mindestgröße

Wenn für Aufenthaltsräume eine für die Benutzung „**ausreichende**" Grundfläche gefordert wird, so sehen die Landesbauordnungen keine bezifferte Mindestgröße vor, vielmehr ist die Mindestgröße im Sinne der „ausreichenden Grundfläche" jeweils im Einzelfall unter Berücksichtigung der **Zweckbestimmung** des Aufenthaltsraums zu ermitteln. Maßgeblich ist hierfür insbesondere die Intensität der Nutzung, d. h. die Anzahl der den Aufenthaltsraum nutzenden Personen und deren jeweilige Aufenthaltsdauer. Eine Größe von 9 m^2 für den Wohn-/Schlafraum einer Einzimmerwohnung mit 10,65 m^2 wird beispielsweise als ausreichend erachtet.[15] Neben der Nutzfläche ist für die Eignung als Aufenthaltsraum in Bezug auf seine Größe entscheidend, ob der Schnitt des Raums eine **sinnvolle Nutzung zu Aufenthaltszwecken** oder zu der beabsichtigten Verwendung ermöglicht. 14

5. Lichte Höhe

Die lichte Höhe ist das Maß zwischen der Oberkante des fertigen Fußbodens und der Unterkante der fertigen Decke. Die Landesbauordnungen fordern als **Mindestmaß** eine bestimmte lichte Höhe, diese beträgt für Aufenthaltsräume, die nicht im Dachgeschoss 15

[13] Begründung zu § 47 II MBO 2002.
[14] Begründung zu § 47 II MBO 2002.
[15] Bay VGH vom 25. 5. 2000 NVwZ-RR 2000, 660.

liegen, regelmäßig 2,40 m.[16] Im Einzelfall kann eine größere lichte Höhe erforderlich sein, z. B. aufgrund der besonderen Nutzung des Raumes oder im Hinblick auf eine große Grundfläche des Raumes. Andererseits sehen manche Landesbauordnungen für einzelne Aufenthaltsräume, z. B. in Wohngebäuden mit nicht mehr als 2 Wohnungen oder für Ferien- und Wochenendwohnungen, die Gestattung einer geringeren lichten Höhe vor, wenn keine Bedenken wegen der Benutzung bestehen.

6. Notwendige Fenster

a) Ländervergleich

16

	Regelungsgegenstände der Landesbauordnungen und der MBO 2002[17]
1.	Anforderungen an **notwendige Fenster** von Aufenthaltsräumen: • unmittelbar ins Freie führend • von solcher Zahl und Beschaffenheit, dass die Räume ausreichend Tageslicht erhalten und belüftet werden können
2.	**Mindestgröße** der notwendigen Fenster, bezogen auf das Rohbaumaß der Fensteröffnung
3.	Voraussetzung für die Zulässigkeit von **verglasten Vorbauten und Loggien** vor notwendigen Fenstern: Sicherstellung ausreichender Lüftung und Beleuchtung mit Tageslicht für die dahinterliegenden Räume

Land	Norm (LBO)	Umsetzung/Abweichung in den Ländern und der MBO 2002[18]	
MBO 2002	§ 47	1.	keine Regelung
		2.	§ 47 II 2 $^1/_8$ der Netto-Grundfläche einschließlich der Netto-Grundfläche verglaster Vorbauten und Loggien
		3.	keine Regelung
BW	§ 34	1.	§ 34 II 1
		2.	§ 34 II 2 $^1/_{10}$ der Grundfläche des Raumes § 34 I 3 geringeres Rohbaumaß ist bei geneigten Fenstern und Oberlichtern zulässig, wenn ausreichende Beleuchtung mit Tageslicht gewährleistet bleibt
		3.	§ 34 IV
Bay	Art. 45	1.	Art. 45 III 1, zusätzliche Anforderung an notwendige Fenster: senkrecht stehend Art. 45 III 2 geneigte Fenster und Oberlichte anstelle von Fenstern zulässig, wenn keine Bedenken wegen Brandschutz, Verkehrssicherheit und Gesundheit
		2.	Art. 45 IV 1 $^1/_8$ der Nutzfläche des Raumes Art. 45 IV 3 Fensteröffnung muss größer sein, wenn das wegen der Art der Benutzung oder der Lichtverhältnisse erforderlich ist Art. 45 IV 4 kleinere Fensteröffnungen sind zuzulassen, wenn keine Bedenken wegen der Lichtverhältnisse
		3.	Art. 45 III 3
Bln	§ 44	1.	§ 44 II 1, zusätzliche Anforderung an notwendige Fenster: senkrecht stehend

[16] § 34 I LBO BW: 2,30 m; § 44 I BauO Bln: 2,50 m; § 44 II BauO Bln: für Aufenthaltsräume außerhalb von Wohnungen: 2,50 m.

[17] Die hier verwendeten Ziffern entsprechen den Ziffern der nachstehenden Rubrik „Umsetzung/Abweichung in den Ländern und der MBO 2002".

[18] Die hier verwendeten Ziffern entsprechen den Ziffern der vorstehenden Rubrik „Regelungsgegenstände der Landesbauordnungen und der MBO 2002".

Land	Norm (LBO)		Umsetzung/Abweichung in den Ländern und der MBO 2002
			§ 44 II 3 geneigte Fenster sowie Oberlichte anstelle von Fenstern können gestattet werden, wenn keine Bedenken wegen des Brandschutzes
		2.	keine Regelung
		3.	§ 44 III
Bbg	§ 40	**1.**	§ 40 I 1 nur ausreichende Beleuchtung mit Tageslicht und Belüftung gefordert
		2.	§ 40 II 2 $^1/_8$ der Grundfläche des Raumes einschließlich der Grundfläche von verglasten Vorbauten, Loggien sowie von Vorbauten, die die Beleuchtung des Raumes mit Tageslicht beeinträchtigen
		3.	keine Regelung
Brem	§ 46	**1.**	§ 46 II § 46 III 1 Oberlichte sind als notwendige Fenster zulässig, wenn keine Bedenken hinsichtlich Brandschutz, Verkehrssicherheit und Gesundheit
		2.	§ 46 IV mindestens $^1/_{10}$, sofern nicht größeres Maß wegen der Lichtverhältnisse erforderlich
		3.	§ 46 III 2
Hamb	§ 44	**1.**	§ 44 II 1, zusätzliche Anforderungen an notwendige Fenster: lotrecht stehend, sie müssen auch die Sichtverbindung zur Umgebung sicherstellen § 44 II 2 bei Wohnungen anstelle der Fensterlüftung andere, gleich wirksame Lüftungseinrichtungen zulässig, sofern dies aus Gesundheitsgründen notwendig ist, bei anderen Nutzungen sind solche Lüftungseinrichtungen zulässig § 44 II 4 geneigte Fenster sowie Oberlichte anstelle von Fenstern können zugelassen werden, wenn wegen der Beleuchtung mit Tageslicht und der Sichtverbindung zur Umgebung keine Bedenken bestehen
		2.	§ 44 II 5 $^1/_8$ der Grundfläche des Raumes, § 44 II 6 Grundflächen von Loggien sind dabei mitzurechnen
		3.	§ 44 II 3, zusätzliche Voraussetzung für Zulässigkeit: Sichtverbindung zur Umgebung muss sichergestellt bleiben
Hess	§ 42	**1.**	§ 42 II 1 nur ausreichende Belüftung und Beleuchtung mit Tageslicht gefordert
		2.	§ 42 II 2 $^1/_8$ der Grundfläche des Raumes einschließlich der Grundfläche verglaster Vorbauten und Loggien
		3.	keine Regelung
M-V	§ 44	**1.**	§ 44 II 1, zusätzliche Anforderung an notwendige Fenster: senkrecht stehend § 44 II 4 geneigte Fenster sowie Oberlichte anstelle von Fenstern können gestattet werden, wenn keine Bedenken wegen des Brandschutzes
		2.	§ 44 II 2 $^1/_8$ der Grundfläche des Raumes § 44 II 3 geringeres Maß, mindestens 1 m^2 kann gestattet werden, wenn keine Bedenken wegen der Lichtverhältnisse
		3.	§ 44 IV
Nds	§ 43	**1.**	§ 43 IV 1 zusätzliche Anforderung an notwendige Fenster: senkrecht stehend § 44 IV 2 geneigte Fenster sowie Oberlichte als notwendige Fenster zulässig, wenn keine Bedenken wegen Brandschutz, Verkehrssicherheit und Gesundheit
		2.	§ 19 I 1 DVNBauO $^1/_8$ der Grundfläche des Raumes
		3.	§ 43 V
NRW	§ 48	**1.**	§ 48 II 1 § 48 IV 4 Wohnräume dürfen mechanisch betriebene Lüftungsanlagen anstelle einer Lüftung durch Fenster haben, wenn keine gesundheit-

Land	Norm (LBO)		Umsetzung/Abweichung in den Ländern und der MBO 2002
			lichen Bedenken bestehen und die Lüftungsanlagen der Energieeinsparung dienen
		2.	§ 48 II 2 1/8 der Grundfläche des Raumes, geringeres Maß ist zulässig, wenn keine Bedenken wegen der Lichtverhältnisse § 48 III 3 Oberlichte anstelle von Fenstern zulässig, wenn keine Bedenken wegen der Nutzung des Aufenthaltsraumes
		3.	§ 48 III
Rh-Pf	§ 43	1.	§ 43 II 1 § 43 II 4 Oberlichte an Stelle von Fenstern können zugelassen werden, wenn keine Beeinträchtigung der Gesundheit
		2.	§ 43 II 2 1/10 der Grundfläche des Raumes, geringeres Maß kann zugelassen werden, wenn keine Bedenken wegen der Lichtverhältnisse
		3.	§ 43 III
Saar	§ 45	1.	§ 45 II 1, zusätzliche Anforderung an notwendige Fenster: senkrecht stehend § 45 III 3 geneigte Fenster sowie Oberlichte anstelle von Fenstern können zugelassen werden, wenn keine Bedenken wegen Brandschutz, Verkehrssicherheit und Gesundheit
		2.	§ 45 II 2 1/10 der Grundfläche des Raumes
		3.	§ 45 V
Sachs	§ 45	1.	§ 45 II 1, zusätzliche Anforderung an notwendige Fenster: senkrecht stehend § 45 II 4 geneigte Fenster sowie Oberlichte anstelle von Fenstern sind zulässig, wenn keine Bedenken wegen des Brandschutzes
		2.	§ 45 II 2 1/8 der Grundfläche des Raumes § 45 II 3 geringeres Maß, mindestens 1 m^2 ist zulässig, wenn keine Bedenken wegen der Lichtverhältnisse
		3.	§ 45 III
Sachs-Anh	§ 49	1.	§ 49 II 1, zusätzliche Anforderung an notwendige Fenster: senkrecht stehend § 49 II 3 geneigte Fenster sowie Oberlichter anstelle von Fenstern können gestattet werden, wenn keine Bedenken wegen des Brandschutzes
		2.	§ 49 II 2 1/8 der Grundfläche des Raumes, geringeres Maß, mindestens 1 m^2, kann gestattet werden, wenn keine Bedenken wegen der Lichtverhältnisse
		3.	§ 49 III
Schl-H	§ 51	1.	§ 51 II 1 § 51 II 2 Oberlichter anstelle von Fenstern sind zulässig, wenn keine Bedenken wegen der Nutzung des Aufenthaltsraumes § 51 IV 3 Wohnräume dürfen anstelle einer Lüftung durch notwendige Fenster mechanisch betriebene Lüftungsanlagen haben, wenn keine gesundheitlichen Bedenken bestehen und die Lüftungsanlagen der Energieeinsparung dienen
		2.	keine Regelung
		3.	§ 51 III
Thür	§ 45	1.	§ 45 II 1, zusätzliche Anforderung an notwendige Fenster: senkrecht stehend § 45 II 3 geneigte Fenster sowie Oberlichte anstelle von Fenstern können gestattet werden, wenn keine Bedenken wegen des Brandschutzes
		2.	§ 45 II 2 1/8 der Grundfläche des Raumes, geringeres Maß, mindestens 1 m^2, kann gestattet werden, wenn keine Bedenken wegen der Lichtverhältnisse
		3.	§ 45 III

b) Begriff „notwendige Fenster"

17 Aufenthaltsräume müssen im Interesse der Gesundheit der Menschen, die sich in diesen Räumen aufhalten, grundsätzlich **durch Tageslicht belichtet und mit Frischluft belüftet werden**. Darüber hinaus sollen Fenster von Aufenthaltsräumen auch aus **„psycho-physischen Gründen"** unmittelbar ins Freie führen.[19] Eine weitere Funktion der Fenster ist es, den Menschen, die sich dort aufhalten, die „soziale Partizipation" zu ermöglichen.[20] Die Fenster eines Aufenthaltsraumes, die zur Erfüllung all dieser Funktionen erforderlich sind, werden als **notwendige Fenster** bezeichnet. Aus den von ihnen zu erfüllenden Funktionen ergeben sich die an sie zu stellenden bauordnungsrechtlichen Anforderungen.

c) Anforderungen an notwendige Fenster

Notwendige Fenster müssen 18

- überhaupt „Fenster" sein (d.h. **Glasscheiben** mit Flügeln, die zu öffnen sind; Glasbausteinfelder sind wegen der verminderten Lichtdurchlässigkeit keine Fenster und können daher auch nie notwendige Fenster sein[21])
- **unmittelbar ins Freie** führen (Veranden, verglaste Vorbauten und Loggien sind vor ihnen zulässig, wenn die ausreichende Belichtung und Belüftung des dahinter liegenden Raumes gewährleistet bleibt, z. B. durch weitere Fenster in dem dahinter liegenden Raum oder durch Öffnungen in den Vorbauten selbst, jedoch nicht durch künstliche Beleuchtung und Belüftung)
- **senkrecht** stehen (nach allen derzeit gültigen landesrechtlichen Regelungen); an ihrer Stelle sind kraft Gesetzes oder durch Zulassung einer Abweichung auch **geneigte Fenster** und **Oberlichter** zulässig, wenn keine Bedenken wegen des Brandschutzes, der Verkehrssicherheit und der Gesundheit bestehen. Bedenken wegen der Gesundheit (auch der psychischen) bestehen, wenn es sich um Wohnräume handelt und keine anderen Wohnräume innerhalb der Wohnung senkrecht stehende Fenster haben. Bedenken wegen des Brandschutzes bestehen, wenn die geneigten Fenster nicht angeleitert werden können.
- **eine bestimmte Mindestgröße haben.** Die Größe der notwendigen Fenster wird ausgehend vom lichten Maß (d.h. dem **Rohbaumaß**) der Fensteröffnung bestimmt; als Mindestgröße sehen die Landesbauordnungen ein Achtel oder ein Zehntel der Grundfläche des Raumes vor. Je nach den im Einzelfall gegebenen Lichtverhältnissen (Himmelsrichtung, ungünstige Vorbedingungen durch nahe und hohe Bebauung) oder im Hinblick auf die Art der Benutzung (Nutzung durch eine Vielzahl von Leuten, Ausführung geruchsintensiver Arbeiten) sind **größere Fenster** zu fordern. **Kleinere Öffnungen** können zugelassen werden, wenn die ausreichende Belichtung und Belüftung mit Tageslicht und Frischluft auf andere Weise sichergestellt ist und auch der Gesichtspunkt der sozialen Partizipation nicht entgegen steht, z. B. wenn Räume eindeutig nur als Schlafräume benutzt werden können, oder wenn wegen der bestehenden Entfernung der nächstgelegenen Bebauung ausreichender Lichteinfall sichergestellt ist.

d) Schutzzweck der Vorschriften über notwendige Fenster

Die Vorschriften über die Belichtung von Aufenthaltsräumen durch notwendige Fenster sind **nicht nachbarschützend**, sondern begründen nur eine Verpflichtung des Eigentümers bzw. des Bauherrn, in seinem eigenen Bauvorhaben die bauordnungsrechtlichen Anforderungen an Aufenthaltsräume zu erfüllen. Eine zulässige Bebauung auf dem 19

---

[19] OVG NRW vom 5. 2. 1998 BRS 60 Nr. 136.

[20] OVG NRW vom 30. 6. 1983 BRS 40 Nr. 110; vgl. auch § 44 II 1 HBauO, wonach die notwendigen Fenster auch die „Sichtverbindung zur Umgebung sicherstellen" müssen.

[21] BW VGH vom 28. 3. 1979 BRS 35 Nr. 106.

Nachbargrundstück kann auch nicht unter Berufung darauf, dass dann die notwendige Belichtung und Belüftung von bereits bestehenden eigenen Aufenthaltsräumen nicht mehr gewährleistet wäre, verhindert werden.[22]

7. Fensterlos zulässige Aufenthaltsräume

a) Ländervergleich

20

Regelungsgegenstand der Landesbauordnungen und der MBO 2002
Zulässigkeit von Aufenthaltsräumen, deren Benutzung eine **Beleuchtung mit Tageslicht verbietet**, ohne notwendige Fenster **Voraussetzung**: Ausgleich der fehlenden notwendigen Fenster durch **besondere Maßnahmen**, z. B. den Einbau von raumlufttechnischen Anlagen und Beleuchtungsanlagen

Land	Norm (LBO)	Umsetzung/Abweichung in den Ländern und der MBO 2002
MBO 2002	§ 47	§ 47 III ohne Ausgleichsmaßnahmen zulässig
BW	–	keine Regelung
Bay	Art. 45	Art. 45 I 1
Bln	§ 44	§ 44 IV
Bbg	§ 40	§ 40 III 1
Brem	–	keine Regelung
Hamb	–	keine Regelung
Hess	§ 42	§ 42 III keine Ausgleichsmaßnahmen gefordert, aber § 42 IV unmittelbare Verbindung mit Rettungswegen, die ins Freie führen
M-V	–	keine Regelung
Nds	–	keine Regelung
NRW	§ 48	§ 48 IV 1 einzige Zulässigkeitsvoraussetzung: Sicherung wirksamer Lüftung
Rh-Pf	§ 43	§ 43 IV 1
Saar	§ 45	§ 45 III 1 (alle) Aufenthaltsräume ohne notwendige Fenster zulässig, wenn Nutzungsart dies erfordert und ausreichende Beleuchtung und Belüftung durch Ausgleichsmaßnahmen sichergestellt
Sachs	§ 45	§ 45 IV 1
Sachs-Anh	§ 49	§ 49 IV 1 zusätzlich gefordert: keine Bedenken wegen Brandschutz und Gesundheit
Schl-H	§ 51	§ 51 IV 1
Thür	§ 45	§ 45 IV 1

Regelungsgegenstand der Landesbauordnungen und der MBO 2002
Zulässigkeit von Aufenthaltsräumen, **die nicht dem Wohnen dienen**, ohne notwendige Fenster **Voraussetzung**: es bestehen **keine Bedenken** wegen **Brandschutz** und **Gesundheit**

[22] OVG NRW vom 31. 1. 1991 BauR 1991, 739.

Land	Norm (LBO)	Umsetzung/Abweichung in den Ländern und der MBO 2002
MBO 2002	§ 47	§ 47 III keine Regelung für Aufenthaltsräume, die nicht dem Wohnen dienen, aber Verkaufsräume, Schank- und Speisegaststätten, ärztliche Behandlungs-, Spiel-, Werk- und ähnliche Räume fensterlos zulässig
BW	§ 34	§ 34 VI Abweichungen von Anforderungen an notwendige Fenster sind zuzulassen, wenn keine Nachteile zu befürchten oder Ausgleich durch besondere Einrichtungen möglich
Bay	Art. 45	Art. 45 V 2
Bln	§ 44	§ 44 IV 2 Ausführung ohne notwendige Fenster kann unter genannten Voraussetzungen gestattet werden
Bbg	–	keine Regelung
Brem	§ 46	§ 46 V 1 einzige Zulässigkeitsvoraussetzung: Ausgleich der fehlenden Fenster durch besondere Maßnahmen (raumlufttechnische Anlagen, Beleuchtungsanlagen)
Hamb	§ 44	§ 44 III fensterlos zulässig, wenn • keine gesundheitlichen Belange entgegenstehen (Nr. 1) und • ausreichende Beleuchtung/Belüftung auf andere Weise sichergestellt ist oder wenn die Nutzung dieses erfordert (Nr. 2)
Hess	–	keine Regelung
M-V	§ 44	§ 44 IV zusätzliche Zulässigkeitsvoraussetzung: für ausreichende Beleuchtung und Belüftung muss durch besondere Maßnahmen gesorgt sein
Nds	§ 43	§ 43 VII notwendige Fenster nicht erforderlich, soweit durch besondere Maßnahmen sichergestellt wird, dass Anforderungen des § 1 erfüllt werden und die Rettung von Menschen möglich
NRW	§ 48	§ 48 IV 3 einzige Zulässigkeitsvoraussetzung: keine Bedenken wegen Gesundheit
Rh-Pf	§ 43	§ 43 IV 2 Ausführung ohne notwendige Fenster kann unter genannten Voraussetzungen zugelassen werden
Saar	§ 45	§ 45 III 2 einzige Zulässigkeitsvoraussetzung: Nutzungsart erfordert die Ausführung ohne notwendige Fenster
Sachs	§ 45	§ 45 IV 2
Sachs-Anh	§ 49	§ 49 IV 2 Ausführung ohne notwendige Fenster kann unter genannten Voraussetzungen gestattet werden
Schl-H	§ 51	§ 51 IV 2 einzige Zulässigkeitsvoraussetzung: keine gesundheitlichen Bedenken
Thür	§ 45	§ 45 IV 2 Ausführung ohne notwendige Fenster kann unter genannten Voraussetzungen gestattet werden

b) Bedeutung der Regelung

Für bestimmte Aufenthaltsräume (**nie Wohnräume**) verzichten manche Landesbauordnungen auf notwendige Fenster oder eröffnen eine Abweichungsmöglichkeit. Es werden dabei zwei Gruppen von Räumen unterschieden: 21

- Aufenthaltsräume, deren **Benutzung eine Beleuchtung mit Tageslicht verbietet:** Es handelt sich dabei z. B. um Kellerlokale, denen die Lage unterhalb der Geländeoberfläche ihren besonderen Charakter gibt, Labors oder Kinos. Diese Räume sind ohne notwendige Fenster, also auch völlig fensterlos, zulässig, wenn dies durch besondere Maßnahmen (Einbau von Raumluft, Beleuchtungsanlagen) ausgeglichen wird. Für diese Räume bietet sich eine Unterbringung in Kellergeschossen an (vgl. hierzu unten Kap. 9, Rn. 40ff.).

- Aufenthaltsräume, die **nicht Wohnräume** sind: Da sich für diese Aufenthaltsräume die Beleuchtung mit Tageslicht nicht verbietet, sondern die Ausführung ohne notwendige Fenster im Hinblick auf die bessere Nutzungsmöglichkeit großer Geschossflächen gewählt wird, besteht keine Notwendigkeit für ihre generelle Zulässigkeit ohne notwendige Fenster. Manche Landesbauordnungen eröffnen daher der Behörde die Möglichkeit, sie, wenn keine Bedenken wegen des Brandschutzes und der Gesundheit bestehen, zu gestatten. Da sich auch für diese Räume die Unterbringung in Kellergeschossen anbietet, regeln einige Landesbauordnungen ihre Zulässigkeit innerhalb der Regelungen für die Zulässigkeit von Wohnungen und Aufenthaltsräumen in Kellergeschossen.

Teil 2. Aufenthaltsräume und Wohnungen im Dachgeschoss

MBO 2002 –, BW § 34 Abs. 1, Bay Art. 48, Bln § 46 Abs. 4 bis 6, Bbg § 40 Abs. 1 Satz 2 und Satz 3, Brem § 46 Abs. 1 und Abs. 6, Hamb § 44 Abs. 1, Hess § 42 Abs. 1, M-V § 46 Abs. 4 bis 6, Nds § 43 Abs. 3, NRW § 48, Rh-Pf § 45 Abs. 4 und 5, Saar § 48, Sachs § 47 Abs. 4 und 5, Sachs-Anh § 51 Abs. 4 und 5, Schl-H § 53 Abs. 4 und 5, Thür § 47 Abs. 4 bis 6.

I. Allgemeines

1. Bedeutung der bauordnungsrechtlichen Regelungen über Aufenthaltsräume im Dachgeschoss

Der Ausbau von Dachraum zu Wohnungen und Aufenthaltsräumen liegt im Hinblick 22
auf die damit verbundene Einsparung von Grund und Boden im öffentlichen Interesse. Wegen der baulichen Besonderheiten des Dachraumes (schlechtere Belichtungsmöglichkeiten, gegenüber der Grundfläche geringere Nutzfläche, schwierigerer Zugang, Dachschrägen) stellen verschiedene Landesbauordnungen besondere Anforderungen an Wohnungen/Aufenthaltsräume in Dachräumen. Dabei wird nur die Zulässigkeit von Aufenthaltsräumen und Wohnungen, nicht die Schaffung sonstiger Räume oder Nutzflächen im Dachraum geregelt. Betroffen sind auch nur die Anforderungen an den **inneren Ausbau des Dachraumes zu Aufenthaltsräumen** oder Wohnungen, nicht äußere Veränderungen des Daches, mögen sie auch mit dem Ausbau des Dachgeschosses zu Aufenthalts- oder Wohnzwecken in Zusammenhang stehen.

2. Begriffe

a) Dachraum

Hierunter wird der Raum verstanden, der nach oben durch die (geneigten) **Dachflä-** 23
chen begrenzt wird, nach unten, wenn das Dach unmittelbar auf der Decke des obersten Geschosses aufsitzt, durch die **Decke des obersten Geschosses**. Ist ein Kniestock vorhanden, so wird der Dachraum hierdurch nach unten erweitert, Dachraum ist dann der gesamte Raum zwischen Dach, Decke des obersten Geschosses und den Außenwänden zwischen der Decke des obersten Geschosses und dem Fußpunkt der Dachschrägen.[23] Erst wenn die Außenwände so hoch geführt werden, dass sie auch ohne den Raum unter dem Dach ein eigenes Geschoss bilden könnten, wird nur noch der Raum als Dachraum bezeichnet, der nach oben durch das Dach und nach unten durch eine fiktive Fläche zwischen dem Schnittpunkt Außenkante Dachfläche und Außenkante Außenwand begrenzt wird.

b) Dachgeschoss

Dachgeschoss ist das Geschoss, das ganz oder teilweise in den Dachraum hineinragt.[24] Finden unter den Dachschrägen, abhängig von der Dachneigung, sogar mehrere Geschosse Platz, so ist das **Erste Dachgeschoss** das Geschoss, das über dem obersten Normalgeschoss liegt, das hierüber liegende Geschoss das **Zweite Dachgeschoss**.

3. Musterbauordnung 2002

Die MBO 2002 enthält **keine Sonderregelungen mehr für Aufenthaltsräume im** 24
Dachgeschoss. Dadurch entfällt auch die Forderung nach einer mindestens einzuhalten-

---

[23] *Koch/Molodovsky,* Kommentar zur BayBO, Rn. 2 zu Art. 48; a. A. *Schlotterbeck/v. Arnim,* LBO BW 4. Aufl. 1997 Rn. 8 zu § 34: Der Dachraum beginnt auf der Höhe der Schnittlinie der Außenfläche der unverputzten Wand mit der Unterseite der Dachhaut.

[24] *Schlotterbeck/v. Arnim,* LBO BW 4. Aufl. 1997 Rn. 8 zu § 34.

den lichten Höhe; die für Aufenthaltsräume allgemein geltende lichte Raumhöhe von 2,40 wird in § 47 Abs. Satz 2 MBO 2002 für Räume im Dachgeschoss ausdrücklich nicht gefordert, da eine besondere Schutzbedürftigkeit insoweit nicht mehr gesehen wird. Ebenso wird eine Regelung, die den nachträglichen Dachgeschossausbau begünstigt, sei es auch, indem für Gebäude mit bis zu zwei Wohnungen geringere Anforderungen gestellt werden, nicht mehr für gerechtfertigt gehalten.

II. Bauordnungsrechtliche Anforderungen an Aufenthaltsräume/Wohnungen im Dachraum

1. Allgemeine bauordnungsrechtliche Anforderungen

25 Die für Aufenthaltsräume und Wohnungen allgemein geltenden Anforderungen müssen, soweit nicht eine sie modifizierende Spezialregelung besteht, auch bei Aufenthaltsräumen/Wohnungen im Dachraum erfüllt sein. Besondere Bedeutung kommt dem Brandschutz zu.

2. Besondere Zulässigkeitsvoraussetzungen für Aufenthaltsräume/Wohnungen im Dachgeschoss

a) Ländervergleich

26

Regelungsgegenstände der Landesbauordnungen und der MBO 2002[25]
Zulässigkeitsvoraussetzungen für Aufenthaltsräume und Wohnungen im Dachraum: 1. **Brandschutzanforderungen**: Abgeschlossenheit gegenüber nicht ausgebautem Dachraum mit mindestens feuerhemmenden Wänden und Decken einschließlich Zugängen 2. geforderte **lichte Höhe** über mindestens der Hälfte der Grundfläche, wobei Raumteile mit lichter Höhe von weniger als 1,50 m bei der Berechnung dieser Grundfläche außer Betracht bleiben

Land	Norm (LBO)		**Umsetzung/Abweichung in den Ländern und der MBO 2002**[26]
MBO 2002	§ 47	**1.** **2.**	keine Regelung in § 47 § 47 I 2 die in § 47 I 1 grundsätzlich geforderte lichte Höhe von 2,40 m gilt nicht für Aufenthaltsräume im Dachraum
BW	§ 34	**1.** **2.**	keine Regelung in §§ 34, 35 § 34 I Nr. 1 2,20 m
Bay	Art. 45 Art. 48	**1.**	Art. 48 II Nr. 1, zusätzlich Art. 48 II Nr. 1 mindestens feuerhemmende Ausführung auch für Dachschrägen gefordert, Abtrennung gegen nicht ausgebauten Dachraum mit mindestens feuerhemmenden Bauteilen; Art. 28 I und Art. 32 I nicht anzuwenden Art. 48 II 2 mindestens feuerhemmende Ausführung von Wohnungstrennwänden, Art. 30 I 1 Nr. 1 nicht anzuwenden Art. 48 II Brandschutzanforderungen gelten nicht für Gebäude mit nur einem Vollgeschoss unterhalb des Dachraums

[25] Die hier verwendeten Ziffern entsprechen den Ziffern der nachstehenden Rubrik „Umsetzung/Abweichung in den Ländern und der MBO 2002".

[26] Die hier verwendeten Ziffern entsprechen den Ziffern der vorstehenden Rubrik „Regelungsgegenstände der Landesbauordnungen und der MBO 2002".

Land	Norm (LBO)		Umsetzung/Abweichung in den Ländern und der MBO 2002
			Art. 48 IV bei Wohngebäuden mit höchstens 2 Wohnungen sind Abweichungen zuzulassen, wenn keine Bedenken wegen Brandschutz und Gesundheitsschutz
		2.	Art. 45 II 1 2,20 m zusätzlich Art. 48 III Aufenthaltsräume/Wohnungen in zweitem Dachgeschoss nur zulässig, wenn tragende Wände, die Decke und Dachschrägen des ersten Dachgeschosses feuerbeständig, in Gebäuden geringer Höhe mindestens feuerhemmend
Bln	§ 46	1.	§ 46 V Brandschutzanforderungen gelten nicht für freistehende Wohngebäude mit nur einer Wohnung
		2.	§ 46 IV 2,30 m
Bbg	§ 40	1.	keine Regelung in §§ 40, 41
		2.	§ 40 I 2 2,40 m § 40 I 3 2,30 m bei nachträglichem Ausbau von Dachräumen
Brem	§ 46	1.	§ 46 VI Brandschutzanforderungen gelten nicht für freistehende Wohngebäude mit nur einer Wohnung
		2.	§ 46 I 2 2,30 m § 46 I 3 2,20 m bei nachträglichem Ausbau zu Wohnzwecken in den bei Inkrafttreten dieses Gesetzes bestehenden Gebäuden
Hamb	§ 44	1.	keine Regelung in § 44
		2.	§ 44 I 3 2,30 m
Hess	§ 42	1.	keine Regelung in § 42
		2.	§ 42 I 1 2,20 m
M-V	§ 46	1.	§ 46 V Brandschutzanforderungen gelten nicht für freistehende Wohngebäude mit nur einer Wohnung
		2.	§ 46 IV 2,30 m
Nds	§ 43	1.	keine Regelung in § 43
		2.	§ 43 II 1 2,40 m § 43 III 1 2,20 m für Aufenthaltsräume, die im obersten Geschoss im Dachraum liegen § 43 III 3 2,20 m auch für Aufenthaltsräume, deren Grundfläche überwiegend unter Dachschrägen liegt
NRW	§ 48	1.	keine Regelung in § 48
		2.	§ 48 I 1 2,40 m § 48 I 2 geringere lichte Höhe kann gestattet werden, wenn keine Bedenken wegen der Benutzung § 48 I 3 für Aufenthaltsräume unter einer Dachschräge: ausreichende lichte Höhe über mindestens der Hälfte der Grundfläche gefordert
Rh-Pf	§ 45	1.	§ 45 V besondere Brandschutzanforderungen nur für Aufenthaltsräume/Wohnungen im Dachraum von Gebäuden der Gebäudeklassen 2 bis 4 gefordert, und zwar • Anordnung unmittelbar über Geschossen mit tragenden Bauteilen, die den §§ 27 und 31 entsprechen, falls diese Geschosse im Dachraum liegen, müssen ihre Dachschrägen von innen dem Feuerwiderstand dieser Bauteile entsprechen (§ 45 V 1 Nr. 1) • Trennwände nach § 29 und feuerhemmende Decken, dies gilt nicht für Decken von Geschossen, über denen Aufenthaltsräume nicht möglich sind (§ 45 I 1 Nr. 2)

Land	Norm (LBO)		Umsetzung/Abweichung in den Ländern und der MBO 2002
			• Abschluss der Zugänge durch Wände nach § 35 III, Abgeschlossenheit gegenüber nicht ausgebautem Dachraum durch feuerhemmende Türen und feuerhemmende Decken (§ 45 V 2)
		2.	§ 45 IV 2,20 m
Saar	§ 48	1.	§ 48 II Ausführung mit ausreichendem Feuerwiderstand gefordert § 48 III Brandschutzanforderungen gelten nicht für freistehende Wohngebäude mit nicht mehr als einer Wohnung § 20 II TVO Saarland für Wände zu nichtausbaufähigen Dachräumen mindestens normalentflammbare Baustoffe gefordert
		2.	§ 48 I 2,30 m
Sachs	§ 47	1.	§ 47 V Brandschutzanforderungen gelten nicht für freistehende Wohngebäude mit nur einer Wohnung
		2.	§ 47 IV 1 2,30 m § 47 IV 2 geringere lichte Höhe als 2,30 m bei nachträglichem Ausbau des Dachgeschosses zu Wohnzwecken zulässig, wenn keine Bedenken wegen des Brandschutzes
Sachs-Anh	§ 51	1.	§ 51 V Brandschutzanforderungen gilt nicht für freistehende Wohngebäude mit nur einer Wohnung
		2.	§ 51 IV 2,20 m
Schl-H	§ 53	1.	§ 53 V Brandschutzanforderungen gelten nicht für freistehende Wohngebäude mit nur einer Wohnung
		2.	§ 53 IV 2,30 m
Thür	§ 47	1.	§ 47 V Brandschutzanforderungen gelten nicht für freistehende Wohngebäude mit nur einer Wohnung § 47 VI 1 Aufenthaltsräume und Wohnungen in einem zweiten oder weiteren Dachgeschoss nur zulässig, wenn tragende Wände, Decke und Dachschrägen der darunter liegenden Dachgeschosse feuerbeständig, in Gebäuden geringer Höhe mindestens feuerhemmend sind § 47 VI 2 gilt nicht, wenn die Räume Teile derselben Nutzungseinheit sind und innere Verbindung besteht
		2.	§ 47 IV 1 2,30 m § 47 IV 3 2,20 m bei nachträglichem Ausbau zu Wohnzwecken

b) Lichte Höhe

27 Soweit für Aufenthaltsräume im Dachgeschoss eine lichte Mindesthöhe gefordert wird, kann diese naturgemäß nicht für die gesamte nutzbare Fläche eines Aufenthaltsraums im Dachgeschoss gefordert werden. Geregelt wird daher auch die **Berechnung der Fläche**, über der diese lichte Mindesthöhe eingehalten sein muss. Bei dieser Berechnung werden die Flächen mit einer lichten Höhe von **weniger als 1,5 m nicht berücksichtigt**, die verbleibende Fläche wird als „Grundfläche" (in Art. 48 Abs. 1 BayBO als „Nutzfläche") bezeichnet. In der Regel muss mindestens die Hälfte dieser Grundfläche/Nutzfläche die geforderte lichte Höhe aufweisen. Ob die lichte Höhe in einem Teil des Dachraumes über die Mindesthöhe hinausgeht, ist für die Berechnung dieser Fläche ohne Belang, es wird also keine durchschnittliche Höhe gebildet. Eine teilweise Überschreitung des erforderlichen Mindestmaßes der lichten Höhe kann jedoch bei der Zulassung einer Abweichung, wenn die Mindesthöhe nicht über der geforderten Fläche eingehalten ist, zugunsten des Bauwerbers berücksichtigt werden.

III. Schutzzweck

Die Vorschriften über die Anforderungen an Aufenthaltsräume/Wohnungen im Dachgeschoss sind **nicht nachbarschützend**. Ein Nachbar kann sich also gegen einen Dachgeschossausbau nicht mit der Begründung zur Wehr setzten, dieser erfülle nicht die bauordnungsrechtlichen Anforderungen. 28

Teil 3. Aufenthaltsräume im Kellergeschoss

MBO 2002 –, BW § 34 Abs. 2, Bay Art. 47, Bln § 46, Bbg § 41 Abs. 3, Brem § 46, Hamb § 44, Hess § 42 Abs. 1 Satz 1, M-V § 46, Nds § 43, NRW § 48, Rh-Pf § 45, Saar § 47, Sachs § 47, Sachs-Anh § 51, Schl-H § 53, Thür § 47.

I. Allgemeines

1. Musterbauordnung 2002

29 Die MBO 2002 definiert in § 2 Abs. 6 Satz 1, 2. Halbsatz den Begriff „Kellergeschoss" in Abgrenzung zu dem (beibehaltenen) Begriff „oberirdisches Geschoss": Geschosse sind **oberirdische Geschosse**, wenn ihre Deckenoberkanten im Mittel mehr als 1,40 m über die Geländeoberfläche hinausragen, **im Übrigen sind sie Kellergeschosse**. Besondere Anforderungen an Aufenthaltsräume in Kellergeschossen werden nicht mehr gestellt, insbesondere enthält die MBO 2002 keine detaillierten Regelungen über Lichteinfallwinkel oder Geländeverlauf, um die Anforderung ausreichender Belichtung mit Tageslicht noch zu konkretisierten. Die allgemeinen bauordnungsrechtlichen Anforderungen an Aufenthaltsräume (§ 47 MBO 2002) werden auch für Aufenthaltsräume in Kellergeschossen als ausreichend erachtet.[27] Die vielfach im Rahmen der Regelungen für Aufenthaltsräume in Kellergeschossen behandelten **fensterlos zulässigen Räume** sind in diese allgemeine Regelung (und zwar in § 47 Abs. 3 MBO 2002) einbezogen worden, da auch insoweit kein spezieller Regelungsbedarf, über die allgemeinen Anforderungen hinaus, gesehen wird. Eine besondere Regelung für Aufenthaltsräume in Kellergeschossen enthält § 29 MBO 2002 (Trennwände) in Absatz 2 Nr. 3: Danach sind zwischen Aufenthaltsräumen und anders genutzten Räumen im Kellergeschoss (jedoch nicht bei Wohngebäuden der Gebäudeklassen 1 und 2) **Trennwände** erforderlich, die, gemäß § 29 Abs. 1 MBO 2002, als raumabschließende Bauteile von Räumen oder Nutzungseinheiten innerhalb von Geschossen ausreichend lang widerstandsfähig gegen die Brandausbreitung, mindestens feuerhemmend (§ 29 Abs. 3 Satz 1 MBO 2002), sein müssen.

2. Begriff „Kellergeschoss" („Untergeschoss")

a) Ländervergleich

30

Regelungsgegenstand der Landesbauordnungen und der MBO 2002
Definition **Kellergeschoss**: Geschoss, dessen Deckenoberkante im Mittel höchstens 1,40 m über die festgelegte Geländeoberfläche hinausragt

Norm	Land (LBO)	Umsetzung/Abweichung in den Ländern und der MBO 2002
MBO 2002	§ 2	§ 2 VI 1
BW	–	keine Regelung
Bay	–	keine Regelung
Bln	–	keine Regelung
Bbg	§ 2	§ 2 IV 1 Definition in Abgrenzung von oberirdischen Geschossen

[27] Begründung zu § 47 III MBO 2002.

Norm	Land (LBO)	Umsetzung/Abweichung in den Ländern und der MBO 2002
Brem	§ 2	§ 2 V Definition oberirdische Geschosse: Geschosse, die mit der Oberkante der Rohdecke im Mittel mehr als 1,40 m über die Straßenhöhe oder im Mittel mehr als 2 m über die Geländeoberfläche hinausragen
Hamb	§ 2	§ 2 V
Hess	§ 2	§ 2 IV 1 Definition oberirdische Geschosse: wenn Deckenoberkanten im Mittel mehr als 1,40 m über die Geländeoberfläche hinausragen, sonst Kellergeschosse
M-V	§ 2	§ 2 VII Definition in Abgrenzung von oberirdischen Geschossen
Nds	§ 43	§ 43 VI 1 Definition Kellerräume: Räume, deren Fußboden im Mittel mehr als 0,70 m unter der Geländeoberfläche liegt § 1 IV DVNBauO: Geschoss, dessen Fußboden im Mittel mehr als 0,70 m unter Geländeoberfläche liegt
NRW	–	keine Regelung
Rh-Pf	–	keine Regelung
Saar	–	keine Regelung
Sachs	§ 2	§ 2 VIII 1 Definition in Abgrenzung von oberirdischen Geschossen
Sachs-Anh	§ 2	§ 2 VI 1 Definition oberirdische Geschosse: Geschosse, deren Deckenoberflächen im Mittel mehr als 1,60 m über die Geländeoberfläche hinausragen
Schl-H	§ 2	§ 2 IV Definition in Abgrenzung von oberirdischen Geschossen
Thür	§ 2	§ 2 VIII 1 Definition in Abgrenzung von oberirdischen Geschossen

b) Definition

Die Landesbauordnungen definieren den Begriff „Kellergeschoss" unterschiedlich: 31
Überwiegend werden die oberirdischen Geschosse definiert als Geschosse, deren **Deckenoberkanten** im Mittel mehr als 1,40 m (in § 2 Abs. 6 BauO LSA mehr als 1,60 m) **über die festgelegte Geländeoberfläche hinausragen**, ist dies nicht der Fall, so ist das Geschoss ein Kellergeschoss. Der Fußboden von Kellergeschossen liegt also ganz oder teilweise unter der anschließenden Geländeoberfläche, und zwar ergibt sich bei lichter Höhe des Aufenthaltsraumes von 2,20 m ein Maß von ca. 1 m, mit dem der Fußboden des Raumes unterhalb der anschließenden Geländeoberfläche liegt. In den Ländern, deren Landesbauordnung keine ausdrückliche Definition des Kellergeschosses enthält, wird auf diese Begriffsbestimmung zurückgegriffen: Danach werden als Kellergeschosse diejenigen Geschosse bezeichnet, deren Fußboden ganz oder teilweise unterhalb der anschließenden Geländeoberfläche liegt.[28] Liegt die Fußbodenoberkante nur auf einer Seite des Geschosses und nur teilweise unter der Geländeoberfläche, so wird ein nicht nur unerheblicher Umfang gefordert, um das Geschoss insgesamt als Kellergeschoss zu qualifizieren. Für die Ausfüllung des Merkmals „erheblicher Umfang" können dann die bezifferten Vorgaben der Landesbauordnungen zum Vergleich herangezogen werden. Typisches Beispiel für ein Kellergeschoss ist das **Untergeschoss (Hanggeschoss)** eines in Hanglage gebauten Hauses, dessen Fußbodenoberkante auf der Hangseite unter der Geländeoberfläche liegt.

28 So die Definition des Kellergeschosses in Bay VGH vom 20. 5. 1981 BayVBl. 1981, 758 (die Entscheidung ist hinsichtlich der dort festgestellten Unzulässigkeit von Wohnungen in Kellergeschossen durch Gesetzesänderung überholt!); *Schlotterbeck/v. Arnim*, LBO BW Rn. 55 zu § 2.

3. Bedeutung der bauordnungsrechtlichen Regelungen zu Aufenthaltsräumen in Kellergeschossen

32 Im Einzelfall können sich auch Kellergeschosse für die Unterbringung von Aufenthaltsräumen oder sogar Wohnungen eignen; außerdem bieten sich Kellergeschosse für die Unterbringung von besonderen Aufenthaltsräumen an, bei denen wegen ihrer Zweckbestimmung oder ihres besonderen Charakters die – grundsätzlich erforderliche – Belichtung mit Tageslicht nicht angebracht oder jedenfalls entbehrlich ist. Für die Frage, wann Aufenthaltsräume in Kellergeschossen zulässig sind, ist unerheblich, ob das Kellergeschoss als Vollgeschoss angerechnet wird; diese Frage wird unabhängig von der Nutzung des Kellergeschosses geregelt. Einzelne Landesbauordnungen enthalten spezielle, auf die **Besonderheiten von Kellergeschossen abgestimmte Zulässigkeitsvoraussetzungen** für Aufenthaltsräume. Geregelt werden dabei insbesondere

- **die Anforderungen an das Gelände** vor Aufenthaltsräumen/Wohnungen mit notwendigen Fenstern in Kellergeschossen, um sicherzustellen, dass diese Fenster zur Belichtung und Belüftung der Räume ausreichen und ein Gefühl der Einengung vermieden wird;
- die besonderen **Anforderungen an den Brandschutz**, die Aufenthaltsräume ohne notwendige Fenster erfüllen müssen, um die Nachteile auszugleichen, die sich aus dem Fehlen von Fenstern auch hinsichtlich des Brandschutzes ergeben.

II. Zulässigkeit von Wohnungen und Aufenthaltsräumen in Kellergeschossen

1. Allgemein für Aufenthaltsräume geltende Anforderungen

33 Die besonderen bauordnungsrechtlichen Anforderungen für die Nutzung von Kellergeschossen gelten nur für deren Nutzung zu Wohn- und Aufenthaltszwecken; andere Nutzungen (z. B. **Hobbyräume,** die keine Aufenthaltsräume sind) sind in Kellergeschossen uneingeschränkt zulässig. Aufenthaltsräume/Wohnungen in Kellergeschossen müssen zunächst die allgemeinen Anforderungen an Aufenthaltsräume erfüllen. Dies gilt insbesondere für das nach jeweiligem Landesrecht geforderte Mindestmaß der lichten Höhe. Es gibt für die lichte Höhe von Aufenthaltsräumen in Kellergeschossen **keine Reduzierung,** wie sie in einzelnen Landesbauordnungen für Aufenthaltsräume in Dachgeschossen vorgesehen ist, eine solche Reduzierung müsste je nach den Umständen des Einzelfalles durch eine Abweichung zugelassen werden. Die allgemeinen bauordnungsrechtlichen Anforderungen an gesundes Wohnen sind insbesondere unter dem Blickwinkel der hohen Abgaskonzentration in Bodennähe zu beachten.[29] Im Übrigen gelten die allgemeinen technischen Anforderungen, z. B. hinsichtlich Isolierung und Wärmeschutz.

---

[29] Z. B. Art. 15 Bay BO.

2. Besondere Anforderungen an Aufenthaltsräume/Wohnungen in Kellergeschossen

a) Ländervergleich

34

Regelungsgegenstände der Landesbauordnungen[30]
Voraussetzungen für die Zulässigkeit von **Aufenthaltsräumen** und **Wohnungen** in **Kellergeschossen**: **1.** das Gelände, das an die Außenwände mit notwendigen Fenstern anschließt, darf in einer für die Beleuchtung mit Tageslicht ausreichenden Entfernung und Breite ein bestimmtes Höhenmaß gegenüber dem Fußboden der Aufenthaltsräume nicht überschreiten (**Niveauunterschied**). **2.** je nach landesrechtlicher Regelung müssen weitere Anforderungen z. B. an **Lichteinfallwinkel** oder **Neigung** des anschließenden Geländes erfüllt sein

Land	**Norm** (LBO)		**Umsetzung/Abweichung in den Ländern und der MBO 2002**[31]
MBO 2002	–		keine Regelung
BW	§ 34	**1.** **2.**	keine Regelung § 34 III 1 Anschluss des Geländes vor Außenwänden mit notwendigen Fenstern mit Neigung von höchstens 45° § 34 III 2 Oberkante der Brüstung notwendiger Fenster muss mindestens 1,30 m unter der Decke liegen § 34 VI Abweichungen von diesen Anforderungen sind zuzulassen bei Aufenthaltsräumen, die nicht dem Wohnen dienen, wenn Nachteile nicht zu befürchten oder Ausgleich durch besondere Einrichtungen möglich
Bay	Art. 47	**1.** **2.**	Art. 47 I 1 Niveauunterschied höchstens 0,70 m Art. 47 II 2 Lichteinfallwinkel von höchstens 45° zur Waagrechten ist einzuhalten
Bln	§ 46	**1.** **2.**	§ 46 I Niveauunterschied in einer für Beleuchtung mit Tageslicht ausreichenden Entfernung und Breite höchstens 0,50 m keine Regelung
Bbg	§ 41	 **1.** **2.**	nur Zulässigkeit einzelner Aufenthaltsräume in Kellergeschossen geregelt § 41 III Nr. 2 Niveauunterschied in einer Entfernung von 2 m höchstens 0,50 m § 41 III Nr. 1 Fußboden der Aufenthaltsräume höchstens 1,50 m unter der Geländeoberfläche
Brem	§ 46	**1.** **2.**	§ 46 III 3 Niveauunterschied bis zu einer Entfernung von mindestens 1,50 m, vor notwendigen Fenstern bis 2,50 m, höchstens 0,70 m § 46 III 3 anschließendes höher liegendes Gelände muss unter Winkel von 45° zurücktreten zusätzlich § 46 I 3 bei nachträglichem Ausbau zu Wohnzwecken in den bei Inkrafttreten dieses Gesetzes bestehenden Gebäuden genügt für Aufenthaltsräume eine lichte Höhe von 2,30 m
Hamb	§ 44	**1.** **2.**	keine Regelung in § 44 § 44 I 4 Fußboden an mindestens einer Außenwand höchstens 0,50 m unterhalb der festgelegten Geländeoberfläche

30 Die hier verwendeten Ziffern entsprechen den Ziffern der nachstehenden Rubrik „Umsetzung/Abweichung in den Ländern und der MBO 2002".

31 Die hier verwendeten Ziffern entsprechen den Ziffern der vorstehenden Rubrik „Regelungsgegenstände der Landesbauordnungen und der MBO 2002".

Land	Norm (LBO)		Umsetzung/Abweichung in den Ländern und der MBO 2002
Hess	–		keine Regelung
M-V	§ 46	1. 2.	§ 46 I Niveauunterschied in einer für die Beleuchtung mit Tageslicht ausreichenden Entfernung und Breite höchstens 0,50 m, § 46 VI dies gilt nicht für Wohngebäude mit nicht mehr als 2 Wohnungen keine Regelung
Nds	§ 43	1. 2.	§ 43 VI 2 Niveauunterschied in einer für gesunde Wohn- oder Arbeitsverhältnisse ausreichenden Entfernung und Breite höchstens 0,70 m keine Regelung
NRW	§ 48	1. 2.	§ 48 V 3 Niveauunterschied in ausreichender Entfernung und Breite höchstens 0,80 m keine Regelung zusätzlich § 48 V 2 einzelne Wohnräume im Kellergeschoss zulässig, wenn zu Erdgeschoss-Wohnung gehörend und mit dieser über eine in der Wohnung liegende Treppe unmittelbar verbunden
Rh-Pf	§ 45	1. 2.	§ 45 I Niveauunterschied höchstens 0,70 m, gilt auch für unterste Geschosse über der Geländeoberfläche keine Regelung
Saar	§ 47	1. 2.	§ 47 I Niveauunterschied höchstens 0,70 m § 47 I Gelände darf bis zu einer Tiefe von mindestens 6 m vor den Fenstern nicht mehr als 35° ansteigen zusätzlich gefordert: § 47 III 1 unmittelbare Verbindung der Räume mit Rettungswegen, die ins Freie führen, sowie § 47 III 2 Abtrennung der Räume und Rettungswege von anderen Räumen im Kellergeschoss durch Wände mit ausreichendem Feuerwiderstand
Sachs	§ 47	1. 2.	§ 47 I Niveauunterschied höchstens 0,50 m keine Regelung
Sachs-Anh	§ 51	1. 2.	§ 51 I Niveauunterschied höchstens 0,70 m keine Regelung
Schl-H	§ 53	1. 2.	§ 53 I Niveauunterschied höchstens 0,70 m keine Regelung
Thür	§ 47	1. 2.	§ 47 I Niveauunterschied höchstens 0,50 m keine Regelung

b) Höchstens zulässiger Niveauunterschied

35 Aufenthaltsräume/Wohnungen in Kellergeschossen müssen ebenso wie Aufenthaltsräume in oberirdischen Geschossen ausreichend **mit Tageslicht belichtet** werden können. Die Belichtung der Räume in Kellergeschossen ist in erster Linie abhängig von der Höhe der Geländeoberfläche vor den Außenwänden, die notwendige Fenster enthalten, und vom weiteren Verlauf dieses Geländes. In der Regel enthalten die Landesbauordnungen in den derzeit geltenden Fassungen Bestimmungen darüber, welches Maß der Niveauunterschied zwischen Geländeoberfläche und Fußboden des Aufenthaltsraums nicht überschreiten darf. Zu messen ist dieser Niveauunterschied an einem bestimmten Punkt vor der Außenwand, dessen Entfernung genau bestimmt sein kann oder allgemein als „ausreichend" bezeichnet wird. Dieser als höchstens zulässig erachtete Niveauunterschied variiert in den einzelnen Landesbauordnungen von 0,50 m bis zu 0,80 m.[32]

[32] 0,50 m: BauO Bln, BbgBO, LBauO M-V, SächsBO, ThürBO; 0,70 m: BayBO, NBauO, LBO Saar, BauO LSA, LBO Schl-H; 0,80 m: BauO NRW.

Maßgebliche **Geländeoberfläche** ist der Geländeverlauf, wie er im eingereichten Bauplan dargestellt und bei genehmigten Vorhaben Gegenstand der Genehmigung geworden ist. Stellt der Eingabeplan nicht auf das tatsächlich vorhandene, sondern auf ein künftig herzustellendes Gelände ab, so muss sich dies aus dem Plan selbst ergeben. Bei gesonderter Festlegung der Geländeoberfläche ist diese maßgeblich. In den übrigen Fällen ist von der tatsächlich vorhandenen (natürlichen) Geländeoberfläche auszugehen.

Zum Begriff **notwendige Fenster** vgl. in diesem Kap. oben Rn. 16ff.

Die Anforderungen an das Gelände gelten für **jede Außenwand** mit notwendigen Fenstern, ggf. also auch für mehrere Außenwände, wenn die notwendige Belichtung und Belüftung nur durch Fenster in mehreren Außenwänden erreicht werden kann. Die Geländeoberfläche darf in ausreichender Entfernung vor der **gesamten Breite** jeder Gebäudeaußenwand mit notwendigen Fenstern (und nicht etwa nur vor der Wand des betreffenden Raumes) den als höchstens zulässig festgesetzten Niveauunterschied nicht überschreiten.

In welcher Entfernung der höchstens zulässige Niveauunterschied eingehalten sein 36
muss (**ausreichende Entfernung**), wird von einzelnen Landesbauordnungen beziffert.[33] Meist wird die Entfernung jedoch ganz allgemein als „für die Beleuchtung mit Tageslicht ausreichend" oder „für gesunde Wohn- und Arbeitsverhältnisse ausreichend" gefordert, oder der Niveauunterschied darf „in ausreichender Entfernung" ein bestimmtes Höchstmaß nicht überschreiten. Welche Entfernung „ausreichend" ist, hängt von den Umständen des Einzelfalls ab. Bei der Bestimmung der „ausreichenden Entfernung" ist im Übrigen zu beachten, dass die notwendigen Fenster auch die „soziale Partizipation" ermöglichen sollen.[34] Insbesondere, wenn eine ganze Wohnung im Kellergeschoss liegt, muss eine größere Entfernung bis zu einem Anstieg des Geländes eingehalten sein, als bei Situierung eines einzelnen Wohnraums, der zu einer im Übrigen ebenerdig gelegenen Wohnung gehört, oder bei Aufenthaltsräumen, die von wechselnden Personenkreisen belegt werden, deren jeweilige Aufenthaltsdauer nur wenige Stunden beträgt. Das Maß von 0,70 m als von den meisten Landesbauordnungen vorgegebener höchstens zulässiger Niveauunterschied erklärt sich daraus, dass Fensterbrüstungen in der Regel eine Höhe von 0,80 m haben, das Gelände also in der geforderten ausreichenden Entfernung nicht über dem Niveau der Fensterbrüstung liegen darf. Es wird nicht gefordert, dass in ausreichender Entfernung das Gelände nicht über Augenhöhe liegt, so dass auch aus den Fenstern eines im Kellergeschoss liegenden Aufenthaltsraumes ein „Blick in die Ferne" oder ein „Blick zum Himmel" möglich sein müsste; eine solche Forderung wäre auch nicht bei Einhaltung der allgemeinen Abstandsflächentiefe für Räume in Obergeschossen uneingeschränkt erfüllbar.[35] Bei der Bestimmung der „ausreichenden Entfernung" im Einzelfall ist also darauf abzustellen, wie das Licht aufgrund der konkreten Gegebenheiten an den notwendigen Fenstern des Aufenthaltsraumes im Kellergeschoss einfallen kann, was insbesondere abhängt von dem weiteren Verlauf des Geländes, von Vorbauten über den notwendigen Fenstern, von der Himmelsrichtung, vom Vorhandensein lichtmindernder Bebauung im weiteren Geländeverlauf. Lichtschächte vor notwendigen Fenstern von Aufenthaltsräumen sind somit jedenfalls nicht ausreichend.

c) Lichteinfallwinkel

Die Einhaltung des höchstens zulässigen Niveauunterschiedes ist in den meisten Lan- 37
desbauordnungen einzige Zulässigkeitsvoraussetzung für die Unterbringung von Aufenthaltsräumen in Kellergeschossen. Teilweise wird für die Zulässigkeit von Aufenthaltsräumen in Kellergeschossen auf die Einhaltung eines bestimmten Lichteinfallwinkels abgestellt. Denn die Einhaltung des höchstens zulässigen Niveauunterschieds „in ausreichender Entfernung" garantiert noch nicht in jedem Fall einen ausreichenden Einfall von

[33] § 41 III Nr. 2 BbgBO: 2 m; § 46 III 3 BremLBO: bis 2,50 m.
[34] OVG NRW vom 30. 6. 1983 BRS 40 Nr. 110.
[35] VG Köln vom 26. 3. 2002 Az. 2 K 8038/99.

Tageslicht, dieser hängt vielmehr nicht nur von dem Verlauf des Geländes ab, sondern zusätzlich davon, ob der Lichtstrahl durch irgendwelche Hindernisse (z. B. Mauern) abgelenkt wird. Unklar ist, ob der geforderte Lichteinfallwinkel an den notwendigen Fenstern oder an der Geländeoberfläche in der geforderten ausreichenden Entfernung eingehalten sein muss. Da der „Lichteinfallwinkel" bereits begrifflich in Zusammenhang zu sehen ist mit einem Fenster, ist der in § 48 Abs. 1 HBO a. F. ausdrücklich vorgesehenen Regelung, wonach der Lichteinfallwinkel an der Brüstung der notwendigen Fenster eingehalten sein musste, auch für die Bauordnungen zu folgen, die eine solche ausdrückliche Regelung nicht enthalten.

d) Geländeverlauf

38 Macht eine bauordnungsrechtliche Regelung die Zulässigkeit von Aufenthaltsräumen in Kellergeschossen allein von der Einhaltung eines bestimmten Neigungswinkels des an die Außenwand mit notwendigen Fenstern anschließenden Geländes abhängig, so kommt es daneben auf den – möglicherweise von der Bebauung des Nachbargrundstücks abhängigen – Lichteinfallwinkel nicht an.[36]

III. Zulässigkeit fensterloser Aufenthaltsräume in Kellergeschossen

1. Ländervergleich

39

Regelungsgegenstände der Landesbauordnungen[37]
In **Kellergeschossen** sind – unter den in Punkt 4. genannten Voraussetzungen – zulässig: **1.** Aufenthaltsräume, deren Benutzung eine **Beleuchtung mit Tageslicht verbietet** **2.** Aufenthaltsräumen, die **nicht dem Wohnen dienen** **3. Verkaufsräume, Gaststätten, ärztliche Behandlungsräume, Sport, Spiel- und Bastelräume** **4.** Brandschutzanforderungen für die unter 1. bis 3. genannten, in Kellergeschossen untergebrachten Aufenthaltsräume: • unmittelbare Verbindung der Aufenthaltsräume mit **Rettungswegen, die ins Freie führen** und • **feuerbeständige Abtrennung** der Räume und Rettungswege von anderen Räumen im Kellergeschoss

Land	Norm (LBO)	Umsetzung/Abweichung in den Ländern und der MBO 2002[38]	
MBO 2002	–		keine Regelung
BW	§ 34	**1.**	keine Regelung
		2.	§ 34 VI Abweichungen von den Anforderungen des § 34 II (notwendige Fenster) und des § 34 III (höchstens zulässige Neigung des anschließenden Geländes 45° und Mindestabstand der Oberkante der Brüstung notwendiger Fenster zur Decke: 1,30 m) sind zuzulassen, wenn keine Nachteile zu befürchten oder Ausgleich durch besondere Maßnahmen

[36] BW VGH vom 7. 9. 1999 BWVBl. 2000, 113.

[37] Die hier verwendeten Ziffern entsprechen den Ziffern der nachstehenden Rubrik „Umsetzung/ Abweichung in den Ländern".

[38] Die hier verwendeten Ziffern entsprechen den Ziffern der vorstehenden Rubrik „Regelungsgegenstände der Landesbauordnungen und der MBO 2002".

Land	Norm (LBO)		Umsetzung/Abweichung in den Ländern und der MBO 2002
		3. 4.	keine Regelung keine Regelung in § 34
Bay	Art. 47	1. 2. 3. 4.	Art. 47 II 1, 2 keine Regelung Art. 47 II 1 sind in Kellergeschossen zuzulassen, wenn Nachteile nicht zu befürchten oder Ausgleich durch besondere Maßnahmen Art. 47 II 2 für Räume nach Pkt. 1 und Pkt. 3 genügt in Gebäuden geringer Höhe feuerhemmende Abtrennung keine Verbindung mit Rettungswegen, die ins Freie führen, gefordert aber Art. 47 II 3 Bauaufsichtsbehörde kann verlangen, dass die Räume auf möglichst kurzem Weg mindestens einen sicheren Ausgang ins Freie haben und kann an die Türen dieser Räume besondere Anforderungen stellen
Bln	§ 46	1. 2. 3. 4.	§ 46 II können in Kellergeschossen gestattet werden, zusätzliche Voraussetzung: Ausgleich fehlender Belichtung und Beleuchtung durch besondere Maßnahmen keine spezielle Regelung für Zulässigkeit in Kellergeschossen, aber § 44 IV 2 Ausführung ohne notwendige Fenster kann gestattet werden, wenn keine Bedenken wegen Brandschutz und Gesundheit § 46 II zusätzlich aufgezählt: Sport- Spiel und Bastelräume in Zusammenhang mit Wohnnutzung; Räume können in Kellergeschossen gestattet werden, zusätzliche Voraussetzung: Ausgleich fehlender Belichtung und Beleuchtung durch besondere Maßnahmen § 46 III 1, 2 § 46 III 3 spezielle Brandschutzanforderungen nach § 46 III 1, 2 nicht gefordert für Wohngebäude mit höchstens 2 Wohnungen
Bbg	–	1. 2. 3. 4.	keine Regelung in §§ 40, 41 keine Regelung in §§ 40, 41 keine Regelung in §§ 40, 41 keine Regelung in §§ 40, 41
Brem	§ 46 V	1. 2. 3. 4.	keine Regelung § 46 V 1 zusätzliche Voraussetzung: Ausgleich fehlender Belichtung und Belüftung durch besondere Maßnahmen keine Regelung § 46 V 2 spezielle Brandschutzanforderungen gelten nicht für Wohngebäude mit höchstens 2 Wohnungen
Hamb	–		keine Regelung
Hess	§ 42	1. 2. 3. 4.	keine spezielle Regelung für die Zulässigkeit dieser Räume in Kellergeschossen, aber gem. § 42 III ohne Fenster allgemein zulässig keine Regelung wie bei Pkt. 1 § 42 IV nur Forderung nach Verbindung mit unmittelbar ins Freie führenden Rettungswegen
M-V	§ 46	1. 2. 3. 4.	keine Regelung § 46 II 1 können in Kellergeschossen gestattet werden § 46 II 2 zusätzliche Voraussetzung: Ausgleich fehlender Beleuchtung und Belüftung durch besondere Maßnahmen keine Regelung § 46 III 1, 2
Nds	§ 43	1. 2.	keine Regelung keine spezielle Regelung für die Zulässigkeit dieser Räume in Kellergeschossen, aber gem. § 43 VII allgemein zulässig, soweit durch besondere

Land	Norm (LBO)		Umsetzung/Abweichung in den Ländern und der MBO 2002
			Maßnahmen sichergestellt ist, dass Anforderungen des § 1 erfüllt sind und die Rettung von Menschen möglich ist
		3.	keine Regelung in § 43
		4.	keine Regelung in § 43
NRW	§ 48	1.	§ 48 V 1 zusätzliche Voraussetzung: Ausgleich fehlender Beleuchtung und Belüftung durch besondere Maßnahmen
		2.	keine spezielle Regelung für die Zulässigkeit dieser Räume in Kellergeschossen, aber gem. § 48 IV 3 allgemein zulässig, wenn wirksame Lüftung gesichert und keine Bedenken wegen der Gesundheit
		3.	wie bei Pkt. 1
		4.	§ 48 VI 1 § 48 VI 2 zusätzlich gefordert für Abtrennung: Wände der Feuerwiderstandsklasse F 90, in den wesentlichen Teilen nicht brennbare Baustoffe (F 90-AB); für Türen in diesen Wänden Feuerwiderstandsklasse T 30 gefordert § 48 VI 3 Brandschutzanforderungen des § 48 VI gelten nicht für Wohngebäude mit höchstens 2 Wohnungen
Rh-Pf	§ 45	1.	§ 45 II 1 zusätzliche Voraussetzung: Ausgleich fehlender Beleuchtung und Belüftung durch besondere Maßnahmen
		2.	keine spezielle Regelung für die Zulässigkeit dieser Räume in Kellergeschossen, aber gem. § 43 IV 2 kann Ausführung ohne notwendige Fenster zugelassen werden, wenn keine Beeinträchtigung der Gesundheit und Gewährleistung de Brandschutzes
		3.	§ 45 II 2 können zugelassen werden; zusätzliche Voraussetzung: Ausgleich fehlender Beleuchtung und Belüftung durch besondere Maßnahmen
		4.	§ 45 III 3 spezielle Brandschutzanforderungen nicht gefordert für Gebäude der Gebäudeklassen 1 und 2
Saar	§ 47	1.	§ 47 II zusätzliche Voraussetzung: Ausgleich fehlender Beleuchtung und Belüftung durch besondere Maßnahmen
		2.	keine spezielle Regelung für die Zulässigkeit dieser Räume in Kellergeschossen, aber gem. § 45 III 2 Ausführung ohne notwendige Fenster zulässig, wenn keine Bedenken wegen Gesundheit und Brandschutz
		3.	wie bei Pkt. 1
		4.	§ 47 III
Sachs	§ 47	1.	§ 47 II 1 können gestattet werden; § 47 II 2 zusätzliche Voraussetzung: Ausgleich fehlender Beleuchtung und Belüftung durch besondere Maßnahmen
		2.	keine spezielle Regelung für die Zulässigkeit dieser Räume in Kellergeschossen, aber gem. § 45 IV 2 Ausführung ohne notwendige Fenster zulässig, wenn keine Bedenken wegen Gesundheit und Brandschutz
		3.	wie bei Pkt. 1
		4.	§ 47 III 2 spezielle Brandschutzanforderungen nicht gefordert für Wohngebäude mit höchstens 2 Wohnungen
Sachs-Anh	§ 51	1.	§ 51 II 1 können gestattet werden, § 51 II 2 zusätzliche Voraussetzung: Ausgleich fehlender Beleuchtung und Belüftung durch besondere Maßnahmen
		2.	keine spezielle Regelung für die Zulässigkeit dieser Räume in Kellergeschossen, aber gem. § 49 IV 2 kann Ausführung ohne notwendige Fenster gestattet werden, wenn keine Bedenken wegen Gesundheit und Brandschutz
		3.	wie bei Pkt. 1
		4.	§ 51 III 2 spezielle Brandschutzanforderungen nicht gefordert für Wohngebäude mit nicht mehr als 2 Wohnungen

Land	Norm (LBO)		Umsetzung/Abweichung in den Ländern und der MBO 2002
Schl-H	§ 53	1. 2. 3. 4.	§ 53 II 1 § 53 II 2 zusätzliche Voraussetzung: Ausgleich fehlender Beleuchtung und Belüftung durch besondere Maßnahmen keine spezielle Regelung für die Zulässigkeit dieser Räume in Kellergeschossen, aber gem. § 51 IV 2 Ausführung ohne notwendige Fenster zulässig, wenn keine Bedenken wegen Gesundheit und Brandschutz wie bei Pkt. 1 § 53 III 3 nicht gefordert für Wohngebäude mit höchstens 2 Wohnungen
Thür	§ 47	1. 2. 3. 4.	§ 47 II 1 können gestattet werden; § 47 II 2 zusätzliche Voraussetzung: Ausgleich fehlender Beleuchtung und Belüftung durch besondere Maßnahmen keine spezielle Regelung für die Zulässigkeit dieser Räume in Kellergeschossen, aber gem. § 45 IV 2 kann Ausführung ohne notwendige Fenster gestattet werden, wenn keine Bedenken wegen Gesundheit und Brandschutz wie bei Pkt. 1 § 47 III 3 spezielle Brandschutzanforderungen nicht gefordert für Wohngebäude mit höchstens 2 Wohnungen

2. Für die Unterbringung in Kellergeschossen geeignete Aufenthaltsräume

a) Aufenthaltsräume, deren Benutzung eine Beleuchtung durch Tageslicht verbietet

Dies sind z. B. Kinos, Labors, Kellerlokale, denen die Lage unterhalb der Geländeoberfläche ihren besonderen Charakter gibt. Außerdem werden in diese Fallgruppe Räume einbezogen, die auch bei einer Unterbringung in einem oberirdischen Geschoss nicht über notwendige Fenster belichtet und belüftet werden können, wie Verkaufsräume großer Warenhäuser, Versammlungsräume, Theater. 40

b) Aufenthaltsräume, die nicht dem Wohnen dienen

Da sich für die Unterbringung in Kellergeschossen besonders solche Aufenthaltsräume anbieten, die nicht in gleicher Weise wie Wohnräume auf die Belichtung mit Tageslicht angewiesen sind, sind alle Räume, die nicht dem Wohnen dienen – und die auch in oberirdischen Geschossen ohne notwendige Fenster zulässig sind oder gestattet werden können – auch für Kellergeschosse geeignet. Diejenigen Landesbauordnungen, die die Zulässigkeit von Räumen, die nicht dem Wohnen dienen, als Räume ohne notwendige Fenster bereits bei den grundsätzlichen Anforderungen an Aufenthaltsräume regeln, treffen im Rahmen der Zulässigkeit von Aufenthaltsräumen in Kellergeschossen hierzu keine speziellen Regelungen mehr. 41

c) Aufenthaltsräume mit kurzer Verweildauer

Manche Aufenthaltsräume sind zwar für einen nicht nur vorübergehenden Aufenthalt von Menschen bestimmt, dieser Aufenthalt ist aber – jedenfalls bei der Mehrheit der sich darin aufhaltenden Personen – **nicht dauernd, sondern zeitlich beschränkt**. Es handelt sich dabei, wie in den Landesbauordnungen beispielhaft aufgezählt, um Verkaufsräume, Gaststätten, ärztliche Behandlungsräume, Sport-, Spiel-, Bastelräume, Werkräume; diesen Räumen sind gleichgestellt auch die Warteräume einer Arztpraxis. 42

3. Bauordnungsrechtliche Anforderungen für ihre Zulässigkeit in Kellergeschossen

43 Während bei Aufenthaltsräumen in Kellergeschossen im Hinblick auf die Forderung notwendiger Fenster, deren Brüstung über der Geländeoberfläche liegen muss, ein direkter Rettungsweg ins Freie besteht, muss das Fehlen dieses Rettungswegs bei den fensterlosen Aufenthaltsräumen anderweitig ausgeglichen werden. Ein solcher Aufenthaltsraum muss daher

- von anderen Räumen im Kellergeschoss **feuerbeständig abgeschlossen** sein, d. h. es darf keine Verbindung zwischen einem Aufenthaltsraum und einem anderen Raum im Kellergeschoss bestehen, die nicht wenigstens feuerbeständig bzw. feuerhemmend ausgestaltet ist. Eine geringere Anforderung gilt zum Teil für Gebäude geringer Höhe oder bestimmter Gebäudeklassen;
- eine unmittelbare Verbindung mit **Rettungswegen** haben, die ins Freie führen.

Teilweise wird für die Zulässigkeit dieser Aufenthaltsräume in Kellergeschossen weiter gefordert, dass Nachteile infolge der Lage im Kellergeschoss nicht zu befürchten sein dürfen oder durch besondere Maßnahmen (insbesondere durch ausreichende künstliche Beleuchtung und Belüftung) ausgeglichen werden.

IV. Schutzzweck

44 Die Vorschriften zur Zulässigkeit von Aufenthaltsräumen in Kellergeschossen sind **nicht nachbarschützend**. Ein Nachbar kann sich also gegen einen Ausbau eines Kellergeschosses zu Wohnzwecken nicht mit der Begründung wenden, der Ausbau erfolge unter Verstoß gegen die bauordnungsrechtlichen Zulässigkeitsbestimmungen für Aufenthaltsräume in Kellergeschossen.

V. Formelles

45 Die Umnutzung eines Kellergeschosses zu Wohnzwecken oder zur Unterbringung von Aufenthaltsräumen ist eine genehmigungspflichtige Nutzungsänderung, unabhängig davon, ob mit der Nutzungsänderung auch bauliche Veränderungen einhergehen. Soll in Zusammenhang mit dem Ausbau eines Kellergeschosses die Geländeoberfläche verändert (abgeböscht) werden, so handelt es sich um eine Abgrabung, die als solche genehmigungspflichtig sein kann.

Teil 4. Wohnungen

MBO 2002 § 48, BW § 35, Bay Art. 46, Bln § 45, Bbg § 49, Brem § 47, Hamb § 45, Hess § 43, M-V § 45, Nds § 44, NRW § 49, Rh-Pf § 44, Saar § 46, Sachs § 46, Sachs-Anh § 50, Schl-H § 52, Thür § 46.

I. Allgemeines

1. Begriffe

a) Wohnung

Der Begriff der „Wohnung" bezeichnet eine **Nutzungseinheit**, eine Einheit von Räumen, innerhalb derer eine Eigengestaltung des häuslichen Wirkungskreises, die Führung eines Haushaltes unter Abgeschlossenheit gegenüber dem Zutritt Fremder möglich ist.[39] Erforderlich ist für die Führung eines Haushalts jedenfalls das Vorhandensein einer Kochgelegenheit.[40] Die Wohnung dient zum Schlafen und zur Einnahme der Mahlzeiten, zur Geselligkeit, und auch zur Entfaltung der Persönlichkeit im Rahmen der Freizeitgestaltung. 46

b) Wohnen

Das „Wohnen" bezeichnet eine Nutzungsart, der Begriff ist in der BauNVO jedoch nicht definiert. Zum „Wohnen" gehört eine auf (gewisse) Dauer angelegte, eigenständige Gestaltung des häuslichen Lebens und der mit der Haushaltsführung verbundenen Tätigkeiten.[41] Zur Wohnnutzung gehört die Nutzung einer Wohnung als Zweitwohnung ebenso wie die Nutzung als Ferienwohnung. Die Wohnnutzung spielt sich nicht notwendig in Wohnungen ab, auch außerhalb von Wohnungen, z. B. in Studentenwohnheimen ohne separate Wohnungen, in Arbeiterwohnheimen, wird „gewohnt". 47

c) Wohnräume

„Wohnräume" (Wohnzwecken oder dem Wohnen dienende Räume) sind eine besondere Gruppe von Aufenthaltsräumen; es sind die Räume, die einem Menschen im Interesse seiner freien Entfaltung einen elementaren Lebensraum gewährleisten, sie müssen für die Dauer bestimmt und geeignet sein, Wohnbedürfnisse zu befriedigen.[42] Das ist der Fall, wenn Räume zeitlich unbegrenzt einem oder mehreren Menschen unter Ausschluss anderer zum Schlafen, Essen und zum sonstigen Aufenthalt in der arbeitsfreien Zeit zur Verfügung stehen. Dass diese Räume innerhalb von Wohnungen liegen, ist nicht erforderlich, auch Aufenthaltsräume in einem Arbeiterwohnheim, in denen die dort aufgenommenen Arbeitnehmer nach Arbeitsschluss Entspannung und Erholung finden, sind Wohnräume. Ob die Personen, die in den Wohnräumen „wohnen", dort einen Wohnsitz im Sinne des § 7 BGB begründen, ist nicht entscheidend. An Wohnräume werden im Hinblick auf ihre intensivere Nutzung durch die darin wohnenden Menschen und ihren Erholungszweck in Bezug auf Schall- und Wärmeschutz und die Belichtung und Belüftung besondere Anforderungen gestellt. 48

d) Wohngebäude

Wohngebäude im Sinne des Bauordnungsrechts sind Gebäude, die **überwiegend der Wohnnutzung dienen** und außer der Wohnnutzung allenfalls Räume für die Berufsausübung freiberuflich oder in ähnlicher Art Tätiger sowie die zugehörigen Nebenräume enthalten. Nicht jedes Gebäude, in dem Wohnungen untergebracht sind, ist ein „Wohn- 49

---

[39] OVG Brem vom 20. 1. 1998 NJW 1998, 3796 zur dort beschriebenen „Ladenwohnung".
[40] BVerwG vom 7. 9. 1984 NVwZ 1985, 338.
[41] BVerwG vom 14. 8. 1992 NVwZ 1993, 1106.
[42] BVerwG vom 14. 8. 1992 NVwZ 1993, 1106.

gebäude"; vielmehr können Wohnungen auch z. B. in Betrieben oder landwirtschaftlich genutzten Gebäuden liegen. Für Wohngebäude gelten z.T. besondere bauordnungsrechtliche Anforderungen, oft in Abhängigkeit von der Anzahl der in einem Gebäude untergebrachten Wohnungen.

2. Musterbauordnung 2002

50 Auch bei der Regelung der bauordnungsrechtlichen Anforderungen an Wohnungen beschränkt sich die MBO 2002 auf **Mindeststandards**.

Gefordert wird für jede Wohnung
- eine **Küche** und eine Kochnische (§ 48 Abs. 1 Satz 1 MBO 2002);
- ein **Bad** mit Badewanne und eine **Toilette** (§ 48 Abs. 3 MBO 2002);
- ein ausreichend großer **Abstellraum** (§ 48 Abs. 3 MBO 2002)
- Abstellräume für **Kinderwagen und Fahrräder** in Wohngebäuden der Gebäudeklassen 3 bis 5 (§ 48 Abs. 2 MBO 2002).

Die MBO 2002 fordert nicht
- die **Abgeschlossenheit** jeder Wohnung von anderen Wohnungen und fremden Räumen
- einen eigenen, abschließbaren **Zugang** unmittelbar vom Freien oder einem Treppen- oder Vorraum
- die **„Durchlüftbarkeit"** von Wohnungen
- ausreichend große **Trockenräume** zur gemeinschaftlichen Benutzung.

Auf eine Regelung der Abgeschlossenheit von Wohnungen im Rahmen des § 48 MBO 2002 wurde verzichtet, da sich diese bereits aus den Brandschutzvorschriften (§ 29: „Raumabschließende Trennwände") ergibt. Die in den Landesbauordnungen enthaltene Regelung des besonderen Zugangs zu Wohnungen in Gebäuden, die nicht nur zum Wohnen dienen, wird, da im Wesentlichen Altbestand betroffen sei, für entbehrlich erachtet.[43] Die Forderung, dass in Gebäuden mit mehr als zwei Wohnungen die Wohnungen eines Geschosses **barrierefrei erreichbar** sein müssen, und in diesen Wohnungen die Wohn- und Schlafräume, eine Toilette, Bad und Küche/Kochnische mit dem Rollstuhl zugänglich sein müssen, enthält nun § 50 Abs. 1 MBO 2002 („Barrierefreies Bauen"). Für eine gesonderte Regelung der „Durchlüftbarkeit" der Wohnungen wird neben der vorgeschriebenen Mindestgröße der Fensterflächen keine Notwendigkeit gesehen. Ein gemeinschaftlicher Trockenraum wird im Hinblick auf den heute gängigen technischen Standard der Haushalte nicht mehr für erforderlich gehalten. Die Forderung nach einem Bad mit Badewanne oder Dusche und einer Toilette für jede Wohnung ist in die Grundvorschrift über Wohnungen (§ 48 Abs. 3 MBO 2002) einbezogen worden. Die Zulässigkeit fensterloser Bäder und Toiletten, bei Gewährleistung einer wirksamen Lüftung, ist nun in Abs. 1 des § 43 MBO 2002 („Sanitäre Anlagen, Wasserzähler") enthalten. Weitere Regelungen zu Toiletten (z. B. Wasserspülung bei Anschlussmöglichkeit an Sammelkanalisation, Lage innerhalb von Wohnungen) sieht die MBO 2002 nicht vor.

II. Bauordnungsrechtliche Anforderungen an Wohnungen

1. Bedeutung der bauordnungsrechtlichen Regelungen

51 Das Bauordnungsrecht definiert den Begriff der Wohnung nicht, sondern setzt ihn bereits voraus. Es stellt die bauordnungsrechtlichen Anforderungen auf, die Wohnungen im Interesse ihrer Bewohner erfüllen müssen, z. B. Abgeschlossenheit und separate Zugangsmöglichkeit, Größe, Besonnung und Belüftung, Erfordernis von Küche und Abstellraum, Abstellmöglichkeit von Fahrrädern und Kinderwägen (in der Regel bei Gebäuden mit mehr als zwei Wohnungen). Es geht dabei nicht um die Anforderungen an die einzel-

[43] Begründung zu § 48 MBO 2002.

nen „Wohnräume", diese richten sich nach den für Aufenthaltsräume/Wohnräume geltenden Bestimmungen, sondern um die Anforderungen an die „Wohnung" als Nutzungseinheit von Räumen.

2. Ländervergleich

Regelungsgegenstände der Landesbauordnungen und der MBO 2002[44]
1. Bauordnungsrechtliche **Anforderungen an Wohnungen**: • Abgeschlossenheit von fremden Wohnungen und fremden Räumen • eigener abschließbarer Zugang unmittelbar vom Freien, von einem Treppenraum, Flur oder Vorraum; dies gilt nicht für Wohngebäude mit nicht mehr als 2 Wohnungen 2. bauordnungsrechtliche Anforderungen an **Wohnungen in Gebäuden, die nicht nur dem Wohnen dienen**: • besonderer Zugang • gemeinsame Zugänge sind zulässig oder können gestattet werden, wenn für die Wohnnutzung keine erheblichen Nachteile/Gefahren oder Belästigungen entstehen 3. bauordnungsrechtliche Anforderungen an die **barrierefreie Erreichbarkeit bestimmter Wohnungen** für Wohngebäuden mit mehr als zwei Wohnungen 4. **weitere Anforderungen** je nach landesrechtlicher Regelung

52

Land	Norm (LBO)		Umsetzung/Abweichung in den Ländern und der MBO 2002[45]
MBO 2002	§ 48	**1.**	keine Regelung
		2.	keine Regelung
		3.	§ 50 I 1 für Gebäude mit mehr als 2 Wohnungen für die Wohnungen eines Geschosses gefordert § 50 I 2 Wohn- und Schlafräume, eine Toilette, ein Bad sowie Küche/Kochnische dieser Wohnungen müssen mit dem Rollstuhl zugänglich sein
		4.	keine weiteren Anforderungen
BW	§ 35	**1.**	§ 35 I, II
		2.	§ 35 II 2 gemeinsame Zugänge sind zuzulassen
		3.	keine Regelung (§ 39 „Barrierefreie Anlagen" betrifft nicht die Erreichbarkeit von Wohnungen)
		4.	keine weiteren Anforderungen
Bay	Art. 46	**1.**	Art. 46 I; zusätzlich: Art 46 I 2. Halbs. Forderung gilt auch nicht bei der Errichtung von zusätzlichem Wohnraum in bestehenden Wohngebäuden
		2.	Art. 46 II für gewerblich genutzte Räume und für Wohnraum im selben Gebäude können eigene Treppen verlangt werden, keine Regelung zu gemeinsamem Zugang
		3.	keine Regelung
		4.	Art. 46 II für jede Wohnung – auch Einraumwohnungen – wird gefordert: eine für ihre Bestimmung ausreichende Größe, eine entsprechende Zahl besonnter Aufenthaltsräume, die nicht alle nach Norden liegen dürfen und an verkehrsreichen Straßen überwiegend auf der vom Verkehrslärm abgewandten Gebäudeseite liegen sollen; ausreichende Durchlüftung muss möglich sein
Bln	§ 45	**1.**	§ 45 I 1 und § 45 I 2
		2.	§ 45 I 3 gemeinsame Zugänge können gestattet werden

[44] Die hier verwendeten Ziffern entsprechen den Ziffern der nachstehenden Rubrik „Umsetzung/Abweichung in den Ländern und der MBO 2002".

[45] Die hier verwendeten Ziffern entsprechen den Ziffern der vorstehenden Rubrik „Regelungsgegenstände der Landesbauordnungen und der MBO 2002".

Land	Norm (LBO)		Umsetzung/Abweichung in den Ländern und der MBO 2002
		3.	§ 45 II 1 gefordert für Wohngebäude mit mehr als 2 Wohnungen für die Wohnungen im untersten Vollgeschoss (barrierefreie Erreichbarkeit über den üblichen Hauptzugang) § 45 II 2 Zugänglichkeit der Räume in diesen Wohnungen mit dem Rollstuhl gefordert
		4.	keine weiteren Anforderungen
Bbg	§ 49	1.	§ 49 I 1 und § 49 I 2
		2.	§ 49 I 3 gemeinsame Zugänge können gestattet werden
		3.	keine Regelung (§ 56 „Barrierefreies Bauen" betrifft nicht die Erreichbarkeit von Wohnungen)
		4.	§ 49 II Forderung einer für die Bestimmung der Wohnung ausreichenden Größe und einer entsprechenden Zahl besonnter Aufenthaltsräume, die nicht alle nach Norden liegen dürfen § 49 III Wohnung muss durchlüftet werden können
Brem	§ 47	1.	§ 47 I 2, zusätzlich: nicht abgeschlossene Wohnungen können gestattet werden bei Wohnungsteilungen oder in ähnlichen Fällen
		2.	§ 47 I 3 gemeinsame Zugänge können gestattet werden
		3.	§ 47 VI bei Gebäuden mit mehr als 10 Wohnungen sollen die Wohnungen mindestens eines Geschosses barrierefrei erreichbar sein, wenn Eignung der Gebäude hierfür bezüglich Lage und unter Berücksichtigung städtebaulicher Belange
		4.	§ 47 II Wohnung muss durchlüftet werden können
Hamb	§ 45	1.	§ 45 I 1, 2
		2.	§ 45 I 3 Gefahren oder unzumutbare Belästigungen dürfen bei gemeinsamem Zugang nicht entstehen
		3.	§ 45 VIII 1 für Gebäude mit mehr als 2 Wohnungen für die Wohnungen eines Geschosses gefordert § 45 VIII 2 für diese Wohnungen gefordert, dass die Wohn- und Schlafräume, eine Toilette, ein Bad und die Küche/Kochnische mit dem Rollstuhl zugänglich sind § 45 VIII 3 Sätze 1 und 2 gelten nicht, soweit die Anforderungen insbesondere wegen schwieriger Geländeverhältnisse, des Einbaus eines sonst nicht erforderlichen Aufzugs oder ungünstiger vorhandener Bebauung nur mit unverhältnismäßigem Mehraufwand erfüllt werden können § 45 IX lichte Durchgangsbreite für Eingangstüren von Wohnungen, die über Aufzüge erreichbar sein müssen, von 0,90 m gefordert
		4.	§ 45 II Wohnung muss durchlüftet werden können und eine ihrer Größe entsprechende Zahl besonnter Aufenthaltsräume haben
Hess	§ 43	1.	keine Regelung
		2.	§ 43 I besonderer Zugang gefordert
		3.	keine Regelung
		4.	§ 43 II für Gebäude mit mehr als 2 Wohnungen für die Wohnungen eines Geschosses gefordert § 43 II 2 für diese Wohnungen gefordert, dass die Wohn- und Schlafräume, eine Toilette, ein Bad und die Küche/Kochnische mit dem Rollstuhl zugänglich sind § 43 II 3 Sätze 1 und 2 gelten nicht, soweit die Anforderungen wegen schwieriger Geländeverhältnisse, des Einbaus eines sonst nicht erforderlichen Aufzugs oder ungünstiger vorhandener Bebauung nur mit unverhältnismäßigem Mehraufwand erfüllt werden können
M-V	§ 45	1.	§ 45 I 1, 2
		2.	§ 45 I 3 gemeinsame Zugänge können gestattet werden

Land	Norm (LBO)		Umsetzung/Abweichung in den Ländern und der MBO 2002
		3.	keine Regelung (§ 52 „Barrierefreies Bauen" betrifft nicht die Erreichbarkeit von Wohnungen)
		4.	keine weiteren Anforderungen
Nds	§ 44	1.	§ 44 I 1, 2 zusätzlich § 44 I 3 von diesen Forderungen darf auch abgewichen werden bei Wohnungsteilungen, ausnahmsweise auch in ähnlichen Fällen, wenn unzumutbare Belästigungen oder erhebliche Nachteile für die Benutzerinnen/Benutzer der Wohnung nicht entstehen
		2.	§ 44 II 2 gemeinsame Zugänge sind zulässig
		3.	§ 44 III für Gebäude mit mehr als 4 Wohnungen für die Wohnungen eines Geschosses gefordert; jede achte Wohnung muss rollstuhlgerecht sein; dies gilt nicht, soweit die Anforderungen, insbesondere wegen schwieriger Geländeverhältnisse, des Einbaus eines sonst nicht erforderlichen Aufzugs oder ungünstiger vorhandener Bebauung nur mit unverhältnismäßigem Mehraufwand erfüllt werden können
		4.	§ 44 IV für jede Wohnung mit mehreren Aufenthaltsräumen mindestens ein besonnter Aufenthaltsraum gefordert
NRW	§ 49	1.	§ 49 I 1, 2
		2.	§ 49 I 3 gemeinsame Zugänge sind zulässig
		3.	§ 49 II 1 für Gebäude mit mehr als 2 Wohnungen für die Wohnungen eines Geschosses gefordert § 49 II 2 für diese Wohnungen gefordert, dass die Wohn- und Schlafräume, eine Toilette, ein Bad und die Küche oder Kochnische mit dem Rollstuhl zugänglich sind § 49 II 3 Abweichungen von Sätzen 1 und 2 sind zuzulassen, soweit Anforderungen nur mit unverhältnismäßigem Mehraufwand erfüllt werden können, insbesondere wegen schwieriger Geländeverhältnisse, ungünstiger vorhandener Bebauung oder des Einbaus eines sonst nicht notwendigen Aufzugs
		4.	§ 49 III 2 reine Nordlage aller Wohn- und Schlafräume unzulässig
Rh-Pf	§ 44	1.	§ 44 I 1, 2
		2.	§ 44 I 3 gemeinsame Zugänge sind zulässig
		3.	§ 44 II für Gebäude mit mehr als 4 Wohnungen gefordert, dass von den ersten 5 Wohnungen eine, von jeweils 10 weiteren Wohnungen zusätzlich eine Wohnung barrierefrei erreichbar ist § 44 II 2 für diese Wohnungen gefordert, dass die Wohn- und Schlafräume, eine Toilette, ein Bad und die Küche oder Kochnische mit dem Rollstuhl zugänglich sind § 44 II 3 Sätze 1 und 2 gelten nicht, soweit die Anforderungen insbesondere wegen schwieriger Geländeverhältnisse, des Einbaus eines sonst nicht erforderlichen Aufzugs oder ungünstiger vorhandener Bebauung nur mit unverhältnismäßigem Mehraufwand erfüllt werden können
		4.	§ 44 III 2 jede Wohnung mit mehreren Aufenthaltsräumen soll einen besonnten Wohn- und Schlafraum haben § 44 VII jede Wohnung in Gebäuden mit mehr als 2 Wohnungen soll eigenen Wasserzähler haben
Saar	§ 46 § 38	1.	§ 46 I 1, 2
		2.	§ 46 II 1; § 46 I 2 gemeinsame Zugänge können zugelassen werden § 38 II 4 für Wohngebäude mit mehr als 4 Wohnungen für die Wohnungen mindestens eines Geschosses gefordert, wenn sich die Wohngebäude von der Lage dafür eignen
		3.	§ 46 VIII in jeder 8. Wohnung eines Wohngebäudes, in dem die Wohnungen mindestens eines Geschosses nach § 38 II 4 barrierefrei erreichbar sein müssen, müssen alle Räume mit dem Rollstuhl zugänglich sein

Land	Norm (LBO)	Umsetzung/Abweichung in den Ländern und der MBO 2002	
		4.	§ 46 III für jede Wohnung eine ihrer Größe entsprechende Zahl besonnter Aufenthaltsräume gefordert; Nordlage aller Wohn- und Schlafräume unzulässig § 46 IV Wohnungen müssen durchlüftet werden können und Ausblick ins Freie gewährleisten
Sachs	§ 46	1.	§ 46 I 1, 2
		2.	§ 46 I 3 gemeinsame Zugänge können gestattet werden
		3.	keine Regelung (§ 53 „Bauliche Maßnahmen für besondere Personengruppen" betrifft nicht die Erreichbarkeit von Wohnungen);
		4.	§ 46 II Wohnungen müssen durchlüftet werden können
Sachs-Anh	§ 50	1.	§ 50 I 1, 2
		2.	§ 50 I 3 gemeinsame Zugänge können gestattet werden
		3.	§ 50 II 1 in Gebäuden mit mehr als 2 Wohnungen für die Wohnungen eines Geschosses gefordert; § 50 II 2 für diese Wohnungen gefordert, dass die Wohn- und Schlafräume, eine Toilette, ein Bad und die Küche oder Kochnische mit dem Rollstuhl zugänglich sind § 50 II 3 Sätze 1 und 2 gelten nicht, soweit die Anforderungen insbesondere wegen schwieriger Geländeverhältnisse, wegen des Einbaus eines sonst nicht erforderlichen Aufzugs oder wegen ungünstiger vorhandener Bebauung nur mit unverhältnismäßigem Mehraufwand erfüllt werden können
		4.	§ 50 IV Wohnungen müssen durchlüftet werden können
Schl-H	§ 52	1.	§ 52 I 1, 2
		2.	§ 52 I 3 gemeinsame Zugänge können gestattet werden
		3.	§ 52 II 1 für Gebäude mit mehr als 2 Wohnungen für die Wohnungen eines Geschosses gefordert § 52 II 2 für diese Wohnungen gefordert, dass die Wohn- und Schlafräume, eine Toilette, ein Bad und die Küche oder Kochnische mit dem Rollstuhl zugänglich sind § 52 II 3 Sätze 1 und 2 gelten nicht, soweit die Anforderungen insbesondere wegen schwieriger Geländeverhältnisse, wegen des Einbaus eines sonst nicht erforderlichen Aufzugs oder wegen ungünstiger vorhandener Bebauung nur mit unverhältnismäßigem Mehraufwand erfüllt werden können
		4.	keine weiteren Anforderungen
Thür	§ 46	1.	§ 50 I 1, 2
		2.	§ 46 I 3 gemeinsame Zugänge können gestattet werden
		3.	keine Regelung (§ 53 „Bauliche Maßnahmen für besondere Personengruppen" gilt nicht für die Erreichbarkeit von Wohnungen)
		4.	§ 46 II für jede Wohnung eine für ihre Bestimmung ausreichende Größe und entsprechende Zahl besonnter Aufenthaltsräume gefordert, die nicht alle nach Norden liegen dürfen und an verkehrsreichen Straßen überwiegend auf der vom Verkehrslärm abgewandten Gebäudeseite liegen sollen; Bestimmungen auch für Einraumwohnungen gültig § 46 III Wohnungen müssen durchlüftet werden können

3. Wohnungsgröße

53 Zum Teil wird für Wohnungen „eine für ihre Bestimmung ausreichende Größe" gefordert; eine Mindestgröße ist nicht mehr vorgesehen. Die **„ausreichende Größe"** ist relativ gering anzusetzen, da sehr kleine Wohnungen von vornherein nur durch Einzelpersonen und nur in eingeschränktem Umfang (insbesondere bei Wochenendpendlern, Studenten) genutzt werden; eine Wohnungsgröße von insgesamt 16,37 qm (Wohnschlafraum 10,65 qm) wurde von der Rechtsprechung als zulässig angesehen.[46]

4. Küche

a) Ländervergleich

Regelungsgegenstände der Landesbauordnungen und der MBO 2002[47]
1. Forderung nach einer **Küche** oder **Kochnische für jede Wohnung** **2.** Voraussetzung für **fensterlose Ausführung** von Küchen oder Kochnischen: selbständig lüftbar

54

Land	Norm (LBO)	Umsetzung/Abweichung in den Ländern und der MBO 2002[48]	
MBO 2002	§ 48	1. 2.	§ 48 I 1 § 48 I 2
BW	§ 35	1. 2.	§ 35 III 1 § 35 III 2
Bay	Art. 46	1. 2.	Art. 46 IV 1 Art. 46 IV 2
Bln	§ 45	1. 2.	§ 45 III keine Regelung in § 45
Bbg	§ 41	1. 2.	§ 41 IV 1 gefordert werden die technischen Voraussetzungen für den Einbau einer Küche § 41 IV 2 fensterlose Räume sind zulässig, wenn sie eine Lüftungsanlage haben
Brem	§ 47	1. 2.	§ 47 III § 47 III zusätzlich § 46 V 3 für Küchen mit unmittelbarer Sichtverbindung zu angrenzenden Wohnräumen gilt § 46 V 1 (Zulässigkeit ohne notwendige Fenster bei Ausgleich durch besondere Maßnahmen)
Hamb	§ 45	1. 2.	§ 45 III 1 i.V. m. § 45 III 2 Küche für Wohnungen mit mehr als 2 Aufenthaltsräumen gefordert, für Wohnungen mit nicht mehr als 2 Aufenthaltsräumen genügt ein Kochplatz mit zusätzlicher Lüftung keine Regelung in § 45
Hess	§ 43	1. 2.	keine Regelung in § 43 § 43 III
M-V	§ 45	1. 2.	keine Regelung in § 45 § 45 II
Nds	§ 44	1. 2.	§ 44 V 1 grundsätzlich Küche für jede Wohnung gefordert § 44 IV 3 für Wohnungen mit höchstens 50 m² Wohnfläche genügt eine für sich lüftbare Kochnische § 44 IV 2 zusätzliche Voraussetzung für fensterlose Küche: • Sichtverbindung zu anderem Aufenthaltsraum oder • zu einer Wohnung mit höchstens 50 m² Wohnfläche gehörend

[46] Bay VGH vom 25. 5. 2000 NVwZ-RR 2000, 660.

[47] Die hier verwendeten Ziffern entsprechen den Ziffern der nachstehenden Rubrik „Umsetzung/Abweichung in den Ländern und der MBO 2002".

[48] Die hier verwendeten Ziffern entsprechen den Ziffern der vorstehenden Rubrik „Regelungsgegenstände der Landesbauordnungen und der MBO 2002".

Land	Norm (LBO)	Umsetzung/Abweichung in den Ländern und der MBO 2002	
NRW	§ 49	1. 2.	§ 49 IV 1 § 48 IV 2 Küchen ohne eigene Fenster zulässig, wenn sie Sichtverbindung zu Aufenthaltsraum mit notwendigen Fenstern haben und wirksame Lüftung gesichert ist
Rh-Pf	§ 44	1. 2.	§ 44 IV 1 § 44 IV 2
Saar	§ 46	1. 2.	§ 46 V 1 § 46 IV 2 Regelung gilt nur für Kochnischen
Sachs	§ 46	1. 2.	§ 46 III 1 jede Wohnung soll eine Küche oder Kochnische haben § 46 III 2
Sachs-Anh	§ 50	1. 2.	§ 50 IV 1 § 50 IV 2
Schl-H	§ 52	1. 2.	§ 52 III 1 § 52 III 2 von Beleuchtung durch notwendige Fenster kann bei Kochnischen abgesehen werden, wenn eine ausreichend große Öffnung zu einem anderen Aufenthaltsraum besteht § 52 III 1 Verweis auf § 51 I (für Benutzung ausreichende Grundfläche, lichte Höhe von 2,40 m über mindestens zwei Drittel ihrer Grundfläche) und auf § 51 II (Forderung von notwendigen Fenstern, Anforderungen an notwendige Fenster)
Thür	§ 46	1. 2.	§ 46 IV 1 § 46 IV 2

b) Bedeutung der Kochmöglichkeit für den Begriff des „Wohnens"

55 Die Möglichkeit zu kochen ist wesentliches Element der selbständigen Haushaltsführung, die das Wohnen kennzeichnet. Eine Küche oder wenigstens Kochgelegenheit ist daher wesentliches **Abgrenzungsmerkmal für die Wohnnutzung** von anderer Nutzung, insbesondere der in Beherbergungsbetrieben. So kann durch eine Festsetzung in einem Bebauungsplan, die Küchen und Kochnischen in Zuordnung zu einzelnen Zimmern der Beherbergungsbetriebe für unzulässig erklärt, eine Wohnnutzung ausgeschlossen werden.[49] Durch die Zuordnung von Kochstellen zu einzelnen Zimmern wird Wohnnutzung ermöglicht, ohne dass diese – wegen der fehlenden Abgeschlossenheit – in „Wohnungen" im Sinne separater Nutzungseinheiten stattfinden würde.

c) Bauordnungsrechtliche Anforderungen an Küchen/Kochnischen in Wohnungen

56 Für „Wohnungen" fordern fast alle Landesbauordnungen ausdrücklich das Vorhandensein einer Küche oder Kochnische. Falls eine solche ausdrückliche Regelung besteht, ist für die Küche oder Kochnische auch ein Wasseranschluss zu fordern, da andernfalls die Forderung nach dem Vorhandensein wenigstens einer Kochnische ins Leere geht.[50] Dagegen wird jedenfalls für Ein-Raum-Wohnungen ein Herd oder Herdanschluss nicht zwingend gefordert werden können: Die Möglichkeit der selbständigen Haushaltsführung unter Einschluss der Möglichkeit, Mahlzeiten zuzubereiten, ist im Hinblick auf die veränderten Koch- und Essgewohnheiten auch ohne einen eigenen Herd möglich, eine Kochgelegenheit, die keine speziellen technischen Anforderungen stellt, ist ausreichend. Eine **Mindestgröße für die Küche/Kochnische ist nicht vorgeschrieben**, es bleibt im Rahmen der Baufreiheit dem Einzelnen überlassen, welchen Anteil der ihm insgesamt

[49] BVerwG vom 7. 9. 1984 NVwZ 1985, 338.
[50] A. A. noch BW VGH vom 19. 6. 1968 BRS 20 Nr. 154.

zur Verfügung stehenden Fläche er für eine Küche verwenden will; der z.T. vorgeschlagenen Orientierung an der Größe der Wohnung für die zu fordernde Größe der Küche ist nicht zu folgen. Fensterlose Küchen oder Kochnischen sind nur zulässig, wenn sie selbständig zu lüften sind.

5. Der zur Wohnung gehörende Abstellraum

a) Ländervergleich

57

Regelungsgegenstand in den Ländern und der MBO 2002
Für jede Wohnung wird ein **Abstellraum** oder eine **Abstellfläche** gefordert

Land	Norm (LBO)	Umsetzung/Abweichung in den Ländern und der MBO 2002
MBO 2002	§ 48	§ 48 II ausreichend großer Abstellraum nur für Wohngebäude der Gebäudeklassen 3 bis 5 gefordert
BW	§ 35	§ 35 IV
Bay	Art. 46	Art. 46 III 1
Bln	–	keine Regelung
Bbg	§ 49	§ 49 IV 3 geforderte Mindestgröße 6 m², Abstellraum muss in der Wohnung, im Gebäude oder in unmittelbarer Gebäudenähe liegen
Brem	§ 47	§ 47 IV geforderte Größe 3 m² bei Einraumwohnungen, 4 m² bei Zweiraumwohnungen, 6 m² bei anderen Wohnungen § 47 IV 2 zusätzlich 1 m² Abstellfläche innerhalb der Wohnung gefordert, wenn Grundfläche der Küche kleiner als 8 m²
Hamb	§ 45	§ 45 IV 1 geforderte Größe mindestens 6 m², davon mindestens 1 m² innerhalb der Wohnung
Hess	§ 43	§ 43 IV
M-V	§ 45	§ 45 III geforderte Größe mindestens 5 m², falls Raum außerhalb der Wohnung, zusätzlich mindestens 1 m² Abstellfläche innerhalb der Wohnung
Nds	§ 44	§ 44 V § 26 I DVNBauO Mindestgröße 6 m²
NRW	§ 49	49 IV 2 Abstellraum soll mindestens 6 m² groß sein, davon soll (bei Wohngebäuden mit mehr als 2 Wohnungen) mindestens 0,5 m² innerhalb der Wohnung liegen
Rh-Pf	§ 44	§ 44 III 3 Abstellraum soll mindestens 6 m² groß sein, davon soll 1 m² Fläche innerhalb der Wohnung liegen
Saar	§ 46	§ 46 V
Sachs	§ 46	§ 46 III 1 jede Wohnung soll Abstellraum haben
Sachs-Anh	§ 50	§ 50 IV 3 Abstellraum soll mindestens 6 m² groß sein, davon soll mindestens 1 m² innerhalb der Wohnung liegen
Schl-H	§ 52	§ 52 IV Mindestgröße 6 m², davon muss mindestens 1 m² innerhalb der Wohnung liegen
Thür	§ 46	§ 46 IV 3 geforderte Mindestgröße 6 m², davon muss mindestens 1 m² Abstellfläche innerhalb der Wohnung liegen

b) Bedeutung der Regelung

58 Damit Wohnraum nicht mit der Aufbewahrung der oft sperrigen Gegenstände belastet wird, die nicht im täglichen Leben gebraucht werden (Koffer, Geräte für Hobby und Freizeit), ist die Schaffung von „Abstellraum" vorgesehen. Abstellraum in diesem Sinn meint Abstellfläche oder Abstellmöglichkeit, ein eigener abgeschlossener Raum wird nicht gefordert, die Abstellmöglichkeit kann also auch innerhalb der Wohnung (z. B. der Diele) vorgesehen sein. Abstellflächen befinden sich **typischerweise in Keller- oder Dachräumen**, die sich für die Nutzung als Aufenthaltsräume nicht eignen; teilweise wird eine geringe Abstellfläche, zusätzlich zum eigentlichen Abstellraum, innerhalb der Wohnung gefordert. Teilweise ist eine Mindestgröße oder die Lage des Abstellraums vorgeschrieben,[51] andernfalls bleibt es der Entscheidung des Bauherrn überlassen, wo und wie er eine Abstellmöglichkeit schafft. Ein 0,5 m breiter, 4 m langer Kellerraum wird auch bei einer kleinen Wohnung als ausreichend angesehen.[52] Auch in Appartementhäusern ist genügend Abstellraum zu schaffen; gerade die Bewohner kleiner Wohnungen sind in besonderem Maß auf Abstellfläche angewiesen.[53]

6. Bad und Toilettenräume

a) Ländervergleich

59

Regelungsgegenstände der Landesbauordnungen und der MBO 2002[54]
Bauaufsichtliche Anforderungen an **Toiletten und Bäder in Wohnungen** 1. für **jede Wohnung ein Bad** mit Badewanne oder Dusche und mindestens **eine Toilette** mit Wasserspülung gefordert 2. Voraussetzung für die Zulässigkeit **fensterloser Bäder und Toilettenräume**: Sicherstellung wirksamer Lüftung 3. Anforderung an die **Lage der für Wohnungen bestimmten Toiletten**: innerhalb der Wohnungen 4. Anforderung an **Toiletten in Bädern** von Wohnungen: nur Toiletten mit Wasserspülung zulässig

Land	Norm (LBO)		Umsetzung/Abweichung in den Ländern und der MBO 2002[55]
MBO 2002	§ 48	**1.**	§ 48 III keine Regelung zu Spülung bei Toilette
		2.	keine Regelung
		3.	keine Regelung
		4.	keine Regelung
BW	§ 36	**1.**	§ 36 I 1 Forderung mindestens einer Toilette für jede „Nutzungseinheit"
		2.	§ 36 III für Toilettenräume und Bäder ausreichende Lüftung gefordert
		3.	keine Regelung
		4.	keine Regelung

[51] § 49 III 3 BbgBO: mindestens 6 m^2 groß, in der Wohnung, im Gebäude oder in unmittelbarer Nähe des Gebäudes; § 47 IV BremLBO: 3 m^2 bis zu 6 m^2 je nach Wohnungsgröße, § 49 IV 2 BauO NRW, § 50 IV 3 BauO LSA, § 53 IV LBO Schl-H, § 46 IV 3 ThürBO: mindestens 6 m^2.

[52] Bay VGH vom 25. 5. 2000 NVwZ-RR 2000, 660.

[53] Hess VGH vom 20. 1. 1984 BRS 42 Nr. 142.

[54] Die hier verwendeten Ziffern entsprechen den Ziffern der nachstehenden Rubrik „Umsetzung/Abweichung in den Ländern und der MBO 2002".

[55] Die hier verwendeten Ziffern entsprechen den Ziffern der vorstehenden Rubrik „Regelungsgegenstände der Landesbauordnungen und der MBO 2002".

Land	Norm (LBO)		Umsetzung/Abweichung in den Ländern und der MBO 2002
Bay	Art. 49, Art. 50	**1.** **2.** **3.** **4.**	Art. 49 I 1 Forderung mindestens einer Toilette („Abort") Art. 50 Satz 1 Forderung eines Bades mit Badewanne oder Dusche, wenn ausreichende Wasserversorgung und Abwasserbeseitigung möglich ist Art 49 II zusätzliche Voraussetzung für fensterlose Toilettenräume: Wasserspülung der Toiletten Art. 50 Satz 2 Regelung für fensterlose Bäder Art. 49 I 2 Art. 49 III
Bln	§ 47	**1.** **2.** **3.** **4.**	§ 47 I 1 Forderung eines Waschraums mit Badewanne oder Dusche, § 47 II 1 Forderung einer Toilette § 47 I 2 für fensterlose Bäder, § 47 II 3 für fensterlose Toilettenräume § 47 II 2 keine Regelung
Bbg	§ 41	**1.** **2.** **3.** **4.**	§ 41 IV 1 § 41 IV 2 Lüftungsanlage gefordert § 41 IV 1 § 41 IV 1
Brem	§ 48	**1.** **2.** **3.** **4.**	§ 48 I 1 Forderung mindestens einer Toilette, § 48 II 1 Forderung eines Bades mit Badewanne oder Dusche, wenn ausreichende Wasserversorgung und Abwasserbeseitigung möglich § 48 I 7 für fensterlose Toilettenräume, § 48 II 2 für fensterlose Bäder § 48 I 3 § 48 I 4
Hamb	§ 45	**1.** **2.** **3.** **4.**	§ 45 V Forderung eines durchlüftbaren Waschraums mit Bade- oder Duscheinrichtung, § 45 VI 1 Forderung mindestens einer Toilette keine Regelung für fensterlose Bäder/Toilettenräume (vgl. § 45 VI 5 Toilettenräume müssen durchlüftet werden können) § 45 VI 2 § 45 IV 2 Toilette muss in eigenem Raum oder im Waschraum liegen § 45 VII bei Wohnungen mit mehr als 4 Aufenthaltsräumen: Toilette im Waschraum nur zulässig, wenn weitere Toilette vorhanden ist zusätzlich § 45 VI 3 kein unmittelbarer Zugang zur Toilette einer Wohnung von Aufenthaltsräumen aus § 45 VI 4 unmittelbarer Zugang zu einer zweiten Toilette von einem Aufenthaltsraum aus, nicht von einer Küche, erlaubt
Hess	§ 43	**1.** **2.** **3.** **4.**	§ 43 V 1 Forderung von Bad/Toilette für jede Wohnung gilt nicht für Wochenendhäuser § 43 V 2 keine Regelung keine Regelung
M-V	§ 47	**1.** **2.** **3.** **4.**	§ 47 Satz 1 Forderung mindestens einer Toilette für jede Wohnung, keine Regelung für Bad § 47 Satz 5 § 47 Satz 3 § 47 Satz 4
Nds	§ 45	**1.** **2.** **3.**	§ 45 I 1 Forderung mindestens einer Toilette für jede Wohnung § 45 IV Forderung eines Bades mit Badewanne/Dusche nur, sofern ausreichende Wasserversorgung und Abwasserableitung möglich keine Regelung in § 45 § 27 I DVNBauO

Land	Norm (LBO)		Umsetzung/Abweichung in den Ländern und der MBO 2002
		4.	§ 45 II 2 Toiletten ohne Wasserspülung innerhalb von Gebäuden nur zulässig, wenn Einrichtung von Spültoiletten nicht möglich § 45 II 1 ausreichende Größe gefordert, Toiletten müssen nach Lage und Einrichtung den Anforderungen der Hygiene und des Anstandes genügen
NRW	§ 50	1.	§ 50 I für Forderung eines Bades mit Badewanne oder Dusche, § 50 II 1 Forderung mindestens einer Toilette für jede Wohnung und jede Nutzungseinheit mit Aufenthaltsräumen
		2.	§ 50 III
		3.	§ 50 II 4
		4.	§ 50 II 3
Rh-Pf	§ 46	1.	§ 46 I Forderung eines Bades, § 46 II 1 Forderung mindestens einer Toilette mit Wasserspülung
		2.	§ 46 IV
		3.	§ 46 II 3
		4.	keine Regelung
Saar	§ 49	1.	§ 49 I 1 Forderung mindestens einer Toilette mit Wasserspülung, § 49 III Forderung eines Bades mit Badewanne/Dusche nur, sofern ausreichende Wasserversorgung und schadlose Abwasserableitung gesichert
		2.	§ 49 IV
		3.	§ 49 I 2
		4.	keine Regelung
Sachs	§ 48	1.	§ 48 I Forderung eines Bades mit Badewanne/Dusche für jede Wohnung nur bei Möglichkeit ausreichender Wasserversorgung und Abwasserbeseitigung, § 48 II 1 Forderung mindestens einer Toilette
		2.	§ 48 I 2 für fensterlose Bäder, § 48 II 7 für fensterlose Toilettenräume
		3.	§ 48 II 4
		4.	§ 48 II 5
Sachs-Anh	§ 52	1.	§ 52 I Forderung eines Bades mit Badewanne/Dusche für jede Wohnung nur bei Möglichkeit ausreichender Wasserversorgung und Abwasserbeseitigung, § 52 II 1 Forderung mindestens einer Toilette
		2.	§ 52 IV
		3.	§ 52 II 4
		4.	§ 52 II 5
Schl-H	§ 54	1.	§ 54 I 1 Forderung eines Bades, § 54 II 1 Forderung mindestens einer Toilette
		2.	§ 54 I 2 für fensterlose Bäder
		3.	§ 54 II 2
		4.	§ 54 II 1 Toilette kann sich im Bad befinden
Thür	§ 48 I	1.	§ 48 I 1 Forderung eines Bades mit Badewanne/Dusche für jede Wohnung, wenn ausreichende Wasserversorgung und Möglichkeit der Abwasserbeseitigung, § 48 II 1 Forderung mindestens einer Toilette
		2.	§ 48 I 2 fensterlose Bäder, § 48 II 5 fensterlose Toilettenräume
		3.	§ 48 II 3
		4.	§ 48 II 4

b) Bad

60 Für jede Wohnung wird unabhängig von ihrer Größe ein Badezimmer mit Dusche oder Badewanne gefordert. Voraussetzung ist, dass eine **ausreichende Wasserversorgung** und **Abwasserbeseitigung** möglich ist. Diese muss nicht notwendig eine zentrale Anlage sein, entscheidend ist, dass das Badezimmer mit fließendem Wasser versorgt werden kann

und das Abwasser ohne Gefahr für die Umwelt beseitigt werden kann. Grundsätzlich sollen Bäder über ins Freie führende Fenster entlüftet werden; fensterlose (innenliegende) Bäder sind kraft Gesetzes (ohne dass es einer Abweichung bedarf) dann zulässig, wenn eine wirksame Lüftung gewährleistet ist.

c) Toilettenräume

Das Vorhandensein einer Toilette zählt heute zu den grundlegenden Anforderungen an eine Wohnung. Das Bauordnungsrecht fordert daher für Wohnungen mindestens eine Toilette; teilweise werden auch Einzelheiten zur Lage und Ausstattung dieser Toilettenräume geregelt. Eine Mindestgröße ist für den Toilettenraum nicht vorgesehen. Toiletten mit Wasserspülung sind innerhalb von Wohnungen (nicht Betriebsstätten) auch in Bädern zulässig.[56] Toilettenräume zählen nicht zu den Aufenthaltsräumen, sondern sind **Nebenräume**; die besonderen Vorschriften für Aufenthaltsräume gelten daher für Toilettenräume nicht. Die Toiletten zählen zu den „haustechnischen Anlagen". Fensterlose (innenliegende) Toilettenräume sind nur zulässig, wenn die Toiletten eine Wasserspülung haben und eine wirksame Lüftung gewährleistet ist. Teilweise wird in den Landesbauordnungen für die Zulässigkeit von Toiletten mit Wasserspülung die Anschlussmöglichkeit an eine geeignete Sammelkanalisation oder Kleinkläranlage gefordert, Abweichungsmöglichkeiten vorgesehen, wenn keine Bedenken wegen Gesundheit und Grundwasser bestehen. 61

7. Für Wohngebäude geforderte Räume zur gemeinschaftlichen Benutzung

a) Ländervergleich

62

Regelungsgegenstände der Landesbauordnungen und der MBO 2002[57]
Als **Räume zur gemeinschaftlichen Nutzung** werden gefordert **1.** für Gebäude mit mehr als zwei Wohnungen: leicht erreichbare, gut zugängliche Räume/Flächen zum **Abstellen von Kinderwagen/Fahrrädern** **2.** je nach landesrechtlicher Regelung: weitere Räume zur gemeinschaftlichen Nutzung

Land	Norm (LBO)		Umsetzung/Abweichung in den Ländern und der MBO 2002[58]
MBO 2002	§ 48	**1.** **2.**	§ 48 II Abstellräume für Kinderwägen und Fahrräder nur für Wohngebäude der Gebäudeklassen 3 bis 5 gefordert keine Regelung
BW	§ 35	**1.** **2.**	nicht gefordert, wenn die Art der Wohnungen dies nicht erfordert § 35 V für Gebäude mit mehr als 2 Wohnungen Flächen zum Wäschetrocknen gefordert, es sei denn Art der Wohnungen fordert dies nicht
Bay	Art. 46	**1.** **2.**	Art. 46 IV 2 Herstellung gefordert für Gebäude mit Wohnungen, die nicht zu ebener Erde liegen Art. 46 IV 3 Zugang über Außentreppe gefordert, mit der Möglichkeit, Fahrrad und Kinderwagen leicht zu schieben, falls Abstellräume im Kellergeschoss liegen und die Grundstücksverhältnisse es zulassen Art. 46 V 1 für Gebäude mit mehr als 2 Wohnungen: Aufstellmöglichkeit für Waschmaschine in den Wohnungen oder hierfür gemeinschaftlich nutzbarer Raum Art. 46 V 2 ausreichender Trockenraum soll eingerichtet werden bei Fehlen gleichwertiger Einrichtungen

[56] So z. B. Art. 50 BayBO.

[57] Die hier verwendeten Ziffern entsprechen den Ziffern der nachstehenden Rubrik „Umsetzung/Abweichung in den Ländern und der MBO 2002".

[58] Die hier verwendeten Ziffern entsprechen den Ziffern der vorstehenden Rubrik „Regelungsgegenstände der Landesbauordnungen und der MBO 2002".

Land	Norm (LBO)		Umsetzung/Abweichung in den Ländern und der MBO 2002
Bln	§ 45	**1.** 2.	§ 45 IV Abstellräume sollen hergestellt werden für Wohngebäude mit mehr als 3 Vollgeschossen § 45 V für Gebäude mit mehr als 2 Wohnungen sollen ausreichend große Trockenräume zur gemeinschaftlichen Benutzung eingerichtet werden
Bbg	§ 49	**1.** 2.	§ 49 V Abstellraum für Kinderwagen, Rollstühle und Fahrräder, für Fahrräder zusätzlich leicht erreichbare witterungsgeschützte Abstellplätze Forderung nach Abstellraum und Abstellplätzen gilt nicht für Wohngebäude geringer Höhe keine Regelung
Brem	§ 47	**1.** 2.	§ 47 V 1 Abstellräume für Kinderwagen, Rollstühle und Fahrräder gefordert § 47 V 1 zusätzlich gefordert für Gebäude mit mehr als 2 Wohnungen: ausreichend große Trockenräume § 47 V 2 Verzicht auf Trockenräume möglich, wenn in jeder Wohnung oder in Gemeinschaftsanlagen ausreichender Platz zum Aufstellen von Wäschetrockenmaschinen vorhanden
Hamb	§ 45	**1.** 2.	§ 45 IV 3 geforderte Größe: mindestens 2 m^2 je Wohnung, insgesamt mindestens 10 m^2 § 45 IV 4 Nachweis dieser Fläche durch entsprechende Vergrößerung der privaten Abstellräume zulässig § 45 IV 5 Aufstellplatz und Anschlussmöglichkeit für mindestens 1 Waschmaschine innerhalb jeder Wohnung oder außerhalb der Wohnung zur gemeinschaftlichen Benutzung gefordert § 45 IV 2 Gebäude mit mehr als 2 Wohnungen müssen ausreichend großen Trockenraum zur gemeinschaftlichen Benutzung haben
Hess	§ 43	**1.** 2.	§ 43 IV für Gebäude mit mehr als 2 Wohnungen gefordert keine Regelung
M-V	§ 45	**1.** 2.	§ 45 III 2 Abstellräume sollen hergestellt werden keine Regelung
Nds	§ 44	**1.** 2.	§ 44 VI Nr. 1 Abstellräume für Kinderwagen und Fahrräder können auch in zumutbarer Entfernung zur Verfügung stehen § 44 VI Nr. 2 geeignete Räume zum Wäschetrocknen gefordert, auch in zumutbarer Entfernung möglich § 26 II DVNBauO Grundfläche der Trockenräume mindestens 20 m^2, geringere Grundfläche zulässig, wenn ausreichend leistungsfähige Trockengeräte im Trockenraum zur Verfügung stehen
NRW	§ 49	**1.** 2.	§ 49 V Abstellräume auch für Rollstühle, Gehwagen und ähnliche Hilfsmittel sollen hergestellt werden für Gebäude mit Wohnungen in den Obergeschossen § 49 VI für Gebäude mit mehr als 2 Wohnungen sollen ausreichend große Trockenräume zur gemeinschaftlichen Benutzung eingerichtet werden
Rh-Pf	§ 44I	**1.** 2.	§ 44 V Abstellräume sollen hergestellt werden für Gebäude mit Wohnungen über dem 2. Geschoss über der Geländeoberfläche § 44 VI für Gebäude mit mehr als 2 Wohnungen sollen ausreichend große Trockenräume eingerichtet werden
Saar	§ 46	**1.**	§ 46 VI Abstellräume für Gebäude mit mehr als 4 Wohnungen gefordert

Land	Norm (LBO)		Umsetzung/Abweichung in den Ländern und der MBO 2002
		2.	§ 46 VII für Gebäude mit mehr als 2 Wohnungen Einrichtung von ausreichend großen Trockenräumen und Aufstellmöglichkeiten für Waschmaschinen gefordert
Sachs	§ 46	1. 2.	§ 46 IV Abstellräume sollen hergestellt werden für Wohngebäude ab 3 Vollgeschossen keine Regelung
Sachs-Anh	§ 50	1. 2.	§ 50 V Abstellräume sollen hergestellt werden für Wohngebäude mit mehr als 4 Wohnungen § 50 VI für Gebäude mit mehr als 2 Wohnungen sollen ausreichend große Trockenräume zur gemeinschaftlichen Benutzung eingerichtet werden
Schl-H	§ 52	1. 2.	§ 52 V 1 Abstellräume sollen hergestellt werden für Wohngebäude mit mehr als 2 Vollgeschossen, bei behindertengerechten Wohnungen auch Abstellräume für Rollstühle § 52 VI für Gebäude mit mehr als 2 Wohnungen sollen ausreichend große Trockenräume eingerichtet werden
Thür	§ 46 V	1. 2.	§ 46 V Abstellräume sollen hergestellt werden für Wohngebäude ab 3 Vollgeschossen § 46 VI 1 in Gebäuden mit mehr als 2 Wohnungen soll Aufstellmöglichkeit für Waschmaschine in den Wohnungen oder hierzu ein gemeinschaftlich nutzbarer Raum geschaffen werden § 46 VI 2 bei Fehlen gleichwertiger Einrichtungen soll ausreichender Trockenraum eingerichtet werden

b) Bedeutung der Regelung

Es ist davon auszugehen, dass in Gebäuden mit nur einer oder zwei Wohnungen die Bewohner die Möglichkeit haben, größere, häufig gebrauchte Gegenstände wie Fahrräder, Kinderwägen, Kinderspielgeräte im Garten oder Vorgarten abzustellen, so dass diesbezüglich keine gesonderte Abstellfläche gefordert wird. Für Gebäude mit mehr als zwei Wohnungen, die dann üblicherweise auch in oberen Geschossen liegen, werden Abstellräume für Kinderwagen und Fahrräder gefordert; diese müssen – abhängig von der Anzahl der Wohnungen – ausreichend groß, leicht erreichbar und gut zugänglich sein (in der Nähe des Hauseingangs; bei Lage im Kellergeschoss möglichst mit direktem Zugang über eine Außentreppe). 63

10. Kapitel. Besondere bauliche Anlagen

Übersicht

Rn.

Teil 1. Barrierefreies Bauen – Ländervergleich . . . 1

Teil 2. Ställe

I. Ländervergleich . . . 3
II. Bundesrechtliche Regelungen . . . 6
1. Planungs- und Immissionsschutzrecht . . . 6
2. Tierseuchenrecht . . . 9
3. Tierschutzrecht . . . 10

Teil 3. Behelfsbauten und kleine Gebäude – Ländervergleich . . . 11

I. Regelungsgegenstände der Landesbauordnungen und der MBO 2002 . . . 11
II. Umsetzung/Abweichung in den Ländern und der MBO 2002 . . . 12

Rn.

Teil 4. Stellplätze und Garagen, Fahradabstellplätze – Ländervergleich . . . 13

I. Vorbemerkungen . . . 13
II. Regelungsgegenstände der Landesbauordnungen und der MBO 2002 . . . 16
1. Herstellungspflicht . . . 16
2. Herstellungsort . . . 17
3. Herstellungszeitpunkt . . . 18
4. Herstellungsart . . . 19
5. Ablösung als Erfüllungssurrogat . . . 20
III. Umsetzung/Abweichung in den Ländern und der MBO 2002 . . . 21

Teil 1. Barrierefreies Bauen – Ländervergleich

MBO 2002 § 50, BW § 39, Bay Art. 51, Bln § 51, Bbg § 45, Brem § 53, Hamb § 52, Hess § 46, M-V § 52, Nds § 48, NRW § 55, Rh-Pf § 51, Saar § 54, Sachs § 53, Sachs-Anh § 57, Schl-H § 59, Thür § 53

1

Regelungsgegenstände der Landesbauordnungen und der MBO 2002[1] mit Hinweisen auf DIN[2]	
1. Barrierefrei zu errichtende und zu unterhaltende baul. Anlagen und andere Anlagen und Einrichtungen	
1.a wenn überwiegend von behinderten oder alten Menschen oder von Kleinkindern benutzt, = **gesamtes** Gebäude ohne fremde Hilfe benutzbar Beispiele: • Tagesstätten, Werkstätten, Heime für Behinderte • Altenheime, Wohnheime, Pflegeheime • Kindergärten und -stätten, Sonderschulen	**1.b** wenn nicht überwiegend von diesen Personengruppen genutzt, = für allg. Besuchsverkehr **bestimmte** Gebäudeteile bedarfsgerecht benutzbar Beispiele für oder Katalog von Einrichtungen oder Anlagen mit folgenden Funktionen: • Kultur und Bildung • Gesundheit • Sport und Freizeit • Verkauf/Gastronomie/Beherbergung • Verwaltung/Gerichte/Banken • Stellplätze/Garagen/Toiletten

[1] Die hier verwendeten Ziffern entsprechen den Ziffern der nachstehenden Rubrik „Umsetzung/Abweichung in den Ländern und der MBO 2002".

[2] Planungsgrundlagen:

DIN 18024 B. 1 (11.74) Baul. Maßnahmen für behinderte und alte Menschen im öffentl. Bereich; Straßen, Plätze, Wege

DIN 18 024–2 Teil 2 (11.96) Anlage 7/3 Barrierefreies Bauen Teil 2 Öffentl. zugängl. Gebäude und Arbeitsstätten

DIN 18025 Teil 1 (5.92) Barrierefreie Wohnungen für Rollstuhlbenutzer

DIN 18025 Teil 2 (5.92) Barrierefreie Wohnungen

Zu DIN 18025 Teile 1 und 2 siehe L. Marx oben Kap. 8 Teil 1 Fn. 3.

Zu den Aussagen, die für Aufzüge wichtig sind, wird auf die dortigen Ausführungen verwiesen. Für die hier angesprochenen **Detailregelungen** sehen die **Normwerke** insbesondere vor:

2.a Einschränkungen der lichten Breite von 0,9 m sind zu vermeiden, ebenso Türanschläge und -schwellen

2.b Bewegungsfläche 1,5 × 1,2 m, bei automatischen Türöffnern 2,5 × 1,2 m

2.c Rampen
- Bewegungsfläche ≥ 1,2 m
- Steigung ≤ 6 %
- Zwischenpodest ≥ 1,5 m L, wenn Rampe > 6 m L
- Handläufe an Rampe in 0,85 m H

2.d Treppen
- Treppenlauf ≥ 1,5 m B
- nicht gewendelt, ohne Stufenunterschneidungen
- Handläufe mit 3,0 cm bis 4,5 cm D

2.e Flure mit Bewegungsfläche ≥ 1,5 m L und ≥ 1,5 m T

2.f rollstuhlgerechter Aufzug siehe Kap. 8 Rn. 1.

2. Detailregelungen für Bauteile (die angegebenen Maße sind, soweit nichts anderes gesagt, Mindestmaße)
2.a Eingänge 0,9 m B stufenlos **2.b** ausreichende Bewegungsfläche vor Türen **2.c** Rampen • ≤ 6 % Neigung • 1,0 m B • fester und sicherer Handlauf • am Anfang und am Ende Podest, nach jeweils 6 m Zwischenpodest 1,5 m L **2.d** Treppen mit Setzstufen und durchgehenden Handläufen **2.e** Flure 1,5 m B **2.f** 1 Toilettenraum rollstuhlgerecht und gekennzeichnet **2.g** rollstuhlgerechter Aufzug in allen Gebäuden ohne Rücksicht auf Höhe, wenn Geschoss stufenlos erreichbar sein muss (siehe Kap. 8 Rn. 1)
3. Abweichungen nach Ermessen, wenn wegen bestehender technischer Schwierigkeiten besonderer Mehraufwand

2

Land	Norm		Umsetzung/Abweichung in den Ländern und der MBO 2002[3]
MBO 2002	§ 50	**1.a**	bei allen Gebäuden ≥ 2 Wohnungen: Wohnungen eines Geschosses barrierefrei, Wohn- und Schlafräume, Toilette, Bad, Küche, Waschmaschinenraum mit Rollstuhl erreichbar (§ 50 I)
		1.b	öffentl. zugängl. baul. Anlagen in den Teilen, die dem allg. Besucherverkehr dienen, barrierefrei zu erreichen und ohne fremde Hilfe zu benutzen Beispiele, zusätzl. für Gaststätten Verweisung auf Gaststättenrecht (§ 50 II)
		2.a	bis 2.g § 50 III
		3.	Ausnahmen unmittelbar kraft Gesetzes, wenn Anforderungen wegen der Geländeverhältnisse oder wegen der Bebauung nur mit unverhältnismäßigem Mehraufwand erfüllbar, oder auch wegen eines sonst nicht erforderlichen Aufzugs, wobei die Sicherheit der betroffenen Personengruppen nicht beeinträchtigt werden darf (§ 50 IV)
BW	§ 39	**1.a**	§ 39
		1.b	Katalog ohne Beschränkung auf Gebäudeteile ohne fremde Hilfe (§ 39 II Nrn. 1 bis 19)
		2.a	bis 2.f keine Regelung
		2.g	§ 39 IV
		3.	Ausnahmen nach Ermessen • bei Nutzungsänderung oder baul. Änderung, wenn Erfüllung wirtschaftl. unzumutbar • bei Gebäuden nach Katalog Nrn. 13 bis 19 auch bei schwierigen Geländeverhältnissen (§ 39 III)
Bay	Art. 51	**1.a**	Art. 51 II **Teile** für allg. Besucherverkehr oder **Teile**, die überwiegend von betr. Personengruppen genutzt
		1.b	Beispiele
		2.a	bis 2.g Art. 51 IV
		3.	Ausnahmen kraft Gesetztes (Art. 51 V), zusätzl. • Ausnahmen kraft Gesetzes bei Nutzungsänderungen, wenn unverhältnismäßiger Mehraufwand (Art. 51 I 3) • bei bestehenden Anlagen auf Verlangen der Bauaufsichtsbehörde gleichwertiger Zustand, wenn technisch möglich und wirtschaftl. zumutbar (Art. 51 III)

[3] Die hier verwendeten Ziffern entsprechen den Ziffern der vorstehenden Rubrik „Regelungsgegenstände der Landesbauordnungen und der der MBO 2002".

Land	Norm		Umsetzung/Abweichung in den Ländern und der MBO 2002
Bln	§ 51	**1.**	öffentl. zugängl. baul. Anlagen von behinderten und alten Menschen und Kleinkindern ohne fremde Hilfe zweckentsprechend benutzbar Herstellung und Instandhaltung (§ 51 I 1) sowie Nutzungsänderung und wesentl. baul. Änderung (§ 51 II) keine Beschränkung auf Bauteile keine Beispiele und kein Katalog
		2.a	über den Hauptzugang barrierefrei und stufenlos erreichbar (§ 50 I 2)
		2.b	bis 2e Maßnahmen zur Selbstrettung neben den Rettungswegen nur dann, wenn Anlagen oder Anlagenteile von genanntem Personenkreis überdurchschnittlich (bezogen auf Bevölkerungsanteil) genutzt (§ 51 III 1). Ansonsten betriebliche Maßnahmen, die die Rettung mit fremder Hilfe sowie Brandschutzunterweisungen vorschreiben (§ 51 III 2)
		2.f	und 2g keine Regelung
		3.	§ 51 IV
Bbg	§ 45	**1.a**	§ 45 I und II, zusätzl. Wohnungen eines Geschosses barrierefrei bei • Wohngebäuden > 4 Wohnungen • Gebäuden mit Aufzügen und > 4 Wohnungen
		1.b	§ 45 III baul. Anlagen oder andere Anlagen, die für die Öffentlichkeit bestimmt oder allg. zugängl. sind keine Beispiele, kein Katalog zusätzl. zu 1a und 1b ausreichende Zahl von Kfz-Stellplätzen für Behinderte (§ 45 V)[4]
		2.a	bis 2.e und 2.g keine Regelung
		2.f	Gebäude, die für größere Zahl von Personen oder für Öffentlichkeit bestimmt sind ≥ 1 rollstuhlgerechte Toilette
		3.	Beschränkung nach Ermessen auf Teile der baul Anlage, wenn zweckentsprechende Nutzung gewährleistet, jedoch müssen Wohnungen nach 1a rollstuhlgerecht bleiben (§ 45 VI)
Brem	§ 53	**1.a**	§ 53 III
		1.b	§ 53 I 1 Katalog (§ 53 II 1), für andere Anlagen Anforderungen im Einzelfall nach Ermessen (§ 53 II 2)
		2.a	bis 2e keine Regelung
		2.f	§ 53 I 2
		2.g	keine Regelung
		3.	keine Regelung
Hamb	§ 52	**1.a**	§ 52 I
		1.b	§ 52 II
		2.	keine Regelung
		3.	keine Regelung
Hess	§ 46	**1.**	öffentl. zugängl. Anlagen oder Einrichtungen von behinderten und alten Menschen und Kleinkindern barrierefrei erreichbar und ohne fremde Hilfe nutzbar (§ 46 I 1) Beispiele (§ 46 I 2) Errichtung und Instandhaltung, nicht bei Nutzungsänderung, wenn unverhältnismäßiger Aufwand (§ 46 I 3)
		2.a	bis 2.b keine Regelung
		2.c	barrierefreie Rampen oder Aufzüge in den Fällen Nr. 1
		2.d	bis 2.g keine Regelung
		3.	Ausnahmen wie MBO 2002
M-V	§ 52	**1.a**	§ 52 IV ausgen. Kindergärten, zusätzl. bei nicht nur geringfügigen Änderungen behindertengerechte Anpassung (§ 51 V)

[4] Siehe Zusatzzeichen 1044–10 Katalog der Verkehrszeichen: nur Schwerbehinderte mit außergewöhnlicher Gehbehinderung und Blinde.

Land	Norm	Umsetzung/Abweichung in den Ländern und der MBO 2002
		1.b § 52 I 1 Beispiele (§ 52 II), zusätzl. bei nicht nur geringfügigen Änderungen behindertengerechte Anpassung der Gerichts- und Verwaltungsgebäude des Landes M-V zusätzl. in Wohngebäuden ≥ 3 oberirdischen Geschossen eine Wohnung stufenlos, Türen schwellenlos und 0,9 m B, Sanitätsraum 7 m²
		2.a bis 2 g mit folgenden Maßen • Eingänge 0,9 m B • Rampen 1,0 m B • Podeste 1,5 m L • Flure 1,4 m B (§ 52 VI, VII und VIII)
		3. § 52 IX
Nds	§ 48, § 29 DVN BauO	**1.** Katalog (§ 48 I), als ganzes Gebäude oder in Teilen ohne fremde Hilfe benutzbar, Besonderheit: unabhängig von Funktionen alle Geschosse mit Aufenthaltsräumen, die nicht Wohnzwecken dienen und > 500 m² Nutzfläche (§ 48 I Nr. 9) zusätzl. Bahnsteige des öffentl. Personenverkehrs ohne fremde Hilfe erreichbar und mit einer Höhe, die das Ein- und Aussteigen erleichtert (§ 48 II)
		2.a bis 2.g mit folgenden Maßen • Eingänge 0,95 m B • Rampen 1,2 m B • Podeste 1,2 m L • Flure 1,4 m B (§ 29 I bis V DVNBauO)
		3. § 48 III 2, zusätzl. Ausnahmen unmittelbar kraft Gesetzes, soweit nicht damit zu rechnen, dass geschützte Personengruppen die Anlagen benutzen (§ 48 III 1)
NRW	§ 55	**1.a** ausgen. Kindergärten (§ 55 III)
		1.b § 55 I1 Beispiele (§ 55 II 1), Besonderheit: • auch allg. zugängl. Stellplätze und Garagen > 2000 m² (§ 55 II Nr. 11) • Stellplätze und Garagen ≥ 1% der Einstellplätze für Schwerbehinderte (§ 55 II 2)
		2.a bis 2.g § 55 IV und V mit folgenden Maßen: • Eingang 0,9 m B • Rampen 1,2 m B • Podeste 1,2 m L • Flure 1,4 m B
		3. § 55 VI
Rh-Pf	§ 51	**1.a** ausgen. Kindergärten (§ 51 I)
		1.b Katalog (§ 51 II)
		2.a bis 2.f Rampen 1,2 m B (§ 51 III)
		2.g keine Regelung
		3. § 51 IV
Saar	§ 54	**1.a** Katalog (§ 54 III)
		1.b Beispiele (§ 54 I und II)
		2.a bis 2.f Podeste 1,2 m L, Flure 1,4 m B (§ 54 IV)
		2.g § 54 V
		3. keine Regelung
Sachs	§ 53	**1.a** wie Bbg (§ 53 III)
		1.b Beispiele (§ 53 I und II)
		2.a bis 2.f wie NRW (§ 53 IV)
		2.g § 53 V
		3. § 53 VI

Land	Norm		Umsetzung/Abweichung in den Ländern und der MBO 2002
Sachs-Anh	§ 56	**1.a** **1.b** **2.a** **2.g** **3.**	Beispiele (§ 57 I) Katalog (§ 57 II) bis 2.f Podeste 1,2 m L, Flure 1,4 m B (§ 57 III) § 57 IV zusätzl. Sicherheit der Personengruppen nicht beeinträchtigt (§ 56 V)
Schl-H	§ 59	**1.a** **1.b** **2.a** **2.g** **3.**	Katalog (§ 59 III) Beispiele (§ 59 I und II) mit Klausel „vergleichbare Gebäude und baul. Anlagen" (§ 59 II Nr. 14) bis 2.f keine Regelung § 59 IV § 59 V
Thür	§ 53	**1.a** **1.b** **2.a** **2.g** **3.**	§ 53 III Beispiele: • Krankenhäuser, Sanatorien, Kureinrichtungen • Einrichtungen für Behinderte • Einrichtungen für alte Menschen Katalog (§ 53 I und II) bis 2.f § 53 IV mit folgenden Maßen: • Eingänge 0.95 m B • Rampen 1,2 m B • Podeste 1,2 m L • Flure 1,4 m B § 53 V § 53 VI

Teil 2. Ställe

MBO 2002 keine Regelung, BW § 18 LBO AVO, Bay Art. 54, Bln keine Regelung, Bbg keine Regelung, Brem § 50, Hamb § 47, Hess keine Regelung, M-V § 49, Nds § 30 DVNBauO, NRW § 52, Rh-Pf § 48, Saar § 51, Sachs § 50, Sachs-Anh § 54, Schl-H § 56, Thür § 50

I. Ländervergleich

Bei der Errichtung und Instandhaltung von Ställen sind vier Ziele zu verfolgen: gesunde Tierhaltung, Schutz der Betriebsangehörigen, Umweltschutz und Nachbarschutz. Letzterer, speziell der Immissionsschutz, spielt im landesrechtlichen Bauordnungsrecht keine ausgeprägte Rolle, sondern ist dem bundesrechtlichen Planungs- und Immissionsschutzrecht zugewiesen. Dagegen ziehen sich die Linien Tierhaltung, Bodenschutz und Bewohnerschutz durch viele Landesbauordnungen. 3

4

Regelungsgegenstände der Landesbauordnungen[5] und der MBO 2002 mit Hinweisen auf DIN[6]	
1. Tierhaltung	**1.a** gesunde Tierhaltung, ausreichende Belichtung, Belüftung und Entlüftung **1.b** raumabschließende Bauteile müssen Wärmeschutz bieten und gegen schädliche Einwirkungen durch tierische Dämpfe geschützt sein **1.c** Türen nach außen aufschlagend und nach Zahl und Größe so beschaffen, dass Tiere bei Gefahr leicht ins Freie
2. Bodenschutz (Umweltschutz)	**2.a** dichter Boden mit Gefälle und Rinnen **2.b** unzugängliche Hohlräume unzulässig **2.c** Spaltböden nur zulässig, wenn Gesundheit von Menschen oder Tieren nicht gefährdet
3. Bewohnerschutz	Wohnungen neben oder über Ställen nur dann, wenn keine Gefahren oder erheblichen Nachteile
4. Nachbarschutz (Immissionsschutz)	Generalklausel: Umgebung nicht unzumutbar belästigt
5. Ausnahmen	Ausnahmen nach Ermessen für Schafställe, Ziegenställe, Kleintierställe, Offen- und Laufställe sowie für Räume, in denen Tiere nur vorübergehend untergebracht sind. Dabei sind Kleintiere: Kaninchen/Hasen, Geflügel. Laufstall ist ein Stall, in dem sich das Vieh frei bewegen kann; ein Offenstall ist ein Stall, der ins Freie offen ist und der naturgemäßen Viehhaltung am nähesten kommt (siehe Schlotterbeck/v. Arnim, LBO BW 4. Aufl. 1997 § 33 Rn. 70).

[5] Die hier verwendeten Ziffern entsprechen den Ziffern der nachstehenden Rubrik „Umsetzung/Abweichung" in den Ländern und der MBO 2002".

[6] DIN 18908 Anforderungen an Spaltböden
DIN 18910 10.87 – Klima in geschlossenen Ställen, Bemessung von Lüftung, Wärmedämmung und Beleuchtung – Planungsgrundlagen
VDI – Richtlinie 3471 (06.86) – Emissionsminderung Tierhaltung Schweine
VDI – Richtlinie 3274 (06.82) – Emissionsminderung Tierhaltung Hühner
VDI – Richtlinie 3477 84 – Biologische Abluftreinigung (Wirkungsgrad des Biofilters von 90%, Abstände lassen sich bis auf 1/7 verringern)
Bewertung der Bayerischen Landesanstalt für Landtechnik als Beurteilungshilfe aufgrund von Geruchsfahnenbegehungen (BayVGH vom 31. 9. 1989 NVwZ-RR 1990, 529).

5

Land	Norm	Umsetzung/Abweichung in den Ländern und der MBO 2002[7]	
MBO 2002		**1.**	bis 5.: keine Regelung, wohl aus dem Gedanken, dass die allg. Vorschriften zum Tierschutz, zu den Wohnräumen und zum Brandschutz ausreichen. Hier wird der Rechtsanwender auf die mühsame Suche geschickt
BW	§ 18 LBOA-VO	**1.a**	keine Regelung
		1.b	§ 18 I 1 LBOAVO
		1.c	§ 18 II LBOAVO
		2.a	gleitsicherer und wasserundurchlässiger Boden, Ableitungsanlagen ebenfalls wasserundurchlässig (§ 18 I 2 und 3 LBOAVO)
		2.b	keine Regelung
		2.c	§ 18 I 4 LBOAVO, zusätzl. Abgänge dürfen nicht versickern
		3.	bis 5. keine Regelung
Bay	Art. 54	**1.a**	bis 1.c Art. 54 I, IV und III
		2.a	bis 2.c Art. 54 V
		3.	Art. 54 II
		4.	Art. 54 I 1
		5.	keine Regelung
Bln		**1.**	bis 5. keine Regelung
Bbg		**1.**	bis 5. keine Regelung
Brem	§ 50	**1.a**	§ 50 Sätze 1, 2, 3 und 4, zusätzl. ausreichende Grundfläche und lichte Höhe
		1.b	und 1 c keine Regelung
		1.d	Zugänglichkeit ausreichend (§ 50 Satz 2)
		2.	bis 3. keine Regelung
		4.	§ 50 Satz 1
		5.	keine Regelung
Hamb	§ 47	**1.a**	gesunde Tierhaltung, ausreichende Belüftung und Beleuchtung, ausreichende Grundfläche und lichte Höhe (§ 47 I 1, 2 und 3)
		1.b	keine Regelung
		1.c	§ 47 III
		2.	Fußboden und Abführ- und Auffanganlagen wasserdicht, zusätzl. Gärfutterbehälter wasserdicht (§ 47 IV)
		3.	§ 47 II
		4.	§ 47 I 1
		5.	keine Ausnahmen für best. Stallarten; entsprechende Anwendung von 1 bis 4 für Einrichtungen, die der Tierhaltung dienen und keine Ställe sind, wie Tierheime (§ 47 V)
Hess		**1.**	bis 5. keine Regelung
M-V	§ 49	**1.a**	gesunde Tierhaltung (§ 49 I), sonst keine Regelung
		1.b	keine Regelung
		1.c	§ 49 III
		2.	Fußboden und darunter liegende Auffangräume wasserdicht (§ 49 IV)
		3.	§ 49 II, zusätzl. auch für „Futterküchen"
		4.	§ 49 I
		5.	Ausnahmen nach Ermessen zu 1.c bis 4 für Schaf- und Ziegen-, Kleintier-, Offen- und Laufställe und Räume, in denen Tiere nur vorübergehend untergebracht werden (§ 49 V)

[7] Die hier verwendeten Ziffern entsprechen den Ziffern der vorstehenden Rubrik „Regelungsgegenstände der Landesbauordnungen und der MBO 2002".

Land	Norm		Umsetzung/Abweichung in den Ländern und der MBO 2002
Nds	§ 30 DVN-BauO	**1.a**	keine Regelung
		1.b	Wände, Pfeiler, Stützen und Decken widerstandsfähig gegen Stallluft (§ 30 III DVNBauO)
		1.c	§ 30 DVNBauO
		2.	Fußboden widerstandsfähig gegen tierische Abgänge und gegen Stallluft (§ 30 III DVNBauO)
		3.	bis 5. keine Regelung
NRW	§ 52	**1.a**	gesunde Tierhaltung, ausreichende Belüftung (§ 52 I 1, 2)
		1.b	Wände, Decken, Fußböden widerstandsfähig gegen Stallluft, Jauche, Flüssigmist (§ 52 III 1)
		1.c	§ 52 II
		2.a	Fußboden und darunter liegende Auffangräume wasserdicht (§ 53 III 2)
		2.b	und 2.c keine Regelung
		3.	keine Regelung
		4.	§ 52 I
		5.	Ausnahmen von 1b und 2a nach Ermessen für Pferde-, Schaf-, Ziegen-, Kleintier-, Offen- und Laufställe sowie Räume, in denen Tiere nur vorübergehend untergebracht sind (§ 52 III 3)
Rh-Pf	§ 48	**1.a**	gesunde Tierhaltung, ausreichende Grundfläche und lichte Höhe (§ 48 I 1, 2)
		1.b	wie NRW (§ 48 III 1)
		1.c	§ 48 II
		2.a	wie NRW (§ 48 III 2)
		2.b	und 2.c keine Regelung
		3.	keine Regelung
		4.	§ 48 I 1
		5.	Ausnahmen zur Gestaltung der Türen, zum Schutz der Wände, Wasserdichtheit der Fußböden nach Ermessen für Schaf-, Ziegen-, Kleintier-, Offen- und Laufställe sowie Räume, in denen Tiere nur vorübergehend untergebracht sind (§ 48 IV)
Saar	§ 51	**1.a**	gesunde Tierhaltung, ausreichende Grundfläche und lichte Höhe, Belüftung (§ 51 I 1, 2)
		1.b	Wände, Decken, Fußböden gegen Stallluft, Jauche, Flüssigmist geschützt (§ 51 IV 1)
		1.c	§ 51 III
		2.	geschlossene Fußböden, Wasserundurchlässigkeit, Auffangräume wasserdicht (§ 51 IV 2), zusätzl. Gärfutterbehälter: dichte Wände und Beseitigung der Sickersäfte so, dass keine Belastung der Umwelt (§ 51 V)
		3.	§ 51 II, zusätzl. auch für Futterküchen
		4.	§ 51 I 1
		5.	keine Regelung
Sachs	§ 50		Anordnung, Errichtung und Unterhaltung so, dass gesunde Tierhaltung und Umgebung nicht unzumutbar beeinträchtigt
Sachs-Anh	§ 54	**1.a**	gesunde Tierhaltung, ausreichende Grundfläche und lichte Höhe, Be- und Entlüftung (§ 54 I 1, 2 und 3)
		1.b	wie Saar (§ 54 IV)
		1.c	§ 54 III
		2.	Fußboden und darunter liegende Auffangräume wasserdicht (§ 54 V)
		3.	§ 54 II
		4.	§ 54 I 1
		5.	Ausnahmen wie Rh-Pf (§ 54 VI)
Schl-H	§ 56	**1.a**	wie Sachs-Anh (§ 56 I 1, 2 und 3)
		1.b	wie Saar (§ 56 III)

Land	Norm		Umsetzung/Abweichung in den Ländern und der MBO 2002
		1.c	Türen nach außen aufschlagend, jedoch Schiebe-, Schwing- und Falltore zulässig, wenn von innen und außen zu öffnen, nach Zahl und Größe so beschaffen, dass Tiere bei Gefahr leicht ins Freie (§ 56 II)
		2.	wie Sachs-Anh (§ 56 IV)
		3.	keine Regelung
		4.	§ 56 I 1
		5.	Ausnahmen wie Rh-Pf (§ 56 V)
Thür	§ 50	1.a	wie Sachs-Anh (§ 50 I 1, 2 und 3)
		1.b	wie Saar (§ 50 IV)
		1.c	§ 50 III
		2.	wie Sachs-Anh (§ 50 V)
		3.	§ 50 II, zusätzl. auch für Futterküchen
		4.	§ 50 I 1
		5.	Ausnahmen wie Rh-Pf (§ 50 V)

II. Bundesrechtliche Regelungen

1. Planungs- und Immissionsschutzrecht

6 Aus dem bauordnungsrechtlichen Gebot, die Umgebung durch Ställe nicht unzumutbar zu belästigen, sind im Allgemeinen gegenüber dem planungsrechtlichen Rücksichtnahmegebot keine weitergehenden nachbarlichen Abwehrrechte herzuleiten, da die Anforderungen im Wesentlichen identisch sind.[8] Allerdings kann aus der Situierung der Lüftungsöffnungen, die bauordnungsrechtlich geboten sind, eine eigenständige, unzumutbare Belastung entstehen, die nicht nur die Wohngebäude beeinträchtigen kann, sondern auch die „Wohnaußenbereiche", etwa Terrassen oder Spielflächen.[9]

Ställe für **Intensivtierhaltung** (Massentierhaltung) sind oft lästige Anlagen nach § 4 Abs. 1 BImSchG und § 1 4. BImSchV (Nr. 7.1 des Anhangs), bei denen die immissionsrechtliche Prüfung die baurechtlichen Fragen einschließt.

7 Im beplanten oder unbeplanten **Innenbereich** differenziert die Rechtsprechung:

In Dorfgebieten sind Stallungen mit Dungstätten und Gärfutterbehältern zulässig, nicht aber Intensivtierhaltungen als Gewerbebetriebe. Die Grenze des § 15 BauNVO wird bei Einbau eines Rinderstalls in eine bestehende Scheune nicht überschritten.[10]

Zu Kleinsiedlungsgebieten gehören auch Ställe für Kleintierhaltungen (Geflügel, Kaninchen, Hasen), indes nicht Tierzuchtbetriebe oder Massentierhaltungen.

In einem festgesetzten Mischgebiet wird ein Pferdeunterstand für unzulässig angesehen, weil die Voraussetzungen des § 14 Abs. 1 Satz 1 BauNVO fehlen.[11] Ähnlich ist im unbeplanten Innenbereich ein Pferdestall wegen seiner Nähe zur Wohnbebauung unvertretbar.[12]

8 Im **Außenbereich** sind Ställe einerseits ohne weiteres zulässig, wenn sie einem landwirtschaftlichen Betrieb dienen. Eine gewerbliche Massentierhaltung lässt sich andererseits wegen ihrer nachteiligen Wirkung auf die Umgebung möglicherweise nur im Außenbereich realisieren.

---

[8] BayVGH vom 30. 1. 1995 BayVBl. 1995, 347.
[9] OVG Saar vom 6. 12. 1985 BRS 44 Nr. 164.
[10] BayVGH vom 27. 1. 1987 BRS 47 Nr. 161.
[11] OVG Nds vom 25. 7. 1988 BauR 1989, 63.
[12] OVG Saar vom 29. 1. 1988 BauR 1989, 61.

2. Tierseuchenrecht

Die VO zum Schutz gegen die Gefährdung durch Tierseuchen bei der Haltung großer Schweinebestände vom 29.7.1988 (BGBl. I S. 1208) soll Gesundheitsgefahren hintanhalten. 9

3. Tierschutzrecht

Die VO zum Schutz von Schweinen bei Stallhaltung vom 30.5.1988 (BGBl. I S. 673), geändert durch VO 2.8.1995 (BGBl. I S. 1016), enthält allgemein bauliche Anforderungen sowie Vorschriften zu Beleuchtung und Stallklima. 10

Eine VO zum Schutz von Legehennen bei Käfighaltung vom 10.12.1987 (BGBl. I S. 2622), ist nach einer Entscheidung des Bundesverfassungsgerichts nichtig, weil die Tierschutzbelange gegenüber den Interessen der Tierhalter unangemessen zurückgesetzt sind.[13]

Die VO zum Schutz von Kälbern bei Stallhaltung vom 22.12.1997 (BGBl. I S. 3328) bringt Bestimmungen zur räumlichen Gestaltung, zu den Lichtverhältnissen und zum Raumklima.

Eine – sehr alte – VO über das Halten von Hunden im Freien vom 6.6.1974 (BGBl. I S. 1265) erfasst entgegen der Überschrift auch Zwinger, Schuppen, Scheunen u. Ä. und auch Ställe.

---

[13] BVerfG vom 6.7.1999 BVerfGE 101, 1/37.

Teil 3. Behelfsbauten und kleine Gebäude – Ländervergleich

MBO 2002 keine Regelung, BW § 56, Bay keine Regelung, Bbg keine Regelung, Brem § 51, Hamb keine Regelung, Hess keine Regelung, M-V § 50, Nds keine Regelung, NRW § 53, Rh-Pf § 49, Saar § 52, Sachs § 51, Sachs-Anh § 55, Schl-H § 57, Thür § 51

11

<table>
<tr><th colspan="3">I. Regelungsgegenstände der Landesbauordnungen und der MBO 2002[14]</th></tr>
<tr><th>1. Behelfsbauten</th><th>2. kleine Gebäude für Nebenzwecke ohne Feuerstätten</th><th>3. freistehende eingeschossige Gebäude</th></tr>
<tr><td>Behelfsbauten sind für dauernde Nutzung nicht geeignet oder für begrenzte Zeit aufgestellt
z. B. Baracken, Baubuden, Bauunterkünfte
Behelfsbauten, die überwiegend aus brennbaren Baustoffen hergestellt sind nur mit folgenden Maßgaben:
• erdgeschossig
• Dachgeschoss nicht ausbaubar und von Giebelseite oder Flur erreichbar
• Brandwände alle 30 m und 0,3 m über Dach
↓</td><td>z. B. Schankveranden, Geschirrhütten
↓</td><td>nicht für Aufenthalt oder nur für vorübergehenden Aufenthalt bestimmt
z. B. Garten- und Gerätehäuser, Schutz- und Unterkunftshütten
↓</td></tr>
<tr><td colspan="3">Von folgenden bauordnungsrechtlichen Regelungen können nach Ermessen Ausnahmen oder Abweichungen zugelassen werden, soweit die öffentliche Sicherheit und Ordnung und der Schutz der natürlichen Lebensgrundlagen nicht entgegenstehen:
• Wände, Decken, Dächer, Fenster, Türen, Schächte
• Treppen, Rettungswege, Aufzüge, Öffnungen, Umwehrungen
• Haustechnik
• Aufenthaltsräume, Wohnungen, Toiletten, Bäder
• Ver- und Entsorgung
• Stellplätze, Garagen, Abstellplätze
• Ställe</td></tr>
</table>

12

Land	Norm	II. Umsetzung/Abweichung in den Ländern und der MBO 2002[15]	
MBO 2002		1.	bis 3. keine Regelung
BW	§ 56	1.	bis 3. § 56 IV Nrn. 2 bis 4, Ausnahmen auch bei Gemeinschaftsunterkünften, die der vorübergehenden Unterbringung oder dem vorübergehenden Wohnen dienen (§ 56 IV Nr. 1) Besonderheit: Befristung oder Widerrufsvorbehalt für 1. in Baugenehmigung zwingend, Beseitigungspflicht ohne Entschädigung (§ 58 IV)

[14] Die hier verwendeten Ziffern entsprechen den Ziffern der nachstehenden Rubrik „Umsetzung/Abweichung in den Ländern und der MBO 2002".

[15] Die hier verwendeten Ziffern entsprechen den Ziffern der vorstehenden Rubrik „Regelungsgegenstände der Landesbauordnungen und der MBO 2002".

Land	Norm		II. Umsetzung/Abweichung in den Ländern und der MBO 2002
Bay		**1.**	bis 3. keine Regelung
Bln	§ 49	**1.** **2.**	für Behelfsbauten keine Regelung und 3. § 49 1 und 2
Bbg		**1.**	bis 3. keine Regelung
Brem	§ 51	**1.**	bis 3. § 51 I, II und IV zusätzl. für **vorgebaute Gebäudeteile** gelten an sich die üblichen Regelungen für Wände, Decken, Dächer. Diese gelten jedoch nicht • bei Gebäuden geringer Höhe kraft Gesetzes für Eingangsvorbauten, Wintergärten, Terrassenüberdachungen (§ 51 II 2 i.V. mit Nr. 11.5 Anhang zu § 65) • bei anderen Gebäuden nach Ermessen, wenn Vorbauten untergeordnet und nicht oder nur vorübergehend für Aufenthalt bestimmt (§ 51 III 2)
Hamb		**1.**	bis 3. keine Regelung
Hess		**1.**	bis 3. keine Regelung
M-V	§ 50	**1.**	bis 3. § 50 I bis III
Nds		**1.**	bis 3. keine Regelung Besonderheit: Befristung oder Widerrufsvorbehalt für Behelfsbauten in Baugenehmigung zwingend (§ 75 II 2)
NRW	§ 53	**1.**	bis 3. Ausnahmen unmittelbar kraft Gesetzes (§ 53 I bis III)
Rh-Pf	§ 49	**1.**	bis 3. § 49 I und II jedoch keine gesetzl. Anforderungen an Behelfsbauten (§ 49 I und II) Besonderheit: wie BW (§ 70 II 3 und 4)
Saar	§ 52	**1.**	bis 3. § 52 I und II Besonderheit: Befristung oder Widerrufsvorbehalt für 1. in Baugenehmigung nach Ermessen, wenn Beseitigung sichergestellt; Beseitigungspflicht ohne Entschädigung (§ 77 III 3)
Sachs	§ 51	**1.**	bis 3. § 51 I bis III
Sachs-Anh	§ 55	**1.**	bis 3. § 54 I bis III
Schl-H	§ 57	**1.**	bis 3. § 57 I bis III
Thür	§ 51	**1.**	bis 3. § 51 I bis III

Teil 4. Stellplätze und Garagen, Fahrradabstellplätze – Ländervergleich

MBO 2002 §§ 49, 86, BW § 37, Bay Art. 52, Bln § 48, Bbg § 43, Brem § 49, Hamb §§ 48, 49, Hess § 44, M-V § 48, Nds §§ 46, 47, 47 a, 47 b, NRW § 51, Rh-Pf § 47, Saar § 50, Sachs § 49, Sachs-Anh § 53, Schl-H § 55, Thür § 49

I. Vorbemerkungen

13 Garagen sind ganz oder teilweise umschlossene Räume zum Abstellen von Kraftfahrzeugen, wobei Carports als offene Garagen gelten. Von den Stellplätzen unterscheiden sich die Carports durch Dach und dessen Trägerkonstruktion. Stellplätze sind Flächen im Freien, die dem Abstellen von Kraftfahrzeugen außerhalb von öffentlichen Verkehrsflächen dienen. Mit Blick auf die „Stellplatzverpflichtung“ stehen Garagen den Stellplätzen grundsätzlich gleich. Verschiedene Länder bringen Verpflichtungen zur Anlage von Abstellplätzen für Fahrräder und gleichen diese in unterschiedlicher Weise den Kfz-Stellplätzen an. Eine auf die Stellplätze bezogene Angleichung von Fahrrädern an die Kraftfahrzeuge nehmen folgende Länder vor:

- Berlin
- Brandenburg
- Bremen
- Hamburg
- Hessen
- Nordrhein-Westfalen
- Saarland
- Sachsen
- Schleswig-Holstein und
- Thüringen.

Wenn die Regelung nicht nur Kraftfahrzeuge, sondern auch Fahrräder ergreift, ist dies in nachstehender Tabelle durch den **hervorgehobenen Hinweis „Fahrräder“** oder „Fahrradabstellplätze“ gekennzeichnet.

14 Andere Bauordnungen befassen sich dagegen mit den Fahrradabstellanlagen allein in Zusammenhang mit den Bestimmungen, die sich auf die Ausstattung von Wohnungen beziehen, nämlich in den Ländern

- Baden-Württemberg
- Bayern
- Mecklenburg-Vorpommern und
- Sachsen-Anhalt.

15 Beide Wege beschreitet die MBO 2002, die neben der Verpflichtung, in bestimmten Wohngebäuden Abstellräume herzustellen, bei allen Anlagen mit erheblichem Zu- und Abgangsverkehr Abstellmöglichkeiten für die Fahrräder verlangt. Die absolute, auf Wohnungen bezogene Verpflichtung wird hier vorrangig sein. Eine klare Kollissionsregelung trifft auf die **Niedersächsische Bauordnung**, indem sie einerseits an die Ausstattung von Wohnungen anknüpft, andererseits diese Wohnungen aus der allgemeinen Stellplatzverpflichtung für Fahrräder ausnimmt.[16]

[16] Regelung von **Abstellräumen** für Fahrräder im Zusammenhang **mit Wohngebäuden**:

MBO 2002	§ 48 II	bei Wohngebäuden der Klassen 3 bis 5 (siehe oben Kap. 8 Teil 1 Fn. 5) Abstellräume für Fahrräder und Kinderwägen
BW	§ 35 V Nr. 3	bei Gebäuden < 2 Wohnungen, Flächen dürfen auch im Freien liegen, wenn sie wettergeschützt sind, zur gemeindschaftl. Benutzung

In **Sachsen-Anhalt** kann die Verpflichtung, Abstellplätze für Fahrräder in ausreichender Zahl und geeigneter Beschaffenheit auf dem Grundstück herzustellen, durch örtliche Bauvorschrift geregelt werden (§ 90 I Nr. 7 BauO LSA).

II. Regelungsgegenstände der Landesbauordnungen und der MBO 2002[17]		
1. Herstellungspflicht	**1.a** Die Pflicht, Stellplätze herzustellen, gilt bei der **Errichtung** baulicher Anlagen und sonstiger Anlagen, bei denen ein Zu- und Abfahrtsverkehr zu erwarten ist. Die Bauordnungen legen im Allgemeinen keine feste Größe fest, sondern fordern als relative Verpflichtung eine für die ordnungsgemäße Nutzung ausreichende Zahl. Norminterpretierend sind vielfach Verwaltungsvorschriften in Gestalt von Richtzahlentabellen ergangen, so in Sachsen die Übersicht zu Nr. 49.1.1 VwVSächsBO, in Bayern die Bekanntmachung des Staatsministeriums des Innern vom 12. 2. 1978 Nr. II B 4–9174–79 oder auf ihrer Grundlage die ausführlichen, nach Verkehrsquellen und Größen differenzierenden Stellplatzrichtzahlen der Landeshauptstadt München. Diese Richtzahlen sind nicht schematisch anzuwenden, sondern verlangen „auf Grund der besonderen Umstände des Einzelfalls ein Abweichen sowohl nach oben als auch nach unten" (Nr. 11 der Münchner Berechnungshinweise) **1.b** In aller Regel lösen auch **Änderungen** oder Nutzungsänderungen von baulichen Anlagen oder sonstigen Anlagen, die einen Zu- und Abfahrtsverkehr erwarten lassen, eine Stellplatzverpflichtung aus. Sie ist zahlenmäßig orientiert an dem zusätzlichen Sollbedarf, der durch die Änderung im Vergleich zu dem bisherigen Sollbedarf entsteht. Es handelt sich also um eine konkrete Mehrbedarfsberechnung. Ausnahmen gelten entweder kraft Gesetzes oder kraft Bewilligung, auf die ein Anspruch besteht, wenn – etwa durch Dachausbau oder Wohnungsteilung – zusätzlicher Wohnraum geschaffen wird und dies bei Erfüllung der Stellplatzverpflichtung erschwert oder verhindert würde **1.c** Bei **bestehenden Anlagen**, die nicht geändert werden, lassen sich aus Gründen des Bestandsschutzes Stellplätze nicht ohne weiteres fordern. Manche Bauordnungen ermächtigen jedoch die Bauaufsichtsbehörden, im Einzelfall aus Gründen der Sicherheit und Leichtigkeit des Verkehrs die Herstellung von Stellplätzen anzuordnen	16
2. Herstellungsort	**2.a** Die Stellplätze sind im Allgemeinen auf dem **Baugrundstück** anzulegen **2.b** Stattdessen kann ein Grundstück **in der Nähe** gewählt werden, wenn dessen Benutzung rechtlich gesichert ist	17

[16] Fortsetzung:

Bay	Art. 46 IV	bei Gebäuden < 2 Wohnungen Abstellplätze; für Gebäude mit Wohnungen, die nicht nur zu ebener Erde liegen, zusätzl. Abstellräume; im Kellergeschoss nach Maßgabe der Grundstücksverhältnisse durch Außentreppe zugänglich mit der Möglichkeit, das Fahrrad leicht zu schieben.
M-V	§ 45 III 3	bei Gebäuden > 2 oberirdischen Geschossen
Nds	§ 44 VII Nr. 1	in Gebäuden > 2 Wohnungen oder in zumutbarer Entfernung (siehe im Übrigen Tabelle „Umsetzung/Abweichung")
Rh-Pf	§ 44 V	bei Gebäuden mit Wohnungen über dem 2. Geschoss über Gelände (siehe im Übrigen Tabelle „Umsetzung/Abweichung")
Sachs-Anh	§ 50 V	bei Gebäuden > vier Wohnungen

[17] Die hier verwendeten Ziffern entsprechen den Ziffern der nachstehenden Rubrik „Umsetzung/Abweichung in den Ländern und der MBO 2002".

Regelungsgegenstände der Landesbauordnungen und der MBO 2002	
	2.c Ausnahmsweise kann der Bauherr unter derselben Voraussetzung auf ein **anderes Grundstück** in der Gemeinde zurückgreifen
18 **3. Herstellungszeitpunkt**	**3.a** Grundsätzlich müssen Stellplätze bei Fertigstellung der Anlage (Bezugsfertigkeit, Aufnahme einer neuen Nutzung) vorhanden sein **3.b** Vielfach sind die Bauaufsichtsbehörden allerdings ermächtigt, im Ermessensweg einen angemessenen Zeitpunkt nach Fertigstellung zu bestimmen
19 **4. Herstellungsart**	Die Ausgestaltung überlassen die Bauordnungen den Garagenverordnungen.[18] Sie statuieren übereinstimmend nur wesentliche Grundsätze: **4.a** Stellplätze müssen von öffentlichen Verkehrsflächen auf kurzem Wege verkehrssicher zu erreichen sein **4.b** Sie sind so anzuordnen, dass ihre Benutzung die Gesundheit nicht schädigt und andere Anlagen nicht stört
20 **5. Ablösung als Erfüllungssurrogat**	**5.a** In bestimmten Fällen kann die Verpflichtung, Stellplätze realiter herzustellen, durch Zahlung eines Geldbetrages abgelöst werden. Zu diesem Erfüllungssurrogat führen verschiedene Wege. Voraussetzung ist durchgehend, dass die Herstellung tatsächlich unmöglich oder nur unter großen Schwierigkeiten möglich ist oder dass ihr rechtliche Hindernisse entgegenstehen, etwa Verbote oder Einschränkungen in örtlichen Bauvorschriften. Die Herstellungspflicht von Stellplätzen kann örtlich eingeschränkt oder ganz aufgehoben werden mit der Folge, dass in den meisten Ländern an die Stelle der Herstellungspflicht die Ablösungspflicht tritt. Die Ablösungsverpflichtung tritt in sieben Ländern kraft Gesetzes ein, in zwei Ländern und nach der MBO 2002 sind satzungsmäßige Regelungen notwendig, in vier Ländern baubehördliche Verwaltungsakte, in einem Land ein Verwaltungsakt der Gemeinde und in zwei Ländern vertragliche Vereinbarungen zwischen Bauherrn und Gemeinde[19] **5.b** Soweit es sich nicht um eine normative Ablösung handelt, liegt sie in der Dispositionsfreiheit der Vertragsparteien bzw. im Ermessen der Bauaufsichtsbehörde oder Gemeinde **5.c** Die Höhe der Ablösungssumme ist übereinstimmend in allen

[18] Regelungsgegenstände der **Garagenverordnungen** (Fundstellen siehe Kap. 16 Teil 2. Stichwort „Garagen"):

• Mindesmaß 5 m L, 2,3 m B, 2 m H. Besondere Anforderungen nach Ermessen für überlange oder überbreite Kraftfahrzeuge
• Feuerwiderstandsfähigkeit von Wänden, Decken, Dächern und Stützen
• Verbindung zu anderen Räumen mit selbstschließenden Türen
• Für Mittelgaragen (> 100 und < 1000 m²) und Großgaragen (> 1000 m²): Rauchabschnitte, Brandabschnitte, Feuerlösch- und Brandmeldeanlagen, Rettungswege, Beleuchtung, Lüftung zusätzliche Angaben in Bauvorlagen, Prüfungen sicherheitsrelevanter Teile erstmalig und wiederkehrend
• Aufbewahrung brennbarer Stoffe nur in unerheblichen Mengen • Abstellen von Wohnwagen- und anderen Kraftfahrzeuganhängern zulässig

[19] Im Einzelnen ergibt sich folgendes Bild (**Modalitäten der Ablösung):**

§ 86 I Nr. 4 **MBO 2002**	Herstellungspflicht und Ablösung generell nicht durch Gesetz, sondern durch örtl. **Bauvorschrift** geregelt
§ 37 VI 2 **LBO BW**	bei Wohnungsvorhaben Anspruch auf Zulassung einer Abweichung von der Herstellungspflicht gegenüber Baurechtsbehörde, wenn die Herstellung auf dem Baugrundstück aufgrund öffentlich-rechtlicher Vorschriften ausgeschlossen oder wenn sie unmöglich oder unzumutbar ist; keine Ablösung
Art. 53 I 2 **BayBO**	wenn die Herstellung auf dem Baugrundstück aufgrund öffentlich-rechtlicher Vorschriften ausgeschlossen ist, Anspruch auf Abschluss einer Ablösungs**vereinbarung**

Regelungsgegenstände der Landesbauordnungen und der MBO 2002	
	Ländern zweckgebunden zu verwenden für private und öffentliche Stellplätze, Einrichtungen des öffentlichen Personennahverkehrs (ÖPNV), Parkleit- oder Radwegsysteme **5.d** Der Ablösebetrag ist durchgehend in allen Ländern zweckgebunden einzusetzen für private und öffentliche Stellplätze, Einrichtungen des öffentlichen Personennahverkehrs (ÖPNV), Parkleit- oder Radwegsysteme

21

Land	Norm	III. Umsetzung/Abweichung in den Ländern und der MBO 2002[20]	
MBO 2002	§§ 49, 86	**1.a**	Zahl, Größe und Beschaffenheit für alle Anlagen, bei denen ein Zu- und Abgangsverkehr zu erwarten ist, durch örtl. Bauvorschrift, Abstellplätze für **Fahrräder** kraft Gesetzes (§ 86 I Nr. 4, § 49 III))
		1.b	§ 86 I Nr. 4
		1.c	keine Regelung
		2.a	und 2.b § 49 I
		2.c	keine Regelung
		3.a	und 3 b, 4 a und 4 b keine Regelung
		5.a	bis 5.c Ablösung und Höhe der Ablösungsbeträge durch örtl. Bauvorschrift (§ 86 I Nr. 4)
		5.d	§ 49 II
BW	§ 37	**1.a**	für jede Wohnung ein Stellplatz, im Übrigen keine Besonderheit (§ 37 I 1 und 2), bei Wohnungen Anspruch auf Abweichung von der Verpflichtung, wenn Erfüllung unmöglich oder unzumutbar oder öffentlich-rechtlich ausgeschlossen (§ 37 VI 2)
		1.b	§ 37 II zusätzl. Anspruch auf Abweichung nur unter der Voraussetzung, dass Baugenehmigung oder Kenntnisgabe mindestens 5 Jahre zurück liegt

[19] Fortsetzung:

BauOBln	keine Ablösungsregelung
§ 43 III **BbgBO**	öffentlich-rechtlicher Ablösevertrag
§ 49 VII **BremLBO**	Eintritt der Ablösungsverpflichtung **kraft Gesetzes** bei Einschränkung oder Untersagung der Herstellung durch Ortsgesetz oder BebPlan
§ 49 I 1 **HBauO**	Ausgleichsbetrag **kraft Gesetzes**, wenn Stellplätze „nicht nachgewiesen" werden können (auch der Fall der rechtlichen Unmöglichkeit)
§ 44 I 2 Nrn. 8 und 5 **HBO**	wie MBO 2002 (Regelung durch örtl. **Bauvorschrift**)
§ 48 VI 5 **LBauO M-V**	Wegfall der Ablösungsverpflichtung **kraft Gesetzes** bei Einschränkung oder Untersagung durch Satzung
§ 47 a I 2 **NBauO**	**Eintritt** der Ablösungsverpflichtung **kraft Gesetzes** bei Untersagung durch örtl. Bauvorschrift oder BebPlan
§ 51 V 2 **BauO NW**	Geldbetrag **kraft Gesetzes** bei Untersagung oder Einschränkung der Herstellung durch Satzung
§ 47 IV 1 **LBauO Rh-Pf**	Ablösung **durch Bauherrn mit** Zustimmung der Gemeinde bei Untersagung oder Einschränkung durch örtl. Bauvorschrift
§ 50 III 1 Nr. 4 und VII 3 und 4 **LBO Saar**	Aussetzung der Herstellungspflicht nach Ermessen der **Bauaufsichtsbehörde**, wenn örtl. Bauvorschrift (Aussetzungssatzung), darüber hinaus Aussetzung der Zahlungspflicht nach Ermessen dieser Behörde, in beiden Fällen im Einvernehmen mit der Gemeinde
§ 49 II 1 und IV **SächsBO**	• Ausnahme von der Herstellungspflicht **kraft Gesetzes** bei Wohnungsteilung oder Dachgeschossausbau, • Stellplatzablöse durch **Satzung** nur in den Fällen, in denen die Herstellung „aus tatsächlichen Gründen" nicht möglich ist, so dass die Fälle rechtlicher Untersagung oder Einschränkung nicht erfasst werden, in denen also keine Ablöse zu zahlen ist
§ 53 II 1 **BauO LSA**	Ermessen der Gemeinde
§ 55 VI 2 **LBO Schl-H**	Ablösung nach Ermessen der **Bauaufsichtsbehörde** mit Einverständnis der Gemeinde bei Untersagung oder Einschränkung durch örtl. Bauvorschrift
§ 55 VII 2 **ThürBO**	wie **vorstehend** Schl-H

[20] Die hier verwendeten Ziffern entsprechen den Ziffern der vorstehenden Rubrik „Regelungsgegenstände der Landesbauordnungen und der MBO 2002".

Land	Norm	III. Umsetzung/Abweichung in den Ländern und der MBO 2002	
		1.c	keine Regelung
		2.	§ 37 IV Herstellung auf anderem als Baugrundstück durch **Baulast** gesichert; Bestimmung durch Baurechtsbehörde mit Zustimmung der Gemeinde aus Gründen des Verkehrs nach Ermessen
		3.	§ 37 III zusätzl. Anspruch auf Aussetzung der Fälligkeit, soweit kein Bedarf und Sicherung durch Baulast
		4.a	und 4b § 37 VII
		5.a	bis 5d § 37 V und VI Verwaltungsakt; nicht für Wohnungen, jedoch bei diesen Anspruch auf Zulassung einer Abweichung, wenn Herstellung unmöglich oder öffentlich-rechtlich ausgeschlossen
Bay	Art. 52	**1.a**	Art. 52 II
		1.b	Art. 52 III
		1.c	keine Regelung
		2.	Art. 52 IV Baugrundstück oder Grundstück in dessen Nähe
		3.	kein Hinausschieben der Fälligkeit
		4.a	und 4.b Art. 52 VI und VII zusätzl. keine zweckfremde Benutzung
		5.a	Art. 53 I Vereinbarung
		5.b	Anspruch auf Abschluss, wenn Realherstellung aufgrund örtl. Bauvorschriften oder BebPlans nicht zulässig (Art. 53 I) zusätzl. Anspruch, wenn baul. Anlage oder andere Anlage nicht unmittelbar an uneingeschränkt befahrbarer öffentl. Verkehrsfläche (Art. 53 II)
		5.c	keine Regelung
		5.d	Art. 53 I 3 und 4 ÖPNV oder Parkleitsysteme lediglich im Falle 5.b
Bln	§ 48	**1.a**	bei öffentl. zugängl. Gebäuden ausreichende Zahl für schwer Gehbehinderte und Behinderte im Rollstuhl (§ 48 I 1); ansonsten ausreichende Zahl für **Fahrräder**
		1.b	48 I 3 bei Stellplätzen für vorstehende Personengruppen und für Fahrradabstellplätze keine Regelung für Ausnahmen
		1.c	keine Regelung
		2.a	und 2b § 48 II 1 und 2 Fahrradabstellplätze stets auf Baugrundstück
		2.c	keine Regelung
		3.a	und 3b keine Regelung
		4.a	und 4b § 48 III zusätzl. Pflicht zur Gestaltung mit Bäumen und Sträuchern
		5.a	bis 5d keine Regelung
Bbg	§ 43	**1.a**	Notwendigkeit und Zahl durch örtl. Bauvorschrift für alle Anlagen, in denen ein Zu- und Abgangsverkehr zu erwarten ist (§ 43 I, § 81 IVI Nr. 1 und V Nr. 1), auch **Fahrradabstellplätze** (§ 43 VI)
		1.b	wie 1a
		1.c	keine Regelung
		2.a	und 2b § 43 II, auch Fahrradabstellplätze (§ 43 VI)
		2.c	keine Regelung
		3.	keine Regelung
		4.a	keine Regelung
		4.b	§ 43 III, auch Fahrradabstellplätze (§ 43 VI)
		4.c	zusätzl. für Kfz-Abstellplätze • verkehrssicher • brandschutzgemäß • Treib- und Schmierstoffe unschädlich zu beseitigen (§ 43 V)
		5.a	öffentl.-rechtl. Ablösevertrag Bauherr-Gemeinde ohne gesetzl. Tatbestandsvoraussetzungen, Zahlungsanspruch mit Baubeginn (§ 43 III 9)
		5.b	Dispositionsfreiheit
		5.c	Durchschnittl. Herstellungskosten für 25 m^2 Stellplatz- und Bewegungsfläche (§ 43 IV 1)
		5.d	§ 43 IV 2 ohne Parkleit- oder Radwegsysteme
Brem	§ 49	**1.a**	§ 49 I auch **Fahrräder**

Land	Norm		III. Umsetzung/Abweichung in den Ländern und der MBO 2002
		1.b	§ 49 II und III bei Schaffung zusätzl. Wohnraums Ausnahmen von der Herstellungspflicht kraft Gesetzes, auch bei Fahrradabstellplätzen
		1.c	keine Regelung
		2.a	und 2 b § 49 IV 1 Bestimmung durch Bauaufsichtsbehörde nach Ermessen aus Gründen der Wohnruhe oder des Verkehrs (§ 49 I 2) zusätzl. Untersagung oder Einschränkung durch Ortsgesetz für abgegrenzte Teile des Gemeindegebietes oder für bestimmte Vorhaben aus Gründen des Verkehrs oder der Wohnruhe (§ 49 V)
		2.c	keine Regelung
		3.a	und 3.b keine Regelung
		4.a	§ 49 XI 1 zusätzl. Eingrünung
		4.b	Anlage von Kinderspielplätzen darf nicht verhindert werden (§ 49 XI 2), keine zweckfremde Benutzung, außer durch Fahrräder (§ 49 X)
		5.a	und 5.b alternativ Realherstellung oder Ablösungsbetrag (§ 49 VI 1) Ausnahmen: • Anordnung der Realherstellung nach Ermessen der Bauaufsichtsbehörde aus Verkehrsgründen bei Wohnungsbauvorhaben (§ 49 VI 2) • ausschließl. Ablösungsbetrag, wenn Realherstellung öffentlich-rechtlich untersagt oder eingeschränkt (§ 49 VII)
		5.c	Festlegung durch Ortsgesetz ≤ 80 % der durchschnittl. Kosten öffentl. Parkeinrichtungen (§ 49 VIII 1 und 2)
		5.d	§ 49 IX
Hamb	§§ 48, 49	**1.a**	§ 48 I 1 und 2
		1.b	§ 48 I 3 keine Ausnahmen von der Herstellungspflicht
		1.c	§ 48 II zusätzl. erforderlich, dass Grundstücksflächen unbebaut sind oder durch zumutbare Maßnahmen frei und zugänglich gemacht werden können, auch für **Fahrradabstellplätze** zusätzl. zu 1 a bis 1 c • Stellplätze nach Ermessen in Garagen aus Gründen der Nachbarbebauung oder der Wohnruhe (§ 48 IV) • mit Ausnahme bei Wohnungen Untersagung der Herstellung, wenn öffentl. Wege oder Verkehrsknoten im Grundstücksbereich regelmäßig überlastet oder Grundstück durch ÖPNV gut erschlossen (§ 48 VI)
		2.a	§ 48 III 1 zusätzl. Kinderspiel-, Freizeit- und Fahrradplätze haben auf dem Grundstück Vorrang (§ 48 III 4)
		2.b	§ 48 III auch für Fahrräder; zusätzl. • Sicherung durch **Baulast** (§ 48 III 2) • Bestimmung durch Bauaufsichtsbehörde im Einzelfall nach Ermessen aus Gründen der Wohnruhe und des Verkehrs (§ 48 III 3)
		2.c	keine Regelung
		3.a	und 3.b keine Regelung
		4.a	und 4.b keine Regelung, aber keine zweckfremde Nutzung, außer durch Fahrräder (§ 48 V)
		5.a	Entstehung der Zahlungspflicht kraft Gesetzes, wenn Herstellung oder Nachweis nur unter unzumutbaren Schwierigkeiten (§ 49 I 1) Ausnahme von der Zahlungspflicht kraft Gesetzes bei Schaffung von Wohnraum in Gebäuden, die vor mindestens 5 Jahren fertig gestellt worden sind, ohne dass Vollgeschosse geschaffen werden (§ 49 I 2)
		5.b	Zahlungspflicht kraft Gesetzes (siehe vorstehend 5.a)
		5.c	Festlegung durch besonderes Gesetz (§ 49 III): Gesetz über die Höhe des Ausgleichsbetrages für Stell- und Fahrradplätze vom 19. 4. 1992 (GVBl. S. 81) zuletzt geändert 30. 1. 2002 (GVBl. S. 17)
		5.d	§ 49 II zusätzl. Ausgleichsbeträge sind öffentl. Last des Grundstücks mit dingl. Haftung (§ 49 IV) zu 5.a bis 5.d auch Fahrradplätze

Land	Norm	III. Umsetzung/Abweichung in den Ländern und der MBO 2002	
Hess	§ 44		Besonderheit: Alle Regelungen nicht durch § 44 HBO unmittelbar, sondern kraft gesetzl. Ermächtigung in gemeindl. Satzungen, die sich in allen Fällen auch auf **Fahrradabstellplätze** beziehen können
		1.a	§ 44 I 2 Nr. 1 und 14 Zahl, Größe und Beschaffenheit für alle Anlagen, die einen Zugangsverkehr oder Abgangsverkehr erwarten lassen; im Einzelfall durch VA der Gemeinde (ohne Satzung) aus Gründen der Sicherheit und Leichtigkeit des Verkehrs
		1.b	§ 44 I 2 Nrn. 2 und 5 Ausnahme kraft Satzung möglich bei nachträgl. Ausbau von Dach- und Kellergeschossen
		1.c	§ 44 I Nr. 3 auch aus städtebaul. Gründen
			zusätzl. § 44 I 2 Nr. 6 Untersagung oder Einschränkung der Herstellungspflicht aus Verkehrsgründen oder städtebaul. Gründen
		2.a	bis 2 c § 44 I 3
		3.a	und 3.b keine Regelung
		4.a	und 4.b keine Regelung, aber: • es können bestimmte Konstruktionen für verbindlich erklärt werden • keine zweckfremde Nutzung (§ 44 III 1)
		5.a	und 5 b § 44 I 2 Nrn. 8 und 5
		5.c	§ 44 II zusätzl. Verwendung des Geldbetrages von Vorteil für das zahlungspflichtige Grundstück
M-V	§ 48	**1.a**	§ 48 I 1 und 2 nur baul. Anlagen
		1.b	§ 48 II nur baul. Anlagen
			Ausnahme von der Herstellungspflicht kraft Gesetzes, wenn Wohnungen geteilt oder zusätzl. Wohnräume geschaffen werden und Mehrbedarf auf Grundstück nicht oder nur unter großen Schwierigkeiten zu decken – dann auch keine Ablösung (§ 48 VII)
		1.c	§ 48 III
			zusätzl. zu 1.a bis 1.c • Garagen anstelle von Stellplätzen oder Stellplätze anstelle von Garagen nach Ermessen aus Gründen der öffentl. Sicherheit und Ordnung oder um Störung anderer Anlagen zu vermeiden (§ 48 IV) • Untersagung oder Einschränkung der Herstellung durch Satzung aus Gründen des Verkehrs oder Städtebaus, bei Wohnungen nur, wenn ausreichende anderweitige Parkmöglichkeiten vorhanden (§ 48 V 3)
		2.a	und 2.b Bestimmung durch Bauaufsichtsbehörde nach Ermessen aus Gründen des Verkehrs (§ 48 V 1 und 2)
		2.c	keine Regelung
		3.a	und 3.b § 48 I 3
		3.c	keine Regelung
		4.a	keine Regelung
		4.b	§ 48 IX, zusätzl. keine zweckfremde Nutzung (§ 48 X)
		5.a	Zahlungspflicht durch Verwaltungsakt der Bauaufsichtsbehörde im Einverständnis mit Gemeinde, wenn Herstellung nicht oder nur unter großen Schwierigkeiten möglich (§ 48 VI 1)
			Ausnahme von der Zahlungspflicht kraft Gesetzes, wenn Untersagung gemäß vorstehender Nr. 1.c (§ 48 VI 5)
		5.b	Ermessen (§ 48 VI 1)
		5.c	Festlegung durch Satzung ≤ 60 % der durchschnittl. Kosten von öffentl. Parkeinrichtungen; dort Festlegung eines innerstädtischen Bereichs, in dem je Vorhaben 4 Stellplätze nicht abgelöst werden müssen und in dem der Ablösebetrag nur für zusätzl. **öffentl.** Parkeinrichtungen verwendet werden darf (§ 48 VI 1 und 3)
		5.d	§ 48 VIII
Nds	§§ 46, 47, 47 a,	**1.a**	§ 47 II 1 abweichende Festlegung durch VO der obersten Bauaufsichtsbehörde, wenn ausreichende öffentl. Verkehrsmittel (§ 47 V);

Land	Norm		III. Umsetzung/Abweichung in den Ländern und der MBO 2002
	47 b		**Fahrradabstellanlagen** in ausreichender Zahl **ausgen. für Wohnungen** (§ 47 b II 1)
		1.b	§ 47 I 2 Ausnahme von der Herstellungspflicht kraft Gesetzes • bei Wohnungsteilung oder Schaffung von Wohnraum durch Nutzungsänderung, Aufstocken oder Änderung des Daches bei bis 31. 12. 1992 errichteten Gebäuden (§ 47 III) • bei Fahrradabstellanlagen, wenn auf Baugrundstück außergewöhnliche Schwierigkeiten (§ 47 b III)
		1.c	keine Regelung
		2.a	§ 47 VII 1 } auch Fahrradabstellanlagen
		2.b	Sicherung durch **Baulast** } § 47 VII 2
		2.c	anderes, mit öffentl. Verkehrsmittel leicht erreichbares Grundstück, wenn Errichtung auf Baugrundstück oder nahem Grundstück nicht zulässig (§ 47 VII 3)
		3.a	und 3.b Aussetzung der Fälligkeit, ausgen. für Wohnungen, wenn Zeitkarten für ÖPNV verbilligt zur Verfügung und hierdurch verringerter Bedarf erwartet werden kann, entspr. Nachweis bis 1. März eines jeden Jahres (§ 47 VI)
		4.a	und 4.b keine unzumutbaren Belästigungen und keine Gefährdung der Sicherheit und Ordnung des Verkehrs (§ 46 I 2)
		5.a	Ablösungsverpflichtung kraft Gesetzes, wenn Herstellung kraft örtl. Bauvorschrift oder kraft BebPlans unzulässig (§ 47 a I 2),
		5.b	ansonsten Ausnahme nach Ermessen der Bauaufsichtsbehörde (§ 47 a I 1)
		5.c	Ablösebetrag entsprechend Vorteil für den Bauherrn; einheitl. durch gemeindl. Satzung möglich, dabei andere Maßstäbe als durchschnittl. Herstellungskosten möglich (§ 47 a II)
		5.d	§ 47 a III zusätzl. Abstellplätze für Fahrräder, Fahrradwege
NRW	§ 51	**1.a**	§ 51 I 1 auch **Fahrradabstellplätze** (§ 51 I 2)
		1.b	wesentl. Änderungen oder wesentl. Nutzungsänderungen (§ 51 II), Ausnahmen von der Herstellungspflicht kraft Gesetzes bei Schaffung von Wohnungen durch Dachgeschossausbau in vor 1. 1. 1993 fertig gestellten Gebäuden (§ 51 IX)
		1.c	keine Regelung zusätzl. zu 1.a und 1.b Garagen anstelle von Stellplätzen nach Ermessen (§ 51 VII 2)
		2.a	und 2.b § 51 III 1 Fahrradabstellplätze nur auf dem Baugrundstück zusätzl. Bestimmung durch Bauaufsichtsbehörde im Einzelfall nach Ermessen aus Verkehrsgründen (§ 51 III 2)
		2.c	keine Regelung
		3.a	und 3.b § 51 I 3
		3.c	keine Regelung
		4.a	keine Regelung
		4.b	§ 51 VII 1 zusätzl. keine zweckfremde Nutzung (§ 51 VIII)
		5.a	Verwaltungsakt der Bauaufsichtsbehörde im Einvernehmen mit der Gemeinde (§ 51 V 1) Wenn Herstellung kraft Satzung (§ 51 IV Nr. 2) eingeschränkt oder untersagt: Geldbetrag kraft Gesetzes für Differenz zwischen notwendigen und zulässigen hergestellten Stellplätzen (§ 51 V 2)
		5.b	Ermessen
		5.c	Festlegung durch Satzung ≤ 80 % der durchschnittl. Kosten von Parkeinrichtungen (§ 51 V 3, 4 und 5)
		5.d	§ 51 VI zusätzl. • Verbesserung des Fahrradverkehrs • Verwendung von Vorteil für das zahlungspflichtige Grundstück
Rh-Pf	§ 47	**1.a**	§ 47 I 1 und 2 Abstellplätze für **Fahrräder** nach Ermessen aus Verkehrsgründen

Land	Norm	III. Umsetzung/Abweichung in den Ländern und der MBO 2002	
		1.b	§ 47 II 1 Ausnahme von der Herstellungspflicht kraft Gesetzes bei Wohnungsteilung, Nutzungsänderung, Aufstocken oder Ausbau des Dachgeschosses und Herstellung auf dem Grundstück nicht oder nur unter großen Schwierigkeiten möglich, alles in Gebäuden, deren Fertigstellung mindestens 2 Jahre zurückliegt (§ 47 II)
		1.c	keine Regelung
			zusätzl. zu 1.a bis 1.c Garagen anstelle von Stellplätzen nach Ermessen, wenn ansonsten Kinderspielplätze behindert oder Ruhe in der Umgebung beeinträchtigt (§ 47 I 4 und VII)
		2.a	und 2.b § 47 III 1
			zusätzl. Bestimmung durch Bauaufsichtsbehörde nach Ermessen aus Verkehrsgründen (§ 47 III 2)
		2.c	keine Regelung
		3.a	und 3.b § 47 I 4
		3.c	keine Regelung
		4.a	§ 47 VI zusätzl. Anbringung von Hinweisen (§ 47 VI) sowie Anpflanzen von Bäumen und Sträuchern nach Ermessen (§ 47 VII 3)
		4.b	§ 47 VII 2 zusätzl. keine Zweckentfremdung (§ 47 IX)
		5.a	Ablösungsvereinbarung zwischen Bauherrn und Gemeinde, Ablösung ausdrückl. nicht erforderlich bei Ausnahme von der Herstellungspflicht nach 1b (§ 47 IV 1 und II 2 Halbsatz 2), sonst Ablösung mit Zustimmung der Gemeinde
		5.b	stets Ermessen bei Einschränkung oder Untersagung durch örtl. Bauvorschrift (§ 47 IV 1)
		5.c	≤ 60 % der durchschnittl. Kosten von Parkeinrichtungen, Festlegung durch Satzung (§ 47 IV)
		5.d	§ 47 V
Saar	§ 50	1.a	§ 50 I 1 und 2 auch **Fahrradabstellplätze** mit Ausnahme von Wohnungen § 47 II Ausnahme von der Herstellungspflicht kraft Gesetzes
		1.b	• wie vorstehend Rh-Pf zu 1.b in einem Gebäude, das vor dem 1. 1. 1995 fertig gestellt war (§ 50 XIII) • für Ein- und Zweifamilienhäuser (§ 50 I 2 Halbsatz 2)
		1.c	keine Regelung
			zusätzl. zu 1.a bis 1.c Garagen statt Stellplätze nach Entscheidung des Bauherrn
		2.a	bis 2.c wie vorstehend Rh-Pf (§ 50 VI), Fahrradabstellplätze „sollen" auf dem Baugrundstück sein (§ 50 VI 2)
		3.	Aussetzung der Fälligkeit im Einvernehmen mit der Gemeinde durch die Bauaufsichtsbehörde mit Ausnahme von Wohnungen, wenn • Zeitkarten für ÖPNV verbilligt zur Verfügung • hierdurch verringerter Bedarf an Stellplätzen erwartet werden kann • Stellplatzflächen öffentlich-rechtlich gesichert • eine örtl. Bauvorschrift die Herstellungspflicht aussetzt • entsprechender Nachweis bis 1. März eines jeden Jahres (§ 50 III)
		4.a	und 4.b § 50 IX zusätzl. • „unter Berücksichtigung eines angemessenen Stauraums" erreichbar und möglichst ohne Rampen in Vorgärten • keine Zweckentfremdung (§ 50 XII)
		5.a	bei Bestehen einer Ablösungssatzung Verwaltungsakt der Bauaufsichtsbehörde im Einvernehmen mit der Gemeinde (§ 50 VII 1), Aussetzung der Zahlungspflicht (neben der Aussetzung der Herstellungspflicht nach 3) im Einvernehmen mit der Gemeinde unter den in 3) genannten Voraussetzungen (§ 50 VII 3 und 4)
		5.b	stets Ermessen
		5.c	Festlegung durch Satzung (§ 93 I Nr. 9 örtl. Bauvorschrift) ≤ 80 % der durchschnittl. Kosten von Parkeinrichtungen (§ 50 VII 2)

Land	Norm	III. Umsetzung/Abweichung in den Ländern und der MBO 2002	
		5.d	§ 50 VII 7 zusätzl. • für Maßnahmen des ÖPNV möglichst ≤ 50 % des Ablösungsbetrages • zeitliche Reihenfolge der Verwendung für Maßnahmen bestimmt Gemeinde nach Ermessen
Sachs	§ 49	**1.a** **1.b** **1.c** **2.a** **2.c** **3.a** **4.a** **4.b** **5.a** **5.b** **5.c** **5.d**	§ 49 I 1 bis 3 außer für Wohngebäude auch „Lage" zu berücksichtigen, also z. B. Anschluss an ÖPNV, auch für **Fahrradabstellplätze** wesentl. Änderungen oder wesentl. Nutzungsänderungen (§ 49 I 4), auch Fahrradabstellplätze, Ausnahme von der Herstellungspflicht kraft Gesetzes bei Wohnungsteilung oder Schaffung von Wohnraum durch Dachausbau ab dem 3. Jahr nach Fertigstellung, wenn Mehrbedarf auf Baugrundstück nicht oder nur unter großen Schwierigkeiten gedeckt werden kann (§ 49 IV) keine Regelung und 2.b § 49 II 1 keine Regelung Untersagung oder Einschränkung der Herstellung für abgegrenzte Teile des Gemeindegebiets durch Satzung (§ 49 III) und 3.b keine Regelung keine Regelung § 49 V § 49 II 1 Satzung, rechtl. Unmöglichkeit begründet nach dem Gesetz keinen Ablösungsanspruch Satzungsermessen Festlegung in Satzung, bei gewerbl. Vorhaben bleiben erste 8 Stellplätze außer Betracht = „Freiplätze" (§ 49 II 1 und 2), Ablösebetrag ≤ 60 % der durchschnittl. Herstellungskosten von Parkeinrichtungen, maximal 10000 € (§ 49 II 5) § 49 II 3 zusätzl. zwingende Verwendung des Ablösebetrags zur Erleichterung der Verkehrssituation im näheren Umfeld des Baugrundstücks (§ 49 II 4)
Sachs-Anh	§ 53	**1.a** **1.b** **1.c** **2.a** **2.b** **2.c** **3.** **4.** **5.a** **5.b** **5.c** **5.d**	Notwendigkeit und Zahl durch örtl. Bauvorschrift für alle baul. Anlagen, in denen ein Zu- und Abgangsverkehr zu erwarten ist (§ 53 I 1, § 90 I Nr. 8) wie 1.a keine Regelung § 53 I 1 geeignetes Grundstück in zumutbarer Entfernung, wenn Benutzung öffentlich-rechtlich gesichert (§ 53 I 1) keine Regelung keine Regelung keine Regelung Ablösungsverlangen der Gemeinde (§ 53 II 1) Ermessen der Gemeinde (§ 53 II 1) ≤ 60 % der durchschnittl. Kosten von Parkeinrichtungen (§ 53 II 2) Maßnahmen zur Entlastung der Straßen vom ruhenden Verkehr, auch intensive Maßnahmen des öPNV (§ 53 II 4)
Schl-H	§ 55	 **1.a**	Besonderheit: alle Regelungen auch für Abstellanlagen für **Fahrräder** § 55 I 1 und 2 zusätzl. • Verzicht auf Herstellungspflicht und Ablösung im Einverständnis mit der Gemeinde nach Ermessen, wenn günstige Anbindung an ÖPNV oder ausreichende Fahrradwege (§ 55 I 4) • Mehrfachnutzung für verschiedene Vorhaben nach Ermessen mit Einverständnis der Gemeinde, wenn sich Nutzungszeiten nicht überschneiden und Zuordnung öffentlich-rechtlich gesichert (§ 55 I 5)

Land	Norm		III. Umsetzung/Abweichung in den Ländern und der MBO 2002
		1.b	keine Ausnahmen, aber Verzicht oder Mehrfachnutzung wie 1.a (§ 55 II)
		1.c	§ 55 III 1 und 2, wenn Flächen auf dem Baugrundstück oder in zumutbarer Entfernung vorhanden oder durch zumutbare Maßnahmen frei zu machen, zusätzl. • Verpflichtung zur Herstellung für Teile des Gemeindegebiets durch örtl. Bauvorschrift aus Verkehrsgründen (§ 55 III 3) • Garagen anstelle von Kfz-Stellplätzen wie M-V (§ 55 IV)
		2.a	und 2.b § 55 V 1 und 2 Bestimmung durch Bauaufsichtsbehörde nach Ermessen aus Verkehrsgründen (§ 55 V 3) zusätzl. Untersagung oder Einschränkung von Kfz-Stellplätzen für Teile des Gemeindegebiets durch örtl. Bauvorschrift aus verkehrsmäßigen, städtebaul. oder umweltschützerischen Gründen (§ 55
		2.c	keine Regelung
		3.a	und 3.b § 55 I 3
		4.a	und 4.b § 55 IX und X alles nur für Kfz-Stellplätze, für diese zusätzl. • möglichst Bepflanzung mit standortgerechten Bäumen und Sträuchern • möglichst keine Rampen in Vorgärten • Hinweise nach Ermessen zusätzl. für Kfz-Stellplätze und Fahrradabstellanlagen: keine zweckfremde Nutzung (§ 55 XII))
		5.a	und 5.b alternativ Realherstellung oder Ablösungsbetrag durch Vereinbarung mit Gemeinde (§ 55 V 2) bzw. Verwaltungsakt der Bauaufsichtsbehörde (Ermessen) mit Einverständnis der Gemeinde (§ 55 VI 1)
		5.c	Vereinbarung mit Gemeinde, ≤ 80 % der durchschnittl. Herstellungskosten öffentl. Parkeinrichtungen (§ 55 V 2, VI 4)
		5.d	§ 55 VI 3
Thür	§ 49		Besonderheit: alle Regelungen auch für Abstellplätze für **Fahrräder**
		1.a	§ 49 II 1 und 3
		1.b	§ 49 III 1 Ausnahme von der Herstellungspflicht kraft Gesetzes, wenn Schaffung oder Erneuerung von Wohnraum unverhältnismäßig erschwert oder verhindert (§ 49 III 2)
		1.c	§ 49 IV 1 zusätzl. • Verpflichtung zur Herstellung von Kfz-Stellplätzen für Teile des Gemeindegebiets durch Satzung aus Verkehrsgründen oder zur Beseitigung städtebaul. Missstände (§ 49 IV 2), Satzung in jedem Fall genehmigungspflichtig (§ 49 IX 2) • Garagen anstelle von Stellplätzen oder umgekehrt nach Ermessen aus Gründen der öffentl. Sicherheit und Ordnung (§ 49 V)
		2.a	und 2.b § 49 VI 1 Bestimmung durch Bauaufsichtsbehörde nach Ermessen aus Verkehrsgründen (§ 49 VI 2) zusätzl. zu 2.a und 2.b Untersagung oder Einschränkung für Teile des Gemeindegebiets oder für bestimmte Nutzungen durch Satzung aus Verkehrsgründen **und** für Wohnungen unter der Voraussetzung, dass in zumutbarer Entfernung allgemeine benutzbare Parkeinrichtungen oder Gemeinschaftsanlagen zur Verfügung stehen (§ 49 VI 3), Satzung in jedem Fall genehmigungspflichtig (§ 49 IX 2)
		2.c	keine Regelung
		3.a	und 3.b § 49 II 4
		4.a	und 4.b § 49 XI und XII zusätzl. • möglichst eingegrünt und nicht versiegelt • Hinweise nach Ermessen • Fahrradabstellplätze „sollten" Sicherung ermöglichen • keine zweckfremde Nutzung (§ 55 XII)
		5.a	Verwaltungsakt der Bauaufsichtsbehörde mit Einverständnis der Gemeinde (§ 49 VII 1)

Land	Norm	III. Umsetzung/Abweichung in den Ländern und der MBO 2002	
		5.b	Ermessen (§ 49 VII 1)
		5.c	Feststellung durch Satzung, ≤ 60 % der durchschnittl. Herstellungskosten öffentl. Parkeinrichtungen (§ 49 VII 3 und 4)
		5.d	§ 49 VIII

11. Kapitel. Die am Bau Beteiligten und der Entwurfsverfasser

Übersicht

	Rn.
Teil 1. Die am Bau Beteiligten	
I. Allgemeines	1
II. Gesetzlich geregelte am Bau Beteiligte	3
1. Der Bauherr	3
a) Definition	3
b) Verantwortlichkeit	4
2. Der Entwurfsverfasser	5
a) Definition	5
b) Verantwortlichkeit	6
3. Fachplaner, Sachverständige, fachkundige Personen	7
a) Definition	7
b) Verantwortlichkeit	8
4. Die Unternehmer	9
a) Definition	9
b) Verantwortlichkeit	10
c) Selbsthilfe und Nachbarschaftshilfe	11
5. Die Fachunternehmer	12
a) Definition	12
b) Verantwortlichkeit	13
6. Der Bauleiter	14
a) Definition und Regelung	14
b) Verantwortlichkeit	15
Teil 2. Die Bauvorlageberechtigung	16
Teil 3. Erforderlichkeit von Entwurfsverfasser, Unternehmer und Bauleiter im Ländervergleich	17
Teil 4. Bauvorlageberechtigung im Ländervergleich	19
I. Vorhaben	19
II. Bauvorlageberechtigte Personen	21

Teil 1. Die am Bau Beteiligten

MBO 2002 §§ 52 ff., BW §§ 41 ff., Bay Art. 55 ff., Bln §§ 52 ff., Bbg §§ 46 ff., Brem §§ 54 ff., Hamb §§ 53 ff., Hess §§ 47 ff., M-V §§ 54 ff., Nds §§ 57 ff., NRW §§ 56 ff., Rh-Pf §§ 54 ff., Saar §§ 55 ff., Sachs §§ 54 ff., Sachs-Anh §§ 58 ff., Schl-H §§ 60 ff., Thür §§ 54 ff.

I. Allgemeines

An der Planung und Ausführung von Bauwerken sind verschiedene Personen beteiligt, 1
angefangen vom Bauherren, über den Entwurfsverfasser, Sachverständige bis hin zu den ausführenden Unternehmen. Diesen Personen können **unabhängig von ihrer zivilrechtlichen Beziehung untereinander** besondere **öffentlich-rechtliche Pflichten** obliegen. Dies bedeutet, dass die am Bau Beteiligten **Adressaten bauaufsichtlicher Maßnahmen** sein können (z. B. Baueinstellung, andere sicherheitsrechtliche Anordnung) und dass sie sich auch einem **Bußgeldverfahren** aussetzen können. Privatrechtliche Abreden, wie z. B. Haftungsausschlussvereinbarungen, berühren diese öffentlich-rechtlichen Verpflichtungen nicht, sondern haben nur im Innenverhältnis zwischen den am Bau Beteiligten Bedeutung.[1]

Die Musterbauordnung 2002 und die Bauordnungen der Länder befassen sich nur mit 2
bestimmten am Bau Beteiligten. Einige Länder kennen z. B. nicht den Bauleiter. Keine der Bauordnungen befasst sich mit Bauträgern, Projektleitern oder Baucontrollern. Soweit öffentlich-rechtliche Maßnahmen gegen solche Personen gerichtet werden sollen, sind die **allgemeinen Grundsätze des Sicherheitsrechts (Störerauswahl)** heranzuziehen.[2]

---

[1] *Boeddinghaus/Hahn/Schulte*, Bauordnung für das Land Nordrhein-Westfalen, § 56 Rn. 10.
[2] *Boeddinghaus/Hahn/Schulte*, Fn. 1, vor § 56 Rn. 4.

II. Gesetzlich geregelte am Bau Beteiligte

1. Der Bauherr

MBO 2002 § 53, BW § 42, Bay Art. 56, Bln § 52, Bbg § 47, Brem § 55, Hamb § 54, Hess § 48, M-V § 55, Nds § 57, NRW § 57, Rh-Pf § 55, Saar § 56, Sachs § 55, Sachs-Anh § 59, Schl-H § 61, Thür § 55

a) Definition

3 Bauherr ist, wer auf seine Verantwortung bauliche Anlagen vorbereitet oder ausführt oder vorbereiten oder ausführen lässt.

b) Verantwortlichkeit

4 Der Bauherr ist der **Gesamtverantwortliche** für das Vorhaben und kann damit nahezu unbegrenzt als Adressat öffentlich-rechtlicher Maßnahmen herangezogen werden. Er ist insbesondere verantwortlich für:

- Einhaltung des formellen Baurechts (Genehmigungspflicht, Einhaltung der Baugenehmigung)
- Einhaltung des materiellen Baurechts
- Erbringen von Anträgen, Anzeigen und Nachweisen
- Sicherheit der Baustelle und Abwicklung der Baumaßnahme
- Bestellung geeigneter Personen (Entwurfsverfasser, Fachplaner, Unternehmer, Fachunternehmer, Bauleiter usw.)

2. Der Entwurfsverfasser

MBO 2002 § 54, BW § 43, Bay Art. 57, Bln § 52 a, Bbg § 48, Brem § 56, Hamb § 55, Hess § 49, M-V § 56, Nds § 58, NRW § 58, Rh-Pf § 56, Saar § 57, Sachs § 56, Sachs-Anh § 60, Schl-H § 62, Thür § 56

a) Definition

5 Entwurfsverfasser ist, wer vom Bauherren mit der **Planung des Bauvorhabens** beauftragt wurde. Der Entwurfsverfasser muss nicht unbedingt derjenige sein, der die Bauvorlagen erstellt hat. Allerdings ist der Ersteller der Bauvorlagen stets als Entwurfsverfasser zu betrachten. Nur bauvorlageberechtigte Entwurfsverfasser sind befugt, die Bauvorlagen zu unterzeichnen, die dem Bauantrag bzw. der Anzeige im Genehmigungsfreistellungsverfahren beigefügt werden müssen. Näheres zum Bauvorlageberechtigten siehe III.

b) Verantwortlichkeit

6 Der Entwurfsverfasser trägt die **Verantwortung für die von ihm erstellten Entwürfe und die Koordination** von allgemeiner Planung und Fachplanung (z. B. bei Hinzuziehen von Sachverständigen oder Fachplanern). Er ist insbesondere verantwortlich für

- Vollständigkeit und Brauchbarkeit des Entwurfs
- Einzelzeichnungen, Einzelberechnungen, Anweisungen
- Ordnungsgemäßes Ineinandergreifen aller Fachplanungen bzw. Planungen von Sachverständigen

3. Fachplaner, Sachverständige, fachkundige Personen

MBO 2002 § 54 Abs. 2, BW § 43 Abs. 2, Bay Art. 57 Abs. 2, Bln § 52 a Abs. 2, Bbg § 48 Abs. 2, Brem § 56 Abs. 2, Hamb § 55 Abs. 2, Hess § 49 Abs. 2, M-V § 56 Abs. 2, Nds § 58 Abs. 2, NRW § 58 Abs. 2, Rh-Pf § 56 Abs. 2, Saar § 57 Abs. 2, Sachs § 56 Abs. 2, Sachs-Anh § 60 Abs. 2, Schl-H § 62 Abs. 2, Thür § 56 Abs. 2

a) Definition

Fachplaner, Sachverständiger oder fachkundige Person ist, wer vom Bauherren für die **Entwurfsverfassung in Fachbereichen** herangezogen wird, für die der Entwurfsverfasser selbst nicht die erforderliche Fachkunde oder Erfahrung besitzt. Besondere Fachplaner sind diejenigen, die die bautechnischen Nachweise erstellen. 7

b) Verantwortlichkeit

Der Fachplaner, Sachverständige bzw. die fachkundige Person ist verantwortlich für die von ihm gefertigten Unterlagen. 8

4. Die Unternehmer

MBO 2002 § 55, BW § 44, Bay Art. 58, Bln § 52 b, Bbg § 50, Brem § 57, Hamb § 56, Hess § 50, M-V § 57, Nds § 59, NRW § 59, Rh-Pf § 57, Saar § 59, Sachs § 57, Sachs-Anh, § 61, Schl-H § 63, Thür § 57

a) Definition

Unternehmer ist, wer vom Bauherren mit der **selbständigen Ausführung des Bauvorhabens** beauftragt worden ist. An einem Bauvorhaben wirken in der Regel mehrere Unternehmer mit (z. B. Aushub, Maurerarbeiten, Zimmererarbeiten, Installation, Dachdeckerarbeiten). 9

b) Verantwortlichkeit

Der Unternehmer trägt die **Verantwortung für die Ausführung des Vorhabens**, soweit sein Auftrag reicht. Insbesondere sind dies 10

- Öffentlich-rechtliche Anforderungen der Bauausführung
- Ordnungsgemäße Einrichtung und sicherer Betrieb der Baustelle im jeweiligen Bereich (z. B. Tauglichkeit und Sicherheit von Gerüsten, Geräten)
- Erbringen und Bereithalten der erforderlichen Nachweise über die Verwendbarkeit der verwendeten Bauprodukte und Bauarten
- Nachweis der Sachkenntnis auf Verlangen der Bauaufsichtsbehörde bei besonderes gefährlichen Arbeiten

c) Selbsthilfe und Nachbarschaftshilfe

Nach den meisten Bauordnungen ist es ausdrücklich **zulässig, Arbeiten im Wege der Selbst- oder Nachbarschaftshilfe auszuführen**. Soweit es an einer ausdrücklichen Regelung fehlt geht der Gesetzgeber davon aus, dass es sich um die Arbeiten handelt, zu denen der Bauherr selbst in der Lage ist und damit die Bestellung eines Unternehmers nicht erforderlich ist.[3] **Ausdrücklich ausgeschlossen** ist die Selbst- oder Nachbarschaftshilfe in beinahe allen Ländern bei **Abbrucharbeiten**, da diese als besonders gefährlich gelten. 11

In der Praxis bereitet die Abgrenzung zwischen erlaubter Nachbarschaftshilfe und **unerlaubter Schwarzarbeit** große Schwierigkeiten. Das Erbringen von Schwarzarbeit bzw. die Beauftragung mit Schwarzarbeit stellen nach dem Gesetz zur Bekämpfung der Schwarzarbeit Ordnungswidrigkeiten dar.

5. Die Fachunternehmer

MBO 2002 –, BW § 44 Abs. 2, Bay Art. 58 Abs. 2, Bln § 52 b Abs. 3, Bbg –, Brem § 57 Abs. 2, Hamb § 56 Abs. 3, Hess § 50 Abs. 2, M-V § 57 Abs. 3, Nds § 59 Abs. 3, NRW § 59 Abs. 3, Rh-Pf § 57 Abs. 3, Saar § 59 Abs. 2, Sachs § 57 Abs. 3, Sachs-Anh § 61 Abs. 3, Schl-H § 62 Abs. 3, Thür § 57 Abs. 3

---

[3] Begründung zu § 53 MBO 2002.

a) Definition

12 Fachunternehmer sind vom Bauherren bestellte Unternehmen für Bereiche, in denen der Unternehmer nicht über die erforderliche Sachkunde und Erfahrung besitzt.

b) Verantwortlichkeit

13 Die Verantwortlichkeit des Fachunternehmers entspricht der des Unternehmers in Bezug auf die von ihm zu erfüllenden Aufgaben.

6. Der Bauleiter

MBO 2002 § 56, BW § 45, Bay –, Bln § 53, Bbg § 49, Brem § 58, Hamb § 57, Hess § 51, M-V § 58, Nds –, NRW § 59 a, Rh-Pf –, Saar § 60, Sachs § 58, Sachs-Anh § 62, Schl-H § 64, Thür –

a) Definition und Regelung

14 Der Bauleiter ist als **technischer Leiter des Bauvorhabens** für die **Gesamtmaßnahme** verantwortlich. Nicht alle Bauordnungen kennen den Bauleiter. Soweit **nichts geregelt** ist, obliegen die Aufgaben der Bauleitung dem **Bauherren**. Die Bestellung eines Bauleiters soll dazu dienen, Verstöße gegen das Baurecht zu minimieren. Die Erfahrungen in einigen Ländern zeigten, dass bei Vorhaben ohne Bauleiter die Zahl der Ordnungswidrigkeiten um ein Vielfaches höher lag als bei solchen, für die ein Bauleiter bestellt worden war.[4] Im Zuge der Deregulierungsbestrebungen und der damit verbundenen gestärkten Eigenverantwortung des Bauherren verzichtet die Musterbauordnung 2002 auf Vorgaben zur Bestellung eines Bauleiters.

b) Verantwortlichkeit

15 Der Bauleiter hat darüber zu wachen, dass die **Baumaßnahme dem öffentlichen Baurecht**, insbesondere den allgemein anerkannten Regeln der Technik und den Bauvorlagen entsprechend durchgeführt wird. Die **Verantwortung** des Bauleiters besteht **neben der des Bauherren oder der Unternehmer**. Dies sind insbesondere:

- Einhaltung der Vorgaben der Baugenehmigung und des materiellen Baurechts
- Einhaltung der Regeln der Technik
- Sicherer und reibungsloser Betrieb der Baustelle
- Gefahrloses Ineinandergreifen der Arbeiten der Unternehmer.

Teil 2. Die Bauvorlageberechtigung

MBO 2002 § 65, BW § 43 Abs. 3 ff., Bay Art. 68, Bln § 58, Bbg § 48 Abs. 4 ff., Brem § 70, Hamb § 64, Hess § 49 Abs. 3 ff., M-V § 67, Nds § 58, NRW § 70, Rh-Pf § 64, Saar § 70, Sachs § 65, Sachs-Anh § 71, Schl-H § 71, Thür § 65

16 Ein besonderer Entwurfsverfasser ist der Ersteller der **Bauvorlagen**, die einem **Antrag auf Baugenehmigung**, einer **Anzeige im Genehmigungsfreistellungsverfahren** oder auch einem **Vorbescheidsantrag** zugrunde zu legen sind. An diese Entwurfsverfasser stellen die MBO und die Bauordnungen der Länder besondere **Sachkundeanforderungen**. Diese Anforderungen sind in der Übersicht am Ende des Kapitels dargestellt.

[4] Begründung zur Novelle 1999 der BauO NW, LT-Drs. 12/3738 zu § 59 a LBO NW.

Teil 3. Erforderlichkeit von Entwurfsverfasser, Unternehmer und Bauleiter im Ländervergleich

17

Regelungsgegenstände der Landesbauordnungen und der MBO 2002[5]		
Entwurfsverfasser **1.** ist erforderlich bei genehmigungspflichtigen und genehmigungsfreigestellten Vorhaben. **2.** Bei technisch einfachen oder geringfügigen Anlagen kann die Bauaufsichtsbehörde auf die Bestellung eines Entwurfsverfassers verzichten	Unternehmer **1.** ist erforderlich bei genehmigungspflichtigen und genehmigungsfreigestellten Vorhaben. **2.** Bei Bauarbeiten, die in Selbst- oder Nachbarschaftshilfe ausgeführt werden, ist die Bestellung nicht erforderlich, wenn dabei genügend Fachkräfte mit der nötigen Sachkunde, Erfahrung und Zuverlässigkeit mitwirken, soweit es sich nicht um Abbrucharbeiten handelt	Bauleiter **1.** ist erforderlich bei genehmigungspflichtigen und genehmigungsfreigestellten Vorhaben. **2.** Bei technisch einfachen oder geringfügigen Anlagen kann die Bauaufsichtsbehörde auf die Bestellung eines Bauleiters verzichten.

↓ ↓ ↓

18

Land	**Norm** (LBO)	**Umsetzung/Abweichung in den Ländern und der MBO 2002**[6]					
MBO 2002	§ 53	1. 2.	§ 53 I 1, § 54 keine Regelung	1. 2.	§ 53 I 1, § 55 keine Regelung	1. 2.	§ 53 I 1, § 56 keine Regelung
BW	§ 42	1. 2.	§ 42 I 1, § 43 keine Regelung	1. 2.	§ 42 I 1, § 44 § 42 II	1. 2.	§ 42 I 1, III, § 45 bei der Errichtung von Gebäuden mit Aufenthaltsräumen; bei anderen Vorhaben kann die Bauaufsichtsbehörde die Bestellung eins Bauleiters verlangen § 42 III 1
Bay	Art. 56	1. 2.	Art. 56 I 2, II, Art. 57 Art. 56 IV	1. 2.	Art. 56 I 2, II, Art. 58 Art. 56 III	1.	u. 2. keine Regelung
Bln	§ 52	1. 2.	§ 52 I 1, § 52 a keine Regelung	1. 2.	§ 52 I 1, § 52 b keine Regelung	1. 2.	§ 52 I 1, § 53 keine Regelung
Bbg	§ 47	1. 2.	§ 47 I 1, § 48 keine Regelung	1. 2.	§ 47 I 1, § 50 keine Regelung	1. 2.	§ 47 I 1, § 49 keine Regelung
Brem	§ 55	1. 2.	§ 55 I 2, § 66 XIII, § 56 keine Regelung	1. 2.	§ 55 I 2, § 66 XIII, § 57 § 55 VIII	1.	§ 55 I 1, II, § 66 XIII, § 58 auf Verlangen der Bauaufsichtsbehörde bei technisch schwierigen Bauvorhaben und solchen, bei denen aus besonderen Gründen das

[5] Die hier verwendeten Ziffern entsprechen den Ziffern der nachstehenden Rubrik „Umsetzung/Abweichung in den Ländern und der MBO 2002".

[6] Die hier verwendeten Ziffern entsprechen den Ziffern der vorstehenden Rubrik „Regelungsgegenstände der Landesbauordnungen und der MBO 2002".

Land	Norm (LBO)	Umsetzung/Abweichung in den Ländern und der MBO 2002					
						 2.	ordnungsgemäße Ineinandergreifen der Arbeiten verschiedener Unternehmer und Fachleute nicht gesichert ist. keine Regelung (siehe Ziffer 1)
Hamb	§ 54	**1.** **2.**	§ 54 I 1, § 3 I 2 Bauanzeige V, § 55 § 54 II 1	**1.** **2.**	§ 54 I 1, § 3 I 2 BauanzeigeV, § 56 § 54 II 2, 4	**1.** **2.**	§ 54 I 1, § 3 I 2 BauanzeigeV, § 58 § 54 II 1
Hess	§ 48	**1.** **2.**	§ 48 IV 1, § 49 § 48 IV 2, nicht erforderlich bei Nutzungsänderungen ohne bauliche Änderungen	**1.** **2.**	§ 48 IV 1, § 50 § 48 IV 3, 4, im Übrigen § 48 IV 2, nicht erforderlich bei Nutzungsänderungen ohne bauliche Änderungen	**1.** **2.**	§ 48 IV 1, § 51 § 48 IV 2, nicht erforderlich bei Nutzungsänderungen ohne bauliche Änderungen
M-V	§ 55	**1.** **2.**	§ 55 I 1, § 56 § 55 II 1	**1.** **2.**	§ 55 I 1, § 57 § 55 II 2, 3	**1.** **2.**	§ 55 I 1, § 58 § 55 II 1
Nds	§ 57	**1.** **2.**	§ 57 II 1, § 69 a I Nr. 1, § 58 § 57 II 1, nicht erforderlich, wenn die Baumaßnahme keines Entwurfs bedarf	**1.** **2.**	§ 57 II 2, § 59 keine Regelung		keine Regelung
NRW	§ 57	**1.** **2.**	§ 57 I 1, IV, § 58 § 57 II 1	**1.** **2.**	§ 57 I 1, IV, § 59 § 57 II 2	**1.** **2.**	§ 57 I 1, IV, § 59 a § 57 II 1
Rh-Pf	§ 55		§ 55 I 1, § 56 § 55 II 1	**1.** **2.**	§ 55 I 1, § 57 § 55 II 2, keine Beschränkung in Bezug auf Abbruch		keine Regelung
Saar	§ 56	**1.** **2.**	§ 56 I, § 57 § 56 II	**1.** **2.**	§ 56 I 1, § 59 § 56 III	**1.** **2.**	§ 56 I, § 60 § 56 II
Sachs	§ 55	**1.** **2.**	§ 55 I, § 56 § 55 II 1	**1.** **2.**	§ 55 I, § 57 § 55 II 2, 3	**1.** **2.**	§ 55 I, § 58 § 55 II 1
Sachs-Anh	§ 59	**1.** **2.**	§ 59 I, § 60 § 59 II 1	**1.** **2.**	§ 59 I, § 61 § 59 II 3, 4	**1.** **2.**	§ 59 I, § 62 § 59 II 1
Sch-H	§ 61	**1.** **2.**	§ 61 I 1, § 62 § 61 III 1	**1.** **2.**	§ 61 I 1, § 63 § 66 III 2, 3	**1.** **2.**	§ 61 I 1, § 64 § 66 III 1
Thür	§ 55	**1.** **2.**	§ 55 I 2, § 56 § 55 II 1	**1.** **2.**	§ 55 I 2, § 57 § 55 I 2, 3		keine Regelung

Teil 4. Bauvorlageberechtigung im Ländervergleich

I. Vorhaben

19

Regelungsgegenstände der Landesbauordnungen und der MBO 2002	
Errichtung und Änderung baugenehmigungspflichtiger und freigestellter Gebäude	**Ausnahmen**

20

Land		**Umsetzung in den Ländern und der MBO 2002**
MBO 2002	§ 65 I	§ 65 III Nr. 2: geringfügige oder technisch einfache Vorhaben
BW	§ 43 III	§ 43 V: • Vorhaben, die nur auf Grund örtlicher Bauvorschriften kenntnisgabepflichtig sind • Garagen bis 100 m² Nutzfläche • Behelfsbauten und untergeordnete Gebäude
Bay	Art. 68 I	keine Ausnahmen
Bln	§ 58 I	keine Ausnahmen
Bbg	§ 48 IV	§ 48 V: geringfügige oder technisch einfache Vorhaben
Brem	§ 70 I	keine Ausnahmen
Hamb	§ 64 I, § 2 I BauanzeigeV	§ 64 II: • eingeschossige gewerbliche Gebäude bis 250 m² Grundfläche und 5 m Wandhöhe • landwirtschaftliche Betriebsgebäude bis zu 250 m² Grundfläche • Garagen bis zu 100 m² Nutzfläche • untergeordnete Gebäude • geringfügige Änderungen von Gebäuden
Hess	§ 49 III 1	keine Ausnahmen
M-V	§ 67 I i.V. m. § 64 II 2	§ 67 III: • freistehende Gebäude bis 50 m² Grundfläche und mit nicht mehr als 2 Geschossen • Gebäude ohne Aufenthaltsräume bis 100 m§ Grundfläche und nicht mehr als 2 Geschossen • Behelfsbauten (§ 50 I)
Nds	§ 58 III i.V. m. § 69 a I Nr. 2; alle Baumaßnahmen	§ 58 VI: • Stützmauern, selbständige Aufschüttungen und Abgrabungen • wenn für Entwürfe einfacher Art ein Standsicherheitsnachweis nicht erforderlich ist
NRW	§ 70 I i.V. m. § 67 V 8	§ 70 II: • Garagen und überdachte Stellplätze bis 100 m² Nutzfläche sowie überdachte Fahrradabstellplätze • Behelfsbauten und untergeordnete Gebäude (§ 53)

Land		Umsetzung in den Ländern und der MBO 2002
Rh-Pf	§ 64 I 1	§ 64 IV: • Garagen bis zu 100 m² Nutzfläche • Behelfsbauten und untergeordnete Gebäude
Saar	§ 70 I 1 i.V. m. § 66 II 1; auch Nutzungsänderung	§ 70 I 2: • Wohngebäude bis 90 m² Geschossfläche und 350 m³ Bruttorauminhalt • landwirtschaftliche Betriebsgebäude und gewerblich genutzte Gebäude bis zu 120 m² Geschossfläche • Behelfsgebäude und untergeordnete Gebäude • Garagen bis 100 m² Nutzfläche
Sachs	§ 65 I, § 63 IX	§ 65 V: • freistehende Gebäude bis 50 m² Grundfläche und mit nicht mehr als 2 Geschossen • Gebäude ohne Aufenthaltsräume bis 100 m§ Grundfläche und nicht mehr als 2 Geschossen • Behelfsbauten und untergeordnete Gebäude (§ 51) • eingeschossige gewerbliche Gebäude und landwirtschaftliche Betriebsgebäude bis 250 m² Grundfläche und bis 5 m Wandhöhe
Sachs-Anh	§ 71 I i.V. m. § 68 VII	§ 71 III: • freistehende Gebäude bis 50 m² Grundfläche und nicht mehr als 2 Geschossen • Gebäude ohne Aufenthaltsräume bis 100 m² Grundfläche und nicht mehr als 2 Geschossen • Behelfsbauten (§ 55 I)
Schl-H	§ 71 I 1 i.V. m. § 74 I 1	§ 71 II: • eingeschossige gewerbliche Gebäude bis 250 m² Grundfläche und 5 m Wandhöhe • landwirtschaftliche Betriebsgebäude bis 2 Vollgeschosse und 250 m² Grundfläche • Garagen bis 100 m² Nutzfläche • Behelfsbauten und untergeordnete Gebäude (§ 57)
Thür	§ 65 I	§ 65 III: • eingeschossige gewerbliche Gebäude bis 250 m² Grundfläche und 5 m Wandhöhe • landwirtschaftliche Betriebsgebäude bis 2 Vollgeschosse und 250 m² Grundfläche • Behelfsbauten (§ 51 I)

II. Bauvorlageberechtigte Personen

21

	Regelungsgegenstände der Landesbauordnungen und der MBO 2002[7]
1.	Architekten
2.	bei Ingenieurkammer des Landes eingetragene Bauingenieure
3.	Innenarchitekten für ihren Bereich bei Änderung von Gebäuden
4.	Ingenieure (auch gehobener/höherer bautechnischer Dienst) in den Fachrichtungen Architektur, Hochbau oder Bauingenieurwesen mit mindestens 2 Jahren Berufserfahrung für dienstliche Tätigkeit
5.	Meister des Bauhandwerks (Maurer, Beton- und Stahlbetonbauer, Zimmerer)
6.	staatliche geprüfte Bautechniker
7.	Hochschulabsolventen, wenn Studiengang anerkannt/Ingenieure
8.	sonstige

[7] Die hier verwendeten Ziffern entsprechen den Ziffern der nachstehenden Rubrik „Umsetzung/Abweichung in den Ländern und der MBO 2002".

22

Land	Norm (LBO)		Umsetzung/Abweichung in den Ländern und der MBO 2002[8]
MBO 2002	§ 65	**1.** **2.** **3.** **4.** **5.** **8.**	§ 65 II Nr. 1 § 65 II Nr. 2 § 65 II Nr. 3 § 65 II Nr. 4 bis 7. keine Regelung § 65 III Nr. 1: Fachkräfte mit anderer Ausbildung für Bauvorlagen, die üblicherweise von diesen Personen verfasst werden
BW	§ 43	**1.** **2.** **3.** **4.** **5.** **8.**	§ 43 III Nr. 1 § 43 III Nr. 3 § 43 III Nr. 2 § 43 V Nr. 2 bis 7. § 43 IV für • Wohngebäude mit einem Vollgeschoss bis zu 150 m² Grundfläche • eingeschossige gewerbliche Gebäude bis zu 250 m² Grundfläche und 5 m Wandhöhe • landwirtschaftliche Betriebsgebäude bis zu 2 Vollgeschossen und 250 m² Grundfläche keine Regelung
Bay	Art. 68	**1.** **2.** **3.** **4.** **5.** **6.** **7.** **8.**	Art. 68 II Nr. 1 Art. 68 II Nr. 2 Art. 68 IV Nr. 4 Art. 68 IV Nr. 2, 3, bei Ingenieuren 3 Jahre Berufserfahrung erforderlich bis 7. Art. 68 III, IV Nr. 5 (Fachrichtung Holzbau und Ausbau) für • Wohngebäude bis zu je 3 Wohnungen, auch in der Form von Doppelhäusern (nicht Hausgruppen) • eingeschossige gewerblich genutzte Gebäude bis 250 m² Grundfläche und 12 m freie Stützweite • landwirtschaftliche Betriebsgebäude bis zu 2 Vollgeschossen • Garagen bis 100 m² Nutzfläche • Behelfsbauten und Nebengebäude • Gewächshäuser • einfache Änderungen von sonstigen Gebäuden bei Art. 68 IV Nr. 5 Einschränkung: Errichtung in Holzbauweise keine Regelung
Bln	§ 58	**1.** **2.** **3.** **4.** **5.** **8.**	§ 58 II 1 Nr. 1 § 58 II 1 Nr. 2 § 58 II 2 Nr. 1 § 58 II 2 Nr. 3 bis 7. § 58 III für • Wohngebäude mit nicht mehr als 2 Wohnungen • eingeschossige gewerbliche Gebäude bis 250 m² Grundfläche und bis 5 m Wandhöhe • Garagen bis 100 m² Nutzfläche • Behelfsbauten, untergeordnete Gebäude und bauliche Anlagen • einfache Änderungen von Gebäuden. a) § 58 II 2 Nr. 1: Landschaftsarchitekt für die mit der Berufsaufgabe verbundenen Aufgaben. b) § 58 II 2 Nr. 2: Fachkräfte mit anderer Ausbildung für Bauvorlagen, die üblicherweise von diesen Personen verfasst werden

[8] Die hier verwendeten Ziffern entsprechen den Ziffern der vorstehenden Rubrik „Regelungsgegenstände der Landesbauordnungen und der MBO 2002".

Land	Norm (LBO)		Umsetzung/Abweichung in den Ländern und der MBO 2002
Bbg	§ 48	**1.**	§ 48 IV Nr. 1
		2.	§ 48 IV Nr. 2
		3.	keine Regelung
		4.	§ 48 IV Nr. 3
		5.	keine Regelung
		6.	keine Regelung
		7.	keine Regelung
		8.	§ 48 IV 3: Fachkräfte mit anderer Ausbildung für Bauvorlagen, die üblicherweise von diesen Personen verfasst werden
Brem	§ 70	**1.**	§ 70 II Nr. 1
		2.	§ 70 II Nr. 2
		3.	§ 70 III Nr. 2
		4.	§ 70 III Nr. 3 (2-jährige Ingenieurtätigkeit muss innerhalb der letzten 8 Jahr ausgeübt worden sein)
		5.	und 7. § 70 IV für • einzelne Einfamilienhäuser einschließlich Einliegerwohnung mit Geschossfläche von bis zu 200 m² (soweit nicht Kulturdenkmal) • gewerbliche Gebäude mit nicht mehr als einem oberirdischen Geschoss bis zu 250 m² Grundfläche und 5 m Wandhöhe • Vorhaben nach §§ 66 II Nr. 2 bis 8 (sonstige freigestellte Vorhaben) • einfache Änderungen von sonstigen Gebäuden Bauvorlageberechtigung entsteht 8 Jahre nach Erwerb der Qualifikation
		8.	§ 70 III Nr. 1: Fachkräfte mit anderer Ausbildung für Bauvorlagen, die üblicherweise von diesen Personen verfasst werden
Hamb	§ 64	**1.**	§ 64 III Nr. 1
		2.	§ 64 III Nr. 2
		3.	§ 64 V
		4.	§ 64 III Nr. 3 (3-jährige Berufserfahrung)
		5.	und 6. § 64 IV mit 3-jähriger Berufserfahrung für freistehende Wohngebäude mit nicht mehr als 2 Wohnungen; § 64 VI Gas- und Wasserinstallateurmeister auch für Grundstücksentwässerungsanlagen im Zusammenhang mit dem Errichten und Ändern von Gebäuden geringer Höhe und Dachgeschossausbauten
		7.	keine Regelung
		8.	§ 64 VII: Landschaftsarchitekten für umfangreiche Freianlagen im Zusammenhang mit dem genehmigungspflichtigen Errichten und Ändern von Gebäuden.
Hess	§ 49	**1.**	§ 49 IV Nr. 1
		2.	§ 48 IV Nr. 2
		3.	§ 49 V Nr. 1
		4.	§ 49 V Nr. 2 (keine Mindestdauer der Berufsausübung vorgesehen)
		5.	bis 7. § 49 VI für • Wohngebäude mit nicht mehr als 2 Wohnungen und nicht mehr als 200 m² Wohnfläche • eingeschossige gewerbliche Gebäude bis 200 m² Brutto-Grundfläche und 3 m Wandhöhe • landwirtschaftliche Betriebsgebäude der Gebäudeklassen 1 bis 3 bis 200 m² Bruttogrundfläche des Erdgeschosses • Garagen bis 200 m§ Nutzfläche
		8.	a) § 49 III 2: Fachkräfte mit anderer Ausbildung für Bauvorlagen, die üblicherweise von diesen Personen verfasst werden b) § 49 VI 2: Ziffern 5 bis 7 gelten auch für Personen nach den Ziffern 1–3, wenn die Berufspraxis oder die Eintragung in die Liste der Bauvorlageberechtigten fehlen

Land	Norm (LBO)		Umsetzung/Abweichung in den Ländern und der MBO 2002
M-V	§ 67	**1.** **2.** **3.** **4.** **5.** **6.** **7.** **8.**	§ 67 II Nr. 1 § 67 II Nr. 2 § 67 II Nr. 3 § 67 II Nr. 4 keine Regelung keine Regelung keine Regelung § 67 III Nr. 4: Fachkräfte mit anderer Ausbildung für Bauvorlagen, die üblicherweise von diesen Personen verfasst werden
Nds	§ 58	**1.** **2.** **3.** **4.** **5.** **6.** **7.** **8.**	§ 58 III Nr. 1 § 58 III Nr. 3 § 58 IV § 58 III Nr. 4 § 58 V 1 § 58 V 2 keine Regelung a) § 58 III Nr. 2: in die von der Architektenkammer geführten Liste eingetragene Entwurfsverfasser der Fachrichtung Architektur b) § 58 VI Nr. 2: Fachkräfte mit anderer Ausbildung für Bauvorlagen, die üblicherweise von diesen Personen verfasst werden (z. B. Werbeanlagen und Behälter)
NRW	§ 70	**1.** **2.** **3.** **4.** **5.** **6.** **7.** **8.**	§ 70 III Nr. 1 § 70 III Nr. 2 (2 Jahre auf dem Gebiet der Planung tätig) § 70 III Nr. 4; umfassende Vorlageberechtigung gem. § 70 III Nr. 3 nach ergänzender Hochschulprüfung zum Nachweis der Befähigung für Gebäudeplanung und mindestens 2 Jahren entsprechender praktischer Tätigkeit § 70 III Nr. 6 (keine Mindestdauer der Berufsausübung vorgesehen) keine Regelung keine Regelung § 70 III Nr. 5, wenn aufgrund des Ingenieurgesetzes vor dem 1. 1. 1990 während eines Zeitraums von 2 Jahren wiederholt Bauvorlagen erstellt wurden keine Regelung
Rh-Pf	§ 64	**1.** **2.** **3.** **4.** **5.** **6.** **7.** **8.**	§ 64 II Nr. 1 § 64 II Nr. 2 § 64 II Nr. 3 § 64 II Nr. 4 (keine Mindestdauer der Berufsausübung vorgesehen) keine Regelung keine Regelung keine Regelung keine Regelung
Saar	§ 70	**1.** **2.** **3.** **4.** **5.** **6.** **7.** **8.**	§ 70 II Nr. 1 § 70 II Nr. 2 § 70 II Nr. 3 § 70 II Nr. 4 keine Regelung keine Regelung keine Regelung § 70 III („Ingenieurbauten"): Beratende Ingenieure für Gebäude, die wegen ihrer besonderen Anforderungen in planerischer oder konstruktiver Hinsicht sowie im Hinblick auf ihre besondere Zweckbestimmung in der Regel von Ingenieuren der Fachrichtung Bauingenieurwesen oder verwandter Fachrichtungen entworfen werden.

Land	Norm (LBO)		Umsetzung/Abweichung in den Ländern und der MBO 2002
Sachs	§ 65	**1.** **2.** **3.** **4.** **5.** **6.** **7.** **8.**	§ 65 II Nr. 1 § 65 II Nr. 2 § 65 II Nr. 3 § 65 II Nr. 4 keine Regelung keine Regelung keine Regelung § 65 V Nr. 4: Fachkräfte mit anderer Ausbildung für Bauvorlagen, die üblicherweise von diesen Personen verfasst werden
Sachs-Anh	§ 71	**1.** **2.** **3.** **4.** **5.** **6.** **7.** **8.**	§ 71 II Nr. 1 § 71 II Nr. 2 § 71 II Nr. 3 § 71 II Nr. 4 keine Regelung keine Regelung keine Regelung § 71 III Nr. 4: Fachkräfte mit anderer Ausbildung für Bauvorlagen, die üblicherweise von diesen Personen verfasst werden
Schl-H	§ 71	**1.** **2.** **3.** **4.** **8.**	§ 71 III Nr. 1 § 71 III Nr. 2 § 71 III Nr. 3 bis 7. § 71 IV für freistehende Wohngebäude mit nicht mehr als 2 Wohnungen und untergeordneten eingeschossigen Anbauten an bestehende Wohngebäude geringer Höhe keine Regelung
Thür	§ 65	**1.** **2.** **3.** **4.** **5.** **6.** **7.** **8.**	§ 65 II Nr. 1 § 65 II Nr. 2 § 65 II Nr. 3 § 65 II Nr. 4 (keine Mindestdauer der Berufsausübung vorgesehen) keine Regelung keine Regelung keine Regelung a) § 65 II Nr. 6: wer bis zum Inkrafttreten der ThürBO in zulässiger Weise Bauvorlagen gefertigt hat und hierüber eine Bescheinigung der obersten Bauaufsichtsbehörde vorlegt. b) § 65 III Nr. 4: Fachkräfte mit anderer Ausbildung für Bauvorlagen, die üblicherweise von diesen Personen verfasst werden.

12. Kapitel. Bauaufsichtsbehörden – Ländervergleich

MBO 2002 § 57, BW §§ 46–48, Bay Art. 59, 61, Bln § 4 Allg. Zuständigkeitsgesetz (AZG), § 2 IV Allg. Sicherheits- und OrdnungsG (ASOG Bln), Bbg §§ 51, 52, 53, Brem §§ 60, 63, Hamb § 3 BezirksverwaltungsG (BezVG), § 4 G über die Verwaltungsbehörden, Hess §§ 52, 53, M-V §§ 59, 61, Nds §§ 63–66, NRW §§ 60, 62, Rh-Pf §§ 58, 60, Saar §§ 62, 63, Sachs §§ 59–61, Sachs-Anh §§ 63–65, Schl-H §§ 65, 67, Thür §§ 59, 61

1

	I. Regelungsgegenstände der Landesbauordnungen und der MBO 2002[1]
1.	**Bauaufsichtsbehörden** • Untere Verwaltungsbehörde als untere Bauaufsichtsbehörde • Höhere Verwaltungsbehörde (Regierung) als höhere Bauaufsichtsbehörde • Mit Bausachen betreutes Fachressort als oberste Bauaufsichtsbehörde
2.	**Übertragung** • Durch oberste Bauaufsichtsbehörde in der Regel • Aufgaben der unteren Bauaufsichtsbehörde, ev. beschränkt auf bestimmte Vorhaben • Auf kreisangehörige Gemeinden • Erlöschensregelung
3.	**Ausstattung** • Für die Aufgaben ausreichend mit geeigneten Fachkräften zu besetzen • Fachliche Anforderungen für Personal • Ausnahmen können gestattet werden
4.	**Zuständigkeit** • Sachlich zuständig ist in der Regel untere Bauaufsichtsbehörde • Im Einzelfall andere landesrechtliche Bestimmungen

2

Land	Norm (LBO)		II. Umsetzung/Abweichung in den Ländern und der MBO 2002[2]
MBO 2002	§ 57	1.	§ 57 I **Differenzierungen** • Untere Verwaltungsbehörde • Höhere Verwaltungsbehörde • Ministerium
		2.	§ 57 II **Übertragung** • Ganz oder teilweise • widerruflich
		3.	§ 57 III **Ausstattung** • mit erforderlichen Vorrichtungen • insbesondere Beamte, die die Befähigung zum höheren bautechnischen Verwaltungsdienst und die erforderlichen Kenntnisse der Bautechnik, der Baugestaltung und des öffentlichen Baurechts haben, und Beamte, die die Befähigung zum Richteramt oder zum höheren Verwaltungsdienst haben • oberste Bauaufsichtsbehörde kann Ausnahmen gestatten
		4.	**Zuständigkeit:** keine Regelung

[1] Die hier verwendeten Ziffern entsprechen den Ziffern der nachstehenden Rubrik „Umsetzung/Abweichung in den Ländern und der MBO 2002".

[2] Die hier verwendeten Ziffern entsprechen den Ziffern der vorstehenden Rubrik „Regelungsgegenstände der Landesbauordnungen und der MBO 2002".

Land	Norm (LBO)	II. Umsetzung/Abweichung in den Ländern und der MBO 2002	
BW	§§ 46, 47, 48	**1.**	§ 46 I **Differenzierungen** • Untere Verwaltungsbehörden bzw. Gemeinden und Verwaltungsgemeinschaften • Regierungspräsidien • Wirtschaftsministerium
		2.	§ 46 II, III **Übertragung** • Feststellung der Voraussetzungen und Bekanntmachung im Gesetzblatt • Antrag erforderlich; Antragstellung eines Gemeindeverwaltungsverbandes bedarf des Beschlusses einer Mehrheit von $^2/_3$ der satzungsmäßigen Stimmenzahl; Antragstellung der erfüllenden Gemeinde einer vereinbarten Verwaltungsgemeinschaft bedarf des Beschlusses einer Mehrheit von $^2/_3$ aller Stimmen des gemeinsamen Ausschusses • auf Gemeinden und Verwaltungsgemeinschaften, die über die erforderliche personelle Ausstattung verfügen • Aufgabenübergang mit Beginn des übernächsten Monats nach der Bekanntmachung • § 46 IV Übertragung erlischt durch Erklärung der Gemeinde oder Gemeinschaft gegenüber der höheren Baurechtsbehörde oder, wenn Voraussetzungen nicht mehr vorliegen und die höhere Baurechtsbehörde dies feststellt; Erlöschen im Gesetzblatt bekannt zu machen; wirksam mit Ablauf des auf die Bekanntmachung folgenden Monats
		3.	§ 46 V **Ausstattung** • Untere Baurechtsbehörde: mindestens ein Bauverständiger, der das Studium der Fachrichtung Architektur an einer deutschen Universität oder Fachhochschule oder eine gleichwertige Ausbildung an einer ausländischen Hochschule oder gleichrangigen Lehreinrichtung abgeschlossen hat • Höhere Baurechtsbehörde kann von der Anforderung an die Ausbildung Ausnahmen zulassen • Fachkräfte zur Beratung und Unterstützung der Landratsämter als Baurechtsbehörden sind vom Landkreis zu stellen
		4.	§ 48 **Zuständigkeit** • § 48 I Untere Bauaufsichtsbehörde, soweit nichts anderes bestimmt ist • § 48 II Anstelle der Gemeinde als Baurechtsbehörde nächsthöhere Baurechtsbehörde bzw. untere Verwaltungsbehörde, wenn Vorhaben der Gemeinde, gegen das Einwendungen erhoben werden, sowie bei einem Vorhaben, gegen das die Gemeinde als Beteiligte Einwendungen erhoben hat • § 48 II Anstelle einer Verwaltungsgemeinschaft als Baurechtsbehörde die in KommZG genannte Behörde • § 48 II Für Behandlung des Bauantrags, die Bauüberwachung und die Bauabnahme verbleibt es bei der Zuständigkeit der unteren Baurechtsbehörde • § 47 V Fachaufsicht kann nachgeordneten Behörden unbeschränkt Weisungen erteilen und anstelle der angewiesenen Behörde die erforderlichen Maßnahmen auf Kosten der Baurechtsbehörde treffen, wenn diese einer Weisung nicht nachkommt
Bay	Art. 59, 61	**1.**	Art 59 I **Differenzierungen** • Kreisverwaltungsbehörde • Regierungen • Innenministerium, bei Belangen des Denkmalschutzes im Einvernehmen mit Kultusministerium
		2.	Art 59 II, III **Übertragung** • durch Rechtsverordnung des Innenministeriums[3]

[3] Siehe Kap. 16, Stichwort „Verfahrensregelungen", Rn. 130.

Land	Norm (LBO)		II. Umsetzung/Abweichung in den Ländern und der MBO 2002
			• Antrag erforderlich • auf leistungsfähige kreisangehörige Gemeinden, ev. beschränkt auf genehmigungsfreigestellte Vorhaben • Bei Übertragung ist für die Entscheidung über Genehmigungen diejenige Behörde zuständig, die zum Zeitpunkt des Eingangs des Antrags bei der Gemeinde zuständig war • Art 59 V Aufhebung durch oberste Bauaufsichtsbehörde auf Antrag möglich (durch Rechtsverordnung); zwingend aufzuheben, wenn Voraussetzungen für den Erlass nicht vorgelegen haben oder nicht mehr vorliegen
		3.	Art 59 IV **Ausstattung** • Untere Bauaufsichtsbehörde: Beamte mit Befähigung zum Richteramt oder zum höheren Verwaltungsdienst und Beamte des höheren bautechnischen Verwaltungsdienstes der Fachgebiete Hochbau oder Städtebau • oberste Bauaufsichtsbehörde kann in begründeten Ausnahmefällen, insbes. für die große Kreisstadt und für Gemeinden, denen die Aufgaben der unteren Bauaufsichtsbehörden übertragen worden sind, zulassen, dass Beamter des gehobenen bautechnischen Verwaltungsdienstes beschäftigt wird • In Gemeinden, denen Aufgaben der unteren Bauaufsichtsbehörde beschränkt auf bestimmte Vorhaben übertragen worden sind, genügen Beamte des gehobenen nichttechnischen Verwaltungsdienstes, im Falle des technischen Dienstes auch sonstige Bedienstete, die mindestens einen Fachhochschulabschluss Hochbau, Städtebau oder konstruktiver Ingenieurbau erworben haben • Art 59 VI Bautechnisches Personal und die notwendigen Hilfskräfte bei den Landratsämtern sind von den Landkreisen anzustellen
		4.	**Zuständigkeit**: • Art 61 I Untere Bauaufsichtsbehörde, soweit nichts anderes bestimmt ist • Art 61 II wenn sachliche Zuständigkeit bei Übertragung von Aufgaben der unteren Bauaufsichtsbehörde bei Vorhaben geringer Schwierigkeit wegen Nichtigkeit des zugrunde liegenden Bebauungsplans nicht begründet war, kann Aufhebung des Verwaltungsakts bis zur gerichtlichen Feststellung der Nichtigkeit nicht allein deshalb beansprucht werden
Bln	in **LBO** nicht geregelt	1.	**Differenzierungen** § 4 Allg. Zuständigkeitsgesetz (AZG) • Senat (Hauptverwaltung) gemäß Allg. Zuständigkeitskatalog, hier Nr. 8: Flächennutzungsplan- und Bebauungsplanverfahren für Gebiete von außergewöhnlicher stadtpolitischer Bedeutung oder für Verfassungsorgane des Bundes; Aufgaben der höheren und obersten Landesbehörden nach dem BauGB • Bezirke für alle im Katalog nicht aufgeführten Aufgaben
		2.	**Übertragung**: Regelung nicht erforderlich
		3.	**Ausstattung**: keine Regelung
		4.	**Zuständigkeit** § 2 IV Allg. Sicherheits- und OrdnungsG (ASOG Bln): Zuständigkeiten der Ordnungsbehörden nach dem Zuständigkeitskatalog Ordnungsaufgaben • § 2 IV 1 Nr. 1 Senatsverwaltung: Bauaufsicht mit Fragen von allg. Auswirkung, z. B. allg. bauaufsichtl. Zulassung, Vorhaben des Bundes und der Länder • § 2 IV 1 Nr. 15 Bezirksämter: Bauaufsicht in allen anderen Fällen

Land	Norm (LBO)		II. Umsetzung/Abweichung in den Ländern und der MBO 2002
Bbg	§§ 51, 52, 53	1.	**Differenzierungen** • § 51 I Untere Bauaufsichtsbehörden sind Sonderordnungsbehörden: Landkreise, kreisfreie Städte, Große kreisangehörige Städte • § 51 II Landrat als allgemeine untere Landesbehörde ist Sonderaufsichtsbehörde über die Großen kreisangehörigen Städte als untere Bauaufsichtsbehörden und die Ämter als Sonderordnungsbehörden und amtsfreien Gemeinden, soweit diese bei genehmigungsfreien Vorhaben zuständig sind • § 51 III Oberste Bauaufsichtsbehörde ist das für die Bauaufsicht zuständige Ministerium; es ist Sonderaufsichtsbehörde über die Landkreise und kreisfreien Städte als untere Bauaufsichtsbehörden und oberste Sonderaufsichtsbehörde über die Großen kreisangehörigen Städte als untere Bauaufsichtsbehörden und über die Ämter als Sonderordnungsbehörden und amtsfreien Gemeinden, soweit diese bei genehmigungsfreien Vorhaben zuständig sind – § 51 V Befugnis, besondere Weisungen zu erteilen, ist nicht auf Bereich der Gefahrenabwehr beschränkt
		2.	**Übertragung:** • Übertragung nicht vorgesehen • § 51 I 3 umgekehrt kann Große kreisangehörige Stadt durch schriftliche Erklärung gegenüber der obersten Bauaufsichtsbehörde auf die Wahrnehmung der Aufgaben der unteren Bauaufsichtsbehörde verzichten – mit Beginn des vierten auf die Erklärung folgenden Monats Übergang auf Landkreis
		3.	§ 51 IV **Ausstattung**: zusätzlich Ausstattung mit erforderlichen Vorrichtungen • untere Bauaufsichtsbehörden: Bedienstete mit der Befähigung für den höheren technischen Verwaltungsdienst der Fachrichtung Hochbau oder Städtebau, die die erforderlichen Kenntnisse der Bautechnik, der Baugestaltung und des öffentlichen Baurechts haben, und Bedienstete mit der Befähigung zum Richteramt oder zum höheren Verwaltungsdienst • Leitung der unteren Bauaufsichtsbehörde ist einem Beamten oder Angestellten zu übertragen, der die o. g. Anforderungen erfüllt und eine ausreichende Erfahrung nachweist • oberste Bauaufsichtsbehörde kann Ausnahmen zulassen
		4.	**Zuständigkeit** • § 52 I 2 Untere Bauaufsichtsbehörde, soweit nichts anderes bestimmt ist • § 53 I Bei genehmigungsfreien Vorhaben sind die Ämter und amtsfreien Gemeinden als Sonderordnungsbehörden für den Vollzug der örtlichen Bauvorschriften und der planungsrechtlichen Festsetzungen zuständig • § 52 II 3 Bauaufsichtsbehörden haben nicht die Befugnisse zum Erlass ordnungsbehördlicher Verordnungen
Brem	§§ 60, 63	1.	§ 60 I **Differenzierungen** • Untere Bauordnungsbehörde: Stadtgemeinden Bremen und Bremerhaven • Oberste Bauordnungsbehörde: Senator für das Bauwesen
		2.	**Übertragung**: Regelung nicht erforderlich
		3.	**Ausstattung**: keine Regelung
		4.	**Zuständigkeit**: • § 63 untere Bauordnungsbehörde, soweit nichts anderes bestimmt ist • § 60 III Oberste Bauordnungsbehörde übt die Fachaufsicht über die unteren Bauordnungsbehörden aus; befolgen diese Weisung nicht oder ist Gefahr im Verzuge, kann der Senator für das Bauwesen an ihrer Stelle tätig werden

Land	Norm (LBO)		II. Umsetzung/Abweichung in den Ländern und der MBO 2002
Hamb	in **LBO** nicht geregelt		§ 3 BezirksverwaltungsG (BezVG) § 4 G über die Verwaltungsbehörden
		1.	**Differenzierung** • Untere Bauordnungsbehörde: Bezirksämter • Oberste Bauordnungsbehörde: Senat bzw. von ihm bestellte Fachbehörde (hier: Baubehörde)
		2.	**Übertragung:** Regelung nicht erforderlich
		3.	keine Regelung
		4.	**Zuständigkeit**: • Bezirksämter für diejenigen Aufgaben, die nicht wegen übergeordneter Bedeutung oder Eigenart einheitlicher Durchführung bedürfen • Senat bzw. von ihm bestellte Fachbehörde im Übrigen
Hess	§§ 52, 53	1.	§ 52 I **Differenzierungen** • Gemeindevorstand in den kreisfreien Städten, den kreisangehörigen Gemeinden mit einer Einwohnerzahl über 50000 und den sonstigen Gemeinden, denen die Bauaufsicht übertragen ist, und der Kreisausschuss in den Landkreisen • Regierungspräsidium • Für die Bauaufsicht zuständiges Ministerium
		2.	**Übertragung**: Bauordnung geht von Übertragungsmöglichkeit aus, aber Voraussetzungen für Übertragung gesondert geregelt
		3.	§ 52 II **Ausstattung**: der Aufgabe angemessen mit geeigneten Fachkräften, insbesondere mit Angehörigen des höheren technischen Verwaltungsdienstes der Fachrichtung Architektur oder Bauingenieurwesen zu besetzen
		4.	**Zuständigkeit**: • § 52 I 3 untere Bauaufsichtsbehörden, soweit nicht anderes bestimmt ist • § 53 VII obere und oberste Bauaufsichtsbehörde können im Rahmen der Fachaufsicht den unteren Bauaufsichtsbehörden allgemeine Weisungen und Weisung im Einzelfall erteilen; im Einzelfall nur, wenn die untere Bauaufsichtsbehörde ihre Aufgaben nicht im Einklang mit dem öffentlichen Rechts wahrnimmt oder die erteilten allgemeinen Weisungen nicht befolgt (gilt nicht für Weisungen im technischen Bereich außerhalb des Städtebaus)
M-V	§§ 59, 61	1.	§ 59 I **Differenzierungen** • Untere Bauaufsichtsbehörde: Landräte und die Oberbürgermeister (Bürgermeister) der kreisfreien Städte • Oberste Bauaufsichtsbehörde: für Bauaufsicht zuständiger Minister
		2.	**Übertragung**: keine Regelung
		3.	§ 59 II **Ausstattung**: • Personen des höheren technischen Verwaltungsdienstes mit den erforderlichen Kenntnissen der Bautechnik, der Baugestaltung und des öffentlichen Baurechts und Personen, die die Befähigung zum Richteramt oder zum höheren Verwaltungsdienst haben • oberste Bauaufsichtsbehörde kann Ausnahmen gestatten
		4.	**Zuständigkeit**: • § 61 I untere Bauaufsichtsbehörde, soweit nichts anderes bestimmt ist • § 61 II oberste Bauaufsichtsbehörde Fachaufsicht über die unteren • § 61 III oberste Bauaufsichtsbehörde bestimmt zuständige Behörde, wenn für zusammenhängende bauliche Anlage mehrere Bauaufsichtsbehörden zuständig sind oder die örtliche Zuständigkeit aus anderen Gründen zweifelhaft ist

Land	Norm (LBO)	II. Umsetzung/Abweichung in den Ländern und der MBO 2002	
Nds	§§ 63–66	1.	§ 63 I **Differenzierungen** • Landkreise, kreisfreie und große selbständige Städte im übertragenen Wirkungskreis • Bezirksregierungen • Fachministerium
		2.	§ 63 II **Übertragung** • durch oberste Bauaufsichtsbehörde • Antrag erforderlich • auf Gemeinden mit mindestens 30000 Einwohner, wenn sie die nötige personelle Ausstattung haben • § 63a I die Aufgaben der unteren Bauaufsichtsbehörde für Wohngebäude geringer Höhe sowie Nebengebäude und Nebenanlagen für diese Wohngebäude in Baugebieten, die ein Bebauungsplan im Sinne des § 30 Abs. 1 oder 2 des Baugesetzbuchs als Kleinsiedlungsgebiete oder als reine, allgemeine oder besondere Wohngebiete festsetzt, auf Gemeinden oder Samtgemeinden (nicht für Mitgliedsgemeinden von Samtgemeinden, § 63a IV). § 63a III Sie nehmen nicht die Aufgaben der unteren Denkmalschutzbehörde wahr. • Widerruf möglich, wenn Gemeinde dies beantragt oder die personelle Ausstattung nicht mehr hat
		3.	**Ausstattung** • § 64 I Ausstattung mit geeigneten Fachkräften und den erforderlichen Einrichtungen • § 64 II Bedienstete mit der Befähigung zum höheren technischen Verwaltungsdienst, die die erforderlichen Kenntnisse der Bautechnik, der Baugestaltung und des öffentlichen Baurechts haben • § 64 II Oberste Bauaufsichtsbehörde kann Ausnahmen zulassen, wenn anderweitig sichergestellt ist, dass die Aufgaben ordnungsgemäß wahrgenommen werden • § 63a II In Gemeinden und Samtgemeinden, denen Teilaufgaben der unteren Bauaufsichtsbehörde nach § 63a I übertragen worden sind, genügt es, wenn anstelle von Bediensteten des höheren technischen Verwaltungsdienstes Bedienstete beschäftigt werden, die mindestens einen Fachhochschulabschluss der Fachrichtung Architektur, Städtebau oder konstruktiver Ingenieurbau erworben haben.
		4.	**Zuständigkeit** • § 65 III Untere Bauaufsichtsbehörde, soweit nichts anderes bestimmt ist • § 65 IV Obere Bauaufsichtsbehörden üben Fachaufsicht über die unteren Bauaufsichtsbehörden aus; sie sind auch bei einer Aufgabenübertragung nächsthöhere Behörde • § 65 V Oberste Bauaufsichtsbehörde Fachaufsicht über die oberen und unteren Bauaufsichtsbehörden; kann einzelne Befugnisse auf andere Behörden des Landes übertragen • § 65 VI Fachaufsichtsbehörde kann anstelle einer nachgeordneten Behörde tätig werden, wenn diese eine Weisung nicht befolgt oder Gefahr im Verzug ist • § 65 VII Falls obere Bauaufsichtsbehörde mangels örtlicher Zuständigkeit einer unteren Bauaufsichtsbehörde zuständig ist, kann sie ihre Zuständigkeit im Einzelfall einvernehmlich auf eine untere Bauaufsichtsbehörde übertragen **Weitere Übertragungsmöglichkeiten** • § 66 I Oberste Bauaufsichtsbehörde kann durch Verordnung – einzelne Aufgaben der Bauaufsichtsbehörden auf Personen oder Stellen übertragen, die die Gewähr dafür bieten, dass die Aufgaben dem öffentlichen Baurecht entsprechend wahrgenommen werden; auch Regelung der Fachaufsicht

Land	Norm (LBO)		II. Umsetzung/Abweichung in den Ländern und der MBO 2002
			– bestimmen, dass die Übertragung von den Bauaufsichtsbehörden vorgenommen werden kann – Anerkennungsverfahren regeln und Haftpflichtversicherung fordern • § 66 II Oberste Bauaufsichtsbehörde kann widerruflich oder befristet die Zuständigkeit für die Anerkennung von Prüf-, Zertifizierungs- und Überwachungsstellen und für Genehmigungen, Ausnahmen und Befreiungen und Gebrauchsabnahmen bei fliegenden Bauten auf Behörden auch eines anderen Landes, Personen oder Stellen übertragen, die die Gewähr dafür bieten, dass die Aufgaben dem öffentlichen Baurecht entsprechend wahrgenommen werden, und die der Aufsicht einer oberen Bauaufsichtsbehörde unterstehen oder an deren Willensbildung die oberste Bauaufsichtsbehörde mitwirkt
NRW	§§ 60, 62	**1.**	§ 60 I **Differenzierungen** • Kreise, kreisfreie Städte, Große und Mittlere kreisangehörige Städte als Ordnungsbehörden • Bezirkesregierungen für die kreisfreien Städte und Kreise sowie bei öffentlichen Bauherrn, im Übrigen die Landräte als untere staatliche Verwaltungsbehörden • Für die Bauaufsicht zuständiges Ministerium
		2.	**Übertragung**: keine Regelung
		3.	§ 60 III **Ausstattung**: Ausreichend mit Personen zu besetzen, die aufgrund eines Hochschulabschlusses der Fachrichtungen Architektur oder Bauingenieurwesen die Berufsbezeichnung „Ingenieur" führen dürfen und die insbes. die erforderlichen Kenntnisse des öffentlichen Baurechts, der Bautechnik und der Baugestaltung haben
		4.	§ 62 **Zuständigkeit**: untere Bauaufsichtsbehörde, soweit nichts anderes bestimmt ist
Rh-Pf	§§ 58, 60	**1.**	§ 58 I **Differenzierungen** • Kreisverwaltung, Stadtverwaltung bei kreisfreien und großen kreisangehörigen Städten • Struktur- und Genehmigungsdirektion • fachlich zuständiges Ministerium
		2.	§ 58 II **Übertragung** • Durch Rechtsverordnung des fachlich zuständigen Ministeriums im Einvernehmen mit dem für das Kommunalrecht zuständigen Ministerium • Antrag erforderlich • Aufgaben der unteren Bauaufsichtsbehörde für genehmigungsfreie Verfahren und vereinfachtes Genehmigungsverfahren nach den §§ 62, 66 I bzw. Angleichung bestehender Aufgabenübertragung nach Anhörung der betr. Körperschaft an geänderte Bestimmungen • Auf Verbandsgemeindeverwaltung oder die Verwaltung einer verbandsfreien Gemeinde • Bei Übertragung ist diese Körperschaft untere Bauaufsichtsbehörde • Widerruflich
		3.	§ 58 III **Ausstattung**: Untere Bauaufsichtsbehörden müssen mit geeigneten Fachkräften besetzt sein
		4.	§ 60 **Zuständigkeit**: untere Bauaufsichtsbehörde, soweit nichts anderes bestimmt ist
Saar	§§ 62, 63	**1.**	§ 62 I **Differenzierungen** • Untere Bauaufsichtbehörde: Landräte, im Stadtverband Saarbrücken der Stadtverbandspräsident, in der Landeshauptstadt Saarbrücken und in kreisfreien Städten der Oberbürgermeister

Land	Norm (LBO)	II. Umsetzung/Abweichung in den Ländern und der MBO 2002	
			• Oberste Bauaufsichtsbehörde Ministerium für Umwelt, Energie und Verkehr
		2.	§ 62 II **Übertragung** • Durch Rechtsverordnung der obersten Bauaufsichtsbehörde • Aufgaben der unteren Bauaufsichtsbehörde ganz oder teilweise • Auf Gemeinden mit mehr als 30000 Einwohnern • Im Einvernehmen mit der Gemeinde • Gemeinden müssen die Behörde ausreichend mit geeigneten Fachkräften besetzen • widerruflich
		3.	§ 62 III **Ausstattung** • Beamte mit der Befähigung zum Richteramt oder zum höheren Verwaltungsdienst oder Beamte des höheren technischen Verwaltungsdienstes der Fachrichtung Hochbau oder Städtebau sowie Beamte des gehobenen technischen Verwaltungsdienstes der Fachrichtung Hochbau oder Bauingenieurwesen, Fachgebiet Städtebau und Bauordnungswesen • Leitung oder Verantwortung für die technische Bearbeitung der Bauaufsichtsgeschäfte ist Bediensteten zu übertragen, die mindestens die Befähigung zum gehobenen technischen Verwaltungsdienst und die erforderlichen Kenntnisse der Bautechnik, der Baugestaltung und des öffentlichen Baurechts haben • Oberste Bauaufsichtsbehörde kann Ausnahmen zulassen
		4.	§ 63 **Zuständigkeit** • Untere Bauaufsichtsbehörde, soweit nicht anderes bestimmt ist • Oberste Bauaufsichtsbehörde kann bestimmen, dass die Baugenehmigung und Ausnahmen und Befreiungen bei bestimmten Vorhaben nur mit ihrer Zustimmung erteilt werden dürfen
Sachs	§§ 59, 60, 61	**1.**	§ 59 I **Differenzierungen** • Landkreise und Kreisfreie Städte • Regierungspräsidien • Innenministerium
		2.	§ 59 II **Übertragung** • Feststellung der Voraussetzungen durch höhere Bauaufsichtsbehörde und Bekanntmachung im Gesetzblatt • Für Gemeinden, die dies bis 31. 3. 1997 geworden sind, sowie Gemeinden und Verwaltungsverbände mit mehr als 20000 Einwohnern; ebenso für erfüllende Gemeinden von Verwaltungsgemeinschaften, wenn sie allein mehr als 15000 Einwohner und zusammen mit den beteiligten Gemeinden mehr als 20000 Einwohner haben • wenn sie die erforderliche personelle Ausstattung haben • Auf Antrag; Antragstellung eines Verwaltungsverbands bedarf des Beschlusses der Verbandsversammlung mit einer Mehrheit von mindestens $^2/_3$ der Stimmen aller Vertreter; die Antragstellung einer erfüllenden Gemeinde einer Verwaltungsgemeinschaft bedarf der Zustimmung des Gemeinschaftsausschusse mit einer Mehrheit von mindestens $^2/_3$ der Stimmen aller Vertreter im Gemeinschaftsausschuss. • Übergang mit Beginn des übernächsten Monats nach der Bekanntmachung • § 59 III Erlöschen durch Erklärung der Gemeinde, des Verwaltungsverbands oder der erfüllenden Gemeinde einer Verwaltungsgemeinschaft gegenüber der höheren Bauaufsichtsbehörde bzw. wenn die Voraussetzungen bzgl. der personellen Besetzung nicht mehr erfüllt sind und die höhere Bauaufsichtsbehörde dies feststellt; Erklärung einer erfüllenden Gemeinde bedarf der Zustimmung des Gemeinschaftsausschusses; Erlöschen im Gesetzblatt bekannt zu machen;

Land	Norm (LBO)	II. Umsetzung/Abweichung in den Ländern und der MBO 2002	
			wirksam mit Ablauf des auf die Bekanntmachung folgenden Monats
		3.	§ 59 IV **Ausstattung** • ausreichend mit geeigneten Fachkräften zu besetzen und mit den erforderlichen Vorrichtungen auszustatten • insbesondere Personen mit Ingenieur- oder Hochschulabschluss im Bauwesen, die die erforderlichen Kenntnisse der Bautechnik, der Baugestaltung und des öffentlichen Baurechts haben, und Personen des gehobenen nichttechnischen Verwaltungsdienstes sowie Personen, die die Befähigung zum Richteramt oder zum höheren Verwaltungsdienst haben, oder Diplomjuristen • höhere Bauaufsichtsbehörde kann Ausnahmen gestatten
		4.	**Zuständigkeit** • § 61 I Untere Bauaufsichtsbehörde, soweit nichts anderes bestimmt ist • § 61 II Anstelle einer Gemeinde oder des Landkreises ist die nächsthöhere Bauaufsichtsbehörde, bei Gemeinden als Bauaufsichtsbehörden das Landratsamt, wenn es sich um ein Vorhaben der Gemeinde oder des Landkreises selbst handelt, gegen das Einwendungen erhoben werden, sowie bei einem Vorhaben, gegen das die Gemeinde Einwendungen erhoben hat; entsprechend bei Verwaltungsgemeinschaften und Verwaltungsverbänden hinsichtlich Mitgliedsgemeinden; für die Behandlung des Bauantrags, die Bauüberwachung und die Bauzustandsbesichtigung verbleibt es bei der üblichen Regelung • § 60 V Wenn eine Bauaufsichtsbehörde einer schriftlichen Weisung der Aufsichtsbehörde nicht nachkommt, kann diese anstelle der angewiesenen Behörde handeln (Selbsteintritt); die oberste Bauaufsichtsbehörde muss den Selbsteintritt für erforderlich halten und dies gegenüber der Aufsichtsbehörde erklären
Sachs-Anh	§§ 63, 64, 65	**1.**	§ 63 I 1 **Differenzierungen** • Landkreise und kreisfreie Städte • Regierungspräsidien • für Bauaufsicht zuständiges Ministerium
		2.	§ 63 I 2 **Übertragung** • Durch oberste Bauaufsichtsbehörde • Aufgaben der unteren Bauaufsichtsbehörde ganz oder teilweise • Auf Gemeinden, wenn sie mindestens 25000 Einwohner haben, personell entsprechend ausgestattet sind und die Leistungsfähigkeit des zuständigen Landkreises als untere Bauaufsichtsbehörde gewährleistet bleibt • Antrag erforderlich • widerruflich
		3.	§ 63 II **Ausstattung** • ausreichend mit geeigneten Fachkräften zu besetzen und mit den erforderlichen Vorrichtungen auszustatten • insbesondere Bedienstete, die die Befähigung zum höheren technischen Verwaltungsdienst und die erforderlichen Kenntnisse der Bautechnik, der Baugestaltung und des öffentlichen Baurechts haben, und Bedienstete, die die Befähigung zum Richteramt oder zum höheren Verwaltungsdienst haben oder Diplomjuristen sind • den Bediensteten mit der Befähigung zum höheren technischen Verwaltungsdienst können Personen mit gleichwertiger Vorbildung gleichgestellt werden
		4.	**Zuständigkeit**: • § 65 untere Bauaufsichtsbehörde, soweit nichts anderes bestimmt ist

Land	Norm (LBO)		II. Umsetzung/Abweichung in den Ländern und der MBO 2002
			• § 64 V 1 oberste Bauaufsichtsbehörde übt die Fachaufsicht über die oberen und untern Bauaufsichtsbehörden aus; sie kann einzelne Befugnisse auf andere Behörden des Landes übertragen • § 64 V 2 obere Bauaufsichtsbehörden üben die Fachaufsicht über die unteren Bauaufsichtsbehörden aus • § 64 VI eine Fachaufsichtsbehörde kann anstelle einer nachgeordneten Behörde tätig werden, wenn diese eine Weisung der Fachaufsichtsbehörde nicht befolgt oder wenn Gefahr im Verzuge ist
Schl-H	§§ 65, 67	**1.**	§ 65 I **Differenzierungen** • Untere Bauaufsichtsbehörden: Landräte und Bürgermeister der kreisfreien Städte • Oberste Bauaufsichtsbehörde: Innenministerium
		2.	§ 65 II **Übertragung** • Durch Verordnung der obersten Bauaufsichtsbehörde • Aufgaben der unteren Bauaufsichtsbehörde • Auf amtsfreie Gemeinden und Ämter • Bei Übertragung wird der Bürgermeister oder der Amtsvorsteher untere Bauaufsichtsbehörde
		3.	**Ausstattung**: keine Regelung
		4.	**Zuständigkeit** • § 67 I Untere Bauaufsichtsbehörde, soweit nichts anderes bestimmt ist, die örtlichen Ordnungsbehörden haben die untere Bauaufsichtsbehörde von allen Vorgängen zu unterrichten, die deren Eingreifen erfordern können • § 67 II Örtlich zuständig ist die Behörde, in deren Bezirk die bauliche Anlage durchgeführt wird, soweit nichts anderes bestimmt ist • § 67 III Oberste Bauaufsichtsbehörde bestimmt die zuständige Bauaufsichtsbehörde, wenn für zusammenhängende bauliche Anlagen mehrere Bauaufsichtsbehörden zuständig sind oder die örtliche Zuständigkeit aus anderen Gründen zweifelhaft ist; sie bestimmt auch, wenn eine Zuständigkeit nach der örtlichen Belegenheit nicht gegeben ist; in diesem Fall bestimmt sie auch die zu beteiligende Gemeinde § 65 IV **zusätzlich: Fachaufsichtsbehörden** • über die unteren Bauaufsichtsbehörden und über die Bürgermeister der amtsfreien Gemeinden sowie über die Amtsvorsteher der Ämter, denen alle Aufgaben der unteren Bauaufsichtsbehörde übertragen wurden, die oberste Bauaufsichtsbehörde • über die Bürgermeister der übrigen Gemeinden sowie über die Amtsvorsteher der übrigen Ämter die Landräte
Thür	§§ 59, 61	**1.**	§ 59 I **Differenzierungen** • Landratsämter und die kreisfreien Städte im übertragenen Wirkungskreis • Landesverwaltungsamt • Innenministerium
		2.	**Übertragung**: keine Regelung
		3.	§ 59 II **Ausstattung** • ausreichend mit geeigneten Fachkräften zu besetzen und mit den erforderlichen Vorrichtungen auszustatten • insbesondere Personen mit Ingenieur- oder Hochschulabschluss im Bauwesen, die die erforderlichen Kenntnisse der Bautechnik, der Baugestaltung und des öffentlichen Baurechts haben, und Personen, die die Befähigung zum Richteramt oder zum höheren nichttechnischen Verwaltungsdienst haben • oberste Bauaufsichtsbehörde kann Ausnahmen gestatten

Land	Norm (LBO)	II. Umsetzung/Abweichung in den Ländern und der MBO 2002	
		4.	**Zuständigkeit** • § 61 I Untere Bauaufsichtsbehörde, soweit nichts anderes bestimmt ist • § 61 II Leiter der Fachaufsichtsbehörde kann anstelle der angewiesenen Behörde handeln (Selbsteintritt), wenn eine Bauaufsichtsbehörde einer schriftlichen Weisung der Fachaufsichtsbehörde nicht nachkommt

13. Kapitel. Genehmigungspflichtige und genehmigungsfreie Vorhaben

Übersicht

Rn.

Teil 1. Der Genehmigungsvorbehalt
I. Allgemeine Vorbemerkungen 1
1. Baurecht als Teil der Eigentumsfreiheit 1
2. Präventives Verbot mit Erlaubnisvorbehalt 3
II. Genehmigungspflicht 4
1. Bauliche Anlage 5
2. Errichtung 7
3. Änderung 8
4. Nutzungsänderung 9
5. Abbruch 10
III. Ausnahmen von der Baugenehmigungspflicht 11
1. Allgemeines 11
2. Verfahrensfreiheit 12
3. Anzeigepflichtige Vorhaben 13
4. Vorrang anderer Gestattungsverfahren . 14
5. Dispositionsmöglichkeit der Bauaufsichtsbehörde 15
IV. Genehmigungsvorbehalte im Ländervergleich 16

Teil 2. Verfahrensfreie Vorhaben
I. Allgemeines 17
II. Grundregeln für die Anwendung des Ausnahmekatalogs 18
1. Ausnahmetatbestände 18
2. Einzelvorhaben und Gesamtzusammenhang 19
3. Günstigkeitsprinzip 21
III. Genehmigungsfreie Nutzungsänderung 22

Rn.

1. Nutzungsänderung in ein genehmigungsfreies Vorhaben 25
2. Nutzungsänderung bei unveränderten öffentlich-rechtlichen Anforderungen . 26
a) Prüfungsablauf 26
b) Gegenstand der Nutzungsänderung 27
c) Vergleich bisherige und neue Nutzung (Variationsbreite der Baugenehmigung) 28
d) Änderung der öffentlich-rechtlichen Anforderungen 31
e) Nutzungsänderung im Sinne des Bauplanungsrechts 34
3. Wiederaufnahme einer aufgegebenen Nutzung 37
4. Baugenehmigungspflicht der Nutzungsänderung – Beispiele in alphabetischer Folge – 38
IV. Genehmigungsfreie Instandhaltung . . . 39
1. Allgemeines 39
2. Abgrenzungskriterien 40
3. Überblick über bauliche Maßnahmen . 42
V. Einhaltung des materiellen Rechts . . . 43
VI. Genehmigungsvorbehalte anderer Gesetze 44

Teil 3. Verfahrensfreie Errichtung und Änderung von Anlagen – Ländervergleich in alphabetischer Folge –
Vorbemerkung 45
Stichworte „Abbruch" bis „Wohnwagen" 46–130

Teil 1. Der Genehmigungsvorbehalt

MBO 2002 § 59, BW § 49, Bay Art. 62, Bln § 55, Bbg § 54, Brem § 64, Hamb § 60, Hess § 54, M-V § 62, Nds § 68, NRW § 63, Rh-Pf § 61, Saar § 64, Sachs § 62, Sachs-Anh § 66, Schl-H § 68, Thür § 62

I. Allgemeine Vorbemerkungen

1. Baurecht als Teil der Eigentumsfreiheit

1 Art. 14 GG schützt die Baufreiheit als Teil der **Eigentumsfreiheit**. Unter der Baufreiheit versteht man das Recht des Grundstückseigentümers, sein Grundstück im Rahmen der Gesetze zu nutzen.[1] Daraus folgt, dass das Baurecht nicht vom Staat verliehen werden muss. Es gehört zum Grundeigentum. Zum Baurecht gehört nicht nur das Recht, eine bauliche Anlage **errichten** zu dürfen, sondern auch das Recht, sie **zu nutzen**.

2 Wie jedes Grundrecht kann auch die Eigentumsfreiheit **nicht unbeschränkt** gewährleistet werden. Die Nutzungsmöglichkeit eines Grundstücks ist durch seine örtliche Lage geprägt. Es steht in Beziehung zu benachbarten Grundstücken und damit zum Grundeigentum anderer. Seine Nutzungsmöglichkeit kann im Einzelnen auch durch Gemeinwohlbelange beschränkt sein (z. B. Städtebaurecht, Bausicherheitsrecht, Brandschutz, Naturschutz, Wasserhaushalt, Denkmalschutz).

2. Präventives Verbot mit Erlaubnisvorbehalt

3 Um Dritte oder das öffentliche Wohl vor Schäden durch eine unkontrollierte Bebauung und Nutzung eines Grundstücks zu schützen, besteht der Genehmigungsvorbehalt als **präventives Vorbot mit Erlaubnisvorbehalt**. Bevor mit dem Bau oder der Nutzung des Grundstücks begonnen werden kann, kann die Bauaufsichtsbehörde vorab in einem Verfahren überprüfen, ob die Grenzen der verfassungsrechtlichen Baufreiheit eingehalten sind.

II. Genehmigungspflicht

4 Die Baugenehmigungspflicht setzt an zwei Punkten auf:

- Es muss sich um eine **bauliche Anlage** bzw. eine sonstige Anlage handeln, die dem Baurecht unterworfen ist
- Es muss ein bestimmter **Bauvorgang** stattfinden (Errichtung, Änderung, Nutzungsänderung, Abbruch)

1. Bauliche Anlage

5 Die Genehmigungspflicht kann zunächst nur solche Anlagen betreffen, für die die Bauordnung gilt. Diese Anlagen lassen sich wiederum unterteilen in

- bauliche Anlagen
- als bauliche Anlagen geltende Anlagen (fingierte bauliche Anlagen)
- sonstige Anlagen, an die die Bauordnung Anforderungen stellt.

6 Zur Beurteilung der Genehmigungspflicht kommt es auf das **Vorhaben als (natürliche) Einheit** an. Es ist nicht zulässig, ein Vorhaben so lange in unnatürliche Teilvorhaben aufzusplitten, bis es weitgehend genehmigungsfrei ist. Nach der Verkehrsauffassung selbständige Teile dürfen eigenständig beurteilt werden, auch wenn sie gleichzeitig mit einem

[1] BVerfGE vom 19. 6. 1973 BVerfGE 35, 263/276.

genehmigungspflichtigen Vorhaben errichtet werden (z. B. genehmigungspflichtiges Wohnhaus und genehmigungsfreier Geräteschuppen auf demselben Grundstück; nicht dagegen Garage, die Zubehör zur Wohnnutzung des Hauses ist). Näheres siehe Teil 2 II 2.

2. Errichtung

Unter der Errichtung versteht man die **erstmalige Herstellung** einer vorher nicht bestehenden Anlage. Eine Errichtung liegt auch dann vor, wenn eine bauliche Anlage an die Stelle einer **vorher vollständig beseitigten Anlage** tritt, selbst wenn die neue Anlage mit der alten Anlage völlig baugleich ist. Wird eine bauliche Anlage nur **teilweise beseitigt** und durch neue Bauteile ergänzt, liegt eine **Änderung** vor. 7

3. Änderung

Änderung ist die bauliche Veränderung einer bestehende Anlage, ohne dass diese vollständig beseitigt oder neu errichtet wird. Ändert sich auch die Nutzung, also die Verwendung der Anlage, dann liegt mit der Änderung gleichzeitig eine Nutzungsänderung vor. Als Änderung ist auch der **Teilabbruch** einer baulichen Anlage zu betrachten. Abgrenzungsprobleme bestehen in der Praxis zwischen der genehmigungspflichtigen Änderung und der genehmigungsfreien Instandhaltung (Ausfluss des Bestandsschutzes). Dieser Problemkreis ist im Teil 2 IV ausführlich dargestellt. 8

4. Nutzungsänderung

Eine Nutzungsänderung liegt vor, wenn eine bauliche Anlage ohne Änderungen in der Bausubstanz anders genutzt wird oder eine andere Zweckbestimmung erhält. 9

Beispiele für eine Nutzungsänderung:

- Wohnräume werden Praxisräume
- Tagescafé wird Diskothek
- Sanatorium wird Hotel
- Altenteilerwohnung wird Mietwohnung (Änderung der Zweckbestimmung)

In der **Praxis** trifft die Nutzungsänderung oftmals **mit dem Tatbestand der Änderung** einer baulichen Anlage zusammen. Wie bei der Instandhaltung stellt sich bei der Nutzungsänderung die Frage, wie weit die Gewährleistung des Art. 14 GG reicht (Teil 2 III).

5. Abbruch

Unter dem Abbruch versteht man die vollständige Beseitigung einer baulichen Anlage. Soll ein Vorhaben nur teilweise beseitigt werden, handelt es sich dabei um eine Änderung. 10

III. Ausnahmen von der Baugenehmigungspflicht

1. Allgemeines

Nachdem das Recht zu bauen unmittelbar der Eigentumsfreiheit entspringt, soll der Genehmigungsvorbehalt auf die Fälle beschränkt sein, in denen eine präventive Kontrolle in einem vorgeschalteten Verwaltungsverfahren zum Schutz der öffentlich-rechtlichen Vorschriften erforderlich ist. Dementsprechend gibt es Ausnahmen vom grundsätzlichen Genehmigungsvorbehalt. 11

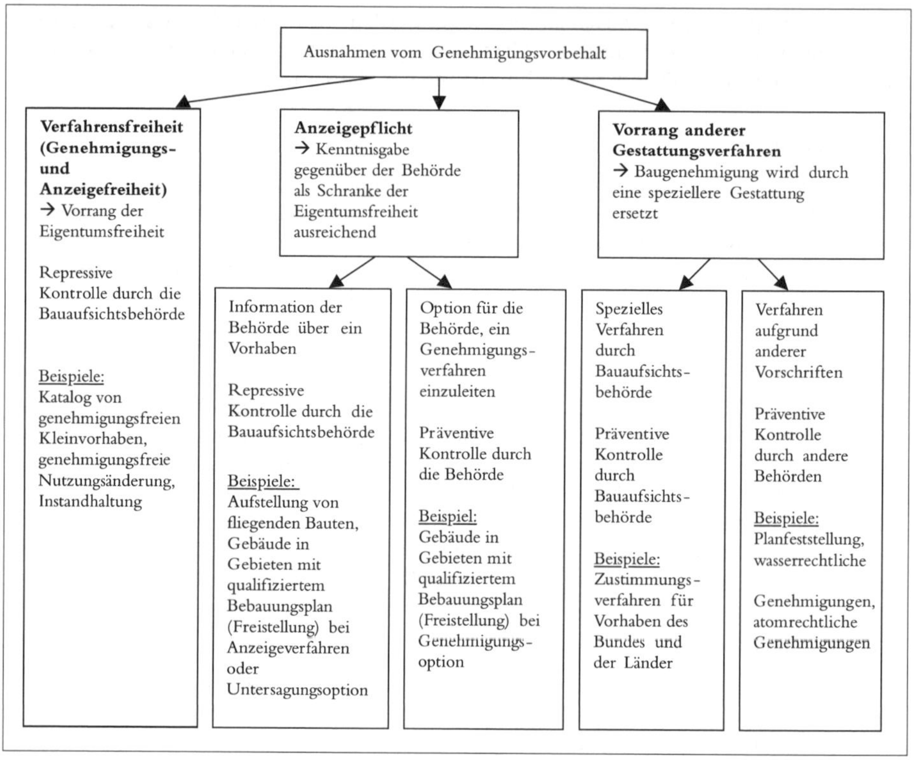

2. Verfahrensfreiheit

12 Bei **kleineren Vorhaben** besteht oftmals die **Vermutung**, dass sie **nicht geeignet** sind, **öffentlich-rechtliche Vorschriften** oder **öffentlich-rechtlich geschützte Rechte Dritter zu tangieren**. In diesen Fällen wird auf die Durchführung eines Baugenehmigungsverfahrens zur präventiven Kontrolle der Rechtmäßigkeit verzichtet. Die Landesbauordnungen oder hierauf gestützte Verordnungen enthalten regelmäßig einen Katalog von solchen genehmigungsfreien Kleinvorhaben (siehe Teil 2). Der Bauherr kann ohne vorherige Anzeige seines Vorhabens bei der Bauaufsichtsbehörde mit dem Bau beginnen. Der Verzicht auf die präventive Kontrolle entbindet jedoch nicht von der **Einhaltung des materiellen Baurechts**. Verstößt ein solches Vorhaben gegen öffentlich-rechtliche Anforderungen, so kann die Bauaufsichtsbehörde mit **repressiven Mitteln vorgehen** (z. B. Baueinstellung, Nutzungsuntersagung, Baubeseitigung).

3. Anzeigepflichtige Vorhaben

13 Verschiedene Vorhaben müssen der Bauaufsichtsbehörde vor ihrer Ausführung angezeigt werden. Dadurch soll die **Bauaufsichtsbehörde** über die Durchführung des Vorhabens **informiert** werden. Die Information dient in der Regel dazu, dass die Bauaufsichtsbehörde das Vorhaben überwachen und ggf. bauaufsichtliche Maßnahmen ergreifen kann. Eine besondere Art der Anzeigepflicht gilt für die Vorhaben, die der **Genehmigungsfreistellung** unterliegen. Im Zuge der Baurechtsnovellen der letzten Jahre wurde in allen Ländern die Möglichkeit geschaffen, dass bestimmte bautechnisch einfachere Vorhaben in Gebieten, für die ein qualifizierter Bebauungsplan besteht, genehmigungsfrei ausgeführt werden können. Diese Vorhaben müssen der Gemeinde oder der Bauaufsichtsbehörde gegenüber angezeigt werden. Die Anzeige dient – je nach Regelung – dazu, dass die Behörde den Baubeginn innerhalb einer bestimmten Frist untersagen kann oder

innerhalb einer bestimmten Frist die Durchführung eines Baugenehmigungsverfahrens verlangen kann (14. Kapitel Teil 2).

4. Vorrang anderer Gestattungsverfahren

Das Baugenehmigungsverfahren ist nicht immer das passende Verfahren, auch wenn Genehmigungsgegenstand eine bauliche Anlage ist. 14

Zum einen können die Verfahrensanforderungen „überzogen" sein, weil der Bauherr besonders fachkundig oder besonders rechtstreu ist. Für Vorhaben des Bundes und der Länder sowie zum Teil der Kommunen gibt es das **Zustimmungsverfahren** als spezielle, vereinfachte Verfahrensgestaltungen (14. Kapitel Teil 3 V). Das Zustimmungsverfahren tritt als **baurechtliches Sonderverfahren** an die Stelle des Baugenehmigungsverfahrens.

Zum Teil geht das Baugenehmigungsverfahrens aber auch in **anderen Verfahren** auf. Dies ist dann der Fall, wenn der Schwerpunkt der behördlichen Prüfung nicht im Baurecht liegt. Beispiele hierfür sind Planfeststellungsverfahren, wasserrechtliche oder immissionsschutzrechtliche Genehmigungen, atomrechtliche Genehmigungen oder anlagenbezogene gewerberechtliche Erlaubnisse. Hier wird das Vorhaben **vollständig aus den Verfahrensanforderungen des Bauordnungsrechts herausgenommen**.

5. Dispositionsmöglichkeit der Bauaufsichtsbehörde

Die Einteilung in verfahrensfreies, anzeigepflichtiges oder genehmigungspflichtiges Vorhaben ist **grundsätzlich zwingend**. Eine Ausnahme besteht nur in Berlin (§ 55 Abs. 3 BauO Bln) und Bremen (§ 64 Abs. 2 Brem LBO). Dort kann die Bauordnungsbehörde bei **geringfügigen genehmigungsbedürftigen Vorhaben** im Einzelfall auf die **Durchführung eines Genehmigungsverfahrens verzichten**. 15

IV. Genehmigungsvorbehalte im Ländervergleich

Genehmigungsvorbehalte 16

	Grundtatbestand	Ausnahmen	Sonderregelungen	Anzeigepflichten/ Freistellung
Land	**Regelungen in den Ländern und der MBO 2002**			
MBO 2002	§ 59 I	• Vorrang anderer Gestattungsverfahren (§ 60) • Verfahrensfreie Vorhaben (§ 61)	• Ausführungsgenehmigung für Fliegende Bauten (§ 76) • Zustimmungsverfahren (§ 77)	• Genehmigungsfreistellung (§ 62) • Anzeige der Aufstellung und Inbetriebnahme Fliegender Bauten (§ 76) • Beseitigung von Anlagen (§ 61 II 2)
BW	§ 49	• Vorrang anderer Gestattungsverfahren (§ 48 III) • Verfahrensfreie Vorhaben (§ 50)	• Ausführungsgenehmigung für Fliegende Bauten (§ 69) • Zustimmungsverfahren (§ 70)	• Kenntnisgabeverfahren (§ 51) • Anzeige der Aufstellung und Inbetriebnahme Fliegender Bauten (§ 69)
Bay	Art. 62	• Vorrang anderer Gestattungsverfahren (Art. 87) • Verfahrensfreie Vorhaben (Art. 63)	• Ausführungsgenehmigung und (zwingende) Gebrauchsabnahme für Fliegende Bauten (Art. 85) • Zustimmungsverfahren (Art. 86)	• Genehmigungsfreistellung (Art. 64) • Anzeige des Abbruchs und der Beseitigung (Art. 65)

	Grundtatbestand	Ausnahmen	Sonderregelungen	Anzeigepflichten/ Freistellung
Land	**Regelungen in den Ländern und der MBO 2002**			
Bln	§ 55	• Verfahrensfreie Vorhaben (§§ 56, 68)	• Typengenehmigung (§ 65) • Ausführungsgenehmigung und (zwingende) Gebrauchsabnahme für Fliegende Bauten (§ 66) • Zustimmungsverfahren (§ 67)	• Genehmigungsfreistellung (§ 56 a)
Bbg	§ 54	• Verfahrensfreie Vorhaben (§ 55)	• Ausführungsgenehmigung für Fliegende Bauten (§ 71) • Zustimmungsverfahren (§ 72)	• Bauanzeigeverfahren (§ 58) • Anzeige der Aufstellung und Inbetriebnahme von Fliegenden Bauten (§ 71)
Brem	§ 64 I	• Vorrang anderer Gestattungsverfahren (§ 64 III) • Verfahrensfreie Vorhaben (§ 65, Anhang zu § 65)	• Typengenehmigung (§ 77) • Ausführungsgenehmigung für Fliegende Bauten (§ 78) • Zustimmungsverfahren (§ 79)	• Genehmigungsfreistellung (§ 66) • Anzeige der Aufstellung und Inbetriebnahme von Fliegenden Bauten (§ 78)
Hamb	§ 60 I	• Verfahrensfreie Vorhaben (§ 61, BaufreistellungsV)	• Typengenehmigung (§ 72) • Ausführungsgenehmigung für Fliegende Bauten (§ 73) • Zustimmungsverfahren (§ 62)	• Baufreistellung (§ 1 BauanzeigeV) • Anzeige der Aufstellung und Inbetriebnahme von Fliegenden Bauten (§ 73)
Hess	§ 54 I	• Verfahrensfreie Vorhaben (§ 55, Anlage 2 zur HBO)	• Ausführungsgenehmigung für Fliegende Bauten (§ 68) • Zustimmungsverfahren (§ 69)	• Genehmigungsfreistellung (§ 56 und V der Anlage zu § 55) • Anzeige der Aufstellung und Inbetriebnahme Fliegender Bauten (§ 68)
M-V	§ 62 I	• Vorrang anderer Gestattungsverfahren (§ 62 II) • Verfahrensfreie Vorhaben (§ 65)	• Typengenehmigung (§ 75) • Ausführungsgenehmigung für Fliegende Bauten (§ 76) • Zustimmungsverfahren (§ 77)	• Genehmigungsfreie Wohngebäude (§ 64) • Anzeige der Aufstellung und Inbetriebnahme Fliegender Bauten (§ 76)
Nds	§ 68 I	• Vorrang anderer Gestattungsverfahren (§ 68 II) • Verfahrensfreie Vorhaben (§§ 69, 70, Anhang)	• Ausführungsgenehmigung und (zwingende) Gebrauchsabnahme für Fliegende Bauten (§ 84) • Zustimmungsverfahren (§ 82)	• Genehmigungsfreie Wohngebäude (§ 69 a)
NRW	§ 63 I	• Vorrang anderer Gestattungsverfahren (§ 63 II) • Verfahrensfreie Vorhaben (§§ 65, 66)	• Typengenehmigung (§ 78) • Ausführungsgenehmigung für Fliegende Bauten (§ 79) • Zustimmungsverfahren (§ 80)	• Genehmigungsfreie Wohngebäude (§ 67) • Anzeige der Aufstellung und Inbetriebnahme von Fliegenden Bauten (§ 79)

	Grundtatbestand	Ausnahmen	Sonderregelungen	Anzeigepflichten/ Freistellung
Land	**Regelungen in den Ländern und der MBO 2002**			
Rh-Pf	§ 61	• Vorrang anderer Gestattungsverfahren (§ 84) • Verfahrensfreie Vorhaben (§ 62)	• Typengenehmigung (§ 75) • Ausführungsgenehmigung und (zwingende) Gebrauchsabnahme für Fliegende Bauten (§ 76) • Zustimmungsverfahren (§ 83)	• Freistellungsverfahren (§ 67)
Saar	§ 64 I	• Vorrang anderer Gestattungsverfahren (§ 64 II, III) • Verfahrensfreie Vorhaben (§ 65)	• Typengenehmigung (§ 79) • Ausführungsgenehmigung für Fliegende Bauten (§ 89) • Zustimmungsverfahren (§ 69)	• Freistellungsverfahren (§ 66) • Anzeige der Aufstellung und Inbetriebnahme Fliegender Bauten (§ 90)
Sachs	§ 62	• Vorrang anderer Gestattungsverfahren (§ 63 a V) • Verfahrensfreie Vorhaben (§ 63 a)	• Ausführungsgenehmigung für Fliegende Bauten (§ 74) • Zustimmungsverfahren (§ 75)	• Anzeigeverfahren (§ 63) • Anzeige der Aufstellung und Inbetriebnahme Fliegender Bauten (§ 74)
Sachs-Anh	§ 66 I	• Vorrang anderer Gestattungsverfahren (§ 66 II) • Verfahrensfreie Vorhaben (§ 69	• Typengenehmigung (§ 80) • Ausführungsgenehmigung für Fliegende Bauten (§ 81) • Zustimmungsverfahren (§ 82)	• Genehmigungsfreistellung (§ 68) • Anzeige der Aufstellung und Inbetriebnahme Fliegender Bauten (§ 81)
Schl-H	§ 68 I	• Vorrang anderer Gestattungsverfahren (§ 68 II) • Verfahrensfreie Vorhaben (§ 69)	• Typengenehmigung (§ 81) • Ausführungsgenehmigung für Fliegende Bauten (§ 82) • Zustimmungsverfahren (§ 83)	• Baufreistellung bei Wohngebäuden und Nebenanlagen (§ 74) • Anzeige der Aufstellung und Inbetriebnahme Fliegender Bauten (§ 82)
Thür	§ 62 I	• Verfahrensfreie Vorhaben (§ 63)	• Typengenehmigung (§ 73) • Ausführungsgenehmigung für Fliegende Bauten (§ 74) • Zustimmungsverfahren (§ 75)	• Genehmigungsfreiheit für Wohngebäude und Nebenanlagen (§ 62 b) • Anzeige der Aufstellung und Inbetriebnahme Fliegender Bauten (§ 74)

Teil 2. Verfahrensfreie Vorhaben

MBO 2002 § 61, BW § 50, Bay Art. 63, Bln §§ 56, 68, Bbg § 6755, Brem § 65 i.V. m. Anhang zu § 65, Hamb § 61 i.V. m. BauFreiVO, Hess § 55 i.V. m. Anlage 2 zur HBO und FreistellVO, M-V § 653, Nds §§ 69, 70 i.V. m. Anhang, NRW §§ 65, 66, Rh-Pf § 62, Saar § 65, Sachs § 63 a, Sachs-Anh § 69, Schl-H § 69, Thür § 63

I. Allgemeines

17 Die Errichtung, der Abbruch und die Änderung einer Reihe von Vorhaben, die in einem gesetzlichen **Katalog** aufgeführt sind, bedürfen weder einer Baugenehmigung noch einer Anzeige. Es handelt sich dabei durchweg um bauplanungs- und bauordnungsrechtlich **unproblematische Vorhaben**, die in aller Regel nicht geeignet sind, öffentlich-rechtliche Schutzgüter oder Rechte Dritter zu berühren, so dass eine präventive Kontrolle im Rahmen eines Genehmigungsverfahrens nicht erforderlich ist. Vielmehr obliegt es dem Bauherren, auf die Einhaltung der öffentlich-rechtlichen Vorschriften zu achten. Die Ausnahmekataloge unterscheiden sich hinsichtlich der geregelten Einzelfälle. Insbesondere größenmäßige Festlegungen (überbaute Grundfläche, umbauter Raum, Höhenentwicklung) sind in den Ländern heterogen geregelt (vgl. Tabelle am Ende Teil 3).

II. Grundregeln für die Anwendung des Ausnahmekatalogs

1. Ausnahmetatbestände

18 Der Katalog der baugenehmigungsfreien Vorhaben regelt Ausnahmetatbestände zum Genehmigungsvorbehalt. Daraus folgt, dass die Bestimmungen analogiefeindlich sind. Werden z. B. ausdrücklich die Gewächshäuser für den Erwerbsgartenbau (vgl. § 35 Abs. 1 Nr. 2 BauGB) von der Genehmigungspflicht freigestellt, so kann dieser Ausnahmetatbestand nicht analog auf Gewächshäuser eines Hobbygärtners angewendet werden.

2. Einzelvorhaben und Gesamtzusammenhang

19 Die Genehmigungsfreiheit betrifft nur **Einzelvorhaben**: Andernfalls ließe sich nahezu jedes baugenehmigungspflichtige Vorhaben so lange in Einzelteile und Einzelbauabschnitte zerlegen, dass es weitgehend baugenehmigungsfrei wäre. Ein Vorhaben ist nur dann baugenehmigungsfrei, wenn es **als selbständig nutzbare, funktionale Einheit** neben dem baugenehmigungspflichtigen Vorhaben steht. Wenn eine Abtrennung nicht möglich ist, dann erstreckt sich die (Gesamt-)Baugenehmigung auch auf den an sich genehmigungsfreien Teil des Vorhabens.[2]

- Ein genehmigungsfreies Vorhaben kann dann nicht selbständig beurteilt werden, wenn es mit einem genehmigungspflichtigen Vorhaben eine **funktionale Einheit** bildet. Das ist der Fall, wenn das eine ohne das andere nicht genutzt werden kann.
  Beispiel:
  Errichtung eines genehmigungspflichtigen Wohngebäudes mit einer genehmigungsfreien Feuerungsanlage.
- Eine untrennbare **rechtliche Einheit** zwischen einem genehmigungspflichtigen und einem genehmigungsfreien Vorhaben besteht dann, wenn das genehmigungsfreie Vorhaben dazu dient, die Baurechtmäßigkeit des genehmigungspflichtigen Vorhabens herzustellen.

---

[2] BayObLG vom 7. 11. 1979 BayVBl. 1980, 123, vom 29. 3. 1988 BayVBl. 1988, 697, OVG NRW vom 12. 8. 1968 VerwRspr 20 Nr. 47.

Beispiel:
Eine an sich nach dem Ausnahmekatalog genehmigungsfreie Garage kann dann nicht vom Wohnhaus getrennt werden, wenn sie dazu dient, die für die Wohnnutzung erforderlichen Stellplätze nachzuweisen.

- Eine Aufteilung in einen genehmigungsfreien und einen genehmigungspflichtigen Teil ist auch dann nicht möglich, wenn beide Teile nach der **Konzeption des Bauherren** und nach der Funktion der Vorhaben ein enger baulicher und zeitlicher Zusammenhang besteht. Ein solch konzeptioneller Zusammenhang besteht, wenn die Gesamtheit der Vorhaben von einem einheitlichen Planungswillen getragen ist und die Einzelvorhaben innerhalb eines Gesamtzeitrahmens ausgeführt werden. In der Praxis geht man davon aus, das der zeitliche Zusammenhang alle Vorhaben betrifft, mit deren Errichtung vor der Fertigstellung des genehmigungspflichtigen Hauptvorhabens begonnen wird.
Beispiel:
Errichtung eines Wohnhauses mit Garage, Geräteschuppen, Einfriedung

Bremen hat hier allerdings **Sonderregelungen**: Demnach sind selbständige genehmi- 20
gungsfreie Vorhaben auch dann nicht Gegenstand einer Baugenehmigung, wenn sie in Bauvorlagen für genehmigungsbedürftige Vorhaben dargestellt sind (§ 65 Abs. 5 BremLBO).

3. Günstigkeitsprinzip

Oftmals könnte ein Vorhaben nach mehreren Tatbeständen des Katalogs beurteilt wer- 21
den. Hier muss unterschieden werden: Es gibt Konkurrenzverhältnisse, die dem Bauherren ein **Wahlrecht** lassen, auf welchen Tatbestand er sich stützen will. Dieses Konkurrenzverhältnis findet man in aller Regel dann, wenn eine allgemein geltende Genehmigungsfreiheit (z. B. für Gebäude ohne Aufenthaltsräume und Feuerungsanlagen) mit einer nur für privilegierte Vorhaben geltenden Genehmigungsfreiheit zusammentrifft (z. B. landwirtschaftliche Gebäude). Hier kann der Bauherr wählen, ob er sich auf den für seinen speziellen Fall geltenden speziellen Ausnahmetatbestand berufen will oder auf den allgemein geltenden.

Das Günstigkeitsprinzip greift aber nicht in den Fällen, ein denen ein Tatbestand des Kataloges eines **abschließende** Spezialregelung enthält. Während die oben genannten Fälle durch die Verwendung der baulichen Anlage durch einen **subjektiv privilegierten Verwendungszweck** gekennzeichnet sind (z. B. Zwecke der Landwirtschaft, Zwecke des öffentlichen Personennahverkehrs, also Garage), sind die Fälle der abschließenden Regelungen in der Regel durch den speziellen **objektiven Verwendungszweck** einer baulichen Anlage gekennzeichnet.

Beispiel: Die Genehmigungsfreiheit einer Versitzgrube bestimmt sich ausschließlich nach der für Kleinkläranlagen geltenden Vorschrift. Obwohl eine Versitzgrube zugleich ein Behälter ist, ist der Auffangtatbestand (ortsfeste Behälter sonstiger Art) nicht anwendbar.

III. Genehmigungsfreie Nutzungsänderung

Im Falle der Nutzungsänderung kann die Baugenehmigungspflicht ausgelöst werden, 22
ohne dass ein „Bauvorgang" stattgefunden hat. Ausreichend ist, dass einer Anlage eine **neue Zweckbestimmung** gegeben wird. Da die bestimmungsgemäße Verwendung einer einmal errichteten baulichen Anlage zur Eigentumsfreiheit gehört, ist nicht jede Nutzungsänderung baugenehmigungspflichtig.

Eine Nutzungsänderung ist genehmigungsfrei

- in den **landesrechtlich** ausdrücklich **geregelten Fallgruppen** (siehe Tabelle am Ende dieses Teils)

- wenn das in seiner Nutzung geänderte Vorhaben **genehmigungsfrei** wäre, würde es **erstmals errichtet** werden oder
- wenn für die geänderte Nutzung **keine anderen öffentlich-rechtlichen Vorschriften** als für die bisherige Nutzung gelten.

Die beiden letztgenannten Fallgruppen sind hier dargestellt:

23

Genehmigungsfreie Nutzungsänderung

Regelungsgegenstände der Landesbauordnungen und der MBO 2002[3]
Die Nutzungsänderung ist verfahrensfrei, wenn 1. für die neue Nutzung keine anderen öffentlich-rechtlichen Anforderungen als für die bisherige Nutzung in Betracht kommen oder 2. die Errichtung oder Änderung der Anlagen verfahrensfrei wäre

24

Land	**Norm (LBO)**	**Umsetzung/Abweichung in den Ländern und der MBO 2002**[4]
MBO	§ 61	1. § 61 II Nr. 1 2. § 61 II Nr. 2
BW	§ 50	1. § 50 II Nr. 1 2. keine Regelung
Bay	Art. 63	1. Art. 63 IV Nr. 1, genehmigungsfrei ist nur die Nutzungsänderung von Gebäuden und Räumen (nicht: sonstigen Vorhaben), die nicht im Außenbereich liegen. 2. Art. 63 IV Nr. 2
Bln		1. keine Regelung 2. keine Regelung
Bbg	§ 55	1. § 55 XII Nr. 1 2. § 55 XII Nr. 2
Brem		1. keine Regelung 2. keine Regelung
Hamb	§ 60	1. § 60 I 2, andere Regelung: genehmigungspflichtig ist die Nutzungsänderung nur dann, wenn von der im Bebauungsplan festgesetzten Nutzung abgewichen wird oder besondere Rechtsvorschriften für die Benutzung bestehen 2. keine Regelung
Hess	Anl. zu § 55	1. III 1 der Anlage zu § 55 2. III 4 der Anlage zu § 55
M-V	§ 65	1. § 65 II Nr. 1 2. keine Regelung
Nds	§ 69	1. § 69 IV Nr. 1 2. keine Regelung
NRW	§ 65	1. keine Regelung 2. § 65 II Nr. 3

[3] Die hier verwendeten Ziffern entsprechen den Ziffern der nachstehenden Rubrik „Umsetzung/Abweichung in den Ländern und der MBO 2002".

[4] Die hier verwendeten Ziffern entsprechen den Ziffern der vorstehenden Rubrik „Regelungsgegenstände der Landesbauordnungen und der MBO 2002".

Land	Norm (LBO)	Umsetzung/Abweichung in den Ländern und der MBO 2002
Rh-Pf	§ 61	1. § 61 II Nr. 5 Buchstabe a, genehmigungsfrei ist nur die Nutzungsänderung von Gebäuden und Räumen (nicht: sonstigen Vorhaben), die nicht im Außenbereich liegen. 2. § 61 II Nr. 5 Buchstabe b
Saar	§ 65	1. § 65 II Nr. 5 Buchstabe a, beschränkt auf Gebäude und Räume 2. § 65 II Nr. 5 Buchstabe b
Sachs	§ 63 a	1. § 63 a II Nr. 1 2. keine Regelung
Sachs-Anh	§ 69	1. § 69 II 2 Nr. 1 2. § 69 II 1
Schl-H	§ 69	1. § 69 III 2. keine Regelung
Thür	§ 63	1. § 63 IV Alt. 1 2. § 63 IV Alt. 2

1. Nutzungsänderung in ein genehmigungsfreies Vorhaben

Die Nutzungsänderung ist genehmigungsfrei, wenn das neue, in seiner Nutzung geänderte **Vorhaben als neu errichtetes** oder baulich geändertes **Vorhaben baugenehmigungsfrei** wäre. Hier steht die Nutzungsänderung in Zusammenhang mit dem Ausnahmekatalog für die kleineren Vorhaben: Soweit für die Errichtung oder Änderung Baugenehmigungsfreiheit bestimmt wird, muss dies auch gelten, wenn der neue Zustand des Vorhabens ohne bauliche Veränderung, sondern allein durch eine neue Zweckbestimmung erreicht wird. 25

2. Nutzungsänderung bei unveränderten öffentlich-rechtlichen Anforderungen

a) Prüfungsablauf

Die Genehmigungspflicht einer Nutzungsänderung vor dem Hintergrund der öffentlich-rechtlichen Anforderungen lässt sich wie folgt prüfen (s. Abbildung auf Folgeseite). 26

b) Gegenstand der Nutzungsänderung

Gegenstand der Nutzungsänderung ist nicht die Nutzungsänderung als solche, sondern das **Vorhaben in seiner geänderten Form.**[5] Von Bedeutung ist dies, wenn die Nutzungsänderung bei einem Vorhaben stattfinden soll, das als solches nicht oder nicht so baurechtlich genehmigt ist. Hier darf nicht nur die Änderung baurechtlich beurteilt werden, sondern das gesamte Vorhaben. Kann ein ohne Genehmigung errichtetes (oder geändertes) Vorhaben nicht nachträglich legalisiert werden, dann kann auch die Nutzungsänderung nicht zugelassen werden. 27

c) Vergleich bisherige und neue Nutzung (Variationsbreite der Baugenehmigung)

Die Genehmigungsfreiheit der Nutzungsänderung entstammt dem **Bestandsschutz** und baut daher auf den **tatsächlichen Gegebenheiten** und nicht auf den hypothetischen Möglichkeiten auf. Grundlage für den Bestandsschutz baugenehmigungspflichtiger Vorhaben ist daher die nach der **Baugenehmigung punktuell genehmigte Nutzung** und nicht das Maximum dessen, was die Baugenehmigung an Nutzungsmöglichkeiten zulassen würde. 28

---

[5] BVerwG vom 11. 11. 1988 NVwZ-RR 1989, 340.

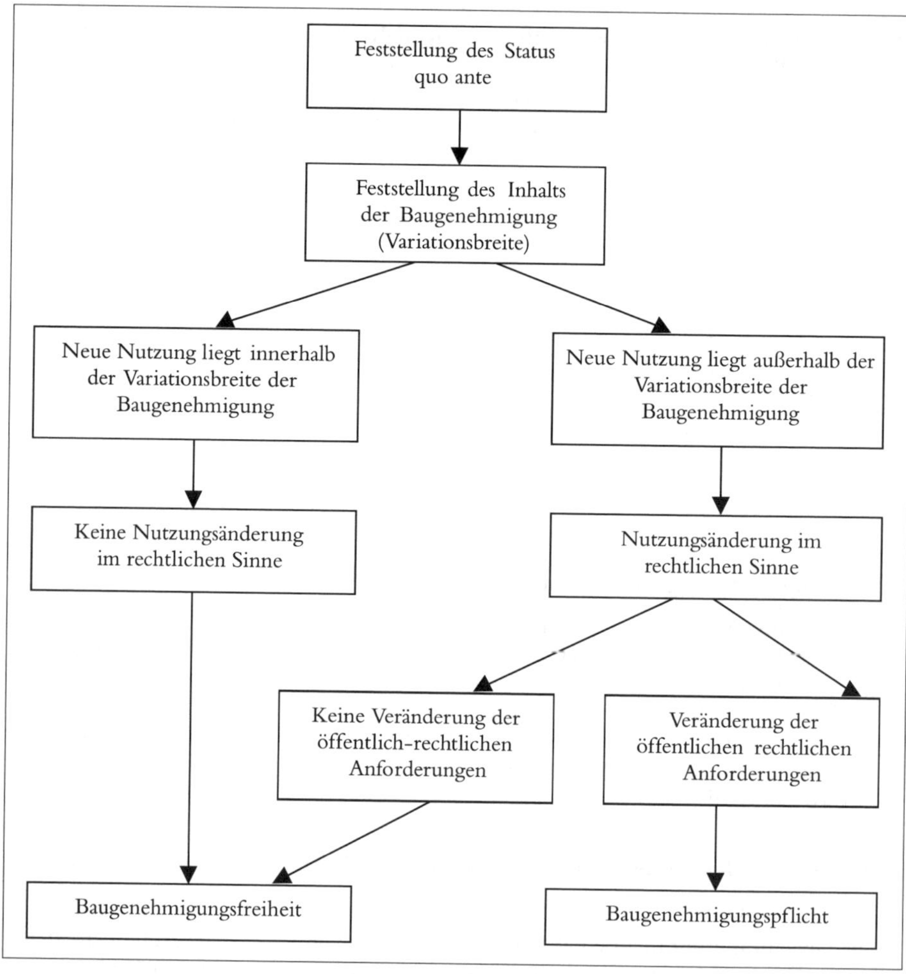

29 Der Inhalt von Baugenehmigungen kann in diesem Punkte sehr unterschiedlich sein. Es gibt Baugenehmigungen, die das genehmigte Vorhaben sehr eng bezeichnen, andere lassen dagegen eine bestimmte **Variationsbreite** zu. Dies macht die Beurteilung der Genehmigungspflicht einer Nutzungsänderung im Einzelfall schwierig. Als Faustregel gilt: Eine Nutzungsänderung im rechtlichen Sinne liegt nur dann vor, wenn die **neue Nutzung außerhalb der Variationsbreite** liegt, die die **Baugenehmigung** im Einzelfall zulässt.

Beispiele:

- Die Genehmigung eines Vorhabens als *„Einfamilienhaus mit Einliegerwohnung und Garage"* stellt punktuell auf Wohnzwecke ab.
- Die Genehmigung eines Vorhabens als *„Blumenladen"* lässt nur den Einzelhandel mit Blumen und Grünpflanzen zu. Bereits bei einer Änderung des Sortiments muss an eine Baugenehmigungspflicht gedacht werden.
- Die Genehmigung eines Vorhabens als *„Einzelhandelsgeschäft"* lässt den Einzelhandel mit beliebigen Waren zu.
- Die Genehmigung eines Vorhabens als *„Schank- und Speisewirtschaft im Tagesbetrieb"* kann eine Baugenehmigungspflicht auslösen, wenn eine Öffnung nach 20 Uhr beabsichtigt ist.

Um keine Nutzungsänderung im rechtlichen Sinne handelt es sich, wenn ein Bauherr oder ein Grundstückseigentümer erst **nachträglich den vollen Umfang der Baugenehmigung ausnützt**. 30

Beispiel: In einer „Kfz-Werkstatt mit Lackiererei" sollen in Zukunft verstärkt Lackierarbeiten ausgeführt werden. Bislang wurden solche Arbeiten in der Praxis kaum vorgenommen. Die Variationsbreite der Baugenehmigung ist hier nicht überschritten.[6]

d) Änderung der öffentlich-rechtlichen Anforderungen

Eine Nutzungsänderung ist baugenehmigungspflichtig, wenn an die neue Nutzung **andere öffentlich-rechtliche Anforderungen** gestellt werden als an die bisherige Nutzung. Es kommt hier lediglich auf die abstrakte Möglichkeit an, dass andere öffentlich-rechtliche Anforderungen gestellt werden, und nicht darauf, ob dies für das betreffende Vorhaben auch tatsächlich der Fall ist und z. B. am Ende des Prüfvorgangs tatsächlich neue Auflagen erforderlich sind oder die Änderung der Nutzung versagt werden muss. Die Klärung dieser Frage ist Zweck der Baugenehmigungspflicht.[7] 31

Das Gesetz spricht nicht von neuen oder von weiteren Anforderungen, sondern von **anderen** Anforderungen. Das bedeutet, dass eine genehmigungspflichtige Nutzungsänderung vorliegt, wenn

- **neue Anforderungen** an die geänderte Nutzung gestellt werden müssen (z. B. erstmals spielt die Frage der Lärmimmission für Nachbargrundstücke eine Rolle),
- **bisher geltende Anforderungen neu beurteilt** werden müssen (z. B. erhöhter Stellplatzbedarf),
- auf **bisher geltende Anforderungen verzichtet** werden kann (z. B. auf Betriebszeitbeschränkungen kann verzichtet werden).[8]

Eine Nutzungsänderung ist nicht nur dann genehmigungspflichtig, wenn die geänderte Nutzung ein aliud zur bisherigen Nutzung darstellt. Es ist ebenso möglich, dass die **bisherige Nutzung** (außerhalb der bestehenden Variationsbreite der Baugenehmigung) **intensiviert** wird. Das ist z. B. der Fall, wenn die Betriebszeiten eines Gewerbebetriebs oder einer Gaststätte ausgeweitet werden sollen oder wenn sich durch Änderungen des Kundenkreises der Zu- und Abfahrtsverkehr verändert (bisher nur Verkauf an Großhändler, jetzt Verkauf an jedermann). 32

Die geänderten Anforderungen können dem Bauordnungsrecht, dem Bauplanungsrecht oder anderen **Rechtsvorschriften** (z. B. Wasserrecht, Immissionsschutzrecht, Naturschutzrecht) entstammen. 33

Einige **Einzelfälle aus der Rechtsprechung** geben einen Überblick über die Änderung von Anforderungen (siehe Rechtsprechungsübersicht am Ende dieses Teils).

e) Nutzungsänderung im Sinne des Bauplanungsrechts

Der Begriff der Nutzungsänderung wird auch im Bauplanungsrecht verwendet (§ 29 Abs. 1 BauGB). § 29 Abs. 1 enthält einen **selbständigen, bundesrechtlich definierten Begriff der Nutzungsänderung**, der nicht deckungsgleich ist mit dem Begriff der Nutzungsänderung im Sinne der Landesbauordnungen. Um eine Nutzungsänderung im Sinne von § 29 Abs. 1 BauGB handelt es sich dann, wenn die rechtliche Qualität der bisher zulässigen Nutzung geändert wird und damit in **bodenrechtlicher Hinsicht die Genehmigungsfrage neu aufgeworfen wird**.[9] Die Genehmigungsfrage stellt sich in bodenrechtlicher Hinsicht dann neu, wenn durch die neue Nutzung entweder andere **bodenrechtliche Belange nach § 1 Abs. 5 BauGB** berührt werden oder wenn sich die 34

---

6 OVG NRW vom 21. 4. 1998 Az. 10 B 617/98.
7 BVerwG vom 16. 5. 1991 NJW 1991, 3293.
8 Bay VGH vom 16. 6. 1986 Az. 20 B 83 A 555, 556.
9 BVerwG vom 11. 11. 1988 BRS 48 Nr. 58.

Intensität der Berührung der Belange ändert.[10] Neue Belange werden dann berührt, wenn sich durch die Änderung der Nutzung z. B. erstmals die Frage stellt, welche Lärmbeeinträchtigungen der Nachbar hinzunehmen hat. Die Intensität der Berührung ändert sich, wenn man bei der neuen Nutzung fragen muss, ob z. B. dem Nachbarn zugemutet werden kann, dass die Lärmbeeinträchtigungen intensiver werden oder länger andauern oder sich ihre Qualität ändert (z. B. statt Betriebslärm auch Lärm durch Zufahrtsverkehr). Bei dieser Beurteilung spielt nicht nur das konkrete Vorhaben eine Rolle, sondern auch das **planungsrechtliche Gebiet**, in dem die Nutzungsänderung stattfindet: Nutzungsänderungen in einem reinen Wohngebiet erreichen wegen der engen Zweckbestimmung des Gebiets eher die Schwelle der bauplanungsrechtlich relevanten Nutzungsänderung als Nutzungsänderungen in eher unempfindlichen Gewerbe- oder Industriegebieten.

35 In folgenden Fallgruppen kann man von einer **bauplanungsrechtlich relevanten Nutzungsänderung** ausgehen:

- Die neue Nutzung löst eine **neue Art von Genehmigungspflicht** aus: Während z. B. für die bisherige Nutzung eine Baugenehmigung ausreichend war, erfordert die neue Nutzung eine immissionsschutzrechtliche Genehmigung.
- Die neue Nutzung verändert das **Maß der baulichen Nutzung**: Dies ist z. B. der Fall, wenn aus einer Garage, deren Fläche nach § 19 Abs. 4 Nr. 1 BauNVO nicht in die Grundflächenzahl einzurechnen war, eine Werkstatt wird, die bei Berechnung der Grundflächenzahl zu berücksichtigen ist. Oder aus einem Abstellraum im Dachgeschoss (kein Vollgeschoss) soll ein Wohnraum werden; der Bebauungsplan bestimmt nach § 20 Abs. 3 Satz 2 BauNVO, dass Aufenthaltsräume im Dachgeschoss in die Geschossflächenzahl einzurechnen sind.
- Die neue Nutzung fällt unter eine **andere Nutzungskategorie der §§ 2 bis 11 BauGB**: Aus einem Wohngebäude im Mischgebiet soll ein Geschäftsgebäude werden; aus einem Geschäftsgebäude im Kerngebiet ein Einzelhandelsbetrieb. Auch wenn diese Nutzungstypen in den jeweiligen Gebieten nach wie vor allgemein zulässig sind, so können sie im Verhältnis zueinander den Charakter des Gebiets verändern.
- Die neue Nutzung fällt aus dem jeweiligen **Vorhabenskatalog der §§ 2 bis 11 heraus** und ist entweder in dem Gebiet nur noch ausnahmsweise oder gar nicht mehr zulässig. Das ist z. B. der Fall, wenn ein nicht störender Gewerbebetrieb (z. B. Zahntechniklabor) in einen störenden Gewerbebetrieb (z. B. Schreinerei) umgewandelt wird.
- Für die neue Nutzung gibt es **andere technische Anweisungen** in Bezug auf den Umwelt- oder Immissionsschutz. Aus einem Rinderstall soll z. B. ein Schweinestall werden. Für Schweineställe gibt es eine spezielle VDI, die technische Anforderungen und Abstände zu anderen Anlagen regelt.

36 Wenn eine Nutzungsänderung bauplanungsrechtlich relevant ist, dann hat dies zwei Auswirkungen:

1. Es ist von **Baugenehmigungspflicht nach den Bauordnungen der Länder** auszugehen, denn die bodenrechtliche Relevanz der Nutzungsänderung impliziert stets die Änderung öffentlich-rechtlicher Anforderungen.
2. Die **Genehmigungsfähigkeit** der Nutzungsänderung ist (auch) an den **§§ 30 ff. BauGB** zu messen.

3. Wiederaufnahme einer aufgegebenen Nutzung

37 Wurde eine bauliche Anlage über längere Zeit nicht genutzt, dann bedarf die Wiederaufnahme der ursprünglichen (genehmigten) Nutzung keiner Genehmigung. Bei der Beurteilung der Genehmigungspflicht einer Nutzungsänderung wird hier primär die **ursprünglich genehmigte** (und nicht mehr ausgeübte) **Nutzung zugrunde gelegt**.

[10] BVerwG vom 1. 3. 1989 DÖV 1989, 725 = NVwZ 1989, 666.

Schwierig sind die Fälle, in denen eine ursprünglich genehmigte Nutzung wieder aufgenommen werden soll, wenn über längere Zeit eine andere, **ungenehmigte Zwischennutzung** stattgefunden hat (z. B. Wiederaufnahme der Wohnnutzung, nachdem in den Wohnräumen längere Zeit ungenehmigt ein Gewerbe ausgeübt worden war). Eine zeitweise formell rechtswidrige Nutzung kann den materiellen Bestandsschutz nicht zerstören, so dass diese Fälle wie die einer Nichtnutzung zu behandeln sind und die Wiederaufnahme der ursprünglich genehmigten Nutzung baugenehmigungsfrei ist.

4. Baugenehmigungspflicht der Nutzungsänderung – Beispiele in alphabetischer Folge –

38

Neue Nutzung	Bisherige Nutzung	Grund der Genehmigungspflicht	Fundstelle
Asylbewerberheim	Altenheim	Erhöhung der Geräuschimmissionen (Planungsrecht)	VG Düsseldorf 21. 12. 1992, Gemeindehaushalt 1993, 211
Asylbewerberheim	Soldatenunterkunft	Erhöhte Anforderungen an Verkehr und Infrastruktur; alle Verrichtungen des täglichen Lebens wie Kochen, Waschen usw. statt Ausschnitt (Planungsrecht)	OVG M-V 12. 1. 1996, BauR 1997, 617
Außengaststätte (Aufstellen von 6 Tischen mit je 4 Stühlen vor Gaststättenbetrieb)	Innengaststätte	Lärmimmissionen (Planungsrecht)	OVG Brem 3. 5. 1994, GewArch 1996, 78
Aussiedlerwohnheim	Wohnheim für Gastarbeiter	Als Anlage für soziale Zwecke im Plangebiet nicht mehr allgemein zulässig (Planungsrecht)	OVG Bln 31. 1. 1996, UPR 1996, 275
Bauschuttverwertung	Bauschuttlagerung, Handeln mit Schrott	Immissionen (Planungsrecht)	OVG NRW 13. 2. 1997, BRS 59, Nr. 148
Baustoffgroß- und -einzelhandel	Bauhof für Betrieb eines Bauunternehmers	Verkehrsaufkommen (Planungsrecht)	VG Stuttgart 10. 2. 1988, BWVPr. 1988, 280
Bürogebäude	Grenzgarage	Wegfall der Privilegierung des Grenzbaus	OVG Bln 23. 10. 1988, ZMR 1999, 134
Café	Bäckerei	Notwendigkeit von Toiletten (Bauordnungsrecht)	Bay VGH 30. 4. 1993, GewArch 1994, 488
Diskothek	Gaststätte	Größerer Stellplatzbedarf, mehr Verkehrslärm (Planungsrecht)	Bay VGH 12. 11. 1987, Bay VBl. 1988, 600
Einzelhandel (großflächiger)	Großhandel	Anforderungen des § 11 III BauNVO (Planungsrecht)	BVerwG 3. 2. 1984, BVerwGE 68, 369 = NJW 1984, 1773
Erhöhung der Fahrbewegungen, Änderung der Zeiten	Bei Lagerhalle oder Spedition	Auswirkung für die Nachbarn und die Umwelt (Planungsrecht)	Bay VGH 20. 5. 1996, NVwZ-RR 1998, 9 = Bay VBl. 1997, 405
Heimgruppe eines Kinderheims	Einfamilienhaus	Änderung der planungsrechtlichen Kategorie, Einrichtung für soziale Zwecke (Planungsrecht)	Hess VGH 18. 2. 1988, ZfBR 1998, 324

Neue Nutzung	Bisherige Nutzung	Grund der Genehmigungspflicht	Fundstelle
Heimgruppe für schwer erziehbare Jugendliche	Doppelhaushälfte im reinen Wohngebiet	Stellplatzbedarf, Schallschutz, im WR nicht mehr allgemein zulässig (Planungsrecht)	OVG NRW 15. 8. 1995, BauR 1996, 237
Kfz-Werkstatt (allgemein)	Kfz-Werkstatt der Deutschen Post	Andere planungsrechtliche Kategorie	OVG Nds 11. 7. 1996, DÖV 1997, 40
Mobilfunkanlage, Aufbau einer	Sparkassengebäude	Zusätzliche gewerbliche Nutzung, die nicht von der Nutzung des Betriebs der Sparkasse erfasst ist	Hess VGH 19. 12. 2000, GewArch 2001, 390 = DÖV 2001, 946
Mobilfunkanlage, Aufbau einer	Wohngebäude	Zusätzliche gewerbliche Nutzung, Anforderungen aus 26. BImSchV	BW VGH 26. 10. 1998, DÖV 2000, 82
Sonderpostenverkauf ohne Sortimentsbeschränkung (großflächiger Betrieb)	Bau-, Hobby- und Gartencenter (großflächiger Betrieb)	Anforderungen des § 11 III BauNVO (Planungsrecht)	OVG NRW 29. 3. 1999, Az. 10 B 417/99
Spielgeräte, Aufstellung von (4 Billardtische, 2 Geldspielautomaten, 1 Flippergerät, 1 Telespiel, 1 Punktespiel)	Schank- und Speisewirtschaft	Auswirkungen auf städtebauliche Strukturen (Planungsrecht)	Bay VGH 27. 1. 1993, Az. 1 B 90.3248
Spielhalle	Diskothek	Änderung des Gebietscharakters möglich (Planungsrecht)	BVerwG 18. 5. 1990, NVwZ 1991, 264
Spielhalle	Kabarett (Stripteaselokal)	Erhöhter Stellplatzbedarf	BW VGH 25. 1. 1989, Az. 3 S 3022/88
Spielhalle	Gaststätte	Erhöhter Stellplatzbedarf	OVG NRW 24. 8. 1989, DÖV 1990, 257
Spielhalle	Kino	Änderung des Gebietscharakters möglich (Planungsrecht)	BVerwG 1. 3. 1989, BauR 1989, 308
Spielhalle, Erweiterung	Erweiterungsfläche war Imbissrestaurant	Bauplanerische Neueinordnung als Vergnügungsstätte (Planungsrecht)	OVG NRW 29. 1. 1997, GewArch 1997, 385
Spielhallen (zwei Spielhallen)	Spielhallen (drei Spielhallen)	Intensität des Spielbetriebs (Planungsrecht)	VG Düsseldorf 11. 10. 1988, Az. 3 K 3690/87, GewArch 1989, 233
Verbrauchermarkt	Fertigungshalle für Landmaschinen	Verkehrslärm (Planungsrecht)	OVG NRW 25. 4. 1991, NVwZ-RR 118
Videokabinen, Einbau von	Einzelhandelsgeschäft	Veränderung in Vergnügungsstätte (Planungsrecht)	OVG Brem 4. 4. 1991, BauR 1991, 434
Wohngebäude, dauernde Unterkunft (Außenbereich)	Wochenendhaus (Außenbereich)	Andere Anforderungen an die Erschließung durch Intensivierung der Wohnnutzung (Planungsrecht)	BVerwG 28. 10. 1983, NVwZ 1984, 510
Wohnräume	Lagerräume (Getränke, Mobiliar), Trockenraum	Anderebauordnungsrechtliche Anforderungen	OVG NRW 15. 5. 1997, NVwZ-RR 1998, 614

Neue Nutzung	Bisherige Nutzung	Grund der Genehmigungspflicht	Fundstelle
Entprivilegierung	Privilegierte Nutzung des Außenbereichs	Stets andere Beurteilung der Belange des § 1 V bzw. § 35 BauGB (Planungsrecht)	
Wohnung (Außenbereich)	Bahnwärterhäuschen (Außenbereich)	Neubeurteilung der Frage der Zersiedelung (Planungsrecht)	BW VGH 8. 10. 1991, UPR 1992, 387
Zahnarztpraxis	Lagerräume	Andere städtebauliche Wirkung (Planungsrecht)	BVerwG 6. 5. 1993, NVwZ 1994, 274

IV. Genehmigungsfreie Instandhaltung

MBO 2002 § 61 Abs. 4, BW § 50 Abs. 4, Bay Art. 63 Abs. 5, Bln § 56 Abs. 4, Bbg § 55 Abs. 13, Brem § 65 Abs. 4, Hamb –, Hess § 54 Abs. 1 Satz 2, M-V § 65 Abs. 4, Nds § 69 Abs. 5, NRW § 65 Abs. 2 Nr. 6, Rh-Pf –, Saar § 65 Abs. 1, Sachs § 63 a Abs. 4, Sachs-Anh § 69 Abs. 4, Schl-H § 69 Abs. 4, Thür § 63 Abs. 5

1. Allgemeines

Aus Gründen des **Bestandsschutzes** sind Instandhaltungsarbeiten an oder in baulichen Anlagen genehmigungsfrei. Entsprechende Bestimmungen in den Bauordnungen haben lediglich **deklaratorische Bedeutung**, so dass es ohne rechtliche Bedeutung ist, wenn eine ausdrückliche gesetzliche Regelung fehlt. In der Praxis ergeben sich aber **Abgrenzungsschwierigkeiten** zwischen der baugenehmigungsfreien Instandhaltung und der baugenehmigungspflichtigen Änderung. Gemildert worden ist das Abgrenzungsproblem im Zuge der Liberalisierung des Baurechts: Viele Maßnahmen, die in der Literatur und der Rechtsprechung als Grenzfälle diskutiert worden sind, sind heute in den Katalogen der verfahrensfreien Vorhaben enthalten. 39

2. Abgrenzungskriterien

Maßgeblich ist der **objektive Charakter der Maßnahme**, nicht die subjektive Zwecksetzung des Bauherren, der in solchen Fällen oft darlegen wird, dass die Maßnahmen lediglich der Instandhaltung oder Renovierung dienen sollen.[11] Ebenfalls unmaßgeblich ist die Behandlung der Maßnahme nach dem Einkommenssteuerrecht. Es kommt darauf an, ob das Vorhaben nach Abschluss der Maßnahme noch im Wesentlichen dasselbe ist. 40

Folgende **Indizien** sprechen für eine **baugenehmigungspflichtige Änderung** 41

- Auswechseln ganzer wesentlicher Bauteile (Wände, Dach)
- Finanzieller Aufwand (Instandhaltung, die einem Neubau gleichkommt)
- Werterhöhung durch die Maßnahme (von der Ruine zum Wohnhaus)

---

[11] BW VGH vom 29. 1. 1987 BRS 47 Nr. 195.

3. Überblick über bauliche Maßnahmen:

42

Instandhaltung	Reinigung Neuer Anstrich Ausbessern von schadhaftem Putz Neue Dacheindeckung (gleiche Farbe, gleiches Material) Auswechseln von Fenstern und Türen (ohne Änderung von Größe und Gestaltung) Neue Fußböden Wärmedämmung innen
Grenzfälle	Fassadenverkleidung (Wärmedämmung außen) Einbau von neuen Fenstern oder Türen mit Veränderung der Formate Erstmaliger Einbau von moderner Heizungsanlage Einbau eines neuen Treppenhauses Auswechseln einzelner schadhafter Dachbalken (tragend) Auswechseln ganzer Wände (nicht tragend)
Baugenehmigungspflicht	Auswechseln ganzer Wände (tragend) Auswechseln des Dachstuhls Komplettrenovierung mit Werterhöhung Auskernung des Gebäudes Vollständige Beseitigung und Wiederaufbau

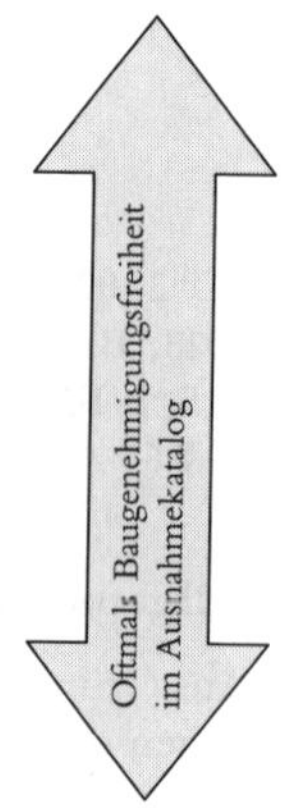

V. Einhaltung des materiellen Rechts

MBO 2002 § 59 Abs. 2, BW § 50 Abs. 5, Bay Art. 63 Abs. 6, Bln § 55 Abs. 5, Bbg § 55 Abs. 1 Satz 1, Brem § 65 Abs. 6 Satz 1, Hamb § 61 Abs. 2, Hess § 54 Abs. 2, M-V § 65 Abs. 5, Nds § 69 Abs. 6 Satz 1, NRW § 65 Abs. 4, Rh-Pf § 62 Abs. 3, Saar § 65 Abs. 3, Sachs § 63 a Abs. 6 Satz 1, Sachs-Anh § 69 Abs. 5, Schl-H § 60, Thür § 62 Abs. 2 Satz 1

43 Die Baugenehmigungsfreiheit bedeutet nur, dass die Bauaufsichtsbehörde auf eine präventive Kontrolle vor Beginn der Bauarbeiten verzichtet. Sie **entbindet** aber **nicht von der Beachtung des materiellen Rechts**. Auch wenn der Bauherr die Verantwortung für die Einhaltung der öffentlich-rechtlichen Vorschriften trägt, so ist es die Aufgabe der Bauaufsichtsbehörden, mit den Instrumenten der Baueinstellung, der Nutzungsuntersagung, der Beseitigungsanordnung oder sonstiger Anordnungen darüber zu wachen.

VI. Genehmigungsvorbehalte anderer Gesetze

44 Baugenehmigungsfreiheit kann auch darin begründet sein, dass ein Vorhaben zwar nicht der Genehmigungspflicht nach der jeweiligen Bauordnung unterliegt, wohl aber

der **anderer Gesetze**. Im Interesse der Verwaltungsvereinfachung soll für **ein Vorhaben** grundsätzlich nur **eine einzige Genehmigung** erforderlich sein. Das bedeutet, dass zum einen die Baugenehmigungspflicht den Genehmigungsvorbehalt anderer Gesetze verdrängen kann und dass zum anderen die Baugenehmigung durch eine besondere fachrechtliche Genehmigung ersetzt werden kann. Nach **Baurecht genehmigungsfreie Vorhaben** können durchaus **selbständiger Gegenstand anderer landesrechtlicher Genehmigungsvorbehalte** sein (z. B. baugenehmigungsfreie Änderung einer Fassade ist nach Denkmalschutzrecht genehmigungspflichtig; genehmigungsfreie Aufschüttung bedarf einer Befreiung nach Naturschutzrecht).

Teil 3. Verfahrensfreie Errichtung und Änderung von Anlagen – Ländervergleich in alphabetischer Folge –

MBO 2002 § 61, BW Anhang zu § 50 Abs. 1, Bay Art. 63, Bln § 56, Bbg § 67, Brem Anhang zu § 65, Hamb § 61 i.V. mit BauFreiVO, Hess § 55 i.V. mit Anlage 2 (zu § 55), M-V § 65, Nds § 69 i.V. mit Anhang, NRW § 65, Rh-Pf § 62, Saar § 65, Sachs § 63 a, Sachs-Anh § 67, Schl-H § 69, Thür § 63

Vorbemerkung

45 Die Bauordnungen stellen Anlagen und Einrichtungen so vielfältig vom Verfahren bzw. von der Genehmigung frei, dass sich allgemeine Grundsätze kaum entwickeln lassen. Nachfolgend wird demgemäß beschrieben, ob und inwieweit einzelne Gegenstände, die als solche in den Bauordnungen wiederkehren, jeweils freigestellt sind. Wenn nichts anderes angeführt ist, genießen alle Anlagen oder Einrichtungen des betreffenden Stichworts die Freistellung; ansonsten sind die Beschränkungen angegeben. Dabei handelt es sich, sofern nichts anderes vermerkt, jeweils um **Maximalmaße**.

	Anlage/Einrichtung	Land	Norm LBO/MBO
46	**Abbruch**		verfahrensfrei, wenn auch Errichtung oder Änderung der jeweiligen Anlage verfahrensfrei: § 61 III Nr. 1 MBO 2002, Art. 65 III Nr. 19 BayBO, § 50 Abs. 3 Nr. 4 LBO BW; alle anderen Länder keine Freistellung
47	**Abenteuerspielplätze** siehe bei „Kinderspielplätze“		
48	**Abgasanlagen**	MBO 2002	§ 61 I Nr. 2 Buchst. a: in oder an Gebäuden sowie freistehend 10 m H
		Hess	Anl. 2/I Nr. 3.2: 350 kW[4) 5)]
		alle anderen Länder	siehe bei Haustechnik
49	**Abgasleitungen**	MBO 2002	keine Freistellung
		BW	Anh. Nr. 23 „Leitungen aller Art“
		Bay	Art. 63 I 2 Nr. 1 nur Änderung
		Bln	§ 56 I 1 Nr. 3 Buchst. e
		Bbg	§ 55 III Nr. 2
		Brem	Anh. Nr. 3.2
		Hamb	Anl. BauFreiVO III Nr. 3 typgeprüft und Bescheinigung des Bezirksschornsteinfegermeisters
		Hess	siehe bei Abgasanlagen
		M-V	§ 65 I 1 Nr. 14
		Nds	Anh. Nr. 3.2
		NRW	keine Freistellung
		Rh-Pf	keine Freistellung
		Saar	keine Freistellung
		Sachs	§ 63 a I 1 Nr. 3 Buchst. e, c
		Sachs-Anh	keine Freistellung

Anlage/Einrichtung	Land	Norm LBO/MBO	
	Schl-H	keine Freistellung	
	Thür	§ 63 I 1 Nr. 2 Buchst. b	
Abgrabungen, Erkundungsbohrungen, Hohlräume unter der Erde nur wenn angegeben	MBO 2002	§ 61 I Nr. 8: 2 m T und 30 m^2, im Außenbereich 300 m^2	50
	BW	Anh. Nr. 67: 3 m T, im Außenbereich 300 m^2	
	Bay	Art. 87 I Nr. 2: Abgrabungsgenehmigung anstelle der Baugenehmigung. Freistellung von Abgrabungsgenehmigung: Art. 6 II 1 Nrn. 1 bis 5 BayAbgrG: 2 m T und 500 m^2; andere öR Zulassung; nach Maßgabe BPlan; Vorhaben des Bundes und der Länder oder Grabungen nach Denkmalschutzrecht, wenn keine Umweltverträglichkeitsprüfung	
	Bln	§ 56 I Nr. 11 Buchst. a: 3 m T	
	Bbg	§ 55 X Nrn. 1 und 3: 1,5 m T und 200 m^2, ausgen. an baul. Anlagen anschließendes Gelände; Erkundungsgrabungen und Bohrungen, solche für die Denkmalpflege	
	Brem	Anh. Nr. 12.1: außerhalb des Kronentraufbereichs geschützter Bäume 3 m T; Nr. 12.2 Hohlräume 15 m^3	
	Hamb	Anl. BauFreiVO VIII Nr. 3: 30 m^2 ohne T-Beschränkung; 400 m^2 2 m T; beides nicht an baul. Anlagen; im Hafennutzungsgebiet gemäß HafenentwicklungsG nach Festlegung der Wasserbehörde; bei BPlan oder Planfeststellungsbeschluss nach HafenentwicklungsG gemäß dortiger Festlegung	
	Hess	Anl. 2/I 12.1, 12.2, 13.4 und 11.17: 2 m T und 30 m^2, im Außenbereich 300 m^2; zur Behandlung, Lagerung oder Ablagerung von Abfällen; Hohlräume 100 m^3 RI Boden- und Grundwassersanierung; alles*)	
	Nds	Anh. Nr. 7.1, 7.2 und 7.3: 3 m T, im Außenbereich nur wenn Herstellung von Teichen oder 300 m^2; Hohlräume 15 m^3 RI, Erkundungsbohrungen	
	NRW	§ 65 I Nr. 42: 2 m T, im Außenbereich 400 m^2	
	Rh-Pf	§ 62 I Nr. 11 Buchst. a und b: 2 m T und 300 m^2, wenn nicht in Grabungsschutzgebieten; für das Landesamt für Denkmalpflege	
	Saar	§ 65 I Nr. 7: 2 m T, im Außenbereich 300 m^2	
	Sachs	§ 63 a I Nr. 11 Buchst. a: 2 m T, im Außenbereich 300 m^2 und nicht an öffentl. Verkehrsfläche	
	Sachs-Anh	§ 69 I Nr. 12 Buchst. a und f: Abgrabungen im Außenbereich 300 m^2; Erkundungsbohrungen	
	Schl-H	§ 69 I Nrn. 4 und 5: 100 m^3 künstl. Hohlräume unter der Erde; Abgrabungen 1000 m^2 oder Material 30 m^3	
	Thür	§ 63 I Nr. 12 Buchst. a: 2 m T und 30 m^2, im Außenbereich 300 m^2	
Abstell- Lager- und Ausstellungsplätze allgemein	MBO 2002	§ 61 I Nr. 14 Buchst. a: Fahrradabstellanlagen 30 m^2	51
	BW	Anh. Nr. 66: Fahrradabstellanlagen	
	Bay	Art. 63 I 1 Nr. 13 Buchst. b: 300 m^2, nicht überdacht, nur Innenbereich	
	Bln	§ 56 I 1 Nr. 11 Buchst. c und d: 300 m^2 ausgen. Abfallplätze; Fahrradabstellanlagen	
	Bbg	§ 55 X Nrn. 4 und 7: 200 m^2, nur Innenbereich; Fahrradabstellanlagen	
	Brem	Anh. Nr. 12.5 300 m^2 in festgesetzten Gewerbe- und Industriegebieten und Nr. 12.6 Fahrradabstellanlagen, soweit nicht notwendig	

	Anlage/Einrichtung	Land	Norm LBO/MBO
		Hamb	Anl. BauFreiVO IV Nrn. 6 und 7: Wertstoffbehälter einschl. Schrank; Müllbehälter einschl. Schrank zusammen 240 l
		Hess	Anl. 2/I Nrn. 12.5, 13.1 und 12.6: Fahrräder (Gebäude 30 m²), Ausstellungsplätze 300 m² in genehmigten Gewerbe- und Industriegebieten*)
		M-V	keine Freistellung
		Nds	Anh. Nr. 14.7 Fahrradabstellanlagen, soweit nicht notwendig
		NRW	§ 65 I 1 Nrn. 25 und 26: Fahrräder 100 m²; 300 m² nur Innenbereich, aber nicht in Wohngebieten
		Rh-Pf	§ 62 I 1 Nr. 11 Buchst. i: 300 m²
		Saar	§ 65 I 1 Nr. 21: 300 m², nur Innenbereich, aber nicht in Wohngebieten
		Sachs	§ 63 a I Nr. 11 Buchst. d und f: 200 m², nur Innenbereich, nicht Kfz und nicht umweltschädliche Stoffe; Fahrräder
		Sachs-Anh	§ 69 I 1 Nr. 10 Buchst. m und Nr. 12 Buchst. d: 200 m², nur Innenbereich; Fahrräder
		Schl-H	§ 69 I 1 Nr. 36: 300 m², aber nicht in Wohngebieten
		Thür	§ 63 I 1 Nr. 12 Buchst. e und f: 200 m², nur Innenbereich; Fahrräder
52	**Abstell- Lager- und Ausstellungsplätze** Land/Forstwirtschaft	MBO 2002	§ 61 Nr. 13 Buchst. a: unbefestigt
		BW	Anh. Nr. 61: vorüberg. und unbefestigt
		Bay	Art. 63 I 1 Nr. 13 Buchst. a: ohne Beschränkung
		Bln	§ 56 I 1 Nr. 9 Buchst. h: wie BW
		Bbg	§ 55 IX Nr. 4: wie BW
		Brem	Anh. Nr. 10.4: wie BW
		Hamb	keine Freistellung
		Hess	Anl. 2/I Nr. 11.9: vorüberg., unbefestigt, für Erzeugnisse oder Festmist*)
		M-V	§ 65 I 1 Nrn. 64, 65: 500 m² f.ür Geräte, 1000 m² für Erzeugnisse
		Nds	Anh. Nr. 14.10: Anzucht und Handel mit Pflanzen
		NRW	§ 65 I 1 Nr. 27: unbefestigt
		Rh-Pf	§ 62 I 1 Nr. 11 Buchst. i: ohne Beschränkung
		Saar	keine Freistellung
		Sachs	keine Freistellung
		Sachs-Anh	§ 69 I Nr. 10 Buchst. h: vorüberg., unbefestigt, für Erzeugnisse
		Schl-H	§ 69 I 1 Nr. 35: ohne Beschränkung
		Thür	§ 63 I 1 Nr. 10 Buchst. c: wie BW
53	**Antennen** wenn nichts anderes angegeben: Stabförmig 10 m H	MBO 2002	§ 61 I Nr. 4 Buchst. a: einschließl. Masten, auch auf bestehender baul. Anlage, Versorgungseinheit 10 m³, verfahrensfrei auch Änderung der Nutzung oder der äußeren Gestaltung
		BW	Anh. Nr. 30
		Bay	Art. 69 I 1 Nr. 4 Buchst. a: einschl. Masten, auch auf bestehender baul. Anlage, Versorgungseinheit 10 m³
		Bln	§ 56 I 1 Nr. 4 Buchst. a: Parabol 1,2 m D
		Bbg	§ 67 IV Nr. 4: wie Bln
		Brem	Anh. Nr. 4.2: Parabol 1,2 m D, Versorgungseinheiten 10 m³ BRI, soweit auf bestehender baul. Anlage auch deren Nutzungsänderung oder Änderung der äußeren Gestalt

Anlage/Einrichtung	Land	Norm LBO/MBO	
	Hamb	Anl. BauFreiVO II Nr. 4: Parabol 0,7 m²; auf Fernmeldetürmen ohne H-Beschränkung; in Vorgärten oder mit Leistung 10 W genehmigungspflichtig mit beschränktem Prüfprogramm	
	Hess	Anl. 2/I Nrn. 5.1 und 5.2: Parabol 1,2 m D[1]; Versorgungseinheiten und Funkcontainer in, an oder auf baul. Anlage 10 m³ BRI[1) 3)], außerhalb von Gebäuden 50 m³ BRI[1]; nicht länger als 3 Monate[*]	
	M-V	§ 65 I 1 Nr. 21	
	Nds	Anh. Nr. 4.2	
	NRW	§ 65 I 1 Nrn. 18, 9 a: Parabol 1,2 m D; sonstige Antennen und Sendeanlagen einschl. Masten 10 m H sowie Änderung der Nutzung oder Gestalt einer best. baul. Anlage; Versorgungseinheiten 20 m² und 4 m H	
	Rh-Pf	§ 62 I 1 Nr. 4 Buchst. b: nicht Parabolantennen	
	Saar	§ 65 I 1 Nr. 2 Buchst. i	
	Sachs	§ 63 a I 1 Nr. 4 Buchst. b	
	Sachs-Anh	§ 67 I IV Nr. 4 Buchst. b: ohne Parabol, sonst wie Brem	
	Schl-H	§ 69 I 1 Nr. 33	
	Thür	§ 63 I 1 Nr. 4 Buchst. b	
Aufschüttungen	MBO 2002	§ 61 I Nr. 8: 2 m H und 30 m², im Außenbereich 300 m²	54
	BW	Anh. Nr. 67: 3 m H, im Außenbereich 300 m²	
	Bay	Art. 63 I 1 Nr. 8: 500 m² und 3 m H	
	Bln	§ 56 I Nr. 11 Buchst. a: 3 m H	
	Bbg	§ 55 X Nrn. 2 und 3: 200 m², 1,5 m H, ausgen. bei Anschluss an baul. Anlagen, landwirtschaftl. Bodenverbesserung ohne Beschränkung	
	Brem	Anh. Nr. 12.1: außerhalb des Kronentraufbereichs geschützter Bäume 3 m H, im Außenbereich 300 m²	
	Hamb	Anl. BauFreiVO VIII Nr. 3: 30 m² ohne H-Beschränkung; 400 m² 2 m H; beides nicht an baul. Anlagen; im Hafennutzungsgebiet gemäß HafenentwicklungsG nach Festlegung der Wasserbehörde; bei BPlan oder Planfeststellungsbeschluss nach HafenentwicklungsG gemäß dortiger Festlegung	
	Hess	Anl. 2/I Nrn. 12.1 bis 12.3: 2 m H und 30 m², im Außenbereich 300 m², Abfälle und landwirtschaftl. Bodenverbesserung ohne Beschränkung	
	M-V	§ 65 I Nr. 61: Außenbereich 300 m²; 3 m H	
	Nds	Anh. Nr. 7.1: 3 m H, im Außenbereich 300 m²	
	NRW	§ 65 I Nr. 42: im Außenbereich 400 m²	
	Rh-Pf	§ 62 I Nr. 11 Buchst. a: generell 300 m²	
	Saar	§ 65 I Nr. 7: im Außenbereich 300 m²	
	Sachs	§ 63 a I Nr. 11: im Außenbereich 300 m² und nicht an öffentl. Verkehrsanlagen	
	Sachs-Anh	§ 69 I Nr. 12 Buchst. a: im Außenbereich 300 m², 3 m H	
	Schl-H	§ 69 I Nr. 5: 1000 m² oder Material 30 m³	
	Thür	§ 63 I Nr. 12 Buchst. a: 30 m², im Außenbereich 300 m²	
Aufzüge	MBO 2002	§ 61 I Nr. 2 Buchst. c: als „Technische Gebäudeausrüstung" (6. Abschnitt MBO) verfahrensfrei	55

	Anlage/Einrichtung	Land	Norm LBO/MBO
		Nds	Anh. Nr. 14.11: Personenaufzüge für 1 Person
		NRW	§ 65 I Nr. 12 a: Aufzüge ausgen. solche in Sonderbauten
		Schl-H	§ 69 I Nr. 6 a: Behinderten-, Lagerhaus- und Mühlenaufzüge
		alle anderen Länder	keine Freistellung
56	**Ausstellungs- und Verkaufsstände, Messestände** wenn nichts anderes angegeben: 3 Monate und auf genehmigtem Messe- und Ausstellungsgelände	MBO 2002	§ 61 I Nr. 12 Buchst. e: ausgen. Fliegende Bauten
		BW	Anh. Nr. 63
		Bay	Art. 63 I 1 Nr. 12 Buchst. b: vorüberg.
		Bln	§ 56 I Nr. 9 Buchst. k: eingeschossig
		Bbg	§ 55 IX Nr. 8, ausgen. Fliegende Bauten
		Brem	Anh. Nr. 10.7
		Hamb	keine Freistellung
		Hess	Anl. 2/I Nrn. 11.11 und 11.14: oder in Messe- oder Ausstellungshallen oder vorüberg. für landwirtschaftl. Produkte*)
		M-V	§ 65 I Nr. 55
		Nds	Anh. Nr. 11.9, ausgen. Fliegende Bauten
		NRW	§ 65 I Nr. 41
		Rh-Pf	§ 62 I Nr. 9 Buchst. e
		Saar	keine Freistellung
		Sachs	keine Freistellung
		Sachs-Anh	§ 69 I Nr. 10 Buchst. k, zusätzl. Nr. 10 Buchst. n Imbiss- und Verkaufswagen auf öffentl. Verkehrsflächen
		Schl-H	§ 69 I Nr. 49
		Thür	§ 63 I Nr. 10 Buchst. f
57	**Automaten**	MBO 2002	§ 61 I Nr. 11 Buchst. b und Nr. 14 Buchst. b: Warenautomaten, Tankautomaten und Zapfsäulen genehmigter Tankstellen
		BW	Anh. Nr. 57: ohne Beschränkung Automaten
		Bay	Art. 63 I Nr. 11 Buchst. b: Automaten 1 m^2 Ansichtsfläche oder mit offener Verkaufsstelle verbunden und Art. 63 I 2 Nr. 2: Auswechslung von Tankautomaten
		Bln	§ 56 I Nr. 8 Buchst. f: Warenautomaten
		Bbg	§ 55 VIII Nr. 5: Warenautomaten
		Brem	Anh. Nrn. 9.8 und 12.11: Waren- und Leistungsautomaten, Zapfsäulen und Tankautomaten
		Hamb	Anl. BauFreiVO VII Nr. 7: Automaten mit offener Verkaufsstelle verbunden und innerhalb Gebäudegrundrissfläche
		Hess	Anl. 2/I Nr. 10.2: Warenautomaten
		M-V	§ 65 I Nr. 49: Warenautomaten ohne Beschränkung
		Nds	Anh. Nr. 10.5: Warenautomaten ohne Beschränkung und Nr. 14.2 Zapfsäulen und Tankautomaten genehmigter Tankstellen
		NRW	§ 65 I Nr. 36: Warenautomaten ohne Beschränkung und Nr. 12 d: Füllanlagen an Tankstellen
		Rh-Pf	§ 62 I Nr. 8 Buchst. e: Warenautomaten, Verbindung mit offener Verkaufsstelle und innerhalb Baulinie oder -grenze
		Saar	§ 65 I Nr. 27: Warenautomaten, Verbindung mit offener Verkaufsstelle und innerhalb Gebäudegrundflächen
		Sachs	§ 63 a I Nr. 12 Buchst. c: Warenautomaten in unmittelbarer Verbindung mit einer Verkaufsstelle, Fahrkartenautomaten im Haltestellenbereich

Anlage/Einrichtung	Land	Norm LBO/MBO	
	Sachs-Anh	§ 69 I Nr. 9 Buchst. d: Warenautomaten ohne Beschränkung	
	Schl-H	§ 69 I Nr. 46: Warenautomaten ohne Beschränkung	
	Thür	§ 63 I Nr. 9 Buchst. d: Warenautomaten, Verbindung mit offener Verkaufsstelle und innerhalb Gebäudegrundflächen und Nr. 12 Buchst. i: Zapfsäulen und Tankautomaten	
Baustelleneinrichtungen	MBO 2002	§ 61 I Nr. 12 Buchst. a und b: einschließl. Lager-, Schutzhallen, Unterkünfte, Gerüste	58
	BW	Anh. Nr. 59: einschl. Lager-, Schutzhallen, Unterkünfte	
	Bay	Art. 63 I 1 Nr. 12 Buchst. a: ohne Beschränkung	
	Bln	§ 56 I Nr. 9 Buchst. g: einschl. Lager-, Schutzhallen, Unterkünfte	
	Bbg	§ 55 IX Nr. 3: einschl. Baubüros und Tagesunterkünfte und Nr. 1: Gerüste der Regelausführung oder mit Bauartzulassung	
	Brem	Anh. Nr. 10.3: einschl. Lager-, Schutzhallen, Unterkünfte und Nrn. 10.1 und 10.2: Gerüste der Regelausführung und Traggerüste 5 m H	
	Hamb	Anl. BauFreiVO XI Nrn. 1 bis 3: einschl. Lager-, Schutzhallen, Buden, Tagesunterkünfte; Traggerüste 5 m, Arbeitsgerüste 25 m	
	Hess	Anl. 2/I Nrn. 11.7 und 11.8: einschl. Unterkünfte, Lager-, Schutz-, Mischhallen, Silos, Werkstätten; Gerüste in Regelausführung, Traggerüste bis 5 m H, Letztere[3)]	
	M-V	§ 65 I Nr. 51: einschl. Lager-, Schutzhallen, Unterkünfte	
	Nds	Anh. Nr. 11.3: einschl. Lager-, Schutzhallen, Unterkünfte und Nr. 11.2: Gerüste und Nr. 14.3: Krane und Krananlagen	
	NRW	§ 65 I Nr. 38: einschl. Lager-, Schutzhallen, Unterkünfte	
	Rh-Pf	§ 62 I Nr. 9 Buchst. b: einschl. Lager-, Schutzhallen, Baubuden	
	Saar	§ 65 I Nr. 23: einschl. Lager-, Schutzhallen, Baubuden und Nr. 25: Gerüste	
	Sachs	§ 63 a I Nr. 9 Buchst. c: einschl. Lager-, Schutzhallen, Unterkünfte und Nr. 9 Buchst. a: Gerüste in Regelausführung, andere mit Sachverständigenbestätigung	
	Sachs-Anh	§ 69 I Nr. 10 Buchst. f und g: einschl. Lager-, Schutzhallen, Baubuden, Gerüste	
	Schl-H	§ 69 I Nr. 24: einschl. Lager-, Schutzhallen, Baubuden	
	Thür	§ 63 I Nr. 10 Buchst. b: einschl. Lager-, Schutzhallen, Baubuden und Nr. 10 Buchst. a: Gerüste	
Bauteile	MBO 2002	§ 61 Nr. 10 Buchst. a und b: • nicht tragend und nicht aussteifend • tragend und aussteifend innerhalb von Wohngebäuden der Klassen 1 und 2	59
	BW	Anh. Nrn. 13 und 14: • Wände, Decken, Stützen, Treppen ausgen. Außenwände, in Wohngebäuden und in Wohnungen • nicht tragend in sonstigen Gebäuden	
	Bay	Art. 63 I 1 Nr. 10 Buchst. a und II 2 Nr. 3: • nicht tragend und nicht aussteifend, auch vor Fertigstellung • Änderung tragend und aussteifend innerhalb von Wohngebäuden	
	Bln	§ 56 I Nr. 10 Buchst. a und b: • nicht tragend in bestehenden Gebäuden • tragend und aussteifend, wenn geringfügig innerhalb von Gebäuden	

	Anlage/Einrichtung	Land	Norm LBO/MBO
		Bbg	§ 55 XI Nr. 3: nicht tragend, nicht aussteifend, nicht raumabschließend
		Brem	Anh. Nrn. 11.1 und 11.2: • nicht tragend und nicht aussteifend nach Fertigstellung • tragend und aussteifend, wenn geringfügig innerhalb von Gebäuden
		Hamb	Anl. BauFreiVO XII Nrn. 1 und 4: nicht tragend und nicht aussteifend in baul. Anlagen, wenn geeignete Unterkonstruktion und keine besonderen Anforderungen; untergeordnete Bauteile (z. B. Dachhaken, -Rinnen, Regenablass, Laufbohlen, Außenleuchten)
		Hess	Anl. 2/I Nrn. 2.1, 2.2, 2.5: • tragend und aussteifend innerhalb von Gebäuden, nicht Sonderbauten[3)] • nicht tragend und nicht aussteifend: mit Brandschutzanforderungen[3)] ohne Brandschutzanforderungen[2)] • Dächer einschl. Dachkonstruktion[1) 3)]
		M-V	§ 65 I Nr. 57: • nicht tragend, wenn keine Brandschutzanforderungen • tragend, wenn geringfügig
		Nds	Anh. 12.1 und 12.2: • nicht tragend und nicht aussteifend nach Fertigstellung • auch tragend und aussteifend innerhalb von Wohngebäuden, ausgen. Hochhäuser sowie Außen-, Gebäudetrennwände und Dachkonstruktionen
		NRW	§ 65 I Nr. 8: nicht tragend und nicht aussteifend, wenn nicht Rettungsweg
		Rh-Pf	§ 62 I Nr. 10: • nicht tragend und nicht aussteifend, wenn nicht Rettungsweg • tragend und aussteifend, wenn Unbedenklichkeit bescheinigt
		Saar	§ 65 I Nr. 2 Buchst. a: nicht tragend und nicht aussteifend, Treppen innerhalb von Wohnungen
		Sachs	§ 63 a I Nr. 10 Buchst. c und b: • nicht tragende Wände nach Fertigstellung • tragend und aussteifend, wenn geringfügig und Unbedenklichkeit bescheinigt
		Sachs-Anh	§ 69 I Nr. 11 Buchst. a und b: • nicht tragend und nicht aussteifend nach Fertigstellung • tragend und aussteifend, wenn geringfügig und Ungefährlichkeit bescheinigt
		Schl-H	§ 69 I Nr. 17: nicht tragend und nicht aussteifend
		Thür	§ 63 I Nr. 11 Buchst. b und n: • nicht tragend und nicht aussteifend nach Fertigstellung • tragend nach Fertigstellung in Gebäuden mit nicht mehr als 2 Wohnungen
60	**Behelfsbauten** wenn nichts anderes angegeben: nur vorübergehend aufgestellt	MBO 2002	§ 61 I Nr. 12 Buchst. d: Verteidigung, K-Schutz, Unfallhilfe
		BW	Anh. Nr. 60: Verteidigung, K-Schutz, Unfallhilfe, Obdachlose
		Bay	genehmigungspflichtig
		Bln	§ 56 I Nr. 9 Buchst. i: Verteidigung, K-Schutz, Unfallhilfe
		Bbg	§ 55 IX Nrn. 2 und 6: Behelfsbauten zur öffentl. Ver- und Entsorgung für 3 Monate, K-Schutz, Unfallhilfe

Anlage/Einrichtung	Land	Norm LBO/MBO	
	Brem	Anh. Nr. 10.5: wie Bln	
	Hamb	Anl. BauFreiVO I Nr. 7: Container 3 m für Wach-, Aufsichts-, Arbeitspersonal (vorüberg. Aufenthalt) in Hafengebiet gemäß HafenentwicklungsG, ebenso in festgesetztem Industriegebiet (lediglich 1 Container auf 1000 m^2 unbebaute Fläche und kein Zusammenstellen)	
	Hess	Anl. 2/I Nr. 11.12: wie Bln*); Anl. I Nr. 11.16: öffentl. Versorgung, Entsorgung, Telekommunikation 3 Monate*)	
	M-V	§ 65 I Nr. 53: wie Bln	
	Nds	Anh. Nr. 11.5: **Zelte** für Verteidigung, K-Schutz, Unfallhilfe	
	NRW	§ 65 I Nr. 39: Verteidigung, K-Schutz, Unfallhilfe **für kurze Zeit**	
	Rh-Pf	keine Freistellung	
	Saar	keine Freistellung	
	Sachs	§ 63 a Nr. 9 Buchst. e: wie Bln	
	Sachs-Anh	§ 69 I Nr. 10 Buchst. i: Verteidigung, K-Schutz, Unfallhilfe, alles vorüberg.	
	Schl-H	§ 69 I Nr. 48: wie Bln	
	Thür	wie Bln	
Be- und Entwässerungsanlagen, siehe auch bei Haustechnik	MBO 2002	wenn nicht „Technische Gebäudeausrüstung" genehmigungspflichtig	61
	BW	Anh. Nr. 28: lafo Be- und Entwässerungsanlagen	
	Hess	Anl. 2/I Nr. 4.7: wie BW	
	Saar	§ 65 I Nr. 2 Buchst. c: Ableiten, Rückhalten, Versickern von Niederschlagswasser außerhalb von Gebäuden	
	alle anderen Länder	genehmigungspflichtig	
Behälter Wasserbecken siehe dort	MBO 2002	§ 61 I Nr. 5 Buchst. a bis d: verflüssigte Gase 3 t, Gase 6 m^3, brennbare oder wassergefährdende Flüssigkeiten 10 m^3, sonstige ortsfeste Behälter 50 m^3 und 3 m H, Gärfutter 6 m H und Schnitzelgruben	62
	BW	Anh. Nrn. 38 bis 42: verflüssigte Gase 3 t, Gase 6 m^3, wassergefährdende Stoffe 5 m^3, sonstige drucklose Behälter 50 m^3 und 3 m H, Gärfutter 6 m H	
	Bay	Art. 63 I 1 Nr. 5 Buchst. b bis e: verflüssigte Gas $<$ 3 t; wassergefährdende Stoffe oder brennbare Flüssigkeiten 10 m^3; Gülle und Jauche 50 m^3 und 3 m H; Gärfutter 6 m H und Schnitzelgruben	
	Bln	§ 56 I Nr. 5 Buchst. a bis e: verflüssigte Gase 1 m^3, Gase 6 m^3, wassergefährdende Stoffe oder brennbare Flüssigkeiten 1 m^3, sonstige drucklose Behälter 50 m^3 und 3 m H ausgen. Jauche und Gülle, Gärfutter 6 m H	
	Bbg	§ 55 V Nrn. 1 bis 3, 6: Gase 10 m^3, wassergefährdende Stoffe, Abwasser, Jauche und Gülle 10 m^3; sonstige drucklose Behälter 30 m^2, Gärfutter 10 m^3	
	Brem	Anh. Nrn. 5.1 bis 5.5: verflüssigte Gase 0,30 m^3, Gase 6 m^3; wassergefährdende Stoffe im Freien 1 m^3, ausgen. Jauche und Gülle, in Gebäuden oder im Erdreich ohne Beschränkung; sonstige drucklose Behälter 50 m^3 und 3 m H, ausgen. Jauche und Gülle; Gärfutter 50 m^3 6 m H	
	Hamb	Anl. BauFreiVO IV Nrn. 1 bis 5: ortsfest oberirdisch für Flüssigkeiten 5 m^3, ortsbeweglich 1 m^3; verflüssigte Gase 3 t, ortsbeweg-	

	Anlage/Einrichtung	Land	Norm LBO/MBO
			lich 33 kg; Gase 5 m³, wenn Betriebsüberdruck 0,5 bar oder Betriebsüberdruck X Behälterinhalt ≤ 2,5 bar; Gärfutter 5 m³; Recycling 10 m³ auf öffentl. Flächen
		Hess	Anl. 2/I Nrn. 6.1 bis 6.5: verflüssigte Gase 3 t[5)], Gase 6 m³ [5)], wassergefährdende Stoffe oder brennbare Flüssigkeiten 5 m³ [5)], sonstige drucklose Behälter 50 m³ und 3 m H oder T[*)], Gülle und Jauche 50 m³ und 3 m H oder T[*)]
		M-V	§ 65 I Nrn. 28 bis 32: verflüssigte Gase 3 t, Gase 6 m³, Gärfutter 6 m H, ausgen. Jauche und Gülle; Gärfutter 6 m H
		Nds	Anh. Nrn. 5.1 bis 5.6: verflüssigte Gase 3 t, Gase 6 m³; wassergefährdende Stoffe im Freien 1 m³, ausgen. Jauche oder Gülle, in Gebäuden oder im Erdreich ohne Beschränkung, in Gebäuden aber nur 5000 l Heizöl, wenn keine dafür genehmigten Räume; transportable Behälter für feste Stoffe; Regenwasser 50 m³; lafo 50 m³ und 3 m H, wenn nicht Gase, brennbare Flüssigkeiten oder wassergefährdende Stoffe; Gärfutter 6 m H
		NRW	§ 65 I Nr. 11, § 66 Nr. 4: brennbare oder schädl. Flüssigkeiten 50 m³, verflüssigte Gase oder Gase 5 m³; wenn Bescheinigung der Unbedenklichkeit, Futter 50 m², 3 m H
		Rh-Pf	§ 62 I Nr. 5 Buchst. b und c: verflüssigte Gase 3 t, Gase 5 m³, brennbare oder wassergefährdende Stoffe 10 m³; ansonsten 50 m³ und 3 m H
		Saar	§ 65 I Nrn. 8 und 2 Buchst. e: verflüssigte Gase 3 t; Gase und brennbare oder schädl. Flüssigkeiten 5 m³, wenn Betriebsüberdruck 0,5 bar; ansonsten 50 m³ und 3 m H **einschl**. Gülle- und Jauchebehälter außerhalb von Wasserschutzgebieten; lafo Dünge- und Futtermittelsilos unbeschränkt
		Sachs	§ 63 a I Nr. 5: verflüssigte Gase 3 t; Gase, brennbare oder wassergefährdende Flüssigkeiten und wassergefährdende Stoffe 6 m³ ausgen. Jauche und Gülle; ansonsten 50 m³ und 3 m H, Gärfutterbehälter 10 m H; wenn typgeprüft
		Sachs-Anh	§ 69 I Nr. 5: verflüssigte Gase 3 t; Gase, brennbare oder wassergefährdende Flüssigkeiten und wassergefährdende Stoffe; auch „ansonsten" Jauche und Gülle ausgen., zusätzlich transportable Behälter für feste Stoffe
		Schl-H	§ 69 I Nr. 31: verflüssigte Gase 3 t, Gase 6 m³; wassergefährdende Stoffe 6 m³; ansonsten 50 m³ und 6 m H; lafo Dünge- und Futtermittelsilos unbeschränkt
		Thür	§ 63 I Nr. 5: verflüssigte Gase 3 t, Gase 6 m³; wassergefährdende Stoffe 1 m³, in Gebäuden und im Erdreich 10 m³; ansonsten 50 m³ und 3 m H, ausgen. Jauche und Gülle; Gärfutter 6 m H in unmittelbarer Nähe einer Hofstelle
63	**Blitzschutzanlage**	MBO 2002	§ 61 I Nr. 2 Buchst. c: als „Technische Gebäudeausrüstung" (6. Abschnitt MBO) verfahrensfrei
		BW	Anh. Nr. 37
		Bay	Art. 63 I 1 Nr. 4 Buchst. b
		Bln	§ 56 IV Nr. 4 Buchst. g
		Bbg	§ 55 IV Nr. 7
		Brem	Anh. Nr. 4.8
		Hamb	Anl. BauFreiVO II Nr. 6
		Hess	Anl. 2/I Nr. 5.5[*)]
		M-V	§ 65 I Nr. 27
		Nds	Anh. Nr. 4.8

Anlage/Einrichtung	Land	Norm LBO/MBO	
	NRW	§ 65 I Nr. 20	
	Rh-Pf	3 62 I Nr. 4 Buchst. a	
	Saar	§ 65 I Nr. 2 Buchst. i	
	Sachs	§ 63 I Nr. 4 Buchst. h	
	Sachs-Anh	§ 69 I Nr. 4 Buchst. g	
	Schl-H	§ 69 I Nr. 33	
	Thür	§ 63 I Nr. 4 Buchst. h	
Blockheizkraftwerk siehe Wärmepumpe			64
Brunnen	MBO 2002	§ 61 I Nr. 3 Buchst. a	65
	BW	Anh. Nr. 69	
	Bay	Art. 63 I 1 Nr. 4 Buchst. b	
	Bln	keine Freistellung	
	Bbg	§ 55 III Nr. 9	
	Brem	Anh. Nr. 3.4	
	Hamb	Anl. BauFreiVO II Nr. 8: soweit wasserrechtl. Verfahren	
	Hess	Anl. 2/I Nr. 4.3*)	
	M-V	§ 65 I Nr. 15	
	Nds	Anh. Nr. 3.3)	
	NRW	§ 66 Nr. 5: Bescheinigung der Unbedenklichkeit	
	Rh-Pf	§ 62 I Nr. 3	
	Saar	§ 65 I Nr. 2 Buchst. c	
	Sachs	§ 63 I Nr. 3 Buchst. c	
	Sachs-Anh	§ 69 I Nr. 3 Buchst. c	
	Schl-H	§ 69 I Nr. 18	
	Thür	§ 63 I Nr. 3 Buchst. c	
Brücken, Durchlässe, Tunnels Verkehrsanlagen siehe dort	MBO 2002	§ 61 I Nr. 7: im Rahmen privater Verkehrsanlagen 5 m lW, Tunnel 3 m D	66
	BW	keine Freistellung	
	Bay	Art. 63 I 1 Nr. 7: im Rahmen privater Verkehrsanlagen 5 m lW, Tunnel 3 m D	
	Bln	§ 56 I Nr. 6 Buchst. d: Überbrückungen und Unterführungen im Rahmen privater Verkehrsanlagen 5 m lW	
	Bbg	§ 55 VI Nr. 6: Durchlässe 2 m lW	
	Brem	Anh. Nr. 6.4: Brücken und Durchlässe 5 m lW	
	Hamb	Anl. BauFreiVO VIII Nr. 1: Durchlässe und Überbrückungen 3 m lW	
	Hess	Anl. 2/I Nr. 7.4: 10 m lW; wenn > 5 lW oder > 12,5 t Belastung3)	
	M-V	§ 63 I Nr. 37: wie Brem	
	Nds	Anh. Nr. 6.4: wie Brem	
	NRW	§ 65 I Nr. 15: wie Brem	
	Rh-Pf	§ 62 I Nr. 6 Buchst. c: Durchlässe und Brücken 5 m lW, nicht Gebäudeüberbrückungen	
	Saar	§ 65 I Nr. 10: wie Brem	
	Sachs	§ 63 a I Nr. 6 Buchst. d: wie Brem	

	Anlage/Einrichtung	Land	Norm LBO/MBO
		Sachs-Anh	§ 67 I Nr. 6 Buchst. d: wie Brem
		Schl-H	§ 69 I Nr. 21: wie Brem
		Thür	§ 63 I Nr. 6 Buchst. b: wie Brem
67	**Dachflächenfenster**	MBO 2002	keine Freistellung
		BW	keine Freistellung
		Bay	Art. 63 I 1 Nr. 10 Buchst. d: auch vor Fertigstellung
		Bln	keine Freistellung
		Bbg	§ 55 XI Nr. 4
		Brem	Anh. Nr. 11.7
		Hamb	keine Freistellung
		Hess	Anl. 2/I Nr. 2.3[5)]
		M-V	keine Freistellung
		Nds	keine Freistellung
		NRW	keine Freistellung
		Rh-Pf	§ 62 II Nr. 3: bei Dachgeschossausbau zulässig
		Saar	§ 65 II Nr. 3: wie Rh-Pf
		Sachs	§ 63 a Nr. 10 Buchst. b und f: bei Dachgeschossausbau, wenn Unbedenklichkeitsbescheinigung
		Sachs-Anh	keine Freistellung
		Schl-H	keine Freistellung
		Thür	§ 63 I Nr. 11 Buchst. c: ohne weiteres zulässig
68	**Dachgauben** und vergleichbare **Dachaufbauten**	MBO 2002	keine Freistellung
		Bay	Art. 63 II Nr. 4: wenn Übereinstimmung mit städtebaul. Satzung oder örtl. Bauvorschrift
		Hess	Anl. 2/I Nr. 1.16: auf bestehenden Gebäuden[1) 3)]
		alle anderen Länder	keine Freistellung
69	**Dachgeschossausbau zu Wohnzwecken, Kellergeschoss** nur wenn angegeben	MBO 2002	keine Freistellung
		BW	keine Freistellung
		Bay	Art 63 I 1 Nr. 10 Buchst. b: einzelne Räume eines Wohngebäudes, wenn Änderung der Dachkonstruktion und der Gebäudegestalt nicht genehmigungspflichtig
		Bln	keine Freistellung
		Bbg	§ 55 II Nr. 9 wie Bay, zusätzl. erforderl., dass Wohngebäude nur geringe Höhe und ≤ 2 Wohnungen hat
		Brem	keine Freistellung
		Hamb	keine Freistellung
		Hess	Anl. II Nrn. 1 und 3: Gebäudeklassen 1 bis 3 Ausbau und Auswechslung von Dächern, wenn Konstruktion und äußere Gestalt nicht geändert, landwirtschaftl. Betriebsgebäude Ausbau Gebäudeklasse 1 unter derselben Voraussetzung, alles[*)]
		M-V	keine Freistellung
		Nds	keine Freistellung
		NRW	keine Freistellung

Anlage/Einrichtung	Land	Norm LBO/MBO	
	Rh-Pf	§ 62 II Nr. 3: in Gebäuden der Klassen 1 bis 3, wenn äußere Gestaltung nicht verändert	
	Saar	§ 65 II Nr. 3: wie Rh-Pf	
	Sachs	§ 63 a Nr. 10 Buchst. f und g: in Wohngebäuden, wenn Bescheinigung der Unbedenklichkeit, ebenso Kellergeschossausbau	
	Sachs-Anh	§ 69 I Nr. 11 Buchst. f: in Wohngebäuden, wenn Bescheinigung der Unbedenklichkeit	
	Schl-H	keine Freistellung	
	Thür	§ 63 III Nr. 1: einzelne Räume eines Wohngebäudes	
Dauerkleingärten Gartengestaltung oder -nutzung siehe bei **unbedeutende** baul. Anlagen	MBO 2002	§ 61 I Nr. 1 Buchst. h: Gartenlauben in Kleingartenanlagen nach dem BKlGartG	**70**
	BW	Anh. Nrn. 6 und 49: Gartenlauben in Gärten nach dem BKlGartG	
	Bay	Art. 63 I 1 Nr. 9 Buchst. d: Gartenlauben in Gärten nach dem BKlGartG und II Nr. 3: baul. Anlagen in Gärten nach dem BKlGartG	
	Bln	keine Freistellung	
	Bbg	§ 55 I Nr. 7: Gartenlauben 24 m^2 in Gärten nach dem BKlGartG oder genehmigten Kleingartenanlagen	
	Brem	Anh. Nr. 1.9 Gartenlauben in Gärten nach dem BKlGartG 24 m^2 einschl. überdachtem Freisitz, wenn • 2,5 m Abstand von Nachbarparzelle • FirstH 3,5 m und TraufH 2,5 m • ohne Keller, Wasseranschluß, Entwässerung	
	Hamb	Anl. BauFreiVO I Nr. 3: Gartenlauben 24 m^2 einschl. überdachtem Freisitz, wenn • aus Vollholz oder solchen Verschalungen • FirstH 2,75 m bei Flach- und Pultdach bzw. 3,6 m bei Sattel- und Runddach • Fundament 0,4 m SockelH und ohne Keller • Situierung nach Lageplan des Bezirksamts sowie befestigte Sitzplatzflächen 20 m^2	
	Hess	Anl. 2/I Nr. 1.6: Lauben nach dem BKlGartG, wenn Anlage durch BPlan festgesetzt*)	
	M-V	§ 65 I Nr. 5: Lauben in Gärten nach dem BKlGartG	
	Nds	Anh. Nr. 1.5: wie M-V	
	NRW	§ 65 I Nr. 2: wie M-V	
	Rh-Pf	§ 62 I Nr. 1 Buchst. e: wie M-V	
	Saar	§ 65 I Nr. 4: Lauben 24 m^2, wenn Anlage durch BPlan festgesetzt	
	Sachs	§ 63 a I Nr. 1 Buchst. g: wie M-V	
	Sachs-Anh	§ 69 I Nr. 1 Buchst. f: wie M-V	
	Schl-H	§ 69 I Nr. 2: wie M-V	
	Thür	§ 63 I Nr. 1 Buchst. e: M-V	
Denkmäler, Kunstwerke	MBO 2002	§ 61 I Nr. 14 Buchst. d: Denkmäler und sonstige Kunstwerke 4 m H	**71**
	BW	Anh. Nr. 68: Denkmäler, Skulpturen	
	Bay	Art. 63 I 1 Nr. 14 Buchst. b: Denkmäler und sonstige Kunstwerke 3 m H	
	Bln	§ 56 I Nr. 11 Buchst. b: Denkmäler, Skulpturen, Springbrunnen, 4 m H	

	Anlage/Einrichtung	Land	Norm LBO/MBO
		Bbg	§ 55 X Nr. 10: Denkmäler, Springbrunnen und sonstige Kunstwerke 3 m H
		Brem	Anh. Nr. 12.3: Denkmäler und Kunstobjekte 4 m H
		Hamb	Anl. BauFreiVO IX Nr. 1: Skulpturen, Plastiken, Denkmäler, 3 m H
		Hess	Anl. 2/I Nr. 13.2: Denkmäler, Skulpturen 4 m H*)
		M-V	§ 65 I Nr. 62: Denkmäler, Skulpturen, 3 m H
		Nds	Anh. Nr. 14.4: wie M-V
		NRW	§ 65 I Nr. 45: Denkmäler, Skulpturen, Brunnenanlagen
		Rh-Pf	§ 62 I Nr. 11 Buchst. c: Plastiken, Denkmäler u. Ä., 3 m H
		Saar	§ 65 I Nr. 18: Denkmäler, Skulpturen, 4 m H
		Sachs	§ 63 a Nr. 11 Buchst. b: Standbilder, Skulpturen, 4 m H
		Sachs-Anh	§ 69 I Nr. 12 Buchst. b: wie Saar
		Schl-H	§ 69 I Nr. 26: wie Saar
		Thür	§ 63 I Nr. 12 Buchst. b: Denkmäler, Skulpturen, 3 m H
72	**Einfriedungen** Stützmauern siehe dort	MBO 2002	§ 61 Nr. 6 Buchst. a und b: Innenbereich 1 m H, überall lafo offen und sockellos
		BW	Anh. Nrn. 45 und 46: Innenbereich ohne Beschränkung, Außenbereich lafo, offen, ohne Sockel und Fundament
		Bay	Art. 63 I 1 Nr. 6 Buchst. a und b, II Nr. 5: Innenbereich: an Kreuzungen und Einmündungen öffentl. Verkehrsflächen 1 m H, sonst 1,8 m H, Außenbereich: lafo offen und sockellos, überall: wenn übereinstimmend mit städtebaul. Satzung oder örtl. Bauvorschrift
		Bln	§ 56 I Nr. 6 Buchst. a und b: 2 m H; lafo offen und sockellos
		Bbg	§ 55 VI Nrn. 1 bis 3: Innenbereich offen 2 m H und geschlossen (Pfeiler oder Mauern) 1,5 m H; Außenbereich lafo 2 m H offen und sockellos; Wildzäune ohne Beschränkung
		Brem	Anh. Nrn. 6.1 und 6.2: 2 m H, im Außenbereich 50 m von Aufenthaltsräumen, überall lafo offen und sockellos
		Hamb	Anl. BauFreiVO V Nrn. 1 bis 3: durchbrochen 1 m H an öffentl. Flächen sowie an seitlichen Grundstücksgrenzen in Vorgärten, sonst 1,5 m H; offen lafo 2,25 m H; festgesetzte Gewerbe- und Industriegebiete 2,25 m H an hinterer und seitlicher Grundstücksgrenze; an Bahnanlagen überall genehmigungspflichtig
		Hess	Anl. 2/I Nr. 7.1: 1,5 m H, Außenbereich offen*)
		M-V	§ 65 I Nrn. 34 und 35: 2 m H, im Außenbereich 50 m von Aufenthaltsräumen, überall lafo offen und sockellos
		Nds	Anh. Nrn. 6.1 und 6.3: 1,8 m H, im Außenbereich 50 m von Aufenthaltsräumen, überall lafo offen und sockellos
		NRW	§ 65 I Nrn. 13 und 14: an öffentl. Verkehrsfl. 1 m H, sonst 2 m H, im Außenbereich nur bei Bebauung oder Baugenehmigung, dort auch lafo offen
		Rh-Pf	§ 62 I Nr. 6 Buchst. a und d: Innenbereich: ohne Beschränkung, Außenbereich: Weidezäune und lafo offen
		Saar	§ 65 I Nr. 6: Innenbereich: an öffentl. Verkehrsfl. 1 m H, sonst 2 m H, Außenbereich: lafo offen und sockellos
		Sachs	§ 63 a I Nr. 6 Buchst. a und b: 1,8 m H, im Außenbereich 50 m von Aufenthaltsräumen, überall lafo offen und sockellos
		Sachs-Anh	§ 69 I Nr. 6 Buchst. a und b: 2 m H, im Außenbereich 50 m von Aufenthaltsräumen, dort auch lafo offen

Anlage/Einrichtung	**Land**	**Norm LBO/MBO**	
	Schl-H	§ 69 I Nrn. 9 und 10: 1,5 m H, lafo offen und sockellos	
	Thür	§ 63 I Nr. 6 Buchst. a und b: Innenbereich: an Kreuzungen und Einmündungen öffentl. Verkehrsfl. 1 m H, sonst 1,5 m H; ferner wenn übereinstimmend mit gemeindl. Satzung, überall: lafo offen und sockellos	
Energieversorgung, Entsorgung, Fernmeldewesen		**von LBO nicht erfaßt**	**Genehmigungsfrei** 73
	MBO 2002	§ 1 II Nrn. 3 und 4: Leitungen für öffentl. Versorgung mit Wasser, Gas, Elektrizität, Wärme, öffentl. Abwasserentsorgung, Telekom sowie Fernrohrleitungen	§ 61 I Nr. 3 Buchst. b: Anlagen für öffentl. Versorgung mit Elektrizität, Gas, Öl, Wärme, alles 5 m H und 10 m^2
	BW	§ 1 II 1 Nrn. 2 und 4: Leitungen aller Art, ausgen. solche auf Baugrundstücken	Anh. Nr. 26: baul. Anlagen für Fernmelde, Elektrizität, Gas, Öl, Wärme, alles 30 m^2 und 5 m H, ausgen. Gebäude
	Bay	Art. 1 II Nr. 5: Rohrleitungsanlagen sowie Leitungen aller Art, ausgen. in Gebäuden	Art 63 I 1 Nr. 5 Buchst. g: Trafostationen 10 m^3 Art. 87 I Nr. 3: öffentl. Versorgung mit Elektrizität, Gas, Wärme, Wasser und öffentl. Abwasserentsorgung, ausgen. umbauter Raum > 100 m^3 und Gebäude
	Bln	§ 1 II Nrn. 3 und 4: Leitungen für öffentl. Versorgung mit Wasser, Gas, Elektrizität, Wärme, Entsorgung von Abwasser, Telekom sowie Fernrohrleitungen	§ 68 Nr. 3: Anlagen für Fernmelde, Elektrizität, Gas, Wasser, Abfall, Abwasser, ausgen. ortsfeste Behälter für Gas > 6 m^3 und für verflüssigte Gase > 3 t, ausgen. von Gebäuden > 20 m^3 oder > 4 m H, ausgen. von sonstigen Anlagen > 20 m H oder > 100 m^3
	Bbg	§ 1 II Nrn. 4 und 5: wie Bln, aber ausgen. Masten und Unterstützungen	§ 55 IV Nr. 1: baul. Anlagen für öffentl. Ver- und Entsorgung z. B. Trafo-, Schalt-, Regler-, Pumpstationen, alles 20 m^2 und 4 m H; unterirdische Leitungsschächte und -kanäle für die von LBO nicht erfassten Leitungen, ebenso Masten und Unterstützungen für diese (§ 55 IV Nrn. 2 und 3)
	Brem	§ 1 II Nrn. 3 und 4: wie Bln	Anh. Nr. 3.8: Anlagen für Fernmelde, Elektrizität, Gas, Öl, Wärme, Wasser, z. B. Trafo-, Schalt-, Regler-, Pumpstationen, alles 20 m^2 und 4 m H
	Hamb	§ 1 II Nrn. 3 und 4: wie Bln	Anl. BauFreiVO II • Nr. 1: elektrische Anlagen ausgen. Netz- und Transformatorenstationen im Außenbereich und ausgen. Starkstromanlagen und Transformatoren- und

Anlage/Einrichtung	Land	Norm LBO/MBO	
			Sicherheitsanlagen und bestimmten großen Baulichkeiten gemäß Nrn. 1.3.1 bis 1.3.10 • Nr. 2: sonstige Energie- und Versorgungsleitungen lichter Querschnitt 0,5 m² • Nr. 3: Gebäude für Gasdruckregler im Innenbereich 50 m³ umbauter Raum, darüber, wenn Typengenehmigung
	Hess	§ 1 II Nrn. 4, 5 und 6: öffentl. Wasserversorgungs- und Abwasseranlagen, ausgen. Gebäude, Leitungen für öffentl. Versorgung mit Elektrizität, Gas, Wärme, Kälte, Telekom, Medien, ausgen. Masten, Unterstützungen, Gebäude, Fernrohrleitungen, ausgen. Unterstützungen und Gebäude	Anl. I Nr. 3.10: Gasregler- und Trafostationen 50 m³ BRI
	M-V	§ 1 II Nrn. 3 und 4: wie Bln	§ 65 I Nr. 19: wie Brem
	Nds	§ 3 I Nr. 3, II Nr. 1: im Erdboden verlegte Leitungen für Telekom, Medien, öffentl. Versorgung mit Wasser, Gas, Elektrizität, Wärme sowie Fernrohrleitungen, bei allem ausgen. Gebäude	Anh. Nr. 3.8: wie Brem
	NRW	§ 1 II Nrn. 3 und 4: öffentl. Versorgungs-, Entsorgungs-, Telekom- und Fernrohrleitungen	§ 65 I Nr. 9 a: wie Brem
	Rh-Pf	wie NRW	§ 62 I Nr. 3 Buchst. a: Trafo-, Gasregler-, Gewässergütemessstationen, alles 50 m³ umbauter Raum, ausgen. Umgebung von Kultur- und Naturdenkmälern § 84 1 Nrn. 2 und 5: Wasserversorgung und Abwasser, Fernmelde, Gas, Wärme, Elektrizität, ausgen. umbauter Raum oder Behälter innerhalb > 50 m³ und Gebäude
	Saar	§ 1 II Nrn. 3 und 4: wie NRW, zusätzlich Medienleitungen	§ 65 I Nr. 1 Buchst. d: Trafo-, Gasregler-, Schaltstationen für Funk und Fernsehen, alles 50 m³ BRI
	Sachs	§ 1 II Nrn. 3 und 4: Anlagen für öffentl. Versorgung mit Gas und Wärme, Leitungen aller Art außerhalb von Gebäuden, ausgen. für Wasser und Abwasser	§ 63 a I Nr. 3 Buchst. f: baul. Anlagen für Fernmelde oder Elektrizität, 20 m² und 4 m H

Anlage/Einrichtung	Land	Norm LBO/MBO		
	Sachs-Anh	§ 1 II Nrn. 3 und 4: Leitungen für öffentl. Versorgung mit Wasser, Gas, Elektrizität, Wärme, Entsorgung von Abwasser, Telekom sowie Fernrohrleitungen	§ 69 I Nr. 3 Buchst. g: wie Brem	
	Schl-H	§ 1 II Nrn. 3 und 4: wie Sachs-Anh	§ 69 I Nr. 3: Fernmelde, Elektrizität, Gas, Wärme, Wasser, Abwasser, alles 100 m³ umbauter Raum oder Behälterinhalt	
	Thür	§ 1 II Nrn. 3 und 4: wie Saar	§ 63 I Nr. 3 Buchst. g: wie Brem	
Fahrgastunterstände	MBO 2002	§ 61 I Nr. 1 Buchst. e: öffentl. Personenverkehr oder Schülerbeförderung		**74**
	BW	Anh. Nr. 7: öffentl. Personen**nah**verkehr oder Schülerbeförderung ohne Beschränkung		
	Bay	Art. 63 I 1 Nr. 1 Buchst. e: 20 m² und öffentl. Personenverkehr oder Schülerbeförderung		
	Bln	§ 67 I Nr. 1 Buchst. f: „Wartehallen" ohne Beschränkung		
	Bbg	§ 55 II Nr. 11: wie BW		
	Brem	Anh. Nr. 1.7: wie BW		
	Hamb	Anl. BauFreiVO I Nr. 5: öffentl. Verkehrsanlagen, wenn entsprechend Rahmenvertrag		
	Hess	Anl. 2/I Nr. 1.8: öffentl. Personenverkehr oder Schülertransport*)		
	M-V	§ 65 I Nr. 6: wie BW		
	Nds	Anh. Nr. 1.7: wie BW		
	NRW	§ 65 I Nr. 6: wie BW		
	Rh-Pf	§ 62 I Nr. 1 Buchst. g: öffentl. Personenverkehr ohne Beschränkung		
	Saar	§ 65 I Nr. 1 Buchst. e: wie BW		
	Sachs	§ 63 a I Nr. 1 Buchst. a: 40 m² und 3 m H, wenn öPV		
	Sachs-Anh	§ 69 I Nr. 1 Buchst. g: wie Hess		
	Schl-H	§ 69 I Nr. 37: ohne Beschränkung, wenn jedermann zugänglich und ohne Aufenthaltsraum		
	Thür	§ 63 I Nr. 1 Buchst. g: wie BW		
Fahrradabstellanlagen siehe bei Abstellplätze				**75**
Fahrsilos, Flachsilos, Behälter für Gärfutter siehe dort	MBO 2002	§ 61 I Nr. 5 Buchst. e: einschließl. Kompost- und ähnliche Anlagen unbeschränkt		**76**
	BW	Anh. Nr. 44: Fahrsilos einschl. Überdachung 3 m H		
	Bay	Art. 63 I 1 Buchst. f: Fahrsilos unbeschränkt		
	Bln	keine Freistellung		
	Bbg	keine Freistellung		
	Brem	keine Freistellung		
	Hamb	keine Freistellung		
	Hess	keine Freistellung		
	M-V	keine Freistellung		
	Nds	keine Freistellung		
	NRW	§ 65 I Nr. 11: Flachsilos 50 m³ und 3 m H		

	Anlage/Einrichtung	Land	Norm LBO/MBO
		Rh-Pf	§ 62 I Nr. 5 Buchst. d: wie Bay
		Saar	§ 65 I Nr. 9: Dünge- und Futtermittelsilos unbeschränkt
		Sachs	§ 63 a I Nr. 5 Buchst. d: Fahrsilos einschl. Überdachung 3 m H
		Sachs-Anh	§ 69 I Nr. 5 Buchst. c: Flachsilos 3 m Wandhöhe
		Schl-H	§ 69 I Nr. 32: wie Saar
		Thür	keine Freistellung
77	**Fenster, Türen**	MBO 2002	§ 61 I Nr. 10 Buchst. c
		BW	Anh. Nr. 15: in Außenwänden von Wohngebäuden
		Bay	Art. 63 I 1 Nr. 1 Buchst. c und d: nicht gewerblich auch vor Fertigstellung; Dachfläche
		Bln	§ 56 I Nr. 10 Buchst. c: in Außenwänden bestehender Wohngebäude
		Bbg	§ 55 XI Nr. 1: Änderung in den dafür bestimmten Öffnungen von Wohngebäuden
		Brem	Anh. Nrn. 11.8 und 11.9: nach Fertigstellung
		Hamb	Anl. BauFreiVO XIV Nr. 3: Erneuerung im Rahmen einer bisherigen Genehmigung, bei Belüftung von Feuerstätten Bescheinigung des Bezirksschornsteinfegermeisters
		Hess	Anl. 2/I Nr. 2.3: in Außenwänden samt Öffnungen*)
		M-V	§ 65 I Nr. 58: in Außenwänden nach Fertigstellung
		Nds	Anh. Nrn. 13.1 und 13.2: nach Fertigstellung und innerhalb vorhandener Öffnungen (Fenster- und Rollläden siehe bei unbedeutende Anlagen)
		NRW	§ 65 I Nr. 8: nichttragend und nicht aussteifend und nicht an Rettungswegen
		Rh-Pf	§ 62 I Nr. 10 Buchst. b: wie NRW
		Saar	§ 65 I Nr. 2 Buchst. a: wie NRW
		Sachs	§ 63 a I Buchst. b und c: wenn tragend: Unbedenklichkeitsbescheinigung; nichttragend nach Fertigstellung
		Sachs-Anh	§ 69I Nr. 11 Buchst. c: in Außenwänden nach Fertigstellung, wenn Unbedenklichkeitsbescheinigung
		Schl-H	§ 69 I Nr. 17: nicht tragend und nicht aussteifend
		Thür	§ 63 I Nr. 11 Buchst. a und b: tragend, wenn nicht mehr als 2 Wohnungen, nicht tragend und nicht aussteifend nach Fertigstellung
78	**Fernmeldewesen** siehe bei Energieversorgung		
79	**Feuerungsanlagen**	MBO 2002	§ 61 I Nr. 2 Buchst. c: „Technische Gebäudeausrüstung" (§ 42 MBO)
		BW	Anh. Nr. 19: ohne Beschränkung, wenn Bescheinigung des Bezirkskaminkehrermeisters
		Bay	Art. 63 I 1 Nr. 2 Buchst. a: Nennwärmeleistung 50 kW, bei Erneuerung von Anlage mit > 50 kW, wenn die Leistung nicht wesentlich erhöht
		Bln	§ 56 I Nr. 2 Buchst. a: 300 kW Nennwärmeleistung, wenn Bescheinigung des Bezirksschornsteinfegermeisters
		Bbg	§ 55 III Nr. 1: 300 kW Nennwärmeleistung, ausgen. Schornsteine gewerbl. Anlagen

Anlage/Einrichtung	Land	Norm LBO/MBO
	Brem	Anh. Nr. 2.1: keine Beschränkung
	Hamb	Anl. BauFreiVO III Nrn. 1 und 2: Feuerstätten und Nebeneinrichtungen
	Hess	Anl. 2/I Nrn. 3.1 und 3.2: Auswechslung ohne Beschränkung; 350 kW Nennwärmeleistung[4)] [5)]
	M-V	§ 65 I Nr. 8: 200 kW Nennwärmeleistung, wenn Bescheinigung des Bezirksschornsteinfegermeisters
	Nds	Anh. Nr. 2.1: ausgen. Schornsteine
	NRW	§ 66 Nr. 2: keine Beschränkung
	Rh-Pf	§ 62 I Nr. 2 Buchst. a: keine Beschränkung, wenn Unternehmensbescheinigung
	Saar	§ 65 I Nr. 2 Buchst. a: 50 kW Nennwärmeleistung, bei Gasfeuerstätten 90 kW
	Sachs	§ 63 a I Nr. 2 Buchst. a: nach Fertigstellung, 50 kW Nennwärmeleistung, wenn Bescheinigung des Bezirksschornsteinfegermeisters
	Sachs-Anh	§ 69 I Nr. 2 Buchst. a: keine Beschränkung, wenn Bescheinigung des Bezirksschornsteinfegermeisters
	Schl-H	§ 69 I Nr. 12: wie Sachs-Anh
	Thür	§ 63 I Nr. 2 Buchst. a: 50 kW Nennwärmeleistung, bei Gasfeueranlagen 90 kW, Bescheinigung des Bezirksschornsteinfegermeisters
Fliegende Bauten	MBO 2002	§ 76 II Nrn. 1 bis 4: keine Ausführungsgenehmigung für • 5 m H und von Besuchern nicht betretbar • für Kinder 5 m H und 1 m/sec • Bühnen 100 m², 1,5 m FußbodenH und 5 m GesamtH • Zelte als fliegende Bauten 75 m²
	BW	§ 69 II 2: keine Ausführungsgenehmigung für unbedeutende Bauten ohne bes. Sicherheitsanforderungen
	Bay	Art. 85 III: keine Ausführungsgenehmigung für • 5 m H und von Besuchern nicht betretbar • Zelte 75 m² • Kinderfahrgeschäfte 1 m/sec und 5 m H • Bühnen 100 m², 1,5 m FußbodenH und 5 m GesamtH • Toilettenwagen
	Bln	§ 56 I Nr. 9 Buchst. a bis e: keine Baugenehmigung unter den Voraussetzungen wie Bay
	Bbg	§ 71 II 2: wie Bay
	Brem	§ 78 II 2: keine Ausführungsgenehmigung für • 5 m H und nicht von Besuchern betretbar • Zelte als fliegende Bauten 75 m²
	Hamb	Anl. BauFreiVO XIII: Ausspielungs- und Verkaufsgeschäfte 30 m² und 5 m H oder Zelte 75 m²
	Hess	Anl. 2/I Nrn. 11.1 bis 11.4: Keine Ausführungsgenehmigung für • 5 m H und nicht von Besuchern betretbar • für Kinder 5 m H und 1 m/sec • Bühnen 100 m², 1,5 m FußbodenH und 5 m GesamtH • Zelte als fliegende Bauten 100 m², alles[*)]
	M-V	§ 76 II 2: keine Ausführungsgenehmigung wie Hess, jedoch Zelte als fliegende Bauten **75 m²**
	Nds	Anh. Nrn. 11.1, 11.7, 11.11 und 11.12: wie M-V
	NRW	§ 79 II 3: wie Brem
	Rh-Pf	§ 76 II 2: wie Bay

80

	Anlage/Einrichtung	Land	Norm LBO/MBO
		Saar	§ 89 II 2: wie BW
		Sachs	§ 74 II 2: wie Bay
		Sachs-Anh	§ 69 I Nr. 10 Buchst. a bis e: wie Bay
		Schl-H	§ 82 II Hs. 2: wie M-V
		Thür	§ 74 II 2: wie Brem
81	**Flugplätze** Anlagen auf genehmigten –	Bay	Art. 63 III: Bauten geringer und mittlerer Schwierigkeit, keine Sonderbauten, Nachweise über Standsicherheit und Feuerwiderstandsdauer
		alle anderen Länder	keine Freistellung
82	**Friedhöfe**	Bay	Art. 68 II Nr. 8: Übereinstimmung mit städtebaul. Satzung oder örtl. Bauvorschrift Art. 87 I Nr. 10: soweit Genehmigung nach dem Bestattungsgesetz
		Bbg	§ 1 II Nr. 7 von LBO nicht erfasst, ausgen. Gebäude
		Hess	§ 1 II Nr. 9: einschl. Nebenanlagen von LBO nicht erfasst
		alle anderen Länder	keine Freistellung
83	**Fundamente**	Hamb	Anl. BauFreiVO VI Nr. 1: für erschütterungs- und schwingungsfreie Maschinen, Pumpen, Kompressoren, Rohrleitungen, Kabelbahnen in festgesetzten Gewerbe- und Industriegebieten
		Hess	§ 1 II Nr. 9: einschl. Nebenanlagen von LBO nicht erfasst
		alle anderen Länder	keine Freistellung
84	**Garagen**	MBO 2002	§ 61 I Nr. 1 Buchst. b: im Innenbereich 3 m H und 30 m², auch überdachte Stellplätze
		BW	keine Freistellung
		Bay	Art. 63 I 1 Nr. 1 Buchst. d: Grenzgaragen WandH 3 m und 50 m² im Innenbereich; 100 m², wenn Übereinstimmung mit städtebaul. Satzung oder örtl. Bauvorschrift
		Bln	keine Freistellung
		Bbg	§ 55 II Nrn. 3 und 4: oberirdisch mit 1 Geschoss und 150 m² im BPlangebiet; 50 m² zu Wohngebäude gehörend auf gleichem Grundstück
		Brem	Anh. Nr. 12: Doppel- oder zwei Einzelgaragen innerhalb festgesetzter Baufenster und (wenn ohne Abstandsfläche) gemäß StaffelBauO zulässig
		Hamb	keine Freistellung
		Hess	Anl. 2/I Nr. 1.2: 30 m² sowie Abstellraum sowie Zufahrten 200 m², wenn Abstandsflächen eingehalten oder an Nachbargrenze zulässig[1]
		M-V	keine Freistellung
		Nds	Anh. Nr. 1.1: 40 m³, im Außenbereich 20 m³, notwendige Garagen nur, wenn genehmigt oder nach § 69 a genehmigungsfrei
		NRW	§ 65 I Nr. 1: wie Hess
		Rh-Pf	§ 62 I Nr. 1 Buchst. f: 50 m² im Innenbereich
		Saar	§ 65 I Nr. 1 Buchst. a: wie Hess
		Sachs	§ 63 a I Nr. 1 Buchst. b: 40 m² im Innenbereich und für Wohngebäude

Anlage/Einrichtung	Land	Norm LBO/MBO
	Sachs-Anh	§ 69 I Nr. 1 Buchst. j: 50 m^2 und 3 m H im Innenbereich
	Schl-H	§ 69 I Nr. 1 a: notwendige Garagen nach § 6 X
	Thür	§ 63 I Nr. 1 Buchst. a: wie Hess
Gebäude	MBO 2002	§ 61 I Nr. 1 Buchst. a und c: • allgemein Innenbereich 10 m^2 eingeschossig • lafo 100 m^2 und 5 m H traufseitig, ohne Feuerungsanlagen, für Sachen und vorüberg. für Tiere
	BW	Anh. Nrn. 1 und 2: • allg. Innenbereich 40 m^3 BRI und Außenbereich 20 m^3 BRI, ausgen. Garagen, Verkaufs- und Ausstellungsstände, • lafo 70 m^2 und 5 m H für Erzeugnisse oder Geräte oder vorüberg. für Menschen und Tiere • **jeweils** ohne Aufenthaltsräume, Toiletten oder Feuerstätten
	Bay	Art. 63 I 1 Buchst. a und c: • allg. 75 m^3 umb. Raum im Innenbereich ohne Feuerungsanlage • lafo 100 m^2 und 140 m^2 Überdachung, freistehend eingeschossig, ohne Feuerungsanlage, für Sachen und vorüberg. für Tiere
	Bln	§ 56 I 1 Buchst. a und b: • allg. 30 m^3 BRI, ausgen. Garagen, Verkaufs- und Ausstellungsstände • lafo 4 m H und vorüberg. für Pflanzen, Tiere oder für Erzeugnisse
	Bbg	§ 55 II Nrn. 1 und 2: • allg. 75 m^3 umbauter Raum, außer im Außenbereich, ohne Aufenthaltsräume, Toiletten ohne Feuerstätten, ausgen. Garagen, Verkaufs- und Ausstellungsstände, Ställe • lafo 150 m^2 und 5 m H im Außenbereich, ohne Feuerstätten und ohne Keller, vorüberg. für Tiere oder für Erzeugnisse oder Geräte
	Brem	Anh. Nrn. 1.1 und 1.3: • allg. 30 m^3 BRI und Außenbereich 6 m^3 BRI, ohne Aufenthaltsräume, Toiletten oder Feuerstätten, ausgen. Garagen, Verkaufs- und Ausstellungsstände • lafo 70 m^2 und 4 m H, keine Feuerstätten, vorüberg. für Tiere oder für Erzeugnisse
	Hamb	• allg. Anl. BauFreiVO I Nr. 6: freistehend eingeschossig ohne Aufenthaltsräume und Feuerstätten 7 m H und 30 m^2 in festgesetzten Baugebieten ohne Verkaufs- und Ausstellungsstätten, die nicht ihrerseits freigestellt sind (siehe **Ausstellungs-** und Verkaufsstände) • lafo Anl. BauFreiVO I Nr. 1: 4 m FirstH und 100 m^2 ohne asphaltierten und betonierten Boden, und ohne Feuerstätten vorüberg. für Pflanzen und Tiere, ausgen. Unterstände für Reittiere auf Weideflächen
	Hess	Anl. 2/I Nrn. 1.1 und 1.3: • allg. 30 m^3 BRI ohne Aufenthaltsräume, Toiletten oder Feuerstätten, ausgen. Garagen, Verkaufs- und Ausstellungsstände • lafo 4 m FirstH vorüberg. für Pflanzen oder Tiere oder Ernteerzeugnisse
	M-V	§ 65 I Nrn. 1 und 2: • allg. 15 m^3 BRI ohne Aufenthaltsräume, Toiletten oder Feuerstätten, ausgen. Verkaufs- und Ausstellungszwecke • lafo 250 m^2 und 4,5 m H vorüberg. für Tiere oder für Geräte oder Erzeugnisse

85

	Anlage/Einrichtung	Land	Norm LBO/MBO
		Nds	Anh. Nrn. 1.1 und 1.2: • allg. 40 m³ BRI ohne Aufenthaltsräume, Toiletten oder Feuerstätten, ausgen. Verkaufs- und Ausstellungszwecke, im Außenbereich nur 20 m³ BRI • lafo 70 m² und 4 m H, vorüberg. für Tiere oder für Erzeugnisse
		NRW	§ 65 I Nr. 1: • allg. 30 m³ BRI ohne Aufenthaltsräume, Toiletten oder Feuerstätten, ausgen. Garagen, Verkaufs- und Ausstellungsstände • lafo im Außenbereich wie vor
		Rh-Pf	§ 62 I Nr. 1 Buchst. a und b: • allg. 50 m³, im Außenbereich 10 m³ umbauter Raum ohne Aufenthaltsräume, Toiletten oder Feuerstätten • lafo freistehend 70 m² und 4 m FirstH für Sachen und vorüberg. für Tiere ohne Keller und Feuerstätten
		Saar	§ 65 I Nr. 1 Buchst. a und b: • allg. 30 m³, im Außenbereich 10 m³ BRI, ohne Aufenthaltsräume, Toiletten, Feuerstätten, ausgen. Garagen, Verkaufs- und Ausstellungsstände • lafo 4 m H vorüberg. für Pflanzen und Tiere ohne Feuerstätten
		Sachs	§ 63 a I Nr. 1 Buchst. a und c: • allg. 15 m³ BRI, im Außenbereich 6 m³ BRI, ohne Aufenthaltsräume, Toiletten, Feuerstätten, ausgen. Garagen, Verkaufs- und Ausstellungsstände • lafo 70 m², 5 m FirstH ohne Keller und Feuerstätte für Erzeugnisse oder Geräte vorüberg. für Mensch oder Tier
		Sachs-Anh	§ 69 I Buchst. a, b und i: • im Innenbereich 30 m³ BRI ohne Aufenthaltsräume, Toiletten oder Feuerstätten, ausgen. Garagen, Verkaufs- und Ausstellungsstände • lafo im Außenbereich wie vor • lafo im Innen- und Außenbereich 5 m FirstH und 70 m², wenn nur vorüberg. Schutz für Tiere oder Pflanzen oder für Erzeugnisse oder Geräte • allg. im Außenbereich 6 m³ BRI ohne Aufenthaltsräume, Toiletten und Feuerstätten, ausgen. Verkaufs- und Ausstellungszwecke
		Schl-H	§ 69 I Nr. 1: allg. und lafo 30 m³, im Außenbereich 10 m³ umbauter Raum, ohne Aufenthaltsräume, Toiletten und Feuerstätten, ausgen. Garagen, Verkaufs- und Ausstellungsstände
		Thür	§ 63 I Buchst. a und b: • im Innenbereich 15 m³ umbauter Raum ohne Aufenthaltsräume, Toiletten, Feuerstätten, ausgen. Garagen, Verkaufs- und Ausstellungsstände • lafo im Außenbereich wie vor • lafo freistehend im Innen- und Außenbereich 150 m² und 4 m FirstH ohne Keller und Feuerstätte und vorüberg. für **Tiere** oder Erzeugnisse und Geräte
86	**Gartenlauben** siehe bei Dauerkleingärten		
87	**Gestaltung, äußere** Fenster und Türen siehe bei Fenster	MBO 2002	§ 61 I Nr. 10 Buchst. d: Verkleidungen (ausgen. Hochhäuser), Verblendungen, Verputz
		BW	Anh. Nrn. 15, und 16: Öffnungen in Wohngebäuden; Verkleidungen, Verblendungen, Verputz, auch vor Fertigstellung

Anlage/Einrichtung	Land	Norm LBO/MBO
	Bay	Art. 63 I 1 Nr. 10 Buchst. e: Verkleidungen und Verblendungen, auch vor Fertigstellung
	Bln	§ 56 I Nr. 10 Buchst. c und d: Öffnungen in Wohngebäuden; Anstriche, Verputz, Dämmputz
	Bbg	§ 55 XI Nrn. 1 und 2: Öffnungen in Wohngebäuden; Verkleidung, Verblendung, Verputz, Anstrich
	Brem	Anh. Nrn. 11.8 bis 11.10: Öffnungen in Wohngebäuden; Verkleidungen, Verblendungen, Verputz, wenn kein sichtbares Holzfachwerk
	Hamb	Anl. BauFreiVO XIV Nrn. 1, 2 und 4: Fassadenerneuerung wie bisher ohne bautechnische Änderung; Farbanstrich, bei geschlossener Bauweise und von öffentl. Grund sichtbar nur wie bisher, überall ausgen. Bemalungen; Dacheindeckungen wie bisher
	Hess	Anl. 2/I Nr. 2.4: Anstrich, Verkleidungen, Verputz, Wärmeverbund, Verblendungen*) Anl. II Nr. 4: Solaranlagen und Antennen*)
	M-V	§ 65 IV: äußere Gestaltung keine Beschränkung
	Nds	Anh. 12.3, 12.4 und 13.4 bis 13.6: Verkleidungen, Verblendung, Verputz, wenn kein sichtbares Holzfachwerk; Dämmschichten; Dacheindeckungen, Dächer ohne Änderung der bish. äußeren Abmessungen
	NRW	§ 65 II Nr. 2: Anstrich, Verputz, Verfugung, Dacheindeckung, Solaranlagen, Öffnungen, Unwehrungen, Bekleidungen, Verblendungen alles, wenn nicht örtl. Bauvorschrift
	Rh-Pf	§ 62 II Nrn. 1: Anstrich, Verputz, Dacheindeckungen, Öffnungen; Bekleidungen und Verblendungen von Wänden 22 m H; wenn örtl. Bauvorschrift
	Saar	§ 65 I Nrn. 1 und 2: wie Rh-Pf aber 8 m H; Dächer ohne Änderung des bish. statischen Systems und der bish. äußeren Abmessungen
	Sachs	§ 63 a I Nr. 10 Buchst. a und e: unwesentl. Änderungen von Fassaden und Dächern, Dächer ohne Änderung der bish. äußeren Abmessungen
	Sachs-Anh	§ 69 I Nr. 11 Buchst. c und e: Öffnungen, wenn Ungefährlichkeit bescheinigt, Dächer ohne Änderung der bish. Abmessungen und der Konstruktion
	Schl-H	§ 69 II: wie M-V
	Thür	§ 63 II: äußere Gestaltung keine Beschränkung, wenn keine statische Änderung und keine örtl. Bauvorschriften
Gewächshäuser	MBO 2002	§ 61 I Nr. 1 Buchst. d: lafo 5 m FirstH und 100 m²	88
	BW	Anh. Nr. 3: 4 m H, im Außenbereich nur landwirtschaftl.
	Bay	Art. 63 I 1 Buchst. d: Erwerbsgartenbau 4 m FirstH
	Bln	§ 56 I Nr. 1 Buchst. c: 15 m³ BRI
	Bbg	§ 55 II Nrn. 5 und 6: 50 m³ umbauter Raum, ausgen. im Außenbereich; im Außenbereich nur lafo 150 m² und 5 m H
	Brem	Anh. Nr. 1.5: landwirtschaftl. 4 m H; ansonsten 15 m³ BRI, im Außenbereich 50 m entfernt von Aufenthaltsräumen
	Hamb	Anl. BauFreiVO I Nr. 2: lafo 4 m FirstH (bei Typengenehmigung 6 m FirstH), ausgen. Foliengewächshäuser mit Feuerstätten
	Hess	Anl. 2/I Nrn. 1.4 und 11.10: lafo einschl. Folientunnel 4 m FirstH; landwirtschaftl. (isoliertes) Folientunnel; alles*)

	Anlage/Einrichtung	Land	Norm LBO/MBO
		M-V	§ 65 I 1 Nr. 3: 20 m², 2,5 m FirstH, im Außenbereich 50 m entfernt von Aufenthaltsräumen
		Nds	Anh. Nrn. 1.3 und 1.4: 30 m³ BRI, im Außenbereich 15 m³ BRI, lediglich 50 m entfernt von Aufenthaltsräumen
		NRW	§ 65 I Nr. 5: wie Nds
		Rh-Pf	§ 62 I Nr. 1 Buchst. c: Erwerbsgartenbau 5 m FirstH
		Saar	§ 65 I Nr. 1 Buchst. c: Erwerbsgartenbau 4 m FirstH
		Sachs	§ 63 a I Nr. 1 Buchst. d: 15 m³, im Außenbereich 50 m entfernt von Aufenthaltsräumen
		Sachs-Anh	§ 69 I Nr. 1 Buchst. c und d: im Außenbereich 15 m³ BRI und 50 m entfernt von Aufenthaltsräumen; landwirtschaftl. Innen- und Außenbereich 100 m² und 5 m FirstH
		Schl-H	§ 69 I Nr. 23: 4 m FirstH
		Thür	§ 63 I Nr. 1 Buchst. c und d landwirtschaftl. im Innen- und Außenbereich 4 m FirstH, sonstige im Innenbereich 4 m FirstH und 20 m²
89	**Grabkreuze, Grabsteine, Feldkreuze, Zierbrunnen**	MBO 2002	§ 61 I Nr. 14 Buchst. d: Grabdenkmale auf Friedhöfen und Feldkreuze 4 m H
		BW	Anh. Nr. 68: Feldkreuze, Grabkreuze und -steine
		Bay	Art. 63 I Nr. 14 Buchst. b: Zierbrunnen, Grabkreuze und -steine auf Friedhöfen, Feldkreuze
		Bln	§ 56 I Nr. 11 Buchst. b: Grabmäler auf Friedhöfen
		Bbg	§ 55 X Nr. 10: Feldkreuze 3 m H, Grabdenkmale auf Friedhöfen
		Brem	Anh. Nr. 12.3: Grabdenkmale auf Friedhöfen
		Hamb	Anl. BauFreiVO IX Nr. 1: Grabmale auf Friedhöfen
		Hess	§ 1 II Nr. 9: als Nebenanlagen auf Friedhöfen von LBO nicht erfasst
		M-V	§ 65 Nr. 62: wie Brem
		Nds	Anh. Nr. 14.5: wie Brem
		NRW	§ 65 I Nr. 45: Grabdenkmäler und -steine auf Friedhöfen
		Rh-Pf	§ 62 I Nr. 11 Buchst. c: Grabkreuze und -steine auf Friedhöfen
		Saar	§ 65 I Nr. 18: Feldkreuze 4 m H, Grabdenkmäler auf Friedhöfen
		Sachs	§ 63 a I Nr. 11 Buchst. b: Grabmäler auf Friedhöfen
		Sachs-Anh	§ 69 I Nr. 12 Buchst. b: wie Brem
		Schl-H	§ 69 I Nr. 26: Grabkreuze, -steine und -Denkmäler
		Thür	§ 63 I Nr. 12 Buchst. b: wie Brem
90	**Gruben für Gülle oder Jauche** siehe bei Behälter		
91	**Grünflächen, Parkanlagen**	Bbg	§ 1 II Nr. 7 als öffentl. Einrichtungen von LBO nicht erfasst, ausgen. Gebäude
		alle anderen Länder	keine Freistellung
92	**Haustechnik, (Wasser, Abwasser, Heizung, Lüftung, alles in Gebäuden);** siehe auch bei Kleinkläranlagen, Brunnen, Entsorgung, Solaranlagen	MBO 2002	§ 61 I Nr. 2 Buchst. c: „Anlagen der technischen Gebäudeausrüstung“
		BW	Anh. Nrn. 23, 24 und 25
		Bay	Art. 63 I 1 Nr. 3 Buchst. a: haustechnische Anlagen
		Bln	§ 56 I Nr. 3 Buchst. a, b, d, e und f
		Bbg	§ 55 III Nrn. 2 bis 10

Anlage/Einrichtung	Land	Norm LBO/MBO	
	Brem	Anh. Nrn. 3.1 bis 3.5 und 3.7	
	Hamb	Anl. BauFreiVO II Nr. 7 und III Nrn. 6, 8 und 9	
	Hess	Anl. 2/I Nrn. 4.1, 4.2 und 4.4: bei feuerbeständigen Decken und Wänden [2) 5)], Auswechslung Anl. II Nr. 2[*)]	
	M-V	§ 65 I Nrn. 13, 14, 16 und 18	
	Nds	Anh. Nrn. 3.1, 3.2, 3.4, 3.6 und 3.7	
	NRW	§ 65 I Nr. 9	
	Rh-Pf	§ 62 I Nr. 3	
	Saar	§ 65 I Nr. 2 Buchst. c, g und h	
	Sachs	§ 63 a I Nr. 3 Buchst. a, b, c und e	
	Sachs-Anh	§ 69 I Nr. 3 Buchst. a, b, d, f und h	
	Schl-H	§ 69 I Nrn. 13, 16, 18 und 20	
	Thür	§ 63 I Nr. 3 Buchst. a, b, d und f	
Hinweisschilder, -zeichen	MBO 2002	§ 61 I Nr. 11 Buchst. d: vor Ortsdurchfahrt auf einziger Tafel	93
	BW	keine Freistellung	
	Bay	Art. 63 I 1 Nr. 11 Buchst. f und e: vor Ortsdurchfahrt auf einziger Tafel; nur Innenbereich: auf abseits gelegene Stätten	
	Bln	§ 56 I Nr. 8: 0,6 m² Ansichtsfläche	
	Bbg	§ 55 VIII Nr. 11: an Verkehrsstraßen und Wegeabzweigungen mit Gestattung der Straßenbaubehörde	
	Brem	Anh. Nr. 9: 0,5 m² Ansichtsfläche, außer im Außenbereich	
	Hamb	keine Freistellung	
	Hess	Anl. 2/I Nrn. 10.1.7 und 10.1.8: vor Ortsdurchfahrt auf einziger Tafel; abseits oder versteckt gelegene Stätten Innen- und Außenbereich[*)]	
	M-V	§ 65 I Nr. 46: 0,5 m² Ansichtsfläche	
	Nds	Anh. Nrn. 10.6 und 10.7: Fahrverhalten, Wanderwege, Naturschutz	
	NRW	§ 65 I Nr. 33: vor Ortsdurchfahrt auf einziger Tafel 1 m²	
	Rh-Pf	§ 62 I Nr. 8 Buchst. d: Straßenverwaltung, Wappenschilder	
	Saar	keine Freistellung	
	Sachs	§ 63 a I Nr. 12 Buchst. b: Fahrverhalten, Wanderwege, Naturschutz	
	Sachs-Anh	§ 69 I Nr. 9 Buchst. e und f: Fahrverhalten, Wanderwege, Naturschutz	
	Schl-H	keine Freistellung	
	Thür	§ 63 I Nr. 9: 0,5 m² Ansichtsfläche	
Instandhaltung	MBO 2002	§ 61 IV	94
	BW	§ 50 IV	
	Bay	Art. 63 V	
	Bln	§ 56 IV	
	Bbg	§ 55 XIII	
	Brem	§ 65 IV: bei örtl. Bauvorschriften u. a. nur, wenn keine Änderung der äußeren Gestaltung	
	Hamb	§ 60 I nicht ausdrückl. geregelt	
	Hess	§ 54 I Nr. 2	

	Anlage/Einrichtung	Land	Norm LBO/MBO
		M-V	§ 65 IV
		Nds	§ 69 V
		NRW	§ 65 II Nr. 6
		Rh-Pf	nicht ausdrückl. geregelt
		Saar	nicht ausdrückl. geregelt
		Sachs	§ 63 a IV
		Sachs-Anh	§ 69 IV
		Schl-H	§ 69 IV
		Thür	§ 63 V
95	**Kamine, Schornsteine**	MBO 2002	§ 61 I Nr. 2 Buchst. a: als Abgasanlagen (vgl. Definition in § 43 III 1 MBO) in oder an Gebäuden sowie freistehend 10 m H
		BW	keine Freistellung
		Bay	Art. 63 I 2 Nr. 1: Änderung
		Bln	keine Freistellung
		Bbg	§ 55 III Nr. 1: 300 kW Nennwärmeleistung und nicht gewerblich
		Brem	Anh. Nr. 2.2: in und an vorhandenen Gebäuden
		Hamb	Anl. BauFreiVO III Nr. 3: Verminderungen, Abgasleitungen in stillgelegten Schornsteinen, Metallschornsteine und Abgasleitungen an Gebäuden, wenn Bescheinigung des Bezirkskaminkehrermeisters
		Hess	Anl. 2/I Nr. 3.4: Querschnittsveränderung 350 kW [4) 5)]
		M-V	§ 65 I Nrn. 8 und 9: Schornsteine ausdrückl. von Genehmigungsfreiheit ausgen.
		Nds	Anh. Nr. 2.2: an vorhandenen Gebäuden
		NRW	keine Freistellung
		Rh-Pf	§ 62 II Nr. 4: unwesentliche Änderung, wenn Unbedenklichkeit bescheinigt
		Saar	§ 65 II Nr. 4: Änderung
		Sachs	keine Freistellung
		Sachs-Anh	§ 69 I Nr. 2 Buchst. a: wie M-V
		Schl-H	§ 69 I Nr. 12: in und an vorhandenen Gebäuden, wenn Unbedenklichkeit bescheinigt
		Thür	§ 62 I Nr. 2 Buchst. a: in vorhandenen Gebäuden
96	**Kellergeschossausbau** siehe bei Dachgeschoss		
97	**Kinderspielplätze, Sportplätze**	MBO 2002	§ 61 I Nr. 13 Buchst. c und Nr. 9 Buchst. c: Kleinkinderspielplätze, Einrichtung, ausgen. Gebäude und Tribünen:
		BW	Anh. Nrn. 51 und 52: Einrichtung, ausgen. Gebäude und Tribünen, baul. Anlagen ohne Aufenthaltsräume auf Abenteuerspielplätzen
		Bay	Art. 63 II Nr. 7, I 1 Nr. 9 Buchst. d: wenn nach Maßgabe städtebaul. Satzung oder örtl. Bauvorschrift Anlage als solche, auch Abenteuerspiel- und Bolzplätze; Geräte
		Bln	§ 56 I Nr. 7 Buchst. c und d: wie BW
		Bbg	§ 55 VII Nrn. 4 und 5: Einrichtung und baul. Anlagen wie BW; Plätze als solche 200 m^2, ausgen. im Außenbereich (§ 55 X Nr. 5)

Anlage/Einrichtung	Land	Norm LBO/MBO	
	Brem	Anh. Nr. 8.2: Einrichtung, ausgen. Gebäude, Tribünen, Ballfangzäune und Flutlicht, Anh. Nr. 8.3 baul. ohne Aufenthaltsräume auf genehmigten Abenteuerspielplätzen	
	Hamb	Anl. BauFreiVO IX Nr. 2: zweckentsprechende Einrichtung, wie Klettergerüste, Tore für Ballspiele	
	Hess	Anl. 2/I Nrn. 12.7 und 12.8: Kinderspiel-; Reit- und Bewegungsplätze im Außenbereich; alles ohne Beschränkung*) Anl. I Nr. 9.2: Einrichtung*)	
	M-V	§ 65 I Nr. 41: Einrichtung, ausgen. Gebäude und Tribünen	
	Nds	Anh. Nrn. 9.3 und 9.4 wie Brem	
	NRW	§ 65 I Nr. 28: Geräte und Nr. 23: Flutlicht 10 m H	
	Rh-Pf	§ 62 I Nr. 7 Buchst. c: Einrichtung	
	Saar	§ 65 I Nr. 19: Einrichtung	
	Sachs	§ 63 a I Nr. 8 Buchst. b: Einrichtung, ausgen. Gebäude und Tribünen	
	Sachs-Anh	§ 69 I Nr. 8 Buchst. b: Einrichtung, ausgen. Gebäude, Tribünen, Ballfangzäune und Flutlicht	
	Schl-H	§ 69 I Nrn. 34 und 11: Einrichtung, Flutlicht 12 m H	
	Thür	§ 63 I Nr. 8 Buchst. b: wie Sachs-Anh	
Kioske, Verkaufsstätten, Verkaufswagen, Wartehallen, Toiletten, Auslagenstände	MBO 2002	§ 61 I Nr. 12 Buchst. c und f: Toilettenwagen, Verkaufsstände und andere baul. Anlagen auf Straßenfesten, Volksfesten, Märkten, ausgen. Fliegende Bauten	**98**
	Bln	§ 56 I Nr. 1 Buchst. f und Nr. 9 Buchst. e: Kioske, Verkaufswagen, Wartehallen, Toiletten auf öffentl. Verkehrsflächen, Toilettenwagen	
	Bbg	§ 55 IX Nr. 9: Auslagenstände vor Ladengeschäften in der Breite des Schaufensters, jedoch 5 m B und 1 m T Nr. 10: wie MBO Nr. 11: wenn Aufstellung straßenrechtl. gestattet	
	Hamb	Anl. BauFreiVO I Nr. 4: Verkaufsstätten 15 m^2 auf Bahnsteigen oder Zugängen zu öffentl. Verkehrsanlagen	
	Hess	Anl. 2/I Nr. 1.9: Kioske, Verkaufswagen, Toiletten auf öffentl. Verkehrsflächen*), Nr. 11.6 Toilettenanlagen*	
	Schl-H	§ 69 I Nr. 47: Toilettenwagen	
	alle anderen Länder	keine Freistellung	
Kleingärten siehe bei Dauerkleingärten			**99**
Kleinkläranlagen	MBO 2002	§ 60 I 1 Nr. 1: Vorrang des Wasserrechts	**100**
	BW	Anh. Nr. 24: häusliches Schmutzwasser keine Beschränkung	
	Bay	Art. 63 I 1 Nr. 3 Buchst. b: D 8 m^3/Tag	
	Bln	§ 56 I Nr. 3 Buchst. c: 8 m^3/Tag	
	Bbg	§ 55 V Nrn. 4 und 5: D 8 m^3/Tag und Klärteiche 100 m^2 und bewachsene Bodenfilter	
	Brem	Anh. Nr. 3.6: 8 m^3/Tag	
	Hamb	keine Freistellung	
	Hess	Anl. 2/I Nr. 4.5: Anlagen für häusliche Abwasser < 3 kg BSB^5 oder < 8 m^3 tägl.[5)]	
	M-V	§ 65 I Nr. 17: wie Brem	
	Nds	Anh. Nr. 3.5: wie Brem	

	Anlage/Einrichtung	Land	Norm LBO/MBO
		NRW	§ 65 I Nr. 12: keine Beschränkung, mit Ausnahme von Gebäuden
		Rh-Pf	§ 62 I Nr. 3 Buchst. c: ausdrückl. von Genehmigungsfreiheit ausgenommen
		Saar	§ 65 I Nr. 2 Buchst. d: 8 m³/Tag, wenn außerhalb von Gebäuden
		Sachs	§ 63 a I Buchst. c: in Gebäuden keine Beschränkung
		Sachs-Anh	§ 69 I Nr. 3 Buchst. e: wie Brem
		Schl-H	§ 69 I Nr. 19: keine Beschränkung
		Thür	§ 63 I Nr. 3 Buchst. e: wie Brem
101	**Lagerplätze** siehe bei Abstellplätze		
102	**Leitungen** siehe bei Haustechnik		
103	**Masten, Unterstützungen,** soweit von LBO erfasst (siehe bei Energie, Entsorgung)	MBO 2002	§ 61 I Nr. 4 Buchst. b bis e: Fernsprechleitungen, elektrische Leitungen, Seilbahnen und sonstige Verkehrsmittel, Sirenen, Fahnen, Brauchtum (Mai- und Hochzeitsbäume), Landesvermessung, Flutlichtmasten 10 m H
		BW	Anh. Nrn. 29 bis 36: Freileitungen, Seilbahnen, Leitungen von Verkehrsmitteln, Fahnen, Sirenen, Vermessung
		Bay	Art. 63 I 1 Nr. 4 Buchst. c und d: Freileitungen, elektrische Leitungen, Sirenen, Fahnen, Brauchtum – Maibäume –
		Bln	§ 56 I Nr. 4: Freileitungen, Sirenen, Vermessung, Fahnen § 68 Nr. 3: Fernmeldewesen
		Bbg	§ 55 IV Nrn. 5, 6, 8, 9 und 10: Sirenen, Landesvermessung, Lastenseilbahnen, wenn nicht über öffentl. Verkehrsfläche; Masten 10 m BauH; Brauchtumsmasten
		Brem	Anh. Nrn. 4.1, 4.4, 4.5 und 4.6: Freileitungen für elektrische Energie, Fernsprechleitungen, Sirenen, Landesvermessung, Lastenseilbahnen, wenn nicht über öffentl. Verkehrsfläche
		Hamb	Anl. BauFreiVO X Nrn. 1 bis 3: Elektrizität, Fernmeldewesen, Flaggen, Signalanlagen im Hafengebiet gemäß HafenentwicklungsG, Beleuchtung 12 m H, Lastenseilbahnen, wenn nicht über öffentl. Verkehrsflächen
		Hess	Anl. 2/I Nrn. 5.3 und 5.4: elektrische Freileitungen, Sirenen, Flaggen*), Flutlicht 10 m H 1) 5), Vermessung; Lastenseilbahnen, wenn nicht über öffentl. Verkehrsfläche, Brauchtum*)
		M-V	§ 65 I Nrn. 20, 23 bis 26: Freileitungen, Sirenen, Fahnen, Vermessung, Seilbahnen, wenn nicht über öffentl. Verkehrsfläche
		Nds	Anh. Nrn. 4.1, 4.4 bis 4.7: Fernsprech-Leitungen, Freileitungen, Sirenen, Fahnen, Vermessung, Seilbahnen, wenn nicht über öffentl. Verkehrsfläche
		NRW	§ 65 I Nrn. 17, 21 bis 23: Fahnen, Flutlicht 10 m H, Vermessung, Seilbahnen keine Beschränkung
		Rh-Pf	§ 62 I Nr. 4 Buchst. c, d und e: Feileitungen und elektrische Leitungen sowie alle sonstigen Masten 10 m H, Vermessung, Seilbahnen, wenn nicht über öffentl. Verkehrsfläche
		Saar	§ 65 I Nrn. 12, 13 und 15: alle Masten 10 m H, Freileitungen, Straßenbeleuchtung, Vermessung, Lastenseilbahnen
		Sachs	§ 63 a I Nr. 4 Buchst. a, d bis g: wie M-V
		Sachs-Anh	§ 69 I Nr. 4 Buchst. a, d bis f: Freileitungen für elektrische Energie, Fernsprechleitungen, Sirenen, Landesvermessung, Fahnen

Anlage/Einrichtung	Land	Norm LBO/MBO	
	Schl-H	§ 69 I Nrn. 11, 30 und 39: Freileitungen, Fahnen, Flutlichtmasten auf Sportanlagen 12 m H; Vermessung, Seilbahnen keine Beschränkung	
	Thür	§ 63 I Nr. 4 Buchst. a, d bis g: wie M-V	
Nutzungsänderung		verfahrensfrei, wenn auch Errichtung oder Änderung der jeweiligen Anlage verfahrensfrei: MBO 2002 und in Bay, Bbg, Hess, NRW, Rh-Pf, Saar, Sachs-Anh und Thür (siehe Kapitel 13 Teil 2 VII Tabelle Rn. 39)	104
Regale	MBO 2002	§ 61 I Nr. 14 Buchst. c: 7,5 m Oberkante Lagergut	105
	BW	keine Freistellung	
	Bay	Art. 63 I 1 Nr. 14 Buchst. a: 7,5 LagerH	
	Bln	§ 56 I Nr. 11 Buchst. f: 5 m LagerH	
	Bbg	§ 55 X Nr. 9: 8 m LagerH	
	Brem	Anh. 12.8: 12 m H in festgesetztem Gewerbegebiet	
	Hamb	Anl. BauFreiVO XII Nr. 2: 12 m H innerhalb von Gebäuden, ausgen. gebäudeüberbrückende Regale, die gleichzeitig der Standsicherheit dienen, und ausgen. betretbare Regale	
	Hess	keine Freistellung	
	M-V	keine Freistellung	
	Nds	Anh. Nr. 14.3: keine Beschränkung	
	NRW	§ 65 I Nr. 43: 7,5 m LagerH	
	Rh-Pf	§ 62 I Nr. 11 Buchst. f: 12 m H	
	Saar	§ 65 I Nr. 11: wie Rh-Pf	
	Sachs	keine Freistellung	
	Sachs-Anh	§ 69 I Nr. 12 Buchst. g: 9 m Oberkante Lagergut	
	Schl-H	§ 69 I Nr. 7: keine Beschränkung	
	Thür	§ 63 I Nr. 12 Buchst. g: 7,5 m Oberkante oberster Auflageträger	
Rohrleitungen, Rohrbrücken (oberirdische)	MBO 2002	keine Freistellung	106
	Hamb	Anl. BauFreiVO VI Nr. 4: 10 m SpannW innerhalb von festgesetzten Gewerbe- und Industriegebieten, soweit nicht über öffentl. Verkehrsflächen	
	alle anderen Länder	keine Freistellung	
Schornsteine siehe bei Kamine			107
Schutzhütten, Grillhütten	MBO 2002	§ 61 I Nr. 1 Buchst. f: Schutzhütten für Wanderer, jedermann zugänglich und ohne Aufenthaltsraum	108
	BW	Anh. Nr. 8: auch Grillhütten; jedermann zugänglich und ohne Aufenthaltsraum	
	Bay	keine Freistellung	
	Bln	keine Freistellung	
	Bbg	§ 55 II Nr. 12: wie BW	
	Brem	Anh. Nr. 1.8: wie MBO 2002	
	Hamb	keine Freistellung	
	Hess	Anl. 2/I Nrn. 1.7, 1.10 und 1.11: lafo Schutz-, Geräte-, Vorratshütten, Schutzhütten für Wanderer und Radwanderer, jedermann	

	Anlage/Einrichtung	Land	Norm LBO/MBO
			zugänglich und ohne Aufenthaltsraum; Grillhütten, wenn von Körperschaft des öR; alles*)
		M-V	§ 65 I Nr. 7: wie BW
		Nds	Anh. Nr. 1.7: jedermann zugänglich und ohne Aufenthaltsraum, wenn von Körperschaft des öR
		NRW	§ 65 I Nr. 7: Schutzhütten für Wanderer
		Rh-Pf	keine Freistellung
		Saar	keine Freistellung
		Sachs	§ 63 a I Nr. 1 Buchst. i: **offene** Schutzhütten; jedermann zugänglich und ohne Aufenthaltsraum
		Sachs-Anh	§ 69 I Nr. 1 Buchst. h: Schutzhütten, jedermann zugängl. und ohne Aufenthaltsraum
		Schl-H	§ 69 I Nr. 37: wie BW
		Thür	§ 63 I Nr. 1 Buchst. g: wie Nds
109	**Solaranlagen**	MBO 2002	§ 61 I Nr. 2 Buchst. b: in Dach oder Außenwand, im Übrigen 3 m H und 9 m L
		BW	Anh. Nr. 21: photovoltaisch und thermisch keine Beschränkung
		Bay	Art. 63 I 1 Nr. 2 Buchst. c: in Dach oder Fassade, im Übrigen 9 m^2
		Bln	§ 56 I Nr. 2 Buchst. c: in Dach oder Außenwand
		Bbg	§ 55 III Nr. 10: wie Bln
		Brem	Anh. Nr. 2.4: in Dach oder Außenwand, wenn nicht örtl. Bauvorschriften oder Kulturdenkmäler
		Hamb	Anl. BauFreiVO II Nr. 5: in Dach oder Außenwand, im Übrigen 10 m^2
		Hess	Anl. 2/I Nr. 3.9: Dachfläche, Fassade, im Übrigen 10 m^2 *)
		M-V	§ 65 I Nr. 12: wie Bln
		Nds	Anh. Nr. 2.4: wie Bln
		NRW	§ 65 I Nr. 44: auf oder an Gebäuden oder als untergeordnete Nebenanlage
		Rh-Pf	§ 62 I Nr. 2 Buchst. d: wie Hess
		Saar	§ 65 I Nr. 2 Buchst. j: in und an Gebäuden, gebäudeunabhängig 3 m H und 30 m L ausgen. im Außenbereich
		Sachs	§ 63 a I Nr. 2 Buchst. d: wie Bln
		Sachs-Anh	§ 69 I Nr. 2 Buchst. c: wie Bln
		Schl-H	§ 69 I Nr. 14: auf oder an Gebäuden, die keine Kulturdenkmäler
		Thür	§ 63 I Nr. 2 Buchst. d: wie Bln
110	**Sondergestattungen** mit die Baugenehmigung „verdrängender" Wirkung	MBO 2002	§ 60: Vorrang des fachrechtlichen Zulassungsverfahrens, dessen Behörde die Aufgaben und Befugnisse der Bauaufsichtsbehörde wahrnimmt: • Abfallanlagen • öffentl. Energie- und Wasserversorgung, ausgen. Sonderbauten • öffentl. Abwasserentsorgung, ausgen. Sonderbauten • Atomanlagen • gewerberechtl. Anlagen, ausgen. Gaststättenrecht • Werbeanlagen, soweit Straßenverkehrs- oder Eisenbahnrecht einschlägig
		BW	Anh. Nr. 27: baul. Anlagen, die der Wasseraufsicht unterliegen, ausgen. Gebäude

Anlage/Einrichtung	Land	Norm LBO/MBO
	Bay	Art. 87 I: • Abfallanlagen • Abgrabungen • Atomanlagen • Bahnen (nicht öffentl.) • Beschneiungsanlagen • Friedhöfe • gewerberechtl. Anlagen • wasserrechtl. Anlagen • Werbeanlagen, wenn verkehrsrechtl. genehmigungspflichtig
	Bln	§ 68 Nrn. 1, 2 und 4: • Sprengstofflager, ausgen. Gebäude > 20 m² oder > 4 m H • Verkehrsunternehmen (Betriebsanlagen landeseigener–) wasserrechtl. Anlagen, ausgen. Gebäude > 20 m² oder > 4 m H
	Bbg	keine Verweisung auf Sondervorschriften
	Brem	keine Verweisung auf Sondervorschriften
	Hamb	keine Verweisung auf Sondervorschriften
	Hess	§ 1 II: • öffentl. Verkehr • nicht öffentl. Luftverkehr • Bergaufsicht Anl. I Nr. 13.14: GerätesicherheitsG
	M-V	§ 62 II: Atomanlagen
	Nds	§ 68 II: • GerätesicherheitsG • allg. Verweisung auf „einschließendes" Bundes- und Länderrecht Anh. Nr. 14.1: baul. Anlagen aufgrund eines Flurbereinigungsplans, ausgen. Gebäude, Brücken, Stützmauern
	NRW	§ 63 III: • Bundes- ImmissionsschutzG • GerätesicherheitsG • GentechnikG • AbfallG • Bundes- und Landesbodenschutzgesetze § 65 I Nr. 7 a: Anlagen an und in oberirdischen Gewässern ausgen. Gebäude, Aufbauten und Überbrückungen, Nr. 12 b: Anlagen, die einer Genehmigung nach § 7 AtomG bedürfen, Nr. 12 c: baul. Anlagen, ausschließlich zur Lagerung von Sprengstoffen
	Rh-Pf	§ 84 1 Nrn. 1, 3, 4, 7 und 8: • wasserrechtl. Anlagen • Entwässerungs- und Bewässerungsanlagen • Abfallanlagen • GerätesicherheitsG • Flurbereinigungsverfahren
	Saar	keine Verweisung auf Sondervorschriften
	Sachs	§ 63 a V: wasserrechtl. Anlagen, ausgen. Gebäude sowie der Haustechnik für Wasser und Abwasser
	Sachs-Anh	keine Verweisung auf Sondervorschriften
	Schl-H	keine Verweisung auf Sondervorschriften
	Thür	keine Verweisung auf Sondervorschriften
Sportplätze siehe bei Kinderspielplätze		

111

	Anlage/Einrichtung	Land	Norm LBO/MBO
112	**Sprungschanzen, Sprungtürme**	MBO 2002	§ 61 I Nr. 9 Buchst. b: 10 m H, auch Rutschbahnen
		BW	Anh. Nr. 53: 10 m H, auch Rutschbahnen
		Bay	Art. 63 I 1 Nr. 9 Buchst. b: 10 m H
		Bln	§ 56 I Nr. 7 Buchst. e: wie BW
		Bbg	§ 55 VII Nr. 6: Sprungtürme und Rutschbahnen 10 m H in genehmigten Schwimmbädern
		Brem	Anh. Nr. 8.5: Sprungtürme und Rutschbahnen 10 m H in genehmigten Freibädern
		Hamb	Anl. BauFreiVO IX Nr. 5: Sprungtürme und Wasserrutschen 3 m H
		Hess	Anl. 2/I Nr. 9.4: Sprungschanzen, Sprungtürme, Rutschbahnen 10 m H, > 5 m H[3)]
		M-V	§ 65 I Nr. 43: wie BW
		Nds	Anh. Nr. 9.9: wie Brem
		NRW	§ 65 I Nr. 32: wie BW
		Rh-Pf	§ 62 I Nr. 7 Buchst. a: wie Hess
		Saar	§ 65 I Nr. 14: wie Bay
		Sachs	§ 63 a Nr. 8 Buchst. d: Sprungschanzen, -türme 10 m H, Rutschbahnen 5 m H
		Sachs-Anh	§ 69 I Nr. 8 Buchst. d: 3 m H, auch Rutschbahnen
		Schl-H	§ 69 I Nr. 29: wie Bay
		Thür	§ 63 I Nr. 8 Buchst. d: Sprungschanzen 10 m H, Sprungtürme und Rutschbahnen 5 m H in genehmigten Freibädern
113	**Stellplätze**	MBO 2002	§ 61 I Nr. 13 Buchst. b: nicht überdacht 30 m^2 und Zufahrten
		BW	Anh. Nr. 65: 50 m^2/Grundstück im Innenbereich
		Bay	Art. 63 I 1 Nr. 13 Buchst. b, II Nr. 1: 300 m^2 nicht überdacht im Innenbereich; unter den Voraussetzungen des Art. 7 IV (u. a. 50 m^2) überdacht im Innenbereich; überall, wenn nach Maßgabe städtebaul. Satzung oder örtl. Bauvorschrift
		Bln	keine Freistellung
		Bbg	§ 55 X Nr. 6: 200 m^2 nicht überdachte Stellplätze im Innenbereich, wenn **nicht** notwendig
		Brem	Anh. Nr. 12.4: 50 m^2/Grundstück innerhalb Baufenster
		Hamb	keine Freistellung
		Hess	Anl. I Nr. 12.4: 30 m^2 sowie Zufahrten 200 m^2, wenn Abstandsflächen eingehalten oder an Nachbargrenze zulässig[*)]
		M-V	§ 65 I Nr. 63: 50 m^2/Grundstück **nicht** notwendige Stellplätze
		Nds	Anh. Nr. 14.6 wie M-V
		NRW	§ 64 I Nr. 24: 100 m^2 nicht überdacht
		Rh-Pf	keine Freistellung
		Saar	keine Freistellung
		Sachs	§ 63 a I Nr. 11 Buchst. c: 100 m^2/Grundstück, wenn Versiegelungsgrad 70 %
		Sachs-Anh	§ 69 I Nr. 12 Buchst. c: 50 m^2 ohne Beschränkung
		Schl-H	§ 69 I Nr. 50: wie M-V
		Thür	§ 63 I Nr. 12 Buchst. d: wie M-V

Anlage/Einrichtung	Land	Norm LBO/MBO	
Straßenfeste und ähnliche Veranstaltungen	MBO 2002	§ 61 I Nr. 12 Buchst. f: siehe bei „Kioske“	114
	BW	Anh. Nr. 62: vorüberg. errichtet und nicht Fliegende Bauten	
	Bay	Art. 63 I 1 Nr. 12 Buchst. c: kurzfristig errichtet	
	Bln	§ 56 I Nr. 9 Buchst. a, b, c und j: wie BW	
	Bbg	§ 55 IX Nr. 7: bis zu 3 Monaten und nicht Fliegende Bauten oder Tribünen	
	Brem	Anh. Nr. 10.6: wie BW	
	Hamb	genehmigungspflichtig	
	Hess	Anl. I Nrn. 11.13 und 11.6: vorüberg. errichtet und nicht Fliegende Bauten, Toilettenanlagen*)	
	M-V	§ 65 I Nr. 54: wie BW	
	Nds	Anh. Nrn. 11.8: wie BW	
	NRW	§ 65 I Nr. 40: nur für kurze Zeit und nicht Fliegende Bauten	
	Rh-Pf	§ 62 I Nr. 11 Buchst. k: als Unterfall „unbedeutender baul. Anlagen“, wenn kurzfristig und nicht Fliegende Bauten	
	Saar	§ 65 I Nr. 20: kurzfristig und nicht Fliegende Bauten	
	Sachs	§ 63 a Nr. 9 Buchst. f: wie BW	
	Sachs-Anh	§ 69 I Nr. 10 Buchst. j: vorüberg.	
	Schl-H	§ 69 I Nrn. 40, 50 bis 54: wie Saar	
	Thür	§ 63 I Nr. 10 Buchst. e: wie BW	
Stützmauern	MBO 2002	§ 61 I Nr. 6 Buchst. a: im Innenbereich 2 m H – „Mauer“ einschließl. Stützmauer –	115
	BW	Anh. Nr. 47: 2 m H	
	Bay	Art. 63 I 1 Nr. 6 Buchst. a: 1 m H im Innenbereich an Kreuzungen und Einmündungen öffentl. Verkehrsflächen, sonst 1,8 m H –„Mauer“ auch Stützmauer –	
	Bln	§ 56 I Nr. 6 Buchst. c: 2 m H	
	Bbg	§ 55 VI Nr. 5: 1,5 m H ausgen. im Außenbereich	
	Brem	Anh. Nr. 6.3: 2 m H ausgen. im Außenbereich	
	Hamb	Anl. BauFreiVO VIII Nr. 2: 2 m H, soweit nicht Hochwasserschutz	
	Hess	Anl. 2/I Nr. 7.3: 2 m H, > 1,5 m H3)	
	M-V	§ 65 I Nr. 36: wie Bln	
	Nds	Anh. Nr. 6.2 1,5 H	
	NRW	§ 65 I Nr. 16: wie Bln	
	Rh-Pf	§ 62 I Nr. 6 Buchst. b: wie Bln	
	Saar	§ 65 I Nr. 5: 1,5 H	
	Sachs	§ 63 a I Nr. 6 Buchst. c: 1,8 m H, nicht an öffentl. Verkehrsflächen	
	Sachs-Anh	§ 69 I Nr. 6 Buchst. c: wie Bln	
	Schl-H	§ 69 I Nr. 8: wie Bln	
	Thür	§ 63 I Nr. 6 Buchst. c: 1,5 m H außerhalb öffentl. Verkehrsflächen	
Toilettenwagen siehe Kioske			116
Türen siehe Fenster			117

118

Anlage/Einrichtung	Land	Norm LBO/MBO
Unbedeutende bzw. untergeordnete baul. Anlagen	MBO 2002	§ 61 I Nr. 14 Buchst. e: Generalklausel mit folgenden Beispielen: • Hauseingangsüberdachungen • Markisen • Rollläden • Maschinenfundamente • Straßenfahrzeugwaagen • Pergolen • Wildfütterungen • Jägerstände • Bienenfreistände • Taubenhäuser • Hofeinfahrten • Teppichstangen An anderer Stelle ausdrückl. freigestellt: • § 61 I Nr. 9 Buchst. e: Gartennutzung und -gestaltung, ausgen. Gebäude und Einfriedungen • § 61 I Nr. 1 Buchst. g: Terrassenüberdachungen 30 m^2 und 3 m T
	BW	Anh. Nr. 72: Generalklausel **ohne** Beispiele. An anderer Stelle ausdrückl. freigestellt: • Vorbauten ohne Aufenthaltsräume im Innenbereich 40 m^3 – Anh. 10 – • Terrassenüberdachungen im Innenbereich 30 m^3 – Anh. Nr. 11 – • Balkonverglasungen und -überdachungen 30 m^3 – Anh. Nr. 12 – • Gartennutzung und -gestaltung, ausgen. Gebäude und Einfriedungen – Anh. Nr. 49 – • Pergolen, im Außenbereich nur 10 m^2 – Anh. Nr. 50 –
	Bay	Art. 63 I Nr. 14 Buchst. c: Generalklausel **mit** folgenden Beispielen: • Bienenfreistände 5 m^3 • Hauseingangsüberdachungen • Hofeinfahrten • Jägerstände • Maschinenfundamente • Pergolen • Taubenhäuser • Teppichstangen • Terrassen • Wildfütterungen
	Bln	§ 56 I Nr. 11 Buchst. j: Generalklausel **ohne** Beispiele, an anderer Stelle ausdrückl. freigestellt: • Fahrzeugwaagen – Buchst. e – • Teppichstangen – Buchst. g – • Markisen – Buchst. h – • Hochsitze – Buchst. i –
	Bbg	§ 55 X Nr. 11 Generalklausel **mit** folgenden Beispielen: • Hauseingangsüberdachungen 4 m^2 DachF • Hochsitze • Markisen, soweit nicht Werbeträger An anderer Stelle ausdrückl. freigestellt: • Wintergärten vor der Außenwand errichtet 50 m^3 und 15 m^2 – II Nr. 10 – • Gartennutzung und -gestaltung, „wie“ Bänke, Sitzgruppen, Pergolen, nicht überdachte Terrassen, ausgen. Gebäude – VII Nr. 3 –

Anlage/Einrichtung	Land	Norm LBO/MBO
		• landwirtschaftl. Folientunnel – IX Nr. 5 – • Fahrzeugwaagen – X Nr. 8 –
	Brem	Keine Generalklausel. Ausdrückl. freigestellt: • Balkonverglasungen und -überdachungen 3 m T – Anh. Nr. 11.6 – • Gartennutzung und -gestaltung, „wie" Bänke, Sitzgruppen, Pergolen, ausgen. Gebäude und Einfriedungen – Anh. Nr. 8.1 – • Teppichklopfen und Wäschetrocknen – Anh. Nr. 8.4 – • Eingangsvorbauten – Windfänge, Eingangsüberdachungen 1,5 m T und 2 m B, 1/3 Vorgarten und 1/3 Gebäudebreite; Veranden, Wintergärten 2,5 m T – innerhalb der Baugrenzen 3 m T – und nicht auf Vorgartengrund Terrassenüberdachungen 3 m T – alles Anh. Nr. 11.5, alles ohne Feuerstätten – • Fahrzeugwaagen – Anh. Nr. 12.7 – • Anschlussbahnen – Anh. Nr. 12.9 – • Markisen, soweit nicht Werbeträger – Anh. Nr. 12.10 – • Treppen und Lifte für behinderte Menschen – Anh. Nr. 11.3 –
	Hamb	Anl. BauFreiVO keine Generalklausel. Ausdrückl. freigestellt: • Arbeitsgerüste für Film und Fernsehen 5 m – X Nr. 4 – • Bauteile – XII Nr. 4 – siehe dort • Bedienungs- und Wartungsanlagen von Produktionsanlagen in festgesetzten Gewerbe- und Industriegebieten – VI Nr. 2 – • Fahrzeugwaagen in festgesetzten Gewerbe- und Industriegebieten – VI Nr. 6 – • Gartengestaltung (Trockenmauern, Pergolen) – IX Nr. 2 – • Gebäude – I Nr. 6 – siehe dort • Gerüste für Reparatur- und Wartungsarbeiten an Industrieanlagen in festgesetzten Gewerbe- und Industriegebieten – VI Nr. 3 – • Markisen und Rollladen, wenn nicht Werbeträger – XII Nr. 3 – • Saunaanlagen, nicht gewerblich und nicht öffentl., in Gebäuden ≤ 2 Wohnungen mit best. Beheizung – IX Nr. 7 – • Teppichklopf- und Wäschetrockenanlagen – IX Nr. 3 –
	Hess	Anl. 2/I Nr. 13.15: Auffangklausel („vergleichbare unbedeutende Anlagen") vor dieser ausdrückl. freigestellt:*) • Fahrzeugwaagen – Nr. 13.3 – • landwirtschaftl. Fütterungs- und Melkstände – Nr. 13.7 – • landwirtschaftl. Maschinenfundamente und Arbeitsgerüste – Nr. 13.8 – • Hochsitze 4 m^2 und Wildfütterungsstände – Nr. 13.9 – • fahrbare Schäfer- und Imkerhütten – Nr. 13.10 – • Treppenaufzüge in Wohngebäuden – Nr. 13.11 – • Markisen, Fensterläden, Rollläden – Nr. 13.12 – An anderer Stelle ausdrückl. freigestellt: • Wintergärten 30 m^2 Gebäudeklassen 1 bis 3 und Grenzabstand 3 m – Nr. 1.12 –[1) 3)] • Terrassenüberdachungen und -verglasungen wie vor – Nr. 1.12 –[3)] • Balkonüberdachungen 30 m^2 und -verglasungen Gebäudeklassen 1 bis 3 – Nr. 1.14 –[3)] • Vorbauten ohne Aufenthaltsräume 40 m^3 BRI sowie Hausüberdachungen – Nr. 1.15 –*)

Anlage/Einrichtung	Land	Norm LBO/MBO
		• Gartennutzung und -gestaltung „wie“ Sitzgruppen, Pergolen, nicht überdachte Terrassen 1 m H, ausgen. Gebäude und Einfriedungen – Nr. 9.1 –*) • baul. Anlagen für Trimmpfade – Nr. 9.3 –*) • Bühnen (Aufbauten, Kulissen, Einrichtungen) in genehmigten Bühnenräumen – Nr. 11.15 –*)
	M-V	§ 65 I Nr. 68: Generalklausel **mit** folgenden Beispielen: • Teppichstangen • Markisen • Hochsitze An anderer Stelle ausdrückl. freigestellt: • Gartennutzung und Gartengestaltung, „wie“ Bänke, Sitzgruppen, Pergolen, ausgen. Gebäude und Einfriedungen – Anh. Nr. 40 – • Fahrzeugwaagen – Anh. Nr. 67
	Nds	Keine Generalklausel, da VO nach § 69 II nicht erlassen. Ausdrückl. freigestellt: • transportable Behälter für feste Stoffe – Anh. Nr. 5.5 – • Behälter für Regenwasser 50 m³ – Anh. Nr. 5.7 – • Gartennutzung und -gestaltung, „wie“ Bänke, Sitzgruppen, Pergolen, ausgen. Gebäude und Einfriedungen – Anh. Nr. 9.1 – • Wildfütterungsstände – Nr. 9.11 – • Hochsitze 4 m² F – Anh. Nr. 9.12- • Loipen mit baul. Anlagen, ausgen. Gebäude – Anh. Nr. 9.13 – • Vorbauten ohne Aufenthaltsräume 40 m³, im Außenbereich 20 m³ BRI, alles nicht zu Ausstellungs- und Verkaufszwecken – Anh. Nr. 1.1 – • Markisen, die keine Werbeträger sind – Anh. 14.5 – • Fahrzeugwaagen – Anh. Nr. 14.8 – • Fenster und Rollläden – Anh. Nr. 13.3 –
	NRW	§ 65 I Nr. 49: Generalklausel **mit** folgenden Beispielen: • Teppichstangen • Markisen • Terrassen nicht überdacht • Kleintierställe 5 m² An anderer Stelle ausdrückl. freigestellt: • Gartengestaltung, „wie“ Bänke, Sitzgruppen, Pergolen – Nr. 28 • Fahrzeugwaagen – Nr. 47- • Hochsitze – Nr. 48 – • Beläge auf Sport- und Spielflächen, Auswechseln von – § 65 II Nr. 5 –
	Rh-Pf	§ 62 I Nr. 11 Buchst. k: Generalklausel **mit** folgenden Beispielen: • Terrassen nicht überdacht • Straßenfeste, kurzfristig und nicht Fliegende Bauten • Kleintierställe 5 m³ • Fahnenstangen • Teppichstangen • Markisen außerhalb öffentl. Verkehrsflächen An anderer Stelle ausdrückl. freigestellt: • Gartengestaltung, „wie“ Pergolen, Trockenmauern, ausgen. Umgebung von Kulturdenkmälern sowie hist. Anlagen – Nr. 7 Buchst. c – • Hochsitze 4 m² – Nr. 7 Buchst. d –

Anlage/Einrichtung	Land	Norm LBO/MBO	
	Saar	§ 65 I Nr. 28 Generalklausel **mit** folgenden Beispielen: • Fahnenstangen • Teppichstangen • Terrassen offen und 0,5 m erhöht An anderer Stelle ausdrückl. freigestellt: Gartengestaltung, „wie" Pergolen, Trockenmauern – Nr. 19 –	
	Sachs	§ 63 a I Nr. 11 Buchst. i: Generalklausel **mit** folgenden Beispielen: • Teppichstangen • Markisen • Hochsitze • Terrassen nicht überdacht • Kleintierställe An anderer Stelle ausdrückl. freigestellt: • Gartennutzung und -gestaltung, „wie" Bäume, Sitzgruppen, Pergolen, ausgen. Gebäude und Einfriedungen – Nr. 8 Buchst. a – • eingeschossige Wintergärten 30 m² und 3 m von Nachbargrenze – Nr. 11 Buchst. g – • Fahrzeugwaagen – Nr. 11 Buchst. h –	
	Sachs-Anh	§ 69 I Nr. 12 Buchst. p: Generalklausel **ohne** Beispiele – § 67 I – An anderer Stelle ausdrückl. freigestellt: • transportable Behälter für feste Stoffe – Nr. 5 Buchst. g – • Gartennutzung und -gestaltung, „wie" Bänke, Sitzgruppen, Pergolen, ausgen. Gebäude – Nr. 8 Buchst. a – • Wildfütterungsstände – Nr. 8 Buchst. h – • Hochsitze – Nr. 8 Buchst. i – • Markisen soweit nicht Werbeträger – Nr. 12 Buchst. h – • Fahrzeugwaagen – Nr. 12 Buchst. i – • Fütterungs- und Melkstände außerhalb von Gebäuden – Nr. 12 Buchst. k – • Teppichklopfen und Wäschetrocknen – Nr. 12 Buchst. o –	
	Schl-H	§ 69 I: Keine Generalklausel. Ausdrückl. freigestellt: • Gartengestaltung, wohnwirtschaftliche Ausrüstung, „wie" Pergolen, Trockenmauern, Wäschepfähle, Teppichstangen – Nr. 34 – • Markisen – Nr. 41 – • Fahrzeugwaagen – Nr. 42 – • Toilettenwagen – Nr. 47 –	
	Thür	§ 63 I Nr. 12 Buchst. j: Generalklausel **mit** folgenden Beispielen: • Hauseingangsüberdachungen 4 m² • Terrassen • Maschinenfundamente • Teppichstangen • Markisen • Hochsitze • Bienenfreistände 5 m³ • Kleintierstände 5 m³ An anderer Stelle ausdrückl. freigestellt: Gartennutzung und -gestaltung, „wie" Bänke, Sitzgruppen, Pergolen, ausgen. Gebäude und Einfriedungen – § 69 I Nr. 8 Buchst. a –	
Verbrennungs-motoren	MBO 2002	keine Freistellung	119
	Hamb	Anl. BauFreiVO III Nr. 10: wenn nicht Sicherheitsstromanlagen	

	Anlage/Einrichtung	Land	Norm LBO/MBO	
		alle anderen Länder	keine Freistellung	
120	**Verkaufsstände** siehe bei Ausstellungsstände			
121	**Verkehrsanlagen, auch Bahnen, Stege, Wege, Zufahrten** (Brücken, Durchlässe, Tunnels siehe dort)		**von LBO nicht erfasst** (wenn nichts anderes angegeben: jeweils § bzw. Art. 1 II Nr. 1)	**Genehmigungsfrei**
		MBO 2002	Anlagen des öffentl. Verkehrs, ausgen. Gebäude	§ 61 I Nr. 7: private Verkehrsanlagen
		BW	öffentl. Verkehrsanlagen, ausgen. Gebäude	Anh. Nr. 64: Zufahrten zu verfahrensfreien Anlagen im Innenbereich
		Bay	Anlagen des öffentl. Verkehrs, ausgen. Gebäude an Flugplätzen	Art. 63 I Nr. 7: private Verkehrsanlagen
		Bln	§ 68 Nr. 1: Betriebsanlagen der landeseigenen Verkehrsunternehmen, ansonsten wie BW	§ 56 I Nr. 6 Buchst. d: wie Bay
		Bbg	§ 1 II Nrn. 1 und 2: öffentl. Straßen sowie sonstige Anlagen des öffentl. Verkehrs, stets ausgen. Gebäude und Seilbahnen	§ 55 VI Nr. 4: Wege und Straßen 4 m B, ausgen. im Außenbereich; VII Nr. 8: Bootsstege, nicht für die öffentl. Schifffahrt
		Brem	wie BW	Anh. Nr. 12.5 private Wege und Nr. 12.9: Anschlussbahnen
		Hamb	wie BW	Anl. BauFreiVO VI Nr. 5: Anschlussbahnen in festgesetzten Gewerbe- und Industriegebieten, wenn nach Landeseisenbahngesetz genehmigt Anl. BauFreiVO X Nrn. 6 und 8: Landungsstege ohne Aufbauten, wenn nicht allg. zugänglich; innere Erschließung von öffentl. Anlagen und von Kleingartenanlagen
		Hess	§ 1 II Nrn. 1 und 2: Anlagen des öffentl. Verkehrs und des nicht öffentl. Luftverkehrs, stets ausgen. Gebäude	Anl. I Nrn. 13.5, 13.6 und 13.13: private Wege auf und zu Baugrundstücken, lafo Wirtschaftswege; Anlagen in Gewässer oder an dessen Ufer bis 5 m, im Außenbereich bis 10 m entfernt ohne Gebäude und Überbrückungen; alles*)
		M-V	wie BW	§ 65 I Nr. 44: Stege ohne Aufbauten in und an Gewässern
		Nds	§ 3 I Nr. 1 und II Nrn. 1 und 2: öffentl. Verkehrsanlagen, ausgen. Gebäude, Bahnsteige und ihre Zugänge	Anh. Nrn. 14.9 und 9.10: forstl. Rückwege, Stege ohne Aufbauten in und an Gewässern
		NRW	wie BW	Anh. Nrn. 31 und 41 a: Landungsstege; Zugänge und Zu-

Anlage/Einrichtung	**Land**	**Norm LBO/MBO**		
			fahrten, wenn nicht für Feuerwehr notwendig	
	Rh-Pf	wie BW	§ 62 I Nr. 11 Buchst. j: nicht öffentl. Verkehrsflächen	
	Saar	wie BW	§ 65 I Nrn. 17 und 24: Landungsstege; Kranbahnen und Unterstützungen 1 t Traglast	
	Sachs	wie BW	§ 63 a I Nr. 11 Buchst. e: nicht öffentl. Walderschließungswege	
	Sachs-Anh	wie BW	§ 69 I Nr. 8 Buchst. e und Nr. 12 Buchst. j: baul Anlagen für Trimmpfade; nichtöffentl. Verkehrsflächen	
	Schl-H	wie BW	§ 69 I Nrn. 25 und 39: Stege	
	Thür	Anlagen des öffentl. Verkehrs, ausgen. Gebäude und Lärmschutzanlagen	§ 63 I Nr. 12 Buchst. h: wie Bay	
Versorgung siehe bei Energieversorgung				122
Warenautomaten siehe bei Automaten				123
Wasserbecken, Schwimmbecken, ggf. mit Überdachung	MBO 2002	§ 61 I Nr. 5 Buchst. f: Wasserbecken 100 m³		124
	BW	Anh. Nrn. 43 und 54: Wasserbecken 100 m³; luftgetragene Überdachung von Schwimmbecken 100 m² im Innenbereich		
	Bay	Art. 63 I 1 Nr. 9 Buchst. a: Schwimmbecken 100 m³, außer im Außenbereich		
	Bln	§ 56 I Nr. 5 Buchst. f: und Nr. 7 Buchst. f: Wasserbecken 100 m³		
	Bbg	§ 55 V Nrn. 8 und 9: Wasserbecken 100 m³ • als Nebenanlage eines Wohngebäudes • auf genehmigten Camping- und Wochenendhausplätzen und festgesetzten -gebieten § 55 VII Nr. 7: luftgetragenen Überdachung wie BW		
	Brem	Anh. Nrn. 5.6 und 8.6: Wasserbecken 100 m³, im Außenbereich 50 m von Aufenthaltsgebäude entfernt, luftgetragene Überdachung wie BW		
	Hamb	Anl. BauFreiVO X Nr. 4: Wasserbecken 100 m³ einschl. transportable Überdachung, ausgen. gewerblich, öffentl. oder in Kleingärten		
	Hess	Anl. 2/I Nrn. 6.6 und 9.5: Wasserbecken 100 m³ und 2 m T*), wenn > 1,5 m T ≤ 2 m T3), luftgetragene Überdachung von Schwimmbecken 100 m² *)		
	M-V	§ 65 I Nr. 33: Wasserbecken 100 m³, im Außenbereich 50 m von Aufenthaltsräumen entfernt; luftgetragene Überdachung von Schwimmbecken 100 m²		
	Nds	Anh. Nrn. 9.7 und 9.8: Wasserbecken 100 m³, im Außenbereich 50 m von Aufenthaltsräumen entfernt; luftgetragene Überdachung von Schwimmbecken 100 m² nur für genehmigungsfreie Schwimmbecken		
	NRW	§ 65 I Nr. 30: Wasserbecken 100 m³, außer im Außenbereich		
	Rh-Pf	§ 63 I Nr. 5 Buchst. a und Nr. 7 Buchst. a: Wasserbecken im Freien 100 m³, außer im Außenbereich, luftgetragene Über-		

	Anlage/Einrichtung	Land	Norm LBO/MBO	
			dachung von Schwimmbecken 100 m^2, außer im Außenbereich oder bei Kultur- oder Naturdenkmälern	
		Saar	§ 65 I Nr. 2 Buchst. k: Wasserbecken im Freien 100 m^3 und luftgetragene Überdachung, außer im Außenbereich	
		Sachs	§ 63 a I Nr. 5 Buchst. e und Nr. 8 Buchst. f: Wasserbecken 100 m^3, im Außenbereich 50 m von Aufenthaltsräumen entfernt	
		Sachs-Anh	§ 69 I Nr. 5 Buchst. f und Nr. 8 Buchst. g: wie Nds	
		Schl-H	§ 69 I Nrn. 27 und 28: wie Brem	
		Thür	§ 63 I Nr. 5 Buchst. f und Nr. 8 Buchst. f: Wasserbecken 100 m^2, ausgen. im Außenbereich; Überdachung von Schwimmbecken 100 m^2 im Innenbereich	
125	**Wärmeerzeuger**	MBO 2002	§ 61 I Nr. 2 Buchst. c: als „Technische Gebäudeausrüstung" (6. Abschnitt MBO) verfahrensfrei	
		Hamb	Anl. BauFreiVO III Nr. 4: elektrische	
		Hess	Anl. 2/I Nr. 3.7: elektrische	
		alle anderen Länder	keine Freistellung	
126	**Wärmepumpen, ggf. auch Blockheizkraftwerke**	MBO 2002	§ 61 I Nr. 2 Buchst. c: als „Technische Gebäudeausrüstung" (6. Abschnitt MBO) verfahrensfrei	
		BW	Anh. Nr. 20: auch Blockheizkraftwerke in Gebäuden	
		Bay	Art. 63 I 1 Nr. 2 Buchst. b	
		Bln	§ 56 I Nr. 2 Buchst. b	
		Bbg	§ 55 III Nr. 8	
		Brem	Anh. Nr. 2.[3]	
		Hamb	Anl. BauFreiVO III Nrn. 5 und 7	
		Hess	Anl. 2/I Nrn. 3.5, 3.6 und 3.8: Blockheizkraftwerke ≤ 350 kW [4][5], außerhalb von Gebäuden[1], verbrennungsmotorische Wärmepumpen ≤ 350 kW[4][5], elektrische ≤ 1000 kW[5]	
		M-V	§ 65 I Nrn. 10 und 11: wie BW	
		Nds	Anh. Nrn. 2.3 und 2.5: wie BW	
		NRW	keine Freistellung	
		Rh-Pf	§ 62 I Nr. 2 Buchst. b und c: auch Blockheizkraftwerke in Gebäuden, wenn Unbedenklichkeitsbescheinigung des Bezirkskaminkehrermeisters	
		Saar	keine Freistellung	
		Sachs	keine Freistellung	
		Sachs-Anh	§ 69 I Nr. 2 Buchst. b: wie BW	
		Schl-H	§ 69 I Nr. 15: auch Blockheizkraftwerke und Brennstoffzellen	
		Thür	§ 63 I Nr. 2 Buchst. c: auch Blockheizkraftwerke	
127	**Werbeanlagen**		**von LBO nicht erfasst**	**Genehmigungsfrei**
		MBO 2002	§ 10 VI • Anschläge und Lichtwerbung an **dafür genehmigten** Einrichtungen • Werbemittel an Zeitungsverkaufsstellen • Auslagen und Dekorationen • Wahlwerbung im Wahlkampf	§ 61 I Nr. 11 Buchst. a, c und e: Ansichtsfläche 1 m^2, im Innenbereich vorübergehend 2 Monate; in festgesetzten Gewerbe-, Industrie- und vergleichbaren Sondergebieten an Stätte der Leistung 10 mH

Anlage/Einrichtung	Land	Norm LBO/MBO	
	BW	§ 2 IX 3 **keine Werbeanlagen i. S.** der LBO sind solche • im Wahlkampf • in Form von Anschlägen • an Baustellen, die sich auf das Vorhaben beziehen • Lichtreklame an Einrichtungen, die allg. dafür genehmigt sind • Auslagen und Dekorationen • Werbemittel an Zeitungsverkaufsstellen	Anh. Nrn. 55 und 56: im Innenbereich 0,5 m^2 Ansichtsfläche; oder dort vorüberg. an Stätte der Leistung oder zeitlich begrenzte Veranstaltungen
	Bay	keine Regelung	
	Bln	§ 11 IV wie MBO 2002	§ 56 I Nr. 8 Buchst. a bis e: 0,6 m^2 Ansichtsfläche; an Stätte der Leistung • vorüberg. und nicht fest angebracht • nicht in H von Obergeschossen und keine baul. Anlage • vorüberg. auf Baustellen • zeitl. begrenzte Veranstaltungen
	Bbg	keine generelle Ausgrenzung aus LBO, aber Ausnahme vom Verunstaltungs- und Störungsverbot für Werbemittel an • dafür genehmigten Einrichtungen • Verkaufsstellen für Zeitungen und Zeitschriften • in Fenstern und Schaukasten (§ 9 III)	§ 55 VIII Nrn. 1,3 und 4 an Stätte der Leistung • Ansichtsfläche 2,5 m^2 • für Veranstaltungen 2 Monate und für die Dauer der Veranstaltung 10 m H und insgesamt 50 m^2 • unmittelbare Vermarktung landwirtschaftl. Erzeugnisse während der Erntezeit für 2 Monate, 4 m H und insgesamt 10 m^2 Ansichtsfläche ferner § 55 VIII Nrn. 2, 5 bis 10 • an Fahrradabstellanlagen • Warenautomaten • Werbung zu öffentl. Wahlen und Abstimmungen im Wahlkampf • zur Unterrichtung über Veranstaltungen 1,5 m^2 • entsprechend örtl. Bauvorschrift 10 m^2 Ansichtsfläche und 5 m H einschließl. Unterkonstruktion • vorübergehend auf Baustellen • nach Straßenrecht als Sondernutzung gestattet
	Brem	§ 13 VII: • Anschläge und Lichtwerbung an dafür genehmigten Einrichtungen • Werbemittel an Zeitungsverkaufsstellen	Anh. Nr. 9: 0,5 m^2 Ansichtsfläche; vorüberg. an Stätte der Leistung und nicht fest angebracht; zeitlich begrenzt für Veranstaltungen oder für politische Werbung; Ersatzanlagen;

Anlage/Einrichtung	Land	Norm LBO/MBO	
		• Wahlwerbung im Wahlkampf	vorübergehende Werbeaufnahmen auf Baustellen; Bestandteil von Fahrgastunterständen
	Hamb	keine Regelung	Anl. BauFreiVO VII Nrn. 1 bis 6: 0,5 m² Gesamtfläche; an Stätte der Leistung • zeitlich begrenzte Veranstaltungen (14 Tage vor und nach der Veranstaltung, Weihnachten 1.10. bis 31.12.) • vorüberg. und nicht über Baulinie oder -grenze • Stellschilder 10 Tage vor Veranstaltung bzw. von politischen Parteien vor Wahlen Auslagen und Dekorationen (Beschriften und Bemalen < 30 % der Glasfläche)
	Hess	§ 1 II Nr. 8 Buchst. a) bis e): • Werbung an dafür genehmigten Flächen • Werbemittel an Zeitungsverkaufsstellen • Auslagen und Dekorationen • Außer im Außenbereich: Wahlwerbung im Wahlkampf; Unterrichtung über politische Parteiveranstaltungen	Anl. I Nrn. 10.1.1 bis 10.1.6: 1 m² Ansichtsfläche; vorüberg. an Stätte der Leistung und nicht fest angebracht; zeitlich begrenzte Veranstaltungen; nicht vom öffentl. Verkehrsraum aus sichtbar; festgesetzte Gewerbe-, Industrie- und Sondergebiete an Stätte der Leistung; Flugplätze, Sportanlagen, Versammlungsstätten, Ausstellungs-, Messegelände; entsprechend einer örtl. Bauvorschrift; alles*)
	M-V	keine Regelung	§ 65 I Nrn. 46, 47 und 48: 0,5 m² Ansichtsfläche; an Stätte der Leistung vorüberg. und nicht fest angebracht; zeitlich begrenzte Veranstaltungen
	Nds	§ 49 VI: • Werbemittel auf dafür genehmigten Einrichtungen • Auslagen und Dekorationen	Anh. Nrn. 10.1 bis 10.4: 1 m² Ansichtsfläche; an Stätte der Leistung vorüberg. und nicht fest angebracht; zeitlich begrenzte Veranstaltungen; vorüberg. zu öffentl. Wahlen
	NRW	§ 13 VI: wie MBO 2002	§ 65 I Nrn. 33 bis 35: 1 m² Größe; Flugplätze, Sportanlagen, Versammlungsstätten, Ausstellungs- und Messegelände, wenn nicht in freie Landschaft wirkend; entsprechend einer örtl. Bauvorschrift; an Stätte der Leistung • für zeitlich begrenzte Veranstaltungen, insbes. Aus- und Schlussverkäufe

Anlage/Einrichtung	Land	Norm LBO/MBO		
			• vorüberg. und nicht fest angebracht • festgesetzte Gewerbe-, Industrie- und Sondergebiete	
	Rh-Pf	§ 52 VI: wie MBO 2002	§ 62 I Nr. 8 Buchst. a, b und c: 1 m² Größe, wenn nicht durch örtl. Bauvorschrift andere Größe; zeitlich begrenzte Veranstaltungen, z. B. Aus- und Schlussverkäufe, Messen, Märkte, Heimatfeste; an Stätte der Leistung vorüberg. angebracht innerhalb der Baulinie oder Baugrenze und nicht mit Boden oder baul. Anlage verbunden	
	Saar	§ 15 VI: wie MBO 2002	§ 65 I Nr. 26: 0,5 m² Größe, wenn nicht durch örtl. Bauvorschrift andere Größe; im Übrigen wie Rh-Pf	
	Sachs	§ 13 VI: wie MBO 2002	§ 63 a I Nr. 12 Buchst. a: 0,5 m² Ansichtsfläche im Innenbereich; an Stätte der Leistung • Inhaber und Art gewerblicher Betriebe gekennzeichnet • zeitlich begrenzte Veranstaltungen 50 m² Ansichtsfläche und 10 m H	
	Sachs-Anh	§ 13 VIII: • Werbung für öffentl. Wahlen und Verfahren nach Art. 80 oder 81 der Verfassung LSA • im Übrigen wie MBO 2002	§ 69 I Nr. 9 Buchst. a, b und c: 1,0 m² Ansichtsfläche; an der Stätte der Leistung vorüberg. und nicht fest angebracht; vorüberg. für zeitlich begrenzte Veranstaltungen	
	Schl-H	§ 13 VI: wie MBO 2002 zusätzl.: Werbemittel für einmalige Veranstaltung und für ≤ 14 Tage angebracht	§ 69 I Nrn. 43, 44 und 45: 1 m² Größe; zeitlich begrenzte Veranstaltungen; an der Stätte der Leistung vorüberg. und nicht fest angebracht	
	Thür	§ 13 VI: wie MBO 2002	§ 63 I Nr. 9 Buchst. a, b und c: 0,5 m² Ansichtsfläche; an Stätte der Leistung vorüberg. und nicht fest angebracht; zeitlich begrenzte Veranstaltungen; vorüberg. zu Wahlen	
Windenergieanlagen	MBO 2002	keine Freistellung		128
	BW	Anh. Nr. 22: 10 m H		
	Saar	§ 65 I Nr. 2 Buchst. m: 10 m H		
	Sachs-Anh	§ 69 I Nr. 2 Buchst. d: 10 m NabenH		
	alle anderen Länder	keine Freistellung		
Wochenendhäuser in Wochenendhausgebieten	MBO 2002	§ 61 I Nr. 1 Buchst. i: keine Beschränkung		129
	BW	Anh. Nr. 4: keine Beschränkung		

	Anlage/Einrichtung	Land	Norm LBO/MBO
		Bay	Art. 63 II Nr. 2: nach Maßgabe des BPlans
		Bln	§ 56 I Nr. 1 Buchst. e: 40 m² und 4 m H
		Bbg	§ 55 II Nr. 6: 40 m² und 4 m H oder auf genehmigten Wochenendhausplätzen
		Brem	Anh. Nr. 1.6: keine Beschränkung auf genehmigten Wochenendhausplätzen
		Hamb	keine Freistellung
		Hess	keine Freistellung
		M-V	keine Freistellung
		Nds	keine Freistellung
		NRW	§ 65 I Nr. 3: keine Beschränkung
		Rh-Pf	§ 62 I Nr. 1 Buchst. d: Kleinwochenendhäuser
		Saar	keine Freistellung
		Sachs	§ 63 a I Nr. 1 Buchst. f: 40 m² und 3,5 m FirstH
		Sachs-Anh	§ 69 I Nr. 1 Buchst. e: genehmigte Wochenendplätze
		Schl-H	keine Freistellung
		Thür	§ 63 I Nr. 7 Buchst. b: genehmigungspflichtig, da Gebäude
130	**Wohnwagen, Zelte, bauliche Anlagen ohne Gebäudecharakter,** wenn nichts anderes angegeben: alles auf genehmigten Camping- und Zeltplätzen **Zelte als fliegende Bauten:** siehe dort	MBO 2002	§ 61 I Nr. 9 Buchst. d: Plätze müssen nicht genehmigt sein
		BW	Anh. Nr. 48
		Bay	Art. 63 I 1 Nr. 9 Buchst. e sowie gem. Nr. 12 Buchst. d: Zeltlager
		Bln	§ 56 I Nr. 7 Buchst. a
		Bbg	§ 55 VII Nrn. 1 und 2
		Brem	Anh. Nrn. 7.1 und 7.2: auch baul. **Neben**anlagen
		Hamb	keine Freistellung
		Hess	Anl. 2/I Nr. 8; Anl. I Nr. 11.15: Zeltlager 2 Monate; alles*)
		M-V	§ 65 I Nr. 38
		Nds	Anh. Nr. 8.1; außerhalb genehmigter Plätze Anh. Nrn. 11.5 und 11.6 für Landesverteidigung, K-Schutz, Unfallhilfe, alles vorüberg.; Wohnzelte für 3 Tage auf demselben Grundstück, wenn insgesamt 10 Personen
		NRW	keine Freistellung
		Rh-Pf	keine Freistellung
		Saar	§ 65 I Nr. 3: auch „Mobilheime"
		Sachs	§ 63 a I Nr. 7 Buchst. a
		Sachs-Anh	§ 69 I Nr. 7 Buchst. i und l: Landesverteidigung, K-Schutz, Unfallhilfe, alles vorüberg.; Wohnzelte wie Nds
		Schl-H	keine Freistellung
		Thür	§ 63 I Nr. 7 Buchst. a

Verfahrensrechtliche Anmerkungen für Hessen (gelten nicht für Länder, bei denen materiellrechtlich auf Hessen Bezug genommen wird)
*) ohne Vorbehalt genehmigungsfrei
1) Vorbehalt der Erklärung der Gemeinde, dass ein Baugenehmigungsverfahren durchgeführt werden soll, (Anlage 2 V Nr. 1)
2) Vorbehalt der Unbedenklichkeitsbescheinigung von Bauvorlageberechtigten, Anlage 2 V Nr. 2
3) Vorbehalt der Unbedenklichkeitsbescheinigung von Nachweisberechtigten, Anlage 2 V Nr. 3
4) Vorbehalt der Bescheinigung von Sachverständigen für Energieerzeugungsanlagen, Anlage 2 V Nr. 4
5) Vorbehalt der Beauftragung von Fachfirmen, Anlage 2 Nr. 5

14. Kapitel. Bauaufsichtliches Verfahren

Übersicht

Rn.

Teil 1. Die Baugenehmigung
I. Rechtsnatur und Rechtswirkungen . . 1
1. Rechtsnatur der Baugenehmigung . . . 1
2. Formelle Merkmale 2
a) Mitwirkungsbedürftig 2
b) Mehrstufig. 3
c) Formbedürftig 4
3. Materielle Merkmale (Rechtswirkungen) 5
a) Dinglicher Verwaltungsakt. 5
b) Feststellender Waltungsakt 7
c) Gestaltender Verwaltungsakt. 9
d) Verwaltungsakt mit Doppelwirkung (Rechtswirkungen gegenüber Dritten) 11
4. Arten der Baugenehmigung 15
a) Vergleich Baugenehmigung und ähnliche Rechtsinstitute 15
b) Vollgenehmigung und Baugenehmigung im vereinfachten Verfahren 16
5. Konzentrationswirkung der Baugenehmigung 17
II. Prüfungsmaßstab der Baugenehmigung (Vollgenehmigung und vereinfachtes Verfahren) 18
1. Allgemeines 18
2. Enumerativ geregeltes Prüfprogramm (vereinfachtes Verfahren) 19
a) Zweck des vereinfachten Verfahrens. 19
b) Anwendungsbereich 20
c) Rechtswirkungen der Baugenehmigung im vereinfachten Verfahren 21
d) Im Genehmigungsverfahren erkennbare Verstöße gegen Vorschriften außerhalb des Prüfprogramms 22
3. Vereinbarkeit mit öffentlich-rechtlichen Vorschriften, die durch die Bauaufsichtsbehörde zu prüfen sind . . 26
a) Enumerativ geregelter Prüfungsumfang durch Verweis auf Verfahrensvorschriften (MBO 2002, Hessen) 27
b) Undifferenzierte öffentlich-rechtliche Vorschriften 28
4. Umfassende Überprüfung öffentlich-rechtlicher Vorschriften 30
III. Rechtsanspruch 31
1. Genehmigungsanspruch aus Art. 14 GG 31
2. Bindung der Bauaufsichtsbehörde an vorangegangene Handlungen und Entscheidungen 31
a) Zusicherung 32
b) Vorbescheid 33
c) Teilbaugenehmigung 34
d) Teilungsgenehmigung 35

Rn.

3. Ermessenentscheidung im Umfeld der Baugenehmigung 36
a) Ausnahmen, Befreiungen, Abweichungen 36
b) Versagung der Baugenehmigung wegen fehlendem Sachbescheidungsinteresse 37
IV. Nebenbestimmungen zur Baugenehmigung 38
1. Nebenbestimmung i. S. des § 36 VwVfG 38
a) Zulässigkeit von Nebenbestimmungen für die Baugenehmigung als solche 40
b) Zulässigkeit von Nebenbestimmungen für Ermessensentscheidungen 41
c) Anfechtbarkeit von Nebenbestimmungen. 42
d) Durchsetzung von Nebenbestimmungen. 43
2. Inhaltsbestimmung 45
a) Abgrenzung zur Auflage 46
b) Zulässigkeit von Inhaltsbestimmungen. 47
3. Privatrechtliche Sicherung der Voraussetzungen für die Erteilung der Baugenehmigung 48
4. Baulast 48
V. Rechtspflichten aus der Baugenehmigung 49
1. Ausführung des Vorhabens 49
2. Einhaltung von Nebenbestimmungen . 50
3. Kosten 51
VI. Wirksamkeit der Baugenehmigung . . . 52
1. Bekanntgabe 52
2. Sofortvollzug 53
3. Dauer der Wirksamkeit 55
a) Rücknahme, § 48 VwVfG. 56
b) Widerruf, § 49 VwVfG 59
c) Rücknahme und Widerruf im Rechtsbehelfsverfahren, § 50 VwVfG 61
d) Zusammenfassung: Rücknahme und Widerruf 63
e) Zeitablauf 64
f) Ausführung des Vorhabens 66
VII. Prüfungsmaßstab bei der Baugenehmigung im Ländervergleich 67
VIII. Rechtswirkungen, Inhalt und formale Erfordernisse der Baugenehmigung im Ländervergleich 68

Teil 2. Die Genehmigungsfreistellung
I. Allgemeines 69
1. Die Genehmigungsfreistellung als Kernstück der Baurechtsnovellen 69
2. Modelle der Genehmigungsfreistellung (Überblick) 70
a) Anzeigeverfahren (Mecklenburg-Vorpommern) 71

	Rn.
b) Anzeige mit Bestätigung der Genehmigungsfreiheit (Niedersachsen, Saarland)	72
c) Genehmigungsoption (MBO 2002, Bayern, Berlin, Bremen, Hessen, Nordrhein-Westfalen, Rheinland-Pfalz, Sachsen-Anhalt)	73
d) Untersagungsoption (Baden-Württemberg, Brandburg, Hamburg, Sachsen, Schleswig-Holstein, Thüringen)	74
3. Rechtliche Konstruktion der Genehmigungsfreistellung	75
a) Genehmigungsoption	76
b) Anzeigeverfahren (auch mit Bestätigung der Genehmigungsfreiheit), Untersagungsoption	77
II. Von der Freistellung erfasste Vorhaben	78
1. Bauvorgang	78
2. Vorhaben	79
III. Planungsrechtliche Situation	81
1. Qualifizierter Bebauungsplan oder Vorhabens- und Erschließungsplan	82
2. Gültigkeit des Bebauungsplans	84
3. Veränderungssperre und Rückstellung des Baugesuchs	85
a) Veränderungssperre	86
b) Rückstellung des Baugesuchs	87
4. Sanierungsgebiete, Entwicklungsgebiete und Erhaltungsgebiete	88
5. Plankonformität	89
a) Übereinstimmung mit den Festsetzungen des Bebauungsplans	89
b) Ausnahmen und Befreiungen nach § 31 BauGB	90
6. Ausnahmen, Befreiungen und Abweichungen von sonstigen Bestimmungen	91
7. Vorbescheid	92
8. Erschließung	93
9. Änderungen des Gebietscharakters bzw. Verletzung des Gebots der Rücksichtnahme durch ein bedingt genehmigungsfreies Vorhaben	94
IV. Rechtliche Besonderheiten beim Anzeigeverfahren	96
1. Allgemeines	96
2. Beteiligung der Gemeinde	97
V. Verfahren und rechtliche Besonderheiten beim Anzeigeverfahren mit Bestätigung	98
VI. Verfahren und rechtliche Besonderheiten bei der Genehmigungsoption	99
1. Untätigbleiben der Behörde	100
2. Ausdrückliche Baufreigabe	103
3. Genehmigungsverlangen	104
a) Form	105
b) Organzuständigkeit	106
c) Rechtsnatur	107
4. Gründe für das Genehmigungsverlangen	109
5. Beteiligung der Gemeinde	112
VII. Verfahren und rechtliche Besonderheiten bei der Untersagungsoption	113
1. Fingierte oder ausdrückliche Baufreigabe	114
2. Untersagung	115
3. Gründe für die Untersagung des Baubeginns	115
4. Beteiligung der Gemeinde	116
VIII. Sachkunde und Erklärungen zur Übereinstimmung mit dem Baurecht	117
IX. Vorbescheidsfähigkeit des genehmigungsfreigestellten Vorhabens	118
1. Ausdrückliche Regelung	119
2. Länder mit Wahlrecht zwischen Genehmigungsfreistellung und Baugenehmigungspflicht	120
3. Genehmigungsoption	121
4. Untersagungsoption und Anzeigeverfahren	123
5. Zusammenfassung zur Vorbescheidsfähigkeit	124
X. Ungültigkeit eines Bebauungsplans	125
1. Unterschied zwischen genehmigtem und bedingt genehmigungsfreiem Vorhaben	125
2. Regelungen der Länder	126
3. Formelle Illegalität	127
a) Ungeregelte Fälle	127
b) Niedersachsen, Nordrhein-Westfalen, Sachsen und Sachsen-Anhalt	128
4. Materielle Illegalität	129
a) Grundsatz	129
b) Ausnahmen: Nordrhein-Westfalen und Sachsen-Anhalt	131
c) Ermessensausübung	135
XI. Geltungsdauer der Genehmigungsfreistellung	138
XII. Ländervergleich Genehmigungsfreistellung	139
Teil 3. Sonderformen der bauaufsichtlichen Gestattungen	
I. Vorbescheid	140
1. Allgemeines	140
2. Abgrenzung zur Zusicherung	141
3. Antragstellung	142
a) Antrag	142
b) Fragestellung	143
4. Vorbescheid und Baugenehmigungspflicht	146
5. Materiell-rechtliche Voraussetzungen für die Erteilung des Vorbescheids	147
6. Wirkungen des Vorbescheids	148
a) Bindungswirkung für Erteilung der Baugenehmigung	148
b) Übernahme in die Baugenehmigung	149
c) Genehmigungsfreistellung	150
7. Wirksamkeit	151
a) Beginn und Ende der Wirksamkeit	151
b) Rücknahme	153
c) Widerruf	154
d) Rücknahme und Widerruf im Rechtsbehelfverfahren	156
8. Anfechtung	157

Rn.

a) Anfechtung durch Dritte 157
b) Anfechtung von Vorbescheid und Baugenehmigung 158
9. Geltungsdauer des Vorbescheids 159
II. Teilbaugenehmigung 160
1. Allgemeines 160
2. Formelle Voraussetzungen für die Entscheidung der Teilbaugenehmigung . 161
3. Inhalt der Teilbaugenehmigung 162
4. Materiell-rechtliche Voraussetzungen für die Erteilung der Teilbaugenehmigung 163
a) Tatbestandsvoraussetzungen 164
b) Ermessen 165
5. Rechtswirkungen der Teilbaugenehmigung 166
a) Von der Teilbaugenehmigung erfasster Bauabschnitt 166
b) Vorhaben als solches 169
6. Wirksamkeit 171
7. Anfechtung der Teilbaugenehmigung 173
8. Rücknahme und Widerruf 174
III. Typenprüfung und Typengenehmigung 176
1. Allgemeines 176
2. Unterschiede zwischen Typengenehmigung und Typenprüfung 177
IV. Genehmigung Fliegender Bauten . . 178
1. Allgemeines 178
2. Ausführungsgenehmigung 179
3. Anzeige der Aufstellung/Gebrauchsabnahme 180
4. Genehmigung Fliegender Bauten im Ländervergleich 181
V. Bauaufsichtliche Zustimmung 183
1. Allgemeines 183
2. Prüfung des Bauplanungsrechts 184
3. Bauaufsichtliche Zustimmung im Ländervergleich 185
VI. Abweichung, Ausnahme, Befreiung . 187
1. Allgemeines 187
2. Begriffsbestimmung 189
3. Prüfung von Ausnahme, Befreiung und Abweichung 191
a) Genehmigungsbedürftige Vorhaben 191
b) Verfahrensfreie Vorhaben 192
c) Beschränkter Prüfungsmaßstab . . 193
d) Genehmigungsfreistellung 194
e) Vorbescheid 195
4. Tatbestand und Ermessen 196
a) Tatbestandsvoraussetzungen der Ausnahme 196
b) Tatbestandsvoraussetzungen der Befreiung und Abweichung 197
c) Ermessen 198
5. Ausnahme, Befreiung, Abweichung im Bauordnungsrecht (Ländervergleich) 200

Teil 4. Das Baugenehmigungsverfahren
I. Der Bauantrag 202
1. Mitwirkungspflicht des Bauherrn . . 202
2. Gegenstand des Bauantrags 203
3. Form und Inhalt des Bauantrags 204
a) Allgemeines 204
b) Bauvorlagen 205
c) Anträge auf Ausnahmen, Befreiungen und Abweichungen 206
d) Änderung des Bauantrags 207
II. Das Baugenehmigungsverfahren . . . 208
1. Vorprüfung auf Vollständigkeit 208
2. Beteiligung anderer Behörden und Stellen 209
a) Gesetzlich vorgeschriebene Beteiligung anderer Behörden und Stellen 210
b) Bauplanungsrechtliche Beteiligung der Gemeinde 211
c) Erteilung der Baugenehmigung trotz verweigertem Einvernehmen. 216
d) Sonstige Beteiligungen anderer Behörden und Stellen 217
e) Stellungnahmefristen und Zustimmungsfristen 218
3. Genehmigungs- und Entscheidungsfristen bei der Entscheidung über die Baugenehmigung 219
III. Übersicht über das Baugenehmigungsverfahren 221
1. MBO 2002 221
2. Baden-Württemberg 222
3. Bayern 223
4. Berlin 224
5. Brandenburg 225
6. Bremen 226
7. Hamburg 227
8. Hessen 228
9. Mecklenburg-Vorpommern 229
10. Niedersachsen 230
11. Nordrhein-Westfalen 231
12. Rheinland-Pfalz 232
13. Saarland 233
14. Sachsen 234
15. Sachsen-Anhalt 235
16. Schleswig-Holstein 236
17. Thüringen 237
IV. Baubeginn, Durchführung und Bauabnahmen bei nicht verfahrensfreien Vorhaben 238
V. Bauüberwachung 240

Teil 5. Die Nachbarschaft
I. Der Nachbarbegriff im Bereich des Baurechts 242
1. Die räumliche Komponente des Nachbarbegriffs 244
a) Begriff des „Grundstücks" 245
b) Betroffensein in öffentlich-rechtlich geschützten Belangen 246
2. Die personenbezogene Komponente des Nachbarbegriffs 248
a) Nachbarstellung als Eigentümer . . 249
b) Sonstige dingliche Rechte am Nachbargrundstück 250
c) Anwartschaft 251
d) Erbbaurecht 252
e) Die obligatorische Berechtigung . . 253
II. Die Bedeutung der Nachbarbeteiligung an baurechtlichen Verfahren . . . 254

Rn.

III. Der Nachbarbegriff im Bereich der bauordnungsrechtlichen Verfahrensbeteiligung 256
IV. Die Zustimmung des Nachbarn zum Bauvorhaben 258
1. Rechtswirkung der Zustimmungserklärung 258
2. Musterbauordnung 2002 259
3. Form 260
a) Schriftform 260
b) Die Unterzeichnung der Bauvorlagen als Zustimmungserklärung . . 261
c) Die Zustimmung durch separate Erklärung 262
d) Die vertragliche Zustimmung . . . 263
4. Die Rechtsnatur der Zustimmungserklärung 264
a) Öffentlich-rechtliche Erklärung . . 264
b) Empfangsbedürftige Willenserklärung 265
5. Bedingungen und Vorbehalte 266
6. Bindung an die erteilte Zustimmung . 267
a) Dauer und Umfang der Bindungswirkung 267
b) Widerruf. 269
c) Anfechtung 270
d) Bindung des Rechtsnachfolgers . . 271
V. Die Rechtsstellung des Nachbarn/Angrenzers 272
1. Beteiligtenstellung 272
a) Begründung. 272
b) Dauer 273
2. Rechte und Pflichten als Beteiligter . 274
3. Beteiligungspflicht bei nachträglicher Änderung des Bauvorhabens 275
4. Rechtsfolgen unterbliebener Beteiligung 276
VI. Beteiligungsformen des Nachbarn/Angrenzers am baurechtlichen Verfahren 277
1. Ländervergleich 277
2. Die Benachrichtigung durch den Bauherrn 279
a) Vorlage zur Unterschrift 279
b) Verfahren bei fehlender Nachbarunterschrift 280
3. Die Benachrichtigung durch die Bauaufsichtsbehörde 281
4. Ausnahmen von der Beteiligungspflicht 282
a) Ländervergleich 282
b) Bedeutung der Regelung. 284
5. Von der Landesbauordnung vorgesehene Handlungsmöglichkeiten des beteiligten Nachbarn/Angrenzers . . . 285
a) Ländervergleich 285
b) Die Erhebung von Einwendungen 287
c) Die materielle Präklusion 289
6. Die Benachrichtigung des Nachbarn/Angrenzers vom Ausgang des Verfahrens 290
a) Ländervergleich 290
b) Bedeutung der Regelung. 292

Rn.

7. Schwierigkeiten bei Ermittlung oder Benachrichtigung des Eigentümers . . 293
VII. Die Beteiligung von Eigentümermehrheiten 295
1. Rechtsformen von Eigentümermehrheiten 295
2. Beispiele 296
3. Besonderheiten bei der Beteiligung . . 297
a) Zustimmung. 297
b) Zustellung 298
4. Die Beteiligung einer Eigentümergemeinschaft nach dem WEG 299
a) Ländervergleich 299
b) Bedeutung der Sonderregelung . . 301

Teil 6. Die Ersetzung des gemeindlichen Einvernehmens im Baugenehmigungsverfahren

I. Das gemeindliche Einvernehmen (§ 36 BauGB) 302
1. Zweck der Regelung 302
2. Anwendungsbereich 303
3. Prüfungsmaßstab der Gemeinde bei der Entscheidung über das Einvernehmen . 304
a) Gebundene Entscheidung. 305
b) Ermessensentscheidung 306
c) Handlungsmöglichkeiten der Gemeinde 307
4. Zuständigkeit innerhalb der Gemeinde 308
5. Rechtsnatur der gemeindlichen Entscheidung 309
a) Verwaltungsinternum. 309
b) Empfangsbedürftige Willenserklärung 310
c) Fiktionswirkung des § 36 Abs. 2 Satz 2 BauGB 311
d) Bindungswirkung für die Gemeinde 314
e) Bedingte Erteilung 315
6. Rechtsfolgen der gemeindlichen Entscheidung 316
a) Erteilung des Einvernehmens . . . 316
b) Versagung des Einvernehmens . . . 317
c) Haftungsrechtliche Folgen rechtswidriger Verweigerung des Einvernehmens 318
7. Schutzzweck des § 36 BauGB 319
II. Die Ersetzung des Einvernehmens im Baugenehmigungsverfahren 320
1. Ländervergleich 320
2. Allgemeines 322
a) Musterbauordnung 2002 322
b) Bedeutung der Ersetzungsvorschrift. 323
c) Anwendungsbereich 324
3. Materielle Voraussetzungen für eine Ersetzung des Einvernehmens 326
a) Verschiedenheit von Gemeinde und Genehmigungsbehörde 326
b) Städtebaurecht oder Bauordnungsrecht als Rechtsgrundlage für das Erfordernis des Einvernehmens . . 327
c) Versagung des Einvernehmens . . . 330

Rn.

d) Rechtswidrigkeit der Versagung . . 331
aa) Bei gebundener planungsrechtlicher Beurteilung. 332
bb) Bei planungsrechtlichem Entscheidungsspielraum (Ermessen) 333
e) Genehmigungsfähigkeit des Vorhabens 334
4. Formelle Voraussetzungen 335
a) Zuständige Behörde. 335
b) Anhörung der Gemeinde. 336
c) Fristsetzung zur erneuten Entscheidung 337
d) Entscheidung der Genehmigungsbehörde 338
5. Wirkung der Genehmigungserteilung bei durchgeführtem Ersetzungsverfahren 339
6. Entsprechende Anwendung im Widerspruchsverfahren bei Identität von Gemeinde und Genehmigungsbehörde 340
7. Schutzzweck 341
III. Rechtsschutz 342
1. Rechtsschutz des Bauwerbers bei Ablehnung der Baugenehmigung 342
a) Widerspruch. 342
b) Verpflichtungsklage. 344
c) Beiladung der Gemeinde zum Klageverfahren 345
2. Rechtsschutz der Gemeinde bei Ersetzung des Einvernehmens 346
a) Zulässigkeit der Rechtsbehelfe . . . 346
b) Begründetheit der Rechtsbehelfe . 347
c) Beiladung des Bauherrn zum Klageverfahren 348
3. Vorläufiger Rechtsschutz der Gemeinde gegen die Ersetzung des Einvernehmens 349
a) Gegen die Ersetzung des Einvernehmens im Baugenehmigungsverfahren. 349
b) Gegen die Ersetzung des Einvernehmens nach § 36 Abs. 2 Satz 3 BauGB 350
4. Rechtsschutz der Gemeinde bei Erteilung der Baugenehmigung trotz Versagung des Einvernehmens 352
5. Kostentragungspflicht der Gemeinde im Verwaltungsprozess bei schuldhafter Versagung des Einvernehmens . . . 353

Teil 7. Abweichungen – Ausnahmen – Befreiungen
I. Allgemeines 354
1. Bedeutung der Regelungen 354
2. Begriffe 355
a) Abweichung. 355
b) Ausnahme/Befreiung. 356
3. Verhältnis der Abweichungs-/Ausnahme-/Befreiungstatbestände zueinander 357
a) Kennzeichen spezialgesetzlicher Tatbestände 357
b) Rückgriff auf die Auffangregelung bei Nichterfüllung der spezialgesetzlichen Anforderungen 358
c) Verhältnis der Auffangtatbestände untereinander 359
4. Anwendungsbereich der Vorschriften über Abweichung, Ausnahme und Befreiung 360
5. Nichteinhaltung einer bauaufsichtlichen Anforderung der LBO oder auf Grund der LBO erlassener Vorschriften 361
a) Bauaufsichtliche Anforderung . . . 361
b) Rechtsgrundlage der bauaufsichtlichen Anforderung. 362
6. Notwendigkeit eines gesonderten Antrags zusätzlich zum Bauantrag 363
7. Entscheidung über die Zulassung einer Abweichung/Ausnahme/Befreiung 364
a) Ausdrückliche Entscheidung 364
b) Begründungspflicht 365
c) Ermessensausübung 366
d) Nebenbestimmungen 367
e) Dispensvertrag. 368
f) Rücknahme/Widerruf 369
II. Die Zulassung von Abweichungen . . 370
1. Ländervergleich 370
2. Musterbauordnung 2002 372
3. Voraussetzungen für die Zulassung einer Abweichung 373
a) Die Berücksichtigung des Zwecks der gesetzlichen Anforderung . . . 373
b) Begriff „öffentliche Belange“. . . . 374
c) Vereinbarkeit der Abweichung mit den öffentlichen Belangen 375
d) Würdigung nachbarlicher Interessen 376
III. Die Zulassung von Ausnahmen – Ländervergleich 377
IV. Die Zulassung von Befreiungen 379
1. Ländervergleich 379
2. Voraussetzungen für die Zulassung einer Befreiung 381
a) Offenbar nicht beabsichtigte Härte 381
b) Gründe des Allgemeinwohls 382
V. Erteilung von Abweichungen/Ausnahmen/Befreiungen von einer örtlichen/gemeindlichen Bauvorschrift – Ländervergleich 383
VI. Besonderheiten der isolierten/selbständigen Abweichung/Ausnahme/Befreiung 385
1. Ländervergleich 385
2. Anwendungsbereich 387
a) Selbständiges (isoliertes) Verfahren bei Nichteinhaltung von bauordnungsrechtlichen Anforderungen . 387
b) Nichteinhaltung von planungsrechtlichen Vorgaben 388
3. Verfahren 389
a) Antrag 389
b) Sonstige Vorschriften für das isolierte Abweichungsverfahren . . . 390

Rn.
VII. Schutzzweck der Vorschriften 391
VIII. Rechtsschutz 392
1. Rechtsbehelfe des Bauherrn 392
a) gegen die Ablehnung der Baugenehmigung, wenn eine unselbständige Abweichung/Ausnahme/Befreiung nicht zugelassen wird . . 392
b) gegen die Ablehnung der isolierten Abweichung/Ausnahme/Befreiung 393
2. Rechtsbehelfe des Nachbarn 394
a) gegen die Baugenehmigung bei Zulassung einer unselbständigen Abweichung/Ausnahme/Befreiung 394
b) gegen die isolierte Zulassung einer Abweichung/Ausnahme/Befreiung 395

Teil 1. Die Baugenehmigung

MBO 2002 §§ 72, 63, 64, BW § 58 i.V. m. §§ 17f. LBOVVO, Bay Art. 72, 73, Bln §§ 62, 60a, Bbg §§ 68, 57, § 70 Abs. 1, Brem §§ 74, 67, Hamb § 69 i.V. m. § 1 HmbWoBauErlG, Hess §§ 64, 57, 58, M-V §§ 72, 63, Nds §§ 75, 75a, NRW §§ 75, 68, Rh-Pf §§ 70, 66, Saar §§ 77, 67, Sachs §§ 70, 62a, Sachs-Anh §§ 77, 67, Schl-H §§ 78, 75, Thür §§ 70, 62a

I. Rechtsnatur und Rechtswirkungen

1. Rechtsnatur der Baugenehmigung

1 Die Baugenehmigung ist die **hoheitliche Erklärung der Bauaufsichtsbehörde**, dass dem Vorhaben im Zeitpunkt der Genehmigung **keine öffentlich-rechtlichen Vorschriften entgegenstehen**, die im jeweiligen bauaufsichtlichen Verfahren zu prüfen sind.[1] Durch die Baugenehmigung wird auch die **Ausführung des Vorhabens erlaubt**, also der Bau freigegeben.[2] Die Baugenehmigung ist also ein **Verwaltungsakt** i. S. von § 35 Satz 1 VwVfG mit den folgenden Kennzeichen:

- **mitwirkungsbedürftig:** Die Baugenehmigung wird nur auf Antrag erteilt. Eine Baugenehmigung von Amts wegen gibt es nicht.
- in der Regel **mehrstufig**: Soweit die Gemeinde nicht selbst Bauaufsichtsbehörde ist, bedarf die Baugenehmigung gemäß § 36 Abs. 1 BauGB des Einvernehmens der Gemeinde und ggf. der höheren Verwaltungsbehörde.
- **formbedürftig**: Die Baugenehmigung bedarf der Schriftform.
- **dinglich**: Die Baugenehmigung befasst sich mit der Anlage.
- **feststellend**: Durch die Baugenehmigung wird die Vereinbarkeit des Vorhabens mit öffentlich-rechtlichen Vorschriften festgestellt.
- **gestaltend**: Durch die Baugenehmigung wird der Bau „freigegeben“.
- oft mit **Doppelwirkung**: Die Baugenehmigung begünstigt zwar den Bauherren, kann aber gegenüber Nachbarn oder gegenüber der Gemeinde belastend wirken. Auch der Bauherr kann belastet werden, weil er Nebenbestimmungen einhalten (V 2) und die Verfahrenskosten tragen muss (V 3).
- **gebunden**: Auf die Erteilung der Baugenehmigung besteht ein Rechtsanspruch. Ausnahmen gelten, wenn die Baugenehmigung unter Ausnahmen, Befreiungen oder Abweichungen erteilt wird. Diese stehen im Ermessen der Bauaufsichtsbehörde (Teil 3 VI 4 c).

[1] Statt vieler: BVerwG vom 3. 2. 1984 NJW 1984, 1473 = BVerwGE 69, 1; OVG NRW vom 22. 10. 1987 NVwZ 1988, 554.
[2] BVerwG vom 17. 12. 1964 BVerwGE 20, 124.

2. Formelle Merkmale

a) Mitwirkungsbedürftig

Die Erteilung einer Baugenehmigung liegt in der Dispositionsbefugnis des Bauherren. Die Baugenehmigung wird in allen Ländern **nur auf Antrag** erteilt. Über dieses Erfordernis kann sich die Behörde grundsätzlich nicht hinwegsetzen, auch wenn die Erteilung einer Baugenehmigung im mutmaßlichen Interesse des Bauherren liegt, weil z. B. das Vorhaben andernfalls von einer Beseitigungsanordnung bedroht ist.[3] Fehler machen die Baugenehmigung nicht nichtig, sondern nur anfechtbar.[4] 2

b) Mehrstufig

Die Erteilung einer Baugenehmigung setzt in aller Regel die Beteiligung verschiedener Behörden voraus. So muss z. B. in allen Fällen, in denen die Gemeinde selbst nicht Bauaufsichtsbehörde ist, nach § 36 Abs. 1 BauGB zwingend die **Gemeinde** beteiligt werden. In den Fällen des § 35 Abs. 2 und 4 BauGB kommt nach Landesrecht auch die Beteiligung der **höheren Verwaltungsbehörde** in Betracht. Darüber hinaus ist oft die Beteiligung von **Fachbehörden** zur Beurteilung der Genehmigungsfähigkeit des Vorhabens erforderlich (z. B. Belange der Wasserwirtschaft, des Denkmalschutzes oder des Naturschutzes). Diese Mitwirkungshandlungen (Einvernehmen, Benehmen, Stellungnahmen) stellen **mangels Außenwirkung keine eigenständigen Verwaltungsakte** dar. Die Prüfung der Rechtmäßigkeit solcher Mitwirkungshandlungen erfolgt im Streitfalle im Zuge der Prüfung der Rechtmäßigkeit der Baugenehmigung als solcher. 3

c) Formbedürftig

Alle Länder regeln, dass die Baugenehmigung der **Schriftform** bedarf, also ein formbedürftiger Verwaltungsakt ist. Die Schriftform der Baugenehmigung verfolgt den Zweck, aus ordnungsrechtlichen Gründen nachzuweisen, dass eine Baugenehmigung tatsächlich vorliegt. Mündlich erteilte Baugenehmigungen sind demzufolge nach § 44 Abs. 1 VwVfG[5] nichtig. Unwirksam, also nichtig sind jedoch stillschweigend oder konkludent erteilte Baugenehmigungen.[6] 4

3. Materielle Merkmale (Rechtswirkungen)

a) Dinglicher Verwaltungsakt

Dingliche Verwaltungsakte sind Verwaltungsakte, die bestimmte rechtserhebliche **Eigenschaften einer Sache** begründen, aufheben, ändern oder feststellen. Durch die Baugenehmigung wird die **Vereinbarkeit des Vorhabens** mit den im **Verfahren zu prüfenden Rechtsvorschriften** verbindlich festgestellt. Sie haftet an dem Vorhaben, nicht jedoch an der Person des Bauherren. Dementsprechend regeln auch die meisten Bauordnungen (deklaratorisch), dass die Baugenehmigung für und gegen den Rechtsnachfolger gilt. Bei einem Übergang der Genehmigung auf eine andere Person ist keine Neuerteilung oder „Umschreibung" erforderlich. Da der Bauherr nicht zwangsläufig Grundeigentümer sein muss, geht die Baugenehmigung bei einer **Veräußerung des Grundstücks** nur dann mit über, wenn eine Personenidentität zwischen dem Eigentümer und dem Bauherren bestand oder wenn die Anlage bzw. deren Nutzung ausdrücklich Teil des Erwerbsvorgangs ist. 5

Rechtsnachfolger des Bauherren können sein: 6

- Gesamtrechtsnachfolger (z. B. Erbe)
- Erwerber des Grundstücks oder von Teilen davon (Wohnungseigentümer), soweit Personenidentität zwischen dem Bauherren und dem Grundstückseigentümer bestand

[3] Hess VGH vom 12. 1. 1983 BRS 39 Nr. 233; Ausnahme Berlin siehe Rn. 202.
[4] *Kopp/Ramsauer*, Verwaltungsverfahrensgesetz, § 44 Rn. 21.
[5] *Kopp/Ramsauer* (Fn. 4) § 44 Rn. 26.
[6] OVG NRW vom 23. 10. 1995 Az. 10 A 1911/91.

oder sich aus dem Rechtsgeschäft der Übergang der Anlage bzw. ihrer Nutzung ergibt.

- Bauherrenwechsel
- Nießbrauchsnehmer, Erbbauberechtigter, soweit der Inhalt der Baugenehmigung Gegenstand des übertragenen Rechts ist (z. B. Nutzung der Anlage).

b) Feststellender Verwaltungsakt

7 Das Recht zu bauen fließt **unmittelbar aus der Eigentumsfreiheit** (Art. 14 GG). Es wird also nicht erst durch die Entscheidung der Bauaufsichtsbehörde verliehen. Das Baugenehmigungsverfahren dient vielmehr dazu, in einem Verwaltungsverfahren zu überprüfen, ob durch das Vorhaben die inhaltlichen Grenzen der Eigentumsfreiheit eingehalten sind (Städtebaurecht, Sicherheitsrecht, öffentlich-rechtlich geschützte Rechte Dritter). Die Baugenehmigungspflicht stellt sich als präventives Verbot mit Erlaubnisvorbehalt dar. Durch die Baugenehmigung wird die Vereinbarkeit des Vorhabens mit den von der Bauaufsichtsbehörde zu prüfenden öffentlich-rechtlichen Vorschriften zur Zeit der Erteilung der Baugenehmigung festgestellt. Es handelt sich bei der Baugenehmigung um eine **öffentlich-rechtliche Unbedenklichkeitsbescheinigung**.

8 Die Feststellungswirkung bezieht sich auf das **Vorhaben** und die mit ihm **verbundene Nutzung**. Sie ist punktuell auf das zur Genehmigung gestellte Vorhaben bezogen und stellt nicht die Grenzen des maximal Möglichen dar.[7]

Beispiel:
Wenn eine Baugenehmigung für einen immissionsträchtigen Schreinereibetrieb erteilt wird, ist es nicht zulässig, auf Grund der Baugenehmigung eine weniger immissionsträchtige Glaserei zu betreiben.

Die Feststellungswirkung der Baugenehmigung ist die rechtliche Grundlage für den **Bestandsschutz** des Vorhabens. Wenn eine Baugenehmigung erteilt ist, so sind die Behörden an die Entscheidung gebunden, dass dem Vorhaben insoweit materielles Recht nicht entgegensteht. Die Feststellungswirkung der Baugenehmigung verleiht dem Vorhaben **materielle Rechtmäßigkeit**, schützt es also vor Beseitigungsanordnungen. Die Feststellungswirkung reicht nur so weit wie der gesetzlich bestimmte **Prüfungsumfang für die Erteilung der Baugenehmigung**.

c) Gestaltender Verwaltungsakt

9 Da das Baurecht nicht erst durch die Baugenehmigung verliehen wird, wirkt sie grundsätzlich nicht baurechtsgestaltend. Rechtsgestaltende Wirkung kommt ihr nur im Hinblick auf die Erteilung von **Ausnahmen, Befreiungen und Abweichungen** von Bauvorschriften zu. Insoweit resultiert das Baurecht nicht unmittelbar aus Art. 14 GG, sondern muss von der Bauaufsichtsbehörde gewährt werden. In jedem Fall wirkt die Baugenehmigung aber gestaltend in Bezug auf die **Baufreigabe**, also die Befreiung vom präventiven Bauverbot. Diese Gestaltungswirkung ist die Grundlage dafür, dass genehmigte Bauvorhaben nicht von einer Baueinstellung bedroht sein können. Die Gestaltungswirkung verleiht dem Vorhaben die **formelle Rechtmäßigkeit**. Umfasst von der Feststellungswirkung sind **Ausführung und Nutzung des Vorhabens**.[8] Die Errichtung des Vorhabens darf nur so wie genehmigt erfolgen. Abweichungen (auch Reduzierungen) sind unzulässig.[9] Will der Bauherr von der Baugenehmigung abweichen, so bedarf es dafür einer Nachtrags- oder Tekturgenehmigung.

10 Eine besondere Regelung zur Baufreigabe trifft das Land **Brandenburg** in § 68 Abs. 1 Satz 2 BbgBO. Demnach kann sich die Bauaufsichtsbehörde die **Freigabe** der Bauarbeiten für die Baugrube, einzelne Bauabschnitte oder auch für das gesamte Bauvorhaben **vorbehalten**. Ein solcher Vorbehalt kommt insbesondere dann in Betracht, wenn die erforder-

---

[7] BVerwG vom 30. 1. 1997 NVwZ-RR 1997, 519.
[8] OVG NRW vom 13. 9. 1996 BRS 58 Nr. 125.
[9] OVG Bln vom 19. 11. 1996 BRS 58 Nr. 200; OVG NRW vom 30. 4. 1998 Az. 10 A 298/96.

lichen Prüfberichte oder Bescheinigungen über die Prüfung der bautechnischen Nachweise nach § 68 Abs. 1 Satz 1 Nr. 2 BbgBO vorliegen.[10] Hier ist es also möglich, dass der Baugenehmigung bis zur Entscheidung über die Baufreigabe nur Feststellungswirkung hat.

d) Verwaltungsakt mit Doppelwirkung (Rechtswirkungen gegenüber Dritten)

Die Baugenehmigung begünstigt den Bauherren, sie kann aber **Dritte** (insbesondere 11
die Nachbarn oder die Gemeinde) **gleichzeitig belasten**. Alle Länder mit Ausnahme Niedersachsens regeln ausdrücklich, dass die Baugenehmigung unbeschadet privater Rechte Dritter erteilt wird. In **Niedersachsen** ergibt sich diese Rechtsfolge daraus, dass sich der Prüfungsumfang bei der Erteilung der Baugenehmigung nach § 75 Abs. 1 Satz 1 NBauO auf das öffentliche Baurecht beschränkt. Private Rechte können durch die Baugenehmigung nicht beeinflusst werden. Soweit eine **Prüfung von Rechten Dritter** erfolgt, bezieht sich die **Feststellungswirkung** der Baugenehmigung auch darauf und die Baugenehmigung ist geeignet, diese Rechte zu verändern. Dies ist die rechtliche Grundlage für die Anfechtung der Baugenehmigung durch Dritte.

Die Rechte Dritter gliedern sich in drei Fallgruppen: 12

Fallgruppe	**Beispiele**	**Wirkung**
Öffentlich-rechtlich geschützte Rechte Dritter	Recht auf Einhaltung der Abstandsflächen, Recht auf Einhaltung des Brandschutzes, Gebot der Rücksichtnahme bei individualisierter und qualifizierter Betroffenheit	Grundsätzlich Prüfungsgegenstand der Baugenehmigung, d. h. die Rechte können durch die Baugenehmigung verändert werden.
Private Rechte Dritter	Inanspruchnahme des Grundstücks durch Überbau, Beeinträchtigung einer Dienstbarkeit (z. B. Baubeschränkung, Wegerecht)	Nicht Prüfungsgegenstand der Baugenehmigung, keine privatrechtsgestaltende Wirkung (allenfalls Tatbestandswirkung für zivilrechtliche Verfahren); die Baugenehmigung löst keine Duldungspflichten aus.
Entstehen von Duldungspflichten kraft Gesetzes durch Ausführung des Vorhabens	Entstehen eines Notwegerechts nach § 917 BGB	Privatrechtsgestaltende Wirkung der Baugenehmigung; Feststellungswirkung bezieht sich auch auf dieses Rechtsverhältnis.

Unabhängig von der Frage der privatrechtsgestaltenden Wirkung der Baugenehmi- 13
gung können **private Rechte Dritter** für die Prüfung der **Genehmigungsfähigkeit** eine Rolle spielen: So ist die Frage des Grenzverlaufs zwischen zwei Grundstücken entscheidend für die Frage, ob die Abstandsflächen auf dem Baugrundstück selbst liegen. Auch die Übernahme der Abstandsfläche auf ein fremdes Grundstück wird zivilrechtlich geregelt. Die Erschließung über ein Geh- und Fahrtrecht ist nur dann gesichert, wenn dieses Recht nach den Regeln des Zivilrechts wirksam begründet worden ist. Darüber hinaus kann die Unvereinbarkeit des Vorhabens mit privaten Rechten Dritter für das **Sachbescheidungsinteresse** an der Erteilung der Baugenehmigung von Interesse sein. Ist evident, dass dem Vorhaben privatrechtliche Hindernisse entgegenstehen, hat die Behörde das Recht, die Baugenehmigung zu versagen.[11]

Beispiele:
- Der Eigentümer des Baugrundstücks widersetzt sich der Baugenehmigung.
- Auf dem Baugrundstück lastet eine zivilrechtliche Baubeschränkung und der Begünstigte gibt zu erkennen, dass er sich dem Vorhaben widersetzt.

---

[10] Begründung zum Entwurf der BbgBO 2003, Landtags-Drucksache 3/5160.
[11] BVerwG vom 17. 12. 1964 NJW 1965, 549 = BVerwGE 20, 124.

14

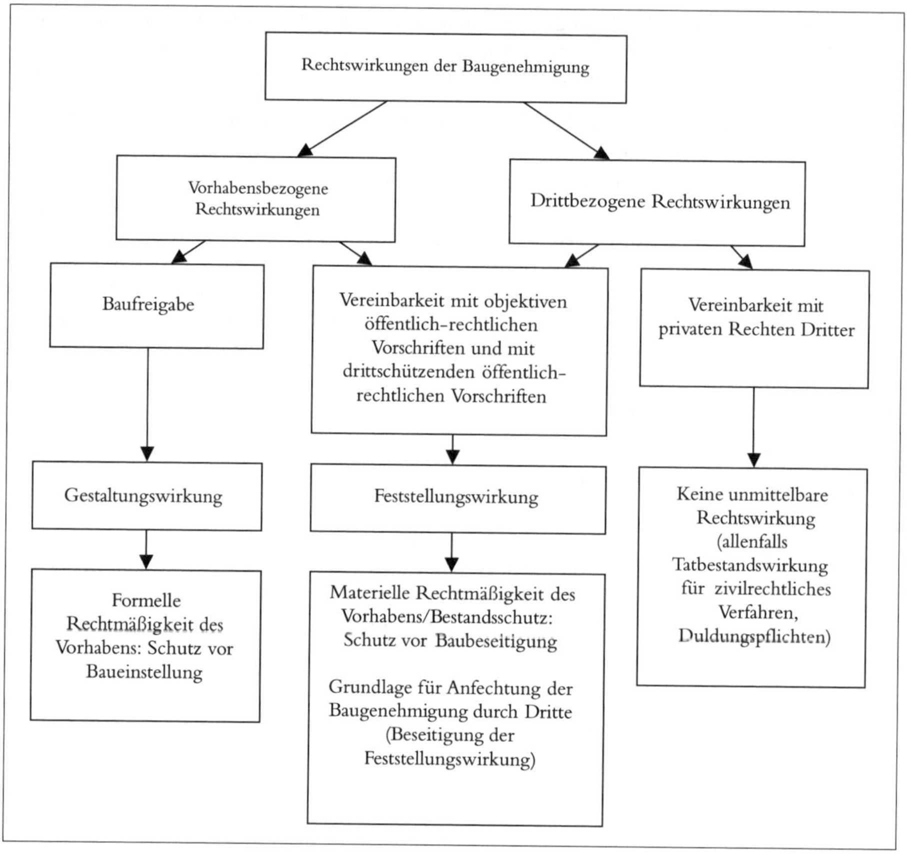

4. Arten der Baugenehmigung

a) Vergleich Baugenehmigung und ähnliche Rechtsinstitute

15 In den Bauordnungen finden sich verschiedene Arten von Entscheidungen der Behörde, die sich mit der baurechtlichen Zulässigkeit oder mit der Baufreigabe beschäftigen. Diese lassen sich nach ihrer Gestaltungs- und Feststellungswirkung unterscheiden.

Rechtsinstitut	Gestaltungswirkung	Feststellungswirkung
Baugenehmigung (Vollgenehmigung)	Umfassende Baufreigabe	Feststellungswirkung in Bezug auf das gesetzliche Prüfprogramm (weitgehend unbeschränkt)
Baugenehmigung im vereinfachten Verfahren	Umfassende Baufreigabe	Feststellungswirkung in Bezug auf das gesetzliche Prüfprogramm (stark eingeschränkt)
Genehmigungsfreistellung	Umfassende Baufreigabe	Keine Feststellungswirkung
Teilbaugenehmigung	Baufreigabe für den Bauabschnitt	Feststellungswirkung für den Bauabschnitt entsprechend Regeln für Baugenehmigung; Vorwirkungen auf die grundsätzliche Zulässigkeit des Vorhabens

Rechtsinstitut	Gestaltungswirkung	Feststellungswirkung
Typengenehmigung	Keine Baufreigabe	Feststellungswirkung in Bezug auf die als Typus geprüfte bauliche Anlage
Vorbescheid	Keine Baufreigabe	Feststellungswirkung in Bezug auf die im Vorbescheidsantrag gestellten Fragen

b) Vollgenehmigung und Baugenehmigung im vereinfachten Verfahren

Die Feststellungswirkung der Baugenehmigung reicht nur so weit, wie die Bauauf- 16
sichtsbehörde die Vereinbarkeit mit den öffentlich-rechtlichen Bestimmungen geprüft hat. Im Zuge der Baurechtsreformen der 1990er Jahre wurde in vielen Ländern der **Prüfungsmaßstab** für die Erteilung der Baugenehmigung im Interesse einer Verfahrensbeschleunigung stark **eingeschränkt**. Der **Prüfungsmaßstab** bei der Vollgenehmigung und der Genehmigung im vereinfachten Verfahren ist in den einzelnen **Ländern unterschiedlich** ausgestaltet. Er reicht von einer umfassenden Prüfung aller öffentlich-rechtlichen Vorschriften über eine Beschränkung auf die Vorschriften, die von der Bauaufsichtsbehörde überprüft werden können, bis zu einem im Gesetz enumerativ aufgezählten Prüfungsprogramm. Letzteres findet sich insbesondere im sog. **vereinfachten Verfahren**. Die Übergänge sind fließend. Während nach der **Musterbauordnung 2002** oder nach den Bauordnungen der Länder Bayern und Sachsen auf eine bautechnische Prüfung auch im regulären Baugenehmigungsverfahren generell oder weitgehend verzichtet wird, ist der Verzicht auf die Prüfung bautechnischer Nachweise in Baden-Württemberg und Thüringen das Wesen der Baugenehmigung im vereinfachten Verfahren.

Das vereinfachte Verfahren wird von zwei Parametern bestimmt – von der Art des Vorhabens und vom Prüfungsmaßstab:

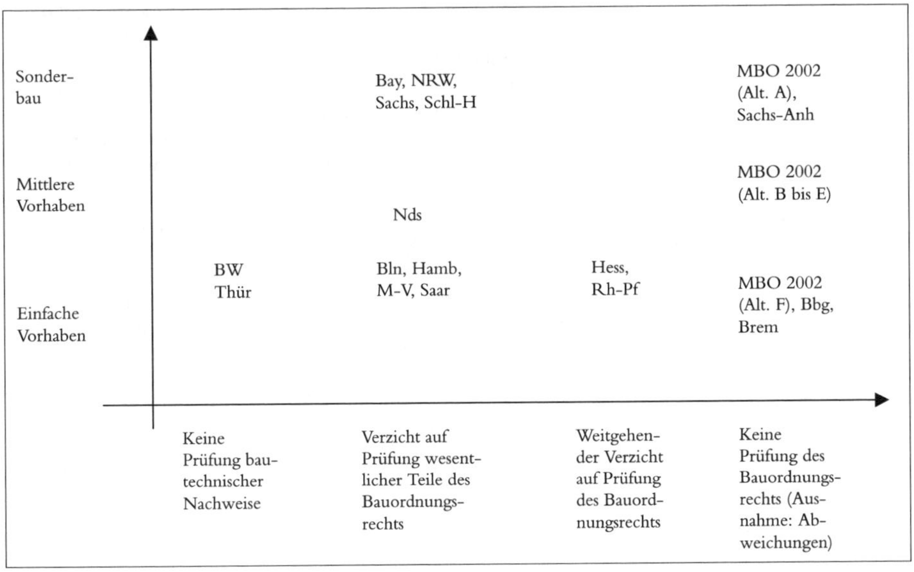

Eine Übersicht über den Anwendungsbereich des vereinfachten Verfahrens und den Prüfungsumfang von Vollgenehmigung und Genehmigung im vereinfachten Verfahren findet sich am Ende dieses Teils (VII.).

5. Konzentrationswirkung der Baugenehmigung

17 Soweit nicht in der Bauordnung oder im Fachrecht bestimmt, kommt der Baugenehmigung **keine Konzentrationswirkung** zu. Es ist also möglich, dass neben der Baugenehmigung weitere öffentlich-rechtliche Anlagengenehmigungen (z. B. nach Wasserrecht) erforderlich sind. **Brandenburg** trifft mit § 67 Abs. 1 Satz 2 BbgBO nun erstmals eine sehr weit gehende Regelung: Demnach **schließt die Baugenehmigung alle für das Vorhaben erforderlichen weiteren behördlichen Entscheidungen** ein. Das bedeutet, dass dem Bauherren die Rechtssicherheit vermittelt wird, dass mit der Erteilung der Baugenehmigung der **Schlusspunkt** der rechtlichen Beurteilung des Vorhabens gesetzt worden ist.

Nach der Abkehr von der Schlusspunkt-Theorie in den neueren Bauordnungen vieler Länder und in der Rechtsprechung des Bundesverwaltungsgerichts[12] scheint hier eine gegenläufige Rechtsentwicklung begonnen zu haben, die in bewusstem Gegensatz zur Musterbauordnung steht. Es bleibt abzuwarten, welches der beiden Modelle sich langfristig durchsetzen wird. Möglicherweise liegt der „Königsweg" in einem Wahlrecht des Bauherren: Dem einen kann daran gelegen sein, seine Eigenverantwortung tragen zu wollen, und er gibt daher einer raschen Baufreigabe den Vorzug. Der andere zieht umfassende Rechtssicherheit der Schnelligkeit vor.

II. Prüfungsmaßstab der Baugenehmigung (Vollgenehmigung und vereinfachtes Verfahren)

1. Allgemeines

18 Der Prüfungsmaßstab der Baugenehmigung lässt sich wie folgt klassifizieren:

Enumerativ geregeltes Prüfprogramm (z. B. vereinfachtes Verfahren)	Rechtliche Überprüfung und Feststellungswirkung sind auf den im Gesetz genannten Prüfungsumfang beschränkt. Die Baugenehmigung kann eine von mehreren Zulassungsvoraussetzungen für das Vorhaben sein. Soweit gesetzlich nichts anderes geregelt ist, bleibt der Verstoß gegen Vorschriften außerhalb des gesetzlichen Prüfprogramms grundsätzlich unberücksichtigt. Er kann unter bestimmten Voraussetzungen im Rahmen des Sachbescheidungsinteresses berücksichtigt werden.
Öffentlich-rechtliche Vorschriften, die durch die Bauaufsichtsbehörde/im bauaufsichtlichen Verfahren zu prüfen sind	Rechtliche Überprüfung und Feststellungswirkung sind auf die Vorschriften beschränkt, die in der Entscheidungskompetenz der Bauaufsichtsbehörde liegen (Bauplanungsrecht, Bauordnungsrecht sowie mit dem Baurecht verzahnte Rechtsgebiete wie Wasserrecht, Naturschutzrecht, Immissionsschutzrecht, Straßen- und Wegerecht). Verstöße gegen sonstige Rechtsvorschriften bleiben unberücksichtigt, können aber unter bestimmten Voraussetzungen im Rahmen des Sachbescheidungsinteresses berücksichtigt werden.
Öffentlich-rechtliche Vorschriften	Umfassende öffentlich-rechtliche Überprüfung und Feststellungswirkung in Bezug auf das Vorhaben (anlagenbezogen). Die Baugenehmigung stellt den Schlusspunkt der öffentlich-rechtlichen Beurteilung dar.

[12] BVerwG vom 14. 9. 2001 BauR 2002, 451.

2. Enumerativ geregeltes Prüfprogramm (vereinfachtes Verfahren)

a) Zweck des vereinfachten Verfahrens

Das vereinfachte Verfahren wurde im Zuge der Vereinfachung und Beschleunigung des Baurechts eingeführt. Ähnlich wie die Genehmigungsfreistellung wird die **Eigenverantwortung des Bauherren** und der am Bau Beteiligten gestärkt. Die Bauaufsichtsbehörde prüft nur noch einen engen Ausschnitt aus den öffentlich-rechtlichen Vorschriften. In allen Fällen ist dies die Vereinbarkeit mit dem **Bauplanungsrecht** (§§ 29 ff. BauGB). Dies ergibt sich unmittelbar aus § 29 Abs. 1 BauGB. Eine entsprechende landesrechtliche Regelung hat insoweit nur deklaratorischen Charakter. 19

b) Anwendungsbereich

Der Anwendungsbereich des vereinfachten Verfahrens ist bundesweit nicht einheitlich geregelt. Am umfassendsten ist er neben der Alternative A der **Musterbauordnung 2002** in Bayern, Sachsen und Schleswig-Holstein. Dort unterliegen alle Vorhaben mit **Ausnahme der Sonderbauten** dem vereinfachten Verfahren. Die reguläre Baugenehmigung (Vollgenehmigung) ist in diesen Ländern nur noch von untergeordneter Bedeutung. Die überwiegende Zahl der Länder regelt den Anwendungsbereich enumerativ. 20

c) Rechtswirkungen der Baugenehmigung im vereinfachten Verfahren

Wesen des vereinfachten Verfahrens und der sonstigen Fälle der Beschränkung des Prüfprogramms ist die **eingeschränkte Feststellungswirkung** der Baugenehmigung (die Gestaltungswirkung bleibt unberührt). Die Baugenehmigung vermittelt dem Bauherren also nur insoweit Bestandsschutz wie die Feststellungswirkung der Genehmigung reicht. Auch **Dritte** können die Genehmigung nur insoweit anfechten, als dort Feststellungen zur Vereinbarkeit des Vorhabens mit drittschützenden Vorschriften getroffen sind. Die eingeschränkte behördliche Überprüfung lässt jedoch – ebenso wie beim genehmigungsfreien Vorhaben – die **Verpflichtung des Bauherren** unberührt, sich an das **materielle Baurecht** zu halten. Wird bei einem Vorhaben ein Verstoß gegen Rechtsvorschriften außerhalb des gesetzlichen Prüfprogramms festgestellt, so kann die Behörde mit bauaufsichtlichen Maßnahmen (Baueinstellung, Baubeseitigung) gegen das Vorhaben vorgehen. 21

d) Im Genehmigungsverfahren erkennbare Verstöße gegen Vorschriften außerhalb des Prüfprogramms

Auch wenn der gesetzliche Prüfungsmaßstab beschränkt ist, so werden der Bauaufsichtsbehörde die umfassenden Bauvorlagen vorgelegt. Oftmals wird im Rahmen des Genehmigungsverfahrens offenkundig, dass das Vorhaben zwar den Bestimmungen des gesetzlichen Prüfprogramms entspricht, darüber hinaus aber gegen **nicht zu prüfende gesetzliche Vorschriften** verstoßen wird, die mit Baubeginn oder Aufnahme der Nutzung eine bauaufsichtliche Maßnahme erforderlich machen würden, so dass die Erteilung der Baugenehmigung für den Bauherren wenig Nutzen hat. 22

Einzig **Berlin** regelt für diesen Fall, dass die Bauaufsichtsbehörde zur **Prüfung** anderer **öffentlich-rechtlicher Vorschriften befugt** ist und die Baugenehmigung versagen kann, wenn Verstöße gegen Normen außerhalb des Prüfprogramms festgestellt werden (§ 60 a Abs. 2 Sätze 2 und 3 BauO Bln). In **Thüringen** kann die Bauaufsichtsbehörde abweichend von der sehr marginalen Einschränkung des gesetzlichen Prüfprogramms die Prüfung des **Standsicherheitsnachweises** aus besonderem Grund anordnen und damit den Prüfungsmaßstab der Vollgenehmigung anwenden (§ 62 a Abs. 5 ThürBO). In den Bauordnungen der **übrigen Länder** finden sich solche Bestimmungen nicht. In **Bremen** und **Hessen** ist ausdrücklich darauf hingewiesen, dass eine **fakultative erweiterte Prüfung** des Vorhabens **unzulässig** ist (§ 67 Abs. 5 BremLBO, § 67 Abs. 6 Satz 2 HBO). 23

Auch wenn das Gesetz eine Beschränkung des Prüfprogramms ausdrücklich vorsieht, so ist es weder verwaltungsökonomisch, noch trägt es zur Berechenbarkeit und Vorhersehbarkeit behördlichen Handelns dar, wenn die Bauaufsichtsbehörde „sehenden Auges“ 24 ein **materiell-rechtlich unzulässiges Vorhaben** zum Bau freigibt und dafür eine Genehmigungsgebühr erhebt, wenn sie gleichzeitig schon zum bauaufsichtlichen Einschreiten entschlossen ist. Diese Fälle lassen sich dahin gehend lösen, dass es im **Ermessen** der Behörde steht, eine Baugenehmigung wegen fehlendem **Sachbescheidungsinteresse** zu versagen. Einer Baugenehmigung fehlt das Sachbescheidungsinteresse, wenn sie für den Bauherren nutzlos ist, wenn ihr Inhaber aus rechtlichen oder tatsächlichen Gründen, die außerhalb der Genehmigungsvoraussetzungen liegen, keinen Gebrauch von der Baugenehmigung machen kann. Zwar ist die Behörde in diesem Fall nicht zur Versagung der Baugenehmigung verpflichtet, sie ist jedoch dazu berechtigt.[13]

25 Die Bauaufsichtsbehörde ist jedoch **nicht verpflichtet**, den Bauantrag im vereinfachten Verfahren **umfassend zu überprüfen**. Die Übereinstimmung mit außerhalb des Prüfprogramms liegenden Vorschriften liegt grundsätzlich im **Verantwortungsbereich des Bauherren**. Darauf begründete Ansprüche auf Aufhebung bauaufsichtlicher Maßnahmen oder Amtshaftungsansprüche gehen ins Leere. Erkennt die Behörde im Genehmigungsverfahren einen Verstoß gegen außerhalb des gesetzlichen Prüfprogramms liegende Bestimmungen, hat sie im Ergebnis folgende **Handlungsmöglichkeiten**:

- Erteilung der Baugenehmigung wie beantragt
- Erteilung der Baugenehmigung unter dem Hinweis, dass das Vorhaben gegen materielles Recht verstößt und bauaufsichtliche Maßnahmen drohen
- Versagung der Baugenehmigung wegen fehlendem Sachbescheidungsinteresse.

3. Vereinbarkeit mit öffentlich-rechtlichen Vorschriften, die durch die Bauaufsichtsbehörde zu prüfen sind

26 Die Musterbauordnung 2002 sowie die Bauordnungen der Länder Baden-Württemberg, Bayern, Hessen, Mecklenburg-Vorpommern, Niedersachsen und Sachsen beinhalten als gesetzliches Prüfprogramm der Vollgenehmigung überwiegend die Einhaltung öffentlich-rechtlicher Vorschriften, die durch die Bauaufsichtsbehörde bzw. im bauaufsichtlichen Verfahren zu prüfen sind, oder das Prüfprogramm stellt auf das öffentliche Baurecht ab (Sachkunde der Bauaufsichtsbehörde). In diesen Fällen stellt die Baugenehmigung **nicht die umfassende öffentlich-rechtliche Unbedenklichkeitsbescheinigung** dar.

Die gesetzlichen Regelungen zum Prüfungsumfang im Rahmen der Genehmigungserteilung sind in den **Ländern unterschiedlich** ausgestaltet. Soweit das Gesetz auf die Bestimmungen abstellt, die im bauaufsichtlichen Verfahren zu prüfen sind, erwartet man eine entsprechende Bestimmung in den Vorschriften über das Baugenehmigungsverfahren. Solche Bestimmungen finden sich aber nur selten. Überwiegend fehlen nähere Angaben:

MBO/LBO	Regelung
MBO 2002 § 72 I i.V. m. § 64	1. Übereinstimmung mit den Vorschriften über die Zulässigkeit der baulichen Anlagen nach §§ 29 bis 38 BauGB 2. Anforderungen nach den Vorschriften dieses Gesetzes und auf Grund dieses Gesetzes 3. andere öffentlich-rechtliche Anforderungen, soweit wegen der Baugenehmigung eine Entscheidung nach anderen öffentlich-rechtlichen Vorschriften entfällt oder ersetzt wird.
BW § 58 I 1	keine näheren Ausführungen
Bay Art. 72 I	keine näheren Ausführungen
Hess § 64 I i.V. m. § 58	1. Vorschriften des Baugesetzbuchs und auf Grund des Baugesetzbuchs 2. Vorschriften der HBO und auf Grund der HBO

[13] BVerwG vom 17.12.1964 BVerwGE 20, 124 = NJW 1965, 551; vom 12.8.1993 UPR 1994, 195; OVG NRW vom 20.5.1985 OVGE 38, 82 = DÖV 1986, 575.

MBO/LBO	Regelung
	3. nach anderen öffentlich-rechtlichen Vorschriften, soweit a) wegen der Baugenehmigung eine Entscheidung nach diesen Vorschriften entfällt oder ersetzt wird oder b) nach den anderen öffentlich-rechtlichen Vorschriften kein Zulassungsverfahren vorgeschrieben ist. Erschütterungsschutz und Anforderungen des baulichen Arbeitsschutzes werden nicht geprüft.
M-V § 72 I 1	keine näheren Ausführungen
Nds § 75 I	keine näheren Ausführungen
Sachs § 70 I	keine näheren Ausführungen

a) Enumerativ geregelter Prüfungsumfang durch Verweis auf Verfahrensvorschriften (MBO 2002, Hessen)

Konsequent sind die Regelungen in der **Musterbauordnung 2002** und in Hessen. Soweit dort die Rede ist von den Vorschriften, die im bauaufsichtlichen Verfahren zu prüfen sind, findet sich bei den **Verfahrensvorschriften** eine **entsprechende Norm**. 27

- **Bauplanungsrecht** ist stets Prüfungsmaßstab. Dies ergibt sich schon aus § 29 Abs. 1 BauGB. Eine Regelung des Landesrechts hat lediglich deklaratorische Wirkung.
- **Bauordnungsrecht** im engeren Sinne. Geprüft werden auch die Bestimmungen der Bauordnung selbst bzw. der auf Grund der Bauordnung erlassenen untergesetzlichen Normen.
- **Aufdrängendes Fachrecht (Musterbauordnung 2002).** Um bisher bestehende Unschärfen beim Prüfungsmaßstab zu beseitigen, geht die **Musterbauordnung 2002** davon aus, dass sich im Fachrecht eine entsprechende „aufdrängende" Norm findet, die das jeweilige Fachrecht zum Prüfungsmaßstab für die Erteilung der Baugenehmigung bestimmt. Dies kommt aber nur in Betracht, wenn durch die **Baugenehmigung** eine nach **Fachrecht bestehende Genehmigungspflicht verdrängt** wird.

Diese Bestimmung wird bei der Umsetzung der **Musterbauordnung 2002** durch die Länder allerdings auf erhebliche **praktische Schwierigkeiten** stoßen: Es gibt eine Vielzahl von fachrechtlichen Anforderungen, die zum traditionellen Prüfprogramm im Rahmen der Baugenehmigung gehörten und für die daher kein fachgesetzlicher Genehmigungsvorbehalt besteht. Zu nennen sind insbesondere die Anforderungen des baulichen Arbeitsschutzes oder des Immissionsschutzes bei nicht genehmigungsbedürftigen Anlagen i. S. von §§ 22 ff. BImSchG. Die **Musterbauordnung 2002** zwingt nun die Fachgesetze dazu, einen solch **fachrechtlichen Genehmigungsvorbehalt zu schaffen**. Dies ist in der Praxis widersinnig, weil der fachgesetzliche Genehmigungsvorbehalt wohl in fast allen Fällen durch die Baugenehmigung verdrängt wird (Ausnahme: Kombination mit bis zur Sonderbaugrenze ausgeweiteter bedingter Genehmigungsfreiheit). Im Zuge der allgemeinen Deregulierungsbestrebungen würde die **Musterbauordnung 2002** das Fachrecht zu zusätzlichen Regulierungen zwingen. Hinzu kommt, dass die Umsetzung im **Immissionsschutzrecht** an **verfassungsrechtliche Grenzen** stoßen wird. Man muss davon ausgehen, dass der Bund im Bundesimmissionsschutzgesetz eine abschließende Regelung zur Genehmigungspflicht immissionsschutzrelevanter Anlagen getroffen hat und daneben kein Raum für die Landesgesetzgeber besteht, nach Bundesrecht genehmigungsfreie Anlagen unter einen speziellen landesimmissionsschutzrechtlichen Genehmigungsvorbehalt zu stellen.

- **Zulassungsfreiheit nach Fachrecht (Hessen).** Hessen geht hier einen anderen Weg. Zusätzlich zu der oben ausgeführten Regelungen der **Musterbauordnung 2002** sind öffentlich-rechtliche Vorschriften zu prüfen, wenn nach anderen öffentlich-rechtlichen Vorschriften kein Zulassungsverfahren vorgeschrieben ist. Dadurch findet das traditionell zu prüfende Fachrecht prinzipiell Eingang in den Prüfungsmaßstab für die Erteilung der Baugenehmigung. Allerdings bleibt im Einzelfall die Unschärfe des Prüfungsmaßstabs bestehen.

b) Undifferenzierte öffentlich-rechtliche Vorschriften

28 Soweit die Bauordnungen keine Differenzierungen treffen, wie dies in der **Musterbauordnung 2002** oder in Hessen der Fall ist, bleiben Unschärfen im Prüfprogramm. In jedem Fall sind zu prüfen:

- Bauplanungsrecht (siehe oben)
- Bauordnungsrecht (Bauordnung und auf Grund der Bauordnung erlassene Rechtsvorschriften)
- Materielle Voraussetzungen einer verdrängten Genehmigung wie wasserrechtliche Anlagengenehmigung, Naturschutzrecht, Denkmalschutzrecht
- Materiell-rechtliche Ge- und Verbote, die die Anlage betreffen und mit denen keine spezielle Genehmigungspflicht korrespondiert. Dies sind alle sonstigen öffentlich-rechtlichen Bestimmungen, die innerhalb der Sachkunde der Bauaufsichtsbehörde liegen. Es können zwar die wichtigsten Fallgruppen dargestellt werden, im Einzelfall ergeben sich jedoch Unschärfen, wie weit das Prüfprogramm der Baugenehmigung reicht.
  Geprüft werden insbesondere:
  - Denkmalschutzrecht
  - Raumordnung und Landesplanung
  - Immissionsschutzrecht (genehmigungsfreie Anlagen, schädliche Umwelteinwirkungen)
  - Sicherheit und Leichtigkeit des Straßenverkehrs
  - Straßenrecht (Anbauverbote)
  - Eisenbahnrecht (Anbauverbote)
  - Baulicher Arbeitsschutz
  - Abfallrecht (Anforderungen an Abfallentsorgungsanlagen)
  - Waldrecht (Abstände zu Waldrändern)
  - Wasserrecht (wasserrechtlich genehmigungsfreier Sachverhalt, Gewässerhygiene, Wasserhaushalt)
  - Hygiene (Krankenhäuser, Ställe, lebensmittelverarbeitende Betriebe)
  - Tierschutz (Ställe)

29 Nicht geprüft werden,

- Vorschriften, die nicht nur anlagenbezogene, sondern **auch personenbezogene Anforderungen** stellen, wie z. B. § 30 Gewerbeordnung (Privatkrankenanstalten), § 33 i Gewerbeordnung (Spielhallen), § 4 Gaststättengesetz (Gaststätten), § 53 Infektionsschutzgesetz (Einrichtungen, die mit Krankheitserregern arbeiten)
- Anlagenbezogene Anforderungen des Fachrechts, wenn **neben der Erteilung der Baugenehmigung eine gesonderte Genehmigung** oder Erlaubnis notwendig ist (z. B. §§ 145, 165, 172 BauGB). Davon zu **unterscheiden** sind Bestimmungen, wonach die **Baugenehmigung erst** erteilt werden darf, wenn andere für das Vorhaben erforderliche **Genehmigungen** usw. **vorliegen** (z. B. § 71 Abs. 5 BbgBO). Dies stellt eine verfahrensrechtliche Aufschiebung der Genehmigungserteilung dar. Der materielle Prüfungsmaßstab der Baugenehmigung wird dadurch nicht verändert.

4. Umfassende Überprüfung öffentlich-rechtlicher Vorschriften

30 In den Ländern Berlin, Brandenburg, Bremen, Hamburg, Nordrhein-Westfalen, Rheinland-Pfalz, Saarland, Sachsen-Anhalt, Schleswig-Holstein und Thüringen ist der **Prüfungsumfang** bei der Erteilung der Baugenehmigung **unbeschränkt**. Das bedeutet, die Baugenehmigung muss sich an allen öffentlich-rechtlichen Vorschriften messen lassen, die für das Vorhaben in Betracht kommen. Dementsprechend umfassend ist die Feststellungswirkung der Baugenehmigung. Sie ist eine umfassende Unbedenklichkeitsbe-

scheinigung für das Vorhaben. Auch hier ist zu beachten, dass sich die Prüfung auf öffentlich-rechtliche Vorschriften sowie auf ausschließlich anlagenbezogene Vorschriften zu beschränken hat.

III. Rechtsanspruch

1. Genehmigungsanspruch aus Art. 14 GG

Da das Baurecht unmittelbar aus der verfassungsrechtlich garantierten Baufreiheit entspringt, besteht ein **Rechtsanspruch** auf Erteilung der Baugenehmigung.[14] Der Behörde steht also kein Ermessen zu. Ein Rechtsanspruch auf Erteilung der Baugenehmigung besteht aber nur insoweit, als das Vorhaben den maßgeblichen Bestimmungen entspricht. Sind **Abweichungen, Ausnahmen oder Befreiungen** vom öffentlichen Recht erforderlich, dann besteht kein Rechtsanspruch mehr auf Erteilung der Baugenehmigung (siehe unten 3 a). 31

2. Bindung der Bauaufsichtsbehörde an vorangegangene Handlungen und Entscheidungen

Über den öffentlich-rechtlichen Anspruch auf Erteilung der Baugenehmigung aus der jeweiligen Regelung zur Genehmigungsfähigkeit hinaus besteht ein **Rechtsanspruch** auf Baugenehmigung, wenn sich die **Behörde** insoweit **selbst gebunden** hat. Diese Bindungswirkung kann auf folgende Weise eintreten:

a) Zusicherung

Nach den allgemeinen Bestimmungen des Verwaltungsrechts besteht ein Rechtsanspruch auf den begehrten Verwaltungsakt, wenn dieser dem Begünstigten nach § 38 Abs. 1 VwVfG zugesichert worden ist. Eine Zusicherung ist nur wirksam, wenn sie schriftlich erfolgt ist (§ 38 Abs. 1 Satz 1 VwVfG). Außerdem müssen die **Verfahrensvorschriften** für die Erteilung der Baugenehmigung eingehalten sein: Soweit die Baugenehmigung nach § 36 Abs. 1 BauGB des Einvernehmens mit der Gemeinde oder der höheren Bauaufsichtsbehörde bedarf, muss auch für die Wirksamkeit der Zusicherung dieses Einvernehmen vorliegen (§ 38 Abs. 1 Satz 2 VwVfG). 32

b) Vorbescheid

Der Bauherr kann zur Klärung einzelner Fragen zur Zulässigkeit eines Vorhabens die Erteilung eines Vorbescheids verlangen. Die **Feststellungen** zur Zulässigkeit des Bauvorhabens im **Vorbescheid** nehmen die **Feststellungswirkung der Baugenehmigung** insoweit vorweg und binden die Baugenehmigungsbehörde. Näheres zum Vorbescheid siehe Teil 3 I. 33

c) Teilbaugenehmigung

Ist ein Bauantrag eingereicht, kann für einzelne Teile des Vorhabens oder für einzelne Bauabschnitte eine Teilbaugenehmigung erteilt werden. Auch wenn die Teilbaugenehmigung Rechtswirkungen nur in Bezug auf den Teil des Vorhabens oder den Bauabschnitt entfaltet, gibt die Behörde damit zu erkennen, dass gegen das grundsätzliche **„Ob" des Vorhabens** keine Bedenken bestehen. Lediglich das „Wie" des Vorhabens steht noch nicht in allen Teilen fest. Insoweit tritt für die Behörde eine **Bindungswirkung** ein. Näheres siehe Teil 3 II. 34

d) Teilungsgenehmigung

Nach der grundlegenden Novelle des Baugesetzbuches entfaltet eine Teilungsgenehmigung nach §§ 19 ff. BauGB keine Bindungswirkung mehr. Denkbar sind aber noch einzelne Altfälle, bei denen sich die Bindungswirkung aus § 21 BauGB a. F. ergeben kann. 35

---

[14] BVerwG vom 6. 6. 1975 BRS 29 Nr. 168; vom 28. 6. 1955 NJW 1955, 1647 = BVerwGE 2, 172.

3. Ermessensentscheidungen im Umfeld der Baugenehmigung

Trotz des Grundsatzes, dass auf die Erteilung der Baugenehmigung ein Rechtsanspruch besteht, gibt es Ermessensentscheidungen im Umfeld der Baugenehmigung.

a) Ausnahmen, Befreiungen, Abweichungen

36 **Widerspricht** das Vorhaben **öffentlich-rechtlichen Vorschriften**, dann besteht kein Rechtsanspruch auf Erteilung einer Baugenehmigung. Das Baurecht bietet den Behörden aber die Möglichkeit, durch die Zulassung einer **Ausnahme** oder **Befreiung** von den Festsetzungen eines Bebauungsplans nach § 31 BauGB oder durch Ausnahme, Befreiung oder **Abweichung** von sonstigen Vorschriften (Teil 3 VI) das Vorhaben zu legalisieren. Die Behörde ist dazu auch vor dem Hintergrund der Baufreiheit nicht verpflichtet, weil sich das Vorhaben außerhalb der die Eigentumsfreiheit begrenzenden Rechtsvorschriften befindet. Die Entscheidung über die Zulässigkeit des Vorhabens selbst steht im pflichtgemäßen **Ermessen** der Bauaufsichtsbehörde (Teil 3 VI 4 c).

b) Versagung der Baugenehmigung wegen fehlendem Sachbescheidungsinteresse

37 **Bremen** sieht ausdrücklich vor, dass die Baugenehmigung durch **Zurückweisung** des Bauantrags versagt werden kann, wenn von ihr aus rechtlichen oder tatsächlichen Gründen kein Gebrauch gemacht werden kann (§ 74 Abs. 2 HS 2 BremLBO). **Andere Länder** treffen hierzu **keine Regelungen**. Diese Fälle sind über das **Sachbescheidungsinteresse** zu lösen. Es ist aus Gründen der Verwaltungsökonomie abzulehnen und auch aus der Sicht des Bauherren ohne Nutzen, wenn eine (kostenpflichtige) Baugenehmigung erteilt wird, obwohl feststeht, dass davon auf Dauer kein Gebrauch gemacht werden kann. In diesen Fällen haben die Bauaufsichtsbehörden die Möglichkeit, nach **pflichtgemäßem Ermessen** die Erteilung einer Baugenehmigung wegen **fehlendem Sachbescheidungsinteresse** abzulehnen.[15] Von dieser Möglichkeit soll die Bauaufsichtsbehörde aber nur Gebrauch machen, wenn das Fehlen des Sachbescheidungsinteresses **offensichtlich** ist. Diese Versagungsmöglichkeit dient dazu, die Verwaltung zu entlasten. Aufwändige Prüfungen des Sachbescheidungsinteresses (insbesondere der zivilrechtlichen Verhältnisse) sind damit nicht vereinbar.

Ein spezieller Anwendungsbereich für die Prüfung des Sachbescheidungsinteresses kann in den Fällen des **eingeschränkten Prüfungsmaßstabs** bestehen (siehe oben II 2 d).

IV. Nebenbestimmungen zur Baugenehmigung

1. Nebenbestimmungen i. S. des § 36 VwVfG

38 § 36 VwVfG zählt die verschiedenen Arten der Nebenbestimmungen auf. Wegen der Komplexität des Baurechts sind in der Praxis alle Arten von Nebenbestimmungen anzutreffen.

Art der Nebenbestimmung	Beschreibung/Beispiele	Bedeutung
Befristung (§ 36 II Nr. 1 VwVfG)	Die Rechtswirkungen der Baugenehmigung beginnen und/oder enden mit einem im Baugenehmigungsbescheid genau bestimmten Zeitraum	Die praktische Bedeutung ist eher gering. Von der Befristungsmöglichkeit wird meist nur bei Behelfsbauten[16] Gebrauch gemacht oder bei Bauten, die für die genau be-

[15] *Boeddinghaus/Hahn/Schulte*, Bauordnung für das Land Nordrhein-Westfalen, § 75 Rn. 32 ff.; BVerwG vom 17. 12. 1964 BVerwGE 20, 124; vom 23. 3. 1973 BRS 27 Nr. 130.

[16] Vgl. § 58 Abs. 4 Satz 1 LBO BW, § 75 Abs. 2 NBauO, § 70 Abs. 2 LBauO Rh-Pf, § 77 Abs. 3 Satz 1 LBO Saar.

Art der Nebenbestimmung	Beschreibung/Beispiele	Bedeutung
	Beispiel: „Das Vorhaben wird mit Wirkung ab 1. Juni 2003 bauaufsichtlich genehmigt." oder „Die bauaufsichtliche Genehmigung erlischt mit Ablauf des 31. Dezember 2010."	stimmte Dauer einer Veranstaltung benötigt werden (z. B. Bauten anlässlich von Weltausstellungen, Gartenschauen). **Anstelle** einer Befristung entscheiden sich Baugenehmigungsbehörden oftmals für einen **Widerrufsvorbehalt** (siehe unten). Eine besondere Art der Befristung ist das **Erlöschen** der Baugenehmigung, wenn innerhalb einer bestimmten Zeit nach Genehmigungserteilung von ihr kein Gebraucht gemacht worden ist (siehe unten VI 3 e).
Bedingung (§ 36 II Nr. 2 VwVfG)	Die Rechtswirkungen der Baugenehmigung beginnen und/oder enden mit einem im Baugenehmigungsbescheid bestimmten Ereignis; der Zeitpunkt des Ereigniseintritts steht nicht fest. **Beispiel:** „Die Baugenehmigung erlischt mit Aufgabe des landwirtschaftlichen Betriebs." oder: „Die Nutzung der baulichen Anlage darf erst aufgenommen werden, wenn die Erschließungsanlagen hergestellt und benutzbar sind."	Bedingungen kommen in der Praxis häufiger vor. Hauptanwendungsfall sind die Nutzungsaufnahme erst nach Fertigstellung von Erschließungsanlagen, die Bindung der Baugenehmigung an eine Privilegierung nach § 35 I BauGB oder die privatrechtliche Sicherung von öffentlich-rechtlichen Anforderungen (Geh- und Fahrtrechte, sonstige Dienstbarkeiten). Verwendet wird die Bedingung z. B. auch bei Behelfsbauten, wenn die Baugenehmigung mit Fertigstellung einer anderen baulichen Anlage erlöschen soll. Oftmals entscheiden sich die Behörden **anstelle** einer Bedingung für die Aufnahme eines **Widerrufsvorbehalts**.
Widerrufsvorbehalt (§ 36 II Nr. 3 VwVfG)	Mit Eintritt eines bestimmten Ereignisses oder mit einem bestimmten Zeitpunkt kann die Bauaufsichtsbehörde die Baugenehmigung widerrufen. **Beispiel:** „Die Baugenehmigung kann widerrufen werden, wenn der landwirtschaftliche Betrieb aufgegeben wird."	Der Widerrufsvorbehalt wird häufig in den Fällen verwendet, in denen auch eine Befristung oder Bedingung möglich wäre.[17] Während der Befristung oder Bedingung unmittelbare rechtsgestaltende Wirkung zukommen, hat die Bauaufsichtsbehörde beim **Widerrufsvorbehalt** einen **Ermessensspielraum**, ob sie von ihrem Widerrufsrecht Gebrauch macht oder die Rechtswirkungen fortgelten lässt.

[17] Behelfsbauten udgl.: § 58 Abs. 4 Satz 1 LBO BW, § 77 Abs. 3 Satz 1 LBO Saar.

Art der Nebenbestimmung	Beschreibung/Beispiele	Bedeutung
		Fall: Auf die Privilegierung nach § 35 I BauGB kommt es nicht mehr an, weil das Vorhaben mittlerweile im Geltungsbereich eines Bebauungsplans liegt. Nach Eintritt einer entsprechenden Bedingung hätte der Bauherr einen Anspruch auf Neuerteilung der Baugenehmigung. Beim Widerrufsvorbehalt hat die Bauaufsichtsbehörde die Möglichkeit, die Baugenehmigung fortgelten zu lassen.
Auflage (§ 36 II Nr. 4 VwVfG)	Dem Bauherren wird mit der Baugenehmigung ein Tun, Dulden oder Unterlasen vorgeschrieben. **Beispiel:** „Nach Fertigstellung des Vorhabens ist der südliche Grundstücksbereich einzugrünen."	Echte Auflagen sind in der Praxis eher selten. Meist handelt es sich bei „Auflagen" um Inhaltsbestimmungen, also um Modifizierungen der Genehmigung im Verhältnis zum Bauantrag. Kennzeichen der Auflage ist, dass sie selbständig durchgesetzt werden kann und nicht unteilbarer Inhalt der Errichtung des Vorhabens ist. Eine besondere Art der Auflage ist die Festsetzung einer Sicherheitsleistung, mit der die Erfüllung einer anderen Nebenbestimmung erreicht werden soll.
Auflagenvorbehalt (§ 36 II Nr. 5 VwVfG)	In der Baugenehmigung behält sich die Bauaufsichtsbehörde vor, nachträglich, d. h. nach Wirksamkeit des Baugenehmigungsbescheides, selbständige Auflagen anzuordnen. **Beispiel:** „Die Bauaufsichtsbehörde behält sich vor, nach Fertigstellung der Anlage Anforderungen an die Begrünung des Grundstücks zu stellen."	Vom Auflagenvorbehalt wird in der Praxis Gebrauch gemacht, wenn zur Zeit der Genehmigungserteilung unsicher ist, ob das Vorhaben in der beantragten bzw. genehmigten Form dem Baurecht in allen Punkten entspricht, diese Unsicherheit aber nachträglich durch relativ einfache Mittel ausgeräumt werden kann. Vom Auflagenvorbehalt zu unterscheiden ist der **Vorbehalt nachträglicher Inhaltsbestimmungen.**

Die **Musterbauordnung 2002** sowie die Länder treffen folgende Regelungen zu den Nebenbestimmungen: 39

MBO/Land	Befristung	Bedingung	Widerrufs-vorbehalt	Auflage	Auflagen-vorbehalt	Sicherheits-leistung
MBO 2002	§ 72 III	§ 72 III		§ 72 III	§ 72 III	
BW	Behelfsbauten (zwingend), § 58 IV 1	Behelfsbauten (zwingend), § 58 IV 1			§ 58 VI 1	
Bay						Art. 72 III (für Auflage oder Bedingung)
Bln					§ 62 II 1	Abfalllager-plätze (§ 62 XI)
Bbg						§ 67 III
Brem					§ 74 V	§ 74 IV
Hamb	§ 69 II 1	§ 69 II 1	§ 69 II 1	§ 69 II 1	§ 69 III	
Hess	§ 64 IV	§ 64 IV		§ 64 IV	§ 64 IV	
M-V	§ 72 III	§ 72 III	§ 72 III			§ 72 III (Auf-lage/Bedin-gung)
Nds	§ 75 II (Be-helfsbauten zwingend, i. Ü. fakultativ)		§ 75 II (Be-helfsbauten zwingend, i. Ü. fakultativ)			
NRW						
Rh-Pf	§ 70 II 1		§ 70 II 1			§ 70 I 4 (Aufla-ge/Bedin-gung)
Saar	§ 77 III 1		§ 77 III 1			
Sachs	§ 70 III	§ 70 III		§ 70 III	§ 70 III	§ 70 III (Aufla-ge/Bedingung im Ausnahme-fall)
Sachs-Anh	§ 77 III	§ 77 III		§ 77 III	§ 70 III	
Schl-H	§ 78 III	§ 78 III	§ 78 III	§ 78 III	§ 78 III	
Thür	§ 70 III	§ 70 III	§ 70 III	§ 70 III	§ 70 III	§ 70 III

a) Zulässigkeit von Nebenbestimmungen für die Baugenehmigung als solche

Die grundlegende Norm zu den Nebenbestimmungen findet sich in § 36 Abs. 1 VwVfG. Dort wird unterschieden zwischen Verwaltungsakten, auf deren Erteilung ein Rechtsanspruch besteht, und sonstigen Verwaltungsakten. Bei Verwaltungsakten, auf deren Erteilung ein **Rechtsanspruch** besteht, ist eine Nebenbestimmung nur zulässig, wenn sie durch Rechtsvorschrift zugelassen ist oder wenn die Nebenbestimmung sicherstellen soll, dass die gesetzlichen Voraussetzungen für die Erteilung des Verwaltungsakts erfüllt werden (§ 36 Abs. 1 VwVfG). Man ist nun geneigt, in den oben aufgezählten Bestimmungen der Bauordnungen die Zulassung einer Nebenbestimmung nach § 36 Abs. 1 Alt. 1 VwVfG zu sehen. Tatsächlich geht Art. 36 Abs. 1 Alt. 1 VwVfG vor dem Hintergrund des Art. 14 GG ebenso ins Leere wie die Bestimmungen in den Bauordnungen zu den Nebenbestimmungen selbst. Bei der Erteilung der Baugenehmigung muss sich eine Nebenbestimmung immer daran messen lassen, ob sie **erforderlich** ist, um die **Genehmigungsfähigkeit des Vorhabens** herzustellen. Dies entspricht der Regelung in § 36 Abs. 1 Alt. 2 VwVfG. Die spezialgesetzlichen Bestimmungen haben nur Bedeutung bei der **Angabe des richtigen Gesetzeszitats**. 40

b) Zulässigkeit von Nebenbestimmungen für Ermessensentscheidungen

41 Wie oben ausgeführt, gibt es im Umfeld der Baugenehmigung Ermessensentscheidungen. Hier ist die Bauaufsichtsbehörde sehr frei in der Zulassung von Nebenbestimmungen (III 3). Die Grenzen hierfür werden lediglich durch die pflichtgemäße Ermessensausübung (**Willkürverbot**) vorgegeben und durch § 36 Abs. 3 VwVfG, wonach die Nebenbestimmungen nicht dem Zweck des Verwaltungsakts zuwiderlaufen dürfen (**Sachbezogenheit**). Auf diese Weise findet der Grundsatz der Verhältnismäßigkeit Einfluss in den Erlass der Nebenbestimmungen.

Beispiele für zulässige Nebenbestimmungen:
- Überobligationsmäßiger Brandschutz bei Abweichung von Abstandsflächen
- Spezielle Betriebszeitbestimmung bei ausnahmsweiser Zulassung eines emittierenden Betriebs im Mischgebiet

c) Anfechtbarkeit von Nebenbestimmungen

42 Soweit die Nebenbestimmung vom übrigen Verwaltungsakt **abgetrennt** werden kann, ohne dass der Inhalt der Baugenehmigung verändert wird, kann sie auch selbständig angefochten werden, d. h. der Bauherr kann im Wege der **Anfechtungsklage** isoliert die Aufhebung der Nebenbestimmung verlangen.[18] Eine solch selbständige Anfechtung kommt in der Praxis nur bei der (echten) **Auflage** oder dem (echten) **Auflagenvorbehalt** in Betracht. **Befristung, Bedingung oder Widerrufsvorbehalt** sind dagegen untrennbar mit dem **Verwaltungsakt verbunden** (Beginn bzw. Erlöschen der Rechtswirkungen des Verwaltungsakts) und können daher nicht selbständig angefochten werden. Hier muss der Bauherr eine **Verpflichtungsklage** (genau: Versagungsgegenklage) mit dem Ziel erheben, die Baugenehmigung wie beantragt zu erhalten.[19] Diese Differenzierung hat in der Praxis jedoch eher geringe Bedeutung. Die Sachurteilsvoraussetzungen von Anfechtungs- und Verpflichtungsklage sind dieselben und die Klageschrift im Verwaltungsprozess schreibt nicht zwingend eine bestimmte Antragstellung vor (vgl. § 82 Abs. 1 Satz 2 VwGO). Es genügt vielmehr, das Rechtsschutzziel in der Klageschrift darzulegen. Nach § 86 Abs. 3 VwGO hat das Gericht zudem auf eine sachdienliche Antragstellung hinzuwirken, so dass ein eventuell unrichtiger Klageantrag nachträglich korrigiert werden kann.

d) Durchsetzung von Nebenbestimmungen

43 Hier muss aus Rechtsgründen unterschieden werden, ob und inwieweit eine Nebenbestimmung und der Verwaltungsakt im Übrigen **abtrennbar** sind. Bei der abtrennbaren **Auflage** oder dem **Auflagenvorbehalt** kann die Nebenbestimmung durch die Bauaufsichtsbehörde selbstständig mit **Zwangsmitteln** (z. B. Zwangsgeld, Ersatzvornahme) durchgesetzt werden. Bauaufsichtliche Maßnahmen wie Baueinstellung oder Beseitigungsanordnung sind dagegen nicht möglich, weil das Vorhaben als solches ja von der Baugenehmigung gedeckt ist. Widersetzt sich der Bauherr der Erfüllung einer Auflage, hat die Bauaufsichtsbehörde als ultima ratio die Möglichkeit, die Baugenehmigung nach § 49 Abs. 2 Nr. 2 VwVfG zu widerrufen.

44 Anders verhält es sich bei den **nicht abtrennbaren Nebenbestimmungen** (Befristung, Bedingung, Widerrufsvorbehalt): Hier ist der Bestand der Baugenehmigung als solche betroffen. Die **Rechtswirkungen der Baugenehmigung** sind untrennbar mit dem Vorhandensein der Bedingung, Befristung oder dem Widerrufsvorbehalt verbunden. Treten die Nebenbestimmungen ein, fehlt es dem Vorhaben an einer rechtswirksamen Baugenehmigung. Wird das Vorhaben dennoch ausgeführt, kann die Bauaufsichtsbehörde mit bauaufsichtlichen Maßnahmen wie **Baueinstellung** oder **Beseitigung** dagegen vorgehen.

---

[18] Klageantrag bzw. Tenor der Entscheidung: „Die Auflage Nr ... in der Baugenehmigung vom ... wird aufgehoben."

[19] Klageantrag bzw. Tenor der Entscheidung: „Der Baugenehmigungsbescheid vom ... wird insoweit aufgehoben, als sie unter einem Widerrufsvorbehalt erteilt worden ist. Der Beklagte wird verpflichtet, dem Kläger die Baugenehmigung wie am ... beantragt zu erteilen."

2. Inhaltsbestimmung

Vielfach verbirgt sich hinter einer „Auflage" in der Baugenehmigung eine sog. Inhaltsbestimmung. Inhaltsbestimmungen (auch **„modifizierende Auflagen"** genannt) sind keine selbständig durchsetzbaren, zusätzlichen Anforderungen, die die Bauaufsichtsbehörde stellt, sondern sie **verändern den Inhalt der Baugenehmigung als solche**. Sie sind also **keine Nebenbestimmungen** im rechtlichen Sinne. Eine Inhaltsbestimmung hat zur Folge, dass der Bauherr einen anderen Verwaltungsakt erhält, als er eigentlich beantragt hat (Aliud oder Minus).[20] 45

a) Abgrenzung zur Auflage

Die Abgrenzung zwischen Inhaltsbestimmung und Auflage bereitet in der Praxis oft Schwierigkeiten. Sie ist von Bedeutung, soweit es um die **Durchsetzung** der Anforderungen geht. Im Gegensatz zur echten Auflage kann die Inhaltsbestimmung nicht selbständig durchgesetzt werden. Verstößt der Bauherr gegen die Inhaltsbestimmung, so errichtet er ein anderes als das genehmigte Vorhaben. Das Vorhaben ist von Baueinstellung und Baubeseitigung bedroht. Die Inhaltsbestimmung kann wie eine Bedingung, Befristung oder ein Widerrufsvorbehalt nur zusammen mit der Baugenehmigung angefochten werden. 46

Es handelt sich um eine **echte Auflage**, wenn das Vorhaben auch dann noch sinnvoll ausgeführt werden kann, wenn man auf die zusätzliche Anforderung verzichtet.

Beispiel:
„Die Nordfassade ist mit Spalierbäumen zu bepflanzen": Auflage, da ohne Erfüllung der Auflage das Vorhaben ausgeführt werden kann.

Um eine **Inhaltsbestimmung** handelt es sich dagegen, wenn die Ausführung des Vorhabens ohne Einhaltung der Anforderung der Bauaufsichtsbehörde unmöglich oder inhaltlich sinnlos wird.

Beispiele:
„Der Baukörper ist um 3 m nach Norden zu verschieben": Inhaltsbestimmung, da die Ausführung des Vorhabens ohne Einhaltung der Anforderung unmöglich ist. Der ursprünglich beantragte Standort ist nicht Inhalt der Baugenehmigung.

„Das Dach ist mit naturroten Ziegeln einzudecken": Inhaltsbestimmung, da ohne die Erfüllung der Anforderung das Vorhaben ohne Dacheindeckung bleiben würde. Die Ausführung des Vorhabens ohne Dach wäre inhaltlich sinnlos.

b) Zulässigkeit von Inhaltsbestimmungen

Für Inhaltsbestimmungen gelten dieselben Zulässigkeitsvoraussetzungen wie für Nebenbestimmungen. Ein zusätzliches rechtliches Problem beseht allerdings, dass die Inhaltsbestimmung dem Bauherren etwas anderes gewährt als beantragt. Eine Baugenehmigung ist als **antragsgebundener Verwaltungsakt** jedoch rechtswidrig, wenn ihr kein Bauantrag zugrunde liegt. Im Falle der Inhaltsbestimmung wird das Problem so gelöst, dass dem Bauherren ein entsprechender **mutmaßlicher Wille** unterstellt und der Bauantrag so ausgelegt wird, dass er auch noch **Abweichungen erfasst**, die dazu dienen, das **Vorhaben genehmigungsfähig** zu machen. Allerdings besteht im Einzelfall die Gefahr, dass diese Auslegungsgrenze überschritten wird und dem Bauherren mit der Erteilung der Genehmigung in der modifizierten Form nicht mehr gedient ist. 47

Beispiel:
Der Bauherr hat die Errichtung eines Dreifamilienhauses beantragt. Die Bauaufsichtsbehörde reduziert die Baumasse und beschränkt die Zahl der Wohneinheiten auf zwei.

---

[20] *Boeddinghaus/Hahn/Schulte* (Fn. 15) § 75 Rn. 124.

Wo die **Grenze** zwischen der zulässigen Modifizierung des Bauantrags und der vom Antrag nicht mehr gedeckten inhaltlichen Veränderung verläuft, ist anhand des jeweiligen **Einzelfalles** zu bestimmen. In der Praxis tut die Bauaufsichtsbehörde gut daran, den Bauherren über beabsichtigte Modifizierungen vorher zu informieren.

3. Privatrechtliche Sicherung der Voraussetzungen für die Erteilung der Baugenehmigung

48 Privatrechtliche Rechtsinstitute können dazu dienen, die Rechtmäßigkeit der Baugenehmigung herzustellen.

Beispiele:
- Übernahme von Abstandsflächen auf ein Nachbargrundstück
- Geh- und Fahrtrecht zur Erschließung des Grundstücks
- Einräumung einer Dienstbarkeit zur Sicherstellung der Privilegierung nach § 35 Abs. 1 Nr. 1 BauGB

Privatrechtlich erfolgt die Sicherung über **Dienstbarkeiten** nach §§ 1018 ff. BGB. Hierbei ist zu beachten, dass die Dienstbarkeit nicht nur zugunsten des jeweiligen Eigentümers des Baugrundstücks bestellt werden muss, sondern auch zugunsten des **Rechtsträgers der Baugenehmigungsbehörde**. Andernfalls könnten die beiden Eigentümer jederzeit die Aufhebung der Dienstbarkeit vereinbaren und so materiell baurechtswidrige Zustände schaffen. Damit die Dienstbarkeit Rechtswirkungen für die Baugenehmigung entfalten kann, muss diese **Eingang in die Baugenehmigung** finden. Üblicherweise wird die Baugenehmigung mit einer entsprechenden **Bedingung** oder **Auflage** versehen.

Beispiel:

„Die Baugenehmigung steht unter der Bedingung, dass für die Übernahme der Abstandsfläche auf dem Grundstück FlNr. ... eine Dienstbarkeit zugunsten des jeweiligen Eigentümers des Baugrundstücks sowie zugunsten des Landes X beigebracht wird." (Bedingung)

oder

„Für die Übernahme der Abstandsfläche auf dem Grundstück FlNr. ... ist eine Dienstbarkeit zugunsten des jeweiligen Eigentümers des Baugrundstücks sowie zugunsten des Landes X beizubringen." (Auflage)

4. Baulast

Eine Möglichkeit der öffentlich-rechtlichen Sicherung bietet hier die Baulast. Näheres siehe 17. Kapitel.

V. Rechtspflichten aus der Baugenehmigung

1. Ausführung des Vorhabens

49 Aus der Eigentumsfreiheit folgt das Recht, ein Grundstück bebauen zu dürfen, und auch das **Recht**, das **Grundstück von einer Bebauung freizuhalten**. Da die Baugenehmigung lediglich vom präventiven Bauverbot befreit, besteht **grundsätzlich keine Pflicht**, das genehmigte **Vorhaben auszuführen**. Der Bauherr muss von der ihm erteilten Genehmigung keinen Gebrauch machen.[21] Etwas anderes kann sich aus dem Baugebot des § 176 BauGB, dem Modernisierungs- und Instandsetzungsgebot aus § 177 oder dem Rückbau- und Entsiegelungsgebot des § 179 BauGB ergeben. Auch aus öffentlich-rechtlichen Verträgen können sich **Baugebote** ergeben. Partielle Baugebote können im Einzelfall aus Nebenbestimmungen folgen.

[21] Statt vieler: BVerwG vom 11. 5. 1989 NVwZ 1989, 1163.

Beispiel:
Eine denkmalgeschützte Ansiedlung ist dadurch geprägt, dass den Wohnhäusern kleine Schuppen zugeordnet sind. Um den Charakter des Ensembles zu erhalten, kann als Auflage gefordert werden, im Zuge der Neubebauung des Grundstücks auch einen solchen Schuppen zu errichten, selbst wenn der Bauherr dies nicht beantragt hat.

2. Einhaltung von Nebenbestimmungen

Die Baugenehmigung ist üblicherweise nicht nur ein begünstigender Verwaltungsakt, 50 sondern sie kann auch den Bauherren belasten, indem sie mit Nebenbestimmungen versehen werden kann. Macht der Bauherr von der Genehmigung Gebrauch, ist er auch **verpflichtet**, die **Nebenbestimmungen einzuhalten**. Insoweit ist die Baugenehmigung auch gegenüber dem Bauherren ein nicht nur begünstigender Verwaltungsakt.

3. Kosten

Die Kostengesetze und Kostenverzeichnisse der Länder regeln, dass die Erteilung der 51 Baugenehmigung kostenpflichtig ist. Erhoben werden üblicherweise **Gebühren** für das Genehmigungsverfahren (üblicherweise eine Wertgebühr, die sich an den Baukosten bemisst) sowie **Auslagen** z. B. für die Fertigung von Planablichtungen oder für die Prüfung der bautechnischen Nachweise durch Sachverständige.

VI. Wirksamkeit der Baugenehmigung

1. Bekanntgabe

Wie jeder Verwaltungsakt wird die Baugenehmigung mit ihrer Bekanntgabe wirksam 52 (vgl. § 43 Abs. 1 Satz 1 VwVfG). Einige Länder verlangen für die Wirksamkeit der Baugenehmigung gegenüber dem **Bauherren** eine besondere Form der Bekanntgabe, die Zustellung.[22] Wie die **Zustellung** zu erfolgen hat, richtet sich nach den jeweiligen Bestimmungen des Landesrechts über die Zustellung von Verwaltungsakten. Die Bekanntgabe der Baugenehmigung ist Voraussetzung für den Baubeginn. Von der Bekanntgabe gegenüber dem Bauherren zu unterscheiden ist die Bekanntgabe gegenüber **Nachbarn**, gegenüber der **Gemeinde** oder gegenüber **sonstigen öffentlichen Stellen**. Die Bauordnungen der Länder regeln überwiegend, dass die Baugenehmigung den Nachbarn zuzustellen ist, die Einwendungen gegen die Baugenehmigung erhoben haben, soweit diesen Einwendungen nicht in der Baugenehmigung Rechnung getragen ist. Durch die Zustellung der Baugenehmigung erhält der **Nachbar** Kenntnis vom Vorhaben und kann ggf. Widerspruch dagegen einlegen. Aus Gründen der **Rechtssicherheit**, um den Zeitpunkt der Bekanntgabe und damit den Beginn der Rechtsbehelfsfrist nachweisen zu können, verlangen die Bauordnungen hier regelmäßig eine **förmliche Zustellung**. Die Baugenehmigung ist auch gegenüber der **Gemeinde** bekannt zu geben, wenn diese nicht selbst Bauaufsichtsbehörde ist. Diese Bekanntgabe soll zum einen dazu dienen, dass die Gemeinde selbst **Rechtsmittel** gegen die Baugenehmigung einlegen kann, wenn sie ihr Einvernehmen verweigert oder sonst durch die Baugenehmigung in eigenen Rechten verletzt ist. Zum anderen soll die Gemeinde **Kenntnis von der Bautätigkeit** haben, z. B. um Beiträge für den Anschluss an die Ver- und Entsorgungsanlagen neu festsetzen zu können. Einige Bauordnungen regeln zudem die Bekanntgabe gegenüber **Fachbehörden**, um diesen zu ermöglichen, von Überwachungsaufgaben Gebrauch zu machen (z. B. Gewerbeaufsichtsämter beim Bau von Arbeitsstätten).

---

[22] Jeweils Nr. 5 a) in der Tabelle VIII.

2. Sofortvollzug

53 Nach § 80 Abs. 1 VwGO entfalten (Anfechtungs-)Widerspruch und Anfechtungsklage aufschiebende Wirkung. Das bedeutet, dass von einem begünstigenden Verwaltungsakt während eines laufenden Rechtsschutzverfahren nicht Gebrauch gemacht werden kann. Erhebt ein **Dritter**, also ein Nachbar oder auch die Gemeinde Widerspruch bzw. Anfechtungsklage, so trifft § 212 a Abs. 1 BauGB eine Sonderregelung im Sinn von § 80 Abs. 2 Nr. 3 VwGO. Die **aufschiebende Wirkung entfällt** in diesen Fällen. Die Baugenehmigung ist sofort vollziehbar. Will der Dritte den **Baubeginn stoppen**, so muss er nach § 80 a Abs. 1 Nr. 2 VwGO die **Aussetzung der sofortigen Vollziehung beantragen**. Diesen Antrag kann er bei der Behörde (§ 80 Abs. 2 Nr. 4 VwGO) oder – was in der Praxis üblich ist – nach § 80 Abs. 5 VwGO unmittelbar beim Verwaltungsgericht stellen.

54 Etwas anderes gilt in den Fällen, in denen der **Bauherr** selbst eine **Versagungsgegenklage** (bzw. den entsprechenden Widerspruch) gegen die Erteilung der Baugenehmigung erhebt, weil er sich gegen Bedingungen, Befristungen oder Inhaltsbestimmungen zur Wehr setzen will. Da die Versagungsgegenklage nicht nur das Element der Verpflichtungsklage (Klage auf Erteilung des beantragten Verwaltungsakts), sondern auch das **Element der Anfechtungsklage** (gleichzeitige Aufhebung des erlassenen Verwaltungsakts) enthält, sind die **Rechtswirkungen** der Baugenehmigung nach § 80 Abs. 1 VwGO insoweit **suspendiert**. § 212 a BauGB findet **keine Anwendung**, weil hier der Bauherr selbst und nicht ein Dritter das Rechtsmittel eingelegt hat.

3. Dauer der Wirksamkeit

55 Entsprechend den allgemeinen Regeln bleibt die Baugenehmigung wirksam, solange und soweit sie nicht **zurückgenommen, widerrufen, anderweitig aufgehoben** oder durch **Zeitablauf** oder auf **andere Weise erledigt** ist (§ 43 Abs. 2 VwVfG). Da die Bauordnungen der Länder keine Sonderregelungen treffen, gelten für die Rücknahme oder den Widerruf der Baugenehmigung §§ 48, 49 VwVfG. Die Baugenehmigung ist ein den Bauherren begünstigender Verwaltungsakt, so dass **Rücknahme** und **Widerruf** nur **eingeschränkt** möglich sind.

a) Rücknahme, § 48 VwVfG

56 Die Rücknahme nach § 48 VwVfG kommt nur in Betracht, wenn die Baugenehmigung **von Anfang an rechtswidrig** erteilt worden ist. Erweist sie sich nachträglich als rechtswidrig (z. B. wegen Erlass eines neuen Bebauungsplans), so ist dies ein Fall des Widerrufs nach § 49 VwVfG. Bei der Rücknahme sind gem. § 48 Abs. 1 Satz 2 VwVfG die Absätze 3 und 4 zu beachten. Die Rücknahme steht im pflichtgemäßen **Ermessen** der Behörde. Sie hat in ihre Ermessensabwägung sowohl die Auswirkungen der Rechtswidrigkeit des Verwaltungsakts als auch die Interessen des Betroffenen einzustellen. Auch die Höhe einer zu gewährenden Entschädigung kann die Entscheidung der Behörde beeinflussen.

57 Nach § 48 Abs. 3 VwVfG hat die Behörde dem Bauherren auf seinen Antrag hin den **Vermögensnachteil auszugleichen**, den dieser dadurch erleidet, dass er auf den Bestand der Baugenehmigung vertraut hat. Der Bauherr kann insbesondere **nutzlose Aufwendungen** geltend machen wie die Baukosten für das errichtete Gebäude oder die Kosten für die Ausführungsplanung (nicht Bauvorlagen-Planung). Nicht geltend manchen kann er den entgangenen Gewinn (z. B. Veräußerungsgewinn des bebauten Grundstücks). Soweit sich seine Aufwendungen bereits amortisiert haben (Abschreibung auf das Gebäude), muss er sich dies auf seinen Entschädigungsanspruch anrechnen lassen.[23] Einen Anspruch

[23] *Kopp/Ramsauer* (Fn. 4) § 48 Rn. 128.

auf den Ausgleich des Vermögensnachteils hat der Betroffene nur, wenn sein **Vertrauen** in den Bestand des Verwaltungsakts **schutzwürdig** ist. An dieser Schutzwürdigkeit fehlt es, wenn der Bauherr den Verwaltungsakt durch arglistige Täuschung, Drohung, Bestechung oder wesentlich unrichtige Angaben erwirkt hat oder er die Rechtswidrigkeit des Verwaltungsakts kannte bzw. sie infolge grober Fahrlässigkeit nicht kannte (§ 48 Abs. 2 Satz 2 VwVfG).

Die Behörde muss bei der Rücknahme zudem die **Ausschlussfrist** des § 48 Abs. 4 58 VwVfG beachten. Eine Rücknahme ist nur möglich **innerhalb eines Jahres** ab **Kenntnis von den Tatsachen**, die die Rücknahme rechtfertigen. Entgegen dem Wortlaut kann die Kenntnis schon vor Erlass des Verwaltungsakts vorgelegen haben.[24] Eine Rücknahme ist also auch dann möglich, wenn die Behörde bewusst eine rechtswidrige Baugenehmigung erteilt hat. Weiter ist erforderlich, dass die Behörde **positive** Kenntnis von der Rechtswidrigkeit des Verwaltungsakts hat. Es genügt nicht, dass sie bei entsprechend sorgfältiger Sachbehandlung diese Kenntnis hätte haben können. Im Übrigen reicht die bloße Kenntnis der Tatsache allein nicht aus, sondern die Behörde muss zudem die fehlerhafte Rechtsanwendung erkannt haben.[25]

b) Widerruf, § 49 VwVfG

Der Widerruf einer Baugenehmigung ist nur unter den sehr engen Voraussetzungen 59 des § 49 Abs. 2 VwVfG möglich. Der in der Praxis häufigste Fall ist der Fall des § 49 Abs. 2 Satz 1 Nr. 1 VwVfG, wenn der Widerruf durch Rechtsvorschrift bzw. – der weit häufigere Fall – durch den Verwaltungsakt selbst zugelassen worden ist (**Widerrufsvorbehalt**, § 36 Abs. 2 Nr. 3 VwVfG). Ebenfalls praxisrelevant ist der Widerruf als Ultima Ratio im Fall der **Nichterfüllung von Auflagen** (§ 49 Abs. 2 Satz 2 Nr. 2 VwVfG). Ein Widerruf nach § 49 Abs. 2 Satz 1 Nr. 3 VwVfG wegen **nachträglich eingetretener Tatsachen** (z. B. Heranrücken von Wohnbebauung an einen emittierenden Betrieb) kommt im Falle der Baugenehmigung **nicht** in Betracht. Nach herrschender Meinung ist § 49 Abs. 2 Satz 1 Nr. 3 VwVfG auf die Baugenehmigung nicht anwendbar.[26] Andernfalls würde der **Bestandsschutz** weitgehend ausgehöhlt werden. Bestandsschutz bedeutet nämlich Schutz des Baukörpers als solchen. Die Umwandlung in einen Entschädigungsanspruch nach § 49 Abs. 6 VwVfG wird dem nicht gerecht. **Gleiches** gilt für den Widerruf auf Grund **nachträglicher Rechtsänderungen** nach § 49 Abs. 2 Satz 1 Nr. 4 VwVfG (z. B. nachträglich erlassener Bebauungsplan). Hinzu kommt, dass ein Widerruf in diesen Fällen bereits dann ausscheidet, wenn der Bauherr von der Baugenehmigung Gebrauch gemacht, also das Vorhaben ausgeführt hat. Wenig praktische Anwendung hat der Widerruf um **schwere Nachteile** für das Gemeinwohl zu verhüten oder zu beseitigen (§ 49 Abs. 2 Satz 1 Nr. 5 VwVfG). Dies erfordert das Vorliegen einer außergewöhnlichen Situation wie einer Katastrophe oder eines Notstandes. Denkbar wäre z. B. der Widerruf einer Baugenehmigung für eine Aufschüttung, die den Hochwasserabfluss behindert, wodurch besiedeltes Gebiet massiv bedroht ist.

Eine **Entschädigungspflicht** wird nur durch den Widerruf auf Grund von § 49 Abs. 2 60 Satz 1 Nr. 5 VwVfG ausgelöst, nicht jedoch durch den Widerruf auf Grund von § 49 Abs. 2 Satz 1 Nr. 1 oder 2 VwVfG. Im Falle des **Widerrufsvorbehalts** oder der **Nichterfüllung von Auflagen** kennt der Begünstigte die Voraussetzungen, die zu einem Erlöschen der Genehmigung führen können bzw. der Widerruf liegt in der Sphäre des Begünstigten begründet, so dass die Gewährung einer Entschädigung unbillig wäre. Auch im Falle des Widerrufs gilt die **Ausschlussfrist** von einem Jahr (§ 49 Abs. 2 Satz 2 i.V. m. § 48 Abs. 4 VwVfG).

---

24 BVerwG vom 25. 6. 1982 NVwZ 1983, 29 = BVerwGE 66, 61.
25 BVerwG vom 19. 12. 1984 BVerwGE 70, 356.
26 *Kopp/Ramsauer* (Fn. 4) § 49 Rn. 42.

c) Rücknahme und Widerruf im Rechtsbehelfsverfahren, § 50 VwVfG

61 Im laufenden **Rechtsbehelfsverfahren**, wenn also ein **Dritter** wie der Nachbar oder die Gemeinde gegen die Baugenehmigung Widerspruch oder Anfechtungsklage erhoben hat, sind Rücknahme und Widerruf unter **erleichterten Voraussetzungen** möglich. Es gelten insbesondere nicht die Einhaltung der Jahresfrist, die Regeln über die Entschädigungspflicht sowie der abschließende Katalog der Widerrufsgründe in § 49 Abs. 2 VwVfG. Im Ergebnis ist die Baugenehmigung hier **frei rücknehmbar bzw. widerruflich**. Grund hierfür ist, dass sich das Vertrauen in den Bestand der Baugenehmigung noch nicht verfestigt hat. Der Bestandsschutz ist noch nicht eingetreten, auch wenn der Bauherr von der Baugenehmigung wegen des Sofortvollzugs nach § 212 a BauGB bereits Gebrauch gemacht hat. Der Baubeginn auf Grund einer noch nicht unanfechtbaren Baugenehmigung bedeutet stets ein Risiko für den Bauherren.

62 Der Widerruf oder die Rücknahme müssen dazu dienen, dem **Rechtsbehelf abzuhelfen**. Das bedeutet, dass die Einlegung eines Rechtsbehelfs allein nicht diese erweiterten Rechte der Bauaufsichtsbehörde begründet. Der Rechtsbehelf darf **nicht unzulässig** und auch **nicht offensichtlich unbegründet** sein.[27] Hieran zeigt sich, dass der Bestandsschutz erst mit der Unanfechtbarkeit der Baugenehmigung zum Tragen kommt. Auch wenn sich der Rechtsbehelf nach eingehender Prüfung und Beweisaufnahme als unbegründet erweisen sollte, ist die Baugenehmigung dennoch von einem entschädigungslosen Widerruf oder einer entschädigungslosen Rücknahme bedroht.

d) Zusammenfassung: Rücknahme und Widerruf

63

Grundtatbestand	Zusätzliche Anforderungen	Rechtsfolge	Situation im Rechtsbehelfsverfahren (§ 50 VwVfG)	Rechtsfolge im Rechtsbehelfsverfahren
Rücknahme einer von Anfang an rechtswidrigen Baugenehmigung (§ 48 I VwVfG)	Jahresfrist	Rücknahme möglich (entschädigungspflichtig)	Einhaltung der Jahresfrist nicht erforderlich	Rücknahme möglich (entschädigungslos)
Widerruf durch Rechtsvorschrift vorbehalten (§ 49 II 1 Nr. 1 VwVfG)	Jahresfrist	Widerruf möglich (entschädigungslos)	Einhaltung der Jahresfrist nicht erforderlich	Widerruf möglich (entschädigungslos)
Widerruf wegen Nichterfüllung von Auflagen (§ 49 II 1 Nr. 1 VwVfG)	Ultima Ratio: Durchsetzung der Auflagenerfüllung durch Zwangsmittel hat versagt Jahresfrist	Widerruf möglich (entschädigungslos)	Widerruf muss nicht Ultima Ratio sein (weiterer Ermessensspielraum) Einhaltung der Jahresfrist nicht erforderlich	Widerruf möglich (entschädigungslos)
Rechtswidrigkeit auf Grund nachträglich eingetretener Tatsachen (§ 49 II 1 Nr. 3 VwVfG) **Beispiel:** Heranrückende Wohnbebauung an emittierendes Vorhaben im Außenbereich	–	Widerruf nicht möglich (Bestandsschutz)	Bestandsschutz noch nicht eingetreten Einhaltung der Jahresfrist nicht erforderlich	Widerruf möglich (entschädigungslos)

[27] BVerwG vom 18. 5. 1982 NVwZ 1983, 32 = BVerwGE 65, 313/321.

Grundtatbestand	Zusätzliche Anforderungen	Rechtsfolge	Situation im Rechtsbehelfsverfahren (§ 50 VwVfG)	Rechtsfolge im Rechtsbehelfsverfahren
Rechtswidrigkeit auf Grund nachträglich eingetretener Rechtsänderungen (§ 49 II 1 Nr. 4 VwVfG) **Beispiel:** Nachträglich erlassener Bebauungsplan schließt Vorhaben aus	–	Widerruf nicht möglich (Bestandsschutz) Bei bereits ausgeführtem Vorhaben: Widerruf schon nach § 49 II 1 Nr. 4 Alt. 1 VwVfG unzulässig	Bestandsschutz noch nicht eingetreten Einhaltung der Jahresfrist nicht erforderlich	Widerruf möglich (entschädigungslos)
Verhütung oder Beseitigung schwerer Nachteile für das Gemeinwohl (§ 49 II 1 Nr. 5 VwVfG) **Beispiel:** Genehmigte Aufschüttung verhindert Hochwasserabfluss, Gefährdung besiedelter Gebiete	Jahresfrist Besondere Interessenabwägung	Widerruf möglich (entschädigungspflichtig)	Bestandsschutz noch nicht eingetreten Einhaltung der Jahresfrist nicht erforderlich	Widerruf möglich (entschädigungslos)

e) Zeitablauf

Solange das Vorhaben noch nicht errichtet ist, erlöschen Baugenehmigungen nach Ablauf einer bestimmten Frist. 64

MBO/LBO	Erlöschensfrist, wenn nach Erteilung der Baugenehmigung davon kein Gebrauch gemacht wurde	Erlöschen nach Unterbrechung der Bauarbeiten	Verlängerung um jeweils bis zu ...
MBO 2002 § 73	3 Jahre	mehr als 1 Jahr	1 Jahr
BW § 62	3 Jahre	3 Jahre	3 Jahre
Bay Art. 77	4 Jahre	4 Jahre	2 Jahre
Bln § 64	3 Jahre	1 Jahr	1 Jahr
Bbg § 69	4 Jahre	Kein Erlöschen, wenn innerhalb der Geltungsdauer begonnen und innerhalb eines Jahres nach Geltungsfrist fertig gestellt	2 Jahre (einmalig)
Brem § 76	3 Jahre	1 Jahr	3 Jahre
Hamb § 71 II	3 Jahre	mehr als 1 Jahr	1 Jahr
Hess § 64 VII	3 Jahre	1 Jahr	2 Jahre

MBO/LBO	Erlöschensfrist, wenn nach Erteilung der Baugenehmigung davon kein Gebrauch gemacht wurde	Erlöschen nach Unterbrechung der Bauarbeiten	Verlängerung um jeweils bis zu ...
M-V § 74	3 Jahre	1 Jahr	1 Jahr
Nds § 77	3 Jahre	3 Jahre	3 Jahre
NRW § 77	3 Jahre	1 Jahr	1 Jahr
Rh-Pf § 74	4 Jahre	4 Jahre	4 Jahre
Saar § 80	3 Jahre	1 Jahr	1 Jahr, längstens jedoch 3 Jahre
Sachs § 72	3 Jahre	mehr als 2 Jahre	2 Jahre
Sachs-Anh § 79	3 Jahre	1 Jahr	1 Jahr
Schl-H § 80	3 Jahre	1 Jahr	1 Jahr
Thür § 72	3 Jahre	mehr als 2 Jahre	1 Jahr

65 Auch soweit sich keine Regelung in der Bauordnung befindet, kommt die Verlängerung nur in Betracht, wenn der **Antrag vor Fristablauf bei der Bauaufsichtsbehörde** eingegangen ist. Auch wenn der Widerspruch oder die Anfechtungsklage eines Dritten nach § 212 a Abs. 1 BauGB die Vollziehbarkeit der Baugenehmigung unberührt lässt, der Bauherr also unabhängig von Widerspruch die Baugenehmigung ausnützen könnte, so wird der Lauf der Geltungsfrist durch ein solches Rechtsmittel gehemmt. Dem Bauherren wird nicht zugemutet, auf eigene Gefahr bauen zu müssen, um den Verfall der Genehmigung zu verhindern.[28] Einige Länder regeln dies ausdrücklich (Bayern, Niedersachsen, Saarland, Thüringen).

Wenn die Behörde über einen Verlängerungsantrag zu entscheiden hat, so steht ihr **derselbe Prüfungsmaßstab** zu wie bei einer Neuerteilung der Baugenehmigung. Liegen nachträgliche Versagungsgründe vor, so kann sie die Verlängerung ablehnen. Sie kann sie unter neuen Nebenbestimmungen oder mit neuen Inhaltsbestimmungen erteilen. Die Möglichkeit der Verlängerung bringt für den Bauherren lediglich verfahrensmäßige und gebührenrechtliche Erleichterungen.

f) Ausführung des Vorhabens

66 Während die **Feststellungswirkung** der Baugenehmigung dem Vorhaben **Bestandsschutz** verleiht und so lange bestehen bleibt, wie das Vorhaben selbst besteht, **erledigt** sich der **gestaltende Teil** der Baugenehmigung mit der **einmaligen Ausführung** des genehmigten Vorhabens (§ 43 Abs. 1 VwVfG, Erledigung auf andere Weise).[29] Das bedeutet, dass die einmal erteilte Baugenehmigung nicht dazu berechtigt, das Vorhaben nach Abbruch oder Zerstörung ein zweites Mal zu errichten.

---

[28] *Boeddinghaus/Hahn/Schulte* (Fn. 15) § 77 Rn. 12.
[29] *Boeddinghaus/Hahn/Schulte* (Fn. 15) § 75 Rn. 102.

VII. Prüfungsmaßstab bei der Baugenehmigung im Ländervergleich

Musterbauordnung
§§ 72, 63 MBO 2002

67

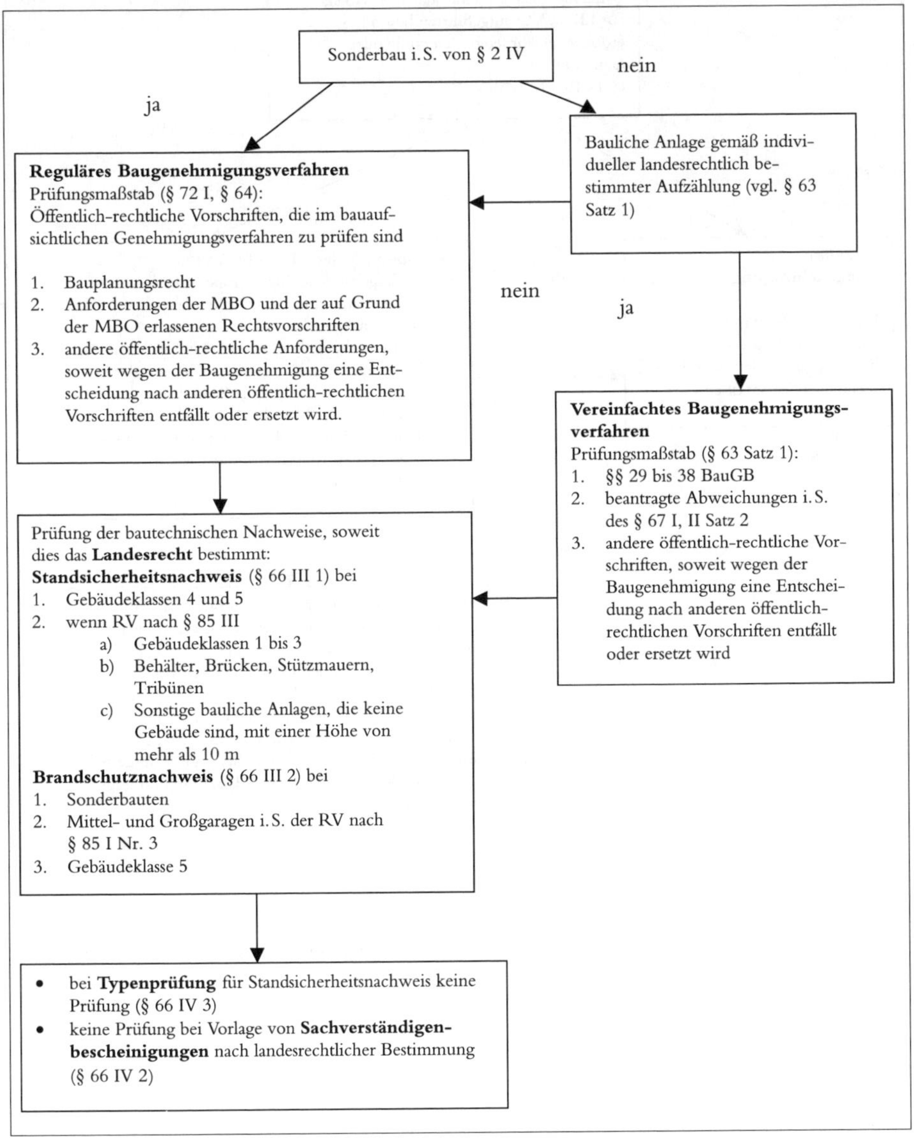

Baden-Württemberg
§ 58 LBO BW, §§ 17f. LBOVVO

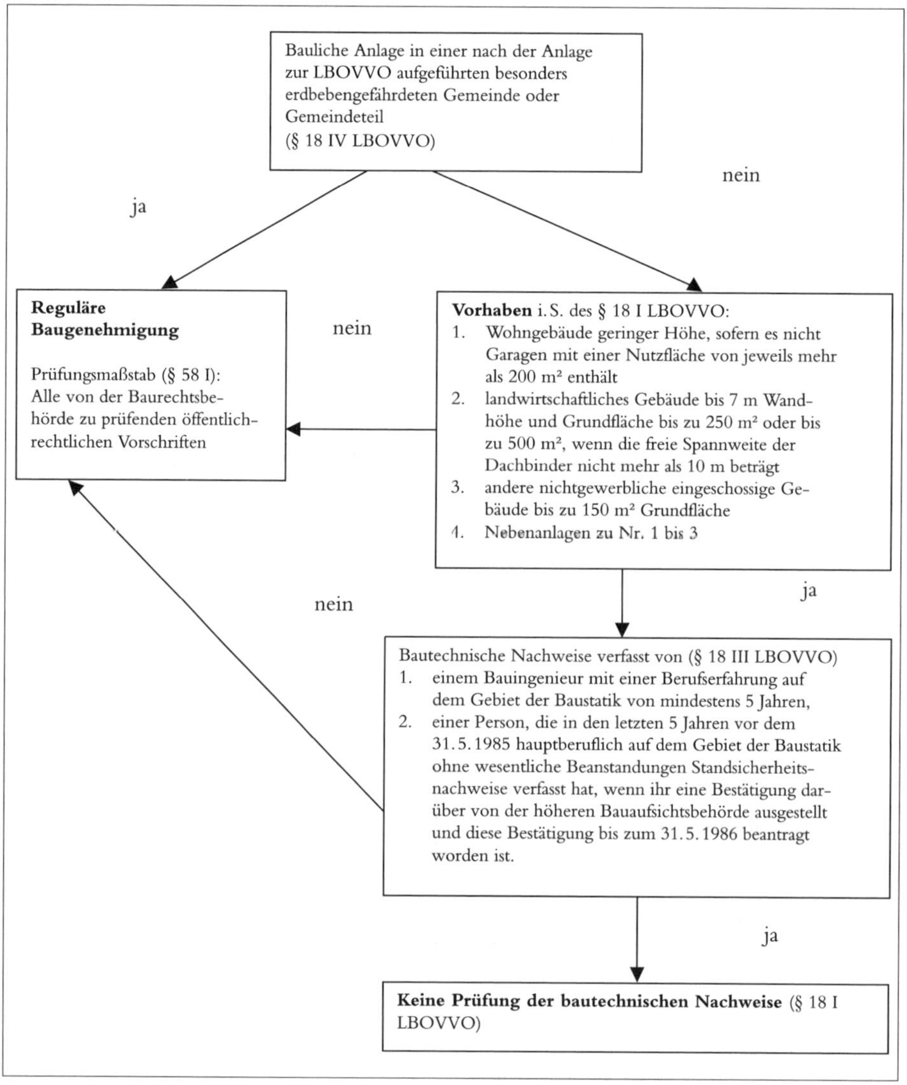

Bayern
Art. 72, 73 BayBO

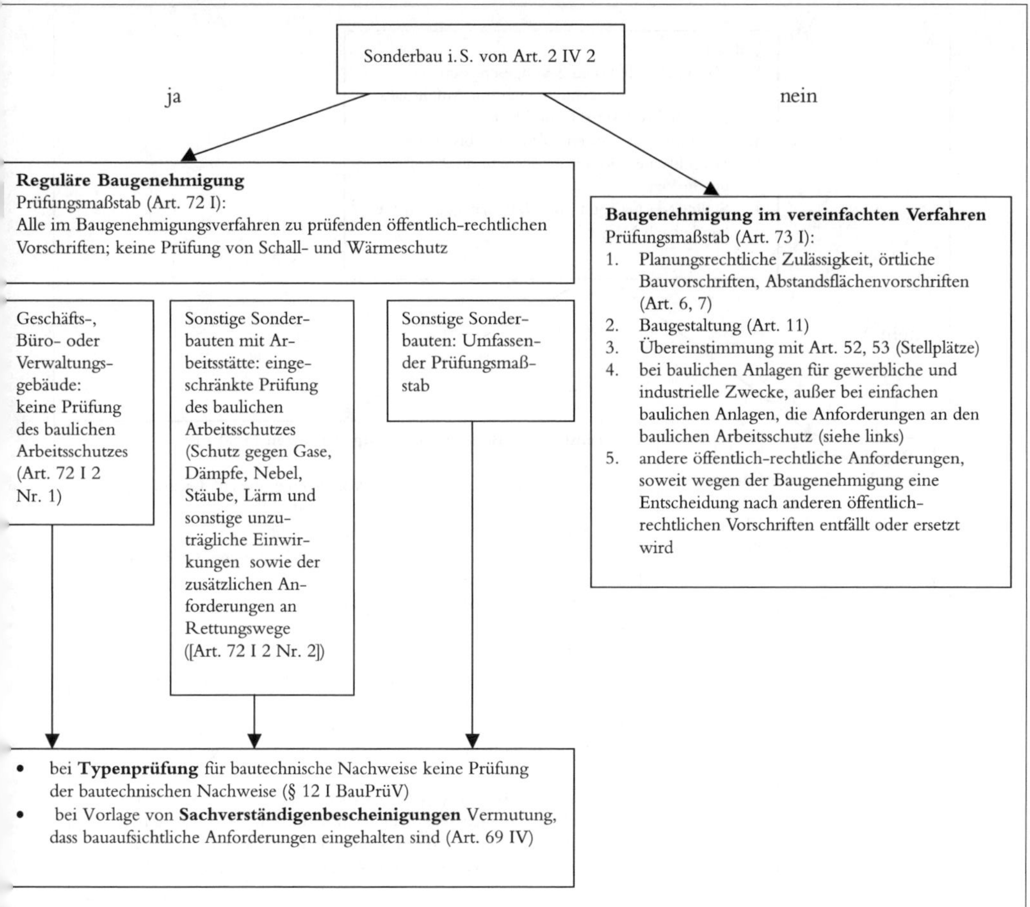

Hinweis:
Beschränkung des Prüfungsmaßstabs nach Art. 66 (Planungsrechtliche Genehmigung) hat keinen Anwendungsbereich, weil die Rechtsverordnung nach Art. 90 Abs. 10 bislang nicht erlassen wurde.

Berlin
§§ 62, 60 a BauO Bln

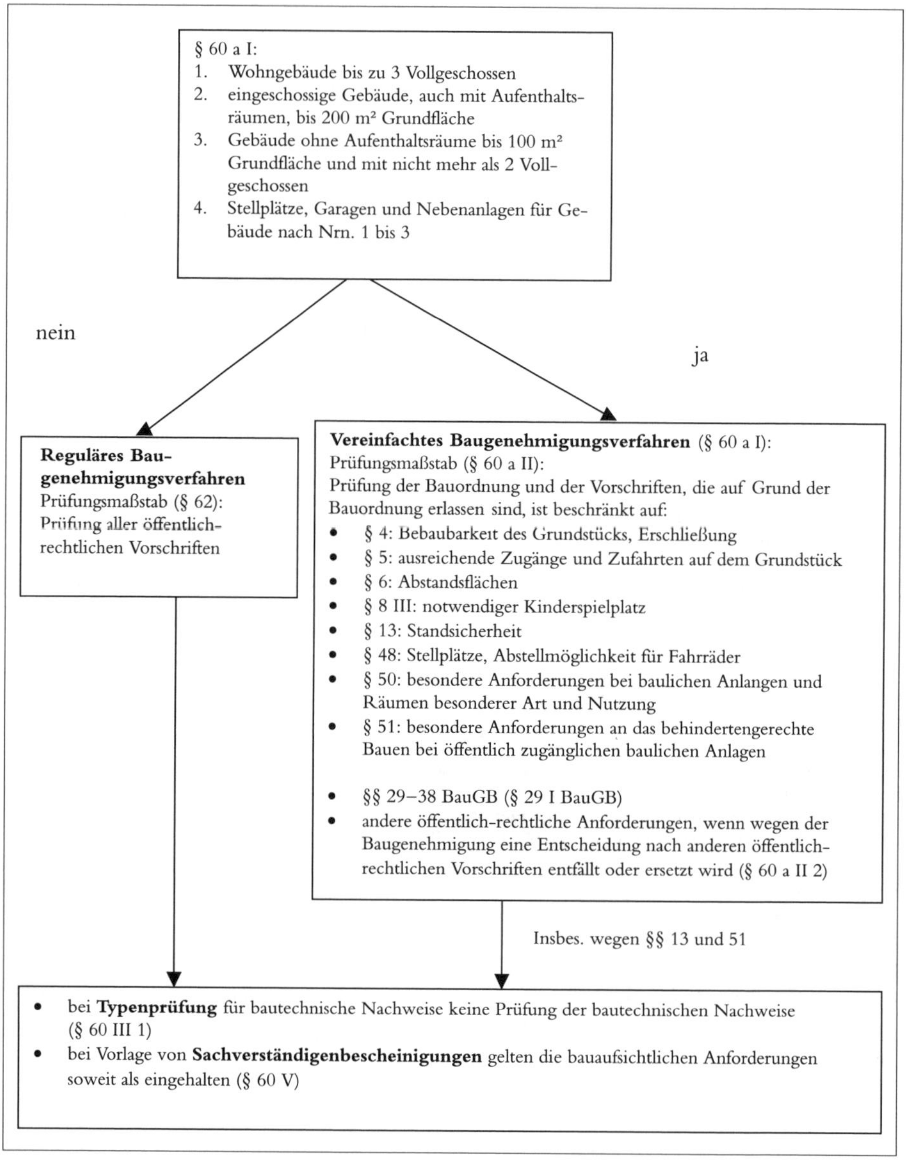

Brandenburg
§§ 74, 69 VIII, § 70 I BbgBO

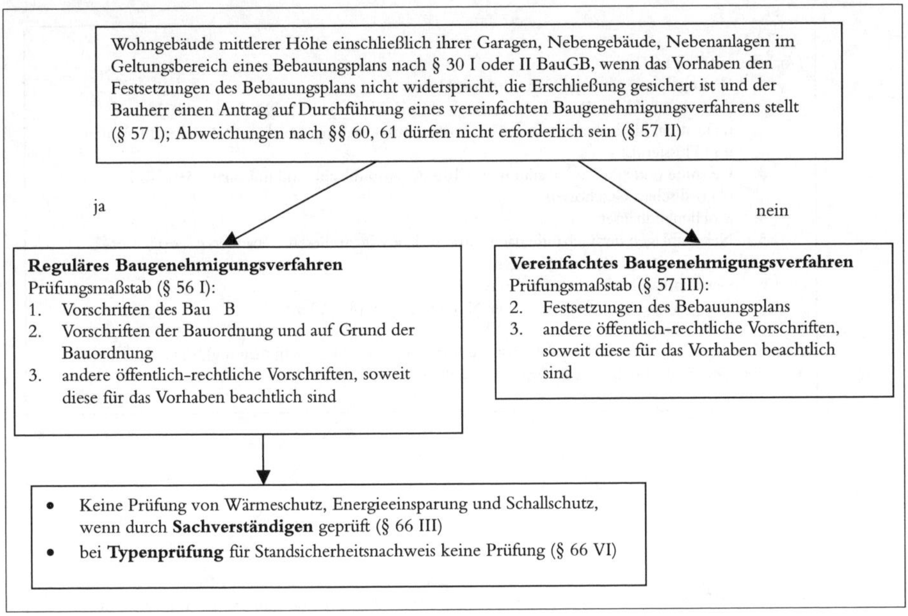

Bremen
§§ 74, 67 BremLBO

§ 67 I 1:
Vorhaben nach § 66 II:

1. Wohngebäude geringer und mittlerer Höhe
2. landwirtschaftliche Betriebsgebäude, auch mit Wohnteil bis 250 m² Grundfläche mit nicht mehr als 2 oberirdischen Geschossen, ausgenommen solche mit Anlagen für Jauche und Flüssigmist
3. Gebäude ohne Aufenthaltsräume bis 100 m² Grundfläche und mit nicht mehr als 2 oberirdischen Geschossen
4. Wochenendhäuser
5. Nebenanlagen der Gebäude nach Nrn. 1–4 sowie zu diesen Gebäuden gehörige notwendige Stellplätze und Garagen
6. Gewächshäuser bis 4 m Firsthöhe
7. Garagen und Stellplätze mit einer Nutzfläche von bis 100 m²
8. Einfriedungen

Vorhaben nach § 65 I (an sich verfahrensfreie Vorhaben) und IV (Instandhaltung), die aus Gründen des Denkmalschutzes genehmigungspflichtig sind

nein

Reguläres Baugenehmigungsverfahren
Prüfungsmaßstab (§ 74 I):
Alle öffentlich-rechtlichen Vorschriften

- bei **Typenprüfung** für bautechnische Nachweise keine Prüfung der bautechnischen Nachweise (§ 71 V 1)
- bei Vorlage von **Sachverständigenbescheinigungen** Vermutung, dass bauaufsichtliche Anforderungen eingehalten sind (§ 71 VI)

ja

Vereinfachtes Baugenehmigungsverfahren
(§ 67 II)
Prüfungsmaßstab (§ 67 II 1):

1. §§ 29–39 BauGB
2. Entscheidung über die zu beantragenden Ausnahmen und Befreiungen nach § 31 BauGB, § 72 auch von den im vereinfachten Verfahren nicht zu prüfenden Vorschriften
3. andere öffentlich-rechtliche Vorschriften, soweit wegen der Baugenehmigung eine Entscheidung nach anderen öffentlich-rechtlichen Vorschriften entfällt oder ersetzt wird

Vorhaben nach § 62 I Nr. 3 (an sich verfahrensfreie Vorhaben): nur Einhaltung des Denkmalschutzrechts (§ 67 II 3)

Hamburg
§ 69 HBauO, § 1 Hamburgisches Gesetz zur Erleichterung des Wohnungsbaus, HmbWoBauErlG

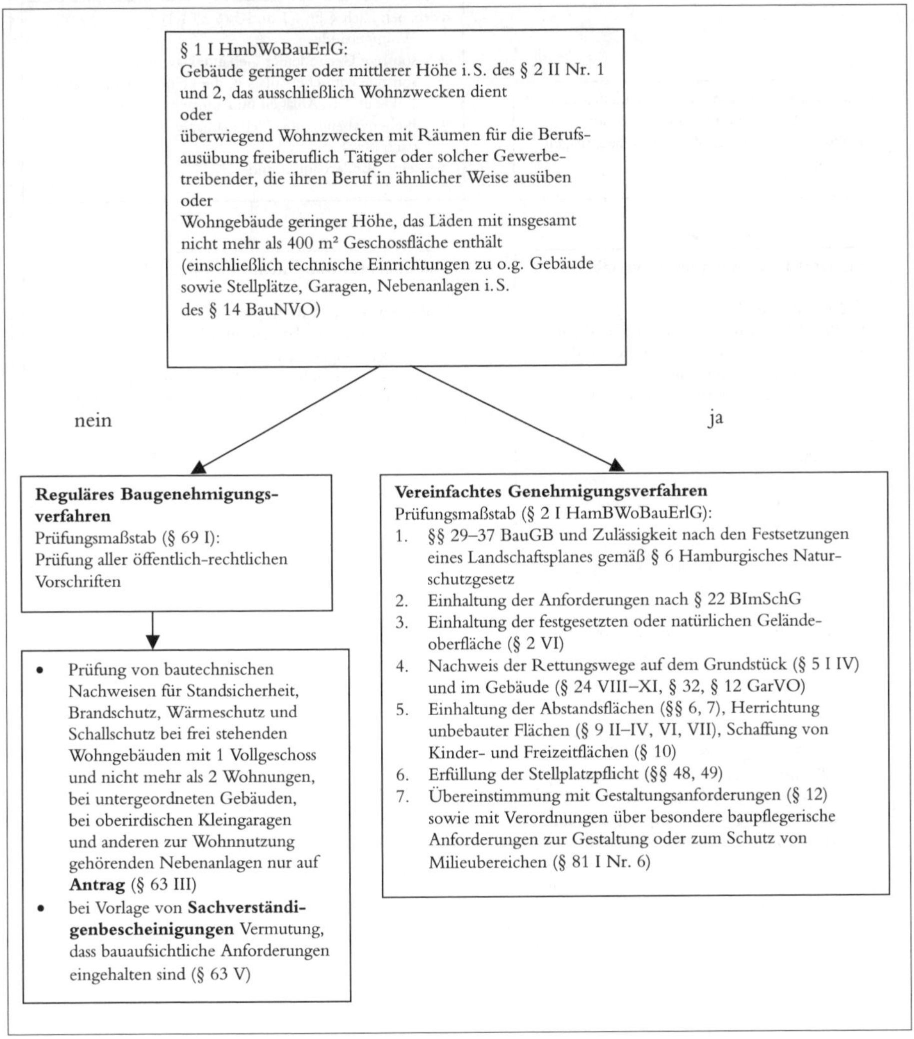

Anmerkung:
§ 63 III eröffnet die Möglichkeit, bei einfachen baulichen Anlagen auf eine fakultative Prüfung der bautechnischen Nachweise unter bestimmten Voraussetzungen zu verzichten. Durch die Einführung des vereinfachten Genehmigungsverfahrens ist diese Bestimmung weitgehend gegenstandslos. Die genannten Vorhaben unterliegen dem § 2 I HamBWoBauErlG.

Hessen
§§ 64, 57 HBO

Sonderbauten, Gebäude der Gebäudeklassen 4 und 5, die keine Wohngebäude sind, sowie zugehörige Nebengebäude und Nebenanlagen (§ 58 Satz 1)

↓

Reguläres Baugenehmigungsverfahren

Prüfungsmaßstab (§ 64 I, § 58 Satz 1):
alle öffentlich-rechtlichen Vorschriften, die im Baugenehmigungsverfahren zu prüfen sind:
1. BauGB/auf Grund BauGB
2. Vorschriften der HBO/auf Grund der HBO
3. nach anderen öffentlich-rechtlichen Vorschriften, wenn
   a) wegen der Baugenehmigung eine Entscheidung nach diesen Vorschriften entfällt
   b) nach den anderen öffentlich-rechtlichen Vorschriften kein Zulassungsverfahren vorgeschrieben ist

Keine Prüfung von Erschütterungsschutz und baulichem Arbeitsschutz (§ 58 Satz 3)

↓

- Keine Prüfung der **Nachweise** für Standsicherheit einschließlich der Feuerwiderstandsdauer tragender Bauteile, vorbeugender Brandschutz, Schall- und Wärmeschutz, Nachweis für Energieerzeugungsanlagen, wenn von dazu **berechtigten Personen aufgestellt** bzw. auf Einhaltung der Bestimmungen der BauO **geprüft** bzw. durch Sachverständige **bescheinigt** sind (Anforderungen je nach Bauwerk, § 59 I)
- bei **Typenprüfung** für bautechnische Nachweise keine Prüfung der bautechnischen Nachweise (§ 59 VII)

Vorhaben nach § 56 I 1 und 3 (§ 57 I 1):
1. Wohngebäude
2. sonstige Gebäude der Gebäudeklassen 1 bis 3
3. sonstige bauliche Anlagen, die keine Gebäude sind, sowie andere Anlagen und Einrichtungen
4. Nebengebäude und Nebenanlagen zu Vorhaben nach Nr. 1–3,

die keine Sonderbauten sind

↓

Vereinfachtes Baugenehmigungsverfahren

Prüfungsmaßstab (§ 57 I):
1. Vorschriften des Baugesetzbuchs
2. Abweichungen nach § 63
3. andere öffentlich-rechtliche Vorschriften, soweit wegen der Baugenehmigung eine Entscheidung nach diesen Vorschriften entfällt oder ersetzt wird

Mecklenburg-Vorpommern
§§ 72, 63 LBauO M-V

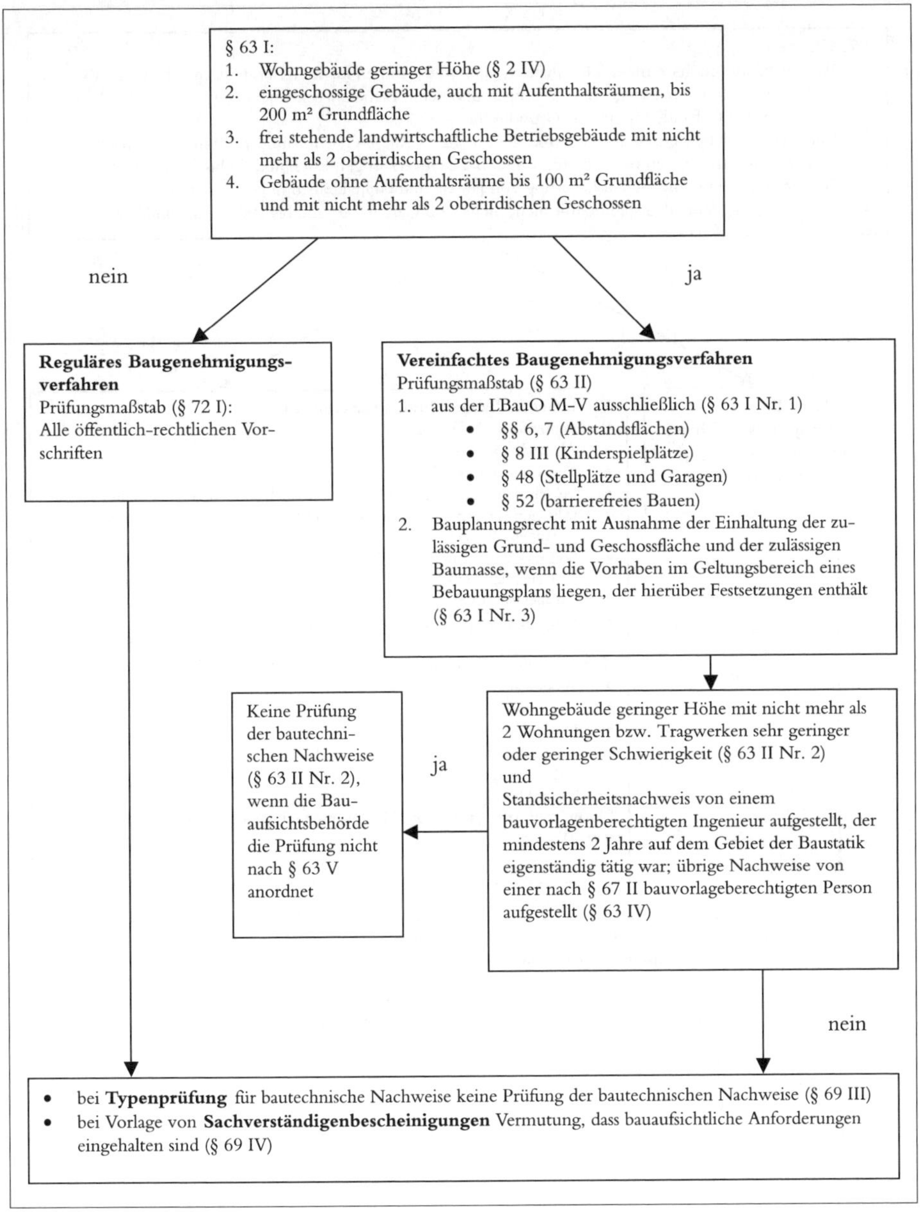

Niedersachsen
§ 75 a

§ 75 a I:
1. Wohngebäude, ausgenommen Hochhäuser, auch mit Räumen für freie Berufe nach § 13 BauNVO, wenn die Gebäude überwiegend Wohnungen und deren Nebenzwecke dienende Räume enthalten
2. eingeschossige Gebäude bis 200 m² Grundfläche
3. landwirtschaftliche Betriebsgebäude mit nicht mehr als einem Geschoss und 1000 m² Grundfläche und Dachkonstruktionen bis 6 m Stützweite, bei fachwerkartigen Dachbindern bis 30 m Stützweite; Geschosse zur ausschließlichen Lagerung von Jauche und Gülle bleiben unberücksichtigt
4. Gebäude ohne Aufenthaltsräume mit nicht mehr als 3 Geschossen und bis 100 m² Grundfläche

nein

Reguläres Baugenehmigungsverfahren
Prüfungsmaßstab (§ 75 I): öffentliches Baurecht

ja

Vereinfachtes Baugenehmigungsverfahren
Prüfungsmaßstab (§ 75 a II):
- Abstände (§§ 7–13)
- Notwendige Einstellplätze (§§ 47, 47 a)
- Vorschriften über den Brandschutz und die Standsicherheit bei unterirdischen Garagen mit mehr als 100 m² Nutzfläche sowie bei Wohngebauden, die nicht Gebäude geringer Höhe sind
- Sonstige Vorschriften des öffentlichen Rechts nach § 2 X; bei landwirtschaftlichen Gebäuden (§ 75 a I 3) auch § 42 II (Abwasser- und Abfallentsorgung)
- Bauplanungsrecht (§ 29 I BauGB)

Keine Prüfung der Anforderungen der ArbeitsstättenV (§ 75 a V) für
- Verkaufsstätten
- Gaststätten
- Hotels
- Arbeitsstätten, die der Büronutzung dienen
- Gebäuden mit Arbeitsstätten, deren Grundfläche insgesamt nicht mehr als 200 m² betragen

Bei anderen Arbeitsstätten nur Vereinbarkeit mit §§ 14–16 und 19 ArbeitsstättenV

Keine Prüfung der bautechnischen Nachweise, wenn (vgl. § 75 a IV):
- **Standsicherheitsnachweise** müssen von Architekten oder Bauingenieur aufgestellt sein, der in eine der hierfür bestimmten von der Architekten- oder Ingenieurkammer für die jeweilige Fachrichtung geführte Liste eingetragen ist (§ 75 a III 1)
- **Nachweise über den Wärme- und Schallschutz** von einer Person aufgestellt, die die Voraussetzungen nach § 58 III Nr. 1, 2 oder 3 erfüllt (§ 75 a III 2);

Prüfung kann im Einzelfall nach § 74 a IV angeordnet werden

Bei **Typenprüfung** für bautechnische Nachweise keine Prüfung der bautechnischen Nachweise (§ 83)

 14

Nordrhein-Westfalen
§§ 75, 68 BauO NW

§ 68 I 3:
1. Hochhäuser
2. bauliche Anlagen mit mehr als 30 m Höhe
3. bauliche Anlagen und Räume mit mehr als 1600 m² Grundfläche
4. Verkaufsstätten mit mehr als 700 m² Verkaufsfläche
5. Messe- und Ausstellungsbauten
6. Büro- und Verwaltungsgebäude mit mehr als 3000 m² Geschossfläche
7. Kirchen und Versammlungsstätten mit Räumen für mehr als 200 Personen
8. Sportstätten mit mehr als 1600 m² Grundfläche oder mehr als 200 Zuschauerplätzen, Freizeitsportanlagen mit mehr als 400 Tribünenplätzen
9. Sanatorien und Krankenhäuser, Entbindungs-, Säuglings-, Kinder- und Pflegeheime
10. Kindergärten und -horte mit mehr als 2 Gruppen oder mit dem Aufenthalt für Kinder dienenden Räumen außerhalb des Erdgeschosses sowie Tageseinrichtungen für Menschen mit Behinderungen und alte Menschen
11. Gaststätten mit mehr als 40 Gastplätzen oder Beherbergungsbetrieben mit mehr als 30 Betten und Vergnügungsstätten
12. Schulen, Hochschulen und ähnliche Einrichtungen
13. Abfertigungsgebäude von Flughäfen und Bahnhöfen
14. Justizvollzugsanstalten und bauliche Anlagen für den Maßregelvollzug
15. bauliche Anlagen und Räume, deren Nutzung mit Explosionsgefahr oder erhöhter Brand-, Gesundheits- oder Verkehrsgefahr verbunden ist, und Anlagen, die am 1.1.1997 in der 4. BImSchV enthalten waren
16. Garagen mit mehr als 1000 m² Nutzfläche
17. Camping- und Wochenendplätze
18. Regale mit mehr als 9 m Lagerhöhe (Oberkante Lagergut)
19. Zelte, soweit sie nicht Fliegende Bauten sind

ja → **Reguläres Baugenehmigungsverfahren**

Prüfungsmaßstab (§ 75 I 1): Öffentlich-rechtliche Vorschriften

nein → **Vereinfachtes Genehmigungsverfahren**

Prüfungsmaßstab (§ 68 I 4):
1. Vereinbarkeit mit §§ 29 bis 38 BauGB
2. §§ 4 (Bebauung des Grundstücks, Erschließung), 6 (Abstandsflächen), 7 (Übernahme von Abstandsflächen auf andere Grundstücke), 9 II (Nachweis notwendiger Spielflächen), §§ 12 (Gestaltung), 13 (Anlagen der Außenwerbung und Warenautomaten), 51 (Stellplätze, Abstellplätze für Fahrräder), bei Sonderbauten auch § 17 (Brandschutz)
3. örtliche Bauvorschriften nach § 86
4. anderen öffentlich-rechtlichen Vorschriften, deren Einhaltung nicht in einem anderen Genehmigungs-, Erlaubnis- oder sonstigen Zulassungsverfahren geprüft wird

Prüfung der Nachweise über den Schall- und Wärmeschutz bzw. über die Standsicherheit, soweit der Bauherr dies beantragt (§ 68 V)

→

- bei **Typenprüfung** für bautechnische Nachweise keine Prüfung der bautechnischen Nachweise (§ 73 V)
- bei Vorlage von **Sachverständigenbescheinigungen** Vermutung, dass bauaufsichtliche Anforderungen eingehalten sind (§ 72 VI)

Rheinland-Pfalz
§§ 70, 66 LBauO Rh-Pf

§ 66 I 1:
1. Wohngebäude der Gebäudeklassen 1 bis 3 einschließlich ihrer Nebengebäude und Nebenanlagen
2. landwirtschaftliche Betriebsgebäude mit nicht mehr als 2 Geschossen über der Geländeoberfläche
3. Gewächshäuser bis zu 5 m Firsthöhe
4. nicht gewerblich genutzte Gebäude bis zu 300 m² umbauten Raums
5. oberirdische Garagen bis zu 100 m² Nutzfläche
6. Behelfbauten und untergeordnete Gebäude (§ 49)
7. nicht gewerblich genutzte Lager-, Abstell- und Ausstellungsplätze
8. Stellplätze, Sport- und Spielplätze
9. Werbeanlagen und Warenautomaten

Wenn der Standsicherheitsnachweis von einem Prüfingenieur für Baustatik geprüft ist und eine sachverständige Person nach § 64 IV bescheinigt, dass der Brandschutz gewährleistet ist auch bei (§ 68 II 1):
1. Wohngebäude der Gebäudeklasse 4 mit Ausnahme von Hochhäusern
2. Gebäude der Gebäudeklassen 3 und 4, die ausschließlich oder neben der Wohnnutzung überwiegend freiberuflich i. S. des § 13 BauNVO genutzt werden, mit Ausnahme von Hochhäusern
3. Gebäude der Gebäudeklassen 3 und 4, die einer Büro- oder Verwaltungsnutzung dienen, einschließlich der Wohnungen nach § 8 III Nr. 1 BauNVO
4. Gebäude, die ausschließlich als Garage genutzt werden, mit über 100 m² bis 1000 m² Nutzfläche (Mittelgaragen)
5. Werkstatt- und Lagergebäude der Gebäudeklasse 3 mit nicht mehr als 3000 m² Nutzfläche und einer mittleren Höhe der Außenwände von nicht mehr als 7 m einschließlich der Wohnungen nach § 8 Abs. 3 Nr. 1 BauNVO

nein → **Reguläres Baugenehmigungsverfahren**
Prüfungsmaßstab (§ 70 I):
Bauliche oder sonstige öffentlich-rechtliche Vorschriften

ja → **Vereinfachtes Genehmigungsverfahren**
Prüfungsmaßstab (§ 66 III):
- Bauplanungsrechtliche Zulässigkeit
- Zulässigkeit mit sonstigen öffentlich-rechtlichen Vorschriften außerhalb des Bauordnungsrechts

Vorhaben nach § 66 II 1 Nr. 5: auch Übereinstimmung mit den Vorschriften der ArbeitsstättenVO

Stellungnahme der Gemeinde (vgl. § 64 IV), aus der sich ergibt, dass die Erschließung (§ 6) und die Erfüllung der Stellplatzverpflichtung (§ 47) gesichert sind

- bei **Typenprüfung** für bautechnische Nachweise keine Prüfung der bautechnischen Nachweise (§ 65 III)
- bei Vorlage von **Sachverständigenbescheinigungen** Vermutung, dass bauaufsichtliche Anforderungen eingehalten sind (§ 65 IV)

Saarland
§§ 77, 67 LBO Saar

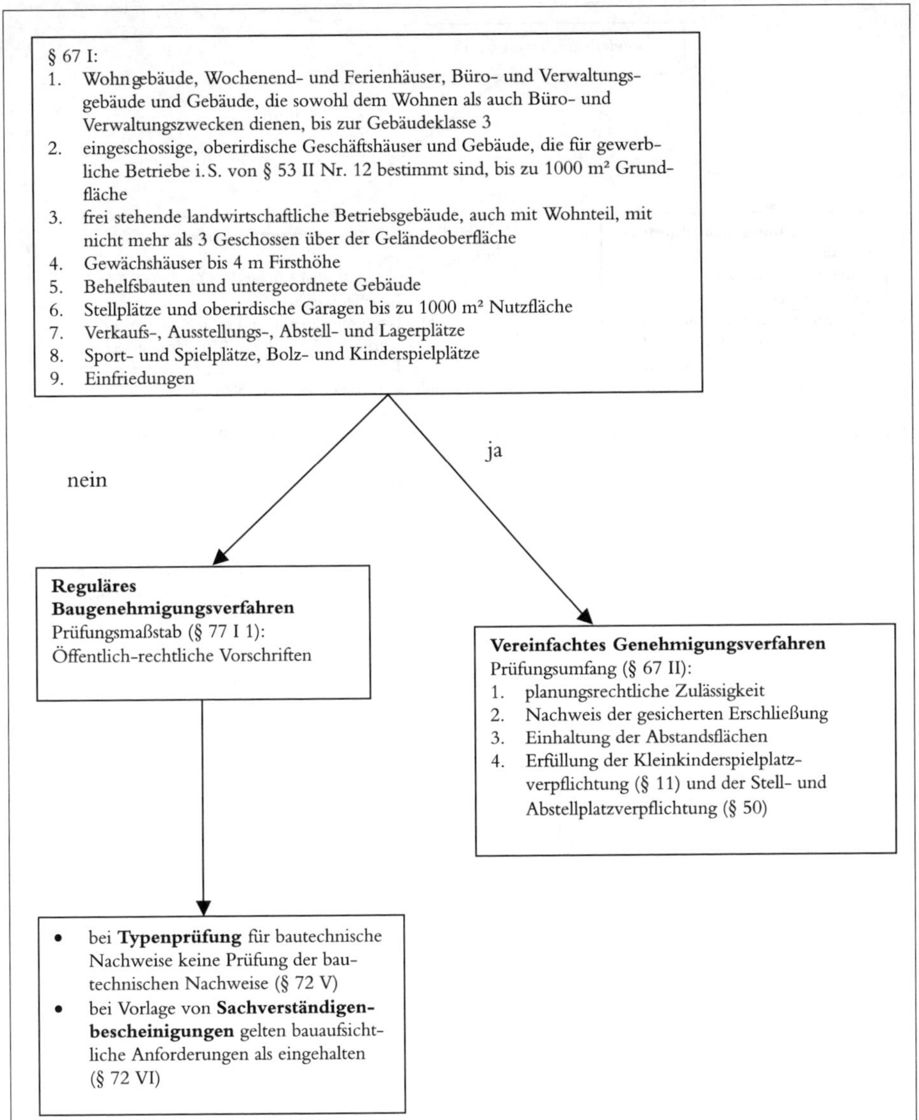

Hinweis:
Beschränkung des Prüfungsmaßstabs nach § 68 (Planungsrechtliche Genehmigung) hat bislang keinen Anwendungsbereich, weil die Rechtsverordnung nach § 94 VI bislang nicht erlassen wurde.

Sachsen
§§ 70, 62 a SächsBO

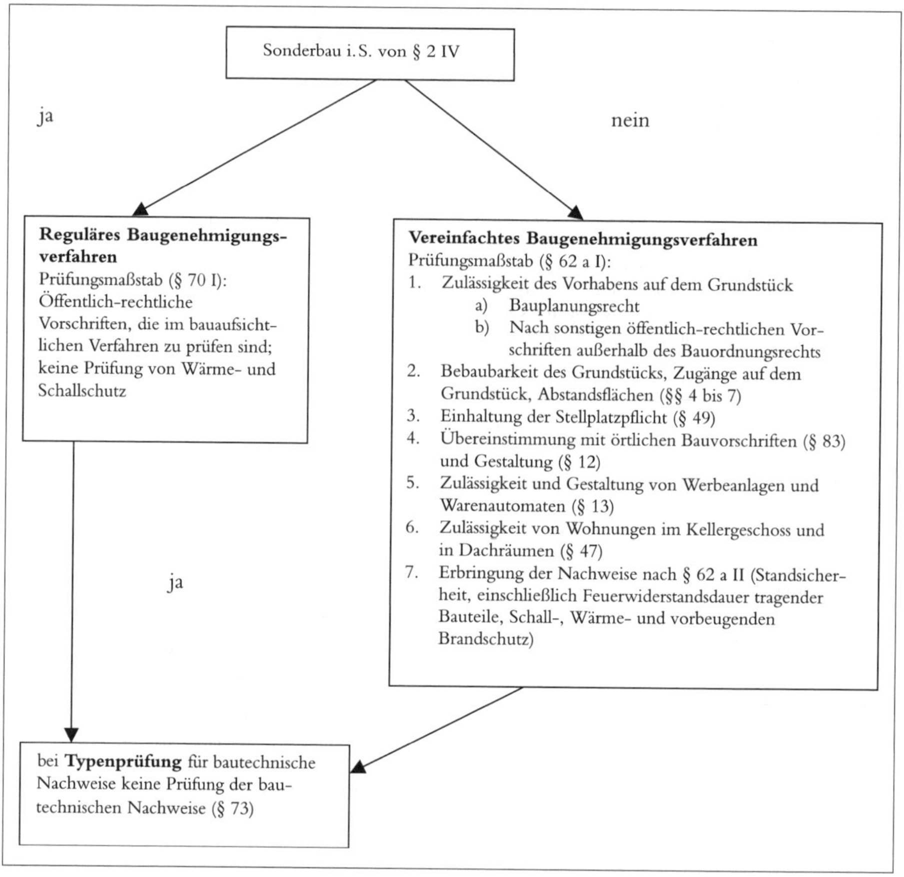

Sachsen-Anhalt
§§ 77, 67 LBO LSA

§ 67 I 2:
1. Hochhäuser
2. bauliche Anlagen mit mehr als 30 m Höhe
3. bauliche Anlagen und Räume mit mehr als 1600 m² Grundfläche, mit Ausnahme von Wohngebäuden
4. Verkaufsstätten mit mehr als 700 m² Verkaufsfläche
5. Messe- und Ausstellungsbauten
6. Büro- und Verwaltungsgebäude mit mehr als 3000 m² Geschossfläche
7. Versammlungsstätten einschließlich Kirchen für mehr als 100 Personen
8. Sportstätten mit mehr als 1600 m² Grundfläche oder mehr als 200 Zuschauerplätzen, Freizeitsportanlagen mit mehr als 400 Tribünenplätzen
9. Sanatorien und Krankenhäuser, Entbindungs-, Säuglings-, Kinder- und Pflegeheime
10. Kindertagesstätten mit mehr als 2 Gruppen oder mit dem Aufenthalt für Kinder dienenden Räumen außerhalb des Erdgeschosses sowie Tageseinrichtungen für Menschen mit Behinderung und ältere Menschen
11. Gaststätten mit mehr als 40 Gastplätzen oder Beherbergungsbetriebe mit mehr als 30 Betten und Vergnügungsstätten
12. Schulen, Hochschulen und ähnliche Einrichtungen
13. Abfertigungshallen von Flughäfen und Bahnhöfen
14. Justizvollzugsanstalten und bauliche Anlagen für den Maßregelvollzug
15. bauliche Anlagen und Räume, deren Nutzung mit Explosionsgefahr oder erhöhter Brand-, Gesundheits- oder Verkehrsgefahr verbunden ist, sowie Anlagen, die am 31. 1. 1997 in der Verordnung über genehmigungsbedürftige Anlagen vom 24. Juli 1985 enthalten waren
16. Garagen mit mehr als 1000 m² Nutzfläche
17. Camping- und Wochenendplätze
18. Regale mit mehr 9 m Lagerhöhe (Oberkante Lagergut)
19. Zelte, soweit sie nicht Fliegende Bauten sind
20. Gebäude nach § 57 I, soweit nicht bereits genannt

ja

Reguläres Baugenehmigungsverfahren
Prüfungsmaßstab (§ 77 I 1):
Öffentlich-rechtliche Vorschriften; keine Prüfung von Wärme-, Schall- und Erschütterungsschutz sowie von örtlichen Bauvorschriften (§ 77 I 2)

nein

Vereinfachtes Baugenehmigungsverfahren
Prüfungsmaßstab (§ 67 II):
Zulässigkeit des Vorhabens
1. nach §§ 29–38 BauGB
2. nach anderen öffentlich-rechtlichen Vorschriften, deren Einhaltung nicht in einem anderen Genehmigungs-, Erlaubnis-, Bewilligungs- oder sonstigen Zulassungsverfahren geprüft wird

Besondere Anforderungen an Sachkunde bei bautechnischen Nachweisen bei Vorhaben nach § 67 VI

Auf Antrag des Bauherren hat die Bauaufsichtsbehörde die Nachweise über die Standsicherheit einschließlich der Feuerwiderstandsdauer der Bauteile zu prüfen (§ 67 VII 1). Das gilt auch für Anforderungen an den Brandschutz, soweit hierüber eine Bescheinigung eines staatlich anerkannten Sachverständigen i. S. des § 89 II 1 Nr. 4 vorzulegen ist (§ 67 VII)

Bei **Typenprüfung** für bautechnische Nachweise keine Prüfung der bautechnischen Nachweise (§ 80 IX)

Schleswig-Holstein
§§ 78, 75 LBO Schl-H

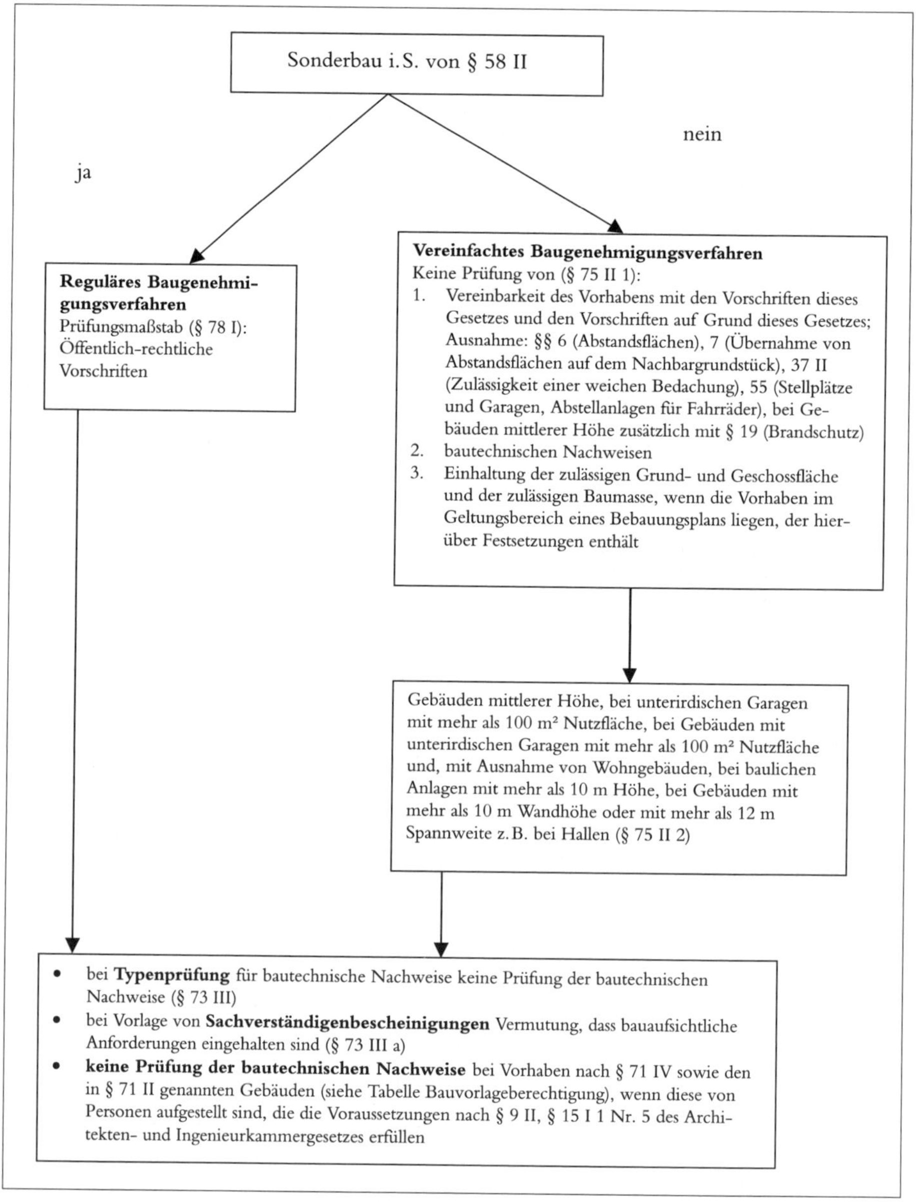

Thüringen
§§ 70, 62 a ThürBO

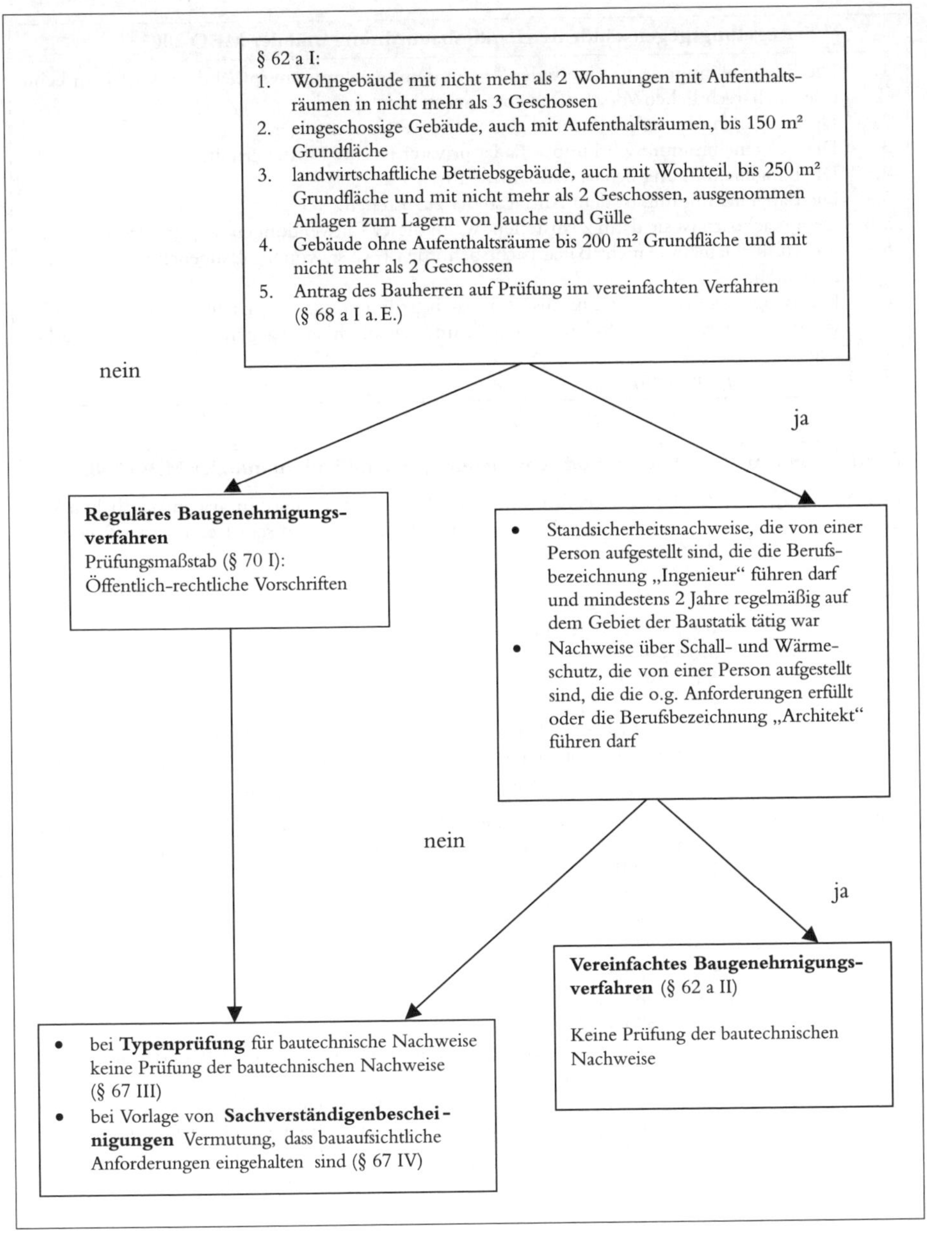

VIII. Rechtswirkungen, Inhalt und formale Erfordernisse der Baugenehmigung im Ländervergleich

68

Regelungsgegenstände der Landesbauordnung und der MBO 2002[30]	
1.	Die Baugenehmigung ist zu erteilen, wenn dem genehmigungspflichtigen Vorhaben keine öffentlich-rechtlichen Vorschriften entgegenstehen.
2.	Die Baugenehmigung gilt für und gegen den Rechtsnachfolger.
3.	Die Baugenehmigung wird unbeschadet privater Rechte Dritter erteilt.
4.	Die Baugenehmigung bedarf der Schriftform.
5.a	Die Baugenehmigung ist dem Antragsteller zuzustellen.
5.b	Dem Nachbarn ist sie dann zuzustellen, wenn dieser Einwendungen dagegen erhoben hat.
5.c	Soweit die Gemeinde nicht Bauaufsichtsbehörde ist, ist sie von der Baugenehmigung zu unterrichten.
6.	Die Baugenehmigung ist nur insoweit zu begründen, als von nachbarschützenden Vorschriften abgewichen (befreit) worden ist und der Nachbar dagegen Einwendungen erhoben hat.
7.	(Nebenbestimmungen)

Land	Norm	Umsetzung/Abweichung in den Ländern und der MBO 2002[31]	
MBO 2002	§ 72	1.	§ 72 I, Prüfungsmaßstab (Vollgenehmigung): im bauaufsichtlichen Verfahren zu prüfende öffentlich-rechtliche Vorschriften i. S. des § 64
		2.	keine Regelung
		3.	§ 72 IV
		4.	§ 72 II HS 1
		5.a	keine Regelung
		5.b	§ 70 IV
		5.c	§ 72 V
		6.	§ 72 II HS 2
		7.	§ 72 III: Die Baugenehmigung kann unter Auflagen, Bedingungen und dem Vorbehalt der nachträglichen Aufnahme, Änderung oder Ergänzung einer Auflage sowie befristet erteilt werden
BW	§ 58	1.	§ 58 I 1, Prüfungsmaßstab (Vollgenehmigung): alle von der Baurechtsbehörde zu prüfenden öffentlich-rechtlichen Vorschriften
		2.	§ 58 II
		3.	§ 58 III
		4.	§ 58 I 2
		5.a	§ 58 I 5
		5.b	§ 58 I 6
		5.c	§ 58 V
		6.	§ 58 I 4
		7.a	§ 58 IV 1: Behelfsbauten dürfen nur befristet oder widerruflich genehmigt werden
		7.b	§ 58 VI 1: Auch nach Erteilung der Baugenehmigung können Anforderungen gestellt werden, um Gefahren für Leben oder Gesundheit oder bei der Genehmigung nicht voraussehbare Gefahren oder erhebliche Nachteile oder Belästigungen von der Allgemeinheit oder den Benutzern der baulichen Anlagen abzuwenden
Bay	Art. 72	1.	Art. 72 I 1, Prüfungsmaßstab (Vollgenehmigung): alle im Baugenehmigungsverfahren zu prüfenden öffentlich-rechtlichen Vorschriften;

[30] Die hier verwendeten Ziffern entsprechen den Ziffern der nachstehenden Rubrik „Umsetzung/Abweichung in den Ländern und der MBO 2002".

[31] Die hier verwendeten Ziffern entsprechen den Ziffern der vorstehenden Rubrik „Regelungsgegenstände der Landesbauordnung und der MBO 2002".

Land	Norm	Umsetzung/Abweichung in den Ländern und der MBO 2002	
			Schall- und Wärmeschutz werden nicht geprüft (Art. 72 I 2). Die Anforderungen des baulichen Arbeitsschutzes werden bei Geschäfts-, Büro- und Verwaltungsräumen nicht, bei allen sonstigen baulichen Arbeitsstätten nur hinsichtlich des Schutzes gegen Gase, Dämpfe, Nebel, Stäube, Lärm und sonstige unzuträgliche Einwirkungen sowie der zusätzlichen Anforderungen an Rettungswege geprüft (Art. 72 I 3).
		2.	Art. 60 II 3
		3.	Art. 72 IV
		4.	Art. 72 II 1
		5.a	Art. 72 II 3
		5.b	Art. 71 I 6
		5.c	Art. 72 II 2: Zustellung an die Gemeinde, wenn diese nicht zugestimmt hat
		6.	Art. 72 II 2
		7.	Art. 72 III: Wird die Baugenehmigung unter Auflagen oder Bedingungen erteilt, kann eine Sicherheitsleistung verlangt werden
Bln	§ 62	**1.**	§ 62 I 1
		2.	§ 62 IV
		3.	§ 62 V
		4.	§ 62 III 1
		5.	keine Regelung
		6.	keine Regelung
		7.a	§ 62 II 1: Werden als Folge des § 62 I 3 Änderungen der Baugenehmigung notwendig, so können für die bereits begonnenen Teile des Vorhabens zusätzliche Anforderungen gestellt werden
		7.b	§ 62 XI: Die Baugenehmigung für einen Lagerplatz, auf dem Abfälle gelagert oder behandelt werden und der keiner immissionsschutzrechtlichen Genehmigung bedarf, soll von einer vor Nutzungsaufnahme zu erbringenden Sicherheitsleistung abhängig gemacht werden
Bbg	§ 67	**1.**	§ 67 I 1, Konzentrationswirkung der Baugenehmigung (§ 67 I 2)
		2.	§ 67 V
		3.	§ 67 VI
		4.	§ 67 IV 1
		5.a	§ 67 IV 4
		5.b	§ 64 V
		5.c	§ 67 VII
		5.d	zusätzlich Bekanntgabe an den Objektplaner (§ 67 VII, § 48)
		6.	§ 67 IV 3
		7.a	§ 67 III 1: Wird die Baugenehmigung unter Auflagen, Bedingungen oder befristet erteilt, kann eine Sicherheitsleistung verlangt werden
		7.b	§ 67 III 3: Vorhaben nach § 35 I Nr. 6 BauGB dürfen nur befristet für die Dauer des Stromeinspeisungsvertrages genehmigt werden; es ist eine Sicherheitsleistung in Höhe der Kosten der Beseitigung zu verlangen
		7.c	Besonderheit § 67 IV 2: In der Baugenehmigung muss angegeben werden, welche behördlichen Genehmigungen sie mit einschließt
Brem	§ 74	**1.**	§ 74 I HS 1
		2.	§ 74 I HS 2
		3.	§ 74 II HS 1
		4.	§ 74 III HS 1
		5.a	keine Regelung
		5.b	§ 73 V 2
		5.c	entfällt
		6.	§ 74 III HS 2
		7.	§ 74 V: Auch nach Erteilung der Baugenehmigung können Anforderungen gestellt werden, um von der Allgemeinheit oder dem Benutzer Gefahren oder unzumutbare Belästigungen abzuwenden

Land	Norm		Umsetzung/Abweichung in den Ländern und der MBO 2002
Hamb	§ 69	1.	§ 69 I 1
		2.	§ 69 II 2
		3.	§ 69 II 3
		4.	§ 59
		5.a	keine Regelung
		5.b	§ 68 IV 5
		5.c	entfällt
		6.	keine Regelung
		7.a	§ 69 II 1: Genehmigungen können mit Nebenbestimmungen versehen werden
		7.b	§ 69 III: Auch nach Erteilung der Genehmigung können Anforderungen gestellt werden, um nicht voraussehbare Gefahren oder unzumutbare Belästigungen von der Allgemeinheit oder den Benutzern baulicher Anlagen abzuwenden
Hess	§ 64	1.	§ 64 I, Prüfungsmaßstab (Vollgenehmigung): alle öffentlich-rechtlichen Vorschriften, die im Baugenehmigungsverfahren zu prüfen sind i. S. des § 58 I
		2.	keine Regelung
		3.	§ 64 V
		4.	§ 64 III 1
		5.a	keine Regelung
		5.b	§ 62 III 1 (Bekanntgabe)
		5.c	§ 64 VI
		6.	§ 64 III 3, § 63 IV
		7.	§ 64 IV: Die Baugenehmigung kann unter Auflagen, Bedingungen und unter dem Vorbehalt der nachträglichen Aufnahme, Änderung oder Ergänzung einer Auflage sowie befristet erteilt werden
M-V	§ 72	1.	§ 72 I 1, Prüfungsmaßstab (Vollgenehmigung): alle öffentlich-rechtlichen Vorschriften, die im Baugenehmigungsverfahren zu prüfen sind
		2.	§ 72 II
		3.	§ 72 IV
		4.	§ 72 I 2 HS 1
		5.a	keine Regelung
		5.b	§ 72 IV
		5.c	§ 72 V 1
		6.	§ 72 I 2 HS 2
		7.	§ 72 III: Die Baugenehmigung kann unter Auflagen und Bedingungen sowie befristet erteilt werden. Wird die Baugenehmigung unter Auflagen und Bedingungen erteilt, kann eine Sicherheitsleistung verlangt werden
Nds	§ 75	1.	§ 75 I, Prüfungsmaßstab (Vollgenehmigung): öffentliches Baurecht
		2.	§ 75 VI
		3.	keine Regelung
		4.	§ 75 III
		5.a	keine Regelung
		5.b	§ 75 IV
		5.c	keine Regelung
		6.	keine Regelung
		7.	§ 75 II: Bauliche Anlagen, die nur auf beschränkte Zeit errichtet werden dürfen oder sollen, Werbeanlagen und Warenautomaten können widerruflich oder befristet genehmigt werden. Behelfsbauten dürfen nur widerruflich oder befristet genehmigt werden
NRW	§ 75	1.	§ 75 I 1
		2.	§ 75 II
		3.	§ 75 III

Land	Norm		Umsetzung/Abweichung in den Ländern und der MBO 2002
		4.	§ 75 I 2 HS 1
		5.a	§ 75 I 3
		5.b	§ 74 IV 1
		5.c	§ 75 IV
		6.	§ 75 I 2 HS 2, die Baugenehmigung braucht nicht begründet zu werden
		7.	keine Regelung
Rh-Pf	§ 70	1.	§ 70 I 1, Prüfungsmaßstab (Vollgenehmigung): bauliche und sonstige öffentlich-rechtliche Vorschriften
		2.	§ 70 I 2
		3.	§ 70 I 2
		4.	§ 70 I 3 HS 1
		5.a	§ 70 III 1
		5.b	§ 70 III 2
		5.c	§ 70 IV
		5.d	zusätzlich § 70 V: Bei Anlagen und Räumen, die für gewerbliche Betriebe bestimmt sind, ist die Struktur- und Genehmigungsdirektion von der Entscheidung der Bauaufsichtsbehörde zu benachrichtigen
		6.	§ 70 I 3 HS 2
		7.a	§ 70 I 4: Wird die Baugenehmigung unter Auflagen oder Bedingungen erteilt, kann eine Sicherheitsleistung verlangt werden
		7.b	§ 70 II: Bauliche Anlagen, die nur für eine begrenzte Zeit errichtet werden sollen, können widerruflich oder befristet genehmigt werden
Saar	§ 77	1.	§ 77 I 1 HS 1
		2.	§ 77 II 2
		3.	§ 77 II 1
		4.	§ 77 I 1 HS 2; zusätzlich § 77 I 2: Liegt das Vorhaben im Einwirkungsbereich untertägigen Bergbaus, ist die Stellungnahme des bergbaurechtlichen Unternehmens dem Bauschein beizufügen; dies ist in der Baugenehmigung zu vermerken
		5.a	keine Regelung
		5.b	§ 73 IV
		5.c	§ 77 IV
		6.	§ 73 IV
		7.	§ 77 III 1: Bauliche Anlagen, die nur auf beschränkte Zeit errichtet werden können oder sollen, können widerruflich oder befristet genehmigt werden
Sachs	§ 70	1.	§ 70 I 1, Prüfungsmaßstab (Vollgenehmigung): öffentlich-rechtliche Vorschriften, die im bauaufsichtlichen Verfahren zu prüfen sind; Schall- und Wärmeschutz werden nicht geprüft (§ 70 I 2)
		2.	§ 70 II
		3.	§ 70 IV
		4.	§ 70 I 5
		5.a	keine Regelung
		5.b	§ 69 IV
		5.c	§ 70 V
		6.	§ 70 I 6
		7.	§ 70 III: Die Baugenehmigung kann unter Auflagen, Bedingungen und unter dem Vorbehalt der nachträglichen Aufnahme, Änderung oder Ergänzung einer Auflage sowie befristet erteilt werden; wird die Baugenehmigung unter Auflagen oder Bedingungen erteilt, kann im Ausnahmefall eine Sicherheitsleistung verlangt werden
Sachs-Anh	§ 77	1.	§ 77 I, Prüfungsmaßstab (Vollgenehmigung): keine Prüfung des Wärme-, Schall- und Erschütterungsschutzes sowie der Übereinstimmung mit örtlichen Bauvorschriften (§ 77 I 2)

Land	Norm	Umsetzung/Abweichung in den Ländern und der MBO 2002	
		2.	§ 77 II
		3.	§ 77 IV
		4.	§ 77 I 2 HS 1
		5.a	keine Regelung
		5.b	§ 76 IV
		5.c	§ 77 V
		6.	§ 77 I 2 HS 2
		7.	§ 77 III: Die Baugenehmigung kann unter Auflagen, Bedingungen und dem Vorbehalt der nachträglichen Aufnahme, Änderung oder Ergänzung einer Auflage sowie befristet erteilt werden
Schl-H	§ 78	1.	§ 78 I 1
		2.	§ 78 II
		3.	§ 78 IV
		4.	§ 78 I 2 HS 1
		5.a	keine Regelung
		5.b	§ 77 V
		5.c	§ 78 V
		6.	§ 77 I 2 HS 2
		7.a	§ 77 III: Die Baugenehmigung kann unter Auflagen, Bedingungen und dem Vorbehalt der nachträglichen Aufnahme, Änderung oder Ergänzung einer Auflage sowie befristet erteilt werden
		7.b	§ 77 IX: Auch nach Erteilung der Baugenehmigung können Anforderungen gestellt werden, um bei der Genehmigung nicht voraussehbar gewesene Gefahren oder unzumutbare Belästigungen von der Allgemeinheit oder den Benutzern der baulichen Anlage abzuwenden
Thür	§ 70	1.	§ 70 I 1
		2.	§ 70 II
		3.	§ 70 IV
		4.	§ 70 I 2 HS 1
		5.a	§ 70 I 3
		5.b	§ 69 I 6
		5.c	§ 70 V
		6.	§ 70 I 2 HS 2
		7.a	§ 70 III 1, 3: Die Baugenehmigung kann unter Auflagen, Bedingungen und dem Vorbehalt des Widerrufs oder der nachträglichen Aufnahme, Änderung oder Ergänzung einer Auflage sowie befristet erteilt werden; um die Erfüllung von mit der Baugenehmigung verbundenen Auflagen zu gewährleisten, kann eine Sicherheitsleistung bis zur Höhe der für die Erfüllung der Verpflichtung voraussichtlich anfallenden Kosten verlangt werden
		7.b	§ 70 IX: Auch nach Erteilung der Baugenehmigung können Anforderungen gestellt werden, um bei der Genehmigung nicht voraussehbar gewesene Gefahren oder unzumutbare Belästigungen von der Allgemeinheit oder den Benutzern der baulichen Anlage abzuwenden

Teil 2. Die Genehmigungsfreistellung

MBO 2002 § 62, BW § 51, Bay Art. 64, Bln § 56 a, Bbg § 58, Brem § 66, Hamb § 1 BauanzeigeV, Hess § 56, V 1 Anlage 2 zu § 55, M-V § 64, Nds § 69 a, NRW § 67, Rh-Pf § 67, Saar § 66, Sachs § 63, Sachs-Anh § 68, Schl-H § 74, Thür § 62 b

I. Allgemeines

1. Die Genehmigungsfreistellung als Kernstück der Baurechtsnovellen

Mit den Baurechtsnovellen der 90er Jahre wurde das Baurecht liberalisiert. Präventive 69
Kontrollen durch die Behörden wurden reduziert. Mit dem vereinfachten Baugenehmigungsverfahren (Teil 1 II 2) haben sich die Bauaufsichtsbehörden weitgehend aus der bautechnischen Prüfung der Vorhaben zurückzogen. Kernstück der Prüfung im Genehmigungsverfahren ist hier nur noch die **bauplanungsrechtliche Zulässigkeit** des Vorhabens. Liegt nun ein Vorhaben im Geltungsbereich eines qualifizierten Bebauungsplans nach § 30 Abs. 1 oder 2 BauGB und soll es plankonform errichtet werden, so ist diese Prüfung weitgehend entbehrlich. Für diese Vorhaben wurde in allen Ländern ein **Genehmigungsfreistellungsverfahren** eingeführt, das die Errichtung, die Änderung, die Nutzungsänderung und in einigen Ländern auch den Abbruch von bestimmten, bautechnisch einfachen Anlagen (überwiegend Gebäude) betrifft. Darüber hinaus genügt es in einigen Ländern unabhängig von der planungsrechtlichen Situation auch, wenn die planungsrechtliche Zulässigkeit des Vorhabens durch **Vorbescheid** festgestellt ist. Das Vorhaben ist vor Ausführungsbeginn lediglich der Baugenehmigungsbehörde oder der Gemeinde gegenüber **anzuzeigen**. Mit dem Bau darf in der Regel nach Ablauf einer bestimmten Frist begonnen werden. Innerhalb dieser Frist kann – je nach Regelung – durch die Bauaufsichtsbehörde der **Bau untersagt** werden oder die Gemeinde bzw. die Bauaufsichtsbehörde kann die **Durchführung eines Baugenehmigungsverfahrens** verlangen.

Die Genehmigungsfreistellung hat unterschiedliche Bezeichnungen:

- Genehmigungsfreistellung (**Musterbauordnung 2002**, Bayern, Berlin, Bremen, Hessen, Sachsen-Anhalt)
- Kenntnisgabeverfahren (Baden-Württemberg)
- Bauanzeigeverfahren (Brandenburg)
- Baufreistellung (Hamburg)
- Genehmigungsfreie Wohngebäude (Mecklenburg-Vorpommern, Niedersachsen, Nordrhein-Westfalen)
- Freistellungsverfahren (Rheinland-Pfalz, Saarland)
- Anzeigeverfahren (Sachsen)
- Baufreistellung bei Wohngebäuden und Nebenanlagen (Schleswig-Holstein)
- Genehmigungsfreiheit für Wohngebäude und Nebenanlagen (Thüringen)

2. Modelle der Genehmigungsfreistellung (Überblick)

70

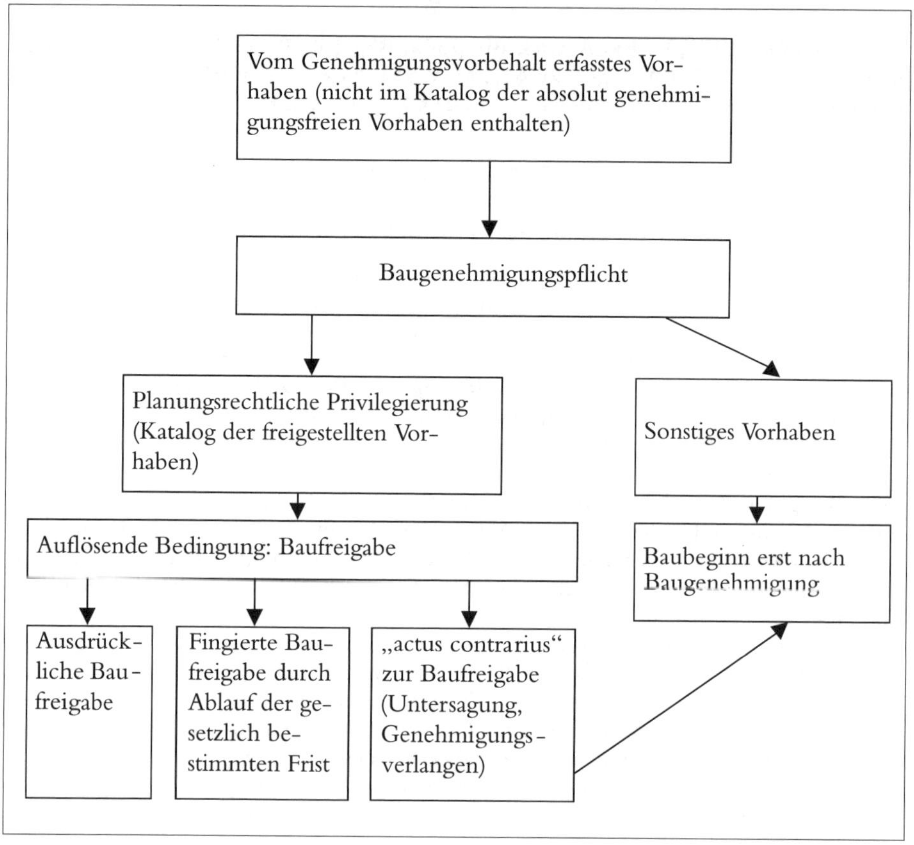

Abweichend zu diesem Modell haben sich **Niedersachsen, Mecklenburg-Vorpommern** und das **Saarland** für ein Anzeigeverfahren entschieden. Näheres hierzu siehe unten IV. und V.

a) Anzeigeverfahren (Mecklenburg-Vorpommern)

71 Im Geltungsbereich eines Bebauungsplans muss das Vorhaben lediglich der **Baugenehmigungsbehörde** angezeigt werden. Es handelt sich um von **vornherein genehmigungsfreie** Vorhaben. Der Bauherr kann unmittelbar nach der Anzeige mit dem Bau beginnen. Näheres hierzu siehe unten IV.

b) Anzeige mit Bestätigung der Genehmigungsfreiheit (Niedersachsen, Saarland)

72 Die Ausführung des Vorhabens wird der Gemeinde (Niedersachsen) bzw. der Bauaufsichtsbehörde (Saarland) gegenüber angezeigt. Mit dem Bau kann begonnen werden, sobald die **Behörde die Voraussetzungen** für die **Freistellung bestätigt** (besondere Art der Baufreigabe, d. h. des Eintritts der auflösenden Bedingung). Näheres hierzu siehe unten V.

c) Genehmigungsoption (Musterbauordnung 2002, Bayern, Berlin, Bremen, Hessen, Nordrhein-Westfalen, Rheinland-Pfalz, Sachsen-Anhalt)

73 Die Gemeinde kann entscheiden ob mit dem Bau nach Ablauf einer bestimmten Frist begonnen werden kann oder ob die **Durchführung eines Baugenehmigungsverfahrens** erforderlich ist. Das Vorhaben wird der Gemeinde (Stadtstaat Berlin: Bauaufsichtsbehörde) gegenüber angezeigt. Diese kann den Bau vorzeitig freigeben. Näheres hierzu siehe unten VI.

d) Untersagungsoption (Baden-Württemberg, Brandenburg, Hamburg, Sachsen, Schleswig-Holstein, Thüringen)

Die Ausführung des Vorhabens wird gegenüber der Gemeinde oder der Bauaufsichtsbehörde angezeigt. Innerhalb einer bestimmten Frist (zwischen zwei Wochen und einem Monat) kann die **Bauaufsichtsbehörde** den **Baubeginn untersagen**, weil die Voraussetzungen für die Genehmigungsfreistellung nicht erfüllt sind, das Vorhaben dem Baurecht widerspricht oder die **Gemeinde** die Durchführung eines Baugenehmigungsverfahrens verlangt (Brandenburg, Sachsen). Bleibt die Bauaufsichtsbehörde untätig, kann nach Ablauf der Frist mit dem Bau begonnen werden. Näheres hierzu siehe unten VII. 74

3. Rechtliche Konstruktion der Genehmigungsfreistellung

Genehmigungsfreigestellte **Vorhaben** sind vom Grundsatz her an sich **baugenehmigungspflichtig** (wenn ein Vorhaben im Katalog der genehmigungsfreien Vorhaben aufgeführt ist, dann geht diese absolute Genehmigungsfreiheit vor). Auf Grund seiner **planungsrechtlichen Situation** wird das Vorhaben aber **privilegiert** behandelt und auf eine präventive Überprüfung weitgehend verzichtet. 75

Die rechtliche Konstruktion der Genehmigungsfreistellung hängt von dem gewählten Modell ab:

a) Genehmigungsoption

Nach Anzeige des Vorhabens kann dieses durch Erklärung der Gemeinde oder der Bauaufsichtsbehörde in ein **Genehmigungsverfahren überführt** werden. Läuft die gesetzliche bestimmte Frist ab, ohne dass von dieser Erklärungsmöglichkeit Gebrauch gemacht wird, oder erfolgt eine vorzeitige Erklärung der Bauaufsichtsbehörde oder der Gemeinde, wird der Bau ohne Genehmigung freigegeben. Es handelt sich also um eine **auflösend bedingte Baugenehmigungspflicht**. Die Bedingung, die die Baugenehmigungspflicht auflöst, ist die **Baufreigabe** durch die Gemeinde oder die Bauaufsichtsbehörde. Diese Bedingung kann entweder durch eine ausdrückliche Erklärung eintreten oder der Bedingungseintritt wird durch den Ablauf der gesetzlich bestimmten Frist fingiert. 76

In **Hessen** gibt es zwei Arten der Genehmigungsfreistellung. Die Fälle des § 56 HBO sind wie in den anderen Ländern als **auflösend bedingte Baugenehmigungspflicht** konstruiert. Anders verhält es sich in den Fällen der Anlage 2 zu § 55 HBO. Hier handelt es sich vom Wesen her um baugenehmigungsfreie Vorhaben. In den anderen Ländern sind diese Vorhaben in den entsprechenden Katalogen der absolut genehmigungsfreien Vorhaben aufgeführt. Durch die Erklärung der Gemeinde wird eine Baugenehmigungspflicht ausgelöst. Es handelt sich hier also um eine **auflösend bedingte Baugenehmigungsfreiheit**.

b) Anzeigeverfahren (auch mit Bestätigung der Genehmigungsfreiheit), Untersagungsoption

In diesen Fällen gibt es die Möglichkeit der Baufreigabe oder der bauaufsichtlichen Untersagung. Im rechtlichen Sinne handelt es sich um **genehmigungsfreie**, aber **anzeigepflichtige Vorhaben**. 77

II. Von der Freistellung erfasste Vorhaben

1. Bauvorgang

78 Ziel der Genehmigungsfreistellung ist es, das Bauen zu beschleunigen. Daher bezieht sich die Genehmigungsfreistellung in allen Ländern auf die **Errichtung**, die **Änderung** und die **Nutzungsänderung**. Bei der Änderung bzw. der Nutzungsänderung kommt es darauf an, dass ein Vorhaben hergestellt wird, das unter den Katalog der genehmigungsfreigestellten Vorhaben fällt. Es kommt nicht darauf an, dass Basis für die Änderung oder die Nutzungsänderung ein im Katalog aufgeführtes Vorhaben ist. Der **Abbruch** baulicher Anlagen ist in **Bremen, Saarland und Schleswig-Holstein** genehmigungsfreigestellt (vgl. Katalog). In **Baden-Württemberg** ist der Abbruch baulicher Anlagen unabhängig von der Art des Vorhabens oder seiner planungsrechtlichen Situation bedingt genehmigungsfrei, soweit er nicht bereits nach § 50 Abs. 3 LBO BW verfahrensfrei ist (§ 51 Abs. 3 LBO BW). In **Bayern** gibt es in Art. 65 BayBO eine speziell für den Abbruch baulicher Anlagen geregelte Genehmigungsfreistellung.

2. Vorhaben

79 Die Bauordnungen enthalten unterschiedliche Kataloge für genehmigungsfreigestellte Vorhaben. Es handelt sich dabei durchweg um **bautechnisch einfache Vorhaben** wie Wohngebäude, Gebäude mit gewerblicher oder freiberuflicher Nutzung i. S. des § 13 BauNVO oder um kleinere Hallen (auch für landwirtschaftliche Zwecke). Von der Genehmigungsfreistellung erfasst sind auch die **Nebengebäude** und **Nebenanlagen** i. S. des § 14 BauNVO, die zu den genehmigungsfreigestellten „Hauptvorhaben" gehören, wie Stellplätze, Garagen, Abstellschuppen oder Abstellplätze für Fahrräder. Nebengebäude und Nebenanlagen sind Bauwerke, die sich räumlich, funktional und durch den Zeitraum ihrer Errichtung dem Hauptvorhaben zuordnen lassen.[32]

80 In der Praxis kann die **sachliche Zuordnung** des Nebengebäudes oder der Nebenanlage zu dem Hauptvorhaben Probleme bereiten. In erster Linie wird dies bei **Stellplätzen** oder **Garagen** relevant. Die Länder **Bremen** und **Mecklenburg-Vorpommern** stellen daher nur solche Stellplätze und Garagen genehmigungsfrei, die dazu dienen, die **notwendigen Stellplätze** nachzuweisen (Brem § 66 Abs. 2 Nr. 7, M-V § 64 Abs. 1 Satz 3). Darüber hinaus begrenzen die Länder **Bremen** und **Nordrhein-Westfalen** die **Größe** von Garagen und überdachten Stellplätzen (Brem § 66 Abs. 2 Nr. 7, NRW § 67 Abs. 7). In allen anderen Fällen muss eine **Betrachtung des Einzelfalles** stattfinden, ob die Stellplätze oder Garagen noch im Rahmen dessen liegen, was üblicherweise dem Hauptgebäude zugerechnet werden kann.

III. Planungsrechtliche Situation

81 Die Genehmigungsfreistellung gilt grundsätzlich nur für solche Vorhaben, deren planungsrechtliche Zulässigkeit schon vorab feststeht.[33] Das ist dann der Fall, wenn das Vorhaben im Geltungsbereich eines **Bebauungsplans** oder eines **Vorhabens- und Erschließungsplans** liegt, dessen Festsetzungen entspricht und die Erschließung gesichert ist. Darüber hinaus lassen manche Länder die Genehmigungsfreistellung auch für solche Vorhaben zu, für die ein bestandskräftiger (planungsrechtlicher) **Vorbescheid** besteht.

---

[32] *König/Roeser/Stock* BauNVO 1999 § 14 Rn. 8.

[33] Ausnahmen: Baden-Württemberg (Abbruch, § 51 Abs. 3), Bayern (Abbruch, Art. 65), Hessen (Fälle der Anlage 2 zu § 55 HBO), Hamburg (Vorhaben nach § 1 Abs. 2 BauanzeigeV).

1. Qualifizierter Bebauungsplan oder Vorhabens- und Erschließungsplan

Die planungsrechtliche Zulässigkeit des Vorhabens muss sich **abschließend nach dem Bebauungsplan** bestimmen lassen. Das bedeutet, es muss ein **qualifizierter** Bebauungsplan i. S. des § 30 Abs. 1 BauGB vorliegen, der Festsetzungen über die Art und das Maß der baulichen Nutzung enthält, die überbaubaren Grundstücksflächen und die örtlichen Verkehrsflächen. Zugrunde liegen kann auch ein Vorhabens- und Erschließungsplan i. S. des § 30 Abs. 3, § 12 BauGB bzw. der Vorgängervorschrift § 7 BauGB-MaßnahmenG. Manche Länder machen nur neuere Bebauungspläne ab einem bestimmten Stichtag zur Grundlage für die Genehmigungsfreistellung. 82

Einzelne Bauordnungen treffen Sonderregelungen zum **Gebietscharakter**: 83

- In **Bayern** sind in Gewerbe- und Industriegebieten auch eingeschossige handwerklich oder gewerblich genutzte Gebäude mit freien Stützweiten von nicht mehr als 12 m und mit einer Grundfläche von nicht mehr als 500 m² zulässig (Art. 64 Abs. 1 Satz 1 Nr. 3 BayBO). Damit werden in dafür vorgesehenen Gebieten bauordnungsrechtlich unproblematische gewerbliche Vorhaben zugelassen.
- **Mecklenburg-Vorpommern** beschränkt den Anwendungsbereich der Genehmigungsfreistellung auf Baugebiete, die durch Bebauungsplan oder vorhabensbezogenen Bebauungsplan als Kleinsiedlungsgebiet, reines oder allgemeines Wohngebiet, Wochenendhausgebiet oder Ferienhausgebiet festgesetzt sind (§ 64 Abs. 1 LBauO M-V). Dies entspricht dem Regelungsziel der bedingten Genehmigungsfreiheit in Mecklenburg-Vorpommern, denn die Bestimmung ist hier mit „Genehmigungsfreie Wohngebäude" überschrieben.
- Auch **Niedersachsen** beschränkt den Anwendungsbereich auf Baugebiete, die als Kleinsiedlungsgebiet, reines, allgemeines oder besonderes Wohngebiet festgesetzt sind (§ 69 a Abs. 1 NBauO). Auch hier ist die Bestimmung mit „Genehmigungsfreie Wohngebäude" überschrieben und die Beschränkung auf Wohnbaugebiete damit konsequent.

2. Gültigkeit des Bebauungsplans

Ziel der Genehmigungsfreistellung ist die Beschleunigung der Baufreigabe. In vielen Fällen findet keine Prüfung durch die Bauaufsichtsbehörde statt, sondern die Baufreigabe erfolgt durch die Gemeinde. Das setzt voraus, dass **keine hohen Anforderungen an die Überprüfung des Bebauungsplans** gestellt werden können. Aufwändige Inzidentprüfungen der Gültigkeit des Bebauungsplans sollen unterbleiben. Die Genehmigungsfreistellung ist nur auf die Fälle anwendbar, in denen der Bebauungsplan **formal in Kraft** getreten ist. Es genügt nicht, dass der Bebauungsplan Planreife besitzt und das Vorhaben nach § 33 BauGB zugelassen werden könnte. Ebenso wenig kann die Genehmigungsfreistellung im „plangleichen" unverplanten Innenbereich nach § 34 Abs. 2 BauGB beansprucht werden. 84

Die Möglichkeit der Genehmigungsfreistellung ist nur so lange anwendbar, wie der **Bebauungsplan formal gültig** ist. Sie greift nicht mehr, wenn der Bebauungsplan durch die **Gemeinde aufgehoben** worden ist oder vom **Oberverwaltungsgericht** (Verwaltungsgerichtshof) im Rahmen einer Normenkontrolle nach § 47 Abs. 5 Satz 2 Halbsatz 2 VwGO allgemein gültig für **nichtig erklärt** worden ist. Nichtig ist der Bebauungsplan nicht erst mit der Rechtskraft der Entscheidung, sondern bereits mit der Wirksamkeit des Urteils, denn von da an ist der gute Glaube an einen wirksamen Bebauungsplan erschüttert.[34] Zu den Folgen für das Vorhaben, wenn sich der Bebauungsplan nachträglich als nichtig erweist, siehe unten X.

[34] *Kopp/Schenke*, Verwaltungsgerichtsordnung, § 47 Rn. 141: Die Entscheidung im Normenkontrollverfahren wirkt nur deklaratorisch, so dass sich die Beteiligten schon vor Rechtskraft auf die Ungültigkeit berufen können.

3. Veränderungssperre und Rückstellung des Baugesuchs

85 Die Veränderungssperre führt dazu, dass Vorhaben im Sinne von § 29 BauGB nicht durchgeführt werden dürfen (§ 14 Abs. 1 Nr. 1 BauGB). Die Zurückstellung nach § 15 Abs. 1 BauGB hat die Folge, dass die Entscheidung über die Zulässigkeit eines Vorhabens für einen Zeitraum von bis zu zwölf Monaten ausgesetzt werden kann.

a) Veränderungssperre

86 Besteht die Veränderungssperre von Anfang an oder wird sie anlässlich des Baugesuchs beschlossen, so treffen die Länder folgende Regelungen:

MBO/LBO	Regelung
BW (§ 51 II Nr. 2) **M-V** (§ 64 I 5) **Saar** (§ 66 I Halbsatz 2 Nr. 2) **Sachs** (§ 63 I Nr. 3) **Schl-H** (§ 74 II Nr. 1)	Ausschluss der Genehmigungsfreistellung
Brem (§ 66 I 1 Nr. 2, III 1)	Ausschluss der Genehmigungsfreistellung, es sei denn, die Genehmigung nach § 14 Abs. 2 BauGB liegt vor.
Bay (Art. 64 IV 1) **Bln** (§ 56 a II 2) **NRW** (§ 67 III 1) **Rh-Pf** (§ 67 III 1) **Sachs-Anh** (§ 68 IV 1)	Absicht, eine Veränderungssperre zu erlassen, ist Grund für das Genehmigungsverlangen
MBO 2002 **Bbg** **Hamb** **Hess** **Nds** **Thür**	Keine Regelung, d. h. die Veränderungssperre wirkt als materiell-rechtlicher Grund für die Untersagung des Baubeginns

In der Praxis tritt oftmals das Problem auf, dass eine **Veränderungssperre nach Baubeginn** erlassen worden ist. Nach § 14 Abs. 3 BauGB werden Vorhaben, die vor dem In-Kraf-Treten einer Veränderungssperre baurechtlich genehmigt worden sind oder auf Grund eines **anderen baurechtlichen Verfahrens** zulässig sind, von der Veränderungssperre nicht berührt. Hierzu gehört auch die **Baufreigabe im Rahmen der Genehmigungsfreistellung.**[35] Das Vorhaben wird vor der Veränderungssperre ab dem Zeitpunkt der **fingierten Baufreigabe geschützt** bzw. bereits ab der vorzeitigen ausdrücklichen Baufreigabe oder der Bestätigung der Baufreigabe (Niedersachsen, Saarland).[36]

Trotz der bloßen Anzeigepflicht stellt sich in **Mecklenburg-Vorpommern** das Problem der nachträglichen Veränderungssperre nicht, weil der Bauherr erst mit dem Bau beginnen darf, wenn er eine Bestätigung der Gemeinde vorlegt, dass diese von Maßnahmen zur Sicherung der Bauleitplanung nicht Gebrauch machen will (§ 64 Abs. 3 Satz 1 Nr. 1 LBauO M-V). An dieser Zusage muss sich die Gemeinde festhalten lassen.

[35] *Battis/Krautzberger/Löhr,* BauGB § 14 Rn. 21.
[36] BVerwG vom 10. 12. 1971 DVBl. 1972, 221 = BVerwGE 39, 154 angezeigt und nicht untersagt; BayVGH vom 13. 1. 2000 BayVBl. 2000, 311.

b) Rückstellung des Baugesuchs

87

MBO/LBO	Regelung
BW **Hamb** **Schl-H** **Thür**	Keine Regelung § 15 Abs. 1 Satz 2 BauGB: während der Frist, innerhalb der die Durchführung eines Genehmigungsverfahrens verlangt bzw. das Vorhaben untersagt werden kann, kann auch die Zurückstellung verlangt werden
Bay (Art. 64 IV 1) **Bln** (§ 56 a II 2) **Brem** (§ 66 VI 1 Nr. 1) **NRW** (§ 67 III 1) **Rh-Pf** (§ 67 III 1) **Sachs-Anh** (§ 68 IV 1)	Grund für das Genehmigungsverlangen
MBO 2002 (§ 62 II Nr. 4) **Bbg** (§ 58 IV Nr. 3) **Sachs** (§ 63 VIII 2)	Grund für die Untersagung des Baubeginns
Hess (§ 56 II Nr. 5, V 1 Satz 2 Anlage 2 zu § 55)	Genehmigungsoption endet, wenn die Gemeinde die Rückstellung des Baugesuchs beantragt
M-V (§ 64 III 1 Nr. 1) **Nds** (§ 69 a I Nr. 2 Buchstabe b)	Genehmigungsfreistellung nur nach Bestätigung der Gemeinde, dass die vorläufige Untersagung nicht beantragt wird
Saar (§ 66 I 2)	Ausschluss der Genehmigungsfreistellung

4. Sanierungsgebiete, Entwicklungsgebiete und Erhaltungsgebiete

Das BauGB sieht eine Reihe von Satzungen vor, die städtebauliche Sanierungsmaßnahmen zum Ziel haben und **ähnliche Wirkungen** wie die **Veränderungssperre** entfalten. 88

- **Sanierungsgebiet** (§ 142 BauGB): Die Ausführung von Vorhaben i. S. des § 14 Abs. 1 BauGB bedarf der Genehmigung durch die Gemeinde (§ 144 Abs. 1, § 145 BauGB).
- **Entwicklungsgebiet** (§ 165 BauGB): Die Ausführung von Vorhaben i. S. des § 14 Abs. 1 BauGB bedarf der Genehmigung durch die Gemeinde (§ 169 Abs. 1 Nr. 2 BauGB).
- **Erhaltungsgebiet** (§ 172 BauGB): Der Rückbau, die Änderung oder die Nutzungsänderung baulicher Anlagen bedürfen der Genehmigung durch die Gemeinde (§ 172 Abs. 1, § 173 Abs. 1 Satz 1 BauGB).

MBO/LBO	Regelung
BW (§ 53 III, IV Nr. 4 i.V. m. § 59 IV)	Die Fiktionsfrist für die Baufreigabe beginnt nicht zu laufen, wenn das Bauvorhaben in einem entsprechenden Gebiet liegt und die Genehmigung nicht beantragt ist. Vor Baubeginn müssen die Genehmigungen vorliegen (§ 59 VI)
MBO 2002 **Bay** **Bbg** **Hamb** **Hess** **Nds** **NRW** **Rh-Pf** **Sachs-Anh**	Keine Regelung: Da die Genehmigungsfreistellung Genehmigungspflichten nach anderen Gesetzen nicht verdrängt, muss die Genehmigung vor Baubeginn vorliegen

MBO/LBO	Regelung
Bln (§ 56a VI HS 2)	Die Genehmigung muss vor Baubeginn eingeholt sein
M-V (§ 64 I 5) **Saar** (§ 66 I 1 HS 2 Nr. 2) **Schl-H** (§ 74 II Nr. 2 und 3)	Die Genehmigungsfreistellung ist ausgeschlossen, wenn das Vorhaben in einem entsprechenden Gebiet liegt
Brem (§ 66 I 1 Nr. 2, III 1 Alt. 3) **Sachs** (§ 63 I 1 Nr. 2)	Die Genehmigungsfreistellung ist ausgeschlossen, wenn das Vorhaben in einem entsprechenden Gebiet liegt und die Genehmigung nicht vorliegt
Thür (§ 62b I 1 Nr. 2)	Die Genehmigungsfreistellung ist ausgeschlossen, wenn das Vorhaben in einem Gebiet nach § 142 oder § 172 liegt

5. Plankonformität

a) Übereinstimmung mit den Festsetzungen des Bebauungsplans

89 Die Privilegierung des Vorhabens ist darin begründet, dass die Fragen der bauplanungsrechtlichen Zulässigkeit im **Bebauungsplan vorweggenommen** sind. Daher muss ein genehmigungsfreigestelltes Vorhaben den **Festsetzungen des Bebauungsplans entsprechen**. Zum Teil ist dies ausdrücklich in den Vorschriften genannt, im Übrigen erschließt sich dies aus dem Zweck der Genehmigungsfreistellung. Zum Teil wird im Gesetz auch die Übereinstimmung mit **örtlichen Bauvorschriften** (z. B. Gestaltungssatzungen) genannt. Sind örtliche Bauvorschriften nicht ausdrücklich erwähnt, ergibt sich das Übereinstimmungserfordernis aus dem Gebot, dass auch das bedingt genehmigungsfreie Vorhaben dem materiellen Baurecht entsprechen muss.

b) Ausnahmen und Befreiungen nach § 31 BauGB

90 Eine Vereinbarkeit mit den Festsetzungen des Bebauungsplans liegt dann vor, wenn die Zulässigkeit des Vorhabens ausschließlich **anhand des § 30 BauGB** beurteilt werden kann. In der Praxis entspricht ein Vorhaben aber dem Bebauungsplan oft nicht in allen Einzelheiten, sondern Ausnahmen oder Befreiungen i. S. des § 31 BauGB sind erforderlich.

Die Genehmigungsfreistellung kennt hier drei Fallgruppen:

- Sobald Ausnahmen oder Befreiungen erforderlich sind, **scheidet ein Genehmigungsfreistellungsverfahren aus**. Dies ist der Fall bei der Musterbauordnung 2002, in Bayern, Brandenburg (§ 58 Abs. 5, § 57 Abs. 2 BbgBO), Hessen (in den Fällen des § 56, vgl. § 56 Abs. 2 Nr. 2 HBO), Nordrhein-Westfalen (vgl. § 67 Abs. 5 Satz 8 i.V. m. § 68 Abs. 7 BauO NW) und Rheinland-Pfalz.
- In anderen Fällen kommt die **Genehmigungsfreistellung** dennoch in Betracht, wenn die **Zulässigkeit der Ausnahme oder Befreiung** bereits **vorab festgestellt** ist durch Vorbescheid oder Erteilung einer isolierten Ausnahme oder Befreiung. Dies ist der Fall in den Ländern Bremen (§ 66 Abs. 3 Satz 1 BremLBO), Hamburg (§ 1 Abs. 3 BauanzeigeV), Mecklenburg-Vorpommern (§ 64 Abs. 1 Satz 2 LBauO M-V), Niedersachsen (§ 69a Abs. 1 Nr. 1 NBauO), Sachsen-Anhalt (§ 68 Abs. 1 Satz 2 Nr. 1 BauO LSA) und Thüringen (§ 62b Abs. 1 Satz 1 Nr. 1 i.V. m. Abs. 1 Satz 2 ThürBO). Soweit nichts anderes ausdrücklich geregelt ist, genügt es, dass die vorgeschaltete Entscheidung wirksam ist. Bestandskraft ist nicht erforderlich.
- Im Übrigen kann **im Rahmen der Genehmigungsfreistellung** über die erforderlichen **Ausnahmen oder Befreiungen entschieden** werden. Dies ist der Fall in Baden-Württemberg (§ 51 Abs. 5 Satz 1 LBO BW), Berlin (§ 56a Abs. 3 Satz 4 BauO Bln), Hamburg in den Fällen des § 1 Abs. 1 Satz 2 BauanzeigeV (Nebenanlagen, § 1 Abs. 4 Satz 1 BauanzeigeV), Hessen in den Fällen der Ziffer V 1 der Anlage 2 zu § 55 HBO, Saarland (§ 66 Abs. 5, 4 Satz 6 LBO Saar), Sachsen (§ 68 Abs. 8 Satz 3 SächsBO), Schleswig-Holstein (§ 74 Abs. 8 LBO Schl-H). All diese Fälle haben gemeinsam, dass für die

Genehmigungsfreistellung die Bauaufsichtsbehörde zuständig ist, also die Behörde, die auch über Ausnahmen und Befreiungen zu entscheiden hat.[37]

6. Ausnahmen, Befreiungen und Abweichungen von sonstigen Bestimmungen

Es sind nicht nur die Fälle denkbar, in denen eine Ausnahme oder Befreiung nach § 31 BauGB in Betracht kommen kann, sondern auch eine Ausnahme, Befreiung oder Abweichungen von sonstigen Bestimmungen, insbesondere von **örtlichen Bauvorschriften** oder von **Vorschriften des Landesrechts**. Bei genehmigungspflichtigen Vorhaben wird üblicherweise im Zusammenhang mit der Genehmigungserteilung über Ausnahmen, Befreiungen oder Abweichungen entschieden. Mit der Freistellungsentscheidung tritt die Bedingung für das Entfallen der Genehmigungspflicht ein. Bei genehmigungsfreien Vorhaben kommt grundsätzlich eine isolierte Entscheidung über Ausnahmen, Befreiungen oder Abweichungen in Betracht. Dies gilt grundsätzlich auch bei freigestellten Vorhaben. 91

Anders liegt der Fall dagegen, wenn das Gesetz – im Interesse der mit der Genehmigungsfreistellung verbundenen Verfahrensbeschleunigung – die Baufreigabe gänzlich von solchen „Nebenzulassungen“ befreien will. Dies erfordert jedoch eine **ausdrückliche gesetzliche Bestimmung**. Solche Regelungen finden sich in den Ländern Bremen (§ 66 Abs. 1 Satz 1 Nr. 3 BremLBO), Hamburg (§ 1 Abs. 1 Nr. 3 BauanzeigeV), Mecklenburg-Vorpommern (beschränkt auf Abweichungen von örtlichen Bauvorschriften, § 64 Abs. 1 Satz 2 LBO M-V), Thüringen (§ 62 b Abs. 1 Satz 1 Nr. 1 i.V. m. Abs. 1 Satz 2 ThürBO). In diesen Fällen sind jedoch Vorabentscheidungen durch Vorbescheid oder isolierte Entscheidung möglich. **Hessen** schließt dagegen die Abweichungsmöglichkeit ganz aus (§ 56 Abs. 2 Nr. 4 HBO).[38]

7. Vorbescheid

Durch einen Vorbescheid kann die baurechtliche Zulässigkeit eines Vorhabens antizipiert festgestellt werden. Insbesondere kann im **Vorbescheid** die **planungsrechtliche Zulässigkeit** des Vorhabens vorweg geklärt werden. Die Bauaufsichtsbehörde ist für die spätere Behandlung des Bauvorhabens an die Feststellungen im Vorbescheid gebunden (Teil 3 I 6). Vor dem Hintergrund der Genehmigungsfreistellung kann der Vorbescheid eine ähnliche Wirkung entfalten wie ein Bebauungsplan. Eine Reihe von Ländern lässt daher die Genehmigungsfreistellung in den Fällen zu, in denen die baurechtliche Zulässigkeit durch Vorbescheid festgestellt ist. 92

MBO/LBO	Regelung
MBO 2002 **BW** **Bay** **Bbg** **Hess** **M-V** **Nds** **NRW** **Rh-Pf** **Saar** **Sachs-Anh** **Schl-H**	Keine Regelung: Der Vorbescheid ist kein Anwendungsfall für die Genehmigungsfreistellung

[37] Eine Ausnahme gilt nur im Fall der Anlage 2 zur HBO (Gemeinde): Hier ist allerdings zu beachten, dass es sich bei den Vorhaben um ursprünglich völlig verfahrensfreie Vorhaben handelt, für die ggf. eine isolierte Ausnahme oder Befreiung erforderlich sein könnte.

[38] Nordrhein-Westfalen lässt mit § 67 Abs. 5 Satz 8 i.V. m. § 68 Abs. 7 BauO NW die Abweichung von sonstigen Vorschriften ausdrücklich zu.

MBO/LBO	Regelung
Bln (§ 56 a II Nr. 1 Buchstabe b) **Brem** (§ 66 III 1 Alt. 2)	Die Genehmigungsfreistellung ist anwendbar, wenn der Vorbescheid das Vorhaben abschließend als insgesamt planungsrechtlich zulässig feststellt
Sachs (§ 63 III 1)	Wohngebäude geringer Höhe bedürfen keiner Baugenehmigung, wenn durch Vorbescheid die planungsrechtliche Zulässigkeit festgestellt ist
Thür (§ 62 b I 2)	Wenn Ausnahmen, Befreiungen oder Abweichungen erforderlich sind, muss dafür ein bestandskräftiger Vorbescheid vorliegen
Hamb (§ 1 III BauanzeigeV)	Wenn Ausnahmen oder Befreiungen erforderlich sind, muss dafür ein bestandskräftiger, geltender Vorbescheid vorliegen

Auch hier gilt, dass – soweit nichts anderes geregelt ist – der Vorbescheid seine Rechtswirkungen entfaltet, sobald er **wirksam** geworden ist. Auf die Bestandskraft kommt es nicht an.

8. Erschließung

93 Nach § 30 Abs. 1 BauGB ist ein Vorhaben zulässig, wenn es den Festsetzungen des Bebauungsplans nicht widerspricht und seine Erschließung gesichert ist. Unter Erschließung im Sinne dieser Bestimmung versteht man grundsätzlich die **Erschließung, wie sie im Bebauungsplan festgesetzt ist**. Es handelt sich dabei um den Anschluss des Vorhabens an das öffentliche Straßennetz, an die Versorgung mit Elektrizität und Wasser sowie die Abwasserbeseitigung. Die Erschließungsanlagen müssen bis zur Fertigstellung der baulichen Anlagen benutzbar sein.[39]

MBO/LBO	Regelung
Bln (§ 56 a II Nr. 2) **Bbg** (§ 58 I) **Brem** (§ 66 I 1 Nr. 4) **Hamb** (§ 5 II BauanzeigeV) **Rh-Pf** (§ 67 I Nr. 2) **Sachs-Anh** (§ 68 I 2 Nr. 2)	Keine ausdrückliche Regelung, d. h. Erschließung i. S. des § 30 BauGB
MBO 2002 (§ 62 II Nr. 3) **Bay** (Art. 64 I Buchst. a)	Ausdrückliche Regelung Erschließung i. S. des BauGB
Bbg (§ 69 I Nr. 3 i.V. m. § 4)	Verweisung auf den landesrechtlichen Erschließungsbegriff
BW (§ 59 IV Satz 1 i.V. m. § 53 IV Nr. 2) **M-V** (§ 64 III Nr. 2) **Nds** (§ 69 a I Nr. 2 Buchstabe a) **NRW** (§ 67 I 1 Nr. 2) **Saar** (§ 66 III 2 Nr. 4) **Sachs** (§ 63 VI Nr. 2) **Schl-H** (§ 74 VI 1 Nr. 5) **Thür** (§ 62 b II 2 Nr. 3 Buchstabe c)	Erschließung i. S. des § 30 BauGB und Erklärung der Gemeinde, dass die Erschließung gesichert ist, bzw. ab welchem Zeitpunkt die Erschließungsanlagen benutzbar sind
Hess (§ 56 II Nr. 3)	Erschließung i. S. des BauGB; keine besonderen Anforderungen an Vorhaben nach V 1 der Anlage 2 zu § 55 HBO

[39] *Battis/Krautzberger/Löhr* (Fn. 35) Rn. 16 f.

9. Änderungen des Gebietscharakters bzw. Verletzung des Gebots der Rücksichtnahme durch ein bedingt genehmigungsfreies Vorhaben

Mit Ausnahme der Länder Mecklenburg-Vorpommern und Niedersachsen besteht die Möglichkeit der Genehmigungsfreistellung auch für Vorhaben, die keiner Wohnnutzung dienen, sondern gewerblich oder zu landwirtschaftlichen Zwecken genutzt werden. Außerdem kommt in diesen Fällen die Genehmigungsfreistellung auch in solchen Gebieten in Betracht, die ein Nebeneinander verschiedenartiger Nutzungen zulassen. Dies bedeutet, dass auch im Fall der Genehmigungsfreistellung durch die Überzahl von Vorhaben einer Kategorie (z. B. Wohnbauvorhaben) sich der **Gebietscharakter verändern** kann und z. B. aus einem Mischgebiet ein faktisches Wohngebiet oder ein faktisches Gewerbegebiet wird (vgl. § 15 Abs. 1 Satz 1 BauNVO). 94

Ebenfalls ist denkbar, dass im Einzelfall Vorhaben aufeinander treffen, die zu einer Verletzung des **Gebots der Rücksichtnahme** führen (z. B. Wohnbauvorhaben im Dorfgebiet neben einem emittierenden landwirtschaftlichen Betrieb, vgl. § 15 Abs. 1 Satz 2 BauNVO). Mit Ausnahme der Länder Mecklenburg-Vorpommern und Niedersachsen, die dieses Problem wegen des engen Anwendungsbereichs der Genehmigungsfreistellung nicht kennen, erlauben es alle Bauordnungen, wegen Widerspruchs gegen öffentlich-rechtliche Vorschriften den Baubeginn zu untersagen oder die Durchführung eines Baugenehmigungsverfahrens zu verlangen. Rechtliche Einbruchstelle ist hier die Vereinbarkeit mit den Festsetzungen des Bebauungsplans. Droht durch ein Vorhaben der Gebietscharakter zu kippen oder entstehen Nutzungskonflikte, **widerspricht es den Festsetzungen des Bebauungsplans.**[40] 95

Im **Saarland** darf die Bauaufsichtsbehörde die Voraussetzungen für die Genehmigungsfreistellung erst bestätigen, wenn Widersprüche gegen öffentlich-rechtliche Vorschriften aufgeklärt sind (§ 66 Abs. 4 Satz 6 LBO Saar). Das bedeutet, es kann auch eine Überprüfung des § 15 BauNVO stattfinden.

IV. Rechtliche Besonderheiten beim Anzeigeverfahren

Anwendungsbereich: Mecklenburg-Vorpommern

1. Allgemeines

Mecklenburg-Vorpommern hat das einfachste Verfahren zwischen unbedingter Genehmigungsfreiheit und Genehmigungspflicht gewählt: das Anzeigeverfahren. Die Bauaufsichtsbehörde muss lediglich über den beabsichtigten Baubeginn informiert werden. Im Falle eines Verstoßes gegen das Baurecht hat sie die Möglichkeit, mit den Mitteln der **Bauaufsicht** (Baueinstellung, Nutzungsuntersagung, Beseitigungsanordnung) gegen das Vorhaben vorzugehen. Das Vorhaben wird insgesamt wie ein (unbedingt) genehmigungsfreies Vorhaben behandelt. 96

2. Beteiligung der Gemeinde

Dem Bauherren muss die Erklärung der Gemeinde vorliegen, dass die Gemeinde von Maßnahmen der Sicherung der Bauleitplanung nach §§ 14, 15 BauGB keinen Gebrauch machen will und die Erschließung des Vorhabens gesichert ist (§ 63 Abs. 3 LBauO M-V). 97

---

[40] *Battis/Krautzberger/Löhr* (Fn. 35) § 30 Rn. 22.

V. Verfahren und rechtliche Besonderheiten beim Anzeigeverfahren mit Bestätigung

Anwendungsbereich: Niedersachsen, Saarland

98 Niedersachsen und das Saarland haben sich für ein modifiziertes Anzeigeverfahren entschieden. Der Baubeginn kann erfolgen, sobald der Bauherr eine Bestätigung in Händen hat, dass die **Voraussetzungen** für die **Genehmigungsfreistellung** vorliegen (Saar § 66 Abs. 6 Nr. 1) bzw. die **Erschließung gesichert** und die **vorläufige Untersagung nach § 15 Abs. 1 Satz 2 BauGB nicht beantragt** wird (Nds § 69 a Abs. 5 Satz 1). Auch diese Bestätigungen enthalten **keinerlei Feststellungswirkung**. Durch sie wird jedoch der **Bau freigegeben**. Insoweit sind sie Verwaltungsakt i. S. des § 35 VwVfG.

Während in Niedersachsen die Anzeige der Gemeinde gegenüber erfolgt, erfolgt sie im **Saarland** gegenüber der **Bauaufsichtsbehörde**. Die **Gemeinde** wird beteiligt, indem die Bauanzeige eines Sichtvermerks der Gemeinde bedarf (§ 66 Abs. 3 Satz 2 LBO Saar) und einer Erklärung der Gemeinde, dass die planungsrechtlichen Voraussetzungen für die Genehmigungsfreistellung vorliegen und das Vorhaben außerhalb des Geltungsbereichs einer Veränderungssperre liegt (§ 66 Abs. 3 Satz 3 Nr. 4 LBO Saar). Außerdem wird die Genehmigungsfreistellung ausgeschlossen, wenn die Gemeinde die Zurückstellung des Baugesuchs beantragt (§ 66 Abs. 1 Satz 2 LBO Saar). Wird der Bauaufsichtsbehörde bekannt, dass das Vorhaben öffentlich-rechtlichen Vorschriften widerspricht, darf die Bestätigung der Baufreigabe erst erteilt werden, wenn der Widerspruch ausgeräumt ist (§ 66 Abs. 4 Satz 7 LBO Saar).

VI. Verfahren und rechtliche Besonderheiten bei der Genehmigungsoption

Anwendungsbereich: Musterbauordnung 2002, Bayern, Berlin, Bremen, Hessen, Nordrhein-Westfalen, Rheinland-Pfalz, Sachsen-Anhalt

99 Auf die Bauanzeige hin gibt es drei Möglichkeiten, wie sich die Gemeinde bzw. die Bauaufsichtsbehörde (Berlin) verhält:

- Die Gemeinde bzw. die Bauaufsichtsbehörde (Berlin) bleibt **untätig**: Mit Ablauf der gesetzlich bestimmten Frist ist der **Bau freigegeben**.
- Die Gemeinde bzw. die Bauaufsichtsbehörde (Berlin) verlangt innerhalb der gesetzlich bestimmten Frist die **Durchführung eines Baugenehmigungsverfahrens**: Der Bau wird nicht freigegeben. Die Bauvorlagen werden an den Bauherren zurückgesandt oder die Bauanzeige wird als Bauantrag weiterbehandelt.
- Die Gemeinde bzw. die Bauaufsichtsbehörde (Berlin) **gibt den Bau vorzeitig frei**: Es kann ab Baufreigabe mit dem Bau begonnen werden.

Eine Sonderform kennt **Sachsen**: Dieses Land hat sich zwar grundsätzlich für die Untersagungsoption entschieden, erlaubt aber der **Gemeinde** bei **Gebäuden mittlerer Höhe**, die Durchführung eines **Genehmigungsverfahrens** zu verlangen (§ 63 Abs. 1 Nr. 4 SächsBO).

1. Untätigbleiben der Behörde

100 Bleibt die Behörde untätig, dann gilt der Bau mit Ablauf der gesetzlich bestimmten Frist als freigegeben (**Freigabefiktion**). Die Frist beginnt mit dem Einreichen der vollständigen Bauanzeige einschließlich der nach Landesrecht erforderlichen Bauvorlagen und Erklärungen zu laufen. Es handelt sich dabei um eine Ereignisfrist i. S. des § 187 Abs. 1 BGB: Gehen z. B. die Bauvorlagen am 15. April 2002 bei der Behörde ein, so würde eine gesetzlich bestimmte Frist von einem Monat mit Ablauf des 15. Mai 2002

enden (§ 188 Abs. 2 Alt. 1 BGB). Die Frist verlängert sich gemäß § 193 BGB auf den Ablauf des folgenden Werktags, wenn das Fristende auf einen Sonnabend, Sonntag oder Feiertag fällt (die Behörde könnte auch noch am letzten Tag der Frist die Durchführung eines Genehmigungsverfahrens verlangen).

Diese Baufreigabe stellt einen **Verwaltungsakt** dar. Die Regelungswirkung i. S. von 101
§ 35 Satz 1 VwVfG liegt in der Baufreigabe, also dem einen Merkmal der Baugenehmigung (Teil 1 I 3 c). Ein Verwaltungsakt kann nicht nur schriftlich oder mündlich ergehen, sondern er kann auch durch Fristablauf fingiert werden, wenn das Gesetz es – wie hier – vorsieht.[41]

Eine Sonderregelung gilt in **Hessen**. In den Fällen des § 56 Abs. 2 Nr. 5 HBO endet die Genehmi- 102
gungsoption, wenn die Gemeinde die vorläufige Rückstellung des Baugesuchs nach § 15 Abs. 1 Satz 2 BauGB beantragt. Diese Erklärung wird dem Genehmigungsverlangen gleichgestellt. In den Fällen der Anlage 2 zu § 55 HBO bewirkt die Nichterklärung, dass es bei dem gesetzlichen Grundsatz der Baugenehmigungsfreiheit verbleibt. In diesem Fall kann der Fristablauf **mangels Regelungswirkung keinen Verwaltungsakt fingieren**.

2. Ausdrückliche Baufreigabe

Alle Länder mit Ausnahme Berlins regeln im Gesetz, dass die Baufreigabe auch **vor** 103
Ablauf der Frist durch ausdrückliche Erklärung erfolgen kann. Auch wenn für das Land Berlin diese Möglichkeit im Gesetz nicht ausdrücklich genannt ist, so hat die Behörde insoweit ein **Dispositionsrecht**. Es spricht nichts dagegen, wenn sie auch ohne gesetzliche Bestimmung den Bau vorzeitig durch ausdrückliche Erklärung freigibt. Auch bei der ausdrückliche Baufreigabe handelt es sich um einen Verwaltungsakt i. S. des § 35 VwVfG.

3. Genehmigungsverlangen

Die Gemeinde oder die Baugenehmigungsbehörde (Berlin) kann die Durchführung 104
eines Baugenehmigungsverfahrens verlangen. Die Erklärung ist nur wirksam, wenn sie dem Bauherren **vor Fristablauf zugeht**.

a) Form

Mit Ausnahme von Hessen, das ausdrücklich die Schriftform der Erklärung vorsieht 105
(§ 56 Abs. 2 Nr. 5 HBO), enthalten die Bauordnungen keine Bestimmungen, in welcher Form diese Erklärung zu erfolgen hat. Die **Musterbauordnung 2002** (§ 62 Abs. 4 Satz 3), Bayern (Art. 64 Abs. 4 Satz 3 BayBO), Bremen (§ 66 Abs. 6 Satz 4 BremLBO), Nordrhein-Westfalen (§ 67 Abs. 3 Satz 2 BauO NW) und Sachsen-Anhalt (§ 68 Abs. 4 Satz 2 BauO LSA) regeln, dass die Gemeinde dem Bauherren mit der Erklärung die Bauvorlagen zurückzureichen hat. Daraus folgt, dass der Gesetzgeber hier von der **Schriftform** der Erklärung ausgeht. In Berlin und Rheinland-Pfalz ist dies nicht ausdrücklich vorgesehen. Daraus folgt, die Erklärung kann auch mündlich ergehen. Aus Gründen der Beweisbarkeit empfiehlt sich aber auch hier die Schriftform.

b) Organzuständigkeit

Die Entscheidung, dass ein Baugenehmigungsverfahren durchgeführt werden soll, ist 106
für die Gemeinde grundsätzlich ein **Geschäft der laufenden Verwaltung**, so dass sie durch den Bürgermeister bzw. die Gemeindeverwaltung getroffen werden kann. Die Entscheidung eines Kollegialorgans ist in der Regel nicht erforderlich. Ausnahmen können jedoch bei besonders kleinen Gemeinden und bei besonders bedeutenden Vorhaben bestehen.

---

[41] *Kopp/Ramsauer*, Verwaltungsverfahrensgesetz, § 37 Rn. 21 m. w. N.

c) Rechtsnatur

107 In der Literatur ist umstritten, welche Rechtsnatur diese Erklärung besitzt, insbesondere ob sie lediglich **schlichtes Verwaltungshandeln** darstellt oder ob es sich dabei um einen **Verwaltungsakt** handelt. Mit der Erklärung endet die Option auf eine „einfache" Baufreigabe. Diese rechtliche Folge spricht dafür, dass es sich um einen Verwaltungsakt i. S. von § 35 Satz 1 VwVfG handelt.[42] Nach anderer Ansicht hat die Erklärung lediglich den Inhalt, dass sie ein neues Verwaltungsverfahren einleitet, aber keines beendet und gefolgert wird aus § 9 VwVfG, dass es sich nicht um einen Verwaltungsakt handelt.[43] Eindeutig ist die Rechtsnatur in **Hessen** im Anwendungsbereich der Anlage 2 zu § 55 HBO: Hier wird durch die Erklärung für ein an sich genehmigungsfreies Vorhaben konstitutiv die Baugenehmigungspflicht ausgelöst. Die Erklärung stellt unstreitig einen **Verwaltungsakt** dar.

108 Im Übrigen kann das Ergebnis des Streits aber **offen bleiben**. Zum einen regeln verschiedene Länder, dass **kein Anspruch** darauf besteht, dass die Gemeinde bzw. die Baugenehmigungsbehörde von ihrem Genehmigungsverlangen keinen Gebrauch macht (Bayern, Berlin, Bremen). Im Übrigen handelt es sich bei der Erklärung um eine **nicht selbständig anfechtbare Verwaltungshandlung nach § 44 a VwGO**.[44] Einer Versagungsgegenklage oder einer isolierten Verpflichtungsklage auf Freistellungserklärung ist damit die Grundlage entzogen. Außerdem würde es einer solchen Klage am Rechtsschutzbedürfnis fehlen: Der Bauherr hat auch im „normalen" Baugenehmigungsverfahren die Möglichkeit, auf Freigabe des Baus zu klagen. Wie oben ausgeführt, sind bedingt genehmigungsfreie Vorhaben von ihrem Wesen her baugenehmigungspflichtig. Während der Dispens vom Bauverbot bei genehmigungspflichtigen Vorhaben grundsätzlich im Rahmen der Baugenehmigung erteilt wird, so wird hier aus Gründen der Vereinfachung und der Beschleunigung für Vorhaben, deren Zulässigkeit sich einfach und formalisiert feststellen lässt, eine Baufreigabe ohne Feststellungswirkung zugelassen. Solchen Beschleunigungsmöglichkeiten steht nicht immer eine entsprechende Rechtsschutzmöglichkeit gegenüber.

4. Gründe für das Genehmigungsverlangen

109 Die Bauordnungen regeln, aus welchen Gründen die Gemeinde oder die Bauaufsichtsbehörde (Berlin) die Durchführung eines Baugenehmigungsverfahrens verlangen kann.

MBO/LBO	Regelung
MBO 2002 § 62 IV	• Überprüfung der sonstigen Voraussetzungen (§ 62 II Nr. 1–3 MBO 2002) wird für erforderlich gehalten • Gemeinde hält die Überprüfung des Vorhabens aus anderen Gründen für erforderlich
Bay Art. 64 IV 1	• Voraussetzungen für die Genehmigungsfreistellung nicht erfüllt • Absicht, eine Veränderungssperre zu erlassen (§ 14 BauGB) • Absicht, die Zurückstellung des Baugesuchs zu beantragen (§ 15 BauGB) • Gemeinde hält die Überprüfung des Vorhabens aus anderen Gründen für erforderlich (nicht abschließend)

[42] *Simon*, BayVBl. 1994, 332, 336; *Boeddinghaus/Hahn/Schulte*, Bauordnung für das Land Nordrhein-Westfalen, § 67 Rn. 42.
[43] *Jäde/Weindl/Dirnberger*, BayVBl. 1994, 321, 324.
[44] *Jäde*, BayVBl. 1994, 363, 364; *Eyermann*, VwGO, § 44 a Rn. 9; *Boeddinghaus/Hahn/Schulte* (Fn. 42) § 67 Rn. 42.

MBO/LBO	Regelung
Bln § 56 a II 2	• Absicht, eine Veränderungssperre zu erlassen (§ 14 BauGB) • Absicht, die Zurückstellung des Baugesuchs zu beantragen (§ 15 BauGB) • Bauaufsichtsbehörde hält die Überprüfung des Vorhabens aus anderen Gründen für erforderlich
Brem § 66 VI 1	• Absicht, eine Veränderungssperre zu erlassen (§ 14 BauGB) • Absicht, die Zurückstellung des Baugesuchs zu beantragen (§ 15 BauGB) • Voraussetzungen für die Genehmigungsfreistellung nicht erfüllt • Vorhaben bedarf einer gestalterischen Überprüfung, einer Prüfung hinsichtlich der Übereinstimmung mit einer örtlichen Bauvorschrift oder eines vorläufigen Schutzes nach dem Denkmalschutzgesetz • Grundstück ist insbesondere wegen Altlasten für das Vorhaben nicht geeignet
Hess § 56 IV V 1 der Anlage 2 zu § 55	• Voraussetzungen für die Genehmigungsfreistellung nicht erfüllt • Gemeinde hält die Überprüfung des Vorhabens aus anderen Gründen für erforderlich (nicht abschließend) Keine Anforderungen an den Grund für die Erklärung
NRW § 67 III 1	• Absicht, eine Veränderungssperre zu erlassen (§ 14 BauGB) • Absicht, die Zurückstellung des Baugesuchs zu beantragen (§ 15 BauGB) • Gemeinde hält die Überprüfung des Vorhabens aus anderen Gründen für erforderlich
Rh-Pf § 67 III 1	• Absicht, eine Veränderungssperre zu erlassen (§ 14 BauGB) • Absicht, die Zurückstellung des Baugesuchs zu beantragen (§ 15 BauGB) • Gemeinde ist der Auffassung, dass dem Vorhaben öffentlich-rechtliche Vorschriften entgegenstehen
Sachs § 63 I 1 Nr. 4	(keine Gründe erforderlich)
Sachs-Anh § 68 IV 1	• Absicht, eine Veränderungssperre zu erlassen (§ 14 BauGB) • Absicht, die Zurückstellung des Baugesuchs zu beantragen (§ 15 BauGB) • Gemeinde hält unter Angabe von anderen wichtigen Gründe die Durchführung eines Baugenehmigungsverfahrens für erforderlich

Auch soweit nichts geregelt ist, folgt aus dem Zweck der Genehmigungsfreistellung, 110
dass die **fehlende Übereinstimmung** mit den Festsetzungen des Bebauungsplans ein Grund ist, die Durchführung des Baugenehmigungsverfahrens zu verlangen.

Im Übrigen haben alle Fälle gemeinsam, dass die Gemeinde bzw. die Bauaufsichtsbe- 111
hörde (Berlin) **nicht verpflichtet** ist, die Voraussetzungen für die Genehmigungsfreistellung zu überprüfen. Sie ist lediglich dazu berechtigt. Wie ausgeführt, ist die Baufreigabe nicht mit der Feststellung verbunden, dass das Vorhaben den öffentlich-rechtlichen Vorschriften entspricht. Die Einhaltung des Rechts liegt in der Verantwortung des Bauherren. Einige Ländern fordern sogar eine Erklärung des Entwurfsverfassers, mit der die Übereinstimmung mit dem Recht versichert wird (siehe VIII).

5. Beteiligung der Gemeinde

112 Im Fall der Genehmigungsoption ist die **Gemeinde Herrin des Verfahrens**, denn sie entscheidet, ob ein Genehmigungsverfahren durchgeführt werden soll. In Berlin, wo die Anzeige gegenüber der Bauaufsichtsbehörde erfolgt, stellt sich das Problem der Gemeindebeteiligung nicht (Stadtstaat).

VII. Verfahren und rechtliche Besonderheiten bei der Untersagungsoption

Anwendungsbereich: Baden-Württemberg, Brandenburg, Hamburg, Sachsen, Schleswig-Holstein, Thüringen

113 Die Untersagung des Baubeginns erfolgt in allen Fällen durch die **Bauaufsichtsbehörde**. Dies ist konsequent: Die Untersagung des Baubeginns hat Ähnlichkeit mit der Baueinstellungsverfügung, allerdings mit dem Unterschied, dass sie bereits vor Baubeginn erfolgt.

Bei der Untersagungsoption hat die Bauaufsichtsbehörde drei Möglichkeiten, wie sie sich verhält:

- Die Bauaufsichtsbehörde bleibt **untätig**: Mit Ablauf der gesetzlich bestimmten Frist ist der **Bau freigegeben**.
- Die Bauaufsichtsbehörde **untersagt** den Bau innerhalb der gesetzlich bestimmten Frist.
- Die Bauaufsichtsbehörde gibt den **Bau vorzeitig frei**.

1. Fingierte oder ausdrückliche Baufreigabe

114 Hier gelten die Ausführungen zur Genehmigungsoption (VI 3 c) sinngemäß. Auch hier kann die Bauaufsichtsbehörde den Bau vorzeitig freigeben, auch wenn dies gesetzlich nicht bestimmt ist.

2. Untersagung

115 Die Untersagung des Baubeginns muss innerhalb der gesetzlich bestimmten Frist dem Bauherren zugehen. Auch soweit das Gesetz hier keine Bestimmung trifft, empfiehlt sich die Schriftform der Erklärung. Die Untersagung ist **ähnlich der Baueinstellungsverfügung** ein **Verwaltungsakt** i. S. des § 35 Satz 1 VwVfG.

3. Gründe für die Untersagung des Baubeginns

LBO	Regelung
BW § 59 IV 1, § 47 I, § 53 IV	• Verstoß gegen öffentlich-rechtliche Vorschriften • Mitteilung der Gemeinde, dass die Bauvorlagen unvollständig sind, die Erschließung nicht gesichert ist, eine hindernde Baulast besteht oder das Vorhaben in einem Gebiet nach §§ 142, 165 oder 172 BauGB liegt und die hierfür notwendige Genehmigung noch nicht beantragt ist
Bbg § 58 IV	• Voraussetzungen des § 58 I liegen nicht vor • Bauanzeige, Bauvorlagen oder Nachweise sind nicht vollständig oder unrichtig • Voraussetzungen der §§ 14 oder 15 BauGB liegen vor

LBO	Regelung
Hamb § 5 II BauanzeigeV	Gefahr für die öffentliche Sicherheit und Ordnung, insbesondere • Voraussetzungen für die Genehmigungsfreistellung liegen nicht vor • erforderliche Unterlagen nach §§ 2, 3 BauanzeigeV liegen nicht vor • öffentlich-rechtliche Vorschriften stehen entgegen
Sachs § 63 VIII 2	• Gemeinde hat innerhalb der 3-Wochen-Frist die Rückstellung des Baugesuchs beantragt. • Gemeinde hat innerhalb der 3-Wochen-Frist gegenüber der Bauaufsichtsbehörde oder dem Bauherren erklärt, dass für Bauvorhaben mittlerer Höhe ein Genehmigungsverfahren durchgeführt werden soll (Genehmigungsoption) • Voraussetzungen für die Genehmigungsfreistellung liegen nicht vor (§ 68 I–III)
Schl-H § 74 IX 2 LBO	Gefahr für die öffentliche Sicherheit und Ordnung, insbesondere • die nach § 74 VI erforderlichen Unterlagen liegen nicht vor • Vorhaben oder Bauausführung widersprechen öffentlich-rechtlichen Vorschriften • Voraussetzungen für die Genehmigungsfreistellung (§ 74 I und II) liegen nicht vor
Thür § 62 b IV Satz 2	Gefahr für die öffentliche Sicherheit und Ordnung, insbesondere • Voraussetzungen für die Genehmigungsfreistellung liegen nicht vor, • die nach § 62 b II erforderlichen Unterlagen sind unvollständig oder unzutreffend, • dem Vorhaben stehen öffentlich-rechtliche Vorschriften entgegen

4. Beteiligung der Gemeinde

Im Falle der Untersagungsoption wird die Baufreigabe oder die Untersagung des Vorhabens durch die **Bauaufsichtsbehörde** ausgesprochen. Die **kommunale Planungshoheit** gebietet es jedoch, dass die Gemeinde vor der Baufreigabe beteiligt wird. Sie muss die Möglichkeit haben, auf die Anzeige des Vorhabens mit dem Erlass einer **Veränderungssperre** oder dem Antrag auf **Rückstellung des Baugesuchs** reagieren zu können. 116

LBO	Regelung
BW § 52 I 1, § 53 III	Die Bauanzeige ist bei der Gemeinde einzureichen
Bbg Keine Regelung	Stellungnahme der Gemeinde ist nach § 58 V, § 63 III i.V. m. §§ 14, 15 BauGB einzuholen (Gelegenheit, Veränderungssperre zu erlassen, bzw. Rückstellung des Baugesuchs zu beantragen)
Hamb	entfällt (Stadtstaat)
Sachs § 63 VI	Die Bauanzeige ist sowohl bei der Bauaufsichtsbehörde als auch bei der Gemeinde einzureichen. Die Gemeinde muss bestätigen, dass für das Vorhaben die Erschließung bei Nutzungsbeginn gesichert ist

LBO	Regelung
Schl-H § 74 VI	Die Bauanzeige ist sowohl bei der Bauaufsichtsbehörde als auch bei der Gemeinde einzureichen. Die Gemeinde muss bestätigen, dass die Erschließung des Vorhabens gesichert ist und keine hindernde Baulast besteht
Thür § 62 b II	Der Bauherr muss eine Bestätigung der Gemeinde beibringen, dass das Grundstück im Geltungsbereich eines qualifizierten Bebauungsplans liegt, außerhalb von Gebieten nach § 142 oder § 172 BauGB, dass Ausnahmen und Befreiungen nicht erforderlich sind, ab welchem Zeitpunkt die Erschließung gesichert ist und dass die Beteiligung der Nachbarn erfolgt ist

VIII. Sachkunde und Erklärungen zur Übereinstimmung mit dem Baurecht

117 Wie oben ausgeführt, erfolgt im Rahmen der Genehmigungsfreistellung **keine zwingende Prüfung der Baurechtsmäßigkeit** eines Vorhabens. Mit dem Bau kann begonnen werden, ohne dass die Bauaufsichtsbehörde die Übereinstimmung mit den öffentlich-rechtlichen Vorschriften feststellt. Dessen ungeachtet muss das Vorhaben dem materiellen Baurecht entsprechen. Die **Einhaltung des materiellen Baurechts** liegt in der Eigenverantwortung des Bauherren. Einige Bauordnungen versuchen, die Einhaltung des materiellen Baurechts dadurch zu sichern, dass sie vom Bauherren, dem Entwurfsverfasser oder den sonstigen am Bau Beteiligten Erklärungen fordern, dass das Vorhaben dem öffentlichen Recht entspricht, oder sie verlangen eine besondere Sachkunde der am Bau Beteiligten.

Näheres hierzu s. Übersicht zur Genehmigungsfreistellung im Ländervergleich (Rn. 139 ff.).

IX. Vorbescheidsfähigkeit des genehmigungsfreigestellten Vorhabens

118 Umstritten ist, ob für ein genehmigungsfreigestelltes Vorhaben ein Vorbescheid beantragt werden kann. Da der Vorbescheid einen **Teil der Baugenehmigung vorwegnimmt** und der Baufreigabe im Rahmen der Genehmigungsfreistellung die für die Baugenehmigung und den Vorbescheid typische **Feststellungswirkung fehlt**, spricht dies prima facie zunächst gegen die Vorbescheidsfähigkeit eines freigestellten Vorhabens. Nun ist aber zu berücksichtigen, dass es Länder gibt, in denen dem Bauherren ein Wahlrecht zwischen Genehmigungsfreistellung und Baugenehmigung zukommt und dass im Falle der Genehmigungsoption das Vorhaben von seiner Natur her ein genehmigungspflichtiges Vorhaben ist.

1. Ausdrückliche Regelung

119 **Mecklenburg-Vorpommern** regelt ausdrücklich, dass für das genehmigungsfreigestellte Vorhaben ein **Vorbescheid beantragt** werden kann (§ 64 Abs. 4, § 68 LBauO M-V).

2. Länder mit Wahlrecht zwischen Genehmigungsfreistellung und Baugenehmigungspflicht

120 **Baden-Württemberg, Brandenburg, Niedersachsen, Nordrhein-Westfalen, Sachsen, Sachsen-Anhalt** und **Schleswig-Holstein** geben dem Bauherren ein **Wahlrecht** zwischen der Genehmigungsfreistellung und dem Antrag auf eine Baugenehmigung. Aus dieser **Dispositionsmöglichkeit** folgt, dass die Zulässigkeit des Vorhabens vorab durch **Vorbescheid** geklärt werden kann.

3. Genehmigungsoption

Die **Musterbauordnung 2002** sowie die Länder **Bayern, Berlin, Bremen, Hessen** und **Rheinland-Pfalz** haben sich für die Genehmigungsoption entschieden. Wie oben (I 3a) ausgeführt, handelt es sich beim genehmigungsfreigestellten Vorhaben bei dieser rechtlichen Konstruktion um ein auflösend bedingt genehmigungspflichtiges Vorhaben. Für solche Vorhaben kann daher ein Vorbescheid beantragt werden.[45] **121**

Eine Ausnahme gilt nur in **Hessen** für die Fälle der **Anlage 2 zu § 55 HBO**. Hier handelt es sich vom Wesen her um genehmigungsfreie Vorhaben. Ein Vorbescheid kann erst dann beantragt werden, wenn die Gemeinde durch ihre Erklärung die Genehmigungspflicht konstitutiv geschaffen hat. **122**

4. Untersagungsoption und Anzeigeverfahren

Die verbleibenden Länder **Hamburg, Saarland** und **Thüringen** reagieren auf baurechtswidrige Vorhaben im Genehmigungsfreistellungsverfahren mit Untersagungsverfügungen. Das bedeutete, diese Länder gehen von genehmigungsfreien, jedoch anzeigepflichtigen Vorhaben aus, die eindeutig **nicht vorbescheidsfähig** sind. **123**

5. Zusammenfassung zur Vorbescheidsfähigkeit

124

MBO/Land	Vorbescheids-fähigkeit	Grund
MBO 2002	ja	auflösend bedingt genehmigungspflichtig
BW	ja	Wahlrecht
Bay	ja	auflösend bedingt genehmigungspflichtig
Bbg	ja	Wahlrecht
Bln	ja	auflösend bedingt genehmigungspflichtig
Brem	ja	auflösend bedingt genehmigungspflichtig
Hamb	nein	Anzeigepflicht
Hess	ja (nein: Anlage 2 zu § 55 HBO)	auflösend bedingt genehmigungspflichtig (anders Anlage 2 zu § 55 HBO; genehmigungsfreie Vorhaben)
M-V	ja	ausdrückliche Regelung, § 64 IV, § 68
Nds	ja	Wahlrecht
NRW	ja	Wahlrecht
Rh-Pf	ja	auflösend bedingt genehmigungspflichtig
Saar	nein	Anzeigepflicht
Sachs	ja	Wahlrecht
Sachs-Anh	ja	Wahlrecht
Schl-H	ja	Wahlrecht
Thür	nein	Anzeigepflicht

[45] A. A. *Simon/Busse*, Bayerische Bauordnung, Art. 75 Rn. 2: demnach soll der Vorbescheid erst nach dem Genehmigungsverlangen der Gemeinde möglich sein.

X. Ungültigkeit eines Bebauungsplans

1. Unterschied zwischen genehmigtem und bedingt genehmigungsfreiem Vorhaben

125 Die Feststellungswirkung der Baugenehmigung schützt den Bauherren vor bauaufsichtlichem Einschreiten (Baueinstellung, Beseitigungsanordnung, Nutzungsuntersagung), wenn sich der Bebauungsplan als nichtig erweist. Die Baugenehmigung wird zwar rechtswidrig, bleibt aber gültig (§ 43 Abs. 2 VwVfG). Sie kann nur unter den sehr engen Voraussetzungen des § 49 VwVfG widerrufen werden (Teil 1 VI 3 b).

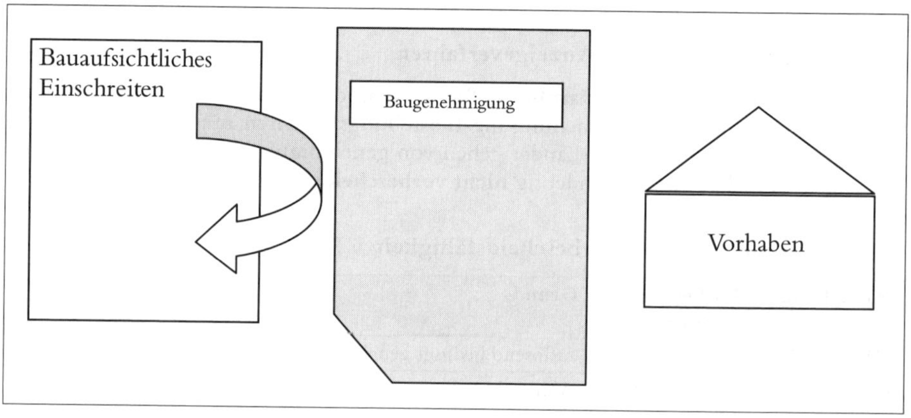

Bei der **Genehmigungsfreistellung** muss sich der Bauherr dagegen nach der erteilten Baufreigabe so behandeln lassen, als würde er ein **baugenehmigungsfreies Vorhaben** errichten. Er trägt die Verantwortung für die baurechtsgemäße Bauausführung. Erweist sich in diesem Fall der **Bebauungsplan** nachträglich als **nichtig**, so wird dem Bauvorhaben nachträglich die rechtliche Grundlage entzogen. Mit dem Wegfall des Bebauungsplans wird das Vorhaben unbedingt baugenehmigungspflichtig. Da die Freistellung zwar eine Baufreigabe, aber keine Feststellung über die Baurechtmäßigkeit enthält, wird das Vorhaben **formell baurechtswidrig**. Wegen der fehlenden Feststellungswirkung der Baufreigabe im Rahmen der Genehmigungsfreistellung droht dem Bauherren bauaufsichtliches Einschreiten.

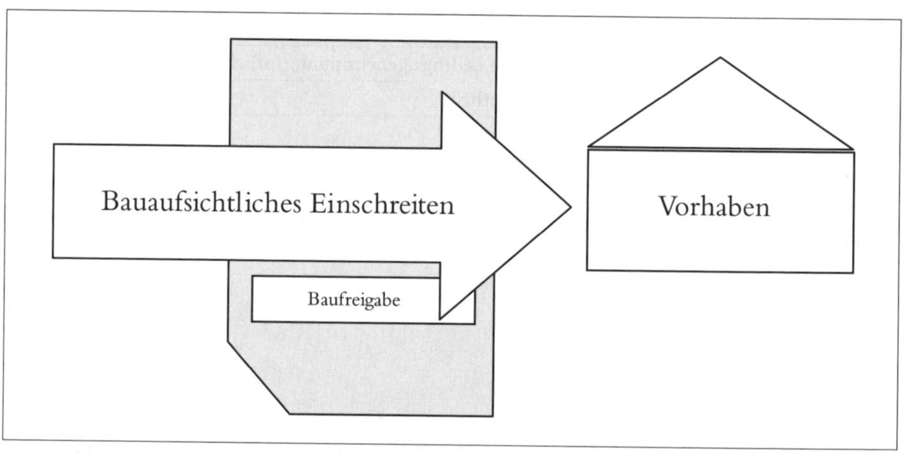

2. Regelungen der Länder

Die Länder regeln nur unvollständig, wie in diesen Fällen zu verfahren ist. 126

MBO/LBO	Regelung
MBO 2002 **BW** **Bay** **Bln** **Bbg** **Brem** **Hamb** **Hess** **Rh-Pf** **Saar** **Schl-H** **Thür**	Keine Regelung: Bei Nichtigkeit des Bebauungsplans ist das Vorhaben ohne die dafür erforderliche Baugenehmigung errichtet worden (formell illegal)
Nds § 69 a X	Das Vorhaben bedarf auch dann keiner Baugenehmigung, wenn nach seiner Durchführung die Nichtigkeit des Bebauungsplans festgestellt ist
NRW § 67 VIII	Das Vorhaben bedarf auch dann keiner Baugenehmigung, wenn nach seiner Durchführung die Nichtigkeit des Bebauungsplans festgestellt ist. Seine Beseitigung darf wegen eines Verstoßes gegen planungsrechtliche Vorschriften, der auf der Nichtigkeit des Bebauungsplanes beruht, nicht verlangt werden, es sei denn, dass eine Beeinträchtigung von Rechten Dritter dies erfordert
Sachs § 63 XI	Das Vorhaben bedarf auch dann keiner Baugenehmigung, wenn nach Baubeginn die Nichtigkeit des Bebauungsplans festgestellt ist
Sachs-Anh § 68 II	Die Rechtmäßigkeit eines Vorhabens wird durch die spätere Feststellung der Nichtigkeit des Bebauungsplans nicht berührt

3. Formelle Illegalität

a) Ungeregelte Fälle

In den Ländern, die keine Regelungen treffen, ist das Vorhaben als formell illegal zu betrachten, wenn sich der der Genehmigungsfreistellung zugrunde liegende Bebauungsplan nachträglich als unwirksam erweist. Die ursprüngliche **Baugenehmigungspflicht** lebt wieder auf. Während der Bauausführung kann eine **Baueinstellung** erfolgen. Außerdem kann verlangt werden, dass für das Vorhaben ein **Bauantrag gestellt** wird. Schließlich kann bis zur endgültigen Klärung der (materiellen) Baurechtsmäßigkeit die **Nutzung** des Vorhabens (vorläufig) **untersagt** werden *(siehe 15. Kapitel).* 127

b) Niedersachsen, Nordrhein-Westfalen, Sachsen und Sachsen-Anhalt

In dieser Ländern bleibt das Vorhaben trotz Nichtigkeit des Bebauungsplans **baugenehmigungsfrei**. In Niedersachsen und Nordrhein-Westfalen tritt diese Folge erst mit der Durchführung bzw. Fertigstellung des Bauvorhabens ein, in Sachsen bereits mit dem Baubeginn. Soweit die Nichtigkeit vor dem im Gesetz genannten maßgeblichen Zeitpunkt festgestellt wird, gelten die Ausführungen unter a) sinngemäß. **Bauaufsichtliche Maßnahmen** müssen in diesen Fällen auf eine **materielle Rechtswidrigkeit** des Vorhabens gestützt werden.[46] 128

[46] *Degenhart/Krüger,* Sächsische Bauordnung, § 63 Rn. 82.

4. Materielle Illegalität

a) Grundsatz

129 Unabhängig von der Frage, ob im Falle der Nichtigkeit des zugrunde liegenden Bebauungsplans eine Baugenehmigung erforderlich ist, ist die Frage, ob im Falle der Nichtigkeit das Vorhaben als materiell illegal behandelt werden muss, ob also ein **Verstoß gegen das materielle Baurecht** vorliegt. Verstöße gegen materielles Baurecht in Zusammenhang mit der Gültigkeit des Bebauungsplans sind denkbar: Ohne den Bebauungsplan kann das Vorhaben z. B. im Außenbereich liegen und daher nach § 35 BauGB unzulässig sein oder es fügt sich in seine Umgebung nach § 34 BauGB nicht ein.

130 Da der Freigabe im Rahmen der Genehmigungsfreistellung keine feststellende Wirkung zukommt, ist die materielle Baurechtsmäßigkeit ebenso zu beurteilen wie bei einem absolut genehmigungsfreien Vorhaben. Die **Baugenehmigungsfreiheit** entbindet nicht von der **Einhaltung des materiellen Baurechts**. Dies ist ein Grundsatz, der in allen Ländern ausdrücklich geregelt worden ist (MBO 2002 § 59 Abs. 2, BW § 50 Abs. 5, Bay Art. 63 Abs. 6, Bln § 55 Abs. 5, Bbg § 55 Abs. 1 Satz 1, Brem § 65 Abs. 6 Satz 1, Hamb § 61 Abs. 2, Hess § 54 Abs. 2, M-V § 65 Abs. 5, Nds § 69 Abs. 6 Satz 1, NRW § 65 Abs. 4, Rh-Pf § 62 Abs. 3, Saar § 65 Abs. 3, Sachs § 63 a Abs. 6 Satz 1, Sachs-Anh § 69 Abs. 5, Schl-H § 60, Thür § 62 Abs. 2 Satz 1). Ist das Vorhaben materiell illegal, ist es nicht nur von der Baueinstellung und der (vorläufigen) Nutzungsuntersagung bedroht, sondern auch von der **Baubeseitigung** und der **(endgültigen) Nutzungsuntersagung**. Die Besonderheiten der Genehmigungsfreistellung können im Rahmen der Ermessensausübung berücksichtigt werden (siehe unten c).

b) Ausnahmen: Nordrhein-Westfalen und Sachsen-Anhalt

131 Diese Länder haben Regelungen getroffen, die für den Bauherren günstiger sind. In **Nordrhein-Westfalen** wird geregelt, dass die **Beseitigung** wegen eines Verstoßes gegen bauplanungsrechtliche Vorschriften, der auf der **Nichtigkeit des Bebauungsplans beruht**, grundsätzlich **nicht verlangt** werden darf.

132 In **Nordrhein-Westfalen** kann die Beseitigung verlangt werden, wenn **Rechte Dritter** ein Einschreiten erfordern (§ 67 Abs. 8 BauO NW). Das bedeutet, dass der Bebauungsplan trotz seiner Nichtigkeit auf das (fertig gestellte) Vorhaben fortwirkt. Es kann dahingestellt bleiben, ob der Genehmigungsfreistellung damit eine eingeschränkte Feststellungswirkung zukommt oder der Vertrauensschutz des Bauherren (siehe unten) besonders ausgestaltet ist. Im Ergebnis ist also eine **Interessenabwägung** zwischen den Interessen des Bauherren und denen des Dritten vorzunehmen. Eine Beseitigung oder Nutzungsuntersagung wird insbesondere dann in Betracht kommen, wenn ein Verstoß gegen das **Gebot der Rücksichtnahme** vorliegt.

133 Die Regelung in **Sachsen-Anhalt** (§ 68 Abs. 2 LBauO LSA) **geht noch weiter**: Die **Rechtmäßigkeit** des Vorhabens wird trotz der Nichtigkeit des Bebauungsplans **dauerhaft fingiert**. Auch die Beeinträchtigung von Rechten Dritter berechtigt nicht zur Baubeseitigung. Die Baufreigabe müsste nach § 49 VwVfG widerrufen werden. Ein solcher Widerruf wird in der Praxis aber meist nicht möglich sein: Einschlägig wäre § 49 Abs. 2 Nr. 4 VwVfG. Der Widerruf bei nachträglicher Änderung der Rechtslage (Nichtigkeit der städtebaulichen Satzung) ist jedoch nur möglich, wenn der Bauherr von der Baufreigabe noch keinen Gebrauch gemacht, also mit dem Bau noch nicht begonnen worden ist.[47] Der Widerruf zur Verhütung schwerer Nachteile für das Gemeinwohl (§ 49 Abs. 2 Nr. 5 VwVfG) wird wohl nur in besonders gelagerten Fällen in Betracht kommen. In jedem Fall ist der Bauherr nach § 49 Abs. 5 VwVfG zu entschädigen.

[47] Da mit der Freigabe im Rahmen der Genehmigungsfreistellung keine Feststellungswirkung verbunden ist, besteht nur ein Bestandsschutz nach Maßgabe des § 68 Abs. 2 LBauO LSA. Der für die Baugenehmigung geltende Ausschluss des Widerrufs wegen nachträglicher Rechtsänderung (siehe Teil I VI 3 b) gilt hier nicht.

Diese Regelungen sind aus **verfassungsrechtlichen Gründen nicht unproblematisch**: 134
Die Länder dürfen nicht über die Einhaltung des (bundesrechtlichen) Bauplanungsrechts disponieren.[48] Verstöße gegen §§ 29 ff. BauGB werden durch solche Regelungen jedoch systematisch als unbeachtlich erklärt.

c) Ermessensausübung

Bauaufsichtliche Maßnahmen stehen im Ermessen der Behörden. Für den Erlass einer 135
Baueinstellungsverfügung oder einer vorläufigen Nutzungsuntersagung reicht es regelmäßig aus, wenn das **Vorhaben formell illegal** errichtet wird und das Vorhaben nicht offensichtlich genehmigungsfähig ist. Dagegen muss im Falle der Beseitigungsanordnung oder der dauernden Nutzungsuntersagung geprüft werden, ob nicht **auf andere Weise rechtmäßige Zustände** herbeigeführt werden können. Die Beseitigungsanordnung und die dauernde Nutzungsuntersagung sind **Ultima Ratio**. Generelle Regelungen, wie in diesen Fällen zu verfahren ist, lassen sich nicht aufstellen. Zusätzlich zu den allgemeinen Ermessenserwägungen bei bauaufsichtlichen Maßnahmen ergeben sich aus der Besonderheit der Genehmigungsfreistellung einige zusätzliche Anhaltspunkte und Argumente, die zugunsten oder zuungunsten des Bauherren verwendet werden können:

Zugunsten des Bauherren müssen folgende Umstände herangezogen werden: 136

- Eine Baubeseitigung kommt dann regelmäßig nicht in Betracht, wenn der Mangel des Bebauungsplans **nachträglich geheilt** werden kann (§ 215 BauGB).
- Der Bauherr darf regelmäßig auf die Gültigkeit des Bebauungsplans **vertrauen**.
- Der Bauherr darf auf die Rechtmäßigkeit seines Vorhabens vertrauen, wenn für das Verfahren der Genehmigungsfreistellung die **Bauaufsichtsbehörde** zuständig ist. In besonderem Maß gilt das für das Saarland, in dem mit dem Bau erst nach einer Bestätigung der Voraussetzungen der Freistellung begonnen werden darf.
- Wegen des weiten Entscheidungsspielraums der beteiligten Behörden hängt es oftmals vom **Zufall** ab, ob ein Vorhaben im Rahmen der Genehmigungsfreistellung freigegeben wird oder eine Baugenehmigung erforderlich ist. Der Bauherr, der im Rahmen der Genehmigungsfreistellung baut, ist wegen dieser „Zufälligkeit" der Genehmigungserteilung ohne sachlichen Grund benachteiligt. Dies gilt insbesondere dann, wenn er kein Wahlrecht hat zwischen der Genehmigungserteilung und der Genehmigungsfreistellung.

Zuungunsten des Bauherren sprechen folgende Gründe: 137

- Mit der Einführung der Genehmigungsfreistellung hat der Gesetzgeber die **Verantwortung für die Rechtmäßigkeit** des Vorhabens im Interesse der Verfahrensbeschleunigung bewusst auf den Bauherren verlagert. Das gilt insbesondere dann, wenn dem Bauherren ein **Wahlrecht** zwischen der Genehmigungsfreistellung und dem herkömmlichen Baugenehmigungsverfahren zugestanden wird.
- Die Anhängigkeit einer **Normenkontrollklage** kann den guten Glauben in den Bestand eines Bebauungsplans zerstören, insbesondere dann, wenn die Gültigkeit eines Bebauungsplans durch eine einstweilige Anordnung nach § 47 Abs. 6 VwGO ausgesetzt ist.
- Werden durch den Bebauungsplan und durch das betreffende Vorhaben **Rechte Dritter** verletzt, so ist eine Beseitigungsanordnung eher gerechtfertigt als in den Fällen, in denen es „nur" um die Wahrung der städtebaulichen Ordnung geht.

XI. Geltungsdauer der Genehmigungsfreistellung

Soweit nichts anderes geregelt ist, ist die Baufreigabe im Rahmen der Genehmigungs- 138
freistellung in ihrer Gültigkeit nicht beschränkt. Solange der Bebauungsplan besteht, kann von der Baufreigabe Gebraucht gemacht werden. Die Regelungen über die Gültig-

[48] BVerwG vom 19. 12. 1985 NVwZ 1986, 208 = BVerwGE 72, 300, vom 9. 2. 2000 BauR 2000, 1318.

keit der Baugenehmigung sind auf die Baufreigabe nicht anwendbar. Lediglich die **Musterbauordnung 2002** sowie die Bauordnungen der Länder Brandenburg, Bremen, Hessen, Niedersachsen, Sachsen und das Saarland treffen eine Regelung. Die Freigabe erlischt, wenn davon nicht innerhalb von **vier** (Brandenburg) bzw. **drei** (übrige) **Jahren** Gebrauch gemacht wird (Bbg § 58 III 2, 3,[49] Brem § 66 Abs. 12, § 76 Abs. 1, Saar § 66 Abs. 7, § 80 Abs. 1. Sachs § 63 VIII 4) bzw. es ist in diesem Fall ein neues Freistellungsverfahren erforderlich (MBO 2002 § 62 Abs. 3 Satz 4, Hess § 56 Abs. 3 Satz 5, Nds § 69 a Abs. 5 Satz 2).

XII. Ländervergleich Genehmigungsfreistellung

Musterbauordnung 2002
Genehmigungsfreistellung

§ 62

139

Hauptvorhaben	Errichtung, Änderung, Nutzungsänderung (§ 62 I) Alternativen nach Landesrecht, jeweils ausgenommen Sonderbauten: A) alle baulichen Anlagen B) a) Wohngebäude b) Sonstige Gebäude der Gebäudeklassen 1 bis 3 c) Sonstige bauliche Anlagen, die keine Gebäude sind C) a) Wohngebäude der Gebäudeklassen 1 bis 3 b) Sonstigen Gebäude der Gebäudeklassen 1 und 2 c) Sonstige bauliche Anlagen, die keine Gebäude sind D) a) Wohngebäude b) Sonstige baulichen Anlagen, die keine Gebäude sind E) a) Wohngebäude der Gebäudeklassen 1 bis 3 b) Sonstige baulichen Anlage, die keine Gebäude sind F) a) Wohngebäude der Gebäudeklassen 1 und 2 b) Sonstige baulichen Anlage, die keine Gebäude sind
Nebengebäude/Nebenanlagen	zu den o. g. Vorhaben (je nach Alternative), § 62 I
Planungsrechtliche Situation	§ 62 II Nr. 1: im Geltungsbereich eines Bebauungsplans i. S. des § 30 I oder der §§ 12, 30 II BauGB
§ 31 BauGB	Anwendung nicht vorgesehen
Wahlrecht des Bauherren zugunsten einer Baugenehmigung	Nicht vorgesehen
Nebenpflichten (ausdrückliche Sonderregelungen für Genehmigungsfreistellung)	**Vor Baubeginn (§ 65 V) Alternativen nach Landesrecht:** – Vorlage des Standsicherheitsnachweises und des Brandschutznachweises nach § 66 III: bauaufsichtlich geprüft/durch Prüfsachverständigen bescheinigt (§ 72 VI Nr. 2) – Festlegung von Grundriss und Höhenlage (§ 72 VII) – Schriftliche Anzeige des Baubeginns und der Wiederaufnahme der Bauarbeiten nach einer Unterbrechung von mehr als 3 Monaten mindestens 1 Woche vorher gegenüber der Bauaufsichtsbehörde (§ 72 VIII)
Geltungsdauer	3 Jahre ab Baufreigabe (§ 62 III 4)

[49] In Brandenburg muss das Vorhaben zusätzlich innerhalb von 1 Jahr nach Ablauf der Geltungsfrist beendet sein.

MBO 2002

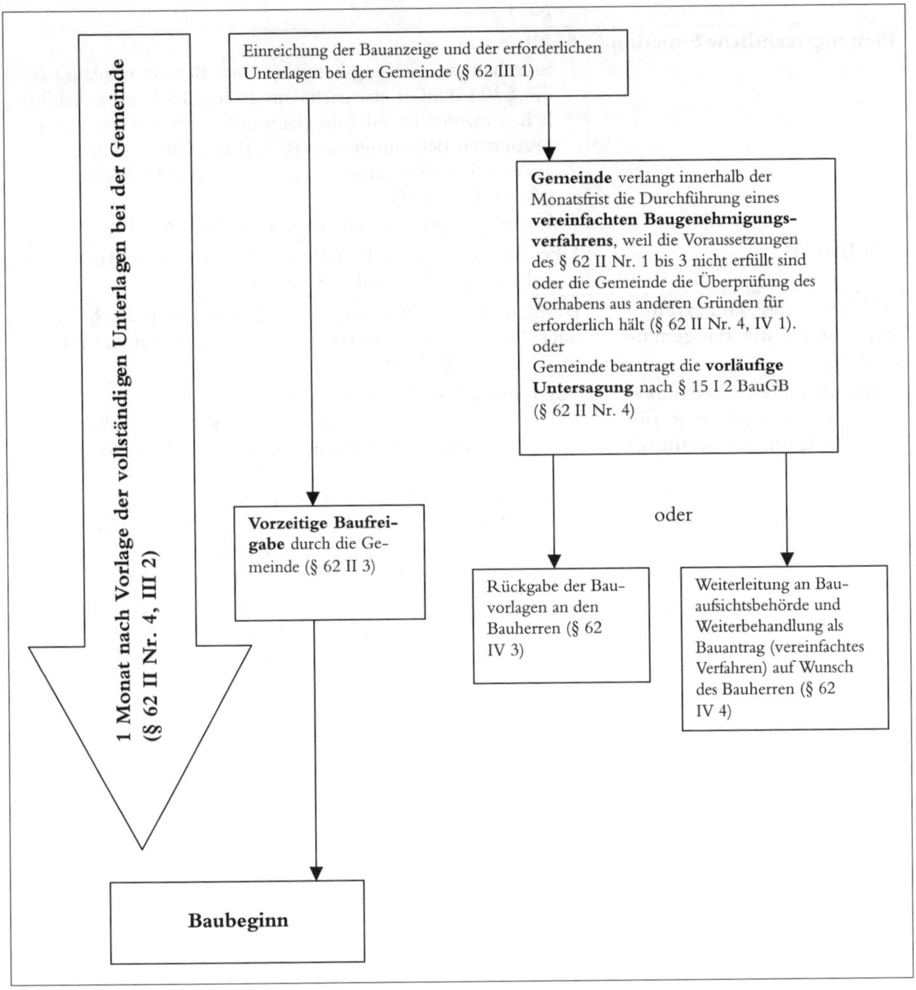

Baden-Württemberg

Kenntnisgabeverfahren

§ 51

Hauptvorhaben	Errichtung von (§ 51 I, § 2 XII) 1. Wohngebäuden, ausgenommen Hochhäusern, 2. landwirtschaftlichen Betriebsgebäuden, auch mit Wohnteil, bis zu drei Geschossen, 3. Gebäuden ohne Aufenthaltsräume bis zu 100 m² Grundfläche und bis zu drei Geschossen, 4. eingeschossigen Gebäuden ohne Aufenthaltsräume bis zu 250 m² Grundfläche, Abbruch von Anlagen und Einrichtungen (ohne Einschränkungen), soweit nicht nach § 30 III verfahrensfrei (§ 51 III).
Nebengebäude/Nebenanlagen	§ 51 I: 5. Stellplätze und Garagen für die Gebäude nach Nr. 1 bis 4,

	6. Nebenanlagen i. S. des § 14 BauNVO für die Gebäude nach Nr. 1 bis 4
Planungsrechtliche Situation	§ 51 II: 1. innerhalb des Geltungsbereiches eines Bebauungsplans i. S. des § 30 I BauGB, der nach dem 29. Juni 1961 rechtsverbindlich geworden ist, oder im Geltungsbereich eines vorhabensbezogenen Bebauungsplans (§ 30 II BauGB) 2. außerhalb des Geltungsbereichs einer Veränderungssperre i. S. des § 14 BauGB. Abbruch: unabhängig von Gebietscharakter (§ 51 III)
§ 31 BauGB	Über Ausnahmen und Befreiungen entscheidet die Bauaufsichtsbehörde auf besonderen Antrag (§ 51 V 1).
Wahlrecht des Bauherren zugunsten einer Baugenehmigung	Der Bauherr kann beantragen, dass bei Vorhaben, die § 51 I oder III entsprechen, ein Baugenehmigungsverfahren durchgeführt wird (§ 51 VII).
Nebenpflichten (ausdrückliche Sonderregelungen für Genehmigungsfreistellung)	**Vor Baubeginn** (§ 59 V): 1. Prüfung der bautechnischen Nachweise durch Sachverständigen (spätestens vor Ausführung der jeweiligen Bauabschnitte), 2. Festlegung von Grundriss und Höhenlage von Gebäuden auf dem Baugrundstück durch einen Sachverständigen, 3. Vorlage der technischen Angaben über Feuerungsanlagen gegenüber dem Bezirksschornsteinfegermeister. Bei Vorhaben innerhalb eines Gebiets nach §§ 142, 165 oder 172 BauGB müssen vor Baubeginn die hierfür erforderlichen Genehmigungen vorliegen (§ 59 VI).

Baden-Württemberg

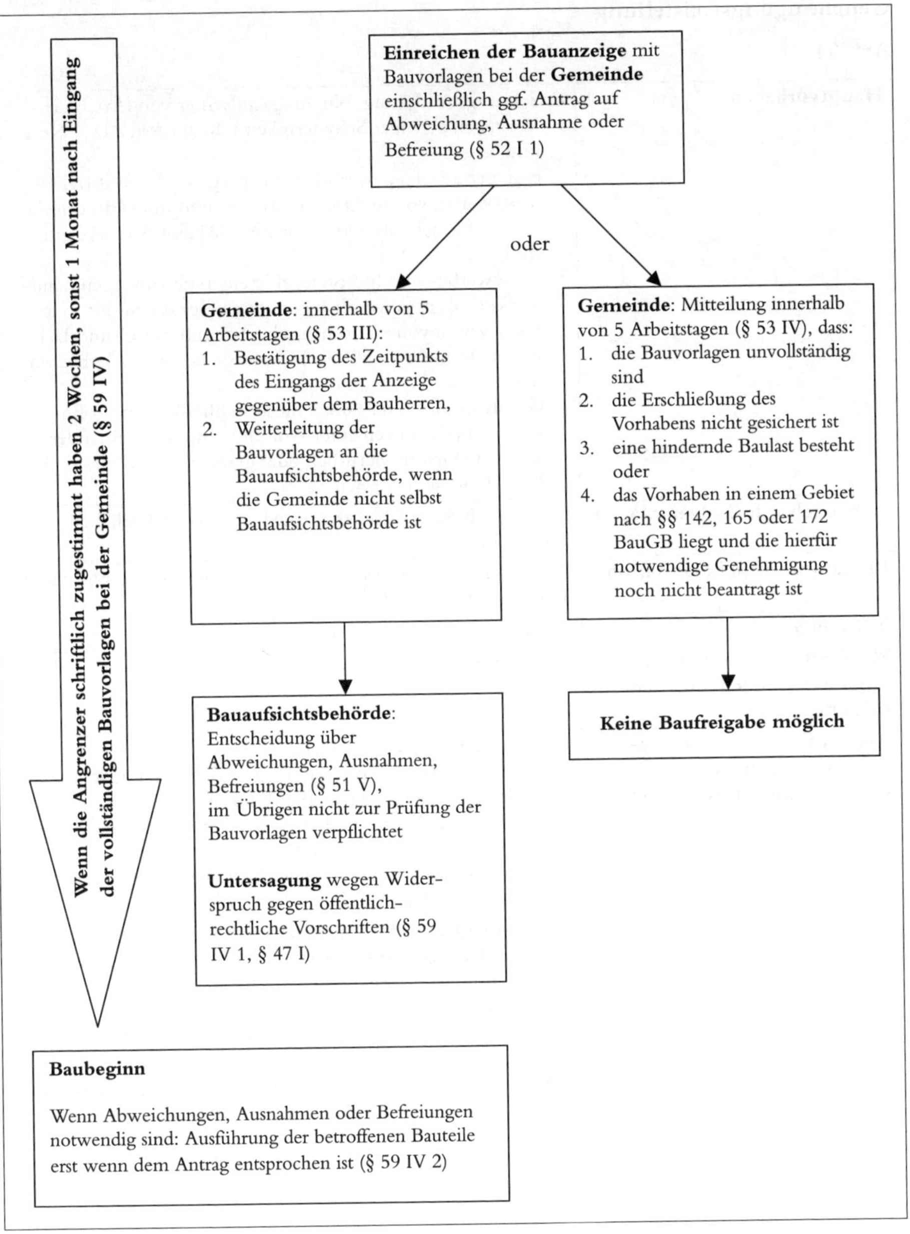

Bayern

Genehmigungsfreistellung

Art. 64

Hauptvorhaben	Errichtung, Änderung, Nutzungsänderung von (Art. 64 I) 1. Vorhaben geringer Schwierigkeit i. S. des Art. 2 IV 1 Nr. 2 und 3, 2. eingeschossigen gewerblichen Lagergebäuden mit freien Stützweiten von nicht mehr als 12 m und mit Grundflächen von nicht mehr als 500 m², soweit sie keine Sonderbauten sind, 3. in Gewerbe- und Industriegebieten eingeschossigen handwerklich oder gewerblich genutzten Gebäuden mit freien Stützweiten von nicht mehr als 12 m und mit Grundflächen von nicht mehr als 500 m², soweit sie keine Sonderbauten sind, 4. Gebäuden mittlerer Höhe, die ausschließlich zu Wohnzwecken oder neben einer Wohnnutzung teilweise oder ausschließlich freiberuflich oder gewerblich i. S. des § 13 BauGB genutzt werden.
Nebengebäude/Nebenanlagen	Nebengebäude und Nebenanlagen zu den o. g. Vorhaben (Art. 64 I 1).
Planungsrechtliche Situation	Im Geltungsbereich eines Bebauungsplans i. S. von §§ 12 und 30 I BauGB (Art. 64 I 1).
§ 31 BauGB	Anwendung nicht vorgesehen
Wahlrecht des Bauherren zugunsten einer Baugenehmigung	Nicht vorgesehen
Nebenpflichten (ausdrückliche Sonderregelungen für Genehmigungsfreistellung)	**Vor Baubeginn (Art. 64 VI):** – Schriftliche Anzeige des Baubeginns und der Wiederaufnahme der Bauarbeiten nach einer Unterbrechung von mehr als 6 Monaten 1 Woche vorher gegenüber der Bauaufsichtsbehörde (Art. 64 VI, Art. 72 VII), – Abstecken der Grundfläche der baulichen Anlage und Festlegung der Höhenlage (Art. 64 VI, Art. 72 VI 1). **Vor Baubeginn**, jedoch spätestens vor **Ausführung der jeweiligen Bauabschnitte (Art. 65 V):** – Erstellung der erforderlichen Nachweise über Standsicherheit, einschließlich Feuerwiderstandsdauer tragender Bauteile, Schall- und Wärmeschutz und vorbeugenden Brandschutz (Art. 64 V 1), – bei Vorhaben nach Art. 54 I 1 Nr. 1, wenn tragende Bauteile über einer Tiefgarage abgefangen werden (Art. 64 V 2 Nr. 1) und bei Vorhaben nach Art. 64 I 1 Nr. 3, ausgenommen einfache baulichen Anlagen, und Nr. 4 (Art. 64 V 2 Nr. 2): zusätzlich Bescheinigung der Nachweise für die Standsicherheit einschließlich der Feuerwiderstandsdauer tragender Bauteile nach Art. 69 IV. **Mit Fertigstellung des Rohbaus (Art. 64 V 3):** – Erstellung einer Bescheinigung durch den Bezirkskaminkehrermeister über Tauglichkeit, – spätestens vor der beabsichtigten Aufnahme der Nutzung Bescheinigung über die Benutzbarkeit der Abgasleitungen, Kamine und Lüftungsleitungen von Räumen mit Feuerstätte, soweit es sich nicht um Leitungen für Lüftungsanlagen mit Ventilatorbetrieb handelt.

	Vor Aufnahme der Nutzung: Soweit es sich nicht um ein Vorhaben geringer Schwierigkeit i. S. von Art. 64 I 1 Nr. 1 handelt, Anzeige der Aufnahme der Nutzung 2 Wochen vorher gegenüber der Bauaufsichtsbehörde (Art. 64 VI, Art. 78 III 1).

Bayern

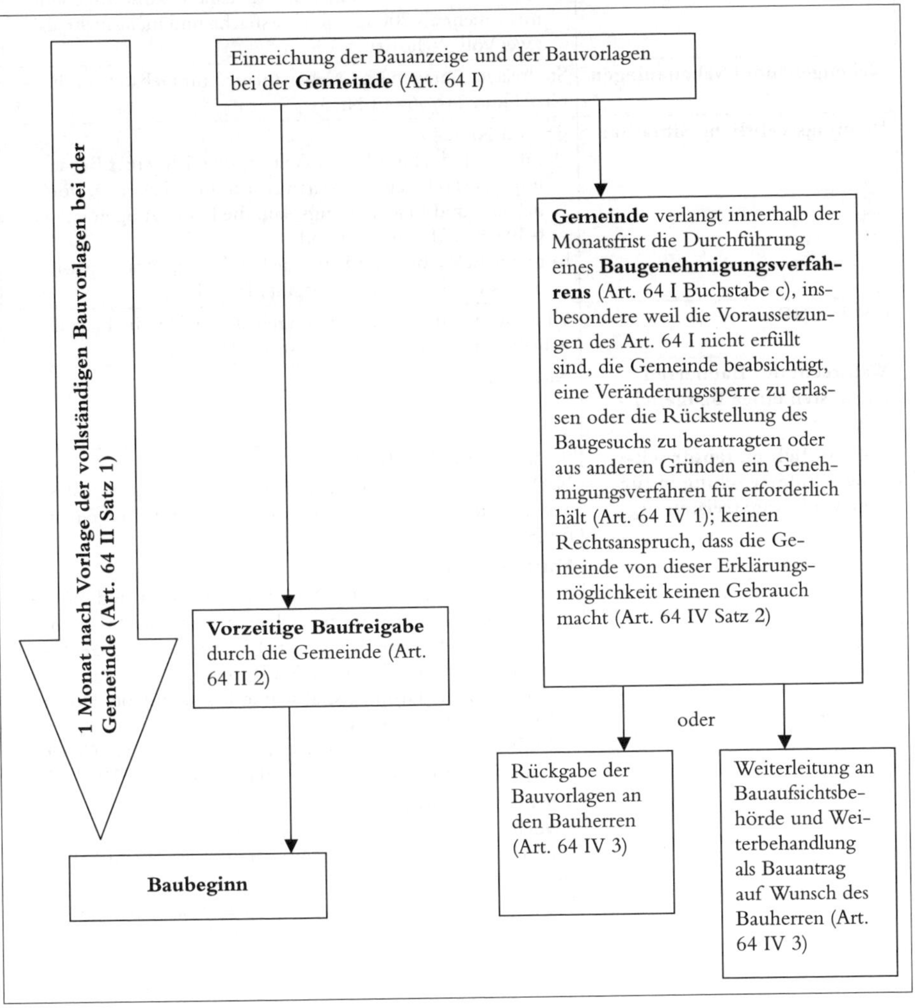

Berlin

Genehmigungsfreistellung

§ 56 a

Hauptvorhaben	Errichtung, Änderung und Nutzungsänderung von (§ 56 a I 1, 2) 1. Wohngebäuden bis zu drei Vollgeschossen, 2. anderen Gebäuden ohne Aufenthaltsräume mit insgesamt nicht mehr als 200 m^2 Geschossfläche und nicht mehr als zwei Vollgeschossen.
Nebengebäude/Nebenanlagen	Stellplätze, Garagen und Nebenanlagen für Gebäude nach Nrn. 1 und 2 (§ 56 a I 1 Nr. 3).
Planungsrechtliche Situation	§ 56 a II Nr. 1: a) innerhalb des räumlichen Geltungsbereichs eines Bebauungsplans oder einer Rechtsverordnung über einen Vorhabens- und Erschließungsplan, die Festsetzungen i. S. von § 30 I BauGB enthalten, oder b) in einem **Vorbescheid** abschließend als insgesamt planungsrechtlich zulässig festgestellt sind.
§ 31 BauGB	Über Ausnahmen und Befreiungen entscheidet die Bauaufsichtsbehörde auf besonderen Antrag (§ 56 a III 4).
Wahlrecht des Bauherren zugunsten einer Baugenehmigung	Nicht vorgesehen
Nebenpflichten (ausdrückliche Sonderregelungen für Genehmigungsfreistellung)	**Sachkunde (§ 56 a III 3):** Nachweise über die Standsicherheit von Gebäuden i. S. des § 56 a I Satz 1 Nrn. 1 und 2 müssen von einem Prüfingenieur für Baustatik geprüft sein. **Vor Baubeginn:** – schriftliche Anzeige des Ausführungsbeginns und Wiederaufnahme der Bauarbeiten nach einer Unterbrechung von mehr als 3 Monaten mindestens 1 Woche vorher gegenüber der Bauaufsichtsbehörde (§ 56 a IV 5, § 62 VII), – Abstecken der Grundrissfläche und Festlegung der Höhenlage (§ 56 a IV 5, § 62 VII), – Einholung anderer für das Vorhaben erforderlicher Genehmigungen, Bewilligung oder Erlaubnisse (§ 56 a VI HS 2). **Vor Fertigstellung:** 1 Woche vor Inbenutzungsnahme Anzeige der Fertigstellung (§ 56 a V 2). Mit der Anzeige sind bei der Bauaufsichtsbehörde einzureichen (§ 56 a V 3): 1. Bestätigung des Prüfingenieurs für Baustatik, dass die bauliche Anlage entsprechend dem nach III geprüften Nachweis der Standsicherheit errichtet oder geändert worden ist, 2. Bescheinigung des Bezirksschornsteinfegermeisters über die Tauglichkeit und die sichere Benutzbarkeit der Schornsteine mit den Schornsteinanschlüssen und 3. Bestätigung des Bauleiters, dass das Bauvorhaben entsprechend den eingereichten Bauvorlagen und den Anforderungen nach § 53 ausgeführt wurde.

Berlin

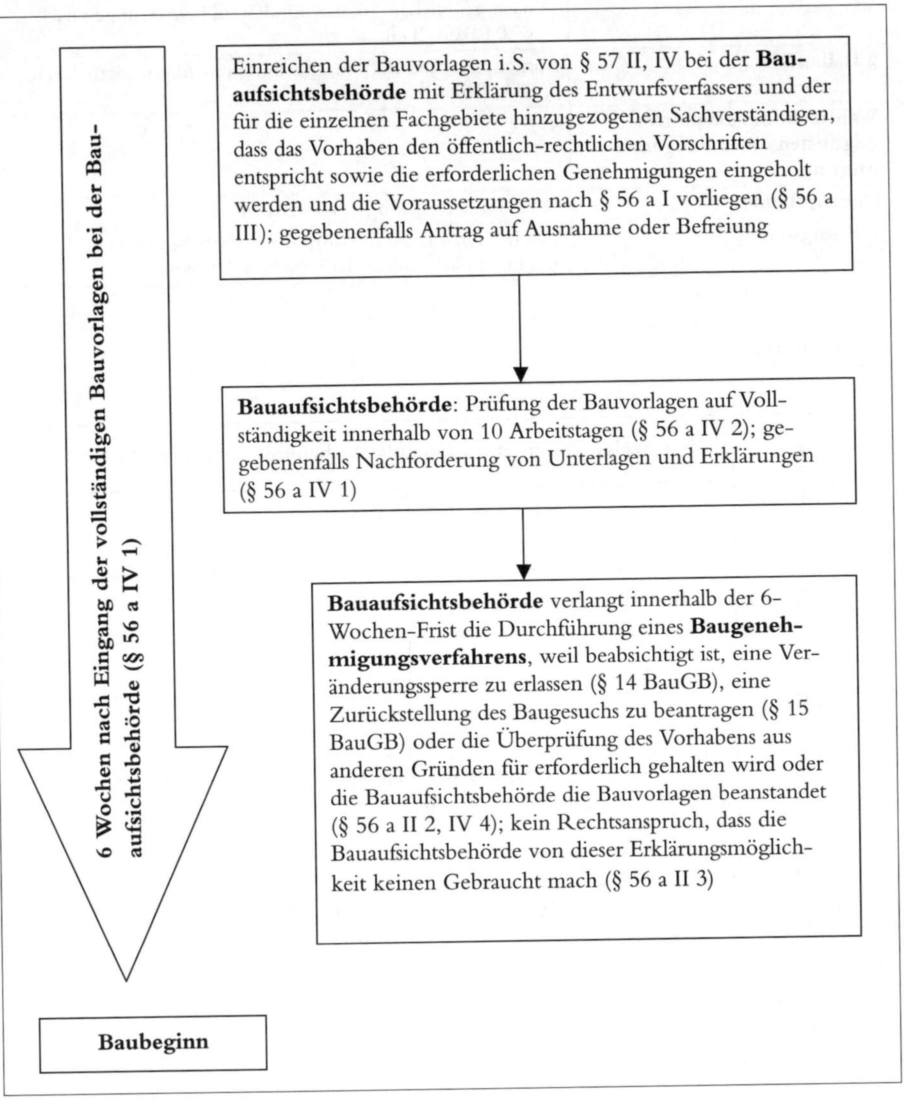

Brandenburg

Bauanzeigeverfahren

§ 58

Hauptvorhaben	Errichtung und Änderung von Wohngebäuden geringer Höhe, Gewächshäusern mit nicht mehr als 5 m Höhe (§ 58 I).
Nebengebäude/Nebenanlagen	Zu Wohngebäuden zugehörige Stellplätze, Garagen und Nebenanlagen (§ 58 I).
Planungsrechtliche Situation	§ 58 I: a) im Geltungsbereich eines rechtswirksamen Bebauungsplans nach § 30 I BauGB,

	b) im Geltungsbereich eines rechtswirksamen Bebauungsplans nach § 30 II BauGB, der mindestens Festsetzungen nach § 30 I BauGB enthält.
§ 31 BauGB	Ausnahmen oder Befreiungen dürfen nicht erforderlich sein (§ 58 V, § 57 II).
Wahlrecht des Bauherren zugunsten einer Baugenehmigung	§ 58 I
Nebenpflichten	keine Sonderregelungen vorgesehen
Geltungsdauer	§ 58 III 2, 3: 4 Jahre ab Baufreigabe, Vorhaben muss im Übrigen 1 Jahr nach Ablauf der Frist beendet sein.

Brandenburg

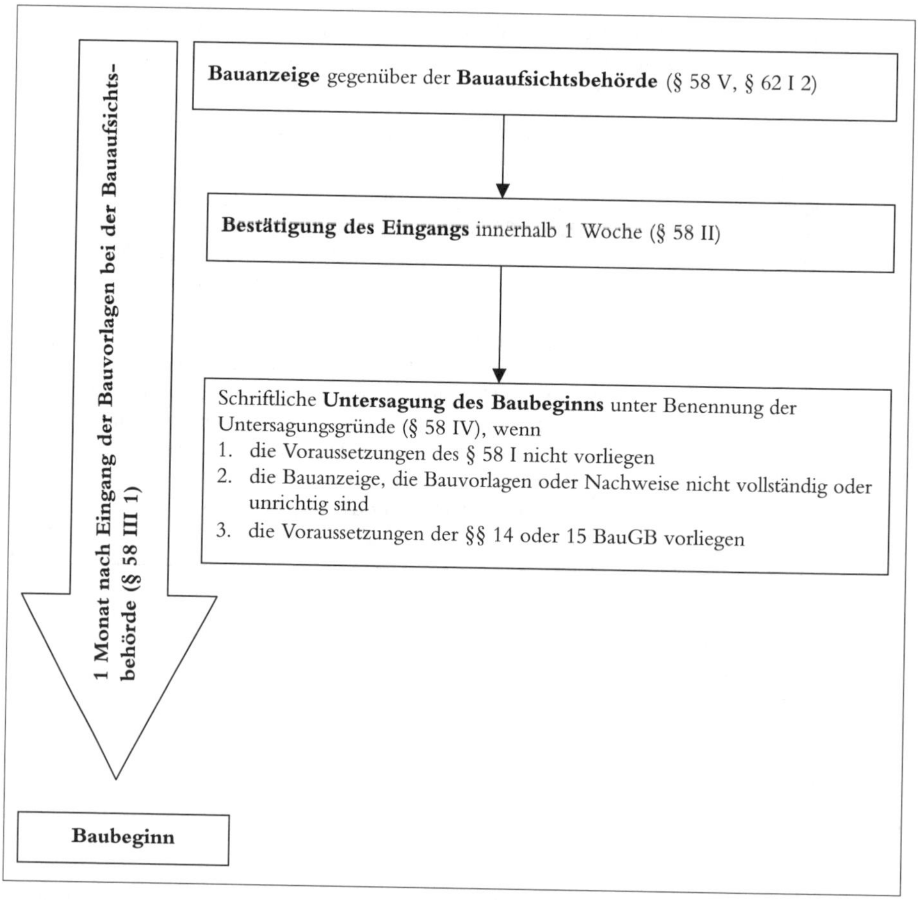

Bremen

Genehmigungsfreistellung

§ 66

Hauptvorhaben	Errichtung, Änderung, Abbruch und Nutzungsänderung (§ 66 I 1, 3, II) von 1. Wohngebäuden geringer Höhe, 2. landwirtschaftlichen Betriebsgebäuden, auch mit Wohnteil, bis 250 m² Grundfläche und nicht mehr als 2 oberirdischen Geschossen, ausgenommen solche mit Anlagen für Jauche und Flüssigmist, 3. Gebäuden ohne Aufenthaltsräume bis 100 m² Grundfläche und mit nicht mehr als 2 oberirdischen Geschossen, 4. Wochenendhäusern, 5. (Nebenanlagen), 6. Gewächshäusern bis 4 m Firsthöhe, 7. Garagen und Stellplätzen mit einer Nutzfläche bis 100 m², 8. Einfriedungen.
Nebengebäude/Nebenanlagen	Nebenanlagen der Gebäude nach Nr. 1 bis 4 sowie zu diesen Gebäuden gehörige Stellplätze und Garagen (§ 66 II Nr. 5)
Planungsrechtliche Situation	§ 66 I 1. im Geltungsbereich eines Bebauungsplans i. S. von § 30 I BauGB mit Festsetzungen nach der BauNVO oder im Geltungsbereich eines vorhabensbezogenen Bebauungsplans (§ 30 II BauGB), 2. außerhalb des Geltungsbereichs einer Veränderungssperre i. S. des § 14 BauGB, von Gebieten i. S. §§ 142, 165 oder 172 BauGB. § 66 III 1: abweichend davon bedürfen Vorhaben nach § 66 II, mit Ausnahme solcher im Außenbereich, auch dann keiner Genehmigung, wenn durch **Vorbescheid** die planungsrechtliche Zulässigkeit abschließend festgestellt ist oder die Genehmigungen nach § 14 II, §§ 144, 169 I Nr. 1 und § 172 BauGB (§ 66 I 1 Nr. 2) oder die erforderlichen Ausnahmen und Befreiungen (§ 66 I 1 Nr. 3) erteilt worden sind.
§ 31 BauGB	§ 66 III: Ausnahmen oder Befreiungen (ebenso wie Abweichungen) müssen bereits erteilt sein.
Wahlrecht des Bauherren zugunsten einer Baugenehmigung	Nicht vorgesehen
Nebenpflichten	**Vor Baubeginn (§ 66 VII):** Bei Vorhaben nach Abs. 2 Nr. 1 bis 4 (§ 66 VII 1): 1. Prüfung der bautechnischen Nachweise durch einen Prüfingenieur, 2. Festlegung von Grundriss und Höhenlage von Gebäuden auf dem Baugrundstück durch eine zur Urkundsmessung befugte Person oder Stelle, 3. schriftliche Mitteilung des Ausführungsbeginns gegenüber der Bauordnungsbehörde und, soweit Feuerungsanlagen errichtet werden, gegenüber dem Bezirksschornsteinfegermeister. **Während der Bauausführung:** – Anbringung einer Bautafel (§ 66 XII, § 14 III) – Der nach § 66 VII 1 Nr. 1 beauftragte Prüfingenieur hat die Einhaltung der bautechnischen Anforderungen zu überwachen und die Überwachung dem Bauherren schriftlich

	mitzuteilen (§ 66 VII 2, nicht erforderlich bei Vorhaben mit Tragwerken sehr geringer und geringer Schwierigkeit, § 66 VII 3). – Die Bauvorlagen einschließlich der bautechnischen Nachweise, der Prüfbericht nach § 66 VII 1 Nr. 1 und der Nachweis der Festlegungen nach § 66 VII 1 Nr. 2 müssen bei Baubeginn, spätestens jedoch bei Ausführung der jeweiligen Bauabschnitte, an der Baustelle vorliegen (§ 66 VII 4). **Vor Fertigstellung:** Anzeige der abschließenden Fertigstellung gegenüber der Bauaufsichtsbehörde; mit bautechnischen Nachweisen und Prüfbericht nach § 66 VII 1 Nr. 1, Nachweis der Festlegungen nach § 66 VII 1 Nr. 2, schriftliche Bestätigung nach Satz 2 und Bescheinigung des Bezirksschornsteinfegermeisters nach § 41 IX (§ 66 VII 5 und 6). **Vor Aufnahme der Nutzung:** – Vorlage der Bescheinigungen des Bezirksschornsteinfegermeisters über sichere Abführung der Abgase und der Brandsicherheit der Feuerungsanlagen (§ 66 XII, § 85 VI 1, § 85 III), – sichere Benutzbarkeit der baulichen Anlage (§ 66 XII, § 84 VI 1).
Geltungsdauer	Mit dem Vorhaben muss drei Jahre nach ermöglichtem Baubeginn begonnen werden (§ 66 XII, § 76 I).

Bremen

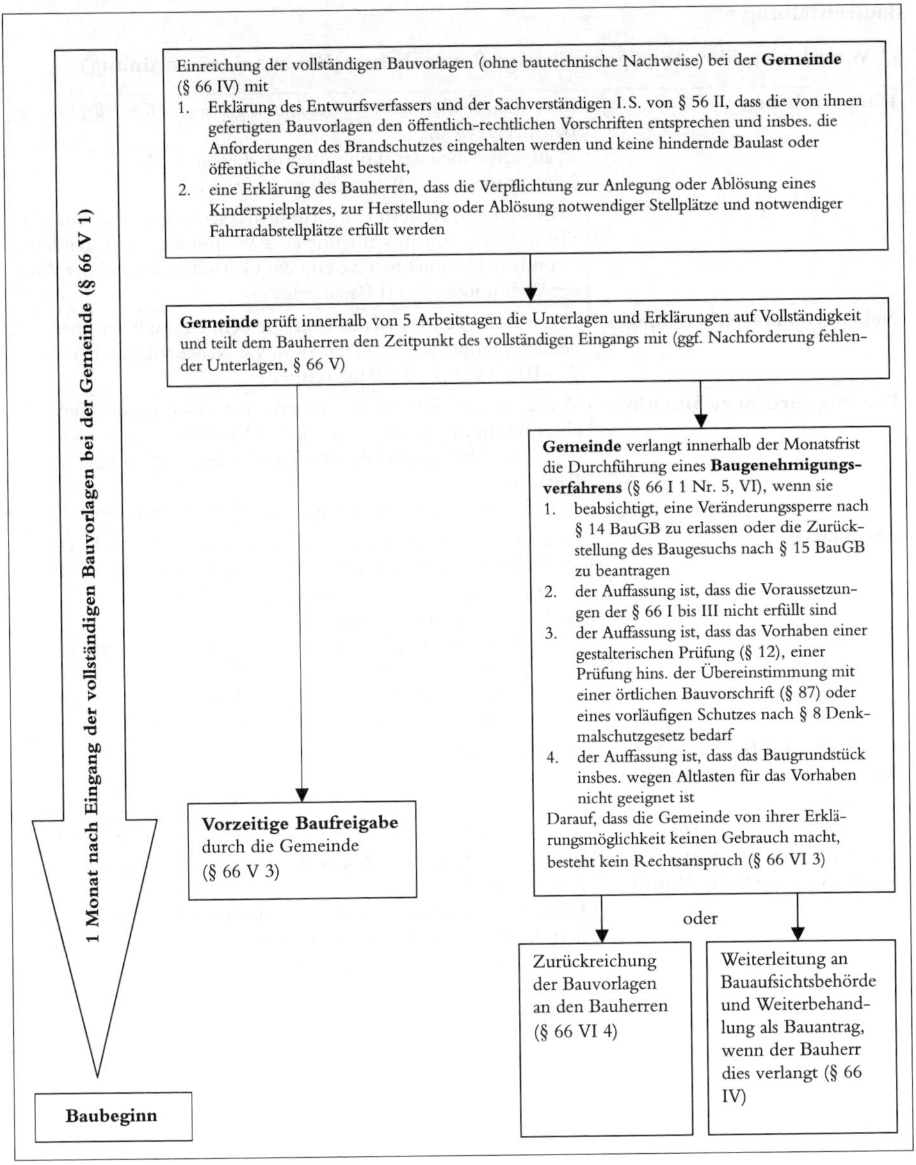
Einreichung der vollständigen Bauvorlagen (ohne bautechnische Nachweise) bei der Gemeinde (§ 66 IV) mit
1. Erklärung des Entwurfsverfassers und der Sachverständigen I. S. von § 56 II, dass die von ihnen gefertigten Bauvorlagen den öffentlich-rechtlichen Vorschriften entsprechen und insbes. die Anforderungen des Brandschutzes eingehalten werden und keine hindernde Baulast oder öffentliche Grundlast besteht,
2. eine Erklärung des Bauherren, dass die Verpflichtung zur Anlegung oder Ablösung eines Kinderspielplatzes, zur Herstellung oder Ablösung notwendiger Stellplätze und notwendiger Fahrradabstellplätze erfüllt werden
Gemeinde prüft innerhalb von 5 Arbeitstagen die Unterlagen und Erklärungen auf Vollständigkeit und teilt dem Bauherren den Zeitpunkt des vollständigen Eingangs mit (ggf. Nachforderung fehlender Unterlagen, § 66 V)
Gemeinde verlangt innerhalb der Monatsfrist die Durchführung eines Baugenehmigungsverfahrens (§ 66 I 1 Nr. 5, VI), wenn sie
1. beabsichtigt, eine Veränderungssperre nach § 14 BauGB zu erlassen oder die Zurückstellung des Baugesuchs nach § 15 BauGB zu beantragen
2. der Auffassung ist, dass die Voraussetzungen der § 66 I bis III nicht erfüllt sind
3. der Auffassung ist, dass das Vorhaben einer gestalterischen Prüfung (§ 12), einer Prüfung hins. der Übereinstimmung mit einer örtlichen Bauvorschrift (§ 87) oder eines vorläufigen Schutzes nach § 8 Denkmalschutzgesetz bedarf
4. der Auffassung ist, dass das Baugrundstück insbes. wegen Altlasten für das Vorhaben nicht geeignet ist
Darauf, dass die Gemeinde von ihrer Erklärungsmöglichkeit keinen Gebrauch macht, besteht kein Rechtsanspruch (§ 66 VI 3)
1 Monat nach Eingang der vollständigen Bauvorlagen bei der Gemeinde (§ 66 V 1)
Vorzeitige Baufreigabe durch die Gemeinde (§ 66 V 3)
oder
Zurückreichung der Bauvorlagen an den Bauherren (§ 66 VI 4)
Weiterleitung an Bauaufsichtsbehörde und Weiterbehandlung als Bauantrag, wenn der Bauherr dies verlangt (§ 66 IV)
Baubeginn

Hamburg

Baufreistellung

§ 1 Verordnung über anzeigebedürftige Bauvorhaben (Bauanzeigeverordnung)

Hauptvorhaben	Errichten, Änderung von Gebäuden geringer Höhe (§ 1 I 1 BauanzeigeV), die 1. ausschließlich der Wohnnutzung dienen, 2. nicht mehr als 2 Wohnungen aufweisen. Errichten und Ändern von Grundstücksentwässerungsanlagen für Abwasser von ausschließlich der Wohnnutzung dienenden Grundstücken unabhängig von der Gebäudehöhe und der Zahl der Wohnungen (§ 1 II BauanzeigeV).
Nebengebäude/Nebenanlagen	Alle technischen Einrichtungen, die dem Gebäude zuzuordnenden Stellplätze und Garagen sowie Nebenanlagen i. S. des § 14 BauNVO (§ 1 I 2 BauanzeigeV).
Planungsrechtliche Situation	Vorhaben nach § 1 I müssen innerhalb des Geltungsbereichs eines Bebauungsplans i. S. des § 30 I BauGB liegen, der nach dem 29. 6. 1961 rechtsverbindlich geworden ist (§ 1 I 1 Nr. 5 BauanzeigeV). Vorhaben nach § 1 II BauanzeigeV in allen Plangebieten.
§ 31 BauGB	Ausnahmen oder Befreiungen dürfen nicht erforderlich sein (§ 1 III 1 Nr. 3 BauanzeigeV), es sei denn, es liegt dafür ein bestandskräftiger, geltender Vorbescheid nach § 65 und § 71 HBauO vor (§ 1 III BauanzeigeV). Bei Vorhaben nach § 1 I 2 BauanzeigeV (Nebenanlagen): gesonderter Antrag auf Ausnahme oder Befreiung bei Bauaufsichtsbehörde möglich, wenn nicht in konstruktivem Zusammenhang mit dem Wohngebäude (§ 1 IV 1 BauanzeigeV).
Wahlrecht des Bauherren zugunsten einer Baugenehmigung	Nicht vorgesehen
Nebenpflichten (ausdrückliche Sonderregelungen für Genehmigungsfreistellung)	Bei der Ausführung des Vorhabens hat der Bauherr an der Baustelle einen Hinweis nach § 14 II HBauO anzubringen (§ 6 BauanzeigeV). Über die endgültige Fertigstellung des Vorhabens hat der Bauherr die Bauaufsichtsbehörde innerhalb von 2 Wochen zu benachrichtigen (§ 6 BauanzeigeV).

Hamburg

Anzeige des Vorhabens bei der **Bauaufsichtsbehörde** (§ 3 I 1 BauanzeigeV) mit Bauvorlagen, ggf. Ausfertigung des Vorbescheids und Erklärungen des Bauvorlageberechtigten (§ 3 II Nr. 8 BauanzeigeV), dass

- die einschlägigen öffentlich-rechtlichen Vorschriften eingehalten werden
- die für das Vorhaben erforderlichen Bauvorlagen vollständig erstellt sind
- für das Vorhaben keine Ausnahmen und Befreiungen erforderlich sind (soweit nicht von Vorbescheid erfasst oder Fall des § 1 I 2)
- die Eigentümer angrenzender Grundstücke über das Bauvorhaben unterrichtet wurden

Bauaufsichtsbehörde bestätigt dem Bauherren innerhalb von einer Woche den Eingangszeitpunkt (§ 4 BauanzeigeV)

Untersagung des Baubeginns, wenn eine Gefahr für die öffentliche Sicherheit und Ordnung besteht, insbesondere wenn (§ 5 II)

1. die Voraussetzungen des § 1 BauanzeigeV nicht vorliegen
2. die nach §§ 2, 3 BauanzeigeV erforderlichen Unterlagen nicht vorliegen
3. öffentlich-rechtliche Vorschriften dem Vorhaben entgegenstehen

2 Wochen nach dem von der Bauaufsichtsbehörde bestätigten Eingang der Bauanzeige (§ 5 I BauanzeigeV)

Baubeginn
Wenn Ausnahmen oder Befreiungen erforderlich sind, Beginn des betroffenen Bauteils erst wenn dem Antrag entsprochen ist (§ 5 III BauanzeigeV)

Hessen

1. Baugenehmigungsfreie Vorhaben im beplanten Bereich (Genehmigungsfreistellung)

§ 56

Hauptvorhaben	Errichtung, Änderung, Nutzungsänderung von (§ 56 I 1) 1. Wohngebäuden 2. sonstigen Gebäuden der Gebäudeklassen 1 bis 3 3. sonstigen baulichen Anlagen, die keine Gebäude sind, sowie andere Anlagen und Einrichtungen i. S. des § 1 I 2, ausgenommen Sonderbauten
Nebengebäude/Nebenanlagen	§ 56 I 1 Nr. 4: Nebengebäude und Nebenanlagen zu Vorhaben nach § 56 I 1 Nr. 1 bis 3, ausgenommen Sonderbauten
Planungsrechtliche Situation	§ 56 II Nr. 1: innerhalb des Geltungsbereichs eines Bebauungsplans i. S. des § 30 I oder der §§ 12, 30 II BauGB
§ 31 BauGB	Ausnahmen oder Befreiungen nach § 31 BauGB (oder Abweichungen nach Landesrecht) dürfen nicht erforderlich sein (§ 56 II Nr. 2, 4)
Wahlrecht des Bauherren zugunsten einer Baugenehmigung	Nicht vorgesehen
Nebenpflichten (ausdrückliche Sonderregelungen für Genehmigungsfreistellung)	**Vor Baubeginn, spätestens vor Beginn des jeweiligen Bauabschnitts:** Einreichen der bautechnischen Nachweise (§ 56 V; § 60 III)
Geltungsdauer	Will der Bauherr mit der Ausführung des Vorhabens mehr als drei Jahre, nachdem die Bauausführung nach § 56 III 3, 4 zulässig geworden ist, beginnen, ist ein erneutes Freistellungsverfahren durchzuführen (§ 56 III 5)

2. Freistellung nach Ziffer V 1 der Anlage 2 zu § 55 HBO

Vorhaben	Siehe unten (Tabelle)
Planungsrechtliche Situation	Alle Gebiete (vgl. V 1 der Anlage 2 zu § 55 HBO)
§ 31 BauGB	Keine Regelung; V 1 der Anlage 2 HBO ist auf an sich genehmigungsfreie Vorhaben zugeschnitten. Sind Ausnahmen, Befreiungen oder Abweichungen erforderlich, so ist die Erteilung einer isolierten Abweichung nach § 63 III erforderlich.
Wahlrecht des Bauherren	Keine Regelung; da die Vorhaben vom Wesen her genehmigungsfrei sind und nur durch die Erklärung der Gemeinde genehmigungspflichtig werden, so kann vom Zweck der Regelung kein Wahlrecht des Bauherren bestehen.
Nebenpflichten (ausdrückliche Sonderregelungen für Genehmigungsfreistellung)	Siehe unten (Tabelle)

Übersicht: genehmigungsfreigestellte Vorhaben und Nebenpflichten

Vorhaben nach Anlage 2 zu § 55 HBO, das unter dem bedingten Genehmigungsvorbehalt nach V 2 steht	Nebenpflicht nach V 2 bis 5 Anlage 2 zu § 55 HBO **Ziffer 2. Beteiligung von Bauvorlageberechtigten:** Das Vorhaben darf erst ausgeführt werden, wenn eine für die jeweilige bauliche Anlage nach § 49 III – VI bauvorlageberechtigte Person die statisch-konstruktive und brandschutztechnische Unbedenklichkeit festgestellt und bescheinigt hat. **Ziffer 3. Beteiligung von Nachweisberechtigten:** Das Vorhaben darf erst ausgeführt werden, wenn eine hierfür nach § 59 III 2 berechtigte Person die statisch-konstruktive Unbedenklichkeit festgestellt und der Bauherrschaft bescheinigt hat. **Ziffer 4. Beteiligung von Sachverständigen für Energieerzeugungsanlagen:** Anlagen dürfen erst dauerhaft in Betrieb genommen werden, wenn die sichere Benutzbarkeit sowie die ordnungsgemäße Abführung der Abgase durch eine nach § 59 VI berechtigte Person festgestellt und der Bauherrschaft bescheinigt ist (§ 65 III 1 Nr. 2 gilt entsprechend). **Ziffer 5. Beauftragung von Fachfirmen:** Die Bauherrschaft hat eine branchenspezifische Fachfirma mit der Ausführung des Vorhabens zu beauftragen.			
Freistellungsvorbehalt für: (nebenstehende Ziffern beziehen sich auf Anlage 2 I)	**Ziffer 2**	**Ziffer 3**	**Ziffer 4**	**Ziffer 5**
1.2 Garagen bis 30 m^2 Brutto-Grundfläche einschließlich Abstellraum einschließlich Zufahrten mit nicht mehr als 200 m^2 Grundfläche, die die erforderlichen Abstandsflächen einhalten oder die nach § 6 X 1 Nr. 1 und 2 an einer Nachbargrenze zulässig sind				
1.3 Gebäude bis zu 4 m Firsthöhe, die nur zum vorübergehenden Schutz von Pflanzen oder Tieren oder zur Unterbringung von Ernteerzeugnissen bestimmt sind und die einem land- oder forstwirtschaftlichen Betrieb dienen				
1.4 Gewächshäuser einschließlich Folientunnel bis 4 m Firsthöhe, die einem land- oder forstwirtschaftlichen oder erwerbsgärtnerischen Betrieb dienen				
1.12 Wintergärten bis 30 m^2 bei Gebäuden der Gebäudeklassen 1 bis 3 mit einem Mindestabstand von 3 m zur Nachbargrenze		×		
1.16 Dachaufbauten einschließlich Dachgauben auf bestehenden Gebäuden		×		
2.5 Dächer von bestehenden Gebäuden einschließlich der Dachkonstruktion und der Dämmung		×		
3.5 Anlagen der Kraft-Wärme-Kopplung, wie Blockheizkraftwerke mit einer Feuerungswärmeleistung von insgesamt nicht mehr als 350 kW einschließlich zughöriger Leitungen zur Abführung der Verbrennungsgase außerhalb von Gebäuden			×	×

Freistellungsvorbehalt für: (nebenstehende Ziffern beziehen sich auf Anlage 2 I)	**Ziffer 2**	**Ziffer 3**	**Ziffer 4**	**Ziffer 5**
5.1.1 Antennenanlagen bis 10 m Gesamthöhe und bei Parabolantennen mit Reflektordurchmesser bis 1,20 m				
5.1.2 a) zu Antennenanlagen zugehörige Versorgungseinheiten und Funkcontainer bis zu 10 m^3 Brutto-Rauminhalt in, an oder auf baulichen Anlagen		Bei mehr als 5 m^3 Brutto-Rauminhalt		
5.1.2 b) zu Antennenanlagen zugehörige Versorgungseinheiten und Funkcontainer, die nicht unter a) fallen, bis 50 m^3 Brutto-Rauminhalt außerhalb von Gebäuden				
5.3.5 Masten und Unterstützungen bis 10 m Höhe für Flutlicht auf Sportanlagen				×

Hessen

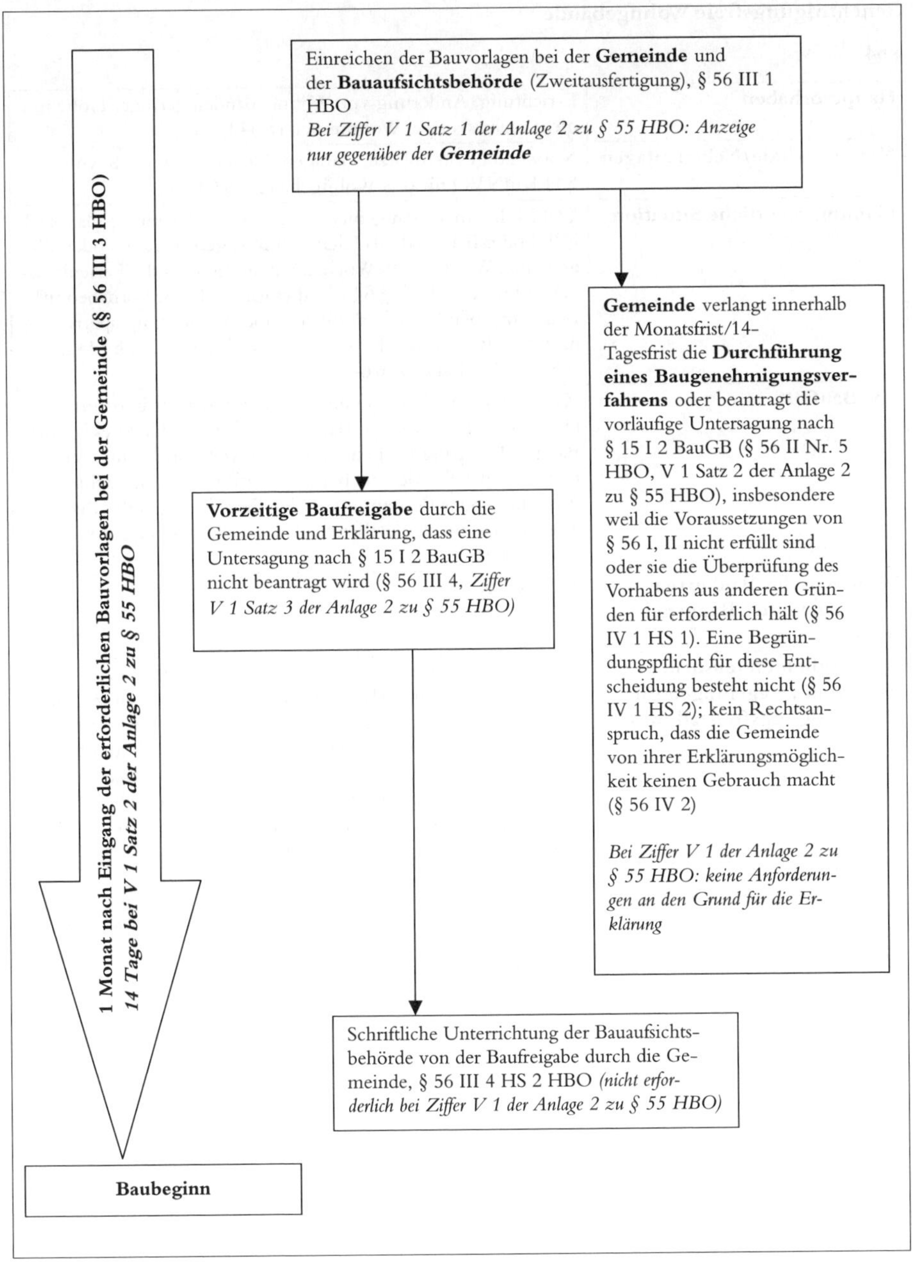
Einreichen der Bauvorlagen bei der **Gemeinde** und der **Bauaufsichtsbehörde** (Zweitausfertigung), § 56 III 1 HBO
*Bei Ziffer V 1 Satz 1 der Anlage 2 zu § 55 HBO: Anzeige nur gegenüber der **Gemeinde***
1 Monat nach Eingang der erforderlichen Bauvorlagen bei der Gemeinde (§ 56 III 3 HBO)
14 Tage bei V 1 Satz 2 der Anlage 2 zu § 55 HBO
Vorzeitige Baufreigabe durch die Gemeinde und Erklärung, dass eine Untersagung nach § 15 I 2 BauGB nicht beantragt wird (§ 56 III 4, *Ziffer V 1 Satz 3 der Anlage 2 zu § 55 HBO)*
Gemeinde verlangt innerhalb der Monatsfrist/14-Tagesfrist die **Durchführung eines Baugenehmigungsverfahrens** oder beantragt die vorläufige Untersagung nach § 15 I 2 BauGB (§ 56 II Nr. 5 HBO, V 1 Satz 2 der Anlage 2 zu § 55 HBO), insbesondere weil die Voraussetzungen von § 56 I, II nicht erfüllt sind oder sie die Überprüfung des Vorhabens aus anderen Gründen für erforderlich hält (§ 56 IV 1 HS 1). Eine Begründungspflicht für diese Entscheidung besteht nicht (§ 56 IV 1 HS 2); kein Rechtsanspruch, dass die Gemeinde von ihrer Erklärungsmöglichkeit keinen Gebrauch macht (§ 56 IV 2)
Bei Ziffer V 1 der Anlage 2 zu § 55 HBO: keine Anforderungen an den Grund für die Erklärung
Schriftliche Unterrichtung der Bauaufsichtsbehörde von der Baufreigabe durch die Gemeinde, § 56 III 4 HS 2 HBO *(nicht erforderlich bei Ziffer V 1 der Anlage 2 zu § 55 HBO)*
Baubeginn

Mecklenburg-Vorpommern

Genehmigungsfreie Wohngebäude

§ 64

Hauptvorhaben	Errichtung, Änderung von Wohngebäuden geringer Höhe mit nicht mehr als zwei Wohnungen (§ 64 I).
Nebengebäude/Nebenanlagen	Notwendige Stellplätze, Garagen, Nebenanlagen i. S. von § 14 BauNVO für o. g. Wohngebäude (§ 64 I 3).
Planungsrechtliche Situation	§ 64 I 1: In einem Baugebiet, das in einem Bebauungsplan nach § 30 I oder II BauGB als Kleinsiedlungsgebiet, reines oder allgemeines Wohngebiet, Wochenendhausgebiet oder Ferienhausgebiet festgesetzt ist (§ 64 I 1); dies gilt nicht für Vorhaben in Bebauungsplanbereichen, für die eine Veränderungssperre nach § 14 BauGB beschlossen ist, in Gebieten nach §§ 142, 165 oder 172 BauGB (§ 64 I 5).
§ 31 BauGB	Weicht das Vorhaben von den Festsetzungen des Bebauungsplans (oder den örtlichen Bauvorschriften) ab, bleibt es bei der Baugenehmigungsfreiheit, wenn insoweit von der unteren Bauaufsichtsbehörde eine bestandskräftige oder vollziehbare Ausnahme oder Befreiung von den Festsetzungen des Bebauungsplans (bzw. den örtlichen Bauvorschriften) erteilt worden ist (§ 64 I 2).
Wahlrecht des Bauherren zugunsten einer Baugenehmigung	Nicht vorgesehen
Nebenpflichten (ausdrückliche Sonderregelungen für Genehmigungsfreistellung)	Für Wohngebäude nach § 64 I muss der Standsicherheitsnachweis von einem bauvorlageberechtigten Ingenieur aufgestellt sein, der mindestens zwei Jahre auf dem Gebiet der Baustatik eigenständig tätig war. Der Lageplan, die Bauzeichnungen einschließlich der Darstellung der Grundstücksentwässerung, die Baubeschreibung sowie die übrigen bautechnischen Nachweise müssen von Personen aufgestellt sein, die nach § 67 II bauvorlageberechtigt sind (§ 64 II).

Mecklenburg-Vorpommern

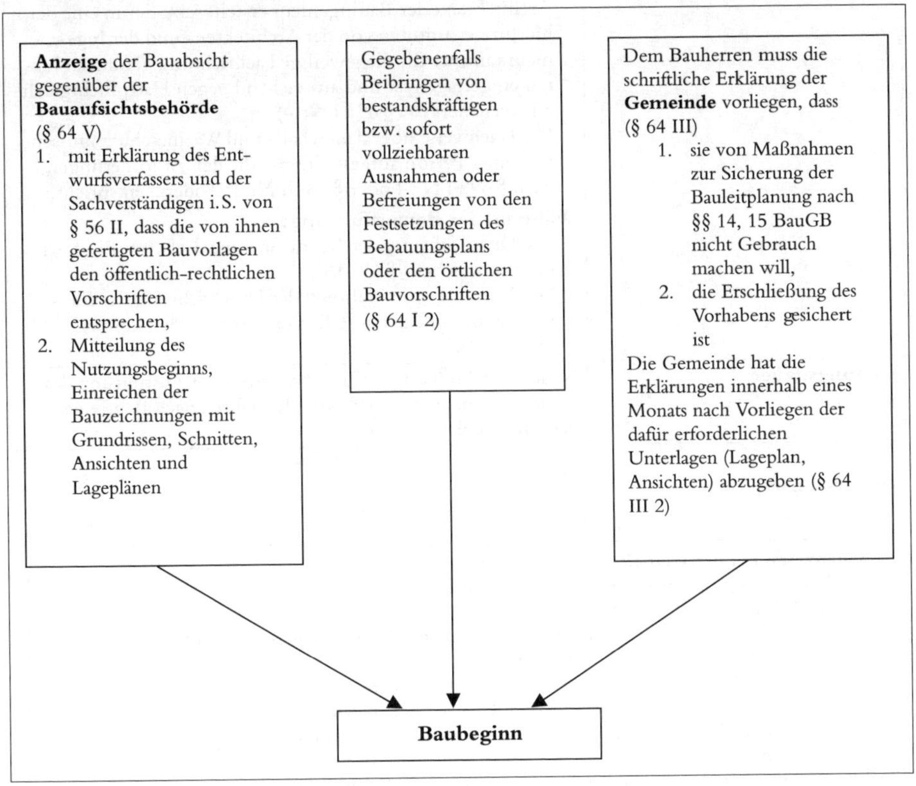

Niedersachsen

Genehmigungsfreie Wohngebäude

§ 69 a

Hauptvorhaben	Errichtung, Änderung, Nutzungsänderung von Wohngebäuden geringer Höhe (§ 69 a I, II).
Nebengebäude/Nebenanlagen	Garagen, Stellplätze und Nebenanlagen i. S. des § 14 BauGB zu den o. g. Wohngebäuden, ausgenommen unterirdische Garagen mit mehr als 100 m^2 Nutzfläche (§ 69 a I).
Planungsrechtliche Situation	In Baugebieten, die ein Bebauungsplan i. S. des § 30 I oder II BauGB als Kleinsiedlungsgebiet oder als reine, allgemeine oder besondere Wohngebiete festsetzt (§ 69 a I).
§ 31 BauGB	Ausnahmen oder Befreiungen müssen bereits erteilt sein (§ 69 a I Nr. 1).
Wahlrecht des Bauherren zugunsten einer Baugenehmigung	Der Bauherr kann verlangen, dass für Baumaßnahmen nach § 69 a I, II ein Baugenehmigungsverfahren durchgeführt wird (§ 69 a VIII).
Nebenpflichten (ausdrückliche Sonderregelungen für Genehmigungsfreistellung)	**Fachkunde:** – Der Bauherr muss einen Entwurfsverfasser i. S. des § 58 I, II bestellt haben, der den Anforderungen nach § 58 III entspricht und ausreichend gegen Haftpflichtgefahren versichert ist (§ 69 a I Nr. 3).

	– Die Nachweise über die Standsicherheit müssen von einem Architekten oder Bauingenieur erstellt sein, der in eine der hierfür bestimmten von der Architekten- und der Ingenieurkammer für die jeweilige Fachrichtung geführten Listen eingetragen ist und ausreichend gegen Haftpflichtgefahren versichert ist (§ 69 a I Nr. 4). – Die Nachweise über den Schall- und Wärmeschutz müssen von einer Person aufgestellt sein, die den Anforderungen nach § 69 a I Nr. 4 oder § 58 III Nr. 1, 2 oder 3 entspricht. **Während der Bauausführung:** – Die Durchführung der Baumaßnahme darf vom Entwurf nicht abweichen (§ 69 a VI). – Der Entwurf muss während der Durchführung der Baumaßnahme an der Baustelle vorgelegt werden können (§ 69 a VII).
Geltungsdauer	Neues Verfahren erforderlich, wenn mit der Ausführung des Vorhabens nicht innerhalb von drei Jahren nach Baufreigabe begonnen wird (§ 69 a V 2).

Niedersachsen

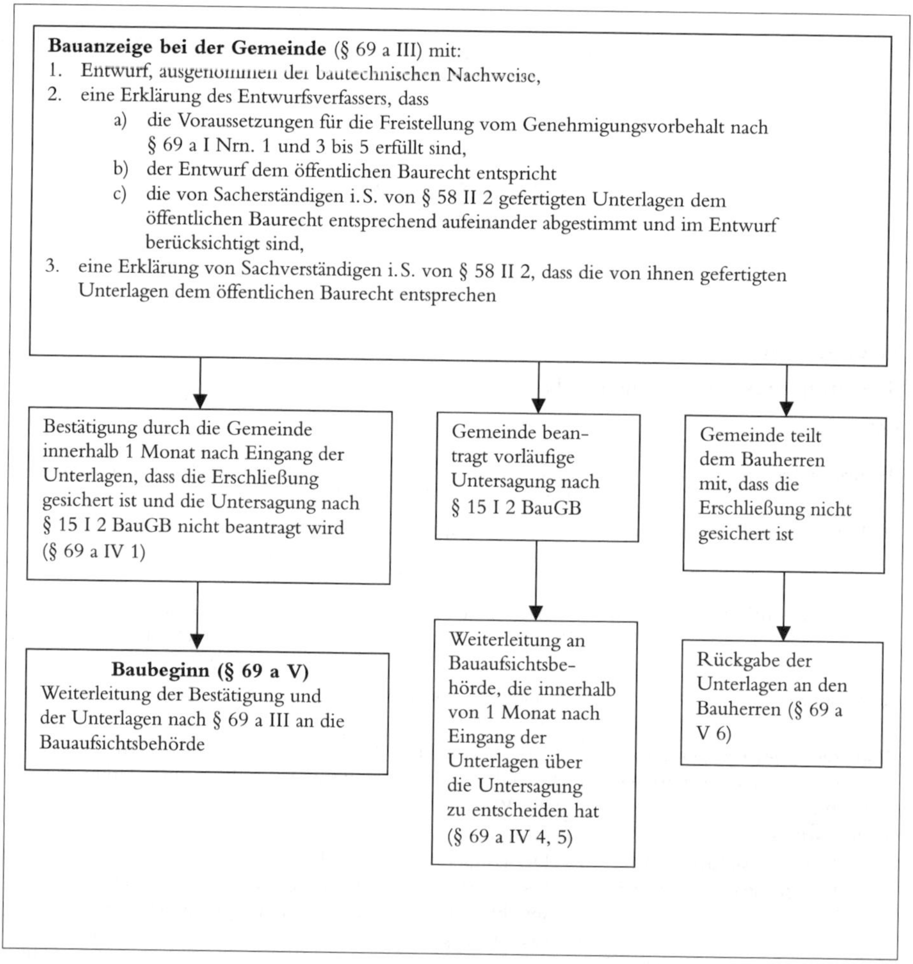

Nordrhein-Westfalen
Genehmigungsfreie Wohngebäude
§ 67

Hauptvorhaben	Errichtung; Änderung und Nutzungsänderung von Wohngebäuden mittlerer und geringer Höhe (§ 67 I 1, 2 i.V. m. § 2 III).
Nebengebäude/Nebenanlagen	Zu den o. g. Wohngebäuden gehörige Nebengebäude und Nebenanlagen (§ 67 I 1). Garagen und überdachte Stellplätze bis 1000 m^2 Nutzfläche, wenn sie einem Wohngebäude i. S. des § 67 I dienen (§ 67 VII 1).
Planungsrechtliche Situation	Im Geltungsbereich eines Bebauungsplans i. S. von § 30 I oder II BauGB.
§ 31 BauGB	Anwendung nicht vorgesehen. Die Abweichungsmöglichkeit nach § 67 V 8, § 68 VII betrifft nur Bestimmungen außerhalb der planungsrechtlichen Zulässigkeit.
Wahlrecht des Bauherren zugunsten einer Baugenehmigung	Der Bauherr kann die Durchführung eines vereinfachten Baugenehmigungsverfahrens beantragen (§ 67 I 3, § 68 I 2).
Nebenpflichten (ausdrückliche Sonderregelungen für Genehmigungsfreistellung)	**Vor Baubeginn:** – Bei Wohngebäuden mittlerer Höhe und Wohngebäuden geringer Höhe mit mehr als 2 Wohnungen, jedoch nicht bei deren Nebengebäuden und Nebenanlagen: Vorlage von (§ 67 IV 1) – Nachweis über die Standsicherheit (von einem staatliche anerkannten Sachverständigen i. S. des § 85 II 1 Nr. 4 geprüft), – Nachweis über den Schallschutz und den Wärmeschutz (von einem staatlich anerkannten Sachverständigen aufgestellt oder geprüft), – bei Wohngebäuden mittlerer Höhe ist zusätzlich von einem staatlich anerkannten Sachverständigen zu prüfen und zu bescheinigen, dass das Vorhaben den Anforderungen an den Brandschutz entspricht (§ 67 IV 2), – der Bauherr hat den Angrenzern vor Baubeginn mitzuteilen, dass ein freigestelltes Bauvorhaben durchgeführt werden soll (§ 67 IV 3), – 1 Woche vorher gegenüber Bauaufsichtsbehörde schriftliche Anzeige des Ausführungsbeginns mit Benennung des Bauleiters, des Fachbauleiters sowie der staatlich anerkannten Sachverständigen nach § 85 II 1 Nr. 4, die die Nachweise nach Abs. 4 aufstellen oder prüfen (§ 67 V 1), – Abstecken der Grundrissfläche und Festlegung der Höhenlage der baulichen Anlage (§ 67 V 3), – Bauvorlagen und die Bescheinigungen der Sachverständigen müssen an der Baustelle von Anfang an vorliegen (§ 67 V 4). **Vor Aufnahme der Nutzung:** – Die baulichen Anlagen dürfen erst benutzt werden, wenn sie ordnungsgemäß fertig gestellt und sicher benutzbar sind (§ 67 V 5). – Anzeige der Fertigstellung gegenüber der Bauaufsichtsbehörde (§ 67 V 6), – bei Fertigstellung müssen Bescheinigungen von staatlich anerkannten Sachverständigen vorliegen, wonach sie sich durch stichprobenhafte Kontrollen während der Bauausführung davon überzeugt haben, dass die baulichen Anlagen

entsprechend den in § 67 IV genannten Nachweisen errichtet oder geändert worden sind (§ 67 V 7),
- der Nachweis über die Einhaltung der Grundrissfläche und der Höhenlage muss dem Bauherren vorliegen (§ 67 V 9, § 81 II 1).
- Der Bauherr und die späteren Eigentümer haben die Bauvorlagen, Nachweise und Bescheinigungen aufzubewahren (§ 67 VI).

Sonderbestimmungen für Garagen mit einer Nutzfläche von über 100 m² und bis 1000 m² (§ 67 VII):
- vor Baubeginn muss dem Bauherren ein von einem staatlichen anerkannten Sachverständigen geprüfter Nachweis über die Standsicherheit vorliegen sowie zusätzlich von einem staatlich anerkannten Sachverständigen geprüft und bescheinigt sein, dass das Vorhaben den Anforderungen an den Brandschutz entspricht (§ 67 VII 1),
- § 67 III und VI gelten auch für diese Garagen (§ 67 VII 2).
- Soll in einer geschlossenen Mittelgarage eine natürliche Lüftung vorgesehen werden, so muss zuvor von einem staatlich anerkannten Sachverständigen die Unbedenklichkeit bescheinigt sein (§ 67 VII 3); die Bescheinigung ist auf Grund durchgeführter Messungen innerhalb eines Monats nach Inbetriebnahme der Garage von dem Sachverständigen zu bescheinigen (§ 67 VII 4).

Nordrhein-Westfalen

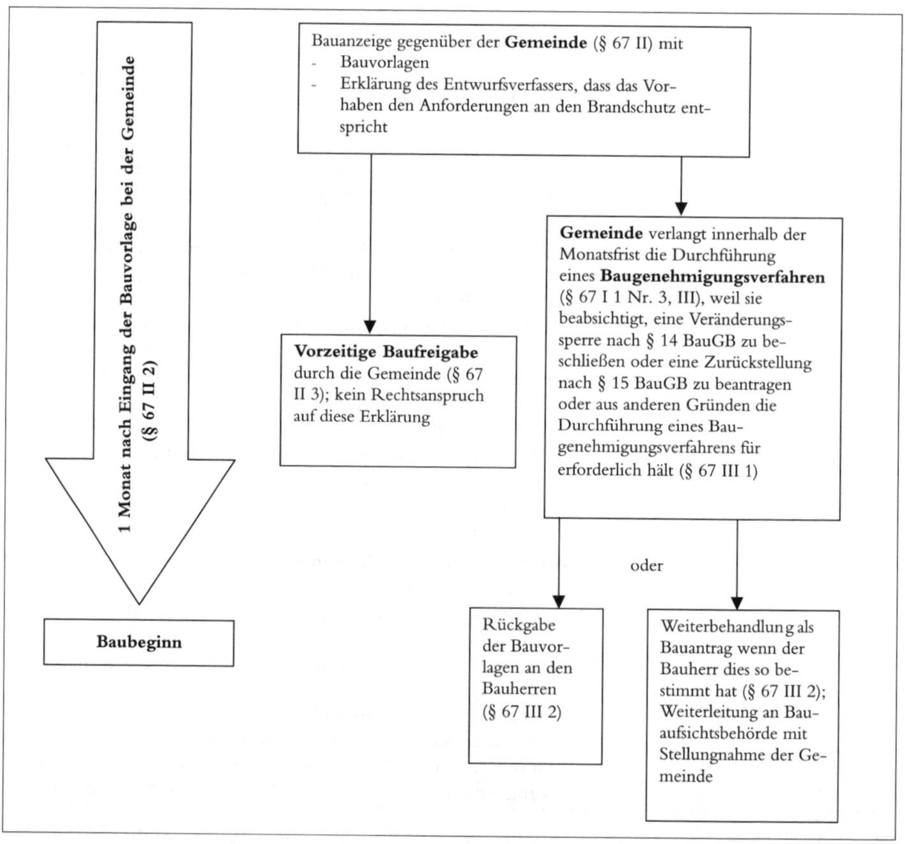

Saarland

Freistellungsverfahren

§ 66

Hauptvorhaben	Errichtung, Änderung, Nutzungsänderung und Abbruch von (§ 66 I 1) 1. Wohngebäuden, Wochenendhäusern und Ferienhäusern, 2. Büro- und Verwaltungsgebäuden, 3. Gebäuden, die sowohl dem Wohnen als auch Büro- und Verwaltungszwecken dienen, bis zur Gebäudeklasse 3 (vgl. § 2 II).
Nebengebäude/Nebenanlagen	Dazugehörige Stellplätze, Garagen, Abstellplätze für Fahrräder und Nebenanlagen i. S. des § 14 BauNVO (§ 66 I 1).
Planungsrechtliche Situation	§ 66 I 1 1. Innerhalb des Geltungsbereichs eines Bebauungsplans nach § 30 I oder II BauGB, 2. außerhalb des Geltungsbereichs einer Veränderungssperre i. S. des § 14 I BauGB, oder von Satzungen nach §§ 142, 165, 172 BauGB. Das gilt nicht, wenn eine Zurückstellung des Baugesuchs (§ 15 BauGB) beantragt ist (§ 66 I 2).
§ 31 BauGB	Über Ausnahmen und Befreiungen entscheidet die Bauaufsichtsbehörde auf besonderen Antrag (§ 66 V, IV 6).
Wahlrecht des Bauherren zugunsten einer Baugenehmigung	Auf Verlangen des Bauherren ist ein vereinfachtes Genehmigungsverfahren nach § 67 durchzuführen (§ 66 X).
Nebenpflichten (ausdrückliche Sonderregelungen für Genehmigungsfreistellung)	**Sachkunde:** – Bauvorlageberechtigung des Entwurfsverfassers (§ 66 II 1), – Bauvorlageberechtigung des Erstellers des Nachweises über den vorbeugenden Brandschutz (§ 66 II 2), über den Schall- und den Wärmeschutz (§ 66 II 4), – Aufstellung des Nachweises über die Standsicherheit einschließlich der Feuerwiderstandsdauer tragender Bauteile durch eine Person, die in die von der Kammer der Beratenden Ingenieure des Saarlandes geführten Liste eingetragen ist (§ 66 II 3), – die in § 68 II 3 und 4 genannten Nachweise dürfen auch von anderen Personen aufgestellt sein, wenn sie durch einen Prüfingenieur für Baustatik geprüft sind (§ 66 II 5). **Mit Fertigstellung des Rohbaus:** Erstellung einer Bescheinigung über die Tauglichkeit der Schornsteine und der für Räume mit Feuerstätten erforderlichen Lüftungsschächte durch den Bezirksschornsteinfegermeister (§ 66 VIII 3). **Vor abschließender Fertigstellung:** – 2 Wochen vorher Anzeige gegenüber der Bauaufsichtsbehörde (§ 66 VIII 2, § 84 I 1), – die baulichen Anlage darf erst nach Fertigstellung benutzt werden, frühestens eine Woche nach dem in der Anzeige nach § 84 I genannten Zeitpunkt der Fertigstellung (§ 66 VIII 2, § 84 VI).
Geltungsdauer	Die Freistellung erlischt, wenn nicht innerhalb von 3 Jahren mit der Ausführung des Vorhabens begonnen worden ist oder die Bauausführung ein Jahr unterbrochen worden ist (§ 66 VII 2, § 80 I).

Saarland

Bauanzeige gegenüber **Bauaufsichtsbehörde** (§ 66 III) mit
1. vollständigen Bauvorlagen (2fach); § 66 III 2, § 71 IV gelten entsprechend
2. Erklärung des Bauherren, dass die Pflichten zur Anlage oder Ablösung eines Kinderspielplatzes und zur Herstellung oder Ablösung notwendiger Stellplätze und zur Herstellung notwendiger Abstellplätze für Fahrräder erfüllt werden (Nachweise bei Herstellung auf fremdem Grundstück bzw. bei Ablösung)
3. Erklärung des Entwurfsverfassers, der sachverständigen Personen i. S. des § 57 II und der Personen i. S. des § 66 II 2–4, dass sie die erforderlichen Bauvorlagen unter Beachtung der öffentlich-rechtlichen Vorschriften gefertigt haben; bei Prüfung von Nachweisen nach § 66 II 5 die Erklärung des Prüfingenieurs, dass der geprüfte Nachweis unter Beachtung der öffentlich-rechtlichen Vorschriften aufgestellt wurde; der Entwurfsverfasser hat außerdem zu bestätigen, dass die Voraussetzungen nach § 66 I 1 vorliegen
4. Erklärung der Gemeinde, dass die Erschließung des Vorhabens gesichert ist und die Voraussetzungen des § 66 I 1 HS 2 Nr. 1 und 2 vorliegen
5. Erklärung des Bauherren, dass keine hindernde Baulast besteht
6. bei Vorhaben im Einwirkungsbereich untertägigen Bergbaus: Erklärung des bergbauberechtigten Unternehmens über die Erforderlichkeit vorbeugender Sicherungsmaßnahmen

Sichtvermerk der Gemeinde (§ 66 III 2); Gemeinde kann prüfen, ob das Vorhaben zurückgestellt werden soll (§ 66 IV 4)

Prüfung innerhalb von 5 Arbeitstagen, ob die erforderlichen Bauvorlagen und Erklärungen nach § 66 III vorliegen und Mitteilung des Zeitpunkts des Eingangs der vollständigen Bauanzeige (§ 66 IV 1)

Bauaufsichtsbehörde prüft innerhalb von 10 Arbeitstagen nach Eingang der vollständigen Bauvorlagen und Erklärungen, ob die Voraussetzungen für die Freistellung nach § 66 I 1 vorliegen (§ 66 IV 2); i. Ü. keine Prüfungspflicht

Entscheidung über die beantragten Ausnahmen und Befreiungen (§ 66 IV 6)

Aufklärung etwaiger Widersprüche gegen öffentlich-rechtliche Vorschriften (§ 66 IV 7)

Keine Zurückstellung

Bestätigung der Freistellung durch die Bauaufsichtsbehörde (§ 66 IV 4, VI Nr. 1)

Baubeginn (§ 66 VI) wenn
1. der Bauherr sämtliche nach anderen Vorschriften erforderliche Genehmigungen, Zustimmungen, Bewilligungen, Erlaubnisse eingeholt hat,
2. die Absteckung der Grundrissfläche und die Festlegung der Höhenlage durch eine Vermessungsstelle erfolgt sind,
3. der Bauherr dem Bezirksschornsteinfegermeister technische Angaben über Feuerungsanlagen vorgelegt hat,
4. der Bauherr einen Bauleiter i. S. des § 60 beauftragt und der Bauaufsichtbehörde benannt hat

Sachsen

Anzeigeverfahren

§ 63

Hauptvorhaben	Errichtung, Änderung und Nutzungsänderung (§ 63 I, II) von 1. Wohn- und Bürogebäuden geringer und mittlerer Höhe, 2. Gebäuden geringer und mittlerer Höhe, die neben der Wohnung freiberuflich i. S. von § 13 BauNVO genutzt werden, soweit es keine Sonderbauten sind.
Nebengebäude/Nebenanlagen	Nebengebäude und Nebenanlagen zu den o. g. Gebäuden (§ 63 II a. E.).
Planungsrechtliche Situation	§ 63 I: 1. innerhalb des Geltungsbereichs eines Bebauungsplans nach § 30 I oder II BauGB, 2. außerhalb eines Gebiets i. S. von § 142 oder § 172 BauGB oder wenn die nach §§ 144 oder 173 BauGB erforderlichen Genehmigungen erteilt sind, 3. außerhalb des Geltungsbereichs einer Veränderungssperre (§ 14 BauGB). Abweichend von § 63 I 1 Nr. 1 bedürfen **Wohngebäude geringer Höhe** auch dann keiner Baugenehmigung, wenn durch **Vorbescheid** nach § 66 die bauplanungsrechtliche Zulässigkeit sowie die Erfüllung der Anforderungen nach §§ 4 und 5 festgestellt sind (§ 63 III 1).
§ 31 BauGB	Ausnahmen und Befreiungen nach § 31 BauGB (ebenso wie solche nach § 68) müssen gesondert beantragt werden. Der Beginn der Bauausführung ist erst möglich, wenn dem Antrag entsprochen worden ist (§ 63 VIII 3).
Wahlrecht des Bauherren zugunsten einer Baugenehmigung	Nicht vorgesehen
Nebenpflichten (ausdrückliche Sonderregelungen für Genehmigungsfreistellung)	**Vor Baubeginn:** – Schriftliche Anzeige des Baubeginns und der Wiederaufnahme der Bauarbeiten nach einer Unterbrechung von mehr als 6 Monaten 1 Woche vorher gegenüber der Bauaufsichtsbehörde (§ 63 IX, § 70 VIII), – Anzeige der Erfüllung der für den Baubeginn relevanten Auflagen und Bedingungen (§ 63 IX, § 70 VIII), – Anzeige der Einholung sonstiger erforderlicher Genehmigungen, soweit diese in den Hinweisen aufgeführt sind (§ 63 IX, § 70 VIII), – bei Gebäuden mittlerer Höhe müssen der Bauaufsichtsbehörde spätestens bei Baubeginn die von einem staatlich anerkannten Sachverständigen oder einer sachverständigen Stelle nach § 82 IV 1 Nr. 4 geprüften Nachweise über Standsicherheit einschließlich Feuerwiderstandsdauer tragender Bauteile und des vorbeugenden Brandschutzes vorliegen (§ 63 VIII 5), – Abstecken der Grundfläche, Festlegung der Höhenlage (§ 63 IX, § 70 VII 1), – Vorlage der Bauvorlagen auf der Baustelle (§ 63 IX, § 70 VII 2). **Vor Fertigstellung des Rohbaus/abschließender Fertigstellung:** 2 Wochen vorher Anzeige gegenüber de Bauaufsichtsbehörde (§ 63 IX, § 79 I 1).

Geltungsdauer	Mit der Ausführung ist innerhalb von 3 Jahren nach Bestätigung der Vollständigkeit der Unterlagen bzw. innerhalb der Geltungsdauer des Vorbescheids zu beginnen (§ 63 VIII 4).

Sachsen

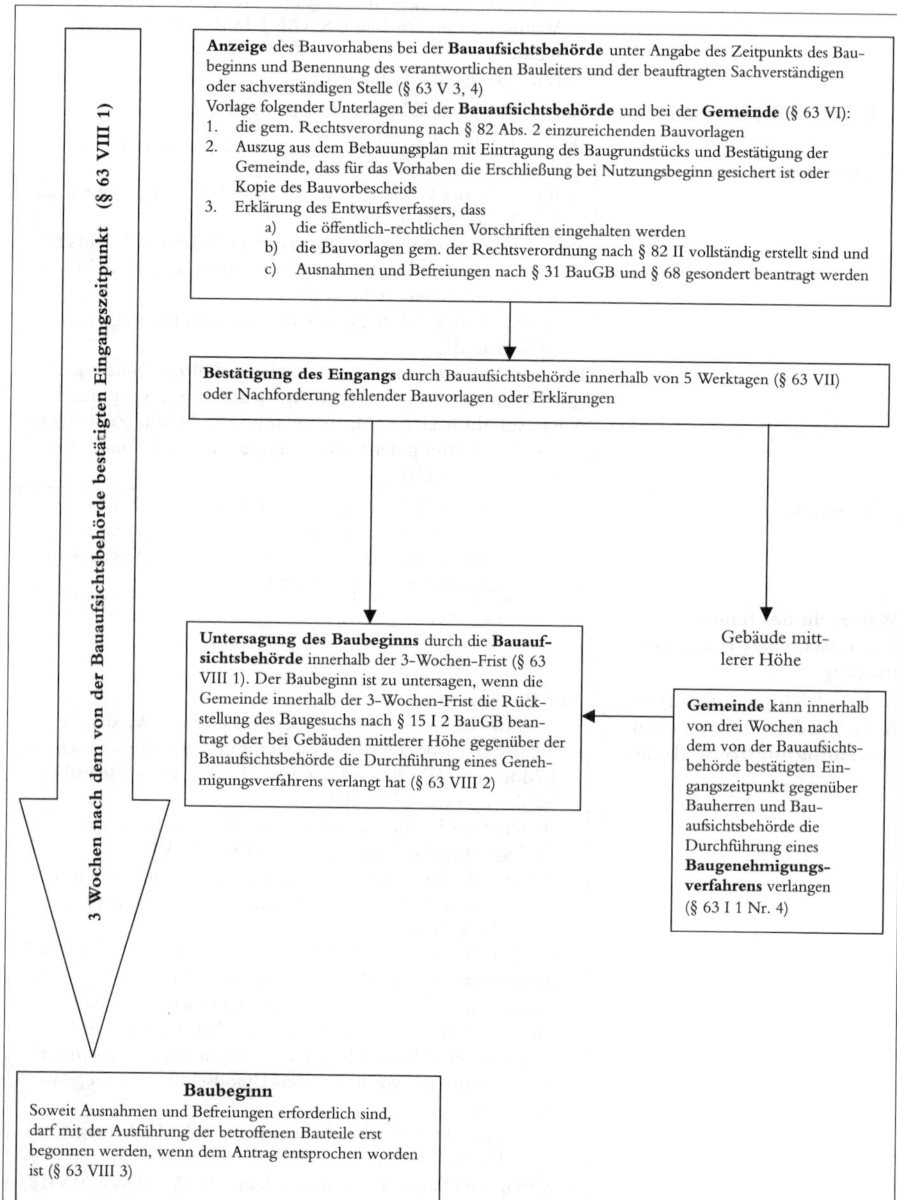

Sachsen-Anhalt

Genehmigungsfreistellung

§ 68

Hauptvorhaben	Errichtung, Änderung, Nutzungsänderung (§ 68 I 1 und 2) von 1. Wohngebäuden geringer und mittlerer Höhe, 2. Gebäuden, auch mit Aufenthaltsräumen, bis 200 m² Grundfläche und mit nicht mehr als zwei oberirdischen Geschossen; dies gilt nicht für Gebäude i. S. des § 56 II Nr. 3, 5 bis 8, 11, 3. landwirtschaftlichen Betriebsgebäuden, auch mit Wohnteil, bis 250 m² Grundfläche; ausgenommen Anlagen zum Lagern von Jauche und Gülle, 4. landwirtschaftlich, forstwirtschaftlich oder erwerbsgärtnerisch genutzten Gebäuden bis 5 m Firsthöhe, wenn sie nur zum vorübergehenden Schutz von Tieren oder Pflanzen oder zur Unterbringung von Ernteerzeugnissen oder von Geräten bestimmt sind, 5. Gewächshäusern bis 5 m Firsthöhe, 6. Ausstellungs-, Abstell- und Lagerplätzen.
Nebengebäude/Nebenanlagen	Nebengebäude und Nebenanlagen zu Wohngebäuden i. S. des § 68 I 1 Nr. 1, untergeordnete Nebenanlagen zu Gewächshäusern i. S. des § 68 I 1 Nr. 5 (§ 68 I Nr. 1, 5, IX).
Planungsrechtliche Situation	Im Geltungsbereich eines Bebauungsplans nach § 30 I und II BauGB (§ 68 I 1).
§ 31 BauGB	Freistellung ist möglich, wenn notwendige Ausnahmen oder Befreiungen bereits erteilt sind (§ 68 I 2 Nr. 1).
Wahlrecht des Bauherren zugunsten einer Baugenehmigung	Der Bauherr kann durch Einreichung eines Bauantrags bestimmen, dass für die genannten Vorhaben ein Baugenehmigungsverfahren durchgeführt wird (§ 68 I 3).
Nebenpflichten (ausdrückliche Sonderregelungen für Genehmigungsfreistellung)	**Bauvorlagen** müssen von Bauvorlageberechtigtem unterschrieben sein (§ 68 VIII, § 70 IV 1, 2). **Vor Baubeginn:** – 1 Woche vorher Anzeige des Baubeginns gegenüber der Bauaufsichtsbehörde (§ 68 VII, § 77 VII), – Mitteilung gegenüber Eigentümer der unmittelbar benachbarten Grundstücke, dass ein genehmigungsfreies Bauvorhaben ausgeführt wird (§ 68 X), – Abstecken des Grundrisses und Festlegung der Höhenlage (§ 68 VII, § 77 VII 1). **Vor Beginn der jeweiligen Bauarbeiten** muss der Bauherr vorhalten (§ 68 VI): 1. Nachweise über den Schall- und Wärmeschutz (von Bauvorlageberechtigten nach § 71 II Nr. 1 oder 2 erstellt), 2. Nachweis über Standsicherheit einschließlich Feuerwiderstandsdauer (u. U. von Sachverständigem nach § 89 II 1 Nr. 4 geprüft und Richtigkeit bescheinigt), 3. bei Wohngebäuden mittlerer Höhe Bescheinigung eines Sachverständigen i. S. des § 89 II 1 Nr. 4, dass das Vorhaben den Anforderungen an den Brandschutz entspricht. **Während der Bauausführung:** Anbringen einer Bautafel an der Baustelle (§ 68 VII, § 14 IV). **Vor Inbetriebnahme der Feuerungsanlagen:** Bescheinigung der Tauglichkeit und sicheren Benutzbarkeit durch den Bezirksschornsteinfegermeister (§ 68 VII, § 43 VIII).

	Vor Fertigstellung Rohbau/abschließende Fertigstellung: 1 Woche vorher Anzeige der Fertigstellung des Rohbaus bzw. der abschließenden Fertigstellung gegenüber der Bauaufsichtsbehörde (§ 68 VII, § 86 I 1); soweit Sachverständige Bescheinigungen auszustellen haben, muss der Bauaufsichtsbehörde mit der Fertigstellung eine Bescheinigung des jeweiligen Sachverständigen vorgelegt werden, dass die bauliche Anlage entsprechend den Nachweisen oder Bauvorlagen errichtet oder geändert worden ist (§ 68 VIII). **Sonderregelungen für Garagen i. S. des § 68 IX:** **Vor Beginn der Bauarbeiten** bei Garagen mit einer Nutzfläche über 100 m² bis 1000 m² muss der Bauherr vorhalten und der Bauaufsichtsbehörde auf Verlangen vorlegen (§ 68 IX 2): 1. Nachweis über die Standsicherheit einschließlich der Feuerwiderstandsdauer der Bauteile, der von einem Sachverständigen i. S. des § 89 II 1 Nr. 4 geprüft und dessen Richtigkeit bescheinigt sein muss, 2. Bescheinigung eines Sachverständigen i. S. des § 89 II 1 Nr. 4, dass die Garage den Anforderungen an den Brandschutz entspricht, 3. Bescheinigung eines Sachverständigen i. S. des § 89 II 1 Nr. 4 über die Unbedenklichkeit in dem Falle, dass bei der Errichtung geschlossener Garagen eine natürliche Lüftung vorgesehen wird (Bescheinigung ist auf Grund durchgeführter Messungen innerhalb eines Monats nach Inbetriebnahme der Garage vom Sachverständigen zu bestätigen).

Sachsen-Anhalt

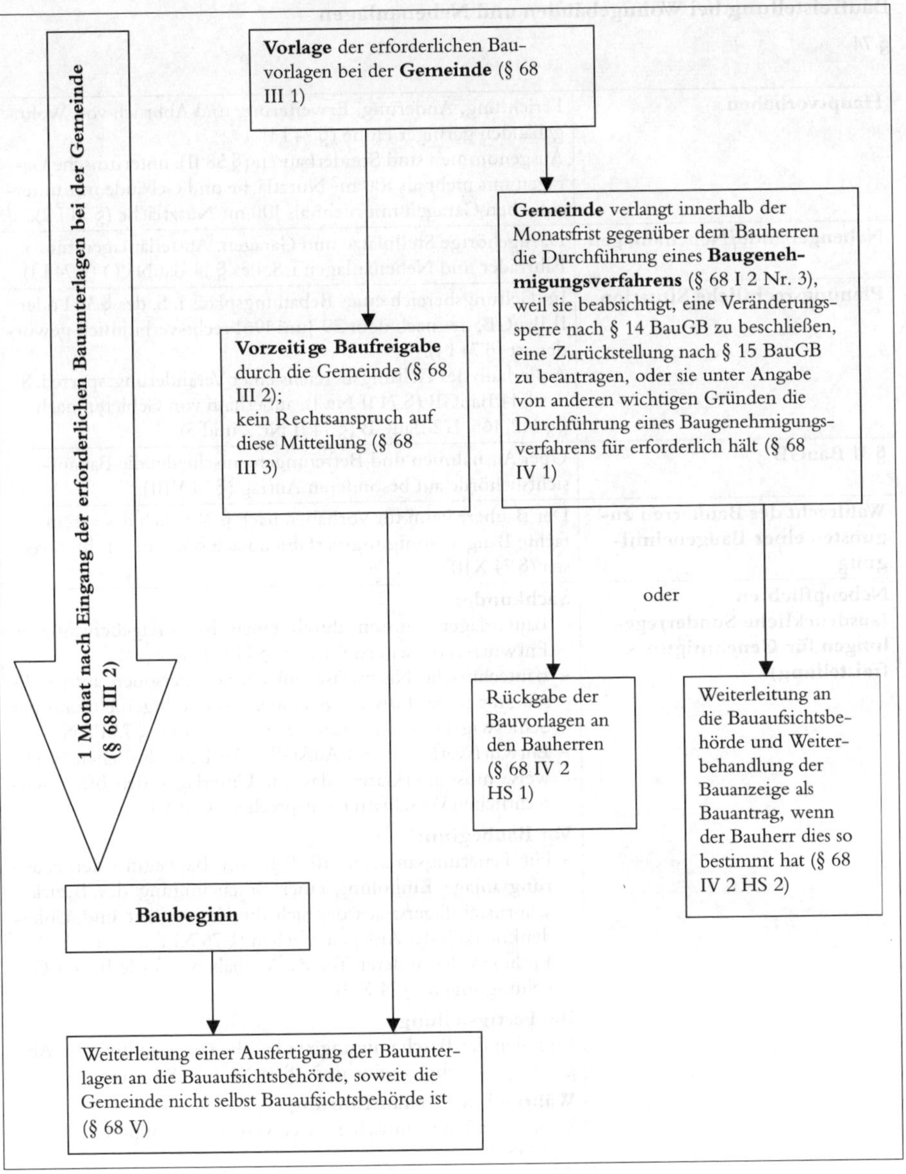

Schleswig-Holstein

Baufreistellung bei Wohngebäuden und Nebenanlagen

§ 74

Hauptvorhaben	Errichtung, Änderung, Erweiterung und Abbruch von Wohngebäuden geringer Höhe (§ 74 I 1). Ausgenommen sind Sonderbauten (§ 58 II), unterirdische Garagen mit mehr als 100 m² Nutzfläche und Gebäude mit unterirdischen Garagen mit mehr als 100 m² Nutzfläche (§ 74 I 2).
Nebengebäude/Nebenanlagen	Dazugehörige Stellplätze und Garagen, Abstellanlagen für Fahrräder und Nebenanlagen i. S. des § 14 BauNVO (§ 74 I 1).
Planungsrechtliche Situation	Im Geltungsbereich eines Bebauungsplans i. S. des § 30 I oder II BauGB, der nach dem 29. Juni 1961 rechtsverbindlich geworden ist (§ 74 I 1). Außerhalb des Geltungsbereichs einer Veränderungssperre i. S. des § 14 BauGB (§ 74 II Nr. 1), außerhalb von Gebieten nach §§ 142, 165, 172 BauGB (§ 74 II Nr. 2 und 3).
§ 31 BauGB	Über Ausnahmen und Befreiungen entscheidet die Bauaufsichtsbehörde auf besonderen Antrag (§ 74 VIII).
Wahlrecht des Bauherren zugunsten einer Baugenehmigung	Der Bauherr kann für Vorhaben nach § 74 I auch das vereinfachte Baugenehmigungsverfahren nach § 75 durchführen lassen (§ 74 XIII).
Nebenpflichten (ausdrückliche Sonderregelungen für Genehmigungsfreistellung)	**Sachkunde:** – Bauvorlagen müssen durch einen bauvorlageberechtigten Entwurfsverfasser erstellt sein (§ 74 I 1), – Bautechnische Nachweise müssen von Personen aufgestellt sein, die in der Liste der Architekten- und Ingenieurkammer Schleswig-Holstein geführt werden (§ 74 IV, § 73 IV Nr. 3), – Entwurfsverfasser und Aufsteller der bautechnischen Nachweise müssen erklären, dass die Unterlagen den öffentlich-rechtlichen Vorschriften entsprechen (§ 74 V). **Vor Baubeginn:** – Für Feuerungsanlagen: 10 Tage vor Baubeginn der Feuerungsanlage Einholung einer Bescheinigung des Bezirksschornsteinfegers, aus der sich die Zulässigkeit und Unbedenklichkeit der Anlagen ergeben (§ 76 XI 1), – Einholen der anderen für das Vorhaben erforderlichen Genehmigungen (§ 74 XII). **Bei Fertigstellung:** Einholen der Bescheinigungen über die Fertigstellung der Abgasanlagen, Schornsteine usw. (§ 74 XI 2, § 88 I 4 und 6). **Während der Bauausführung:** Vorlage der bautechnischen Nachweise beim Bauherren (§ 74 IX 1 HS 2)

Schleswig-Holstein

Bauanzeige gegenüber der Bauaufsichtsbehörde mit (§ 74 VI)

1. vollständigen Bauvorlagen mit Ausnahme der bautechnischen Nachweise; eine weitere Ausfertigung ist zugleich bei der **Gemeinde** einzureichen, wenn sie nicht Bauaufsichtsbehörde ist,
2. Erklärung des Bauherren, dass die Verpflichtung, Stellplätze und Garagen, Abstellanlagen für Fahrräder nach § 55 herzustellen, erfüllt wird; dabei ist die Zahl der Stellplätze, Garagen und Abstellanlagen anzugeben; bei Herstellung auf anderem Grundstück als dem Baugrundstück öffentlich-rechtliche Sicherung,
3. Erklärung des Bauherren, dass er die auf dem Grundstück festgesetzten Ausgleich- und Ersatzmaßnahmen verwirklichen wird; diese Maßnahmen sind im einzelnen zu nennen,
4. Erklärung des Entwurfsverfassers, des Aufstellers der bautechnischen Nachweise und der sachverständigen Personen i.S. des § 62 II, dass sie die erforderlichen, mit ihren Unterschriften versehenen Unterlagen unter Beachtung der öffentlich-rechtlichen Vorschriften verfasst haben; der Entwurfsverfasser hat außerdem zu bestätigen, dass die Voraussetzungen von § 74 I und II vorliegen; Namen und Anschriften der genannten Personen sind jeweils anzugeben,
5. Erklärung der Gemeinde, dass die Erschließung des Vorhabens gesichert ist,
6. Erklärung des Bauherren, dass keine hindernde Baulast besteht

↓

Untersagung des Baubeginns durch die **Bauaufsichtsbehörde** innerhalb der Monatsfrist nach Ermessen, wenn eine Gefahr für die öffentliche Sicherheit und Ordnung besteht, insbesondere wenn die nach § 74 VI erforderlichen Unterlagen nicht vorliegen, das Vorhaben oder die Bauausführung öffentlich-rechtlichen Vorschriften widerspricht oder die Voraussetzungen der § 74 I und II nicht vorliegen (§ 74 IX 2)

→ **Überleitung in ein Baugenehmigungsverfahren**, wenn die Voraussetzungen für die Freistellung nicht vorliegen und der Bauherr nicht innerhalb von 3 Wochen nach Zugang der Benachrichtigung widerspricht (§ 74 XIV)

1 Monat nach Eingang der in § 74 VI bezeichneten Bauvorlagen und Erklärungen bei der Bauaufsichtsbehörde (§ 74 IX 1)

↓

Baubeginn vorausgesetzt über erforderliche Ausnahmen oder Befreiungen ist entschieden (§ 74 IX)

Thüringen

Genehmigungsfreiheit für Wohngebäude und Nebenanlagen

§ 62 b

Hauptvorhaben	Errichten und Ändern von Wohngebäuden geringer Höhe (§ 62 b I 1).
Nebengebäude/Nebenanlagen	Einschließlich der den Gebäuden zugeordneten Garagen, Stellplätze und Nebenanlagen i. S. des § 14 BauNVO (§ 62 b I 1).
Planungsrechtliche Situation	Im Geltungsbereich eines Bebauungsplans i. S. des § 30 I BauGB oder einer sonstigen städtebaulichen Satzung, die über die planungsrechtliche Zulässigkeit des Vorhabens abschließend entscheidet und außerhalb eines festgelegten Gebiets nach § 142 oder § 172 BauGB (§ 62 b I 1 Nr. 2).
§ 31 BauGB	Soweit Befreiungen, Ausnahmen (oder Abweichungen nach Landesrecht) erforderlich sind, ist eine Freistellung vom Genehmigungsvorbehalt möglich, wenn dafür ein bestandskräftiger Vorbescheid nach § 66 erteilt worden ist (§ 62 b I 1 Nr. 1 i.V. m. I 2).
Wahlrecht des Bauherren zugunsten einer Baugenehmigung	Nicht vorgesehen
Nebenpflichten (ausdrückliche Sonderregelungen für Genehmigungsfreistellung)	Über die **Fertigstellung des Vorhabens** hat der Bauherr die Bauaufsichtsbehörde innerhalb von 2 Wochen zu benachrichtigen (§ 62 b V 1). Vor **Inbetriebnahme der Feuerungsanlage** hat der Bauherr eine Bescheinigung des Bezirksschornsteinfegermeisters über ihre Brandsicherheit und die sichere Abführung der Verbrennungsgase einzuholen (§ 62 b V 2).

Thüringen

1 Monat nach dem von der Bauaufsichtsbehörde genannten Eingangstermin (§ 62 b IV 1)

Bauanzeige gegenüber Bauaufsichtsbehörde mit folgenden Unterlagen (§ 62 b II):
1. die nach der Verordnung über bautechnische Prüfungen erforderlichen Unterlagen,
2. Vorbescheid im Fall des § 62 b I 2,
3. eine Erklärung der Gemeinde,
   a) dass die Voraussetzungen nach § 62 b I 1 Nr. 2 gegeben sind,
   b) dass Befreiungen oder Ausnahmen von den Festsetzungen der städtebaulichen Satzung im Sinne des § 62 b I 1 Nr. 2 nicht erforderlich sind,
   c) ab welchem Zeitpunkt die Erschließungsanlagen benutzbar sind,
   d) dass die Beteiligung der Nachbarn nach § 69 erfolgt ist,
4. eine Erklärung des Bauvorlageberechtigten, dass
   a) die öffentlich-rechtlichen Vorschriften eingehalten werden,
   b) die für das Vorhaben erforderlichen Bauvorlagen vollständig erstellt sind,
   c) Befreiungen, Ausnahmen oder Abweichungen, für die noch kein Vorbescheid ergangen ist, nicht erforderlich sind,
   d) die Stellplatzverpflichten nach § 49 erfüllt wird (Zahl der Stellplätze, Nachweis der Sicherung bei Herstellung auf fremdem Grundstück, Einverständnis der Gemeinde bei Ablösung),
5. Erklärung des Bauherren, dass er unvermeidbare Beeinträchtigungen von Natur und Landschaft innerhalb einer bestimmten Frist durch Maßnahmen des Naturschutzes und der Landschaftspflege ausgleichen oder ersetzen wird, soweit die städtebauliche Satzung nach § 62 b I Nr. 2 entsprechende Festsetzungen enthält

↓

Die Bauaufsichtsbehörde bestätigt innerhalb von 5 Werktagen dem Bauherren schriftlich den Zeitpunkt des Eingangs der Bauvorlagen (§ 62 b III 1)

↓

Untersagung des Baubeginns durch die **Bauaufsichtsbehörde** innerhalb der Monatsfrist, wenn eine Gefahr für die öffentliche Sicherheit und Ordnung besteht, insbesondere wenn (§ 62 b IV 2)
1. die Voraussetzungen des § 62 b I nicht erfüllt sind,
2. die nach § 62 b II erforderlichen Unterlagen und Bestätigungen unvollständig oder unzutreffend sind,
3. öffentlich-rechtliche Vorschriften dem Vorhaben entgegenstehen

Soweit die Prüfung der Nachweise für Standsicherheit, Schall- und Wärmeschutz nicht nach § 62 a entfällt, darf mit der Ausführung erst begonnen werden, wenn die Prüfung erfolgt ist (§ 62 b IV 3)

Baubeginn

↓

Auf Antrag: **Bestätigung** der Bauaufsichtsbehörde gegenüber dem Bauherren, dass für das Vorhaben ein Anzeigeverfahren durchgeführt wurde und die Bauausführung nicht nach § 62 b IV 1 und 2 untersagt wurde (§ 62 b VI)

Teil 3. Sonderformen der bauaufsichtlichen Gestattungen

I. Vorbescheid

MBO 2002 § 75, BW § 57, Bay Art. 75, Bln § 59, Bbg § 59, Brem § 69, Hamb § 65, Hess § 66, M-V § 68, Nds § 74, NRW § 71, Rh-Pf § 72, Saar § 76 LBO, Sachs § 66, Sachs-Anh § 72, Schl-H § 72, Thür § 66

1. Allgemeines

140 **Vor Einreichung eines Bauantrags** hat der Bauherr die Möglichkeit, zu **einzelnen Fragen** des Bauvorhabens die Erteilung eines Vorbescheids zu beantragen. Soweit der Vorbescheid reicht, handelt es sich dabei um einen vorweggenommenen Teil der Baugenehmigung in Bezug auf die Feststellung der Vereinbarkeit mit öffentlich-rechtlichen Vorschriften.

- Der Vorbescheid ist ein **mitwirkungsbedürftiger** Verwaltungsakt. Er wird nur auf ausdrücklichen Antrag des Bauherren erteilt.
- Der Vorbescheid ist wie die Baugenehmigung selbst in der Regel **mehrstufig**. Soweit die Gemeinde nicht selbst Bauaufsichtsbehörde ist, bedarf er, da er ein vorweggenommener Teil der später zu erteilenden Baugenehmigung ist, gemäß § 36 BauGB des Einvernehmens der Gemeinde und soweit dies landesrechtlich bestimmt ist, der höheren Verwaltungsbehörde.
- Wie die Baugenehmigung ist der Vorbescheid **formbedürftig**. Der Vorbescheid bedarf in allen Ländern der Schriftform.
- Da der Vorbescheid Regelungen zur Zulässigkeit des Bauvorhabens trifft, handelt es sich um einen **dinglichen** Verwaltungsakt.
- Der Vorbescheid ist ein **feststellender** Verwaltungsakt, denn er stellt im Rahmen der vom Bauherren gestellten Fragen die Vereinbarkeit des Vorhabens mit dem öffentlichen Baurecht fest und bindet insoweit die Bauaufsichtsbehörde bei einer späteren Baugenehmigung. Dagegen wird durch den Vorbescheid der Bau nicht freigegeben. Er hat im Gegensatz zur Baugenehmigung **keine Gestaltungswirkung** (Ausnahme: Ausnahmen, Befreiungen und Abweichungen, siehe unten VI 4 c).
- Der Vorbescheid hat oft **Doppelwirkung**, weil er die Vereinbarkeit mit nachbarschützenden oder die gemeindliche Planungshoheit schützenden Vorschriften feststellen kann.
- Auf die Erteilung des Vorbescheids besteht ein Rechtsanspruch. Es handelt sich also um einen **gebundenen** Verwaltungsakt (Ausnahme: Ausnahmen, Befreiungen und Abweichungen, siehe unten VI 3 f.)

2. Abgrenzung zur Zusicherung

141 Bei Voranfragen zur Zulässigkeit eines Bauvorhabens ist zu unterscheiden, ob es sich um einen Vorbescheid oder um eine **Zusicherung** im Sinn von § 38 VwVfG handelt. In rechtsdogmatischer Sicht stellt der Vorbescheid eine **besonders qualifizierte Form der Zusicherung** dar. Um einen Vorbescheid handelt es sich immer dann, wenn der Bauherr ausdrücklich die Erteilung eines Vorbescheids beantragt und die Bauaufsichtsbehörde ihre Entscheidung ausdrücklich als Vorbescheid bezeichnet hat. Während auf die Erteilung eines Vorbescheids ein Rechtsanspruch besteht, steht die Zusicherung im **Ermessen** der Behörde.[50] Ein Ausnahmefall, in dem wegen des berechtigten Interesses ein Rechtsanspruch auf die Zusicherung besteht, ist hier nicht gegeben, weil hier zur Wahrung des Interesses des Bauwilligen gerade die Möglichkeit des Vorbescheids besteht.

---

[50] *Kopp/Ramsauer,* Verwaltungsverfahrensgesetz, § 38 Rn. 19.

3. Antragstellung

a) Antrag

Beim Vorbescheid handelt es sich um einen mitwirkungsbedürftigen Verwaltungsakt, der nur auf **ausdrücklichen Antrag** des Bauherren erteilt wird. Die Erteilung eines Vorbescheids von Amts wegen kommt nicht in Betracht, auch wenn sie zweckmäßig erscheint. 142

b) Fragestellung

Inhalt des Vorbescheidsantrags sind bestimmte **Fragen** zur **Zulässigkeit** des Vorhabens. 143
Der Dispositionsbefugnis des Bauherren sind hier kaum Grenzen gesetzt. Es können sowohl einzelne Detailfragen gestellt werden als auch solche zur grundsätzlichen Bebaubarkeit. Es kann sich um eine geschlossene Frage handeln (Ist das Grundstück mit einem Wohnhaus in den Abmessungen 9 × 7 m und 2 Vollgeschossen bebaubar?) oder um offene Fragen (Wie hoch darf die GFZ einer Bebauung auf dem Grundstück sein?). Zu beachten ist, dass es um **einzelne Fragen** zur Zulässigkeit des Vorhabens gehen muss und **nicht um die Zulässigkeit eines konkreten Vorhabens in allen baurechtlich relevanten Einzelheiten** (Vorbescheid darf keine „Baugenehmigung ohne Gestaltungswirkung" sein).[51] Will der Bauherr eine verbindliche Aussage darüber erhalten, ob ihm die Baugenehmigung für ein bestimmtes Vorhaben insgesamt in Aussicht gestellt werden kann, so muss er eine Zusicherung verlangen.

Im Gegensatz zur Baugenehmigung muss dem Vorbescheid **kein bestimmtes Vorhaben** zugrunde liegen. Der Bauherr kann über den Vorbescheid auch den Rahmen des baurechtlich Zulässigen klären lassen und erst auf Grund der Aussagen des Vorbescheids eine bestimmte Planung angehen. Daraus folgt, dass sich die gestellten Fragen auch widersprechen oder hilfsweise gestellt werden können. Die Art der Fragestellung hat Bedeutung für die mit dem Antrag vorzulegenden Unterlagen (siehe Teil 4). 144

Beispiele für Fragestellungen zum Vorbescheid:

- Grundsätzliche Bebaubarkeit des Grundstücks
- Gebietscharkater (Abgrenzung Innenbereich/Außenbereich)
- Bebaubarkeit mit einem bestimmten Vorhaben
- Art der baulichen Nutzung
- Maß der baulichen Nutzung
- Überbaubare Grundstücksfläche
- Erschließung und Zufahrt zum Grundstück
- Festlegung der Geländeoberfläche
- Gestaltung
- Abstandsflächen
- Anlage von Stellplätzen/Ablösung der Stellplatzpflicht
- Entscheidung über Ausnahmen, Befreiungen, Abweichungen

Die Fragestellung kann sich nur auf solche Punkte beziehen, die auch **Gegenstand** der später zu **erteilenden Baugenehmigung** sind. Steht fest, dass der **Prüfungsumfang beschränkt** ist (z. B. vereinfachtes Baugenehmigungsverfahren beim Bau eines Einfamilienhauses), so ist auch die Fragestellung im Rahmen des Vorbescheids beschränkt. Es gibt keinen die Baugenehmigung „überschießenden" Vorbescheid. 145

In einigen Ländern (z. B. Bayern) ist der im Gesetz nicht verankerte Begriff der **Bebauungsgenehmigung** üblich. Darunter wird ein Vorbescheid verstanden, der die **bauplanungsrechtliche Zulässigkeit** eines Vorhabens zum Inhalt hat.

[51] *Boeddinghaus/Hahn/Schulte* (Fn. 42) § 71 Rn. 17.

4. Vorbescheid und Baugenehmigungspflicht

146 Mit Ausnahme der Länder Hamburg und Saarland regeln die Bauordnungen, dass der Antrag auf Erteilung eines Vorbescheids **vor Einreichung eines Bauantrags** gestellt werden kann, oder stellen auf andere Weise den Zusammenhang mit einer späteren Baugenehmigung her. Auch soweit nichts geregelt ist, ist die Baugenehmigungspflicht des Vorhabens Voraussetzung für die Erteilung des Vorbescheids, weil der Vorbescheid einen vorweggenommenen Teil der Baugenehmigung darstellt. Dem Vorbescheid nicht zugänglich sind also **verfahrensfreie Vorhaben**. Wie in Teil 2 IX ausgeführt, sind **genehmigungsfreigestellte Vorhaben** dagegen teilweise einem Vorbescheid zugänglich. Gleiches gilt für zustimmungsbedürftige Vorhaben, weil das Zustimmungsverfahren lediglich eine Sonderform der Baugenehmigung darstellt (Näheres hierzu siehe unten V).

5. Materiell-rechtliche Voraussetzungen für die Erteilung des Vorbescheids

147 Da es sich beim Vorbescheid um einen vorweggenommenen Ausschnitt aus der Baugenehmigung handelt, entsprechen die Voraussetzungen für die Erteilung des Vorbescheids nach denen für die Baugenehmigung. Das bedeutet, dass ein **Rechtsanspruch** auf Erteilung des Vorbescheids besteht. Aus demselben Grund entspricht der Prüfungsumfang bei der Erteilung des Vorbescheids dem der für das Vorhaben in Betracht kommenden Baugenehmigung. Beim genehmigungsfreigestellten Vorhaben ist für die Beurteilung des Prüfungsumfangs allein die **Art des Vorhabens** maßgebend, wie sie in den jeweiligen Bestimmungen über den Prüfungsmaßstab der Baugenehmigung (ggf. im vereinfachten Verfahren) genannt wird. Ein **Ermessen** der Behörde besteht nur insoweit, als im Rahmen des Vorbescheids über Ausnahmen, Befreiungen oder Abweichungen entschieden werden muss.

6. Wirkungen des Vorbescheids

a) Bindungswirkung für Erteilung der Baugenehmigung

148 Zweck des Vorbescheids ist es, die Baugenehmigungsbehörde bei der Erteilung der späteren Baugenehmigung an die einmal getroffenen Feststellungen zu binden. Die Baugenehmigungsbehörde kann die Baugenehmigung nicht aus den Gründen versagen, die im Vorbescheid positiv entschieden worden sind. Der Vorbescheid ist nach mittlerweile herrschender Meinung ein vorweggenommener Teil der Baugenehmigung.[52] Soweit der Vorbescheid Aussagen zur **bauplanungsrechtlichen Zulässigkeit** enthält, setzt er sich nach § 14 Abs. 3 BauGB gegen eine später erlassene Veränderungssperre durch.[53]

Nach Landesrecht könnte jedoch bestimmt werden, dass der Vorbescheid lediglich den Charakter einer **Zusage** hat und sich damit nicht gegen § 14 Abs. 3 BauGB durchsetzt.[54] Die Regelung in **Hamburg** (§ 71 Abs. 1 Satz 3 HBauO) deutet auf eine solche Regelung hin. Demnach erlischt die Wirksamkeit des Vorbescheids mit In-Kraft-Treten einer entgegenstehenden Veränderungssperre oder eines Bebauungsplanes.

Gleichermaßen ist das **Vorhaben vor einer Zurückstellung des späteren Baugesuchs** nach § 15 Abs. 1 BauGB geschützt. Nach herrschender Meinung kann nämlich der Rückstellung des einzelnen Baugesuchs keine stärkere Wirkung zukommen als der Veränderungssperre, die die Zulassung von Vorhaben generell suspendiert.[55] Ausreichend ist hierfür die Wirksamkeit des Vorbescheids. Auf seine Bestandskraft kommt es nicht an.[56] Nachträgliche Änderungen der Sach- oder Rechtslage (z. B. Erlass eines Bebauungs-

[52] *Kopp/Ramsauer* (Fn. 50) § 38 Rn. 13.
[53] BVerwG vom 3. 2. 1984 NJW 1984, 1473 = BVerwGE 69, 1.
[54] *Schrödter,* BauGB, § 14 Rn. 26.
[55] *Schrödter,* BauGB, § 15 Rn. 5.
[56] BVerwG vom 19. 9. 1969 NJW 1970, 263.

plans)[57] lassen die Bindungswirkung unberührt. Will sich die Behörde von dem Vorbescheid lösen, kann sie ihn nur unter engen Voraussetzungen zurücknehmen oder widerrufen (siehe unten 7 b–d).

b) Übernahme in die Baugenehmigung

Eine nachfolgende Baugenehmigung übernimmt den Inhalt des **bestandskräftigen Vorbescheids nur redaktionell** oder als Hinweis. Das bedeutet, dass diese nachrichtlich übernommenen Feststellungen keinen Regelungscharakter haben und insbesondere Dritte nicht beschweren können (sog. **wiederholende Verfügung**).[58] Nicht selten soll auf Grund eines noch **nicht bestandskräftigen Vorbescheids** eine Baugenehmigung erteilt werden. In diesen Fällen besitzt die Übernahme der Feststellungen des Vorbescheids **Regelungswirkung** (sog. **Zweitbescheid**).[59] Zur Anfechtung durch Dritte siehe unten (8). 149

c) Genehmigungsfreistellung

Besondere Rechtswirkungen kann der Vorbescheid in den Ländern Berlin, Bremen, Hamburg, Sachsen und Thüringen entfalten. In Berlin und Bremen steht das Vorhaben, das durch **Vorbescheid abschließend als insgesamt planungsrechtlich zulässig** festgestellt wurde, dem Vorhaben im Geltungsbereich eines **qualifizierten Bebauungsplans gleich** und kann im Wege der Genehmigungsfreistellung zugelassen werden. Beschränkt auf Wohngebäude geringer Höhe gilt dies auch in Sachsen. In Hamburg und Thüringen können im Rahmen der Genehmigungsfreistellung auch **Ausnahmen, Befreiungen oder Abweichungen** zugelassen werden, wenn hierfür ein bestandskräftiger Vorbescheid vorliegt. Näheres hierzu siehe Teil 2 III 7. 150

7. Wirksamkeit

a) Beginn und Ende der Wirksamkeit

Wie jeder Verwaltungsakt wird der Vorbescheid mit seiner **Bekanntgabe** wirksam. Nach den allgemeinen Regeln des Verwaltungsverfahrensrechts bleibt er wirksam, solange der nicht zurückgenommen, widerrufen, anderweitig aufgehoben wird oder durch Zeitablauf oder auf andere Weise erledigt ist (vgl. § 43 Abs. 2 VwVfG). Ein Vorbescheid ist nicht unbegrenzt gültig. Vielmehr ist die Dauer seiner **Gültigkeit im Gesetz bestimmt** (siehe unten 9). Danach erlischt seine Feststellungswirkung und er kann auch keine Bindungswirkung mehr in Bezug auf die Baugenehmigung entfalten. Unabhängig von der landesrechtlichen Regelung wird der Gültigkeitszeitraum durch eine **Anfechtung gehemmt**, da die sofortige Vollziehung des § 212 a Abs. 1 BauGB auf den Vorbescheid nicht anwendbar ist (siehe unten 8 a) und der Vorbescheid erst nach Bestandskraft seine volle Rechtswirkung entfaltet. 151

Keine Auswirkungen auf das Erlöschen des Vorbescheids hat eine **nachfolgende erteilte Baugenehmigung**. Sie gibt zwar den Inhalt des Vorbescheids nachrichtlich wieder, doch wird der Vorbescheid dadurch nicht „verbraucht". Er kann auch noch Grundlage für weitere Baugenehmigungen sein. 152

b) Rücknahme

Der Vorbescheid kann unter den Voraussetzungen den § 48 Abs. 1 Satz 2 i.V. m. Absätzen 3 und 4 zurückgenommen werden, wenn er von **Anfang an rechtswidrig erteilt** worden war. Der Betroffenen ist auf seinen Antrag zu entschädigen. Hier kann auf die Ausführungen zur Baugenehmigung (Teil 1 IV 3 a) verwiesen werden. 153

c) Widerruf

Der Widerruf eines Vorbescheids bemisst sich nach § 49 Abs. 2 VwVfG, da es sich um einen begünstigenden Verwaltungsakt handelt. Wie beim Widerruf der Baugenehmigung 154

57 OVG Bln vom 16. 7. 1990 BRS 50 Nr. 162.
58 BVerwG vom 17. 3. 1989 NVwZ 1989, 863.
59 BVerwG vom 17. 3. 1989 (Fn. 58).

wird auch beim Vorbescheid der häufigste Fall der sein, dass der Widerruf im Vorbescheid selbst ausdrücklich vorbehalten worden ist (§ 49 Abs. 2 Satz 1 Nr. 1 VwVfG). Im Gegensatz zur Baugenehmigung (Teil 1 IV 3 b) scheidet ein Widerruf wegen **nachträglich eingetretener Tatsachen** (z. B. nachträglicher Änderung des Gebietscharakters) nicht von vornherein aus. Der Vorbescheid vermittelt dem Bauherren zwar eine geschützte **Rechtsposition** im Hinblick auf eine später zu erteilende Baugenehmigung, doch im Gegensatz zur Baugenehmigung **noch keinen Eigentumsschutz**.[60] Erst die Verwirklichung des Vorhabens kann den Eigentumsschutz (Bestandsschutz) entfalten. Dies ist mangels Baufreigabe durch den Vorbescheid nicht möglich. Voraussetzung ist jedoch, dass ohne den Widerruf das öffentliche Interesse konkret gefährdet ist. Der Widerruf muss zur Beseitigung oder Verhinderung eines sonst unmittelbar drohenden Schadens für den Staat, die Allgemeinheit oder für wichtige Gemeinschaftsgüter erforderlich sein.[61] Es reicht also nicht aus, dass die Behörde auf Grund der jetzt vorliegenden Tatsachen berechtigt wäre, den Vorbescheidsantrag abzulehnen. Ein öffentliches Interesse wäre z. B. gegeben, wenn durch das Vorhaben massive Beeinträchtigungen des Wasserhaushalts oder der Natur drohen.

155 Unter denselben engen Voraussetzungen kommt ein Widerruf auf Grund einer **nachträglichen Rechtsänderung** (z. B. wegen eines nachträglich in Kraft getretenen Bebauungsplans) in Betracht (§ 49 Abs. 2 Satz 1 Nr. 4 VwVfG). Zu beachten ist, dass sich die Rechtsänderung zwar auf den **nachträglichen Erlass eines Bebauungsplans** beziehen kann, nicht jedoch auf den Erlass einer **Veränderungssperre** nach § 14 Abs. 1 BauGB (Satzung). § 14 Abs. 3 BauGB, wonach sich der Vorbescheid gegen eine Veränderungssperre durchsetzt, trifft hier eine abschließende Sonderregelung (siehe oben 6 a).[62]

d) Rücknahme und Widerruf im Rechtsbehelfsverfahren

156 Keine Besonderheiten im Vergleich zur Baugenehmigung ergeben sich bei Rücknahme und Widerruf im Rechtsbehelfsverfahren nach § 50 VwVfG. Hier ist jedoch zu beachten, dass der Schutz des **§ 14 Abs. 3 BauGB** bereits dann besteht, wenn der Vorbescheid dem Bauherren gegenüber **wirksam geworden** ist. Der Rechtsbehelf eines Dritten führt insoweit nicht zum erleichterten Widerruf.

8. Anfechtung

a) Anfechtung durch Dritte

157 Indem der Vorbescheid rechtsverbindliche Aussagen zur Zulässigkeit des Vorhabens trifft, nimmt er einen Teil der Feststellungswirkung der Baugenehmigung vorweg. Da die **Feststellungswirkung** Aufhänger für die Anfechtung durch Dritte ist, kann auch der **Vorbescheid** durch Dritte, also den Nachbarn oder die Gemeinde, **angefochten** werden.

Da es dem Vorbescheid jedoch im Gegensatz zur Baugenehmigung an der Gestaltungswirkung, also an der Baufreigabe, fehlt, gilt für ihn der gesetzlich angeordnete Sofortvollzug des § 212 a Abs. 1 BauGB nicht. Es handelt sich nicht um eine bauaufsichtliche Zulassung im Sinne der Vorschrift.[63] Ziel der Regelung war es, die aufschiebende Wirkung als Investitionshemmnis zu beseitigen. Der Vorbescheid allein genügt dem nicht. Will der Bauherr in den Genuss des § 212 a Abs. 1 BauGB kommen, so muss er einen Bauantrag stellen.

b) Anfechtung von Vorbescheid und Baugenehmigung

158 Da der Vorbescheid rechtsverbindliche Feststellungen zum Bauvorhaben enthält, ist er einer Anfechtung durch Dritte, also durch den Nachbarn oder die Gemeinde zugänglich, wenn er Feststellungen trifft, die die Rechte des Dritten berühren. Ergeht später eine

[60] *Ortloff*, NVwZ 1983, 705.
[61] BVerwG vom 24. 1. 1992 NVwZ 1992, 565.
[62] *Ortloff*, NVwZ 1984, 705; *Ernst/Zinkahn/Bielenberg*, BauGB, § 14 Rn. 61.
[63] BW VGH vom 24. 10. 1996 BauR 1997, 285.

Baugenehmigung, so stellt sich die Frage, ob der Dritte **auch die Baugenehmigung wirksam anfechten kann oder muss**. Entscheidend ist, ob der Vorbescheid zum Zeitpunkt der Erteilung der Baugenehmigung bestandskräftig ist.

Vorbescheid	Baugenehmigung	Anfechtung
Vorbescheid bestandskräftig	Nur nachrichtliche Wiedergabe des Inhalts in der Baugenehmigung (wiederholende Verfügung)	Rechtsbehelf des Dritten gegen Baugenehmigung erfolglos. Da die Baugenehmigung in Bezug auf den Vorbescheid keine Regelung enthält, sind ein Widerspruch bzw. eine Anfechtungsklage nicht statthaft. Im Übrigen fehlt es an der Klagebefugnis (keine Rechtsverletzung durch die Baugenehmigung; die Rechtsverletzung könnte allenfalls durch den Vorbescheid erfolgt sein).
Vorbescheid noch nicht bestandskräftig	Inhalt des Vorbescheids hat selbständige Feststellungswirkung in der Baugenehmigung (Zweitbescheid)	Rechtsbehelf des Dritten gegen Baugenehmigung, da diese selbständige Feststellungen zur Zulässigkeit des Vorhabens trifft. Um den Eintritt der Feststellungswirkung zu verhindern, muss der Dritte sowohl den Vorbescheid als auch die Baugenehmigung anfechten.

9. Geltungsdauer des Vorbescheids

Der Vorbescheid entfaltet nur für einen bestimmten Zeitraum Vorwirkungen auf eine nachfolgende Baugenehmigung. Maßgeblich ist der Eingang des Bauantrags. 159

MBO/LBO	Geltungsdauer (soweit nichts anderes angegeben 3 Jahre)	Verlängerung um jeweils ...
MBO 2002	§ 75 Satz 2	§ 75 Satz 3: 1 Jahr
BW	§ 57 I 2	§ 57 II, § 62 II 1: 3 Jahre
Bay	Art. 75 I 2	Art. 75 I 3: 3 Jahre
Bln	§ 59 I 2	§ 59 I 3: 1 Jahr
Bbg	§ 69 I 1: 4 Jahre	§ 69 II: einmalig 2 Jahre
Brem	§ 69 II 1	§ 69 II 2, § 76 II 1: 3 Jahre
Hamb	§ 71 I 1	§ 71 I 2: 1 Jahr
Hess	§ 66 I 2	§ 66 I 3: 1 Jahr
M-V	§ 68 I 2	§ 68 I 3: 1 Jahr
Nds	§ 74 II 1	§ 74 I 2, § 77 Satz 2: 3 Jahre
NRW	§ 77 I 2: 2 Jahre	§ 71 II, § 7 II 1: 1 Jahr
Rh-Pf	§ 72 Satz 2: 2 Jahre	§ 72 Satz 3, § 74 II: 4 Jahre
Saar	§ 76 I 3	keine Regelung
Sachs	§ 66 I 2	§ 66 I 3: 2 Jahre
Sachs-Anh	§ 72 I 2	§ 72 I 3: 1 Jahr
Schl-H	§ 72 I 2	§ 72 I 3: 1 Jahr
Thür	§ 66 I 2	§ 66 I 3: 1 Jahr

II. Teilbaugenehmigung

MBO 2002 § 74, BW § 61, Bay Art. 76, Bln § 63, Bbg § 68 Abs. 1 Satz 3, Brem § 75, Hamb § 69 Abs. 4, Hess § 67, M-V § 73, Nds § 76, NRW § 76, Rh-Pf § 73, Saar § 78, Sachs § 71, Sachs-Anh § 78, Schl-H § 79 LBO, Thür § 71

1. Allgemeines

160 Sofern ein Bauantrag eingereicht ist, können die **Bauarbeiten** für **Teile des Vorhabens** oder für **Bauabschnitte** auf schriftlichen Antrag des Bauherren hin schon vor Erteilung der Baugenehmigung zugelassen werden. Eine Teilbaugenehmigung kommt also nur für solche Vorhaben in Betracht, für die eine Baugenehmigung erforderlich ist. Bei **genehmigungsfreigestellten Vorhaben** ist dies erst dann der Fall, wenn die Durchführung eines Genehmigungsverfahrens verlangt worden ist.

Für den jeweils genehmigten Bauteil entfaltet die Teilbaugenehmigung **Gestaltungswirkung**. Durch sie wird also der Bau des jeweiligen Teils oder Bauabschnitts zugelassen. Ihre Feststellungswirkung bezieht sich ebenfalls auf diesen Teil oder Bauabschnitt und reicht so weit wie der Prüfungsmaßstab für das gesamte Vorhaben. Die Teilbaugenehmigung hat große praktische Bedeutung, weil so z. B. ein Bauaushub vor Beginn der Frostperiode ermöglicht wird, auch wenn die Prüfung des Baukörpers selbst (z. B. in Bezug auf die Prüfung der Statik) noch nicht abgeschlossen ist.

2. Formelle Voraussetzungen für die Erteilung der Teilbaugenehmigung

161 Voraussetzung für die Erteilung der Teilbaugenehmigung ist es, dass ein **Bauantrag** für das **gesamte Vorhaben** vorliegt. Weiter ist erforderlich, dass der Bauherr die **Erteilung der Teilbaugenehmigung beantragt**. Die Erteilung einer Teilbaugenehmigung von Amts wegen, etwa weil sich die Genehmigung des Vorhabens insgesamt verzögert, gibt es nicht.

Da die Teilbaugenehmigung lediglich ein Minus zur vollständigen Baugenehmigung ist, gelten Einvernehmens- und Zustimmungsvorbehalten (z. B. § 36 BauGB) auch für sie.

3. Inhalt der Teilbaugenehmigung

162 Die Teilbaugenehmigung kann sich auf einzelne **Bauteile oder Bauabschnitte** beziehen. Maßgeblich hierfür ist die Antragstellung des Bauherren. Es kommt nicht auf eine rechtliche oder tatsächliche Selbständigkeit des Bauteils oder des Bauabschnitts an. Allerdings müssen der Bauabschnitt oder der Bauteil nach dem **Inhalt des Antrags und der Teilbaugenehmigung genau bestimmbar** sein. Von einer Teilbaugenehmigung umfasst wird alles, was hinter dem Inhalt der vollständigen Baugenehmigung zurück bleibt. Sie kann sich nicht nur auf Teile der Errichtung des Vorhabens beziehen, sondern auch die vollständige Errichtung des Baukörpers zulassen ohne Aussage zur künftigen Nutzung.[64]

4. Materiell-rechtliche Voraussetzungen für die Erteilung der Teilbaugenehmigung

163 Die Erteilung der Teilbaugenehmigung stellt die Bauaufsichtsbehörde vor ein praktisches Problem: Ob dem Bauantrag insgesamt stattgegeben werden kann, steht noch nicht fest. Dennoch soll die Errichtung eines Teils des Vorhabens zugelassen werden. Es ist ohne weiteres vorstellbar, dass sich das Vorhaben letztlich als nicht oder nicht so genehmigungsfähig erweist.

---

64 Vgl. Art. 76 Abs. 1 Satz 2 BayBO.

a) Tatbestandsvoraussetzungen

Die bauaufsichtliche Prüfung der Teilbaugenehmigung ist im Ergebnis zweigeteilt: 164
Zum einen muss feststehen, dass der von der **Teilbaugenehmigung erfasste Teil** den öffentlich-rechtlichen Vorschriften entspricht, die im Verfahren zu prüfen sind. Zum anderen muss die Bauaufsichtsbehörde das **Vorhaben als dem Grunde nach** genehmigungsfähig einschätzen. In diese Zulässigkeitsprognose müssen die wesentlichen rechtlichen Anforderungen einbezogen werden. Dies sind insbesondere die bauplanungsrechtliche Zulässigkeit und grundsätzliche bauordnungsrechtliche Anforderungen.[65]

b) Ermessen

Die Bauaufsichtsbehörde ist **zur Erteilung der Teilbaugenehmigung nicht verpflichtet**. Die Regelungen in den Ländern stellen es vielmehr in ihr Ermessen, ob sie dem 165
Antrag auf Erteilung einer Teilbaugenehmigung stattgibt. Das Ermessen der Behörde bezieht sich nicht nur auf den Umfang der Teilbaugenehmigung, sondern auch darauf, ob eine Teilbaugenehmigung überhaupt erteilt wird.

5. Rechtswirkungen der Teilbaugenehmigung

a) Von der Teilbaugenehmigung erfasster Bauabschnitt

In allen Ländern gilt, dass der Teilbaugenehmigung Gestaltungswirkung in Bezug auf 166
den genehmigten Bauabschnitt zukommt. Es entspricht dem Zweck der Teilbaugenehmigung, dass der vorab genehmigte Teil ausgeführt werden darf. Unterschiedlich geregelt ist dagegen, inwieweit die Teilbaugenehmigung dem **vorab genehmigten Bauabschnitt Bestandsschutz** verleiht, wie weit also die Feststellungswirkung reicht.

Die **Musterbauordnung** und die **Regelungen** in **Bayern** und **Brandenburg** gehen von 167
einer unbeschränkten Feststellungswirkung und damit von einem unbeschränkten Bestandsschutz aus.[66] Die Bauaufsichtsbehörde muss sich an der unbeschränkten Zulässigkeit des von der Teilbaugenehmigung erfassten Bauteils festhalten lassen, sofern sie nicht ausdrücklich entsprechende **Nebenbestimmungen** aufnimmt, wie einen (Teil-)Widerrufsvorbehalt nach § 36 Abs. 2 Nr. 3 VwVfG oder einen Auflagenvorbehalt nach § 36 Abs. 2 Nr. 5 VwVfG. Grundsätzlich kann die Bauaufsichtsbehörde eine solche Regelung treffen, weil die Erteilung der Teilbaugenehmigung im Ermessen der Behörde steht. Zu beachten ist jedoch, dass die Nebenbestimmung nicht dem Zweck der Teilbaugenehmigung zuwiderlaufen darf (vgl. § 36 Abs. 3 VwVfG). Dies wäre dann der Fall, wenn die Behörde eine freie und vollständige Widerruflichkeit der Teilbaugenehmigung für den Fall festlegen würde, dass sich das Vorhaben nachträglich als nicht genehmigungsfähig erweist.

Die **übrigen Länder** legen bereits im **Gesetz** fest, dass an die bereits genehmigten Teile 168
des Vorhabens zusätzliche Anforderungen gestellt werden können, wenn dies zur Einhaltung des materiellen Baurechts erforderlich ist.[67] Das bedeutet, dass die Teilbaugenehmigung für den **genehmigten Teil nur einen eingeschränkten Bestandsschutz** entfaltet. Die gesetzlichen Vorschriften lassen nur zusätzliche Anforderungen zu. Das bedeutet im Umkehrschluss, dass ein Rückbau des von der Teilbaugenehmigung erfassten Bauabschnitts oder gar dessen vollständige Beseitigung nicht mehr verlangt werden kann. Es kann sich nur um ergänzende Anforderungen handeln, nicht jedoch um solche, die den Inhalt der Teilbaugenehmigung ersetzen, die Rechtswirkungen beseitigen oder das gesamte Vorhaben grundsätzlich verändern. Doch auch hier kann der Entscheidungsspiel-

---

[65] BVerwG vom 13. 7. 1989 NVwZ 1989, 1169; Hess VGH vom 20. 1. 1993 BRS 55 Nr. 144.

[66] § 74 MBO 2002, Art. 76 BayBO, § 68 Abs. 1 Satz 3 BbgBO.

[67] § 61 Abs. 2 LBO BW, § 63 Abs. 2 BauOBln, § 75 Abs. 2 BremLBO, § 69 Abs. 4 Satz 2 HBauO, § 67 Abs. 2 HBO, § 73 Abs. 2 LBauO M-V, § 76 Abs. 2 NBauO, § 76 Abs. 2 BauO NW, § 73 Abs. 2 LBauO Rh-Pf, § 78 Abs. 3 LBO Saar, § 71 Abs. 2 SächsBO, § 78 Abs. 2 BauO LSA, § 79 Abs. 2 LBO SchlH, § 71 Abs. 2 ThürBO.

raum der Bauaufsichtsbehörden durch entsprechende Nebenbestimmungen erweitert werden (siehe oben).

b) Vorhaben als solches

169 Da mit der Teilbaugenehmigung ein **positives Gesamturteil** über das Vorhaben als solches verbunden ist, entfaltet die Teilbaugenehmigung auch insoweit **Rechtswirkungen** in Form einer **verbindlichen Feststellung**. Die Teilbaugenehmigung wirkt hier ähnlich wie eine Zusicherung oder ein Vorbescheid. Das Vorhaben kann nicht mehr grundsätzlich abgelehnt werden. Es muss vielmehr in einer Form genehmigt werden, in die sich der von der Teilbaugenehmigung erfasste Bauabschnitt sinnvoll einfügt. So z. B. wäre es unzulässig, auf einem vorab genehmigten Kellergeschoss, dass die statischer Voraussetzungen für ein fünfstöckiges Gebäude bietet, lediglich ein Gebäude mit zwei Stockwerken zuzulassen.

Auf Grund einer Teilbaugenehmigung kann sich das Vorhaben als solches auch gegen eine **Veränderungssperre** durchsetzen. Kern der Prognose ist nämlich die städtebauliche, also die planungsrechtliche Zulässigkeit. Das bedeutet, dass die Teilbaugenehmigung als baurechtliche Zulassung i. S. des § 14 Abs. 3 BauGB gilt und sich das teilgenehmigte Vorhaben gegen eine später ergehende Veränderungssperre durchsetzen kann.[68] Der Durchsetzung gegen eine Rückstellung des Baugesuchs nach § 15 Abs. 1 BauGB kommt dagegen kaum praktische Bedeutung zu, weil zur Zeit der Erteilung der Teilbaugenehmigung die Rückstellungsfristen in aller Regel abgelaufen sind.

170 Die Bindungswirkung entfällt, wenn sich die Rechtslage nach Erlass der Teilbaugenehmigung ändert (z. B. In-Kraft-Treten eines Bebauungsplans).[69]

6. Wirksamkeit

171 Da die Teilbaugenehmigung einen Ausschnitt aus der später zu erteilenden Baugenehmigung darstellt, wird sie mit ihrer **Bekanntgabe** wirksam. Die Bekanntgabe hat in der für die Baugenehmigung vorgeschriebenen Form zu erfolgen. Auch soweit die Länder keine Regelungen treffen, besitzt die Teilbaugenehmigung dieselbe Gültigkeitsdauer wie die Baugenehmigung selbst (Teil 1 VI 3 e). Zu beachten ist, dass die Teilbaugenehmigung mit der **Erteilung der endgültigen Baugenehmigung gegenstandslos** wird. Im Gegensatz zum Vorbescheid ist die Teilbaugenehmigung damit „verbraucht".

172 Da die Teilbaugenehmigung Dispens vom präventiven Bauverbot erteilt, handelt es sich dabei um eine bauaufsichtliche Zulassung, so dass (Anfechtungs-)Widerspruch und Anfechtungsklage eines Dritten nach § 212 a Abs. 1 BauGB **keine aufschiebende Wirkung** haben.

7. Anfechtung der Teilbaugenehmigung

173 Nachdem die Teilbaugenehmigung einen vollständigen Ausschnitt aus der Baugenehmigung enthält, kann sie durch den Nachbarn oder die Gemeinde insoweit erfolgreich angefochten werden, als die **Teilbaugenehmigung drittschützende Rechte** verletzt. Lässt der Dritte die Teilbaugenehmigung bestandskräftig werden, so wirkt dies auf die endgültige Baugenehmigung fort und der Dritte ist mit seinen Einwendungen ausgeschlossen.

8. Rücknahme und Widerruf

174 Erweist sich die Teilbaugenehmigung als von **Anfang an rechtswidrig**, muss sie vor Erteilung der endgültigen Baugenehmigung nach § 48 VwVfG **zurückgenommen** werden, damit die Bindungswirkung in Bezug auf die nachfolgende Baugenehmigung erlischt.[70]

[68] BGH vom 8. 7. 1983 BGHZ 88, 97.
[69] OVG NRW vom 10. 4. 1981 Az. 7 a B 237/1.NE.
[70] *Boeddinghaus/Hahn/Schulte* (Fn. 15) § 76 Rn. 18.

Zu den Voraussetzungen für die Rücknahme kann auf die Ausführungen zur Baugenehmigung (Teil 1 VI 3 a) verwiesen werden.

Die Problematik des **Widerrufs** stellt sich dagegen eher selten: Nachträgliche Rechtsänderungen lassen die Bindungswirkung entfallen (siehe oben 5 b). Gleiches gilt bei **nachträglicher Tatsachenänderung**, soweit diese der Bauherr zu vertreten hat (z. B. Umplanung durch den Bauherren). Rechtlich schwierig sind die Fälle, in denen die nachträgliche Tatsachenänderung **nicht durch den Bauherren zu vertreten** ist, wie z. B. die Fälle, in denen z. B. nachträglich eine Wohnbebauung heranrückt und sich die Frage des Einfügens nach § 34 BauGB neu stellt. Hier gelten dieselben Regeln wie beim Widerruf einer Baugenehmigung (Teil 1 VI 3 b). Zwar könnte die Bindungswirkung in Bezug auf nachfolgende Baugenehmigung nach den für den Vorbescheid (I 7 c) geltenden Regeln beseitigt werden, doch hat sich der Eigentumsschutz bereits manifestiert, wenn Teile des Vorhabens ausgeführt worden sind. Die Bindungswirkung bleibt erhalten. 175

III. Typenprüfung und Typengenehmigung

Land/MBO	Typenprüfung	Typengenehmigung
MBO 2002	§ 66 IV 3	keine Regelung
BW	§ 68	keine Regelung
Bay	§ 12 BauPrüfV	keine Regelung
Bln	§ 60 III	§ 65
Bbg	§ 66 VI	keine Regelung
Brem	§ 71 V	§ 77
Hamb	keine Regelung	§ 72
Hess	§ 59 VII	keine Regelung
M-V	§ 69 III	§ 75
Nds	§ 83	keine Regelung
NRW	§ 72 V	§ 78
Rh-Pf	§ 65 III	§ 75
Saar	§ 72 V	§ 79
Sachs	§ 73	keine Regelung
Sachs-Anh	§ 80 IV, V	§ 80
Schl-H	§ 73 III	§ 81
Thür	§ 67 III	§ 73

1. Allgemeines

Typenprüfungen und Typengenehmigungen sollen das **bauaufsichtliche Verfahren beschleunigen und erleichtern**, indem serienmäßig verwendete Bauteile oder ganze bauliche Anlagen in Teilbereichen vorab auf ihre Einsetzbarkeit geprüft werden. Soweit Typenprüfung und Typengenehmigung reichen, sind eine **bauaufsichtliche Prüfung** oder eine **individuelle Prüfung durch Sachverständige entbehrlich**. 176

Typenprüfung und Typengenehmigung ersetzen jedoch **nicht die Notwendigkeit der Baugenehmigung**. Mit ihnen ist keine Baufreigabe verbunden. Vielmehr kommt ihnen – ähnlich dem Vorbescheid – eine feststellende Wirkung zu.

Soweit Länder Typengenehmigungen und Typenprüfungen vorsehen, gelten hier auch die Zulassungen anderer Länder.

2. Unterschiede zwischen Typengenehmigung und Typenprüfung

177

Typengenehmigung	Typenprüfung
Ganze bauliche Anlagen wie Fertighäuser, Fertiggaragen, Masten, Behälter usw. **Nicht:** Bauteile (z. B. Treppen, Fenster, Türen) **Nicht:** Bauprodukte (Sonderregelungen) **Nicht:** Fliegende Bauten (ausdrücklich ausgenommen)	Bauliche Anlagen oder Teile davon wie z. B. Treppen, Fenster, Türen **Nicht:** Bauprodukte (Sonderregelungen)
Zulassung durch oberste Bauaufsichtsbehörde	Zulassung auch durch Prüfämter möglich
Verzicht auf bauaufsichtliche Prüfung der in der Typengenehmigung entschiedenen Fragen	Verzicht auf die Prüfung der bautechnischen Nachweise durch Bauaufsichtsbehörde bzw. Prüfingenieur

IV. Genehmigung Fliegender Bauten

MBO 2002 § 76, BW § 69, Bay Art. 85, Bln § 66, Bbg § 71, Brem § 78, Hamb § 73, Hess § 68, M-V § 76, Nds § 84, NRW § 79, Rh-Pf § 76, Saar §§ 89, 90, Sachs § 74, Sachs-Anh § 81, Schl-H § 82, Thür § 74

1. Allgemeines

178 Fliegende Bauten sind bauliche Anlagen, die geeignet und bestimmt sind, an verschiedenen Orten wiederholt aufgestellt und zerlegt zu werden. Darunter fallen insbesondere **Zelte** für Veranstaltungen sowie **Fahrgeschäfte** auf Jahrmärkten. Baustelleneinrichtungen und Baugerüste sind keine Fliegenden Bauten.

Das Zulassungsverfahren für Fliegende Bauten ist zweigestuft:

- Ausführungsgenehmigung
- Anzeige der Aufstellung/Gebrauchsabnahme

2. Ausführungsgenehmigung

179 Die Ausführungsgenehmigung ist **vor der ersten Aufstellung und Ingebrauchnahme** erforderlich. Die Bauordnungen enthalten jeweils einen Katalog unbedeutenderer Fliegender Bauten, die von der Pflicht zur Ausführungsgenehmigung ausgenommen sind. Da es das Wesen der Fliegenden Bauten ist, dass sie an verschiedenen Orten aufgestellt werden, regeln die Bauordnungen die örtliche Zuständigkeit für die Ausführungsgenehmigung, besondere Verfahrensbestimmungen und erlegen dem Bauherren Nebenpflichten auf. Da an Fliegende Bauten besondere technische Anforderungen gestellt werden, haben die meisten Länder **Sonderregelungen zur Zuständigkeit** für die Erteilung der Ausführungsgenehmigung getroffen. Vielfach sind die Zuständigkeiten auf einige wenige Behörde oder auf Beliehene wie z. B. den TÜV konzentriert (siehe Tabelle am Ende des Teils).

Die **Feststellungswirkung** der Ausführungsgenehmigung **ist beschränkt**. Sie erfasst nur die baurechtliche Unbedenklichkeit der Anlage als solche, nicht jedoch die Beziehungen der Anlage zum Ort der Aufstellung (Bauplanungsrecht, Eignung des Untergrundes, Straßenverkehrsrecht, Immissionsschutzrecht). Die Ausführungsgenehmigung befreit nicht vom präventiven Bauverbot. Die Beziehung zwischen **Ausführungsgenehmigung und Aufstellung** wird durch das **Prüfbuch** hergestellt, das das Fliegende Bauwerk begleitet.

3. Anzeige der Aufstellung/Gebrauchsabnahme

Bevor die Anlage in Gebrauch genommen werden darf, muss sie der **Bauaufsichtsbehörde des Aufstellungsortes** unter **Vorlage des Prüfbuches angezeigt** werden. In der Ausführungsgenehmigung können Ausnahmen von der Anzeigepflicht bestimmt werden, wenn Gefährdungen für die öffentliche Sicherheit und Ordnung durch die Aufstellung nicht zu erwarten sind. 180

Auf die Anzeige hin hat die Bauaufsichtsbehörde verschiedene Handlungsmöglichkeiten:

- Die Bauaufsichtsbehörde bleibt **untätig**: Die Anlage kann in Betrieb genommen werden. Ausnahme: Im jeweiligen Land ist eine zwingende Gebrauchsabnahme vorgesehen (siehe Tabelle am Ende des Teils).
- Die Bauaufsichtsbehörde verlangt eine **Gebrauchsabnahme oder die Gebrauchsabnahme ist gesetzlich vorgeschrieben**. Die Anlage kann erst nach durchgeführter Gebrauchsabnahme in Betrieb genommen werden. Die Gebrauchsabnahme kann unter Auflagen erfolgen, soweit diese nach den örtlichen Verhältnissen oder zur Abwehr von Gefahren erforderlich sind, insbesondere weil die Betriebssicherheit oder Standsicherheit nicht oder nicht mehr gewährleistet ist oder weil von der Ausführungsgenehmigung abgewichen wird.
- Die Bauaufsichtsbehörde kann die **Aufstellung oder den Gebrauch untersagen**, wenn dies nach den örtlichen Verhältnissen oder zur Abwehr von Gefahren erforderlich ist, insbesondere weil die Betriebssicherheit der Anlage nicht oder nicht mehr gewährleistet ist oder weil von der Ausführungsgenehmigung abgewichen wird.
- Bei Fliegenden Bauten, die von Besuchern betreten und über längere Zeit an einem Aufstellungsort betrieben werden, kann die für die Gebrauchsabnahme zuständige Bauaufsichtsbehörde aus Gründen der Sicherheit **Nachabnahmen** durchführen.
- Der **Verfahrensablauf** stellt sich wie folgt dar:

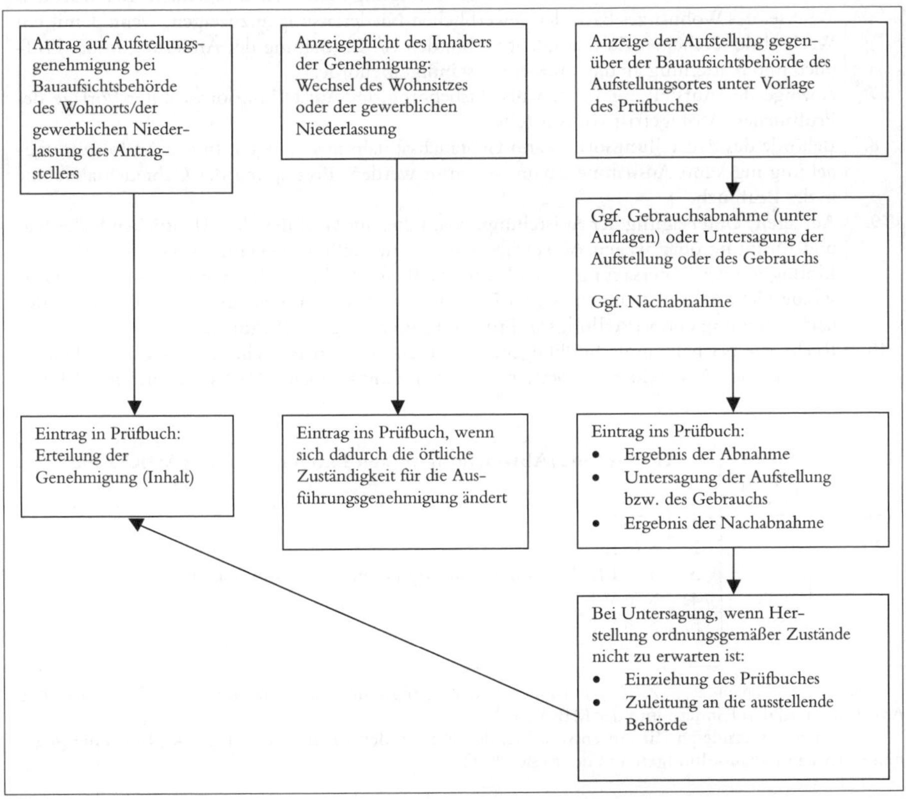

4. Genehmigung Fliegender Bauten im Ländervergleich

Genehmigung Fliegender Bauten

181

	Regelungsgegenstände der Landesbauordnungen und der MBO 2002[71]
1.	Legaldefinition Fliegende Bauten: bauliche Anlagen, die geeignet und bestimmt sind, an verschiedenen Orten wiederholt aufgestellt und zerlegt zu werden. Baustelleneinrichtungen gelten nicht als Fliegende Bauten.
2.	Erfordernis der Ausführungsgenehmigung für erstmalige Aufstellung und Ingebrauchnahme. Ausnahmen vom Genehmigungsvorbehalt für folgende Fliegende Bauten: • Höhe von bis zu 5 m, die nicht zum Betreten durch Besucher bestimmt sind, • Höhe von bis zu 5 m, die für Kinder betrieben werden und eine Geschwindigkeit von höchstens 1 m/s haben, • Bühnen einschließlich Überdachung und sonstige Aufbauten mit einer Höhe von bis zu 5 m, einer Grundfläche von bis zu 100 m^2 und einer Fußbodenhöhe bis zu 5 m, • Zelte mit einer Grundfläche von bis zu 75 m^2.
3.	(sachliche Zuständigkeit für die Ausführungsgenehmigung). Die örtliche Zuständigkeit bestimmt sich nach der Hauptwohnung oder der gewerblichen Niederlassung des Antragstellers. Liegen Hauptwohnung oder gewerbliche Niederlassung außerhalb der Bundesrepublik Deutschland, betimmt sich die örtliche Zuständigkeit nach dem Ort der erstmaligen Aufstellung und Ingebrauchnahme.
4.	Befristung der Ausführungsgenehmigung auf maximal 5 Jahre, Verlängerungsmöglichkeit um bis zu 5 Jahre. Eintrag der Ausführungsgenehmigung in das Prüfbuch unter Beifügung einer Ausfertigung der genehmigten Bauvorlagen.
5.	Gegenseitige Geltung der Ausführungsgenehmigungen der Länder.
6.	Pflicht des Inhabers der Ausführungsgenehmigung, der genehmigenden Behörde den Wechsel des Wohnsitzes bzw. der gewerblichen Niederlassung anzuzeigen, wenn damit ein Wechsel der örtlichen Zuständigkeit verbunden ist. Eintragung der Änderung in das Prüfbuch und Mitteilung an die nunmehr zuständige Behörde.
7.	Anzeige der Aufstellung an Bauaufsichtsbehörde des Aufstellungsortes unter Vorlage des Prüfbuches; Anzeigefrist vor Aufstellung.
8.	Behörde des Aufstellungsortes kann Gebrauchsabnahme verlangen. In der Ausführungsgenehmigung kann Ausnahme davon bestimmt werden. Eintragung der Gebrauchsabnahme in des Prüfbuch.
9.	Auflagen, Untersagung der Aufstellung, wenn dies aus Gründen der öffentlichen Sicherheit und Ordnung oder wegen Abweichen von der Aufstellungsgenehmigung erforderlich ist. Eintragung der Untersagung in das Prüfbuch. Wenn die Herstellung ordnungsgemäßer Zustände nicht innerhalb angemessener Frist zu erwarten ist, Einziehung des Prüfbuches, Benachrichtigung der Ausstellungsbehörde und Zusendung des Prüfbuches.
10.	Recht zur Nachabnahme bei Fliegenden Bauten, die von Besuchern betreten und längere Zeit an einem Aufstellungsort betrieben werden. Eintragung der Nachabnahme im Prüfbuch.

182

Land	Norm (LBO)	Umsetzung/Abweichung in den Ländern und der MBO 2002[72]	
MBO 2002	§ 76	1.	§ 76 I
		2.	§ 76 II
		3.	§ 76 III, IV sachliche Zuständigkeit nach Landesrecht
		4.	§ 76 V 1, 2
		5.	§ 76 V 3

[71] Die hier verwendeten Ziffern entsprechen den Ziffern der nachstehenden Rubrik „Umsetzung/Abweichung in den Ländern und der MBO 2002".

[72] Die hier verwendeten Ziffern entsprechen den Ziffern der vorstehenden Rubrik „Regelungsgegenstände der Landesbauordnungen und der MBO 2002".

Land	Norm (LBO)		Umsetzung/Abweichung in den Ländern und der MBO 2002
		6.	§ 76 VI
		7.	§ 76 VII 1, keine Anzeigefrist
		8.	§ 76 VII 2–4
		9.	§ 76 VIII
		10.	§ 76 IX
BW	§ 69	1.	§ 69 I
		2.	§ 69 II, Ausnahme vom Genehmigungsvorbehalt (§ 69 II 2) für unbedeutende Fliegende Bauten, an die besondere Sicherheitsanforderungen nicht gestellt werden
		3.	§ 69 III, TÜV Süddeutschland Bau und Betrieb GmbH, Region BW, Filderstadt
		4.	§ 69 IV
		5.	§ 69 X
		6.	§ 69 V
		7.	§ 69 VI 1, keine Anzeigefrist
		8.	§ 69 VI 2–4
		9.	§ 69 VII, beispielhaft genannte Fallgruppen
		10.	§ 69 VIII, keine Beschränkung im Hinblick auf Betreten durch Besucher
Bay	Art. 85	1.	Art. 85 I
		2.	Art. 85 II 1, Ausnahme vom Genehmigungsvorbehalt (Art. 85 III): auch Toilettenwagen
		3.	Landesgewerbeanstalt Bayern Nürnberg bzw. TÜV Süddeutschland Bau und Betrieb GmbH München (regional aufgeteilt), örtliche Zuständigkeit Art. 3 I Nr. 2 bzw. 4 BayVwVfG (= VwVfG), wenn Betriebssitz im Ausland
		4.	Art. 85 II 2, außerdem kann die Ausführungsgenehmigung vorschreiben, dass der Fliegende Bau vor jeder Inbetriebnahme oder in bestimmten Abständen von einem Sachverständigen abgenommen wird (Art. 85 II 3)
		5.	Art. 85 II 4
		6.	Art. 3 III BayVwVfG (= VwVfG) i.V. m. Art. 85 IV 3 Nr. 3
		7.	Art. 85 V 1, eine Woche vor Inbetriebnahme
		8.	Art. 85 V 1, 2, Gebrauchsabnahme grundsätzlich zwingend; keine Gebrauchsabnahme soweit dies in Ausführungsgenehmigung bestimmt, die Behörde darauf im Einzelfall verzichtet oder die Abnahmen durch Sachverständige nach Art. 85 II 3 vorgenommen worden sind
		9.	keine ausdrückliche Regelung: Rechtswidrigkeit der Aufstellung
		10.	keine Regelung
Bln	§ 66	1.	§ 66 I
		2.	§ 66 II, Ausnahme vom Genehmigungsvorbehalt (§ 82 II 2, § 56 I Nr. 9 Buchstabe a–e): auch Toilettenwagen
		3.	§ 66 III, Senatsverwaltung für Stadtentwicklung
		4.	§ 66 IV 1, 2
		5.	§ 66 IV 3
		6.	§ 66 V
		7.	§ 66 VI 1 Alt. 1, keine Anzeigefrist
		8.	§ 66 VI 1 Alt. 2, zwingende Gebrauchsabnahme, Verzicht auf Anzeige in Ausführungsgenehmigung nicht vorgesehen
		9.	§ 66 VII
		10.	§ 66 VIII
Bbg	§ 71	1.	§ 71 I
		2.	§ 71 II, Ausnahmen vom Genehmigungsvorbehalt (§ 71 II 2): auch Toilettenwagen
		3.	§ 71 III, Landesamt für Bauen, Verkehr und Straßenwesen

Land	Norm (LBO)		Umsetzung/Abweichung in den Ländern und der MBO 2002
		4.	§ 71 IV 1–3: Verlängerung setzt voraus, dass der Antrag vor Ablauf der Geltungsdauer bei der Behörde eingegangen ist
		5.	§ 71 IV 4
		6.	§ 71 V
		7.	§ 71 VI 1, keine Anzeigefrist
		8.	§ 71 VI 2–4
		9.	§ 71 VII
		10.	§ 71 VIII
Brem	§ 78	1.	§ 78 I
		2.	§ 78 II 1, Ausnahmen vom Genehmigungsvorbehalt (§ 78 II 2): Fliegende Bauten bis zu 5 m Höhe, die nicht dazu bestimmt sind, von Besuchern betreten zu werden, sowie Zelte bis zu einer Grundfläche von 75 m²
		3.	§ 78 III, Bauordnungsamt Bremen
		4.	§ 78 IV 1–2
		5.	§ 78 IV 3
		6.	§ 78 V
		7.	§ 78 VI 1, 3 Tage vor Inbetriebnahme
		8.	§ 78 VI 2–3
		9.	§ 78 VII
		10.	§ 78 VIII
Hamb	§ 73	1.	§ 73 I
		2.	§ 73 II, Ausnahmen vom Genehmigungsvorbehalt Abschnitt XIII der Baufreistellungsverordnung: Ausspielungs- und Verkaufsgeschäfte bis zu 30 m² Grundfläche und 5 m Firsthöhe und als Zelte bis zu einer Grundfläche von 75 m²
		3.	§ 73 III 1, Bauordnungsamt der Stadt Hamburg für Zelte, TÜV Nord e.V. Hamburg für Fahrgeschäfte
		4.	§ 73 IV 1–3
		5.	§ 73 IV 4
		6.	§ 73 V, sog. Übertragungsgenehmigung
		7.	§ 73 VI 1, keine Anzeigefrist
		8.	§ 73 VI 2–4, Bescheinigung durch Sachverständige kann verlangt werden, § 73 IX
		9.	§ 73 VIII
		10.	§ 73 VII, keine Beschränkung im Hinblick auf Betreten durch Besucher
Hess	§ 68	1.	§ 68 I
		2.	§ 68 I, Ausnahmen vom Genehmigungsvorbehalt (§ 68 I 2): Nr. 11.1–11.6 Anlage 2, auch Bühnenaufbauten, Kulissen und technische Bühneneinrichtungen sowie Toiletttenanlagen
		3.	§ 68 III, alle unteren Bauaufsichtsbehörden
		4.	§ 68 IV 1–4
		5.	§ 68 IV 5
		6.	§ 68 V
		7.	§ 68 VI 1, drei Tage vor Inbetriebnahme
		8.	§ 68 VI 2–4
		9.	§ 68 VII
		10.	§ 68 VIII, keine Beschränkung im Hinblick auf Betreten durch Besucher
M-V	§ 76	1.	§ 76 I
		2.	§ 76 II
		3.	§ 76 III, Ministerium für Arbeit und Bau
		4.	§ 76 V 1, 2
		5.	§ 76 V 3

Land	Norm (LBO)	Umsetzung/Abweichung in den Ländern und der MBO 2002	
		6.	§ 76 VI
		7.	§ 76 VII 1, keine Anzeigefrist
		8.	§ 76 VII 2–4
		9.	§ 76 VIII
		10.	§ 76 IX
Nds	§ 84	1.	§ 84 I
		2.	§ 84 II, Ausnahmen vom Genehmigungsvorbehalt (§ 84 II 3 Nr. 1): Nr. 11.1, 11.11, 11.12 (Bühnen nur bis 1,50 m Fußbodenhöhe), 11.7 des Anhangs
		3.	§ 84 III, Bezirksregierung Hannover
		4.	§ 84 IV
		5.	§ 84 X
		6.	§ 84 V
		7.	§ 84 VI 1, rechtzeitig vor der Inbetriebnahme
		8.	§ 84 VI 2–4, zwingende Gebrauchsabnahme, soweit die Behörde nicht im Einzelfall darauf verzichtet, Verzicht auf Anzeige in Ausführungsgenehmigung nicht vorgesehen
		9.	§ 84 VII
		10.	§ 84 VIII, keine Beschränkung im Hinblick auf Betreten durch Besucher
NRW	§ 79	1.	§ 79 I
		2.	§ 79 II 1, Ausnahmen vom Genehmigungsvorbehalt (§ 79 II 3): Fliegende Bauten bis zu 5 m Höhe, die nicht dazu bestimmt sind, von Besuchern betreten zu werden, sowie Zelte bis zu einer Grundfläche von 75 m^2
		3.	§ 79 III, IV, Städte Köln, Essen, Dortmund, Soest, Bielefeld (regional aufgeteilt)
		4.	§ 79 V 1, 2
		5.	§ 79 III 3
		6.	§ 79 VI
		7.	§ 79 VII 1, keine Anzeigefrist
		8.	§ 79 VII 2, 4, zwingende Gebrauchsabnahme bei technisch schwierigen Flliegenden Bauten sowie Zelten und Tribünen, die in wechselnder Größe aufgestellt werden können (§ 79 VII 3); Verzicht auf Anzeige § 79 V 3
		9.	§ 79 VIII
		10.	§ 79 IX
Rh-Pf	§ 76	1.	§ 76 I
		2.	§ 76 II, Ausnahme vom Genehmigungsvorbehalt (§ 76 II 2): auch Toilettenwagen
		3.	§ 76 III, IV, TÜV Pfalz Anlagen und Betriebstechnik GmbH Kaiserslautern und TÜV Rheinland/Berlin-Brandenburg e.V. Koblenz (regional aufgeteilt)
		4.	§ 76 V 1–3
		5.	§ 76 V 4
		6.	§ 76 VI
		7.	§ 76 VII 1 Alt. 1, keine Anzeigefrist
		8.	§ 76 VII, zwingende Gebrauchsabnahme, soweit die Behörder im Einzelfall nicht darauf verzichtet
		9.	§ 76 VIII
		10.	§ 76 IX, keine Beschränkung im Hinblick auf Betreten durch Besucher
Saar	§§ 89, 90	1.	§ 89 I
		2.	§ 89 II, Ausnahmen vom Genehmigungsvorbehalt (§ 89 II 2): untergeordnete Bauten, an die besondere Sicherheitsanforderungen nicht zu stellen sind und die von Besuchern nicht betreten werden

Land	Norm (LBO)	Umsetzung/Abweichung in den Ländern und der MBO 2002	
		3.	§ 89 III, alle unteren Bauaufsichtsbehörden
		4.	§ 89 V
		5.	§ 89 VI
		6.	§ 89 VII
		7.	§ 90 I 1, keine Anzeigefrist
		8.	§ 90 I 2–4
		9.	§ 90 II, III
		10.	§ 90 IV
Sachs	§ 74	1.	§ 74 I
		2.	§ 74 II, Ausnahmen vom Genehmigungsvorbehalt (§ 74 II 2): auch Toilettenwagen
		3.	§ 74 III, TÜV Süddeutschland, Prüfstelle für Fliegende Bauten, Zwickau
		4.	§ 74 IV 1, 2
		5.	§ 74 IV 3
		6.	§ 74 V
		7.	§ 74 VI 1, keine Anzeigefrist
		8.	§ 74 VI 2–4
		9.	§ 74 VII
		10.	§ 74 VIII
Sachs-Anh	§ 81	1.	§ 81 I
		2.	§ 81 II, Ausnahmen vom Genehmigungsvorbehalt (§ 81 II 2 i.V. m. § 69 I Nr. 10 Buchst. a–e): auch Toilettenwagen
		3.	§ 81 III, IV, Regierungspräsidium Magdeburg
		4.	§ 81 V 1, 2
		5.	§ 81 V 3
		6.	§ 81 VI
		7.	§ 81 VII 1, keine Anzeigefrist
		8.	§ 81 VII 2–4
		9.	§ 81 VIII
		10.	§ 81 IX
Schl-H	§ 82	1.	§ 82 I
		2.	§ 82 II; § 69 I Nr. 51–54
		3.	§ 82 III, alle unteren Bauaufsichtsbehörden
		4.	§ 82 V 1–3
		5.	§ 82 V 4
		6.	§ 82 VI
		7.	§ 82 VII 1, keine Anzeigfrist
		8.	§ 82 VII 2–4
		9.	§ 82 VIII
		10.	§ 82 IX
Thür	§ 74	1.	§ 74 I
		2.	§ 74 II 1, Ausnahmen vom Genehmigungsvorbehalt (§ 73 II 2): Fliegende Bauten bis zu 5 m Höhe, die nicht dazu bestimmt sind, von Besuchern betreten zu werden, sowie Zelte bis zu einer Grundfläche von 75 m^2
		3.	§ 74 III, IV, Thüringer Landesverwaltungsamt, Weimar
		4.	§ 74 V 1–3
		5.	§ 74 V 4
		6.	§ 74 VI
		7.	§ 74 VII 1, keine Anzeigefrist
		8.	§ 74 VII 2–4
		9.	§ 74 VIII
		10.	§ 74 IX

V. Bauaufsichtliche Zustimmung

MBO 2002 § 77, BW § 70, Bay Art. 86, Bln § 67, Bbg § 72, Brem § 79, Hamb § 62, Hess § 69, M-V § 77, Nds § 82, NRW § 80, Rh-Pf § 83, Saar §§ 69, 91, Sachs § 75, Sachs-Anh § 82, Schl-H § 83, Thür § 75

1. Allgemeines

Die bauaufsichtliche Zustimmung ist eine **besondere Art des Genehmigungsverfahrens** für die **Vorhaben öffentlicher Bauherren**. Bei Bund, Ländern, aber auch öffentlich-rechtlichen Gebietskörperschaften oder Kirchen wird auf ein herkömmliches Baugenehmigungsverfahren verzichtet. Stattdessen sehen die Bauordnungen der Länder hier ein sog. Zustimmungsverfahren vor. Im Gegensatz zum herkömmlichen Baugenehmigungsverfahren sind der **Prüfungsumfang und die Feststellungswirkung überwiegend eingeschränkt**. Auf die **Bauüberwachung durch die Bauaufsichtsbehörde wird regelmäßig verzichtet**. Einige Bauordnungen sehen im Vergleich zu den Vorhaben sonstiger Bauherren weitere Fallgruppen für die Verfahrensfreiheit vor. 183

Der Grund für die Privilegierung der öffentlich-rechtlichen Bauherren liegt darin, dass von diesen ein **besonders rechtstreues Verhalten** erwartet wird und dass diese Bauherren über **größere Fachkunde** verfügen als Privatpersonen. Deswegen fordern die meisten Bauordnungen, dass der öffentlich-rechtliche Bauherr die Entwurfsarbeiten und die Bauüberwachung einer fachkundig besetzten öffentlich-rechtlichen Baudienststelle übertragen hat.

2. Prüfung des Bauplanungsrechts

Die Privilegierung öffentlich-rechtlicher Bauherren stößt auf ihre Grenzen in der Beachtung des **Bauplanungsrechts**. Nach § 29 Abs. 1 BauGB ist die Übereinstimmung mit den Bestimmungen der §§ 30 bis 37 BauGB bei allen Vorhaben zu prüfen. Auf die Prüfung kann durch Landesrecht nicht verzichtet werden. 184

Bei Bauvorhaben des Bundes und der Länder ist **§ 37 BauGB** zu beachten. Hier ist eine weitere Privilegierung von Bauvorhaben des Bundes und der Länder möglich:

- Die höhere Verwaltungsbehörde kann **Abweichungen von den Bestimmungen über die bauplanungsrechtliche Zulässigkeit** zulassen (§ 37 Abs. 1 Alt. 1 BauGB) oder
- die höhere Verwaltungsbehörde kann das **Einvernehmen der Gemeinde nach § 14 bzw. § 36 BauGB ersetzen**, ohne dass es auf die Gründe ankommt, aus denen die Gemeinde ihr Einvernehmen versagt hat (§ 37 Abs. 1 Alt. 2 BauGB).

Wegen dieser Entscheidungen durch die höhere Verwaltungsbehörde sind in etlichen Ländern die **höheren Bauaufsichtsbehörden** für die Erteilung der Zustimmung zuständig.

Voraussetzung für die Privilegierung nach § 37 ist jedoch, dass das Vorhaben einer **besonderen öffentlich-rechtlichen Zweckbestimmung** dient. Dies ist dann der Fall, wenn sich das Vorhaben wegen seiner Aufgabenstellung nach Standort, Art, Ausführung oder Auswirkung von sonstigen Verwaltungsbauten unterscheidet, wie dies z. B. für technische Anlagen der Daseinsvorsorge oder Verteidigungsanlagen typisch ist.[73]

---

[73] *Schrödter*, BauGB, § 37 Rn. 5.

3. Bauaufsichtliche Zustimmung im Ländervergleich

Bauaufsichtliche Zustimmung

185

Regelungsgegenstände der Landesbauordnungen und der MBO 2002[74]	
1.	(Bauherr)
2.	Antrag auf Zustimmung ist bei der höheren/oberen Bauaufsichtsbehörde einzureichen, die Zustimmung wird durch höhere/obere Bauaufsichtsbehörde erteilt.
3.	Gemeinde ist zu hören.
4.	Zustimmung entfällt, wenn die Gemeinde nicht widerspricht und, soweit ihre öffentlich-rechtlichen Belange von Abweichungen, Ausnahmen oder Befreiungen berührt sein können, die Nachbarn dem Bauvorhaben zustimmen.
5.	Zustimmungsfrei sind (unter der Voraussetzung von Nr. 1 und 2) Baumaßnahmen in oder an bestehenden Gebäuden, soweit sie nicht zu einer Erweiterung des Bauvolumens oder zu einer nicht verfahrensfreien Nutzungsänderung führen.
6.	Prüfungsmaßstab:
6.a	§§ 29 bis 38 BauGB,
6.b	öffentlich-rechtliche Anforderungen, soweit wegen der Zustimmung eine Entscheidung nach anderen öffentlich-rechtlichen Vorschriften entfällt oder ersetzt wird,
6.c	Ausnahmen, Befreiungen und Abweichungen nur bei oben stehenden Punkten bzw. wenn von nachbarschützenden Vorschriften abgewichen wird und die Nachbarn nicht zugestimmt haben.
7.	Der Bauherr trägt die alleinige Verantwortung dafür, dass Entwurf und Ausführung den öffentlich-rechtlichen Vorschriften entsprechen, auf die Bauüberwachung durch die Bauaufsichtsbehörde wird verzichtet.
8.	Anlagen der Landesverteidigung sind der höheren Bauaufsichtsbehörde in geeigneter Weise zur Kenntnis zu bringen; im Übrigen wirken die Bauaufsichtsbehörden nicht mit.

186

Land	Norm (LBO)	Umsetzung/Abweichung in den Ländern und der MBO 2002[75]	
MBO 2002	§ 77	**1.**	Bund, Land (§ 77 I 1)
		2.	§ 77 II
		3.	§ 77 IV 1
		4.	§ 77 I 3
		5.	§ 77 I 4
		6.	§ 77 III
		7.	§ 77 I 1
		8.	§ 77 V
BW	§ 70	**1.**	Bund, Land, andere Gebietskörperschaft des öffentlichen Rechts oder Kirche (§ 70 I 1); Vorhaben Dritter, die in Erfüllung einer staatlichen Baupflicht vom Land durchgeführt werden (§ 70 I 2)
		2.	untere Bauaufsichtsbehörde (§ 70 II 1)
		3.	§ 70 II 2; § 53 II
		4.	keine Regelung
		5.	keine Regelung
		6.	Prüfungsmaßstab (§ 70 II 4): nur Verzicht auf bautechnische Prüfung
		7.	§ 70 II 4, IV
		8.	§ 70 III

[74] Die hier verwendeten Ziffern entsprechen den Ziffern der nachstehenden Rubrik „Umsetzung/Abweichung in den Ländern und der MBO 2002".

[75] Die hier verwendeten Ziffern entsprechen den Ziffern der vorstehenden Rubrik „Regelungsgegenstände der Landesbauordnungen und der MBO 2002".

Land	Norm (LBO)		Umsetzung/Abweichung in den Ländern und der MBO 2002
Bay	Art. 86	**1.**	Bund, Land, Bezirke (Art. 86 I 1); Vorhaben Dritter, die in Erfüllung einer staatlichen Baupflicht vom Land durchgeführt werden (Art. 86 V); bei Vorhaben der Landkreise und Gemeinden entfallen unter den in Nr. 2 genannten Voraussetzungen die bautechnische Prüfung und die Bauüberwachung (Art. 86 VI)
		2.	Art. 86 I 2, II 1
		3.	Art. 86 II 4
		4.	Art. 86 I 3
		5.	Art. 86 I 4
		6.	Prüfungsmaßstab (Art. 86 II 2):
		6.a	§§ 29 bis 38 BauGB, örtliche Bauvorschriften, Abstandsflächen
		6.b	Stellplatzpflicht, Anforderungen an Stellplätze
		6.c	andere öffentlich-rechtliche Anforderungen, soweit wegen der Zustimmung eine Entscheidung nach anderen öffentlich-rechtlichen Vorschriften entfällt oder ersetzt wird
		7.	Art. 86 III
		8.	Art. 86 IV
Bln	§ 67	**1.**	Bund, Land (§ 67 I 1); Vorhaben Dritter, die für Behörden des Bundes oder der Länder errichtet werden (§ 67 I 3)
		2.	keine Regelung
		3.	keine Regelung
		4.	keine Regelung
		5.	keine Regelung
		6.	Prüfungsmaßstab (§ 67 II 1 HS 2): nur Verzicht auf bautechnische Prüfung
		7.	§ 67 I 1, II 2
		8.	§ 67 IV
Bbg	§ 72	**1.**	Bund, Land (§ 72 I 1)
		2.	oberste Bauaufsichtsbehörde (§ 72 I 2)
		3.	keine Regelung
		4.	keine Regelung
		5.	Prüfungsmaßstab (§ 72 III 1): nur Verzicht auf die Prüfung der §§ 12 bis 56 sowie der bautechnischen Nachweise
		6.	§ 72 I 1, III 2, 3
		7.	§ 72 II 3
		8.	§ 72 V
Brem	§ 79	**1.**	Bund, Land, Stadtgemeinden Bremen und Bremerhaven (§ 79 I 1)
		2.	§ 79 I 2, Bauordnungsbehörde
		3.	keine Regelung
		4.	keine Regelung
		5.	keine Regelung
		6.	Prüfungsmaßstab (§ 29 I BauGB, § 79 II):
		6.a	§§ 29–38 BauGB
		6.b	Vereinbarkeit mit §§ 6 (Abstandsflächen), 8 (Kinderspielplätze) und 49 (Stellplätze und Fahrradabstellplätze), sowie Brandschutz, ausgenommen die Anforderungen an die Feuerwiderstandsdauer der Bauteile
		6.c	Entscheidung über Ausnahmen und Befreiungen (§ 72)
		6.d	Zulässigkeit nach dem Planungs-, Natur- und Denkmalschutzrecht
		7.	§ 79 I 1, IV
		8.	§ 79 V
Hamb	§ 62	**1.**	Bund, Land (§ 62 I 1)
		2.	Bauaufsichtsbehörde (§ 62 I 2, III 1)
		3.	keine Regelung
		4.	keine Regelung

Land	Norm (LBO)	Umsetzung/Abweichung in den Ländern und der MBO 2002	
		5.	keine Regelung
		6.	Prüfungsmaßstab (§ 62 III 4): nur Verzicht auf bautechnische Prüfung, Entscheidung über Ausnahmen und Befreiungen (§ 62 III 3)
		7.	§ 62 I 1, IV
		8.	§ 62 V
Hess	§ 69	1.	Bund, Land (§ 69 I 1)
		2.	untere Bauaufsichtsbehörde (§ 69 I 2, III 1, § 60 I); bei Vorhaben des Bundes oder des Landes kann die oberste Bauaufsichtsbehörde die Zuständigkeit übernehmen, wenn dies wegen der besonderen Bedeutung oder Schwierigkeit des Vorhabens zweckmäßig erscheint (§ 69 IV)
		3.	§ 69 III, § 61 I
		4.	§ 69 I 3, Abweichungen, Ausnahmen oder Befreiungen von nachbarschützenden Vorschriften dürfen nicht erforderlich sein
		5.	§ 69 I 4
		6.	Prüfungsmaßstab (§ 69 II 1):
		6.a	Vorschriften nach dem BauGB/auf Grund des BauGB
		6.b	Abweichungen von nachbarschützenden Vorschriften
		6.c	andere Vorschriften, soweit wegen der bauaufsichtlichen Zulassung eine Entscheidung nach diesen Vorschriften entfällt oder ersetzt wird
		7.	§ 69 I 1, V
		8.	keine Regelung
M-V	§ 77	1.	Bund, Land (§ 77 I 1)
		2.	§ 77 III, § 77 I 2
		3.	§ 77 V
		4.	andere Regelung: Zustimmung entfällt nach § 77 II Nr. 1 und 3 für die
		4.a	Vorhaben nach § 30 I BauGB
		4.b	bei Abbruch baulicher Anlagen
		5.	§ 77 II Nr. 2: Herstellung, Änderung oder Beseitigung von Bauteilen innerhalb bestehender Gebäude
		6.	Prüfungsmaßstab (§ 29 I BauGB, § 77 IV):
		6.a	§§ 29–38 BauGB
		6.b	§ 77 IV: §§ 6, 7 (Abstandsflächen), 14 (Brandschutz), 29 (Brandwände),
		6.c	32, 33, 34 (Treppen, Ausgänge, Flure), 48 (Stellplätze), 52 (barrierefreies Bauen)
		7.	§ 77 I 1
		8.	§ 77 VI
Nds	§ 82	1.	Bund, Land (§ 82 I 1), Bauvorhaben anderer Bauherren, wenn die Staatshochbauverwaltung des Landes oder die Klosterkammer Hannover die Entwurfsarbeiten leiten und die Bauarbeiten überwachen (§ 82 I 2)
		2.	§ 82 I 3, II 1
		3.	§ 82 II
		4.	keine Regelung
		5.	keine Regelung
		6.	Prüfungsmaßstab (§ 82 III 1):
		6.a	§§ 7–13 (Abstandsflächen), § 47 (notwendige Einstellplätze), Vorschriften über den Brandschutz (ausgenommen die Anforderungen an die Feuerwiderstandsdauer der Bauteile); Mit Ausnahme der Prüfung nach § 47 VI (Aussetzen der Herstellung notwendiger Einstellplätze) entfällt die Prüfung gem. § 82 III 2, wenn das Staatliche Baumanagement Nds die Entwurfsarbeiten leitet und die Bauarbeiten überwacht
		6.b	städtebauliches Planungsrecht
		6.c	Denkmalschutzrecht
		6.d	Soweit erforderlich § 13 Niedersächsisches Naturschutzrecht. Der Bauherr kann eine unbeschränkte Prüfung verlangen (§ 82 III 3)

Land	Norm (LBO)		Umsetzung/Abweichung in den Ländern und der MBO 2002
		7. 8.	§ 82 V § 82 IV
NRW	§ 80	1. 2. 3. 4. 5. 6. 6.a 6.b 6.c 6.d 7. 8.	Bund, Land, Landschaftsverband (§ 80 I 1) § 80 I 2, 3, § 69 I 1 § 80 I 4 keine Regelung keine Regelung Planungsmaßstab entspricht vereinfachtem Genehmigungsverfahren (§ 80 I 3, § 68 I 4): §§ 29–38 BauGB §§ 4 (Bebauung des Grundstücks), 6, 7 (Abstandsflächen), 9 II Spielflächen), 12 (Gestaltung), 13 (Werbeanlagen) und 51 (Abstellplätze), bei Sonderbauten auch § 17 (Brandschutz) örtliche Bauvorschriften andere öffentlich-rechtliche Vorschriften, deren Einhaltung nicht in einem anderen Genehmigungs-, Erlaubnis- oder sonstigen Zulassungsverfahren geprüft wird § 80 I 1, V § 80 IV
Rh-Pf	§ 83	1. 2. 3. 4. 5. 6. 6.a 6.b 6.c 6.d 7. 8.	Bund, Land, rechtsfähige Anstalten, Körperschaften und Stiftungen des Bundes und der Länder (§ 83 I 1) untere Bauaufsichtsbehörde (§ 83 I 1), Einreichen bei der Gemeinde (§ 83 II 1 HS 1) § 83 II 1 HS 2 i.V. m. § 63 keine Regelung keine Regelung Prüfungsmaßstab entspricht vereinfachtem Genehmigungsverfahren (§ 83 III 1; § 66 III). §§ 29–38 BauGB sonstige öffentlich-rechtliche Vorschriften außerhalb des Bauordnungsrechts Bauvorhaben nach § 66 II 1 Nr. 5: auch Übereinstimmung mit den Vorschriften der ArbeitsstättenVO Stellungnahme der Gemeinde (vgl. § 64 IV) erforderlich, aus der sich ergibt, dass die Erschließung (§ 6) und die Erfüllung der Stellplatzverpflichtung (§ 47) gesichert sind § 83 III 3 § 83 IV
Saar	§§ 69, 91	1. 2. 3. 4. 5. 6. 6.a 6.b 6.c 6.d 7. 8.	Bund, Land (§ 69 I) § 69 I 2, § 91 I 1 § 91 I 2 HS 2 keine Regelung keine Regelung Prüfungsmaßstab entspricht vereinfachtem Genehmigungsverfahren (§ 91 I 2, § 67 II): §§ 29 bis 38 BauGB, sonstige öffentlich-rechtliche Vorschriften außerhalb des Bauordnungsrechts Nachweis der gesicherten Erschließung Einhaltung der Abstandsflächen Erfüllung der Kleinkinderspielplatzverpflichtung (§ 11) und der Stell- und Abstellplatzverpflichtung (§ 50) § 69 I 1, § 91 III § 91 II
Sachs	§ 75	1.	Bund, Land (§ 75 I 1)

Land	Norm (LBO)		Umsetzung/Abweichung in den Ländern und der MBO 2002
		2.	§ 75 I 2, § 75 IV 1
		3.	§ 75 IV 3, § 67 V 1 Nr. 2
		4.	(§ 75 I 3 Entscheidung über isolierte Ausnahmen von örtlichen Bauvorschriften nach § 83, von Vorschriften über Abstandsflächen nach §§ 6, 7, über Stellplätze nach § 49 sowie Abweichungen i. S. von § 37 I BauGB bleibt erforderlich (§ 75 III 1)
		5.	§ 75 II
		6.	Prüfungsmaßstab (§ 75 IV 3):
		6.a	§§ 29–38 BauGB, örtliche Bauvorschriften, Vorschriften über Abstandsflächen (§§ 6, 7)
		6.b	§ 49 (Stellplätze)
		6.c	Andere öffentlich-rechtliche Anforderungen, soweit wegen der Zustimmung eine Genehmigung oder Erlaubnis nach anderen öffentlichrechtlichen Vorschriften entfällt oder ersetzt wird
		7.	§ 75 I 1, VI
		8.	§ 75 V
Sachs-Anh	§ 82	1.	Bund, Land (§ 83 I 1)
		2.	§ 82 I 2, III 1
		3.	§ 82 IV 2
		4.	keine Regelung
		5.	keine Regelung
		6.	Prüfungsmaßstab (§ 82 IV 2 HS 2): nur Verzicht auf Prüfung der bautechnischen Nachweise
		7.	§ 82 I, VI
		8.	§ 82 V
Schl-H	§ 83	1.	Bund, Land (§ 83 I 1)
		2.	untere Bauaufsichtsbehörde (§ 83 I 2, § 83 V 1)
		3.	keine Regelung
		4.	§ 83 VI 2
		5.	§ 83 III zustimmungsfrei sind außerdem eingeschossige Neu- und Erweiterungsbauten bis zu einer Grundfläche von 200 m^2 und bis zu einer Wandhöhe von 4 m sowie die Herstellung, Änderung oder Beseitigung von Stellplätzen, die nicht in Verbindung mit Neu- oder Erweiterungsbauten stehen.
		6.	Prüfungsmaßstab entspricht vereinfachtem Genehmigungsverfahren (§ 83 II HS 1, § 75 II):
		6.a	§§ 29–38 BauGB
		6.b	keine Prüfung der Vereinbarkeit des Vorhabens mit bauordnungsrechtlichen Bestimmungen; Ausnahmen: §§ 6 (Abstandsflächen), 7 (Übernahme von Abstandsflächen auf dem Nachbargrundstück), 37 II (Zulässigkeit einer weichen Bedachung), 55 (Stellplätze und Garagen, Abstellanlagen für Fahrräder),
		6.c	keine Prüfung der Einhaltung der zulässigen Grund- und Geschossfläche und der zulässigen Baumasse, wenn die Vorhaben im Geltungsbereich eines Bebauungsplans liegen, der hierüber Festsetzungen enthält
		6.d	keine Prüfung des Brandschutzes (§ 83 II)
		6.e	keine Prüfung der bautechnischen Nachweise (§ 83 II)
		7.	§ 83 I 1, VIII
		8.	§ 83 VII
Thür	§ 75	1.	Bund, Land (§ 75 I 1)
		2.	§ 75 II, III 1
		3.	§ 75 IV 2
		4.	keine Regelung

Land	Norm (LBO)	Umsetzung/Abweichung in den Ländern und der MBO 2002	
		5.	keine Regelung
		6.	Prüfungsmaßstab (§ 75 III 2 HS 2): nur Verzicht auf Prüfung der bautechnischen Nachweise
		7.	§ 75 I 1, VI
		8.	§ 75 V

VI. Abweichung, Ausnahme, Befreiung[76]

MBO 2002 § 67, BW § 56, Bay Art. 70, Bln § 61, Bbg §§ 60, 61, Brem §§ 72, 65 Abs. 6 Satz 2, Hamb §§ 66, 67, Hess § 63, M-V § 70, Nds §§ 85, 86, NRW § 73, Rh-Pf § 69, Saar § 75, Sachs § 68, Sachs-Anh § 75, Schl-H § 76, Thür § 68

1. Allgemeines

Die Anwendung einzelner bauordnungs- oder bauplanungsrechtlicher Bestimmungen steht zum Teil in der **Dispositionsbefugnis der Bauaufsichtsbehörden oder es liegen besondere Gründe vor, die ein Abweichen von zwingendem Recht rechtfertigen**. Im Regelfall geschieht dies im Rahmen einer bauaufsichtlichen Zulassung oder der Erteilung eines Vorbescheids. Im Falle baugenehmigungsfreier oder genehmigungsfreigestellter Vorhaben muss ein Abweichen von den Bestimmungen aber isoliert zugelassen werden. 187

Folgende Arten von Ausnahmen, Abweichungen oder Befreiungen gibt es im Bauplanungs- und Bauordnungsrecht:

188

Bezeichnung	Regelung	Verfahren/Voraussetzungen
Ausnahme von Veränderungssperre	§ 14 II BauGB	• Baugenehmigungsbehörde im Einvernehmen mit der Gemeinde • Überwiegende öffentliche Belange dürfen nicht entgegenstehen
Ausnahme von den Festsetzungen des Bebauungsplans	§ 31 I BauGB	• Baugenehmigungsbehörde im Einvernehmen mit der Gemeinde (§ 36 I BauGB) • Ausnahmen müssen im Bebauungsplan ausdrücklich vorgesehen sein
Befreiungen von den Festsetzungen des Bebauungsplans	§ 31 II BauGB	• Baugenehmigungsbehörde im Einvernehmen mit der Gemeinde (§ 36 I BauGB) • Grundzüge der Planung dürfen nicht berührt sein; Befreiungsgründe: Gründe des allgemeinen Wohls müssen die Befreiung erfordern oder die Abweichung muss städtebaulich vertretbar sein oder die Durchführung des Bebauungsplans würde zu einer offenbar nicht beabsichtigten Härte führen und die Abweichung muss auch unter Berücksichtigung nachbarlicher Interessen mit den öffentlichen Belangen vereinbar sein
Abweichungen, Ausnahmen, Befreiungen von Vorschriften des Bauordnungsrechts oder örtlicher Bauvorschriften	Landesrecht	Siehe Übersicht am Ende des Teils (Rn. 200ff.)

[76] Die folgende Darstellung enthält lediglich einen Überblick zum Thema „Abweichungen – Ausnahmen – Befreiungen". Siehe hierzu im Einzelnen Teil 7 dieses Kapitels.

2. Begriffsbestimmung

189 Ausnahme, Befreiung und Abweichung haben unterschiedliche Bedeutungen:

- **Ausnahme:** Die gesetzliche Vorschrift sieht bereits eine Abweichungsmöglichkeit vom Einzelfall vor. Die maßgebliche Bestimmung ist nachgiebiges Recht, dessen Anwendung im pflichtgemäßen Ermessen der Bauaufsichtsbehörde steht. Soweit Belange der Gemeinde betroffen sind (z. B. Ausnahme von den Festsetzungen des Bebauungsplans oder von örtlichen Bauvorschriften), ist das Einvernehmen der Gemeinde erforderlich.

  Beispiele: Absätze 3 der §§ 2 bis 9 BauNVO
- **Befreiung:** Die gesetzliche Vorschrift sieht keine Abweichungsmöglichkeit vor. Die maßgebliche Bestimmung ist **zwingendes Recht**. Im Einzelfall ist es aber unbillig oder es steht **überragenden Belangen** des Gemeinwohls entgegen, die Bestimmung anzuwenden. Soweit die Belange der Gemeinde betroffen sind (z. B. Befreiung von den Festsetzungen des Bebauungsplan oder von örtlichen Bauvorschriften), ist das Einvernehmen der Gemeinde erforderlich.

  Beispiel: Verschiebung einer im Bebauungsplan festgelegten Baulinie, weil genau dort, wo das Vorhaben nach dem Bebauungsplan verwirklicht werden soll, der Baugrund eines bestimmten Grundstücks wegen seines zu weichen Untergrunds nicht bebaubar ist.
- **Abweichung:** Der Begriff der Abweichung findet sich nur in einigen Ländern (Musterbauordnung 2002, Baden-Württemberg, Bayern, Brandenburg, Hessen, Nordrhein-Westfalen, Rheinland-Pfalz, Sachsen-Anhalt, Thüringen). In der Regel wird die Abweichung von Bestimmungen des Bauordnungsrechts (oder örtlicher Bauvorschriften) zugelassen, wenn dies unter Berücksichtigung der jeweiligen Anforderung und unter Würdigung der nachbarlichen Interessen mit den öffentlichen Belangen vereinbar ist. Ausnahme und Befreiung beeinflussen das Konditionalprogramm, das öffentlich-rechtlichen Vorschriften zu Eigen ist: Wenn ein bestimmter Sachverhalt vorliegt, ergibt sich daraus eine bestimmte Rechtsfolge. Die Abweichung verwandelt die Bestimmung dagegen in ein **Finalprogramm**: Entscheidend ist, ob der Zweck des Bauordnungsrechts – auf welche Weise immer – erreicht wird.[77] Trotz Nichteinhalten einer einzelnen Bestimmung sind die Anforderungen des Bauordnungsrechts als solchem eingehalten.

  Beispiel: Verzicht auf die Einhaltung von Abstandsflächen, weil keinerlei Bedenken aus der Sicht des Brandschutzes, der Belichtung und des Nachbarschutzes zu befürchten sind.

190 **Rechtlich bedeutsam** sind diese **Unterschiede nicht**, da die Anwendung von Ausnahmen, Befreiungen oder Abweichungen in jedem Fall an das Vorliegen bestimmter Tatbestände geknüpft ist und ihre Zulassung grundsätzlich im Ermessen der Behörde steht (Ausnahme: gesetzlich geregelte Fälle des Rechtsanspruchs auf Ausnahme, Befreiung oder Abweichung). Dem entsprechend gibt es Stimmen in der Literatur, die keine strukturellen Unterschiede zwischen den Rechtsinstituten sehen wollen.[78]

3. Prüfung von Ausnahme, Befreiung und Abweichung

a) Genehmigungsbedürftige Vorhaben

191 Soweit ein Vorhaben genehmigungsbedürftig ist, sind Ausnahme, Befreiung oder Abweichung **Teil der Baugenehmigung**, der Teilbaugenehmigung, oder aber auch des Vorbescheids. Da in der Regel ein untrennbarer Zusammenhang mit der Baugenehmigung besteht, stellen die Gewährung von Ausnahmen, Befreiungen oder Abweichungen **Inhaltsbestimmungen** der Baugenehmigung dar. Da mit der Ausnahme, Befreiung oder

[77] *Jäde*, BayBO, Art. 70 Rn. 1 f.
[78] *Simon/Busse*, Bayerische Bauordnung, Art. 70 Rn. 6.

Abweichung der Bauherr eine **Gewährleistung** erhält, die ihm durch das **Gesetz allein nicht zusteht**, haben diese **rechtsgestaltende Wirkung**.

b) Verfahrensfreie Vorhaben

MBO 2002 § 67 Abs. 2 Satz 2, BW § 56 Abs. 6, Bay Art. 70 Abs. 3 Satz 1, Bln § 61 Abs. 3, Bbg § 61 Abs. 1, Brem § 65 Abs. 6 Satz 2, Hamb § 1 Abs. 2 BauFreiVO, Hess § 63 Abs. 3, M-V § 70 Abs. 4, Nds § 85 Abs. 2, § 86 Abs. 2 Satz 1, NRW § 73 Abs. 2, Rh-Pf § 69 Abs. 2, Saar § 75 Abs. 5 HS 2, Sachs § 68 Abs. 4, Sachs-Anh § 75 Abs. 2 Satz 2, Schl-H § 76 Abs. 4, Thür § 68 Abs. 3 192

Auch verfahrenfreie Vorhaben müssen mit dem materiellen Baurecht im Einklang stehen. Dies kann bedeuten, dass sie im Einzelfall einer Ausnahme, Befreiung oder Abweichung von Bestimmungen des Bauplanungs- oder Bauordnungsrechts bedürfen.

Beispiele: Errichtung einer verfahrensfreien Garage außerhalb der dafür im Bebauungsplan vorgesehenen Flächen; Gestaltung einer Einfriedung entgegen einer gemeindlichen Gestaltungssatzung.

Das Baurecht löst diese Fälle dahin gehend, dass das Vorhaben einer sog. **isolierten Ausnahme, Befreiung oder Abweichung** bedarf. Diese ist gesondert zu beantragen. Die isolierte Ausnahme, Befreiung oder Abweichung ist ein **Verwaltungsakt** und stellt gleichsam einen Ausschnitt aus der Baugenehmigung dar (Feststellung der Vereinbarkeit mit dem öffentlichen Baurecht bzw. Verzicht auf die Einhaltung einer bestimmten Vorschrift). Dementsprechend ist die **Beteiligung der Gemeinde** erforderlich, wenn deren Belange betroffen sind: Dies ist zum einen der Fall bei Ausnahmen oder Befreiungen von **Bebauungsplänen** (Einvernehmen nach § 36 Abs. 1 BauGB), zum anderen bei **örtlichen Bauvorschriften**.

c) Beschränkter Prüfungsmaßstab

Zwischen der Inzidentausnahme, -befreiung oder -abweichung im Rahmen der Erteilung der Baugenehmigung und der isolierten Ausnahme, Befreiung oder Abweichung stehen die Fälle des beschränkten Prüfungsmaßstabs. Es ist vorstellbar, dass Ausnahmen, Befreiungen oder Abweichungen von **solchen Vorschriften** erforderlich sind, die **nicht zum Prüfprogramm** der Baugenehmigung gehören. Diese Ausnahmen, Befreiungen oder Abweichungen werden mit der beim beschränkten Prüfungsmaßstab dennoch **vorhandenen Baugenehmigung verbunden**. Ausdrückliche Regelungen finden sich in Art. 70 Abs. 3 Satz 2 BayBO sowie in § 72 Abs. 4 Satz 2 BremLBO. 193

d) Genehmigungsfreistellung

Auch im Rahmen der Genehmigungsfreistellung sind Entscheidungen über Ausnahmen, Befreiungen oder Abweichungen denkbar. Ein Überblick hierzu und die Fälle, in denen solche Abweichungsentscheidungen nicht möglich sind, findet sich in Teil 2 III 5 b, 6. 194

e) Vorbescheid

Nachdem der Vorbescheid ein vorweggenommener Teil der Baugenehmigung ist, kann auch er mit Ausnahmen, Befreiungen oder Abweichungen versehen werden. Oft ist die Frage, ob für das konkrete Vorhaben Ausnahmen, Befreiungen oder Abweichungen zugelassen werden können, die einzige Fragestellung im Rahmen des Vorbescheids. Diese Entscheidung der Bauaufsichtsbehörde hat **rechtsgestaltende Wirkung**, weil dem Antragsteller damit das Recht verliehen wird, von einer baurechtlichen Norm abzuweichen. 195

4. Tatbestand und Ermessen

a) Tatbestandsvoraussetzungen der Ausnahme

196 Ausnahmen sind nur möglich, soweit das **Baurecht disponibel** ausgestaltet ist. Die Möglichkeit der Ausnahme muss also in der Rechtsvorschrift, von der die Ausnahme erteilt worden sein, ausdrücklich zugelassen sein. Einige Bauordnungen lassen Ausnahmen auch für bestimmte **Arten von Bauvorhaben** zu (siehe Übersicht am Ende des Teils). Erster Prüfungsschritt für die Erteilung einer Ausnahme ist, ob die tatbestandlichen Voraussetzungen erfüllt sind.

b) Tatbestandsvoraussetzungen der Befreiung und Abweichung

197 Die **Tatbestandsvoraussetzungen** für die Zulassung einer Befreiung oder Abweichung sind demgegenüber **enger**, weil das Baurecht hier **zwingendes Recht** bleibt. Die Zulassung von Befreiungen oder Abweichungen sollen nicht dazu dienen, das Baurecht disponibel zu machen, sondern dazu, **atypische Situationen** zu bewältigen, wie z. B. besondere Grundstückszuschnitte, besondere Nachbarschaftssituationen oder besondere technische Ausführungen.[79] Die Befreiung oder Abweichung darf nicht dazu dienen, gewöhnliche Rechtsverletzungen zu legalisieren.[80] Das bedeutet, dass der jeweilige Tatbestand eng auszulegen ist. Zum Tatbestand gehören auch die Wertungsentscheidungen wie die Gründe des allgemeinen Wohls, das Vorliegen einer unbeabsichtigten Härte oder die Würdigung der nachbarlichen Interessen.

c) Ermessen

198 Zulassung von Ausnahmen, Abweichungen oder Befreiungen steht stets grundsätzlich im Ermessen der Bauaufsichtsbehörde. Die Behörde darf die **Ermessensabwägung erst vornehmen, wenn die Tatbestandsvoraussetzungen erfüllt** sind. Während die Wertungsentscheidungen des Tatbestands (siehe oben) gerichtlich voll nachprüfbar sind, können die Ermessensentscheidungen durch das Gericht nur auf das Vorliegen von **Ermessensfehlern** (z. B. Nichtgebrauch des Ermessens, Einbringen sachfremder Erwägungen, Willkür, Überschreitung des Ermessensspielraums) überprüft werden. Die Zweckmäßigkeitserwägungen der Behörde unterliegen nicht der gerichtlichen Kontrolle. Das bedeutet, dass der Bauherr im Rahmen eines **Rechtsstreits** auf Erteilung einer Ausnahme, Befreiung oder Abweichung nur einen **Anspruch auf fehlerfreie Ermessensausübung** geltend machen kann (§ 113 Abs. 5 Satz 2 VwGO).

199 **Ausnahmsweise** kann ein **Rechtsanspruch** auf Zulassung einer Ausnahme, Abweichung oder Befreiung bestehen. Das ist zum einen dann der Fall, wenn das **Gesetz** dies **ausdrücklich vorsieht**, wie das in Nordrhein-Westfalen (§ 73 Abs. 1 Satz 2 LBO NW) der Fall ist, wenn die Abweichung der Verwirklichung von Vorhaben zur Einsparung von Wasser und Energie dient. Im Übrigen ist ein Rechtsanspruch vor dem Hintergrund der **Eigentumsfreiheit** denkbar, wenn die Grundstückssituation so atypisch ist, dass unter zwingender Geltung des Baurechts eine Bebauung schlechthin ausscheidet, aber keine vernünftigen Gründe vorliegen, auf der zwingenden Einhaltung des Baurechts zu beharren.[81]

---

[79] *Boeddinghaus/Hahn/Schulte* (Fn. 15) § 73 Rn. 18.

[80] OVG NRW vom 27. 10. 1997 BRS 59 Nr. 122.

[81] *Boeddinghaus/Hahn/Schulte* (Fn. 15) § 73 Rn. 20: Fall der Abweichung von Abstandsflächenvorschriften bei atypischem Grenzverlauf in Verbindung mit der Festsetzung von geschlossener Bauweise.

5. Ausnahme, Befreiung, Abweichung im Bauordnungsrecht (Ländervergleich)

200

		Regelungsgegenstände der Landesbauordnungen und der MBO 2002[82]		
		Ausnahme: **Von Bauordnung oder auf Grund der Bauordnung erlassener Vorschriften,** **1. wenn die Ausnahme dort ausdrücklich vorgesehen ist** **2. bei bestimmten Bauten (Aufzählung)**	**Befreiung:** **Von Bauordnung oder auf Grund der Bauordnung erlassener (zwingender) Vorschriften** **1. aus Gründen des allgemeinen Wohls oder** **2. wenn die Einhaltung der Vorschrift im Einzelfall zu einer offenbar nicht beabsichtigten Härte führen würde** **und die Abweichung auch unter Würdigung der nachbarlichen Interessen mit den öffentlichen Belangen vereinbar ist.**	**Abweichung:** **Von Bauordnung oder auf Grund der Bauordnung erlassener Vorschriften, wenn die Abweichung unter Berücksichtigung des Zwecks der Anforderung und unter Würdigung der nachbarlichen Interessen mit den öffentlichen Belangen vereinbar ist**

201

Land	**Norm**	**Umsetzung/Abweichung in den Ländern und der MBO 2002**[83]		
MBO 2002	§ 67	keine Regelung	keine Regelung	§ 67 I
BW	§ 56	1. § 56 III 2. § 56 IV, von §§ 4–37 bei • Gemeinschaftsunterkünften, die der vorübergehenden Unterbringung/dem vorübergehenden Wohnen dienen • Behelfsbauten • kleinen, Nebenzwecken dienenden Gebäuden ohne Feuerstätten • frei stehenden anderen Gebäuden, die nur für zeitlich begrenzten Aufenthalt bestimmt sind (z. B. Gartenhäuser, Wochenendhäuser, Schutzhütten)	§ 56 V; Befreiung von §§ 4–39: Gründe des allgemeinen Wohls sind auch die Deckung von dringendem Wohnbedarf	1. § 56 I, von technischen Bauvorschriften, wenn auf andere Weise dem Zweck der Vorschrift nachweislich entsprochen wird 2. § 56 II von §§ 4–37 • zur Modernisierung von Wohnungen und Wohngebäuden, Teilung von Wohnungen oder Schaffung von zusätzlichem Wohnraum durch Ausbau, Anbau, Nutzungsänderung, Aufstockung oder Änderung des Daches, wenn die Gestattung für die Errichtung des Gebäudes mindestens 5 Jahre zurückliegt • zur Erhaltung und weiteren Nutzung von Kulturdenkmälern • zur Verwirklichung von Vorhaben zur Energieeinsparung • zur praktischen Erprobung neuer Bau- und Wohnformen im Wohnungsbau Abweichung muss mit öffentlichen Belangen vereinbar sein
Bay	Art. 70	keine Regelung	keine Regelung	Art. 70 I, II, auch von örtlichen Bauvorschriften

82 Die hier verwendeten Ziffern entsprechen den Ziffern der nachstehenden Rubrik „Umsetzung/Abweichung in den Ländern und der MBO 2002".

83 Die hier verwendeten Ziffern entsprechen den Ziffern der vorstehenden Rubrik „Regelungsgegenstände der Landesbauordnungen und der MBO 2002".

Land	Norm	Umsetzung/Abweichung in den Ländern und der MBO 2002		
Bln	§ 61	1. § 61 I, auch Sollvorschriften, wenn die Ausnahmen mit den öffentlichen Belangen vereinbar sind 2. keine Regelung	§ 61 II • unbeabsichtigte Härte auch dann, wenn den technischen Anforderungen auf andere Weise nachweislich entsprochen wird • Befreiung auch zur praktischen Erprobung neuer Bau- und Wohnformen, von Maßnahmen zur Kostendämpfung, zur Verwirklichung von Vorhaben zur Energieeinsparung oder zur Schonung der natürlichen Lebensgrundlagen durch Versuchsbauten (Nachweis durch Bauherren erforderlich, dass dadurch keine Gefahren für die öffentliche Sicherheit und Ordnung entstehen)	keine Regelung
Bbg	§ 60	keine Regelung	keine Regelung	§ 60 I, zusätzliche Voraussetzung, dass dem Schutzziel der jeweiligen Anforderung in gleicher Weise entsprochen wird
Brem	§ 72	1. § 72 I, auch Regel- oder Sollvorschriften 2. keine Regelung Bei Änderung an rechtmäßig bestehenden Anlagen sollen von §§ 29–48 Ausnahmen gestattet werden, wenn die Anforderungen nur mit unverhältnismäßigem Mehraufwand erfüllt werden können und erhebliche Gefahren für Leben und Gesundheit nicht zu befürchten sind (§ 72 II)	§ 72 III, Befreiung auch zur praktischen Erprobung neuer Bau- und Wohnformen, von Maßnahmen zur Kostendämpfung oder zur Schonung der natürlichen Lebensgrundlagen durch Versuchsbauten	keine Regelung
Hamb	§§ 66, 67	1. § 66 I 2. § 66 II • von §§ 20–23, 25–48 zur Erhaltung und weiteren Nutzung von Kulturdenkmälern, wenn nicht erhebliche Gefahren für Leben und Gesundheit zu befürchten sind • von §§ 25–48 bei Modernisierungsvorhaben für Wohnungen und Wohngebäude und bei Vorhaben zur Schaffung von zusätzlichem Wohnraum durch Ausbau oder nachträgliche Abänderung und Errichtung von Dach- oder Staffelgeschossen, ohne dass Vollgeschosse entstehen, wenn dies im öffentlichen Interesse liegt und die öffentliche Sicherheit und Ordnung nicht gefährdet werden, insbesondere keine Bedenken wegen des Brandschutzes bestehen	§ 67, auch wenn auf andere Weise dem Zweck einer bau- oder sicherheitstechnischen Anforderung entsprochen wird	keine Regelung
Hess	§ 63	keine Regelung	keine Regelung	§ 63 I

Land	Norm	Umsetzung/Abweichung in den Ländern und der MBO 2002		
M-V	§ 70	1. § 70 I, auch Sollvorschriften 2. § 70 II, von §§ 29–49: • Zur Erhaltung und weiteren Nutzung von Baudenkmälern, wenn nicht erhebliche Gefahren für Leben und Gesundheit zu befürchten sind, • bei Modernisierungsvorhaben für Wohnungen und Wohngebäude und bei Vorhaben zur Schaffung von zusätzlichem Wohnraum durch Ausbau, wenn die öffentliche Sicherheit und Ordnung nicht gefährdet sind insbesondere wenn Bedenken wegen des Brandschutzes nicht bestehen	§ 70 III • unbeabsichtigte Härte auch dann, wenn den technischen Anforderungen auf andere Weise nachweislich entsprochen wird • Befreiung auch zur praktischen Erprobung neuer Bau- und Wohnformen oder von Maßnahmen des kostensparenden Bauens bei Versuchsbauten und Gefahren i. S. des § 3 I nicht zu befürchten sind	keine Regelung
Nds	§§ 85, 86	1. § 85 I 2. keine Regelung	§ 86	keine Regelung
NRW	§ 73	keine Regelung	keine Regelung	§ 73 I Rechtsanspruch auf Abweichung, wenn die Abweichungen der Verwirklichung von Vorhaben zur Einsparung von Wasser oder Energie dienen (§ 73 I 2)
Rh-Pf	§ 69	keine Regelung	keine Regelung	§ 69 I
Saar	§ 75	1. § 75 I, auch Soll- oder Regelvorschrift 2. § 75 II: • zur Erhaltung und weiteren Nutzung von Baudenkmälern, wenn nicht erhebliche Gefahren für Leben und Gesundheit zu befürchten sind • zur Energieeinsparung und Gewinnung erneuerbarer Energien sowie zur sparsamen Verwendung von Trinkwasser, wenn die öffentliche Sicherheit und Ordnung nicht gefährdet werden • bei Modernisierungsvorhaben für Wohnungen und Wohngebäude und bei Vorhaben zur Schaffung von zusätzlichem Wohnraum durch Ausbau, wenn dies im öffentlichen Interesse liegt und die öffentliche Sicherheit und Ordnung nicht gefährdet werden, insbesondere keine Bedenken wegen des Brandschutzes bestehen	§ 75 III, IV unbeabsichtigte Härte auch dann, wenn • den technischen Anforderungen auf andere Weise nachweislich entsprochen wird • es zur praktischen Erprobung neuer Bau- und Wohnformen oder von Maßnahmen der Kostendämpfung sowie zur Energieeinsparung oder zur Gewinnung erneuerbarer Energien durch Versuchsbauten der Abweichung bedarf und Gefahren für die öffentliche Sicherheit und Ordnung nicht zu erwarten sind • in zum Teil oder überwiegend bebauten Gebieten die Gestaltung des Straßenbildes oder die besonderen städtebaulichen Verhältnisse es rechtfertigen, die Maße über die Abstandsflächen zu unterschreiten	keine Regelung
Sachs	§ 68	1. § 68 I, auch Sollvorschrift 2. § 68 II: von §§ 26–50 • zur Erhaltung und weiteren Nutzung von Bau-	§ 68 III unbeabsichtigte Härte auch dann, wenn auf andere Weise dem Zweck einer technischen	keine Regelung

Land	Norm	Umsetzung/Abweichung in den Ländern und der MBO 2002		
		denkmälern, wenn nicht erhebliche Gefahren für Leben und Gesundheit zu befürchten sind • bei Modernisierungsvorhaben für Wohnungen und Wohngebäude und bei Vorhaben zur Schaffung von zusätzlichem Wohnraum durch Ausbau, wenn dies im öffentlichen Interesse liegt und die öffentliche Sicherheit und Ordnung nicht gefährdet werden, insbesondere keine Bedenken wegen des Brandschutzes bestehen • bei Vorhaben in überwiegend bebauten Gebieten, wenn die öffentliche Sicherheit und Ordnung nicht gefährdet werden, insbesondere keine Bedenken wegen des Brandschutzes bestehen	Anforderung entsprochen wird	
Sachs-Anh	§ 75	keine Regelung	keine Regelung	§ 75 I
Schl-H	§ 76	1. § 76 I, auch Sollvorschriften 2. § 76 II, von §§ 32–56 • zur Erhaltung und weiteren Nutzung von Baudenkmälern, wenn keine Gefahren für Leben oder Gesundheit zu befürchten sind • bei Modernisierungsvorhaben für Wohnungen und Wohngebäude und bei Vorhaben zur Schaffung von zusätzlichem Wohnraum durch Ausbau, wenn dies im öffentlichen Interesse liegt und die öffentliche Sicherheit nicht gefährdet wird, insbesondere keine Bedenken wegen des Brandschutzes bestehen	§ 76 III • Befreiung auch zur praktischen Erprobung neuer Bau- und Wohnformen oder der Energieeinsparung durch Modellvorhaben, wenn von dem Bauherren durch Gutachten eines im Benehmen mit der Bauaufsichtsbehörde beauftragten Sachverständigen nachgewiesen wird, dass Gefahren für die öffentliche Sicherheit nicht zu erwarten sind • unbeabsichtigte Härte auch dann, wenn auf andere Weise dem Zweck einer technischen Anforderung entsprochen wird	keine Regelung
Thür	§ 68	keine Regelung	keine Regelung	§ 68 I

Teil 4. Das Baugenehmigungsverfahren

MBO §§ 67 ff., BW §§ 52 ff., Bay Art. 67, 69, Bln §§ 57, 60, Bbg §§ 60, 63 f., Brem §§ 68 ff., Hamb §§ 63, 67 f., Hess §§ 57, 60 ff., M-V §§ 66, 69 ff., Nds §§ 71 ff., NRW §§ 69, 72, Rh-Pf §§ 63, 65 f., Saar §§ 71 ff., Sachs §§ 64, 67, Sachs-Anh §§ 67, 70, 73 ff., Schl-H §§ 70, 73, Thür §§ 64, 67

I. Der Bauantrag

1. Mitwirkungspflicht des Bauherrn

Die Erteilung der Baugenehmigung ist nach der Musterbauordnung 2002 bzw. den Bauordnungen der Länder grundsätzlich ein **mitwirkungsbedürftiger Verwaltungsakt**, d. h. sie setzt einen Bauantrag voraus. Der Bauantrag ist durch den Bauherren als den Hauptverantwortlichen für das Vorhaben zu stellen. In den Länder Bayern, Berlin, Hessen, Rheinland-Pfalz und Thüringen kann die Bauaufsichtsbehörde **verlangen, dass ein Bauantrag gestellt wird**, wenn ein genehmigungspflichtiges Vorhaben ohne Baugenehmigung errichtet wurde und von einer Beseitigungsanordnung bedroht ist (Bay Art. 82 Satz 3, Hess § 72 Abs. 2, Rh-Pf § 81 Satz 2, Thür § 77 Abs. 1 Satz 3). **Berlin** geht hier noch weiter und verlangt mit § 57 Abs. 5 nur die Einreichung von Bauvorlagen. Das Baugenehmigungsverfahren selbst wird in diesen Fällen von **Amts wegen eingeleitet** (§ 62 Abs. 9). 202

2. Gegenstand des Bauantrags

Der Bauantrag ist Grundlage für die **Erteilung der Baugenehmigung**. Das bedeutet, dass das zur Genehmigung gestellte Vorhaben bestimmbar beschrieben werden muss im Hinblick auf Größe, Lage, Gestaltung, aber auch Nutzung.[84] Kann das Vorhaben aus dem Bauantrag heraus auch nach Auslegung nicht bestimmt werden, so fehlt es dem Antrag am **Sachbescheidungsinteresse** und die Bauaufsichtsbehörde ist berechtigt, den Bauantrag bereits aus diesem Grund abzulehnen. 203

Gegenstand eines Bauantrags kann nur ein baugenehmigungsbedürftiges Vorhaben sein. Ist das Vorhaben **verfahrensfrei**, so ist ein gestellter **Bauantrag mangels Sachbescheidungsinteresses abzulehnen**.[85]

Es ist ohne weiteres möglich, für ein und dasselbe Baugrundstück oder Vorhaben **mehrere, auch sich widersprechende Bauanträge** zu stellen. Der Bauherr kann entscheiden, ob er ein Vorhaben überhaupt verwirklichen will oder für welches Vorhaben er sich entscheidet.

3. Form und Inhalt des Bauantrags

a) Allgemeines

Die Musterbauordnung 2002 und die Bauordnungen der Länder sehen die **Schriftform** des Bauantrags vor. Daneben wird untergesetzlich, überwiegend in sog. **Bauvorlagenverordnungen** oder **Bauvorlagenerlassen** bestimmt, welche Unterlagen dem Bauantrag beizufügen sind. Zum Bauantrag gehören: 204

- **Bauantrag** selbst, aus dem sich der Gegenstand des Baugenehmigungsverfahrens ergibt (Art des Vorhabens, Lage des Vorhabens, Bauherr, Entwurfsverfasser Grundstückseigentümer)

---

84 BVerwG vom 4. 7. 1980 BRS 26 Nr. 158; OVG NRW vom 14. 9. 1995 Az. 11 B 1982/95, *Simon/Busse*, Bayerische Bauordnung, Art. 67 Rn. 12 f.

85 Bay VHG vom 18. 5. 1982 BayVBl. 1983, 656.

- **Bauvorlagen**, die den Gegenstand des Baugenehmigungsverfahren verbal und graphisch näher beschreiben (Lagepläne, Planzeichnungen, verbale Baubeschreibung, Bescheinigungen von Sachverständigen udgl.)

b) Bauvorlagen

205 Welche Bauvorlagen dem Bauantrag beizufügen sind, wird in den Ländern nicht im Gesetz, sondern untergesetzlich bestimmt. Eine solche untergesetzliche Regelung ist zweckmäßig, weil insbesondere neue technische Möglichkeiten (z. B. elektronische Verfahren) eine rasche Anpassung des Rechts erfordern. In diesen untergesetzlichen Bestimmungen werden auch Regelungen zu Zeichen und Farben für Bauvorlagen getroffen.

Beschreibung der **wichtigsten Bauvorlagen**:

Bauvorlage	Zweck
Auszug aus dem Katasterwerk/amtlicher Lageplan/Flurkarte	Rechtsverbindliche Grundlage für die Beurteilung des Baugrundstücks und seiner Umgebung
Lageplan mit Einzeichnung des Bauvorhabens, bestehender Baukörper, Höhenlagen, evtl. auch Erschließungsanlagen usw. auf der Grundlage des Auszugs aus dem Katasterwerk; bei Außenbereichsvorhaben oftmals auch Übersichtsplan	Beurteilung des Bauvorhabens in Bezug auf seine Umgebung (Bauplanungsrecht, Abstandsflächen, Höhenentwicklung, Zugang zu Erschließungslangen, Baulasten usw.)
Bauzeichnungen (Grundrisse, Schnitte, Ansichten) mit Angaben zur Nutzung der Räume, Treppen, Türen, Fenster, Aufzugsschächte, Lüftungsleitungen, Höhenlagen, Raumhöhen	Beurteilung des Bauvorhabens als solches sowohl in planungsrechtlicher Hinsicht (z. B. Höhe, Firstrichtung) als auch in bauordnungs- oder fachrechtlicher (z. B. Brandschutz, Rettungswege, Belichtung und Belüftung)
Baubeschreibung mit Angaben zur beabsichtigten Nutzung, zu Bauprodukten, Bauarten oder zu haustechnischen Einrichtungen	Verbale Vervollständigung der übrigen Bauvorlagen
Nachweis/Berechnung der baulichen Nutzung (Grundflächen, Geschossflächen, umbauter Raum, Wohn- und Nutzflächen)	Maß der baulichen Nutzung (oftmals Teil der Baubeschreibung), Berechnung der Notwendigkeit von Stellplätzen, Beurteilung von Rechtsfragen wie „überwiegende Wohnnutzung"
Berechnungen und Angaben zur Kostenermittlung wie Schätzung von Rohbaukosten oder Herstellungskosten	Grundlage für die Ermittlung der Baugenehmigungsgebühr
Bautechnische Nachweise (Standsicherheit, Brandschutz, Schallschutz, Wärmeschutz)	Bauordnungsrechtliche Beurteilung
Brandschutzkonzept (nur NRW)	Gesamtbewertung des baulichen und abwehrenden Brandschutzes bei Sonderbauten
Darstellung der Grundstücksentwässerung	Erschließung

c) Anträge auf Ausnahmen, Befreiungen und Abweichungen

206 Da Gegenstand des Bauantrags die bauaufsichtliche Zulassung des Vorhabens als solches und die Feststellung seiner baurechtlichen Zulässigkeit ist, ist es **grundsätzlich nicht erforderlich**, die Erteilung von Ausnahmen, Befreiungen oder Abweichungen **gesondert zu beantragen**. **Abweichend** von diesem Grundsatz verlangen die Musterbauordnung 2002 und einige Landesbauordnungen einen **ausdrücklichen**, ggf. sogar **begründeten Antrag**. Näheres hierzu siehe Tabelle „Übersicht über das Baugenehmigungsverfahren".

d) Änderung des Bauantrags

207 Während der **Bauherr** als „Herr des Verfahrens" grundsätzlich die Möglichkeit hat, nachträgliche Änderungen des Bauantrags einzubringen, so sind **Änderungen durch die Behörde** nicht unproblematisch. In der Praxis erfolgen solche Änderungen („Tekturen") vielfach, um genehmigungsfähige Zustände herzustellen. In Bezug auf den Inhalt der Baugenehmigung handelt es sich hierbei um **Inhaltsbestimmungen** (siehe oben Teil 1 IV 2). Davon unabhängig muss man die Frage beurteilen, ob solche Änderungen noch **vom Bauantrag gedeckt** sind. Dies ist der Fall, wenn der ursprüngliche Antrag des Bauherren dahin gehend ausgelegt werden kann, dass auch die Änderung noch von seinem ursprünglichen Willen getragen werden. Davon kann man ausgehen, wenn die Änderung der Genehmigungsfähigkeit des Vorhabens dient und das Vorhaben in seinen Grundzügen nicht verändert wird. Änderungen durch den Bauherren sind bis zum **rechtskräftigen Abschluss** des Baugenehmigungsverfahrens, also auch noch während des Widerspruchs- oder Klageverfahrens möglich. Voraussetzung hier ist aber, dass der Streitstoff derselbe bleibt, dass also das Vorhaben in Bezug auf seinen Gegenstand dasselbe bleibt.[86]

II. Das Baugenehmigungsverfahren

1. Vorprüfung auf Vollständigkeit

208 Die Erteilung der Baugenehmigung liegt im Interesse des Bauherren. Daher wird den Baugenehmigungsbehörden die Möglichkeit eingeräumt, den **Bauantrag auf Vollständigkeit zu überprüfen** und **mangelhafte Bauanträge** ohne weitergehende Sachprüfung zurückzuweisen. Teilweise regeln die Bauordnungen ausdrücklich, dass ein Bauantrag zurückgewiesen oder als zurückgenommen behandelt werden kann, wenn er unrichtig oder unvollständig ist und die Mängel auch nach einer entsprechenden Aufforderung durch die Behörde nicht beseitigt werden (siehe Übersichten zum Baugenehmigungsverfahren).

Die **Rechtsnatur** solcher Behördenhandlungen ist nicht ganz unproblematisch: Unbestritten ist, dass eine **vorläufige Zurückweisung keinen Verwaltungsakt** darstellt, weil dadurch das Verwaltungsverfahren nicht endgültig beendet wird. In den Fällen der **endgültigen Zurückweisung** kann die Rechtsnatur offen bleiben, weil die Entscheidung jedenfalls gemäß § 44a VwGO als behördliche Verfahrenshandlung **nicht selbständig anfechtbar** ist. Der Bauherr müsste eine Verpflichtungsklage auf Erteilung der Baugenehmigung erheben. Diese wird aber erfolglos bleiben, wenn sich herausstellt, dass Bauantrag oder Bauvorlagen eine Bearbeitung des Antrags nicht zugelassen haben.

2. Beteiligung anderer Behörden und Stellen

209 Das Baugenehmigungsverfahren ist zumeist ein **mehrstufiges Verfahren**. Bundes- und Landesrecht sehen oftmals die Beteiligung anderer Behörden und Stellen zwingend vor. In rechtlicher Hinsicht muss man unterscheiden:

- **Gesetzlich vorgeschriebene** Beteiligung anderer Behörden und Stellen
- Beteiligung anderer Behörden und Stellen, um die **Baugenehmigungsfähigkeit** des Vorhabens beurteilen zu können.

a) Gesetzlich vorgeschriebene Beteiligung anderer Behörden und Stellen

210 In fachrechtlichen Bestimmungen des Bundes- und Landesrecht kann vorgeschrieben sein, dass im Rahmen der Erteilung einer Baugenehmigung eine bestimmte Behörde oder Stelle zu hören ist, dass die Baugenehmigung sogar nur mit Zustimmung oder im Einvernehmen mit der betreffenden Behörde erteilt werden darf.

---

[86] BVerwG vom 25. 8. 1989 BayVBl. 1990, 597.

Es gibt **unterschiedliche Beteiligungsformen**:

Anhörung, Beteiligung, Benehmen	Es genügt, die Behörde oder Stelle zu informieren und ihr Gelegenheit zur Äußerung zu geben. Die Bauaufsichtsbehörde kann sich über eine ablehnende Haltung der Behörde oder Stelle hinwegsetzen.
Einvernehmen, Genehmigung, Zustimmung	Die Behörde oder Stelle muss ihr Einverständnis mit der Erteilung der Baugenehmigung erklären. Die Bauaufsichtsbehörde kann sich über eine ablehnende Haltung der Behörde oder Stelle grundsätzlich nicht hinwegsetzen.

Die wichtigsten **gesetzlich vorgeschriebenen Beteiligungen** sind:
- Gemeindliches Einvernehmen nach § 14 Abs. 2 BauGB (Ausnahmen von einer Veränderungssperre)
- Gemeindliches Einvernehmen nach § 36 Abs. 1 BauGB bei Vorhaben, die bauplanungsrechtlich nach §§ 31, 33, 34 oder 35 BauGB beurteilt werden müssen
- Zustimmung der höheren Verwaltungsbehörde zu Vorhaben nach § 35 Abs. 2 und 4 BauGB gemäß näherer landesrechtlichen Bestimmung (§ 36 Abs. 1 Satz 4 BauGB)
- Benehmen mit der Naturschutzbehörde nach § 8 a Abs. 3 bei Vorhaben, die bauplanungsrechtlich nach §§ 34 oder 35 BauGB beurteilt werden müssen, wenn Eingriffe in Natur und Landschaft zu erwarten sind; darüber hinaus sieht das Landesrecht vielfach ein Benehmen oder sogar Einvernehmen mit den Naturschutzbehörden vor bei Befreiungen von Schutzgebietsverordnungen
- Zustimmung der obersten Landesstraßenbaubaubehörde bei baulichen Anlagen an Bundesfernstraßen nach § 9 Abs. 2 FStrG. Ähnliche Zustimmungsvorbehalte kennt das Landesrecht vielfach für bauliche Anlage an Straßen anderer Straßenklassen (z. B. Staatsstraßen)
- Zustimmung der Luftfahrtbehörden bei Vorhaben im Einwirkungsbereich von Flughäfen (§ 14 LuftverkehrsG)

b) Bauplanungsrechtliche Beteiligung der Gemeinde

211 Die in der Praxis bedeutsamste Beteiligung ist die der Gemeinde zum Schutz ihrer Planungshoheit. § 36 Abs. 1 BauGB verlangt, dass über die Zulässigkeit von Vorhaben nach §§ 31, 33, 34 oder 35 BauGB nur im **Einvernehmen mit der Gemeinde** entschieden werden darf. Von dieser Regelung umfasst sind alle Vorhaben in planungsrechtlichen Gebieten, in denen die Gemeinde ihren planerischen Willen noch nicht in einem Bebauungsplan verwirklicht hat (§§ 33, 34, 35 BauGB) oder das Vorhaben nicht in allen Punkten mit dem Bebauungsplan übereinstimmt, sondern einer Ausnahme oder Befreiung nach § 31 BauGB bedarf. Die Gemeinde hat über § 36 Abs. 1 die Möglichkeit, ihre planerische Vorstellung dadurch im Einzelfall rechtsverbindlich zum Ausdruck zu bringen, dass die Baugenehmigung nur mit ihrem Einverständnis erteilt werden darf.
- **Verweigert** die Gemeinde ihr **Einvernehmen**, so ist die Bauaufsichtsbehörde daran gebunden und darf die Baugenehmigung nicht erteilten (zur Ersetzung eines zu Unrecht verweigerten Einvernehmens siehe unten Teil 6 II).
- An ein **erteiltes Einvernehmen** ist die Bauaufsichtsbehörde dagegen nicht gebunden. Sie kann die Baugenehmigung trotz des positiven Votums der Gemeinde verweigern.[87]

212 Darüber hinaus muss auch bei **Vorhaben im Geltungsbereich eines Bebauungsplans** der Gemeinde die Möglichkeit eingeräumt werden, das Vorhaben zum Anlass für neue planerische Entscheidungen zu nehmen, um eine **Änderung des bestehenden Bebauungsplans** zu beschließen und dem Vorhaben ggf. eine Veränderungssperre nach § 14 BauGB entgegenzustellen oder die Rückstellung des Baugesuchs nach § 15 BauGB zu beantragen. Die Gemeinde muss daher nach § 36 Abs. 1 Satz 3 BauGB auch bei solchen Vorhaben beteiligt werden, die im Geltungsbereich eines Bebauungsplans liegen. Die

[87] *Battis/Krautzberger/Löhr*, Baugesetzbuch, § 36 Rn. 11.

Verfahrensregelungen der Musterbauordnung 2002 bzw. der Bauordnungen der Flächenstaaten sehen daher vor, dass der Bauantrag entweder über die Gemeinde einzureichen ist oder die Gemeinde als Trägerin öffentlicher Belange beteiligt werden muss.

Die Bestimmungen zum gemeindlichen Einvernehmen kommen nur dann zur Anwendung, wenn die **Gemeinde nicht selbst Baugenehmigungsbehörde** ist. Innerhalb einer einzigen Behörden sind solche Mitwirkungshandlungen nicht denkbar.[88] Daraus folgt, dass Regelungen zur Beteiligung der Gemeinde in den Stadtstaaten Berlin, Bremen und Hamburg fehlen, weil dort die Gemeinde selbst Bauaufsichtsbehörde ist (Bremen: Bauaufsichtsbehörden Stadtgemeinden Bremen und Bremerhaven).

Die bauplanungsrechtliche Beteiligung stellt sich wie folgt dar:

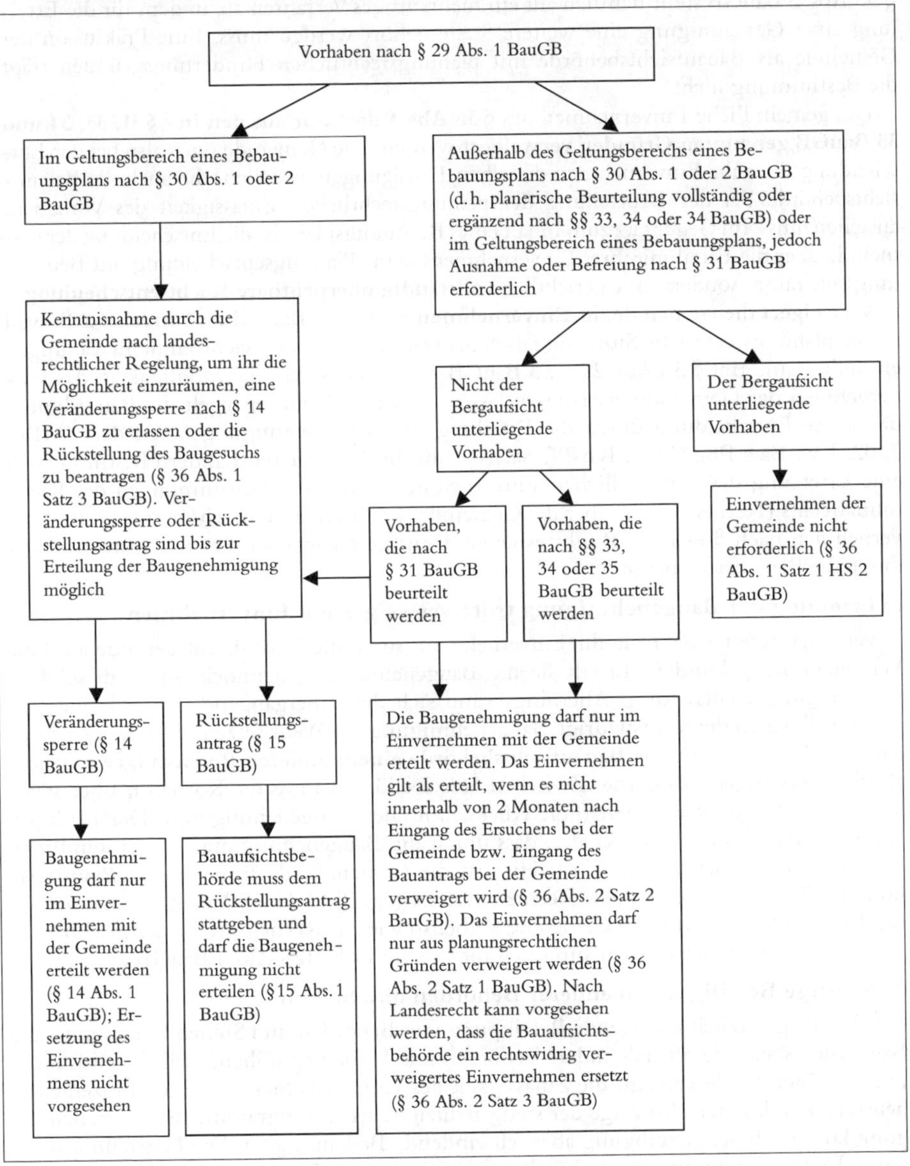

[88] *Simon/Busse*, Bayerische Bauordnung, Art. 67 Rn. 226.

213 Im Interesse der **Beschleunigung** des Baugenehmigungsverfahrens hat der Gesetzgeber eine gesetzliche **Fiktionsfrist** vorgesehen: Das gemeindliche Einvernehmen gilt als erteilt, wenn es nicht innerhalb von 2 Monaten nach Eingang des Ersuchens bzw. des Bauantrags bei der Gemeinde verweigert (§ 36 Abs. 2 BauGB). Dementsprechend sehen viele Landesbauordnungen für die Erteilung von Zustimmungen oder Einvernehmen generell eine Frist von 2 Monaten vor (siehe Übersicht über das Baugenehmigungsverfahren). Nachdem die 2-Monatsfrist des § 36 Abs. 2 BauGB bundesrechtlich bestimmt ist, geht diese Bestimmung möglicherweise anderen landesrechtlichen Fristbestimmungen vor. Aus § 36 Abs. 2 BauGB kann aber **keine Fiktion der planungsrechtlichen Zulässigkeit** in den Fällen hergeleitet werden, in denen die **Gemeinde selbst Bauaufsichtsbehörde** ist. § 36 Abs. 2 BauGB stellt nämlich auf ein mehrstufiges Verfahren ab, in dem für die Erteilung einer Genehmigung eine weitere Stelle gehört werden muss. Eine Präklusion der Gemeinde als Bauaufsichtsbehörde mit planungsrechtlichen Hinderungsgründen trägt die Bestimmung nicht.

214 Das gemeindliche Einvernehmen des **§ 36 Abs. 1 darf nur aus den in §§ 31, 33, 34 und 35 BauGB genannten Gründen verweigert** werden. Die Gemeinde muss also bei der Entscheidung über ihr Einvernehmen dieselben Erwägungen anstellen, die auch die Bauaufsichtsbehörde bei der Beurteilung der planungsrechtlichen Zulässigkeit des Vorhabens anstellen muss. Im Gegensatz zum Inhalt eines Bebauungsplans ist die Entscheidung der Gemeinde über die Erteilung ihres Einvernehmens keine Planungsentscheidung mit Beurteilungsspielraum, sondern eine gerichtlich **vollständig überprüfbare Rechtsentscheidung**.

215 **Verweigert** die Gemeinde ihr **Einvernehmen** nach § 36 BauGB **zu Unrecht**, z. B. weil sie die planungsrechtliche Situation falsch beurteilt oder weil sie sachfremde Erwägungen einstellt, dann gibt § 36 Abs. 2 Satz 3 BauGB dem Landesrecht die Möglichkeit, das Einvernehmen der Gemeinde ersetzen zu lassen. In vielen Ländern regelt die Bauordnung, dass diese Entscheidung durch die Erteilung der Baugenehmigung fallen darf (MBO 2002, BW, Bay, Bbg, M-V, Rh-Pf, Sachs-Anh). In den anderen Ländern bestimmt sich eine Ersetzung des gemeindlichen Einvernehmens nach den Bestimmungen des Kommunalrechts (Rechtsaufsicht über die Gemeinden). Für ein zu Unrecht verweigertes Einvernehmen nach § 14 BauGB gibt es keine derartige erleichterte Ersetzungsmöglichkeit durch die Bauaufsichtsbehörde.

c) Erteilung der Baugenehmigung trotz verweigertem Einvernehmen

216 Verweigerte eine Behörde ihr Einvernehmen, so ist die Bauaufsichtsbehörde an diese Verweigerung gebunden. Erteilt sie die Baugenehmigung dennoch, so ist diese Baugenehmigung rechtswidrig. Allerdings kann sich die „übergangene" Behörde nicht in jedem Fall gegen die rechtswidrige Baugenehmigung zur Wehr setzen. Eine Klage ist nur dann erfolgreich, wenn die **Bauaufsichtsbehörde einem anderen Rechtsträger** angehört als die **übergangene Behörde**. Zwischen Staatsbehörden muss die Korrektur über staatliche Aufsichtsmittel erfolgen (ggf. Rücknahme der Baugenehmigung). Der häufigste Fall eines Rechtsstreits ist hier der, dass durch die Baugenehmigung das **gemeindliche Einvernehmen** ersetzt worden ist. Hier ist die Gemeinde als **Trägerin der Planungshoheit** möglicherweise in ihren Rechten verletzt (vgl. § 42 Abs. 2 VwGO). Zu beachten ist, dass ein Rechtsmittel der Gemeinde – ebenso wie das Rechtsmittel eines Nachbarn – die Vollziehbarkeit der Baugenehmigung nicht hemmt (§ 212 a Abs. 1 BauGB).

d) Sonstige Beteiligungen anderer Behörden und Stellen

217 Über die gesetzlich zwingende Beteiligung von Behörden und Stellen hinaus muss die Bauaufsichtsbehörde oftmals andere Behörden und Stellen bemühen, weil sie selbst nicht über die **Fachkunde** verfügt, die Zulässigkeit des Vorhabens in allen seinen Einzelheiten beurteilen zu können. Im Zuge der stetig reduzierten Prüfprogramme der Baugenehmigung kommt dieser Beteiligung aber schwindende Bedeutung zu. Die Feststellungswirkung der Baugenehmigung wird mehr und mehr auf die Fragen zurückgezogen, die im Bereich der Fachkunde der Bauaufsichtsbehörden liegen.

Wegen der Vielzahl der denkbaren Bauvorhaben lässt sich kein Katalog der hier zu beteiligenden Behörden oder Stellen außerhalb oder innerhalb der Bauaufsichtsbehörden aufstellen.

Beispielhaft seien genannt:

- Umweltschutzbehörde zur Beurteilung von Immissionen (auch vor dem Hintergrund der §§ 34, 35 BauGB)
- Landwirtschaftsverwaltung zur Beurteilung der Privilegierung nach § 35 Abs. 1 Nr. 1 BauGB
- Wasserrechtsbehörden zu Fragen des Wasserhaushalts, der Wasserreinhaltung oder der Erschließung
- Gemeinden als Träger kommunaler Daseinsvorsorge zur Beurteilung der Erschließung
- Gesundheits- oder Veterinärämter zur Beurteilung hygienischer Anforderungen
- Straßenverkehrsbehörden zur Beurteilung der Erschließung oder zur Frage einer Beeinträchtigung der Sicherheit und Leichtigkeit des Verkehrs
- Forstbehörden bei Vorhaben in oder an Wäldern
- Denkmalschutzbehörden
- Raumordnungs- und Landesplanungsbehörden bei raumbedeutsamen Vorhaben
- Nachbargemeinden, wenn sich das Vorhaben auf Belange der Nachbargemeinde auswirken kann (Immissionen, Infrastruktur)
- Behörden der Arbeitssicherheit bei Arbeitsstätten.

e) Stellungnahmefristen und Zustimmungsfristen

Im Interesse der **Verfahrensbeschleunigung** sehen die Musterbauordnung und die Bauordnungen der Länder Fristen vor, nach deren Ablauf die Mitwirkungshandlung einer anderen Stelle als vorgenommen bzw. eine Stellungnahme als erteilt gelten kann (Fiktionsfristen). In Bezug auf das **gemeindliche Einvernehmen** bzw. der Zustimmung der höheren Verwaltungsbehörde ist darauf zu achten, dass diese Frist gemäß § 36 Abs. 2 Satz 2 BauGB **zwei Monate** betragen muss (siehe oben Buchstabe b). Da die Regelungen lediglich der Verfahrensbeschleunigung dient, kann die Bauaufsichtsbehörde **verspätet vorgebrachte Belange** noch in der Baugenehmigung **berücksichtigten**. Sie wird hierzu sogar verpflichtet sein, wenn sich die Baugenehmigung andernfalls als rechtswidrig erweisen sollte, weil in der Baugenehmigung entgegenstehende wesentliche öffentliche Belange andernfalls verkannt worden wären.[89] 218

3. Genehmigungs- und Entscheidungsfristen bei der Entscheidung über die Baugenehmigung

Da durch die Baugenehmigung Baurecht nicht verliehen, sondern von der Eigentumsfreiheit her bereits bestehendes Baurecht nur deklaratorisch festgestellt wird, sind die **Bauaufsichtsbehörden verpflichtet**, einen **Bauantrag ohne Verzögerungen** zu behandeln. Bei vermeidbarer, schuldhaft verzögerter Bearbeitung und Entscheidung verletzen die Behörden ihre Amtspflicht gegenüber dem Bauherren und können sich so einem Amtshaftungsanspruch aus § 839 BGB, Art. 34 GG aussetzen.[90] 219

Im Interesse der Verfahrensbeschleunigung haben sich einige Länder dafür entschieden, **Genehmigungs- oder Entscheidungsfristen** in ihre Bauordnungen aufzunehmen.

- **Genehmigungsfristen** sind solche Fristen, mit deren Ablauf die Genehmigung als erteilt gilt (**Genehmigungsfiktion**).[91] Die fingierte Genehmigung hat dieselben Rechtswirkungen wie eine ausdrücklich erteilte Genehmigung. Sie ist insbesondere unter denselben engen Voraussetzungen rücknehmbar oder widerrufbar wie eine ausdrücklich erteilte Baugenehmigung (siehe oben Rn. 52 ff.).

---

[89] *Simon/Busse*, Bayerische Bauordnung, Art. 69 Rn. 12 c, 12 e.
[90] BGH vom 13. 1. 1964 MDR 1964, 300, BayObLG vom 18. 1. 1991 DVVBl. 1991, 452.
[91] *Kopp/Ramsauer*, Verwaltungsverfahrensgesetz, § 35 Rn. 23.

- **Entscheidungsfristen** sind dagegen Fristen, die die **Amtspflicht** der Behörde zur raschen Entscheidung über den Bauantrag präzisieren. Läuft die Frist ab, so gilt die Genehmigung nicht als erteilt. Es spricht aber in diesem Falle eine **Vermutung** dafür, dass die Behörde die **Entscheidung schuldhaft verzögert** hat, so dass Amtshaftungsansprüche in Betracht kommen können.

220

Land	Genehmigungsfrist	Entscheidungsfrist
MBO 2002	Keine Regelung	Keine Regelung
BW § 54 IV	Keine Regelung	1 Monat (bei Wohngebäuden, zugehörigen Stellplätzen, Garagen und Nebenanlagen) 2 Monate bei sonstigen Vorhaben, jeweils ab Eingang des vollständigen Bauantrags und aller Stellungnahmen
Bay	Keine Regelung	Keine Regelung
Bln § 60 I 5, 6	Keine Regelung	Vollgenehmigung und vereinfachtes Verfahren: 6 Wochen nach Eingang des vollständigen Bauantrags und aller Stellungnahmen
Bbg § 67 I 2, § 57 IV	Keine Regelung	1 Monat nach Eingang aller Stellungnahmen (Vollgenehmigung) bzw. des vollständigen Bauantrags (vereinfachtes Verfahren)
Brem § 67 IV	Vereinfachtes Verfahren: 3 Monate nach Eingang des vollständigen Antrags; Verlängerung der Frist aus wichtigem Grund um 1 Monat	Keine Regelung
Hamb § 5 II, IV 1 HmbWo-BauErlG	Vereinfachtes Verfahren: 2 Monate nach Eingang des vollständigen Antrags	Keine Regelung
Hess § 57 II, § 61 III	Vereinfachtes Verfahren: 3 Monate nach Eingang des vollständigen Antrags, soweit das Vorhaben nicht im Außenbereich liegt; Verlängerung der Frist aus wichtigem Grund um 2 Monate	Vollgenehmigung: 3 Monate nach Eingang des vollständigen Antrags; Verlängerung der Frist aus wichtigem Grund um 2 Monate
M-V § 63 VII	Vereinfachtes Verfahren: 3 Monat nach Eingang des vollständigen Antrags; Unterbrechung durch Mitteilung, dass das gemeindliche Einvernehmen verweigert wurde und ersetzt werden soll	Keine Regelung
Nds	Keine Regelung	Keine Regelung
NRW § 68 VII	Keine Regelung	Vereinfachtes Verfahren: 6 Wochen nach Eingang des Bauantrags, wenn das Vorhaben im Geltungsbereich eines qualifizierten Bebauungsplans liegt; Verlängerung der Frist aus wichtigem Grund um 6 Wochen
Rh-Pf § 68 I, IV	Vereinfachtes Verfahren: 1 Monat (Vorhaben i. S. des § 68 I), sonst 3 Monate nach Feststellung der Vollständigkeit des Bauantrags bzw. ab Erteilung des gemeindlichen Einvernehmens	Keine Regelung

Land	Genehmigungsfrist	Entscheidungsfrist
Saar § 67 V, § 72 IV	Vereinfachtes Verfahren: 3 Monate nach Eingang des vollständigen Antrags; Verlängerung der Frist aus wichtigem Grund	Vollgenehmigung: 1 Monat nach Eingang der Zustimmungen und Stellungnahmen anderer Behörden (Frist wird unterbrochen durch Nachforderung von Unterlagen)
Sachs § 67 VII, VIII	Vereinfachtes Verfahren: 3 Monate nach Eingang des vollständigen Bauantrags; Verlängerung aus wichtigem Grund um 2 Monate	Vollgenehmigung: 3 Monate nach Eingang des vollständigen Bauantrags; Verlängerung aus wichtigem Grund um 2 Monate
Sachs-Anh § 67 IX	Keine Regelung	Vereinfachtes Verfahren: 3 Monate nach Eingang des Bauantrags
Schl-H § 73 VIII	Keine Regelung	Vereinfachtes Verfahren: 3 Monate nach Eingang der Bauvorlagen; Verlängerung in begründetem Einzelfall um 1 Monat
Thür § 67 V	Keine Regelung	Vollgenehmigung und vereinfachtes Verfahren: 3 Monate (andernfalls entsprechende Benachrichtigung des Antragstellers)

III. Übersicht über das Baugenehmigungsverfahren

221 **1. MBO 2002**

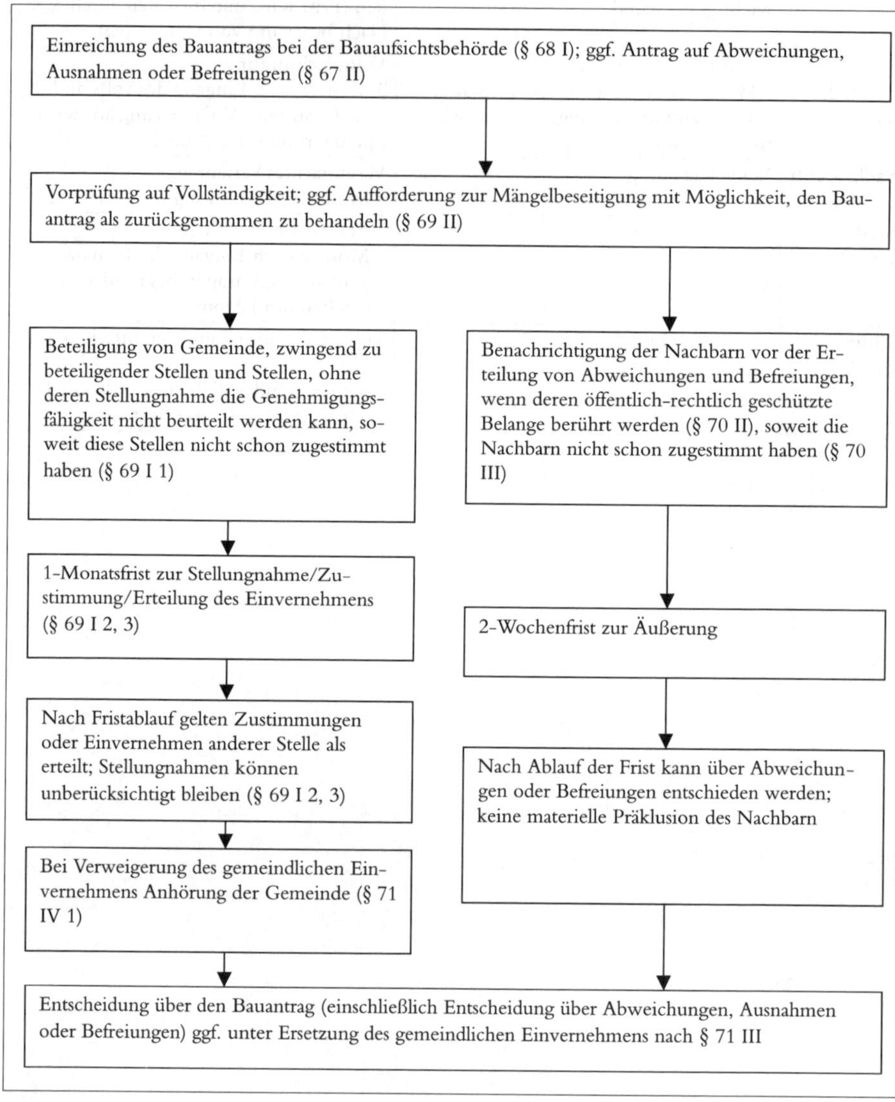

2. Baden-Württemberg 222

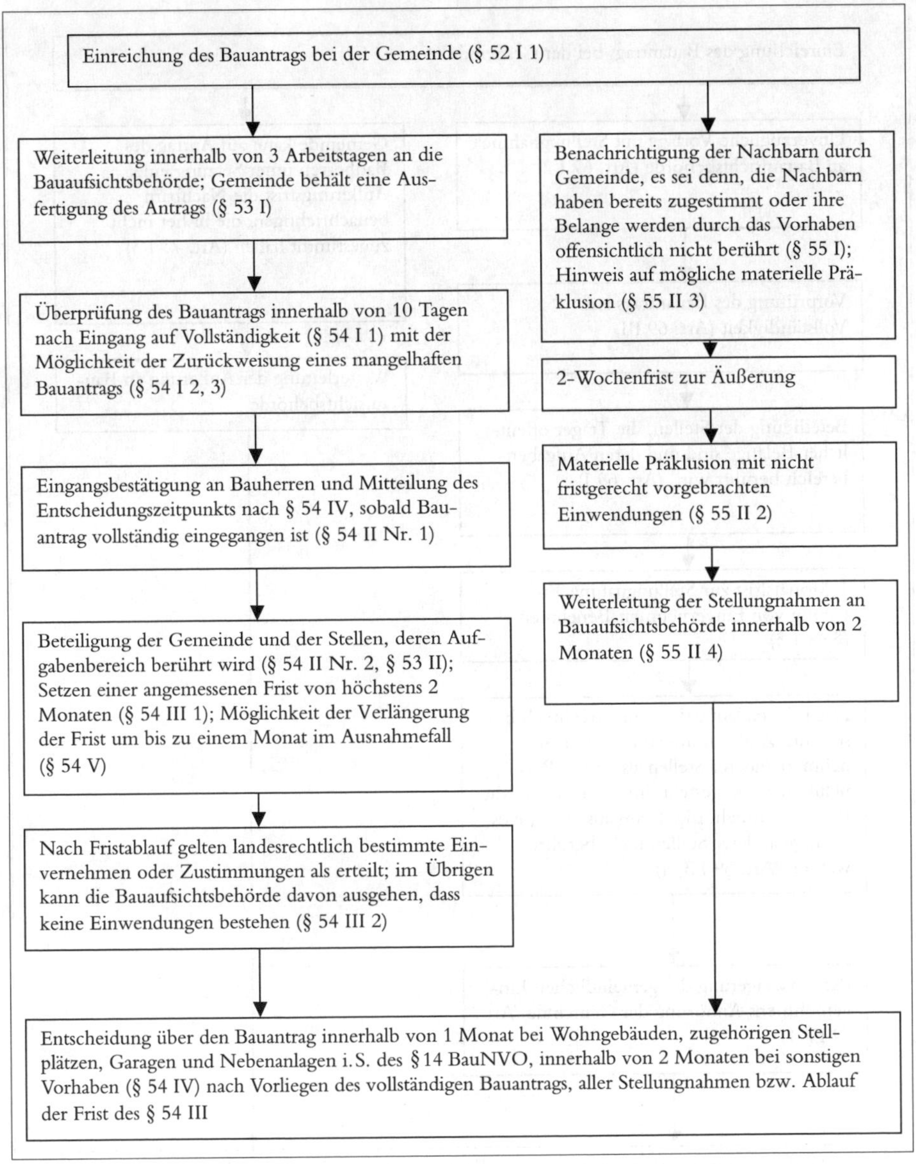

223 **3. Bayern**

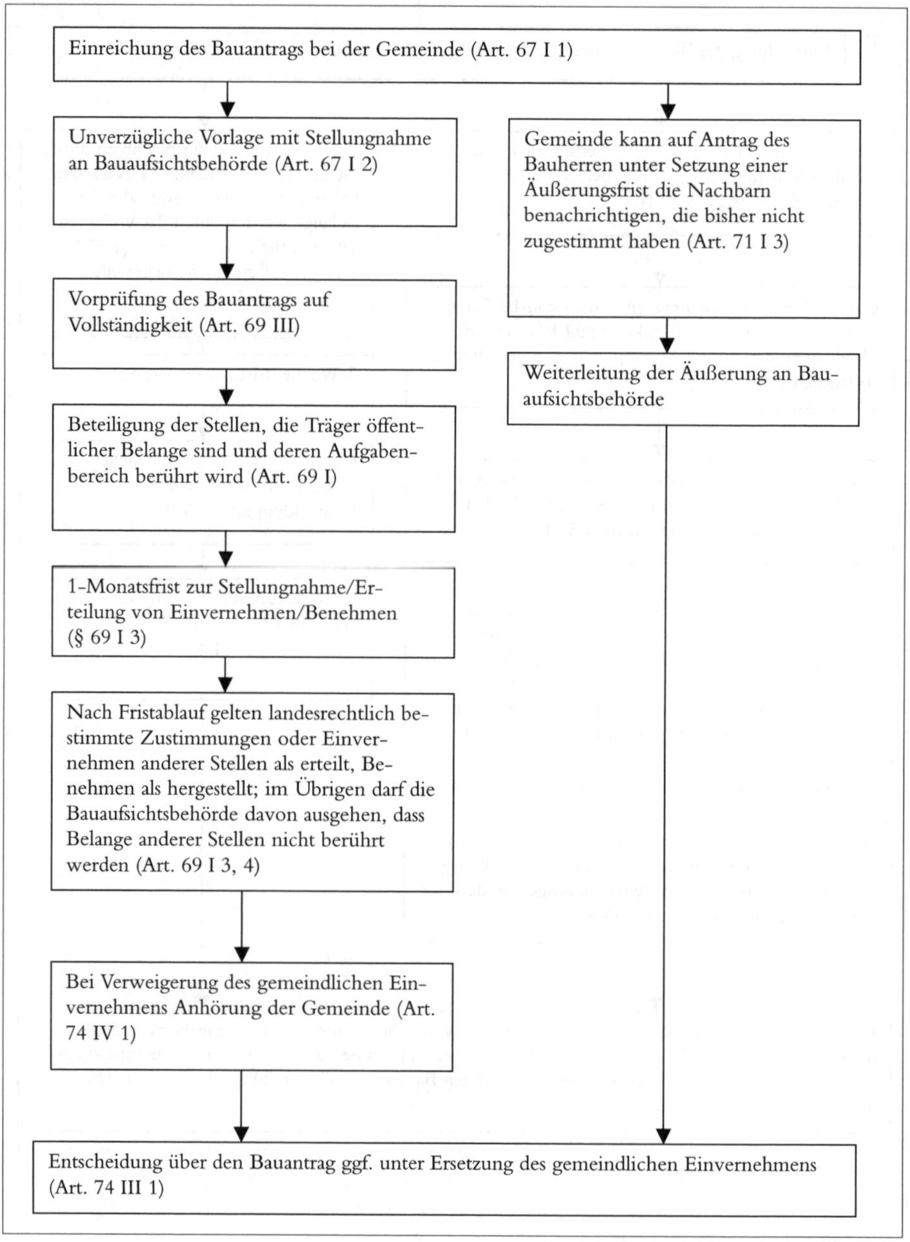
Einreichung des Bauantrags bei der Gemeinde (Art. 67 I 1)
Unverzügliche Vorlage mit Stellungnahme an Bauaufsichtsbehörde (Art. 67 I 2)
Gemeinde kann auf Antrag des Bauherren unter Setzung einer Äußerungsfrist die Nachbarn benachrichtigen, die bisher nicht zugestimmt haben (Art. 71 I 3)
Vorprüfung des Bauantrags auf Vollständigkeit (Art. 69 III)
Weiterleitung der Äußerung an Bauaufsichtsbehörde
Beteiligung der Stellen, die Träger öffentlicher Belange sind und deren Aufgabenbereich berührt wird (Art. 69 I)
1-Monatsfrist zur Stellungnahme/Erteilung von Einvernehmen/Benehmen (§ 69 I 3)
Nach Fristablauf gelten landesrechtlich bestimmte Zustimmungen oder Einvernehmen anderer Stellen als erteilt, Benehmen als hergestellt; im Übrigen darf die Bauaufsichtsbehörde davon ausgehen, dass Belange anderer Stellen nicht berührt werden (Art. 69 I 3, 4)
Bei Verweigerung des gemeindlichen Einvernehmens Anhörung der Gemeinde (Art. 74 IV 1)
Entscheidung über den Bauantrag ggf. unter Ersetzung des gemeindlichen Einvernehmens (Art. 74 III 1)

4. Berlin 224

Einreichung des Bauantrags bei der Bauaufsichtsbehörde ggf. mit Antrag auf Befreiung (§ 61 II)

↓

Vorprüfung des Bauantrags auf Vollständigkeit mit der Möglichkeit der Zurückweisung eines mangelhaften Bauantrags (§ 60 II)

↓

Beteiligung der Stellen, deren Zustimmung oder Einvernehmen erforderlich ist oder deren Aufgabenbereich berührt wird (vgl. § 60 I)

↓

6-Wochenfrist bzw. im Einzelfall um 1 Monat verlängerte Frist zur Stellungnahme/Zustimmung/Erteilung des Einvernehmens (§ 60 I 1, 3)

↓

Nach Fristablauf gelten Zustimmungen oder Einvernehmen als erteilt; im Übrigen kann die Bauaufsichtsbehörde andere Stellungnahmen unberücksichtigt lassen (§ 60 I 1, 2)

↓

Entscheidung über den Bauantrag innerhalb von 6 Wochen nach Eingang der vollständigen Bauvorlagen und aller für die Entscheidung notwendiger Stellungnahmen und Nachweise (§ 60 I 5, 6)

225 5. Brandenburg

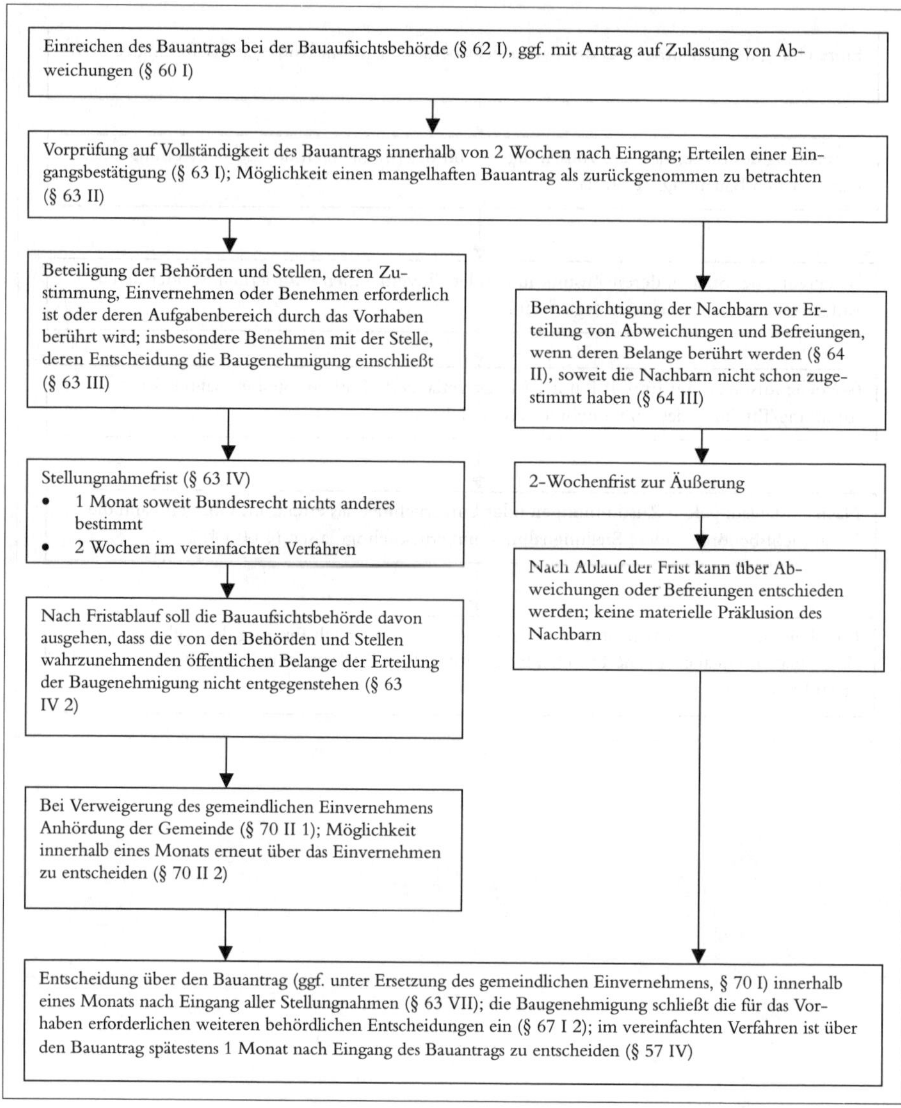

6. Bremen 226

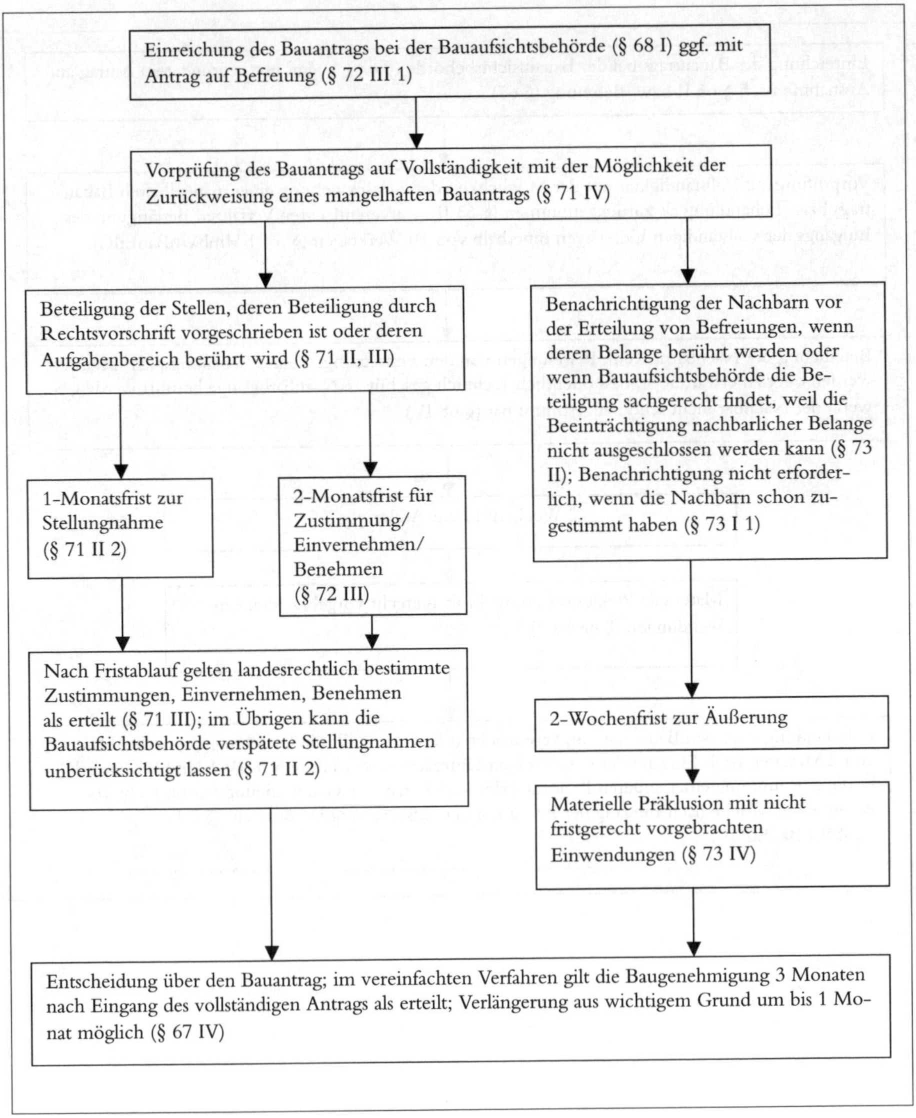
Einreichung des Bauantrags bei der Bauaufsichtsbehörde (§ 68 I) ggf. mit Antrag auf Befreiung (§ 72 III 1)
Vorprüfung des Bauantrags auf Vollständigkeit mit der Möglichkeit der Zurückweisung eines mangelhaften Bauantrags (§ 71 IV)
Beteiligung der Stellen, deren Beteiligung durch Rechtsvorschrift vorgeschrieben ist oder deren Aufgabenbereich berührt wird (§ 71 II, III)
Benachrichtigung der Nachbarn vor der Erteilung von Befreiungen, wenn deren Belange berührt werden oder wenn Bauaufsichtsbehörde die Beteiligung sachgerecht findet, weil die Beeinträchtigung nachbarlicher Belange nicht ausgeschlossen werden kann (§ 73 II); Benachrichtigung nicht erforderlich, wenn die Nachbarn schon zugestimmt haben (§ 73 I 1)
1-Monatsfrist zur Stellungnahme (§ 71 II 2)
2-Monatsfrist für Zustimmung/ Einvernehmen/ Benehmen (§ 72 III)
Nach Fristablauf gelten landesrechtlich bestimmte Zustimmungen, Einvernehmen, Benehmen als erteilt (§ 71 III); im Übrigen kann die Bauaufsichtsbehörde verspätete Stellungnahmen unberücksichtigt lassen (§ 71 II 2)
2-Wochenfrist zur Äußerung
Materielle Präklusion mit nicht fristgerecht vorgebrachten Einwendungen (§ 73 IV)
Entscheidung über den Bauantrag; im vereinfachten Verfahren gilt die Baugenehmigung 3 Monaten nach Eingang des vollständigen Antrags als erteilt; Verlängerung aus wichtigem Grund um bis 1 Monat möglich (§ 67 IV)

227 **7. Hamburg**

Einreichung des Bauantrags bei der Bauaufsichtsbehörde (§ 63 I 1) ggf. mit begründetem Antrag auf Ausnahme nach § 66 II bzw. Befreiung (§ 67)

↓

Vorprüfung auf Vollständigkeit mit der Möglichkeit der Zurückweisung eines mangelhaften Bauantrags bzw. Behandlung als zurückgenommen (§ 63 II): im vereinfachten Verfahren Bestätigung des Eingangs der vollständigen Unterlagen innerhalb von 10 Werktagen (§ 5 I 1 HmbWoBauErlG)

↓

Beteiligung der Nachbarn, wenn Befreiungen von den Festsetzungen eines Bebauungsplans beantragt werden oder zu erwarten ist, dass öffentlich-rechtlich geschützte Nachbarbelange berührt werden, wenn der Nachbar nicht schon zugestimmt hat (§ 68 IV)

↓

2-Wochenfrist zur Äußerung

↓

Materielle Präklusion mit nicht fristgerecht vorgebrachten Einwendungen (§ 68 IV 3)

↓

Entscheidung über den Bauantrag; im vereinfachten Verfahren gilt die Genehmigung nach Ablauf von 2 Monaten nach Eingang der vollständigen Unterlagen als erteilt (§ 5 II, IV 1 HmbWoBauErlG); ist die Zustimmung einer anderen Behörde erforderlich, tritt die Genehmigungsfiktion nicht vor Ablauf einer Woche nach Eingang der Erklärung der Zustimmungsbehörde ein (§ 5 IV 3 HmbWoBauErlG).

8. Hessen 228

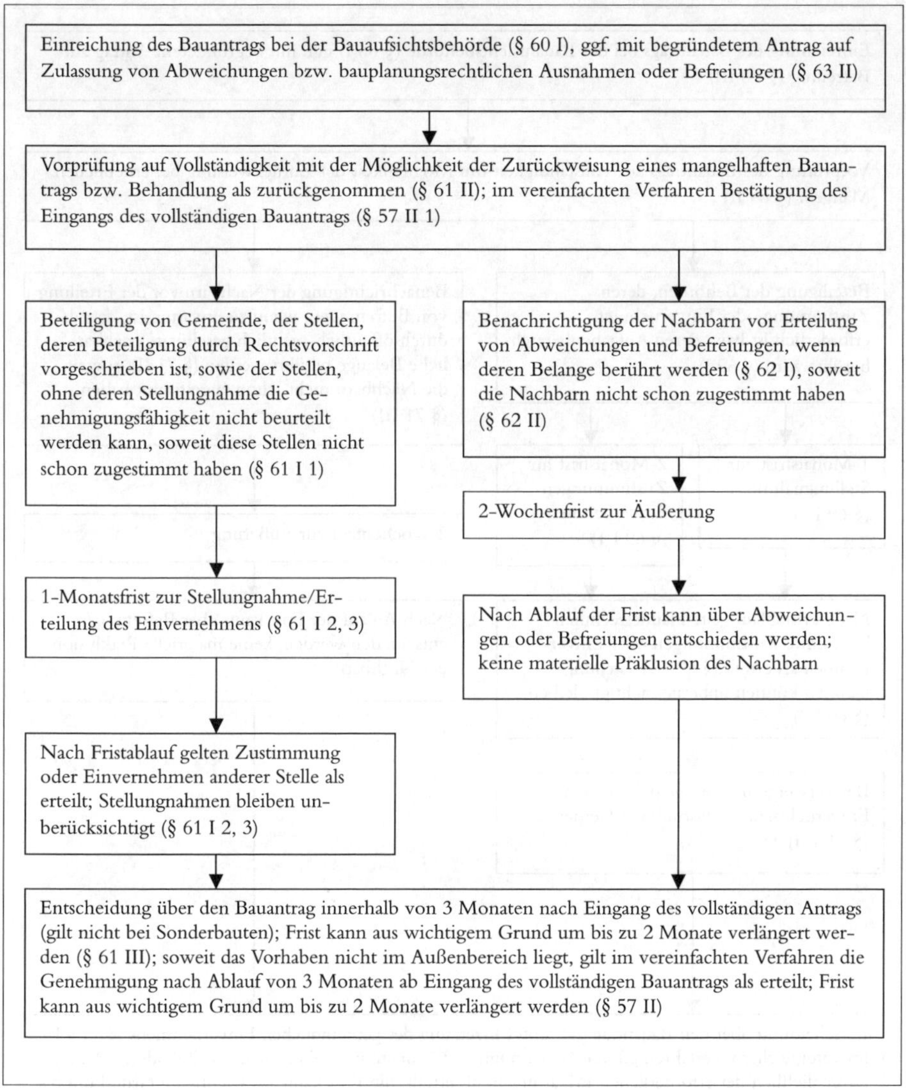
Einreichung des Bauantrags bei der Bauaufsichtsbehörde (§ 60 I), ggf. mit begründetem Antrag auf Zulassung von Abweichungen bzw. bauplanungsrechtlichen Ausnahmen oder Befreiungen (§ 63 II)
Vorprüfung auf Vollständigkeit mit der Möglichkeit der Zurückweisung eines mangelhaften Bauantrags bzw. Behandlung als zurückgenommen (§ 61 II); im vereinfachten Verfahren Bestätigung des Eingangs des vollständigen Bauantrags (§ 57 II 1)
Beteiligung von Gemeinde, der Stellen, deren Beteiligung durch Rechtsvorschrift vorgeschrieben ist, sowie der Stellen, ohne deren Stellungnahme die Genehmigungsfähigkeit nicht beurteilt werden kann, soweit diese Stellen nicht schon zugestimmt haben (§ 61 I 1)
Benachrichtigung der Nachbarn vor Erteilung von Abweichungen und Befreiungen, wenn deren Belange berührt werden (§ 62 I), soweit die Nachbarn nicht schon zugestimmt haben (§ 62 II)
2-Wochenfrist zur Äußerung
1-Monatsfrist zur Stellungnahme/Erteilung des Einvernehmens (§ 61 I 2, 3)
Nach Ablauf der Frist kann über Abweichungen oder Befreiungen entschieden werden; keine materielle Präklusion des Nachbarn
Nach Fristablauf gelten Zustimmung oder Einvernehmen anderer Stelle als erteilt; Stellungnahmen bleiben unberücksichtigt (§ 61 I 2, 3)
Entscheidung über den Bauantrag innerhalb von 3 Monaten nach Eingang des vollständigen Antrags (gilt nicht bei Sonderbauten); Frist kann aus wichtigem Grund um bis zu 2 Monate verlängert werden (§ 61 III); soweit das Vorhaben nicht im Außenbereich liegt, gilt im vereinfachten Verfahren die Genehmigung nach Ablauf von 3 Monaten ab Eingang des vollständigen Bauantrags als erteilt; Frist kann aus wichtigem Grund um bis zu 2 Monate verlängert werden (§ 57 II)

229 9. Mecklenburg-Vorpommern

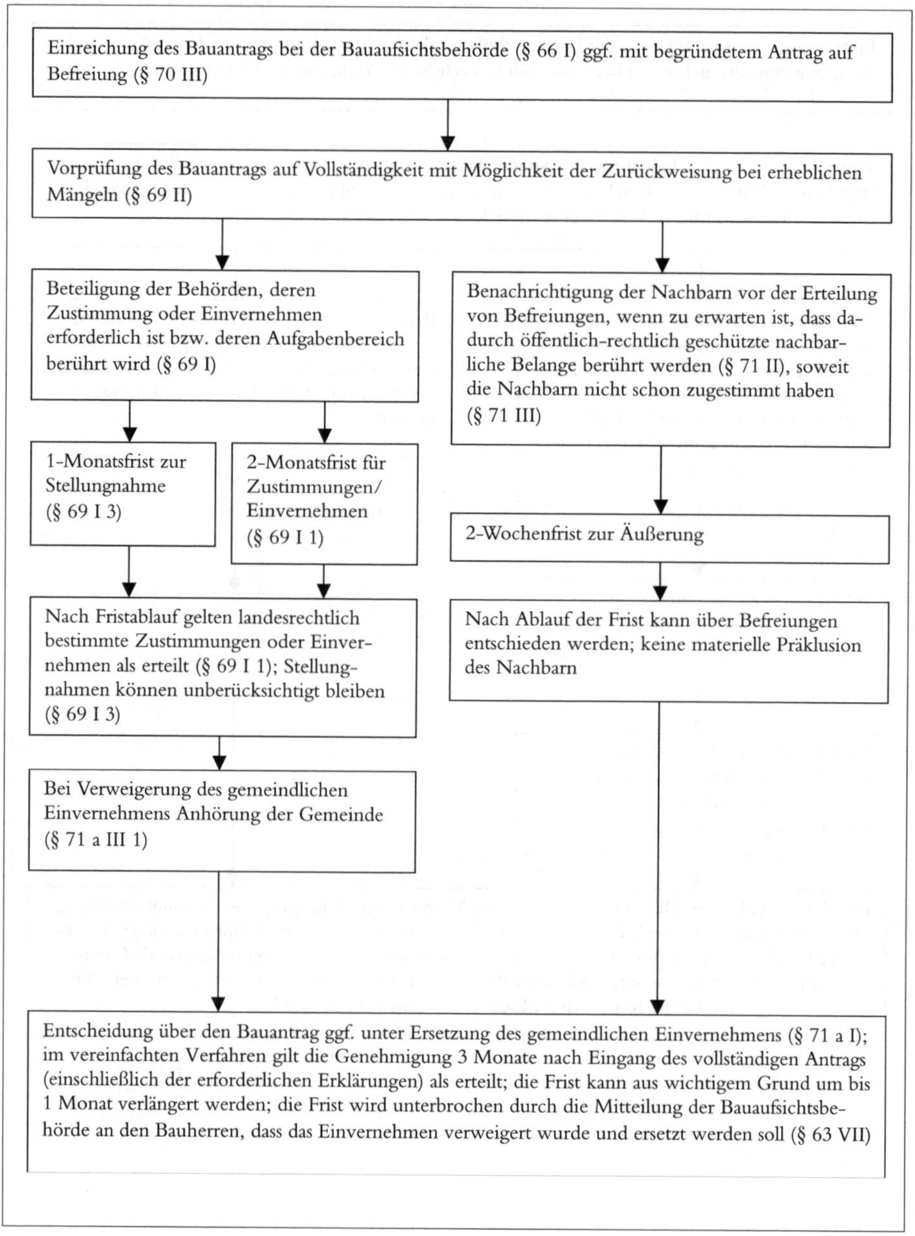

10. Niedersachsen 230

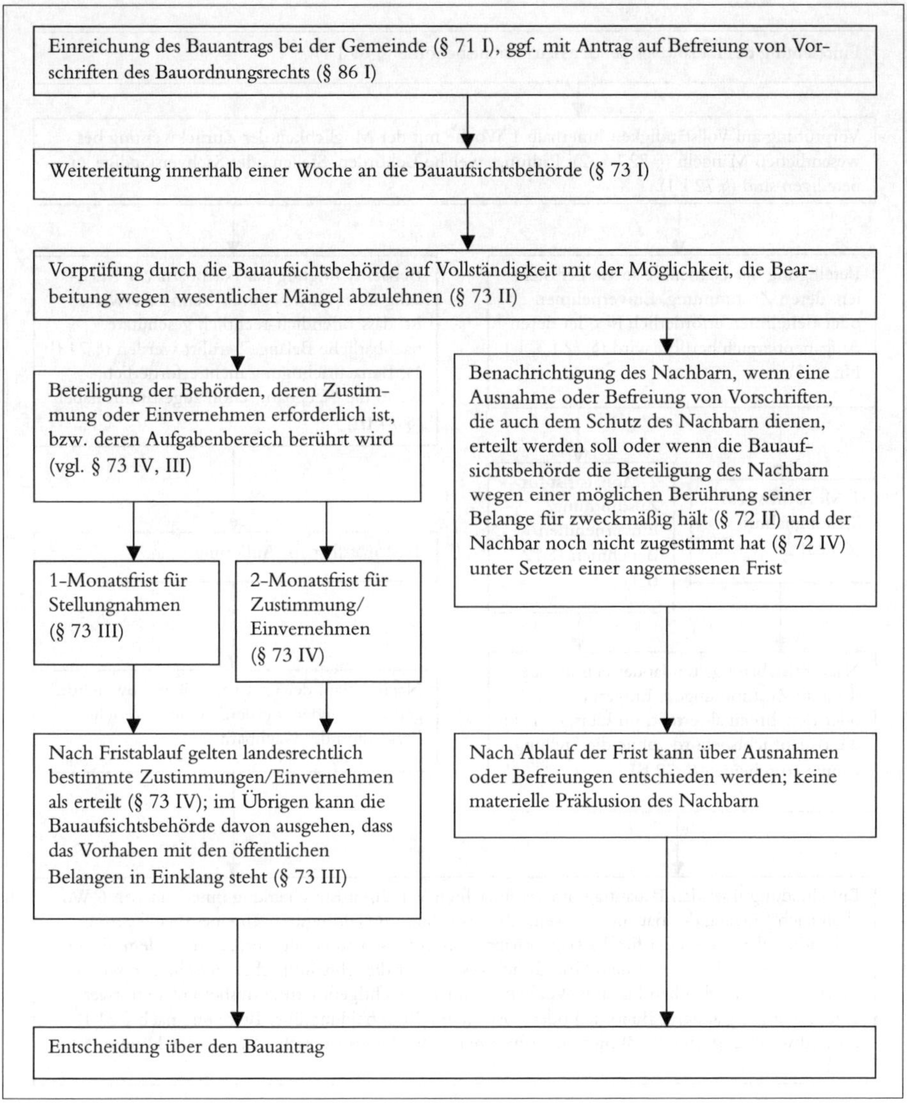

231 **11. Nordrhein-Westfalen**

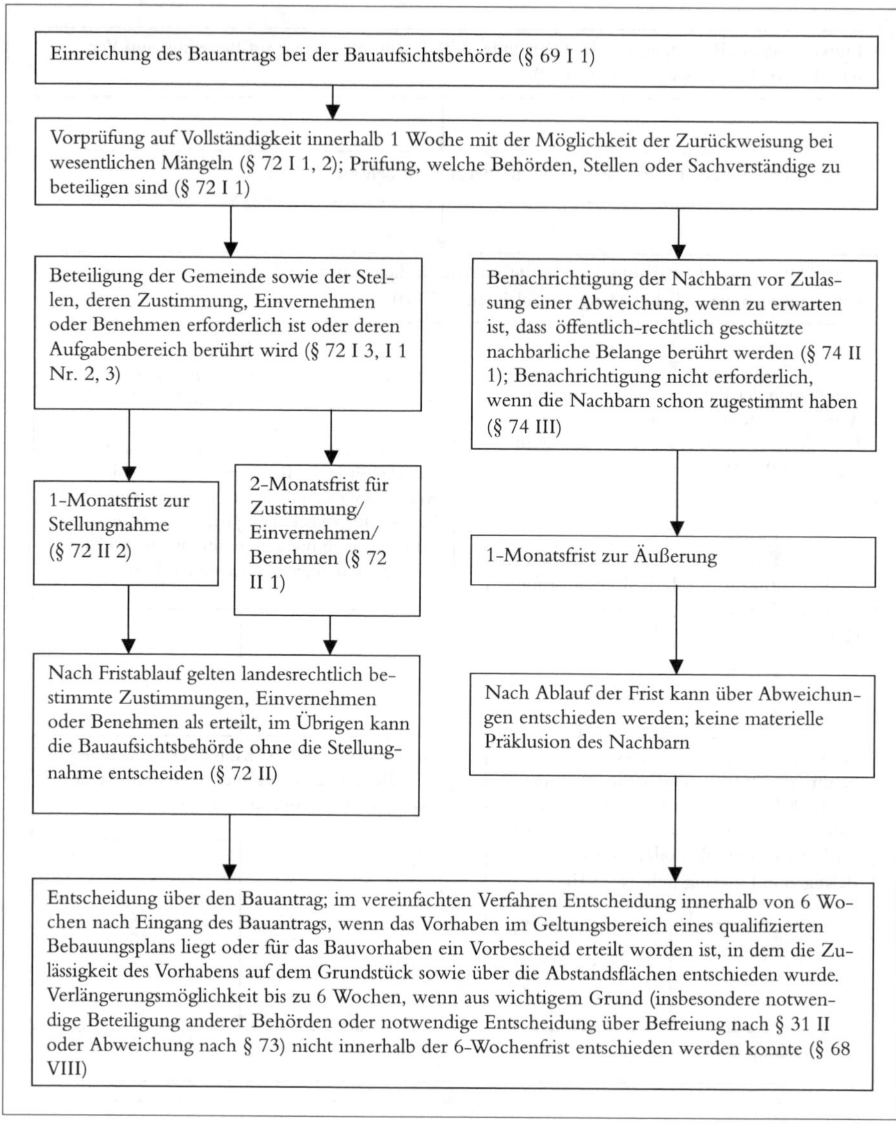

12. Rheinland-Pfalz

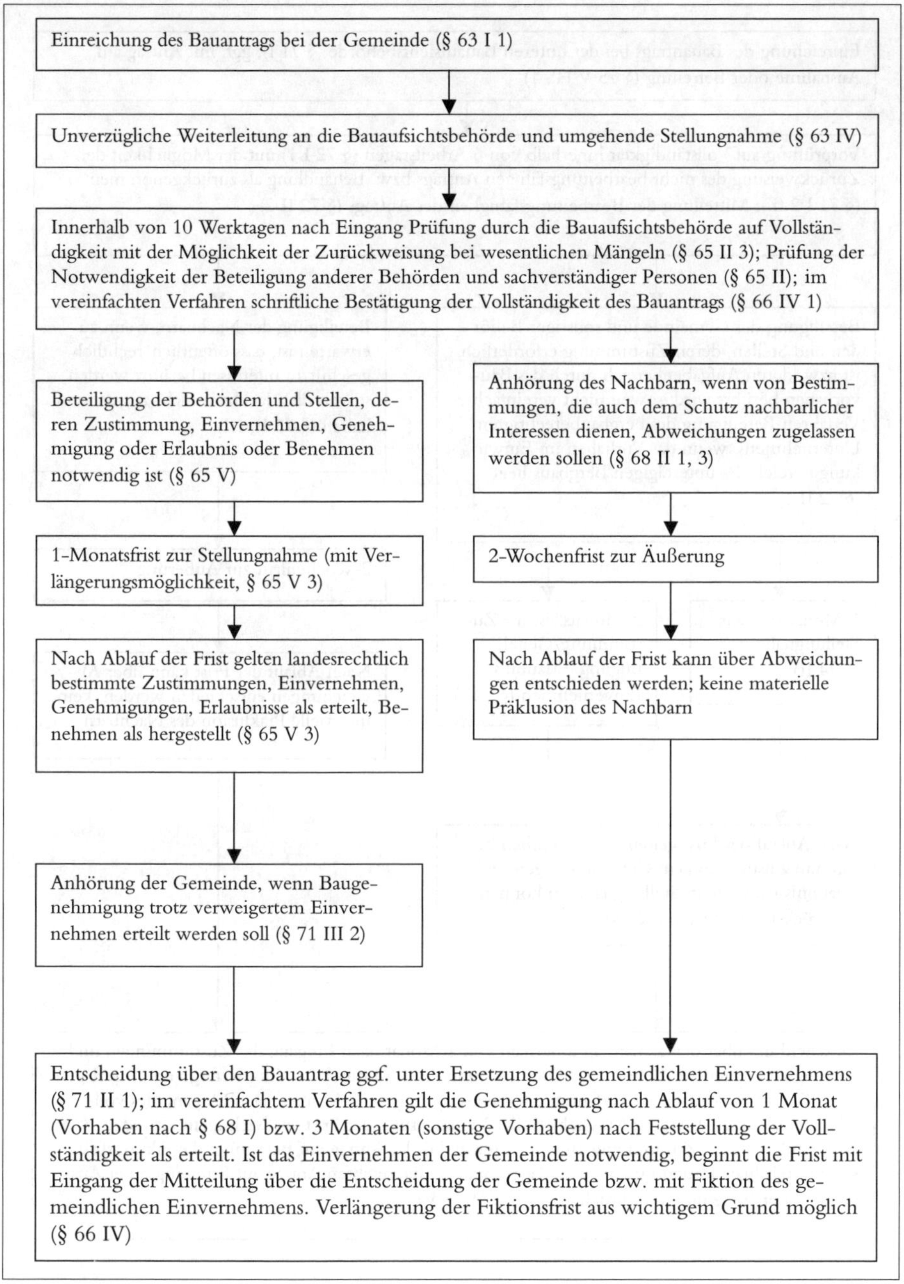

233 **13. Saarland**

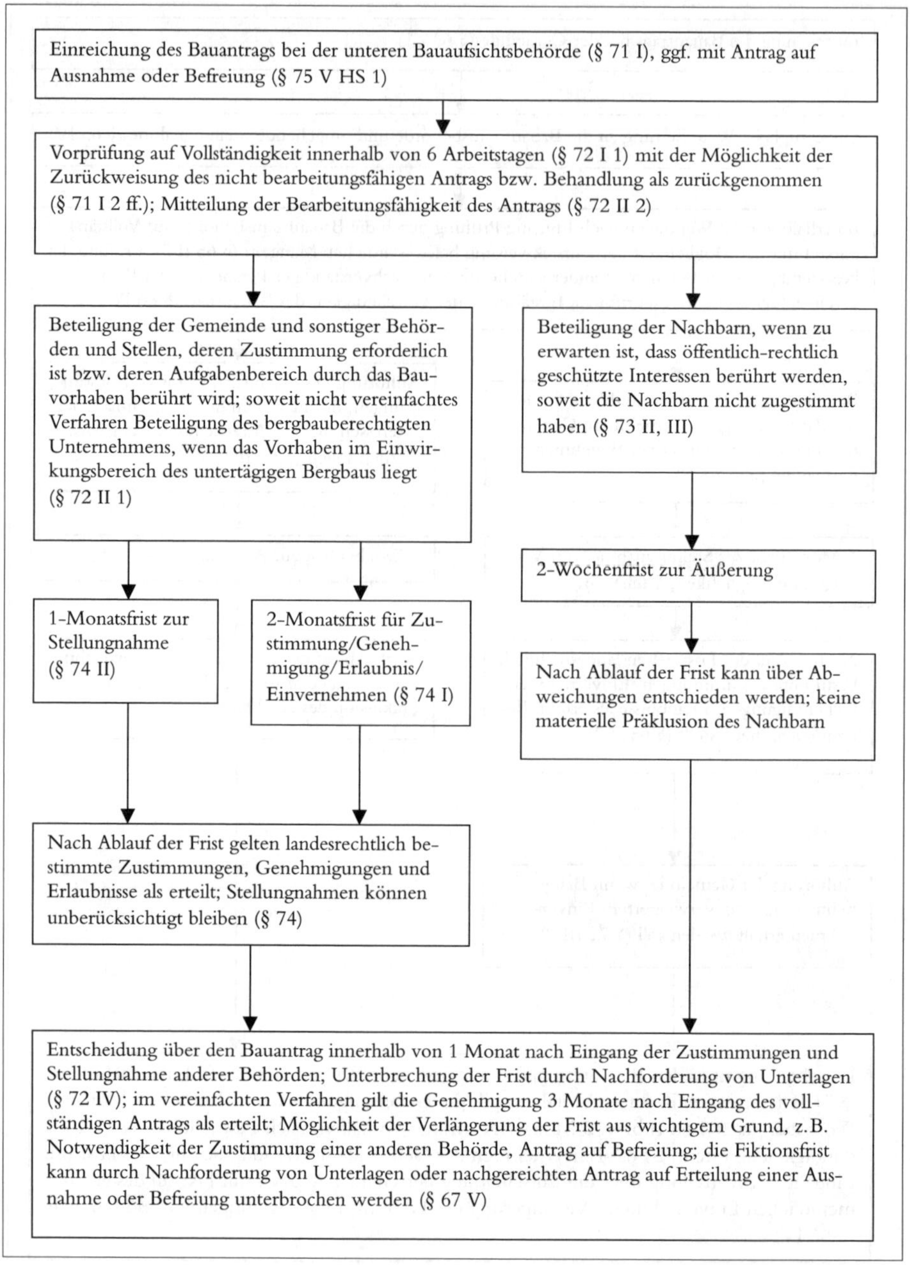

14. Sachsen 234

Einreichung des Bauantrags bei der Bauaufsichtsbehörde (§ 64 I) ggf. mit Antrag auf Befreiung (§ 68 III)

↓

Innerhalb von 2 Wochen nach Eingang Vorprüfung auf Vollständigkeit mit der Möglichkeit, bei nicht fristgerechter Nachbesserung den Bauantrag abzuweisen (§ 67 II); Prüfung ob andere Stellen an der Erteilung der Baugenehmigung mitwirken müssen, bzw. welche Sachverständigen heranzuziehen sind (§ 67 I)

↓

Bestätigung der Vollständigkeit gegenüber dem Bauherren unter Bestätigung des Zeitpunkts, zu dem die Entscheidung spätestens zu treffen ist (§ 67 IV)

↓

Beteiligung der Gemeinde sowie der Stellen, die an der Erteilung der Baugenehmigung mitwirken müssen bzw. deren Aufgabenbereich berührt wird (§ 67 IV 1 Nr. 2 i.V.m. § 67 I Nr. 2, 3)

↓

1-Monatsfrist zur Stellungnahme (§ 67 IV 3, 4)

↓

Nach Fristablauf gelten landesrechtlich bestimmte Zustimmungen oder Einvernehmen als erteilt; sonstige Stellungnahmen sollen unberücksichtigt bleiben (§ 67 IV 3, 4)

↓

Beteiligung der Nachbarn vor Erteilung von Befreiungen, wenn zu erwarten ist, dass öffentlich-rechtlich geschützte nachbarliche Belange berührt werden, soweit die Nachbarn nicht zugestimmt haben (§ 69 II, III)

↓

2-Wochenfrist zur Äußerung

↓

Nach Ablauf der Frist kann über Abweichungen entschieden werden; keine materielle Präklusion des Nachbarn

↓

Entscheidung über den Bauantrag innerhalb von 3 Monaten nach Eingang des vollständigen Bauantrags; Verlängerung um bis zu 2 Monate aus wichtigem Grund (§ 67 VII). Im vereinfachten Verfahren gilt die Genehmigung nach Ablauf von 3 Monaten als erteilt (§ 67 VIII 1)

235 **15. Sachsen-Anhalt**

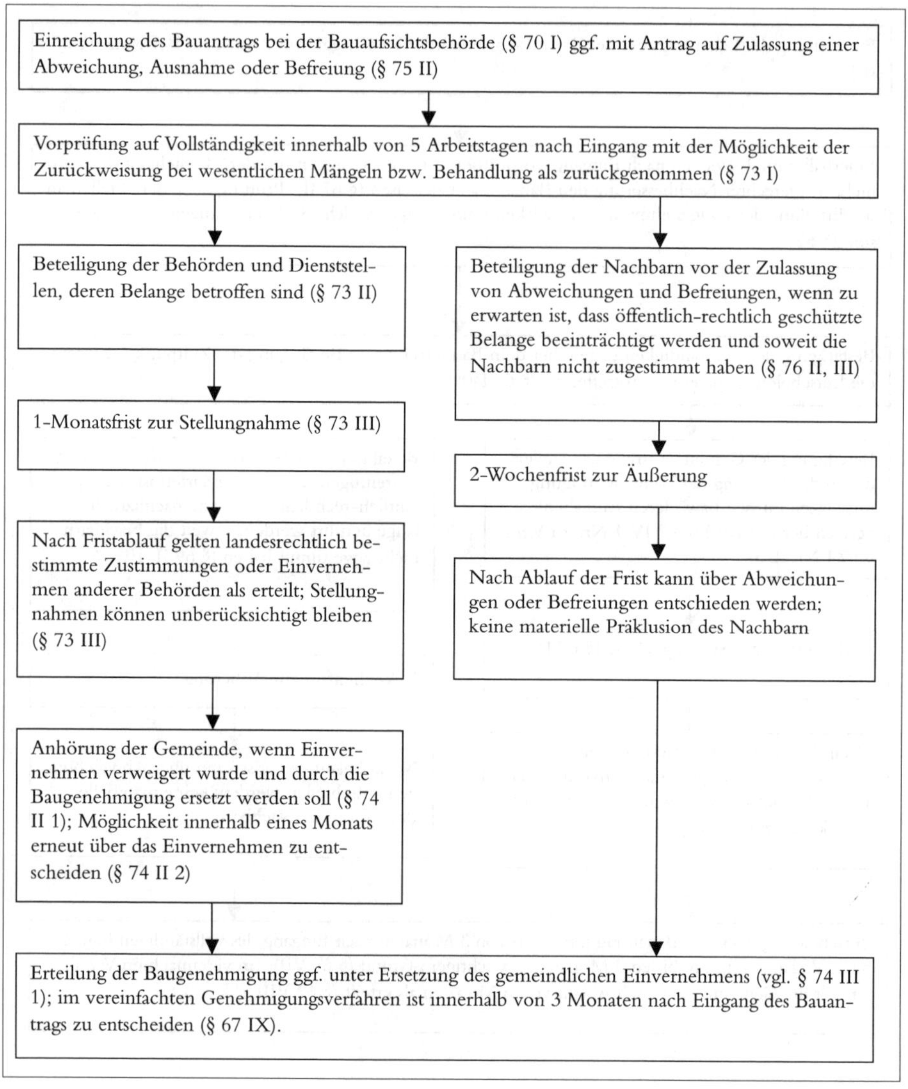

16. Schleswig-Holstein

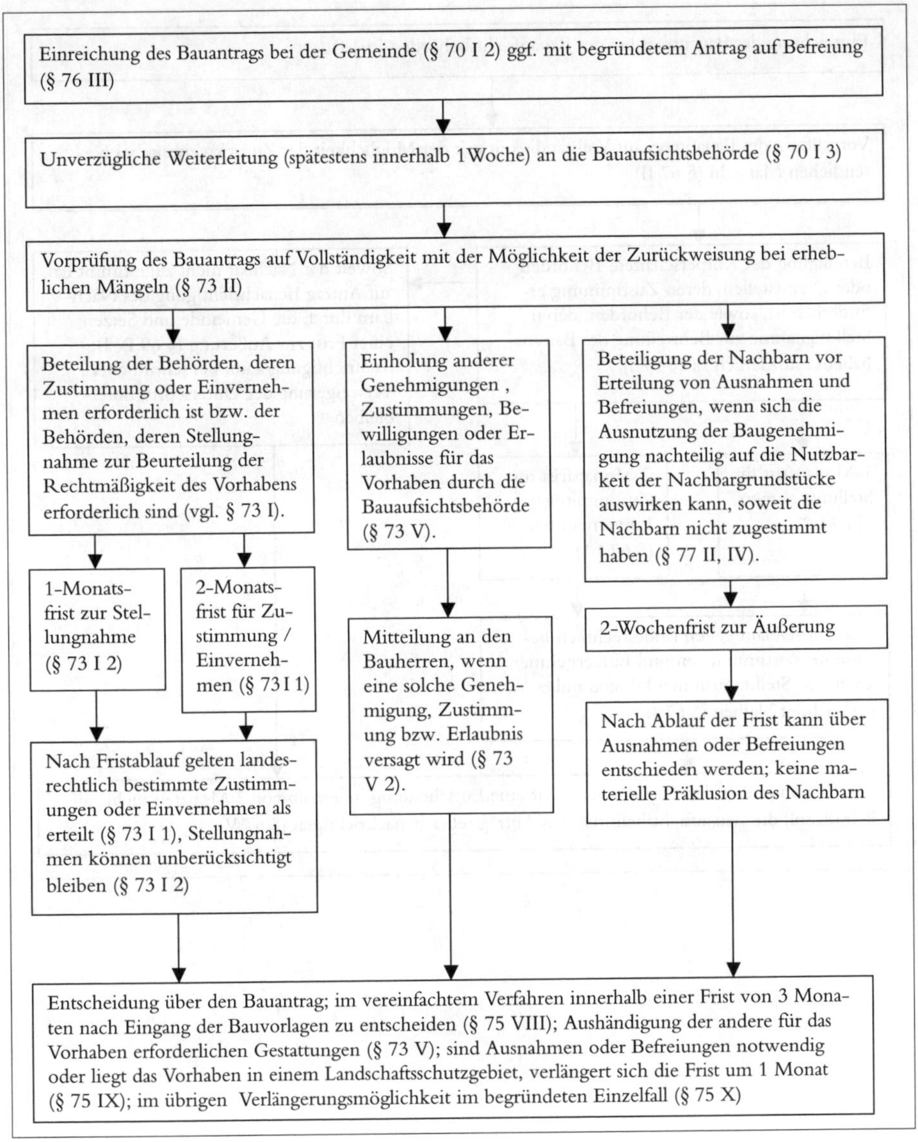

237 **17. Thüringen**

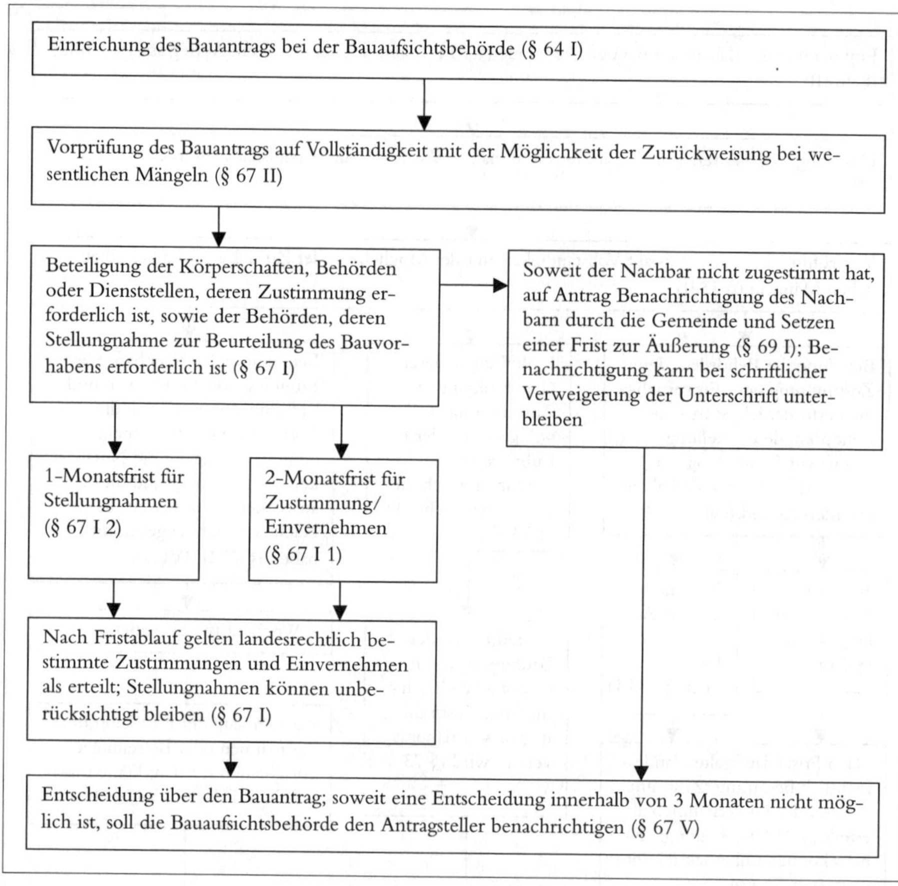

IV. Baubeginn, Durchführung und Bauabnahmen bei nicht verfahrensfreien Vorhaben

238

	Regelungsgegenstände der Landesbauordnungen und der MBO 2002[92]
1.	Mit der Ausführung des Bauvorhabens darf erst begonnen werden, wenn die Baugenehmigung dem Bauherren zugegangen ist.
2.	Der Bauherr hat den Ausführungsbeginn genehmigungsbedürftiger Bauten mindestens 1 Woche vorher der Bauaufsichtsbehörde mitzuteilen (Baubeginnsanzeige).
3.	Vor Baubeginn eines Gebäudes müssen die Grundrissfläche abgesteckt und seine Höhenlage festgelegt sein; die Bauaufsichtsbehörde kann die Überprüfung durch sachverständige Stellen verlangen.
4.	Der Bauherr hat die Fertigstellung des Rohbaus mindestens 2 Wochen vorher der Bauaufsichtsbehörde anzuzeigen.
5.	Mit den Ausbauarbeiten darf frühestens am Tag nach dem in der Rohbaufertigstellung genannten Zeitpunkt begonnen werden.
6.	Der Bauherr hat die abschließende Fertigstellung bzw. die beabsichtigte Aufnahme der Nutzung einer nicht verfahrensfreien Anlage mindestens 2 Wochen vorher der Bauaufsichtsbehörde anzuzeigen.
7.	Eine bauliche Anlage darf erst benutzt werden, wenn sie ordnungsgemäß fertig gestellt und benutzbar ist.
8.	Die Aufnahme der Nutzung darf frühestens 1 Woche nach dem in der Anzeige nach Nr. 6 genannten Zeitpunkt erfolgen.
9.	Die Bauaufsichtsbehörde kann verlangen, dass ihr Beginn und Beendigung bestimmter Bauarbeiten angezeigt werden.
10.	Feuerstätten dürfen erst in Betrieb genommen werden, wenn der Bezirksschornsteinfegermeister die Tauglichkeit und sichere Benutzbarkeit der Abgasanlagen bescheinigt hat.
11.	Regelungen über Bauabnahmen

239

Land	Norm (LBO)		Umsetzung/Abweichung in den Ländern und der MBO 2002[93]
MBO 2002	§§ 72, 82	**1.**	§ 72 VI Nr. 1
		2.	§ 72 VIII, anzeigepflichtig ist auch die Wiederaufnahme der Bauarbeiten nach einer Unterbrechung von mehr als 3 Monaten
		3.	§ 72 VII 1; Überprüfung durch sachverständige Stellen nicht vorgesehen
		4.	keine Regelung
		5.	keine Regelung
		6.	§ 82 II 1
		7.	§ 82 II 3
		8.	keine Regelung
		9.	§ 82 I 1
		10.	§ 82 II 4, gilt auch für Verbrennungsmotoren und Blockheizkraftwerke
		11.	§ 82 I 2: Im Falle der Ziffer 9 dürfen die Bauarbeiten erst fortgesetzt werden, wenn die Bauaufsichtsbehörde oder der Prüfsachverständige der Fortführung der Bauarbeiten zugestimmt hat
BW	§§ 59, 67	**1.**	§ 59 I 1, erst nach Erteilung eines Baufreigabescheins. Der Baufreigabeschein ist zu erteilen, wenn die in der Baugenehmigung für den Baubeginn enthaltenen Auflagen und Bedingungen erfüllt sind; enthält die Baugenehmigung keine solchen Nebenbestimmungen, ist der Baufreigabeschein zusammen mit der Baugenehmigung zu erteilen

92 Die hier verwendeten Ziffern entsprechen den Ziffern der nachstehenden Rubrik „Umsetzung/Abweichung in den Ländern und der MBO 2002".

93 Die hier verwendeten Ziffern entsprechen den Ziffern der vorstehenden Rubrik „Regelungsgegenständeder Landesbauordnungen und der MBO 2002".

Land	Norm (LBO)		Umsetzung/Abweichung in den Ländern und der MBO 2002
		2.	§ 59 II, keine Anzeigefrist, anzeigepflichtig ist auch die Wiederaufnahme der Bauarbeiten nach einer Unterbrechung von mehr als 6 Monaten
		3.	§ 59 III
		4.	keine Regelung (siehe Ziffer 11)
		5.	keine Regelung (siehe Ziffer 11)
		6.	keine Regelung (siehe Ziffer 11)
		7.	keine Regelung (siehe Ziffer 11)
		8.	keine Regelung (siehe Ziffer 11)
		9.	§ 66 I 2, außerdem nach § 67 II i.V. m. I, wenn die Bauaufsichtsbehörde eine Abnahme vorgeschrieben hat
		10.	§ 67 V
		11.a	§ 67 I, Abnahme bestimmter Bauteile oder Bauarbeiten sowie Abnahme nach Fertigstellung der Anlage kann vorgeschrieben werden
		11.b	§ 67 IV 1, die Bauaufsichtsbehörde kann verlangen, dass bestimmte Bauarbeiten erst nach einer Abnahme durchgeführt oder fortgesetzt werden
		11.c	§ 67 IV 2, die Bauaufsichtsbehörde kann verlangen, dass, eine bauliche Anlage erst nach einer Abnahme in Gebrauch genommen wird, wenn dies aus sicherheitsrechtlichen Gründen erforderlich ist
Bay	Art. 72, 78 f.	1.	Art. 72 V
		2.	Art. 72 VII, anzeigepflichtig ist auch die Wiederaufnahme der Bauarbeiten bei einer Unterbrechung von mehr als 6 Monaten
		3.	Art. 74 VI 1, 2
		4.	Art. 78 III 1, soweit es sich nicht um ein Vorhaben geringer Schwierigkeit handelt
		5.	Art. 79 I
		6.	Art. 78 III 1
		7.	Art. 79 III
		8.	Art. 79 III, Nutzungsaufnahme nicht vor dem in der Fertigstellungsanzeige genannten Zeitpunkt
		9.	Art. 78 V
		10.	Art. 78 IV, Tauglichkeit bei Rohbaufertigstellung, sichere Benutzbarkeit der Abgasleitungen, Kamine und Lüftungsleitungen von Räumen mit Feuerstätten bei abschließender Fertigstellung
		11.	Art. 79 II, Bauaufsichtsbehörde kann verlangen, dass bestimmte Arbeiten erst fortgesetzt oder Benutzung von Anlagen oder Einrichtungen erst begonnen werden nach Prüfung durch Bauaufsichtsbehörde oder Sachverständigen
Bln	§§ 62, 72	1.	§ 62 VI
		2.	§ 62 VII, anzeigepflichtig ist auch die Wiederaufnahme der Bauarbeiten nach einer Unterbrechung von mehr als 3 Monaten
		3.	§ 62 VII 1, § 71 I 2, es kann ein amtlicher Nachweis darüber verlangt werden
		4.	§ 72 I 1
		5.	§ 72 V
		6.	§ 72 I 1
		7.	§ 72 VII 1
		8.	§ 72 VII 1
		9.	§ 72 III
		10.	§ 72 IV, Tauglichkeit der Schornsteine bei Rohbaufertigstellung, sichere Benutzbarkeit bei abschließender Fertigstellung
		11.	§ 72 VI, Bauaufsichtsbehörde kann verlangen, dass bestimmte Arbeiten erst fortgesetzt oder Benutzung von Anlagen oder Einrichtungen erst begonnen werden nach Prüfung durch Bauaufsichtsbehörde oder Sachverständigen

Land	Norm (LBO)		Umsetzung/Abweichung in den Ländern und der MBO 2002
Bbg	§§ 68, 75 f.	**1.**	§ 68 I, es müssen auch die nach anderen Vorschriften erforderlichen Genehmigungen vorliegen
		2.	§ 68 II, nach anderen Vorschriften erteilte Genehmigungen müssen vorgelegt werden
		3.	§ 68 III, die Einhaltung der festgelegten Grundfläche und Höhenlage ist der Bauaufsichtsbehörde binnen 2 Wochen nach Baubeginn durch die Einmessung einer behördlichen Vermessungsstelle nachzuweisen
		4.	keine Regelung
		5.	keine Regelung
		6.	§ 68 VIII
		7.	§ 76 III
		8.	§ 76 III 1, Nutzungsaufnahme erst nach Schlussabnahme
		9.	§ 75 V 1
		10.	keine Regelung
		11.a	§ 75 V 2, Bauaufsichtsbehörde kann verlangen, dass bestimmte Arbeiten erst fortgesetzt oder Benutzung von Anlagen oder Einrichtungen erst begonnen werden nach Prüfung durch Bauaufsichtsbehörde oder Sachverständigen
		11.b	§ 76 I, Schlussabnahme innerhalb von 2 Wochen nach Eingang der Fertigstellungsanzeige
Brem	§§ 74, 83 f.	**1.**	§ 74 VI
		2.	§ 74 VIII, bei Vorhaben mit Feuerungsanlagen auch Anzeige gegenüber dem Bezirksschornsteinfegermeister; anzeigepflichtig ist auch die Wiederaufnahme der Bauarbeiten nach einer Unterbrechung von mehr als 6 Monaten
		3.	§ 74 VII 1, § 83 IV, Nachweis auch im Hinblick auf die Einhaltung der Abstände
		4.	§ 84 II
		5.	§ 84 V 1
		6.	§ 84 II
		7.	§ 84 VI 1
		8.	§ 84 VI, Nutzungsaufnahme erst nach Bescheinigung durch den Bezirksschornsteinfegermeister nach § 84 III (siehe Ziffer 10)
		9.	§ 83 I 2
		10.	§ 84 III, sichere Abführung der Abgase bei Rohbaufertigstellung, Brandsicherheit der Feuerungsanlagen bei abschließender Fertigstellung
		11.a	§ 84 I Nr. 1, Abnahme bestimmte Bauteile oder Bauarbeiten
		11.b	§ 84 I Nr. 2, Rohbauabnahme
		11.c	§ 84 I Nr. 3, Schlussabnahme können im Einzelfall angeordnet werden; im Falle des vereinfachten Verfahrens beschränkt sich die Bauabnahme auf den in der Genehmigung geprüften Umfang (§ 67 V)
Hamb	§§ 70, 77, 79	**1.**	§ 70 I
		2.	§ 70 III 1
		3.	§ 70 IV
		4.	§ 77 IV 1, Anzeige nur insoweit, als die Bauaufsichtsbehörde dies verlangt hat, um entsprechende Besichtigungen durchzuführen
		5.	§ 77 IV 4, sind Besichtigungen festgelegt worden, dürfen die Bauarbeiten erst fortgesetzt werden, wenn die Bauaufsichtsbehörde erklärt, dass die Besichtigung keine Beanstandungen ergeben hat
		6.	§ 77 IV 1, Anzeige nur insoweit, als die Bauaufsichtsbehörde dies verlangt hat, um entsprechende Besichtigungen durchzuführen

Land	Norm (LBO)		Umsetzung/Abweichung in den Ländern und der MBO 2002
		7.	§ 77 III
		8.	§ 77 IV 4, ist eine Schlussbesichtigung festgelegt worden, darf die Anlage erst benutzt werden, wenn die Bauaufsichtsbehörde erklärt, dass die Besichtigung keine Beanstandungen ergeben hat
		9.	§ 79 IV 1
		10.	§ 79 V 3, VI 2, Tauglichkeit bei Rohbaufertigstellung, sichere Benutzbarkeit bei abschließender Fertigstellung
		11.a	§ 77 IV 1, 2, sind in der Baugenehmigung Besichtigungen festgelegt, so sind diese innerhalb einer Woche nach Eingang der Mitteilung des Bauherren durchzuführen
		11.b	§ 78 I, beantragt der Bauherr die Besichtigung des Rohbaus oder der endgültig festgestellten Anlage, so muss die Besichtigung innerhalb von 2 Wochen durchgeführt sein. Über die Durchführung der Besichtigung kann der Bauherr eine Abnahmebescheinigung verlangen (§ 78 II)
Hess	§§ 65, 74	**1.**	§ 65 I
		2.	§ 65 III 1, auch Anzeige an Sachverständigen für Energieerzeugungsanlagen (z. B. Feuerungsanlagen, vgl. § 59 VI)
		3.	§ 65 III 1; ist eine Grenzbebauung vorgesehen oder ist die Lage des Gebäudes durch Bezug auf die Grundstücksgrenzen bestimmt, muss die Absteckung durch einen Sachverständigen bescheinigt sein
		4.	§ 74 I 1
		5.	§ 74 V
		6.	§ 74 I 1
		7.	§ 74 VII 1
		8.	§ 74 VII 1
		9.	§ 74 IV
		10.	§ 74 II 3, 4, § 59 VI
		11.	§ 74 VI, Bauaufsichtsbehörde kann verlangen, dass bestimmte Arbeiten erst fortgesetzt oder Benutzung von Anlagen oder Einrichtungen erst begonnen werden nach Prüfung durch Bauaufsichtsbehörde oder Sachverständigen
M-V	§§ 72, 82	**1.**	§ 72 VI
		2.	§ 72 VIII, anzeigepflichtig ist auch die Wiederaufnahme der Bauarbeiten nach einer Unterbrechung von mehr als 3 Monaten
		3.	§ 72 VII 1, § 81 I 2
		4.	§ 82 I 1
		5.	§ 82 IV
		6.	§ 82 I 1
		7.	§ 82 VI 1
		8.	§ 82 VI 1
		9.	§ 82 III
		10.	§ 82 I 4, § 82 VI 2, Tauglichkeit bei Rohbaufertigstellung, Betriebssicherheit bei abschließender Fertigstellung
		11.	§ 82 V, Bauaufsichtsbehörde kann verlangen, dass bestimmte Arbeiten erst fortgesetzt oder Benutzung von Anlagen oder Einrichtungen erst begonnen werden nach Prüfung durch Bauaufsichtsbehörde oder Sachverständigen
Nds	§§ 78, 80	**1.**	§ 78 I
		2.	keine Regelung
		3.	§ 78 II, die Bauaufsichtsbehörde kann im Einzelfall anordnen, dass die Absteckung der Grundfläche der Anlage und deren Höhenlage vor Baubeginn von ihr abgenommen werden müssen
		4.	§ 79 I 3, die Bauaufsichtsbehörde kann verlagen, dass Beginn und Ende bestimmter Bauarbeiten angezeigt werden

Land	Norm (LBO)		Umsetzung/Abweichung in den Ländern und der MBO 2002
		5.	§ 80 VI 1, die Bauaufsichtsbehörde kann verlangen, dass bestimmte Bauarbeiten erst nach einer gemäß § 80 I Nr. 2 verlangten Rohbauabnahme durchgeführt werden
		6.	§ 80 VI 2, die Bauaufsichtsbehörde kann verlangen, dass eine bauliche Anlage erst nach einer Schlussabnahme nach § 80 I Nr. 3 in Gebrauch genommen wird
		7.	§ 1 VII 3
		8.	keine Regelung
		9.	§ 79 I 3
		10.	§ 80 IV, Tauglichkeit bei Rohbauabnahme, sichere Benutzbarkeit bei Schlussabnahme
		11.a	§ 80 I Nr. 1, Abnahme bestimmter Bauteile oder Bauarbeiten
		11.b	§ 80 I Nr. 2, Rohbauabnahme
		11.c	§ 80 I Nr. 3, Schlussabnahme können im Einzelfall angeordnet werden
NRW	§§ 75, 82	**1.**	§ 75 V
		2.	§ 75 VII 1, 2, Bauaufsichtsbehörde unterrichtet das Staatliche Amt für Arbeitsschutz und das Staatliche Umweltamt, soweit es im Baugenehmigungsverfahren beteiligt wurde
		3.	§ 75 VI, § 81 II, amtlicher Nachweis kann verlangt werden
		4.	§ 82 II 1
		5.	§ 82 VI
		6.	§ 82 II 1, 1 Woche vorher
		7.	§ 82 VIII 1
		8.	§ 82 VIII 1
		9.	§ 82 II 2
		10.	keine Regelung
		11.a	§ 82 I, Bauzustandsbesichtigung zur Fertigstellung des Rohbaus und zur abschließenden Fertigstellung durch die Bauaufsichtsbehörde grundsätzlich verpflichtend; bei Vorhaben, die im vereinfachten Genehmigungsverfahren genehmigt werden, kann darauf verzichtet werden
		11.b	§ 82 VII, Bauaufsichtsbehörde kann verlangen, dass bestimmte Arbeiten erst fortgesetzt oder Benutzung von Anlagen oder Einrichtungen erst begonnen werden nach Prüfung durch Bauaufsichtsbehörde oder Sachverständigen
Rh-Pf	§§ 77, 78 f.	**1.**	§ 77 I 1 Nr. 1
		2.	§ 77 I 1 Nr. 2, anzeigepflichtig ist auch die Wiederaufnahme der Bauarbeiten nach einer Unterbrechung von mehr als 3 Monaten
		3.	§ 77 II
		4.	§ 78 II 1
		5.	§ 78 V
		6.	§ 78 II 1
		7.	§ 79 I 1
		8.	§ 79 I 2
		9.	§ 78 VII 1
		10.	§ 79 II
		11.	§ 78 VI, Bauaufsichtsbehörde kann verlangen, dass bestimmte Arbeiten erst fortgesetzt oder Benutzung von Anlagen oder Einrichtungen erst begonnen werden nach Prüfung durch Bauaufsichtsbehörde oder Sachverständigen
Saar	§§ 81, 84	**1.**	§ 81 I, Baugenehmigung muss unanfechtbar oder für sofort vollziehbar erklärt sein
		2.	§ 81 IV

Land	Norm (LBO)		Umsetzung/Abweichung in den Ländern und der MBO 2002
		3.	§ 81 II, grundsätzlich Absteckung und Festlegung durch Vermessungsstelle; für bauliche Anlagen, die innerhalb eines geschlossenen Werkbereichs liegen, können Absteckung und Festlegung durch sonstigen Vermessungsingenieur durchgeführt werden
		4.	§ 84 I 1
		5.	§ 84 IV
		6.	§ 84 I 1
		7.	§ 84 VI 1
		8.	§ 84 VI 1
		9.	§ 83 I 2
		10.	§ 84 II
		11.	§ 84 V, Bauaufsichtsbehörde kann verlangen, dass bestimmte Arbeiten erst fortgesetzt oder Benutzung von Anlagen oder Einrichtungen erst begonnen werden nach Prüfung durch Bauaufsichtsbehörde oder Sachverständigen
Sachs	§§ 70, 79	1.	§ 70 VI
		2.	§ 70 VIII, anzeigepflichtig ist auch die Wiederaufnahme der Bauarbeiten nach einer Unterbrechung von mehr als 6 Monaten. Der Bauherr muss auch anzeigen die Erfüllung der in der Baugenehmigung enthaltenen, für den Baubeginn relevanten Nebenbestimmungen sowie die Einholung der in den Hinweisen enthaltenen anderweitigen Genehmigungen
		3.	§ 70 VII 1, § 78 I 2
		4.	§ 79 I 1
		5.	§ 79 IV
		6.	§ 79 I 1
		7.	§ 79 VI 1
		8.	§ 79 VI 1
		9.	§ 79 III
		10.	§ 79 I 4, VI 2, Tauglichkeit bei Rohbaufertigstellung, sichere Benutzbarkeit bei abschließender Fertigstellung
		11.	§ 79 V, Bauaufsichtsbehörde kann verlangen, dass bestimmte Arbeiten erst fortgesetzt oder Benutzung von Anlagen oder Einrichtungen erst begonnen werden nach Prüfung durch Bauaufsichtsbehörde oder Sachverständigen
Sachs-Anh	§§ 77, 86	1.	§ 77 VI
		2.	§ 77 VIII, anzeigepflichtig ist auch die Wiederaufnahme der Bauarbeiten nach einer Unterbrechung von mehr als 3 Monaten
		3.	§ 77 VII 1, § 85 I 2
		4.	§ 86 I 1
		5.	§ 86 V
		6.	§ 86 I 1
		7.	§ 86 VII
		8.	§ 86 VII 1
		9.	§ 86 IV
		10.	§ 86 III
		11.	§ 86 VI, Bauaufsichtsbehörde kann verlangen, dass bestimmte Arbeiten erst fortgesetzt oder Benutzung von Anlagen oder Einrichtungen erst begonnen werden nach Prüfung durch Bauaufsichtsbehörde oder Sachverständigen
Schl-H	§§ 78, 88	1.	§ 78 VI 1
		2.	§ 78 VIII, anzeigepflichtig ist auch die Wiederaufnahme der Bauarbeiten nach einer Unterbrechung von mehr als 3 Monaten
		3.	§ 78 VII, § 87 I 2

Land	Norm (LBO)	Umsetzung/Abweichung in den Ländern und der MBO 2002	
		4.	§ 88 I 1
		5.	§ 88 IV
		6.	§ 88 I 1
		7.	§ 88 VI 1
		8.	keine Regelung
		9.	§ 88 III
		10.	§ 88 I 4, 6, es sind Bescheinigungen des Bezirksschornsteinfegermeisters vorzulegen
		11.	§ 88 V, Bauaufsichtsbehörde kann verlangen, dass bestimmte Arbeiten erst fortgesetzt oder Benutzung von Anlagen oder Einrichtungen erst begonnen werden nach Prüfung durch Bauaufsichtsbehörde oder Sachverständigen
Thür	§§ 70, 79	**1.**	§ 70 VI
		2.	§ 70 VIII, anzeigepflichtig ist auch die Wiederaufnahme von Bauarbeiten nach einer Unterbrechung von mehr als 3 Monaten
		3.	§ 70 VII 1, 2
		4.	§ 79 I 1
		5.	§ 79 IV
		6.	§ 79 I 1
		7.	§ 79 VI 1
		8.	§ 79 VI 1
		9.	§ 79 III
		10.	§ 79 I 4, 6
		11.	§ 79 V, Bauaufsichtsbehörde kann verlangen, dass bestimmte Arbeiten erst fortgesetzt oder Benutzung von Anlagen oder Einrichtungen erst begonnen werden nach Prüfung durch Bauaufsichtsbehörde oder Sachverständigen

V. Bauüberwachung

240

Regelungsgegenstände der Landesbauordnungen und der MBO 2002[94]	
1.	Die Bauaufsichtsbehörde kann die Einhaltung der öffentlich-rechtlichen Vorschriften und die ordnungsgemäße Erfüllung der Pflichten der am Bau Beteiligten prüfen.
2.	Einschränkungen der Bauüberwachung
3.	Auf Verlangen hat der Bauherr die Verwendbarkeit der Bauprodukte nachzuweisen.
4.	Im Rahmen der Bauüberwachung können Proben von Bauprodukten oder fertigen Bauteilen zu Prüfzwecken entnommen werden.
5.	Im Rahmen der Bauüberwachung ist jederzeit Einblick in die Genehmigungen, Zulassungen, Prüfzeugnisse, Übereinstimmungszertifikate, Zeugnisse und Aufzeichnungen über die Prüfung von Bauprodukten, in die Bautagebücher und andere vorgeschriebene Bauzeichnungen zu gewähren.
6.	Im Rahmen der Bauüberwachung dürfen von Mitarbeitern der Bauaufsichtsbehörden Grundstücke und Anlagen einschließlich der Wohnungen betreten werden. Das Grundrecht der Unverletzlichkeit der Wohnung wird insoweit eingeschränkt.
7.	Die Kosten für die Bauüberwachung einschließlich der Probennahme trägt der Bauherr.

[94] Die hier verwendeten Ziffern entsprechen den Ziffern der nachstehenden Rubrik „Umsetzung/Abweichung in den Ländern und der MBO 2002".

241

Land	Norm (LBO)		Umsetzung/Abweichung in den Ländern und der MBO 2002[95]
MBO 2002	§ 81	**1.**	§ 81 I
		2.a	§ 81 II, auf Grund der nach § 85 II zu erlassenden Rechtsverordnung werden in Bezug auf die Bautechnik überwacht die von der Bauaufsichtsbehörde bauaufsichtlich geprüften/bescheinigten Standsicherheits- und Brandschutznachweise. Bei Gebäuden der Gebäudeklasse 4 (ausgenommen Sonderbauten sowie Mittel- und Großgaragen) ist die mit dem Brandschutznachweis übereinstimmende Bauausführung vom Nachweisersteller oder einem andern Nachweisberechtigten zu bestätigen (alternativ nach Landesrecht: wird die Bauausführung durch einen Prüfsachverständigen bescheinigt oder bestätigt, findet insoweit eine bauaufsichtliche Überwachung nicht statt, § 81 II 3)
		2.b	§ 77 I, bei vom Zustimmungsverfahren erfassten Vorhaben
		3.	keine Regelung
		4.	§ 81 III
		5.	§ 81 IV
		6.	§ 58 IV
		7.	keine Regelung
BW	§ 66	**1.**	§ 66 I 1
		2.	§ 70 II 4, keine Bauüberwachung bei vom Zustimmungsverfahren erfassten Vorhaben
		3.	§ 66 II 2
		4.	§ 66 II 3
		5.	§ 66 III 1
		6.	§ 66 III 1, § 47 III
		7.	keine Regelung
Bay	Art. 78	**1.**	Art. 78 I 1
		2.a	Art. 78 II, soweit der Bauherr Bescheinigungen eines Sachverständigen i. S. der Rechtsverordnung nach Art. 90 IX über die ordnungsgemäße Bauausführung vorlegt, gelten die bauaufsichtlichen Anforderungen als eingehalten
		2.b	Art. 86 I 1, keine Bauüberwachung bei vom Zustimmungsverfahren erfassten Vorhaben
		3.	Art. 78 I 2
		4.	Art. 78 I 3
		5.	Art. 78 VI
		6.	Art. 78 VI, Art. 88
		7.	keine Regelung
Bln	§ 71	**1.**	§ 71 I 1
		2.	§ 67 I 1, keine Bauüberwachung bei vom Zustimmungsverfahren erfassten Vorhaben
		3.	keine Regelung
		4.	§ 71 II
		5.	§ 71 III
		6.	§ 54
		7.	§ 71 V
Bbg	§ 75	**1.**	§ 75 I
		2.	§ 72 I 1, keine Bauüberwachung bei vom Zustimmungsverfahren erfassten Vorhaben
		3.	keine Regelung
		4.	§ 75 III

[95] Die hier verwendeten Ziffern entsprechen den Ziffern der vorstehenden Rubrik „Regelungsgegenstände der Landesbauordnungen und der MBO 2002".

Land	Norm (LBO)	Umsetzung/Abweichung in den Ländern und der MBO 2002	
		5.	§ 75 IV
		6.	52 IV
		7.	keine Regelung
Brem	§ 83	1.	§ 83 I 1
		2.	§ 79 I 1, keine Bauüberwachung bei vom Zustimmungsverfahren erfassten Vorhaben
		3.	keine Regelung
		4.	§ 83 II
		5.	§ 83 III
		6.	§ 61 III
		7.	§ 83 V
Hamb	§ 77	1.	§ 77 I
		2.	keine Regelung
		3.	§ 62 I, keine Bauüberwachung bei vom Zustimmungsverfahren erfassten Vorhaben
		4.	
		5.	§ 77 II 2
		6.	§ 77 VII 1
		7.	§ 58 III § 77 II 3
Hess	§ 73	1.	§ 73 I
		2.a	§ 73 II, die Sachverständigen i. S. des § 59 III 1 (Standsicherheitsnachweis einschließlich Nachweis der Feuerwiderstandsdauer tragender Bauteile) oder IV 1 (Nachweis des vorbeugenden Brandschutzes) bescheinigen auch die mit den von ihnen bescheinigten Unterlagen übereinstimmende Bauausführung; dies gilt ebenso für Nachweisberechtigte, soweit die bautechnischen Nachweise nach § 59 I nicht nach § 59 III 1 oder IV 1 zu bescheinigen sind oder bescheinigt werden
		2.b	§ 69 I 1, keine Bauüberwachung bei vom Zustimmungsverfahren erfassten Vorhaben
		3.	§ 73 III 2, die Bauaufsichtsbehörde kann die Vorlage von Bescheinigungen, Bestätigungen oder sonstigen Erklärungen der herstellenden Unternehmen oder sachkundigen Lieferfirmen von Anlagen und Einrichtungen über die ordnungsgemäße Beschaffenheit der gelieferten Anlagen und Einrichtungen verlangen und die Bauüberwachung hierauf beschränken
		4.	§ 73 III 1
		5.	§ 73 IV
		6.	§ 53 VI
		7.	keine Regelung
M-V	§ 81	1.	§ 81 I 1
		2.	§ 77 I 1, keine Bauüberwachung bei vom Zustimmungsverfahren erfassten Vorhaben
		3.	keine Regelung
		4.	§ 81 II
		5.	§ 81 III
		6.	§ 60 III
		7.	§ 81 IV, gilt nicht bei Wohngebäuden mit nicht mehr als 2 Wohnungen
Nds	§ 79	1.	§ 79 I 1
		2.	§ 82 V, keine Bauüberwachung bei vom Zustimmungsverfahren erfassten Vorhaben
		3.	keine Regelung
		4.	§ 79 II 2

Land	Norm (LBO)		Umsetzung/Abweichung in den Ländern und der MBO 2002
		5.	§ 79 II 1
		6.	§ 88
		7.	keine Regelung
NRW	§ 81	1.	§ 81 I 1
		2.a	§ 81 I 3, die Bauüberwachung entfällt, soweit Bescheinigungen anerkannter Sachverständiger gem. § 68 II (Schallschutz, Wärmeschutz, Standsicherheit, Brandschutz) oder § 72 VI vorliegen
		2.b	§ 81 I 4, bei Vorhaben, die im vereinfachten Genehmigungsverfahren genehmigt werden, kann auf die Bauüberwachung verzichtet werden
		2.c	§ 80 I 1, keine Bauüberwachung bei vom Zustimmungsverfahren erfassten Vorhaben
		3.	keine Regelung
		4.	§ 81 III
		5.	§ 81 IV
		6.	§ 61 VI
		7.	§ 57 VI Nr. 1
Rh-Pf	§ 78	1.	§ 78 I 1
		2.	§ 83 III 3, keine Bauüberwachung bei vom Zustimmungsverfahren erfassten Vorhaben
		3.	§ 81 I 2
		4.	§ 81 I 3
		5.	§ 81 VIII
		6.	§ 59 IV
		7.	§ 78 IX 2
Saar	§ 83	1.	§ 83 I 1
		2.	keine Regelung
		3.	§ 69 I, keine Bauüberwachung bei vom Zustimmungsverfahren erfassten Vorhaben
		4.	§ 83 II
		5.	§ 83 III
		6.	§ 61 IV
		7.	§ 83 II
Sachs	§ 78	1.	§ 78 I 1
		2.a	§ 78 I 3, bei Vorhaben nach § 63a V (Anlagen, für deren Errichtung, Änderung oder Beseitigung eine Planfeststellung, Plangenehmigung, sonstige Genehmigung oder Anzeige nach wasserrechtlichen Vorschriften erforderlich ist oder die hiervon ausdrücklich freigestellt sind)
		2.b	§ 75 I 1, keine Bauüberwachung bei vom Zustimmungsverfahren erfassten Vorhaben
		3.	keine Regelung
		4.	§ 78 II
		5.	§ 78 III
		6.	§ 60 IV
		7.	§ 78 IV
Sachs-Anh	§ 85	1.	§ 85 I 1
		2.	§ 82 I 1, keine Bauüberwachung bei vom Zustimmungsverfahren erfassten Vorhaben
		3.	keine Regelung
		4.	§ 85 II
		5.	§ 84 III
		6.	§ 64 IV
		7.	§ 85 IV

Land	Norm (LBO)		Umsetzung/Abweichung in den Ländern und der MBO 2002
Schl-H	§ 87	**1.**	§ 87 I 1
		2.	§ 83 I, keine Bauüberwachung bei vom Zustimmungsverfahren erfassten Vorhaben
		3.	keine Regelung
		4.	§ 87 II
		5.	§ 87 III
		6.	§ 66 VIII
		7.	§ 87 IV
Thür	§ 78	**1.**	§ 78 I
		2.	§ 75 I 1, keine Bauüberwachung bei vom Zustimmungsverfahren erfassten Vorhaben
		3.	keine Regelung
		4.	§ 78 II
		5.	§ 78 III
		6.	§ 78 III, § 60 V
		7.	§ 78 IV

Teil 5. Die Nachbarschaft

MBO 2002 § 70, BW § 55, Bay Art. 71, Bbg § 64, Brem § 73, Hamb § 68, Hess § 62, M-V § 71, Nds § 72, NRW § 74, Rh-Pf § 68, Saar § 73, Sachs § 69, Sachs-Anh § 76, Schl-H § 77, Thür § 69.

I. Der Nachbarbegriff im Bereich des Baurechts

242 Die Landesbauordnungen regeln in unterschiedlicher Weise, wer aus dem Kreis möglicher Drittbetroffener und in welcher Form an baurechtlichen Verfahren zu beteiligen ist. Dabei wird vereinzelt der Begriff der „**Angrenzer**" verwendet, der definiert wird als die „Eigentümer angrenzender Grundstücke".[96] In der Regel bestimmen die Landesbauordnungen, dass „die **Nachbarn**" zu beteiligen sind, wobei dieser Begriff jedoch – je nach Landesbauordnung – unterschiedlich definiert wird als die Eigentümer „benachbarter" Grundstücke oder als die Eigentümer „angrenzender" Grundstücke.[97] Diese unterschiedlichen Regelungen haben nur verfahrensrechtliche Bedeutung, indem sie den Kreis der Personen bestimmen, die nach der jeweiligen Landesbauordnung am baurechtlichen Verfahren zu beteiligen sind. Im Übrigen bleibt es auch im Geltungsbereich dieser Landesbauordnungen bei der allgemeinen Bestimmung des baurechtlichen Nachbarbegriffs. Das bedeutet beispielsweise, dass auch im Bereich dieser landesrechtlichen Regelungen nicht etwa nur „Angrenzer" eine Verletzung eigener Rechte durch ein Bauvorhaben geltend machen können, sondern diejenigen, die durch ein Vorhaben in eigenen, nachbarschützenden Rechten betroffen sind. Diese – materielle – Frage wird ausgehend vom allgemeinen baurechtlichen Nachbarbegriff beurteilt.

243 Der Begriff „Nachbar" scheidet diejenigen, die durch ein Bauvorhaben in eigenen Rechten betroffen werden können und diese Rechte geltend machen können, aus dem Kreis möglicher Drittbetroffener aus. Der Begriff des Nachbarn in diesem Sinn ist einheitlich für den Bereich des Baurechts, also auch des Bauplanungsrechts. Der baurechtliche Nachbarbegriff wird auf der Grundlage von zwei Komponenten bestimmt: Im Hinblick auf die Grundstücksbezogenheit des Baurechts ist einerseits darauf abzustellen, welche **Grundstücke** durch die Auswirkungen eines Bauvorhabens in ihren öffentlich-rechtlich geschützten Belangen betroffen werden können (räumliche Komponente des Nachbarbegriffs); da Abwehrrechte nur von **Personen** geltend gemacht werden können, ist andererseits zu bestimmen, welche (dingliche) Rechtsbeziehung zwischen dem „benachbarten" Grundstück und denjenigen Personen bestehen muss, die als „Nachbarn" die – eigentlich dem Grundstück zustehenden – Nachbarrechte geltend machen können (personenbezogene Komponente des Nachbarbegriffs).

1. Die räumliche Komponente des Nachbarbegriffs

244 „Benachbarte" Grundstücke sind diejenigen, die durch das Bauvorhaben in eigenen öffentlich-rechtlich geschützten Belangen betroffen werden können. Ob eine solche Beeinträchtigung tatsächlich vorliegt, ist für die Frage, welches Grundstück benachbart sein kann, ohne Bedeutung.

a) Begriff des „Grundstücks"

245 Bei der Frage, welche Grundstücke zum Baugrundstück benachbart sein können, ist immer auf das Grundstück im grundbuchrechtlichen Sinn abzustellen, so wie es vermessen und im Liegenschaftskataster, das von den Vermessungsämtern geführt wird, dar-

[96] § 55 LBO BW und § 74 BauO NRW.

[97] Die Nachbarn werden als „Eigentümer **angrenzender** Grundstücke" definiert in § 64 I BbgBO und in § 68 I LBauO Rh-Pf.

gestellt ist. Baugrundstück und Nachbargrundstück müssen immer **verschiedene Grundstücke** sein; auf demselben Grundstück im buchrechtlichen Sinn, mag es auch noch so groß sein, kann es keine Nachbarschaft zum Bauvorhaben geben. Hieraus folgert insbesondere:

- **Eigentum nach dem Wohnungseigentumsgesetz** (WEG) bedeutet Miteigentum nach Bruchteilen am Grundstück und seinen wesentlichen Bestandteilen, verbunden mit Alleineigentum an Räumen (§ 1 WEG); ein Mitglied einer Wohnungseigentumsgemeinschaft kann daher zum Bauvorhaben eines anderen Wohnungseigentümers nicht Nachbar sein, selbst wenn sich das Bauvorhaben ausschließlich auf dessen Sondereigentum beschränkt (Beispiel: eine Reihenhauszeile ist nach dem WEG aufgeteilt, ein WEG-Eigentümer errichtet einen grenzständigen Anbau an sein Haus). Zwischen Mitberechtigten an demselben Grundstück kann der Ausgleich der Interessen verschiedener Miteigentümer nur auf **Zivilrechtsweg** erfolgen.
- Ein vom Bauvorhaben betroffenes Grundstück, das **demselben Eigentümer** wie das Baugrundstück oder dem Bauherrn selbst gehört, ist trotzdem ein „benachbartes" Grundstück; allerdings ist der Bauherr als Eigentümer des benachbarten Grundstücks nicht an baurechtlichen Verfahren zu beteiligen. Der Bauherr kann nicht in seiner Eigenschaft als Eigentümer des benachbarten Grundstücks gegen sein eigenes Bauvorhaben Einwendungen erheben. Die Einreichung des Bauantrags durch den Bauherrn und Eigentümer des benachbarten Grundstücks hat daher dieselbe Wirkung wie die Beibringung einer Einverständniserklärung eines Dritten, der Eigentümer des Nachbargrundstücks ist.[98]

b) Betroffensein in öffentlich-rechtlich geschützten Belangen

Für die Frage, welche Grundstücke „benachbart" sind, muss jeweils im Einzelfall untersucht werden, welche **Auswirkungen** von einem Bauvorhaben auf seine Umgebung ausgehen, ob diese Auswirkungen einen öffentlich-rechtlich geschützten Belang des anderen Grundstücks betreffen und ob der Schutz dieses Belangs gerade auch dem Schutz des Einzelnen dienen soll, also **Drittschutz** vermittelt. Einen „Mindestradius", innerhalb dessen Grundstücke immer als benachbart anzusehen wären, gibt es nicht. Ebenso wenig kann eine Höchstgrenze bestimmt werden als maximal mögliche Entfernung, die ein benachbartes Grundstück vom Baugrundstück haben kann. Ein **Angrenzen des betroffenen Grundstücks ist nicht erforderlich**, um es als „benachbart" im Sinne eines Betroffenseins anzusehen. Allerdings besteht für angrenzende Grundstücke in der Regel die Nachbareigenschaft bereits auf Grund der Möglichkeit, dass das Bauvorhaben abstandsflächenrechtliche Vorschriften verletzen könnte. Ausnahmsweise ist auch ein angrenzendes Grundstück nicht benachbart, wenn im konkreten Fall ausgeschlossen ist, dass von dem Bauvorhaben irgendwelche Auswirkungen auf das angrenzende Grundstück ausgehen und möglicherweise subjektive öffentliche Rechte verletzen können. Ein solcher Fall liegt z. B. vor, wenn zwei Grundstücke unterschiedlich lang sind, das Bauvorhaben in dem Grundstücksbereich errichtet wird, an den das fragliche (kürzere) Grundstück nicht mehr angrenzt, und von dem Bauvorhaben auch keinerlei Emissionen ausgehen, die auf einen größeren Umkreis einwirken können. Eine Verletzung subjektiver öffentlicher Rechte ist auch ausgeschlossen, wenn ein grenzständiges Nebengebäude, das nach der landesrechtlichen Regel wegen Überschreitens der an der Grenze zulässigen Maximalnutzfläche genehmigungspflichtig ist, an der dem fraglichen Grundstück abgewandten Grundstücksgrenze errichtet wird: Dieses Grundstück ist dann, obwohl dem Wortlaut nach „angrenzend", nicht benachbart im Sinne einer rechtlichen Betroffenheit. 246

Ob Grundstücke benachbart sind, die dem Baugrundstück **jenseits einer Straße gegenüberliegen**, richtet sich wiederum nach dem Einzelfall und hängt ab von der Art des Bauvorhabens, der Art der baulichen Nutzung, der Breite der Straße und ähnlichen Fak- 247

[98] Hess VGH vom 1. 9. 1981 BRS 38 Nr. 178.

toren. Bei einem Wohnbauvorhaben in einem (reinen oder allgemeinen) Wohngebiet und einer Straßenbreite zwischen 3 m und 6 m ist das **gegenüberliegende Grundstück grundsätzlich nicht benachbart**, da nicht ersichtlich ist, inwieweit es durch ein Wohnbauvorhaben in rechtlich geschützten Belangen betroffen sein könnte (abgesehen vom Sonderfall der Erstreckung der Abstandsfläche des Bauvorhabens auf die öffentliche Verkehrsfläche und dadurch bedingte Auswirkungen auf die Möglichkeit, vom gegenüberliegenden Grundstück aus die öffentliche Verkehrsfläche als Abstandsfläche in Anspruch nehmen zu können). Anders liegt der Fall, wenn durch die Nutzungsart des Bauvorhabens der **Gebietscharakter umzukippen droht**, z. B. in einem (noch) als Mischgebiet zu qualifizierenden unbeplanten Innenbereich, wenn durch die weitere Verwirklichung eines Wohnbauvorhabens auf der gegenüberliegenden Straßenseite der maßgebliche Gebietsumgriff nun möglicherweise als allgemeines Wohngebiet zu qualifizieren sein könnte. Gegenüberliegende Grundstücke sind auch benachbart, wenn von dem Bauvorhaben **Emissionen** (Geräusch-, Geruchsemissionen) ausgehen, die über die Straßenseite hinüber wirken können. Im Übrigen ist je nach der Art des Bauvorhabens zu untersuchen, wie weit sein **Einwirkungsbereich** gehen kann.

2. Die personenbezogene Komponente des Nachbarbegriffs

248 Nur die natürlichen oder juristischen Personen (auch des öffentlichen Rechts), die in einer **besonderen rechtlichen Beziehung** zum benachbarten Grundstück stehen, sind als „Nachbarn" zur Wahrnehmung der nachbarschützenden Rechte befugt.

a) Nachbarstellung als Eigentümer

249 Das Eigentum an einem Grundstück vermittelt dann, wenn es nicht mit einem Erbbaurecht belastet ist, seinem Inhaber immer die Rechtsposition als Nachbar, und zwar jede Eigentumsform. Nachbar ist demnach

- der Alleineigentümer
- jeder Miteigentümer
- jeder Gesamthandseigentümer.

Die unterschiedlichen bürgerlich-rechtlichen Ausgestaltungen der einzelnen Eigentumsformen sind erst von Bedeutung für die Frage, ob der Einzelne berechtigt ist, die aus der Beziehung zum Grundstück erwachsenden Rechte allein auszuüben, oder ob dieses Recht nur allen Eigentümern gemeinsam zusteht, ob also z. B. die von einem einzelnen Mitglied einer Eigentümermehrheit erteilte Zustimmung rechtliche Bedeutung hat oder ob das einzelne Mitglied einer Eigentümergemeinschaft Abwehrrechte gegen das Bauvorhaben geltend machen kann.

b) Sonstige dingliche Rechte am Nachbargrundstück

250 Den Eigentümern stehen die Inhaber von eigentumsähnlichen dinglichen Rechten am Grundstück gleich; das sind nach allgemein vertretener Ansicht der Nießbrauch, § 1030 BGB, das dinglich gesicherte Geh- und Fahrtrecht sowie andere Grunddienstbarkeiten, wenn sie zur Errichtung einer baulichen Anlage auf dem Grundstück berechtigen.

c) Anwartschaft

251 Der Grundstückskäufer hat ab dem Zeitpunkt, zu dem für ihn eine Auflassungsvormerkung im Grundbuch eingetragen ist, eine dem Volleigentum angenäherte Rechtsposition; er ist ab diesem Zeitpunkt berechtigt, die Rechtsstellung als Nachbar einzunehmen und als Nachbar am Baugenehmigungsverfahren beteiligt zu werden.

d) Erbbaurecht

252 Die Landesbauordnung kann bestimmen, dass der Erbbauberechtigte an die Stelle des Eigentümers tritt und dann allein als Nachbar zu beteiligen ist.[99] Hinter einer solchen

---

[99] Art. 71 III 1 BayBO, § 74 I 1 BauO NRW, § 69 III 1 ThürBO.

Regelung steht die Überlegung, dass das Erbbaurecht zum Erwerb des Eigentums an einem Bauwerk ohne Erwerb des Grundstückseigentums berechtigt, also Grundstückseigentum und Bauwerkseigentum trennt; ein benachbartes Bauvorhaben trifft in seinen tatsächlichen Auswirkungen den Eigentümer des Gebäudes mehr als den Eigentümer des Grundstücks.

e) Die obligatorische Berechtigung

Obligatorische Rechte, wie Miete oder Pacht, stellen zwar als solche vermögenswerte Rechtspositionen dar, die den Schutz des Art. 14 GG genießen, in diese Rechtspositionen wird jedoch durch eine dem Nachbarn erteilte Baugenehmigung nicht eingegriffen. Lediglich obligatorische Berechtigungen an einem Grundstück sind daher **nicht ausreichend**, um die Rechtsstellung als Nachbar zu begründen.[100] Dies wird teilweise klargestellt durch eine gesonderte Regelung, dass der Eigentümer des Nachbargrundstücks auch die Rechte des Mieters oder Pächters wahrnimmt, die aus deren Eigentumsgrundrecht folgen.[101] Die Rechtspositionen des Inhabers eines Wohnrechts nach § 1093 BGB und eines Dauerwohnrechts nach § 31 WEG sind der obligatorischen Berechtigung eher vergleichbar als der dinglichen und begründen daher ebenfalls nicht die Rechtsstellung als Nachbar. 253

II. Die Bedeutung der Nachbarbeteiligung an baurechtlichen Verfahren

Ein Bauvorhaben kann über das Baugrundstück hinaus Auswirkungen haben auf angrenzende oder in der Nähe gelegene Grundstücke. Damit der Eigentümer (je nach Landesrecht auch ein sonst dinglich Berechtigter) eines solchen betroffenen Grundstücks die Rechtspositionen, die ihm das öffentliche Recht gegenüber dem Bauvorhaben einräumt, möglichst wirksam geltend machen kann und gleichzeitig der Bauherr bereits in der Genehmigungsphase von möglicherweise entgegenstehenden Nachbarrechten erfährt, ist der Nachbar/Angrenzer entsprechend der jeweiligen landesrechtlichen Ausgestaltung in das baurechtliche Verfahren einzubeziehen. Zugleich soll damit auch die Behörde vor ihrer Entscheidung über das Bauvorhaben umfassende Kenntnis vom Sachverhalt erlangen.[102] 254

Da es im öffentlichen Recht keine Rechtsbeziehungen zwischen zwei Rechtssubjekten des Privatrechts geben kann, bestehen auch im Rahmen der Nachbarbeteiligung **keine direkten Rechtsbeziehungen zwischen dem Bauherrn und dem Nachbarn**, sondern nur zwischen Baugenehmigungsbehörde und Bauherrn einerseits und zwischen Baugenehmigungsbehörde und Nachbarn andererseits. Es handelt sich also um ein **„Dreiecksverhältnis“**. Die bauordnungsrechtlichen Vorschriften über die Beteiligung von Nachbarn und Angrenzern regeln das Verhältnis zwischen Baugenehmigungsbehörde und Nachbarn. Sie geben dem Nachbarn **kein Recht auf Beteiligung** am Genehmigungsverfahren; eine unterbliebene Beteiligung allein führt noch nicht zum Erfolg eines Nachbarrechtsbehelfs. Die Vorschriften regeln auch nicht den Ausgleich der unterschiedlichen Interessen zwischen Bauherrn und Nachbar; dieser Ausgleich wird vorgenommen von den materiellen Vorschriften des Baurechts, aber auch anderen öffentlichen Normen, auf die das Bauordnungsrecht als Voraussetzung für die Genehmigungsfähigkeit bzw. für die Übereinstimmung des Vorhabens mit öffentlich-rechtlichen Vorschriften verweist. Die Vorschriften über die Nachbarbeteiligung haben keine Auswirkungen auf zivilrechtliche Beziehungen zwischen dem Nachbarn und dem Bauherrn, die Baugenehmigung wird **unbeschadet privater Rechte Dritter** erteilt.[103] 255

---

100 Ständige Rechtsprechung, in jüngster Zeit bestätigt durch BVerwG vom 20. 4. 1998 VwRR BY 1998, 374.

101 Z. B. Art. 71 III 3 BayBO.

102 Bay VGH vom 14. 5. 1999 Az. 15 ZB 99.948.

103 Z. B. § 58 III LBO BW, Art. 72 IV BayBO, § 74 II BremLBO.

III. Der Nachbarbegriff im Bereich der bauordnungsrechtlichen Verfahrensbeteiligung

256 Die Landesbauordnungen regeln in unterschiedlicher Weise, wer aus dem Kreis möglicher Drittbetroffener und in welcher Form an baurechtlichen Verfahren zu beteiligen ist. Dabei wird vereinzelt der Begriff der **„Angrenzer“** verwendet, der definiert wird als die „Eigentümer angrenzender Grundstücke“.[104] Dieser Begriff ist nicht gleich bedeutend mit dem weitergehenden Begriff des „Nachbarn“ im Baurecht; eine Ausdehnung der Beteiligungspflicht auf die „Nachbarn“ im baurechtlichen Sinn ist dort gerade nicht gewollt, andererseits ist eine ergänzende Beteiligung der „Nachbarn“ durch die nur auf Angrenzer beschränkte Beteiligungspflicht nicht ausgeschlossen.[105] Angrenzer sind die Eigentümer der Grundstücke, die mit dem Baugrundstück, sei es auch nur in einem Teilbereich oder sogar nur in einem Punkt, eine gemeinsame Grenze haben.

257 In der Regel bestimmen die Landesbauordnungen, dass „die **Nachbarn**“ zu beteiligen sind, wobei jedoch dieser Begriff – je nach Landesbauordnung – unterschiedlich definiert wird als die **Eigentümer „benachbarter“ Grundstücke** oder als die **Eigentümer „angrenzender“ Grundstücke**.[106]

Diese unterschiedlichen Regelungen haben nur verfahrensrechtliche Bedeutung, indem sie den Kreis der Personen bestimmen, die nach der jeweiligen Landesbauordnung am baurechtlichen Verfahren zu beteiligen sind. Im Übrigen bleibt es auch im Geltungsbereich dieser Landesbauordnungen bei der allgemeinen Bestimmung des baurechtlichen Nachbarbegriffs. Das bedeutet beispielsweise, dass auch im Bereich dieser landesrechtlichen Regelungen nicht etwa nur „Angrenzer“ eine Verletzung eigener Rechte durch ein Bauvorhaben geltend machen können, sondern diejenigen, die durch ein Vorhaben in eigenen, nachbarschützenden Rechten betroffen sind. Diese – materielle – Frage wird ausgehend vom allgemeinen baurechtlichen Nachbarbegriff beurteilt.

IV. Die Zustimmung des Nachbarn zum Bauvorhaben

1. Rechtswirkung der Zustimmungserklärung

258 Die Zustimmung zu einem Bauvorhaben bedeutet, dass der Nachbar für die Dauer ihrer Bindungswirkung materiell-rechtlich **auf die Geltendmachung seiner subjektiv-öffentlichen Rechte verzichtet**. Der Nachbar kann also nicht mehr zulässigerweise Rechtsbehelfe gegen die abschließende Entscheidung (in der Regel die Baugenehmigung) einlegen oder auf Rücknahme dieser Entscheidung klagen.[107] Gleichzeitig enthält die Zustimmung des Nachbarn auch einen **Verzicht auf seine Beteiligung am baurechtlichen Verfahren**.[108] Diesem Umstand tragen die Verfahrensregelungen des Bauordnungsrechts dadurch Rechnung, dass eine Beteiligung von Nachbarn oder Angrenzern dann nicht mehr vorgesehen oder jedenfalls dann verzichtbar ist, wenn dem Vorhaben vorher zugestimmt wurde. Die Zustimmung bezieht sich auf das Vorhaben, dessen Pläne vorgelegt wurden, unabhängig davon, ob dieses Vorhaben rechtmäßig verwirklicht werden kann oder nicht. Irgendwelche darüber hinausgehenden Bindungen für andere, von der vorgelegten Planung abweichende Vorhaben, ergeben sich für den Nachbarn aus der Unterschrift nicht. Die Zustimmung hat **keine zivilrechtlichen Wirkungen**, es sei denn, zusätzlich zum Verzicht auf öffentliche Rechte wäre auch ein Verzicht auf die nach Zivil-

---

104 § 55 I 1 LBO BW und § 74 I 1 BauO NRW.

105 *Schlotterbeck/v. Arnim*, LBO BW, Rn. 5 zu § 55.

106 Die Nachbarn werden als „Eigentümer **angrenzender** Grundstücke“ definiert in § 64 I BbgBO und in § 68 I LBauO Rh-Pf.

107 Bay VGH vom 22. 3. 2000 Az. 2 ZB 98.2545.

108 BW VGH vom 1. 4. 1982 NVwZ 1983, 229.

recht zustehenden Rechtspositionen, insbesondere Abwehransprüche nach § 1004 BGB, ausdrücklich vereinbart worden.[109]

2. Musterbauordnung 2002

§ 70 Abs. 2 MBO 2002 regelt die Beteiligung der Eigentümer benachbarter Grundstücke („Nachbarn") vor der Erteilung von Abweichungen und Befreiungen bei zu erwartender Berührung von öffentlich-rechtlich geschützten Belangen und gibt ihnen das Recht, Einwendungen innerhalb von zwei Wochen nach Zugang der Benachrichtigung vorzubringen. § 70 Abs. 3 MBO 2002 stellt klar, dass die Unterschrift unter die Lagepläne und Bauzeichnungen eine Zustimmung zu dem Bauvorhaben (einschließlich etwa erforderlicher Abweichungen oder Befreiungen) bedeutet; diese Zustimmung kann auch auf andere Weise erfolgen. § 70 Abs. 3 MBO 2002 lässt die Benachrichtigungspflicht entfallen, wenn dem Vorhaben zugestimmt wurde. 259

3. Form

a) Schriftform

Angaben zur vorgeschriebenen Form der Zustimmungserklärung finden sich bei der Regelung, wann die Benachrichtigung oder Beteiligung der Angrenzer/Nachbarn entfallen kann. Die Mehrzahl der Landesbauordnungen lässt die Beteiligungspflicht bei „**schriftlicher** Zustimmung" entfallen. Wo eine solche ausdrückliche Bestimmung zur Schriftform fehlt, ist keine Schriftform gefordert, die Zustimmung kann dann also auch mündlich abgegeben werden.[110] 260

b) Die Unterzeichnung der Bauvorlagen als Zustimmungserklärung

In einigen Landesbauordnungen, auch der MBO 2002, wird die Wirkung der Unterzeichnung der Bauvorlagen als Zustimmungserklärung ausdrücklich gesetzlich fingiert.[111] Richtigerweise bedeutet die Unterschrift aber auch im Bereich der Landesbauordnungen die Erteilung der Zustimmung zum Bauvorhaben, bei denen eine solche ausdrückliche Fiktionsregelung fehlt:[112] Auch im Bereich dieser Landesbauordnungen entfällt die Nachbarbeteiligung, wenn Bauzeichnungen und Lagepläne unterschrieben wurden; der Wegfall der Nachbarbeteiligung, die (auch) das Ziel hat, dem Bauherrn Klarheit zu verschaffen über die zu erwartende Geltendmachung nachbarlicher Rechtspositionen, ist nur vertretbar auf der Grundlage, dass der Nachbar durch die Zustimmung zum Bauvorhaben auf die ihm zustehenden Rechtspositionen verzichtet hat.[113] Wenn die Zustimmungswirkung der Unterschrift fingiert wird, tritt sie unabhängig davon ein, ob der Nachbar sich über die rechtliche Bedeutung seiner Unterschrift im Klaren war. 261

Die Unterschrift muss **eigenhändig** sein. Im Regelfall wird sie an einer vom Planzeichner hierfür bereits vorgesehenen Stelle auf dem Lageplan geleistet. Der Nachbar muss all die Pläne unterzeichnen, aus denen sich **Art, Umfang und Auswirkungen des Bauvorhabens zweifelsfrei und vollständig ergeben**; es ist nicht zwingend vorgeschrieben, dass der Nachbar sämtliche eingereichten Pläne unterschreiben müsste.[114]

---

[109] BayObLG vom 2. 7. 1990 BayVBl. 1991, 28.

[110] OVG NRW vom 20. 1. 2000 BauR 2000, 866; § 74 III BauO NRW lässt die Benachrichtigungspflicht entfallen, wenn die Angrenzer die Lagepläne unterschrieben „oder der Zulassung von Abweichungen zugestimmt haben".

[111] Ausdrückliche gesetzliche Fiktion der Unterschrift als Zustimmung in Art. 71 I 2 BayBO, § 68 I 3 LBauO Rh-Pf, § 69 I 2 ThürBO.

[112] OVG Saar vom 23. 6. 1992 BRS 54 Nr. 186 und vom 8. 1. 1996 Az. 2 W 46/95; OVG NRW vom 30. 8. 2000 BauR 2001, 89; vgl. auch § 70 IV MBO 2002: „... wenn die zu benachrichtigenden Nachbarn die Lagepläne und Bauzeichnungen unterschrieben oder dem Bauvorhaben auf andere Weise zugestimmt haben."

[113] A. A. *Schlotterbeck/v. Arnim*, LBO BW, Rn. 11 und 15 zu § 55, wonach die Unterschrift unter die Bauvorlagen nur verfahrensrechtliche Bedeutung hat.

[114] Bay VGH vom 17. 2. 1997 Az. 27 CS 96.4039.

c) Die Zustimmung durch separate Erklärung

262 Die Zustimmung zu einem Bauvorhaben kann auch durch separate Erklärung, innerhalb oder außerhalb des baurechtlichen Verfahrens erklärt werden. Da eine solche Erklärung einem Rechtsmittelverzicht nahe kommt, der grundsätzlich erst nach Erlass der betreffenden Entscheidung möglich ist, sind an sie besondere Anforderungen zu stellen: Die Zustimmung muss sich auf ein konkretes, eindeutig erkennbares Bauvorhaben beziehen. Ein genereller Verzicht auf die Geltendmachung von Abwehrrechten gegenüber jeglicher Bebauung ist nicht möglich.

d) Die vertragliche Zustimmung

263 Ein Verzicht auf die Geltendmachung öffentlich-rechtlicher Abwehrrechte kann – auch neben der Regelung von privatrechtliche Rechtsbeziehungen – Gegenstand eines Vertrags zwischen Bauherr und Nachbar sein. Es ist dann jedoch genau zu prüfen, ob der Vertrag tatsächlich die – eigentlich der Baugenehmigungsbehörde gegenüber abzugebende – öffentlich-rechtliche Erklärung unmittelbar enthält oder ob die Erklärung nur eine schuldrechtliche Verpflichtung begründet, keine Abwehrrechte geltend zu machen. Im Fall eines Vertrags über den wechselseitigen Verzicht auf Nachbarrechte sind an die Konkretisierung des – möglicherweise erst in der Zukunft zu realisierenden – Bauvorhabens geringere Anforderungen zu stellen.[115] Denkbar ist auch, dass der Bauherr dem Nachbarn eine **Abfindung** zahlt als Gegenleistung für den Verzicht auf die Geltendmachung der ihm zustehenden Rechte; auch wenn die Gegenleistung weit über die Wertminderung hinausgeht, die das Nachbargrundstück durch das Bauvorhaben erfährt, ist ein solcher Vertrag deshalb nicht sittenwidrig.[116]

4. Die Rechtsnatur der Zustimmungserklärung

a) Öffentlich-rechtliche Erklärung

264 Die Zustimmung zu dem Bauvorhaben ist eine öffentlich-rechtliche Willenserklärung. Ebenso wie eine bestandskräftige Baugenehmigung grundsätzlich keinen Einfluss auf das Bestehen eines zivilrechtlichen Abwehranspruchs aus § 1004 BGB hat, beschränken sich die Rechtswirkungen der in der Unterschrift enthaltenen Zustimmung auf den Bereich des öffentlichen Rechts und haben keinerlei Auswirkungen auf das zivilrechtliche Verhältnis zwischen Bauherrn und Nachbarn. Der Nachbar verpflichtet sich dadurch also nicht zur (zivilrechtlichen) Duldung des durchgeführten Bauvorhabens, es bleibt dem Nachbarn unbenommen, trotz erteilter Unterschrift **zivilrechtliche Schritte** gegen das Bauvorhaben einzuleiten.[117]

Da im Genehmigungsverfahren öffentlich-rechtliche Beziehungen nur zwischen dem Bauherrn und der Genehmigungsbehörde einerseits und zwischen dem Nachbarn und der Genehmigungsbehörde andererseits bestehen, also die Abwehrrechte gegenüber der Genehmigungsbehörde geltend gemacht werden müssten, ist auch die Verzichtserklärung nicht gegenüber dem Bauherrn, sondern gegenüber der vom öffentlichen Recht als Empfänger bestimmten Stelle abzugeben.

b) Empfangsbedürftige Willenserklärung

265 Die Zustimmungserklärung muss gegenüber der nach der jeweiligen landesrechtlichen Regelung als Empfänger bestimmten Behörde, in der Regel gegenüber der Bauaufsichtsbehörde/Genehmigungsbehörde, abgegeben werden; sie ist eine empfangsbedürftige Willenserklärung. Das öffentliche Recht, insbesondere das Verwaltungsverfahrensgesetz, kennt keine speziellen Vorschriften für Willenserklärungen des öffentlichen Rechts. Daher werden die Regelungen des BGB entsprechend herangezogen, soweit nicht die

[115] Hess VGH vom 7.12.1994 NVwZ-RR 1995, 495.
[116] BGH vom 2.7.1999 BauR 2000, 252.
[117] BayObLG vom 2.7.1990 BayVBl. 1991, 28.

grundsätzliche Verschiedenheit von öffentlichem Recht und Zivilrecht eine entsprechende Anwendung verbietet. Das **Wirksamwerden der Zustimmungserklärung** bestimmt sich daher nach § 130 Abs. 1 Satz 1 BGB, wonach eine empfangsbedürftige Willenserklärung **mit Zugang beim Empfänger** wirksam wird. Ist beispielsweise die Zustimmung in Form der Unterzeichnung der Bauvorlagen erteilt worden, wird die Zustimmung wirksam mit deren Eingang bei der als Empfänger bestimmten Behörde. Der Zugang bei einer anderen Person oder Stelle, insbesondere der Zugang beim Bauherrn, ist für den Bereich des öffentlichen Rechts bedeutungslos, ebenso der Zugang bei der Gemeinde, wenn als Empfänger die Bauaufsichtsbehörde bestimmt ist.[118] Die Zustimmungserklärung geht dann zu, wenn sie so in den Machtbereich der Behörde gelangt, dass bei Annahme gewöhnlicher Verhältnisse mit der Kenntnisnahme gerechnet werden kann. Dies ist dann besonders wichtig, wenn die Zustimmungserklärung nicht durch die Unterschrift auf den Bauzeichnungen abgegeben wird, sondern durch separate, möglicherweise auch vom Baugenehmigungsverfahren zeitlich unabhängige Verzichtserklärung. Enthält z. B. eine privatrechtliche Vereinbarung wechselseitige Verzichtserklärungen, so werden mit der Vorlage der Vereinbarung bei der Genehmigungsbehörde beide darin enthaltenen Verzichtserklärungen wirksam. Es reicht für den Zugang einer in einer privatrechtlichen Vereinbarung enthaltenen öffentlich-rechtlichen Verzichtserklärung jedoch nicht aus, wenn sie der Bauaufsichtsbehörde innerhalb eines anderen Verwaltungsverfahrens, ohne Bezugnahme auf die künftigen Baugenehmigungsverfahren, vorgelegt wird.[119]

5. Bedingungen und Vorbehalte

Da der Nachbar in seiner Entscheidung, ob er die Zustimmung erteilen will, völlig frei 266
ist, steht es auch in seinem Belieben, die Zustimmung unter Bedingungen oder Vorbehalten zu erteilen; die Beifügung von Bedingungen und Vorbehalten ist wirksam. Von der Frage der Wirksamkeit einer beigefügten Bedingung ist die weitere Frage zu trennen, ob die unter einer Bedingung oder einem Vorbehalt erteilte Zustimmung einen **wirksamen Verzicht** auf die Geltendmachung der zustehenden Abwehrrechte enthält. Dies ist nicht der Fall: Die dem Nachbarn mit der Vorlage von Lageplan und Bauzeichnungen gestellte Frage lautet, ob er dem konkreten Bauvorhaben so, wie es Gegenstand des Baugenehmigungsverfahrens ist, zustimmt. Diese Frage hat der Nachbar nur dann bejaht, wenn er die Zustimmung ohne Bedingungen und Nebenbestimmungen oder Vorbehalte erteilt. Bei der bedingten oder unter Vorbehalt erteilten Zustimmung wird dem Bauvorhaben in der Form, wie es nach dem Willen des Bauherrn zur Genehmigung gestellt ist, gerade nicht zugestimmt. Die Zustimmung bleibt auch dann verweigert, wenn die Bedingung oder der Vorbehalt noch vor Genehmigungserteilung erfüllt wird. Denn andernfalls müsste die Behörde noch während des weiteren Baugenehmigungsverfahrens überprüfen, ob die Bedingung, die ja auch einen außerhalb des Genehmigungsverfahrens liegenden Sachverhalt betreffen kann, zwischenzeitlich eingetreten ist. Erteilt z. B. der Nachbar die Zustimmung zu einem Bauvorhaben „unter der Bedingung", dass ein anderes auf dem Baugrundstück befindliches Gebäude abgerissen wird, so ist die Zustimmung zu dem Bauvorhaben verweigert worden. Sie bleibt auch dann verweigert, wenn noch vor Genehmigungserteilung das betreffende Gebäude tatsächlich abgerissen wurde. Anders liegt der Fall, wenn die Zustimmung zu einem Teil des Bauvorhabens erteilt wurde und das Bauvorhaben tatsächlich teilbar ist.

---

118 Bay VGH vom 17. 2. 1997 BayVBl. 1998, 57.
119 Bay VGH vom 14. 4. 1972 BayVBl. 1972, 606.

6. Bindung an die erteilte Zustimmung

a) Dauer und Umfang der Bindungswirkung

267 Die abgegebene Zustimmung bindet den Nachbarn grundsätzlich so lange, bis die beantragte bauaufsichtliche Entscheidung **unanfechtbar versagt wird** oder bis eine **Genehmigung erlischt**, ohne dass von ihr Gebrauch gemacht worden ist.[120]

Hinsichtlich des Gegenstandes der Zustimmungserklärung und der weiteren Frage, ob bei einer **Änderung des Bauvorhabens** nach Erteilung der Zustimmung eine erneute Nachbarbeteiligung erforderlich ist, muss unterschieden werden: Wurde die Zustimmung durch Unterzeichnung der Baupläne abgegeben, so bezieht sie sich grundsätzlich nur auf das Vorhaben in der durch die eingereichten Pläne bestimmten Form. Wurde die Zustimmung zu einem – abstrakt beschriebenen – Vorhaben abgegeben, so sind von dieser Zustimmung eine Reihe verschiedener Ausführungen des Vorhabens, die sich innerhalb der Bandbreite der abstrakten Beschreibung halten, umfasst. Inwieweit die Zustimmung auch bei einer Vorhabensänderung den Nachbarn bindet, ist teilweise umstritten. Einigkeit besteht darüber, dass die Zustimmung **jedenfalls dann hinfällig wird**, wenn die Änderung zu einer zusätzlichen **Beeinträchtigung der nachbarlichen Belange** führt.[121] Desgleichen bleibt die Zustimmung auch für das geänderte Vorhaben wirksam, wenn die Änderungen so geringfügig sind, dass die Behörde davon ausgehen kann, sie seien von der erteilten Zustimmung gedeckt.[122] Die Problematik ist hier dieselbe wie die bei der Frage einer erneuten Beteiligung des Nachbarn bei nachträglicher Änderung der Planung.

Dabei ist zunächst zu prüfen, ob die Änderung so wesentlich ist, dass für das geänderte Bauvorhaben ein neues Genehmigungsverfahren eingeleitet werden muss und es nicht in das ursprüngliche mit einbezogen bzw. als Tektur zum bereits genehmigten Bauvorhaben angesehen werden kann. Im Fall eines **neu eingeleiteten Genehmigungsverfahrens** ist der Nachbar wie bei jedem Erstverfahren zu beteiligen.

Ist kein neues Genehmigungsverfahren einzuleiten, so macht die h. M. die Notwendigkeit einer erneuten Nachbarbeteiligung davon abhängig, ob die Änderung des Bauvorhabens überhaupt **nachbarliche Belange berührt**; die Notwendigkeit erneuter Nachbarbeteiligung wird dann davon abhängig gemacht, ob die Änderung den Nachbarn „nicht nur unwesentlich" schlechter stellt. Eine nicht nur unwesentliche Änderung mit der Folge, dass der Nachbar erneut beteiligt werden muss, ist z. B. zu bejahen bei einer Erhöhung der Geschosszahl und Vergrößerung der Baumasse, einer Vergrößerung von Dachneigung und Geschossfläche oder der Veränderung des Standorts.

268 Richtigerweise ist jedoch der Nachbar bei **jeder nachträglichen Änderung des Bauvorhabens erneut zu beteiligen.**[123] Andernfalls entscheidet die Genehmigungsbehörde anstelle des Nachbarn, ob er durch eine Änderung berührt wird oder nicht. Es können jedoch auch ganz subjektive Gründe oder Geschmacksvorstellungen dafür maßgeblich gewesen sein, dass der Nachbar ein Bauvorhaben in einer ganz bestimmten Ausgestaltung akzeptiert hat und dafür auch eine Verletzung eigener Rechte in Kauf nimmt, dass er diese Rechtsverletzung aber dann nicht mehr hinnehmen möchte, wenn das Bauvorhaben nicht mehr der von ihm akzeptierten Ausgestaltung entspricht. Wird z. B. ein erdgeschossiger Anbau, der die Abstandsfläche verletzt, (im vereinfachten Genehmigungsverfahren) ursprünglich mit ziegelgedecktem Satteldach geplant und später das Satteldach durch ein Flachdach ersetzt, so ist nach der h. M. der Nachbar durch die Änderung nicht in eigenen Rechten betroffen, weil ihn das Flachdach objektiv günstiger stellt als das Sat-

[120] OVG Rh-Pf vom 22. 5. 1981 DÖV 1981, 879.

[121] BW VGH vom 1. 4. 1998 NVwZ 1998, 986, im Ergebnis ebenso Bay VGH vom 12. 11. 2001 Az. 15 ZB 00.934, wonach die Zustimmung nur dann wirksam bleiben soll, wenn das Vorhaben in einer Weise geändert wird, die ausschließlich zugunsten des Nachbarn wirkt.

[122] Bay VGH vom 24. 5. 1993 Az. 26 B 92.1937; Bay VGH vom 2. 3. 1998 Az. 15 ZS 98.206 zu einer für die Nachbarzustimmung unerheblichen nachträglichen Änderung in Form der Tieferlegung des Fußbodens.

[123] OVG Rh-Pf vom 22. 5. 1981 DÖV 1981, 879 zur Bindungswirkung einer Nachbarzustimmung, die nur so lange bestehen soll, als keine Änderung der Planung vorgenommen wird.

teldach. Die h. M. würde dem Nachbarn in diesem Fall die Entscheidung, ob er eine Schmälerung seiner Rechtsposition hinnehmen will oder nicht, aus der Hand nehmen.

b) Widerruf

Einigkeit besteht in Literatur und Rechtsprechung darüber, dass die Zustimmungs- **269**
erklärung jedenfalls **bis zum Zugang** bei der als Empfänger bestimmten Stelle (Genehmigungsbehörde/Gemeinde) **frei widerruflich** ist. Dies ergibt sich aus der entsprechenden Anwendung des § 130 Abs. 1 Satz 2 BGB, wonach eine empfangsbedürftige Willenserklärung dann nicht wirksam wird, wenn dem Empfänger vorher oder gleichzeitig mit ihrem Zugang ein Widerruf zugeht. Umstritten ist hingegen nach wie vor, ob die Zustimmungserklärung auch nach Wirksamwerden, aber noch **vor Erlass der Baugenehmigung** widerrufen werden kann. Die wohl überwiegende Meinung in der obergerichtlichen Rechtsprechung vertritt die Auffassung, dass die Zustimmung bereits nach ihrem Zugang bei der als Adressat bestimmten Behörde unwiderruflich ist.[124] Demgegenüber soll nach Auffassung des BayVGH die Zustimmungserklärung auch noch nach Wirksamwerden bis zum Erlass der Baugenehmigung widerrufen werden können.[125] Bei Zugrundelegung dieser Meinung ist jedoch die Bestimmung des spätestmöglichen Zeitpunkts für den Widerruf problematisch, wenn die Zustimmung in Verfahren erteilt wurde, die nicht mit einer Entscheidung der Genehmigungsbehörde abgeschlossen werden.[126]

c) Anfechtung

Da die Zustimmung eine Willenserklärung ist, kann sie grundsätzlich entsprechend **270**
den §§ 119 ff. BGB angefochten werden.[127] Es ist jedoch auch hier jeweils im Einzelfall zu prüfen, ob die entsprechende Anwendung im öffentlichen Recht mit dessen Besonderheiten vereinbar ist. Uneingeschränkt anwendbar sind die Tatbestände der **Anfechtung wegen Drohung oder arglistiger Täuschung (§ 123 BGB)**. Eine Anfechtung nach § 119 BGB wegen Erklärungsirrtums, weil sich der Nachbar über die Bedeutung der Unterschrift als Zustimmungserklärung nicht im Klaren war, ist im Hinblick auf die gesetzliche Fiktion der Unterschrift als Zustimmung ausgeschlossen. Andererseits kann die Zustimmung wegen Erklärungsirrtums angefochten werden, wenn der Nachbar davon ausging, seine Erklärung beziehe sich auf ein Bauvorhaben in einer anderen Ausgestaltung als das in den Plänen tatsächlich dargestellte. Auch ein Irrtum über die materielle Rechtmäßigkeit des Bauvorhabens berechtigt nicht zur Anfechtung, da es sich hierbei nicht um eine im Verkehr als wesentlich angesehene Eigenschaft im Sinne vom § 119 Abs. 2 BGB handelt.[128]

Ist die Zustimmung im Einzelfall anfechtbar, so sind auch die übrigen Regelungen des BGB für die Anfechtung von Willenserklärungen entsprechend heranzuziehen, z. B. § 121 BGB für die Anfechtungsfrist.

d) Bindung des Rechtsnachfolgers

Die Abwehransprüche gegen ein benachbartes Bauvorhaben sind grundstücksbezogen, **271**
also eigentlich Berechtigungen des Grundstücks, die nur vom Eigentümer (oder sonst Berechtigten) geltend gemacht werden können. Im Hinblick auf die Grundstücksbezogenheit des Baurechts kann ein Eigentümer dem Rechtsnachfolger das Grundstück im-

---

124 OVG Saar vom 24. 7. 1981 BRS 32 Nr. 179; BW VGH vom 1. 4. 1982 NVwZ 1983, 229; Bay VGH vom 29. 8. 1990 2 CS 90.2054 in einem Verfahren des vorläufigen Rechtsschutzes; OVG Saar vom 8. 1. 1996 Az. 2 W 46/95; VG Gera vom 21. 1. 2001 ThürVBl. 2002, 13 unter Verweis auf OVG NRW vom 30. 8. 2000 Az. 10 B 1145/00.

125 Bay VGH vom 21. 12. 1971 BayVBl. 1972, 635; Bay VGH vom 31. 10. 1979 BayVBl. 1980, 88; Bay VGH vom 30. 10. 2000 Az. 2 ZS 00.3045, wonach im Verfahren des vorläufigen Rechtsschutzes kein Anlass bestünde, vom Urteil vom 21. 12. 1971 abzuweichen.

126 Zum Meinungsstand vgl. Bay VGH vom 28. 12. 1999 Az. 15 ZB 99.3126 m. w. N., wobei im zu entscheidenden Fall der Widerruf nach Baubeginn erfolgt war.

127 Bay VGH vom 21. 12. 1971 BayVBl. 1972, 635; OVG Saar vom 24. 7. 1981 BRS 32 Nr. 179.

128 Bay VGH vom 6. 5. 1999 Az. 1 ZS 99.976; OVG NRW vom 30. 8. 2000 BauR 2001, 89.

mer nur in der Rechtsposition verschaffen, die er selbst innehatte. Hat ein Eigentümer wirksam auf Abwehrrechte verzichtet, so erwirbt der Rechtsnachfolger das Grundstück „behaftet" mit diesem Verzicht und kann keine eigenen Abwehrrechte mehr geltend machen; der **Eigentumswechsel führt nicht zum Wiederaufleben der Abwehrrechte**.[129] Geht das Eigentum nach Abgabe der Zustimmungserklärung, aber vor deren Zugang bei der Genehmigungsbehörde auf den Rechtsnachfolger über, so ist im Zeitpunkt des Eigentumserwerbs die Zustimmungserklärung noch widerrufbar. Will der Erwerber das Wirksamwerden verhindern, so muss er der Genehmigungsbehörde gegenüber die vom Voreigentümer erklärte Zustimmung widerrufen, andernfalls wird sie mit Zugang bei der Genehmigungsbehörde wirksam und bindet den Rechtsnachfolger. Zum Teil wird die gegenteilige Meinung vertreten, dass der Rechtsnachfolger in einem solchen Fall nicht gebunden sein soll, da die Verfügungsbefugnis des Erklärenden noch im Zeitpunkt des Wirksamwerdens der Erklärung bestehen müsse.[130] Diese Auffassung übernimmt jedoch die entsprechende Vorgabe des Zivilrechts ohne Prüfung, ob im konkreten Anwendungsfall die Unterschiede zwischen öffentlichem und bürgerlichem Recht die entsprechende Anwendung gestatten. Eine solche ensprechende Anwendung der zivilrechtlichen Regelungen ist jedoch im Hinblick auf die Grundstücksbezogenheit des Baurechts, wonach eine Rechtsposition des Eigentümers eigentlich die des Grundstücks ist und sich durch einen Eigentümerwechsel nicht verändert, gerade nicht möglich. Außerdem gebietet der Grundsatz der Rechtsklarheit, dass jede von einem zum Zeitpunkt der Abgabe verfügungsbefugten „Nachbarn" stammende Zustimmungserklärung mit Eingang bei der Genehmigungsbehörde wirksam wird, sofern sie nicht bis dahin widerrufen wird. Richtigerweise ist daher eine vom Eigentümer abgegebene Zustimmungserklärung immer für den Rechtsnachfolger bindend, wenn sie nicht rechtzeitig vom Eigentümer oder dem Rechtsnachfolger widerrufen wird.

Auch wenn die Geltendmachung von **Abwehrrechten** für einen Grundstückseigentümer **aus anderen Gründen ausgeschlossen** ist, bleibt der Rechtsnachfolger an diese – eigentlich dem Grundstück anhaftende – eingeschränkte Rechtsposition gebunden und ist gehindert, Abwehrrechte geltend zu machen: Hatte ein Eigentümer für zwei aneinander grenzende Grundstücke Baugenehmigungen beantragt und erhalten, die sich jeweils auf das andere Grundstück nachteilig auswirken, kann der Rechtsnachfolger des einen Grundstücks die Baugenehmigung für ein Bauvorhaben auf dem anderen Grundstück nicht mehr anfechten.[131]

V. Die Rechtsstellung des Nachbarn/Angrenzers

1. Beteiligtenstellung

a) Begründung

272 Zum Teil wird den Nachbarn, die ins Verfahren einzubeziehen sind, die Stellung als Beteiligte **kraft Gesetzes** eingeräumt, so dass es für die Begründung der Beteiligtenstellung mit den damit verbundenen Rechten und Pflichten nicht erst der Zuziehung durch die Behörde bedarf.[132] Besteht die Beteiligtenstellung kraft Gesetzes, so sind etwaige unrichtige Beurteilungen, wer Nachbar ist, unschädlich: Auch der (fälschlicherweise) nicht zum Verfahren hinzugezogene Nachbar ist Beteiligter am Verfahren und kann die daraus sich ergebenden Rechte geltend machen. Wo sich die Beteiligtenstellung nicht aus dem Gesetz unmittelbar ergibt, bedarf es erst der **Zuziehung durch die Behörde**, sei es auch, dass die Zuziehung in der Benachrichtigung vom Vorhaben besteht.[133]

[129] Hess VGH vom 7. 12. 1994 NVwZ-RR 1995, 495.
[130] Bay VGH vom 17. 2. 1997 BayVBl. 1998, 57; ebenso Hess VGH vom 7. 12. 1994 NVwZ-RR 1995, 495.
[131] Hess VGH vom 1. 9. 1981 BRS 38 Nr. 178.
[132] Z. B. Art. 71 II 1 BayBO: „Der Nachbar ist Beteiligter im Sinne des Art. 13 Abs. 1 Nr. 1 BayVwVfG."
[133] *Schlotterbeck/v. Arnim* LBO BW, Rn. 2 zu § 55.

b) Dauer

273 Die Beteiligtenstellung besteht für die Dauer des Genehmigungsverfahrens, also bis zur Unanfechtbarkeit einer erteilten Genehmigung oder eines Ablehnungsbescheides. Auch die Pflicht, einen Nachbarn zu beteiligen, besteht nicht nur bei Einreichung des Bauantrags, sondern für die gesamte Dauer des Verfahrens. Erlangt ein Nachbar diese Stellung erst während des Verfahrens, aber noch vor seinem Abschluss, im Fall eines Genehmigungsverfahrens also noch vor Bestandskraft der Genehmigung, und ist er nicht an eine vom Rechtsvorgänger erteilte Zustimmung gebunden, so hat ihn die zuständige Behörde noch am Verfahren zu beteiligen. Dies gilt unabhängig davon, ob sein Rechtsvorgänger bereits beteiligt wurde, denn Bindungswirkung für den Rechtsnachfolger kann nur eine Zustimmungserklärung entfalten, nicht aber die bloße Kenntnisnahme oder die Verweigerung der Unterschrift.

2. Rechte und Pflichten als Beteiligter

274 Die Landesbauordnungen können spezielle Regelungen über die Rechte und Pflichten des Nachbarn als Beteiligter an baurechtlichen Verfahren treffen, sie können auch einzelne Vorschriften des – grundsätzlich ergänzend heranzuziehenden – Verwaltungsverfahrensgesetzes des Landes für den Bereich der Beteiligung des Nachbarn an baurechtlichen Verfahren ausschließen. Wo spezielle Regelungen über die Beteiligung des Nachbarn an baurechtlichen Verfahren ganz fehlen, richtet sich die Beteiligung allein nach den Regelungen des Landes-VwVfG. Dem Nachbarn stehen somit – vorbehaltlich abweichender oder die Anwendung ausschließender Regelung in der Landesbauordnung – insbesondere zu:

- Das Recht auf **Akteneinsicht** (entsprechend § 29 Abs. 1 VwVfG). Das Recht auf Akteneinsicht erstreckt sich auch auf alle von der Bauaufsichtsbehörde eingeholten Stellungnahmen der Träger öffentlicher Belange sowie auf die vom Bauherrn selbst vorgelegten Gutachten betreffend die Auswirkungen des Bauvorhabens, jedoch grundsätzlich nicht auf die Bauakten benachbarter Bauvorhaben, es sei denn, sie sind für die Genehmigungsfähigkeit des beantragten Vorhabens entscheidungserheblich (z. B. die Geschossflächenzahl – GFZ – der Häuser im prägenden Umgriff für die Frage, ob sich das Vorhaben „einfügt“).
- Das Recht auf **Zuziehung eines Beistands,** d. h. die Zuziehung einer beliebigen Person zu Verhandlungen und Besprechungen mit der Behörde zu seiner Unterstützung oder Beratung, ohne jedoch von dieser vertreten zu werden (entsprechend § 14 Abs. 4 Satz 1 VwVfG). Der Nachbar kann z. B. zur Einsichtnahme in die Bauakten einen Architekten als Beistand zuziehen.
- Das **Recht auf Auskunft** über die im Verwaltungsverfahren zustehenden Rechte und die obliegenden Pflichten (entsprechend § 25 VwVfG).
- Die Möglichkeit, vom Baugenehmigungsverfahren **wegen Besorgnis der Befangenheit** (entsprechend § 20 VwVfG) ausgeschlossen zu werden, d. h. es darf weder der Nachbar selbst, noch einer seiner Angehörigen (die im VwVfG aufgezählt werden) tätig werden.

3. Beteiligungspflicht bei nachträglicher Änderung des Bauvorhabens

275 Ergeben sich, nachdem die Zustimmung bzw. Unterschrift geleistet wurde, Änderungen am Bauvorhaben, so ist zu unterscheiden: Ist die Änderung so wesentlich, dass für das geänderte Bauvorhaben ein **neues Genehmigungsverfahren** eingeleitet werden muss, so ist der Nachbar wie bei jedem Erstverfahren zu beteiligen. Ist kein neues Genehmigungsverfahren einzuleiten, so macht die h. M. die Notwendigkeit einer erneuten Nachbarbeteiligung davon abhängig, ob die Änderung des Bauvorhabens überhaupt nachbarliche Belange berührt und den Nachbarn nicht nur unwesentlich schlechter stellt. Eine Pflicht zur erneuten Beteiligung ergibt sich demnach nach übereinstimmender Meinung bei einer:

- Erhöhung der Geschosszahl und Vergrößerung der Baumasse
- Vergrößerung von Dachneigung und Geschossfläche
- Veränderung des Standorts und näherem Heranrücken an das Nachbargrundstück.

Zur Frage der erneuten Beteiligungspflicht, wenn Veränderungen „aus nachbarlicher Sicht" gering sind, vgl. die entsprechend heranzuziehenden Überlegungen zur Bindungswirkung der Zustimmung bei nachträglicher Änderung des Bauvorhabens oben Rn. 267 f.

4. Rechtsfolgen unterbliebener Beteiligung

276 Wird ein Nachbar am Verfahren bis zu dessen Abschluss nicht beteiligt, obwohl die Beteiligung zwingend vorgeschrieben ist, so leidet das Baugenehmigungsverfahren an einem **Verfahrensmangel**. Dieser Mangel allein kann jedoch bereits deshalb nie zu einem Aufhebungsanspruch des Nachbarn führen, weil die Vorschriften über die Beteiligung oder Benachrichtigung den Nachbarn oder Angrenzern **kein eigenes subjektives Recht auf Beteiligung bzw. Benachrichtigung einräumen,** sondern ihn nur „reflexartig" begünstigen. Von dieser Frage ist zu unterscheiden, wie dieser Verfahrensmangel geheilt werden kann: Hierfür gelten die allgemeinen Vorschriften des jeweiligen Landesverwaltungsverfahrensgesetzes (vgl. § 45 Abs. 1 Nr. 3 VwVfG), d. h. der Anhörungsmangel wird geheilt durch die Durchführung eines Widerspruchsverfahrens, wobei eine Heilung voraussetzt, dass das Widerspruchsverfahren auch durch Erlass eines Widerspruchsbescheids abgeschlossen wird. Dass der Verfahrensmangel der fehlenden Nachbarbeteiligung geheilt ist, bedeutet lediglich, dass nun ein formell ordnungsgemäßes Verfahren durchgeführt wurde, die Behörde also nicht mehr dem Vorwurf eines Verfahrensfehlers ausgesetzt ist. Auf die dem § 46 VwVfG entsprechende Vorschrift des Landesverwaltungsverfahrensgesetzes muss bei fehlender Nachbarbeteiligung nicht zurückgegriffen werden. Nach dieser Regelung kann bei gebundenen Entscheidungen die Aufhebung dieser Entscheidung nicht allein wegen eines Verfahrensfehlers beansprucht werden; der Nachbar hat jedoch bereits deshalb keinen Anspruch auf Aufhebung der Baugenehmigung allein wegen des Verfahrensfehlers, weil er kein subjektives Recht auf Beteiligung hat. Auch in den Fällen nicht gebundener Entscheidungen, insbesondere bei der – im Ermessen der Behörde stehenden – Zulassung von Abweichungen, kann der Nachbar die Aufhebung der Entscheidung nicht allein wegen unterbliebener Beteiligung beanspruchen. Allerdings kann in den Fällen, in denen die Landesbauordnung den Nachbarn mit den nicht geltend gemachten Einwendungen ausschließt, die unterbliebene Nachbarbeteiligung Auswirkungen auf die Zulässigkeit nachfolgender Rechtsbehelfe gegen die Entscheidung der Bauaufsichtsbehörde haben.

VI. Beteiligungsformen des Nachbarn/Angrenzers an baurechtlichen Verfahren

1. Ländervergleich

277

	Regelungsgegenstände der Landesbauordnungen und der MBO 2002[134]
1.	Umschreibung des Begriffs „**Nachbarn**" im Sinne der am Verfahren Beteiligten (insbesondere als Eigentümer „benachbarter" oder „angrenzender" Grundstücke)
2.	**Gegenstand der baurechtlichen Verfahren,** für die eine Nachbarbeteiligung (in bestimmter, gesetzlich geregelter Form) vorgesehen ist

[134] Die hier verwendeten Ziffern entsprechen den Ziffern der nachstehenden Rubrik „Umsetzung/Abweichung in den Ländern und der MBO 2002".

278

Land	Norm (LBO)	Umsetzung/Abweichung in den Ländern und der MBO 2002[135]	
MBO 2002	§ 70	**1.**	§ 70 I die Eigentümer benachbarter Grundstücke (Nachbarn)
		2.	§ 70 II 1 vor der Erteilung von Abweichungen und Befreiungen, bei zu erwartender Berührung öffentlich-rechtlich geschützter Belange § 70 II 1 Bauaufsichtsbehörde soll die Nachbarn benachrichtigen
BW	§ 55	**1.**	§ 55 I 1 die Eigentümer angrenzender Grundstücke (Angrenzer)
		2.	§ 55 I 1 Benachrichtigung vom Bauantrag durch die Gemeinde § 55 III 1 entsprechende Anwendung von § 55 I bei Vorhaben im Kenntnisgabeverfahren, § 55 III 2 Benachrichtigung der Angrenzer von Vorhaben im Kenntnisgabeverfahren innerhalb von 5 Arbeitstagen ab Eingang der Bauvorlagen
Bay	Art. 71	**1.**	Art. 71 I 1 die Eigentümer der benachbarten Grundstücke Art. 71 III 1 Erbbauberechtigter tritt an die Stelle des Eigentümers
		2.	keine gesetzliche Regelung, daher: jedes förmliche Verfahren, das auf die Erteilung einer förmlichen Entscheidung gerichtet ist Art. 71 I 1 Vorlage von Lageplan und Bauzeichnungen zur Unterschrift durch den Bauherrn oder seinen Beauftragten Art. 71 I 3 bei fehlender Unterschrift: Gemeinde kann Nachbarn auf Antrag des Bauherrn benachrichtigen und Äußerungsfrist setzen
Bln	–		keine Regelung
Bbg	§ 64	**1.**	§ 64 I die Eigentümer oder Erbbauberechtigten der an das Baugrundstück angrenzenden Grundstücke (Nachbarn)
		2.	§ 64 II 1 vor der Zulassung von Abweichungen nach § 60 und vor der Erteilung von Befreiungen nach § 31 Abs. 2 BauGB, die öffentlich-rechtlich geschützte Belange berühren können: Bauaufsichtsbehörde hat zu benachrichtigen und Gelegenheit zur Stellungnahme zu geben
Brem	§ 73	**1.**	§ 73 I 1 die Eigentümer benachbarter Grundstücke (Nachbarn) § 73 I 2 Nachbar nimmt auch Rechte des Mieters oder Pächters wahr, die aus deren Eigentumsrecht folgen § 73 I 3 Erbbauberechtigter tritt als Nachbar an die Stelle des Eigentümers
		2.	§ 73 II 1 vor der Erteilung einer Befreiung, die öffentlich-rechtlich geschützte nachbarliche Belange berühren kann: Bauordnungsbehörde soll benachrichtigen § 73 II 2 Behörde kann entsprechend verfahren, wenn Beeinträchtigung öffentlich-rechtlich geschützter Belange nicht ausgeschlossen werden kann
Hamb	§ 68	**1.**	§ 68 I 3 vor einer Untersagung nach § 68 I 1 (bei wesentlicher Beeinträchtigung der Benutzbarkeit vorhandener baulicher Anlagen auf benachbarten Grundstücken) sind Nachbarn zu hören § 68 II Eigentümer benachbarter Grundstücke haben Äußerungs- und Einsichtsrecht § 68 III 1, 2 Abweichungen von den in § 68 III genannten Anforderungen bedürfen der Zustimmung des Eigentümers des angrenzenden Grundstücks
		2.	§ 68 IV 1 bei Befreiungen von Bebauungsplanfestsetzungen: Bauherr muss die Eigentümer betroffener Grundstück benachrichtigen § 68 III 2 bei zu erwartender Berührung öffentlich-rechtlich geschützter Nachbarbelange: Bauaufsichtsbehörde muss die Eigentümer der betroffenen Grundstücke beteiligen

135 Die hier verwendeten Ziffern entsprechen den Ziffern der vorstehenden Rubrik „Regelungsgegenstände der Landesbauordnungen und der MBO 2002".

Land	Norm (LBO)	Umsetzung/Abweichung in den Ländern und der MBO 2002	
Hess	§ 62	**1.** **2.**	§ 62 I 1 die Nachbarschaft § 62 I 1 Bauaufsichtsbehörde soll Nachbarschaft benachrichtigen vor der Zulassung von Abweichungen, Ausnahmen oder Befreiungen von Vorschriften, die dem Schutz der Nachbarschaft dienen, dies gilt auch, wenn die angewandte Abweichungs-, Ausnahme- oder Befreiungsvorschrift selbst nachbarschützend ist
M-V	§ 71	**1.** **2.**	§ 71 I die Eigentümer benachbarter Grundstücke (Nachbarn) § 71 II 1 vor der Erteilung von Befreiungen bei zu erwartender Berührung öffentlich-rechtlich geschützter nachbarlicher Belange § 71 II 1 Bauaufsichtsbehörden sollen die Nachbarn benachrichtigen
Nds	§ 72	**1.** **2.**	§ 72 I 1 die Nachbarn, deren Belange eine Baumaßnahme berühren kann § 72 II 1 vor der Zulassung einer Ausnahme von nachbarschützenden Vorschriften oder der Erteilung einer Befreiung von solchen Vorschriften: Bauaufsichtsbehörde soll Nachbarn Gelegenheit zur Stellungnahme geben § 72 II 2 falls Baumaßnahme möglicherweise Belange berührt, die durch öffentliche Baurechtsnormen geschützt sind: Bauaufsichtsbehörde kann Nachbarn beteiligen § 72 II 1 oder 2 Bauaufsichtsbehörde gibt Gelegenheit zur Stellungnahme innerhalb angemessener Frist
NRW	§ 74	**1.** **2.**	§ 74 I 1 Eigentümer sowie Erbbauberechtigte angrenzender Grundstücke (Angrenzer) § 74 II 1 vor der Zulassung von Abweichungen bei zu erwartender Beeinträchtigung öffentlich-rechtlich geschützter Belange: Bauaufsichtsbehörde soll Angrenzer benachrichtigen
Rh-Pf	§ 68	**1.** **2.**	§ 68 I 1 die Eigentümer der angrenzenden Grundstücke (Nachbarn) § 68 I 2 falls Abweichungen von nachbarschützenden Bestimmungen erforderlich sind: Bauherr legt Lageplan und Bauzeichnungen zur Unterschrift vor § 68 II 1 falls Bauaufsichtsbehörde Abweichungen zulassen will von nachbarschützenden Bestimmung: Bauaufsichtsbehörde teilt dies den Nachbarn mit, deren Zustimmung fehlt § 68 II 2 auf Verlangen wird Einsicht in den Lageplan und in die Bauzeichnungen gewährt
Saar	§ 73	**1.** **2.**	§ 73 I die Eigentümer benachbarter Grundstücke (Nachbarschaft) § 73 II 1 vor der Erteilung von Befreiungen bei zu erwartender Berührung öffentlich-rechtlich geschützter nachbarlicher Interessen: Bauaufsichtsbehörde benachrichtigt die Nachbarschaft
Sachs	§ 69	**1.** **2.**	§ 69 I die Eigentümer benachbarter Grundstücke (Nachbarn) § 69 II 1 vor der Erteilung von Befreiungen bei zu erwartender Berührung öffentlich-rechtlich geschützter nachbarlicher Belange: Bauaufsichtsbehörden müssen die Nachbarn benachrichtigen
Sachs-Anh	§ 73	**1.** **2.**	§ 73 I die Eigentümer benachbarter Grundstücke (Nachbarn) § 73 II 1 vor der Zulassung von Abweichungen und Befreiungen bei zu erwartender Berührung öffentlich-rechtlich geschützter nachbarlicher Belange: Bauaufsichtsbehörden soll die Nachbarn benachrichtigen
Schl-H	§ 77	**1.** **2.**	§ 77 I die Eigentümer benachbarter Grundstücke (Nachbarn) § 77 II 1 vor der Erteilung von Ausnahmen und Befreiungen, wenn sich die Ausnutzung der Baugenehmigung nachteilig auf die Nutzbarkeit der Nachbargrundstücke auswirken kann: Bauaufsichtsbehörde soll Gelegenheit zur Stellungnahme in angemessener Frist geben

Land	Norm (LBO)	Umsetzung/Abweichung in den Ländern und der MBO 2002	
			§ 77 II 2 auch sonst, wenn Baumaßnahme öffentlich-rechtlich geschützte Belange berührt: Bauaufsichtsbehörde kann Gelegenheit zur Stellungnahme geben
Thür	§ 69	**1.**	§ 69 I 1 die Eigentümer benachbarter Grundstücke § 69 III 1 Erbbauberechtigter tritt an die Stelle des Eigentümers
		2.	§ 69 I 1 Vorlage von Lageplan und Bauzeichnungen zur Unterschrift durch den Bauherrn oder seinen Beauftragten § 69 I 3 bei fehlender Unterschrift: Gemeinde kann auf Antrag des Bauherrn den Nachbarn vom Bauantrag benachrichtigen und ihm Frist für seine Äußerung setzen

2. Die Benachrichtigung durch den Bauherrn

a) Vorlage zur Unterschrift

Einige Landesbauordnungen sehen eine „Vorstufe" der von der Gemeinde oder Bauauf- 279
sichtsbehörde vorzunehmenden Beteiligung vor, wonach zunächst der Bauherr (oder sein Beauftragter) dem Nachbarn Lageplan und Bauzeichnungen zur Unterschrift vorlegt. Welche **Prüf- und Überlegungsfrist** dem Nachbarn für seine Entscheidung einzuräumen ist, ist im Gesetz nicht geregelt; sie wird sich je nach der Schwierigkeit des Vorhabens richten. Es ist Sache des Nachbarn, auf der für ihn erforderlichen Überlegungsfrist zu bestehen; wird ihm diese nicht eingeräumt, so wird er sich nicht in der Lage sehen, die Unterschrift zu leisten. Von einer geleisteten Unterschrift kann sich der Nachbar nicht im Nachhinein mit der Begründung lösen, ihm sei eine zu kurze Überlegungsfrist eingeräumt worden, oder die Vorlage der Pläne sei zu einem für ihn ungünstigen Zeitpunkt erfolgt.[136] Diese Überlegungen gelten entsprechend für die Frage, ob der Nachbar neben der Vorlage der in der jeweiligen Beteiligungsvorschrift ausdrücklich genannten Unterlagen noch weitere verlangen kann (und sich diese nicht nur über das ihm zustehende Recht auf Akteneinsicht selbst zugänglich machen muss): Auch wenn der Bauherr nach der landesrechtlichen Regelung hierzu nicht verpflichtet sein mag, muss er doch damit rechnen, dass dem Nachbarn ohne diese Vorlage eine abschließende Beurteilung und damit die Erteilung der Zustimmung zum Bauvorhaben nicht möglich ist. Da sogar die unterbliebene Nachbarbeteiligung nicht zur Rechtswidrigkeit der etwa erteilten Baugenehmigung führt, ergeben sich auch aus einer zu kurzen Prüffrist keine unmittelbaren Folgen für das weitere Verfahren.

b) Verfahren bei fehlender Nachbarunterschrift

Die Gemeinde prüft die Vollständigkeit der Nachbarunterschriften. Fehlt eine von der 280
Gemeinde für erforderlich gehaltene Unterschrift, so kann – z.T. wird hierfür von der Landesbauordnung der Antrag des Bauherrn gefordert – die Gemeinde oder – je nach der Regelung in der Landesbauordnung – die Bauaufsichtsbehörde diesen Nachbarn vom eingereichten Bauantrag benachrichtigen und ihm eine Frist zur Äußerung setzen.

3. Die Benachrichtigung durch die Bauaufsichtsbehörde

Üblicherweise liegt die Nachbarbeteiligung allein in der Hand der Bauaufsichtsbehörde, 281
diese benachrichtigt die Nachbarn/Angrenzer vom Vorhaben. Anhaltspunkte für die vorgeschriebene Form der Benachrichtigung ergeben sich aus der Fristbestimmung für die Erhebung der Einwendungen: Sind diese innerhalb einer bestimmten Frist „nach Zustellung" zu erheben, so ergibt sich hieraus das Erfordernis der **Schriftform**; wird hier nur der

[136] Bay VGH vom 6. 5. 1999 Az. 1 ZS 99.976.

„Zugang" der Benachrichtigung vorausgesetzt, genügt auch eine mündliche Information. Das Vorhaben muss in der Benachrichtigung so eindeutig bezeichnet werden, dass für den Nachbarn/Angrenzer Art und Ausmaß seiner möglichen Betroffenheit hinreichend genau hervorgehen.[137] Nur eine solche ordnungsgemäße Benachrichtigung setzt die Frist zur Stellungnahme oder zur Erhebung von Einwendungen in Lauf. Eine Übersendung der Bauvorlagen ist nicht vorgesehen; falls der Nachbar/Angrenzer sich genauer informieren will, ist er auf die Einsichtnahme der Bauvorlagen bei der Behörde angewiesen. Eine **Belehrung über die Form**, in der die Einwendungen zu erheben sind, ist – soweit nicht ausdrücklich gesetzlich bestimmt – nicht erforderlich.[138] Allerdings ist im Bereich der Landesbauordnungen, die den Angrenzer/Nachbarn mit allen nicht fristgemäß geltend gemachten Einwendungen ausschließen, eine Belehrung über diese Folge erforderlich.[139]

4. Ausnahmen von der Beteiligungspflicht

a) Ländervergleich

282

Regelungsgegenstand der Landesbauordnungen und der MBO 2002
Die Beteiligungspflicht entfällt bei schriftlicher **Zustimmung des Nachbarn** zum Bauvorhaben oder bei **Unterzeichnung der Lagepläne** und Bauzeichnungen

283

Land	Norm (LBO)	Umsetzung/Abweichung in den Ländern und der MBO 2002
MBO 2002	§ 70	§ 70 III Benachrichtigung entfällt, wenn die Nachbarn Lagepläne und Bauzeichnungen unterschrieben oder auf andere Weise zugestimmt haben
BW	§ 55	§ 55 I 2 Nr. 1 zusätzlich § 55 I 2 Nr. 2 Beteiligung nicht erforderlich, wenn Angrenzer durch das Bauvorhaben offensichtlich nicht berührt werden
Bay	Art. 71	Art 71 I 4 Benachrichtigung unterbleibt, wenn Unterschrift gegenüber Gemeinde oder Bauaufsichtsbehörde schriftlich verweigert wurde
Bln	–	keine Regelung
Bbg	§ 64	§ 64 III Benachrichtigung entfällt bei schriftlicher Zustimmung oder bei schriftlicher Verweigerung der Zustimmung gegenüber der Bauaufsichtsbehörde
Brem	§ 73	§ 73 I 1
Hamb	§ 68	§ 68 keine Beteiligung der Eigentümer der betroffenen Grundstücke nach § 68 IV 2, wenn Bauherr das schriftliche Einverständnis vorlegt
Hess	§ 62	§ 62 II Benachrichtigung nicht erforderlich bei schriftlicher Zustimmung zu den Abweichungen/Ausnahmen/Befreiungen
M-V	§ 71	§ 71 III
Nds	§ 72	§ 72 IV keine Anwendung des § 72 II bei schriftlicher Zustimmung der Nachbarn
NRW	§ 74	§ 74 III
Rh-Pf	§ 68	§ 68 II 1 Mitteilung der beabsichtigten Zulassung von Abweichungen an die Nachbarn, deren Zustimmung fehlt zusätzlich § 68 I 3 Unterschrift gilt als Zustimmung

[137] BW VGH vom 20. 9. 2001 Az. 3 S 781/01.
[138] BW VGH vom 14. 1. 2000 Az. 8 S 35/00.
[139] Ausdrücklich vorgeschrieben in § 5 III 3 LBO BW.

Land	Norm (LBO)	Umsetzung/Abweichung in den Ländern und der MBO 2002
Saar	§ 73	§ 73 III
Sachs	§ 69	§ 69 III
Sachs-Anh	§ 73	§ 73 III
Schl-H	§ 77	§ 77 IV
Thür	§ 69	§ 69 I 4 Benachrichtigung kann unterbleiben bei schriftlicher Verweigerung der Unterschrift gegenüber dem Bauherrn, der Gemeinde oder der Bauaufsichtsbehörde zusätzlich § 69 I 2 Unterschrift gilt als Zustimmung

b) Bedeutung der Regelung

Die Zustimmung zum Bauvorhaben beinhaltet einen Verzicht auf die Geltendmachung der subjektiv-öffentlichen Rechte gegenüber dem Bauvorhaben, eine Beteiligung des Nachbarn an baurechtlichen Verfahren ist daher nicht mehr veranlasst. Da es sinnlos wäre, einen zur Verweigerung der Unterschrift entschlossenen Nachbarn nochmals zur Zustimmung aufzufordern, entfällt die Benachrichtigungspflicht nach einigen landesrechtlichen Regelungen auch für den Fall, dass die Unterschrift bereits verweigert wurde. Die Verweigerung muss gegenüber der Gemeinde oder der Bauaufsichtsbehörde geäußert worden sein, der **Zugang beim Bauherrn reicht nicht** aus. Denn es handelt sich auch hierbei um eine öffentlich-rechtliche Erklärung, die erst **mit Zugang bei der Genehmigungsbehörde** oder der Gemeinde als Vorlagebehörde wirksam wird. 284

5. Von der Landesbauordnung vorgesehene Handlungsmöglichkeiten des beteiligten Nachbarn/Angrenzers

a) Ländervergleich

285

Regelungsgegenstand der Landesbauordnungen und der MBO 2002
Handlungsmöglichkeit des Nachbarn: **Erhebung von Einwendungen** – schriftlich oder zur Niederschrift der Bauaufsichtsbehörde – innerhalb der in der LBO bestimmten Frist

286

Land	Norm (LBO)	Umsetzung/Abweichung in den Ländern und der MBO 2002
MBO 2002	§ 70	§ 70 II 2 binnen 2 Wochen nach Zugang der Benachrichtigung
BW	§ 55	§ 55 II 1 bei Bauantrag: Erhebung von Einwendungen bei der Gemeinde (schriftlich oder zur Niederschrift) binnen 2 Wochen nach Zustellung der Benachrichtigung § 55 III 3 bei Vorhaben im Kenntnisgabeverfahren: Vorbringen von Bedenken bei der Gemeinde binnen 2 Wochen nach Zugang der Benachrichtigung Besonderheit § 55 II 2 Ausschluss der benachrichtigten Angrenzer mit den nicht fristgemäß geltend gemachten Einwendungen (Präklusion)
Bay	Art. 71	Art. 71 I 3 Äußerung innerhalb der gesetzten Frist
Bln	–	keine Regelung
Bbg	§ 64	§ 64 II 1 Gelegenheit zur Stellungnahme binnen 2 Wochen zusätzlich § 64 IV Recht zur Einsichtnahme der vom Bauherrn eingereichten Bauvorlagen bei der Bauaufsichtsbehörde

Land	Norm (LBO)	Umsetzung/Abweichung in den Ländern und der MBO 2002
Brem	§ 73	§ 73 II 1, 2 Gelegenheit zur Stellungnahme binnen 2 Wochen § 73 V 1 Einsichtnahme in die eingereichten Bauvorlagen, soweit das Vorhaben nachbarliche Belange berühren kann Besonderheit § 73 IV Präklusion mit nicht fristgemäß geltend gemachten Einwendungen
Hamb	§ 68	§ 68 IV 3 schriftliche Erhebung von Einwendungen § 68 IV 4 Eigentümer sind auf Ausschluss nicht fristgerechter Einwendungen hinzuweisen § 68 III 1 der Zustimmung des Eigentümers des angrenzenden Grundstückes bedürfen Abweichungen von den Anforderungen • an Abstandsflächen, und zwar des § 6 IX und X, soweit Mindesttiefe von 2,5 m, im Fall des § 6 XII Nr. 3 von 2,3 m, unterschritten werden soll (Nr. 1) • an Abstandsflächen, und zwar des § 6 XI, soweit der Mindestabstand von 2 m, im Fall des § 6 XII Nr. 3 von 1,8 m, unterschritten werden soll (Nr. 2) • an bauliche Einfriedungen, und zwar des § 11 II, soweit die festgesetzten Höhen überschritten werden sollen (Nr. 3) • an die Lage von Anlagen zum Sammeln und Beseitigen von Abwasser, und zwar des § 41 I, soweit die Mindestabstände unterschritten werden sollen (Nr. 4) • an die Lage der Standplätze für Abfall- und Wertstoffsammelbehälter, und zwar des § 43 III 1, soweit der Mindestabstand der Öffnungen von Aufenthaltsräumen auf angrenzenden Grundstücken unterschritten werden soll (Nr. 5) • an die Lage von Dungstätten, und zwar des § 47 VI, soweit die Mindestabstände unterschritten werden sollen (Nr. 6) § 68 III 2 Zustimmung erforderlich, wenn in Wänden, die zur Nachbargrenze gleich laufen oder ihr in spitzem Winkel gegenüber stehen, in geringerem Abstand als 1 m von der Grenze Fenster/Türen/Lüftungsöffnungen vorgesehen sind § 6 III 3 Glasbausteine gelten nicht als Fenster
Hess	§ 62	§ 62 I 2 binnen 2 Wochen nach Zugang der Benachrichtigung
M-V	§ 71	§ 71 II 2 binnen 2 Wochen nach Zugang der Benachrichtigung
Nds	§ 72	§ 72 II 1 Gelegenheit zur Stellungnahme innerhalb angemessener Frist § 72 I 1 Recht auf Einsichtnahme bei der Bauaufsichtsbehörde in die Teile des Entwurfs, die nachbarliche Belange berühren können
NRW	§ 74	§ 74 II 2 binnen eines Monats nach Zugang der Benachrichtigung
Rh-Pf	§ 68	§ 68 II 3 binnen 2 Wochen nach Zustellung der Mitteilung § 68 II 2 auf Verlangen wird Einsicht in den Lageplan und in die Bauzeichnungen gewährt, hierauf ist in der Mitteilung hinzuweisen
Saar	§ 73	§ 73 II 2 binnen 2 Wochen nach Zugang der Benachrichtigung
Sachs	§ 69	§ 69 II 2 binnen 2 Wochen nach Zugang der Benachrichtigung
Sachs-Anh	§ 76	§ 76 II 2 binnen 2 Wochen nach Zugang der Benachrichtigung
Schl-H	§ 77	§ 77 II 1 Gelegenheit zur Stellungnahme innerhalb der von der Behörde eingeräumten angemessenen Frist zusätzlich § 77 III Recht auf Einsichtnahme in Lageplan, Bauzeichnungen und Baubeschreibung bei der Bauaufsichtsbehörde für Nachbarn, deren Belange die Baumaßnahme berühren kann

Land	Norm (LBO)	Umsetzung/Abweichung in den Ländern und der MBO 2002
Thür	§ 69	§ 69 I 3 Äußerung innerhalb der gesetzten Frist zusätzlich § 69 II Beteiligtenstellung nach § 13 I Nr. 1 ThürVwVfG, § 28 ThürVwVfG nicht anwendbar

b) Die Erhebung von Einwendungen

Die Einwendungen müssen **schriftlich** oder **zur Niederschrift** bzw. zu Protokoll gegenüber der in der Landesbauordnung bestimmten Behörde (in der Regel der Bauaufsichtsbehörde) erklärt werden. Mündliche Vorsprachen oder Telefonate reichen also nicht aus. Der Angrenzer/Nachbar muss **konkret darlegen**, welcher nachbarliche Belang durch das Bauvorhaben beeinträchtigt sein soll. Er muss also das verletzte Rechtsgut bezeichnen und die befürchteten Beeinträchtigungen zumindest grob nennen.[140] Es reicht nicht aus, dass der Nachbar gegen das Vorhaben „Widerspruch" erhebt oder sich mit dem Vorhaben nicht einverstanden erklärt. 287

Die Einwendungen müssen innerhalb der von der Landesbauordnung bestimmten Frist erhoben werden. Diese Frist ist als **gesetzliche Frist** nicht verlängerbar. Eine trotzdem von der Behörde gewährte Verlängerung ist unbeachtlich; es ist dann jedoch gegen die Versäumung der Frist eine Wiedereinsetzung in den vorigen Stand möglich.[141] 288

c) Die materielle Präklusion

Verschiedene Landesbauordnungen bestimmen, dass die Nachbarn, die benachrichtigt wurden, mit allen Einwendungen ausgeschlossen werden, die sie nicht fristgemäß geltend gemacht haben. Der Nachbar kann also in einem nachfolgenden Rechtsbehelfsverfahren zulässigerweise keine neuen Einwände mehr erheben. Die Einwände müssen im Verwaltungsverfahren form- und fristgerecht, wie oben beschrieben, erhoben worden sein. Durch die Vorlage **unvollständiger oder unklarer Bauvorlagen**, aus denen sich eine mögliche Betroffenheit der Nachbarn/Angrenzer nicht erkennen lässt, wird die **Präklusionswirkung nicht ausgelöst**; umstritten ist hierbei, ob der Eintritt der Präklusionswirkung auch dann gehindert ist, wenn sich der Mangel der Bauvorlagen nicht auf die tatsächliche, sondern auf die rechtliche Betroffenheit des Nachbarn bezieht.[142] 289

6. Die Benachrichtigung des Nachbarn/Angrenzers vom Ausgang des Verfahrens

a) Ländervergleich

290

Regelungsgegenstand der Landesbauordnungen und der MBO 2002
Unterrichtung des Nachbarn, dessen Einwendungen nicht entsprochen wurde, vom **Verfahrensabschluss**, in der Regel durch Zustellung der Baugenehmigung bzw. der Entscheidung über die Abweichung oder Befreiung

291

Land	Norm (LBO)	Umsetzung/Abweichung in den Ländern und der MBO 2002
MBO 2002	§ 70	§ 70 IV
BW	§ 55	§ 55 III 6 bei Vorhaben im Kenntnisgabeverfahren: Unterrichtung der Angrenzer vom Ergebnis (unabhängig von der Erhebung von Einwendungen)

140 BW VGH vom 1. 4. 1998 NVwZ 1998, 986 und vom 26. 4. 2002 DÖV 2002, 1047.
141 VG Karlsruhe vom 18. 11. 1998 Az. 10 K 1318/97.
142 BW VGH vom 4. 9. 2002 Az. 5 S 1280/02.

Land	Norm (LBO)	Umsetzung/Abweichung in den Ländern und der MBO 2002
		§ 58 I 6 Ausfertigung der Baugenehmigung ist auch Angrenzern und Nachbarn zuzustellen, deren Einwendungen nicht entsprochen wurde, mit Ausnahme der Angaben, die wegen berechtigter Interessen der Beteiligten geheim zu halten sind
Bay	Art. 71	Art. 71 I 6 Zustellung der Baugenehmigung, falls Nachbar nicht zugestimmt hat oder den Einwendungen nicht entsprochen wurde
Bln	–	keine Regelung
Bbg	§ 64	§ 64 V Zustellung einer Ausfertigung der Baugenehmigung oder der Entscheidung über die Abweichung/Befreiung auch gefordert, falls Nachbar oder sonst hinzugezogener Verfahrensbeteiligter nicht Stellung genommen hat
Brem	§ 73	§ 73 V 2 Ausfertigung der Baugenehmigung oder Entscheidung über die Befreiung ist zuzustellen
Hamb	§ 68	§ 68 IV 5 Entscheidung über die Befreiung ist den betroffenen Eigentümern bekannt zu geben
Hess	§ 62	§ 62 III 1 Bekanntgabe der Abweichungen, Ausnahmen oder Befreiungen
M-V	§ 71	§ 71 IV Entscheidung über die Befreiung ist zuzustellen
Nds	§ 75	§ 75 IV Zustellung der Baugenehmigung mit Rechtsbehelfsbelehrung zusammen mit dem Teil der Bauvorlagen, auf den sich die Einwendungen beziehen § 75 V auf Antrag des Bauherrn ist Baugenehmigung auch Nachbarn, die keine Einwendungen erhoben haben, mit Rechtsbehelfsbelehrung zuzustellen
NRW	§ 74	§ 74 IV 1 Entscheidung über die Abweichung ist dem Angrenzer zuzustellen § 74 IV 2 Verzicht auf die Zustellung der Entscheidung möglich, falls Einwendungen entsprochen wird
Rh-Pf	§ 70	§ 70 III 2 auch, falls keine Äußerung innerhalb der Frist des § 68 II 2 abgegeben wurde: Zustellung des Bauscheins
Saar	§ 73	§ 73 IV Entscheidung über die Befreiung ist zu begründen und zuzustellen
Sachs	§ 69	§ 69 IV 1 Entscheidung über die Befreiung ist zuzustellen § 69 IV 2 Verzicht auf Zustellung der Entscheidung möglich, wenn den Einwendungen entsprochen wird
Sachs-Anh	§ 76	§ 76 IV 1 Entscheidung über die Abweichung oder Befreiung ist zuzustellen § 76 IV 2 Verzicht auf Zustellung der Entscheidung möglich, wenn den Einwendungen entsprochen wird
Schl-H	§ 77	§ 77 V Entscheidung über die Ausnahmen und Befreiungen ist den Nachbarn zuzustellen
Thür	§ 69	§ 69 I 6 Zustellung einer Ausfertigung der Baugenehmigung mit dem Teil der Bauvorlagen, auf den sich die Einwendungen beziehen § 69 II 3 bei mehr als 50 im gleichen Interesse Beteiligten kann Zustellung durch öffentliche Bekanntmachung ersetzt werden; diese muss verfügenden Teil der Baugenehmigung, Rechtsbehelfsbelehrung und Hinweis auf Einsichtsmöglichkeit in Verfahrensakten enthalten § 69 II 4 öffentliche Bekanntmachung im amtlichen Veröffentlichungsblatt der zuständigen Bauaufsichtsbehörde § 69 II 5 Zustellung gilt als bewirkt mit Tag der Bekanntmachung

b) Bedeutung der Regelung

292 Der Bauherr soll baldmöglichst Sicherheit haben, ob der Nachbar die entgegenstehenden Rechtspositionen, die er zu besitzen glaubt, weiter verfolgt. Einige Landesbauord-

nungen schreiben daher eine Unterrichtung der Nachbarn, die nicht zugestimmt haben und deren Einwendungen nicht entsprochen wurde, vom Abschluss des Verfahrens vor; dies geschieht in der Regel – je nach der landesrechtlichen Regelung – durch **Zustellung** der Entscheidung. Falls ein Nachbar nach der landesrechtlichen Regelung wegen Schwierigkeiten bei der Ermittlung nicht beteiligt werden musste, so dass er gar keine Einwendungen erheben konnte, muss er auch vom Abschluss des Verfahrens nicht benachrichtigt werden, da die Voraussetzung, dass den Einwendungen nicht entsprochen wurde, nicht erfüllt ist.

§ 70 Abs. 4 MBO 2002 sieht – im Interesse der Rechts- und Investitionssicherheit des Bauherrn – die generelle Zustellung der Baugenehmigung an die Nachbarn, die dem Bauvorhaben nicht zugestimmt haben, vor, obwohl sie nur vor der Erteilung von Abweichung und Befreiungen zu beteiligen sind.[143] Denn nachbarliche Rechte können – gerade im Abstandsflächenrecht – unabhängig von der Erteilung einer Abweichung oder Befreiung verletzt werden, eine Verletzung kann gerade darauf beruhen, dass die Notwendigkeit einer Abweichung übersehen wurde.

7. Schwierigkeiten bei Ermittlung oder Benachrichtigung des Eigentümers

Schwierigkeiten bei der **Ermittlung des Eigentümers** sind dann gegeben, wenn unklar ist, welche Person zu dem Zeitpunkt, zu dem die Gemeinde die Nachbarbeteiligung durch den Nachbarn überprüft, Eigentümer des als benachbart festgestellten Grundstücks ist. Dies ist z. B. denkbar bei Erbfällen, wenn Unklarheit über die Bestimmungen eines Testaments besteht oder wenn die Erben noch nicht vollständig ermittelt sind. Die Behörde kann sich jedoch auch auf **§ 891 BGB** berufen, wonach vermutet wird, dass das Recht demjenigen zusteht, für den es im **Grundbuch eingetragen** ist; diese Vermutung gilt auch für Behörden. Ist der Gemeinde bekannt, dass ein Eigentümerwechsel bevorsteht (z. B. bei der schrittweisen Veräußerung von Parzellen eines Neubaugebiets durch den Bauträger), so kann sich die Behörde durch Einsichtnahme ins Grundbuch absichern, dass sie den richtigen Nachbarn beteiligt. Ist der Eigentümer eines benachbarten Grundstücks nur unter Schwierigkeiten zu ermitteln, so genügt – entsprechend landesrechtlicher Regelung – die **Benachrichtigung des unmittelbaren Besitzers**, um der Verpflichtung zur ordnungsgemäßen Nachbarbeteiligung nachzukommen. Die Vorschrift ändert jedoch nichts daran, dass zur Unterschriftsleistung allein der Eigentümer befugt bleibt. 293

Schwierigkeiten bei der **Benachrichtigung des Eigentümers** bestehen dann, wenn zwar die Person des Eigentümers bekannt ist, nicht aber deren Anschrift. Ist der Behörde eine frühere Anschrift bekannt, so ist ihr der Versuch zuzumuten, über eine Nachfrage bei der Meldebehörde die gegenwärtige Anschrift zu ermitteln. Bleibt dieser Versuch erfolglos, so muss die Gemeinde nicht weiter ermitteln, sondern kann von der Möglichkeit der Benachrichtigung des unmittelbaren Besitzers Gebrauch machen, da die Anforderungen bei einer Vorschrift, die der Verfahrenserleichterung und -beschleunigung dient, nicht überspannt werden dürfen. 294

VII. Die Beteiligung von Eigentümermehrheiten

1. Rechtsformen von Eigentümermehrheiten

- **Miteigentum (Bruchteilseigentum) § 1008 BGB.** Gemeinschaftliches Eigentum ist regelmäßig Miteigentum im Sinne des § 1008 BGB. Nach dieser Vorschrift bedeutet Miteigentum, dass das Eigentum an einer Sache mehreren nach Bruchteilen zusteht. Gegenüber Dritten kann jeder Miteigentümer die Ansprüche aus dem Eigentum selbst geltend machen; jeder verwaltet sein Vermögen selbst. 295

[143] Begründung zu § 70 MBO 2002.

- **Gesamthandseigentum.** Gesamthandseigentum besteht an Sachen, wenn sie zum Vermögen einer Gesamthandsgemeinschaft gehören; jedem Gesamthänder steht ein Anteil am Vermögen zu, der jedoch „gesamthänderisch gebunden" ist. Der einzelne Gesamthandseigentümer kann demnach **nicht** über seinen Anteil an einzelnen Gegenständen des Gesamthandsvermögens verfügen.

2. Beispiele

296 • **Ehegatten**: Wenn nichts Gegenteiliges behauptet wird, kann davon ausgegangen werden, dass Ehegatten im **gesetzlichen Güterstand** leben; gesetzlicher Güterstand ist die **Zugewinngemeinschaft**, die in §§ 1363–1390 BGB geregelt wird; § 1364 BGB bestimmt, dass jeder Ehegatte sein Vermögen selbständig verwaltet. Leben Ehegatten in **Gütergemeinschaft**, so werden die Vermögen beider Ehegatten Gesamtgut. Enthält der Ehevertrag keine Bestimmung über eine Einzelverwalterbefugnis, so verwalten die Ehegatten das Gesamtgut gemeinschaftlich.
- **Bauherrengemeinschaft**: Eine Bauherrengemeinschaft ist zivilrechtlich eine **Gesellschaft bürgerlichen Rechts**, die am gemeinschaftlichen Vermögen Gesamthandseigentum besitzt.
- **(ungeteilte) Erbengemeinschaft**: Gemäß § 2032 BGB wird der Nachlass gemeinschaftliches Eigentum der Erben, die Sachen stehen also im Gesamthandseigentum, die Mitglieder einer ungeteilten Erbengemeinschaft sind nach Maßgabe der §§ 2032 ff. BGB in Bezug auf den Nachlass grundsätzlich nur zu gemeinschaftlichem Handeln befugt. Ausnahmen von diesem Grundsatz bestehen nur, wenn Rechte zugunsten der Gemeinschaft geltend gemacht werden.[144]

3. Besonderheiten bei der Beteiligung

a) Zustimmung

297 Das Grundproblem bei der Beteiligung einer Eigentümermehrheit als Nachbar besteht darin, ob der Einzelne allein auf die ihm als Nachbar zustehenden Rechte wirksam verzichten kann oder ob die Rechtsposition allen Eigentümern gemeinsam zusteht. Diese Frage bestimmt sich nach den oben dargestellten Vorschriften des bürgerlichen Rechts.

- Bei Miteigentum (Bruchteilseigentum) nach § 1008 BGB entscheidet **jeder Eigentümer für sich**, ob er einem Bauvorhaben zustimmt; die Zustimmung wirkt dann auch nur für ihn. Andere Miteigentümer sind nicht gehindert, einen anderen Standpunkt zu vertreten und die Unterschrift zu verweigern; diese bleiben dann zur weiteren Geltendmachung der Abwehrrechte, die ihnen aus ihrem Miteigentumsanteil zustehen, befugt. Leben Ehegatten im gesetzlichen Güterstand der Zugewinngemeinschaft, kann jeder Ehegatte selbst entscheiden, ob er als Nachbar einem Bauvorhaben zustimmt oder die Unterschrift verweigert.
- Da beim Gesamthandseigentum der Einzelne nicht über seinen Anteil an Gegenständen des Gesamthandsvermögens verfügen kann, kann er auch **nicht für andere wirksam die Zustimmung erklären**, es reicht nicht einmal aus, wenn die Mehrheit der Eigentümer zustimmen würde. In Gütergemeinschaft lebende Ehegatten können daher ihre Zustimmung nur gemeinsam erteilen, eine von einem Ehegatten allein erteilte Zustimmung ist rechtlich bedeutungslos. Da die einzelnen Mitglieder einer ungeteilten Erbengemeinschaft grundsätzlich nur zu gemeinschaftlichem Handeln befugt sind, kann der einzelne Miterbe nicht wirksam auf eigene Rechte oder Rechte der Gesamthandsgemeinschaft verzichten.

Ehegatten vertreten sich bei der Abgabe der Unterschrift nicht automatisch; es besteht auch keine Anscheinsvollmacht. Ebenso wenig besteht für einen Ehegatten eine Verpflichtung, den anderen Ehegatten von einem Baugenehmigungsverfahren, in dem er selbst beteiligt wurde, zu informieren.

---

[144] BVerwG vom 20. 5. 1998 BayVBl. 1998, 760.

b) Zustellung

Die Zustellung richtet sich nach dem jeweiligen landesrechtlichen Zustellungsgesetz. Grundsätzlich ist an jeden Eigentümer gesondert zuzustellen; allerdings gelten auch im öffentlichen Recht die Grundsätze über die Anscheinsvollmacht des bürgerlichen Rechts dem Rechtsgedanken nach.[145] Je nach Größe der Wohnungseigentümergemeinschaft kann von der Möglichkeit der in einigen Landesbauordnungen vorgesehenen vereinfachten Zustellung durch öffentliche Bekanntmachung Gebrauch gemacht werden. 298

4. Die Beteiligung einer Eigentümergemeinschaft nach dem WEG

a) Ländervergleich

299

Regelungsgegenstand der Landesbauordnungen
Sonderregelungen für die Beteiligung einer **Eigentümermehrheit**

300

Land	Norm (LBO)	Umsetzung/Abweichung in den Landesbauordnungen
MBO 2002	–	keine Regelung
BW	§ 55	§ 55 I 3 Benachrichtigung des Verwalters der WEG-Eigentümergemeinschaft genügt, Mehrfertigungen der Benachrichtigung sind beizufügen
Bay	Art. 71	Art. 71 III 2 Vorlage an den Verwalter der WEG-Eigentümergemeinschaft genügt
Bln	–	keine Regelung
Bbg	–	keine Regelung
Brem	–	keine Regelung
Hamb	–	keine Regelung
Hess	–	keine Regelung
M-V	–	keine Regelung
Nds	–	keine Regelung
NRW	–	keine Regelung
Rh-Pf	§ 68	§ 68 III 1 bei Eigentümermehrheit genügt Mitteilung an eine Person
Saar	§ 73	§ 73 V 1 bei Eigentümermehrheit genügt Benachrichtigung einer Person
Sachs	–	keine Regelung
Sachs-Anh	–	keine Regelung
Schl-H	–	keine Regelung
Thür	§ 69	§ 69 III 2 Vorlage an den Verwalter der WEG-Eigentümergemeinschaft genügt

b) Bedeutung der Sonderregelung

Steht das Nachbargrundstück im Eigentum einer WEG-Gemeinschaft, so ist jeder einzelne Eigentümer „Nachbar" im Sinne des Baurechts. Manche Landesbauordnungen sehen eine Verfahrensvereinfachung insofern vor, als die Vorlage der erforderlichen Unter- 301

[145] Hess VGH vom 9. 2. 1987 NVwZ 1987, 898 zur Zustellung eines Bauscheins an einen von zwei Ehegatten, der als Bauherr auch für seinen Ehepartner auftritt.

lagen an den Verwalter genügt, es ist dann Sache des Verwalters, die Eigentümer entsprechend zu informieren. Über die **Erteilung der Zustimmung** entscheidet auch in diesen Fällen jeder Eigentümer selbst; dies wird teilweise klargestellt durch eine Regelung, wonach für die Zustimmung der Gemeinschaft die Unterschrift des Verwalters nicht ausreicht.[146] Aus diesem Grund kann die Zustimmung zu einem benachbarten Bauvorhaben auch nicht durch Mehrheitsbeschluss mit Wirkung für die nicht anwesenden Mitglieder beschlossen werden, allerdings ist gem. § 23 Abs. 4 WEG der gefasste Beschluss nur ungültig, wenn er für ungültig erklärt worden ist. Hat auf dem Eingabeplan nur der Verwalter einer Eigentümergemeinschaft nach WEG unterschrieben, so muss sich die Behörde, ggf. durch Einsichtnahme in das Protokoll der Beschlussfassung, Klarheit darüber verschaffen, welche Eigentümer dem Vorhaben zugestimmt haben, alle anderen Eigentümer sind verfahrensrechtlich so zu behandeln wie Nachbarn, die nicht zugestimmt haben, insbesondere sind sie in der vorgeschriebenen Form vom Abschluss des Verfahrens zu unterrichten.

---

146 Z. B. Art. 71 III 2, 2. Halbs. BayBO.

Teil 6. Die Ersetzung des gemeindlichen Einvernehmens im Baugenehmigungsverfahren

I. Das gemeindliche Einvernehmen (§ 36 BauGB)

1. Zweck der Regelung

Art. 28 GG gewährleistet die **Planungshoheit der Gemeinden**. Diese konkretisiert 302
sich in Bauleitplänen (Flächennutzungsplan, §§ 5 ff. BauGB, Bebauungsplan, §§ 8 ff. BauGB) sowie in örtlichen Bauvorschriften.[147] Soweit die gemeindliche Planung für ein Grundstück noch nicht dieses Stadium der Konkretisierung erreicht hat oder falls die Vorgaben eines Bauleitplans für ein einzelnes Vorhaben nicht passen, muss sichergestellt werden, dass eine trotzdem erteilte Baugenehmigung nicht den gemeindlichen Planungsabsichten zuwiderläuft. § 36 Abs. 1 BauGB bestimmt daher, dass über die Zulässigkeit von Vorhaben nach den §§ 31, 33, 34 und 35 BauGB im bauaufsichtlichen Verfahren von der Baugenehmigungsbehörde „im Einvernehmen" mit der Gemeinde entschieden wird; gleichzeitig erhält die Gemeinde dadurch Gelegenheit, mit eigenen Planungen auf ein zur Genehmigung gestelltes Bauvorhaben zu reagieren und diese Planungen, falls erforderlich, mit den vom BauGB hierfür vorgesehenen Instrumenten der Veränderungssperre (§§ 14 ff. BauBG) und des Antrags auf Zurückstellung von Baugesuchen (§ 15 BauGB) zu sichern. Durch eine von der Genehmigungsbehörde ohne Beteiligung der Gemeinde abgegebene **Zusicherung**, eine Genehmigung zu erteilen, wird die **Gemeinde nicht gebunden**, diese Zusicherung ist unwirksam, wenn es sich um selbständige Rechtsträger handelt.[148]

2. Anwendungsbereich

Bauaufsichtliche Verfahren im Sinne des § 36 Abs. 1 Satz 2 BauGB sind 303

- das Baugenehmigungsverfahren
- das Vorbescheidsverfahren
- das Teilbaugenehmigungsverfahren
- das Zustimmungsverfahren für Bauvorhaben des Bundes, der Länder und der kommunalen Gebietskörperschaften.

Da im Bereich der Genehmigungsfreistellung keine bauaufsichtliche Überprüfung stattfindet, ist hier auch kein Raum für eine Einholung des Einvernehmens der Gemeinde.

Nach § 36 Abs. 1 Satz 2 BauGB ist das Einvernehmen der Gemeinde auch erforderlich, wenn in einem anderen Verfahren über die Zulässigkeit nach den in § 36 Abs. 1 Satz 1 BauGB beschriebenen Vorschriften entschieden wird. Damit sind insbesondere die spezialgesetzlichen Verfahren gemeint, in denen eine nach einem anderen Gesetz erteilte Genehmigung die Baugenehmigung mit einschließt (insbesondere die immissionsschutzrechtlichen Genehmigungen nach §§ 4, 19 BImSchG).

Nach § 36 Abs. 1 Satz 3 BauGB ist das Einvernehmen außerdem nicht erforderlich für Vorhaben der in § 29 Satz 3 BauGB bezeichneten Art, die der Bergaufsicht unterliegen. § 38 BauGB schließt die Anwendung der §§ 29 bis 37 BauGB für Planfeststellungsverfahren und vergleichbare, im Einzelnen beschriebene Verfahren aus.

Die **Vorhaben**, bei denen das Einvernehmen im Rahmen der o. g. Verfahren einzuholen ist, sind die nach

- § 31 BauGB (**Ausnahmen und Befreiungen** von den Festsetzungen eines Bebauungsplans)
- § 33 BauGB (Zulässigkeit von Vorhaben während der **Planaufstellung**)

---

[147] Z. B. Art. 91 BayBO.

[148] Bay VGH vom 18. 4. 1989 BayVBl. 1989, 689.

- § 34 BauGB (Zulässigkeit von Vorhaben innerhalb der im Zusammenhang bebauten Ortsteile, also im sog. **unbeplanten Innenbereich**)
- § 35 BauGB (Vorhaben im **Außenbereich**).

Bei der Entscheidung über die Zulässigkeit von Vorhaben nach § 30 BauGB, im Geltungsbereich eines qualifizierten Bebauungsplans, ist das Einvernehmen nicht erforderlich, weil sich dieses Vorhaben an den von der Gemeinde selbst mit der Aufstellung des Bebauungsplans gesetzten Vorgaben orientieren muss, um zulässig zu sein.

3. Prüfungsmaßstab der Gemeinde bei der Entscheidung über das Einvernehmen

304 Da das Institut des Einvernehmens Ausfluss der gemeindlichen Planungshoheit ist, darf die Gemeinde bei der Entscheidung über ihr Einvernehmen nur eine **planungsrechtliche Überprüfung** des Bauvorhabens vornehmen. Diese Überprüfung ist gemäß § 36 Abs. 2 Satz 1 BauGB bei den in § 36 Abs. 1 Satz 1 BauGB genannten Fällen beschränkt auf die Anwendung der §§ 31, 33, 34, und 35 BauGB.[149] Ist das Einvernehmen außerhalb dieser Fälle nach einer spezialgesetzlichen Regelung erforderlich, so sind die dort genannten Rechtmäßigkeitsvoraussetzungen auch für die Gemeinde bei der Frage, ob sie das Einvernehmen erteilt, Prüfungsmaßstab. Bauordnungsrechtliche Fragen fallen allein in die Prüfungskompetenz der Bauaufsichtsbehörde; dies gilt auch für örtliche Bauvorschriften.

a) Gebundene Entscheidung

305 Wenn das Vorhaben den die Gemeinde bindenden Vorschriften (d. h. den §§ 33 bis 35 BauGB) entspricht, hat der Bauwerber – die bauordnungsrechtliche Zulässigkeit des Vorhabens vorausgesetzt – einen Rechtsanspruch auf Genehmigung, soweit planungsrechtliche Vorschriften nicht entgegenstehen, die Gemeinde ist daher zur Erteilung des Einvernehmens **verpflichtet**. Das Institut des Einvernehmens eröffnet der Gemeinde in diesen Fällen einer gebundenen planungsrechtlichen Entscheidung **keine Entscheidungsfreiheit**, ob sie das Vorhaben befürworten will, sondern erschöpft sich in einer (ersten) Überprüfung der planungsrechtlichen Zulässigkeit durch die dem Vorhaben näher stehende Körperschaft. Die Gemeinde darf bei einem solchen, mit den §§ 33 bis 35 BauGB übereinstimmenden Bauvorhaben, ihr Einvernehmen nicht unter Hinweis auf ihre rechtlich noch unverbindlichen Planungsabsichten verweigern.[150] Sie darf das Erfordernis des Einvernehmens auch nicht zum Anlass nehmen, ein ihr aus sonstigen Gründen unliebsames Vorhaben, das z. B. aus ihrer Sicht zu viele Wohneinheiten enthält, zu verhindern.

Rechtlich gebunden sind die Entscheidungen nach

- § 22 Abs. 5 Satz 1 BauGB
- § 36 Abs. 1 Satz 1 i.V. m. § 33 Abs. 1 BauGB
- § 36 Abs. 1 Satz 1 i.V. m. § 34 Abs. 1, Abs. 2, 1. Halbsatz BauGB
- § 36 Abs. 1 Satz 1 i.V. m. § 35 BauGB.

Auch im Rahmen des § 15 Abs. 2 BauNVO hat die Gemeinde keinen Entscheidungsspielraum.[151]

b) Ermessensentscheidung

306 Wenn der Bauaufsichtsbehörde bei der Zulassung eines Vorhabens ein Ermessen zusteht, darf auch die Gemeinde bei der Erteilung des Einvernehmens Ermessensüberlegungen anstellen.[152] Sie bleibt jedoch auch bei der Ermessensausübung auf planungsrechtliche Überlegungen beschränkt; es wäre beispielsweise ermessensfehlerhaft, wenn sie die Erteilung des Einvernehmens von einer wirtschaftlichen Gegenleistung des Bau-

[149] BVerwG vom 15. 11. 1991 NVwZ-RR 1992, 529.
[150] BGH vom 29. 9. 1975 BayVBl. 1976, 122.
[151] BVerwG vom 29. 7. 1991 NVwZ 1991, 1078.
[152] *Schmaltz* in Schrödter, BauGB 6. Aufl. § 36 Rn. 11.

werbers abhängig machen würde, es sei denn, durch diese Zuwendung würde ein Genehmigungshindernis ausgeräumt.[153]

Im Ermessen steht die Erteilung des gemeindlichen Einvernehmens bei

- der Zulassung von Ausnahmen nach § 36 Abs. 1 Satz 1 i.V. m. § 31 Abs. 1 BauGB und von Befreiungen nach § 36 Abs. 1 Satz 1 i.V. m. § 31 Abs. 2 BauGB[154]
- der Zulassung eines Vorhabens während der Planaufstellung nach § 33 Abs. 2 BauGB
- § 34 Abs. 2, 2. Halbs. BauGB i.V. m. § 31 Abs. 2 BauGB.

c) Handlungsmöglichkeiten der Gemeinde

Die Gemeinde hat die Möglichkeit, auf eine durch ein einzelnes, genehmigungsfähiges Vorhaben eingeleitete städtebauliche Entwicklung planerisch zu reagieren und die materielle Rechtslage auch mit Wirkung für das bereits eingereichte Baugesuch zu ändern: Sie kann bei Vorhaben im unbeplanten Innenbereich noch die 307

- **Aufstellung eines Bebauungsplans** (§ 2 Abs. 1 Satz 2 BauGB) und auf Grund dessen eine **Veränderungssperre** beschließen (§ 14 BauGB) oder
- die **Zurückstellung des Baugesuchs** beantragen (§ 15 BauGB).

Falls sie dies nicht tut, muss sie das Vorhaben hinnehmen, wobei es ihr unbenommen bleibt, ihre Planungen dem Vorhaben anzupassen.

4. Zuständigkeit innerhalb der Gemeinde

Welches Gemeindeorgan für die Entscheidung über die Erteilung des Einvernehmens zuständig ist (Bürgermeister oder Gemeinde-/Stadtrat), richtet sich nach der jeweiligen landesrechtlichen Regelung des Kommunalrechts. Ob die Erteilung des Einvernehmens als Geschäft der laufenden Verwaltung in die Zuständigkeit des ersten Bürgermeisters fällt, ist abhängig von der Größe der Gemeinde und den Auswirkungen des Vorhabens auf die gemeindlichen Planungsabsichten. 308

5. Rechtsnatur der gemeindlichen Entscheidung

a) Verwaltungsinternum

Nach dem Wortlaut des § 36 Abs. 1 Satz 1 BauGB wird über die Zulässigkeit der genannten Vorhaben „von der Baugenehmigungsbehörde im Einvernehmen mit der Gemeinde entschieden“. Verwaltungsakt mit Rechtswirkungen nach außen ist also die Entscheidung der Baugenehmigungsbehörde, nicht aber die Entscheidung der Gemeinde über die Erteilung oder Versagung des Einvernehmens; die Entscheidung der Gemeinde ist ein **Verwaltungsinternum ohne Außenwirkung**. In Form eines Verwaltungsakts ergeht erst die nach außen, an den Bauwerber, gerichtete Entscheidung über die Erteilung oder Versagung der Baugenehmigung; erst diese Entscheidung ist vom Nachbarn (bzw. im Fall der Versagung vom Bauwerber) anfechtbar bzw. einklagbar (s. unten Rn. 342 ff.). 309

b) Empfangsbedürftige Willenserklärung

Auch wenn die Entscheidung der Gemeinde ein Verwaltungsinternum ist, muss sie in irgendeiner Form den Bereich der Gemeinde verlassen und nach außen gelangen, um überhaupt wirksam zu werden. Die Erteilung des Einvernehmens ist ebenso wie seine Versagung **eine Willenserklärung der Gemeinde gegenüber der Baugenehmigungsbehörde**, die, analog § 130 BGB, erst mit Zugang bei der Genehmigungsbehörde wirksam wird. Die Beschlussfassung des Gemeinderats oder die Entscheidung des Bürgermeisters hat also noch keine Rechtswirkung.[155] Für die Versagung/Erteilung des Einvernehmens gelten **keine Formvorschriften**, eine nur mündliche, auch telefonische Übermittlung an 310

[153] BVerwG vom 16. 12. 1993 NVwZ 1994, 485.
[154] Bay VGH vom 10. 10. 1995 BayVBl. 1996, 149.
[155] Bay VGH vom 27. 10. 2000 NVwZ-RR 2001, 364 unter Hinweis auf die einhellige Meinung in der Literatur.

die Genehmigungsbehörde genügt. Eine Pflicht zur Begründung ergibt sich nur, wenn die Einvernehmenserteilung im Ermessen der Gemeinde steht, nicht bei gebundenen Entscheidungen.

c) Fiktionswirkung des § 36 Abs. 2 Satz 2 BauGB

311 Nach dieser Vorschrift gilt das Einvernehmen der Gemeinde als erteilt, wenn es nicht binnen zwei Monaten nach Einreichung des Baugesuchs bei der Gemeinde versagt wird. Die Frist beginnt nur zu laufen, wenn der Bauantrag den Formvorschriften genügt, da nur dann der Gemeinde eine umfassende Beurteilung des Vorhabens möglich ist. Die Frist ist eine Ereignisfrist (§§ 187 Abs. 1, 188 Abs. 2 BGB), d. h. sie beginnt mit dem auf das „Ereignis", hier den Eingang des Baugesuchs, folgenden Tag, und endet somit mit Ablauf des Tages, dessen Zahl der des Eingangs entspricht. Spätestens am letzten Tag der Frist muss der Bauaufsichtsbehörde die Erklärung der Gemeinde, dass sie das Einvernehmen versagt, zugegangen sein. Der bloße **Zugang der Versagungserklärung** hindert den Eintritt der Fiktionswirkung, unabhängig von der Rechtmäßigkeit der getroffenen gemeindlichen Entscheidung. Eine Versagung des Einvernehmens nach Ablauf der Fiktionsfrist hat im Hinblick auf die Bindungswirkung der Einvernehmenserteilung keine Rechtswirkungen, kann also auch nicht in einen Widerruf des durch Fristablauf als erteilt geltenden Einvernehmens umgedeutet werden. Dasselbe gilt, falls die Genehmigungsbehörde den Eintritt der Fiktionswirkung übersieht und gleichwohl das Einvernehmen ersetzt; hierdurch werden der Gemeinde keine neue Anfechtungsmöglichkeiten eröffnet.

312 Die Gemeinde muss die rechtzeitige Übermittlung der Erklärung an die Genehmigungsbehörde **nachweisen**; ist ein Nachweis im Nachhinein nicht mehr möglich, so gilt das Einvernehmen nach § 36 Abs. 2 Satz 2 BauGB als erteilt. Nach **Ablauf der Fiktionsfrist** hat die Gemeinde keine rechtliche Möglichkeit mehr, die Entscheidung, zu der ihr Einvernehmen eingeholt wurde, zu verhindern, sie kann etwaige Bedenken nur noch gegenüber der Genehmigungsbehörde geltend machen, damit diese sie bei ihrer Entscheidung berücksichtigt.

313 Die Fiktionsfrist des § 36 Abs. 2 Satz 2 BauGB ist **nicht verlängerungsfähig**. Eine Verlängerungsmöglichkeit wurde vom Gesetzgeber im Hinblick auf das zugrunde liegende gesetzgeberische Ziel der Verfahrensbeschleunigung gerade nicht vorgesehen.[156] Es ist auch **keine Wiedereinsetzung in den vorigen Stand** wegen Versäumung der Frist des § 36 Abs. 2 Satz 2 BauGB möglich, da die dem § 32 VwVfG entsprechenden landesrechtlichen Vorschriften nicht für Fristen im verwaltungsinternen Verkehr zwischen verschiedenen Behörden gelten, darüber hinaus für diese Auffassung auch der mit der Fiktionswirkung verfolgte Beschleunigungszweck spricht.[157]

d) Bindungswirkung für die Gemeinde

314 Die Gemeinde ist an das einmal erteilte Einvernehmen, sei es auch das durch Fristablauf nach § 36 Abs. 2 Satz 2 BauGB fingierte Einvernehmen, gebunden, sie kann es weder widerrufen, noch zurücknehmen.[158] Die früher z. T. vertretene gegenteilige Auffassung ist im Hinblick auf die zwischenzeitlich ergangenen Vorschriften zur Verfahrensbeschleunigung überholt.[159] Im Gegensatz dazu ist die Gemeinde an eine einmal **ausgesprochene Versagung des Einvernehmens nicht gebunden**, sondern kann diese nachträglich in eine positive Entscheidung abändern und das Einvernehmen erteilen; eine unerwünschte Verfahrensverzögerung ist in diesem Fall nicht zu befürchten. Die Erteilung des Einvernehmens bezieht sich nur auf das konkret zur Genehmigung gestellte Vorhaben. Bei einer **Änderung des Vorhabens** ist für die Frage, ob die Gemeinde erneut beteiligt werden

[156] BVerwG vom 12. 12. 1996 DVBl. 1997, 827.
[157] Bay VGH vom 27. 10. 2000 NVwZ-RR 2001, 364.
[158] BVerwG vom 12. 12. 1996 DVBl. 1997, 827.
[159] Zur früher vertretenen Auffassung z. B. BW VGH vom 23. 5. 1995 BRS 57, Nr. 200; zum Ausschluss von Widerruf oder Rücknahme Bay VGH vom 18. 12. 1998 vgl. Fst. 2000, 501.

muss, zu unterscheiden: Bei Einleitung eines neuen Genehmigungsverfahrens ist die Gemeinde immer erneut zu beteiligen, unabhängig davon, ob die Änderung planungsrechtliche Belange berührt. Die Gemeinde hat dann die volle Entscheidungsfreiheit und ist an ihre planerische Beurteilung im vorangegangenen Verfahren nicht gebunden; auf die Sicherheit des erteilten Einvernehmens hat der Bauwerber durch Einleitung eines neuen Verfahrens verzichtet. Ist die Änderung nicht so wesentlich, dass ein neues Genehmigungsverfahren eingeleitet werden muss, sondern reicht ein Tekturverfahren aus, so ist das Einvernehmen nur neu einzuholen, wenn die Tektur planungsrechtliche Gesichtspunkte berührt (z. B. Verschiebung eines Baukörpers auf einem Außenbereichsgrundstück).

e) Bedingte Erteilung

Die Gemeinde selbst hat keine Möglichkeit, bei der Einvernehmenserteilung inhaltsbeschränkende „Nebenbestimmungen" der Genehmigung verbindlich festzusetzen. Eine „bedingte Erteilung" ist rechtlich eine **Versagung des Einvernehmens** zu dem Bauvorhaben, wie es zur Genehmigung gestellt ist. Ändert der Bauwerber das Bauvorhaben so, dass es die von der Gemeinde beigefügten Bedingungen erfüllt, so ist die Gemeinde nun an die frühere Entscheidung der bedingten Erteilung gebunden. Ob im Fall einer nachträglichen Änderung des Bauvorhabens, das nun den von der Gemeinde bei der Entscheidung über das Einvernehmen gemachten Vorgaben entspricht, die Gemeinde nochmals beteiligt werden muss oder ob das ursprünglich bedingt erteilte Einvernehmen bereits antizipiert erteilt wurde, ist umstritten, im Hinblick auf die materielle Bindung der Gemeinde aber ohne praktische Auswirkung.[160] Denkbar ist auch eine Absprache zwischen Gemeinde und Genehmigungsbehörde über die Aufnahme von Nebenbestimmungen in die Genehmigung.[161] 315

6. Rechtsfolgen der gemeindlichen Entscheidung

a) Erteilung des Einvernehmens

Hat die Gemeinde das Einvernehmen erteilt oder gilt es als erteilt, so hat die Gemeinde auf die Rechte verzichtet, die ihr als Trägerin der Planungshoheit zustehen. Sie kann dann das Bauvorhaben nicht mehr mit der Begründung anfechten, es verstoße gegen planungsrechtliche Vorschriften, auf deren Verletzung sie sich berufen könne. Das erteilte Einvernehmen entfaltet jedoch **keine positive Bindungswirkung für die Genehmigungsbehörde**.[162] Der Genehmigungsbehörde wird dadurch nur die Möglichkeit einer positiven Entscheidung eröffnet; sie prüft in eigener Zuständigkeit, ob das Vorhaben die bauordnungsrechtlichen und die bauplanungsrechtlichen Voraussetzungen für die Genehmigung erfüllt. 316

b) Versagung des Einvernehmens

Im Verwaltungsverfahren hat die negative Entscheidung der Gemeinde den Vorrang vor einer hiervon abweichenden rechtlichen Beurteilung durch die Genehmigungs- und Widerspruchsbehörde:[163] Die **Genehmigungs- und die Widerspruchsbehörde sind an die Verweigerung des Einvernehmens gebunden**; gegen den Willen der Gemeinde darf bis zu einer gerichtlichen Klärung, ob ein Anspruch auf die beantragte Genehmigung besteht, oder bis zu einer aufsichtlichen Ersetzung des Einvernehmens keine Baugenehmigung erteilt werden. Erst das Gericht kann sich im Klageverfahren über das fehlende Einvernehmen hinwegsetzen (s. unten Rn. 344). 317

---

160 Die antizipierte Erteilung des Einvernehmens bei bedingter Erteilung bejaht VG Neustadt (Weinstraße) vom 6. 12. 2000 Az. 4 L 2678/00.NW.

161 BVerwG vom 15. 11. 1991 NVwZ-RR 1992, 529.

162 BVerwG vom 15. 11. 1991 NVwZ-RR 1992, 529.

163 BVerwG vom 7. 2. 1986 NVwZ 1986, 556.

c) Haftungsrechtliche Folgen rechtswidriger Verweigerung des Einvernehmens

318 Der Eigentümer des Grundstücks hat auf der Grundlage der Eigentumsgarantie des Art. 14 GG einen **Anspruch auf Erteilung der Baugenehmigung**. Eine rechtswidrige Verweigerung des Einvernehmens kann eine Verletzung der Amtspflichten darstellen, die die Gemeinde gegenüber einem Bauwilligen beachten muss. Bei Vorliegen der weiteren Voraussetzungen des § 839 BGB (insbesondere des Merkmals, dass die Verweigerung schuldhaft rechtswidrig erfolgt sein muss) wird daher eine Pflicht der Gemeinde zum Ersatz des durch die rechtswidrige Verweigerung entstandenen Schadens begründet. Die Versagung des Einvernehmens ist beispielsweise dann schuldhaft, wenn die Gemeinde trotz wiederholter Hinweise Dritter auf die Rechtslage, insbesondere seitens der Bauaufsichtsbehörde, an der Versagung des Einvernehmens festhält.[164]

7. Schutzzweck des § 36 BauGB

319 Im Hinblick auf den mit der Regelung verfolgten Zweck, die Mitwirkungsbefugnis der Gemeinde zu sichern, kann sich ein Nachbar nicht darauf berufen, dass eine Baugenehmigung ohne das erforderliche Einvernehmen erteilt wurde. Angreifbar ist die ohne erforderliches Einvernehmen erteilte Genehmigung dagegen für die Gemeinde (dazu im Einzelnen unten Rn. 352).

II. Die Ersetzung des Einvernehmens im Baugenehmigungsverfahren

MBO 2002 § 71, BW –, Bay Art. 74, Bln –, Bbg § 70, Brem –, Hamb –, Hess –, M-V § 71a, Nds –, NRW § 80 Abs. 2, Rh-Pf § 71, Saar –, Sachs § 70a, Sachs-Anh § 74, Schl-H –, Thür –.

1. Ländervergleich

320

	Regelungsgegenstände der Landesbauordnungen und der MBO 2002[165]
1.	Bei **rechtswidriger Versagung** des nach Städtebaurecht/BauGB oder nach LBO-Vorschriften erforderlichen Einvernehmens einer Gemeinde, die nicht zugleich Genehmigungsbehörde ist, kann das fehlende Einvernehmen ersetzt werden
2.	Gemeinde ist vor Erlass der Genehmigung **anzuhören**, dabei ist ihr Gelegenheit zur erneuten Entscheidung über das gemeindliche Einvernehmen binnen angemessener Frist zu geben
3.	Fiktion der Genehmigung **als Ersatzvornahme**, sie ist insoweit zu begründen
4.	falls **Gemeinde zugleich Genehmigungsbehörde**: entsprechende Geltung der Vorschriften über die Ersetzung für das Widerspruchsverfahren
5.	bei Entfallen der aufschiebenden Wirkung von Widerspruch und Anfechtungsklage gegen die Genehmigung: auch insoweit **keine aufschiebende Wirkung von Widerspruch und Anfechtungsklage**, als Genehmigung als Ersatzvornahme gilt

321

Land	Norm (LBO)		Umsetzung/Abweichung in den Ländern und der MBO 2002[166]
MBO 2002	§ 71	1.	§ 71 Einvernehmen erforderlich nach § 14 II 2, § 22 V 1, § 36 I 1, 2 BauGB § 71 fehlendes Einvernehmen **ist** zu ersetzen

[164] VG Potsdam vom 30. 3. 2000 NVwZ-RR 2000, 7633.

[165] Die hier verwendeten Ziffern entsprechen den Ziffern der nachstehenden Rubrik „Umsetzung/Abweichung in den Ländern und der MBO 2002".

[166] Die hier verwendeten Ziffern entsprechen den Ziffern der vorstehenden Rubrik „Regelungsgegenstände der Landesbauordnungen und der MBO 2002".

Land	Norm (LBO)	Umsetzung/Abweichung in den Ländern und der MBO 2002	
		2.	§ 71 IV 1, 2
		3.	§ 71 III 1, 2
		4.	§ 71 V
		5.	§ 71 III 3
Bay	Art. 74	**1.**	Art. 74 I Einvernehmen erforderlich nach Städtebaurecht oder nach Art. 70 II 1
		2.	Art. 74 IV 1, 2
		3.	Art. 74 III 1
		4.	Art. 74 V
		5.	Art. 74 III 2
Bbg	§ 70	**1.**	§ 70 I 1 Einvernehmen erforderlich nach Vorschriften der Bauordnung oder des BauGB Bauaufsichtsbehörde soll fehlendes Einvernehmen ersetzen
		2.	§ 70 II 1 (Anhörung), § 70 II 2 Frist zur erneuten Entscheidung beträgt einen Monat
		3.	§ 70 III 1, 2
		4.	§ 70 V entsprechende Geltung der Absätze I bis III für das Widerspruchsverfahren
		5.	§ 70 III 3 zusätzlich § 70 I 2 wird in anderem Genehmigungsverfahren über die Zulässigkeit des Vorhabens entschieden, tritt die insoweit zuständige Behörde an die Stelle der Bauaufsichtsbehörde § 70 IV abweichend von § 130 Gemeindeordnung kann Gemeinde die Ersetzung durch Widerspruch gegen die Genehmigung anfechten
M-V	§ 71 a	**1.**	§ 71 a I Regelung gilt nur, wenn Einvernehmen erforderlich nach BauGB
		2.	§ 71 a III 1, 2
		3.	§ 71 a I fehlendes Einvernehmen kann durch Erteilung der Baugenehmigung ersetzt werden
		4.	keine Regelung
		5.	§ 71 a IV zusätzlich § 71 a II falls in einer vom Landrat als untere Bauaufsichtsbehörde zu entscheidenden Angelegenheit § 71 a I der Landkreis anderweitig beteiligt ist: Einvernehmensersetzung bedarf der Einwilligung durch die oberste Bauaufsichtsbehörde § 71 a V entsprechende Anwendung der Ersetzungsvorschriften, soweit innerhalb anderer Zulassungsverfahren die Entscheidung über die Baugenehmigung eingeschlossen ist
NRW	§ 80 II		Ersetzungsvorschrift im Rahmen des Zustimmungsverfahrens öffentlicher Bauherren nach § 80 BauO NRW
		1.	§ 80 II 1 Einvernehmen muss erforderlich sein nach § 36 I 1 und 2 BauGB
		2.	§ 80 II 5 nur Gelegenheit zur erneuten Entscheidung der Gemeinde geregelt
		3.	§ 80 II 3 Zustimmung der oberen Bauaufsichtsbehörde gilt zugleich als Ersatzvornahme
		4.	keine Regelung
		5.	keine Regelung zusätzlich § 80 II 6 gegen die Entscheidung der oberen Bauaufsichtsbehörde unmittelbarer Rechtsweg zu den Verwaltungsgerichten eröffnet Besonderheit § 80 II 1 Zuständigkeit der oberen Bauaufsichtsbehörde für die Ersetzung

Land	Norm (LBO)		Umsetzung/Abweichung in den Ländern und der MBO 2002
Rh-Pf	§ 71	**1.**	§ 71 I 1 Einvernehmen muss erforderlich sein nach § 14 II 2, § 22 V 1 oder § 36 I 1 BauGB
		2.	§ 71 III 2
		3.	§ 71 II 1
		4.	§ 71 II 2 falls gemäß § 58 II Verbandsgemeindeverwaltung über die Baugenehmigung entscheidet, kann das rechtswidrig versagte Einvernehmen einer Ortsgemeinde nur im Widerspruchsverfahren ersetzt werden
		5.	§ 71 IV 2
			zusätzlich § 71 IV 1 soweit Baugenehmigung als Ersatzvornahme gilt, kann sie nicht gesondert nach § 126 der Gemeindeordnung angefochten werden § 71 IV 3 Kreisrechtsausschuss für Erlass des Widerspruchsbescheids zuständig § 71 V 1 bei Versagung der Baugenehmigung kann rechtswidrig versagtes Einvernehmen der Gemeinde im Widerspruchsverfahren durch Erteilung der Baugenehmigung ersetzt werden § 71 V 2 entsprechende Anwendung der §§ 65 II und 121 VwGO für die Beteiligung der Gemeinde im Widerspruchsverfahren
Sachs	§ 70 a	**1.**	§ 70 a I Einvernehmen muss erforderlich sein nach BauGB oder nach § 68 VII (Ausnahmen und Befreiungen von örtlichen Bauvorschriften) fehlendes Einvernehmen ist zu ersetzen
		2.	§ 70 a III 1, 2
		3.	§ 70 a II 1
		4.	§ 70 a V planungsrechtliche Entscheidungen im Widerspruchsverfahren sind im Benehmen mit der Gemeinde zu treffen, ansonsten entscheidet Widerspruchsbehörde entsprechend der Vorschriften über die Ersetzung des gemeindlichen Einvernehmens
		5.	§ 70 a II 3
			zusätzlich § 70 a IV § 114 SächsGemO nicht anwendbar, §§ 115, 116 SächsGemO nach Maßgabe der vorstehenden Absätze anwendbar
Sachs-Anh	§ 74	**1.**	§ 74 I 1 Einvernehmen muss erforderlich sein nach BauGB, Genehmigungsbehörde hat das fehlende Einvernehmen zu ersetzen
		2.	§ 74 II 1, 2 Frist zur erneuten Entscheidung beträgt einen Monat
		3.	§ 74 III 1
		4.	§ 74 V entsprechende Geltung der § 74 Absätze 1 bis 3 für das Widerspruchsverfahren
		5.	§ 74 III 3
			zusätzlich § 74 I 2 sofern Genehmigungsbehörde nicht die zuständige Bauaufsichtsbehörde ist, hat sie diese zu beteiligen § 74 III 2 Genehmigung, die zugleich als Ersatzvornahme gilt, ist auch gegenüber der Gemeinde bekannt zu geben

2. Allgemeines

a) Musterbauordnung 2002

322 Die Regelung in § 71 MBO 2002 ist gegenüber der in § 69 a MBO a. F. enthaltenen Regelung in den Grundzügen unverändert geblieben. Neu aufgenommen wurde die Klarstellung in § 71 Abs. 3 MBO 2002, dass Widerspruch und Anfechtungsklage auch insoweit keine aufschiebende Wirkung haben, als die Genehmigung als Ersatzvornahme gilt; diese Klarstellung läuft konform zur Regelung des § 212 a BauGB, wonach Wider-

spruch und Anfechtungsklage eines Dritten gegen die bauaufsichtliche Zulassung eines Vorhabens keine aufschiebende Wirkung haben.

b) Bedeutung der Ersetzungsvorschrift

Die Baugenehmigungsbehörde ist auch an eine rechtswidrige Versagung des Einvernehmens gebunden. Will sie die Genehmigung trotzdem erteilen, muss sie abwarten, bis das kommunalrechtliche Verfahren der Ersatzvornahme abgeschlossen und auf diese Weise das Einvernehmen erteilt ist. Dies führt zwangsläufig zu zeitlichen Verzögerungen, da mit dem kommunalrechtlichen Ersetzungsverfahren ein zweites, zweistufiges Verfahren (Beanstandung und Ersatzvornahme) vor einem anderen Amt (Kommunalaufsicht) eingeleitet wird, wobei sowohl die Beanstandung, als auch die Ersatzvornahme ihrerseits gegenüber der Gemeinde anfechtbare Verwaltungsakte sind. Einige Landesbauordnungen eröffnen daher der Bauaufsichtsbehörde die direkte Möglichkeit, im Rahmen eines speziellen, zum Genehmigungsverfahren parallel verlaufenden Verfahrens das Einvernehmen zu ersetzen und verknüpfen die Erteilung der Baugenehmigung mit dieser Ersetzung. Die Erteilung der Baugenehmigung gilt dann gleichzeitig als Ersetzung des Einvernehmens. 323

c) Anwendungsbereich

Die Ersetzung des gemeindlichen Einvernehmens nach dem speziellen bauordnungsrechtlichen Ersetzungsverfahren ist vorgesehen für **alle baurechtlichen Genehmigungsverfahren**: 324

- das Baugenehmigungsverfahren
- das vereinfachte Genehmigungsverfahren
- das Vorbescheidsverfahren
- das Teilbaugenehmigungsverfahren
- das Zustimmungsverfahren für Bauvorhaben öffentlicher Bauherren
- das Verfahren bei Erteilung einer isolierten Abweichung.

Folgt einem Vorbescheidsverfahren ein Genehmigungsverfahren nach, so ist hierfür das Einvernehmen gesondert einzuholen, da das Gesetz für einen solchen Fall keine Spezialregelung, wonach die Einholung des Einvernehmens entbehrlich wäre, vorsieht. Andererseits läuft die Verweigerung des Einvernehmens dann ins Leere, wenn bereits im Vorbescheidsverfahren eine planungsrechtliche Zulässigkeitsfrage zur Entscheidung gestellt wurde, da diese Frage im Genehmigungsverfahren nicht mehr geprüft wird. Die Behörde ist also bei einer solchen Fallkonstellation nicht gehindert, die Baugenehmigung infolge der Bindungswirkung des Vorbescheids bezüglich der planungsrechtlichen Zulässigkeitsfrage zu erteilen, obwohl die Gemeinde im Genehmigungsverfahren das Einvernehmen versagt hat.[167] 325

3. Materielle Voraussetzungen für eine Ersetzung des Einvernehmens

a) Verschiedenheit von Gemeinde und Genehmigungsbehörde

Ist die Gemeinde zugleich Genehmigungsbehörde, so kann sie nach außen nur eine einheitliche Entscheidung über die Genehmigung treffen. Will sie das Einvernehmen versagen, so muss sie die Genehmigung ablehnen. Daher kann ein Ersetzungsverfahren nur dann Sinn haben, wenn die Gemeinde nicht selbst Genehmigungsbehörde ist. Dies wird z.T. ausdrücklich gesetzlich festgelegt, ergibt sich im Übrigen aus Sinn und Zweck der Ersetzungsvorschrift. Ist die Gemeinde selbst Genehmigungsbehörde, wird die Befugnis zur Ersetzung des verweigerten Einvernehmens je nach Landesrecht auf die Widerspruchsbehörde für das Widerspruchsverfahren übertragen (dazu Rn. 340). 326

---

[167] Zur generellen Einholung neigend: OVG Bbg vom 4.11.1996 BRS 58 Nr. 143.

b) Städtebaurecht oder Bauordnungsrecht als Rechtsgrundlage für das Erfordernis des Einvernehmens

327 Die Fälle, in denen das Einvernehmen auf der Grundlage einer Landesbauordnung ersetzt werden kann, werden in der jeweiligen Ersetzungsvorschrift abschließend aufgezählt. Es handelt sich (übereinstimmend in allen Landesbauordnungen) um die Fälle, in denen das Einvernehmen erforderlich ist
- nach Städtebaurecht (bzw. nach Vorschriften des BauGB) oder
- nach Vorschriften der jeweiligen Landesbauordnung.

Ist das Einvernehmen in anderen, von der jeweiligen Ersetzungsvorschrift nicht erfassten Fällen zu erteilen, so kann es nur im Wege der kommunalrechtlichen Ersatzvornahme, allenfalls nach § 36 Abs. 2 Satz 3 BauGB, falls das jeweilige Landesrecht bereits eine Bestimmung über die nach § 36 Abs. 2 Satz 3 BauGB zuständige Behörde getroffen hat, ersetzt werden.

328 Rechtsgrundlagen des **BauGB** für das Erfordernis des Einvernehmens sind
- § 14 Abs. 2 Satz 2 BauGB (Ausnahmen von der Veränderungssperre)
- § 22 Abs. 5 Satz 1 BauGB (Genehmigung zur Sicherung von Gebieten mit Fremdenverkehrsfunktion)
- § 173 Abs. 1 Satz 2 BauGB (Genehmigung in Erhaltungsgebieten)
- § 36 Abs. 1 Satz 1 BauGB i.V. m. § 31 BauGB (Ausnahmen und Befreiungen von den Festsetzungen eines Bebauungsplans)
- § 36 Abs. 1 Satz 1 BauGB i.V. m. § 33 BauGB (Zulässigkeit von Vorhaben während der Planfeststellung bei Planreife)
- § 36 Abs. 1 Satz 1 BauGB i.V. m. § 34 (Zulässigkeit von Vorhaben im sog. unbeplanten Innenbereich, d. h. innerhalb im Zusammenhang bebauter Ortsteile, die nicht im Geltungsbereich eines qualifizierten Bebauungsplans liegen)
- § 36 Abs. 1 Satz 2 BauGB (Entscheidung über die Zulässigkeit nach den in § 36 Abs. 1 Satz 1 BauGB bezeichneten Vorschriften, d. h. wenn in einem anderen Verfahren über die Zulässigkeit entschieden wird, es sei denn, dass ein Planfeststellungsverfahren vorgesehen ist, oder das Vorhaben der Bergaufsicht unterliegt).

329 Hauptanwendungsfall für das Erfordernis des Einvernehmens nach **Bauordnungsrecht** ist die Zulassung von Abweichungen von örtlichen Bauvorschriften.

c) Versagung des Einvernehmens

330 Das Einvernehmen kann nur ersetzt werden, wenn es überhaupt „versagt“ wurde, wenn also, wie oben dargestellt, die entsprechende Erklärung gegenüber dem richtigen Adressaten abgegeben und damit wirksam wurde. Die Versagung des Einvernehmens ist nur möglich, solange die Frist des § 36 Abs. 2 Satz 2 BauGB noch nicht abgelaufen ist. Nach Fristablauf gilt das Einvernehmen als erteilt, eine gleichwohl noch erklärte Versagung des Einvernehmens hat keinerlei rechtliche Bedeutung.

d) Rechtswidrigkeit der Versagung

331 Maßgeblicher **Zeitpunkt** für die Prüfung, ob das Einvernehmen zu Recht oder zu Unrecht versagt wurde, ist der der Beurteilung durch die Genehmigungsbehörde bei ihrer Entscheidung über die Ersetzung des Einvernehmens. Für die Beurteilung der Rechtswidrigkeit ist zu unterscheiden, ob die Gemeinde bei ihrer Entscheidung ein Ermessen hatte oder nicht.

332 **aa) Bei gebundener planungsrechtlicher Beurteilung.** Hat die Gemeinde bei der Entscheidung über das Einvernehmen kein Ermessen, so ist die Versagung des Einvernehmens rechtswidrig, wenn sie **jedenfalls im Ergebnis zu Unrecht** erfolgte. Das bedeutet, dass – ungeachtet der konkret getroffenen Entscheidung – zu prüfen ist, ob das Vorhaben den planungsrechtlichen Vorschriften entspricht; ist dies der Fall, ist jede andere Entscheidung als die der Erteilung des Einvernehmens rechtswidrig. Umgekehrt ist eine

Versagung, auch wenn sie z. B. fälschlicherweise auf bauordnungsrechtliche oder naturschutzrechtliche Gründe gestützt wurde, im Ergebnis zu Recht erfolgt und kann nicht ersetzt werden, wenn dem Vorhaben zwingende planungsrechtliche Gründe entgegenstehen; dies gilt selbst dann, wenn die Gemeinde gar keine planungsrechtliche Prüfung vorgenommen hat. Selbst wenn die rechtlichen Bedenken, die einer positiven gemeindlichen Entscheidung entgegenstanden, durch die Beifügung von Nebenbestimmungen ausgeräumt werden könnten, bleibt die Versagung rechtmäßig; die Genehmigungsbehörde kann versuchen, mit der Gemeinde zu einer Verständigung zu kommen über die Erteilung des Einvernehmens bei Zusicherung, die Genehmigung unter Nebenbestimmungen zu erteilen.[168]

bb) Bei planungsrechtlichem Entscheidungsspielraum (Ermessen). Hat die Gemeinde bei der Frage, ob sie das Einvernehmen erteilt, ein Ermessen, so genügt für eine Ersetzung noch nicht, dass die Ermessensentscheidung rechtsfehlerhaft ist. Vielmehr kann das Einvernehmen nur dann ersetzt werden, wenn die Erteilung des Einvernehmens im konkreten Fall die einzig rechtmäßige Entscheidung ist, das Ermessen der Gemeinde also **auf null reduziert** ist. Erfüllt z. B. ein Bauvorhaben die gesetzlichen Voraussetzungen für eine Befreiung und sind für die Gemeinde durch die Zulassung des Vorhabens keine Nachteile zu befürchten, so kann sich das gemeindliche Ermessen zu einer Verpflichtung zur Ermessenserteilung verdichten.[169] 333

e) Genehmigungsfähigkeit des Vorhabens

Weitere (ungeschriebene) Voraussetzung für eine Ersetzung des gemeindlichen Einvernehmens ist die Genehmigungsfähigkeit des Vorhabens insgesamt. Bereits das Einvernehmen der Gemeinde ist, falls der Antrag nicht ohnehin über die Gemeinde eingereicht wird, nur einzuholen, wenn die Genehmigungsbehörde die Erteilung der beantragten Genehmigung beabsichtigt.[170] Dementsprechend ist auch ein Ersetzungsverfahren nur mit dem Ziel durchzuführen, ein der Genehmigung noch entgegenstehendes Hindernis auszuräumen, nicht aber unter dem Blickwinkel der aufsichtlichen Korrektur einer rechtswidrigen Entscheidung einer Gemeinde. Eine „isolierte" Ersetzung ohne gleichzeitige Genehmigungserteilung ist daher nicht möglich. Ist also beispielsweise die Versagung des Einvernehmens rechtswidrig, weil das Vorhaben den planungsrechtlichen Anforderungen entspricht, stehen aber bauordnungsrechtliche Gründe der Erteilung der Genehmigung entgegen, so kann das rechtswidrig versagte Einvernehmen nicht nach der in der Landesbauordnung enthaltenen Spezialvorschrift ersetzt werden. 334

4. Formelle Voraussetzungen

a) Zuständige Behörde

Da das Ersetzungsverfahren nach der jeweiligen Landesbauordnung parallel zum Baugenehmigungsverfahrens läuft, wird es von der Behörde durchgeführt, die für die Erteilung der beantragten Genehmigung zuständig ist. Ist die Gemeinde zugleich Genehmigungsbehörde, so gelten die Vorschriften über das Ersetzungsverfahren je nach der speziellen landesrechtlichen Regelung für das Widerspruchsverfahren entsprechend; für die Ersetzung ist die Widerspruchsbehörde zuständig, und zwar auch dann, wenn sie nicht zugleich Rechtsaufsichtsbehörde ist. 335

b) Anhörung der Gemeinde

Stellt die Genehmigungsbehörde fest, dass die Voraussetzungen für eine Ersetzung des Einvernehmens vorliegen, so ist die Gemeinde zunächst zur beabsichtigten Erset- 336

[168] BVerwG vom 15. 11. 1991 NVwZ-RR 1992, 529.
[169] BGH vom 23. 9. 1993 NVwZ 1994, 405.
[170] BVerwG vom 15. 11. 1991 NVwZ-RR 1992, 529.

zung **anzuhören.**[171] Wie bei der Anhörung nach dem Verwaltungsverfahrensrecht (§ 28 VwVfG) muss die Genehmigungsbehörde mitteilen, von welchen rechtlichen Erwägungen sie sich leiten lässt, in diesem Fall, aus welchen Gründen sie die Verweigerung des Einvernehmens für rechtswidrig hält.

c) Fristsetzung zur erneuten Entscheidung

337 Gleichzeitig mit der Anhörung ist der Gemeinde Gelegenheit zu geben, unter Berücksichtigung der von der Genehmigungsbehörde genannten Gesichtspunkte erneut über das Einvernehmen zu entscheiden. Für diese Entscheidung ist der Gemeinde eine „angemessene" Frist zu setzen; die in § 90 Abs. 2 Satz 2 BbgBO und § 74 Abs. 2 Satz 2 BauO LSA ausdrücklich vorgenommene **Bemessung dieser Frist auf einen Monat** kann als Maßstab für die Angemessenheit der Frist herangezogen werden. Ist der Gemeinderat für die Entscheidung zuständig, so muss bei der Bemessung der Frist berücksichtigt werden, dass dieser Gelegenheit haben muss, zu einer Sitzung zusammenzutreten. Das mit der Fiktionsvorschrift des § 36 Abs. 2 Satz 2 BauGB verfolgte Anliegen des Gesetzgebers, durch die Entscheidung über das Einvernehmen nicht das Genehmigungsverfahrens zu verzögern, ist auch bei der Bemessung dieser Frist zu beachten; die Frist ist daher **so kurz als möglich** zu bemessen. Da die Gemeinde auch bei großzügiger Fristsetzung, die ihr sogar das Einleiten planerischer Schritte ermöglichen soll, nicht verpflichtet ist, das Einvernehmen zu erteilen, kann eine im Ergebnis fruchtlose, großzügige Fristsetzung zu einer dem gesetzgeberischen Willen widersprechenden Verfahrensverzögerung führen.

d) Entscheidung der Genehmigungsbehörde

338 Die Ersetzung des Einvernehmens steht je nach der landesrechtlichen Regelung im pflichtgemäßen Ermessen der Genehmigungsbehörde oder ist eine gebundene Entscheidung. Die in der Genehmigung enthaltene Ersetzung des Einvernehmens ist zu begründen, unabhängig von der Begründungspflicht für die Erteilung der Baugenehmigung selbst. Für die Folgen einer fehlenden Begründung gelten die Rechtsfolgen der den §§ 45 Abs. 1 Nr. 2, 46 VwVfG entsprechenden landesrechtlichen Regelung. Die „Kann"-Regelung ist im Sinn der Einräumung einer Befugnis zu verstehen, das Einvernehmen soll in der Regel ersetzt werden, wenn es erkennbar rechtswidrig versagt wurde; in einem solchen Fall sind an die Ausübung des Ermessens im Sinne einer Abwägung der für und gegen die Ersetzung sprechenden Interessen keine besonderen Anforderungen zu stellen.[172] Da die Baugenehmigung oder die ihr entsprechende verfahrensabschließende Entscheidung im Hinblick auf ihre Wirkung als Ersatzvornahme **gegenüber der Gemeinde ein Verwaltungsakt** ist, ist sie ihr, mit Rechtsbehelfsbelehrung versehen, bekannt zu geben.

5. Wirkung der Genehmigungserteilung bei durchgeführtem Ersetzungsverfahren

339 Nach der jeweiligen speziellen landesrechtlichen Regelung gilt die Genehmigung zugleich als Ersatzvornahme im Sinne des Kommunalrechts, ohne dass es eines gesonderten Ausspruchs über die Ersetzung bedarf. Durch die Ersetzung des Einvernehmens stellt die Genehmigungsbehörde verbindlich fest, dass die Gemeinde verpflichtet ist, eine Zustimmungserklärung abzugeben, und erfüllt gleichzeitig diese Verpflichtung ersatzweise.[173] Die Ersetzung erfolgt also auf der Grundlage der jeweiligen Spezialvorschrift der Landesbauordnung, wonach die **Erteilung der Genehmigung gleichzeitig als Ersetzung des Einvernehmens** gilt, nicht ausdrücklich, sondern fiktiv. Ein ausdrücklicher Aus-

---

[171] Ausnahme: § 80 II BauO NRW, der das Ersetzungsverfahren nur für das Zustimmungsverfahren bei Vorhaben öffentlicher Bauherren vorsieht.

[172] VG Frankfurt vom 14. 9. 2000 NVwZ-RR 2001, 371; OVG Rh-Pf vom 23. 9. 1998 NVwZ-RR 2000, 85 jeweils zu einer Ersetzung nach § 36 II 3 BauGB; offen gelassen in OVG Nds vom 15. 10. 1999 NVwZ 2000, 1061.

[173] BayVGH vom 27. 10. 2000 NVwZ-RR 2001, 364.

spruch im Tenor des Bescheids, dass das Einvernehmen ersetzt wird, ist nicht erforderlich, schadet aber nicht, da einem solchen Ausspruch nur klarstellende Wirkung zukommt.

6. Entsprechende Anwendung im Widerspruchsverfahren bei Identität von Gemeinde und Genehmigungsbehörde

Ist die Gemeinde zugleich Genehmigungsbehörde, so entfällt die förmliche Erteilung 340
des Einvernehmens, da die Gemeinde als Baugenehmigungsbehörde ohnehin die Vereinbarkeit des Vorhabens mit den bauplanungsrechtlichen und bauordnungsrechtlichen Vorschriften prüft. Will die Widerspruchsbehörde einem Widerspruch gegen eine ablehnende Entscheidung, die die Gemeinde als Genehmigungsbehörde erlassen hat, abhelfen, so kann sie sich nicht über die – in der Versagung der Baugenehmigung mitenthaltene – negative Entscheidung über das Einvernehmen hinwegsetzen. Nach ausdrücklicher Regelung in den Landesbauordnungen gelten dann für die Widerspruchsbehörde die Vorschriften über die Ersetzung des Einvernehmens entsprechend. In dem Widerspruchsbescheid, der dem Widerspruch des Bauherrn gegen die ablehnende Entscheidung der Gemeinde stattgibt, ist daher die Ersetzung des gemeindlichen Einvernehmens mitenthalten, unabhängig davon, ob im Widerspruchsbescheid die Genehmigung bereits erteilt wird oder die Gemeinde nur zur erneuten Entscheidung unter Beachtung der Rechtsauffassung der Widerspruchsbehörde verpflichtet wird.

7. Schutzzweck

Die Vorschriften über die bauordnungsrechtliche Ersetzung des Einvernehmens sind 341
nicht drittschützend. Ein Nachbar kann also eine Baugenehmigung nicht mit der Begründung anfechten, die hierin mitenthaltene Ersetzung des Einvernehmens sei rechtswidrig.

III. Rechtsschutz

Ausgehend von einer **Versagung** des gemeindlichen Einvernehmens sind folgende Fälle zu unterscheiden:

1. Rechtsschutz des Bauwerbers bei Ablehnung der Baugenehmigung

a) Widerspruch

Wurde das Einvernehmen versagt und von der Genehmigungsbehörde nicht ersetzt, 342
muss das Baugesuch abgelehnt werden. Da die Entscheidung über die Erteilung/Versagung des Einvernehmens ein Verwaltungsinternum ist, kann der Bauwerber weder gegen die Gemeinde auf Erteilung des Einvernehmens, noch gegen den Träger der Aufsichtsbehörde auf Ersetzung des Einvernehmens klagen, sondern muss sich **unmittelbar gegen den die Genehmigung ablehnenden Bescheid** wenden. Der hiergegen statthafte Rechtsbehelf ist der Widerspruch.

Die Widerspruchsbehörde ist ebenso wie die Ausgangsbehörde an die Verweigerung 343
des Einvernehmens, falls es nicht ersetzt wurde, gebunden; sie hat (abgesehen vom Sonderfall der Ersetzung in den hierfür vorgesehenen Fällen) keine Möglichkeit, die Genehmigung zu erteilen. Sie muss daher den Widerspruch als **unbegründet zurückweisen**, da die Baugenehmigungsbehörde im Hinblick auf das fehlende Einvernehmen die Erteilung der Genehmigung zu Recht abgelehnt hat.

b) Verpflichtungsklage

Nach erfolgloser Durchführung des Widerspruchsverfahrens muss der Bauwerber vor 344
dem Verwaltungsgericht Klage erheben auf Verpflichtung des Rechtsträgers der Genehmigungsbehörde, die Genehmigung zu erteilen. Das Verwaltungsgericht überprüft nicht

die Rechtmäßigkeit der Versagung des Einvernehmens, sondern unmittelbar, ob das zur Genehmigung gestellte Vorhaben die bauplanungsrechtlichen und bauordnungsrechtlichen Voraussetzungen erfüllt. Die Klage ist also **begründet**, wenn der klagende Bauwerber einen Anspruch auf Erteilung der Genehmigung hat, d.h. wenn das zur Genehmigung gestellte Vorhaben den öffentlich-rechtlichen Vorschriften entspricht.

c) Beiladung der Gemeinde zum Klageverfahren

345 Hatte die Gemeinde im Genehmigungsverfahren ihr **Einvernehmen versagt**, so ist sie zum verwaltungsgerichtlichen Verfahren, in dem der Bauwerber gegen die Genehmigungsbehörde auf Erteilung der Genehmigung klagt, notwendig beizuladen. Da die gerichtliche Entscheidung, wenn der klagende Bauherr Anspruch auf Erteilung der Baugenehmigung hat, auch gegenüber der Gemeinde nur einheitlich ergehen kann, sind die Voraussetzungen für eine **notwendige Beiladung (§65 Abs. 2 VwGO)** erfüllt. Die Gemeinde erhält mit der Beiladung die Rechtsstellung eines Beteiligten, insbesondere bindet gem. §121 VwGO ein der Klage stattgebendes Urteil auch die beigeladene Gemeinde, so dass ihr dagegen Rechtsmittel zustehen.

2. Rechtsschutz der Gemeinde bei Ersetzung des Einvernehmens

a) Zulässigkeit der Rechtsbehelfe

346 Eine die Ersetzung des Einvernehmens (fiktiv) mitenthaltende Baugenehmigung ist gegenüber der Gemeinde, ebenso wie eine kommunalrechtliche Ersatzvornahme, ein **anfechtbarer Verwaltungsakt**. In diesem Zusammenhang ist ohne Bedeutung, dass die Erteilung des Einvernehmens gegenüber dem Bauherrn nur ein (nicht isoliert anfechtbares) Verwaltungsinternum ist; denn die Rechtsnatur der Ersatzvornahme folgt nicht der Rechtsnatur des ersetzten Verwaltungsakts.[174] Der Gemeinde stehen gegen diesen einheitlichen Bescheid die allgemeinen Rechtsbehelfe gegen Verwaltungsakte zu, also zunächst der **Widerspruch** (§§68ff. VwGO), nach Durchführung des Widerspruchverfahrens die **Anfechtungsklage** (§113 Abs.1 VwGO). Die Gemeinde ist widerspruchs-/klagebefugt gemäß §42 Abs.1 VwGO (analog), weil sie geltend machen kann, durch die – sei es auch in der Baugenehmigung mitenthaltene – Ersetzung des Einvernehmens in ihrer durch Art. 28 GG garantierten Planungshoheit verletzt zu sein.

Gilt das Einvernehmen gemäß §36 Abs. 2 Satz 2 BauGB als erteilt, so ist ein von der Gemeinde gestellter Antrag auf Anordnung der aufschiebenden Wirkung ihres Widerspruchs wegen fehlenden Rechtsschutzbedürfnisses unzulässig, da eine Aufhebung der Ersetzung für die Gemeinde nutzlos wäre, wenn ihr Einvernehmen bereits durch Fristablauf als erteilt gilt.[175]

b) Begründetheit der Rechtsbehelfe

347 Der Rechtsbehelf ist gemäß §113 Abs.1 VwGO begründet, wenn die Ersetzung des Einvernehmens rechtswidrig ist und die Gemeinde dadurch in eigenen Rechten verletzt wird.

Die Ersetzung ist bereits aus **formellen** Gründen rechtswidrig, wenn die Genehmigungsbehörde Verfahrensvorschriften des Ersetzungsverfahrens nicht eingehalten hat, z. B. eine vorgeschriebene Anhörung unterlassen hat.

Aus **materiellen** Gründen ist die Ersetzung rechtswidrig, wenn die Voraussetzungen hierfür nicht vorgelegen haben. Das ist dann der Fall, wenn die Gemeinde das Einvernehmen tatsächlich **zu Recht verweigert** hat oder der Gemeinde bei ihrer Entscheidung ein **Ermessen** zustand, das nicht auf null reduziert war. Änderungen, die nach der Erteilung der Baugenehmigung eingetreten sind (z. B. ein während des Rechtsbehelfsverfahrens „nachgeschobener" gemeindlicher Zurückstellungsantrag), können nicht mehr be-

[174] Bay VGH vom 27.10.2000 NVwZ-RR 2001, 364.
[175] Bay VGH vom 27.10.2000 NVwZ-RR 2001, 364.

rücksichtigt werden, es bleibt insoweit bei dem allgemeinen Grundsatz, dass sich nach Genehmigungserteilung eingetretene Änderungen der Sach- und Rechtslage nicht zu Lasten des Bauwerbers auswirken können.[176]

c) Beiladung des Bauherrn zum Klageverfahren

Wenn die Gemeinde die Ersetzung der Genehmigung anficht, wird im Fall einer Klagestattgabe der die Ersetzung mitenthaltende Genehmigungsbescheid insgesamt aufgehoben, diese Entscheidung beeinträchtigt also zwangsläufig die Rechtsstellung des Bauherrn. Der Bauherr ist daher zu diesem Verwaltungsprozess **notwendig beizuladen** (§ 65 Abs. 2 VwGO). Da an der Rechtskraftwirkung der verwaltungsgerichtlichen Urteile auch die tragenden Gründe teilnehmen, wird im Fall der Rechtskraft eines Urteils, das die Ersetzung des Einvernehmens aufhebt, für alle Beteiligten die Feststellung bindend, dass die Gemeinde ihr Einvernehmen zu dem Bauvorhaben zu Recht versagt hat. 348

3. Vorläufiger Rechtsschutz der Gemeinde gegen die Ersetzung des Einvernehmens

a) Gegen die Ersetzung des Einvernehmens im Baugenehmigungsverfahren

Gemäß **§ 212 a BauGB** haben Widerspruch und Anfechtungsklage gegen eine Zulassung eines Bauvorhabens **keine aufschiebende Wirkung**. Dies gilt nach den ausdrücklichen Regelungen der Landesbauordnungen auch insoweit, als das Einvernehmen nach dem in der Landesbauordnung geregelten Verfahren ersetzt wurde und die Genehmigung als Ersatzvornahme gilt.[177] Der Bauwerber darf also ungeachtet eines von der Gemeinde gegen die Ersetzung des Einvernehmens erhobenen Rechtsbehelfs mit der Ausführung des Bauvorhabens beginnen. Damit nicht vollendete Tatsachen geschaffen werden, die auch im Falle eines späteren Obsiegens der Gemeinde nur schwer rückgängig zu machen wären, kann die Gemeinde bei Gericht einen Antrag nach §§ 80 Abs. 5, 80 a Abs. 3 Satz 1 i.V. m. Abs. 1 Nr. 2 VwGO stellen auf Anordnung der aufschiebenden Wirkung ihres Widerspruchs gegen die – die Ersetzung des Einvernehmens mitenthaltende – Baugenehmigung. Im Rahmen dieses Eilverfahrens hat das Gericht die widerstreitenden Interessen abzuwägen, wobei in diese Abwägung als wesentliches Element die Erfolgsaussichten des erhobenen gemeindlichen Rechtsbehelfs einfließen. Diese Erfolgsaussichten werden im Rahmen des Verfahrens nach § 80 Abs. 5 VwGO nur „summarisch", also ohne abschließende Klärung schwieriger Sach- und Rechtsfragen, überprüft. Prüfungsmaßstab in diesem Verfahren sind die Vorschriften, auf deren Verletzung sich die Gemeinde berufen kann, also nicht die bauordnungsrechtliche Zulässigkeit des Bauvorhabens. 349

b) Gegen die Ersetzung des Einvernehmens nach § 36 Abs. 2 Satz 3 BauGB

Wird das gemeindliche Einvernehmen nicht nach einer bauordnungsrechtlichen Spezialvorschrift, sondern nach § 36 Abs. 2 Satz 3 BauGB ersetzt, so muss die Gemeinde sich, zunächst mit Widerspruch, später mit der Anfechtungsklage, sowohl gegen die Baugenehmigung, als auch gegen die Ersetzung des Einvernehmens wenden. § 212 a Abs. 1 BauGB schließt nur die aufschiebende Wirkung des Widerspruchs gegen die Baugenehmigung aus, der Widerspruch der Gemeinde gegen die Ersetzung des Einvernehmens nach § 36 Abs. 2 Satz 3 BauGB hat also **aufschiebende Wirkung** mit der Folge, dass im Verfahren nach § 80 Abs. 5 VwGO davon auszugehen ist, dass das Einvernehmen nicht rechtswirksam ersetzt wurde, ein Antrag der Gemeinde auf Anordnung der aufschiebenden Wirkung ihres Widerspruchs gegen die Erteilung der Baugenehmigung also Erfolg hat.[178] 350

---

[176] Bay VGH vom 13. 3. 1996 BayVBl. 1996, 471.

[177] Überholt insoweit OVG Sachs vom 19. 9. 1996 BRS 58 Nr. 144, wonach der Widerspruch gegen eine Genehmigung, mit der nach § 70 a SächsBO das gemeindliche Einvernehmen ersetzt wurde, keine aufschiebende Wirkung haben sollte; überholt ebenso OVG Bbg vom 25. 4. 1997 Az. 3 B 168/96, VwRR MO 1997, 56.

[178] OVG Nds vom 9. 3. 1999 NVwZ 1999, 1005.

351 Wird die **sofortige Vollziehung der Ersetzungsentscheidung** angeordnet, so ist das Gericht im Verfahren gegen die Baugenehmigung daran gebunden, da nun das Einvernehmen wirksam ersetzt wurde. Diese Anordnung der sofortigen Vollziehung ist auch im Verfahren der Gemeinde auf Anordnung der aufschiebenden Wirkung ihres Widerspruchs gegen die Baugenehmigung zu berücksichtigen, da sie sich zugunsten des Bauwerbers auswirkt.[179] Die Gemeinde kann jedoch ein weiteres Verfahren auf Wiederherstellung der aufschiebenden Wirkung ihres Widerspruchs gegen die Ersetzung des Einvernehmens einleiten. Dieses Verfahren ist vorgreiflich für den Ausgang des Eilverfahrens gegen die Baugenehmigung, da vom Ausgang des Eilverfahrens gegen die Ersetzung des Einvernehmens abhängt, ob das von der Gemeinde versagte Einvernehmen wirksam ersetzt wurde und daher die Genehmigung zu Recht erteilt wurde.

4. Rechtsschutz der Gemeinde bei Erteilung der Baugenehmigung trotz Versagung des Einvernehmens

352 Da die Erteilung der Baugenehmigung in Widerspruch zu dem verweigerten Einvernehmen die Gemeinde in ihren Rechten, am Verfahren in Form der Einvernehmenserteilung beteiligt zu werden, und damit letztlich in der ihr garantierten Planungshoheit verletzt, kann sie die **ohne ihr Einvernehmen erteilte Genehmigung anfechten**. Da die Genehmigung – wegen des fehlenden Einvernehmens – rechtswidrig ist und die Gemeinde dadurch in den ihrem Schutz dienenden Rechten verletzt ist, ist die Genehmigung gemäß § 113 Abs. 1 Satz 1 VwGO aufzuheben, und zwar allein wegen des fehlenden Einvernehmens, unabhängig davon, ob der Bauwerber einen Anspruch auf Erteilung der Genehmigung hat und ob damit die Verweigerung der Genehmigung rechtswidrig war oder nicht.

5. Kostentragungspflicht der Gemeinde im Verwaltungsprozess bei schuldhafter Versagung des Einvernehmens

353 Hat die Gemeinde das Einvernehmen schuldhaft rechtswidrig verweigert, so kann sie in die **Kostenpflicht** bei einem nachfolgenden verwaltungsgerichtlichen Prozess genommen werden.

Grundsätzlich hat im Verwaltungsprozess die unterliegende Partei die Kosten zu tragen (§ 154 Abs. 1 VwGO). Hatte die Bauaufsichtsbehörde die Genehmigung allein wegen des fehlenden Einvernehmens der Gemeinde ablehnen müssen, obwohl das Vorhaben den öffentlich-rechtlichen Vorschriften entspricht, so hat die Klage des Bauwerbers Erfolg, die Genehmigungsbehörde unterliegt. Für die Möglichkeit, einen Beigeladenen in die Kostenpflicht einzubeziehen, gilt grundsätzlich § 154 Abs. 3 VwGO, wonach dem Beigeladenen Kosten nur auferlegt werden können, wenn er im Verwaltungsgerichtsverfahren Anträge gestellt hat. Diesen Grundsätzen geht die Spezialregelung des **§ 155 Abs. 5 VwGO** vor, wonach Kosten, die durch Verschulden eines Beteiligten entstanden sind, diesem auferlegt werden können. In der rechtswidrigen Versagung des gemeindlichen Einvernehmens kann ein solches schuldhaftes Verhalten der Gemeinde, das die Kosten für den Verwaltungsprozess hat entstehen lassen, liegen, so dass das Gericht die Kosten des Verwaltungsprozesses zumindest teilweise der beigeladenen Gemeinde auferlegen kann, auch wenn diese zur Vermeidung einer Kostentragung im Prozess keinen eigenen Sachantrag gestellt hat.

---

[179] OVG Nds vom 9. 3. 1999 NVwZ 1999, 1005.

Teil 7. Abweichungen – Ausnahmen – Befreiungen

MBO 2002 § 67, BW § 56, Bay Art. 70, Bln § 61, Bbg § 60, Brem § 72, Hamb § 66 und § 67, Hess § 63, M-V § 70, Nds § 85 und § 86, NRW § 73, Rh-Pf § 69, Saar § 75, Sachs § 68, Sachs-Anh § 75, Schl-H § 76, Thür § 68.

I. Allgemeines

1. Bedeutung der Regelungen

Das Bauordnungsrecht stellt aus sicherheitsrechtlichen oder gestalterischen Gründen 354
oder zum Ausgleich widerstreitender Interessen **allgemeine Vorgaben** für bauliche Anlagen auf. Der Einzelfall kann Besonderheiten aufweisen, die ein „Abweichen" von den allgemeinen bauordnungsrechtlichen Anforderungen rechtfertigen können. Die Einhaltung der bauaufsichtlichen Vorschriften darf jedoch auch in derartigen Einzelfällen nicht im Belieben des Bauherrn stehen, vielmehr muss die Bauaufsichtsbehörde hierüber eine Entscheidung treffen, indem sie die Nichteinhaltung der Anforderung durch Zulassung einer Abweichung/Ausnahme/Befreiung gestattet.

2. Begriffe

a) Abweichung

Bei der Gestattung der Nichteinhaltung einer bauaufsichtlichen Anforderung wird be- 355
grifflich unterschieden je nach dem Regelungsgegenstand der Vorschrift, in der die nicht eingehaltene Anforderung enthalten ist, wobei die Begriffe „Abweichung", „Befreiung" und „Ausnahme" verwendet werden. Dabei bezeichnet innerhalb dieser **Dreigliederung** der Begriff „Abweichung" die Nichteinhaltung einer technischen Bauvorschrift.[180] Technische Bauvorschriften sind solche Vorschriften der LBO oder auf Grund der LBO, die einen technischen Inhalt haben, der sich nicht lediglich in allgemeinen Anforderungen erschöpft, sondern aus dessen Vorschriften sich konkretisierende technische Einzelanforderungen ergeben.[181] Eine Reihe von Landesbauordnungen haben diese Dreigliederung aufgegeben zugunsten eines einheitlichen Begriffs, den der **Abweichung.** Im Bereich dieser Bauordnungen bezeichnet der Begriff „Abweichung" **jede Nichteinhaltung** einer bauaufsichtlichen Anforderung der Bauordnung oder einer auf Grund der Bauordnung erlassenen Vorschrift.

b) Ausnahme/Befreiung

Diejenigen Landesbauordnungen, die nicht den einheitlichen Begriff der Abweichung 356
verwenden, unterscheiden zwischen der Zulassung von Ausnahmen und Befreiungen: Eine **Ausnahme** wird erteilt, wenn es sich bei der nicht eingehaltenen Norm um eine **nicht zwingende Anforderung** der jeweiligen Landesbauordnung oder auf Grund der Landesbauordnung erlassener Vorschriften handelt. Nicht zwingend ist eine Vorschrift dann, wenn die Voraussetzungen, unter denen die Ausnahme zugelassen werden kann, in der jeweiligen Vorschrift bereits beschrieben sind, wenn es sich um eine **„Soll-Vorschrift"** handelt, oder wenn die bauordnungsrechtliche Anforderung nur für den Regelfall aufgestellt wird und die Möglichkeit der Nichteinhaltung bereits in der Vorschrift vorgegeben ist.

Wird eine **zwingende Vorschrift** nicht eingehalten, kommt die Erteilung einer **Befreiung** in Betracht.

---

180 Heute noch in § 56 Abs. 1 BO BW.
181 BW VGH vom 2. 11. 1998 BRS 60 Nr. 137.

3. Verhältnis der Abweichungs-/Ausnahme-/Befreiungstatbestände zueinander

a) Kennzeichen spezialgesetzlicher Tatbestände

357 In einer Reihe von Vorschriften, die bauaufsichtliche Anforderungen enthalten, sind bereits Abweichungsmöglichkeiten vorgesehen und die Voraussetzungen für deren Erteilung geregelt. Für die Zulassung einer Abweichung nach einer solchen Spezialvorschrift müssen deren besondere Voraussetzungen vorliegen (die häufig die Tatbestandsvoraussetzungen der Vereinbarkeit mit öffentlichen Belangen unter Würdigung der jeweiligen Anforderung konkretisieren), daneben müssen auch die allgemeinen Voraussetzungen der bauordnungsrechtlichen Auffangregelung für die Gestattung der Nichteinhaltung der Anforderung erfüllt sein.

Die Spezialvorschrift enthält dann eine Abweichungsmöglichkeit, wenn die Formulierung „kann gestattet werden" oder „ist zuzulassen" verwendet wird, also auf **eine von der Behörde gesondert zu treffende Entscheidung** hingewiesen wird. Hiervon sind die Fälle zu unterscheiden, in denen das Gesetz bei Vorliegen bestimmter Voraussetzungen geringere bauaufsichtliche Anforderungen stellt, als sie in der Grundvorschrift gefordert werden, sich die **Zulässigkeit der geringeren bauaufsichtlichen Anforderung also unmittelbar aus dem Gesetz ergibt**, ohne dass es der Zulassung einer Abweichung bedarf. Dies kommt im Gesetzeswortlaut durch Formulierungen wie „ist/sind zulässig", „dies gilt nicht" oder „der Bauherr darf" zum Ausdruck.

b) Rückgriff auf die Auffangregelung bei Nichterfüllung der spezialgesetzlichen Anforderungen

358 Sind die Tatbestandsvoraussetzungen der Spezialvorschrift für eine Abweichung nicht erfüllt, so bleibt trotzdem noch die Möglichkeit, nach der allgemeinen bauordnungsrechtlichen Vorschrift („Auffang-Tatbestand") die Nichteinhaltung einer bauordnungsrechtlichen Anforderung zuzulassen: Den Landesbauordnungen lassen sich keine Hinweise darauf entnehmen, dass eine Spezialvorschrift die Anwendung der allgemeinen Zulassungsregelungen („Auffang-Tatbestände") ausschließen würde. Da der Bauherr Anspruch auf Erteilung der Baugenehmigung bei Einhaltung der öffentlich-rechtlichen Vorschriften hat, muss, bevor die Baugenehmigung wegen der Nichteinhaltung bauaufsichtlicher Anforderungen versagt wird, die Möglichkeit geprüft werden, diese Nichteinhaltung bauaufsichtlicher Anforderungen, sei es nach der speziellen Regelung, sei es nach dem Auffang-Tatbestand, zuzulassen. Dies gilt insbesondere für das Abstandsflächenrecht, den Hauptanwendungsbereich der Zulassung von Abweichungen, das eine Reihe spezieller Abweichungstatbestände enthält; sind für keinen der speziellen abstandsflächenrechtlichen Tatbestände die Voraussetzungen gegeben, so ist ergänzend das Vorliegen der Voraussetzungen für die Zulassung einer Abweichung nach der allgemeinen (Auffang-)Vorschrift zu prüfen.[182]

c) Verhältnis der Auffangtatbestände untereinander

359 Jedes Vorhaben muss die gesamten bauordnungsrechtlichen Anforderungen einhalten, für dasselbe Vorhaben können somit **zwingende und nicht zwingende Vorschriften** zur Anwendung kommen. Hält dasselbe Vorhaben sowohl zwingende als auch nicht zwingende Vorschriften nicht ein, so ist das Vorhaben nur zulässig, wenn entweder – in den Ländern, in denen es den einheitlichen Tatbestand der Abweichung gibt – eine Abweichung von allen nicht eingehaltenen Vorschriften erteilt wird, oder – in den Ländern, die zwischen der Zulassung von Ausnahmen und Befreiungen unterscheiden – von den nicht eingehaltenen zwingenden Vorschriften eine Befreiung, von den nicht eingehaltenen nicht zwingenden Vorschriften eine Ausnahme zugelassen wird.

---

[182] OVG NRW vom 14. 12. 2000 Az. 7 B 1746/00.

4. Anwendungsbereich der Vorschriften über Abweichung, Ausnahme und Befreiung

Die Vorschriften sind – gegebenenfalls auch in Ergänzung zu einer Spezialvorschrift 360
– immer dann heranzuziehen, wenn die Nichteinhaltung einer bauordnungsrechtlichen Vorschrift erlaubt werden soll, unabhängig davon, in welchem Verfahren die Frage der Nichteinhaltung der bauordnungsrechtlichen Anforderungen aufgeworfen wird (Baugenehmigungsverfahren, vereinfachtes Genehmigungsverfahren, Vorbescheidsverfahren). Die Vorschriften sind auch anzuwenden, wenn **genehmigungsfreie oder von der Genehmigung freigestellte Vorhaben** bauordnungsrechtliche Vorgaben nicht erfüllen. Wird das Baugenehmigungsverfahren durch ein anderes Verfahren (z. B. das immissionsschutzrechtliche Genehmigungsverfahren nach § 13 BImSchG) ersetzt oder ist eine Genehmigung nach anderen Vorschriften erforderlich mit der Folge, dass nach der landesrechtlichen Regelung die Baugenehmigung entfällt, so ist eine etwa erforderliche Nichteinhaltung einer bauordnungsrechtlichen Anforderung trotzdem nach den hierfür vorgesehenen Regelungen der Landesbauordnung zuzulassen.

5. Nichteinhaltung einer bauaufsichtlichen Anforderung der LBO oder auf Grund der LBO erlassener Vorschriften

a) Bauaufsichtliche Anforderung

Damit für die Erteilung einer Abweichung/Zulassung/Befreiung überhaupt Raum ist, 361
muss es sich um eine **bauaufsichtliche Anforderung** handeln, deren Nichteinhaltung zugelassen werden soll, d. h. eine Vorschrift des materiellen Bauaufsichtsrechts. Die Nichteinhaltung einer Verfahrensvorschrift kann nicht durch Zulassung einer Abweichung gerechtfertigt werden. Ob die bauaufsichtliche Anforderung als „Ist"- oder „Soll"-Vorschrift formuliert ist, spielt nur dann eine Rolle, wenn eine Landesbauordnung nicht den einheitlichen Tatbestand der „Abweichung" verwendet, sondern zwischen der Zulassung von Ausnahmen und Befreiungen unterscheidet. Jedenfalls stellen auch „Soll"-Vorschriften verbindliche Vorgaben auf, von denen nur auf Grund ausdrücklicher Zulassung abgewichen werden darf. Eine Abweichung/Ausnahme/Befreiung ist immer von der Vorschrift zuzulassen, die die **grundsätzliche Anforderung** normiert, nicht von einer Vorschrift, die hierzu bereits eine Ausnahmeregelung trifft. Liegen beispielsweise die Voraussetzungen für eine gesetzlich vorgesehene Reduzierung der Abstandsfläche nicht vor, so ist die Abweichung/Befreiung von der Grundforderung zu erteilen, nicht von der nicht erfüllten Ausnahmevorschrift. Von einer von der Behörde selbst verfügten Auflage kann keine Abweichung erteilt werden; will die Behörde diese Auflage abschwächen oder außer Kraft setzen, so muss sie dies nach den allgemeinen verfahrensrechtlichen Grundsätzen für die Rücknahme oder den Widerruf von Verwaltungsakten tun.

b) Rechtsgrundlage der bauaufsichtlichen Anforderung

Die bauaufsichtliche Anforderung, deren Nichteinhaltung gestattet werden soll, muss 362
bestimmte Voraussetzungen erfüllen, damit für die (förmlichen) Vorschriften der Zulassung einer Abweichung/Ausnahme/Befreiung überhaupt Raum ist: Es muss sich um eine Anforderung der Landesbauordnung oder einer auf ihrer Grundlage erlassenen Vorschrift handeln. Demgegenüber begründen bauaufsichtliche Vorgaben in **Verwaltungsvorschriften** (Bekanntmachungen, Erlasse, Richtlinien) **keine unmittelbar verbindlichen bauaufsichtlichen Anforderungen**, sondern – falls die Behörde sie einhält – nur eine die Behörde bindende Verwaltungspraxis, von der sie nicht ohne sachlichen Grund abweichen darf. Eine von einer Verwaltungsrichtlinie abweichende Entscheidung bedarf also nicht der förmlichen Zulassung, sondern nur der Auseinandersetzung mit der sonstigen Verwaltungspraxis der Behörde in den Gründen des Bescheides.

Dass eine bauaufsichtliche Anforderung vorausgesetzt wird, bedeutet zum einen, dass bei einer (bauplanungsrechtlichen) Vorgabe des BauGB, eines anderen Bundesgesetzes oder einer Bundesverordnung für die Zulassung einer Abweichung nach der bauordnungsrechtlichen Auffangregelung kein Raum ist, zum anderen, dass auch die Nichteinhaltung einer Anforderung eines anderen Landesgesetzes (z. B. des vom Land erlassenen Straßengesetzes) nicht nach der bauordnungsrechtlichen Regelung zugelassen werden kann.

Mit „auf Grund der LBO erlassenen" Vorschriften sind die Rechtsnormen gemeint, für die in der Landesbauordnung die Ermächtigungsgrundlage enthalten ist. Es darf sich dabei jedoch nicht um Verwaltungsvorschriften oder Richtlinien handeln.

6. Notwendigkeit eines gesonderten Antrags zusätzlich zum Bauantrag

363 Die Notwendigkeit, gesondert zum Genehmigungsantrag noch ausdrücklich zu beantragen, dass die Nichteinhaltung der betreffenden Norm gestattet wird, richtet sich nach der **jeweiligen landesrechtlichen Regelung**: Die Mehrzahl der Landesbauordnungen fordert im Baugenehmigungsverfahren keinen gesonderten Antrag, der Antrag auf Zulassung der Abweichung von der bauaufsichtlichen Anforderung ist danach im Bauantrag mitenthalten.[183] Im Gegensatz dazu fordern die MBO 2002 (§ 67 Abs. 2 Satz 1), die BauO Bln für Befreiungen (§ 61 Abs. 2), die HBO (§ 63) und die LBO Saar (§ 75 Abs. 5) auch für die unselbständige Abweichung/Ausnahme/Befreiung einen gesonderten schriftlichen und – mit Ausnahme der LBO Bln – zu begründenden Antrag.

7. Entscheidung über die Zulassung einer Abweichung/Ausnahme/Befreiung

a) Ausdrückliche Entscheidung

364 Die Entscheidung über die Zulassung der Nichteinhaltung der Anforderung muss immer ausdrücklich erfolgen, wobei die bauaufsichtliche Anforderung, die nicht eingehalten wird, zu benennen ist. Erfolgt die Entscheidung im Rahmen eines Genehmigungsverfahrens, so ergeht sie im Zusammenhang mit der Erteilung der Baugenehmigung, deren unselbständiger Teil sie ist (zur sog. selbständigen oder isolierten Abweichung/Ausnahme/Befreiung s. unten Rn. 385 ff.). Wird ein Vorhaben, das eine bauaufsichtliche Vorschrift verletzt, genehmigt, so **enthält die Baugenehmigung noch nicht automatisch die Gestattung der Nichteinhaltung der Anforderung**. Übersieht die Behörde bei Erteilung der Baugenehmigung, dass das Vorhaben nicht alle Anforderungen einhält, so kann sie die erforderliche Zulassung später durch ergänzenden Verwaltungsakt nachholen; Genehmigungsbescheid ist dann der ursprüngliche Bescheid in der Gestalt, die er durch den Ergänzungsbescheid erhalten hat. Denkbar ist auch die erstmalige Zulassung der Nichteinhaltung einer Anforderung im Widerspruchsbescheid; der Widerspruch ist zwar insgesamt zurückzuweisen, jedoch wird der Genehmigungsbescheid durch die Entscheidung über die Abweichung ergänzt.

b) Begründungspflicht

365 Die Entscheidung über die Zulassung der Abweichung/Ausnahme/Befreiung ist zu begründen. Nach den jeweiligen landesrechtlichen Regelungen kann die Behörde von der Begründungspflicht entbunden sein, wenn der Nachbar zugestimmt hat.

c) Ermessensausübung

366 Zunächst ist zu prüfen, ob sich aus einer angewandten Spezialvorschrift ein Hinweis auf die Ermessensausübung ergibt: Falls nach dieser Norm die Nichteinhaltung der Anforderung zuzulassen „ist", so hat die Behörde kein Ermessen, sie muss die Nichtein-

---

[183] BVerwG vom 28. 5. 1990 BRS 50 Nr. 171, wonach die Erteilung einer Befreiung von den Festsetzungen eine Bebauungsplans keinen ausdrücklichen, hierauf gerichteten Antrag voraussetzt.
Ausdrückliche Regelung in § 66 I 2 HBauO: „Ein Bauantrag gilt zugleich als Antrag auf Erteilung der Ausnahmen, die für die Verwirklichung des Vorhabens erforderlich sind, soweit in diesem Gesetz nichts anderes bestimmt ist."

haltung der Anforderung bei Vorliegen der hierfür genannten Voraussetzungen zulassen; falls nach der Spezialvorschrift die Nichteinhaltung der Anforderung zugelassen werden „soll", ist die Abweichung im Regelfall zuzulassen und nur bei Vorliegen besonderer Umstände zu versagen. In allen anderen Fällen hat die Behörde bei Vorliegen der Voraussetzungen ihr Ermessen pflichtgemäß auszuüben, es muss insbesondere deutlich werden, dass die Behörde das ihr zustehende Ermessen erkannt hat. Wird bereits bei der Prüfung der Voraussetzungen für die Zulassung einer Abweichung zwischen öffentlichen und nachbarlichen Interessen abgewogen, kann auf diese Gesichtspunkte auch bei der Ermessensausübung zurückgegriffen werden.

Die **Gefahr von Bezugsfällen** ist ein sachgerechter Gesichtspunkt im Rahmen einer ablehnenden Entscheidung. Die Zulassung von Abweichungen in vergleichbaren Fällen bindet die Behörde; will sie von dieser Verwaltungspraxis abweichen, muss sie begründen, wodurch sich der konkrete Fall von den anderen Fällen unterscheidet bzw. weshalb sie für die Zukunft die bisherige Übung aufgeben und eine neue Verwaltungspraxis begründen will.

Der **Wunsch des Bauherrn**, sein Grundstück oder Gebäude optimal zu nutzen, kann ein Abweichen von den Vorgaben nicht rechtfertigen; die Vorschriften des Bauordnungsrechts stellen gerade den Ausgleich der widerstreitenden Interessen zwischen Bauherr und Nachbar oder Bauherr und Allgemeinwohl sicher.[184] Aus diesem Grund sind die tatbestandlichen Voraussetzungen restriktiv zu handhaben.

d) Nebenbestimmungen

367 Die Zulassungsvorschrift kann nach Maßgabe der dem § 36 VwVfG entsprechenden landesrechtlichen Vorschrift mit Nebenbestimmungen versehen werden. Besteht ein **Anspruch** darauf, dass die Nichteinhaltung der bauordnungsrechtlichen Anforderung gestattet wird, so darf eine Nebenbestimmung nur beigefügt werden, wenn sie sicherstellen soll, dass die gesetzlichen Voraussetzungen des Verwaltungsakts erfüllt sind, also z. B. bei der Nichteinhaltung einer technischen Anforderung, wenn die Auflage die Verwirklichung einer gleichwertigen technischen Lösung sicherstellen soll. In den übrigen Fällen, in denen die Zulassung der Nichteinhaltung der Anforderung im **Ermessen der Behörde** steht, kann die Behörde die Nebenbestimmungen nach pflichtgemäßem Ermessen beifügen; sie eignen sich insbesondere dafür, einen Ausgleich zwischen unterschiedlichen Interessen zu finden. Da sich die Baugenehmigung und die Zulassungsentscheidung ohnehin auf eine bestimmte bauordnungsrechtliche Gestaltung beziehen, die Gegenstand der Genehmigung oder des isolierten Abweichungsverfahrens ist, ist jedoch eine Auflage nicht erforderlich, um diese Ausgestaltung als Grundlage für die Erteilung der Abweichung sicherzustellen.

e) Dispensvertrag

368 Die Zulassung der Nichteinhaltung der bauaufsichtlichen Anforderung kann mit einer Gegenleistung verbunden werden und damit Gegenstand eines öffentlich-rechtlichen Vertrages sein. Es gelten die allgemeinen Voraussetzungen, insbesondere muss ein innerer Zusammenhang bestehen zwischen der Zulassung der Abweichung von der bauaufsichtlichen Anforderung und der vom Bauherrn gewährleisteten Gegenleistung (vgl. § 56 Abs. 1 Satz 2 VwVfG).

f) Rücknahme/Widerruf

369 Die Abweichung/Ausnahme/Befreiung kann nur dann zurückgenommen oder widerrufen werden, wenn sie isoliert erteilt wurde. Die unselbständige Zulassungsentscheidung ist auch unselbständiger Teil der Genehmigung, da die Genehmigung ohne die Abweichung nicht rechtmäßig fortbestehen kann. In diesem Fall muss die Genehmigung insgesamt zurückgenommen/widerrufen werden.

---

[184] OVG Rh-Pf vom 13. 3. 2002 Az. 8 A 10225/02.

II. Die Zulassung von Abweichungen

MBO 2002 § 67, BW § 56 Abs. 1, Abs. 2, Bay Art. 70, Bln –, Bbg § 72, Brem –, Hamb –, Hess § 63, M-V –, Nds –, NRW § 73, Rh-Pf § 69, Saar –, Sachs –, Sachs-Anh § 75, Schl-H –, Thür § 68.

1. Ländervergleich

370

	Regelungsgegenstände der Landesbauordnungen und der MBO 2002[185]
1.	Gegenstand von „Abweichungen": die Nichteinhaltung von bauaufsichtlichen Anforderungen der **Bauordnung** oder **auf Grund der Bauordnung erlassener Vorschriften,** soweit keine andere Regelung in der Landesbauordnung oder in auf Grund der Landesbauordnung erlassener Vorschriften
2.	**Voraussetzungen** für die Zulassung von Abweichungen: • Vereinbarkeit mit den **öffentlichen Belangen** • unter Berücksichtigung des **Zwecks der jeweiligen Anforderung** • und unter **Würdigung nachbarlicher Interessen**
3.	Entscheidungsspielraum der Behörde bei der Zulassung der Abweichung

371

Land	Norm (LBO)		Umsetzung/Abweichung in den Ländern und der MBO 2002[186]
MBO 2002	§ 67	1.	§ 67 I 1
		2.	§ 67 I 1 Vereinbarkeit mit den öffentlichen Belangen, insbesondere den Anforderungen des § 3 I unter Würdigung der öffentlich-rechtlich geschützten nachbarlichen Belange
		3.	§ 67 I 1 Ermessen
BW	§ 56	1.	§ 56 I Abweichungen von technischen Bauvorschriften § 56 II Abweichungen von den Vorschriften in §§ 4 bis 37 oder auf Grund dieses Gesetzes sind zuzulassen
		2.	bei § 56 I Voraussetzung, dass dem Zweck der Vorschrift auf andere Weise nachweislich entsprochen wird bei § 56 II Fallgruppen: • zur Modernisierung von Wohnungen/Wohngebäuden, Teilung von Wohnungen oder Schaffung von zusätzlichem Wohnraum durch Ausbau, Anbau, Nutzungsänderung, Aufstockung oder Dachänderung, wenn Baugenehmigung oder Kenntnisgabe für Errichtung des Gebäudes mindestens 5 Jahre zurückliegt (Nr. 1) • zur Erhaltung und weiteren Nutzung von Kulturdenkmalen (Nr. 2) • zur Verwirklichung von Vorhaben zur Energieeinsparung (Nr. 3) • zur praktischen Erprobung neuer Bau- und Wohnformen im Wohnungsbau (Nr. 4.) wenn Abweichungen mit den öffentlichen Belangen vereinbar
		3.	§ 56 I, II Abweichungen sind zuzulassen
Bay	Art. 70	1.	Art. 70 I
		2.	Art. 70 I
		3.	Art. 70 I Ermessen
Bln	–		keine Regelung zu Abweichungen
Bbg	§ 60	1.	§ 60 I 1
		2.	§ 60 I 1 Voraussetzungen:

[185] Die hier verwendeten Ziffern entsprechen den Ziffern der nachstehenden Rubrik „Umsetzung/Abweichung in den Ländern und der MBO 2002".

[186] Die hier verwendeten Ziffern entsprechen den Ziffern der vorstehenden Rubrik „Regelungsgegenstände der Landesbauordnungen und der MBO 2002".

Land	Norm (LBO)		Umsetzung/Abweichung in den Ländern und der MBO 2002
			• dem Schutzziel der Anforderung wird in gleicher Weise entsprochen (Nr. 1) • öffentlich-rechtlich geschützte nachbarliche Interessen nicht beeinträchtigt (Nr. 2) • mit den öffentlichen Belangen, insbesondere den Anforderungen des § 3 I vereinbar (Nr. 3)
		3.	§ 60 I 1 Ermessen zusätzlich § 62 I 2 entsprechende Geltung für die Teilung eines Grundstücks, das bebaut oder dessen Bebauung genehmigt ist
Brem	–		keine Regelung zu Abweichungen
Hamb	–		keine Regelung zu Abweichungen
Hess	§ 63	1.	§ 63 I 1
		2.	§ 63 I 1 Vereinbarkeit mit den öffentlichen Belangen, insbesondere den Anforderungen des § 3 I zusätzlich § 63 IV Abweichungen von nachbarschützenden öffentlich-rechtlichen Vorschriften sind zu begründen, wenn die Nachbarschaft Einwendungen vorgebracht hat
		3.	Ermessen
M-V	–		keine Regelung zu Abweichungen
Nds	–		keine Regelung zu Abweichungen
NRW	§ 73	1.	§ 73 I 1
		2.	zusätzlich § 73 I 3 bei Abweichung von einer technischen Anforderung ist nachzuweisen, dass dem Zweck dieser Anforderung auf andere Weise entsprochen wird
		3.	§ 73 I 1 grundsätzlich: Ermessen, aber § 73 I 2 Abweichungen sind unter den genannten Voraussetzungen zuzulassen, wenn sie der Verwirklichung von Vorhaben zur Einsparung von Wasser und Energie dienen
Rh-Pf	§ 69	1.	§ 69 I 1
		2.	zusätzlich § 69 I 2 bei Abweichung von technischer Anforderung ist der Bauaufsichtsbehörde nachzuweisen, dass dem Zweck dieser Anforderung auf andere Weise entsprochen wird
		3.	§ 69 I 1 Ermessen
Saar	–		keine Regelung zu Abweichungen
Sachs	–		keine Regelung zu Abweichungen
Sachs-Anh	§ 75	1.	§ 75 I 1
		2.	§ 75 I 1
		3.	Ermessen zusätzlich § 75 I 2 § 3 IV 3 BauO LSA bleibt unberührt
Schl-H	–		keine Regelung zu Abweichungen
Thür	§ 68	1.	§ 68 I
		2.	§ 68 I
		3.	§ 68 I Ermessen

2. Musterbauordnung 2002

372 § 67 MBO 2002 gibt die – in der alten Fassung und nach wie vor in der Mehrzahl der derzeit geltenden Landesbauordnungen enthaltene – Zweigliederung in Ausnahmetatbestände und Befreiungstatbestände auf zugunsten des **einheitlichen Zulassungstatbestands der Abweichung**. Ziel dieser Neufassung ist es, das Schutzziel der jeweiligen Norm in den Vordergrund zu stellen und dadurch, dass die bisherige **Bindung** an die Voraussetzung des „atypischen Einzelfalls" aufgegeben wird (wobei das Kriterium bei Prüfung der Vereinbarkeit mit den öffentlichen Belangen weiterhin Bedeutung hat), einen flexiblen Vollzug des materiellen Bauordnungsrechts zu erreichen; durch die Benennung des § 3 Abs. 1 MBO 2002 als Prüfungsmaßstab für die Vereinbarkeit mit den öffentlichen Belangen sind zugleich die Mindestanforderungen benannt, die die absolute Grenze für die Zulassung von Abweichungen bilden: Anlagen sind so anzuordnen, zu errichten, zu ändern und instand zu halten, dass die öffentliche Sicherheit und Ordnung, insbesondere Leben, Gesundheit und die natürlichen Lebensgrundlagen, nicht gefährdet werden.[187]

Das **Antragserfordernis** ist nicht nur für die isolierte, sondern auch für die unselbständige Abweichung vorgesehen (§ 67 Abs. 2 Satz 1 MBO 2002), der Antrag ist zu begründen (§ 67 Abs. 2 Satz 1 2. Halbs. MBO 2002), wodurch der Bauaufsichtsbehörde die Ermittlung der für die Abweichung sprechenden Gesichtspunkte erleichtert werden soll.

3. Voraussetzungen für die Zulassung einer Abweichung

a) Die Berücksichtigung des Zwecks der gesetzlichen Anforderung

373 Der mit der jeweiligen Anforderung, von der abgewichen werden soll, **verfolgte Zweck** ist zu ermitteln und zu prüfen, ob die Erreichung dieses Zwecks durch die Abweichung unmöglich gemacht oder erheblich gefährdet wird. Es gibt grundlegende Forderungen, insbesondere des Sicherheitsrechts, von denen nicht abgewichen werden darf. Die Nichteinhaltung von zwingenden Vorschriften des vorbeugenden Brandschutzes darf grundsätzlich nicht zugelassen werden.[188]

Liegt ein solcher Fall nicht vor, ist eine Abweichung also grundsätzlich möglich, so ist die **Grundstückssituation**, wie sie unter Einhaltung der bauaufsichtlichen Anforderung bestünde, mit der, wie sie sich bei Nichteinhaltung darstellt, zu vergleichen. Dabei muss der konkrete Einzelfall Besonderheiten aufweisen, die ihn vom gesetzlichen Regelfall in einer Weise unterscheiden, die eine eventuelle Unterschreitung des geforderten Standards rechtfertigt. Wird der mit der Anforderung verbundene Zweck im Einzelfall nicht oder nur gering beeinträchtigt, so ist die Abweichung „unter Berücksichtigung des Zwecks" mit den öffentlichen Belangen vereinbar. Dies ist dann der Fall, wenn entweder im konkreten Fall die Einhaltung der bauaufsichtlichen Anforderung nicht erforderlich ist oder wenn ihre Einhaltung aus objektiven Gründen außer Verhältnis stünde zu der Beschränkung, die mit der Versagung der Abweichung verbunden wäre.[189]

b) Begriff „öffentliche Belange"

374 Der Begriff der öffentlichen Belange, mit denen die Abweichung vereinbar sein muss, ist derselbe, wie er auch im Bauplanungsrecht, z. B. in § 35 Absätze 2 und 3 BauGB, verwendet wird, wenn er auch – im Hinblick auf die unterschiedlichen Zielrichtungen von Bauordnungs- und Bauplanungsrecht – über die dort beispielhaft aufgezählten Fälle hinausgeht.

---

[187] Begründung zu § 67 I MBO 2002.
[188] OVG Bln vom 23. 4. 2002 Az. 2 B 3.00 mit Hinweis auf 29. 5. 1987 BRS 47 Nr. 147.
[189] OVG Rh-Pf vom 3. 11. 1999 BRS 62 Nr. 143.

Zu den **öffentlichen Belangen** im Sinne der Abweichungsvorschrift zählen

- die öffentliche Sicherheit und Ordnung
- der Schutz von Leben und Gesundheit
- die Erhaltung der natürlichen Lebensgrundlagen
- der Schutz vor schädlichen Umwelteinwirkungen
- der Schutz der Wasserwirtschaft
- Belange von Naturschutz und Landschaftspflege
- Belange des Denkmalschutzes
- die Erhaltung des Orts- und Landschaftsbildes (vgl. § 35 Abs. 3 BauGB)
- die öffentlich-rechtlich geschützten Interessen der Nachbarn (auch wenn diese gesondert bei der Tatbestandsvoraussetzung der Vereinbarkeit mit nachbarlichen Interessen zu berücksichtigen sind)
- der Brandschutz
- die Verkehrssicherheit
- allgemein die Ziele, die mit den Anforderungen des Bauaufsichtsrechts verbunden sind, wodurch sich eine Verknüpfung zur Tatbestandsvoraussetzung der Berücksichtigung der jeweiligen Anforderung ergibt.

c) Vereinbarkeit der Abweichung mit den öffentlichen Belangen

Die Abweichung ist mit den öffentlichen Belangen vereinbar, wenn die mit der bau- 375
aufsichtlichen Anforderung verfolgten Ziele nicht oder nicht in nennenswertem Umfang beeinträchtigt werden. Es besteht ein **allgemeines öffentliches Interesse an der Einhaltung der bauaufsichtlichen Anforderungen**; die Ermächtigung, eine Abweichung zuzulassen, darf nicht zu einer Aufweichung der bauaufsichtlichen Vorschriften führen.[190] Die Einhaltung der Vorgaben des öffentlichen Baurechts, insbesondere die der zwingenden Vorgaben, rechtfertigt grundsätzlich auch erhebliche Nachteile für die Betroffenen.[191] In diesem Zusammenhang ist auch von Bedeutung, welche Vorgaben die Norm, von der abgewichen wird, selbst gibt: An der Einhaltung von „Soll"-Vorschriften besteht grundsätzlich ein geringeres öffentliches Interesse als an der Einhaltung einer „Ist"-Vorschrift. Es müssen daher im Einzelfall Besonderheiten vorliegen, die diesen Einzelfall vom Regelfall unterscheiden, es muss sich um einen **atypischen Sachverhalt** handeln.[192] Die Atypik muss – im Hinblick auf die Grundstücksbezogenheit des Baurechts – in der **Grundstückssituation** begründet sein, z. B. in Lage, Zuschnitt, rechtmäßiger Bebauung des Grundstücks; sie darf nicht auf eine Vielzahl vergleichbarer Grundstücke zutreffen. Die Merkmale der Atypik sind oft schon in den Tatbestandsvoraussetzungen einer Spezialvorschrift genannt. **Persönliche Umstände dürfen nicht berücksichtigt werden**, auch wenn diese unverschuldet sind (nicht zu berücksichtigen ist z. B. eine unverschuldete finanzielle Notlage des Bauherrn, die durch die – nur unter Zulassung einer Abweichung mögliche – neue Bebauung behoben werden könnte; nicht zu berücksichtigen ist die schwere Behinderung eines Familienangehörigen, die einen größeren ebenerdigen Anbau zweckmäßig machen würde).

Erfordert das Wohl der Allgemeinheit das Bauvorhaben, und ist dieses nur unter Zulassung einer Abweichung möglich, so spricht dies für die Vereinbarkeit der Abweichung mit den öffentlichen Belangen; die Abweichung wird in diesem Fall eher mit den öffentlichen Belangen vereinbar sein, als dies bei einem privaten Bauvorhaben bei gleichen Gegebenheiten der Fall wäre.

Eine Abweichung ist nicht mit den öffentlichen Belangen vereinbar, wenn sie dazu dienen soll, eine schuldhaft illegal errichtete bauliche Anlage im Nachhinein zu legalisieren; auch an der Einhaltung der Vorschriften über das Baugenehmigungsverfahren besteht ein starkes öffentliches Interesse.

---

190 Bay VGH vom 26. 7. 1991 Az. 20 CS 91.1928.
191 VG Freiburg vom 20. 3. 2001 BRS 64 Nr. 135.
192 Bay VGH vom 13. 10. 1999 Az. 15 ZB 99.1310.

Stehen weder der Zweck der gesetzlichen Anforderung, noch die nachbarlichen Interessen der Zulassung der Abweichung entgegen, so ist alleiniger Gesichtspunkt für die Zulassung der Abweichung die Vereinbarkeit der Abweichung mit den konkret betroffenen öffentlichen Belangen.[193]

Es ist denkbar, dass zwar die grundsätzliche Vereinbarkeit mit den öffentlichen Belangen bejaht wird, die Behörde aber dann im Rahmen der Ermessensentscheidung doch dem öffentlichen Interesse an der Einhaltung der bauaufsichtlichen Anforderung den Vorrang einräumt vor dem Interesse des Bauherrn an der Abweichung.

d) Würdigung nachbarlicher Interessen

376 „Nachbarliches Interesse" im Sinne der Abweichungsvorschrift ist **jeder Vorteil, den das Nachbargrundstück genießt und der durch die Abweichung beeinträchtigt wird**. Die Bestimmung des benachbarten Grundstücks erfolgt nach allgemeinen Grundsätzen, da der Nachbarbegriff im gesamten Baurecht derselbe ist.

Ein Nachbarinteresse ist nicht schutzwürdig, wenn der Grund dafür, dass es durch die Abweichung beeinträchtigt wird, eine rechtswidrige Bebauung oder Nutzung durch den Nachbarn ist. Je stärker die nachbarlichen Interessen berührt sind, umso schwerer müssen die für die Abweichung sprechenden Gründe sein.

Ob das Nachbarinteresse öffentlich-rechtlich geschützt ist oder nicht, ist in diesem Zusammenhang unerheblich, es ist immer das Interesse des Nachbarn in die Entscheidung, ob die Nichteinhaltung durch Erteilung einer Abweichung zugelassen wird, mit einzubeziehen. Allerdings hat ein öffentlich-rechtlich geschütztes Nachbarinteresse (z. B. die Einhaltung der Brandschutzvorschriften) ein stärkeres Gewicht bei der vorgeschriebenen „Würdigung" der nachbarlichen Belange als ein nicht geschütztes Interesse (z. B. die Erhaltung einer schönen Aussicht). Demgemäß kommt eine **Abweichung von einer nachbarschützenden Vorschrift** nur in Betracht, wenn auf Grund besonderer Umstände des Einzelfalles der Nachbar nicht schutzbedürftig ist oder die Gründe, die für die Abweichung sprechen, tatsächlich so gewichtig sind, dass das Interesse des Nachbarn ausnahmsweise zurücktreten muss.[194] Werden dagegen geschützte nachbarliche Interessen nur geringfügig beeinträchtigt, steht dies der Zulassung der Abweichung nicht entgegen.

Die **Zustimmung des Nachbarn zum Bauvorhaben** entbindet die Bauaufsichtsbehörde von der Würdigung der nachbarlichen Interessen, es verbleibt dann bei der Prüfung der übrigen Voraussetzungen. Die Abweichung kann – bei Erfüllung der übrigen Voraussetzungen – im Fall der Nachbarzustimmung sogar dann nach pflichtgemäßem Ermessen erteilt werden, wenn dadurch Nachbarinteressen erheblich beeinträchtigt werden.

III. Die Zulassung von Ausnahmen – Ländervergleich

MBO 2002 –, BW –, Bay –, Bln § 61 Abs. 1, Bbg –, Brem § 72 Abs. 1, Hamb § 66, Hess –, M-V § 70 Abs. 1, Nds § 85, NRW –, Rh-Pf –, Saar § 75 Abs. 1, Sachs § 68 Abs. 1 und Abs. 2, Sachs-Anh –, Schl-H § 76 Abs. 1 und Abs. 2, Thür –.

377

Regelungsgegenstand der Landesbauordnungen
Ausnahmen von nicht zwingenden (Soll-/Regel-)Vorschriften der Bauordnung oder auf Grund der Bauordnung erlassener Vorschriften können gestattet werden, wenn • **öffentliche Belange** nicht entgegenstehen • die für die Ausnahme ggf. festgelegten **Voraussetzungen** erfüllt sind

[193] OVG Rh-Pf vom 3. 11. 1999 BRS 62 Nr. 143.

[194] OVG Rh-Pf vom 13. 3. 2002 Az. 8 A 10225/02 und vom 3. 11. 1999 BRS 62 Nr. 143.

378

Land	Norm (LBO)	Umsetzung/Abweichung in den Ländern
MBO 2002	–	keine Regelung zu Ausnahmen
BW	§ 56	§ 56 III, Ausnahme muss mit öffentlichen Belangen vereinbar sein zusätzlich § 56 IV Ausnahmen von den Vorschriften der §§ 4 bis 37 LBO BW oder auf Grund der LBO BW können zugelassen werden • bei Gemeinschaftsunterkünften, die vorübergehender Unterbringung oder vorübergehendem Wohnen dienen (Nr. 1) • bei baulichen Anlagen, die nach Art ihrer Ausführung für Dauernutzung nicht geeignet sind oder für begrenzte Zeit aufgestellt werden (Behelfsbauten) (Nr. 2) • bei kleinen, Nebenzwecken dienenden Gebäuden ohne Feuerstätten, wie Geschirrhütten (Nr. 3) • bei frei stehenden anderen Gebäuden, die allenfalls für einen zeitlich begrenzten Aufenthalt bestimmt sind, wie Gartenhäuser, Wochenendhäuser oder Schutzhütten (Nr. 4)
Bay	–	keine Regelung zu Ausnahmen
Bln	§ 61	§ 61 I Ausnahme muss mit öffentlichen Belangen vereinbar sein zusätzlich § 61 IV bei bedingter, befristeter oder unter Widerrufsvorbehalt erteilter Ausnahme ist Genehmigung entsprechend einzuschränken § 61 V wenn sich Ausnahmen nachteilig auf Umwelt, Natur und Landschaft oder Nachbarschaft auswirken können: Ausgleich durch Maßnahmen zur Verbesserung des Wohnumfeldes, insbesondere naturbelassene Grünflächen, gefordert
Bbg	–	keine Regelung zu Ausnahmen
Brem	§ 72	§ 72 I 1 zusätzlich § 72 I 2 nicht zwingend sind Vorschriften, die als Regel- oder Sollvorschrift aufgestellt sind, oder solche, die die Zulässigkeit von Ausnahmen ausdrücklich vorsehen § 72 II 1 bei der Änderung rechtmäßig bestehender baulicher Anlagen: Ausnahmen von den §§ 29 bis 48 sollen gestattet werden, wenn Anforderungen nur mit unverhältnismäßigem Mehraufwand erfüllt werden können und erhebliche Gefahren für Leben und Gesundheit nicht zu befürchten sind § 72 II 2 bei Schaffung von zusätzlichem Wohnraum durch Um- und Ausbau sowie bei Änderungen von Baudenkmälern: § 72 II 1 gilt auch, wenn mit diesen Vorhaben eine Nutzungsänderung verbunden ist § 72 VI bei bedingter, befristeter oder widerruflich erteilter Ausnahme ist Genehmigung entsprechend einzuschränken
Hamb	§ 66 I 1	§ 66 I 1 zusätzlich § 66 II auf begründeten Antrag können Ausnahmen zugelassen werden von den Vorschriften • der §§ 20 bis 23 und 25 bis 48 HBauO zur Erhaltung und weiteren Nutzung von Kulturdenkmälern im Sinne des § 2 I Nrn. 1 bis 3 des Denkmalschutzgesetzes, wenn nicht erhebliche Gefahren für Leben und Gesundheit zu befürchten sind • der §§ 25 bis 48 bei Modernisierungsvorhaben für Wohnungen/Wohngebäude und bei Schaffung von zusätzlichem Wohnraum durch Ausbau/Abänderung/Errichtung von Dach-/Staffelgeschossen, ohne dass Vollgeschosse entstehen, wenn dies im öffentlichen Interesse liegt und öffentliche Sicherheit und Ordnung nicht gefährdet werden, insbesondere keine Bedenken wegen des Brandschutzes bestehen

Land	Norm (LBO)	Umsetzung/Abweichung in den Ländern
		§ 66 I 2 Bauantrag gilt zugleich als Antrag auf Erteilung der für die Verwirklichung des Vorhabens erforderlichen Ausnahmen, soweit in der HBauO nichts anderes bestimmt ist
Hess	–	keine Regelung zu Ausnahmen
M-V	§ 70	§ 70 I zusätzlich § 70 II Ausnahmen von den Vorschriften der §§ 26–49 LBauO M-V können gestattet werden • zur Erhaltung/weiteren Nutzung von Baudenkmälern, wenn keine erhebliche Gefahren für Leben und Gesundheit zu befürchten sind (Nr. 1) • bei Modernisierungsvorhaben für Wohnungen/Wohngebäuden und bei Schaffung von zusätzlichem Wohnraum durch Ausbau, wenn keine Gefährdung der öffentlichen Sicherheit oder Ordnung, insbesondere keine Bedenken wegen des Brandschutzes bestehen (Nr. 2) § 70 V Zulassung von Ausnahmen mit Auflagen und mit Bedingungen sowie befristet möglich § 70 VI bei bedingt oder befristet erteilter Ausnahme ist Genehmigung entsprechend einzuschränken
Nds	§ 85 I	§ 85 I nur gefordert: Vereinbarkeit mit den öffentlichen Belangen zusätzlich § 85 II falls von der Ausnahme eine Baugenehmigung oder eine Entscheidung nach §§ 74, 76, 82, 83, 84 oder 94 NBauO abhängt, wird sie durch die Baugenehmigung oder die andere Entscheidung zugelassen § 85 IV Geltung des § 85 II und III auch für Ausnahmen nach anderen Vorschriften des öffentlichen Baurechts, soweit nichts Abweichendes bestimmt ist
NRW	–	keine Regelung zu Ausnahmen
Rh-Pf	–	keine Regelung zu Ausnahmen
Saar	§ 75 I	§ 75 I 1 zusätzlich § 75 I 2 nicht zwingend sind Vorschriften, die als Regel- oder Sollvorschriften aufgestellt sind oder die Zulässigkeit von Ausnahmen ausdrücklich vorsehen § 75 II Ausnahmen können ferner zugelassen werden • zur Erhaltung/weiteren Nutzung von Baudenkmälern, wenn keine erheblichen Gefahren für Leben/Gesundheit zu befürchten sind (Nr. 1) • zur Energieeinsparung und Gewinnung erneuerbarer Energien sowie zur sparsamen Verwendung von Trinkwasser, wenn keine Gefährdung der öffentlichen Sicherheit und Ordnung (Nr. 2) • bei Modernisierungsvorhaben für Wohnungen/Wohngebäude und bei Vorhaben zur Schaffung von zusätzlichem Wohnraum durch Ausbau, wenn dies im öffentlichen Interesse liegt und keine Gefährdung der öffentlichen Sicherheit und Ordnung, insbesondere keine Bedenken wegen des Brandschutzes (Nr. 3) § 75 IV schriftlicher, begründeter Antrag auf Ausnahme gefordert § 75 VI falls Ausnahme unter Nebenbestimmung erteilt: Baugenehmigung ist entsprechend einzuschränken
Sachs	§ 68 I	§ 68 I, Ausnahme muss mit öffentlichen Belangen vereinbar sein zusätzlich § 68 II Ausnahmen von den Vorschriften der §§ 26 bis 50 SächsBO können gestattet werden • zur Erhaltung/weiteren Nutzung von Baudenkmälern, wenn nicht erhebliche Gefahren für Leben und Gesundheit zu befürchten sind (Nr. 1)

Land	Norm (LBO)	Umsetzung/Abweichung in den Ländern
		• bei Modernisierungsvorhaben für Wohnungen/Wohngebäude und bei Schaffung von zusätzlichem Wohnraum durch Ausbau, wenn dies im öffentlichen Interesse liegt und keine Gefährdung der öffentlichen Sicherheit oder Ordnung, insbesondere keine Bedenken wegen des Brandschutzes bestehen (Nr. 2) • bei Vorhaben in überwiegend bebauten Gebieten, wenn keine Gefährdung der öffentlichen Sicherheit oder Ordnung, insbesondere keine Bedenken wegen des Brandschutzes bestehen (Nr. 3) § 68 V bedingte, befristete und mit Auflagen erteilte Ausnahme möglich § 68 VI bei bedingt oder befristet erteilter Ausnahme ist die Genehmigung entsprechend einzuschränken
Sachs-Anh	–	keine Regelung zu Ausnahmen
Schl-H	§ 76	§ 76 I Ausnahme muss mit öffentlichen Belangen vereinbar sein zusätzlich § 76 I Ausnahmen zur Verwirklichung von Vorhaben zur Einsparung von Wasser oder Energie sind zuzulassen, wenn keine öffentlichen Belange entgegenstehen § 76 II Ausnahmen von den Vorschriften der §§ 32 bis 56 LBO Schl-H können gestattet werden • zur Erhaltung und weiteren Nutzung von Baudenkmälern, wenn keine Gefahren für Leben oder Gesundheit zu befürchten sind (Nr. 1) • bei Modernisierungsvorhaben für Wohnungen/Wohngebäude und bei Schaffung von zusätzlichem Wohnraum durch Ausbau, wenn dies im öffentlichen Interesse liegt und die öffentliche Sicherheit nicht gefährdet wird, insbesondere keine Bedenken wegen des Brandschutzes bestehen (Nr. 2)
Thür	–	keine Regelung zu Ausnahmen

IV. Die Zulassung von Befreiungen

MBO 2002 –, BW § 56, Bay –, Bln § 61 Abs. 2, Bbg –, Brem § 72 Abs. 2, Hamb § 67, Hess § 68 Abs. 3, M-V § 70 Abs. 3, Nds § 86, NRW –, Rh-Pf –, Saar § 75 Abs. 3, Sachs § 68 Abs. 3, Sachs-Anh –, Schl-H § 76 Abs. 3, Thür –.

1. Ländervergleich

379

Regelungsgegenstände der Landesbauordnungen
Befreiungen von zwingenden Vorschriften der Bauordnung oder auf Grund der Bauordnung erlassener Vorschriften können erteilt werden, wenn • Gründe des **Wohls der Allgemeinheit** die Abweichung erfordern oder • das Einhalten der Vorschrift im Einzelfall zu einer **offenbar nicht beabsichtigten Härte** führen würde und die Abweichung mit den **öffentlichen Belangen** vereinbar ist; eine nicht beabsichtigte Härte liegt auch vor, wenn auf andere Weise dem Zweck einer technischen Anforderung in der Bauordnung oder in Vorschriften aufgrund der Bauordnung entsprochen wird.

380

Land	Norm (LBO)	Umsetzung/Abweichung in den Ländern
MBO 2002	–	keine Regelung zu Befreiungen
BW	§ 56	§ 56 V 1 Befreiung von den Vorschriften der §§ 4 bis 39 oder auf Grund dieses Gesetzes § 56 V 1 gefordert: Vereinbarkeit mit den öffentlichen Belangen auch unter Würdigung nachbarlicher Interessen zusätzlich § 56 V 2 Gründe des allgemeinen Wohls liegen auch vor bei Vorhaben zur Deckung dringenden Wohnbedarfs § 56 V 3 bei Vorhaben nach Satz 2 Befreiung auch in mehreren vergleichbaren Fällen möglich
Bay	–	keine Regelung zu Befreiungen
Bln	§ 61	Zusätzlich § 61 II Nr. 3 Befreiung auch möglich, wenn die Abweichung von den zwingenden Vorschriften erforderlich • zur praktischen Erprobung neuer Bau- und Wohnformen • zur praktischen Erprobung von Maßnahmen zu Kostendämpfung • zur Verwirklichung von Vorhaben zur Energieeinsparung oder zur Schonung der natürlichen Lebensgrundlagen durch Versuchsbauten vom Bauherrn ist nachzuweisen, dass hierdurch keine Gefahren für die öffentliche Sicherheit oder Ordnung entstehen § 61 IV bei bedingter, befristeter oder unter Widerrufsvorbehalt erteilter Befreiung ist die Genehmigung entsprechend einzuschränken § 61 V Befreiungen, die sich nachteilig auf die Umwelt, Natur und Landschaft oder die Nachbarschaft auswirken können, sind durch Maßnahmen zur Verbesserung des Wohnumfeldes, insbesondere naturbelassene Grünflächen, auszugleichen
Bbg	–	keine Regelung zu Befreiungen
Brem	§ 72	§ 72 II Nrn. 1 und 3 zusätzlich § 72 II Nr. 2 wenn die Abweichung von den zwingenden Vorschriften erforderlich ist zur praktischen Erprobung neuer Bau- und Wohnformen, von Maßnahmen zur Kostendämpfung oder zur Schonung der natürlichen Lebensgrundlagen durch Versuchsbauten und die Belange nach § 3 I nicht wesentlich beeinträchtigt werden § 72 V zuständig: Bauordnungsbehörde § 72 VI der Senator für das Bauwesen kann in genau zu umgrenzenden Fällen bestimmen, dass Befreiungen nur mit seiner Zustimmung zu erteilen sind § 72 VII bei bedingter, befristeter oder widerruflich erteilter Befreiung sind Genehmigungen entsprechend einzuschränken
Hamb	§ 67	§ 67 Nrn. 1 und 2 zusätzlich § 67 Nr. 3 Befreiung kann auch erteilt werden, wenn auf andere Weise dem Zweck einer bau- oder sicherheitstechnischen Anforderung in diesem Gesetz oder auf Grund dieses Gesetzes erlassener Vorschriften nachweislich entsprochen wird und die Abweichung mit den öffentlichen Belangen vereinbar ist
Hess	–	keine Regelung zu Befreiungen
M-V	§ 70	§ 70 III Nrn. 1 und 2 zusätzlich § 70 III Nr. 3 Befreiung kann auch erteilt werden, wenn Abweichung von den zwingenden Vorschriften erforderlich zur praktischen Erprobung neuer Bau- und Wohnformen oder von Maßnahmen des Kosten sparenden Bauens bei Versuchsbauten und Gefahren im Sinne des § 3 I nicht zu erwarten sind

Land	Norm (LBO)	Umsetzung/Abweichung in den Ländern
		§ 70 V Befreiungen können unter Auflagen, bedingt und befristet erteilt werden § 70 VI bei bedingter oder befristeter Befreiung ist die Genehmigung entsprechend einzuschränken
Nds	§ 86	§ 86 I zusätzlich gefordert in § 86 I Nr. 1 Vereinbarkeit mit den öffentlichen Belangen auch unter Würdigung nachbarlicher Interessen § 86 II 2 Angabe gefordert, von welchen Vorschriften und in welchem Umfang Befreiung erteilt wird
NRW	–	keine Regelung zu Befreiungen
Rh-Pf	–	keine Regelung zu Befreiungen
Saar	§ 75	§§ 75 III Nrn. 1 und 3 zusätzlich § 75 IV eine nicht beabsichtigte Härte liegt auch vor, wenn • einer technischen Anforderung in bauaufsichtlichen Vorschriften durch eine vom Bauherrn angebotene andere gleichwertige Lösung nachweisbar entsprochen wird (Nr. 1) • die Abweichung von den zwingenden Vorschriften erforderlich ist zur praktischen Erprobung neuer Bau- und Wohnformen, von Maßnahmen zur Kostendämpfung, zur Energieeinsparung oder zur Gewinnung erneuerbarer Energien durch Versuchsbauten und keine Gefahren für die öffentliche Sicherheit und Ordnung zu erwarten sind (Nr. 2) • in teilweise oder überwiegend bebauten Gebieten die Gestaltung des Straßenbildes oder besondere städtebauliche Verhältnisse die Unterschreitung der Abstandsflächen rechtfertigen, sofern Gründe des Brandschutzes nicht entgegenstehen und nachbarliche Belange nicht beeinträchtigt werden (Nr. 3) § 75 V Antrag auf Befreiung ist schriftlich zu stellen und zu begründen § 75 VI bei Erteilung der Befreiung unter Nebenbestimmungen ist die Baugenehmigung entsprechend einzuschränken
Sachs	§ 68	§ 68 III Nrn. 1 und 3 zusätzlich § 68 III schriftlicher begründeter Antrag gefordert § 68 V Erteilung der Befreiung unter Auflagen, bedingt sowie befristet möglich § 68 VI bei bedingt oder befristet erteilter Befreiung: entsprechende Einschränkung der Genehmigungen gefordert
Sachs-Anh	–	keine Regelung zu Befreiungen
Schl-H	§ 76	§ 76 III Nrn. 1 und 2 zusätzlich § 76 III Nr. 3 Befreiung kann auch erteilt werden, wenn die Abweichung von den zwingenden Vorschriften der praktischen Erprobung neuer Bau- und Wohnformen oder der Energieeinsparung durch Modellvorhaben dient und Ungefährlichkeit für die öffentl. Sicherheit vom Bauherrn durch Gutachten eines Sachverständigen, der im Benehmen mit der Bauaufsichtsbehörde beauftragt ist, nachgewiesen wird
Thür	–	keine Regelung zu Befreiungen

2. Voraussetzungen für die Zulassung einer Befreiung

a) Offenbar nicht beabsichtigte Härte

381 Eine offenbar nicht beabsichtigte Härte bei Einhaltung der Vorschriften kann sich **nur aus Besonderheiten des Grundstücks und seiner Bebauung ergeben**, nicht aber aus irgendwelchen persönlichen Verhältnissen des Bauherrn. Die atypische Situation muss gerade in Bezug auf den mit der nicht eingehaltenen Vorschrift verfolgten Schutzzweck gegeben sein.[195] Eine solche mit der Durchführung der Vorschrift offenbar nicht beabsichtigte Härte liegt dann vor, wenn im konkreten Fall trotz der Nichteinhaltung der Norm deren Schutzgut nicht oder nicht wesentlich beeinträchtigt wird. Bei **Nutzungsänderungen** stellt die Einhaltung der nach geltendem Recht erforderlichen Abstandsflächen dann eine offenbar nicht beabsichtigte Härte dar, wenn durch die beabsichtigte Nutzungsänderung abstandsflächenrechtlich relevante Belange nicht stärker beeinträchtigt werden als durch die bisherige Nutzung, oder wenn die Einhaltung der geltenden Abstandsflächenvorschriften eine Nutzungsänderung eines nach früherem Recht legal errichteten Gebäudes verhindern würde.[196] Denn die als Tatbestandsvoraussetzung für die Zulassung einer Befreiung vorgegebene Härteklausel muss mit Blick auf Art. 14 GG verfassungskonform in der Weise angewendet werden, dass bei Anwendung der Härteklausel zwar nur bodenrechtliche Interessen zu berücksichtigen sind, die vom Gesetzgeber im Abstandsflächenrecht vorgenommene Abwägung der öffentlichen und privaten Interessen aber nachvollzogen werden muss.

b) Gründe des Allgemeinwohls

382 Gründe des Allgemeinwohls sind **geschützte Interessen der Allgemeinheit**, die sich aus allen Lebensbereichen, nicht nur aus dem Bereich des Baurechts ergeben können. Dies wird veranschaulicht durch die in einzelnen Landesbauordnungen beispielhaft aufgezählten Fallgestaltungen, wann Gründe des Allgemeinwohls die Abweichung von der zwingenden Anforderung erfordern, z. B. zur praktischen Erprobung neuer Bau- und Wohnformen oder von Maßnahmen zur Kostendämpfung, zur Energieeinsparung oder zur Gewinnung erneuerbarer Energien.

V. Erteilung von Abweichungen/Ausnahmen/Befreiungen von einer örtlichen/gemeindlichen Bauvorschrift – Ländervergleich

(s. unten Kap. 16, Rn. 27)

383

	Regelungsgegenstände der Landesbauordnungen und der MBO 2002[197]
1.	für Entscheidung der Bauaufsichtsbehörde über Abweichungen/Ausnahmen/Befreiungen von **örtlichen Bauvorschriften**: gemeindliches **Einvernehmen** erforderlich
2.	entsprechende Geltung des § 36 II 2 BauGB

[195] OVG Bln vom 23. 4. 2002 Az. 2 B 3.00.
[196] BVerwG vom 16. 5. 1991 BRS 52 Nr. 157.
[197] Die hier verwendeten Ziffern entsprechen den Ziffern der nachstehenden Rubrik „Umsetzung/Abweichung in den Ländern und der MBO 2002".

384

Land	**Norm** (LBO)		**Umsetzung/Abweichung in den Ländern und der MBO 2002**[198]
MBO 2002	§ 67	**1.** **2.**	§ 67 III Zuständigkeit der **Gemeinde** für die Zulassung von Abweichungen von örtlichen Bauvorschriften bei verfahrensfreien Vorhaben keine Regelung (da Gemeinde zuständig)
BW	–		örtliche Bauvorschriften: § 74 keine Regelung in § 56 oder § 74
Bay	Art. 70	 **1.** **2.**	örtliche Bauvorschriften: Art. 91 I, II Art. 70 II 1 Art. 70 II 2
Bln	–		keine Regelung in § 61
Bbg	§ 60	 **1.** **2.**	örtliche Bauvorschriften: § 81 § 60 II 1 § 60 II 2
Brem	–		örtliche Bauvorschriften: § 87 keine Regelung in § 72 oder § 87
Hamb	–		keine Regelung in §§ 66, 67
Hess	–		keine Regelung in § 63
M-V	§ 86	 **1.** **2.**	örtliche Bauvorschriften: § 86 keine Regelung in § 86 keine Regelung in § 86 § 86 VI Voraussetzung für die Zulassung von Ausnahmen von örtlichen Bauvorschriften nach § 86 I Nr. 1 und 2 und § 86 II 2 Nr. 1: keine wesentliche Beeinträchtigung der sich aus der Begründung ergebenden baugestalterischen Zielsetzungen
Nds	§ 56	 **1.** **2.**	örtliche Bauvorschriften: § 56 keine Regelung in § 56 keine Regelung in § 56 § 56 II Voraussetzung für die Zulassung einer Ausnahme von örtlichen Bauvorschriften: keine wesentliche Beeinträchtigung städtebaulicher baugestalterischer oder ökologischer Zielsetzungen
NRW	§ 86	 **1.** **2.**	örtliche Bauvorschriften: § 86 § 86 V 1 § 86 V 2
Rh-Pf	§ 88	 **1.** **2.**	örtliche Bauvorschriften: § 88 § 88 VII 2 vor der Zulassung von Abweichungen von Satzungsbestimmung ist die Gemeinde zu hören keine Regelung in § 88
Saar	§ 93	 **1.** **2.**	örtliche Bauvorschriften: § 93 § 93 VI 2 keine Regelung in § 93
Sachs	§ 68	 **1.** **2.**	örtliche Bauvorschriften: § 83 § 68 VII 1 § 68 VII 2 i.V. m. § 67 IV 3 Einvernehmen gilt als erteilt, wenn es nicht innerhalb eines Monats nach Eingang des Ersuchens unter Angabe von Gründen verweigert wird

[198] Die hier verwendeten Ziffern entsprechen den Ziffern der vorstehenden Rubrik „Regelungsgegenstände der Landesbauordnungen und der MBO 2002".

Land	Norm (LBO)	Umsetzung/Abweichung in den Ländern und der MBO 2002	
Sachs-Anh	§ 90		örtliche Bauvorschriften: § 90 § 90 III 3 Zuständigkeit der **Gemeinde** für die Entscheidung über die Abweichung von örtlichen Bauvorschriften
		1.	keine Regelung (da Gemeinde zuständig ist)
		2.	keine Regelung (da Gemeinde zuständig ist)
Schl-H	§ 76		örtliche Bauvorschriften: § 92
		1.	§ 76 V
		2.	keine Regelung in § 76 zusätzlich über Abweichungen von örtlichen Bauvorschriften nach § 93 III entscheidet die Gemeinde
Thür	§ 68		örtliche Bauvorschriften: § 83
		1.	§ 68 II 1
		2.	§ 68 II 2

VI. Besonderheiten der isolierten/selbständigen Abweichung/Ausnahme/Befreiung

1. Ländervergleich

385

Regelungsgegenstände der Landesbauordnungen und der MBO 2002[199]	
1.	Anwendungsbereich der isolierten/selbständigen Abweichung/Ausnahme/Befreiung
2.	Formvorschriften für den Antrag bei isolierter/selbständiger Abweichung/Ausnahme/Befreiung

386

Land	Norm (LBO)	Umsetzung/Abweichung in den Ländern und der MBO 2002[200]	
MBO 2002	§ 67	1.	§ 67 II 1 auch anwendbar für Ausnahmen und Befreiungen von den Festsetzungen eines Bebauungsplans, einer sonstigen städtebaulichen Satzung nach § 31 BauGB oder von Regelungen der BauNVO über die zulässige Art der baulichen Nutzung nach § 34 II 2. Halbs. BauGB § 67 II 2 i.V.m. § 67 II 1 auch anwendbar für die Abweichung von Vorschriften, die im Genehmigungsverfahren nicht geprüft werden
		2.	§ 67 II 1 Antrag ist zu **begründen, schriftlicher Antrag**
BW	§ 56	1.	§ 56 VI für verfahrensfreie Vorhaben
		2.	§ 56 VI besonderer schriftlicher Antrag
Bay	Art. 70	1.	Art. 70 III 1 bei genehmigungsfreien baulichen Anlagen auch anwendbar für Abweichungen von den Festsetzungen eines Bebauungsplans, einer sonstigen städtebaulichen Satzung, nach §§ 31, 34 II 2. Halbs. BauGB von Regelungen der BauNVO über die zulässige Art der baulichen Nutzung Art. 70 III 2 entsprechende Anwendung des Art. 70 III 1 für Abweichungen von Vorschriften, die nach Art. 73 I nicht geprüft werden
		2.	Art. 70 III 1 schriftlicher Antrag

[199] Die hier verwendeten Ziffern entsprechen den Ziffern der nachstehenden Rubrik „Umsetzung/Abweichung in den Ländern und der MBO 2002".

[200] Die hier verwendeten Ziffern entsprechen den Ziffern der vorstehenden Rubrik „Regelungsgegenstände der Landesbauordnungen und der MBO 2002".

Land	Norm (LBO)		Umsetzung/Abweichung in den Ländern und der MBO 2002
Bln	§ 61	**1.**	§ 61 III für bauliche Anlagen, andere Anlagen oder Einrichtungen, die keiner Baugenehmigung bedürfen
		2.	§ 61 III schriftlicher Antrag
Bbg	–		keine Regelung in § 60
Brem	§ 72	**1.**	§ 72 IV 1 für bauliche Anlagen sowie andere Anlagen und Einrichtungen nach § 1 I 2, die nach § 65 keiner Genehmigung bedürfen § 72 IV 2 entsprechende Geltung des § 72 IV 1 für Ausnahmen/Befreiungen von den im vereinfachten Genehmigungsverfahren nach § 67 nicht zu prüfenden Vorschriften
		2.	§ 72 IV 1, 2 schriftlicher oder elektronischer Antrag
Hamb	–	**1.**	keine Regelung in §§ 66, 67
		2.	keine Regelung in §§ 66, 67
Hess	§ 63	**1.**	§ 63 III 1 auch anwendbar für bauliche Anlagen, andere Anlagen oder Einrichtungen, die nach § 55 oder auf Grund des § 80 IV 1 Nr. 1 keiner Baugenehmigung bedürfen sowie für Abweichungen von Vorschriften, die in bauaufsichtlichen Verfahren nicht geprüft werden Abweichungen von Vorschriften, die in bauaufsichtlichen Verfahren nicht geprüft werden
		2.	§ 63 II für alle Abweichungen: gesonderter schriftlicher und begründeter Antrag
M-V	§ 70	**1.**	§ 70 IV für bauliche Anlagen, andere Anlagen oder Einrichtungen, die genehmigungsfrei sind
		2.	§ 70 IV schriftlicher Antrag
Nds	§§ 85, 86	**1.**	§§ 85 II, 86 II i.V. m. § 85 II Zulassung durch besondere schriftliche Entscheidung, falls keine Baugenehmigung oder andere Entscheidung nach §§ 74, 76, 82, 83, 84 oder 94 von der Ausnahme/Befreiung abhängt
		2.	§ 86 I für alle Befreiungen ausdrücklicher Antrag gefordert
NRW	§ 73	**1.**	§ 73 II für bauliche Anlagen oder andere Anlagen und Einrichtungen i. S. von § 1 I 2, die genehmigungsfrei sind
		2.	§ 73 II schriftlicher Antrag
Rh-Pf	§ 69	**1.**	§ 69 II 1 bei baulichen Anlagen, die genehmigungsfrei sind, für Abweichungen von bauaufsichtlichen Anforderungen nach § 69 I, von Festsetzungen eines Bebauungsplans, sonstiger städtebaulicher Satzung oder nach § 34 II 2. Halbs. von Bestimmungen der BauNVO über zulässige Art der baulichen Nutzung
		2.	§ 69 II 1 schriftlicher Antrag
Saar	§ 75	**1.**	§ 75 V nur geregelt, dass Antragserfordernis auch für genehmigungsfreie Vorhaben gilt
		2.	§ 75 V für alle Ausnahmen und Befreiungen: schriftlicher begründeter Antrag
Sachs	§ 66	**1.**	§ 66 IV für bauliche Anlagen, andere Anlagen oder Einrichtungen, die genehmigungsfrei sind
		2.	§ 66 IV schriftlicher Antrag
Sachs-Anh	§ 75	**1.**	§ 75 II 2 für bauliche Anlagen oder andere Anlagen und Einrichtungen i. S. von § 1 I 2, die genehmigungsfrei sind
		2.	§ 75 II 2 i.V. m. § 75 II 1 gesonderter schriftlicher und begründeter Antrag
Schl-H	§ 76	**1.**	§ 76 IV für bauliche Anlagen, andere Anlagen oder Einrichtungen, die keiner Genehmigung oder Bauanzeige bedürfen
		2.	§ 76 IV schriftlicher Antrag

Land	Norm (LBO)	Umsetzung/Abweichung in den Ländern und der MBO 2002	
Thür	§ 68	**1.**	§ 68 III für bauliche Anlagen, andere Anlagen oder Einrichtungen, die genehmigungsfrei sind
		2.	§ 68 III schriftlicher Antrag

2. Anwendungsbereich

a) Selbständiges (isoliertes) Verfahren bei Nichteinhaltung von bauordnungsrechtlichen Anforderungen

387 Immer dann, wenn ein Vorhaben, das die bauordnungsrechtlichen Anforderungen nicht einhält, nicht im Baugenehmigungsverfahren behandelt wird, die Abweichung also nicht innerhalb dieses Genehmigungsverfahrens geprüft und nicht im Rahmen der Baugenehmigung zugelassen werden kann, ist ein selbständiges oder isoliertes Abweichungsverfahren durchzuführen. Dies ist insbesondere der Fall

- bei genehmigungsfreien Vorhaben
- bei Vorhaben, die von der Genehmigung freigestellt sind
- bei Vorhaben, die nach der jeweiligen Landesbauordnung im vereinfachten Genehmigungsverfahren behandelt werden und von Vorschriften abweichen, die nicht zum Pflichtprüfprogramm gehören
- wenn die Zulassung der Abweichung zum Gegenstand eines Vorbescheidsverfahrens gemacht wird, um sie vorab abschließend klären zu können.

b) Nichteinhaltung von planungsrechtlichen Vorgaben

388 Einzelne Landesbauordnungen erklären die Vorschriften über die Zulassung einer Abweichung/Ausnahme/Befreiung für entsprechend anwendbar, wenn von planungsrechtlichen Vorgaben abgewichen werden soll, und zwar

- von den Festsetzungen eines Bebauungsplans,
- einer sonstigen städtebaulichen Satzung,
- nach §§ 31, 34 II 2. Halbs. BauGB von Regelungen der BauNVO über die zulässige Art der baulichen Nutzung.

Da es sich materiell-rechtlich um Befreiungen nach § 31 BauGB handelt, haben die Regelungen in der Landesbauordnung für diese Fälle nur verfahrensrechtliche Bedeutung, insbesondere für das Erfordernis eines schriftlichen Antrags.

3. Verfahren

a) Antrag

389 Da für die genannten Fälle ein Antrag auf Erteilung einer Baugenehmigung fehlt, ist für die Zulassung der Abweichung/Ausnahme/Befreiung ein **ausdrücklicher Antrag** erforderlich. Verfahrensgegenstand ist dann allein die Frage, ob die Nichteinhaltung der bauordnungsrechtlichen Anforderung, entsprechend der jeweiligen landesrechtlichen Regelung als Abweichung, Ausnahme oder Befreiung, zugelassen werden kann.

b) Sonstige Vorschriften für das isolierte Abweichungsverfahren

390 Einige Landesbauordnungen erklären die grundlegenden Vorschriften des Baugenehmigungsverfahrens für entsprechend anwendbar im isolierten Abweichungsverfahren.[201] Wo eine solche Vorschrift fehlt, sind die Vorschriften des Genehmigungsverfahrens, insbesondere die über die Beteiligung der Nachbarschaft, entsprechend anwendbar, sofern sie nicht gerade auf die Erteilung der Genehmigung selbst abstellen.

[201] BbgBO, HBO, LBauO Rh-Pf.

VII. Schutzzweck der Vorschriften

Nachbarschutz vermittelt die Norm, deren Nichteinhaltung zugelassen wird: Wird die Nichteinhaltung einer nachbarschützenden Norm zugelassen, kann sich der Nachbar gegen die Zulassung, sei es die die Zulassung enthaltende Baugenehmigung, wenden. Allein durch die rechtswidrige Gestattung, dass von einer nicht nachbarschützenden Norm abgewichen werden darf, werden subjektiv-öffentliche Rechte des Nachbarn jedoch nicht verletzt, die Vorschriften über die Zulassung der Abweichung/Ausnahme/Befreiung selbst vermitteln **keinen Nachbarschutz.** 391

VIII. Rechtsschutz

1. Rechtsbehelfe des Bauherrn

a) gegen die Ablehnung der Baugenehmigung, wenn eine unselbständige Abweichung/Ausnahme/Befreiung nicht zugelassen wird

Verletzt ein zur Genehmigung gestelltes Bauvorhaben eine bauordnungsrechtliche Vorschrift und hat die Behörde eine Abweichung von dieser Vorschrift nicht zugelassen, die Genehmigung also abgelehnt, so kann der Bauherr – nach erfolglosem Widerspruchsverfahren – nur dann unmittelbar auf Erteilung der Genehmigung klagen, wenn er einen Anspruch darauf hat, dass ihm die Nichteinhaltung der bauaufsichtlichen Anforderung gestattet wird. Das ist dann der Fall, wenn nach einer spezialgesetzlichen Regelung die Abweichung zuzulassen „ist" oder wenn ausnahmsweise im konkreten Fall das Ermessen der Behörde auf null reduziert ist. Im Regelfall, wenn die Gestattung, dass die Anforderung nicht einhalten wird, im Ermessen der Behörde steht, kann nur auf Aufhebung der ablehnenden Entscheidung und erneute Verbescheidung unter Beachtung der Rechtsauffassung des Gerichts geklagt werden. 392

b) gegen die Ablehnung der isolierten Abweichung/Ausnahme/Befreiung

Demgegenüber ist die isolierte Erteilung einer Abweichung/Ausnahme/Befreiung alleiniger Gegenstand eines Verwaltungsverfahrens, bei Ablehnung ist daher – nach erfolglosem Widerspruchsverfahren – Verpflichtungsklage auf Erteilung der Abweichung/Ausnahme/Befreiung bzw. auf erneute Verbescheidung unter Beachtung der Rechtsauffassung des Gerichts zu erheben. 393

2. Rechtsbehelfe des Nachbarn

a) gegen die Baugenehmigung bei Zulassung einer unselbständigen Abweichung/Ausnahme/Befreiung

Wird die Abweichung von der bauaufsichtlichen Anforderung zusammen mit der Baugenehmigung zugelassen, so erstreckt sich die Anfechtung der Baugenehmigung zwangsläufig auch auf diese Entscheidung als Bestandteil der Baugenehmigung; es gelten für die Zulässigkeit die allgemeinen Ausführungen für Nachbarrechtsbehelfe. Denkbar ist auch, die Baugenehmigung allein mit dem Ziel anzufechten, die Einhaltung der bauaufsichtlichen Anforderung, von der eine Abweichung erteilt wurde (z. B. bestimmter Brandschutzbestimmungen) durchzusetzen, wenn der Bauherr gegen das Bauvorhaben insgesamt keine Einwände hat. 394

Begründet ist der Nachbarrechtsbehelf gegen die Baugenehmigung bereits dann, wenn die Abweichung rechtsfehlerhaft erteilt wurde und der Nachbar dadurch in eigenen Rechten verletzt wird, was dann der Fall ist, wenn die Abweichung von einer nachbarschützenden Vorschrift zugelassen wurde. Verletzt das genehmigte Bauvorhaben eine nachbarschützende bauaufsichtliche Norm, ohne dass die Behörde die Abweichung hiervon gestattet hat, so ist die Genehmigung allein aus diesem Grund rechtswidrig und der Nachbarrechtsbehelf somit begründet.

b) gegen die isolierte Zulassung einer Abweichung/Ausnahme/Befreiung

395 Wird die Nichteinhaltung einer bauaufsichtlichen Anforderung im selbständigen Verfahren zugelassen, so ist umstritten, ob diese Zulassungsentscheidung unter den Anwendungsbereich der Sonderregelung des § 212 a Abs. 1 BauGB fällt und somit kraft Gesetzes sofort vollziehbar ist. Zwar wird die isolierte Abweichung/Ausnahme/Befreiung dem Wortlaut nach nicht von § 212 a Abs. 1 BauGB erfasst, da es sich – jedenfalls formal – nicht um die Zulassung eines Vorhabens handelt.[202] Andererseits ist kein Grund ersichtlich, weshalb der Nachbar dadurch eine prozessual bessere Rechtsposition erlangen sollte, dass die Nichteinhaltung einer ihn schützenden baurechtlichen Anforderung nicht als Teil einer Baugenehmigung erteilt wurde, sondern, da ein Genehmigungsverfahren nicht erforderlich war, in Form einer selbständigen Zulassungsentscheidung. Es ist daher gerechtfertigt, die isolierte Abweichung bezüglich des verfahrensrechtlichen Drittschutzes einer Genehmigung gleichzustellen und auch auf die isolierte Entscheidung über die Zulassung einer Abweichung/Ausnahme/Befreiung die Regelung des § 212 a Abs. 1 BauGB anzuwenden.[203]

---

[202] OVG NRW vom 1. 12. 1998 DVBl. 1999, 788.
[203] *Jäde/Dirnberger/Bauer/Weiß*, Die neue Bayerische Bauordnung, Art. 70 Rn. 41.

15. Kapitel. Bauaufsichtliche Eingriffsbefugnisse

Übersicht

Rn.

Teil 1. Aufgaben und Befugnisse

I. Ländervergleich 1
II. Art der Aufgabe 3
III. Aufgaben 4
1. Gesetzliche Voraussetzungen 4
a) Aufgabenzuweisung 4
b) Öffentliche Vorschriften 6
c) Einhaltung der Vorschriften 11
d) Umfang der Handlungspflicht 12
2. Bauberatung 13
IV. Befugnisse 18
1. Allgemeines 18
a) Generalklausel 18
b) Anlagen 19
c) Mögliche Befugnisse 20
d) Gefahr 22
2. Verhältnismäßigkeitsgrundsatz 24
a) Geeignet 25
b) Erforderlichkeit 26
c) Verhältnismäßigkeit im engeren Sinne 27
3. Ermessen 29
a) Regelermessen 29
b) Ermessensfehler 30
c) Gleichheitssatz 35
4. Anspruch Dritter auf Einschreiten . . . 40
a) Verletzung drittschützender Vorschriften 41
b) Ermessensreduzierung auf Null . . . 45
c) Rechtsschutzfragen 48
5. Die Anordnung als Verwaltungsakt . . . 50
a) Zuständigkeit 50
b) Verfahren, insbesondere Anhörung . 51
c) Form und Wirksamwerden 52
d) Begründung 54
e) Adressat 56
aa) Handlungs- und Zustandsstörer 57
bb) Gefahr 62
cc) Mehrheit von Störern 63
dd) Duldungsanordnung 64
f) Bestimmtheit 71
6. Vollstreckung 75
V. Heranziehung von Sachverständigen . . 78
1. Der Sachverständige 78
2. Voraussetzungen für die Einschaltung von Sachverständigen 81
3. Verhältnismäßigkeit und Ermessen . . . 82
4. Das Gutachten 83
VI. Geltung für und gegen Rechtsnachfolger 84
1. Gesetzliche Regelung 84
2. Anwendbarkeit der Rechtsnachfolgeregelungen 87
a) Genehmigungen 88
b) Sonstige bauaufsichtliche Maßnahmen 91
3. Der Umfang der Rechtsnachfolge . . . 92

Rn.

VII. Bestehende bauliche Anlagen 97
1. Nachträgliche Anordnungen 97
a) Anwendungsbereich 97
aa) Erhebliche Gefahren 98
bb) Anpassungsverlangen 102
cc) Änderung bestehender Anlagen 105
b) Bestandsschutz 107
c) Instandhaltungsarbeiten 117
2. Die Anordnung 120
VIII. Art. 13 GG/Landesverfassung 124

Teil 2. Baueinstellung

I. Ländervergleich 133
II. Allgemeine Vorbemerkungen 135
III. Tatbestandsvoraussetzungen der Baueinstellung 138
1. (Bauliche) Anlagen 138
2. Arbeiten 140
a) Allgemeines 141
b) Die Arbeiten im Einzelnen 144
3. Widerspruch zu öffentlich-rechtlichen Vorschriften 145
a) Formell 146
b) Materiell 151
c) Verwirklichung 154
4. Die meistgenannten gesetzlichen Beispiele 155
a) Baubeginn 155
b) Teilbaugenehmigung und Fortführung bestimmter Arbeiten 156
c) Verwendung von Bauprodukten . . 157
d) Abweichung von den Bauvorlagen. 158
5. Verhältnismäßigkeit 161
IV. Ermessen 165
1. Ermessensausübung durch Behörde . . 165
a) Regelermessen 165
b) Einzelfälle 166
2. Anspruch Dritter auf Einschreiten . . 171
a) Verletzung drittschützender Vorschriften 172
b) Ermessensfehlerfreie Entscheidung 176
c) Ermessensreduzierung auf Null . . 177
V. Rechtsfolge: Baueinstellung 182
VI. Anordnung der Baueinstellung als Verwaltungsakt 184
1. Formelle Fragen 185
a) Zuständigkeit 185
b) Verfahren, insbesondere Anhörung 186
c) Form und Wirksamwerden 187
d) Begründung 189
2. Adressat 190
3. Bestimmtheit 193
4. Anordnung der sofortigen Vollziehung 195
5. Vollstreckung 199

Rn.
6. Zeitliche Geltung 200
7. Rechtsschutz gegen die Anordnung 200a
VII. Zuwiderhandlung 201
1. Unzulässige Bauarbeiten 202
2. Anordnung der Einstellung 203
3. Unerlaubte Fortsetzung 204
4. Ermessen 205
5. Rechtsfolgen 206
a) Versiegelung 207
b) Überwachung 208
c) Beschlagnahme 209

Teil 3. Nutzungsuntersagung
I. Ländervergleich 210
II. Allgemeine Vorbemerkungen 212
III. Tatbestandsvoraussetzungen der Nutzungsuntersagung 216
1. Anlagen 216
2. Benutzen 217
3. Widerspruch zu öffentlich-rechtlichen Vorschriften 220
a) Formell 221
aa) Nutzungsuntersagung bei bloßer formeller Rechtswidrigkeit 222
bb) Einzelheiten 226
b) Materiell 230
c) Verwirklichung 235
4. Verhältnismäßigkeit 237
IV. Ermessen 239
1. Ermessensausübung durch die Behörde 239
a) Regelermessen 239
b) Ermessensbindungen 240
c) Einzelfälle 242
2. Anspruch Dritter auf Einschreiten . . 251
V. Rechtsfolge: Nutzungsuntersagung . 255
VI. Anordnung der Nutzungsuntersagung als Verwaltungsakt 259
1. Formelle Fragen 259
a) Zuständigkeit 259
b) Verfahren, insbesondere Anhörung 260
c) Form und Wirksamwerden 261
d) Begründung 263
2. Adressat 264
3. Bestimmtheit 270
4. Frist 275
5. Anordnung der sofortigen Vollziehung 277
a) Allgemeines 277
b) Einzelfälle 283
6. Vollstreckung 290
7. Zeitliche Geltung 293

Rn.
Teil 4. Beseitigungsanordnung
I. Ländervergleich 298
II. Allgemeine Vorbemerkungen 300
III. Tatbestandsvoraussetzungen der Beseitigungsanordnung 304
1. Anlagen 304
2. Errichtung, Änderung 306
3. Widerspruch zu öffentlich-rechtlichen Vorschriften 308
a) Voraussetzungen 308
b) Formell 311
c) Materiell 316
d) Verlangen nach Bauantrag 329
e) Zeitpunkt der Verwirklichung und Bestandsschutz 332
4. Verhältnismäßigkeit 336
IV. Ermessen 343
1. Ermessensausübung durch die Behörde 343
a) Regelermessen 343
b) Gleichheitsgrundsatz 344
c) Besonderheit: Duldung 355
d) Besonderheit: Bestandsschutz . . . 361
e) Weitere Einzelfälle 362
f) Kontrolle der Ermessensentscheidung 370
2. Anspruch Dritter auf Einschreiten . . 372
a) Verletzung drittschützender Vorschriften und Verwirkung 372
b) Ermessensreduzierung auf Null . . 373
c) Umfang des Anspruchs 380
V. Rechtsfolgenseite: Umfang der Befugnisnorm 381
VI. Anordnung der Beseitigung als Verwaltungsakt 385
1. Formelle Fragen 385
a) Zuständigkeit 385
b) Verfahren, insbesondere Anhörung 386
c) Form und Wirksamwerden 387
d) Begründung 389
2. Adressat 390
a) Allgemeines 390
b) Duldungsanordnung 391
c) Rechtsnachfolger 392
3. Bestimmtheit 393
4. Frist 395
5. Anordnung der sofortigen Vollziehung 397
a) Allgemeines 397
b) Einzelfälle 401
6. Vollstreckung 405
7. Zeitliche Geltung 409

Teil 1. Aufgaben und Befugnisse

MBO 2002 § 58, BW §§ 47, 58 Abs. 6, 76, Bay Art. 60, 83, 88, Bln §§ 54, 77, Bbg §§ 52, 78, Brem §§ 60 Abs. 2, 61, 62, Hamb §§ 58, 83, Hess §§ 52 Abs. 1 S. 2, 53, M-V §§ 59 Abs. 1 S. 2, 60, Nds §§ 65 Abs. 1 und 2, 87, 88, 89, 99 NRW §§ 60 Abs. 2, 61, 87, Rh-Pf §§ 58 Abs. 4, 59, 82, 85, Saar §§ 61, 82, Sachs § 60, Sachs-Anh §§ 64, 91, Schl-H §§ 65 Abs. 3, 66, Thür § 60.

I. Ländervergleich

1

	Regelungsgegenstände der Landesbauordnungen und der MBO 2002[1]
1.	**Art der Aufgabe**
2.	**Aufgaben** • Bei Errichtung, Änderung, Nutzungsänderung, Abbruch, Nutzung und Instandhaltung von Anlagen • Darüber zu wachen, dass die öffentlich-rechtlichen Vorschriften eingehalten werden, und darauf zu achten, dass die erlassenen Anordnungen befolgt werden
3.	Befugnisse • In Wahrnehmung dieser Aufgaben die erforderlichen Maßnahmen treffen • Teilweise weitere Sonderregelungen zur Anpassung an neue Vorschriften, zur Abwehr von erheblichen Gefahren oder bei wesentlicher Änderung
4.	**Heranziehung von Sachverständigen**
5.	**Geltung für und gegen Rechtsnachfolger**
6.	**Art. 13 GG/Landesverfassung** • Mit dem Vollzug beauftragte Personen in Ausübung ihres Amtes • Berechtigt, Grundstücke und Anlagen einschließlich der Wohnungen zu betreten • Einschränkung des Grundrechts der Unverletzlichkeit der Wohnung (Zitiergebot Art. 19 I 2 GG)

2

Land	**Norm** (LBO)		**Umsetzung/Abweichung in den Ländern und der MBO 2002**[2]
MBO 2002	§ 58	**1.**	§ 58 I **Art**: Staatsaufgabe
		2.	§ 58 II 1 **Aufgaben**: • ausdrückliche Einschränkung: soweit nicht andere Behörden zuständig sind
		3.	§ 58 II 2 **Befugnisse**: Ermessen
		4.	keine Regelung
		5.	§ 58 III **Rechtsnachfolge**: Genehmigungen und sonstige Maßnahmen
		6.	§ 58 IV **Art. 13 GG**
BW	§§ 47, 58, 76	**1.**	keine Regelung
		2.	§ 47 I 1 **Aufgaben** • Nur Errichtung und Abbruch
		3.	**Befugnisse**: • § 47 I 2 nach pflichtgemäßem Ermessen erforderliche Maßnahmen • § 58 VI Auch nach Erteilung der Baugenehmigung können Anforderungen gestellt werden, um Gefahren für Leben oder Gesundheit oder bei der Genehmigung nicht voraussehbare Gefahren oder erhebliche Nachteile oder Belästigungen von der Allgemeinheit oder den Benutzern der baulichen Anlagen abzuwenden. Bei Gefahr im Ver-

[1] Die hier verwendeten Ziffern entsprechen den Ziffern der nachstehenden Rubrik „Umsetzung/Abweichung in den Ländern und der MBO 2002".

[2] Die hier verwendeten Ziffern entsprechen den Ziffern der vorstehenden Rubrik „Regelungsgegenstände der Landesbauordnungen und der MBO 2002".

Land	Norm (LBO)	Umsetzung/Abweichung in den Ländern und der MBO 2002	
			zug kann bis zur Erfüllung dieser Anforderungen die Benutzung der baulichen Anlage eingeschränkt oder untersagt werden. • § 76 I Werden andere Anforderungen als nach dem bisherigen Recht gestellt, so kann verlangt werden, dass rechtmäßig bestehende oder nach genehmigten Bauvorlagen bereits begonnene Anlagen den neuen Vorschriften angepasst werden, wenn Leben oder Gesundheit bedroht sind. • § 76 II Sollen rechtmäßig bestehende Anlagen wesentlich geändert werden, so kann gefordert werden, dass auch die nicht unmittelbar berührten Teile der Anlage mit diesem Gesetz oder den auf Grund dieses Gesetzes erlassenen Vorschriften in Einklang gebracht werden, wenn 1. die Bauteile, die diesen Vorschriften nicht mehr entsprechen, mit dem beabsichtigten Vorhaben in einem konstruktiven Zusammenhang stehen und 2. die Einhaltung dieser Vorschriften bei den von dem Vorhaben nicht berührten Teilen der Anlage keine unzumutbaren Mehrkosten verursacht.
		4.	§ 47 II **Sachverständige**: • zur Erfüllung der Aufgaben • Sachverständige
		5.	**Rechtsnachfolge**: Geltung gegenüber Rechtsnachfolger nur bei Baugenehmigung geregelt (§ 58 II)
		6.	§ 47 III **Art. 13 GG**
Bay	Art. 60, 83, 88	**1.**	Art. 60 I **Art**: • Staatsaufgabe • für Gemeinden übertragene Aufgaben
		2.	Art. 60 I 1 **Aufgaben** • Nutzung fehlt
		3.	Art. 60 I 2 **Befugnisse** • Art. 60 III Soweit die Vorschriften der Bauordnung über Grundstücke, bauliche Anlagen und Bauausführung (außer Baugestaltung und Baustelle) nicht ausreichen, um die allgemeinen Anforderungen zu erfüllen, können im Einzelfall weitergehende Anforderungen gestellt werden, um erhebliche Gefahren abzuwehren; Sonderregelungen für Sonderbauten • Art. 60 V Bestandsgeschützte bauliche Anlagen: Anforderungen können gestellt werden, wenn das zur Abwehr von erheblichen Gefahren für Leben und Gesundheit oder zum Schutz des Straßen-, Orts- oder Landschaftsbilds vor Verunstaltungen notwendig ist • Art. 60 VI, VII Bestehende bauliche Anlagen: bei wesentlicher Änderung kann angeordnet werden, dass auch die von der Änderung nicht berührten Teile mit den Vorschriften der Bauordnung in Einklang gebracht werden, wenn das zur Abwehr erheblicher Gefahren erforderlich und dem Bauherrn wirtschaftlich zumutbar ist und diese Teile mit den Teilen, die geändert werden sollen, in einem konstruktiven Zusammenhang stehen oder mit ihnen unmittelbar verbunden sind – nicht bei Modernisierungsmaßnahmen, wenn sonst die Modernisierung wesentlich erschwert würde
		4.	Art. 60 IV **Sachverständige**: • Zur Erfüllung der Aufgaben und Befugnisse • Sachverständige oder sachverständige Stellen
		5.	§ 60 II 3 **Rechtsnachfolge**: • Genehmigungen und sonstige Maßnahmen • Gleiches gilt für Personen, die ein Besitzrecht nach Erteilung einer bauaufsichtlichen Genehmigung oder nach Erlass einer bauaufsichtlichen Maßnahme erlangt haben
		6.	Art. 83, 88 **Art. 13 GG**: auch gegen den Willen der Betroffenen

Land	Norm (LBO)		Umsetzung/Abweichung in den Ländern und der MBO 2002
Bln	§§ 54, 77	**1.**	keine Regelung
		2.	keine Regelung
		3.	keine Regelung, nur Vorschriften für bestehende bauliche Anlagen ● § 77 II Duldungsanordnungen, auch durch Allgemeinverfügung, bei Verunstaltungen an bestehenden baulichen Anlagen, die entfernt werden müssen ● § 77 III Wenn an bestehende bauliche Anlagen andere Anforderungen als nach bisherigem Recht gestellt, kann verlangt werden, dass rechtmäßig bestehende oder nach genehmigten Bauvorlagen bereits begonnene bauliche Anlagen angepasst werden, wenn dies zur Vermeidung einer Gefährdung der öffentlichen Sicherheit oder Ordnung, insbesondere von Leben oder Gesundheit, erforderlich ist; für Aufenthaltsräume im Kellergeschoss ohne Einschränkungen ● § 77 IV Bei wesentlicher Änderung von rechtmäßig bestehenden baulichen Anlagen kann gefordert werden, dass auch die nicht unmittelbar berührten Teile der baulichen Anlage mit den Vorschriften in Einklang gebracht werden, wenn die Bauteile, die diesen Vorschriften nicht mehr entsprechen, mit den beabsichtigten Arbeiten in einem konstruktiven Zusammenhang stehen und die Durchführung dieser Vorschriften keine unzumutbaren Mehrkosten verursacht; bei Modernisierungsmaßnahmen nur, wenn Gefahren eintreten
		4.	**Sachverständige**: nur bei Baugenehmigung, Bauüberwachung geregelt (§§ 60 IV, 71 IV)
		5.	**Rechtsnachfolge**: Geltung gegenüber Rechtsnachfolger nur für Baugenehmigung geregelt (§ 62 IV)
		6.	§ 54 **Art. 13 GG**: ● soweit zur Ausübung des Amtes erforderlich ● Betreten von Wohnungen zur Verhütung dringender Gefahren für die öffentliche Sicherheit und Ordnung
Bbg	§§ 52, 78	**1.**	§ 52 I 1 **Art** ● Pflichtaufgaben zur Erfüllung nach Weisung
		2.	§ 52 II 1 **Aufgaben** ● Nutzungsänderung fehlt
		3.	§ 52 II 2 **Befugnisse** ● Behörden haben erforderliche Maßnahmen zu treffen ● Beratung der am Bau Beteiligten zusätzlich ● § 52 II 3 nicht Befugnis zum Erlass ordnungsbehördlicher Verordnungen ● § 78 I Wenn es zur Abwehr von erheblichen Gefahren für Leben oder Gesundheit erforderlich ist, kann die Bauaufsichtsbehörde die Vorschriften dieses Gesetzes oder die auf Grund dieses Gesetzes erlassenen Vorschriften auch auf bestehende bauliche Anlagen und andere Anlagen und Einrichtungen anwenden. ● § 78 II Sollen bauliche Anlagen wesentlich geändert werden, so kann gefordert werden, dass auch die nicht unmittelbar berührten Teile der baulichen Anlage mit diesem Gesetz oder den auf Grund dieses Gesetzes erlassenen Vorschriften in Einklang gebracht werden, wenn 1. die Bauteile, die diesen Vorschriften nicht mehr entsprechen, mit den beabsichtigten Arbeiten in einem konstruktiven Zusammenhang stehen und 2. die Durchführung dieser Vorschriften bei den von den Arbeiten nicht berührten Teilen der baulichen Anlage keine unzumutbaren Mehrkosten verursacht.
		4.	§ 52 III **Sachverständige** ● Im Einvernehmen mit dem Bauherrn Sachverständige und sachverständige Stellen zur Erfüllung der Aufgaben

Land	Norm (LBO)		Umsetzung/Abweichung in den Ländern und der MBO 2002
			• Nimmt ein Sachverständiger, der nach einer Rechtsverordnung bauaufsichtlich anerkannt ist, Prüfaufgaben anstelle der Bauaufsichtsbehörde wahr, so besteht keine Haftung des Landes oder der Bauaufsichtsbehörde anstelle des anerkannten Sachverständigen
		5.	§ 52 V **Rechtsnachfolge**: Anordnungen der Bauaufsichtsbehörde sind auch gegenüber den Rechtsnachfolgern wirksam
		6.	§ 52 IV **Art. 13 GG**: Betreten einer Wohnung ist nur zulässig, wenn dies zur Verhütung dringender Gefahren für die öffentliche Sicherheit oder Ordnung erforderlich ist
Brem	§§ 60, 61, 62	**1.**	§ 60 II **Art**: • Staatsaufgaben • von den Gemeinden als Auftragsangelegenheit wahrgenommen
		2.	§ 61 I 1 **Aufgaben** • Nutzungsänderung fehlt
		3.	§ 61 I 2 **Befugnisse**: • Behörden haben erforderliche Maßnahmen zu treffen • Befugnis zur Verarbeitung personenbezogener Daten von den am Bau verantwortlich Beteiligten, Grundstückeigentümern, Nachbarn, Baustoffproduzenten sowie sonstigen am Verfahren zu Beteiligenden, § 62
		4.	§ 61 II **Sachverständige**: • zur Erfüllung der Aufgaben • Sachverständige und sachverständige Stellen
		5.	**Rechtsnachfolge**: Geltung gegenüber Rechtsnachfolger nur für die Baugenehmigung geregelt (§ 74 I)
		6.	§ 61 III, IV **Art. 13 GG**: • Soweit zur Wahrnehmung der Aufgaben erforderlich • für Wohnungen, Geschäfts- und Betriebsräume nur zur Abwehr einer dringenden Gefahr für die öffentliche Sicherheit und Ordnung • Absicht, Grundstücke und bauliche Anlagen zu betreten, soll dem Eigentümer und dem Besitzer unter Angabe der Gründe rechtszeitig mitgeteilt werden; nicht bei Maßnahmen der Bauüberwachung nach § 83
Hamb	§§ 58, 83	**1.**	keine Regelung
		2.	§ 58 I 1 **Aufgaben** • Nutzungsänderung fehlt
		3.	§ 58 I 2 **Befugnisse**: • nach pflichtgemäßem Ermessen erforderliche Maßnahmen • § 83 II Die Bauaufsichtsbehörde kann verlangen, dass bestehende bauliche Anlagen den Anforderungen dieses Gesetzes oder den auf Grund dieses Gesetzes erlassenen Vorschriften angepasst werden, soweit dies wegen einer Gefährdung der Sicherheit oder Gesundheit notwendig ist. • § 83 III Bei wesentlicher Änderung baulicher Anlagen kann gefordert werden, dass auch die von der Änderung nicht berührten Teile der baulichen Anlage mit diesem Gesetz oder den auf Grund dieses Gesetzes erlassenen Vorschriften in Einklang gebracht werden, wenn dies keine unzumutbaren Mehrkosten verursacht.
		4.	§ 58 II **Sachverständige**: • zur Erfüllung der Aufgaben • Sachverständige und sachverständige Stellen
		5.	**Rechtsnachfolge**: Geltung gegenüber Rechtsnachfolger nur bei Baugenehmigung geregelt (§ 69 II)
		6.	§ 58 III **Art. 13 GG**

Land	Norm (LBO)		Umsetzung/Abweichung in den Ländern und der MBO 2002
Hess	§§ 52, 53	1.	§§ 53 I, 52 I 2 **Art** • Staatsaufgabe • als Aufgabe zur Erfüllung nach Weisung
		2.	§ 53 II 1, 3 **Aufgaben** • Keine explizite Aufzählung der Arbeiten, nur Bezugnahme auf (bauliche) Anlagen • Aufgaben und Befugnisse anderer Behörden bleiben unberührt
		3.	§ 53 II 2 **Befugnisse**: • nach pflichtgemäßem Ermessen erforderliche Maßnahmen; auch, soweit eine präventive bauaufsichtliche Prüfung entfällt • § 53 II nachträgliche Anforderungen an rechtmäßig bestehende oder im Bau befindliche Anlagen und Einrichtungen, soweit zur Abwehr von Gefahren für Leben und Gesundheit oder von schweren Nachteilen für die Allgemeinheit notwendig
		4.	§ 53 IV **Sachverständige**: • zur Erfüllung der Aufgaben • Sachverständige und sachverständige Stellen
		5.	§ 53 V **Rechtsnachfolge**: Geltung gegenüber Rechtsnachfolgern
		6.	§ 53 VI **Art. 13 GG**
M-V	§§ 59, 60	1.	§ 59 I 2 **Art**: im übertragenen Wirkungskreis als Aufgaben zur Erfüllung nach Weisung
		2.	§ 60 I 1 **Aufgaben** • Nutzungsänderung fehlt
		3.	§ 60 I 2 **Befugnisse**: nach pflichtgemäßem Ermessen erforderliche Maßnahmen
		4.	§ 60 II **Sachverständige**: • zur Erfüllung der Aufgaben • Sachverständige und sachverständige Stellen
		5.	**Rechtsnachfolge**: Geltung gegenüber Rechtsnachfolger nur bei speziellen Eingriffsbefugnissen und Baugenehmigung geregelt (§§ 72 II, 79 I 2; 80 I 3)
		6.	§ 60 III **Art. 13 GG**
Nds	§§ 65, 87–89, 99	1.	§ 65 II **Art**: Im übertragenen Wirkungskreis
		2.	§ 65 I **Aufgaben** • Keine explizite Aufzählung der Arbeiten • Soweit erforderlich, darüber zu wachen, dass bauliche Anlagen, Grundstücke und Baumaßnahmen dem öffentlichen Baurecht entsprechen • Verantwortliche beraten
		3.	§ 89 I 1 **Befugnisse** • Widersprechen bauliche Anlagen, Grundstücke, Bauprodukte oder Baumaßnahmen dem öffentlichen Baurecht oder ist dies zu besorgen, kann die Bauaufsichtsbehörde nach pflichtgemäßem Ermessen die Maßnahmen anordnen, die zur Herstellung oder Sicherung rechtmäßiger Zustände erforderlich sind. • § 54 Soweit bauliche Anlagen nicht genutzt werden und im Verfall begriffen sind, kann die Bauaufsichtsbehörde die nach § 61 Verantwortlichen verpflichten, die baulichen Anlagen abzubrechen oder zu beseitigen, es sei denn, dass ein öffentliches oder schutzwürdiges privates Interesse an ihrer Erhaltung besteht. • § 99 II Die Bauaufsichtsbehörde kann für bauliche Anlagen, die vor dem 1. Januar 1974 rechtmäßig errichtet oder begonnen wurden oder am 1. Januar 1974 auf Grund einer Baugenehmigung oder Bauanzeige errichtet werden dürfen, eine Anpassung verlangen, wenn dies zur Erfüllung der Anforderungen des § 1 Abs. 1 erforderlich ist.

Land	Norm (LBO)	Umsetzung/Abweichung in den Ländern und der MBO 2002	
			• § 99 III Wird eine bauliche Anlage geändert, so kann die Bauaufsichtsbehörde verlangen, dass auch von der Änderung nicht betroffene Teile der baulichen Anlage angepasst werden, wenn sich die Kosten der Änderung dadurch um nicht mehr als 20 vom Hundert erhöhen. • § 89 II 1, 2 Anordnungen an die Personen zu richten, die nach den §§ 57 bis 62 verantwortlich sind; nach Maßgabe des Gefahrenabwehrgesetzes können auch nicht verantwortliche Personen in Anspruch genommen werden. • § 89 III Vor Anordnungen soll die Angelegenheit mit den Betroffenen erörtert werden, sofern die Umstände nicht ein sofortiges Einschreiten erfordern. • § 87 Soweit erforderlich zur Sicherung der Anforderungen, kann die oberste Bauaufsichtsbehörde allgemein durch Verordnung oder die untere Bauaufsichtsbehörde im Einzelfall eine regelmäßige Überprüfung von baulichen Anlagen oder von Teilen baulicher Anlagen durch die Bauaufsichtsbehörde oder durch Sachkundige, Sachverständige oder amtlich anerkannte Sachverständige vorschreiben und Überprüfung näher regeln. • § 89 IV Anwendung von Zwangsmitteln, Versiegelung, Sicherstellung, soweit erforderlich
		4.	**Sachverständige** • Keine allgemeine Regelung • Nur indirekt erwähnt bei regelmäßiger Überprüfung von baulichen Anlagen oder von Teilen baulicher Anlagen, die auch durch Sachkundige, Sachverständige oder amtlich anerkannte Sachverständige erfolgen kann
		5.	§ 89 II 3 **Rechtsnachfolge**: Geltung gegenüber Rechtsnachfolgern
		6.	§ 88 **Art. 13 GG** • Auch gegen den Willen der Betroffenen • Sind Wohnungen in Gebrauch genommen worden, dürfen sie gegen den Willen des Betroffenen betreten werden, wenn dies zur Abwehr einer erheblichen Gefahr für die öffentliche Sicherheit erforderlich ist
NRW	§§ 60, 61, 87	**1.**	§ 60 II **Art**: Aufgaben gelten als solche der Gefahrenabwehr
		2.	§ 61 I 1, 3 **Aufgaben** • Zuständigkeiten und Befugnisse anderer Behörden bleiben unberührt • Nutzung fehlt
		3.	§ 61 I 2 **Befugnisse** • nach pflichtgemäßem Ermessen erforderliche Maßnahmen • § 61 II Bei bestehenden Anlagen können Anforderungen gestellt werden, um dabei nicht voraussehbare Gefahren oder unzumutbare Belästigungen abzuwenden. • § 87 I Entsprechen rechtmäßig bestehende bauliche Anlagen sowie andere Anlagen und Einrichtungen nicht den Vorschriften, so kann verlangt werden, dass die Anlagen diesen Vorschriften angepasst werden, wenn dies im Einzelfall wegen der Sicherheit für Leben oder Gesundheit erforderlich ist. • § 87 II Sollen bauliche Anlagen wesentlich geändert werden, so kann gefordert werden, dass auch die nicht unmittelbar berührten Teile der Anlage mit diesem Gesetz oder den auf Grund dieses Gesetzes erlassenen Vorschriften in Einklang gebracht werden, wenn 1. die Bauteile, die diesen Vorschriften nicht mehr entsprechen, mit den Änderungen in einem konstruktiven Zusammenhang stehen und 2. die Durchführung dieser Vorschriften bei den von den Änderungen nicht berührten Teilen der baulichen Anlage keine unzumutbaren Mehrkosten verursacht.

Land	Norm (LBO)	Umsetzung/Abweichung in den Ländern und der MBO 2002
		4. § 61 III **Sachverständige**: • Zur Erfüllung der Aufgaben • Sachverständige und sachverständige Stellen 5. **Rechtsnachfolge**: Geltung gegenüber Rechtsnachfolger nur für Baugenehmigung geregelt (§ 75 II) 6. § 61 VI **Art. 13 GG**
Rh-Pf	§§ 58, 59, 82, 85	1. **Art** • § 58 IV als Auftragsangelegenheit • § 59 II im Rahmen der Aufgaben zugleich die Befugnisse von allgemeinen Ordnungsbehörden 2. § 59 I **Aufgaben** • Verantwortliche Personen beraten 3. § 59 I 1 Hs. 2 **Befugnisse**: • Nach pflichtgemäßem Ermessen erforderliche Maßnahmen • § 85 I Bei rechtmäßig begonnenen oder bestehenden baulichen Anlagen sowie anderen Anlagen und Einrichtungen können nachträglich Anforderungen nur gestellt werden, wenn dies zur Abwehr von erheblichen Gefahren für die öffentliche Sicherheit, insbesondere für Leben oder Gesundheit, erforderlich ist. Bei Gefahr im Verzug kann bis zur Erfüllung dieser Anforderungen die Benutzung der Anlagen und Einrichtungen eingeschränkt oder untersagt werden. • § 85 II Sollen rechtmäßig bestehende bauliche Anlagen, andere Anlagen oder Einrichtungen wesentlich geändert werden, so kann gefordert werden, dass auch die nicht unmittelbar berührten Teile mit den baurechtlichen und sonstigen öffentlich-rechtlichen Vorschriften in Einklang gebracht werden, wenn dies keine unzumutbaren Mehrkosten verursacht. • § 82 Soweit bauliche Anlagen nicht genutzt werden und im Verfall begriffen sind, kann die Bauaufsichtsbehörde die verantwortlichen Personen verpflichten, die Anlage abzubrechen oder zu beseitigen. 4. § 59 III **Sachverständige**: Sachverständige Personen oder Stellen 5. **Rechtsnachfolge**: Geltung gegenüber Rechtsnachfolger nur bei Nutzungsuntersagung bzw. Beseitigungsanordnung (§ 81) und Baugenehmigung (§ 70 I) geregelt 6. § 59 IV **Art. 13 GG**: Wohnungen dürfen nur zur Abwehr dringender Gefahren für die öffentliche Sicherheit oder Ordnung betreten werden; die Absicht des Betretens soll unter Darlegung des Zwecks vorher schriftlich mitgeteilt werden
Saar	§§ 61, 82	1. § 61 I **Art**: Staatliche Aufgaben 2. § 61 II 1 **Aufgaben** • Verantwortliche Personen beraten 3. § 61 II 2 **Befugnisse**: Ermessen • § 82 I Auch nach Erteilung der Baugenehmigung können Anforderungen gestellt werden, um von der Allgemeinheit, der Nachbarschaft oder den Benutzerinnen und Benutzern der baulichen Anlage Gefahren für Leben oder Gesundheit oder unzumutbare Belästigungen abzuwenden. • § 82 II Sollen rechtmäßig bestehende bauliche Anlagen, andere Anlagen oder Einrichtungen wesentlich geändert werden, so kann die Bauaufsichtsbehörde fordern, dass auch nicht unmittelbar berührte Teile mit bauaufsichtlichen Vorschriften in Einklang gebracht werden, wenn dies für die Bauherrin oder den Bauherrn keine unzumutbaren Mehrkosten verursacht. 4. § 61 III **Sachverständige**: • zur Erfüllung der Aufgaben

Land	Norm (LBO)		Umsetzung/Abweichung in den Ländern und der MBO 2002
			• Sachverständige und sachverständige Stellen
		5.	**Rechtsnachfolge**: Geltung gegenüber Rechtsnachfolger nur bei nur bei Nutzungsuntersagung, Beseitigungsanordnung und Baugenehmigung geregelt (§§ 77 II, 88 III)
		6.	§ 61 IV **Art. 13 GG**: Die Absicht, in Benutzung stehende bauliche Anlagen und Wohnungen zu betreten, soll dem Eigentümer und dem unmittelbaren Besitzer rechtzeitig mitgeteilt werden
Sachs	§ 60	**1.**	§ 60 I **Art** • Weisungsaufgaben • Weisungsrecht ist nicht beschränkt
		2.	§ 60 II 1 **Aufgaben** • Nutzungsänderung fehlt, zusätzlich Instandsetzung
		3.	§ 60 II 2 **Befugnisse**: Nach pflichtgemäßem Ermessen die erforderlichen Maßnahmen zu treffen und Ausnahmen zu gewährleisten
		4.	§ 60 III **Sachverständige**: • zur Erfüllung der Aufgaben • Sachverständige und sachverständige Stellen
		5.	**Rechtsnachfolge**: Geltung gegenüber Rechtsnachfolger nur bei speziellen Eingriffsbefugnissen und Baugenehmigung geregelt (§§ 70, 76, 77)
		6.	§ 60 IV **Art. 13 GG**
Sachs-Anh	§§ 64, 91	**1.**	§ 64 I **Art**: im übertragenen Wirkungskreis
		2.	§ 64 II 1, 3 **Aufgaben** • Auch darauf zu achten, dass die erlassenen Anordnungen befolgt werden • Beratung des Betroffenen
		3.	§ 64 II 2 **Befugnisse**: nach pflichtgemäßem Ermessen erforderliche Maßnahmen • § 91 I Werden in diesem Gesetz oder auf Grund dieses Gesetzes erlassener Vorschriften andere Anforderungen als nach früherem Recht gestellt, so kann verlangt werden, dass bestehende oder nach genehmigten Bauvorlagen bereits begonnene bauliche Anlagen angepasst werden, wenn dies wegen der Sicherheit oder Gesundheit erforderlich ist. • § 91 II Sollen bauliche Anlagen wesentlich geändert werden, so kann gefordert werden, dass auch die nicht unmittelbar berührten Teile der baulichen Anlagen mit diesem Gesetz oder den auf Grund dieses Gesetzes erlassenen Vorschriften in Einklang gebracht werden, wenn 1. die Bauteile, die diesen Vorschriften nicht mehr entsprechen, mit den beabsichtigten Arbeiten in einem konstruktiven Zusammenhang stehen und 2. die Durchführung dieser Vorschriften bei den von den Arbeiten nicht berührten Teilen der baulichen Anlage keine unzumutbaren Mehrkosten verursacht.
		4.	§ 64 III **Sachverständige**: • zur Erfüllung der Aufgaben • Sachverständige und sachverständige Stellen
		5.	**Rechtsnachfolge**: Geltung gegenüber Rechtsnachfolger nur bei Baugenehmigung geregelt, § 77 II
		6.	§ 64 IV **Art. 13 GG**: • Auch gegen den Willen der Betroffenen • Sind Wohnungen in Gebrauch genommen, dürfen sie gegen den Willen der Betroffenen nur betreten werden, wenn dies zur Abwehr einer erheblichen Gefahr für die öffentliche Sicherheit oder Ordnung erforderlich ist
Schl-H	§§ 65, 66	**1.**	§ 65 III **Art**: Aufgabenerfüllung nach Weisung, soweit durch Gesetz nichts anderes bestimmt ist

Land	Norm (LBO)	Umsetzung/Abweichung in den Ländern und der MBO 2002	
		2.	§ 66 I 1 **Aufgaben** • Nutzungsänderung fehlt
		3.	§ 66 I 2 **Befugnisse**: Nach pflichtgemäßem Ermessen erforderliche Maßnahmen
		4.	§ 66 II **Sachverständige** • Sachverständige und sachverständige Stellen; als Sachverständige gelten auch die Prüfämter für Baustatik • Nach Anhörung und auf Kosten des Bauherrn; Anhörung entfällt, wenn es sich um die Heranziehung eines Prüfamtes oder eines Prüfingenieurs für Baustatik handelt • Untere Bauaufsichtsbehörden sind verpflichtet, sich bei bestimmten Prüfaufgaben Sachverständiger zu bedienen • Auf die Anerkennung als Sachverständiger besteht kein Anspruch (außer bei Einrichtung von Prüfämtern für Baustatik); eingehende Regelung der Anerkennungsvoraussetzungen, Erlöschen, Rücknahme, Widerruf
		5.	**Rechtsnachfolge**: Geltung gegenüber Rechtsnachfolger nur bei Baugenehmigung geregelt (§ 78 II)
		6.	§ 66 VIII **Art. 13 GG**
Thür	§ 60	**1.**	§ 60 I **Art** • Staatsaufgaben • Für Gemeinden übertragene Aufgaben
		2.	§ 60 II 1 **Aufgaben** • Nutzungsänderung fehlt
		3.	§ 60 II 2 **Befugnisse**: • Nach pflichtgemäßem Ermessen erforderliche Maßnahmen • § 60 III Soweit die Bestimmungen der Bauordnung nicht ausreichen, um die allgemeinen Anforderungen zu erfüllen, können die Bauaufsichtsbehörden im Einzelfall auch weitergehende Anforderungen stellen, um erhebliche Gefahren abzuwehren
		4.	§ 60 IV **Sachverständige**: • zur Erfüllung der Aufgaben • Sachverständige und sachverständige Stellen
		5.	**Rechtsnachfolge**: Geltung gegenüber Rechtsnachfolger nur bei speziellen Eingriffsbefugnissen und Baugenehmigung geregelt (§§ 70, 76, 77)
		6.	§ 60 IV **Art. 13 GG**

II. Art der Aufgabe

Die Aufgabe der Bauaufsicht ist seit jeher ein Bereich der Verwaltung. Sie wird als staatliche Aufgabe ausgeführt. Für die Gemeinden sind es in der Regel übertragene Aufgaben; Sonderregelungen bestehen bei den Stadtstaaten. Damit unterliegen die ausführenden Behörden den Weisungen der übergeordneten Behörden. Im Einzelnen sind hier die allgemeinen landesrechtlichen Regelungen zur Zuständigkeit, zu aufsichtlichen Maßnahmen und deren Beschränkungen, zur Stellung der Gemeinden und eventuelle Selbsteintrittsrechte der vorgesetzten Behörde maßgeblich. 3

III. Aufgaben

1. Gesetzliche Voraussetzungen

a) Aufgabenzuweisung

4 Nach den im Wesentlichen gleich lautenden Bestimmungen der Länder haben die Bauaufsichtsbehörden die **Aufgabe**, bei Errichtung, Änderung, Nutzungsänderung, Abbruch, Nutzung und Instandhaltung von Anlagen darüber zu wachen, dass die öffentlich-rechtlichen Vorschriften und die auf Grund dieser Vorschriften erlassenen Anordnungen eingehalten werden. Anknüpfungspunkt sind allein die Anlagen; ob diese genehmigungs-, anzeigepflichtig oder genehmigungsfrei sind oder bauliche Anlagen darstellen, ist unerheblich.[3] Zur Erfüllung dieser Aufgaben sind den Bauaufsichtsbehörden die entsprechenden Befugnisse eingeräumt. Hierzu gehören die speziellen Eingriffsbefugnisse, wie etwa Baueinstellung, Nutzungsuntersagung etc. und die im Anschluss zu erörternde Generalklausel, wonach die Behörden in Wahrnehmung ihrer Aufgaben die erforderlichen Maßnahmen treffen können. Dies entspricht der klassischen sicherheitsrechtlichen Trennung in Aufgaben und Befugnisse. Das Recht zum Eingriff ergibt sich allein aus Befugnisnormen, die zu genau festgelegtem Handeln ermächtigen. Die Aufgabenzuweisung ermächtigt noch nicht zu Eingriffen. Ein solcher bedarf aus rechtsstaatlichen Gründen (Gesetzesvorbehalt) einer entsprechenden Ermächtigungsnorm.

5 Mit der Wortwahl „haben die Aufgabe, darüber zu wachen" ist klargestellt, dass der Behörde insoweit kein Ermessen eingeräumt ist (**Pflichtaufgaben**). Erst im zweiten Schritt steht ihnen Ermessen zu, d. h. sie entscheiden, ob und welche Maßnahmen sie anwenden wollen.

b) Öffentliche Vorschriften

6 Die Bezugnahme auf öffentliche Vorschriften zeigt, dass die Behörden nicht auf das Baurecht beschränkt sind. Solche Vorschriften können im **Bauordnungsrecht** oder **Bauplanungsrecht** enthalten sein, auch in Verordnungen oder **örtlichen Bauvorschriften**. Eine Baugenehmigung ist zum Beispiel unabhängig von einer sanierungsrechtlichen Genehmigung; deren Fehlen kann aber eine Baueinstellung oder Abbruchsanordnung nach sich ziehen. Von der Bauaufsichtsbehörde sind somit bei Erteilung einer Baugenehmigung diejenigen Vorschriften nicht zu prüfen, die einem gesonderten Verfahren mit eigener Sachentscheidung unterliegen. Das Baugenehmigungsverfahren und andere Gestattungsverfahren sind voneinander unabhängig und können daher nebeneinander durchgeführt werden.[4] Bundesrecht nötigt jedenfalls nicht dazu, eine Baugenehmigung ohne vorherige Erteilung der sanierungsrechtlichen Genehmigung zu versagen. Die §§ 144 und 145 BauGB regeln nur, dass es einer gesonderten Genehmigung bedarf und wer hierüber zu entscheiden hat. Die weitere Verfahrensgestaltung bleibt dem Landesrecht überlassen. Damit folgt der Bundesgesetzgeber dem in Art. 83, 84 GG enthaltenen Grundsatz, dass Bundesrecht durch die Länder auszuführen ist. Die Landesgesetzgeber können hierzu, je nach dem Regelungsgehalt, den sie dem Bauvorbescheid und der Baugenehmigung im Rahmen des bauordnungsrechtlichen Instrumentariums zuerkennen, unterschiedliche Lösungen entwickeln, solange die bundesrechtlich vorgegebene Zielsetzung nicht berührt wird. Dem Bauinteressenten, der einen Vorbescheid beantragt, ist es aus bundesrechtlicher Sicht ohnehin unbenommen, sanierungsrechtliche Fragen auszuklammern. Das erforderliche Sachbescheidungsinteresse bleibt hiervon unberührt. Dies hindert die Baugenehmigungsbehörde aber nicht, einen Bauantrag wegen fehlenden Sachbescheidungsinteresses abzulehnen, wenn von vornherein ausgeschlossen ist, dass der Bauherr von Baugenehmigung Gebrauch machen kann, weil eine erforderliche andere

[3] OVG Saar vom 12. 10. 1988 NJW 1990, 403.

[4] BVerwG vom 20. 11. 1995 NVwZ 1996, 378 unter Aufgabe der Rspr. vom 15. 7. 1994 NVwZ-RR 1995, 66; Bay VGH vom 18. 3. 1993 NVwZ 1994, 304.

Gestattung nicht erteilt werden kann. Zum Erlass städtebaulicher Gebote nach §§ 175 ff. BauGB ist die Gemeinde und nicht die Bauaufsichtsbehörde befugt. Allerdings kann die Bauaufsichtsbehörde bei rechtswidrigen Zuständen unabhängig von den Möglichkeiten der Gemeinde bauordnungsrechtlich einschreiten (§ 175 Abs. 5 BauGB).

Daneben gibt es natürlich auch **Regelungen außerhalb des reinen Baurechts**, wie 7
zum Beispiel im Immissionsschutzrecht, Naturschutzrecht etc. Auch diese Regelungen gehören zu den materiellen öffentlich-rechtlichen Vorschriften, die grundsätzlich nebeneinander anwendbar sind, sofern nicht landesrechtliche Vorschriften im Einzelfall anderes vorsehen.[5] Die Bauaufsichtsbehörden haben neben den Vorschriften des Baurechts (Bauordnungs- und Bauplanungsrecht) alle öffentlich-rechtlichen Vorschriften zu berücksichtigen, die auf bauliche Anlagen einwirken. Zu beachten ist allerdings zum einen, dass die Bauordnung anlagenbezogen ist, d. h. nur diejenigen Vorschriften, die auf eine Anlage und nicht auf eine Person oder sonstige Bezugspunkte abstellen, sind von Bedeutung.

Zum anderen sind oftmals in Sondergesetzen eigenständige Regelungen enthalten, die 8
die Anwendung der baurechtlichen Befugnisse ausschließen. Hierfür sind die jeweiligen Fachgesetze – auch unter Einbeziehung etwaiger landesrechtlicher Regelungen – entsprechend auszulegen, ob sie abschließend sind oder der Bauaufsichtsbehörde noch Raum lassen. Soll zum Beispiel gegen einen **abfallrechtswidrigen** Zustand eingeschritten werden, sind die abfallrechtlichen Vorschriften maßgebend. Steht jedoch der baurechtswidrige Zustand im Vordergrund und stellt sich das zu beseitigende Material lediglich (auch) als Abfall dar, verbleibt es bei der Zuständigkeit der Bauaufsichtsbehörde.[6] Das Abfallgesetz schließt landesrechtliche Ordnungsverfügungen nicht aus, wenn Anknüpfungspunkt nicht gerade der abfallrechtswidrige Zustand ist. Dies betrifft insbesondere die Entfernung von Abbruchmaterial.[7] Wenn es sich allerdings um die Abwehr von Gefahren handelt, die durch Abfälle im Sinne von § 1 Abs. 1 Satz 1 AbfG hervorgerufen werden, sind Anordnungen auf der Grundlage Bauordnungsrecht immer ausgeschlossen. Der Vorrang des bundesrechtlich geregelten Abfallregimes besteht nur, sofern Maßnahmen aus Gründen gerade der ordnungsgemäßen Entsorgung von Abfällen ergriffen werden sollen. Denn die Grundentscheidung des Abfallgesetzes, dass die Abfallentsorgung eine grundsätzlich öffentliche Aufgabe ist, darf nicht durch eine Erweiterung des Kreises der Entsorgungspflichtigen umgangen werden. Ist dagegen der Anknüpfungspunkt des behördlichen Handelns nicht oder jedenfalls nicht in erster Linie das Gebot der umweltgerechten Entsorgung von Abfällen, sondern die von bestimmten Sachen ausgehende Gefahr für anderweitig geschützte Rechtsgüter, so bleibt es bei den für die Abwehr dieser Gefahr maßgebenden rechtlichen Regeln auch dann, wenn die Sachen gleichzeitig – gewissermaßen „zufällig“ – Abfälle sind. Mit anderen Worten: Geht es nicht vorrangig um die Beseitigung eines abfallrechtswidrigen Zustandes, sondern um die Bekämpfung konkreter Gefahren unabhängig von der Abfalleigenschaft der störenden Sache, gelten für die behördliche Zuständigkeit, die zu ergreifenden Maßnahmen und die Verantwortlichkeit für die Gefahrenbeseitigung grundsätzlich die Bestimmungen des jeweils einschlägigen speziellen Ordnungsrechts.[8] Auf der Grundlage von Landesordnungsrecht gestellte Anordnungen müssen lediglich die durch § 3 AbfG gezogenen Grenzen respektieren. Eine wichtige Einschränkung folgt daraus, dass derartige Ordnungsverfügungen nicht ihrerseits einen rechtswidrigen Zustand herbeiführen dürfen. Das bedeutet bei Sachen, die

---

5 BW VGH vom 24. 11. 1997 NVwZ-RR 1998, 553 für eine naturschutzrechtliche Anordnung; Hess VGH vom 20. 12. 1999 NVwZ-RR 2000, 494 unter Aufgabe der gegenteiligen älteren Rechtsprechung.

6 Bejahend BVerwG vom 10. 11. 1993 NVwZ 1994, 696; BW VGH vom 6. 7. 1988 BRS 48 Nr. 188; Bay VGH vom 22. 9. 1986 BRS 46 Nr. 193; OVG Brem vom 13. 1. 1995 Az. 1 B 140/94; OVG Saar vom 17. 5. 1977 BRS 32 Nr. 183; OVG NRW vom 3. 2. 1994 NVwZ-RR 1995, 249 unter Aufgabe der früheren Rspr. vom 13. 2. 1987 BRS 47 Nr. 193, wonach nach Abbruch keine bauliche Anlage mehr vorhanden sei, sondern das Abbruchmaterial eine bewegliche Sache sei (nach Abfallrecht zu beurteilen); OVG Rh-Pf vom 6. 5. 1993 NVwZ 1994, 511.

7 Hierzu Erläuterungen zur Beseitigungsanordnung (unten Rn. 368).

8 BVerwG vom 18. 10. 1991 BVerwGE 89, 138 = NVwZ 1992, 480.

Abfälle sind oder es durch die angeordneten Maßnahmen werden, dass im Rahmen der Gefahrenbeseitigung nicht die Vorschriften missachtet werden dürfen, die das Abfallrecht für die Entsorgung von Abfällen aufstellt. Enthalten die wasserrechtlichen, immissionsschutzrechtlichen oder polizeirechtlich auferlegten Maßnahmen zugleich ein Behandeln, Lagern oder Ablagern von Abfällen, so darf dies nicht außerhalb der dafür vorgesehenen Anlagen erfolgen. Es darf nichts aufgegeben werden, was den Pflichten eines Abfallbesitzers zuwiderliefe. Die zuständige Ordnungsbehörde braucht aber letztlich die Streitfrage nicht zu klären, ob es sich bei dem störenden Gut um Abfall handelt, soweit nur die Gefahrenabwehr mit den ihr zu Gebote stehenden Mitteln möglich ist. Der „Einwand" der Abfalleigenschaft des Stoffes kann insoweit der ordnungsbehördlichen Verfügung nicht entgegengehalten werden.

9 Wurde ein Gebäude baurechtlich genehmigt oder handelt es sich um eine nach **Immissionsschutzrecht** anzeigepflichtige Anlage, sind immissionsschutzrechtliche Anordnungen nach §§ 22 ff. BImSchG nicht ausgeschlossen. Umgekehrt bietet aber die ordnungsbehördliche Generalklausel zumindest in der Regel keine Handhabe, um gegen immissionsschutzrechtlich genehmigte Anlagen einschreiten zu können.[9] Solche Genehmigungen büßten augenscheinlich einen wesentlichen Teil ihres Sinnes ein, wenn gleichwohl gegen den genehmigten Zustand unter Berufung auf die ordnungsbehördliche Generalklausel, d. h. unter Berufung auf das Vorliegen einer Störung der öffentlichen Sicherheit oder Ordnung, eingeschritten werden dürfte. Soweit danach für eine Anlage nicht von vornherein ein anderes, die Baugesetze ausschließendes Verfahren maßgebend ist, wie etwa ein immissionsschutz- oder atomrechtliches Verfahren, haben die Bauaufsichtsbehörden die anderen Belange – unter Einschaltung der entsprechenden Fachstellen – mit zu berücksichtigen.

10 Zu solchen **öffentlichen Vorschriften** gehören ferner beispielsweise Belange der Wasserwirtschaft, Naturschutz, Immissionsschutz, Denkmalschutz, Brandschutz, Straßenrecht oder auch Gewerberecht. Für Letzteres bestehen die Zuständigkeiten oftmals nebeneinander; das Gewerberecht schließt bauordnungsrechtliche Anforderungen daneben nicht aus. Die Normen des Strafgesetzbuchs sind ebenfalls solche öffentlich-rechtlichen Vorschriften, nicht dagegen personenbezogene Normen.[10] Werden eine bauliche Anlage oder Teile davon strafrechtswidrig genutzt, ist es – jedenfalls auch – Sache der Baurechtsbehörde, hiergegen mit den ihr zur Verfügung stehenden Eingriffsbefugnissen einzuschreiten. Nicht zu den öffentlich-rechtlichen Vorschriften zählen diejenigen des Privatrechts. Die Verletzung von Privateigentum zum Beispiel durch einen unberechtigten Gebäudeüberbau betrifft keine öffentlich-rechtliche Vorschrift. Denn insoweit sind nicht Vorschriften des materiellen Baurechts, sondern private Rechte betroffen. Es ist daher Sache des Eigentümers, sich erforderlichenfalls zivilrechtlich gegen eine etwaige unbefugte Inanspruchnahme seines Grundeigentums zur Wehr zu setzen.[11]

c) Einhaltung der Vorschriften

11 Die Behörden haben darüber zu wachen, dass die Vorschriften eingehalten werden. Hieraus ergibt sich, dass ein bloßer Verstoß gegen Vorschriften ausreichend ist. Eine (konkrete oder abstrakte) Gefahr muss nicht bestehen, ebenso wenig kommt es auf Verschulden an.[12] Allenfalls kann die materielle Vorschrift, gegen die verstoßen wird, eine solche voraussetzen. Hinsichtlich der Begriffe Errichtung, (Nutzungs-)Änderung, Abbruch, Nutzung und Instandhaltung kann auf die Erläuterungen bei Genehmigungspflicht und Baueinstellung verwiesen werden. Hier sei lediglich darauf hingewiesen, dass in diesem Zusammenhang eine großzügige Auslegung vorzunehmen ist. So kann beispielsweise

---

[9] BVerwG vom 2. 12. 1977 BVerwGE 55, 118 = NJW 1978, 710; Hess VGH vom 26. 2. 1993 NVwZ-RR 1993, 467.

[10] BW VGH vom 13. 6. 1996 NVwZ 1997, 601.

[11] BW VGH vom 8. 3. 1990 NVwZ 1990, 1186.

[12] OVG Rh-Pf vom 1. 10. 1997 NJW 1998, 625.

bereits die Planungsphase zur Eröffnung des Aufgabenbereichs genügen oder auch ein Einschreiten nach „baulichem" Abschluss der Maßnahme in Betracht kommen. Im Einzelfall kann die Behörde auch quasi vorbeugend zur Verhinderung eines erst in Zukunft möglicherweise entstehenden baurechtswidrigen Zustands einschreiten.[13] Dies setzt voraus, dass ein rechtlicher Zusammenhang mit der Errichtung baulicher Anlagen besteht, sich bereits im Zeitpunkt des Einschreitens die Gefahr eines rechtswidrigen Zustand abzeichnet und außerdem hinreichende Anhaltspunkte dafür bestehen, der Verpflichtete werde zur Vermeidung oder zur unverzüglichen Beseitigung des drohenden Rechtsverstoßes freiwillig keine geeigneten Vorkehrungen treffen. Ferner kann eine nicht mehr genehmigungspflichtige Grundstücksteilung – wenn die Bauordnungen diese auch nicht ausdrücklich erwähnen – die Behörde zum Einschreiten veranlassen, wenn hierdurch ein rechtswidriger Zustand entsteht. Die Behörde hat generell darauf zu achten, dass die Vorschriften eingehalten sind. Die Überwachungsaufgabe bezieht sich nicht nur auf genehmigungsbedürftige Vorhaben. Sie erstreckt sich gleichermaßen auf **genehmigungsfreie** Vorhaben, zu denen Unterhaltungs- und Instandsetzungsarbeiten je nach Art und Umfang zählen können Denn auch genehmigungsfreie Vorhaben müssen die einschlägigen materiell-rechtlichen Vorschriften einhalten.[14] Solange und soweit Anforderungen gestellt werden, ist der Aufgabenbereich eröffnet. Dieser ist gekoppelt an die allgemeinen Definitionen der Bauordnungen und ihren Anwendungsbereich für bauliche Anlagen und andere Anlagen und Einrichtungen, an die das Bauaufsichtsrecht Anforderungen stellt. Weitere Aufgaben können in anderen Gesetzen genannt sein, wie etwa im BauGB.

d) Umfang der Handlungspflicht

Sobald der Bauaufsichtsbehörde **Tatsachen bekannt** werden, muss sie handeln. Eine lückenlose Überwachung und eine Pflicht zum „Aufspüren" sämtlicher Fehler sind jedoch nicht geboten und in der Praxis auch nicht durchführbar. Die Behörde kann und muss nicht ständig sämtliche baulichen Vorgänge in ihrem Zuständigkeitsbereich verfolgen. Gerade in wenig erschlossenen Gebieten ist eine ständige und lückenlos flächendeckende Überwachung mit vertretbarem Verwaltungsaufwand nicht möglich.[15] In solchen Situationen ist die Behörde nur gehalten, Hinweisen nachzugehen und jeweils nach Lage der Sache gezielt einzuschreiten. Eine etwaige Pflicht zur regelmäßigen, nicht anlassbezogenen Überprüfung bedarf einer gesonderten Regelung, wie etwa bei Anlagen, die mit erheblichen Gefahren verbunden sind. 12

2. Bauberatung

Von einigen Landesbauordnungen ist ferner die **Bauberatung** ausdrücklich erwähnt. Im Übrigen ergibt sich diese Aufgabe aus den verwaltungsverfahrensrechtlichen Regelungen. Nach § 25 VwVfG soll die Behörde die Abgabe von Erklärungen, die Stellung von Anträgen oder die Berichtigung von Erklärungen oder Anträgen anregen. Sie erteilt, soweit erforderlich, Auskunft über die den Beteiligten zustehenden Rechte und die ihnen obliegenden Pflichten. Gemäß § 71c VwVfG erteilt die Genehmigungsbehörde Auskunft über Möglichkeiten zur Beschleunigung und erörtert bereits vor Stellung des Antrags auf Genehmigung die damit zusammenhängenden Fragen. Zur Bauberatung können auch Hinweise auf Änderungen der Rechtslage gehören. 13

Zu beachten ist, dass die bloße Bauberatung noch nicht zu Rechten oder Pflichten des Bauherrn führt. Es bleibt ihm überlassen, ob und wie er sein Vorhaben plant und zur Genehmigung einreicht. Ebenso wenig kann er aus Beratungsgesprächen Ansprüche auf Genehmigung herleiten, solange keine Zusage erteilt wurde. Auskünfte allein stellen keine **Zusicherung** auf Erlass einer entsprechenden Anordnung oder auf ein bestimmtes 14

---

[13] BW VGH vom 31. 7. 1985 BWVBl. 1988, 111; Hess VGH vom 25. 5. 2001 NVwZ-RR 2002, 489.
[14] OVG Brem vom 25. 8. 1992 NVwZ-RR 1993, 288.
[15] BVerwG vom 11. 3. 1991 Az. 4 B 26/91; OVG Brem vom 26. 2. 1985 NVwZ 1986, 61.

Verhalten der Behörde dar. Eine Bindung der Behörde wird hierdurch nicht bewirkt. Eine Zusicherung ist die Zusage, einen bestimmten Verwaltungsakt später zu erlassen oder zu unterlassen (§ 38 Abs. 1 Satz 1 VwVfG). Die Behörde geht damit eine materiellrechtliche Verpflichtung ein. Der Wille zur materiellrechtlichen Bindung gegenüber dem Adressaten müsste unzweideutig zum Ausdruck gebracht werden;[16] mit einer bloßen Auskunft kann dies nicht geschehen. Hinsichtlich der Erfordernisse an eine rechtswirksame Zusicherung sei auf die einschlägige verwaltungsverfahrensrechtliche Literatur verwiesen. Im Einzelfall kann aber eine Auskunft im Rahmen eines Baugenehmigungsverfahrens bei Vorliegen entsprechender vertrauensbildender Faktoren geeignet sein, bei dem Adressaten ein schutzwürdiges Vertrauen in die Richtigkeit der Auskunft zu begründen. Sollte sie Grundlage für Vermögensdispositionen sein, kann dies zu Schadensersatzansprüchen führen.[17] Eine im Rahmen eines förmlichen Bauvoranfrageverfahrens abgegebene mündliche Erklärung eines Sachbearbeiters, der zuständige Beamte des Bauamtes werde den beantragten Vorbescheid erlassen, begründet allerdings noch kein schutzwürdiges Vertrauen dahin, dass der Vorbescheid entsprechend erlassen werde. In einem von dem Betroffenen eingeleiteten Vorbescheidsverfahren ist für alle Beteiligten klar, dass nur und erst der dieses Verfahren beendende formelle Vorbescheid diese Klärung herbeiführen kann.[18]

15 Die Bauberatung bezieht sich in erster Linie natürlich auf die **öffentlich-rechtlichen Vorschriften**. Ist allerdings für die Behörde klar erkennbar, dass ein Schaden droht, kann sie je nach den Umständen des Einzelfalles nach der zivilrechtlichen Rechtsprechung auch zu einem Hinweis verpflichtet sein. Auskünfte und Hinweise müssen so **verständlich** und eindeutig sein, dass der Betroffene sein Verhalten entsprechend einrichten kann. Sollte dies nicht der Fall sein, liegt eine Amtspflichtverletzung vor, die zu einer Schadensersatzpflicht führen kann, wenn ein schutzwürdigen Vertrauen begründet wurde. Hierfür müssen jedoch besondere Anhaltspunkte vorliegen.

16 Im Genehmigungsverfahren ist es grundsätzlich Aufgabe des Bauherrn, nach **genehmigungsfähigen Lösungen** zu suchen. Will der Bauherr versuchen, mittels einer Umplanung einen genehmigungsfähigen Zustand zu erreichen, muss er entsprechend tätig werden.[19] Es ist nicht Aufgabe der Behörde, generell nach gesetzmäßigen Lösungen zu suchen und dem Bauherrn alle Möglichkeiten zu nennen. Dies schließt aber nicht aus, dass die Behörde im konkreten Einzelfall realisierbare Alternativen aufzeigt. Wenn sie ohne Schwierigkeiten erkennen kann, dass ein Bauantrag bei geringfügigen, für den Bauherren unwesentlichen Veränderungen genehmigungsfähig wird, muss sie dem Antragsteller Gelegenheit zu einer derartigen Korrektur seines Antrages geben.[20] Vorschlägen des Bauherrn darf sie sich nicht verschließen, sondern muss insoweit die Genehmigungsfähigkeit prüfen. Die Behörde ist allerdings nicht befugt, einen Bauantrag mit prüffähigen Unterlagen zu fordern.[21] Umplanungen, um einen genehmigungsfähigen Zustand zu erreichen, muss der Bauherr selbst vornehmen und entsprechende Anträge stellen; die Behörde kann und muss ihm hierbei beratend zur Seite stehen. Im Rahmen ihrer Beratungsaufgabe hat die Behörde auch die Möglichkeit, gemeinsam mit dem Bauherrn sinnvolle Lösungswege zu suchen. Auf dieser feiwilligen Basis können Gestaltungen ins Spiel gebracht werden, die baurechtlich erstrebenswert sind, deren (zwangsweise) Durchsetzung aber von der Behörde nicht vorgenommen werden kann. Der für die Bearbeitung eines Baugesuchs zuständige Beamte kann zu einem Hinweis auf eine mit einiger Wahrscheinlichkeit bevorstehende Änderung einer baurechtlichen Vorschrift verpflichtet sein,

[16] BVerwG vom 7. 2. 1986 BVerwGE 74, 15 = NVwZ 1986, 832.
[17] BGH vom 5. 5. 1994 NJW 1994, 2087.
[18] BGH vom 16. 1. 1992 BGHZ 117, 83 = NJW 1992, 1230.
[19] BVerwG vom 12. 6. 1973 BRS 27 Nr. 151; Bay VGH vom 18. 5. 1984 BRS 42 Nr. 217; OVG Nds vom 28. 6. 1988 BRS 48 Nr. 89.
[20] OVG Nds vom 28. 6. 1988 BRS 48 Nr. 89.
[21] Bay VGH BayVBl. 1980, 758.

wenn ihm die Bauwünsche des Bauwilligen bekannt sind, die sich nicht nach der gegenwärtigen, wohl aber nach der in Aussicht genommenen Regelung verwirklichen lassen.

Zur Abklärung offener Fragen oder bei Vorhaben, die wenig Erfolg versprechend erscheinen, kann die Behörde den Betroffenen auch zunächst auf das **Vorbescheidsverfahren** hinweisen. Sollten sich bei beratenden Gesprächen Fragen ergeben, die einer tiefer greifenden Untersuchung bedürfen, kann ebenfalls auf das Vorbescheidsverfahren verwiesen werden. Es kann nicht Sinn der Beratungsaufgabe sein, umfangreiche Sachverhaltsermittlungen oder Beweiserhebungen anzustellen. Solche originären Prüfungstätigkeiten gehören in das hierfür vorgesehene Verfahren. Die Behörde kann sich auf die Auskunft beschränken, es könne der für solche Fälle gesetzlich vorgesehene Vorbescheid beantragt werden. Zu einer darüber hinausgehenden Rechtsauskunft besteht keine Verpflichtung. Das stark formalisierte Vorbescheids-Verfahren bietet die Gewähr, dass die zu beteiligenden Stellen gehört und etwaige planungsrechtliche Hindernisse rechtzeitig und umfassend ermittelt werden. Dem Bauherrn wird hierdurch eine verlässliche Grundlage für seine Dispositionen verschafft. Er hat daher grundsätzlich keinen Anspruch darauf, außerhalb dieses Verfahrens verbindliche „Rechtsauskünfte" zu erhalten.[22] 17

IV. Befugnisse

1. Allgemeines

a) Generalklausel

Die Bauordnungen enthalten neben den Spezialbefugnissen eine Generalklausel, nach der die Behörden in Wahrnehmung ihrer Aufgaben die erforderlichen Maßnahmen treffen können. Damit sind alle die Maßnahmen angesprochen, zu denen die Bauaufsichtsbehörde im Zusammenhang mit baulichen Anlagen veranlasst sein kann. Erst eine solche Befugnisnorm gibt der Behörde das Recht zum Eingreifen. Entsprechend den Aufgabenzuweisungen der Länder an die Behörden, bei der Errichtung, (Nutzungs-)Änderung, Abbruch, Nutzung und Instandhaltung von Anlagen darüber zu wachen, dass die öffentlich-rechtlichen Vorschriften eingehalten werden, sind diese zu allen Anordnungen befugt, die sich auf Anlagen beziehen, für die der Anwendungsbereich der Bauordnungen eröffnet ist. Sobald allerdings eine **Spezialregelung** vorhanden ist, tritt die Generalklausel zurück. Es ist immer genau zu differenzieren, ob der Anwendungsbereich einer Spezialvorschrift eröffnet ist oder ob die Generalklausel in Betracht kommen kann. Sollten im konkreten Einzelfall die (strengeren) Voraussetzungen einer Spezialvorschrift, die generell Anwendung fände, nicht erfüllt sein, darf nicht auf die Generalklausel zurückgegriffen werden. So ist etwa die Baubeseitigung die richtige Rechtsgrundlage, wenn eine Wandhöhe auf das gesetzliche zulässige Maß zurückgebaut werden soll. Umgekehrt kommt die Generalklausel zur Anwendung, wenn die Baurechtsbehörde eine Abbruchsanordnung wegen einer erst später eingetretenen Baurechtswidrigkeit einer baulichen Anlage erlassen möchte, da die speziellere Regelung der Abbruchsanordnung nur bei bereits ursprünglicher Rechtswidrigkeit greift.[23] Eine nachträgliche Anordnung von Auflagen für eine Baugenehmigung kann nur über §§ 48, 49 VwVfG erfolgen. An speziellen Regelungen seien hier nur beispielhaft genannt die Vorschriften über Baueinstellung, Nutzungsuntersagung oder Bauüberwachung. 18

b) Anlagen

Voraussetzung ist nicht, dass eine **genehmigungspflichtige** Anlage vorliegt. Auch bei genehmigungsfreien Anlagen oder solchen, die nur einer eingeschränkten Zulässigkeitsprüfung unterliegen, kann die Behörde tätig werden. In letzterem Fall bleibt die Prüfungsbefugnis im Rahmen des Genehmigungsverfahrens jedoch auf den Rahmen be- 19

[22] BGH vom 7. 2. 1980 BGHZ 76, 343 = NJW 1980, 1683.
[23] BW VGH vom 31. 7. 1985 BWVBl. 1988, 111.

schränkt, den die jeweiligen Bauordnungen der Behörde zuweisen. Geprüft werden dürfen also hier nur diejenigen Vorschriften, die die Bauordnungen explizit anführen. Dies gilt aber nur für das Genehmigungsverfahren, nicht für weitere Eingriffsbefugnisse, wie etwa Nutzungsuntersagung oder Beseitigungsanordnung.

c) Mögliche Befugnisse

20 Die Befugnisse erstrecken sich über das Genehmigungsverfahren im weiteren Sinne einschließlich der Anzeige- und Zustimmungsverfahren, die Bauüberwachung und Baueinstellung, Nutzungsuntersagung und Beseitigungsanordnung bis hin zu Rücknahme bzw. Widerruf und Vollstreckung. Teilweise sind in den landesrechtlichen Bestimmungen bestimmte Befugnisse genannt, wie etwa die Beratung der Beteiligten, Anforderungen an bestandsgeschützte oder bestehende Anlagen. Von Bedeutung ist hier auch die jeweilige landesrechtliche Regelung der allgemeinen Anforderungen, wie etwa Brandschutz, Gesundheitsgefahren, Grundwasserschutz und Ähnliches. Wenn die Behörde gesicherte Anhaltspunkte dafür hat, dass diese Anforderungen nicht erfüllt werden, kann sie die nötigen Anordnungen erlassen. Sollten Ungewissheiten bestehen, hat sie auch die Möglichkeit, bestimmte fachliche Untersuchungen oder Prüfungen zu fordern. Im Übrigen sollen hier nur beispielhaft einige Möglichkeiten für die Anwendung der Generalklausel aufgezählt werden:

- Anordnungen, die **über den Rahmen einer Spezialbefugnis**, wie etwa Nutzungsuntersagung, Beseitigung hinausgehen. Diese regelt ausschließlich die Pflicht zur (gegebenenfalls nur teilweisen) „Beseitigung“ baulicher Anlagen. Eine Eingriffsbefugnis zur Durchsetzung sich aus der Beseitigung einer baulichen Anlage ergebender weitergehender Pflichten lässt sich den jeweiligen landesrechtlichen Regelungen nicht entnehmen; eine solche Auslegung wäre mit dem Gebot der Rechtsklarheit einer Eingriffsnorm nicht zu vereinbaren. Fehlt es insoweit an einer speziellen gesetzlichen Eingriffsregelung des Bauordnungsrechts, ist vielmehr auf die allgemeine ordnungsbehördliche Ermächtigungsgrundlage für die Gefahrenabwehr zurückzugreifen. In Betracht kämen hier etwa die Entfernung von Abbruchmaterial, sofern man die Rechtsgrundlage hierfür nicht in der Beseitigungsanordnung sieht,[24] oder eine Anordnung zum Einbau einer der alten Tür entsprechenden neuen Tür.[25]
- **Bauüberwachung** bei genehmigten Vorhaben, Verhinderung von Verstößen gegen materielle Vorschriften bei eingeschränktem Prüfungsumfang, genehmigungsfreien oder freigestellten Vorhaben (evtl. auch mittels Einstellung, Nutzungsuntersagung oder Beseitigungsanordnung);
- Abwehr **baurechtswidriger** Zustände wie etwa bei Gefahren auf Grund fehlender Standsicherheit;[26]
- Verbot **verfahrensfreier** Anlagen;
- Behebung **gesundheitsgefährdender** Zustände wie z. B. Anordnung, eine Spritzasbestbeschichtung zu entfernen und durch asbestfreie, feuerbeständige Verkleidung zu ersetzen, einen Sanierungsauftrag zu erteilen, ein Sanierungskonzept auszuarbeiten und von einem Sachverständigen prüfen zu lassen;[27]
- **Duldungsanordnungen**, soweit die Rechtsprechung die Grundlage nicht in der analogen Anwendung der Spezialvorschriften wie etwa Beseitigungsanordnung[28] sieht, sondern in der allgemeinen bauaufsichtlichen Befugnisnorm.[29] Hierher gehören auch ergänzende Befugnisse wie etwa Auskunftsverlangen;

---

[24] Hierzu Erläuterungen zur Beseitigungsanordnung (unten Rn. 382).
[25] OVG Bln vom 20. 11. 1992 BRS 54 Nr. 117.
[26] Hess VGH vom 24. 6. 1991 NVwZ-RR 1992, 288.
[27] BW VGH vom 15. 5. 1991 NuR 1991, 434; OVG Hamb vom 21. 8. 1991 NJW 1992, 524.
[28] So Bay VGH vom 22. 4. 1992 NJW 1993, 81.
[29] So BW VGH vom 7. 1. 1981 BRS 38 Nr. 206; Hess VGH vom 15. 9. 1994 BRS 56 Nr. 200; OVG Saar vom 25. 6. 1990 BRS 50 Nr. 211; OVG Thür vom 27. 2. 1997 BRS 59 Nr. 216.

- Anordnungen zur **Instandhaltung**, wenn gemäß den allgemeinen Anforderungen an bauliche Anlagen Gefahren für die öffentliche Sicherheit und Ordnung bestehen; zusätzlich besteht die Möglichkeit einer allgemeinen sicherheitsrechtlichen Anordnung nach den jeweiligen Landesgesetzen bei Vorliegen einer entsprechenden Gefahr.

Es entspricht gefestigter Erkenntnis, dass die Befugnis der Bauaufsichtsbehörde, auf die Einhaltung der öffentlich-rechtlichen Vorschriften zu achten, nicht **verwirkt** werden kann,[30] so dass eine Anordnung grundsätzlich auch **nach langem Zeitraum** möglich ist. Zum einen setzt die Verwirkung ein subjektives, verzichtbares Recht voraus, das die jeweilige Anordnungsbefugnis der Behörde nicht beinhaltet. Ihr ist kein „Recht" gegenüber demjenigen, der ein Bauwerk illegal errichtet hat, eingeräumt, sondern es ist Aufgabe der Bauordnungsbehörde, die Ordnung auf baurechtlichem Gebiet, falls sie gestört ist, wiederherzustellen.[31] Sie ist somit verpflichtet, über das Ob und Wie des Vorgehens eine auf sachlichen Erwägungen beruhende Ermessensentscheidung zu treffen. Zum anderen bedeutet Verwirkung als ein im Grundsatz von Treu und Glauben wurzelnder Vorgang der Rechtsvernichtung, dass ein Recht nicht mehr ausgeübt werden kann, wenn seit der Möglichkeit der Geltendmachung längere Zeit verstrichen ist und besondere Umstände hinzutreten, die die verspätete Geltendmachung als Verstoß gegen Treu und Glauben erscheinen lassen.[32] In der bloßen Tatsache, dass die Behörde untätig bleibt und den illegalen Zustand stillschweigend hinnimmt, kann eine Verwirkung der Abbruchsbefugnis noch nicht gesehen werden. Dies kann im Allgemeinen erst dann angenommen werden, wenn der Verpflichtete infolge eines bestimmten Verhaltens des Berechtigten darauf vertrauen durfte, dass dieser das Recht nach so langer Zeit nicht mehr geltend machen würde (Vertrauensgrundlage) und der Verpflichtete ferner tatsächlich darauf vertraut hat, dass das Recht nicht mehr ausgeübt werde (Vertrauenstatbestand) und sich infolgedessen in seinen Vorkehrungen und Maßnahmen so eingerichtet hat, dass ihm durch die verspätete Durchsetzung des Rechts ein unzumutbarer Nachteil entstehen würde. 21

d) Gefahr

Wie bereits im Rahmen der Aufgaben der Behörden erörtert, ist ein bloßer Verstoß gegen Vorschriften ausreichend. Eine (konkrete oder abstrakte) Gefahr muss nicht bestehen. Allein der **Verstoß** lässt sich in manchen Fällen nicht so leicht verifizieren. Soweit noch nicht feststeht, ob eine zu beseitigende Störung überhaupt gegeben ist, hat die Behörde von Amts wegen zu ermitteln, ergänzt durch die Mitwirkungspflichten der Beteiligten. Sofern allerdings eine Störung erkennbar vorliegt und nur deren Ausmaß noch nicht eindeutig festzustellen ist, kann dem Betroffenen auch aufgegeben werden, noch offene Punkte aufzuklären.[33] Die Behörde muss von Amts wegen den Sachverhalt aufklären hinsichtlich der Frage, ob eine Gefahr im Sinne der Ermächtigungsgrundlage vorliegt. Hingegen kann sie von einer Ermittlung auf eigene Kosten absehen und als Gefahrenabwehrmaßnahme (im weiteren Sinne) gestützt auf diese Ermächtigungsgrundlage verantwortlichen Personen aufgeben, zur Vorbereitung der eigentlichen Gefahrenabwehrmaßnahme (im engeren Sinne) den Umfang der bestehenden Gefahr zu ermitteln. Die Behörde kann den Pflichtigen somit dazu heranziehen, bei Vorliegen einer konkreten Gefahr deren Ausmaß und Umfang sowie die Dringlichkeit ihrer Abwehr durch weitere Ermittlungen feststellen zu lassen. Dies ist nicht im Rahmen des Untersuchungsgrundsatzes Aufgabe der Behörde, da das Vorliegen einer Gefahr bereits zum Einschreiten ermächtigt und die Anordnung lediglich der Bestimmung des Ausmaßes dient. Die Abgrenzung ist allerdings nicht immer ganz einfach. Ist eine Störung bereits bekannt ge- 22

[30] Bay VGH vom 25. 11. 1997 NuR 1998, 372; OVG Bln vom 16. 2. 1990 BRS 50 Nr. 210; Hess VGH vom 17. 2. 1992 NuR 1993, 36; OVG Saar vom 6. 12. 1985 BRS 44 Nr. 198; OVG Schl-H vom 6. 12. 1994 Az. 1 M 70/94.

[31] Bay VGH vom 4. 12. 1969 BRS 22 Nr. 210; OVG Rh-Pf vom 13. 12. 1979 BRS 36 Nr. 216.

[32] BVerwG vom 16. 5. 1991 NVwZ 1991, 1182; BW VGH vom 17. 10. 1996 BRS 58 Nr. 211.

[33] Bay VGH vom 13. 5. 1986 NVwZ 1986, 942; OVG Hamb vom 21. 8. 1991 NJW 1992, 524; Hess VGH vom 24. 6. 1991 NVwZ-RR 1992, 288.

worden, sind ihr Umfang und ihre Auswirkungen aber noch nicht voll übersehbar, dann können Maßnahmen zur Abklärung dieser Frage sowohl als Ermittlung in Bezug auf möglicherweise künftig auftretende weitere Störungen als auch als erster Schritt der Beseitigung weiterer Folgen der bereits bekannten Störung gedeutet werden. Die Entscheidung zwischen beiden Arten des Vorgehens bleibt in einem solchen Fall dem behördlichen Ermessen überlassen. Entscheidendes Kriterium hierfür ist, wer zur Aufklärung leichter in der Lage ist und wessen Sphäre mehr berührt ist – diejenige des Betroffenen oder der Behörde.[34]

23 Im Hinblick auf die **Kosten** der Aufklärungsmaßnahme ist die Entscheidung irrelevant, denn auch bei Aufklärung durch die Behörde wird der Betroffene als Veranlasser in der Regel zur Kostentragung herangezogen. Stellt sich später heraus, dass eine Gefahr tatsächlich nicht gegeben oder der als Störer in Anspruch Genommene nicht für die Gefahrenquelle verantwortlich war, so wirkt sich dies allerdings kostenrechtlich zu Lasten der im Interesse der Allgemeinheit tätig gewordenen Behörde aus; ein Anlass, dieses Risiko kostenrechtlich dem einzelnen betroffenen Bürger anzulasten, besteht nicht; seine Inanspruchnahme ist in aller Regel unbillig.[35] Veranlasser im Sinn des Kostenrechts ist, wer für eine Gefahr im Rechtssinn eine Ursache gesetzt hat oder durch sein Verhalten (Tun oder Unterlassen) eine solche Gefahr zurechenbar verursacht hat.[36] Kosten können ihm allenfalls auferlegt werden, soweit er durch mangelnde – ihm unschwer mögliche – Mitwirkung bei der Gefahrerforschung ein besonders aufwendiges Vorgehen der Behörde provoziert hat, das bei sachgerechtem Verhalten unnötig gewesen wäre.

2. Verhältnismäßigkeitsgrundsatz

24 Wie bei jedem anderen Verwaltungsakt auch muss der Grundsatz der Verhältnismäßigkeit beachtet sein, d. h. die Verfügung muss geeignet, erforderlich und verhältnismäßig im engeren Sinne sein.

a) Geeignet

25 Zunächst muss die Anordnung ein geeignetes Mittel darstellen. Dies ist entsprechend den allgemeinen verwaltungsrechtlichen Grundsätzen der Fall, wenn mit ihr die Erreichung des Gesetzeszwecks möglich ist.

b) Erforderlichkeit

26 Ferner ist die Erforderlichkeit der konkreten Verfügung zu beachten. Die Anordnung der Behörde muss zur Erreichung des Gesetzeszwecks geboten sein, d. h. der Zweck darf nicht auf andere Weise erreicht werden können und ein geringeres, weniger stark eingreifendes Mittel darf nicht in Betracht kommen. Anzuwenden ist diejenige Maßnahme, die den Betroffenen und die Allgemeinheit am wenigsten beeinträchtigt. Dies kann von Bedeutung sein bei nur **teilweiser Rechtswidrigkeit**. Sind die öffentlich-rechtlichen Vorschriften nur teilweise nicht eingehalten, so kann eine Anordnung, die sich auf die gesamte Anlage oder das gesamte Vorhaben bezieht, nicht erforderlich sein. So kann eine Höhenreduktion auf das zulässige Maß anstelle eines vollständigen Rückbaus geboten sein.[37] Ein **milderes Mittel** gegenüber einer Beseitigungsanordnung könnte zum Beispiel eine Nutzungsuntersagung, eine Instandsetzung oder die Wiederherstellung rechtmäßiger Zustände sein. Ebenso kann eine zeitlich begrenzte Anordnung genügen, um den Zweck zu erreichen. Im Rahmen der Beseitigungsanordnung ist die Behörde ferner nur zu Anordnungen ermächtigt, die die Rückgängigmachung der rechtswidrigen Maßnahmen zum Ziel haben. Ein darüber hinausgehendes positives Tun, also die Durchführung einer neuen Baumaßnahme kann nicht verlangt werden. Ebenso wenig kann der

[34] Zur vergleichbaren Problematik im gerichtlichen Verfahren *Köhler-Rott*, Der Untersuchungsgrundsatz im Verwaltungsprozess und die Mitwirkungslast der Beteiligten, S. 150 ff. und 188 ff.
[35] Bay VGH vom 19. 5. 1994 UPR 1995, 199.
[36] Bay VGH vom 15. 3. 1999 NVwZ 2000, 450.
[37] OVG Nds vom 8. 7. 1999 NVwZ-RR 2000, 142.

Bauherr verpflichtet werden, eine Baugenehmigung auszunutzen und die genehmigte Anlage herzustellen. Hierfür fehlt es an einer gesetzlichen Grundlage, auch die Generalklausel kann nicht zur Anwendung kommen. Im Einzelfall kann sich eine Änderung, die rechtmäßige Zustände herstellt, möglicherweise weniger einschneidend auswirken als eine bloße Rückgängigmachung. In einem solchen Fall kann dann über die allgemeine Befugnisnorm eine entsprechende Anordnung getroffen werden und aus Gründen der Verhältnismäßigkeit auch geboten sein. So wirkt sich unter Umständen für den Betroffenen das Verlangen, eine Brandwand zu errichten, weniger schwerwiegend aus als die Forderung nach einem kompletten Abbruch. Dies kann nur anhand des konkreten Einzelfalles beurteilt werden. Es ist durchaus möglich, dass ein Abbruch sinnvoller ist, wenn andernfalls eine bauliche Anlage entstünde, für die der Betroffene kein Bedürfnis hat. Über die Argumentation des Verhältnismäßigkeitsgrundsatzes darf dem Bauherrn nichts aufgedrängt werden, was er nicht sinnvoll nutzen kann. Statt einer Nutzungsuntersagung kann im Einzelfall auch die Forderung nach immissionsmindernden Maßnahmen, wie etwa Lärmschutz, Abluft etc. ausreichend sein. Allerdings ist es nicht Aufgabe der Behörde, gesetzmäßige Lösungen aufzuzeigen; Vorschlägen des Bauherrn darf sie sich jedoch nicht verschließen, sondern muss insoweit die Genehmigungsfähigkeit prüfen. Ein Störer kann aber auch unter Berücksichtigung des Übermaßverbots nicht verlangen, dass eine illegale errichtete Anlage auf ein genehmigungsfreies Maß „zurückgestutzt" wird.[38] Dies beruht auf der Erwägung, dass es einerseits nicht Aufgabe der Bauaufsicht ist, für den Bauherrn die Planung eines bauordnungsrechtlich beanstandungsfreien Vorhabens zu übernehmen, und dass andererseits dem Bauherrn nicht gegen seinen Willen eine neue Anlage aufgedrängt werden darf.

c) Verhältnismäßigkeit im engeren Sinne

Schließlich muss die Anordnung auch verhältnismäßig im engeren Sinne sein, d. h. sie 27
darf zum erstrebten Ziel nicht außer Verhältnis stehen. Gegenüberzustellen sind hier der Erfolg der Anordnung einerseits und der Schaden beim Betroffenen andererseits. Dieses Kriterium kann vor allem dann Bedeutung erlangen, wenn es sich um ganz minimale Verstöße handelt, die Anordnung aber beim Betroffenen zu einer erheblichen Belastung führt.

Nicht maßgeblich sind grundsätzlich **finanzielles Unvermögen, erhebliche finan-** 28
zielle Verluste oder ein erheblicher Zeitaufwand des Betroffenen, sei es auf Grund der Kosten der verlangten Maßnahme oder der für die Errichtung des (rechtswidrigen) Bauwerks entstandenen Kosten. Insoweit ist der Verhältnismäßigkeitsgrundsatz nicht verletzt, weil es sonst nahezu unmöglich wäre, mit Aussicht auf Erfolg vorzugehen. Eine Berücksichtigung zum Beispiel der Kosten der Beseitigung eines ohne Genehmigung oder planwidrig errichteten Bauwerks oder Bauteils würde andere dazu ermuntern, unzulässige kostspielige Maßnahmen durchzuführen und dadurch die Wiederherstellung rechtmäßiger Zustände zu verhindern. Die Wertvernichtung kann sich nicht von einem bestimmten Grad ab zu einer rechtlichen Schranke für das behördliche Verlangen verdichten. Es ist gerade der Sinn des Genehmigungsverfahrens, vor Errichtung eines Gebäudes Klarheit über dessen Zulässigkeit zu schaffen. Wer ohne diese Genehmigung ein Gebäude errichtet, hat das Risiko einer baurechtswidrigen Ausführung selbst zu tragen. Eine Beseitigungsanordnung trifft den Bauherrn in einem solchen Fall nicht unbillig hart, weil er bei der widerrechtlichen Errichtung des Gebäudes von Anfang an damit zu rechnen hatte, dass er es wieder beseitigen muss.[39] Ebenso wenig kann sich der Betroffene darauf berufen, dass er zu einer Maßnahme sehr viel Zeit und Geld aufgewendet habe.

[38] Bay VGH vom 25. 11. 1997 NuR 1998, 372; anders wohl noch Bay VGH vom 13. 5. 1982 BRS 39 Nr. 222 für die Anordnung der teilweisen Beseitigung, die im konkreten Fall ohne weiteres möglich war (Mauer und Dach); OVG NRW vom 18. 3. 1997 BRS 59 Nr. 209; OVG Brem vom 25. 8. 1992 BRS 54 Nr. 209.

[39] BVerwG vom 30. 8. 1996 NVwZ-RR 1997, 273; BW VGH vom 6. 7. 1988 BRS 48 Nr. 188; OVG Bln vom 10. 2. 1989 NVwZ 1990, 176; OVG Nds vom 8. 7. 1999 NVwZ-RR 2000, 142; Bay VGH vom 6. 2. 1980 BRS 36 Nr. 215; OVG NRW vom 26. 2. 1980 BRS 36 Nr. 217.

Ein hieraus resultierender rechtswidriger Zustand ist Folge einer vom Bauherrn vorgenommenen Nutzung seines Grundstücks, er steht daher im Zusammenhang mit den aus dem Grundstück gezogenen wirtschaftlichen Vorteilen. Dass die finanziellen Belastungen als Folge dieser Nutzung in keinem Verhältnis zu den erzielten Einnahmen stehen, ist der Risikosphäre des Eigentümers zuzuordnen und führt weder zur Verneinung seiner Verantwortlichkeit, noch lassen sich hieraus Argumente für die Begrenzung seiner Haftung als Handlungsstörer ableiten.[40] Einem Bauherrn soll grundsätzlich nicht zugute kommen, vollendete Tatsachen geschaffen zu haben und sich danach auf die (vermeintliche) Unverhältnismäßigkeit der mit einer Wiederherstellung gesetzmäßiger Zustände verbundenen Kosten berufen zu können. Andernfalls litte in nicht hinzunehmender Weise die Ordnungsfunktion des Bau(ordnungs)rechts und bestünde die Möglichkeit, dass gerade derjenige Vorteile genießt, der anders als der rechtstreue Bürger ein baurechtswidriges Verhalten an den Tag legt.

Im Ausnahmefall hat der BW VGH[41] Unverhältnismäßigkeit bei einem Schaden von ungefähr 23.000 € angenommen, dem gegenüber das öffentliche Interesse an der Beseitigung wegen mangelnder Erschließung stand, deren Errichtung und damit Legalisierung der Anlage sich allerdings bereits abzeichnete.

Anders kann die Lage zu beurteilen sein, wenn der Eigentümer als Zustandsstörer zur Beseitigung einer Gefahr, die er weder hervorgerufen noch verschuldet hat, in Anspruch genommen wird. Hier kann auf die Erläuterungen im Rahmen der Zustandshaftung verwiesen werden.

3. Ermessen

a) Regelermessen

29 Die Bauaufsichtsbehörden können in Wahrnehmung ihrer Aufgaben die erforderlichen Maßnahmen treffen. Den landesgesetzlichen Formulierungen zufolge ist ihnen hierbei in der Regel Ermessen eingeräumt hinsichtlich des „Ob" und des „Wie" (nicht in Brandenburg und Bremen). Gemäß § 40 VwVfG haben sie ihr Ermessen entsprechend dem Zweck der Ermächtigung auszuüben und die gesetzlichen Grenzen des Ermessens einzuhalten. Dies wird im gerichtlichen Verfahren nach § 114 VwGO überprüft. Die Ermessensausübung muss sich am jeweiligen Gesetzeszweck des einschlägigen öffentlichen Rechts orientieren. Für das Bauordnungsrecht bedeutet dies die Wahrung der öffentlichen Sicherheit und Ordnung, für das Bauplanungsrecht die städtebauliche Ordnung. Im konkreten Einzelfall sind sämtliche Umstände entsprechend abzuwägen. Im Einzelfall kann sich das Ermessen auf Null reduzieren und nur mehr eine Entscheidung rechtmäßig sein. Dies erlangt vor allem Bedeutung, wenn Nachbarn ein Einschreiten der Behörde fordern.

Bei den bauaufsichtlichen Befugnissen zum Einschreiten handelt es sich um ein sog. **Regelermessen**, d.h. in der Regel ist ein Einschreiten sachgerecht.[42] Bei der Entscheidung, ob gegen einen baurechtswidrigen Zustand vorgegangen werden soll, stehen sich nicht in dem Sinne ein „Für" und „Wider" gegenüber, dass der zuständigen Behörde ohne gesetzliche Vorgabe freigestellt wäre, zwischen dem Einschreiten und dem Nichteinschreiten zu wählen; vielmehr geht es lediglich darum, die Bauaufsicht in die Lage zu versetzen, von dem an sich aus der Natur der Sache gerechtfertigten, ja, gebotenen Einschreiten (ausnahmsweise) absehen zu dürfen, wenn sie dies für nach den konkreten Umständen opportun hält. Die Ordnungsmäßigkeit der Ermessensbetätigung setzt somit regelmäßig nicht mehr als Feststellung des Gesetzesverstoßes voraus. Im Regelfall genügt es, wenn die Bauaufsichtsbehörde zum Ausdruck bringt, dass der beanstandete Zustand wegen seiner Rechts- oder Ordnungswidrigkeit behoben werden müsse. Dem durch die

---

[40] Bay VGH vom 26. 7. 1991 NVwZ 1992, 905; OVG Nds vom 8. 7. 1999 NVwZ-RR 2000, 142.

[41] Vom 20. 2. 1980 BauR 1980, 346; ebenso Hess VGH vom 26. 3. 1991 BRS 52 Nr. 222.

[42] BVerwG vom 18. 4. 1996 BRS 58 Nr. 44; BW VGH vom 27. 6. 1991 BRS 52 Nr. 231; Bay VGH vom 30. 7. 1997 BRS 59 Nr. 222; OVG Nds vom 10. 3. 1986 BRS 46 Nr. 191; OVG NRW vom 25. 9. 1990 BRS 52 Nr. 149; OVG Saar vom 29. 8. 2000 Az. 2 R 7/99; OVG Thür vom 22. 10. 1998 BauR 1999, 164.

Vorschrift eingeräumten Ermessen ist die Tendenz eigen, die im öffentlichen Interesse grundsätzlich gebotene Pflicht zum Einschreiten zu verwirklichen. Das Ermessen wird nur eröffnet, um in Ausnahmefällen zu ermöglichen, von dem an sich gebotenen Einschreiten abzusehen, wenn dies nach den konkreten Umständen opportun erscheint. In diesem Fall ist das „Für" und „Wider" abzuwägen. Das Fehlen einer Ermessensbetätigung stellt somit einen Ermessensfehler dar, wenn konkrete Anhaltspunkte für die Angemessenheit einer Ausnahme bestehen. Insoweit ist auch die Begründungspflicht (§ 39 Abs. 1 S. 3 VwVfG) eingeschränkt. Es genügt, wenn die Behörde auf die Befugnisnorm und das hier eingeräumte Ermessen verweist. Wegen dieses Regelermessens erübrigt sich eine eingehende Darlegung der Ermessenserwägungen.[43] Anders verhält es sich nur dann, wenn die Behörde von der Regelentscheidung abweichen will.

b) Ermessensfehler

Die Behörde darf bei ihrer Ermessensausübung die gesetzlichen Grenzen des Ermes- 30
sens nicht überschreiten oder von dem Ermessen nicht in einer dem Zweck der Ermächtigung nicht entsprechenden Weise Gebrauch machen (§ 40 VwVfG, § 114 VwGO). Hierzu sei auf die einschlägigen Kommentierungen verwiesen. Kurz angesprochen seien lediglich die verschiedenen Kategorien von Ermessensfehlern. Nach der Ermessensfehlerlehre wird unterschieden zwischen Ermessensüberschreitung, -unterschreitung und -fehlgebrauch bzw. -nichtgebrauch.

Eine **Ermessensüberschreitung** liegt dann vor, wenn die Behörde im Ermessenswege 31
eine Rechtsfolge verhängt, die von der gesetzlichen Ermächtigung nicht gedeckt ist. Kommt die Behörde im Ermessenswege zu einer anderen Rechtsfolge als im Gesetz vorgesehen, so ist diese Entscheidung nicht mehr gedeckt. Hierunter fällt auch die Konstellation, dass sich die Behörde vorher in der Auswahl der Rechtsfolgen selbst rechtswirksam eingeschränkt hat, wie etwa bei einer Zusicherung (§ 38 VwVfG), eine Anordnung nicht zu erlassen.[44]

Neben der Überschreitung gibt es auch eine **Ermessensunterschreitung**. In beiden 32
Fällen liegt eine Rechtsfolgenverkennung vor. Bei der Unterschreitung unterschätzt die Behörde ihre Handlungsmöglichkeiten; sie zieht dann bestimmte Anordnungen im Rahmen ihres Auswahlermessens nicht in Betracht, weil sie diese vielleicht für unzulässig hält. Dies kann zum Beispiel der Fall sein, wenn die Behörde irrtümlich der Ansicht ist, nur eine Baueinstellung für den gesamten Bau aussprechen zu können. Sie bezieht dann in ihre Überlegungen nicht ein, ob der Verstoß sich vielleicht nur auf einen Teil des Bauvorhabens bezieht und eine Abtrennung möglich wäre.

Ferner gibt es den Fall des **Ermessensnichtgebrauch**s (Ermessensausfall). Hier übt die 33
Behörde überhaupt kein Ermessen aus oder nimmt eine in Wahrheit nicht bestehende Beschränkung ihres Ermessensspielraums an. Bei der ersten Alternative wird zumeist auch ein formeller Begründungsmangel vorliegen (§ 39 VwVfG), da die Behörde irrtümlich von einer gebundenen Entscheidung ausgeht und keine Begründung zum Ermessen gibt. Im Falle des Regelermessens dürfen die Anforderungen nicht allzu hoch angesetzt werden, da die Anordnungen in der Regel ermessensgerecht sind. Es genügt also, wenn die Behörde auf das Regelermessen verweist.

Schließlich kann auch ein **Ermessensfehlgebrauch** vorkommen, wenn sich die Be- 34
hörde von sachfremden, nicht am Zweck des Gesetzes orientierten Erwägungen hat leiten lassen. Dies kann bereits darin begründet sein, dass der Sachverhalt nicht zutreffend ermittelt ist, denn nur auf dieser Basis kann ein Ermessen sachgerecht ausgeübt werden.[45] Die Ermessensentscheidung muss einen vollständigen und sachlich richtigen Sachverhalt zur Grundlage haben. Im Übrigen ist ein Ermessensfehlgebrauch dann anzunehmen, wenn Erwägungen in die Überlegungen eingestellt werden, die nicht dem Gesetzes-

---

43 Hess VGH vom 8. 2. 1990 BRS 50 Nr. 207; OVG Nds vom 16. 5. 1986 BRS 46 Nr. 151.
44 BVerwG vom 22. 5. 1980 BVerwGE 60, 144/152 = DVBl. 1980, 882.
45 OVG NRW vom 15. 8. 1995 BRS 57 Nr. 258.

zweck dienen, wie zum Beispiel Berücksichtigung persönlicher Gründe, sozialer Stellung des Betroffenen etc. Schließlich können Fehler bei der Gewichtung und Abwägung der einzelnen Belange unterlaufen und verfassungsrechtliche Grundsätze nicht ausreichend beachtet sein. Insbesondere sind hier die Rechte des Bauherrn und diejenigen des Dritten in die Erwägungen einzustellen und entsprechend abzuwägen.

c) Gleichheitssatz

35 Bei ihrem Vorgehen unterliegt die Behörde einer verfassungsrechtlichen Bindung, insbesondere der Bindung an den Gleichheitsgrundsatz des Art. 3 GG. Dies bedeutet, dass die Behörde nicht nach eigenem Gutdünken entscheiden kann, ob und wie sie einschreitet, sondern gleich gelagerte Fälle auch gleich behandeln muss. Bei **gebundenen Entscheidungen**, wie etwa der Erteilung einer Baugenehmigung, hat die Behörde nicht die Wahl zwischen mehreren Anordnungsmöglichkeiten, sondern das Gesetz lässt nur eine Anordnung zu, so dass der Gleichheitssatz in diesem Bereich keine Bedeutung erlangt. Es geht allein darum, ob die gesetzlichen Voraussetzungen erfüllt sind; ausgeklammert bleibt ein etwaiges Ermessen bei Ausnahmen, Befreiungen oder Abweichungen. Der Bürger hat Anspruch auf eine gesetzmäßige, richtige Entscheidung. Ob und wie in anderen Fällen entschieden wurde, ist hier ohne Belang.

36 Der Hauptanwendungsfall für den Gleichheitssatz liegt bei **Ermessensentscheidungen**. Hier kann die Behörde nach ihrem Ermessen eine von mehreren zulässigen und sachgemäßen Entscheidungen treffen. Hierbei verletzt sie den Gleichheitssatz, wenn sie ohne erkennbaren Grund, d. h. **willkürlich**, nur bezüglich einer oder weniger baulicher Anlagen eine Bauordnungsverfügung erlässt und **gegen andere vergleichbare Vorhaben nicht einschreitet**.[46] Die Verletzung des Gleichheitssatzes führt zu einem Ermessensfehler. Dem Betroffenen steht aus dem Gleichheitsgrundsatz ein Anspruch zu, ebenso wie übrige Betroffene in gleicher Situation behandelt zu werden; er darf erwarten, dass die Behörde Vergleichsfällen nachgeht und bei gleichem Sachverhalt gleichartige Maßnahmen ergreift, z. B. entsprechende Ausnahmen oder Befreiungen erteilt, Zustände duldet oder Beseitigung anordnet.[47] Das Verbot der Willkür soll Fehlverhalten der Behörde begegnen, nicht aber Ansporn zum Aufspüren durch einen Störer sein. Die Behörde kann und muss nicht ständig sämtliche baulichen Vorgänge in ihrem Zuständigkeitsbereich verfolgen. Gerade in wenig erschlossenen Gebieten ist eine ständige und lückenlos flächendeckende Überwachung mit vertretbarem Verwaltungsaufwand nicht möglich.[48] In solchen Situationen ist die Behörde nur gehalten, Hinweisen nachzugehen und jeweils nach Lage der Sache gezielt einzuschreiten. Der Gleichheitssatz betrifft damit sowohl das „Ob" als auch das „Wie" verwaltungsbehördlichen Handelns. Bedeutung erlangt der Gleichheitssatz vor allem bei der Beseitigungsanordnung, auf deren Erläuterungen hier verwiesen werden kann.

37 Der Gleichheitsgrundsatz gebietet nicht, in allen Fällen, in denen die Behörde rechtswidrige Zustände feststellt, gleichzeitig und **„schlagartig"** vorzugehen.[49] Bekämpft die Behörde rechtswidrige Zustände, die bei einer Vielzahl von Grundstücken vorliegen, ist sie nicht verpflichtet, gegen die vorhandenen Missstände sogleich auf breiter Front mit einem sämtliche Grundstücke erfassenden Konzept, also gewissermaßen „flächendeckend", vorzugehen.[50] Der Gleichheitssatz ist vielmehr auch dann beachtet, wenn eine Behörde bei

[46] BVerwG vom 23. 11. 1998 BauR 1999, 734; BW VGH vom 8. 2. 1988 NJW 1989, 603; Bay VGH vom 9. 5. 1986 UPR 1987, 275; Hess VGH vom 12. 7. 1985 NVwZ 1986, 683; OVG Saar vom 6. 12. 1985 BRS 44 Nr. 198; OVG Schl-H vom 28. 1. 1994 Az. 1 L 118/93.

[47] BW VGH vom 29. 2. 1996 NVwZ-RR 1997, 465; Bay VGH vom 11. 8. 1988 BRS 48 Nr. 171; OVG Bln vom 10. 2. 1989 NVwZ 1990, 176; OVG Nds vom 9. 4. 1986 BRS 46 Nr. 196; OVG NRW vom 19. 12. 1990 NVwZ-RR 1991, 545.

[48] BVerwG vom 11. 3. 1991 Az. 4 B 26/91; OVG Brem vom 26. 2. 1985 NVwZ 1986, 61.

[49] BW VGH vom 16. 4. 1980 ESVGH 31, 30.

[50] BVerwG vom 22. 4. 1995 BRS 57 Nr. 248; BW VGH vom 29. 2. 1996 NVwZ-RR 1997, 465; OVG Bln vom 10. 2. 1989 NVwZ 1990, 176; OVG Brem vom 26. 2. 1985 NVwZ 1986, 61.

gleichem Sachverhalt ein Einschreiten beabsichtigt, aber nicht alle Maßnahmen gleichzeitig trifft oder nicht alle Verfahren gleichzeitig durchführt, sondern schrittweise vorgeht. Er verlangt von der Behörde nur, dass sie in gleich gelagerten Fällen auch in gleicher Weise handelt. Bei Vorliegen entsprechender Gründe kann sie zeitlich gestaffelt, nur gegen einzelne Störer oder nur in bestimmter Weise vorgehen. Gefordert ist lediglich Systemgerechtigkeit.

Der Anspruch des Betroffenen auf Gleichbehandlung reicht allerdings nur so weit, als 38
das Handeln in den vergleichbaren Fällen rechtmäßig ist; eine **Berufung auf rechtswidriges Vorgehen**[51] in anderen Fällen scheidet aus. Wer ein Bauwerk rechtswidrig errichtet, kann nicht verlangen, dass die Bauaufsichtsbehörde es deshalb dulde, weil sie in ähnlichen Fällen, etwa durch Erteilung einer Genehmigung, rechtswidrig gehandelt hat. Dass solche vergleichbaren Fälle anders beurteilt werden, ist ohne Bedeutung, denn der Gleichheitssatz zwingt die Behörde nur zu gleichem rechtmäßigen Handeln, nicht zur Wiederholung von Gesetzesverstößen. Anders sieht es allerdings aus, wenn die Behörde gleichzeitig oder später einerseits gegen rechtswidrige Vorhaben milder vorgeht, indem sie sie duldet oder sogar genehmigt und andrerseits gegen in vergleichbarer Hinsicht rechtswidrige Anlagen einschreitet. Das willkürliche Verhalten der Behörde besteht dann gerade darin, dass sie vergleichbare Fälle ohne sachlichen Grund unterschiedlich handhabt.[52]

Die vorerwähnten Grundsätze schließen allerdings eine **Änderung der bisherigen** 39
Praxis nicht aus, wenn im Laufe der Zeit ein Wandel der tatsächlichen Verhältnisse eingetreten oder aber die Behörde zu einer anderen Rechtsauffassung gelangt ist.[53] Es kann einer Baurechtsbehörde nicht abgesprochen werden, dass sie eine als rechtswidrig erkannte Praxis nachträglich ändert. Sie muss aber, wenn die betreffenden baulichen Anlagen nahezu zeitgleich errichtet wurden, im Rahmen ihrer Ermessenserwägungen zu erkennen geben, was ihr Veranlassung gibt, von ihrer bisherigen Praxis abzurücken. Es kann auch genügen, dass die Behörde ihre bisherige Vorgehensweise nunmehr für unzweckmäßig hält. In Zukunft muss die Behörde dann aber alle Fälle entsprechend der geänderten Auffassung behandeln.

4. Anspruch Dritter auf Einschreiten

Soweit bauaufsichtliches Tätigwerden im Ermessen der Behörde steht, gibt es grund- 40
sätzlich auch keinen Anspruch Dritter, insbesondere von Nachbarn, auf Erlass einer entsprechenden Verfügung. Nach allgemeinen Regeln besteht lediglich ein Anspruch auf ermessensfehlerfreie Entscheidung (§ 40 VwVfG). In die Ermessenserwägungen der Behörde sind die Belange des Dritten einzustellen.

a) Verletzung drittschützender Vorschriften

Die Frage, ob dem Dritten ein Anspruch auf Einschreiten der Behörde zusteht, stellt 41
sich überhaupt nur dann, wenn dieser eine Verletzung von **Vorschriften** rügt, die **(auch) zum Schutze eines Dritten bestimmt sind. Grundvoraussetzung** ist also ein Verstoß gegen **drittschützende** Vorschriften; das Vorliegen eines objektiven Verstoßes allein ist nicht ausreichend.[54] Ein Dritter kann sich nicht quasi zur Bauaufsichtsbehörde aufschwingen und jeden Rechtsverstoß rügen, auch wenn er selbst nicht in eigenen Rechten verletzt sein kann. Ein Betroffensein lediglich in wirtschaftlichen, ideellen oder sonstigen Interessen genügt nicht. Dabei ist gemäß der ständigen Rechtsprechung des Bundesverwaltungsgerichts zu Drittklagen gegen eine Baugenehmigung[55] auch für das Verlan-

[51] BVerwG vom 22. 4. 1995 BRS 57 Nr. 248; BW VGH vom 28. 11. 1989 BWVBl. 1990, 267; OVG Bln vom 10. 2. 1989 NVwZ 1990, 176; OVG NRW vom 22. 3. 1983 BRS 40 Nr. 239.

[52] BW VGH vom 8. 2. 1988 NJW 1989, 603; Hess VGH vom 12. 7. 1985 NVwZ 1986, 683; OVG Saar vom 25. 2. 1992 BRS 54 Nr. 207.

[53] BW VGH vom 17. 10. 1996 BRS 58 Nr. 211; OVG Bln vom 10. 2. 1989 NVwZ 1990, 176.

[54] Bay VGH vom 12. 2. 1988 BayVBl. 1988, S. 276; Hess VGH vom 7. 12. 1994 NVwZ-RR 1995, 495.

[55] BVerwG vom 26. 9. 1991 BVerwGE 89, 69 = NVwZ 1992, 977.

gen auf Einschreiten der Baubehörde zu fordern, dass die Rechtswidrigkeit (auch) auf der Verletzung von Normen beruht, die gerade dem Schutz des betreffenden Dritten zu dienen bestimmt sind, weil dieser in qualifizierter und zugleich individualisierter Weise in einem schutzwürdigen Recht betroffen ist.[56] Die betreffende Norm muss mithin ein Privatinteresse derart schützen, dass der Träger des Individualinteresses die Einhaltung des Rechtssatzes soll verlangen können. Ob dies der Fall ist, ist durch Auslegung der betreffenden Norm zu ermitteln, wobei vor allem der systematische Zusammenhang, in dem die Norm steht, zu berücksichtigen ist.

42 Daraus folgt zunächst einmal, dass rein verfahrensrechtliche Verstöße ohne materielle Nachbarrechtsverletzung, wie etwa die fehlende Durchführung eines Baugenehmigungsverfahrens, die fehlende Nachbarbeteiligung oder die Wahl eines falschen Verfahrens, den Dritten nicht berechtigen, eine Anordnung zu verlangen. Zum Zweiten genügt nicht die Verletzung jedweder materieller Vorschriften, wie zum Beispiel die Regelung über nicht überbaubare Flächen des Grundstücks, über Einfriedungen oder hinsichtlich Verunstaltung, sondern es bedarf einer Verletzung **drittschützender** Normen. Schließlich gesteht die Rechtsprechung etwaige Abwehrrechte nur **dinglich berechtigten Personen**, nicht etwa Mietern oder Pächtern zu. Diese sind in ihren Interessen nicht so nachhaltig verletzt wie der Eigentümer.

43 Ferner muss in Betracht gezogen werden, ob dem Dritten während der Bauausführung bereits ein Einschreiten möglich gewesen wäre. Ein etwaiger Anspruch auf Einschreiten wäre nämlich **verwirkt**, wenn der Dritte während der Bauausführung nicht mit einem Antrag auf bauaufsichtliches Einschreiten gegen diese vorgegangen ist.[57] Zu den Voraussetzungen der Verwirkung siehe bereits oben, Rn. 21. Ein Nachbar, der die Errichtung einer ihn beeinträchtigenden baulichen Anlage widerspruchslos hinnimmt oder mit seinen Einwendungen gegen das Vorhaben länger als notwendig wartet, kann sich auf seine Rechte nach Treu und Glauben nicht mehr berufen. Grundstücksnachbarn stehen in einem besonderen nachbarlichen Gemeinschaftsverhältnis zueinander, das nach Treu und Glauben besondere gegenseitige Rücksichten fordert. Es verpflichtet sie, durch zumutbares aktives Handeln mitzuwirken, einen wirtschaftlichen Schaden des Bauherrn zu vermeiden oder den Vermögensverlust möglichst niedrig zu halten. Der Nachbar muss dieser Verpflichtung dadurch nachkommen, dass er nach Erkennen der Beeinträchtigung seine Einwendungen ungesäumt geltend macht.[58] Handelt er nicht danach, verwirkt er nach Treu und Glauben seine Verfahrensrechte und sein materielles Abwehrrecht. Hinsichtlich seiner Verfahrensrechte muss er sich nach zuverlässiger Kenntniserlangung so behandeln lassen, als sei ihm die Baugenehmigung bei Kenntniserlangung amtlich bekannt gegeben worden. Die Frist zur Einlegung des Widerspruchs richtet sich deshalb vom Zeitpunkt der Kenntniserlangung an regelmäßig nach den Fristvorschriften der §§ 70 Abs. 1 und 58 Abs. 2 VwGO. Gleiches gilt nach Treu und Glauben regelmäßig für den Fall, dass der Nachbar von der Baugenehmigung zuverlässige Kenntnis hätte haben müssen, weil sich ihm das Vorliegen der Baugenehmigung aufdrängen musste und es ihm möglich und zumutbar war, sich hierüber etwa durch Anfrage bei dem Bauherrn oder der Baugenehmigungsbehörde Gewissheit zu verschaffen. Die Möglichkeit der Verwirkung nachbarlicher Abwehrrechte beruht allein darauf, dass grundsätzlich zwar niemand eine Verletzung seiner eigenen Rechte durch seinen Nachbarn hinzunehmen braucht, wer sich aber gegen Rechtsverletzungen wehren will, muss dies auch innerhalb angemessener Zeit tun.[59] Dies gilt auch und insbesondere für Rechtsverletzungen, die so geringfügig sind, dass sie ohne Hilfe eines Fachmanns nicht erkennbar sind; denn durch sie ist eine spürbare Verletzung

---

[56] *Kopp/Schenke*, VwGO, 13. Auflage, zu § 42 Rn. 98 ff. m. w. N., BVerwG vom 17. 6. 1993 NJW 1994, 1604 = DVBl. 1994, 479 m. w. N.

[57] Bay VGH vom 16. 1. 2002 Az. 1 N 00.2685; OVG Saar vom 29. 1. 1990 Az. 2 W 28/89.

[58] OVG NRW vom 14. 1. 1994 NVwZ-RR 1995, 187: Geltendmachung des Abwehranspruchs und Widerspruch ausreichend, Anträge nach §§ 80, 123 VwGO nicht erforderlich.

[59] BVerwG vom 8. 1. 1997 NVwZ 1997, 225.

eigener Rechte kaum vorstellbar. Ob der Bauherr im Besitz einer Baugenehmigung ist, ist im Hinblick auf das nachbarliche Gemeinschaftsverhältnis unerheblich.[60] Ebenso wenig kann ein Dritter sich nicht auf die Verletzung nachbarschützender Vorschriften berufen, wenn er selbst Vorteile aus der Nichtbeachtung der Vorschrift zieht oder sich seiner diesbezüglichen Rechte durch ausdrückliche oder konkludente Zustimmung zu dem betreffenden Vorhaben begeben hat bzw. auf seine materiellen öffentlich-rechtlichen Nachbarrechte verzichtet hat.[61]

In Betracht zu ziehen ist ferner, ob der Betroffene auch auf den **Zivilrechtsweg** verwiesen werden kann. Von einem ordnungsbehördlichen Einschreiten kann möglicherweise abgesehen werden, wenn der Betroffene sich des störenden Zustandes selbst zu erwehren vermag, vor allem dadurch, dass er die Hilfe der ordentlichen Gerichte gegen den Störer in Anspruch nimmt. Einem Anspruch auf Einschreiten der Baurechtsbehörden kann in einem solchen Fall das Rechtsschutzbedürfnis fehlen, wenn er auf zivilrechtlichem Wege sein Ziel ebenso erreichen kann. 44

b) Ermessensreduzierung auf Null

Bei Vorliegen einer solchen drittschützenden Norm steht dem Betroffenen zunächst einmal ein **Recht auf ermessensfehlerfreie Entscheidung** gemäß § 40 VwVfG zu. Dies bedeutet, dass die Behörde bei ihrer Ermessensausübung die gesetzlichen Grenzen des Ermessens nicht überschreiten darf oder von dem Ermessen nicht in einer dem Zweck der Ermächtigung nicht entsprechenden Weise Gebrauch machen darf (§ 114 VwGO). In der Beschränkung auf einen Anspruch auf ermessensfehlerfreie Entscheidung liegt weder ein Verstoß gegen den Eigentumsschutz noch das Rechtsstaatsgebot. Eine Entscheidung über ein bauaufsichtliches Einschreiten ist bereits ermessensfehlerhaft, wenn die Bauaufsichtsbehörde von unzutreffenden tatsächlichen und rechtlichen Voraussetzungen ausgeht und infolgedessen zu Unrecht einen rechtswidrigen Zustand verneint.[62] Werden nachbarschützende Normen zu Lasten des geschützten Nachbarn verletzt, so ist die Bauaufsichtsbehörde grundsätzlich (auch) gegenüber dem Nachbarn verpflichtet, **ermessensfehlerfrei** darüber zu entscheiden, ob und wie sie den rechtswidrigen Zustand abstellt. Bei dieser Ermessensentscheidung sind von Bedeutung die Überprüfung, inwieweit die als verletzt gerügten Vorschriften gleichzeitig auch dem **Nachbarschutz dienen**, insbesondere auch das Ausmaß und die Schwere der Beeinträchtigung oder Gefährdung schutzwürdiger Rechte des Nachbarn.[63] Nur in Ausnahmefällen, wenn jede andere Entscheidung mit Rücksicht auf die schutzwürdigen Interessen des Nachbarn ermessensfehlerhaft wäre, kann sich das Ermessen zu einer Pflicht verdichten. Die Ermessensfreiheit schrumpft nur bei hoher Intensität der Störung oder Gefährdung so weit, dass sich ein Einschreiten als die einzige ermessensfehlerfreie Entschließung erweist. Verstöße gegen nachbarschützende Vorschriften allein führen nicht zu einer Ermessensreduzierung auf Null. Solche Schutzvorschriften des einfachen Rechts regeln nicht die Frage, ob die Bauaufsichtsbehörden im Falle ihrer Verletzung strikt oder nur im Rahmen pflichtgemäßen Ermessens verpflichtet sind. Im Einzelfall kann sich dieses Ermessen verdichten und dem Einzelnen ein Anspruch zustehen, wenn nur das Einschreiten rechtmäßig ist und das Ermessen sich deshalb auf Null reduziert hat. Hier ist jedoch zu differenzieren nach den einzelnen Spezialbefugnissen und auf die dortigen Erläuterungen zu verweisen. 45

Fraglich ist, ob den Gemeinden ein Anspruch auf Einschreiten zusteht, wenn sie sich auf eine Verletzung ihrer **Planungshoheit** berufen können. Grundsätzlich vermittelt die Planungshoheit, die in § 36 BauGB ihren Niederschlag gefunden hat, den erforderlichen Drittschutz. Diese Regelung betrifft allerdings allein die Erteilung einer Genehmigung. Nach § 36 Abs. 1 S. 1 BauGB wird über die Zulässigkeit von Vorhaben im Einvernehmen 46

---

60 Bay VGH vom 18. 9. 1989 BRS 49 Nr. 206; OVG Nds vom 26. 3. 1987 BRS 47 Nr. 184.
61 Hess VGH vom 7. 12. 1994 NVwZ-RR 1995, 495; OVG Saar vom 29. 6. 1984 BRS 42 Nr. 216.
62 OVG NRW vom 15. 8. 1995 BRS 57 Nr. 258.
63 Bay VGH vom 6. 10. 1983 BRS 40 Nr. 237; OVG Nds vom 4. 10. 1985 BRS 44 Nr. 195.

mit der Gemeinde entschieden. Gemeint ist damit die Baugenehmigung bzw. ein Vorbescheid, nicht aber sonstige Maßnahmen der Bauaufsichtsbehörde. Im Rahmen sonstiger Verfahren wird nicht über die Zulässigkeit von Vorhaben entschieden, sondern z. B. über die Notwendigkeit eines Abrisses bei rechtswidrigen Zuständen. Erlässt die Behörde in einem solchen Falle keine Abrissverfügung, stellt sie damit nicht die Zulässigkeit des Vorhabens fest. In diesem Verfahren ist die Gemeinde deshalb nicht zu beteiligen, auch nicht über § 36 BauGB analog. Sollte die Gemeinde in einem vorhergehenden oder parallelen Genehmigungsverfahren nicht ordnungsgemäß beteiligt worden sein, kann sie ihre Rechte hier geltend machen. Weitergehende Möglichkeiten stehen ihr nicht zur Verfügung, insbesondere hat sie allein auf Grund ihrer Planungshoheit keinen Anspruch auf Aufhebung einer rechtswidrigen Baugenehmigung und daneben auf Erlass einer Beseitigungsanordnung. Unabhängig davon wird eine betroffene Gemeinde deshalb nicht rechtsschutzlos gestellt. Wird sie rechtswidrig in einer durch das materielle Recht geschützten Position beeinträchtigt, so stehen ihr gegebenenfalls Unterlassungs- oder (Folgen-)beseitigungsansprüche zu, die in dem jeweils angegriffenen Rechtsgut und seinem öffentlich-rechtlichen Schutz ihre Grundlage finden.[64] Für die prozessuale Durchsetzung dieser Ansprüche spielt es keine Rolle, ob die geltend gemachte Rechtsverletzung die Folge eines förmlichen Verwaltungsakts oder eines schlichten Realakts ist. Entscheidend ist vielmehr, ob der Eingriff seinem Rechtscharakter nach dem öffentlichen Recht zuzurechnen ist.

47 Anders verhält es sich, wenn ein **Baugenehmigungsverfahren nicht stattfindet**, so etwa wenn die Bauaufsichtsbehörde rechtsirrig die Baugenehmigungsfreiheit eines Vorhabens annimmt und aus diesem Grunde ein Baugenehmigungsverfahren unter Beteiligung der Gemeinde nicht einleitet.[65] Aus der Sicht der Gemeinde stellt es keinen Unterschied dar, ob die Baugenehmigungsbehörde sich rechtswidrig über ein ausdrücklich versagtes Einvernehmen hinwegsetzt und die Baugenehmigung gleichwohl erteilt oder ob sie ein Verfahren fälschlicherweise überhaupt nicht durchführt. Hätte formell ein Baugenehmigungsverfahren unter Beteiligung der Gemeinde nach § 36 BauGB durchgeführt werden müssen, braucht diese eine derartige Rechtsverletzung nicht hinzunehmen. Die Beteiligungsregelung des § 36 Abs. 1 BauGB dient der Sicherung der gemeindlichen Planungshoheit. Wird in einem solchen Fall das Vorhaben errichtet, so kann die Planungshoheit der Gemeinde hierdurch ebenso beeinträchtigt sein wie im Fall einer ohne Einvernehmen erteilten Baugenehmigung. Müsste die Gemeinde die Verwirklichung eines zu Unrecht als genehmigungsfrei beurteilten Vorhabens hinnehmen, drohte ihrer Planungshoheit in gleicher Weise Gefahr, durch rechtswidriges Verhalten der Bauaufsichtsbehörde unterlaufen zu werden wie im Falle eines ausdrücklich versagten Einvernehmens. Angesichts dieser als gleich zu beurteilenden Interessenlage steht einer Gemeinde auch im Fall der rechtswidrigen Nichtdurchführung eines erforderlichen Baugenehmigungsverfahrens grundsätzlich das Recht zu, sich dagegen – auch im Klagewege – gegenüber der Bauaufsichtsbehörde zur Wehr zu setzen. Wie jedem anderen Drittbeteiligten steht ihr ein Anspruch auf ermessensfehlerfreie Entscheidung zu, der sich im Einzelfall auf Null reduzieren kann.[66] Dies gilt auch, wenn die Erteilung einer Ausnahme oder Befreiung nach § 31 BauGB im Raume steht. In diesem Falle ist allerdings die Durchführung eines isolierten Verfahrens nach § 31 BauGB unter Beteiligung der Gemeinde in Erwägung zu ziehen. Die Entscheidung über die Anordnung der Beseitigung kann dann solange zurückgestellt werden. Die gemeindliche Planungshoheit ist nach der Wertung des Gesetzgebers auch dann berührt, wenn ein Vorhaben auf der Grundlage des § 35 BauGB zugelassen oder verwirklicht wird. Dies beruht auf der Erwägung, dass von der beabsichtigten oder der bereits ausgeführten Baumaßnahme ein Bereich betroffen ist,

---

[64] BVerwG vom 30. 8. 1995 NVwZ-RR 1996, 67.

[65] BVerwG vom 12. 12. 1991 NVwZ 1992, 878.

[66] BVerwG vom 12. 12. 1991 NVwZ 1992, 878; Bay VGH vom 30. 7. 1997 BRS 59 Nr. 222; OVG Thür vom 27. 2. 1997 BRS 59 Nr. 216.

in dem die Gemeinde von der Möglichkeit der Überplanung überhaupt nicht oder jedenfalls nicht abschließend Gebrauch gemacht hat. Der Gesetzgeber geht davon aus, dass die Situation im Gemeindegebiet überall dort dem Vorbehalt planerischer Bestimmung der städtebaulichen Ordnung und Entwicklung durch die Gemeinde unterliegt, wo die bauplanungsrechtliche Zulässigkeit von Vorhaben nicht durch einen qualifizierten oder einen vorhabenbezogenen Bebauungsplan gesteuert wird. Zur Sicherung der planerischen Handlungsfreiheit trifft er in § 36 Abs. 1 BauGB Vorsorge dafür, dass die Gemeinde als sachnahe und fachkundige Behörde in Ortsteilen, in denen sie noch nicht geplant hat, an der Beurteilung der bebauungsrechtlichen Zulässigkeitsvoraussetzungen mitentscheidend beteiligt wird. Wird der Gemeinde als Ausfluss der Planungshoheit das Recht zugebilligt, Vorhaben abzuwehren, die mit § 35 BauGB nicht in Einklang stehen, so kann sie im Rahmen der Möglichkeiten, die das Prozessrecht bietet, Rechtsschutz beanspruchen, unabhängig davon, ob den Gegenstand des Rechtsstreits eine Baugenehmigung oder eine repressive Maßnahme bildet.[67]

c) Rechtsschutzfragen

Ein Dritter, der das Einschreiten der Behörde erreichen möchte, muss einen dahin ge- 48
henden Antrag auf Erlass des entsprechenden Verwaltungsakts an die Behörde richten. Hat die Behörde den Erlass abgelehnt, ist gegen diesen Verwaltungsakt **Widerspruch** und anschließende **Verpflichtungsklage** möglich. Voraussetzung ist allerdings immer ein vorheriger Antrag an die Behörde, denn andernfalls fehlt es am Rechtsschutzbedürfnis für eine gerichtliche Entscheidung. Der Bauherr ist im gerichtlichen Verfahren beizuladen. Erlässt die Behörde die begehrte Anordnung nicht, kann auch eine einstweilige Anordnung nach **§ 123 VwGO** bei Gericht beantragt werden. Dieses Vorgehen nach § 123 VwGO ist allerdings **nachrangig** gegenüber **§§ 80 a, 80 Abs. 5 VwGO** (§ 123 Abs. 5 VwGO). Dies ist von Bedeutung, wenn die Behörde eine Baugenehmigung ausgesprochen hat. Sobald eine Baugenehmigung vorliegt, ist in der Regel die Anordnung bzw. Wiederherstellung der aufschiebenden Wirkung ausreichend, um die Interessen des Dritten zu wahren. Damit ist den Interessen des Dritten Genüge getan; für einen zusätzlichen Antrag nach § 123 VwGO gerichtet auf einstweilige Baueinstellung fehlt das Rechtsschutzbedürfnis.[68]

Dies gilt auch für die Fälle der sog. **faktischen Vollziehung**, in denen der Bauherr die 49
angeordnete aufschiebende Wirkung nicht beachtet und die Arbeiten fortsetzt. Ausdrücklich ist dieser Fall in § 80 a VwGO zwar nicht erfasst, jedoch ist aus der gesetzlichen Regelung zu entnehmen, dass der Gesetzgeber bei einem Verwaltungsakt mit Drittwirkung von § 80 a VwGO alle hieraus sich ergebenden Konstellationen erfassen wollte. Auch einstweilige Maßnahmen zur Sicherung der Rechte des Dritten sind zulässig. Einer zusätzlichen Anordnung nach § 123 VwGO bedarf es damit nicht, vielmehr müssen hier §§ 80 a, 80 Abs. 5 VwGO analog angewandt werden für einen Antrag auf Feststellung der aufschiebenden Wirkung.[69] Abzulehnen ist dagegen die Auffassung von Jäde,[70] der auch bei dieser Konstellation allein § 123 VwGO anwendet. Hier wird die gesetzliche Wertung in § 80 a VwGO nicht ausreichend berücksichtigt. Natürlich stellen die Aufhebung der faktischen Vollziehung und die Feststellung der aufschiebenden Wirkung nicht bereits ipso iure eine Einstellung der Bauarbeiten dar, wie Jäde zu Recht darlegt. Ebenso wenig ist darüber entschieden, ob der Dritte einen Anspruch auf Baueinstellung hat. Dieser Entscheidung bedarf es aber nicht mehr, wenn das Gericht die faktische Vollziehung wegen der aufschiebenden Wirkung für unzulässig erklärt. Dem Sicherungsbedürfnis des Dritten ist damit Rechnung getragen. Der Erlass einer Baueinstellungsverfügung oder

---

67 BVerwG vom 14. 4. 2000 NVwZ 2000, 1048.
68 VG München vom 4. 10. 2001 Az. M 1 SN 01.3831.
69 Hess VGH vom 3. 6. 1992 ZfBR 1993, 33; anders noch Bay VGH vom 12. 2. 1988 BayVBl. 1988, 276 vor Einführung von § 80 a VwGO und § 212 a BauGB.
70 *Jäde/Dirnberger/Bauer/Weiß*, BayBO, Art. 81 Rn. 25.

eine dahin gehende Verpflichtung durch das Gericht im Rahmen des Anfechtungsbegehrens steht damit überhaupt nicht zur Diskussion. Eine Rückgängigmachung der rechtswidrigen Arbeiten kann der Dritte auch mit einer Baueinstellung nicht erreichen. Sollte der Bauherr trotz gerichtlicher Anordnung die Arbeiten fortsetzen, müssen entsprechende Sicherungsmaßnahmen beantragt werden. Das Risiko, dass sich der Bauherr in rechtswidriger Weise darüber hinwegsetzt, besteht bei einer Baueinstellungsverfügung ebenso. Zu weit allerdings geht das OVG Bln,[71] das § 80a Abs. 3 i.V. m. Abs. 1 Nr. 2 VwGO auch für eine Nutzungsuntersagung anwendet und hiernach zum Erlass eines einstweiligen Nutzungsverbots verpflichtet. § 123 VwGO gelte nicht für die Fälle der §§ 80, 80a VwGO. Das ist zwar richtig, jedoch liegt hier kein Fall der §§ 80, 80a VwGO vor, sondern eine über die Problematik der Beachtung einer aufschiebenden Wirkung hinausgehende Nutzungsuntersagung. Solange ein Bauvorhaben noch nicht fertig gestellt ist, kann unter Missachtung der aufschiebenden Wirkung eines Widerspruchs von der Baugenehmigung Gebrauch gemacht werden. Mit dem Abschluss der Arbeiten kann allenfalls der rechtswidrige Zustand in ebenso rechtswidriger Weise ausgenutzt werden und der Nachbar ist auf einen möglichen Anspruch auf Nutzungsuntersagung, der dann im Wege des § 123 VwGO einstweilig geltend gemacht werden müsste, zu verweisen.

5. Die Anordnung als Verwaltungsakt

a) Zuständigkeit

50 Sachlich zuständig ist je nach landesrechtlicher Bezeichnung die **Bauaufsichts-, Baurechts- oder Bauordnungsbehörde**, und zwar auch bei Bauvorhaben des Bundes, der Länder und der kommunalen Gebietskörperschaften. Dies ist landesrechtlich in der Regel das Landratsamt mit Sonderregelungen für Städte.

Unberührt von dieser Zuständigkeitsregelung bleiben die Zuständigkeiten auf Grund allgemeinen Sicherheitsrechts oder Polizeirechts.

b) Verfahren, insbesondere Anhörung

51 Wenn eine sofortige Entscheidung nicht ausnahmsweise im öffentlichen Interesse liegt (§ 28 Abs. 2 Nr. 1 VwVfG), bedarf es nach § 28 Abs. 1 VwVfG einer vorherigen Anhörung des Betroffenen.

c) Form und Wirksamwerden

52 Eine bestimmte Form, insbesondere Schriftform, ist teilweise vorgeschrieben, so zum Beispiel Schriftform für die Baugenehmigung. Im Übrigen ist eine **schriftliche Bestätigung** des bereits mündlich ergangenen Verwaltungsaktes allerdings oftmals, vor allem im Hinblick auf nachfolgende Rechtsbehelfsverfahren (Beweiszweck), sinnvoll. Hinzu kommt, dass gemäß § 58 Abs. 1 VwGO die Widerspruchsfrist erst zu laufen beginnt, wenn eine schriftliche Rechtsbehelfsbelehrung vorliegt. Wenn der Betroffene dies verlangt und hieran ein berechtigtes Interesse besteht, muss gemäß § 37 Abs. 2 S. 2 VwVfG eine schriftliche Bestätigung erfolgen. Die schriftliche Bestätigung stellt nur eine nochmalige schriftliche Fixierung eines bereits erlassenen Verwaltungsakts dar, nicht aber einen Neuerlass. Anders sieht es allerdings dann aus, wenn die schriftliche Anordnung inhaltlich von der mündlichen abweicht; dann muss von einer erneuten Anordnung ausgegangen werden, die die mündliche konkludent aufhebt. Ebenso kann jede Anordnung, für die keine Form vorgeschrieben ist, mündlich oder fernmündlich aufgehoben werden.[72]

53 **Wirksam** wird die mündliche Anordnung im Moment des Ausspruchs, denn dann ist sie dem Betroffenen **bekannt** gegeben (§ 43 Abs. 1 VwVfG). Ab diesem Zeitpunkt muss

[71] Vom 26. 2. 1993 NVwZ-RR 1993, 458.
[72] OVG NRW vom 27. 10. 1995 BRS 57 Nr. 256.

der Betroffene sie befolgen; ein sofortiger mündlicher Widerspruch führt die aufschiebende Wirkung nicht herbei, da § 70 Abs. 1 VwGO für den Widerspruch Schriftform vorschreibt. Bei schriftlichen Bescheiden ist eine **Zustellung** nur erforderlich, wenn sie im Gesetz ausdrücklich vorgeschrieben ist, so zum Beispiel bei der Baugenehmigung an den Antragsteller und den Nachbarn, der nicht zugestimmt hat. Im Übrigen genügt formlose Bekanntgabe; zu Beweiszwecken wird die Behörde aber oftmals Zustellungen vornehmen.

d) Begründung

Nach § 39 Abs. 1 VwVfG ist die schriftliche Anordnung bzw. eine schriftliche Bestätigung auch schriftlich zu begründen; teilweise ist das Begründungserfordernis auch gesondert mit bestimmten Voraussetzungen vorgeschrieben. Hiervon ist allein die **formale Begründungspflicht** betroffen, die von der inhaltlichen Richtigkeit unabhängig ist. Grundsätzlich sind in der Begründung die wesentlichen tatsächlichen und rechtlichen Gründe mitzuteilen, die die Behörde zu ihrer Entscheidung bewogen haben. Inhalt und Umfang der notwendigen Begründung eines Verwaltungsakts richten sich nach den Besonderheiten des jeweiligen Rechtsgebietes und nach den Umständen des einzelnen Falles. Von den jeweiligen Umständen des Einzelfalles hängt es auch ab, ob und inwieweit es gemäß § 39 Abs. 2 Nr. 2 VwVfG einer Begründung nicht bedarf, weil dem Adressaten oder Betroffenen eines Verwaltungsakts die Auffassung der Behörde über die Sach- und Rechtslage bereits bekannt oder auch ohne schriftliche Begründung für ihn ohne weiteres erkennbar ist. Der Umstand, dass die Behörde ihre Auffassung in einem Schriftsatz geäußert hat, der zwar nicht an den Adressaten des Verwaltungsaktes gerichtet war, ihm aber in einem Verwaltungsstreitverfahren über einen anderen von ihm angefochtenen Akt der Verwaltungsvollstreckung übermittelt worden ist, kann die Voraussetzungen des § 39 Abs. 2 Nr. 2 VwVfG erfüllen.[73] 54

Bei **Ermessensentscheidungen** sollen auch die Gesichtspunkte erkennbar sein, von denen die Behörde bei der Ausübung ihres Ermessens ausgegangen ist (§ 39 Abs. 1 S. 2 und 3 VwVfG). Dies setzt auch die Angabe der Rechtsgrundlage voraus. Das **Regelermessen** hat auch Auswirkung auf die Begründungspflicht. Die für die Anwendung der Regelmaßstäbe geltenden Erwägungen bedürfen keiner eingehenden Begründung. Ein Verweis auf das vorliegende Ermessen und die entsprechende Regelbehandlung genügen dem Begründungserfordernis. Einer ausführlichen Begründung nach den eben dargestellten Grundsätzen bedarf es bei einer von der Regel abweichenden Entscheidung. 55

e) Adressat

Hinsichtlich des Adressaten ist zu differenzieren. Bei der Erteilung einer Genehmigung sind Adressaten in erster Linie der Antragsteller und in zweiter Linie etwaige Nachbarn bzw. Einwender; insoweit bestehen auch gesetzliche Regelungen. Für die richtige Adressierung, z. B. bei Personenmehrheiten, sei auf die einschlägige verwaltungsrechtliche Literatur verwiesen. Adressat einer eingreifenden Anordnung ist der Störer im sicherheitsrechtlichen Sinne, d. h. die Anordnung ist an die Person zu richten, die für die Störung verantwortlich ist. 56

aa) Handlungs- und Zustandsstörer. Für die Verantwortlichkeit als Handlungs- oder Zustandsstörer gelten die allgemeinen sicherheitsrechtlichen Grundsätze; die Behörde entscheidet nach pflichtgemäßem Ermessen. Die Verantwortlichkeit mehrerer Störer (Handlungs- und Zustandsstörer) besteht grundsätzlich unabhängig voneinander und nebeneinander; jeder ist primär in vollem Umfang verantwortlich. Allerdings hat sich die Behörde am Grundsatz der Verhältnismäßigkeit zu orientieren und im Rahmen ihrer Ermessensentscheidung die Interessen und Beiträge der einzelnen Störer mitzuberücksichtigen. Die **Störerauswahl** erfolgt ebenfalls nach allgemeinen sicherheitsrechtlichen 57

[73] BVerwG vom 10. 7. 1987 Buchholz 316 § 39 VwVfG Nr. 13.

Grundsätzen, wobei in der Regel – ohne Berücksichtigung besonderer Umstände des Einzelfalls – vorrangig der Handlungsstörer und gegebenenfalls der Doppelstörer (Handlungs- und Zustandsstörer) in Betracht kommen werden. Handlungsstörer ist in der Praxis der Bauherr oder der Unternehmer, Zustandsstörer der Grundstückseigentümer. Nach anerkannten polizeirechtlichen Grundsätzen entspricht es bei der Auswahl zwischen verschiedenen in Betracht kommenden Verantwortlichen in der Regel dem der Behörde zustehenden pflichtgemäßen Ermessen, einen bekannten Verhaltens- oder Handlungsstörer vor dem Zustandsstörer in Anspruch zu nehmen, soweit das polizeiliche Interesse an einer wirksamen und schnellen Gefahrbeseitigung nicht beeinträchtigt wird.[74] Dies gebietet bereits das Übermaßverbot und ergibt sich aus den Grenzen der Sozialbindung des Eigentums. Die Inanspruchnahme des Eigentümers beim Zusammentreffen von Handlungs- und Zustandshaftung ist ein Eingriff, der regelmäßig von dem betroffenen Eigentümer, der nicht zugleich auch Handlungsstörer ist, als besonders belastend und häufig auch als ungerecht empfunden wird. Schon das allgemeine Rechtsgefühl verlangt deshalb, dass in erster Linie der Handlungsstörer zur Beseitigung des von ihm verursachten Zustandes herangezogen wird und nicht der Eigentümer oder sonstige Gewalthaber. Soweit das öffentliche Interesse an einer wirksamen und schnellen Gefahrbeseitigung nicht beeinträchtigt wird, ist regelmäßig der Verursacher der Störung oder Gefahr vor dem Zustandsstörer heranzuziehen. Es ist auch hier der im Ordnungsrecht geltende Grundsatz anzuwenden, wonach für eine Störung der öffentlichen Ordnung derjenige verantwortlich ist, der die Störung verursacht hat. Der Bauherr bleibt deshalb der Bauaufsichtsbehörde gegenüber für solche Störungen der öffentlichen Ordnung verantwortlich, die durch sein Verhalten verursacht worden sind.[75] Dies gilt namentlich für die Fälle, in denen er eine bauliche Anlage errichtet, die den Vorschriften des materiellen Baurechts zuwiderläuft.

58 Ein allgemein gültiges Rangverhältnis zwischen der Inanspruchnahme des Verhaltens- und des Zustandstörers besteht allerdings nicht; die Entschließung, wer als Pflichtiger heranzuziehen ist, ist an den Umständen des Einzelfalles, dem Grundsatz der Verhältnismäßigkeit und auch dem Gebot effektiver und schneller Gefahrenbeseitigung auszurichten. Maßgebend muss sein, wer die **Störung unmittelbar verursacht** hat, sei es durch sein Verhalten oder durch einen Zustand. In erster Linie wird hier nach obigen Darlegungen der Bauherr in Betracht kommen. Verhaltensstörer ist ferner derjenige, der an der Errichtung lediglich beteiligt war, denn damit hat er ebenfalls die Störung unmittelbar veranlasst. Die Haftung des Betroffenen ergibt sich als Folge seines eigenen Verhaltens. Ausreichend kann die Verpachtung von Grundstücken sein, wenn die Maßnahmen mit Wissen und Duldung des Verpächters auf den Grundstücken erfolgen. Hieraus resultiert eine Garantenstellung, die eine Haftung als Handlungsstörer begründet. Denn in einem solchen Fall ist die Gefährdung ursächlich nicht allein durch den Bauherrn, sondern auch durch die Verpachtung zu diesem Zweck herbeigeführt worden. Der Umstand, dass die Baugenehmigung nicht dem Eigentümer, sondern dem Pächter erteilt wurde, ändert hieran nichts.[76] Letztendlich wird diese Frage nach den besonderen Umständen des jeweiligen Einzelfalles zu beantworten sein, wobei sowohl die Interessen des jeweils Betrof-fenen, wie auch die berechtigten Belange der Bauaufsichtsbehörde an einem effektiven Gesetzesvollzug angemessen zu berücksichtigen sind. So kann es durchaus Fälle geben, in denen es etwa wegen der schwierigen Erreichbarkeit des Handlungsstörers oder dessen eingeschränkter Handlungsfähigkeit bzw. Zahlungsunfähigkeit ermessensgerecht sein kann, allein den Zustandsstörer heranzuziehen. Sollten die unmittelbaren

---

[74] BW VGH vom 26. 5. 1994 NVwZ 1995, 397; Bay VGH vom 22. 4. 1992 NJW 1993, 81; OVG Nds vom 7. 3. 1997 NJW 1998, 97; OVG Rh-Pf vom 25. 1. 1990 BRS 50 Nr. 213; OVG Thür vom 27. 2. 1997 BRS 59 Nr. 217.

[75] Hess VGH vom 21. 3. 1988 NVwZ-RR 1989, 137.

[76] BVerwG vom 18. 10. 1991 BVerwGE 89, 138 = NVwZ 1992, 480; Bay VGH vom 26. 7. 1991 NVwZ 1992, 905.

Verursacher voraussichtlich nicht leistungsfähig genug sein, wäre in einer solchen Situation die Inanspruchnahme des Zustandsstörers ermessensfehlerfrei. Denn er steht als Eigentümer kraft seines Rechts am Grundstück dem ordnungswidrigen Zustand immer noch näher als die öffentliche Hand. Die zunächst subsidiäre Zustandshaftung des Grundstückseigentümers wird jedenfalls dann zu einer der Handlungshaftung oder Verhaltenshaftung gleichwertigen Haftung, wenn ein Verhaltensstörer nicht festgestellt werden kann; Gleiches muss gelten, wenn er zwar festgestellt werden kann, aber zahlungsunfähig ist.[77]

Die ordnungsrechtlichen Vorschriften über die **Zustandsverantwortlichkeit** knüpfen 59
an die aus der tatsächlichen und rechtlichen Sachherrschaft des Grundeigentümers hergeleitete Rechtspflicht an, dafür zu sorgen, dass von seinem Grundstück keine Störungen oder Gefahren für die öffentliche Sicherheit oder Ordnung ausgehen. Sie stellen Inhalts- und Schrankenbestimmungen im Sinne des Art. 14 Abs. 1 Satz 2 GG dar, die verfassungsrechtlich schon deshalb unbedenklich sind, weil sie Ausdruck der dem Sacheigentum nach Art. 14 Abs. 2 GG immanenten Sozialbindung sind. Die gesetzlichen Regelungen über die Zustandsverantwortlichkeit des Grundstückseigentümers enthalten keine Ermächtigung der Exekutive, ein bestimmtes, von ihr zur Wahrung öffentlicher Aufgaben benötigtes Vermögensobjekt ganz oder teilweise zu entziehen, sondern begründen in genereller und abstrakter Weise die Pflicht des Eigentümers, von seinem Grundstück ausgehende Gefahren für die Allgemeinheit zu beseitigen. Diese Vorschriften und die daran anknüpfenden Befugnisse der Behörden bestimmen somit in allgemeiner Form den Inhalt des Grundeigentums. Der Staat, der den Zustandsverantwortlichen zum Zweck der Gefahren- oder Störungsbeseitigung in Anspruch nimmt, greift auch nicht auf das Grundstück zu, um es zur Erfüllung bestimmter Gemeinwohlzwecke zu verwenden.[78] Auch der mit Verfassungsrang ausgestattete Verhältnismäßigkeitsgrundsatz steht einer Inanspruchnahme des Grundeigentümers nicht entgegen. Dies gilt dem Grunde nach unabhängig von der wirtschaftlichen Nutzbarkeit des Grundeigentums. Für die Zustandsverantwortlichkeit kommt es allein auf die rechtliche oder tatsächliche Sachherrschaft des Grundeigentümers über sein Grundstück und die sich daraus ergebende Pflicht an, für die Störungsfreiheit zu sorgen; Verschulden ist nicht erforderlich. Nur der Eigentümer bzw. der Besitzer ist kraft seiner Sachherrschaft rechtlich und tatsächlich in der Lage, auf sein Grundstück einzuwirken; er kann jeden anderen von dem Zugriff auf sein Grundstück ausschließen. Der Eigentümer oder Besitzer hat daher die lagebedingten Nachteile seines Grundstücks so zu tragen, wie sie sich auf Grund der jeweiligen Gegebenheiten tatsächlich darstellen. Die Zustandsverantwortlichkeit findet ihren Grund in der mit dem Eigentum verbundenen Sachherrschaft sowie in der Verbindung von Vorteilen und Lasten der Sache. Wie dem Eigentümer nach geltendem Recht die Vorteile der privaten Nutzung der Sache auch dann zufließen, wenn sie ohne sein Zutun entstehen, muss er die Lasten der Sache auch dann tragen, wenn die Gefahr nicht durch ihn verursacht worden ist. Die prinzipielle Haftung des Eigentümers gilt auch, wenn der polizeiwidrige Zustand des Grundstücks durch unvorhergesehene Naturereignisse herbeigeführt worden ist.[79] Das öffentliche Sicherheitsrecht kann nicht zulassen, dass eine durch natürliche Einwirkungen entstandene Gefahr unbehoben bleibt, sondern muss im öffentlichen Interesse für deren Abwehr sorgen.

Auch wenn die Zustandsverantwortlichkeit des Eigentümers als solche mit der Verfas- 60
sung in Einklang steht, so kann sie aber im Ausmaß dessen, was dem Eigentümer zur

[77] BW VGH vom 30. 1. 1990 NVwZ-RR 1991, 27, der schon im Ansatz nicht von einem Vorrang des Handlungsstörers bei der Regelkonstellation ausgeht, sondern die Auswahl immer in die einzelfallbezogene Ermessensentscheidung der Behörde stellt; Bay VGH vom 22. 4. 1992 NJW 1993, 81; OVG Rh-Pf vom 1. 10. 1997 NJW 1998, 625.

[78] BVerfG vom 16. 2. 2000 BVerfGE 102, 1 = NJW 2000, 2573; BVerwG vom 31. 7. 1998 NJW 1999, 231; Bay VGH vom 13. 5. 1986 BayVBl. 1986, 942; OVG Rh-Pf vom 1. 10. 1997 NJW 1998, 625.

[79] Bay VGH vom 4. 3. 1997 BayVBl. 1997, 502.

Gefahrenabwehr abverlangt werden darf, begrenzt sein.[80] Besondere Bedeutung hat hierbei der **Grundsatz der Verhältnismäßigkeit**, der nur erforderliche und im Hinblick auf den Zweck angemessene und zumutbare Grundrechtsbeeinträchtigungen zulässt. Das ist auch bei der Belastung des Eigentümers mit den Kosten der geforderten Maßnahme zu beachten. Eine solche Belastung ist nicht gerechtfertigt, soweit sie dem Eigentümer nicht zumutbar ist. Im Rahmen der Verhältnismäßigkeitsprüfung ist die Belastung des zustandsverantwortlichen Eigentümers zu berücksichtigen und mit den betroffenen Gemeinwohlbelangen abzuwägen. Im Regelfall hat er dies als Folge der Sozialbindung des Eigentums hinzunehmen, um eine effektive Beseitigung der von seinem Grundstück ausgehenden Gefahren zu ermöglichen. Zur Bestimmung der Grenze dessen, was einem Eigentümer hierdurch an Belastungen zugemutet werden darf, kann als Anhaltspunkt das Verhältnis des finanziellen Aufwands zu dem Verkehrswert nach Durchführung der geforderten Maßnahme dienen, spiegeln sich in dem Verkehrswert doch nicht nur die Erträge seiner eigenen Nutzung, sondern auch Vorteile, die ohne eigene Mitwirkung und Leistung entstehen. Das sind vor allem planungs- und marktbedingte Steigerungen des Grundstückswerts. Wird der Verkehrswert von den Kosten überschritten, entfällt in der Regel das Interesse des Eigentümers an einem künftigen privatnützigen Gebrauch des Grundstücks. Er kann darüber hinaus nicht einmal damit rechnen, die entstehenden Kosten durch Veräußerung des Grundstücks gedeckt zu erhalten. Das Eigentum kann damit für ihn gänzlich seinen Wert und Inhalt verlieren. Mehr als einen Anhaltspunkt stellt der Verkehrswert allerdings unter anderem deshalb nicht dar, weil das individuelle Interesse des Eigentümers am Grundstück dessen Verkehrswert möglicherweise überschreitet.

61 Die Behörde kann ferner vom Eigentümer, der den rechtswidrigen Zustand nicht selbst herbeigeführt hat, verlangen, den Handlungsstörer zu nennen (als Minus gegenüber der eigentlichen Spezialbefugnis oder über die allgemeine bauaufsichtliche Befugnisnorm).[81] Das **Auskunftsverlangen** stellt sich als angemessene, dem Zweck des behördlichen Vorgehens gerecht werdende Vorbereitungshandlung für ein Einschreiten dar, an der der Betroffene mitzuwirken verpflichtet ist. Die Behörde kann auch direkt gegen den Eigentümer eine Anordnung erlassen, wenn die **unmittelbar Verantwortlichen nicht greifbar** sind. Dies führt nicht etwa dazu, dass diesem etwas aufgegeben würde, was ihm im Verhältnis zu den einzelnen Nutzern zivilrechtlich nicht gestattet wäre. Eine der verfügten Maßnahme entgegenstehende zivilrechtliche Rechtsposition Dritter berührt nämlich nicht die Rechtmäßigkeit der Anordnung, sondern stellt lediglich ein Vollzugshindernis dar, welches nachträglich – d. h. vor Festsetzung bzw. Anwendung des jeweiligen Zwangsmittels – durch eine gegen diesen Dritten gerichtete Duldungsverfügung ausgeräumt werden kann.[82] In Ausnahmesituationen kann es auch ermessensgerecht sein, den Eigentümer zu verpflichten, obgleich er den rechtswidrigen Zustand nicht selbst herbeigeführt und das Handeln Dritter nicht zur Kenntnis genommen hat.[83] Der Eigentümer ist Zustandsstörer im Baurecht hinsichtlich seines Grundstücks im derzeitigen Zustand und der darauf errichteten baulichen Anlagen. Für das Vorliegen einer Zustandshaftung ist eine irgendwie geartete Beziehung zur Entstehung des rechtswidrigen Zustands nicht erforderlich. Auf eine Störungsabsicht des Eigentümers kommt es nicht an. Er haftet vielmehr auch dann, wenn Handlungen Dritter für die Störung der öffentlichen Ordnung verantwortlich sind.

62 **bb) Gefahr.** Im Fall einer lediglich auf Grund bestimmter Anhaltspunkte vermuteten Gefahr ist nicht von vornherein ein behördliches Vorgehen gegen den oder die – gegebenenfalls ebenso nur vermuteten – Störer ausgeschlossen. Auch in einem solchen Fall

[80] BVerfG vom 16. 2. 2000 BVerfGE 102, 1 = NJW 2000, 2573 zur Altlastenproblematik mit weiteren Beispielen zur (Un-)zumutbarkeit.

[81] Bay VGH vom 10. 7. 1984 NuR 1985, 27; OVG Bln vom 18. 2. 1988 NVwZ 1988, 750; OVG Nds vom 25. 4. 1989 BRS 29 Nr. 218; OVG NRW vom 9. 12. 1994 NVwZ-RR 1995, 635.

[82] Bay VGH vom 21. 2. 1990 BayVBl. 1991, 245; OVG NRW vom 9. 12. 1994 NVwZ-RR 1995, 635.

[83] BW VGH vom 21. 9. 1983 BRS 40 Nr. 225.

kann im Rahmen sofort vollziehbarer Maßnahmen auf der Grundlage der einschlägigen Eingriffsermächtigung eingeschritten werden. Die jeweiligen Befugnisnormen bieten eine hinreichende Rechtsgrundlage auch für das Vorgehen bei einer **„Anscheinsgefahr"** gegen den oder die „Anscheinsstörer". Als Störer muss sich auch behandeln lassen, wer dies zwar in Wahrheit nicht ist, aber bei vernünftiger Betrachtung als solcher erscheint. An die Überzeugungskraft des Anscheins sind dabei im Interesse durchgreifender Gefahrenabwehr keine zu hohen Anforderungen zu stellen.[84] Die Verpflichtung des Anscheinsstörers, sich auf der Verhaltensebene in Anspruch nehmen zu lassen, schließt indessen nicht auch die Verpflichtung ein, den daraus folgenden Zustand als endgültigen hinzunehmen. Das sicherheitsrechtliche Anliegen einer Erleichterung des Verwaltungshandelns hat insoweit nur begrenzte Legitimationskraft. Ergibt sich bei näherer Überprüfung, dass der Anscheinsstörer in Wahrheit doch nicht Störer war, so kann er Folgenbeseitigung verlangen. Stellt sich später heraus, dass eine Gefahr tatsächlich nicht gegeben oder der als Störer in Anspruch Genommene nicht für die Gefahrenquelle verantwortlich war, so wirkt sich dies allerdings kostenrechtlich zu Lasten der im Interesse der Allgemeinheit tätig gewordenen Behörde aus; ein Anlass, dieses Risiko kostenrechtlich dem einzelnen betroffenen Bürger anzulasten, besteht nicht; seine Inanspruchnahme ist in aller Regel unbillig.[85] Kosten können ihm allenfalls auferlegt werden, soweit er durch mangelnde – ihm unschwer mögliche – Mitwirkung bei der Gefahrerforschung ein besonders aufwendiges Vorgehen der Behörde provoziert hat, das bei sachgerechtem Verhalten unnötig gewesen wäre.

cc) Mehrheit von Störern. Wenn bekannt oder ohne weiteres feststellbar ist, dass 63
mehrere Personen und gegebenenfalls welche von ihnen als Störer in Frage kommen, haben die Verwaltungsbehörden eine **Ermessensentscheidung** über den oder die heranzuziehenden Störer zu treffen.[86] Maßgeblicher Zeitpunkt für die gerichtliche Überprüfung dieser Ermessensentscheidung soll dem BW VGH zufolge die letzte Behördenentscheidung sein.[87] Zur Wirksamkeit der Anordnung genügt die Inanspruchnahme einer Person, jedoch muss beachtet werden, dass Anordnungen in der Regel nur gegenüber dieser Person Rechtswirkungen entfaltet und auch nur von dieser angefochten werden können.

Auch wenn eine Mehrheit von Störern vorliegt, ist die Inanspruchnahme eines einzelnen im Hinblick auf die gesamte Anordnung möglich und nicht etwa unverhältnismäßig. Solange eine Person einen rechtswidrigen Zustand als Störer (mit) verursacht hat, trifft sie grundsätzlich die volle Verantwortung unabhängig davon, wie sich die Beteiligten im Innenverhältnis zivilrechtlich auseinander setzen. Im Interesse einer effektiven polizeilichen Gefahrenabwehr ist nämlich bei der Frage der Rechtmäßigkeit der Ermessensausübung ebenso wenig wie bei der Frage, wer Störer ist, Raum für die Berücksichtigung möglicherweise streitiger schuldrechtlicher Ansprüche mehrerer Störer untereinander.[88] Das Ermessen reduziert sich auch dann nicht auf Null, wenn die **zivilrechtliche Letztverantwortlichkeit** eines der Störer offensichtlich und eindeutig ist. Diese Voraussetzungen sind nämlich praktisch kaum erfüllbar und werden deshalb kaum je vorliegen. Ein Bescheiderlass gegen einen Störer wird in aller Regel nur dann veranlasst sein, wenn dieser der zu fordernden Gefahrenabwehr nicht von sich aus näher tritt, m. a. W. er seine Verantwortlichkeit zumindest konkludent in Abrede stellt, d. h. bestreitet. Ein Bestreiten wird in solchen Fällen der Verantwortlichkeit nahe liegen, da es hier zumeist um hohe

---

84 Bay VGH vom 26. 7. 1995 NVwZ-RR 1996, 645.

85 Bay VGH vom 19. 5. 1994 UPR 1995, 199.

86 Allgemein hierzu Bay VGH vom 1. 7. 1986 NVwZ 1987, 912; Hess VGH vom 26. 2. 1982 NJW 1983, 951.

87 BW VGH vom 30. 1. 1990 NVwZ-RR 1991, 27; Bay VGH vom 23. 2. 1989 BRS 49 Nr. 227; OVG NRW vom 9. 12. 1994 NVwZ-RR 1995, 635; OVG Thür vom 27. 2. 1997 BRS 59 Nr. 217.

88 BW VGH vom 30. 4. 1996 NVwZ-RR 1997, 267; Hess VGH vom 15. 5. 1984 BRS 42 Nr. 211 für zwei Grundstückseigentümer, deren Verursachungsbeitrag nicht festgestellt werden kann.

Kosten geht und sich für das Bestreiten leicht mehr oder weniger gute, nicht ohne weiteres widerlegbare Gründe finden lassen. In der Realität wird es deshalb letztlich kaum vorkommen, dass innerhalb einer Mehrheit von nicht leistungsbereiten Störern die Person des Letztverantwortlichen evident ist und es im Übrigen nicht jedenfalls einen sachlichen Grund gibt, einen anderen als ihn heranzuziehen. Regelungen etwa zum Innenausgleich unter Gesamtschuldnern, gleichgültig ob vertraglicher oder gesetzlicher Natur, erlauben zudem bereits im Rahmen des Zivilrechts in keinem Fall irgendeinen Schluss auf entsprechende Beschränkungen der Ansprüche des Gläubigers; Gleiches gilt für die Rechtsposition des Gläubigers gegenüber demjenigen, der neben dem Erstschuldner oder statt seiner für eine Schuld einzustehen hat. Es gibt keinen Grund, das anders zu sehen, wenn es um Ansprüche der Allgemeinheit gegenüber öffentlich-rechtlich Verantwortlichen geht. Die Trennung der Regelungen über externe und über interne Verantwortlichkeiten ist eine sachlogische; der Interessenkonflikt etwa zwischen Schädiger und Geschädigtem ist ein grundsätzlich anderer und daher – in den tatbestandlichen Anknüpfungen wie in den Rechtsfolgen – anders regelungsbedürftig als der Interessenkonflikt im Verhältnis mehrerer Schädiger untereinander. Hier übergreifende Parallelen konstruieren zu wollen, geht damit von vornherein fehl und regelmäßig überdies am klaren Text bzw. Erklärungswert der einschlägigen, sei es vertraglichen oder gesetzlichen, Regelungen vorbei. Die These einer Präjudizialität des Zivilrechts für die öffentlich-rechtliche Störerauswahl beruht letztlich auf einer Verkennung und Überschätzung des Erklärungswerts und der Bedeutung zivilrechtlicher Regelungen für diesen Zusammenhang.[89] Bei mehreren Bauherrn, die als Bauherrngemeinschaft auftreten, kann es ermessensgerecht sein, alle gleichzeitig in Anspruch zu nehmen und Zwangsgeld gesamtschuldnerisch aufzuerlegen.

64 **dd) Duldungsanordnung.** Von einer behördlichen Anordnung können andere Personen betroffen sein, wie etwa der Eigentümer, Miteigentümer oder der Mieter. Wenn Rechte eines Dritten betroffen sind, ist es dem Betroffenen rechtlich nicht möglich, innerhalb der gesetzten Frist zu handeln. Dem Adressaten der Duldung wird deshalb kraft öffentlichen Rechts die Pflicht auferlegt, die zwangsweise Durchsetzung des Gebots hinzunehmen.[90] Duldungsanordnungen dienen somit dazu, die getroffenen Anordnungen vollstrecken zu können. Sie finden entweder in der analogen Anwendung der entsprechenden Befugnisnorm[91] oder in der hier erläuterten allgemeinen bauaufsichtlichen Befugnisnorm[92] ihre Rechtsgrundlage. Die Duldungsanordnung ist ein selbständiger **Verwaltungsakt**, der im Bestand von der eigentlichen zugrunde liegenden behördlichen Anordnung unabhängig und auch nur vom jeweiligen Betroffenen anfechtbar ist.

65 Wie bei jedem anderen Verwaltungsakt auch ist der Betroffene vor Erlass der Anordnung nach § 28 VwVfG anzuhören. Materielle **Rechtmäßigkeitsvoraussetzung** einer Duldungsanordnung ist zunächst einmal das Vorliegen einer entsprechenden wirksamen Grundanordnung. Durch diese muss ferner der Dritte betroffen und die Duldungsanordnung deshalb erforderlich sein: Es bedarf eines Rechtsverhältnisses (z. B. Eigentum, Rechtsnachfolge), auf Grund dessen der Betroffene den Adressaten der Verpflichtung rechtlich an deren Befolgung hindern könnte.[93] Für eine dahin gehende Rechtsposition des Dritten und dessen fehlendes Einverständnis müssen konkrete Anhaltspunkte bestehen. Die Duldungsanornung dient der Ünerwindung dieser rechtlichen Hindernisse. Die Duldungs-

---

[89] Bay VGH vom 15. 9. 2000 NVwZ 2001, 458.

[90] Zum Erfordernis einer Duldungsanordnung vor Vollstreckung BW VGH vom 2. 6. 1981 BRS 38 Nr. 213 für naturschutzrechtliche Duldungspflicht eines Grundstückseigentümers; Hess VGH vom 14. 3. 1983 NJW 1983, 2282; OVG Nds vom 24. 5. 1994 NJW 1994, 3309.

[91] So Bay VGH vom 22. 4. 1992 NJW 1993, 81.

[92] So BW VGH vom 7. 1. 1981 BRS 38 Nr. 206; Hess VGH vom 15. 9. 1994 BRS 56 Nr. 200; OVG Saar vom 25. 6. 1990 BRS 50 Nr. 211; OVG Thür vom 27. 2. 1997 BRS 59 Nr. 216.

[93] BW VGH vom 11. 6. 1990 NVwZ-RR 1991, 458; Bay VGH vom 9. 6. 1986 BRS 46 Nr. 198; Hess VGH vom 15. 9. 1994 BRS 56 Nr. 200; OVG Nds vom 11. 2. 1985 BRS 44 Nr. 208.

anordnung steht im Ermessen der Bauaufsichtsbehörde, das sich im Wesentlichen auf die richtige Störerauswahl beschränkt und ebenso ein Regelermessen[94] darstellt.

Die Voraussetzungen der **zugrunde liegenden Anordnung** und deren **Rechtmäßigkeit** oder Unanfechtbarkeit gehören nicht auch zu den Voraussetzungen der Duldungsanordnung.[95] Deren Adressaten können sich grundsätzlich nicht auf der Grundanordnung anhaftende Rechtsmängel berufen, da diese ihnen gegenüber keinen Verwaltungsakt darstellt und sie auch nicht in ihren öffentlich-rechtlich geschützten Rechten betroffen sind, wie etwa ein Nachbar bei Erteilung einer Baugenehmigung.[96] Sie spricht keine rechtliche Verpflichtung unmittelbar den Duldungsverpflichteten gegenüber aus, sondern ihrem Regelungsgehalt nach ist sie ausschließlich auf die Person des Adressaten bezogen; nur ihm legt sie eine Verpflichtung zum Handeln auf. Die einer Duldungsanordnung zugrunde liegende Anordnung selbst wirkt nicht gegen diese Drittbetroffenen. Sie können allein gegen eine an sie selbst ergangene Duldungsanordnung vorgehen und das Fehlen ihrer Voraussetzungen rügen. 66

Sollte eine entsprechende Duldungsanordnung nicht erlassen worden sein, ist die zugrunde liegende Anordnung zwar rechtmäßig, jedoch kann sie nicht vollstreckt werden. Rechte eines Miteigentümers berühren **nicht die Rechtmäßigkeit der Grundanordnung, sondern nur deren Durchsetzbarkeit**.[97] Hinsichtlich des in Anspruch genommenen Miteigentümers liegt in einem solchen Falle zunächst nur ein zeitweiliges Unvermögen vor. Dieses Unvermögen ist behebbar, indem die übrigen Miteigentümer die verlangte Handlung zu dulden bereit sind oder von der Behörde ebenfalls hierzu oder zumindest zur Duldung verpflichtet werden. Umgekehrt sind die Rechte des Dritten ausreichend geschützt. Aus einer Grundanordnung kann nämlich erst vollstreckt werden, wenn entweder der betroffene Dritte unwiderruflich sein Einverständnis erklärt hat oder gegen ihn eine unanfechtbare bzw. sofort vollziehbare Duldungsanordnung ergangen ist. Aus Gründen der Praktikabilität und der Prozessökonomie ist es sinnvoll, diese Fragen in das Vollstreckungsverfahren zu verlagern und nicht die Rechtmäßigkeit der Grundanordnung hiervon abhängig zu machen. Es würde zu einer Verfahrensverschleppung und Prozessverdoppelung führen, wenn es der Behörde verwehrt wäre, eine Duldungsverfügung gegen einen bisher nicht herangezogenen Miteigentümer vor der Vollstreckung nachzuschieben. Sie müsste dann bereits bei Erlass der eigentlichen Anordnung umfangreiche Ermittlungen über die oftmals recht undurchsichtigen und ihr nicht bekannten Eigentums- und sonstigen zivilrechtlichen Verhältnisse anstellen, die ihr die Beteiligten im Vollstreckungsverfahren abnehmen, indem sie die zivilrechtlichen Verhältnisse von sich aus aufklären. Solange die Bauaufsichtsbehörde den Widerstand der berechtigten Dritten nicht durch vollziehbare Duldungsanordnungen überwindet, ist somit nur die Vollstreckung nicht zulässig.[98] 67

Je nach **zivilrechtlicher Ausgestaltung** sind verschiedene Möglichkeiten denkbar. Im Innenverhältnis zwischen mehreren Berechtigten kann allerdings die Regelung getroffen sein, dass einer von ihnen allein zur Rechtsausübung befugt ist. In einem solchen Falle oder wenn gegenüber dem weiteren Mitberechtigten ebenfalls eine Anordnung ergangen ist, bedarf es keiner Duldungsanordnung diesem gegenüber, denn der Betroffene kann 68

---

94 Bay VGH vom 6. 2. 1980 BRS 36 Nr. 215.

95 BW VGH vom 14. 7. 1981 BRS 38 Nr. 202: Abbruchsverlangen insoweit zu überprüfen, ob Rechte des Duldungsverpflichteten verletzt sind, aber nicht Prüfung der Rechtmäßigkeit einer fiktiven Abbruchsverfügung gegen den Duldungsverpflichteten, also keine fiktive Einbeziehung bei der Prüfung der Rechtmäßigkeit der Duldungsverfügung; insoweit a. A. OVG Thür vom 27. 2. 1997 BRS 59 Nr. 216: offensichtlich rechtmäßig.

96 BW VGH vom 19. 8. 1982 NVwZ 1993, 1215; Bay VGH vom 26. 11. 1998 Az. 1 ZB 98.32452; OVG Berlin vom 28. 2. 1997 BRS 59 Nr. 208; OVG Saar vom 25. 6. 1990 BRS 50 Nr. 211.

97 BW VGH vom 26. 5. 1994 NVwZ 1995, 397; Bay VGH vom 21. 2. 1990 BayVBl. 1991, 245; Hess VGH vom 14. 3. 1983 NJW 1983, 2282; OVG Nds vom 11. 2. 1985 BRS 44 Nr. 208; OVG NRW vom 10. 10. 1996 NVwZ-RR 1998, 76.

98 Bay VGH vom 5. 8. 1996 NJW 1997, 961; Hess VGH vom 5. 7. 1982 BRS 39 Nr. 221.

dann der Anordnung allein nachkommen, ohne dass ihn die anderen hindern könnten. Für eine eventuell erforderliche Ersatzvornahme muss die Behörde allerdings entsprechende Duldungsanordnungen erlassen, da sie den anderen Miteigentümern gegenüber nicht berechtigt ist, das Grundstück zu betreten.[99] Verpflichtet sich ein Miteigentümer in einem gerichtlichen Vergleich zur Handlung, bedarf der Vergleich nicht der Zustimmung des anderen Miteigentümers, denn durch dessen Verpflichtung werden Rechte des Miteigentümers (noch) nicht verletzt.[100] Zum Vollzug ist eine Duldungsanordnung erforderlich, die die Zustimmung ersetzt und vom betroffenen Miteigentümer angefochten werden kann; im Übrigen können seine Rechte zivilrechtlich geltend gemacht werden.

Die Duldungsanordnung kann auch nicht durch eine **Beiladung** nach § 65 VwGO im Verwaltungsprozess gegen die Grundanordnung ersetzt werden.[101] Denn eine Beiladung hätte – bei Abweisung der gegen die Grundverfügung gerichteten Anfechtungsklage – dem Miteigentümer gegenüber nicht die Wirkung, dass er die Grundverfügung auch als sich gegenüber ergangen ansehen oder dass er etwas dulden müsste. Die in § 121 VwGO bestimmte Erstreckung der Rechtskraft eines Urteils auf alle Beteiligten einschließlich der Beigeladenen bindet diese nur insoweit, als über den Streitgegenstand entschieden worden ist. Streitgegenstand ist in einem solchen Falle die Frage, ob die Grundverfügung den Anfechtungskläger in seinen Rechten verletzt, weil sie rechtswidrig ist. Streitgegenstand ist dagegen nicht die Frage, ob die Verfügung den Miteigentümer, gegen den sie nicht ergangen ist und der sie nicht selbst anficht, in seinen Rechten verletzt, und auch nicht die Frage, ob er verpflichtet ist, die gegen den Anfechtungskläger angeordnete Maßnahme zu dulden. An dieser Beschränkung des Streitgegenstandes ändert die Beiladung des Miteigentümers nichts. Seine Beiladung bewirkt deshalb, wenn die Anfechtungsklage rechtskräftig abgewiesen wird, gemäß § 121 VwGO lediglich, dass auch für ihn, den Beigeladenen, bindend feststeht, dass der Anfechtungskläger nicht rechtswidrig in seinen Rechten verletzt wird. Darin kann aber weder ein Vollstreckungstitel noch ein Duldungstitel gegen den Beigeladenen erblickt werden. Erzwungen werden kann ihm gegenüber die Anordnung nur, wenn auch ihm gegenüber eine unanfechtbare oder vollziehbare Anordnung oder Duldungsverfügung vorliegt.

Bei einer bereits erlassenen Duldungsanordnung hat die Veräußerung des Gebäudes, dessen Beseitigung zum Beispiel der Kläger dulden soll, allerdings keinen Einfluss auf den Fortgang des Verfahrens. Der Erwerber kann, braucht nicht beigeladen zu werden.[102] Privatrechtliche Verträge werden durch den Erlass einer Beseitigungsanordnung nicht nichtig.

69 Hinsichtlich der **Androhung des Zwangsmittels** sind bei Bestimmung der Frist für die Erfüllung der Verpflichtung etwaige Duldungsanordnungen mit zu beachten. Bis zum Ende der Frist kann dem Betroffenen nämlich die von ihm verlangte Handlung billigerweise nur zugemutet werden, wenn sichergestellt ist, dass bis dahin tatsächliche oder rechtliche Hindernisse, die der Durchsetzung der Verpflichtung entgegenstehen, ausgeräumt sind. Die allgemeinen Vollstreckungsvoraussetzungen müssen im Zeitpunkt der Androhung eines Zwangsmittels zwar noch nicht vorliegen, sie müssen aber jedenfalls in dem Zeitpunkt gegeben sein, in dem ein angedrohtes Zwangsmittel angewendet wird.[103] Erforderliche Duldungsanordnungen müssen dann entweder bestands- bzw. rechtskräftig oder für sofort vollziehbar erklärt worden sein.

---

[99] BayVGH vom 4. 2. 1988 BRS 48 Nr. 195.

[100] OVG NRW vom 26. 2. 1991 NVwZ-RR 1992, 277.

[101] BVerwG vom 27. 4. 1998 NVwZ-RR 1999, 147; a. A. (zwischenzeitlich aufgegeben) noch BVerwG vom 14. 1. 1966 DVBl. 1966, 792: Eine Beseitigung kann nur erzwungen werden, wenn eine entsprechende Anordnung auch gegenüber dem Miteigentümer ergangen ist oder dieser im gerichtlichen Verfahren beigeladen ist.

[102] BVerwG vom 7. 9. 1984 NJW 1985, 281.

[103] BayVGH vom 30. 3. 1977 BayVBl. 1977, 403; a. A. OVG Nds vom 11. 2. 1985 BRS 44 Nr. 208: Androhung ist erste Maßnahme des Vollzugs, ebenso OVG NRW vom 13. 2. 1987 BRS 47 Nr. 193.

Im Falle einer **Verpachtung** stehen der Bauaufsichtsbehörde mehrere Möglichkeiten zur Verfügung: Sie kann direkt gegen den Pächter als Handlungsstörer vorgehen und dem Eigentümer gegenüber eine Duldungsanordnung erlassen.[104] Die Behörde kann vom Eigentümer verlangen, diejenigen zu benennen, die unter Ausnützung, möglicherweise auch unter Überschreitung der ihnen vom Antragsteller eingeräumten Rechtsposition, Störungen hervorgerufen hatten.[105] Die Auskunftspflicht ist als geringerer Eingriff in der Möglichkeit der Heranziehung von Störern nach den Beseitigungsvorschriften enthalten. Durch die Verpachtung hat der Eigentümer aber auch eine ihm zurechenbare Ursache dafür gesetzt, dass der Rechtskreis, mit dessen Wahrnehmung er beauftragt war, unzulässigerweise überschritten wurde. Der Eigentümer könnte deshalb möglicherweise auch dazu angehalten werden, die Nutzungsüberlassung zu beenden oder jedenfalls dergestalt zu modifizieren, dass Störungen vermieden worden wären.[106] Bei der Bemessung der Frist ist darauf zu achten, dass der Betroffene gegebenenfalls zunächst die bestehenden Mietverhältnisse lösen und die Herausgabe der Mieträume noch im Rechtsweg erzwingen muss. Ferner kann nicht verlangt werden, dass er noch während eines laufenden Rechtsmittelverfahrens kündigen soll, denn im Falle eines Obsiegens hätte er wegen der verfrühten Kündigung unter Umständen hohe Verluste. 70

f) Bestimmtheit

Wie bei jedem anderen Verwaltungsakt auch müssen die Anordnungen dem rechtsstaatlichen Erfordernis der ausreichenden Bestimmtheit genügen (§ 37 Abs. 1 VwVfG); die Bestimmtheit ist eine Frage der materiellen Rechtmäßigkeit. Diese Notwendigkeit ist einmal darin begründet, dass der Betroffene wissen muss, wie er sich zu verhalten hat, und zum anderen darin, dass der Verwaltungsakt vollstreckt werden kann. Aus der Anordnung muss für den Adressaten klar erkennbar sein, was von ihm verlangt wird. Hinreichende Bestimmtheit liegt dann vor, wenn aus dem gesamten Inhalt der Anordnung sowie aus den den Beteiligten bekannten näheren Umständen des Falles im Wege einer an den Grundsätzen von **Treu und Glauben orientierten Auslegung** hinreichende Klarheit gewonnen werden kann.[107] Hinzugezogen werden können auch Umstände außerhalb der Anordnung, wie etwa die Genehmigungsunterlagen. 71

Eine bauaufsichtliche Verfügung muss ferner so bestimmt sein, dass sie ohne weiteres **Grundlage der Verwaltungsvollstreckung** sein kann.[108] Dem Grundsatz der hinreichenden Bestimmtheit ist somit nur dann Genüge getan, wenn der Verwaltungsakt eindeutig erkennen lässt, was von dem Pflichtigen gefordert wird. Der Verwaltungsakt muss einen Inhalt haben, der es erlaubt, ihn ohne weitere Konkretisierung zwangsweise durchzusetzen.[109] Soweit dem Pflichtigen ein **Tätigwerden** aufgegeben wird, genügt es in aller Regel nicht den Anforderungen an die Bestimmtheit, lediglich das Ziel der Verfügung – also die Behebung des illegalen Zustands – zu benennen. Dient eine Ordnungsverfügung der Gefahrenabwehr, darf die Ordnungsbehörde sich regelmäßig nicht damit begnügen, dem Ordnungspflichtigen nur aufzugeben, den Eintritt der näher beschriebenen Gefahr zu verhindern.[110] Die Behörde ist vielmehr verpflichtet, anzugeben, welches Mittel der Pflichtige zur Erreichung des Ziels einsetzen muss. Dass sich der Betroffene zur Erfüllung sachkundiger Hilfe bedienen muss, der Einsatz somit Sachkunde voraussetzt, über die der Bauherr nicht notwendig selbst verfügt, stellt die Bestimmtheit der Anordnung nicht in Frage. Bei einem Handlungsgebot ist die Angabe des zum Ziel führenden 72

---

104 Bay VGH vom 8. 6. 1986 BRS 46 Nr. 198.

105 Bay VGH vom 10. 7. 1984 NuR 1985, 27; OVG Bln vom 18. 2. 1988 NVwZ 1988, 750; OVG Nds vom 14. 11. 1974 BRS 28 Nr. 158.

106 Bay VGH vom 19. 8. 1992 UPR 1993, 120.

107 BVerwG vom 12. 12. 1996 NVwZ 1997, 902; Bay VGH vom 16. 12. 1981 BayVBl. 1982, 435; OVG Nds vom 8. 7. 1999 NVwZ-RR 2000, 142; OVG NRW vom 11. 5. 2000 BauR 2000, 854.

108 Hess VGH vom 4. 10. 1982 BRS 39 Nr. 219; OVG NRW vom 11. 5. 2000 BauR 2000, 854.

109 Hess VGH vom 26. 7. 1994 NVwZ 1995, 922.

110 OVG NRW vom 11. 5. 2000 BauR 2000, 854.

Mittels nur ausnahmsweise dann entbehrlich, wenn sich dessen Anwendung ohne weiteres aus dem Sachzusammenhang ergibt.

73 Bei nur **teilweiser Pflicht** ist der betroffene Teil hinreichend deutlich zu bestimmen, sei es durch Markierung im Plan, Bezeichnung des Geschosses etc. Erforderlich ist entweder eine exakte Bezeichnung oder eine entsprechende Lageplanskizze.[111] Das Gleiche gilt bei Verlangen der Behörde, die sich auf **mehrere Anlagen** – unter Umständen auf verschiedenen Grundstücken – beziehen.[112]

74 Ist eine Erfüllung **auf zweierlei Arten möglich**, bedarf es dem BVerwG zufolge insoweit keiner Konkretisierung, vielmehr genügt die Darlegung beider Varianten.[113] Danach tritt hier die rechtsstaatliche Dimension des Erfordernisses der Bestimmtheit staatlicher Anordnungen zurück, wenn der Bauherr als Adressat der Anordnung insoweit des Schutzes nicht bedarf. Die Offenheit der Anordnung betrifft allein eine in seiner Sphäre liegende Entscheidung. Der Bauherr vermag die Konkretisierung allein herbeizuführen, so dass er keinen unkalkulierbaren Pflichten ausgesetzt ist. Dem ist zwar beizupflichten, jedoch ist unter diesem Blickwinkel die Bestimmtheit aus Gründen der Vollstreckbarkeit nicht berücksichtigt.[114] Man wird jedoch in einem solchen Fall, wenn der Betroffene von seinem ihm eingeräumten Wahlrecht keinen Gebrauch macht, der Behörde die Auswahl vor entsprechender Vollstreckung zubilligen müssen. Die Bauaufsichtsbehörde handelt in aller Regel aber ebenso rechtmäßig, wenn sie eine von mehreren rechtlich zulässigen Anordnungen trifft, um das gesetzlich vorgegebene Ziel zu erreichen. Dem Adressaten einer bauaufsichtlichen Anordnung bleibt es dann grundsätzlich unbenommen, der Bauaufsichtsbehörde ein geeigneteres Austauschmittel anzubieten.[115]

6. Vollstreckung

75 Mit wenigen Ausnahmen wie etwa Beschlagnahme oder Versiegelung sind gesonderte Zwangsmittel nicht aufgeführt, so dass auf die **allgemeinen Vollstreckungsgesetze** der einzelnen Länder zurückgegriffen werden muss. Vollstreckungsvoraussetzung sind auch eventuell erforderliche Duldungsanordnungen. Die Festsetzung eines Zwangsmittels ist in der Regel nur dann rechtmäßig, wenn dem Pflichtigen zuvor eine **Frist** zur Vornahme der ihm aufgegebenen Handlung gesetzt worden ist.[116] Wenn keine sofortige Vollziehung angeordnet ist, bedarf es einer Frist, die mit Bestandskraft zu laufen beginnt, denn andernfalls besteht die Gefahr, dass die gesetzte Frist im Zeitpunkt der Bestandskraft bereits abgelaufen ist. In diesem Falle müsste erneut Frist gesetzt werden.

76 Das **Vorliegen aller Vollstreckungsvoraussetzungen** ist zwar noch nicht im Zeitpunkt der Androhung des Zwangsmittels erforderlich, spätestens jedoch mit Fristablauf, so z. B. unanfechtbare bzw. sofort vollziehbare Duldungsanordnungen.[117] Ebenso wenig wie dies die Rechtmäßigkeit der Grundanordnung selbst berührt,[118] hat es bis Fristablauf aus Gründen der Praktikabilität auf die Rechtmäßigkeit der Androhung Auswirkungen. Sollten die Voraussetzungen bei Fristablauf nicht vorliegen, muss das Zwangsmittel nochmals angedroht werden. Einwendungen des Betroffenen, die erst eingetreten sind, nachdem der Grundverwaltungsakt bestandskräftig geworden ist, können gegen die Vollstreckung nach dem jeweiligen Landesvollstreckungsrecht geltend gemacht werden.

---

111 OVG NRW vom 22. 11. 1994 BRS 56 Nr. 199.

112 OVG Rh-Pf vom 30. 10. 1989 NVwZ 1990, 390.

113 BVerwG vom 12. 12. 1996 BVerwGE 102, 351 = NVwZ 1997, 902.

114 Deshalb verneint Hess VGH vom 7. 11. 1973 BRS 27 Nr. 201 auch die Bestimmtheit: Werden dem Betroffenen zwei unterschiedliche vertretbare Handlungen nach Wahl aufgegeben, so handelt es sich dabei um eine nicht vollstreckbare und damit nicht hinreichend bestimmte Anordnung.

115 OVG Nds vom 3. 4. 1996 NVwZ-RR 1996, 494.

116 Bay VGH vom 24. 9. 1985 BayVBl. 1986, 176; OVG Hamb vom 18. 6. 1985 HmbJVBl. 1986, 3; OVG M-V vom 18. 6. 1996 NVwZ-RR 97, 762.

117 Bay VGH vom 30. 3. 1977 BayVBl. 1977, 403; a. A. OVG Nds vom 11. 2. 1985 BRS 44 Nr. 208: Androhung erste Maßnahme des Vollzugs, und OVG NRW vom 13. 2. 1987 BRS 47 Nr. 193.

118 Hierzu Erläuterungen oben Rn. 67.

Hier kommen die allgemeinen vollstreckungsrechtlichen Regelungen zum Tragen. Das Gleiche gilt für Rechtsmittel gegen die Vollstreckung an sich, die nicht in der bauaufsichtlichen Anordnung ihre Grundlage haben. Die Vollstreckung kann unzulässig sein, wenn sie zu einer Gefahr für die öffentliche Sicherheit und Ordnung oder Leib oder Leben eines Betroffenen führen würde.[119] Ein solches Vollstreckungshindernis kann sich zum Beispiel ergeben, wenn der Vollzug der Anordnung zur Obdachlosigkeit führen würde. Dies ist eine Gefahr für ein wichtiges Rechtsgut, nämlich die Gesundheit eines Menschen. Eine solche Gefahrenlage machte es dem Betroffenen bereits bei Erlass der Festsetzungsverfügung unmöglich, der zugrunde liegenden Anordnung nachzukommen. Wurde die zugrunde liegende Anordnung in einem **gerichtlichen Vergleich** (teilweise) geändert, so ist Grundlage der Vollstreckung allein der Prozessvergleich. Die Vollstreckung obliegt in einem solchen Fall den Gerichten und nicht mehr der Behörde.[120]

Sind **mehrere Objekte** betroffen, muss aus Gründen der Bestimmtheit und Vollstreck- 77
barkeit für jedes eine gesonderte Androhung ausgesprochen werden.[121]

V. Heranziehung von Sachverständigen

1. Der Sachverständige

Zur Erfüllung der Aufgaben – sei es im Genehmigungsverfahren oder im sonstigen 78
Aufgabenbereich – können Sachverständige herangezogen werden. Diese erstellen für die Behörde Gutachten oder geben fachliche Äußerungen ab, wenn ihr das nötige Fachwissen oder die Sachkunde fehlt. **Hierzu gehören** Privatpersonen oder auch in den meisten Ländern („sachverständige Stellen“) Fachbehörden, wie z. B. die Wasserwirtschaftsämter, Gewerbeaufsichtsämter, Prüfämter für Baustatik oder (beratende) Gremien und private Sachverständige wie z. B. der TÜV. Deren amtliche Anerkennung kann im Einzelfall vorgeschrieben sein, ist aber nicht die Regel. Eine sachverständige Stelle in diesem Sinne kann auch dann vorliegen, wenn die Bauaufsichtsbehörde und die jeweilige Fachdienststelle demselben Rechtsträger angehören. Herangezogen wird immer die Behörde als solche. Diese Art der Bestellung gestattet es, die häufig differenzierte interne Arbeitsverteilung zur bestmöglichen Begutachtung auszunutzen. Es wird damit der Behörde überlassen, wer mit der Begutachtung betraut wird.[122]

Von einer solchen Heranziehung von Sachverständigen sind die vielfältigen **sonstigen** 79
Aufgaben zu unterscheiden, die die Bauordnungen den Sachverständigen zuweisen, wie etwa Prüfaufgaben der Behörde, die ihnen übertragen wurden, Erstellung und Bescheinigung technischer Nachweise in bestimmten Verfahren bzw. bei erforderlichen regelmäßigen Nachprüfungen oder im Zusammenhang mit Bauprodukten. Auch von den Beteiligten der Behörde vorgelegte Privatgutachten stellen keine solchen Sachverständigengutachten dar, denn die Behörde hat hier nicht von sich aus einen Sachverständigen hinzugezogen. Träger öffentlicher Belange, die die Behörde zu beteiligen hat, stellen ebenfalls keine Sachverständigen in diesem Sinne dar. Zusätzlich können sie allerdings im Einzelfall von der Behörde auch ausdrücklich als Sachverständige herangezogen werden. Die **Abgrenzung**, ob eine Behörde als sachverständige Stelle, im Wege der Amtshilfe oder als Träger öffentlicher Belange, der zu beteiligen ist, tätig wird, ist nicht immer ganz eindeutig. Im Hinblick auf die **Kostenfolgen** ist eine exakte Abgrenzung allerdings unerlässlich: Nur im Falle der Beauftragung der Behörde als sachverständige Stelle können

[119] OVG NRW vom 10. 10. 1996 NVwZ-RR 1998, 76.

[120] Bay VGH vom 17. 2. 1987 BRS 47 Nr. 204.

[121] A. A. Bay VGH vom 24. 11. 1976 BayVBl. 1977, 180: Die Behörde kann ein einheitliches Zwangsgeld androhen, das (auch) dann fällig werden soll, wenn (nur) eines der Objekte nicht rechtzeitig entfernt wird. Ebenso Bay VGH vom 22. 4. 1992 NJW 1993, 82.

[122] Bay VGH vom 11. 1. 1996 NVwZ-RR 1996, 328 unter Bezugnahme auf BVerwG vom 6. 12. 1968 NJW 1969, 1591.

Kosten für das Sachverständigengutachten gesondert in Rechnung gestellt werden und sind nicht bereits mit der Gebühr für das jeweilige Verfahren abgegolten. Zur Abgrenzung maßgeblich muss letztendlich sein, ob die Behörde gerade wegen ihres spezifischen Sachverstandes mit der Beantwortung einer konkreten Fachfrage beauftragt wurde, die ein privater Sachverständiger ebenso beantworten könnte. Wird die Behörde dagegen aus verfahrensrechtlichen Gründen in ihrem eigenen Interesse gehört, so verbleibt es bei der Beteiligung eines Trägers öffentlicher Belange. Steht weniger die Beantwortung einer Fachfrage im Vordergrund, sondern die Übernahme von Aufgaben für die Bauaufsichtsbehörde, handelt es sich um Amtshilfe. Maßgebend ist somit, in welcher Eigenschaft die Behörde tätig wird, nicht die Formulierung der Bauaufsichtsbehörde.

80 Die **Beauftragung** selbst erfolgt nur im Innenverhältnis zwischen Behörde und Sachverständigem nach den Regeln des bürgerlichen Rechts. In den Verträgen ist der Gutachtensauftrag genau anzugeben, die zu beurteilende Fachfrage muss sich zweifelsfrei bestimmen lassen. Etwaige vertragliche Ansprüche oder auch eine vertraglichte Haftung des Sachverständigen bestehen somit nur im Verhältnis zur Behörde, nicht zum Betroffenen. Dessen ungeachtet kann sich aber der Sachverständige dem Betroffenen gegenüber deliktisch haftbar machen, ohne dass er die Privilegierung des Art. 34 GG auf Vorsatz und grobe Fahrlässigkeit in Anspruch nehmen könnte.[123] Im Außenverhältnis zum Betroffenen stellt die Heranziehung keinen Verwaltungsakt dar; der Sachverständige übt keine hoheitliche Tätigkeit aus. Die Behörde haftet allenfalls bei einer Amtspflichtverletzung nach § 839 BGB. Eine Einbeziehung des Betroffenen, auch im Hinblick auf die Kosten des Gutachtens, empfiehlt sich jedoch und kann sogar geboten sein. Die Kostentragungspflicht ergibt sich nach den landesrechtlichen Kostenregelungen; als Veranlasser wird der Betroffene (Bauherr etc.) in der Regel kostenpflichtig sein, sofern die Beauftragung rechtmäßig war. Dies ist dann der Fall, wenn die Voraussetzungen für die Einschaltung des Sachverständigen vorliegen, die Verhältnismäßigkeit gewahrt ist und das Ermessen sachgerecht ausgeübt wurde.

2. Voraussetzungen für die Einschaltung von Sachverständigen

81 Die Möglichkeit, einen Sachverständigen hinzuzuziehen, setzt zunächst einmal voraus, dass die Behörde im Rahmen des ihr zugewiesenen **Aufgabenbereichs** tätig wird. Wenn ihr hierbei selbst die erforderliche Sachkenntnis fehlt, bedarf es der Einschaltung entsprechender Sachverständiger. Voraussetzung ist somit erstens das Vorliegen eines Sachverhalts, der eine **Fachfrage** aufwirft und deshalb einer fachlichen Überprüfung bedarf. Zweitens muss es der Behörde am hierfür nötigen **Fachwissen** fehlen. Wenn die Behörde die erforderlichen Maßnahmen nicht aus eigener Sachkunde festlegen kann, entspricht die Einschaltung eines Sachverständigen pflichtgemäßem Ermessen und ihren Amtspflichten.[124] Wenn die Behörde somit den Sachverhalt aufklärt und hierbei in einem ersten Schritt an einen Punkt stößt, der ohne fachliche Begutachtung nicht zu lösen ist, bedarf es in einem zweiten Schritt der Frage, ob die Behörde durch entsprechendes Fachpersonal selbst zur Beantwortung der Frage in der Lage ist. In einem solchen Fall wird die Behörde nicht als Sachverständiger tätig, sondern durch ihre Bediensteten im Rahmen ihrer Aufgabenzuweisung; sie bedient sich dabei ihres eigenen Sachverstandes. Kosten wie für einen externen Sachverständigen können in der Regel nicht gesondert neben den normalen Amtshandlungsgebühren angesetzt werden. Sollte die Behörde nicht über entsprechendes Fachpersonal verfügen, kann sie einen Sachverständigen hinzuziehen. Die reine Tatsachenermittlung obliegt in diesem Fall noch der Behörde, die (fachliche) Schlussfolgerung hieraus ist Aufgabe des Sachverständigen. Ihm muss deshalb der festgestellte Sachverhalt mitgeteilt und die hieraus resultierende Fachfrage gestellt werden. Der

---

[123] BVerfG vom 11. 10. 1978 BVerfGE 49, 304 = NJW 1979, 305.
[124] BGH vom 2. 7. 1987 NVwZ 1988, 283; VGH BW vom 15. 5. 1991 UPR 1992, 32.

Gutachtensauftrag muss hinreichend bestimmt sein. In Betracht kommen etwa Prüfung von Fragen der Baustatik, der Brauchbarkeit von Bauprodukten und des Schall- und Wärmeschutzes.

3. Verhältnismäßigkeit und Ermessen

Über die Heranziehung von Sachverständigen entscheidet die Behörde nach pflichtgemäßem Ermessen. Insoweit kann auf die allgemeinen Erläuterungen zur Verhältnismäßigkeit und zum Ermessen in diesem Teil verwiesen werden. Entscheidend ist immer, ob im konkreten Verfahren die Fachfrage aufgeworfen wird, entscheidungserheblich ist und die Behörde die erforderliche Sachkenntnis besitzt. Nicht sachgerecht wäre die Beauftragung eines Sachverständigen zur Arbeitserleichterung bei vorübergehender Arbeitsüberlastung. Ferner ist maßgebend die Höhe der Gutachterkosten, die im Extremfall unverhältnismäßig sein können. Hinsichtlich der Auswahl des Sachverständigen entscheidet die Behörde ebenfalls nach pflichtgemäßem Ermessen; der Betroffene kann in die Entscheidung mit einbezogen werden. Hinsichtlich der Auswahl unterliegt die Behörde dem Willkürgebot; dem betroffenen Sachverständigen steht gemäß Art. 3 GG nur ein Anspruch auf ermessensfehlerfreie Entscheidung zu, solange nicht in gesetzlichen Vorschriften ein unmittelbarer Anspruch begründet wurde. 82

4. Das Gutachten

Die Behörde hat das Gutachten wie auch das Gericht im Rahmen des Untersuchungsgrundsatzes in freier Beweiswürdigung zu bewerten. Die Begutachtung des Sachverständigen darf nicht ungeprüft übernommen werden. Es muss die darin enthaltenen Feststellungen und Schlussfolgerungen im Rahmen seiner tatrichterlichen Würdigung unter Berücksichtigung aller Umstände, der eigenen Sachkunde und der allgemeinen Lebenserfahrung selbstverantwortlich überprüfen und nachvollziehen und sich gegebenenfalls auf Grund dieser Prüfung zu Eigen machen. Im Einzelfall kann der Spielraum für ein solches Nachvollziehen äußerst gering sein. Dies ist dann der Fall, wenn es sich bei der dem Gutachten gestellten Aufgabe um eine dem Laien kaum mögliche Auswertung komplizierter Vorgänge handelt. Letztendlich wird die Behörde sich in der Praxis bei den für Laien zu komplex gestalteten Vorgängen mit einer Plausibiltätskontrolle begnügen müssen. Wie das Gericht überschreitet auch die Behörde den ihm bei der Nachvollziehung zukommenden Spielraum, wenn es schwierige Fragen, die gerade dem Sachverständigen wegen seiner Sachkunde gestellt sind, selbst zu beurteilen versucht.[125] Herausgehoben werden soll hier nur, dass sie nicht verpflichtet ist, das Gutachten kritiklos und ohne eigene Prüfungen zu übernehmen. Die Beteiligten haben wie auch im sonstigen Verwaltungsverfahren ein Einsichtsrecht. 83

VI. Geltung für und gegen Rechtsnachfolger

1. Gesetzliche Regelung

Die Geltung gegenüber dem **Rechtsnachfolger** bemisst sich nach jeweiligem Landesrecht. Zum Teil sind bei den speziellen Eingriffsbefugnissen (so in Mecklenburg-Vorpommern, Rheinland-Pfalz, Saarland mit Ausnahme von Baueinstellung, Sachsen, Thüringen und zusätzlich bei der Baugenehmigung) Regelungen über die Geltung gegenüber dem Rechtsnachfolger enthalten, z.T. wirken bauaufsichtliche Maßnahmen generell gegenüber dem Rechtsnachfolger (so in Bayern, Brandenburg, Hessen und Niedersachsen) und im Übrigen ist nur die Rechtsnachfolge für die Baugenehmigung explizit geregelt (Baden-Württemberg, Berlin, Bremen, Hamburg, Nordrhein-Westfalen, Sachsen- 84

[125] BVerwG vom 13. 8. 1970 Buchholz 310 § 132 VwGO Nr. 71.

Anhalt und Schleswig Holstein). Lediglich in letzterem Fall ist die Frage von Bedeutung, ob die Regelung für die Baugenehmigung entsprechend anwendbar ist. Die Rechtsprechung zum früheren bayerischen Recht, das nur die Rechtsnachfolge bei der Baugenehmigung regelte, bejahte dies. Der Rechtsnachfolger müsse sich die formelle Baurechtswidrigkeit entgegenhalten lassen, auch wenn er persönlich dafür nicht verantwortlich sei, weil er das betreffende Anwesen erst später erworben habe. Wie die Baugenehmigung gelte auch die Nichtgenehmigung für und gegen den Rechtsnachfolger. Es sei Sache des Verkäufers, den Käufer darüber aufzuklären, ob alle Teile eines Gebäudes und die vorgesehene Nutzung genehmigt seien.[126] Dem OVG Hamburg zufolge wirkt z. B. eine bauaufsichtliche Verfügung, die dem Grundstückseigentümer aufgibt, eine baurechtswidrige Benutzung genehmigter baulicher Anlagen (hier: Garagen als Werkstatt) zu unterlassen und hinsichtlich seiner Mieter zu unterbinden, nicht gegenüber einem Einzelrechtsnachfolger. Soweit in der Rechtsprechung für Beseitigungsverfügungen, die in die gegenständliche Beschaffenheit baulicher Anlage eingreifen, eine Geltung gegenüber dem Einzelrechtsnachfolger angenommen worden ist, lasse sich dies auf nutzungsregelnde Anordnungen nicht übertragen.[127]

85 Der baurechtliche Eigentumsbegriff stimmt mit dem **Begriff des Eigentums im Sinne des Zivilrechts** überein.[128] Hiernach ist für den Eigentumsübergang bei Grundstücken die Einigung der Beteiligten über den Eintritt der Rechtsänderung (Auflassung) und die Eintragung der Rechtsänderung in das Grundbuch erforderlich (§§ 873 Abs. 1, 925 BGB). Der Inhaber einer **Auflassungsvormerkung** hat zwar eine Rechtsstellung inne, die wirtschaftlich weitgehend der eines Eigentümers entspricht. Dies gilt insbesondere dann, wenn die Auflassung bindend ist (§ 873 Abs. 2 BGB), der Eintragungsantrag beim Grundbuchamt gestellt ist sowie nach Besitzüberlassung auch die Gefahr auf den Käufer übergegangen ist, ihm die Nutzungen gebühren und er die Lasten der Sache zu tragen hat (§ 446 BGB). Andererseits vollzieht sich der Eigentumserwerb erst durch Auflassung und Eintragung. Die Position des Anwartschaftsberechtigten im Grundstücksrecht ist weitaus schwächer als der Schutz des Käufers einer beweglichen Sache unter Eigentumsvorbehalt nach deren Übergabe. Die bloße Bindung nach § 873 Abs. 2 BGB schließt nämlich eine Vereitelung oder Beeinträchtigung der Anwartschaft durch später bewilligte widersprechende Verfügungen nicht aus, wenn sie früher eingetragen werden, weil die von § 17 GBO gebotene Eintragungsreihenfolge bloß verfahrensmäßigen Schutz gewährt und ein Verstoß allenfalls einen Amtshaftungsanspruch auslöst. Art. 14 GG geht, soweit er auch und primär das Eigentum im engeren Sinne schützt, ebenfalls vom zivilrechtlichen Eigentumsbegriff aus. Schließlich spricht auch die spezifisch polizeirechtliche Zielsetzung, der Behörde möglichst schnell einen Zugriff auf den Zustandsstörer zu geben, dafür, den Begriff des Eigentümers nicht nach wirtschaftlichen, sondern nach zivilrechtlichen Kriterien zu bestimmen. Denn diese Zielsetzung erfordert eine klare Abgrenzung des Begriffs. Eine solche wäre nicht gewährleistet, wenn die Behörde erst prüfen müsste, ob der im Grundbuch eingetragene Eigentümer auch derjenige ist, der wirtschaftlich als Eigentümer anzusehen ist. Dem steht nicht entgegen, dass der bereits im Besitz des Grundstücks befindliche Anwartschaftsberechtigte jedenfalls als Inhaber der tatsächlichen Gewalt Zustandsstörer ist und damit der Behörde ebenfalls für einen Zugriff zur Verfügung steht. Denn im Interesse einer effektiven Gefahrenabwehr ist polizeirechtlich gerade vorgesehen, dass sowohl der Eigentümer als auch der Inhaber der tatsächlichen Gewalt als Zustandsstörer in Anspruch genommen werden können.

---

126 Bay VGH vom 29. 3. 1993 Az. 14 CE 93.434.

127 OVG Hamb vom 14. 12. 1995 NVwZ-RR 1997, 11; Die Geltung gegenüber dem Rechtsnachfolger bei der Beseitigungsanordnung wird von der Rechtsprechung angenommen wegen der Objektbezogenheit der Abbruchsanordnung, z. B. BW VGH vom 7. 11. 1979 BRS 35 Nr. 216; zur Beseitigungsanordnung generell bereits BVerwG vom 22. 1. 1971 NJW 1971, 1624.

128 BW VGH vom 30. 4. 1996 NVwZ-RR 1997, 267 für Auflassungsvormerkung und BW VGH vom 15. 5. 1997 NVwZ 1998, 308 für Erbbaurecht.

In Bayern kommt die Besonderheit hinzu, dass Anordnungen auch gegenüber Personen gelten, die ein **Besitzrecht** erlangt haben, also zum Beispiel durch ein nach Erlass der Anordnung neu begründetes Mietverhältnis. Dies greift allerdings nur die ohnehin bestehende Rechtsprechung auf. Ähnlich wie in §§ 265, 325 ZPO kommt danach eine Rechtsnachfolge nicht nur dann zum Tragen, wenn das Vollrecht an dem streitbefangenen Gegenstand auf einen Dritten übergeht. Vielmehr kann es genügen, wenn der Dritte eine mindere Rechtsposition (z. B. Pfandrecht, Recht zum Besitz) daran erlangt.[129] Zu beachten ist aber, dass der neue Mieter/Pächter nicht Rechtsnachfolger des früheren Mieters/Pächters ist.[130] Auf ihn sind nicht unverändert fortbestehende Rechte des Vormieters/-pächters übergegangen, sondern die Rechtsbeziehungen des Eigentümers mit dem Vormieter sind erloschen und neue Rechte wurden begründet. Sein Besitzrecht leitet der neue Mieter allein vom Eigentümer ab. 86

2. Anwendbarkeit der Rechtsnachfolgeregelungen

Abgesehen von landesspezifischen Besonderheiten umfasst die Rechtsnachfolge sowohl die Rechte als auch die Pflichten, die durch Regelungen der Bauaufsichtsbehörde begründet werden. Sie ist immer objektbezogen, das heißt Rechtsnachfolge kann nur insoweit eintreten, als sich die Regelung auf Grundstücke bzw. Vorhaben bezieht und nicht personenbezogen ist, wie etwa bei Zwangsmitteln. 87

a) Genehmigungen

Hinsichtlich der Baugenehmigung besteht in allen Ländern eine Nachfolgeregelung. Die Übertragung des Eigentums am Baugrundstück hat gleichzeitig den Übergang der Rechte und Pflichten aus der Baugenehmigung zur Folge, ohne dass es einer besonderen Übertragungshandlung bedarf.[131] Überträgt der Bauherr die Rechte aus einer Baugenehmigung auf den Käufer des Baugrundstücks, so geht auch seine Verantwortlichkeit als Bauherr (Handlungsstörer) auf diesen über. Etwas anderes gilt nur dann, wenn sich der bisherige Eigentümer und Bauherr die Inhaberschaft an der Baugenehmigung durch eine besondere Vereinbarung unabhängig von der Übertragung des Grundstückseigentums vorbehält.[132] Ausschlaggebend ist immer, wer gegenüber der Behörde als **Bauherr** auftritt, da diese Eigenschaft nicht abhängig ist vom Eigentum am Grundstück. Ein bisheriger Eigentümer kann die Baugenehmigung nur dann ausnützen, wenn entsprechende Vereinbarungen mit dem Rechtsnachfolger bestehen sollten. Solange der ursprüngliche Eigentümer danach noch Bauherr ist, ist dieser auch berechtigt und verpflichtet (z. B. aus entsprechenden Auflagen), selbst wenn hinsichtlich des Grundstücks Rechtsnachfolge eingetreten ist. Daneben kann der Rechtsnachfolger verpflichtet sein, eventuell auch nur zur Duldung der Maßnahmen des Bauherrn. Anders verhält es sich, wenn der neue Eigentümer auch die Rolle als Bauherr übernimmt. In diesem Falle tritt er auch insoweit in die Rechtsstellung ein. Unabhängig davon kann aber der Rechtsvorgänger als Handlungsstörer verantwortlich sein. 88

Sollte ein Vorhaben von einem **Träger öffentlicher Gewalt** errichtet worden sein, ist zu differenzieren.[133] Bei den Rechtswirkungen im Fall der Rechtsnachfolge in eine Zustimmung ist zu unterscheiden, ob das Bauvorhaben betriebsbereit fertig gestellt ist oder nicht. Ist die Zustimmung ausgenutzt und die Anlage hergestellt und in vollem Umfang betriebs- bzw. nutzungsbereit, wäre es unökonomisch und unbillig, die aus der ins Werk gesetzten Zustimmung fließende Rechtsstellung nachträglich entfallen zu lassen. Einem privaten Rechtsnachfolger kommt die legale Errichtung ebenso zugute, auch wenn das jeweilige Landesrecht bei Vorhaben von Trägern öffentlicher Gewalt kein Genehmi- 89

[129] Bay VGH vom 5. 8. 1996 NJW 1997, 961; OVG Nds vom 9. 4. 1986 BRS 46 Nr. 196.
[130] BW VGH vom 1. 9. 1987 BRS 47 Nr. 192.
[131] BW VGH vom 26. 11. 1980 NJW 1981, 1003; OVG Hamb vom 26. 4. 1990 BauR 1991, 526.
[132] BW VGH vom 30. 3. 1995 NVwZ-RR1995, 562.
[133] Hess VGH vom 17. 8. 1995 NVwZ 1996, 924.

gungsverfahren im klassischen Sinne vorsieht. In diesem Falle entfaltet die Zustimmung Bestandsschutz. Eine gewisse bauordnungsrechtliche Vergleichbarkeit besteht hier mit der Baugenehmigung im vereinfachten Genehmigungsverfahren. Wie bei der Zustimmung ist die Baugenehmigung im vereinfachten Genehmigungsverfahren beschränkt auf den bauaufsichtlich geprüften Umfang. Anders sieht es jedoch aus, wenn es noch nicht fertig gestellt ist, so dass der Bestandsschutz noch nicht greift. Ohne Fertigstellung reicht die Zustimmung nicht aus, den Bau fortzusetzen. Der nichtprivilegierte Rechtsnachfolger kann nicht so weiterbauen als wäre er ein öffentlicher Bauherr. Dabei ist von Bedeutung, dass eine Zustimmung besondere Eigenschaften voraussetzt, denen in der Errichtungsphase ihre wesentliche Bedeutung zukommt. In Anerkennung und Privilegierung spezieller Qualifikationen für die Leitung der Entwurfsarbeiten und der Bauüberwachung handelt es sich um eine besondere öffentliche Bauherreneigenschaft. Dies hat zur Folge, dass die Zustimmung mit der Reichweite des eingeschränkten bauaufsichtlichen Prüfungs- und Regelungsprogramms in Fällen der fehlenden Fertigstellung der baulichen Anlage und ihrer Nutzbarkeit zwar weiterhin ähnlich einer Teilbaugenehmigung rechtliche Wirkungen entfaltet, für sich genommen aber nicht mehr ausreicht, um das Bauvorhaben fertig zu stellen. Bei Bindung der Bauaufsichtsbehörde an die Regelungsreichweite der früheren Zustimmung ist für den Weiterbau der Anlage eine nachträgliche Baugenehmigung erforderlich und vom Bauherrn einzuholen.

90 Generell dürfte die Regelung über die Rechtsnachfolge für bauaufsichtliche Genehmigungen auf die **sonstigen Verfahren**, wie Freistellungs- oder Anzeigeverfahren entsprechend anzuwenden sein. Der Rechtsnachfolger erlangt dann jeweils diejenige Rechtsstellung, die sein Vorgänger innehatte. Gleiches gilt für die Zustimmung eines vom Bauherrn personenverschiedenen Grundstückseigentümers oder auch des Nachbarn zum Bauvorhaben.

b) Sonstige bauaufsichtliche Maßnahmen

91 Eine bereits einem **Rechtsvorgänger** gegenüber erlassene Anordnung entfaltet diesem gegenüber in der Regel keine Wirkung mehr. Wenn das Eigentum an dem Grundstück auf einen Dritten übergeht, ist damit nicht nur der Verlust der Zustandsstörereigenschaft verbunden, sondern der ursprüngliche Eigentümer ist sogar aus Rechtsgründen gehindert, einer Anordnung nachzukommen.[134] Sollte er nicht auch Handlungsstörer gewesen sein, wird die Anordnung ihm gegenüber rechtswidrig. In prozessualer Hinsicht wird für den Rechtsnachfolger § 265 ZPO entsprechend angewandt, das Grundstück ist die im Streit befangene Sache.[135]

3. Der Umfang der Rechtsnachfolge

92 Rechtsnachfolge liegt sowohl bei **Einzel- als auch Gesamtrechtsnachfolge** vor, ebenso im Falle des Erwerbs im Wege der Zwangsversteigerung, ohne dass der Betroffene Vertrauensschutz hinsichtlich des Bestandes der baulichen Anlagen genießen könnte.[136] Der Erwerber tritt in vollem Umfang in das bestandskräftige Verwaltungsverfahren ein, und zwar in den Stand, den es im Zeitpunkt des Rechtsübergangs hatte. Sollte (teilweise) Unanfechtbarkeit vorliegen, muss dies der Rechtsnachfolger gegen sich gelten lassen. Die Rechtsnachfolge ist prinzipiell unabhängig von der **Inanspruchnahme als Handlungs- oder Zustandsstörer**. Von Bedeutung ist diese Frage in den Ländern mit ausdrücklicher Regelung der Rechtsnachfolge für die speziellen Befugnisse, da der Wortlaut hierzu keine Unterscheidung trifft; die übrigen Länder kennen die Regelungen nur im Zusammenhang mit der Baugenehmigung, so dass die Rechtsnachfolge bei den speziellen Befugnis-

[134] OVG NRW vom 23. 4. 1996 NVwZ-RR 1997, 12.

[135] Bay VGH vom 19. 7. 1989 NVwZ-RR 1990, 172.

[136] BVerwG vom 23. 12. 1994 Az. 4 B 262/94; ausführliche Erörterung zur Frage der Gesamtrechtsnachfolge bei BW VGH vom 13. 4. 1977 BRS 32 Nr. 180; OVG Brem vom 9. 10. 1984 NJW 1985, 2660 für Einzelrechtsnachfolge; Hess VGH vom 17. 6. 1997 NVwZ 1998, 1315; OVG Nds vom 7. 3. 1997 NJW 1998, 97.

sen ohnehin nur über eine entsprechende Anwendung angenommen werden kann. Schwierigkeiten ergeben sich dann, wenn man die Pflichten als **höchstpersönliche Pflichten** auffasst, wie dies etwa bei einem Auskunftsverlangen angenommen werden kann. Vereinzelt wurde dies für die Beseitigungspflicht vertreten. Eine solche Sichtweise stünde allerdings im Widerspruch zur Möglichkeit der Ersatzvornahme, die nach ganz einhelliger Meinung auch gegenüber Handlungsstörern in Betracht kommt.[137] Das OVG NRW[138] verneint eine Einzelrechtsnachfolge bei Handlungsstörern allerdings mit dem Argument, dass die ordnungsrechtliche Verantwortlichkeit im öffentlichen Interesse nicht zur rechtsgeschäftlichen Disposition steht. Rechtsnachfolge ist grundsätzlich auch möglich bei Zustandshaftung: Die die Zustandshaftung des Grundstücks konkretisierende bauordnungsrechtliche Verfügung ist grundstücksbezogen, also nicht höchstpersönlich. Zwar ist es richtig, dass nicht die Sache (das Grundstück) selbst, sondern der Eigentümer oder Gewalthaber polizeipflichtig ist. Doch der Schluss aus dieser Feststellung auf den höchstpersönlichen Charakter der Zustandshaftung des Grundstückseigentümers stellt nicht genügend in Rechnung, dass die eine Verantwortlichkeit konkretisierende baupolizeiliche Verfügung grundstücksbezogen ist und gerade aus dieser Tatsache ihrer „Dinglichkeit“ ihr besonderes Gepräge erhält. Härten, die sich daraus ergeben sollten, dass aus in der Person des Rechtsnachfolgers liegenden Gründen von einer Anordnung abgesehen werden könnte, lassen sich noch im Vollstreckungsverfahren ausgleichen. Für diese Auffassung sprechen nicht zuletzt praktische Erwägungen: Es kann keinem Zweifel unterliegen, dass es nicht nur für die Praxis der Verwaltungsbehörden, sondern auch für die Verwirklichung des Rechtsstaats unbefriedigend sein müsste, wenn rechtmäßige und sogar durch evtl. mehrere Gerichtsinstanzen als rechtmäßig bestätigte Anordnungen nur deswegen nicht sollten durchgesetzt werden dürfen, weil ein – möglicherweise nur vorgeschobener – Eigentumswechsel herbeigeführt worden ist. Das kann – in durchaus nicht nur seltenen Fällen – zur Folge haben, dass die Verwirklichung des Rechts praktisch für die Dauer verhindert wird. Für die Inanspruchnahme des Rechtsnachfolgers ist im Übrigen auch ohne Bedeutung, ob dieser von der Haftung Kenntnis hatte; insofern können sich allenfalls im privatrechtlichen Verhältnis zum Rechtsvorgänger Auswirkungen ergeben.

Im Falle eines **Konkurses** ist fraglich, wie sich das Konkursrechts auf bauordnungsrechtliche Verfügungen auswirkt. Dem OVG M-V zufolge sind das Konkursrecht und das Ordnungsrecht zwei gesonderte Rechtsbereiche mit gleichem Geltungsrang. Das Ordnungsrecht verdrängt nicht das Konkursrecht; umgekehrt verdrängt nicht das Konkursrecht das Ordnungsrecht.[139] Der Eigentümer bzw. der Inhaber der tatsächlichen Gewalt sind dafür verantwortlich, dass durch den Zustand einer Sache die öffentliche Sicherheit oder Ordnung nicht gestört oder gefährdet wird. Gegen ihn können Maßnahmen der Gefahrenabwehr gerichtet werden. Solche Maßnahmen sind in erster Linie Verwaltungsakte, durch die dem Verantwortlichen aufgegeben wird, die Störung oder Gefahr zu beseitigen. Wäre dies gegen den Konkursverwalter, der als Zustandsverantwortlicher einzig in Betracht kommt, ausgeschlossen, so würde das Ordnungsrecht substantiell beschnitten. In das Konkursrecht sind einzig dem OVG M-V zufolge einbezogen öffentlich-rechtliche Forderungen, nicht auch öffentlich-rechtliche Pflichten. Alle als Konkursforderungen im Gesetz genannten öffentlich-rechtlichen Berechtigungen sind Forderungen, bei denen dem Gemeinschuldner ein Gläubiger gegenübersteht. Über andere Berechtigungen trifft das Gesetz keine Regelung. Die öffentlich-rechtliche Ordnungspflicht ist aber keine Schuld; die Behörde, welche sie durchsetzen kann, ist kein Gläubiger. Das Verlangen auf Beseitigung einer Störung oder Gefahr wird auch durch den Erlass eines Verwaltungsaktes nicht zu einer Forderung. Ordnungsrechtliche Pflichten, die an die Herrschaft 93

[137] BW VGH vom 13. 4. 1977 BRS 32 Nr. 180; Hess VGH vom 21. 9. 1971 BRS 24 Nr. 196.
[138] OVG NRW vom 20. 5. 1996 NVwZ 1997, 507.
[139] OVG M-V vom 16. 1. 1997 NJW 1998, 175.

über eine Sache anknüpfen, bleiben im Konkurs in der gleichen Weise bestehen wie sonst; wegen der Kontinuität des Besitzes trifft die Verantwortlichkeit vollen Umfangs den neuen Berechtigten, also den Konkursverwalter. Mithin gibt das Konkursrecht keine Legitimation, das Ordnungsrecht zu verdrängen und zu reduzieren. Ist und bleibt somit die Ordnungspflichtigkeit auch im Konkurs ein Problem, das nach öffentlichem Recht, nicht nach Konkursrecht zu entscheiden ist, so ist doch für das OVG M-V selbstverständlich, dass die beiden Rechtsgebiete sinnvoll miteinander verknüpft werden müssen; die finanziellen Folgen der ordnungsrechtlichen Haftung sind mit dem Konkurs in Einklang zu bringen, und die Insolvenz ist bei der Feststellung der Ordnungspflichtigkeit zur Kenntnis zu nehmen. Dabei ergibt sich, dass Ordnungspflichten wie Masseverbindlichkeiten zu behandeln sind. Die ordnungsrechtliche Pflicht, eine Störung oder Gefahr zu beseitigen, und die behördliche Befugnis, den Bürger durch Ordnungsverfügung zur Erfüllung dieser Pflicht anzuhalten, bestehen im Konkurs und der Gesamtvollstreckung ohne Abstriche fort, insbesondere auch ohne Unterscheidung danach, ob die Störung oder Gefahr vor oder nach Konkurseröffnung eingetreten ist oder ob eine Ordnungsverfügung davor oder danach erlassen worden ist. Wenn im Konkurs bei der Durchsetzung öffentlich-rechtlicher Pflichten, die nicht Schulden sind, der Insolvenz Rechnung zu tragen ist, so bedeutet das zunächst, dass die Zustandsverantwortlichkeit bezüglich einer Sache, die in Beschlag genommen ist, beim Konkursverwalter bzw. dem Gesamtvollstreckungsverwalter als dem allein zur Verwaltung bzw. Verfügung Befugten liegt. Wenn die nach Ordnungsrecht gebotene ungeschmälerte Aufrechterhaltung der Zustandsverantwortlichkeit berücksichtigt wird, so bedeutet dies, dass ihre Durchsetzbarkeit nicht durch Auslegung und Anwendung von Vorschriften des Konkursrechts vereitelt werden darf. Daraus ergibt sich, dass eine auf Massegegenstände bezogene Beseitigungspflicht gegenüber der Masse durchgesetzt werden kann.

94 Zu beachten ist, dass der Rechtsnachfolger nur insoweit verpflichtet ist, als es auch sein Vorgänger war. Durch den Eigentumserwerb **rückt der Erwerber in die Rechtsstellung des früheren Eigentümers ein**. Der neue Eigentümer kann an grundstücksbezogenen Rechten und Pflichten nicht mehr erwerben, als der alte Eigentümer beim Eigentumsübergang innehatte. Hat dieser einen das Grundstück betreffenden Verwaltungsakt unanfechtbar werden lassen oder als Nachbar seine Zustimmung zu einem Vorhaben gegeben und damit die Möglichkeit eingebüßt, diesen Verwaltungsakt mit Rechtsmitteln anzugreifen, so gilt dies in gleicher Weise für seinen Rechtsnachfolger. Der neue Eigentümer muss ihn gegen sich gelten lassen. Dies gilt selbst dann, wenn der Erwerber selbst zuvor schon – unter Berufung auf andere Rechtspositionen – Klage erhoben hatte.[140] Bedurfte es zum Beispiel zur Vollstreckung noch einer Duldungsanordnung, so wird diese durch die Rechtsnachfolge nicht unerheblich. Vielmehr bedarf es vor Vollstreckung gegen den Rechtsnachfolger des Erlasses erforderlicher Duldungsanordnungen.[141] Der Rechtsnachfolger kann sich nicht auf **Gutgläubigkeit** beim Erwerb berufen. Der gute Glaube des Käufers bezüglich der Rechtmäßigkeit der erworbenen baulichen Anlagen schützt ebenso wenig vor dem Erlass einer Anordnung wie die Unkenntnis des Käufers vom Vorliegen einer unanfechtbaren Anordnung vor deren Vollstreckung.[142] Unter verfassungsrechtlichen Gesichtspunkten ist es zumutbar, dass sich der Käufer selbst über das Vorhandensein einer Baugenehmigung informiert und bei Unterlassung dieser Information sich nicht der Baugenehmigungsbehörde gegenüber auf Vertrauensschutz berufen kann. Sollte das Vertrauen auf die Mängelfreiheit des Grundstücks durch Fehlinformationen des Veräußerers begründet worden sein, kann das gegebenenfalls zu zivilrechtlichen Ersatzansprüchen führen; dieser Umstand schlägt aber nicht auf das öffentliche Recht durch.[143]

---

[140] BVerwG vom 9.5.1989 NVwZ85, 281 zur Unanfechtbarkeit; Hess VGH vom 27.4.1994 BRS 56 Nr. 181 zum Verzicht auf Nachbareinwendungen.

[141] OVG Rh-Pf vom 19.7.1984 BRS 42 Nr. 219.

[142] BVerwG vom 11.10.1994 Az. 4 B 202/94; BW VGH vom 7.11.1979 BRS 35 Nr. 216.

[143] BW VGH vom 10.3.1994 NuR 1994, 352.

Die Regelungen über die Rechtsnachfolge betreffen nur die Anordnung, **nicht die Androhung eines Zwangsmittels.**[144] Bei der Erzwingung von Handlungen, Duldungen oder Unterlassungen im Wege des Verwaltungszwangs steht weniger die Grundstücksbezogenheit als die Person des Ordnungspflichtigen im Vordergrund. Das Zwangsmittel ist so zu bestimmen, dass der Betroffene und die Allgemeinheit am wenigsten beeinträchtigt werden. Das Ausmaß der Beeinträchtigung kann nach der Person des Betroffenen und seiner Verhältnisse verschieden sein; dies hat die Behörde bei der Wahl des Zwangsmittels zu berücksichtigen. Zwangsmaßnahmen sind zudem Beugemittel. Der personenbezogene Charakter der Maßnahme tritt hier derart in den Vordergrund, dass sie als höchstpersönliche, d.h. nicht übertragungsfähige Verpflichtung anzusehen sind. Ebenso wenig lassen sich diese Nachfolgeregelungen auf eine Verpflichtung in einem gerichtlichen Vergleich übertragen, da sie nur für bauaufsichtliche Verfügungen gelten und grundstücksbezogen sind.[145] 95

Ob und in welchem Umfang **Auflagen** umfasst werden, die einer Baugenehmigung beigefügt sind und selbständig anfechtbare, belastende Verwaltungsakte darstellen, ist eine Frage des Einzelfalls. Maßgeblich ist der Inhalt der Auflage. In der Rechtsprechung ist die Bindung des Rechtsnachfolgers des Bauherrn an Auflagen zur Baugenehmigung mehrfach bejaht worden.[146] Jedenfalls ab dem Übergang des Eigentums auf den Rechtsnachfolger hat dieser auch für die Erfüllung der Auflage zu sorgen. Dem Hess VGH zufolge muss allerdings, um den Rechtsnachfolger aus einer Auflage verpflichten zu können, das heißt den Verwaltungsakt vollzugsfähig machen zu können, ein neuer Verwaltungsakt erlassen werden. Dieser neue Verwaltungsakt, eine ergänzende Grundverfügung, ist nicht angreifbar, soweit er in der Sache selbst als wiederholende Verfügung auf die bestandskräftige Auflage Bezug nimmt. Er ist jedoch anfechtbar, soweit der Adressat geltend machen kann, eine Rechtsnachfolge in die Pflichten des Rechtsvorgängers habe nicht stattgefunden. Das OVG Hamburg[147] bejaht eine Bindung an Auflagen nur für solche Auflagen, die die Beschaffenheit eines Bauvorhabens oder die Art seiner Nutzung regeln, d.h. ebenso grundstücks- und vorhabengebunden wie die Baugenehmigung selbst sind, und deshalb wie diese einheitlich alle, die über das Vorhaben (Bauwerk) Rechts- oder Sachherrschaft ausüben, binden sollen. Jedenfalls die an den Bauherrn gerichtete Auflage, für notwendige Stellplätze einen Ausgleichsbetrag zu zahlen, wird dem OVG Hamburg zufolge nicht erfasst. Denn diese Auflage sei nicht wie die Baugenehmigung grundstücks- und vorhabengebunden, sondern personenbezogen. Der Ausgleichsbetrag sei eine Sonderabgabe. Die der Baugenehmigung beigefügte Auflage, für Stellplätze einen Ausgleichsbetrag bis zum Baubeginn zu zahlen, habe ein Abgabenschuldverhältnis begründet. Die Auflage sei ihrem Inhalt nach ein Leistungsbescheid. Mit der Bekanntgabe sei die Abgabenpflicht in der Person des Bauherrn entstanden. Anspruch und Schuld sind auf eine Geldleistung gerichtet; die Rechte und Pflichten im Abgabenschuldverhältnis sind vermögensrechtlicher Art. Anders als die Baugenehmigung und sonstige Auflagen regle die Abgabenauflage nicht die Schaffung oder Beseitigung eines baurechtlichen Zustandes, wie er in oder an der auf einem Grundstück errichteten baulichen Anlage in Erscheinung trete. Die Abgabenauflage grenze auch nicht die Art und Weise ein, in der ein Bauwerk genutzt werden dürfe. Die Erfüllung der Auflage setze nicht die Rechts- oder Sachherrschaft über ein Bauvorhaben oder Bauwerk voraus. Ein Wechsel des Bauherrn bringe die mit der Auflage geschaffene Zahlungspflicht nicht zum Erlöschen; ein derartiger Wechsel erschwere es dem verpflichteten Bauherrn auch nicht, die Auflage zu erfüllen. Der besondere Rechtfertigungsgrund für die „dingliche" Wirkung der Baugenehmigung – das Bedürfnis, die Rechts- oder Sachherrschaft wechselnder Bauherren oder mehrerer Verfügungsberechtigter in ein und denselben rechtlichen 96

---

144 OVG NRW vom 9.5.1979 BRS 35 Nr. 217.
145 OVG Nds vom 24.5.1994 NJW 1994, 3309.
146 Hess VGH vom 19.7.1984 NVwZ 1985, 281 für Hauskläranlage.
147 OVG Hamb vom 26.4.1990 BauR 1991, 64.

Rahmen wie in ein (quasi-dingliches) „Nutzungsstatut" einzubinden – lasse sich deshalb auf die Abgabenauflage nicht übertragen.

VII. Bestehende bauliche Anlagen

1. Nachträgliche Anordnungen

a) Anwendungsbereich

97 Teilweise erwähnen die Landesbauordnungen ausdrücklich die Möglichkeit von Anordnungen an bestehende bauliche Anlagen. Dies hängt damit zusammen, dass die Vorschriften der Bauordnungen grundsätzlich keine Rückwirkung entfalten und auf bestehende Anlagen somit keine Auswirkungen haben. Die Rechtmäßigkeit einer Anlage beurteilt sich im Zeitpunkt ihrer Errichtung. Auf Grund der fortschreitenden technischen Entwicklung oder veränderter tatsächlicher Umstände, die nunmehr Gefahren hervorrufen, kann sich allerdings im Laufe der Zeit ein Bedürfnis ergeben, auch bei diesen rechtmäßigen Anlagen Anforderungen zu stellen. Solche landesrechtlichen Regelungen hinsichtlich bestehender Anlagen sind keine Sonderreglung und schließen eine Anwendung der Generalklausel nicht aus. Sollten deren Voraussetzungen erfüllt sein, kann die Behörde nach der Generalklausel einschreiten. Unberührt hiervon bleiben auch Nebenbestimmungen in der Baugenehmigung sowie nachträgliche Anordnungen nach anderen Rechtsvorschriften wie etwa nach allgemeinem Sicherheitsrecht oder Immissionsschutzrecht. Ebenso unabhängig ist die Möglichkeit von Rücknahme und Widerruf nach §§ 48, 49 VwVfG.

98 **aa) Erhebliche Gefahren.** Eine solche (nachträgliche) Anordnung dürfte in Anlehnung an die teilweise ausdrückliche gesetzliche Erwähnung dann zulässig sein, wenn sie zur Abwehr von (erheblichen) Gefahren für Leben und Gesundheit oder von schweren Nachteilen notwendig ist, wie etwa bei einem einsturzgefährdeten Gebäude, Standsicherheit, brandschutzrechtlichen Anforderungen.[148] Dies kann dadurch geschehen, dass die Gefahr erst nachträglich entsteht oder als solche erkannt wird oder sich die äußeren Umstände, wie etwa der Straßenverkehr, verändern. Eine **konkrete Gefahr** ist dann anzunehmen, wenn im Einzelfall bei ungehindertem Ablauf des objektiv zu erwartenden Geschehens in überschaubarer Zukunft mit hinreichender Wahrscheinlichkeit mit dem Eintritt eines Schadens gerechnet werden muss. Ist der möglicherweise eintretende Schaden seiner Art nach besonders schwerwiegend, sind an die Wahrscheinlichkeit des Schadenseintritts geringere Anforderungen zu stellen; in diesen Fällen reicht grundsätzlich schon die entferntere Möglichkeit eines Schadenseintritts aus. Es gibt auch Konstellationen, in denen die vom Gesetzgeber zum Anlass normativer Regelungen genommene allgemeine Gefährlichkeit bestimmter Sachverhalte ohne weiteres das Vorliegen auch einer konkreten Gefahr im Einzelfall **indiziert**. In diesen Fällen kann häufig schon aus der ohne weiteres feststellbaren Nichteinhaltung einer Norm, die generelle Anforderungen an die Abwehr von Gefahren durch bestimmte, normativ vorgeschriebene Sicherheitsstandards stellt, zugleich der Schluss gezogen werden, dass bei einem Fehlen solcher Standards im jeweiligen Einzelfall auch mit hinreichender Wahrscheinlichkeit in überschaubarer Zukunft mit einem Schadenseintritt gerechnet werden muss und deshalb auch die für das Einschreiten im Einzelfall erforderliche konkrete Gefahr gegeben ist. Eine solche Vorgehensweise, bei der zur Begründung des Vorliegens einer konkreten Gefahr schon die Feststellung der Nichteinhaltung einer bestimmten, der Gefahrenabwehr dienenden Norm ausreicht, kann namentlich dann angezeigt sein, wenn Anlagen eines bestimmten Typs nach heutiger Erkenntnis generell den Schadenseintritt mit dem für die Annahme einer konkreten Gefahr erforderlichen Wahrscheinlichkeitsgrad erwarten lassen und die jeweils in Rede stehende konkrete Anlage mit dem – aus heutiger Sicht – gefährlichen

[148] Bay VGH vom 17. 2. 1997 Az. 14 B 93.1180; OVG Hamb vom 4. 1. 1996 NVwZ-RR 1997, 466.

Anlagentyp übereinstimmt.[149] **Verschulden** wird nicht vorausgesetzt; unerheblich ist ferner, wer die Gefahr verursacht hat.

Eine Verletzung des **Eigentums** ist hierin nicht zu sehen. Die Vorschriften sollen verhindern, dass von baulichen Anlagen Gefahren für die öffentliche Sicherheit und Ordnung ausgehen. Sie treffen damit eine zulässige Inhaltsbestimmung des Eigentums im Sinne von Art. 14 Abs. 1 Satz 2 GG.[150] Maß und Umfang der dem Eigentümer von der Verfassung zugemuteten und vom Gesetzgeber zu realisierenden Bindung hängt wesentlich vom sozialen Bezug des Eigentumsobjekts ab. Bei baulichen Anlagen ist dieser Bezug besonders ausgeprägt. Sie sind Bestandteil der städtebaulichen Ordnung, an der alle teilhaben, und beeinflussen Nutzung und Nutzbarkeit der benachbarten Grundstücke. Sie erfordern Infrastrukturmaßnahmen der öffentlichen Hand und zwingen Nachbarn zur Rücksichtnahme. Das durch sie geprägte Straßenbild bestimmt Atomsphäre und Lebensqualität der Umgebung. Sicherheitsrisiken treffen nicht nur den Eigentümer selbst, sondern eine von vornherein nicht bestimmbare Zahl von Bewohnern, Besuchern und unter Umständen auch Passanten. Diese Einbindung rechtfertigt eine detaillierte und weit gehende Bestimmung des Inhalts und der Schranken der Eigentümerbefugnisse. Soweit sie Gefahren für die öffentliche Sicherheit und Ordnung abwehren sollen, unterliegt ihre Vereinbarkeit mit der Institutsgarantie des Art. 14 Abs. 1 GG keinem ernstlichen Zweifel. Das Privateigentum am Grundbesitz und die Privatnützigkeit der darauf errichteten baulichen Anlagen werden durch solche Regelungen grundsätzlich nicht in Frage gestellt. Dem Grundsatz der Verhältnismäßigkeit kommt hierbei eine besondere Bedeutung zu, da an einen legalen Bestand baulicher Anlagen nachträgliche Anforderungen gestellt werden:[151] Der legale Bestand, in den durch nachträgliche Anordnungen eingegriffen wird, unterfällt dem Schutz des Artikel 14 Abs. 1 Satz 1 GG. Bei den Eingriffsnormen handelt es sich um Inhalts- und Schrankenbestimmungen des Eigentums im Sinne des Artikel 14 Abs. 1 Satz 2 GG. Als solche müssen sie ihrerseits dem Grundsatz der Verhältnismäßigkeit entsprechen. Da sie einen nachträglichen Eingriff in den legalen Bestand ohne Entschädigung ermöglichen sollen, müssen an die Notwendigkeit der auf sie zu stützenden Maßnahmen und an die Verhältnismäßigkeit im engeren Sinne hohe Anforderungen gestellt werden. 99

Die Gefahr muss **konkret** sein; der Nachweis einer Gefährdung im Einzelfall ist aber nicht erforderlich. Bei einem denkmalgeschützten Gebäude müssen unter Umständen die denkmalpflegerischen Belange gegenüber der erheblichen Gefahr zurücktreten. Sollten diese engen Voraussetzungen vorliegen, kann die Bauaufsichtsbehörde auf dieser Rechtsgrundlage neben oder anstelle einer Beseitigungsanordnung vorgehen. Insofern erübrigt sich dann die oft schwierige Frage nach Bestandsschutz, denn möglicher Inhalt einer solchen Anordnung kann sein eine Anordnung zur Instandsetzung, zur Beseitigung, zur Durchführung von Sicherungsmaßnahmen oder Ähnliches. 100

Entspricht der Bauzustand von zwei aneinander gebauten, **verschiedenen Eigentümern** gehörenden Gebäuden nicht den öffentlich-rechtlichen Vorschriften, ist zu differenzieren: Zunächst muss jeder Grundstückseigentümer an seinem eigenen Haus die ihm auf Grund der Zustandshaftung obliegenden Maßnahmen vornehmen lassen. Erst dann kann er an die Behörde herantreten, dass diese eventuell seinen Nachbarn zur Behebung der vorhandenen baulichen Mängel anhält.[152] Ein Anspruch auf Einschreiten der Behörde steht ihm nur im Ausnahmefall zu (siehe Erläuterungen oben Rn. 40 ff.) 101

[149] VGH BW vom 15. 5. 1991 UPR 1992, 32; OVG Hamb vom 21. 8. 1991 NJW 1992, 524; Hess VGH vom 18. 10. 1999 NVwZ 2000, 581: konkrete, nicht nur abstrakte Gefahr erforderlich, aber bei erheblichen Gefahren auch hier Herabstufung des Wahrscheinlichkeitsmaßstabes; OVG NRW vom 28. 12. 1994 BauR 1995, 528.

[150] BVerwG vom 11. 4. 1989 NJW 1989, 2638.

[151] OVG Hamb vom 4. 1. 1996 NVwZ-RR 1997, 466.

[152] Bay VGH vom 15. 4. 1975 BayVBl. 1976, 175.

102 **bb) Anpassungsverlangen.** Werden andere Anforderungen als nach dem bisherigen Recht gestellt, sehen einige Bauordnungen die Befugnis der Behörde vor, zu verlangen, dass rechtmäßig bestehende (oder nach genehmigten Bauvorlage bereits begonnene Anlagen) den neuen Vorschriften angepasst werden, wenn Leben oder Gesundheit bedroht sind (Baden-Württemberg, Berlin, Hamburg, Nordrhein-Westfalen).

103 Eine Anpassung besteht darin, dass bauliche Veränderungen an einer baulichen Anlage vorgenommen werden, um deren baulichen Zustand zukünftig auf Dauer mit den geltenden Vorschriften in Übereinstimmung zu bringen.[153] Voraussetzung ist, dass eine Verschärfung der Anforderungen im Verhältnis zum vorher geltenden Recht eingetreten ist. Nur dann, wenn strengere Anforderungen an eine bauliche Anlage gestellt werden, ist ein Anpassungsverlangen möglich. Ist durch eine Novelle keine Verschärfung eingetreten, bieten diese Regelungen im Rahmen der Generalklausel keine Rechtsgrundlage für ein Anpassungsverlangen. Die bloße Tatsache des In-Kraft-Tretens eines neuen Gesetzes ohne materielle Rechtsänderungen schließt ein Anpassungsverlangen aus. Dies gilt auch, wenn unter Geltung des früheren Rechts eine Anpassung nicht gefordert wurde, obwohl die Anlage nicht (mehr) diesen Vorschriften entsprach.

104 Zur Anpassung an das geltende Baurecht kann die Bauaufsichtsbehörde zum Beispiel die Vornahme bestimmter Brandschutzmaßnahmen verlangen.[154] Ein Anpassungsverlangen erfordert eine Ermessensentscheidung, bei der neben den für die Anpassung sprechenden Gründen und den Kosten auch andere aus der Sicht des Bauherrn gegen die Anpassung sprechende Gründe zu berücksichtigen sind.[155]

105 **cc) Änderung bestehender Anlagen.** Wenn bestehende Anlagen wesentlich geändert werden, lassen die Bauordnungen teilweise auch Anordnungen für die nicht unmittelbar berührten Teile der baulichen Anlage zu (Baden-Württemberg, Bayern, Berlin, Brandenburg, Hamburg, Nordrhein-Westfalen, Rheinland-Pfalz, Saarland).

Vom Wortlaut her würde der Begriff „**berührt**“ grundsätzlich die Möglichkeit bieten, für eine allgemeine Abgrenzung sowohl an eine konkrete bauliche Berührung als auch an eine funktionale Berührung anzuknüpfen. Nach dem Zweck des Gesetzes ist allerdings die Anknüpfung an eine bauliche Berührung geboten.[156] Die weitreichenden Konsequenzen einer Anknüpfung an einen funktionalen Zusammenhang würde eine erhebliche Einschränkung des Bestandsschutzes bedeuten und Anpassungsaufwand nach sich ziehen, was insgesamt unter dem Blickwinkel des Grundsatzes der Verhältnismäßigkeit erheblichen Bedenken begegnen würde. Im Übrigen wird hier **lediglich auf die wesentliche Änderung Bezug genommen**, unabhängig davon, ob diese einer Baugenehmigung bedarf, genehmigungsfrei ist, einem gesonderten Verfahren unterliegt oder eine besondere Gefahr vorliegt. Keine Änderung ist eine bloße Instandhaltungsmaßnahme. Eine wesentliche Änderung kann aber auch eine genehmigungsfreie Änderung oder eine bloße Nutzungsänderung sein. Maßgebend sind hier die Umstände des Einzelfalls, auch hinsichtlich der Frage einer wesentlichen Änderung. Weitere Voraussetzung neben der Änderung ist, dass die Teile des Altbaus mit den zu ändernden Teilen in konstruktivem, nicht nur wirtschaftlichem Zusammenhang stehen und keine unzumutbaren Mehrkosten entstehen. Teilweise wird zusätzlich das Vorliegen einer (erheblichen) Gefahr verlangt.

106 Die **Änderung** an sich ist an den jetzt geltenden Regelungen zu messen und entsprechend zu behandeln wie auch jedes sonstige neue Vorhaben. Es kann aber hinzukommen, dass der Altbestand nicht mehr der heutigen Rechtslage entspricht. Für diesen Fall ist teilweise die Möglichkeit von Anordnungen für die von der Änderung nicht betroffenen Teile vorgesehen. Gedacht ist in solchen Fällen primär an einen ursprünglich **rechtmäßi-**

---

153 OVG NRW vom 13. 7. 1990 NVwZ-RR 1991, 283.
154 OVG Nds vom 17. 1. 1986 BRS 46 Nr. 166.
155 OVG Hamb vom 24. 9. 1998 BRS 60 Nr. 141.
156 Bay VGH vom 5. 8. 1997 BRS 59 Nr. 125; OVG Hamb vom 24. 9. 1998 BRS 60 Nr. 141.

gen Altbestand. Dies hätte zur Folge, dass ein Vorgehen über die Generalklausel ausgeschlossen wäre, wenn speziellere Regelungen eingreifen wie die Beseitigungsanordnung bei formell und materiell rechtswidrigen Anlagen. In einem solchen Fall kann es allerdings Konstellationen geben, dass die sehr engen Voraussetzungen der Beseitigungsanordnung nicht vorliegen und dennoch ein Rückgriff auf die Generalklausel aus Gründen der Spezialität ausgeschlossen wäre. Ebenso wie bei nachträglichen Anordnungen im Gefahrenfall sollte man allerdings auch in solchen Fällen ein Eingreifen nach der allgemeinen Befugnisnorm bei rechtswidrigen Anlagen im Erst-recht-Schluss zulassen. Es ist nicht Sinn einer Spezialnorm, rechtswidrige Anlagen besser zu stellen als rechtmäßige, bei denen angeordnet werden kann, von einer Änderung nicht berührte Teile mit dem Gesetz in Einklang zu bringen. Solche Anordnungen für den Altbestand bei baulichen Änderungen dienen dazu, auch den Altbestand an neuere Regelungen anzupassen. Dies setzt voraus, dass nach Errichtung neuere, strengere Vorschriften in den Bauordnungen, Rechtsverordnungen oder örtlichen Satzungen erlassen wurden, mit denen der Altbestand nicht mehr übereinstimmt. In der Regel wird für die geplante Änderung am Altbestand eine Baugenehmigung erforderlich sein (Änderung einer Anlage). Will die Behörde zugleich eine Anordnung für den Altbestand über die Generalklausel treffen, so erteilt sie sinnvollerweise die Baugenehmigung für die Änderung nicht vorab oder unter der Bedingung, dass die Anordnung erfüllt wird. Zum einen soll vor Beginn der Änderungsmaßnahmen feststehen, dass die „Sanierung" des Altbestandes durchgeführt wird. Zudem dürften der Baugenehmigung öffentlich-rechtliche Vorschriften, nämlich die Generalklausel, entgegenstehen, wenn sich der Betroffene der Anordnung widersetzt. Zum anderen kann auch die „Sanierung" des Altbestandes genehmigungspflichtig sein. Dann bedarf es hierzu vorab eines entsprechenden Bauantrags und einer weiteren Baugenehmigung.

b) Bestandsschutz

Hat eine Anlage im Zeitpunkt ihrer Errichtung den öffentlich-rechtlichen Vorschrif- 107
ten entsprochen und wurde deshalb rechtmäßig mit erforderlicher Genehmigung errichtet, genießt diese Bestandsschutz. In diesem Fall ist weder der Rückgriff auf Spezialregelungen, wie etwa die Beseitigungsanordnung, noch ein Vorgehen nach der Generalklausel möglich. In den geschützten Bestand darf nach all diesen Vorschriften **nicht eingegriffen** werden. Hierin liegt der Hintergrund für die gesetzliche Regelung einiger Länder hinsichtlich der Eingriffsmöglichkeit in bestandsgeschützte Anlagen, wenn die zusätzliche Voraussetzung der Gefahr vorliegt. Enthält die jeweilige Bauordnung hierfür keine ausdrückliche Regelung, ist fraglich, ob die Bauaufsichtsbehörde nach pflichtgemäßem Ermessen im Falle einer erheblichen Gefahr auch nach der Generalklausel solche Anordnungen erlassen kann. Hierbei ist zu differenzieren: Solange in den geschützten Bestand nicht eingegriffen wird, ist eine nachträgliche Regelung unproblematisch. Im Übrigen ist eine solche Befugnis ohne entsprechende gesetzliche Regelung abzulehnen, da der Bestandsschutz Ausfluss des Eigentumsgrundrechts ist.

Bestandsschutz ist in erster Linie ein Schutz der – ursprünglich rechtmäßigen – Be- 108
standsnutzung. Das findet seine Rechtfertigung in der verfassungsrechtlich gebotenen Sicherung des durch die Eigentumsausübung Geschaffenen.[157] Bestandsschutz ist nach bisheriger Auffassung zu bejahen, wenn die Anlage zu irgendeinem Zeitpunkt materiell legal war, sie somit nicht fortdauernd und ununterbrochen gegen formelles und materielles Recht verstößt.[158] Dazu muss die Anlage seit ihrem Entstehen in irgendeinem – namhaften – Zeitraum dem maßgebenden materiellen Baurecht entsprochen haben.[159] Der dann eintretende Schutz ergibt sich daraus, dass das Recht zum Bauen Inhalt des Eigentums im Sinne von Art. 14 GG ist und nicht erst durch die Baugenehmigung gewährt

---

157 Ausführliche Erläuterungen bei der Beseitigungsanordnung.
158 BVerwG vom 10. 12. 1982 NVwZ 1983, 472; Hess VGH vom 20. 6. 1991 BauR 1992, 66.
159 BVerwG vom 13. 6. 1980 NJW 1981, 473.

wird, sich also aus der Eigentumsgarantie ein Anspruch auf Erteilung der Genehmigung ergibt, wenn die bauliche Anlage mit den materiell-rechtlichen Vorschriften in Einklang steht.[160] Das heißt: Die in einer bestimmten (schutzwürdigen) Grundstücksnutzung liegende Eigentumsausübung genießt Schutz auch dann, wenn sich später die Rechtslage gegen sie wendet und infolgedessen zu dieser späteren Zeit eine solche Nutzung rechtmäßig nicht mehr aufgenommen werden dürfte.[161] Der rechtmäßig geschaffene Bestand und seine Nutzung können sich in ihrer bisherigen Funktion behaupten und sich damit auch gegen neues, entgegenstehendes Gesetzesrecht durchsetzen.[162]

109 Ein solcher Bestandsschutz wurde bisher bestätigt, wenn die Nutzung vor dem Eintritt ihrer (nachträglichen) materiellen Illegalität materiell legal geschah. Hinsichtlich der **Länge des Zeitraums**, in dem eine Anlage den materiellen Vorschriften entsprochen haben muss, bestand Uneinigkeit. Das BVerwG legte sich nicht eindeutig fest, es sollte jedenfalls ein beachtlicher Zeitraum sein.[163] Ob ein Zeitraum von lediglich sechs Tagen oder gar auch gleichsam nur eine „logische Sekunde" vorübergehender Baurechtmäßigkeit ausreichen kann, um einen Bestandsschutz für einen formell und materiell rechtswidrigen Bestand zu begründen, hat es offen gelassen. Angedeutet wurde allerdings das Erfordernis eines Mindestzeitraums, der die angemessene Frist zur Bearbeitung eines dem vorhandenen Bestand entsprechenden Bauantrags umfassen würde.[164] In Fällen, in denen die **Zurückstellung eines Baugesuches** möglich gewesen wäre, erlangt ein ohne Genehmigung errichteter Bau allerdings mangels objektiver Schutzwürdigkeit keinen durch Art. 14 GG abgesicherten Bestandsschutz. Ob darüber hinaus etwa innerhalb eines Zeitraums, der die angemessene Frist zur Bearbeitung eines dem „Schwarzbau" entsprechenden Bauantrags umfassen würde, das Bestehen eines Bestandsschutzes verneint werden müsste, weil es jedenfalls wegen dieses Zeitraums an einer objektiven Schutzwürdigkeit des Bestandes fehlen würde, hat das Bundesverwaltungsgericht offen gelassen.[165] Weil sich nur dadurch eine schwerwiegende faktische Begünstigung des ohne Genehmigung Bauenden gegenüber dem korrekten Staatsbürger vermeiden lässt, sollte die Erlangung von Bestandsschutz auch in einem solchen Fall verneint werden.

110 Nach jüngerer Rechtsprechung sind maßgebend der genehmigte Bestand und die genehmigte Nutzung; Bestands- und Nutzungsänderungen sind nicht enthalten (**passiver Bestandsschutz**).[166] Abgestellt wird nunmehr nicht nur auf die materielle, sondern auch die formelle Legalität. Die – bloß – materielle Legalität während eines „namhaften" Zeitraums ist nach dieser neueren Rechtsprechung nur mehr bei genehmigungsfreien Vorhaben von Bedeutung. Einer etwaigen Anordnung kann der Bestandsschutz entgegengehalten werden; insoweit ist eine Anordnung nicht zulässig. Bei entsprechender landesrechtlicher Regelung für bestehende Anlagen hier im Rahmen der Generalklausel sind allerdings dennoch Anordnungen möglich, wenn diese meist recht engen Voraussetzungen vorliegen. Insoweit sind die Regelungen über Nutzungsuntersagung und Beseitigungsanordnung keine spezielleren Vorschriften.

111 **Bestandsnutzungsschutz** im angesprochenen Sinne bedeutet nicht, dass schon die Nutzung als solche isoliert betrachtet bestandsschutzfähig sein könnte, sondern nur, dass die Art der Nutzung einer baulichen Anlage deren Bestandsschutz bedingen oder die Variationsbreite der Nutzung den Umfang des Bestandsschutzes bestimmen kann. Bauliche Substanz und Nutzung sind nicht unabhängig voneinander und unterliegen bestandsschutzrechtlich keinen unterschiedlichen Regelungen. Ein Minimum an baulicher

---

160 BW VGH vom 5. 7. 1996 NVwZ-RR 1997, 464; Hess VGH vom 20. 6. 1991 BRS 52 Nr. 239.

161 St. Rspr., so bereits BVerwG vom 23. 2. 1979 NJW 1980, 252; OVG M-V vom 2. 11. 1993 NVwZ 1995, 608.

162 BVerwG vom 11. 2. 1977 BRS 32 Nr. 140.

163 BVerwG vom 23. 2. 1979 NJW 1980, 252.

164 BVerwG vom 22. 1. 1971 NJW 1971, 1624.

165 BVerwG vom 22. 1. 1971 NJW 1971, 1624.

166 BVerfG vom 15. 12. 1995 NVwZ-RR 1996, 483; BVerwG vom 11. 12. 1996 NVwZ-RR 1997, 521; BW VGH vom 13. 6. 1996 NVwZ 1997, 601.

Verfestigung jeder Nutzung ist somit im Regelfall als Anknüpfungspunkt für den Bestandsschutz unverzichtbar, denn der Bestandsschutz wird begründet, „wenn und weil" eine schutzwürdige materiell legale Eigentumsausübung vorliegt; der Bestandsschutz beschränkt sich auf die Sicherung des durch die Eigentumsausübung Geschaffenen; darin liegt der Sinn und die Rechtfertigung für die Verwendung des Begriffs „Bestandsschutz", mit dem – wie schon der Name sagt – auf den Bestand in seiner bisherigen Funktion und damit auf das tatsächlich Vorhandene Bezug genommen wird. Der Bestandsschutz gilt nur für den Bestand in der Funktion, für die der Eigentumsschutz begründet worden ist.[167] Für ihn ist kennzeichnend, dass er die bauliche Anlage nur in ihrer jeweiligen Funktion deckt. Entfällt diese Funktion, so erledigt sich damit zugleich der Bestandsschutz, auch wenn das Gebäude unverändert bleibt und nur eine andersartige Nutzung begonnen wird. Vom Bestandsschutz gedeckt ist damit nur die nach Art und Umfang unveränderte Nutzung. Wird zum Beispiel ein Bauwerk, das bisher für einen nach § 35 Abs. 1 BauGB im Außenbereich privilegierten Zweck genutzt worden war, für Freizeitzwecke weitergenutzt, so liegt hierin nicht nur eine Nutzungs-, sondern zugleich auch eine Funktionsänderung, die zu einer Entprivilegierung und damit auch zum Verlust des Bestandsschutzes führt.[168] Maßgebend hierfür ist, ob mit der neuen Nutzung die Variationsbreite der genehmigten Nutzung verlassen wird und damit eine Nutzungsänderung vorliegt. Wird der Nutzungsumfang auf Dauer reduziert, dann genießt nur noch die Nutzung in dem so reduzierten Umfang Bestandsschutz. Tritt lediglich zusätzlich zur bisherigen Nutzung eine weitere hinzu, kommt es für die Frage des Bestandsschutzes entscheidend darauf an, ob die beiden Nutzungen teilbar sind mit der Folge, dass für die bisherige Nutzung der Bestandsschutz fortbesteht.

Bei einer **(vorübergehenden) Aufgabe** der Nutzung ist zu beachten, dass der Unter- 112
brechung bei der Beurteilung der Frage Bedeutung beizumessen sein kann, ob der Bestandsschutz bis in die Gegenwart hinein fortwirkt. Das Bundesverwaltungsgericht[169] geht davon aus, dass die zu § 35 Abs. 4 Satz 1 Nr. 3 BauGB entwickelten Grundsätze als Orientierungshilfe auch im Rahmen der Fragestellung eine Rolle spielen, nach welchem Zeitablauf ein Wechsel der Grundstückssituation auf den Bestandsschutz durchschlägt. Hierbei wurde ein **Zeitmodell** entworfen, das auf die Beurteilung der Fortdauer des Bestandsschutzes übertragbar ist. Im ersten Jahr nach der Zerstörung eines Bauwerks rechnet die Verkehrsauffassung stets mit dem Wiederaufbau. Eine Einzelfallprüfung erübrigt sich. Im zweiten Jahr nach der Zerstörung spricht für die Annahme, dass die Verkehrsauffassung einen Wiederaufbau noch erwartet, eine Regelvermutung, die im Einzelfall jedoch entkräftet werden kann, wenn Anhaltspunkte für das Gegenteil vorhanden sind. Nach Ablauf von zwei Jahren kehrt sich diese Vermutung um. Es ist davon auszugehen, dass die Grundstückssituation nach so langer Zeit für eine Neuerrichtung nicht mehr offen ist. Der Bauherr hat besondere Gründe dafür darzulegen, dass die Unterbrechung noch keinen als endgültig erscheinenden Zustand herbeigeführt hat.

Bestandsschutz setzt grundsätzlich einen **vorhandenen Bestand** voraus, denn er sichert 113
ausschließlich die Erhaltung eines vorhandenen Bestandes, und zwar grundsätzlich in seiner bisherigen Funktion. Ein möglicher Bestandsschutz kann erst dann entstehen, wenn der zu schützende Bestand fertig errichtet und die Nutzung aufgenommen wurde, nicht etwa ein bloßer Rohbau vorhanden ist.[170] Offen ist, wie dieser Bestand zu definieren ist. Können Bestandteile eines Gebäudes, die ihre Funktion als Teil des Gebäudes noch nicht erfüllen, bereits Bestandsschutz genießen? Ebenso wenig wie die Wiederherstellung eines seiner früheren Funktion nicht mehr dienenden Gebäudes kann der Bestands-

167 BVerwG vom 23. 11. 1995 NVwZ-RR 1996, 484; dies verneint z. B. OVG Bln vom 4. 2. 1994 BRS 56 Nr. 80 für einen Campingplatz, der im Zeitpunkt der Errichtung nach der gesetzlichen Regelung noch keine bauliche Anlage darstellte.

168 BVerwG vom 21. 6. 1994 NVwZ-RR 1995, 312.

169 BVerwG vom 18. 5. 1995 NVwZ 1996, 379.

170 Hess VGH vom 5. 9. 1991 UPR 1992, 118.

schutz (erst recht nicht) die erstmalige Herstellung eines nur teilweise errichteten Gebäudes rechtfertigen. Geschützt durch Art. 14 GG dürfte ein Bestand regelmäßig erst dann sein, wenn das Vorhaben fertig gestellt oder jedenfalls im Wesentlichen fertig gestellt ist, weil grundsätzlich erst von diesem Zeitpunkt an die bestimmungsgemäße Nutzbarkeit gegeben sein wird. Errichtet in dem Sinne, dass Bestandsschutz entstehen kann, dürfte folglich eine Anlage gemeinhin somit erst dann sein, wenn sie baulich fertig gestellt und die bestimmungsgemäße Nutzung begonnen ist. Umgekehrt kann man die Auffassung vertreten, das Wort „Errichtung" dürfe nicht dahin verstanden werden, dass ein Bauwerk wahrhaft „fertig gestellt" sein müsse, um in den Genuss des Bestandsschutzes zu gelangen. Die verfassungsmäßige Eigentumsgarantie greife nicht erst ein, wenn das Bauwerk fertig gestellt sei. Auch ein genehmigtes Vorhaben sei gegen Rechtsänderungen nicht erst mit seiner Fertigstellung, sondern bereits dann abgesichert, wenn von der Genehmigung überhaupt Gebrauch gemacht worden sei. Ein bloß materiell legales Bauwerk müsste dann in diesem Sinne als errichtet gelten, wenn der Stand der Bauausführung sich als eine sichtbare und insbesondere wirtschaftlich erhebliche Eigentumsausübung darstelle und so weitgehend individualisiert sei, dass eine dem Genehmigungsverfahren entsprechende gesicherte Feststellung seiner Zulässigkeit möglich sei. Dieses Ergebnis vermag aber nicht zu überzeugen: Der Bestandsschutz beschränkt sich auf die Sicherung des **durch die Eigentumsausübung Geschaffenen**; darin liegt der Sinn und die Rechtfertigung für die Verwendung des Begriffs „Bestandsschutz", mit dem – wie schon der Name sagt – auf den Bestand in seiner bisherigen Funktion und damit auf das tatsächlich Vorhandene Bezug genommen wird. Der Bestandsschutz gilt nur für den Bestand in der Funktion, für die der Eigentumsschutz begründet worden ist.[171] Gesichert wird eben gerade das „Geschaffene", der verwirklichte Zustand, und nicht die erst zukünftige Herbeiführung dieses Zustands. Wenn der Bauherr die Anlage nicht fertig stellt, ist er nicht schutzwürdig, sondern er setzt sich vielmehr selbst des Risikos einer späteren Unzulässigkeit aus. Es mag im Einzelfall Ausnahmesituationen geben, in denen ohne Verzögerungen gearbeitet wird und dennoch gerade in diesem Moment Änderungen eintreten. Solchen Ausnahmefällen kann im Rahmen des Ermessens Rechnung getragen werden.

114 Umgekehrt verliert auch die Nutzung mit dem **Wegfall des bestandsgeschützten Gebäudes** ihre Grundlage. Der Bestandsschutz entfällt, wenn der ursprünglich legale Bestand in seiner Substanz nicht mehr vorhanden ist.[172] Dass eine besonders alte Bausubstanz – sollte sie erhaltenswürdig sein – anders zu beurteilen sein kann, begründet als solche keinen Bestandsschutz; derartige Umstände spielen eine Rolle bei der von der Behörde vorzunehmenden Ermessenserwägung, nicht aber bei der Frage der Rechtmäßigkeit der Anlage.

115 Nach heutiger Auffassung gibt es hingegen keinen **aktiven (überwirkenden) Bestandsschutz**, der die Möglichkeit von Erweiterungen einschließt. Einen Anspruch auf Zulassung eines Vorhabens gibt es nach der neueren grundlegenden Rechtsprechung des BVerwG[173] nur mehr nach den gesetzlichen Regelungen, insbesondere § 35 BauGB, der die frühere Rechtsprechung aufgegriffen hat.

116 Was die **Beweislast** anbetrifft, nimmt der Bestandsschutz rechtlich die Stellung eines „Gegenrechtes" (d. h. einer „Einwendung") ein: Mit dem Gesichtspunkt des Bestandsschutzes verteidigt der Betroffene eine (mittlerweile) materiell rechtswidrige Anlage. Er leitet aus der Vergangenheit ein Recht ab, das es ihm ermöglicht, sich gegen das Verlangen der Behörde durchzusetzen, obgleich die beanstandete Anlage (derzeit) materiell rechtswidrig ist. Erweist sich im Einzelfall als unaufklärbar, ob ein solches „Gegenrecht"

---

[171] BVerwG vom 23. 11. 1995 NVwZ-RR 1996, 484; dies verneint z. B. OVG Bln vom 4. 2. 1994 BRS 56 Nr. 80 für einen Campingplatz, der im Zeitpunkt der Errichtung nach der gesetzlichen Regelung noch keine bauliche Anlage darstellte.

[172] BVerwG vom 11. 12. 1996 NVwZ-RR 1997, 521; OVG NRW vom 3. 2. 1994 NVwZ-RR 1995, 249 auch, wenn nur mehr als Ruine vorhanden.

[173] BVerfG vom 15. 12. 1995 NVwZ-RR 1996, 483; BVerwG vom 12. 3. 1998 NVwZ 1998, 842.

besteht, so geht das zu Lasten dessen, der dieses Recht für sich in Anspruch nimmt.[174] Bei baulichen Anlagen, die seit unvordenklichen Zeiten unter den Augen der Behörden bestanden haben und von diesen fortdauernd als zu Recht bestehend behandelt worden sind, muss man wohl zunächst davon ausgehen, dass sie seinerzeit auch ordnungsgemäß und in Übereinstimmung mit den bestehenden Gesetzen zustande gekommen sind.

c) Instandhaltungsarbeiten

Bauliche Veränderungen oder Erweiterungen sind nicht mehr vom Bestandsschutz ge- 117
deckt, wohl aber Maßnahmen zur Erhaltung und zeitgemäßen Nutzung der baulichen Anlage, also bloße Instandhaltungsarbeiten. Solche Arbeiten stellen keine wesentliche Änderung dar, die zu einem Eingreifen berechtigen würde. Hierzu gehören das Wiederherrichten zerstörter oder schadhafter Bauteile und das Beseitigen von Mängeln oder Schäden durch Maßnahmen, die den bisherigen Zustand **im Wesentlichen unverändert** lassen oder diesen wieder herstellen und erhalten.[175] Möglich sind solche Reparaturen, die das Gebäude vor dem vorzeitigen Verfall oder dem Eintritt der Unbenutzbarkeit vor dem Ablauf der Lebensdauer seiner Substanz schützen. Solche Instandhaltungsarbeiten können auf Grund des Bestandsschutzes durchgeführt werden. Sie stellen allerdings eine neue Maßnahme dar, an die sich eine Anordnung auf Grund der Generalklausel knüpfen kann. Insoweit handelt es sich um keine wegen Rückwirkung unzulässige Anordnung hinsichtlich bestehender Anlagen, denn es geht nicht um die Rechtmäßigkeit einer Anlage, sondern der Instandhaltungsmaßnahmen. Eventuelle gesetzliche Regelungen der Länder zu Anordnungen an bestehende bauliche Anlagen schließen somit ein Einschreiten auf Grund der allgemeinen Generalklausel nicht aus, sondern erweitern vielmehr die Möglichkeiten der Bauaufsichtsbehörden, wenn die strengeren Voraussetzungen solcher Reglungen vorliegen.

Dass **Veränderungen eines Vorhabens** zum Verlust seines Bestandsschutzes führen kön- 118
nen, ist in der Rechtsprechung allgemein anerkannt. So führt eine (nicht nur unwesentliche) Nutzungsänderung grundsätzlich zur Beendigung des Bestandsschutzes für die in einem Gebäude ausgeübte frühere Nutzung. Dasselbe gilt für (bauliche) Änderungen. Wird das Gebäude zerstört oder ist die Änderung so erheblich, dass das geänderte Gebäude nicht mehr mit dem alten, bestandsgeschützten identisch ist, so genießt es auch nicht dessen Bestandsschutz gegenüber dem entgegenstehenden Baurecht. Entscheidend sind also Art und Umfang der baulichen Maßnahmen. Ist das Gebäude durch sie derart verändert worden, dass es sich gegenüber dem früheren Zustand als etwas anderes, als ein „aliud", darstellt, so ist der Bestandsschutz entfallen. Dabei ist auch zu berücksichtigen, ob durch das Gebäude in seiner geänderten Gestalt die in § 35 Abs. 4 BauGB genannten öffentlichen Belange erneut nicht unerheblich berührt werden.[176]

Vom Bestandsschutz nicht mehr gedeckt sind hingegen solche Maßnahmen, die einer Neuerrichtung (Ersatzbau) gleichkommen. Die **Identität** des wiederhergestellten mit dem ursprünglichen Bauwerk muss gewahrt bleiben. Kennzeichen dieser Identität ist es, dass das ursprüngliche Gebäude nach wie vor als die „Hauptsache" erscheint. Hieran fehlt es dann, wenn der mit der Instandsetzung verbundene Eingriff in den vorhandenen Bestand so intensiv ist, dass er die Standfestigkeit des gesamten Bauwerks berührt und eine statische Nachberechnung des gesamten Gebäudes erforderlich macht, oder wenn die für die Instandsetzung notwendigen Arbeiten den Aufwand für einen Neubau erreichen oder gar übersteigen, oder wenn die Bausubstanz ausgetauscht oder das Bauvolumen wesentlich erweitert wird. Der Arbeitsaufwand für Instandsetzungsmaßnahmen als Merk-

---

174 BVerwG vom 5. 8. 1991 Buchholz 406.17 Bauordnungsrecht Nr. 35; Hess VGH vom 20. 2. 1992 Az. 3 UE 4020/88.

175 BVerwG vom 17. 1. 1986 NVwZ 1986, 740; BW VGH vom 29. 1. 1987 BRS 47 Nr. 195; Bay VGH vom 13. 1. 1997 BRS 59 Nr. 212; OVG Bln vom 10. 2. 1989 NVwZ 1990, 176; OVG Schl-H vom 25. 11. 1991 BRS 54 Nr. 206.

176 BVerwG vom 27. 7. 1994 NVwZ-RR 1995, 68.

mal zur Beantwortung der Frage, ob die Identität des ursprünglichen Gebäudes gewahrt bleibt, umfasst nur solche Maßnahmen, die zur Erhaltung des Gebäudes wahrhaft erforderlich sind und bemisst sich nach den Kosten dieser Maßnahmen. Außer Betracht bleiben also Kosten für Maßnahmen, die zwar den Wohnwert eines Gebäudes erhöhen, aber zur Aufrechterhaltung der Wohnnutzung nicht unumgänglich sind. Bestandsschutz muss noch nicht daran scheitern, dass das betreffende Gebäude von außen einem Neubau gleicht oder mehr Wohneinheiten hergestellt werden. Entscheidend ist, dass die Maßnahmen keines der oben genannten Kriterien, wie Standfestigkeit, Aufwand, Bausubstanz infrage stellen oder das Volumen des Hauses und die Wohnfläche nicht wesentlich erweitern.[177] Wenn allerdings ein Gebäude in seiner baulichen Substanz verbraucht und **konkret einsturzgefährdet** ist, besteht **kein Anspruch** auf Baugenehmigung zur Erneuerung.[178] Umgekehrt kann ein möglicher Bestandsschutz erst dann entstehen, wenn der zu schützende Bestand fertig errichtet und die Nutzung aufgenommen wurde, nicht etwa ein bloßer Rohbau vorhanden ist.[179] Ein baufälliges Gebäude, das nach geltendem Baurecht nicht in gleicher Weise errichtet werden dürfte, genießt keinen Bestandsschutz derart, dass es mit Aufwendungen, die einem Neubau gleichkämen, wieder instand gesetzt werden darf. Insoweit kann der Bestandsschutz somit einer Anordnung nicht entgegengehalten werden.[180]

119 Umgekehrt ist die Behörde auch durch den Bestandsschutz nicht an **nachträglichen Anordnungen nach §§ 22 und 24 BImSchG** gehindert. Sollten zum Beispiel durch eine gewerbliche Anlage erhebliche Lärmbelästigungen für die Nachbarschaft hervorgerufen werden, kann sich der Betroffene nicht auf Bestandsschutz berufen, um nachträgliche Anordnungen zu vermeiden.[181] § 22 BImSchG gestattet das Errichten und Betreiben von Anlagen nur, wenn nach dem Stand der Technik vermeidbare schädliche Umwelteinwirkungen verhindert und unvermeidbare auf ein Mindestmaß beschränkt werden. Er gebietet ein Angepasstsein der Anlage an diese Anforderungen auf Dauer. § 24 BImSchG ermächtigt deshalb die Behörde, zur Durchführung dieser Anforderungen auch bei einer baurechtlich bereits genehmigten Anlage nachträglich die erforderlichen Anordnungen zu treffen, und zwar schon dann, wenn die Anlage nicht den Anforderungen des § 22 BImSchG entspricht; die weiteren Voraussetzungen, unter denen nach dem allgemeinen Verwaltungsverfahrensrecht die Rücknahme oder der Widerruf eines begünstigenden Verwaltungsakts zulässig ist, brauchen also nicht vorzuliegen; ebenso wenig bedarf es einer (teilweisen) Rücknahme oder eines (teilweisen) Widerrufs der ursprünglich für die Anlage erteilten Baugenehmigung.

2. Die Anordnung

120 Für solche nachträglichen Anordnungen gelten hinsichtlich Verhältnismäßigkeitsgrundsatz, Ermessen und Voraussetzungen für den Verwaltungsakt an sich keine anderen Anforderungen als die bereits oben beschriebenen Anforderungen für eine sonstige auf die Generalklausel gestützte Anordnung. Auf die obigen Erläuterungen hierzu wird verwiesen.

121 Nach dem Grundsatz der **Verhältnismäßigkeit** muss die nachträgliche Anordnung geeignet, erforderlich und verhältnismäßig im engeren Sinne sein. Die Anordnung darf nur in diesen Grenzen erfolgen, sie darf nicht darüber hinausgehen. So kann zum Beispiel bei einem einsturzgefährdeten Haus lediglich die Absicherung, nicht aber eine Reparatur mit Wiederaufbau verlangt werden. Unbenommen bleibt der Behörde auch eine einvernehmliche Lösung mit dem Betroffenen, die dann nicht an die engen Grenzen gebunden

---

177 BVerwG vom 17. 1. 1986 NVwZ 1986, 740.
178 BW VGH vom 31. 7. 1985 BWVBl. 1988, 111.
179 Hess VGH vom 5. 9. 1991 UPR 1992, 118.
180 BW VGH vom 31. 7. 1985 BWVBl. 1988, 111.
181 BVerwG vom 9. 3. 1988 NJW 1988, 1278 und nochmals 26. 8. 1988 NVwZ 1989, 257.

ist. Der Grundsatz der Verhältnismäßigkeit lässt nur erforderliche und im Hinblick auf den Zweck angemessene und zumutbare Grundrechtsbeeinträchtigungen zu.[182] Das ist auch bei der Belastung des Eigentümers mit der geforderten Maßnahme zu beachten. Allgemein ist bei solchen nachträglichen Anordnungen auch – soweit die Bauordnung nicht bereits eine entsprechende Regelung enthält – die (wirtschaftliche) Zumutbarkeit für den Betroffenen in die Erwägungen mit einzubeziehen. Auch wenn die Zumutbarkeit bei sonstigen bauordnungsrechtlichen Anordnungen keine Bedeutung erlangt, kann sie hier ausnahmsweise Berücksichtigung finden, damit die Grenze zur Enteignung nicht überschritten wird. Eine solche Belastung ist nicht gerechtfertigt, soweit sie dem Eigentümer nicht zumutbar ist. Im Rahmen der Verhältnismäßigkeitsprüfung ist die Belastung des zustandsverantwortlichen Eigentümers zu berücksichtigen und mit den betroffenen Gemeinwohlbelangen abzuwägen.

Das **Ermessen** muss sachgerecht ausgeübt werden. Insoweit kann auf die allgemeinen **122** Erläuterungen zur Generalklausel verwiesen werden. Bei Gefahren für Leben oder Gesundheit, die eine Anordnung auslösen, ist das Ermessen sehr eingeschränkt bzw. oftmals auch auf Null reduziert. In der Regel wird hier auch eine Anordnung der **sofortigen Vollziehung** erfolgen (§ 80 Abs. 2 Nr. 4 VwGO). Dies ist einer der seltenen Fälle, in denen das Interesse am Erlass des Verwaltungsakts mit dem Vollziehbarkeitsinteresse zusammenfällt.

Adressat ist auch hier der Störer im sicherheitsrechtlichen Sinne, d.h. die Anordnung **123** ist an die Person zu richten, die für die Störung verantwortlich ist. Die Auswahl des Störers erfolgt nach allgemeinen sicherheitsrechtlichen Grundsätzen, wobei der Behörde im Einzelfall ein entsprechendes Auswahlermessen zusteht. Handlungsstörer ist in der Praxis der Bauherr oder der Unternehmer, Zustandsstörer der Grundstückseigentümer. Zur Wirksamkeit der Anordnung genügt die Inanspruchnahme einer Person, jedoch muss beachtet werden, dass Anordnungen in der Regel nur gegenüber dieser Person Rechtswirkungen entfaltet und auch nur von dieser angefochten werden können.

VIII. Art. 13 GG/Landesverfassung

Nach den einschlägigen Regelungen der Länder sind die mit dem Vollzug beauftragten **124** Personen in Ausübung ihres Amtes berechtigt, Grundstücke und Anlagen einschließlich der Wohnungen zu betreten. Die **Befugnis** ergibt sich unmittelbar aus dem Gesetz; einer entsprechenden Anordnung bedarf es nicht mehr. Den Betroffenen wird im Gegenzug eine **Duldungspflicht** auferlegt. Teilweise nehmen die Landesbauordnungen ausdrücklich auf, dass Grundstücke auch gegen den Willen des Betroffenen betreten werden können (so in Bayern, Niedersachsen, Sachsen-Anhalt). Ob die Duldungspflicht im Übrigen in jedem Falle durch eine Duldungsanordnung konkretisiert werden muss, ist umstritten. Wenn der Betroffene den Zutritt verweigert, muss dieser zwangsweise durchgesetzt werden. In diesem Fall muss die Duldungspflicht sicher durch eine Duldungsanordnung realisiert werden; Rechtsgrundlage hierfür sind die jeweiligen landesrechtlichen Bestimmungen zum Betretungsrecht.[183] Fraglich ist, ob eine Duldungsanordnung auch bei Einverständnis des Betroffenen erforderlich ist. Dies wird teilweise vertreten: Die zwangsweise Ausübung des Betretungsrechts setze regelmäßig, sofern nicht wegen Gefahr im Verzug ein sofortiges Einschreiten geboten sei, den vorherigen Erlass einer Duldungsanordnung voraus, durch die die allgemeine gesetzliche Duldungspflicht im Einzelfall konkretisiert werde.[184] Erforderlich erscheint eine solche Duldungsanordnung allerdings nicht, denn bei Einverständnis bedarf es keiner Anordnung, um Widerstand zu überwin-

---

[182] BVerfG vom 16. 2. 2000 BVerfGE 102, 1 = NJW 2000, 2573 zur Altlastenproblematik mit weiteren Beispielen zur (Un-)zumutbarkeit; weitere Erläuterungen hierzu oben Rn. 57.
[183] Bay VGH vom 5. 9. 1990 NVwZ 1991, 688.
[184] OVG Brem vom 25. 8. 1992 NVwZ-RR 1993, 288.

den. Eine hiervon zu unterscheidende, aber oftmals in diesem Zusammenhang angesprochene Frage ist, ob das Betreten dem Betroffenen vorher anzukündigen ist. Insoweit sei auf die folgenden Ausführungen verwiesen. Bei mehreren Betroffenen ist jedem gegenüber eine Duldungsanordnung auszusprechen.

125 Eine richterliche Anordnung ist nicht erforderlich, da es sich um **keine Durchsuchung** nach Art. 13 Abs. 2 GG handelt. Für den Begriff der Durchsuchung ist kennzeichnend das ziel- und zweckgerichtete Suchen nach Personen und Sachen oder zur Ermittlung eines Sachverhalts, um etwas aufzuspüren, was der Inhaber der Wohnung von sich aus nicht offen legen oder herausgeben will, etwas nicht klar zutage Liegendes, vielleicht Verborgenes aufzudecken oder ein Geheimnis zu lüften; mithin das Ausforschen eines für die freie Entfaltung der Persönlichkeit wesentlichen Lebensbereichs, das unter Umständen bis in die Intimsphäre des Betroffenen dringen kann.[185] Die gesetzlich zulässigen Durchsuchungen dienen als Mittel zum Auffinden und Ergreifen einer Person, zum Auffinden, Sicherstellen oder zur Beschlagnahme einer Sache oder zur Verfolgung von Spuren. Begriffsmerkmal der Durchsuchung ist somit die Suche nach Personen oder Sachen oder die Ermittlung eines Sachverhalts in einer Wohnung. Eine solche Maßnahme ist mit dem Betreten einer Wohnung durch Träger hoheitlicher Gewalt nicht notwendigerweise verbunden. Eine Wohnung kann auch zur Vornahme anderer Amtshandlungen betreten werden.[186] So ist z. B. die Besichtigung einer Wohnung zur Feststellung, ob der Inhaber seinen Beruf ordnungsgemäß ausübt, keine Durchsuchung der Wohnung. Demgemäß macht die beim Betreten einer Wohnung unvermeidliche Kenntnisnahme von Personen, Sachen und Zuständen den Eingriff in die Wohnungsfreiheit noch nicht zu einer „Durchsuchung". Eine Durchsuchung liegt noch nicht vor, wenn der Eingriff in die Unverletzlichkeit der Wohnung nicht über ein Betreten und das Besichtigen offen liegender Gegenstände hinausgeht. Auch die bloße Aufforderung an die sich in einer Wohnung aufhaltenden Personen, den Raum zu verlassen, stellt keine Durchsuchung der Wohnung dar, weil damit die öffentliche Gewalt nicht in der für Durchsuchungen typischen Weise in das private Leben des Bürgers und in die räumliche Sphäre, in der es sich entfaltet, eindringt. Das hier gestattete Betretungsrecht ermächtigt nur dazu, die Anlage in **Augenschein** zu nehmen, um feststellen zu können, ob die Vorschriften eingehalten sind; ein zielgerichtetes Suchen im Sinne einer Durchsuchung ist nicht zulässig.[187] Es ist allein Sinn des Betretens, durch Inaugenscheinnahme erforderliche Tatschen festzustellen. Schlüssel können nicht einbehalten oder Schlösser ausgetauscht werden, die Befugnis beschränkt sich auf die bloße Besichtigung. Als **Zwangsmaßnahme** kommt in Betracht unmittelbarer Zwang, evtl. durch die Polizei. Hierunter fällt insbesondere das gewaltsame Öffnen von Türschlössern.

126 Das Betretungsrecht bezieht sich auf Grundstücke sowie die darauf befindlichen Anlagen. Für **Wohnungen** werden in den landesrechtlichen Regelungen oft ausdrücklich nochmals die Einschränkungen des Art. 13 GG gemacht (Berlin, Brandenburg, Bremen, Niedersachsen, Rheinland-Pfalz, Sachsen-Anhalt): sie dürfen nur betreten werden, wenn dies zur Abwehr einer erheblichen Gefahr für die öffentliche Sicherheit oder Ordnung erforderlich ist. Sofern eine ausdrückliche Regelung fehlt, muss die entsprechende Vorschrift insoweit verfassungskonform ausgelegt werden. Soweit eine Wohnung betreten werden soll, ist somit immer Art. 13 Abs. 7 GG zu beachten.[188] Danach dürfen Eingriffe auf Grund eines Gesetzes nur zur Verhütung dringender Gefahren für die öffentliche Sicherheit und Ordnung vorgenommen werden. Die dringende Gefahr braucht nicht bereits eingetreten zu sein; es genügt, dass die Maßnahme dem Zweck dient, einen Zustand nicht eintreten zu lassen, der seinerseits eine dringende Gefahr für die öffentliche Sicher-

---

185 BVerwG vom 21. 2. 1995 NVwZ-RR 1995, 425.
186 BVerwG vom 6. 9. 1974 BVerwGE 47, 31 = NJW 1975, 130; Bay VGH vom 5. 9. 1990 NVwZ 1991, 688; OVG Hamb vom 23. 10. 1996 NJW 1997, 2193.
187 OVG Hamb vom 23. 10. 1996 NJW 1997, 2193.
188 OVG Brem vom 25. 8. 1992 NVwZ-RR 1993, 288 unter Bezugnahme auf BVerfGE 17, S. 232.

heit und Ordnung darstellen würde. Ein bauordnungsbehördliches Betreten einer Wohnung kann danach gerechtfertigt sein, wenn hinreichende Anhaltspunkte für eine Prüfung bestehen, ob genehmigungsbedürftige Vorhaben ungenehmigt ausgeführt worden sind oder ob sonstige bauliche Maßnahmen den bauordnungsrechtlichen Anforderungen nicht entsprechend durchgeführt worden sind. Soweit lediglich das Grundstück betreten werden soll, reicht es hingegen, wenn ein sachlich gebotener Anlass für eine Überwachungsmaßnahme vorliegt.

Der Begriff der „**Wohnung**" entspricht demjenigen in Art. 13 GG. Unterschiedlich 127
handhaben die Länder eine vorherige **Ankündigung**: Zumeist wird auf eine solche in den Bauordnungen verzichtet. Hintergrund hierfür ist die Erwägung, dass eine vorherige Ankündigung kontraproduktiv wäre. Eine vollständige und richtige Sachverhaltsaufklärung könne nur erfolgen, wenn der Betroffene von der Absicht der Behörde vorher keine Kenntnis habe. In diese Richtung geht auch die Rechtsprechung des Bundesverwaltungsgerichts:[189] Aus dem Zweck des Betretungsrechts, eine wirksame Überwachung zu gewährleisten, könnten sich im Einzelfall Einschränkungen für die den Behördenbediensteten obliegenden Informationspflichten ergeben. Das Betretungsrecht müsse nicht nur bei Vorliegen konkreter Verdachtsmomente für eine Pflichtenverletzung, sondern auch in anderen Fällen eine unverzögerte Kontrolle ermöglichen und vor allem Missbräuche ausschließen. Es solle in erster Linie gewährleistet werden, dass die Überwachungsbehörden sich an Ort und Stelle die notwendigen Kenntnisse verschaffen; dies schließe überraschende Kontrollen der tatsächlichen Verhältnisse ein. Teilweise fordern die Landesbauordnungen aber auch, dass die Betretungsabsicht dem Betroffenen vorher mitgeteilt wird (Bremen, Rheinland-Pfalz, Saarland). Im Hinblick auf die rechtlichen Schranken, die das Grundgesetz und auch die Landesverfassungen aufstellen, muss wohl das Ziel einer richtigen Sachverhaltsaufklärung hintanstehen. Der hohe Rang des grundrechtlich geschützten Rechtsguts der Unverletzlichkeit der Wohnung und der Grundsatz der Verhältnismäßigkeit gebieten es, den mit dem Betreten der Wohnung verbundenen Eingriff in die Privatsphäre so wenig belastend wie möglich zu gestalten. Dazu ist erforderlich, dass der Betroffene vorher verbindlich darüber Bescheid erhält, dass, aus welchen Gründen und wann seine Wohnung durch Behördenbedienstete betreten werden soll.[190] Dadurch wird auch den verfassungsrechtlichen Anforderungen an einen effektiven Rechtsschutz gerade im Grundrechtsbereich sowie dem Rechtsstaatsprinzip hinreichend Rechnung getragen. Die Ankündigung ist an den Wohnungsinhaber zu richten, also bei Vermietung an den Mieter. Umstritten ist, ob bei einer Mehrheit von Inhabern alle benachrichtigt werden müssen oder ob die Ankündigung an einen Wohnungsinhaber genügt. Im Sinne der Praktikabilität und der nach außen nicht erkennbaren Berechtigungen und Verpflichtungen im Innenverhältnis müsste Letzteres ausreichend sein.

Diese strengen Anforderungen gelten in der Regel **nicht** für das Betreten von **Ar-** 128
beits-, Betriebs- und Geschäftsräumen (anders Bremen). In den Schutzbereich des Art. 13 GG sind diese Räume zwar generell einbezogen, insoweit besteht prinzipiell das gleiche Schutzbedürfnis wie für Wohnräume. Allerdings nimmt hier bereits das BVerfG nachfolgende einschränkende Auslegung vor:[191] Die prinzipielle Unverletzlichkeit der Wohnung wird in Art. 13 Abs. 7 GG dadurch gesichert, dass „Eingriffe und Beschränkungen", die nicht „Durchsuchungen" sind, nur unter ganz bestimmten, genau umschriebenen Voraussetzungen vorgenommen werden dürfen. Bei Wohnräumen im engeren Sinn entspricht diese strenge Begrenzung der zulässigen Eingriffe dem grundsätzlichen Gebot unbedingter Achtung der Privatsphäre des Bürgers. Bei Geschäftsräumen setzt das BVerfG bereits bei dem Begriff der „Eingriffe und Beschränkungen" an. Ausgangspunkt ist, dass – bei prinzipieller Einbeziehung auch der Geschäfts- und Betriebsräume in den

189 BVerwG vom 5. 11. 1987 BVerwGE 78, 251 = NJW 1988, 1278.
190 Bay VGH vom 5. 9. 1990 NVwZ 1991, 588.
191 BVerwG vom 21. 2. 1995 NVwZ-RR 1995, 425 unter Bezugnahme auf BVerfG; OVG Hamburg vom 23. 10. 1996 NJW 1997, 2193.

Schutzbereich des Art. 13 GG – doch das Schutzbedürfnis bei den insgesamt der „räumlichen Privatsphäre" zuzuordnenden Räumen verschieden groß ist. Den Geschäfts- und Betriebsräumen eignet nach ihrer Zweckbestimmung eine größere Offenheit „nach außen"; sie sind zur Aufnahme sozialer Kontakte bestimmt, der Inhaber entlässt sie damit in gewissem Umfang aus der privaten Intimsphäre, zu der die Wohnung im engeren Sinn gehört. Dem stärkeren Bedürfnis nach Fernhaltung von Störungen des privaten Lebens und der räumlichen Sphäre, in der es sich entfaltet, entspricht es, dass die Begriffe „Eingriffe und Beschränkungen", soweit sie sich auf die Wohnung im engeren Sinn beziehen, streng ausgelegt werden. Das bedeutet, dass ein Betretungs- und Besichtigungsrecht der hier geregelten Art bei Wohnräumen ausgeschlossen ist. Denn hier greift der Schutzzweck des Grundrechts voll durch, dem Einzelnen das Recht, „in Ruhe gelassen zu werden", zu sichern. Das gilt dem BVerfG zufolge auch, soweit in diesen Räumen zugleich eine berufliche oder geschäftliche Tätigkeit ausgeübt wird. Bei reinen Geschäfts- und Betriebsräumen wird dieses Schutzbedürfnis durch den Zweck, den sie nach dem Willen des Inhabers selbst erfüllen sollen, gemindert. Die Tätigkeiten, die der Inhaber in diesen Räumen vornimmt, wirken notwendig nach außen und können deshalb auch die Interessen anderer und die der Allgemeinheit berühren. Dann ist es folgerichtig, dass die mit dem Schutz dieser Interessen beauftragten Behörden in gewissem Rahmen diese Tätigkeiten auch an Ort und Stelle kontrollieren und zu diesem Zweck die Räume betreten dürfen. Dieser zweckbestimmte Vorgang ist nicht eigentlich eine Störung des Hausfriedens. Der Betriebsinhaber wird demgemäß in aller Regel das Betreten der Räume durch Behördenbeauftragte nicht als einen Eingriff in sein Hausrecht empfinden. Sein psychischer Widerstand mag sich gegen die Besichtigung und Prüfung selbst richten, die er etwa als unnötig, belästigend und deshalb unzumutbar ansieht; in dem bloßen Betreten der Räume, die er durch ihre **Zweckwidmung selbst nach außen** geöffnet hat, wird er im Allgemeinen eine Beeinträchtigung seiner Grundrechtssphäre nicht erblicken. Das BVerfG grenzt den Kreis der nicht mehr als „Eingriffe und Beschränkungen" zu qualifizierenden Betretungs- und Besichtigungsrechte für Geschäfts- und Betriebsräume unter Beachtung namentlich des Art. 2 Abs. 1 GG im Zusammenhang mit dem Grundsatz der Verhältnismäßigkeit und Zumutbarkeit ab und fordert insbesondere folgende Voraussetzungen: 1. eine besondere gesetzliche Vorschrift muss zum Betreten der Räume ermächtigen, 2. das Betreten der Räume, die Vornahme der Besichtigungen und Prüfungen müssen einem erlaubten Zweck dienen und für dessen Erreichung erforderlich sein, 3. das Gesetz muss den Zweck des Betretens, den Gegenstand und den Umfang der zugelassenen Besichtigung und Prüfung deutlich erkennen lassen und 4. das Betreten der Räume und die Vornahme der Besichtigung und Prüfung ist nur in den Zeiten statthaft, zu denen die Räume normalerweise für die jeweilige geschäftliche oder betriebliche Nutzung zur Verfügung stehen. Das Betreten und die Besichtigung der Geschäftsräume von Auftragnehmern öffentlicher Aufträge bzw. das Recht der Beauftragten von Handwerkskammern, Grundstücke und Geschäftsräume von Handwerkern zu betreten, um dort vergleichbare Prüfungen und Besichtigungen vorzunehmen, sind somit zulässig. Hier steht nicht das ziel- und zweckgerichtete Suchen im Vordergrund, sondern die Überprüfung von Unterlagen, deren Vorlage von dem Auftragnehmer eines öffentlichen Bauauftrags erwartet werden kann. Räume, die für die Öffentlichkeit zugänglich sind, wie etwa Läden, sind ohnehin vom Grundrecht nicht erfasst. Eine vorherige Ankündigung kann hier unterbleiben, wenn sie kontraproduktiv wäre bzw. eine vollständige und richtige Sachverhaltsaufklärung nur erfolgen kann, wenn der Betroffene von der Absicht der Behörde vorher keine Kenntnis hat.

129 Bei **Gärten** ist zu differenzieren, ob sie als Hausgarten begrifflich noch zur Wohnung gehören oder, wie zum Beispiel bei Wohnanlagen, öffentlich zugänglich sind.[192] Die Grundstücksfläche zwischen Gehweg und Hausfront eines Reihenhauses gehört als

[192] BGH vom 14. 3. 1997 NJW 1997, 2189.

Hausgarten zum Beispiel zum Schutzbereich des Art. 13 GG zur „Wohnung“. Typischerweise ist ein solcher Vorgarten eines Reihenhauses nicht der Öffentlichkeit zugänglich. Deshalb werden üblicherweise diese Gärten nur von Nutzungsberechtigten und deren Besuchern betreten. Allein damit ist gemeinhin der Wohnungsinhaber einverstanden. Unbekannte Personen wird er zum Verlassen des Vorgartens auffordern, soweit und sobald er sie wahrnimmt. Fehlt mithin die Zulässigkeit allgemeinen Zugangs, ist ein von Art. 13 GG geschützter Bereich anzunehmen. Bei **unbebauten Grundstücken** besteht kein Grundrechtsschutz. Im Falle eines bereits eingereichten Bauantrags kann man davon ausgehen, dass der Bauherr mit dem Betreten im Zusammenhang mit der beabsichtigten Bebauung einverstanden ist.

Die Bezugnahme auf die Ausübung des Amtes zeigt, dass keinerlei Einschränkung auf bestimmte Verfahren oder Eingriffsbefugnisse vorgenommen wird. Grundstücke können **zu jedweder Erfüllung der Aufgaben** betreten werden. Berechtigt hierzu sind nicht nur die Bauaufsichtsbehörde, sondern alle diejenigen, die mit dem Vollzug der Bauordnungen betraut sind. Das können Fachbehörden, zu Prüfungen berufene Personen, Sachverständige, die Polizei, Mitarbeiter der Gemeinden oder auch Privatpersonen sein, die die Bauaufsichtsbehörde beauftragt hat. Ein Widerstand des Betroffenen ist strafrechtlich – auch bei rechtmäßig beauftragten Privatpersonen – als Widerstand gegen die Staatsgewalt zu werten. Das Betretungsrecht stellt umgekehrt einen Rechtfertigungsgrund für einen Hausfriedensbruch dar. 130

Auch hierfür müssen der Grundsatz der **Verhältnismäßigkeit** gewahrt, das **Ermessen** sachgerecht ausgeübt und alle sonstigen Anforderungen an einen Verwaltungsakt erfüllt sein. Das Betreten muss erforderlich sein, um die nach den Bauordnungen zugewiesenen Aufgaben erfüllen zu können. In diesem Falle aber kann die Behörde das Grundstück betreten, ohne sich auf eine Besichtigung von der Straße aus beschränken zu müssen. Erforderlich ist das Betreten auch nur so lange, bis der Sachverhalt aufgeklärt ist. Danach besteht kein Anlass mehr zu neuerlichem Betreten, solange nicht neue Umstände vorliegen. Aus Verhältnismäßigkeitsgründen sind die öffentlichen Interessen und die privaten Interessen, insbesondere das Wohnungsgrundrecht, abzuwägen. Die bereits erwähnte Bezugnahme auf die Ausübung des Amtes zeigt in diesem Zusammenhang ferner, dass das Betretungsrecht mit den der Bauaufsichtsbehörde zugewiesenen Aufgaben gekoppelt und insoweit anlassbezogen ist. Die Behörde muss in Wahrnehmung ihrer Aufgaben handeln, um Grundstücke betreten zu dürfen. Andernfalls ist das Betreten nicht erforderlich. Grundstücke können nicht ohne entsprechenden Anlass betreten werden, um erst zu suchen, ob ein baurechtlicher Tatbestand verwirklicht sein könnte. 131

In der Regel wird die Anordnung vor Ort **mündlich** ergehen. Hierbei ist die Anordnung des Sofortvollzugs nicht erforderlich, da ein die aufschiebende Wirkung auslösender Widerspruch nur schriftlich eingelegt werden kann (§ 70 Abs. 1 VwGO). Ungeachtet dessen müsste die Anordnung gemäß § 80 Abs. 3 S. 1 VwGO grundsätzlich schriftlich begründet werden. Eine **schriftliche Bestätigung** des bereits ergangenen Verwaltungsaktes kann, vor allem im Hinblick auf nachfolgende Rechtsbehelfsverfahren (Beweiszweck), sinnvoll sein. Hinzu kommt, dass gemäß § 58 Abs. 1 VwGO die Widerspruchsfrist erst zu laufen beginnt, wenn eine schriftliche Rechtsbehelfsbelehrung vorliegt. Wenn der Betroffene dies verlangt und hieran ein berechtigtes Interesse besteht, muss gemäß § 37 Abs. 2 S. 2 VwVfG eine schriftliche Bestätigung erfolgen. Die schriftliche Bestätigung stellt nur eine nochmalige schriftliche Fixierung eines bereits erlassenen Verwaltungsakts dar, nicht aber einen Neuerlass. 132

Teil 2. Baueinstellung

MBO § 79, BW § 64, Bay Art. 81, Bln § 69, Bbg § 73, Brem § 81, Hamb § 75, Hess § 71, M-V § 79, Nds § 89, NRW § 61, Rh-Pf § 80, Saar § 86, Sachs § 76, Sachs-Anh § 84, Schl-H § 85, Thür § 76.

I. Ländervergleich

133

	Regelungsgegenstände der Landesbauordnungen und der MBO 2002[193]
1.	**Anlagen**
2.	**Arbeiten**
3.	**Widerspruch** zu öffentlich-rechtlichen Vorschriften bzw. Verstoß, beispielhafte Aufzählung von Verstößen
4.	Rechtsfolge: **Einstellung** der Bauarbeiten
5.	**Zwangsmittel**: Unerlaubte Fortsetzung der Tätigkeiten trotz schriftlicher oder mündlicher Anordnung der Einstellung → Versiegelung, Beschlagnahme, wenn nichts anderes angegeben
6.	Geltung gegenüber **Rechtsnachfolger**

134

Land	Norm (LBO)		Umsetzung/Abweichung in den Ländern und der MBO 2002[194]
MBO 2002	§ 79	**1.**	§§ 79, 2 I 3, 1 I 2, 10 auch Werbeanlagen und Warenautomaten
		2.	§ 79 I 1 Errichtung, Änderung, Beseitigung
		3.	§ 79 I
		4.	§ 79 I
		5.	§ 79 III
		6.	§ 58 III
BW	§ 64	**1.**	§§ 64, 1 I 2, 11 III auch Werbeanlagen und Automaten
		2.	§ 64 I Errichtung oder Abbruch
		3.	§ 64 I
		4.	§ 64 I
		5.	§ 64 II
		6.	nur bei Baugenehmigung geregelt (§ 58 II)
Bay	Art. 81	**1.**	Art. 2 I 2 Werbeanlagen und Automaten als fiktive bauliche Anlage
		2.	Art. 81 I Errichtung, Änderung, Abbruch, Beseitigung
		3.	Art. 81 I
		4.	Art. 81 I
		5.	Art. 81 II schriftlich oder mündlich nicht erwähnt – bei Zwangsmittel zusätzlich Überwachung genannt
		6.	Art. 60 II 3 auch gegenüber Personen, die ein Besitzrecht erlangt haben
Bln	§ 69	**1.**	§ 69 I Arbeiten nicht erwähnt, Bezug nur hinsichtlich Bauvorhaben – Werbeanlagen als bauliche Anlagen
		2.	§ 69 I Ausführung eines Bauvorhabens
		3.	§ 69 I
		4.	§ 69 I
		5.	§ 69 II
		6.	nur für Baugenehmigung geregelt (§ 62 IV)

[193] Die hier verwendeten Ziffern entsprechen den Ziffern der nachstehenden Rubrik „Umsetzung/Abweichung in den Ländern und der MBO 2002".

[194] Die hier verwendeten Ziffern entsprechen den Ziffern der vorstehenden Rubrik „Regelungsgegenstände der Landesbauordnungen und der MBO 2002".

Land	**Norm** (LBO)	**Umsetzung/Abweichung in den Ländern und der MBO 2002**	
Bbg	§ 73	**1.**	§ 73 I Anlagen nicht erwähnt, Bezug nur hinsichtlich Bauvorhaben – Werbeanlagen und Warenautomaten als bauliche Anlagen
		2.	§ 73 I Ausführung eines Bauvorhabens
		3.	§ 73 I Verstoß gegen baurechtliche Vorschriften
		4.	§ 73 I
		5.	§ 73 II
		6.	§ 52 V
Brem	§ 81	**1.**	§ 81 I Anlagen nicht erwähnt, Bezug nur hinsichtlich Vorhaben – Werbeanlagen und Waren- bzw. Leistungsautomaten als bauliche Anlagen, im Übrigen im Rahmen von §§ 1 I 2, 13
		2.	§ 81 I Ausführung eines Vorhabens
		3.	§ 81 I
		4.	§ 81 I
		5.	§ 81 II
		6.	nur für Baugenehmigung geregelt (§ 74 I)
Hamb	§ 75	**1.**	§ 75 I Anlagen nicht erwähnt, Bezug nur hinsichtlich Bauvorhaben – Werbeanlagen und Waren- bzw. Leistungsautomaten als bauliche Anlagen
		2.	§ 75 I Ausführung eines Bauvorhabens
		3.	§ 75 I
		4.	§ 75 I ausdrückliche Erwähnung, dass Anordnung auch mündlich möglich
		5.	§ 75 II schriftlich oder mündlich nicht erwähnt
		6.	nur bei Baugenehmigung geregelt (§ 69 II)
Hess	§ 71	**1.**	§ 71 I Anlagen und Einrichtungen, an die BauO Anforderungen stellt – Werbeanlangen als fiktive bauliche Anlage (§ 2 I 3 Nr. 7)
		2.	§ 71 I Errichtung, Änderung, Abbruch, Beseitigung
		3.	§ 71 I
		4.	§ 71 I eingestellt werden können Arbeiten, nicht nur Bauarbeiten
		5.	keine Regelung
		6.	§ 53 V
M-V	§ 79	**1.**	§ 79 I Anlagen nicht erwähnt, Bezug nur hinsichtlich Bauvorhaben – keine Geltung für Werbeanlangen und Automaten, soweit sie keine bauliche Anlagen sind
		2.	§ 79 I Ausführung eines Bauvorhabens
		3.	§ 79 I
		4.	§ 79 I
		5.	§ 79 II
		6.	§ 79 I 2
Nds	§ 89		allgemeine bauaufsichtliche Befugnisnorm, keine gesonderte Regelung der Baueinstellung
		1.	§ 89 I 1 bauliche Anlagen, Grundstücke, Bauprodukte oder Baumaßnahmen – Werbeanlangen und Warenautomaten als fiktive bauliche Anlage (§ 2 I 2)
		2.	§ 89 I 2 Nr. 1 Arbeiten nicht explizit aufgeführt
		3.	§ 89 I Verstoß gegen öffentliches Baurecht; Hinweis auf bevorstehende, drohende Rechtswidrigkeit („zu besorgen ist")
		4.	§ 89 I 2 Nr. 1, § 89 II, III eingestellt werden können Arbeiten, nicht nur Bauarbeiten; Regelung der Verantwortlichkeit; vorherige Erörterung
		5.	§ 89 IV Versiegelung und Beschlagnahme, soweit zur Durchsetzung von Einstellungsanordnungen erforderlich
		6.	§ 89 II 3

Land	Norm (LBO)	Umsetzung/Abweichung in den Ländern und der MBO 2002	
NRW	§ 61		allgemeine bauaufsichtliche Befugnisnorm, keine gesonderte Regelung der Baueinstellung; Baueinstellung nur im Zusammenhang mit CE-Kennzeichnung und Ü-Zeichen erwähnt
		1.	§ 61 I Anlagen und Einrichtungen, an die BauO oder nachgeordnete Vorschriften Anforderungen stellen – Werbeanlangen und Warenautomaten (§§ 61 I 1, 1 I 2, 13)
		2.	§ 61 I Errichtung, Änderung, Abbruch Nutzung, Nutzungsänderung, Instandhaltung
		3.	§ 61 I
		4.	§ 61 I eingestellt werden können mangels Regelung Arbeiten, nicht nur Bauarbeiten
		5.	keine Regelung
		6.	nur für Baugenehmigung geregelt (§ 75 II)
Rh-Pf	§ 80	**1.**	§ 80 I Anlagen nicht erwähnt, Bezug nur hinsichtlich Bauarbeiten – Werbeanlagen, soweit bauliche Anlagen
		2.	§ 80 I Bauarbeiten; im Einzelnen nicht aufgelistet, ausdrücklich lediglich Verwendung von Bauprodukten geregelt
		3.	§ 80 I
		4.	§ 80 I eingestellt werden können Arbeiten, nicht nur Bauarbeiten
		5.	§ 80 II schriftlich oder mündlich nicht erwähnt; Sicherstellung auf Kosten des Bauherrn ausdrücklich erwähnt
		6.	nur bei Nutzungsuntersagung bzw. Beseitigungsanordnung (§ 81) und Baugenehmigung (§ 70 I) geregelt
Saar	§ 86	**1.**	§ 86 Anlagen nicht erwähnt, Bezug nur hinsichtlich Bauvorhaben – Werbeanlagen und Warenautomaten über § 15 II, V
		2.	§ 86 Ausführung eines Bauvorhabens
		3.	§ 86
		4.	§ 86
		5.	§ 87
		6.	nur bei Nutzungsuntersagung bzw. Beseitigungsanordnung (§ 88 III) und Baugenehmigung (§ 77 II) erwähnt
Sachs	§ 76	**1.**	§ 76 I Werbeanlagen und Warenautomaten als bauliche Anlagen, im Übrigen im Rahmen von § 13 II, V
		2.	§ 76 I Errichtung, Abbruch
		3.	§ 76 I
		4.	§ 76 I
		5.	§ 76 II
		6.	§ 76 III
Sachs-Anh	§ 84	**1.**	§ 84 I nicht erwähnt, Bezug nur hinsichtlich Bauvorhaben – Werbeanlagen und Warenautomaten als fiktive bauliche Anlagen (§ 2 I 3)
		2.	§ 84 I Ausführung eines Bauvorhabens
		3.	§ 84 I Verstoß gegen baurechtliche Vorschriften
		4.	§ 84 I
		5.	§ 84 I
		6.	nur bei Baugenehmigung geregelt (§ 77 II)
Schl-H	§ 85	**1.**	§ 85 I Anlagen nicht erwähnt, Bezug nur hinsichtlich Bauvorhaben – Werbeanlagen und Warenautomaten nur, soweit bauliche Anlagen
		2.	§ 85 I Ausführung eines Bauvorhabens
		3.	§ 85 I
		4.	§ 85 I
		5.	§ 85 II
		6.	nur bei Baugenehmigung geregelt (§ 78 II)

Land	Norm (LBO)	Umsetzung/Abweichung in den Ländern und der MBO 2002	
Thür	§ 76	1.	§ 76 I Anlagen nicht erwähnt, Bezug nur hinsichtlich Bauvorhaben – Werbeanlagen und Warenautomaten nur, soweit bauliche Anlagen
		2.	§ 76 I Ausführung eines Bauvorhabens
		3.	§ 76 I
		4.	§ 76 I
		5.	§ 76 II
		6.	§ 76 I 2

II. Allgemeine Vorbemerkungen

Die Baueinstellung hat den **Zweck**, die Schaffung vollendeter, nicht gesetzmäßiger Zustände zu verhindern. Der Bauaufsichtsbehörde soll die Möglichkeit eingeräumt werden, bei rechtswidrigen Vorhaben die Arbeiten sofort zu stoppen, um erforderliche Prüfungen einzuleiten. Es soll also verhindert werden, dass ein Vorhaben fertig gestellt wird, das möglicherweise rechtswidrig ist und dessen Beseitigung mit erheblichem, auch finanziellem Aufwand verbunden ist. Die Baueinstellung dient demzufolge dazu, rechtswidrige, schwer wieder rückgängig zu machende Zustände zu verhindern.[195] 135

Neben der klassischen Baueinstellungsverfügung gibt es **weitere Ermächtigungsnormen**, rechtswidrigen (Bau-)maßnahmen Einhalt zu gebieten, in Bayern z. B. zusätzlich als Sonderregelung für den Fall, dass keine geeigneten Sachverständigen bestellt sind. Für die Bauaufsichtsbehörde sind allgemeine sicherheitsrechtliche Regelungen ohne Bedeutung. Gegenüber dem allgemeinen Sicherheitsrecht ist die Baueinstellung die speziellere Regelung. Umgekehrt sind Sonderregelungen, die die Anwendung der Baueinstellung ausschließen, im BImSchG und AbfG enthalten. 136

Zum besseren Verständnis soll mit den Tatbestandsvoraussetzungen und der Ermessensausübung bei einer Baueinstellung begonnen werden. Erst im Anschluss daran werden Fragen im Zusammenhang mit dem Erlass des entsprechenden Verwaltungsaktes behandelt. Als Hilfestellung, welche Punkte bei Erlass einer Baueinstellungsverfügung zu beachten sind, kann folgendes **Prüfungsschema** dienen: 137

Formelle Fragen

- Zuständigkeit
- Verfahren
- Form
- Begründung

Tatbestandsvoraussetzungen

- Anlagen
- Arbeiten: Errichten – Ändern – Abbrechen – Beseitigen
- Widerspruch zu öffentlich rechtlichen Vorschriften: Formell – Materiell
- Verhältnismäßigkeit

Ermessen

Adressat

Bestimmtheit

[195] Bay VGH vom 2. 9. 1982 BRS 39 Nr. 228.

III. Tatbestandsvoraussetzungen der Baueinstellung

1. (Bauliche) Anlagen

138 Zu beachten ist, dass in Baden-Württemberg, Bayern, Hessen, Nordrhein-Westfalen und Sachsen **Anlagen** allein ausreichend sind. Das Vorliegen einer ***baulichen*** Anlage ist nicht erforderlich. Nach einigen gesetzlichen Formulierungen (Bayern, Hessen, Niedersachsen, Rheinland-Pfalz) kann die Bauaufsichtsbehörde die Einstellung der Arbeiten – nicht der ***Bau***arbeiten – anordnen, wobei das Erfordernis bloßer Arbeiten nicht zwangsläufig mit der Einstellung ebenfalls bloßer Arbeiten gekoppelt ist. Die Formulierung hat Bedeutung erlangt in einer Entscheidung des Verwaltungsgerichtshofs Baden-Württemberg[196] zu fiktiven baulichen Anlagen nach § 2 Abs. 1 S. 3 BauOBW. Der VGH Baden-Württemberg hatte eine Anwendung von § 64 BauOBW auf einen Lagerplatz abgelehnt, weil dieser nur kraft gesetzlicher Fiktion als bauliche Anlage gelte, für seine Herstellung somit keine „Bauarbeiten" erforderlich seien, so dass auch für eine Einstellung der Bauarbeiten kein Raum sei. In Bauordnungsnovellen, wie zum Beispiel in Bayern, soll zugleich hierfür eine Klarstellung erfolgen und eine Einstellung der Arbeiten auch bei Anlagen ermöglicht werden, die nur kraft der gesetzlichen Fiktion als bauliche Anlage gelten.[197] In Bayern werden somit sowohl mit dem Erdboden verbundene, aus Bauprodukten hergestellte Anlagen als auch Werbeanlagen und die (kraft Gesetzes) fiktiven Anlagen von der Baueinstellungsverfügung erfasst. Weiter werden hinzugerechnet auch diejenigen **nicht baulichen Anlagen**, die das Gesetz nicht fiktiv zu baulichen Anlagen erklärt. Zu beachten ist bei diesen nicht baulichen Anlagen aber, dass der Anwendungsbereich der Bauordnung eröffnet sein muss, damit die Behörde eine Baueinstellung aussprechen kann. Dies bedeutet, dass es sich um Anlagen handeln muss, an die nach der Bauordnung oder nachrangigen Vorschriften Anforderungen gestellt werden und die nicht bereits vom Anwendungsbereich ausgeschlossen sind. Soweit sie nicht ohnehin bereits als bauliche Anlage erfasst sind, kommen hier in Betracht Kinderspielplätze, Einfriedungen oder Abgrenzungen (Hecken z. B.), Umwehrungen, Feuerungsanlagen und Wärme- und Brennstoffversorgungsanlagen und Abfallbehälter.

139 Hinsichtlich dieser so genannten fiktiven baulichen Anlagen, Werbeanlagen und Automaten bestehen zwischen den einzelnen Ländern Unterschiede, insoweit ist auf die tabellarische Auflistung am Anfang dieses Teils zu verweisen.

2. Arbeiten

140 Einige Länder definieren ausdrücklich die Arbeiten, wobei das Spektrum von Errichtung über Änderung, Abbruch oder Beseitigung bis hin zu Instandhaltung reicht. Zumeist wird jedoch nur der Widerspruch zu öffentlich-rechtlichen Vorschriften angesprochen.

a) Allgemeines

Diese Arbeiten müssen bereits begonnen, dürfen aber noch nicht beendet sein.

141 Der **Beginn** ist nicht erst im Beginn der Erstellung einer Anlage zu sehen. Auch vorbereitende Maßnahmen, die vor der eigentlichen Erstellung der Anlage durchgeführt werden, können einen Anfang darstellen. So kann das Ausheben einer Baugrube der Bauaufsichtsbehörde Anlass bieten, die Einstellung der Bauarbeiten anzuordnen, wenn für die Errichtung des Wohngebäudes die beantragte Baugenehmigung noch nicht erteilt ist.[198] Es muss nicht mit Arbeiten begonnen werden, die rechtswidrig sind. Eine isolierte Betrachtung der ausgeführten Arbeiten wäre verfehlt, wenn diese Teil eines Gesamtvor-

---

[196] BW VGH vom 10. 5. 1994 BWVBl. 1994, 495.
[197] LT-Drs. 13/7008, S. 49.
[198] Bay VGH vom 2. 9. 1982 BRS 39 Nr. 228; vom 29. 6. 1987 BRS 47 Nr. 143.

habens sind. Es genügt damit, dass Maßnahmen ergriffen werden, die für einen unbeteiligten Beobachter in einen rechtswidrigen Zustand münden werden. Die ausgeführten Maßnahmen selbst müssen nicht zwingend rechtswidrig sein; einen Beginn stellen sie dennoch dar.

Eine Baueinstellung nach **Fertigstellung** ist begrifflich nicht mehr möglich, da keine Arbeiten mehr ausgeführt werden. In Betracht kommt allenfalls eine Nutzungsuntersagung. Eine dennoch ergangene Baueinstellung ist rechtswidrig und im Rechtsbehelfsverfahren allein deshalb ohne weitere materielle Prüfung aufzuheben. Eine bereits vor Fertigstellung ergangene Baueinstellungsverfügung erledigt sich ab diesem Zeitpunkt. Über einen eventuell anhängigen Widerspruch ist in der Sache nicht mehr zu entscheiden; ein dennoch ergehender Widerspruchsbescheid zur Sache ist rechtswidrig. 142

Instandhaltungsarbeiten können in der Regel ausgeführt werden, solange sie nicht ein Errichten oder Ändern darstellen. Zur Abgrenzung ist darauf abzustellen, ob die Anlage eine neue Gestalt – sei es baulich oder auch vom Nutzungszweck her gesehen – bekommen soll oder ob lediglich die ursprüngliche Gestalt erhalten bzw. wiederhergestellt werden soll. Zu beachten ist aber, dass in Nordrhein-Westfalen die Instandhaltung unter den Arbeiten aufgeführt ist und damit auch hier die entsprechenden Anforderungen eingehalten werden müssen. 143

b) Die Arbeiten im Einzelnen

Unter **Errichten** ist die erstmalige Erstellung einer Anlage zu verstehen. Zu beachten ist, dass in Bayern bereits die Erstellung einer Anlage genügt, eine bauliche Anlage ist nicht erforderlich. Der Begriff „**Ändern**“ ist als Oberbegriff für eine bauliche Änderung und eine Nutzungsänderung verwendet. Das „Ändern“ ist also nicht allein auf die bauliche Änderung beschränkt. Umfasst wird auch – wie bei der Genehmigungspflicht – die bloße Änderung der Nutzung, ohne dass hiermit eine bauliche Veränderung einhergeht. Ein Beispiel ist die Umwandlung eines privaten Arbeitszimmers in ein gewerbliches Büro, vorausgesetzt, die Umwandlung ist noch nicht abgeschlossen. **Abbruch** bezieht sich auf bauliche Anlagen und meint die Zerstörung der baulichen Substanz. Diese Substanz muss vollständig beseitigt werden, denn andernfalls liegt eine bloße Änderung vor. **Beseitigen** ist als Überbegriff zu sehen, der jede Entfernung bzw. Zerstörung einer Anlage erfassen will, sei es durch Abbruch oder auf andere Weise. Auch hier ist in Abgrenzung zur Änderung die vollständige Zerstörung erforderlich. 144

3. Widerspruch zu öffentlich-rechtlichen Vorschriften

Der Widerspruch zu öffentlich-rechtlichen Vorschriften muss sich daraus ergeben, dass das Produkt der Arbeiten, also die Errichtung, Änderung, Beseitigung oder der Abbruch gegen öffentlich-rechtliche Vorschriften verstößt. Nicht etwa genügt ein Verstoß durch die Arbeiten selbst, wie ein Verstoß gegen die Nachtruhe, Arbeitsschutz oder Ähnliches. 145

a) Formell

Ein Widerspruch kann sich zunächst aus formellen Gründen ergeben. Der Hauptfall ist auch nach Einführung des Freistellungs- bzw. Anzeigeverfahrens derjenige, dass eine erforderliche **Baugenehmigung nicht vorliegt**. Allein die Verwirklichung eines Vorhabens ohne erforderliche Baugenehmigung ist für eine Baueinstellungsverfügung ausreichend. Auf die Frage der materiellen Genehmigungsfähigkeit kommt es nicht an. Dies hat seinen Grund im Zweck der Baueinstellung, die verhindern soll, dass vollendete Tatsachen geschaffen werden, die nur schwer wieder rückgängig zu machen sind. Die Behörde kann aus diesem Grunde auch eine Baueinstellungsverfügung erlassen, wenn sie im Gegensatz zum Bauherrn der Auffassung ist, dass eine Baugenehmigung erforderlich ist. Die Einstellung ist sogar dann gerechtfertigt, wenn die Frage der Genehmigungsbedürftigkeit noch klärungsbedürftig ist. Gerade dann ist es notwendig, Arbeiten zu stoppen, um vor Vollendung das Erfordernis einer Genehmigung prüfen zu können. Stellt sich 146 hierbei heraus, dass eine Genehmigung nicht nötig ist, ist die Baueinstellung aufzuheben. Wenn ein Vorhaben im förmlich festgelegten Sanierungsgebiet ohne die nach § 144 Abs. 1 Nr. 1 BauGB neben der Baugenehmigung erforderliche sanierungsrechtliche Genehmigung verwirklicht wird, hat die Bauaufsichtsbehörde, auch wenn die Genehmigung von der Gemeinde erteilt wird, ebenso die Befugnis, die Einstellung der Bauarbeiten anzuordnen, ohne dass es auf die Frage der Genehmigungsfähigkeit ankommt.[199] Dies gilt auch für die Genehmigung nach § 173 BauGB.[200]

147 Neben dem bereits erwähnten Hauptanwendungsfall der fehlenden Baugenehmigung gibt es allerdings noch weitere formelle Verstöße, wie die ausdrücklich im Gesetz erwähnten Beispielsfälle zeigen. Wenn auch oftmals keine Baugenehmigung erforderlich ist, so müssen dennoch vor Baubeginn gewisse formelle Anforderungen erfüllt werden. Hierzu zählt zum Beispiel bei **freigestellten bzw. anzeigepflichtigen** Verfahren die Einhaltung der Monatsfrist ab Vorlage der Unterlagen, das Vorliegen der Erklärung der Gemeinde und Erstellung der erforderlichen Nachweise und Bescheinigungen. Der Ablauf der genannten Monatsfrist schließt ein späteres Tätigwerden der Bauaufsichtsbehörde bei **materiell** rechtswidrigen Arbeiten nicht aus.[201] Im **vereinfachten Genehmigungsverfahren** sind ebenfalls entsprechende Pflichten enthalten. Allgemein sind hier noch die Pflichten bei Einrichtung einer Baustelle und der am Bau Beteiligten zu nennen. Für die Pflicht zur Bestellung geeigneter Beauftragter oder Sachverständiger ist in Art. 56 Abs. 5 S. 2 BayBO eine Spezialregelung für die Einstellung der Bauarbeiten enthalten. Schließlich kommen auch Verstöße gegen sonstige baurechtliche Vorschriften, wie etwa das Fehlen einer Sanierungsgenehmigung (§ 144 BauGB) in Betracht.

148 Auch wenn eine Baugenehmigung oder Zustimmung durch Bescheid erteilt wurde, kann im Ausnahmefall formell rechtswidrig gebaut werden. Dies kann einmal der Fall sein, wenn die Baugenehmigung oder Zustimmung **nichtig**, unanfechtbar bzw. sofort vollziehbar **zurückgenommen oder widerrufen** (§§ 48, 49 VwVfG)[202] oder **erloschen** ist. Auch eine **Anordnung der aufschiebenden Wirkung** durch Behörde (§§ 80a Abs. 1 Nr. 2, 80 Abs. 4 VwGO) oder Gericht (§§ 80a Abs. 3, 80 Abs. 5 VwGO) anlässlich eines Drittwiderspruchs bzw. Klage kann hierzu führen. Die grundsätzlich bestehende sofortige Vollziehbarkeit (§ 212a BauGB) ist damit entfallen und die so im Ausnahmefall eintretende aufschiebende Wirkung hat zur Folge, dass sich der Bauherr – ungeachtet des Theorienstreits über Wirksamkeits- und Vollzugstheorie – im Endergebnis in der gleichen Situation befindet wie vor Erteilung der Baugenehmigung: Da die Baugenehmigung suspendiert ist, baut er ohne Baugenehmigung.

149 Fraglich ist, ob die notwendige **Nachbarbeteiligung** bei freigestellten und anzeigepflichtigen Verfahren ebenfalls zu den formellen Verstößen zu rechnen ist.[203] Dafür spricht sicher, dass das Gesetz dem Bauherrn insoweit eine Obliegenheit auferlegt. Ob er allein deshalb aber im Widerspruch zu öffentlich-rechtlichen Vorschriften baut, ist zweifelhaft. Der von der gesetzlichen Regelung gemeinte Widerspruch muss sich je nach landesrechtlicher Regelung auf die Instandhaltung, Errichtung, Änderung, den Abbruch oder die Beseitigung von Anlagen beziehen; er ist folglich anlagenbezogen. An dieser Anlagenbezogenheit, wie zum Beispiel bei technischen Nachweisen für die Anlage, fehlt es hier. Das Erfordernis der Nachbarbeteiligung hat seine Ursache in den Grundrechten (Art. 14 GG) der Nachbarn, auf die die Behörde im Verwaltungsverfahren Rücksicht zu nehmen hat. Im Genehmigungsverfahren ist die Nachbarbeteiligung Aufgabe der Behörde; unterlässt sie die Beteiligung, kann der Bauherr von der dennoch erteilten Baugenehmigung Gebrauch machen, ohne formell rechtswidrig zu bauen. Im Freistellungs- und Anzeigeverfahren kann folgerichtig nichts anderes gelten, denn damit sollte ja nur

[199] OVG Thür vom 22. 10. 1998 BauR 1999, 164.
[200] VG Berlin vom 4. 3. 1998 Az. 19 A 17.98.
[201] VG Gera vom 21. 12. 1999 Az. 4 E 1767/99.
[202] OVG Bln vom 18. 2. 1999 Az. 2 SN 1.99.
[203] So *Koch/Molodovsky/Famers*, BayBO Art. 81 Anm. 2.4.2.

das Verfahren vereinfacht und nicht zusätzliche Hürden eingebaut werden. Hier kann nicht mehr verlangt werden als im Genehmigungsverfahren. Eine davon zu unterscheidende Konsequenz ist die Tatsache, dass der Bauherr weiterhin dem Risiko von nachbarlichen Einwendungen ausgesetzt ist, die ja mangels Unterschrift nicht ausgeschlossen sind.

Im Übrigen kommt es alleine auf die **materielle** Rechtswidrigkeit an. Auch wenn eine Baugenehmigung nicht erforderlich ist, darf ein Bauvorhaben materiellem Baurecht nicht widersprechen. 150

b) Materiell

Die materielle Rechtswidrigkeit ist dann von **Bedeutung**, wenn eine Baugenehmigung nicht vorgesehen ist. Solange eine Baugenehmigung für die konkreten Arbeiten vorliegt, können diese selbst dann nicht eingestellt werden, wenn das Vorhaben materiell rechtswidrig ist. Mit Erteilung der Baugenehmigung wurde das Vorhaben zunächst einmal legalisiert; es bleibt lediglich die Möglichkeit, diese rechtswidrige Genehmigung zurückzunehmen. Auf die materielle Rechtswidrigkeit wird also vor allem bei genehmigungsfreien Vorhaben abgestellt. Dem Sinn und Zweck nach kann aber auch für die freigestellten Verfahren und für die nicht geprüften Punkte im vereinfachten Verfahren nichts anderes gelten, denn insoweit gibt es eben gerade keine Baugenehmigung, die die Arbeiten legalisieren könnte. Insoweit ist die Baueinstellungsverfügung akzessorisch zum Prüfungsumfang der Genehmigungsbehörde. Nur so weit, wie die Erteilung einer Baugenehmigung bzw. behördlichen Überprüfung gesetzlich vorgeschrieben ist, reicht auch deren Legalisierungswirkung. Im darüber hinausgehenden, nicht geprüften Bereich kommt es folglich auf die materielle Rechtswidrigkeit an. 151

Ob allerdings in diesen Fällen **ohne Baugenehmigung im klassischen Sinne** eine **Baueinstellung bei plangemäßem Bau** ohne weiteres erfolgen kann, ist fraglich. Immerhin wurde der Bauplan vor Baubeginn entweder der Gemeinde oder der Genehmigungsbehörde vorgelegt, so dass das Vorhaben den einschlägigen Behörden bekannt war. Gegen die Zulässigkeit einer jederzeitigen Baueinstellung spricht, dass die Novelle der Vereinfachung dienen und dem Bauherrn hiermit gewisse Freiheiten eingeräumt werden sollen. Würde nunmehr über die Baueinstellung jeder noch so minimale materielle Verstoß geahndet werden, erfolgte lediglich eine Aufgabenverlagerung von der vorherigen Prüfung in einem Genehmigungsverfahren auf die repressive Kontrolle. Eine Aufgabenerleichterung würde damit nicht erreicht.[204] Andrerseits kann diese Vereinfachung nicht dazu führen, dass dem Bauherrn nunmehr jedwede Freiheit zugestanden wird und er sich schonungslos über das materielle Recht hinwegsetzen könnte. Hinzu kommt, dass eine Baueinstellung gerade dazu dient, die Schaffung rechtswidriger Zustände vor Vollendung zu verhindern und rechtzeitig eine entsprechende Prüfung einzuleiten. Mit der Baueinstellung wird also von dem Bauherrn noch kein endgültiges irreparables Tun verlangt, sondern lediglich ein momentaner Stopp. Die hier andiskutierte Problematik betrifft somit mehr die Nutzungsuntersagung und die Beseitigungsanordnung. Zur Erlangung von rechtzeitiger Sicherheit über die materielle Rechtmäßigkeit sollte deshalb eine Baueinstellung generell möglich sein. Mit einer möglicherweise „falschen" Baueinstellung ist weniger Schaden angerichtet als mit einer zunächst unterbliebenen Baueinstellung und damit ungehinderter Vollendung des rechtswidrigen Zustandes, der dann in eine Nutzungsuntersagung oder Beseitigungsanordnung münden muss. 152

Materielle Vorschriften können im Bauordnungsrecht oder Bauplanungsrecht enthalten sein. Daneben gibt es natürlich auch Regelungen außerhalb des reinen Baurechts, wie zum Beispiel im Immissionsschutzrecht. Auch diese Regelungen gehören zu den materiellen öffentlich-rechtlichen Vorschriften. Zu beachten ist allerdings zum einen, dass die Bauordnung anlagenbezogen ist, d.h. nur diejenigen Vorschriften, die auf eine Anlage 153

[204] In diese Richtung *Jäde* in *Jäde/Dirnberger/Bauer/Weiß*, BayBO Art. 81 Rn. 8.

und nicht auf eine Person oder sonstige Bezugspunkte abstellen, sind von Bedeutung. Zum anderen sind oftmals in Sondergesetzen eigenständige Regelungen enthalten, die die Anwendung der Baueinstellung ausschließen.

c) Verwirklichung

154 Der Erlass einer Baueinstellungsverfügung setzt nicht voraus, dass der Verstoß gegen öffentlich-rechtliche Vorschriften **bereits verwirklicht** ist. Es genügt vielmehr, dass sich ein solcher Verstoß abzeichnet. Die Einstellung soll ja gerade so rechtzeitig erfolgen, dass ein rechtswidriger Zustand noch verhindert werden kann. Eine Baueinstellung ist also bereits dann zulässig, wenn nach objektiver Betrachtung Anhaltspunkte dafür bestehen, dass Anlagen im Widerspruch zu öffentlich-rechtlichen Vorschriften errichtet werden. Voraussetzung sind demzufolge objektiv konkrete Anhaltspunkte, die es wahrscheinlich machen, dass ein dem öffentlichen Recht widersprechender Zustand geschaffen wird.[205] Ob dies dann tatsächlich geschieht, ist für die Rechtmäßigkeit der Baueinstellung als solche unerheblich. Ebenso unerheblich ist, ob die bisher ausgeführten Maßnahmen genehmigungspflichtig, rechtmäßig oder rechtswidrig sind. Die tatsächliche Schaffung eines rechtswidrigen Zustands ist dann von Bedeutung für die behördliche Prüfung, ob die Baueinstellung aufrechtzuerhalten oder gegebenenfalls aufzuheben ist.

4. Die meistgenannten gesetzlichen Beispiele

a) Baubeginn

155 Mit dem Bau darf in der Regel erst nach Bekanntgabe der Baugenehmigung, Absteckung der Grundfläche und entsprechender Mitteilung begonnen werden. Zumeist werden hierunter aber alle diejenigen Fallkonstellationen subsumiert, in denen es an einer Baugenehmigung oder den Erfordernissen im Freistellungs- und Anzeigeverfahren mangelt. Dem Wortlaut nach wird allerdings im Hinblick auf die Baugenehmigung als Verwaltungsakt allein die fehlende Bekanntgabe erfasst. Ob jedoch ein Anwendungsfall der explizit aufgeführten Regelung vorliegt oder lediglich ein sonstiger formeller Fehler, kann im Einzelnen dahingestellt bleiben, da die gesetzlichen Aufzählungen nur beispielhaft sind („insbesondere“). Derartige formelle Mängel können je nach landesrechtlicher Regelung in folgenden Fällen vorliegen:

- Die Baugenehmigung bzw. Zustimmung ist noch nicht bekannt gegeben
- Absteckung der Grundfläche und Festlegung ihrer Höhenlage vor Beginn
- Baugenehmigung und Bauvorlagen, Zustimmung bzw. Bescheinigung eines Sachverständigen müssen an der Baustelle vorliegen
- Schriftliche Mitteilung des Baubeginns bzw. der Fortführung

b) Teilbaugenehmigung und Fortführung bestimmter Arbeiten

156 Regelungen hierzu sind getroffen in Bayern, Baden-Württemberg, Bremen und Thüringen; sie betreffen die konkrete Bauausführung. Während die unter a) genannten Beispiele auf den Baubeginn abstellen, sind hiermit die Anforderungen angesprochen, die während des Baus zu erfüllen sind, bzw. die Besonderheiten der Teilbaugenehmigung betreffen.

c) Verwendung von Bauprodukten

157 Auch diese Regelung betrifft die eigentliche Bauausführung, indem auf die Verwendung von Bauprodukten Bezug genommen wird. Mit Ausnahme von Saarland, wo eine derartige Regelung völlig fehlt, genügt nach dem in allen Ländern übereinstimmenden Gesetzeswortlaut, dass die Bauprodukte unberechtigt mit dem entsprechenden Zeichen gekennzeichnet sind. Es kommt also allein auf die unberechtigte Kennzeichnung an, unabhängig von der materiellen Rechtslage oder eventueller Bedenkenlosigkeit. In der MBO 2002 und in Niedersachsen ist zusätzlich der Fall erwähnt, dass Bauprodukte ein

---

[205] BW VGH vom 10. 12. 1993 BWVBl. 1994, 196; OVG Thür vom 29. 11. 1999 NVwZ-RR 2000, 578.

erforderliches CE- oder Ü-Zeichen nicht tragen. Brandenburg sieht weiter vor, dass Bauprodukte verwendet werden, die nicht gehandelt oder in den Verkehr gebracht werden dürfen.

d) Abweichung von den Bauvorlagen

Diese Regelung knüpft an die vorgelegte Planung an. Wenn die tatsächliche Ausführung von den Bauvorlagen abweicht, kann eine Baueinstellung ausgesprochen werden. Unterschiedlich sind hier die konkreten Bezugspunkte: Teils wird allein die Abweichung von der Genehmigung (Bayern, Brandenburg, Bremen, Hamburg, Mecklenburg-Vorpommern, Sachsen-Anhalt) angesprochen, teils auch die Zustimmung (Baden-Württemberg) und die Freistellung bzw. anzeigepflichtigen Verfahren (Berlin, Hessen, Saarland, Sachsen, Schleswig-Holstein, Thüringen). 158

Unerheblich ist der **Grad der Abweichung**: Sobald von den Bauvorlagen abgewichen wird, sind die Bauarbeiten – **insgesamt** – rechtswidrig.[206] Auch **kleinere Änderungen**, die die Identität des Vorhabens nicht infrage stellen, sind ausreichend.[207] Eine Aufspaltung in rechtswidrigen und rechtmäßigen Teil gibt es im Normalfall nicht. Eine hiervon zu unterscheidende Frage ist allerdings, ob die Baubehörde bei Feststellung der Rechtswidrigkeit eine komplette Baueinstellung anordnet oder eine teilweise Fortsetzung der Arbeiten gestattet. Dies ist eine Frage der Verhältnismäßigkeit,[208] die vor allem bei ganz geringfügigen Abweichungen genau zu untersuchen wäre. Ebenso kommt es für die Feststellung der Rechtswidrigkeit nicht darauf an, ob die Abweichung genehmigungsfähig wäre. Dies kann allenfalls bei der Ermessensausübung Bedeutung erlangen. 159

Eine **Abweichung von Nebenbestimmungen** der Baugenehmigung fällt ebenfalls hierunter. 160

5. Verhältnismäßigkeit

Wie bei jedem anderen Verwaltungsakt auch muss bei einer Baueinstellung der Grundsatz der Verhältnismäßigkeit beachtet sein, d. h. die Verfügung muss geeignet, erforderlich und verhältnismäßig im engeren Sinne sein. 161

Zunächst muss die Baueinstellung ein **geeignetes Mittel** darstellen. Dies ist entsprechend den allgemeinen verwaltungsrechtlichen Grundsätzen der Fall, wenn mit ihr die Erreichung des Gesetzeszwecks möglich ist. Sie muss also dazu dienen, die Schaffung rechtswidriger Zustände zu verhindern. Mit dem momentanen Stopp muss dem Bauherrn die Möglichkeit eröffnet werden, gerügte Versäumnisse nachzuholen bzw. der Behörde, die Rechtslage insoweit zu prüfen.

Ferner ist die **Erforderlichkeit** der konkreten Verfügung zu beachten. Die Anordnung der Behörde muss zur Erreichung des Gesetzeszwecks geboten sein, d. h. ein geringeres, weniger stark eingreifendes Mittel darf nicht in Betracht kommen. Dies kann von Bedeutung sein bei nur **teilweiser Rechtswidrigkeit**. Lassen sich die Arbeiten in einen rechtmäßigen und einen rechtswidrigen Teil aufspalten, so kann eine gesamte Baueinstellung nicht erforderlich sein. Sie dürfte dann nur insoweit ergehen, als Rechtswidrigkeit vorliegt **und** eine entsprechende **Abtrennbarkeit** gegeben ist. Insofern bedürfte es aber einer ausdrücklichen Beschränkung der Baueinstellung durch die Behörde, da in der Regel – auch bei Vorliegen einer teilweisen Rechtswidrigkeit bzw. einer teilweisen Genehmigungsfreiheit – der Bau in seiner Gesamtheit eingestellt wird.[209] Eine Verpflichtung zu einer umfassenden Unterbindung der Bauarbeiten kann zum Beispiel ausgesprochen werden, obwohl der Rechtsverstoß sich auf einen Teil beschränkt und der Rohbau 162

---

[206] OVG Saar vom 3. 12. 1982, Az. 2 R 182/81: Liegt der Erdgeschossboden eines etwa 20 m hohen Wohnhauses mehr als einen Meter höher als nach den genehmigten Bauvorlagen geplant, so ist die Fortführung der Bauarbeiten durch die erteilte Baugenehmigung nicht gedeckt.

[207] BW VGH vom 30. 9. 1996 BRS 59 Nr. 99; OVG Bln vom 26. 1. 1995 NVwZ 1995, 1009.

[208] Anders wohl *Jäde* (Fn. 204), Art. 81 Rn. 14.

[209] OVG NRW vom 16. 1. 1997 BRS 59 Nr. 218.

einschließlich des Daches bereits fertig gestellt ist. Eine Teileinstellung kommt lediglich in Fallgestaltungen in Betracht, in denen die Reichweite des im Raum stehenden Rechtsverstoßes trotz technisch-konstruktiver Einheit des Vorhabens in räumlich-gegenständlicher Hinsicht eindeutig auf einen bestimmten Gebäudebereich oder -teil beschränkt werden kann und gewährleistet ist, dass ein weiterer Baufortschritt ansonsten nicht zu einer Vertiefung oder Verfestigung des Rechtsverstoßes führt.[210] Lässt sich im Eilverfahren nicht klären, ob die notwendigen Stellplätze bis zum Zeitpunkt der Ingebrauchnahme des zu bauenden bzw. umzugestaltenden Gebäudes geschaffen werden können, kann die vorläufige Stilllegung sämtlicher Bauarbeiten am Vorhaben zulässig sein.[211] Ein allgemein auf Baueinstellung lautender Verwaltungsakt betrifft immer das gesamte Vorhaben; ob dieser bei teilweiser, abtrennbarer Rechtswidrigkeit den Anforderungen an die Verhältnismäßigkeit genügt, ist eine hiervon zu trennende Frage. Bei vollständiger Einstellung dürfen überhaupt keine Arbeiten mehr – auch nicht genehmigungsfreie – ausgeführt werden.

163 Schließlich muss die Baueinstellung auch **verhältnismäßig im engeren Sinne** sein, d. h. sie darf zum erstrebten Ziel nicht außer Verhältnis stehen. Dieses Kriterium erlangt vor allem dann Bedeutung, wenn es sich um ganz minimale Verstöße bei Großvorhaben handelt. Eine Baueinstellung kann dann in seltenen Fällen im Hinblick auf einen enormen wirtschaftlichen Schaden für den Bauherrn bei komplettem Stillstand außer Verhältnis zur Bedeutung des Verstoßes stehen. Hinzuweisen ist aber darauf, dass die Höhe des wirtschaftlichen Schadens im Allgemeinen nicht von Bedeutung sein kann, da dieser allein durch das rechtswidrige Verhalten des Bauherrn bedingt ist und somit in dessen Risikobereich liegt.

164 Für die Beurteilung der Verhältnismäßigkeit der Baueinstellungsverfügung kommt es auch nicht darauf an, ob die Erteilung der Baugenehmigung für das geänderte Vorhaben ohne zureichenden Grund sachlich verzögert wird. Dem Bauherrn steht insoweit der Rechtsbehelf der Untätigkeitsklage (§ 75 VwGO) zur Verfügung. An der Rechtmäßigkeit einer Baueinstellungsverfügung bis zur Entscheidung über eine Baugenehmigung für das geänderte Vorhaben ändert dies nichts.[212]

IV. Ermessen

1. Ermessensausübung durch Behörde

a) Regelermessen

165 Bei Vorliegen aller Tatbestandsvoraussetzungen liegt das Einschreiten – bezüglich „Ob" und „Wie" – im Ermessen der Behörde. Zum Regelermessen und Ermessensfehlern sei auf die Erläuterungen der allgemeinen bauaufsichtlichen Befugnisnorm verwiesen (oben Rn. 29 ff.). Da bei der Baueinstellung noch keine schwer wieder rückgängig zu machende Folgen geschaffen werden, sondern der Behörde gerade vor Eintreten solcher Zustände die Möglichkeit zur Prüfung eingeräumt werden soll, wird es hier vor allem ermessensgerecht sein, die Arbeiten vorerst zu stoppen.

b) Einzelfälle

166 Eine Einstellung ist auch dann ermessensgerecht, wenn die **Behörde irrtümlich von formeller Rechtswidrigkeit ausgeht**. Aus Sicht der Behörde liegt ein formeller Mangel vor. Stellt sich im Nachhinein heraus, dass die Arbeiten legal durchgeführt wurden, so ist die dennoch ergangene Einstellungsverfügung aufzuheben, nicht aber wird diese ermessensfehlerhaft.

---

[210] OVG Saar vom 19. 9. 1997 BRS 59 Nr. 111 und 65 Nr. 184.
[211] OVG NRW vom 28. 9. 1981 BRS 38 Nr. 184.
[212] OVG Bln vom 26. 1. 1995 NVwZ 1995, 1009.

Dass die Behörde **zunächst nicht einschreitet**, schließt eine spätere Baueinstellung nicht aus und macht diese nicht ermessensfehlerhaft. Dass eine Behörde, selbst wenn sie Bauarbeiten wahrnimmt, gegenüber einer rechtswidrigen Baumaßnahme zunächst untätig bleibt, ist nämlich für sich allein kein Umstand, der ein bei der Ermessensbetätigung über ein (späteres) Einschreiten zu berücksichtigendes schützenswertes Vertrauen des Bauherrn darauf begründet, die mittlerweile geschaffene Anlage werde endgültig hingenommen. Die Arbeiten dürfen lediglich noch nicht abgeschlossen sein.[213] 167

Der Anordnung einer Baueinstellung wegen formeller Illegalität steht nicht entgegen, dass der Bauherr die von den genehmigten Bauvorlagen abweichende Bauausführung mit den Bodenverhältnissen, mit konstruktiven Notwendigkeiten und architektonischen Verbesserungen begründet und auf die **materielle Genehmigungsfähigkeit** sowie auf Fehler der Bauaufsichtsbehörde hinweist.[214] Allenfalls eine nur geringfügige Abweichung kann im Rahmen des Ermessens von Bedeutung sein.[215] 168

Ein **Verstoß gegen nicht geprüfte materielle Vorschriften** (im vereinfachten Genehmigungsverfahren oder bei bloßer planungsrechtlicher Genehmigung bei Vorlage durch entsprechend sachkundigen Entwurfsverfasser) schließt eine Baueinstellung grundsätzlich nicht aus. Anders kann die Sachlage allenfalls dann sein, wenn die materielle Rechtswidrigkeit so offensichtlich ist, dass sie sich der Behörde bei Prüfung des Bauantrags hätte aufdrängen müssen. 169

Fraglich ist, inwieweit bei formell rechtswidrigen Arbeiten im Rahmen der Ermessensausübung zu berücksichtigen ist, dass das Vorhaben **offensichtlich materiell rechtmäßig** ist. Grundsätzlich ist davon auszugehen, dass bei einer Baueinstellungsverfügung im Gegensatz zum unterschiedlichen Gesetzeszweck und den Folgen bei einer Baubeseitigungsanordnung bloße formelle Rechtswidrigkeit ausreichend ist. Das Verfahren hier soll also bewusst vereinfacht werden, um der Bauaufsichtsbehörde noch rechtzeitig die Prüfungsmöglichkeit zu eröffnen. Aus diesem Grunde darf nicht quasi über das Hintertürchen der offensichtlichen materiellen Rechtmäßigkeit der Gesetzeszweck vereitelt werden. Andrerseits würde sich die Behörde widersprüchlich verhalten, wenn sie eine Baueinstellungsverfügung rein aus formalen Gründen erlässt, obgleich sie wegen offenkundiger Genehmigungsfähigkeit stattdessen sofort, also ohne jegliche weitere materielle Prüfung, eine entsprechende Genehmigung erteilen könnte. Das hierzu oftmals vorgebrachte Argument, der Gesetzgeber sehe die Erteilung einer Baugenehmigung nur im dafür vorgesehenen Verfahren vor und nicht unabhängig davon, geht an der eigentlichen Problematik vorbei. Es soll hier nicht die Erteilung einer Baugenehmigung im Rahmen des Baueinstellungsverfahrens ermöglicht werden. Vielmehr geht es um die Frage, ob die Behörde ermessensfehlerhaft handelt, wenn sie eine Baueinstellung ausspricht, obwohl sie – bei Stellung eines entsprechenden Bauantrags – **sofort eine Baugenehmigung erteilen und die Einstellung wieder aufheben müsste**. Eine ermessensgerechte Entscheidung wäre in einem solchen Fall wohl, zunächst von der Einstellung abzusehen und den Bauherrn unter Darlegung der offensichtlichen materiellen Rechtmäßigkeit zur unverzüglichen Stellung eines Bauantrags aufzufordern. Dies schließt auch eine Baueinstellung im weiteren Verlauf nicht aus.[216] Voraussetzung ist aber – hierauf sei nochmals deutlich hingewiesen –, dass für die Behörde keinerlei Zweifel an der materiellen Rechtmäßigkeit bestehen. Sobald noch klärungsbedürftige Punkte existieren, seien sie auch noch so minimal, ist der Erlass einer Baueinstellung ermessensgerecht. Ähnlich kann verfahren werden, wenn die positive Entscheidung für die Erteilung einer Baugenehmigung bereits getroffen ist, der **Bescheid** also lediglich **noch ausgefertigt werden muss**. Im Einzelfall kann die Anordnung ermessensfehlerhaft sein, wenn das nachträglich eingeleitete Genehmigungsverfahren zügig betrieben wird und mit einem **baldigen (positiven) Abschluss** 170

213 OVG Saar vom 29. 8. 2000 Az. 2 R 7/99.
214 OVG Bln vom 19. 11. 1996 BauR 1997, 822–824.
215 OVG Nds vom 16. 5. 1986 BRS 46 Nr. 151.
216 Im Ergebnis ähnlich *Jäde* (Fn. 204) Art. 81 Rn. 17, 18.

des Genehmigungsverfahrens gerechnet werden kann. Im Übrigen aber ist die **Genehmigungsfähigkeit ohne Belang**; das Absehen von einer Baueinstellungsverfügung im Falle offensichtlicher Genehmigungsfähigkeit ist die absolute Ausnahme. Bei formeller Rechtswidrigkeit ist eine Einstellung in der Regel ermessensgerecht, auch wenn der Bauherr auf materielle Genehmigungsfähigkeit, Fehler der Bauaufsichtsbehörde, bautechnische Gesichtspunkte etc. hinweist.

2. Anspruch Dritter auf Einschreiten

171 Da der Erlass einer Baueinstellungsverfügung im Ermessen der Bauaufsichtsbehörde steht, gibt es grundsätzlich auch keinen Anspruch Dritter, insbesondere von Nachbarn, auf Erlass einer entsprechenden Verfügung. Nach allgemeinen Regeln besteht lediglich ein Anspruch auf ermessensfehlerfreie Entscheidung (§ 40 VwVfG). In die Ermessenserwägungen der Behörde sind die Belange des Dritten einzustellen.

a) Verletzung drittschützender Vorschriften

172 Die Frage, ob dem Dritten ein Anspruch auf Einschreiten der Behörde zusteht, stellt sich überhaupt nur dann, wenn dieser eine Verletzung von **Vorschriften** rügt, die **(auch) zum Schutze eines Dritten bestimmt sind**. **Grundvoraussetzung** ist also ein Verstoß gegen **drittschützende** Vorschriften; das Vorliegen eines objektiven Verstoßes allein ist nicht ausreichend.[217] Ein Dritter kann sich nicht quasi zur Bauaufsichtsbehörde aufschwingen und jeden Rechtsverstoß rügen, auch wenn er selbst nicht in eigenen Rechten verletzt sein kann. Ein Betroffensein lediglich in wirtschaftlichen, ideellen oder sonstigen Interessen genügt nicht. Dabei ist gemäß der ständigen Rechtsprechung des Bundesverwaltungsgerichts zu Drittklagen gegen eine Baugenehmigung[218] auch für das Verlangen auf Einschreiten der Baubehörde zu fordern, dass die Rechtswidrigkeit (auch) auf der Verletzung von Normen beruht, die gerade dem Schutz des betreffenden Dritten zu dienen bestimmt sind, weil dieser in qualifizierter und zugleich individualisierter Weise in einem schutzwürdigen Recht betroffen ist.[219] Die betreffende Norm muss mithin ein Privatinteresse derart schützen, dass der Träger des Individualinteresses die Einhaltung des Rechtssatzes soll verlangen können. Ob dies der Fall ist, ist durch Auslegung der betreffenden Norm zu ermitteln, wobei vor allem der systematische Zusammenhang, in dem die Norm steht, zu berücksichtigen ist.

173 Daraus folgt zunächst einmal, dass rein verfahrensrechtliche Verstöße ohne materielle Nachbarrechtsverletzung, wie etwa die fehlende Durchführung eines Baugenehmigungsverfahrens, die fehlende Nachbarbeteiligung oder die Wahl eines falschen Verfahrens, den Dritten nicht berechtigen, eine Baueinstellung zu verlangen. Zum Zweiten genügt nicht die Verletzung jedweder materieller Vorschriften, wie zum Beispiel die Regelung über nicht überbaubare Flächen des Grundstücks, über Einfriedungen oder hinsichtlich Verunstaltung, sondern es bedarf einer Verletzung **drittschützender** Normen.

174 Eine hiervon zu unterscheidende Frage ist allerdings, ob die **Verletzung bereits eingetreten sein muss**, damit der Dritte ein Einschreiten der Bauaufsichtsbehörde verlangen kann. Dem Sinn und Zweck der Baueinstellung nach, nämlich Verhinderung eines rechtswidrigen Zustandes, kann eine Verwirklichung nicht erforderlich sein. Es macht wenig Sinn, wenn erst abgewartet werden müsste, bis eine Verletzung eingetreten ist. Die Folgen bei einer eventuellen späteren Pflicht zur Beseitigung wären wesentlich gravierender. Allerdings wird im Falle einer bloß drohenden oder behaupteten Verletzung drittschützender Vorschriften die Behörde im Rahmen des ihr zustehenden Ermessens genau zu prüfen haben, ob ein Einschreiten wirklich geboten ist. Dem Querulantentum

---

[217] Bay VGH vom 12. 2. 1988 BayVBl. 1988, S. 276; OVG Saar vom 8. 9. 1975 NJW 1976, 908.
[218] BVerwG vom 26. 9. 1991 BVerwGE 89, 69 = NVwZ 1992, 977.
[219] *Kopp/Schenke*, VwGO, 13. Aufl., § 42 Rn. 98 ff. m. w. N., BVerwG vom 17. 6. 1993 NJW 1994, 1604 = DVBl. 1994, 479 m. w. N.

wäre sonst Tür und Tor geöffnet und jedes Vorhaben könnte regelrecht blockiert werden. In die Ermessenserwägungen ist also mit einzustellen, ob eine Verletzung drittschützender Normen einfach nur vorsorglich behauptet wird oder ob konkrete Anhaltspunkte für eine Rechtsverletzung bestehen.

Umgekehrt entfällt ein möglicher Anspruch auf Baueinstellung in dem Moment, in dem das Vorhaben **fertig gestellt** ist. Mit der Fertigstellung gibt es keine Arbeiten mehr, die noch eingestellt werden könnten (siehe oben Rn. 142), so dass ein entsprechender Verwaltungsakt bereits tatbestandlich nicht mehr möglich ist.[220] Ein etwaiger im Zeitpunkt der Errichtung bestehender Anspruch eines Dritten auf Einschreiten ist dadurch weggefallen, dass die Baumaßnahmen abgeschlossen sind. 175

b) Ermessensfehlerfreie Entscheidung

Bei Vorliegen einer solchen drittschützenden Norm steht dem Betroffenen zunächst einmal ein **Recht auf ermessensfehlerfreie Entscheidung** gemäß § 40 VwVfG zu. Dies bedeutet, dass die Behörde bei ihrer Ermessensausübung die gesetzlichen Grenzen des Ermessens nicht überschreiten darf oder von dem Ermessen nicht in einer dem Zweck der Ermächtigung nicht entsprechenden Weise Gebrauch machen darf (§ 114 VwGO). Hierzu sei auf die Erläuterungen zur allgemeinen bauaufsichtlichen Befugnisnorm (oben Rn. 30 ff., 45) und die einschlägigen Kommentierungen verwiesen. 176

c) Ermessensreduzierung auf Null

Das Ermessen kann sich im Einzelfall derart verdichten, dass nur mehr eine einzige Entscheidung rechtmäßig ist, sog. **Ermessensreduzierung auf Null**. **Nur** in diesem Falle hat der Dritte einen **Anspruch auf Einschreiten** der Behörde. An dieser Stelle sei nochmals darauf hingewiesen, dass ein Anspruch aber nur im Falle einer **Verletzung drittschützender Vorschriften** in Betracht kommen kann. Eine Ermessensreduzierung auf Null ist im Allgemeinen dann anzunehmen, wenn nach Lage der Dinge alle denkbaren Alternativen nur unter pflichtwidriger Vernachlässigung eines eindeutig vorrangigen Sachgesichtspunkts gewählt werden könnten.[221] Diese Alternativlosigkeit muss offensichtlich sein. 177

Wegen des Gesetzeszwecks einer Baueinstellung, die Schaffung vollendeter, rechtswidriger Zustände zu verhindern, kann die sonst als absolute Ausnahme eintretende Ermessensreduzierung hier wesentlich eher angenommen werden. Ebenso wie der Erlass einer solchen Verfügung gegenüber dem Bauherrn in der Regel rechtmäßig ist, können auch an einen möglichen Anspruch des Dritten hierauf nicht die allgemein geltenden hohen Anforderungen gestellt werden. Man muss nämlich immer vor Augen haben, dass ein rechtzeitiger Stopp zumeist weniger Schaden anrichtet als eine Fertigstellung in rechtswidriger Weise. Allerdings kann man wohl nicht gleichermaßen davon ausgehen, dass jeder Dritte in der Regel einen Anspruch auf Erlass einer Baueinstellung hat, unabhängig von der im Raume stehenden Drittverletzung.[222] Im Gegensatz zum zweiseitigen Verhältnis zwischen Bauherrn und Behörde kommen hier noch Drittinteressen hinzu, die in der Abwägung mit gewichtet und den anderen Interessen gegenübergestellt werden müssen. Sobald die Antwort nicht eindeutig ist, ob eine Nachbarrechtsverletzung vorliegt, die den Stillstand der Bauarbeiten, insbesondere bei Großvorhaben, rechtfertigt, scheidet eine Ermessensreduzierung mangels Alternativlosigkeit schon begrifflich aus. Zu beachten ist hierbei auch die Intention des Gesetzgebers in § 212 a BauGB, wonach den Interessen des Bauherrn mehr Gewicht eingeräumt wird als Drittinteressen. 178

Maßgebend für einen Anspruch ist die **Intensität und Konkretheit der Drittverletzung**. Ferner ist in die Überlegungen die **Schwere** dieser Nachbarrechtsverletzung mit einzubeziehen. Insoweit kann auf die grundlegenden Erläuterungen bei der Beseiti- 179

---

220 BayVGH vom 16. 1. 2002 Az. 1 N 00.2685; OVG Bln vom 23. 8. 1988 BRS 48 Nr. 125.
221 BVerwG vom 15. 7. 1987 BVerwGE 78, 40/46 = NVwZ 1988, 250.
222 So aber *Jäde* (Fn. 204) Art. 81 Rn. 19.

gungsanordnung in diesem Kapitel verwiesen werden (siehe unten Rn. 373 ff.). Für die Behörde muss klar erkennbar sein, dass in rechtswidriger Weise gebaut wird und Drittinteressen verletzt sein könnten. Hierbei genügt nicht die allgemeine Möglichkeit einer Drittverletzung; es bedarf konkreter Anhaltspunkte, die auf eine Verletzung gerade des Dritten hindeuten, der einen Anspruch auf Baueinstellung geltend macht. Daraus folgt, dass der Dritte eine konkrete, ihn betreffende Verletzung von Rechten geltend machen muss und sich diese **Rechtsverletzung der Behörde ohne weitere Prüfung aufdrängen** muss. Sollte **klar erkennbar** sein, dass der Dritte durch die rechtswidrigen Arbeiten in seinen Rechten verletzt ist, dann hat dieser einen Anspruch auf Erlass einer Baueinstellungsverfügung. In diesem Fall schrumpft das den Bauaufsichtsbehörden zustehende Ermessen dann zugunsten des betroffenen Grundstücksnachbarn zu einer grundsätzlichen Pflicht zum Einschreiten.[223]

Dies gilt ebenso für die **freigestellten bzw. anzeigepflichtigen und das vereinfachte Verfahren**, da hiermit die Rechtsposition des Nachbarn nicht verändert werden sollte. Dieser kann immer nur eine Verletzung nachbarschützender Rechte rügen und hat bei Verletzung entsprechende Abwehrrechte. Für solche Verfahren hat der BW VGH[224] entschieden, dass ein Anspruch des Nachbarn auf Einschreiten grundsätzlich dann zu bejahen ist, wenn das Bauvorhaben nachbarschützende öffentlich-rechtliche Vorschriften verletzt und die nachbarlichen Belange durch das Vorhaben mehr als nur geringfügig berührt werden. In Anlehnung an die zum vorläufigen Rechtsschutz nach § 80 a Abs. 3 S. 2 i.V. m. § 80 Abs. 5 VwGO im Falle einer erteilten Baugenehmigung entwickelten Grundsätze stehe dem Erlass einer einstweiligen Anordnung nicht entgegen, dass bezogen auf den Zeitpunkt der gerichtlichen Entscheidung nicht zur Überzeugung des Gerichts eine Verletzung öffentlich-rechtlicher nachbarschützende Vorschriften und damit erst recht keine Ermessensreduzierung feststehe. Das verfassungsrechtliche Gebot effektiven Rechtsschutzes (Art. 19 Abs. 4 S. 1 GG), das insbesondere auch die zur Verfügungstellung ausreichend effektiven vorläufigen Rechtsschutzes, verlange im Einzelfall ein verwaltungsgerichtliches Einschreiten auch bereits dann, wenn eine derartige Überzeugungsgewissheit für das Verwaltungsgericht noch nicht bestehe. Der Erlass einer einstweiligen Anordnung ist dem BW VGH zufolge in solchen Fallkonstellationen in der Regel zur Abwendung wesentlicher Nachteile oder aus anderen Gründen nötig, wenn der Nachbar gewichtige und ernst zu nehmende Bedenken gegen die allein in nachbarrechtlicher Hinsicht zu beurteilende Rechtmäßigkeit des Bauvorhabens und eine mehr als nur geringfügige Betroffenheit glaubhaft macht mit der Folge, dass die Erfolgsaussichten des Rechtsbehelfs im Hauptsacheverfahren zumindest als offen angesehen werden müssen. Erginge die einstweilige Anordnung nicht und würde der Nachbar später im Hauptsacheverfahren obsiegen, dann wäre das streitige Bauvorhaben in der Regel errichtet, was bei realistischer Betrachtungsweise in der Regel zur Folge hätte, dass dieser Zustand nicht oder nur mit unverhältnismäßigen Schwierigkeiten wieder rückgängig gemacht werden könne. Würde jedoch die einstweilige Anordnung erlassen und würde später im Hauptsacheverfahren die Rechtmäßigkeit in nachbarrechtlicher Hinsicht bestätigt, so wären die Folgen für den Bauwilligen zwar auch nicht unbedeutend, da er über einen mehr oder weniger langen Zeitraum ein rechtmäßiges Vorhaben nicht verwirklichen habe können, was im Einzelnen mit wirtschaftlichen Einbußen verbunden sein könne. Diese Nachteile wögen jedoch in der Regel weniger schwer als die Gefahr der Schaffung vollendeter Tatsachen zu Lasten des Rechtsschutz suchenden Nachbarn.

18 Solange sich der Bauherr auf eine **Baugenehmigung** – sei diese auch rechtswidrig – berufen kann, ist den obigen Erläuterungen zufolge (Rn. 150, 151) ein Anspruch des Dritten von vornherein ausgeschlossen. Da die Baugenehmigung kraft Gesetzes sofort vollziehbar ist (§ 212 a BauGB), hat der Widerspruch keine aufschiebende Wirkung (§ 80

[223] OVG Rh-Pf vom 28. 3. 2001 Az. 8 A 12042/00; OVG Thür vom 22. 10. 1998 BauR 1999, 164.
[224] BW VGH vom 26. 10. 1994 NVwZ-RR 1995, 490.

Abs. 1, 2 Nr. 3 VwGO). Solange diese nicht durch Behörde oder Gericht angeordnet ist, wird nicht rechtswidrig gebaut, so dass ein Anspruch bereits daran scheitert, dass die Tatbestandsvoraussetzungen nicht erfüllt sind.

Unter den Begriff des Dritten fallen neben den Nachbarn auch die **Gemeinden**. Diesen ist in den §§ 31, 33 bis 35 BauGB auf Grund ihrer Planungshoheit (Art. 28 Abs. 2 GG) ein Beteiligungsrecht eingeräumt. Nach § 36 BauGB wird über die Zulässigkeit von Vorhaben nach den genannten Vorschriften im bauaufsichtlichen Verfahren von der Baugenehmigungsbehörde im Einvernehmen mit der Gemeinde entschieden. Fehlt die Beteiligung der Gemeinde, ist diese in ihren Rechten verletzt und kann deshalb sowohl Rechtsmittel ergreifen als auch um Baueinstellung ersuchen. Da eine fehlende Beteiligung der Gemeinde auf den ersten Blick zu erkennen ist, dürfte hier **in der Regel eine Ermessensreduzierung auf Null** anzunehmen sein.[225] Zu beachten ist allerdings auch hier, dass der Bauherr mit Erteilung der Baugenehmigung nicht formell rechtswidrig baut, auch wenn die Genehmigung selbst wegen fehlenden Einvernehmens der Gemeinde rechtswidrig ist und die Gemeinde Widerspruch eingelegt hat (§ 212 a BauGB, § 80 Abs. 2 Nr. VwGO). Erst wenn die aufschiebende Wirkung angeordnet ist, wird formell rechtswidrig gebaut. Falls die Gemeinde das Einvernehmen erklärt hat oder es gemäß § 36 Abs. 2 S. 2 BauGB als erteilt gilt, kann sie allerdings eine Baueinstellung mangels Rechtsverletzung nicht mehr verlangen. Da die Gemeinde in diesem Fall ordnungsgemäß beteiligt wurde, besteht auch kein Anfechtungsrecht für die daraufhin erteilte Baugenehmigung. 181

V. Rechtsfolge: Baueinstellung

Die gesetzliche Rechtsfolge lautet Einstellung der Arbeiten. Dies bedeutet, dass die **Bauaufsichtsbehörde** verlangen kann, eine Weiterführung der Arbeiten zu unterlassen. Damit kann sie aber nur „**Nichtstun**" fordern, nicht aber ein positives Tun, wie etwa Zuschüttung einer zu groß ausgehobenen Baugrube, Verkürzung eines zu breiten Balkons, Schließung einer zusätzlich eingebauten Fensteröffnung etc. Dies wäre von der Befugnis zur Baueinstellung nicht mehr gedeckt. 182

Für den **Bauherrn** bewirkt die Anordnung grundsätzlich, dass er **keinerlei Arbeiten** mehr durchführen darf. Dies bedeutet, dass auch an sich **baugenehmigungsfreie** Arbeiten erfasst sind.[226] Sofern nicht ausnahmsweise die Baueinstellung auf einen abtrennbaren Teil beschränkt wird, was die Behörde ausdrücklich erklären muss, sind sämtliche Arbeiten unzulässig. Eine andere Frage ist, ob noch notwendige **Sicherungsmaßnahmen** möglich sind. Grundsätzlich darf zwar nichts mehr ausgeführt werden, jedoch dürfte hierfür ein Anspruch des Bauherrn auf Gestattung dieser Maßnahmen zu bejahen sein.[227] Zulässig sind aber nur reine Sicherungsmaßnahmen (z. B. gegen Witterungseinflüsse). Dies sind nur solche Arbeiten, die zur Erhaltung der bereits geschaffenen Substanz erforderlich sind. Ausgeschlossen sind Maßnahmen, die zu einer Verfestigung der (formell) unrechtmäßigen Zustände führen; denn es ist das Ziel der Baueinstellung, die Schaffung unrechtmäßiger Zustände oder deren Verfestigung durch weitere Baumaßnahmen zu verhindern. 183

---

225 BW VGH vom 30. 9. 1996 BRS 59 Nr. 99; OVG Saar vom 30. 5. 1997 BRS 59 Nr. 221.

226 Bay VGH vom 28. 9. 1999 Az. 2 ZE 98.3261.

227 So auch *Decker* in *Simon/Busse*, BayBO, Art. 81 Rn. 17; *Jäde* (Fn. 204) Art. 81 Rn. 30 hält sie auch ohne ausdrückliche Gestattung für zulässig; ebenso Bay VGH vom 19. 4. 1999 Az. 2 ZB 98.2748, vom 2. 11. 1995 Az. 2 CE 95.2851 und vom 28. 9. 1999 Az. 2 ZE 98.3261.

VI. Anordnung der Baueinstellung als Verwaltungsakt

184 Die Anordnung der Baueinstellung ist ein **Verwaltungsakt** nach § 35 VwVfG, für den grundsätzlich die allgemeinen Regeln gelten. Hingewiesen sei hier auf Besonderheiten im Zusammenhang mit dem Erlass und der Vollstreckung.

1. Formelle Fragen

a) Zuständigkeit

185 Sachlich zuständig ist je nach landesrechtlicher Bezeichnung die **Bauaufsichts-, Baurechts- oder Bauordnungsbehörde**, und zwar auch bei Bauvorhaben des Bundes, der Länder und der kommunalen Gebietskörperschaften. Dies ist landesrechtlich in der Regel das Landratsamt mit Sonderregelungen für Städte.

Unberührt von dieser Zuständigkeitsregelung bleiben die Zuständigkeiten auf Grund allgemeinen Sicherheitsrechts oder Polizeirechts.

b) Verfahren, insbesondere Anhörung

186 Die grundsätzlich gemäß § 28 Abs. 1 VwVfG vorgeschriebene vorherige Anhörung des Betroffenen wird hier **in der Regel entfallen**, weil eine sofortige Entscheidung zumeist im öffentlichen Interesse liegt (§ 28 Abs. 2 Nr. 1 VwVfG). Dies folgt aus dem Zweck, die Schaffung vollendeter rechtswidriger Zustände noch rechtzeitig zu verhindern. Dennoch rechtfertigt dies nicht einen schematischen Verzicht auf die grundsätzlich vorgeschriebene vorherige Anhörung des Betroffenen ohne eine Prüfung der Umstände des Einzelfalls. Zulässig ist aber eine falltypische Betrachtungsweise. In Ausnahmefällen, wenn die Entstehung vollendeter Tatsachen nicht zu befürchten ist, muss der Betroffene natürlich vorher angehört werden.

c) Form und Wirksamwerden

187 Eine bestimmte Form, insbesondere Schriftform ist nicht vorgeschrieben. Da einer Baueinstellung zumeist eine Baukontrolle vorausgehen wird, wird die Einstellung der Arbeiten in der Regel vor Ort **mündlich** ergehen. Eine **schriftliche Bestätigung** des bereits ergangenen Verwaltungsaktes ist allerdings oftmals, vor allem im Hinblick auf nachfolgende Rechtsbehelfsverfahren (Beweiszweck), sinnvoll. Hinzu kommt, dass gemäß § 58 Abs. 1 VwGO die Widerspruchsfrist erst zu laufen beginnt, wenn eine schriftliche Rechtsbehelfsbelehrung vorliegt. Wenn der Betroffene dies verlangt und hieran ein berechtigtes Interesse besteht, muss gemäß § 37 Abs. 2 S. 2 VwVfG eine schriftliche Bestätigung erfolgen. Die schriftliche Bestätigung stellt nur eine nochmalige schriftliche Fixierung eines bereits erlassenen Verwaltungsakts dar, nicht aber einen Neuerlass. Anders sieht es allerdings dann aus, wenn die schriftliche Baueinstellung inhaltlich von der mündlichen abweicht; dann muss von einer erneuten Baueinstellung ausgegangen werden, die die mündliche konkludent aufhebt. Ebenso kann die Baueinstellung mündlich oder fernmündlich aufgehoben werden.[228]

188 **Wirksam** wird die mündliche Baueinstellung im Moment des **Ausspruch**s, denn dann ist sie dem Betroffenen bekannt gegeben (§ 43 Abs. 1 VwVfG). Ab diesem Zeitpunkt muss der Betroffene die Arbeiten einstellen; ein sofortiger mündlicher Widerspruch führt die aufschiebende Wirkung nicht herbei, da § 70 Abs. 1 VwGO für den Widerspruch Schriftform vorschreibt.

d) Begründung

189 Nach § 39 Abs. 1 VwVfG ist die schriftliche Baueinstellung bzw. eine schriftliche Bestätigung auch schriftlich zu begründen. Dies betrifft allein die formale Begründungspflicht und ist von der inhaltlichen Richtigkeit unabhängig. Grundsätzlich sind in der Begrün-

---

[228] OVG NRW vom 27. 10. 1995 BRS 57 Nr. 256.

dung die wesentlichen tatsächlichen und rechtlichen Gründe mitzuteilen, die die Behörde zu ihrer Entscheidung bewogen haben. Bei Ermessensentscheidungen sollen auch die Gesichtspunkte erkennbar sein, von denen die Behörde bei der Ausübung ihres Ermessens ausgegangen ist (§ 39 Abs. 1 S. 2 und 3 VwVfG). Wie bereits oben (Rn. 165) angesprochen handelt es sich hier aber um ein **Regelermessen**, das insoweit auch Auswirkung auf die Begründungspflicht hat. Die für die Anwendung der Regelmaßstäbe geltenden Erwägungen bedürfen **keiner eingehenden Begründung**. Ein Verweis auf das vorliegende Ermessen und die entsprechende Regelbehandlung genügen dem Begründungserfordernis. Einer **ausführlichen** Begründung nach den eben dargestellten Grundsätzen bedarf es bei einer von der Regel **abweichenden** Entscheidung.

2. Adressat

Adressat einer Baueinstellungsverfügung ist der Störer im sicherheitsrechtlichen Sinne, 190
d. h. die Anordnung ist an die Person zu richten, die für die Störung verantwortlich ist. Die Auswahl des Störers erfolgt nach allgemeinen sicherheitsrechtlichen Grundsätzen, wobei der Behörde im Einzelfall ein entsprechendes Auswahlermessen zusteht. Handlungsstörer ist in der Praxis der Bauherr oder der Unternehmer, Zustandsstörer der Grundstückseigentümer. Zur Wirksamkeit der Anordnung genügt die Inanspruchnahme einer Person, jedoch muss beachtet werden, dass Anordnungen in der Regel nur gegenüber dieser Person Rechtswirkungen entfaltet und auch nur von dieser angefochten werden können.

Im Zusammenhang mit den verschiedenen möglichen Störern bedarf es allerdings 191
einer Differenzierung: Die dem **Bauherrn** gegenüber ergangene Baueinstellung wirkt zwar nicht direkt gegenüber dem Unternehmer und kann auch von diesem nicht angefochten werden. Indirekt jedoch zeigt sie dem Unternehmer gegenüber Wirkungen, weil er vom Bauherrn nicht mehr mit der Fortführung der Arbeiten beauftragt werden darf.[229] Gegenüber einem möglicherweise vom Bauherrn verschiedenen Grundstückseigentümer wirkt die Anordnung nicht. Einer Duldungsanordnung bedarf es nicht, da kein positives Tun, sondern lediglich die Einstellung der Arbeiten, also ein Unterlassen gefordert wird. Wird der Bau gegenüber dem **Unternehmer** allein eingestellt – was zur Wirksamkeit ebenfalls ausreichend ist –, wirkt die Anordnung auch gegenüber dem Bauherrn und kann von diesem angefochten werden. Der Unternehmer führt die Arbeiten im Auftrag des Bauherrn durch, so dass der eigentliche Störer der Bauherr ist und nicht der Unternehmer, dessen sich der Bauherr zur Ausführung der Arbeiten bedient. Diese Konstellation ist vergleichbar der Situation bei einer Stellvertretung: Verpflichtet wird der Vertretene, allerdings mit der Besonderheit, dass hier neben dem Hintermann (Bauherr) auch der Unternehmer an die Anordnung gebunden ist. Gleichzusetzen mit der Vertretung ist das Anfechtungsrecht: Der Vertretene (Bauherr) kann die Baueinstellung anfechten. Gegenüber dem Unternehmer ist zwar ein Verwaltungsakt ergangen, jedoch dürfte es bei ihm an einer Verletzung in öffentlichen Rechten fehlen. Eine Anordnung gegenüber einem **Grundstückseigentümer** wirkt dagegen mangels einer solchen abgeleiteten Rechtsstellung nicht gegenüber dem Bauherrn.[230] Mangels Rechtswirkung kann der Bauherr die Anordnung auch nicht anfechten; da er aber nicht gebunden ist, bedarf es keiner Anfechtung. Um eine Einstellung der Arbeiten zu erreichen, muss die Behörde zusätzlich eine entsprechende Anordnung gegenüber dem Bauherrn als Handlungsstörer erlassen.

Die Geltung gegenüber dem **Rechtsnachfolger** bemisst sich nach jeweiligem Landes- 192
recht. Zum Teil sind bei der Baueinstellung selbst Regelungen über die Geltung gegenüber dem Rechtsnachfolger enthalten (so in Mecklenburg-Vorpommern, Saarland, Sachsen und Thüringen), z. T. wirken bauaufsichtliche Maßnahmen generell gegenüber dem

[229] VG Regensburg vom 22. 11. 1983 BayVBl. 1984, 281.
[230] VG Regensburg vom 22. 11. 1983 BayVBl. 1984, 281.

Rechtsnachfolger (so in Bayern, Brandenburg, Hessen und Niedersachsen) und im Übrigen ist nur die Rechtsnachfolge für die Baugenehmigung explizit geregelt (Baden-Württemberg, Berlin, Bremen, Hamburg, Nordrhein-Westfalen, Rheinland-Pfalz und Saarland zusätzlich für Nutzungsuntersagung und Beseitigungsanordnung, Sachsen-Anhalt und Schleswig Holstein). Hierzu sei auf die ausführliche Erläuterung im Rahmen der allgemeinen Befugnisnorm in diesem Kapitel verwiesen (Rn. 84).

3. Bestimmtheit

193 Eine Baueinstellung muss wie jeder andere Verwaltungsakt auch dem rechtsstaatlichen Erfordernis der ausreichenden Bestimmtheit genügen (§ 37 Abs. 1 VwVfG); die Bestimmtheit ist eine Frage der materiellen Rechtmäßigkeit. Diese Notwendigkeit ist einmal darin begründet, dass der Betroffene wissen muss, wie er sich zu verhalten hat, und zum anderen darin, dass der Verwaltungsakt vollstreckt werden kann.[231] Aus der Anordnung muss für den Adressaten klar erkennbar sein, inwiefern die Arbeiten rechtswidrig sind und nicht mehr fortgeführt werden dürfen. Insbesondere ist der **Umfang** deutlich zu machen: Dies betrifft einmal die Frage, ob die gesamten Arbeiten betroffen sind oder vielleicht nur ein abgrenzbarer Teil, der dann eindeutig bezeichnet werden muss. Weiter sind eventuell noch zulässige Sicherungsmaßnahmen zu bezeichnen.

194 Einer **Fristsetzung** bedarf es nicht, da vom Betroffenen nicht die Vornahme einer Handlung verlangt wird, sondern lediglich ein Unterlassen. Es ergibt sich von selbst, dass die Arbeiten sofort einzustellen sind. Sollte im Ausnahmefall noch die Fertigstellung eines Teilbereichs erlaubt werden, so ist hierfür eine ausdrückliche Erklärung erforderlich. Empfehlenswert ist allerdings die Angabe der Geltungsdauer der Baueinstellung, wie etwa der Zeitraum bis zum Ergehen einer entsprechenden Baugenehmigung oder bis zur Vorlage fehlender Unterlagen oder Prüfungen. Die Einstellung kann auch auf Dauer ausgesprochen werden, wenn eine Legalisierung nicht in Betracht kommt.

4. Anordnung der sofortigen Vollziehung

195 Da die Baueinstellungsverfügung nicht kraft Gesetzes sofort vollziehbar ist, bedarf es hierfür einer gesonderten Anordnung gemäß § 80 Abs. 2 Nr. 4, Abs. 3 VwGO. Ohne Anordnung der sofortigen Vollziehung hat der Widerspruch aufschiebende Wirkung (§ 80 Abs. 1 S. 1 VwGO). Grundsätzlich gelten für die Anordnung die allgemeinen Regeln.

196 Allerdings darf der **Gesetzeszweck** auch hier nicht außer Acht gelassen werden; im Hinblick auf die der Behörde eingeräumte Möglichkeit, zur Verhinderung rechtswidriger Zustände rasch einzuschreiten, können die Anforderungen an einen Sofortvollzug nicht sehr hoch gesetzt werden. Könnte der Bauherr durch Widerspruch den ungehinderten Weiterbau erreichen, wäre der Gesetzeszweck nicht erreicht und eine Einstellung der Arbeiten bedeutungslos. Ebenso wie aus diesem Grunde ein Regelermessen der Behörde bejaht wird, werden auch **in der Regel** die öffentlichen Interessen für die Anordnung der sofortigen Vollziehung sprechen, wenn Anhaltspunkte für einen Widerspruch des Bauherrn vorliegen.[232] Eine Baueinstellung erfüllt nur ihren Zweck, wenn ein Weiterbau nicht stattfindet. Wenn es der Bauherr in der Hand hätte, durch Ausnutzung der aufschiebenden Wirkung die bauliche Anlage ohne erforderliche behördliche Prüfung zu errichten, würde der Zweck vereitelt. Eine Abweichung von den genehmigten Bauvorlagen verstärkt mit jedem weiteren Baufortschritt die Verfestigung des formell und gegebenenfalls auch materiell rechtlich baurechtswidrigen Zustandes und erfordert deshalb eine umgehende Durchsetzung der Baueinstellungsanordnung. Nur auf diese Weise kann ihr Zweck, die Schaffung vollendeter baurechtswidriger Tatsachen zu verhindern und den Vorrang des Baugenehmigungsverfahrens vor der Ausführung von der Baugenehmigung

---

231 Nähere Erläuterungen hierzu oben Rn. 71 ff.
232 OVG Bln vom 26. 1. 1995 NVwZ 1995, 1009.

abweichender Bauarbeiten sicherzustellen, erreicht werden.[233] Dem öffentlichen Interesse an einer geordneten baulichen Entwicklung wird deshalb in der Regel der Vorrang einzuräumen sein. Hinzu kommt, dass derjenige, der ohne Baugenehmigung oder sonst rechtswidrig baut, nicht schützenswert ist und gegenüber dem gesetzestreuen Bürger, der erst nach Erfüllen aller Anforderungen baut, nicht bevorzugt werden darf. Das nach § 80 Abs. 3 VwGO vorgeschriebene Begründungserfordernis ist insoweit ebenso eingeschränkt. Bei **Vollendung** der Arbeiten kann sie nicht mehr ergehen, dann muss ohnehin auf das Instrument der Nutzungsuntersagung oder Beseitigungsanordnung zurückgegriffen werden.

Diese Regelargumentation hinsichtlich des Überwiegens der öffentlichen Interessen kann aber nicht gelten bei **genehmigungsfreien oder nur teilweise geprüften Vorhaben**, wenn sich der Bürger seines Verstoßes womöglich gar nicht bewusst ist. In den Fällen ohne Baugenehmigung im klassischen Sinne ist der Widerspruch zu öffentlich-rechtlichen Vorschriften nicht so offensichtlich, dass für den Bürger der Vorrang der öffentlichen Interessen deutlich zu erkennen wäre. Insoweit bedarf es einer ausführlicheren Begründung, die auf die Rechtswidrigkeit verweist und das überwiegende öffentliche Interesse an der sofortigen Vollziehung bezeichnet. 197

Bei der **mündlichen Baueinstellung** ist die Anordnung des Sofortvollzugs nicht erforderlich, da ein die aufschiebende Wirkung auslösender Widerspruch nur schriftlich eingelegt werden kann (§ 70 Abs. 1 VwGO). Ungeachtet dessen müsste die Anordnung gemäß § 80 Abs. 3 S. 1 VwGO grundsätzlich schriftlich begründet werden. 198

5. Vollstreckung

Die Vollstreckung erfolgt nach den allgemeinen landesrechtlichen Vollstreckungsregelungen. Da nicht die Vornahme einer Handlung, sondern ein Unterlassen Gegenstand der Verfügung ist, kommt in erster Linie **Zwangsgeld** in Betracht, das das wirtschaftlichen Interesse, das der Pflichtige an der Vornahme der ihm untersagten Handlung hat, erreichen soll. Hierbei ist die Art des Bauvorhabens mit zu berücksichtigen.[234] Da in der Regel der sofortige Vollzug angeordnet wird, soll die Androhung mit der Baueinstellung verbunden werden. Das Zwangsgeld wird fällig, wenn der Bauherr seiner Verpflichtung, die Arbeiten einzustellen, nicht nachkommt. Dass sich die Verfügung später möglicherweise durch den rechtswidrigen Weiterbau und der damit verbundenen Fertigstellung erledigt, ist auf das bereits fällig gewordene Zwangsgeld ohne Einfluss. Im Übrigen sind die Möglichkeiten der Behörde nach eventuellen gesonderten Regelungen im Rahmen der Baueinstellung zu beachten. 199

6. Zeitliche Geltung

Die Baueinstellungsverfügung ist ein **Dauerverwaltungsakt**. Sie gilt grundsätzlich zeitlich unbegrenzt. Es empfiehlt sich allerdings, die Geltungsdauer anzugeben, wie etwa der Zeitraum bis zum Ergehen einer entsprechenden Baugenehmigung oder bis zur Vorlage fehlender Unterlagen oder Prüfungen. Die Einstellung kann auch auf Dauer ausgesprochen werden, wenn eine Legalisierung nicht in Betracht kommt. Sobald die Arbeiten fertig gestellt sind, sei es illegal oder auf Grund aufschiebender Wirkung, tritt Erledigung ein und die Baueinstellung ist wirkungslos. 200

7. Rechtsschutz gegen die Anordnung

Gegen eine Baueinstellungsverfügung sind **Widerspruch und Anfechtungsklage** gegeben, solange das Vorhaben noch nicht fertig gestellt ist. Mit Fertigstellung tritt Erledi- 200a

---

233 OVG Bln vom 19. 11. 1996 DÖV 1997, 259.

234 Zum Beispiel 1000,– € für Einbau von zwei Wohnungen in Dachgeschoss Bay VGH 29. 3. 1993 Az. 14 CE 93.434; 30 000,– € für Umbau und Dachgeschossausbau bei 4 Geschossen und 2 Dachgeschossebenen Bay VGH vom 19. 4. 1999 Az. 2 ZB 98.2748.

gung ein. Der Widerspruch gegen eine Baueinstellungsverfügung hat grundsätzlich aufschiebende Wirkung (§ 80 Abs. 1 S. 1 VwGO), da eine dem § 212a BauGB entsprechende Regelung nicht existiert. Dies bedeutet, dass ab Einlegung des Widerspruchs eine Fortsetzung der Arbeiten möglich ist. Zu beachten ist, dass Widerspruch und Anfechtungsklage bei einem formell rechtswidrigen Vorhaben nicht schon deshalb zum Erfolg führen, weil es materiell rechtmäßig und genehmigungsfähig ist. Dem Gesetzeszweck entsprechend ist für eine Baueinstellungsverfügung allein formelle Rechtmäßigkeit ausreichend. Würde im Rechtsbehelfsverfahren nunmehr zusätzlich materielle Rechtmäßigkeit verlangt, würde dieser Zweck in das Gegenteil verkehrt.

Wurde die **sofortige Vollziehung** durch die Behörde besonders **angeordnet** (§ 80 Abs. 2 Nr. 4 VwGO, bei mündlicher Baueinstellung wegen § 80 Abs. 3 S. 1 VwGO erst im Nachhinein mit der schriftlichen Bestätigung), entfällt die aufschiebende Wirkung, d. h. die Arbeiten sind trotz eines Widerspruchs einzustellen. Der Bauherr hat die Möglichkeit, bei Gericht gemäß § 80 Abs. 5 VwGO die Wiederherstellung der aufschiebenden Wirkung zu beantragen. Eine Fortsetzung der Arbeiten ist aber erst mit entsprechendem stattgebendem Beschluss möglich.

Sobald die Arbeiten **abgeschlossen** sind, **erledigt** sich das Verfahren, weil der Bauherr durch die angeordnete Einstellung der Arbeiten nicht mehr beschwert sein kann. Eine Anfechtungsklage ist damit nicht mehr möglich; in Betracht kommt allenfalls noch die Fortsetzungsfeststellungsklage nach allgemeinen Voraussetzungen. Ein entsprechendes Feststellungsinteresse dürfte allerdings schwer zu begründen sein.

VII. Zuwiderhandlung

201 Für Zuwiderhandlungen werden der Bauaufsichtsbehörde neben den allgemeinen Vollstreckungsmöglichkeiten weitere Befugnisse an die Hand gegeben.[235] Bei unerlaubter Fortsetzung unzulässiger Bauarbeiten kann sie die Baustelle versiegeln, in Bayern auch überwachen und die an der Baustelle vorhandenen Bauprodukte, Geräte, Maschinen und Bauhilfsmittel in amtlichen Gewahrsam bringen. Diese Regelung ist **nicht an das Vollstreckungsrecht gekoppelt**. Das bedeutet, dass hiermit **originäre** Befugnisse der Bauaufsichtsbehörden geschaffen wurden, die nicht den Anforderungen an eine Vollstreckung genügen müssen. So bedarf es zum Beispiel keiner Androhung. Ausreichend sind vielmehr das Vorliegen der Tatbestandsvoraussetzungen, die Wahrung der Verhältnismäßigkeit und eine sachgerechte Ermessensentscheidung.

1. Unzulässige Bauarbeiten

202 Im Hinblick auf die Unzulässigkeit der Arbeiten kann auf die obigen Erläuterungen verwiesen werden. Zu beachten ist allerdings, dass in Bayern im Gegensatz zur Regelung der Baueinstellung an sich die Behörde nur dann zum Einschreiten befugt ist, wenn **Bauarbeiten** durchgeführt werden; dies würde zum einen eine Koppelung an eine *bauliche* Anlage bedeuten und zum anderen würden bloße Nutzungsänderungen ohne Änderung der baulichen Substanz ausgeschlossen. Ob dies vom Gesetzgeber so gewollt ist, ist fraglich. Vielmehr handelt es sich hier um ein redaktionelles Versehen.

2. Anordnung der Einstellung

203 Diese Zwangsmaßnahmen sind in Abhängigkeit zur Baueinstellungsverfügung zu sehen. Die Anordnung der Einstellung als Verwaltungsakt – auch mündlich – muss vorliegen. Dies ist dann der Fall, wenn die **Baueinstellungsverfügung wirksam** geworden ist, also dem Betroffenen bekannt gemacht wurde. Mit Eintritt der **aufschiebenden Wirkung** auf Grund eines Rechtsbehelfs gegen die Baueinstellung ist ein derartiges Vorgehen

[235] Ausnahme Hessen, Nordrhein-Westfalen und Saarland, wobei Hess VGH vom 20. 1. 1981 NJW 1981, 2270 die Versiegelung als Sicherstellungsmaßnahme zur Gefahrenabwehr zulässt.

nicht mehr möglich, da die Bauarbeiten dann nicht unerlaubt fortgesetzt werden.[236] Ferner sind der Behörde diese Möglichkeiten nur zur Durchsetzung einer **Einstellung**, nicht einer Nutzungsuntersagung oder sonstiger Anordnungen eröffnet. Mit **Fertigstellung** des Vorhabens sind diese Maßnahmen ebenso wenig wie der Erlass einer Baueinstellung zulässig.

3. Unerlaubte Fortsetzung

Die unerlaubte Fortsetzung ist abhängig vom Umfang der Baueinstellung. Soweit die Einstellung reicht, dürfen Bauarbeiten nicht mehr ausgeführt werden. Hierfür ist die ausreichende Bestimmtheit der Baueinstellungsverfügung wichtig. Wenn nicht die gesamten Arbeiten betroffen sind, sondern nur ein abgrenzbarer Teil, muss dies eindeutig bezeichnet werden. Nur dann ist für den Betroffenen erkennbar, welche Arbeiten nicht erlaubt sind. Zur Rechtsklarheit hierüber sind auch eventuell noch zulässige Sicherungsmaßnahmen zu bezeichnen. Hierzu gehören unbedingt notwendige, die vorhandene Baumasse sichernde und erhaltende provisorische Maßnahmen.[237] Insoweit besteht ein Anspruch des Bauherrn auf Zulassung dieser Arbeiten. Sobald aber Arbeiten ausgeführt werden, die von der Baueinstellung erfasst sind, liegt eine unerlaubte Fortsetzung vor. 204

4. Ermessen

Die Anordnungsmöglichkeiten der Behörde stehen in ihrem pflichtgemäßen Ermessen. Hierfür gelten die allgemeinen Grundsätze; das oben (III. 1.a) angesprochene Regelermessen gilt nur für die Anordnung der Baueinstellung an sich. 205

5. Rechtsfolgen

Die Rechtsfolgen stehen nicht isoliert nebeneinander, vielmehr können gleichzeitig mehrere Maßnahmen getroffen werden. Erforderlich ist jedoch jeweils eine eigene Anordnung. Diese Anordnung ist ein Verwaltungsakt nach § 35 VwVfG, der nach allgemeinen Regeln erlassen wird und ebenso wie die Baueinstellung auch mündlich erfolgen kann. Nicht aber handelt es sich hier bei um eine vollstreckungsrechtliche Androhung; eine derartige Anordnung stellt vielmehr ein eigenständig geregeltes Zwangsmittel dar, das neben einer bauaufsichtsbehördlichen Anordnung von der Behörde ohne vorherige Androhung verhängt werden darf.[238] Erforderlich ist allerdings, dass die Anordnung der Baueinstellung sofort vollziehbar ist (siehe oben Rn. 203). In der Regel wird auch ein öffentliches Interesse am sofortigen Vollzug bestehen.[239] 206

a) Versiegelung

Durch die Versiegelung wird sichergestellt, dass die **Bauarbeiten nicht mehr fortgeführt** werden können, ohne dass das angebrachte Siegel beschädigt wird. Dies führt nach § 136 StGB (Siegelbruch) zu strafrechtlichen Konsequenzen. Eine Versiegelungsanordnung darf eine **einheitliche** Baustelle erfassen, auch wenn die vorangegangene Baueinstellung nicht alle Bauarbeiten untersagt hat.[240] Die Versiegelung muss der Verhinderung weiterer Bauarbeiten denen, nicht aber darf sie sich darin erschöpfen, praktisch die Benutzung von Räumen zu verhindern. Hierfür müssen die Voraussetzungen einer **Nutzungsuntersagung** gegeben sein.[241] 207

---

236 Ebenso wie hier *Koch/Molodovsky/Famers*, BayBO Art. 81 Anm. 6.2 und *Decker* (Fn. 227) Art. 81 Rn. 108; a. A. zu Unrecht *Jäde* (Fn. 204) Art. 81 Rn. 36; offen Bay VGH vom 16. 1. 1997 Az. 14 CS 96.3559.

237 Bay VGH vom 19. 4. 1999 Az. 2 ZB 98.2748 und vom 28. 9. 1999 Az. 2 ZE 98.3261.

238 Hess VGH vom 17. 5. 1984 DVBl. 1984, 794, vom 9. 3. 1993 BRS 55 Nr. 204; OVG Nds vom 27. 9. 1983 BRS 40 Nr. 227.

239 Bay VGH vom 18. 7. 1985 BayVBl. 1985, 723.

240 Bay VGH vom 4. 5. 1987 BRS 47 Nr. 196.

241 Bay VGH vom 18. 2. 1972 BayVBl. 1972, 441.

b) Überwachung

208 Mit der Überwachung wird eine ständige Kontrolle sichergestellt.

c) Beschlagnahme

209 Wenn die Bauaufsichtsbehörde die an der Baustelle befindlichen Bauprodukte und Gerätschaften von der Baustelle entfernt, wird das weitere Arbeiten unmöglich gemacht.

Teil 3. Nutzungsuntersagung

MBO § 80 S. 2, BW § 65 S. 2, Bay Art. 82 S. 2, Bln § 70 Abs. 1 S. 2, Bbg § 73 Abs. III, Brem § 82 Abs. 2, Hamb § 76 Abs. 1 S. 2, Hess § 72 Abs. 1 S. 2, M-V § 80 Abs. 1 S. 2, Abs. 2, Nds § 89 Abs. 1, NRW § 61, Rh-Pf § 81, Saar § 88 Abs. 2, Sachs § 77 S. 2, Sachs-Anh § 84 Abs. 3 S. 2, Schl-H § 86 Abs. 1 S. 3, Thür § 77 Abs. 1 S. 2.

I. Ländervergleich

210

	Regelungsgegenstände der Landesbauordnungen und der MBO 2002[242]
1.	**Anlagen**
2.	**Nutzen**/Benutzen
3.	**Widerspruch** zu öffentlich-rechtlichen Vorschriften bzw. Verstoß
4.	Rechtsfolge: **Untersagung** der Nutzung/Benutzung
5.	**Zwangsmittel**
6.	Geltung gegenüber **Rechtsnachfolger**

211

Land	**Norm** (LBO)		**Umsetzung/Abweichung in den Ländern und der MBO 2002**[243]
MBO 2002	§ 80 S. 2	**1.**	§ 80 S. 2 auch Werbeanlagen und Warenautomaten (§§ 80, 2 I 3, 1 I 2, 10)
		2.	§ 80 S. 2
		3.	§ 80 S. 2
		4.	§ 80 S. 2
		5.	keine Regelung
		6.	§ 58 III
BW	§ 65 S. 2	**1.**	§ 65 S. 2 Werbeanlagen und Automaten (§§ 65 S. 2, 1 I 2, 11 III)
		2.	§ 65 S. 2
		3.	§ 65 S. 2
		4.	§ 65 S. 2
		5.	keine Regelung
		6.	nur bei Baugenehmigung geregelt (§ 58 II)
Bay	Art. 82 S. 2	**1.**	Art. 82 S. 2 Werbeanlagen und Automaten als fiktive bauliche Anlage (Art. 2 I 2)
		2.	Art. 82 S. 2
		3.	Art. 82 S. 2
		4.	Art. 82 S. 2
		5.	keine Regelung
		6.	Art. 60 II 3 Geltung auch gegenüber Personen, die ein Besitzrecht erlangt haben
Bln	§ 70 I 2	**1.**	§ 70 I 2 bauliche Anlagen – § 70 II Werbeanlagen und Warenautomaten
		2.	§ 70 I 2
		3.	§ 70 I 2
		4.	§ 70 I 2
		5.	keine Regelung
		6.	nur für die Baugenehmigung geregelt (§ 62 IV)

242 Die hier verwendeten Ziffern entsprechen den Ziffern der nachstehenden Rubrik „Umsetzung/Abweichung in den Ländern und der MBO 2002".

243 Die hier verwendeten Ziffern entsprechen den Ziffern der vorstehenden Rubrik „Regelungsgegenstände der Landesbauordnungen und der MBO 2002".

Land	Norm (LBO)		Umsetzung/Abweichung in den Ländern und der MBO 2002
Bbg	§ 73 III	**1.**	§ 73 III 1 bauliche Anlagen
		2.	§ 73 III 1
		3.	§ 73 III 1
		4.	§ 73 III 1
		5.	§ 73 III 2 Versiegelung bei Fortsetzung der Nutzung trotz bestandskräftiger oder sofort vollziehbarer Nutzungsuntersagung
		6.	§ 52 V
Brem	§ 82 II	**1.**	§§ 82 II, I, 1I 2, 13 I bauliche Anlagen und Anlagen oder Einrichtungen, an die BauO Anforderungen stellt – Werbeanlagen und Waren- bzw. Leistungsautomaten
		2.	§ 82 II
		3.	§ 82 II
		4.	§ 82 II Untersagung der Benutzung und der Aufnahme jeder nicht genehmigten bzw. den Anforderungen für genehmigungsfreigestellte Verfahren nach § 66 V nicht genügenden Nutzung
		5.	keine Regelung
		6.	nur für die Baugenehmigung geregelt (§ 74 I)
Hamb	§ 76 I 2	**1.**	§ 76 I 2 bauliche Anlage – Werbeanlagen und Waren- und Leistungsautomaten (§ 76 II) – zusätzlich bei verwahrlosten oder verunstalteten Anlagen Instandsetzung (§ 76 III 1)
		2.	§ 76 I 2
		3.	§ 76 I 2
		4.	§ 76 I 2 Untersagung der Benutzung und Sonderregelungen für Aufräumen, Herrichten von Grundstücken und Aufstellung, Lagerung von Sachen auf Grundstücken (§ 76 III 3, 4)
		5.	keine Regelung
		6.	nur bei Baugenehmigung geregelt (§ 69 II)
Hess	§ 72 I 2	**1.**	§ 72 I 2 Anlagen oder Einrichtungen, an die BauO Anforderungen stellt – Werbeanlagen als fiktive bauliche Anlage (§ 2 I 3 Nr. 7)
		2.	§ 72 I 2
		3.	§ 72 I 2
		4.	§ 72 I 2
		5.	keine Regelung
		6.	§ 53 VI
M-V	§ 80 I 2; II	**1.**	§ 80 I 2 bauliche Anlagen – Werbeanlagen und Warenautomaten (§ 80 III)
		2.	§ 80 I 2
		3.	§ 80 I 2
		4.	§ 80 I 2
		5.	§ 80 II Versiegelung bei Fortsetzung einer unzulässigen Nutzung trotz einer schriftlich verfügten Nutzungsuntersagung
		6.	§ 80 I 3
Nds	§ 89		allgemeine bauaufsichtliche Befugnisnorm, keine gesonderte Regelung der Nutzungsuntersagung
		1.	§ 89 I 1 bauliche Anlagen, Grundstücke, Bauprodukte oder Baumaßnahmen – Werbeanlagen und Warenautomaten als fiktive bauliche Anlage (§ 2 I 2)
		2.	§ 89 I 2 Nr. 5 Benutzen von baulichen Anlagen beispielhaft erwähnt
		3.	§ 89 I 1 Verstoß gegen öffentliches Baurecht; Hinweis auf bevorstehende, drohende Rechtswidrigkeit („zu besorgen ist")
		4.	§ 89 I 2 Nr. 1, § 89 II, III Untersagung der Benutzung; Regelung der Verantwortlichkeit; vorherige Erörterung

Land	Norm (LBO)	Umsetzung/Abweichung in den Ländern und der MBO 2002	
		5.	§ 89 IV Versiegelung und Beschlagnahme, soweit zur Durchsetzung der Anordnungen erforderlich
		6.	§ 89 II 3
NRW	§ 61		allgemeine bauaufsichtliche Befugnisnorm, keine gesonderte Regelung der Nutzungsuntersagung
		1.	§ 61 I Anlagen und Einrichtungen, an die BauO Anforderungen stellt – Werbeanlagen und Warenautomaten (§§ 61 I 1, 1 I 2, 13)
		2.	§ 61 I
		3.	§ 61 I
		4.	§ 61 I Rechtsfolge sind allgemein die erforderlichen Maßnahmen
		5.	keine Regelung
		6.	nur für Baugenehmigung geregelt (§ 75 II)
Rh-Pf	§ 81	1.	§ 81 Anlagen und Einrichtungen, an die BauO Anforderungen stellt – Werbeanlagen und Warenautomaten (§§ 81, 1 I 2, 52)
		2.	§ 81 Nutzung nicht explizit erwähnt
		3.	§ 81 Verstoß gegen baurechtliche oder sonstige öffentlich-rechtliche Vorschriften über die Errichtung, Änderung, Instandhaltung, Nutzungsänderung
		4.	§ 81 Untersagung der Benutzung, wenn nicht auf andere Weise rechtmäßige Zustände hergestellt werden können
		5.	keine Regelung
		6.	§ 81 S. 3
Saar	§ 88 II	1.	§ 88 II Anlagen und Einrichtungen – Werbeanlagen und Warenautomaten (§ 15 II, V)
		2.	§ 88 II
		3.	§ 88 II
		4.	§ 88 II
		5.	§ 87 II Versiegelung und Beschlagnahme bei Fortsetzung der verbotenen Nutzung nach Erlass eines unanfechtbaren oder für sofort vollziehbar erklärten Benutzungsverbots
		6.	§ 88 III
Sachs	§ 77 S. 2	1.	§ 77 S. 2 bauliche Anlagen – Werbeanlagen und Automaten nur, soweit bauliche Anlage
		2.	§ 77 S. 2
		3.	§ 77 S. 2
		4.	§ 77 S. 2
		5.	keine Regelung
		6.	§ 77 S. 3
Sachs-Anh	§ 84 III 2	1.	§ 84 III 2 bauliche Anlagen – Werbeanlagen und Automaten als fiktive bauliche Anlage (§ 2 I 3)
		2.	§ 84 III 2
		3.	§ 84 III 2
		4.	§ 84 III 2
		5.	keine Regelung
		6.	nur bei Baugenehmigung geregelt (§ 77 II)
Schl-H	§ 86 I 3	1.	§ 86 I 3 bauliche Anlagen – Werbeanlagen und Warenautomaten (§ 86 II)
		2.	§ 86 I 3
		3.	§ 86 I 3
		4.	§ 86 I 3
		5.	keine Regelung
		6.	nur bei Baugenehmigung geregelt (§ 78 II)

Land	Norm (LBO)		Umsetzung/Abweichung in den Ländern und der MBO 2002
Thür	§ 77 I 2	**1.**	§ 77 I 2 bauliche Anlagen – Werbeanlagen und Warenautomaten (§ 77 II)
		2.	§ 77 I 2
		3.	§ 77 I 2
		4.	§ 77 I 2
		5.	keine Regelung
		6.	§ 77 I 2

II. Allgemeine Vorbemerkungen

212 Eine **Nutzungsuntersagung** kann ausgesprochen werden, wenn Anlagen im Widerspruch zu öffentlich-rechtlichen Vorschriften benutzt werden. Im Grundtenor gleicht die Nutzungsuntersagung der Baueinstellungsverfügung. Die folgenden Erörterungen konzentrieren sich somit auf die Abweichungen.

213 Die Nutzungsuntersagung hat den **Zweck**, die Ausnutzung eines rechtswidrigen Zustands zu unterbinden. Werden Anlagen im Widerspruch zu öffentlich-rechtlichen Vorschriften errichtet oder in ihrer Nutzung geändert, sollen wieder rechtmäßige Zustände hergestellt werden. Dem Betroffenen wird untersagt, eine Nutzung auszuüben, zu der er mangels Baugenehmigung nicht berechtigt ist. Wer sich über die Rechtsordnung hinwegsetzt, soll nicht gegenüber dem gesetzestreuen Bürger privilegiert werden. Es soll vermieden werden, dass sich derjenige, der sich über das formelle Baurecht hinwegsetzt, gegenüber dem gesetzestreuen Antragsteller mindestens einen zeitweiligen Vorteil verschafft und einen Anreiz zur Gesetzesverletzung hat.[244] Zugleich dient die Nutzungsuntersagung dem allgemeinen Interesse an einer geordneten baulichen Entwicklung.

214 Damit ist die **Nutzungsuntersagung** zwischen der **Baueinstellung** und der **Beseitigungsanordnung** anzusiedeln. Während die Baueinstellung allein der Verhinderung gesetzwidriger Zustände dient, greift die Nutzungsuntersagung sowohl präventiv als auch im Nachhinein, wenn solche Zustände bereits verwirklicht wurden. Im Gegensatz zur Beseitigungsanordnung bleibt die Substanz aber noch unberührt. Damit wird der Betroffene im Regelfall ohne weiteren Vermögensverlust lediglich auf die Einhaltung des vorgeschriebenen Verfahrens verwiesen, das er bereits vor Aufnahme der Nutzung hätte durchlaufen müssen. Die drei Eingriffsbefugnisse sind voneinander unabhängig und können auch nebeneinander erlassen werden. So kann z. B. eine Nutzungsuntersagung vor der Beseitigungsanordnung oder gleichzeitig bis zum Zeitpunkt der Beseitigung ergehen. Im Rahmen der Ermessenserwägungen bzw. aus Gründen der Verhältnismäßigkeit kann die Behörde auch zum Ergebnis gelangen, dass eine Nutzungsuntersagung statt einer Beseitigungsanordnung auszusprechen ist. Wenn die Behörde selbst bei Vorliegen der Voraussetzungen zum Erlass einer Beseitigungsanordnung von einem Einschreiten überhaupt absehen kann, ist es nicht zu beanstanden, wenn sie anstelle eines Abbruchverlangens nach dem Grundsatz der Verhältnismäßigkeit lediglich die weniger einschneidende Maßnahme des Verbots einer unzulässigen Nutzung ergreift.[245]

215 Neben der bauordnungsrechtlichen Nutzungsuntersagung gibt es unter anderen Aspekten natürlich noch **weitere Befugnisse**, wie zum Beispiel im Naturschutzrecht, Denkmalschutzrecht, Wasserrecht, Polizeirecht, Straßen- und Wegerecht und im bundesrechtlichen Bereich im Baurecht selbst, Gewerbe-, Immissionsschutz- und Abfallrecht. Diese Möglichkeiten stehen in der Regel selbständig nebeneinander, also z. B. abfall-

[244] Hess VGH vom 27. 1. 1989 BauR 1990, 198.
[245] OVG Saar vom 12. 11. 1982 DÖV 1983, 821.

rechtliche Regelungen für abfallrechtlichen Zustand als Anknüpfungspunkt und baurechtliche bei Baurechtswidrigkeit, sofern es sich nicht um Sondervorschriften handelt, die bereits eine Anwendung des Baurechts überhaupt ausschließen, z. B. bei nach Immissionsschutzrecht genehmigungspflichtigen Anlagen.[246] Wenn allerdings die Benutzung einer Anlage zunächst nach Immissionsschutzrecht untersagt wurde, aber noch nicht feststeht, ob diese Voraussetzungen tatsächlich gegeben sind, kann solange noch eine baurechtliche Nutzungsuntersagung erfolgen.[247]

III. Tatbestandsvoraussetzungen der Nutzungsuntersagung

1. Anlagen

Hier bestehen keine Unterschiede zur Baueinstellung, insoweit kann hierauf verwiesen werden. Wie auch bei der Baueinstellung sind in einigen Ländern nur die baulichen Anlagen erfasst (Berlin, Brandenburg, Hamburg, Mecklenburg-Vorpommern, Niedersachsen, Sachsen, Sachsen-Anhalt, Schleswig-Holstein, Thüringen). Für Werbeanlagen und Waren-, teilweise auch Leistungsautomaten, gibt es bei der Nutzungsuntersagung allerdings öfter Sonderregelungen, so dass diese zumeist erfasst sind. Einzelheiten hierzu sind der tabellarischen Auflistung am Anfang dieses Teils zu entnehmen. 216

2. Benutzen

Unter **Benutzen** ist das Gebrauchmachen von einer Anlage zu verstehen. Wegen der Erforderlichkeit einer Nutzung im Widerspruch zu öffentlich-rechtlichen Vorschriften ist die Nutzung ihrer Art nach immer genau zu differenzieren. Da nicht jedwede Nutzung schlechthin schädlich sein muss, sondern z. B. nur eine gewerbliche Nutzung, wohingegen Wohnnutzung durchaus zulässig sein kann, ist die konkrete Nutzung exakt zu definieren. 217

Untersagt wird immer die **konkrete** Nutzung, die im Widerspruch zu öffentlich-rechtlichen Vorschriften steht. So muss zum Beispiel zwischen Hundehaltung und Wohnnutzung, zwischen Einzelhandelsgeschäft mit Lebensmittel bzw. technischem Sortiment differenziert werden[248] oder unterschieden werden zwischen Nutzung eines Hauses als Gastarbeiterwohnheim, Wohnheim für Aussiedler und/oder Sozialhilfeempfänger und als Einfamilienhaus.[249] Die Nutzung muss in jeder Hinsicht präzisiert werden: Selbst wenn eine Art der Nutzung generell zulässig ist, kann die Ausübung zum Beispiel zur Nachtzeit die Grenze zur Rechtswidrigkeit überschreiten. Eine im allgemeinen Wohngebiet als nicht störender Kleinbetrieb genehmigte Tankstelle wird somit im Widerspruch zu öffentlich-rechtlichen Vorschriften genutzt, wenn ihr Betrieb zur Nachtzeit zu andauernden unzumutbaren Nachteilen oder Belästigungen für die nähere Umgebung führt.[250] 218

Wie bei der Baueinstellung muss die Nutzung **begonnen** haben und noch **andauern**. Zum Beginn ist auch hier ausreichend, dass die konkrete Nutzung unmittelbar bevorsteht. Eine Nutzungsuntersagung, nachdem der Betroffene die Nutzung bereits freiwillig wieder aufgegeben hat, geht mangels Vorliegen einer Nutzung in die Leere. 219

---

246 BVerwG vom 10. 11. 1993 NVwZ 1994, 296; vom 11. 8. 1992 NVwZ 1993, 476; vom 18. 10. 1991 NVwZ 1992, 480; BW VGH vom 24. 11. 1997 NVwZ-RR 1998, 553; vom 15. 4. 1997 NVwZ-RR 1998, 173; vom 26. 5. 1994 NVwZ 1995, 397; Hess VGH vom 5. 12. 1994 DVBl. 1995, 524; vom 2. 8. 1995 NVwZ-RR 1996, 317; OVG Rh-Pf vom 5. 5. 1993 NVwZ 1994, 511; OVG NRW vom 31. 10. 1994 NVwZ 1995, 397.

247 OVG Nds vom 29. 7. 1982 Az. 7 B 18/82.

248 BW VGH vom 19. 1. 1989 NVwZ-RR 1990, 64; OVG Nds vom 25. 9. 1990 BRS 50 Nr. 174 und vom 2. 7. 1992 BRS 54 Nr. 46.

249 OVG Bln vom 31. 8. 1996 BRS 58 Nr. 204 und vom 23. 8. 1996 DÖV 1997, 551.

250 OVG Bln vom 21. 11. 1989 NVwZ-RR 1991, 6.

3. Widerspruch zu öffentlich-rechtlichen Vorschriften

220 Der Widerspruch zu öffentlich rechtlichen Vorschriften muss sich daraus ergeben, dass die konkrete Nutzung gegen öffentlich rechtliche Vorschriften verstößt. Grundsätzlich setzt eine Nutzungsuntersagung voraus, dass die Nutzung nicht durch eine Baugenehmigung oder eine Nutzungsgenehmigung gedeckt ist und die Nutzung seit ihrem Beginn fortdauernd gegen materielle öffentlich-rechtliche Vorschriften verstößt.[251]

a) Formell

221 Ein Widerspruch kann sich zunächst aus formellen Gründen ergeben. Der Hauptfall ist auch nach Einführung des Freistellungs- bzw. Anzeigeverfahrens derjenige, dass eine erforderliche **Baugenehmigung nicht vorliegt**. Allein die Verwirklichung eines Vorhabens ohne erforderliche Baugenehmigung ist der gesetzlichen Regelung zufolge zunächst einmal für eine Nutzungsuntersagung ausreichend, wenngleich sich bereits hier Streitpunkte entwickelt haben.

222 **aa) Nutzungsuntersagung bei bloßer formeller Rechtswidrigkeit.** Die Voraussetzungen für eine Nutzungsuntersagung sind im Allgemeinen bereits bei bloßer **formeller Rechtswidrigkeit** erfüllt.[252] Insoweit kann auf die Erläuterungen zur Baueinstellung verwiesen werden. Nur durch die Möglichkeit, formell illegale Nutzungen auch ohne Rücksicht auf ihre etwaige materielle Legalität zu verbieten, ist die Bauaufsicht in der Lage, das System des präventiven Bauverbots und Nutzungsverbots in Verbindung mit der Genehmigungspflicht von Bauvorhaben zu sichern.[253] Für diese Auslegung spricht schon der Wortlaut der einschlägigen Bestimmungen. Mit Ausnahme von Rheinland-Pfalz und Berlin, wo die Rechtsprechung eine solche Auslegung vornimmt,[254] wird nämlich bei der Nutzungsuntersagung im Gegensatz zur Beseitigungsanordnung nicht verlangt, dass nicht auf andere Weise, also durch Erteilung einer erforderlichen Genehmigung, rechtmäßige Zustände hergestellt werden können. Ein materieller Verstoß oder materielle Sicherheitsaspekte sind nicht maßgeblich; Einschränkungen sind hier lediglich in den eben genannten Ländern mit einer anderen gesetzlichen Ausgangslage vorzunehmen. Im Übrigen ist eventuelle materielle Rechtmäßigkeit allenfalls im Rahmen der Ermessensausübung von Bedeutung. Auf diese Frage hat sich ein bislang bestehender Streitpunkt hinsichtlich allein formeller Rechtmäßigkeit nunmehr konzentriert. Der Unterschied zur Beseitigungsanordnung besteht eben gerade darin, dass der Zweckbestimmung der Nutzungsuntersagung entsprechend die **Substanz noch unangetastet** bleibt. Es werden noch keine irreparablen Zustände geschafften, sondern der Betroffene wird nur daran gehindert, eine Nutzung auszuüben, zu der er noch nicht berechtigt ist. Ein Benutzungsverbot wirkt sich im Regelfall allein dahin aus, dass der eine Anlage unerlaubt Nutzende ohne zusätzlichen Verlust an Vermögenssubstanz lediglich hinter die formellen Schranken des Baurechts zurückgedrängt und gezwungen wird, etwaige diesbezügliche Vermögensinteressen auf dem dafür verfassungsrechtlich unbedenklich vorgeschriebenen Weg der Genehmigungsbeantragung weiterzuverfolgen.[255] Müsste die Behörde auch noch die materielle Rechtswidrigkeit einer Nutzung nachweisen, würde

---

[251] BW VGH vom 20. 10. 1992 NVwZ-RR 1993, 531.

[252] So die h. M., Bay VGH vom 29. 9. 1981 BayVBl. 1982, 51; OVG Bln vom 23. 8. 1996 DÖV 1997, 551–552; Hess VGH vom 2. 4. 2002 DÖV 2002, 957; OVG Nds vom 21. 12. 1987 BRS 47 Nr. 136; OVG NRW vom 27. 4. 1998 BauR 1999, 383; OVG Rh-Pf vom 22. 5. 1996 BauR 1997, 103 unter Aufgabe der gegenteiligen Rechtsprechung vom 31. 1. 1967 Az. 1 B 52/66; OVG Saar vom 9. 3. 1984 NVwZ 1985, 122; vom 28. 3. 1996 BRS 58 Nr. 203; OVG Sachs-Anh vom 26. 5. 1997 VwRR MO 1997, 58; OVG Schl-H vom 2. 10. 1996 Az. 1 L 356/95; OVG Thür vom 4. 11. 1993 ThürVBl. 1994, 111 und vom 11. 12. 1997 BRS 59 Nr. 213.

[253] So ausdrücklich Hess VGH vom 10. 11. 1994 BauR 1995, 679–683.

[254] OVG Bln vom 16. 2. 1990 BRS 50 Nr. 210: Diese nur für eine Beseitigungsanordnung ausdrücklich aufgeführte Maßgabe gilt auch für die Nutzungsuntersagung.

[255] Bay VGH vom 29. 9. 1981 BayVBl. 1982, 51; OVG Saar vom 9. 3. 1984 NVwZ 1985, 122.

damit zugelassen, dass eine ungenehmigte Nutzung auf längere Zeit – vergleichbar einer „angemaßten Rechtsposition" – ausgenutzt werden darf. Eine allein wegen formaler Illegalität angeordnete Nutzungsuntersagung weist den Betroffenen lediglich in die Schranken des Baurechts zurück und schafft anders als etwa eine Beseitigungsanordnung bei Gebäuden **keine irreparablen Zustände**.[256] Die Irrevisibilität bei der Beseitigungsanordnung gebietet andere Kriterien als sie eine Nutzungsuntersagung fordert. Dass ein Nutzungsverbot behördlicherseits allein auf die formelle Illegalität einer Maßnahme gestützt und unmittelbar durchgesetzt werden kann, beruht darauf, dass regelmäßig der Tatbestand eine Ordnungswidrigkeit erfüllt und die präventive Kontrolle der Bauaufsicht unterlaufen wird, eine materiellrechtliche Prüfung die Verwaltungsgerichte in die Rolle der Genehmigungsbehörde drängen würde, der Schwarzbauer bzw. Schwarznutzer einen zeitlichen Vorteil vor rechtstreuen Bauantragstellern erstrebt und unangemessene Wettbewerbsvorteile entstehen können, wenn gewerbliche Tätigkeiten aus illegal genutzten Räumlichkeiten heraus vorgenommen werden, während mögliche Konkurrenten nicht unerhebliche Ressourcen zur Finanzierung legal genutzter Räumlichkeiten verwenden müssen.[257]

Eine einschränkende Auslegung ist weder aus sonstigen baurechtlichen noch aus verfassungsrechtlichen Gründen geboten. Soweit die Baufreiheit durch Art. 2 Abs. 1 GG geschützt ist, handelt es sich bei den Vorschriften über die Genehmigungspflicht um solche der allgemeinen Gesetze, die die allgemeine Handlungsfreiheit einschränken. Sie bestimmen gleichzeitig Inhalt und Schranken des Eigentums im Sinne von Art. 14 Abs. 1 Satz 2 GG, soweit dieses auch das Recht zur angemessenen wirtschaftlichen Nutzung des Grund und Bodens umfasst. Die Vorschriften über die Genehmigungspflicht sind nach allgemeiner Auffassung auch unter dem Gesichtspunkt der Verhältnismäßigkeit nicht zu beanstanden, da sie durch das öffentliche Interesse an einer – vorbeugenden – Gefahrenabwehr gerechtfertigt sind. Durch eine Nutzungsuntersagung wird auch das Eigentum in seiner **Substanz** – der geschaffene Baubestand – **nicht berührt**.[258] Zwar entsteht ein wirtschaftlicher Schaden dadurch, dass – bei materieller Legalität – eine rechtmäßige Nutzung zeitweise bis zur Erteilung der erforderlichen Genehmigung nicht ausgeübt werden darf. Dieser Schaden ist jedoch begründet in der Genehmigungspflicht und trifft alle Baubewerber gleichmäßig. Er ist durch die öffentlichen Belange, insbesondere der Gefahrenabwehr, die durch die Genehmigung geschützt werden sollen, gerechtfertigt. Zum anderen wäre es eine auch unter dem Gesichtspunkt des Art. 3 Abs. 1 GG nicht zu rechtfertigende **Bevorzugung eines gesetzesuntreuen Bürgers**, wenn die Behörde vor Erlass der Nutzungsuntersagung die materielle Legalität der nicht genehmigten Nutzung unter Umständen in einem langwierigen Verfahren unter Einholung von Sachverständigengutachten nachweisen müsste, während der gesetzestreue Bürger die Voraussetzungen für die Genehmigungsfähigkeit der beabsichtigten Nutzung im Rahmen des Genehmigungsverfahrens selbst dartun muss.[259] 223

Anderer Ansicht sind auf den ersten Blick der BW VGH und das OVG Sachs.[260] Genau betrachtet erfolgt allerdings auch hier nur die von der herrschenden Meinung eben- 224

256 Bay VGH vom 11. 1. 1989 UPR 1990, 65.

257 Hess VGH vom 30. 1. 1997 BRS 59 Nr. 214.

258 Bay VGH vom 29. 9. 1981 BayVBl. 1982, 51.

259 OVG Rh-Pf vom 22. 5. 1996 BauR 1997, 103.

260 BW VGH vom 22. 9. 1989 NVwZ 1990, 480: „Eine Nutzungsuntersagung setzt die formelle und materielle Baurechtswidrigkeit der geänderten Nutzung voraus. Wegen ausschließlich formeller Baurechtswidrigkeit kann eine geänderte Nutzung nur untersagt werden, wenn die Beurteilung der Zulässigkeit dieser Nutzung weitere Ermittlungen voraussetzt und die neue Nutzung für die städtebauliche Ordnung oder die Nachbarschaft erhebliche Nachteile zur Folge haben kann."; OVG Sachs vom 15. 2. 1993 SächsVBl. 1993, 160: „Eine Nutzungsuntersagung kann jedenfalls in den Fällen ermessensfehlerfrei mit der Berufung auf die formelle Baurechtswidrigkeit verfügt werden, in denen die ungenehmigte Nutzung in konfliktauslösender Weise, etwa durch Lärmemissionen, nach außen in Erscheinung tritt und an der Genehmigungsfähigkeit ernsthafte Zweifel bestehen."

falls vorgenommene Einschränkung dahin gehend, dass eine Nutzungsuntersagung ermessensfehlerhaft ist, wenn die Genehmigungsfähigkeit offensichtlich ist. Gefordert wird nämlich, dass die Beurteilung der geänderten Nutzung weitere Ermittlungen voraussetzt. Dies bedeutet aber gerade, dass die Genehmigungsfähigkeit nicht offen zu Tage tritt. Das OVG Sachsen lässt die Frage der bloßen formellen Rechtswidrigkeit im Allgemeinen ohnehin unbeantwortet und stellt nur auf einen Einzelfall ab.

225 Der Ansicht der **herrschenden Meinung ist der Vorzug** zu geben, denn in den beiden eben genannten Fällen werden Tatbestand der Nutzungsuntersagung und Ermessen der Behörde vermischt mit der Folge einer verwirrenden Einzelfallkasuistik. Ob im Einzelfall die materielle Rechtmäßigkeit von Bedeutung ist, ist eine Frage des ermessensgerechten Einschreitens der Behörde und hat mit der Zweckbestimmung einer Nutzungsuntersagung an sich nichts zu tun.

226 **bb) Einzelheiten.** Wie bei einer Baueinstellungsverfügung ist der häufigste Fall derjenige, dass eine erforderliche **Genehmigung fehlt** bzw. die Nutzung von einer vorhandenen Baugenehmigung nicht gedeckt ist. Für die Rechtmäßigkeit der Nutzung einer genehmigten baulichen Anlage genügt es, dass diese Nutzung von der für die bauliche Anlage erteilten Genehmigung mit umfasst wird. Eine Baugenehmigung wird nicht für ein Bauwerk ohne Rücksicht auf dessen künftige Nutzung, sondern für den Baukörper einschließlich der vorgesehenen Nutzung erteilt. Sie stellt mit hoheitlicher Wirkung fest, dass das Vorhaben (der Baukörper mit der ihm zugedachten Nutzung) mit den zur Zeit der Entscheidung geltenden öffentlich-rechtlichen Vorschriften vereinbar ist und garantiert den öffentlich-rechtlichen Bestand der genehmigten baulichen Anlage in dem genehmigten Umfang und in der genehmigten Funktion.

227 Das Fehlen einer Genehmigung kann dann ohne Bedeutung sein, wenn die betreffende Nutzung erst nach ihrer Aufnahme unzulässig wurde und **bestandsgeschützt** ist.[261] Bei genehmigungsfreien Nutzungen bzw. Nutzungsänderungen ist auf die materielle Rechtswidrigkeit abzustellen.

228 Die Frage, ob eine formell rechtswidrige Nutzung vorliegt, bemisst sich nach der **konkret genehmigten Nutzung**. Insoweit ist exakt zu differenzieren, welche Art der Nutzung von der Genehmigung erfasst ist und ab wann die Grenzen einer vorhandenen Genehmigung überschritten sind. Eine Baugenehmigung wird für eine bestimmte Benutzungsart baulicher Anlagen erteilt, also zum Beispiel nicht etwa für gewerbliche Zwecke schlechthin.[262] Solange eine Nutzung von der erteilten Genehmigung umfasst wird, mangelt es an der Rechtswidrigkeit der Nutzung.

229 Weicht die Nutzung allerdings lediglich von einer **nicht genehmigten vorherigen Nutzung** ab, liegt allein dadurch eine Nutzung im Widerspruch zu öffentlich-rechtlichen Vorschriften nicht vor. Ein solcher Widerspruch kann vielmehr nur darin begründet liegen, dass eine Anlage entgegen dem Inhalt von *genehmigten* Bauvorlagen abweicht.

Hinsichtlich weiterer formeller Mängel sei auf die Erläuterungen zur Baueinstellung verwiesen.

b) Materiell

230 Auf die materielle Rechtswidrigkeit kommt es vor allem dann an, wenn eine **Baugenehmigung nicht erforderlich** ist oder nur eine **eingeschränkte Prüfung** stattgefunden hat. Soweit eine Nutzungsänderung keiner Genehmigung oder nur einer eingeschränkten Prüfung bedarf, kann sie insoweit nicht formell rechtswidrig sein. Hinsichtlich der zu beachtenden materiellen Vorschriften kann auf die Baueinstellung verwiesen werden. Hinzuweisen ist auf Folgendes:

231 Der Verstoß gegen die öffentlich-rechtlichen Vorschriften muss sich wie auch bei der Baueinstellung nicht aus bauspezifischen Vorschriften ergeben (lediglich in Niedersach-

---

[261] OVG Saar vom 9. 3. 1984 NVwZ 1985, 122.

[262] Bay VGH vom 28. 7. 1992 BauR 1992, 589 zu Gastarbeiter-Wohngemeinschaften und Wohnheim und OVG Rh-Pf vom 15. 11. 1984 Az. 1 A 126/83 zu Jagdhaus und Benutzung als Wohnhaus.

sen bedarf es eines Verstoßes gegen öffentliches Baurecht). Werden eine bauliche Anlage oder Teile davon z. B. **strafrechtswidrig** genutzt, ist es – jedenfalls auch – Sache der Baurechtsbehörde, hiergegen mit den ihr zur Verfügung stehenden Eingriffsbefugnissen einzuschreiten. Die entsprechenden Regelungen nennen insoweit ganz allgemein, ohne Einschränkung auf spezifisch baurechtliche Bestimmungen, öffentlich-rechtliche Vorschriften, bei deren Verletzung durch die Nutzung baulicher Anlagen die Baurechtsbehörde im Wege der Nutzungsuntersagung vorgehen darf. Die Normen des Strafgesetzbuchs sind solche öffentlich-rechtlichen Vorschriften.[263]

Solange eine **Baugenehmigung vorhanden** ist, scheidet eine Nutzungsuntersagung wie eine Einstellungsverfügung aus, selbst wenn die Nutzung (nunmehr) materiell rechtswidrig ist. Eine Nutzung, die mit dem materiellen Recht nicht übereinstimmt, kann nicht untersagt werden, wenn sie auf Grund einer wirksam erteilten und noch fortgeltenden Genehmigung ausgeübt wird. Solange eine Baugenehmigung nicht wirksam zurückgenommen worden ist, kann nicht mit Erfolg geltend gemacht werden, dass die genehmigte Nutzung materiell illegal sei. Dabei kommt es weder darauf an, ob die erteilte Genehmigung der damals bestehenden Sachlage und Rechtslage entsprochen hat, noch ob sich die Sachlage und Rechtslage inzwischen zu Lasten des Bauherrn verändert hat. Der auf Art. 14 Abs. 1 Satz 1 GG beruhende Bestandsschutz schützt die bestimmungsgemäße Nutzung des durch rechtmäßige Eigentumsausübung geschaffenen Baubestandes. Ist dieser Baubestand auf Grund einer wirksam erteilten und fortgeltenden Baugenehmigung erstellt worden, so geschah dies im Rahmen einer rechtmäßigen Eigentumsausübung, auch wenn diese Baugenehmigung seinerzeit dem materiellen Recht widersprochen oder die Sach- und Rechtslage sich nachträglich geändert haben sollte. Die Legalisierungswirkung der Baugenehmigung bewirkt, dass diese erst zurückgenommen werden muss, damit bauaufsichtlich eingeschritten werden kann. Unerheblich ist auch, dass die Nutzung nach neuen Bauvorschriften nicht mehr zulässig wäre. Die materielle Rechtswidrigkeit ist insoweit nicht von Bedeutung. Umgekehrt kann die materielle Rechtmäßigkeit im Rahmen der Ermessensausübung eine Nutzungsuntersagung ausschließen, wenn sie offensichtlich ist. 232

Im **gerichtlichen Eilverfahren** kann die Frage der materiellen Rechtmäßigkeit ebenfalls Bedeutung erlangen. Ist eine bauliche Anlage formell illegal, lässt sich aber im Eilverfahren nicht klären, ob sie auch materiell illegal ist, so kann die Abwägung des öffentlichen Interesses an der sofortigen Vollziehung des Verwaltungsakts mit den privaten Interessen an der Anordnung der aufschiebenden Wirkung des Widerspruchs oder der Klage zu einem Überwiegen des öffentlichen Interesses führen.[264] 233

Im Rahmen der Baueinstellung wurden bereits die Fälle angesprochen, in denen eine Baugenehmigung im klassischen Sinne nicht erforderlich ist, und die Nutzung dem materiellen Recht nicht entspricht. Hat der Bauherr das Vorhaben so ausgeführt, wie es der Gemeinde angezeigt war, und nutzt er es nunmehr entsprechend, stellt sich die Frage, ob eine solche **plangemäße** Nutzung untersagt werden kann. Objektiv betrachtet nutzt der Bauherr die Anlage rechtswidrig, so dass die Voraussetzungen einer Nutzungsuntersagung an sich vorliegen. Andrerseits ist zu bedenken, wie bereits bei der Baueinstellung erwähnt, dass der Bauplan vor Baubeginn immerhin der Gemeinde oder der Genehmigungsbehörde vorgelegt wurde, das Vorhaben also behördlich bekannt war. Letztendlich geht es hier um die Frage, ob mit derartigen Vereinfachungsnovellen im Genehmigungsverfahren dem Bauherrn die alleinige Verantwortung überbürdet werden soll mit der Folge einer Nutzungsuntersagung oder Beseitigungsanordnung bei materieller Rechtswidrigkeit. Sicherlich kann es nicht hingenommen werden, wenn ein Bauherr die ihm eingeräumten Freiheiten lediglich dazu missbraucht, sich schonungslos über die (materielle) Rechtsordnung hinwegzusetzen. Andrerseits muss nicht jeder minimale Verstoß 234

263 BW VGH vom 13. 6. 1996 NVwZ 1997, 601.
264 Hess VGH vom 6. 10. 1988 HessVGRspr 1989, 27–30.

zwangsläufig zu einer Nutzungsuntersagung oder Beseitigungsanordnung führen. Insoweit handelt es sich aber um die Frage der Verhältnismäßigkeit oder der sachgerechten Ermessensausübung, nicht jedoch um die objektive Voraussetzung eines Verstoßes gegen materielle Vorschriften. Dieser liegt zweifelsohne vor. Im Rahmen des Ermessens wird aber die Schwere und Tragweite des Verstoßes und die Situation bei Planvorlage zu berücksichtigen sein.

c) Verwirklichung

235 Der Verstoß gegen öffentlich-rechtliche Vorschriften muss wie bei der Baueinstellungsverfügung **nicht bereits verwirklicht sein**, d. h. die Nutzung muss noch nicht begonnen haben. Es genügt vielmehr, dass ein solcher Verstoß in Kürze bevorsteht bzw. sich abzeichnet.[265] Die Nutzungsuntersagung ist also bereits dann zulässig, wenn objektiv konkrete Anhaltspunkte es wahrscheinlich machen, dass eine dem öffentlichen Recht widersprechende Nutzung entsteht. Aus der auch präventiven Zweckbestimmung der Nutzungsuntersagung folgt, dass die Behörde nicht abwarten muss, bis die rechtswidrige Nutzung verwirklicht ist, Räume vielleicht schon vermietet und bezogen sind, sondern bereits dann einschreiten kann, wenn sich eine solche Entwicklung abzeichnet. Ein möglichst rasches Einschreiten ist im Hinblick auf die immer schwieriger werdende Rückgängigmachung und ansteigende finanzielle Konsequenzen nur sinnvoll. Insoweit ist die Auffassung des BW VGH[266] abzulehnen, der lediglich die allgemeine Generalklausel anwendet, wenn die Nutzung noch nicht begonnen hat, aber mit hinreichender Sicherheit zu erwarten ist.

236 Die Nutzung muss zum Zeitpunkt ihres Beginns und auch im Zeitpunkt des Erlasses der Nutzungsuntersagung rechtswidrig sein; sie darf **nie den öffentlich-rechtlichen Vorschriften entsprochen** haben. Insoweit unterscheidet sich die Nutzungsuntersagung von der Baueinstellung, die sich nur gegen die Neuerrichtung eines Vorhabens wendet und dieses stoppt. Bei der Baueinstellung wird schon tatbestandsmäßig vorausgesetzt, dass Arbeiten gerade im Gange sind. Sie ist damit lediglich Mittel für die Bauaufsichtsbehörde, um aktuell solchen Arbeiten Einhalt zu gebieten. Eine Nutzung muss dagegen nicht gerade erst entstanden sein, sondern sie kann bereits über einen längeren Zeitraum ausgeübt worden sein. Innerhalb dieses Zeitraums entsprach sie möglicherweise einmal den öffentlich-rechtlichen Vorschriften und genießt deshalb **Bestandsschutz**. Ein solcher Bestandsschutz wird erreicht, wenn die Nutzung vor dem Eintritt ihrer (nachträglichen) materiellen Illegalität während eines beachtlichen Zeitraumes legal geschah. Das heißt: Die in einer bestimmten (schutzwürdigen) Grundstücksnutzung liegende Eigentumsausübung genießt Schutz auch dann, wenn sich später die Rechtslage gegen sie wendet und infolgedessen zu dieser späteren Zeit eine solche Nutzung rechtmäßig nicht mehr aufgenommen werden dürfte. Nutzungen, die dem für sie geltenden Bebauungsplan nicht entsprechen, können allerdings keinen durch Art 14 Abs. 1 GG gedeckten Bestandsschutz erlangen. Was die **Beweislast** anbetrifft, nimmt der Bestandsschutz rechtlich die Stellung eines „Gegenrechtes" (d. h. einer „Einwendung") ein: Mit dem Gesichtspunkt des Bestandsschutzes verteidigt der **Betroffene** eine (mittlerweile) materiell rechtswidrige Nutzung. Er leitet aus der Vergangenheit ein Recht ab, das es ihm ermöglicht, sich gegen das Verlangen der Behörde durchzusetzen, obgleich die beanstandete Nutzung (derzeit) materiell rechtswidrig ist. Erweist sich im Einzelfall als unaufklärbar, ob ein solches „Gegenrecht" besteht, so geht das zu Lasten dessen, der dieses Recht für sich in Anspruch nimmt.

4. Verhältnismäßigkeit

237 Wie auch die Baueinstellung muss die Nutzungsuntersagung **geeignet, erforderlich und verhältnismäßig im engeren Sinne** sein. Hierbei kann auf die Baueinstellung verwiesen werden.

---

[265] Bay VGH vom 19. 12. 1990 BayVBl. 1991, 596; OVG Thür vom 4. 11. 1993 ThürVBl. 1994, 111.
[266] BW VGH vom 13. 6. 1996 NVwZ 1997, 601.

Vor allem bei **gewerblicher Nutzung** hat die Behörde zu prüfen, ob die Nutzungsuntersagung das mildeste Mittel darstellt oder nicht etwa auch Betriebseinschränkungen ausreichend sind. Auch die Gewährung etwaiger Fristen oder die zeitliche Einschränkung sind in Betracht zu ziehen. 238

IV. Ermessen

1. Ermessensausübung durch die Behörde

a) Regelermessen

Das Bestreben, eine rechtswidrige Nutzung zu unterbinden, genügt grundsätzlich als Ermessenserwägung zum Erlass eines Nutzungsverbots. Liegen die tatbestandlichen Voraussetzungen für ein Nutzungsverbot vor, so ist eine daraufhin ergehende Anordnung **in aller Regel ermessensgemäß**; vom Regelfall abweichende, atypische Umstände des Einzelfalles darf die Behörde jedoch nicht unbeachtet lassen. Da auf andere Weise rechtmäßige Zustände nicht hergestellt werden können, entspricht es in der Regel dem Sinn und Zweck der Ermächtigung, die rechtswidrige Nutzung zu untersagen.[267] Zum Regelermessen und Ermessensfehlern sei auf die obigen Erläuterungen Rn. 29 ff. verwiesen. 239

b) Ermessensbindungen

Das Ermessen ist grundsätzlich nicht völlig uneingeschränkt und wahllos, sondern unterliegt zahlreichen Bindungen. Hervorzuheben sei in diesem Zusammenhang vor allem die verfassungsrechtliche Bindung, insbesondere die Bindung an den **Gleichheitsgrundsatz** des Art. 3 GG. Dies bedeutet, dass die Behörde nicht nach eigenem Gutdünken entscheiden kann, ob sie einschreitet, sondern gleich gelagerte Fälle auch gleich behandeln muss. Insoweit kann auf die ausführliche Erläuterung bei der Beseitigungsanordnung (Rn. 344 ff.) verwiesen werden. 240

Schließlich kann eine Ermessensbindung auch durch **Verwaltungsrichtlinien** eintreten. Diese stellen zwar kein unmittelbar geltendes Recht dar, wie etwa eine Verordnung, erlangen aber mittelbar über den Gleichheitsgrundsatz Bedeutung. Der Unterschied zur oben beschriebenen Selbstbindung der Verwaltung durch eine bestimmte Verwaltungspraxis besteht lediglich darin, dass die Behörde hier nicht durch eine selbst geschaffene Praxis gebunden ist, sondern durch allgemeine Richtlinien von übergeordneten Behörden. 241

c) Einzelfälle

Ermessensfehlerhaft kann in Ausnahmefällen eine Nutzungsuntersagung sein, wenn die Nutzung zwar aktuell nicht genehmigungsfähig ist, aber unter **Bestandsschutz** steht. Wurde die betreffende Nutzung erst nach ihrer Aufnahme unzulässig und ist sie bestandsgeschützt, muss das Fehlen einer erforderlichen Genehmigung allein nicht den Erlass eines Nutzungsverbots rechtfertigen.[268] Unabhängig vom Bestandsschutz lässt der Hess VGH[269] eine Nutzungsuntersagung zu, denn mit dem Nutzungsverbot werde – anders als im Regelfall mit einer Beseitigungsanordnung – nicht in das Eigentum eingegriffen. Ähnlich wie bei einer Baueinstellungsverfügung werde durch das Nutzungsverbot ein zukünftiges Handeln unterbunden, ohne dass es zur Beseitigung oder Vernichtung vorhandener Vermögenswerte komme. Es würden keine irreparablen Zustände geschaffen. Der Betroffene werde lediglich gehindert, eine Nutzung auszuüben, zu deren 242

---

[267] Bay VGH vom 29. 9. 1981 BayVBl. 1982, 51; BW VGH vom 12. 9. 1984 BauR 1985, 537; Hess VGH vom 2. 4. 2002 DÖV 2002, 957; OVG Bln vom 16. 2. 1990 BRS 50 Nr. 210; OVG Schl-H vom 6. 12. 1994 Az. 1 M 70/94; OVG Thür vom 11. 12. 1997 BRS 59 Nr. 213; OVG Nds vom 25. 9. 1990 BRS 50 Nr. 174.

[268] OVG Saar vom 9. 3. 1984 NVwZ 1985, 122.

[269] Vom 10. 11. 1994 BauR 1995, 679.

Aufnahme er mangels Baugenehmigung (noch) nicht berechtigt sei. Im Falle einer Nutzungsuntersagung auf Dauer gibt der Bestandsschutz, der daraus erwächst, dass die Nutzung in der Vergangenheit während eines beachtlichen Zeitraums materiell rechtmäßig ausgeübt wurde, dem Hess VGH zufolge allerdings dem Bauherrn ein Abwehrrecht gegen das Nutzungsverbot. Die Behörde ist verpflichtet, eine formell und – nach gegenwärtigem öffentlichem Recht – auch materiell illegale Nutzung zu dulden. Mit der förmlichen Duldung endet ein bereits ergangenes Nutzungsverbot ebenso wie im Falle der Erteilung einer Baugenehmigung.

243 Auch bei der Nutzungsuntersagung stellt sich die Frage, ob bei formell rechtswidriger Nutzung zu berücksichtigen ist, dass diese **offensichtlich materiell rechtmäßig** ist. Wie bei einer Baueinstellungsverfügung wird man sagen müssen, dass die Behörde sich widersprüchlich verhält und damit ermessensfehlerhaft entscheidet, wenn sie eine Nutzungsuntersagung rein aus formalen Gründen erlässt, obgleich sie wegen offensichtlicher Genehmigungsfähigkeit stattdessen sofort die erforderliche Genehmigung erteilen könnte. Wenn eine Nutzung den einschlägigen materiellrechtlichen Vorschriften offensichtlich nicht zuwiderläuft, kann eine Nutzungsuntersagung deshalb rechtswidrig sein.[270] Das Vorhaben muss offensichtlich genehmigungsfähig sein, die **Genehmigungsfähigkeit** sich also **auf den ersten Blick** aufdrängen.[271] Für die Behörde muss dies ohne weitere Prüfung[272] zu erkennen sein, denn andernfalls wäre es eine auch unter dem Gesichtspunkt des Art. 3 Abs. 1 GG nicht zu rechtfertigende Bevorzugung eines gesetzesuntreuen Bürgers, wenn die Behörde vor Erlass der Nutzungsuntersagung die materielle Legalität der nicht genehmigten Nutzung unter Umständen in einem langwierigen Verfahren unter Einholung von Sachverständigengutachten nachweisen müsste, während der gesetzestreue Bürger die Voraussetzungen für die Genehmigungsfähigkeit der beabsichtigten Nutzung im Rahmen des Genehmigungsverfahrens selbst dartun muss.[273] Eine Prüfung wie in einem Baugenehmigungsverfahren braucht somit nicht zu erfolgen,[274] vielmehr muss sich der Behörde die materielle Rechtmäßigkeit aufdrängen. Daran fehlt es z. B., wenn noch nicht feststeht, um welches Baugebiet es sich handelt oder das Einvernehmen der Gemeinde nach § 36 BauGB fehlt.

244 Streitig sind die Konsequenzen für die sachgerechte Ermessensausübung, wenn die Baugenehmigungsbehörde entgegen diesen Grundsätzen eine eingehende **materiellrechtliche Prüfung** durchführt. Richtigerweise ergeben sich dann keine Auswirkungen auf die Ermessensausübung, wenn die Behörde die Nutzungsuntersagung auf die formelle Rechtswidrigkeit und das hier intendierte Regelermessen stützt und lediglich zusätzlich materielle Argumente quasi als weitere Stütze ihrer Entscheidung bringt. Wenn bereits die formelle Illegalität grundsätzlich das Nutzungsverbot rechtfertigt und für den Ermessensgebrauch es im Regelfall keiner besonderen Begründung bedarf, haben die materiell-rechtlichen Gründe für eine Ermessensentscheidung nur die Aufgabe, das Einschreiten zusätzlich zu rechtfertigen und erweiternd das an sich schon wegen der formellen Illegalität gebotene Tätigwerden zu begründen.[275] Dass damit der Entscheidung unzutreffende Ermessenserwägungen zugrunde gelegt würden und sie insgesamt an einem Ermessensfehler leidet, kann nicht angenommen werden. Anders verhält es sich nur, wenn allein die materielle Rechtswidrigkeit zur Grundlage der Entscheidung genommen wird, denn dann wirkt sich ein Fehler bei der Beurteilung des Sachverhalts auf die Ermessensentscheidung über ein Nutzungsverbot aus. Es kann nicht ausgeschlossen wer-

---

[270] OVG Bln vom 23. 8. 1996 DÖV 1997, 551–552; OVG Saar vom 9. 3. 1984 NVwZ 1985, 122; OVG Nds vom 25. 9. 1990 BRS 50 Nr. 174 und vom 2. 7. 1992 BRS 54 Nr. 46; OVG Schl-H vom 2. 10. 1996 Az. 1 L 356/95.

[271] OVG Sachs vom 23. 3. 1996 BRS 58 Nr. 203; OVG Sachs-Anh vom 26. 5. 1997 VwRR MO 1997, 58.

[272] So auch OVG Rh-Pf vom 22. 5. 1996 BauR 1997, 103.

[273] OVG Rh-Pf vom 22. 5. 1996 BauR 1997, 103.

[274] OVG NRW vom 22. 4. 1996 Az. 7 B 315/96.

[275] OVG Thür vom 11. 12. 1997 BRS 59 Nr. 213.

den, dass die Behörde bei Zugrundelegung des richtigen Sachverhalts, nämlich der nur formellen Baurechtswidrigkeit, in Ausübung ihres Ermessens von einem Einschreiten in Form der Nutzungsuntersagung abgesehen hätte.[276] Zum Teil wird hierzu auch der Fall gerechnet, dass materielle Gründe angeführt werden, die offensichtlich nicht zutreffen können.[277]

Ein **schutzwürdiges** und damit in der Ermessensentscheidung zu berücksichtigendes **Vertrauen** des Betroffenen kann sich in Ausnahmefällen bilden, wenn die Behörde die rechtswidrige Nutzung jahrelang hinnimmt, ohne einzuschreiten. Kommen neben der behördlichen Untätigkeit noch weitere vertrauensbildende Faktoren hinzu, bedarf es einer entsprechenden Begründung für das jetzige Handeln. Ist z. B. eine Nutzung über Jahrzehnte „unter den Augen der Bauaufsicht" unbeanstandet geblieben und sind neben der Baugenehmigung erforderliche parallele Genehmigungen erteilt worden, setzt ein Einschreiten der Bauaufsichtsbehörde besondere Ermessenserwägungen voraus, d. h. in diesem Fall darf sich die Behörde nicht auf das Regelermessen zurückziehen.[278] Dies bedeutet aber nur, dass die Behörde nicht allein mit Regelermessen begründen darf, sondern ihrer Ermessensentscheidung entsprechende Ermessenserwägungen zugrunde zu legen hat. Das Recht, die im Widerspruch zu öffentlich-rechtlichen Vorschriften stehende Benutzung baulicher Anlagen zu untersagen, kann **nicht verwirken**,[279] so dass eine Nutzungsuntersagung grundsätzlich auch **nach langem Zeitraum** möglich ist. Die bloße langjährige Duldung einer baulichen Anlage macht das Vertrauen des Bürgers in ihren Fortbestand noch nicht schutzwürdig, wenn nicht zusätzliche vertrauensbildende Faktoren hinzukommen. Dieser Umstand spielt jedoch bei der Ermessenserwägung eine Rolle, vor allem, wenn die Tatsachen der Behörde bekannt sind. Insoweit bedarf es einer umfassenden Abwägung der Interessen. Im Einzelfall kann somit bei langjähriger **Duldung** oder sonstigen **Vertrauensschutzgesichtspunkten** eine Nutzungsuntersagung nur bei **formeller Illegalität** ausgeschlossen sein.[280] Eine allein auf formelle Illegalität gestützte Nutzungsuntersagung kann im Regelfall nicht mehr ermessensfehlerfrei ausgesprochen werden, wenn die Behörde die betreffende Anlage jahrelang geduldet hat, ohne auf das Genehmigungserfordernis hinzuweisen.[281] Der Umstand, dass die Baurechtsbehörde antragsgemäß die Entwässerung eines genehmigungspflichtigen Vorhabens genehmigt hat, macht die spätere Untersagung der Nutzung dieses Vorhabens allerdings nicht unzulässig.[282] 245

Eine genehmigungsbedürftige, aber nicht genehmigte Nutzung darf nicht ohne weiteres untersagt werden, wenn vor Aufnahme der Nutzung ein **Genehmigungsantrag** eingereicht worden ist und dem Antragsteller nur die Genehmigungsfreiheit der Nutzung nach anderen rechtlichen Vorschriften mitgeteilt wird, eine Bescheidung des Bauantrags aber unterblieben ist.[283] 246

Im Rahmen des Ermessens kann bei einer Nutzung, die dem materiellen Recht nicht entspricht, von Bedeutung sein, dass eine Baugenehmigung im klassischen Sinne nicht erforderlich ist, und der Bauherr das Vorhaben so ausgeführt hat, wie es der Gemeinde angezeigt war oder der Genehmigungsbehörde vorgelegen hat, also eine **plangemäße Nutzung** vorliegt. Hierzu wurde bereits bei der Erörterung des Verstoßes gegen materielle Vorschriften (oben Rn. 234) ausgeführt, dass die Schwere und Tragweite des Verstoßes und die Situation bei Planvorlage in die Ermessenserwägungen einzustellen ist. 247

---

276 BVerwG vom 6. 9. 1993 Az. 4 B 32/93; OVG Brem vom 31. 8. 1987 BRS 47 Nr. 206.

277 OVG Thür vom 11. 12. 1997 BRS 59 Nr. 213.

278 OVG NRW vom 27. 4. 1998 BauR 1999, 383; OVG Nds vom 18. 2. 1994 NVwZ-RR 1995, 7; OVG Schl-H vom 6. 12. 1994 Az. 1 M 70/94.

279 OVG Bln vom 16. 2. 1990 BRS 50 Nr. 210; Hess VGH vom 17. 2. 1992 NuR 1993, 36.

280 OVG Rh-Pf vom 22. 5. 1996 BauR 1997, 103.

281 Bay VGH vom 24. 10. 1986 DVBl. 1987, 1015.

282 BW VGH vom 29. 9. 1982 BRS 39 Nr. 61.

283 OVG Nds vom 18. 2. 1994 NVwZ-RR 1995, 7.

248 Das Ermessen der Behörde kann auch in der Weise begrenzt sein, dass sie die rechtswidrige Nutzung **in sozialverträglicher Weise** beenden muss.[284]

249 Dass **erhebliche Mittel** aufgewendet wurden, um die Nutzung vorzubereiten, kann nicht zu einer unbilligen Härte führen. Wenn ohne vorherige Klärung der baurechtlichen Zulässigkeit Maßnahmen durchgeführt werden, dann hat der Bauherr den eventuellen Schaden selbst verursacht. Diese möglichen finanziellen Verluste beruhen allein darauf, dass der Betroffene eine Nutzung in nichtgenehmigter Weise ausübt. Das damit verbundene finanzielle Risiko hätte er leicht vermeiden können, wenn er sich vor Beginn der Nutzung versichert hätte, ob die vorgesehene Nutzung durch eine Baugenehmigung gedeckt ist.[285] Zwar mag oftmals der Schaden sogar erheblich sein, jedoch ist das Folge des Umstandes, dass die Nutzung ohne eine erforderliche Genehmigung aufgenommen wurde und deshalb vom Betroffenen hinzunehmen ist. Es würde eine nicht zu rechtfertigende Begünstigung desjenigen darstellen, der eine Nutzung „schwarz" aufgenommen hat, würde man seinem Einwand nachgeben, das Nutzungsverbot habe für ihn einen hohen Schaden zur Folge.[286]

250 Untersagt die Bauaufsichtsbehörde die Nutzung einer Garage als gewerblichen Lagerraum in einem reinen Wohngebiet, kann die Ordnungsverfügung auch dann ermessensfehlerfrei sein, wenn der **Bebauungsplan nichtig** ist, der Gebietscharakter aber tatsächlich einem reinen Wohngebiet entspricht und die Bauaufsichtsbehörde nach der Begründung ihrer Ordnungsverfügung zum Schutz des Wohngebiets vor gebietsfremder Nutzung hat einschreiten wollen.[287]

2. Anspruch Dritter auf Einschreiten

251 Ein Anspruch eines Dritten auf behördliches Einschreiten setzt ebenso wie bei der Baueinstellung voraus, dass sich der Dritte auf eine **Verletzung drittschützender Vorschriften** berufen kann (siehe bereits oben Rn. 41 ff.). Ferner muss in Betracht gezogen werden, ob dem Dritten während der Bauausführung bereits ein Einschreiten möglich gewesen wäre. Ein etwaiger Anspruch auf Einschreiten wäre nämlich **verwirkt**, wenn der Dritte **während der Bauausführung** nicht mit einem Antrag auf bauaufsichtliches Einschreiten gegen diese vorgegangen ist (siehe auch hierzu näher die Erläuterungen oben Rn. 43).[288]

252 Werden nachbarschützende Normen zu Lasten des geschützten Nachbarn verletzt, so ist die Bauaufsichtsbehörde grundsätzlich (auch) gegenüber dem Nachbarn verpflichtet, **ermessensfehlerfrei** darüber zu entscheiden, ob und wie sie den rechtswidrigen Zustand abstellt (siehe hierzu bereits die Ausführungen in diesem Kapitel zum Anspruch des Dritten auf Baueinstellung oben Rn. 177 ff. und zur allgemeinen Befugnisnorm oben Rn. 45 ff.). Nur in Ausnahmefällen, wenn jede andere Entscheidung mit Rücksicht auf die schutzwürdigen Interessen des Nachbarn ermessensfehlerhaft wäre, kann sich das Ermessen zu einer **Pflicht** der Behörde verdichten, den rechtswidrigen Zustand zu beenden. Allerdings muss hier im Vergleich zur Baueinstellungsverfügung, deren Zweck ist, die Schaffung vollendeter, rechtswidriger Zustände (rechtzeitig) zu verhindern, eine differenzierte Betrachtung vorgenommen werden. Die Ermessensreduzierung kann hier nicht so schnell angenommen werden, weil der rechtswidrige Zustand nicht erst herbeigeführt und möglichst schnell gestoppt werden soll, sondern bereits verwirklicht ist und damit das Zeitmoment nicht in diesem Ausmaß von Bedeutung ist. Es ist deshalb zunächst einmal Voraussetzung, dass eindeutig eine Nachbarrechtsverletzung vorliegt, die eine Nutzungsuntersagung rechtfertigt. Ferner ist in die Überlegungen die **Schwere** dieser Nach-

---

[284] OVG Brem vom 12. 2. 1991 NVwZ 1991, 1006 zur Unterbringung von Asylbewerbern.
[285] OVG Schl-H vom 14. 6. 1993 Az. 1 M 26/93.
[286] BW VGH vom 12. 9. 1984 BauR 1985, 537; OVG Nds vom 25. 9. 1990 BRS 50 Nr. 174.
[287] OVG NRW vom 23. 2. 1996 Az. 10 A 292/94.
[288] Bay VGH vom 16. 1. 2002 Az. 1 N 00.2685.

barrechtsverletzung mit einzubeziehen. Maßgebend ist also sowohl die **Intensität als auch Konkretheit der Drittverletzung**. Insoweit kann auf die grundlegenden Erläuterungen bei der Beseitigungsanordnung verwiesen werden (unten Rn. 373 ff.).

Offen ist, wie es sich mit dem Anspruch des Nachbarn bei **freigestellten** bzw. **anzeigepflichtigen** und **vereinfachten Verfahren** verhält, da hiermit dessen Rechtsposition nicht verändert werden sollte. Dieser kann zunächst auch immer nur eine Verletzung nachbarschützender Rechte rügen. In einem solchen Fall aber stellt sich die Frage, ob er allein deshalb einen Anspruch auf Einschreiten hat, denn bei Vorliegen einer Baugenehmigung könnte er diese ohne weitere Einschränkungen anfechten. Konsequenterweise müsste dies bejaht werden, da die Gewichtung zwischen Bauherrn und Nachbarn durch die gesetzlichen Vereinfachungsregelungen für das Genehmigungsverfahren nicht verändert werden sollte. Wenn eine Baugenehmigung erteilt wird und sie ist im Hinblick auf den Nachbarn rechtswidrig, kann der Nachbar die Ausführung durch Widerspruch und Anfechtungsklage verhindern. Genau diese Situation sollte auch vorliegen, wenn keine Genehmigung ausgesprochen wurde. Dies kann nur dadurch erreicht werden, dass dem Nachbarn allein wegen der Verletzung seiner materiellen Nachbarrechte ein Anspruch auf Einschreiten zugebilligt wird. Wenn sich somit der Nachbar in den genannten Verfahren auf eine Verletzung zu berufen vermag, wird ihm **in der Regel ein Anspruch** auf Einschreiten zustehen. Ausnahmen können sich dann ergeben, wenn die Verhältnismäßigkeit, z. B. wegen einer banalen Verletzung, nicht gewahrt wäre oder sonstige Ermessenserwägungen im Einzelfall gegen den Erlass sprechen. Das Regelermessen dürfte hier ausnahmsweise zugunsten des Nachbarn wirken und in der Regel ein Einschreiten gebieten.

Die Bauaufsichtsbehörde ist nicht verpflichtet, zugunsten eines Nachbarn gegen die baurechtswidrige Nutzung eines Grundstücks einzuschreiten, wenn das **Nachbargrundstück als Zufahrt** zu diesem Grundstück in Anspruch genommen wird und die zivilrechtliche Unterlassungsklage des Nachbarn abgewiesen worden ist, weil wegen der behördlichen Duldung der baurechtswidrigen Zustände ein **Notwegerecht** bestehe.[289] Eine Gleichstellung des Nichteinschreitens der Behörde mit der Konstellation, dass die Nutzung genehmigt wird, ist dem Bundesverwaltungsgericht zufolge nicht möglich, denn die Genehmigung stellt verbindlich fest, dass das Vorhaben mit dem Baurecht übereinstimmt und hat aus der Sicht des betroffenen Nachbarn insoweit Eingriffsqualität. Dies trifft aber nicht zu, wenn baurechtswidrige Zustände behördlich geduldet werden. Eine Nutzung, die gegen öffentlich-rechtliche Vorschriften verstößt, wird nicht dadurch ordnungsmäßig im Sinne des Zivilrechts, dass die Bauaufsichtsbehörde davon absieht, sie zu unterbinden. Eine schlichte Duldung entfaltet keinerlei Legalisierungswirkung. Die Bauaufsichtsbehörde begibt sich nicht der rechtlichen Möglichkeit, dem Baurechtsverstoß zu gegebener Zeit ein Ende zu setzen. Anders als im Falle der Erteilung einer Baugenehmigung trägt sie nicht durch eigenes aktives Handeln zur Erfüllung der in § 917 Abs. 1 Satz 1 BGB genannten Tatbestandsvoraussetzungen bei. Sie verhält sich im Gegenteil passiv. **253**

Sollte im Einzelfall ein Anspruch des Dritten auf alsbaldiges und wirksames bauaufsichtliches Einschreiten gegen eine rechtswidrige Nutzung bestehen, ist die zuständige Bauaufsichtsbehörde durchaus verpflichtet, eine **bereits vorliegende Nutzungsuntersagung**, die von Amts wegen erlassen worden war und vollstreckbar ist, zu vollstrecken. Einer Klage dieses Bürgers auf Erlass einer weiteren (inhaltsgleichen) Nutzungsuntersagung würde das Rechtsschutzbedürfnis fehlen.[290] **254**

[289] BVerwG vom 4. 6. 1996 NVwZ-RR 1997, 271.
[290] Bay VGH vom 25. 1. 1988 BRS 48 Nr. 197.

V. Rechtsfolge: Nutzungsuntersagung

255 Die behördliche Anordnung hat zur Folge, dass die konkrete **Nutzung nicht mehr ausgeübt** werden darf. Ähnlich wie bei einer Baueinstellungsverfügung bedeutet dies zunächst nur ein bloßes **Unterlassen**. Mit einer Nutzungsuntersagung kann regelmäßig nur verlangt werden, dass eine (formell oder materiell) rechtswidrige Nutzung unterlassen wird, nicht aber das Entfernen von Gegenständen, die einer solchen Nutzung dienen könnten. Ferner kann z. B. lediglich die Nutzung des Dachraums als Aufenthaltsraum verboten werden, nicht aber der Einbau fester Treppen, um die verbotene Nutzung zu verhindern. Untersagt werden kann nur die **konkrete unerlaubte Nutzung**, die genau zu definieren ist.

256 **Räumungsanordnungen** können mit einer Nutzungsuntersagung nicht erfolgen, denn dies ginge über die reine Untersagung hinaus. Eine Nutzungsuntersagung für die Verwendung bestimmter Räume als Aufenthaltsräume beinhaltet weniger als das Verlangen, sie zu räumen, weil sie die Lagerung von Möbeln, Hausrat und dergleichen nicht ausschließt. Umgekehrt erschöpft sich die Räumungsanordnung in ihrer Wirkung durch einen einmaligen Vorgang, nämlich durch den Vollzug der verfügten Räumung. Für eine solche Räumungsanordnung bedarf es entweder einer Beseitigungsanordnung oder einer allgemeinen bauaufsichtlichen Anordnung. Mit einer Räumungsanordnung soll nicht die Unterlassung der Nutzung durchgesetzt werden, sondern sie stellt ein selbständig angeordnetes Gebot dar.[291]

257 Je nach Art der Nutzung muss es allerdings nicht unbedingt hierauf beschränkt bleiben. Eine **Ausnahme** besteht in den Fällen, in denen die unzulässige Nutzung gerade in der Lagerung dieser Gegenstände besteht.[292] Ein Nutzungsverbot gegen einen rechtswidrig eingerichteten Lagerplatz schließt die Verpflichtung zur Beseitigung des gelagerten Gutes ein.[293] Die Bauaufsichtsbehörde kann, wenn sie die Benutzung eines Lagerplatzes untersagt, den Betroffenen auch auffordern, die dort gelagerten Gegenstände zu entfernen. Damit konkretisiert sie lediglich das Benutzungsverbot.[294] Der Rahmen einer Nutzungsuntersagung wäre erst dann verlassen, wenn auch die Beseitigung der auf dem Lagerplatz vorhandenen baulichen Anlagen verlangt würde. Dies ist nur mittels einer Beseitigungsanordnung möglich.

258 Eine Nutzungsuntersagungsverfügung beinhaltet nicht nur das Gebot die beanstandete Nutzung (einmalig) einzustellen, sondern auch das **Verbot** auf Dauer dieselbe oder eine vergleichbare **Nutzung dort wieder aufzunehmen**.[295] Sie stellt somit einen **Dauerverwaltungsakt** dar. Dies wiederum bedeutet, dass bei einer Anfechtungsklage maßgeblicher Entscheidungszeitpunkt die letzte mündliche Verhandlung ist. Selbst bei **vorübergehender Einstellung** eines Betriebes hätte die Nutzungsuntersagung ihren Regelungsgehalt nicht verloren und erledigt sich insoweit nicht, da damit die Endgültigkeit der Betriebsaufgabe noch nicht nachgewiesen wäre. Sinn der Nutzungsuntersagungsverfügung ist es nämlich auch, undurchsichtige tatsächliche Verhältnisse bei einem faktischen Weiterbetrieb des Unternehmens mit zu erfassen und eine Neuaufnahme des Betriebes zu unterbinden.[296]

---

[291] Hess VGH vom 10. 11. 1994 BauR 1995, 679.

[292] Bay VGH vom 15. 5. 1986 BayVBl. 1987, 150 und vom 11. 1. 1989 UPR 1990, 65; BW VGH vom 6. 3. 1985 BWVBl. 1985, 457; Hess VGH vom 13. 8. 1986 BauR 1987, 192.

[293] OVG Brem vom 22. 4. 1994 BRS 56 Nr. 211.

[294] OVG Saar vom 30. 6. 1983 Az. 2 R 26/82.

[295] OVG NRW vom 19. 12. 1995 UPR 1996, 458.

[296] OVG NRW vom 19. 12. 1995 UPR 1996, 458.

VI. Anordnung der Nutzungsuntersagung als Verwaltungsakt

1. Formelle Fragen

a) Zuständigkeit

Sachlich zuständig ist je nach landesrechtlicher Bezeichnung die **Bauaufsichts-, Baurechts- oder Bauordnungsbehörde**, und zwar auch bei Bauvorhaben des Bundes, der Länder und der kommunalen Gebietskörperschaften. Dies ist landesrechtlich in der Regel das Landratsamt mit Sonderregelungen für Städte. 259

Unberührt von dieser Zuständigkeitsregelung bleiben die Zuständigkeiten auf Grund allgemeinen Sicherheitsrechts oder Polizeirechts.

b) Verfahren, insbesondere Anhörung

Gemäß § 28 Abs. 1 VwVfG ist eine **vorherige Anhörung** grundsätzlich vorgeschrieben. 260
Im Gegensatz zur Baueinstellung, die der rechtzeitigen Verhinderung von rechtswidrigen Zuständen dient, wird eine sofortige Entscheidung hier seltener geboten sein. Im Einzelfall kann allerdings eine Entscheidung ohne vorherige Anhörung im öffentlichen Interesse liegen (§ 28 Abs. 2 Nr. 1 VwVfG). Wenn z. B. ein Antrag auf entsprechende Nutzung abgelehnt wurde und die Nutzung dennoch illegal erfolgt, bedarf es im öffentlichen Interesse keiner erneuten Anhörung vor der Nutzungsuntersagung.[297]

c) Form und Wirksamwerden

Auch bei der Nutzungsuntersagung ist eine bestimmte Form nicht vorgeschrieben. Im 261
Hinblick auf § 58 Abs. 1 VwGO, wonach die Widerspruchsfrist erst mit schriftlicher Rechtsbehelfsbelehrung zu laufen beginnt, ist eine schriftliche Nutzungsuntersagung allerdings sinnvoll.

Wirksam wird die Nutzungsuntersagung mit Bekanntgabe (§ 43 Abs. 1 VwVfG), eine 262
mündliche Untersagung also bereits im Zeitpunkt des Ausspruchs gegenüber dem Adressaten. Ein sofortiger mündlicher Widerspruch führt allerdings die aufschiebende Wirkung nicht herbei, da § 70 Abs. 1 VwGO für den Widerspruch Schriftform vorschreibt.

d) Begründung

Nach § 39 Abs. 1 VwVfG ist die schriftliche Nutzungsuntersagung schriftlich zu 263
begründen. Dies betrifft wie bei der Baueinstellung, auf die verwiesen wird, allein die formale Begründungspflicht und ist von der inhaltlichen Richtigkeit unabhängig. Das Regelermessen hat insoweit auch Auswirkung auf die Begründungspflicht. Die für die Anwendung der Regelmaßstäbe geltenden Erwägungen bedürfen keiner eingehenden Begründung, sondern es genügt der Verweis auf die überwiegenden öffentlichen Belange. Einer ausführlichen Begründung bedarf es somit lediglich bei einer von der Regel **abweichenden** Entscheidung. Die fehlende Erläuterung muss allerdings nicht zwingend einen formellen Verstoß gegen das Begründungsgebot darstellen; sicherlich aber liegt ein Ermessensfehler vor.

2. Adressat

Adressat einer Nutzungsuntersagung ist der **Störer** im sicherheitsrechtlichen Sinne, 264
d. h. die Anordnung ist an die Person zu richten, die für die Störung verantwortlich ist. Die Auswahl des Störers erfolgt nach allgemeinen sicherheitsrechtlichen Grundsätzen, wobei der Behörde im Einzelfall ein entsprechendes Auswahlermessen zusteht. Handlungsstörer ist in der Praxis der Bauherr oder der Unternehmer, Zustandsstörer der Grundstückseigentümer. Zur Wirksamkeit der Anordnung genügt die Inanspruchnahme einer Person, jedoch muss beachtet werden, dass Anordnungen in der Regel nur gegenüber dieser Person Rechtswirkungen entfalten und auch nur von dieser angefochten

[297] OVG Brem vom 31. 8. 1987 BRS 47 Nr. 206.

werden können. Zum Adressaten und zur Störerauswahl sei auf die ausführliche Erläuterung im Rahmen der allgemeinen Befugnisnorm in diesem Kapitel verwiesen (oben Rn. 56 ff.).

265 Da eine Nutzungsuntersagung sich in der Regel wie die Baueinstellungsverfügung auf ein Unterlassen beschränkt, bedarf es grundsätzlich keiner **Duldungsanordnungen** gegenüber Eigentümern.[298] Das bloße Nichtbenutzen einer baulichen Anlage oder eines Grundstücks ist im Allgemeinen nicht geeignet, die Rechtsstellung des Grundstückseigentümers nachteilig zu berühren. In Ausnahmefällen, etwa wenn die Anordnung über ein bloßes Unterlassen hinausgeht und primär der Bauherr als Handlungsstörer in Anspruch genommen wird, muss gegen einen personenverschiedenen Eigentümer eine Duldungsanordnung ergehen.[299] Allgemein ist eine Duldungsanordnung dann erforderlich, wenn andernfalls dem Pflichtigen eine Unterlassungs- oder Handlungspflicht aufgegeben würde, an deren freiwilliger Befolgung er auf Grund seiner Rechtsbeziehungen zu dem Dritten gegebenenfalls gehindert wäre. Die Notwendigkeit der Duldungsanordnung liegt in der Vollstreckung begründet. Mit dem Duldungsgebot wird ein Hindernis für die Vollstreckung von Nutzungsuntersagungen im Hinblick auf etwa entgegenstehende private Rechte Dritter beseitigt. Die Rechtsgrundlage hierfür ist allerdings die allgemeine Eingriffsbefugnis der Bauaufsichtsbehörden, nicht die spezielle Vorschrift der Nutzungsuntersagung.

266 Probleme ergeben sich hinsichtlich des richtigen Adressaten, wenn ein **vermietetes Anwesen** nicht mehr benutzt werden soll. Teilweise wird die Nutzungsuntersagung gegen **Vermieter und Mieter** als zulässig erachtet,[300] teilweise wird das Verlangen gegenüber dem **Eigentümer** als **rechtswidrig** erachtet, denn dieser benutze die Wohnung nicht selbst, sondern habe sie vermietet.[301] Dem Gebot, eine gar nicht ausgeübte Nutzung aufzugeben, fehlt dem OVG NRW zufolge jedweder reale Hintergrund. Auch das Verlangen, die Wohnung sofort nicht mehr durch die Mieter nutzen zu lassen, etwa durch eine Kündigung des Mietvertrags, ist nach dieser Auffassung rechtswidrig. Die Kündigung des Mietvertrages bedeute in keiner Weise, dass die Wohnung auch geräumt werde. Richtigerweise müsse direkt mit dem Verlangen zur Nutzungsaufgabe gegen die Mieter der Wohnung vorgegangen werden. Die an den Grundstückseigentümer gerichtete bauordnungsbehördliche Untersagung des Abschlusses von Mietverträgen lässt das OVG NRW[302] allerdings zu: Sie könne das gebotene Mittel zur Gefahrenabwehr sein, da bereits bei Abschluss des Mietvertrages wegen der Überlassungspflicht der Mietsache aus §§ 535 S. 1, 536 BGB die Gefahr bestehe, dass eine zuvor bauaufsichtlich untersagte Nutzung der baulichen Anlage fortgeführt werde. Die in dem Kontrahierungsverbot enthaltene Einschränkung der zivilrechtlichen Dispositionsbefugnis habe der Eigentümer bzw. Vermieter wie bei jeder ihn treffenden belastenden Ordnungsverfügung grundsätzlich hinzunehmen. Teilweise wird die Nutzungsuntersagung gegenüber dem **Eigentümer** als **zulässig** erachtet: Die Anordnung, die ungenehmigte Nutzung von Abstellräumen zu Wohnzwecken zu unterlassen, ist auch gegenüber dem Eigentümer als Vermieter ein geeignetes Mittel des bauaufsichtlichen Einschreitens. Die Anordnung umfasst das Verbot der Selbstnutzung und ein Verbot, für freigewordene „Wohnungen" Mietverhältnisse neu zu begründen.[303] Weiter noch geht das OVG Bln:[304] „Eine Kündigungsanordnung ist als

---

298 Bay VGH vom 9. 6. 1986 BRS 46 Nr. 198.

299 So OVG Thür vom 27. 2. 1997 BRS 59 Nr. 216: Nutzungsverbote, Nutzungsbeschränkung in Verbindung mit einer Räumungsanordnung; Hess VGH vom 15. 9. 1994 BRS 56 Nr. 200.

300 OVG Saar vom 27. 11. 1981 BRS 38 Nr. 204.

301 OVG NRW vom 13. 1. 1993 NWVBl. 1993, 232–233; offen Bay VGH vom 28. 9. 1999 Az. 2 ZB 98.3272, der nur über die Rechtmäßigkeit einer Untersagung gegenüber dem Mieter zu entscheiden hatte.

302 Vom 24. 10. 1997 BRS 59 Nr. 220 und vom 13. 1. 1993 NWVBl. 1993, 232.

303 Hess VGH vom 26. 9. 1983 DÖV 1984, 307; ebenso OVG Brem vom 8. 10. 1985 BRS 44 Nr. 205 für ein präventives Nutzungsverbot, zur Regelung in Bremen, wonach die Benutzung und die Aufnahme jeder nicht genehmigten Nutzung untersagt werden kann.

304 Vom 16. 2. 1990 BRS 50 Nr. 210.

besondere Form der Nutzungsuntersagung nicht nur rechtlich möglich, sondern auch unerlässlich, um einer auf die Baurechtswidrigkeit einer Wohnnutzung gestützten Kündigung eines Mietverhältnisses zum Erfolg zu verhelfen. Die Tatsache der baurechtswidrigen Nutzung als solche kann den Vermieter schon deshalb nicht zur Kündigung berechtigen, weil die Bauaufsichtsbehörde bei Vorliegen einer formell und materiell baurechtswidrigen Nutzung baulicher Anlagen nicht verpflichtet ist, eine Nutzungsuntersagung auszusprechen, sondern nach pflichtgemäßem Ermessen entscheidet, ob sie einschreiten will. Erst wenn sich die Behörde hierzu entschließt und gegen den Vermieter eine **Kündigungsanordnung** erlässt, entsteht dessen öffentlich-rechtliche Pflicht, auf eine Räumung der Wohnung hinzuwirken mit der Folge, dass er auch ein berechtigtes Interesse an einer Kündigung im Sinne von § 564 b Abs. 1 BGB geltend machen kann." Im Allgemeinen wird die Kündigungsauflage allerdings nicht als besondere Form der Nutzungsuntersagung gesehen, sondern auf die allgemeine bauaufsichtliche Eingriffsbefugnis gestützt.[305] Einigkeit besteht dagegen wohl darin, dass das **an den Eigentümer gerichtete bloße Nutzungsverbot** als reines Unterlassungsgebot kein aktives Handlungsgebot dahin enthält, durch Kündigung oder einverständliche Aufhebung der Mietverhältnisse die „Wohnungen" von Mietern frei zu machen.[306] Auch der BW VGH lässt es zu, wenn ein Gebäude baurechtswidrig genutzt wird, über die Nutzungsuntersagung hinaus gegenüber dem Eigentümer eine Anordnung zu erlassen, das Gebäude künftig nicht mehr für baurechtswidrige Nutzungszwecke zu vermieten.[307]

Ungeachtet dieser Auswahlproblematik ist für den Fall einer Nutzungsuntersagung 267
allein gegen den Mieter Folgendes festzuhalten: Es handelt sich **nicht** um einen Fall notwendiger **Beiladung** des Eigentümers im Verwaltungsprozess, wenn sich eine bauordnungsrechtliche Nutzungsuntersagung gegen den Mieter einer Wohnung richtet.[308] Das Gleiche gilt für das Verhältnis von Hauptmieter zu Untermieter. Dem Eigentümer fehlt für eine Klage gegen das an den Mieter gerichtete Nutzungsverbot das Rechtsschutzbedürfnis, denn der Eigentümer wird hierdurch nicht verpflichtet. Streitgegenstand in einem Verfahren gegen die Nutzungsuntersagung ist allein die Frage, ob der Mieter durch das Benutzungsverbot in seinen Rechten verletzt ist. Der Eigentümer kann nur durch ein gegen ihn gerichtetes Duldungsgebot verletzt sein.

Bei mehreren **Miteigentümern** bedarf es, um Rechtswirkungen allen gegenüber aus- 268
zulösen, auch einer Nutzungsuntersagung **allen** gegenüber oder zumindest entsprechender Duldungsanordnungen. Wird eine Nutzung nur von einem Miteigentümer ausgeübt, genügt auch eine Anordnung nur ihm gegenüber. Eine Duldungsanordnung gegen die anderen Miteigentümer ist in diesem Fall entbehrlich, weil das Unterlassen der allein von einem Miteigentümer ausgeübten Nutzung die privaten Rechte der übrigen Miteigentümer nicht berühren und somit die Durchsetzung der Anordnung an diesen Rechten nicht scheitern kann.[309] Der allein an einen Miteigentümer ergangene Bescheid begründet aber auch nur diesem gegenüber eine Verpflichtung, die Nutzung zu unterlassen. Die Rechtsposition der anderen Mitberechtigten wird dadurch nicht berührt; sie werden weder zu einer Handlung, noch zu einer Duldung oder Unterlassung verpflichtet. Miteigentum oder die sonstige Nebenberechtigung eines Dritten berührt im Übrigen nicht die Rechtmäßigkeit der nicht auch an ihn gerichteten Verfügung, sondern stellt nur ein Vollzugshindernis dar, das nachträglich durch eine gegen den Dritten gerichtete Verfügung ausgeräumt werden kann.

---

305 So auch BW VGH vom 15. 12. 1982 BRS 40 Nr. 228.

306 So auch Hess VGH vom 26. 9. 1983 DÖV 1984, 307; anders allerdings im Beschluss vom 26. 7. 1994 BRS 56 Nr. 212: „... ist das Gebot, die gewerbliche Nutzung der Räumlichkeiten sofort einzustellen, nicht als schlichtes Unterlassungsgebot im Sinne des Verbots einer Eigennutzung oder des Verbots, für freigewordene Zimmer ein Mietverhältnis zu begründen, ... zu verstehen. Vielmehr wird der Antragsteller durch das Gebot, die gewerbliche Nutzung sofort einzustellen, verpflichtet, aktiv tätig zu werden."

307 BW VGH vom 19. 10. 1990 BauR 1991, 300.

308 BVerwG vom 4. 3. 1988 NVwZ 1988, 730.

309 Bay VGH vom 19. 12. 1990 BayVBl. 1991, 596.

269 Die Geltung gegenüber dem **Rechtsnachfolger** bemisst sich nach jeweiligem Landesrecht. Zum Teil sind in der Nutzungsuntersagung selbst Regelungen über die Geltung gegenüber dem Rechtsnachfolger enthalten (so in Mecklenburg-Vorpommern, Rheinland-Pfalz, Saarland, Sachsen und Thüringen), z.T. wirken bauaufsichtliche Maßnahmen generell gegenüber dem Rechtsnachfolger (so in Bayern, Brandenburg, Hessen und Niedersachsen) und im Übrigen ist nur die Rechtsnachfolge für die Baugenehmigung explizit geregelt (Baden-Württemberg, Berlin, Bremen, Hamburg, Nordrhein-Westfalen, Sachsen-Anhalt und Schleswig Holstein). Hierzu sei auf die ausführliche Erläuterung im Rahmen der allgemeinen Befugnisnorm in diesem Kapitel verwiesen (oben Rn. 84ff.).

3. Bestimmtheit

270 Ebenso wie bei einer Baueinstellungsverfügung muss die Nutzungsuntersagung hinreichend bestimmt sein, damit der Betroffene weiß, wie er sich zu verhalten hat und damit eine Vollstreckung möglich ist. Hinreichende inhaltliche Bestimmtheit bedeutet, dass für den Adressaten der bauaufsichtlichen Verfügung seine eigene **Betroffenheit**, die **Verwaltungsaktsqualität** der Maßnahme sowie der **Inhalt** der Anordnung klar und unzweideutig sind. Das Erfordernis der inhaltlichen Bestimmtheit ist aber auch dann erfüllt, wenn die Regelung durch Auslegung ermittelt werden kann, wobei auf den Empfängerhorizont abzustellen ist.[310]

271 Den Bestimmtheitsanforderungen des § 37 VwVfG genügt es zum Beispiel, wenn die Bauaufsichtsbehörde die Kündigung baurechtswidrig genutzter Räume anordnet und dem Vermieter im Sinne einer vorweggenommenen Gestattung **nachlässt**, als anderes, ebenso wirksames Mittel innerhalb der festgesetzten Frist mit den Mietern eine einvernehmliche Regelung herbeizuführen.[311] Ausreichend bestimmt ist demgegenüber **nicht** ein Verbot, ein Wochenendhaus als **Dauerwohnsitz** zu benutzen.[312] Der sachliche Umfang der dem Betroffenen auferlegten Unterlassungspflicht wäre nur hinlänglich klar, wenn sie sich generell auf die Wohnnutzung des zu seinem Anwesen gehörenden Hauses bezöge. Die Bezeichnung des Verbotsgegenstandes als „Benutzung als Dauerwohnsitz" spricht aber tendenziell, wenn auch nicht zwingend, gegen ein Totalverbot der aktuellen Wohnnutzung. Von der Ersichtlichkeit dieses Sinngehaltes vom maßgeblichen Empfängerhorizont her ausgehend ist die Abgrenzung der verbotenen von der weiterhin erlaubten Nutzung problematisch. Dem Verfügungsbetroffenen müsste deutlich werden, was er zu unterlassen hat, damit sein Haus kein „Dauerwohnsitz" mehr ist. Die nötige Abgrenzung kann dem Begriff „Dauerwohnsitz" nicht mit genügender Bestimmtheit entnommen werden. Ferner empfiehlt sich die Angabe, ob die Anordnung **befristet** oder **auf Dauer** gelten soll.

272 Bei **verschiedenen Nutzungsmöglichkeiten** muss genau bezeichnet werden, welche Nutzung nicht mehr ausgeübt werden darf. Solange Alternativen vorhanden sind und die konkrete Maßnahme nicht bezeichnet wird, ist die Anordnung unbestimmt und damit rechtswidrig. Wird z. B. der Saal einer Gastwirtschaft mit genehmigtem Saalbetrieb nicht nur in der herkömmlichen Weise, sondern auch für einen Diskothekenbetrieb genutzt, muss eine allein auf die Unterbindung des Diskothekenbetriebs gerichtete Nutzungsuntersagung, um hinreichend bestimmt zu sein, näher angeben, in welchen Punkten die Betriebsgestaltung zu ändern ist.[313]

273 Bei nur **teilweiser Untersagung** ist der betroffene Teil hinreichend deutlich zu bestimmen, sei es durch Markierung im Plan, Bezeichnung des Geschosses, der Art der Nutzung bei verschiedenen Nutzungen in einem Gebäude, etc. Erforderlich ist eine entweder eine exakte Bezeichnung oder eine entsprechende Lageplanskizze.[314]

---

[310] Nähere Erläuterungen hierzu oben Rn. 71ff.
[311] Hess VGH, Fn. 306.
[312] OVG Saar vom 23. 1. 1991 Az. 2 W 58/90.
[313] Bay VGH BayVBl. 1988, 600.
[314] OVG NRW vom 22. 11. 1994 BRS 56 Nr. 199.

Ist eine Nutzung gestattet, die **in zwei Geschossen** ausgeführt werden kann, ist es Sache des Bauherrn, die konkreten Nutzungsentscheidungen zu treffen und zu bestimmen, in welchem der beiden Geschosse die erlaubte Nutzung ausgeübt wird. Eine Nutzungsuntersagung bedarf insoweit ebenso wenig einer Konkretisierung, vielmehr genügt schlicht die Untersagung der unzulässigen Nutzung.[315] Hier tritt die rechtsstaatliche Dimension des Erfordernisses der Bestimmtheit staatlicher Anordnungen zurück, wenn der Bauherr als Adressat der Nutzungsuntersagung insoweit des Schutzes nicht bedarf. Die Offenheit der Anordnung betrifft allein eine in seiner Sphäre liegende Entscheidung. Der Bauherr vermag die Konkretisierung allein herbeizuführen, so dass er keinen unkalkulierbaren Pflichten ausgesetzt ist. 274

4. Frist

Einer **Fristsetzung** bedarf es in der Regel **nicht**, da vom Betroffenen nicht die Vornahme einer Handlung verlangt wird, sondern lediglich ein **Unterlassen**.[316] Wie bei der Baueinstellung gilt die Anordnung ab sofort. Sollte im Ausnahmefall noch eine Übergangsfrist, z. B. zu entsprechenden privatrechtlichen Dispositionen, eingeräumt werden, so ist hierfür eine ausdrückliche Erklärung erforderlich. Droht die Behörde zur Durchsetzung einer Unterlassungspflicht ein Zwangsgeld an, setzt sie jedoch, falls eine Geltung ab sofort nicht in Betracht kommt, keine Frist zur Erfüllung der Unterlassungspflicht, so ist das Absehen von der Fristsetzung rechtswidrig, wenn darüber nicht nach pflichtgemäßem Ermessen entschieden worden ist.[317] Die Notwendigkeit, dem Betroffenen auch bei bloßem Unterlassen eine zumutbare Frist zu setzen, kann sich daraus ergeben, dass eine Nutzung nicht ohne weiteres beendet werden kann, sondern vorheriger Dispositionen bedarf. Dies wurde zum Beispiel für den Fall langjähriger Taubenhaltung angenommen.[318] Vor Schließung des Taubenschlags muss für die Tauben eine anderweitige Unterbringung gesucht werden, so dass hierfür eine angemessene Frist zu setzen ist. 275

Anders verhält es sich auch, wenn die Nutzungsuntersagung nicht auf ein bloßes Unterlassen beschränkt ist, wie etwa bei der Räumung eines Lagerplatzes. Hier bedarf es einer genauen Festsetzung, bis wann der Betroffene die entsprechende **Handlung** vorzunehmen hat.[319] Die Nutzungsuntersagung für einen Gewerbebetrieb muss z. B. bei der Bemessung der „Räumungsfrist" auch berücksichtigen, dass der betroffene Betrieb einen größeren Zeitraum für die Betriebsverlagerung benötigt. Nicht ausreichend erachtet hat das OVG Schl-H[320] eine Frist von 8 Monaten ab Rechtskraft der Nutzungsuntersagung. Die privaten wirtschaftlichen Belange eines Gewerbetreibenden, der dieses Gewerbe seit Jahren unbeanstandet betreibt, müssen im Rahmen des Ermessens gewürdigt werden. Auf diese Frist kann zunächst nicht die Zeit angerechnet werden, die auf Grund des Suspensiveffektes von Klage und Berufung entsteht. In dieser Zeit darf der Betroffene davon ausgehen, dass die Nutzungsuntersagung keine Wirksamkeit entfaltet. 8 Monate für die Verlagerung eines Betriebes, der seit längerer Zeit existiert, erscheinen dem OVG Schl-H zu kurz. Es müsste wenigstens eine Frist von 1 Jahr gewährt werden. Andererseits dürfen bei der Fristsetzung die Belange der Nachbarn, die seit diesem längeren Zeitraum unter dem Betrieb leiden, nicht außer Betracht gelassen werden. Hier ist das OVG Schl-H der Auffassung, dass den Nachbarn ein längerer Zeitraum als 2 Jahre nicht zumutbar ist. 276

---

315 BVerwG vom 12. 12. 1996 BVerwGE 102, 351 = NVwZ 1997, 902.
316 OVG Thür vom 4. 11. 1993 ThürVBl. 1994, 111.
317 Hess VGH vom 6. 10. 1988 HessVGRspr 1989, 27–30.
318 Hess VGH vom 20. 3. 1981 BRS 38 Nr. 66.
319 OVG Hamburg vom 18. 6. 1985 HmbJVBl. 1986, 3.
320 OVG Schl-H vom 1. 3. 1993 Az. 1 M 3/93 und vom 19. 1. 1994 Az. 1 L 106/92.

5. Anordnung der sofortigen Vollziehung

a) Allgemeines

277 Soweit die Nutzungsuntersagung allein auf Grund formeller Rechtswidrigkeit ergeht und damit wie die Baueinstellung der Verhinderung eines rechtswidrigen Zustandes dient, können die Anforderungen an einen Sofortvollzug im Hinblick auf die der Behörde eingeräumte Möglichkeit, rasch einzuschreiten, wie bei der Baueinstellung nicht sehr hoch gesetzt werden. Könnte der Bauherr durch Widerspruch die ungehinderte weitere Nutzung bewirken, wäre der Gesetzeszweck nicht erreicht und eine Nutzungsuntersagung bedeutungslos. Ebenso wie aus diesem Grunde ein Regelermessen der Behörde bejaht wird, werden auch **in der Regel** die öffentlichen Interessen für die Anordnung der sofortigen Vollziehung sprechen, wenn Anhaltspunkte für einen Widerspruch des Bauherrn vorliegen. Das besondere öffentliche Interesse an der Wahrung der **Effektivität** und an der **Effizienz** des bauaufsichtlichen Genehmigungsverfahrens rechtfertigt regelmäßig die Anordnung der sofortigen Vollziehung eines bauaufsichtlichen Nutzungsverbots.[321] Formelle Baurechtsverstöße dürfen damit grundsätzlich durch sofort vollziehbare Nutzungsverbote unterbunden werden; ein Verstoß gegen die Ordnungsfunktion des formellen Baurechts reicht somit für die Begründung der sofortigen Vollziehung eines Nutzungsverbots aus. Hinzu kommt, dass derjenige, der ohne Baugenehmigung oder sonst rechtswidrig eine Nutzung ausübt, nicht schützenswert ist und gegenüber dem **gesetzestreuen Bürger**, der erst nach Erfüllen aller Anforderungen die Nutzung aufnimmt, nicht bevorzugt werden darf.

278 Im **gerichtlichen Eilverfahren** muss im Rahmen der Überprüfung eines **allein** auf **formelle Rechtswidrigkeit** gestützten Nutzungsverbots nicht auch die materiell-rechtliche Zulässigkeit des streitbefangenen Vorhabens gerichtlicherseits überprüft werden, denn dann würde die Verwaltungsgerichtsbarkeit damit bei ungenehmigten Baumaßnahmen und Nutzungsänderungen praktisch in die Rolle der Bauaufsichtsbehörde gedrängt, was, abgesehen von der Vorwegnahme der Hauptsache, im Gegensatz zur gesetzlichen Kompetenzordnung und zur verfassungsrechtlich gewährleisteten Gewaltenteilung stünde. Es brauchte nur jemand ein Gebäude illegal zu nutzen, um im Ergebnis an dem vorgesehenen bauaufsichtlichen Genehmigungsverfahren und gegebenenfalls einem sich anschließenden gerichtlichen Hauptsacheverfahren vorbei im Eilverfahren eine mindestens beschränkt rechtskräftige materiell-rechtliche Prüfung seines Vorhabens erreichen zu können. Ein Schwarzbauer könnte sich damit einen nicht unbedeutenden zeitlichen Vorteil vor rechtstreuen Bauantragstellern verschaffen, was unabhängig von der illegalen Vorgehensweise auch mit dem Gleichheitssatz des Art. 3 Abs. 1 GG nicht vereinbar wäre.[322] Gegenüber dem öffentlichen Interesse an der Herstellung und Erhaltung rechtmäßiger Verhältnisse muss ein privates Interesse zurückstehen, das sich im Wesentlichen darin erschöpft, bis zur Entscheidung der Hauptsache aus einer formell illegalen Position finanzielle Vorteile zu erzielen. Anders entscheidet der Hess VGH[323] jedoch, wenn ein Nutzungsverbot mit der formellen und der materiellen Illegalität der baulichen Anlage begründet, die Anordnung der sofortigen Vollziehung des Nutzungsverbots aber allein auf die formelle Illegalität gestützt wird. Im Verfahren nach § 80 Abs. 5 VwGO muss dann auch die materielle Rechtmäßigkeit des Nutzungsverbots geprüft werden.

279 Dass ein **sofort vollziehbares Nutzungsverbot** behördlicherseits **allein auf die formelle Illegalität** einer Maßnahme gestützt und unmittelbar durchgesetzt werden kann,

---

321 Bay VGH vom 19. 12. 1990 BayVBl. 1991, 596 und vom 25. 9. 1985 BayVBl. 1986, 50; OVG NRW vom 6. 2. 1970 BRS 23 Nr. 205 und vom 25. 6. 1987 BRS 47, 489; OVG Nds vom 11. 5. 1970 BRS 23 Nr. 206, vom 14. 9. 1984 BRS 42 Nr. 226, vom 21. 12. 1987 BRS 47 Nr. 136 und vom 8. 5. 1987 NVwZ 1989, 170; OVG Bln vom 9. 4. 1997 BRS 59 Nr. 215; Hess VGH vom 10. 11. 1994 BauR 1995, 679; OVG Schl-H vom 6. 12. 1994 Az. 1 M 70/94; OVG Thür vom 4. 11. 1993 ThürVBl. 1994, 111.

322 Hess VGH vom 30. 10. 1995 BRS 57 Nr. 255.

323 Vom 6. 10. 1988 HessVGRspr 1989, 27–30.

beruht ferner darauf, dass regelmäßig der Tatbestand eine Ordnungswidrigkeit erfüllt, die präventive Kontrolle der Bauaufsicht unterlaufen wird und unangemessene Wettbewerbsvorteile entstehen können, wenn gewerbliche Tätigkeiten aus illegal genutzten Räumlichkeiten heraus vorgenommen werden, während mögliche Konkurrenten nicht unerhebliche Ressourcen zur Finanzierung legal genutzter Räumlichkeiten verwenden müssen.[324]

Das nach § 80 Abs. 3 VwGO vorgeschriebene **Begründungserfordernis** ist insoweit ebenso eingeschränkt. In Standardfällen ist zur Begründung des besonderen öffentlichen Eilinteresses am Sofortvollzug eines Nutzungsverbots eine Begründung ausreichend, die fallangemessen in gewisser Weise standardisierte Begründungselemente enthält. Der Begründungspflicht des § 80 Abs. 3 S. 1 VwGO ist genügt, wenn die sofortige Vollziehung allein auf die formelle Illegalität der baulichen Anlage gestützt wird.[325] 280

Wie auch bei der Baueinstellung ist Vorsicht geboten mit der Regelargumentation hinsichtlich des Überwiegens der öffentlichen Interessen bei **genehmigungsfreien oder nur teilweise geprüften Vorhaben**, wenn sich der Bürger seines Verstoßes womöglich gar nicht bewusst ist. In den Fällen ohne Baugenehmigung im klassischen Sinne ist der Widerspruch zu öffentlich-rechtlichen Vorschriften nicht so offensichtlich, dass für den Bürger der Vorrang der öffentlichen Interessen deutlich zu erkennen wäre. Insoweit bedarf es einer ausführlicheren Begründung, die auf die Rechtswidrigkeit verweist und das überwiegende öffentliche Interesse an der sofortigen Vollziehung bezeichnet. 281

Generell verbietet sich eine schematische Handhabung: Die Behörde kann nicht quasi stereotyp auf das in der Regel durchaus zu bejahende öffentliche Interesse verweisen, ohne zu prüfen, ob die konkrete Fallkonstellation auch wirklich den Regelfall darstellt. Es bedarf vielmehr immer einer **Prüfung** dahin gehend, ob der Fall **Besonderheiten** aufweist, die es rechtfertigen oder sogar geboten erscheinen lassen, von der oben dargelegten Regel abzuweichen. Dies kann zum Beispiel der Fall sein, wenn für ein und dieselbe Sache zwei Genehmigungen – möglicherweise von zwei verschiedenen Behörden – erforderlich sind und die nicht baurechtliche bereits erteilt ist.[326] Die Argumentation, der illegal bauende und nutzende Bürger dürfe nicht besser gestellt werden, passt hier nur bedingt, zumal ein juristisch nicht vorgebildeter Bürger die Kenntnis hinsichtlich der Erforderlichkeit der einzelnen Genehmigungen meist nicht haben wird. 282

b) Einzelfälle

Eine offensichtlich **genehmigungsunfähige** bauliche Anlage kann ein sofortiges Nutzungsverbot rechtfertigen.[327] 283

Ein **nachträglich gestellter Bauantrag** hat auf das öffentliche Interesse am Sofortvollzug des Nutzungsverbots keine Auswirkungen. Eine formell illegale Nutzung ist ebenso wenig wie anderweitige Maßnahmen zur Herstellung rechtmäßiger Zustände ein rechtlich zulässiger Hebel, um einstweilen bevorzugt so gestellt zu werden, als hätte man eine die formelle Illegalität ausschließende Baugenehmigung in Händen.[328] Im Einzelfall kann eine sofort vollziehbare Nutzungsuntersagung ausscheiden, wenn der erforderliche Bauantrag gestellt und auch nach der Auffassung der Behörde genehmigungsfähig ist sowie der Erteilung der Baugenehmigung auch sonst nichts im Wege steht.[329] 284

Bei der Gewichtung des öffentlichen Interesses an der sofortigen Vollziehung sind die **Art der in Frage stehenden Nutzung** und die konkreten **Auswirkungen** dieser Nutzung zu berücksichtigen. Soll z. B. mit dem Verbot die Dauer- statt einer Wochenendhausnut- 285

[324] Hess VGH vom 30. 1. 1997 BRS 59 Nr. 214; OVG Brem vom 31. 8. 1987 BRS 47 Nr. 206.
[325] Hess VGH vom 30. 1. 1997 BRS 59 Nr. 214 und vom 6. 10. 1988 HessVGRspr 1989, 27–30.
[326] OVG Nds vom 21. 12. 1987 BRS 47 Nr. 136 für Erlaubnis nach Luftverkehrsgesetz und Baugenehmigung.
[327] OVG Nds vom 31. 8. 1993 BRS 55 Nr. 206.
[328] Hess VGH vom 30. 1. 1997 BRS 59 Nr. 214.
[329] OVG NRW vom 22. 4. 1996 Az. 7 B 315/96.

zung unterbunden werden, kann das öffentliche Interesse an der sofortigen Herbeiführung einer solchen bloßen Nutzungsreduzierung vergleichsweise gering sein. Die insoweit zu besorgende Vorbildwirkung dieser Nutzung des vorhandenen Gebäudes nicht nur zum Wohnen in der Freizeit, sondern als Dauerwohnsitz in ihren Auswirkungen auf das Allgemeininteresse an der Freihaltung des Außenbereichs von einer der freien Feldmark wesensfremden Inanspruchnahme kann im Einzelfall bis zur Entscheidung in der Hauptsache hinnehmbar sein.[330]

286 Ebenso wenig besteht in der Regel ein öffentliches Interesse an der Anordnung des Sofortvollzuges einer Nutzungsuntersagung gegenüber dem **Vermieter**, wenn eine solche überhaupt für zulässig erachtet wird.[331]

287 Ein öffentliches Interesse an einer sofortigen Vollziehung liegt auch nicht vor, wenn eine **Baustelle versiegelt** ist und deshalb ohnehin nicht genutzt werden kann. Die Versiegelung hat zwar nur den Zweck, die Fortsetzung unzulässiger Bauarbeiten unmöglich zu machen, nicht aber, eine Nutzungsuntersagung durchzusetzen oder eine drohende unerlaubte Nutzung zu verhindern. Das schließt aber nicht aus, dass das Bestehen einer für sofort vollziehbar erklärten Versiegelungsanordnung dazu führt, ein besonderes öffentliches Interesse am sofortigen Vollzug einer erst nach der durchgeführten Versiegelung erlassenen Nutzungsuntersagung zu verneinen. Das öffentliche Interesse erfordert es in einem solchen Fall nicht, durch die Anordnung der sofortigen Vollziehung der Nutzungsuntersagung eine Ausnahme von der gesetzlichen Regelung des § 80 Abs. 1 VwGO herbeizuführen, weil durch die Versiegelung des Gebäudes eine Nutzung ohnehin ausgeschlossen ist.

288 Das besondere öffentliche Interesse an der Wahrung der Effektivität des bauaufsichtlichen Genehmigungsverfahrens, das es sonst regelmäßig rechtfertigt, die sofortige Vollziehung eines wegen formeller Illegalität einer Nutzung ausgesprochenen Nutzungsverbots anzuordnen, kann im Einzelfall entfallen, wenn die Baubehörde über längere Zeit trotz bestehender Vollstreckungsmöglichkeiten das **Nutzungsverbot nicht durchsetzt**.[332] Grundsätzlich verliert die Bauaufsichtsbehörde aber dadurch, dass sie eine längere Zeit von der Anordnung des Sofortvollzuges und der Ausübung von Zwangsmitteln absieht, nicht die Befugnis, zu der Anordnung des Sofortvollzuges doch noch überzugehen. Einer besonderen Begründung hierfür bedarf es nicht. Der Hintergrund ist darin zu sehen, dass die öffentlich-rechtlichen Befugnisse zur Beseitigung bzw. Nutzungsuntersagung rechtswidriger Baulichkeiten nicht verwirken.[333] Auch eine vorherige Nutzungsuntersagung ohne Sofortvollzug hindert eine spätere Anordnung des Sofortvollzugs nicht.[334]

289 Wird ein Nutzungsverbot mit der **formellen und der materiellen Illegalität** der baulichen Anlage begründet, die Anordnung der sofortigen Vollziehung des Nutzungsverbots aber allein auf die formelle Illegalität gestützt, so muss im Verfahren nach § 80 Abs. 5 VwGO auch die materielle Rechtmäßigkeit des Nutzungsverbots geprüft werden.[335]

6. Vollstreckung

290 Die Vollstreckung erfolgt nach den allgemeinen landesrechtlichen Vollstreckungsregelungen. In erster Linie wird auch hier **Zwangsgeld** angedroht sein, allerdings kommt auch **unmittelbarer Zwang** in Betracht. So kann z. B. bei einer Anordnung, die eine Nutzung als Heim für Aussiedler untersagt, der Betroffene zur Betriebseinstellung aufgefordert und die Räumung als unmittelbarer Zwang angedroht werden.[336] Die Höhe eines Zwangsgeldes richtet sich je nach der Art der Nutzung. Für die Nutzung eines

[330] OVG Saar vom 23. 1. 1991 2 W 58/90.
[331] OVG Saar vom 27. 11. 1981 BRS 38 Nr. 204.
[332] OVG NRW vom 25. 6. 1987 BRS 47, 489.
[333] OVG Schl-H vom 6. 12. 1994 Az. 1 M 70/94.
[334] Bay VGH vom 10. 2. 1988 BayVBl. 1988, 436.
[335] Hess VGH vom 6. 10. 1988 HessVGRspr. 1989, 27.
[336] OVG Bln vom 31. 1. 1996 BRS 58 Nr. 204.

Wohnhauses als Bordell hat das OVG Schleswig[337] ein Zwangsgeld in Höhe von 250 € und weitere Zwangsgelder in Höhe von 2500 € für zulässig erachtet. Die Festsetzung eines weiteren Zwangsgeldes in Höhe von 25 000 € wurde allerdings ohne entsprechende Begründung nicht mehr hingenommen. Zwar sei davon auszugehen, dass ein wiederholter und dauerhafter Verstoß gegen die Nutzungsuntersagungsverfügung vorgelegen habe, so dass auch die Festsetzung des Zwangsgeldes gerechtfertigt gewesen sei, es gebe aber keine ausreichende Begründung dafür, das Zwangsgeld sogleich um das Zehnfache zu erhöhen. Für Verstöße gegen Öffnungszeiten einer Spielothek wurden Zwangsgelder von zuerst 500 € und dann 2500 € ohne weiteres für rechtmäßig erachtet, für weitere 5000 €, 7500 € bis hin zu 10 000 € bedarf es entsprechender Begründungen.[338]

Eine **Versiegelung** ist landesrechtlich in der Regel nur bei Baueinstellung vorgesehen. 291
Zur Vollstreckung einer Nutzungsuntersagung kommt sie ohne ausdrückliche gesetzliche Regelung nicht in Betracht.

Miteigentum oder die sonstige Nebenberechtigung eines Dritten stellt ein Vollzugs- 292
hindernis dar, das allerdings nachträglich durch eine gegen den Dritten gerichtete Verfügung ausgeräumt werden kann.

7. Zeitliche Geltung

Die Nutzungsuntersagung ist ein **Dauerverwaltungsakt**. Sie gilt grundsätzlich zeitlich 293
unbegrenzt. Es empfiehlt sich allerdings, die Geltungsdauer anzugeben, wie etwa der Zeitraum bis zum Ergehen einer entsprechenden Baugenehmigung. Eine Beschränkung auf einen bestimmten Zeitpunkt ist dann geboten, wenn absehbar ist, wann rechtmäßige Zustände hergestellt werden können.

Mit der **Einstellung der Nutzung** tritt noch keine Erledigung ein, denn in der Nut- 294
zungsuntersagung ist auch das Verbot enthalten, eine solche rechtswidrige Nutzung wieder aufzunehmen.

Umstritten ist, wie sich eine **später erteilte Genehmigung** auf die Nutzungsuntersagung auswirkt. Richtiger Auffassung zufolge tritt **Erledigung** ein ähnlich der Fertigstellung der Arbeiten bei einer Baueinstellung, das heißt mit Erteilung einer entsprechenden Baugenehmigung tritt sie außer Kraft.[339] Ohne dass es einer gesonderten förmlichen Aufhebung bedarf, wird sie unmittelbar und mit Wirkung für die Zukunft gegenstandslos. Ein derartiger Verwaltungsakt mit Dauerwirkung, der auf der behördlichen Feststellung eines Widerspruchs der Nutzung zu öffentlich-rechtlichen Vorschriften beruht, wird im Umfang der nachträglich getroffenen selbständigen behördlichen Regelung, dass die Nutzung den öffentlich-rechtlichen Vorschriften nicht mehr widerspricht, ohne weiteres hinfällig und ist damit insoweit überholt. Richtiger Auffassung zufolge ist allerdings Voraussetzung, dass die Genehmigung **bestandskräftig** und keine aufschiebende Wirkung eingetreten ist.[340] Bei einem auf die formelle Illegalität gestützten Nutzungsverbot handelt es sich um eine vorläufige Maßnahme, die bis zur eventuellen Erteilung einer Genehmigung befristet ist. Mit Erteilung der Baugenehmigung verliert das Nutzungsverbot – wie eine Baueinstellungsverfügung – seine Wirkung, ohne dass eine derartige Befristung in der Verfügung selbst zum Ausdruck gebracht werden muss; ebenso endet ein bereits ergangenes Nutzungsverbot mit der förmlichen Duldung wie im Falle der Erteilung einer Baugenehmigung.[341] In Ausnahmefällen kann allerdings

---

337 OVG Schl-H vom 2. 10. 1996 Az. 1 L 356/95.

338 OVG Brem vom 31. 8. 1987 BRS 47 Nr. 206.

339 So auch Bay VGH vom 25. 1. 1988 BRS 48 Nr. 197; unklar im B. vom 26. 2. 1987 BRS 47 Nr. 200, da der Bay VGH hier nur über eine angefochtene und damit nicht bestandskräftige Baugenehmigung zu entscheiden hatte.

340 Lediglich als Schwebezustand, der einer Vollstreckung der Nutzungsuntersagung im Wege steht sieht es der Bay VGH vom 25. 1. 1988 BRS 48 Nr. 197 an, wenn gegen die Baugenehmigung Widerspruch eingelegt wurde, sie also nicht bestandskräftig ist.

341 Hess VGH vom 10. 11. 1994 BauR 1995, 679.

die später erteilte Baugenehmigung besondere Regelungen enthalten, die eine Benutzung erst zu einem bestimmten Zeitpunkt bzw. nach Erfüllen gewisser Auflagen gestatten. Dann kann keine Erledigung für die Nutzungsuntersagung eintreten.[342]

295 Eine **endgültige Nutzungsuntersagung** kann grundsätzlich im Falle bloßer formeller Rechtswidrigkeit der Nutzung ergehen.[343] Teilweise werden allerdings Einschränkungen gemacht: Eine endgültige Nutzungsuntersagung wird zum Beispiel nur so lange zugelassen, solange nicht in einem förmlichen Verwaltungsverfahren von der Bauaufsichtsbehörde festgestellt worden ist, dass die Nutzung Bestandsschutz genießt.[344] Der Bestandsschutz einer nach heutigem Recht materiell rechtswidrigen Nutzung, der daraus erwächst, dass die Nutzung in der Vergangenheit während eines beachtlichen Zeitraums rechtmäßig ausgeübt wurde, gibt dem Bauherrn ein Abwehrrecht gegen ein endgültiges Nutzungsverbot. Die Behörde ist verpflichtet, eine formell und – nach gegenwärtigem öffentlichem Recht – auch materiell illegale Nutzung zu dulden. Eine derartige Duldung kann von der Bauaufsicht in Form eines Verwaltungsaktes gegenüber dem Bauherrn ausgesprochen werden. Mit der förmlichen Duldung endet ein bereits ergangenes Nutzungsverbot ebenso wie im Falle der Erteilung einer Baugenehmigung.

296 Der BW VGH[345] lässt eine endgültige Nutzungsuntersagung unter Rückgriff auf die Grundsätze zur Beseitigungsanordnung zu, wenn **sowohl formelle als auch materielle Rechtswidrigkeit** vorliegt. Bei der Beseitigungsanordnung setze ein Widerspruch zu öffentlich-rechtlichen Vorschriften mit Rücksicht auf den durch Art. 14 GG gewährleisteten Bestandsschutz voraus, dass die Nutzung nicht durch eine Baugenehmigung gedeckt sei und seit ihrem Beginn fortdauernd gegen materielles Baurecht verstoße. Für eine auf Dauer bestimmte, endgültige Untersagung einer ohne Genehmigung aufgenommenen Nutzung könne nichts anderes gelten. Angesichts der dem Baugenehmigungserfordernis zukommenden Funktion wäre eine nur auf formelle Verstöße gestützte Nutzungsuntersagung ebenso wenig mit Art. 14 GG zu vereinbaren wie eine Abbruchsanordnung. Dass bei einer Nutzungsuntersagung anders als bei einer Abbruchsanordnung keine Vermögenssubstanz entzogen werde, stehe dem nicht entgegen.

297 Ob diese Einschränkungen erforderlich sind, ist fraglich. Eine Nutzungsuntersagung lässt sich nicht ohne weiteres mit der Beseitigungsanordnung vergleichen. Im Gegensatz zur Beseitigungsanordnung bleibt hier die Substanz noch unangetastet. Dass eine solche endgültige Nutzungsuntersagung im Einzelfall ermessensfehlerhaft sein kann, wird nicht in Abrede gestellt. Es handelt sich lediglich um zwei verschiedene Fragen, die voneinander zu trennen sind: Die generelle Zulässigkeit einer Nutzungsuntersagung auf Dauer hat nichts mit der Frage zu tun, ob sie bei bloß formeller Rechtswidrigkeit ermessensgerecht ist.[346] Fraglich ist ferner, ob der Gedanke des Bestandsschutzes, der von einer genehmigten Nutzung ausgeht, damit nicht überdehnt wird.

---

[342] Bay VGH vom 26. 2. 1987 BRS 47 Nr. 200.
[343] Bay VGH vom 29. 9. 1981 BayVBl. 1982, 51.
[344] Hess VGH vom 10. 11. 1994 BauR 1995, 679.
[345] Vom 22. 1. 1996 DÖV 1996, 750.
[346] So auch Bay VGH vom 29. 9. 1981 BayVBl. 1982, 51.

Teil 4. Beseitigungsanordnung

MBO § 80 S. 1, BW § 65 S. 1, Bay Art. 82 S. 1, Bln § 70 Abs. 1 S. 1, Bbg § 74, Brem § 82 Abs. 1, Hamb § 76 Abs. 1 S. 1, Hess § 72 Abs. 1 S. 1, M-V § 80 Abs. 1 S. 1, Nds § 89 Abs. 1 S. 2 Nr. 4, NRW § 61 Abs. 1 S. 2, Rh-Pf § 81, Saar § 88 Abs. 1, Sachs § 77 S. 1, Sachs-Anh § 84 Abs. 3 S. 1, Schl-H § 86 Abs. 1 S. 1, Thür § 77 Abs. 1 S. 1.

I. Ländervergleich

Regelungsgegenstände der Landesbauordnungen und der MBO 2002[347]	
1.	**Anlagen**
2.	**Errichtung, Änderung**
3.	**Widerspruch** zu öffentlich-rechtlichen Vorschriften
4.	Rechtsfolge: teilweise oder vollständige **Beseitigung**/Abbruch
5.	**Zwangsmittel**
6.	Geltung gegenüber **Rechtsnachfolger**
7.	Verlangen nach **Bauantrag**/Bauvorlagen

298

Land	Norm (LBO)	Umsetzung/Abweichung in den Ländern und der MBO 2002[348]	
MBO 2002	§ 80 S. 1	**1.**	§ 80 S. 1 auch Werbeanlagen und Warenautomaten (§§ 80, 2 I 3, 1 I 2, 10)
		2.	§ 80 S. 1
		3.	§ 80 S. 1
		4.	§ 80 S. 1
		5.	keine Regelung
		6.	§ 58 III
		7.	keine Regelung
BW	§ 65 S. 1	**1.**	§ 65 S. 1 Werbeanlagen und Automaten (§§ 65 S. 1, 1 I 2, 11 III)
		2.	§ 65 S. 1 – gem. § 2 XII stehen der Errichtung gleich das Herstellen, Aufstellen, Anbringen, Einbauen, Einrichten, Instandhalten, Ändern und die Nutzungsänderung
		3.	§ 65 S. 1
		4.	§ 65 S. 1
		5.	keine Regelung
		6.	nur bei Baugenehmigung geregelt (§ 58 II)
		7.	keine Regelung
Bay	Art. 82 S. 1	**1.**	Art. 82 S. 1 – Werbeanlagen und Automaten als fiktive bauliche Anlage (Art. 2 I 2)
		2.	Art. 82 S. 1
		3.	Art. 82 S. 1
		4.	Art. 82 S. 1
		5.	keine Regelung
		6.	Art. 60 II 3, auch gegenüber Personen, die ein Besitzrecht erlangt haben
		7.	Art. 82 S. 3
Bln	§ 70 I 1	**1.**	§ 70 I 1 bauliche Anlagen – Werbeanlagen und Warenautomaten (§ 70 II)
		2.	§ 70 I 1
		3.	§ 70 I 1
		4.	§ 70 I 1

299

[347] Die hier verwendeten Ziffern entsprechen den Ziffern der nachstehenden Rubrik „Umsetzung/Abweichung in den Ländern und der MBO 2002".

[348] Die hier verwendeten Ziffern entsprechen den Ziffern der vorstehenden Rubrik „Regelungsgegenstände der Landesbauordnungen und der MBO 2002".

Land	Norm (LBO)	Umsetzung/Abweichung in den Ländern und der MBO 2002	
		5.	keine Regelung
		6.	nur für die Baugenehmigung geregelt (§ 62 IV)
		7.	§ 57 V die Bauaufsichtsbehörde kann die nachträgliche Einreichung der Bauvorlagen verlangen, wenn genehmigungsbedürftige Vorhaben ohne Baugenehmigung oder genehmigungsfrei gestellte Vorhaben ohne die einzureichenden Bauvorlagen begonnen oder fertig gestellt worden sind
Bbg	§ 74	**1.**	§ 74 I bauliche Anlagen – Werbeanlagen und Warenautomaten (§ 74 III 1)
		2.	§ 74 I – zusätzlich § 74 II nicht genutzte bauliche Anlagen drohen zu verfallen und öffentliche oder schutzwürdige private Interessen an Erhaltung bestehen nicht
		3.	§ 74 I
		4.	§ 74 I
		5.	§ 74 III 2 Beschlagnahme bei Nichtbeseitigung rechtswidrig errichteter Werbeanlagen trotz schriftlich verfügter Beseitigung oder wenn Beseitigungspflichtiger nicht festgestellt werden kann
		6.	§ 52 V
		7.	keine Regelung
Brem	§ 82 I	**1.**	§ 82 I bauliche Anlagen und Anlagen oder Einrichtungen, an die BauO Anforderungen stellt – Werbeanlagen und Waren- bzw. Leistungsautomaten (§§ 82 I, I, 1I 2, 13 I)
		2.	§ 82 I
		3.	§ 82 I
		4.	§ 82 I
		5.	keine Regelung
		6.	nur für die Baugenehmigung geregelt (§ 74 I)
		7.	§ 82 III
Hamb	§ 76 I 1	**1.**	§ 76 I 1 bauliche Anlage – Werbeanlagen und Waren- und Leistungsautomaten (§ 76 II) – Sonderreglungen für verwahrloste oder verunstaltete Anlagen, Grundstücke, unterirdische bauliche Anlagen (§ 76 III)
		2.	§ 76 I 1
		3.	§ 76 I 1
		4.	§ 76 I 1
		5.	keine Regelung
		6.	nur bei Baugenehmigung geregelt (§ 69 II)
		7.	keine Regelung
Hess	§ 72 I 1	**1.**	§ 72 I 1 Anlagen oder Einrichtungen, an die BauO Anforderungen stellt – Werbeanlagen als fiktive bauliche Anlage (§ 2 I 3 Nr. 7)
		2.	§ 72 I 1
		3.	§ 72 I 1
		4.	§ 72 I 1
		5.	keine Regelung
		6.	§ 53 V
		7.	§ 72 II Verlangen nach Durchführung des erforderlichen Verfahrens oder Einreichung erforderlicher Bauvorlagen
M-V	§ 80 I 1	**1.**	§ 80 I 1 bauliche Anlagen – Werbeanlagen und Warenautomaten (§ 80 III)
		2.	§ 80 I 1
		3.	§ 80 I 1
		4.	§ 80 I 1
		5.	keine Regelung
		6.	§ 80 I 3
		7.	keine Regelung
Nds	§ 89 I 2 Nr. 4		allgemeine bauaufsichtliche Befugnisnorm, keine gesonderte Regelung der Beseitigungsanordnung

Land	Norm (LBO)		Umsetzung/Abweichung in den Ländern und der MBO 2002
		1.	§ 89 I 1 bauliche Anlagen, Grundstücke, Bauprodukte oder Baumaßnahmen – Werbeanlagen und Warenautomaten als fiktive bauliche Anlage (§ 2 I 2)
		2.	nicht gesondert aufgeführt
		3.	§ 89 I 1 Widerspruch gegen öffentliches Baurecht; Hinweis auf bevorstehende, drohende Rechtswidrigkeit („zu besorgen ist")
		4.	§ 89 I 2 Nr. 4, II, III Beseitigung von baulichen Anlagen oder Teilen von baulichen Anlagen; Regelung der Verantwortlichkeit; vorherige Erörterung
		5.	§ 89 IV Versiegelung und Beschlagnahme, soweit zur Durchsetzung der Anordnungen erforderlich
		6.	§ 89 II 3
		7.	keine Regelung
			§ 54 zusätzlich: Soweit bauliche Anlagen nicht genutzt werden und im Verfall begriffen sind, kann die Bauaufsichtsbehörde die nach § 61 Verantwortlichen verpflichten, die baulichen Anlagen abzubrechen oder zu beseitigen, es sei denn, dass ein öffentliches oder schutzwürdiges privates Interesse an ihrer Erhaltung besteht
NRW	§ 61 I 2		allgemeine bauaufsichtliche Befugnisnorm, keine gesonderte Regelung der Beseitigungsanordnung
		1.	§ 61 I 2 Anlagen und Einrichtungen, an die BauO Anforderungen stellt – Werbeanlagen und Warenautomaten (§§ 61 I 1, 1 I 2, 13)
		2.	§ 61 I 2 auch Instandhaltung
		3.	§ 61 I 2
		4.	§ 61 I 2 Rechtsfolge sind allgemein die erforderlichen Maßnahmen
		5.	keine Regelung
		6.	nur für Baugenehmigung geregelt (§ 75 II)
		7.	keine Regelung
Rh-Pf	§ 81	**1.**	§ 81 S. 1 Anlagen und Einrichtungen, an die BauO Anforderungen stellt – Werbeanlagen und Warenautomaten (§§ 81, 1 I 2, 52)
		2.	§ 81 S. 1 auch Instandhaltung, Nutzungsänderung
		3.	§ 81 S. 1 Verstoß gegen baurechtliche oder sonstige öffentlich-rechtliche Vorschriften über die Errichtung, Änderung, Instandhaltung, Nutzungsänderung
		4.	§ 81 S. 1 vollständige oder teilweise Beseitigung auf Kosten der verantwortlichen Personen
		5.	keine Regelung
		6.	§ 81 S. 3
		7.	§ 81 S. 2
			§ 82 zusätzlich: Soweit bauliche Anlagen nicht genutzt werden und im Verfall begriffen sind, kann die Bauaufsichtsbehörde die verantwortlichen Personen verpflichten, die Anlage abzubrechen oder zu beseitigen
Saar	§ 88 I	**1.**	§ 88 I Anlagen und Einrichtungen – Werbeanlagen und Warenautomaten (§ 15 II, V)
		2.	§ 88 I
		3.	§ 88 I
		4.	§ 88 I
		5.	keine Regelung
		6.	§ 88 III
		7.	§ 88 IV
Sachs	§ 77 S. 1	**1.**	§ 77 S. 1 bauliche Anlagen – Werbeanlagen und Automaten (§ 77 a)
		2.	§ 77 S. 1
		3.	§ 77 S. 1
		4.	§ 77 S. 1

Land	Norm (LBO)		Umsetzung/Abweichung in den Ländern und der MBO 2002
		5.	keine Regelung
		6.	§ 77 S. 3
		7.	keine Regelung
Sachs-Anh	§ 84 III 1	1.	§ 84 III 1 bauliche Anlagen – Werbeanlagen und Automaten als fiktive bauliche Anlage (§ 2 I 3)
		2.	§ 84 III 1
		3.	§ 84 III 1
		4.	§ 84 III 1
		5.	keine Regelung
		6.	nur bei Baugenehmigung geregelt (§ 77 II)
		7.	keine Regelung
Schl-H	§ 86 I 1	1.	§ 86 I 1 bauliche Anlagen – Werbeanlagen und Warenautomaten (§ 86 II)
		2.	§ 86 I 1 – auf Grund des Zustandes einer baulichen Anlage ist eine Nutzung nicht mehr zu erwarten, insbes. bei Ruinen (§ 86 I 2)
		3.	§ 86 I 1
		4.	§ 86 I 1
		5.	keine Regelung
		6.	nur bei Baugenehmigung geregelt (§ 78 II)
		7.	keine Regelung
Thür	§ 77 I 1	1.	§ 77 I 1 bauliche Anlagen – Werbeanlagen und Warenautomaten (§ 77 II)
		2.	§ 77 I 1
		3.	§ 77 I 1
		4.	§ 77 I 1
		5.	keine Regelung
		6.	§ 77 I 2
		7.	§ 77 I 3

II. Allgemeine Vorbemerkungen

300 Die **Beseitigung** von Anlagen kann ausgesprochen werden, wenn diese im Widerspruch zu öffentlich-rechtlichen Vorschriften errichtet oder geändert werden. Damit folgt die Beseitigungsanordnung im Wesentlichen den Voraussetzungen der Nutzungsuntersagung. Die folgenden Erörterungen konzentrieren sich somit auf die Abweichungen.

301 Die Beseitigungsanordnung hat den **Zweck**, einen rechtswidrig geschaffenen Zustand rückgängig zu machen. Werden Anlagen im Widerspruch zu öffentlich-rechtlichen Vorschriften errichtet oder geändert, sollen wieder rechtmäßige Zustände hergestellt werden. Dem Betroffenen wird aufgegeben, Anlagen, die gegen das öffentliche Recht verstoßen und für die auch keine Baugenehmigung erteilt werden kann, zu beseitigen. Wer sich über die Rechtsordnung hinwegsetzt, soll nicht gegenüber dem gesetzestreuen Bürger privilegiert werden. Zugleich dient die Beseitigungsanordnung dem allgemeinen Interesse an einer geordneten baulichen Entwicklung.

302 Wie bereits bei der Nutzungsuntersagung angesprochen, greift die Beseitigungsanordnung im Nachhinein, wenn rechtswidrige Zustände bereits verwirklicht wurden. Bei ihr bleibt die Substanz nicht mehr unberührt. Die **drei Eingriffsbefugnisse** – Baueinstellung, Nutzungsuntersagung und Beseitigungsanordnung – sind voneinander unabhängig und können auch nebeneinander erlassen werden. So kann z. B. eine Nutzungsuntersagung vor der Beseitigungsanordnung oder gleichzeitig bis zum Zeitpunkt der Beseitigung ergehen. Im Rahmen der Ermessenserwägungen bzw. aus Gründen der Verhältnismäßigkeit kann die Behörde auch zum Ergebnis gelangen, dass eine Nutzungs-

untersagung statt einer Beseitigungsanordnung auszusprechen ist. Wenn die Behörde selbst bei Vorliegen der Voraussetzungen zum Erlass einer Beseitigungsanordnung von einem Einschreiten überhaupt absehen kann, ist es nicht zu beanstanden, wenn sie anstelle eines Abbruchverlangens nach dem Grundsatz der Verhältnismäßigkeit lediglich die weniger einschneidende Maßnahme des Verbots einer unzulässigen Nutzung ergreift.[349]

Neben der bauordnungsrechtlichen Beseitigungsanordnung gibt es unter anderen Aspekten natürlich noch **weitere Befugnisse**, wie zum Beispiel im Naturschutzrecht, Denkmalschutzrecht, Wasserrecht, Polizeirecht, Straßen- und Wegerecht und im bundesrechtlichen Bereich im Baurecht selbst, Gewerbe-, Immissionsschutz- und Abfallrecht. Diese Möglichkeiten stehen in der Regel selbständig nebeneinander, also z. B. abfallrechtliche Regelungen für abfallrechtlichen Zustand als Anknüpfungspunkt und baurechtliche bei Baurechtswidrigkeit, sofern es sich nicht um Sondervorschriften handelt, die bereits eine Anwendung des Baurechts überhaupt ausschließen, z. B. bei nach Immissionsschutzrecht genehmigungspflichtigen Anlagen.[350] 303

III. Tatbestandsvoraussetzungen der Beseitigungsanordnung

1. Anlagen

Hier bestehen keine Unterschiede zur Baueinstellung; auf die dortige ausführliche Erläuterung des Anlagenbegriffs kann verwiesen werden. Wie auch bei der Baueinstellung sind in einigen Ländern nur die **baulichen** Anlagen genannt (Berlin, Brandenburg, Hamburg, Mecklenburg-Vorpommern, Niedersachsen, Sachsen, Sachsen-Anhalt, Schleswig-Holstein, Thüringen). Für Werbeanlagen und Waren-, teilweise auch Leistungsautomaten, gibt es allerdings Sonderregelungen, so dass diese erfasst sind. Einzelheiten hierzu sind der tabellarischen Auflistung am Anfang dieser Erläuterungen zu entnehmen. 304

Abzustellen ist immer auf die bauliche Anlage in ihrer **konkreten Gestalt**. Im Falle einer Veränderung – sollte sie nicht nur ganz geringfügig und für die bestehende Beseitigungsanordnung ohne Bedeutung sein – bedarf es einer erneuten Beseitigungsanordnung. 305

2. Errichtung, Änderung

Die Begriffe „errichten“ und „ändern“ wurden bereits im Rahmen der Baueinstellung definiert. In Baden-Württemberg ist die Änderung nicht erwähnt, teilweise wird zusätzlich die Instandhaltung aufgeführt. Brandenburg und Schleswig-Holstein erweitern den Anwendungsbereich auf nicht mehr genutzte Anlagen in schlechtem baulichem Zustand. Eine bloße **Nutzungsänderung** ohne bauliche Veränderungen kann nur zu einer Nutzungsuntersagung, nicht aber zu einer Beseitigungsanordnung führen. Bei einer ohne Genehmigung vorgenommenen genehmigungspflichtigen baulichen Änderung eines genehmigten Bauwerks sind allerdings die vorhandene Bausubstanz und die Nutzung, für die sie dienen soll, als Einheit zu betrachten. Ausschlaggebend ist nicht, welche Bauteile neu und welche unverändert übernommen worden sind. Damit ist das gesamte Bauwerk gesetzwidrig ohne Rücksicht darauf, welche Bauteile genehmigt worden sind und welche nicht.[351] 306

---

[349] OVG Saar vom 12. 11. 1982 DÖV 1983, 821.

[350] BVerwG vom 10. 11. 1993 NVwZ 1994, 296; BW VGH vom 24. 11. 1997 NVwZ-RR 1998, 553; Hess VGH vom 5. 12. 1994 DVBl. 1995, 524; OVG NRW vom 31. 10. 1994 NVwZ 1995, 397; OVG Rh-Pf vom 5. 5. 1993 NVwZ 1994, 511.

[351] Bay VGH vom 14. 10. 1975 BayVBl. 1976, 564.

307 Bei der Baueinstellung wurde festgehalten, dass die Arbeiten bereits begonnen sein müssen, aber noch nicht beendet sein dürfen. Dies kann hier nicht gleichermaßen gelten, da sich eine Beseitigungsanordnung immer auf eine bauliche Anlage in ihrer konkreten Gestalt bezieht. Dies setzt in der Regel eine **Vollendung** der Bauarbeiten voraus. Ausnahmen können sich allenfalls dann ergeben, wenn sich bereits im Laufe der Errichtungsphase ein konkreter Verstoß abzeichnet und die Baueinstellung allein im Hinblick auf den Baufortschritt nicht zielführend ist. In einem solchen Fall wäre es wenig interessengerecht, wenn die Behörde die komplette Fertigstellung abwarten müsste, um erst dann die Beseitigungsanordnung erlassen zu können.

3. Widerspruch zu öffentlich-rechtlichen Vorschriften

a) Voraussetzungen

308 Mit Ausnahme von Niedersachsen und Nordrhein-Westfalen, die lediglich die allgemeine bauaufsichtliche Befugnisnorm (also keine gesonderte Regelung der Baubeseitigung) kennen, ist immer Voraussetzung für den Erlass einer Beseitigungsanordnung, dass nicht auf andere Weise rechtmäßige Zustände hergestellt werden können. Dies bedeutet nach allgemeiner Meinung wegen des Grundsatzes der Verhältnismäßigkeit,[352] dass neben der **formellen Rechtswidrigkeit auch die materielle Rechtswidrigkeit** Tatbestandsvoraussetzung ist. Sobald ein ohne erforderliche Genehmigung errichtetes Vorhaben materiell genehmigungsfähig ist, muss auf Grund der zwingenden gesetzlichen Formulierung materiell geprüft werden.

309 Ausnahmen könnte es allenfalls dann geben, wenn keine massive Bausubstanz vorhanden ist und eine Beseitigung deshalb noch nicht zu einem irreparablen Zustand führt, wie etwa bei Werbeanlagen. So wird von einigen Gerichten[353] die Auffassung vertreten, dass eine Beseitigungsanordnung u. a. **ausschließlich auf formelle Illegalität** gestützt werden könne, wenn die Beseitigung einem Nutzungsverbot gleichkomme, weil sie ohne Substanzverlust und andere hohe Kosten zu bewerkstelligen sei, wobei die dabei entstehenden Kosten nicht absolut, sondern auch im Verhältnis zum Wert der Anlage zu sehen seien. Die dem Wert der baulichen Anlagen gegenüberzustellenden Kosten sind dem Hess VGH zufolge alle Kosten, die bedingt durch die Beseitigungsanordnung anfallen. Dies sollen die Kosten für das Entfernen der baulichen Anlage und die Kosten, die für die Lagerung der baulichen Anlage anfallen, wenn diese von dem Grundstück entfernt werden soll, sein. Dieser Ausnahmetatbestand wird vor dem Hintergrund, dass eine Beseitigungsanordnung aus den aus Art. 14 GG folgenden Gründen grundsätzlich formelle und materielle Illegalität voraussetzt, jedoch auch von den genannten Gerichten eng gehandhabt. Die Anordnung der Beseitigung baulicher Anlagen allein wegen ihrer formellen Illegalität wird von ihnen ebenfalls regelmäßig als unverhältnismäßig angesehen, weil die Bausubstanz endgültig zerstört wird, obwohl nicht ausgeschlossen werden kann, dass das Vorhaben genehmigungsfähig ist und nach Erteilung der Baugenehmigung in gleicher Art und Weise errichtet werden könnte, und weil das öffentliche Baurecht regelmäßig mit weniger eingreifenden Maßnahmen, insbesondere mit Baueinstellungsverfügungen und Nutzungsverboten, durchgesetzt werden kann. Wenn eine bauliche Anlage **ohne Substanzverlust** und auch mit verhältnismäßig geringen Kosten für Entfernung und Lagerung beseitigt werden kann, soll dies ein typischer Ausnahmefall sein, in dem eine ausschließlich mit der formellen Illegalität der baulichen Anlage begründete Beseitigungsanordnung deshalb nicht unverhältnismäßig ist, weil der Eingriff für den Betroffenen nicht schwerwiegend ist. Andrerseits liegt der wirtschaftliche Wert hier nicht im

---

[352] Bay VGH vom 25. 11. 1997 NuR 1998, 372; a. A. *Koch/Molodovsky/Famers*, BayBO, Art. 82 Anm. 3.2.1, 3.2.2.2, 3.3: formell oder materiell, im Übrigen Frage der Verhältnismäßigkeit bzw. Ermessen.

[353] Hess VGH vom 20. 6. 1991 BRS 52 Nr. 239; OVG NRW vom 13. 9. 1996 BRS 58 Nr. 128; OVG Sachs vom 16. 2. 1993 SächsVBl. 1993, 161; OVG Schl-H vom 16. 12. 1993 Az. 1 L 82/92; OVG Thür vom 27. 6. 1996 BRS 58 Nr. 208.

Materialwert der Anlage an sich, sondern in der Nutzung der Anlage, z. B. zu Werbezwecken. Bei einer Entfernung ist also gleichwohl ein unter Umständen sogar erheblicher wirtschaftlicher Verlust gegeben, wenn auch keine Bausubstanz zerstört wird. Systematisch gehören diese Punkte allerdings zur Frage der Verhältnismäßigkeit, ebenso wie die Prüfung, ob nicht auch eine Nutzungsuntersagung zur Zweckerreichung ausreichend ist. Sinnvollerweise sollte deshalb der Grundsatz der formellen und materiellen Rechtswidrigkeit als Voraussetzung einer Beseitigungsanordnung unangetastet bleiben.

Eine Beseitigungsanordnung ist mithin in aller Regel nur möglich, wenn die Anlage 310
nicht genehmigungsfähig ist. Gemeint ist damit das konkrete formell rechtswidrige Vorhaben, nicht etwa eine Alternativplanung. Will der Bauherr versuchen, mittels einer Umplanung einen **genehmigungsfähigen Zustand** zu erreichen, muss er entsprechend tätig werden.[354] Es ist nicht Aufgabe der Behörde, gesetzmäßige Lösungen aufzuzeigen; Vorschlägen des Bauherrn darf sie sich aber nicht verschließen, sondern muss insoweit die Genehmigungsfähigkeit prüfen. Die Behörde ist allerdings nicht befugt, einen Bauantrag mit prüffähigen Unterlagen zu fordern. Umplanungen, um einen genehmigungsfähigen Zustand zu erreichen, muss der Bauherr selbst vornehmen und entsprechende Anträge stellen; die Behörde kann und muss ihm hierbei beratend zur Seite stehen.

b) Formell

Wie bei einer Baueinstellungsverfügung ist der häufigste Fall derjenige, dass eine er- 311
forderliche **Genehmigung** fehlt. Solange und soweit eine **Baugenehmigung vorhanden** und die Anlage damit formell rechtmäßig ist, scheidet eine Beseitigungsanordnung aus, selbst wenn sie (nunmehr) materiell rechtswidrig ist. Einer Beseitigungsverfügung steht die formelle Legalität der baulichen Anlage entgegen. Nur eine Baugenehmigung kann ein Vorhaben in diesem Sinne legalisieren, nicht eine bloße Duldung, die Abnahme des Bauwerks, ein Anzeige-, Genehmigungsfreistellungsverfahren oder Ähnliches.[355] Eine Anlage, die mit dem materiellen Recht nicht übereinstimmt, kann nicht beseitigt werden, wenn sie auf Grund einer wirksam erteilten und noch fortgeltenden Genehmigung errichtet wurde.[356]

Die **Tatbestands- und Feststellungswirkung** der Baugenehmigung gewährleistet den 312
rechtlichen Bestand des Vorhabens. Dieser ist allerdings abhängig von dem tatsächlichen **Fortbestehen** der genehmigten Anlage. Mit ihrem Untergang, sei es durch Abriss, Verfall, Zerstörung oder auf andere Weise, verliert die Baugenehmigung ihre rechtlichen Wirkungen in vollem Umfange. Solange die Anlage fortbesteht, ist die Baugenehmigung bestandssichernd. Nach ständiger Rechtsprechung stellt sie fest, dass das Vorhaben mit den zur Zeit der Entscheidung geltenden öffentlich-rechtlichen Vorschriften vereinbar ist und garantiert den öffentlich-rechtlichen Bestand der genehmigten baulichen Anlage in dem genehmigten Umfang und in der genehmigten Funktion. Diese Feststellungswirkung kommt ihr ferner zu, falls die materielle Rechtslage einer Genehmigung an sich widersprochen hat, da auch eine rechtswidrige Baugenehmigung mit Ausnahme ihrer Nichtigkeit bestandskräftig wird. Dabei kommt es weder darauf an, ob die erteilte Genehmigung der damals bestehenden Sach- und Rechtslage entsprochen hat, noch ob sich die Sachlage und Rechtslage inzwischen zu Lasten des Bauherrn verändert hat. Der auf Art. 14 Abs. 1 Satz 1 GG beruhende **Bestandsschutz** schützt die bestimmungsgemäße Nutzung des durch rechtmäßige Eigentumsausübung geschaffenen Baubestandes.[357] Ist dieser Baubestand auf Grund einer wirksam erteilten und fortgeltenden Baugenehmigung erstellt worden, so geschah dies im Rahmen einer rechtmäßigen Eigentumsausübung, auch

---

[354] Bay VGH vom 18. 5. 1984 BRS 42 Nr. 217; zur Reichweite der Amtsermittlungspflicht *Köhler-Rott*, Der Untersuchungsgrundsatz im Verwaltungsprozess und die Mitwirkungslast der Beteiligten, S. 150 ff. und 188 ff.

[355] BVerwG vom 4. 6. 1996 NVwZ-RR 1997, 271.

[356] BVerwG vom 4. 6. 1996 NVwZ-RR 1997, 271; OVG NRW vom 2. 12. 1987 NVwZ 1988, 942.

[357] BVerfG vom 15. 12. 1995 NVwZ-RR 1996, 483; Hess VGH vom 2. 8. 1985 BRS 44 Nr. 73.

wenn diese Baugenehmigung seinerzeit dem materiellen Recht widersprochen oder die Sach- und Rechtslage sich nachträglich geändert haben sollte. Die Legalisierungswirkung der Baugenehmigung bewirkt, dass diese erst zurückgenommen und somit formelle Illegalität hergestellt werden muss, damit bauaufsichtlich eingeschritten werden kann.[358] Wenn die Genehmigung später widerrufen wird, bleibt die Legalisierungswirkung aber bestehen, da der Widerruf nur in die Zukunft gerichtet ist. Erst wenn die Baugenehmigung im Falle ihrer Rechtswidrigkeit wirksam zurückgenommen worden ist, kann mit Erfolg geltend gemacht werden, dass die genehmigte Anlage materiell illegal sei. Wird allerdings der Rücknahmebescheid mit Widerspruch angegriffen und kommt diesem aufschiebende Wirkung zu, bleibt die Baugenehmigung noch bestehen und schließt mangels formeller Rechtswidrigkeit die Beseitigungsanordnung aus.[359]

313 Auf ein etwaiges Vorhandensein einer Baugenehmigung muss sich der Betroffene berufen. Die Behörde ist nicht gehalten, insofern weiter gehende Ermittlungen anzustellen, wenn nicht offensichtlich ist, dass eine Baugenehmigung vorliegt. Lässt sich nicht aufklären, ob eine Baugenehmigung erteilt worden ist, geht die Unaufklärbarkeit zu Lasten des Bauherrn, d. h. ihn trifft insoweit die materielle **Beweislast**.[360]

314 Weicht die Ausführung von einer vorhandenen Baugenehmigung ab, ist die Anlage insgesamt illegal. Dies gilt auch für die Errichtung an anderer Stelle als in der Baugenehmigung verfügt. Die Aufspaltung in einen **legalen und einen illegalen Teil** gibt es im Normalfall nicht.[361] Auch wenn die Frage der Legalität nicht teilbar ist und eine Anlage nur entweder legal oder illegal sein kann, erlangt der teilweise Verstoß aber Bedeutung im Rahmen der Verhältnismäßigkeitsprüfung und Ermessensausübung. Um eine Abweichung feststellen zu können, bedarf es zuvor einer exakten Festlegung des Umfangs der Baugenehmigung.

315 Auf die formelle Rechtmäßigkeit kommt es dann nicht an, wenn ein Vorhaben **keinerlei verfahrensrechtlichen Anforderungen** unterliegt, also auch nicht einem Anzeige-, vereinfachtem Verfahren oder Ähnlichem. In diesem Falle ist allein die materielle Rechtmäßigkeit von Bedeutung. Im Übrigen sei auf die Erläuterungen zu formellen Mängeln bei der Baueinstellung verwiesen.

c) Materiell

316 Hinsichtlich der zu beachtenden materiellen Vorschriften kann ebenfalls auf die Baueinstellung verwiesen werden. Hervorzuheben ist Folgendes:

317 Die materielle Rechtswidrigkeit ist bei der Beseitigungsanordnung neben der formellen Rechtswidrigkeit **Tatbestandsvoraussetzung**. Vor Erlass einer Anordnung bedarf es somit einer Prüfung der materiellen Legalität, ohne dass hierzu ein gesondertes oder vorheriges Genehmigungsverfahren durchgeführt werden müsste.[362] Eines solchen bedarf es nur dann, wenn die Bauaufsichtsbehörde wegen materieller Rechtmäßigkeit von Genehmigungsfähigkeit ausgeht und deshalb von einer Beseitigungsanordnung Abstand nimmt.

318 Wenn umgekehrt früher bereits ein Baugenehmigungsverfahren negativ durchgeführt worden ist, stellt sich die Frage, ob die Bauaufsichtsbehörde nunmehr hieran gebunden ist, ob dies schon bei **bestandskräftiger Ablehnung oder nur bei rechtskräftiger gerichtlich bestätigter Ablehnung** gilt, oder aber, ob die Behörde vollkommen neu prüfen muss. Aus Gründen der Praktikabilität erscheint auf den ersten Blick eine Bindung an eine bestandskräftige Ablehnung sinnvoll. Allerdings darf nicht übersehen werden, dass zwischen der Ablehnung und der Entscheidung über die Beseitigung ein gewisser Zeit-

---

358 BW VGH vom 5. 12. 1971 BRS 28 Nr. 128.

359 Ebenso wie hier: *Jäde* in *Jäde/Dirnberger/Bauer/Weiß*, BayBO Art. 82 Rn. 2; a. A. OVG Nds vom 13. 7. 1994 NVwZ 96, 605; *Koch/Molodovsky/Famers*, BayBO, Art. 82 Anm. 3.2.2.1.

360 BVerwG vom 5. 8. 1991 Buchholz 406.17 Bauordnungsrecht Nr. 35; OVG Schl-H vom 25. 11. 1991 BRS 54 Nr. 206.

361 OVG NRW vom 13. 2. 1987 BRS 47 Nr. 193; OVG Sachs vom 19. 9. 1996 BRS 58 Nr. 138.

362 BW VGH vom 8. 10. 1993 UPR 1994, 236.

raum liegen kann. Die materielle Rechtslage kann im Entscheidungszeitraum anders sein und müsste deshalb ohnehin berücksichtigt werden.[363] Um eine Prüfung kommt die Behörde somit nicht umhin, so dass eine Bindung ohnehin nur unter der Voraussetzung der gleich bleibenden Sach- und Rechtslage angenommen werden könnte.

Unproblematisch ist die Lage dann, wenn ein Genehmigungsgesuch Gegenstand nicht 319
nur eines Verwaltungsverfahrens, sondern noch dazu eines nachfolgenden **verwaltungsgerichtlichen Verfahrens** gewesen ist. Die Rechtskraft der Klageabweisung erfasst in diesem Fall auch die Frage der materiellen Rechtswidrigkeit.[364] Der Kläger ist bei gleich bleibender Rechts- und Sachlage gehindert, in einem nachfolgenden Beseitigungsverfahren oder auch einem erneuten Genehmigungsantragsverfahren mit Erfolg geltend zu machen, dass sein Vorhaben – entgegen der vorangegangenen rechtskräftigen Entscheidung – doch materiell baurechtmäßig sei.

Auf Grund der zwischen dem Verwaltungsverfahren und dem verwaltungsgericht- 320
lichen Verfahren grundsätzlich bestehenden Unterschiede lässt sich diese Argumentation allerdings nicht auf **(bloß) bestandskräftige Ablehnungen** übertragen. Das den gerichtlichen Urteilen vorbehaltene Institut der materiellen Rechtskraft entspricht der den Gerichten übertragenen Aufgabe, in besonderen Verfahren über Streitigkeiten endgültig derart zu entscheiden, dass in dem gebotenen Umfang Befriedung eintritt. Selbstverständlich unterliegen auch Verwaltungsverfahren dem Anspruch, dass die ergehenden Entscheidungen „Gesetz und Recht" zu entsprechen haben (Art. 20 Abs. 3 GG). Das ist jedoch für sie nicht in einer den gerichtlichen Verfahren vergleichbaren Weise kennzeichnend. Verwaltungsverfahren werden typischerweise durch Elemente der „Gestaltung", der Zweckmäßigkeitserwägung, der nicht eigentlich streitentscheidenden Gewährung oder Vorenthaltung geprägt. Das alles muss daran hindern, die Genehmigungsversagung durch eine Verwaltungsbehörde und das abweisende verwaltungsgerichtliche Urteil gleichzustellen. Diese Ansicht führt nicht dazu, dass die materielle Rechtmäßigkeit eines Vorhabens auf Dauer offen bleibt und im Hinblick auf sie niemals eine abschließende Entscheidung erreicht wird. Sie führt vielmehr lediglich dazu, dass dem Betroffenen gewährleistet ist, diese Frage wenigstens einmal in einem mit allen rechtsstaatlichen Garantien ausgestatteten gerichtlichen Verfahren zur Prüfung stellen zu können. Der Einwand, dass zugleich eine für die Verwaltung scheinbar lästige Wiederholung von Verfahren oder doch von Sachprüfungen nach sich gezogen wird, führt nicht weiter, weil es keinen bedeutsamen Unterschied macht, ob sich bei unveränderter Sach- und Rechtslage die Behörde bei der nachfolgenden Beseitigungsverfügung auf die Bestandskraft der Genehmigungsversagung beruft oder nach nochmaliger Sachprüfung deren Begründung – u. U. in angemessener Kürzung – wiederholt.

Dass **wiederholt Anträge** gestellt werden, können die Verwaltungsbehörden ohnedies 321
nicht verhindern. Jeder wiederholte Antrag zwingt die Behörde, in das Verwaltungsverfahren einzutreten, sich erneut den Sachverhalt zu vergegenwärtigen und jedenfalls zu prüfen, ob es sich (noch) um dasselbe Vorhaben handelt, ob sich die Sach- oder Rechtslage geändert hat oder ob die vorangegangene Entscheidung etwa Fehler aufweist, die die Behörde im Rahmen ihres pflichtgemäßen Ermessens zum Wiederaufgreifen des Falles nötigt. Vergleichbare Fragen stellen sich auch bei einer Beseitigungsverfügung. Auch sie kann nicht einfach „blindlings" erlassen werden, sondern erfordert einen in mehreren Hinsichten bewertenden Vergleich mit dem vorangegangenen Verfahren und der dort erlassenen Entscheidung. Der praktische Unterschied liegt nicht in der Gefahr einer gewichtigen Vermehrung der Verwaltungsarbeit, sondern darin, dass, wenn die vorangegangene bestandskräftige Entscheidung keine Bindung hervorruft, auch die nachfolgende Verwaltungsentscheidung unter dem Druck einer noch uneingeschränkt mög-

363 Hess VGH vom 22.10.1982 DÖV 1983, 561–561 (red. Leitsatz): keine Bindung an bestands- oder rechtskräftige Ablehnung; mit Gründen in Hess VGH vom 25.6.1971 BRS 24 Nr. 195.

364 Bay VGH vom 21.2.1990 BayVBl. 1990, 245.

lichen gerichtlichen Kontrolle steht. Das entspricht jedoch nur dem Bedürfnis nach einem möglichst effektiven Rechtsschutz des Eigentums.

322 In der Ablehnung der Baugenehmigung liegt zudem nicht zugleich die Feststellung, dass das Bauwerk baurechtswidrig ist. **Feststellenden Charakter** hat nur die Erteilung der Baugenehmigung, indem sie die Übereinstimmung des Bauvorhabens mit dem materiellen Baurecht bescheinigt.[365] Dies folgt daraus, dass das Recht zum Bauen Inhalt des Eigentums im Sinne von Art. 14 GG ist und nicht erst durch die Baugenehmigung gewährt wird, sich also aus der Eigentumsgarantie ein Anspruch auf Erteilung der Genehmigung ergibt, wenn die bauliche Anlage mit den materiell-rechtlichen Vorschriften in Einklang steht.

323 Der Verstoß gegen die öffentlich-rechtlichen Vorschriften muss sich wie auch bei der Baueinstellung **nicht aus bauspezifischen Vorschriften** ergeben (lediglich in Niedersachsen bedarf es eines Verstoßes gegen öffentliches Baurecht). Die entsprechenden Regelungen nennen insoweit ganz allgemein, ohne Einschränkung auf spezifisch baurechtliche Bestimmungen, öffentlich-rechtliche Vorschriften, bei deren Verletzung die Baurechtsbehörde vorgehen darf. Die Normen des Strafgesetzbuchs sind solche öffentlich-rechtlichen Vorschriften, nicht dagegen personenbezogene oder zivilrechtliche Normen.[366] Werden eine bauliche Anlage oder Teile davon strafrechtswidrig genutzt, ist es – jedenfalls auch – Sache der Baurechtsbehörde, hiergegen mit den ihr zur Verfügung stehenden Eingriffsbefugnissen einzuschreiten.

324 Ein Verstoß gegen materielle Vorschriften bewirkt grundsätzlich insgesamt materielle Rechtswidrigkeit. Eine **Aufteilung** in einen rechtswidrigen und einen rechtmäßigen Teil ist wie bei der formellen Rechtswidrigkeit nicht möglich, kann aber im Rahmen der Ermessensausübung Bedeutung erlangen. Gegenstand der Beurteilung der Vereinbarkeit eines Bauwerks mit dem materiellen Baurecht ist in der Regel das Bauwerk in seiner Gesamtheit, d. h. als bauliche Einheit, und nicht jeder einzelne seiner Bestandteile. Die Bauerlaubnis bildet in der Regel ein unteilbares Ganzes. Ist eine einheitliche, nicht in mehrere selbständige Baukörper zerfallende bauliche Anlage in irgendeiner Hinsicht mit dem materiellen Baurecht nicht vereinbar, so ist damit grundsätzlich das Bauwerk als solches mit allen ihm zugehörenden Bauteilen rechtswidrig.

325 Im Rahmen der Baueinstellung und Nutzungsuntersagung wurden bereits die Fälle angesprochen, in denen eine Baugenehmigung im klassischen Sinne nicht erforderlich ist und materielle Rechtswidrigkeit vorliegt. Hat der Bauherr das Vorhaben so ausgeführt wie es der Gemeinde angezeigt war, stellt sich die Frage, ob bei einer solchen **plangemäßen** Errichtung eingegriffen werden kann. Objektiv betrachtet liegt formelle (keine Baugenehmigung vorhanden) und materielle (Verstoß gegen materielle Vorschriften) Rechtswidrigkeit vor, so dass die Voraussetzungen einer Beseitigungsanordnung an sich gegeben sind. Andrerseits ist zu bedenken, wie bereits bei der Baueinstellung erwähnt, dass der Bauplan vor Baubeginn immerhin der Gemeinde oder der Genehmigungsbehörde vorgelegt wurde, das Vorhaben also behördlich bekannt war. Letztendlich geht es hier um die Frage, ob mit derartigen Vereinfachungsnovellen im Genehmigungsverfahren dem Bauherrn die alleinige Verantwortung überbürdet werden soll mit der Folge einer Nutzungsuntersagung oder Beseitigungsanordnung bei materieller Rechtswidrigkeit. Sicherlich kann es nicht hingenommen werden, wenn ein Bauherr die ihm eingeräumten Freiheiten lediglich dazu missbraucht, sich schonungslos über die (materielle) Rechtsordnung hinwegzusetzen. Andrerseits muss **nicht jeder minimale Verstoß** zwangsläufig zu einer Nutzungsuntersagung oder Beseitigungsanordnung führen. Insoweit handelt es sich aber um die Frage der Verhältnismäßigkeit oder der sachgerechten Ermessensausübung, nicht jedoch um die objektive Voraussetzung eines Verstoßes gegen materielle Vorschriften. Dieser liegt zweifelsohne vor. Im Rahmen des Ermessens wird aber die Schwere und Tragweite des Verstoßes und die Situation bei Planvorlage zu berücksichtigen sein.

---

365 BVerwG vom 17. 10. 1989 DVBl. 1990, 559.

366 BW VGH vom 13. 6. 1996 NVwZ 1997, 601.

Ähnlich verhält es sich, wenn eine Baugenehmigung vorliegt, die in einem **vereinfachten Prüfungsverfahren** mit eingeschränkter Prüfung erteilt wurde. Geprüft wird in solchen vereinfachten Verfahren nicht jedwede materielle Rechtmäßigkeit, sondern der Prüfungsmaßstab beschränkt sich auf bestimmte landesrechtlich vorgegebene Punkte. Insoweit hindert die Baugenehmigung mit ihrer Legalisierungswirkung die materielle Prüfung der darüber hinausgehenden Punkte nicht. Die durch die Baugenehmigung erlangte formelle Rechtmäßigkeit geht nur so weit, wie die Legalisierungswirkung der Baugenehmigung reicht. Grundsätzlich ist also eine Beseitigungsanordnung bei materiellen, im Genehmigungsverfahren nicht geprüften Verstößen möglich. Ob sie in jedem Falle ermessensgerecht ist, ist eine hiervon zu unterscheidende Frage. 326

Materielle Rechtswidrigkeit liegt grundsätzlich auch dann vor, wenn die Erteilung einer **Ausnahme oder Befreiung** im Raume steht. Da eine solche nicht erteilt ist, ist das Vorhaben, so wie es ausgeführt ist, zunächst einmal rechtswidrig, so dass die Tatbestandsvoraussetzungen einer Beseitigungsanordnung vorliegen. Im Rahmen des Ermessens wird allerdings zu prüfen sein, ob eine Ausnahme oder Befreiung möglich ist (siehe hierzu die Erläuterungen bei Ermessen, Rn. 366). Gegebenenfalls kann insoweit vom Bauherrn ein isolierter Antrag verlangt werden, vor allem, wenn eine Prüfung ohne entsprechende Unterlagen nicht durchgeführt werden kann. 327

Ein versagtes **Einverständnis der Gemeinde** in einem vorangegangenen Genehmigungsverfahren begründet nicht materielle Rechtswidrigkeit.[367] Diese Beteiligungsvorschrift berührt nicht die für eine Beseitigungsanordnung erforderliche materielle Illegalität. Zwar ist die Behörde hierdurch an der Erteilung der Baugenehmigung gehindert, doch ist dieser Umstand ausschließlich für das Genehmigungsverfahren von Bedeutung. Das Einverständnis der Gemeinde zählt nicht zum materiellen Baurecht in diesem Sinne. 328

d) Verlangen nach Bauantrag

Die eingehende materielle Prüfung ist oftmals erst dann möglich, wenn ein entsprechender Bauantrag mit den notwendigen Bauvorlagen gestellt worden ist. Ferner ist die Erteilung einer Genehmigung **antragsabhängig**, das heißt sie darf nur auf Antrag hin erteilt werden. In der formell rechtswidrigen Errichtung einer Anlage liegt nicht konkludent die Stellung eines Bauantrags. Hierfür ist vielmehr ein den jeweiligen landesrechtlichen Anforderungen genügender ausdrücklicher Antrag erforderlich. Einige Landesbauordnungen (Bayern, Bremen, Hessen, Rheinland-Pfalz, Saarland, Thüringen) ermächtigen die Behörde explizit dazu, einen entsprechenden Bauantrag zu verlangen; im Übrigen ergibt sich diese Möglichkeit aus der allgemeinen bauaufsichtlichen Befugnisnorm.[368] Stellt der Betroffene den verlangten Bauantrag nicht, fragt sich, ob eine Beseitigungsanordnung allein deshalb gerechtfertigt ist, ohne dass die Behörde die materielle Rechtswidrigkeit zweifelsfrei feststellen müsste. Im Hinblick auf einen etwaigen Bestandsschutz muss zumindest gefordert werden, dass die Behörde – soweit ohne Bauvorlagen möglich – prüft, ob die Anlage zu irgendeinem Zeitpunkt rechtmäßig war. 329

In den Ländern, in denen das Verlangen nach einem Bauantrag explizit geregelt ist, ist Voraussetzung allerdings immer, dass es sich um ein **genehmigungspflichtiges** Vorhaben handelt, denn ein Bauantrag ist ein Ersuchen um Baugenehmigung.[369] Sollte eine Anlage einmal genehmigungsfrei gewesen sein, kann bei materieller Rechtmäßigkeit möglicherweise Bestandsschutz eingetreten sein, der von der Behörde zu berücksichtigen ist und dem Verlangen nach Bauantrag entgegensteht. Bei eingeschränktem Prüfprogramm kann die Bauaufsichtsbehörde auch nur insoweit einen Bauantrag fordern. Dies ergibt sich daraus, dass das Verlangen nach einem Bauantrag im Zusammenhang mit der Herstellung rechtmäßiger Zustände steht. Hieraus folgt ferner, dass der Bauantrag nur für das konkret 330

367 BW VGH vom 18. 3. 1988 BWVBl. 1989, 108; Hess VGH vom 20. 6. 1991 BauR 1992, 66.
368 OVG Bln vom 30. 10. 1992 BauR 1993, 322; Hess VGH vom 12. 1. 1982 BRS 39 Nr. 233.
369 Bay VGH vom 18. 5. 1982 BayVBl. 1983, 656.

rechtswidrig errichtete Vorhaben verlangt werden kann, nicht aber für eine andere Ausführung. Es ist Aufgabe und Recht des Bauherrn, im Einzelnen festzulegen, was er zum Gegenstand eines Genehmigungsverfahrens machen will. Die Behörde kann lediglich zur Vermeidung einer Beseitigungsanordnung die Legalisierung in einem Genehmigungsverfahren prüfen, nicht aber ihrerseits Umplanungen vornehmen und entsprechende Anträge verlangen.[370] Die Vorlage von Unterlagen bei genehmigungsfreien Vorhaben kann gegebenenfalls über die Generalklausel erfolgen.

331 Das Verlangen stellt einen eigenständigen **Verwaltungsakt** dar, der mit den üblichen Zwangsmitteln durchgesetzt werden kann. Adressat dieses Verlangens ist wie bei der Beseitigungsanordnung der Handlungs- oder Zustandsstörer.[371] Dem Adressaten ist, da eine Handlung von ihm verlangt wird, eine angemessene Frist zur Erfüllung der Verpflichtung zu setzen, die insbesondere berücksichtigt, dass möglicherweise erst ordnungsgemäße Bauvorlagen gefertigt werden müssen. Ebenso wie die Beseitigungsanordnung steht auch das Verlangen nach dem Bauantrag im Ermessen der Behörde. Wie bei den sonstigen bauaufsichtlichen Maßnahmen handelt es sich hier um ein Regelermessen; ermessensfehlerhaft dürfte das Verlangen nur dann sein, wenn offensichtlich ist, dass eine Genehmigung nicht in Frage kommt oder nicht erforderlich ist. Der umgekehrte Fall – die Behörde sieht davon ab, einen Bauantrag zu verlangen – führt dann nicht zur Ermessensfehlerhaftigkeit, wenn eine Prüfung auch ohne die mit einem förmlichen Antrag verbundenen Unterlagen möglich ist. Eine Beseitigungsanordnung setzt grundsätzlich nicht voraus, dass die Genehmigungsfähigkeit vorher in einem entsprechenden Verfahren geprüft wurde, vielmehr genügt eine Inzidentprüfung. Die Behörde muss somit auch nicht die Bestandskraft der ablehnenden Entscheidung über den Bauantrag abwarten, sondern kann die Beseitigung anordnen, wenn die materielle Rechtswidrigkeit feststeht. Wenn Zweifel an der materiellen Rechtmäßigkeit baulicher Maßnahmen bestehen und deshalb ein Bedürfnis nach bauaufsichtlicher Überprüfung gegeben ist, kann ein Bauantrag verlangt werden.[372] Er kann **zeitlich zusammen mit der Beseitigungsanordnung** abgelehnt werden, es bedarf allerdings im Tenor einer ausdrücklichen Entscheidung über den Bauantrag, da es sich hierbei um ein Antragsverfahren handelt, das vom Beseitigungsverfahren völlig unabhängig ist. Die Anordnung der sofortigen Vollziehung wird in der Regel gerechtfertigt sein, denn nur auf diese Weise kann eine rasche Klärung erfolgen. Nicht wieder gutzumachender Schaden tritt hierbei ebenfalls nicht ein.[373] Bei der Vorlage von Bauvorlagen handelt es sich nicht um eine unvertretbare Handlung. Die Bauaufsichtsbehörde könnte also sowohl rechtlich als auch tatsächlich auf Kosten des Antragstellers die Handlungen im Wege der Ersatzvornahme durchführen lassen. Vorrangig wird allerdings als Zwangsmittel die Androhung von Zwangsgeld in Betracht kommen.[374]

e) Zeitpunkt der Verwirklichung und Bestandsschutz

332 Der Wortlaut der Bauordnungen stellt zunächst auf die Errichtung, Änderung etc. ab. Grundsätzlich richtet sich auch die materielle Legalität oder Illegalität eines Baues nach der Rechtslage zur Zeit seiner Errichtung. Hinsichtlich des Verstoßes gegen die maßgeblichen Vorschriften wird allerdings auf den **Zeitpunkt** der Entscheidung über die Beseitigungsanordnung abgestellt, in dem die Behörde prüft, ob die Anlage nicht genehmigungsfähig ist. Für die Rechtmäßigkeit einer Beseitigungsanordnung ist somit entscheidender Zeitpunkt zunächst einmal der Zeitpunkt ihres Erlasses. Im Hinblick auf die verfassungsmäßige Eigentumsgarantie darf aber bei der Prüfung der Frage, ob ein Bau materiell illegal ist, die Rechtslage im Zeitpunkt der Errichtung des Baues nicht außer Betracht gelassen werden; daher darf ein Bau, der in jenem Zeitpunkt den Vorschriften

[370] BVerwG vom 12. 6. 1973 BRS 27 Nr. 151.
[371] Bay VGH vom 13. 7. 1983 BRS 40 Nr. 224.
[372] BW VGH vom 13. 2. 1980 BRS 36 Nr. 174.
[373] Hess VGH vom 12. 1. 1982 BRS 39 Nr. 233.
[374] Hess VGH vom 12. 1. 1982 BRS 39 Nr. 233.

des Baurechts in materiell-rechtlicher Hinsicht entsprach, nicht allein deswegen, weil er ohne Genehmigung errichtet worden ist und dem erst zu einem späteren Zeitpunkt ergangenen materiellen Baurecht widerspricht, einem Abrissgebot ausgesetzt werden.[375] Maßgebend muss somit letztendlich beides sein.

Eine Anlage muss nicht gerade erst entstanden sein, sondern sie kann bereits über 333
einen längeren Zeitraum bestehen. Innerhalb dieses Zeitraums entsprach sie möglicherweise einmal den öffentlich-rechtlichen Vorschriften und genießt deshalb **Bestandsschutz**. Dieser kann einer Beseitigungsanordnung als Einwendung entgegengehalten werden. Mit dem Gesichtspunkt des Bestandsschutzes verteidigt der Betroffene eine (mittlerweile) materiell rechtswidrige Anlage. Er leitet aus der Vergangenheit ein Recht ab, das es ihm ermöglicht, sich gegen das Verlangen der Behörde durchzusetzen, obgleich die beanstandete Anlage (derzeit) materiell rechtswidrig ist. Bestandsschutz ist in erster Linie ein Schutz der – ursprünglich rechtmäßigen – Bestandsnutzung. Das findet seine Rechtfertigung in der verfassungsrechtlich gebotenen Sicherung des durch die Eigentumsausübung Geschaffenen. Eine ausführliche Erläuterung zum Bestandsschutz findet sich oben Rn. 107 ff., auf die verwiesen wird. Hier seien nur noch Besonderheiten angesprochen:

Bei Vorhaben, die **befristet, auflösend bedingt oder widerruflich** genehmigt worden 334
sind, kann die Beseitigung selbst dann gefordert werden, wenn die bauliche Anlage während der Dauer der Wirksamkeit der Genehmigung materiell legal war. In solchen Fällen beschränkt nämlich die Befristung, die Bedingung oder der Widerrufsvorbehalt von vornherein den Umfang des Bestandschutzes. Lässt der Bauherr eine derart eingeschränkte Genehmigung unanfechtbar werden, so muss er die daraus resultierende Einschränkung des Bestandsschutzes hinnehmen.[376] Abgelehnt hat der BayVGH auch den Schutz des Vertrauens dahin gehend, einen bereits **vor Einführung der Genehmigungspflicht begonnenen Kiesabbau** fortsetzen zu dürfen.[377] Jedenfalls nach einer angemessenen Übergangsfrist erscheine es gerechtfertigt, Grundstücksnutzungen, die ihrer Natur nach immer weitere Bereiche beträfen, ohne vorherige Prüfung ihrer materiellen Vereinbarkeit mit dem geltenden Recht – also genehmigungsfrei – fortsetzen zu lassen. Das Vertrauen darauf, dass eine genehmigungsfreie und damit nur formell legale Eigentumsausübung unbeschränkt lange fortgesetzt werden könne, sei durch Art. 14 GG nicht geschützt. Diese Rechtsprechung lässt sich jedoch nicht allgemein auf alle baulichen Anlagen übertragen, da sie den Sonderfall Kiesabbau betrifft, der sich von der sonstigen Errichtung einer baulichen Anlage erheblich unterscheidet.

Umgekehrt können sich auch Rechtsänderungen zwischenzeitlich zugunsten des Be- 335
troffenen ausgewirkt haben und die **Anlage wäre jetzt zulässig**. Sollte eine Anlage zum Zeitpunkt des Erlasses einer Beseitigungsanordnung den Vorschriften entsprechen, kann diese wegen der Möglichkeit der Herstellung rechtmäßiger Zustände nicht ergehen, selbst wenn die Anlage davor rechtswidrig gewesen sein sollte. Es muss immer die für den Betroffenen günstigste Regelung angewendet werden. In diesem Zusammenhang ist darauf hinzuweisen, dass demzufolge im gerichtlichen Verfahren gegen eine Beseitigungsanordnung maßgebend sein kann auch die Sach- und Rechtslage im Zeitpunkt der letzten **mündlichen Verhandlung** und nicht nur wie meist bei Anfechtungsklagen der Zeitpunkt der letzten Behördenentscheidung.[378] Für die Frage der Begründetheit einer Anfechtungsklage ist auf die Sach- und Rechtslage abzustellen, auf die es nach dem Streitgegenstand und dem darauf anwendbaren materiellen Recht ankommt. Grundsätzlicher Ausgangspunkt ist die der Behördenentscheidung zugrunde liegende Sach- und Rechtslage, was sich aus der Aufgabe der Verwaltungsgerichte ergibt, im Anfechtungsprozess die Rechtmäßigkeit einer getroffenen Behördenentscheidung zu überprüfen und

---

375 Bay VGH vom 30. 7. 1997 BRS 59 Nr. 222.
376 BVerwG vom 10. 12. 1982 NVwZ 1983, 472.
377 Bay VGH vom 27. 11. 1990 NuR 1991, 283.
378 BVerwG vom 21. 12. 1989 NVwZ 1990, 653.

eine rechtswidrig getroffene Entscheidung aufzuheben. Von dem Grundsatz hat das Bundesverwaltungsgericht allerdings eine Ausnahme bei der Anfechtung einer rechtmäßig erlassenen Abbruchanordnung zugelassen, wenn die betroffene bauliche Anlage in der Zeit nach der letzten Behördenentscheidung – z. B. durch das In-Kraft-Treten eines Bebauungsplans – rechtmäßig geworden ist.[379] Es wäre nämlich sinnwidrig, müsste der Bauherr bauliche Anlagen abreißen, deren Wiedererrichtung sogleich nach dem Abriss ihm gestattet werden müsste. Der Eigentumsschutz des Art. 14 GG gebietet somit eine Berücksichtigung des Bestandsschutzes wie auch späterer Änderungen zugunsten des Betroffenen. Das Vorhaben darf somit zu keinem Zeitpunkt rechtmäßig sein. Anders verhält es sich aber, wenn die Beseitigungsanordnung bereits **bestandskräftig** ist und sich dann Rechtsänderungen ergeben. Diese Einwendungen können nur mehr in der Vollstreckung geltend gemacht werden oder aber über ein Wiederaufgreifen des Verfahrens nach § 51 VwVfG.

4. Verhältnismäßigkeit

336 Im Rahmen der Verhältnismäßigkeit ist immer zu prüfen, ob anstelle der einschneidenden Maßnahme eines Abbruchs nicht ein milderes Mittel in Frage kommt. Wie auch die Baueinstellung muss die Beseitigungsanordnung **geeignet, erforderlich und verhältnismäßig im engeren Sinne** sein. Hierbei kann auf die Baueinstellung verwiesen werden.

337 Die jeweiligen landesrechtlichen Regelungen erwähnen bereits die Möglichkeit einer nur **teilweisen Beseitigung** und beziehen sich damit auf das Kriterium der Erforderlichkeit. In Betracht zu ziehen ist diese Möglichkeit, wenn sie realisierbar und eine Teilung möglich ist.[380] In aller Regel stellt eine Bauerlaubnis ein unteilbares Ganzes dar. Ein Abrissgebot kann deshalb nicht mit der Begründung in Frage gestellt werden, dass der eine oder andere abzubrechende Bauteil des einheitlichen Bauwerks von der materiellen Illegalität des Gesamtbaues nicht betroffen werde, wenn diesem Bauteil keine selbständige Bedeutung zukommt, er vielmehr nur einen Bestandteil des Gesamtbaues bildet. Eine andere Betrachtung widerspräche dem **Grundsatz der Einheitlichkeit der Beurteilung** der Rechtmäßigkeit eines Bauwerks. Geht die Behörde von einer solchen Einheitlichkeit aus und erlässt eine Beseitigungsanordnung für die Gesamtanlage, dann führt allerdings eine in Wahrheit bestehende bloße teilweise Rechtswidrigkeit im Rahmen der gerichtlichen Überprüfung zur Aufhebung der Beseitigungsanordnung insgesamt. Dies ergibt sich daraus, dass die Behörde eine auf die Gesamtanlage bezogene einheitliche Regelung getroffen hat, die keineswegs gewissermaßen die Summe mehrerer Einzelregelungen bildet und sich entsprechend auch nachträglich wieder auffächern ließe. Hinzu kommt, dass die Behörde ihre Ermessensausübung auf die Gesamtanlage bezogen hat und es deshalb an einer Ermessensbetätigung der Behörde hinsichtlich einer Beseitigungsanordnung allein für den rechtswidrigen Teil fehlt. Das Gericht kann diese Ermessensbetätigung nicht anstelle der Behörde vornehmen. Sollte im Einzelfall der Erfolg auch mit einem **Teilabbruch** erreicht werden können, stellt sich dies als das weniger einschneidende Mittel dar, dessen sich die Behörde bedienen muss. Dies hat allerdings nach der Rechtsprechung des **BVerwG** zur Voraussetzung, dass das Gebäude teilweise genehmigungsfähig ist, dass sich der Behörde die für einen Teilabbruch in Betracht kommenden Teile des Baukörpers aufdrängen, von vornherein erkennbar ist, dass ein für sich allein ohne weiteres lebensfähiger, dem materiellen Baurecht entsprechender Rest-Baukörper stehen bleiben kann und sich der Teilabbruch baulich ohne weiteres durchführen lässt.[381] Dies gilt dem **OVG Saar**[382] zufolge selbst dann, wenn der geforderte Teilabbruch ein unvollständiges Gebäude zurücklassen sollte, das im Falle seines Fortbestandes auf Dauer sicherlich unter

[379] BVerwG vom 6. 12. 1985 NJW 1986, 1186.

[380] BW VGH vom 6. 7. 1988 BRS 48 Nr. 188; Bay VGH vom 25. 11. 1997 NuR 1998, 372; OVG Brem vom 31. 1. 1984 BRS 42 Nr. 162; OVG NRW vom 18. 3. 1997 BRS 59 Nr. 209.

[381] BVerwG vom 30. 8. 1996 NVwZ-RR 1997, 273.

[382] Vom 23. 9. 1988 Az. 2 R 498/85; a. A. OVG NRW vom 3. 2. 1994 NVwZ-RR 1995, 247.

verschiedenen Aspekten den Baurechtsnormen widerspräche. In einem solchen Fall soll die Bauaufsichtsbehörde dem OVG Saar zufolge nicht die Befugnis haben, zugleich eine – gewissermaßen vorsorgliche und insofern grundsätzliche – Anordnung des Inhalts zu treffen, dass die verbleibende „Ruine“ wieder in einen bauordnungsgemäßen Zustand zu versetzen sei. Die Tatsache, dass die verbleibende Restanlage ebenfalls rechtswidrig ist, steht auch dem **BW VGH** zufolge einer Anordnung des Teilabbruchs generell nicht entgegen.[383] Die Forderung eines Gesamtabbruchs wäre nicht mit dem mit Verfassungsrang ausgestatteten Grundsatz der Verhältnismäßigkeit zu vereinbaren, weil dieser ein nur partielles Einschreiten fordern oder gestatten könne. Hinzu komme, dass die Ermächtigung zur Ermessensausübung es ermögliche, einen rechtswidrigen Zustand gänzlich zu belassen. Dann aber könne es der Baurechtsbehörde nicht verwehrt sein, ein insgesamt rechtswidriges Vorhaben im Rahmen sachgerechter Ermessensausübung auch teilweise zu erhalten. Anderenfalls würde allein der Entschluss zum Tätigwerden zu einer im Gesetz nicht vorgesehenen Bindung der Behörde hinsichtlich des Umfangs der dann zu ergreifenden Maßnahmen – nämlich der Pflicht zur vollständigen Beseitigung – führen. Anders verhält es sich aber, wenn der Abbruch der beanstandeten Anbauten mit Rücksicht auf das verbleibende Gebäude nichts oder fast nichts zur Förderung der öffentlichen Interessen beitragen könnte, der Teilabbruch also nicht geeignet wäre, die Auswirkungen des Rechtsverstoßes nennenswert zu mildern.[384] In der Regel allerdings wird der Zweck nur mit einer vollständigen Beseitigung zu erreichen sein; die Bauaufsichtsbehörde ist **regelmäßig gehalten, den vollständigen Abriss anzuordnen**, sofern dieses weder bautechnisch noch nach den Vorstellungen des Bauherrn teilbar ist.[385] Grundsätzlich ist deshalb eine Anordnung, den rechtswidrigen Zustand insgesamt zu beseitigen, nicht unverhältnismäßig.

Eine etwaige Verkleinerungsanordnung muss sich auf den **Rückbau** beschränken; vom 338
Betroffenen kann über die Beseitigung des rechtswidrigen Zustands hinaus im Rahmen einer Beseitigungsanordnung nicht ein sonstiges positives Tun verlangt werden. Dies kann nur im Rahmen einer einvernehmlichen Bereinigung des rechtswidrigen Zustands geschehen, etwa durch Umplanung und entsprechende Änderung der Anlage, um sie legalisieren zu können. Es muss dem Betroffenen vorbehalten bleiben, eine solche Lösung mittels eines konkreten Gegenvorschlags anzubieten; der bloße Hinweis auf die Möglichkeit der Flächenreduzierung genügt diesen Anforderungen nicht.[386] Sollte sich der Bauherr mit einer Lösungsmöglichkeit, die zu einem rechtswidrigen Zustand führt, nicht einverstanden erklären, kann die Behörde nicht von sich aus eine Umänderung anordnen oder einen Bauantrag verlangen. Letzteres kann sie nur, um die Frage der materiellen Rechtswidrigkeit zu klären. Umgekehrt kann ein Störer unter Berücksichtigung des Übermaßverbots nicht verlangen, dass eine illegale errichtete Anlage auf ein genehmigungsfreies Maß „zurückgestutzt“ wird.[387] Dies beruht auf der Erwägung, dass es einerseits nicht Aufgabe der Bauaufsicht ist, für den Bauherrn die Planung eines bauordnungsrechtlich beanstandungsfreien Vorhabens zu übernehmen, und dass andererseits dem Bauherrn nicht gegen seinen Willen eine neue Anlage aufgedrängt werden darf.

Ferner ist zu fragen, ob nicht eine bloße **Nutzungsuntersagung** in gleicher Weise 339
geeignet wäre, den Verstoß gegen die einschlägigen Vorschriften auszuräumen.[388] Dies

---

383 BW VGH vom 27. 6. 1991 BRS 52 Nr. 231.

384 BW VGH vom 11. 6. 1980 BRS 36 Nr. 214.

385 OVG NRW vom 18. 3. 1997 BRS 59 Nr. 209.

386 BVerwG vom 30. 8. 1996 NVwZ-RR 1997, 273.

387 Bay VGH vom 25. 11. 1997 NuR 1998, 372; anders wohl noch Bay VGH vom 13. 5. 1982 BRS 39 Nr. 222 für die Anordnung der teilweisen Beseitigung, die im konkreten Fall ohne weiteres möglich war (Mauer und Dach); OVG NRW vom 18. 3. 1997 BRS 59 Nr. 209; OVG Brem vom 25. 8. 1992 BRS 54 Nr. 209.

388 BVerfG vom 15. 12. 1995 NVwZ-RR 1996, 483; BW VGH vom 6. 7. 1988 BRS 48 Nr. 188; Bay VGH vom 25. 11. 1997 NuR 1998, 372; OVG M-V vom 2. 11. 1993 NVwZ 1995, 608; OVG Thür vom 28. 2. 1995 1 EO 238/94.

ist vor allem bei rechtswidrigen Nutzungsänderungen ein entscheidender Gesichtspunkt.[389] Zur Erreichung des Zwecks wird hier meist eine Beseitigung nicht erforderlich sein, sondern bereits die Untersagung der geänderten Nutzung ausreichen. Wenn die Bauaufsichtsbehörde im Übrigen selbst bei Vorliegen der Voraussetzungen zum Erlass einer Beseitigungsanordnung nach pflichtgemäßem Ermessen von einem Einschreiten überhaupt absehen kann, ist es nicht zu beanstanden und sogar geboten, dass sie anstelle eines rechtlich möglichen Abbruchverlangens hinsichtlich des gesamten Gebäudes lediglich die weniger einschneidende Maßnahme eines Verbots einer planungsrechtlich unzulässigen Nutzung ergreift, um dem Betroffenen so eine planungsrechtlich zulässige Nutzung offen zu halten. Das Gleiche gilt für die Erteilung einer nachträglichen Baugenehmigung unter **Anordnung zusätzlicher Nebenbestimmungen** oder für isolierte Anordnungen zur **Behebung von Mängeln** anstelle der Beseitigungsanordnung. Im Rahmen des Erfordernisses von sowohl formeller als auch materieller Rechtswidrigkeit wurde bereits angesprochen, dass vertreten wird, eine Beseitigungsanordnung könne u. a. ausschließlich auf formelle Illegalität gestützt werden, wenn die Beseitigung einem Nutzungsverbot gleichkomme, weil sie ohne Substanzverlust und andere hohe Kosten zu bewerkstelligen sei, wobei die dabei entstehenden Kosten nicht absolut, sondern auch im Verhältnis zum Wert der Anlage zu sehen seien. Richtigerweise sollte diese Problematik nicht beim Erfordernis von auch materieller Rechtswidrigkeit, sondern bei der Verhältnismäßigkeitsprüfung angesiedelt werden. Wenn die Beseitigung einem Nutzungsverbot gleichkommt, stellt sich die Frage, ob eine Beseitigungsanordnung überhaupt verhältnismäßig ist und nicht bereits eine Nutzungsuntersagung ausreichend ist. Hinsichtlich von **Werbeanlagen** wird allerdings die Auffassung vertreten,[390] ein Nutzungsverbot gehe ins Leere, weil die Werbeanlage allein durch ihre Existenz den gewünschten Erfolg bringe.

340 Unverhältnismäßig im engeren Sinne kann eine Beseitigungsanordnung in besonders gelagerten Einzelsituationen sein, wenn lediglich ein ganz **geringfügiger** Verstoß bezogen auf die gesamte Anlage vorliegt. Maßgebend sind die Umstände des Einzelfalls, insbesondere ob die Überschreitung erkennbar versehentlich erfolgte. In die Beurteilung miteinzufließen haben sicherlich auch Nachbarinteressen. Ein im Verhältnis zur gesamten baulichen Anlage geringfügiger Verstoß kann, zumal bei Großvorhaben, nachbarliche Belange empfindlich treffen. Nur wenn der Nachbar ebenfalls geringfügig belastet ist, stellt sich die Frage, ob von einer Anordnung abgesehen und der Nachbar gegebenenfalls auf den Zivilrechtsweg verwiesen werden kann. Ein Beispiel in der Rechtsprechung hierzu sind **Grenzabstände**. Sie sind genau einzuhalten, so dass ein Abbruchsverlangen bei einer Abweichung vom genehmigten Grenzabstand grundsätzlich ermessensgerecht ist. Zu berücksichtigen sind dabei das Interesse der Öffentlichkeit, illegales Bauen zu verhindern, das Interesse des Nachbarn, durch Bauwichverletzungen nicht beeinträchtigt zu werden, und das Interesse des Bauherrn, jedenfalls dann keinen unverhältnismäßigen Schaden zu erleiden, wenn die Abweichung so gering ist, dass weder Belange der Öffentlichkeit noch der Nachbarschutz ernsthaft berührt werden. Im Ausnahmefall kann eine solche Abwägung ergeben, dass den Interessen des Bauherrn der Vorzug einzuräumen ist und Geringfügigkeit angenommen werden kann, so etwa bei Unterschreitung von 3–6 cm, die sich erfahrungsgemäß häufig beim Baugeschehen ergeben.[391] Solche geringfügigen Abweichungen bringen weder dem Bauherrn Vorteile noch den Nachbarn spürbare Nachteile. Anders mag es dann liegen, wenn jemand bewusst den Bauwich verletzt. Generell ist deshalb eine Beseitigungsanordnung auch bei einer nur geringfügigen Überschreitung gesetzlicher Vorschriften geboten. Würde die Geringfügigkeit automatisch zu einem Verstoß gegen den Verhältnismäßigkeitsgrundsatz führen, würden die gesetzlichen Regelungen vollständig ausgehöhlt, denn jeder potentielle Schwarzbauer würde ge-

[389] OVG Saar 7. 1. 1983 BRS 40 Nr. 230.
[390] OVG NRW vom 13. 9. 1996 BRS 58 Nr. 128; OVG Thür vom 20. 12. 1994 BRS 47 Nr. 247.
[391] OVG Nds, zuletzt vom 28. 2. 1983 BRS 40 Nr. 226; OVG NRW vom 14. 1. 1991 NVwZ-RR 1995, 187.

radezu zur Überschreitung ermuntert, wenn er ohnehin nicht mit Konsequenzen zu rechnen hätte. Es liegt im Wesen derart durch Zahlen bezeichneter Grenzen, dass bestimmte Fälle nur ganz knapp erfasst (oder auch ganz knapp nicht erfasst) werden.[392] Müsste dem – um des Übermaßverbotes willen – generell mit einer Auflockerung Rechnung getragen werden, würde verloren gehen, was eine solche Abgrenzung an Berechenbarkeit und damit Klarheit bietet. Hinzu kommt, dass die gesetzlichen Grenzen im Laufe der Zeit restlos verwaschen und wertlos würden. Auf diese Weise würde das Problem nur verschoben werden, weil bei einer Auflockerung zugunsten geringfügiger Abweichungen lediglich eine gewisse Verlagerung der Grenze erreicht wird und damit gerechnet werden muss, dass entsprechende Auflockerungen dann mit einem gewissen Recht auch von denen begehrt werden, die von den geringfügigen Abweichungen wiederum ihrerseits nur geringfügig abweichen.

Nicht maßgeblich sind **erhebliche finanzielle Verluste oder ein erheblicher Zeitaufwand** des Betroffenen, sei es auf Grund der Kosten der Beseitigung oder der für die Errichtung des Bauwerks entstandenen Kosten. Insoweit ist der Verhältnismäßigkeitsgrundsatz nicht verletzt, weil es sonst nahezu unmöglich wäre, mit Aussicht auf Erfolg gegen Schwarzbauten vorzugehen. Eine Berücksichtigung der Kosten der Beseitigung eines ohne Genehmigung oder planwidrig errichteten Bauwerks oder Bauteils würde andere dazu ermuntern, unzulässige kostspielige Maßnahmen durchzuführen und dadurch die Wiederherstellung rechtmäßiger Zustände zu verhindern. Die Wertvernichtung kann sich nicht von einem bestimmten Grad ab zu einer rechtlichen Schranke für das behördliche Verlangen verdichten. Es ist gerade der Sinn des Genehmigungsverfahrens, vor Errichtung eines Gebäudes Klarheit über dessen Zulässigkeit zu schaffen. Wer ohne diese Genehmigung ein Gebäude errichtet, hat das **Risiko einer baurechtswidrigen Ausführung** selbst zu tragen. Eine Beseitigungsanordnung trifft den Bauherrn in einem solchen Fall nicht unbillig hart, weil er bei der widerrechtlichen Errichtung des Gebäudes von Anfang an damit zu rechnen hatte, dass er es wieder beseitigen muss.[393] Ebenso wenig kann sich der Betroffene darauf berufen, dass er zur Errichtung des Gebäudes sehr viel Zeit und Geld aufgewendet habe. Im Ausnahmefall hat der BW VGH[394] Unverhältnismäßigkeit bei einem Schaden von ungefähr 23 000 € angenommen, dem gegenüber das öffentliche Interesse an der Beseitigung wegen mangelnder Erschließung stand, deren Errichtung und damit Legalisierung der Anlage sich allerdings bereits abzeichnete. 341

Unverhältnismäßigkeit kann auch dann vorliegen, wenn die Anlage zwar rechtswidrig ist, eine **Legalisierungsmöglichkeit** aber nicht ausgeschlossen erscheint. So kann zum Beispiel ein Gebäude wegen fehlender dauerhafter rechtlicher Sicherung der Zuwegung mangels Erschließung rechtswidrig sein. Solange die Wegebenutzung jedoch geduldet wird oder die Übernahme entsprechender dinglicher Sicherungen durch den Nachbarn zu erwarten ist, reicht ein solcher Mangel allein unter Umständen zur Rechtfertigung einer Beseitigungsanordnung nicht aus.[395] 342

IV. Ermessen

1. Ermessensausübung durch die Behörde

a) Regelermessen

Im Grundsatz entspricht es auch bei einer Beseitigungsanordnung regelmäßig pflichtgemäßem Ermessen, die Beseitigung rechtswidriger Bauanlagen und die eventuelle Dul- 343

[392] OVG NRW vom 26. 2. 1980 BRS 36 Nr. 217.

[393] BVerwG vom 30. 8. 1996 NVwZ-RR 1997, 273; BW VGH vom 6. 7. 1988 BRS 48 Nr. 188; OVG Bln vom 10. 2. 1989 NVwZ 1990, 176; Bay VGH vom 6. 2. 1980 BRS 36 Nr. 215; OVG NRW vom 26. 2. 1980 BRS 36 Nr. 217.

[394] Vom 20. 2. 1980 BauR 1980, 346.

[395] BVerwG vom 3. 5. 1988 NVwZ 1989, 353.

dung ihrer Beseitigung anzuordnen.[396] Zum Regelermessen und Ermessensfehlern sei auf die Erläuterungen oben Rn. 29ff. verwiesen.

b) Gleichheitsgrundsatz

344 Das Ermessen ist grundsätzlich nicht völlig uneingeschränkt und wahllos, sondern unterliegt zahlreichen Bindungen. Hervorzuheben sei in diesem Zusammenhang vor allem die verfassungsrechtliche Bindung, insbesondere die Bindung an den Gleichheitsgrundsatz des Art. 3 GG. Dies bedeutet, dass die Behörde nicht nach eigenem Gutdünken entscheiden kann, ob und wie sie einschreitet, sondern gleich gelagerte Fälle auch gleich behandeln muss. Der grundsätzlich gerechtfertigte Erlass einer Beseitigungsanordnung kann als Ermessensentscheidung ermessenswidrig sein, wenn die zuständige Behörde in anderen gleich gelagerten Fällen nicht ebenfalls in gleicher Weise gegen rechtswidrige Zustände vorgeht. Eine Verletzung liegt dann vor, wenn eine Behörde ohne erkennbaren Grund, d.h. **willkürlich**, nur bezüglich einer oder weniger baulicher Anlagen eine Bauordnungsverfügung erlässt und **gegen andere vergleichbare Vorhaben nicht einschreitet**.[397] Dem Betroffenen steht aus dem Gleichheitsgrundsatz ein Anspruch zu, ebenso wie übrige Betroffene in gleicher Situation behandelt zu werden; er darf erwarten, dass die Behörde Vergleichsfällen nachgeht und bei gleichem Sachverhalt gleichartige Maßnahmen, sei es schlichtes Unterlassen, (formlose) Duldungen, teilweise Beseitigung etc., ergreift.[398] Das Verbot der Willkür soll Fehlverhalten der Behörde begegnen, nicht aber Ansporn zum Aufspüren durch einen Störer sein. Die Behörde kann und muss nicht ständig sämtliche baulichen Vorgänge in ihrem Zuständigkeitsbereich verfolgen. Gerade in wenig erschlossenen Gebieten ist eine ständige und lückenlos flächendeckende **Überwachung** mit vertretbarem Verwaltungsaufwand nicht möglich.[399] In solchen Situationen ist die Behörde nur gehalten, Hinweisen nachzugehen und jeweils nach Lage der Sache gezielt einzuschreiten. Der Gleichheitssatz betrifft damit sowohl das „Ob“ als auch das „Wie“ verwaltungsbehördlichen Handelns.

345 Für die Anwendung des Gleichheitssatzes ist es zunächst notwendig, festzustellen, welche Eigenschaften bei den Lebenssachverhalten gleich und welche unterschiedlich sind. Sodann ist zu prüfen, ob die unterschiedlichen Eigenschaften eine entsprechende Ermessensentscheidung rechtfertigen. In einem Gebiet mit mehreren vergleichbaren Sachverhalten bedarf es einerseits eines systematischen Vorgehens (Gebot des **systemgerechten Vorgehens**) und andrerseits der jeweiligen Situation entsprechendes und gebotenes Handeln in Sonderfällen.[400] Diese der Behörde abverlangte Systemgerechtigkeit setzt neben einer gewissen Anzahl gleich gelagerter Fälle auch deren räumlichen Zusammenhang voraus. Es muss sich um eine in Erscheinungsbild, Struktur und Nutzung einheitliche Landschaft handeln; dieser abgegrenzte Teil muss hierbei der Raumeinheit zugeordnet sein, die den Rahmen für die bodenrechtliche Prüfung bildet.[401] Bei einer Vielzahl illegal genutzter Bauwerke in einem bestimmten Gebiet ist es notwendig, dass die Behörde planmäßig vorgeht und weder in ihrem Plan noch bei der Ausführung willkürliche Aus-

---

[396] BVerwG vom 18.4.1996 BRS 58 Nr. 44; BW VGH vom 27.6.1991 BRS 52 Nr. 231; Bay VGH vom 30.7.1997 BRS 59 Nr. 222; OVG Nds vom 10.3.1986 BRS 46 Nr. 191; OVG NRW vom 25.9.1990 BRS 52 Nr. 149; OVG Saar vom 25.2.1992 BRS 54 Nr. 207; OVG Thür vom 27.2.1997 BRS 59 Nr. 217.

[397] BVerwG vom 23.11.1998 BauR 1999, 734; BW VGH vom 8.2.1988 NJW 1989, 603; Bay VGH vom 9.5.1986 UPR 1987, 275; OVG Brem vom 18.12.1967 BRS 18 Nr. 150; Hess VGH vom 12.7.1985 NVwZ 1986, 683; OVG Saar vom 6.12.1985 BRS 44 Nr. 198; OVG Schl-H vom 28.1.1994 Az. 1 L 118/93.

[398] BW VGH vom 29.2.1996 NVwZ-RR 1997, 465; Bay VGH vom 11.8.1988 BRS 48 Nr. 171; OVG Bln vom 10.2.1989 NVwZ 1990, 176; OVG Nds vom 9.4.1986 BRS 46 Nr. 196; OVG NRW vom 19.12.1990 NVwZ-RR 1991, 545.

[399] BVerwG vom 11.3.1991 Az. 4 B 26/91; OVG Brem vom 26.2.1985 NVwZ 1986, 61.

[400] BVerwG vom 22.4.1995 BRS 57 Nr. 248; Hess VGH vom 4.7.1991 NVwZ-RR 1992, 346; OVG Nds vom 29.10.1993 NVwZ-RR 1994, 294; OVG Saar vom 7.6.1985 NVwZ 1986, 61; OVG Schl-H vom 14.6.1993 Az. 1 M 26/93; OVG Thür vom 7.7.1994 ThürVBl. 1994, 291.

[401] BW VGH vom 28.11.1989 BWVBl. 1990, 267; OVG Saar vom 7.6.1985 NVwZ 1986, 61.

nahmen macht.[402] Fälle, in denen noch nicht eingeschritten worden ist, können nur ausnahmsweise dann entgegengehalten werden, wenn es der Art des Einschreitens an jedem System fehlt, für diese Art des Vorgehens keinerlei einleuchtende Gründe sprechen und die Handhabung deshalb als willkürlich angesehen werden muss.[403] Die Bauaufsichtsbehörde muss sich in solchen Fällen für die Wiederherstellung bauordnungsmäßiger Zustände in einem begrenzten Gebiet **bestimmte Regeln** setzen und diese auch befolgen. In diesem Zusammenhang reichen behördliche Erklärungen, die in früheren Zeiten abgegeben worden sind und den Inhalt hatten, es werde auch gegen vergleichbare Bauten eingeschritten, nicht aus, um den Gleichheitsgrundsatz zu wahren, wenn tatsächlich nicht entsprechend vorgegangen wird und sachliche Gründe dafür fehlen. Fordert die Bauaufsichtsbehörde nur die Beseitigung einzelner rechtswidriger Bauwerke, ohne zugleich gegen gleichartige Vorhaben vorzugehen, so verfährt sie rechtswidrig.

Eine dem Art. 3 Abs. 1 GG entsprechende Bereinigung baurechtswidriger Verhältnisse 346
setzt eine **systematische Erfassung** des rechtswidrigen Baubestandes und nicht nur einzelner unzulässiger Vorhaben voraus.[404] Alsdann hat die Bauaufsichtsbehörde ein **gleichartiges Vorgehen** gegen vergleichbare Vorhaben systematisch einzuleiten und folgerichtig – auch in einem zeitlichen Zusammenhang – fortzuführen. Hierzu gehört auch die Vollstreckung der rechts- oder bestandskräftigen Abrissverfügungen ohne Säumnis.[405] Eine Bereinigung von illegalen baulichen Anlagen, zum Beispiel systematisch und planvoll von Norden nach Süden vorgehend, ist sachgerecht und entspricht den Anforderungen des Gleichheitsgrundsatzes. Ebenso ist es sachgerecht vorrangig gegen Umwandlung von Wochenendnutzung in Dauernutzung vorzugehen und erst in zweiter Linie gegen rechtswidrige Vergrößerungen der Wochenendhäuser. Eine weitere Möglichkeit kann bei entsprechender Begründung auch eine Stichtagsregelung sein:[406] Vorher begonnene Nutzungen können einstweilen – bis zur Generalbereinigung des Gebiets – fortgesetzt werden, nach dem Stichtag begonnene Nutzungen und nach dem Stichtag errichtete Bauten aber nicht.

Grundsätzlich können und müssen die Bauaufsichtsbehörden, wenn sie auf illegale 347
Baumaßnahmen aufmerksam werden und es sich nicht um Bagatellfälle handelt, gegen diese **unverzüglich mit den gebotenen Mitteln**, insbesondere mit sofort vollziehbaren Baueinstellungsverfügungen und Nutzungsverboten, ferner mit Beseitigungsanordnungen vorgehen. Das schließt aber nicht aus, dass auch dann, wenn in räumlicher Nähe der Art nach vergleichbare illegale Baumaßnahmen durchgeführt worden und Anlagen entstanden sind, ein zunächst isoliertes Vorgehen nach Lage des Einzelfalles sachgerecht erscheinen kann, insbesondere um ein Musterverfahren durchzuführen und gerichtliche Klärung herbeizuführen.[407] Hierfür kann ferner Bedeutung haben, dass die Behörde nicht von sich aus einen Fall herausgreift, sondern ohnehin mit ihm befasst ist und auf die illegale Bautätigkeit zeitnah reagiert. Ein aus besonderen Gründen im Einzelfall veranlasstes unmittelbares Einschreiten gegen illegale Bautätigkeit ist sachgerecht und nicht willkürlich, auch wenn vergleichbare illegale bauliche Anlagen in der Umgebung erst später im Zuge eines systematischen Vorgehens aufgegriffen werden sollen.[408]

Ferner kann die Bauaufsichtsbehörde nur gegen solche parallel gelagerten Fälle vorge- 348
hen, die ihr **bekannt** sind.[409] Sie verletzt den Gleichheitsgrundsatz nur dann, wenn ihr mehrere Fälle bekannt sind und sie ohne sachliche Rechtfertigung einige herausgreift, in

---

402 Hess VGH vom 12. 7. 1985 NVwZ 1986, 683; OVG Schl-H vom 28. 1. 1994 Az. 1 L 118/93.

403 BVerwG vom 18. 4. 1996 NVwZ 1996, 892.

404 BW VGH vom 29. 2. 1996 NVwZ-RR 1997, 465; OVG Nds vom 26. 8. 1994 BRS 56 Nr. 205.

405 OVG Saar vom 6. 12. 1985 BRS 44 Nr. 198; Hess VGH vom 2. 8. 1985 Bl. 44 Nr. 73.

406 OVG Brem vom 25. 8. 1992 BRS 54 Nr. 209; a. A. Hess VGH vom 2. 8. 1985 BRS 44 Nr. 73 für das In-Kraft-Treten einer neuen Bauordnung als Stichtag, da baurechtlich keine einleuchtende Grenze.

407 BVerwG vom 19. 2. 1992 NVwZ-RR 1992, 360; OVG Nds vom 29. 10. 1993 NVwZ-RR 1994, 249; OVG NRW vom 9. 12. 1994 NVwZ-RR 1995, 635.

408 BVerwG vom 30. 8. 1996 NVwZ-RR 1997, 273.

409 OVG Bln vom 10. 2. 1989 NVwZ 1990, 176; OVG Schl-H vom 28. 1. 1994 Az. 1 L 118/93; OVG Thür vom 7. 7. 1994 ThürVBl. 1994, 291.

denen sie einschreitet. Sie ist nicht verpflichtet, vor einem Einschreiten sämtliche Anlagen auf ihre Rechtmäßigkeit zu überprüfen. Der in diesem Zusammenhang in der Rechtsprechung verwandte Grundsatz, die Behörde sei verpflichtet, **„planmäßig" und „systemgerecht"** vorzugehen, begründet keine erhöhten Anforderungen an das Willkürverbot im Rahmen der Ermessensausübung, sondern soll lediglich schlagwortartig die Verpflichtung kennzeichnen, bei einer Vielzahl parallel gelagerter Fälle den Gleichheitsgrundsatz zu beachten. Daher ergeben sich aus dem Willkürverbot keine erhöhten Anforderungen an einen im Zeitpunkt des Einschreitens vorliegenden „Plan". Ausreichend ist es, wenn die Behörde hinreichend deutlich gemacht hat, dass sie gegen sämtliche ihr bekannten parallel gelagerten Fälle vorgeht und der verbalen Ankündigung auch Taten folgen. Bekämpft die Behörde rechtswidrige Zustände, die bei einer Vielzahl von Grundstücken vorliegen, ist sie auch nicht verpflichtet, gegen die vorhandenen Missstände sogleich auf breiter Front mit einem sämtliche Grundstücke erfassenden Konzept, also gewissermaßen **„flächendeckend"**, vorzugehen.[410] Hat die Behörde davon Kenntnis, dass sich in einem bestimmten topographisch einheitlichen Gebiet mehrere baurechtswidrige Anlagen befinden, kann sie sich zwar nicht damit begnügen, nur in den ihr bekannten Fällen eine Abbruchsanordnung zu erlassen, sondern ist zu einer vollständigen Erfassung des gesamten Gebiets verpflichtet. Eine Verpflichtung, ein solches Gebiet in regelmäßigen Abständen darauf hin zu überprüfen, ob weitere ungenehmigte bauliche Anlagen errichtet oder an genehmigten oder bestandsgeschützten Anlagen ungenehmigte bauliche Änderungen vorgenommen worden sind, wird jedoch durch den Gleichheitsgrundsatz nicht begründet. Vielmehr reicht es hierfür aus, wenn die Behörde die Fälle überprüft, die ihr, etwa durch Hinweise Dritter, bekannt werden.[411] Alles andere würde die Kräfte der Behörde überfordern und das Einschreiten gegen baurechtswidrige Anlagen unangemessen erschweren.

349 Nach den konkreten Umständen darf die Behörde auch **anlassbezogen** vorgehen und sich (zunächst) auf die Regelung von Einzelfällen beschränken, sofern sie hierfür sachliche Gründe anzuführen vermag.[412] Der Gleichheitssatz erfordert nicht, dass beim Erlass einer Beseitigungsanordnung zugleich auch gegen alle anderen rechtswidrigen Anlagen in der Umgebung des Baus eingeschritten wird. Es wird sogar die Auffassung vertreten, dass das Konzept erst **im Laufe des Verfahrens** entwickelt werden kann.[413] Auch wenn erst während des gerichtlichen Verfahrens eine Systematik entsteht und bei Erlass der Beseitigungsanordnung noch kein Konzept vorhanden war, soll dies nicht grundsätzlich schädlich sein. Es genügt, dass die Behörde erst im Laufe des Verwaltungsstreitverfahrens auf sämtliche Vergleichsverfahren eingeht und Gründe dafür angibt, weshalb sie gegen die anderen Anlagen nicht gleichzeitig vorgegangen ist. Damit legt sie rechtzeitig dar, ohne den Betroffenen in seiner Rechtsverteidigung zu behindern, dass ihr Vorgehen nicht systemlos oder willkürlich ist.[414] Die Behörde darf bei ihrem Einschreiten lediglich keine unsachlichen Unterscheidungen treffen.[415] Dies ist zum Beispiel nicht der Fall, wenn sie eine drohende Verschlechterung zum Anlass nimmt oder neue Schwarzbauten vor älteren aufgreift.

350 Aus dem Gleichheitssatz ergibt sich nicht das Erfordernis eines generellen Konzepts über das Ob und Wie des Vorgehens. Nach Art. 3 Abs. 1 GG besteht eine Verpflichtung zur Erarbeitung eines regelrechten **flächendeckenden Konzepts** für die systematischen Handlungsweise nur für städtebauliche Problemgebiete, das heißt für abgrenzbare Gebiete, in denen sich bauordnungswidrige Zustände in einer Weise häufen, dass es im

---

410 BVerwG vom 22. 4. 1995 BRS 57 Nr. 248; BW VGH vom 29. 2. 1996 NVwZ-RR 1997, 465; OVG Bln vom 10. 2. 1989 NVwZ 1990, 176; OVG Brem vom 26. 2. 1985 NVwZ 1986, 61.

411 BVerwG vom 11. 3. 1991 Az. 4 B 26/91; OVG Bln vom 10. 2. 1989 NVwZ 1990, 176.

412 BVerwG vom 19. 2. 1992 NVwZ-RR 1992, 360.

413 OVG Nds vom 26. 8. 1994 BRS 56 Nr. 205.

414 BVerwG vom 19. 7. 1976 Buchholz 406.17 Bauordnungsrecht Nr. 5.

415 BVerwG vom 19. 2. 1992 NVwZ-RR 1992, 360; Bay VGH vom 15. 12. 1987 BayVBl. 1988, 656; OVG Bln vom 10. 2. 1989 NVwZ 1990, 176; OVG Nds vom 29. 10. 1993 NVwZ-RR 1994, 249.

Regelfall gar nicht möglich ist, die baurechtswidrigen Verhältnisse ohne Sanierungskonzept willkürfrei zu bereinigen.[416] Insbesondere dann, wenn die Missstände Folge einer längeren Fehlentwicklung sind, die von der Behörde jahrelang toleriert wurde, kann sie sich somit für ein schrittweises Vorgehen entscheiden, ist dann aber verpflichtet, ihr Handeln an einem Konzept auszurichten, das ein systematisches Einschreiten gewährleistet und nach sachlichen Gesichtspunkten differenziert. Dem Einschreiten können Fälle, in denen (noch) nicht eingeschritten wurde, nur ausnahmsweise dann entgegengehalten werden, wenn es der Art des Einschreitens an jedem System fehlt, für diese Art des Vorgehens keinerlei einleuchtende Gründe sprechen und deshalb die Handhabung als willkürlich angesehen werden muss.[417] Wenn die Behörde in einem bestimmten Bereich flächendeckend illegale Anlagen aufspüren will, darf sie selbstverständlich nicht einzelne Vorhaben bewusst übersehen.[418] Von ihrem System darf die Behörde nicht ohne erkennbaren sachlichen Grund abweichen, denn dann würde sie den Gleichheitssatz verletzen. Gefordert ist also eine **Systemgerechtigkeit**, die Gleichbehandlung in gleich gelagerten Fällen und ein Abweichen in Sondersituationen gebietet. Die Behörde ist gehalten, ihr Konzept wirksam umzusetzen, zudem muss ihr Handeln zumindest eine grobe Abschätzung des Zeitrahmens zulassen, in dem mit einem erfolgreichen Abschluss der Gesamtbereinigung gerechnet werden kann. Ein Beseitigungsverlangen wäre nicht mehr programmkonform, wenn die Umsetzung des behördlichen Handlungskonzepts derart zögerlich gehandhabt würde, dass das praktisch seiner Aufgabe gleichkäme. Eine in diesem Fall gleichwohl unter Berufung auf das Verwaltungsprogramm ergehende Beseitigungsanordnung wäre als willkürlich anzusehen. Derartige Konzepte führen zu einer **Selbstbindung der Verwaltung**, die sie durch ihre eigene Handlungspraxis ausgelöst hat. Das Willkürverbot des Art. 3 Abs. 1 GG verlangt allerdings nicht, dass die Behörde auf der Grundlage eines Konzepts handelt, das auf die umfassende und systematische Sanierung eines Problemgebiets gerichtet ist. Als sachlicher und somit behördliche Willkür ausschließender Grund kann es vielmehr ausreichen, dass die Beendigung einer Duldungspraxis dazu dienen soll, eine Verstetigung und Verstärkung baurechtlicher Missstände zu verhindern.

Der Gleichheitsgrundsatz gebietet ferner nicht, in allen Fällen, in denen die Behörde 351
rechtswidrige Zustände feststellt, gleichzeitig und „**schlagartig**" vorzugehen.[419] Der Gleichheitssatz ist vielmehr auch dann beachtet, wenn eine Behörde bei gleichem Sachverhalt ein Einschreiten beabsichtigt, aber nicht alle Maßnahmen gleichzeitig trifft oder nicht alle Verfahren gleichzeitig durchführt, sondern schrittweise vorgeht. Er verlangt von der Behörde nur, dass sie in gleich gelagerten Fällen auch in gleicher Weise handelt. Bei Vorliegen entsprechender Gründe kann sie zeitlich gestaffelt, nur gegen einzelne Störer oder nur in bestimmter Weise vorgehen. Gefordert ist lediglich Systemgerechtigkeit.

Der Anspruch des Betroffenen auf Gleichbehandlung reicht allerdings nur so weit, als 352
das Handeln in den vergleichbaren Fällen rechtmäßig ist; eine **Berufung auf rechtswidriges Vorgehen**[420] in anderen Fällen scheidet aus. Wer ein Bauwerk rechtswidrig errichtet, kann nicht verlangen, dass die Bauaufsichtsbehörde es deshalb dulde, weil sie in ähnlichen Fällen noch nicht eingeschritten ist. Dass gegen vergleichbare andere Fälle nicht eingeschritten wird, ist ohne Bedeutung, denn der Gleichheitssatz zwingt die Behörde nur zu gleichem rechtmäßigen Handeln, nicht zur Wiederholung von Gesetzesverstößen. Eine Beseitigungsverfügung ist somit auch dann ermessensfehlerfrei, wenn die Behörde ein materiell illegales Gebäude nachträglich genehmigt hat, später jedoch planmäßig gegen die unzulässige Außenbereichsbebauung vorgeht und in diesem Zusammenhang

---

416 OVG Hbg vom 29. 5. 1986 HmbJVBl. 1986, 99; OVG Saar vom 7. 6. 1985 NVwZ 1986, 61.
417 BayVGH vom 30. 7. 1997 BRS 59 Nr. 222; OVG Bremen vom 6. 9. 1994 BRS 56 Nr. 206.
418 OVG NRW vom 19. 12. 1990 NVwZ-RR 1991, 545.
419 BW VGH vom 16. 4. 1980 ESVGH 31, 30.
420 BVerwG vom 22. 4. 1995 BRS 57 Nr. 248; BW VGH vom 28. 11. 1989 BWVBl. 1990, 267; OVG Bln vom 10. 2. 1989 NVwZ 1990, 176; OVG NRW vom 22. 3. 1983 BRS 40 Nr. 239.

auch gegen ein materiell-rechtlich ebenso zu beurteilendes, jedoch formell illegales Vorhaben einschreitet.[421] Anders sieht es allerdings aus, wenn die Behörde gleichzeitig oder später einerseits rechtswidrige Vorhaben milder behandelt, indem sie sie duldet oder sogar genehmigt, und andrerseits gegen in vergleichbarer Hinsicht rechtswidrige Anlagen vorgeht. Das **willkürliche Verhalten** der Behörde besteht dann gerade darin, dass sie vergleichbare Fälle ohne sachlichen Grund unterschiedlich behandelt.[422] Ein solcher sachlicher Grund könnte darin liegen, dass die Duldungen bzw. Genehmigungserteilungen auf einer rechtswidrigen Praxis beruhten und dies die Behörde zwischenzeitlich erkannt und deshalb aufgegeben hat.

353 Die vorerwähnten Grundsätze schließen allerdings eine **Änderung der bisherigen Praxis** nicht aus, wenn im Laufe der Zeit ein Wandel der tatsächlichen Verhältnisse eingetreten, oder aber die Behörde zu einer anderen Rechtsauffassung gelangt ist.[423] Es kann einer Baurechtsbehörde nicht abgesprochen werden, dass sie eine als rechtswidrig erkannte Praxis nachträglich ändert. Sie muss aber, wenn die betreffenden baulichen Anlagen nahezu zeitgleich errichtet wurden, im Rahmen ihrer Ermessenserwägungen zu erkennen geben, was ihr Veranlassung gibt, von ihrer bisherigen Praxis abzurücken. Es kann auch genügen, dass die Behörde ihre bisherige Vorgehensweise nunmehr für unzweckmäßig hält.

354 Ermessensbindungen können sich im Einzelfall auch aus landesrechtlichen verwaltungsinternen Regelungen, wie etwa **Verwaltungsrichtlinien**, ergeben. Diese stellen zwar kein unmittelbar geltendes Recht dar, wie etwa eine Verordnung, erlangen aber mittelbar über den Gleichheitsgrundsatz Bedeutung. Die Behörde ist intern an die allgemeinen Richtlinien von übergeordneten Behörden gebunden; Wirksamkeit nach außen erlangen sie insofern, als die Bauaufsichtsbehörde nach dem Gleichheitssatz des Art. 3 GG gleich gelagerte Fälle gleich behandeln und deshalb die behördeninternen Vorschriften einheitlich anwenden muss.

c) Besonderheit: Duldung

355 Eine Einschränkung des Ermessens kann sich aus einer Duldung ergeben. Es entspricht allerdings gefestigter Erkenntnis, dass die Befugnis der Bauaufsichtsbehörde, auf die Einhaltung der öffentlich-rechtlichen Vorschriften zu achten, **nicht verwirkt** werden kann,[424] so dass eine Beseitigungsanordnung grundsätzlich auch **nach langem Zeitraum** möglich ist. Zum einen setzt die Verwirkung ein subjektives, verzichtbares Recht voraus, das die Beseitigungsbefugnis der Behörde nicht beinhaltet. Ihr ist kein „Recht" gegenüber demjenigen, der ein Bauwerk illegal errichtet hat, eingeräumt, sondern es ist Aufgabe der Bauordnungsbehörde, die Ordnung auf baurechtlichem Gebiet, falls sie gestört ist, wiederherzustellen. Sie ist somit verpflichtet, über das Ob und Wie des Vorgehens eine auf sachlichen Erwägungen beruhende Ermessensentscheidung zu treffen. Zum anderen bedeutet Verwirkung als ein im Grundsatz von Treu und Glauben wurzelnder Vorgang der Rechtsvernichtung, dass ein Recht nicht mehr ausgeübt werden kann, wenn seit der Möglichkeit der Geltendmachung längere Zeit verstrichen ist und besondere Umstände hinzutreten, die die verspätete Geltendmachung als Verstoß gegen Treu und Glauben erscheinen lassen.[425] In der bloßen Tatsache, dass die Behörde untätig bleibt und den illegalen Zustand stillschweigend hinnimmt, kann eine Verwirkung der Abbruchsbefugnis noch nicht gesehen werden. Dies kann im Allgemeinen erst dann angenommen

[421] Bay VGH vom 9. 5. 1986 UPR 1987, 275; OVG Berlin vom 16. 2. 1990 BRS 50 Nr. 210; Hess VGH vom 10. 11. 1982 HessVGRspr 1983, 58; OVG Saar vom 6. 12. 1985 BRS 44 Nr. 198.

[422] BW VGH vom 8. 2. 1988 NJW 1989, 603; Hess VGH vom 12. 7. 1985 NVwZ 1986, 683; OVG Saar vom 25. 2. 1992 BRS 54 Nr. 207.

[423] BW VGH vom 17. 10. 1996 BRS 58 Nr. 211; OVG Bln vom 10. 2. 1989 NVwZ 1990, 176.

[424] Bay VGH vom 25. 11. 1997 NuR 1998, 372; OVG Bln vom 16. 2. 1990 BRS 50 Nr. 210; Hess VGH vom 17. 2. 1992 NuR 1993, 36; OVG Saar vom 6. 12. 1985 BRS 44 Nr. 198; OVG Schl-H vom 6. 12. 1994 Az. 1 M 70/94.

[425] BVerwG vom 16. 5. 1991 NVwZ 1991, 1182; BW VGH vom 17. 10. 1996 BRS 58 Nr. 211.

werden, wenn der Verpflichtete infolge eines bestimmten Verhaltens des Berechtigten darauf vertrauen durfte, dass dieser das Recht nach so langer Zeit nicht mehr geltend machen würde (Vertrauensgrundlage), und der Verpflichtete ferner tatsächlich darauf vertraut hat, dass das Recht nicht mehr ausgeübt werde (Vertrauenstatbestand) und sich infolgedessen in seinen Vorkehrungen und Maßnahmen so eingerichtet hat, dass ihm durch die verspätete Durchsetzung des Rechts ein unzumutbarer Nachteil entstehen würde.

Grundsätzlich liegt es im Ermessensspielraum der Bauaufsichtsbehörde, rechtswidrige Zustände zu dulden.[426] Ausschlaggebend sind die Umstände des Einzelfalls; hinzuweisen ist an dieser Stelle nur darauf, dass das gesetzlich eingeräumte Ermessen auch diese Möglichkeit nicht ausschließt. In einem solchen Fall ist es aus Gründen des Gleichheitsgebots sinnvoll, wenn die Behörde entsprechende Aktenvermerke fertigt, damit die Erwägungen nachvollziehbar sind. Eine **Duldung** kann entweder **formlos** durch Hinnahme des Zustands, durch eine Duldungszusage oder den ausdrücklichen Erlass eines „Duldungsverwaltungsakts" geschehen. **356**

Eine **Duldungszusage** im Sinne einer Zusicherung nach § 38 VwVfG, die der Schriftform bedarf, wird in den seltensten Fällen vorliegen. Der Behörde steht auch die Möglichkeit offen, wenn sie ihm Rahmen ihrer Ermessenserwägungen zu dem Schluss kommt, dass eine Anlage geduldet werden muss, einen sog. **Duldungsverwaltungsakt** zu erlassen. Einen derartig feststellenden Verwaltungsakt (Duldung) sehen die Landesbauordnungen zwar nicht vor, das Rechtsinstrument des „feststellenden Verwaltungsaktes" darf allerdings auch dann eingesetzt werden, wenn es nicht ausdrücklich durch Gesetz als Handlungsform vorgegeben ist. Es steht in der Befugnis der Behörde, in Ausführung des gesetzgeberischen Willens konkrete Rechte und Pflichten im Einzelfall verbindlich festzustellen oder zu konkretisieren, wo dies sachlich geboten ist. Der Ausspruch einer Duldung in Form eines Verwaltungsaktes ermöglicht es, die wegen der fehlenden Baugenehmigung bestehenden Ungewissheiten hinsichtlich der Legalität der Nutzung im Interesse der Rechtssicherheit zu beseitigen.[427] Einen Anspruch auf Erlass eines Duldungsverwaltungsakts kann es nicht geben, da die Duldung im Rahmen der Ermessensausübung zur Beseitigungsanordnung ausgesprochen wird.[428] Zudem würde damit unter Umgehung der materiellen Voraussetzungen quasi eine „Baugenehmigung" ausgesprochen. Die Duldung eines rechtswidrigen Zustandes hat grundsätzlich eine andere rechtliche Qualität als eine nach durchgeführtem Verwaltungsverfahren ergangene bauaufsichtliche Genehmigung.[429] Hat die Behörde allerdings einen Duldungsverwaltungsakt erlassen, steht dieser der Beseitigungsanordnung zwingend entgegen und ist damit in den Auswirkungen einer Baugenehmigung angenähert. Dies setzt voraus, dass die Behörde auch bei einem bloßen Duldungsverwaltungsakt wie bei einer Baugenehmigung die Interessen der Nachbarn und die öffentlichen Interessen berücksichtigt hat. Sollte dies nicht der Fall sein, ist der Duldungsverwaltungsakt rechtswidrig. Betroffene Nachbarn können ihn genauso anfechten wie eine Baugenehmigung; ebenso ist wie bei jedem anderen Verwaltungsakt auch eine Rücknahme und Widerruf (§§ 48, 49 VwVfG) möglich. Ferner ist im Hinblick auf diese Ähnlichkeit mit Erteilung einer Baugenehmigung auch § 36 BauGB zu beachten und die Gemeinde gegebenenfalls entsprechend zu beteiligen.[430] Dies kann auch bei einem gerichtlichen Vergleich gelten, in dem sich die Behörde verpflichtet, eine bauliche Anlage auf einen Zeitraum zu dulden, der mehrere Generationen umfasst, also **357**

---

426 BW VGH vom 27. 6. 1991 BRS 52 Nr. 231.

427 Hess VGH vom 10. 11. 1994 NVwZ-RR 1995, 321.

428 A. A. Hess VGH vom 10. 11. 1994 NVwZ-RR 1995, 321: „Soweit der Bürger ein berechtigtes Interesse an der Feststellung eines Rechtsverhältnisses oder seiner Rechte und Pflichten in einem Überordnungsverhältnis und Unterordnungsverhältnis hat, besteht auch ein Anspruch auf Erlass eines feststellenden Verwaltungsaktes."

429 BW VGH vom 8. 7. 1991 NVwZ 1992, 185.

430 BVerwG vom 5. 8. 1977 Buchholz 406.11 § 36 BBauG Nr 23.

faktisch auf unbegrenzte Dauer. Hiermit würde ein Rechtszustand geschaffen, der in seinen Auswirkungen der Erteilung einer Baugenehmigung nahe kommt.

358 In Betracht kommt neben der förmlichen Duldung auch ein über die bloße Untätigkeit hinausgehendes besonderes Verhalten der Behörde, auf Grund dessen der Betroffene zu der Annahme berechtigt ist, dass die Behörde von der Beseitigungsbefugnis keinen Gebrauch mehr machen will (**formlose Duldung**).[431] Zumeist wird es sich, wenn kein Duldungsverwaltungsakt vorliegt, um eine formlose Duldung handeln. Sollte das Beseitigungsverlangen im Widerspruch zu einem vorausgegangenen Tun der Behörde stehen und der Betroffene im Hinblick auf dieses Verhalten Dispositionen getroffen haben, muss dieser Aspekt bei der Ermessenentscheidung in Rechnung gestellt und dargelegt werden, aus welchen Gründen eine Duldung nicht in Betracht kommt. Voraussetzung hierfür ist allerdings – wie bereits allgemein angesprochen –, dass die untere Bauaufsichtsbehörde durch irgendein Verhalten beim Pflichtigen ein Vertrauen in der Hinsicht geschaffen hat, dass mit seiner Anlage „alles in Ordnung ist" (sog. **Vertrauensgrundlage**), und auf Grund dessen der Pflichtige tatsächlich darauf vertraut hat, dass die Beseitigung nicht mehr verfügt wird (sog. **Vertrauenstatbestand**), und er sich infolgedessen in seinen Vorkehrungen und Maßnahmen so eingerichtet hat, dass ihm durch die verspätete Durchsetzung des Rechts ein unzumutbarer Nachteil entstehen würde (sog. **Vertrauensbestätigung**). Setzt eine Bauaufsichtsbehörde eine Abrissanordnung lediglich nach ihrer Unanfechtbarkeit nicht durch, so kann der Betroffene allein daraus einen Anspruch auf Duldung noch nicht herleiten. Im Einzelfall kann die Behörde auch sachliche Gründe für das Zuwarten mit der Vollstreckung haben, wie etwa die Absicht, dem Betroffenen anderweitige Dispositionen zu ermöglichen.[432] Vertrauen kann aber zum Beispiel dadurch begründet werden, dass die Behörde über einen langen Zeitraum nicht einschreitet und in entsprechenden Verfügungen zum Ausdruck bringt, dass sie nicht gewillt ist, eine erlassene Beseitigungsanordnung durchzusetzen. Mit einem solchen Verhalten bindet sich die Behörde selbst und führt einen entsprechenden Vertrauenstatbestand herbei. Dem Betroffenen wird eine geschützte baurechtliche Rechtsposition verschafft, die ihm nicht ohne weiteres entzogen werden kann. Solange die Duldung andauert, ist der Betroffene so zu behandeln, als wäre sein Haus genehmigt worden.

359 Durch die bloße, **passive Hinnahme** einer Anlage allein wird ein schutzwürdiges Vertrauen allerdings noch nicht begründet, ebenso wenig auch durch mündlich erteilte Auskünfte über eine angebliche Genehmigungsfreiheit.[433] Dies mag möglicherweise Amtshaftungsansprüche auslösen; ein Anspruch auf Duldung eines baurechtswidrigen Vorhabens lässt sich daraus nicht herleiten. Selbst wenn die Behörde längere Zeit untätig gewesen wäre, würde sie grundsätzlich nicht ihrer Verpflichtung enthoben und in ihrer Befugnis beschränkt sein, den rechtswidrigen Zuständen entgegenzuwirken. Die bloße langjährige Duldung einer baulichen Anlage macht das Vertrauen des Bürgers in ihren Fortbestand noch nicht schutzwürdig, wenn nicht zusätzliche vertrauensbildende Faktoren hinzukommen, also besondere einzelfallbedingter Umstände hinzutreten, auf Grund derer der Betroffen darauf vertrauten darf, dass die Bauaufsichtsbehörde von ihrer Beseitigungsbefugnis keinen Gebrauch (mehr) machen werde oder wolle.[434] Auch die bloße langjährige Untätigkeit spielt aber bei der Ermessenserwägung eine Rolle, vor allem, wenn die Tatsachen der Behörde bekannt sind. Insoweit bedarf es einer umfassenden Abwägung der Interessen.[435] Wenn eine rechtswidrige bauliche Anlage über lange Zeit hin-

[431] Bay VGH vom 17. 6. 1998 Az. 2 B 97.171 und vom 18. 6. 1997 GewArch 1998, 211; OVG Bln vom 14. 5. 1982 BRS 39 Nr. 207; OVG Schl-H vom 6. 12. 1994 Az. 1 M 70/94.

[432] BW VGH vom 26. 5. 1994 NVwZ 1995, 397.

[433] Bay VGH vom 9. 5. 1986 UPR 1987, 275.

[434] BVerwG vom 5. 8. 1991 Buchholz 406.17 Bauordnungsrecht Nr. 35; Bay VGH vom 17. 6. 1998 Az. 2 B 97.171 und vom 18. 6. 1997 GewArch 1998, 211.

[435] BVerwG vom 5. 8. 1991 Buchholz 406.17 Bauordnungsrecht Nr. 35; BW VGH vom 27. 6. 1991 BRS 52 Nr. 231; Bay VGH vom 19. 12. 1990 BayVBl. 1991, 596; OVG NRW vom 25. 9. 1990 BRS 52 Nr. 149; OVG Saar vom 9. 8. 1985 BRS 44 Nr. 194.

weg bestanden hat, ohne dass die Bauaufsichtsbehörde Veranlassung zum Einschreiten gesehen hat, können sich **gesteigerte Anforderungen an die Ermessensbetätigung** und deren Begründung ergeben. Je nach den Umständen des Einzelfalls kann es einer entsprechenden Begründung bedürfen, wenn die Behörde nunmehr doch handelt. Ist z. B. eine Anlage über Jahrzehnte „unter den Augen der Bauaufsicht" unbeanstandet geblieben und sind neben der Baugenehmigung erforderliche parallele Genehmigungen erteilt worden, setzt ein Einschreiten der Bauaufsichtsbehörde besondere Ermessenserwägungen voraus, d. h. in diesem Fall darf sich die Behörde nicht auf das Regelermessen zurückziehen.[436] Dies bedeutet aber nur, dass die Behörde nicht allein mit Regelermessen begründen darf, sondern ihrer Ermessensentscheidung entsprechende Ermessenserwägungen zugrunde zu legen hat. Nur im Einzelfall kann es bei Vorliegen oben genannter besonderer vertrauensbildender Umstände dazu führen, dass eine Beseitigungsanordnung nicht mehr ermessensfehlerfrei erlassen werden kann. So kann sich zum Beispiel eine **Baukontrolle**, die nicht zur sofortigen Baueinstellung führt, auf den Erlass einer späteren Abbruchsverfügung auswirken und bei der Ermessensausübung entsprechend zu berücksichtigen sein.[437] Der Umstand, dass die Baurechtsbehörde einen Schlussabnahmeschein erteilt hat, ist nicht geeignet, die Annahme einer Verwirkung des Rechts zum Einschreiten gegen eine abgenommene Anlage zu rechtfertigen. Die Schlussabnahme bedeutet den amtlichen Schlusspunkt des baurechtlichen Verfahrens. Durch sie wird nicht bestätigt, dass das Bauvorhaben in jeder Hinsicht den materiell baurechtlichen Vorschriften entspricht. Etwaige rechtswidrige Zustände werden durch den Schlussabnahmeschein weder genehmigt noch geheilt, so dass die Behörde insoweit nicht am Erlass einer Beseitigungsanordnung gehindert ist.[438]

Eine Duldung hat zur **Folge**, dass sie einer Beseitigungsanordnung entgegengesetzt 360
werden kann.[439] Voraussetzung ist jedoch, dass der Betroffene eventuelle mit einem Duldungsverwaltungsakt verbundene Auflagen erfüllt hat. Mit einer nicht nur unwesentlichen Änderung ist die Duldung verbraucht und eine Beseitigungsanordnung kann wieder ergehen.

d) Besonderheit: Bestandsschutz

Im Rahmen der Ermessensausübung ist zu berücksichtigen, dass eine nunmehr rechts- 361
widrige Anlage Bestandsschutz genießen kann. Wie auch die Nutzungsuntersagung unterscheidet sich die Beseitigungsanordnung in diesem Punkt von der Baueinstellung, die sich nur gegen die Neuerrichtung eines Vorhabens wendet und dieses stoppt. Bei der Baueinstellung wird schon tatbestandsmäßig vorausgesetzt, dass Arbeiten gerade im Gange sind. Sie ist damit lediglich Mittel für die Bauaufsichtsbehörde, um aktuell solchen Arbeiten Einhalt zu gebieten. Eine dem Baurecht nicht entsprechende Anlage muss dagegen nicht gerade erst entstanden sein, sondern sie kann bereits über einen längeren Zeitraum bestehen. Innerhalb dieses Zeitraums entsprach sie möglicherweise einmal den öffentlich-rechtlichen Vorschriften und genießt deshalb Bestandsschutz. Voraussetzung einer Beseitigungsanordnung ist deshalb, dass die Anlage zum Zeitpunkt ihrer Entstehung und auch im Zeitpunkt des Erlasses der Anordnung rechtswidrig ist; sie darf – wie bereits im Rahmen der Erörterung der formellen und materiellen Rechtswidrigkeit angesprochen – **nie den öffentlich-rechtlichen Vorschriften entsprochen** haben. Die in einer bestimmten (schutzwürdigen) Grundstücksnutzung liegende Eigentumsausübung genießt Schutz auch dann, wenn sich später die Rechtslage gegen sie wendet und infolgedessen zu dieser späteren Zeit eine solche Anlage rechtmäßig nicht mehr errichtet

---

436 OVG Bln vom 4. 6. 1982 NVwZ 1983, 481; OVG NRW vom 27. 4. 1998 BauR 1999, 383; OVG Nds vom 18. 2. 1994 NVwZ-RR 1995, 7; OVG Schl-H vom 6. 12. 1994 Az. 1 M 70/94.

437 BW VGH vom 27. 6. 1991 BRS 52 Nr. 231; Bay VGH vom 19. 12. 1990 BayVBl. 1991, 596.

438 BW VGH vom 7. 12. 1988 Az. 3 S 3022/88; OVG NRW vom 20. 8. 1992 BRS 54 Nr. 203.

439 BW VGH vom 8. 3. 1990 NVwZ 1990, 1186; OVG Berlin vom 30. 10. 1992 BauR 1993, 322; Bay VGH vom 25. 11. 1997 NuR 1998, 372.

werden dürfte.[440] Hierzu gehören aber nicht die Fälle, in denen die Anlage im Wege einer Ausnahme oder Befreiung mit dem öffentlichen Recht hätte in Übereinstimmung gebracht werden können. Es kommt allein auf eine frühere materielle Legalität an, die tatsächlich vorhanden war, nicht aber auf eine solche, die möglicherweise hätte herbeigeführt werden können. Dies hat die Behörde bei ihrer Ermessensausübung zu berücksichtigen, dem Betroffenen steht ein Gegenrecht zu.[441] Was die Beweislast anbetrifft, nimmt der Bestandsschutz rechtlich die Stellung eines **„Gegenrechtes"** (d. h. einer „Einwendung") ein: Mit dem Gesichtspunkt des Bestandsschutzes verteidigt der Betroffene einen (mittlerweile) materiell rechtswidrigen Zustand. Er leitet aus der Vergangenheit ein Recht ab, das es ihm ermöglicht, sich gegen das Verlangen der Behörde durchzusetzen, obgleich die beanstandete Anlage (derzeit) materiell rechtswidrig ist. Erweist sich im Einzelfall als unaufklärbar, ob ein solches „Gegenrecht" besteht, so geht das zu Lasten dessen, der dieses Recht für sich in Anspruch nimmt.[442] Auch auf Grund langjähriger Duldung eines formell illegalen Bauwerkes tritt weder Bestandsschutz ein noch eine Umkehr der Beweislast.[443]

e) Weitere Einzelfälle

362 Fraglich ist, ob die **persönlichen** wirtschaftlichen oder sozialen **Verhältnisse** des Betroffenen maßgebend sind. Denn das Baurecht ist objektives Recht, so dass die persönlichen Besonderheiten **in der Regel nicht ausschlaggebend** sind. Für eine derartige Sichtweise spricht bereits die Erteilung einer Baugenehmigung, die nicht von persönlichen Verhältnissen, sondern allein von objektiven Kriterien abhängt. Bei Erlass einer Beseitigungsanordnung können dann keine anderen Maßstäbe gelten als bei Erteilung bzw. Ablehnung einer Baugenehmigung, denn sonst wäre der rechtstreue Bürger, der zunächst ein Genehmigungsverfahren (negativ) durchläuft, schlechter gestellt als der rechtsuntreue Bürger, der sofort baut und dem gegenüber dann möglicherweise keine Beseitigungsanordnung erlassen werden könnte. Differenzierter wird das Problem vom **BW VGH**[444] gesehen: Ausgehend davon, dass in eine Abwägung nach allgemein anerkannten Grundsätzen alle nach Lage der Dinge in Betracht kommenden öffentlichen und privaten Belange einzustellen sind, fordert er die gleiche Vorgehensweise auch in diesem Fall. Die persönlichen wirtschaftlichen und sozialen Verhältnisse sind als ein abwägungserheblicher Belang in die Ermessenserwägungen einzustellen. Betont wird aber auch, dass im Rahmen einer Abwägung die persönlichen Verhältnisse meistens gegenüber dem öffentlichen Interesse an der Beseitigung illegaler Bauten zurückzustehen haben. Es soll lediglich verhindert werden, dass diese Belange völlig unberücksichtigt bleiben. Dies würde zu einem umfassenden Ausschluss privater Belange im Rahmen einer Ermessensentscheidung führen, was nicht richtig sein könne. Als Beispiele nennt der BW VGH in ständiger Rechtsprechung hohes Alter, eine schwere Behinderung, **existenzgefährdende Folgen**, Verlust der Lebensgrundlage oder Betriebseinbußen, die im Einzelfall Berücksichtigung finden könnten; im der Entscheidung aus dem Jahre 1990 zugrunde liegenden Fall ging es um eine Einzäunung und Baumaßnahmen an einem Gartenhaus auf einem Außenbereichsgrundstück, das die Bauherrin mit ihrem schwer behinderten Bruder zu dessen gesundheitlicher Unterstützung nützte. In dieser Allgemeinheit kann dem wohl nicht gefolgt werden, da die Ermessensentscheidung mit den abwägungsrelevanten Belangen auf Kosten des objektiven Charakters des Bauordnungsrechts zu sehr in den Vordergrund gerückt wird. Eine Ermessensentscheidung wird nicht deshalb fehlerhaft, weil Belange nicht eingestellt wurden, deren Berücksichtigung von Gesetzes wegen überhaupt nicht

---

440 So bereits BVerwG vom 23. 2. 1979 NJW 1980, 252; BW VGH vom 5. 7. 1996 NVwZ-RR 1997, 464.

441 OVG Berlin vom 30. 10. 1992 BauR 1993, 322.

442 BVerwG vom 5. 8. 1991 Buchholz 406.17 Bauordnungsrecht Nr. 35; Hess VGH vom 20. 2. 1992 Az. 3 UE 4020/88.

443 Hess VGH vom 20. 9. 1985 BRS 44 Nr. 146.

444 Zuletzt vom 9. 11. 1990 BRS 52 Nr. 228; auch BW VGH vom 16. 12. 1981 BRS 38 Nr. 200 m. w. N.

geboten ist. Es soll nicht in Abrede gestellt werden, dass ausnahmsweise bei ganz speziellen Umständen des Einzelfalls auch solche Belange Berücksichtigung finden können, jedoch führt es wohl zu weit, die persönlichen Verhältnisse allgemein als einen abwägungserheblichen Belang anzusehen. Die Einschränkung, dass in der Regel diese Belange hintanstehen werden, ändert hieran nichts. Hätte im entschiedenen Fall sich die Bauherrin gesetzestreu verhalten, hätte sie auch keine Baugenehmigung bekommen. Es würde zu einer nicht gerechtfertigten Bevorzugung führen, wenn persönliche Belange generell in die Ermessensentscheidung einzustellen wären. Dass dies im ganz besonders gelagerten Einzelfall einmal möglich sein kann, wird nicht in Abrede gestellt; der Schluss, private Belange würden umfassend ausgeschlossen, ist nicht zwingend. **Unproblematischer** – und auch vom BW VGH[445] abgelehnt – ist die Berücksichtigung einer möglicherweise entstehenden **Obdachlosigkeit**. Die Baurechtsbehörden dürfen hier damit rechnen, dass gegen die Gefahr der Obdachlosigkeit die hierfür zuständige Ortspolizeibehörde rechtzeitig einschreitet. Zudem kommt ein solches Einschreiten erst im Vollstreckungsverfahren in Betracht, weil nur der zwangsweise Vollzug der Abbruchsanordnung, nicht schon diese selbst, die Obdachlosigkeit bewirken könnte. Das öffentliche Interesse am Abbruch fehlt auch dann nicht, wenn der Betroffenen ein im öffentlichen Interesse liegendes Wohlverhalten in anderen Bereichen der öffentlichen Verwaltung gezeigt hat. Dadurch wird das öffentliche Interesse am Abbruch nicht aufgewogen, eine „Aufrechnung“ findet nicht statt.

Ein Ermessensfehler liegt nicht in der **Nichtbescheidung eines Bauantrags**. Das Land- 363
ratsamt ist zwar verpflichtet, über den Bauantrag in angemessener Frist zu entscheiden, der Betroffene kann aber die Nichtbescheidung seines Bauantrages innerhalb der Klagefrist des § 75 VwGO ebenso gerichtlich nachprüfen lassen wie eine etwaige Versagung der Baugenehmigung. Im Übrigen muss bei einer Beseitigungsanordnung – ungeachtet eines Bauantrages – ohnehin geprüft werden, ob die baulichen Anlagen nachträglich genehmigt werden können. Auch **falsche Auskünfte** eines Behördenbediensteten über die Erforderlichkeit eines Bauantrags und eines förmlichen Genehmigungsverfahrens führen nicht zwangsläufig zu einem Ermessensfehler.[446] Ein Bauherr, der auf die Richtigkeit einer solchen Auskunft vertraut, muss angesichts der Formstrenge des Baurechts nicht unbedingt schutzwürdig sein. Je nach den konkreten Umständen des Einzelfalls kann und muss er wissen, dass ein Bauvorhaben einen schriftlichen Bauantrag erfordert und dass er ein Bauwerk erst errichten darf, wenn ihm eine schriftliche Baugenehmigung erteilt worden ist. Gleiches gilt dann, wenn die Baumaßnahmen lediglich sehenden Auges von der Behörde in Kauf genommen werden.

Im Rahmen der Erörterung der einzelnen Verstöße wurden die Verfahren angespro- 364
chen, in denen eine Baugenehmigung im klassischen Sinne nicht erforderlich ist. Dies kann je nach landesrechtlicher Regelung ein bloßes **Anzeigeverfahren** oder ein **vereinfachtes Verfahren** sein, in dem nur ein bestimmtes Prüfprogramm zugrunde gelegt wird. Es wurde bereits festgehalten, dass eine Beseitigungsanordnung grundsätzlich bei materiellen, im Genehmigungsverfahren nicht geprüften Verstößen möglich ist. Ob sie im Einzelfall allerdings ermessensgerecht ist, bedarf einer genaueren Überprüfung. Zumindest kann sich die Behörde hier **nicht auf ein Regelermessen berufen**, sondern muss ihr Einschreiten gesondert begründen. Mit in Betracht zu ziehen ist, dass die Pläne immerhin der Gemeinde und zumeist auch der Baugenehmigungsbehörde vorgelegen haben. Ergibt sich aus diesen Plänen ohne weiteres die materielle Rechtswidrigkeit, dürfte eine daraufhin ergehende Beseitigungsanordnung ermessensfehlerfrei schwer zu begründen

---

[445] BW VGH vom 7. 4. 1982 BRS 39 Nr. 223.

[446] Bay VGH vom 9. 5. 1986 UPR 1987, 275; OVG NRW vom 13. 2. 1987 BRS 47 Nr. 193; insoweit allerdings zu weit gehend OVG NRW vom 25. 9. 1990 BRS 52 Nr. 149, wonach die mündliche Auskunft eines Beamten, ein Hundezwinger im Außenbereich dürfe errichtet werden und die mündliche Anzeige durch den Bauherrn stelle die erforderliche Bauanzeige dar und werde in den Akten vermerkt, nicht geeignet sei, ein schutzwürdiges Vertrauen zu begründen.

sein. Maßgebend sind immer die Umstände des Einzelfalles; von Bedeutung sind zum einen die Schwere und Tragweite des Verstoßes und zum anderen die Situation bei Planvorlage, also inwieweit der Verstoß erkennbar war. Tritt er offen zu Tage, ohne dass behördlicherseits weitere Ermittlungen erforderlich wären, kann dies einer späteren Beseitigungsanordnung entgegenstehen.

365 Ermessensbeschränkungen für eine Beseitigungsanordnung könnten sich möglicherweise ergeben, wenn es um die Wahrung der **nach Bundesrecht zu beurteilenden bauplanungsrechtlichen Zustände** geht. Die gesetzliche Ermächtigung zum Erlass einer Beseitigungsanordnung ist im Landesbauordnungsrecht enthalten. Insofern erhebt sich die Frage, ob und gegebenenfalls in welchen Grenzen die zuständige Behörde auch dann ein **Entscheidungsermessen** besitzt, wenn die Anordnung auf einer Verletzung von Bauplanungsrecht (Bundesrecht) beruht. Das Bundesverwaltungsgericht hat diese Problematik angesprochen, letztendlich aber offen gelassen.[447] Es hat unter Bezugnahme auf die – andere Fragen betreffende – atomrechtliche Entscheidung Whyl lediglich darauf hingewiesen, dass das materielle Bauplanungsrecht in seiner Beachtung und Durchsetzung grundsätzlich nicht zur Disposition des Landesgesetzgebers steht. Dem ist natürlich in vollem Umfange beizupflichten, jedoch muss dieser Ausgangspunkt nicht zwangsläufig zu einer Ermessensreduzierung auf Null und damit zu einer Pflicht zum Erlass einer Beseitigungsanordnung führen. Die materielle Rechtswidrigkeit ist eine Tatbestandsvoraussetzung für die Anordnung, d.h. die Übereinstimmung mit Bauplanungsrecht muss von der Behörde festgestellt werden. Es handelt sich hierbei um eine reine Subsumption unter die Tatbestandsmerkmale, insoweit steht der Behörde kein Ermessen zu. Damit steht das materielle Bauplanungsrecht nicht zur Disposition des Landesgesetzgebers. Erst wenn die Behörde Rechtswidrigkeit in planungsrechtlicher Hinsicht festgestellt hat, steht ihr in einem zweiten Schritt Ermessen zu, ob überhaupt und in welcher Weise einzuschreiten ist. Insofern ist eine exakte Trennung zwischen Tatbestandsmerkmalen, wozu auch das materielle Bauplanungsrecht gehört, und Rechtsfolgenseite, wo Ermessen eingeräumt wird, vorzunehmen. Die Beurteilung der bauplanungsrechtlichen Frage an sich wird bei einer derartigen Sichtweise nicht in das Ermessen der Landesbehörde gestellt, so dass ein Kompetenzkonflikt nicht auftreten kann. In einer Nichtzulassungsbeschwerde eines Nachbarn, der einen Anspruch auf bauaufsichtliches Einschreiten geltend machte, hat das Bundesverwaltungsgericht das Problem nochmals gestreift, ohne dass allerdings zum Ermessen weitergehende Äußerungen veranlasst gewesen wären, da die Bauaufsichtsbehörde im konkreten Fall ohnehin eine Ermessensreduzierung auf Null angenommen hatte.[448] Es wird lediglich ausgeführt, die Tatsache, dass die Beachtung und Durchsetzung des materiellen Bauplanungsrechts nicht zur Disposition des Landesgesetzgebers stehe, habe auch Bedeutung für die Beantwortung der Frage, ob und gegebenenfalls in welchen Grenzen die Behörde ein den Erlass einer Abrissverfügung betreffendes Entscheidungsermessen besitze, wenn es sich um die Wahrung der nach Bundesrecht zu beurteilenden bauplanungsrechtlichen Zustände handle. Ob dabei allerdings gleichsam eine Automatik in dem Sinne eintritt, dass jede Verletzung von **Bundesrecht zugleich eine Ermessensreduzierung** auf Null zur Folge hat, bleibt offen. Im Hinblick auf das Bundesstaatsprinzip dürfte dies jedoch zu **verneinen** sein. Dass im Einzelfall, insbesondere bei Verletzung von Bundesrecht, eine Ermessensreduzierung eintreten kann, soll damit nicht in Abrede gestellt werden. Bei Verstößen gegen Bundesrecht kann die Bauaufsichtsbehörde durchaus in weitergehendem Umfang verpflichtet sein.[449] Maßgebend sind immer die Umstände des Einzelfalls. Eine Automatik dergestalt, dass die Verletzung von Bundesrecht zwangsläufig zu einer Pflicht zum Erlass der Beseitigungsanordnung führt, kann jedoch nicht angenommen werden.

[447] BVerwG vom 17.4.1998 UPR 1998, 355 unter Bezugnahme auf Urt. vom 19.12.1985 BVerwGE 72, 300 (Whyl) und vom 4.6.1996 NVwZ-RR 1997, 271.

[448] BVerwG vom 9.2.2000 BRS 63 Nr. 210.

[449] So auch angedeutet in BVerwG vom 4.6.1996 NVwZ-RR 1997, 271.

Bei einer solchen Sichtweise liefe zum einen eine Ermessensregelung weitgehend leer und bliebe zum anderen die Unterscheidung zwischen Tatbestandsmerkmalen und Rechtsfolgenseite unberücksichtigt.

Wenn eine erforderliche **Ausnahme** oder **Befreiung** fehlt, liegt grundsätzlich mate- **366** rielle Rechtswidrigkeit vor. In diesem Zusammenhang wurde bereits erläutert, dass im Rahmen des Ermessens allerdings hierzu entsprechende Erwägungen anzustellen sind. Unproblematisch ist die Situation dann, wenn hinsichtlich der Erteilung einer Ausnahme oder Befreiung bereits eine Ermessensreduzierung auf Null vorliegt. Dann hat der Betroffene einen Anspruch auf Erteilung einer entsprechenden Genehmigung, die wiederum eine Beseitigungsanordnung ausschließt. Im Übrigen ist zunächst einmal zu unterscheiden, ob Bauordnungsrecht oder Bauplanungsrecht betroffen ist.

Im Rahmen des **Bauordnungsrechts** ergeben sich keine Schwierigkeiten, da die Bau- **367** aufsichtsbehörde hier sowohl für die ausnahmsweise Zulassung als auch für die Beseitigungsanordnung allein zuständig ist. In ihre Ermessenserwägungen hat sie somit auch die Frage einzubeziehen, ob die Erteilung einer Ausnahme, Befreiung oder Abweichung möglich ist und das Vorhaben somit legalisiert werden kann. Die Behörde kann sich nicht darauf zurückziehen, dass eine ausnahmsweise Zulassung erforderlich wäre, aber nicht vorhanden ist. Auch wenn die Anlage damit materiell rechtswidrig ist, darf die Frage der möglichen **Legalisierung nicht unbeachtet** bleiben. In einem solchen Fall liegen die Voraussetzungen vor, dass die Bauaufsichtsbehörde ihr Ermessen diesbezüglich ausüben kann. Wenn diese Ermessensbetätigung fehlt, steht nicht fest, ob das Vorhaben materiell rechtswidrig ist. Die Genehmigungsfähigkeit eines Vorhabens entfällt nicht schon dann, wenn kein Anspruch auf Erteilung der Genehmigung besteht, sondern erst, wenn auch keine Möglichkeit der ermessensgerechten Genehmigungserteilung besteht. Das ergibt sich schon aus dem Wortlaut der gesetzlichen Regelung, wonach die Beseitigung angeordnet werden kann, wenn nicht auf andere Weise rechtmäßige Zustände hergestellt werden können. Wenn die Genehmigung im Ermessen steht, muss diese Ermessensentscheidung zuvor ordnungsgemäß erfolgt sein.[450] Insoweit kann sie den Betroffenen auch zur Stellung eines entsprechenden Antrags auffordern, falls prüffähige Unterlagen oder sonstige Nachweise fehlen.

Problematischer erweist sich die Lage, wenn **Bauplanungsrecht** im Raume steht. Die **368** Bauaufsichtsbehörde kann hier eine eventuelle Ausnahme oder Befreiung gemäß §§ 31 und 36 BauGB nur im Einvernehmen mit der Gemeinde erteilen. Über eine ablehnende Entscheidung der Gemeinde kann sie sich nicht hinwegsetzen und eine Ausnahme bzw. Befreiung dennoch erteilen. Unabhängig von der Gemeinde kann die Bauaufsichtsbehörde allerdings die positive Erteilung ablehnen, wenn sie der Auffassung ist, dass eine Legalisierung nicht in Betracht kommt. In diesem Falle kommt es nicht darauf an, ob die Gemeinde das Einvernehmen erteilt oder versagt. Wenn somit die Bauaufsichtsbehörde bereits selbst eine Legalisierung ausschließt und diese Frage in ihre Ermessenserwägungen einbezogen hat, steht es ihr frei, eine Beseitigungsanordnung unabhängig von der Auffassung der Gemeinde zu erlassen. Im umgekehrten Falle allerdings, wenn die Bauaufsichtsbehörde von einer Beseitigungsanordnung absehen möchte, ist weiter zu differenzieren: Will die Bauaufsichtsbehörde das Vorhaben mittels Erteilung einer Ausnahme bzw. Befreiung legalisieren, bedarf sie hierzu der Gemeinde. Der Betroffene müsste aufgefordert werden, einen isolierten Antrag auf Befreiung/Ausnahme über die Gemeinde zu stellen, damit diese Gelegenheit zur Erteilung des Einvernehmens erhält. Will die Behörde dagegen eine Ausnahme bzw. Befreiung nicht ausdrücklich erteilen, sondern kommt sie lediglich im Rahmen ihrer Ermessenserwägungen bei der Beseitigungsanordnung zu dem Schluss, dass sie vom Erlass einer **Beseitigungsanordnung absieht**, weil auch eine Ausnahme zugelassen werden könnte, bedarf es – da § 36 BauGB in diesem Falle nicht einschlägig ist – keiner Einschaltung der Gemeinde. Deren Beteiligung ist

---

[450] OVG Schl-H vom 23. 11. 1994 Az. 1 L 110/93.

ausschließlich für das Baugenehmigungsverfahren von Bedeutung, nicht jedoch für das baupolizeiliche Verfahren.[451] Kennt die Behörde eine ablehnende Haltung der Gemeinde, ist es eine Frage des Einzelfalls, ob sie sich dennoch hierüber hinwegsetzen sollte. Das empfiehlt sich sicher dann, wenn die Auffassung der Gemeinde offensichtlich rechtswidrig ist. Im Übrigen sollte wohl die Planungshoheit der Gemeinde, der der Gesetzgeber bewusst einen hohen Stellenwert eingeräumt hat, respektiert und ein isoliertes Befreiungsverfahren durchgeführt werden.

369 Mit der Verteidigung vermeintlicher oder tatsächlicher **privater Rechte** Dritter kann eine Beseitigungsanordnung nicht gerechtfertigt werden. Es ist nicht Aufgabe der Bauaufsichtsbehörden, hoheitliche Zwangsmittel zur Verfügung zu stellen, um zivilrechtliche Geschäfte zu besorgen und andere Grundstücke von Fremdeinwirkungen freizuhalten. Schließlich ergeht auch eine Baugenehmigung unbeschadet privater Rechte Dritter, so dass diese auch für eine Beseitigungsanordnung nicht von Bedeutung sein können. Nicht an privaten Rechten Dritter, sondern allein an den Maßstäben des öffentlichen Rechts ist die Rechtmäßigkeit einer Abrissanordnung zu messen.

f) Kontrolle der Ermessensentscheidung

370 Die **Überprüfung** der behördlichen Entscheidung hat sich grundsätzlich darauf zu erstrecken, ob die Behörde bei ihrem Eingreifen nicht von irrigen Rechts- oder Tatsachenfeststellungen ausgegangen ist. Liegt der von ihr zum Anlass für das Einschreiten genommene Gesetzesverstoß in Wirklichkeit nicht vor, muss das angerufene Gericht die Verfügung selbst dann als ermessensfehlerhaft aufheben, wenn die betroffene Anlage aus einem mit dem angeführten Gesichtspunkt sachlich nicht zusammenhängenden anderen Grund illegal ist. Das folgt letztlich aus dem Gewaltenteilungsgrundsatz. Hielte das Gericht in solchen Fällen die Maßnahme wegen „anderweitiger" Rechtswidrigkeit des Vorhabens aufrecht, würde es der Verwaltung eine von ihr so nicht erkennbar gewollte Anordnung gleichsam aufdrängen und sein Ermessen an die Stelle desjenigen der Behörde setzen.[452] In den Fällen, in denen sich aus der Begründung ergibt, dass die Bauaufsichtsbehörde nur wegen eines ganz bestimmten Verstoßes eingeschritten ist, ist die Anordnung unabhängig von sonstigen Verstößen aufzuheben, wenn der von der Behörde angenommene Verstoß nicht vorliegt.[453]

371 Hinsichtlich des **maßgeblichen Zeitpunkts** für die Überprüfung der Ermessensentscheidung kommt der Zeitpunkt der letzten Behördenentscheidung als auch der letzten mündlichen Verhandlung in Betracht. Es gibt Fälle, in denen das Ermessen zwar bei Erlass der Beseitigungsanordnung sachgerecht ausgeübt wurde, diese Ermessensentscheidung jedoch auf Grund veränderter Umstände zum jetzigen Zeitpunkt nicht mehr aufrechterhalten werden kann. In einer solchen Situation kann sich die Behörde nicht auf ihre (bestandskräftige) Entscheidung berufen. Vielmehr muss sie ihr Ermessen nicht nur beim Erlass der Beseitigungsanordnung ausüben, sondern – solange die Anordnung noch nicht vollzogen ist – ständig prüfen, ob es bei Abwägung der öffentlichen Belange und der Interessen des Betroffenen sowie bei Berücksichtigung des Grundsatzes der Verhältnismäßigkeit **noch zu rechtfertigen ist, die Ermessensentscheidung aufrechtzuerhalten**.[454] Gerade wenn eine Beseitigungsanordnung lange nicht vollstreckt wird, kann sich in der Zeit nach Eintritt der Bestandskraft die Sachlage in einer Weise verändert haben, die die Verfügung als nunmehr rechtswidrig geworden erscheinen lässt. Es besteht somit eine Verpflichtung, die Beseitigungsanordnung **ständig unter Kontrolle zu halten**, weil durch ihren Vollzug regelmäßig wirtschaftliche Werte zerstört werden. Hieraus

---

[451] Hess VGH vom 20.6.1991 BRS 52 Nr. 239; OVG Thür vom 27.2.1997 BRS 59 Nr. 216.

[452] BW VGH vom 9.6.1988 BRS 48 Nr. 108; OVG Bln vom 4.6.1982 NVwZ 1983, 481; OVG Saar vom 10.8.1994 NVwZ-RR 1995, 493.

[453] OVG Nds vom 29.3.1984 BRS 42 Nr. 213.

[454] BVerwG vom 19.1.1977 BRS 32 Nr. 193; BW VGH vom 8.2.1988 NJW 1989, 603; OVG Nds vom 17.8.1984 BRS 42 Nr. 218.

ergibt sich, dass im Rahmen der gerichtlichen Überprüfung zwar grundsätzlich beim Zeitpunkt der letzten Behördenentscheidung anzusetzen ist, spätere tatsächliche Änderungen bis zur mündlichen Verhandlung jedoch nicht außer Acht bleiben dürfen.

2. Anspruch Dritter auf Einschreiten

a) Verletzung drittschützender Vorschriften und Verwirkung

Ein Anspruch eines Dritten auf behördliches Einschreiten setzt ebenso wie bei der **372**
Baueinstellung voraus, dass sich der Dritte auf eine Verletzung drittschützender Vorschriften berufen kann (siehe bereits oben Rn. 41, 42). Ferner muss in Betracht gezogen werden, ob dem Dritten während der Bauausführung bereits ein Einschreiten möglich gewesen wäre. Ein etwaiger Anspruch auf Einschreiten wäre nämlich **verwirkt**, wenn der Dritte **während der Bauausführung** nicht mit einem Antrag auf bauaufsichtliches Einschreiten gegen diese vorgegangen ist.[455] Zu den Voraussetzungen der Verwirkung siehe bereits oben Rn. 355. Grundstücksnachbarn stehen in einem besonderen nachbarlichen Gemeinschaftsverhältnis zueinander, das nach Treu und Glauben besondere gegenseitige Rücksichten fordert. Es verpflichtet sie, durch zumutbares aktives Handeln mitzuwirken, einen wirtschaftlichen Schaden des Bauherrn zu vermeiden oder den Vermögensverlust möglichst niedrig zu halten. Der Nachbar muss dieser Verpflichtung dadurch nachkommen, dass er nach Erkennen der Beeinträchtigung seine Einwendungen ungesäumt geltend macht.[456] Die Möglichkeit der Verwirkung nachbarlicher Abwehrrechte beruht allein darauf, dass grundsätzlich zwar niemand eine Verletzung seiner eigenen Rechte durch seinen Nachbarn hinzunehmen braucht, wer sich aber gegen Rechtsverletzungen wehren will, muss dies auch innerhalb angemessener Zeit tun.[457] Dies gilt auch und insbesondere für Rechtsverletzungen, die so geringfügig sind, dass sie ohne Hilfe eines Fachmanns nicht erkennbar sind; denn durch sie ist eine spürbare Verletzung eigener Rechte kaum vorstellbar. Ob der Bauherr im Besitz einer Baugenehmigung ist, ist im Hinblick auf das nachbarliche Gemeinschaftsverhältnis unerheblich.[458] Ebenso wenig kann ein Dritter sich auf die Verletzung nachbarschützender Vorschriften berufen, wenn er selbst Vorteile aus der Nichtbeachtung der Vorschrift zieht oder sich seiner diesbezüglichen Rechte durch ausdrückliche oder konkludente Zustimmung zu dem betreffenden Vorhaben begeben hat.[459]

b) Ermessensreduzierung auf Null

Ebenso wie bei der Baueinstellung und der Nutzungsuntersagung besteht zunächst ein- **373**
mal nur ein Anspruch auf ermessensfehlerfreie Entscheidung. Hierin liegt weder ein Verstoß gegen den Eigentumsschutz noch das Rechtsstaatsgebot. Werden nachbarschützende Normen zu Lasten des geschützten Nachbarn verletzt, so ist die Bauaufsichtsbehörde grundsätzlich (auch) gegenüber dem Nachbarn verpflichtet, **ermessensfehlerfrei** darüber zu entscheiden, ob und wie sie den rechtswidrigen Zustand abstellt (siehe hierzu oben Rn. 45 ff.). Bei dieser Ermessensentscheidung sind von Bedeutung die Überprüfung, inwieweit die als verletzt gerügten Vorschriften gleichzeitig auch dem **Nachbarschutz dienen**, insbesondere auch das Ausmaß und die Schwere der Beeinträchtigung oder Gefährdung schutzwürdiger Rechte des Nachbarn.[460] Nur in Ausnahmefällen, wenn jede andere Entscheidung mit Rücksicht auf die schutzwürdigen Interessen des Nachbarn ermessensfehlerhaft wäre, kann sich das Ermessen zu einer Pflicht zum Erlass der Beseitigungsanordnung verdichten. Die Ermessensfreiheit schrumpft nur bei hoher Intensität der Stö-

---

455 Bay VGH vom 16. 1. 2002 Az. 1 N 00.2685; OVG Saar vom 29. 1. 1990 Az. 2 W 28/89.

456 OVG NRW vom 14. 1. 1994 NVwZ-RR 1995, 187: Geltendmachung des Abwehranspruchs und Widerspruch ausreichend, Anträge nach §§ 80, 123 VwGO nicht erforderlich.

457 BVerwG vom 8. 1. 1997 NVwZ 1997, 225.

458 Bay VGH vom 18. 9. 1989 BRS 49 Nr. 206; OVG Nds vom 26. 3. 1987 BRS 47 Nr. 184.

459 OVG Saar vom 29. 6. 1984 BRS 42 Nr. 216.

460 Bay VGH vom 6. 10. 1983 BRS 40 Nr. 237; OVG Nds vom 4. 10. 1985 BRS 44 Nr. 195.

rung oder Gefährdung so weit, dass sich ein Einschreiten als die einzige ermessensfehlerfreie Entschließung erweist. Verstöße gegen nachbarschützende Vorschriften allein führen nicht zu einer Ermessensreduzierung auf Null. Solche Schutzvorschriften des einfachen Rechts regeln nicht die Frage, ob die Bauaufsichtsbehörden im Falle ihrer Verletzung strikt oder nur im Rahmen pflichtgemäßen Ermessens verpflichtet sind. Im Vergleich zur Baueinstellungsverfügung, deren Zweck ist, die Schaffung vollendeter, rechtswidriger Zustände (rechtzeitig) zu verhindern, muss hier eine differenzierte Betrachtung vorgenommen werden. Die Ermessensreduzierung kann hier nicht so schnell angenommen werden, weil der rechtswidrige Zustand nicht erst herbeigeführt wird und möglichst schnell gestoppt werden soll, sondern bereits verwirklicht ist und damit das Zeitmoment nicht in diesem Ausmaß von Bedeutung ist. Hinzu kommt, dass ein Abriss für einen Bauherrn gravierende Folgen hat. Demgegenüber ist aber auch die Position des Nachbarn zu berücksichtigen, dessen Rechtsstellung sich nicht wesentlich von der Situation unterscheiden sollte, in der vorab ein ordnungsgemäßes Genehmigungsverfahren durchgeführt wurde.

374 Die Rechtsprechung hierzu ist nicht ganz einheitlich; die Frage ist, inwieweit für die **Beschwer des Nachbarn** die bloße Verletzung nachbarschützender Vorschriften ausreicht: Die geringsten Hürden für den Nachbarn stellen die **OVG NRW und Saar** auf, die davon ausgehen, dass die Bauaufsichtsbehörden regelmäßig zugunsten des in seinen Rechten verletzten Nachbarn einschreiten müssen, wenn nicht ein besonders zu begründender Ausnahmefall vorliegt. Eine Ermessensreduzierung auf Null wird somit **in der Regel bereits bei Verletzung nachbarschützender Regelungen** angenommen.[461] Aus Gründen der Effektivität des Nachbarrechtsschutzes dürfe sich die Behörde regelmäßig nicht mit der Feststellung der Baurechtswidrigkeit einer baulichen Anlage begnügen, sondern müsse dem baurechtswidrigen Zustand abhelfen. Bezüglich der von der Behörde anzustellenden Ermessenserwägungen könne nicht danach unterschieden werden, ob es sich um einen Schwarzbau oder um einen Bau handle, der auf Grund einer auf Rechtsmittel des Nachbarn später aufgehobenen Baugenehmigung errichtet worden sei. Insbesondere bestehe im zweiten Falle weder ein Folgenbeseitigungsanspruch des Nachbarn, noch sei bei der Ermessensentscheidung zu seinen Gunsten eine so genannte „Folgenbeseitigungslast" zu berücksichtigen. Aus dem Zweck der bauordnungsbehördlichen Eingriffsermächtigung folge, dass die Behörde regelmäßig zugunsten des in seinen Rechten verletzten Nachbarn einschreiten müsse, es sei denn, es liege ein – besonders zu begründender – Ausnahmefall vor. Ein solcher Ausnahmefall sei gegeben, wenn die durch das rechtswidrige Bauwerk bewirkte Beeinträchtigung des noch unbebauten Nachbargrundstücks in der Verschlechterung seiner Nutzungsmöglichkeiten liege, jedoch noch nicht abzusehen sei, ob der Nachbar künftig eine Bebauung verwirklichen wolle, bei der sich dies tatsächlich auswirke. Die Höhe der dem Bauherrn bei der Beseitigung der Nachbarbeeinträchtigung erwachsenden Kosten sei in der Regel kein sachgerechter Gesichtspunkt, um ein Einschreiten zugunsten des beschwerten Nachbarn abzulehnen. In Anlehnung an diese Rechtsprechung der Bausenate des OVG NRW hat dessen 10. Senat im Zusammenhang mit einem Begehren auf Einschreiten wegen einer Gastherme allerdings entschieden,[462] es sei nicht zu beanstanden, wenn ein Einschreiten mit der Begründung abgelehnt werde, weitere Maßnahmen zur Gefahrenerforschung seien wegen des damit verbundenen Kostenaufwands unverhältnismäßig. Bei eingehender Abwägung der widerstreitenden Interessen könnten solche Besonderheiten angenommen werden, die es ausnahmsweise rechtfertigten, von einem Einschreiten abzusehen, auch wenn nicht mit letzter Sicherheit auszuschließen sei, dass die Nachbarn Belästigungen oder Gefahren ausgesetzt seien. In ähnliche Richtung geht auch das **OVG Nds**,[463] das zwar bei dem Aus-

---

[461] OVG NRW vom 17.5.1983 NJW 1984, 883 und 25.8.1993 UPR 1993, 38; OVG Saar vom 22.10.1982 NVwZ 1983, 685.

[462] OVG NRW vom 27.5.1993 BauR 1993, 713.

[463] OVG Nds vom 29.10.1993 BRS 55 Nr. 196; ähnlich wohl auch OVG Saar vom 29.6.1984 BRS 42 Nr. 216, das Entscheidung im Ergebnis offen lassen konnte: Anspruch nur dann, wenn die beanstandete

nahmefall einer hohen Intensität der vom baurechtswidrigen Zustand ausgehenden Störung oder Gefährdung ansetzt, letztendlich jedoch für die Pflicht zum Einschreiten („Ob") – zumindest beim Gebot der Rücksichtnahme – die Verletzung dieser auch dem Schutz des Nachbarn bestimmten Vorschrift genügen lässt. Das Gebot der Rücksichtnahme sei nur dann verletzt, wenn die von der baurechtswidrigen Anlage ausgehenden Beeinträchtigungen die Zumutbarkeitsschwelle überschritten, d. h. die Störung sei dann von so hoher Intensität, dass regelmäßig nur die Entschließung zum Einschreiten ermessensfehlerfrei sei. Es genügt, dass gegen nachbarschützende Vorschriften verstoßen wird und das benachbarte Grundstück nicht unerheblich beeinträchtigt wird. Unabhängig vom Gebot der Rücksichtnahme wird im Allgemeinen zwar nicht ein direkter Anspruch bejaht, sondern eine Abwägung zwischen Ausmaß und Intensität der Störung einerseits und wirtschaftlichen Nachteilen für den Bauherrn andererseits verlangt, jedoch die Verletzung einer nachbarschützenden Vorschrift stark zugunsten des Nachbarn gewichtet.[464] Zumindest nach einer erfolgreichen Anfechtungsklage sei regelmäßig nur ein Einschreiten und nur ausnahmsweise ein Absehen hiervon ermessensfehlerfrei. Nach der Rechtsprechung des **OVG Bln** erwächst dem Betroffenen ein zwingender Anspruch auf behördliches Einschreiten, wenn durch die bauliche Nutzung eines anderen Grundstücks spürbar und nachhaltig gegen ihn schützende nachbarrechtliche Vorschriften verstoßen wird, es sei denn, es liegen sachliche Gründe vor, im Ermessenswege von einem Einschreiten abzusehen.[465] Ähnlich argumentiert das **OVG Brem**, das bei Erteilung einer – vom Nachbarn angefochtenen, rechtswidrigen – Bauerlaubnis von einem Anspruch ausgeht (noch vor Einführung des § 212 a BauGB), wenn die Behörden zur Entstehung beigetragen haben und wenn der Verstoß für den Nachbarn gravierende nachteilige Auswirkungen zeitigt.[466] Dem gleich zu achten ist dem OVG Brem zufolge der Fall, dass die Bauaufsichtsbehörde bewusst davon absieht, in eine bauaufsichtliche Prüfung von bereits verwirklichten Nutzungsänderungen einzutreten, dadurch die Ausbreitung der baurechtswidrigen Zustände unterstützt und auf diese Weise durch bewusstes Unterlassen zur Verkürzung der öffentlich-rechtlichen Nachbarrechte beiträgt. Die **höchsten Anforderungen** stellt der **BayVGH**,[467] der selbst bei einer Nutzungsuntersagung eine Ermessensreduzierung auf Null nur annimmt, wenn die von der rechtswidrigen Nutzung ausgehenden Beeinträchtigungen einen erheblichen Grad erreichen und die Abwägung der Beeinträchtigung des Nachbarn mit dem Schaden des Bauherrn ein deutliches Übergewicht der Interessen des Nachbarn ergibt. In diese Richtung geht auch der **BW VGH**:[468] Ein Anspruch des Dritten kommt nur bei hoher Intensität der Störung oder Gefährdung eines wesentlichen Rechtsguts des Nachbarn in Betracht, sofern sich diese Störung oder diese Gefährdung nicht auf andere Weise beseitigen lässt. Dabei verbleibt der Baurechtsbehörde immer noch ein ausnutzbarer Ermessensspielraum für das anzuwendende Mittel. Diese Anforderungen sollen ebenso gelten, wenn der Nachbar den Abbruch eines genehmigten Gebäudes verlangt, die Genehmigung aber auf seine Anfechtungsklage hin aufgehoben wird.[469] Hier seien auch die Interessen des Bauherrn zu berücksichtigen, der immerhin auf Grund einer Baugenehmigung, wenngleich angefochten, unter dem Schein der Legalität gebaut hat. Er verdiene zumindest den gleichen Schutz, wie wenn er von Anfang an ohne Genehmigung gebaut hätte. Das **BVerwG** konnte in seinen Entscheidungen die Frage letztlich offen lassen.[470] Es hat lediglich darauf hingewiesen, dass das

---

Maßnahme gegen eine zumindest auch im Interesse des Nachbarn erlassene und ihm dergestalt eigene Rechte vermittelnde Norm verstößt.

464 OVG Nds vom 16. 5. 1988 BauR 1989, 188.

465 OVG Bln vom 7. 9. 1990 BRS 50 Nr. 206.

466 OVG Brem vom 12. 2. 1991, NVwZ 1991, 1006.

467 Vom 14. 10. 1999 Az. 2 B 95.4182.

468 BW VGH vom 5. 2. 1992 NVwZ 1992, 992.

469 BW VGH vom 1. 6. 1978 BRS 33 Nr. 159.

470 BVerwG vom 4. 6. 1996 NVwZ-RR 1997, 271, vom 17. 4. 1998 BRS 60 Nr. 169 und vom 9. 2. 2000 BRS 63 Nr. 210.

materielle Bauplanungsrecht in seiner Beachtung und Durchsetzung grundsätzlich **nicht zur Disposition des Landesgesetzgebers** steht. In einer Nichtzulassungsbeschwerde eines Nachbarn, der einen Anspruch auf bauaufsichtliches Einschreiten geltend machte, hat das Bundesverwaltungsgericht das Problem gestreift, ohne dass allerdings zum Ermessen weitergehende Äußerungen veranlasst gewesen wären, da die Bauaufsichtsbehörde im konkreten Fall ohnehin eine Ermessensreduzierung auf Null angenommen hatte.[471] Es wird lediglich ausgeführt, die Tatsache, dass die Beachtung und Durchsetzung des materiellen Bauplanungsrechts nicht zur Disposition des Landesgesetzgebers steht, habe auch Bedeutung für die Beantwortung der Frage, ob und gegebenenfalls in welchen Grenzen die Behörde ein den Erlass einer Abrissverfügung betreffendes Entscheidungsermessen besitze, wenn es sich um die Wahrung der nach Bundesrecht zu beurteilenden bauplanungsrechtlichen Zustände handle. Ob dabei allerdings gleichsam eine Automatik in dem Sinne eintritt, dass jede Verletzung von Bundesrecht zugleich eine Ermessensreduzierung auf Null zur Folge hat, bleibt offen.

375 Einigkeit besteht zunächst einmal darin, dass eindeutig eine Nachbarrechtsverletzung vorliegen muss, die eine Beseitigungsanordnung rechtfertigt; darüber hinaus klafft die Schere relativ weit auseinander. Richtigerweise ist in die Überlegungen die Schwere der Nachbarrechtsverletzung mit einzubeziehen. Maßgebend ist also sowohl die **Intensität als auch Konkretheit der Drittverletzung**. Für einen Anspruch auf Erlass einer Beseitigungsanordnung ist damit hinsichtlich der Rechtsverletzung zweierlei zu fordern: Zum einen muss für die Behörde wie bei der Baueinstellungsverfügung klar erkennbar sein, dass in rechtswidriger Weise gebaut wurde und Drittinteressen verletzt sein könnten. Hierbei genügt nicht die allgemeine Möglichkeit einer Drittverletzung; es bedarf konkreter Anhaltspunkte, die auf eine Verletzung gerade des Dritten hindeuten, der einen Anspruch auf Baueinstellung geltend macht. Daraus folgt, dass sich der Dritte auf eine konkrete, ihn betreffende Verletzung von Rechten stützen und sich diese **Rechtsverletzung der Behörde ohne weitere Prüfung aufdrängen** muss. Von Bedeutung kann auch sein, ob der Nachbar bereits zu Beginn des Verstoßes seine Rechte gegenüber der Behörde geltend gemacht hat oder sich erst viel später hierauf beruft. Zum anderen muss der Rechtsverletzung ein **gewisses Gewicht** zukommen. Zu beachten ist hierbei auch die Intention des Gesetzgebers in § 212a BauGB, wonach den Interessen des Bauherrn mehr Gewicht eingeräumt wird als Drittinteressen. Gerade im Hinblick auf diese Regelung kann nicht jede noch so minimale Drittverletzung zu einem Anspruch des Dritten auf Einschreiten führen. Bevor die Behörde eine Beseitigungsanordnung gegenüber dem Bauherrn – ohne dass ein Nachbar im Spiel ist – ausspricht, muss sie gewichten, wie schwer der Verstoß wiegt. Dies gilt umso mehr für die Rechtsverletzung des Dritten. Hier bedarf es einer doppelten Gewichtung, nämlich hinsichtlich des Verstoßes und hinsichtlich der Nachbarrechtsverletzung. Ein Verstoß des Bauherrn kann unter Umständen sehr massiv sein, muss aber noch lange keine entsprechende Nachbarrechtsverletzung darstellen. Im Falle einer drittschützenden Vorschrift muss die Intensität der Verletzung über die Schwere des Verstoßes auf Seiten des Bauherrn hinausgehen, denn andernfalls stünde der Bauherr schlechter da als bei nicht drittschützenden Vorschriften. Dies stünde nicht mit der Regelung in § 212a BauGB in Einklang. Zu fordern ist deshalb, dass der Dritte **erkennbar durch den rechtswidrigen Zustand in seinen Rechten verletzt** ist und diese Rechtsverletzung ein **beträchtliches Ausmaß** annimmt. Immerhin wird der Bauherr gezwungen, den Zustand wieder zu beseitigen, wenngleich er ihn selbst herbeigeführt hat. Es bedarf also einer Abwägung zwischen der Schwere des Verstoßes und den Folgen einer Beseitigung auf Seiten des Bauherrn einerseits und der Schwere der Nachbarrechtsverletzung auf Seiten des Dritten andererseits. Sollte die Nachbarrechtsverletzung in ihrer Intensität deutlich überwiegen, dann hat der Dritte einen Anspruch auf Erlass einer Beseitigungsanordnung. In diesem Fall schrumpft das den Bauaufsichtsbehör-

[471] BVerwG vom 9. 2. 2000 BRS 63 Nr. 210.

den zustehende Ermessen dann zugunsten des betroffenen Grundstücksnachbarn zu einer grundsätzlichen Pflicht zum Einschreiten.[472]

Das öffentliche Interesse an der Vermeidung einer **Vorbildwirkung** illegaler Baumaßnahmen führt regelmäßig nicht zu einer Ermessensreduzierung auf Null. Eine Pflicht zum Einschreiten kann allenfalls begründet sein, wenn das Vorhandensein des Schwarzbaus im Ausnahmefall die über die abstrakte Anreizmöglichkeit hinausgehende konkrete Gefahr des Nachsichziehens weiterer illegaler Vorhaben in der Umgebung des Baugrundstücks herbeiführt und dem anders als durch die Beseitigung des Präzedenzfalls nicht begegnet werden kann.[473] 376

Offen ist, wie es sich mit dem Anspruch des Nachbarn bei **freigestellten** bzw. **anzeigepflichtigen** und dem **vereinfachten Verfahren** verhält, da hiermit dessen Rechtsposition nicht verändert werden sollte. Im Rahmen der Erläuterungen zur Nutzungsuntersagung wurde ausgeführt, dass dem Nachbarn in der Regel ein Anspruch auf Einschreiten zusteht. Ob dies hier auch so gelten kann, ist zweifelhaft, denn eine Beseitigungsanordnung hat eine andere Dimension als eine Nutzungsuntersagung. Zum einen sind die Folgen einer Beseitigung wesentlich gravierender als bei einer Einstellung der Nutzung; zum anderen ist für eine Nutzungsuntersagung bloße formelle Rechtswidrigkeit ausreichend. Aus diesen Gründen sollte es hier bei den auch sonst für die Beseitigungsanordnung geltenden Grundsätzen sein Bewenden haben, auch wenn die Rechtsposition des Nachbarn dadurch gegenüber den herkömmlichen Verfahren mit Baugenehmigung geringfügig schlechter wird. 377

Fraglich ist, ob den Gemeinden ein Anspruch auf Einschreiten zusteht, wenn sie sich auf eine Verletzung ihrer **Planungshoheit** berufen können. Grundsätzlich vermittelt die Planungshoheit, die in § 36 BauGB ihren Niederschlag gefunden hat, den erforderlichen Drittschutz. Diese Regelung betrifft allerdings die Erteilung einer Genehmigung. Nach § 36 Abs. 1 S. 1 BauGB wird über die Zulässigkeit von Vorhaben im Einvernehmen mit der Gemeinde entschieden. Gemeint ist damit die Baugenehmigung bzw. ein Vorbescheid, nicht aber eine Beseitigungsanordnung bzw. das Absehen von deren Erlass. Im Rahmen eines Beseitigungsverfahrens wird nicht über die Zulässigkeit von Vorhaben entschieden, sondern über die Notwendigkeit eines Abrisses bei rechtswidrigen Zuständen. Erlässt die Behörde keine Abrissverfügung, stellt sie damit nicht die Zulässigkeit des Vorhabens fest. In diesem Verfahren ist die Gemeinde deshalb **nicht zu beteiligen**, auch nicht über § 36 BauGB analog. Sollte die Gemeinde in einem vorhergehenden oder parallelen Genehmigungsverfahren nicht ordnungsgemäß beteiligt worden sein, kann sie ihre Rechte hier geltend machen. Weitergehende Möglichkeiten stehen ihr nicht zur Verfügung, insbesondere hat sie allein auf Grund ihrer Planungshoheit keinen Anspruch auf Aufhebung einer rechtswidrigen Baugenehmigung und daneben auf Erlass einer Beseitigungsanordnung. Unabhängig davon wird eine betroffene Gemeinde deshalb nicht rechtsschutzlos gestellt. Wird sie rechtswidrig in einer durch das materielle Recht geschützten Position beeinträchtigt, so stehen ihr gegebenenfalls Unterlassungs- oder (Folgen-)beseitigungsansprüche zu, die in dem jeweils angegriffenen Rechtsgut und seinem öffentlich-rechtlichen Schutz ihre Grundlage finden.[474] Für die prozessuale Durchsetzung dieser Ansprüche spielt es keine Rolle, ob die geltend gemachte Rechtsverletzung die Folge eines förmlichen Verwaltungsakts oder eines schlichten Realakts ist. Entscheidend ist vielmehr, ob der Eingriff seinem Rechtscharakter nach dem öffentlichen Recht zuzurechnen ist. 378

Anders verhält es sich, wenn ein **Baugenehmigungsverfahren nicht stattfindet**, so etwa wenn die Bauaufsichtsbehörde rechtsirrig die Baugenehmigungsfreiheit eines Vorhabens annimmt und aus diesem Grunde ein Baugenehmigungsverfahren unter Betei- 379

---

[472] OVG Rh-Pf vom 28. 3. 2001 Az. 8 A 12042/00; OVG Thür vom 22. 10. 1998 BauR 1999, 164.
[473] OVG Saar vom 9. 8. 1985 BRS 44 Nr. 194.
[474] BVerwG vom 30. 8. 1995 NVwZ-RR 1996, 67.

ligung der Gemeinde nicht einleitet.[475] Aus der Sicht der Gemeinde stellt es keinen Unterschied dar, ob die Baugenehmigungsbehörde sich rechtswidrig über ein ausdrücklich versagtes Einvernehmen hinwegsetzt und die Baugenehmigung gleichwohl erteilt oder ob sie ein Verfahren fälschlicherweise überhaupt nicht durchführt. Hätte formell ein Baugenehmigungsverfahren unter Beteiligung der Gemeinde nach § 36 BauGB durchgeführt werden müssen, braucht diese eine derartige Rechtsverletzung nicht hinzunehmen. Die Beteiligungsregelung des § 36 Abs. 1 BauGB dient der Sicherung der gemeindlichen Planungshoheit. Wird in einem solchen Fall das Vorhaben errichtet, so kann die Planungshoheit der Gemeinde hierdurch ebenso beeinträchtigt sein wie im Fall einer ohne Einvernehmen erteilten Baugenehmigung. Müsste die Gemeinde die Verwirklichung eines zu Unrecht als genehmigungsfrei beurteilten Vorhabens hinnehmen, drohte ihrer **Planungshoheit** in gleicher Weise Gefahr, durch rechtswidriges Verhalten der Bauaufsichtsbehörde **unterlaufen** zu werden wie im Falle eines ausdrücklich versagten Einvernehmens. Angesichts dieser als gleich zu beurteilenden Interessenlage steht einer Gemeinde auch im Fall der rechtswidrigen Nichtdurchführung eines erforderlichen Baugenehmigungsverfahrens grundsätzlich das Recht zu, sich dagegen – auch im Klagewege – gegenüber der Bauaufsichtsbehörde zur Wehr zu setzen. Wie jedem anderen Drittbeteiligten steht ihr ein Anspruch auf ermessensfehlerfreie Entscheidung zu, der sich im Einzelfall auf Null reduzieren kann.[476] Dies gilt auch, wenn die Erteilung einer Ausnahme oder Befreiung nach § 31 BauGB im Raume steht. In diesem Falle ist allerdings die Durchführung eines isolierten Verfahrens nach § 31 BauGB unter Beteiligung der Gemeinde in Erwägung zu ziehen. Die Entscheidung über die Anordnung der Beseitigung kann dann solange zurückgestellt werden.

c) Umfang des Anspruchs

380 Sollte sich im Einzelfall das Ermessen auf Null reduzieren und ein Anspruch auf Einschreiten bestehen, stellt sich die weitere Frage nach dem Umfang des Anspruchs. Bleibt er auf den Erlass einer Beseitigungsanordnung beschränkt oder umfasst er auch deren Vollstreckung oder einen möglichen Sofortvollzug? Im Hinblick auf die unterschiedlichen Anforderungen der einzelnen behördlichen Maßnahmen muss differenziert werden. Die Prüfung der Ermessensreduzierung auf Null betrifft allein das Ermessen bei der Anordnung der Beseitigung mit deren tatbestandlichen Voraussetzungen und umfasst noch nicht den weiteren Vollzug, der gesonderten Voraussetzungen unterliegt. Dem Betroffenen steht somit lediglich ein Anspruch auf Erlass einer Beseitigungsanordnung zu und sonstige Anordnungen oder Maßnahmen bedürfen einer gesonderten Prüfung. Sollte allerdings eine **Nutzungsuntersagung bereits vorliegen**, die von Amts wegen erlassen worden war und vollstreckbar ist, kann die zuständige Bauaufsichtsbehörde verpflichtet sein, sie zu vollstrecken. Einer Klage dieses Bürgers auf Erlass einer weiteren (inhaltsgleichen) Nutzungsuntersagung würde das Rechtsschutzbedürfnis fehlen.[477] Hat sich eine Behörde in einem gerichtlichen Vergleich verpflichtet, eine Beseitigungsanordnung zu erlassen, so muss sie diese dem **OVG NRW**[478] zufolge **auch im Wege des Verwaltungszwangs** durchsetzen. Begründet wird dies damit, dass es um die Durchsetzung des gerichtlich geltend gemachten und durch Vergleich anerkannten Anspruchs darauf geht, dass die nachbarschützenden materiellen Regelungen (hier: Abstandsflächen) eingehalten werden. Ob diese Schlussfolgerung zwingend ist, ist fraglich, denn im Vergleich hatte sich die Behörde zum Erlass der Beseitigungsanordnung verpflichtet. Dieser Verpflichtung ist sie nachgekommen. Die Durchsetzung der Anordnung ist ein weiterer Schritt, der nicht Gegenstand des Vergleichs war. Ebenso argumen-

---

[475] BVerwG vom 12. 12. 1991 NVwZ 1992, 878.

[476] BVerwG vom 12. 12. 1991 NVwZ 1992, 878; Bay VGH vom 30. 7. 1997 BRS 59 Nr. 222; OVG Thür vom 27. 2. 1997 BRS 59 Nr. 216.

[477] Bay VGH vom 25. 1. 1988 BRS 48 Nr. 197.

[478] Vom 13. 2. 1997 BRS 59 Nr. 227.

tiert das OVG Saar:[479] Durch die in einem Urteil ausgesprochene Verpflichtung, den Abriss anzuordnen, wird die Behörde weder zur Vornahme von Vollstreckungsmaßnahmen mit dem Ziel der Durchsetzung der zu erlassenden Beseitigungsverfügung, noch zur Androhung eines bestimmten Zwangsmittels für den Fall der Nichtbefolgung des Gebots angehalten. Befehlende Verwaltungsakte einerseits und die zu ihrer Vollziehung getroffenen Maßnahmen andererseits stellen jeweils selbständige, in getrennten Verfahren ergehende Behördenentscheidungen dar. Hinsichtlich der Art des Zwangsmittels steht der Behörde zudem ein Auswahlermessen zu. Dies schließt es grundsätzlich aus, ihr in der sie zum Erlass einer Beseitigungsverfügung verpflichtenden Entscheidung den Einsatz eines speziellen Zwangsmittels vorzuschreiben. Da die Vollstreckung einen Verstoß des Adressaten gegen die ihm auferlegte Pflicht voraussetzt, wäre eine solche Entscheidung auch allenfalls in der Form denkbar, dass sie unter der Bedingung der Nichterfüllung ergeht. Für eine derart aufschiebend bedingte Verurteilung der Behörde ist jedoch regelmäßig kein Raum.

V. Rechtsfolgenseite: Umfang der Befugnisnorm

Die behördliche Anordnung hat zur Folge, dass die rechtswidrig errichtete Anlage **381** wieder entfernt und der ursprüngliche Zustand wiederhergestellt werden muss. Es geht also um die **Rückgängigmachung** der Errichtung oder Änderung, die im Widerspruch zu öffentlich-rechtlichen Vorschriften erfolgt ist. Ein positives Tun darüber hinaus kann nicht verlangt werden. Dies bedeutet, dass eine Änderung, die über die bloße Rückgängigmachung hinausgeht, nicht verlangt werden kann. Die Beseitigung einer baulichen Anlage erfasst sicher noch die Beseitigung einer hierzu ausgehobenen Baugrube durch Verfüllung.[480] Aus der Befugnis der Bauaufsichtsbehörde, die vollständige oder teilweise Beseitigung einer Anlage zu verlangen, kann aber in der Regel nicht auch die Befugnis hergeleitet werden, die Vornahme von Baumaßnahmen zu fordern,[481] die Erhaltung oder Änderung eines rechtmäßigen Zustandes oder Maßnahmen zu verlangen, die einen neuen rechtswidrigen Zustand schaffen. Für ein **Baugebot** besteht **keine Rechtsgrundlage**, da der Bauherr nicht verpflichtet ist, von einer erteilten Genehmigung Gebrauch zu machen. Ebenso wenig bieten die Regelungen über die Beseitigungsanordnung eine Rechtsgrundlage, die künftige Errichtung baulicher Anlage zu verbieten oder die Beseitigung aller etwaigen künftigen rechtswidrigen Baumaßnahmen anzuordnen.[482]

Nicht ganz unstreitig ist, ob die Rückgängigmachung auch die Entfernung etwaigen **382** **Abbruchmaterials** vom Grundstück umfasst. Vom Zweck der Anordnung her gesehen, den ursprünglichen Zustand wiederherzustellen, muss eigentlich auch die Entfernung des Abbruchmaterials eingeschlossen sein, denn nur dann ist die Situation vergleichbar mit dem Zustand vor der rechtswidrigen Handlung. Die meisten Obergerichte bejahen deshalb auch die Möglichkeit einer derartigen Anordnung.[483] Zur Begründung wird angeführt, in den Bauordnungen werde ausdrücklich zu Anordnung der Beseitigung und nicht etwa nur zum Abriss ermächtigt. Der Zweck sei nicht bereits mit der bloßen

---

479 OVG Saar vom 22. 3. 1985 NVwZ 1986, 763; a. A. OVG Saar vom 10. 8. 1994 NVwZ-RR 1995, 493: zusätzlich gehalten, die Anordnung zwangsweise durchzusetzen.

480 Bay VGH vom 21. 2. 1990 BayVBl. 1991, 245; auf die Generalklausel gestützt lässt dies auch BW VGH vom 31. 7. 1985 BWVBl. 1988, 111 zu: Das (vorbeugende) Einschreiten ist gedeckt, wenn sich bereits im Zeitpunkt des Einschreitens die Gefahr eines rechtswidrigen Zustandes abzeichnet und außerdem hinreichende Anhaltspunkte dafür bestehen, der Verpflichtete werde zur Vermeidung oder zur unverzüglichen Beseitigung des drohenden Rechtsverstoßes freiwillig keine geeigneten Vorkehrungen treffen.

481 Bay VGH vom 18. 5. 1984 BRS 42 Nr. 217; OVG Saar vom 25. 1. 1994 BRS 56 Nr. 192.

482 BW VGH vom 23. 11. 1993 NVwZ-RR 1995, 8.

483 Bejahend BW VGH vom 6. 7. 1988 BRS 48 Nr. 188; Bay VGH vom 22. 9. 1986 BRS 46 Nr. 193; OVG Brem vom 13. 1. 1995 Az. 1 B 140/94; OVG NRW vom 3. 2. 1994 NVwZ-RR 1995, 249 unter Aufgabe der früheren Rspr. vom 13. 2. 1987 BRS 47 Nr. 193, wonach nach Abbruch keine bauliche Anlage mehr vorhanden sei, sondern das Abbruchmaterial eine bewegliche Sache sei (nach Abfallrecht zu beurteilen).

Demolierung erfüllt. Mit der Beseitigung solle vielmehr darüber hinaus erreicht werden, dass der Standort von der rechtswidrigen Bebauung wieder frei werde, und das setze im Regelfall eine Entfernung voraus. Die Beseitigung des Abbruchgutes sei eine mit der Abrissverfügung unmittelbar zusammenhängende Maßnahme, die ferner verhindern solle, dass im Rahmen der Befolgung des Abbruchgebots ein neuer ordnungswidriger Zustand entstehe. Im Belassen des ungeordneten Abbruchguts läge eine erneute Gefahr für Leben und Gesundheit, deren Beseitigung die Behörde ebenfalls auf Grund der Ermächtigung zur Anordnung des Abbruchs anordnen dürfe. Unproblematisch stellt sich die Situation dann dar, wenn das Abbruchmaterial seinerseits wieder eine bauliche Anlage (Lagerplatz) ergibt. In diesem Falle kann dann zumindest eine weitere, gesonderte Beseitigungsanordnung ergehen.[484]

383 Eine Beseitigung liegt nur bei **endgültiger Entfernung** vor, also nicht z. B. bei einem bloßen örtlichen Versetzen eines Gerätehäuschens.

384 Vor Erlass einer Beseitigungsanordnung sind oftmals **vorbereitende Anordnungen** erforderlich, wie etwa zur Ermittlung der Störer bei mehreren beteiligten Personen. Solche Anordnungen lassen sich entweder auf die Ermächtigung zur Beseitigungsanordnung selbst stützen oder auf die allgemeine baurechtliche Befugnisnorm. Sie können gegen Eigentümer, Mieter, Pächter etc. ergehen.

VI. Anordnung der Beseitigung als Verwaltungsakt

1. Formelle Fragen

a) Zuständigkeit

385 Sachlich zuständig ist je nach landesrechtlicher Bezeichnung die **Bauaufsichts-, Baurechts- oder Bauordnungsbehörde**, und zwar auch bei Bauvorhaben des Bundes, der Länder und der kommunalen Gebietskörperschaften. Dies ist landesrechtlich in der Regel das Landratsamt mit Sonderregelungen für Städte. Unberührt von dieser Zuständigkeitsregelung bleiben die Zuständigkeiten auf Grund allgemeinen Sicherheitsrechts oder Polizeirechts. Die Regierung als höhere Bauaufsichtsbehörde kann nur als Widerspruchsbehörde tätig werden. Die Fachaufsicht kann die Abbruchsanordnung nicht selbst erlassen, sondern ist auf das Weisungsrecht beschränkt. Als Widerspruchsbehörde ist sie aber befugt, anstelle des von der Bauaufsichtsbehörde verfügten teilweisen Abbruchs den vollständigen Abbruch anzuordnen.

b) Verfahren, insbesondere Anhörung

386 Gemäß § 28 Abs. 1 VwVfG ist eine vorherige Anhörung grundsätzlich vorgeschrieben. Im Gegensatz zur Baueinstellung, die der rechtzeitigen Verhinderung von rechtswidrigen Zuständen dient, wird eine sofortige Entscheidung hier nicht geboten sein.

c) Form und Wirksamwerden

387 Eine bestimmte Form ist zwar nicht vorgeschrieben, jedoch wird eine Beseitigungsanordnung wegen der Rechtsklarheit und des Rechtsbehelfsverfahrens im Regelfall nur schriftlich ergehen. Nach § 58 Abs. 1 VwGO beginnt die Widerspruchsfrist ohnehin erst zu laufen, wenn eine schriftliche Rechtsbehelfsbelehrung vorliegt. Außerdem muss gemäß § 37 Abs. 2 S. 2 VwVfG eine schriftliche Bestätigung erfolgen, wenn der Betroffene dies verlangt und hieran ein berechtigtes Interesse besteht.

388 **Wirksam** wird die Beseitigungsanordnung mit Bekanntgabe (§ 43 Abs. 1 VwVfG). Die Möglichkeiten der Bekanntgabe sind in § 41 VwVfG enthalten.

[484] So Bay VGH vom 12. 10. 1982 BayVBl. 1984, 688; OVG Bln vom 31. 5. 1991 BRS 52 Nr. 24.

d) Begründung

Nach § 39 Abs. 1 VwVfG ist die schriftliche Beseitigungsanordnung schriftlich zu begründen. Dies betrifft wie bei der Baueinstellung, auf die verwiesen wird, allein die **formale Begründungspflicht** und ist von der inhaltlichen Richtigkeit unabhängig. Um den formalen Anforderungen zu genügen, bedarf es eines Verweises auf den Grund und Umfang der Anordnung sowie auf eine mögliche Störerauswahl. Im Rahmen des Regelermessens ist keine eingehende Begründung vonnöten, sondern es genügt der Verweis auf die überwiegenden öffentlichen Belange. Bei einem Einschreiten gegen einen rechtswidrigen Zustand ist der Begründungspflicht regelmäßig damit genügt, dass die Behörde zum Ausdruck bringt, der beanstandete Zustand müsse wegen seiner Baurechtswidrigkeit beseitigt werden.[485] Regelmäßig genügt daher bei der Darlegung der Ermessenserwägungen, die eine Abwägung der betroffenen öffentlichen und privaten Belange voraussetzt, die Darlegung ausschließlich der öffentlichen Belange, wenn diese nach dem Willen der Behörde den Vorrang haben sollen und es keiner ins Einzelne gehenden konkreten Abwägung privater Belange bedarf, weil solche nicht geltend gemacht wurden oder sich nicht aufdrängten. Einer ausführlicheren Begründung bedarf es lediglich bei einer von der Regel abweichenden Entscheidung, wobei sich ergeben muss, dass abweichende Umstände vorliegen und die Behörde diese zur Kenntnis genommen und entsprechend berücksichtigt hat.[486] Der formalen Begründungspflicht ist mit knappen Hinweisen auf die erwähnten Gesichtspunkte Genüge getan; eine konkrete Abwägung ist allein aus materiellen Gesichtspunkten erforderlich. Die fehlende Erläuterung muss nicht zwingend einen formellen Verstoß gegen das Begründungsgebot darstellen; sicherlich aber liegt ein materieller Ermessensfehler vor. 389

2. Adressat

a) Allgemeines

Wenn bekannt oder ohne weiteres feststellbar ist, dass mehrere Personen und gegebenenfalls welche von ihnen als Störer in Frage kommen, haben die Verwaltungsbehörden eine Ermessensentscheidung über den oder die heranzuziehenden Störer zu treffen.[487] Maßgeblicher Zeitpunkt für die gerichtliche Überprüfung dieser Ermessensentscheidung soll dem BW VGH zufolge die letzte Behördenentscheidung sein.[488] Die **Störerauswahl** erfolgt nach allgemeinen sicherheitsrechtlichen Grundsätzen. Hierzu sei auf die ausführliche Erläuterung am Anfang dieses Kapitels verwiesen (Rn. 56 ff.). 390

b) Duldungsanordnung

Von einer Beseitigung können andere Personen betroffen sein, wie etwa der Eigentümer, Miteigentümer oder der Mieter. Wenn Rechte eines Dritten betroffen sind, ist es dem Betroffenen rechtlich nicht möglich, innerhalb der gesetzten Frist zu handeln. Dem Adressaten der Duldung wird deshalb kraft öffentlichen Rechts die Pflicht auferlegt, die zwangsweise Durchsetzung des Gebots hinzunehmen.[489] Duldungsanordnungen dienen somit dazu, die Beseitigungsanordnung vollstrecken zu können. Sie finden entweder in der analogen Anwendung der Vorschriften für die Beseitigungsanordnung[490] oder in der 391

---

485 BVerwG vom 28. 8. 1980 BRS 36 Nr. 93; Bay VGH vom 16. 10. 1990 BRS 50 Nr. 145; OVG Bln vom 10. 2. 1989 NVwZ 1990, 176; OVG NRW vom 3. 9. 1980 BRS 36 Nr. 207; OVG Schl-H vom 6. 12. 1994 Az. 1 M 70/94.

486 Bay VGH vom 9. 8. 1984 BayVBl. 1985, 751.

487 Allgemein hierzu Bay VGH vom 1. 7. 1986 NVwZ 1987, 912; Hess VGH vom 26. 2. 1982 NJW 1983, 951.

488 BW VGH vom 30. 1. 1990 NVwZ-RR 1991, 27; Bay VGH vom 23. 2. 1989 BRS 49 Nr. 227; OVG NRW vom 9. 12. 1994 NVwZ-RR 1995, 635; OVG Thür vom 27. 2. 1997 BRS 59 Nr. 217.

489 Zum Erfordernis einer Duldungsanordnung vor Vollstreckung auch BW VGH vom 2. 6. 1981 BRS 38 Nr. 213 für naturschutzrechtliche Duldungspflicht eines Grundstückseigentümers; Hess VGH vom 14. 3. 1983 NJW 1983, 2282; OVG Nds vom 24. 5. 1994 NJW 1994, 3309.

490 So Bay VGH vom 22. 4. 1992 NJW 1993, 81.

allgemeinen bauaufsichtlichen Befugnisnorm[491] ihre Rechtsgrundlage. Die Duldungsanordnung ist ein selbständiger **Verwaltungsakt**, der im Bestand von der eigentlichen Beseitigungsanordnung unabhängig und auch nur vom jeweiligen Betroffenen anfechtbar ist. Zu den Voraussetzungen und weiteren Einzelheiten siehe die ausführlichen Erläuterungen oben Rn. 64ff.

c) Rechtsnachfolger

392 Die Geltung gegenüber dem **Rechtsnachfolger** bemisst sich nach jeweiligem Landesrecht. Zum Teil sind in der Beseitigungsanordnung selbst Regelungen über die Geltung gegenüber dem Rechtsnachfolger enthalten (so in Mecklenburg-Vorpommern, Rheinland-Pfalz, Saarland, Sachsen und Thüringen), z.T. wirken bauaufsichtliche Maßnahmen generell gegenüber dem Rechtsnachfolger (so in der MBO, Bayern, Brandenburg, Hessen und Niedersachsen) und im Übrigen ist nur die Rechtsnachfolge für die Baugenehmigung explizit geregelt (Baden-Württemberg, Berlin, Bremen, Hamburg, Nordrhein-Westfalen, Sachsen-Anhalt und Schleswig Holstein). Auch hierzu sei auf die ausführlichen Erläuterungen oben Rn. 84ff. verwiesen.

3. Bestimmtheit

393 Wie jeder andere Verwaltungsakt auch muss eine Beseitigungsanordnung hinreichend bestimmt sein, damit der Betroffene weiß, wie er sich zu verhalten hat und damit eine Vollstreckung möglich ist (§ 37 VwVfG). Der Betroffene muss erkennen können, was er zu beseitigen hat. Bei fehlender Bestimmtheit ist die Anordnung rechtswidrig, jedoch im Widerspruchsverfahren noch heilbar. Hinreichende Bestimmtheit liegt dann vor, wenn aus dem gesamten Inhalt der Anordnung sowie aus den den Beteiligten bekannten näheren Umständen des Falles im Wege einer an den Grundsätzen von **Treu und Glauben orientierten Auslegung** hinreichende Klarheit gewonnen werden kann.[492] Hinzugezogen werden können auch Umstände außerhalb der Anordnung, wie etwa die Genehmigungsunterlagen (nähere Erläuterungen hierzu oben Rn. 71ff.). Ein Verwaltungsakt, mit dem die Beseitigung von Teilen eines Bauwerks verlangt wird, muss die angeordnete Handlung so eindeutig festlegen, dass sowohl der Pflichtige als auch die Vollstreckungsbehörde allein daraus den Umfang der Verpflichtung im Einzelnen zweifelsfrei entnehmen können.[493] Es genügt aber nicht eine Anordnung, die Bauteile zu beseitigen, die über das mit dem Baugenehmigungsbescheid genehmigte Maß der baulichen Nutzung zuzüglich 50% dieses Rauminhalts hinausgehen. Aus dem Bescheid, gegebenenfalls unter Heranziehung der Baugenehmigung mit den zugrunde liegenden Plänen, müsste sich vielmehr ergeben, welche Teile dies sind.

394 Bei nur **teilweiser Beseitigungspflicht** ist der betroffene Teil hinreichend deutlich zu bestimmen, sei es durch Markierung im Plan, Bezeichnung des Geschosses etc. Erforderlich ist entweder eine exakte Bezeichnung oder eine entsprechende Lageplanskizze.[494] Das Gleiche gilt bei Beseitigungsverlangen für **mehrere Anlagen** – unter Umständen auf verschiedenen Grundstücken.[495]

4. Frist

395 Für den Erlass einer wirksamen Beseitigungsanordnung ist Fristsetzung grundsätzlich nicht erforderlich. Um sie allerdings **zwangsweise durchsetzen** zu können, bedarf es, da vom Betroffenen eine Handlung verlangt wird, einer angemessenen Frist zur Erfüllung

---

[491] So BW VGH vom 7.1.1981 BRS 38 Nr. 206; Hess VGH vom 15.9.1994 BRS 56 Nr. 200; OVG Saar vom 25.6.1990 BRS 50 Nr. 211; OVG Thür vom 27.2.1997 BRS 59 Nr. 216.
[492] BVerwG vom 12.12.1996 NVwZ 1997, 902; Bay VGH vom 16.12.1981 BayVBl. 1982, 435.
[493] Hess VGH vom 4.10.1982 BRS 39 Nr. 219; OVG Thür vom 27.2.1997 BRS 59 Nr. 217.
[494] OVG NRW vom 22.11.1994 BRS 56 Nr. 199.
[495] OVG Rh-Pf vom 30.10.1989 NVwZ 1990, 390.

der Verpflichtung.[496] Ein Rechtsverstoß bei der Bestimmung der Frist wirkt sich nicht auf die Rechtmäßigkeit der Beseitigungsanordnung, sondern nur auf diejenige der Zwangsmittelandrohung aus.[497] Sinnvoll ist ein Fristlauf ab Bestandskraft der Anordnung, da andernfalls die Frist bereits vor Eintreten der Bestandskraft ablaufen und somit keine Wirkung mehr entfalten kann. Die Zwangsmittelandrohung wäre dann rechtswidrig, kann allerdings mit nochmaliger Fristsetzung erneut ausgesprochen werden.[498] Im Zeitpunkt des Fristablaufs müssen ferner alle sonstigen Vollstreckungsvoraussetzungen vorliegen, also auch z. B. unanfechtbare Duldungsanordnungen.

Eine **sofort vollziehbare Anordnung** bedarf ebenfalls einer Fristsetzung, die entspre- 396
chend knapp sein kann, aber noch die Möglichkeit eines Antrags nach § 80 Abs. 5 VwGO lässt. Abgesehen von besonders begründeten Ausnahmefällen (Eilmaßnahmen bei Gefahr im Verzuge) muss dem Pflichtigen zur Befolgung einer Zwangsmittelandrohung eine angemessene Frist gesetzt werden; sie muss so bemessen sein, dass sie ihm die Erhebung von Rechtsmitteln und die Herbeiführung des mit der Rechtsmittelerhebung verbundenen Suspensiveffektes noch vor Beginn der Vollziehung des Verwaltungsaktes ermöglicht. Über die Frage, was im konkreten Fall als **„angemessene" Frist** anzusehen ist, können letztlich nur die dem Pflichtigen jeweils zu Gebote stehenden tatsächlichen Möglichkeiten der Rechtsmittelerhebung entscheiden. Ein **„arbeitsfreies Wochenende"** reicht jedenfalls **nicht** zur Wahrung des rechtlichen Gehörs aus. Daher ist zum Beispiel eine Abbruchverfügung, die dem Betroffenen an einem Sonnabend gegen 13.00 Uhr zugeht und ihm eine Frist bis Montagmorgen 8.00 Uhr setzt, nicht ausreichend. Hinzu kommt, dass eine solche Tätigkeit nicht zu einem Zeitpunkt gefordert werden kann, in dem Arbeitskräfte regulär nicht zur Verfügung stehen. Schließlich darf nicht außer Betracht bleiben, dass Behörden und Gerichte in dem maßgeblichen Zeitraum nicht arbeiten, so dass der Betroffene nach den Umständen praktisch schutzlos gestellt wäre. Dadurch würde der Zweck der Nachprüfung des Verwaltungsaktes durch unabhängige Gerichte vereitelt, also der vom Verwaltungsakt Betroffene im Ergebnis des verwaltungsgerichtlichen Schutzes beraubt werden. Die Sicherstellung eines dem Grundgesetz entsprechenden Verwaltungsrechtsschutzes als eines der Fundamente des Rechtsstaates wird zweifellos durch das öffentliche Interesse geboten. Für den Fall der Wiederherstellung der aufschiebenden Wirkung könnte hilfsweise an eine Fristsetzung ab Bestandskraft gedacht werden, wenngleich hierin ein gewisser Widerspruch zur Anordnung der sofortigen Vollziehung liegt.[499] Eine Verlängerung der Frist steht im Ermessen der Behörde.

5. Anordnung der sofortigen Vollziehung

a) Allgemeines

Entsprechend den allgemeinen verwaltungsrechtlichen Grundsätzen ist davon auszu- 397
gehen, dass die sofortige Vollziehung die Ausnahme und die aufschiebende Wirkung die Regel ist. Dieser Grundsatz soll einen effektiven Rechtsschutz für den Bürger gewährleisten und zu diesem Zweck insbesondere verhindern, dass durch die sofortige Vollziehung eines Verwaltungsaktes vollendete Tatsachen geschaffen werden, bevor dieser im verwaltungsgerichtlichen Verfahren auf seine Rechtmäßigkeit überprüft werden konnte.

---

496 OVG Hamb vom 18. 6. 1985 HmbJVBl. 1986, 3; OVG Thür vom 27. 2. 1997 BRS 59 Nr. 217 allgemein für eine Handlungspflicht; etwas unklar OVG Brem vom 16. 1. 1979 BRS 35 Nr. 218: Wenn die Behörde den Termin für die Beseitigung aufhebt und eine neue Frist erst zu einem späteren Zeitpunkt gesetzt werden soll, enthält der Bescheid kein Beseitigungsverlangen mehr.

497 Bay VGH vom 15. 12. 1987 BayVBl. 1988, 656.

498 OVG Rh-Pf vom 11. 4. 1985 NVwZ 1986, 763; a. A. OVG Saar vom 8. 12. 1976 BRS 30 Nr. 184: Fristsetzung begründet nie (erst) eine Rechtspflicht zum Handeln innerhalb der Frist, sondern wirkt sich lediglich dahin aus, dass eine tatbestandliche Voraussetzung für den zwangsweisen Vollzug der Anordnung vorliegt. Für Rechtmäßigkeit der Zwangsmittelandrohung ist der Fristablauf ohne Bedeutung. In diese Richtung auch OVG NRW vom 23. 5. 1985 NVwZ 1986, 763.

499 In diesem Sinne *Koch/Molodovsky/Famers*, BayBO Art. 82 Anm. 4.5.

Was die sofortige Vollziehung von Beseitigungsanordnungen anlangt, kommt dem Umstand erhebliche Bedeutung zu, dass durch die Beseitigung baulicher Anlagen jedenfalls häufig Zustände geschaffen werden, die nicht mehr oder nur mit erheblichen Aufwendungen rückgängig gemacht werden können. Daraus folgt, dass die sofortige Vollziehung einer bauaufsichtlichen Beseitigungsanordnung in der Regel nur gerechtfertigt ist, wenn besondere Gründe vorhanden sind, die es – im öffentlichen oder in überwiegendem privaten Interesse – als unvertretbar erscheinen lassen, die bauliche Anlage auch nur vorübergehend zu belassen.[500] Das jedem Verwaltungsakt innewohnende Interesse an seiner Durchsetzung allein genügt diesen Anforderungen nicht. Je länger eine Anlage schon besteht, desto weniger wird die sofortige Vollziehung in Betracht kommen.

398 In **formeller** Hinsicht muss die Anordnung zunächst den Anforderungen des § 80 Abs. 3 S. 1 VwGO genügen, d. h. eine ausreichende **Begründung** enthalten, die über einen bloßen formelhaften Standardsatz hinausgeht. Es bedarf einer Befassung mit dem konkreten Einzelfall und einer Darlegung, weshalb die öffentlichen Interessen überwiegen. Dies gilt auch dann, wenn die Gründe für die Anordnung auf der Hand liegen.[501] Die Behörde hat eine Interessenabwägung zu treffen, in die sowohl öffentliche Interessen als auch die privaten Interessen des Betroffenen sowie Drittschutzinteressen einzustellen sind, und darzulegen, dass und warum das öffentliche Interesse Vorrang genießt. Ob diese Gründe im Ergebnis stichhaltig sind und einer gerichtlichen (materiellen) Überprüfung standhalten, ist in diesem Zusammenhang ohne Belang, sondern eine Frage der materiellen Rechtmäßigkeit der sofortigen Vollziehung.[502] Es reicht nicht aus, wenn nur überhaupt (irgend)eine Begründung vorhanden ist; vielmehr muss sie sich am Zweck der gesetzlichen Regelung orientieren. So reichen insbesondere formelhafte Ausführungen oder solche, die lediglich die gesetzlichen Voraussetzungen des Sofortvollzugs umschreiben, hierfür ebenso wenig aus wie allgemeine und daher nichts sagende Wendungen. Das für die sofortige Vollziehung erforderliche Interesse ist ein **qualitativ anderes Interesse als das Interesse am Erlass** und der Durchsetzung des Verwaltungsakts. Zur Begründung des besonderen Vollziehungsinteresses müssen deshalb regelmäßig andere Gründe angeführt werden, als sie zur Rechtfertigung des zu vollziehenden Verwaltungsakts herangezogen wurden. Ausnahmen vom Erfordernis, den Sofortvollzug generell auf andersartige als die den Verwaltungsakt tragenden Gesichtspunkte zu stützen, sind allerdings möglich. Begründet wird dies zum Teil damit, dass sonst die Vollziehbarkeit letztlich von der zufällig weiteren oder engeren Fassung der Eingriffsermächtigungen abhängen würde und eine Vollzugsanordnung gerade in Fällen ausgeschlossen wäre, in denen der Gesetzgeber aus rechtsstaatlichen Erwägungen besonders enge Voraussetzungen bereits für den Erlass des Verwaltungsakts festgelegt hat.[503] Gerade wenn ein Verwaltungsakt nur nach einer umfassenden Abwägung der für und wider das Vorhaben streitenden öffentlichen und privaten Belange erlassen werden darf, könne es im Einzelfall geboten sein, die bereits für den Erlass des Verwaltungsakts selbst maßgebenden Erwägungen auch in die für die Vollzugsanordnung anzustellende Interessenabwägung mit einzustellen. Müsste die Vollzugsanordnung notwendigerweise auf andere als die den Verwaltungsakt selbst tragenden Gesichtspunkte gestützt werden, könnte nämlich ein auf einer umfassenden Interessenabwägung beruhender Bescheid entgegen § 80 Abs. 2 Nr. 4 VwGO niemals für sofort vollziehbar erklärt werden. Das besondere öffentliche Vollzugsinteresse kann sich auch bereits aus der Art der getroffenen Maßnahme ergeben, wenn diese ihrerseits schon aus Gründen der Dringlichkeit geboten ist und sich aus der dortigen Begründung die besondere Dringlichkeit der sofortigen Vollziehung und die insoweit vorgenommene Interessen-

[500] BW VGH vom 27. 6. 1991 BRS 52 Nr. 231; Bay VGH vom 23. 11. 1984 BRS 42 Nr. 221; OVG M-V vom 2. 11. 1993 NVwZ 1995, 608; OVG Nds vom 10. 5. 1994 BRS 56 Nr. 208.

[501] OVG Schl-H vom 19. 6. 1991 NVwZ 1992, 689.

[502] Hess VGH vom 31. 5. 1990 NVwZ 1991, 88.

[503] BW VGH vom 31. 1. 1984 NVwZ 1985, 58; Hess VGH vom 31. 5. 1990 NVwZ 1991, 88 relativ großzügig, in dieser Allgemeinheit abgelehnt von OVG Schl-H vom 19. 6. 1991 NVwZ 1992, 689.

abwägung erkennen lassen.[504] In einem solchen Fall empfiehlt sich eine ausdrückliche Feststellung, dass in den Gründen für den Erlass des Verwaltungsakts auch das besondere Interesse am Sofortvollzug gesehen wird. Im **gerichtlichen Verfahren** wird eine behördliche Anordnung, die diesen Anforderungen nicht genügt, ohne weitere inhaltliche Prüfung allein aus formellen Gründen aufgehoben.[505] Die Behörde ist dann nicht gehindert, eine neue, ordnungsgemäße Anordnung zu erlassen. Umstritten ist, ob die Behörde noch im gerichtlichen Verfahren die Begründung mit quasi heilender Wirkung **nachschieben** kann.[506] Dafür spricht die Prozessökonomie und die Anlehnung an die Rechtsgedanken in § 45 Abs. 1 Nr. 2 VwVfG und die Neuregelung in § 114 S. 2 VwGO, die nicht die formale, sondern die inhaltliche Begründung betrifft. Dagegen zu halten ist, dass der mit dem Erfordernis der schriftlichen Begründung auch verfolgte Zweck, die Behörde zu zwingen, sich des Ausnahmecharakters der Vollzugsanordnung bewusst zu werden, nicht erreicht werden kann.[507] Sie soll veranlasst werden, mit Sorgfalt zu prüfen, ob tatsächlich ein überwiegendes Vollziehungsinteresse den Ausschluss der aufschiebenden Wirkung erfordert. Andernfalls könnte die Behörde sogar die Stellung des Antrags nach § 80 Abs. 5 VwGO an das Gericht abwarten und hätte Gelegenheit, dort die Gründe nachzuschieben, ohne sich vorher eingehend hiermit auseinander setzen zu müssen. Ferner soll die Darlegung der Gründe dem Betroffenen ermöglichen, die Notwendigkeit des Sofortvollzugs selbst zu beurteilen und sein Verhalten danach einzurichten. Erst durch Kenntnis der Gründe, die die Behörde zu der Anordnung veranlasst haben, kann er seine Rechte wirksam wahrnehmen und die Erfolgsaussichten eines Rechtsbehelfs abschätzen.

Ebenfalls formeller Natur ist die Frage der **Anhörung** vor Erlass einer Anordnung der 399
sofortigen Vollziehung neben der Anhörung zur Beseitigungsanordnung an sich. Auszugehen wäre mangels VA-Qualität der Anordnung von einer analogen Anwendung des § 28 VwVfG. Die Rechtsprechung hierzu ist nicht einheitlich, im Hinblick auf die wohl abschließende Regelung in § 80 Abs. 3 VwGO, worin an formellen Kriterien nur die Begründung angeführt ist, erscheint eine gesonderte Anhörung hierfür entbehrlich.[508] Für eine abschließende, eine Anhörungspflicht ausschließende Regelung der VwGO spricht der Umstand, dass sich der Gesetzgeber in § 80 VwGO mit verfahrensrechtlichen Erfordernissen der Vollzugsanordnung, die dem Schutze des Betroffenen dienen, auseinander gesetzt hat und eine ausdrückliche Regelung getroffen hat. Das zeigt die in § 80 Abs. 3 Satz 1 VwGO vorgeschriebene schriftliche Begründung des besonderen Interesses an der sofortigen Vollziehung. Hätte der Gesetzgeber die verfahrensrechtliche Rechtsstellung des von der Vollziehung Betroffenen darüber hinaus durch eine Anhörungspflicht verstärken wollen, so hätte es sich aufgedrängt, dieses, ebenso wie die besonders erwähnte schriftliche Begründung, ausdrücklich vorzuschreiben. Ferner ergibt sich aus einer Zusammenschau von § 28 und § 45 VwVfG, dass sich das Anhörungserfordernis nur auf Verwaltungsakte bezieht, die im Wege von Widerspruch und Anfechtungsklage angegriffen werden können, nicht aber mittels Antrag nach § 80 Abs. 5 VwGO. Außerdem kann die Anordnung der sofortigen Vollziehung zudem bedeutend einfacher und schneller korri-

---

[504] BW VGH vom 31. 1. 1984 NVwZ 1985, 58 für ein Beweidungsverbot aus Gründen der Erhaltung des ökologischen Status quo; OVG Schl-H vom 19. 6. 1991 NVwZ 1992, 689 unter sehr engen Voraussetzungen.

[505] BW VGH vom 25. 8. 1976 NJW 1977, 165: Aufhebung der Anordnung; mit deren Wegfall kommt dem Widerspruch wieder aufschiebende Wirkung zu; Bay VGH vom 24. 2. 1988 BayVBl. 1989, 117 und Hess VGH vom 31. 5. 1990 NVwZ 1991, 88 lassen offen, ob Aufhebung der Vollzugsanordnung oder Wiederherstellung der aufschiebenden Wirkung; Bay VGH vom 18. 10. 1974 BayVBl. 1975, 20: Wiederherstellung der aW.

[506] Verneinend Bay VGH vom 24. 2. 1988 BayVBl. 1988, 117; OVG Rh-Pf vom 30. 1. 1985 NVwZ 1985, 919: jedenfalls dann ausgeschlossen, wenn der Betroffene das VG angerufen hat oder eine Frist abgelaufen ist (allerdings noch unter Geltung der ursprünglichen Regelung in § 45 Abs. 2 VwVfG).

[507] So OVG Rh-Pf vom 30. 1. 1985 NVwZ 1985, 919.

[508] BW VGH vom 30. 8. 1990 NVwZ 1991,491; OVG Nds vom 28. 4. 1989 DVBl. 1989, 887; OVG Rh-Pf vom 25. 11. 1987 NVwZ 1988, 748; Hess VGH vom 30. 1. 1997 BRS 59 Nr. 214: offen gelassen, zumindest nachholbar; OVG Schl-H vom 2. 9. 1992 NVwZ-RR 1993, 587.

giert werden als der Verwaltungsakt selbst. Im Gegensatz zum Verwaltungsakt bezweckt die Anordnung auch nicht den Abschluss einer Verwaltungssache, sondern betrifft nur einen Teil einer Verwaltungssache, nämlich die Frage, ob eine Regelung bereits vor Bestandskraft vollzogen werden kann. Schließlich ist es aus rechtsstaatlichen Gründen **nicht erforderlich**, dass der Betroffene vor Erlass der Vollzugsanordnung die Möglichkeit erhält, zur Wahrung seiner Rechte Einfluss auf die Verwaltungsentscheidung zu nehmen, da er bereits vor dem Erlass des Verwaltungsakts angehört wurde und daher mit der Möglichkeit eines Sofortvollzugs rechnen muss. Von der Vollzugsanordnung gehen auch weniger weit reichende Wirkungen aus als von dem Verwaltungsakt, auf den sie sich bezieht; außerdem lassen sich diese Wirkungen einfacher und schneller beseitigen als diejenigen des Grundverwaltungsaktes: Die Vollzugsanordnung kann anders als der für vollziehbar erklärte Verwaltungsakt nicht bestandskräftig werden. Der Betroffene kann nach § 80 Abs. 4 Satz 1 und Abs. 5 Satz 1 VwGO ohne Fristbegrenzung den Antrag auf Wiederherstellung der aufschiebenden Wirkung stellen. Es handelt sich in beiden Fällen um Verfahren, in denen eine einfachere und schnellere Korrektur der Verwaltungsentscheidung möglich ist als in dem gegen den Verwaltungsakt selbst gerichteten Hauptsacheverfahren. Dem Betroffenen kommt zudem in dem gerichtlichen Verfahren nach § 80 Abs. 5 VwGO zugute, dass das Gericht – anders als in einem Hauptsacheverfahren – auf Grund einer eigenständigen Ermessensentscheidung über die Anordnung der sofortigen Vollziehung entscheiden kann.

400 Mangels entsprechender Regelung in § 80 VwGO, wie z. B. in § 73 Abs. 3 VwGO für den Widerspruchsbescheid, bedarf es keiner **Rechtsbehelfsbelehrung**. Ein Hinweis für den rechtsunkundigen Bürger auf die Möglichkeit des Antrags nach § 80 Abs. 5 VwGO ist aber empfehlenswert. Ein solcher Antrag kann bereits vor Erhebung der Anfechtungsklage bei Gericht gestellt werden, setzt aber voraus, dass Widerspruch gegen die Beseitigungsanordnung eingelegt wurde. Der Antrag dient nämlich nur dazu, die Wirkungen der Anordnung nach § 80 Abs. 2 Nr. 4 VwGO zu beseitigen, also die grundsätzlich gemäß § 80 Abs. 1 S. 1 bestehende aufschiebende Wirkung wiederherzustellen. Dies setzt aber voraus, dass sie durch Einlegung eines Widerspruchs überhaupt erst eintreten kann.

b) Einzelfälle

401 Im Grundsatz kommt eine sofortige Vollziehung von Beseitigungsverfügungen **seltener** in Betracht. Wegen der **Irrevisibilität** der Folgen für den Betroffenen muss aus Gründen des effektiven Rechtsschutzes Sicherheit über die Rechtmäßigkeit der Beseitigungsanordnung bestehen, bevor mit dem Abbruch begonnen wird. Generell ist bei jeder Entscheidung über die Anordnung der sofortigen Vollziehung eines Verwaltungsakts davon auszugehen, dass die **sofortige Vollziehung die Ausnahme** und die aufschiebende Wirkung die Regel ist. Dieser – letztlich im Verfassungsrecht (Art. 19 Abs. 4 GG) wurzelnde – Grundsatz des verwaltungsgerichtlichen Verfahrens soll einen effektiven Rechtsschutz für den Bürger gewährleisten und zu diesem Zweck insbesondere verhindern, dass durch die sofortige Vollziehung Tatsachen geschaffen werden, bevor dieser Verwaltungsakt in verwaltungsgerichtlichen Verfahren auf seien Rechtmäßigkeit überprüft werden konnte. Daraus folgt, dass ein besonderes Interesse an der sofortigen Vollziehung bestehen muss, d. h. die Vollziehung auch unter Beachtung der verfassungsrechtlichen Garantie effektiven Rechtsschutzes keinen Aufschub vertragen darf. Was die sofortige Vollziehung von Beseitigungsanordnungen anlangt, kommt dem Umstand erhebliche Bedeutung zu, dass durch die Beseitigung baulicher Anlagen jedenfalls häufig Zustände geschaffen werden, die nicht mehr oder nur mit erheblichen Aufwendungen rückgängig gemacht werden können.[509] Mit Rücksicht auf die gewichtigen Auswirkungen eines solchen Eingriffs **überwiegt das Interesse des Ordnungspflichtigen** an der Erhaltung

---

[509] Grundlegend hierzu Bay VGH vom 23. 11. 1984 BRS 42 Nr. 221; OVG Thür vom 13. 5. 1997 BRS 59 Nr. 211.

des Suspensiveffektes regelmäßig das öffentliche Interesse daran, die Bausubstanz bzw. die bauliche Anlage sofort beseitigen und ggf. den früheren Zustand wiederherstellen zu lassen. Die Entscheidung in der Hauptsache soll grundsätzlich dem Hauptverfahren vorbehalten bleiben; andernfalls könnte die Entscheidung über den sofortigen Vollzug sonst dem förmlichen Klageverfahren in unangemessener Weise vorgreifen. Bei Beachtung dieser Grundsätze wird die sofortige Vollziehung einer Abbruchsanordnung in der Regel nicht im öffentlichen Interesse liegen, da durch den Abbruch das Ergebnis der Hauptsache vorweggenommen würde. Selbstverständlich wird es aber immer wieder Situationen geben, in denen ein sofortiger Abbruch erforderlich und sinnvoll ist. In Anlehnung an den HessVGH[510] können hierzu **Fallgruppen** herausgebildet werden, ohne dass diese aber Vollständigkeit für sich in Anspruch nehmen könnten. Hinzuweisen ist auch darauf, dass sich eine schematische Anwendung verbietet, da diese Fallgruppen dem konkreten Einzelfall mit seinen Besonderheiten nicht gerecht werden könnten.

Die Anordnung der sofortigen Vollziehung ist danach **in folgenden Fällen** denkbar:

- Wenn die Beseitigung einem Nutzungsverbot gleichgestellt werden kann, weil sie **ohne Substanzverlust** und andere hohe Kosten zu bewerkstelligen ist. Sobald aber durch die Beseitigung ein wesentlicher Substanzverlust eintritt, liegt eine sofortige Vollziehung der Abbruchverfügung in der Regel nicht im öffentlichen Interesse.[511] Hier darf jedoch keine zwangsläufige Automatik entstehen, denn dann würde derjenige privilegiert, der sich bewusst über das Gesetz hinwegsetzt und massiv genug gebaut hat. Anders kann es auch zu beurteilen sein, wenn das Vorhaben formell und offensichtlich materiell rechtswidrig ist. Im Einzelfall kann dann trotz Substanzverlust eine sofortige Vollziehung geboten sein. Im umgekehrten Falle kann die Anordnung der sofortigen Vollziehung eines Beseitigungsgebotes allein wegen Verstoßes gegen formelles Baurecht gerechtfertigt sein, wenn das Beseitigungsgebot keinen schwerer wiegenden Eingriff als ein Nutzungsverbot darstellt, wie zum Beispiel bei Werbeanlagen.[512] Bei solchen Anlagen kommt hinzu, dass der Zeitgewinn, der mit der aufschiebenden Wirkung eines Rechtsmittels verbunden wäre, dazu führt, dass die rechtlichen oder wirtschaftlichen Vorteile der angemaßten Rechtsposition bis zum Abschluss des Verfahrens bereits gänzlich oder überwiegend verwirklicht werden können. Das Interesse der Aufsteller an der Nichtvollziehung besteht nur darin, bis zur Entscheidung in der Hauptsache Gewinne aus der ungenehmigten Anlage zu ziehen. § 80 Abs. 1 VwGO ist nicht dazu bestimmt, formelle Ordnungsverstöße des Bürgers vor hoheitlichen Gegenmaßnahmen abzuschirmen, bis die materielle Rechtslage geklärt ist. Der Bürger käme in den Genuss eines anders nicht erzielbaren wirtschaftlichen Nutzens und könnte Vorteile genießen, deren sich der gesetzestreue Staatsbürger in gleicher Lage nicht erfreuen kann.
- Wenn ein beharrlicher und **notorischer Schwarzbauer** nur auf diese Weise Erfolg versprechend an der Fortsetzung seiner rechtswidrigen Betätigung gehindert werden kann.[513]
- Wenn von einer Anlage eine **negative Vorbildwirkung** ausgegangen ist oder nach den Umständen des Einzelfalles auszugehen droht, die eine Nachahmung schon bis zum bestandskräftigen oder rechtskräftigen Abschluss der Hauptsache befürchten lässt, und zwar in solchem Maße, dass der Ausweitung der Störung der öffentlichen Sicherheit oder Ordnung rasch vorgebeugt werden muss, kann dies die sofortige Vollziehbarkeit

---

[510] Hess VGH vom 28. 1. 1992 MDR 1992, 915.

[511] Bay VGH vom 23. 11. 1984 BRS 42 Nr. 221; OVG M-V vom 2. 11. 1993 NVwZ 1995, 608; OVG Nds vom 10. 5. 1994 BRS 56 Nr. 208; OVG NRW vom 23. 1. 1997 Az. 7 B 3154/96; OVG Schl-H vom 28. 8. 1992 BRS 54 Nr. 208; OVG Thür vom 13. 5. 1997 BRS 59 Nr. 211.

[512] OVG Hamb vom 14. 11. 1983 BRS 40 Nr. 173; Hess VGH vom 10. 8. 1982 HessVGRspr. 1983, 12; OVG Nds vom 8. 7. 1985 BRS 44 Nr. 202; OVG NRW vom 13. 9. 1996 BRS 58 Nr. 128; OVG Sachs vom 16. 2. 1993 SächsVBl. 1993, 161; für Anordnung der sofortigen Vollziehung auch Bay VGH vom 18. 12. 1995 NVwZ 1997, 201.

[513] Hess VGH vom 19. 7. 1984 BRS 42 Nr. 222; OVG NRW vom 10. 5. 1989 BRS 49 Nr. 231; OVG Thür vom 13. 5. 1997 BRS 59 Nr. 211.

rechtfertigen.[514] Hierfür bedarf es aber konkreter Anhaltspunkte; die allgemeine Befürchtung, es könnten weitere Fälle auftreten, ist nicht ausreichend.[515] Zur Verhinderung weiterer Bezugsfälle ist eine sofort vollziehbare Beseitigungsanordnung nicht unbedingt erforderlich, denn die Tatsache, dass die Beseitigungsanordnung noch nicht vollzogen werden kann, steht dem bauaufsichtlichen Einschreiten gegen andere im Widerspruch zum öffentlichen Recht entstehende bauliche Anlagen nicht entgegen. Den Verwaltungsbehörden stehen andere Rechtsinstitute zur Verfügung, wie etwa eine Baueinstellung, um zu verhindern, dass neue rechtswidrige bauliche Anlagen errichtet werden. Maßgebend sind immer die konkreten Umstände des Einzelfalls. Bei offensichtlich rechtswidrigen (baulich einfachen) Anlagen wie etwa **Wochenendhäusern** im Außenbereich ist die Vorbildwirkung sicher größer als in einem dicht bebauten Innenbereich.[516] Gerade in stadtnahen Randlagen geht von diesen illegalen Baulichkeiten im Außenbereich die Gefahr einer Breitenentwicklung aus, wodurch immer stärker Zersiedelungsvorgänge eingeleitet und verfestigt werden. Wochenendhäuser, Wohnwagen, Freizeithütten und entsprechende Einfriedungen sind auch deshalb besonders nachahmungsanfällig, weil sie verhältnismäßig einfach, nicht übermäßig teuer und in kurzer Zeit durchgeführt werden können. Die sofortige Vollziehung kann dann gerechtfertigt sein, wenn die Bauaufsichtsbehörde baurechtswidrigen Entwicklungen auf andere Weise voraussichtlich nicht Erfolg versprechend Einhalt gebieten kann, z. B. wenn sich die illegale Bautätigkeit in einem Gebiet fortzusetzen droht. In einem solchen Fall ist ein durchgreifendes und schnelles Einschreiten sowohl aus spezialpräventiven als auch generalpräventiven Gründen, d. h. zur Abschreckung des Einzelnen und als Vorbeugung gegen die weitere gesetzwidrige Entwicklung, gerechtfertigt. Dies wird immer dann der Fall sein, wenn für unbeteiligte Dritte der Anschein erweckt wird, legal zu sein, oder der Eindruck entsteht, gegen eine solche schwarz errichtete Anlage werde nichts unternommen. In Fällen offensichtlicher Illegalität, die diese Vorhaben im Außenbereich zumeist darstellen, wird auch nicht das Ergebnis der Hauptsache in unangemessener Weise vorweggenommen. Der Grundsatz der Verhältnismäßigkeit wird hierdurch nicht verletzt, denn mit einer bloßen Nutzungsuntersagung kann der Erfolg nicht erreicht werden; für einen außerhalb stehenden Beobachter wird sie regelmäßig nicht erkennbar sein.

- Wenn die vom Bauwerk ausgehende Gefahr für die öffentliche Sicherheit und Ordnung ein sofortiges Einschreiten durch Beseitigen der baulichen Anlagen erfordert. Bei **konkreten Gefahren für Leib, Leben oder bedeutende Sachwerte**, etwa durch Einsturzgefahr oder für Verkehrsteilnehmer, ist dies allgemeine Meinung. Einer angemaßten Rechtsposition kommt in einem solchen Fall kein besonderer Vertrauensschutz zu.[517]
- Ferner wird das Besondere öffentliche Interesse bei der Beseitigung von nicht genehmigungsfähigen Bauwerken in **landschaftlich reizvollen Gegenden** in der Regel bejaht. Dringlichkeit kann sich auch aus eigentümlichen Lebensräumen für das Pflanzenwachstum und der Notwendigkeit ergeben, die natürlichen Verhältnisse aus ökologischen Gründen baldmöglichst wiederherzustellen und weitergehenden Schaden abzuwenden.[518]

402 Wenn die Behörde zunächst über einen **längeren Zeitraum** (mehr als ein Jahr) zuwartet, bis sie eine Beseitigungsanordnung erlässt, ist der Sofortvollzug nicht ohne weiteres

[514] OVG M-V vom 2. 11. 1993 NVwZ 1995, 608; OVG Nds vom 10. 5. 1994 BRS 56 Nr. 208; OVG NRW vom 13. 9. 1996 BRS 58 Nr. 128; OVG Thür vom 13. 5. 1997 BRS 59 Nr. 211.

[515] Bay VGH vom 23. 11. 1984 BRS 42 Nr. 221; OVG NRW vom 12. 1. 1998 NVwZ 1998, 977.

[516] Ausführlich hierzu OVG Rh-Pf vom 21. 5. 1985 NVwZ 1985, 666; OVG M-V vom 2. 11. 1993 NVwZ 1995, 608.

[517] Bay VGH vom 18. 12. 1995 NVwZ 1997, 201; OVG Bremen vom 13. 1. 1995 Az. 1 B 140/94; OVG M-V vom 2. 11. 1993 NVwZ 1995, 608; OVG Nds vom 10. 5. 1994 BRS 56 Nr. 208; OVG NRW vom 10. 5. 1989 BRS 49 Nr. 231; OVG Thür vom 13. 5. 1997 BRS 59 Nr. 211.

[518] Bay VGH vom 13. 1. 1997 BRS 59 Nr. 212; Hess VGH vom 28. 1. 1992 NVwZ-RR 1993, 13; OVG Nds vom 31. 8. 1993 BRS 55 Nr. 206; OVG Schl-H vom 27. 5. 1998 NordÖR 1998, 454.

möglich. Ein solches Verhalten deutet in der Regel darauf hin, dass die Behörde selbst davon ausgeht, dass an der sofortigen Beseitigung der ungenehmigt errichteten Bauwerke kein besonderes öffentliches Interesse besteht; denn eine Behörde darf nicht zunächst jahrelang in Kenntnis der Situation untätig bleiben und sich dann beim Erlass einer Beseitigungsanordnung darauf berufen, dass das öffentliche Interesse den durch eine gerichtliche Überprüfung bedingten Aufschub der Beseitigung nicht gestatte. In entsprechend begründeten Ausnahmefällen ist die sofortige Vollziehung allerdings durchaus möglich, so wenn das besondere öffentliche Interesse an der unverzüglichen Beseitigung erst nachträglich offenbar geworden ist, nachdem eine Reihe von Interessenten dem **Beispiel gefolgt** ist und in maßgeblichen Gebiet weitere rechtswidrige Bauten errichtet werden. Würde die dann erlassene Beseitigungsanordnung nicht alsbald vollstreckt, so würde sich auch die tatsächliche Beseitigung der später hinzugekommenen Gebäude verzögern. Die rechtswidrigen Zustände wären auf nicht absehbare Zeit vorhanden und immer mehr Leute würden zur Errichtung ähnlicher ungenehmigter Bauwerke verleitet.[519]

Die Stellung eines **nachträglichen Bauantrags** hindert grundsätzlich eine Anordnung 403
der sofortigen Vollziehung nicht.[520] Ein solcher ist nicht geeignet, das öffentliche Interesse am Sofortvollzug des Nutzungsverbots anders zu gewichten und im Ergebnis hintanzustellen. Eine formell illegale Nutzung in Verbindung mit einem daraus folgenden gerichtlichen Eilverfahren ist kein rechtlich zulässiger Hebel, um einstweilen bevorzugt so gestellt zu werden, als hätte man eine die formelle Illegalität ausschließende Baugenehmigung in Händen.

Nach § 80 Abs. 4 VwGO kann die Behörde die Vollziehung wieder aussetzen. Auf 404
Antrag kann ferner das Gericht nach § 80 Abs. 5 VwGO die aufschiebende Wirkung wiederherstellen. Im **gerichtlichen Verfahren** trifft das Gericht auf Grund der sich im Zeitpunkt seiner Entscheidung darstellenden Sach- und Rechtslage eine eigene – originäre – Ermessensentscheidung darüber, welche Interessen höher zu bewerten sind: Die, die für einen sofortigen Vollzug des angefochtenen Verwaltungsakts, oder die, die für die Anordnung/Wiederherstellung der aufschiebenden Wirkung streiten. Das Gericht nimmt somit eine eigene Interessenbewertung, ohne dass es auf die Überprüfung der von der Behörde angegebenen Gesichtspunkte beschränkt wäre.[521] Im Rahmen dieser Interessenabwägung sind auch die **Erfolgsaussichten des Rechtsbehelfs** in der Hauptsache zu berücksichtigen. Sie sind ein wesentliches, aber nicht das alleinige Indiz für und gegen den gestellten Antrag. Wird der in der Hauptsache erhobene Rechtsbehelf bei der im einstweiligen Rechtsschutzverfahren nur möglichen summarischen Prüfung voraussichtlich erfolgreich sein (weil er zulässig und begründet ist), so wird wohl nur die Wiederherstellung der aufschiebenden Wirkung in Betracht kommen. Wird dagegen der in der Hauptsache erhobene Rechtsbehelf voraussichtlich keinen Erfolg haben (weil er unzulässig oder unbegründet ist), so ist dies ein starkes Indiz für die Ablehnung des Antrages auf Wiederherstellung der aufschiebenden Wirkung.

6. Vollstreckung

Mit wenigen Ausnahmen sind gesonderte Zwangsmittel bei der Beseitigungsanord- 405
nung nicht aufgeführt, so dass auf die **allgemeinen Vollstreckungsgesetze** der einzelnen Länder zurückgegriffen werden muss. Vollstreckungsvoraussetzung sind auch eventuell erforderliche Duldungsanordnungen. Die Festsetzung eines Zwangsmittels ist in der Regel nur dann rechtmäßig, wenn dem Pflichtigen zuvor eine **Frist** zur Vornahme der

[519] OVG Schl-H vom 6. 12. 1994 Az. 1 M 70/94: „... verliert die Bauaufsichtsbehörde dadurch, dass sie eine längere Zeit von der Anordnung des Sofortvollzuges und der Ausübung von Zwangsmitteln absieht, nicht die Befugnis, zu der Anordnung des Sofortvollzuges doch noch überzugehen. Einer besonderen Begründung hierfür bedurfte es nicht."

[520] Hess VGH vom 30. 1. 1997 BRS 59 Nr. 214.

[521] Hess VGH vom 31. 5. 1990 NVwZ 1991, 88.

ihm aufgegebenen Handlung gesetzt worden ist.[522] Wenn keine sofortige Vollziehung angeordnet ist, bedarf es einer Frist, die mit Bestandskraft zu laufen beginnt, denn andernfalls besteht die Gefahr, dass die gesetzte Frist im Zeitpunkt der Bestandskraft bereits abgelaufen ist. In diesem Falle müsste erneut Frist gesetzt werden.

406 Das **Vorliegen aller Vollstreckungsvoraussetzungen** ist zwar noch nicht im Zeitpunkt der Androhung des Zwangsmittels erforderlich, spätestens jedoch mit Fristablauf, so z. B. unanfechtbare bzw. sofort vollziehbare Duldungsanordnungen.[523] Ebenso wenig wie dies die Rechtmäßigkeit der Beseitigungsanordnung selbst berührt,[524] hat es bis Fristablauf aus Gründen der Praktikabilität auf die Rechtmäßigkeit der Androhung Auswirkungen. Sollten die Voraussetzungen bei Fristablauf nicht vorliegen, muss das Zwangsmittel nochmals angedroht werden. Einwendungen des Betroffenen, die erst eingetreten sind, nachdem der Grundverwaltungsakt, die Beseitigungsanordnung, bestandskräftig geworden ist, können gegen die Vollstreckung nach dem jeweiligen Landesvollstreckungsrecht geltend gemacht werden. Hier kommen die allgemeinen vollstreckungsrechtlichen Regelungen zum Tragen. Das Gleiche gilt für Rechtsmittel gegen die Vollstreckung an sich, die nicht in der Beseitigungsanordnung ihre Grundlage haben. Die Vollstreckung kann unzulässig sein, wenn sie zu einer Gefahr für die öffentliche Sicherheit und Ordnung oder **Leib oder Leben eines Betroffenen** führen würde.[525] Ein solches Vollstreckungshindernis kann sich zum Beispiel ergeben, wenn der Vollzug der Anordnung zur Obdachlosigkeit führen würde. Dies ist eine Gefahr für ein wichtiges Rechtsgut, nämlich die Gesundheit eines Menschen. Eine solche Gefahrenlage machte es dem Betroffenen bereits bei Erlass der Festsetzungsverfügung unmöglich, der zugrunde liegenden Beseitigungsanordnung nachzukommen. Wurde die Beseitigungsanordnung in einem **gerichtlichen Vergleich** (teilweise) geändert, so ist Grundlage der Vollstreckung allein der Prozessvergleich. Die Vollstreckung obliegt in einem solchen Fall den Gerichten und nicht mehr der Behörde.[526]

407 Bei **mehreren zu beseitigenden Objekten** muss aus Gründen der Bestimmtheit und Vollstreckbarkeit für jedes eine gesonderte Androhung ausgesprochen werden.[527]

408 Bei **Zwangsgeld** ergibt sich das wirtschaftliche Interesse des Betroffenen sowohl aus dem Nutzen, den er aus der rechtswidrigen Anlage zieht, als auch aus den Beseitigungskosten. Von der Rechtsprechung wurden zum Beispiel bestätigt Zwangsgelder in Höhe von 3500 € für **Wochenendhäuschen** (5,6 m × 4,7 m × 2,25 m/2,45 m), 500 € für Toilettenhäuschen (1 m × 1 m × 2 m), 1000 € für Aufschüttung (29 m × 6/9 m × 3,5/2,0 m).[528] Für einen Kiosk mit gewerblich genutzter Fläche von 42 m^2 wurden 1000 € bei erneuter Zwangsgeldandrohung als angemessen anerkannt.[529] Hinsichtlich einer **Werbetafel** mit einem Zeitwert der Anlage einschließlich der für ihre Beseitigung anfallenden Kosten in Höhe von 250 € wurde ein Zwangsgeld von 2000 € für zu hoch angesehen.[530] Das Zwangsgeld sei unverhältnismäßig, da es in keiner vernünftigen Relation zur Bedeutung der Angelegenheit stehe, sondern sich nur als Sanktion für die illegale Errichtung der Werbetafel verstehen lasse. Zwar erscheine es im Hinblick auf den bezweckten Beugecharakter durchaus sachgerecht, neben dem Substanzwert der Anlage auch den durch eine

---

[522] Bay VGH vom 24. 9. 1985 BayVBl. 1986, 176; OVG Hamb vom 18. 6. 1985 HmbJVBl. 1986, 3; OVG M-V vom 18. 6. 1996 NVwZ-RR 97, 762.

[523] Bay VGH vom 30. 3. 1977 BayVBl. 1977, 403; a. A. OVG Nds vom 11. 2. 1985 BRS 44 Nr. 208: Androhung erste Maßnahme des Vollzugs und OVG NRW vom 13. 2. 1987 BRS 47 Nr. 193.

[524] Hierzu oben Rn. 67 ff.

[525] OVG NRW vom 10. 10. 1996 NVwZ-RR 1998, 76.

[526] Bay VGH vom 17. 2. 1987 BRS 47 Nr. 204.

[527] A. A. Bay VGH vom 24. 11. 1976 BayVBl. 1977, 180: Die Behörde kann ein einheitliches Zwangsgeld androhen, das (auch) dann fällig werden soll, wenn (nur) eines der Objekte nicht rechtzeitig entfernt wird. Ebenso Bay VGH vom 22. 4. 1992 NJW 1993, 82.

[528] Bay VGH vom 25. 11. 1997 NuR 1998, 372.

[529] Bay VGH vom 14. 4. 1997 BayVBl. 1998, 185.

[530] OVG Sachs vom 17. 3. 1997 BRS 59 Nr. 138.

weitere Nutzung erzielbaren Gewinn in Betracht zu ziehen. Insoweit sei jedoch nur der Zeitraum ab Fristablauf zu berücksichtigen, bis zu dem mit einer Festsetzung des Zwangsgeldes gerechnet werden könne, und zu beachten, dass zugleich unter erneuter Fristsetzung die Androhung weiterer Zwangsgeldfestsetzungen erfolgen könne.

7. Zeitliche Geltung

Mit einer später erteilten **Baugenehmigung** verliert die vorherige Beseitigungsanordnung ihre Wirkung; sie hat sich erledigt. Der Betroffene kann ihre Aufhebung verlangen. Nach der Rechtsprechung des Bundesverwaltungsgerichts[531] ist die Hauptsache erledigt, wenn die Klage nachträglich aus dem Kläger nicht zurechenbaren Gründen unzulässig oder unbegründet wurde, wenn also das Rechtsschutzziel aus Gründen, die nicht in der Einflusssphäre des Klägers liegen, in dem Prozessverfahren nicht mehr zu erlangen ist, weil es entweder bereits außerhalb des Prozesses erreicht wurde oder überhaupt nicht mehr erreicht werden kann. Wurde während des gerichtlichen Verfahrens gegen eine Beseitigungsanordnung auf Grund geänderter Rechtslage die bauaufsichtliche Genehmigung erteilt, macht dieses Ereignis das ursprüngliche Begehren „gegenstandslos" im Sinne der Rechtsprechung des Bundesverwaltungsgerichts. Dass sich das Begehren nicht im strengen Sinne des Wortes „erledigt" hat, ändert nichts an der grundlegenden Wende, die das Verfahren infolge der Erteilung der Genehmigung genommen hat. Dadurch wird die **Fortführung der Klage** gegen die Beseitigungsanordnung **sinnlos**, weil die Anordnung nun schon wegen der erteilten Genehmigung, solange diese Bestand hat, rechtswidrig ist. Denn mit der Genehmigung wird festgestellt, dass das Vorhaben mit dem geltenden öffentlichen Recht übereinstimmt. Erledigung tritt auch mit vollständiger Beseitigung, also Erfüllung der Anordnung, ein. Umgekehrt tritt keine Erledigung ein, wenn der Betroffene die zu beseitigende Anlage weiter ausbaut und einen Massivbau errichtet.[532] 409

Die Behörde muss die Beseitigungsanordnung insoweit „unter Kontrolle halten", dass sie **Änderungen der maßgeblichen Sach- und Rechtslage** Rechnung trägt. Unter diesem Blickwinkel kann eine Beseitigungsanordnung ermessensfehlerhaft und damit rechtswidrig werden, wenn die Baugenehmigungsbehörde nach Errichtung des formell und materiell illegalen Gebäudes, das beseitigt werden soll, in unmittelbarer Nachbarschaft ein ebenso zu beurteilendes Vorhaben genehmigt hat. Gerade wenn eine Beseitigungsanordnung lange nicht vollstreckt wird, kann sich in der Zeit nach Eintritt der Bestandskraft die Sachlage in einer Weise verändert haben, die die Verfügung als nunmehr rechtswidrig geworden erscheinen lässt.[533] Bei der Beseitigungsanordnung handelt es sich somit – solange die Anlage tatsächlich noch nicht beseitigt ist – um einen Verwaltungsakt mit **Dauerwirkung**, denn sie gebietet bis auf Weiteres die Vornahme der angeordneten Handlung.[534] Im Falle der verwaltungsgerichtlichen Anfechtung eines solchen Gebots ist daher nicht nur zu prüfen, ob es im Zeitpunkt des Abschlusses des Verwaltungsverfahrens rechtmäßig war, sondern, wenn dies zu bejahen ist, auch, ob es in der **Folgezeit** rechtmäßig geblieben ist oder wegen Änderung der Sach- und Rechtslage rechtswidrig geworden ist. Anzusetzen ist zwar grundsätzlich beim Zeitpunkt der letzten Behördenentscheidung, spätere Änderungen bis zur mündlichen Verhandlung dürfen jedoch nicht außer Acht bleiben. Es wäre nämlich sinnwidrig, müsste der Bauherr bauliche Anlagen abreißen, deren Wiedererrichtung sogleich nach dem Abriss ihm gestattet werden müsste.[535] Dass eine Rechtsänderung erst in Aussicht steht, genügt allerdings nicht.[536] Im Ausnahmefall hat der BW VGH[537] Unverhältnismäßigkeit der Beseitigung 410

531 BVerwG vom 15. 8. 1988 NVwZ 1989, 48.
532 OVG Saar vom 29. 5. 1985 BRS 44 Nr. 61.
533 BW VGH vom 8. 2. 1988 NJW 1989, 603.
534 OVG Nds vom 31. 3. 1995 NVwZ-RR 1996, 6.
535 BVerwG vom 6. 12. 1985 NJW 1986, 1186.
536 BVerwG vom 6. 12. 1985 Az. 4 C 23 u. 24.83 BBauBl. 1986, 182; Hess VGH vom 2. 4. 1987.
537 Vom 20. 2. 1980 BauR 1980, 346.

angenommen bei mangelnder Erschließung, deren Errichtung und damit Legalisierung der Anlage sich bereits abzeichnete. Hintergrund war hier allerdings ein dem öffentlichen Interesse gegenüberstehender relativ hoher Schaden beim Abbruch des Gebäudes, so dass die Eingriffsfolgen verhältnismäßig schwer wogen, während ein gewichtiges öffentliches Interesse an der alsbaldigen Beseitigung nicht erkennbar war.

411 Nicht eindeutig ist die Rechtsprechung zur Frage, ob sich der Regelungsgehalt der Verfügung sowie der Androhung der Ersatzvornahme im Umfang der irreversiblen **Vollziehung** mit Durchführung der Ersatzvornahme erschöpft hat und der Verwaltungsakt damit insoweit erledigt ist. Der BW VGH bejaht dies in neuerer Rechtsprechung.[538] Daran ändere der Umstand nichts, dass für die Frage des Ersatzes der Vollstreckungskosten von Bedeutung sein könne, ob die vollstreckte Grundverfügung rechtmäßig gewesen sei. Denn die Verpflichtung zur Erstattung der Kosten der Ersatzvornahme werde nicht in der Beseitigungsanordnung geregelt; sie habe ihre rechtliche Grundlage vielmehr allein in der vollstreckungskostenrechtlichen Regelung und werde durch einen gesonderten Kostenbescheid konkretisiert. Die gesetzliche Kostenregelung knüpfe ihrerseits allein an das Vorliegen einer Ersatzvornahme an. Deren Rechtmäßigkeit könne von der Rechtmäßigkeit des vollstreckten Verwaltungsaktes abhängen, sie setze aber nicht die rechtliche Wirksamkeit des Grundverwaltungsaktes auch in der Zeit nach der Ersatzvornahme voraus. Auch als Rechtsgrund einer aufrechtzuerhaltenden Vermögensverschiebung wirke die vollstreckte Beseitigungsanordnung nicht fort, wie dies etwa bei der Vollziehung von Abgabenbescheiden der Fall sei. Vielmehr lasse sich die Beseitigung schon aus tatsächlichen Gründen nicht mehr rückgängig machen, so dass auch Folgenbeseitigungsansprüche ausschieden. Unter diesen Umständen sei für die Annahme einer **fortdauernden Wirksamkeit** der Entsorgungsanordnung nach Auffassung des BW VGH **kein Raum**. Anders argumentieren das OVG NW und das OVG Rh-Pf:[539] Bei einer Ersatzvornahme, also nicht Erfüllung durch den Betroffenen, trete noch keine Erledigung ein. Die Heranziehung des Ordnungspflichtigen zu den Kosten der Ersatzvornahme sei noch Teil der Verwaltungsvollstreckung. Die Ordnungsverfügung als Grundlage der Verwaltungsvollstreckung sei auch Voraussetzung dafür, den Pflichtigen zu den Kosten der Ersatzvornahme heranzuziehen. Die Kostenerstattung sei selbst zwar nicht in der Abbruchverfügung geregelt; sie setze aber die fortdauernde Wirksamkeit der Grundverfügung über den Zeitpunkt der Ersatzvornahme hinaus voraus. In der Pflicht zur Kostenerstattung wirke die Ordnungsverfügung fort.

---

538 BW VGH vom 7. 12. 1993 NVwZ 1994, 1130.
539 OVG NRW vom 4. 11. 1996 BRS 58 Nr. 213; OVG Rh-Pf vom 20. 11. 1996 NVwZ 1997, 1009.

16. Kapitel. Untergesetzliche Rechtsnormen und Ordnungswidrigkeiten

Übersicht

Rn.

Teil 1. Örtliche Bauvorschriften
I. Regelungsgegenstände der örtlichen Bauvorschriften im Ländervergleich . . 1
II. Verfahren im Ländervergleich 25
III. Örtliche Bauvorschriften in einem Bebauungsplan: Verfahren zum Erlass eines Bebauungsplans nach dem BauGB in schematischer Darstellung 26
IV. Sonderregelungen für Abweichungen/Ausnahmen/Befreiungen von örtlichen Bauvorschriften im Ländervergleich 27
V. Allgemeine Fragen zu den örtlichen Bauvorschriften 28
1. Gesetzgebungskompetenz und Regelungsinhalt 28
2. Beachtung der Grundrechte 30
a) Allgemeines 30
b) Eigentum 31
c) Information 32
d) Religion 33
e) Beruf 34
3. Überblick über das Normsetzungsverfahren 35
a) Verfahren ohne Bebauungsplan . . . 35
b) Verfahren mit Bebauungsplan 40
c) Zitiergebot 42
4. Verfahren zur Änderung in Bebauungspläne aufgenommener Vorschriften 43
5. Abwägung, Geltungsbereich und Begründung 47
a) Normen ohne Bebauungsplan 47
b) Normen mit Bebauungsplan 50
6. Zeichnerische Darstellungen 52
7. Staatliche Mitwirkungsvorbehalte . . . 53
a) Normen ohne Bebauungsplan 53
b) Normen mit Bebauungsplan 54
c) Folgerungen 55
d) Genehmigung und Ausfertigung . . 56
8. Verfahrensmängel 57
a) Verfahren ohne Bebauungsplan . . . 57
b) Verfahren mit Bebauungsplan 58
9. Veränderungssperre 59
a) Verfahren ohne Bebauungsplan . . . 59
b) Verfahren mit Bebauungsplan 60
10. Einordnung in die gemeindlichen Wirkungskreise 61
a) Bedeutung der Einordnung 61
b) Erlass ohne Bebauungsplan 62
c) Erlass mit Bebauungsplan 63
11. Gemeindliches Einvernehmen wegen örtlicher Bauvorschriften 64
12. Nachbarschutz kraft örtlicher Bauvorschriften 67
13. Ordnungswidrigkeiten 78

Rn.

VI. Ausgewählte Probleme zu einzelnen Zielen und Gegenständen 79
1. Gestalterische Absichten und Schutz von Bausubstanz 79
2. Abstandsflächen 81
3. Außenhaut und Farben 83
4. Bäume 85
5. Brennstoffe 86
6. Einfriedungen 87
7. Fassaden- und Dachgestaltung 89
8. Gemeinschaftsanlagen 95
9. Genehmigungspflicht 96
10. Kfz-Stellplätze 97
11. Kinderspielplätze 98
12. Vorgärten 99
13. Werbeanlagen 100
VII. Musterbauordnung 2002 102
1. Erhaltung und Gestaltung von Ortsbildern 102
a) Bauliche Anlagen 102
b) Werbeanlagen 103
c) Abstandsflächen 104
2. Gestaltungs- und erhaltungsunabhängige Tatbestände 105
a) Kinderspielplätze 105
b) Kfz-Stellplätze 106
c) Abfallbehälterplätze, unbebaute Flächen, Einfriedungen, Begrünung . 107
VIII. Normenkontrolle im Ländervergleich 108

Teil 2. Rechtsverordnungen im Ländervergleich: Bauordnungsrechtliche Regelungsgegenstände sowie Verfahrensregelungen zum Baugesetzbuch und anderen Rechtsvorschriften 110

Teil 3. Ordnungswidrigkeiten
I. Zuständigkeit zur Verfolgung baurechtlicher Ordnungswidrigkeiten . . 134
II. Höhe der Geldbuße 136
1. Höchstbeträge nach den Bauordnungen 136
2. Zumessungsregeln nach allgemeinem Ordnungswidrigkeitenrecht 138
a) Gewicht und Vorwurf 139
b) Wirtschaftliche Situation 141
c) Sonstige Umstände 143
d) Vorteile aus der Begehung 144
e) Begründung des Bescheids 145
III. Wesentliche Ordnungswidrigkeiten in alphabetischer Folge der Tatbestände . 146
IV. Verfahren zum Erlass eines Bußgeldbescheides in schematischer Darstellung 173

Teil 1. Örtliche Bauvorschriften

I. Regelungsgegenstände der örtlichen Bauvorschriften im Ländervergleich

MBO 2002 § 86, BW § 74, Bay Art. 91, Bln keine Regelung, Bbg § 81, Brem § 87, Hamb § 81, Hess § 81, M-V § 86, Nds § 56, NRW § 86, Rh-Pf § 88, Saar § 93, Sachs-Anh § 90, Schl-H § 92, Thür § 83.

1 **Abstandsflächen**

Land gesetzl. Ermächtigungsnorm LBO		**Inhalt der Bauvorschrift gemäß gesetzl. Ermächtigungsnorm**	**besondere Zweckbestimmung gesetzl. vorgegeben**	**Beschränkung auf best. Ortsteile gesetzl. vorgegeben**
MBO 2002	§ 86 I Nr. 6	abweichende Maße, automatischer Vorrang des BPlans	Ortsbildgestaltung oder Verwirklichung des BPlans und ausreichende Belichtung sowie Brandschutz	keine Regelung
BW	§ 74 I Nr. 6	Abweichungen von gesetzl. Tiefe	baugestalterische Absichten oder Schutz von Bauten, Verkehrsflächen, Ortsteilen oder Denkmälern	Beschränkung
Bay	Art. 91 I Nr. 5	Abweichung von gesetzl. Flächen	Bau- oder Ortsbildgestaltung	keine Regelung
Bbg	§ 81 II	andere als gesetzl. Flächen	für geringere Tiefe Gründe der Erhaltung oder städtebaul. Gestaltung eines best. Ortsteils	
Brem	§ 87 I Nr. 6	andere als gesetzl. Tiefen	bauhist. Bedeutung des Gemeindeteils oder dessen Eigenart	
Hamb	§ 81	für Abstandsflächen keine Ermächtigung		
Hess	§ 81 I 1 Nr. 6	Abweichung von gesetzl. Tiefe, geringer nur, wenn keine Gefahren	baugeschichtl. Gründe, Eigenart von Gemeindeteilen, Verdichtung in Kerngebieten ohne Wohnnutzung	
M-V	§ 86 I Nr. 5	geringere als gesetzl. Maße	bauhist. Bedeutung eines Ortsteils oder dessen Eigenart	
Nds	§ 56	für Abstandsflächen keine Ermächtigung		
NRW	§ 86 I Nr. 6	alles wie M-V		
Rh-Pf	§ 88 I Nr. 4	geringere oder größere als gesetzl. Maße	wie M-V	
Saar	§ 93 I Nr. 4	geringere als gesetzl. Maße	bes. städtebaul. Gründe bauhist. bzw. sonstige Eigenart eines Ortsteils	
Sachs	§ 83 I Nr. 5	alles wie M-V		
Sachs-Anh	§ 90 I Nr. 5	alles wie M-V		
Schl-H	§ 92 I Nr. 4	alles wie M-V		
Thür	§ 83 I Nr. 5	alles wie M-V		

Anlagen bauliche (Werbeanlagen und Automaten siehe dort) 2

Land gesetzl. Ermächtigungsnorm LBO		Inhalt der Bauvorschrift gemäß gesetzl. Ermächtigungsnorm	besondere Zweckbestimmung gesetzl. vorgegeben	Beschränkung auf best. Ortsteile gesetzl. vorgegeben
MBO 2002	§ 86 I Nr. 1	besondere Anforderungen an äußere Gestaltung	Erhaltung und Gestaltung von Ortsbildern	keine Regelung
	I Nr. 7	Begrünung	keine Regelung	keine Regelung
BW	§ 74 I Nr. 1	äußere Gestaltung, auch Höchst- oder Mindestgrenze der H sowie der Gebäude T als Höchstgrenze	Gestaltungsabsichten und Schutz von Bauten, Verkehrsflächen, Ortsteilen oder Denkmälern	Beschränkung
Bay	Art. 91 I Nr. 1	besondere Anforderungen an äußere Gestaltung	Erhaltung und Gestaltung von Ortsbildern	keine Regelung
Bbg	§ 81 I 1 Nr. 1 und Satz 2	besondere Anforderungen an äußere Gestaltung	baugestalterische und städtebaul. Absichten, insbes. Orts-, Landschafts-, Straßenbild oder Schutz von Bauten, Straßen, Plätzen, Ortsteilen, Bau- und Naturdenkmälern	ggf. Beschränkung –
	VI	Art, Gestaltung, Bauausführung von Erschließungsanlagen; nach anderen landesrechtl. Vorschriften zulässige Festsetzungen über Errichtung und Betrieb baul. Anlagen in gemeindlichen Satzungen **auch** in örtl. Bauvorschriften	keine Regelung	keine Regelung
Brem	§ 87 I Nr. 1	äußere Gestaltung	keine Regelung	Beschränkung
	Nrn. 2 und 5	besondere Anforderungen an äußere Gestaltung, Begrünung	Schutz von Bauten, Verkehrsflächen, Ortsteilen, Denkmälern	keine Regelung
Hamb	§ 81 I Nr. 6	äußere Gestaltung	keine Regelung	Beschränkung
Hess	§ 81 I 1 Nr. 1	äußere Gestaltung	Gestaltungsabsichten oder Energie- und Wassersparen	Beschränkung
	Nr. 2	besondere Anforderungen	Schutz von Bauten, Verkehrsflächen, Gemeindeteilen, Natur- und Landschaftsschutz	keine Regelung
	Nr. 5	Begrünung	keine Regelung	keine Regelung
M-V	§ 86 I Nr. 1	äußere Gestaltung	baugestalterische Absichten	Beschränkung
	Nr. 2	alles wie Bbg		
	Nr. 5	Begrünung	keine Regelung	keine Regelung
Nds	§ 56 I Nr. 5	äußere Gestaltung Gebäude siehe dort	städtebaul., baugestalterische, ökologische Absichten, Schutz von Baudenkmälern	Beschränkung
	Nr. 7	Begrünung	wie vorstehend	Beschränkung
NRW	§ 86 I Nr. 1	äußere Gestaltung	baugestalterische Absichten	Beschränkung

Land gesetzl. Ermächtigungsnorm LBO		Inhalt der Bauvorschrift gemäß gesetzl. Ermächtigungsnorm	besondere Zweckbestimmung gesetzl. vorgegeben	Beschränkung auf best. Ortsteile gesetzl. vorgegeben
	Nr. 2	bes. Anforderungen einschließl. Zweckbestimmung wie Bbg		
	Nr. 4	Begrünung	keine Regelung	keine Regelung
Rh-Pf	§ 88 I Nr. 1	äußere Gestaltung	gestalterische Absichten	Beschränkung
	Nr. 2	besondere Anforderungen gestalterischer Art	Schutz von Bauten, Verkehrsflächen, Ortsteilen, Denkmälern	keine Regelung
	Nr. 7	Begrünung „sowie" Anpflanzung von Bäumen und Sträuchern	keine Regelung	keine Regelung
Saar	§ 93 I Nr. 1	gestalterische, über § 4 (Verunstaltungsverbot) hinausgehende Anforderungen	Straßen- und Ortsbild, Energiesparen, Schutz von Bauten, Verkehrsflächen, Ortsteilen von kultureller Bedeutung sowie Denkmälern	Beschränkung
Sachs	§ 83 I Nr. 1	äußere Gestaltung	baugestalterische Absichten	Beschränkung
	Nr. 2	bes. Anforderungen einschl. Zweckbestimmung wie Bbg		
Sachs-Anh	§ 90 I Nr. 1	äußere Gestaltung	baugestalterische Absichten	Beschränkung
	Nr. 2	bes. Anforderungen einschl. Zweckbestimmung wie Bbg		
	Nr. 6	Begrünung	keine Regelung	keine Regelung
Schl-H	§ 92 I Nr. 1	äußere Gestaltung	baugestalterische Absichten	Beschränkung
	Nr. 2	besondere Anforderungen an äußere Gestaltung, Begrünung durch Anpflanzen von Gewächsen	Schutz von Bauten, Verkehrsflächen, Ortsteilen, Denkmälern	keine Regelung
Thür	§ 83 I Nr. 1	äußere Gestaltung	baugestalterische Absichten	Beschränkung
	Nr. 2	bes. Anforderungen einschl. Zweckbestimmung wie Bbg		
	Nr. 6	Begrünung neu zu errichtender baul. Anlagen	keine Regelung	keine Regelung

3 Außenantennen

Land gesetzl. Ermächtigungsnorm LBO		Inhalt der Bauvorschrift gemäß gesetzl. Ermächtigungsnorm	besondere Zweckbestimmung gesetzl. vorgegeben	Beschränkung auf best. Ortsteile gesetzl. vorgegeben
BW	§ 74 I Nr. 4	Beschränkung oder Verbot	Gestaltungsabsichten und Schutz von Bauten, Verkehrsflächen, Ortsteilen oder Denkmälern	keine Regelung
	Nr. 5	Verbot von Freileitungen mit Niederspannung in neuen Baugebieten und Sanierungsgebieten	wie vorstehend	keine Regelung

Land gesetzl. Ermächtigungs-norm LBO		Inhalt der Bauvor-schrift gemäß gesetzl. Ermächtigungsnorm	besondere Zweckbestimmung gesetzl. vorgegeben	Beschrän-kung auf best. Orts-teile ge-setzl. vor-gegeben
Rh-Pf	§ 88 I Nr. 6	Verbot von mehr als 1 Antenne auf Gebäuden oder Verbot, soweit an Gemeinschaftsantenne anschließbar	keine Regelung	keine Regelung
Saar	§ 93 I Nr. 11	alles wie Rh-Pf		
Nds	§ 56 I Nr. 4	Beschränkung oder Verbot, grundsätzlich auch für Freileitungen (für diese jedoch nur, wenn andere Anlagen wirtschaftl. zumutbar)	städtebaul., baugestalterische, ökologische Absichten, Schutz von Denkmälern	Beschränkung
Andere Länder keine besondere Regelung, ebenso wenig **MBO 2002**				

Automaten siehe bei Werbeanlagen 4

Bahn- und Krananlagen 5

Land gesetzl. Ermächtigungs-norm LBO		Inhalt der Bauvor-schrift gemäß gesetzl. Ermächtigungsnorm	besondere Zweckbestimmung gesetzl. vorgegeben	Beschrän-kung auf best. Orts-teile ge-setzl. vor-gegeben
Nds	§ 56 I Nr. 5	für begrenzt bewegliche Anlagen auf ortsfesten Bahnen als „sonstige bauliche Anlagen" im Sinne von § 56 I Nr. 5 besondere Gestaltungsanforderungen	städtebaul., baugestalterische, ökologische Absichten, Schutz von Baudenkmälern	Beschränkung
Andere Länder keine besondere Regelung, ebenso wenig **MBO 2002**				

Bäume 6

Land gesetzl. Ermächtigungs-norm LBO		Inhalt der Bauvor-schrift gemäß gesetzl. Ermächtigungsnorm	besondere Zweckbestimmung gesetzl. vorgegeben	Beschrän-kung auf best. Orts-teile ge-setzl. vor-gegeben
Bay	Art. 91 II Nr. 3	• Verbot der Beseitigung oder Beschädigung auf bebauten Grundstücken • Verbot der Unterbauung	Straßen- und Ortsbild, Lärmschutz, Luftreinhaltung	keine Regelung
Andere Länder keine besondere Regelung, ebenso wenig **MBO 2002**				

Brauchwasser siehe bei **Niederschlagswasser** 7

8 Brennstoffe

Land gesetzl. Ermächtigungsnorm LBO		Inhalt der Bauvorschrift gemäß gesetzl. Ermächtigungsnorm	besondere Zweckbestimmung gesetzl. vorgegeben	Beschränkung auf best. Ortsteile gesetzl. vorgegeben
Hess	§ 81 II	• Verbot best. Brennstoffe • Gebot best. Heizungsarten	Vermeidung von Gefahren, Umweltbelastungen, Nachteilen; keine höhere Umweltbelastung und kein höherer Verbrauch als ausgeschlossene Arten	keine Regelung
Rh-Pf	§ 88 IV Nr. 3	Verbot best. Brennstoffe als Heizstoffe	Schutz vor Staub, Rauch, Ruß	keine Regelung
Saar	§ 93 II Nr. 3	• Verbot best. Brennstoffe oder Energiearten • Gebot best. Energie- oder Heizungsarten	wie Hess	keine Regelung
Andere Länder keine besondere Regelung, ebenso wenig **MBO 2002**				

9 Einfriedungen

Land gesetzl. Ermächtigungsnorm LBO		Inhalt der Bauvorschrift gemäß gesetzl. Ermächtigungsnorm	besondere Zweckbestimmung gesetzl. vorgegeben	Beschränkung auf best. Ortsteile gesetzl. vorgegeben
MBO 2002	§ 86 I Nr. 4	Notwendigkeit, Art, Gestaltung, Höhe	keine Regelung	keine Regelung
BW	§ 74 I Nr. 3	Gebot oder Verbot, Art, Gestaltung, Höhe	Gestaltungsabsichten und Schutz von Bauten, Verkehrsflächen, Ortsbildern oder Denkmälern	Beschränkung
Bay	Art. 91 I Nr. 4	wie BW	keine Regelung	keine Regelung
Bbg	§ 81 I Nr. 1 Satz 1 und 2	Gebot oder Verbot	baugestalterische und städtebaul. Absichten, insbes. Orts-, Landschafts-, Straßenbild oder Schutz von Bauten, Straßen, Plätzen, Ortsteilen, Bau- und Naturdenkmälern	ggf. Beschränkung
Brem	§ 87 I Nr. 4	auch „Abgrenzungen", Gestaltung, Höhe, Bepflanzung, Pflanzgebot, insbes. von Hecken	keine Regelung	keine Regelung
Hamb keine besondere Regelung				
Hess	§ 81 I 1 Nr. 3	Art, Gestaltung, Notwendigkeit, Höhe, Bepflanzung, Pflanzgebot, insbes. von Hecken als Einfriedungen	keine Regelung	keine Regelung
	Nr. 7	Verbot	keine Regelung	Beschränkung
M-V	§ 86 I Nr. 4	wie BW	keine Regelung	keine Regelung
Nds	§ 56 I Nr. 3	Mauern, Zäune, Hecken beispielhaft genannt, Gestaltung, Art, Höhe, Gebot oder Verbot der Einfriedung von Vorgärten	städtebaul., gestalterische, ökologische Absichten, Schutz von Baudenkmälern	Beschränkung
NRW	§ 86 I Nr. 5	wie BW	keine Regelung	keine Regelung

Land	gesetzl. Ermächtigungsnorm LBO	Inhalt der Bauvorschrift gemäß gesetzl. Ermächtigungsnorm	besondere Zweckbestimmung gesetzl. vorgegeben	Beschränkung auf best. Ortsteile gesetzl. vorgegeben
Rh-Pf	§ 88 I Nr. 3	Gebot, Art, Gestaltung, Höhe	keine Regelung	keine Regelung
Saar	§ 93 I Nr. 3	Gebot oder Verbot, Art, Gestaltung, Höhe	keine Regelung	keine Regelung
	II Nr. 2	Genehmigungspflicht an sich genehmigungsfreier Einfriedungen	keine Regelung	schutzwürdige Gebiete
Sachs	§ 83 I Nr. 4	Art, Gestaltung, Höhe	keine Regelung	keine Regelung
Sachs-Anh	§ 90 I Nr. 4	Gebot, Art, Gestaltung, Höhe	keine Regelung	keine Regelung
Schl-H	§ 92 I Nr. 3	Gebot oder Verbot, Art, Gestaltung, Höhe	keine Regelung	Beschränkung
Thür	§ 83 I Nr. 4	Gebot, Art, Gestaltung, Höhe	keine Regelung	keine Regelung

Einwirkungen 10

Land	gesetzl. Ermächtigungsnorm LBO	Inhalt der Bauvorschrift gemäß gesetzl. Ermächtigungsnorm	besondere Zweckbestimmung gesetzl. vorgegeben	Beschränkung auf best. Ortsteile gesetzl. vorgegeben
Bay	Art. 91 II Nr. 5	Schutz vor allgemein schädlichen Einwirkungen, Brandschutz, Schall-, Erschütterungs-, Wärmeschutz	keine Regelung	keine Regelung
Andere Länder keine besondere Regelung, ebenso wenig **MBO 2002**				

Erschließungsanlagen 11

Land	gesetzl. Ermächtigungsnorm LBO	Inhalt der Bauvorschrift gemäß gesetzl. Ermächtigungsnorm	besondere Zweckbestimmung gesetzl. vorgegeben	Beschränkung auf best. Ortsteile gesetzl. vorgegeben
Bbg	§ 81 VI	Art, Gestaltung, Bauausführung	keine Regelung	keine Regelung
Andere Länder keine besondere Regelung, ebenso wenig **MBO 2002**				

Fahrradabstellplätze 12

Land	gesetzl. Ermächtigungsnorm LBO	Inhalt der Bauvorschrift gemäß gesetzl. Ermächtigungsnorm	besondere Zweckbestimmung gesetzl. vorgegeben	Beschränkung auf best. Ortsteile gesetzl. vorgegeben
MBO 2002	§ 86	keine besondere Regelung		

Land gesetzl. Ermächtigungsnorm LBO		Inhalt der Bauvorschrift gemäß gesetzl. Ermächtigungsnorm	besondere Zweckbestimmung gesetzl. vorgegeben	Beschränkung auf best. Ortsteile gesetzl. vorgegeben
BW	§ 74 II Nr. 6	Herstellung in geeigneter Beschaffenheit und ausreichender Zahl	verkehrsmäßige oder städtebaul. Gründe	keine Regelung
Bay	Art. 91 II Nr. 6	Herstellung und Bereithaltung, Größe, Lage, Ausstattung	nur best. Arten von Bauvorhaben	keine Regelung
Bbg	§ 81 V Nr. 1	Zahl	Art und Maß der Nutzung	keine Regelung
	Nr. 2	Größe, Lage, Ausstattung	keine Regelung	keine Regelung
Brem	§ 87 I Nr. 10	wie Bay	bestehende baul. Anlagen	keine Regelung
Hamb	§ 81	keine besondere Regelung		
Hess	§ 81 I 1 Nr. 4	Ausstattung, Gestaltung, Größe, Zahl	keine Regelung	keine Regelung
M-V	§ 86 I Nr. 5	Herstellung, Zahl, Beschaffenheit	wie Bay	Beschränkung
Nds	§ 56	siehe bei „Gemeinschaftsanlagen"		
NRW	§ 86	siehe bei „Gemeinschaftsanlagen"		
Rh-Pf	§ 88 III Nr. 4	Herstellung, Größe, Lage, Ausstattung	Verkehrsbedürfnisse	keine Regelung
Saar	§ 93 I Nr. 7	Herstellung	bestehende baul. Anlagen, Verkehrsbedürfnisse oder städtebaul. Missstände	Beschränkung
	Nr. 2	Gestaltung, Begrünung, Bepflanzung	keine Regelung	keine Regelung
Sachs		siehe bei „Gemeinschaftsanlagen"		
Sachs-Anh	§ 90 I Nr. 7	Herstellung wie BW	keine Regelung	keine Regelung
	Nr. 4	Gestaltung	keine Regelung	keine Regelung
Schl-H		siehe bei „Gemeinschaftsanlagen"		
Thür		siehe bei „Gemeinschaftsanlagen"		

13 **Freiflächen** (unbebaute Flächen bebauter Grundstücke)

Land gesetzl. Ermächtigungsnorm LBO		Inhalt der Bauvorschrift gemäß gesetzl. Ermächtigungsnorm	besondere Zweckbestimmung gesetzl. vorgegeben	Beschränkung auf best. Ortsteile gesetzl. vorgegeben
MBO 2002	§ 86 I Nr. 4	Gestaltung, bei Vorgärten Verbot der Nutzung als Arbeits- oder Lagerflächen	keine Regelung	keine Regelung
BW	§ 74 I Nr. 3	Gestaltung und Nutzung	Gestaltungsabsichten und Schutz von Bauten, Verkehrsflächen, Ortsbildern oder Denkmälern	Beschränkung
Bay	Art. 91 I Nr. 3	Gestaltung und Ausstattung	keine Regelung	keine Regelung
Bbg	§ 81	keine Regelung		

Land gesetzl. Ermächtigungsnorm LBO		Inhalt der Bauvorschrift gemäß gesetzl. Ermächtigungsnorm	besondere Zweckbestimmung gesetzl. vorgegeben	Beschränkung auf best. Ortsteile gesetzl. vorgegeben
Brem	§ 87 I Nr. 5	Gestaltung, Bepflanzung mit Bäumen und Sträuchern oder gärtnerische Anlegung und Unterhaltung	keine Regelung	keine Regelung
Hamb		keine Regelung für „Freiflächen"		
Hess	§ 81 I 1 Nr. 5	Nutzung, Gestaltung, Bepflanzung	keine Regelung	keine Regelung
M-V	§ 86 I Nr. 4	Gestaltung, gärtnerische Gestaltung, bei Vorgärten Verbot der Nutzung als Stellplätze, Arbeits- oder Lagerflächen	keine Regelung	keine Regelung
Nds	§ 56 I Nr. 6	Gestaltung, Gebot von Vorgärten	städtebaul., baugestalterische, ökologische Absichten oder Baudenkmalpflege	Beschränkung
NRW	§ 86 I Nr. 4	Gestaltung, Begrünung, Bepflanzung, Verbot der Nutzung von Vorgärten als Stell-, Abstell-, Lagerplatz oder Abstellfläche	keine Regelung	keine Regelung
Rh-Pf	§ 88 I Nr. 3	Gestaltung, Verbot oder Nutzung von Vorgärten als Arbeits- oder Lagerflächen	keine Regelung	keine Regelung
Saar	§ 93 I Nr. 2	Gestaltung, Begrünung, Bepflanzung; Verbot Vorgärten als Stell-, Abstell-, Lager- oder Arbeitsplätze herzurichten oder zu benutzen	keine Regelung	keine Regelung
Sachs	§ 90 I Nr. 4	Gestaltung, Verbot der Nutzung von Vorgärten als Arbeits- oder Lagerflächen und Gebot gärtnerischer Gestaltung derselben	keine Regelung	keine Regelung
Sachs-Anh	§ 90 I Nr. 4	alles wie Sachs		
Schl-H	§ 92 I Nr. 3	Gestaltung, Gebot der Begrünung, etwa Anpflanzen von standortgerechten Bäumen und Sträuchern, Verbot der Nutzung (vor allem von Vorgärten) als Arbeits- oder Lagerflächen	keine Regelung	keine Regelung
Thür	§ 83 I Nr. 4	alles wie M-V		

Freileitungen siehe bei **Antennen** 14

Garagen siehe bei Kfz-Stellplätze 15

16 **Gebäude**

Land	**gesetzl. Ermächtigungsnorm LBO**	**Inhalt der Bauvorschrift gemäß gesetzl. Ermächtigungsnorm**	**besondere Zweckbestimmung gesetzl. vorgegeben**	**Beschränkung auf best. Ortsteile gesetzl. vorgegeben**
Nds	§ 56 I Nr. 1	besondere Anforderungen an äußere Gestaltung, insbes. Höhe von Gebäuden und Geschossen, Baustoffe, Farben der äußeren Bauteile, Neigung der Dächer	städtebaul., baugestalterische, ökologische Absichten, Schutz von Baudenkmälern	Beschränkung
Alle anderen Länder siehe bei „Anlagen bauliche", ebenso für **MBO 2002**				

17 **Genehmigung der Gemeinde,** siehe auch bei **Werbeanlagen**

Land	**gesetzl. Ermächtigungsnorm LBO**	**Inhalt der Bauvorschrift gemäß gesetzl. Ermächtigungsnorm**	**besondere Zweckbestimmung gesetzl. vorgegeben**	**Beschränkung auf best. Ortsteile gesetzl. vorgegeben**
BW	§ 74 I Nr. 7	Kenntnisgabeverfahren für an sich verfahrensfreie Vorhaben	Gestaltungsabsichten und Schutz von Bauten, Verkehrsflächen, Ortsbildern oder Denkmälern	Beschränkung
Bbg	§ 81 VII	Anzeige an sich genehmigungsfeier Vorhaben 1 Monat vor Durchführung	vorläufige Untersagung nach § 15 I 2 BauGB	keine Regelung
Sachs-Anh	§ 90 III 2	Genehmigung der Gemeinde, wenn örtl. Bauvorschrift Anforderungen an die Gestaltung stellt		keine Regelung
Andere Länder keine besondere Regelung, ebenso wenig **MBO 2002**				

18 **Gemeinschaftsanlagen** (Gemeinschaftseinrichtungen)

Land	**gesetzl. Ermächtigungsnorm LBO**	**Inhalt der Bauvorschrift gemäß gesetzl. Ermächtigungsnorm**	**besondere Zweckbestimmung gesetzl. vorgegeben**	**Beschränkung auf best. Ortsteile gesetzl. vorgegeben**
MBO 2002	§ 86 I Nr. 4	• Kfz-Stellplätze siehe dort • Kinderspielplätze siehe dort • Abfallbehälterplätze Gestaltung	keine Regelung	keine Regelung
BW	§ 74	keine Regelung für „Gemeinschaftsanlagen"		
Bay	Art. 91 I Nr. 3	• Kfz-Stellplätze siehe dort • Kinderspielplätze siehe dort • Garagen siehe Kfz-Stellplätze • Lagerplätze • Abfallbehälterplätze • Lärmschutzanlagen Gestaltung und Ausstattung	keine Regelung	keine Regelung

Land	gesetzl. Ermächtigungsnorm LBO	Inhalt der Bauvorschrift gemäß gesetzl. Ermächtigungsnorm	besondere Zweckbestimmung gesetzl. vorgegeben	Beschränkung auf best. Ortsteile gesetzl. vorgegeben
Bln		keine gesetzl. Ermächtigung		
Bbg	§ 81 III, IV und V	• Kfz-Stellplätze siehe dort • Kinderspielplätze siehe dort • Fahrradabstellplätze siehe dort		
Brem	§ 87 I Nr. 4	• Kfz-Stellplätze siehe dort • Kinderspielplätze siehe dort • Abfall- und Wertstoffbehälterplätze Gestaltung	keine Regelung	keine Regelung
Hamb		keine Regelung für „Gemeinschaftsanlagen"		
Hess	§ 81 I 1 Nr. 3	• Kfz-Stellplätze siehe dort • Kinderspielplätze • Lagerplätze • Camping-, Zelt-, Wochenendplätze • Standflächen für Abfallbehältnisse Gestaltung	keine Regelung	keine Regelung
M-V	§ 86 I Nr. 4	• Kinderspielflächen siehe dort • Kfz-Stellplätze • Camping- und Zeltplätze • Abfall- und Wertstoffbehälterstellplätze Gestaltung	keine Regelung	keine Regelung
Nds	§ 56 I Nr. 5	für alle Gemeinschaftsanlagen als „sonstige bauliche Anlagen" im Sinne von § 56 I Nr. 5 besondere Gestaltungsanforderungen, namentlich für • Lager-, Abstell-, Ausstellungsplätze • Stellplätze • Kleingartenanlagen • Camping- und Wochenendplätze	städtebaul., baugestalterische, ökologische Absichten, Schutz von Baudenkmälern	Beschränkung
NRW	§ 86 I Nr. 4	• Kinderspielplätze siehe dort • Stellplätze (Kfz-Stellplätze) • Camping- und Wochenendplätze • Lagerplätze • Abfallbehälterstandplätze Gestaltung, Begrünung, Bepflanzung	keine Regelung	keine Regelung

Land gesetzl. Ermächtigungsnorm LBO		**Inhalt der Bauvorschrift gemäß gesetzl. Ermächtigungsnorm**	**besondere Zweckbestimmung gesetzl. vorgegeben**	**Beschränkung auf best. Ortsteile gesetzl. vorgegeben**
Rh-Pf	§ 88 I Nr. 3	• Kfz-Stellplätze siehe dort • Kinderspielplätze siehe dort • Lagerplätze • Aufstellplätze • Abstellplätze • Ausstellungsplätze • Camping- und Wochenendplätze • Sport- und Spielplätze Gestaltung	keine Regelung	keine Regelung
Saar	§ 93 I Nr. 2	• Fahrradabstellplätze siehe dort • Kfz-Stellplätze siehe dort • Kinderspielplätze siehe dort • Lagerplätze • Abfall-, Wertstoffbehälterstandplätze • Camping-, Zelt-, Wochenendplätze Gestaltung, Begrünung, Bepflanzung (bei Letzteren nur Begrünung)	keine Regelung	keine Regelung
Sachs	§ 83 I Nr. 4	• Kinderspielplätze siehe dort • Kfz-Stellplätze • Lagerplätze • Camping-, Zeltplätze • Fahrradabstellplätze • Abfallbehälteraufstellplätze Gestaltung	keine Regelung	keine Regelung
Sachs-Anh	§ 90 I Nr. 4	alles wie Sachs		
Schl-H	§ 92 I Nr. 2	• Kinderspielplätze nicht genannt • Kfz-Stellplätze • Lagerplätze • Zelt-, Campingplätze • Abfall- und Wertstoffbehälterstellplätze • Abstellanlagen für Fahrräder Gestaltung, Begrünung, Bepflanzung, etwa Anpflanzen von standortgerechten Bäumen und Sträuchern	keine Regelung	keine Regelung
Thür	§ 83 I Nr. 4	• Kinderspielflächen siehe dort • Kfz-Stellplätze • Lagerplätze	keine Regelung	keine Regelung

Land gesetzl. Ermächtigungsnorm LBO		Inhalt der Bauvorschrift gemäß gesetzl. Ermächtigungsnorm	besondere Zweckbestimmung gesetzl. vorgegeben	Beschränkung auf best. Ortsteile gesetzl. vorgegeben
		• Zelt-, Campingplätze • Fahrradabstellplätze • Abfallbehälterstellplätze Gestaltung		

Hausnummern 19

Land gesetzl. Ermächtigungsnorm LBO		Inhalt der Bauvorschrift gemäß gesetzl. Ermächtigungsnorm	besondere Zweckbestimmung gesetzl. vorgegeben	Beschränkung auf best. Ortsteile gesetzl. vorgegeben
Hamb	§ 81 I Nr. 7	Art, Ausführung, Anbringung, Anordnung, Beleuchtung	keine Regelung	keine Regelung
Andere Länder keine besondere Regelung, ebenso wenig **MBO 2002**				

Höhenlage des Grundstücks 20

Land gesetzl. Ermächtigungsnorm LBO		Inhalt der Bauvorschrift gemäß gesetzl. Ermächtigungsnorm	besondere Zweckbestimmung gesetzl. vorgegeben	Beschränkung auf best. Ortsteile gesetzl. vorgegeben
BW	§ 74 III Nr. 1	Gebot der Erhaltung oder Veränderung	Vermeidung überschüssigen Bodenaushubs	keine Regelung
Andere Länder keine besondere Regelung, ebenso wenig **MBO 2002**				

Kfz-Stellplätze und Garagen 21

Land gesetzl. Ermächtigungsnorm LBO		Inhalt der Bauvorschrift gemäß gesetzl. Ermächtigungsnorm	besondere Zweckbestimmung gesetzl. vorgegeben	Beschränkung auf best. Ortsteile gesetzl. vorgegeben
MBO 2002	§ 86 I Nr. 4	Stellplätze und Garagen: • Zahl • Größe • Beschaffenheit • Mehrbedarf bei Änderungen • Ablösebeträge unterschiedl. nach Art der Nutzung und Lage	Sicherheit und Leichtigkeit des Verkehrs, ruhender Verkehr, Erschließung durch öffentl. Personennahverkehr (notwendige Stellplätze)	keine Regelung
BW	§ 74 II Nrn. 1 bis 5	Stellplätze: • Verpflichtung eingeschränkt, ausgen. für Wohnungen • Verpflichtung bei Wohnungen auf bis zu 2 erhöht	verkehrsmäßige oder städtebaul. Gründe	keine Regelung

Land	gesetzl. Ermächtigungsnorm LBO	Inhalt der Bauvorschrift gemäß gesetzl. Ermächtigungsnorm	besondere Zweckbestimmung gesetzl. vorgegeben	Beschränkung auf best. Ortsteile gesetzl. vorgegeben
		Stellplätze und Garagen: • Herstellung eingeschränkt oder verboten oder nicht auf Baugrundstück • platzsparende Bauart, etwa Hebebühnen oder Automatik		
Bay	Art. 91 I Nr. 3 I Nr. 3 II Nr. 2	Stellplätze: Gestaltung, Ausstattung, Zahl Stellplätze und Garagen: • Ablösebeträge • Herstellung auch für bestehende baul. Anlagen	keine Regelung	keine Regelung
	II Nr. 4	• Herstellung eingeschränkt oder verboten, ausgen. Mindestzahl für Wohnnutzungen	verkehrsmäßige oder städtebaul. Gründe oder Festsetzungen durch BPlan sowie ausreichende öffentl. Parkplätze oder Gemeinschaftsanlagen vorhanden in zumutbarer Entfernung oder Nähe öffentl. Verkehrsmittel	Beschränkung
Bln		keine gesetzliche Ermächtigung		
Bbg	§ 81 IV Satz 1 Nr. 1	Zahl der notwendigen Stellplätze	Art und Maß der Nutzung mit Blick auf verkehrl., wirtschaftspolitische und städtebaul. Gründe	keine Regelung
	Satz 1 Nr. 2 Satz 2	Verbot oder Einschränkung, ausgen. Behindertenstellplätze nach § 45 V	verkehrl., wirtschaftspolitische und städtebaul. Gründe und ausreichend Stellplätze für allg. Benutzung vorhanden	keine Regelung
	Satz 1 Nr. 3	Geldbeträge für die Ablösung, ausgen. Behindertenstellplätze nach § 45 V	keine Regelung	keine Regelung
Brem	§ 87 I Nrn. 4, 8 und 9	• Gestaltung • Ablösebeträge	keine Regelung	keine Regelung
		• Verbot oder Einschränkung	keine Regelung	Beschränkung
Hamb		keine Ermächtigung für „Stellplätze"		
Hess	§ 81 I 1 Nr. 4	Stellplätze: Ausstattung, Gestaltung, Größe, Zahl	keine Regelung	keine Regelung
M-V	§ 86 I Nr. 4	siehe bei „Gemeinschaftsanlagen"		
Nds	§ 56 I Nr. 5	siehe bei „Gemeinschaftsanlagen"		
NRW	§ 86 I Nr. 4	siehe auch bei „Gemeinschaftsanlagen"		
Rh-Pf	§ 88 I Nrn. 3 und 8	Stellplätze: • Gestaltung • Zahl der notwendigen Stellplätze	keine Regelung	keine Regelung
	III Nr. 1	• Gebot auch bei bestehenden Anlagen	verkehrsmäßige oder städtebaul. Missstände	
	Nr. 2	• Verzicht	Verkehrsbedürfnisse nicht entgegen oder wenn kein Bedarf, insbes. wenn öffentl. Verkehrsmittel	Beschränkung auf Gemeinde-

Land gesetzl. Ermächtigungsnorm LBO		**Inhalt der Bauvorschrift gemäß gesetzl. Ermächtigungsnorm**	**besondere Zweckbestimmung gesetzl. vorgegeben**	**Beschränkung auf best. Ortsteile gesetzl. vorgegeben**
	Nr. 3	• Verbot oder Einschränkung	verkehrsmäßige oder städtebaul. Gründe	teile oder best. Fälle
Saar	§ 93 I Nrn. 2, 9 und 10	Stellplätze: • Gestaltung, Begrünung, Bepflanzung • Aussetzung der Pflicht zur Herstellung oder Ablösung, Ablösebetrag	keine Regelung	keine Regelung
	Nr. 7	Stellplätze und Garagen: • Gebot auch bei bestehenden Anlagen	Verkehrsbedürfnisse oder städtebaul. Missstände	Beschränkung
	Nr. 8	• Verbot oder Einschränkung	Verkehrsgründe, BPlan, sonstige städtebaul. Gründe und Belange des ruhenden Verkehrs angemessen berücksichtigt	keine Regelung
Sachs	§ 83 I Nr. 4	Gestaltung siehe Gemeinschaftsanlagen	Untersagung oder Einschränkung siehe Kap. 10 Rn. 21 Sachs Nr. 2c	
Sachs-Anh	§ 90 I Nr. 4 und 8	Gestaltung siehe Gemeinschaftsanlagen	Zahl der notwendigen Stellplätze einschl. Mehrbedarf bei Änderungen Ablösung und Höhe der Ablösebeträge	keine Regelung
Schl-H	§ 92 I Nr. 3	Gestaltung siehe Gemeinschaftsanlagen	Untersagung oder Einschränkung siehe Kap. 10 Rn. 21 Schl-H Nr. 2a	
Thür	§ 83 I Nr. 4	Gestaltung siehe Gemeinschaftsanlagen	Untersagung oder Einschränkung siehe Kap. 10 Rn. 21 Thür Nr. 2a	

Kinderspielplätze 22

Land gesetzl. Ermächtigungsnorm LBO		**Inhalt der Bauvorschrift gemäß gesetzl. Ermächtigungsnorm**	**besondere Zweckbestimmung gesetzl. vorgegeben**	**Beschränkung auf best. Ortsteile gesetzl. vorgegeben**
MBO 2002	§ 86 I Nr. 3	Lage, Größe, Beschaffenheit, Ausstattung, Unterhaltung	keine Regelung	keine Regelung
BW	§ 74 IV	Herstellung auch bei bestehenden Anlagen mit mehr als zwei Wohnungen	keine Regelung	keine Regelung
Bay	Art. 91 II Nr. 2	Herstellung und Unterhaltung auch bei bestehenden baul. Anlagen	keine Regelung	keine Regelung
Bln		keine gesetzliche Ermächtigung		
Bbg	§ 81 III Nr. 1	• Größe, Art, Ausstattung	Art und Maß der Nutzung	keine Regelung
		• sichere Benutzbarkeit	keine Regelung	keine Regelung
		• nachträgl. Anlage	Gesundheit und Schutz der Kinder	keine Regelung
Brem	§ 87 I Nrn. 3 und 11	• Lage, Größe, Beschaffenheit, Mindestausstattung mit Spielgeräten	keine Regelung	keine Regelung

Land gesetzl. Ermächtigungsnorm LBO		**Inhalt der Bauvorschrift gemäß gesetzl. Ermächtigungsnorm**	**besondere Zweckbestimmung gesetzl. vorgegeben**	**Beschränkung auf best. Ortsteile gesetzl. vorgegeben**
		• Herstellung und Unterhaltung auch bei bestehenden baul. Anlagen		
Hamb	keine Ermächtigung für „Kinderspielplätze“			
Hess	§ 81 I 1 Nr. 3	siehe bei „Gemeinschaftsanlagen“		
M-V	§ 86 I Nr. 3, II Nr. 2	• Lage, Größe, Beschaffenheit, Ausstattung, Unterhaltung • Herstellung auch bei bestehenden baul. Anlagen	keine Regelung	keine Regelung
Nds	§ 56 I Nr. 5	siehe bei „Gemeinschaftsanlagen“		
NRW	§ 86 I Nr. 3, II Nr. 2	alles wie M-V		
Rh-Pf	§ 88 IV Nr. 1	Herstellung und Unterhaltung auch bei bestehenden Gebäuden	keine Regelung	keine Regelung
Saar	§ 93 I Nr. 2	• Begrünung	keine Regelung	keine Regelung
	Nr. 5	• Herstellung und Unterhaltung auch bei bestehenden Gebäuden mit mehr als drei Wohnungen	Gesundheit und Schutz der Kinder	keine Regelung
	Nr. 6	• Ablösungsbetrag	öffentl. Kinderspielplatz vorhanden	keine Regelung
Sachs	§ 83 I Nr. 3, II Nr. 2	alles wie M-V		
Sachs-Anh	§ 90 I Nr. 3, § 90 II	alles wie M-V		
Schl-H	§ 92 I	keine Ermächtigung für „Kinderspielplätze“		
Thür	§ 83 I Nr. 3, II Nr. 2	alles wie M-V		

23 **Niederschlagswasser** und Brauchwasser

Land gesetzl. Ermächtigungsnorm LBO		**Inhalt der Bauvorschrift gemäß gesetzl. Ermächtigungsnorm**	**besondere Zweckbestimmung gesetzl. vorgegeben**	**Beschränkung auf best. Ortsteile gesetzl. vorgegeben**
BW	§ 74 III Nr. 2	Herstellung von Anlagen zum Sammeln, Versickern, Verwenden, bei Brauchwasser nur Letzteres	wasserwirtschaftl. Gründe, soweit Gesundheit nicht beeinträchtigt	Beschränkung
Brem	§ 87 I Nr. 7 und 13	• Entwässerung allg., Anschluss an öffentl. Abwasseranlagen, auch bei bestehenden baul. Anlagen	keine Regelung	keine Regelung

Land	gesetzl. Ermächtigungsnorm LBO	Inhalt der Bauvorschrift gemäß gesetzl. Ermächtigungsnorm	besondere Zweckbestimmung gesetzl. vorgegeben	Beschränkung auf best. Ortsteile gesetzl. vorgegeben
		• Niederschlags- und Brauchwasser	wie BW	keine Regelung
Nds	§ 56 I Nr. 8	Niederschlagswasser Versickerung, Verregnung, Verrieselung	ökologische Absichten	Beschränkung
Saar	§ 93 II Nr. 4	Herstellung von Anlagen zum Sammeln und Verwenden, bei Brauchwasser nur Letzteres	wie BW	keine Regelung
Alle anderen Länder keine besondere Regelung, ebenso wenig **MBO 2002**				

Werbeanlagen einschließlich **Automaten** 24

(wenn angegeben **nur Waren**automaten; von LBO nicht erfasste Werbeanlagen (siehe Kapitel 13 Rn. 127) können auch nicht Gegenstand der Bauvorschrift sein)

Land	gesetzl. Ermächtigungsnorm LBO	Inhalt der Bauvorschrift gemäß gesetzl. Ermächtigungsnorm	besondere Zweckbestimmung gesetzl. vorgegeben	Beschränkung auf best. Ortsteile gesetzl. vorgegeben
MBO 2002	§ 86 I Nr. 1	besondere Anforderungen an äußere Gestaltung	Erhaltung und Gestaltung von Ortsbildern	keine Regelung
	Warenautomaten I Nr. 2	Verbot	ortsgestalterische Gründe	keine Regelung
BW	§ 74 I Nr. 2	Anforderungen allg., auch Art, Größe, Farbe, Anbringungsort	Gestaltungsabsichten und Schutz von Bauten, Verkehrsflächen, Ortsbildern oder Denkmälern	Beschränkung
Bay	Art. 91 I Nr. 2	Verbot der Errichtung	keine Regelung	keine Regelung
	II Nr. 1	Genehmigungspflicht an sich genehmigungsfreier Anlagen, Genehmigung (dann) befristet, widerruflich, mit Bedingungen und Auflagen	keine Regelung	keine Regelung
Bbg	§ 81 I Satz 1 Nr. 2 und Satz 2 **Warenautomaten** VIII 2	besondere Anforderungen an Gestaltung, Farbe, Art, Größe, Anbringungsort, Verbot best. Arten, Beschränkung auf Teile baul. Anlagen oder best. Farben	baugestalterische und städtebaul. Absichten, insbes. Orts-, Landschafts-, Straßenbild oder Schutz von Bauten, Straßen, Plätzen, Ortsteilen, Bau- und Naturdenkmälern	ggf. Beschränkung auf Ortsteile, Ermächtigung nicht im Außenbereich
	Nr. 3	wenn bes. Anforderungen wie vorstehend: Erlaubnispflicht für an sich genehmigungsfreie Anlagen	wie vorstehend	wie vorstehend
	Nr. 4	Anzeigepflicht für Anlagen, die befristet genehmigungsfrei errichtet werden dürfen	keine Beschränkung	keine Beschränkung

Land gesetzl. Ermächtigungsnorm LBO		Inhalt der Bauvorschrift gemäß gesetzl. Ermächtigungsnorm	besondere Zweckbestimmung gesetzl. vorgegeben	Beschränkung auf best. Ortsteile gesetzl. vorgegeben
Brem	§ 87 I Nr. 1	äußere Gestaltung, auch Art, Größe, Anbringungsort	baugestalterische Absichten	Beschränkung
	Nr. 2	Verbot best. Arten, Beschränkung auf best. Farben und auf Teile baul. Anlagen, Genehmigungspflicht an sich genehmigungsfreier Anlagen	Schutz von Bauten, Verkehrsflächen, Ortsteilen, Denkmälern	Beschränkung
Hamb	§ 81 I Nr. 6	äußere Gestaltung, auch Art, Größe, Anbringungsort	keine Regelung	Beschränkung
Hess	§ 81 I 1 Nr. 1 **Warenautomaten**	äußere Gestaltung, auch Art, Größe, Anbringungsort	Gestaltungsabsichten, Energie- und Wassersparen	Beschränkung
	Nr. 2	besondere Anforderungen an äußere Gestaltung, Beschränkung auf best. Farben und auf Teile baul. Anlagen, Verbot best. Arten	Schutz von Bauten, Verkehrsflächen, Gemeindeteilen, Natur- und Landschaftsschutz	keine Regelung
	Nr. 7	Einschränkungen ohne nähere Angaben	keine Regelung	Beschränkung
M-V	§ 86 I Nr. 1	äußere Gestaltung, auch Art, Größe, Anbringungsort	baugestalterische Absichten	Beschränkung
	Nr. 2	alles wie Hess zu I Nr. 2		
Nds	§ 56 I Nr. 2 **Warenautomaten**	Art, Gestaltung, Einordnung, Größe, Form, Farbe, Gebäudeteile, Verbot in best. Gebieten oder an best. baul. Anlagen	städtebaul., baugestalterisch, ökologische Absichten, Schutz von Baudenkmälern	Beschränkung
NRW	§ 86 I Nr. 1 **Warenautomaten**	äußere Gestaltung, auch Art, Größe, Anbringungsort	baugestalterische Absichten	Beschränkung
	Nr. 2	alles wie Hess zu I Nr. 2		
	II Nr. 1	Genehmigungspflicht an sich genehmigungsfreier Anlagen	keine Regelung	Beschränkung
Rh-Pf	§ 88 I Nr. 1	äußere Gestaltung, Art, Größe, Anbringungsort	gestalterische Absichten	Beschränkung
	Nr. 2	besondere Anforderungen gestalterischer Art, Beschränkung auf Teile baul. Anlagen und auf best. Farben, Verbot best. Arten oder Werbung auf best. Anlagen	Schutz von Bauten, Verkehrsflächen, Ortsteilen	ggf. Beschränkung
	IV Nr. 1	Genehmigungspflicht an sich genehmigungsfreier Anlagen	keine Regelung	kulturell, historisch, städtebaul. besonders wertvolle Gebiete

Land gesetzl. Ermächtigungsnorm LBO		Inhalt der Bauvorschrift gemäß gesetzl. Ermächtigungsnorm	besondere Zweckbestimmung gesetzl. vorgegeben	Beschränkung auf best. Ortsteile gesetzl. vorgegeben
Saar	§ 93 II Nr. 1 **Warenautomaten**	über § 4 (Verunstaltungsverbot) hinausgehende gestalterische Anforderungen, auch Art, Größe, Anbringungsort	Straßen- und Ortsbild, Energiesparen, Schutz von Bauten, Verkehrsflächen, Ortsteilen von kultureller Bedeutung sowie von Denkmälern	Beschränkung
	II Nr. 2	Genehmigungspflicht an sich genehmigungsfreier Vorhaben	wie oben	Beschränkung
Sachs	§ 83 I Nr. 1 **Warenautomaten**	äußere Gestaltung, auch Art, Größe, Anbringungsort	baugestalterische Absichten	Beschränkung
	Nr. 2	alles wie Hess zu I Nr. 2		
	II Nr. 1	alles wie NRW zu II Nr. 1		
Sachs-Anh	§ 90 I Nr. 1	äußere Gestaltung, auch Art, Größe, Anbringungsort	baugestalterische Absichten	Beschränkung
	Nr. 2	wie Hess zu I Nr. 2		
Schl-H	§ 92 I Nr. 1	äußere Gestaltung, auch Art, Größe, Anbringungsort	baugestalterische Absichten	Beschränkung
	Nr. 2	alles wie Hess zu I Nr. 2		
	II	Genehmigungspflicht an sich genehmigungsfreier Vorhaben	keine Regelung	schutzwürdige Gebiete
		weitergehende Genehmigungsfreiheit an Stätte der Leistung bis zu best. Größe	keine Regelung	keine Regelung
Thür	§ 83 I Nr. 1	äußere Gestaltung, auch Art, Größe, Anbringungsort	baugestalterische Absichten	Beschränkung
	Nr. 2	alles wie Hess zu I Nr. 2		
	II Nr. 1	alles wie NRW zu II Nr. 1		

II. Verfahren im Ländervergleich

25

MBO 2002 Erlass getrennt von BPlan	**Erlass zusammen mit BPlan**
Verfahren zum Erlass kommunaler Satzungen ohne Vorgabe (§ 86 I) • zeichnerische Darstellungen zulässig • deren Bekanntmachung durch Auslegung bei Gemeinde zur Einsicht mit entsprechendem Hinweis in der Satzung	Entsprechend anwendbar (§ 86 II): • 1. Kapitel Erster Teil Erster Abschnitt (Allg. Vorschriften) und Dritter Abschnitt (verbindl. Bauleitplan) • 1. Kapitel Zweiter Teil Erster Abschnitt (Veränderungssperre) • Weiter folgende Vorschriften: § 30 (Zulässigkeit von Vorhaben) § 31 (Ausnahmen und Befreiungen) § 33 (planreife Vorhaben) § 36 (Einvernehmen)

BW Erlass getrennt von BPlan	Erlass zusammen mit BPlan
Verfahren nicht nach Kommunalrecht, sondern wie folgt nach BauGB (§ 74 VI): • Entwurf: Festsetzung der Grenzen notwendig, § 9 VII BauGB entsprechend • zeichnerische Darstellungen zulässig (§ 74 V) • Auslegungsverfahren und Prüfung der Anregungen (§ 3 II BauGB entsprechend) } oder vereinfachtes Verfahren (§ 13 BauGB entsprechend) • Beteiligungsverfahren und Berücksichtigung der Stellungnahmen (§ 4 BauGB entsprechend) • Satzungsbeschluss (nach Kommunalrecht, § 10 I BauGB **nicht** für entsprechend anwendbar erklärt) • Genehmigung der für BPläne zuständigen Behörde (§ 74 VI 3) • Ausfertigung • amtl. Bekanntmachung der Genehmigung In-Kraft-Treten mit dem Tag der Bekanntmachung, (§ 10 Abs. 3 Satz 4 BauGB entsprechend, Satzung kann aber späteren Zeitpunkt bestimmen, § 74 VI 3)	Verfahren für Erlass, Änderung, Ergänzung, Aufhebung in vollem Umfang nach BPlan Vorschriften (§ 74 VII)

Bay Erlass getrennt von BPlan	**Erlass durch BPlan oder, soweit das BauGB dies vorsieht, andere Satzungen nach BauGB Entwicklungs-und Ergänzungssatzung, nicht aber Klarstellungssatzung (§ 34 IV 2 BauGB)**
Verfahren zum Erlass kommunaler Satzungen Besonderheiten (Art. 91 IV): • zeichnerische Darstellungen zulässig • deren Bekanntmachung durch Auslegung bei Gemeinde zur Einsicht mit entsprechendem Hinweis in der Satzung	Entsprechend anwendbar (Art. 91 III): • 1. Kapitel Erster Teil Erster Abschnitt (Allg. Vorschriften) und Dritter Abschnitt (verbindlicher Bauleitplan) • 1. Kapitel Zweiter Teil Erster Abschnitt (Veränderungssperre) • Weiter folgende Vorschriften: § 30 (Zulässigkeit von Vorhaben) § 31 (Ausnahmen und Befreiungen) § 33 (planreife Vorhaben) § 36 (Einvernehmen) § 214 (Beachtlichkeit von Fehlern) § 215 a (ergänzendes Verfahren)

Bln	generell keine Ermächtigung

Bbg Erlass getrennt von BPlan	**Erlass in BPlan oder durch Entwicklungs- oder Ergänzungssatzung nach § 34 IV Nrn. 2 und 3 BauGB**
Verfahren zum Erlass kommunaler Satzungen Besonderheiten (§ 81 VIII): • Anhörung der Bürger und der Träger öffentl. Belange zur Stellungnahme binnen 1 Monats • Anzeige gegenüber Sonderaufsichtsbehörde • Bekanntmachung, wenn innerhalb von 3 Monaten keine Beanstandung durch diese • zeichnerische Darstellung der Festsetzung und der Bekanntgabe: wie Bay (§ 81 X)	Entsprechend anwendbar: Alle Verfahrensvorschriften des BauGB (§ 81 X)

Brem **Erlass getrennt von BPlan**	**Erlass in BPlan oder sonstiger Satzung, die Festsetzungen nach § 9 BauGB enthalten darf**
Verfahren zum Erlass von Ortsgesetzen Besonderheiten (§ 87 II): wie Bay	Mögliche sonstige Satzungen: wie Bay Entsprechend anwendbar: Vorschriften über das Aufstellungsverfahren und Folgen von Verfahrensmängeln nach BauGB (§ 87 III)

Hamb	Verfahren zum Erlass von Rechtsverordnungen durch den Senat (§ 81 I)

Hess **Erlass getrennt von BPlan**	**Erlass in BPlan**
Verfahren zum Erlass kommunaler Satzungen Besonderheiten (§ 81 III): • zeichnerische Darstellungen zulässig • deren Bekanntmachung durch öffentl. Auslegung zulässig mit Hinweis auf Ort und Zeit in der Satzung	Entsprechend anwendbar (§ 81 IV 2): Ausschließlich § 10 III BauGB (Bekanntmachung und In-Kraft-Treten) Mängel des Verfahrens: • unbeachtlich, wenn nicht innerhalb 1 Jahres seit Bekanntmachung bei Gemeinde geltend gemacht (§ 81 IV 3) • rechtzeitig geltend gemachte Mängel führen nicht zur Nichtigkeit, wenn Behebung im ergänzenden Verfahren zulässig; bis zur Behebung keine Rechtswirkungen (§ 81 IV 4 und 5) • erneutes In-Kraft-Setzen durch Rückwirkung zulässig (§ 81 IV 6)

M-V **Erlass getrennt von BPlan**	**Erlass in BPlan oder Satzung nach § 34 IV BauGB (alle Nummern)**
Verfahren zum Erlass kommunaler Satzungen im übertragenen Wirkungskreis (§ 86 II 1) Besonderheiten: • Vorschriften über äußere Gestaltung und über besondere Anforderungen zu Schutzzwecken und über die Herstellung von Kinderspielflächen ist eine Begründung beizufügen, insbes. zu baugestalterischen Zielsetzungen und zur Abgrenzung (§ 86 III 2 und 3) • zeichnerische Darstellung und Bekanntmachung wie Bay	Entsprechend anwendbar: Ausschließlich § 10 III BauGB (Bekanntmachung und In-Kraft-Treten)

Nds **Erlass getrennt von BPlan**	**Erlass in BPlan, Satzung nach § 34 IV 1 Nrn. 2 und 3 oder § 12 BauGB**
Kommunale Satzungen im übertragenen Wirkungskreis (§ 97 I 1) Besonderheiten: • zeichnerische Form zulässig (§ 97 I 3) • Etwaige Zuständigkeit anderer Körperschaften für BPläne gilt auch für örtl. Bauvorschriften (§ 97 II)	§ 98
Verfahren und Verfahrensmängel nach BauGB; § 6 II BauGB (Genehmigungsversagung nur in bestimmten Fällen zulässig) nicht anwendbar (§ 97 I 2)	

NRW Erlass getrennt von BPlan	Erlass in BPlan oder Satzung nach § 12 BauGB
Verfahren zum Erlass kommunaler Satzungen Besonderheiten: wie Bay (§ 86 III)	Anwendbar (§ 86 IV): §§ 1 bis 18, §§ 214 bis 216

Rh-Pf Erlass getrennt von BPlan	Erlass in BPlan
Verfahren zum Erlass kommunaler Satzungen Besonderheiten: • Darstellung durch Zeichnung, Farbe oder Schrift (= Gestaltungsplan) muss Satzungsbestandteil sein, diese Satzung bedarf öffentl. Auslegung (§ 88 II) • Benehmen mit der Denkmalschutzbehörde (§ 88 V 2) bei Abweichungen von den Abstandsflächen aus Gründen der Eigenart eines Ortsteils	Anwendbar (§ 88 VI 2): • §§ 3 und 4, • §§ 10 bis 13, • §§ 214 bis 216 BauGB

Saar Erlass getrennt von BPlan	Erlass in BPlan
Verfahren zum Erlass kommunaler Satzungen Besonderheiten: Genehmigung der obersten Bauaufsichtsbehörde (§ 93 III) in den Fällen: • gestalterische Anforderungen (§ 93 I Nrn. 1, 2, bei kulturbezogenen Anforderungen Genehmigung im Einvernehmen mit der obersten Denkmalschutzbehörde) • Abstandsflächen (§ 93 I Nr. 4) • Brennstellen (§ 93 II Nr. 3) • Niederschlagswasser (§ 93 II Nr. 4) Kommunalrechtliche Vorlage, auch wenn baurechtlich keine Anzeige, Genehmigung oder Zustimmung (§ 93 IV)	Anwendbar (§ 93 V): • §§ 1 bis 13 • §§ 214 bis 216 BauGB

Sachs Erlass getrennt von BPlan	Erlass durch BPlan
Verfahren zum Erlass kommunaler Satzungen Besonderheiten: • zeichnerische Darstellung und deren Bekanntgabe wie Bay (§ 83 V) • Anzeige gegenüber höherer Bauaufsichtsbehörde (§ 83 III) • Inkraftsetzung, wenn diese nicht innerhalb Monatsfrist Rechtsverletzung rügt	Alle dafür geltenden Vorschriften (§ 83 IV)

Sachs-Anh Erlass getrennt von BPlan	Erlass in BPlan oder Satzungen nach § 34 IV 1 Nrn. 2 und 3
Verfahren zum Erlass kommunaler Satzungen im eigenen Wirkungskreis mit entsprechender Anwendung folgender Vorschriften des BauGB (§ 90 V): • § 1 VI • § 3 II • § 3 III • § 4 • § 9 VIII	Entsprechend anwendbar (§ 90 IV): Vorschriften über das Aufstellungsverfahren und über die Planerhaltung

Sachs-Anh Erlass getrennt von BPlan	Erlass in BPlan oder Satzungen nach § 34 IV 1 Nrn. 2 und 3
• § 33 • Sicherung der Bauleitplanung Besonderheiten: • zeichnerische Darstellungen zulässig (§ 90 VI 1) • deren Bekanntmachung durch Auslegung bei der Gemeinde und Hinweis hierauf in der Satzung (§ 90 VI 2) • nach bisherigen Recht im übertragenen Wirkungskreis erlassene Satzungen gelten als solche des eigenen Wirkungskreises (§ 93 III)	

Schl-H Erlass getrennt von BPlan	Erlass in BPlan oder Satzungen nach § 34 IV 1 Nrn. 2 und 3
Verfahren zum Erlass kommunaler Satzungen Besonderheiten: • zeichnerische Darstellung zulässig (§ 92 V) • Ortsübliche Bekanntmachung nach § 10 III BauGB anstelle der landesrechtlichen Bekanntmachungsformen zulässig (§ 92 III)	Entsprechend anwendbar: Alle verfahrensrechtlichen Vorschriften des BauGB (§ 92 IV)

Thür Erlass getrennt von BPlan	Erlass in BPlan oder sonstiger Satzung, die Festsetzungen nach § 9 BauGB enthalten darf
Verfahren und Besonderheiten wie Sachs-Anh (§ 83 III und V)	Entsprechend anwendbar: • 1. Kapitel Erster Teil Erster Abschnitt (Allg. Vorschriften) und Dritter Abschnitt (Verbindlicher Bauleitplan) • §§ 214, 215 BauGB

III. Örtliche Bauvorschriften in einem Bebauungsplan: Verfahren zum Erlass eines Bebauungsplans nach dem Baugesetzbuch in schematischer Darstellung

26

Verfahrensschritt	Form	Rechtsfolge von Verstößen
1. Planungsidee – **Aufstellungsbeschluss** (nicht zwingend, vgl. BVerwG vom 15. 4. 1988 BVerwGE 79, 200 = NVwZ 1988, 916)	ortsübl. Bekanntmachung, wenn Aufstellungsbeschluss gefasst: zwingend (§ 2 I 2 BauGB)	ortsübl. Bekanntmachung als Voraussetzung für Veränderungssperre oder „Planreife" (§ 14 I BauGB, § 33 I BauGB)
2. Rohentwurf – frühzeitige **Bürgerbeteiligung** (§ 3 I BauGB)	öffentl. Unterrichtung in angemessener Weise mit Äußerungs- und Erörterungsanspruch	Verletzung unbeachtlich, da § 3 I in § 214 I BauGB nicht genannt
3. Rohentwurf – Beteiligung der **Träger öffentl. Belange,** in einfachen Fällen gleichzeitig mit Nr. 4 (§ 4 I BauGB)	Schriftform gegen EB wegen der Frist (siehe rechte Spalte) empfehlenswert	• Ausschluss von der Abwägung, wenn Stellungnahme nicht innerhalb Monatsfrist (oder im Einzelfall verlängerter Frist), § 4 III 2 BauGB • Fehler unbeachtlich, wenn nur einzelne Träger nicht beteiligt (§ 214 I Nr. 1 BauGB HS 2), jedenfalls Geltendmachung innerhalb eines Jahres (§ 215 I BauGB)

Verfahrensschritt	Form	Rechtsfolge von Verstößen
4. fertiger Entwurf – **Bekanntmachung** von Ort und Dauer der **Auslegung** und Hinweis auf mögliche Anregungen (§ 3 II 1 BauGB): „Anstoß" zur Information und Beteiligung mit schlagwortartiger Gebietsbezeichnung, BVerwG vom 6. 7. 1984 BVerwGE 69, 344 = NJW 1985, 1570	ortsübl. Bekanntmachung (siehe R IV), mindestens 1 Woche vor der Auslegung, deren Beginn nicht mitzählt (§ 3 II 2 BauGB)	Fehler beachtlich, aber Geltendmachung innerhalb eines Jahres (§ 214 I Nr. 1 HS 1, § 215 I Nr. 1 BauGB)
5. **Benachrichtigung** der Träger öffentl. Belange von der Auslegung (§ 3 II 3 BauGB)	Form nicht vorgeschrieben	Fehler unbeachtlich, wenn nur einzelne Träger nicht beteiligt, wenn beachtlich, Geltendmachung innerhalb eines Jahres (§ 214 I Nr. 1 HS 2, § 215 I Nr. 1 BauGB)
6. **Auslegung** mit Begründung (§ 3 II 1 BauGB)	Form nicht vorgeschrieben, öffentlich einsehbar während der Publikumsstunden (BVerwG vom 4. 7. 1980 NJW 1981, 594) auf die Dauer eines Monats („ein Monat ab ..." erster Tag zählt mit, § 187 II BGB)	Fehler beachtlich, aber Geltendmachung innerhalb eines Jahres (§ 214 I Nr. 1 HS 1, § 215 I Nr. 1 BauGB)
7. **Prüfung** der Anregungen und **Mitteilung** des Ergebnisses, bei Anregungen von > 50 Personen statt Mitteilung Einsichtnahme in das Ergebnis (§ 3 II 4 und 5 BauGB)	Hinweis auf Einsichtnahmemöglichkeit und Dienststelle durch ortsübl. Bekanntmachung	Fehler beachtlich, aber Geltendmachung innerhalb eines Jahres, (§ 214 I 1 Nr. 1 BauGB HS 1, § 215 I Nr. 1 BauGB)
8. **Änderung oder Ergänzung nach Auslegung** → **Grundzüge der Planung berührt,** (§ 3 III 1 und 2 BauGB) **Verfahren nach Nrn. 3 bis 7 wiederholen**		Verkennung der Voraussetzungen unbeachtlich (§ 214 I Nr. 1 BauGB)
• zu Nr. 3: Beteiligung erstmalig oder stärker berührter Träger öffentl. Belange • zu Nr. 4: Beschränkung der Anregungen auf geänderte oder ergänzte Teile möglich • zu Nr. 6: Verkürzung der Auslegung auf 2 Wochen möglich → **Grundzüge der Planung nicht berührt,** Verfahren nach Nrn. 3 bis 7 wiederholen **oder vereinfachtes Verfahren,** § 3 III BauGB • Gelegenheit zur Stellungnahme für die betroffenen Bürger, § 13 Nr. 2 BauGB oder wahlweise Auslegung nach Nr. 6 • Gelegenheit zur Stellungnahme für die erstmalig oder stärker berührten Träger öffentl. Belange innerhalb angemessener Frist (§ 4 IV, § 13 Nr. 3 BauGB oder wahlweise Beteiligung nach Nr. 3)	Übersendung jeweils mit der Bitte um Stellungnahme binnen angemessener Frist	Fehler unbeachtlich, da nur einzelne Träger (§ 214 I Nr. 1 BauGB)
9. **Satzungsbeschluss** → Genehmigungspflicht gemäß § 10 II BauGB in den Fällen: • § 8 II 2 BPlan ohne FlNPlan	Vorlage zur Genehmigung samt nicht berücksichtigten Anregungen und Stellungnahme hierzu (§ 3 II 6 BauGB)	Fehler nicht beachtlich, da keine Beteiligungsnorm nach § 214 I Nr. 1 BauGB Vor Fristablauf oder bei Beanstandung kein In-Kraft-Setzen (§ 246 Ia 3 BauGB)

Verfahrensschritt	Form	Rechtsfolge von Verstößen
• § 8 III 2 BPlan parallel zum FlNPlan • § 8 IV vorzeitiger BPlan → **keine** Genehmigungspflicht: bei Anzeigepflicht nach Landesgesetz: keine Beanstandung innerhalb eines Monats (§ 246 Ia 2 BauGB)		
10. **Genehmigung** → erteilt oder nicht innerhalb dreier Monate (oder im Einzelfall verlängerter Frist) abgelehnt (§ 10 II BauGB, § 6 IV BauGB) → mit Maßgaben erteilt, bei Planänderungen Verfahren nach Nr. 8 wiederholen, dann Beitrittsbeschluss als Satzungsbeschluss	Schriftform, bei Ablehnung oder Maßgaben Anhörung, Begründung, Rechtsmittelbelehrung	Fehlende Genehmigung unbefristet beachtlich, § 214 I Nr. 3 BauGB (in § 215 BauGB nicht genannt)
11. **Ausfertigung** (**nach** Genehmigung, **stets vor** Bekanntmachung)		
12. **Ortsübliche Bekanntmachung der Genehmigung oder des Satzungsbeschlusses, § 10 III 4 BauGB** • Beispiel für eine gesetzliche Ersatzverkündung, BVerfG vom 23. 11. 1983 BVerfGE 65, 283 = NVwZ 1984, 430 • In-Kraft-Treten kraft Bundesrechts mit dem Tage der Bekanntmachung (§ 10 III 5 BauGB)	Bekanntmachung mit schlagwortartiger Kennzeichnung des Plangebietes, Hinweis auf Zeit und Ort der Einsichtnahme (BVerwG vom 6. 7. 1984 BVerwGE 69, 344 = DVBl. 1985, 110), weiter Hinweis auf Jahresfrist (siehe oben Nrn. 4, 5, 6 und 7) sowie die Siebenjahresfrist bei Abwägungsmängeln, § 10 III, § 215 II BauGB. Tag der Bekanntmachung = Ausgabetag des Druckwerks oder Tag des Anschlags an Amtstafel	Bekanntmachung, die Hinweiszweck nicht erreicht, beachtlich und unbefristet fehlerhaft (§§ 214 I Nr. 3, 215 BauGB)

IV. Sonderregelungen für Abweichungen/Ausnahmen/Befreiungen von örtlichen Bauvorschriften im Ländervergleich

27

Land	Norm/LBO	Erlass getrennt von BPlan	Erlass zusammen mit/in/durch BPlan
MBO 2002	§ 67 III	über Abweichungen, Ausnahmen und Befreiungen entscheidet bei verfahrensfreien Vorhaben nach § 61 MBO die Gemeinde (nicht wie allgemein nach § 67 I die Bauaufsichtsbehörde)	
BW	§ 74 VI	keine Sonderregelung	keine Sonderregelung
Bay	Art. 70 II, 91 III 2	Zulassung von Abweichungen im Einvernehmen mit der Gemeinde samt Einvernehmensfiktion aus § 36 II 2 BauGB (Zweimonatsfrist)	entsprechende Anwendung von §§ 31 und 36 BauGB (Ausnahmen und Befreiungen, Einvernehmen der Gemeinde) ausdrückl. normiert
Bln	generell keine Ermächtigung zum Erlass örtl. Bauvorschriften		
Bbg	§§ 60 II, 81 X 2	wie Bay	entsprechend anwendbar allein „Verfahrensvorschriften des BauGB", so dass §§ 31, 36 BauGB als Vorschriften über die „Zulässigkeit von Vorhaben" (so die Überschrift des 1. Abschnitts des 3. Teils) nicht eingreifen
Brem	§ 87 III 2	keine Sonderregelung	entsprechend anwendbar allein Vorschriften über das „Aufstellungsverfahren" mit der Folge wie Bbg
Hamb	§ 81	keine Sonderregelung	keine Sonderregelung

Land	Norm/LBO	Erlass getrennt von BPlan	Erlass zusammen mit/in/durch BPlan
Hess	§ 81 IV 2	keine Sonderregelung	entsprechend anwendbar ausschließl. § 10 III (Bekanntmachung) mit der Folge wie Bbg
M-V	§ 86 VI	Ausnahmen nach Ermessen von Bauvorschriften über • die äußere Gestaltung von sowie über besondere Anforderungen an bauliche Anlagen/Werbeanlagen/Warenautomaten • die Genehmigungspflicht von Werbeanlagen, wenn die baugestalterischen Zielsetzungen gemäß Satzungsbegründung (§ 87 III 2 und 3) nicht wesentlich beeinträchtigt werden Verfahrensrechtlich keine Sonderregelung	
Nds	§ 56 II	Ausnahmen von allen Bauvorschriften nach Ermessen, wenn städtebaul., baugestalterische oder ökologische Zielsetzungen nicht wesentlich beeinträchtigt werden. Verfahrensrechtlich keine Sonderregelung	
NRW	§ 86 V	Zulassung von Abweichungen im Einvernehmen mit der Gemeinde samt Einvernehmensfiktion aus § 36 II 2 BauGB (Zweimonatsfrist): § 31 II BauGB (Befreiung) gilt nicht (OVG NRW vom 25. 8. 1999 NVwZ-RR 2000, 412)	
Rh-Pf	§ 88 VII	vor Zulassung einer Abweichung Anhörung der Gemeinde, bei Bauvorschriften über besondere Anforderungen an bauliche Anlagen/Werbeanlagen/Warenautomaten sowie über geringere Abstandsflächen auch Anhörung der Denkmalschutzbehörde	
Saar	§ 93 VI	vor Erteilung einer Ausnahme oder Befreiung Einvernehmen der Gemeinde	
Sachs	§ 68 VII	Zulassung von Abweichungen im Einvernehmen mit der Gemeinde samt Einvernehmensfiktion aus § 67 V 3 (Einmonatsfrist für landesrechtl. Einvernehmungsregelungen)	
Sachs-Anh	§ 90 III 3	über Abweichungen entscheidet die Gemeinde (nicht wie allgemein die Bauaufsichtsbehörde), wenn deren Genehmigung in örtl. Bauvorschrift vorgesehen (siehe oben „Genehmigung" Rn. 17)	
Schl-H	§ 76 V	Zulassung von Ausnahmen und Befreiungen im Einvernehmen mit der Gemeinde samt Einvernehmenfiktion aus § 36 II 2 und Ersetzungsbefugnis aus § 36 II 3 BauGB	
Thür	§ 68 II	wie NRW	

V. Allgemeine Fragen zu den örtlichen Bauvorschriften

1. Gesetzgebungskompetenz und Regelungsinhalt

28 Die Aussage, die das Bundesverfassungsgericht vor einem halben Jahrhundert in den frühen Zeiten der Bundesrepublik Deutschland getroffen hat, gilt letztlich nach wie vor: Die konkurrierende Gesetzgebungskompetenz des Bundes nach Art. 74 Abs. 1 Nr. 18 GG für das „Bodenrecht" (seit 1994 „ohne das Recht der Erschließungsbeiträge") bezieht sich nicht auf das Baupolizeirecht im bisher gebräuchlichen Sinne. Dieses umfasst die Baugestaltung und die Bausicherheit.[1] Hierfür haben die Länder nach Art. 70 Abs. 1 GG das Recht der Gesetzgebung, das an den Ortsgesetzgeber weiter übertragen werden kann. Das Bundesverwaltungsgericht hat Bauordnungsrecht und Baupolizeirecht mit Blick auf das Verhältnis von Bebauungsplan und örtlicher Bauvorschrift näher abgegrenzt. Es stellt darauf ab, ob die rechtlichen Beziehungen zum Grund und Boden unmittelbar geordnet werden, etwa Art und Maß der baulichen Nutzung, Bauweise und überbaubare Grundstücksfläche, oder ob die Gestaltung darüber hinausgehend geregelt wird: In ersterem Fall muss sich der Ortsgesetzgeber an den bundesrechtlichen Festsetzungskatalog nach § 9 Abs. 1 BauGB halten, in letzterem Fall steht es ihm offen, kraft Landesrechts eine örtliche Bauvorschrift zu erlassen.[2] Die äußere Form, Bauvorschrift in einer kommunalen Satzung oder in einem Bebauungsplan, spielt dabei keine Rolle.

29 Um das Abgrenzungsproblem anhand der Entscheidung des BVerwG zu verdeutlichen: Das Verbot von Kellergaragen lässt sich nicht auf einen der städtebaulichen Tatbe-

[1] BVerfG vom 16. 6. 1954 BVerfGE 3, 407/423 = NJW 1954, 1474. Siehe im Einzelnen (auch zur Kritik) Kap. 1 Rn. 333 ff.
[2] BVerwG vom 16. 12. 1993 NVwZ 1994, 1010.

stände des § 9 Abs. 1 BauGB stützen, insbesondere nicht auf die Festsetzung von Flächen für Garagen (§ 9 Abs. 1 Nr. 4 BauGB) und nicht auf die Festsetzung von Flächen für Gemeinschaftsanlagen (§ 9 Abs. 1 Nr. 22 BauGB), sondern allein auf bauordnungsrechtliche Erwägungen. Es soll nämlich vermieden werden, dass die Gebäudewand durch die Kellergarage „optisch" um ein weiteres Geschoss erhöht und dass in die Vorgartenfläche eingeschnitten wird. Das sind spezifisch gestalterische Gründe. Umgekehrt haben Vorschriften über Brennstoffe oder Niederschlagswasser schwerlich ordnungsrechtlichen Charakter, ebenso wenig solche über die Platz sparende Bauweise von Garagen oder ihr gänzliches oder teilweises Verbot. Hier stehen Gesichtspunkte des Umweltschutzes, der Verkehrsplanung und des Städtebaus eindeutig im Vordergrund, wie sich auch aus dem gesetzlichen Zweck der Normen ergibt.[3] Deshalb empfiehlt es sich, derartige Vorschriften nicht isoliert zu erlassen, sondern in einen Bebauungsplan zu integrieren, dessen Ermächtigungsnormen städtebauliche Zielsetzungen abdecken.

2. Beachtung der Grundrechte

a) Allgemeines

Das Gebot, die öffentlichen und privaten Belange gegeneinander und untereinander gerecht abzuwägen (§ 1 Abs. 6 BauGB), gilt für örtliche Bauvorschriften nach landesrechtlicher Ausformung.[4] In jedem Fall sind die Grundrechte zu beachten, die – wenn auch nicht in der stringenten Ausprägung des § 1 Abs. 6 BauGB, sondern entsprechend ihrem jeweiligen Gehalt und der Intensität des Eingriffs – zu einer Abwägung führen.[5] 30

b) Eigentum

Das für das Baurecht zentrale **Eigentumsgrundrecht** verlangt, dass Inhalts- und Schrankenbestimmungen (Art. 14 Abs. 1 Satz 2 GG) „vom geregelten Sachbereich her geboten und auch in ihrer Ausgestaltung sachgerecht sind".[6] Dabei müssen aber nicht alle Belange subtil und streng abgewogen werden. Vielmehr hat auch der Ortsgesetzgeber „einen verhältnismäßig weiten Gestaltungsspielraum".[7] 31

Die Eigenart des vermögenswerten Rechts ist zu beachten, im Baurecht also die Situationsgebundenheit. Mit der zivilrechtlichen Rechtsprechung zur Problematik, ob Verbote entschädigungslos hinzunehmen sind, kann man auch hier fragen, ob der vernünftige und einsichtige Eigentümer von sich aus mit Rücksicht auf die natürliche Situation die verbotene Verwendung überhaupt ins Auge fassen würde.[8] Weiter greift bei Grundeigentum der besonders ausgeprägte Schutz nicht ein, der dem Eigentum dann zukommt, wenn es ein Element der Sicherung der persönlichen Freiheit des Einzelnen ist.[9] Um die Grenze zur Enteignung nicht zu überschreiten, müssen und können Härte- und Übergangsregelungen „abfedern". So dürfen örtliche Bauvorschriften größere Abstandsflächen als die gesetzlichen verlangen. Sie verbieten dann auch Nutzungsänderungen von Gebäuden, die innerhalb der alten (kleineren) Abstandsflächen errichtet worden sind. Über-

---

3 Siehe Ländervergleich „Gegenstände" oben Rn. 8, 21 und 23 bei den genannten Stichworten.

4 Siehe unten Rn. 47 ff.

5 BW VGH vom 22. 4. 2002 Az. 8 S 177/02: Die Vorschrift, dass Dacheindeckungen die „Grundfarbe Rot" haben müssen, eröffnet ein so breites Spektrum, dass die Einschränkung für den Grundeigentümer nur gering wiegt. Ähnlich BW VGH vom 4. 5. 1998 BRS 60 Nr. 128: Die Notwendigkeit, dass sich die Eigentümer von Doppelhäusern oder Hausgruppen wegen einer vorgeschriebenen Dachgestaltung einigen (weil sie sonst nicht bauen dürfen), ist mit den planungsrechtlichen Gebot, sich der Umgebungsbebauung anzupassen, vergleichbar. Sie bewirkt keine unverhältnismäßige Eigentumsbeschränkung. So auch OVG NRW vom 9. 2. 2000 NVwZ-RR 2001, 14: Wegen „äußerst marginaler negativer Folgewirkungen" wird der Vorrang der gestalterischen Zielsetzung „Grundfarbe Rot" nicht beanstandet.

6 BVerfG vom 12. 6. 1979 BVerfGE 52, 1/29.

7 BVerfG vom 28. 2. 1980 BVerfGE 53, 257/293.

8 BGH vom 26. 1. 1984 BGHZ 90, 4/15.

9 BVerfG vom 1. 3. 1979 BVerfGE 50, 290/340.

gangsweise muss die Nutzungsänderung dann zulässig sein, wenn die neue Nutzung für Umwelt und Nachbarn schonender ist als die alte.[10]

c) Information

32 Das Grundrecht auf **Informationsfreiheit** als das Recht, sich aus allgemein zugänglichen Quellen ungehindert zu unterrichten (Art. 5 Abs. 1 Satz 1 2. Halbsatz GG), kann tangiert sein, wenn örtliche Bauvorschriften Antennen verbieten. Seine Schranken findet dieses Grundrecht nach Art. 5 Abs. 2 GG in den Vorschriften der „allgemeinen" Gesetze. Das bedeutet nach der Sonderrechtslehre des Bundesverfassungsgerichts, dass sich das Gesetz oder die untergesetzliche Norm nicht gegen eine bestimmte Meinung richten darf, sondern „meinungsneutral" zu sein hat.[11] Hieran gemessen wären die vom Ziel her meinungsneutralen Vorschriften des Bauordnungsrechts unbedenklich.[12] Indes muss sich die allgemeine Vorschrift weiter als geeignet und notwendig begründen lassen, um einen legitimen Zweck zu erreichen.[13] Es ist also eine Güterabwägung erforderlich, auch im Sinne einer Verhältnismäßigkeitsprüfung. Dem wird ein generelles Verbot von Dach- und Parabolantennen nicht gerecht,[14] wohl aber ein Verbot in besonders schutzwürdigen Gebieten, oder das Gebot, die Antennen unauffällig zu gestalten und anzubringen.

d) Religion

33 Art. 4 Abs. 2 GG gewährleistet die ungestörte **Religionsausübung**. Damit kollidiert eine örtliche Bauvorschrift, die „einheimische Bauweise" oder breite und niedrige Baukörper verlangt und damit moderne Betonkirchtürme oder Minarette ausschließt. Nachdem Art. 4 GG keinen Gesetzesvorbehalt enthält,[15] folgt aus dem Grundrecht ein Anspruch auf Ausnahme oder Befreiung von der örtlichen Bauvorschrift. Da nach allen Landesbauordnungen – kraft allgemeiner Regelung oder kraft Sonderregelung für die örtlichen Bauvorschriften –[16] Ausnahmen, Befreiungen oder Abweichungen nach Ermessen erteilt werden, führt die Durchsetzung des Grundrechts zu einer Ermessenreduzierung „auf Null", sofern nicht besondere gestalterische Gründe (etwa des Ortsbildes) vorliegen.

e) Beruf

34 Die **Berufsfreiheit** nach Art. 12 Abs. 1 GG ist nach der traditionellen Stufenlehre in drei Kategorien zu betrachten: objektive Zulassungsschranken, subjektive Zulassungsvoraussetzungen und Regeln zur Berufsausübung.[17] In unserem Zusammenhang interessieren die Ausübungsregeln, und hier wiederum insonderheit diejenigen örtlichen Bauvorschriften, die sich auf Gestaltung oder Verbot von Werbeanlagen beziehen. In der hier gegebenen dritten Stufe müssen immerhin „Gesichtspunkte der Zweckmäßigkeit" die Regelung verlangen, so dass reine Wert- oder Gestaltungsentscheidungen des Ortsgesetzgebers nicht genügen. Ein Beispiel für eine nicht zweckmäßige Regelung ist die Ortsvorschrift, dass in Gewerbegebieten die Werbetafeln nicht größer als 2,5 m × 2,5 m sein dürfen oder einen Mindestabstand von 50 m einhalten müssen.[18] Für ein Gewerbegebiet, das von massiver Bebauung (§ 8 BauNVO) und rationaler Technik geprägt ist, sind solche Festlegungen nicht angemessen, vielleicht sogar willkürlich.

---

[10] BVerwG vom 16. 5. 1991, BVerwGE 88, 191 = NJW 1991, 3293.
[11] BVerfG vom 24. 3. 1987 BVerfGE 74, 297.
[12] BVerwG vom 12. 1. 1990 BVerwGE 84, 247.
[13] BVerfG vom 15. 1. 1958 BVerfGE 7, 198 (Lüth-Urteil).
[14] BayVerfGH vom 27. 9. 1985 VerfGHE 38, 134 = BayVBl. 1986, 14.
[15] BVerfG vom 11. 4. 1972 BVerfGE 33, 23.
[16] Siehe Ländervergleich „Sonderregelungen" oben Rn. 27.
[17] BVerfG vom 11. 6. 1958 BVerfGE 7, 377.
[18] OVG NRW vom 25. 3. 1964 NJW 1964, 1977.

3. Überblick über das Normsetzungsverfahren

a) Verfahren ohne Bebauungsplan

Örtliche Bauvorschriften außerhalb von Bebauungsplänen werden nach der **Musterbauordnung 2002** und in allen Ländern, mit Ausnahme von Baden-Württemberg, Niedersachsen und Sachsen-Anhalt, nach den kommunalrechtlichen Bestimmungen erlassen, die in ihrem Grundschema denkbar einfach sind: Satzungsbeschluss, Ausfertigung, Bekanntmachung. Dennoch unterläuft vielfach der Fehler, dass die Satzung vor der Ausfertigung bekannt gemacht wird, dass also etwas publiziert wird, was noch nicht als Originalurkunde entstanden ist. Die Ausfertigung bezeugt einerseits, dass die Urkunde dem Willen des Normgebers entspricht (Authentizität), andererseits, dass das Normsetzungsverfahren einschließlich etwaiger Genehmigungen eingehalten ist (Legalität).[19] Zu Urkund dessen hat das zuständige Organ den Normtext mit Angabe des Datums handschriftlich zu unterschreiben, nicht aber eine Anlage (etwa mit Zeichnungen, Karten, Straßenlisten), solange die Identität des Beschlossenen mit dem Verkündeten gewährleistet ist.[20] Das kann durch Verklammern oder Verschnüren geschehen. Liegt die Bekanntmachung vor der Ausfertigung, so ist die Satzung nichtig, was allerdings durch eine neue Bekanntmachung geheilt werden kann.[21] Durchgehend erklären die Länder zeichnerische Darstellungen mit Besonderheiten der Publikation für zulässig.[22] 35

Niedersachsen (§ 97 Abs. 1 Satz 2 NBauO) stellt verfahrensrechtlich die örtlichen Bauvorschriften außerhalb von Bebauungsplänen mit den darin aufgenommenen Bauvorschriften gleich: Es gelten alle Vorschriften über die Aufstellung von Bebauungsplänen einschließlich derjenigen über die Folgen von Verfahrensmängeln entsprechend (nur § 6 Abs. 2 BauGB, der den Prüfungsmaßstab für eine etwaige Genehmigung einschränkt, wird ausgeschlossen, da es sich um übertragenen Wirkungskreis handelt). Diese klare Lösung vermeidet ein Nebeneinander und Ineinander verschiedener Verfahrensordnungen, erschwert jedoch wegen des vielschichtigen Bebauungsplanverfahrens den raschen Erlass örtlicher Bauvorschriften. 36

Baden-Württemberg schaltet teilweise gleich: Die für das Verfahren ohne Bebauungsplan anwendbaren Bestimmungen des Baugesetzbuchs werden ausdrücklich bezeichnet.[23] 37

In Sachsen-Anhalt werden die Bestimmungen des Baugesetzbuchs, die Verfahren außerhalb von Bebauungsplänen betreffen, ausdrücklich genannt.[24] 38

Brandenburg bringt insoweit eine Besonderheit, als es die üblichen kommunalrechtlichen Bestimmungen durch die Vorschrift ergänzt, dass vor dem Erlass der Satzung den betroffenen Bürgern und den berührten Trägern öffentlicher Belange Gelegenheit zur Stellungnahme binnen Monatsfrist zu geben ist (§ 81 Abs. 8 Satz 3 BbgBO). Die Bestimmung übernimmt Rechtsgedanken aus §§ 3 und 4 BauGB, freilich ohne die Rechtswohltaten aus §§ 214, 215 BauGB zu gewähren. 39

---

19 BVerwG vom 8. 5. 1995 NVwZ 1996, 372; BW VGH vom 10. 4. 1997 NVwZ-RR 1998, 545; OVG Rh-Pf vom 9. 8. 1989 BRS 49 Nr. 28.

20 BVerwG vom 26. 8. 1993 BVerwGE 94, 100 = NVwZ 1994, 275.

21 BVerwG vom 6. 5. 1993 BVerwGE 92, 266 = NVwZ 1994, 273.

22 Siehe Ländervergleich „Verfahren" oben Rn. 25 ff.

23 § 74 Abs. 6 Sätze 1 und 2 LBO BW: § 2 Abs. 3 und 4, § 3 Abs. 2, § 4, § 9 Abs. 7, § 13, § 12 (wohl § 10) mit der Maßgabe, dass die Satzung einen späteren Zeitpunkt des In-Kraft-Tretens bestimmen kann (§ 10 Abs. 3 Satz 4 BauGB: In-Kraft-Treten mit Bekanntmachung). Ob die Heilungsvorschriften nach §§ 214 ff. BauGB auch ohne Benennung „ergänzender Bestandteil" der angeführten Vorschriften sind (so *Schlotterbeck/von Arnim*, LBO BW 4. Aufl. 1997, § 74 Rn. 91), ist zu verneinen, gerade weil andere Länder diese ausdrückl. einbeziehen.

24 § 90 Abs. 5 BauOLSA: § 1 Abs. 6, § 3 Abs. 2, § 3 Abs. 3, § 4, § 9 Abs. 8, § 33 BauGB und Vorschriften über die Sicherung der Bauleitplanung.

b) Verfahren mit Bebauungsplan

40 Bundesrechtliche Grundlage für die Aufnahme örtlicher Bauvorschriften in Bebauungspläne ist § 9 Abs. 4 BauGB. Danach können die Länder durch Rechtsvorschriften bestimmen, dass örtliche Regelungen in den Bebauungsplan als Festsetzungen aufgenommen werden können und inwieweit auf diese Festsetzungen die Vorschriften des Baugesetzbuchs Anwendung finden. Zur Tragweite werden zwei Grundpositionen eingenommen: Nach der formellen Auffassung werden die örtlichen Bauvorschriften nur äußerlich zum Bestandteil des Bebauungsplans, Inhalt und Verfahren richten sich dagegen in vollem Umfang nach Landesrecht. Nach der anderen, materiellen Ansicht handelt es sich dagegen nicht allein um die technische Zusammenfassung verschiedener Regelungen in einer Hülle, sondern um ein im Entscheidungsprozess aufeinander abgestimmtes einheitliches Planungskonzept.[25] Mit Ausnahme von Baden-Württemberg, Bayern und Sachsen schreiben alle Länder die Aufnahme örtlicher Bauvorschriften „in" den Bebauungsplan als „Festsetzungen" vor und gehen damit das Risiko ein, dass es an einem einheitlichen Planungskonzept fehlt. Sprachlich konsequent verwenden übrigens die genannten drei Länder nicht wie alle anderen Länder die Präposition „in", sondern die Verhältnisworte „zusammen mit" (§ 74 Abs. 7 LBO BW) bzw. „durch" (Art. 91 Abs. 3 BayBO und § 83 Abs. 4 SächsBO).[26] Die **Musterbauordnung 2002** folgt dem bayerisch-sächsischen Wortlaut, der die Entscheidung gegen die Rechtsnatur „Festsetzung" beinhaltet.

41 Bei den Verfahrensregeln in den Fällen, in denen örtliche Bauvorschriften in Bebauungspläne übernommen werden, machen sich die Länder das Bundesrecht im Wesentlichen in drei Kategorien zu Eigen:

Das Verfahren zur „Aufstellung von Bebauungsplänen" einschließlich der Folgen von Verfahrensmängeln transformieren:

- Bremen (§ 87 Abs. 3 Satz 2 BremLBO)
- Niedersachsen (§ 97 Abs. 1 Satz 2 NBauO)
- Sachsen-Anhalt (§ 90 Abs. 4 Satz 2 BauO LSA)

Auf alle Erlass- oder Verfahrensvorschriften beziehen sich, ohne die Mängelvorschriften zu erwähnen:

- Baden-Württemberg (§ 74 Abs. 7 Satz 1 LBO BW)
- Brandenburg (§ 81 Abs. 9 Satz 2 BbgBO)
- Sachsen (§ 83 Abs. 4 SächsBO)
- Schleswig-Holstein (§ 92 Abs. 4 Satz 2 LBO Schl-H)

Es bezeichnen die ausschließlich anwendbaren Bestimmungen:

- **Musterbauordnung** 2002 (§ 86 Abs. 2 Satz 2 MBO)
- Bayern (Art. 91 Abs. 2 Satz 2 BayBO)
- Hessen (§ 81 Abs. 4 Satz 2 HBO)
- Mecklenburg-Vorpommern (§ 86 Abs. 4 Satz 2 LBauO M-V)
- Nordrhein-Westfalen (§ 83 Abs. 4 BauO NRW)
- Rheinland-Pfalz (§ 86 Abs. 6 Satz 2 LBauO Rh-Pf)
- Saarland (§ 93 Abs. 5 Satz 2 LBO Saar)
- Thüringen (§ 83 Abs. 4 Satz 2 ThürBO)

c) Zitiergebot

42 Eine Angabe der Rechtsgrundlage ist nicht für Bebauungspläne und demgemäß auch nicht für integrierte Bauvorschriften vorgeschrieben. Ebenso wenig enthalten die kom-

---

[25] BW VGH vom 22. 4. 2002 Az. 8 S 177/02 und OVG Nds vom 14. 9. 1990 BauR 1991, 174.

[26] Die Aufnahme „in" den Bebauungsplan bedeutet, dass sie dessen Bestandteil werden, ohne den Charakter als auf landesrechtlicher Grundlage erlassene Gestaltungsvorschriften zu verlieren (BVerwG vom 29. 12. 1995 NVwZ-RR 1996, 629); der Bebauungsplan muss indes einheitlich begründet werden (OVG NRW vom 9. 2. 2000 NVwZ-RR 2001, 14).

munalrechtlichen Bestimmungen für Satzungen ein Zitiergebot, das dem zwingenden Zitiergebot für Rechtsverordnungen nach Art. 80 Abs. 1 Satz 3 GG entspräche. Die Mischform einer „Rechtsverordnung in Satzungsform" ist in der klaren rechtsstaatlichen Struktur der Normenhierarchie nicht vorgesehen und kann das Zitiergebot nicht begründen.[27] Als rechtsstaatliches Minimum ist aber zu verlangen, dass sich das jeweilige Gremium darüber bewusst ist, neben dem Bebauungsplan eine örtliche Bauvorschrift zu erlassen, und dass dies – etwa anhand des Sitzungsprotokolls – nachgewiesen werden kann.[28]

4. Verfahren zur Änderung in Bebauungspläne aufgenommener Vorschriften

Bei der Änderung, Ergänzung oder Aufhebung von aufgenommenen Bauvorschriften beschreiten Baden-Württemberg, Nordrhein-Westfalen und Saarland den klarsten Weg: Sie stellen der Aufstellung die Fälle Änderung, Ergänzung und Aufhebung ausdrücklich gleich (§ 74 Abs. 7 Satz 2 LBO BW, § 86 Abs. 4 BauO NRW, § 93 Abs. 5 LBO Saar). Dasselbe Ergebnis lässt sich im Wege der Auslegung bei Sachsen erzielen, das durch die Verwendung des Wortes „erlassen" (§ 83 Abs. 4 SächsBO) sowohl aufstellen als auch ändern, ergänzen und aufheben erfasst. 43

Die **Musterbauordnung 2002**, Bayern und Thüringen, die den Ersten Abschnitt des Ersten Teils des Baugesetzbuchs benennen (Art. 91 Abs. 3 Satz 2 BayBO, § 83 Abs. 4 Satz 2 ThürBO, § 86 Abs. 2 Satz 2 MBO), umschließen damit selbstverständlich auch § 2 Abs. 4 BauGB. So verhält es sich auch bei Brandenburg und Schleswig-Holstein, die die entsprechende Anwendung der „Verfahrensvorschriften" bzw. der „verfahrensrechtlichen Vorschriften" des Baugesetzbuchs anordnen (§ 81 Abs. 9 Satz 2 BbgBO, § 92 Abs. 4 Satz 2 LBO Schl-H).

Anderes gilt für die Länder, die allein auf die Vorschriften des Baugesetzbuchs über das Verfahren „bei der Aufstellung" (§ 97 Abs. 1 Satz 2 NBO, § 90 Abs. 4 Satz 2 BauO LSA) bzw. über das „Aufstellungsverfahren" (87 Abs. 3 Satz 1 BremLBO) verweisen. Zur „Aufstellung" gehört gerade nicht die Änderung, Ergänzung oder Aufhebung, da ansonsten § 2 Abs. 4 BauGB überflüssig wäre, ebenso wie die eingangs genannten Bestimmungen Baden-Württembergs, Nordrhein-Westfalens und des Saarlandes. 44

Keine Gleichstellung nehmen die Länder vor, die in der Benennung der anwendbaren Bestimmungen des Baugesetzbuchs § 2 Abs. 4 dieses Gesetzes nicht enthalten (§ 81 Abs. 4 Satz 2 HBO, § 86 Abs. 4 Satz 2 LBauO M-V, § 88 Abs. 6 Satz 2 LBauO Rh-Pf). 45

Danach ist § 2 Abs. 4 BauGB in den Ländern Bremen, Hessen, Niedersachsen, Mecklenburg-Vorpommern, Sachsen-Anhalt und Rheinland-Pfalz nicht anwendbar. Änderungen, Ergänzungen, Aufhebungen von in Bebauungspläne aufgenommenen Vorschriften sind im normalen landesrechtlichen Satzungsverfahren durchzuführen. In den anderen Ländern muss das förmliche, durch Aufstellungsbeschluss, frühzeitige Bürgerbeteiligung, öffentliche Auslegung und Satzungsbeschluss geprägte Verfahren durchgeführt werden, sofern nicht zum vereinfachten Verfahren nach § 13 BauGB gegriffen werden kann.[29] Für den Rechtsschutz bedeutet dies, dass letztere Änderungs-, Ergänzungs- und Aufhebungssatzungen im Sinne von § 47 Abs. 1 Nr. 1 VwGO „nach den Vorschriften des Baugesetzbuchs erlassen worden sind", so dass sie kraft Bundesrechts der Normenkontrolle unterliegen.[30] 46

5. Abwägung, Geltungsbereich und Begründung

a) Normen ohne Bebauungsplan

Für die örtlichen Bauvorschriften außerhalb von Bebauungsplänen, die ganz überwiegend in den Ländern und auch nach der **Musterbauordnung 2002** den kommunalrecht- 47

---

27 A. A. OVG Nds vom 12. 4. 2000 BRS 63 Nr. 39.

28 OVG Nds vom 21. 8. 1992 NVwZ 1993, 1216.

29 Für Bebauungspläne allgemein siehe *W. Schrödter* in *Schrödter*, BauGB 6. Aufl. 1998, § 2 Rn. 53.

30 Für Aufhebungssatzungen allgemein OVG Nds vom 9. 12. 1994 NVwZ 1995, 911.

lichen Vorschriften unterworfen sind, versteht es sich von selbst, dass die Regeln des Baugesetzbuchs in § 1 Abs. 6 (Abwägung), § 9 Abs. 7 (räumlicher Geltungsbereich) und § 9 Abs. 8 (Begründung) nicht gelten.

Etwas anderes gilt in Niedersachsen mit Blick auf die generelle Verweisung auf das Bundesrecht, die auch die genannten Vorschriften erfasst.

In Baden-Württemberg wird von den genannten Vorschriften nur § 9 Abs. 7 in Bezug genommen, in Sachsen-Anhalt § 1 Abs. 6 und § 9 Abs. 8 BauGB; die übrigen Vorschriften bleiben jeweils außer Betracht.

48 In jedem Fall gebieten die Grundrechte eine Abwägung.[31] Für die Festlegung der Grenzen genügt es, wenn der Geltungsbereich der Satzung mit der allgemein gebräuchlichen Formel „innerhalb der im Zusammenhang bebauten Ortsteile und des Geltungsbereichs des Bebauungspläne" umschrieben wird.[32] Landesrechtliche Anforderungen an die Maßstäblichkeit von Karten[33] greifen nur dann ein, wenn hierauf ausdrücklich Bezug genommen wird, was in keinem Land und auch nicht in der Musterbauordnung 2002 der Fall ist. Die schutzwürdigen Objekte sind allerdings in der Satzung selbst zu benennen und nicht erst durch die Verwaltung zu bestimmen.[34]

49 Ebenso wenig wie für gesetzliche Normen besteht für Satzungen landesrechtlich eine Begründungspflicht, wogegen bundesrechtlich nichts zu erinnern ist.[35] Der Abwägungsvorgang muss grundsätzlich nicht dargelegt werden,[36] in besonderen Fällen kann allerdings ein Begründungsdefizit auf einen Abwägungsmangel schließen lassen.[37]

b) Normen mit Bebauungsplan

50 Für die Bebauungspläne aufgenommenen Bauvorschriften sind § 1 Abs. 6 BauGB (spezielles Abwägungsgebot), § 9 Abs. 7 BauGB (Festsetzung der Grenzen) und § 9 Abs. 8 BauGB (Begründung) anwendbar wie folgt:

- **Musterbauordnung 2002** (Verweisung auf 1. Kapitel 1. Teil 1. und 3. Abschnitt)
- Baden-Württemberg, Bremen, Brandenburg, Niedersachsen, Sachsen, und Schleswig-Holstein (Verweisung auf die Vorschriften über das Aufstellungsverfahren bzw. verfahrensrechtlichen Vorschriften des BauGB)[38]
- Bayern, Thüringen (Verweisung auf 1. Kapitel 1. Teil 1. und 3. Abschnitt)
- Nordrhein-Westfalen (Verweisung auf §§ 1 bis 18)
- Saarland (Verweisung auf §§ 1 bis 13)

51 Sachsen-Anhalt verweist auf § 1 Abs. 6 und § 9 Abs. 8, nicht aber auf § 9 Abs. 7 BauGB.

In Hessen, Mecklenburg-Vorpommern und Rheinland-Pfalz sind alle drei Regeln von der Verweisung ausgenommen (§ 81 Abs. 4 Satz 2 HBO, § 86 Abs. 4 Satz 2 LBauO M-V, § 88 Abs. 6 Satz 2 LBauO Rh-Pf).

Für diese Länder gelten die oben dargestellten allgemeinen grundrechtsorientierten und rechtsstaatlichen Überlegungen.

---

[31] Siehe oben Rn. 30.

[32] BVerwG vom 16. 6. 1994 BVerwGE 96,95 = NVwZ 1995, 1213.

[33] Vgl. Art. 51 Abs. 3 des bayerischen Landesstraf- und Verordnungsgesetzes für Verordnungen (Maßstab mindestens 1:25000, archivmäßige Verwahrung, allgemeine Zugänglichkeit).

[34] OVG NRW vom 21. 4. 1983 NVwZ 1983, 561.

[35] BVerwG vom 16. 3. 1995 NVwZ 1995, 899 und vom 3. 11. 1992 DVBl. 1993, 116.

[36] Hess VGH vom 30. 6. 1987 BRS 47 Nr. 121; a. A. OVG NRW vom 25. 4. 1991 NVwZ 1992, 118 sowie vom 30. 6. 1981 NJW 1982, 845 (die Satzungsunterlagen müssen über den Abwägungsvorgang Aufschluss geben).

[37] OVG Schl-H vom 18. 11. 1993 Az. 1 L 189/91: Regelungen, die sich am Generellen orientieren, müssen nicht im Einzelnen begründet werden. Eine Ausnahme von der Regel muss indes begründet werden, zumal wenn bisher etwas anderes praktiziert worden ist (Fremdwerbung in Kerngebiet bisher zulässig, aber nunmehr allgemein verboten).

[38] Oben Rn. 41.

6. Zeichnerische Darstellungen

Werden örtliche Bauvorschriften in Bebauungspläne aufgenommen, so versteht es sich von selbst, dass diese Regelungen nach Maßgabe der Planzeichenverordnung i. d. F. vom 18. 12. 1990 (BGBl. 1991 I S. 58) dargestellt werden. 52

Für die nicht aufgenommenen Vorschriften bringen die Musterbauordnung und alle Länder die Möglichkeit, die Regelungen zeichnerisch darzustellen und diese Darstellungen in der Gemeinde zur Einsicht auszulegen, wenn hierauf in der Satzung hingewiesen wird:

MBO 2002	§ 86 Abs. 3
BW	§ 74 Abs. 6 Satz 2 LBO BW: Bekanntmachung wie Bebauungsplan
Bay	Art. 91 Abs. 4 BayBO
Bbg	§ 81 Abs. 10 Satz 1 BbgBO
Brem	§ 67 Abs. 2 BremLBO
Hess	§ 81 Abs. 3 HBO mit der zusätzlichen Verpflichtung, in der Satzung auch auf Ort und Zeit der Auslegung hinzuweisen
M-V	§ 86 Abs. 5 LBauO M-V
NRW	§ 86 Abs. 3 BauO NRW
Nds	§ 97 Abs. 1 Satz 3 NBauO. Besonderheit wegen der Gleichstellung: Bekanntmachung wie Bebauungsplan
Rh-Pf	Landesverordnung zur Durchführung der Gemeindeordnung für Rheinland-Pfalz vom 21. 2. 1974 (GVBl. S. 98) mit Änderungen
Saar	Verordnung über die öffentlichen Bekanntmachungen der Gemeinden und Gemeindeverbände vom 15. 10. 1981 (AmtsBl S. 828) mit Änderungen
Sachs	§ 83 Abs. 5 SächsBO
Sachs-Anh	§ 90 Abs. 6 BauO LSA
Schl-H	§ 92 Abs. 3 LBO Schl-H: Bekanntmachung dem Bebauungsplan gleichgestellt
Thür	§ 83 Abs. 5 ThürBO

7. Staatliche Mitwirkungsvorbehalte

a) Normen ohne Bebauungsplan

Baden-Württemberg unterwirft die örtlichen Bauvorschriften außerhalb von Bebauungsplänen der Genehmigungspflicht (§ 74 Abs. 6 Satz 3 LBO BW). Alle übrigen Länder haben weder bauordnungsrechtliche noch kommunalrechtliche Genehmigungsvorbehalte. Niedersachsen statuiert eine Anzeigepflicht (§ 97 Abs. 1 Satz 3 NBauO), Brandenburg eine solche dergestalt, dass die Satzung erst bekannt gemacht werden darf, wenn die Sonderaufsichtsbehörde diese nicht innerhalb von drei Monaten beanstandet hat (§ 81 Abs. 8 Satz 5 BbgBO). Rheinland-Pfalz sieht beim Erlass örtlicher Bauvorschriften mit ortsgeschichtlichem Bezug das Benehmen mit der Denkmalschutzbehörde vor (§ 88 Abs. 5 Satz 2 LBauO Rh-Pf). In der „Klaviatur der Möglichkeiten“ behördlichen Zusammenwirkens liegt das „Benehmen“ zwischen Anhörung und Einvernehmen (Zustimmung).[39] 53

b) Normen mit Bebauungsplan

Bei den aufgenommenen Bauvorschriften ist zu unterscheiden: 54

Die Länder, die auf die Verfahrensvorschriften des BauGB bzw. auf alle Vorschriften über das Aufstellungs-/Erlassverfahren des BauGB verweisen, schließen damit auch § 10 Abs. 2 dieses Gesetzbuchs ein. Es sind dies:

- Baden-Württemberg
- Brandenburg

---

[39] *Scheerbarth*, Das Allgemeine Bauordnungsrecht, 2. Aufl. 1966 § 149.

- Bremen
- Niedersachsen
- Sachsen
- Sachsen-Anhalt
- Schleswig-Holstein

Kraft Benennung gilt § 10 Abs. 2 BauGB:

- **Musterbauordnung 2002** (Bestandteil des 3. Abschnitts des 1. Teils)
- Bayern (Bestandteil des 3. Abschnitts des 1. Teils)
- Nordrhein-Westfalen (§ 86 Abs. 4 BauO NRW §§ 1 bis 18 „einschließlich Genehmigung")
- Rheinland-Pfalz (§ 88 Abs. 6 §§ 3, 4, 10 bis 13)
- Saarland (§ 93 Abs. 5 LBO Saar §§ 1 bis 13 „einschließlich Genehmigung")
- Thüringen (Bestandteil des 3. Abschnitts des 1. Teils)

In Hessen und Mecklenburg-Vorpommern wird allein § 10 Abs. 3 BauGB (unter Ausschluss aller anderen Vorschriften, also auch von § 10 Abs. 2) für anwendbar erklärt (§ 81 Abs. 4 Satz 3 HBO, § 86 Abs. 4 Satz 2 LBauO M-V).

c) Folgerungen

55 Mit Ausnahmen von Hessen und Mecklenburg-Vorpommern folgt danach die Genehmigungspflicht der aufgenommenen Bauvorschriften derjenigen des Bebauungsplans. Entfällt diese, weil der Bebauungsplan aus dem Flächennutzungsplan entwickelt worden ist (§ 8 Abs. 2 Satz 1 BauGB), so kann – in Baden-Württemberg – nicht etwa auf den bauordnungsrechtlichen Genehmigungsvorbehalt in § 74 Abs. 6 Satz 3 LBO BW zurückgegriffen werden. Vielmehr hat sich der Satzungsgeber durch die Wahl der planungsrechtlichen Festsetzung in vollem Umfang dem „bundesrechtlichen Planungszenario" unterworfen.[40]

d) Genehmigung und Ausfertigung

56 Ist eine Genehmigung erforderlich, so darf die Satzung erst ausgefertigt werden, wenn die Genehmigung vorliegt. Dies folgt daraus, dass durch die Ausfertigung zum einen die Originalurkunde geschaffen, zum anderen der ordnungsgemäße Gang des Rechtssetzungsverfahrens bestätigt werden soll.[41] Den Schlusspunkt muss in jedem Fall die Bekanntmachung bilden.

8. Verfahrensmängel

a) Verfahren ohne Bebauungsplan

57 Nur Niedersachsen verweist für das Aufstellungsverfahren innerhalb von Bebauungsplänen voll auf die Vorschriften des Baugesetzbuchs „einschließlich der Folgen von Verfahrensmängeln" (§ 97 Abs. 1 Satz 2 NBauO). Diese Folgen sind in §§ 214 bis 215 a BauGB normiert, die demgemäß anwendbar sind.

b) Verfahren mit Bebauungsplan

58 Kraft des gesetzlichen Hinweises „einschließlich der Folgen von Verfahrensmängeln" bzw. „Planerhaltung" für die Vorschriften innerhalb von Bebauungsplänen in Bremen (§ 87 Abs. 3 Satz 2 BremLBO) und Sachsen-Anhalt (§ 90 Abs. 4 Satz 2 BauO LSA) gelten hier die Mängelvorschriften in vollem Umfang. Ebenfalls für die Vorschriften innerhalb von Bebauungsplänen verweisen durch ausdrückliche, wenn auch differenzierte Benennung auf die Mängelvorschriften:

- **Musterbauordnung 2002** (§ 86 Abs. 2 Satz 2 MBO: §§ 214 **bis** 215 a)
- Bayern (Art. 91 Abs. 3 Satz 2 BayBO: §§ 214 **bis** 215 a)

---

[40] BW VGH vom 14. 3. 1990 NVwZ-RR 1990, 394 für den Fall der Verringerung der Abstandsflächen im Rahmen der Planung eines Stadthauses.

[41] Bay VGH vom 25. 2. 1993 NVwZ 1994, 1988. Siehe oben Rn. 26.

- Rheinland-Pfalz (§ 88 Abs. 6 Satz 2 LBauO Rh-Pf: §§ 214 **bis** 216)
- Thüringen (§ 83 Abs. 4 Satz 2 ThürBO: §§ 214 **und** 215).

Dabei ist die Verweisung auf die Mängelbestimmungen durch die Ermächtigung aus § 9 Abs. 4 BauGB gedeckt.[42] Da es sich bei diesen Bestimmungen um Ausnahmen von dem in der Staats- und Verwaltungsrechtslehre anerkannten Grundsatz handelt, dass Rechtsnormen unabhängig von der Qualität des Fehlers unwirksam sind,[43] können die Vorschriften ohne ausdrückliche Inbezugnahme nicht angewandt werden. Das hat zur Folge, dass Bebauungspläne hinsichtlich der örtlichen Bauvorschriften (also teilweise) nichtig, hinsichtlich der übrigen Teile wirksam sein können. Zu einer solchen Folge kommt es in Baden-Württemberg, Brandenburg, Hessen, Mecklenburg-Vorpommern, Nordrhein-Westfalen, Saarland, Sachsen und Schleswig-Holstein.

9. Veränderungssperre

a) Verfahren ohne Bebauungsplan

Nur kraft ausdrücklicher gesetzlicher Anordnung können hier die Vorschriften über 59 die Veränderungssperre greifen. Das ist allein der Fall in Sachsen-Anhalt, das in § 90 Abs. 5 BauO LSA ausdrücklich die Vorschriften des Baugesetzbuchs über die „Sicherung der Bauleitplanung" für entsprechend anwendbar erklärt. Dies ist die Überschrift des Zweiten Teils des Ersten Kapitels des Baugesetzbuchs, während das Aufstellungsverfahren zum Ersten Teil zählt.

b) Verfahren mit Bebauungsplan

Aus der eben beschriebenen Systematik ergibt sich für die aufgenommenen Bauvor- 60 schriften: Das Instrumentarium „Veränderungssperre" kann nicht in den Ländern gelten, die auf das Aufstellungsverfahren verweisen, ebenso wenig in den Ländern, die auf den Ersten Teil „Bauleitplanung" Bezug nehmen, und in denjenigen, die die Verweisung bei § 13 BauGB beenden oder nur § 10 Abs. 3 BauGB für anwendbar erklären. Das ist der Fall in:

- Verweisung auf das Aufstellungs-/Erlassverfahren Baden-Württemberg, Bremen, Niedersachsen, Sachsen, Sachsen-Anhalt,
- Verweisung auf den Ersten Teil Thüringen,
- lediglich bis § 13 BauGB zitiert Rheinland-Pfalz und Saarland,
- allein § 10 Abs. 3 BauGB anwendbar Hessen und Mecklenburg-Vorpommern.

Die **Musterbauordnung 2002** und Bayern verweisen auch auf den Ersten Abschnitt des Zweiten Teils, also die Veränderungssperre.

Nordrhein-Westfalen hat eine Sonderstellung, weil in § 86 Abs. 4 BauO NRW auf die Vorschriften „einschließlich Sicherung" (§§ 1 bis 18 BauGB) rekurriert wird.

Dasselbe gilt im Ergebnis für Brandenburg und Schleswig-Holstein, die die „Verfahrensvorschriften" bzw. die „verfahrensrechtlichen Vorschriften" für anwendbar erklären (§ 81 Abs. 9 Satz 2 BbgBO, § 92 Abs. 4 Satz 2 LBO Schl-H). Es ist unzweifelhaft, dass die Bestimmungen über die Veränderungssperre verfahrensrechtlichen Gehalt haben.

In den genannten vier Ländern kann die Durchführung von Vorhaben nicht nur aus planungsrechtlichen Gründen verboten werden, sondern auch zur Sicherung beabsichtigter örtlicher Bauvorschriften, durch die z. B. eine einheitliche Gestaltung erreicht oder das Ortsbild geschützt werden soll.

10. Einordnung in die gemeindlichen Wirkungskreise

a) Bedeutung der Einordnung

Die **Musterbauordnung 2002** sagt nichts über den Wirkungskreis aus, sondern über- 61 lässt die Frage dem Landesrecht. Der Umfang staatsaufsichtlicher Befugnisse gegenüber

---

[42] BVerwG vom 6. 10. 1992 NVwZ 1993, 359.

[43] *Schmaltz* in *Schrödter*, BauGB 6. Aufl. 1998, § 214 Rn. 1 und 4.

den Gemeinden richtet sich nach deutschem Landeskommunalverfassungsrecht danach, ob es sich um Selbstverwaltungsangelegenheiten – den eigenen Wirkungskreis – oder um Pflichtaufgaben zur Erfüllung nach Weisung – den übertragenen Wirkungskreis – handelt. Gerade bei den in Ob und Wie vielgestaltigen örtlichen Bauvorschriften ist es (die Effektivität der Aufsicht einmal unterstellt) bedeutsam, ob die Aufsichtsbehörde allein die Gesetzmäßigkeit des gemeindlichen Handelns überprüfen darf oder darüber hinaus auch die Handhabung des gemeindlichen Ermessens. In letzterem Fall ist der aufsichtliche Einfluss auf Erlass oder Ausgestaltung der Ortsnormen sehr stark.

b) Erlass ohne Bebauungsplan

62 Nur in einigen Ländern ist der Wirkungskreis klar bestimmt. Sachsen-Anhalt hat sich für den eigenen Wirkungskreis entschieden und diese Einordnung auch auf die nach bisherigem Recht im übertragenen Wirkungskreis erlassenen Ortsvorschriften erstreckt (§ 90 Abs. 3 Satz 1, § 93 Abs. 3 BauO LSA).

Umgekehrt weisen Mecklenburg-Vorpommern, Niedersachsen und Thüringen die örtlichen Bauvorschriften dem übertragenen Wirkungskreis zu (§ 86 Abs. 6 Satz 1 LBauO M-V, § 97 Abs. 1 Satz 1 NBauO, § 83 Abs. 3 Satz 1 ThürBO).

Die übrigen Länder treffen keine Aussage. Hier entscheidet der materielle Gehalt der örtlichen Bauvorschriften, die nach dem eingangs Angeführten zum Sicherheitsrecht zählen. Dieses aber pflegen die Gemeinden im Auftrag des Staates, nicht in Selbstverwaltung.[44] Es handelt sich dann um übertragenen Wirkungskreis bzw. Pflichtaufgaben nach Weisung. In Baden-Württemberg wird dies dadurch bestätigt, dass beim Erlass ohne Bebauungsplan allein auf § 2 Abs. 3 und 4 BauGB, nicht aber auf § 2 Abs. 1 verwiesen wird.

c) Erlass mit Bebauungsplan

63 Der Bebauungsplan ist das klassische Beispiel für das Selbstverwaltungsrecht und damit den eigenen Wirkungskreis.[45] Nach § 2 Abs. 1 BauGB sind dementsprechend die Bebauungspläne in eigener Verantwortung aufzustellen. Die **Musterbauordnung 2002** und alle Länder, die auf die Vorschriften über das Aufstellungs-/Erlassverfahren verweisen bzw. die Verfahrensvorschriften benennen, erfassen mit Ausnahme von Rheinland-Pfalz die zentrale Bestimmung des § 2 Abs. 1 BauGB. Sie wird von Rheinland-Pfalz, das erst bei § 3 BauGB ansetzt, ebenso ausgeschlossen wie von Hessen und Mecklenburg-Vorpommern, die allein § 10 Abs. 2 BauGB anwenden. Bei diesen drei Ländern handelt es sich nach dem vorstehenden Grundgedanken um Sicherheitsrecht.

11. Gemeindliches Einvernehmen wegen örtlicher Bauvorschriften

64 Kraft Bundesrechts bezieht sich das gemeindliche Einvernehmen nur auf die Zulässigkeit von Vorhaben nach §§ 31, 33 bis 35 BauGB. Bei Vorhaben im Geltungsbereich eines Bebauungsplans nach § 30 BauGB hält das Gesetz ein Einvernehmen für entbehrlich, weil sich der Planungswille der Gemeinde den Festsetzungen dieses Plans entnehmen lässt.[46] Demgemäß bedarf es bundesrechtlich mit Blick auf örtliche Bauvorschriften nicht des Einvernehmens. Landesrechtlich kann theoretisch die Erteilung der Baugenehmigung davon abhängig gemacht werden, dass ein gemeindliches Einvernehmen vorliegt. Das hat allerdings nur Bayern bei den integrierten Bauvorschriften angeordnet, indem es ausdrücklich auf § 36 BauGB Bezug nimmt. Diese Lösung enthält auch die **Musterbauordnung 2002**. Bundesrechtlich ist dagegen nichts einzuwenden, weil § 9 Abs. 4 BauGB die Länder umfassend ermächtigt zu bestimmen, inwieweit auf die integrierten Festset-

---

[44] Allgemein *Masson/Samper*, Bayerische Kommunalgesetze, Art. 8 GO Erl. 1, speziell *Gröger*, Brandenburgische Bauordnung zu § 89 S. 215 1. Absatz. Abweichend – eigener Wirkungskreis – Bay VGH vom 30. 7. 1997 BayVBl. 1998, 81 = NVwZ 1998, 205. Kritisch zur sicherheitsrechtl. Betrachtung Kap. 1 Rn. 341 ff.

[45] BVerfG vom 9. 12. 1987 BVerfGE 77, 288 = NVwZ 1988, 619.

[46] *Schmaltz* in *Schrödter* (Fn. 43) § 36 Rn. 6.

zungen die „Vorschriften dieses Gesetzbuchs“ Anwendung finden. Diese Ermächtigung beschränkt sich also nicht auf das Verfahren, sondern umfasst auch die Zulässigkeit von Vorhaben, zu denen § 36 BauGB zählt. Die bayerische Regelung stärkt die Position der Gemeinden ganz erheblich, lässt sie doch die Rechtsfolgen eingreifen, die bei Anfechtung durch die Gemeinde zum fehlenden Einvernehmen entwickelt worden sind.[47]

Auch wenn kein Einvernehmen statuiert ist, kann sich die Gemeinde möglicherweise 65 dagegen wehren, dass sich die Baugenehmigungsbehörde über örtliche Bauvorschriften hinwegsetzt. Es kommt darauf an, ob es sich um den eigenen oder den übertragenen Wirkungskreis der Gemeinde handelt. In ersterem Fall sind die Grundsätze anzuwenden, die für den Fall entwickelt wurden, dass sich eine Baugenehmigungsbehörde über einen Bebauungsplan hinwegsetzt: Dort wie hier ist die Gemeinde klagebefugt.[48] Bei den meisten Ländern handelt es sich, auch mit Blick auf den in Bezug genommenen § 2 Abs. 1 Satz 1 BauGB, um eigenen Wirkungskreis. Für den übertragenen Wirkungskreis verbleiben Hessen, Mecklenburg-Vorpommern, Rheinland-Pfalz (Erlass mit BPlan) bzw. alle Länder mit Ausnahme von Sachsen-Anhalt (Erlass ohne BPlan). Konsequenterweise ist für ihre Gemeinden die Klagebefugnis zu verneinen.

Die Einordnung in die Wirkungskreise beantwortet letztlich auch die Frage, ob eine 66 Gemeinde einen Anspruch auf bauaufsichtliches Einschreiten hat, wenn ein Eigentümer gegen eine örtliche Bauvorschrift verstößt. Die Gemeinde kann etwa eine Nutzungsuntersagung oder eine Beseitigungsanordnung nur dann beanspruchen, wenn sie in ihrem Selbstverwaltungsrecht verletzt ist. Nur dann kommt eine Ermessensreduzierung in Betracht.[49] Auf der Grundlage der Auffassung, es handele sich beim Erlass örtlichen Baurechts um den eigenen Wirkungskreis, bejaht der Bay VGH in der Tat ein eingeschränktes Ermessen der Bauaufsichtsbehörde.[50]

12. Nachbarschutz kraft örtlicher Bauvorschriften

Ebenso wenig wie bei den gesetzlichen Bestimmungen des Bauordnungsrechts lässt 67 sich bei den untergesetzlichen örtlichen Vorschriften ein Grundsatz aufstellen, sie seien nicht nachbarschützend und dienten nur dem Wohl der Allgemeinheit. Vielmehr entscheidet Sinn und Zweck der Norm.[51] Unter diesem Blickwinkel scheiden aus den Gegenständen der örtlichen Bauvorschriften von vorneherein als **nicht drittschützend** aus:

- Bahn- und Krananlagen
- Erschließungsanlagen
- Gebäude
- Genehmigungsfreie Vorhaben
- Hausnummern
- Höhenlage

Differenziert zu beurteilen sind die **Abstandsflächen**. Auf die Einhaltung der gesetz- 68 lichen Mindesttiefen hat der Nachbar in vollem Umfang und in Baden-Württemberg zu einem Anteil Anspruch.[52] Das ist unumstritten, so dass Verringerungen der gesetzlichen Tiefe Nachbarrechte modifizieren und Drittschutz-, besser Dritteingriffscharakter haben.

---

[47] BVerwG vom 7. 2. 1986 NVwZ 1986, 556: Aufhebung der Baugenehmigung allein wegen des fehlenden Einvernehmens, ohne dass es darauf ankommt, ob die Gemeinde materiellrechtlich das Einvernehmen erteilen muss.

[48] BVerwG vom 27. 11. 1981 NVwZ 1982, 310; für eine Stellplatzsatzung HessVGH vom 10. 4. 2000 NVwZ-RR 2001, 294.

[49] Siehe Kap. 15, Rn. 47.

[50] Bay VGH vom 30. 7. 1997 BayVBl. 1998, 81.

[51] *Scheerbarth* (Fn. 39) § 128; abweichend – regelmäßig kein Nachbarschutz – *Schlotterbeck/von Arnim* (Fn. 23) § 74 Rn. 98.

[52] § 5 Abs. 7 Satz 3 und Abs. 8 LBO BW spricht ausdrücklich von einem „nachbarschützenden Teil der Abstandstiefen“. Soweit örtliche Bauvorschriften den anderen, ausschließlich im öffentlichen Interesse normierten Teil verringern, berührt dies nicht die nachbarliche Rechtssphäre: BW VGH vom 14. 3. 1990 NVwZ-RR 1990, 394.

Wird dagegen die gesetzliche Tiefe vergrößert, so hat dies im Allgemeinen ortsbildgestaltende und baugeschichtliche Gründe, wie die besonderen Zweckbestimmungen der örtlichen Bauvorschriften zeigen. Dieses Ziel verfolgt auch die Musterbauordnung 2002. Ausnahmsweise steht der Schutz von Bauten oder die Baugestaltung inmitten,[53] so dass ein wechselseitiger Schutz benachbarter Grundstücke beabsichtigt und damit ein Anspruch begründet sein kann, die ortsgesetzliche größere Abstandsfläche einzuhalten.[54]

69 Letztere Erwägungen gelten auch für die Anforderungen an die äußere Gestaltung **baulicher Anlagen**. In sechs Ländern liegt der Sinn und Zweck von Gestaltungsvorschriften unter anderem im Schutz von Bauten mit der Folge wechselseitiger Ansprüche.[55]

70 In Baden-Württemberg können **Außenantennen** eingeschränkt oder verboten werden, um Bauten zu schützen. Das führt zu gegenseitigen Abwehransprüchen.

71 Für **Bäume** ermächtigt Bayern auch aus Gründen des Lärmschutzes und der Luftreinhaltung zu Verboten, bestimmte Pflanzen zu beseitigen oder zu beschädigen („Baumschutzverordnungen"). Nach alter Terminologie, die durchaus trifft, handelt es sich um Vorschriften „gesundheitspolizeilicher Art", die nachbarschützend sind.[56]

72 Eindeutig drittbezogen sind Vorschriften in Hessen und im Saarland, nach denen **Brennstoffe** verboten und Heizungsarten geboten werden können, unter anderem, um Nachteile und Belästigungen zu vermeiden. Dazu zählt auch das in Rheinland-Pfalz mögliche Verbot bestimmter Brennstoffe als Heizstoffe, um vor Staub, Rauch und Ruß zu schützen: Sinn und Zweck ist gerade der Schutz der Nachbarn.

73 Nachbarschützend sind in Bayern die örtlichen Vorschriften, die die gesetzlichen Bestimmungen

- zum Schutz gegen chemische, physikalische, pflanzliche oder tierische Einwirkungen,
- gegen das Ausbreiten von Bränden,
- zum Schall- und Erschütterungsschutz

umsetzen, wie sich aus der Natur dieser Normen von selbst ergibt.[57]

74 Keinen Nachbarschutz vermitteln die Vorschriften über die Gestaltung von **Einfriedungen** an öffentlichen Verkehrsflächen. Dazu zählen auch die Eigentümerwege, die kraft ihrer Eigenschaft als öffentliche Sache der privaten Nutzung nicht zur Verfügung stehen. Anders verhält es sich bei den Einfriedungen, die nicht an öffentlichen Verkehrsflächen liegen, sondern zwischen den Grundstücken. Wenn insoweit zum Beispiel Mauern oder Hecken verboten und nur Holz- oder Maschendrahtzäune zugelassen werden, die eine bestimmte Höhe nicht überschreiten dürfen, so dient dies der Belichtung und Besonnung des jeweiligen Nachbargrundstücks. Vom Grundgedanken her gilt nichts anderes als für Grenzgebäude. Es handelt sich nicht allein um Gestaltung, sondern auch um Nachbarschutz.[58] Baden-Württemberg stellt dies klar, indem es wie bei den Abstandsflächen auf den Schutz von Bauten Bezug nimmt.

75 In gleicher Weise bezieht Baden-Württemberg die örtlichen Vorschriften über die **Freiflächen** (unbebaute Flächen bebauter Grundstücke) auf den Schutz von Bauten. Die Musterbauordnung 2002 und die übrigen Länder schreiben keinen besonderen Zweck fest. Gleichwohl ist Nachbarschutz insofern zu bejahen, als grundsätzlich gärtnerische Gestaltung verlangt und (ausdrücklich oder inzident) verboten wird, die Flächen zu betonieren bzw. als Stellplatz, Abstellplatz, Arbeits- oder Lagerfläche zu nutzen.[59] Dies

---

[53] Baden-Württemberg und Bayern.

[54] BW VGH vom 5.10.1994 Az. 3 S 1619/94. Abweichend Bay VGH vom 16.7.1999 Az. 2 B 96.1046 und BW VGH vom 14.3.1990 BauR 1991, 172.

[55] Baden-Württemberg, Brandenburg, Hessen, Rheinland-Pfalz und Schleswig-Holstein. Die Musterbauordnung 2002 will dagegen nur das Ortsbild gestalten.

[56] *Scheerbarth* (Fn. 39).

[57] Art. 14, 15 und 16 BayBO.

[58] Bay VGH vom 11.8.1988 BRS 48 Nr. 171.

[59] Letzteres Mecklenburg-Vorpommern, Nordrhein-Westfalen, Saarland, Sachsen, Sachsen-Anhalt, Schleswig-Holstein, Thüringen.

dient ruhigen und gesunden Wohnverhältnissen und so dem Nachbarschutz. Dasselbe kann für Vorschriften gelten, die bei Gemeinschaftsanlagen die Situierung regeln. Außerhalb des Drittschutzes steht freilich die Ausgestaltung im Einzelnen, also etwa das Pflanzen heimischer Sträucher, Bäume und Baumgruppen. Hinweise auf die Grenzabstände nach den Ausführungsgesetzen zum Bürgerlichen Gesetzbuch sind lediglich deklaratorisch und transformieren die zivilrechtlichen Ansprüche nicht in öffentliches Recht.[60]

Vorschriften über das Sammeln, Versickern und Verwenden von **Niederschlags- und Brauchwasser** sind nach den gesetzlichen Zielvorgaben an wasserwirtschaftlichen und ökologischen Gründen orientiert, also grundsätzlich am Wohl der Allgemeinheit und nicht am Nachbarinteresse. Dieses kann sich freilich mit Blick auf die in Baden-Württemberg, Bremen und im Saarland genannten gesundheitlichen Gründe realisieren, wenn etwa das angeordnete Sammeln von Brauchwasser zu Geruchsbelästigungen oder gar hygienischen Missständen führt. 76

Für **Werbeanlagen** gilt nichts anderes als für bauliche Anlagen allgemein: In den sechs Ländern, in denen der Schutz von Bauten normativer Zweck ist, lässt sich auch ein wechselseitiger Schutz benachbarter Grundstücke begründen.[61] 77

13. Ordnungswidrigkeiten

Die Frage, ob ein Verstoß gegen eine örtliche Bauvorschrift mit Bußgeld belegt wird, stellt sich dann, wenn es sich um ein genehmigungsfreies (verfahrensfreies) Vorhaben handelt. Liegt nämlich eine Genehmigung vor, die auch bestätigt, dass das Vorhaben den örtlichen Bauvorschriften entspricht, und weicht der Bauherr ab, so ist schon dieses Abweichen ordnungswidrig und mit Bußgeld belegt (siehe unten Rn. 151). Damit ein isolierter Verstoß gegen örtliche Bauvorschriften geahndet werden kann, muss in der örtlichen Bauvorschrift für einen bestimmten Tatbestand (eben der Bauvorschrift) auf die gesetzliche Bußgeldvorschrift ausdrücklich verwiesen werden. Dies ergibt sich aus folgender Übersicht: 78

Land	Verweisung in örtl. Bauvorschrift auf gesetzl. Bußgeldbestimmung erforderlich	Verstoß gegen Bauvorschrift Höhe des Bußgeldes €
MBO 2002	§ 84 I 1 Nr. 1	§ 84 III: 500.000
BW	§ 75 III Nr. 2	§ 75 V: 50.000
Bay	Art. 89 I Nr. 17	§ 89 I: 500.000
Bln	keine Regelung	keine Regelung
Bbg	§ 79 III Nr. 2	§ 79 V: 10.000
Brem	§ 88 I Nr. 1	§ 88 III: 50.000
Hamb	§ 80 I Nr. 14	§ 80 III: 50.000
Hess	§ 76 I Nr. 20	§ 76 III: 15.000
M-V	§ 84 I Nr. 1	§ 84 III: 250.000
Nds	§ 91 III	§ 91 V: 500.000
NRW	§ 84 I Nr. 20	§ 84 III: 50.000
Rh-Pf	keine Regelung	keine Regelung
Saar	§ 95 I Nr. 1	§ 95 III: 50.000
Sachs	§ 81 I Nr. 11	§ 81 III: 50.000
Sachs-Anh	keine Regelung	keine Regelung
Schl-H	§ 90 I Nr. 1	§ 90 III: 50.000
Thür	§ 81 I Nr. 1	§ 81 III: 50.000

60 Art. 47 Abs. 1 des bayerischen AGBGB verlangt einen Grenzabstand von mindestens 0,5 m, bei Pflanzen über 2 m Höhe von mindestens 2 m.

61 Baden-Württemberg, Brandenburg, Bremen, Hessen, Rheinland-Pfalz und Saarland.

Als Beispiel für einen isolierten Verstoß sei eine Fassadenrenovierung genannt, die in den meisten Ländern genehmigungsfrei ist, aber gegen eine Ortsvorschrift zur Gestaltung baulicher Anlagen verstößt, etwa: Das Mauerwerk ist feinkörnig zu verputzen und weiß zu streichen; Balkonumwehrungen sind in Holz auszubilden und bodenständig zu gestalten.[62] Demgegenüber streicht ein Eigentümer die Wände tiefblau und wählt ein Geländer aus Glas und Aluminium.

VI. Ausgewählte Probleme zu einzelnen Zielen und Gegenständen

1. Gestalterische Absichten und Schutz von Bausubstanz

79 Durchgehend ist es Aufgabe der örtlichen Bauvorschriften, einerseits die bauliche Zukunft zu gestalten und andererseits bauliche Werte vergangener Epochen zu erhalten. Ersteres wird als „positive Baupflege" bezeichnet,[63] ganz im Sinne einer architektonischen Fortentwicklung und abgegrenzt zu der gesetzlichen Aufgabe der Baubehörden, Verunstaltungen zu verhindern, also ästhetischen Missgriffen zu begegnen. Die baugestalterischen Absichten setzen ein Konzept voraus, das für überschaubare Bereiche wichtige Gestaltungselemente regelt.[64] Wenn auch die äußere bauliche Gestaltung im Vordergrund steht, bezieht sich die Baupflege auch auf die bautechnische, funktionale Ausformung, etwa die Fassadentechnik oder die Befestigung der Freiflächen und Wege.[65] Mit der satzungsmäßigen Festlegung „baugestalterischer Absichten"[66] wird den Gemeinden ein Instrument zur Verfügung gestellt, auf Grund eigener Zielsetzungen das Straßen- und Ortsbild „dynamisch zu beeinflussen".[67] Diese Zielsetzungen müssen entweder ausdrücklich angegeben oder aus sich heraus erkennbar sein. Vage Formeln genügen nicht, wie dahin, dass die Übernahme vorhandener Gestaltungsmerkmale für Neubauten „gefördert werden soll".[68] Untauglich sind auch schlagwortartige Zielsetzungen, etwa „Ausfallstraßen sind die Visitenkarte einer Stadt".[69] Dagegen ist das Ziel eines Verbots, Werbeanlagen an Einfriedungen anzubringen, ohne weiteres transparent.[70]

80 Bei der zweiten Komponente, dem Schutz von Erhaltenswertem, kann es nicht darum gehen, Bauwerke oder Bereiche nur ihres Alters willen zu konservieren und zu schützen, sondern darum, die geschichtliche Bedeutung festzustellen und charakteristische Typen einer historischen Epoche zu bewahren.[71] Auf den Ensembleschutz bezogen soll eine einheitliche künstlerische, historische oder städtebauliche Prägung nicht gestört oder nicht zerstört werden. Prägend wirken nicht nur kennzeichnende Gebäude als ganze, sondern auch Bauteile wie Erker, Überkragungen, Brüstungen und Gesimse.[72] Beim „Schutz bestimmter Bauten, Straßen, Plätze oder Ortsteile"[73] von geschichtlicher, künstlerischer oder städtebaulicher Bedeutung muss ein bestimmter Bereich in diesem Sinne schützenswert sein. Das ist bei einem neu entstandenen Baugebiet aus Supermarkt, Gaststätten und Betrieben sicherlich nicht der Fall.[74]

---

[62] Siehe § 8 Abs. 1 und 2 der Örtlichen Bauvorschrift der Gemeinde Bischofswiesen vom 29. 10. 1999 ABl. für den Landkreis Berchtesgadener Land 1999, 195.
[63] *Grosse/Suchsdorf/Schmaltz/Wiechert*, NBauO 1978, § 56 Rn. 2.
[64] Bay VGH vom 9. 3. 1976 BRS 30 Nr. 109.
[65] *Gädtke/Temme*, BauO NRW 1979, § 103 zu Nr. 4.
[66] Für viele Ermächtigungen: § 86 Abs. 1 Nr. 1 BauO NRW, § 83 Abs. 1 Nr. 1 SächsBO.
[67] *Boeddinghaus/Hahn/Schulte*, BauO NRW 1995, § 86 Rn. 35.
[68] OVG NRW vom 29. 1. 1999 BRS 62 Nr. 156.
[69] OVG Nds vom 29. 4. 1986 BRS 46 Nr. 120.
[70] OVG Sachs vom 10. 2. 1993 SächsVBl. 1993, 206.
[71] BVerwG vom 22. 2. 1980 NJW 1980, 2091 und OVG Hamb vom 24. 10. 1963 BBauBl. 1965, 228.
[72] *Schlotterbeck/von Arnim* (Fn. 23) § 74 Rn 18.
[73] Für viele Ermächtigungen: § 86 Abs. 1 Nr. 2 BauO NRW, § 83 Abs. 1 Nr. 2 SächsBO.
[74] OVG NRW vom 29. 1. 1999 BRS 62 Nr. 156.

2. Abstandsflächen

Baugestalterische Absichten oder Schutzgedanken sind Grundlage dafür, dass eine örtliche Bauvorschrift die gesetzlichen Abstandsflächen vergrößert oder verringert.[75] Die meisten gesetzlichen Ermächtigungen eröffnen beide Möglichkeiten, indem sie die Formulierung: „andere" als die gesetzlichen Maße oder vom Gesetz „abweichende" Abstandsflächen wählen. Nur einige Bauordnungen beschränken den Satzungsgeber auf „geringere" als die gesetzlichen Maße.[76] Eine Verringerung der Maße kann sich auf baugeschichtliche Gründe stützen, so die Bewahrung geschlossener Bauweise in alten Stadtkernen entlang des Inns. Die Vergrößerung der Flächen ist vielfach von der gestalterischen Absicht getragen, den Charakter als „Gartenstadt" zu sichern oder zu begründen.[77] Dass dies auch ein städtebauliches Ziel sein kann (§ 9 Abs. 1 Nr. 2 BauGB), steht dem Erlass der örtlichen Bauvorschrift nicht entgegen. Vielmehr können sich bauordnungs- und bodenrechtliche Anforderungen überlagern und kumulierend zusammentreffen.[78] Es kann durchaus der Erhaltung eines großzügigen Villencharakters dienen, wenn in einer örtlichen Bauvorschrift ein Abstand von 10 m zur öffentlichen Verkehrsfläche gefordert wird und dies im Gebiet angelegt ist. Eine solche Regelung ist nicht ausschließlich dem Bauplanungsrecht vorbehalten.[79] 81

Auch an dieser Stelle ist darauf hinzuweisen, dass Vorschriften über die Abstandsflächen nachbarschützend sind, soweit sie in den gesetzlich garantierten Mindeststandard eingreifen.[80] Im Übrigen liegen die gestalterischen Gründe allein im öffentlichen Interesse. 82

3. Außenhaut und Farben

Das Gegenteil einer aus sich heraus verständlichen und abwägungsfehlerfreien Gestaltungsvorschrift für die Außenwände bietet eine Bestimmung, die in einem engen Gebiet eine Vielzahl von zulässigen Verkleidungen festlegt, von rotem Verblendmauerwerk bis zu weißem Außenputz und Holzverkleidungen. Es ist nicht nachvollziehbar, warum braune Holzverkleidung danach zulässig, brauner Klinker aber verboten sein soll. Ein Gestaltungskonzept ist aus sich heraus nicht erkennbar und die Bestimmung demgemäß nichtig.[81] 83

Mehrdeutig ist die Farbforderung „Rotbraun", da darunter sowohl die Farbpalette von Rot **bis** Braun als auch eine Mischung von Rot **und** Braun verstanden werden kann.[82] Dagegen soll die Vorschrift „Rot bis Rotbraun" klar zum Ausdruck bringen, dass nur eine Mischung und nicht die gesamte Palette gemeint ist; es muss sich immer um die Grundfarbe Rot handeln.[83] Vollkommen eindeutig ist es, wenn eine Satzung „Materialien der Grundfarbe Rot" als Eindeckung verlangt, was sich an den natürlichen, aus den Grundfarben Rot, Blau und Gelb gebildeten Farbenkreis anschließt, aus dem sich alle Farben 84

---

75 Für viele § 74 Abs. 1 Nr. 6 LBO BW („andere" als die – gesetzlichen – Maße), Art. 91 Abs. 1 Nr. 5 BayBO (Abstandsflächen, die „von den Abstandsflächen nach Art. 6 und 7 abweichen"). Zu letzterer Bestimmung hält der Bay VGH nur geringere Abstandsflächen für zulässig (zur Gartenstadtsatzung der Landeshauptstadt München), weil für die erweiterten Abstandsflächen schwerpunktmäßig städtebauliche Steuerungsansätze gelten, nämlich die Erhaltung einer traditionellen Siedlungsstruktur aus Ein- und Zweifamilienhäusern. Eine „bodenrechtliche Regelung im Gewande von Baugestaltungsvorschriften" sei unzulässig, weil hierfür der abschließende Festsetzungskatalog der Bauleitplanung zur Verfügung stehe (Bay VGH vom 30. 5. 2003 Az. 2 BV 02.689). Durch eine Verringerung können Hof- und Platzräume geschaffen und so das Ortsbild gestaltet oder erhalten werden (Bay VGH vom 7. 2. 1994 BayVBl. 1994, 307).

76 § 86 Abs. 1 Nr. 6 BauO NRW.

77 Bay VGH vom 28. 7. 1998 BRS 60 Nr. 57.

78 BVerwG vom 28. 4. 1972 BVerwGE 40, 94 = DVBl. 1973, 40: zur Konkurrenz bauordnungsrechtlicher Gebäudehöhe und planungsrechtlicher GFZ.

79 So jedoch *Decker* in *Simon/Busse*, BayBO Art. 91 Rn. 224.

80 BW VGH vom 5. 10. 1994 Az. 3 S 1619/94 und vom 14. 3. 1990 NVwZ-RR 1990, 394.

81 OVG NRW vom 3. 8. 2000 BRS 63 Nr. 18.

82 OVG Nds vom 7. 11. 1995 NVwZ-RR 1996, 491.

83 BW VGH vom 22. 4. 2002 Az. 8 S 177/02.

mischen lassen. „Grundfarbe Rot" bedeutet mithin, dass rot dominieren muss, wobei die Grenzfarben Violett und Orange jeweils wertend zu betrachten sind. Keine Rolle spielt es bei dieser Vorgabe, aus welchem Material die rote Dacheindeckung besteht.[84] Für einen besonders gut erhaltenen historischen Stadtkern wie in Duderstadt innerhalb der Wallanlagen können allerdings gebrannte Tonziegel vorgeschrieben werden, weil Betonziegel ein anderes Langzeitverhalten haben.[85]

4. Bäume

85 In den textlichen Festsetzungen eines Bebauungsplans werden für das gesamte Plangebiet Koniferen für unzulässig erklärt. Nachdem ein Pflanzgebot nicht enthalten ist, scheidet § 9 Abs. 1 Nr. 25 Buchst. a) BauGB als Rechtsgrundlage aus. Durch örtliche Bauvorschrift kann jedoch allein geregelt werden die Bepflanzung der unbebauten Flächen **bebauter** Grundstücke (§ 86 Abs. 1 Nr. 4 BauO NRW), nicht aber das ganze Plangebiet, das auch **un**bebaute Grundstücke erfasst. Mangels Rechtsgrundlage ist die genannte Festsetzung nichtig.[86]

5. Brennstoffe

86 Eine örtliche Bauvorschrift im Saarland sieht als Grundsatz vor, dass im gesamten Planbereich nur mit Gasfeuerungsanlagen geheizt wird. Als Ausnahme wird zugelassen, dass offene Kamine gelegentlich in Betrieb genommen werden, als Brennmaterial ist nur naturbelassenes, stückiges Holz einzusetzen. Das bedeutet, dass Holz nur in offenen Kaminen, nicht aber zum Beispiel in Kaminöfen oder in Kachelöfen verbrannt werden darf. Die gesetzliche Ermächtigung deckt die Untersagung bestimmter Brennstoffe generell (§ 93 Abs. 2 Nr. 3 LBO Saar), nicht aber die Untersagung in bestimmten Feuerungsanlagen. Letzteres ließe sich allenfalls rechtfertigen, wenn die zugelassenen Anlagen ein günstigeres Emissionsverhalten aufwiesen als die ausgeschlossenen. Bei offenen Kaminen ist aber im Vergleich zu Anlagen mit geschlossenen Feuerräumen das Gegenteil der Fall. Der örtlichen Bauvorschrift fehlt danach die Ermächtigungsgrundlage.[87] Keine Zweifel hat allerdings insoweit der BW VGH: Er billigt in einem summarischen Verfahren die satzungsmäßige Ausnahme von dem Verbot, feste und flüssige Stoffe zu Heizzwecken zu verbrennen, für die „zeitweilige Verbrennung von raucharmem Holz in offenen Kaminen", und versteht unter „zeitweilig" höchstens zwei Tage pro Woche an jeweils nicht mehr als sechs Stunden. Das Gericht verweist auf einen **„Gemütlichkeitseffekt"** zur Steigerung der Wohnqualität. Übrigens wird der Schutzcharakter der Vorschrift zugunsten der Grundstückseigentümer im Geltungsbereich der Satzung, insbesondere der unmittelbaren Grundstücksnachbarn, bejaht.[88]

6. Einfriedungen

87 Der Eigentümer eines großflächig verglasten Bungalows errichtet an der Nachbargrenze eine 10 m lange und 1,80 m hohe Sichtschutzwand, längenmäßig in Widerspruch zur örtlichen Bauvorschrift, die solche Wände im Anschluss an Gebäude nur in einer Länge von 2,50 m zulässt. Der BW VGH beanstandet die Bauvorschrift nicht und sieht auch keinen Anlass für eine Befreiung: Eine grundstücks- oder vorhabensbezogenen Atypik liege nicht vor; die Nutzung des Grundstücks werde nicht unzumutbar erschwert, da unerwünschte Einblicke durch Spezialglas oder Gardinen verhindert werden

---

[84] OVG NRW vom 9. 2. 2000 NVwZ-RR 2001, 14 sowie BW VGH vom 27. 4. 1990 BWVBl. 1990, 335.
[85] OVG Nds vom 12. 5. 1993 NVwZ-RR 1994, 136.
[86] OVG NRW vom 2. 3. 1998 BRS 60 Nr. 34.
[87] OVG Saar vom 29. 6. 1999 Az. 2 N 1/98.
[88] BW VGH vom 11. 1. 1994 UPR 1994, 278.

könnten.[89] So sehr dem zuzustimmen ist, bleiben doch – vom Gericht nicht erörterte – Bedenken mit Blick auf die gesetzliche Ermächtigung. § 74 Abs. 1 Nr. 3 LBO BW ermächtigt nämlich zum Erlass von Bauvorschriften „über Art, Gestaltung und Höhe von Einfriedungen". Art und Gestaltung betreffen das Material, etwa: nur Mauerwerk, nur durchbrochene Holzzäune, nur lebende Hecken, Hinterpflanzung.[90] Wenn der Gesetzgeber sich darauf beschränkt, daneben nur die Höhe zu nennen, kann man e contrario daraus schließen, dass die Länge gesetzlich nicht angesprochen ist.

Von der gesetzlichen Ermächtigung und der Beschränkung des Eigentums her ist es 88
nicht begründbar, warum eine Einfriedung mindestens 60 cm von der Grenze zur öffentlichen Verkehrsfläche zurückversetzt werden muss.[91] Die Grundstücksnutzung wird erheblich beeinträchtigt, zumal der außen liegende Teil nicht mehr „eingefriedet" und faktisch zum Bestandteil der öffentlichen Verkehrsfläche wird, aber vom Eigentümer zu unterhalten ist. Ungültig ist auch eine Vorschrift, die verlangt, dass erforderliche Stützmauern zwischen der Straße und dem Baugrundstück auf Letzterem und auf Kosten des Eigentümers zu errichten sind. Hier handelt es sich nicht um die Gestaltung von Einfriedungen, sondern um Bestandteile des Straßenkörpers, die dem öffentlichen Straßenrecht und hinsichtlich der Kostentragung dem Erschließungsbeitragsrecht unterliegen.[92]

7. Fassaden- und Dachgestaltung

Die Bauvorschrift, die Außenwände von Doppelhäusern und Hausgruppen in Bezug 89
auf Gestaltung, Oberflächenstruktur und Farbgebung „aufeinander abzustimmen", verlangt nichts rechtlich Unmögliches und verstößt nicht gegen Art. 14 Abs. 1 Satz 1 GG. Denn eine Einigung der Eigentümer ist ohne weiteres möglich und eine Einbindung in die Umgebungsbebauung entspricht dem, was auch das Bauplanungsrecht für Art und Maß der Bebauung in § 34 BauGB fordert.[93] Angesichts der geschmacklichen Variationsbreite dessen, was unter „aufeinander abgestimmt" zu verstehen ist, ist die Vorschrift allerdings nicht bestimmt genug, was in der zitierten Entscheidung nicht untersucht wird. In einem anderen Fall wird eine Bestimmung, die Flachdächer (ohne Nutzungswinkel anzugeben) vorschreibt, für unbestimmt und nichtig erklärt.[94]

Auf Sylt, einem Gemeindegebiet, in dem „seit ewigen Zeiten" das Kellermauerwerk 90
mit Erdreich angeschüttet wurde, hält das OVG Schl-H eine Festsetzung, dass das Kellermauerwerk nicht sichtbar sein darf, für das **gesamte** Gemeindegebiet für zulässig.[95] Die Formulierung in § 92 Abs. 1 Nr. 1 LBO Schl-H, Gestaltungssatzungen „in bestimmten, genau abgegrenzten Teilen des Gemeindegebiets" zu erlassen, beziehe sich nur auf den Regelfall, dass ein gestalterisches Ziel nur für einen Gemeindeteil gelte. Diese Interpretation verlässt freilich den Wortlaut.[96]

Keine Bedenken bestehen, wenn in bestimmten Gebieten Reetdächer vorgeschrieben 91
sind, ebenso wenig gegen Bestimmungen zur Erhaltung der im alten sylter-friesischen Stil gebauten Häuser, besonders mit dem Friesengiebel als Unterbrechung des Längsdaches. Der Wahrung der charakteristischen friesischen Bauart dient auch eine Gestaltungssatzung, die auf Föhr den Einbau von Dachflächenfenstern in ausgebauten Dachgeschossen und in Spitzböden verbietet.[97] In einem Ort mit historischen und prägenden Schwarzwalddächern dürfen bei ihrer Verwendung strengere Anforderungen gestellt werden als bei Bauten ohne landschaftsgebundene Eigenart. Ziel ist eine möglichst reine

[89] BW VGH vom 24. 3. 1994 Az. 5 S 2104/93.
[90] *Decker* in *Simon/Busse* BayBO Art. 91 Rn 201.
[91] BW VGH vom 26. 8. 1982 BRS 39 Nr. 133.
[92] BW VGH vom 3. 3. 1980 Az. III 3370/80.
[93] BW VGH vom 4. 5. 1998 BRS 60 Nr. 128
[94] OVG Nds vom 21. 8. 1992 BRS 54 Nr. 88.
[95] OVG Schl-H vom 9. 5. 1995 Az. 1 L 165/94.
[96] So auch OVG Rh-Pf vom 22. 9. 1988 BRS 48 Nr. 111.
[97] OVG Schl-H vom 6. 7. 1994 Az. 1 L 83/93.

Erhaltung des Landschaftstypischen, so dass auch fremde landschaftsgebundene Bauweisen untersagt werden dürfen.[98] Zur Vermeidung einer unruhigen Dachlandschaft und aus Proportionsgründen ist es ein legitimes und maßvolles ortsgestalterisches Ziel, wenn die Summe aller Dachaufbauten, Zwerchgiebel und Dacheinschnitte einer Dachseite auf maximal die halbe Gebäudelänge begrenzt wird.[99]

92 Nach dem städtebaulichen Konzept einer bayerischen Gemeinde soll der Gartenstadtcharakter mit lockerer Bebauung und entsprechend niedriger GFZ aufrechterhalten bleiben. Dem dient eine örtliche Bauvorschrift, in der die Dachneigungswinkel und die Kniestockhöhen beschränkt werden, um die Bildung eines dritten Vollgeschosses auszuschließen. Dieses Konzept beruht auf fehlerfreier Abwägung und ist einer gerichtlichen Korrektur entzogen.[100] Das vorgenannte Ziel, die GFZ gering zu halten, lässt sich auch dadurch erreichen, dass die Gebäudehöhe beschränkt wird. Da die Gebäudehöhe in § 16 Abs. 3 Nr. 2 BNVO als Element des Maßes der baulichen Nutzung und andererseits das Orts- und Landschaftsbild als schützenswerter Belang angegeben ist, besteht hier eine Konkurrenzsituation zwischen Bauplanungs- und Bauordnungsrecht. Hierzu hat das BVerwG klargestellt, dass die Trennungslinie nicht durch Sachverhalte gezogen wird. Vielmehr können bauordnungs- und bodenrechtliche Anforderungen in einer sich überlagernden, kumulierenden Weise zusammentreffen.[101]

93 Um eintönige Zeilen zu vermeiden, werden bisweilen vor- und zurückspringende Fassaden vorgeschrieben. Von einem Gestaltungsmittel lässt sich aber nur dann sprechen, wenn der Vor- bzw. Rücksprung weniger als 0,5 m beträgt. Ansonsten handelt es sich nicht um die Gestaltung, sondern die Anordnung des Gebäudes.[102] Ohne weiteres unter ersteren Begriff fallen Einzelheiten der Fassaden, etwa das Gebot herkömmlicher Sprossenfenster.[103]

94 Außenantennen (Rundfunk- und Fernsehantennen), sei es als Gitter, sei es in Schüsselform, wirken gerade bei Häufung störend. Gleichwohl verlangt das Grundrecht auf Informationsfreiheit eine sorgfältige Abwägung,[104] die dazu führt, dass Verbote oder Beschränkungen eine konkrete Beeinträchtigung des Ortsbildes, eine empfindliche Störung des Ortsbildes durch die Antennenanlage voraussetzen.[105] Generelle Verbote von Einzelantennen oder das Gebot, diese innerhalb des Dachraums oder an der Gebäuderückseite anzubringen, tragen dem nicht Rechnung.[106]

8. Gemeinschaftsanlagen

95 Unverdeckt in den Vorgartenflächen stehende Abfallbehälter (Mülltonnen) sind kein schöner Anblick. Es ist deshalb verständlich, wenn eine örtliche Bauvorschrift verbietet, Mülltonnen unverdeckt in den Vorgartenflächen aufzustellen. Nach Auffassung des OVG NRW bietet hierfür § 86 Abs. 1 Nr. 4 BauO NRW, der u. a. zu Satzungen über „die Gestaltung der Standplätze für Abfallbehälter" ermächtigt, keine Rechtsgrundlage. Es werde pauschal die Verdeckung von Mülltonnen gefordert, ohne dass die Abdeckung und damit der Standplatz gestalterischen Anforderungen unterworfen sei.[107] Jedoch lässt sich die Ortsvorschrift durchaus im Sinne einer Gestaltung auslegen, nämlich dahin: Der Stand-

---

[98] BW VGH vom 13. 3. 1961 Az. 4 F 71/59.

[99] BW VGH vom 18. 10. 1996 Az. 8 S 2180/96.

[100] Bay VGH vom 28. 7. 1998 BRS 60 Nr. 57.

[101] BVerwG vom 28. 4. 1972 BVerwGE 40,94 = DVBl. 1973, 40; Bay VGH vom 29. 8. 1996 NVwZ 1997, 1016: Firsthöhe als Gestaltungsregelung (hier aber nicht notwendig, um den Blick auf eine Kirche zu ermöglichen).

[102] *Grosse-Suchsdorf/Schmaltz/Wiechert* (Fn. 63) § 56 Rn. 2.

[103] OVG Nds und Schl-H vom 18. 4. 1974 DVBl. 1975, 952.

[104] Oben Rn. 32.

[105] *Schlotterbeck/von Arnim* (Fn. 23) § 74 Rn. 38 mit Nachweisen.

[106] Abweichend *Decker* in *Simon/Busse*, BayBO Art. 91 Rn. 136. *Schlotterbeck/von Arnim* (Fn. 23) § 74 Rn. 39, verlangen zu Recht gleichwertige Empfangsmöglichkeiten, auch durch Gemeinschaftsantennen.

[107] OVG NRW vom 24. 7. 2000 BRS 63 Nr. 18.

platz ist so zu gestalten, dass die Mülltonne verdeckt ist. Wie dies zu bewerkstelligen ist, ob durch Tonnenhäuschen, Bretter- oder enge Gittereinzäunungen, ist Sache des Eigentümers.

9. Genehmigungspflicht

Kleinere oder gebietstypische Werbeanlagen sind vielfach kraft Gesetzes genehmi- 96
gungs- bzw. verfahrensfrei.[108] Durch örtliche Bauvorschrift kann für besonders schutzwürdige Gebiete die Genehmigungspflicht eingeführt werden.[109] Bezieht sich die gesetzliche Ermächtigung auf die Einführung der Genehmigungspflicht für das Errichten, Anbringen, Ändern, so sind damit Instandhaltungs- und Reparaturarbeiten, die diese Merkmale nicht erfüllen, nicht erfasst und können mit anderen Worten nicht genehmigungspflichtig gemacht werden.[110]

10. Kfz-Stellplätze

Örtliche Bauvorschriften können die Verpflichtung, Kfz-Stellplätze zu errichten, ein- 97
schränken. Auch im Bebauungsplan kann gemäß § 12 Abs. 6 BauNVO festgesetzt werden, dass Stellplätze oder Garagen nur in beschränktem Umfang zulässig sind, soweit landesrechtliche Vorschriften nicht entgegenstehen. An sich stehen diejenigen landesrechtlichen Vorschriften entgegen, die Stellplätze in ausreichender Zahl verlangen (etwa Art. 52 Abs. 2 Satz 1 BayBO). Diese Bestimmungen wiederum können durch örtliche Bauvorschriften eingeschränkt werden, die also Voraussetzung für die Einschränkung durch Bebauungsplan sind. Die örtliche Bauvorschrift räumt das landesrechtliche Hindernis aus.[111] Die Einschränkung der Stellplatzpflicht (übrigens nicht ihr gänzlicher Ausschluss), die sich durchgehend nicht auf Wohnungen beziehen darf, also überwiegend der gewerblichen Nutzung zugute kommt, soll eine „flankierende Maßnahme" für den Ausbau des öffentlichen Personennahverkehrs sein, der erhebliche Investitionen voraussetzt. Die Bürger sollen auf den öffentlichen Nahverkehr verwiesen werden, wenn keine Stellplätze vorhanden sind; Aufwendungen für Straßen- und Verkehrsanlagen sollen eingespart werden. Ziel ist es weiter, eine Modernisierung zu fördern, die ansonsten eine Stellplatz-, zumindest eine Ablöseverpflichtung zur Folge hätte.[112] Soweit die Verpflichtung eingeschränkt ist, ist nämlich eine Ablöseverpflichtung nicht gegeben.

11. Kinderspielplätze

Wenn die Gemeinden ermächtigt werden, auch für bestehende Gebäude Kinderspiel- 98
plätze zu verlangen (§ 74 Abs. 4 LBO BW), so wirft das bei nicht genehmigten Bauten keine Probleme auf. Bei „rechtlich" bestehenden, also genehmigten Gebäuden stellt sich allerdings die Frage des Bestandsschutzes.[113] Wurde eine nachträgliche Auflage nicht vorbehalten (§ 36 Abs. 2 Nr. 5 VwVfG), wird eine örtliche Bauvorschrift am Eigentumsschutz scheitern.

12. Vorgärten (unbebaute Flächen, Freiflächen)

Der Zweck einer gemeindlichen Satzung, Vorgärten von jeder Bebauung freizuhalten, 99
erlaubt die Befestigung einer Garagenzufahrt, die selbstverständlich ihrerseits nicht als Stellplatz dienen darf.[114] Jedoch ist eine Überdachung im Sinne eines Carports auch nicht

---

108 Oben Kap. 13 „Werbeanlagen" Rn. 127.

109 Oben Rn. 24.

110 BW VGH vom 29. 11. 1979 Az. III 2380/77.

111 *Schlotterbeck/von Arnim* (Fn. 23) § 74 Rn. 53.

112 *Dies.* Rn. 56 bis 58.

113 *Schlotterbeck/von Arnim* (wie vor Rn. 65) haben gegen einen Abbau des Fehlbedarfs aus „bausozialen" Gründen keine Bedenken.

114 OVG Hamb vom 15. 6. 2000 BauR 2000, 1842.

im Wege einer Abweichung zulässig, weil der Vorgartencharakter allein bei durchgehender Freihaltung gewahrt werden kann.[115]

13. Werbeanlagen

100 **Objektbezogene** Verbote von Werbeanlagen tragen die gestalterische Begründung meist in sich. So stören Werbeanlagen an Einfriedungen oder in Vorgärten stets die ruhige Gestaltung und harmonische Abgrenzung. Ein generelles Verbot ist insoweit nicht zu beanstanden.[116] Bei **gebietsbezogenen** Verboten lässt sich die vielfältige Rechtsprechung zusammenfassen: Nur Werbung an der Stätte der Leistung kann erlaubt – Fremdwerbung kann also verboten – werden in
- Kleinsiedlungsgebieten
- reinen Wohngebieten
- allgemeinen Wohngebieten
- Dorfgebieten.

Generelle Verbote oder Beschränkungen auf die Stätte der Leistung sind dagegen unzulässig in
- Mischgebieten
- Kerngebieten
- Gewerbegebieten
- Industriegebieten.

Bei Sondergebieten ist zu differenzieren: In einem Sondergebiet „Erholung“ können Werbeanlagen ausgeschlossen, in einem Sondergebiet „Verbrauchermarkt“ diese nicht auf die Stätte der Leistung beschränkt werden.[117]

101 Diese Grundsätze sind bei Zoneneinteilungen mit unterschiedlicher Zulassung von Werbeanlagen zu beachten. Ein genereller Ausschluss von Großflächenwerbeanlagen (mehr als 3 m^2) in einer Zone, die einem Mischgebiet entspricht, ist nicht in der Schutzwürdigkeit des Gebietes begründet und verstößt gegen Art. 14 GG.[118] Schutz verdient nur eine Kernstadt mit ihren „über Jahrhunderte gewachsenen Strukturen, die ihr ein eigenes, unverwechselbares Erscheinungsbild verleihen“, wie die Satzung in ihrer Präambel betont, dann aber über das Ziel hinausschießt. Ebenso wenig lässt sich das Verbot von Werbeanlagen in einem Sondergebiet „Einkaufszentrum“ realisieren, in dem die Versorgungsfunktion dominiert.[119] Unzulässig sind weiter allgemeine Beschränkungen für fast das gesamte Stadtgebiet (nur an der Stätte der Leistung, Höhe nicht mehr als 0,8 m, nicht mehr als 2 Schriftzeilen, Großwerbeanlagen allgemein ausgeschlossen), weil es im gesamten Stadtbereich an einem Mindestmaß an Einheitlichkeit fehlt. Die Werbebranche regelmäßig auf Ausnahmemöglichkeiten zu verweisen, stellt keinen angemessenen Ausgleich zwischen städtebaulichen und wirtschaftlichen Belangen dar.[120] Demgegenüber ist der generelle Ausschluss von Fremdwerbung im Stadtkern mit historischem Stadtbild gerechtfertigt; für einzelne Teilflächen mit verstärkter gewerblicher Prägung genügt die in atypischen Fällen eingreifende Ausnahmeklausel. In einem konkretem Fall wird darüber hinaus eine verunstaltende Wirkung bejaht, und zwar wegen der massiven optischen Wirkung von sechs nebeneinander stehenden großflächigen Werbetafeln, die die Sicht auf ein denkmalgeschütztes Straßenbahndepot ausschließen.[121]

---

[115] Bay VGH vom 17. 6. 1998 BayVBl. 1999, 590.

[116] BVerwG vom 22. 2. 1980 NJW 1980, 2208 und OVG NRW vom 28. 1. 1964 DVBl. 1964, 789.

[117] Grundlegend BVerwG vom 25. 6. 1965 BVerwGE 21, 251. Zum Verhältnis Bauordnungs- und Bauplanungsrecht s. Kap. 1 Rn. 451.

[118] VG Meiningen vom 8. 12. 1997 Az. 5 K 494/97 Me. im Anschluss an BVerwG vom 28. 4. 1972 BVerwGE 40, 90 und OVG Rh-Pf vom 22. 9. 1988 BauR 1989, 68.

[119] VG Sigmaringen vom 12. 6. 2001 Az. 7 K 2002/00.

[120] VG Gera vom 15. 8. 1996 Az. 4 K 159/96.Ge.

[121] OVG Thür vom 3. 5. 1995 BRS 57 Nr. 181.

VII. Musterbauordnung 2002

Die **Musterbauordnung 2002** will die Ermächtigungen zum Erlass örtlicher Bauvorschriften konzentrieren und straffen.

1. Erhaltung und Gestaltung von Ortsbildern

Der nach dem geltenden Recht in allen Landesbauordnungen zentrale Gedanke, Ortsbilder zu gestalten und Bausubstanz zu erhalten,[122] wird allein in drei Tatbestandsgruppen erwähnt:

a) Bauliche Anlagen

Zur Erhaltung und Gestaltung von Ortsbildern können besondere Anforderungen an die äußere Gestaltung baulicher Anlagen sowie von Werbeanlagen und Warenautomaten (soweit es sich nicht ohnehin um bauliche Anlagen handelt, vgl. § 10 Abs. 2 Satz 1 MBO 2002) gestellt werden (§ 86 Abs. 1 Nr. 1 MBO 2002). 102

b) Werbeanlagen

Aus ortsgestalterischen Gründen (die Erhaltung wird hier nicht genannt) können Werbeanlagen und Warenautomaten verboten werden (§ 86 Abs. 1 Nr. 2 MBO 2002). Der amtlichen Begründung zufolge werden die „Details" nicht geregelt, weil die Verbotsregelung zugleich auch zu milderen Mitteln ermächtigt. Das ist jedenfalls nicht auf den ersten Blick transparent, insbesondere nicht die grundrechtsorientierte Notwendigkeit, nach Gebietstypen zu differenzieren.[123] Insoweit verspricht die generelle Musterformulierung den Gemeinden mehr als sie erfüllen kann. 103

c) Abstandsflächen

Vom Gesetz (§ 6 MBO 2002) abweichende Maße der Abstandsflächentiefe (größere oder geringere Maße) können festgesetzt werden zur Gestaltung des Ortsbildes oder um die Festsetzungen einer städtebaulichen Satzung zu verwirklichen. Auch hier wird die „Erhaltung" nicht erwähnt, obwohl die historische geschlossene Bauweise ein Hauptanwendungsfall des Verzichts auf Abstandsflächen darstellt.[124] 104

2. Gestaltungs- und erhaltungsunabhängige Tatbestände

a) Kinderspielplätze

Es entspricht den geltenden Landesbauordnungen, wenn die MBO 2002 in § 86 Abs. 1 Nr. 3 für die Bestimmung von Lage, Größe, Beschaffenheit, Ausstattung und Unterhaltung von Kinderspielplätzen keine besondere Zweckbestimmung nennt. Das Bedürfnis der Kinder, an frischer Luft zu sein, ist Grund genug. Die Vorschrift verweist auf § 8 Abs. 2 MBO 2002, so dass ungeachtet des Begriffes „Kinderspielplatz" klar ist, dass es sich um einen „Spielplatz für Kleinkinder" handelt. 105

b) Kfz-Stellplätze

Wegen der Verweisung auf § 49 Abs. 1 MBO 2002 erfasst § 86 Abs. 1 Nr. 4 MBO 2002 auch Garagen. Was „notwendige" Stellplätze und Garagen sind, wird vom Mustergesetz nicht mehr wie bisher durchgehend in Form des unbestimmten Rechtsbegriffs „ausreichende Zahl" umrissen, sondern ausschließlich den örtlichen Bauvorschriften überlassen. Ebenso entfällt die gesetzliche Voraussetzung für eine Ablösung, dass die Stellplätze oder Garagen nicht auf dem Baugrundstück hergestellt werden können (z. B. Art. 53 Abs. 1 Satz 1 BayBO, § 51 Abs. 5 Satz 5 BauO NRW). Vielmehr werden Realherstellung und Stellplatzablöse gleichwertig nebeneinander gestellt und Umfang und 106

---

122 Oben Rn. 79, 80.
123 Oben Rn. 100, 101.
124 Oben Rn. 81.

Modalitäten der Stellplatzpflicht in die Hand der Gemeinden gelegt.[125] Die Folge ist, dass künftig nicht wenigstens landeseinheitliche Rahmenbedingungen herrschen, sondern das Stellplatzrecht von Gemeinde zu Gemeinde wechselt.

c) Abfallbehälterplätze, unbebaute Flächen, Einfriedungen, Begrünung

107 Für die Vorschriften über die Gestaltung der Plätze für bewegliche Abfallbehälter, der Freiflächen und der Einfriedungen fordert § 86 Abs. 1 Nr. 5 MBO – übereinstimmend mit den meisten Landesbauordnungen – keine besondere Zweckbestimmung.[126] Auf eine solche Zweckbestimmung wird allgemein bei der Begrünung verzichtet (§ 86 Abs. 1 Nr. 7 MBO), was bisher nur bei sieben Ländern der Fall ist.[127] Bei Vorschriften, die unabhängig von der Ortsgestaltung eine Begrünung statuieren, lässt sich die Grenze zum Bauplanungsrecht (§ 9 Abs. 1 Nr. 25 BauGB) kaum mehr ziehen.

VIII. Normenkontrolle im Ländervergleich

108 **§ 47 I Nr. 1 VwGO:** Bundeseinheitl. unterliegen Satzungen der Normenkontrolle, die nach den Vorschriften des BauGB erlassen worden sind; dazu gehören auch örtl. Bauvorschriften **in** BPlänen oder **in** sonstigen Satzungen nach BauGB (OVG NRW vom 19. 8. 1983 NVwZ 1984, 595, zur Aufhebung siehe oben Rn. 46)

§ 47 I Nr. 2 VwGO: Satzungen **außerhalb** von BPlänen unterliegen nur der Normenkontrolle, soweit das Landesrecht dies bestimmt

109

Land	Norm wenn nichts anderes angegeben: AGVwGO	Prüfungsgegenstand
BW	§ 4	alle im Rang unter dem Landesgesetz stehenden Rechtsvorschriften
Bay	Art. 5 Satz 2 Nrn. 1 und 2	örtl. Bauvorschriften nur dann, wenn Antrag von einer Behörde gestellt und Rechtssache grundsätzl. Bedeutung hat (Bedenken wegen der verfahrensrechtl. Einschränkungen von § 47 II VwGO: *Gerhardt* in *Schoch/Schmidt-Aßmann/Pietzner*, VwGO, § 47 Rn. 22); Beschränkung gilt nicht, wenn örtl. Bauvorschrift **Bestandteil** eines BPlans (Bay VGH vom 28. 7. 1998 Az. 20 N 97.3429).
Bln	keine landesrechtl. bestimmte Normenkontrolle	
Bbg	§ 4 I	wie BW
Brem	Art. 7 II und III	landesrechtl. VO oder andere im Range unter dem Landesgesetz stehende Rechtsvorschrift; Zweijahresfrist des § 47 II 1 VwGO gilt nicht
Hamb	wie Bln	
Hess	§ 11 I	im Range unter dem Landesgesetz stehende Rechtsvorschriften, auch soweit diese nicht in § 47 I Nr. VwGO genannt
M-V	§ 13 GOrgG	im Range unter dem Landesgesetz stehende Rechtsvorschrift
Nds	§ 7 Nds VGG	landesrechtl. VO oder andere im Range unter dem Landesgesetz stehende Rechtsvorschrift
NRW	wie Bln	

[125] Begründung zu § 49 MBO.

[126] Anders Baden-Wüttemberg und Niedersachsen (siehe oben Ländervergleich Rn. 9, 13, 18 bei den jeweiligen Stichworten).

[127] Oben Ländervergleich Rn. 2 unter dem Stichwort Anlagen bauliche.

Land	Norm wenn nichts anderes angegeben: AGVwGO	Prüfungsgegenstand
Rh-Pf	§ 4	wie M-V
Saar	§ 16	wie M-V
Sachs	§ 2 I SächsGerOrgG	wie M-V
Sachs-Anh	§ 10	wie M-V
Schl-H	§ 5	wie Nds
Thür	§ 4	wie M-V

Teil 2. Rechtsverordnungen im Ländervergleich: Bauordnungsrechtliche Regelungsgegenstände sowie Verfahrensregelungen zum Baugesetzbuch und anderen Rechtsvorschriften[128]

110 Abgrabungen und Aufschüttungen

Land/Ermächtigung	Überschrift der VO	wesentl. Inhalt der VO	Datum	ggf. letzte Änderung
Bbg § 88 II und III	VO über bauaufsichtl. Anforderungen an Abgrabungen und Aufschüttungen (Bbg BauAV)	bes. Bauvorlagen, Abgrabungs-, Aufschüttungs-, Verfüllplan	30. 10. 1998 GVBl. II S. 618	10. 7. 2002 GVBl. II S. 62

111 Baugesetzbuch siehe „Verfahrensregelungen zum BauGB"

112 Bauliche Anlagen allgemein

Land/Ermächtigung	Überschrift der VO	wesentl. Inhalt der VO	Datum	ggf. letzte Änderung
BW § 73 I Nrn. 1 und 2, VIII Nr. 2	Allg. AusführungsVO zur Landesbauordnung (LBOAVO)	Ausgestaltung zahlreicher gesetzl. Regelungen (siehe einzelne Kapitel) sowie Anwendung der bundesrechtl. AufzV und VbF auf nicht gewerberechtl. Anlagen	17. 11. 1995 GBl. S. 836	30. 5. 1996 GBl. S. 419
Hamb	Anordnung über die Zuständigkeiten im Bauordnungswesen		22. 9. 1987 Amtl. Anz. S. 1997	2. 9. 1999 Amtl. Anz. S. 2577
Nds § 95 I und II	Allg. Durchführungs-VO zur Niedersächsischen Bauordnung (DVNBauO)	Ausgestaltung zahlreicher gesetzl. Regelungen sowie Anwendung der bundesrechtl. DruckbehVO auf nicht gewerbl. oder wirtschaftl. Anlagen	11. 3. 1987 GVBl. S. 29	6. 6. 1996 GVBl. S. 287
Saar § 94 I Nr. 1	Technische Durchführungsverordnung zur Bauordnung für das Saarland (TVO)	Ausgestaltung des Brandschutzes, der Rettungswege, der Haustechnik, der Aufenthaltsräume	18. 10. 1996 ABl. S. 1278	–

[128] Die Nachweise für folgende dreizehn Länder beruhen auf den C. H. Beck'schen Textausgaben mit Stand Sommer 2003:
Dürig, Gesetze des Landes Baden-Württemberg
Bayerische Bauordnung und ergänzende Bestimmungen, 37. Aufl. 2002
Driehaus/Kärgel, Verfassungs- und Verwaltungsgesetze Berlins
Gesetze des Landes Brandenburg
Ramsauer, Hamburgische Gesetze
Fuhr/Pfeil, Hessische Verfassungs- und Verwaltungsgesetze
Gesetze des Landes Mecklenburg-Vorpommern
März, Niedersächsische Gesetze
v. Hippel/Rehborn, Gesetze des Landes Nordrhein-Westfalen
Hümerich/Kopp, Saarländische Gesetze
Gesetze des Freistaates Sachsen
Gesetze des Landes Sachsen-Anhalt
Gesetze des Freistaates Thüringen
Die Nachweise für die in den Beck'schen Textausgaben nicht vertretenen Länder Bremen, Rheinland-Pfalz und Schleswig-Holstein sind entnommen aus
Schiwy/Decker/Harmony/Konrad, Baugesetzbuch August 2003
und wurden zum Teil ergänzt.

Land	Bauliche Anlagen allgemein Anhang: Verwaltungsvorschriften (VV) allgemeinen baurechtlichen Inhalts	Datum/Fundstelle
Bay	Vollzugshinweise zur BayBO 1998 (abgedr. bei Simon/Busse, Bd. II Anh. 11)	12. 12. 1997 Nr. II B4–4101–004
Bln	Ausführungsvorschriften zu § 73 der Bauordnung für Berlin – Einrichtung und Führung des Baulastenverzeichnisses – (AVBaulasten)	20. 12. 1995 ABl. 1996 S. 254
Bbg	VV zur Brandenburgischen Bauordnung (VVBbgBO)	19. 12. 1997 ABl. 1998 S. 56 12. 11. 1999 ABl. S. 1185
NRW	• VV zur Verordnung über bautechnische Prüfungen (VVBauPrüfVO) • VV zur Landesbauordnung (VVBauONRW)	8. 3. 2000 MBl. S. 478 12. 10. 2000 MBl. S. 1432
Rh-Pf	Hinweise zum Vollzug der Landesbauordnung Rheinland-Pfalz	3. 2. 1999 MBl. S. 90
Sachs	1. VV des Sächsischen Staatsministeriums des Innern zur Sächsischen Bauordnung (VwVSächsBO) 2. Industriebaurichtlinie (IndBauR) insbes. Brandschutz nach DIN 18230	26. 10. 1999 ABl. S. 219 16. 11. 2001 ABl. S. 1286 26. 10. 1999 ABl. S. 219 (Anlage 5.8)
Sachs-Anh	1. VV zum Gesetz über die Bauordnung des Landes Sachsen-Anhalt (VV BauO LSA) 2. Richtlinie über den baul. Brandschutz im Industriebau (IndBauR) insbes. DIN 18 230	3. 2. 1995 MBl. S. 1885 3. 2. 1995 MBl. S. 1985
Schl-H	Anwendung der neuen Landesbauordnung im bauaufsichtlichen Verfahren (Durchführungserlass)	12. 7. 2000 ABl. S. 454
Thür	Ausführungsanweisung zur BauPrüfVO	18. 6. 1992 StAnz S. 926

Bauprodukte und Bauarten, Anforderungen und Überwachung, Deutsches Institut für Bautechnik 114

Land/Ermächtigung	Überschrift der VO	wesentl. Inhalt der VO	Datum	ggf. letzte Änderung
BW § 17 V	1. VO über Anforderungen an Hersteller von Bauprodukten und Anwender von Bauarten (Hersteller- und Anwenderverordnung LBO – LBOHAVO)	besondere Anforderungen für Schweiß-, Leim- und Betonarbeiten	12. 11. 2002 GVBl. S. 630	–
	2. VO über die Überwachung von Tätigkeiten mit Bauprodukten oder bei Bauarten (LBOÜTVO)	Einbau von Sicherheitsglas, Beton, Einpressmörtel, Ortsschäume u. a. von Überwachungsstelle zu kontrollieren	12. 11. 2001 GBl. S. 630	–
	3. VO zur Übertragung von Zuständigkeiten auf das DIBT	wie Überschrift	5. 6. 1999 GBl. S. 262	–
	4. VO über das Übereinstimmungszeichen (Übereinstimmungszeichen VO-ÜZVO)	Ü-Zeichen für Verwendbarkeit	26. 5. 1998 GBl. S. 362	–

Land/Ermächtigung		Überschrift der VO	wesentl. Inhalt der VO	Datum	ggf. letzte Änderung
		5. VO zur Feststellung der wasserrechtl. Eignung von Bauprodukten durch Nachweise nach der LBO (WasBauPVO)	wie Überschrift	21. 12. 1998 GBl. 1999 S. 57	–
Bay	§ 203 BauGB, Art. 59, 92 BayBO	ZuständigkeitsVO im Bauwesen (ZustVBau)	DIBt für die Anerkennung von Prüf-, Überwachungs- und Zertifizierungsstellen	5. 7. 1994 GVBl. S. 573	7. 7. 2002 GVBl. S. 573
Bln	§ 18 V, § 21 S. 5	1. VO über Anforderungen an Hersteller von Bauprodukten und Anwender von Bauarten (Hersteller- und Anwenderverordnung – HAVO)	wie BW zu 1)	26. 10. 1998 GVBl. S. 320	–
	§ 76 XI Nr. 1	2. VO über das Übereinstimmungszeichen (Übereinstimmungszeichen-Verordnung – ÜZVO)	Ausgestaltung des Ü-Zeichens (Bauprodukt stimmt mit den Regeln der Technik überein)	26. 10. 1998 GVBl. S. 322	–
Bbg	§ 20 Abs. 5	1. VO über Anforderungen an Hersteller von Bauprodukten und Anwender von Bauarten (Brandenburgische Hersteller- und Anwenderverordnung – BbgHAV)	wie BW zu 1)	18. 11. 1998 GVBl. S. 625	–
	§ 20 Abs. 6	2. VO über die Überwachung von Tätigkeiten mit Bauprodukten und bei Bauarten (BbgÜTV)	wie BW zu 2)	18. 11. 1998 GVBl. S. 624	–
	§ 2 DIBt-AbkG	3. VO über die Zuständigkeiten nach dem Bauproduktengesetz im Land Brandenburg (Bauproduktenzuständigkeitsverordnung – BbgBauPZV)	DIBt als zuständige Behörde für Prüf-, Überwachungs- und Zertifizierungsaufgaben	31. 8. 2000 GVBl. S. 332	–
Hess	§ 86 IV 1 Nr. 4 und VII HBO	1. VO zur Übertragung von Zuständigkeiten nach der Hessischen Bauordnung (ZÜVOHBO)	Zustimmungen im Einzelfall hinsichtlich von Brandschutzanforderungen an nicht EU-konforme oder nicht geregelte Bauprodukte (§ 23 I 1 HBO) oder nicht geregelte Bauarten (§ 24 I 1 und 2 HBO) durch das Regierungspräsidium Darmstadt	16. 3. 2000 GVBl. S. 183	–
	§ 86 I 1 Nr. 8	2. VO zur Regelung von Zuständigkeiten nach dem BauproduktenG zur Anerkennung von Prüf-, Zertifizierungs- und Überwachungsstellen	DIBt als zuständige Stelle	14. 7. 1995 GVBl. S. 437	–

Land/Ermächtigung		Überschrift der VO	wesentl. Inhalt der VO	Datum	ggf. letzte Änderung
	§ 86 V Nr. 1	3. VO über das Übereinstimmungszeichen (ÜZVO)	wie Bln zu 2)	26. 10. 1994 GVBl. S. 666	–
	§ 86 VII	4. VO zur Feststellung der wasserrechtl. Eignung von Bauprodukten und Bauarten (WasBauPVO)	Nachweise für Abwasserbehandlungsanlagen und Anlagen für wassergefährdende Stoffe	20. 5. 1998 GVBl. S. 228	–
M-V	§ 17 V und VI	1. und 2. wie BW	wie BW zu 1) und 2)	1. 8. 2001 GVBl S. 309/310 23. 5. 1991	–
Nds	§ 28 VII	1. VO über das Übereinstimmungszeichen (ÜZVO)	wie Bln zu 2)	12. 9. 2002 GVBl. S. 392	–
	§§ 24 IV, 27 II	2. VO zur Feststellung der wasserrechtl. Eignung von Bauprodukten und Bauarten durch Nachweise nach der NBO (WasBauPVO)	Abwasserbehandlung, wassergefährdende Stoffe	7. 3. 1978 GVBl. S. 233	21. 3. 2002 GVBl. S. 112
NRW	§ 20 V	1. VO über Anforderungen an Hersteller von Bauprodukten und Anwender von Bauarten (Hersteller- und AnwenderVO – HAVO)	wie BW zu 1)	7. 3. 2000 GVBl. S. 251	–
		2. VO zur Feststellung der wasserrechtlichen Eignung von Bauprodukten und Bauarten (WasBauPVO)	wie Hess zu 4)	6. 3. 2000 GVBl. S. 251	–
		3. VO über die Überwachung von Tätigkeiten mit Bauprodukten und bei Bauarten	wie BW zu 2)	8. 3. 2000 GVBl. S. 252	–
Rh-Pf	§ 18 V	1. LandesVO über Anforderungen an Hersteller von Bauprodukten und Anwender von Bauarten (HABauVO)	wie BW zu 1)	16. 7. 2001 GVBl. S. 179	–
		2. LandesVO über die Überwachung von Tätigkeiten mit Bauprodukten und bei Bauarten (ÜTBauVO)	wie BW zu 2)	11. 7. 2001 GVBl. S. 179	–
Saar	§ 5 III LOG-Saarl	1. VO über Zuständigkeiten nach dem BauproduktenG und nach der VO über das In-Verkehr-Bringen von Heizkesseln und Geräten nach dem BauproduktenG	Anerkennungsbehörden und für Verbot zuständige Behörden	10. 12. 1996 ABl. S. 1405	8. 6. 1999 ABl. S. 960
		2. VO zur Feststellung der wasserrrechtlichen Eignung von Bauprodukten und Bauarten durch Nachweise nach	wie Hess zu 4)	7. 12. 1999 ABl. 2000 S. 214	–

Land/Ermächtigung	Überschrift der VO	wesentl. Inhalt der VO	Datum	ggf. letzte Änderung
	der Bauordnung des Saarlandes (WasBauPV)			
Sachs § 82 VI Nr. 2	1. VO über die Zuständigkeit für Bauprodukte im Bauwesen (BauproduktenzuständigkeitsVO – BauPZustV)	Zuständigkeit des DIBt	17. 4. 1996 GVBl. S. 164	–
	2. VO über das Übereinstimmungszeichen (ÜZV)	Angaben auf dem Ü-Zeichen	14. 4. 1996 GVBl. S. 163	–
Sachs-Anh § 89 VI Nr. 2	1. VO über das Übereinstimmungszeichen (Übereinstimmungszeichenverordnung – ÜZVO)	Angaben auf dem Ü-Zeichen	7. 12. 2001 GVBl. S. 570	–
	2. VO über die Übertragung von bauaufsichtl. Befugnissen und Zuständigkeiten (Bauaufsichtl. ÜbertragungsVO)	Zuständigkeit des DIBt	7. 12. 2001 GVBl. S. 569	–
Thür § 82 V 1 Nr. 1	1. VO über Zuständigkeiten nach dem Bauproduktengesetz und der Thüringer Bauordnung (ThürZBauVO)	Anerkennende Behörde, DIBt als Prüf-, Überwachungs- und Zertifizierungsstelle, für Verbote zuständige Behörden	27. 9. 1997 GVBl. S. 35	–
	2. VO über die Überwachung von Tätigkeiten mit Bauprodukten und bei Bauarten (ThürÜTVO)	wie BW zu 2)	24. 9. 1999 GVBl. S. 574	–
§ 82 VI Nr. 1	3. Übereinstimmungszeichenverordnung (ThürÜZVO)	wie Bln zu 2)	14. 6. 2002 GVBl. S. 281	–
§ 82 II, IV, V	4. VO über bautechn. Prüfungen, BauPrüfVO Teil 3	Prüfzeichen für Bauprodukte und Bauarten	19. 9. 1991 GVBl. S. 534	27. 9. 1997 GVBl. S. 353

Bund und Länder	Titel des Staatsvertrages	wesentl. Inhalt des Vertrages	ZustimmungsG Datum/Fundstelle z. B.
Bundesrepublik Deutschland und alle deutschen Länder	**Abkommen über das Deutsche Institut für Bautechnik (DIBt-Abkommen)**	Originäre Zuständigkeiten des DIBt und Übertragung der Länderzuständigkeiten kraft gesonderten Akts für • Anerkennung von Prüfüberwachungs- und Zertifizierungsstellen nach dem BauproduktenG und nach den Landesbauordnungen • Erteilung von Typengenehmigungen • Umsetzung von auf Bauprodukte bezogenen EU-Richtlinien	15. 12. 1992 **BW** GBl. S. 761 22. 12. 1992 **Hess** GVBl. S. 663 16. 12. 1992 **M-V** GVBl. S. 718 29. 1. 1993 **Nds** GVBl. S. 33 29. 12. 1992 **Schl-H** GVBl. 1993 S. 33 16. 3. 1993 **Thür** GVBl. S. 209

Bauvorlagen, bautechnische Nachweise 115

Land/Ermächtigung		Überschrift der VO	wesentl. Inhalt der VO	Datum	ggf. letzte Änderung
BW	§ 73 II, IV und V	VerfahrensVO zur Landesbauordnung – LBOVVO	Bauvorlagen im Allg., Inhalt und Verfasser einzelner Bauvorlagen, bautechnische Nachweise zu Standsicherheit, Wärme- und Schallschutz, Bauvorlagen für Abbruch und Werbeanlagen Anlage: bes. erdbebengefährdete Gebiete	13. 11. 1995 GBl. S. 794	13. 2. 2001 GBl. S. 121 6. 5. 2003 GBl. S. 228
Bay	Art. 90 IV–VI, Art. 7 II BayAbgrG	VO über die Bauvorlagen im bauaufsichtl. Verfahren, den Abgrabungsplan und die bautechnischen Nachweise (BauvorlagenVO – BauVorlV)	Art, Zahl, Beschaffenheit und Inhalt der Bauvorlagen, Abgrabungsplan, bautechnische Nachweise zu Standsicherheit, Feuerwiderstand, Brand-, Wärme- und Schallschutz	8. 12. 1997 GVBl. S. 822	26. 8. 2002 GVBl. S. 423
Bln	§ 76 II	VO über Bauvorlagen im bauaufsichtl. Verfahren (BauvorlagenVO – BauVorlVO)	Bauvorlagen im Wesentlichen wie BW, zusätzlich Bauvorlagen für die Wasserbehörde (Wasserschutzgebiete und Vorhaben im Einvernehmen mit Wasserbehörde) Anlage: Zeichen für den Lageplan	17. 11. 1998 GVBl. S. 343	31. 8. 2001 GVBl. S. 510
Bbg	§ 88 II	VO über Bauvorlagen im bauaufsichtl. Verfahren (BauvorlagenVO – BauVorlV)	im Wesentl. wie BW, zusätzlich Bauvorlagen für Typenprüfungen und fliegende Bauten Anlage: Zeichen für die Bauvorlagen	19. 12. 1997 GVBl. II 1998 S. 18	1. 2. 2001 GVBl. II S. 38
Hamb	§ 81 II und IV	BauvorlagenVO (BauVorlVO)	im Wesentl. wie Bay, auch Haustechnik, Abfall, Abwasser, Nachweise vor Inbetriebnahme	1. 12. 1987 GVBl. S. 211	21. 1. 1997 GVBl. S. 10
M-V	§ 85 II und IV	VO über Bauvorlagen und bautechnische Prüfungen (BauprüfVO – BauPrüfVO)	Bauvorlagen im Wesentlichen wie BW Anlage: Zeichen für Bauvorlagen	3. 4. 1998 GVBl. S. 413	18. 1. 2001 GVBl. S. 66
Nds	§ 71 II	VO über Bauantrag und Bauvorlagen im bauaufsichtl. Genehmigungsverfahren (BauVorlVO)	im Wesentl. wie BW, zusätzlich Vorbescheid, Typengenehmigungen, Fliegende Bauten, Grundstücksteilungen	22. 9. 1989 GVBl. S. 358	6. 6. 1996 GVBl. S. 287
NRW	§ 85 III	VO über bautechnische Prüfungen (BauPrüfVO) Erster Teil Bauvorlagen	Allg. Anforderungen an Bauvorlagen, Bauvorlagen für bestimmte Verfahren und Vorhaben Nachweise zu Standsicherheit, Schallschutz, Brandschutz Anlage: Zeichen und Farben für Bauvorlagen	6. 12. 1995 GV S. 1241	20. 9. 2002 GV S. 454
Rh-Pf	§ 85 II	LandesVO über Bauunterlagen und die bautechnische Überprüfung (BauuntPrüfVO)	Allg. Anforderungen an Bauvorlagen, Bauvorlagen für bestimmte Verfahren und Anlagen, Typengenehmigung,	16. 6. 1987 GVBl. S. 165	27. 5. 1999 GVBl. S. 124

Land/Ermächtigung		Überschrift der VO	wesentl. Inhalt der VO	Datum	ggf. letzte Änderung
			Fliegende Bauten, Standsicherheitsnachweis Anlage: Zeichen für die Bauvorlagen		
Saar	§ 94 III Nrn. 1 und 2	BauvorlagenVO (BauVorlVO)	wie Rh-Pf	9. 8. 1996 ABl. S. 887	16. 10. 1997 ABl. S. 1130
Sachs	§ 82 II, III und IV	VO zur Durchführung der Sächsischen Bauordnung (Durchführungs-VO zur SächsBO) Teil 1 Bauvorlagen und bautechnische Prüfung	Allg. Anforderungen, Bauvorlagen für bestimmte Verfahren und Vorhaben, Typenprüfung, Fliegende Bauten, Nachweise zu Standsicherheit und Brandschutz Anlage: Zeichen und Farben für Bauvorlagen	15. 9. 1999 GVBl. S. 553	15. 1. 2002 GVBl. S. 50
Sachs-Anh	§ 89 III	BauvorlagenVO (BauVorlVO)	wie Sachs	13. 12. 2001 GVBl. S. 614	–
Thür	§ 82 II, IV, V	VO über bautechn. Prüfungen (BauPrüfVO) Teil 1	wie Sachs	12. 9. 1991 GVBl. S. 534	27. 9. 1997 GVBl. S. 353

116 **Bautechnische Prüfungsstellen** (im Auftrag der Bauaufsichtsbehörde tätig)

Land/Ermächtigung		Überschrift der VO	wesentl. Inhalt der VO	Datum	ggf. letzte Änderung
BW	§ 73 II, V	1. VO über die bautechnische Prüfung baulicher Anlagen (Bauprüfverordnung – BauPrüfVO)	Prüfende Stellen (Prüfingenieure und Prüfämter), Prüfbestätigung, Überwachung der Ausführung, Prüfverzeichnisse, Prüfgebühren, Anerkennung als Prüfingenieur für Baustatik	21. 5. 1996 GBl. S. 410	23. 10. 1998 GBl. S. 671
		2. VO über die Anerkennung als Prüf-, Überwachungs- oder Zertifizierungsstelle nach Bauordnungsrecht (PÜZ-AnerkennungsVO – PÜZAVO)	Voraussetzungen und Verfahren für die Anerkennung	11. 7. 1996 GBl. S. 506	11. 12. 2001 GBl. S. 630
Bay	Art. 90 VI 1 Nr. 3	VO über die bautechnische Prüfung baulicher Anlagen (Bautechnische Prüfungsverordnung – BauPrüfV)	Prüfämter und Prüfingenieure, Anerkennung von Prüfingenieuren, Umfang und Durchführung der Prüfung, Prüfungsverzeichnis, Typenprüfung durch Prüfamt	11. 11. 1986 GVBl. S. 339	28. 3. 2001 GVBl. S. 174
Bln	§ 76 IV Nr. 2	1. wie BW zu 1)	wie Bay	15. 8. 1995 GVBl. S. 574	4. 12. 2001 GVBl. S. 629
	§ 76 XI Nr. 2	2. VO über Anerkennung als Prüf-, Überwachungs- oder Zertifizierungsstelle (PÜZ-AnerkennungsVO – PÜZA-VO)	Voraussetzungen und Verfahren für die Anerkennung	26. 10. 1998 GVBl. S. 322	–

Land/Ermächtigung	Überschrift der VO	wesentl. Inhalt der VO	Datum	ggf. letzte Änderung
Bbg § 88 V	VO über die Anerkennung vom Prüfingeieuren und über die bautechnischen Prüfungen	wie Bay	19. 12. 1997 GVBl. II 1998 S. 25	1. 3. 2000 GVBl. II S. 639
Hamb § 81 I Nr. 4	wie BW zu 2)	wie BW zu 1)	28. 4. 1998 GVBl. S. 53	–
Hess § 86 III Nr. 1 Buchst. b	1. wie BW zu 1)	wie BW zu 1)	28. 10. 1994 GVBl. S. 655	13. 10. 2001 GVBl. I S. 447
§ 86 I Nr. 8	2. VO über die Anerkennung als Prüf-, Überwachungs- oder Zertifizierungsstelle (PÜZAVO)	Anerkennungsvoraussetzungen und Verfahren	14. 7. 1995 GVBl. S. 437	–
M-V § 85 II und IV	VO über Bauvorlagen und bautechnische Prüfungen (Bauprüfverordnung – BauPrüfVO)	nur Prüfingenieure, kein Prüfverzeichnis, im Übrigen wie Bay	3. 4. 1998 GVBl. S. 413	18. 1. 2001 GVBl. S. 66
Nds § 71 II 2	1. VO über die bautechnische Prüfung von Baumaßnahmen (Bautechnische Prüfungsverordnung – BauPrüfVO)	wie Bay, zusätzlich Anerkennung einer technischen Überwachungsorganisation als Prüfstelle	24. 7. 1987 GVBl. S. 129	4. 9. 1989 GVBl. S. 325
§ 95 III	2. wie BW zu 2)	wie BW zu 2)	14. 2. 1997 GVBl. S. 58	–
NRW § 85 IV	VO über bautechnische Prüfungen (BauPrüfVO) Zweiter und Dritter Teil	Prüfingenieure, Prüfämter, Durchführung der Prüfungen, Typenprüfung, Zuständigkeit für Fliegende Bauten	6. 12. 1995 GV S. 1241	25. 9. 2001 GV S. 708
Rh-Pf § 22 I 3	1. PÜZ-Anerkennungs-VO	wie BW zu 2)	9. 10. 1996 GVBl. S. 372	16. 7. 2001 GVBl. S. 179
	2. LandesVO über die Anerkennung von Prüfingenieuren, Prüfstellen und Prüfämtern für Baustatik	Anerkennung, Prüfaufträge	3. 7. 1989 GVBl. S. 178	25. 3. 1998 GVBl. S. 133
Saar § 94 III	Bautechn. Prüfungs- und VergütungsVO (BauPrüfVergVO)	wie NRW, zusätzlich Vergütungen	14. 8. 1996 ABl. S. 896	24. 1. 2001 ABl. S. 358
Sachs § 82 II, III und IV	1. VO zur Durchführung der Sächsischen Bauordnung (DurchführungsVO zur SächsBO) Teil 2 Abschnitt 1 Teil 3	Prüfingenieure für Baustatik und vorbeugenden Brandschutz, Prüfstelle (Sächsische Landesstelle für Bautechnik)	15. 9. 1999 GVBl. S. 553	–
	2. wie BW zu 2)	wie BW zu 2)	24. 4. 1996 GVBl. S. 165	–
Sachs-Anh § 86 II 1 Nr. 4	1. Bautechnische Prüfungsverordnung (BauPrüfVO)	Prüfingenieure und Prüfstelle für Baustatik, Anerkennung, Prüfverzeichnis	5. 9. 1996 GVBl. S. 315	19. 3. 2002 GVBl. S. 130
	2. wie BW zu 2)	wie BW zu 2)	13. 6. 1997 GVBl. S. 583	–
Schl-H § 91 I Nrn. 4 bis 7	1. LandesVO über die bautechnische Prüfung von Bauvorhaben (Bautechnische PrüfungsVO – BauPrüfVO)	wie Bay	2. 11. 1995 GVBl. S. 355	26. 1. 2001 GVBl. S. 20

Land/Ermächtigung	Überschrift der VO	wesentl. Inhalt der VO	Datum	ggf. letzte Änderung
	2. LandesVO über die Anerkennung als Prüf-, Überwachungs- oder Zertifizierungsstelle nach Bauordnungsrecht (PÜZ-AnerkennungsVO – PÜZAVO)	wie BW zu 2)	1. 11. 1996 GVBl. S. 665	–
Thür § 82 II, IV, V	VO über bautechn. Prüfungen (BauPrüfVO) Teil 2	Prüfämter und Prüfingenieure, Anerkennung Durchführung der Prüfung, Typenprüfung, Fliegende Bauten	12. 9. 1991 GVBl. S. 534	27. 9. 1997 GVBl. S. 353

117 Brandsicherheit und Betriebsüberwachung

Land/Ermächtigung	Überschrift der VO	wesentl. Inhalt der VO	Datum	ggf. letzte Änderung
Bln § 76 I Nr. 4	VO über die Brandsicherheitsschau und die Betriebsüberwachung (Brandsicherheitsschau-VO – BrandsichVO)	Brandsicherheitsschau in 5-jährigem Turnus für Verkaufs- und Versammlungsstätten, Krankenhauser und Heime, Beherbergungsbetriebe > 100 Betten, Betriebsüberwachung zur Abwehr von Gefahren für die öffentl. Sicherheit und Ordnung mindestens einmal im Jahr	1. 9. 1999 GVBl. S. 508	–

118 Camping- und Wochenendplätze

Land/Ermächtigung	Überschrift der VO	wesentl. Inhalt der VO	Datum	ggf. letzte Änderung
BW § 73 I Nr. 2	VO über Campingplätze, Wochenendplätze und Wochenendhäuser (CPl-Woch-VO)	Begriffe, Einschränkung baurechtl. Anforderungen, Zufahrt, Fahrwege, Standplätze, Brandschutz, Versorgung, Entsorgung, Betriebsvorschriften	12. 4. 1984 GVBl. S. 109	5. 5. 1987 GVBl. S. 84
NRW § 81 II	VO über Camping- und Wochenendplätze	im Wesentl. wie BW	10. 11. 1982 GV S. 731	–
Sachs –	Camping- und Wochenendplatzrichtlinien (CampR)	„auf der Grundlage" der vorstehenden VO NRW	26. 10. 1999 ABl. S. 219	–
Sachs-Anh § 82 I Nr. 3	VO über Campingplätze und Wochenendplätze	wie NRW	27. 1. 1994 GVBl. S. 78	19. 3. 2002 GVBl. S. 130

119 Elektrische Anlagen (Betriebsräume)

Land/Ermächtigung	Überschrift der VO	wesentl. Inhalt der VO	Datum	ggf. letzte Änderung
BW § 73 I Nr. 2	VO über elektrische Betriebsräume (EltVO)	wie Bay	28. 10. 1975 GBl. S. 788	–

Land/Ermächtigung		Überschrift der VO	wesentl. Inhalt der VO	Datum	ggf. letzte Änderung
Bay	Art. 90 I 1 Nrn. 1 und 3	VO über den Bau von Betriebsräumen für elektrische Anlagen (EltBauV)	Begriffsbestimmung, Ausstattung und Anordnung von elektrischen Betriebsräumen, zusätzl. Bauvorlagen für Wohngebäude und größere Bauten	13. 4. 1977 BayRS 2132-1-8-I	8. 12. 1997 GVBl. S. 827
NRW	§ 102 I	VO über den Bau von Betriebsräumen für elektr. Anlagen (EltBauVO)	im Wesentl. wie Bay	15. 2. 1974 GV S. 81	–
Sachs	–	1. Richtlinie über den Bau von Betriebsräumen für elektrische Anlagen (EltBauR)	im Wesentl. wie Bay, „auf der Grundlage der Muster EltBauVO 1973"	26. 10. 1999 ABl. S. 219 (Anlage 5.4)	–
		2. Richtlinie für autom. Schiebetüren und elektr. Verriegelungen in Rettungswegen	bes. Anforderungen für die Zulässigkeit	26. 10. 1999 ABl. S. 219 (Anlage 5.9)	–
Sachs-Anh	–	Richtlinie über den Bau von Betriebsräumen für elektr. Anlagen (EltBauR)	wie Bay	3. 2. 1995 MBl. S. 1961	–

Feuerungsanlagen 120

Land/Ermächtigung		Überschrift der VO	wesentl. Inhalt der VO	Datum	ggf. letzte Änderung
BW	§ 73 I Nr. 1, VIII Nr. 2	1. VO über Anforderung an Feuerungsanlagen, Wärme- und Brennstoffversorgungsanlagen (FeuerungsVO – FeuVO)	Anwendungsbereich, Verbrennungsluftversorgung, Aufstellung, Heizräume, Abgasanlagen, Mündungen von Schornsteinen und Abgasleitungen, Wärmepumpen, Blockheizkraftwerke, ortsfeste Verbrennungsmotoren, Brennstofflagerungen, Anhang: Technische Regeln zur bundesrechtl. DruckbehälterVO	24. 11. 1995 GVBl. S. 806	–
	§§ 1 II, 24 I SchfG	2. VO über die Kehrung und Überprüfung von Feuerungsanlagen, Lüftungsanlagen u. Ä. Einrichtungen (Kehr- und Überprüfungsordnung – KÜO)	Kehr- und überprüfungsbedürftige Anlagen und Einrichtungen, bes. Kehrarbeiten, Ankündigung und Ausführung, Gebührenerhebung mit Gebührenverzeichnis	30. 9. 1999 GBl. S. 439	1. 12. 2002 GVBl. S. 493
Bay	Art. 90 I Nr. 2	VO über Feuerungsanlagen, Wärme- und Brennstoffversorgungsanlagen (FeuerungsVO – FeuV)	wie BW zu 1) ohne Anhang	6. 3. 1998 GVBl. S. 112	–
Bln	§ 76 I Nr. 2	Feuerungsverordnung (FeuVO)	wie BW zu 1) Anhang: Schutzzonen um Flüssiggasbehälter im Freien	20. 8. 1996 GVBl. S. 454	–

Land/Ermächtigung	Überschrift der VO	wesentl. Inhalt der VO	Datum	ggf. letzte Änderung
Bbg § 88 I Nr. 2	FeuerungsVO (BbgFeu-VO)	wie BW zu 1) ohne Anhang	21. 7. 1998 GVBl. II S. 518	–
Brem § 86 I Nr. 1	Bremische Feuerungsverordnung (BremFeuVO)	wie BW zu 1) ohne Anhang	18. 2. 2000 GBl. S. 33	–
Hamb § 81 I Nrn. 1 und 4	wie Bln	wie BW zu 1) ohne Anhang	18. 2. 1997 GVBl. S. 20	–
Hess § 117 I Nr. 1	VO über Feuerungsanlagen und Brennstofflagerung	wie BW zu 1) ohne Anhang	21. 6. 1977 GVBl. S. 293	20. 3. 1979 GVBl. S. 65
M-V § 85 I Nr. 1	wie Bln	wie Bln	7. 12. 1995 GVBl. 1996 S. 44	–
Nds § 1 II SchfG	1. VO über die Ausführung von Schornsteinfegerarbeiten (Kehr- und Überprüfungsordnung)	wie BW zu 2) ohne Gebühren	14. 8. 2000 GVBl. S. 230	–
	2. Kehr- und Überprüfungsgebührenordnung	Gebühren	14. 8. 2000 GVBl. S. 232	–
NRW § 85 I	FeuerungsVO (FeuVO NW)	im Wesentl. wie BW zu 1) ohne Anhang	21. 7. 1998 GV S. 481	–
Rh-Pf § 85 I Nr. 4	Feuerungsverordnung (FeuVO)	wie BW zu 1) ohne Anhang	27. 2. 1997 GVBl. S. 116	–
Saar nicht belegt				
Sachs § 82 I Nr. 2	Sächsische Feuerungsverordnung (SächsFeuVO)	wie BW zu 1) ohne Anhang	17. 9. 1998 GVBl. S. 516	–
Sachs-Anh § 86 I Nrn. 1 und 2	Feuerungsverordnung (FeuVO)	wie BW zu 1) ohne Anhang	22. 11. 1996 GVBl. S. 362	19. 3. 2002 GVBl. S. 130
Schl-H § 91 I Nrn. 2 und 4	Landesverordnung über Feuerungsanlagen (Feuerungsverordnung – FeuVO)	wie BW zu 1) mit Anhang	6. 3. 1996 GVBl. S. 308	–
Thür § 82 I Nr. 4	Feuerungsverordnung (ThürFeuVO)	wie BW zu 1) ohne Anhang	3. 6. 1996 GVBl. S. 105	–

121 Fliegende Bauten

Land/Ermächtigung	Überschrift der VO	wesentl. Inhalt der VO	Datum	ggf. letzte Änderung
BW § 73 VIII Nr. 1	VO über die Zuständigkeit zur Erteilung der Ausführungsgenehmigung für Fliegende Bauten (FliegBautenZuVO)	TÜV Süddeutschland (s. Kap. 14, Rn. 182)	18. 12. 1996 GBl. 1997 S. 4	16. 12. 1988 GBl. 1999 S. 56
Rh-Pf § 73 IV	LandesVO über die Zuständigkeit und die Vergütung für die Erteilung von Ausführungsgenehmigungen für Fliegende Bauten	TÜV Pfalz und TÜV Rheinland für jeweils genannte Landkreise und kreisfreie Städte, Gebühren und Auslagen	20. 10. 1995 GVBl. S. 325	21. 5. 1997 GVBl. S. 150
Sachs –	1. Richtlinien über Fliegende Bauten (FlBauR)	Bau, Betrieb, Ausführungsgenehmigung für alle Arten Fliegender Bauten	26. 10. 1999 ABl. S. 219 (Anlage 3)	–

Land/Ermächtigung	Überschrift der VO	wesentl. Inhalt der VO	Datum	ggf. letzte Änderung
§ 82 II, IV, V	2. SächsBO – DurchführVO Teil 3	TÜV Süddeutschland (s. Kap. 14, Rn. 182) für Ausführungsgenehmigung	19. 9. 1999 GVBl. S. 553	15. 1. 2002 GVBl. S. 50
Sachs-Anh –	Richtlinien über den Bau und Betrieb Fliegender Bauten (FlBauR)	wie Sachs zu 1)	3. 2. 1995 MBl. S. 2003	–
Thür –	Richtlinien über den Bau und Betrieb Fliegender Bauten	wie Sachs zu 1)	20. 12. 1999 StAnz 2000 S. 190	–

Garagen 122

Land/Ermächtigung	Überschrift der VO	wesentl. Inhalt der VO	Datum	ggf. letzte Änderung
BW § 73 I Nrn. 2 und 3, II Nr. 1	GaragenVO – GaVO	Begriffe, Bauvorschriften, Betriebsvorschriften, Abstellen von Kfz in anderen Räumen, besondere Anforderungen	7. 7. 1997 GBl. S. 332	–
Bay Art. 90 I Nrn. 1 und 3	VO über den Bau und Betrieb von Garagen (GaV)	Begriffsbestimmungen, Bau- und Betriebsvorschriften, zusätzl. Bauvorlagen, turnusmäßige Prüfung sicherheitsrelevanter Teile, weitergehende Anforderungen im Einzelfall	30. 11. 1993 GVBl. S. 910	3. 8. 2001 GVBl. S. 593
Bln § 76 I Nrn. 1, 3 und 4	wie Bay	wie Bay Besonderheit: Frauenstellplätze in Großgaragen	2. 9. 1998 GVBl. S. 250	28. 5. 2001 GVBl. S. 164
Bbg § 88 I Nrn. 1 bis 4	VO über den Bau von Garagen und Stellplätzen und den Betrieb von Garagen (BbgGStV)	wie Bay	12. 10. 1994 GVBl. II S. 948	20. 9. 2001 GVBl. II S. 572
Brem § 86 I 1 Nr. 2	VO über Garagen und Stellplätze (BremGaVO)	nicht belegt	10. 11. 1980 GVBl. S. 1981	–
Hamb § 81 I Nr. 4	VO über den Bau und Betrieb von Garagen und offenen Stellplätzen	wie BW	17. 4. 1990 GVBl. S. 75	29. 11. 1994 GVBl. S. 301
Hess § 86 I 1 Nr. 1 Buchst. f und Nr. 3	VO über den Bau und Betrieb von Garagen und Stellplätzen (Garagenverordnung – GaVO)	wie Bay, aber turnusmäßige Prüfung von Großgaragen	16. 11. 1995 GVBl. S. 514	–
M-V § 82 I Nrn. 1, 3 und 4	wie Bay	nicht belegt	16. 12. 1992 GVBl. S. 718	–
Nds § 71 II	VO über den Bau und Betrieb von Garagen (GaVO)	im Wesentl. wie Bay	4. 9. 1989 GVBl. S. 327	–
NRW § 80 I	VO über den Bau und Betrieb von Garagen	im Wesentl. wie Bay ohne bes. Anforderungen	2. 11. 1990 GV S. 600	–
Rh-Pf § 87 I Nrn. 4 und 5	VO über Bau und Betrieb von Garagen (GarVO)	nicht belegt	13. 6. 1990 GVBl. S. 243	16. 7. 1997 GVBl. S. 282

Land/Ermächtigung	Überschrift der VO	wesentl. Inhalt der VO	Datum	ggf. letzte Änderung
Saar § 112 I, III	Garagen Verordnung (GarVO)	wie Bay	30. 8. 1976 ABl. S. 951	–
Sachs § 82 I Nrn. 1, 3 und 4	VO über den Bau und Betrieb von Garagen (Sächsische Garagenverordnung – SächsGarVO)	wie Bay	17. 1. 1995 GVBl. S. 86	7. 2. 2002 GVBl. S. 127
Sachs-Anh § 86 I Nrn. 1, 3 und 4	Garagenverordnung (GaVO)	wie Bln	15. 5. 1997 GVBl. S. 528	30. 9. 2002 GVBl. S. 402
Schl-H § 91 I Nrn. 1, 3 und 4	Landesverordnung über den Bau und Betrieb von Garagen (GarVO)	wie Bln Besonderheit: Frauenparkplätze in Großgaragen und Parkplätze für Behinderte in allg. zugänglichen Garagen	30. 11. 1995 GVBl. 96 S. 67	11. 6. 2002 GVBl. S. 170
Thür § 82 I Nrn. 1, 4 und 5	VO über den Bau und Betrieb von Garagen (Thüringer Garagenverordnung – ThürGarVO)	wie BW	28. 3. 1995 GVBl. S. 185	–

123 Gaststätten

Land/Ermächtigung	Überschrift der VO	wesentl. Inhalt der VO	Datum	ggf. letzte Änderung
Bay Art. 90 I Nrn. 3 und 4	VO über den Bau von Gast- und Beherbergungsstätten (Gaststättenbauverordnung – GastBauV)	Geltungsbereich (erlaubnispfl. Gaststätten ohne Rücksicht auf Gastplätze und Beherbergungsstätten > 8 Gastbetten), umfassende Vorschriften für Baustoffe, Bauteile, Rettungswege, Haustechnische Anlagen, Räume, **Betriebsvorschriften**, zusätzl. Bauvorlagen, turnusmäßige Prüfung durch Sachverständigen für Sicherheitstechnik	13. 8. 1986 GVBl. S. 304	13. 10. 1999 GVBl. S. 473 21. 1. 2003 offen
NRW § 85 I Nr. 5	VO über den Bau und Betrieb von Beherbergungsstätten (BeVO)	> 12 Gastbetten, Bau- und Betriebsvorschriften, regelm. Prüfungen	20. 9. 2002 GV S. 454	2. 2. 2000 GV S. 226
Sachs –	Gaststättenbaurichtlinie (GastBauR)	„auf der Grundlage der Muster GastVO 1982" im Wesentl. wie Bay	26. 10. 1999 ABl. S. 219 (Anlage 5.5)	–
Sachs-Anh –	Richtlinie über den Bau und Betrieb von Gaststätten (GastBauR)	wie Bay	3. 2. 1995 MBl. S. 1962	–
Schl-H § 91 I 1 Nr. 3	VO über den Bau und Betrieb von Beherbergungsstätten sowie zur Neufassung der GastVO	nicht belegt	nicht belegt	–

Gebühren und Entgelte 124

Land/Ermächtigung		Überschrift der VO	wesentl. Inhalt der VO	Datum	ggf. letzte Änderung
Bay	Art. 90 VI 1 Nr. 3	VO über die Gebühren der Prüfämter und Prüfingenieure für Baustatik – GebOP	Prüfgebühren und Auslagen	20. 3. 1998 GVBl. S. 202	3. 8. 2001 GVBl. S. 597
Bln	§ 6 I GebBeitrG	VO über die Erhebung von Gebühren im Bauwesen (Baugebührenverordnung – BauGebO)	Gebühren für Leistungen im öffentl. Bauwesen, Gebührenverzeichnis für Bauaufsicht, Baustatik, Stadtplanung, Teilungsgenehmigungen und Vorkaufsrechte, Schornsteinfegerwesen	31. 7. 2001 GVBl. S. 326	–
Bbg	§ 2 II GebG	VO über die Gebühren in bauordnungsrechtl. Angelegenheiten (Baugebührenordnung – BauGebO)	Gebühren und Auslagen der Bauaufsichtsbehörden, des Bautechnischen Prüfamts und der Prüfingenieure für Baustatik Anlagen: Gebührenverzeichnis, Tabelle der Rohbauwerte, Auszug aus DIN 277, Bauwerksklassen, Gebührentafel	15. 3. 2002 GVBl. S. 173	–
Nds	§ 3 I NVwKostG	VO über die Gebühren und Auslagen für Amtshandlungen der Bauaufsicht	Amtshandlungen der Bauaufsicht, Leistungen der Prüfingenieure für Baustatik	13. 1. 1998 GVBl. S. 3	14. 3. 2002 GVBl. S. 110
Rh-Pf	§ 2 IV LGebG	1. LandesVO über die Gebühren für Amtshandlungen der Bauaufsichtsbehörden und über die Vergütung der Leistungen der Prüfingenieure für Baustatik	ergibt sich aus der Überschrift	13. 6. 1995 GVBl. S. 194	25. 3. 1997 GVBl. S. 133
		2. LandesVO über die Gebühren für Amtshandlungen nach dem Baugesetzbuch	ergibt sich aus der Überschrift	11. 9. 2001 GVBl. S. 226	–
Saar	nicht belegt				
Sachs-Anh	§ 3 IV VwKostG	Baugebührenverordnung (BauG-VO)	Amtshandlungen der Bauaufsicht	15. 3. 2002 GVBl. S. 111	–
Schl-H	§ 89 I Nr. 5	1. LandesVO über die Vergütung der Prüfämter und Prüfingenieure für Baustatik (Bauprüfvergütungsverordnung – BauPrüfVergVO)	Leistungsentgelt und Auslagen	18. 6. 1996 GVBl. S. 510	9. 11. 2001 GVBl. S. 230
	§ 2 VerwKG	2. LandesVO über Verwaltungsgebühren in Angelegenheiten der Bauaufsicht (Baugebührenverordnung – BauGebVO)	Gebühren und Auslagen für Amtshandlungen	wie vor	wie vor
Thür	§ 21 I Thür VwKostG	BaugebührenVO (ThürBauGVO)	Gebühren und Auslagen für Amtshandlungen, Gebühren und Auslagen der Prüfämter und Prüfingenieure	6. 11. 2000 GVBl. S. 331	11. 12. 2001 GVBl. 2002 S. 92

125 **Genehmigungspflicht** (Freistellung von dieser oder eingeschränkter Prüfungsmaßstab)

Land/Ermächtigung	Überschrift der VO	wesentl. Inhalt der VO	Datum	ggf. letzte Änderung
Bln § 76 IV Nr. 1	VO über die Freistellung von der bauaufsichtl. Genehmigungspflicht (Baufreistellungsverordnung – BaufreistVO)	Freistellung von Wohngebäuden 2 Vollgeschossen und 2 Wohnungen nebst Kleingaragen, Stellplätzen, Wasserbeseitigungsanlagen, von Nebenanlagen i. S. von § 14 BauNVO Bedingung: Bestätigung der Baufreistellung durch die Bauaufsichtsbehörde	7. 11. 1994 GVBl. S. 456	–
Hamb	Baufreistellungsverordnung (BauFreiVO)	zahlreiche Freistellungen siehe Kap. 13 Teil 3	5. 1. 1988 GVBl. S. 1	21. 1. 1997 GVBl. S. 10
M-V § 82 IV BauO 1990	VO über die Einschränkung von Prüfungen (Prüfeinschränkungsverordnung – PrüfeVO)	bei bestimmten Vorhaben kein Nachweis der Standsicherheit (Vorlage durch Ingenieure) bzw. des Schall- und Wärmeschutzes (Vorlage durch Architekten)	28. 1. 1992 GVBl. S. 52	–
Nds § 71 II 2	VO über die Einschränkung von Prüfungen im Baugenehmigungsverfahren (Prüfeinschränkungsverordnung – PrüfeVO)	bei bestimmten Vorhaben • lediglich zu prüfen Zugänglichkeit, Abstände, notwendige Einstellplätze • im vereinfachten Verfahren ArbStättV nicht zu prüfen sowie Masten und Unterstützungen lediglich hinsichtl. Bauplanungsrecht	6. 6. 1996 GVBl. S. 287	–
Schl-H § 91 IV	VO zur Vereinfachung des bauaufsichtl. Verfahrens	Nutzungen von Wohnungen in betreutes Wohnen genehmigungsfrei	20. 2. 1996 S. 270	–
Thür § 82 IV Nr. 1 BauO	1. Baufreistellungsverordnung (BaufVO)	überholt durch § 63 ThürBO 1994	20. 12. 1991 GVBl. 1992 S. 41	–
§ 82 IV 1 Nr. 2 ThürBO	2. VO über die Einschränkung von Prüfungen im Baugenehmigungsverfahren (Thüringer Prüfeinschränkungsverordnung – ThürPrüfeVO)	wie M-V	10. 12. 1992 GVBl. S. 616	–

126 **Hochhäuser**

Land/Ermächtigung	Überschrift der VO	wesentl. Inhalt der VO	Datum	ggf. letzte Änderung
NRW § 80 I	VO über den Bau und Betrieb von Hochhäusern (HochhVO)	bes. Bauvorschriften, Betriebsvorschriften (Rettungswege und Brandschutz), regelm. Prüfung durch Bauaufsichtsbehörde, wenn > 60 m	11. 6. 1986 GV S. 522	5. 12. 1995 GV S. 1236

Land/Ermächtigung	Überschrift der VO	wesentl. Inhalt der VO	Datum	ggf. letzte Änderung
Sachs –	Hochhausbaurichtlinie (HhBauR)	„auf der Grundlage" der vorstehenden VO NRW	26. 10. 1999 ABl. S. 219 (Anlage 5.1)	–
Sachs-Anh –	Richtlinie über den Bau und Betrieb von Hochhäusern	im Wesentl. wie NRW	3. 2. 1995 MBl. S. 1926	–
Thür –	Bekanntmachung über den Brandschutz in bestehenden Hochhäusern	wie Überschrift	StAnz 1994 S. 3	–

Krankenhäuser 127

Land/Ermächtigung	Überschrift der VO	wesentl. Inhalt der VO	Datum	ggf. letzte Änderung
NRW § 83 II	VO über den Bau und Betrieb von Krankenhäusern (KhBauVO)	Bauvorschriften für Allgemein- und Fachkrankenhäuser, Betriebsvorschriften, Prüfungen, weitergehende Anforderungen	21. 2. 1978 GV S. 154	20. 2. 2000 GV S. 226
Sachs –	Krankenhausbaurichtlinie (KhBauR)	„auf der Grundlage der Muster KhVO 1976" im Wesentl. wie NRW Kennzeichnungsbeispiele	26. 10. 1999 ABl. S. 219 (Anlage 5.6)	–
Sachs-Anh –	Richlinie über den Bau und Betrieb von Krankenhäusern (KrBauR)	im Wesentl. wie NRW	3. 2. 1995 MBl. S. 1973	–

Rettungswege für Behinderte 128

Land/Ermächtigung	Überschrift der VO	wesentl. Inhalt der VO	Datum	ggf. letzte Änderung
Bln § 76 I Nrn. 1 und 3	VO über Rettungswege für Behinderte (BeRett-VO)	Bemessung der Rettungswege, 1. und 2. Rettungsweg, Rollstuhlplätze in Versammlungsstätten, Sicherheitsaufzüge, Wartezonen, zusätzl. Bauvorlagen	15. 11. 1996 GVBl. S. 500	–

Sachverständige (im Auftrag des Bauherrn tätig) 129

Land/Ermächtigung	Überschrift der VO	wesentl. Inhalt der VO	Datum	ggf. letzte Änderung
BW § 73 V	VO über anerkannte Sachverständige für die Prüfung technischer Anlagen und Einrichtungen nach Bauordnungsrecht (BausachverständigenVO – BauSVO)	Voraussetzungen für die Anerkennung in nicht näher umschriebenen Fachrichtungen, Pflichten und Aufgaben des SV	15. 7. 1986 GBl. S. 305	–
Bay Art. 90 IX	VO über die verantwortlichen Sachverständigen im Bauwesen (SachverständigenverordnungBau – SVBau)	Berechtigung, Bescheinigungen nach Art. 69 IV auszustellen (jeweilige Anforderungen gelten als erfüllt), allg. Vorschriften, besondere Zulassungsvoraussetzungen	14. 3. 2000 GVBl. S. 179	–

Land/Ermächtigung	Überschrift der VO	wesentl. Inhalt der VO	Datum	ggf. letzte Änderung
		für die Fachbereiche Standsicherheit, vorbeugender Brandschutz, Vermessung, Sicherheitstechnik, Erd- und Grundbau, Vergütung		
Bln § 76 IV Nr. 2	VO über die Anerkennung von Sachverständigen für Erd- und Grundbau (Sachverständigenverordnung für Erd- und Grundbau – SEGVO)	Gutachten zur Gründungssicherheit der baul. Anlage, Anerkennungsvoraussetzungen	26. 10. 1998 GVBl. 1998 S. 320	–
Bbg § 88 I Nr. 4	VO über die bauaufsichtl. anerkannten Sachverständigen (BbgBauSV)	Zulassungsvoraussetzungen für Fachgebiete, Lüftung, Klima, Rauch, Wärmeabzug, Elektrik, autom. Feuerlöschanlage	23. 11. 1998 GVBl. II S. 634	1. 3. 2000 GVBl. II S. 72
Hamb § 81 VIII	VO über anerkannte sachverständige Personen für bautechnische Prüfaufgaben (BautechPrüfVO)	Zulassungsvoraussetzungen für die Fachrichtungen Massiv-, Metall-, Holzbau (jeweils umfassend Standsicherheit, Standsicherheit im Brandfall, Wärme-, Schall-, Brandschutz)	18. 9. 2001 GVBl. S. 405	–
Hess § 86 III Nr. 1 Buchst. b § 80 IV 3 Nr. 6	1. wie Bln 2. VO über Nachweisberechtigte für bautechnische Nachweise nach HBO (NBVO)	1. wie Bln 2. Voraussetzungen für die Eintragung in den Fachrichtungen Standsicherheit, vorbeugender Brandschutz, Schall- und Wärmeschutz, Vergütung, Kriterien für Standsicherheit	27. 12. 2000 GVBl. S. 162 3. 12. 2000 GVBl. S. 729	– –
NRW § 85 II 1 Nr. 4	VO über staatlich anerkannte Sachverständige nach der Landesbauordnung (SV-VO)	allg. Vorschriften, besondere Zulassungsvoraussetzungen für Standsicherheit, Brandschutz, Erd- und Grundbau, Schall- und Wärmeschutz, Entgeltregelung	29. 4. 2000 GV S. 422	25. 9. 2001 GV S. 708
Rh-Pf § 85 II 1 Nr. 4	LandesVO über Sachverständige für baulichen Brandschutz	Voraussetzung für die Anerkennung	25. 3. 1997 GVBl. S. 133	–
Sachs § 82 II, III, IV § 82 IV Nr. 3	1. DurchführungsVO zur SächsBO Teil 2 Abschnitt 2 2. Sachverständigenverordnung (SVVO)	Sachverständige für Erd- und Grundbau, Anerkennung Sachverständige in allen Fachbereichen	15. 9. 1999 GVBl. S. 553 30. 10. 1991 GVBl. S. 389	– –
Sachs-Anh § 89 I Nr. 4, II 1 bis 5	1. VO über die Prüfung technischer Anlagen und Einrichtungen nach Bauordnungsrecht (Technische Prüfungsverordnung – TPrüfVO)	zu prüfende Anlagen, Prüflisten, Zulassungsvoraussetzungen für die Fachgebiete Raumlufttechnik, Rauch- und Wärmeabzug, Feuerlöschanlagen, Elektrik, Alarmierung	30. 9. 2002 GVBl. S. 402	–

Land/Ermächtigung		Überschrift der VO	wesentl. Inhalt der VO	Datum	ggf. letzte Änderung
	§ 89 II Nr. 4	2. VO über staatl. anerkannte Sachverständige nach der Bauordnung (BauO-SV-VO)	im Wesentl. wie NRW	28. 9. 2001 GVBl. S. 410	22. 2. 2002 GVBl. S. 72
Thür	§ 82 IV 1 Nr. 3	VO über die Anerkennung von Sachverständigen für Erd- und Grundbau nach Bauordnungsrecht (Thüringer SachverständigenVO für Erd- und Grundbau – ThürSEGVO)	wie Sachs	19. 4. 1999 GVBl. S. 320	–

Technische Anlagen, Einrichtungen und Geräte 130

Land/Ermächtigung		Überschrift der VO	wesentl. Inhalt der VO	Datum	ggf. letzte Änderung
Bay	Art. 90 III	VOn über die erweiterte Anwendung der DampfkesselVO, der DruckbehälterVO und der AufzV	Anwendung der genannten VOn auch auf nicht gewerbl. oder nicht wirtschaftl. Anlagen der jeweiligen Art	18. 11. 1982 BayRS 2132-1-17-I-	8. 12. 1997 GVBl. S. 827
Bbg	§ 88 I Nr. 4	VO über die wiederkehrende Prüfung techn. Anlagen (BbgTAPrüfV)	2-jährige Prüfung sicherheitsrelevanter Anlagen	21. 7. 1988 GVBl. II S. 533	–
Hamb	§ 90 II	VO über die Überwachung haustechnischer Anlagen (Haustech-ÜVO)	gesamte Haustechnik in größeren Versammlungs-, Verkaufs-, Hoch-, Krankenhäusern, Großgaragen und Hallenbauten, Prüfungen durch Sachverständige	13. 11. 1984 GVBl. S. 227	11. 9. 2001 GVBl. S. 337
Hess	§ 117 I Nrn. 1, 2, 5 und 8	VO über die Prüfung haustechnischer Anlagen und Einrichtungen in Gebäuden (Haus-PrüfVO)	Lüftungstechnik, elektrische Anlagen, Meldeanlagen, Feuerlösch- und Rettungsanlagen, Blitzschutzanlagen, alles in Verkaufs- und Versammlungsstätten, Mittel- und Großgaragen, Gaststätten, Hochhäusern, Krankenhäusern, Schulen, Heimen in wiederkehrenden Prüffristen durch anerkannte Sachverständige	12. 8. 1991 GVBl. S. 267	–
NRW	§ 85 I Nr. 5	VO über die Prüfung techn. Anlagen und Einrichtungen von Sonderbauten durch staatl. anerkannte Sachverständige und durch Sachkundige (TPrüfVO)	best. Einrichtungen (Anhang) von 11 Sonderbauten durch aaS zu prüfen	5. 12. 1995 GV S. 1236	20. 9. 2002 GV S. 454
Sachs	§ 82 I Nrn. 3 und 4	VO über die Prüfung technischer Anlagen und Einrichtungen in baul. Anlagen und Räumen besonderer Art oder Nutzung (SächsTechPrüfVO)	wie Hess	7. 2. 2000 GVBl. S. 127	–

Land/Ermächtigung		Überschrift der VO	wesentl. Inhalt der VO	Datum	ggf. letzte Änderung
Sachs-Anh	§ 89 I Nr. 4	Technische PrüfungsVO (TPrüfVO)	wie Hess	30. 9. 2002 GVBl. S. 402	–
Schl-H	–	1. LandesVO über die Prüfung technischer Anlagen und Einrichtungen nach dem Bauordnungsrecht 2. LandesVO über die Geltung von auf Grund des § 11 des Gerätesicherheitsgesetzes erlassenen VO im bauaufsichtl. Verfahren	wie Hess ohne Heime Anwendbar sind auch nicht gewerbl. oder wirtschaftl. **Anlagen:** • DampfkesselVO • DruckbehälterVO • AufzV • elektr. AnlagenVO • VbF	22. 11. 2000 GVBl. S. 601	–
Thür	§ 82 I Nr. 4	VO über die Prüfung haustechnischer Anlagen und Einrichtungen (ThürHausPrüfVO)	wie Hess	30. 4. 1993 GVBl. S. 312	–

131 **Verfahrensregelungen zum Baugesetzbuch und anderen Rechtsvorschriften (§§ ohne Gesetzesangabe sind in dieser Tabelle solche des BauGB)**

Land/Ermächtigung		Überschrift der VO	wesentl. Inhalt der VO	Datum	ggf. letzte Änderung
BW	§ 203 III	1. VO zur Durchführung des Baugesetzbuchs (DurchführungsVO zum Baugesetzbuch – BauGB-DVO)	• Landratsämter für die Gemeinden, die ihrer Rechtsaufsicht unterstehen • Regierungspräsidium für Einzelbestätigungen als Sanierungs- bzw. Entwicklungsträger nach § 149 IV und § 158 III • Wirtschaftsministerium für allg. Bestätigungen nach vorgenannten Vorschriften • Zustimmung der unteren Denkmalschutzbehörde für Modernisierungs- und Instandsetzungsgebot nach § 177 III 2	2. 3. 1998 GBl. S. 185	–
	§ 219 II	2. VO zur Übertragung einer Ermächtigung nach dem BauGB	Übertragung an das Justizministerium	19. 6. 1995 GVBl. S. 517	–
Bay	§ 203, Art. 59, 92 BayBO	ZuständigkeitsVO im Bauwesen (ZustVBau)	• Landratsämter für die Genehmigung von Flächennutzungsplänen, BebPlänen, Abrundungs- und Außenbereichssatzungen mit Ausnahme von Großen Kreisstädten und bestimmter Gemeinden in den Verdichtungsräumen	5. 7. 1994 GVBl. S. 573	7. 7. 2002 GVBl. S. 573

Land/Ermächtigung	Überschrift der VO	wesentl. Inhalt der VO	Datum	ggf. letzte Änderung
		• Kreisverwaltungsbehörden für Enteignungen • Untere Bauaufsichtsbehörden für Bescheinigungen nach § 6 b IX EStG • bestimmte kreisangehörige Städte, Märkte und Gemeinden anstelle der unteren Bauaufsichtsbehörden nach Art. 59 II und III BayBO • TÜV Süddeutschland München und LGA Bayern Nürnberg für die Ausführungsgenehmigung Fliegender Bauten		
Bln § 27 I 2 Allg. ZustG, § 67 S. 3 Allg. SOG	1. VO über die Zuständigkeiten über den Erlass von Widerspruchsbescheiden im Bau- und Wohnungswesen (WiderspruchszuständigkeitsVO BauWohn), **nunmehr** § 74 a BauO Bln	Senatsverwaltung bei Widersprüchen gegen Verwaltungsakte der Bezirksverwaltung in Fällen von • Sanierungsgebieten • Bebauungsplänen von außergewöhnlicher stadtpolitischer Bedeutung und der Hauptstadtplanung • Vorhaben mit GF von ≥1500 m² • Vorhaben im Außenbereich • Versagungen von Dachraumausbauten • besonderen Anforderungen bei Sonderbauten nach § 50 BauOBln	20. 2. 1995 GVBl. S. 61	–
	2. Gesetz zur Ausführung des BauGB (AGBauGB)	Zuständigkeit der Bezirke anstelle der Gemeinden, Ausnahmen zugunsten des Senats im Gesamtinteresse	7. 11. 1999 GVBl. S. 578	–
§§ 46 II, 199 II, 212 I, 246 IV	3. VO zur Durchführung des BauGB (DVO-BauGB)	Umlegungsausschüsse beim Bezirksamt, Senat als Enteignungsbehörde	5. 11. 1998 GVBl. S. 331	–
Bbg § 3 WohnBindG, § 3 WohnRFördG	1. VO über die zuständigen Stellen auf dem Gebiet des Wohnungswesens (WohnungswesenzuständigkeitsVO – WoweZV)	Ämter, amtsfreie Gemeinden, kreisfreie Städte und Landkreise sowie Investitionsbank des Landes Brandenburg	15. 3. 2002 GVBl. S. 173	–
§ 203 III	2. VO über die Zuständigkeiten nach dem BauGB (BauGBZV)	Ministerien für kreisfreie Städte, im Übrigen Landkreise	15. 10. 1997 GVBl. II S. 821	2. 8. 2001 GVBl. S. 530
	3. Gesetz zur Durchführung des BauGB	Frist nach § 35 IV 1 Nr. 1 Buchst. c) ist nicht anzuwenden	10. 6. 1998 GVBl. S. 126	–

Land/Ermächtigung	Überschrift der VO	wesentl. Inhalt der VO	Datum	ggf. letzte Änderung
Brem § 246 I 3. Hs.	1. Gesetz über den Wegfall von Genehmigungen, Anzeigen oder Zustimmungen nach dem BauGB	Es entfallen folgende Genehmigungen/Zustimmungen: • des FINPlans nach § 6 I • der BPläne nach § 10 II • für weitere oder erneut geltende Veränderungssperren nach § 17 II und III • der Satzungen für WEG-Vorgänge in Fremdenverkehrsgebieten • der Ergänzungssatzungen nach § 34 IV 1 Nr. 3 • der Sanierungssatzungen nach § 143 I 2 • der Aufhebung von Sanierungssatzungen nach § 162 II 3 • der Entwicklungssatzung nach § 165 VII • für Flurbereinigungsverfahren nach § 190 I	7. 7. 1987 GBl. S. 215	31. 8. 1993 GBl. S. 277
§§ 104 II, 203 III, 246 IV	2. Senator für das Bauwesen als Enteignungsbehörde	(VO zur Durchführung des BauGB)	22. 6. 1993 GVBl. S. 234	–
§ 9 IV	3. Gesetz über den auf Landesrecht beruhenden Inhalt des BPlans	RVO des Senats zur Übernahme von landesrechtl. Bestimmungen in BebPlan und Anwendung von Bestimmungen des BBauG	2. 5. 1979 GVBl. S. 231	–
Hamb §§ 104 II, 212 I	VO zur Durchführung des Enteignungsverfahrens und des Bodenordnungsverfahrens nach dem BauGB	• Mitwirkung ehrenamtl. Beisitzer an Entscheidungen der Enteignungsbehörde aufgrund mündl. Verhandlung • gerichtliche Entscheidung im Bodenordnungsverfahren erst nach Widerspruchsverfahren der erlassenden Behörde	22. 9. 1987 GVBl. S. 341	–
Hess § 203 III	VO zur Durchführung des BauGB	• Regierungspräsidium als zuständige Behörde nach §§ 17 II, 149 IV 1, 203 I, 205 III 1 • untere Bauaufsichtsbehörde nach § 36 II 3 • untere Denkmalschutzbehörde nach § 177 III 2 • Bestätigung als Sanierungsträger nach § 158 III Ministerium	21. 2. 1990 GVBl. S. 49	17. 12. 1998 GVBl. S. 562

Land/Ermächtigung	Überschrift der VO	wesentl. Inhalt der VO	Datum	ggf. letzte Änderung
M-V §§ 1, 2, 3, 4	Gesetz zur Ausführung des BauGB (Baugesetzbuchausführungsgesetz – AG-BauGB-M-V), VO nicht erforderlich, da Regelung unmittelbar im AG-BauGB-M-V	• vorläufige Untersagung bei Veränderungssperren maximal 12 Monate (§ 15 I 1) • höhere Verwaltungsbehörde für Verlängerung um ein weiteres Jahr nach § 17 II (2+1+1) • § 35 IV 1 Nr. 1 Buchst. c (Aufgabe der bisherigen Nutzung nicht länger als 7 Jahre zurück) gilt nicht bis 31. 12. 2004 • Genehmigungsbehörde für Ersetzung eines rechtswidrig verweigerten gemeindlichen Einvernehmens nach § 36 II 3	30. 1. 1998 GVOBl. S. 179	10. 10. 2000 GVOBl. S. 530
§ 246 Ia, § 5 AG-BauGB-M-V	VO zur Einführung der Anzeigepflicht nach dem Baugesetzbuch	• Genehmigungsfreie BebPläne und Satzungen nach § 34 IV 1 anzeigepflichtig gegenüber der höheren Verwaltungsbehörde bei Gemeinden < 10000 Einwohner	5. 2. 1998 GVOBl. S. 124	
§ 203 III, § 6 AG-BauGB-M-V	VO nicht erforderlich, da Regelung unmittelbar im AG-BauGB-M-V	• Landkreise für kreisangehörige Städte und Gemeinden als übertragene Angelegenheit • Genehmigung von BebPlänen amtsangehöriger Gemeinden (mit Ausnahme solcher für Sondergebiete) und von Satzungen nach §§ 34 und 35 • Prüfung von Rechtsvorschriften im Anzeigeverfahren (siehe oben) mit vorstehender Ausnahme • Verlängerung von Veränderungssperren um ein weiteres Jahr (siehe oben) • Entscheidungen über Entschädigungen nach § 18 II 4 (bei Veränderungssperre), § 28 VI 3 (bei Vorkaufsrecht), § 126 II 2 (bei Anbringen von Hinweisschildern und Beleuchtungen) und § 209 II 1 (Vorarbeiten)		

Land/Ermächtigung	Überschrift der VO	wesentl. Inhalt der VO	Datum	ggf. letzte Änderung
§ 104	VO zur Durchführung des Enteignungsverfahrens nach dem BauGB	Zusammensetzung der Enteignungsbehörde	4. 5. 1993 GVOBl. S. 515	–
§ 19 IV	VO zum Ausschluss der Bestimmung einer Genehmigungspflicht für Grundstücksteilung (TeilgaVO)	Genehmigungspflicht darf nicht eingeführt werden	24. 2. 1998 GVOBl S. 194	–
Nds § 203 III, § 1 a	VO zur Durchführung des BauGB (DVO-BauGB)	Ersetzung des gemeindlichen Einvernehmens nach § 36 II 2 • Genehmigungsbehörde • Zustimmungsbehörde für Vorhaben nach § 82 NBauO • Widerspruchsbehörde	22. 4. 1997 GVBl. S. 112	14. 9. 2001 GVBl. S. 604
NRW § 203 III	VO zur Durchführung des BauGB	Bezirksregierung für • Zustimmung zu Außenbereichsvorhaben nach § 36 I 4 BauGB mit 9 Ausnahmen erforderlich • Verlängerung von Veränderungssperren nach § 17 II • Kosten- und Finanzierungsübersicht nach § 149 IV • Bestätigung als Sanierungsträger nach § 158 III • Bestätigung als Entwicklungsträger nach § 167 I • Bewilligung von Städtebauförderungsmitteln nach §§ 164 a, 169 I Nr. 9 Kommunalrechtliche Vorschriften für Ersetzung des gemeindlichen Einvernehmens nach § 36 II 3	7. 7. 1987 GV S. 220	12. 11. 2002 GV S. 566
§ 199 II BauGB	VO über die Gutachterausschüsse für Grundstückswerte	Bildung, Aufgaben, Verfahren	7. 3. 1990 GV S. 156	25. 11. 1997 GV S. 430
Rh-Pf § 203 III	LandesVO über Zuständigkeiten nach dem BauGB	• Verlängerung einer Veränderungssperre nach § 17 II durch Struktur- und Genehmigungsdirektion, wenn kreisfreie oder große kreisangehörige Stadt, im Übrigen Kreisverwaltung • Kreisverwaltung als Auftragsangelegenheit, soweit nicht kreisfreie oder große kreisangehörige Städte:	17. 12. 1996	GVBl. 1997 S. 25

Land/Ermächtigung	Überschrift der VO	wesentl. Inhalt der VO	Datum	ggf. letzte Änderung
		• Genehmigung von Flächennutzungsplänen, nochmalige Veränderungssperren • BebPläne, Abrundungssatzungen, Außenbereichssatzungen, Verfahren bei Gebiets- oder Bestandsänderung, alles soweit nicht Sanierungsgebiet oder städtebaul. Entwicklungsbereich		
Saar § 203 III	1. VO über Zuständigkeiten nach dem BauGB	• § 17 II und III: Landkreise und Stadtverband Saarbrücken, für LHS Saarbrücken Ministerium für Umwelt, Energie und Verkehr • § 36 II 3: Kommunalaufsichtsbehörden • §§ 158 III, 185 III 3: Ministerium für Wirtschaft und Finanzen • § 177 III 2: Staatliches Konservatoramt • alle anderen Fälle: Ministerium für Umwelt, Energie und Verkehr	29. 1. 1998 ABl. S. 134	–
§ 5 III LOG	2. VO über Zuständigkeiten nach dem BbodSchG	Ministerium für Umwelt, Energie und Verkehr	5. 7. 1999 ABl. S. 960	–
§ 54 II	3. ZuständigkeitsVO zur Bauordnung	Städte Hamburg, Neunkirchen, Saarlois, St. Ingbert, Völklingen als untere Bauaufsichtsbehörde	31. 3. 1989 ABl. S. 512	–
§ 5 III LOG	4. VO über die Zuständigkeiten nach der BaustellenVO	Vorankündigung zur Errichtung einer Baustelle: Landesamt für Arbeitssicherheit, Immissionsschutz und Gesundheit	19. 3. 1999 ABl. S. 562	–
Sachs § 1 Ausführungsgesetz zum Baugesetzbuch (SächsBauGBAG)	1. VO nicht erforderlich, da Regelung unmittelbar im SächsBauGBAG (weitere Regelungen durch Zeitablauf gegenstandslos)	§ 35 IV 1 Nr. 1 Buchst. c (Aufgabe der bisherigen Nutzung nicht länger als 7 Jahre zurück) bis 31. 12. 2004 nicht anzuwenden	19. 8. 1998 GVBl. S. 458	–
§ 82 II, IV, V	2. SächsBO-DurchführVO (siehe bei „Bauvorlagen") Teil 3	RegPräs Leipzig für Zustimmung im Einzelfall und Typenprüfung	19. 9. 1999 GVBl. S. 553	15. 1. 2002 GVBl. S. 50

Land/Ermächtigung	Überschrift der VO	wesentl. Inhalt der VO	Datum	ggf. letzte Änderung
Schl-H § 28 I 1 LVG	LandesVO zur Bestimmung der zuständigen Behörden nach dem Baugesetzbuch	Ministerium für Frauen, Jugend, Wohnungs- und Städtebau für • Kosten- und Finanzierungsübersicht nach § 149 IV, § 171 II • Bestätigung als Sanierungsträger nach § 158 III	21. 8. 1987 GVBl. S. 319	24. 10. 1996 GVBl. S. 652

132 Verkaufsstätten

Land/Ermächtigung	Überschrift der VO	wesentl. Inhalt der VO	Datum	ggf. letzte Änderung
BW § 73 I Nr. 2	VO über den Bau und Betrieb von Verkaufsstätten (Verkaufsstätten-VO – VkVO)	offen	11. 2. 1997 GBl. S. 84	–
Bay Art. 90 I Nrn. 3 und 5	VO über den Bau und Betrieb von Verkaufsstätten (Verkaufsstättenverordnung – VkV)	Geltung für Verkaufsstätten > 2000 m^2 Umfassende Bauvorschriften für alle Bauteile, daneben **Betriebsvorschriften** zur Gefahrenverhütung, verantwortliche Personen, zusätzl. Bauvorlagen, turnusmäßige Prüfung durch Sachverständigen für Sicherheitstechnik, weitergehende Anforderungen des Brandschutzes bei lH > 8 m	17. 12. 1990 GVBl. S. 542	3. 7. 2000 GVBl. S. 411
Bbg § 88 I Nrn. 1, 3 bis 5	VO über den Bau und Betrieb von Verkaufsstätten (BbgVBauV)	wie Bay	21. 7. 1998 GVBl. II S. 524	31. 8. 2000 GVBl. II S. 332
Bln § 76 I Nrn. 3 und 4	VO über den Bau und Betrieb von Verkaufsstätten (VkVO)	wie Bay	26. 6. 1998 GVBl. S. 198	–
NRW § 85 I	VO über den Bau und Betrieb von Verkaufsstätten	> 2000 m^2, Bau- und Betriebsvorschriften, Stellplätze für Behinderte (≥3 %), regelm. Prüfungen	8. 9. 2000 GV S. 639	–
Rh-Pf § 87 I Nr. 5	VO über Bau und Betrieb von Verkaufsstätten (VkVO)	nicht belegt	8. 7. 1998 GVBl. S. 229	–
Sachs-Anh –	Richtlinie über den Bau von Verkaufsstätten	im Wesentl. wie NRW	3. 2. 1995 MBl. S. 1931	–
Schl-H § 91 I Nr. 3	VO über den Bau und Betrieb von Verkaufsstätten (VkVO)	nicht belegt	4. 12. 1997 GVBl. 98 S. 3	–
Thür § 82 I Nr. 1	VO über den Bau und Betrieb von Verkaufsstätten (ThürVStVO)	wie Bay	13. 6. 1997 GVBl. S. 242	–

Versammlungsstätten

133

Land/Ermächtigung		Überschrift der VO	wesentl. Inhalt der VO	Datum	ggf. letzte Änderung
BW	§ 73 I Nr. 2	VO über Versammlungsstätten (VersammlungsstättenVO – VStättVO)	o f f e n	10. 8. 1974 GBl. S. 330	12. 2. 1982 GBl. S. 67
Bay	Art. 90 I Nr. 3	VO über den Bau und Betrieb von Versammlungsstätten (Versammlungsstättenverordnung – VStättV)	Geltung je nach Art für Versammlungsstätten von > 100 bis > 5000 Personen Allg. Vorschriften für Rettungswege, Abstandsflächen, Stellplätze, Beleuchtung Umfassende Bauvorschriften gegliedert nach • Versammlungsräumen • Bühnen- und Szenenflächen • Filmvorführungen • Spielflächen innerhalb von Räumen • nicht überdachte Spielflächen Zusätzl. Bauvorlagen, **Betriebsvorschriften,** turnusmäßige Überprüfungen durch Sachverständigen für Sicherheitstechnik	13. 8. 1986 GVBl. S. 304	13. 10. 1999 GVBl. S. 473
Bln	§ 107 I Nrn. 1 und 2	VO über Versammlungsstätten (VstättVO)	wie Bay, zusätzl. Geltung für Fliegende Bauten	15. 9. 1970 GVBl. S. 1664	4. 6. 1998 GVBl. S. 149
M-V	§ 85 I Nr. 2	VO über den Bau und Betrieb von Versammlungsstätten	nicht belegt	28. 4. 2003 nicht belegt	–
NRW	§ 85 I Nr. 5	VO über den Bau und Betrieb von Versammlungsstätten (VstättVO)	Bauvorschriften für Bauteile und -Stoffe, Rettungswege, Besucherplätze, Technische Einrichtungen, Großbühnen, Großversammlungsstätten, Betriebsvorschriften, Gastspielprüfbuch, regelm. Prüfungen	20. 9. 2002 GV S. 454	–
Sachs	–	Versammlungsstättenbaurichtlinie (VersBauR)	wie Bay „auf der Grundlage einer VersVO“	26. 10. 1999 ABl. S. 219 (Anlage 5.3)	–
Sachs-Anh	–	Richtlinie über den Bau und Betrieb von Versammlungsstätten	wie Bay	3. 2. 1995 MBl. S. 1940	–

Teil 3. Ordnungswidrigkeiten

I. Zuständigkeit zur Verfolgung baurechtlicher Ordnungswidrigkeiten

134 **Vorbemerkung:** Die Zuständigkeit für die Verfolgung und Ahndung baurechtlicher Ordnungswidrigkeiten kann landesrechtlich festgelegt werden (§ 36 Abs. 2 OWiG): Die Landesregierung darf die grundsätzliche bundesrechtliche Zuständigkeit nach § 36 Abs. 1 Nr. 2 Buchst. a OWiG (fachlich zuständige **oberste** Landesbehörde!) durch Rechtsverordnung auf eine andere Behörde oder sonstige Stelle übertragen, wobei diese Übertragungsermächtigung auf die oberste Landesbehörde delegiert werden kann. Zur Weiterübertragung bedarf es einer Rechtsverordnung, eine Verwaltungsanordnung genügt nicht (*Göhler/König/Seitz*, OWiG 13. Aufl. 2002, § 36 Rn. 10).

A minore ad maius ermächtigt das Bundesrecht auch den Landes**gesetzgeber**, die Zuständigkeiten festzulegen.

135

Land	Titel und Vorschriften der Norm	erfasste OWi	zuständige Behörde	Datum/ Fundstelle	ggf. letzte Änderung
BW	VO nach dem OWiG (OWiZuV) § 4 I Nr. 17	OWi nach Bundesrecht, hier § 213 I Nr. 1 BauGB (unrichtige Angaben wider besseres Wissen)	Regierungspräsidien, soweit zum Erlass des Verwaltungsakts zuständig	2. 2. 1990 GBl. S. 75	19. 3. 2001 GBl. S. 376
	§ 2 I	§ 213 Nrn. 2 bis 4 BauGB (Markierungen, Bepflanzungen, Rückbau bei Erhaltungssatzungen)	untere Verwaltungsbehörden		
	§ 75 VI LBO BW	OWi nach § 75 I bis III LBO BW	untere Baurechtsbehörden; wenn Verwaltungsakt von höherer oder oberster Landesbehörde erlassen: diese	8. 8. 1995 GBl. S. 617	19. 12. 2000 GBl. S. 760
Bay	VO über Zuständigkeiten im Ordnungswidrigkeitenrecht (ZuVOWiG) § 1, § 2 II	OWi nach BayBO	untere Verwaltungsbehörden	21. 10. 1997 GVBl. S. 727	15. 5. 2001 GVBl. S. 238
	§ 2 I Nr. 1	OWi nach örtl. Bauvorschriften	kreisangehörige Gemeinden		
Bbg	§ 79 VI 1 BbgBO	OWi nach BbgBO	untere Bauaufsichtsbehörde	16. 7. 2003 GVBl. I S. 210	–
	§ 79 V 2 BbgO	OWi nach örtl. Bauvorschriften	Ämter und amtsfreie Gemeinden als Sonderordnungsbehörden		
Bln	VO über sachliche Zuständigkeiten für die Verfolgung und Ahndung von Ordnungswidrigkeiten § 1 Nr. 1 Buchst. a	OWi nach BauGB und BauO Bln	Bezirksämter	29. 2. 2000 GVBl. S. 249	–
Brem	§ 88 V BremLBO	• OWi nach § 88 I Nrn. 8 bis 10 (Nichtanzeige des Beginns, unzulässige Verwendung von Bauprodukten oder Arten) • übrige Fälle nach § 88 Bremen: Bauordnungsbehörde Bremerhaven: Magistrat	Senator für das Bauwesen	27. 3. 1985 GBl. S. 211	8. 4. 2003 GBl. S. 159

Land	Titel und Vorschriften der Norm	erfasste OWi	zuständige Behörde	Datum/ Fundstelle	ggf. letzte Änderung
Hamb	Anordnung über die Zuständigkeiten für die Verfolgung von Ordnungswidrigkeiten	alle OWi	Bezirksämter als Bauaufsichtsbehörden	2.9.1975 Amtl. Anz S. 1337	16.12.1993 Amtl. Anz S. 2572
Hess	§ 76 V HBO	• OWi nach § 76 Nrn. 2 bis 4 (unzulässige Verwendung von Bauprodukten oder -Arten) • OWi nach § 76 I Nr. 20 (Verstoß gegen örtl. Bauvorschrift) • alle anderen OWi nach § 76	Regierungspräsidien als obere Bauaufsichtsbehörden Gemeindevorstände der satzungsgebenden Gemeinde untere Bauaufsichtsbehörden	18.6.2002 GVBl. S. 274	–
M-V	§ 84 V LBauO M-V	• OWi nach § 84 I Nrn. 7 bis 9 (unzulässige Verwendung von Bauprodukten oder -Arten) • alle anderen OWi nach § 84	oberste Bauaufsichtsbehörde untere Bauaufsichtsbehörden	6.5.1998 GVOBl S. 468	9.8.2002 GVOBl. S. 531
Nds	VO über sachl. Zuständigkeiten für die Verfolgung und Ahndung von OWi (ZustVO-OWi)	alle OWi nach § 91 NBauO	untere Bauaufsichtsbehörden	13.7.1995 GVBl. S. 199	20.11.2001 GVBl. S. 701
NRW	§ 84 V BauO NRW VO zur Durchführung des BauGB	OWi nach § 84 I Nr. 1 (unzulässiges Abstellen von Fahrzeugen) alle anderen OWi nach § 84 OWi nach § 213 BauGB	• örtl. Ordnungsbehörden • untere Bauaufsichtsbehörden • untere Bauaufsichtsbehörden	1.3.2000 GV S. 439 7.7.1987 GV S. 220	16.12.2003 GV S. 766, 769
Rh-Pf	§ 89 VII LBauO Rh-Pf	alle OWi nach § 89	untere Bauaufsichtsbehörden	24.11.1998 GVBl. S. 365	16.12.2002 GVBl. S. 481
Saar	§ 95 V LBO Saar	alle OWi nach § 95	untere Bauaufsichtsbehörden	27.3.1996 ABl. S. 477	8.7.1998 ABl. S. 721
Sachs	VO über Zuständigkeiten nach dem OwiG (OwiZuVO) § 81 V SächsBO	OWi nach BauGB OWi nach § 81 I Nrn. 2 bis 4 (unzulässige Verwendung von Bauprodukten oder -Arten) alle anderen OWi nach § 81	• Landratsämter und Bürgermeisterämter der kreisfreien Städte • oberste Bauaufsichtsbehörde • untere Bauaufsichtsbehörden	2.7.1993 GVBl. S. 561 18.3.1999 GVBl. S. 86	30.8.2001 GVBl. S. 659 14.12.20001 GVBl. S. 716
Sachs-Anh	VO über sachl. Zuständigkeiten für die Verfolgung und Ahndung von OWi (ZustVO OWi) § 1	OWi nach BauG und BauO LSA	Ausführungsbehörden (Erlassbehörde oder für Entgegennahme der Mitwirkung zuständige Behörde)	26.9.1994 GVBl. S. 956	5.2.1998 GVBl. S. 46
Schl-H	§ 90 V LBO Schl-H	OWi nach § 90 I Nrn. 6 bis 8 (unzulässige Verwendung von Bauprodukten oder -Arten) OWi nach § 90 I Nr. 18 (keine Berufshaftpflichtversicherung) alle anderen OWi nach § 90	• oberste Bauaufsichtsbehörde • Architekten- und Ingenieurkammer Schl-H • untere Bauaufsichtsbehörden	10.1.2000 GVOBl. S. 47	16.12.2002 GVOBl. S. 269
Thür	§ 81 V ThürBO	OWi nach § 81 I Nrn. 8 bis 10 (unzulässige Verwendung von Bauprodukten oder -Arten) alle anderen OWi nach § 81	• oberste Bauaufsichtsbehörde • untere Bauaufsichtsbehörden	3.6.1994 GVBl. S. 553	24.10.2001 GVBl. S. 265

II. Höhe der Geldbuße

1. Höchstbeträge nach den Bauordnungen

136 Durchgehend erfassen die bauordnungsrechtlichen Tatbestände, die Ordnungswidrigkeiten begründen, vorsätzliche **und** fahrlässige Begehungsweisen, ohne im Höchstmaß der angedrohten Geldbuße zu unterscheiden. Für diese Fälle ordnet § 17 Abs. 2 OWiG an, dass das fahrlässige Handeln im Höchstmaß nur mit der Hälfte des angedrohten Höchstbetrages geahndet werden kann, also z. B. statt 50 000,– € mit 25 000,– €.

Gemäß § 17 Abs. 1 OWiG können die Höchstbeträge vom Landesgesetzgeber abweichend von der bundesgesetzlichen Vorgabe (eintausend Euro) festgelegt werden, was in allen Landesbauordnungen geschehen ist. Dagegen ist der Mindestbetrag von fünf Euro (§ 17 Abs. 1 OWiG) landesrechtlich nicht disponibel.

137 **Tabelle der Höchstbeträge**

Land/Norm in LBO	Höchstbetrag €
MBO 2002 § 84 III	500 000,–
BW § 75 IV	50 000,–
Bay Art. 89 I	500 000,– *
Bln § 75 II	500 000,–
Bbg § 79 V	500 000,– *
Brem § 88 III	50 000,–
Hamb § 80 III	50 000,–
Hess § 76 III	500 000,– *
M-V § 84 III	250 000,–
Nds § 91 V	500 000,– *
NRW § 84 III	50 000,– *
Rh-Pf § 89 IV 2, V 2	10 000,– *
Saar § 95 III	50 000,–
Sachs § 81 III	50 000,–
Sachs-Anh § 88 III	500 000,–
Schl-H § 90 III	50 000,–
Thür § 81 III	50 000,–
* Wenn im alphabetischen Katalog nach Nr. III (s. u. Rn. 146 ff.) kein anderer Betrag vermerkt	

2. Zumessungsregeln nach allgemeinem Ordnungswidrigkeitenrecht

138 § 17 Abs. 3 und 4 OWiG stellt Regeln für die Zumessung der Geldbuße auf. Grundlagen für die Zumessung sind die Bedeutung der Ordnungswidrigkeit und der Vorwurf, der den Täter trifft; auch die wirtschaftlichen Verhältnisse kommen in Betracht, es sei denn, es handelt sich um geringfügige Verstöße. Weiter soll die Geldbuße den wirtschaftlichen Vorteil, den der Täter aus der Ordnungswidrigkeit gezogen hat, übersteigen.[129]

a) Gewicht und Vorwurf

139 Die **Bedeutung der Ordnungswidrigkeit** wird bestimmt vom sachlichen Gehalt und dem Umfang der Handlung, strafrechtlich gesprochen vom „Gewicht der Tat". Dieses Gewicht ist daran zu messen, inwieweit (hier) die baurechtliche Ordnung durch die Handlung gefährdet oder beeinträchtigt wird, zum Beispiel in starkem Maße bei fehlenden

[129] Zum Ganzen *Göhler/König/Seitz*, OWiG, 13. Aufl. 2002, § 17 Rn. 15 ff.

Genehmigungen oder fehlenden Anzeigen im Freistellungsverfahren. Hier sind auch generalpräventive Erwägungen notwendig, da die Geldbuße andere „Schwarzbauten" verhindern soll.[130] Allerdings ist das „Gewicht der Tat" geringer, wenn die materiellen Voraussetzungen für die Genehmigung vorgelegen haben.[131]

Bei dem „Vorwurf, der den Täter trifft" kann es sich nicht darum handeln, ob Vorsatz 140
oder Fahrlässigkeit vorliegt. Denn diese Unterscheidung bestimmt, wie ausgeführt, schon den Rahmen des Bußgeldes. Dagegen sind die verschiedenen Grade des Vorsatzes – direkter oder bedingter Vorsatz – und der Fahrlässigkeit – leichte oder grobe Fahrlässigkeit – oder ein besonders frivoles Handeln (schneller Schwarzbau in exponierter Außenbereichslage) zu bedenken. In der Person des Täters liegende Umstände sind erhöhend (etwa rechtsfeindliche Gesinnung oder verwerfliche Ziele) oder mindernd (etwa geringe Einsichtsfähigkeit oder mangelnde Erfahrung) in die Waagschale zu legen.[132] Keine Rolle spielt in der Regel die Stellung im Berufsleben, was bei den Tatbeständen, die sich an einen qualifizierten Personenkreis wenden (Entwurfsverfasser, Bauleiter, Sachverständiger, Unternehmer) ohnehin selbstverständlich ist, weil die berufliche Stellung die Voraussetzung für den Tatbestand bildet.

b) Wirtschaftliche Situation

Bei einer verhältnismäßig hohen Geldbuße sind die **wirtschaftlichen Verhältnisse** dahin zu prüfen, ob der Täter bei Zahlung noch seinen Lebensunterhalt bestreiten kann.[133] 141
Umgekehrt bleiben bei geringfügigen Ordnungswidrigkeiten die wirtschaftlichen Verhältnisse kraft ausdrücklicher gesetzlicher Bestimmung (§ 17 Abs. 2 Satz 2 2. HS OWiG) in der Regel außer Betracht. Es sind diejenigen Taten gemeint, für die § 56 Abs. 1 OWiG ein Verwarnungsgeld von 5 bis 35,– € vorsieht. Darüber hinaus hält die durchgehende obergerichtliche Rechtsprechung es für entbehrlich, die wirtschaftlichen Verhältnisse zu überprüfen, sofern die **Geldbuße 100,– € nicht übersteigt**. Zunehmend wird der „Schwellenwert" sogar auf eine **Obergrenze von 250,– €** gesetzt.[134] Dem ist wegen der Steigerung des Preis-Lohnniveaus zuzustimmen.

Die Bauordnungen legen sehr hohe Bußgeldrahmen fest, die **MBO 2002** und fünf Lan- 142
desbauordnungen sogar eine halbe Million Euro. Die strafgerichtliche Rechtsprechung zieht hier klare Schranken, indem sie das Höchstmaß auf die **denkbar schwersten** Fälle bezieht, in denen kein Milderungsgrund gegeben ist.[135] Auch der Mittelwert – z. B. eine viertel Million Euro – bezieht sich auf durchschnittlich **schwere** Fälle, so dass die praktisch vorkommenden (normalen) Durchschnittsfälle **weit unter** dem Mittelwert liegen.[136]

c) Sonstige Umstände

Sonstige Umstände können zugunsten oder zu Lasten des Täters herangezogen wer- 143
den, etwa wenn seine Tat oder seine Persönlichkeit darauf schließen lassen, dass er sich durch eine niedrige Geldbuße nicht beeindrucken lässt, oder wenn die Einstellung zu Tage tritt, er brauche sich um die gesetzlichen Bestimmungen nicht zu kümmern.[137] Demgegenüber kann eine mildere Geldbuße angezeigt sein, wenn das Verhalten des Täters den Schluss zulässt, er werde die Rechtsordnung künftig beachten. Die Untätigkeit der Verwaltungsbehörde, die in vergleichbaren Fällen zur Begehung der Ordnungswidrigkeit beigetragen hat – etwa die Duldung von Verstößen gegen örtliche Gestaltungsvorschriften –, lässt sich zugunsten des Betroffenen heranziehen.[138] Bei berufs-

130 OLG Düsseldorf vom 3. 8. 1994 MDR 1994, 1237.
131 OLG Hamm vom 7. 1. 1993 GewArch 1993, 245.
132 BayObLG vom 6. 2. 1973 NJW 1973, 1091.
133 *Göhler/König/Seitz* (Fn. 129) Rn. 22.
134 OLG Zweibrücken vom 3. 2. 1999 NZV 1999, 219.
135 BayObLG vom 21. 10. 1998 DAR 1999, 36.
136 *Göhler/König/Seitz* (Fn. 129) Rn. 25.
137 *Dies.* Rn. 26 a.
138 OLG Karlsruhe vom 30. 12. 1974 NJW 1975, 793.

bezogenen Ordnungswidrigkeiten (z. B. des Bauunternehmers oder Entwurfverfassers) ist ein Berufswechsel mit Blick auf die Ordnungsfunktion der Geldbuße ein Milderungsgrund.[139]

d) Vorteile aus der Begehung

144 Für das Bauordnungsrecht bedeutsam wird § 17 Abs. 4 OWiG sein, wonach die Geldbuße den wirtschaftlichen Vorteil, den der Täter aus der Ordnungswidrigkeit gezogen hat, übersteigen soll und zu diesem Zweck das gesetzliche Höchstmaß sogar überschritten werden kann. Es erwachsen gerade aus ungenehmigten Bauten wirtschaftliche Vorteile, etwa in Form der gesparten Mietaufwendungen bei Bau eines Eigenheims. Das kann ein unmittelbarer Vorteil i. S. von § 17 Abs. 4 OwiG sein, der unmittelbar aus der Ordnungswidrigkeit gezogen sein muss, also nicht über einen weiteren Kausalverlauf zufließen darf.[140] Unmittelbar wäre auch eine Wertsteigerung des Bodens, die aber durch das ungenehmigte Bauen im Außenbereich nicht bewirkt wird. Unmittelbarkeit wurde weiter bejaht, wenn ein Gebäude im Wege der Nutzungsänderung ungenehmigt zu Wohnzwecken vermietet wird.[141]

e) Begründung des Bescheids

145 Abschließend ist darauf hinzuweisen, dass die **Gründe** für die Bußgeldbemessung im behördlichen **Bußgeldbescheid nicht** angegeben werden müssen, wohl aber in der gerichtlichen Bußgeldentscheidung. Dennoch ist mit Blick auf die restriktive Bußgeldpraxis der Strafgerichte eine Begründung sehr zu empfehlen.

III. Wesentliche Ordnungswidrigkeiten in alphabetischer Folge der Tatbestände

146 **Abbruch oder Beseitigung**
ohne Anzeige, vorzeitig oder entgegen behördlicher Anordnung

Land	Tatbestand in LBO	Land	Tatbestand in LBO
MBO 2002	§ 84 I Nr. 6	**Nds**	keine Regelung
BW	§ 75 I Nr. 4	**NRW**	§ 84 I Nr. 7
Bay	Art. 89 I Nr. 11	**Rh-Pf**	keine Regelung
Bln	§ 75 I Nr. 3	**Saar**	§ 95 I Nr. 7
Bbg	keine Regelung	**Sachs**	§ 81 I Nr. 6
Brem	§ 88 Nr. 4	**Sachs-Anh**	keine Regelung
Hamb	§ 80 I Nr. 6	**Schl-H**	keine Regelung
Hess	§ 76 I Nr. 9	**Thür**	keine Regelung
M-V	keine Regelung		

147 **Angaben** unrichtig gemacht oder unrichtige Pläne oder Unterlagen vorgelegt, um VA zu erwirken oder zu verhindern[142]

Land	Tatbestand in LBO	Land	Tatbestand in LBO
MBO 2002	§ 84 II Nr. 1	**Bay**	Art. 89 II (5 000,– €), vorsätzl. oder leichtfertig
BW	§ 75 II	**Bln**	§ 75 I Nr. 7, vorsätzl. oder fahrlässig

[139] *Göhler/König/Seitz* (Fn. 129) Rn. 26 d.
[140] *Dies.* Rn. 44.
[141] OLG Karlsruhe oben Fn. 138.
[142] Wenn nichts anderes angegeben: wider besseres Wissen.

Land	Tatbestand in LBO	Land	Tatbestand in LBO
Bbg	§ 79 IV vorsätzl. oder grob fahrlässig	**Rh-Pf**	§ 89 V
Brem	§ 88 II	**Saar**	§ 95 I Nrn. 13 und 14
Hamb	§ 80 II	**Sachs**	§ 81 II
Hess	§ 76 II	**Sachs-Anh**	§ 88 II
M-V	§ 84 II	**Schl-H**	§ 90 I Nr. 22
Nds	§ 91 III (50 000,– €)	**Thür**	§ 81 II
NRW	§ 84 II		

Anordnung (vollziehbare) der Bauaufsichtsbehörde nicht eingehalten, wenn dort ausdrückl. auf die nachstehende Vorschrift verwiesen wird 148

Land	Tatbestand in LBO	Land	Tatbestand in LBO
MBO 2002	§ 84 I Nr. 2	**Nds**	§ 91 II (50 000,– €)
BW	§ 75 I Nr. 2	**NRW**	keine Regelung
Bay	Art. 89 I Nr. 14	**Rh-Pf**	§ 89 IV Nrn. 2, 14 und 15
Bln	§ 75 I Nr. 2	**Saar**	§ 95 I Nr. 2
Bbg	§ 79 III Nr. 3	**Sachs**	§ 81 I Nr. 1
Brem	§ 88 I Nr. 1	**Sachs-Anh**	§ 88 I Nr. 2
Hamb	keine Regelung	**Schl-H**	keine Regelung
Hess	§ 76 I Nr. 5	**Thür**	§ 81 I Nr. 2
M-V	§ 84 I Nr. 2		

Barrierefreies Bauen 149
Vorschriften nicht beachtet

Land	Tatbestand in LBO	Land	Tatbestand in LBO
Bln	§ 75 I Nr. 15	**Schl-H**	§ 90 I Nr. 22
Hess	§ 76 I Nr. 6		
andere Länder keine besondere Regelung, ebenso wenig **MBO 2002**			

Bauarbeiten 150
- Beginn oder Beendigung nicht oder nicht rechtzeitig angezeigt
- abweichend von Bescheinigungen eines Sachverständigen fortgesetzt
- Wiederaufnahme nicht rechtzeitig angezeigt

Land	Tatbestand in LBO	Land	Tatbestand in LBO
MBO 2002	§ 84 I Nrn. 6 und 7	**Nds**	keine Regelung
BW	§ 75 I Nr. 10	**NRW**	§ 84 Nrn. 15, 17 und 18
Bay	Art. 89 I Nrn. 7, 10 und 15	**Rh-Pf**	§ 89 IV Nrn. 8 bis 12
Bln	§ 75 I Nrn. 8, 9, 11 und 13	**Saar**	§ 95 I Nrn. 7, 9, 10 und 15
Bbg	§ § 79 I Nr. 2	**Sachs**	§ 81 I Nrn. 8 und 9
Brem	§ 88 I Nrn. 7, 5 und 8	**Sachs-Anh**	§ 88 I Nrn. 5 und 7
Hamb	§ 80 I Nrn. 8, 10, 11 und 12	**Schl-H**	§ 90 I Nrn. 4 und 5
Hess	§ 76 I Nrn. 7, 11 und 18 sowie § 7 BauAnzVO	**Thür**	§ 81 I Nrn. 5 und 6
M-V	§ 84 I Nrn. 5 und 8		

151 **Bauarten**
nicht geregelte Bauarten ohne Zulassung, Prüfzeugnis oder Zustimmung im Einzelfall angewendet

Land	Tatbestand in LBO	Land	Tatbestand in LBO
MBO 2002	§ 84 I Nr. 10	**Nds**	§ 91 I Nr. 13 i.V. mit § 91 V
BW	§ 75 I Nr. 3	**NRW**	§ 84 I Nr. 5
Bay	Art. 89 Nr. 5	**Rh-Pf**	§ 89 III Nr. 3 (20 000,– €)
Bln	§ 75 I Nr. 6	**Saar**	§ 95 I Nr. 5
Bbg	§ 79 I Nr. 5	**Sachs**	§ 81 I Nr. 3
Brem	§ 88 I Nr. 11	**Sachs-Anh**	§ 88 I Nr. 10
Hamb	§ 89 I Nr. 3	**Schl-H**	§ 90 I Nr. 8
Hess	§ 76 I Nr. 3	**Thür**	§ 81 I Nr. 10
M-V	§ 84 I Nr. 9		

152 **Baugenehmigung** oder isolierte Abweichung nicht eingeholt oder genehmigungswidrig gebaut

Land	Tatbestand in LBO	Land	Tatbestand in LBO
MBO 2002	§ 84 I Nr. 3	**Nds**	§ 91 I Nr. 1
BW	§ 75 I Nr. 8	**NRW**	§ 84 I Nr. 13 (250 000,– €)
Bay	Art. 89 I Nr. 10	**Rh-Pf**	§ 89 I 1 und 2, II (50 000,– € baul. Anlagen, 10 000,– € andere Anlagen)
Bln	§ 75 I Nr. 3	**Saar**	§ 95 I Nr. 7
Bbg	§ 79 I Nrn. 1 und 3	**Sachs**	§ 81 I Nr. 6
Brem	§ 88 I Nr. 3	**Sachs-Anh**	§ 88 I Nr. 3
Hamb	§ 80 I Nr. 6 und 9	**Schl-H**	§ 90 I Nr. 2
Hess	§ 76 I Nr. 12 und 9	**Thür**	§ 81 I Nr. 3
M-V	§ 84 I Nr. 3		

153 **Bauherrnwechsel**
nicht angezeigt

Land	Tatbestand in LBO	Land	Tatbestand in LBO
Bbg	§ 79 II Nr. 1	**NRW**	keine Regelung
Brem	§ 88 I Nr. 12	**Rh-Pf**	§ 89 IV Nr. 3
Bln	§ 75 I Nr. 14	**Saar**	keine Regelung
Hamb	§ 80 I Nr. 5	**Sachs**	§ 81 I Nr. 5
Hess	§ 76 I Nr. 7	**Sachs-Anh**	keine Regelung
M-V	§ 84 I Nr. 10	**Schl-H**	keine Regelung
Nds	§ 91 I Nr. 4 (50 000,– €)	**Thür**	keine Regelung
MBO 2002 keine Regelung			

Bauprodukte 154
– ohne Ü-Zeichen verwendet
– Ü-Zeichen unbefugt oder irreführend angebracht

Land	Tatbestand in LBO	Land	Tatbestand in LBO
MBO 2002	§ 84 I Nrn. 8 bis 10	**Nds**	§ 91 I Nrn. 11 und 12
BW	§ 75 I Nrn. 1 und 2	**NRW**	§ 84 Nrn. 3 und 4
Bay	Art. 89 I Nrn. 3, 4 und 6	**Rh-Pf**	§ 89 III Nrn. 1 und 2 (20 000,– €)
Bln	§ 75 I Nrn. 4 und 5	**Saar**	§ 95 I Nrn. 3 und 4
Bbg	§ 79 I Nr. 6	**Sachs**	§ 81 I Nrn. 2 und 4
Brem	§ 88 I Nrn. 9 und 10	**Sachs-Anh**	§ 88 I Nrn. 8 und 9
Hamb	§ 80 I Nrn. 2 und 4	**Schl-H**	§ 90 I Nrn. 6 und 7
Hess	§ 76 I Nrn. 2 und 4	**Thür**	§ 81 I Nrn. 8 und 9
M-V	§ 84 I Nrn. 7 und 8		

Baustelle 155
mit Gefahren, Nachteilen oder Belästigungen errichtet oder betrieben

Land	Tatbestand in LBO	Land	Tatbestand in LBO
MBO 2002	keine Regelung	**Nds**	§ 91 I Nr. 6 i. V. mit § 91 V (50 000,– €)
BW	§ 75 I Nrn. 6 und 7	**NRW**	§ 84 I Nr. 14 (bautechn. Nachweis nicht vor Ort)
Bay	Art. 89 I Nr. 1	**Rh-Pf**	§ 89 IV Nr. 1
Bln	§ 75 I Nr. 14	**Saar**	§ 95 I Nr. 11
Bbg	§ 79 I Nr. 4	**Sachs**	§ 81 Nr. 5
Brem	§ 88 I Nr. 12	**Sachs-Anh**	§ 88 I Nr. 11
Hamb	§ 80 I Nr. 5	**Schl-H**	§ 90 I Nrn. 12, 16 und 17
Hess	§ 76 I Nr. 1 (wie Bbg)	**Thür**	§ 81 I Nr. 11
M-V	§ 84 I Nr. 10		

Bautafel nicht aufgestellt 156

Land	Tatbestand in LBO	Land	Tatbestand in LBO
Bay	Art. 89 I Nr. 1	**NRW**	§ 84 I Nr. 2
Brem	§ 88 I Nr. 13	**Saar**	§ 95 I Nr. 11
Hess	§ 76 I Nr. 1	**Schl-H**	§ 90 I Nr. 13
Nds	§ 91 I Nr. 7 (50 000,– €)		
andere Länder keine Regelung, ebenso wenig **MBO 2002**			

Bauteile 157
tragende oder aussteifende Bauteile genehmigungsfrei, aber ohne Sachverständigenbescheinigung errichtet

Land	Tatbestand in LBO	Land	Tatbestand in LBO
Rh-Pf	§ 89 IV Nr. 4		
andere Länder keine Regelung, ebenso wenig **MBO 2002**			

158 **Bauunternehmer und Bauleiter** nicht beauftragt

Land	Tatbestand in LBO	Land	Tatbestand in LBO
Bbg	§ 79 II Nr. 1	**Schl-H**	§ 90 I Nr. 9
NRW	§ 84 I Nr. 6	**Thür**	§ 80 I Nr. 11
Sachs	§ 81 I Nr. 5		
andere Länder keine Regelung, ebenso wenig **MBO 2002**			

159 **Bauvorschrift, örtliche**

Verstoß gegen einen bestimmten Tatbestand einer Ortsvorschrift, wenn dort ausdrücklich auf die nachstehende Vorschrift verwiesen wird

Land	Tatbestand in LBO	Land	Tatbestand in LBO
MBO 2002	§ 84 I Nr. 1	**Nds**	§ 91 III
BW	§ 75 III Nr. 2	**NRW**	§ 84 I Nr. 20
Bay	Art. 89 I Nr. 17	**Rh-Pf**	keine Regelung
Bln	keine Regelung	**Saar**	§ 95 I Nr. 1
Bbg	§ 79 III Nr. 2 (10 000,– €)	**Sachs**	§ 81 Nr. 11
Brem	§ 88 I Nr. 1	**Sachs-Anh**	keine Regelung
Hamb	keine Regelung	**Schl-H**	§ 90 I Nr. 1
Hess	§ 76 I Nr. 20 (15 000,– €)	**Thür**	§ 81 I Nr. 1
M-V	§ 84 I Nr. 1		

160 **Brandschutz**

Bescheinigung vor Errichtung oder Änderung baul. Anlagen nicht erbracht

Land	Tatbestand in LBO	Land	Tatbestand in LBO
MBO 2002	§ 84 I Nr. 6 i.V. mit § 72 VI	**Nds**	keine Regelung
BW	§ 75 I Nr. 10, § 72 VI	**NRW**	§ 84 I Nrn. 9 und 12
Bay	Art. 89 I Nr. 13	**Rh-Pf**	§ 89 IV Nrn. 5 und 13
Bln	§ 75 I Nr. 10	**Saar**	§ 95 VI Nr. 4
Bbg	§ 79 I Nr. 16	**Sachs**	keine Regelung
Brem	§ 88 I Nr. 5	**Sachs-Anh**	§ 88 I Nr. 6
Hamb	keine Regelung	**Schl-H**	keine Regelung
Hess	§ 76 I Nr. 14	**Thür**	keine Regelung
M-V	keine Regelung		

161 **Entwurfsverfasser**

Land	Tatbestand in LBO	Land	Tatbestand in LBO
Brem	§ 88 I Nr. 14 (Unterzeichnung ohne Berechtigung)		
andere Länder keine Regelung, ebenso wenig **MBO 2002**			

Fahrbahre Flächen 162
eingeengt oder mehr als notwendig versiegelt

Land	Tatbestand in LBO	Land	Tatbestand in LBO
NRW	§ 84 I Nr. 1	**Schl-H**	§ 90 I Nr. 11
Sachs-Anh	§ 88 I Nr. 12		
andere Länder keine Regelung, ebenso wenig **MBO 2002**			

Fliegende Bauten 163

Land	Tatbestand in LBO	Land	Tatbestand in LBO
MBO 2002	§ 84 I Nr. 5	**Nds**	§ 91 I Nr. 3
BW	keine Regelung	**NRW**	§ 84 I Nr. 16
Bay	Art. 89 I Nr. 16	**Rh-Pf**	§ 89 IV Nrn. 6 und 7
Bln	keine Regelung	**Saar**	§ 95 I Nr. 8
Bbg	§ 79 I Nr. 7	**Sachs**	§ 81 I Nr. 10
Brem	§ 88 I Nr. 6	**Sachs-Anh**	§ 88 I Nr. 4
Hamb	§ 80 I Nr. 13	**Schl-H**	§ 90 I Nr. 3
Hess	§ 76 I Nr. 16	**Thür**	§ 81 I Nr. 4
M-V	§ 84 I Nr. 4		

Gärtnerische Anlagen nicht hergestellt 164

Land	Tatbestand in LBO	Land	Tatbestand in LBO
Schl-H	§ 90 I Nr. 10		
andere Länder keine Regelung. ebenso wenig **MBO 2002**			

Genehmigungsfreistellung 165
genehmigungsfreigestelltes Gebäude vorzeitig errichtet oder geändert

Land	Tatbestand in LBO	Land	Tatbestand in LBO
MBO 2002	§ 84 I Nr. 4	**Nds**	§ 91 I Nrn. 8, 9, 10
BW	§ 75 I Nrn. 9 und 10	**NRW**	§ 84 I Nrn. 10 und 11
Bay	Art. 89 I Nr. 12	**Rh-Pf**	§ 89 I 3 (50 000,– €)
Bln	§ 75 I Nr. 3	**Saar**	§ 95 I Nr. 15
Bbg	§ 79 I Nr. 8	**Sachs**	§ 88 I Nr. 8
Brem	§ 88 I Nr. 4	**Sachs-Anh**	keine Regelung
Hamb	keine Regelung	**Schl-H**	§ 90 I Nrn. 20 und 21
Hess	§ 76 I Nr. 13	**Thür**	§ 81 I Nrn. 3 und 5
M-V	keine Regelung		

Grüngut 166
nicht geschützt

Land	Tatbestand in LBO	Land	Tatbestand in LBO
Schl-H	§ 90 I Nr. 14	**Thür**	§ 81 I Nr. 7
andere Länder keine Regelung, ebenso wenig **MBO 2002**			

167 **Haftpflichtversicherung**
für Entwurfsverfasser oder Sachverständige nicht abgeschlossen oder Haftungsausschlussgründe nicht mitgeteilt

Land	Tatbestand in LBO	Land	Tatbestand in LBO
Saar	§ 95 I Nr. 12	**Schl-H**	§ 90 I Nr. 18
andere Länder keine Regelung, ebenso wenig **MBO 2002**			

168 **Nachbarn** nicht unterrichtet

Land	Tatbestand in LBO	Land	Tatbestand in LBO
Hamb	§ 80 I Nr. 7		
andere Länder keine Regelung, ebenso wenig **MBO 2002**			

169 **Nutzungsaufnahme** nicht angezeigt

Land	Tatbestand in LBO	Land	Tatbestand in LBO
MBO 2002	§ 84 I Nr. 6 i.V. mit § 82 II	**Nds**	keine Regelung
BW	keine Regelung	**NRW**	§ 84 I Nr. 19
Bay	Art. 89 I Nr. 7	**Rh-Pf**	keine Regelung
Bln	§ 75 I Nr. 12	**Saar**	§ 95 I Nr. 9
Bbg	§ 79 I Nr. 10	**Sachs**	§ 81 I Nr. 8
Brem	keine Regelung	**Sachs-Anh**	§ 88 I Nr. 5
Hamb	§ 80 I Nr. 8	**Schl-H**	§ 90 I Nr. 4
Hess	§ 76 I Nr. 18	**Thür**	§ 81 I Nr. 5
M-V	§ 84 I Nr. 5		

170 **Rechtsverordnung**
Verstoß gegen bestimmten Tatbestand einer Verordnung, wenn dort ausdrückl. auf die nachstehende Vorschrift verwiesen wird

Land	Tatbestand in LBO	Land	Tatbestand in LBO
MBO 2002	§ 84 I Nr. 1	**Nds**	§ 91 III i.V. mit § 91 V
BW	§ 75 III Nr. 2	**NRW**	§ 84 I Nr. 20
Bay	Art. 89 I Nr. 17	**Rh-Pf**	§ 89 IV Nr. 16
Bln	§ 75 I Nr. 1	**Saar**	§ 95 I Nr. 1
Bbg	§ 79 III Nr. 1	**Sachs**	§ 81 Nr. 11
Brem	§ 88 I Nr. 1	**Sachs-Anh**	§ 88 I Nr. 1
Hamb	§ 80 I Nr. 14	**Schl-H**	§ 90 I Nr. 1
Hess	§ 76 I Nr. 19	**Thür**	§ 81 I Nr. 1
M-V	§ 84 I Nr. 1		

171 **Tausalze** auf privaten Verkehrsflächen aufgebracht

Land	Tatbestand in LBO	Land	Tatbestand in LBO
Hamb	§ 80 I Nr. 1		
andere Länder keine Regelung, ebenso wenig **MBO 2002**			

Technische Baubestimmungen 172
nicht beachtet

Land	Tatbestand in LBO	Land	Tatbestand in LBO
Bay	Art. 89 I Nr. 9	**Sachs**	§ 81 I Nr. 5
Bbg	§ 79 II Nr. 2	**Schl-H**	§ 90 I Nr. 17
andere Länder keine Regelung, ebenso wenig **MBO 2002**			

IV. Verfahren zum Erlass eines Bußgeldbescheides in schematischer Darstellung

173

Verfahrensschritt	Form, rechtl. Einordnung, Rechtsbehelf
1. Androhung eines Bußgeldverfahrens im Wiederholungsfall durch die Verwaltungsbehörde (VB)	keine Aufforderung mit VA-Qualität, jedoch kann mit Feststellungsklage vorbeugender Rechtsschutz eröffnet werden (BVerwG vom 7. 5. 1987 NVwZ 1988, 430)
2. Einleitung eines Ermittlungsverfahrens von Amts wegen oder auf Grund einer Anzeige durch VB oder Polizei (§ 46 I OWiG, § 158 StPO) oder Absehen von der Verfolgung nach pflichtgemäßem Ermessen der VB (§ 47 OWiG, Opportunitätsgrundsatz)	erste Maßnahme, die darauf abzielt, bußgeldrechtlich vorzugehen, z. B. Anhörung, Aktenvermerk zweckmäßig, aber nicht konstitutiv (*Göhler/König/Seitz* [Fn. 129] vor § 59 Rn. 33)
3. Einstellung bei Bestehen eines Verfolgungshindernisses, insbes. Verfolgungsverjährung (§ 31 OWiG: 3 Jahre bei angedrohter Geldbuße > 15 000,– €, 2 Jahre bei angedrohter Geldbuße > 2 500,– €, Letzteres nur Rh-Pf bei Fahrlässigkeit)	kein Rechtsbehelf gegen die Einstellung, auch nicht Untätigkeitsklage (*Göhler/König/Seitz* [Fn. 129] vor § 159 Rn. 160)
4. Anhörung des Betroffenen durch VB oder Polizei (§ 55 OWiG)	bestimmte Form nicht vorgeschrieben, keine förmliche mündliche Vernehmung in den Diensträumen mit Protokoll Jedoch zwingend: • Bekanntgabe der Beschuldigung (§ 46 I OWiG, § 163 a III 2 StPO) • Hinweis, dass keine Aussagepflicht zur Sache (BVerfG vom 13. 1. 1981 BVerfGE 56, 37/42) • Hinweis auf Möglichkeit, sich schriftlich zu äußern
5. Wahrheitsgemäße Aufklärung des Sachverhalts durch Zeugen und Sachverständige, informatorische Befragungen, Auskünfte von Behörden und anderen Stellen; Beschlagnahme und Durchsuchungen nur in Ausnahmefällen; Vernehmungen auf Ersuchen der VB auch durch die Polizei (§ 46 I OWiG i.V. mit § 161 I 2 StPO)	
6. Bußgeldbescheid	
schriftlich mit wesentlichem Inhalt nach § 66 OWiG: • Angaben zur Person des Betroffenen und Nebenbeteiligter • Name und Anschrift des Verteidigers • Bezeichnung der Tat, Zeit, Ort, gesetzl. Merkmale der Ordnungswidrigkeit und der angewandten Bußgeldvorschriften • Beweismittel • Geldbuße, Nebenfolgen	**Begründung nur** für Bezeichnung der Tat usw. und Beweismittel zwingend vorgeschrieben (§ 66 III OWiG) Nur bei schwerwiegenden Mängeln ist der Bußgeldbescheid unwirksam in dem Sinne, dass das Verfahren auf Einspruch mangels Prozessvoraussetzung einzustellen ist (*Göhler/König/Seitz* [Fn. 129] § 66 Rn. 38 ff.)

1. Androhung eines Bußgeldverfahrens im Wiederholungsfall durch die Verwaltungsbehörde (VB)	keine Aufforderung mit VA-Qualität, jedoch kann mit Feststellungsklage vorbeugender Rechtsschutz eröffnet werden (BVerwG vom 7. 5. 1987 NVwZ 1988, 430)
2. Einleitung eines Ermittlungsverfahrens von Amts wegen oder auf Grund einer Anzeige durch VB oder Polizei (§ 46 I OWiG, § 158 StPO) oder Absehen von der Verfolgung nach pflichtgemäßem Ermessen der VB (§ 47 OWiG, Opportunitätsgrundsatz)	erste Maßnahme, die darauf abzielt, bußgeldrechtlich vorzugehen, z. B. Anhörung, Aktenvermerk zweckmäßig, aber nicht konstitutiv (*Göhler/König/Seitz* [Fn. 129] vor § 59 Rn. 33)
3. Einstellung bei Bestehen eines Verfolgungshindernisses, insbes. Verfolgungsverjährung (§ 31 OWiG: 3 Jahre bei angedrohter Geldbuße > 15 000,– €, 2 Jahre bei angedrohter Geldbuße > 2500,– €, Letzteres nur Rh-Pf bei Fahrlässigkeit)	kein Rechtsbehelf gegen die Einstellung, auch nicht Untätigkeitsklage (*Göhler/König/Seitz* [Fn. 129] vor § 159 Rn. 160)
4. Anhörung des Betroffenen durch VB oder Polizei (§ 55 OWiG)	bestimmte Form nicht vorgeschrieben, keine förmliche mündliche Vernehmung in den Diensträumen mit Protokoll Jedoch zwingend: • Bekanntgabe der Beschuldigung (§ 46 I OWiG, § 163 a III 2 StPO) • Hinweis, dass keine Aussagepflicht zur Sache (BVerfG vom 13. 1. 1981 BVerfGE 56, 37/42) • Hinweis auf Möglichkeit, sich schriftlich zu äußern
5. Wahrheitsgemäße Aufklärung des Sachverhalts durch Zeugen und Sachverständige, informatorische Befragungen, Auskünfte von Behörden und anderen Stellen; Beschlagnahme und Durchsuchungen nur in Ausnahmefällen; Vernehmungen auf Ersuchen der VB auch durch die Polizei (§ 46 I OWiG i.V. mit § 161 I 2 StPO)	
6. Bußgeldbescheid	
schriftlich mit wesentlichem Inhalt nach § 66 OWiG: • Angaben zur Person des Betroffenen und Nebenbeteiligter • Name und Anschrift des Verteidigers • Bezeichnung der Tat, Zeit, Ort, gesetzl. Merkmale der Ordnungswidrigkeit und der angewandten Bußgeldvorschriften • Beweismittel • Geldbuße, Nebenfolgen • Hinweis, dass Bescheid rechtskräftig, wenn nicht Einspruch nach § 67 OWiG erhoben wird • Hinweis, dass Einspruch auch zu einer nachteiligen Entscheidung führen kann • Zahlungsaufforderungen	**Begründung nur** für Bezeichnung der Tat usw. und Beweismittel zwingend vorgeschrieben (§ 66 III OWiG) Nur bei schwerwiegenden Mängeln ist der Bußgeldbescheid unwirksam in dem Sinne, dass das Verfahren auf Einspruch mangels Prozessvoraussetzung einzustellen ist (*Göhler/König/Seitz* [Fn. 129] § 66 Rn. 38 ff.)

17. Kapitel. Baulasten und Baulastenverzeichnis

Übersicht

Rn.

Teil 1. Einführung
I. Bedeutung der Baulast 1
II. Die Baulastregelungen 2
1. Gesetzgebungskompetenz 2
2. Alte Bundesländer 3
3. Neue Bundesländer 4
4. Zur Rechtslage in Bayern und Brandenburg 5
a) Bayern 6
b) Brandenburg 7

Teil 2. Begriff und Regelungsgehalt der Baulast
I. Ländervergleich 8
II. Begriff der Baulast 10
1. Öffentlich-rechtliche Verpflichtung . . 10
2. Baurechtliche Relevanz 12
3. Grundstücksbezogenheit 14
4. Subsidiarität 16
III. Regelungsgehalt der Baulast 18
1. Bauordnungsrecht 18
a) Erschließung 19
b) Ein Gebäude auf mehreren Grundstücken 25
c) Abstandsflächen 27
d) Anbauverpflichtung 29
e) Spielplätze 31
f) Standsicherheit 32
g) Stellplätze 33
h) Weitere Regelungen 34
2. Bauplanungsrecht 37
a) Einzelfälle 38
b) Vereinigungsbaulast. 43
c) Flächenbaulast 46
d) Abwehrrechte gegen Immissionen . 47

Teil 3. Begründung und Rechtswirkungen der Baulast
I. Ländervergleich 50
II. Begründung der Baulast 52

Rn.

1. Verpflichtungserklärung 52
a) Verfügungsbefugnis 52
b) Form 60
c) Bestimmtheit 61
d) Bedingungen 62
e) Anfechtung 63
2. Eintragung 65
a) Verwaltungsakt 65
b) Rechtsschutz 66
III. Rechtswirkungen der Baulast 68
1. Beziehung des Baulastbegünstigten zum Verpflichteten 68
2. Verhältnis zur Bauaufsichtsbehörde . . . 74
a) Baulastbegünstigter 74
b) Baulastverpflichteter 76
3. Rechtsnachfolger 79

Teil 4. Beendigung der Baulast
I. Ländervergleich 81
II. Verzicht der Bauaufsichtsbehörde 83
1. Öffentliches Interesse 83
2. Verfahren 88
3. Rechtsschutz 91
III. Löschung ohne Verzicht 93
1. Voraussetzungen 93
2. Rechtsschutz 96

Teil 5. Baulastenverzeichnis
I. Ländervergleich 97
II. Führung und Inhalt des Baulastenverzeichnisses 99
III. Einsichtnahme in das Verzeichnis und Abschriften 104
1. Einsichtnahme 104
2. Abschriften 106

Teil 1. Einführung

MBO 2002 § 83, BW §§ 71, 72, Bay keine Regelung, Bln § 73, Bbg keine Regelung, Brem § 85, Hamb § 79, Hess § 75, M-V § 83, Nds §§ 92, 93, NRW § 83, Rh-Pf § 86, Saar § 92, Sachs § 80, Sachs-Anh § 87, Schl-H § 89, Thür § 80.

I. Bedeutung der Baulast

1 Mit dem öffentlich-rechtlichen Rechtsinstitut der Baulast[1] können Verhältnisse geschaffen werden, die die **Genehmigungsfähigkeit eines Bauvorhabens** sicherstellen, was insbesondere bei kleineren Baugrundstücken (auf dem z. B. die Abstandsflächen nicht eingehalten oder die notwendigen Stellplätze nicht errichtet werden können) oder bei einem Hinterliegergrundstück (ohne Zufahrt) von großer Bedeutung sein kann. Mit der Baulast übernimmt der Grundstückseigentümer gegenüber der Bauaufsichtsbehörde auch für den Rechtsnachfolger verbindliche **öffentlich-rechtliche Verpflichtungen** zu einem sein Grundstück betreffenden Tun, Dulden oder Unterlassen, die sich nicht schon aus anderen öffentlich-rechtlichen Vorschriften ergeben. Damit sollen für dieses Grundstück oder für ein Nachbargrundstück öffentlich-rechtliche Bedenken, die der Genehmigung eines Bauvorhabens entgegenstehen, ausgeräumt werden. Für diesen Zweck ist die Baulast insbesondere wegen ihrer Durchsetzbarkeit mit hoheitlichen Mitteln gegenüber einer rein privatrechtlichen Sicherung durch **Dienstbarkeiten** das deutlich bessere Instrumentarium.[2]

II. Die Baulastregelungen

1. Gesetzgebungskompetenz

2 Die Gesetzgebungskompetenz für die Baulast als **Institut des Bauordnungsrechts** liegt bei den Ländern. In privatrechtliche Rechtsinstitute, wie die Grunddienstbarkeit (§ 1018 BGB) und insbesondere die beschränkte persönliche Dienstbarkeit (§ 1090 BGB), wird nicht eingegriffen. Unabhängig von den privatrechtlichen Beziehungen der durch die Baulast tatsächlich belasteten und begünstigten Grundstückseigentümer begründet sie rechtliche Verpflichtungen nur gegenüber der Bauaufsichtsbehörde. Der Bundesgesetzgeber definiert in § 61 Abs. 1 Satz 3 BauGB die Baulast als „im Landesrecht vorgesehene öffentlich-rechtliche Verpflichtungen zu einem das Grundstück betreffenden Tun, Dulden oder Unterlassen".

2. Alte Bundesländer

3 Nachdem schon zu Beginn des letzten Jahrhunderts in einigen deutschen Ländern der heutigen Baulast ähnliche Regelungen eingeführt waren, wurde dieses Institut des Bauordnungsrechts dann in alle Fassungen der **Musterbauordnung** seit 1960 aufgenommen. Bis auf Bayern haben die alten Bundesländer im Laufe der Jahre entsprechende Regelungen in ihren Bauordnungen getroffen und später den jeweiligen Änderungen der Musterbauordnung angepasst. Als erstes Bundesland hat Nordrhein-Westfalen mit der BauO NW 1962 die Baulast geregelt. Im Land Berlin enthielt die Bauordnung vom 29. Juli 1966 (GVBl. S. 1175) zum ersten Mal Vorschriften über Baulasten und das Baulastenverzeichnis; mit Wirkung vom 5. September 1990 galt die BauO Bln auch im Ostteil der Stadt (Bekanntmachung vom 14. September 1990, GVABl. S. 118).

---

[1] Umfassend dazu *Schwarz*, Baulasten im öffentlichen Recht und im Privatrecht, 1995 sowie BauR 1998, 446; insbes. für die am Bau Beteiligten und die Bauaufsichtsämter *Wenzel*, Baulasten in der Praxis, 2002.

[2] BVerwG vom 27. 9. 1990 BRS 50 Nr. 109 = NJW 1991, 713. Das OVG Berlin hat schon in seinem Urteil vom 26. 3. 1965 BRS 16 Nr. 83 darauf hingewiesen, dass die Musterbauordnung mit der öffentlich-rechtlich ausgestalteten Baulast eine unliebsame Verquickung von öffentlichen und privaten Rechten vermeidet und eine auf die öffentlich-rechtlichen Bedürfnisse abgestellte und in diesem Rechtsbereich auch voll wirksame arteigene Rechtseinrichtung schafft.

3. Neue Bundesländer

Für das Gebiet der ehemaligen DDR regelte § 80 des **Gesetzes über die Bauordnung** vom 20. Juli 1990 (GBl. I S. 929) unter Übernahme der in der Musterbauordnung enthaltenen Bestimmungen das Institut der Baulast und das Baulastenverzeichnis. Von den neuen Bundesländern hat nur Brandenburg keine Baulastvorschrift in seine erste Bauordnung von 1994 aufgenommen. Die hier seit 1990 bestehenden Baulastenverzeichnisse bleiben gültig, soweit die Baulasten nicht durch beschränkte persönliche Dienstbarkeiten ersetzt sind (§ 65 Abs. 5 BbgBO). 4

4. Zur Rechtslage in Bayern und Brandenburg

Die rechtliche Sicherung der Einhaltung öffentlich-rechtlicher Vorschriften, denen bei der Errichtung eines Bauvorhabens nicht entsprochen werden kann, muss in Bayern und Brandenburg, wo das Rechtsinstitut der öffentlich-rechtlichen Baulast nicht eingeführt worden ist, auf andere Weise erfolgen. 5

a) Bayern

In Bayern reicht nach der BayBO als rechtliche Sicherung z. B. bei der Zufahrt nach Art. 4 Abs. 2 Nr. 2, Abs. 3 nur unter bestimmten Voraussetzungen und im Außenbereich die Eintragung einer **beschränkten persönlichen Dienstbarkeit** nach § 1090 BGB zugunsten des Rechtsträgers der Bauaufsichtsbehörde aus. Eine Grunddienstbarkeit nach § 1018 BGB zugunsten des Eigentümers des Baugrundstücks ist daneben wie bisher möglich, genügt aber für sich allein nicht als **rechtliche Sicherung.** Entsprechendes gilt nach Art. 52 Abs. 4 Satz 2 BayBO für die Herstellung von Stellplätzen und Garagen auf einem anderen Grundstück. Abstandsflächen dürfen sich nach Art. 7 Abs. 5 Satz 1 BayBO auf das Nachbargrundstück erstrecken, wenn der Nachbar gegenüber der Bauaufsichtsbehörde schriftlich, aber nicht in elektronischer Form, zustimmt oder sie aus rechtlichen oder tatsächlichen Gründen nicht überbaut werden können. Rechtliche Gründe stehen der Überbauung der übernommenen Abstandsfläche entgegen, wenn die Übernahme der Abstandsfläche durch Bestellung einer Grunddienstbarkeit und/oder einer inhaltsgleichen beschränkten persönlichen Dienstbarkeit sichergestellt ist.[3] 6

b) Brandenburg

In Brandenburg erfolgt die **rechtliche Sicherung** z. B. einer notwendigen Zufahrt (§ 4 Abs. 1 Nr. 2 BbgBO),[4] einer Errichtung eines Gebäudes auf mehreren Grundstücken (§ 4 Abs. 2 BbgBO), einer Abstandsfläche auf dem Nachbargrundstück (§ 6 Abs. 2 Satz 4 BbgBO), einer Verwendung gemeinsamer Bauteile (§ 11 Abs. 2 BbgBO), eines Stellplatzes auf einem anderen Grundstück (§ 43 Abs. 2 BbgBO) durch Eintragung einer beschränkten persönlichen Dienstbarkeit nach § 1090 BGB im Grundbuch des zu belastenden Grundstücks zugunsten der Gebietskörperschaft, die die Aufgaben der Bauaufsichtsbehörde wahrnimmt (§ 65 Abs. 1 BbgBO). Die hier statuierte Verpflichtung, zur rechtlichen Sicherung eine Dienstbarkeit einzutragen, beschreitet in der Verknüpfung von Bauordnungs- und Zivilrecht neue Wege. Damit nimmt das Land Brandenburg, abweichend von den zehn alten Bundesländern, die der Musterbauordnung folgen, und auch im Gegensatz zu den vier neuen Bundesländern, die sich an das in Rn. 4 erwähnte DDR-Gesetz über die Bauordnung halten, ohne Grund, ähnlich wie das Land Bayern, eine **Sonderstellung** ein. Das erscheint insbesondere auch im Hinblick auf die beabsichtigte Fusion zwischen den Ländern Berlin und Brandenburg nicht sachgerecht. 7

---

[3] BayVGH vom 14. 12. 1993 NVwZ 1995, 281; *Koch/Molodovsky/Famers*, BayBO, Art. 7 Rn. 7.

[4] OVG Bbg vom 20. 11. 2002 BRS 65 Nr. 115 = LKV 2003, 470 zur bisherigen Rechtslage; danach war eine „Doppelsicherung" durch beschränkt persönliche Dienstbarkeit zugunsten der öffentlichen Hand neben einer Grunddienstbarkeit zugunsten des Eigentümers des Baugrundstücks nicht erforderlich.

Teil 2. Begriff und Regelungsgehalt der Baulast

MBO 2002 § 83 Abs. 1 Satz 1, BW § 71 Abs. 1 Satz 1, Bay keine Regelung, Bln § 73 Abs. 1 Satz 1 und 2, Bbg keine Regelung, Brem § 85 Abs. 1 Satz 1, Hamb § 79 Abs. 1 Satz 1, Hess § 75 Abs. 1 Satz 1, M-V § 83 Abs. 1 Satz 1, Nds § 92 Abs. 1 Satz 1, NRW § 83 Abs. 1 Satz 1 und 2, Rh-Pf § 86 Abs. 1 Satz 1, Saar § 92 Abs. 1 Satz 1, Sachs § 80 Abs. 1 Satz 1, Sachs-Anh § 87 Abs. 1 Satz 1, Schl-H § 89 Abs. 1 Satz 1, Thür § 80 Abs. 1 Satz 1.

I. Ländervergleich

8

Regelungsgegenstände der Landesbauordnungen und der MBO 2002
Durch Erklärung gegenüber der Bauaufsichtsbehörde können Grundstückseigentümer öffentlich-rechtliche Verpflichtungen zu einem ihre Grundstücke betreffenden Tun, Dulden oder Unterlassen übernehmen, die sich nicht schon aus öffentlich-rechtlichen Vorschriften ergeben.

9

Land	Norm (LBO)	Umsetzung/Abweichung in den Ländern und der MBO 2002
MBO 2002	§ 83	§ 83 I 1
BW	§ 71	§ 71 I 1
Bay	keine Regelung	
Bln	§ 73	§ 73 I 1, 2 Erklärung auch durch Erbbauberechtigte
Bbg	keine Regelung	
Brem	§ 85	§ 85 I 1
Hamb	§ 79	§ 79 I 1 Erklärung auch durch Erbbauberechtigte
Hess	§ 75	§ 75 I 1
M-V	§ 83	§ 83 I 1
Nds	§ 92	§ 92 I 1
NRW	§ 83	§ 83 I 1, 2 Erklärung auch des Erbbauberechtigten erforderlich
Rh-Pf	§ 86	§ 86 I 1
Saar	§ 92	§ 92 I 1
Sachs	§ 80	§ 80 I 1
Sachs-Anh	§ 87	§ 87 I 1
Schl-H	§ 89	§ 89 I 1
Thür	§ 80	§ 80 I 1

II. Begriff der Baulast

1. Öffentlich-rechtliche Verpflichtung

10 Die Baulast ist die durch Erklärung des Grundstückseigentümers freiwillig übernommene öffentlich-rechtliche Verpflichtung zu einem sein Grundstück betreffenden Tun, Dulden oder Unterlassen, die sich nicht schon aus öffentlich-rechtlichen Vorschriften ergibt. Die übernommene Verpflichtung muss dem öffentlichen Recht zuzuordnen sein, denn die Baulast ist darauf ausgerichtet, **öffentlich-rechtliche Hindernisse**, die der beab-

sichtigten Bebauung eines Grundstücks entgegenstehen, **auszuräumen** und den hierdurch herbeigeführten rechtlichen Zustand auf Dauer zu sichern. Als bauaufsichtliches Instrument greift die Baulast ihrer Struktur nach unmittelbar in das für die bauliche Nutzung und damit für die Entscheidung über die Baugenehmigung maßgebliche öffentlich-rechtliche Regelungsgefüge ein.[5] Das gilt z. B. für die Frage der Zugänglichkeit des Baugrundstücks, der Verwendung gemeinsamer Bauteile, der Einhaltung der Abstandsflächen oder auch bezüglich bauplanungsrechtlicher Regelungen.

Rein **privatrechtliche** Verpflichtungen, etwa die Freihaltung einer Aussicht oder die Zusage, auf einem bestimmten Grundstück keinen Hund zu halten, können nicht Gegenstand einer Baulast sein. Die öffentlich-rechtliche Struktur der Baulast wird nicht dadurch in Frage gestellt, dass sie regelmäßig aus privaten Interessen der beteiligten Grundstückseigentümer begründet wird.[6] 11

2. Baurechtliche Relevanz

Nach den Regelungen der **MBO 2002** und den Bauordnungen der Länder dient die Baulast dazu, die Genehmigungsfähigkeit eines Bauvorhabens durch die öffentlich-rechtliche Verpflichtung eines Grundstückseigentümers mit dinglicher Wirkung sicherzustellen. Gesichert werden sollen baurechtlich zulässige und tatsächlich mögliche Verpflichtungen. Wie der Begriff „Bau"last, die Regelung in den Bauordnungen, die Aufführung bestimmter bauordnungsrechtlicher Einzelfälle und die Notwendigkeit der Abgabe der Verpflichtungserklärung gegenüber der Bauaufsichtsbehörde ergeben, muss die **Verpflichtung baurechtlicher Art** sein. Nur dann kann sie auch ihren Zweck erfüllen und bei der Entscheidung über die Genehmigung eines Bauvorhabens Hindernisse aus dem öffentlichen Baurecht ausräumen. 12

Ist überhaupt nicht absehbar, dass eine Verpflichtungserklärung jemals öffentlich-rechtliche **Bedeutung für ein Bauvorhaben** erlangen kann, etwa weil eine Bebauung planungsrechtlich unzulässig ist, dann wird die Eintragung in das Baulastenverzeichnis abzulehnen sein.[7] 13

3. Grundstücksbezogenheit

Die durch Baulast zu sichernde öffentlich-rechtliche Verpflichtung muss den Verpflichteten gerade in seiner Stellung als Grundstückseigentümer einschränken und sich so konkret auf das Grundstück beziehen. Die Baulast ist ihrer Struktur nach eine **auf dem Grundstück haftende dingliche Last**, eine Art öffentlich-rechtliche Dienstbarkeit.[8] Allerdings kann eine Grunddienstbarkeit nach § 1018 BGB nur auf ein das Grundstück betreffendes Dulden oder Unterlassen gerichtet sein, nicht aber wie die Baulast auch auf ein grundstücksbezogenes Tun. 14

Die Belastung besteht auf einem bestimmten Grundstück unabhängig von dem gerade im Grundbuch eingetragenen Eigentümer, und sie wirkt auch gegenüber dem Rechtsnachfolger. Baulastverpflichteter und Baulastbegünstigter können identisch sein (**Eigentümerbaulast**, siehe Rn. 57). Nach den Regelungen in Berlin und Hamburg können nicht nur Grundstückseigentümer ihr Grundstück, sondern auch Erbbauberechtigte ihr Erbbaurecht mit einer Baulast belasten. 15

---

5 BVerwG vom 27. 9. 1990 BRS 50 Nr. 109 = NJW 1991, 713.

6 BGH vom 10. 3. 1978 NJW 1978, 1429.

7 BVerwG vom 4. 10. 1994 BRS 56 Nr. 114 = NVwZ 1995, 377; ebenso, wenn gar kein Bauvorhaben beabsichtigt ist, OVG NRW vom 28. 2. 2002 NVwZ 2003, 226.

8 OVG Bln vom 26. 7. 1996 BRS 58 Nr. 120 = LKV 1997, 102; *Wilke/Dageförde/Knuth/Meyer*, BauO Bln, 5. Aufl. 1999, § 73 Rn. 9.

4. Subsidiarität

16 Die Verpflichtung, die durch die Baulast gesichert werden soll, darf sich nicht schon aus öffentlich-rechtlichen Vorschriften ergeben. Diese ohnehin bestehenden Verpflichtungen sollen **nicht noch zusätzlich gesichert** und in das Baulastenverzeichnis eingetragen werden. Könnte eine bestehende öffentlich-rechtliche Verpflichtung auch mit einer Auflage der Bauaufsichtsbehörde durchgesetzt werden, bedeutet das noch nicht, dass bis zu deren Anordnung keine entsprechende Baulast übernommen werden dürfte.[9]

17 Zulässig wäre auch eine Baulast zur Verhinderung künftiger baurechtswidriger Nutzungen, weil sich diese **Verpflichtung nicht schon aus einer eindeutigen Vorschrift** ergibt, auf Grund deren eine entsprechende Ordnungsverfügung erlassen werden könnte.[10] Der Eigentümer kann sich ohnehin durch die Übernahme einer Baulast in Bezug auf die bebauungsrechtlich zulässige Nutzung seines Grundstücks enger binden als ihn die Bauaufsichtsbehörde einseitig binden könnte.[11] Soll die Baulast der Verwirklichung eines bestimmten Bauvorhabens dienen, kommt ihre Eintragung dann nicht in Betracht, wenn dieses Vorhaben auch ohne eine Baulast mit dem öffentlichen Recht in Einklang steht und genehmigungsfähig wäre.

III. Regelungsgehalt der Baulast

1. Bauordnungsrecht

18 Die Hauptanwendungsfälle der Baulast beziehen sich auf bauordnungsrechtliche Regelungen. Soweit die **MBO 2002** und die Landesbauordnungen eine **„öffentlich-rechtliche"** Sicherung fordern, ist damit die Begründung einer Baulast, die Festsetzung in einem Bebauungsplan oder eine sonstige öffentlich-rechtliche Vorschrift gemeint, aus der sich der Sicherungszweck zwingend ergibt (vgl. § 2 Abs. 14 HBO sowie § 2 Abs. 9 LBO Saar). Bei einer bloß **„rechtlichen"** Sicherung genügt nach § 2 Abs. 13 SächsBO die Eintragung einer Grunddienstbarkeit (§ 1018 BGB) und einer beschränkten persönlichen Dienstbarkeit (§ 1090 BGB) zugunsten der Bauaufsichtsbehörde oder die Bestellung einer Baulast (siehe auch Kapitel 2 Rn. 158).

a) Erschließung

19 Nach der **MBO 2002** (§ 4 Abs. 1) und den meisten Landesbauordnungen, die das Rechtsinstitut der Baulast eingeführt haben, dürfen Gebäude nur errichtet werden, wenn das Grundstück in angemessener Breite an einer befahrbaren öffentlichen Verkehrsfläche liegt oder wenn das Grundstück eine befahrbare, **„öffentlich-rechtlich" gesicherte Zufahrt** zu einer befahrbaren öffentlichen Verkehrsfläche hat. Die erforderliche öffentlich-rechtliche Sicherung wird in erster Linie durch die Bestellung einer Baulast erfolgen, sie kann sich aber auch aus den Festsetzungen eines Bebauungsplanes (vgl. z. B. § 9 Abs. 1 Nr. 21 BauGB) ergeben. Von den Ländern, die die Baulast kennen, lässt Sachsen nach § 4 Abs. 1 Satz 1 SächsBO eine „rechtlich" gesicherte Zufahrt ausreichen (§ 2 Abs. 13 SächsBO).[12]

20 Die Bauaufsichtsbehörde hat die Amtspflicht, eine Baugenehmigung nur dann zu erteilen, wenn die erforderliche Zuwegung zu dem Baugrundstück öffentlich-rechtlich gesichert ist.[13] Die Baugenehmigung darf auch nicht etwa mit der **Auflage** erteilt werden, die Zufahrt erst noch durch Bestellung einer Baulast auf einem anderen Grundstück öffentlich-rechtlich zu sichern.[14] Ein Anspruch auf Erteilung einer Baugenehmigung be-

---

[9] *Große-Suchsdorf/Lindorf/Schmaltz/Wiechert*, NBauO, 7. Aufl. 2002, § 92 Rn. 21.
[10] OVG Nds vom 12. 12. 1986 BRS 46 Nr. 164; zur Konkretisierung des Rücksichtnahmegebots vgl. Rn. 49.
[11] BVerwG vom 7. 12. 2000 BRS 63 Nr. 160 = NVwZ 2001, 813, 814.
[12] Für Bayern und Brandenburg siehe Rn. 6, 7 und umfassend Kapitel 3 Rn. 12 ff.
[13] BGH vom 6. 7. 2000 BRS 63 Nr. 179.
[14] Hess VGH vom 19. 7. 1988 BRS 48 Nr. 95.

steht wegen fehlender Sicherung der Erschließung dann nicht, wenn im maßgeblichen Zeitpunkt zwar ein Lageplan der zu belastenden Grundstücksflächen, aber noch keine Einverständniserklärung des Eigentümers des mit der Baulast zu belastenden Grundstücks vorgelegt ist.[15]

Wird die Baulast im Rahmen eines Baugenehmigungsverfahrens für die **Erschließung eines konkreten Bauvorhabens** übernommen, dann ist sie regelmäßig dahin auszulegen, dass sie nur den Verkehr zu sichern bestimmt ist, der durch die typische Nutzung des genehmigten Vorhabens entsteht.[16] Eine Zunahme des Verkehrs, die bei Abgabe der Verpflichtungserklärung nicht vorhersehbar war oder die auf einer Nutzungsänderung beruht, wird der Baulastverpflichtete nicht hinzunehmen haben. 21

Ein **Notwegrecht** nach § 917 BGB zu Lasten eines in fremden Eigentum stehenden Nachbargrundstücks genügt den bauordnungsrechtlichen Anforderungen an die Erschließung eines Hinterliegergrundstücks auch dann nicht, wenn dieses auf Grund einer Baugenehmigung bebaut ist.[17] Als vorübergehende Lösung ist ein Notweg nicht einmal eine rechtlich gesicherte Zufahrt im Sinne der BayBO.[18] Ebenso wenig reichen regelmäßig eine **Grunddienstbarkeit** nach § 1018 BGB oder eine **beschränkte persönliche Dienstbarkeit** nach § 1090 BGB als „öffentlich-rechtliche" Sicherung aus, da sie ohne Zustimmung der Bauaufsichtsbehörde aufgehoben werden könnten. 22

Nach § 5 Abs. 2 NBauO reicht eine Sicherung durch Baulast oder **Miteigentum** aus; bei Wohngebäuden geringer Höhe mit nicht mehr als zwei Wohnungen genügt sogar eine Sicherung durch Grunddienstbarkeit. 23

Die Zugänglichkeit eines an der Grenze eines Bundeslandes liegenden Baugrundstücks über das **öffentliche Straßennetz des Nachbarlandes** wird mit Rücksicht auf die unterschiedlichen hoheitlichen Kompetenzen regelmäßig den bauordnungsrechtlichen Anforderungen an die schnelle Auffindbarkeit und sichere Zugänglichkeit des Grundstücks insbesondere für Feuerwehr und Rettungsfahrzeuge nicht genügen.[19] 24

b) Ein Gebäude auf mehreren Grundstücken

Nach § 4 Abs. 2 **MBO 2002** ist ein Gebäude auf mehreren Grundstücken nur zulässig, wenn öffentlich-rechtlich gesichert ist, dass dadurch keine Verhältnisse eintreten können, die Vorschriften dieses Gesetzes oder auf Grund dieses Gesetzes widersprechen (siehe Kapitel 3 Rn. 10, 11). § 4 Abs. 2 Brem LBO spricht von öffentlich-rechtlicher Sicherung durch „Vereinigungsbaulast". Die Bedeutung der Vorschrift liegt darin, dass sie der Baulast als einer öffentlich-rechtlichen Sicherung die Fähigkeit beilegt, das Verbot grenzüberschreitender Errichtung baulicher Anlagen zu durchbrechen und die **Zulässigkeit eines Überbaus** zu begründen.[20] Auch ein Überbau, bei dem der Baukörper lediglich in den Luftraum des Nachbargrundstücks hineinragt, wird regelmäßig nur bei Bestellung einer Baulast nach dieser Regelung und nicht durch eine Abstandsflächenbaulast dem Bauordnungsrecht entsprechen können.[21] 25

Unter einem Grundstück im Sinne dieser Regelung ist das Buchgrundstück zu verstehen. Eine öffentlich-rechtliche Sicherung ist auch dann notwendig, wenn mehrere Grundstücke einem einzigen Eigentümer gehören. Wie die Bezugnahme auf die Bauord- 26

---

15 OVG NRW vom 2. 3. 2001 BRS 64 Nr. 116.

16 OVG NRW vom 15. 5. 1992 NJW 1993, 1284; entsprechend für eine Dienstbarkeit BGH vom 11. 4. 2003 NJW-RR 2003, 1235.

17 OVG NRW vom 15. 4. 1999 NWVBl. 1999, 464; siehe auch OVG Brem vom 30. 9. 2003 NordÖR 2003, 495.

18 Bay VGH vom 14. 2. 2001 BRS 64 Nr. 167.

19 OVG Bln vom 30. 7. 2003 LKV 2004, 86.

20 *Wilke/Dageförde/Knuth/Meyer* (Fn. 8) § 4 Rn. 12; zu der weiter gehenden Regelung in § 4 Abs. 1 Satz 2 NBauO und zu den Auswirkungen auf den Nachbarschutz, OVG Nds vom 1. 8. 1996 BRS 58 Nr. 179 und vom 2. 7. 1999 BRS 62 Nr. 147; mit den Grenzen der Vereinigungsbaulast im Bauordnungsrecht am Beispiel der Zufahrtsbaulast befasst sich *Prahl*, BauR 2003, 1519; zu den Bedenken gegen eine Vereinigungsbaulast im Bauplanungsrecht Rn. 43, 45.

21 OVG Nds vom 21. 1. 1999 BRS 62 Nr. 146.

nung zeigt, handelt es sich um eine **bauordnungsrechtliche Vereinigungsbaulast**, mit der auch nur bauordnungsrechtliche Hindernisse ausgeräumt werden können. Durch eine solche Baulast kann der **Nachbarschutz** zwischen den beiden Grundstückseigentümern eingeschränkt sein.

c) Abstandsflächen

27 § 6 Abs. 2 Satz 3 **MBO 2002** bestimmt, dass Abstandsflächen sowie Abstände sich ganz oder teilweise auf andere Grundstücke erstrecken dürfen, wenn öffentlich-rechtlich gesichert ist, dass sie nicht überbaut werden; Abstandsflächen dürfen auf die auf diesen Grundstücken erforderlichen Abstandsflächen nicht angerechnet werden (siehe Kapitel 3 Rn. 93). Mit der Abstandsflächenbaulast kann zugunsten des beabsichtigten Bauvorhabens öffentlich-rechtlich gesichert werden, dass auf dem zu belastenden Nachbargrundstück die **erforderlichen Flächen freigehalten** und diese nur mit den in der Abstandsfläche zulässigen Anlagen bebaut werden.[22] Enthält die von dem Nachbarn des Bauherrn übernommene Baulast die Verpflichtung, eine bestimmte Fläche seines Grundstücks nicht zu bebauen, dann bleibt diese Fläche für die Berechnung der Abstandsfläche Teil des Baugrundstücks.[23]

28 Auch wenn Baulasten in der Regel zur Verwirklichung eines bestimmten Bauvorhabens auf dem Nachbargrundstück übernommen werden, wird diese Funktion in den meisten Fällen nicht mit der Genehmigung dieses Bauvorhabens verloren gehen, sondern könnte, solange die Baulast besteht, auch für **ein weiteres Bauvorhaben** mit entsprechender Abstandsfläche beachtlich sein.[24] Allerdings muss regelmäßig bei der Übernahme von Abstandsbaulasten die Verpflichtungserklärung des Grundstückseigentümers das **Vorhaben**, zu dessen Vorteil die Abstandsbaulast erklärt wird, unmissverständlich und **eindeutig** bezeichnen.[25] Wenn eine Baulast die Bedenken gegen die Einhaltung der Abstandsflächenbestimmungen rechtlich nicht ausräumt, könnte die Baulast im Einzelfall als Verzicht auf die Geltendmachung öffentlich-rechtlicher Abwehrrechte verstanden werden.[26]

d) Anbauverpflichtung

29 Nach der früheren Fassung des § 6 Abs. 1 Satz 2 Nr. 2 MBO war eine Abstandsfläche nicht erforderlich vor Außenwänden, die an Nachbargrenzen errichtet werden, wenn nach planungsrechtlichen Vorschriften das Gebäude an die Grenze gebaut werden darf und **öffentlich-rechtlich gesichert ist**, dass vom Nachbargrundstück angebaut wird. Eine entsprechende Regelung ist in den meisten Landesbauordnungen enthalten (siehe Kapitel 3 Rn. 58).

30 Die **MBO 2002** enthält die Forderung nach einer öffentlich-rechtlichen Sicherung nicht mehr. Hierzu heißt es in der Begründung, diese öffentlich-rechtliche Sicherung des Anbauzwangs entfalle, da die vorhandenen planungs- und bauordnungsrechtlichen Instrumentarien ausreichten. Die öffentlich-rechtliche Sicherung in Gestalt einer Anbaubaulast sei nur so lange erforderlich, wie kein anderweitiger öffentlich-rechtlicher Zwang zum Anbau bestehe. Aus der Rechtsprechung des Bundesverwaltungsgerichts[27] folge, dass sich **der Zwang bzw. die Erlaubnis zum Anbau bereits aus dem Bauplanungsrecht** ergebe. Wenn das Planungsrecht somit eine ausreichende Regelung treffe, sei eine zusätzliche bauordnungsrechtliche Regelung in Form einer öffentlich-rechtlichen Anbaubaulast nicht mehr erforderlich. Das entspricht dem oben erwähnten Grundsatz der Subsidiarität der Baulast. Die BauO Bln soll der **MBO 2002** angepasst werden.

---

[22] OVG NRW vom 29. 9. 1981 BRS 38 Nr. 133.
[23] BW VGH vom 30. 7. 2001 BRS 64 Nr. 131.
[24] BW VGH vom 27. 10. 2000 BRS 63 Nr. 184; Bedenken bei *Sauter*, LBO BW, § 71 Rn. 50.
[25] OVG Nds vom 27. 9. 2001 BRS 64 Nr. 130.
[26] OVG Saar vom 30. 9. 1998 BRS 60 Nr. 119.
[27] BVerwG vom 24. 2. 2000 BRS 63 Nr. 185 = NVwZ 2000, 1055.

e) Spielplätze

Die **MBO 2002** (§ 8 Abs. 2) und die meisten Bauordnungen der Länder sehen bei der Errichtung von Gebäuden mit einer bestimmten Mindestzahl von Wohnungen vor, dass auf dem Baugrundstück oder in unmittelbarer Nähe auf einem anderen geeigneten Grundstück, dessen dauerhafte Nutzung für diesen Zweck öffentlich-rechtlich gesichert sein muss, ein ausreichend großer Spielplatz für Kleinkinder anzulegen ist (siehe Kapitel 3 Rn. 214). In der entsprechenden Baulast können neben der Bereitstellung der für den Spielplatz erforderlichen Fläche **auch öffentlich-rechtliche Verpflichtungen** zu einem Tun, z. B. die Pflege und Erneuerung des Spielsandes sowie die Wartung und gegebenenfalls Instandsetzung schadhafter Spielgeräte und Spielflächen, übernommen werden.[28] 31

f) Standsicherheit

Nach der **MBO 2002** (§ 12 Abs. 2) und den meisten Bauordnungen der Länder ist die Verwendung gemeinsamer Bauteile für mehrere bauliche Anlagen zulässig, wenn öffentlich-rechtlich gesichert ist, dass diese gemeinsamen Bauteile bei der Beseitigung einer der baulichen Anlagen bestehen bleiben können (siehe Kapitel 5 Rn. 15 ff.). Dieser Fall ist bei einer durch Baulast gesicherten **gemeinsamen Brandwand** mehrerer Gebäude, insbesondere auf verschiedenen Grundstücken oder auch bei gemeinsamen Teilen von Gründungen gegeben. Die Gebäude sind dann in statischer Hinsicht miteinander verklammert. 32

g) Stellplätze

Nach § 49 Abs. 1 **MBO 2002** und den meisten Bauordnungen der Länder sind die notwendigen Stellplätze auf dem Baugrundstück oder in zumutbarer Entfernung davon auf einem geeigneten Grundstück herzustellen, dessen Benutzung für diesen Zweck **öffentlich-rechtlich gesichert** wird (siehe Kapitel 10 Rn. 17). Die öffentlich-rechtliche Sicherung erfolgt regelmäßig durch die Bestellung einer Baulast. Eine Dienstbarkeit (§ 1018 BGB), eine beschränkte persönliche Dienstbarkeit (§ 1090 BGB) oder etwa ein Mietvertrag würden als privatrechtliche Rechtsinstitute für den Nachweis notwendiger Stellplätze nicht ausreichen.[29] 33

h) Weitere Regelungen

Mit einer Baulast können auch Flächen auf dem Nachbargrundstück zur Verlegung, Betreibung und Unterhaltung von **Leitungen** für die Versorgung mit Trinkwasser, Gas, Elektrizität, für die Ableitung von Abwasser für das Baugrundstück öffentlich-rechtlich gesichert werden (vgl. § 4 Abs. 1 Nr. 2 und 3 BauO NRW). Die Sicherung eines geradlinigen **Zu- oder Durchgangs** von öffentlichen Verkehrsflächen zu rückwärtigen Gebäuden insbesondere für die Feuerwehr (vgl. § 5 Abs. 1 **MBO 2002**) ist durch Baulast möglich. Zur Flächenbaulast aus **Brandschutzgründen** vgl. § 30 Abs. 2 Nr. 1 **MBO 2002** und die entsprechenden landesrechtlichen Regelungen über Brandwände. 34

Durch Baulast kann z.B. auch die Verpflichtung übernommen werden, eine **Hecke** zum Schutz des Nachbargrundstücks **zu erhalten** und gegebenenfalls neu zu pflanzen. Diese Verpflichtung steht im Zusammenhang mit Vorschriften, die in die Entscheidungskompetenz der Bauaufsichtsbehörde bei der baurechtlichen Beurteilung von Bauvorhaben fallen. So kann sich aus § 8 Abs. 1 Satz 1 Nr. 2 **MBO 2002** und entsprechenden landesrechtlichen Bestimmungen eine Begrünungs- oder Bepflanzungspflicht ergeben; nach § 178 BauGB kann ein Pflanzgebot in Bezug auf Festsetzungen nach § 9 Abs. 1 Nr. 25 BauGB erlassen werden.[30] 35

Auch die Verpflichtung zur **Beheizung des Nachbargrundstücks**, solange es zu Wohnzwecken genutzt wird, kann Gegenstand einer Baulast sein. Es handelt sich um eine öffentlich-rechtliche Verpflichtung zu einem das Grundstück des Baulastpflichtigen be- 36

---

[28] OVG Bln vom 29. 10. 1993 NJW 1994, 2971.

[29] BW VGH vom 27. 4. 1983 BRS 40 Nr. 147; zur Stellplatzbaulast *Ziegler*, BauR 1988, 18.

[30] BW VGH vom 11. 12. 1986 Az. 8 S 1282/86; *Sauter* (Fn. 24) § 71 Rn. 26.

treffenden Tun, das sich nicht schon aus öffentlich-rechtlichen Vorschriften ergibt.[31] Denkbar wäre auch die Übernahme der Verpflichtung, auf dem belasteten Grundstück die Heizung nur mit **bestimmten Brennstoffen** (z. B. Flüssiggas) zu betreiben. Ohnehin ist die Variationsbreite möglicher Inhalte von Baulasten groß.[32]

2. Bauplanungsrecht

37 Entsprechend dem Aufgabenbereich der Bauaufsichtsbehörde können Baulasten auch zur Gewährleistung planungsrechtlicher Anforderungen in Betracht kommen; häufig wird es sich um Eigentümerbaulasten handeln.

a) Einzelfälle

38 Der Verzicht auf Ersatz der Werterhöhung nach **§ 32 BauGB** und das Anerkenntnis künftiger planerischer Festsetzungen nach **§ 33 Abs. 1 Nr. 3 BauGB**[33] können Gegenstand einer Baulast sein. Bei Außenbereichsvorhaben im Sinne von **§ 35 BauGB** könnte den planungsrechtlichen Belangen dadurch Rechnung getragen werden, dass zur Sicherung der Privilegierungsvoraussetzungen eine Baulast bestellt wird.[34] Nach § 35 Abs. 5 Satz 2 BauGB soll z. B. durch Baulast die Einhaltung der übernommenen Verpflichtung, keine Neubebauung als Ersatz für die aufgegebene Nutzung vorzusehen, gesichert werden.

39 Hinsichtlich der Frage der **gesicherten Erschließung** nach § 30 Abs. 1, § 33 Abs. 1 Nr. 4, § 34 Abs. 1 und § 35 Abs. 1 BauGB regelt das Planungsrecht nicht, wie die Sicherung zu erfolgen hat. Aus der Notwendigkeit, die Erschließung auf Dauer zu sichern, folgt, dass eine rein schuldrechtliche Vereinbarung des Bauherrn mit einem privaten Grundstücksnachbarn nicht ausreicht. Nach Auffassung des Bundesverwaltungsgerichts[35] bestehen aus bundesrechtlicher Sicht keine Bedenken, eine gesicherte Erschließung nicht nur anzunehmen, wenn die Zufahrt zum öffentlichen Straßennetz öffentlich-rechtlich durch Baulast, sondern z. B. auch dann, wenn sie dinglich durch eine **Grunddienstbarkeit** gesichert ist. Regelmäßig werden aber auch für die bauplanungsrechtliche Erschließung Baulasten bestellt.[36]

40 In einem Gebiet, das z. B. im Bebauungsplan als Sondergebiet für den gewerblichen Fremdenverkehr ausgewiesen ist, kann die Verpflichtung, kein Wohnungseigentum oder Teileigentum zu begründen, als Baulast übernommen werden.[37] Regelmäßig geht es bei der Baulast im Bauplanungsrecht um die **Belastung des eigenen Grundstücks** zur Ausräumung planungsrechtlicher Hindernisse, die einem Bauvorhaben entgegenstehen. Eine gegenseitige Belastung des einen und die Begünstigung eines anderen Grundstücks, wie es im Bauordnungsrecht die Regel ist, wird im Bauplanungsrecht nur ausnahmsweise zulässig sein.

41 Die in den §§ 30, 34 und 35 BauGB festgelegten **bundesrechtlichen Voraussetzungen für die Bebauung** eines Grundstücks dürfen jedenfalls **nicht** mit einer bauordnungsrechtlichen Regelung durch Baulast **verändert** werden. So kann eine durch § 34 BauGB eröffnete Bebaubarkeit eines Grundstücks nicht mit einer Baulast, die die Verpflichtung enthält, sich auf eine bestimmte Bebauung zu beschränken, ausgeschlossen werden.[38] Der Regelungsgehalt einer Baulast darf auch nicht an die Stelle der Festsetzungen eines Bebauungsplanes z. B. über die überbaubaren Grundstücksflächen nach § 9 Abs. 1 Nr. 2 BauGB treten.[39]

---

[31] OVG Bln vom 29. 10. 1993 NJW 1994, 2971.
[32] BVerwG vom 24. 8. 1993 BRS 55 Nr. 119.
[33] OVG Schl-H vom 19. 6. 1996 BRS 58 Nr. 42.
[34] BVerwG vom 5. 2. 1971 BRS 24 Nr. 58; BW VGH vom 9. 12. 1983 BRS 40 Nr. 77; OVG Nds vom 11. 2. 1985 BRS 44 Nr. 77.
[35] BVerwG vom 3. 5. 1988 BRS 48 Nr. 92 = NVwZ 1989, 353.
[36] *Sarnighausen*, NVwZ 1993, 424, 425; zu einer auflösend bedingten Zuwegungsbaulast BVerwG vom 8. 5. 2002 NVwZ-RR 2002, 770 und zu § 133 BauGB OVG NRW vom 28. 2. 2002 NVwZ 2003, 226.
[37] OVG Nds vom 12. 12. 1986 BRS 46 Nr. 164.
[38] OVG Nds vom 31. 3. 1995 BRS 57 Nr. 92.
[39] BW VGH vom 25. 4. 1974 BRS 28 Nr. 123.

Im **Umlegungsverfahren** können Baulasten durch die Umlegungsstelle im Einvernehmen mit der Baugenehmigungsbehörde aufgehoben, geändert oder neu begründet werden (§ 61 Abs. 1 Satz 3 BauGB). Das Umlegungsverzeichnis führt diese Baulasten auf (§ 68 Abs. 1 Nr. 8). Baulasten können auch Gegenstand der **Grenzregelung** sein. Nach § 80 Abs. 2 BauGB können Baulasten entsprechend § 61 Abs. 1 Satz 3 BauGB neu geordnet und zu diesem Zweck auch neu begründet und aufgehoben werden. 42

b) Vereinigungsbaulast

Durch eine so genannte Vereinigungsbaulast kann nicht in den bauplanungsrechtlichen Grundstücksbegriff eingegriffen werden. Nach den grundstücksbezogenen Vorschriften in § 19 Abs. 3, § 20 Abs. 2 und § 21 Abs. 1 BauNVO ist für die Berechnung des Maßes der baulichen Nutzung die **Fläche des Baugrundstücks** maßgebend, die im Bauland liegt. Damit wird an die in den Kataster- und Grundbucheintragungen festgelegte Grundstücksfläche angeknüpft. Das Grundstück im bauplanungsrechtlichen Sinn ist grundsätzlich mit dem bürgerlich-rechtlichen Buchgrundstück identisch.[40] Dieser **bundesrechtliche** Grundstücksbegriff kann nicht durch **landesrechtliche** Baulasten verändert werden. 43

Wird durch eine Vereinigungsbaulast auf dem belasteten Grundstück in tatsächlicher Hinsicht ein Ausgleich etwa für eine übermäßige bauliche Nutzung des Baugrundstücks hergestellt und wären bei Annahme eines einheitlichen Baugrundstücks die bauplanungsrechtlichen Vorschriften eingehalten, so könnte in Betracht gezogen werden, ob auf Grund der eingetragenen Baulast die tatsächlichen Voraussetzungen für die **Erteilung einer Befreiung** von den planungsrechtlichen Festsetzungen des Baugrundstücks nach § 31 Abs. 2 BauGB verbessert wären. Allein das Vorliegen einer solchen Baulast begründet noch keinen atypischen Sachverhalt und rechtfertigt deshalb noch nicht die Erteilung einer Befreiung von den Festsetzungen des Bebauungsplanes.[41] 44

Soweit durch eine Vereinigungsbaulast der **Nachbarschutz** z. B. gegen Stellplätze aus der entsprechenden **landesrechtlichen** Stellplatzvorschrift ausgeschlossen sein könnte, wären damit aber nicht die Abwehrrechte aus der **bundesrechtlichen** Vorschrift des § 15 Abs. 1 Satz 2 BauNVO betroffen, wonach unter anderem die in § 12 BauNVO genannten Stellplätze und Garagen unzulässig sind, wenn von ihnen Belästigungen oder Störungen ausgehen können, die nach der Eigenart des Baugebiets im Baugebiet selbst oder in dessen Umgebung unzumutbar sind. Der in § 15 Abs. 1 Satz 2 BauNVO nach Maßgabe des Rücksichtnahmegebots angelegte Drittschutz des Nachbarn besteht grundsätzlich auch gegenüber Anlagen auf Grundstücken, die mit dem Grundstück des Nachbarn durch eine landesrechtliche Vereinigungsbaulast zusammengeschlossen sind; denn der bauplanungsrechtliche Grundstücksbegriff kann nicht durch landesrechtliche Baulasten verändert werden.[42] 45

c) Flächenbaulast

Was für die Vereinigungsbaulast gilt, ist entsprechend für eine **Flächenbaulast** maßgebend, bei der ein Grundstückseigentümer sich zugunsten des Baugrundstücks des Nachbarn verpflichtet, das Maß der baulichen Nutzung auf seinem Grundstück nicht auszuschöpfen. Das Grundstück des Verpflichteten wird damit fiktiv um eine bestimmte Fläche verkleinert und das des Begünstigten entsprechend vergrößert. Die bauplanungsrechtliche Situation des Baugrundstücks wird zwar dadurch nicht verändert; das festgesetzte Maß der baulichen Nutzung ist auf diesem Grundstück weiterhin nicht eingehal- 46

---

[40] BVerwG vom 14. 2. 1991 BVerwGE 88, 24, 29 = BRS 52 Nr. 161; siehe oben Rn. 26.

[41] OVG Bln vom 14. 8. 1987 OVGE 19, 72; BVerwG vom 14. 2. 1991 BVerwGE 88, 24, 31 = BRS 52 Nr. 161; *Meendermann/Lassek*, NJW 1993, 424, 427 f.; *Große-Suchsdorf/Lindorf/Schmaltz/Wiechert* (Fn. 9) § 92 Rn. 53; anders OVG Nds vom 4. 10. 1984 BRS 42 Nr. 178 auf Grund der von den anderen Bauordnungen abweichenden Regelung in § 4 Abs. 1 Satz 2 NBauO.

[42] BVerwG vom 7. 12. 2000 BRS 63 Nr. 160 = NVwZ 2001, 813; zum Nachbarschutz vgl. auch Rn. 26.

ten. Die Baulast auf dem Grundstück des Verpflichteten kann aber für das Baugrundstück die Voraussetzungen für die Erteilung einer **Befreiung** schaffen.[43]

d) Abwehrrechte gegen Immissionen

47 Ob eine Baulast mit der von dem Eigentümer übernommenen Verpflichtung, auf dem belasteten Baugrundstück Immissionen, d. h. schädliche Umwelteinwirkungen, die von einem benachbarten Grundstück ausgehen, zu dulden, zulässig wäre, erscheint zumindest insoweit zweifelhaft, als hierdurch Gesundheitsgefahren z. B. auch für die Mieter auf dem belasteten Grundstück drohen. Die Frage kann insbesondere bei einem **Nebeneinander von Wohnbebauung und emittierenden Betrieben** auftreten. Eine Verpflichtungserklärung des Eigentümers eines Baugrundstücks, auf Grund der einzutragenden Baulast die von dem z. B. landwirtschaftlich genutzten Nachbargrundstück ausgehenden Immissionen zu dulden, hindert die Bauaufsichtsbehörde jedenfalls grundsätzlich nicht, die für ein Wohnbauvorhaben beantragte Baugenehmigung wegen Verstoßes gegen die öffentlichen Belange der Vermeidung schädlicher Umwelteinwirkungen und der Einhaltung des **Rücksichtnahmegebots** (§ 15 Abs. 1 BauNVO) abzulehnen.[44] Ein durch Baulast gesicherter genereller Verzicht auf Abwehrrechte gegen schädliche Umwelteinwirkungen wird grundsätzlich kein taugliches Mittel zur Konfliktbewältigung sein können.[45]

48 Dagegen könnte eine konkrete Verpflichtung, erhebliche Belästigungen zu dulden, die unterhalb der Schwelle einer Gesundheitsgefährdung liegen, als **Verzicht auf** die Geltendmachung nachbarlicher **Abwehrrechte** gegen Immissionen im Ausmaß von **Belästigungen** verstanden werden, die von Betrieben im benachbarten Gewerbe- und Industriegebiet auf das Wohnbauvorhaben einwirken würden; eine Duldungsverpflichtung mit diesem Inhalt wird als grundsätzlich zulässiger Inhalt einer Baulast angesehen.[46] Erforderlich ist, dass der Verzichtswille eindeutig und unmissverständlich zum Ausdruck kommt und sich auf ein konkretes Bauvorhaben bezieht.

49 Der Grundsatz der **Subsidiarität** der Baulast (siehe Rn. 16) wäre nicht verletzt. Es geht um die Konkretisierung des in § 15 Abs. 1 BauNVO enthaltenen Gebots der Rücksichtnahme bei einem Nebeneinander von Wohnen und gewerblicher Nutzung.

---

[43] *Sauter* (Fn. 24) § 71 Rn. 24; *Schwarz* (Fn. 1) 1998 S. 448; VG Bln vom 27. 1. 1978 GE 1979, 328; BW VGH vom 31. 10. 2002 BRS 65 Nr. 141 = BauR 2003, 1554.

[44] BW VGH vom 25. 7. 1995 BRS 57 Nr. 74.

[45] Hess VGH vom 16. 3. 1995 BRS 57 Nr. 216; OVG M-V vom 6. 2. 1999 BRS 62 Nr. 106; siehe entsprechend zu einem dinglich gesicherten Verzicht Bay VGH vom 11. 7. 1994 BayVBl. 1995, 150.

[46] OVG Saar vom 18. 6. 2002 BRS 65 Nr. 188 = NJW 2003, 768; BVerwG vom 29. 10. 2002 BVerwG 4 B 60/02.

Teil 3. Begründung und Rechtswirkungen der Baulast

MBO 2002 § 83 Abs. 1 Satz 2 und Abs. 2, BW § 71 Abs. 1 Satz 2 und Abs. 2, § 72 Abs. 1, Bay keine Regelung, Bln § 73 Abs. 1 Satz 3 und Abs. 2, Bbg keine Regelung, Brem § 85 Abs. 1 Satz 2 und Abs. 2, Hamb § 79 Abs. 1 Satz 2, Abs. 2 und Abs. 5 Satz 2, Hess § 75 Abs. 1 Satz 2 und 3 und Abs. 2, M-V § 83 Abs. 1 Satz 2 und Abs. 2, Nds § 92 Abs. 1 Satz 2 und Abs. 2, NRW § 83 Abs. 1 Satz 3 und Abs. 2, Rh-Pf § 86 Abs. 1 Satz 2 und Abs. 2, Saar § 92 Abs. 1 Satz 2 und Abs. 2, Sachs § 80 Abs. 1 Satz 2 und Abs. 2, Sachs-Anh § 87 Abs. 1 Satz 2 und Abs. 2, Schl-H § 89 Abs. 1 Satz 2 und 3 und Abs. 2, Thür § 80 Abs. 1 Satz 2 und Abs. 2.

I. Ländervergleich

50

	Regelungsgegenstände der Landesbauordnungen und der MBO 2002[47]
1.	Baulasten werden unbeschadet der Rechte Dritter mit der Eintragung in das Baulastenverzeichnis wirksam und wirken auch gegenüber den Rechtsnachfolgern
2.	Die Verpflichtungserklärung bedarf der Schriftform; die Unterschrift muss öffentlich beglaubigt oder vor der Bauaufsichtsbehörde geleistet oder von ihr anerkannt sein

51

Land	Norm (LBO)		Umsetzung/Abweichung in den Ländern und der MBO 2002[48]
MBO 2002	§ 83	1. 2.	§ 83 I 2 § 83 II
BW	§§ 71, 72	1. 2.	§ 71 I 2 kein Hinweis auf Rechte Dritter, Entstehen mit Zugang der Erklärung, § 72 I Eintragung auf Anordnung § 71 II die Erklärung muss vor der Baurechtsbehörde oder vor der Gemeindebehörde abgegeben oder anerkannt werden; sie **kann** auch in öffentlich beglaubigter Form einer dieser Behörden vorgelegt werden
Bay	keine Regelung		
Bln	§ 73	1. 2.	§ 73 I 3 § 73 II
Bbg	keine Regelung		
Brem	§ 85	1. 2.	§ 85 II § 85 I 2 die elektronische Form ist ausgeschlossen
Hamb	§ 79	1. 2.	§ 79 I 2, § 79 V 2 kein Rechtsanspruch auf Übernahme in das Baulastenverzeichnis § 79 II
Hess	§ 75	1. 2.	§ 75 I 2, § 75 I 3 Nachweis im Liegenschaftskataster § 75 II Beglaubigung auch von einer Vermessungsstelle
M-V	§ 83	1. 2.	§ 83 I 2 § 83 II
Nds	§ 92	1. 2.	§ 92 I 2 § 92 II Beglaubigung auch in einer Vermessungsstelle
NRW	§ 83	1. 2.	§ 83 I 3 § 83 II

[47] Die hier verwendeten Ziffern entsprechen den Ziffern der nachstehenden Rubrik „Umsetzung/Abweichung in den Ländern und der MBO 2002".

[48] Die hier verwendeten Ziffern entsprechen den Ziffern der vorstehenden Rubrik „Regelungsgegenstände der Landesbauordnungen und der MBO 2002".

Land	Norm (LBO)	Umsetzung/Abweichung in den Ländern und der MBO 2002	
Rh-Pf	§ 86	1. 2.	§ 86 I 2 § 86 II
Saar	§ 92	1. 2.	§ 92 I 2 § 92 II
Sachs	§ 80	1. 2.	§ 80 I 2 § 80 II
Sachs-Anh	§ 87	1. 2.	§ 87 I 2 § 87 II
Schl-H	§ 89	1. 2.	§ 89 I 2, 3 § 89 II
Thür	§ 80	1. 2.	§ 80 I 2 § 80 II

II. Begründung der Baulast

1. Verpflichtungserklärung

a) Verfügungsbefugnis

52 Die Verpflichtungserklärung können Grundstückseigentümer abgeben, wobei es genügt, dass der Erklärende in dem für das Wirksamwerden der Baulast maßgeblichen **Zeitpunkt der Eintragung** in das Baulastenverzeichnis Eigentümer ist; bei Abgabe der Verpflichtungserklärung braucht er noch nicht im Grundbuch eingetragen zu sein.[49] Nach einigen Bauordnungen der Länder ist auch der **Erbbauberechtigte** zur Abgabe der Erklärung befugt, während anderen dinglich Berechtigten diese Befugnis nicht zusteht.

53 Bei Miteigentum an einem Grundstück, für das eine Baulast übernommen werden soll, sind von allen **Miteigentümern** entsprechende Verpflichtungserklärungen abzugeben; dagegen wird durch die Bestellung einer Baulast für einen Miteigentumsanteil ein anderer Miteigentümer nicht betroffen.[50] Bei einer ungeteilten Erbengemeinschaft müssen alle **Miterben** mitwirken (§ 2040 Abs. 1 BGB).[51] Bei einer Verpflichtungserklärung eines **minderjährigen** Grundstückseigentümers wird nach § 1643 Abs. 1, § 1821 Abs. 1 Nr. 1 BGB die Genehmigung des Familiengerichts erforderlich sein.[52]

54 Da die Baulast „unbeschadet der Rechte Dritter" bestellt werden kann, darf der Eigentümer die Verpflichtungserklärung grundsätzlich **ohne Zustimmung** der **Inhaber dinglicher Rechte** abgeben.[53] Etwas anderes wird nur für den Erbbauberechtigten gelten, der nicht nur ein dingliches, sondern ein grundstücksgleiches Recht hat.[54]

55 Ein vom Grundstückseigentümer nach Eintragung einer **Auflassungsvormerkung** übernommene Baulast ist dem Grundstückskäufer gegenüber insoweit unwirksam, als sie dessen Anspruch vereiteln oder beeinträchtigen würde;[55] dementsprechend wird deshalb

[49] OVG Bln vom 8. 9. 1995 BRS 57 Nr. 203.

[50] OVG NRW vom 9. 5. 1995 BRS 57 Nr. 204; BW VGH vom 1. 8. 1994 NJW 1995, 1373.

[51] BW VGH vom 1. 6. 1990 NJW 1991, 2786; zum Nacherben vgl. BW VGH vom 27. 2. 1989 NJW 1990, 268.

[52] OVG NRW vom 9. 5. 1995 BRS 57 Nr. 204.

[53] OVG NRW vom 18. 7. 1995 BRS 57 Nr. 205; *Wilke/Dageförde/Knuth/Meyer* (Fn. 8) § 73 Rn. 17; *Gädtke/Temme/Heintz*, LBO NRW, 10. Aufl. 2003, § 83 Rn. 43; *Große-Suchsdorf/Lindorf/Schmaltz/Wiechert* (Fn. 9) § 92 Rn. 30.

[54] *Sauter*, LBO BW, § 71 Rn. 38; siehe auch OVG Nds vom 26. 5. 1989 BRS 49 Nr. 177 = NJW 1990, 1499.

[55] OVG Sachs vom 9. 9. 1994 BRS 56 Nr. 115.

grundsätzlich eine Zustimmung des Auflassungsvormerkungsberechtigten zur Begründung einer Baulast erforderlich sein.[56] Der Eigentümer eines im Rahmen der **Zwangsversteigerung** beschlagnahmten Grundstücks kann eine Baulast nur mit Zustimmung des Vollstreckungsgläubigers bestellen.[57]

Im **Umlegungsverfahren** dürfen Baulasten nur mit Genehmigung der Umlegungsstelle neu begründet, geändert oder aufgehoben werden (§ 51 Abs. 1 Nr. 1 BauGB); im förmlich festgelegten **Sanierungsgebiet** bedarf es dafür der schriftlichen Genehmigung der Gemeinde (§ 144 Abs. 2 Nr. BauGB). 56

Der Abgabe der Verpflichtungserklärung zur Begründung einer Baulast liegen regelmäßig **privatrechtliche Vereinbarungen** der beteiligten Grundstückseigentümer zugrunde. Das ist nur dann nicht der Fall, wenn ein Grundstückseigentümer die Verpflichtung zugunsten seines Grundstücks oder zugunsten eines Nachbargrundstücks, das in seinem Eigentum steht, abgibt (**Eigentümerbaulast**, siehe Rn. 15). 57

Ein **öffentliches Interesse** an der Abgabe der Verpflichtungserklärung zur Bestellung einer Baulast dürfte nicht erforderlich sein, da es regelmäßig nur um die Beseitigung baurechtlicher Hindernisse für die Genehmigung eines privaten Bauvorhabens geht.[58] Erst dann, wenn die Baulast entstanden und auf Grund ihres Bestehens eine Baugenehmigung erteilt oder ein Bauvorhaben errichtet worden ist, besteht an dem Fortbestand der Baulast ein öffentliches Interesse (vgl. auch die Regelungen über den Verzicht in § 83 Abs. 3 Satz 2 **MBO 2002** und den entsprechenden Vorschriften der Bauordnungen der Länder, siehe Rn. 82), sofern das Bauvorhaben nur auf Grund der Baulast mit den öffentlich-rechtlichen Vorschriften vereinbar ist. 58

Bei einem fehlenden **Sachbescheidungsinteresse**, z. B. wenn die Baugenehmigung auch mit der Baulast nicht erteilt werden könnte, wird die Eintragung in das Baulastenverzeichnis abzulehnen sein. Das kann der Fall sein, wenn überhaupt nicht absehbar ist, dass die Verpflichtungserklärung jemals öffentlich-rechtliche Bedeutung erlangen wird, so z. B. wenn eine Zufahrtsbaulast als öffentlich-rechtliche Sicherung funktionslos wäre, weil eine Bebauung des Grundstücks aus planungsrechtlichen Gründen nicht in Betracht kommt.[59] 59

b) Form

Nach den in der **MBO 2002** und allen Bauordnungen der Länder getroffenen Regelungen bedarf die Verpflichtungserklärung der **Schriftform**; die Unterschrift muss öffentlich beglaubigt (§§ 126, 129 BGB) oder vor der Bauaufsichtsbehörde geleistet oder von ihr anerkannt sein. Eine nur amtliche Beglaubigung reicht nicht aus (§ 34 Abs. 1 Satz 2 Nr. 2 VwVfG).[60] Bei Abgabe der Erklärung durch einen Bevollmächtigten wird eine beglaubigte Vollmacht zu fordern und zu den Akten zu nehmen sein. Die Verpflichtungserklärung ist eine einseitige empfangsbedürftige öffentlich-rechtliche Willenserklärung, die entsprechend § 130 BGB mit Zugang bei der Bauaufsichtsbehörde wirksam wird. Die Baulast selbst wird allerdings erst mit der Eintragung wirksam (siehe Rn. 65, anders nur LBO BW). 60

c) Bestimmtheit

Die Verpflichtungserklärung muss den Inhalt und Umfang der übernommenen öffentlich-rechtlichen Verpflichtung eindeutig erkennen lassen. Maßgeblich für diese Beurteilung ist, ob die durch die Baulast zu sichernde Duldungs-, Handlungs- oder Unterlassungsverpflichtung bei einer entsprechend § 133 BGB am objektiven Empfängerhorizont orientierten Auslegung ihres Wortlauts **so klar und unzweideutig ist, dass sie** mit Hilfe 61

[56] OVG Nds vom 12. 9. 1997 BRS 59 Nr. 192 und vom 10. 3. 2003 NdsVBl. 2003, 212, 214; *Berghäuser/Berg*, DÖV 2002, 512, 514 f.

[57] OVG NRW vom 18. 7. 1995 BRS 57 Nr. 205; *Gädtke/Temme/Heintz* (Fn. 53) § 83 Rn. 44.

[58] OVG Bln vom 29. 10. 1993 NJW 1994, 2971; *Schwarz* (Fn. 1) 1998 S. 449; *Dehner*, Nachbarrecht, 11/2003, B § 30 S. 47.

[59] BVerwG vom 4. 10. 1994 BRS 56 Nr. 114 = NVwZ 1995, 377.

[60] Hess VGH vom 5. 2. 1982 BRS 39 Nr. 171.

einer bauaufsichtlichen Ordnungsverfügung **durchgesetzt werden kann.**[61] So muss die übernommene öffentlich-rechtliche Verpflichtung zu einem Handeln oder Dulden in der Verpflichtungserklärung regelmäßig genauer umschrieben sein als eine Unterlassungspflicht.[62] Ein **Lageplan** ist erforderlich, wenn die Baulast nicht schon durch den Text der Verpflichtungserklärung eindeutig beschrieben werden kann, was regelmäßig bei flächenrelevanten Verpflichtungen der Fall ist,[63] die Baulast sich also flächenmäßig auf das zu belastende Grundstück bezieht.

d) Bedingungen

62 Eine Verpflichtungserklärung, mit der die Genehmigungsfähigkeit eines Bauvorhabens auf dem begünstigten Grundstück auf Grund der einzutragenden Baulast erreicht werden soll, kann aus Gründen der Rechtssicherheit nicht mit einer **aufschiebenden Bedingung** versehen werden.[64] Für **eine auflösende Bedingung**[65] kann nichts anderes gelten; es fehlt an der dauerhaften öffentlich-rechtlichen Sicherung. Über die Beendigung einer Baulast entscheidet allein die Bauaufsichtsbehörde, wie die Vorschriften über den Verzicht (siehe Rn. 81, 82) erkennen lassen.

e) Anfechtung

63 Die Verpflichtungserklärung kann aus Gründen der Rechtssicherheit und des Vertrauensschutzes jedenfalls dann nicht mehr nach § 119 BGB wegen **Irrtums** angefochten werden, wenn die Baulast mit konstitutiver Wirkung eingetragen ist. Erst recht ist die Anfechtung ausgeschlossen, wenn die Baugenehmigung, der die Baulast zugrunde liegt, erteilt und das Bauvorhaben verwirklicht worden ist.[66] Mit Rücksicht auf den **öffentlich-rechtlichen Sicherungszweck** der Baulast steht nur der Bauaufsichtsbehörde die Verfügungsmacht über den Fortbestand einer wirksam begründeten Baulast zu. Die Frage der Beendigung einer Baulast ist in der Vorschrift über den schriftlichen Verzicht der Bauaufsichtsbehörde bei Wegfall des öffentlichen Interesse an der Baulast abschließend geregelt.[67]

64 Ähnliches dürfte auch für eine Anfechtung wegen **arglistiger Täuschung oder Drohung** (§ 123 BGB) gelten.[68] Die Grundsätze über den Wegfall der Geschäftsgrundlage sind auf Verpflichtungserklärungen zur Begründung einer Baulast nicht anwendbar.[69]

2. Eintragung

a) Verwaltungsakt

65 Die Eintragung der Baulast ist ein Verwaltungsakt im Sinne des § 35 VwVfG, denn sie hat **konstitutive Wirkung.**[70] Das ergibt sich aus den Regelungen der **MBO 2002** und – mit Ausnahme der LBO BW[71] – aus den Bauordnungen der Länder. Danach werden Baulasten mit der Eintragung in das Baulastenverzeichnis wirksam. Eine Bekanntgabe an die Beteiligten ist nicht vorgesehen, aber angezeigt, damit die Baulasteintragung bestandskräftig werden kann.

---

[61] OVG Bln vom 8. 9. 1995 BRS 57 Nr. 203; OVG Nds vom 27. 9. 2001 BRS 64 Nr. 130; siehe auch Rn. 94.

[62] OVG NRW vom 15. 5. 1992 NJW 1993, 1284.

[63] OVG Bln vom 8. 9. 1995 BRS 57 Nr. 203.

[64] BW VGH vom 29. 5. 1979 BRS 35 Nr. 164; anders *Schwarz* (Fn. 1) 1998 S. 450.

[65] BVerwG vom 8. 5. 2002 NVwZ-RR 2002, 770.

[66] OVG Nds vom 21. 1. 1999 BRS 62 Nr. 146 und vom 26. 3. 1999 BRS 62 Nr. 145; vgl. auch *Meendermann*, Die öffentlich-rechtliche Baulast, 2003, S. 9 f. und *Hoppenberg/de Witt*, Handbuch des öffentlichen Baurechts, Band 1, 2003, AI Rn. 217; anders *Dehner* (Fn. 58) S. 50 f.

[67] BW VGH vom 13. 6. 1984 NJW 1985, 1723.

[68] Jedoch OVG NRW vom 9. 4. 1987 BRS 47 Nr. 148; *Große-Suchsdorf/Lindorf/Schmaltz/Wiechert* (Fn. 9) § 92 Rn. 36.

[69] OVG Schl-H vom 19. 6. 1996 BRS 58 Nr. 42.

[70] Anders nur *Hoppe/Bönker/Grotefels*, Öffentliches Baurecht, 2. Aufl. 2002, S. 675; zur Wirkung der Begründung einer Baulast durch den Umlegungsplan nach § 61 Abs. 1 Satz 3 BauGB siehe *Boeddinghaus/Hahn/Schulte*, BauO NRW, § 83 Rn. 68.

[71] BW VGH vom 1. 6. 1990 NJW 1991, 2786.

b) Rechtsschutz

Ein Anspruch des **Baulastverpflichteten** auf Eintragung kann bestehen, wenn die Verpflichtungserklärung den gesetzlichen Anforderungen entspricht und auch ein Sachbescheidungsinteresse an der Bestellung der Baulast gegeben ist. Nach § 79 Abs. 5 Satz 2 HBauO besteht kein Rechtsanspruch auf Übernahme in das Baulastenverzeichnis. Wird eine Eintragung zu Unrecht abgelehnt, kommt nach Durchführung des Widerspruchsverfahrens die Erhebung einer Verpflichtungsklage in Betracht. 66

Viel spricht dafür, dass ein derartiger Anspruch auf Eintragung auch dem durch eine wirksame Verpflichtungserklärung und die einzutragende Baulast begünstigten Eigentümer des Baugrundstücks zusteht. Mit der Eintragung der Baulast kann der **Begünstigte** die Genehmigungsfähigkeit seines Bauvorhabens erreichen; entgegenstehende öffentlich-rechtliche Hindernisse werden mit der Baulast ausgeräumt. Die durch die Eintragung entstandene Baulast greift so unmittelbar in das Regelungsgefüge ein, das für die Entscheidung über den Antrag des Begünstigten auf Erteilung der Baugenehmigung bestimmend ist. Sie **verbessert** aufgrund der Verpflichtungserklärung **seine Rechtsstellung;** seine privaten Interessen an der Errichtung eines bestimmten Bauwerks erhalten mit der Eintragung der Baulast ihre öffentlich-rechtliche Sicherstellung. Damit wird die vom Schutzbereich des Eigentumsgrundrechts des Art. 14 Abs. 1 GG umfasste Baufreiheit auch durch die Baulastregelungen gewährleistet. Dementsprechend wird vielfach zu Recht dem Begünstigten ein Anspruch auf Eintragung einer Baulast, wenn für ihn eine wirksame Verpflichtungserklärung vorliegt, zugebilligt.[72] 67

III. Rechtswirkungen der Baulast

1. Beziehung des Baulastbegünstigten zum Verpflichteten

Für die Wirksamkeit einer Baulast kommt es auf das Bestehen und auf den Inhalt der privatrechtlichen Beziehungen zwischen dem Baulastverpflichteten und dem Baulastbegünstigten nicht an. **Unabhängig von den privatrechtlichen Vereinbarungen** begründet die Baulast nur öffentlich-rechtliche Beziehungen gegenüber der Bauaufsichtsbehörde.[73] Die mit der Baulast bezweckte öffentlich-rechtliche Sicherung der Genehmigungsvoraussetzungen für das Bauvorhaben auf dem Grundstück des Begünstigten ist gegenüber den privatrechtlichen Rechtsverhältnissen zwischen den Beteiligten verselbständigt. 68

Die Baulast räumt dem Eigentümer des Baugrundstücks keinen zivilrechtlichen Nutzungsanspruch ein; sie **verpflichtet** regelmäßig den Eigentümer des belasteten Grundstücks auch **nicht zivilrechtlich zu einem bestimmten Tun, Dulden oder Unterlassen**.[74] Deshalb liegen der mit einer Baulast übernommenen Verpflichtung regelmäßig privatrechtliche Vereinbarungen zugrunde, in denen der begünstigte Bauherr und der verpflichtete Grundstückseigentümer ihre Beziehungen absichern und die mit der Übernahme der Baulast verbundenen Einschränkungen ausgleichen. Vielfach wird die Befugnis zur Nutzung des mit der Baulast zu belastenden Grundstücks auch dinglich mit einer Grunddienstbarkeit gesichert. Ohne derartige zivilrechtliche, vertragliche oder dingliche, Regelungen kann sich der Baulastbegünstigte nicht darauf verlassen, dass der Verpflichtete die Baulastverpflichtungen einhält.[75] 69

---

[72] OVG Nds vom 2. 7. 1991 BRS 52 Nr. 164; *Große-Suchsdorf/Lindorf/Schmaltz/Wiechert* (Fn. 9) § 92 Rn. 26; *Gädtke/Temme/Heintz* (Fn. 53) § 83 Rn. 47; *Kluth/Neuhäuser*, NVwZ 1996, 738, 743 f.; siehe auch *Wenzel* (Fn. 1) Rn. 39 f. und BauR 2002, 569, 571; anders OVG NRW vom 28. 1. 1997 BRS 59 Nr. 229; *Boeddinghaus/Hahn/Schulte* (Fn. 68) § 83 Rn. 66 a; Bedenken bei *Hoppenberg/de Witt* (Fn. 66) Rn 225.

[73] OVG Bln vom 29. 10. 1993 NJW 1994, 2971; OVG Brem vom 21. 10. 1997 BRS 60 Nr. 120.

[74] OVG Bln (Fn. 73); OVG Nds vom 27. 9. 2001 BRS 64 Nr. 130 unter Hinweis auf die Rechtsprechung des BGH.

[75] *Roellecke*, Die Baulast als Instrument der Bauleitplanung, Festschrift für Blümel 1999, 481, 490.

70 Aus einer zwischen den Beteiligten bestehenden **Grunddienstbarkeit** (§ 1018 BGB), die die Sicherstellung der Bebaubarkeit des Grundstücks des Begünstigten bezweckt, kann der **Anspruch auf Bestellung** einer entsprechenden Baulast folgen, und zwar kann sich die Verpflichtung auf Abgabe der Baulasterklärung als Nebenpflicht aus dem durch die Grunddienstbarkeit geschaffenen gesetzlichen Schuldverhältnis ergeben.[76]

71 Ohne derartige privatrechtliche Regelungen durch Vertrag oder Dienstbarkeit kann der Baulastverpflichtete gegen den Baulastbegünstigten einen **Bereicherungsanspruch** wegen unbefugter Inanspruchnahme seines Eigentums haben. Die Baulast stellt keinen Rechtsgrund für die Nutzung dar.[77] Der vermögenswerte Vorteil im Sinne von § 812 Abs. 1 BGB liegt z. B. bei einer Stellplatzbaulast darin, dass der für die Genehmigung erforderliche Nachweis von Stellplätzen mit der Baulast erbracht werden kann. In dieser begünstigenden Wirkung liegt der wirtschaftliche Wert der Baulast, die Bestellung der Baulast ist als Leistung im bereicherungsrechtlichen Sinne zugunsten des Bauherrn zu werten.[78]

72 Auch § 242 BGB kann für die Beziehungen zwischen dem Baulastbegünstigten und dem Baulastverpflichteten von Bedeutung sein. Ist z. B. ein Grundstückseigentümer auf Grund einer öffentlich-rechtlichen Baulast zur Duldung einer Garage zugunsten des jeweiligen Eigentümers des Nachbargrundstücks verpflichtet, so handelt er **rechtsmissbräuchlich**, wenn er klageweise vom Baulastbegünstigten Herausgabe und Räumung der Garage verlangt, solange die Baulast besteht und keine Anhaltspunkte dafür vorhanden sind, die Bauaufsichtsbehörde werde sie nicht durchsetzen oder auf sie verzichten. In diesem Fall würde der Baulastverpflichtete den Begünstigten in eine baurechtswidrige Lage bringen, weil der Begünstigte seiner Stellplatzverpflichtung auf dem eigenen Grundstück nicht nachkommen kann und der Verpflichtete zur Verhinderung dieses Verstoßes gegen öffentlich-rechtliche Vorschriften die Baulast übernommen hatte.[79]

73 Danach wird die Baulast regelmäßig nur dann ihren öffentlich-rechtlichen Zweck der dauerhaften Sicherung baurechtmäßiger Zustände auf dem Grundstück des Begünstigten erfüllen können, wenn sie auf Grund von privatrechtlichen, vertraglichen oder dinglichen, Regelungen, gegebenenfalls über § 242 BGB auch gegenüber dem Rechtsnachfolger des Baulastverpflichteten durchgesetzt werden kann.

2. Verhältnis zur Bauaufsichtsbehörde

a) Baulastbegünstigter

74 Durch die mit der Eintragung in das Baulastenverzeichnis entstandene Baulast werden öffentlich-rechtliche Hindernisse, die einer Bebauung des Grundstücks des Baulastbegünstigten entgegenstehen, ausgeräumt. Die Baulast greift unmittelbar in das Regelungsgefüge ein, das für die Zulässigkeit der baulichen Nutzung und damit für die Entscheidung der Bauaufsichtsbehörde über den Antrag des Baulastbegünstigten auf Erteilung der Baugenehmigung bestimmend ist.[80] Dieser hat dann, wenn alle sonstigen Genehmigungsvoraussetzungen für sein Bauvorhaben erfüllt sind, einen **Anspruch auf Erteilung der Baugenehmigung** (vgl. § 72 Abs. 1 **MBO 2002**).[81]

---

[76] BGH vom 3. 2. 1989 NJW 1989, 1607, vom 16. 10. 1989 NVwZ 1990, 192, vom 26. 10. 1990 NJW-RR 1991, 333, vom 3. 7. 1992 NJW-RR 1992, 1484 und NJW 1992, 2885; vgl. zum Anspruch auf Bestellung einer Zufahrtsbaulast zwischen Miteigentümern an einer Wegeparzelle BGH vom 3. 12. 1990 NVwZ-RR 1992, 290 und zur Abwägungserheblichkeit einer zivilrechtlichen Verpflichtung zur Übernahme einer Baulast im Bebauungsplanverfahren BVerwG vom 24. 8. 1993 BRS 55 Nr. 119.

[77] BGH vom 19. 4. 1985 NJW 1985, 1952.

[78] BGH vom 7. 10. 1994 NJW 1995, 53, 54.

[79] BGH vom 9. 1. 1981 NJW 1981, 980; BGH vom 8. 7. 1983 NJW 1984, 124; siehe auch *Stüer*, Handbuch des Bau- und Fachplanungsrechts, 2. Aufl. 1998, S. 533 und *Finkelnburg/Ortloff*, Öffentliches Baurecht II, 4. Aufl. 1998, § 6 VI 4.

[80] BVerwG vom 27. 9. 1990 BRS 50 Nr. 109 = NJW 1991, 713.

[81] *Ziegler* (Fn. 29) S. 26 f.; *Schwarz* (Fn. 1) 1998 S. 453; zum Anspruch auf Eintragung der Baulast s. oben Rn. 67.

Einen Anspruch gegenüber der Bauaufsichtsbehörde aus der Baulast auf ihre Durchsetzung gegenüber dem Baulastverpflichteten könnte dem Baulastbegünstigten nur dann zustehen, wenn ein zivilrechtlicher Nutzungsanspruch besteht oder der Begünstigte sich gegenüber Einwendungen des Verpflichteten auf § 242 BGB (Rechtsmissbrauch) berufen kann[82] und ohne die **Durchsetzung der Baulast** rechtswidrige Zustände, die den Begünstigten in seinen Rechten beeinträchtigen, eintreten würden. Bei dieser Konstellation besteht jedenfalls ein Anspruch auf ermessensfehlerfreie Entscheidung über die Durchsetzung der Baulast mit der Möglichkeit der **Reduktion des Ermessens** auf ein Einschreiten gegen den Baulastverpflichteten.[83] Das kann z. B. der Fall sein, wenn bei einer Zufahrtbaulast der Weg vom Baulastverpflichteten so versperrt wird, dass der Begünstigte oder die Feuerwehr sein Grundstück nicht erreichen kann oder entgegen einer Beheizungsbaulast das Wohngebäude des Begünstigten während der Heizperiode vom Verpflichteten nicht beheizt wird. 75

b) Baulastverpflichteter

Weil der Regelungsgehalt der Baulast öffentliches Baurecht ist,[84] kann die Bauaufsichtsbehörde bei Verstößen des Baulastverpflichteten gegen die von ihm übernommene öffentlich-rechtliche Verpflichtung zu einem grundstücksbezogenen Tun, Dulden oder Unterlassen mit einer **Ordnungsverfügung** (vgl. § 58 Abs. 2 **MBO 2002**) gegen den Baulastverpflichteten vorgehen. Die Baulastvorschriften enthalten zwar keine spezielle Eingriffsermächtigung. Der Verstoß des Baulastverpflichteten gegen die mit der Baulast übernommene Verpflichtung, z. B. einen Stellplatz für den Begünstigten freizuhalten oder eine durch Baulast gesicherte Abstandsfläche nicht zu bebauen, ist aber ein **Verstoß gegen öffentlich-rechtliche Vorschriften**, der die Bauaufsichtsbehörde zum Erlass einer mit Zwangsmitteln durchsetzbaren Ordnungsverfügung berechtigen kann.[85] 76

Die öffentlich-rechtliche Befugnis der Behörde, den Baulastverpflichteten zur Erfüllung der der Einhaltung der baurechtlichen Vorschriften dienenden baulastgesicherten Verpflichtung anzuhalten, kann nicht **verwirken**.[86] 77

Die Ordnungsverfügung kann wegen der Grundstücksbezogenheit der Baulast auch gegen **Dritte** gerichtet werden werden, die gegen die übernommene Verpflichtung verstoßen.[87] Störer ist jeder, der der öffentlich-rechtlichen Baulastverpflichtung zuwiderhandelt; das können z. B. Mieter oder Pächter auf dem Grundstück des Verpflichteten sein. 78

3. Rechtsnachfolger

Die mit der Eintragung in das Baulastenverzeichnis wirksam werdende Baulast wirkt schon wegen ihrer notwendigen **Grundstücksbezogenheit** auch gegenüber Rechtsnachfolgern. Auf den Grund für den Rechtsübergang (Veräußerung, Erbgang) kommt es nicht an. 79

Die Baulast als grundstücksbezogene öffentliche Belastung erlischt auch nicht in der **Zwangsversteigerung**. Sie ist eine öffentlich-rechtliche Beschränkung des Grundstücks, die der Bauaufsichtsbehörde eine dauernde Sicherung der baurechtmäßigen Nutzung auf dem begünstigten Grundstück bieten soll.[88] 80

---

82 Vgl. *Lorenz*, NJW 1996, 2612, 2615 f. und oben Rn. 73.

83 Hess VGH vom 4. 6. 1992 NVwZ-RR 1992, 236; OVG Bln vom 29. 10. 1993 NJW 1994, 2971; *Sauter* (Fn. 24) § 71 Rn. 10; *Roellecke* (Fn. 75) S. 490 f.; *Meendermann* (Fn. 66) S. 14 f.

84 *Roellecke* (Fn. 75) S. 485; OVG Bln vom 26. 7. 1996 BRS 58 Nr. 120.

85 OVG Nds vom 2. 9. 1983 BRS 40 Nr. 223; BW VGH vom 27. 12. 1983 BWVBl. 1984, 179; OVG Bln vom 29. 10. 1993 NJW 1994, 2971; *Roellecke* (Fn. 75) S. 486 f.; *Ziegler* (Fn. 29) S. 26.

86 OVG Bln vom 12. 11. 1986 OVG 2 B 8.86.

87 BW VGH vom 19. 6. 1968 BRS 20 Nr. 98; *Sauter* (Fn. 24) § 71 Rn. 33; Bedenken bei *Große-Suchsdorf/Lindorf/Schmaltz/Wiechert* (Fn. 9) § 92 Rn. 52.

88 BVerwG vom 29. 10. 1992 BRS 54 Nr. 157 = NJW 1993, 480; OVG Bln vom 29. 10. 1993 NJW 1994, 2971; *Stüer* (Fn. 79) S. 532; ausführlich *Meendermann* (Fn. 66) S. 38 ff.

Teil 4. Beendigung der Baulast

MBO 2002 § 83 Abs. 3, BW § 71 Abs. 3, Bay keine Regelung, Bln § 73 Abs. 3, Bbg keine Regelung, Brem § 85 Abs. 4 und 5, Hamb § 79 Abs. 3, Hess § 75 Abs. 3, M-V § 83 Abs. 3, Nds § 92 Abs. 3, NRW § 83 Abs. 3, Rh-Pf § 86 Abs. 4, Saar § 92 Abs. 3, Sachs § 80 Abs. 3, Sachs-Anh § 87 Abs. 3, Schl-H § 89 Abs. 3, Thür § 80 Abs. 3.

I. Ländervergleich

81

	Regelungsgegenstände der Landesbauordnungen und der MBO 2002[89]
1.	Die Baulast geht durch schriftlichen Verzicht der Bauaufsichtsbehörde unter; der Verzicht ist zu erklären, wenn ein öffentliches Interesse an der Baulast nicht mehr besteht
2.	Anhörung der Beteiligten; Wirksamkeit des Verzichts mit Löschung der Baulast

82

Land	Norm (LBO)		Umsetzung/Abweichung in den Ländern und der MBO 2002[90]
MBO 2002	§ 83	1.	§ 83 III 1, 2
		2.	§ 83 III 3, 4
BW	§ 71	1.	§ 71 III 1, 2
		2.	§ 71 III 3 keine Regelung über Wirksamkeit
Bay	keine Regelung		
Bln	§ 73	1.	§ 73 III 1, 2
		2.	§ 73 III 3, 4
Bbg	keine Regelung		
Brem	§ 85	1.	§ 85 IV 1, 2
		2.	§ 85 IV 3, V 1, § 85 V 2 Mitteilung der Eintragung
Hamb	§ 79	1.	§ 79 III 1, 2 Verzicht **kann** erklärt werden
		2.	§ 79 III 3, 4
Hess	§ 75	1.	§ 75 III 1, 2
		2.	§ 75 III 3, 4 Mitteilung der Löschung
M-V	§ 83	1.	§ 83 III 1, 2
		2.	§ 83 III 3, 4
Nds	§ 92	1.	§ 92 III 1, 2 **kann** verzichten, wenn ein öffentliches und **privates** Interesse nicht mehr besteht; unter dieser Voraussetzung **hat** sie **auf Antrag** zu verzichten
		2.	§ 92 III 3 Anhörung nur des Begünstigten, § 92 III 4, § 92 III 5 Benachrichtigung von der Eintragung
NRW	§ 83	1.	§ 83 III 1, 2 **auf Antrag ist** der Verzicht zu erklären
		2.	§ 83 III keine Regelung über Anhörung
Rh-Pf	§ 86	1.	§ 86 IV 1, 2
		2.	§ 86 IV 3, 4 Benachrichtigung von der Eintragung
Saar	§ 92	1.	§ 92 III 1, 2
		2.	§ 92 III 3, 4

[89] Die hier verwendeten Ziffern entsprechen den Ziffern der nachstehenden Rubrik „Umsetzung/Abweichung in den Ländern und der MBO 2002".

[90] Die hier verwendeten Ziffern entsprechen den Ziffern der vorstehenden Rubrik „Regelungsgegenstände der Landesbauordnungen und der MBO 2002".

Land	Norm (LBO)	Umsetzung/Abweichung in den Ländern und der MBO 2002	
Sachs	§ 80	1. 2.	§ 80 III 1, 2 § 80 III 3, 4
Sachs-Anh	§ 87	1. 2.	§ 87 III 1, 2 § 87 III 3, 4
Schl-H	§ 89	1. 2.	§ 89 III 1, 2 § 89 III 3, 4
Thür	§ 80	1. 2.	§ 80 III 1, 2 § 80 III 3, 4

II. Verzicht der Bauaufsichtsbehörde

1. Öffentliches Interesse

Der Verzicht auf die Baulast ist zu erklären, wenn ein öffentliches Interesse (NBauO: und privates Interesse) an der Baulast nicht mehr besteht. Das ist insbesondere der Fall, wenn sich die für die Begründung der Baulast maßgebenden **tatsächlichen oder rechtlichen Umstände wesentlich geändert** haben und die Baulast hierdurch funktionslos geworden ist, wenn also die durch die Baulast gesicherten öffentlich-rechtlichen Belange nicht mehr sicherungsbedürftig sind.[91] Nur dann, wenn auch ohne die Baulast keine baurechtswidrigen Zustände auf dem durch die Baulast begünstigten Grundstück eintreten können, kommt ein Verzicht der Bauaufsichtsbehörde auf die Baulast in Betracht.[92] 83

So entfällt das öffentliche Interesse an der Aufrechterhaltung einer der Erschließung eines Hinterliegergrundstücks dienenden **Zufahrtsbaulast** grundsätzlich nicht schon deshalb, weil dieses an der Grenze eines anderen Bundeslandes liegende Baugrundstück nachträglich durch eine öffentliche Straße des benachbarten Bundeslandes erschlossen wird. Dadurch wird die Baulast nicht funktionslos; denn auch bei einer **planungsrechtlich** gesicherten Erschließung kann mit Rücksicht auf die unterschiedlichen hoheitlichen Kompetenzen den **bauordnungsrechtlichen Anforderungen** an die schnelle Auffindbarkeit und sichere Zugänglichkeit, insbesondere auch für die Feuerwehr, Rettungsfahrzeuge, Abfallbeseitigung, Post erhöhte Bedeutung zukommen.[93] 84

Dagegen könnte das öffentliche Interesse an dem Fortbestand einer Zufahrtsbaulast dann entfallen, wenn die durch Baulast gesicherte Fläche für die Zufahrt straßenrechtlich unwiderruflich dem **öffentlichen Verkehr gewidmet** worden ist.[94] 85

Das öffentliche Interesse an einer Baulast besteht insbes. dann nicht mehr, wenn auf Grund einer **Änderung der Rechtslage** die Einhaltung der durch die Baulast gesicherten Regelung generell nicht mehr geboten ist, derselbe Gegenstand später vom Gesetzgeber in einer für die Beteiligten günstigeren Weise geregelt wird.[95] 86

Auf die **privaten Interessen**, insbesondere die privatrechtlichen Regelungen zwischen den Beteiligten kommt es regelmäßig (Ausnahme nach § 92 Abs. 3 Satz 1 NBauO) nicht an. Als öffentlich-rechtliches Institut des Bauordnungsrechts dient die Baulast ausschließlich dem öffentlichen Interesse an der Sicherung baurechtmäßiger Verhältnisse auf dem Baugrundstück. 87

---

[91] OVG Nds vom 28. 2. 1983 BRS 40 Nr. 179; OVG Brem vom 21. 10. 1997 BRS 60 Nr. 120.

[92] OVG Bln vom 26. 7. 1996 BRS 58 Nr. 120; BW VGH vom 31. 10. 2002 BRS 65 Nr. 141 = BauR 2003, 1554.

[93] OVG Bln vom 30. 7. 2003 LKV 2004, 86; *Boeddinghaus/Hahn/Schulte* (Fn. 70) § 83 Rn 102.

[94] Für eine Grunddienstbarkeit (Wegerecht) OLG Düsseldorf vom 21. 12. 1994 MDR 1995, 471; siehe auch Bay VGH vom 11. 4. 1994 BayVBl. 1995, 154.

[95] BW VGH vom 9. 2. 1994 BRS 56 Nr. 125.

2. Verfahren

88 Der Verzicht der Bauaufsichtsbehörde ist schriftlich zu erklären und wird – mit **konstitutiver Wirkung** – in das Baulastenverzeichnis eingetragen (**Löschung**); er ist wie die Bestellung der Baulast ein **Verwaltungsakt**.[96] Nur in der LBO BW findet sich keine Regelung über die Eintragung. Nach der NBauO kann die Bauaufsichtsbehörde auf die Baulast verzichten, wenn ein öffentliches und privates Interesse an der Baulast nicht mehr besteht; sie hat unter dieser Voraussetzung auf Antrag eines Beteiligten auf die Baulast zu verzichten. Die BauONRW sieht vor, dass auf Antrag des Grundstückseigentümers der Verzicht zu erklären ist, wenn ein öffentliches Interesse an der Baulast nicht mehr besteht.

89 Ist der Verzicht auf eine Baulast zu Unrecht erklärt worden, kommt eine **Rücknahme** dieses Verwaltungsaktes nach § 48 VwVfG in Betracht.[97]

90 Mit Ausnahme der BauONRW sollen nach allen anderen Bauordnungen vor dem Verzicht der Verpflichtete und die durch die Baulast Begünstigten **angehört** werden, nach der NBauO nur die Eigentümer der begünstigten Grundstücke. Einige Bauordnungen enthalten Regelungen über die Mitteilung der Eintragung an die Beteiligten (siehe Rn. 82).

3. Rechtsschutz

91 Wird die Erklärung des Verzichts von der Bauaufsichtsbehörde abgelehnt, kann der **Baulastverpflichtete** dagegen nach Durchführung des Widerspruchsverfahrens mit der **Verpflichtungsklage** (§ 42 VwGO) vorgehen. Ein mit dieser Klage durchsetzbarer Anspruch auf den Verzicht kann dann bestehen, wenn das öffentliche Interesse an der Baulast entfallen ist,[98] also auch ohne die Baulast keine baurechtswidrigen Zustände eintreten. Zumindest besteht ein Anspruch auf eine ermessensfehlerfreie Entscheidung der Bauaufsichtsbehörde.

92 Es spricht viel dafür, dass der **Baulastbegünstigte** den von der Bauaufsichtsbehörde erklärten Verzicht auf die Baulast nach Durchführung des Widerspruchsverfahrens anfechten kann. Damit lässt sich die Frage klären, ob die Bauaufsichtsbehörde zu Recht angenommen hat, das öffentliche Interesse an der Baulast sei entfallen, und diese sei deshalb für die öffentlich-rechtliche Sicherung der Rechtmäßigkeit des Bauvorhabens des Begünstigten nicht mehr erforderlich.[99] Zutreffend wird darauf hingewiesen,[100] dass die Baulast zwar dem begünstigten Grundstückseigentümer noch keinen Nutzungsanspruch gegen den Eigentümer des belasteten Grundstücks einräumt, ihm aber doch einen Anspruch auf Genehmigung seines Vorhabens verleiht, den er ohne die Baulast nicht besitzt; auch die Regelung über die Anhörung des Baulastbegünstigten vor dem Verzicht auf eine eingetragene Baulast spricht für die Einräumung eines Rechts zur Anfechtung des Verzichts.[101] Der Bundesgerichtshof[102] sieht überdies z. B. die im öffentlichen Baurecht begründete Begünstigung des Bauherrn durch eine Stellplatzbaulast als vermögenswerten Vorteil an. Gegen die Aufhebung dieser Rechtsposition, auf Grund deren sein Bauvorhaben genehmigt worden ist, durch den Verzicht der Bauaufsichtsbehörde wird sich der Begünstigte deshalb regelmäßig mit einer **Anfechtungsklage** nach § 42 VwGO wehren können.

---

[96] OVG Brem vom 21.10.1997 BRS 60 Nr. 120; OVG Saar vom 18.6.2002 BRS 65 Nr. 188 = NJW 2003, 768, 769.

[97] BW VGH vom 22.12.1982 BWVBl. 1983, 336; *Gädtke/Temme/Heintz* (Fn. 53) § 83 Rn. 61.

[98] Vgl. BGH vom 7.10.1994 NJW 1995, 53, 55; *Schwarz* (Fn. 1) 1998 S. 452.

[99] OVG Nds vom 2.7.1991 BRS 52 Nr. 164; *Wilke/Dageförde/Knuth/Meyer* (Fn. 8) § 73 Rn. 20.

[100] *Große-Suchsdorf/Lindorf/Schmaltz/Wiechert* (Fn. 9) § 92 Rn. 44, 71; siehe schon *Baumanns*, Verfahrensrecht und Praxis der Bauaufsicht, 1982, S. 384 f.; *Gädtke/Temme/Heintz* (Fn. 53) § 83 Rn. 61; *Horst*, DWW 2000, 110, 118.

[101] Anders OVG NRW vom 17.11.1986 BRS 47 Nr. 149; *Boeddinghaus/Hahn/Schulte* (Fn. 70) § 83 Rn. 96; *Hoppenberg/de Witt* (Fn. 66) Rn. 220.

[102] BGH vom 7.10.1994 NJW 1995, 53; siehe oben Rn. 71.

III. Löschung ohne Verzicht

1. Voraussetzungen

Die Löschung einer Baulasteintragung ohne vorherige Verzichtserklärung der Bauaufsichtsbehörde kommt in Betracht, wenn die Baulasteintragung **nichtig** oder wegen eines anderen Fehlers nach Durchführung des Widerspruchsverfahrens **auf eine Anfechtungsklage** hin nach § 113 Abs. 1 Satz 1 VwGO **aufgehoben** worden ist. In diesem Fall ist für einen Verzicht im Sinne der Baulastenvorschriften kein Raum; es besteht schon von Anfang an kein öffentliches Interesse an der eingetragenen Baulast. Ein Verzicht auf eine nichtige oder aufgehobene Baulast ist begrifflich nicht möglich.[103] 93

Nichtig ist die Baulasteintragung nach § 44 Abs. 1 VwVfG, wenn sie an einem **besonders schwerwiegenden Fehler** leidet und dies bei verständiger Würdigung aller in Betracht kommenden Umstände offensichtlich ist. Regelmäßig wird das der Fall sein, wenn schon die Verpflichtungserklärung selbst nichtig ist, z. B. wegen fehlender **Bestimmtheit**. Eine unbestimmte Baulasteintragung, deren Regelungsgehalt nicht erkennen lässt, welche Verpflichtungen zur Herstellung baurechtmäßiger Zustände auf dem Grundstück des Begünstigten übernommen worden sind, ist nichtig. So wird z. B. eine Baulast nichtig sein, mit der dem jeweiligen Eigentümer des begünstigten Grundstücks **jedwede Grenzbebauung** und nicht konkret z. B. die Errichtung eines Wintergartens, gestattet wird.[104] Unwirksam ist auch eine Baulast, die zu einer schon bestehenden wirksamen Baulast in **Widerspruch** steht, so wenn z. B. auf einer durch Baulast gesicherten Stellplatzfläche eine Zufahrt durch Baulast gesichert werden soll.[105] 94

Eine nicht nichtige, aber wegen Verstoßes gegen die in Teil 2 und 3 dieses Kapitels genannten Voraussetzungen **rechtswidrige Baulast** wird, da es sich bei ihrer Eintragung in das Baulastenverzeichnis um einen Verwaltungsakt handelt, **bestandskräftig**, wenn sie nicht rechtzeitig angefochten worden ist.[106] Eine unmittelbare Löschung, wie bei einer nichtigen oder aufgehobenen Baulast, ist dann nicht mehr möglich. Die Beendigung der Baulast kann dann nur durch einen Verzicht der Bauaufsichtsbehörde erfolgen, wenn die dafür notwendigen Voraussetzungen vorliegen. 95

2. Rechtsschutz

Der Anspruch auf Löschung der nichtigen oder auf Anfechtungsklage hin aufgehobenen Baulast ist nach Durchführung des Widerspruchsverfahrens mit der **Verpflichtungsklage** (§ 42 VwGO) zu verfolgen.[107] 96

---

[103] Vgl. OVG Saar vom 18. 6. 2002 BRS 65 Nr. 188 = NJW 2003, 768, 769.

[104] OVG Nds vom 27. 9. 2001 BRS 64 Nr. 130; zur Bestimmtheit siehe auch *Dehner* (Fn. 58) S. 52 und Rn. 61.

[105] BW VGH vom 27. 1. 1994 Az. 5 S 7/93.

[106] OVG Brem vom 21. 10. 1997 BRS 60 Nr. 120; *Große-Suchsdorf/Lindorf/Schmaltz/Wiechert* (Fn. 9) § 92 Rn. 67.

[107] OVG Saar vom 18. 6. 2002 BRS 65 Nr. 188 = NJW 2003, 768; *Boeddinghaus/Hahn/Schulte* (Fn. 70) § 83 Rn. 88; *Weisemann* NJW 1997, 2857, 2860.

Teil 5. Baulastenverzeichnis

MBO 2002 § 83 Abs. 4 und 5, BW § 72, Bay keine Regelung, Bln § 73 Abs. 4 und 5, Bbg keine Regelung, Brem § 85 Abs. 3 und 6, Hamb § 79 Abs. 4 bis 6, Hess § 75 Abs. 4 und 5, M-V § 83 Abs. 4 und 5, Nds § 93, NRW § 83 Abs. 4 und 5, Rh-Pf § 86 Abs. 3 und 5, Saar § 92 Abs. 4 und 5, Sachs § 80 Abs. 4 und 5, Sachs-Anh § 87 Abs. 4 und 5, Schl-H § 89 Abs. 4 und 5, Thür § 80 Abs. 4 und 5.

I. Ländervergleich

97

	Regelungsgegenstände der Landesbauordnungen und der MBO 2002[108]
1.	Das Baulastenverzeichnis wird von der Bauaufsichtsbehörde geführt
2.	Eintragung von anderen baurechtlichen Verpflichtungen sowie von Nebenbestimmungen
3.	Einsichtnahme bei Darlegung eines berechtigten Interesses oder Abschriften

98

Land	Norm (LBO)		Umsetzung/Abweichung in den Ländern und der MBO 2002[109]
MBO 2002	§ 83	**1.** **2.** **3.**	§ 83 IV 1 § 83 IV 2 § 83 V
BW	§ 72	**1.** **2.** **3.**	§ 72 III Führung von der Gemeinde § 72 II **sind** einzutragen, soweit ein öffentliches Interesse besteht § 72 IV **und** Abschriften
Bay	keine Regelung		
Bln	§ 73	**1.** **2.** **3.**	Keine Regelung § 73 IV § 73 V
Bbg	keine Regelung		
Brem	§ 85	**1.** **2.** **3.**	§ 85 VI 1 § 85 III § 85 VI 2
Hamb	§ 79	**1.** **2.** **3.**	§ 79 IV Keine Regelung über andere Eintragungen § 79 V 1 widerlegbare Vermutung für Bestand und Umfang der Baulast § 79 VI
Hess	§ 75	**1.** **2.** **3.**	§ 75 IV 1 § 75 IV 2 Eintragung von Verpflichtungen, soweit ein öffentliches Interesse besteht § 75 V
M-V	§ 83	**1.** **2.** **3.**	§ 83 IV 1 § 83 IV 2 § 83 V
Nds	§ 93	**1.** **2.** **3.**	§ 93 I § 93 II Eintragung, soweit ein öffentliches Interesse besteht § 93 III **und** Auszüge

108 Die hier verwendeten Ziffern entsprechen den Ziffern der nachstehenden Rubrik „Umsetzung/Abweichung in den Ländern und der MBO 2002".

109 Die hier verwendeten Ziffern entsprechen den Ziffern der vorstehenden Rubrik „Regelungsgegenstände der Landesbauordnungen und der MBO 2002".

Land	Norm (LBO)	Umsetzung/Abweichung in den Ländern und der MBO 2002
NRW	§ 83	**1.** § 83 IV 1 **2.** § 83 IV 2 Eintragung nur von Nebenbestimmungen **3.** § 83 V
Rh-Pf	§ 86	**1.** § 86 III 1 **2.** § 86 III 2 Eintragung nur von Nebenbestimmungen **3.** § 86 V **und** Abschriften
Saar	§ 92	**1.** § 92 IV 1 **2.** § 92 IV 2 **sind** einzutragen, soweit ein öffentliches Interesse besteht **3.** § 92 V **und** Abschriften
Sachs	§ 80	**1.** § 80 IV 1 **2.** § 80 IV 2 **3.** § 80 V
Sachs-Anh	§ 87	**1.** § 87 IV 1 **2.** § 87 IV 2 **3.** § 87 V
Schl-H	§ 89	**1.** § 89 IV 1 **2.** § 89 IV 2 **3.** § 89 V
Thür	§ 80	**1.** § 80 IV 1 **2.** § 80 IV 2 **3.** § 80 V

II. Führung und Inhalt des Baulastenverzeichnisses

Das von der Bauaufsichtsbehörde (in Baden-Württemberg: von der Gemeinde) geführte Baulastenverzeichnis soll bestehende Baulasten und andere baurechtliche Verpflichtungen des Grundstückseigentümers zu einem sein Grundstück betreffenden Tun, Dulden oder Unterlassen sowie Auflagen, Bedingungen, Befristungen und Widerrufsvorbehalte offenkundig machen, um allen Beteiligten Klarheit über diese Umstände zu verschaffen, hierdurch den Rechtsverkehr zu erleichtern und auch die Verwaltung zu vereinfachen (**Publizitätswirkung** der Baulast, der anderen baurechtlichen Verpflichtungen und der Nebenbestimmungen). Im Gegensatz zum Grundbuch genießt das Baulastenverzeichnis keinen öffentlichen Glauben. Nach § 79 Abs. 5 Satz 1 HBauO begründet das Baulastenverzeichnis eine widerlegbare Vermutung für den Bestand und Umfang der eingetragenen Baulast. 99

Einzelheiten über die Einrichtung und Führung des Baulastenverzeichnisses werden in den einzelnen Ländern in Verwaltungs- oder **Ausführungsvorschriften** geregelt (vgl. z. B. für Nordrhein-Westfalen Nr. 83 der VV BauO NRW[110] und für Berlin die AV Baulasten vom 20. Dezember 1995, ABl 1996 S. 254, 474). Danach besteht das Baulastenverzeichnis aus den einzelnen Baulastenblättern; jedes Grundstück erhält ein einzelnes Baulastenblatt. Regelmäßig wird der Wortlaut der Verpflichtungserklärung eingetragen. Wird in der Verpflichtungserklärung auf einen Lageplan Bezug genommen, so wird dieser für die Eintragung beizufügen sein. 100

Die nach der **MBO 2002** und den Bauordnungen der Länder eintragbaren **Bauvermerke** sind keine Baulastverpflichtungen, sondern baurechtliche Verpflichtungen zu einem das Grundstück betreffenden Tun, Dulden oder Unterlassen, die dem Grund- 101

110 Abgedruckt bei *Gädtke/Temme/Heintz* (Fn. 53) hinter § 83; mit der Frage einer Online-Verwaltung von Baulasten und des Baulastenverzeichnisses befasst sich *Meendermann* (Fn. 66) S. 78 ff.

stückseigentümer schon kraft Gesetzes oder auf Grund eines Verwaltungsaktes, insbesondere einer Baugenehmigung oder einer Befreiung obliegen.

102 Eingetragen werden können auch Auflagen, Bedingungen, Befristungen und Widerrufsvorbehalte, die als **Nebenbestimmungen** von Baugenehmigungen oder Befreiungen für den rechtmäßigen Fortbestand baulicher Anlagen oder die Nutzungsmöglichkeit des Grundstücks und damit für seinen Verkehrswert bedeutsam sind.

103 Die Eintragung erfolgt regelmäßig aus Gründen der **Rechtssicherheit** und einer einfacheren Nachprüfbarkeit. Nach einigen Bauordnungen sind die Verpflichtungen und Nebenbestimmungen einzutragen, soweit ein **öffentliches Interesse** besteht.[111] Im Gegensatz zur Eintragung von Baulasten[112] hat die Eintragung der Bauvermerke nur deklaratorische Bedeutung.

III. Einsichtnahme in das Verzeichnis und Abschriften

1. Einsichtnahme

104 Nach allen Bauordnungen kann in das Baulastenverzeichnis derjenige Einsicht nehmen, der ein **berechtigtes Interesse** darlegt. Das können insbes. Rechtsnachfolger, Kreditgeber, Nachbarn und Kaufinteressenten sein. Ein **Kaufinteressent** wird regelmäßig nicht nur das Grundbuch, sondern auch das Baulastenverzeichnis einsehen müssen. Für die Bejahung des berechtigten Interesses reicht die schlüssig und glaubwürdig vorgetragene Behauptung, ein Grundstück erwerben, beleihen, bebauen oder anderweitig nutzen zu wollen, in der Regel aus.

105 Die Baulast war nach der früheren Rechtslage als öffentlich-rechtliche Baubeschränkung zwar kein privates Recht eines Dritten, das gegen den Käufer geltend gemacht werden kann,[113] es handelte sich aber regelmäßig um einen Sachmangel (jetzt § 434 BGB), der den Grundstückswert mindert.[114] Eine öffentliche Last im Sinne des § 436 Abs. 2 BGB ist die Baulast nicht.[115]

2. Abschriften

106 Wer ein berechtigtes Interesse an der Einsichtnahme darlegt, kann sich von der das Baulastenverzeichnis führenden Bauaufsichtsbehörde **auch Abschriften** erteilen lassen.[116] Nach der **MBO 2002** und den meisten Landesbauordnungen kann der berechtigte Interessierte Einsicht nehmen **oder** sich Abschriften (Auszüge) erteilen lassen. Allerdings dürfte auch hier ein Anspruch auf Erteilung der Abschriften bestehen, wenn das berechtigte Interesse dargelegt ist.[117]

---

[111] *Sauter* (Fn. 24) § 72 Rn. 13.
[112] Siehe oben Rn. 65.
[113] BGH vom 10. 3. 1978 NJW 1978, 1430 (jetzt § 435 BGB).
[114] OLG Karlsruhe vom 6. 11. 1991 NJW-RR 1992, 1104 zu einer Stellplatzbaulast; zur Wertminderung eines Grundstücks durch bestehende Baulasten vgl. *Schwarz* (Fn. 1) 1998 S. 451; *Meendermann* (Fn. 66) S. 23 ff. und zur neuen Rechtslage *Palandt*, BGB, 63. Aufl. 2004, § 435 Rn. 11 bis 13; § 434 Rn. 61.
[115] BT-Drucks. 14/6040 S. 219.
[116] § 72 Abs. 4 LBO BW, § 93 Abs. 3 NBauO, § 86 Abs. 5 LBauO Rh-Pf., § 92 Abs. 5 LBO Saar.
[117] *Boeddinghaus/Hahn/Schulte* (Fn. 70) § 83 Rn. 109.

Sachverzeichnis

Fette Zahlen = Kapitel; magere Zahlen = Randnummern
Tab = Tabelle Ländervergleich

Abbruch von Anlagen
– allgemeine Anforderungen **2** 159 f. Tab, 164, 210 ff.
– Anzeigepflicht **13** 16 Tab
– Bauaufsicht **15** 1 f. Tab, 298 f. Tab
– Baugenehmigungspflicht **13** 4, 10
– Begriff **2** 158, 211
– Ordnungswidrigkeiten **16** 146 Tab
– Unternehmer **11** 17 f. Tab
– verfahrensfreie Vorhaben **13** 46 Tab
Abbruchanordnung, *s. Beseitigungsanordnung*
Abbruchmaterial
– Beseitigungsanordnungen **15** 382
Abdeckungen
– Anforderungen **7** 150 f. Tab, 152 ff.
– MBO 2002 **7** 150 f. Tab, 153
– Nachbarschutz **7** 152
Abenteuerspielplätze
– Begriff **3** 203
– verfahrensfreie Vorhaben **13** 97 Tab
Abfallanlagen
– als andere Anlagen und Einrichtungen **2** 25
– Anforderungen **8** 16 f. Tab
– LBO Anwendbarkeit **2** 52
– Sondergestattungen **13** 110 Tab
Abfallbehälter
– Anforderungen **8** 16 f. Tab
– als bauliche Anlagen **2** 91
Abfallbehälterplätze
– Gestaltung **16** 107
– örtliche Bauvorschriften **16** 18 Tab, 95, 107
– verfahrensfreie Vorhaben **13** 51 Tab
Abfallrecht
– Bauaufsicht **15** 8
Abfallschächte **8** 16 f. Tab
– als andere Anlagen und Einrichtungen **2** 25
Abfallstoffe **8** 16 f. Tab
Abgasanlagen
– ohne/in Abstandsflächen zulässig **3** 132 Tab
– Anforderungen **8** 7 f. Tab
– als Feuerungsanlagen **2** 150
– verfahrensfreie Vorhaben **13** 48 Tab
Abgase
– Lüftungsanlagen **8** 5 f. Tab
Abgasleitungen, *s. auch Leitungen*
– als Feuerungsanlagen **2** 150
– verfahrensfreie Vorhaben **13** 49 Tab
Abgrabungen
– als bauliche Anlagen **2** 53 f. Tab, 81
– Einfriedungen/Abgrenzungen **3** 227 Tab, 231
– Rechtsverordnungen **16** 110 Tab
– Sondergestattungen **13** 110 Tab
– verfahrensfreie Vorhaben **13** 50 Tab
Abgrenzungen
– Anordnung **3** 229
– von Baugrundstücken **3** 227 Tab ff.
– Begriff **3** 226
– Ländervergleich **3** 227 Tab
– MBO 2002 **3** 227 Tab, 228
Ableitungsgebot
– Lüftungsanlagen **8** 5 f. Tab
Abriss, *s. Abbruch*
Abrissverfügungen, *s. Beseitigungsanordnungen*
Abstände
– zwischen Gebäuden **7** 70 f. Tab, 74
Abstandsflächen, *s. auch Abstandsflächentiefe, s. auch Abstandsflächenrecht, s. auch Schmalseitenprivileg, s. auch Überdeckungsverbot*
– Abweichungen/Befreiungen **3** 154 Tab, 155 Tab ff.
– bei Anbau **3** 52
– Anforderungen **3** 88 ff.
– Anrechung öffentlicher Flächen **3** 89 Tab ff.
– bauaufsichtliche Ausnahmen **3** 68 Tab ff., *s. auch Grenzanbau*
– Baulast **17** 27 f.
– Brandschutz **7** 70 f. Tab, 74
– Breite **3** 114
– Erstreckung auf Nachbargrundstücke **3** 93, 94 Tab ff.
– Freihalten von baulichen Anlagen **3** 101 Tab ff.
– vor Gebäuden **3** 42
– Gesamtbetrachtung **3** 51 ff.
– kreisförmige **3** 130
– Lage auf Baugrundstück **3** 88
– nachbarliches Gemeinschaftsverhältnis **3** 163
– Nachbarschutz **1** 449; **3** 162 ff., 166; **16** 68
– oberirdische Anlagen **3** 101 Tab. ff.
– in öffentlichen Flächen **3** 89 Tab ff., 166
– nach örtlichen Bauvorschriften **1** 450; **3** 85 Tab ff.; **16** 1 Tab, 81 f., 104
– ohne/in A. zulässige Vorhaben **3** 103, 104 Tab, 131, 132 Tab ff., *s. auch Grenzbauten, s. auch Grenzgaragen*
– nach Planungsrecht **1** 446 ff.; **3** 57 Tab ff., 85 Tab ff., *s. auch Grenzanbau*
– trotz planungsrechtlich gefordertem Grenzbauten **3** 79 ff.
– Reduzierung **3** 85 Tab ff., 146 Tab ff., 153 Tab, 154 ff.

– Relevanz **3** 51 ff.
– Rücksichtnahmegebot **1** 449
– Tiefe **3** 114 Tab ff.
– Übernahme **3** 93, 94 Tab f.; **17** 27 f.
– Unbebaubarkeit **3** 96
– von untergeordneten Bauteilen/Vorbauten **3** 136 ff.
– unterirdischer Anlagen **3** 102
– Verbot der Überdeckung **3** 97 ff.
– Verhältnis zur Bauweise **1** 446 ff.
– Verringerung **3** 136 ff., 146 ff., Tab 153
Abstandsflächenrecht
– Bedeutung **3** 38, 46
– nach MBO 2002 **1** 417
– und Planungsrecht **3** 40
– Regelungsgehalt **3** 39
– Schnittstelle von Bauordnungs- und Bauplanungsrecht **3** 57 ff.
Abstandsflächenrechtliche Gesamtbetrachtung **3** 51 ff.
Abstandsflächentiefe, *s. auch Schmalseitenprivileg, s. auch Wandhöhe*
– Ermittlung und Umsetzung **3** 114 ff.
– nach Gebietsart **3** 114 Tab, 117
– in Gewerbegebieten **3** 114 Tab, 120, 153 Tab
– in Industriegebieten **3** 114 Tab, 120, 153 Tab
– in Kerngebieten **3** 114 Tab, 119
– Ländervergleich **3** 106 Tab ff., 114 Tab ff.
– MBO 2002 **3** 106 Tab ff., 114 Tab ff., 115
– Mindesttiefe **3** 114 Tab
– nach örtlichen Bauvorschriften **3** 85 Tab ff.; **16** 1 Tab, 81 f. 104
– Sonderfälle **3** 123 Tab
– in Sondergebieten **3** 114 Tab, 122
– Wandhöhe „H" **3** 105 ff.
Abstandsflächenübernahme
– Baulast **17** 27 f.
– Nachbargrundstück **3** 93, 94 Tab f.
Abstellflächen
– in Dach-/Kellergeschossen **9** 58
– örtliche Bauvorschriften **16** 13 Tab
– in Wohnungen **9** 57 Tab
Abstellgebäude
– ohne/in Abstandsfläche zulässig **3** 104 Tab, 132 Tab
Abstellplätze
– ohne/in Abstandsflächen zulässig **3** 132 Tab
– als bauliche Anlagen **2** 53 f. Tab, 82
– Einfriedungen/Abgrenzungen **3** 227 Tab, 231
– für Land-/Forstwirtschaft verfahrensfrei **13** 52 Tab
– Nachbarschutz **16** 75
– örtliche Bauvorschriften **16** 13 Tab, 18 Tab
– verfahrensfreie Vorhaben **13** 51 Tab
Abstellräume
– ohne/in Abstandsflächen zulässig **3** 132 Tab
– keine Aufenthaltsräume **2** 142; **9** 7
– in Dach-/Kellergeschossen **9** 58
– in Wohnungen **9** 50, 57 Tab ff.
Abstellräume für Fahrräder **9** 50, 62 Tab, *s. auch Fahrradabstellplätze*
Abstellräume für Kinderwagen **9** 50, 62 Tab
– ohne/in Abstandsflächen zulässig **3** 132 Tab
Absturzgefahr
– Umwehrungen **7** 150 f. Tab
Abwasser **8** 14 f. Tab
Abwasseranlagen
– ohne/in Abstandsflächen zulässig **3** 132 Tab
– als andere Anlagen und Einrichtungen **2** 25
– Anforderungen **8** 14 f. Tab
– Baubeschränkungen/-verbote **3** 9
– Dämmung **5** 74
– LBO Anwendbarkeit **2** 52; **13** 73 Tab, 110 Tab
– verfahrensfreie Vorhaben **13** 73 Tab, 110 Tab
Abwasserbeseitigung
– in Gebäuden **13** 92 Tab
Abwasserbeseitigungsleitungen **2** 1 f. Tab, 47; **13** 73 Tab
Abwassersammelgruben
– als andere Anlagen und Einrichtungen **2** 25
Abwehrrechte, *s. Nachbarschutz*
abweichende Bauausführung
– Baueinstellung **15** 158 ff.
– Ordnungswidrigkeiten **16** 150 Tab
abweichende Bauweise
– Begriff **3** 57
– Grenzanbau **3** 62, 64 f.
Abweichungen
– von Abstandsflächen **3** 154, 155 Tab ff.
– von Anforderungen der LBO **14** 361 f.
– Anforderungen/Voraussetzungen **14** 187 ff., 196 ff., 200 f. Tab, 354 ff., 370 f. Tab, 373 ff.
– Antragserfordernis **14** 206, 363
– Atypik **14** 197, 200 f. Tab, 375, 381
– bei bauaufsichtlicher Zustimmung **14** 185 f. Tab
– Baugenehmigung **14** 9 f.
– Begriff **14** 189 f., 355
– bei Behelfsbauten und kleinen Gebäuden **10** 11 f. Tab
– Ermessensentscheidung **2** 192; **14** 36, 208 f., 366
– bei Genehmigungsfreistellung **14** 91
– Gestaltungswirkung **14** 9 f.
– isolierte **14** 192 f., 385 f. Tab, 387 ff.
– MBO 2002 **14** 370 f. Tab, 372
– nachbarliche Interessen **14** 200 f. Tab, 370 f. Tab, 376
– Nachbarschutz **14** 376, 394
– öffentliche Belange **14** 370 f. Tab, 374 ff.
– von örtlichen Bauvorschriften **14** 383 f. Tab; **16** 27 Tab
– Rechtsschutz **14** 392 ff.
– Rücknahme/Widerruf **14** 369
– Verhältnis zu Ausnahmen/Befreiungen **14** 357 ff.
– Zulassung **14** 370 f. Tab, 372 ff.
Adressaten
– von bauaufsichtlichen Anordnungen **11** 1; **15** 56 ff., 190 ff., 264 ff., 390 ff.

Änderung von Anlagen
– Abstandsflächenrelevanz **3** 53
– allgemeine Anforderungen **2** 159 f. Tab, 161 ff., 164, 171 ff., 187 f.
– bauaufsichtliche Anordnungen **15** 1 f. Tab, 144, 298 f. Tab, 306
– Baugenehmigungspflicht **13** 4, 8, 40 ff.
– Beispiele **13** 42
– Bestandsschutz **15** 118
– Erschließung **3** 16
– Genehmigungsfreistellung **14** 78
– nachträgliche Anordnungen **15** 105 ff.
– als verfahrensfreie Vorhaben **13** 45 ff. Tab
aktiver Bestandsschutz **15** 115
allgemeine Anforderungen
– an Anlagen **2** 159 f. Tab, 161 ff.
Altbestand **15** 106
Altenheime
– barrierefreies Bauen **10** 1 f. Tab
– Brandschutzanforderungen **7** 113
Altertum **1** 42 ff.
Altlasten
– Bebaubarkeit von Grundstücken **3** 7
Amphodrachen **1** 49
amtlicher Lageplan **14** 205
Amtshaftungsansprüche
– Nachbarschutz **1** 37
Amtshilfe
– durch Fachbehörden **15** 79
Anbau, *s. auch Grenzanbau*
– Abstandsflächenrelevanz **3** 52
– an bestehende Gebäude **3** 52
– Brandschutzanforderungen **7** 70 f. Tab, 85
Anbauverbote
– nach FStrG **3** 9
andere Anlagen und Einrichtungen, *s. auch gebäudegleiche Wirkung*
– allgemeine Anforderungen **2** 159 f. Tab, 161 ff.
– Anforderungen nach LBO **2** 19 ff.
– Begriff **2** 24 ff.
– LBO Anwendbarkeit **2** 1 f. Tab, 4, 19 ff.
– typische **2** 25
Androhung
– von Zwangsmitteln **15** 69
aneinandergebaute Gebäude
– Brandschutzanforderungen **7** 43 ff., 49, 70 f. Tab, 81
– Schmalseitenprivileg **3** 146 Tab
Anfechtung
– aufschiebende Wirkung **1** 36; **14** 53 f., 157, 172, 349; **15** 200, 278, 404
– von Ausnahmen/Befreiungen/Abweichungen **14** 392 ff.
– von bauaufsichtlichen Anordnungen **15** 200, 278 f., 404
– von Baugenehmigungen **1** 36; **14** 53 f.
– von Nebenbestimmungen **14** 42
– von Teilbaugenehmigung **14** 173
– von Vorbescheid und Baugenehmigung **14** 157 f.
Angaben
– Ordnungswidrigkeiten **16** 147 Tab
Angrenzer, *s. Nachbar*
Anhörung
– vor bauaufsichtlichen Anordnungen **15** 51, 186, 260, 386
Anlagen, *s. auch andere Anlagen und Einrichtungen, s. auch bauliche Anlagen, s. auch haustechnische Anlagen*
– bauaufsichtliche Anordnungen **15** 1 f. Tab, 19, 133 f. Tab, 138 f., 210 f. Tab, 216, 298 f. Tab, 304 ff.
– als Bauprodukte **2** 152, 155 f.
– eingebaut in bauliche Anlagen **2** 151 f.
– in Abstandsfläche zulässige A. **3** 103, 104 Tab, 132 Tab
– innerhalb von Grundstücken **3** 225
– vorgefertigte **2** 156
– zivilrechtlicher Nachbarschutz **1** 34
Anlagen der Außenwerbung, *s. Werbeanlagen*
Anordnung von Anlagen
– allgemeine Anforderungen **2** 159 Tab ff., 164, 171 ff., 187 f.
Anordnungen, *s. bauaufsichtliche Anordnungen*
– Ordnungswidrigkeiten **16** 148 Tab
Anpassungsverlangen **15** 102
Anscheinsgefahr **15** 62
Anschläge
– an dafür genehmigten Säulen, Tafeln und Flächen **4** 92 Tab, 175; **13** 127 Tab
Anschlussbahnen **13** 118 Tab
Ansichten **14** 205
Ansiedlungsgesetz von 1876 **1** 193
Anspruch Dritter auf Einschreiten **1** 39; **15** 40 ff., 372
– Anzeigeverfahren **15** 179, 252, 378
– Baueinstellungsanordnungen **15** 171 ff.
– Beseitigungsanordnungen **15** 372 ff.
– Ermessensreduzierung **15** 359, 45 ff., 177 ff., 252 ff., 373 ff.
– der Gemeinde **15** 46 f.
– Genehmigungsfreistellung **15** 179, 252, 378
– nachträgliche Anordnungen **15** 101
– Nutzungsuntersagung **15** 251 ff.
– Rechtsschutz **1** 39; **15** 48 f.
– Umfang **15** 380
– vereinfachtes Verfahren **15** 179, 252, 378
– Verletzung drittschützende Normen **15** 41 ff., 172 ff., 251, 372
– Verwirkung **15** 43, 251, 372
– Zivilrechtsweg **15** 44
Anstrich
– verfahrensfrei **13** 42, 87 Tab
Antennen
– Nachbarschutz **16** 70
– örtliche Bauvorschriften **16** 3 Tab, 94

– als untergeordnete Bauteile/Vorbauten **3** 136 Tab
– verfahrensfreie Vorhaben **13** 52 Tab
Antennenanlagen
– ohne/in Abstandsflächen zulässig **3** 132 Tab
Antennenträger
– gebäudegleiche Wirkung **3** 48
– Schmalseitenprivileg **3** 149
Anwartschaft **15** 85
– Nachbar **14** 251
Anwendungsbereich LBO **13** 73 Tab
– Ausschluss **2** 1 Tab ff., 34 ff.
– Immissionsschutzrecht **2** 12
– Ländervergleich **2** 1 f. Tab, 3 ff.
– materiell **2** 3 f.
– spezialgesetzliche Bestimmungen **2** 11 f.
– verfahrensrechtlich **2** 3 f.
– zeitlich **2** 4
Anzeigepflicht
– als Ausnahme vom Genehmigungsvorbehalt **13** 11, 13, 16 Tab
– von fliegenden Bauten **13** 16 Tab; **14** 180, 181 f. Tab
– schädlicher Einflüsse **5** 36
Anzeigeverfahren, *s. auch Genehmigungsfreistellung, Untersagungsoption*
– Anspruch Dritter auf Einschreiten **15** 179, 252, 378
– Beseitigungsanordnungen **15** 325, 364
– Besonderheiten **14** 69, 71, 96 f.
Anzeigeverfahren mit Bestätigung, *s. auch Genehmigungsfreistellung*
– Besonderheiten **14** 69, 72, 98
Apparate **2** 61
Arbeiten
– Baueinstellung **15** 133 f. Tab, 140 ff.
Arbeitsfläche
– Nachbarschutz **16** 75
Arbeitsgerüste **13** 118 Tab
Arbeitsräume
– als Aufenthaltsräume **9** 6
– Betretungsrecht **15** 128
– spezielle Anforderungen **9** 11
Arbeitsverhältnisse, *s. gesunde Wohn- und Arbeitsverhältnisse*
Arbeitszimmer
– Qualifizierungsprobleme **9** 9
Architekten
– Bauvorlageberechtigung **11** 21 f. Tab
ARGEBAU **1** 329 ff., 389 ff.
Arztpraxen
– Rettungswege **5** 53
Astynomengesetz von Pergamon **1** 48
Atomrecht
– Genehmigungen **13** 14, 110 Tab
Atypik **14** 197, 200 f. Tab, 375, 381
Aufbaugesetze **1** 260 ff.
Aufenthaltsräume, *s. auch fensterlose A.*
– Anforderungen **2** 144; **9** 4, 10 Tab f.
– Bedeutung **9** 1
– Begriff **2** 53 f. Tab, 141 ff.; **9** 2 ff.
– Beispiele **2** 142; **9** 3, 6 ff.
– Belichtung/Belüftung **9** 4, 10 Tab, 12, 16 Tab, 20 Tab, 21, 34 Tab, 35 ff.
– Brandschutzanforderungen an Dächer **7** 70 f. Tab, 82
– in Dachgeschossen **9** 11, 22 ff., 26 Tab
– ohne Fenster **9** 20 Tab ff.
– Größe **9** 10 Tab, 12, 14
– in Kellergeschossen **9** 11, 21, 29 ff., 33, 34 Tab ff., 39 Tab ff.
– Lage **9** 10 Tab, 13
– lichte Höhe **9** 4, 10 Tab, 12, 15
– MBO 2002 **1** 419
– Mindeststandards nach MBO 2002 **9** 10 Tab, 12
– notwendige Fenster **9** 16 Tab ff.
– notwendige Treppenräume **7** 102 f. Tab, 104 ff.
– objektive Eignung **2** 144; **9** 4
– Qualifizierungsprobleme **9** 9
– subjektive Bestimmung **9** 5
Aufhebung
– der Baugenehmigung **14** 55
Auflagen
– Bedeutung **14** 38
– Beispiele **14** 38
– echte **14** 46
– modifizierende **14** 46
– Rechtsnachfolge **15** 96
Auflagenvorbehalt
– Bedeutung und Beispiele **14** 38
Auflassungsvormerkung **15** 85
aufschiebende Wirkung
– Wiederherstellung **1** 36; **14** 53 f., 157, 172, 349 ff.; **15** 200, 278, 404
Aufschüttungen
– ohne/in Abstandsflächen zulässig **3** 132 Tab
– als bauliche Anlagen **2** 53 f. Tab, 81
– Einfriedungen/Abgrenzungen **3** 227 Tab, 231
– gebäudegleiche Wirkung **3** 48
– Rechtsverordnungen **16** 110 Tab
– verfahrensfreie Vorhaben **13** 54 Tab
Aufstellplätze
– als bauliche Anlagen **2** 53 f. Tab, 82
Aufzüge **2** 155
– als andere Anlagen und Einrichtungen **2** 25
– Anforderungen **8** 1 Tab ff.
– barrierefreies Bauen **10** 1 f. Tab
– für Behinderte **8** 1 Tab; **13** 55 Tab, 118 Tab
– bundesrechtliche Regelungen **8** 2 ff.
– Dämmung **5** 74
– Konformitätskennzeichnung **8** 4
– als untergeordnete Bauteile/Vorbauten **3** 136 Tab
– verfahrensfreie Vorhaben **13** 55 Tab

Aufzüge für militärische Zwecke
– bundesrechtliche Regelungen **8** 3
Aufzüge in Beförderungsmitteln
– bundesrechtliche Regelungen **8** 3
Aufzugsschächte **8** 1 Tab
Augenscheinnahme **15** 125
Augustus **1** 60
Ausführungsgenehmigungen
– für fliegende Bauten **13** 16 Tab; **14** 179, 181 f. Tab
Ausgänge
– Brandschutzanforderungen **7** 102 f. Tab, 109
Auskernung
– Genehmigungspflicht **13** 42
Auskunftsverlangen
– Bauaufsichtsbefugnisse **15** 20, 61
Auslagenstände
– verfahrensfreie Vorhaben **13** 98 Tab
Ausnahmen
– von Anforderungen der LBO **14** 361 f.
– Anforderungen/Voraussetzungen **14** 187 ff., 196 ff., 200 f. Tab, 354 ff., 377 f. Tab
– Antragserfordernis **14** 206, 363
– bauaufsichtliche Zustimmung **14** 185 f. Tab
– Baugenehmigung **14** 9 f.
– Begriff **14** 189 f., 356
– bei Behelfsbauten und kleinen Gebäuden **10** 11 f. Tab
– Beseitigungsanordnungen **15** 327, 366 ff.
– Ermessensentscheidung **2** 192; **14** 36, 208 f., 366
– gemeindliches Einvernehmen **14** 303
– bei Genehmigungsfreistellung **14** 90 f.
– Gestaltungswirkung **14** 9 f.
– aus Gründen des Allgemeinwohls **14** 377 f. Tab, 381
– Härteklausel **14** 377 f. Tab, 381
– isolierte **14** 192 f., 385 f. Tab, 387 ff.
– von örtlichen Bauvorschriften **14** 383 f. Tab; **16** 27 Tab
– Rechtsschutz **14** 392 ff.
– Rücknahme/Widerruf **14** 369
– Verhältnis zu Abweichungen/Befreiungen **14** 357 ff.
– Zulassung **14** 377 f. Tab
Außenantennen
– Nachbarschutz **16** 69
– örtliche Bauvorschriften **16** 3 Tab, 94
Außenaufzüge **8** 1 Tab
Außenbereich
– Unzulässigkeit von Werbeanlagen **4** 141 ff.
Außenhaut
– örtliche Bauvorschriften **16** 83 f.
Außenwände, *s. auch nichttragende A., s. auch gegliederte A.*
– Abstandsflächen **3** 44
– Begriff **3** 44; **7** 14
Außenwandverkleidungen
– Brandschutzanforderungen **7** 12 f. Tab, 19
– in Abstandsfläche zulässig **3** 104 Tab
– als untergeordnete Bauteile/Vorbauten **3** 136 Tab
Außenwerbung, *s. Werbeanlagen*
Ausstellungsbauten
– als Sonderbauten **2** 115
Ausstellungsgelände
– Werbeanlagen **4** 92 Tab, 151
Ausstellungsplätze **3** 227 Tab
– ohne/in Abstandsflächen zulässig **3** 104 Tab, 132 Tab
– als bauliche Anlagen **2** 53 f. Tab, 82
– für Land-/Forstwirtschaft verfahrensfrei **13** 52 Tab
– örtliche Bauvorschriften **16** 18 Tab
– verfahrensfreie Vorhaben **13** 51 Tab
Ausstellungsräume
– für KfZ **2** 149
Ausstellungsstände
– verfahrensfreie Vorhaben **13** 56 Tab
Automaten
– örtliche Bauvorschriften **16** 24 Tab
– verfahrensfreie Vorhaben **13** 57 Tab

Bad Dürkheimer Vereinbarung **1** 371, 454
Badewannen **9** 50, 60
Bäder
– keine Aufenthaltsräume **2** 142; **9** 7
– als fensterlose Räume **9** 59 Tab
– in Wohnungen **9** 50, 59 Tab, 60
Bäume
– Nachbarschutz **16** 71
– auf nicht überbauten Flächen **3** 192 Tab, 194
– örtliche Bauvorschriften **16** 6 Tab, 85
– zivilrechtlicher Nachbarschutz **1** 34
Bahnanlagen
– LBO Anwendbarkeit **2** 40
– kein Nachbarschutz **16** 67
– örtliche Bauvorschriften **16** 5 Tab
– Sondergestattungen **13** 110 Tab, 121 Tab
Balkone
– Abstandsflächen **3** 126
– Rettungsbalkone **5** 52 f.
– als untergeordnete Vorbauten **3** 136 Tab, 137, 145
Balkonüberdachungen **13** 118 Tab
Balkonverglasungen **13** 118 Tab
Ballfanggitter
– keine Einfriedungen **3** 225
Banken
– barrierefreies Bauen **10** 1 f. Tab
Baracken **2** 72; **10** 11 f. Tab
Barrierefreiheit **9** 50, 52 Tab
– Anforderungen **10** 1 f. Tab
– Begriff **2** 158
– bei besonderen baulichen Anlagen **10** 1 f. Tab
– Ordnungswidrigkeiten **16** 149 Tab
Bastelräume
– keine Aufenthaltsräume **2** 142; **9** 7
– in Kellergeschossen **9** 39 Tab, 42

Bauabnahme **14** 238f. Tab
Bauantrag **14** 202ff.
– Änderungen **14** 207
– Ausnahmen/Befreiungen/Abweichungen **14** 206, 363
– Bauvorlagen **14** 205
– vor Beseitigungsanordnungen **15** 298f. Tab, 329ff.
– Inhalt **14** 204
– Nichtbescheidung **15** 363
– Sachbescheidungsinteresse **14** 203
– Schriftform **14** 204
– Vorprüfung **14** 208
Bauanzeigeverfahren, *s. Genehmigungsfreistellung, Untersagungsoption*
– Regelungen im Ländervergleich **13** 16 Tab
Bauarbeiten
– Ordnungswidrigkeiten **16** 150 Tab
Bauarten **6** 1f. Tab, *s. auch nicht geregelte Bauarten*
– Begriff **2** 53f. Tab, 157
– Europarecht **2** 214
– Ländervergleich **6** 10f. Tab
– Ordnungswidrigkeiten **16** 151 Tab
– Rechtsverordnungen **16** 114 Tab
– technische Regeln/Baubestimmungen **2** 209; **6** 10f. Tab
– Übereinstimmungsnachweise **6** 12f. Tab
– Verwendungsklausel **2** 200
bauaufsichtliche Anordnungen, *s. auch Anspruch Dritter auf Einschreiten, s. auch Baueinstellungsanordnung, s. auch Beseitigungsanordnungen, s. auch nachträgliche Anordnungen, s. auch Nutzungsuntersagung*
– Adressaten **11** 1; **15** 56ff., 190ff., 264ff., 390ff.
– Anhörung **15** 51, 186, 260, 386
– Anlagen **15** 1f. Tab, 19, 133f. Tab, 138f., 210f. Tab, 216, 298f. Tab, 304ff.
– bauordnungsrechtliche Generalklausel **15** 18ff.
– Begründungserfordernis **15** 54f., 189, 263, 389
– zur Behebung gesundheitsgefährdender Zustände **15** 20
– Bestimmtheit **15** 71ff., 193f., 237f., 270ff., 393f.
– Duldungsanordnungen **15** 20, 64ff., 265, 391, 405
– Durchsetzbarkeit **15** 64ff., 265, 391, 405ff.
– Ermessensausübung **15** 27, 165ff., 239, 343ff.
– Form **15** 52f., 187, 261f., 387
– formelle Fragen **15** 50ff., 185ff., 259ff., 385ff.
– zur Gefahrenabwehr **15** 20, 22
– bei Genehmigungsfreistellung **14** 135ff.
– Gleichheitssatz **15** 35, 344ff.
– zur Instandhaltung von Anlagen **15** 20
– Ordnungswidrigkeiten **16** 148 Tab
– Regelermessen **15** 29, 165, 239ff., 343
– Rechtsschutz **15** 200, 278, 404
– Sofortvollzug **15** 195ff., 277ff., 396ff.
– aufgrund von Spezialbefugnissen **15** 20
– Störerauswahl **15** 56ff., 190ff., 264ff., 390ff.
– Verhältnismäßigkeit **15** 24ff., 161ff., 237f., 336ff.
– als Verwaltungsakte **15** 50ff., 184ff., 259ff., 385ff.
– Vollstreckung **15** 72, 75ff., 199, 290ff., 405ff.
– Willkürverbot **15** 36, 344ff.
– Wirkung für und gegen Rechtsnachfolger **15** 1f. Tab, 84ff., 133f. Tab, 192, 210f. Tab, 269, 298f. Tab, 392
bauaufsichtliche Zulassung
– nicht geregelter Bauprodukte **6** 4f. Tab
bauaufsichtliche Zustimmung
– Ausnahmen/Befreiungen/Abweichungen **14** 185f. Tab
– Bauplanungsrecht **14** 184, 185f. Tab
– als besonderes Genehmigungsverfahren **14** 183ff.
– eingeschränkte Feststellungswirkung **14** 184, 185f. Tab
– Ersetzung des gemeindlichen Einvernehmens **14** 320f. Tab
– gemeindliches Einvernehmen **14** 185f. Tab, 303
– Ordnungswidrigkeiten **16** 151 Tab
– Prüfungsmaßstab **14** 184, 185f. Tab
– zustimmungsfreie Vorhaben **14** 185f. Tab
bauaufsichtliches Einschreiten, *s. Anspruch Dritter auf Einschreiten*
Bauaufsichtsaufgaben
– Arten **15** 1f. Tab, 3ff.
– Bauberatung **15** 13ff.
– Handlungspflicht **15** 12
– Ländervergleich **15** 1f. Tab
– Pflichtaufgaben **15** 3, 12
– Überwachung der Einhaltung öffentlicher Vorschriften **15** 1f. Tab, 3ff.
Bauaufsichtsbefugnisse, *s. auch Baueinstellungsanordnung, s. auch Beseitigungsanordnungen*
– Auskunftsverlangen **15** 20, 61
– bauordnungsrechtliche Generalklausel **15** 18ff.
– Bauüberwachung **14** 240f. Tab; **15** 20
– Duldungsanordnungen **15** 20, 64ff., 265, 391
– Ländervergleich **15** 1f. Tab, 133f. Tab, 210f. Tab, 298f. Tab
– Spezialbefugnisse **15** 20
– Übersicht **15** 18
– Verbot von verfahrensfreien Vorhaben **15** 20
– Verwirkung **15** 21, 245, 355ff.
Bauaufsichtsbehörden
– Handlungspflicht **15** 12
– Ländervergleich **12** 1f. Tab

Bauaufsichtsgebühren
– Rechtsverordnungen **16** 124 Tab
Baubeendigungsanzeige
– Ordnungswidrigkeiten **16** 150 Tab
Baubeginn **14** 238 f. Tab
– Baueinstellungsanordnungen **15** 154
Baubeginnsanzeige **14** 238 f. Tab
– Ordnungswidrigkeiten **16** 150 Tab
Bauberatung
– als Bauaufsichtsaufgabe **15** 13 ff.
Baubeschränkungen/-verbote
– nach spezialgesetzlichen Regelungen **3** 9
Baubeschreibungen **14** 205
Baubeseitigungsanordnung, *s. Beseitigungsanordnung*
Baubestimmungen, *s. technische B.*
Baubeteiligte **11** 1
– Bußgeldverfahren **11** 1
– Störerauswahl **11** 1 f.
Baubuden
– als bauliche Anlagen **2** 72
– als Behelfsbauten **10** 11 f. Tab
– verfahrensfreie Vorhaben **13** 58 Tab
Baucontroller
– Störerauswahl **11** 2
Baueinstellung
– Begriff **15** 182 f.
Baueinstellungsanordnung, *s. auch Anspruch Dritter auf Einschreiten, s. auch bauaufsichtliche Anordnungen*
– Adressaten **15** 190 ff.
– Anhörung **15** 186
– Anlagen **15** 138 f.
– Anspruch Dritter auf Einschreiten **15** 171 ff.
– Begründungserfordernis **15** 189
– Bestimmtheit **15** 193 f.
– als Dauerverwaltungsakt **15** 200
– Einzelfälle **15** 166 ff.
– Ermächtigungsnormen **15** 136
– Ermessen **2** 192; **15** 165 ff.
– bei Errichtung/Änderung/Abbruch von Anlagen **15** 144
– bei fehlender Baugenehmigung **15** 146
– bei fehlender Nachbarbeteiligung **15** 148 f.
– Form **15** 187 f.
– formelle Voraussetzungen **15** 185 ff.
– bei formeller Rechtswidrigkeit **15** 146 ff.
– bei Genehmigungsfreistellung **14** 135 ff.; **15** 147
– Ländervergleich **15** 133 f. Tab
– bei materieller Rechtswidrigkeit **15** 150 ff.
– mündlich **15** 198
– Prüfungsschema **15** 137
– Rechtsschutz **15** 200
– Regelermessen **15** 165
– Sofortvollzug **15** 195 ff.
– Störerauswahl **15** 190 ff.
– bei vereinfachten Verfahren **15** 147
– bei verfahrensfreien Vorhaben **15** 147
– Verhältnismäßigkeit **15** 161 ff.
– als Verwaltungsakt **15** 181
– Vollstreckung **15** 199
– Voraussetzungen **15** 138 ff.
– Widerspruch zu öffentlich-rechtlichen Vorschriften **15** 145 ff.
– Wirkung für und gegen Rechtsnachfolger **15** 133 f. Tab, 192
– Zeitpunkt **15** 153
– Zuwiderhandeln **15** 201 ff.
– Zweck **15** 135
Baufreigabe **14** 1, 9, 15
Baufreiheit **1** 272 ff.; **13** 1, *s. auch Eigentumsgarantie*
Baufreistellung, *s. Genehmigungsfreistellung, Untersagungsoption*
Baufreistellung bei Wohngebäuden und Nebenanlagen, *s. Genehmigungsfreistellung, Untersagungsoption*
Baugebote **14** 49
Baugebühren
– Rechtsverordnungen **16** 124 Tab
Baugenehmigung, *s. auch Baugenehmigungspflicht, s. auch Baugenehmigungsverfahren, s. auch Teilbaugenehmigung, s. auch Typengenehmigung, s. auch Vorbescheid*
– Anfechtung durch Gemeinde **14** 216
– Anfechtung durch Nachbarn **14** 157 f., 172 f.
– Antrag **14** 2
– Arten **14** 15 ff.
– Ausführung des Vorhabens **14** 49, 66
– Ausnahmen/Befreiungen/Abweichungen **14** 9 f., 36, 191
– Baubeginn **14** 238 f. Tab
– Baufreigabe **14** 1, 9 f., 15
– Baugebote **14** 49
– Begründungspflicht **14** 68 Tab
– Bekanntgabe **14** 52
– Beseitigungsanordnungen **15** 312 ff.
– Bestandsschutz **14** 8
– Bindungswirkung des Vorbescheids **14** 33, 148 f.
– als dinglicher Verwaltungsakt **14** 1, 5 ff.
– Doppelwirkung **14** 1, 11 ff.
– Feststellungswirkung **14** 1, 7 f., 11, 15 f., 18, 26 Tab ff.
– formale Erfordernisse **14** 2 ff., 68 Tab
– Geltungsdauer **14** 55 ff.
– gemeindliches Einvernehmen **14** 210 ff., 302 ff.
– Inhalt **14** 5 ff., 68 Tab
– Inhaltsbestimmungen **14** 45 ff.
– Konzentrationswirkung **14** 17
– Kosten **14** 51
– Mehrstufigkeit **14** 3
– Nachbarbeteiligung **14** 254 ff., 277 f. Tab
– Nachbarschutz **14** 11 ff., 53 f.
– Nebenbestimmungen **14** 38 ff., 50, 68 Tab
– Nutzungsuntersagung **15** 235 f.

– Ordnungswidrigkeiten **16** 152 Tab
– private Rechte Dritter **14** 12 ff., 68 Tab, 255
– privatrechtliche Sicherung **14** 48
– keine privatrechtsgestaltende Wirkung **14** 12 ff., 68 Tab
– Prüfungsmaßstab im Ländervergleich **14** 16, 18 ff., 26 ff.
– Rechtsanspruch **14** 31 ff., 68 Tab
– Rechtsnachfolge **14** 5 f., 68 Tab; **15** 88 ff.
– Rechtsnatur **14** 1
– Rechtspflichten **14** 49 ff.
– Rechtsschutz **1** 36, **14** 53 f.
– Rechtswirkungen **14** 5 ff., 14
– Rücknahme **14** 56 ff., 61 ff.
– Sachbescheidungsinteresse **14** 13, 24 f., 37, 203
– Schriftformerfordernis **14** 4, 68 Tab
– Sofortvollzug **14** 53 f.
– Variationsbreite **13** 28 ff.
– Verfahren **14** 202 ff.
– im vereinfachten Verfahren **14** 15, 18 ff., 21
– als Verwaltungsakt **14** 1 ff., 5 ff.
– als Vollgenehmigung **14** 15 f., 18 ff., 26 Tab ff.
– Widerruf **14** 55 ff., 59 ff.
– Wirksamkeit **14** 52 ff., 55 ff.
– Zeitablauf **14** 55, 64 Tab f.
– Zusicherungen **14** 32
– Zustellung **14** 52, 68 Tab
– Zustimmung des Nachbarn **14** 258 ff.
Baugenehmigungspflicht
– Ausnahmen **13** 11, 16 Tab, 17 ff.
– Ausnahmen/Befreiungen/Abweichungen **14** 191
– baulicher Anlagen **13** 4 ff.
– Dispositionsmöglichkeiten **13** 15
– Regelungen im Ländervergleich **13** 16 Tab
– Vorrang anderer Gestattungsverfahren **13** 11, 14
Baugenehmigungsverfahren, *s. auch Genehmigungsfreistellung, s. auch vereinfachtes Verfahren, s. auch Verfahrensfreiheit*
– Bauantrag **14** 202 ff.
– Baubeginn **14** 238 f. Tab
– Bauüberwachung **14** 240 f. Tab
– Beteiligung anderer Behörden und Stellen **14** 209 ff., 217
– Beteiligung von Fachbehörden **14** 209 f., 217
– Darstellung der Modelle der Länder/MBO 2002 **14** 221–237 Tab
– Durchsetzung von Handlungspflichten **2** 188
– Entscheidungsfristen **14** 219, 220 Tab
– Ersetzung des gemeindlichen Einvernehmens **14** 215 f., 320 f. Tab, 322 ff., 338 ff.
– Fristen **14** 219, 220 Tab
– gemeindliches Einvernehmen **14** 210 ff., 302 ff.
– Genehmigungsfristen **14** 219, 220 Tab
– nach MBO 2002 **1** 412
– Mitwirkungspflicht **14** 210
– Nachbarbeteiligung **14** 254 ff., 277 f. Tab
– Prüfprogramm **14** 15 f., 18, 26 Tab ff., 67 Tab
– Verzicht **13** 15
– Vorprüfung **14** 208
– Zustimmung des Nachbarn **14** 258 ff.
Baugesetzbuch (BauGB)
– Entwicklung **1** 350 ff.
– Verfahrensregelungen **16** 131 Tab
Baugesetzentwurf für Berlin
– Entwurf **1** 263 ff.
Baugestaltung, *s. auch Verunstaltung*
– Anforderungen **4** 9
– nach BauGB **4** 14 ff.
– beabsichtigte Gestaltung **4** 58 ff.
– nach BNatSchG **4** 24
– nach dem BVerfG **4** 5
– nach dem BVerwG **4** 3 ff.
– Instandsetzung **4** 32
– Ländervergleich **4** 8 Tab ff.
– MBO 1960 **4** 2, 6 f.
– Nachbarschutz **4** 73 f.; **16** 68
– örtliche Bauvorschriften **16** 80, 102
– Regelungszweck **4** 1 ff.
– verfahrensfreie Vorhaben **13** 87 Tab
– Verunstaltungsschutz **4** 10 ff.
– Werbeanlagen **4** 12
Baugestaltungsrecht der Neuzeit **1** 164 ff.
Baugestaltungsverordnung von 1936 **4** 2 f., 83 ff.
Baugrenzen **3** 57
Baugrundstücke, *s. auch Bebaubarkeit von Grundstücken, s. auch Grundstücke*
– Anforderungen **3** 2 ff.
– Begriff **2** 17, 158
– Einfriedungen/Abgrenzungen **3** 222 ff., 227 Tab, 230
– aus mehreren Grundstücken **3** 10 Tab f.; **17** 25 f.
Bauherr
– als Baubeteiligter **11** 1
– als Bauleiter **11** 14 f.
– Definition **11** 3
– öffentlicher **14** 183, 185 f. Tab
– als Rechtsnachfolger **15** 88
– Verantwortlichkeit **11** 4
Bauherrengemeinschaft
– als Nachbarn **14** 296 ff.
Bauherrenwechsel **14** 6
– Ordnungswidrigkeiten **16** 153 Tab
Bauhilfseinrichtungen
– als bauliche Anlagen **2** 53 f. Tab
Bauingenieure
– Bauvorlageberechtigung **11** 21 f. Tab
Baukonsens der Neuzeit **1** 172
Baukunst
– anerkannte Regeln **4** 69 ff.
– Grundrechte **1** 296 ff.
Baulast **2** 158; **14** 48

– Anfechtung **17** 63 f.
– Bedeutung **17** 1 ff.
– Bedingungen **17** 62
– Beendigung **17** 81 f. Tab, 83 ff.
– Begriff **17** 8 f. Tab, 9 ff.
– Begründung **17** 50 f. Tab, 52 ff.
– Begünstigte **17** 74 f.
– Bestimmtheit **17** 61
– Eintragung **17** 65 ff.
– bei Errichtung eines Gebäudes auf mehreren Grundstücken **3** 10 Tab f.; **17** 25 f.
– Erschließungssicherung **17** 19 ff.
– zur Gewährung planungsrechtlicher Anforderungen **17** 37 ff.
– Löschung **17** 93 ff.
– als öffentlich-rechtliche Verpflichtung **17** 10
– Rechtsschutz **17** 66 f., 91 f., 96
– Rechtswirkungen **17** 50 f. Tab, 68 ff.
– Regelungen der Länder **17** 2 ff.
– Regelungsgehalt **17** 8 f. Tab, 18 ff.
– Schriftform **17** 50 f. Tab, 60
– Verfügungsbefugnis **17** 52 ff.
– Verpflichtete **17** 76 ff.
– Verpflichtungserklärung **17** 52 ff.
– Verzicht der Bauaufsichtsbehörde **17** 81 f. Tab, 83 ff.
– Wirkung für und gegen Rechtsnachfolger **17** 50 f. Tab, 79
Baulastenverzeichnis **17** 50 f. Tab, 65, 88, 97 f. Tab
– Abschriften **17** 106
– Einsichtnahme **17** 104 ff.
– Führung und Inhalt **17** 97 f. Tab, 99 ff.
– Publizitätswirkung **17** 99 ff.
Bauleiter
– Definition **11** 14
– Erforderlichkeit **11** 17 f. Tab
– Ordnungswidrigkeiten **16** 158 Tab
– Störerauswahl **11** 2
– Verantwortlichkeit **11** 15
bauliche Änderungen, *s. Änderung von Anlagen*
bauliche Anlagen, *s. auch Baugestaltung, s. auch gebäudegleiche Wirkung, s. auch unbedeutende baul. A., s. auch untergeordnete baul. A, s. auch Vorhaben*
– allgemeine Anforderungen **2** 159 f. Tab, 161 ff., 171 ff.
– Anordnung **5** 32 ff.
– Baugenehmigungspflicht **13** 4 ff.
– Baugestaltung **4** 8 Tab ff.
– Begriff **2** 53 f. Tab, 56 ff.
– Beschaffenheit **5** 32 ff.
– bestehende **15** 97 ff.
– Betretungsrecht **15** 125
– bewegliche Anlagen **2** 67, 70 ff.
– fiktive **2** 80 ff.
– mit gebäudegleicher Wirkung **3** 45 ff.
– Gebrauchstauglichkeit **5** 32 ff.
– Höhenlage **3** 172 f., 178 ff.
– Klassifizierung **2** 103 ff., 115
– Künstlichkeit **2** 60
– LBO Anwendbarkeit **2** 1 f. Tab, 3 ff., 8 ff.
– Mehrheiten **2** 64 ff.
– Nutzung durch behinderte oder alte Menschen oder Kleinkinder **10** 1 f. Tab
– örtliche Bauvorschriften **16** 2 Tab
– Ortsfestigkeit **2** 62 ff.
– Problemfälle **2** 93
– Rechtsverordnungen **16** 112 Tab
– Teile **2** 64 ff.
– untergeordnete Bauteile/Vorbauten **3** 136 ff.
– Verunstaltungsverbot **4** 30 ff.
Baulinien
– Begriff **3** 57
Baumassenverhältnis
– Verunstaltungsschutz **4** 8 Tab
Baumaßnahmen
– allgemeine Anforderungen **2** 159 f. Tab, 164, 171 ff.
– Begriff **2** 158
Bäume, *s. Bepflanzung*
Baumsturzgefahr
– Bebaubarkeit von Grundstücken **3** 3
Baunebenrecht **1** 433 ff.
Baunutzungsverordnung (BauNVO)
– Entwicklung **1** 19, 363 ff.
Bauordnungen
– Entwicklungen zur Jahrhundertwende **1** 204 ff.
Bauordnungsrecht
– Allgemeines **1** 20 ff.
– Anwendungsprobleme **1** 443 ff.
– Baunebenrecht **1** 437 ff.
– EG-Recht **1** 430 ff.
– formeller Teil **1** 26
– gesetzgeberisches Programm **2** 166 ff.
– Landesbauordnungen **1** 420 ff.
– Landesbauordnungsrecht **1** 368 ff.
– materieller Teil **1** 27
– Musterbauordnungen **1** 370 ff.
– Ziele **2** 166 ff.
bauordnungsrechtliche Anforderungen
– Begriff **2** 20 ff.
bauordnungsrechtliche Generalklausel
– Bauaufsichtsbefugnisse **15** 18 ff.
– Bedeutung **2** 184 f.
– Durchsetzung von Handlungspflichten **2** 187 ff.
– Ermessenserwägungen **2** 186
– Fernwirkung **2** 191 f.
– als Gefährdungsklausel **2** 169 ff.
– Instandhaltungsverpflichtung **2** 186
– Ländervergleich **2** 159 Tab ff.
– MBO 2002 **2** 159 Tab ff.
– Verhältnis zu Spezialvorschriften **2** 165
– Ziele **2** 166 ff.
Bauordnungsreform **1** 408, 420 ff.
– Kritik **1** 457 ff.
Baupolizeirecht **1** 20 ff., 164 ff.
– der Neuzeit **1** 170

Bauprodukte, *s. auch nicht geregelte Bauprodukte*
– Anforderungen **6** 2 Tab
– Anlagen **2** 155 f.
– Bauart **2** 157
– bauaufsichtliche Zulassung **6** 4 f. Tab
– Baueinstellungsanordnungen **15** 156
– Bauregellisten A, B, C **6** 1 f. Tab
– Baustoffe **2** 153
– Bauteile **2** 154
– Bauüberwachung **14** 240 f. Tab
– Begriff **2** 53 f. Tab, 152 ff.
– Europarecht **2** 214; **6** 1f. Tab
– geregelte **6** 1 f. Tab
– Ländervergleich **6** 1 f. Tab
– LBO Anwendbarkeit **2** 1 f. Tab, 3 ff., 10 ff.
– Ordnungswidrigkeiten **16** 154 Tab
– Probenentnahme **14** 240 f. Tab
– Prüfzeugnisse **6** 6 f. Tab
– Rechtsverordnungen **16** 114 Tab
– sonstige **6** 1 f. Tab
– technische Regeln/Baubestimmungen **2** 209; **6** 1 f. Tab
– Übereinstimmungserklärungen des Herstellers **6** 14 f. Tab
– Übereinstimmungsnachweise **6** 12 f. Tab
– Verbot **6** 18 f. Tab
– Verwendbarkeit im Einzelfall **6** 8 f. Tab
– Verwendbarkeitsnachweis **14** 240 f. Tab
– Verwendung **2** 198 ff.
– Verwendungsmängel **15** 156
Bauproduktenrichtlinie **6** 18 f. Tab
Bauproduktenverordnung **16** 114 Tab
Baurecht, *s. auch öffentliches Baurecht*
– Begriff **1** 1 ff.
– Bundesbaurecht **1** 350 ff.
Baurecht in den Mittelstaaten
– Jahrhundertwende **1** 206 f.
Baurechtsgeschichte
– ältere **1** 42 ff.
– nach dem ersten Weltkrieg **1** 218 ff.
– seit dem Grundgesetz **1** 270 ff.
– Mittelalter/Beginn der Neuzeit **1** 75 ff.
– nach dem zweiten Weltkrieg **1** 256 ff.
Bauregellisten **6** 1 f. Tab, 6 f. Tab, 12 f. Tab
Baustellen
– als andere Anlagen und Einrichtungen **2** 25
– Anforderungen **5** 1 Tab ff.
– Einrichten und Betreiben **5** 8 ff.
– Ländervergleich **5** 1 f. Tab
– MBO 2002 **5** 1 f. Tab
– Merkmale **5** 3 ff.
– Ordnungswidrigkeiten **16** 155 Tab
– Schutzvorkehrungen für Beplanzung **5** 12
– Sorgfaltspflichten **5** 8 f.
– Verkehrssicherungspflicht **5** 3
Baustellenaufzüge
– bundesrechtliche Regelungen **8** 3
Baustelleneinrichtungen **5** 7; **13** 58 Tab
Baustellenunterkünfte **5** 4; **13** 58 Tab
Baustoffe
– als Bauprodukte **2** 153
– Brandschutz **5** 37 Tab, 44 ff., 51
– Brandverhalten **5** 37 Tab, 44 ff., 51
Baustopp, *s. Baueinstellung*
Bautafeln **5** 1 f. Tab, 11
– Ordnungswidrigkeiten **16** 156 Tab
Bautechnik
– Deutsches Institut **16** 114 Tab
Bautechniker
– Bauvorlageberechtigung **11** 21 f. Tab
bautechnische Anforderungen
– nach MBO 2002 **1** 413
bautechnische Nachweise **14** 205
– Rechtsverordnungen **16** 115 Tab
bautechnische Prüfungsstellen
– Rechtsverordnungen **16** 116 Tab, 124 Tab
Bauteile **3** 136 Tab, *s. auch untergeordnete Bauteile/Vorbauten*
– als Bauprodukte **2** 154
– Begriff **3** 137
– Brandverhalten **5** 37 Tab, 46 ff.
– feuerbeständige **5** 37 Tab, 51
– gemeinsame **5** 15 f. Tab
– nichthaustechnische **7** 1 Tab ff.
– Ordnungswidrigkeiten **16** 157 Tab
– tragende **16** 157 Tab
– verfahrensfreie Vorhaben **13** 59 Tab
Bauträger
– Störerauswahl **11** 2
Bauüberwachung
– als Bauaufsichtsbefugnis **14** 240 f. Tab; **15** 20
– Kosten **14** 240 f. Tab
Bauunterkünfte **10** 11 f. Tab
Bauunternehmer
– Ordnungswidrigkeiten **16** 158 Tab
Bauvermerke **17** 101
Bauvorhaben, *s. Vorhaben*
Bauvorlageberechtigung **11** 16, 17 f. Tab, 19 f. Tab
Bauvorlagen
– Höhenlage **3** 177 f.
– Rechtsverordnungen **16** 115 Tab
– Übersicht **14** 205
Bauvorlagenabweichung
– Baueinstellung **15** 158 ff.
Bauweise, *s. auch abweichende B./geschlossene B./halb offene B./offene B.*
– BauNVO **1** 365 f.
– Begriff **3** 57
– Verhältnis zu Abstandsflächen **1** 446 ff.
BauwOrdnung **1** 2, 119 ff., 175
Bauzäune **5** 1 f. Tab, 10
– keine Einfriedungen **3** 225
Bauzeichnungen **14** 205
– Nachbarunterschrift **14** 262, 282 f. Tab, 283
Bayerisches Baugesetz
– Entwurf **1** 267 ff.

Bebaubarkeit von Grundstücken 5 26 Tab
– Anforderungen **3** 2 ff.
– Baubeschränkungen/-verbote **3** 9
– Bauleitplanung **3** 5
– Beschaffenheit **3** 1 Tab, 7
– Erschließung **3** 12 ff.
– Grundstücksform **3** 1 Tab, 6
– Grundstücksgröße **3** 1 Tab, 6
– Grundstückslage **3** 1 Tab, 3 ff.
– Haftungsfreistellung **3** 4
– Ländervergleich **3** 1 Tab ff.
– MBO 2002 **3** 1 Tab ff.
– Schutzzweck der Norm **3** 8
– spezialgesetzliche Regelungen **3** 9
Bebauungsplan
– formelle Illegalität **14** 127 f.
– Genehmigungsfreistellung **14** 81 ff.
– Grünflächen **3** 198
– Gültigkeit **14** 84
– materielle Illegalität **14** 129 ff.
– Normsetzungsverfahren **16** 26 Tab, 40 ff.
– mit örtlichen Bauvorschriften **16** 25 f. Tab, 40 ff.
– Ungültigkeit **14** 125 ff.
Bedachungen, *s. auch Dächer*
– Brandschutzanforderungen **5** 46 ff.
Bedienungsanlagen **13** 118 Tab
Bedingung
– Bedeutung und Beispiele **14** 38
Befahrbarkeit
– von öffentlichen Verkehrsflächen **3** 19
Befreiungen
– von Abstandsflächen **3** 154, 155 Tab ff.
– von Anforderungen der LBO **14** 361 f.
– Anforderungen/Voraussetzungen **14** 187 ff., 196 ff., 200 f. Tab, 354 ff., 379 f. Tab, 381 f.
– bauaufsichtliche Zustimmung **14** 185 f. Tab
– Baugenehmigung **14** 9 f.
– Begriff **14** 189 f., 356
– Beseitigungsanordnungen **15** 327, 366 ff.
– von Brandschutzvorschriften **5** 62
– Ermessensentscheidung **2** 192; **14** 36, 208 f., 366
– Flächenbaulast **17** 44
– gemeindliches Einvernehmen **14** 303
– bei Genehmigungsfreistellung **14** 90 f.
– Gestaltungswirkung **14** 9 f.
– isolierte **14** 192 f., 385 f. Tab, 387 ff.
– nachbarliche Interessen **14** 200 f. Tab
– von örtlichen Bauvorschriften **14** 383 f. Tab; **16** 27 Tab
– Rechtsschutz **14** 392 ff.
– Rücknahme/Widerruf **14** 369
– Verhältnis zu Abweichungen/Ausnahmen **14** 357 ff.
– Zulassung **14** 379 f. Tab
Befristung
– Bedeutung und Beispiele **14** 38
begehbare Flächen
– Umwehrungen **7** 150 f. Tab, 155 f.
Begrünung, *s. Bepflanzung*
Begrünungsvorschriften
– Grundstücksgestaltung **3** 193
– Schutzzweck der Norm **3** 197
Behälter
– für brennbare Flüssigkeiten und Gase **8** 7 f. Tab; **13** 62 Tab
– für wassergefährdende Stoffe **13** 62 Tab
Behandlungsräume
– als Aufenthaltsräume **2** 142; **9** 6
– in Kellergeschossen **9** 42
Beheizung
– Baulast **17** 35
Behelfsbauten
– erleichterte Ausnahmen/Abweichungen **10** 11 f. Tab
– verfahrensfreie Vorhaben **8** 1 Tab; **13** 60 Tab
Beherbergungsstätten
– barrierefreies Bauen **10** 1 f. Tab
– Rechtsverordnungen **16** 123 Tab
Behindertenaufzüge
– verfahrensfreie Vorhaben **8** 1 Tab; **13** 55 Tab, 118 Tab
behindertengerechtes Bauen **10** 1 f. Tab
Behindertenrampen
– in Abstandsfläche zulässig **3** 104 Tab
Beiladung
– bei Duldungsanordnung **15** 68 f.
– bei Nutzungsuntersagung **15** 267 f.
Bekanntgabe
– der Baugenehmigung **14** 52
– an die Gemeinde **14** 52, 68 Tab
– der Teilbaugenehmigung **14** 171
– des Vorbescheids **14** 150
Beläge **13** 118 Tab
Belästigungen
– Begriff **2** 179
Belichtung
– Abstandsflächenrecht **3** 38, 46
– von Aufenthaltsräumen **9** 4, 10 Tab, 12, 16 Tab, 20 Tab f., 34 Tab, 35 ff.
Belüftung
– Abstandsflächenrecht **3** 38, 46
– von Aufenthaltsräumen **9** 4, 10 Tab, 12, 16 Tab, 20 Tab, 21
Bemalungen
– als Werbeanlagen **4** 92 Tab, 116
Benutzbarkeit
– von Gebäuden **2** 98
Benutzung
– Begriff **15** 217 ff.
Benutzungsverbot, *s. Nutzungsuntersagung*
Bepflanzung
– Grundstücksgestaltung **3** 187 ff., 192 Tab, 194
– Nachbarschutz **16** 75
– örtliche Bauvorschriften **16** 107
– Schutzvorkehrungen bei Baustellen **5** 12

Bergaufsicht
– bei Anlagen **2** 1f. Tab, 46; **13** 110 Tab
Berufsfreiheit **1** 300ff.; **16** 34
Beschlagnahme **15** 209
Beschneiungsanlagen
– Sondergestattungen **13** 110 Tab
Beschriftungen
– LBO Anwendbarkeit **4** 92 Tab
Beseitigung von Anlagen, *s. Abbruch von Anlagen*
Beseitigungsanordnung, *s. auch Anspruch Dritter auf Einschreiten*
– Abbruchmaterial **15** 382
– Adressaten **15** 390ff.
– Anhörung **15** 386
– Anspruch Dritter auf Einschreiten **15** 372ff.
– bei Anzeigeverfahren **15** 325, 364
– Bauantragsverlangen **15** 329ff.
– Begründungserfordernis **15** 389
– Bestandsschutz **15** 312, 332ff., 361
– Bestimmtheit **15** 393f.
– Beweislast **15** 312ff.
– Dauerwirkung **15** 410f.
– Duldung von Anlagen **15** 355ff., 402
– Duldungsanordnungen **15** 391, 405
– Einzelfälle **15** 362ff.
– Einzelfälle sofortiger Vollziehung **15** 401ff.
– erheblicher Zeitaufwand **15** 341
– Erledigung **15** 409
– Ermächtigungsnormen **15** 302f.
– Ermessen **2** 192; **15** 343ff., 367
– bei Errichtung/Änderung von Anlagen **15** 306
– finanzielle Verluste **15** 341
– Form **15** 387
– bei formeller Rechtswidrigkeit **15** 311ff.
– Frist **15** 395f.
– Gefahrenabwehr **15** 401
– gemeindliches Einvernehmen **15** 328
– bei Genehmigungsfreistellung **14** 135ff.; **15** 326
– lediglich geringfügige Verstöße **15** 340
– Gleichheitssatz **15** 344ff.
– Ländervergleich **15** 298f. Tab
– landschaftlich reizvolle Gegenden **15** 401
– Legalisierungsmöglichkeiten **15** 342
– materielle Rechtswidrigkeit **15** 316ff.
– nachträglicher Bauantrag **15** 403
– bei bloßer Nutzungsänderung **15** 302
– Nutzungsuntersagung als milderes Mittel **15** 302, 339
– Privatrecht **15** 355
– Prüfung möglicher Ausnahmen/Befreiungen **15** 327, 366ff.
– Rechtsschutz **15** 404
– Regelermessen **15** 343
– Risiko **15** 341
– Rückbauanordnungen **15** 338, 394
– Schwarzbau **15** 401
– Sofortvollzug **15** 396ff.
– Störerauswahl **15** 390ff.
– ohne Substanzverlust **15** 401
– systemgerechtes Vorgehen **15** 345ff.
– Teilbeseitigung **15** 336, 380
– Überprüfung/Kontrolle **15** 370ff.
– Umfang der Befugnisnorm **15** 381ff.
– bei vereinfachten Verfahren **15** 326, 364
– bei verfahrensfreien Vorhaben **15** 325
– Verhältnismäßigkeit **15** 336ff.
– Verstoß gegen Bauplanungsrecht **15** 365f., 368
– Vertrauensschutz **15** 358
– als Verwaltungsakt **15** 385ff.
– Verwirkung **15** 355ff.
– Vollstreckung **15** 405ff.
– Voraussetzungen **15** 304ff.
– Vorbildwirkung **15** 401
– bei vorgehender Ablehnung des Bauantrags **15** 318ff.
– Widerspruch zu öffentlich-rechtlichen Vorschriften **15** 308ff.
– Willkürverbot **15** 344ff.
– Wirkung für und gegen Rechtsnachfolger **15** 298f. Tab, 392
– zeitliche Geltung **15** 409ff.
– Zweck **15** 301f.
Beseitigungskonzept **15** 345ff., 350
Beseitigungsverfügung, *s. Beseitigungsanordnung*
Besitzrecht **15** 85
Besonnung
– Abstandsflächenrecht **3** 38, 46
Bestand **15** 113
Bestandsnutzungsschutz **15** 111ff.
Bestandsschutz
– aktiver **1** 279; **15** 115
– Baugenehmigung **14** 8
– bei Beseitigungsanordnungen **15** 312, 332ff., 361
– Beweislast **15** 115
– bei Immissionsschutz **15** 119
– Instandhaltung **13** 39ff.; **15** 117ff.
– bei nachträglichen Anordnungen **15** 107ff.
– bei Nutzungsänderungen **13** 28ff.
– Nutzungsuntersagung **15** 227ff., 236, 242
– passiver **1** 279; **15** 110
– Teilbaugenehmigung **14** 166f.
– überwirkender **15** 115
– vorhandener Bestand **15** 113
Bestimmtheit
– von bauaufsichtlicher Anordnungen **15** 71ff., 193f., 237f., 270ff., 393f.
– Baulasten **17** 61
Beteiligung anderer Behörden und Stellen **14** 209ff., 217
Bethge-Urteil **1** 241
Betretbarkeit
– von Gebäuden **2** 97

Betretungsrecht
– der Bauaufsichtsbehörden **15** 1 f. Tab, 124 ff.
– mündliche Anordnung **15** 132
– Verhältnismäßigkeit/Ermessen **15** 131
Betriebsräume
– Betretungsrecht **15** 128
– Rechtsverordnungen **16** 119 Tab
Betriebsschächte
– Umwehrungen **7** 150 f. Tab, 156
Betriebsüberwachung
– Rechtsverordnungen **16** 117 Tab
Bewässerungsanlagen
– verfahrensfreie Vorhaben **13** 61 Tab
bewegliche Anlagen **2** 67, 70 ff.
Bezugsfälle **14** 366
Bibliotheksräume
– als Aufenthaltsräume **9** 3
Bienenfreistände **13** 118 Tab
Bildungsstätten
– barrierefreies Bauen **10** 1 f. Tab
Biogasanlagen **8** 14 f. Tab
Blitzschutzanlagen **5** 37 f. Tab, 58; **13** 63 Tab
Blockheizkraftwerke **13** 126 Tab
Blumenfenster
– als untergeordnete Bauteile **3** 136 Tab, 137
Boden
– Konsistenz **3** 7
Bodenbeläge
– Brandschutzanforderungen **7** 102 Tab ff., 117 ff., 125 f. Tab, 137
– verfahrensfreie Vorhaben **13** 42
Bodenschutz
– Ställe **10** 4 f. Tab
Bodenschutzklausel **1** 310
Bodenversiegelung
– Grundstücksgestaltung **3** 187 ff., 192 Tab, 196
Bogenanschläge
– LBO Anwendbarkeit **4** 92 Tab
Bolzplätze, *s. auch Spielplätze*
– Begriff **3** 203
Brandabschnitte **7** 51
Brandschutz
– Baulast **17** 34
– Bebaubarkeit von Grundstücken **3** 3
– Befreiungen **5** 62
– nach MBO 2002 **1** 415
– Nachbarschutz **5** 63; **7** 72; **16** 73
– nachträgliche Anforderungen **5** 60
– örtliche Bauvorschriften **16** 10 Tab
– Ordnungswidrigkeiten **16** 160 Tab
– Rechtsverordnungen **16** 117 Tab
– Schnittstelle von Bauplanungs- und Bauordnungsrecht **1** 445
– Vorbeugung **5** 37 f. Tab, 44 ff.
Brandschutzanforderungen
– allgemeine Bestimmungen **5** 37 f. Tab, 39 ff.
– an Baustoffe **5** 44 ff.
– an Brandwände **7** 33 f. Tab, 35
– an Dachgeschosswohnungen/-aufenthaltsräume **9** 26 Tab
– an Dächer **7** 70 f. Tab, 73, 76 ff.
– an Decken **7** 59 f. Tab, 63 ff.
– Durchführungsverordnungen **5** 40
– an Fenster, Türen, Kellerlichtschächte **7** 139 f. Tab
– an fensterlose Aufenthaltsräume **9** 39 Tab
– bei fensterlosen Aufenthaltsräumen im KG **9** 43
– nach Gebäudeklassen **5** 40
– MBO 2002 **5** 37 Tab, 41 ff.; **7** 3, 16
– an nichthaustechnische Bauteile **7** 1 Tab ff.
– an nichttragende Außenwände **7** 12 f. Tab
– an notwendige Flure und Gänge **7** 125 f. Tab
– an notwendige Treppenräume und Ausgänge **7** 102 f. Tab
– an Sonderbauten **5** 39; **7** 11, 20, 24, 31 ff., 56 f., 65, 99, 109, 113 ff., 132
– Sondervorschriften **5** 39
– an tragende Wände, Pfeiler und Stützen **7** 1 f. Tab
– an Trennwände **7** 21 f. Tab
– an Treppen **7** 88 f. Tab, 90 ff., 97
– Verwaltungsvorschriften **5** 39
– an Wärmeerzeugungsanlagen **8** 7 f. Tab
Brandschutzdienstellen **5** 59 ff.
Brandschutzkonzept **14** 205
Brandschutzverglasungen **5** 46
Brandsicherheit
– Rechtsverordnungen **16** 117 Tab
Brandverhalten
– von Baustoffen und Bauteilen **5** 44 ff.
– von Lüftungsleitungen **8** 5 f. Tab
Brandwände **5** 46 ff.
– bei aneinandergebauten Gebäuden **7** 43 ff., 49
– Anforderungen **7** 33 f. Tab, 35
– Ausführung **7** 53 f.
– bei ausgedehnten Gebäuden **7** 46
– Brandabschnitte **7** 51
– bei Gebäuden an der Grenze **7** 43 ff.
– Leitungen **8** 5 f. Tab
– maximale Abstände zueinander **7** 46 f.
– MBO 2002 **7** 33 f. Tab, 36 ff.
– Nachbarschutz **7** 58
– Pflicht zur Errichtung **7** 33 f. Tab, 43 ff.
– bei Sonderbauten **7** 56 f.
– bei über Eck zusammenstoßenden Gebäuden **7** 52
Brauchtumsmasten **13** 103 Tab
Brauchwasser
– Nachbarschutz **16** 76
– örtliche Bauvorschriften **16** 23 Tab
brennbare Flüssigkeiten und Gase
– Behälter/Rohrleitungen **8** 7 f. Tab
Brennstoffe
– Anforderungen **8** 7 f. Tab, 9 ff.
– Nachbarschutz **16** 72
– örtliche Bauvorschriften **16** 8 Tab, 86

Sachverzeichnis

Brennstofflagerräume
– Anforderungen **8** 7 f. Tab
– Brandschutzanforderungen **7** 31
Brennstoffversorgungsanlagen
– als andere Anlagen und Einrichtungen **2** 25
Bruchteilseigentümer
– als Nachbarn **14** 295 ff.
Brücken
– verfahrensfreie Vorhaben **13** 66 Tab
Brückenreklame **4** 140
Brüstungen
– in notwendigen Fluren und Gängen **7** 125 f. Tab, 136
Brunnen
– verfahrensfreie Vorhaben **13** 65 Tab
Buchgrundstücke **2** 15 f.
Bühnen **13** 118 Tab; **14** 181 f. Tab
Bühnenaufzüge
– bundesrechtliche Regelungen **8** 3
Büroeinheiten
– Rettungswege **5** 53
Büroräume
– als Aufenthaltsräume **2** 142; **9** 3, 6
– Brandschutzanforderungen **7** 23
Bundesbaugesetz (BBauG) **1** 350 ff.
Bundesbaurecht **1** 350 ff.
Bundesfernstraßen
– LBO Anwendbarkeit **2** 39
Busanlagen
– LBO Anwendbarkeit **2** 41
Bußgeldbescheide **16** 145, 172 Tab
Bußgeldverfahren **11** 1

Caesars Stadtrecht **1** 53
Campingplätze
– als bauliche Anlagen **2** 53 f. Tab, 85
– Einfriedungen/Abgrenzungen **3** 231
– örtliche Bauvorschriften **16** 18 Tab
– Rechtsverordnungen **16** 118 Tab
– als Sonderbauten **2** 115
Campingwagen
– als bauliche Anlagen **2** 78
Campingwagenstellplätze **2** 87
Carports
– Begriff **3** 134; **10** 15
– Gesamtnutzfläche **3** 136
– in Abstandsfläche zulässig **3** 104 Tab
Chancengleichheit **1** 306

Dachaufbauten, *s. auch Dachgauben, s. auch Dachgesimse*
– Brandschutzanforderungen **7** 70 f. Tab, 83
– als nicht (mehr) untergeordnete Bauteile/Vorbauten **3** 145
– verfahrensfreie Vorhaben **13** 68 Tab
– Wandhöhe **3** 108, 109 Tab ff.
Dachausbau
– Abstandsflächenrelevanz **3** 56
Dacheindeckungen **4** 42; **13** 42, 87 Tab
Dachflächenfenster
– verfahrensfreie Vorhaben **13** 67 Tab
Dachformen, *s. Dachgestaltung*
Dachgauben
– Begriff **3** 137
– Brandschutzanforderungen **7** 70 f. Tab, 83
– untergeordnete Bauteile/Vorbauten **3** 136 Tab, 145
– verfahrensfreie Vorhaben **13** 68 Tab
– Verunstaltung **4** 43, 62
Dachgaupen **3** 137, *s. auch Dachgauben*
Dachgeschossausbau
– verfahrensfreie Vorhaben **13** 69 Tab
Dachgeschosse
– mit Aufenthaltsräumen **9** 11, 22 ff., 26 Tab
– Begriff **2** 53 f. Tab, 129, 134 ff.; **9** 23
– Brandschutzanforderungen **9** 26 Tab
– Hohlräume **2** 120
– Ländervergleich **9** 26 Tab
– MBO 2002 **9** 24
– Nachbarschutz **9** 28
– als Vollgeschosse **2** 129, 134 ff.
Dachgeschosswohnungen **9** 22 ff., 26 Tab
Dachgesimse
– Brandschutzanforderungen **7** 70 f. Tab, 83
Dachgestaltung
– örtliche Bauvorschriften **16** 89 ff.
– Verunstaltung **4** 62
Dachhaut **3** 106 Tab, 108
– Begriff **7** 73
Dachhöhe
– Ermittlung der Wandhöhe **3** 109 Tab
Dachneigung
– Ermittlung der Wandhöhe **3** 109 Tab, 113
Dachräume
– keine Aufenthaltsräume **2** 142
– Begriff **2** 53 f. Tab, 135; **7** 24; **9** 23
– Brandschutzanforderungen **7** 1 f. Tab, 7, 21 f. Tab, 24, 61
– Decken **7** 59 f. Tab
Dachschrägen **9** 26 Tab
Dachstühle **13** 42
Dachterrassenbrüstungen
– keine Einfriedungen **3** 225
Dachvorsprünge
– Brandschutzanforderungen **7** 70 f. Tab, 83
– Ermittlung der Wandhöhe **3** 125
– als untergeordnete Bauteile **3** 136 Tab, 137
Dächer
– von Anbauten **7** 70 f. Tab, 85
– Arten der Bedachung **7** 70 f. Tab, 74
– über Aufenthaltsräumen **7** 70 f. Tab, 82
– Begriff **7** 73
– Begrünung **7** 70 f. Tab, 80
– Brandschutzanforderungen **7** 70 f. Tab, 73, 76 ff.
– MBO 2002 **7** 70 f. Tab, 87

– Schnee und Eis **7** 70 f. Tab
– Schutz bei Arbeiten auf D. **7** 70 f. Tab, 86
– Umwehrungen **7** 84, 150 f. Tab
– verfahrensfreie Vorhaben **13** 42, 69 Tab
– Verunstaltung **4** 42, 62
Dämmschichten **13** 87 Tab
– Brandschutzanforderungen **7** 102 Tab ff., 117 ff.
– von Lüftungsanlagen **8** 5 f. Tab
Dämmung
– von Geräuschen, Erschütterungen, Schwingungen **5** 71 ff.
Dauerhaftigkeit
– baulicher Anlagen **2** 169, 199
Dauerkleingärten
– verfahrensfreie Vorhaben **13** 70 Tab
Decken
– Brandschutzanforderungen **7** 59 f. Tab, 63 ff., 136
– Leitungen **8** 5 f. Tab
– MBO 2002 **7** 59 f. Tab, 62
– Oberkante **2** 123; **9** 31
– Öffnungen **7** 59 f. Tab, 69
– Schalldämmung **7** 59 f. Tab, 68
– Umwehrungen **7** 150 f. Tab
– Unterseite **2** 123
– verfahrensfreie Vorhaben **13** 59 Tab
– Wärmedämmung **7** 59 f. Tab, 67
Deckenverkleidung
– Brandschutzanforderungen **7** 102 f. Tab, 117 ff., 125 f. Tab, 137
Dekorationen
– LBO Anwendbarkeit **4** 92 Tab, 177; **13** 127 Tab
Denkmal
– verfahrensfreie Vorhaben **13** 71 Tab
– Verwendbarkeit von Bauprodukten im Einzelfall **6** 8 f. Tab
Denkmalschutz
– landesrechtlich **4** 25, 67
Deutsche Volksheimwerkstätten **1** 324 ff.
Deutsches Baugesetz
– Entwurf **1** 247 ff.
Deutsches Institut für Bautechnik
– Rechtsverordnungen **16** 114 Tab
Diaprojektionsanlagen
– als Werbeanlagen **4** 114, 139
Dielen
– als Aufenthaltsräume **2** 142
Dienstbarkeiten **2** 158; **14** 48; **17** 1, 22
dinglich Berechtigter
– als Nachbar **14** 250
Dispensvertrag **14** 368
Dittus **1** 263, 267
Doppelhäuser **2** 98; **3** 57
– Brandwände **7** 44, 49
– Grenzanbau **3** 61 f.
Doppelwirkung
– der Baugenehmigung **14** 1, 11 ff.
Drahtgitterzäune
– gebäudegleiche Wirkung **3** 48
Dritte, *s. Nachbar*
Drittschutz, *s. Nachbarschutz*
Druckbehälter
– Rechtsverordnungen **16** 130 Tab
Druckkessel
– Rechtsverordnungen **16** 130 Tab
Düngemittelsilos **13** 76 Tab
Duldung von Anlagen
– Beseitigungsanordnungen **15** 355 ff., 402
Duldungsanordnungen
– bauaufsichtliche Anordnungen **15** 20, 64 ff., 265, 391, 405
– Beiladung im Verwaltungsprozess **15** 68
Duldungszusage **15** 357
Dungstätten **10** 7
– Anforderungen **8** 14 f. Tab
Durchgang
– Baulast **17** 34
Durchlässe
– verfahrensfreie Vorhaben **13** 66 Tab
Durchsetzbarkeit
– bauaufsichtlicher Anordnungen **15** 64 ff., 265, 391, 405 ff.
Durchsuchung **15** 125

Edictus Rothari **1** 78
Ehegatten
– als Nachbarn **14** 296 ff.
Eigentümer
– als Nachbar **14** 249
Eigentümermehrheiten
– als Nachbarn **14** 295 ff.
Eigentum
– Begriff **15** 85
Eigentumsgarantie **14** 7, 31
– Abwehrrecht **1** 276
– aktiver Bestandsschutz **1** 279
– Baufreiheit **1** 272 ff.; **13** 1
– Baurechtsgeschichte **1** 272 ff.
– Beschränkungen **13** 2
– Bestandsschutz **15** 107 ff.
– Inhalt und Schranken **1** 276 f.
– Nachbarschutz **1** 283 ff.
– nachträgliche Anordnungen **15** 99
– örtliche Bauvorschriften **16** 31
– passiver Bestandsschutz **1** 279
– Umfang **1** 272 ff.
Einflüsse, *s. schädliche Einflüsse*
Einfriedigungen, *s. Einfriedungen*
Einfriedungen
– ohne Abstandsflächen **3** 132 Tab
– Anordnung **3** 229
– von Baugrundstücken **3** 230
– als bauliche Anlagen **3** 233
– Begriff **3** 222 ff.,
– Ländervergleich **3** 227 Tab
– MBO 2002 **3** 227 Tab, 228

– Nachbarschutz **16** 74
– örtliche Bauvorschriften **16** 9 Tab, 87 f., 107
– Plangebiet **3** 234
– verfahrensfreie Vorhaben **13** 72 Tab
– Verunstaltung **4** 45, 64
– Zulässigkeit nach BauGB **3** 234
Eingänge
– barrierefreies Bauen **10** 1 f. Tab
Eingangstüren
– aus Aufzügen **7** 147
Eingangsüberdachungen
– Brandschutzanforderungen **7** 70 f. Tab, 79
einheitliche Vorhaben
– Gesamtzusammenhang **13** 6, 19 f.
Einmündungsbereiche
– Verkehrsgefährdung **5** 83
Einraumwohnungen **9** 52 Tab, 56
Einrichtungen, *s. auch andere Anlagen und Einrichtungen*
– Rechtsverordnungen **16** 130 Tab
Einschreitensanspruch, *s. Anspruch Dritter auf Einschreiten*
Einsichtsrecht
– der Bauaufsichtsbehörde in Genehmigungen etc. **14** 240 f. Tab
Einvernehmen, *s. gemeindliches Einvernehmen, s. auch Ersetzung des E.*
Einwirkungen
– Nachbarschutz **16** 73
– örtliche Bauvorschriften **16** 10 Tab
Eisenbahnen
– LBO Anwendbarkeit **2** 40
elektrische Anlagen
– Rechtsverordnungen **16** 119 Tab
elektrische Betriebsräume
– Brandschutzanforderungen **7** 31
Elektrizitätsversorgungsanlagen **13** 73 Tab
– ohne/in Abstandsflächen zulässig **3** 132 Tab
Elektrizitätsversorgungsleitungen **2** 1 f. Tab, 47; **13** 73 Tab, *s. auch Leitungen*
Elektroleitungen
– bei Lüftungsanlagen **8** 5 f. Tab
Emissionen
– Bebaubarkeit von Grundstücken **3** 5
Energieentsorgung
– verfahrensfreie Vorhaben **13** 73 Tab
Energieversorgung
– Erschließung **3** 13
– verfahrensfreie Vorhaben **13** 73 Tab, 110 Tab
Entgelte
– Rechtsverordnungen **16** 124 Tab
Entscheidungsfristen
– Baugenehmigungsverfahren **14** 219, 220 Tab
Entsorgung
– Erschließung **3** 13
Entwässerungsanlagen
– verfahrensfreie Vorhaben **13** 61 Tab
Entwurf baulicher Anlagen **2** 172
Entwicklungsgebiete
– Genehmigungsfreistellung **14** 88
Entwurfsverfasser
– als Baubeteiligte **11** 1
– Definition **11** 5
– Erforderlichkeit **11** 17 f. Tab
– Ordnungswidrigkeiten **16** 161 Tab
– Verantwortlichkeit **11** 6
Erbbauberechtigter **14** 6
– als Nachbar **14** 252
Erbe, *s. Rechtsnachfolge*
Erbengemeinschaft
– als Nachbar **14** 296 ff.
Erdrutschgefahr
– Bebaubarkeit von Grundstücken **3** 3
Erhaltung von Anlagen, *s. Instandhaltung von Anlagen*
Erhaltungsgebiete
– Genehmigungsfreistellung **14** 88
erhebliche Gefahren
– nachträgliche Anordnungen **15** 98 ff.
Erker
– Begriff **3** 137
– als untergeordnete Vorbauten **3** 136 Tab, 137, 145
Erkundungsbohrungen
– verfahrensfreie Vorhaben **13** 50 Tab
Erlaubnisvorbehalt
– bei präventivem Verbot **13** 3
Ermessen
– bei Anspruch Dritter auf Einschreiten **15** 45 ff., 177 ff., 252 ff., 373 ff.
– Ausnahmen/Befreiungen/Abweichungen **14** 198
– bei bauaufsichtlichen Anordnungen **15** 29 ff., 122, 165 ff., 239, 343 ff., 367
– bauordnungsrechtliche Generalklausel **2** 192
– Fehler **15** 30 ff.
– Gleichheitssatz **15** 35 ff., 344 ff.
Ermessensausfall **15** 33
Ermessensfehlgebrauch **15** 34
Ermessensnichtgebrauch **15** 33
Ermessensüberschreitung **15** 31
Ermessensunterschreitung **15** 32
Errichtung von Anlagen
– als abstandsflächenrelevante Vorhaben **3** 49
– allgemeine Anforderungen **2** 159 Tab ff., 164, 171 ff., 187 f.
– bauaufsichtliche Anordnungen **15** 1 f. Tab, 144, 298 f. Tab, 306
– Baugenehmigungspflicht **13** 4, 7
– Begriff **2** 158
– Genehmigungsfreistellung **14** 78
– als verfahrensfreie Vorhaben **13** 45 ff. Tab
Erschließung
– allgemeine Prüfungsgrundsätze **3** 16
– Ausnahmen **3** 21 ff.
– im Außenbereich **3** 24
– nach BauGB **3** 26 ff.

– Baulast **17** 19 ff., 39
– bauordnungs- und bauplanungsrechtliche **3** 14 f.
– Begriff **3** 13
– Gemeinde **3** 34
– bei Genehmigungsfreistellung **14** 93
– Ländervergleich **3** 12 Tab
– Lage an öffentlicher Verkehrsfläche **3** 12 Tab, 17 ff.
– MBO 2002 **3** 12 Tab
– öffentlich-rechtliche Sicherung **17** 19 ff., 39
– Schnittstelle von Bauplanungs- und Bauordnungsrecht **1** 445
– Schutzzweck der Norm **3** 25
– wegemäßige **3** 12 Tab, 17 ff.
– über Wohnwege **3** 12 Tab
– Zufahrten **3** 12 Tab, 21
Erschließungsangebot **3** 32
Erschließungsanlagen
– Nachbarschutz **16** 67
– örtliche Bauvorschriften **16** 11 Tab
Erschließungsflächen
– Abstandsflächenerstreckung **3** 96
Erschließungslast **3** 31 ff.
Erschließungspflicht **3** 31 ff.
Erschließungsplan
– Genehmigungsfreistellung **14** 81 ff.
Erschütterungsherd **5** 71
Erschütterungsschutz **5** 64 Tab ff., 71 ff., 75
– Nachbarschutz **5** 75; **16** 73
– örtliche Bauvorschriften **16** 10 Tab
Ersetzung des Einvernehmens
– Anhörung unter Fristsetzung **14** 320 f. Tab, 336 f.
– durch die Genehmigungsbehörde **14** 215 f., 320 f. Tab, 322 ff., 338 ff.
– MBO 2002 **14** 322
– Rechtsschutz der Gemeinde **14** 342 ff.
– bei rechtswidriger Versagung **14** 320 f. Tab, 331 ff.
– Voraussetzungen **14** 320 f. Tab, 326 ff.
– Wirkung **14** 339
Erster Weltkrieg **1** 218 ff.
Erstreckungsklausel **2** 80 ff.
Erwerbsgartenbau
– verfahrensfreie Gewächshäuser **13** 17
Essdielen
– als Aufenthaltsräume **9** 6
Europäische Integration **1** 30
Europarecht
– Anpassungsgesetz Bau **1** 362
– Bauordnungsrecht **1** 430 ff.

Fachbehörden
– Baugenehmigungsverfahren **14** 209 f., 217
– als Sachverständige **15** 78
Fachfragen **15** 81
fachkundige Personen **11** 7 f.
Fachplaner **11** 7 f.
Fachunternehmer **11** 12, 13
Fachwissen **15** 81
Fahnenmasten **13** 103 Tab, 118 Tab
– als Werbeanlagen **4** 116
fahrbare Flächen
– Ordnungswidrigkeiten **16** 162 Tab
Fahrgastunterstände
– verfahrensfreie Vorhaben **13** 74 Tab
Fahrgeschäfte
– als fliegende Bauten **14** 178
Fahrkartenautomaten **13** 57 Tab
Fahrradabstellplätze, *s. auch Abstellräume für Fahrräder, s. auch Stellplätze*
– ohne/in Abstandsflächen zulässig **3** 104 Tab, 132 Tab
– Herstellung **10** 15, 16 Tab, 21
– nach MBO 2002 **1** 418
– örtliche Bauvorschriften **16** 12 Tab, 97, 106
– verfahrensfreie Vorhaben **13** 51 Tab
Fahrschächte
– von Aufzügen **8** 1 Tab
Fahrsilos **13** 76 Tab
faktische Vollziehung
– Rechtsschutz **15** 49
Farbgestaltung
– örtliche Bauvorschriften **16** 83 f.
– Verunstaltungsschutz **4** 8 Tab, 38
Fassadengestaltung **13** 42
– örtliche Bauvorschriften **16** 89 ff.
– Verunstaltung **4** 44, 63
Fassadenverkleidungen **13** 42, 87 Tab
Feldkreuze
– verfahrensfreie Vorhaben **13** 89 Tab
Felssturz, *s. Steinschlag*
Fenster, *s. auch notwendige Fenster*
– Anforderungen **7** 139 f. Tab
– in Aufenthaltsräumen **9** 12, 16 Tab
– Begriff **7** 141 ff.
– Brandschutzanforderungen **5** 52 f.
– MBO 2002 **7** 139 f. Tab, 144
– verfahrensfreie Vorhaben **13** 42, 77 Tab, 118 Tab
– Verunstaltung **4** 44
– als zweiter Rettungsweg **7** 139 f. Tab, 143, 148
Fensterbrüstungen
– Umwehrungen **7** 150 f. Tab, 157
Fensterläden **13** 118 Tab
fensterlose Aufenthaltsräume
– Anforderungen **9** 20 Tab ff.
– Brandschutzanforderungen **9** 39 Tab
– in Kellergeschossen **9** 21, 39 Tab, 39 Tab
Fensterreinigung **7** 139 f. Tab
Fenstertüren **7** 141
Fernmeldeleitungen **2** 1 f. Tab, 48; **13** 73 Tab, *s. auch Telekommunikationsleitungen*
Fernmeldewesen
– Abstandsflächen **3** 132 Tab
– verfahrensfreie Vorhaben **13** 73 Tab, 103 Tab
Fertiggaragen **2** 148, 152, 156
Fertighäuser **2** 152, 156

Feststellungswirkung
– der Baugenehmigung **14** 1, 7 f., 11, 15 f., 18, 26 Tab ff.
– vereinfachtes Verfahren **14** 15, 21
Feuchtigkeit
– als schädlicher Einfluss **5** 26 Tab
Feuer, *s. Brandschutz*
feuerbeständig
– Begriff **5** 42, 48
feuerhemmend **7** 5
– Begriff **5** 42, 48
Feuerordnungen der Neuzeit **1** 176 ff.
Feuerstätten
– Anforderungen **8** 7 f. Tab
– als bauliche Anlagen **2** 91
– Begriff **2** 53 f. Tab, 150
– LBO Anwendbarkeit **2** 52
– Tauglichkeitsbescheinigung **14** 238 f. Tab
– verfahrensfreie Vorhaben **13** 79 Tab
Feuerungsanlagen
– als andere Anlagen und Einrichtungen **2** 25
– Arten **8** 9 f.
– als bauliche Anlagen **2** 91
– Bauprodukte **2** 155
– bundesrechtliche Regelungen **8** 9 f.
– für Brennstoffe **8** 9 f.
– Immissionsschutz **8** 9 f.
– Lüftungsanlagen **8** 5 f. Tab
– Rechtsverordnungen **16** 120 Tab
– verfahrensfreie Vorhaben **13** 79 Tab
Feuerwehr **3** 192 Tab; **5** 54 ff.
Feuerwiderstandsklassen **5** 42, 48
Fiktion
– der Baugenehmigung **14** 219
– baulicher Anlagen **2** 80 ff.; **4** 118
– des gemeindlichen Einvernehmens **14** 213, 218, 311 ff.
Flachsilos **13** 76 Tab
Fläche
– Bemessung **2** 53 f. Tab
Flächenbaulast **17** 46
Flächennutzungsplan
– Grünflächen **3** 198
Flaggen **13** 103 Tab
fliegende Bauten
– Anzeigepflicht **13** 16 Tab; **14** 180, 181 f. Tab
– Ausführungsgenehmigung **13** 16 Tab; **14** 179, 181 f. Tab
– Einzelanordnungen **14** 181 f. Tab
– Gebrauchsabnahme **13** 16 Tab; **14** 180, 181 f. Tab
– Legaldefinition **14** 181 f. Tab
– Nachabnahme **14** 180, 181 f. Tab
– Ordnungswidrigkeiten **16** 163 Tab
– Prüfbuch **14** 179 f., 181 f. Tab
– Rechtsverordnungen **16** 121 Tab
– als Sonderbauten **2** 115
– Untersagung **14** 180, 181 f. Tab
– verfahrensfreie Vorhaben **13** 80 Tab
– Zulassungsverfahren **14** 178 ff.
Flugplätze
– verfahrensfreie Vorhaben **13** 81 Tab
Flurbereinigungsverfahren
– Sondergestattungen **13** 110 Tab
Flure, *s. auch notwendige Flure*
– keine Aufenthaltsräume **2** 142; **9** 7
– barrierefreies Bauen **10** 1 f. Tab
Flurkarten **14** 205
Flutlicht **13** 103 Tab
Flutliniengesetz von 1875 **1** 192, 241
Folientunnel **13** 88 Tab, 118 Tab
Form
– Verunstaltungsschutz **4** 8 Tab, 36
Freiflächen
– Grundstücksgestaltung **3** 187 ff., 192 Tab
– Nachbarschutz **16** 75
– örtliche Bauvorschriften **16** 13 Tab, 99, 107
Freileitungen **13** 103 Tab
– örtliche Bauvorschriften **16** 3 Tab
Freisitze
– ohne/in Abstandsflächen zulässig **3** 132 Tab
– als bauliche Anlagen **2** 91
Freisportanlagen
– als Sonderbauten **2** 115
freistehende Gebäude
– Brandschutzanforderungen **7** 1 f. Tab, 9 f., 66
Freistellungsverfahren, *s. Genehmigungsfreistellung, Anzeigeverfahren (mit Bestätigung), Genehmigungsoption*
Freitreppen
– als untergeordnete Bauteile/Vorbauten **3** 136 Tab
Freizeitflächen
– als bauliche Anlagen **2** 53 f. Tab, 84
– in Abstandsfläche zulässig **3** 104 Tab
Freizeitparks
– als bauliche Anlagen **2** 91
– als Sonderbauten **2** 115
Freizeitstätten
– barrierefreies Bauen **10** 1 f. Tab
Friedhöfe
– verfahrensfreie Vorhaben **13** 82 Tab, 110 Tab
Frönsperger Leonhart **1** 2, 119 ff., 175
Füllanlagen **13** 57 Tab
Fütterungsstände **13** 118 Tab
Fundamente
– verfahrensfreie Vorhaben **13** 83 Tab
Funkmasten
– Abstandsflächen **3** 130
– gebäudegleiche Wirkung **3** 48
Futtermittelsilos **13** 76 Tab

Gänge
– keine Aufenthaltsräume **9** 7
– Brandschutzanforderungen **7** 125 f. Tab

Gärfutterbehälter
– in Dorfgebieten **10** 7
– ohne/in Abstandsflächen zulässig **3** 132 Tab
– Verfahrensfreie Vorhaben **13** 62 Tab
Gärten
– Betretungsrecht **15** 129
gärtnerische Anlagen **3** 192 Tab f.
– Ordnungswidrigkeiten **16** 164 Tab
Gästezimmer
– Qualifizierungsprobleme **9** 9
Garagen, *s. auch Grenzgaragen, s. auch Stellplätze*
– keine Aufenthaltsräume **2** 142
– Ausnahmen **2** 149
– barrierefreies Bauen **10** 1 f. Tab
– BauNVO **1** 365 f.
– Begriff **2** 53 f. Tab, 145, 148 f.; **3** 134; **10** 15
– als besondere Art von Stellplätzen **2** 148
– Brandschutzanforderungen **7** 57, 114
– Herstellung **10** 15, 16 Tab, 21
– in Abstandsfläche zulässig **3** 104 Tab
– nach MBO 2002 **1** 418
– örtliche Bauvorschriften **16** 21 Tab
– Rechtsverordnungen **16** 122 Tab
– Schnittstellen von Bauplanungs- und Bauordnungsrecht **1** 452
– als Sonderbauten **2** 115
– verfahrensfreie Vorhaben **13** 84 Tab
– Verkehrssicherungspflichten **5** 83
Garagenverordnungen **5** 83
Gartengestaltung **13** 118 Tab
Gartenhäuser
– Ausnahmen/Abweichungen **10** 11 f. Tab
Gartenhof **3** 97 Tab, 100
Gartenlauben **13** 70 Tab
Gartennutzung **13** 118 Tab
Gasfeuerstätten **2** 150
– Anforderungen **8** 7 f. Tab
Gasfeuerungsanlagen **8** 10
Gaskochgeräte
– ohne Abgasanlagen **8** 7 f. Tab
Gaststätten
– als Aufenthaltsräume **2** 142
– barrierefreies Bauen **10** 1 f. Tab
– Brandschutzanforderungen **5** 39; **7** 11, 20, 31, 65, 99, 109, 115, 132
– in Kellergeschossen **9** 42, 39 Tab
– Rechtsverordnungen **16** 123 Tab
– als Sonderbauten **2** 115
Gastzimmer
– als Aufenthaltsräume **9** 6
Gasversorgungsanlagen **13** 73 Tab
– ohne/in Abstandsflächen zulässig **3** 132 Tab
Gasversorgungsleitungen **2** 1 f. Tab, 47; **13** 73 Tab, *s. auch Leitungen*
Gebäude, *s. auch gebäudegleiche Wirkung, s. auch G. geringer Höhe, s. auch Vorhaben, s. auch Wohngebäude*
– Abstandsflächenrelevanz **3** 42 ff.
– ohne Aufenthaltsräume und Feuerstätten **3** 104 Tab, 132 Tab; **13** 85
– Begriff **2** 53 f. Tab, 94 ff.
– Gebäudeklassen **2** 111
– Genehmigungsfreistellung **14** 79 f.
– Klassifizierung **2** 103 ff., 115
– kleine **10** 11 f. Tab
– auf mehreren Grundstücken **3** 10 Tab f.; **17** 25 f.
– mittlerer Höhe **2** 53 f. Tab, 107
– Nachbarschutz **16** 67
– örtliche Bauvorschriften **16** 16 Tab
– zur örtlichen Versorgung mit Elektrizität, Wärme, Gas, Wasser **3** 132 Tab
– verfahrensfreie Vorhaben **13** 85 Tab
– als Verkehrsanlagen **2** 44 f.
gebäudeähnliche Wirkung, *s. gebäudegleiche W.*
Gebäude geringer Höhe
– Begriff **2** 53 f. Tab, 106
– Brandschutzanforderungen **7** 1 f. Tab, 12 f. Tab, 18, 21 f. Tab, 29, 33 f. Tab, 59 f. Tab, 70 f. Tab, 77 f., 88 Tab
– Brandwände **7** 33 f. Tab, 48
Gebäudeabschlusswände
– Begriff **2** 158
gebäudegleiche Wirkung
– Beispiele **3** 48
– Ländervergleich **3** 45 Tab
– Voraussetzungen **3** 46
Gebäudeklassen
– Begriff **2** 53 f. Tab, 103 ff., 111 ff.
Gebäudeteile
– als nicht (mehr) untergeordnete Bauteile/Vorbauten **3** 145
Gebot der Rücksichtnahme, *s. Rücksichtnahmegebot*
Gebrauchsabnahme
– bei fliegenden Bauten **14** 180, 181 f. Tab
Gebühren, *s. auch Kosten*
– Rechtsverordnungen **16** 124 Tab
Geeignetheit von Grundstücken, *s. Bebaubarkeit von Grundstücken*
Gefährdung
– des Verkehrs **5** 82 ff.
Gefahren, *s. auch erhebliche Gefahren, s. auch Gefahrenabwehr, s. auch konkrete Gefahren*
– bauaufsichtliche Anordnungen **15** 22, 62, 98 ff.
– Begriff **2** 179
Gefahrenabwehr
– Bauaufsichtsbefugnisse **15** 1 f. Tab, 20, 22
– Beseitigungsanordnungen **15** 401
– Generalklausel **2** 179
– vor schädlichen Einflüssen **5** 28 ff.
– als Ziel des Bauordnungsrechts **2** 166
Gefahrenzonen
– bei Baustellen **5** 1 f. Tab
Gefahrerforschung
– Kosten **15** 23
Geflügelställe **10** 4 f. Tab, 9

gegliederte Außenwände
– Schmalseitenprivileg **3** 149
– Wandhöhe **3** 126
Geh- und Fahrtrecht
– Abstandsflächenerstreckung **3** 96
Geländeoberfläche
– Begriff **2** 53 f. Tab, 101 f.
– bei Ermittlung der Wandhöhe **3** 106 Tab f.
– Höhenlage **3** 174 f.
– bei Vollgeschossen **2** 123
Geländer
– Umwehrungen **7** 150 f. Tab
– als untergeordnete Bauteile/Vorbauten **3** 136 Tab
Geländeverlauf
– bei Aufenthaltsräumen in Kellergeschossen **9** 33, 34 Tab, 38
Geldbuße
– bei Ordnungswidrigkeiten **16** 136, 137 Tab, 138 ff.
Gemeinde, *s. auch gemeindliches Einvernehmen*
– Anspruch auf Einschreiten **15** 46 f., 378 f.
– als Bauaufsichtsbehörde **14** 212, 320 f. Tab, 326
– Bekanntgabe der Baugenehmigung **14** 52, 68 Tab
– Genehmigung **16** 17 Tab, 96
– Handlungsmöglichkeiten **14** 307
– Planungshoheit **14** 302
– Wirkungskreise **16** 61 ff.
gemeindliches Einvernehmen, *s. auch Ersetzung des Einvernehmens*
– Ausnahmen/Befreiungen/Abweichungen **14** 189, 192, 303, 383 f. Tab
– bauaufsichtliche Zustimmung **14** 185 f. Tab, 303
– bauaufsichtlichen Verfahren **14** 303
– Baugenehmigungsverfahren **14** 210 ff., 302 ff.
– unter Bedingungen **14** 315
– Beseitigungsanordnungen **15** 328
– Bindungswirkung für Gemeinde **14** 314
– empfangsbedürftige Willenserklärung **14** 310
– als Ermessensentscheidung **14** 306, 333
– Ersetzung **14** 215 f., 320 f. Tab, 322 ff., 338 ff.
– Fehlen **14** 214 f.
– Fiktion **14** 213, 218, 311 ff.
– als gebundene Entscheidung **14** 305, 332
– haftungsrechtliche Folgen **14** 318
– Kostentragung bei schuldhafter Versagung **14** 353
– örtliche Bauvorschriften **14** 383 f. Tab; **16** 64 ff.
– Planungshoheit **14** 302 ff.
– Prüfungsmaßstab **14** 304, 327 ff.
– Rechtsfolgen der Erteilung **14** 316
– Rechtsnatur **14** 309 ff.
– Rechtsschutz des Bauherrn **14** 342 ff.
– Verwaltungsinternum **14** 309
– Verweigerung **14** 211, 214 ff., 317 f., 320 f. Tab, 330 ff.
– Zuständigkeit intern **14** 308
gemeinsame Bauteile
– für mehrere bauliche Anlagen **5** 15 f. Tab
Gemeinschaftsanlagen
– örtliche Bauvorschriften **16** 18 Tab, 95
Gemeinschaftseinrichtungen, *s. Gemeinschaftsanlagen*
Gemeinschaftsunterkünfte 7 23
Genehmigung, *s. Baugenehmigung*
Genehmigungsfiktion 14 219
genehmigungsfreie Wohngebäude, *s. Genehmigungsfreistellung, Anzeigeverfahren (mit Bestätigung), Genehmigungsoption*
Genehmigungsfreiheit, *s. Verfahrensfreiheit*
Genehmigungsfreiheit für Wohngebäude und Nebenanlagen, *s. Genehmigungsfreistellung, Untersagungsoption*
Genehmigungsfreistellung, *s. auch Anzeigepflicht, s. zu Besonderheiten: Genehmigungsoption*
– Anspruch Dritter auf Einschreiten **15** 179, 252, 378
– Anzeigepflicht **13** 13
– Ausnahmen/Befreiungen/Abweichungen **14** 89 ff., 194
– Baueinstellung **15** 147
– Bauleiter **11** 17 f. Tab
– Beseitigungsanordnungen **15** 325
– Besonderheiten bei Anzeigeverfahren **14** 96 ff.
– Besonderheiten bei Anzeigeverfahren mit Bestätigung **14** 98
– Besonderheiten bei Genehmigungsoption **14** 99 ff.
– Besonderheiten bei Untersagungsoption **14** 113 ff.
– Bezeichnungen im Ländervergleich **14** 69 f.
– Darstellung der Modelle der Länder/MBO 2002 **14** 139 Tab
– Durchsetzung von Handlungspflichten **2** 188
– Entwicklungsgebiete **14** 88
– erfasste Vorhaben **14** 78 ff.
– Erhaltungsgebiete **14** 88
– Erschließung **14** 93
– Gebietscharakteränderung **14** 94 f.
– Geltungsdauer **14** 138, 159 Tab
– gemeindliches Einvernehmen **14** 303
– nach MBO 2002 **1** 414
– Nachbarschutz **1** 37; **14** 94
– Nutzungsuntersagung **15** 230 ff.
– Ordnungswidrigkeiten **16** 165 Tab
– im Planbereich **14** 81 ff., 92, 125 ff.
– Plankonformität **14** 89 ff.
– planungsrechtliche Erschließung **3** 15
– Prüfung des materiellen Rechts **14** 117
– rechtliche Konstruktion **14** 75 ff.
– Rechtsverordnungen **16** 125 Tab
– Rechtswirkungen **14** 15

– Rücksichtnahmegebot **14** 94 f.
– Rückstellung des Baugesuchs **14** 85, 87 Tab
– Sanierungsgebiete **14** 88
– Ungültigkeit eines Bebauungsplan **14** 125 ff.
– Veränderungssperre **14** 85 f.
– Vergleich der Modelle der Länder/MBO 2002 **13** 16 Tab; **14** 70 ff.
– Vorbescheid **14** 81 ff., 92, 118 ff., 124 Tab, 150
Genehmigungsfristen
– Baugenehmigungsverfahren **14** 219, 220 Tab
Genehmigungsoption
– Besonderheiten **14** 69, 73, 76, 99 ff., 121
Genehmigungspflicht, *s. auch Baugenehmigungspflicht*
– nach örtlichen Bauvorschriften **16** 17 Tab, 96
– Sondergestattungen **13** 14, 110 Tab
Genehmigungsvorbehalte 13 1 ff.
– anderer Gesetze **13** 44
– fliegende Bauten **14** 181 f. Tab
– Regelungen im Ländervergleich **13** 16 Tab
Generalklausel, *s. bauordnungsrechtliche und polizeiliche Generalklausel*
Geräte
– Rechtsverordnungen **16** 130 Tab
Gerätehütten
– Ausnahmen/Abweichungen **10** 11 f. Tab
– verfahrensfreie Vorhaben **13** 108 Tab
Geräteräume
– keine Aufenthaltsräume **9** 7
geregelte Bauprodukte
– Begriff **6** 1 f. Tab
Gerichte
– barrierefreies Bauen **10** 1 f. Tab
Germanien 1 70 ff.
Gerüste 5 4
– als bauliche Anlagen **2** 53 f. Tab, 89
– LBO Anwendbarkeit **2** 52
– verfahrensfreie Vorhaben **13** 58 Tab, 118 Tab
Gesamtbetrachtung
– im Abstandsflächenrecht **3** 51 ff.
Gesamthänder
– als Nachbarn **14** 296 ff.
Gesamtnutzfläche
– bei Grenzbebauung **3** 136
Geschäftsräume
– Betretungsrecht **15** 128
Geschirrhütten 10 11 f. Tab
geschlossene Bauweise 1 446 ff.; **3** 57
– Grenzanbau **3** 61
Geschosse, *s. auch Vollgeschosse*
– Anzahl **2** 121
– Begriff **2** 53 f. Tab, 120 ff.
– oberirdische **2** 123 ff.
Geschosse im Dach, *s. Dachgeschosse*
Geschosse im Keller, *s. Kellergeschosse*
Geschossfläche
– bei Sonderbauten **2** 115
Geschossflächenberechnung 14 205
Gesetzgebungskompetenz, *s. Kompetenzvorschriften*
Gesimse
– als untergeordnete Bauteile **3** 136 Tab, 137
Gestaltung, *s. Baugestaltung*
Gestaltungsfaktoren 4 35 ff.
Gestaltungssatzungen
– der Gemeinden **4** 59
Gestattungsverfahren
– mit Vorrang **13** 11, 14, 16 Tab
gesunde Wohn- und Arbeitsverhältnisse
– als Ziel des Bauordnungsrechts **2** 168
Gesundheitseinrichtungen
– barrierefreies Bauen **10** 1 f. Tab
Gesundheitsgefährdung
– bauaufsichtliche Anordnungen **15** 20
Gewächshäuser
– in Abstandsfläche zulässig **3** 104 Tab
– verfahrensfreie Vorhaben **13** 17, 88 Tab
Gewerberäume
– Brandschutzanforderungen **7** 23
gewerberechtliche Anlagen
– Sondergestattungen **13** 110 Tab
gewerbliche Nutzung
– Nutzungsuntersagung **15** 238
Giebeldreiecke
– als untergeordnete Bauteile/Vorbauten **3** 136 Tab
Giebelfläche
– Begriff **3** 112
– Ermittlung der Wandhöhe **3** 109 Tab, 112 f.
Glasabdeckungen
– Umwehrungen **7** 150 f. Tab, 155
Glasfassaden 7 141
Glasflächen
– Kennzeichnungspflicht **7** 139 f. Tab, 145
Glastüren
– Kennzeichnungspflicht **7** 139 f. Tab, 145
Glaubens- und Religionsfreiheit 1 292 f.
Gleichheitssatz
– bei bauaufsichtlichen Anordnungen **15** 35 ff., 344 ff.
Grabkreuze
– verfahrensfreie Vorhaben **13** 89 Tab
Grabsteine
– verfahrensfreie Vorhaben **13** 89 Tab
Grenzanbau, *s. auch Grenzbauten, s. auch Grenzgarage*
– bauaufsichtlich gestattet/verlangt **3** 68 Tab ff.
– Baulast **17** 29 f.
– Brandwände **7** 43 ff.
– durch den Nachbarn **3** 72, 76 f.
– Nachbarschutz **3** 167
– öffentlich-rechtliche Sicherung **3** 66; **17** 29 f.
– planungsrechtlich gefordert/erlaubt **1** 446 ff.; **3** 57 Tab ff.
Grenzbauten, *s. auch Grenzgaragen*
– Brandwände **7** 43 ff.

– Flächen- und Höhenbegrenzung **3** 136
– Gesamtnutzfläche **3** 136
– Ländervergleich **3** 132 Tab
– MBO 2002 **3** 132 Tab
– Nachbarschutz **3** 165
– ohne/in Abstandsflächen zulässig **3** 131
– Voraussetzungen **3** 133
Grenzgaragen, *s. auch Garagen, s. auch Stellplätze*
– Bauweise **3** 62
– Ländervergleich **3** 132 Tab
– Privilegierung **3** 135
– verfahrensfreie Vorhaben **13** 84 Tab
grenznahe Gebäude **3** 71
Grillhütten
– verfahrensfreie Vorhaben **13** 108 Tab
Grillplätze **2** 150
Grimwalds Merkbuch **1** 78 ff.
Großfeuerungsanlagen **8** 9 f.
Gruben
– Anforderungen **8** 14 f. Tab
– verfahrensfreie Vorhaben **13** 62 Tab
Grünflächen
– LBO **2** 52
– öffentliche **3** 89 Tab, 91
– private Grünflächen **3** 198
– Schutz **3** 197
– verfahrensfreie Vorhaben **13** 91 Tab
Grüngut
– Ordnungswidrigkeiten **16** 166 Tab
Grundbegriffe
– Länderübersicht **2** 53 f. Tab ff.
– MBO 2002 **2** 53 Tab ff.
Grunddienstbarkeiten **2** 158
– Erschließung **17** 22
Grundfläche
– Berechnung **14** 205
– bei Sonderbauten **2** 115
Grundrechte, *s. bei jeweiligen G.*
– Baurechtsgeschichte **1** 270 ff.
– örtliche Bauvorschriften **16** 30 ff.
Grundrisse **14** 205
Grundrissfläche **14** 238 f. Tab
Grundstücke, *s. auch Bebaubarkeit von Grundstücken*
– Begriff **14** 245
– Begriff nach Bauplanungsrecht **2** 18
– Begriff nach LBO **2** 14
– Betretungsrecht **15** 125
– Buchgrundstücke **2** 15 f.
– Gestaltung **3** 187 ff.
– LBO Anwendbarkeit **2** 1 f. Tab, 4, 13 ff.
Grundstückseignung
– zur Bebauung **3** 1 Tab ff.; **5** 26 Tab
Grundstücksentwässerung **14** 205
Grundstücksgestaltung
– Begrünung/Bepflanzung **3** 187 ff., 192 Tab, 193
– gärtnerische Anlage **3** 193
– MBO 2002 **3** 192 Tab, 191
Grundstücksgrenzen, *s. auch Grenzanbau*
– seitliche, vordere und rückwärtige **3** 57
Güllebehälter **13** 62 Tab
Günstigkeitsprinzip
– Verfahrensfreiheit **13** 21
Güteraufzüge **8** 1 Tab
Gutachten **15** 83
Gutachter, *s. Sachverständige*
Gutgläubigkeit
– Rechtsnachfolge **15** 94

H, *s. Wandhöhe*
Hafengebiet
– Personalbauten **13** 60 Tab
Haftpflichtversicherung
– Ordnungswidrigkeiten **16** 167 Tab
Haftung, *s. auch Haftungsfreistellung*
– für die Bebaubarkeit von Grundstücken **3** 8
Haftungsausschlussvereinbarungen **11** 2
Haftungsfreistellung **3** 4
Haftungsverzichtserklärung, *s. Haftungsfreistellung*
halb offene Bauweise
– Abstandsflächen **3** 71
– Begriff **3** 57
– Grenzanbau **3** 61, 71
Haltestellen
– von Aufzügen **8** 1 Tab
Hamburger Privileg
– Friedrich I **1** 91
Handläufe **7** 88 f. Tab, 100 f.
Handlungsstörer **15** 57 f.
Hanggeschosse
– als Kellergeschosse **9** 31
Hanglage
– Abstandsflächen **3** 127 ff.
harte Bedachungen **7** 70 f. Tab, 73
Hasenställe **10** 4 f. Tab, 9
Hauseingangstreppen
– als untergeordnete Bauteile **3** 136 Tab, 137, 145
Hauseingangsüberdachungen **13** 118 Tab
Hausgruppen **3** 57
– Grenzanbau **3** 61 f.
Haushaltskochgeräte
– ohne Abgasanlagen **8** 7 f. Tab
Hausnummern **16** 19 Tab
– kein Nachbarschutz **16** 67
haustechnische Anlagen
– als andere Anlagen und Einrichtungen **2** 25
– Bauprodukte **2** 155
– als ortsfeste Anlagen und Einrichtungen **5** 75 ff.
– Rechtsverordnungen **16** 130 Tab
– Toilettenräume **9** 61
– verfahrensfreie Vorhaben **13** 92 Tab
Hecken, *s. auch Bepflanzung*
– Baulast **17** 35

Heimatstättenrecht
– als reichsrechtliche Regelung **1** 237
Heime
– barrierefreies Bauen **10** 1 f. Tab
– als Sonderbauten **2** 115
Heizöllagerräume
– Brandschutzanforderungen **7** 31
Heizräume
– Anforderungen **8** 7 f. Tab
– keine Aufenthaltsräume **2** 142; **9** 7
– Brandschutzanforderungen **7** 31
Heizungen
– in Gebäuden **13** 92 Tab
Heizungsanlagen **13** 42
Herdanschluss, *s. Küchen*
Himmelstrahler
– als Werbeanlagen **4** 115
hintere Grundstücksgrenzen
– Begriff **3** 57
Hinweisschilder
– LBO Anwendbarkeit **4** 92 Tab, 148
– verfahrensfreie Vorhaben **13** 93 Tab
Hinweiswerbung **4** 112
Hinweiszeichen
– LBO Anwendbarkeit **4** 92 Tab, 149 f.
– verfahrensfreie Vorhaben **13** 93 Tab
Hobbygärtnerei **13** 17
Hobbyräume
– Aufenthaltsräume **9** 8 f.
– in Kellergeschossen **9** 33
hochfeuerhemmend
– Begriff **5** 42, 48
Hochhäuser
– Begriff **2** 53 f. Tab, 108 ff.
– Brandschutzanforderungen **5** 39, 52; **7** 11, 20, 31, 56, 65, 109, 115, 132
– Rechtsverordnungen **16** 126 Tab
– als Sonderbauten **2** 115
Hochschulabsolventen
– Bauvorlageberechtigung **11** 21 f. Tab
Hochschulen
– als Sonderbauten **2** 115
Hochsitze **13** 118 Tab
Hochzeitsbäume **13** 103 Tab
Höhe, *s. auch Wandhöhe, s. auch lichte Höhe*
– Bemessung **2** 53 f. Tab, 101 ff.
– bei Sonderbauten **2** 115
– bei Vollgeschossen **2** 123 ff.
Höhenlage
– Baugenehmigung **3** 176 ff.
– baulicher Anlagen **3** 172 f.
– Bauvorlagen **3** 177 f.
– Begriff **3** 172
– Festsetzung **3** 178 ff., **14** 238 f. Tab
– der Geländeoberfläche **3** 174 f., 182 ff.
– Ländervergleich **3** 170 Tab
– MBO 2002 **3** 170 Tab, 171
– kein Nachbarschutz **16** 67
– örtliche Bauvorschriften **16** 20 Tab
– Schutzzweck der Norm **3** 186
höhere Bauaufsichtsbehörden
– im Ländervergleich **12** 1 f. Tab
Hofeinfahrten **13** 118 Tab
Hohlräume **2** 120, 138
– verfahrensfreie Vorhaben **13** 50 Tab
Hotelzimmer
– als Aufenthaltsräume **9** 6
Hubrettungsfahrzeuge **5** 37 Tab

Imbisswagen **13** 56 Tab
Imkerhütten **13** 118 Tab
Immissionen
– Baulast **17** 47 ff.
– bei Ställen **10** 3, 4 f. Tab, 6 ff.
– Verzicht auf Abwehrrechte **17** 47 ff.
Immissionsschutz
– Genehmigungen **13** 14, 110 Tab
– nachträgliche Anordnungen **15** 6, 9, 119
Informationsfreiheit
– örtliche Bauvorschriften **16** 32
Ingenieure
– Bauvorlageberechtigung **11** 21 f. Tab
Inhaltsbestimmungen **14** 45 ff.
Innenarchitekten
– Bauvorlageberechtigung **11** 21 f. Tab
Innenausbau
– ohne Abstandsflächenrelevanz **3** 56
Installationsgeschosse **2** 120, 138
Installationsschächte
– als andere Anlagen und Einrichtungen **2** 25
– Anforderungen **8** 5 f. Tab
– Brandschutzanforderungen **5** 46 ff.
Instandhaltung von Anlagen
– Abgrenzung zur Änderung von Anlagen **13** 40 ff.
– allgemeine Anforderungen **2** 159 Tab ff., 164, 171 ff., 187 f.
– bauaufsichtliche Anordnungen **15** 1 f. Tab, 20, 143
– bauordnungsrechtliche Generalklausel **2** 184 ff.
– Beispiele **13** 42
– Bestandsschutz **13** 39 ff.; **15** 117 ff.
– Durchsetzung von Handlungspflichten **2** 189 f.
– Genehmigungsfreiheit **13** 39 ff.
– verfahrensfreie Vorhaben **13** 94 Tab
Instandsetzung von Anlagen **2** 173
Intensivtierhaltung **10** 6 f.
isolierte Ausnahmen/Befreiungen/Abweichungen
– Anwendungsbereich **14** 192 f., 385 f. Tab, 387 f.
– Formvorschriften **14** 385 f. Tab, 389 f.
– Ordnungswidrigkeiten **16** 152 Tab
– Rechtsschutz **14** 392 ff.

Jägerstände **13** 118 Tab
Jauchebehälter **8** 14 f. Tab; **13** 62 Tab

Justinian
– Konstitutensammlung **1** 61
Justizvollzugsanstalten
– als Sonderbauten **2** 115

Kabel
– Brandschutzanforderungen **5** 46 ff.
Kais
– Umwehrungen **7** 150 f. Tab
Kamine, *s. Schornsteine*
Kaninchenställe **10** 4 f. Tab, 9
Karolinger **1** 91
Katasterauszüge **14** 205
Keller, *s. auch Kellergeschosse*
– Brandschutzanforderungen **7** 1 f. Tab, 8
– Decken **7** 59 f. Tab, 64
Kellergeschosse **2** 120 ff.
– Anforderungen an Aufenthaltsräume **9** 11, 21, 29 ff., 34 Tab, 39 Tab ff.
– Begriff **9** 30 Tab, 31
– Brandschutzanforderungen **9** 39 Tab, 43
– mit fensterlosen Aufenthaltsräumen **9** 21, 39 Tab
– genehmigungspflichtige Umnutzungen **9** 45
– als Hobbyräume **9** 32
– lichte Höhe **9** 32
– Lichtschächte **7** 139 f. Tab, 146
– MBO 2002 **9** 28
– Nachbarschutz **9** 44
– notwendige Treppenräume **7** 102 f. Tab, 116
– verfahrensfreie Vorhaben **13** 69 Tab
– als Vollgeschosse **2** 123, 126
– als Wohnungen **9** 22, 33, 34 Tab
Kellerlichtschächte
– Anforderungen **7** 139 f. Tab, 146
– Brandschutzanforderungen **5** 52 f.
– MBO 2002 **7** 139 f. Tab, 144
– Umwehrungen **7** 150 f. Tab, 156
Kellerlokale
– als fensterlose Aufenthaltsräume **9** 21
– in Kellergeschossen **9** 40
Kellerräume, *s. Kellergeschosse*
Kenntnisgabeverfahren, *s. auch Genehmigungsfreistellung, Untersagungsoption*
– Regelungen im Ländervergleich **13** 16 Tab
Kesselräume
– keine Aufenthaltsräume **2** 142
Kinder
– Schutz **3** 206
Kindergärten
– barrierefreies Bauen **10** 1 f. Tab
Kinderspielplätze, *s. auch Spielplätze*
– Begriff **3** 202
– örtliche Bauvorschriften **16** 22 Tab, 98, 105
– verfahrensfreie Vorhaben **13** 97 Tab
Kinderstätten, *s. Kindergärten*
Kinderzimmer
– Qualifizierungsprobleme **9** 9
Kinos
– als fensterlose Aufenthaltsräume **9** 21
– in Kellergeschossen **9** 40
Kioske **2** 72
– ohne/in Abstandsflächen zulässig **3** 132 Tab
– verfahrensfreie Vorhaben **13** 98 Tab
Kläranlagen
– als andere Anlagen und Einrichtungen **2** 25
Klassifizierung
– von baulichen Anlagen **2** 103 ff.
klassisches Griechenland **1** 45 ff.
Kleingartenanlagen
– als bauliche Anlagen **2** 91
– örtliche Bauvorschriften **16** 18 Tab
– verfahrensfreie Vorhaben **13** 70 Tab
Kleinkinderspielplätze **3** 204 Tab; *s. auch Spielplätze*
– ohne/in Abstandsflächen zulässig **3** 132 Tab
Kleinkläranlagen **13** 18, 100 Tab
– Anforderungen **8** 14 f. Tab
Kleintierställe **10** 4 f. Tab, 7; **13** 118 Tab
Klimaanlagen
– Dämmung **5** 74
Kochnischen, *s. Küchen*
Kompetenzstreit
– Bund und Länder **1** 318 ff.
– BVerfG **1** 333 ff.
Kompetenzvorschriften
– BVerfG **1** 333 ff.
– Erlass örtlicher Bauvorschriften **16** 28 f.
– föderale Aufteilung **1** 334 ff.
– Grundgesetz **1** 311 ff.
– Kompetenzstreit **1** 318 ff.
– Rechtszersplitterung **1** 346 ff.
konkrete Gefahren **2** 179
– nachträgliche Anordnungen **15** 98 f.
– Verkehrsgefährdung **4** 135
Konkretisierung
– durch Bauherrn **15** 274
Konkurs
– Rechtsnachfolger **15** 93
Konsistenz des Bodens
– Bebaubarkeit von Grundstücken **3** 7
Konstitutensammlung des Justinian **1** 61
Konzentrationswirkung
– der Baugenehmigung **14** 17
Kosten
– für Baugenehmigung **14** 51
– der Bauüberwachung **14** 240 f. Tab
– der Gefahrerforschung **15** 23
– Rechtsverordnungen **16** 124 Tab
Kräne
– LBO Anwendbarkeit **2** 1 f. Tab, 51, 73
Kraftfahrzeuge **2** 146
Krananlagen
– LBO Anwendbarkeit **2** 1 f. Tab, 51, 73
– kein Nachbarschutz **16** 67
– örtliche Bauvorschriften **16** 5 Tab

Krankenhäuser
– Brandschutzanforderungen **5** 39, 52; **7** 11, 20, 31, 65, 99, 109, 113 ff., 132
– Rechtsverordnungen **16** 127 Tab
– als Sonderbauten **2** 115
Krankenzimmer
– als Aufenthaltsräume **2** 142; **9** 6
kreisangehörige Gemeinden
– als Bauaufsichtsbehörden **12** 1 f. Tab
Kreuzbergurteile **1** 194 ff.
K-Schutz **13** 60 Tab
Küchen
– Anforderungen **9** 56
– in Einraumwohnungen **9** 56
– als fensterlose Räume **9** 54 Tab, 56
– in Wohnungen **9** 50, 54 Tab ff.
– Wohnungsbegriff **9** 55
Küsten
– Baubeschränkungen/-verbote **3** 9
Kulissen **13** 118 Tab
Kulturdenkmale
– besonders schützenswerte Umgebung **4** 66 ff.
Kulturstätten
– barrierefreies Bauen **10** 1 f. Tab
Kunstfreiheit **1** 296 ff.
– Verunstaltung **4** 29
Kunstwerke
– verfahrensfreie Vorhaben **13** 71 Tab

Labors
– als fensterlose Aufenthaltsräume **9** 21
– in Kellergeschossen **9** 40
Ladenstraßen
– Brandschutzanforderungen **7** 57
Lärmschutz, *s. Schallschutz*
Lärmschutzanlagen
– als Gemeinschaftsanlagen **16** 18 Tab
Lärmschutzwände **5** 70
– keine Einfriedungen **3** 225
– gebäudegleiche Wirkung **3** 48
Lageplan **14** 205
– Nachbarunterschrift **14** 262, 282 f. Tab, 284
Lagerflächen
– Nachbarschutz **16** 75
Lagerhallen, *s. auch Lagerräume*
– auf Baustellen **5** 4
– verfahrensfreie Vorhaben **13** 58 Tab
Lagerhausaufzüge
– verfahrensfreie Vorhaben **13** 55 Tab
Lagerplätze
– ohne/in Abstandsflächen zulässig **3** 104 Tab, 132 Tab
– als bauliche Anlagen **2** 53 f. Tab, 82
– Einfriedungen/Abgrenzungen **3** 227 Tab, 231
– für Land-/Forstwirtschaft verfahrensfrei **13** 52 Tab
– Nutzungsuntersagung **15** 257
– örtliche Bauvorschriften **16** 13 Tab, 18 Tab
– verfahrensfreie Vorhaben **13** 51 Tab
Lagerräume, *s. auch Lagerhallen*
– keine Aufenthaltsräume **2** 142; **9** 7
– für Kfz **2** 149
Landesfürstlicher Städtebau **1** 164 ff.
Landesplanung **1** 354, 359 f.
Landesverfassung
– Betretungsrecht **15** 1 f. Tab, 124 ff.
– Einschränkung der Unverletzlichkeit der Wohnung **15** 1 f. Tab, 126 ff.
Landesvermessung **13** 103 Tab
Landesverteidigungsanlagen
– bauaufsichtliche Zustimmung **14** 185 f. Tab
Landschaftsbild
– Begriff **4** 51
– Bepflanzung **3** 195
– Festlegung der Höhenlage **3** 170 Tab
– Verunstaltung durch Werbeanlagen **4** 92 Tab, 123 ff.
– Verunstaltungsschutz **4** 8 Tab f., 47, 52 ff.
Landschaftsschutz **4** 25, 67
landwirtschaftliche Betriebsgebäude
– Brandschutzanforderungen **7** 1 f. Tab, 21 f. Tab, 30, 47
Langobardisches Recht **1** 78 ff.
Lastenseilbahn **13** 103 Tab
Lauben
– als bauliche Anlagen **2** 72
– verfahrensfreie Vorhaben **13** 70 Tab
Laubengänge
– Rettungswege **5** 52 f.; **7** 5
Lauftierställe **10** 4 f. Tab
Legalisierungsmöglichkeiten **15** 342, 367
leichtentflammbare Baustoffe **5** 37 Tab, 51
Leistungsautomaten **13** 57 Tab
Leitern
– Brandschutzanforderungen **7** 88 f. Tab, 94
Leitungen **13** 73 Tab, *s. auch Wasser-, Gas-, Elektrizitäts- und Wärmeleitungen*
– als Abgasanlagen **8** 7 f. Tab
– Anforderungen **8** 5 f. Tab
– Baulast **17** 34
– Brandschutzanforderungen **7** 102 f. Tab, 117 ff.
– innerhalb von Gebäuden **2** 49
Leitungsanlagen
– als andere Anlagen und Einrichtungen **2** 25
Lemgoer Entwurf **1** 260 ff.
liberaler Rechtsstaat **1** 182 ff.
Lichtbänder **7** 141
lichtdurchlässige Bedachungen
– Brandschutzanforderungen **7** 70 f. Tab, 79, 83
lichte Höhe
– von Aufenthaltsräumen **9** 4, 10 Tab, 12, 15, 26 Tab f.
– von Dachgeschossen **9** 26 Tab f.

– von Vollgeschossen **2** 124
Lichteinfallwinkel
– bei Aufenthaltsräumen in Kellergeschossen **9** 34 Tab f., 37
Lichtenergiedächer **7** 70 f. Tab
Lichtkuppeln
– Brandschutzanforderungen **7** 70 f. Tab, 79, 83
Lichtwerbung **2** 151
– an dafür genehmigten Säulen, Tafeln und Flächen **4** 92 Tab, 175; **13** 127 Tab
– LBO Anwendbarkeit **4** 92 Tab
Litfaßsäulen **4** 77
Lockerungsklausel **2** 70 ff.
– Erstreckungsklausel **2** 80 ff.
Löscharbeiten
– vorbeugender Brandschutz **5** 37 f. Tab, 44 ff.
Löschwasser **8** 11 f. Tab
Loggien
– vor notwendigen Fenstern **9** 16 Tab
Lüftungen
– als andere Anlagen und Einrichtungen **2** 25
– Anforderungen **8** 5 f. Tab
– in Gebäuden **13** 92 Tab
– Mauerwerk **8** 5 f. Tab
Lüftungsleitungen
– Anforderungen **8** 5 f. Tab
– Brandschutzanforderungen **5** 46 ff.
Lüftungsschächte
– Anforderungen **8** 5 f. Tab
Luftgeschosse **2** 120
Luftreinhaltung
– Bepflanzung **3** 195
Luftverkehr
– Sondergestattungen **13** 110 Tab
Luftverkehrsanlagen
– LBO Anwendbarkeit **2** 43

Mängel, *s. Instandhaltung von Anlagen*
Maibäume **13** 103 Tab
Maisonette-Wohnungen
– Brandschutzanforderungen **7** 96, 107
Markenartikelreklame **4** 77, *s. auch Werbeanlagen*
Markierungssteine
– keine Abgrenzung **3** 226
Markisen **13** 118 Tab
Maschinen **2** 61
Maschinenfundamente **13** 118 Tab
Maschinenräume
– keine Aufenthaltsräume **2** 142; **9** 7
Massentierhaltung **10** 6 f.
Maßstab
– Verunstaltungsschutz **4** 8 Tab, 37
Masten **13** 73, 103 Tab
– ohne/in Abstandsflächen zulässig **3** 132 Tab
– für öffentliche Versorgung **3** 104 Tab
– Schmalseitenprivileg **3** 149
– von Versorgungsleitungen **2** 48
Mauern, *s. auch Stützmauern*
– als bauliche Anlagen **3** 233
– gebäudegleiche Wirkung **3** 48
– örtliche Bauvorschriften **16** 9 Tab
– verfahrensfreie Vorhaben **13** 72 Tab
Mega-Light-Wechselanlagen
– als Werbeanlagen **4** 114, 139
Meinungsfreiheit **1** 294 f.
Meister des Bauhandwerks
– Bauvorlageberechtigung **11** 21 f. Tab
Melkstände **13** 118 Tab
Messebauten
– als Sonderbauten **2** 115
Messegelände
– Werbeanlagen **4** 92 Tab, 151
Messestände **13** 56 Tab
Mieter **14** 253
– Nutzungsuntersagung **15** 266
Missstandsklausel **2** 159 f. Tab, 193 ff.
Miteigentümer
– als Nachbarn **14** 295 ff.
– Nutzungsuntersagung **15** 268
Mittelalter
– frühes **1** 75 ff.
– hohes **1** 90 ff.
– Rechtsbücher **1** 100 ff.
– spätes **1** 99 ff.
Mitwirkungsvorbehalte
– örtliche Bauvorschriften **16** 53 ff.
modifizierende Auflage, *s. Inhaltsbestimmung*
Mühlenaufzüge
– verfahrensfreie Vorhaben **13** 55 Tab
Müllbehälter, *s. Abfallbehälter*
Müllschlucker **8** 16 f. Tab
Mülltonnen, *s. Abfallbehälter*
Musterbauordnung
– Allgemeines **1** 29
– Entwicklung **1** 370 ff.
– Fortschreibung der MBO **1** 389 ff.
– im hohen Mittelalter **1** 92
– Musterentwürfe von Rechtsverordnungen **1** 386 ff.
Musterbauordnung 1960 **1** 373 ff.
Musterbauordnung 2002 **1** 406 ff.

Nachabnahme
– fliegender Bauten **14** 180, 181 f. Tab
Nachbar, *s. auch Nachbarbeteiligung*
– Anwartschaft **14** 251
– Begriff **1** 285; **2** 225 f.; **14** 242 ff., 256 f., 277 f. Tab
– Beteiligtenstellung **14** 271
– dinglich Berechtigter **14** 250
– Ehegatten **14** 296 ff.
– Eigentümer **14** 249
– Eigentümermehrheiten **14** 295 ff., 299 f. Tab, 301
– Erbbauberechtigter **14** 252
– Nachbarbeteiligung im baurechtlichen Verfahren **14** 254 ff.

– obligatorisch Berechtigter **14** 253
– Ordnungswidrigkeiten **16** 168 Tab
– personenbezogen **14** 248 ff.
– räumlich **14** 245 f.
– Rechtsstellung **14** 272 ff.
– Zustimmung **14** 258 ff.
Nachbarbeteiligung, *s. auch Nachbarzustimmung*
– Akteneinsichtsrecht **14** 274
– Auskunftsrecht **14** 274
– Ausnahmen/Verzicht **14** 258 ff., 282 f. Tab, 284
– Baueinstellung **15** 148 f.
– im baurechtlichen Verfahren **14** 254 ff., 277 f. Tab
– Beistand **14** 274
– Bekanntgabe/Zustellung der Baugenehmigung **14** 52, 68 Tab, 290 f. Tab, 292 ff.
– Benachrichtigung vom Vorhaben **14** 279 ff.
– von Ehegatten **14** 296 ff.
– von Eigentümermehrheiten **14** 285 ff., 299 f. Tab, 301
– Einwendungsmöglichkeiten **14** 285 f.
– erneute N. **14** 268, 275
– Nachbarbegriff **14** 256 f.
– Rechtsstellung des Nachbarn **14** 272 ff.
– unterbliebene N. **14** 276
– Unterschriften **14** 261, 279 ff., 282 f. Tab, 284
– Wohnungseigentümergemeinschaften **14** 299 f. Tab, 301
– Zustimmungserklärung **14** 258 ff.
Nachbargemeinden **14** 225
Nachbargrundstück
– Abstandsflächenerstreckung **3** 94 Tab ff.
– Baulast **17** 34 ff.
nachbarliche Interessen, *s. auch Nachbarschutz*
– bei Abweichungen **14** 200 f. Tab, 370 f. Tab, 376
– bei Befreiungen **14** 200 f. Tab
Nachbarrechtsgesetze **1** 34
Nachbarschaft **14** 242 ff., *s. auch Nachbar*
Nachbarschaftshilfe **11** 11, 17 f. Tab
Nachbarschutz, *s. auch Anspruch Dritter auf Einschreiten, s. auch Rechtsschutz d. Nachbarn, s. auch Rücksichtnahmegebot*
– Abstandsflächen **1** 449; **3** 162 Tab ff.; **16** 68
– bei Abstandsflächen in öffentlichen Flächen **3** 166
– bei Abweichungen **14** 376, 394
– bei Abweichungen/Befreiungen von Abstandsflächen **3** 158
– Art der baulichen Nutzung **2** 220
– bei Aufenthaltsräumen in Dachgeschossen **9** 28
– bei Aufenthaltsräumen in Kellergeschossen **9** 44
– gegen Baugenehmigung im vereinfachten Verfahren **14** 21
– durch bauordnungsrechtliche Normen **2** 217
– durch bauplanungsrechtliche Normen **2** 218
– gegen Baustellen **5** 14
– Betroffensein in öffentlich-rechtlich geschützten Belangen **14** 246
– Brandschutz **5** 63; **7** 72
– Brandwände **7** 58
– Doppelwirkung der Baugenehmigung **14** 11 ff.
– Eigentumsgarantie **1** 283 ff.
– Einordnung **1** 31 ff.
– Einschränkungen **2** 227
– Einwendungsmöglichkeiten **14** 285 f.
– durch Festsetzungen in Bebauungsplänen **2** 219 ff.
– bei gemeindlicher Festsetzung von Abstandsvorschriften **3** 169
– bei Genehmigungsfreistellung **14** 94
– General- und Missstandsklausel **2** 215
– vor Geräuschen, Erschütterungen **5** 75
– bei Grenzanbau **3** 167
– bei eigenem Grenzanbau durch den Nachbarn **3** 76 f.
– bei Grenzbauten **3** 165
– materielle Präklusion **14** 289
– nachbarliches Gemeinschaftsverhältnis **3** 163
– Niederschlagswasser **16** 76
– notwendige Fenster **9** 19
– öffentlich-rechtlicher **1** 35 ff.
– örtliche Bauvorschriften **16** 67 ff.
– Persönlichkeitsrecht **1** 289 f.
– bei Schmalseitenprivileg **3** 164
– Schutznormtheorie **2** 216
– Sofortvollzug der Baugenehmigung **14** 53 f.
– durch sonstige Normen **2** 224
– gegen Spielplätze **3** 220
– gegen Ställe **10** 4 f. Tab, 5 ff.
– Überblick **2** 215 ff.
– durch Umwehrungen und Abdeckungen **7** 152
– bei untergeordneten Bauteilen/Vorhaben **3** 168
– Verkehrssicherungspflichten **5** 79
– bei Verunstaltung **4** 73 f.
– durch Verwaltungsverfahrensrecht **2** 223
– Verzicht auf Abwehrrechte und Beteiligung **14** 258 ff., 282 f. Tab, 284, 376
– Werbeanlagen **16** 77
– zivilrechtlicher **1** 32 ff.
Nachbarunterschriften **14** 261, 279 ff., 282 f. Tab, 284
Nachbarzustimmung, *s. auch Nachbarbeteiligung*
– Anfechtung **14** 270
– Bedingungen und Vorbehalte **14** 266
– Bindungswirkung **14** 267 ff.
– als empfangsbedürftige Willenserklärung **14** 265
– Form **14** 260 ff.
– als öffentlich-rechtliche Erklärung **14** 264
– Rechtsnachfolge **14** 271
– Rechtsnatur **14** 264

– Verzicht auf Abwehrrechte und Beteiligung **14** 258ff., 282f. Tab, 284, 376
– Widerruf **14** 269
Nachkriegsjahre **1** 256ff.
nachträgliche Anordnungen, *s. auch bauaufsichtliche A.*
– Anforderungen **15** 118ff.
– Anpassungsverlangen **15** 102
– Anwendungsbereich **15** 97ff.
– Bestandsschutz **15** 107ff.
– bei bestehenden baulichen Anlagen **15** 97ff.
– nach BImSchG **15** 119
– erhebliche Gefahren **15** 98ff.
– Ermessensausübung **15** 122
– Instandhaltung **15** 117ff.
Nationalsozialismus
– Deutsche Baugesetze **1** 247ff.
– Kriegsfolgeregelungen **1** 253ff.
– Luftschutzregelungen **1** 253ff.
– Teilregelungen **1** 242ff.
natürliche Lebensgrundlagen **1** 308; **2** 180ff.
Naturdenkmal
– besonders schützenswerte Umgebung **4** 66ff.
Naturschutz **1** 310; **4** 25, 67
– Bauaufsicht **15** 6
– Baubeschränkungen/-verbote **3** 9
– Baurechtskompromiss **1** 359
Nebenanlagen
– nach BauNVO **1** 365f.
– Genehmigungsfreistellung **14** 79f.
Nebenbestimmungen
– Anfechtbarkeit **14** 42
– Arten **14** 38ff.
– bei Ausnahmen/Befreiungen/Abweichungen **14** 367
– Baueinstellung bei Abweichung von N. **15** 160
– bei Baugenehmigungen **14** 38ff., 50, 68 Tab
– Durchsetzung **14** 43f.
– Einhaltung **14** 50
– Eintrag in Baulastenverzeichnis **17** 102
– bei Ermessensentscheidungen **14** 41
– Ländervergleich **14** 39
Nebengebäude
– ohne/in Abstandsflächen zulässig **3** 132 Tab
– Begriff **3** 134
– Genehmigungsfreistellung **14** 79f.
Nebenräume
– keine Aufenthaltsräume **9** 7
– Begriff **3** 134
Neuzeit
– Beginn **1** 99ff.
nicht geregelte Bauarten **6** 10f. Tab
nicht geregelte Bauprodukte
– bauaufsichtliche Zulassung **6** 4f. Tab
– Begriff **6** 1f. Tab
– Prüfzeugnisse **6** 6f. Tab
– Verwendbarkeit im Einzelfall **6** 8f. Tab
nichtbrennbare Baustoffe **5** 15, 37 Tab
nichttragende Außenwände **5** 46ff.
– Begriff **7** 14f.
– Brandschutzanforderungen **7** 12f. Tab, 14ff., 17ff.
– MBO 2002 **7** 16f.
Niederschlagswasser **8** 14f. Tab
– andere Anlagen und Einrichtungen **2** 25
– Nachbarschutz **16** 76
– örtliche Bauvorschriften **16** 23 Tab
Nießbrauch **14** 6
Niveauunterschied
– bei Aufenthaltsräumen in Kellergeschossen **9** 34 Tab ff.
Normenkontrolle
– örtlicher Bauvorschriften **16** 108f. Tab
Normenkontrollklagen **1** 40
Notwegerecht **3** 37; **15** 253
– Erschließung **17** 22
notwendige Fenster
– Anforderungen **9** 12, 16 Tab, 18
– in Aufenthaltsräumen **9** 16 Tab ff.
– Begriff **9** 17
– Größe **9** 16 Tab
– in Kellerwohnungen/-aufenthaltsräumen **9** 34 Tab, 35
– Nachbarschutz **9** 19
notwendige Flure
– Begriff **7** 125f. Tab, 127, 129f.
– Brandschutzanforderungen **5** 52f.; **7** 125f. Tab
– Breite und Unterteilung **7** 125f. Tab, 131
– MBO 2002 **7** 125f. Tab, 128
– Rettungswege **5** 52f.; **7** 125f. Tab, 127
notwendige Treppen **5** 37 Tab
– Begriff **7** 88f. Tab
– Brandschutzanforderungen **7** 88f. Tab, 90ff., 97
– Breite **7** 88f. Tab, 98
– Erreichbarkeit **7** 88f. Tab, 95f.
– Lage **7** 88f. Tab
notwendige Treppenräume
– Ausgang ins Freie **7** 102f. Tab, 100ff.
– Ausgestaltung **7** 102f. Tab, 104ff., 110ff., 117f.
– Belüftung und Beleuchtung **7** 122
– Brandschutzanforderungen **7** 102f. Tab, 104ff.
– Erreichbarkeit **7** 102f. Tab, 108ff.
– Lage **7** 102f. Tab, 104ff., 110ff.
– MBO 2002 **7** 102f. Tab, 105
– Öffnungen **7** 102f. Tab, 104ff.
– Pflicht zur Errichtung **7** 102f. Tab, 106f.
– als Rettungswege **7** 102f. Tab, 104
Nutzfläche
– Begriff **3** 134
– Berechnung **14** 205
Nutzung von Anlagen, *s. auch Nutzungsänderung, s. auch Nutzungsuntersagung*
– allgemeine Anforderungen **2** 159 Tab ff., 164, 193ff.

– bauaufsichtliche Anordnungen **15** 1f. Tab, 144, 210f. Tab, 217ff.
– Bestandsschutz **15** 111ff.
– Missstandsklausel **2** 193ff.

Nutzungsänderung, *s. auch Nutzungsuntersagung*
– Abstandsflächenrelevanz **3** 50
– allgemeine Anforderungen **2** 159f. Tab, 164, 210ff.
– bauaufsichtliche Anordnungen **15** 1f. Tab, 144, 298f. Tab, 306
– Begriff **2** 211
– Baugenehmigungspflicht **13** 4, 9, 31ff., 34ff., 38 Tab
– i.S.d. Bauplanungsrechts **13** 34ff.
– Beispiele **13** 9, 38 Tab
– Bestandsschutz **13** 28ff.
– Erschließung **3** 16
– Genehmigungsfreistellung **14** 78
– Intensivierung der Nutzung **13** 31
– bei unveränderten Anforderungen **13** 23f. Tab, 26ff.
– im Rahmen der Variationsbreite der Baugenehmigung **13** 28ff.
– in verfahrensfreies Vorhaben **13** 23f. Tab, 25
– Verfahrensfreiheit **13** 22, 23f. Tab, 25ff., 104 Tab
– Wiederaufnahme der Nutzung **13** 37

Nutzungsaufgabe
– vorübergehende **15** 112

Nutzungsaufnahme **14** 238f. Tab
– Ordnungswidrigkeiten **16** 169 Tab

Nutzungseinheit
– Begriff **2** 158

Nutzungsuntersagung **15** 210ff., *s. auch Anspruch Dritter auf Einschreiten*
– Adressaten **15** 264ff.
– Anhörung **15** 260
– Anlagen **15** 216
– Anordnungen **15** 259ff.
– Ausschluss bei Baugenehmigung **15** 232
– Begründungserfordernis **15** 263
– Beiladung im Verwaltungsprozess **15** 267
– Bestandsschutz **15** 227ff., 236, 242
– Bestimmtheit **15** 270ff.
– Dauerverwaltungsakt **15** 258, 293
– Duldungsanordnungen **15** 265
– Einzelfälle **15** 242ff., 283ff.
– endgültige **15** 295ff.
– Erledigung **15** 294ff.
– Ermächtigungsnormen **15** 215
– Ermessensausübung **15** 239ff.
– bei fehlender Baugenehmigung **15** 226
– finanzielle Verluste **15** 249
– Form **15** 261f.
– bei formeller Rechtswidrigkeit **15** 221ff.
– Frist **15** 275f.
– Genehmigungsantrag **15** 246
– bei Genehmigungsfreistellung **14** 135ff.; **15** 230ff.
– gewerbliche Nutzung **15** 238
– Konkretisierung **15** 274
– Ländervergleich **15** 210f. Tab
– Lagerplätze **15** 257
– Mietverhältnis **15** 266
– Miteigentümer **15** 268
– bei Nutzungsänderung **15** 227f.
– offensichtliche Rechtmäßigkeit **15** 243
– Plangebiet **15** 249
– plangemäße Nutzung **15** 247
– Rechtsfolgen **15** 255ff.
– Rechtsschutz **15** 278ff., 289
– Regelermessen **15** 239
– Sofortvollzug **15** 277ff.
– Sozialverträglichkeit **15** 248
– Störerauswahl **15** 264ff.
– Teiluntersagung **15** 273
– verfahrensfreie Vorhaben **15** 230ff.
– Verhältnismäßigkeit **15** 237f.
– Vertrauensschutz **15** 245
– Verwirkung **15** 245
– Vollstreckung **15** 290ff.
– Voraussetzungen **15** 216ff.
– Widerspruch zu öffentlich-rechtlichen Vorschriften **15** 220ff.
– Wirkung für und gegen Rechtsnachfolger **15** 210f. Tab, 269
– zeitliche Geltung **15** 293ff.
– Zeitpunkt **15** 235f.
– Zweck **15** 213

Obdachlose **13** 60 Tab; **15** 363

Oberflächen von Außenwänden
– Brandschutzanforderungen **7** 12f. Tab, 19

Oberflächenangleichung **3** 170 Tab

Oberlichte **7** 141, 150f. Tab, 155

oberste Bauaufsichtsbehörden
– Ländervergleich **12** 1f. Tab

obligatorisch Berechtigter **14** 253

Öfen **2** 150

öffentliche Belange
– bei Ausnahmen/Befreiungen/Abweichungen **14** 370f. Tab, 374ff.

öffentliche Flächen
– Anrechnung auf Abstandsflächen **3** 89 Tab ff.

öffentliche Sicherheit und Ordnung **2** 159f. Tab, 164, 174ff.

öffentliche Vorschriften
– Bauaufsicht **15** 6ff.

öffentlicher Bauherr **14** 183, 185f. Tab

öffentliches Baurecht
– Baupolizeirecht **1** 20ff.
– Begriff **1** 9ff.
– Raumordnungsrecht **1** 14f.
– Städtebaurecht **1** 16ff.

öffentlich-rechtliche Sicherung
– Baulasten **17** 1ff.
– Begriff **2** 158
– bei Errichtung eines Gebäudes auf mehreren Grundstücken **3** 10 Tab f.

– Erschließung **17** 19 ff., 39
– Zufahrten **3** 12 Tab, 21
Ölfeuerungsanlagen **8** 10
Ölversorgungsanlagen **13** 73 Tab
örtliche Bauvorschriften
– Abfallbehälterplätze **16** 18 Tab, 95, 107
– Abstandsflächen **1** 450; **3** 85 Tab ff.; **16** 1 Tab, 81 f., 104
– Abwägung **16** 47 ff.
– Änderungen **16** 43 ff.
– Antennen **16** 3 Tab, 94
– Ausnahmen/Befreiungen/Abweichungen **14** 383 f. Tab; **16** 27 Tab
– Außenantennen **16** 3 Tab, 94
– Außenhaut **16** 83 f.
– Bäume **16** 6 Tab, 85
– Bau-/Ortsbildgestaltung **16** 79 f., 102
– in Bebauungsplänen **16** 25 f. Tab, 40 ff., 50, 54, 58, 60, 63;
– getrennt von Bebauungsplänen **16** 25 Tab, 35 ff., 47 ff., 53, 57, 59, 62
– Begründung **16** 47 ff.
– Beispiele **16** 79 ff.
– Brennstoffe **16** 8 Tab, 86
– Dachgestaltung **16** 89 ff.
– Einfriedungen **16** 9 Tab, 87 f., 107
– Erhaltung **16** 80
– Fahrradabstellplätze **16** 12 Tab, 97, 106
– Farbgestaltung **16** 83 f.
– Fassadengestaltung **16** 89 ff.
– Freiflächen **16** 13 Tab, 99, 107
– Geltungsbereich **16** 47 ff.
– gemeindliches Einvernehmen **16** 64 ff.
– Genehmigung und Ausfertigung **16** 56
– Gesetzgebungskompetenz **16** 28 f.
– Grundrechte **16** 30 ff.
– Kinderspielplätze **16** 22 Tab, 98, 105
– Ländervergleich nach Regelungsgegenständen (alphabethisch) **16** 1 ff. Tab
– MBO 2002 **16** 102 ff.
– Nachbarschutz **16** 67 ff.
– Normenkontrolle **16** 108 Tab
– Normsetzungsverfahren **16** 25 f. Tab, 35 ff.
– Ordnungswidrigkeiten **16** 78 Tab, 159
– Regelungsinhalte **16** 28 f.
– staatliche Mitwirkungsvorbehalte **16** 53 ff.
– Stellplätze **16** 21 Tab, 97, 106
– Veränderungssperre **16** 59 f.
– Verfahrensmängel **16** 57 f.
– Vorgärten **16** 13 Tab, 99, 107
– Werbeanlagen **16** 24 Tab, 96, 100 f., 103
– zeichnerische Darstellung **16** 52
– Zitiergebot **16** 42
offene Bauweise
– Abstandsflächen **3** 71
– Begriff **3** 57
– Grenzanbau **3** 71
– Grenzanbau bei Doppelhäusern und Hausgruppen **3** 61, 63
Offenställe **10** 4 f. Tab
Ordnung, *s. öffentliche Sicherheit und Ordnung*
Ordnungswidrigkeiten
– Höhe der Geldbuße **16** 136, 137 Tab, 138 ff.
– Ländervergleich nach Tatbeständen (alphabetisch) **16** 146 ff. Tab
– Verfolgungszuständigkeit **16** 134, 135 Tab
– Verstöße gegen örtliche Bauvorschriften **16** 78 Tab, 159
Ortsbild
– nach BauGB **4** 14 ff.
– Begriff **4** 50
– Bepflanzung **3** 195
– Festlegung der Höhenlage **3** 170 Tab
– örtliche Bauvorschriften **16** 102 ff.
– Verunstaltung durch Werbeanlagen **4** 92 Tab, 123 ff.; **16** 103
– Verunstaltungsschutz **4** 8 Tab f., 47, 52 ff.; **16** 102 ff.
ortsfeste Bahnen **2** 73
Ortsfestigkeit
– Begriff **2** 62 ff.
– Lockerungsklausel **2** 70 ff.
– Nutzung **2** 70 ff.
– Werbeanlagen **4** 102 ff.

Parabolantennen
– ohne/in Abstandsflächen zulässig **3** 132 Tab
– verfahrensfreie Vorhaben **13** 52 Tab
Parkanlagen
– LBO Anwendbarkeit **2** 52
– verfahrensfreie Vorhaben **13** 91 Tab
passiver Bestandsschutz **15** 110
Pergolen
– ohne/in Abstandsflächen zulässig **3** 132 Tab
– verfahrensfreie Vorhaben **13** 118 Tab
Persönlichkeitsrecht **1** 287 ff.
– Nachbarschutz **1** 289 f.
Pfeiler
– Brandschutzanforderungen **7** 1 f. Tab, 6 ff., 63
– als untergeordnete Bauteile **3** 136 Tab, 137
Pferdeställe **10** 7
Pferdeunterstände **10** 7
Pflastermalerei mit Licht
– als Werbeanlagen **4** 114
Pflegeeinrichtungen
– als Sonderbauten **2** 115
– barrierefreies Bauen **10** 1 f. Tab
Pförtnerlogen **7** 113
Plakatanschlagtafeln
– als Werbeanlagen **4** 114
Planfeststellungsverfahren **13** 14, 110 Tab
plangemäße Nutzung **15** 247
Plankonformität **14** 89 ff.
Planung von Anlagen **2** 172
Planungshoheit
– der Gemeinde **14** 302; **15** 46 f., 378

Planvorlagen
– Ordnungswidrigkeiten **16** 147 Tab
Planzeichenverordnung
– Entwicklung **1** 363 ff.
Plastiken **13** 71 Tab
Podeste
– als untergeordnete Bauteile/Vorbauten **3** 136 Tab
polizeiliche Generalklausel **2** 162, 169 ff.
präventives Verbot
– mit Erlaubnisvorbehalt **13** 3
Preußen
– Einheitsbauordnungen **1** 226 ff.
– örtliche Bauvorschriften **1** 188 ff.
– Wohnungsgesetz von 1918 **1** 224 f.
– zweites Verunstaltungsgesetz **1** 203
Preußischer Städtebaugesetzentwurf **1** 232
Preußisches Allgemeines Landrecht **1** 183 ff.
Prismenwendeanlagen
– als Werbeanlagen **4** 114, 139
private Rechte Dritter
– bei Baugenehmigungen **14** 12 ff., 68 Tab, 255
Privates Baurecht **1** 6
Projektleiter
– Störerauswahl **11** 2
Prüfämter
– Rechtsverordnungen **16** 116 Tab, 124 Tab
Prüfbuch **14** 179 f., 181 f. Tab
Prüfgebühren
– Rechtsverordnungen **16** 124 Tab
Prüfingenieure
– Rechtsverordnungen **16** 116 Tab, 124 Tab
Prüfstellen **6** 14 f. Tab, 18 f. Tab; **16** 116 Tab, 124 Tab
Prüfungsmaßstab
– bauaufsichtliche Zustimmung **14** 184, 185 f. Tab
– für Baugenehmigungen – Ländervergleich **14** 16, 18 ff., 26 ff., 67 Tab
– für Baugenehmigungen im vereinfachten Verfahren – Ländervergleich **14** 16, 18 ff., 67 Tab
Prüfverfahren
– Europarecht **2** 214
Prüfzeugnisse
– für nicht geregelte Bauarten **6** 10 f. Tab
– für nicht geregelte Bauprodukte **6** 6 f. Tab
– Ordnungswidrigkeiten **16** 151 Tab
Pumpstationen **13** 73 Tab

quasinegatorische Ansprüche **1** 32

Räume
– zur gemeinschaftlichen Nutzung **9** 62 Tab f.
– als Sonderbauten **2** 115
Räumungsanordnungen **15** 256
Rampen
– ohne/in Abstandsflächen zulässig **3** 132 Tab
– barrierefreies Bauen **10** 1 f. Tab
– Brandschutzanforderungen **7** 88 f. Tab, 93
Rauch
– vorbeugender Brandschutz **5** 37 Tab, 44 ff.
Rauchabschnitte
– bei notwendigen Fluren **7** 133
Rauchabzugseinrichtungen **7** 102 f. Tab, 123 f., 138
Rauchschutztüren **7** 102 f. Tab
Raumlufttechnik
– Anforderungen **8** 5 f. Tab
Raumordnungsrecht **1** 14 ff., 354, 359 f.
Recht auf Wohnraum **1** 304
Rechte der Person, *s. Persönlichkeitsrecht*
Rechtsnachfolge
– Auflagen **15** 96
– bei bauaufsichtliche Anordnungen **15** 1 f. Tab, 84 ff., 133 f. Tab, 192, 210 f. Tab, 269, 298 f. Tab, 392
– bei Baugenehmigungen **14** 5 f., 68 Tab; **15** 88 ff.
– bei Baulast **17** 50 f. Tab, 79
– Gutgläubigkeit **15** 94
– Konkurs **15** 93
– Träger öffentlicher Gewalt **15** 89
– Umfang **15** 92 ff.
– Zwangsmittel **15** 95
Rechtsschutz der Gemeinde
– Anspruch auf Einschreiten **15** 48 f.
– gegen Ersetzung des Einvernehmens **14** 216, 342 ff.
– gegen Erteilung der Baugenehmigung ohne Ersetzung des verweigerten Einvernehmens **14** 352
– gegen Teilbaugenehmigung **14** 172 f.
– Verpflichtung zum Einschreiten **15** 46 f., 378 f.
– gegen Vorbescheid **14** 157 f.
Rechtsschutz des Bauherrn
– gegen Ausnahmen/Befreiungen/Abweichungen **14** 392 f.
– Baugenehmigung **14** 54 f.
– gegen bauaufsichtliche Anordnungen **15** 200, 278, 404
– gegen Nebenbestimmungen **14** 42, 53
– gegen Versagung des gemeindlichen Einvernehmens **14** 342 ff.
Rechtsschutz des Nachbarn
– Anspruch auf Einschreiten **1** 39; **15** 48 f.
– gegen Ausnahmen/Befreiungen/Abweichungen **14** 394 f.
– gegen Baugenehmigung **1** 36; **14** 53
– gegen faktische Vollziehung **15** 49
– gegen Sofortvollzug der Baugenehmigung **1** 36 f.; **14** 53 f.
– gegen Teilbaugenehmigung **14** 172 f.
– gegen Vorbescheid **14** 157 f.
Rechtsverordnungen
– Ländervergleich nach Regelungsgegenständen (alphabetisch) **16** 110 ff. Tab
– Ordnungswidrigkeiten **16** 170 Tab

Rechtsvorgänger **15** 91
Rechtszersplitterung **1** 346 ff., 459 ff.
Regale
– verfahrensfreie Vorhaben **13** 105 Tab
Regelermessen
– bei bauaufsichtlichen Anordnungen **15** 29, 165, 239 ff., 343
Regeln der Baukunst **4** 69 ff., *s. auch technische Regeln/Baubestimmungen*
Regeln der Technik **1** 425 ff., *s. auch technische Regeln/Baubestimmungen*
Regenwasserbehälter **13** 118 Tab
reichsrechtliche Regelungen **1** 237 ff.
Reichsstädtebaugesetz **1** 238 ff.
Reihenhäuser **2** 98
– Brandwände **7** 44, 49
Reklameschilder, *s. Werbeanlagen*
Religionsfreiheit **1** 292 f.
– örtliche Bauvorschriften **16** 33
Renovierung **13** 42, *s. auch Instandhaltung von Anlagen*
Rettungsbalkone
– Brandschutzanforderungen **5** 52 f.
Rettungsfahrzeuge **3** 19
Rettungsgeräte **5** 54 ff.
Rettungstunnels
– Brandschutzanforderungen **5** 52 f.
Rettungswege
– für Aufenthaltsräume **5** 37 Tab, 52 ff.
– Begriff **2** 158
– für Behinderte **16** 28 Tab
– Benutzbarkeit **5** 54 ff.
– bei fensterlosen Aufenthaltsräumen **9** 39 Tab
– bei fensterlosen Aufenthaltsräumen im KG **9** 43
– Länge **7** 102 f. Tab, 108
– notwendige Flure **5** 52 f.; **7** 125 f. Tab, 127
– notwendige Treppen **5** 37 Tab, 52 ff.; **7** 102 Tab ff.
– notwendige Treppenräume **5** 37 Tab, 52 ff.; **7** 102 f. Tab, 104 ff.
– für Nutzungseinheiten **5** 53
– Öffnungen **7** 148
– Verkehrssicherungspflichten **5** 81
– Zweiter R. **5** 37 Tab, 44 ff.
Rinderställe **10** 7
Römisches Reich
– Baugesetze **1** 53 ff.
– und deutscher Rechtskreis **1** 72 ff.
Rohbaufertigstellung **14** 238 f. Tab
Rohrabschottungen
– Brandschutzanforderungen **5** 46 ff.
– bei Lüftungsanlagen **8** 5 f. Tab
Rohrbrücken
– verfahrensfreie Vorhaben **13** 106 Tab
Rohrleitungen **2** 1 f. Tab, 50, 73; **13** 73 Tab, 106 Tab, *s. auch Leitungen*
– für brennbare Flüssigkeiten und Gase **8** 7 f. Tab
Rohrummantellungen
– Brandschutzanforderungen **5** 46 ff.
Rollläden **13** 77 Tab, 118 Tab
rollstuhlgerechte Aufzüge **8** 1 Tab; *s. auch Behindertenaufzüge*
Rolltreppen
– Brandschutzanforderungen **7** 88 f. Tab, 94
Rotorblätter, *s. auch Windkraftanlagen*
– als nicht (mehr) untergeordnete Bauteile/Vorbauten **3** 145
Rückbauanordnungen **15** 338
Rücknahme
– von Ausnahmen/Befreiungen/Abweichungen **14** 369
– der Baugenehmigung **14** 56 ff., 61 ff.
– der Teilbaugenehmigung **14** 174 f.
– des Vorbescheids **14** 153
Rücksichtnahmegebot
– bei Abstandsflächen **1** 449 f.
– des Bauplanungsrechts **2** 222
– Eigentumsgarantie **1** 283
– bei Genehmigungsfreistellung **14** 94 f.
– bei Grenzanbau durch den Nachbarn **3** 76 f.
Rückstellung des Baugesuchs
– Genehmigungsfreistellung **14** 85, 87 Tab
Ruinen
– Verunstaltung **4** 32
Rutschbahnen **13** 111 Tab

Sachbescheidungsinteresse
– für Baugenehmigung **14** 13, 24 f., 37, 203
Sachsenspiegel **1** 101 ff.
Sachverständige
– als Baubeteiligte **11** 1
– Beauftragung **15** 80
– Begriff **11** 7; **15** 78 ff.
– Heranziehung durch Bauaufsichtsbehörde **15** 1 f. Tab, 78 ff.
– Rechtsverordnungen **16** 129 Tab
– Verantwortlichkeit **11** 8
sachverständige Stellen **15** 78 ff.
Sächsisches Baugesetz **1** 208
Sammelgruben **8** 14 f. Tab
Sammelhinweisschilder **4** 148
Sammelkanalisation **8** 14 f. Tab
Sanierungsgebiete
– Genehmigungsfreistellung **14** 88
Sanitärleitungen
– bei Lüftungsanlagen **8** 5 f. Tab
Saunaanlagen **13** 118 Tab
Schachtförderanlagen
– bundesrechtliche Regelungen **8** 3
schädliche Einflüsse **5** 26 f. Tab, 28 ff.
– Anzeigepflicht **5** 36
– Schadensbeseitigungspflicht **5** 34 f.
– Vorsorge **5** 32
Schädlinge **5** 26 Tab
Schäferhütten **13** 118 Tab
Schafställe **10** 4 f. Tab
Schalldämmung
– Decken **7** 59 f. Tab, 68

– Fenster **7** 139 f. Tab
– Lüftungsanlagen **8** 5 f. Tab
– Wärmeerzeugungsanlagen **8** 7 f. Tab
Schallschutz **5** 64 f. Tab, 69 f.
– Bepflanzung **3** 195
– Nachbarschutz **5** 75; **16** 73
– örtliche Bauvorschriften **16** 10 Tab
Schallschutzfenster **5** 70
Schaltstationen **13** 73 Tab
Schankgaststätten, *s. Gaststätten*
Schankveranden **2** 72; **10** 11 f. Tab
Schaufenster **2** 151
Schaukästen **2** 151; **4** 92 Tab
Schiffe
– als bauliche Anlagen **2** 91
– LBO Anwendbarkeit **2** 52
Schilder
– LBO Anwendbarkeit **4** 92 Tab
Schlafräume
– als Aufenthaltsräume **2** 142; **9** 6
Schlusspunkttheorie **14** 17
Schmalseitenprivileg
– abknickende Wände **3** 149
– Abweichungen **3** 151
– aneinandergebaute Gebäude **3** 146 Tab
– Höchstlänge der Außenwände **3** 150
– Ländervergleich **3** 146 Tab ff.
– MBO 2002 **3** 148
– Nachbarschutz **3** 164
– Verbrauch durch Grenzanbau **3** 146 Tab, 152
– Voraussetzungen **3** 149
– Wahlrecht **3** 149
Schnee
– Schutz gegen Herabfallen **7** 70 f. Tab, 86
– Problematik **1** 28
Schnitte **14** 205
Schnittstellen
– von Bauordnungsrecht und Bauplanungsrecht **1** 438 ff.
– Problematik **1** 28
Schornsteine
– ohne/in Abstandsflächen zulässig **3** 132 Tab
– Anforderungen **8** 7 f. Tab
– als Feuerungsanlagen **2** 150
– Höhe **8** 11
– Lüftung **8** 5 f. Tab, 10
– als untergeordnete Bauteile/Vorbauten **3** 136 Tab
– verfahrensfreie Vorhaben **13** 95 Tab
Schriftformerfordernis
– Baugenehmigung **14** 4, 68 Tab
schützenswerte Umgebung **4** 66 ff.
Schulen
– als Aufenthaltsräume **9** 6
– Brandschutzanforderungen **5** 39, 52; **7** 11, 113
– als Sonderbauten **2** 115
Schuppen
– keine Aufenthaltsräume **2** 142
Schutzgüter **2** 175 ff.
Schutzhallen **5** 4; **13** 58 Tab
Schutzhütten
– Ausnahmen/Abweichungen **10** 11 f. Tab
– verfahrensfreie Vorhaben **13** 108 Tab
Schutznormtheorie **1** 35, 283; **2** 216, *s. auch Nachbarschutz*
Schwabenspiegel **1** 101 ff.
Schwarzarbeit **11** 11
Schwarzbau
– Beseitigungsanordnungen **15** 401
– Nutzungsuntersagung **15** 221 ff.
Schwimmbecken
– ohne/in Abstandsflächen zulässig **3** 132 Tab
– Umwehrungen **7** 150 f. Tab
– verfahrensfreie Vorhaben **13** 124 Tab
schwimmende Anlagen
– als bauliche Anlagen **2** 91
– LBO Anwendbarkeit **2** 52
Schwingungsquelle **5** 71
16 m-Privileg, *s. Schmalseitenprivileg*
Seilbahnen **13** 103 Tab
– als bauliche Anlagen **2** 91
– bundesrechtliche Regelungen **8** 3
– LBO Anwendbarkeit **2** 52
seitliche Grundstücksgrenzen
– Begriff **3** 57
selbständige Nebengebäude, *s. Nebengebäude*
Selbsthilfe **11** 11, 17 f. Tab
Servituten **1** 56
Sicherheit, *s. auch öffentliche Sicherheit und Ordnung*
– Grundrechte **1** 291
Sicherheit und Leichtigkeit des öffentlichen Verkehrs **5** 77 f. Tab, 82 ff.
Sicherheitstreppenräume **5** 37 f. Tab, 53, 57
Sichtdreiecke
– Verkehrsgefährdung **5** 83
Sichtschutzwände
– keine Einfriedungen **3** 225
Sichtschutzzäune
– gebäudegleiche Wirkung **3** 48
Sickeranlagen **8** 14 f. Tab
– als andere Anlagen und Einrichtungen **2** 25
Siedlungsrecht
– als reichsrechtliche Regelung **1** 237
Silos
– als verfahrensfreie Anlagen **13** 62 Tab, 76 Tab
– als vorgefertigte Anlagen **2** 152, 156
Sirenen **13** 103 Tab
Skulpturen **13** 71 Tab
Skybeamer
– als Werbeanlagen **4** 115
Sofortvollzug
– Baueinstellungsanordnungen **15** 195 ff.
– der Baugenehmigung **14** 53 f.
– Beseitigungsanordnungen **15** 396 ff.
– Nutzungsuntersagung **15** 277 ff.
– Teilbaugenehmigung **14** 172
– Vorbescheid **14** 157

Solaranlagen
– in/ohne Abstandsfläche zulässig **3** 104 Tab, 132 Tab
– verfahrensfreie Vorhaben **13** 87 Tab, 109 Tab
Sonderbauten
– Abweichungen/Befreiungen von Abstandsflächen **3** 156 Tab
– Begriff **2** 53f. Tab, 116f.
– Brandschutzanforderungen **5** 39, 52; **7** 11, 20, 24, 31ff., 56f., 65, 99, 109, 113ff., 132
Sondergestattungen **1** 433ff.; **13** 14, 110 Tab
Sonderschulen
– barrierefreies Bauen **10** 1f. Tab
Sozialpflege
– als Ziel des Bauordnungsrechts **2** 168
Sozialstaatsprinzip
– nach dem Grundgesetz **1** 305ff.
Sozialverträglichkeit
– Nutzungsuntersagung **15** 248
Spaltböden
– in Ställen **10** 4f. Tab
Speisegaststätten, *s. Gaststätte*
Speisekammern
– keine Aufenthaltsräume **2** 142; **9** 7
Spieleinrichtungen **3** 204 Tab
Spielfelder für Ballspiele **3** 203
Spielflächen, *s. Spielplätze*
Spielgeräte **3** 204 Tab
– Dämmung **5** 74
Spielhäuser **3** 204 Tab
Spielplätze, *s. auch Spielplatzpflicht*
– Ablösung **3** 216f.
– ohne/in Abstandsflächen zulässig **3** 104 Tab, 132 Tab
– als andere Anlagen und Einrichtungen **2** 25
– Baulast **17** 30
– als bauliche Anlagen **2** 84
– Begriff **3** 202
– Einfriedungen/Abgrenzungen **3** 227 Tab, 231
– MBO 2002 **3** 201
– Rechtsschutz gegen S. **3** 220f.
– Unterhaltung **3** 215
Spielplatzpflicht **3** 200ff.
– Ablösung **3** 216f.
– Ausschluss **3** 208ff.
– behördliche Anordnung **3** 206f.
– Erfüllung **3** 213ff.
– Herstellung auf einem anderen Grundstück **3** 214
– kraft Gesetzes **3** 205
– Ländervergleich **3** 204 Tab
– Schutzzweck **3** 219
– zwangsweise Durchsetzung **3** 218
Spielräume
– in Kellergeschossen **9** 42, 39 Tab
Sportanlagenlärmschutzverordnung **5** 70
Sportboothäfen
– als bauliche Anlagen **2** 91
Sportgeräte
– Dämmung **5** 74
Sportplätze
– als bauliche Anlagen **2** 84
– Einfriedungen/Abgrenzungen **3** 227 Tab, 231
– örtliche Bauvorschriften **16** 18 Tab
– verfahrensfreie Vorhaben **13** 98 Tab
Sporträume
– in Kellergeschossen **9** 42, 39 Tab
Sportstätten
– barrierefreies Bauen **10** 1f. Tab
– als Sonderbauten **2** 115
Springbrunnen **13** 71 Tab
Sprungschanzen
– verfahrensfreie Vorhaben **13** 111 Tab
Sprungtürme
– verfahrensfreie Vorhaben **13** 111 Tab
staatliche Mitwirkungsvorbehalte
– örtliche Bauvorschriften **16** 53ff.
Städtebauförderungsgesetz **1** 353
Städtebaurecht **1** 16ff.
Ställe
– Anforderungen **10** 3, 4f. Tab
– bei Behelfsbauten **10** 11f. Tab
– im Dorfgebiet **10** 7
– Immissionsschutz **10** 4f. Tab, 6ff.
– Nachbarschutz **10** 4f. Tab
– im unbeplanten Innenbereich **10** 7
Stätte der Leistung
– Begriff **4** 145ff.
Staffelgeschosse
– Begriff **2** 53f. Tab, 130ff.
– Ermittlung der Wandhöhe **3** 124
Standbilder **13** 71 Tab
Standsicherheit
– Anforderungen **5** 19f.
– Baulast **17** 31
– Begriff **5** 17f.
– im Brandfall **5** 43
– Ländervergleich **5** 15f. Tab, 17ff.
– nach MBO 2002 **1** 415; **5** 15f. Tab, 18
– Nachbarschutz **5** 21ff.
Standsicherheitsnachweis **5** 24
Stangenrecht **1** 97
Statik **5** 15ff.
Stauräume
– Verkehrsgefährdung **5** 83
Stege **13** 121 Tab
Steilhänge
– Abstandsflächenerstreckung **3** 96
Steinschlag
– Bebaubarkeit von Grundstücken **3** 3
Stellplätze, *s. auch Garagen*
– Ablösung **10** 15, 20, Tab, 21
– in Abstandsfläche zulässig **3** 104 Tab
– als andere Anlagen und Einrichtungen **2** 25
– barrierefreies Bauen **10** 1f. Tab
– Baulast **17** 33
– als bauliche Anlagen **2** 53f. Tab, 87f., 146
– BauNVO **1** 365f.

- Begriff **2** 53 f. Tab, 145 ff.; **10** 15
- bei Behelfsbauten **10** 11 f. Tab
- Grundstücksgestaltung **3** 190
- Herstellungsart **10** 15, 19 Tab, 21
- Herstellungsort **10** 15, 17 Tab, 21
- Herstellungspflicht **10** 15, 16 Tab, 21
- Herstellungszeitpunkt **10** 15, 18 Tab, 21
- nach MBO 2002 **1** 418
- örtliche Bauvorschriften **16** 21 Tab, 97, 106
- Schnittstelle von Bauplanungs- und Bauordnungsrecht **1** 452 ff.
- verfahrensfreie Vorhaben **13** 113 Tab

Stellplätze überdachte, *s. Carports*

Störerauswahl **11** 2
- bei bauaufsichtlichen Anordnungen **15** 56 ff., 85, 190 ff., 264 ff., 390 ff.
- Mehrheit von Störern **15** 63

Sträucher
- auf nicht überbauten Flächen **3** 192 Tab, 194
- zivilrechtlicher Nachbarschutz **1** 34

Straßen
- angemessene Breite **3** 20
- Befahrbarkeit **3** 19
- Begriff **2** 37 f.
- Erschließung **3** 18
- LBO Anwendbarkeit **2** 37 ff.

Straßenbahnanlagen
- LBO Anwendbarkeit **2** 41

Straßenbeleuchtung **13** 103 Tab

Straßenbild
- Begriff **4** 49
- Festlegung der Höhenlage **3** 170 Tab
- Verunstaltung durch Werbeanlagen **4** 92 Tab, 123 ff.
- Verunstaltungsschutz **4** 8 Tab f., 47, 52 ff.

Straßenfahrzeugwaagen **13** 118 Tab

Straßenfeste
- verfahrensfreie Vorhaben **13** 114 Tab

Straßenkreuzungen
- Verkehrsgefährdung **5** 83

Straßenlärm **5** 70

Stromversorgung
- Erschließung **3** 13

Stützen
- Brandschutzanforderungen **7** 1 f. Tab, 6 ff., 63
- verfahrensfreie Vorhaben **13** 59 Tab

Stützkonstruktionen
- für Böschungen **3** 104 Tab, 132 Tab

Stützmauern
- ohne Abstandsflächen **3** 132 Tab
- keine Einfriedungen **3** 225
- verfahrensfreie Vorhaben **13** 115 Tab
- als Verkehrsanlagen **2** 38

Stufen
- als untergeordnete Bauteile/Vorbauten **3** 136 Tab

systemgerechtes Vorgehen
- Beseitigungsanordnungen **15** 345 ff.

Tageslicht
- in Aufenthaltsräumen in Kellergeschossen **9** 34 Tab f.

Tagesstätten
- barrierefreies Bauen **10** 1 f. Tab

TA-Lärm **5** 70

Tankautomaten **13** 57 Tab

Tankstellen
- Verkehrsgefährdung **5** 84

Taubenhäuser **13** 118 Tab

Tausalze
- Ordnungswidrigkeiten **16** 171 Tab

technische Anlagen
- Rechtsverordnungen **16** 130 Tab

technische Arbeitsmittel
- bundesrechtliche Regelungen **8** 2 ff.

technische Baubestimmungen **1** 425 ff.; **2** 201 ff.; **6** 1 f. Tab
- als allgemeine Anforderungen **2** 159 Tab ff.
- Ordnungswidrigkeiten **16** 172 Tab

technische Regeln **2** 201 ff.; **6** 1 f. Tab
- als allgemeine Anforderungen **2** 159 Tab ff.

Teerkocher **2** 150

Teilbaugenehmigung
- Baueinstellungsanordnungen **15** 155
- Bekanntgabe **14** 171
- Bestandsschutz **14** 166 f.
- Bindungswirkung **14** 34
- Ermessensentscheidung **14** 165
- Ersetzung des gemeindlichen Einvernehmens **14** 320 f. Tab
- gemeindliches Einvernehmen **14** 303
- Gestaltungswirkung **14** 160, 166
- Inhalt **14** 163
- nachträgliche Rechtsänderung **14** 170
- Rechtsnatur **14** 160 ff.
- Rechtsschutz **14** 173
- Rechtswirkungen **14** 15, 166 ff.
- Rücknahme **14** 174 f.
- Sofortvollzug **14** 172
- Veränderungssperre **14** 169
- Voraussetzungen **14** 161 ff.
- Widerruf **14** 174 f.
- Wirksamkeit **14** 171

Teilbeseitigungsanordnungen **15** 336, 394

Teilungsgenehmigung **14** 35

Teiluntersagung **15** 273

Telekommunikationsleitungen **2** 1 f. Tab, 48; **13** 73 Tab, *s. auch Fernmeldeleitungen*

Teppichstangen **13** 118 Tab

Terrassen
- ohne/in Abstandsflächen zulässig **3** 104 Tab, 132 Tab
- gebäudegleiche Wirkung **3** 48
- verfahrensfreie Vorhaben **13** 118 Tab

Terrassenüberdachungen
- als untergeordnete Bauteile **3** 136 Tab, 137
- verfahrensfreie Vorhaben **13** 118 Tab

Theater
– in Kellergeschossen **9** 40
Tiefgaragenzufahrten
– ohne/in Abstandsflächen zulässig **3** 132 Tab
Tierhaltung **10** 3, 4 f. Tab
tierische Schädlinge **5** 26 Tab
Tierschutz **10** 10
Tierseuchenrecht **10** 9
Tierzuchtbetriebe **10** 7
Toilettenräume
– ohne/in Abstandsflächen zulässig **3** 132 Tab
– keine Aufenthaltsräume **2** 142; **9** 7, 61
– barrierefreies Bauen **10** 1 f. Tab
– als fensterlose Räume **9** 59 Tab
– als haustechnische Anlagen **9** 61
– in Wohnungen **9** 50, 59 Tab, 61
Toilettenwagen
– verfahrensfreie Vorhaben **13** 98 Tab, 116 Tab
Torso
– Verunstaltung **4** 32
Träger öffentlicher Gewalt
– als Rechtsnachfolger **15** 89
Trafostationen **13** 73 Tab
tragende Bauteile
– Ordnungswidrigkeiten **16** 157 Tab
tragende Wände
– Begriff **7** 1 f.
– Brandschutzanforderungen **7** 1 f. Tab, 6 ff., 63
– bei Sonderbauten **7** 2
– verfahrensfreie Vorhaben **13** 42, 59 Tab
Tragfähigkeit
– des Baugrundes des Nachbarn **5** 15 f. Tab, 21 ff.
Traglufthallen **2** 72
Tragwerk
– Begriff **7** 73
Transformatoren **13** 73 Tab
Transportanlagen **2** 36
Traufe
– Ermittlung der Wandhöhe **3** 112
Trennwände
– Brandschutzanforderungen **7** 21 f. Tab, 28 ff.
– MBO 2002 **7** 26
– mit weiteren Funktionen **7** 25
Treppen, *s. auch notwendige Treppen*
– barrierefreies Bauen **10** 1 f. Tab
– Brandschutzanforderungen **5** 52 f.; **7** 88 f. Tab, 90 ff., 97
– einschiebbare **7** 88 f. Tab, 94
– MBO 2002 **7** 88 f. Tab
– Pflicht zur Errichtung **7** 88 f. Tab, 92
– als untergeordnete Bauteile/Vorbauten **3** 136 Tab
– verfahrensfreie Vorhaben **13** 59 Tab
Treppenabsätze **7** 88 f. Tab, 98
Treppenaufzüge **13** 118 Tab
Treppengeländer **7** 88 f. Tab
Treppenhäuser **13** 42
– als nicht (mehr) untergeordnete Bauteile/Vorbauten **3** 145
Treppenräume, *s. auch notwendige Treppenräume*
– keine Aufenthaltsräume **2** 142; **9** 7
– Brandschutzanforderungen **5** 52 f.; **7** 102 Tab ff.
– Leitungen **8** 5 f. Tab
– als untergeordnete Bauteile/Vorbauten **3** 136 Tab
Trimmpfade **13** 121 Tab
Trinkwasser
– Beschaffenheit **8** 13
Trinkwasserversorgung
– Ländervergleich **8** 11 f. Tab
Trockenmauern **13** 118 Tab
Trockenräume **9** 50
– keine Aufenthaltsräume **2** 142; **9** 7
Trümmergesetze **1** 258 f.
Türen
– barrierefreies Bauen **10** 1 f. Tab
– Brandschutzanforderungen **5** 52 f.; **7** 102 f. Tab, 112, 125 f. Tab, 132 f., 139 f. Tab
– MBO 2002 **7** 139 f. Tab, 144
– verfahrensfreie Vorhaben **13** 42, 77 Tab
Tunnels
– verfahrensfreie Vorhaben **13** 66 Tab
Typengenehmigungen
– Rechtswirkungen **14** 15, 176 f.
– Regelungen im Ländervergleich **13** 16 Tab

U-Bahnanlagen
– LBO Anwendbarkeit **2** 41
Überbau **17** 25 f.
Überdeckungen
– von Gebäuden **2** 95 f.
Überdeckungsverbot von Abstandsflächen
– Ausnahmen **3** 100
– Ländervergleich **3** 97 Tab
– MBO 2002 **3** 97 Tab.
Übereinstimmungserklärungen
– des Herstellers **6** 12 f. Tab, 14 f. Tab
Übereinstimmungsnachweise
– Ländervergleich **6** 12 f. Tab
Übereinstimmungszeichen **6** 2 Tab, 12 f. Tab; **16** 154 Tab
Übereinstimmungszertifikate **6** 14 f. Tab, 16 f. Tab
Überschwemmungsgebiete
– Baubeschränkungen/-verbote **3** 9
– Bebaubarkeit von Grundstücken **3** 3
Übersichtspläne **14** 205
Überwachung
– der Baueinstellungsverfügung **15** 208
– der Einhaltung öffentlicher Vorschriften **15** 1 f. Tab, 3 ff.
Überwachungsstellen **6** 16 f. Tab, 18 f. Tab
überwirkender Bestandsschutz **15** 115
Ü-Zeichen **6** 2 Tab, 12 f. Tab; **16** 154 Tab
Uferbereiche
– Baubeschränkungen und -verbote **3** 9
Umbauten
– ohne Abstandsflächenrelevanz **3** 56

umbauter Raum **14** 205
Umgebungsschutz
– besonders schützenswerte Umgebung **4** 66 ff.
– Verunstaltungsschutz **4** 8 Tab f., 48 ff., 52 ff.
Umlegungsverfahren
– Baulast **17** 42
Umwehrungen **13** 87 Tab
– Anforderungen **7** 150 f. Tab, 151
– Begriff **7** 158 f.
– von Dächern **7** 84
– MBO 2002 **7** 150 f. Tab, 153
– Nachbarschutz **7** 152
– Verkehrssicherungspflichten **5** 81
Umwelteinflüsse
– Bebaubarkeit von Grundstücken **3** 3
Umweltschutz
– Generalklausel **2** 180 ff.
– nach dem Grundgesetz **1** 308 ff.
– Ställe **10** 4 f. Tab
Umweltverträglichkeitsprüfung **1** 310, 360, 431
Unbebaubarkeit von Flächen
– Abstandsflächenerstreckung **3** 96
unbedeutende bauliche Anlagen
– in Abstandsfläche zulässig **3** 103, 104 Tab
Unfallhilfe **13** 60 Tab
Unfallverhütungsvorschriften **1** 429
Untätigkeit
– Nichtbescheidung des Bauantrag **15** 363
untere Bauaufsichtsbehörden
– Ländervergleich **12** 1 f. Tab
untergeordnete bauliche Anlagen
– in Abstandsfläche zulässig **3** 104 Tab
untergeordnete Bauteile/Vorbauten
– Begriff **3** 138 ff.
– Beispiele für nicht (mehr) untergeordnete Bauteile/Vorbauten **3** 145
– Höchst- und Mindestmaße **3** 142
– in Abstandsfläche zulässig **3** 103, 104 Tab
– Ländervergleich **3** 136 Tab ff.
– Mindestabstand **3** 142
– Nachbarschutz **3** 168
– Summeneffekt **3** 141
– Verhältnis zur Abstandsfläche des zugehörigen Gebäudes **3** 144
Untergeschosse **9** 30 Tab, 31, *s. auch Kellergeschosse*
unterirdische Geschosse, *s. Kellergeschosse*
Unterkunftshütten
– Ausnahmen/Abweichungen **10** 11 f. Tab
Unterlassen **15** 255
Unternehmer
– Definition **11** 9
– Erforderlichkeit **11** 17 f. Tab
– Selbst- oder Nachbarschaftshilfe **11** 11
– Verantwortlichkeit **11** 10
Unterrichtsräume
– als Aufenthaltsräume **9** 6
Untersagungsoption
– Besonderheiten **14** 69, 74, 77, 113 ff., 123
Unterstützungen **13** 73, 103 Tab
Unverletzlichkeit der Wohnung **1** 302 ff.
– Einschränkungen durch Landesverfassung **15** 1 f. Tab, 126 ff.
unzumutbare Belästigungen **2** 179
UVP, *s. Umweltverträglichkeitsprüfung*

Veränderungssperre
– Genehmigungsfreistellung **14** 85 f.
– örtliche Bauvorschriften **16** 59 f.
– Teilbaugenehmigung **14** 169
– Vorbescheid **14** 155
Verbindung mit dem Erdboden
– Begriff **2** 53 f. Tab, 63 ff.
– Lockerungsklausel 70 ff.
Verblendungen **13** 87 Tab
Verbrennungsmotoren **13** 119 Tab
– Anforderungen **8** 7 f. Tab
Verdichter **8** 7 f. Tab
vereinfachtes Verfahren **1** 38
– Anspruch Dritter auf Einschreiten **15** 179, 252, 378
– Anwendungsbereich im Ländervergleich **14** 16, 20
– Ausnahmen/Befreiungen/Abweichungen **14** 193
– Baueinstellung **15** 147
– Beseitigungsanordnungen **15** 318, 364
– eingeschränkte Feststellungswirkung der Baugenehmigung **14** 15
– eingeschränktes Prüfprogramm **14** 15 f., 18 ff., 26 Tab ff., 67 Tab
– Nachbarschutz **14** 21
– nach MBO 2002 **1** 413
– planungsrechtliche Erschließung **3** 15
– Rechtsverordnungen **16** 125 Tab
– Rechtswirkungen **14** 15, 18 ff., 21
– Sachbescheidungsinteresse **14** 24 f.
– Verstöße gegen Normen außerhalb des Prüfprogramms **14** 22 ff.
– Zweck **14** 19
Vereinigungsbaulast **17** 43 ff.
Verfahrensfreiheit
– als Ausnahme vom Genehmigungsvorbehalt **13** 11 f.
– Ausnahmen/Befreiungen/Abweichungen **14** 192
– Baueinstellung **15** 147
– Beachtung materiellen Rechts **13** 43
– Beseitigungsanordnungen **15** 325
– Durchsetzung von Handlungspflichten **2** 187
– bei Einzelvorhaben **13** 19 f.
– Günstigkeitsprinzip **13** 21
– Katalog verfahrensfreier Vorhaben **13** 17 ff., 45 ff. Tab
– Nachbarschutz **16** 67
– Nutzungsuntersagung **15** 230 ff.
– Regelungen im Ländervergleich **13** 16 Tab
– Verbot von Vorhaben **15** 20

Verfahrensregelungen
– zum Baugesetzbuch **16** 131 Tab
Verfall
– Verunstaltung **4** 32
Verfassungskonvent
– auf Herrenchiemsee **1** 270, 312
verglaste Vorbauten
– vor notwendigen Fenstern **9** 16 Tab
Vergnügungsparks
– als bauliche Anlagen **2** 91
– als Sonderbauten **2** 115
Verhältnismäßigkeit
– bauaufsichtlicher Anordnungen **15** 24 ff., 161 ff., 237 f., 336 ff.
Verkaufsräume
– als Aufenthaltsräume **2** 142; **9** 6
– in Kellergeschossen **9** 39 Tab, 42
– für Kfz **2** 149
Verkaufsstände
– als bauliche Anlagen **2** 72
– verfahrensfreie Vorhaben **13** 56 Tab, 118 Tab
Verkaufsstätten
– barrierefreies Bauen **10** 1 f. Tab
– Brandschutzanforderungen **5** 39; **7** 11, 20, 31, 56 f., 65, 99, 109, 115
– Rechtsverordnungen **16** 132 Tab
– als Sonderbauten **2** 115
– verfahrensfreie Vorhaben **13** 98 Tab
Verkaufswagen **13** 56 Tab
– als bauliche Anlagen **2** 78
– verfahrensfreie Vorhaben **13** 98 Tab
Verkaufswagenstellplätze 2 87
Verkehr
– Sicherheit und Leichtigkeit **5** 77 f. Tab, 82 ff.
– Sondergestattungen **13** 110 Tab
Verkehrsanlagen **13** 121 Tab
– LBO Anwendbarkeit **2** 1 f. Tab, 36 ff.
Verkehrsbehinderungen **2** 179
Verkehrsflächen **2** 146
– angemessene Breite **3** 20
– Anrechnung auf Abstandsflächen **3** 89 Tab, 91
– Befahrbarkeit **3** 19
– Erschließung **3** 18
Verkehrsgefährdung **5** 77 f. Tab, 82 ff.
– durchschnittlicher Verkehrsteilnehmer **4** 137
– konkrete Gefahren **4** 135
– durch Werbeanlagen **4** 132 ff.
Verkehrssicherheit
– baulicher Anlagen **5** 81
– Ländervergleich **5** 77 f. Tab
Verkehrssicherungspflichten
– für Baustellen **5** 3
– Nachbarschutz **5** 79
– Umwehrungen und Abdeckungen **7** 152
Verladerampen
– Umwehrungen **7** 150 f. Tab
Verputz **13** 42, 87 Tab
Versammlungsräume
– in Kellergeschossen **9** 40
Versammlungsstätten
– Brandschutzanforderungen **5** 39; **7** 11, 20, 31, 57, 65, 99, 109, 115, 132
– Rechtsverordnungen **16** 131 Tab
– als Sonderbauten **2** 115
– spezielle Anforderungen **9** 11
Versiegelung **15** 207, 287, 291
Versitzgruben **13** 21
Versorgungsleitungen **2** 1 f. Tab, 47; **13** 73 Tab, *s. auch Leitungen*
– Baulast **17** 34
Verteidigungsbauten **13** 60 Tab
Vertrauensschutz **14** 57
– Beseitigungsanordnungen **15** 358
– Nutzungsuntersagung **15** 245
verunstaltende bauliche Anlagen
– Beispiele **4** 61
verunstaltete bauliche Anlagen
– Einzelfälle **4** 41 ff.
Verunstaltung, *s. auch Baugestaltung, s. auch Verunstaltungsverbot*
– anerkannte Regeln der Baukunst **4** 69 ff.
– Außenwerbung **4** 72
– durch bauliche Anlagen **4** 61
– baulicher Anlagen **4** 41 ff.
– Begriff **4** 26 ff.
– Beurteilungsmaßstab **4** 26 ff.
– nach dem BVerfG **4** 5
– nach dem BVerwG **4** 3 ff.
– Einzelfälle **4** 41 ff.
– Festlegung der Höhenlage **3** 170 Tab
– Fremdkörper **4** 47
– Gestaltungsfaktoren **4** 35 ff.
– Kunstfreiheit **4** 29
– Nachbarschutz **4** 73 f.
– Schutz **4** 8 Tab, 10 ff.
– Standort des Betrachters **4** 40, 57
– Umgebungsschutz **4** 47 ff., 52 ff., 48 ff.
– verfassungsrechtliche Grundlagen **4** 28 ff.
– Verhinderung als Ziel des Bauordnungsrechts **2** 167
– durch Werbeanlagen **4** 123
Verunstaltungsverbot
– in Abgrenzung zum Bauplanungsrecht **4** 33
– für bauliche Anlagen **4** 30 ff.
– bauwerksbezogen **4** 34 ff.
– Ländervergleich **4** 8 Tab
– im liberalen Rechtsstaat **4** 1
– präventive Prüfung **4** 32
– repressive Durchsetzung **4** 32
– städtebaulich **4** 20 ff.
Verwaltungsakte
– antragsgebundene **14** 47
– dingliche **14** 1, 5 ff., 140
– mit Doppelwirkung **14** 1, 11 ff., 140
– feststellende **14** 1, 7 f., 140
– formbedürftige **14** 1, 140
– gebundene **14** 1, 140
– gestaltende **14** 1

– mehrstufige **14** 3, 140
– mitwirkungsbedürftige **14** 1, 140, 202
Verwaltungsgebäude
– barrierefreies Bauen **10** 1f. Tab
– Brandschutzanforderungen **7** 113
Verwaltungskosten, *s. Kosten*
Verwendbarkeit
– von Bauarten **6** 10f. Tab
– von Bauprodukten **6** 8f. Tab
Verwendungsklausel **2** 198ff.
Verwirkung
– des Anspruchs auf Einschreiten **15** 43, 251, 372
– von Bauaufsichtsbefugnissen **15** 21, 245, 355ff.
Vier-Augen-Prinzip **1** 415
Vitrinen
– ohne/in Abstandsflächen zulässig **3** 103, 104 Tab, 132 Tab
Vitruv
– zehn Bücher über Architektur **1** 58f.
Vollgeschosse
– Begriff **2** 53f. Tab, 118f., 123ff., 139f.
– Höhe **2** 123ff.
– lichte Höhe **2** 124
– Maße und Werte **2** 124ff.
Vollstreckung
– bauaufsichtlicher Anordnungen **15** 72, 75ff., 199, 290ff., 405ff.
von Berg **1** 73f.
von Repgow **1** 101ff.
Vorbauten **13** 118 Tab, *s. auch untergeordnete Bauteile/Vorbauten*
– Begriff **3** 137
– Brandwände **7** 50
– Ländervergleich **3** 136 Tab
Vorbescheid
– Abgrenzung zur Zusicherung **14** 141
– Anfechtung **14** 157f.
– Antrag **14** 142ff.
– Ausnahmen/Befreiungen/Abweichungen **14** 195
– Beispiele **14** 144
– Bekanntgabe **14** 150
– Bindungswirkung **14** 33, 148f.
– Doppelwirkung **14** 140
– Ersetzung des gemeindlichen Einvernehmens **14** 320f. Tab
– Feststellungswirkung **14** 140
– Fragestellung **14** 143ff.
– gemeindliches Einvernehmen **14** 303
– bei Genehmigungsfreistellung **14** 81ff., 92, 118ff., 124 Tab, 150
– keine Gestattungswirkung **14** 140
– Mehrstufigkeit **14** 140
– Mitwirkungsbedürftigkeit **14** 140, 142
– nachfolgende Baugenehmigung **14** 152
– nachträgliche Rechtsänderung **14** 155
– planungsrechtliche Erschließung **3** 15
– Prüfungsumfang **14** 145
– Rechtsanspruch **14** 140 147
– Rechtsnatur **14** 140
– Rechtsschutz **14** 157f.
– Rechtswirkungen **14** 15, 148ff.
– Rücknahme **14** 153, 156
– Schriftformerfordernis **14** 140
– Übernahme in Baugenehmigung **14** 149
– Voraussetzungen **14** 146ff.
– Widerruf **14** 154ff.
– Wirksamkeit **14** 151ff.
Vorbildwirkung **15** 363, 401
Vordächer
– Brandschutzanforderungen **7** 70f. Tab, 79
vordere Grundstücksgrenzen
– Begriff **3** 57
Vorgärten
– Grundstücksgestaltung **3** 189
– örtliche Bauvorschriften **16** 13 Tab, 99, 107
Vorgartensatzungen
– Grünflächen **3** 199
vorgefertigte Anlagen
– Bauprodukte **2** 156
Vorhaben
– Einteilung nach Schwierigkeit **2** 115
– Schnittstelle von Bauplanungs- und Bauordnungsrecht **1** 443f.
Vorhabensplan
– Genehmigungsfreistellung **14** 81ff.
Vorratsräume
– keine Aufenthaltsräume **2** 142; **9** 7

Wände **13** 42, 59 Tab, *s. auch (tragende) Außenwände, s. auch Brandwände, s. auch tragende Wände, s. auch Trennwände*
– Auswechseln v. W. **3** 56
– Brandschutzanforderungen **7** 102f. Tab, 117ff., 125f. Tab, 134ff.
– Leitungen **8** 5f. Tab
Wärmedämmung **13** 42
Wärmeerzeugung
– Ländervergleich **8** 7f. Tab
– verfahrensfreie Vorhaben **13** 125 Tab
Wärmepumpen
– Bauprodukte **2** 155
– verfahrensfreie Vorhaben **13** 126 Tab
Wärmeschutz **5** 64 Tab ff., 76
– Decken **7** 59f. Tab, 67
– Fenster **7** 139f. Tab
– örtliche Bauvorschriften **16** 10 Tab
Wärmeschutzverordnung **5** 76; **7** 67
Wärmeversorgungsanlagen **2** 25; **13** 73 Tab
Wärmeversorgungsleitungen **2** 1f. Tab, 47; **13** 73 Tab
Wäschetrockenanlagen **13** 118 Tab
Wagen
– als bauliche Anlagen **2** 78, 90
Wagenburgen
– als bauliche Anlagen **2** 86

Wahlwerbung **2** 151
– LBO Anwendbarkeit **4** 92 Tab, 178 f.; **13** 127 Tab
Wambsganz **1** 263, 267
Wandhöhe
– Begriff **3** 105
– Berücksichtigung der Dachhöhe **3** 109 Tab, 111
– Berücksichtigung der Giebelfläche **3** 109 Tab, 112 f.
– Besonderheiten bei Ermittlung **3** 123 Tab
– bei Dachvorsprüngen **3** 125
– bei gegliederten Außenwänden **3** 126
– bei Hanglage **3** 127 ff.
– Ländervergleich **3** 106 Tab ff., 109 Tab ff., 123 Tab ff.
– MBO 2002 **3** 106 Tab ff., 109 Tab, 110
– Messpunkte **3** 107 f.
– bei Staffelgeschossen **3** 124
– bei versetzten Außenwandteilen **3** 124 ff.
– bei vorspringenden Außenwandteilen **3** 125
– bei Wandvorsprüngen **3** 125
Wandverkleidung
– Brandschutzanforderungen **7** 102 f. Tab, 117 ff., 125 f. Tab, 137
Wandvorsprünge
– Ermittlung der Wandhöhe **3** 125
Warenautomaten **13** 57 Tab
– als andere Anlagen und Einrichtungen **2** 25
– als bauliche Anlagen **2** 91
– Ländervergleich **4** 92 Tab
– MBO 1960 **4** 88 ff.
– MBO 2002 **4** 92 Tab ff.
– örtliche Bauvorschriften **16** 24 Tab
– Regelungszweck **4** 75
– Vorgeschichte **4** 75 ff.
Warenhäuser
– in Kellergeschossen **9** 40
– spezielle Anforderungen **9** 11
Warmluftheizungen
– Anforderungen **8** 5 f. Tab
Warmwasserverteilung
– Anforderungen **8** 7 f. Tab
Warnzeichen
– auf Baustellen **5** 1 f. Tab, 10
Wartehallen
– ohne/in Abstandsflächen zulässig **3** 132 Tab
– verfahrensfreie Vorhaben **13** 98 Tab
Wartezimmer
– als Aufenthaltsräume **9** 6
– in Kellergeschossen **9** 42
Wartungsanlagen **13** 118 Tab
Waschküchen
– keine Aufenthaltsräume **2** 142; **9** 7
Wasser
– als schädlicher Einfluss **5** 26 Tab
Wasserbecken
– verfahrensfreie Vorhaben **13** 124 Tab
Wasserfahrzeuge
– als bauliche Anlagen **2** 79
Wasserflächen
– Abstandsflächenerstreckung **3** 96
– Anrechnung auf Abstandsflächen **3** 89 Tab, 91
Wasserrecht
– Genehmigungen **13** 14, 110 Tab
Wasserrutschen **13** 111 Tab
Wasserschutzgebiete
– Baubeschränkungen/-verbote **3** 9
Wasserverkehrsanlagen
– LBO Anwendbarkeit **2** 42
Wasserversorgung
– Erschließung **3** 13
– in Gebäuden **13** 92 Tab
– Ländervergleich **8** 11 f. Tab
Wasserversorgungsanlagen **13** 73 Tab
– ohne/in Abstandsflächen zulässig **3** 132 Tab
– als andere Anlagen und Einrichtungen **2** 25
– Dämmung **5** 74
– LBO Anwendbarkeit **2** 52
Wasserversorgungsleitungen **2** 1 f. Tab, 47; **13** 73 Tab, *s. auch Leitungen*
Wasserzähler **8** 11 f. Tab
– als andere Anlagen und Einrichtungen **2** 25
Wege **13** 121 Tab
Weidezäune **13** 72 Tab
Weilheimer Gutachten **1** 330
Weimarer Reichsverfassung **1** 218 ff.
Werbeanhänger
– als bauliche Anlagen **2** 78
Werbeanlagen
– Ablenkungswirkung **4** 136, 139
– Abstandsflächenrecht **3** 48
– als andere Anlagen und Einrichtungen **2** 25
– Anforderungen nach Bauordnungs- und Bauplanungsrecht **4** 94 ff.
– Anforderungen nach GG **4** 93
– Anforderungen nach Verkehrs- und Straßenrecht **4** 97 f.
– als Anlagen der Außenwerbung **4** 101
– im Außenbereich **4** 141 ff.
– auf Ausstellungs- und Messegeländen **4** 92 Tab, 151
– in den Baugebieten **4** 92 Tab, 152 ff.
– als bauliche Anlagen **2** 71, 91; **4** 117
– Baurechtsgeschichte **4** 75 ff.
– an Baustellen **2** 151
– Begriff **2** 151; **4** 92 Tab, 100 ff.
– Beispiele **4** 113 ff.
– Denkmal- und Naturschutzrecht **4** 99
– Eigentumsgarantie **1** 281 f.
– keine Einfriedungen **3** 225
– als fiktive bauliche Anlagen **4** 118
– an Flugplätzen, Sportanlagen, Versammlungsstätten **4** 92 Tab
– Funktionen **4** 110
– Gestaltung **4** 75
– Konzentrationsverbot **4** 126 ff.

– Ländervergleich **4** 92 Tab
– LBO Anwendbarkeit **2** 52
– materielle Anforderungen **4** 117 ff.
– MBO 1960 **4** 88 ff.
– MBO 2002 **4** 92 Tab ff.
– Nachbarschutz **16** 77
– Nebennutzung **4** 147
– örtliche Bauvorschriften **16** 24 Tab, 96, 100 f., 103
– als ortsfeste Einrichtungen **4** 102 ff.
– preußische Gesetzgebung **4** 79 ff.
– Regelungszweck **4** 75
– Schnittstelle von Bauplanungs- und Bauordnungsrecht **1** 451
– Sichtbarkeit im Verkehrsraum **4** 108
– an der Stätte der Leistung **4** 92 Tab, 145 ff., 162
– im unbeplanten Innenbereich **4** 157
– Verbot störender Häufung **4** 92 Tab, 117, 126 ff.
– verfahrensfreie Vorhaben **13** 110 Tab, 127 Tab
– Verkehrsgefährdung **4** 132 ff.; **5** 85
– Verkehrssicherheit **4** 75
– Verunstaltung **4** 12, 46, 65, 72, 123 ff., 142
– Vorgeschichte **4** 75 ff.
– als zulässige Einrichtungen im Innenbereich **4** 161 ff.

Werbemittel an Zeitungs- und Zeitschriftenverkaufsstellen
– LBO Anwendbarkeit **4** 92 Tab, 176; **13** 127 Tab

Werbetafeln
– gebäudegleiche Wirkung **3** 48

Werkräume
– keine Aufenthaltsräume **9** 7
– für Kfz **2** 149

Werkstätten
– als Aufenthaltsräume **2** 142; **9** 6
– barrierefreies Bauen **10** 1 f. Tab

Werkstoffe
– Verunstaltungsschutz **4** 8 Tab, 38

Wertstoffbehälter **13** 51 Tab

Wertstoffbehälterplätze
– örtliche Bauvorschriften **16** 18 Tab

Wertstoffe **8** 16 f. Tab

Widerruf
– von Ausnahmen/Befreiungen/Abweichungen **14** 369
– der Baugenehmigung **14** 55 ff., 59 ff.
– der Teilbaugenehmigung **14** 174 f.
– des Vorbescheids **14** 154

Widerrufsvorbehalt
– Bedeutung und Beispiele **14** 38

Wiederaufbau
– genehmigungspflichtig **13** 42

Wiederaufnahme
– der Nutzung **13** 37

Wiedervereinigung **1** 356 f.

Wildfütterungen **13** 118 Tab

Wildzäune **13** 72 Tab

Willkürverbot
– bauaufsichtlicher Anordnungen **15** 36, 344 ff.

Windkraftanlagen, *s. auch Rotorblätter*
– Abstandsflächen **3** 130
– gebäudegleiche Wirkung **3** 48
– Schmalseitenprivileg **3** 149
– verfahrensfreie Vorhaben **13** 128 Tab

Wintergärten
– ohne/in Abstandsflächen zulässig **3** 132 Tab
– als Aufenthaltsräume **9** 6
– als untergeordnete Vorbauten **3** 136 Tab, 137
– verfahrensfreie Vorhaben **13** 118 Tab

Wirtschaftsräume
– keine Aufenthaltsräume **9** 7

Wirtschaftswerbung **4** 111, *s. auch Werbeanlagen*

Wochenendhäuser
– als Dauerwohnsitz **15** 271
– verfahrensfreie Vorhaben **13** 129 Tab

Wochenendhausgebiete **13** 129 Tab

Wochenendplätze
– als bauliche Anlagen **2** 53 f. Tab, 85
– Einfriedungen/Abgrenzungen **3** 227 Tab, 231
– örtliche Bauvorschriften **16** 18 Tab
– Rechtsverordnungen **16** 118 Tab
– als Sonderbauten **2** 115

Wohlfahrtspflege
– als Ziel des Bauordnungsrechts **2** 168

Wohncontainer
– als bauliche Anlagen **2** 72

Wohnen
– Begriff **9** 47

Wohnflächenberechnung **14** 205

Wohngebäude, *s. auch Wohnungen*
– Begriff **2** 100; **9** 49
– Genehmigungsfreistellung **14** 79 f.

Wohnheime **7** 23
– barrierefreies Bauen **10** 1 f. Tab

Wohnküchen
– als Aufenthaltsräume **9** 6

Wohnmobile, *s. auch Wohnwagen*
– als bauliche Anlagen **2** 78

Wohnräume
– als Aufenthaltsräume **2** 142; **9** 2, 6
– Begriff **9** 48

Wohnraumförderung **1** 307

Wohnungen, *s. auch Wohngebäude*
– Abgeschlossenheit **9** 50, 52 Tab
– Anforderungen **9** 51, 52 Tab
– Begriff **7** 21 f. Tab, 23; **9** 46; **15** 127
– Betretungsrecht **15** 126 ff.
– Größe **9** 53
– in Kellergeschossen **9** 22, 33, 34 Tab, 35 ff.
– MBO 2002 **1** 419; **9** 50
– Rettungswege **5** 53
– Unverletzlichkeit der W. als Grundrecht **1** 302 ff.

Wohnungseigentümergemeinschaft
– als Nachbarn **14** 299 f. Tab, 301
Wohnverhältnisse, *s. gesunde Wohn- und Arbeitsverhältnisse*
Wohnwagen, *s. auch Wohnmobile*
– als bauliche Anlagen **2** 72, 78
– verfahrensfreie Vorhaben **13** 129 Tab
Wohnwagenstellplätze 2 87
Wohnwege
– Erschließung **3** 12 Tab, 22 ff.
Wyhl-Urteil des BVerwG 1 440

Zäune, *s. Einfriedungen*
Zahnradbahnen
– bundesrechtliche Regelungen **8** 3
Zapfsäulen 13 57 Tab
zeichnerische Darstellung
– örtlicher Bauvorschriften **16** 52
Zeitablauf 14 55, 64 Tab f.
Zelte 13 60 Tab, 130 Tab
– als fliegende Bauten **14** 178, 181 f. Tab
Zeltplätze
– als bauliche Anlagen **2** 53 f. Tab, 85
– örtliche Bauvorschriften **16** 18 Tab
Zertifizierungsstellen 6 16 f. Tab, 18 f. Tab
Zettelanschläge
– LBO Anwendbarkeit **4** 92 Tab
Ziegenställe 10 4 f. Tab
Zierbrunnen
– verfahrensfreie Vorhaben **13** 91 Tab
Zitiergebot 16 42
Zivilrechtsweg 15 44
Zünfte
– im hohen Mittelalter **1** 93 ff.
Zufahrten
– Erschließung **3** 12 Tab, 21
– Grundstücksgestaltung **3** 190, 192 Tab, 196
– über Nachbargrundstück **15** 253
– öffentlich rechtliche Sicherung **3** 12 Tab, 21; **17** 19 ff., 84
– verfahrensfreie Vorhaben **13** 113 Tab, 121 Tab
Zugang
– Baulast **17** 34
– zu Wohnungen **9** 50, 52 Tab
Zusicherungen
– Abgrenzung zum Vorbescheid **14** 141
– Baugenehmigung **14** 32
– der Gemeinde **14** 302
Zuständigkeit für Gesetzgebung, *s. Kompetenzvorschriften*
Zuständigkeiten
– der Bauaufsichtsbehörden **12** 1 f. Tab
Zustandsstörer 15 59 f.
Zustellung
– der Baugenehmigung **14** 52, 68 Tab
– an den Nachbarn **14** 52, 68 Tab, 290 f. Tab, 292 ff.
Zustimmung, *s. bauaufsichtliche Zustimmung*
zustimmungsfreie Vorhaben 14 185 f. Tab
Zustimmungsverfahren 13 14
– Regelungen im Ländervergleich **13** 16 Tab
Zuwege
– Grundstücksgestaltung **3** 190
Zwangsmittel
– Baueinstellung **15** 133 f. Tab, 199
– Beseitigungsanordnungen **15** 298 f. Tab, 408
– Nutzungsuntersagung **15** 210 f. Tab, 290 ff.
– Rechtsnachfolge **15** 95
Zwangsmittelandrohung 15 69
zweiter Rettungsweg 5 37 f. Tab, 44 ff.; **7** 109
– Öffnung in Dachschrägen **7** 139 f. Tab, 148 f.
Zweiter Weltkrieg 1 242 ff.
Zwerchgiebel
– als nicht (mehr) untergeordnete Bauteile/Vorbauten **3** 145
Zwischengeschosse 2 138
Zwölftafelgesetz 1 54